ITALIAN
DICTIONARY

Italian•English English•Italian

HarperCollins*Publishers*

COLLINS
MONDADORI

DIZIONARIO
INGLESE

Italiano-Inglese · English-Italian

MONDADORI

second edition/seconda edizione 1995

© HarperCollins Publishers 1995
© William Collins Sons & Co. Ltd. 1989
latest reprint 1999

HarperCollins Publishers
P.O. Box, Glasgow G4 0NB, Great Britain
ISBN 0-00-472199-3

Arnoldo Mondadori Editore
ISBN 88-04-40172-9

HarperCollins Publishers, Inc.
10 East 53rd Street, New York, NY 10022
ISBN 0-06-276059-9

First HarperCollins edition published 1998

Library of Congress Card Number: 98-070453

99 00 01 02 CIBM 10 9 8 7 6 5 4 3 2

Typeset by Morton Word Processing Ltd, Scarborough

*Printed and bound in Great Britain by
Caledonian International Book Manufacturing Ltd, Glasgow, G64*

INDICE

CONTENTS

Catherine E. Love • Michela Clari

contributors to second edition/hanno collaborato alla seconda edizione
Gabriella Bacchelli • Donatella Boi
Angela Jack • Daphne Day

editorial staff/segreteria di redazione
Megan Thomson
Elspeth Anderson • Anne Convery • Anne Marie Banks

series editor/collana a cura di
Lorna Sinclair Knight
editorial management/coordinamento redazionale
Vivian Marr

INTRODUZIONE

Se desiderate imparare l'inglese o approfondire le conoscenze già acquisite, se volete leggere o redigere dei testi in inglese, oppure conversare con interlocutori di madrelingua inglese, se siete studenti, turisti, uomini o donne d'affari avete scelto il compagno di viaggio ideale per esprimervi e comunicare in inglese sia a voce che per iscritto. Strumento pratico e moderno, il vostro dizionario dà largo spazio al linguaggio quotidiano in campi quali l'attualità, gli affari, la gestione d'ufficio, l'informatica e il turismo. Come in tutti i nostri dizionari, grande importanza è stata data alla lingua contemporanea e alle espressioni idiomatiche.

COME USARE IL DIZIONARIO

Troverete qui di seguito alcune spiegazioni sul modo in cui le informazioni sono state presentate nel testo. L'obiettivo del dizionario è quello di darvi il maggior numero possibile di informazioni senza tuttavia sacrificare la chiarezza all'interno delle voci.

Le voci
Qui di seguito verranno descritti i vari elementi di cui si compone una voce tipo del vostro dizionario.

La trascrizione fonetica
Come regola generale è stata data la pronuncia di tutte le parole inglesi e quella delle parole italiane che potevano presentare qualche difficoltà per il parlante inglese. Nella parte inglese-italiano, tuttavia, per la pronuncia di nomi composti formati da due parole non unite dal trattino si dovrà cercare la trascrizione di ciascuna di queste parole alla rispettiva posizione alfabetica. La pronuncia si trova tra parentesi quadra, subito dopo il lemma. Come nella maggior parte dei dizionari moderni è stato adottato il sistema noto come "alfabeto fonetico internazionale". Troverete qui di seguito, a pagina xiii e xiv, un elenco completo dei caratteri utilizzati in questo sistema.

La categorie grammaticali
Tutte le parole appartengono ad una categoria grammaticale, cioè possono essere sostantivi, verbi, aggettivi, avverbi, pronomi, articoli, congiunzioni o abbreviazioni. I sostantivi possono essere singolari o plurali, sia in italiano che in inglese, e maschili o femminili in italiano. I verbi possono essere transitivi o intransitivi in entrambe le lingue, ma anche riflessivi o impersonali in italiano. La categoria grammaticale è stata introdotta in *corsivo* subito dopo la pronuncia ed eventuali informazioni di tipo morfologico (plurali irregolari ecc.).

Numerose voci sono state suddivise in varie categorie grammaticali. Per esempio la parola italiana **bene** può essere sia un avverbio che un aggettivo o un sostantivo, e la parola inglese **sneeze** può essere sia un sostantivo (starnuto) che un verbo intransitivo (starnutire). Analogamente il verbo italiano **correre** può essere usato sia come verbo intransitivo ("correre alla stazione") che come transitivo ("correre un rischio"). Per presentare la voce con maggiore chiarezza e permettervi di trovare rapidamente la traduzione che cercate, è stato introdotto il simbolo ◆ per contrassegnare il passaggio da una categoria grammaticale ad un'altra.

Suddivisioni semantiche
La maggior parte delle parole ha più di un significato. Per esempio, la parola **fiocco** può essere sia un'annodatura di un nastro che una falda di neve. Molte parole si traducono in modo diverso a seconda del contesto in cui sono usate: per esempio **scala** si tradurrà in inglese con "staircase" o "stairs" se si tratta di una scala con gradini, con "ladder" se è una scala a pioli. Per permettervi di scegliere la traduzione giusta per ciascuno dei contesti in cui la parola si può trovare, le voci sono state suddivise in categorie di significato. Ciascuna suddivisione è introdotta da un "indicatore d'uso" tra parentesi in *corsivo*. Le voci **fiocco** e **scala** compariranno

quindi nel testo nel modo seguente:

fiocco, chi *sm (di nastro)* bow; *(di stoffa, lana)* flock; *(di neve)* flake
scala *sf (a gradini etc)* staircase, stairs *pl*; *(a pioli, di corda)* ladder

Per segnalare la traduzione appropriata sono stati introdotti anche degli indicatori d'ambito d'uso in CORSIVO MAIUSCOLO tra parentesi, spesso in forma abbreviata, come per esempio nel caso della voce **tromba**:

tromba *sf (MUS)* trumpet; *(AUT)* horn

Troverete un elenco completo delle abbreviazioni adottate all'interno del dizionario alle pp x, xi, xii.

Le traduzioni

Per la maggior parte delle parole inglesi ed italiane ci sono traduzioni precise a seconda del significato o del contesto, come risulta dagli esempi riportati fin qui. A volte, tuttavia, le parole non hanno un preciso equivalente nella lingua d'arrivo: in questi casi è stato fornito un equivalente approssimativo, preceduto dal segno ≈, come ad esempio per l'abbreviazione **RAC**, per cui è stato dato l'equivalente italiano "A.C.I.", dato che le due associazioni svolgono nei due paesi funzioni analoghe:

RAC *n abbr (BRIT: = Royal Automobile Club)* ≈ *A.C.I. m (= Automobile Club d' Italia)*

A volte è persino impossibile trovare un equivalente approssimativo. Questo è il caso, per esempio, di piatti tipici di un certo paese, come ad esempio **pandoro**:

pandoro *sm type of sponge cake eaten at Christmas*

In questi casi, al posto della traduzione, che non esiste, comparirà una spiegazione: per maggiore chiarezza questa spiegazione o glossa è stata messa in *corsivo*.

Molto spesso la traduzione di una parola può non funzionare all'interno di una data locuzione. Ad esempio alla voce **dare**, verbo spesso tradotto con "to give" in inglese, troviamo varie locuzioni per alcune delle quali la traduzione fornita all'inizio della voce non si può utilizzare: **quanti anni mi dai?** "how old do you think I am?" **danno ancora quel film?** "is that film still showing?", **dare per certo qc** "to consider sth certain", e così via. Ed è proprio in questi casi che potrete verificare l'utilità e la completezza del dizionario, che contiene una ricca gamma di composti, locuzioni e frasi idiomatiche.

Il registro linguistico

In italiano sapete istintivamente scegliere l'espressione corretta da usare a seconda del contesto in cui vi esprimete. Per esempio saprete quando dire **Non me ne importa!** e quando invece potete dire **Chi se ne frega?** Più difficile sarà farlo in inglese, dove avete minore consapevolezza delle sfumature di registro linguistico. Per questo motivo nella parte inglese-italiano le parole ed espressioni inglesi di uso più familiare sono segnalate dall'abbreviazione *(col)*, mentre *(col!)* segnala le parole ed espressioni volgari. Nella parte italiano-inglese *(!)* dopo una traduzione segnala che si tratta di una parola od espressione volgare.

Parole chiave

Come vedrete, ad alcune voci è stato riservato un trattamento particolare sia dal punto di vista grafico che da quello linguistico. Si tratta di voci come **essere** o **fare**, o dei loro equivalenti inglesi **be** e **do**, che per la loro importanza e complessità meritano una strutturazione più articolata ed un maggior numero di locuzioni illustrative. Queste voci sono strutturate in diverse categorie di significato contrassegnate da numeri, e le costruzioni sintattiche e locuzioni che illustrano quel particolare significato sono riportate all'interno della relativa categoria.

Informazioni culturali

Le voci che compaiono nel testo delimitate da due linee approfondiscono aspetti della cultura italiana o di quella dei paesi di lingua inglese in argomenti quali la politica, la scuola, i mass media e le festività nazionali.

INTRODUCTION

You may be starting to learn Italian, or you may wish to extend your knowledge of the language. Perhaps you want to read and study Italian books, newspapers and magazines, or perhaps simply have a conversation with Italian speakers. Whatever the reason, whether you're a student, a tourist or want to use Italian for business, this is the ideal book to help you understand and communicate. This modern, user-friendly dictionary gives priority to everyday vocabulary and the language of current affairs, business and tourism. As in all Collins dictionaries, the emphasis is firmly placed on contemporary language and expressions.

HOW TO USE THE DICTIONARY

Below you will find an outline of how information is presented in your dictionary. Our aim is to give you the maximum amount of detail in the clearest and most helpful way.

Entries

A typical entry in your dictionary will be made up of the following elements:

Phonetic transcription

Phonetics appear in square brackets immediately after the headword. They are shown using the International Phonetic Alphabet (IPA), and a complete list of the symbols used in this system can be found on pages xiii and xiv.

Grammatical information

All words belong to one of the following parts of speech: noun, verb, adjective, adverb, pronoun, article, conjunction, preposition, abbreviation. Nouns can be singular or plural and, in Italian, masculine or feminine. Verbs can be transitive, intransitive, reflexive or impersonal. Parts of speech appear in *italics* immediately after the phonetic spelling of the headword.

Often a word can have more than one part of speech. Just as the English word **chemical** can be an adjective or a noun, the Italian word **fondo** can be an adjective ("deep") or a masculine noun ("bottom"). In the same way the verb **to walk** is sometimes transitive, ie it takes an object ("to walk the dog") and sometimes intransitive, ie it doesn't take an object ("to walk to school"). To help you find the meaning you are looking for quickly and for clarity of presentation, the different part of speech categories are separated by a black lozenge ◆.

Meaning divisions

Most words have more than one meaning. Take, for example, **punch** which can be, amongst other things, a blow with the fist or an object used for making holes. Other words are translated differently depending on the context in which they are used. The transitive verb **to roll up**, for example, can be translated by "arrotolare" or "rimboccare" depending on *what* it is you are rolling up. To help you select the most appropriate translation in every context, entries are divided according to meaning. Each different meaning is introduced by an "indicator" in *italics* and in brackets. Thus, the examples given above will be shown as follows:

punch *n* (*blow*) pugno; (*tool*) punzone *m*
roll up *vt* (*carpet, cloth, map*) arrotolare; (*sleeves*) rimboccare

Likewise, some words can have a different meaning when used to talk about a specific subject area or field. For example, **bishop**, which is generally used to mean a high-ranking clergyman, is also the name of a chess piece. To show English speakers which translation to use, we have added "subject field labels" in capitals and in brackets, in this case (*CHESS*):

bishop *n* vescovo; (*CHESS*) alfiere *m*

Field labels are often shortened to save space. You will find a complete list of abbreviations used in the dictionary on pages x, xi, xii.

Translations

Most English words have a direct translation in Italian and vice versa, as shown in the examples given above. Sometimes, however, no exact equivalent exists in the target language. In such cases we have given an approximate equivalent, indicated by the sign ≈. Such is the case of **National Insurance**, the Italian equivalent of which is "Previdenza Sociale". This is not an exact translation since the systems of the two countries in question are quite different:

National Insurance *n* (*BRIT*) ≈ Previdenza Sociale

On occasion it is impossible to find even an approximate equivalent. This may be the case, for example, with the names of types of food:

cottage pie *n piatto a base di carne macinata in sugo e purè di patate*

Here the translation (which doesn't exist) is replaced by an explanation. For increased clarity the explanation, or "gloss", is shown in *italics*.

It is often the case that a word, or a particular meaning of a word, cannot be translated in isolation. The translation of **Dutch**, for example, is "olandese". However, the phrase **to go Dutch** is rendered by "fare alla romana". Even an expression as simple as **washing powder** needs a separate translation since it translates as "detersivo (in polvere)", not "polvere per lavare". This is where your dictionary will prove to be particularly informative and useful since it contains an abundance of compounds, phrases and idiomatic expressions.

Levels of formality and familiarity

In English you instinctively know when to say **I'm broke** or **I'm a bit short of cash** and when to say **I don't have any money**. When you are trying to understand someone who is speaking Italian, however, or when you yourself try to speak Italian, it is important to know what is polite and what is less so, and what you can say in a relaxed situation but not in a formal context. To help you with this, on the Italian-English side we have added the label (*fam*) to show that an Italian word or expression is colloquial, while those word or expressions which are vulgar are given an exclamation mark (*fam!*), warning you they can cause serious offence. Note also that on the English-Italian side, translations which are vulgar are followed by an exclamation mark in brackets.

Keywords

Words labelled in the text as *KEYWORDS*, such as **be** and **do** or their Italian equivalents **essere** and **fare**, have been given special treatment because they form the basic elements of the language. This extra help will ensure that you know how to use these complex words with confidence.

Cultural information

Entries which appear separated from the main text by a line above and below them explain aspects of culture in Italy and English-speaking countries. Subject areas covered include politics, education, media and national festivals.

ABBREVIAZIONI

ABBREVIATIONS

abbreviazione	**abbr**	abbreviation
aggettivo	**adj**	adjective
amministrazione	**ADMIN**	administration
avverbio	**adv**	adverb
aeronautica, viaggi aerei	**AER**	flying, air travel
aggettivo	**ag**	adjective
agricoltura	**AGR**	agriculture
amministrazione	**AMM**	administration
anatomia	**ANAT**	anatomy
architettura	**ARCHIT**	architecture
astronomia, astrologia	**ASTR**	astronomy, astrology
l'automobile	**AUT**	the motor car and motoring
verbo ausiliare	**aux vb**	auxiliary verb
avverbio	**av**	adverb
aeronautica, viaggi aerei	**AVIAT**	flying, air travel
biologia	**BIOL**	biology
botanica	**BOT**	botany
inglese della Gran Bretagna	**BRIT**	British English
consonante	**C**	consonant
chimica	**CHIM, CHEM**	chemistry
familiare (! da evitare)	**col(!)**	colloquial usage (! particularly offensive)
commercio, finanza, banca	**COMM**	commerce, finance, banking
informatica	**COMPUT**	computing
congiunzione	**cong**	conjunction
congiunzione	**conj**	conjunction
edilizia	**CONSTR**	building
sostantivo usato come aggettivo, non può essere usato né come attributo, né dopo il sostantivo qualificato	**cpd**	compound element: noun used as adjective and which cannot follow the noun it qualifies
cucina	**CUC, CULIN**	cookery
davanti a	**dav**	before
determinante: articolo, aggettivo dimostrativo o indefinito etc	**det**	determiner: article, demonstrative etc
diritto	**DIR**	law
economia	**ECON**	economics
edilizia	**EDIL**	building
elettricità, elettronica	**ELETTR, ELEC**	electricity, electronics
esclamazione, interiezione	**escl, excl**	exclamation, interjection
specialmente	**esp**	especially
femminile	**f**	feminine
familiare (! da evitare)	**fam(!)**	colloquial usage (! particularly offensive)
ferrovia	**FERR**	railways
figurato	**fig**	figurative use
fisiologia	**FISIOL**	physiology
fotografia	**FOT**	photography
(verbo inglese) la cui particella è inseparabile dal verbo	**fus**	(phrasal verb) where the particle cannot be separated from main verb
nella maggior parte dei sensi; generalmente	**gen**	in most or all senses; generally
geografia, geologia	**GEO**	geography, geology
geometria	**GEOM**	geometry
impersonale	**impers**	impersonal

x

informatica	*INFORM*	computing
insegnamento, sistema scolastico e universitario	*INS*	schooling, schools and universities
invariabile	*inv*	invariable
irregolare	*irreg*	irregular
grammatica, linguistica	*LING*	grammar, linguistics
maschile	*m*	masculine
matematica	*MAT(H)*	mathematics
termine medico, medicina	*MED*	medical term, medicine
il tempo, meteorologia	*METEOR*	the weather, meteorology
maschile o femminile	*m/f*	either masculine or feminine depending on sex
esercito, linguaggio militare	*MIL*	military matters
musica	*MUS*	music
sostantivo	*n*	noun
nautica	*NAUT*	sailing, navigation
sostantivo che non si usa al plurale	*no pl*	uncountable noun: not used in the plural
numerale (aggettivo, sostantivo)	*num*	numeral adjective or noun
	o.s.	oneself
peggiorativo	*peg, pej*	derogatory, pejorative
fotografia	*PHOT*	photography
fisiologia	*PHYSIOL*	physiology
plurale	*pl*	plural
politica	*POL*	politics
participio passato	*pp*	past participle
preposizione	*prep*	preposition
pronome	*pron*	pronoun
psicologia, psichiatria	*PSIC, PSYCH*	psychology, psychiatry
tempo passato	*pt*	past tense
qualcosa	*qc*	
qualcuno	*qn*	
religione, liturgia	*REL*	religions, church service
sostantivo	*s*	noun
	sb	somebody
insegnamento, sistema scolastico e universitario	*SCOL*	schooling, schools and universities
singolare	*sg*	singular
soggetto (grammaticale)	*sog*	(grammatical) subject
	sth	something
congiuntivo	*sub*	subjunctive
soggetto (grammaticale)	*subj*	(grammatical) subject
termine tecnico, tecnologia	*TECN, TECH*	technical term, technology
telecomunicazioni	*TEL*	telecommunications
tipografia	*TIP*	typography, printing
televisione	*TV*	television
tipografia	*TYP*	typography, printing
inglese degli Stati Uniti	*US*	American English
vocale	*V*	vowel
verbo (ausiliare)	*vb (aus)*	(auxiliary) verb
verbo o gruppo verbale con funzione intransitiva	*vi*	verb or phrasal verb used intransitively
verbo riflessivo	*vr*	reflexive verb
verbo o gruppo verbale con funzione transitiva	*vt*	verb or phrasal verb used transitively
zoologia	*ZOOL*	zoology
marchio registrato	®	registered trademark
introduce un'equivalenza culturale	≈	introduces a cultural equivalent

TRASCRIZIONE FONETICA

Consonanti		Consonants

NB. **p, b, t, d, k, g** sono seguite da un'aspirazione in inglese.

NB. **p, b, t, d, k, g** are not aspirated in Italian.

Italian	Symbol	English
<u>p</u>adre	p	<u>p</u>u<u>pp</u>y
<u>b</u>am<u>b</u>ino	b	<u>b</u>a<u>b</u>y
tu<u>tt</u>o	t	<u>t</u>en<u>t</u>
<u>d</u>a<u>d</u>o	d	<u>d</u>a<u>dd</u>y
<u>c</u>ane <u>ch</u>e	k	<u>c</u>ork <u>k</u>iss <u>ch</u>ord
gola <u>gh</u>iro	g	gag guess
<u>s</u>ano	s	<u>s</u>o ri<u>ce</u> ki<u>ss</u>
<u>s</u>vago e<u>s</u>ame	z	cou<u>s</u>in bu<u>zz</u>
<u>sc</u>ena	ʃ	<u>sh</u>eep <u>s</u>ugar
	ʒ	plea<u>s</u>ure bei<u>ge</u>
pe<u>c</u>e lan<u>ci</u>are	tʃ	<u>ch</u>ur<u>ch</u>
giro gioco	dʒ	<u>j</u>ud<u>ge</u> general
a<u>f</u>a <u>f</u>aro	f	<u>f</u>arm ra<u>ff</u>le
<u>v</u>ero bra<u>v</u>o	v	<u>v</u>ery re<u>v</u>
	θ	<u>th</u>in ma<u>th</u>s
	ð	<u>th</u>at o<u>th</u>er
<u>l</u>etto a<u>l</u>a	l	<u>l</u>itt<u>l</u>e ba<u>ll</u>
<u>gl</u>i	ʎ	
<u>r</u>ete a<u>r</u>co	r	<u>r</u>at b<u>r</u>at
ra<u>m</u>o <u>m</u>adre	m	<u>m</u>u<u>mm</u>y co<u>mb</u>
<u>n</u>o fuma<u>nt</u>e	n	<u>n</u>o ra<u>n</u>
<u>gn</u>omo	ɲ	
	ŋ	si<u>ng</u>i<u>ng</u> ba<u>n</u>k
	h	<u>h</u>at re<u>h</u>eat
bu<u>i</u>o p<u>i</u>acere	j	<u>y</u>et
<u>u</u>omo g<u>u</u>aio	w	<u>w</u>all be<u>w</u>ail
	x	lo<u>ch</u>

Varie		Miscellaneous

per l'inglese: la "r" finale viene pronunciata se seguita da una vocale · *

precede la sillaba accentata · ' · precedes the stressed syllable

Come regola generale, in tutte le voci la trascrizione fonetica in parentesi quadra segue il termine cui si riferisce. Tuttavia, dalla parte inglese-italiano del dizionario, per la pronuncia di composti che sono formati da più parole non unite da trattino che appaiono comunque nel dizionario, si veda la trascrizione fonetica di ciascuna di queste parole alla rispettiva posizione alfabetica.

PHONETIC TRANSCRIPTION

Vocali

NB. La messa in equivalenza di certi suoni indica solo una rassomiglianza approssimativa.

Vowels

NB. The pairing of some vowel sounds only indicates approximate equivalence.

v<u>i</u>no <u>i</u>dea	i i:	h<u>ee</u>l b<u>ea</u>d
	ɪ	h<u>i</u>t p<u>i</u>ty
st<u>e</u>lla <u>e</u>d<u>e</u>ra	e	
<u>e</u>poca ecc<u>e</u>tto	ɛ	s<u>e</u>t t<u>e</u>nt
m<u>a</u>mma <u>a</u>more	a æ	<u>a</u>pple b<u>a</u>t
	ɑ:	<u>a</u>fter c<u>a</u>r c<u>a</u>lm
	ʌ	f<u>u</u>n c<u>ou</u>sin
	ə	ov<u>er</u> <u>a</u>bove
	ə:	<u>ur</u>n f<u>er</u>n w<u>or</u>k
r<u>o</u>sa <u>o</u>cchio	ɔ	w<u>a</u>sh p<u>o</u>t
	ɔ:	b<u>or</u>n c<u>or</u>k
p<u>o</u>nte <u>o</u>gnun<u>o</u>	o	
<u>u</u>tile z<u>u</u>cca	u	f<u>u</u>ll s<u>oo</u>t
	u:	b<u>oo</u>n l<u>ew</u>d

Dittonghi

Diphthongs

ɪə	b<u>eer</u> t<u>ier</u>
ɛə	t<u>ear</u> f<u>air</u> th<u>ere</u>
eɪ	d<u>a</u>te pl<u>ai</u>ce d<u>ay</u>
aɪ	l<u>i</u>fe b<u>uy</u> cr<u>y</u>
au	<u>ow</u>l f<u>ou</u>l n<u>ow</u>
əu	l<u>ow</u> n<u>o</u>
ɔɪ	b<u>oil</u> b<u>oy</u> <u>oi</u>ly
uə	p<u>oor</u> t<u>our</u>

In general, we give the pronunciation of each entry in square brackets after the word in question. However, on the English-Italian side, where the entry is composed of two or more unhyphenated words, each of which is given elsewhere in this dictionary, you will find the pronunciation of each word in its alphabetical position.

ITALIAN PRONUNCIATION

Vowels

Where the vowel **e** or the vowel **o** appears in a stressed syllable it can be either open [ɛ], [ɔ] or closed [e], [o]. As the open or closed pronunciation of these vowels is subject to regional variation, the distinction is of little importance to the user of this dictionary. Phonetic transcription for headwords containing these vowels will therefore only appear where other pronunciation difficulties are present.

Consonants

c before "e" or "i" is pronounced *tch*.

ch is pronounced like the "k" in "kit".

g before "e" or "i" is pronounced like the "j" in "jet".

gh is pronounced like the "g" in "get".

gl before "e" or "i" is normally pronounced like the "lli" in "million", and in a few cases only like the "gl" in "glove".

gn is pronounced like the "ny" in "canyon".

sc before "e" or "i" is pronounced *sh*.

z is pronounced like the "ts" in "stetson", or like the "d's" in "bird's-eye".

Headwords containing the above consonants and consonantal groups have been given full phonetic transcription in this dictionary.

NB. All double written consonants in Italian are fully sounded: e.g. the *tt* in "tutto" is pronounced as in "ha*t* trick".

ITALIAN VERBS

1 Gerundio **2** Participio passato **3** Presente **4** Imperfetto **5** Passato remoto **6** Futuro
7 Condizionale **8** Congiuntivo presente **9** Congiuntivo passato **10** Imperativo

accadere *like* **cadere**
accedere *like* **concedere**
accendere *2* acceso *5* accesi, accendesti
accludere *like* **alludere**
accogliere *like* **cogliere**
accondiscendere *like* **scendere**
accorgersi *like* **scorgere**
accorrere *like* **correre**
accrescere *like* **crescere**
addirsi *like* **dire**
addurre *like* **ridurre**
affiggere *2* affisso *5* affissi, affiggesti
affliggere *2* afflitto *5* afflissi, affliggesti
aggiungere *like* **giungere**
alludere *2* alluso *5* allusi, alludesti
ammettere *like* **mettere**
andare *3* vado, vai, va, andiamo, andate, vanno *6* andrò *etc* *8* vada *10* va'!, vada!, andate!, vadano!
annettere *2* annesso *5* annessi *o* annettei, annettesti
apparire *2* apparso *3* appaio, appari *o* apparisci, appare *o* apparisce, appaiono *o* appariscono *5* apparvi *o* apparsi, apparisti, apparve *o* apparì *o* apparse, apparvero *o* apparirono *o* apparsero *8* appaia *o* apparisca
appartenere *like* **tenere**
appendere *2* appeso *5* appesi, appendesti
apporre *like* **porre**
apprendere *like* **prendere**
aprire *2* aperto *3* apro *5* aprii *o* apersi, apristi *8* apra
ardere *2* arso *5* arsi, ardesti
ascendere *like* **scendere**
aspergere *2* asperso *5* aspersi, aspergesti
assalire *like* **salire**
assistere *2* assistito
assolvere *2* assolto *5* assolsi *o* assolvei *o* assolvetti, assolvesti
assumere *2* assunto *5* assunsi, assumesti
astenersi *like* **tenere**
attendere *like* **tendere**
attingere *like* **tingere**
AVERE *3* ho, hai, ha, abbiamo, avete, hanno *5* ebbi, avesti, ebbe, avemmo, aveste, ebbero *6* avrò *etc* *8* abbia *etc* *10* abbi!, abbia!, abbiate!, abbiano!
avvedersi *like* **vedere**
avvenire *like* **venire**
avvincere *like* **vincere**
avvolgere *like* **volgere**
benedire *like* **dire**
bere *1* bevendo *2* bevuto *3* bevo *etc* *4* bevevo *etc* *5* bevvi *o* bevetti, bevesti *6* berrò

etc *8* beva *etc* *9* bevessi *etc*
cadere *5* caddi, cadesti *6* cadrò *etc*
chiedere *2* chiesto *5* chiesi, chiedesti
chiudere *2* chiuso *5* chiusi, chiudesti
cingere *2* cinto *5* cinsi, cingesti
cogliere *2* colto *3* colgo, colgono *5* colsi, cogliesti *8* colga
coincidere *2* coinciso *5* coincisi, coincidesti
coinvolgere *like* **volgere**
commettere *like* **mettere**
commuovere *like* **muovere**
comparire *like* **apparire**
compiacere *like* **piacere**
compiangere *like* **piangere**
comporre *like* **porre**
comprendere *like* **prendere**
comprimere *2* compresso *5* compressi, comprimesti
compromettere *like* **mettere**
concedere *2* concesso *o* conceduto *5* concessi *o* concedei *o* concedetti, concedesti
concludere *like* **alludere**
concorrere *like* **correre**
condurre *like* **ridurre**
confondere *like* **fondere**
congiungere *like* **giungere**
connettere *like* **annettere**
conoscere *2* conosciuto *5* conobbi, conoscesti
consistere *like* **assistere**
contendere *like* **tendere**
contenere *like* **tenere**
contorcere *like* **torcere**
contraddire *like* **dire**
contraffare *like* **fare**
contrarre *like* **trarre**
convenire *like* **venire**
convincere *like* **vincere**
coprire *like* **aprire**
correggere *like* **reggere**
correre *2* corso *5* corsi, corresti
corrispondere *like* **rispondere**
corrompere *like* **rompere**
costringere *like* **stringere**
costruire *5* costrussi, costruisti
crescere *2* cresciuto *5* crebbi, crescesti
cuocere *2* cotto *3* cuocio, cociamo, cuociono *5* cossi, cocesti
dare *3* do, dai, dà, diamo, date, danno *5* diedi *o* detti, desti *6* darò *etc* *9* dessi *etc* *10* da'!, dai!, date!, diano!
decidere *2* deciso *5* decisi, decidesti
decrescere *like* **crescere**
dedurre *like* **ridurre**

deludere *like* **alludere**
deporre *like* **porre**
deprimere *like* **comprimere**
deridere *like* **ridere**
descrivere *like* **scrivere**
desumere *like* **assumere**
detergere *like* **tergere**
devolvere *2* devoluto
difendere *2* difeso *5* difesi, difendesti
diffondere *like* **fondere**
dipendere *like* **appendere**
dipingere *like* **tingere**
dire *1* dicendo *2* detto *3* dico, dici, dice, diciamo, dite, dicono *4* dicevo *etc 5* dissi, dicesti *6* dirò *etc 8* dica, diciamo, diciate, dicano *9* dicessi *etc 10* di'!, dica!, dite!, dicano!
dirigere *2* diretto *5* diressi, dirigesti
discendere *like* **scendere**
dischiudere *like* **chiudere**
disciogliere *like* **sciogliere**
discorrere *like* **correre**
discutere *2* discusso *5* discussi, discutesti
disfare *like* **fare**
disilludere *like* **alludere**
disperdere *like* **perdere**
dispiacere *like* **piacere**
disporre *like* **porre**
dissolvere *2* dissolto *o* dissoluto *5* dissolsi *o* dissolvetti *o* dissolvei, dissolvesti
dissuadere *like* **persuadere**
distendere *like* **tendere**
distinguere *2* distinto *5* distinsi, distinguesti
distogliere *like* **togliere**
distrarre *like* **trarre**
distruggere *like* **struggere**
divenire *like* **venire**
dividere *2* diviso *5* divisi, dividesti
dolere *3* dolgo, duoli, duole, dolgono *5* dolsi, dolesti *6* dorrò *etc 8* dolga
DORMIRE *1* GERUNDIO dormendo
2 PARTICIPIO PASSATO dormito
3 PRESENTE dormo, dormi, dorme, dormiamo, dormite, dormono
4 IMPERFETTO dormivo, dormivi, dormiva, dormivamo, dormivate, dormivano
5 PASSATO REMOTO dormii, dormisti, dormì, dormimmo, dormiste, dormirono
6 FUTURO dormirò, dormirai, dormirà, dormiremo, dormirete, dormiranno
7 CONDIZIONALE dormirei, dormiresti, dormirebbe, dormiremmo, dormireste, dormirebbero
8 CONGIUNTIVO PRESENTE dorma, dorma, dorma, dormiamo, dormiate, dormano
9 CONGIUNTIVO PASSATO dormissi, dormissi, dormisse, dormissimo, dormiste, dormissero
10 IMPERATIVO dormi!, dorma!, dormite!, dormano!
dovere *3* devo *o* debbo, devi, deve, dobbiamo, dovete, devono *o* debbono *6* dovrò *etc*

8 debba, dobbiamo, dobbiate, devano *o* debbano
eccellere *2* eccelso *5* eccelsi, eccellesti
eludere *like* **alludere**
emergere *2* emerso *5* emersi, emergesti
emettere *like* **mettere**
erigere *like* **dirigere**
escludere *like* **alludere**
esigere *2* esatto
esistere *2* esistito
espellere *2* espulso *5* espulsi, espellesti
esplodere *2* esploso *5* esplosi, esplodesti
esporre *like* **porre**
esprimere *like* **comprimere**
ESSERE *2* stato *3* sono, sei, è, siamo, siete, sono *4* ero, eri, era, eravamo, eravate, erano *5* fui, fosti, fu, fummo, foste, furono *6* sarò *etc 8* sia *etc 9* fossi, fossi, fosse, fossimo, foste, fossero *10* sii!, sia!, siate!, siano!
estendere *like* **tendere**
estinguere *like* **distinguere**
estrarre *like* **trarre**
evadere *2* evaso *5* evasi, evadesti
evolvere *2* evoluto
fare *1* facendo *2* fatto *3* faccio, fai, fa, facciamo, fate, fanno *4* facevo *etc 5* feci, facesti *6* farò *etc 8* faccia *etc 9* facessi *etc 10* fa'!, faccia!, fate!, facciano!
fingere *like* **cingere**
FINIRE *1* GERUNDIO finendo
2 PARTICIPIO PASSATO finito
3 PRESENTE finisco, finisci, finisce, finiamo, finite, finiscono
4 IMPERFETTO finivo, finivi, finiva, finivamo, finivate, finivano
5 PASSATO REMOTO finii, finisti, finì, finimmo, finiste, finirono
6 FUTURO finirò, finirai, finirà, finiremo, finirete, finiranno
7 CONDIZIONALE finirei, finiresti, finirebbe, finiremmo, finireste, finirebbero
8 CONGIUNTIVO PRESENTE finisca, finisca, finisca, finiamo, finiate, finiscano
9 CONGIUNTIVO PASSATO finissi, finissi, finisse, finissimo, finiste, finissero
10 IMPERATIVO finisci!, finisca!, finite!, finiscano!
flettere *2* flesso
fondere *2* fuso *5* fusi, fondesti
friggere *2* fritto *5* frissi, friggesti
fungere *2* funto *5* funsi, fungesti
giacere *3* giaccio, giaci, giace, giac(c)iamo, giacete, giacciono *5* giacqui, giacesti *8* giaccia *etc 10* giaci!, giaccia!, giac(c)iamo!, giacete!, giacciano!
giungere *2* giunto *5* giunsi, giungesti
godere *6* godrò *etc*
illudere *like* **alludere**
immergere *like* **emergere**
immettere *like* **mettere**
imporre *like* **porre**
imprimere *like* **comprimere**

incidere *like* **decidere**
includere *like* **alludere**
incorrere *like* **correre**
incutere *like* **discutere**
indulgere 2 indulto 5 indulsi, indulgesti
indurre *like* **ridurre**
inferire[1] 2 inferto 5 infersi, inferisti
inferire[2] 2 inferito 5 inferii, inferisti
infliggere *like* **affliggere**
infrangere 2 infranto 5 infransi, infrangesti
infondere *like* **fondere**
insistere *like* **assistere**
intendere *like* **tendere**
interdire *like* **dire**
interporre *like* **porre**
interrompere *like* **rompere**
intervenire *like* **venire**
intraprendere *like* **prendere**
introdurre *like* **ridurre**
invadere *like* **evadere**
irrompere *like* **rompere**
iscrivere *like* **scrivere**
istruire *like* **costruire**
ledere 2 leso 5 lesi, ledesti
leggere 2 letto 5 lessi, leggesti
maledire *like* **dire**
mantenere *like* **tenere**
mettere 2 messo 5 misi, mettesti
mordere 2 morso 5 morsi, mordesti
morire 2 morto 3 muoio, muori, muore, moriamo, morite, muoiono 6 morirò *o* morrò *etc* 8 muoia
mungere 2 munto 5 munsi, mungesti
muovere 2 mosso 5 mossi, movesti
nascere 2 nato 5 nacqui, nascesti
nascondere 2 nascosto 5 nascosi, nascondesti
nuocere 2 nuociuto 3 nuoccio, nuoci, nuoce, nociamo *o* nuociamo, nuocete, nuocciono *etc* 5 nocqui, nuocesti 6 nuocerò *etc* 7 nuoccia
occorrere *like* **correre**
offendere *like* **difendere**
offrire 2 offerto 3 offro 5 offersi *o* offrii, offristi 8 offra
omettere *like* **mettere**
opporre *like* **porre**
opprimere *like* **comprimere**
ottenere *like* **tenere**
parere 2 parso 3 paio, paiamo, paiono 5 parvi *o* parsi, paresti 6 parrò *etc* 8 paia, paiamo, paiate, paiano
PARLARE 1 *GERUNDIO* parlando
2 *PARTICIPIO PASSATO* parlato
3 *PRESENTE* parlo, parli, parla, parliamo, parlate, parlano
4 *IMPERFETTO* parlavo, parlavi, parlava, parlavamo, parlavate, parlavano
5 *PASSATO REMOTO* parlai, parlasti, parlò, parlammo, parlaste, parlarono
6 *FUTURO* parlerò, parlerai, parlerà, parleremo, parlerete, parleranno

7 *CONDIZIONALE* parlerei, parleresti, parlerebbe, parleremmo, parlereste, parlerebbero
8 *CONGIUNTIVO PRESENTE* parli, parli, parli, parliamo, parliate, parlino
9 *CONGIUNTIVO PASSATO* parlassi, parlassi, parlasse, parlassimo, parlaste, parlassero
10 *IMPERATIVO* parla!, parli!, parlate!, parlino!
percorrere *like* **correre**
percuotere 2 percosso 5 percossi, percotesti
perdere 2 perso *o* perduto 5 persi *o* perdei *o* perdetti, perdesti
permettere *like* **mettere**
persuadere 2 persuaso 5 persuasi, persuadesti
pervenire *like* **venire**
piacere 2 piaciuto 3 piaccio, piacciamo, piacciono 5 piacqui, piacesti 8 piaccia *etc*
piangere 2 pianto 5 piansi, piangesti
piovere 5 piovve
porgere 2 porto 5 porsi, porgesti
porre 1 ponendo 2 posto 3 pongo, poni, pone, poniamo, ponete, pongono 4 ponevo *etc* 5 posi, ponesti 6 porrò *etc* 8 ponga, poniamo, poniate, pongano 9 ponessi *etc*
posporre *like* **porre**
possedere *like* **sedere**
potere 3 posso, puoi, può, possiamo, potete, possono 6 potrò *etc* 8 possa, possiamo, possiate, possano
prediligere 2 prediletto 5 predilessi, prediligesti
predire *like* **dire**
prefiggersi *like* **affiggere**
preludere *like* **alludere**
prendere 2 preso 5 presi, prendesti
preporre *like* **porre**
prescrivere *like* **scrivere**
presiedere *like* **sedere**
presumere *like* **assumere**
pretendere *like* **tendere**
prevalere *like* **valere**
prevedere *like* **vedere**
prevenire *like* **venire**
produrre *like* **ridurre**
proferire *like* **inferire**[2]
profondere *like* **fondere**
promettere *like* **mettere**
promuovere *like* **muovere**
proporre *like* **porre**
prorompere *like* **rompere**
proscrivere *like* **scrivere**
proteggere 2 protetto 5 protessi, proteggesti
provenire *like* **venire**
provvedere *like* **vedere**
pungere 2 punto 5 punsi, pungesti
racchiudere *like* **chiudere**
raccogliere *like* **cogliere**
radere 2 raso 5 rasi, radesti

raggiungere *like* **giungere**
rapprendere *like* **prendere**
ravvedersi *like* **vedere**
recidere *like* **decidere**
redigere *2* redatto
redimere *2* redento *5* redensi, redimesti
reggere *2* retto *5* ressi, reggesti
rendere *2* reso *5* resi, rendesti
reprimere *like* **comprimere**
rescindere *like* **scindere**
respingere *like* **spingere**
restringere *like* **stringere**
ricadere *like* **cadere**
richiedere *like* **chiedere**
riconoscere *like* **conoscere**
ricoprire *like* **coprire**
ricorrere *like* **correre**
ridere *2* riso *5* risi, ridesti
ridire *like* **dire**
ridurre *1* riducendo *2* ridotto *3* riduco *etc 4* riducevo *etc 5* ridussi, riducesti *6* ridurrò *etc 8* riduca *etc 9* riducessi *etc*
riempire *1* riempiendo *3* riempio, riempi, riempie, riempiono
rifare *like* **fare**
riflettere *2* riflettuto *o* riflesso
rifrangere *like* **infrangere**
rimanere *2* rimasto *3* rimango, rimangono *5* rimasi, rimanesti *6* rimarrò *etc 8* rimanga
rimettere *like* **mettere**
rimpiangere *like* **piangere**
rinchiudere *like* **chiudere**
rincrescere *like* **crescere**
rinvenire *like* **venire**
ripercuotere *like* **percuotere**
riporre *like* **porre**
riprendere *like* **prendere**
riprodurre *like* **ridurre**
riscuotere *like* **scuotere**
risolvere *like* **assolvere**
risorgere *like* **sorgere**
rispondere *2* risposto *5* risposi, rispondesti
ritenere *like* **tenere**
ritrarre *like* **trarre**
riuscire *like* **uscire**
rivedere *like* **vedere**
rivivere *like* **vivere**
rivolgere *like* **volgere**
rodere *2* roso *5* rosi, rodesti
rompere *2* rotto *5* ruppi, rompesti
salire *3* salgo, sali, salgono *8* salga
sapere *3* so, sai, sa, sappiamo, sapete, sanno *5* seppi, sapesti *6* saprò *etc 8* sappia *etc 10* sappi!, sappia!, sappiate!, sappiano!
scadere *like* **cadere**
scegliere *2* scelto *3* scelgo, scegli, sceglie, scegliamo, scegliete, scelgono *5* scelsi, scegliesti *8* scelga, scegliamo, scegliate, scelgano *10* scegli!, scelga!, scegliamo!, scegliete!, scelgano!
scendere *2* sceso *5* scesi, scendesti

schiudere *like* **chiudere**
scindere *2* scisso *5* scissi, scindesti
sciogliere *2* sciolto *3* sciolgo, sciolgi, scioglie, sciogliamo, sciogliete, sciolgono *5* sciolsi, sciogliesti *8* sciolga, sciogliamo, sciogliate, sciolgano *10* sciogli!, sciolga!, sciogliamo!, sciogliete!, sciolgano!
scommettere *like* **mettere**
scomparire *like* **apparire**
scomporre *like* **porre**
sconfiggere *2* sconfitto *5* sconfissi, sconfiggesti
sconvolgere *like* **volgere**
scoprire *like* **aprire**
scorgere *2* scorto *5* scorsi, scorgesti
scorrere *like* **correre**
scrivere *2* scritto *5* scrissi, scrivesti
scuotere *2* scosso *3* scuoto, scuoti, scuote, scotiamo, scotete, scuotono *5* scossi, scotesti *6* scoterò *etc 8* scuota, scotiamo, scotiate, scuotano *10* scuoti!, scuota!, scotiamo!, scotete!, scuotano!
sedere *3* siedo, siedi, siede, siedono *8* sieda
seppellire *2* sepolto
smettere *like* **mettere**
smuovere *like* **muovere**
socchiudere *like* **chiudere**
soccorrere *like* **correre**
soddisfare *like* **fare**
soffriggere *like* **friggere**
soffrire *2* sofferto *5* soffersi *o* soffrii, soffristi
soggiungere *like* **giungere**
solere *2* solito *3* soglio, suoli, suole, sogliamo, solete, sogliono *8* soglia, sogliamo, sogliate, sogliano
sommergere *like* **emergere**
sopprimere *like* **comprimere**
sorgere *2* sorto *3* sorsi, sorgesti
sorprendere *like* **prendere**
sorreggere *like* **reggere**
sorridere *like* **ridere**
sospendere *like* **appendere**
sospingere *like* **spingere**
sostenere *like* **tenere**
sottintendere *like* **tendere**
spandere *2* spanto
spargere *2* sparso *5* sparsi, spargesti
sparire *5* sparii *o* sparvi, sparisti
spegnere *2* spento *3* spengo, spengono *5* spensi, spegnesti *8* spenga
spendere *2* speso *5* spesi, spendesti
spingere *2* spinto *5* spinsi, spingesti
sporgere *like* **porgere**
stare *2* stato *3* sto, stai, sta, stiamo, state, stanno *5* stetti, stesti *6* starò *etc 8* stia *etc 9* stessi *etc 10* sta'!, stia!, state!, stiano!
stendere *like* **tendere**
storcere *like* **torcere**
stringere *2* stretto *5* strinsi, stringesti
struggere *2* strutto *5* strussi, struggesti
succedere *like* **concedere**

supporre *like* **porre**

svenire *like* **venire**

svolgere *like* **volgere**

tacere *2* taciuto *3* taccio, tacciono *5* tacqui, tacesti *8* taccia

tendere *2* teso *5* tesi, tendesti *etc*

tenere *3* tengo, tieni, tiene, tengono *5* tenni, tenesti *6* terrò *etc* *8* tenga

tingere *2* tinto *5* tinsi, tingesti

togliere *2* tolto *3* tolgo, togli, toglie, togliamo, togliete, tolgono *5* tolsi, togliesti *8* tolga, togliamo, togliate, tolgano *10* togli!, tolga!, togliamo!, togliete!, tolgano!

torcere *2* torto *5* torsi, torcesti

tradurre *like* **ridurre**

trafiggere *like* **sconfiggere**

transigere *like* **esigere**

trarre *1* traendo *2* tratto *3* traggo, trai, trae, traiamo, traete, traggono *4* traevo *etc* *5* trassi, traesti *6* trarrò *etc* *8* tragga *9* traessi *etc*

trascorrere *like* **correre**

trascrivere *like* **scrivere**

trasmettere *like* **mettere**

trasparire *like* **apparire**

trattenere *like* **tenere**

uccidere *2* ucciso *5* uccisi, uccidesti

udire *3* odo, odi, ode, odono *8* oda

ungere *2* unto *5* unsi, ungesti

uscire *3* esco, esci, esce, escono *8* esca

valere *2* valso *3* valgo, valgono *5* valsi, valesti *6* varrò *etc* *8* valga

vedere *2* visto *o* veduto *5* vidi, vedesti *6* vedrò *etc*

VENDERE *1* GERUNDIO vendendo

2 PARTICIPIO PASSATO venduto

3 PRESENTE vendo, vendi, vende, vendiamo, vendete, vendono

4 IMPERFETTO vendevo, vendevi, vendeva, vendevamo, vendevate, vendevano

5 PASSATO REMOTO vendei *o* vendetti, vendesti, vendé *o* vendette, vendemmo, vendeste, venderono *o* vendettero

6 FUTURO venderò, venderai, venderà, venderemo, venderete, venderanno

7 CONDIZIONALE venderei, venderesti, venderebbe, venderemmo, vendereste, venderebbero

8 CONGIUNTIVO PRESENTE venda, venda, venda, vendiamo, vendiate, vendano

9 CONGIUNTIVO PASSATO vendessi, vendessi, vendesse, vendessimo, vendeste, vendessero

10 IMPERATIVO vendi!, venda!, vendete!, vendano!

venire *2* venuto *3* vengo, vieni, viene, vengono *5* venni, venisti *6* verrò *etc* *8* venga

vincere *2* vinto *5* vinsi, vincesti

vivere *2* vissuto *5* vissi, vivesti

volere *3* voglio, vuoi, vuole, vogliamo, volete, vogliono *5* volli, volesti *6* vorrò *etc* *8* voglia *etc* *10* vogli!, voglia!, vogliate!, vogliano!

volgere *2* volto *5* volsi, volgesti

VERBI INGLESI

present	pt	pp	present	pt	pp
arise	arose	arisen	drive	drove	driven
awake	awoke	awoken	dwell	dwelt	dwelt
be (am, is, are; being)	was, were	been	eat	ate	eaten
			fall	fell	fallen
			feed	fed	fed
bear	bore	born(e)	feel	felt	felt
beat	beat	beaten	fight	fought	fought
become	became	become	find	found	found
befall	befell	befallen	flee	fled	fled
begin	began	begun	fling	flung	flung
behold	beheld	beheld	fly	flew	flown
bend	bent	bent	forbid	forbad(e)	forbidden
beset	beset	beset	forecast	forecast	forecast
bet	bet, betted	bet, betted	forget	forgot	forgotten
bid (at auction, cards)	bid	bid	forgive	forgave	forgiven
			forsake	forsook	forsaken
			freeze	froze	frozen
bid (say)	bade	bidden	get	got	got, (US) gotten
bind	bound	bound			
bite	bit	bitten	give	gave	given
bleed	bled	bled	go (goes)	went	gone
blow	blew	blown	grind	ground	ground
break	broke	broken	grow	grew	grown
breed	bred	bred	hang	hung	hung
bring	brought	brought	hang (execute)	hanged	hanged
build	built	built			
burn	burnt, burned	burnt, burned	have	had	had
			hear	heard	heard
burst	burst	burst	hide	hid	hidden
buy	bought	bought	hit	hit	hit
can	could	(been able)	hold	held	held
cast	cast	cast	hurt	hurt	hurt
catch	caught	caught	keep	kept	kept
choose	chose	chosen	kneel	knelt, kneeled	knelt, kneeled
cling	clung	clung			
come	came	come	know	knew	known
cost	cost	cost	lay	laid	laid
cost (work out price of)	costed	costed	lead	led	led
			lean	leant, leaned	leant, leaned
creep	crept	crept	leap	leapt, leaped	leapt, leaped
cut	cut	cut			
deal	dealt	dealt	learn	learnt, learned	learnt, learned
dig	dug	dug			
do (3rd person: he/she/it does)	did	done	leave	left	left
			lend	lent	lent
			let	let	let
			lie (lying)	lay	lain
draw	drew	drawn	light	lit, lighted	lit, lighted
dream	dreamed, dreamt	dreamed, dreamt	lose	lost	lost
			make	made	made
drink	drank	drunk	may	might	—

present	pt	pp	present	pt	pp
mean	meant	meant	speed	sped,	sped,
meet	met	met		speeded	speeded
mistake	mistook	mistaken	spell	spelt,	spelt,
mow	mowed	mown,		spelled	spelled
		mowed	spend	spent	spent
must	(had to)	(had to)	spill	spilt,	spilt,
pay	paid	paid		spilled	spilled
put	put	put	spin	spun	spun
quit	quit,	quit,	spit	spat	spat
	quitted	quitted	spoil	spoiled,	spoiled,
read	read	read		spoilt	spoilt
rid	rid	rid	spread	spread	spread
ride	rode	ridden	spring	sprang	sprung
ring	rang	rung	stand	stood	stood
rise	rose	risen	steal	stole	stolen
run	ran	run	stick	stuck	stuck
saw	sawed	sawed,	sting	stung	stung
		sawn	stink	stank	stunk
say	said	said	stride	strode	stridden
see	saw	seen	strike	struck	struck
seek	sought	sought	strive	strove	striven
sell	sold	sold	swear	swore	sworn
send	sent	sent	sweep	swept	swept
set	set	set	swell	swelled	swollen,
sew	sewed	sewn			swelled
shake	shook	shaken	swim	swam	swum
shear	sheared	shorn,	swing	swung	swung
		sheared	take	took	taken
shed	shed	shed	teach	taught	taught
shine	shone	shone	tear	tore	torn
shoot	shot	shot	tell	told	told
show	showed	shown	think	thought	thought
shrink	shrank	shrunk	throw	threw	thrown
shut	shut	shut	thrust	thrust	thrust
sing	sang	sung	tread	trod	trodden
sink	sank	sunk	wake	woke,	woken,
sit	sat	sat		waked	waked
slay	slew	slain	wear	wore	worn
sleep	slept	slept	weave	wove	woven
slide	slid	slid	weave	weaved	weaved
sling	slung	slung	(wind)		
slit	slit	slit	wed	wedded,	wedded,
smell	smelt,	smelt,		wed	wed
	smelled	smelled	weep	wept	wept
sow	sowed	sown,	win	won	won
		sowed	wind	wound	wound
speak	spoke	spoken	wring	wrung	wrung
			write	wrote	written

I NUMERI

NUMBERS

uno(a)	1	one
due	2	two
tre	3	three
quattro	4	four
cinque	5	five
sei	6	six
sette	7	seven
otto	8	eight
nove	9	nine
dieci	10	ten
undici	11	eleven
dodici	12	twelve
tredici	13	thirteen
quattordici	14	fourteen
quindici	15	fifteen
sedici	16	sixteen
diciassette	17	seventeen
diciotto	18	eighteen
diciannove	19	nineteen
venti	20	twenty
ventuno	21	twenty-one
ventidue	22	twenty-two
ventitré	23	twenty-three
ventotto	28	twenty-eight
trenta	30	thirty
quaranta	40	forty
cinquanta	50	fifty
sessanta	60	sixty
settanta	70	seventy
ottanta	80	eighty
novanta	90	ninety
cento	100	a hundred, one hundred
centouno	101	a hundred and one
duecento	200	two hundred
mille	1 000	a thousand, one thousand
milleduecentodue	1 202	one thousand two hundred and two
cinquemila	5 000	five thousand
un milione	1 000 000	a million, one million

I NUMERI

NUMBERS

primo(a), 1°	first, 1st
secondo(a), 2°	second, 2nd
terzo(a), 3°	third, 3rd
quarto(a)	fourth, 4th
quinto(a)	fifth, 5th
sesto(a)	sixth, 6th
settimo(a)	seventh
ottavo(a)	eighth
nono(a)	ninth
decimo(a)	tenth
undicesimo(a)	eleventh
dodicesimo(a)	twelfth
tredicesimo(a)	thirteenth
quattordicesimo(a)	fourteenth
quindicesimo(a)	fifteenth
sedicesimo(a)	sixteenth
diciassettesimo(a)	seventeenth
diciottesimo(a)	eighteenth
diciannovesimo(a)	nineteenth
ventesimo(a)	twentieth
ventunesimo(a)	twenty-first
ventiduesimo(a)	twenty-second
ventitreesimo(a)	twenty-third
ventottesimo(a)	twenty-eighth
trentesimo(a)	thirtieth
centesimo(a)	hundredth
centunesimo(a)	hundred-and-first
millesimo(a)	thousandth
milionesimo(a)	millionth

L'ORA

THE TIME

che ora è?, che ore sono?
è ..., sono ...

what time is it?
it's ...

mezzanotte	midnight
l'una (del mattino)	one o'clock (in the morning) , one (am)
l'una e cinque	five past one
l'una e dieci	ten past one
l'una e un quarto, l'una e quindici	a quarter past one, one fifteen
l'una e venticinque	twenty-five past one, one twenty-five
l'una e mezzo *o* mezza, l'una e trenta	half past one, one thirty
l'una e trentacinque	twenty-five to two, one thirty-five
le due meno venti, l'una e quaranta	twenty to two, one forty
le due meno un quarto, l'una e quarantacinque	a quarter to two, one forty-five
le due meno dieci, l'una e cinquanta	ten to two, one fifty
mezzogiorno	twelve o'clock, midday, noon
le tre, le quindici	three o'clock (in the afternoon), three (pm)
le sette (di sera), le diciannove	seven o'clock (in the evening), seven (pm)

a che ora?

at what time?

a mezzanotte	at midnight
alle sette	at seven o'clock
fra venti minuti	in twenty minutes
venti minuti fa	twenty minutes ago

LA DATA

THE DATE

oggi	today
domani	tomorrow
dopodomani	the day after tomorrow
ieri	yesterday
l'altro ieri	the day before yesterday
il giorno prima	the day before, the previous day
il giorno dopo	the next *or* following day

la mattina	morning
la sera	evening
stamattina	this morning
stasera	this evening
questo pomeriggio	this afternoon
ieri mattina	yesterday morning
ieri sera	yesterday evening
domani mattina	tomorrow morning
domani sera	tomorrow evening
nella notte tra sabato e domenica	during Saturday night, during the night of Saturday to Sunday
viene sabato	he's coming on Saturday
il sabato	on Saturdays
tutti i sabati	every Saturday
sabato scorso, lo scorso sabato	last Saturday
il prossimo sabato	next Saturday
fra due sabati	a week on Saturday
fra tre sabati	a fortnight or two weeks on Saturday
da lunedì a sabato	from Monday to Saturday
tutti i giorni	every day
una volta alla settimana	once a week
una volta al mese	once a month
due volte alla settimana	twice a week
una settimana fa	a week ago
quindici giorni fa	a fortnight or two weeks ago
l'anno scorso or passato	last year
fra due giorni	in two days
fra una settimana	in a week
fra quindici giorni	in a fortnight or two weeks
il mese prossimo	next month
l'anno prossimo	next year

che giorno è oggi?	*what day is it?*
il primo/24 ottobre 1996	the 1st/24th of October 1996, October 1st/24th 1996
nel 1996	in 1996
il millenovecentonovantacinque	nineteen ninety-five
44 a.C.	44 BC
14 d.C.	14 AD
nel diciannovesimo secolo, nel XIX secolo, nell'Ottocento	in the nineteenth century
negli anni trenta	in the thirties
c'era una volta ...	once upon a time ...

Italiano-Inglese
Italian-English

Aa

A, a [a] *sf o m inv* (*lettera*) A, a; **A come Ancona** ≈ A for Andrew (*BRIT*), A for Able (*US*); **dalla a alla z** from a to z.
A *abbr* (= *altezza*) h; (= *area*) A; (= *autostrada*) ≈ M (*BRIT*).

══════════ PAROLA CHIAVE

a (*a + il* = **al**, *a + lo* = **allo**, *a + l'* = **all'**, *a + la* = **alla**, *a + i* = **ai**, *a + gli* = **agli**, *a + le* = **alle**) *prep* **1** (*stato in luogo*) at; (: *in*) in; **essere alla stazione** to be at the station; **essere ~ casa/~ scuola/~ Roma** to be at home/at school/in Rome; **è ~ 10 km da qui** it's 10 km from here, it's 10 km away; **restare ~ cena** to stay for dinner
2 (*moto a luogo*) to; **andare ~ casa/~ scuola/alla stazione** to go home/to school/to the station; **andare ~ Roma/al mare** to go to Rome/to the seaside
3 (*tempo*) at; (*epoca, stagione*) in; **alle cinque** at five (o'clock); **~ mezzanotte/ Natale** at midnight/Christmas; **al mattino** in the morning; **~ maggio/primavera** in May/spring; **~ cinquant'anni** at fifty (years of age); **~ domani!** see you tomorrow!; **~ l'ora** see you on Monday!; **~ giorni** within (a few) days
4 (*complemento di termine*) to; **dare qc ~ qn** to give sb sth, give sth to sb; **l'ho chiesto ~ lui** I asked him
5 (*mezzo, modo*) with, by; **~ piedi/cavallo** on foot/horseback; **viaggiare ~ 100 km all'ora** to travel at 100 km an *o* per hour; **alla televisione/radio** on television/the radio; **fatto ~ mano** made by hand, handmade; **una barca ~ motore** a motorboat; **una stufa ~ gas** a gas heater;

~ uno ~ uno one by one; **~ fatica** with difficulty; **all'italiana** the Italian way, in the Italian fashion
6 (*rapporto*) a, per; (: *con prezzi*) at; **due volte al giorno/mese** twice a day/month; **prendo 500.000 lire al mese** I get 500,000 lire a *o* per month; **pagato ~ ore** paid by the hour; **vendere qc ~ 500 lire il chilo** to sell sth at 500 lire a *o* per kilo; **cinque ~ zero** (*punteggio*) five nil.

AA *sigla* = Alto Adige.
AAS *sigla f* = Azienda Autonoma di Soggiorno.
AA.VV. *abbr* = autori vari.
ab. *abbr* = abitante.
a'bate *sm* abbot.
abbacchi'ato, a [abbak'kjato] *ag* downhearted, in low spirits.
abbacin'are [abbatʃi'nare] *vt* to dazzle.
abbagli'ante [abbaʎ'ʎante] *ag* dazzling; **~i** *smpl* (*AUT*): **accendere gli ~i** to put one's headlights on full (*BRIT*) *o* high (*US*) beam.
abbagli'are [abbaʎ'ʎare] *vt* to dazzle; (*illudere*) to delude.
ab'baglio [ab'baʎʎo] *sm* blunder; **prendere un ~** to blunder, make a blunder.
abbai'are *vi* to bark.
abba'ino *sm* dormer window; (*soffitta*) attic room.
abbando'nare *vt* to leave, abandon, desert; (*trascurare*) to neglect; (*rinunciare a*) to abandon, give up; **~rsi** *vr* to let o.s. go; **~ il campo** (*MIL*) to retreat; **~ la presa** to let go; **~rsi a** (*ricordi, vizio*) to give o.s. up to.
abbando'nato, a *ag* (*casa*) deserted;

(*miniera*) disused; (*trascurato: terreno, podere*) neglected; (*bambino*) abandoned.

abban'dono *sm* abandoning; neglecting; (*stato*) abandonment; neglect; (*SPORT*) withdrawal; (*fig*) abandon; **in** ~ (*edificio, giardino*) neglected.

abbarbi'carsi *vr*: ~ (**a**) (*anche fig*) to cling (to).

abbassa'mento *sm* lowering; (*di pressione, livello dell'acqua*) fall; (*di prezzi*) reduction; ~ **di temperatura** drop in temperature.

abbas'sare *vt* to lower; (*radio*) to turn down; ~**rsi** *vr* (*chinarsi*) to stoop; (*livello, sole*) to go down; (*fig: umiliarsi*) to demean o.s.; ~ **i fari** (*AUT*) to dip (*BRIT*) o dim (*US*) one's lights; ~ **le armi** (*MIL*) to lay down one's arms.

ab'basso *escl*: ~ **il re!** down with the king!

abbas'tanza [abbas'tantsa] *av* (*a sufficienza*) enough; (*alquanto*) quite, rather, fairly; **non è** ~ **furbo** he's not shrewd enough; **un vino** ~ **dolce** quite a sweet wine, a fairly sweet wine; **averne** ~ **di qn/qc** to have had enough of sb/sth.

ab'battere *vt* (*muro, casa, ostacolo*) to knock down; (*albero*) to fell; (: *sog: vento*) to bring down; (*bestie da macello*) to slaughter; (*cane, cavallo*) to destroy, put down; (*selvaggina, aereo*) to shoot down; (*fig: sog: malattia, disgrazia*) to lay low; ~**rsi** *vr* (*avvilirsi*) to lose heart; ~**rsi a terra** o **al suolo** to fall to the ground; ~**rsi su** (*sog: maltempo*) to beat down on; (: *disgrazia*) to hit, strike.

abbatti'mento *sm* knocking down; felling; (*di casa*) demolition; (*prostrazione: fisica*) exhaustion; (: *morale*) despondency.

abbat'tuto, a *ag* despondent, depressed.

abba'zia [abbat'tsia] *sf* abbey.

abbece'dario [abbetʃe'darjo] *sm* primer.

abbelli'mento *sm* embellishment.

abbel'lire *vt* to make beautiful; (*ornare*) to embellish.

abbeve'rare *vt* to water; ~**rsi** *vr* to drink.

abbevera'toio *sm* drinking trough.

'abbi, 'abbia, abbi'amo, 'abbiano, abbi'ate *vb vedi* **avere**.

abbicci [abbit'tʃi] *sm inv* alphabet; (*sillabario*) primer; (*fig*) rudiments *pl*.

abbi'ente *ag* well-to-do, well-off.

abbi'etto, a *ag* = **abietto**.

abbiezi'one [abbjet'tsjone] *sf* = **abiezione**.

abbiglia'mento [abbiʎʎa'mento] *sm* dress *no pl*; (*indumenti*) clothes *pl*; (*industria*) clothing industry.

abbigli'are [abbiʎ'ʎare] *vt* to dress up.

abbina'mento *sm* combination; linking; matching.

abbi'nare *vt*: ~ (**con** o **a**) (*gen*) to combine (with); (*nomi*) to link (with); ~ **qc a qc** (*colori etc*) to match sth with sth.

abbindo'lare *vt* (*fig*) to cheat, trick.

abbocca'mento *sm* (*colloquio*) talks *pl*, meeting; (*TECN: di tubi*) connection.

abboc'care *vt* (*tubi, canali*) to connect, join up ♦ *vi* (*pesce*) to bite; (*tubi*) to join; ~ (**all'amo**) (*fig*) to swallow the bait.

abboc'cato, a *ag* (*vino*) sweetish.

abbona'mento *sm* subscription; (*alle ferrovie etc*) season ticket; **in** ~ **for subscribers only**; for season ticket holders only; **fare l'**~ (**a**) to take out a subscription (to); to buy a season ticket (for).

abbo'nare *vt* (*cifra*) to deduct; (*fig: perdonare*) to forgive; ~**rsi** *vr*: ~**rsi a un giornale** to take out a subscription to a newspaper; ~**rsi al teatro/alle ferrovie** to take out a season ticket for the theatre/the train.

abbo'nato, a *sm/f* subscriber; season-ticket holder; **elenco degli** ~**i** telephone directory.

abbon'dante *ag* abundant, plentiful; (*giacca*) roomy.

abbon'danza [abbon'dantsa] *sf* abundance; plenty.

abbon'dare *vi* to abound, be plentiful; ~ **in** o **di** to be full of, abound in.

abbor'dabile *ag* (*persona*) approachable; (*prezzo*) reasonable.

abbor'dare *vt* (*nave*) to board; (*persona*) to approach; (*argomento*) to tackle; ~ **una curva** to take a bend.

abbotto'nare *vt* to button up, do up; ~**rsi** *vr* to button (up).

abbotto'nato, a *ag* (*camicia etc*) buttoned (up); (*fig*) reserved.

abbotto'natura *sf* buttons *pl*; **questo cappotto ha l'**~ **da uomo/da donna** this coat buttons on the man's/woman's side.

abboz'zare [abbot'tsare] *vt* to sketch, outline; (*SCULTURA*) to rough-hew; ~ **un sorriso** to give a hint of a smile.

ab'bozzo [ab'bɔttso] *sm* sketch, outline; (*DIR*) draft.

abbracci'are [abbrat'tʃare] *vt* to embrace; (*persona*) to hug, embrace; (*professione*) to take up; (*contenere*) to include; ~**rsi** *vr* to hug o embrace (one another).

ab'braccio [ab'brattʃo] *sm* hug, embrace.

abbrevi'are *vt* to shorten; (*parola*) to abbreviate, shorten.

abbreviazi'one [abbrevjat'tsjone] *sf* abbreviation.

abbron'zante [abbron'dzante] *ag* tanning,

sun *cpd.*

abbron'zare [abbron'dzare] *vt* (*pelle*) to tan; (*metalli*) to bronze; ~**rsi** *vr* to tan, get a tan.

abbron'zato, a [abbron'dzato] *ag* (sun)tanned.

abbronza'tura [abbrondza'tura] *sf* tan, suntan.

abbrusto'lire *vt* (*pane*) to toast; (*caffè*) to roast.

abbruti'mento *sm* exhaustion; degradation.

abbru'tire *vt* (*snervare, stancare*) to exhaust; (*degradare*) to degrade; **essere abbrutito dall'alcool** to be ruined by drink.

abbuf'farsi *vr* (*fam*): ~ **(di qc)** to stuff o.s. (with sth).

abbuf'fata *sf* (*fam*) nosh-up; (*fig*) binge; **farsi un'**~ to stuff o.s.

abbuo'nare *vt* = **abbonare.**

abbu'ono *sm* (*COMM*) allowance, discount; (*SPORT*) handicap.

abdi'care *vi* to abdicate; ~ **a** to give up, renounce.

abdicazi'one [abdikat'tsjone] *sf* abdication.

aberrazi'one [aberrat'tsjone] *sf* aberration.

abe'taia *sf* fir wood.

a'bete *sm* fir (tree); ~ **bianco** silver fir; ~ **rosso** spruce.

abi'etto, a *ag* despicable, abject.

abiezi'one [abjet'tsjone] *sf* abjection.

'abile *ag* (*idoneo*): ~ **(a qc/a fare qc)** fit (for sth/to do sth); (*capace*) able; (*astuto*) clever; (*accorto*) skilful; ~ **al servizio militare** fit for military service.

abilità *sf inv* ability; cleverness; skill.

abili'tante *ag* qualifying; **corsi** ~**i** (*INS*) ≈ teacher training *sg.*

abili'tare *vt*: ~ **qn a qc/a fare qc** to qualify sb for sth/to do sth; **è stato abilitato all'insegnamento** he has qualified as a teacher.

abili'tato, a *ag* qualified; (*TEL*) which has an outside line.

abilitazi'one [abilitat'tsjone] *sf* qualification.

abis'sale *ag* abysmal; (*fig: senza limiti*) profound.

abis'sino, a *ag, sm/f* Abyssinian.

a'bisso *sm* abyss, gulf.

abitabilità *sf*: **licenza di** ~ *document stating that a property is fit for habitation.*

abi'tacolo *sm* (*AER*) cockpit; (*AUT*) inside; (*di camion*) (driver's) cab.

abi'tante *sm/f* inhabitant.

abi'tare *vt* to live in, dwell in ♦ *vi*: ~ **in**

campagna/a Roma to live in the country/ in Rome.

abi'tato, a *ag* inhabited; lived in ♦ *sm* (*anche*: **centro** ~) built-up area.

abitazi'one [abitat'tsjone] *sf* residence; house.

'abito *sm* dress *no pl*; (*da uomo*) suit; (*da donna*) dress; (*abitudine, disposizione, REL*) habit; ~**i** *smpl* (*vestiti*) clothes; **in** ~ **da cerimonia** in formal dress; **in** ~ **da sera** in evening dress; **"è gradito l'**~ **scuro"** "dress formal"; ~ **mentale** way of thinking.

abitu'ale *ag* usual, habitual; (*cliente*) regular.

abitual'mente *av* usually, normally.

abitu'are *vt*: ~ **qn a** to get sb used *o* accustomed to; ~**rsi a** to get used to, accustom o.s. to.

abitudi'nario, a *ag* of fixed habits ♦ *sm/f* creature of habit.

abi'tudine *sf* habit; **aver l'**~ **di fare qc** to be in the habit of doing sth; **d'**~ usually; **per** ~ from *o* out of habit.

abiu'rare *vt* to renounce.

abla'tivo *sm* ablative.

abnegazi'one [abnegat'tsjone] *sf* (self-) abnegation, self-denial.

ab'norme *ag* (*enorme*) extraordinary; (*anormale*) abnormal.

abo'lire *vt* to abolish; (*DIR*) to repeal.

abolizi'one [abolit'tsjone] *sf* abolition; repeal.

abomi'nevole *ag* abominable.

abo'rigeno [abo'ridʒeno] *sm* aborigine.

abor'rire *vt* to abhor, detest.

abor'tire *vi* (*MED: accidentalmente*) to miscarry, have a miscarriage; (: *deliberatamente*) to have an abortion; (*fig*) to miscarry, fail.

abor'tista, i, e *ag* pro-choice, pro-abortion ♦ *sm/f* pro-choicer.

a'borto *sm* miscarriage; abortion; (*fig*) freak; ~ **clandestino** backstreet abortion.

abrasi'one *sf* abrasion.

abra'sivo, a *ag, sm* abrasive.

abro'gare *vt* to repeal, abrogate.

abrogazi'one [abrogat'tsjone] *sf* repeal.

abruz'zese [abrut'tsese] *ag* of (*o* from) the Abruzzi.

A'bruzzo [a'bruttso] *sm*: **l'**~, **gli** ~**i** the Abruzzi.

'abside *sf* apse.

'Abu 'Dhabi *sf* Abu Dhabi.

a'bulico, a, ci, che *ag* lacking in willpower.

abu'sare *vi*: ~ **di** to abuse, misuse; (*approfittare, violare*) to take advantage of;

~ **dell'alcool/dei cibi** to drink/eat to excess.

abusi'vismo *sm* (*anche:* ~ **edilizio**) unlawful building, building without planning permission (*BRIT*).

abu'sivo, a *ag* unauthorized, unlawful; (**occupante**) ~ (*di una casa*) squatter.

a'buso *sm* abuse, misuse; excessive use; **fare** ~ **di** (*stupefacenti, medicine*) to abuse.

a.C. *abbr av* (= *avanti Cristo*) BC.

a'cacia, cie [a'katʃa] *sf* acacia.

'acca *sf* letter H; **non capire un'**~ not to understand a thing.

ac'cadde *vb vedi* **accadere.**

acca'demia *sf* (*società*) learned society; (*scuola: d'arte, militare*) academy; ~ **di Belle Arti** art school.

acca'demico, a, ci, che *ag* academic ♦ *sm* academician.

acca'dere *vi* to happen, occur.

acca'duto *sm* event; **raccontare l'**~ to describe what has happened.

accalappia'cani *sm inv* dog-catcher.

accalappi'are *vt* to catch; (*fig*) to trick, dupe.

accal'care *vt*, ~**rsi** *vr* to crowd, throng.

accal'darsi *vr* to grow hot.

accalo'rarsi *vr* (*fig*) to get excited.

accampa'mento *sm* camp.

accam'pare *vt* to encamp; (*fig*) to put forward, advance; ~**rsi** *vr* to camp; ~ **scuse** to make excuses.

accani'mento *sm* fury; (*tenacia*) tenacity, perseverance.

acca'nirsi *vr* (*infierire*) to rage; (*ostinarsi*) to persist.

accanita'mente *av* fiercely; assiduously.

acca'nito, a *ag* (*odio, gelosia*) fierce, bitter; (*lavoratore*) assiduous; (*giocatore*) inveterate; (*tifoso, sostenitore*) keen; **fumatore** ~ chain smoker.

ac'canto *av* near, nearby; ~ **a** *prep* near, beside, close to; **la casa** ~ the house next door.

accanto'nare *vt* (*problema*) to shelve; (*somma*) to set aside.

accaparra'mento *sm* (*COMM*) cornering, buying up.

accapar'rare *vt* (*COMM*) to corner, buy up; (*versare una caparra*) to pay a deposit on; ~**rsi** *vr:* ~**rsi qc** (*fig: simpatia, voti*) to secure sth (for o.s.).

accapigli'arsi [akkapiʎ'ʎarsi] *vr* to come to blows; (*fig*) to quarrel.

accappa'toio *sm* bathrobe.

accappo'nare *vi:* **far** ~ **la pelle a qn** (*fig*) to bring sb out in goosepimples.

accarez'zare [akkaret'tsare] *vt* to caress, stroke, fondle; (*fig*) to toy with.

accartocci'are [akkartot'tʃare] *vt* (*carta*) to roll up, screw up; ~**rsi** *vr* (*foglie*) to curl up.

acca'sarsi *vr* to set up house; to get married.

accasci'arsi [akkaʃ'ʃarsi] *vr* to collapse; (*fig*) to lose heart.

accatas'tare *vt* to stack, pile.

accatto'naggio [akkatto'naddʒo] *sm* begging.

accat'tone, a *sm/f* beggar.

accaval'lare *vt* (*gambe*) to cross; ~**rsi** *vr* (*sovrapporsi*) to overlap; (*addensarsi*) to gather.

acce'care [attʃe'kare] *vt* to blind ♦ *vi* to go blind.

ac'cedere [at'tʃɛdere] *vi:* ~ **a** to enter; (*richiesta*) to grant, accede to; (*fonte*) to gain access to.

accele'rare [attʃele'rare] *vt* to speed up ♦ *vi* (*AUT*) to accelerate; ~ **il passo** to quicken one's pace.

accele'rato, a [attʃele'rato] *ag* quick, rapid ♦ *sm* (*FERR*) local train, stopping train.

accelera'tore [attʃelera'tore] *sm* (*AUT*) accelerator.

accelerazi'one [attʃelerat'tsjone] *sf* acceleration.

ac'cendere [at'tʃɛndere] *vt* (*fuoco, sigaretta*) to light; (*luce, televisione*) to put o switch o turn on; (*AUT: motore*) to switch on; (*COMM: conto*) to open; (: *debito*) to contract; (: *ipoteca*) to raise; (*fig: suscitare*) to inflame, stir up; ~**rsi** *vr* (*luce*) to come o go on; (*legna*) to catch fire, ignite; (*fig: lotta, conflitto*) to break out.

accen'dino [attʃen'dino], **accendi'sigaro** [attʃendi'sigaro] *sm* (cigarette) lighter.

accen'nare [attʃen'nare] *vt* to indicate, point out; (*MUS*) to pick out the notes of; to hum ♦ *vi:* ~ **a** (*fig: alludere a*) to hint at; (: *far atto di*) to make as if; ~ **un saluto** (*con la mano*) to make as if to wave; (*col capo*) to half nod; ~ **un sorriso** to half smile; **accenna a piovere** it looks as if it's going to rain.

ac'cenno [at'tʃɛnno] *sm* (*cenno*) sign; nod; (*allusione*) hint.

accensi'one [attʃen'sjone] *sf* (*vedi accendere*) lighting; switching on; opening; (*AUT*) ignition.

accen'tare [attʃen'tare] *vt* (*parlando*) to stress; (*scrivendo*) to accent.

accentuazi'one [attʃentuat'tsjone] *sf* accentuation; stressing.

ac'cento [at'tʃɛnto] *sm* accent; (*FONETICA,*

fig) stress; (*inflessione*) tone (of voice).

accentra'mento [attʃentra'mento] *sm*
centralization.

accen'trare [attʃen'trare] *vt* to centralize.

accentra'tore, 'trice [attʃentra'tore] *ag*
(*persona*) unwilling to delegate; **politica**
~**trice** policy of centralization.

accentu'are [attʃentu'are] *vt* to stress,
emphasize; ~**rsi** *vr* to become more
noticeable.

accerchi'are [attʃer'kjare] *vt* to surround,
encircle.

accerta'mento [attʃerta'mento] *sm* check;
assessment.

accer'tare [attʃer'tare] *vt* to ascertain;
(*verificare*) to check; (*reddito*) to assess;
~**rsi** *vr*: ~**rsi (di qc/che)** to make sure (of
sth/that).

ac'ceso, a [at'tʃeso] *pp di* **accendere ♦** *ag* lit;
on; (*colore*) bright; ~ **di** (*ira,
entusiasmo etc*) burning with.

acces'sibile [attʃes'sibile] *ag* (*luogo*)
accessible; (*persona*) approachable;
(*prezzo*) reasonable; (*idea*): ~ **a qn** within
the reach of sb.

ac'cesso [at'tʃɛsso] *sm* (*anche INFORM*)
access; (*MED*) attack, fit; (*impulso violento*)
fit, outburst; **programmi dell'**~ (*TV*)
educational programmes; **tempo di** ~
(*INFORM*) access time; ~ **casuale/seriale/
sequenziale** (*INFORM*) random/serial/
sequential access.

accessori'ato, a [attʃesso'rjato] *ag* with
accessories.

acces'sorio, a [attʃes'sɔrjo] *ag* secondary,
of secondary importance; ~**i** *smpl*
accessories.

ac'cetta [at'tʃetta] *sf* hatchet.

accet'tabile [attʃet'tabile] *ag* acceptable.

accet'tare [attʃet'tare] *vt* to accept; ~ **di
fare qc** to agree to do sth.

accettazi'one [attʃettat'tsjone] *sf*
acceptance; (*locale di servizio pubblico*)
reception; ~ **bagagli** (*AER*) check-in
(desk); ~ **con riserva** qualified
acceptance.

ac'cetto, a [at'tʃɛtto] *ag* (*persona*)
welcome; (**ben**) ~ **a tutti** well-liked by
everybody.

accezi'one [attʃet'tsjone] *sf* meaning.

acchiap'pare [akkjap'pare] *vt* to catch;
(*afferrare*) to seize.

ac'chito [ak'kito] *sm*: **a primo** ~ at first
sight.

acciac'cato, a [attʃak'kato] *ag* (*persona*)
full of aches and pains; (*abito*) crushed.

acci'acco, chi [at'tʃakko] *sm* ailment; ~**chi**
smpl aches and pains.

acciaie'ria [attʃaje'ria] *sf* steelworks *sg*.

acci'aio [at'tʃajo] *sm* steel; ~ **inossidabile**
stainless steel.

acciden'tale [attʃiden'tale] *ag* accidental.

accidental'mente [attʃidental'mente] *av*
(*per caso*) by chance; (*non
deliberatamente*) accidentally, by
accident.

acciden'tato, a [attʃiden'tato] *ag* (*terreno
etc*) uneven.

acci'dente [attʃi'dɛnte] *sm* (*caso imprevisto*)
accident; (*disgrazia*) mishap; ~**i!** (*fam:
per rabbia*) damn (it)!; (: *per meraviglia*) good
heavens!; ~**i a lui!** damn him!; **non vale
un** ~ it's not worth a damn; **non capisco
un** ~ it's as clear as mud to me; **mandare
un** ~ **a qn** to curse sb.

ac'cidia [at'tʃidja] *sf* (*REL*) sloth.

accigli'ato, a [attʃiʎ'ʎato] *ag* frowning.

ac'cingersi [at'tʃindʒersi] *vr*: ~ **a fare** to be
about to do.

acciotto'lato [attʃotto'lato] *sm* cobbles *pl*.

acciuf'fare [attʃuf'fare] *vt* to seize, catch.

acci'uga, ghe [at'tʃuga] *sf* anchovy; **magro
come un'**~ as thin as a rake.

accla'mare *vt* (*applaudire*) to applaud;
(*eleggere*) to acclaim.

acclamazi'one [akklamat'tsjone] *sf*
applause; acclamation.

acclima'tare *vt* to acclimatize; ~**rsi** *vr* to
become acclimatized.

acclimatazi'one [akklimatat'tsjone] *sf*
acclimatization.

ac'cludere *vt* to enclose.

ac'cluso, a *pp di* **accludere ♦** *ag* enclosed.

accocco'larsi *vr* to crouch.

acco'darsi *vr* to follow, tag on (behind).

accogli'ente [akkoʎ'ʎɛnte] *ag* welcoming,
friendly.

accogli'enza [akkoʎ'ʎɛntsa] *sf* reception;
welcome; **fare una buona** ~ **a qn** to
welcome sb.

ac'cogliere [ak'kɔʎʎere] *vt* (*ricevere*) to
receive; (*dare il benvenuto*) to welcome;
(*approvare*) to agree to, accept;
(*contenere*) to hold, accommodate.

ac'colgo *etc vb vedi* **accogliere.**

accol'lare *vt* (*fig*): ~ **qc a qn** to force sth on
sb; ~**rsi** *vr*: ~**rsi qc** to take sth upon o.s.,
shoulder sth.

accol'lato, a *ag* (*vestito*) high-necked.

ac'colsi *etc vb vedi* **accogliere.**

accoltel'lare *vt* to knife, stab.

ac'colto, a *pp di* **accogliere.**

accoman'dita *sf* (*DIR*) limited partnership.

accomia'tare *vt* to dismiss; ~**rsi** *vr*: ~**rsi
(da)** to take one's leave (of).

accomoda'mento *sm* agreement,

settlement.

accomo'dante *ag* accommodating.

accomo'dare *vt* (*aggiustare*) to repair, mend; (*riordinare*) to tidy; (*sistemare*: *questione, lite*) to settle; ~**rsi** *vr* (*sedersi*) to sit down; (*fig*: *risolversi*: *situazione*) to work out; **si accomodi!** (*venga avanti*) come in!; (*si sieda*) take a seat!

accompagna'mento [akkompaɲɲa'mento] *sm* (*MUS*) accompaniment; (*COMM*): **lettera di** ~ accompanying letter.

accompa'gnare [akkompaɲ'ɲare] *vt* to accompany, come *o* go with; (*MUS*) to accompany; (*unire*) to couple; ~**rsi** *vr* (*armonizzarsi*) to go well together; ~ **qn a casa** to see sb home; ~ **qn alla porta** to show sb out; ~ **un regalo con un biglietto** to put in *o* send a card with a present; ~ **qn con lo sguardo** to follow sb with one's eyes; ~ **la porta** to close the door gently; ~**rsi a** (*frequentare*) to frequent; (*colori*) to go with, match; (*cibi*) to go with.

accompagna'tore, 'trice [akkompaɲɲa 'tore] *sm/f* companion, escort; (*guida turistica*) courier; (*MUS*) accompanist; (*SPORT*) team manager.

accomu'nare *vt* to pool, share; (*avvicinare*) to unite.

acconcia'tura [akkontʃa'tura] *sf* hairstyle.

accondiscen'dente [akkondiʃʃen'dɛnte] *ag* affable.

accondi'scendere [akkondiʃ'ʃendere] *vi*: ~ **a** to agree *o* consent to.

accondi'sceso, a [akkondiʃ'ʃeso] *pp di* **accondiscendere**.

acconsen'tire *vi*: ~ **(a)** to agree *o* consent (to); **chi tace acconsente** silence means consent.

acconten'tare *vt* to satisfy; ~**rsi** *vr*: ~**rsi di** to be satisfied with, content o.s. with; **chi si accontenta gode** there's no point in complaining.

ac'conto *sm* part payment; **pagare una somma in** ~ to pay a sum of money as a deposit; ~ **di dividendo** interim dividend.

accoppia'mento *sm* pairing off; mating; (*ELETTR, INFORM*) coupling.

accoppi'are *vt* to couple, pair off; (*BIOL*) to mate; ~**rsi** *vr* to pair off; to mate.

accoppia'tore *sm* (*TECN*) coupler; ~ **acustico** (*INFORM*) acoustic coupler.

acco'rato, a *ag* heartfelt.

accorci'are [akkor'tʃare] *vt* to shorten; ~**rsi** *vr* to become shorter; (*vestiti: nel lavaggio*) to shrink.

accor'dare *vt* to reconcile; (*colori*) to match; (*MUS*) to tune; (*LING*): ~ **qc con qc** to make sth agree with sth; (*DIR*) to

grant; ~**rsi** *vr* to agree, come to an agreement; (*colori*) to match.

ac'cordo *sm* agreement; (*armonia*) harmony; (*MUS*) chord; **essere d'**~ to agree; **andare d'**~ to get on well together; **d'**~! all right!, agreed!; **mettersi d'**~ **(con qn)** to agree *o* come to an agreement with sb; **prendere** ~**i con** to reach an agreement with; ~ **commerciale** trade agreement; **A**~ **generale sulle tariffe ed il commercio** General Agreement on Tariffs and Trade, GATT.

ac'corgersi [ak'kɔrdʒersi] *vr*: ~ **di** to notice; (*fig*) to realize.

accorgi'mento [akkordʒi'mento] *sm* shrewdness *no pl*; (*espediente*) trick, device.

ac'correre *vi* to run up.

ac'corsi *vb vedi* **accorgersi; accorrere**.

ac'corso, a *pp di* **accorrere**.

accor'tezza [akkor'tettsa] *sf* (*avvedutezza*) good sense; (*astuzia*) shrewdness.

ac'corto, a *pp di* **accorgersi** ♦ *ag* shrewd; **stare** ~ to be on one's guard.

accosta'mento *sm* (*di colori etc*) combination.

accos'tare *vt* (*avvicinarsi a*) to approach; (*socchiudere: imposte*) to half-close; (: *porta*) to leave ajar ♦ *vi*: ~ **(a)** (*NAUT*) to come alongside; (*AUT*) to draw up (at); ~**rsi** *vr*: ~**rsi a** to draw near, approach; (*somigliare*) to be like, resemble; (*fede, religione*) to turn to; (*idee politiche*) to come to agree with; ~ **qc a** (*avvicinare*) to bring sth near to, put sth near to; (*colori, stili*) to match sth with; (*appoggiare: scala etc*) to lean sth against.

accovacci'arsi [akkovat'tʃarsi] *vr* to crouch.

accoz'zaglia [akkot'tsaʎʎa] *sf* (*peg: di idee, oggetti*) jumble, hotchpotch; (: *di persone*) odd assortment.

ac'crebbi *etc vb vedi* **accrescere**.

accredi'tare *vt* (*notizia*) to confirm the truth of; (*COMM*) to credit; (*diplomatico*) to accredit; ~**rsi** *vr* (*fig*) to gain credit.

ac'credito *sm* (*COMM: atto*) crediting; (: *effetto*) credit.

ac'crescere [ak'kreʃʃere] *vt* to increase; ~**rsi** *vr* to increase, grow.

accresci'mento [akkreʃʃi'mento] *sm* increase, growth.

accresci'tivo, a [akkreʃʃi'tivo] *ag, sm* (*LING*) augmentative.

accresci'uto, a [akkreʃ'ʃuto] *pp di* **accrescere**.

accucci'arsi [akkut'tʃarsi] *vr* (*cane*) to lie down; (*persona*) to crouch down.

accu'dire *vi*: ~ **a** *vt* to attend to; to look

after.

acculturazi'one [akkulturat'tsjone] *sf* (*SOCIOLOGIA*) integration.

accumu'lare *vt* to accumulate; ~**rsi** *vr* to accumulate; (*FINANZA*) to accrue.

accumula'tore *sm* (*ELETTR*) accumulator.

accumulazi'one [akkumulat'tsjone] *sf* accumulation.

ac'cumulo *sm* accumulation.

accurata'mente *av* carefully.

accura'tezza [akkura'tettsa] *sf* care; accuracy.

accu'rato, a *ag* (*diligente*) careful; (*preciso*) accurate.

ac'cusa *sf* accusation; (*DIR*) charge; **l'~, la pubblica ~** (*DIR*) the prosecution; **mettere qn sotto ~** to indict sb; **in stato di ~** committed for trial.

accu'sare *vt* (*sentire*: *dolore*) to feel; ~ **qn di qc** to accuse sb of sth; (*DIR*) to charge sb with sth; ~ **ricevuta di** (*COMM*) to acknowledge receipt of; ~ **la fatica** to show signs of exhaustion; **ha accusato il colpo** (*anche fig*) you could see that he had felt the blow.

accusa'tivo *sm* accusative.

accu'sato, a *smlf* accused.

accusa'tore, 'trice *ag* accusing ♦ *smlf* accuser ♦ *sm* (*DIR*) prosecutor.

a'cerbo, a [a'tʃɛrbo] *ag* bitter; (*frutta*) sour, unripe; (*persona*) immature.

'acero ['atʃero] *sm* maple.

a'cerrimo, a [a'tʃɛrrimo] *ag* very fierce.

ace'tato [atʃe'tato] *sm* acetate.

a'ceto [a'tʃeto] *sm* vinegar; **mettere sotto ~** to pickle.

ace'tone [atʃe'tone] *sm* nail varnish remover.

'A.C.I. ['atʃi] *sigla m* (= *Automobile Club d'Italia*) ≈ AA (*BRIT*), AAA (*US*).

acidità [atʃidi'ta] *sf* acidity; sourness; ~ **(di stomaco)** heartburn.

'acido, a ['atʃido] *ag* (*sapore*) acid, sour; (*CHIM*, *colore*) acid ♦ *sm* (*CHIM*) acid.

a'cidulo, a [a'tʃidulo] *ag* slightly sour, slightly acid.

'acino ['atʃino] *sm* berry; ~ **d'uva** grape.

'ACLI *sigla fpl* (= *Associazioni Cristiane dei Lavoratori Italiani*) *Christian Trade Union Association*.

'acme *sf* (*fig*) acme, peak; (*MED*) crisis.

'acne *sf* acne.

ACNUR *sigla m* (= *Alto Commissariato delle Nazioni Unite per i Rifugiati*) UNHCR.

'acqua *sf* water; (*pioggia*) rain; ~**e** *sfpl* waters; **fare ~** (*NAUT*) to leak, take in water; **essere con** *o* **avere l'~ alla gola** to be in great difficulty; **tirare ~ al proprio**

mulino to feather one's own nest; **navigare in cattive ~e** (*fig*) to be in deep water; ~ **in bocca!** mum's the word!; ~ **corrente** running water; ~ **dolce** fresh water; ~ **di mare** sea water; ~ **minerale** mineral water; ~ **ossigenata** hydrogen peroxide; ~ **piovana** rain water; ~ **potabile** drinking water; ~ **salata** *o* **salmastra** salt water; ~ **tonica** tonic water.

acqua'forte, pl acque'forti *sf* etching.

a'cquaio *sm* sink.

acqua'ragia [akkwa'radʒa] *sf* turpentine.

a'cquario *sm* aquarium; (*dello zodiaco*): **A~** Aquarius; **essere dell'A~** to be Aquarius.

acquartie'rare *vt* (*MIL*) to quarter.

acqua'santa *sf* holy water.

a'cquatico, a, ci, che *ag* aquatic; (*sport, sci*) water *cpd*.

acquat'tarsi *vr* to crouch (down).

acqua'vite *sf* brandy.

acquaz'zone [akkwat'tsone] *sm* cloudburst, heavy shower.

acque'dotto *sm* aqueduct; waterworks *pl*, water system.

'acqueo, a *ag*: **vapore ~** water vapour (*BRIT*) *o* vapor (*US*); **umore ~** aqueous humour (*BRIT*) *o* humor (*US*).

acque'rello *sm* watercolour (*BRIT*), watercolor (*US*).

acque'rugiola [akkwe'rudʒola] *sf* drizzle.

acquie'tare *vt* to appease; (*dolore*) to ease; ~**rsi** *vr* to calm down.

acqui'rente *smlf* purchaser, buyer.

acqui'sire *vt* to acquire.

acquisizi'one [akkwizit'tsjone] *sf* acquisition.

acquis'tare *vt* to purchase, buy; (*fig*) to gain ♦ *vi* to improve; ~ **in bellezza** to become more beautiful; **ha acquistato in salute** his health has improved.

a'cquisto *sm* purchase; **fare ~i** to go shopping; **ufficio ~i** (*COMM*) purchasing department; ~ **rateale** instalment purchase, hire purchase (*BRIT*).

acqui'trino *sm* bog, marsh.

acquo'lina *sf*: **far venire l'~ in bocca a qn** to make sb's mouth water.

a'cquoso, a *ag* watery.

'acre *ag* acrid, pungent; (*fig*) harsh, biting.

a'credine *sf* (*fig*) bitterness.

a'crilico, a, ci, che *ag, sm* acrylic.

a'critico, a, ci, che *ag* uncritical.

a'crobata, i, e *smlf* acrobat.

acro'batico, a, ci, che *ag* (*ginnastica*) acrobatic; (*AER*) aerobatic ♦ *sf* acrobatics *sg*.

acroba'zia [akrobat'tsia] *sf* acrobatic feat;

~**e aeree** aerobatics.

a'**cronimo** *sm* acronym.

a'**cropoli** *sf inv*: l'A~ the Acropolis.

acu'**ire** *vt* to sharpen; ~**rsi** *vr* (*gen*) to increase; (*crisi*) to worsen.

a'**culeo** *sm* (*ZOOL*) sting; (*BOT*) prickle.

a'**cume** *sm* acumen, perspicacity.

acumi'**nato, a** *ag* sharp.

a'**custico, a, ci, che** *ag* acoustic ♦ *sf* (*scienza*) acoustics *sg*; (*di una sala*) acoustics *pl*; **apparecchio** ~ hearing aid; **cornetto** ~ ear trumpet.

acu'**tezza** [aku'tettsa] *sf* sharpness; shrillness; acuteness; high pitch; intensity; keenness.

acutiz'**zare** [akutid'dzare] *vt* (*fig*) to intensify; ~**rsi** *vr* (*fig*: crisi, malattia) to become worse, worsen.

a'**cuto, a** *ag* (*appuntito*) sharp, pointed; (*suono, voce*) shrill, piercing; (*MAT, LING, MED*) acute; (*MUS*) high-pitched; (*fig*: dolore, desiderio) intense; (: perspicace) acute, keen ♦ *sm* (*MUS*) high note.

A.D. *sigla f* (*POL*) = **Alleanza Democratica**.

ad *prep* (*dav V*) = **a**.

adagi'**are** [ada'dʒare] *vt* to lay o set down carefully; ~**rsi** *vr* to lie down, stretch out.

a'**dagio** [a'dadʒo] *av* slowly ♦ *sm* (*MUS*) adagio; (*proverbio*) adage, saying.

ada'**mitico, a, ci, che** *ag*: **in costume** ~ in one's birthday suit.

adat'**tabile** *ag* adaptable.

adattabilità *sf* adaptability.

adatta'**mento** *sm* adaptation; **avere spirito di** ~ to be adaptable.

adat'**tare** *vt* to adapt; (*sistemare*) to fit; ~**rsi** *vr*: ~**rsi (a)** (*ambiente, tempi*) to adapt (to); (*essere adatto*) to be suitable (for); (*accontentarsi*): ~**rsi a qc/a fare qc** to make the best of sth/of doing sth.

adatta'**tore** *sm* (*ELETTR*) adapter, adaptor.

a'**datto, a** *ag*: ~ **(a)** suitable (for), right (for).

addebi'**tare** *vt*: ~ **qc a qn** to debit sb with sth; (*fig*: incolpare) to blame sb for sth.

ad'**debito** *sm* (*COMM*) debit.

addensa'**mento** *sm* thickening; gathering.

adden'**sare** *vt* to thicken; ~**rsi** *vr* to thicken; (*nuvole*) to gather.

adden'**tare** *vt* to bite into.

adden'**trarsi** *vr*: ~ **in** to penetrate, go into.

ad'**dentro** *av* (*fig*): **essere molto** ~ **in qc** to be well-versed in sth.

addestra'**mento** *sm* training; ~ **aziendale** company training.

addes'**trare** *vt*, ~**rsi** *vr* to train; ~**rsi in qc** to practise (*BRIT*) o practice (*US*) sth.

ad'**detto, a** *ag*: ~ **a** (*persona*) assigned to;

(*oggetto*) intended for ♦ *sm* employee; (*funzionario*) attaché; ~ **commerciale/ stampa** commercial/press attaché; ~ **al telex** telex operator; **gli** ~**i ai lavori** authorized personnel; (*fig*) those in the know; "**vietato l'ingresso ai non** ~**i ai lavori**" "authorized personnel only".

addì *av* (*AMM*): ~ **3 luglio 1989** on the 3rd of July 1989 (*BRIT*), on July 3rd 1989 (*US*).

addi'**accio** [ad'djattʃo] *sm* (*MIL*) bivouac; **dormire all'**~ to sleep in the open.

addi'**etro** *av* (*indietro*) behind; (*nel passato, prima*) before, ago.

ad'**dio** *sm, escl* goodbye, farewell.

addirit'**tura** *av* (*veramente*) really, absolutely; (*perfino*) even; (*direttamente*) directly, right away.

ad'**dirsi** *vr*: ~ **a** to suit, be suitable for.

'**Addis A'beba** *sf* Addis Ababa.

addi'**tare** *vt* to point out; (*fig*) to expose.

addi'**tivo** *sm* additive.

addizio'**nale** [addittsjo'nale] *ag* additional ♦ *sf* (*anche*: **imposta** ~) surtax.

addizio'**nare** [addittsjo'nare] *vt* (*MAT*) to add (up).

addizi'**one** [addit'tsjone] *sf* addition.

addob'**bare** *vt* to decorate.

ad'**dobbo** *sm* decoration.

addol'**cire** [addol'tʃire] *vt* (*caffè etc*) to sweeten; (*acqua, fig*: carattere) to soften; ~**rsi** *vr* (*fig*) to mellow, soften; ~ **la pillola** (*fig*) to sugar the pill.

addolo'**rare** *vt* to pain, grieve; ~**rsi** *vr*: ~**rsi (per)** to be distressed (by).

addolo'**rato, a** *ag* distressed, upset; l'A~**a** (*REL*) Our Lady of Sorrows.

ad'**dome** *sm* abdomen.

addomesti'**care** *vt* to tame.

addomi'**nale** *ag* abdominal; (**muscoli** *mpl*) ~**i** stomach muscles.

addormen'**tare** *vt* to put to sleep; ~**rsi** *vr* to fall asleep, go to sleep.

addormen'**tato, a** *ag* sleeping, asleep; (*fig*: tardo*) stupid, dopey.

addos'**sare** *vt* (*appoggiare*): ~ **qc a qc** to lean sth against sth; (*fig*): ~ **la colpa a qn** to lay the blame on sb; ~**rsi** *vr*: ~**rsi qc** (*responsabilità etc*) to shoulder sth.

ad'**dosso** *av* (*sulla persona*) on; ~ **a** *prep* (*sopra*) on; (*molto vicino*) right next to; **mettersi** ~ **il cappotto** to put one's coat on; **andare (o venire)** ~ **a** (*AUT*: altra macchina) to run into; (: pedone) to run over; **non ho soldi** ~ I don't have any money on me; **stare** ~ **a qn** (*fig*) to breathe down sb's neck; **dare** ~ **a qn** (*fig*) to attack sb; **mettere gli occhi** ~ **a qn/qc** to take quite a fancy to sb/sth; **mettere le**

mani ~ **a qn** (*picchiare*) to hit sb;
(*catturare*) to seize sb; (*molestare: donna*)
to touch sb up.
ad'dotto, a *pp di* **addurre**.
ad'duco *etc vb vedi* **addurre**.
ad'durre *vt* (*DIR*) to produce; (*citare*) to cite.
ad'dussi *etc vb vedi* **addurre**.
adegu'are *vt*: ~ **qc a** to adjust sth to; ~**rsi**
vr to adapt.
adegua'tezza [adegwa'tettsa] *sf* adequacy;
suitability; fairness.
adegu'ato, a *ag* adequate; (*conveniente*)
suitable; (*equo*) fair.
a'dempiere *vt* to fulfil (*BRIT*), fulfill (*US*),
carry out; (*comando*) to carry out.
adempi'mento *sm* fulfilment (*BRIT*),
fulfillment (*US*); carrying out; **nell'**~ **del
proprio dovere** in the performance of
one's duty.
adem'pire *vt* = **adempiere**.
'Aden: il golfo di ~ *sm* the Gulf of Aden.
ade'noidi *sfpl* adenoids.
a'depto *sm* disciple, follower.
ade'rente *ag* adhesive; (*vestito*) close-
fitting ♦ *smlf* follower.
ade'renza [ade'rɛntsa] *sf* adhesion; ~**e** *sfpl*
(*fig*) connections, contacts.
ade'rire *vi* (*stare attaccato*) to adhere, stick;
~ **a** to adhere to, stick to; (*fig: società,
partito*) to join; (: *opinione*) to support;
(*richiesta*) to agree to.
ades'care *vt* (*attirare*) to lure, entice; (*TECN:
pompa*) to prime.
adesi'one *sf* adhesion; (*fig: assenso*)
agreement, acceptance; (*appoggio*)
support.
ade'sivo, a *ag, sm* adhesive.
a'desso *av* (*ora*) now; (*or ora, poco fa*) just
now; (*tra poco*) any moment now; **da** ~ **in
poi** from now on; **per** ~ for the moment,
for now.
adia'cente [adja't ʃɛnte] *ag* adjacent.
adi'bire *vt* (*usare*): ~ **qc a** to turn sth into.
'Adige ['adidʒe] *sm*: **l'**~ the Adige.
'adipe *sm* fat.
adi'poso, a *ag* (*tessuto, zona*) adipose.
adi'rarsi *vr*: ~ (**con** *o* **contro qn per qc**) to
get angry (with sb over sth).
adi'rato, a *ag* angry.
a'dire *vt* (*DIR*): ~ **le vie legali** to take legal
proceedings; ~ **un'eredità** to take legal
possession of an inheritance.
'adito *sm*: **dare** ~ **a** (*sospetti*) to give rise to.
ADN *sigla m* (= *acido deossiribonucleico*)
DNA.
adocchi'are [adok'kjare] *vt* (*scorgere*) to
catch sight of; (*occhieggiare*) to eye.
adole'scente [adoleʃ'ʃɛnte] *ag, smlf*

adolescent.
adole'scenza [adoleʃ'ʃɛntsa] *sf*
adolescence.
adolescenzi'ale [adoleʃʃen'tsjale] *ag*
adolescent.
adom'brarsi *vr* (*cavallo*) to shy; (*persona*)
to grow suspicious; (: *aversene a male*) to
be offended.
adope'rare *vt* to use; ~**rsi** *vr* to strive; ~**rsi
per qn/qc** to do one's best for sb/sth.
ado'rabile *ag* adorable.
ado'rare *vt* to adore; (*REL*) to adore,
worship.
adorazi'one [adorat'tsjone] *sf* adoration;
worship.
ador'nare *vt* to adorn.
a'dorno, a *ag*: ~ (**di**) adorned (with).
adot'tare *vt* to adopt; (*decisione,
provvedimenti*) to pass.
adot'tivo, a *ag* (*genitori*) adoptive; (*figlio,
patria*) adopted.
adozi'one [adot'tsjone] *sf* adoption.
adrena'linico, a, ci, che *ag* (*fig: vivace,
eccitato*) charged-up.
adri'atico, a, ci, che *ag* Adriatic ♦ *sm*:
l'A~, **il mare A**~ the Adriatic, the
Adriatic Sea.
adu'lare *vt* to flatter.
adula'tore, 'trice *smlf* flatterer.
adula'torio, a *ag* flattering.
adulazi'one [adulat'tsjone] *sf* flattery.
adulte'rare *vt* to adulterate.
adul'terio *sm* adultery.
a'dultero, a *ag* adulterous ♦ *smlf*
adulterer/adulteress.
a'dulto, a *ag* adult; (*fig*) mature ♦ *sm* adult,
grown-up.
adu'nanza [adu'nantsa] *sf* assembly,
meeting.
adu'nare *vt*, ~**rsi** *vr* to assemble, gather.
adu'nata *sf* (*MIL*) parade, muster.
a'dunco, a, chi, che *ag* hooked.
AEDA *sigla mpl* (= *Autori Editori Associati*)
association of authors and publishers.
aerazi'one [aerat'tsjone] *sf* ventilation;
(*TECN*) aeration.
a'ereo, a *ag* air *cpd*; (*radice*) aerial ♦ *sm*
aerial; (*aeroplano*) plane; ~ **di caccia**
fighter (plane); ~ **di linea** airliner; ~ **a
reazione** jet (plane).
ae'robica *sf* aerobics *sg*.
aerodi'namico, a, ci, che *ag*
aerodynamic; (*affusolato*) streamlined ♦ *sf*
aerodynamics *sg*.
aeromo'dello *sm* model aircraft.
aero'nautica *sf* (*scienza*) aeronautics *sg*; ~
militare air force.
aerona'vale *ag* (*forze, manovre*) air and sea

cpd.

aero'plano *sm* (aero)plane (*BRIT*), (air)plane (*US*).

aero'porto *sm* airport.

aeroportu'ale *ag* airport *cpd*.

aeros'calo *sm* airstrip.

aero'sol *sm inv* aerosol.

aerospazi'ale [aerospat'tsjale] *ag* aerospace.

aeros'tatico, a, ci, che *ag* aerostatic; **pallone** ~ air balloon.

ae'rostato *sm* aerostat.

A.F. *abbr* (= *alta frequenza*) HF; (*AMM*) = **assegni familiari.**

'afa *sf* sultriness.

af'fabile *ag* affable.

affabilità *sf* affability.

affaccen'darsi [affattʃen'darsi] *vr*: ~ **intorno a qc** to busy o.s. with sth.

affaccen'dato, a [affattʃen'dato] *ag* busy.

affacci'arsi [affat'tʃarsi] *vr*: ~ (a) to appear (at); ~ **alla vita** to come into the world.

affa'mato, a *ag* starving; (*fig*): ~ (di) eager (for).

affan'nare *vt* to leave breathless; (*fig*) to worry; ~**rsi** *vr*: ~**rsi per qn/qc** to worry about sb/sth.

af'fanno *sm* breathlessness; (*fig*) anxiety, worry.

affannosa'mente *av* with difficulty; anxiously.

affan'noso, a *ag* (*respiro*) difficult; (*fig*) troubled, anxious.

af'fare *sm* (*faccenda*) matter, affair; (*COMM*) piece of business, (business) deal; (*occasione*) bargain; (*DIR*) case; (*fam: cosa*) thing; ~**i** *smpl* (*COMM*) business *sg*; ~ **fatto!** done!, it's a deal!; **sono ~i miei** that's my business; **bada agli ~i tuoi!** mind your own business!; **uomo d'~i** businessman; **ministro degli A~i Esteri** Foreign Secretary (*BRIT*), Secretary of State (*US*).

affa'rista, i *sm* profiteer, unscrupulous businessman.

affasci'nante [affaʃʃi'nante] *ag* fascinating.

affasci'nare [affaʃʃi'nare] *vt* to bewitch; (*fig*) to charm, fascinate.

affatica'mento *sm* tiredness.

affati'care *vt* to tire; ~**rsi** *vr* (*durar fatica*) to tire o.s. out.

af'fatto *av* completely; **non ... ~** not ... at all; **niente ~** not at all.

affer'mare *vi* (*dire di sì*) to say yes ♦ *vt* (*dichiarare*) to maintain, affirm; ~**rsi** *vr* to assert o.s., make one's name known.

affermativa'mente *av* in the affirmative, affirmatively.

afferma'tivo, a *ag* affirmative.

affer'mato, a *ag* established, well-known.

affermazi'one [affermat'tsjone] *sf* affirmation, assertion; (*successo*) achievement.

affer'rare *vt* to seize, grasp; (*fig: idea*) to grasp; ~**rsi** *vr*: ~**rsi a** to cling to.

Aff. Est. *abbr* = *Affari Esteri.*

affet'tare *vt* (*tagliare a fette*) to slice; (*ostentare*) to affect.

affet'tato, a *ag* sliced; affected ♦ *sm* sliced cold meat.

affetta'trice [affetta'tritʃe] *sf* meat slicer.

affettazi'one [affettat'tsjone] *sf* affectation.

affet'tivo, a *ag* emotional, affective.

af'fetto, a *ag*: **essere ~ da** to suffer from ♦ *sm* affection; **gli ~i familiari** one's nearest and dearest.

affettuosa'mente *av* affectionately; (*nelle lettere*): (**ti saluto**) ~, **Maria** love, Maria.

affettuosità *sf inv* affection; ~ *sfpl* (*manifestazioni*) demonstrations of affection.

affettu'oso, a *ag* affectionate.

affezio'narsi [affettsjo'narsi] *vr*: ~ **a** to grow fond of.

affezio'nato, a [affettsjo'nato] *ag*: ~ **a qn/qc** fond of sb/sth; (*attaccato*) attached to sb/sth.

affezi'one [affet'tsjone] *sf* (*affetto*) affection; (*MED*) ailment, disorder.

affian'care *vt* to place side by side; (*MIL*) to flank; (*fig*) to support; ~ **qc a qc** to place sth next to *o* beside sth; ~**rsi** *vr*: ~**rsi a qn** to stand beside sb.

affiata'mento *sm* understanding.

affia'tato, a *ag*: **essere ~i** to work well together *o* get on; **formano una squadra** ~**a** they make a good team.

affibbi'are *vt* to buckle, do up; (*fig: dare*) to give.

affi'dabile *ag* reliable.

affidabilità *sf* reliability.

affida'mento *sm* (*DIR: di bambino*) custody; (*fiducia*): **fare ~ su qn** to rely on sb; **non dà nessun ~** he's not to be trusted.

affi'dare *vt*: ~ **qc o qn a qn** to entrust sth *o* sb to sb; ~**rsi** *vr*: ~**rsi a** to place one's trust in.

affievo'lirsi *vr* to grow weak.

af'figgere [af'fiddʒere] *vt* to stick up, post up.

affi'lare *vt* to sharpen.

affi'lato, a *ag* (*gen*) sharp; (*volto, naso*) thin.

affili'are *vt* to affiliate; ~**rsi** *vr*: ~**rsi a** to become affiliated to.

affi'nare *vt* to sharpen.

affinché [affin'ke] *cong* in order that, so that.

af'fine *ag* similar.

affinità *sf inv* affinity.

affio'rare *vi* to emerge.

af'fissi *etc vb vedi* **affiggere**.

affissi'one *sf* billposting.

af'fisso, a *pp di* **affiggere** ♦ *sm* bill, poster; (*LING*) affix.

affitta'camere *sm/f inv* landlord/landlady.

affit'tare *vt* (*dare in affitto*) to let, rent (out); (*prendere in affitto*) to rent.

af'fitto *sm* rent; (*contratto*) lease; **dare in** ~ to rent (out), let; **prendere in** ~ to rent.

affittu'ario *sm* lessee.

af'fliggere [af'flidʒere] *vt* to torment; ~**rsi** *vr* to grieve.

af'flissi *etc vb vedi* **affliggere**.

af'flitto, a *pp di* **affliggere**.

afflizi'one [afflit'tsjone] *sf* distress, torment.

afflosci'arsi [afflɔʃ'ʃarsi] *vr* to go limp; (*frutta*) to go soft.

afflu'ente *sm* tributary.

afflu'enza [afflu'ɛntsa] *sf* flow; (*di persone*) crowd.

afflu'ire *vi* to flow; (*fig: merci, persone*) to pour in.

af'flusso *sm* influx.

affo'gare *vt, vi* to drown; ~**rsi** *vr* to drown; (*deliberatamente*) to drown o.s.

affo'gato, a *ag* drowned; (*CUC: uova*) poached.

affolla'mento *sm* crowding; (*folla*) crowd.

affol'lare *vt*, ~**rsi** *vr* to crowd.

affol'lato, a *ag* crowded.

affonda'mento *sm* (*di nave*) sinking.

affon'dare *vt* to sink.

affran'care *vt* to free, liberate; (*AMM*) to redeem; (*lettera*) to stamp; (: *meccanicamente*) to frank (*BRIT*), meter (*US*); ~**rsi** *vr* to free o.s.

affranca'trice [affranka'tritʃe] *sf* franking machine (*BRIT*), postage meter (*US*).

affranca'tura *sf* (*di francobollo*) stamping; franking (*BRIT*), metering (*US*); (*tassa di spedizione*) postage; ~ **a carico del destinatario** postage paid.

af'franto, a *ag* (*esausto*) worn out; (*abbattuto*) overcome.

af'fresco, schi *sm* fresco.

affret'tare *vt* to quicken, speed up; ~**rsi** *vr* to hurry; ~**rsi a fare qc** to hurry o hasten to do sth.

affret'tato, a *ag* (*veloce: passo, ritmo*) quick, fast; (*frettoloso: decisione*) hurried, hasty; (: *lavoro*) rushed.

affron'tare *vt* (*pericolo etc*) to face; (*assalire: nemico*) to confront; ~**rsi** *vr* (*reciproco*) to confront each other.

af'fronto *sm* affront, insult; **fare un** ~ **a qn** to insult sb.

affumi'care *vt* to fill with smoke; to blacken with smoke; (*alimenti*) to smoke.

affuso'lato, a *ag* tapering.

af'gano, a *ag, sm/f* Afghan.

Af'ghanistan [af'ganistan] *sm*: **l'**~ Afghanistan.

af'ghano, a *ag, sm/f* = **afgano**.

afo'risma, i *sm* aphorism.

a'foso, a *ag* sultry, close.

'Africa *sf*: **l'**~ Africa.

afri'cano, a *ag, sm/f* African.

afroasi'atico a, ci, che *ag* Afro-Asian.

afrodi'siaco, a, ci, che *ag, sm* aphrodisiac.

AG *sigla* = *Agrigento*.

a'genda [a'dʒɛnda] *sf* diary; ~ **tascabile/da tavolo** pocket/desk diary.

a'gente [a'dʒɛnte] *sm* agent; ~ **di cambio** stockbroker; ~ **di custodia** prison officer; ~ **marittimo** shipping agent; ~ **di polizia** police officer; ~ **provocatore** agent provocateur; ~ **delle tasse** tax inspector; ~ **di vendita** sales agent; **resistente agli** ~**i atmosferici** weather-resistant.

agen'zia [adʒen'tsia] *sf* agency; (*succursale*) branch; ~ **di collocamento** employment agency; ~ **immobiliare** estate agent's (office) (*BRIT*), real estate office (*US*); **A**~ **Internazionale per l'Energia Atomica (AIEA)** International Atomic Energy Agency (IAEA); ~ **matrimoniale** marriage bureau; ~ **pubblicitaria** advertising agency; ~ **di stampa** press agency; ~ **viaggi** travel agency.

agevo'lare [adʒevo'lare] *vt* to facilitate, make easy.

agevolazi'one [adʒevolat'tsjone] *sf* (*facilitazione economica*) facility; ~ **di pagamento** payment on easy terms; ~**i creditizie** credit facilities; ~**i fiscali** tax concessions.

a'gevole [a'dʒevole] *ag* easy; (*strada*) smooth.

agganci'are [aggan'tʃare] *vt* to hook up; (*FERR*) to couple; ~**rsi** *vr*: ~**rsi a** to hook up to; (*fig: pretesto*) to seize on.

ag'gancio [ag'gantʃo] *sm* (*TECN*) coupling; (*fig: conoscenza*) contact.

ag'geggio [ad'dʒeddʒo] *sm* gadget, contraption.

agget'tivo [addʒet'tivo] *sm* adjective.

agghiacci'ante [aggjat'tʃante] *ag* (*fig*) chilling.

agghiacci'are [aggjat'tʃare] *vt* to freeze;

(fig) to make one's blood run cold; ~**rsi** *vr* to freeze.

agghin'darsi [aggin'darsi] *vr* to deck o.s. out.

aggiorna'mento [addʒorna'mento] *sm* updating; revision; postponement; **corso di** ~ refresher course.

aggior'nare [addʒor'nare] *vt* (*opera, manuale*) to bring up-to-date; (: *rivedere*) to revise; (*listino*) to maintain, up-date; (*seduta etc*) to postpone; ~**rsi** *vr* to bring (*o* keep) o.s. up-to-date.

aggior'nato, a [addʒor'nato] *ag* up-to-date.

aggio'taggio [addʒo'taddʒo] *sm* (*ECON*) rigging the market.

aggi'rare [addʒi'rare] *vt* to go round; (*fig: ingannare*) to trick; ~**rsi** *vr* to wander about; **il prezzo s'aggira sul milione** the price is around the million mark.

aggiudi'care [addʒudi'kare] *vt* to award; (*all'asta*) to knock down; ~**rsi qc** to win sth.

aggi'ungere [ad'dʒundʒere] *vt* to add.

aggi'unsi [ad'dʒunsi] *etc vb vedi* **aggiungere**.

aggi'unto, a [ad'dʒunto] *pp di* **aggiungere** ♦ *ag* assistant *cpd* ♦ *sm* assistant ♦ *sf* addition; **sindaco** ~ deputy mayor; **in ~a ... what's more ...**

aggius'tare [addʒus'tare] *vt* (*accomodare*) to mend, repair; (*riassettare*) to adjust; (*fig: lite*) to settle; ~**rsi** *vr* (*arrangiarsi*) to make do; (*con senso reciproco*) to come to an agreement; **ti aggiusto io!** I'll fix you!

agglome'rato *sm* (*di rocce*) conglomerate; (*di legno*) chipboard; ~ **urbano** built-up area.

aggrap'parsi *vr*: ~ **a** to cling to.

aggrava'mento *sm* worsening.

aggra'vante *ag* (*DIR*) aggravating ♦ *sf* aggravation.

aggra'vare *vt* (*aumentare*) to increase; (*appesantire: anche fig*) to weigh down, make heavy; (*fig: pena*) to make worse; ~**rsi** *vr* (*fig*) to worsen, become worse.

ag'gravio *sm*: ~ **di costi** increase in costs.

aggrazi'ato, a [aggrat'tsjato] *ag* graceful.

aggre'dire *vt* to attack, assault.

aggre'gare *vt*: ~ **qn a qc** to admit sb to sth; ~**rsi** *vr* to join; ~**rsi a** to join, become a member of.

aggre'gato, a *ag* associated ♦ *sm* aggregate; ~ **urbano** built-up area.

aggressi'one *sf* aggression; (*atto*) attack; ~ **a mano armata** armed assault.

aggressività *sf* aggressiveness.

aggres'sivo, a *ag* aggressive.

aggres'sore *sm* aggressor, attacker.

aggrot'tare *vt*: ~ **le sopracciglia** to frown.

aggrovigli'are [aggroviʎ'ʎare] *vt* to tangle; ~**rsi** *vr* (*fig*) to become complicated.

agguan'tare *vt* to catch, seize.

aggu'ato *sm* trap; (*imboscata*) ambush; **tendere un** ~ **a qn** to set a trap for sb.

agguer'rito, a *ag* (*sostenitore, nemico*) fierce.

agia'tezza [adʒa'tettsa] *sf* prosperity.

agi'ato, a [a'dʒato] *ag* (*vita*) easy; (*persona*) well-off, well-to-do.

'agile ['adʒile] *ag* agile, nimble.

agilità [adʒili'ta] *sf* agility, nimbleness.

'agio ['adʒo] *sm* ease, comfort; ~**i** *smpl* comforts; **mettersi a proprio** ~ to make o.s. at home *o* comfortable; **dare** ~ **a qn di fare qc** to give sb the chance of doing sth.

a'gire [a'dʒire] *vi* to act; (*esercitare un'azione*) to take effect; (*TECN*) to work, function; ~ **contro qn** (*DIR*) to take action against sb.

agi'tare [adʒi'tare] *vt* (*bottiglia*) to shake; (*mano, fazzoletto*) to wave; (*fig: turbare*) to disturb; (: *incitare*) to stir (up); ~**rsi** *vr* (*mare*) to be rough; (*malato, dormitore*) to toss and turn; (*bambino*) to fidget; (*emozionarsi*) to get upset; (*POL*) to agitate.

agi'tato, a [adʒi'tato] *ag* rough; restless; fidgety; upset, perturbed.

agita'tore, 'trice [adʒita'tore] *sm/f* (*POL*) agitator.

agitazi'one [adʒitat'tsjone] *sf* agitation; (*POL*) unrest, agitation; **mettere in** ~ **qn** to upset *o* distress sb.

'agli ['aʎʎi] *prep + det vedi* **a**.

'aglio ['aʎʎo] *sm* garlic.

a'gnello [aɲ'ɲello] *sm* lamb.

a'gnostico, a, ci, che [aɲ'ɲɔstiko] *ag, sm/f* agnostic.

'ago, *pl* **'aghi** *sm* needle; ~ **da calza** knitting needle.

ago. *abbr* (= *agosto*) Aug.

ago'nia *sf* agony.

ago'nistico, a, ci, che *ag* athletic; (*fig*) competitive.

agoniz'zante [agonid'dzante] *ag* dying.

agoniz'zare [agonid'dzare] *vi* to be dying.

agopun'tura *sf* acupuncture.

agorafo'bia *sf* agoraphobia.

a'gosto *sm* August; *per fraseologia vedi* **luglio**.

a'grario, a *ag* agrarian, agricultural; (*riforma*) land *cpd* ♦ *sm* landowner ♦ *sf* agriculture.

a'gricolo, a *ag* agricultural, farm *cpd*.

agricol'tore *sm* farmer.

agricol'tura *sf* agriculture, farming.

agri'foglio [agri'fɔʎʎo] *sm* holly.

agrimen'sore *sm* land surveyor.

agritu'rismo *sm* farm holidays *pl*.

agritu'ristico, a, ci, che *ag* farm holiday *cpd*.

'agro, a *ag* sour, sharp.

agro'dolce [agro'doltʃe] *ag* bittersweet; (*salsa*) sweet and sour.

agrono'mia *sf* agronomy.

a'gronomo *sm* agronomist.

a'grume *sm* (*spesso al pl: pianta*) citrus; (: *frutto*) citrus fruit.

agru'meto *sm* citrus grove.

aguz'zare [agut'tsare] *vt* to sharpen; ~ **gli orecchi** to prick up one's ears; ~ **l'ingegno** to use one's wits.

aguz'zino, a [agud'dzino] *sm/f* jailer; (*fig*) tyrant.

a'guzzo, a [a'guttso] *ag* sharp.

'ahi *escl* (*dolore*) ouch!

ahimè *escl* alas!

'ai *prep* + *det vedi* **a**.

'Aia *sf*: **L'**~ The Hague.

'aia *sf* threshing floor.

AIDDA *sigla f* (= *Associazione Imprenditrici Donne Dirigenti d'Azienda*) *association of women entrepreneurs and managers*.

AIDS ['aids] *abbr m o f* AIDS.

AIE *sigla f* (= *Associazione Italiana degli Editori*) *publishers' association*.

AIEA *sigla f vedi* **Agenzia Internazionale per l'Energia Atomica**.

AIED *sigla f* (= *Associazione Italiana Educazione Demografica*) ≈ FPA (= *Family Planning Association*).

AIG *sigla f* (= *Associazione Italiana Alberghi per la Gioventù*) ≈ YHA (*BRIT*).

ai'ola *sf* = **aiuola**.

AIPI *sigla f* = *Associazione Italiana Protezione Infanzia*.

airbag *sm inv* air bag.

AIRC *abbr f* = *associazione italiana per la ricerca sul cancro*.

ai'rone *sm* heron.

ai'tante *ag* robust.

aiu'ola *sf* flower bed.

aiu'tante *sm/f* assistant ♦ *sm* (*MIL*) adjutant; (*NAUT*) master-at-arms; ~ **di campo** aide-de-camp.

aiu'tare *vt* to help; ~ **qn (a fare)** to help sb (to do).

ai'uto *sm* help, assistance, aid; (*aiutante*) assistant; **venire in** ~ **di qn** to come to sb's aid; ~ **chirurgo** assistant surgeon.

aiz'zare [ait'tsare] *vt* to incite; ~ **i cani contro qn** to set the dogs on sb.

al *prep* + *det vedi* **a**.

a.l. *abbr* = **anno luce**.

'ala, pl 'ali *sf* wing; **fare** ~ to fall back, make way; ~ **destra/sinistra** (*SPORT*) right/left wing.

ala'bastro *sm* alabaster.

'alacre *ag* quick, brisk.

alacrità *sf* promptness, speed.

alam'bicco, chi *sm* still (*CHIM*).

a'lano *sm* Great Dane.

a'lare *ag* wing *cpd*; ~**i** *smpl* firedogs.

A'laska *sf*: **l'**~ Alaska.

a'lato, a *ag* winged.

'alba *sf* dawn; **all'**~ at dawn.

alba'nese *ag, sm/f, sm* Albanian.

Alba'nia *sf*: **l'**~ Albania.

'albatro *sm* albatross.

albeggi'are [albed'dʒare] *vi, vb impers* to dawn.

albe'rato, a *ag* (*viale, piazza*) lined with trees, tree-lined.

albera'tura *sf* (*NAUT*) masts *pl*.

alber'gare *vt* (*dare albergo*) to accommodate ♦ *vi* (*poetico*) to dwell.

alberga'tore, 'trice *sm/f* hotelier, hotel owner.

alberghi'ero, a [alber'gjɛro] *ag* hotel *cpd*.

al'bergo, ghi *sm* hotel; ~ **diurno** *public toilets with washing and shaving facilities etc*; ~ **della gioventù** youth hostel.

'albero *sm* tree; (*NAUT*) mast; (*TECN*) shaft; ~ **a camme** camshaft; ~ **genealogico** family tree; ~ **a gomiti** crankshaft; ~ **maestro** mainmast; ~ **di Natale** Christmas tree; ~ **di trasmissione** transmission shaft.

albi'cocca, che *sf* apricot.

albi'cocco, chi *sm* apricot tree.

al'bino, a *ag, sm/f* albino.

'albo *sm* (*registro*) register, roll; (*AMM*) notice board.

'album *sm* album; ~ **da disegno** sketch book.

al'bume *sm* albumen; (*bianco d'uovo*) egg white.

albu'mina *sf* albumin.

'alce ['altʃe] *sm* elk.

al'chimia [al'kimja] *sf* alchemy.

alchi'mista, i [alki'mista] *sm* alchemist.

'alcol *sm inv* = **alcool**.

alcolicità [alkolitʃi'ta] *sf* alcohol(ic) content.

al'colico, a, ci, che *ag* alcoholic ♦ *sm* alcoholic drink.

alco'lismo *sm* alcoholism.

alco'lista, i, e *sm/f* alcoholic.

alcoliz'zato, a [alkolid'dzato] *sm/f* alcoholic.

'alcool *sm inv* alcohol; ~ **denaturato** methylated spirits *pl* (*BRIT*), wood alcohol (*US*); ~ **etilico** ethyl alcohol; ~ **metilico**

methyl alcohol.

alco'olico *etc vedi* **alcolico** *etc.*

alco'test *sm inv* Breathalyser ® (*BRIT*), Breathalyzer ® (*US*).

al'cova *sf* alcove.

al'cuno, a *det* (*dav sm*: **alcun** + *C, V*, **alcuno** + *s impura, gn, pn, ps, x, z; dav sf*: **alcuna** + *C,* **alcun'** + *V*) (*nessuno*): **non** ... ~ no, not any; **~i(e)** *det pl, pron pl* some, a few; **non c'è ~a fretta** there's no hurry, there isn't any hurry; **senza alcun riguardo** without any consideration.

aldilà *sm inv*: **l'~** the next life, the after-life.

alea'torio, a *ag* (*incerto*) uncertain.

aleggi'are [aled'dʒare] *vi* (*fig*: *profumo, sospetto*) to be in the air.

Ales'sandria *sf* (*anche*: **~ d'Egitto**) Alexandria.

a'letta *sf* (*TECN*) fin; tab.

alet'tone *sm* (*AER*) aileron.

Aleu'tine *sfpl*: **le isole ~** the Aleutian Islands.

alfa'betico, a, ci, che *ag* alphabetical.

alfa'beto *sm* alphabet.

alfanu'merico, a, ci, che *ag* alphanumeric.

alfi'ere *sm* standard-bearer; (*SCACCHI*) bishop.

al'fine *av* finally, in the end.

'alga, ghe *sf* seaweed *no pl*, alga.

'algebra ['aldʒebra] *sf* algebra.

Al'geri [al'dʒeri] *sf* Algiers.

Alge'ria [aldʒe'ria] *sf*: **l'~** Algeria.

alge'rino, a [aldʒe'rino] *ag, sm/f* Algerian.

algo'ritmo *sm* algorithm.

ALI *sigla f* (= *Associazione Librai Italiani*) booksellers' association.

ali'ante *sm* (*AER*) glider.

'alibi *sm inv* alibi.

a'lice [a'litʃe] *sf* anchovy.

alie'nare *vt* (*DIR*) to transfer; (*rendere ostile*) to alienate; **~rsi qn** to alienate sb.

alie'nato, a *ag* alienated; transferred; (*fuor di senno*) insane ♦ *sm* lunatic, insane person.

alienazi'one [aljenat'tsjone] *sf* alienation; transfer; insanity.

ali'eno, a *ag* (*avverso*): **~ (da)** opposed (to), averse (to) ♦ *sm/f* alien.

alimen'tare *vt* to feed; (*TECN*) to feed, supply; (*fig*) to sustain ♦ *ag* food *cpd*; **~i** *smpl* foodstuffs; (*anche*: **negozio di ~i**) grocer's shop; **regime ~** diet.

alimenta'tore *sm* (*ELETTR*) feeder.

alimentazi'one [alimentat'tsjone] *sf* feeding; (*cibi*) diet; **~ di fogli** (*INFORM*) sheet feed.

ali'mento *sm* food; **~i** *smpl* food, *sg*; (*DIR*)

alimony.

a'liquota *sf* share; **~ d'imposta** tax rate; **~ minima** (*FISCO*) basic rate.

alis'cafo *sm* hydrofoil.

'alito *sm* breath.

all. *abbr* (= *allegato*) enc., encl.

'alla *prep* + *det vedi* **a**.

allaccia'mento [allattʃa'mento] *sm* (*TECN*) connection.

allacci'are [allat'tʃare] *vt* (*scarpe*) to tie, lace (up); (*cintura*) to do up, fasten; (*due località*) to link; (*luce, gas*) to connect; (*amicizia*) to form; **~rsi** *vr* (*vestito*) to fasten; **~ o ~rsi la cintura** to fasten one's belt.

allaccia'tura [allattʃa'tura] *sf* fastening.

allaga'mento *sm* flooding *no pl*; flood.

alla'gare *vt*, **~rsi** *vr* to flood.

allampa'nato, a *ag* lanky.

allar'gare *vt* to widen; (*vestito*) to let out; (*aprire*) to open; (*fig*: *dilatare*) to extend; **~rsi** *vr* (*gen*) to widen; (*scarpe, pantaloni*) to stretch; (*fig*: *problema, fenomeno*) to spread.

allar'mare *vt* to alarm; **~rsi** *vr* to become alarmed.

al'larme *sm* alarm; **mettere qn in ~** to alarm sb; **~ aereo** air-raid warning.

allar'mismo *sm* scaremongering.

allar'mista, i, e *sm/f* scaremonger, alarmist.

allat'tare *vt* (*sog*: *donna*) to (breast-)feed; (: *animale*) to suckle; **~ artificialmente** to bottle-feed.

'alle *prep* + *det vedi* **a**.

alle'anza [alle'antsa] *sf* alliance; **A~ Democratica** (*POL*) *moderate centre-left party*; **A~ Nazionale** (*POL*) *party on the far right*.

alle'arsi *vr* to form an alliance.

alle'ato, a *ag* allied ♦ *sm/f* ally.

alleg. *abbr* = **all.**

alle'gare *vt* (*accludere*) to enclose; (*DIR*: *citare*) to cite, adduce; (*denti*) to set on edge.

alle'gato, a *ag* enclosed ♦ *sm* enclosure; **in ~** enclosed; **in ~ Vi inviamo ...** please find enclosed ....

allegge'rire [alleddʒe'rire] *vt* to lighten, make lighter; (*fig*: *sofferenza*) to alleviate, lessen; (: *lavoro, tasse*) to reduce.

allego'ria *sf* allegory.

alle'gorico, a, ci, che *ag* allegorical.

alle'gria *sf* gaiety, cheerfulness.

al'legro, a *ag* cheerful, merry; (*un po' brillo*) merry, tipsy; (*vivace*: *colore*) bright ♦ *sm* (*MUS*) allegro.

allena'mento *sm* training.

alle'nare *vt*, ~rsi *vr* to train.

allena'tore *sm* (*SPORT*) trainer, coach.

allen'tare *vt* to slacken; (*disciplina*) to relax; ~rsi *vr* to become slack; (*ingranaggio*) to work loose.

aller'gia, 'gie [aller'dʒia] *sf* allergy.

al'lergico, a, ci, che [al'lɛrdʒiko] *ag* allergic.

allesti'mento *sm* preparation, setting up; in ~ in preparation.

alles'tire *vt* (*cena*) to prepare; (*esercito, nave*) to equip, fit out; (*spettacolo*) to stage.

allet'tante *ag* attractive, alluring.

allet'tare *vt* to lure, entice.

alleva'mento *sm* breeding, rearing; (*luogo*) stock farm; pollo d'~ battery hen.

alle'vare *vt* (*animale*) to breed, rear; (*bambino*) to bring up.

alleva'tore *sm* breeder.

allevi'are *vt* to alleviate.

alli'bire *vi* to turn pale; (*essere turbato*) to be disconcerted.

alli'bito, a *ag* pale; disconcerted.

allibra'tore *sm* bookmaker.

allie'tare *vt* to cheer up, gladden.

alli'evo *sm* pupil; (*apprendista*) apprentice; ~ ufficiale cadet.

alliga'tore *sm* alligator.

allinea'mento *sm* alignment.

alline'are *vt* (*persone, cose*) to line up; (*TIP*) to align; (*fig: economia, salari*) to adjust, align; ~rsi *vr* to line up; (*fig: a idee*): ~rsi a to come into line with.

alline'ato, a *ag* aligned, in line; paesi non ~i (*POL*) non-aligned countries.

'allo *prep* + *det vedi* a.

allo'care *vt* to allocate.

al'locco, a, chi, che *sm* tawny owl ♦ *sm/f* oaf.

allocuzi'one [allokut'tsjone] *sf* address, solemn speech.

al'lodola *sf* (sky)lark.

alloggi'are [allod'dʒare] *vt* to accommodate ♦ *vi* to live.

al'loggio [al'lɔddʒo] *sm* lodging, accommodation (*BRIT*), accommodations (*US*); (*appartamento*) flat (*BRIT*), apartment (*US*).

allontana'mento *sm* removal; dismissal; estrangement.

allonta'nare *vt* to send away, send off; (*impiegato*) to dismiss; (*pericolo*) to avert, remove; (*estraniare*) to alienate; ~rsi *vr*: ~rsi (da) to go away (from); (*estraniarsi*) to become estranged (from).

al'lora *av* (*in quel momento*) then ♦ *cong* (*in questo caso*) well then; (*dunque*) well

then, so; la gente d'~ people then *o* in those days; da ~ in poi from then on; e ~? (*che fare?*) what now?; (*e con ciò?*) so what?

allor'ché [allor'ke] *cong* (*formale*) when, as soon as.

al'loro *sm* laurel; riposare *o* dormire sugli ~i to rest on one's laurels.

'alluce ['allutʃe] *sm* big toe.

alluci'nante [allutʃi'nante] *ag* (*scena, spettacolo*) awful, terrifying; (*fam: incredibile*) amazing.

alluci'nato, a [allutʃi'nato] *ag* terrified; (*fuori di sé*) bewildered, confused.

allucinazi'one [allutʃinat'tsjone] *sf* hallucination.

al'ludere *vi*: ~ a to allude to, hint at.

allu'minio *sm* aluminium (*BRIT*), aluminum (*US*).

allu'naggio [allu'naddʒo] *sm* moon landing.

allu'nare *vi* to land on the moon.

allun'gare *vt* to lengthen; (*distendere*) to prolong, extend; (*diluire*) to water down; ~rsi *vr* to lengthen; (*ragazzo*) to stretch, grow taller; (*sdraiarsi*) to lie down, stretch out; ~ le mani (*rubare*) to pick pockets; gli allungò uno schiaffo he took a swipe at him.

al'lusi *etc vb vedi* alludere.

allusi'one *sf* hint, allusion.

al'luso, a *pp di* alludere.

alluvi'one *sf* flood.

alma'nacco, chi *sm* almanac.

al'meno *av* at least ♦ *cong*: (se) ~ if only; (se) ~ piovesse! if only it would rain!

a'logeno, a [a'lɔdʒeno] *ag*: lampada ~a halogen lamp.

a'lone *sm* halo.

al'pestre *ag* (*delle alpi*) alpine; (*montuoso*) mountainous.

'Alpi *sfpl*: le ~ the Alps.

alpi'nismo *sm* mountaineering, climbing.

alpi'nista, i, e *sm/f* mountaineer, climber.

al'pino, a *ag* Alpine; mountain *cpd*; ~i *smpl* (*MIL*) Italian Alpine troops.

al'quanto *av* rather, a little; ~, a *det* a certain amount of, some ♦ *pron* a certain amount, some; ~i(e) *det pl, pron pl* several, quite a few.

Al'sazia [al'sattsja] *sf* Alsace.

alt *escl* halt!, stop! ♦ *sm*: dare l'~ to call a halt.

alta'lena *sf* (*a funi*) swing; (*in bilico, anche fig*) seesaw.

alta'mente *av* extremely, highly.

al'tare *sm* altar.

alte'rare *vt* to alter, change; (*cibo*) to adulterate; (*registro*) to falsify; (*persona*) to irritate; ~**rsi** *vr* to alter; (*cibo*) to go bad; (*persona*) to lose one's temper.

alterazi'one [alterat'tsjone] *sf* alteration, change; adulteration; falsification; annoyance.

al'terco, chi *sm* altercation, wrangle.

alter'nanza [alter'nantsa] *sf* alternation; (*AGR*) rotation.

alter'nare *vt*, ~**rsi** *vr* to alternate.

alterna'tivo, a *ag* alternative ♦ *sf* alternative; **non abbiamo** ~**e** we have no alternative.

alter'nato, a *ag* alternate; (*ELETTR*) alternating.

alterna'tore *sm* alternator.

al'terno, a *ag* alternate; **a giorni** ~**i** on alternate days, every other day; **circolazione a targhe** ~**e** (*AUT*) system of restricting vehicle use to odd/even registrations on alternate days.

al'tero, a *ag* proud.

al'tezza [al'tettsa] *sf* (*di edificio, persona*) height; (*di tessuto*) width, breadth; (*di acqua, pozzo*) depth; (*di suono*) pitch; (*GEO*) latitude; (*titolo*) highness; (*fig: nobiltà*) greatness; **essere all'**~ **di** to be on a level with; (*fig*) to be up to *o* equal to; **all'**~ **della farmacia** near the chemist's.

altez'zoso, a [altet'tsoso] *ag* haughty.

al'ticcio, a, ci, ce [al'tittʃo] *ag* tipsy.

altipi'ano *sm* = **altopiano**.

altiso'nante *ag* (*fig*) high-sounding, pompous.

alti'tudine *sf* altitude.

'**alto, a** *ag* high; (*persona*) tall; (*tessuto*) wide, broad; (*sonno, acque*) deep; (*suono*) high(-pitched); (*GEO*) upper; (: *settentrionale*) northern ♦ *sm* top (part) ♦ *av* high; (*parlare*) aloud, loudly; **il palazzo è** ~ **20 metri** the building is 20 metres high; **il tessuto è** ~ **70 cm** the material is 70 cm wide; **ad** ~**a voce** aloud; **a notte** ~**a** in the dead of night; **in** ~ up, upwards; at the top; **mani in** ~! hands up!; **dall'**~ **in** *o* **al basso** up and down; **degli** ~**i e bassi** (*fig*) ups and downs; **andare a testa** ~**a** (*fig*) to carry one's head high; **essere in** ~ **mare** (*fig*) to be far from a solution; ~**a fedeltà** high fidelity, hi-fi; ~**a moda** haute couture; l'**A**~ **Medioevo** the Early Middle Ages; l'~ **Po** the upper reaches of the Po.

altoate'sino, a *ag* of (*o* from) the Alto Adige.

alto'forno *sm* blast furnace.

altolo'cato, a *ag* of high rank, highly placed.

altopar'lante *sm* loudspeaker.

altopi'ano, *pl* **alti'piani** *sm* upland plain, plateau.

'**Alto 'Volta** *sm*: l'~ Upper Volta.

altret'tanto, a *ag, pron* as much; (*pl*) as many ♦ *av* equally; **tanti auguri! — grazie,** ~ all the best! — thank you, the same to you.

'**altri** *pron inv* (*qualcuno*) somebody; (: *in espressioni negative*) anybody; (*un'altra persona*) another (person).

altri'menti *av* otherwise.

=============================== *PAROLA CHIAVE*

'**altro, a** *det* **1** (*diverso*) other, different; **questa è un'**~**a cosa** that's another *o* a different thing; **passami l'**~**a penna** give me the other pen

2 (*supplementare*) other; **prendi un** ~ **cioccolatino** have another chocolate; **hai avuto** ~**e notizie?** have you had any more *o* any other news?; **hai** ~ **pane?** have you got any more bread?

3 (*nel tempo*): l'~ **giorno** the other day; l'**altr'anno** last year; l'~ **ieri** the day before yesterday; **domani l'**~ the day after tomorrow; **quest'**~ **mese** next month

4: **d'**~ **a parte** on the other hand
♦ *pron* **1** (*persona, cosa diversa o supplementare*): **un** ~, **un'**~**a** another (one); **lo farà un** ~ someone else will do it; ~**i, e others; gli** ~**i** (*la gente*) others, other people; l'**uno e l'**~ both (of them); **aiutarsi l'un l'**~ to help one another; **prendine un** ~ have another (one); **da un giorno all'**~ from day to day; (*nel giro di 24 ore*) from one day to the next; (*da un momento all'altro*) any day now

2 (*sostantivato: solo maschile*) something else; (: *in espressioni interrogative*) anything else; **non ho** ~ **da dire** I have nothing else *o* I don't have anything else to say; **desidera** ~? do you want anything else?; **più che** ~ above all; **se non** ~ if nothing else, at least; **tra l'**~ among other things; **ci mancherebbe** ~! that's all we need!; **non faccio** ~ **che lavorare** I do nothing but work; **contento?** — ~ **che!** are you pleased? — I certainly am!; *vedi anche* **senza; noialtri; voialtri; tutto.**

altroché [altro'ke] *escl* certainly!, and how!

al'tronde *av*: **d'**~ on the other hand.

al'trove *av* elsewhere, somewhere else.

al'trui *ag inv* other people's ♦ *sm*: l'~ other people's belongings *pl*.

altru'ismo *sm* altruism.

altru'ista, i, e *ag* altruistic ♦ *sm/f* altruist.

al'tura *sf* (*rialto*) height, high ground; (*alto mare*) open sea; **pesca d'~** deep-sea fishing.

a'lunno, a *sm/f* pupil.

alve'are *sm* hive.

'alveo *sm* riverbed.

alzabandi'era [altsaban'djera] *sm inv* (*MIL*): **l'~** the raising of the flag.

al'zare [al'tsare] *vt* to raise, lift; (*issare*) to hoist; (*costruire*) to build, erect; **~rsi** *vr* to rise; (*dal letto*) to get up; (*crescere*) to grow tall (*o taller*); **~ le spalle** to shrug one's shoulders; **~ le carte** to cut the cards; **~ il gomito** to drink too much; **~ le mani su qn** to raise one's hand to sb; **~ i tacchi** to take to one's heels; **~rsi in piedi** to stand up, get to one's feet; **~rsi col piede sbagliato** to get out of bed on the wrong side.

al'zata [al'tsata] *sf* lifting, raising; **un'~ di spalle** a shrug.

A.M. *abbr* = **aeronautica militare**.

a'mabile *ag* lovable; (*vino*) sweet.

'AMAC *sigla f* = *Aeronautica Militare-Aviazione Civile.*

a'maca, che *sf* hammock.

amalga'mare *vt*, **~rsi** *vr* to amalgamate.

a'mante *ag*: **~ di** (*musica etc*) fond of ♦ *sm/f* lover/mistress.

amara'mente *av* bitterly.

ama'ranto *sm* (*BOT*) love-lies-bleeding ♦ *ag inv*: **color ~** reddish purple.

a'mare *vt* to love; (*amico, musica, sport*) to like.

amareggi'are [amared'dʒare] *vt* to sadden, upset; **~rsi** *vr* to get upset; **~rsi la vita** to make one's life a misery.

amareggi'ato, a [amared'dʒato] *ag* upset, saddened.

ama'rena *sf* sour black cherry.

ama'retto *sm* (*dolce*) macaroon; (*liquore*) *bitter liqueur made with almonds.*

ama'rezza [ama'rettsa] *sf* bitterness.

a'maro, a *ag* bitter ♦ *sm* bitterness; (*liquore*) bitters *pl*.

ama'rognolo, a [ama'roɲɲolo] *ag* slightly bitter.

a'mato, a *ag* beloved, loved, dear ♦ *sm/f* loved one.

ama'tore, 'trice *sm/f* (*amante*) lover; (*intenditore: di vini etc*) connoisseur; (*dilettante*) amateur.

a'mazzone [a'maddzone] *sf* (*MITOLOGIA*) Amazon; (*cavallerizza*) horsewoman; (*abito*) riding habit; **cavalcare all'~** to ride sidesaddle; **il Rio delle A~i** the (river) Amazon.

Amaz'zonia [amad'dzonja] *sf* Amazonia.

amaz'zonico, a, ci, che [amad'dzɔniko] *ag* Amazonian; Amazon *cpd*.

ambasce'ria [ambaʃʃe'ria] *sf* embassy.

ambasci'ata [ambaʃ'ʃata] *sf* embassy; (*messaggio*) message.

ambascia'tore, 'trice [ambaʃʃa'tore] *sm/f* ambassador/ambassadress.

ambe'due *ag inv*: **~ i ragazzi** both boys ♦ *pron inv* both.

ambi'destro, a *ag* ambidextrous.

ambien'tale *ag* (*temperatura*) ambient *cpd*; (*problemi, tutela*) environmental.

ambienta'lismo *sm* environmentalism.

ambienta'lista, i, e *ag* environmental ♦ *sm/f* environmentalist.

ambien'tare *vt* to acclimatize; (*romanzo, film*) to set; **~rsi** *vr* to get used to one's surroundings.

ambientazi'one [ambjentat'tsjone] *sf* setting.

ambi'ente *sm* environment; (*fig: insieme di persone*) milieu; (*stanza*) room.

ambiguità *sf inv* ambiguity.

am'biguo, a *ag* ambiguous; (*persona*) shady.

am'bire *vt* (*anche: vi*: **~ a**) to aspire to; **un premio molto ambito** a much sought-after prize.

'ambito *sm* sphere, field.

ambiva'lente *ag* ambivalent; **questo apparecchio è ~** this is a dual-purpose device.

ambizi'one [ambit'tsjone] *sf* ambition.

ambizi'oso, a [ambit'tsjoso] *ag* ambitious.

'ambo *ag inv* both.

'ambra *sf* amber; **~ grigia** ambergris.

ambu'lante *ag* travelling, itinerant.

ambu'lanza [ambu'lantsa] *sf* ambulance.

ambulatori'ale *ag* (*MED*) outpatients *cpd*; **operazione ~** operation as an outpatient; **visita ~** visit to the doctor's surgery (*BRIT*) *o* office (*US*).

ambula'torio *sm* (*studio medico*) surgery (*BRIT*), doctor's office (*US*).

'AMDI *sigla f* = *Associazione Medici Dentisti Italiani.*

'AME *sigla m* = *Accordo Monetario Europeo.*

a'meba *sf* amoeba (*BRIT*), ameba (*US*).

amenità *sf inv* pleasantness *no pl*; (*facezia*) pleasantry.

a'meno, a *ag* pleasant; (*strano*) funny, strange; (*spiritoso*) amusing.

A'merica *sf*: **l'~** America; **l'~ latina** Latin America; **l'~ del sud** South America.

america'nata *sf* (*peg*): **le Olimpiadi sono state una vera ~** the Olympics were a typically vulgar American extravaganza.

america'nismo *sm* Americanism;

(*ammirazione*) love of America.
ameri'cano, a *ag, sm/f* American.
ame'tista *sf* amethyst.
ami'anto *sm* asbestos.
a'mica *sf vedi* **amico.**
ami'chevole [ami'kevole] *ag* friendly.
ami'cizia [ami'tʃittsja] *sf* friendship; ~**e** *sfpl* (*amici*) friends; **fare ~ con qn** to make friends with sb.
a'mico, a, ci, che *sm/f* friend; (*amante*) boyfriend/girlfriend; ~ **del cuore** *o* **intimo** bosom friend; ~ **d'infanzia** childhood friend.
'amido *sm* starch.
ammac'care *vt* (*pentola*) to dent; (*persona*) to bruise; ~**rsi** *vr* to bruise.
ammacca'tura *sf* dent; bruise.
ammaes'trare *vt* (*animale*) to train; (*persona*) to teach.
ammai'nare *vt* to lower, haul down.
amma'larsi *vr* to fall ill.
amma'lato, a *ag* ill, sick ♦ *sm/f* sick person; (*paziente*) patient.
ammali'are *vt* (*fig*) to enchant, charm.
ammalia'tore, 'trice *sm/f* enchanter/enchantress.
am'manco, chi *sm* (*ECON*) deficit.
ammanet'tare *vt* to handcuff.
ammani'cato, a, ammanigli'ato, a [ammaniʎ'ʎato] *ag* (*fig*) with friends in high places.
amman'sire *vt* (*animale*) to tame; (*fig*: *persona*) to calm down, placate.
amman'tarsi *vr*: ~ **di** (*persona*) to wrap o.s. in; (*fig*: *prato etc*) to be covered in.
amma'raggio [amma'raddʒo] *sm* (*sea*) landing; splashdown.
amma'rare *vi* (*AER*) to make a sea landing; (*astronave*) to splash down.
ammas'sare *vt* (*ammucchiare*) to amass; (*raccogliere*) to gather together; ~**rsi** *vr* to pile up; to gather.
am'masso *sm* mass; (*mucchio*) pile, heap; (*ECON*) stockpile.
ammat'tire *vi* to go mad.
ammaz'zare [ammat'tsare] *vt* to kill; ~**rsi** *vr* (*uccidersi*) to kill o.s.; (*rimanere ucciso*) to be killed; ~**rsi di lavoro** to work o.s. to death.
am'menda *sf* amends *pl*; (*DIR, SPORT*) fine; **fare ~ di qc** to make amends for sth.
am'messo, a *pp di* **ammettere** ♦ *cong*: ~ **che** supposing that.
am'mettere *vt* to admit; (*riconoscere: fatto*) to acknowledge, admit; (*permettere*) to allow, accept; (*supporre*) to suppose; **ammettiamo che** ... let us suppose that ....

ammez'zato [ammed'dzato] *sm* (*anche*: **piano** ~) entresol, mezzanine.
ammic'care *vi*: ~ (**a**) to wink (at).
amminis'trare *vt* to run, manage; (*REL, DIR*) to administer.
amministra'tivo, a *ag* administrative.
amministra'tore *sm* administrator; (*COMM*) director; ~ **aggiunto** associate director; ~ **delegato** managing director; ~ **fiduciario** trustee; ~ **unico** sole director.
amministrazi'one [amministrat'tsjone] *sf* management; administration; **consiglio d'**~ board of directors; **l'**~ **comunale** local government; ~ **fiduciaria** trust.
ammi'raglia [ammi'raʎʎa] *sf* flagship.
ammiragli'ato [ammiraʎ'ʎato] *sm* admiralty.
ammi'raglio [ammi'raʎʎo] *sm* admiral.
ammi'rare *vt* to admire.
ammira'tore, 'trice *sm/f* admirer.
ammirazi'one [ammirat'tsjone] *sf* admiration.
am'misi *etc vb vedi* **ammettere.**
ammis'sibile *ag* admissible, acceptable.
ammissi'one *sf* admission; (*approvazione*) acknowledgment.
Amm.ne *abbr* = **amministrazione.**
ammobili'are *vt* to furnish.
ammobili'ato, a *ag* (*camera, appartamento*) furnished.
ammoder'nare *vt* to modernize.
am'modo, a 'modo *av* properly ♦ *ag inv* respectable, nice.
ammogli'are [ammoʎ'ʎare] *vt* to find a wife for; ~**rsi** *vr* to marry, take a wife.
am'mollo *sm*: **lasciare in ~** to leave to soak.
ammo'niaca *sf* ammonia.
ammoni'mento *sm* warning; admonishment.
ammo'nire *vt* (*avvertire*) to warn; (*rimproverare*) to admonish; (*DIR*) to caution.
ammonizi'one [ammonit'tsjone] *sf* (*monito: anche SPORT*) warning; (*rimprovero*) reprimand; (*DIR*) caution.
ammon'tare *vi*: ~ **a** to amount to ♦ *sm* (total) amount.
ammonticchi'are [ammontik'kjare] *vt* to pile up, heap up.
ammor'bare *vt* (*diffondere malattia*) to infect; (*sog: odore*) to taint, foul.
ammorbi'dente *sm* fabric softener.
ammorbi'dire *vt* to soften.
ammorta'mento *sm* redemption; amortization; ~ **fiscale** capital allowance.
ammor'tare *vt* (*FINANZA: debito*) to pay off,

redeem; (: *spese d'impianto*) to write off.
ammortiz'zare [ammortid'dzare] *vt*
(*FINANZA*) to pay off, redeem; (: *spese d'impianto*) to write off; (*AUT, TECN*) to absorb, deaden.
ammortizza'tore [ammortiddza'tore] *sm* (*AUT, TECN*) shock absorber.
Amm.re *abbr* = **amministratore**.
ammucchi'are [ammuk'kjare] *vt*, ~**rsi** *vr* to pile up, accumulate.
ammuf'fire *vi* to go mouldy (*BRIT*) o moldy (*US*).
ammutina'mento *sm* mutiny.
ammuti'narsi *vr* to mutiny.
ammuti'nato, a *ag* mutinous ♦ *sm* mutineer.
ammuto'lire *vi* to be struck dumb.
amne'sia *sf* amnesia.
amnis'tia *sf* amnesty.
'amo *sm* (*PESCA*) hook; (*fig*) bait.
amo'rale *ag* amoral.
a'more *sm* love; ~**i** *smpl* love affairs; **il tuo bambino è un** ~ your baby's a darling; **fare l'**~ o **all'**~ to make love; **andare d'**~ e **d'accordo con qn** to get on like a house on fire with sb; **per** ~ o **per forza** by hook or by crook; **amor proprio** self-esteem, pride.
amoreggi'are [amored'dʒare] *vi* to flirt.
amo'revole *ag* loving, affectionate.
a'morfo, a *ag* amorphous; (*fig: persona*) lifeless.
amo'rino *sm* cupid.
amo'roso, a *ag* (*affettuoso*) loving, affectionate; (*d'amore: sguardo*) amorous; (: *poesia, relazione*) love *cpd*.
am'pere [ã'pɛr] *sm inv* amp(ère).
ampi'ezza [am'pjettsa] *sf* width, breadth; spaciousness; (*fig: importanza*) scale, size; ~ **di vedute** broad-mindedness.
'ampio, a *ag* wide, broad; (*spazioso*) spacious; (*abbondante: vestito*) loose; (: *gonna*) full; (: *spiegazione*) ample, full.
am'plesso *sm* (*sessuale*) intercourse.
amplia'mento *sm* (*di strada*) widening; (*di aeroporto*) expansion; (*fig*) broadening.
ampli'are *vt* (*allargare*) to widen; (*fig: discorso*) to enlarge on; ~**rsi** *vr* to grow, increase; ~ **la propria cultura** to broaden one's mind.
amplifi'care *vt* to amplify; (*magnificare*) to extol.
amplifica'tore *sm* (*TECN, MUS*) amplifier.
amplificazi'one [amplifikat'tsjone] *sf* amplification.
am'polla *sf* (*vasetto*) cruet.
ampol'loso, a *ag* bombastic, pompous.
ampu'tare *vt* (*MED*) to amputate.

amputazi'one [amputat'tsjone] *sf* amputation.
'Amsterdam *sf* Amsterdam.
amu'leto *sm* lucky charm.
AN *sigla* = Ancona.
A.N. *sigla f* (*POL*) = **Alleanza Nazionale**.
'ANA *sigla f* (*MIL*) = *Associazione Nazionale Alpini*.
ANAAO *sigla f* (= *Associazione Nazionale Aiuti e Assistenti Ospedalieri*) *trade union for hospital workers*.
anabbagli'ante [anabbaʎ'ʎante] *ag* (*AUT*) dipped (*BRIT*), dimmed (*US*); ~**i** *smpl* dipped o dimmed headlights.
anacro'nismo *sm* anachronism.
a'nagrafe *sf* (*registro*) register of births, marriages and deaths; (*ufficio*) registry office (*BRIT*), office of vital statistics (*US*).
ana'grafico, a, ci, che *ag* (*AMM*): **dati** ~**ci** personal data; **comune di residenza** ~**a** district where resident.
ana'gramma, i *sm* anagram.
anal'colico, a, ci, che *ag* non-alcoholic ♦ *sm* soft drink; **bevanda** ~**a** soft drink.
a'nale *ag* anal.
analfa'beta, i, e *ag, smlf* illiterate.
analfabe'tismo *sm* illiteracy.
anal'gesico, a, ci, che [anal'dʒɛziko] *ag, sm* analgesic.
a'nalisi *sf inv* analysis; (*MED: esame*) test; **in ultima** ~ in conclusion, in the final analysis; ~ **grammaticale** parsing; ~ **del sangue** blood test; ~ **dei sistemi/costi** systems/cost analysis.
ana'lista, i, e *sm/f* analyst; (*PSIC*) (psycho)analyst; ~ **finanziario** financial analyst; ~ **di sistemi** systems analyst.
ana'litico, a, ci, che *ag* analytic(al).
analiz'zare [analid'dzare] *vt* to analyse (*BRIT*), analyze (*US*); (*MED*) to test.
analo'gia, 'gie [analo'dʒia] *sf* analogy.
ana'logico, a, ci, che [ana'lɔdʒiko] *ag* analogical; (*calcolatore, orologio*) analog(ue).
a'nalogo, a, ghi, ghe *ag* analogous.
'ananas *sm inv* pineapple.
anar'chia [anar'kia] *sf* anarchy.
a'narchico, a, ci, che [a'narkiko] *ag* anarchic(al) ♦ *sm/f* anarchist.
'A.N.A.S. *sigla f* (= *Azienda Nazionale Autonoma delle Strade*) *national roads department*.
ana'tema, i *sm* anathema.
anato'mia *sf* anatomy.
ana'tomico, a, ci, che *ag* anatomical; (*sedile*) contoured.
'anatra *sf* duck; ~ **selvatica** mallard.
ana'troccolo *sm* duckling.

'ANCA *sigla f* = *Associazione Nazionale Cooperative Agricole.*

'anca, che *sf* (*ANAT*) hip; (*ZOOL*) haunch.

'ANCAB *sigla f* (= *Associazione Nazionale delle Cooperative di Abitazione*) national association of housing cooperatives.

ANCC *sigla f* = *Associazione Nazionale Carabinieri.*

'ANCE ['ant∫e] *sigla f* (= *Associazione Nazionale Costruttori Edili*) national association of builders.

'anche ['anke] *cong* also; (*perfino*) even; **vengo anch'io!** I'm coming too!; ~ **se** even if; ~ **volendo, non finiremmo in tempo** even if we wanted to, we wouldn't finish in time.

ancheggi'are [anked'dʒare] *vi* to wiggle (one's hips).

anchilo'sato, a [ankilo'zato] *ag* stiff.

'ANCI ['ant∫i] *sigla f* (= *Associazione Nazionale dei Comuni Italiani*) national confederation of local authorities.

ancone'tano, a *ag* of (*o* from) Ancona.

an'cora *av* still; (*di nuovo*) again; (*di più*) some more; (*persino*): ~ **più forte** even stronger; **non** ~ not yet; ~ **una volta** once more, once again; ~ **un po'** a little more; (*di tempo*) a little longer.

'ancora *sf* anchor; **gettare/levare l'**~ to cast/weigh anchor; ~ **di salvezza** (*fig*) last hope.

anco'raggio [anko'raddʒo] *sm* anchorage.

anco'rare *vt*, ~**rsi** *vr* to anchor.

ANCR *sigla f* (= *Associazione Nazionale Combattenti e Reduci*) servicemen's and ex-servicemen's association.

Andalu'sia *sf*: l'~ Andalusia.

anda'luso, a *ag, sm/f* Andalusian.

anda'mento *sm* (*di strada, malattia*) course; (*del mercato*) state.

an'dante *ag* (*corrente*) current; (*di poco pregio*) cheap, second-rate ♦ *sm* (*MUS*) andante.

an'dare *sm*: **a lungo** ~ in the long run; **con l'andar del tempo** with the passing of time; **racconta storie a tutto** ~ she's forever talking rubbish ♦ *vi* (*gen*) to go; (*essere adatto*): ~ **a** to suit; (*piacere*): **il suo comportamento non mi va** I don't like the way he behaves; **ti va di** ~ **al cinema?** do you feel like going to the cinema?; ~ **a cavallo** to ride; ~ **in macchina/aereo** to go by car/plane; ~ **a fare qc** to go and do sth; ~ **a pescare/sciare** to go fishing/skiing; **andarsene** to go away; **vado e vengo** I'll be back in a minute; ~ **per i 50** (*età*) to be getting on for 50; ~ **a male** to go bad; ~ **fiero di qc/qn** to be proud of sth/sb; ~

perduto to be lost; **come va?** (*lavoro, progetto*) how are things?; **come va?** — **bene, grazie!** how are you? — fine, thanks!; **va fatto entro oggi** it's got to be done today; **ne va della nostra vita** our lives are at stake; **se non vado errato** if I'm not mistaken; **le mele vanno molto** apples are selling well; **va da sé** (*è naturale*) it goes without saying; **per questa volta vada** let's say no more about it this time.

an'data *sf* (*viaggio*) outward journey; **biglietto di sola** ~ single (*BRIT*) *o* one-way ticket; **biglietto di** ~ **e ritorno** return (*BRIT*) *o* round-trip (*US*) ticket.

anda'tura *sf* (*modo di andare*) walk, gait; (*SPORT*) pace; (*NAUT*) tack.

an'dazzo [an'dattso] *sm* (*peg*): **prendere un brutto** ~ to take a turn for the worse.

'Ande *sfpl*: **le** ~ the Andes.

an'dino, a *ag* Andean.

andirivi'eni *sm inv* coming and going.

'andito *sm* corridor, passage.

An'dorra *sf* Andorra.

andrò *etc vb vedi* **andare**.

an'drone *sm* entrance hall.

ANDS *sigla f* (= *Associazione Nazionale Docenti Subalterni*) teachers' union.

'ANDU *sigla f* (= *Associazione Nazionale Docenti Universitari*) association of university teachers.

a'neddoto *sm* anecdote.

ane'lare *vi*: ~ **a** (*fig*) to long for, yearn for.

a'nelito *sm* (*fig*): ~ **di** longing *o* yearning for.

a'nello *sm* ring; (*di catena*) link.

ane'mia *sf* anaemia (*BRIT*), anemia (*US*).

a'nemico, a, ci, che *ag* anaemic (*BRIT*), anemic (*US*).

a'nemone *sm* anemone.

aneste'sia *sf* anaesthesia (*BRIT*), anesthesia (*US*).

aneste'sista, i, e *sm/f* anaesthetist (*BRIT*), anesthetist (*US*).

anes'tetico, a, ci, che *ag, sm* anaesthetic (*BRIT*), anesthetic (*US*).

anestetiz'zare [anestetid'dzare] *vt* to anaesthetize (*BRIT*), anesthetize (*US*).

anfeta'mina *sf* amphetamine.

anfeta'minico, a, ci, che *ag* (*fig*) hyper.

an'fibio, a *ag* amphibious ♦ *sm* amphibian; (*AUT*) amphibious vehicle.

anfite'atro *sm* amphitheatre (*BRIT*), amphitheater (*US*).

anfitri'one *sm* host.

'anfora *sf* amphora.

an'fratto *sm* ravine.

an'gelico, a, ci, che [an'dʒeliko] *ag*

angelic(al).

'**angelo** ['andʒelo] *sm* angel; ~ **custode** guardian angel; **l'**~ **del focolare** (*fig*) the perfect housewife.

anghe'ria [ange'ria] *sf* vexation.

an'gina [an'dʒina] *sf* tonsillitis; ~ **pectoris** angina.

angli'cano, a *ag* Anglican.

angli'cismo [angli'tʃizmo] *sm* anglicism.

an'glofilo, a *ag* anglophilic ♦ *sm/f* anglophile.

anglo'sassone *ag* Anglo-Saxon.

An'gola *sf*: **l'**~ Angola.

ango'lano, a *ag, sm/f* Angolan.

ango'lare *ag* angular.

angola'tura *sf* angle.

angolazi'one [angolat'tsjone] *sf* (*di angolo*) angulation; (*FOT, CINE, TV, fig*) angle.

'**angolo** *sm* corner; (*MAT*) angle; ~ **cottura** (*di appartamento etc*) cooking area; **fare** ~ **con** (*strada*) to run into; **dietro l'**~ (*anche fig*) round the corner.

ango'loso, a *ag* (*oggetto*) angular; (*volto, corpo*) angular, bony.

'**angora** *sf*: **lana d'**~ angora.

an'goscia, sce [an'gɔʃʃa] *sf* deep anxiety, anguish *no pl*.

angosci'are [angoʃ'ʃare] *vt* to cause anguish to; ~**rsi** *vr*: ~**rsi (per)** (*preoccuparsi*) to become anxious (about); (*provare angoscia*) to get upset (about *o* over).

angosci'oso, a [angoʃ'ʃoso] *ag* (*d'angoscia*) anguished; (*che dà angoscia*) distressing, painful.

angu'illa *sf* eel.

an'guria *sf* watermelon.

an'gustia *sf* (*ansia*) anguish, distress; (*povertà*) poverty, want.

angusti'are *vt* to distress; ~**rsi** *vr*: ~**rsi (per)** to worry (about).

an'gusto, a *ag* (*stretto*) narrow; (*fig*) mean, petty.

'**anice** ['anitʃe] *sm* (*CUC*) aniseed; (*BOT*) anise; (*liquore*) anisette.

ani'dride *sf* (*CHIM*): ~ **carbonica/solforosa** carbon/sulphur dioxide.

'**anima** *sf* soul; (*abitante*) inhabitant; ~ **gemella** soul mate; **un'**~ **in pena** (*anche fig*) a tormented soul; **non c'era** ~ **viva** there wasn't a living soul; **volere un bene dell'**~ **a qn** to be extremely fond of sb; **rompere l'**~ **a qn** to drive sb mad; **il nonno buon'**~ ... Grandfather, God rest his soul ....

ani'male *sm, ag* animal.

anima'lesco, a, schi, sche *ag* (*gesto, atteggiamento*) animal-like.

anima'lista, i, e *ag* animal rights *cpd* ♦ *sm/f* animal rights activist.

ani'mare *vt* to give life to, liven up; (*incoraggiare*) to encourage; ~**rsi** *vr* to become animated, come to life.

ani'mato, a *ag* animate; (*vivace*) lively, animated; (*: strada*) busy.

anima'tore, 'trice *sm/f* guiding spirit; (*CINE*) animator; (*di festa*) life and soul.

animazi'one [animat'tsjone] *sf* liveliness; (*di strada*) bustle; (*CINE*) animation; ~ **teatrale** amateur dramatics.

'**animo** *sm* (*mente*) mind; (*cuore*) heart; (*coraggio*) courage; (*disposizione*) character, disposition; **avere in** ~ **di fare qc** to intend *o* have a mind to do sth; **farsi** ~ to pluck up courage; **fare qc di buon/ mal** ~ to do sth willingly/unwillingly; **perdersi d'**~ to lose heart.

animosità *sf* animosity.

A'NITA *sigla f = Associazione Nazionale dell'Industria dei Trasporti Automobilistici*; *Associazione Naturista Italiana*.

'**anitra** *sf* = **anatra**.

'**Ankara** *sf* Ankara.

ANM *sigla f* (= *Associazione Nazionale dei Magistrati*) *national association of magistrates*.

ANMI *sigla f* (= *Associazione Nazionale Marinai d'Italia*) *national association of seamen*.

ANMIG *sigla f* (= *Associazione Nazionale fra Mutilati e Invalidi di Guerra*) *national association for disabled ex-servicemen*.

anna'cquare *vt* to water down, dilute.

annaffi'are *vt* to water.

annaffia'toio *sm* watering can.

an'nali *smpl* annals.

annas'pare *vi* (*nell'acqua*) to flounder; (*fig*: *nel buio, nell'incertezza*) to grope.

an'nata *sf* year; (*importo annuo*) annual amount; **vino di** ~ vintage wine.

annebbi'are *vt* (*fig*) to cloud; ~**rsi** *vr* to become foggy; (*vista*) to become dim.

annega'mento *sm* drowning.

anne'gare *vt, vi* to drown; ~**rsi** *vr* (*accidentalmente*) to drown; (*deliberatamente*) to drown o.s.

anne'rire *vt* to blacken ♦ *vi* to become black.

annessi'one *sf* (*POL*) annexation.

an'nesso, a *pp di* **annettere** ♦ *ag* attached; (*POL*) annexed; ... **e tutti gli** ~**i e connessi** ... and so on and so forth.

an'nettere *vt* (*POL*) to annex; (*accludere*) to attach.

annichi'lire [anniki'lire] *vt* to annihilate.

anni'darsi *vr* to nest.

annienta'mento *sm* annihilation, destruction.

annien'tare *vt* to annihilate, destroy.

anniver'sario *sm* anniversary.

'anno *sm* year; **quanti ~i hai? — ho 40 ~i** how old are you? — I'm 40 (years old); **gli ~i 20** the 20s; **porta bene gli ~i** she doesn't look her age; **porta male gli ~i** she looks older than she is; **~ commerciale** business year; **~ giudiziario** legal year; **~ luce** light year; **gli ~i di piombo** *the Seventies in Italy, characterized by terrorist attacks and killings*.

anno'dare *vt* to knot, tie; (*fig: rapporto*) to form.

annoi'are *vt* to bore; (*seccare*) to annoy; **~rsi** *vr* to be bored; to be annoyed.

an'noso, a *ag* (*albero*) old; (*fig: problema etc*) age-old.

anno'tare *vt* (*registrare*) to note, note down (*BRIT*); (*commentare*) to annotate.

annotazi'one [annotat'tsjone] *sf* note; annotation.

annove'rare *vt* to number.

annu'ale *ag* annual.

annual'mente *av* annually, yearly.

annu'ario *sm* yearbook.

annu'ire *vi* to nod; (*acconsentire*) to agree.

annulla'mento *sm* annihilation, destruction; cancellation; annulment; quashing.

annul'lare *vt* to annihilate, destroy; (*contratto, francobollo*) to cancel; (*matrimonio*) to annul; (*sentenza*) to quash; (*risultati*) to declare void.

an'nullo *sm* (*AMM*) cancelling.

annunci'are [annun'tʃare] *vt* to announce; (*dar segni rivelatori*) to herald.

annuncia'tore, 'trice [annuntʃa'tore] *smlf* (*RADIO, TV*) announcer.

Annunciazi'one [annuntʃat'tsjone] *sf* (*REL*): **l'~** the Annunciation.

an'nuncio [an'nuntʃo] *sm* announcement; (*fig*) sign; **~ pubblicitario** advertisement; **~i economici** classified advertisements, small ads; **piccoli ~i** small ads, classified ads; **~i mortuari** (*colonna*) obituary column.

'annuo, a *ag* annual, yearly.

annu'sare *vt* to sniff, smell; **~ tabacco** to take snuff.

annuvola'mento *sm* clouding (over).

annuvo'lare *vt* to cloud; **~rsi** *vr* to become cloudy, cloud over.

'ano *sm* anus.

'anodo *sm* anode.

anoma'lia *sf* anomaly.

a'nomalo, a *ag* anomalous.

anoni'mato *sm* anonymity; **conservare l'~** to remain anonymous.

a'nonimo, a *ag* anonymous ♦ *sm* (*autore*) anonymous writer (*o* painter *etc*); **un tipo ~** (*peg*) a colourless (*BRIT*) *o* colorless (*US*) character.

anores'sia *sf* anorexia; **~ nervosa** anorexia nervosa.

ano'ressico, a, ci, che *ag* anorexic.

anor'male *ag* abnormal ♦ *smlf* subnormal person; (*eufemismo*) homosexual.

anormalità *sf inv* abnormality.

'ANSA *sigla f* (= *Agenzia Nazionale Stampa Associata*) national press agency.

'ansa *sf* (*manico*) handle; (*di fiume*) bend, loop.

an'sante *ag* out of breath, panting.

'ANSEA *sigla f* (= *Associazione delle Nazioni del Sud-Est asiatico*) ASEAN.

'ansia *sf* anxiety; **stare in ~** (*per qn/qc*) to be anxious (about sb/sth).

ansietà *sf* anxiety.

ansi'mare *vi* to pant.

ansi'oso, a *ag* anxious.

'anta *sf* (*di finestra*) shutter; (*di armadio*) door.

antago'nismo *sm* antagonism.

antago'nista, i, e *smlf* antagonist.

an'tartico, a, ci, che *ag* Antarctic ♦ *sm*: **l'A~** the Antarctic.

An'tartide *sf*: **l'~** Antarctica.

ante'bellico, a, ci, che *ag* prewar *cpd*.

antece'dente [antetʃe'dɛnte] *ag* preceding, previous.

ante'fatto *sm* previous events *pl*; previous history.

antegu'erra *sm* pre-war period.

ante'nato *sm* ancestor, forefather.

an'tenna *sf* (*RADIO, TV*) aerial; (*ZOOL*) antenna, feeler; **rizzare le ~e** (*fig*) to prick up one's ears; **~ parabolica** (*TV*) satellite dish.

ante'porre *vt*: **~ qc a qc** to place *o* put sth before sth.

ante'posto, a *pp di* **anteporre**.

ante'prima *sf* preview.

anteri'ore *ag* (*ruota, zampa*) front *cpd*; (*fatti*) previous, preceding.

antesi'gnano [antesiɲ'ɲano] *sm* (*STORIA*) standard-bearer; (*fig*) forerunner.

antia'ereo, a *ag* anti-aircraft *cpd*.

antial'lergico, a [antial'lɛrdʒiko] *ag, sm* hypoallergenic.

antia'tomico, a, ci, che *ag* anti-nuclear; **rifugio ~** fallout shelter.

antibi'otico, a, ci, che *ag, sm* antibiotic.

anti'caglia [anti'kaʎʎa] *sf* junk *no pl*.

anti'camera *sf* anteroom; **fare** ~ to be kept waiting; **non mi passerebbe neanche per l'~ del cervello** it wouldn't even cross my mind.

anti'carie *ag inv* which fights tooth decay.

antichità [antiki'ta] *sf inv* antiquity; (*oggetto*) antique.

antici'clone [antitʃi'klone] *sm* anticyclone.

antici'pare [antitʃi'pare] *vt* (*consegna, visita*) to bring forward, anticipate; (*somma di denaro*) to pay in advance; (*notizia*) to disclose ♦ *vi* to be ahead of time.

antici'pato, a [antitʃi'pato] *ag* (*prima del previsto*) early; **pagamento** ~ payment in advance.

anticipazi'one [antitʃipat'tsjone] *sf* anticipation; (*di notizia*) advance information; (*somma di denaro*) advance.

an'ticipo [an'titʃipo] *sm* anticipation; (*di denaro*) advance; **in** ~ early, in advance; **con un sensibile** ~ well in advance.

antic'lan *ag inv* (*magistrato, processo*) anti-Mafia.

an'tico, a, chi, che *ag* (*quadro, mobili*) antique; (*dell'antichità*) ancient; **all'~a** old-fashioned.

anticoncezio'nale [antikontʃettsjo'nale] *sm* contraceptive.

anticonfor'mista, i, e *ag, sm/f* nonconformist.

anticonge'lante [antikondʒe'lante] *ag, sm* antifreeze.

anticongiuntu'rale [antikondʒuntu'rale] *ag* (*ECON*): **misure** ~i measures to remedy the economic situation.

anti'corpo *sm* antibody.

anticostituzio'nale [antikostituttsjo'nale] *ag* unconstitutional.

antidiluvi'ano, a *ag* (*fig: antiquato*) ancient.

anti'doping *sm inv* (*SPORT*) dope test.

an'tidoto *sm* antidote.

anti'droga *ag inv* anti-drugs *cpd*.

antie'stetico, a, ci, che *ag* unsightly.

an'tifona *sf* (*MUS, REL*) antiphon; **capire l'~** (*fig*) to take the hint.

anti'furto *sm* anti-theft device.

anti'gelo [anti'dʒɛlo] *ag inv* antifreeze *cpd* ♦ *sm* (*per motore*) antifreeze; (*per cristalli*) de-icer.

an'tigene [an'tidʒene] *sm* antigen.

antigi'enico, a, ci, che [anti'dʒɛniko] *ag* unhygienic.

An'tille *sfpl*: **le** ~ the West Indies.

an'tilope *sf* antelope.

anti'mafia *ag inv* anti-mafia *cpd*.

antin'cendio [antin'tʃendjo] *ag inv* fire *cpd*; **bombola** ~ fire extinguisher.

anti'nebbia *sm inv* (*anche*: **faro ~**: *AUT*) fog lamp.

antine'vralgico, a, ci, che [antine'vraldʒiko] *ag* painkilling ♦ *sm* painkiller.

antio'rario *ag*: **in senso** ~ in an anticlockwise (*BRIT*) *o* counterclockwise (*US*) direction, anticlockwise, counterclockwise.

anti'pasto *sm* hors d'œuvre.

antipa'tia *sf* antipathy, dislike.

anti'patico, a, ci, che *ag* unpleasant, disagreeable.

an'tipodi *smpl*: **essere agli** ~ (*fig: di idee opposte*) to be poles apart.

antiquari'ato *sm* antique trade; **un pezzo d'~** an antique.

anti'quario *sm* antique dealer.

anti'quato, a *ag* antiquated, old-fashioned.

antirici'claggio [antiritʃi'kladdʒo] *ag* (*attività, operazioni*) anti-laundering.

antiri'flesso *ag inv* (*schermo*) non-glare *cpd*.

anti'ruggine [anti'ruddʒine] *ag* anti-rust *cpd* ♦ *sm inv* rust-preventer.

antise'mita, i, e *ag* anti-semitic.

antisemi'tismo *sm* anti-semitism.

anti'settico, a, ci, che *ag, sm* antiseptic.

antista'minico, a, ci, che *ag, sm* antihistamine.

anti'stante *ag* opposite.

antiterro'rismo *sm* anti-terrorist measures *pl*.

an'titesi *sf* antithesis.

antolo'gia, 'gie [antolo'dʒia] *sf* anthology.

antono'masia *sf* antonomasia; **per** ~ par excellence.

antra'cite [antra'tʃite] *sf* anthracite.

'antro *sm* cavern.

antro'pofago, gi *sm* cannibal.

antropolo'gia [antropolo'dʒia] *sf* anthropology.

antropo'logico, a, ci, che [antropo'lɔdʒiko] *ag* anthropological.

antro'pologo, a, gi, ghe *sm/f* anthropologist.

anu'lare *ag* ring *cpd* ♦ *sm* ring finger.

An'versa *sf* Antwerp.

'anzi ['antsi] *av* (*invece*) on the contrary; (*o meglio*) or rather, or better still.

anzianità [antsjani'ta] *sf* old age; (*AMM*) seniority.

anzi'ano, a [an'tsjano] *ag* old; (*AMM*) senior ♦ *sm/f* old person; senior member.

anziché [antsi'ke] *cong* rather than.

anzi'tempo [antsi'tɛmpo] *av* (*in anticipo*) early.

anzi'tutto [antsi'tutto] *av* first of all.

AO *sigla* = Aosta.

a'orta *sf* aorta.

aos'tano, a *ag* of (*o* from) Aosta.
AP *sigla* = Ascoli Piceno.
a'partheid [a'partheit] *sm* apartheid.
apar'titico, a, ci, che *ag* (*POL*) non-party
cpd.
apa'tia *sf* apathy, indifference.
a'patico, a, ci, che *ag* apathetic,
indifferent.
a.p.c. *abbr* = **a pronta cassa.**
'ape *sf* bee.
aperi'tivo *sm* apéritif.
aperta'mente *av* openly.
a'perto, a *pp di* **aprire ♦** *ag* open ♦ *sm*: **all'**~
in the open (air); **rimanere a bocca** ~**a**
(*fig*) to be taken aback.
aper'tura *sf* opening; (*ampiezza*) width,
spread; (*POL*) approach; (*FOT*) aperture; ~
alare wing span; ~ **mentale** open-
mindedness; ~ **di credito** (*COMM*)
granting of credit.
API *sigla f* = Associazione Piccole e Medie
Industrie.
'apice ['apitʃe] *sm* apex; (*fig*) height.
apicol'tore *sm* beekeeper.
apicol'tura *sf* beekeeping.
ap'nea *sf*: **immergersi in** ~ to dive without
breathing apparatus.
apoca'lisse *sf* apocalypse.
apo'geo [apo'dʒɛo] *sm* (*ASTR*) apogee; (*fig*:
culmine) zenith.
a'polide *ag* stateless.
apo'litico, a, ci, che *ag* (*neutrale*)
nonpolitical; (*indifferente*) apolitical.
apolo'gia, gie [apolo'dʒia] *sf* (*difesa*)
apologia; (*esaltazione*) praise; ~ **di reato**
attempt to defend criminal acts.
apoples'sia *sf* (*MED*) apoplexy.
apop'lettico, a, ci, che *ag* apoplectic;
colpo ~ apoplectic fit.
a'postolo *sm* apostle.
apostro'fare *vt* (*parola*) to write with an
apostrophe; (*persona*) to address.
a'postrofo *sm* apostrophe.
app. *abbr* (= *appendice*) app.
appaga'mento *sm* satisfaction; fulfilment.
appa'gare *vt* to satisfy; (*desiderio*) to fulfil;
~**rsi** *vr*: ~**rsi di** to be satisfied with.
appa'gato, a *ag* satisfied.
appai'are *vt* to couple, pair.
ap'paio *etc vb vedi* **apparire.**
Appa'lachi [appa'laki] *smpl*: **i Monti** ~ the
Appalachian Mountains.
appallotto'lare *vt* (*carta, foglio*) to screw
into a ball; ~**rsi** *vr* (*gatto*) to roll up into a
ball.
appalta'tore *sm* contractor.
ap'palto *sm* (*COMM*) contract; **dare/**
prendere in ~ **un lavoro** to let out/

undertake a job on contract.
appan'naggio [appan'naddʒo] *sm*
(*compenso*) annuity; (*fig*) privilege,
prerogative.
appan'nare *vt* (*vetro*) to mist; (*metallo*) to
tarnish; (*vista*) to dim; ~**rsi** *vr* to mist
over; to tarnish; to grow dim.
appa'rato *sm* equipment, machinery;
(*ANAT*) apparatus; device; ~ **scenico** (*TEAT*) props
pl.
apparecchi'are [apparek'kjare] *vt* to
prepare; (*tavola*) to set ♦ *vi* to set the
table.
apparecchia'tura [apparekkja'tura] *sf*
equipment; (*macchina*) machine, device.
appa'recchio [appa'rekkjo] *sm* piece of
apparatus, device; (*aeroplano*) aircraft
inv; ~**i sanitari** bathroom *o* sanitary
appliances; ~ **televisivo/telefonico**
television set/telephone.
appa'rente *ag* apparent.
apparente'mente *av* apparently.
appa'renza [appa'rɛntsa] *sf* appearance; **in**
o **all'**~ apparently, to all appearances.
appa'rire *vi* to appear; (*sembrare*) to seem,
appear.
appari'scente [appariʃ'ʃɛnte] *ag* (*colore*)
garish, gaudy; (*bellezza*) striking.
apparizi'one [appari'tsjone] *sf* apparition.
ap'parso, a *pp di* **apparire.**
apparta'mento *sm* flat (*BRIT*), apartment
(*US*).
appar'tarsi *vr* to withdraw.
appar'tato, a *ag* (*luogo*) secluded.
apparte'nenza [apparte'nɛntsa] *sf*: ~ **(a)**
(*gen*) belonging (to); (*a un partito, club*)
membership (of).
apparte'nere *vi*: ~ **a** to belong to.
ap'parvi *etc vb vedi* **apparire.**
appassio'nante *ag* thrilling, exciting.
appassio'nare *vt* to thrill; (*commuovere*) to
move; ~**rsi** *vr*: ~**rsi a qc** to take a great
interest in sth; to be deeply moved by
sth.
appassio'nato, a *ag* passionate;
(*entusiasta*): ~ **(di)** keen (on).
appas'sire *vi* to wither.
appel'larsi *vr* (*ricorrere*): ~ **a** to appeal to;
(*DIR*): ~ **contro** to appeal against.
ap'pello *sm* roll-call; (*implorazione, DIR*)
appeal; (*sessione d'esame*) exam session;
fare ~ **a** to appeal to; **fare l'**~ (*INS*) to call
the register *o* roll; (*MIL*) to call the roll.
ap'pena *av* (*a stento*) hardly, scarcely;
(*solamente, da poco*) just ♦ *cong* as soon as;
(**non**) ~ **furono arrivati ...** as soon as they
had arrived ...; ~ **... che** *o* **quando** no
sooner ... than.

ap'pendere *vt* to hang (up).
appendi'abiti *sm inv* hook, peg; (*mobile*) hall stand (*BRIT*), hall tree (*US*).
appen'dice [appen'ditʃe] *sf* appendix; romanzo d'~ popular serial.
appendi'cite [appendi'tʃite] *sf* appendicitis.
appen'dino *sm* (coat) hook.
Appen'nini *smpl*: gli ~ the Apennines.
appesan'tire *vt* to make heavy; ~rsi *vr* to grow stout.
ap'peso, a *pp di* appendere.
appe'tito *sm* appetite.
appeti'toso, a *ag* appetising; (*fig*) attractive, desirable.
appezza'mento [appettsa'mento] *sm* (*anche:* ~ di terreno) plot, piece of ground.
appia'nare *vt* to level; (*fig*) to smooth away, iron out; ~rsi *vr* (*divergenze*) to be ironed out.
appiat'tire *vt* to flatten; ~rsi *vr* to become flatter; (*farsi piatto*) to flatten o.s.; ~rsi al suolo to lie flat on the ground.
appic'care *vt*: ~ il fuoco a to set fire to, set on fire.
appicci'care [appittʃi'kare] *vt* to stick; (*fig*): ~ qc a qn to palm sth off on sb; ~rsi *vr* to stick; (*fig: persona*) to cling.
appiccica'ticcio, a, ci, ce [appittʃika'tittʃo] *ag*, appicci'coso, a [appittʃi'koso] *ag* sticky; (*fig: persona*): essere ~ to cling like a leech.
appie'dato, a *ag*: rimanere ~ to be left without means of transport.
appi'eno *av* fully.
appigli'arsi [appiʎ'ʎarsi] *vr*: ~ a (*afferrarsi*) to take hold of; (*fig*) to cling to.
ap'piglio [ap'piʎʎo] *sm* hold; (*fig*) pretext.
appiop'pare *vt*: ~ qc a qn (*nomignolo*) to pin sth on sb; (*compito difficile*) to saddle sb with sth; gli ha appioppato un pugno sul muso he punched him in the face.
appiso'larsi *vr* to doze off.
applau'dire *vt*, *vi* to applaud.
ap'plauso *sm* applause *no pl*.
appli'cabile *ag*: ~ (a) applicable (to).
appli'care *vt* to apply; (*regolamento*) to enforce; ~rsi *vr* to apply o.s.
appli'cato, a *ag* (*arte, scienze*) applied ♦ *sm* (*AMM*) clerk.
applica'tore *sm* applicator.
applicazi'one [applikat'tsjone] *sf* application; enforcement, ~i tecniche (*INS*) practical subjects.
appoggi'are [appod'dʒare] *vt* (*mettere contro*): ~ qc a qc to lean *o* rest sth against sth; (*fig: sostenere*) to support; ~rsi *vr*: ~rsi a to lean against; (*fig*) to rely

upon.
ap'poggio [ap'pɔddʒo] *sm* support.
appollai'arsi *vr* (*anche fig*) to perch.
ap'pongo, ap'poni *etc vb vedi* apporre.
ap'porre *vt* to affix.
appor'tare *vt* to bring.
ap'porto *sm* (*gen*, *FINANZA*) contribution.
ap'posi *etc vb vedi* apporre.
apposita'mente *av* (*apposta*) on purpose; (*specialmente*) specially.
ap'posito, a *ag* appropriate.
ap'posta *av* on purpose, deliberately; neanche a farlo ~, ... by sheer coincidence, ...
appos'tarsi *vr* to lie in wait.
ap'posto, a *pp di* apporre.
ap'prendere *vt* (*imparare*) to learn; (*comprendere*) to grasp.
apprendi'mento *sm* learning.
appren'dista, i, e *smf* apprentice.
apprendi'stato *sm* apprenticeship.
apprensi'one *sf* apprehension.
appren'sivo, a *ag* apprehensive.
ap'preso, a *pp di* apprendere.
ap'presso *av* (*accanto, vicino*) close by, near; (*dietro*) behind; (*dopo, più tardi*) after, later ♦ *ag inv* (*dopo*): il giorno ~ the next day; ~ a *prep* (*vicino a*) near, close to.
appres'tare *vt* to prepare, get ready; ~rsi *vr*: ~rsi a fare qc to prepare *o* get ready to do sth.
ap'pretto *sm* starch.
apprez'zabile [appret'tsabile] *ag* (*notevole*) noteworthy, significant; (*percepibile*) appreciable.
apprezza'mento [apprettsa'mento] *sm* appreciation; (*giudizio*) opinion; (*commento*) comment.
apprez'zare [appret'tsare] *vt* to appreciate.
ap'proccio [ap'prɔttʃo] *sm* approach.
appro'dare *vi* (*NAUT*) to land; (*fig*): non ~ a nulla to come to nothing.
ap'prodo *sm* landing; (*luogo*) landing place.
approfit'tare *vi*: ~ di (*persona, situazione*) to take advantage of; (*occasione, opportunità*) to make the most of, profit by.
approfon'dire *vt* to deepen; (*fig*) to study in depth; ~rsi *vr* (*gen, fig*) to deepen; (*peggiorare*) to get worse.
appron'tare *vt* to prepare, get ready.
appropri'arsi *vr*: ~ di qc to appropriate sth, take possession of sth; ~ indebitamente di to embezzle.
appropri'ato, a *ag* appropriate.
appropriazi'one [approprjat'tsjone] *sf* appropriation; ~ indebita (*DIR*)

embezzlement.

approssi'mare *vt* (*cifra*): ~ **per eccesso/per difetto** to round up/down; ~**rsi** *vr*: ~**rsi a** to approach, draw near.

approssima'tivo, a *ag* approximate, rough; (*impreciso*) inexact, imprecise.

approssimazi'one [approssimat'tsjone] *sf* approximation; **per** ~ approximately, roughly.

appro'vare *vt* (*condotta, azione*) to approve of; (*candidato*) to pass; (*progetto di legge*) to approve.

approvazi'one [approvat'tsjone] *sf* approval.

approvvigiona'mento [approvvidʒona 'mento] *sm* supplying; stocking up; ~**i** *smpl* (*MIL*) supplies.

approvvigio'nare [approvvidʒo'nare] *vt* to supply; ~**rsi** *vr* to lay in provisions, stock up; ~ **qn di qc** to supply sb with sth.

appunta'mento *sm* appointment; (*amoroso*) date; **darsi** ~ to arrange to meet (one another).

appun'tare *vt* (*rendere aguzzo*) to sharpen; (*fissare*) to pin, fix; (*annotare*) to note down.

appun'tato *sm* (*CARABINIERI*) corporal.

appun'tino *av* perfectly.

appun'tire *vt* to sharpen.

ap'punto *sm* note; (*rimprovero*) reproach ♦ *av* (*proprio*) exactly, just; **per l'~!, ~!** exactly!

appu'rare *vt* to check, verify.

apr. *abbr* (= *aprile*) Apr.

apribot'tiglie [apribot'tiʎʎe] *sm inv* bottleopener.

a'prile *sm* April; **pesce d'~!** April Fool!; *per fraseologia vedi* **luglio**.

a'prire *vt* to open; (*via, cadavere*) to open up; (*gas, luce, acqua*) to turn on ♦ *vi* to open; ~**rsi** *vr* to open; ~ **le ostilità** (*MIL*) to start up *o* begin hostilities; ~ **una sessione** (*INFORM*) to log on; ~**rsi a qn** to confide in sb, open one's heart to sb; **mi si è aperto lo stomaco** I feel rather peckish; **apriti cielo!** heaven forbid!

apris'catole *sm inv* tin (*BRIT*) *o* can opener.

APT *sigla f* (= *Azienda di Promozione Turistica*) ≈ tourist board.

AQ *sigla* = *L'Aquila*.

a'quario *sm* = **acquario**.

'aquila *sf* (*ZOOL*) eagle; (*fig*) genius.

aqui'lino, a *ag* aquiline.

aqui'lone *sm* (*giocattolo*) kite; (*vento*) North wind.

AR *sigla* = *Arezzo*.

ara'besco *sm* (*decorazione*) arabesque.

A'rabia Sau'dita *sf*: **l'~** Saudi Arabia.

a'rabico, a, ci, che *ag*: **il Deserto** ~ the Arabian Desert.

a'rabile *ag* arable.

'arabo, a *ag, sm/f* Arab ♦ *sm* (*LING*) Arabic; **parlare** ~ (*fig*) to speak double Dutch (*BRIT*).

a'rachide [a'rakide] *sf* peanut.

ara'gosta *sf* spiny lobster.

a'raldica *sf* heraldry.

a'raldo *sm* herald.

aran'ceto [aran'tʃeto] *sm* orange grove.

a'rancia, ce [a'rantʃa] *sf* orange.

aranci'ata [aran'tʃata] *sf* orangeade.

a'rancio [a'rantʃo] *sm* (*BOT*) orange tree; (*colore*) orange ♦ *ag inv* (*colore*) orange; **fiori di** ~ orange blossom *sg*.

aranci'one [aran'tʃone] *ag inv*: (**color**) ~ bright orange.

a'rare *vt* to plough (*BRIT*), plow (*US*).

ara'tore *sm* ploughman (*BRIT*), plowman (*US*).

a'ratro *sm* plough (*BRIT*), plow (*US*).

ara'tura *sf* ploughing (*BRIT*), plowing (*US*).

a'razzo [a'rattso] *sm* tapestry.

arbi'traggio [arbi'traddʒo] *sm* (*SPORT*) refereeing; umpiring; (*DIR*) arbitration; (*COMM*) arbitrage.

arbi'trare *vt* (*SPORT*) to referee; to umpire; (*DIR*) to arbitrate.

arbi'trario, a *ag* arbitrary.

arbi'trato *sm* arbitration.

ar'bitrio *sm* will; (*abuso, sopruso*) arbitrary act.

'arbitro *sm* arbiter, judge; (*DIR*) arbitrator; (*SPORT*) referee; (: *TENNIS, CRICKET*) umpire.

arbo'scello [arboʃ'ʃello] *sm* sapling.

ar'busto *sm* shrub.

'arca, che *sf* (*sarcofago*) sarcophagus; **l'~ di Noè** Noah's ark.

ar'caico, a, ci, che *ag* archaic.

arca'ismo *sm* (*LING*) archaism.

ar'cangelo [ar'kandʒelo] *sm* archangel.

ar'cano, a *ag* arcane, mysterious ♦ *sm* mystery.

ar'cata *sf* (*ARCHIT, ANAT*) arch; (*ordine di archi*) arcade.

archeolo'gia [arkeolo'dʒia] *sf* arch(a)eology.

archeo'logico, a, ci, che [arkeo'lɔdʒiko] *ag* arch(a)eological.

arche'ologo, a, gi, ghe [arke'ɔlogo] *sm/f* arch(a)eologist.

ar'chetipo [ar'kɛtipo] *sm* archetype.

ar'chetto [ar'ketto] *sm* (*MUS*) bow.

architet'tare [arkitet'tare] *vt* (*fig: ideare*) to devise; (: *macchinare*) to plan, concoct.

archi'tetto [arki'tetto] *sm* architect.

architet'tonico, a, ci, che [arkitet'tɔniko] *ag* architectural.

architet'tura [arkitet'tura] *sf* architecture.

archivi'are [arki'vjare] *vt* (*documenti*) to file; (*DIR*) to dismiss.

archiviazi'one [arkivjat'tsjone] *sf* filing; dismissal.

ar'chivio [ar'kivjo] *sm* archives *pl*; (*INFORM*) file; ~ **principale** (*INFORM*) master file.

archi'vista, i, e [arki'vista] *sm/f* (*AMM*) archivist; (*in ufficio*) filing clerk.

'ARCI ['artʃi] *sigla f* (= *Associazione Ricreativa Culturale Italiana*) *cultural society.*

arci'duca, chi [artʃi'duka] *sm* archduke.

arci'ere [ar'tʃɛre] *sm* archer.

ar'cigno, a [ar'tʃiɲɲo] *ag* grim, severe.

arci'one [ar'tʃone] *sm* saddlebow.

arci'pelago, ghi [artʃi'pɛlago] *sm* archipelago.

arci'vescovo [artʃi'veskovo] *sm* archbishop.

'arco, chi *sm* (*arma, MUS*) bow; (*ARCHIT*) arch; (*MAT*) arc; **nell'~ di 3 settimane** within the space of 3 weeks; ~ **costituzionale** *political parties involved in formulating Italy's post-war constitution.*

arcoba'leno *sm* rainbow.

arcu'ato, a *ag* curved, bent; **dalle gambe ~e** bow-legged.

ar'dente *ag* burning; (*fig*) burning, ardent.

'ardere *vt, vi* to burn; **legna da ~** firewood.

ar'desia *sf* slate.

ardi'mento *sm* daring.

ar'dire *vi* to dare ♦ *sm* daring.

ar'dito, a *ag* brave, daring, bold; (*sfacciato*) bold.

ar'dore *sm* blazing heat; (*fig*) ardour, fervour.

'arduo, a *ag* arduous, difficult.

'area *sf* area; (*EDIL*) land, ground; **nell'~ dei partiti di sinistra** among the parties of the left; ~ **fabbricabile** building land; ~ **di rigore** (*SPORT*) penalty area; ~ **di servizio** (*AUT*) service area.

a'rena *sf* arena; (*per corride*) bullring; (*sabbia*) sand.

are'naria *sf* sandstone.

are'narsi *vr* to run aground; (*fig: trattative*) to come to a standstill.

areo'plano *sm* = **aeroplano**.

are'tino, a *ag* of (*o* from) Arezzo.

'argano *sm* winch.

argen'tato, a [ardʒen'tato] *ag* silver-plated; (*colore*) silver, silvery; (*capelli*) silver(-grey).

ar'genteo, a [ar'dʒɛnteo] *ag* silver, silvery.

argente'ria [ardʒente'ria] *sf* silverware,

silver.

Argen'tina [ardʒen'tina] *sf*: **l'~** Argentina.

argen'tino, a [ardʒen'tino] *ag, sm/f* (*dell'Argentina*) Argentinian ♦ *sf* crewneck sweater.

ar'gento [ar'dʒɛnto] *sm* silver; ~ **vivo** quicksilver; **avere l'~ (vivo) addosso** (*fig*) to be fidgety.

ar'gilla [ar'dʒilla] *sf* clay.

argil'loso, a [ardʒil'loso] *ag* (*contenente argilla*) clayey; (*simile ad argilla*) clay-like.

argi'nare [ardʒi'nare] *vt* (*fiume, acque*) to embank; (: *con diga*) to dyke up; (*fig: inflazione, corruzione*) to check; (: *spese*) to limit.

'argine ['ardʒine] *sm* embankment, bank; (*diga*) dyke, dike; **far ~ a, porre un ~ a** (*fig*) to check, hold back.

argomen'tare *vi* to argue.

argo'mento *sm* argument; (*materia, tema*) subject; **tornare sull'~** to bring the matter up again.

argu'ire *vt* to deduce.

ar'guto, a *ag* sharp, quick-witted; (*spiritoso*) witty.

ar'guzia [ar'guttsja] *sf* wit; (*battuta*) witty remark.

'aria *sf* air; (*espressione, aspetto*) air, look; (*MUS: melodia*) tune; (: *di opera*) aria; **all'~ aperta** in the open (air); **manca l'~** it's stuffy; **andare all'~** (*piano, progetto*) to come to nothing; **mandare all'~ qc** to ruin *o* upset sth; **darsi delle ~e** to put on airs and graces; **ha la testa per ~** his head is in the clouds; **che ~ tira?** (*fig: atmosfera*) what's the atmosphere like?

aridità *sf* aridity, dryness; (*fig*) lack of feeling.

'arido, a *ag* arid.

arieggi'are [arjed'dʒare] *vt* (*cambiare aria*) to air; (*imitare*) to imitate.

ari'ete *sm* ram; (*MIL*) battering ram; (*dello zodiaco*): **A~** Aries; **essere dell'A~** to be Aries.

a'ringa, ghe *sf* herring *inv*; ~ **affumicata** smoked herring, kipper; ~ **marinata** pickled herring.

ari'oso, a *ag* (*ambiente, stanza*) airy; (*MUS*) ariose.

'arista *sf* (*CUC*) chine of pork.

aristo'cratico, a, ci, che *ag* aristocratic.

aristocra'zia [aristokrat'tsia] *sf* aristocracy.

arit'metica *sf* arithmetic.

arit'metico, a, ci, che *ag* arithmetical.

arlec'chino [arlek'kino] *sm* harlequin.

'arma, i *sf* weapon, arm; (*parte dell'esercito*) arm; **alle ~i!** to arms!; **chiamare alle ~i** to call up (*BRIT*), draft (*US*); **sotto le ~i** in the army (*o* forces); **combattere ad ~i pari** (*anche fig*) to fight on equal terms; **essere alle prime ~i** (*fig*) to be a novice; **passare qn per le ~i** to execute sb; **battersi all'~ bianca** to fight with blades; **~ a doppio taglio** (*anche fig*) double-edged weapon; **~ da fuoco** firearm.

ar'madio *sm* cupboard; (*per abiti*) wardrobe; **~ a muro** built-in cupboard.

armamen'tario *sm* equipment, instruments *pl*.

arma'mento *sm* (*MIL*) armament; (*: materiale*) arms *pl*, weapons *pl*; (*NAUT*) fitting out; manning; **la corsa agli ~i** the arms race.

ar'mare *vt* to arm; (*arma da fuoco*) to cock; (*NAUT: nave*) to rig, fit out; to man; (*EDIL: volta, galleria*) to prop up, shore up; **~rsi** *vr* to arm o.s.; (*MIL*) to take up arms.

ar'mato, a *ag*: **~ (di)** (*anche fig*) armed (with) ♦ *sf* (*MIL*) army; (*NAUT*) fleet; **rapina a mano ~a** armed robbery.

arma'tore *sm* shipowner.

arma'tura *sf* (*struttura di sostegno*) framework; (*impalcatura*) scaffolding; (*STORIA*) armour *no pl* (*BRIT*), armor *no pl* (*US*), suit of armo(u)r.

armeggi'are [armed'dʒare] *vi* (*affaccendarsi*): **~ (intorno a qc)** to mess about (with sth).

Ar'menia *sf*: **l'~** Armenia.

ar'meno, a *ag, sm/f, sm* Armenian.

arme'ria *sf* (*deposito*) armoury (*BRIT*), armory (*US*); (*collezione*) collection of arms.

armis'tizio [armis'tittsjo] *sm* armistice.

armo'nia *sf* harmony.

ar'monico, a, ci, che *ag* harmonic; (*fig*) harmonious ♦ *sf* (*MUS*) harmonica; **~a a bocca** mouth organ.

armoni'oso, a *ag* harmonious.

armoniz'zare [armonid'dzare] *vt* to harmonize; (*colori, abiti*) to match ♦ *vi* to be in harmony; to match.

ar'nese *sm* tool, implement; (*oggetto indeterminato*) thing, contraption; **male in ~** (*malvestito*) badly dressed; (*di salute malferma*) in poor health; (*di condizioni economiche*) down-at-heel.

'arnia *sf* hive.

a'roma, i *sm* aroma; fragrance; **~i** *smpl* herbs and spices; **~i naturali/artificiali** natural/artificial flavouring *sg* (*BRIT*) *o* flavoring *sg* (*US*).

aromatera'pia *sf* aromatherapy.

aro'matico, a, ci, che *ag* aromatic; (*cibo*) spicy.

aromatiz'zare [aromatid'dzare] *vt* to

season, flavour (*BRIT*), flavor (*US*).

'arpa *sf* (*MUS*) harp.

ar'peggio [ar'pedddʒo] *sm* (*MUS*) arpeggio.

ar'pia *sf* (*anche fig*) harpy.

arpi'one *sm* (*gancio*) hook; (*cardine*) hinge; (*PESCA*) harpoon.

arrabat'tarsi *vr* to do all one can, strive.

arrabbi'are *vi* (*cane*) to be affected with rabies; **~rsi** *vr* (*essere preso dall'ira*) to get angry, fly into a rage.

arrabbi'ato, a *ag* (*cane*) rabid, with rabies; (*persona*) furious, angry.

arrabbia'tura *sf*: **prendersi un'~ (per qc)** to become furious (over sth).

arraf'fare *vt* to snatch, seize; (*sottrarre*) to pinch.

arrampi'carsi *vr* to climb (up); **~ sui vetri** *o* **sugli specchi** (*fig*) to clutch at straws.

arrampi'cata *sf* climb.

arrampica'tore, 'trice *sm/f* (*gen, SPORT*) climber; **~ sociale** (*fig*) social climber.

arran'care *vi* to limp, hobble; (*fig*) to struggle along.

arrangia'mento [arrandʒa'mento] *sm* (*MUS*) arrangement.

arran'giare [arran'dʒare] *vt* to arrange; **~rsi** *vr* to manage, do the best one can.

arre'care *vt* to bring; (*causare*) to cause.

arreda'mento *sm* (*studio*) interior design; (*mobili etc*) furnishings *pl*.

arre'dare *vt* to furnish.

arreda'tore, 'trice *sm/f* interior designer.

ar'redo *sm* fittings *pl*, furnishings *pl*; **~ per uffici** office furnishings.

arrem'baggio [arrem'baddʒo] *sm* (*NAUT*) boarding.

ar'rendersi *vr* to surrender; **~ all'evidenza (dei fatti)** to face (the) facts.

arren'devole *ag* (*persona*) yielding, compliant.

arrendevo'lezza [arrendevo'lettsa] *sf* compliancy.

ar'reso, a *pp di* **arrendersi**.

arres'tare *vt* (*fermare*) to stop, halt; (*catturare*) to arrest; **~rsi** *vr* (*fermarsi*) to stop.

arres'tato, a *sm/f* person under arrest.

ar'resto *sm* (*cessazione*) stopping; (*fermata*) stop; (*cattura, MED*) arrest; (*COMM: in produzione*) stoppage; **subire un ~** to come to a stop *o* standstill; **mettere agli ~i** to place under arrest; **~i domiciliari** (*DIR*) house arrest.

arre'trare *vt, vi* to withdraw.

arre'trato, a *ag* (*lavoro*) behind schedule; (*paese, bambino*) backward; (*numero di giornale*) back *cpd*; **~i** *smpl* arrears; **gli ~i dello stipendio** back pay *sg*.

arricchi'mento [arrikki'mento] *sm* enrichment.

arric'chire [arrik'kire] *vt* to enrich; ~**rsi** *vr* to become rich.

arric'chito, a [arrik'kito] *sm/f* nouveau riche.

arricci'are [arrit't∫are] *vt* to curl; ~ **il naso** to turn up one's nose.

ar'ridere *vi*: ~ **a qn** (*fortuna, successo*) to smile on sb.

ar'ringa, ghe *sf* harangue; (*DIR*) address by counsel.

arrischi'are [arris'kjare] *vt* to risk; ~**rsi** *vr* to venture, dare.

arrischi'ato, a [arris'kjato] *ag* risky; (*temerario*) reckless, rash.

ar'riso, a *pp di* **arridere**.

arri'vare *vi* to arrive; (*avvicinarsi*) to come; (*accadere*) to happen, occur; ~ **a** (*livello, grado etc*) to reach; **lui arriva a Roma alle 7** he gets to o arrives at Rome at 7; ~ **a fare qc** to manage to do sth, succeed in doing sth; **non ci arrivo** I can't reach it; (*fig: non capisco*) I can't understand it.

arri'vato, a *ag* (*persona: di successo*) successful ♦ *sm/f*: **essere un** ~ to have made it; **nuovo** ~ newcomer; **ben** ~! welcome!; **non sono l'ultimo** ~! (*fig*) I'm no fool!

arrive'derci [arrive'dert∫i] *escl* goodbye!

arrive'derla *escl* (*forma di cortesia*) goodbye!

arri'vismo *sm* (*ambizione*) ambitiousness; (*sociale*) social climbing.

arri'vista, i, e *sm/f* go-getter.

ar'rivo *sm* arrival; (*SPORT*) finish, finishing line.

arro'gante *ag* arrogant.

arro'ganza [arro'gantsa] *sf* arrogance.

arro'gare *vt*: ~**rsi il diritto di fare qc** to assume the right to do sth; ~**rsi il merito di qc** to claim credit for sth.

arro'lare *vb* = **arruolare**.

arrossa'mento *sm* reddening.

arros'sare *vt* (*occhi, pelle*) to redden, make red; ~**rsi** *vr* to go o become red.

arros'sire *vi* (*per vergogna, timidezza*) to blush; (*per gioia*) to flush, blush.

arros'tire *vt* to roast; (*pane*) to toast; (*ai ferri*) to grill.

ar'rosto *sm, ag inv* roast; ~ **di manzo** roast beef.

arro'tare *vt* to sharpen; (*investire con un veicolo*) to run over.

arro'tino *sm* knife-grinder.

arroto'lare *vt* to roll up.

arroton'dare *vt* (*forma, oggetto*) to round; (*stipendio*) to add to; (*somma*) to round off.

arrovel'larsi *vr* (*anche*: ~ **il cervello**) to rack one's brains.

arroven'tato, a *ag* red-hot.

arruf'fare *vt* to ruffle; (*fili*) to tangle; (*fig: questione*) to confuse.

arruggi'nire [arruddʒi'nire] *vt* to rust; ~**rsi** *vr* to rust; (*fig*) to become rusty.

arruola'mento *sm* (*MIL*) enlistment.

arruo'lare *vt* (*MIL*) to enlist; ~**rsi** *vr* to enlist, join up.

arse'nale *sm* (*MIL*) arsenal; (*cantiere navale*) dockyard.

ar'senico *sm* arsenic.

'arsi *vb vedi* **ardere**.

'arso, a *pp di* **ardere** ♦ *ag* (*bruciato*) burnt; (*arido*) dry.

ar'sura *sf* (*calore opprimente*) burning heat; (*siccità*) drought.

art. *abbr* (= *articolo*) art.

'arte *sf* art; (*abilità*) skill; **a regola d'**~ (*fig*) perfectly; **senz'**~ **né parte** penniless and out of a job; ~**i figurative** visual arts.

arte'fatto, a *ag* (*stile, modi*) affected; (*cibo*) adulterated.

ar'tefice [ar'tefit∫e] *sm/f* craftsman/woman; (*autore*) author.

ar'teria *sf* artery.

arterioscle'rosi *sf* arteriosclerosis, hardening of the arteries.

arteri'oso, a *ag* arterial.

'artico, a, ci, che *ag* Arctic ♦ *sm*: **l'A**~ the Arctic; **il Circolo polare** ~ the Arctic Circle; **l'Oceano** ~ the Arctic Ocean.

artico'lare *ag* (*ANAT*) of the joints, articular ♦ *vt* to articulate; (*suddividere*) to divide, split up; ~**rsi** *vr*: ~**rsi in** (*discorso, progetto*) to be divided into.

artico'lato, a *ag* (*linguaggio*) articulate; (*AUT*) articulated.

articolazi'one [artikolat'tsjone] *sf* (*ANAT, TECN*) joint; (*di voce, concetto*) articulation.

ar'ticolo *sm* article; ~ **di fondo** (*STAMPA*) leader, leading article; ~**i di marca** branded goods; **un bell'**~ (*fig*) a real character.

'Artide *sm*: **l'**~ the Arctic.

artifici'ale [artifi't∫ale] *ag* artificial.

artifici'ere [artifi't∫ɛre] *sm* (*MIL*) artificer; (: *per disinnescare bombe*) bomb-disposal expert.

arti'ficio [arti'fit∫o] *sm* (*espediente*) trick, artifice; (*ricerca di effetto*) artificiality.

artifici'oso, a [artifi't∫oso] *ag* cunning; (*non spontaneo*) affected.

artigia'nale [artidʒa'nale] *ag* craft *cpd*.

artigia'nato [artidʒa'nato] *sm*

craftsmanship; craftsmen *pl.*

artigi'ano, a [arti'dʒano] *sm/f* craftsman/woman.

artigli'ere [artiʎ'ʎɛre] *sm* artilleryman.

artiglie'ria [artiʎʎe'ria] *sf* artillery.

ar'tiglio [ar'tiʎʎo] *sm* claw; (*di rapaci*) talon; **sfoderare gli ~i** (*fig*) to show one's claws.

ar'tista, i, e *sm/f* artist; **un lavoro da ~** (*fig*) a professional piece of work.

ar'tistico, a, ci, che *ag* artistic.

'arto *sm* (*ANAT*) limb.

ar'trite *sf* (*MED*) arthritis.

ar'trosi *sf* osteoarthritis.

arzigogo'lato, a [ardzigogo'lato] *ag* tortuous.

arzi'gogolo [ardzi'gɔgolo] *sm* tortuous expression.

ar'zillo, a [ar'dzillo] *ag* lively, sprightly.

a'scella [aʃ'ʃɛlla] *sf* (*ANAT*) armpit.

ascen'dente [aʃʃen'dɛnte] *sm* ancestor; (*fig*) ascendancy; (*ASTR*) ascendant.

a'scendere [aʃ'ʃendere] *vi*: **~ al trono** to ascend the throne.

ascensi'one [aʃʃen'sjone] *sf* (*ALPINISMO*) ascent; (*REL*): **l'A~** the Ascension; **isola dell'A~** Ascension Island.

ascen'sore [aʃʃen'sore] *sm* lift.

a'scesa [aʃ'ʃesa] *sf* ascent; (*al trono*) accession; (*al potere*) rise.

a'scesi [aʃ'ʃɛzi] *sf* asceticism.

a'sceso, a [aʃ'ʃeso] *pp di* **ascendere**.

a'scesso [aʃ'ʃɛsso] *sm* (*MED*) abscess.

a'sceta, i [aʃ'ʃɛta] *sm* ascetic.

'ascia, *pl* **'asce** ['aʃʃa] *sf* axe.

asciugaca'pelli [aʃʃugaka'pelli] *sm* hair dryer.

asciuga'mano [aʃʃuga'mano] *sm* towel.

asciu'gare [aʃʃu'gare] *vt* to dry; **~rsi** *vr* to dry o.s.; (*diventare asciutto*) to dry.

asciuga'trice [aʃʃuga'tritʃe] *sf* spin-dryer.

asciut'tezza [aʃʃut'tettsa] *sf* dryness; leanness; curtness.

asci'utto, a [aʃ'ʃutto] *ag* dry; (*fig: magro*) lean; (: *burbero*) curt ♦ *sm*: **restare all'~** (*fig*) to be left penniless; **restare a bocca ~a** (*fig*) to be disappointed.

asco'lano, a *ag* of (*o* from) Ascoli.

ascol'tare *vt* to listen to; **~ il consiglio di qn** to listen to *o* heed sb's advice.

ascolta'tore, 'trice *sm/f* listener.

as'colto *sm*: **essere** *o* **stare in ~** to be listening; **dare** *o* **prestare ~ (a)** to pay attention (to); **indice di ~** (*TV, RADIO*) audience rating.

AS. COM. *sigla f* = **Associazione Commercianti**.

as'critto, a *pp di* **ascrivere**.

as'crivere *vt* (*attribuire*): **~ qc a qn** to

attribute sth to sb; **~ qc a merito di qn** to give sb credit for sth.

a'settico, a, ci, che *ag* aseptic.

asfal'tare *vt* to asphalt.

as'falto *sm* asphalt.

asfis'sia *sf* asphyxia, asphyxiation.

asfissi'ante *ag* (*gas*) asphyxiating; (*fig: calore, ambiente*) stifling, suffocating; (: *persona*) tiresome.

asfissi'are *vt* to asphyxiate, suffocate; (*fig: opprimere*) to stifle; (: *infastidire*) to get on sb's nerves ♦ *vi* to suffocate, asphyxiate.

'Asia *sf*: **l'~** Asia.

asi'atico, a, ci, che *ag, sm/f* Asiatic, Asian.

a'silo *sm* refuge, sanctuary; **~ (d'infanzia)** nursery(-school); **~ nido** day nursery, crèche (*for children aged 0 to 3*); **~ politico** political asylum.

asim'metrico, a, ci, che *ag* asymmetric(al).

'asino *sm* donkey, ass; **la bellezza dell'~** (*fig: di ragazza*) the beauty of youth; **qui casca l'~!** there's the rub!

'asma *sf* asthma.

as'matico, a, ci, che *ag, sm/f* asthmatic.

asoci'ale [aso't*ʃ*ale] *ag* antisocial.

'asola *sf* buttonhole.

as'parago, gi *sm* asparagus *no pl.*

as'pergere [as'pɛrdʒere] *vt*: **~ (di o con)** to sprinkle (with).

asperità *sf inv* roughness *no pl*; (*fig*) harshness *no pl.*

as'persi *etc vb vedi* **aspergere**.

as'perso, a *pp di* **aspergere**.

aspet'tare *vt* to wait for; (*anche COMM*) to await; (*aspettarsi*) to expect; (*essere in serbo: notizia, evento etc*) to be in store for, lie ahead of ♦ *vi* to wait; **~rsi qc** to expect sth; **~ un bambino** to be expecting (a baby); **questo non me l'aspettavo** I wasn't expecting this; **me l'aspettavo!** I thought as much!

aspetta'tiva *sf* expectation; **inferiore all'~** worse than expected; **essere/mettersi in ~** (*AMM*) to be on/take leave of absence.

as'petto *sm* (*apparenza*) aspect, appearance, look; (*punto di vista*) point of view; **di bell'~** good-looking.

aspi'rante *ag* (*attore etc*) aspiring ♦ *sm/f* candidate, applicant.

aspira'polvere *sm inv* vacuum cleaner.

aspi'rare *vt* (*respirare*) to breathe in, inhale; (*sog: apparecchi*) to suck (up) ♦ *vi*: **~ a** to aspire to.

aspira'tore *sm* extractor fan.

aspirazi'one [aspirat'tsjone] *sf* (*TECN*) suction; (*anelito*) aspiration.

aspi'rina *sf* aspirin.

aspor'tare *vt* (*anche MED*) to remove, take away.

as'prezza [as'prettsa] *sf* sourness, tartness; pungency; harshness; roughness; rugged nature.

'aspro, a *ag* (*sapore*) sour, tart; (*odore*) acrid, pungent; (*voce, clima, fig*) harsh; (*superficie*) rough; (*paesaggio*) rugged.

Ass. *abbr* = **assicurazione; assicurata; assegno.**

assaggi'are [assad'dʒare] *vt* to taste.

assag'gini [assad'dʒini] *smpl* (*CUC*) *selection of first courses.*

as'saggio [as'saddʒo] *sm* tasting; (*piccola quantità*) taste; (*campione*) sample.

as'sai *av* (*molto*) a lot, much; (: *con ag*) very; (*a sufficienza*) enough ♦ *ag inv* (*quantità*) a lot of, much; (*numero*) a lot of, many; ~ **contento** very pleased.

as'salgo *etc vb vedi* **assalire.**

assa'lire *vt* to attack, assail.

assali'tore, 'trice *sm/f* attacker, assailant.

assal'tare *vt* (*MIL*) to storm; (*banca*) to raid; (*treno, diligenza*) to hold up.

as'salto *sm* attack, assault; **prendere d'~** (*fig: negozio, treno*) to storm; (: *personalità*) to besiege; **d'~** (*editoria, giornalista etc*) aggressive.

assapo'rare *vt* to savour (*BRIT*), savor (*US*).

assassi'nare *vt* to murder; (*POL*) to assassinate; (*fig*) to ruin.

assas'sinio *sm* murder; assassination.

assas'sino, a *ag* murderous ♦ *sm/f* murderer; assassin.

'asse *sm* (*TECN*) axle; (*MAT*) axis ♦ *sf* board; ~ **da stiro** ironing board.

assecon'dare *vt*: ~ **qn (in qc)** to go along with sb (in sth); ~ **i desideri di qn** to go along with sb's wishes; ~ **i capricci di qn** to give in to sb's whims.

assedi'are *vt* to besiege.

as'sedio *sm* siege.

asse'gnare [assen'ɲare] *vt* to assign, allot; (*premio*) to award.

assegna'tario [assenɲa'tarjo] *sm* (*DIR*) assignee; (*COMM*) recipient; **l'~ del premio** the person awarded the prize.

assegnazi'one [assenɲat'tsjone] *sf* (*di casa, somma*) allocation; (*di carica*) assignment; (*di premio, borsa di studio*) awarding.

as'segno [as'seɲɲo] *sm* allowance; (*anche*: ~ **bancario**) cheque (*BRIT*), check (*US*); **contro** ~ cash on delivery; ~ **circolare** bank draft; ~ **di invalidità** *o* **di malattia** injury *o* sickness benefit; ~ **post-datato** post-dated cheque; ~ **sbarrato** crossed cheque; ~ **non sbarrato** uncrossed cheque; ~ **di studio** study grant; "~ **non trasferibile"** "account payee only"; ~ **di viaggio** travel(l)er's cheque; ~ **a vuoto** dud cheque; ~**i alimentari** alimony *sg*; ~**i familiari** ≈ child benefit *sg*.

assem'blaggio [assem'bladdʒo] *sm* (*INDUSTRIA*) assembly.

assem'blare *vt* to assemble.

assem'blea *sf* assembly; (*raduno, adunanza*) meeting.

assembra'mento *sm* public gathering; **divieto di** ~ ban on public meetings.

assen'nato, a *ag* sensible.

as'senso *sm* assent, consent.

assen'tarsi *vr* to go out.

as'sente *ag* absent; (*fig*) faraway, vacant ♦ *sm/f* absentee.

assente'ismo *sm* absenteeism.

assente'ista, i, e *sm/f* (*dal lavoro*) absentee.

assen'tire *vi*: ~ **(a)** to agree (to), assent (to).

as'senza [as'sɛntsa] *sf* absence.

asse'rire *vt* to maintain, assert.

asserragli'arsi [asserraʎ'ʎarsi] *vr*: ~ **(in)** to barricade o.s. (in).

asser'vire *vt* to enslave; (*fig: animo, passioni*) to subdue; ~**rsi** *vr*: ~**rsi (a)** to submit (to).

asserzi'one [asser'tsjone] *sf* assertion.

asses'sorato *sm* councillorship.

asses'sore *sm* councillor.

assesta'mento *sm* (*sistemazione*) arrangement; (*EDIL, GEO*) settlement.

asses'tare *vt* (*mettere in ordine*) to put in order, arrange; ~**rsi** *vr* to settle in; (*GEO*) to settle; ~ **un colpo a qn** to deal sb a blow.

asse'tato, a *ag* thirsty, parched.

as'setto *sm* order, arrangement; (*NAUT, AER*) trim; **in** ~ **di guerra** on a war footing; ~ **territoriale** country planning.

assicu'rare *vt* (*accertare*) to ensure; (*infondere certezza*) to assure; (*fermare, legare*) to make fast, secure; (*fare un contratto di assicurazione*) to insure; ~**rsi** *vr* (*accertarsi*): ~**rsi (di)** to make sure (of); (*contro il furto etc*): ~**rsi (contro)** to insure o.s. (against).

assicu'rato, a *ag* insured ♦ *sf* (*anche*: **lettera** ~**a**) registered letter.

assicura'tore, 'trice *ag* insurance *cpd* ♦ *sm/f* insurance agent; **società** ~**trice** insurance company.

assicurazi'one [assikurat'tsjone] *sf* assurance; insurance; ~ **multi-rischio** comprehensive insurance.

assidera'mento *sm* exposure.

asside'rare *vt* to freeze; ~**rsi** *vr* to freeze; **morire assiderato** to die of exposure.

as'siduo, a *ag* (*costante*) assiduous; (*regolare*) regular.

assi'eme *av* (*insieme*) together ♦ *prep:* ~ **a** (together) with.

assil'lante *ag* (*dubbio, pensiero*) nagging; (*creditore*) pestering.

assil'lare *vt* to pester, torment.

as'sillo *sm* (*fig*) worrying thought.

assimi'lare *vt* to assimilate.

assimilazi'one [assimilat'tsjone] *sf* assimilation.

assi'oma, i *sm* axiom.

assio'matico, a, ci, che *ag* axiomatic.

as'sise *sfpl* (*DIR*) assizes (*BRIT*); **corte** *f* **d'**~ court of assizes, ≈ crown court (*BRIT*); *vedi anche* **Corte d'Assise**.

assis'tente *smf* assistant; ~ **sociale** social worker; ~ **universitario** (assistant) lecturer; ~ **di volo** (*AER*) steward/ stewardess.

assis'tenza [assis'tɛntsa] *sf* assistance; ~ **legale** legal aid; ~ **ospedaliera** free hospital treatment; ~ **sanitaria** health service; ~ **sociale** welfare services *pl*.

assistenzi'ale [assisten'tsjale] *ag* (*ente, organizzazione*) welfare *cpd*; (*opera*) charitable.

assistenzia'lismo [assistentsja'lizmo] *sm* (*peg*) excessive state aid.

as'sistere *vt* (*aiutare*) to assist, help; (*curare*) to treat ♦ *vi:* ~ **(a qc)** (*essere presente*) to be present (at sth), attend (sth).

assis'tito, a *pp di* **assistere**.

'asso *sm* ace; **piantare qn in** ~ to leave sb in the lurch.

associ'are [asso't ʃare] *vt* to associate; (*rendere partecipe*): ~ **qn a** (*affari*) to take sb into partnership in; (*partito*) to make sb a member of; ~**rsi** *vr* to enter into partnership; ~**rsi a** to become a member of, join; (*dolori, gioie*) to share in; ~ **qn alle carceri** to take sb to prison.

associazi'one [assot ʃat'tsjone] *sf* association; ~ **di categoria** trade association; ~ **a o per delinquere** (*DIR*) criminal association; **A**~ **Europea di Libero Scambio** European Free Trade Association, EFTA; ~ **in partecipazione** (*COMM*) joint venture.

asso'dare *vt* (*muro, posizione*) to strengthen; (*fatti, verità*) to ascertain.

asso'dato, a *ag* well-founded.

assogget'tare [assodd ʒet'tare] *vt* to subject, subjugate; ~**rsi** *vr:* ~**rsi a** to submit to.

asso'lato, a *ag* sunny.

assol'dare *vt* to recruit.

as'solsi *etc vb vedi* **assolvere**.

as'solto, a *pp di* **assolvere**.

assoluta'mente *av* absolutely.

asso'luto, a *ag* absolute.

assoluzi'one [assolut'tsjone] *sf* (*DIR*) acquittal; (*REL*) absolution.

as'solvere *vt* (*DIR*) to acquit; (*REL*) to absolve; (*adempiere*) to carry out, perform.

assomigli'are [assomi ʎ'ʎare] *vi:* ~ **a** to resemble, look like.

asson'nato, a *ag* sleepy.

asso'pirsi *vr* to doze off.

assor'bente *ag* absorbent ♦ *sm:* ~ **igienico** sanitary towel; ~ **interno** tampon.

assor'bire *vt* to absorb; (*fig: far proprio*) to assimilate.

assor'dante *ag* (*rumore, musica*) deafening.

assor'dare *vt* to deafen.

assorti'mento *sm* assortment.

assor'tire *vt* (*disporre*) to arrange.

assor'tito, a *ag* assorted; (*colori*) matched, matching.

as'sorto, a *ag* absorbed, engrossed.

assottigli'are [assotti ʎ'ʎare] *vt* to make thin, thin; (*aguzzare*) to sharpen; (*ridurre*) to reduce; ~**rsi** *vr* to grow thin; (*fig: ridursi*) to be reduced.

A.S.S.T. *sigla f* (= *Azienda di Stato per i Servizi Telefonici*) state-run telecommunications company.

assue'fare *vt* to accustom; ~**rsi** *vr:* ~**rsi a** to get used to, accustom o.s. to.

assue'fatto, a *pp di* **assuefare**.

assuefazi'one [assuefat'tsjone] *sf* (*MED*) addiction.

as'sumere *vt* (*impiegato*) to take on, engage; (*responsabilità*) to assume, take upon o.s.; (*contegno, espressione*) to assume, put on; (*droga*) to consume.

as'sunsi *etc vb vedi* **assumere**.

as'sunto, a *pp di* **assumere** ♦ *sm* (*tesi*) proposition.

assunzi'one [assun'tsjone] *sf* (*di impiegati*) employment, engagement; (*REL*): **l'A**~ the Assumption.

assurdità *sf inv* absurdity; **dire delle** ~ to talk nonsense.

as'surdo, a *ag* absurd.

'asta *sf* pole; (*modo di vendita*) auction.

as'tante *sm* bystander.

astante'ria *sf* casualty department.

as'temio, a *ag* teetotal ♦ *smf* teetotaller.

aste'nersi *vr:* ~ **(da)** to abstain (from), refrain (from); (*POL*) to abstain (from).

astensi'one *sf* abstention.

astensio'nista, i, e *smf* (*POL*) abstentionist.

aste'risco, schi *sm* asterisk.

aste'roide *sm* asteroid.

'astice ['astitʃe] *sm* lobster.

astigi'ano, a [asti'dʒano] *ag* of (*o* from) Asti.

astig'matico, a, ci, che *ag* astigmatic.

asti'nenza [asti'nɛntsa] *sf* abstinence; essere in crisi di ~ to suffer from withdrawal symptoms.

'astio *sm* rancour, resentment.

asti'oso, a *ag* resentful.

astrat'tismo *sm* (*ARTE*) abstract art.

as'tratto, a *ag* abstract.

astrin'gente [astrin'dʒɛnte] *ag, sm* astringent.

'astro *sm* star.

astrolo'gia [astrolo'dʒia] *sf* astrology.

astro'logico, a, ci, che [astro'lɔdʒiko] *ag* astrological.

as'trologo, a, ghi, ghe *sm/f* astrologer.

astro'nauta, i, e *sm/f* astronaut.

astro'nautica *sf* astronautics *sg*.

astro'nave *sf* space ship.

astrono'mia *sf* astronomy.

astro'nomico, a, ci, che *ag* astronomic(al).

as'tronomo *sm* astronomer.

as'truso, a *ag* (*discorso, ragionamento*) abstruse.

as'tuccio [as'tuttʃo] *sm* case, box, holder.

as'tuto, a *ag* astute, cunning, shrewd.

as'tuzia [as'tuttsja] *sf* astuteness, shrewdness; (*azione*) trick.

AT *sigla* = Asti.

A.T. *abbr* (= alta tensione) HT.

ATA *sigla f* = Associazione Turistica Albergatori.

a'tavico, a, ci, che *ag* atavistic.

ate'ismo *sm* atheism.

atelier [atə'lje] *sm inv* (*laboratorio*) workshop; (*studio*) studio; (*sartoria*) fashion house.

A'tene *sf* Athens.

ate'neo *sm* university.

ateni'ese *ag, sm/f* Athenian.

'ateo, a *ag, sm/f* atheist.

a'tipico, a, ci, che *ag* atypical.

at'lante *sm* atlas; i Monti dell'A~ the Atlas Mountains.

at'lantico, a, ci, che *ag* Atlantic ♦ *sm*: l'A~, l'Oceano A~ the Atlantic, the Atlantic Ocean.

at'leta, i, e *sm/f* athlete.

at'letica *sf* athletics *sg*; ~ leggera track and field events *pl*; ~ pesante weightlifting and wrestling.

ATM *sigla f* = Azienda Tranviaria Municipale.

atmos'fera *sf* atmosphere.

atmos'ferico, a, ci, che *ag* atmospheric.

a'tollo *sm* atoll.

a'tomico, a, ci, che *ag* atomic; (*nucleare*) atomic, atom *cpd*, nuclear.

atomizza'tore [atomiddza'tore] *sm* (*di acqua, lacca*) spray; (*di profumo*) atomizer.

'atomo *sm* atom.

'atono, a *ag* (*FONETICA*) unstressed.

'atrio *sm* entrance hall, lobby.

a'troce [a'trotʃe] *ag* (*che provoca orrore*) dreadful; (*terribile*) atrocious.

atrocità [atrotʃi'ta] *sf inv* atrocity.

atro'fia *sf* atrophy.

attacca'brighe [attakka'brige] *sm/f inv* quarrelsome person.

attacca'mento *sm* (*fig*) attachment, affection.

attacca'panni *sm* hook, peg; (*mobile*) hall stand.

attac'care *vt* (*unire*) to attach; (*cucendo*) to sew on; (*far aderire*) to stick (on); (*appendere*) to hang (up); (*assalire: anche fig*) to attack; (*iniziare*) to begin, start; (*fig: contagiare*) to pass on ♦ *vi* to stick, adhere; ~rsi *vr* to stick, adhere; (*trasmettersi per contagio*) to be contagious; (*afferrarsi*): ~rsi (a) to cling (to); (*fig: affezionarsi*): ~rsi (a) to become attached (to); ~ discorso to start a conversation; con me non attacca! that won't work with me!

attacca'ticcio, a, ci, ce [attakka'tittʃo] *ag* sticky.

attacca'tura *sf* (*di manica*) join; ~ (dei capelli) hairline.

at'tacco, chi *sm* (*azione offensiva: anche fig*) attack; (*MED*) attack, fit; (*SCI*) binding; (*ELETTR*) socket.

attanagli'are [attanaʎ'ʎare] *vt* (*anche fig*) to grip.

attar'darsi *vr*: ~ a fare qc (*fermarsi*) to stop to do sth; (*stare più a lungo*) to stay behind to do sth.

attec'chire [attek'kire] *vi* (*pianta*) to take root; (*fig*) to catch on.

atteggia'mento [atteddʒa'mento] *sm* attitude.

atteggi'arsi [atted'dʒarsi] *vr*: ~ a to pose as.

attem'pato, a *ag* elderly.

atten'dente *sm* (*MIL*) orderly, batman.

at'tendere *vt* to wait for, await ♦ *vi*: ~ a to attend to.

atten'dibile *ag* (*scusa, storia*) credible; (*fonte, testimone, notizia*) reliable; (*persona*) trustworthy.

atte'nersi *vr*: ~ a to keep *o* stick to.

atten'tare *vi*: ~ a to make an attempt on.

atten'tato *sm* attack; ~ alla vita di qn attempt on sb's life.

at'tento, a *ag* attentive; (*accurato*) careful,

thorough ♦ *escl* be careful!; **stare** ~ **a qc** to pay attention to sth; ~**i!** (*MIL*) attention!; ~**i al cane** beware of the dog.

attenu'ante *sf* (*DIR*) extenuating circumstance.

attenu'are *vt* to alleviate, ease; (*diminuire*) to reduce; ~**rsi** *vr* to ease, abate.

attenuazi'one [attenuat'tsjone] *sf* alleviation; easing; reduction.

attenzi'one [atten'tsjone] *sf* attention ♦ *escl* watch out!, be careful!; **coprire qn di** ~**i** to lavish attention on sb.

atter'raggio [atter'raddʒo] *sm* landing; ~ **di fortuna** emergency landing.

atter'rare *vt* to bring down ♦ *vi* to land.

atter'rire *vt* to terrify.

at'tesa *sf vedi* **atteso.**

at'tesi *etc vb vedi* **attendere.**

at'teso, a *pp di* **attendere** ♦ *sf* waiting; (*tempo trascorso aspettando*) wait; **essere in** ~**a di qc** to be waiting for sth; **in** ~**a di una vostra risposta** (*COMM*) awaiting your reply; **restiamo in** ~**a di Vostre ulteriori notizie** (*COMM*) we look forward to hearing (further) from you.

attes'tare *vt:* ~ **qc/che** to testify to sth/(to the fact) that.

attes'tato *sm* certificate.

attestazi'one [attestat'tsjone] *sf* (*certificato*) certificate; (*dichiarazione*) statement.

'attico, ci *sm* attic.

at'tiguo, a *ag* adjacent, adjoining.

attil'lato, a *ag* (*vestito*) close-fitting, tight; (*persona*) dressed up.

'attimo *sm* moment; **in un** ~ in a moment.

atti'nente *ag:* ~ **a** relating to, concerning.

atti'nenza [atti'nɛntsa] *sf* connection.

at'tingere [at'tindʒere] *vt:* ~ **a o da** (*acqua*) to draw from; (*denaro, notizie*) to obtain from.

at'tinto, a *pp di* **attingere.**

atti'rare *vt* to attract; ~**rsi delle critiche** to incur criticism.

atti'tudine *sf* (*disposizione*) aptitude; (*atteggiamento*) attitude.

atti'vare *vt* to activate; (*far funzionare*) to set going, start.

atti'vista, i, e *smf* activist.

attività *sf inv* activity; (*COMM*) assets *pl*; ~ **liquide** (*COMM*) liquid assets.

at'tivo, a *ag* active; (*COMM*) profit-making ♦ *sm* (*COMM*) assets *pl*; **in** ~ in credit; **chiudere in** ~ to show a profit; **avere qc al proprio** ~ (*fig*) to have sth to one's credit.

attiz'zare [attit'tsare] *vt* (*fuoco*) to poke; (*fig*) to stir up.

attizza'toio [attittsa'tojo] *sm* poker.

'atto, a *ag:* ~ **a** a fit for, capable of ♦ *sm* act;

(*azione, gesto*) action, act, deed; (*DIR: documento*) deed, document; ~**i** *smpl* (*di congressi etc*) proceedings; **essere in** ~ to be under way; **mettere in** ~ to put into action; **fare** ~ **di fare qc** to make as if to do sth; **all'**~ **pratico** in practice; **dare** ~ **a qn di qc** to give sb credit for sth; ~ **di nascita/morte** birth/death certificate; ~ **di proprietà** title deed; ~ **pubblico** official document; ~ **di vendita** bill of sale; ~**i osceni (in luogo pubblico)** (*DIR*) indecent exposure; ~**i verbali** transactions.

at'tonito, a *ag* dumbfounded, astonished.

attorcigli'are [attortʃiʎ'ʎare] *vt,* ~**rsi** *vr* to twist.

at'tore, 'trice *sm/f* actor/actress.

attorni'are *vt* (*circondare*) to surround; ~**rsi** *vr:* ~**rsi di** to surround o.s. with.

at'torno *av,* ~ **a** *prep* round, around, about.

attrac'care *vt, vi* (*NAUT*) to dock, berth.

at'tracco, chi *sm* (*NAUT: manovra*) docking, berthing; (*luogo*) berth.

at'trae *etc vb vedi* **attrarre.**

attra'ente *ag* attractive.

at'traggo *etc vb vedi* **attrarre.**

at'trarre *vt* to attract.

at'trassi *etc vb vedi* **attrarre.**

attrat'tiva *sf* attraction, charm.

at'tratto, a *pp di* **attrarre.**

attraversa'mento *sm* crossing; ~ **pedonale** pedestrian crossing.

attraver'sare *vt* to cross; (*città, bosco, fig: periodo*) to go through; (*sog: fiume*) to run through.

attra'verso *prep* through; (*da una parte all'altra*) across.

attrazi'one [attrat'tsjone] *sf* attraction.

attrez'zare [attret'tsare] *vt* to equip; (*NAUT*) to rig.

attrezza'tura [attrettsa'tura] *sf* equipment *no pl*; rigging; ~**e per uffici** office equipment.

at'trezzo [at'trettso] *sm* tool, instrument; (*SPORT*) piece of equipment.

attribu'ire *vt:* ~ **qc a qn** (*assegnare*) to give *o* award sth to sb; (*quadro etc*) to attribute sth to sb.

attri'buto *sm* attribute.

at'trice [at'tritʃe] *sf vedi* **attore.**

at'trito *sm* (*anche fig*) friction.

attu'abile *ag* feasible.

attuabilità *sf* feasibility.

attu'ale *ag* (*presente*) present; (*di attualità*) topical; (*che è in atto*) actual.

attualità *sf inv* topicality; (*avvenimento*) current event; **notizie d'**~ (*TV*) the news *sg*.

attualiz'zare [attualid'dzare] *vt* to update,

bring up to date.

attual'mente *av* at the moment, at present.

attu'are *vt* to carry out; ~**rsi** *vr* to be realized.

attuazi'one [attuat'tsjone] *sf* carrying out.

attu'tire *vt* to deaden, reduce; ~**rsi** *vr* to die down.

A.U. *abbr* = **allievo ufficiale**.

au'dace [au'datʃe] *ag* audacious, daring, bold; (*provocante*) provocative; (*sfacciato*) impudent, bold.

au'dacia [au'datʃa] *sf* audacity, daring; boldness; provocativeness; impudence.

'audio *sm* (*TV, RADIO, CINE*) sound.

audiocas'setta *sf* (audio) cassette.

audio'leso, a *sm/f* person who is hard of hearing.

audiovi'sivo, a *ag* audiovisual.

audi'torio *sm*, **audi'torium** *sm inv* auditorium.

audizi'one [audit'tsjone] *sf* hearing; (*MUS*) audition.

'auge ['audʒe] *sf* (*della gloria, carriera*) height, peak; **essere in** ~ to be at the top.

augu'rale *ag*: **messaggio** ~ greeting; **biglietto** ~ greetings card.

augu'rare *vt* to wish; ~**rsi qc** to hope for sth.

au'gurio *sm* (*presagio*) omen; (*voto di benessere etc*) (good) wish; **essere di buon/cattivo** ~ to be of good omen/be ominous; **fare gli** ~**i a qn** to give sb one's best wishes; **tanti** ~**i!** all the best!

'aula *sf* (*scolastica*) classroom; (*universitaria*) lecture theatre; (*di edificio pubblico*) hall; ~ **magna** main hall; ~ **del tribunale** courtroom.

aumen'tare *vt, vi* to increase; ~ **di peso** (*persona*) to put on weight; **la produzione è aumentata del 50%** production has increased by 50%.

au'mento *sm* increase.

'aureo, a *ag* (*di oro*) gold *cpd*; (*fig: colore, periodo*) golden.

au'reola *sf* halo.

au'rora *sf* dawn.

ausili'are *ag, sm, sm/f* auxiliary.

au'silio *sm* aid.

auspi'cabile *ag* desirable.

auspi'care *vt* to call for, express a desire for.

aus'picio [aus'pitʃo] *sm* omen; (*protezione*) patronage; **sotto gli** ~**i di** under the auspices of; **è di buon** ~ it augurs well.

austerità *sf inv* austerity.

aus'tero, a *ag* austere.

aus'trale *ag* southern.

Aus'tralia *sf*: **l'**~ Australia.

australi'ano, a *ag, sm/f* Australian.

'Austria *sf*: **l'**~ Austria.

aus'triaco, a, ci, che *ag, sm/f* Austrian.

au'tarchico, a, ci, che [au'tarkiko] *ag* (*sistema*) self-sufficient, autarkic; (*prodotto*) home *cpd*, home-produced.

'aut 'aut *sm inv* ultimatum.

autenti'care *vt* to authenticate.

autenticità [autentitʃi'ta] *sf* authenticity.

au'tentico, a, ci, che *ag* (*quadro, firma*) authentic, genuine; (*fatto*) true, genuine.

au'tista, i *sm* driver; (*personale*) chauffeur.

'auto *sf inv* car; ~ **blu** official car.

autoade'sivo, a *ag* self-adhesive ♦ *sm* sticker.

autoartico'lato *sm* articulated lorry (*BRIT*), semi (trailer) (*US*).

autobiogra'fia *sf* autobiography.

autobio'grafico, a, ci, che *ag* autobiographic(al).

auto'blinda *sf* armoured (*BRIT*) *o* armored (*US*) car.

auto'bomba *sf inv* car carrying a bomb; **l'**~ **si trovava a pochi metri** the car bomb was a few metres away.

auto'botte *sf* tanker.

'autobus *sm inv* bus.

auto'carro *sm* lorry (*BRIT*), truck.

autocertificazi'one [autotʃertifikat'tsjone] *sf* self-declaration.

autocis'terna [autotʃis'tɛrna] *sf* tanker.

autoco'lonna *sf* convoy.

autocon'trollo *sm* self-control.

autocopia'tivo, a *ag*: **carta** ~**a** carbonless paper.

autocorri'era *sf* coach, bus.

auto'cratico, a, ci, che *ag* autocratic.

auto'critica, che *sf* self-criticism.

au'toctono, a *ag, sm/f* native.

autodemolizi'one [autodemolit'tsjone] *sf* breaker's yard (*BRIT*).

autodi'datta, i, e *sm/f* autodidact, self-taught person.

autodi'fesa *sf* self-defence.

autoferrotranvi'ario, a *ag* public transport *cpd*.

autogesti'one [autodʒes'tjone] *sf* worker management.

autoges'tito, a [autodʒes'tito] *ag* under worker management.

au'tografo, a *ag, sm* autograph.

auto'grill *sm inv* motorway café (*BRIT*), roadside restaurant (*US*).

autoim'mune *ag* autoimmune.

autolesio'nismo *sm* (*fig*) self-destruction.

auto'linea *sf* bus route.

au'toma, i *sm* automaton.

auto'matico, a, ci, che *ag* automatic ♦ *sm* (*bottone*) snap fastener; (*fucile*) automatic; **selezione** ~**a** (*TEL*) direct dialling.
automazi'one [automat'tsjone] *sf*: ~ **delle procedure d'ufficio** office automation.
automedicazi'one [automedikat'tsjone] *sf* (*medicine, farmaci*): **medicinale di** ~ self-medication.
auto'mezzo [auto'mɛddzo] *sm* motor vehicle.
auto'mobile *sf* (motor) car; ~ **da corsa** racing car (*BRIT*), race car (*US*).
automobi'lismo *sm* (*gen*) motoring; (*SPORT*) motor racing.
automobi'lista, i, e *sm/f* motorist.
automobi'listico, a, ci, che *ag* car *cpd* (*BRIT*), automobile *cpd* (*US*); (*sport*) motor *cpd*.
autono'leggio [autono'leddʒo] *sm* car hire (*BRIT*), car rental.
autono'mia *sf* autonomy; (*di volo*) range.
au'tonomo, a *ag* autonomous; (*sindacato, pensiero*) independent.
auto'parco, chi *sm* (*parcheggio*) car park (*BRIT*), parking lot (*US*); (*insieme di automezzi*) transport fleet.
auto'pompa *sf* fire engine.
autop'sia *sf* post-mortem (examination), autopsy.
auto'radio *sf inv* (*apparecchio*) car radio; (*autoveicolo*) radio car.
au'tore, 'trice *sm/f* author; **l'**~ **del furto** the person who committed the robbery; **diritti d'**~ copyright *sg*; (*compenso*) royalties.
autoregolamentazi'one [autoregolamentat'tsjone] *sf* self-regulation.
auto'revole *ag* authoritative; (*persona*) influential.
autori'messa *sf* garage.
autorità *sf inv* authority.
autori'tratto *sm* self-portrait.
autoriz'zare [autorid'dzare] *vt* to authorize, give permission for.
autorizzazi'one [autoriddzat'tsjone] *sf* authorization; ~ **a procedere** (*DIR*) authorization to proceed.
autos'catto *sm* (*FOT*) timer.
autos'contro *sm* dodgem car (*BRIT*), bumper car (*US*).
autoscu'ola *sf* driving school.
autosno'dato *sm* articulated vehicle.
autos'top *sm* hitchhiking.
autostop'pista, i, e *sm/f* hitchhiker.
autos'trada *sf* motorway (*BRIT*), highway (*US*).

autosuffici'ente [autosuffi'tʃɛnte] *ag* self-sufficient.
autosuffici'enza [autosuffi'tʃɛntsa] *sf* self-sufficiency.
autotassazi'one [autotassat'tsjone] *sf* system of taxation where individual himself assesses and pays tax due.
auto'treno *sm* articulated lorry (*BRIT*), semi (trailer) (*US*).
autove'icolo *sm* motor vehicle.
autovet'tura *sf* (motor) car.
autun'nale *ag* (*di autunno*) autumn *cpd*; (*da autunno*) autumnal.
au'tunno *sm* autumn.
AV *sigla* = Avellino.
a/v *abbr* = **a vista**.
aval'lare *vt* (*FINANZA*) to guarantee; (*fig: sostenere*) to back; (: *confermare*) to confirm.
a'vallo *sm* (*FINANZA*) guarantee.
avam'braccio, *pl*(*f*) -**cia** [avam'brattʃo] *sm* forearm.
avam'posto *sm* (*MIL*) outpost.
A'vana *sf*: **l'**~ Havana.
a'vana *sm inv* (*sigaro*) Havana (cigar); (*colore*) Havana brown.
avangu'ardia *sf* vanguard; (*ARTE*) avant-garde.
avansco'perta *sf* (*MIL*) reconnaissance; **andare in** ~ to reconnoitre.
a'vanti *av* (*stato in luogo*) in front; (*moto: andare, venire*) forward; (*tempo: prima*) before ♦ *prep* (*luogo*): ~ **a** before, in front of; (*tempo*): ~ **Cristo** before Christ ♦ *escl* (*entrate*) come (o go) in!; (*MIL*) forward!; (*coraggio*) come on! ♦ *sm inv* (*SPORT*) forward; **il giorno** ~ the day before; ~ **e indietro** backwards and forwards; **andare** ~ to go forward; (*continuare*) to go on; (*precedere*) to go (on) ahead; (*orologio*) to be fast; **essere** ~ **negli studi** to be well advanced with one's studies; **mandare** ~ **la famiglia** to provide for one's family; **mandare** ~ **un'azienda** to run a business; ~ **il prossimo!** next please!
avan'treno *sm* (*AUT*) front chassis.
avanza'mento [avantsa'mento] *sm* (*gen*) advance; (*fig*) progress; promotion.
avan'zare [avan'tsare] *vt* (*spostare in avanti*) to move forward, advance; (*domanda*) to put forward; (*promuovere*) to promote; (*essere creditore*): ~ **qc da qn** to be owed sth by sb ♦ *vi* (*andare avanti*) to move forward, advance; (*fig: progredire*) to make progress; (*essere d'avanzo*) to be left, remain; **basta e avanza** that's more than enough.
avan'zato, a [avan'tsato] *ag* (*teoria, tecnica*)

advanced ♦ *sf* (*MIL*) advance; **in età ~a**
advanced in years, up in years.

a'vanzo [a'vantso] *sm* (*residuo*) remains *pl*,
left-overs *pl*; (*MAT*) remainder; (*COMM*)
surplus; (*eccedenza di bilancio*) profit
carried forward; **averne d'~ di qc** to have
more than enough of sth; **~ di cassa** cash
in hand; **~ di galera** (*fig*) jailbird.

ava'ria *sf* (*guasto*) damage; (: *meccanico*)
breakdown.

avari'ato, a *ag* (*merce*) damaged; (*cibo*) off.

ava'rizia [ava'rittsja] *sf* avarice; **crepi l'~!**
to hang with the expense!

a'varo, a *ag* avaricious, miserly ♦ *sm*
miser.

a'vena *sf* oats *pl*.

================= *PAROLA CHIAVE*

a'vere *sm* (*COMM*) credit; **gli ~i** (*ricchezze*)
wealth *sg*, possessions
♦ *vt* **1** (*possedere*) to have; **ha due
bambini/una bella casa** she has (got) two
children/a lovely house; **ha i capelli
lunghi** he has (got) long hair; **non ho da
mangiare/bere** I've (got) nothing to eat/
drink, I don't have anything to eat/drink
2 (*indossare*) to wear, have on; **aveva una
maglietta rossa** he was wearing *o* he had
on a red T-shirt; **ha gli occhiali** he wears
o has glasses
3 (*ricevere*) to get; **hai avuto l'assegno?**
did you get *o* have you had the cheque?
4 (*età, dimensione*) to be; **ha 9 anni** he is 9
(years old); **la stanza ha 3 metri di
lunghezza** the room is 3 metres in length;
vedi **fame; paura; sonno** *etc*
5 (*tempo*): **quanti ne abbiamo oggi?**
what's the date today?; **ne hai per molto?**
will you be long?
6 (*fraseologia*): **avercela con qn** to be
angry with sb; **cos'hai?** what's wrong *o*
what's the matter (with you)?; **non ha
niente a che vedere** *o* **fare con me** it's got
nothing to do with me
♦ *vb aus* **1** to have; **aver bevuto/mangiato**
to have drunk/eaten; **l'ho già visto** I have
seen it already; **l'ho visto ieri** I saw it
yesterday; **ci ha creduto?** did he believe
it?
2 (+ *da* + *infinito*): **~ da fare qc** to have
to do sth; **non ho niente da dire** I have
nothing to say; **non hai che da chiederlo**
you only have to ask him.

avia'tore, 'trice *sm/f* aviator, pilot.

aviazi'one [avjat'tsjone] *sf* aviation; (*MIL*)
air force; **~ civile** civil aviation.

avicol'tura *sf* bird breeding; (*di pollame*)
poultry farming.

avidità *sf* eagerness; greed.

'avido, a *ag* eager; (*peg*) greedy.

avi'ere *sm* (*MIL*) airman.

avitami'nosi *sf* vitamin deficiency.

'avo *sm* (*antenato*) ancestor; **i nostri ~i** our
ancestors.

avo'cado *sm* avocado.

a'vorio *sm* ivory.

a'vulso, a *ag*: **parole ~e dal contesto** words
out of context; **~ dalla società** (*fig*) cut
off from society.

Avv. *abbr* = **avvocato**.

avva'lersi *vr*: **~ di** to avail o.s. of.

avvalla'mento *sm* sinking *no pl*; (*effetto*)
depression.

avvalo'rare *vt* to confirm.

avvantaggi'are [avvantad'dʒare] *vt* to
favour (*BRIT*), favor (*US*); **~rsi** *vr* (*trarre
vantaggio*): **~rsi di** to take advantage of;
(*prevalere*): **~rsi negli affari/sui
concorrenti** to get ahead in business/of
one's competitors.

avve'dersi *vr*: **~ di qn/qc** to notice sb/sth.

avve'duto, a *ag* (*accorto*) prudent; (*scaltro*)
astute.

avvelena'mento *sm* poisoning.

avvele'nare *vt* to poison.

avve'nente *ag* attractive, charming.

avve'nenza [avve'nɛntsa] *sf* good looks *pl*.

av'vengo *etc vb vedi* **avvenire**.

avveni'mento *sm* event.

avve'nire *vi, vb impers* to happen, occur ♦ *sm*
future.

av'venni *etc vb vedi* **avvenire**.

avven'tarsi *vr*: **~ su** *o* **contro qn/qc** to hurl
o.s. *o* rush at sb/sth.

avven'tato, a *ag* rash, reckless.

avven'tizio, a [avven'tittsjo] *ag* (*impiegato*)
temporary; (*guadagno*) casual.

av'vento *sm* advent, coming; (*REL*): **l'A~**
Advent.

avven'tore *sm* customer.

avven'tura *sf* adventure; (*amorosa*) affair;
avere spirito d'~ to be adventurous.

avventu'rarsi *vr* to venture.

avventuri'ero, a *sm/f* adventurer/
adventuress.

avventu'roso, a *ag* adventurous.

avve'nuto, a *pp di* **avvenire**.

avve'rarsi *vr* to come true.

av'verbio *sm* adverb.

avverrò *etc vb vedi* **avvenire**.

avver'sare *vt* to oppose.

avver'sario, a *ag* opposing ♦ *sm* opponent,
adversary.

avversi'one *sf* aversion.

avversità *sf inv* adversity, misfortune.

av'verso, a *ag* (*contrario*) contrary; (*sfavorevole*) unfavourable (*BRIT*), unfavorable (*US*).

avver'tenza [avver'tɛntsa] *sf* (*ammonimento*) warning; (*cautela*) care; (*premessa*) foreword; **~e** *sfpl* (*istruzioni per l'uso*) instructions.

avverti'mento *sm* warning.

avver'tire *vt* (*avvisare*) to warn; (*rendere consapevole*) to inform, notify; (*percepire*) to feel.

av'vezzo, a [av'vettso] *ag*: ~ **a** used to.

avvia'mento *sm* (*atto*) starting; (*effetto*) start; (*AUT*) starting; (: *dispositivo*) starter; (*COMM*) goodwill.

avvi'are *vt* (*mettere sul cammino*) to direct; (*impresa, trattative*) to begin, start; (*motore*) to start; **~rsi** *vr* to set off, set out.

avvicenda'mento [avvitʃenda'mento] *sm* alternation; (*AGR*) rotation; **c'è molto ~ di personale** there is a high turnover of staff.

avvicen'dare [avvitʃen'dare] *vt*, **~rsi** *vr* to alternate.

avvicina'mento [avvitʃina'mento] *sm* approach.

avvici'nare [avvitʃi'nare] *vt* to bring near; (*trattare con: persona*) to approach; **~rsi** *vr*: **~rsi (a qn/qc)** to approach (sb/sth), draw near (to sb/sth); (*somigliare*) to be similar (to sb/sth), be close (to sb/sth).

avvi'lente *ag* (*umiliante*) humiliating; (*scoraggiante*) discouraging, disheartening.

avvili'mento *sm* humiliation; disgrace; discouragement.

avvi'lire *vt* (*umiliare*) to humiliate; (*degradare*) to disgrace; (*scoraggiare*) to dishearten, discourage; **~rsi** *vr* (*abbattersi*) to lose heart.

avvilup'pare *vt* (*avvolgere*) to wrap up; (*ingarbugliare*) to entangle.

avvinaz'zato, a [avvinat'tsato] *ag* drunk.

avvin'cente [avvin'tʃɛnte] *ag* (*film, racconto*) enthralling.

av'vincere [av'vintʃere] *vt* to charm, enthral.

avvinghi'are [avvin'gjare] *vt* to clasp; **~rsi** *vr*: **~rsi a** to cling to.

av'vinsi *etc vb vedi* **avvincere**.

av'vinto, a *pp di* **avvincere**.

av'vio *sm* start, beginning; **dare l'~ a qc** to start sth off; **prendere l'~** to get going, get under way.

avvi'saglia [avvi'zaʎʎa] *sf* (*sintomo: di temporale etc*) sign; (*di malattia*) manifestation, sign, symptom; (*scaramuccia*) skirmish.

avvi'sare *vt* (*far sapere*) to inform; (*mettere in guardia*) to warn.

avvisa'tore *sm* (*apparecchio d'allarme*) alarm; **~ acustico** horn; **~ d'incendio** fire alarm.

av'viso *sm* warning; (*annuncio*) announcement; (*affisso*) notice; (*inserzione pubblicitaria*) advertisement; **a mio ~** in my opinion; **mettere qn sull'~** to put sb on their guard; **fino a nuovo ~** until further notice; **~ di consegna/spedizione** (*COMM*) delivery/consignment note; **~ di garanzia** (*DIR*) notification (*of impending investigation and of the right to name a defence laywer*); **~ di pagamento** (*COMM*) payment advice.

avvista'mento *sm* sighting.

avvis'tare *vt* to sight.

avvi'tare *vt* to screw down (*o* in).

avviz'zire [avvit'tsire] *vi* to wither.

avvo'cato, 'essa *smlf* (*DIR*) barrister (*BRIT*), lawyer; (*fig*) defender, advocate; **~ del diavolo: fare l'~ del diavolo** to play devil's advocate; **~ difensore** counsel for the defence; **~ di parte civile** counsel for the plaintiff.

av'volgere [av'vɔldʒere] *vt* to roll up; (*bobina*) to wind up; (*avviluppare*) to wrap up; **~rsi** *vr* (*avvilupparsi*) to wrap o.s. up.

avvol'gibile [avvol'dʒibile] *sm* roller blind (*BRIT*), blind.

avvolgi'mento [avvoldʒi'mento] *sm* winding.

av'volsi *etc vb vedi* **avvolgere**.

av'volto, a *pp di* **avvolgere**.

avvol'toio *sm* vulture.

aza'lea [addza'lɛa] *sf* azalea.

Azerbaigi'an [addzɛrbai'dʒan] *sm* Azerbaijan.

azerbaig'iano, a [addzɛrbaɪ'dʒano] *ag* Azerbaijani ♦ *smlf* (*abitante*) Azerbaijani ♦ *sm* (*LING*) Azerbaijani.

a'zero, a [ad'dzɛro] *smlf* Azeri.

azi'enda [ad'dzjɛnda] *sf* business, firm, concern; **~ agricola** farm; **~ (autonoma) di soggiorno** tourist board; **~ a partecipazione statale** *business in which the State has a financial interest*; **~e pubbliche** public corporations.

azien'dale [addzjen'dale] *ag* company *cpd*; **organizzazione ~** business administration.

azio'nare [attsjo'nare] *vt* to activate.

azio'nario, a [attsjo'narjo] *ag* share *cpd*; **capitale ~** share capital; **mercato ~** stock market.

azi'one [at'tsjone] *sf* action; (*COMM*) share;

~ **sindacale** industrial action; ~**i preferenziali** preference shares (*BRIT*), preferred stock *sg* (*US*).

azio'nista, i, e [attsjo'nista] *smlf* (*COMM*) shareholder.

a'zoto [ad'dzɔto] *sm* nitrogen.

az'teco, a, ci, che [as'tɛko] *ag, smlf* Aztec.

azzan'nare [attsan'nare] *vt* to sink one's teeth into.

azzar'dare [addzar'dare] *vt* (*soldi, vita*) to risk, hazard; (*domanda, ipotesi*) to hazard, venture; ~**rsi** *vr*: ~**rsi a fare** to dare (to) do.

azzar'dato, a [addzar'dato] *ag* (*impresa*) risky; (*risposta*) rash.

az'zardo [ad'dzardo] *sm* risk; **gioco d'**~ game of chance.

azzec'care [attsek'kare] *vt* (*bersaglio*) to hit, strike; (*risposta, pronostico*) to get right; (*fig: indovinare*) to guess.

azzera'mento [addzera'mento] *sm* (*INFORM*) reset.

azze'rare [addze'rare] *vt* (*MAT, FISICA*) to make equal to zero, reduce to zero; (*TECN: strumento*) to (re)set to zero.

'azzimo, a ['addzimo] *ag* unleavened ♦ *sm* unleavened bread.

azzop'pare [attsop'pare] *vt* to lame, make lame.

Az'zorre [ad'dzorre] *sfpl*: **le** ~ the Azores.

azzuf'farsi [attsuf'farsi] *vr* to come to blows.

az'zurro, a [ad'dzurro] *ag* blue ♦ *sm* (*colore*) blue; **gli** ~**i** (*SPORT*) the Italian national team.

azzur'rognolo, a [addzur'roɲɲolo] *ag* bluish.

B b

B, b [bi] *sf o m inv* (*lettera*) B, b; ~ **come Bologna** ≈ B for Benjamin (*BRIT*), B for Baker (*US*).

BA *sigla* = *Bari*.

ba'bau *sm inv* ogre, bogey man.

bab'beo *sm* simpleton.

'babbo *sm* (*fam*) dad, daddy; **B**~ **Natale** Father Christmas.

bab'buccia, ce [bab'buttʃa] *sf* slipper; (*per neonati*) bootee.

babbu'ino *sm* baboon.

babilo'nese *ag, smlf* Babylonian.

Babi'lonia *sf* Babylonia.

ba'bordo *sm* (*NAUT*) port side.

baby'sitter ['beɪbɪsɪtə*] *smlf inv* baby-sitter.

ba'cato, a *ag* worm-eaten, rotten; (*fig: mente*) diseased; (: *persona*) corrupt.

'bacca, che *sf* berry.

baccalà *sm* dried salted cod; (*fig: peg*) dummy.

bac'cano *sm* din, clamour (*BRIT*), clamor (*US*).

bac'cello [bat'tʃɛllo] *sm* pod.

bac'chetta [bak'ketta] *sf* (*verga*) stick, rod; (*di direttore d'orchestra*) baton; (*di tamburo*) drumstick; **comandare a** ~ to rule with a rod of iron; ~ **magica** magic wand.

ba'checa, che [ba'kɛka] *sf* (*mobile*) showcase, display case; (*UNIVERSITÀ, in ufficio*) notice board (*BRIT*), bulletin board (*US*).

bacia'mano [batʃa'mano] *sm*: **fare il** ~ **a qn** to kiss sb's hand.

baci'are [ba'tʃare] *vt* to kiss; ~**rsi** *vr* to kiss (one another).

ba'cillo [ba'tʃillo] *sm* bacillus, germ.

baci'nella [batʃi'nɛlla] *sf* basin.

ba'cino [ba'tʃino] *sm* basin; (*MINERALOGIA*) field, bed; (*ANAT*) pelvis; (*NAUT*) dock; ~ **carbonifero** coalfield; ~ **di carenaggio** dry dock; ~ **petrolifero** oilfield.

'bacio ['batʃo] *sm* kiss.

'baco, chi *sm* worm; ~ **da seta** silkworm.

'bada *sf*: **tenere qn a** ~ (*tener d'occhio*) to keep an eye on sb; (*tenere a distanza*) to hold sb at bay.

ba'dare *vi* (*fare attenzione*) to take care, be careful; ~ **a** (*occuparsi di*) to look after, take care of; (*dar ascolto*) to pay attention to; **è un tipo che non bada a spese** money is no object to him; **bada ai fatti tuoi!** mind your own business!

ba'dia *sf* abbey.

ba'dile *sm* shovel.

'baffi *smpl* moustache *sg*, mustache *sg* (*US*); (*di animale*) whiskers; **leccarsi i** ~ to lick one's lips; **ridere sotto i** ~ to laugh up one's sleeve.

bagagli'aio [bagaʎ'ʎajo] *sm* luggage van (*BRIT*) o car (*US*); (*AUT*) boot (*BRIT*), trunk (*US*).

ba'gaglio [ba'gaʎʎo] *sm* luggage *no pl*, baggage *no pl*; **fare/disfare i** ~**i** to pack/ unpack; ~ **a mano** hand luggage.

bagat'tella *sf* trifle, trifling matter.

Bag'dad *sf* Baghdad.

baggia'nata [baddʒa'nata] *sf* foolish action; **dire** ~**e** to talk nonsense.

bagli'ore [baʎ'ʎore] *sm* flash, dazzling light;

un ~ **di speranza** a sudden ray of hope.
ba'gnante [baɲ'ɲante] *sm/f* bather.
ba'gnare [baɲ'ɲare] *vt* to wet; (*inzuppare*) to soak; (*innaffiare*) to water; (*sog: fiume*) to flow through; (*: mare*) to wash, bathe; (*brindare*) to drink to, toast; **~rsi** *vr* (*al mare*) to go swimming *o* bathing; (*in vasca*) to have a bath.
ba'gnato, a [baɲ'ɲato] *ag* wet; **era come un pulcino** ~ he looked like a drowned rat.
ba'gnino [baɲ'ɲino] *sm* lifeguard.
'bagno ['baɲɲo] *sm* bath; (*locale*) bathroom; **~i** *smpl* (*stabilimento*) baths; **fare il** ~ to have a bath; (*nel mare*) to go swimming *o* bathing; **fare il** ~ **a qn** to give sb a bath; **mettere a** ~ to soak.
bagnoma'ria [baɲɲoma'ria] *sm*: **cuocere a** ~ to cook in a double saucepan (*BRIT*) *o* double boiler (*US*).
bagnoschi'uma [baɲɲoskj'uma] *sm inv* bubble bath.
Ba'hama [ba'ama] *sfpl*: **le** ~ the Bahamas.
Bah'rein [ba'rein] *sm*: **il** ~ Bahrain *o* Bahrein.
'baia *sf* bay.
baio'netta *sf* bayonet.
'baita *sf* mountain hut.
balaus'trata *sf* balustrade.
balbet'tare *vi* to stutter, stammer; (*bimbo*) to babble ♦ *vt* to stammer out.
bal'buzie [bal'buttsje] *sf* stammer.
balbuzi'ente [balbut'tsjɛnte] *ag* stuttering, stammering.
Bal'cani *smpl*: **i** ~ the Balkans.
bal'canico, a, ci, che *ag* Balkan.
bal'cone *sm* balcony.
baldac'chino [baldak'kino] *sm* canopy; **letto a** ~ four-poster (bed).
bal'danza [bal'dantsa] *sf* self-confidence; boldness.
'baldo, a *ag* bold, daring.
bal'doria *sf*: **fare** ~ to have a riotous time.
Bale'ari *sfpl*: **le isole** ~ the Balearic Islands.
ba'lena *sf* whale.
bale'nare *vb impers*: **balena** there's lightning ♦ *vi* to flash; **mi balenò un'idea** an idea flashed through my mind.
baleni'era *sf* (*per la caccia*) whaler, whaling ship.
ba'leno *sm* flash of lightning; **in un** ~ in a flash.
ba'lera *sf* (*locale*) dance hall; (*pista*) dance floor.
ba'lestra *sf* crossbow.
'balia *sf* wet-nurse; ~ **asciutta** nanny.
ba'lìa *sf*: **in** ~ **di** at the mercy of; **essere lasciato in** ~ **di se stesso** to be left to

one's own devices.
ba'lilla *sm inv* (*STORIA*) member of Fascist youth group.
ba'listico, a, ci, che *ag* ballistic ♦ *sf* ballistics *sg*; **perito** ~ ballistics expert.
'balla *sf* (*di merci*) bale; (*fandonia*) (tall) story.
bal'labile *sm* dance number, dance tune.
bal'lare *vt, vi* to dance.
bal'lata *sf* ballad.
balla'toio *sm* (*terrazzina*) gallery.
balle'rina *sf* dancer; ballet dancer; (*scarpa*) pump; ~ **di rivista** chorus girl.
balle'rino *sm* dancer; ballet dancer.
bal'letto *sm* ballet.
'ballo *sm* dance; (*azione*) dancing *no pl*; ~ **in maschera** *o* **mascherato** fancy-dress ball; **essere in** ~ (*fig: persona*) to be involved; (*: cosa*) to be at stake; **tirare in** ~ **qc** to bring sth up, raise sth.
ballot'taggio [ballot'taddʒo] *sm* (*POL*) second ballot.
balne'are *ag* seaside *cpd*; (*stagione*) bathing.
ba'locco, chi *sm* toy.
ba'lordo, a *ag* stupid, senseless.
bal'samico, a, ci, che *ag* (*aria, brezza*) balmy; **pomata** ~a balsam.
'balsamo *sm* (*aroma*) balsam; (*lenimento, fig*) balm; (*per capelli*) (hair) conditioner.
'baltico, a, ci, che *ag* Baltic; **il (mar) B~** the Baltic (Sea).
balu'ardo *sm* bulwark.
'balza ['baltsa] *sf* (*dirupo*) crag; (*di stoffa*) frill.
bal'zano, a [bal'tsano] *ag* (*persona, idea*) queer, odd.
bal'zare [bal'tsare] *vi* to bounce; (*lanciarsi*) to jump, leap; **la verità balza agli occhi** the truth of the matter is obvious.
'balzo ['baltso] *sm* bounce; jump, leap; (*del terreno*) crag; **prendere la palla al** ~ (*fig*) to seize one's opportunity.
bam'bagia [bam'badʒa] *sf* (*ovatta*) cotton wool (*BRIT*), absorbent cotton (*US*); (*cascame*) cotton waste; **tenere qn nella** ~ (*fig*) to mollycoddle sb.
bam'bina *sf vedi* **bambino**.
bambi'naia *sf* nanny, nurse(maid).
bam'bino, a *sm/f* child; **fare il** ~ to behave childishly.
bam'boccio [bam'bɔttʃo] *sm* plump child; (*pupazzo*) rag doll.
'bambola *sf* doll.
bambo'lotto *sm* male doll.
bambù *sm* bamboo.
ba'nale *ag* banal, commonplace.
banalità *sf inv* banality.

ba'nana *sf* banana.
ba'nano *sm* banana tree.
'banca, che *sf* bank; ~ d'affari merchant bank; ~ (di) dati data bank.
banca'rella *sf* stall.
ban'cario, a *ag* banking, bank *cpd* ♦ *sm* bank clerk.
banca'rotta *sf* bankruptcy; fare ~ to go bankrupt.
bancarotti'ere *sm* bankrupt.
ban'chetto [ban'ketto] *sm* banquet.
banchi'ere [ban'kjɛre] *sm* banker.
ban'china [ban'kina] *sf* (di porto) quay; (per pedoni, ciclisti) path; (di stazione) platform; ~ cedevole (AUT) soft verge (BRIT) o shoulder (US); ~ spartitraffico (AUT) central reservation (BRIT), median (strip) (US).
ban'chisa [ban'kiza] *sf* pack ice.
'banco, chi *sm* bench; (di negozio) counter; (di mercato) stall; (di officina) (work)bench; (GEO, banca) bank; sotto ~ (fig) under the counter; tenere il ~ (nei giochi) to be (the) banker; tener ~ (fig) to monopolize the conversation; medicinali da ~ over-the-counter medicines; ~ di chiesa pew; ~ di corallo coral reef; ~ degli imputati dock; ~ del Lotto lottery-ticket office;~ di prova (fig) testing ground; ~ dei testimoni witness box (BRIT) o stand (US).
banco'giro [banko'dʒiro] *sm* credit transfer.
'Bancomat ® *sm inv* automated banking; (tessera) cash card.
banco'nota *sf* banknote.
'banda *sf* band; (di stoffa) band, stripe; (lato, parte) side; (di calcolatore) tape; ~ perforata punch tape.
banderu'ola *sf* (METEOR) weathercock, weathervane; essere una ~ (fig) to be fickle.
bandi'era *sf* flag, banner; battere ~ italiana (nave etc) to fly the Italian flag; cambiare ~ (fig) to change sides; ~ di comodo flag of convenience.
ban'dire *vt* to proclaim; (esiliare) to exile; (fig) to dispense with.
ban'dito *sm* outlaw, bandit.
bandi'tore *sm* (di aste) auctioneer.
'bando *sm* proclamation; (esilio) exile, banishment; mettere al ~ qn to exile sb; (fig) to freeze sb out; ~ alle ciance! that's enough talk!
'bandolo *sm* (di matassa) end; trovare il ~ della matassa (fig) to find the key to the problem.
Bang'kok [ban'kɔk] *sf* Bangkok.

Bangla'desh [bangla'dɛʃ] *sm*: il ~ Bangladesh.
bar *sm inv* bar.
'bara *sf* coffin.
ba'racca, che *sf* shed, hut; (peg) hovel; mandare avanti la ~ to keep things going; piantare ~ e burattini to throw everything up.
barac'cato, a *sm/f* person living in temporary camp.
barac'chino [barak'kino] *sm* (chiosco) stall; (apparecchio) CB radio.
barac'cone *sm* booth, stall; ~i *smpl* (luna park) funfair *sg* (BRIT), amusement park; fenomeno da ~ circus freak.
barac'copoli *sf inv* shanty town.
bara'onda *sf* hubbub, bustle.
ba'rare *vi* to cheat.
'baratro *sm* abyss.
barat'tare *vt*: ~ qc con to barter sth for, swap sth for.
ba'ratto *sm* barter.
ba'rattolo *sm* (di latta) tin; (di vetro) jar; (di coccio) pot.
'barba *sf* beard; farsi la ~ to shave; farla in ~ a qn (fig) to fool sb; servire qn di ~ e capelli (fig) to teach sb a lesson; che ~! what a bore!
barbabi'etola *sf* beetroot (BRIT), beet (US); ~ da zucchero sugar beet.
Bar'bados *sfsg* Barbados.
bar'barico, a, ci, che *ag* (invasione) barbarian; (usanze, metodi) barbaric.
bar'barie *sf* barbarity.
'barbaro, a *ag* barbarous ♦ *sm* barbarian; i B~ the Barbarians.
'barbecue ['baːbikjuː] *sm inv* barbecue.
barbi'ere *sm* barber.
barbi'turico, a, ci, che *ag* barbituric ♦ *sm* barbiturate.
bar'bone *sm* (cane) poodle; (vagabondo) tramp.
bar'buto, a *ag* bearded.
'barca, che *sf* boat; una ~ di (fig) heaps of, tons of; mandare avanti la ~ (fig) to keep things going; ~ a remi rowing boat (BRIT), rowboat (US); ~ a vela sailing boat (BRIT), sailboat (US).
barcai'olo *sm* boatman.
barcame'narsi *vr* (nel lavoro) to get by; (a parole) to beat about the bush.
Barcel'lona [bartʃel'lona] *sf* Barcelona.
barcol'lare *vi* to stagger.
bar'cone *sm* (per ponti di barche) pontoon.
ba'rella *sf* (lettiga) stretcher.
'Barents: il mar di ~ *sm* the Barents Sea.
ba'rese *ag* of (o from) Bari.
bari'centro [bari'tʃɛntro] *sm* centre (BRIT) o

center (*US*) of gravity.

ba'rile *sm* barrel, cask.

ba'rista, i, e *sm/f* barman/barmaid; bar owner.

ba'ritono *sm* baritone.

bar'lume *sm* glimmer, gleam.

'baro *sm* (*CARTE*) cardsharp.

ba'rocco, a, chi, che *ag, sm* baroque.

ba'rometro *sm* barometer.

ba'rone *sm* baron; **i ~i della medicina** (*fig peg*) the top brass in the medical faculty.

baro'nessa *sf* baroness.

'barra *sf* bar; (*NAUT*) helm; (*segno grafico*) stroke.

bar'rare *vt* to bar.

barri'care *vt* to barricade.

barri'cata *sf* barricade; **essere dall'altra parte della ~** (*fig*) to be on the other side of the fence.

barri'era *sf* barrier; (*GEO*) reef; **la Grande B~ Corallina** the Great Barrier Reef.

bar'roccio [bar'rɔttʃo] *sm* cart.

ba'ruffa *sf* scuffle; **fare ~** to squabble.

barzel'letta [bardzel'letta] *sf* joke, funny story.

basa'mento *sm* (*parte inferiore, piedestallo*) base; (*TECN*) bed, base plate.

ba'sare *vt* to base, found; **~rsi** *vr*: **~rsi su** (*sog: fatti, prove*) to be based *o* founded on; (*: persona*) to base one's arguments on.

'basco, a, schi, sche *ag* Basque ♦ *sm/f* Basque ♦ *sm* (*lingua*) Basque; (*copricapo*) beret.

bas'culla *sf* weighing machine, weighbridge.

'base *sf* base; (*fig: fondamento*) basis; (*POL*) rank and file; **di ~** basic; **in ~ a** on the basis of, according to; **in ~ a ciò ...** on that basis ...; **a ~ di caffè** coffee-based; **essere alla ~ di qc** to be at the root of sth; **gettare le ~i per qc** to lay the basis *o* foundations for sth; **avere buone ~i** (*INS*) to have a sound educational background.

'baseball ['beisbɔːl] *sm* baseball.

ba'setta *sf* sideburn.

basi'lare *ag* basic, fundamental.

Basi'lea *sf* Basle.

ba'silica, che *sf* basilica.

ba'silico *sm* basil.

bas'sezza [bas'settsa] *sf* (*d'animo, di sentimenti*) baseness; (*azione*) base action.

'basso, a *ag* low; (*di statura*) short; (*meridionale*) southern ♦ *sm* bottom, lower part; (*MUS*) bass; **a occhi ~i** with eyes lowered; **a ~ prezzo** cheap; **scendere da ~** to go downstairs; **cadere in ~** (*fig*) to come down in the world; **la ~a Italia**

southern Italy; **il ~ Medioevo** the late Middle Ages.

basso'fondo, *pl* **bassi'fondi** *sm* (*GEO*) shallows *pl*; **i bassifondi** (**della città**) the seediest parts of the town.

bassorili'evo *sm* bas-relief.

bas'sotto, a *ag* squat ♦ *sm* (*cane*) dachshund.

bas'tardo, a *ag* (*animale, pianta*) hybrid, crossbreed; (*persona*) illegitimate, bastard (*peg*) ♦ *sm/f* illegitimate child, bastard (*peg*); (*cane*) mongrel.

bas'tare *vi, vb impers* to be enough, be sufficient; **~ a qn** to be enough for sb; **~ a se stesso** to be self-sufficient; **basta chiedere** *o* **che chieda a un vigile** you have only to *o* need only ask a policeman; **basti dire che ...** suffice it to say that ...; **basta! that's enough!, that will do!; **basta così?** (*al bar etc*) will that be all?; **punto e basta!** and that's that!

basti'an *sm*: **~ contrario** awkward customer.

basti'mento *sm* ship, vessel.

basti'one *sm* bastion.

basto'nare *vt* to beat, thrash; **avere l'aria di un cane bastonato** to look crestfallen.

basto'nata *sf* blow (with a stick); **prendere qn a ~e** to give sb a good beating.

baston'cino [baston'tʃino] *sm* (*piccolo bastone*) small stick; (*TECN*) rod; (*SCI*) ski pole; **~i di pesce** (*CUC*) fish fingers (*BRIT*), fish sticks (*US*).

bas'tone *sm* stick; **~i** *smpl* (*CARTE*) suit in Neapolitan pack of cards; **~ da passeggio** walking stick; **mettere i ~i fra le ruote a qn** to put a spoke in sb's wheel.

bat'tage [ba'taʒ] *sm inv*: **~ promozionale** *o* **pubblicitario** publicity campaign.

bat'taglia [bat'taʎʎa] *sf* battle.

bat'taglio [bat'taʎʎo] *sm* (*di campana*) clapper; (*di porta*) knocker.

battagli'one [battaʎ'ʎone] *sm* battalion.

bat'tello *sm* boat.

bat'tente *sm* (*imposta: di porta*) wing, flap; (*: di finestra*) shutter; (*per bussare*) knocker; (*di orologio*) hammer; **chiudere i ~i** (*fig*) to shut up shop.

'battere *vt* to beat; (*grano*) to thresh; (*percorrere*) to scour; (*rintoccare: le ore*) to strike ♦ *vi* (*bussare*) to knock; (*urtare*): **~ contro** *o* strike against; (*pioggia, sole*) to beat down; (*cuore*) to beat; (*TENNIS*) to serve; **~rsi** *vr* to fight; **~ le mani** to clap; **~ i piedi** to stamp one's feet; **~ su un argomento** to hammer home an argument; **~ a macchina** to type; **~ il marciapiede** (*peg*) to walk the

streets, be on the game; ~ **un rigore**
(*CALCIO*) to take a penalty; ~ **in testa**
(*AUT*) to knock; **in un batter d'occhio** in
the twinkling of an eye; **senza ~ ciglio**
without batting an eyelid; **battersela** to
run off.

batte'ria *sf* battery; (*MUS*) drums *pl*; ~ **da
cucina** pots and pans *pl*.

bat'terio *sm* bacterium; ~**i** *smpl* bacteria.

batteriolo'gia [batterjolo'dʒia] *sf*
bacteriology.

bat'tesimo *sm* (*sacramento*) baptism; (*rito*)
baptism, christening; **tenere qn a ~** to be
godfather (*o* godmother) to sb.

battez'zare [batted'dzare] *vt* to baptize; to
christen.

battiba'leno *sm*: **in un ~** in a flash.

batti'becco, chi *sm* squabble.

batticu'ore *sm* palpitations *pl*; **avere il ~** to
be frightened to death.

bat'tigia [bat'tidʒa] *sf* water's edge.

batti'mano *sm* applause.

batti'panni *sm inv* carpet-beater.

battis'tero *sm* baptistry.

battis'trada *sm inv* (*di pneumatico*) tread;
(*di gara*) pacemaker.

battitap'peto *sm inv* upright vacuum
cleaner.

'battito *sm* beat, throb; ~ **cardiaco**
heartbeat; ~ **della pioggia/dell'orologio**
beating of the rain/ticking of the clock.

batti'tore *sm* (*CRICKET*) batsman;
(*BASEBALL*) batter; (*CACCIA*) beater.

batti'tura *sf* (*anche*: ~ **a macchina**) typing;
(*del grano*) threshing.

bat'tuta *sf* blow; (*di macchina da scrivere*)
stroke; (*MUS*) bar; beat; (*TEAT*) cue; (*di
caccia*) beating; (*POLIZIA*) combing,
scouring; (*TENNIS*) service; **fare una ~** to
crack a joke, make a witty remark; **aver
la ~ pronta** (*fig*) to have a ready answer;
è ancora alle prime ~e it's just started.

ba'tuffolo *sm* wad.

ba'ule *sm* trunk; (*AUT*) boot (*BRIT*), trunk
(*US*).

bau'xite [bauk'site] *sf* bauxite.

'bava *sf* (*di animale*) slaver, slobber; (*di
lumaca*) slime; (*di vento*) breath.

bava'glino [bavaʎ'ʎino] *sm* bib.

ba'vaglio [ba'vaʎʎo] *sm* gag.

bava'rese *ag, sm/f* Bavarian.

'bavero *sm* collar.

Bavi'era *sf* Bavaria.

ba'zar [bad'dzar] *sm inv* bazaar.

baz'zecola [bad'dzekola] *sf* trifle.

bazzi'care [battsi'kare] *vt* (*persona*) to hang
about with; (*posto*) to hang about ♦ *vi*: ~
in/con to hang about/hang about with.

be'arsi *vr*: ~ **di qc/a fare qc** to delight in
sth/in doing sth; ~ **alla vista di** to enjoy
looking at.

beati'tudine *sf* bliss.

be'ato, a *ag* blessed; (*fig*) happy; ~ **te!**
lucky you!

bebè *sm inv* baby.

bec'caccia, ce [bek'kattʃa] *sf* woodcock.

bec'care *vt* to peck; (*fig: raffreddore*) to pick
up, catch; ~**rsi** *vr* (*fig*) to squabble.

bec'cata *sf* peck.

beccheggi'are [bekked'dʒare] *vi* to
pitch.

beccherò *etc* [bekke'rɔ] *vb vedi* **beccare.**

bec'chime [bek'kime] *sm* birdseed.

bec'chino [bek'kino] *sm* gravedigger.

'becco, chi *sm* beak, bill; (*di caffettiera etc*)
spout; lip; (*fig fam*) cuckold; **mettere ~**
(*fam*) to butt in; **chiudi il ~!** (*fam*) shut
your mouth!, shut your trap!; **non ho il ~
di un quattrino** (*fam*) I'm broke.

Be'fana *sf* old woman who, according to
legend, brings children their presents at
the Epiphany; (*Epifania*) Epiphany; (*donna
brutta*): **b~** hag, witch.

The **Befana** *is a national holiday, falling on
the feast of the Epiphany (Jan. 6th), which
marks the end of the Christmas period. It
takes its name from an imaginary old
woman,* **la Befana,** *who comes down the
chimney during the night, bringing gifts to
children who have been good and leaving
coal for those who have not.*

'beffa *sf* practical joke; **farsi ~ o ~e di qn**
to make a fool of sb.

bef'fardo, a *ag* scornful, mocking.

bef'fare *vt* (*anche*: ~**rsi di**) to make a fool
of, mock.

'bega, ghe *sf* quarrel.

'begli ['beʎʎi], **'bei** *ag vedi* **bello.**

beige [bɛʒ] *ag inv* beige.

Bei'rut *sf* Beirut.

bel *ag vedi* **bello.**

be'lare *vi* to bleat.

be'lato *sm* bleating.

'belga, gi, ghe *ag, sm/f* Belgian.

'Belgio ['bɛldʒo] *sm*: **il ~** Belgium.

Bel'grado *sf* Belgrade.

'bella *sf vedi* **bello.**

bel'lezza [bel'lettsa] *sf* beauty; **chiudere** *o*
finire qc in ~ to finish sth with a flourish;
che ~! fantastic!; **ho pagato la ~ di
60.000 lire** I paid 60,000 lire, no less.

belli'coso, a *ag* warlike.

bellige'rante [bellidʒe'rante] *ag* belligerent.

bellim'busto *sm* dandy.

=========== *PAROLA CHIAVE*

'**bello, a** (*ag: dav sm* **bel** + *C*, **bell'** + *V*,
bello + *s impura, gn, pn, ps, x, z, pl* **bei**
C, **begli** + *s impura etc o V*) *ag* **1** (*oggetto,
donna, paesaggio*) beautiful; (*uomo*)
handsome; (*tempo*) beautiful, fine, lovely;
farsi ~ **di qc** to show off about sth; **fare la**
~**a vita** to have an easy life; **le** ~**e arti**
fine arts
2 (*quantità*): **una** ~**a cifra** a considerable
sum of money; **un bel niente** absolutely
nothing
3 (*rafforzativo*): **è una truffa** ~**a e buona!**
it's a real fraud!; **oh** ~**a!, anche questa è**
~**a!** (*ironico*) that's nice!; **è bell'e finito** it's
already finished
♦ *smf* (*innamorato*) sweetheart
♦ *sm* **1** (*bellezza*) beauty; (*tempo*) fine
weather
2: adesso viene il ~ now comes the best bit;
sul più ~ at the crucial point; **cosa fai di** ~?
are you doing anything interesting?
♦ *sf* (*anche:* ~**a copia**) fair copy; (*SPORT*,
CARTE) decider
♦ *av:* **fa** ~ the weather is fine, it's fine; **alla
bell'e meglio** somehow or other.

bellu'nese *ag* of (*o* from) Belluno.
'**belva** *sf* wild animal.
belve'dere *sm inv* panoramic viewpoint.
benché [ben'ke] *cong* although.
'**benda** *sf* bandage; (*per gli occhi*) blindfold.
ben'dare *vt* to bandage; to blindfold.
bendis'posto, a *ag:* ~ **a qn/qc** well
disposed towards sb/sth.
'**bene** *av* well; (*completamente, affatto*): **è
ben difficile** it's very difficult ♦ *ag inv:*
gente ~ well-to-do people ♦ *sm* good;
(*COMM*) asset; ~**i** *smpl* (*averi*) property *sg*,
estate *sg*; **io sto** ~/**poco** ~ I'm well/not
very well; **va** ~ all right; **ben più lungo/
caro** much longer/more expensive; **lo
spero** ~ I certainly hope so; **volere un** ~
dell'anima a qn to love sb very much; **un
uomo per** ~ a respectable man; **fare** ~ to
do the right thing; **fare** ~ **a** (*salute*) to be
good for; **fare del** ~ **a qn** to do sb a good
turn; **di** ~ **in meglio** better and better; ~**i
ambientali** environmental assets; ~**i di
consumo** consumer goods; ~**i di consumo
durevole** consumer durables; ~**i culturali**
cultural heritage; ~**i immateriali**
immaterial *o* intangible assets; ~**i
patrimoniali** fixed assets; ~**i privati**
private property *sg*; ~**i pubblici** public
property *sg*; ~**i reali** tangible assets.
bene'detto, a *pp di* **benedire** ♦ *ag* blessed,

holy.
bene'dire *vt* to bless; to consecrate; **l'ho
mandato a farsi** ~ (*fig*) I told him to go to
hell.
benedizi'one [benedit'tsjone] *sf* blessing.
benedu'cato, a *ag* well-mannered.
benefat'tore, 'trice *sm/f* benefactor/
benefactress.
benefi'cenza [benefi'tʃɛntsa] *sf* charity.
benefici'are [benefi'tʃare] *vi:* ~ **di** to benefit
by, benefit from.
benefici'ario, a [benefi'tʃarjo] *ag, sm/f*
beneficiary.
bene'ficio [bene'fitʃo] *sm* benefit; **con** ~
d'inventario (*fig*) with reservations.
be'nefico, a, ci, che *ag* beneficial;
charitable.
'**Benelux** *sm:* **il** ~ Benelux, the Benelux
countries.
beneme'renza [beneme'rɛntsa] *sf* merit.
bene'merito, a *ag* meritorious.
bene'placito [bene'platʃito] *sm*
(*approvazione*) approval; (*permesso*)
permission.
be'nessere *sm* well-being.
benes'tante *ag* well-to-do.
benes'tare *sm* consent, approval.
benevo'lenza [benevo'lɛntsa] *sf*
benevolence.
be'nevolo, a *ag* benevolent.
ben'godi *sm* land of plenty.
benia'mino, a *sm/f* favourite (*BRIT*),
favorite (*US*).
be'nigno, a [be'niɲɲo] *ag* kind, kindly;
(*critica etc*) favourable (*BRIT*), favorable
(*US*); (*MED*) benign.
benintenzio'nato, a [benintentsjo'nato] *ag*
well-meaning.
benin'teso *av* of course; ~ **che** *cong*
provided that.
benpen'sante *sm/f* conformist.
benser'vito *sm:* **dare il** ~ **a qn** (*sul lavoro*)
to give sb the sack, fire sb; (*fig*) to send
sb packing.
bensì *cong* but (rather).
benve'nuto, a *ag, sm* welcome; **dare il** ~ **a
qn** to welcome sb.
ben'visto, a *ag:* **essere** ~ (**da**) to be well
thought of (by).
benvo'lere *vt:* **farsi** ~ **da tutti** to win
everybody's affection; **prendere a** ~ **qn/
qc** to take a liking to sb/sth.
ben'zina [ben'dzina] *sf* petrol (*BRIT*), gas
(*US*); **fare** ~ to get petrol *o* gas; **rimanere
senza** ~ to run out of petrol *o* gas; ~
verde unleaded petrol, lead-free petrol.
benzi'naio [bendzi'najo] *sm* petrol (*BRIT*) *o*
gas (*US*) pump attendant.

be'one *sm* heavy drinker.

'bere *vt* to drink; (*assorbire*) to soak up; **questa volta non me la dai a ~!** I won't be taken in this time!

berga'masco, a, schi, sche *ag* of (*o* from) Bergamo.

'Bering ['berin]: **il mar di ~** *sm* the Bering Sea.

ber'lina *sf* (*AUT*) saloon (car) (*BRIT*), sedan (*US*); **mettere alla ~** (*fig*) to hold up to ridicule.

Ber'lino *sf* Berlin; **~ est/ovest** East/West Berlin.

Ber'muda *sfpl*: **le ~** Bermuda *sg*.

ber'muda *smpl* (*calzoncini*) Bermuda shorts.

'Berna *sf* Bern.

ber'noccolo *sm* bump; (*inclinazione*) flair.

ber'retto *sm* cap.

berrò *etc vb vedi* **bere.**

bersagli'are [bersaʎˈʎare] *vt* to shoot at; (*colpire ripetutamente, fig*) to bombard; **bersagliato dalla sfortuna** dogged by ill fortune.

bersagli'ere [bersaʎˈʎɛre] *sm member of rifle regiment in Italian army.*

ber'saglio [berˈsaʎʎo] *sm* target.

bes'temmia *sf* curse; (*REL*) blasphemy.

bestemmi'are *vi* to curse, swear; to blaspheme ♦ *vt* to curse, swear at; to blaspheme; **~ come un turco** to swear like a trooper.

'bestia *sf* animal; **lavorare come una ~** to work like a dog; **andare in ~** (*fig*) to fly into a rage; **una ~ rara** (*fig: persona*) an oddball; **~ da soma** beast of burden.

besti'ale *ag* bestial, brutish; (*fam*): **fa un caldo ~** it's terribly hot; **fa un freddo ~** it's bitterly cold.

bestialità *sf inv* (*qualità*) bestiality; **dire/fare una ~ dopo l'altra** to say/do one idiotic thing after another.

besti'ame *sm* livestock; (*bovino*) cattle *pl*.

Bet'lemme *sf* Bethlehem.

betoni'era *sf* cement mixer.

'bettola *sf* (*peg*) dive.

be'tulla *sf* birch.

be'vanda *sf* drink, beverage.

bevi'tore, 'trice *sm/f* drinker.

'bevo *etc vb vedi* **bere.**

be'vuto, a *pp di* **bere** ♦ *sf* drink.

'bevvi *etc vb vedi* **bere.**

BG *sigla* = Bergamo.

BI *sigla f* = Banca d'Italia ♦ *sigla* = Biella.

bi'ada *sf* fodder.

bianche'ria [bjankeˈria] *sf* linen; **~ intima** underwear; **~ da donna** ladies' underwear, lingerie.

bi'anco, a, chi, che *ag* white; (*non scritto*) blank ♦ *sm* white; (*intonaco*) whitewash ♦ *sm/f* white, white man/woman; **in ~** (*foglio, assegno*) blank; **in ~ e nero** (*TV, FOT*) black and white; **mangiare in ~** to follow a bland diet; **pesce in ~** boiled fish; **andare in ~** (*non riuscire*) to fail; (*in amore*) to be rejected; **notte ~a** *o* **in ~** sleepless night; **voce ~a** (*MUS*) treble (voice); **votare scheda ~a** to return a blank voting slip; **~ dell'uovo** egg-white.

bianco'segno [bjankoˈseɲɲo] *sm* signature to a blank document.

biancos'pino *sm* hawthorn.

biasci'care [bjaʃʃiˈkare] *vt* to mumble.

biasi'mare *vt* to disapprove of, censure.

bi'asimo *sm* disapproval, censure.

'bibbia *sf* bible.

bibe'ron *sm inv* feeding bottle.

'bibita *sf* (soft) drink.

bibliogra'fia *sf* bibliography.

biblio'teca, che *sf* library; (*mobile*) bookcase.

bibliote'cario, a *sm/f* librarian.

bicame'rale *ag* (*POL*) two-chamber *cpd*.

bicarbo'nato *sm*: **~ (di sodio)** bicarbonate (of soda).

bicchi'ere [bikˈkjɛre] *sm* glass; **è (facile) come bere un bicchier d'acqua** it's as easy as pie.

bici'cletta [bitʃiˈkletta] *sf* bicycle; **andare in ~** to cycle.

bi'cipite [biˈtʃipite] *sm* bicep.

bidè *sm inv* bidet.

bi'dello, a *sm/f* (*INS*) janitor.

bi'det *sm inv* = **bidè.**

bidirezio'nale [bidirettsjoˈnale] *ag* bidirectional.

bido'nare *vt* (*fam: piantare in asso*) to let down; (: *imbrogliare*) to cheat, swindle.

bido'nata *sf* (*fam*) swindle.

bi'done *sm* drum, can; (*anche: ~ dell'immondizia*) (dust)bin; (*fam: truffa*) swindle; **fare un ~ a qn** (*fam*) to let sb down; to cheat sb.

bidon'ville [bidɔ̃'vil] *sf inv* shanty town.

bi'eco, a, chi, che *ag* sinister.

bi'ella *sf* (*TECN*) connecting rod.

Bielo'russia *sf* Belarus, Belorussia.

bielo'russo, a *ag, sm/f* Belarussian, Belorussian.

bien'nale *ag* biennial ♦ *sf*: **la B~ di Venezia** the Venice Arts Festival.

---

*The **Biennale di Venezia** is an international contemporary art festival. It takes place every two years, at Giardini, and first began in 1895. In its current form it includes*

National Pavilions, with exhibits organized by the various countries taking part, an exhibition on a particular theme and a section for young artists.

bi'ennio *sm* period of two years.

bi'erre *sm/f member of the Red Brigades.*

bi'etola *sf* beet.

bifo'cale *ag* bifocal.

bi'folco, a, chi, che *sm/f (peg)* bumpkin, yokel.

'bifora *sf (ARCHIT)* mullioned window.

bifor'carsi *vr* to fork.

biforcazi'one [biforkat'tsjone] *sf* fork.

bifor'cuto, a *ag (anche fig)* forked.

biga'mia *sf* bigamy.

'bigamo, a *ag* bigamous ♦ *sm/f* bigamist.

bighello'nare [bigello'nare] *vi* to loaf (about).

bighel'lone, a [bigel'lone] *sm/f* loafer.

bigiotte'ria [bidʒotte'ria] *sf* costume jewellery (*BRIT*) o jewelry (*US*); (*negozio*) jeweller's (shop) (*BRIT*) o jewelry store (*US*) (*selling only costume jewellery*).

bigli'ardo [biʎ'ʎardo] *sm* = **biliardo.**

bigliet'taio, a [biʎʎet'tajo] *sm/f (nei treni)* ticket inspector; (*in autobus etc*) conductor/conductress; (*CINE, TEAT*) box-office attendant.

bigliette'ria [biʎʎette'ria] *sf (di stazione)* ticket office; booking office; (*di teatro*) box office.

bigli'etto [biʎ'ʎetto] *sm (per viaggi, spettacoli etc)* ticket; (*cartoncino*) card; (*anche:* ~ **di banca**) (bank)note; ~ **d'auguri/da visita** greetings/visiting card; ~ **d'andata e ritorno** return (*BRIT*) o round-trip (*US*) ticket; ~ **omaggio** complimentary ticket.

bignè [biɲ'ɲɛ] *sm inv* cream puff.

bigo'dino *sm* roller, curler.

bi'gotto, a *ag* over-pious ♦ *sm/f* church fiend.

bi'kini *sm inv* bikini.

bi'lancia, ce [bi'lantʃa] *sf (pesa)* scales *pl*; (*: di precisione*) balance; (*dello zodiaco*): **B~** Libra; **essere della B~** to be Libra; ~ **commerciale/dei pagamenti** balance of trade/payments.

bilanci'are [bilan'tʃare] *vt (pesare)* to weigh; (*: fig*) to weigh up; ~ **le uscite e le entrate** (*COMM*) to balance expenditure and revenue.

bi'lancio [bi'lantʃo] *sm (COMM)* balance (sheet); (*statale*) budget; **far quadrare il** ~ to balance the books; **chiudere il** ~ **in attivo/passivo** to make a profit/loss; **fare il** ~ **di** (*fig*) to assess; ~ **consolidato**

consolidated balance; ~ **consuntivo** (final) balance; ~ **preventivo** budget; ~ **pubblico** national budget; ~ **di verifica** trial balance.

bilate'rale *ag* bilateral.

'bile *sf* bile; (*fig*) rage, anger.

bili'ardo *sm* billiards *sg*; (*tavolo*) billiard table.

'bilico, chi *sm:* **essere in** ~ to be balanced; (*fig*) to be undecided; **tenere qn in** ~ to keep sb in suspense.

bi'lingue *ag* bilingual.

bili'one *sm (mille milioni)* thousand million, billion (*US*); (*milione di milioni*) billion (*BRIT*), trillion (*US*).

'bimbo, a *sm/f* little boy/girl.

bimen'sile *ag* fortnightly.

bimes'trale *ag* two-monthly, bimonthly.

bi'mestre *sm* two-month period; **ogni** ~ every two months.

bi'nario, a *ag* binary ♦ *sm (railway)* track o line; (*piattaforma*) platform; ~ **morto** dead-end track.

bi'nocolo *sm* binoculars *pl*.

bio... *prefisso* bio....

bio'chimica [bio'kimika] *sf* biochemistry.

biodegra'dabile *ag* biodegradable.

biodiversità *sf* biodiversity.

bio'etica *sf* bioethics *sg*.

bio'etico, a, ci, che *ag* bioethical.

bio'fabbrica *sf factory producing biological control agents.*

bio'fisica *sf* biophysics *sg*.

biogra'fia *sf* biography.

bio'grafico, a, ci, che *ag* biographical.

bi'ografo, a *sm/f* biographer.

biolo'gia [biolo'dʒia] *sf* biology.

bio'logico, a, ci, che [bio'lɔdʒiko] *ag* biological.

bi'ologo, a, ghi, ghe *sm/f* biologist.

bi'ondo, a *ag* blond, fair.

bi'onico, a, ci, che *ag* bionic.

biop'sia *sf* biopsy.

bio'ritmo *sm* biorhythm.

bios'fera *sf* biosphere.

bipar'tito, a *ag (POL)* two-party *cpd* ♦ *sm (POL)* two-party alliance.

'birba *sf* rascal, rogue.

bir'bante *sm* rascal, rogue.

birbo'nata *sf* naughty trick.

bir'bone, a *ag (bambino)* naughty ♦ *sm/f* little rascal.

biri'chino, a [biri'kino] *ag* mischievous ♦ *sm/f* scamp, little rascal.

bi'rillo *sm* skittle (*BRIT*), pin (*US*); ~**i** *smpl (gioco)* skittles *sg (BRIT)*, bowling *no pl (US)*.

Bir'mania *sf:* **la** ~ Burma.

bir'mano, a *ag, sm/f* Burmese (*inv*).

'biro ® *sf inv* biro ®.

'birra *sf* beer; ~ **scura** stout; **a tutta** ~ (*fig*) at top speed.

birre'ria *sf* (*locale*) ≈ bierkeller; (*fabbrica*) brewery.

bis *escl*, *sm inv* encore ♦ *ag inv* (*treno, autobus*) relief *cpd* (*BRIT*), additional; (*numero*): **12** ~ 12a.

bi'saccia, ce [bi'zattʃa] *sf* knapsack.

Bi'sanzio [bi'zantsjo] *sf* Byzantium.

bis'betico, a, ci, che *ag* ill-tempered, crabby.

bisbigli'are [bizbiʎ'ʎare] *vt, vi* to whisper.

bis'biglio [biz'biʎʎo] *sm* whisper; (*notizia*) rumour (*BRIT*), rumor (*US*).

bisbi'glio [bizbiʎ'ʎio] *sm* whispering.

bis'boccia, ce [biz'bɔttʃa] *sf* binge, spree; **fare** ~ to have a binge.

'bisca, sche *sf* gambling house.

Bis'caglia [bis'kaʎʎa] *sf*: **il golfo di** ~ the Bay of Biscay.

'bischero ['biskero] *sm* (*MUS*) peg; (*fam: toscano*) fool, idiot.

'biscia, sce ['biʃʃa] *sf* snake; ~ **d'acqua** water snake.

biscot'tato, a *ag* crisp; **fette** ~**e** rusks.

bis'cotto *sm* biscuit.

bisessu'ale *ag, sm/f* bisexual.

bises'tile *ag*: **anno** ~ leap year.

bisezi'one [biset'tsjone] *sf* dichotomy.

bis'lacco, a, chi, che *ag* odd, weird.

bis'lungo, a, ghi, ghe *ag* oblong.

biso'gnare [bizoɲ'ɲare] *vb impers*: **bisogna che tu parta/lo faccia** you'll have to go/do it; **bisogna parlargli** we'll (*o* I'll) have to talk to him ♦ *vi* (*esser utile*) to be necessary.

bi'sogno [bi'zoɲɲo] *sm* need; ~**i** *smpl* (*necessità corporali*): **fare i propri** ~**i** to relieve o.s.; **avere** ~ **di qc/di fare qc** to need sth/to do sth; **al** ~, **in caso di** ~ if need be.

biso'gnoso, a [bizoɲ'ɲoso] *ag* needy, poor; ~ **di** in need of, needing.

bi'sonte *sm* (*ZOOL*) bison.

bis'tecca, che *sf* steak, beefsteak; ~ **al sangue/ai ferri** rare/grilled steak.

bisticci'are [bistit'tʃare] *vi*, ~**rsi** *vr* to quarrel, bicker.

bis'ticcio [bis'tittʃo] *sm* quarrel, squabble; (*gioco di parole*) pun.

bistrat'tare *vt* to maltreat.

'bisturi *sm inv* scalpel.

bi'sunto, a *ag* very greasy.

bi'torzolo [bi'tortsolo] *sm* (*sulla testa*) bump; (*sul corpo*) lump.

'bitter *sm inv* bitters *pl*.

bi'tume *sm* bitumen.

bivac'care *vi* (*MIL*) to bivouac; (*fig*) to bed down.

bi'vacco, chi *sm* bivouac.

'bivio *sm* fork; (*fig*) dilemma.

bizan'tino, a [biddzan'tino] *ag* Byzantine.

'bizza ['biddza] *sf* tantrum; **fare le** ~**e** to throw a tantrum.

biz'zarro, a [bid'dzarro] *ag* bizarre, strange.

biz'zeffe [bid'dzɛffe]: **a** ~ *av* in plenty, galore.

BL *sigla* = *Belluno*.

blan'dire *vt* to soothe; to flatter.

'blando, a *ag* mild, gentle.

blas'femo, a *ag* blasphemous ♦ *sm/f* blasphemer.

bla'sone *sm* coat of arms.

blate'rare *vi* to chatter.

'blatta *sf* cockroach.

blin'dare *vt* to armour (*BRIT*), armor (*US*).

blin'data *sf* (*macchina*) armoured car *o* limousine.

blin'dato, a *ag* armoured (*BRIT*), armored (*US*); **camera** ~**a** strongroom; **mezzo** ~ armoured vehicle; **porta** ~**a** reinforced door; **vita** ~**a** life amid maximum security; **vetro** ~ bulletproof glass.

bloc'care *vt* to block; (*isolare*) to isolate, cut off; (*porto*) to blockade; (*prezzi, beni*) to freeze; (*meccanismo*) to jam; ~**rsi** *vr* (*motore*) to stall; (*freni, porta*) to jam, stick; (*ascensore*) to get stuck, stop; **ha bloccato la macchina** (*AUT*) he jammed on the brakes.

bloccas'terzo [blokkas'tɛrtso] *sm* (*AUT*) steering lock.

bloccherò *etc* [blokke'rɔ] *vb vedi* **bloccare**.

bloc'chetto [blok'ketto] *sm* notebook.

'blocco, chi *sm* block; (*MIL*) blockade; (*dei fitti*) restriction; (*quadernetto*) pad; (*fig: unione*) coalition; (*il bloccare*) blocking; isolating, cutting-off; blockading; freezing; jamming; **in** ~ (*nell'insieme*) as a whole; (*COMM*) in bulk; ~ **cardiaco** cardiac arrest.

bloc-'notes [blɔk'nɔt] *sm inv* notebook, notepad.

blu *ag inv*, *sm inv* dark blue.

bluff [blɛf] *sm inv* bluff.

bluf'fare *vi* (*anche fig*) to bluff.

'blusa *sf* (*camiciotto*) smock; (*camicetta*) blouse.

BMT *sigla m* = **bollettino meteorologico**.

BN *sigla* = *Benevento*.

BO *sigla* = *Bologna*.

'boa *sm inv* (*ZOOL*) boa constrictor; (*sciarpa*) feather boa ♦ *sf* buoy.

bo'ato *sm* rumble, roar.

bob [bɔb] *sm inv* bobsleigh.
bo'bina *sf* reel, spool; (*di pellicola*) spool; (*di film*) reel; (*ELETTR*) coil.
'bocca, che *sf* mouth; **essere di buona ~** to be a hearty eater; (*fig*) to be easily satisfied; **essere sulla ~ di tutti** (*persona, notizia*) to be the talk of the town; **rimanere a ~ asciutta** to have nothing to eat; (*fig*) to be disappointed; **in ~ al lupo!** good luck!; **~ di leone** (*BOT*) snapdragon.
boc'caccia, ce [bok'kattʃa] *sf* (*malalingua*) gossip; (*smorfia*): **fare le ~ce** to pull faces.
boc'caglio [bok'kaʎʎo] *sm* (*TECN*) nozzle; (*di respiratore*) mouthpiece.
boc'cale *sm* jug; **~ da birra** tankard.
bocca'scena [bokkaʃ'ʃɛna] *sm inv* proscenium.
boc'cata *sf* mouthful; (*di fumo*) puff; **prendere una ~ d'aria** to go out for a breath of (fresh) air.
boc'cetta [bot'tʃetta] *sf* small bottle.
boccheggi'are [bokked'dʒare] *vi* to gasp.
boc'chino [bok'kino] *sm* (*di sigaretta, sigaro: cannella*) cigarette-holder; cigar-holder; (*di pipa, strumenti musicali*) mouthpiece.
'boccia, ce ['bottʃa] *sf* bottle; (*da vino*) decanter, carafe; (*palla di legno, metallo*) bowl; **gioco delle ~ce** bowls *sg*.
bocci'are [bot'tʃare] *vt* (*proposta, progetto*) to reject; (*INS*) to fail; (*BOCCE*) to hit.
boccia'tura [bottʃa'tura] *sf* failure.
bocci'olo [bot'tʃɔlo] *sm* bud.
'boccolo *sm* curl.
boccon'cino [bokkon'tʃino] *sm* (*pietanza deliziosa*) delicacy.
boc'cone *sm* mouthful, morsel; **mangiare un ~** to have a bite to eat.
boc'coni *av* face downwards.
Bo'emia *sf* Bohemia.
bo'emo, a *ag, sm/f* Bohemian.
bofonchi'are [bofon'kjare] *vi* to grumble.
Bogotá *sf* Bogotá.
'boia *sm inv* executioner; hangman; **fa un freddo ~** (*fam*) it's cold as hell; **mondo ~!**, **~ d'un mondo ladro!** (*fam*) damn!, blast!
boi'ata *sf* botch.
boicot'taggio [boikot'taddʒo] *sm* boycott.
boicot'tare *vt* to boycott.
'bolgia, ge ['bɔldʒa] *sf* (*fig*): **c'era una tale ~ al cinema** the cinema was absolutely mobbed.
'bolide *sm* (*ASTR*) meteor; (*macchina: da corsa*) racing car (*BRIT*), race car (*US*); (: *elaborata*) performance car; **come un ~** like a flash, at top speed; **entrare/uscire come un ~** to charge in/out.
Bo'livia *sf*: **la ~** Bolivia.

bolivi'ano, a *ag, sm/f* Bolivian.
'bolla *sf* bubble; (*MED*) blister; (*COMM*) bill, receipt; **finire in una ~ di sapone** (*fig*) to come to nothing; **~ di accompagnamento** waybill; **~ di consegna** delivery note; **~ papale** papal bull.
bol'lare *vt* to stamp; (*fig*) to brand.
bol'lente *ag* boiling; boiling hot; **calmare i ~i spiriti** to sober up, calm down.
bol'letta *sf* bill; (*ricevuta*) receipt; **essere in ~** to be hard up; **~ di consegna** delivery note; **~ doganale** clearance certificate; **~ di trasporto aereo** air waybill.
bollet'tino *sm* bulletin; (*COMM*) note; **~ meteorologico** weather forecast; **~ di ordinazione** order form; **~ di spedizione** consignment note.
bol'lire *vt, vi* to boil; **qualcosa bolle in pentola** (*fig*) there's something brewing.
bol'lito *sm* (*CUC*) boiled meat.
bolli'tore *sm* (*TECN*) boiler; (*CUC: per acqua*) kettle; (: *per latte*) milk pan.
bolli'tura *sf* boiling.
'bollo *sm* stamp; **imposta di ~** stamp duty; **~ auto** road tax; **~ per patente** driving licence tax; **~ postale** postmark.
bol'lore *sm*: **dare un ~ a qc** to bring sth to the boil (*BRIT*) o a boil (*US*); **i ~i della gioventù** youthful enthusiasm *sg*.
Bo'logna [bo'lɔɲɲa] *sf* Bologna.
bolo'gnese [boloɲ'ɲese] *ag* Bolognese; **spaghetti alla ~** spaghetti bolognese.
'bomba *sf* bomb; **tornare a ~** (*fig*) to get back to the point; **sei stato una ~!** you were tremendous!; **~ atomica** atom bomb; **~ a mano** hand grenade; **~ ad orologeria** time bomb.
bombarda'mento *sm* bombardment; bombing.
bombar'dare *vt* to bombard; (*da aereo*) to bomb.
bombardi'ere *sm* bomber.
bom'betta *sf* bowler (hat) (*BRIT*), derby (*US*).
'bombola *sf* cylinder; **~ del gas** gas cylinder.
bomboni'era *sf* box of sweets (*as souvenir at weddings, first communions etc*).
bo'naccia, ce [bo'nattʃa] *sf* dead calm.
bonacci'one, a [bonat'tʃone] *ag* good-natured, easy-going ♦ *sm/f* good-natured sort.
bo'nario, a *ag* good-natured, kind.
bo'nifica, che *sf* reclamation; reclaimed land.
bo'nifico, ci *sm* (*riduzione, abbuono*) discount; (*versamento a terzi*) credit transfer.

Bonn *sf* Bonn.

bontà *sf* goodness; (*cortesia*) kindness; **aver la ~ di fare qc** to be good *o* kind enough to do sth.

'bonus-'malus *sm inv* ≈ no-claims bonus.

bor'bonico, a, ci, che *ag* Bourbon; (*fig*) backward, out of date.

borbot'tare *vi* to mumble; (*stomaco*) to rumble.

borbot'tio, ii *sm* mumbling; rumbling.

'borchia ['borkja] *sf* stud.

borda'tura *sf* (*SARTORIA*) border, trim.

bor'deaux [bor'dɔ] *sm* (*colore*) burgundy, maroon; (*vino*) Bordeaux.

bor'dello *sm* brothel.

'bordo *sm* (*NAUT*) ship's side; (*orlo*) edge; (*striscia di guarnizione*) border, trim; **a ~ di** (*nave, aereo*) aboard, on board; (*macchina*) in; **sul ~ della strada** at the roadside; **persona d'alto ~** (*fig*) VIP.

bor'dura *sf* border.

bor'gata *sf* hamlet; (*a Roma*) working-class suburb.

bor'ghese [bor'geze] *ag* (*spesso peg*) middle-class; bourgeois; **abito ~** civilian dress; **poliziotto in ~** plainclothes policeman.

borghe'sia [borge'zia] *sf* middle classes *pl*; bourgeoisie.

'borgo, ghi *sm* (*paesino*) village; (*quartiere*) district; (*sobborgo*) suburb.

'boria *sf* self-conceit, arrogance.

bori'oso, a *ag* arrogant.

bor'lotto *sm* kidney bean.

'Borneo *sm*: **il ~** Borneo.

boro'talco *sm* talcum powder.

bor'raccia, ce [bor'rattʃa] *sf* canteen, water-bottle.

'borsa *sf* bag; (*anche:* **~ da signora**) handbag; (*ECON*): **la B~ (valori)** the Stock Exchange; **~ dell'acqua calda** hot-water bottle; **B~ merci** commodity exchange; **~ nera** black market; **~ della spesa** shopping bag; **~ di studio** grant.

borsai'olo *sm* pickpocket.

bor'seggio [bor'seddʒo] *sm* pickpocketing.

borsel'lino *sm* purse.

bor'sello *sm* gent's handbag.

bor'setta *sf* handbag.

bor'sista, i, e *sm/f* (*ECON*) speculator; (*INS*) grant-holder.

bos'caglia [bos'kaλλa] *sf* woodlands *pl*.

boscai'olo, boscaiu'olo *sm* woodcutter; forester.

bos'chetto [bos'ketto] *sm* copse, grove.

'bosco, schi *sm* wood.

bos'coso, a *ag* wooded.

bos'niaco, a, ci, che *ag, sm/f* Bosnian.

'Bosnia-Erze'govina ['bɔsnja erdze'govina] *sf*: **la ~** Bosnia-Herzegovina.

'bossolo *sm* cartridge case.

Bot, bot *sigla m inv vedi* **buono ordinario del Tesoro.**

bo'tanico, a, ci, che *ag* botanical ♦ *sm* botanist ♦ *sf* botany.

'botola *sf* trap door.

Bots'wana [bots'vana] *sm*: **il ~** Botswana.

'botta *sf* blow; (*rumore*) bang; **dare (un sacco di) ~e a qn** to give sb a good thrashing; **~ e risposta** (*fig*) cut and thrust.

'botte *sf* barrel, cask; **essere in una ~ di ferro** (*fig*) to be as safe as houses; **volere la ~ piena e la moglie ubriaca** to want to have one's cake and eat it.

bot'tega, ghe *sf* shop; (*officina*) workshop; **stare a ~ (da qn)** to serve one's apprenticeship (with sb); **le B~ghe Oscure** *headquarters of the P.D.S.*

botte'gaio, a *sm/f* shopkeeper.

botte'ghino [botte'gino] *sm* ticket office; (*del lotto*) public lottery office.

bot'tiglia [bot'tiλλa] *sf* bottle.

bottiglie'ria [bottiλλe'ria] *sf* wine shop.

bot'tino *sm* (*di guerra*) booty; (*di rapina, furto*) loot; **fare ~ di qc** (*anche fig*) to make off with sth.

'botto *sm* bang; crash; **di ~** suddenly; **d'un ~** (*fam*) in a flash.

bot'tone *sm* button; (*BOT*) bud; **stanza dei ~i** control room; (*fig*) nerve centre; **attaccare (un) ~ a *o* con qn** to buttonhole sb; **botton d'oro** buttercup.

bo'vino, a *ag* bovine; **~i** *smpl* cattle.

box [bɔks] *sm inv* (*per cavalli*) horsebox; (*per macchina*) lock-up; (*per macchina da corsa*) pit; (*per bambini*) playpen.

boxe [bɔks] *sf* boxing.

'boxer ['bɔkser] *sm inv* (*cane*) boxer ♦ *smpl* (*mutande*): **un paio di ~** a pair of boxer shorts.

'bozza ['bɔttsa] *sf* draft; (*TIP*) proof; **~ di stampa/impaginata** galley/page proof.

boz'zetto [bot'tsetto] *sm* sketch.

'bozzolo ['bɔttsolo] *sm* cocoon.

BR *sigla fpl* = **Brigate Rosse** ♦ *sigla* = **Brindisi.**

'braca, che *sf* (*gamba di pantalone*) trouser leg; **~che** *sfpl* (*fam*) trousers, pants (*US*); (*mutandoni*) drawers; **calare le ~che** (*fig fam*) to chicken out.

brac'care *vt* to hunt.

brac'cetto [brat'tʃetto] *sm*: **a ~** arm in arm.

bracche'rò [brakke'rɔ] *etc vb vedi* **braccare.**

bracci'ale [brat'tʃale] *sm* bracelet; (*distintivo*) armband.

braccia'letto [brattʃa'letto] *sm* bracelet,

bangle.

bracci'ante [brat't∫ante] *sm* (*AGR*) day labourer.

bracci'ata [brat't∫ata] *sf* armful; (*nel nuoto*) stroke.

'braccio ['bratt∫o] *sm* (*pl*(*f*) **braccia**: *ANAT*) arm; (*pl*(*m*) **bracci**: *di gru, fiume*) arm; (*: di edificio*) wing; **camminare sotto** ~ to walk arm in arm; **è il suo** ~ **destro** he's his right-hand man; ~ **di ferro** (*anche fig*) trial of strength; ~ **di mare** sound.

bracci'olo [brat't∫ɔlo] *sm* (*appoggio*) arm.

'bracco, chi *sm* hound.

bracconi'ere *sm* poacher.

'brace ['brat∫e] *sf* embers *pl*.

braci'ere [bra't∫ɛre] *sm* brazier.

braci'ola [bra't∫ɔla] *sf* (*CUC*) chop.

'bradipo *sm* (*ZOOL*) sloth.

'brado, a *ag*: **allo stato** ~ in the wild *o* natural state.

'brama *sf*: ~ (**di/di fare**) longing (for/to do), yearning (for/to do).

bra'mare *vt*: ~ (**qc/di fare qc**) to long (for sth/to do sth), yearn (for sth/to do sth).

bramo'sia *sf*: ~ (**di**) longing (for), yearning (for).

'branca, che *sf* branch.

'branchia ['brankja] *sf* (*ZOOL*) gill.

'branco, chi *sm* (*di cani, lupi*) pack; (*di uccelli, pecore*) flock; (*peg: di persone*) gang, pack.

branco'lare *vi* to grope, feel one's way.

'branda *sf* camp bed.

bran'dello *sm* scrap, shred; **a** ~**i** in tatters, in rags; **fare a** ~**i** to tear to shreds.

bran'dina *sf* camp bed (*BRIT*), cot (*US*).

bran'dire *vt* to brandish.

'brano *sm* piece; (*di libro*) passage.

bra'sare *vt* to braise.

bra'sato *sm* braised beef.

Bra'sile *sm*: **il** ~ Brazil.

Bra'silia *sf* Brasilia.

brasili'ano, a *ag, sm/f* Brazilian.

bra'vata *sf* (*azione spavalda*) act of bravado.

'bravo, a *ag* (*abile*) clever, capable, skilful; (*buono*) good, honest; (*: bambino*) good; (*coraggioso*) brave; ~**!** well done!; (*al teatro*) bravo!; **su da** ~**!** (*fam*) there's a good boy!; **mi sono fatto le mie** ~**e 8 ore di lavoro** I put in a full 8 hours' work.

bra'vura *sf* cleverness, skill.

'breccia, ce ['brett∫a] *sf* breach; **essere sulla** ~ (*fig*) to be going strong; **fare** ~ **nell'animo** *o* **nel cuore di qn** to find the way to sb's heart.

'Brema *sf* Bremen.

bre'saola *sf* kind of dried salted beef.

bresci'ano, a [breʃ'ʃano] *ag* of (*o* from) Brescia.

Bre'tagna [bre'taɲɲa] *sf*: **la** ~ Brittany.

bre'tella *sf* (*AUT*) link; ~**e** *sfpl* braces.

'bret(t)one *ag, sm/f* Breton.

'breve *ag* brief, short; **in** ~ in short; **per farla** ~ to cut a long story short; **a** ~ (*COMM*) short-term.

brevet'tare *vt* to patent.

bre'vetto *sm* patent; ~ **di pilotaggio** pilot's licence (*BRIT*) *o* license (*US*).

brevità *sf* brevity.

'brezza ['breddza] *sf* breeze.

'bricco, chi *sm* jug; ~ **del caffè** coffeepot.

bricco'nata *sf* mischievous trick.

bric'cone, a *sm/f* rogue, rascal.

'briciola ['brit∫ola] *sf* crumb.

'briciolo ['brit∫olo] *sm* (*specie fig*) bit.

bridge [bridʒ] *sm* bridge.

'briga, ghe *sf* (*fastidio*) trouble, bother; **attaccar** ~ to start a quarrel; **pigliarsi la** ~ **di fare qc** to take the trouble to do sth.

brigadi'ere *sm* (*dei carabinieri etc*) ≈ sergeant.

bri'gante *sm* bandit.

bri'gata *sf* (*MIL*) brigade; (*gruppo*) group, party; **le B**~**e Rosse** (*POL*) the Red Brigades.

briga'tismo *sm* phenomenon of the Red Brigades.

briga'tista, i, e *sm/f* (*POL*) member of the Red Brigades.

'briglia ['briʎʎa] *sf* rein; **a** ~ **sciolta** at full gallop; (*fig*) at full speed.

bril'lante *ag* bright; (*anche fig*) brilliant; (*che luccica*) shining ♦ *sm* diamond.

brillan'tina *sf* brilliantine.

bril'lare *vi* to shine; (*mina*) to blow up ♦ *vt* (*mina*) to set off.

'brillo, a *ag* merry, tipsy.

'brina *sf* hoarfrost.

brin'dare *vi*: ~ **a qn/qc** to drink to *o* toast sb/sth.

'brindisi *sm inv* toast.

'brio *sm* liveliness, go.

bri'oche [bri'ɔʃ] *sf inv* brioche (bun).

bri'oso, a *ag* lively.

'briscola *sf* type of card game; (*seme vincente*) trump(s); (*carta*) trump card.

bri'tannico, a, ci, che *ag* British ♦ *sm/f* Briton; **i B**~**ci** the British *pl*.

'brivido *sm* shiver; (*di ribrezzo*) shudder; (*fig*) thrill; **racconti del** ~ suspense stories.

brizzo'lato, a [brittso'lato] *ag* (*persona*) going grey; (*barba, capelli*) greying.

'brocca, che *sf* jug.

broc'cato *sm* brocade.

broccolo – buffone

'**broccolo** sm broccoli no pl.

bro'daglia [bro'daʎʎa] sf (peg) dishwater.

'**brodo** sm broth; (per cucinare) stock; ~ **ristretto** consommé; **lasciare (cuocere) qn nel suo** ~ to let sb stew (in his own juice); **tutto fa** ~ every little bit helps.

'**broglio** ['brɔʎʎo] sm: ~ **elettorale** gerrymandering; ~**i** smpl (DIR) malpractices.

'**bromo** sm (CHIM) bromine.

bron'chite [bron'kite] sf (MED) bronchitis.

'**broncio** ['brontʃo] sm sulky expression; **tenere il** ~ to sulk.

'**bronco, chi** sm bronchial tube.

bronto'lare vi to grumble; (tuono, stomaco) to rumble.

bronto'lio sm grumbling, mumbling.

bronto'lone, a ag grumbling ♦ sm/f grumbler.

bron'zina [bron'dzina] sf (TECN) bush.

'**bronzo** ['brondzo] sm bronze; **che faccia di** ~! what a brass neck!

bross. abbr = **in brossura**.

bros'sura sf: **in** ~ (libro) limpback.

bru'care vt to browse on, nibble at.

brucherà etc [bruke'ra] vb vedi **brucare**.

bruciacchi'are [brutʃak'kjare] vt to singe, scorch; ~**rsi** vr to become singed o scorched.

brucia'pelo [brutʃa'pelo]: **a** ~ av point-blank.

bruci'are [bru'tʃare] vt to burn; (scottare) to scald ♦ vi to burn; ~ **gli avversari** (SPORT, fig) to leave the rest of the field behind; ~ **le tappe** o **i tempi** (SPORT, fig) to shoot ahead; ~**rsi la carriera** to put an end to one's career.

brucia'tore [brutʃa'tore] sm burner.

brucia'tura [brutʃa'tura] sf (atto) burning no pl; (segno) burn; (scottatura) scald.

bruci'ore [bru'tʃore] sm burning o smarting sensation.

'**bruco, chi** sm grub; (di farfalla) caterpillar.

'**brufolo** sm pimple, spot.

brughi'era [bru'gjɛra] sf heath, moor.

bruli'care vi to swarm.

bruli'chio, ii [bruli'kio] sm swarming.

'**brullo, a** ag bare, bleak.

'**bruma** sf mist.

'**bruno, a** ag brown, dark; (persona) dark(-haired).

brusca'mente av (frenare, fermarsi) suddenly; (rispondere, reagire) sharply.

'**brusco, a, schi, sche** ag (sapore) sharp; (modi, persona) brusque, abrupt; (movimento) abrupt, sudden.

bru'sio sm buzz, buzzing.

bru'tale ag brutal.

brutalità sf inv brutality.

'**bruto, a** ag (forza) brute cpd ♦ sm brute.

'**brutta** sf vedi **brutto**.

brut'tezza [brut'tettsa] sf ugliness.

'**brutto, a** ag ugly; (cattivo) bad; (malattia, strada, affare) nasty, bad ♦ sm: **guardare qn di** ~ to give sb a nasty look ♦ sf rough copy, first draft; ~ **tempo** bad weather; **passare un** ~ **quarto d'ora** to have a nasty time of it; **vedersela** ~**a** (per un attimo) to have a nasty moment; (per un periodo) to have a bad time of it.

brut'tura sf (cosa brutta) ugly thing; (sudiciume) filth; (azione meschina) mean action.

Bru'xelles [bry'sɛl] sf Brussels.

BS sigla = Brescia.

B.T. abbr (= bassa tensione) LT ♦ sigla m inv = **buono del Tesoro**.

btg abbr = **battaglione**.

Btp sigla m (= buono del Tesoro poliennale, vedi **buono**.

bub'bone sm swelling.

'**buca, che** sf hole; (avvallamento) hollow; ~ **delle lettere** letterbox.

buca'neve sm inv snowdrop.

bu'care vt (forare) to make a hole (o holes) in; (pungere) to pierce; (biglietto) to punch; ~**rsi** vr (con eroina) to mainline; ~ **una gomma** to have a puncture; **avere le mani bucate** (fig) to be a spendthrift.

'**Bucarest** sf Bucharest.

bu'cato sm (operazione) washing; (panni) wash, washing.

'**buccia, ce** ['buttʃa] sf skin, peel; (corteccia) bark.

bucherel'lare [bukerel'lare] vt to riddle with holes.

bucherò etc [buke'rɔ] vb vedi **bucare**.

'**buco, chi** sm hole; **fare un** ~ **nell'acqua** to fail, draw a blank; **farsi un** ~ (fam: drogarsi) to have a fix; ~ **nero** (anche fig) black hole.

'**Budapest** sf Budapest.

'**Budda** sm inv Buddha.

bud'dismo sm Buddhism.

bu'dello sm intestine; (fig: tubo) tube; (vicolo) alley; ~**a** sfpl bowels, guts.

bu'dino sm pudding.

'**bue, pl** **bu'oi** sm ox; (anche: **carne di** ~) beef; **uovo all'occhio di** ~ fried egg.

Bu'enos 'Aires sf Buenos Aires.

'**bufalo** sm buffalo.

bu'fera sf storm.

buf'fetto sm flick.

'**buffo, a** ag funny; (TEAT) comic.

buffo'nata sf (azione) prank, jest; (parola) jest.

buf'fone sm buffoon.

bugge'rare [buddʒe'rare] *vt* to swindle, cheat.

bu'gia, 'gie [bu'dʒia] *sf* lie; (*candeliere*) candleholder.

bugi'ardo, a [bu'dʒardo] *ag* lying, deceitful ♦ *smlf* liar.

bugi'gattolo [budʒi'gattolo] *sm* poky little room.

'buio, a *ag* dark ♦ *sm* dark, darkness; **fa ~ pesto** it's pitch-dark.

'bulbo *sm* (*BOT*) bulb; **~ oculare** eyeball.

Bulga'ria *sf:* **la ~** Bulgaria.

'bulgaro, a *ag, smlf, sm* Bulgarian.

buli'mia *sf* bulimia.

'bullo *sm* (*persona*) tough.

bul'lone *sm* bolt.

bu'oi *smpl di* **bue**.

buona'fede *sf* good faith.

buon'anima *sf* = **buon'anima**; *vedi* **anima**.

buona'notte *escl* good night! ♦ *sf:* **dare la ~ a** to say good night to.

buona'sera *escl* good evening!

buoncos'tume *sm* public morality; **la (squadra del) ~** (*POLIZIA*) the vice squad.

buondì *escl* hello!

buongi'orno [bwon'dʒorno] *escl* good morning (*o* afternoon)!

buon'grado *av:* **di ~** willingly.

buongus'taio, a *smlf* gourmet.

buon'gusto *sm* good taste.

==================== *PAROLA CHIAVE*

bu'ono, a (*ag:* **dav** *sm* **buon** + *C o V,* **buono** + *s impura, gn, pn, ps, x, z;* **dav** *sf* **buon'** + *V*) *ag* **1** (*gen*) good; **un buon pranzo/ ristorante** a good lunch/restaurant; **(stai) ~!** behave!; **che ~!** (*cibo*) this is nice!

2 (*benevolo*): **~ (con)** good (to), kind (to)

3 (*giusto, valido*) right; **al momento ~** at the right moment

4 (*adatto*): **~ a/da** fit for/to; **essere ~ a nulla** to be no good *o* use at anything

5 (*auguri*): **buon compleanno!** happy birthday!; **buon divertimento!** have a nice time!; **~a fortuna!** good luck!; **buon riposo!** sleep well!; **buon viaggio!** have a good trip!

6: **ad ogni buon conto** in any case; **tante ~e cose!** all the best!; **di buon cuore** (*persona*) goodhearted; **di buon grado** willingly; **le ~e maniere** good manners; **di buon mattino** early in the morning; **a buon mercato** cheap; **di buon'ora** early; **mettere una ~a parola** to put in a good word; **di buon passo** at a good pace; **buon pro ti faccia!** much good may it do you!; **buon senso** common sense; **la ~a società** the upper classes; **una ~a volta** once and for all; **alla ~a** *ag* simple ♦ *av* in a simple way, without any fuss; **un tipo alla ~a** an easy-going sort ♦ *smlf:* **essere un ~/una ~a** to be a good person; **~ a nulla** good for nothing; **i ~i e i cattivi** (*in storia, film*) the goodies and the baddies; **accetterà con le ~e o con le cattive** one way or another he's going to agree to it ♦ *sm* **1** (*bontà*) goodness, good

2 (*COMM*) voucher, coupon; **~ d'acquisto** credit note; **~ di cassa** cash voucher; **~ di consegna** delivery note; **~ fruttifero** interest-bearing bond; **~ ordinario del Tesoro** short-term Treasury bond; **~ postale fruttifero** interest-bearing bond (*issued by Italian Post Office*); **~ del Tesoro** Treasury bill.

buon'senso *sm* = **buon senso**.

buontem'pone, a *smlf* jovial person.

buonu'scita [bwonuʃ'ʃita] *sf* (*INDUSTRIA*) golden handshake; (*di affitti*) sum paid for the relinquishing of tenancy rights.

buratti'naio *sm* puppeteer, puppet master.

burat'tino *sm* puppet.

'burbero, a *ag* surly, gruff.

'burla *sf* prank, trick.

bur'lare *vt:* **~ qc/qn, ~rsi di qc/qn** to make fun of sth/sb.

bu'rocrate *sm* bureaucrat.

buro'cratico, a, ci, che *ag* bureaucratic.

burocra'zia [burokrat'tsia] *sf* bureaucracy.

bur'rasca, sche *sf* storm.

burras'coso, a *ag* stormy.

'burro *sm* butter.

bur'rone *sm* ravine.

bus'care *vt* (*anche:* **~rsi:** *raffreddore*) to get, catch; **buscarle** (*fam*) to get a hiding.

buscherò *etc* [buske'rɔ] *vb vedi* **buscare**.

bus'sare *vi* to knock; **~ a quattrini** (*fig*) to ask for money.

'bussola *sf* compass; **perdere la ~** (*fig*) to lose one's bearings.

'busta *sf* (*da lettera*) envelope; (*astuccio*) case; **in ~ aperta/chiusa** in an unsealed/ sealed envelope; **~ paga** pay packet.

busta'rella *sf* bribe, backhander.

bus'tina *sf* (*piccola busta*) envelope; (*di cibi, farmaci*) sachet; (*MIL*) forage cap; **~ di tè** tea bag.

'busto *sm* bust; (*indumento*) corset, girdle; **a mezzo ~** (*fotografia, ritratto*) half-length.

bu'tano *sm* butane.

but'tare *vt* to throw; (*anche:* **~ via**) to throw away; **~rsi** *vr* (*saltare*) to jump; **~ giù** (*scritto*) to scribble down, dash off;

(*cibo*) to gulp down; (*edificio*) to pull down, demolish; (*pasta, verdura*) to put into boiling water; **ho buttato là una frase** I mentioned it in passing; **buttiamoci!** (*saltiamo*) let's jump!; (*rischiamo*) let's have a go!; ~**rsi dalla finestra** to jump out of the window.

'**buzzo** ['buddzo] *sm* (*fam: pancia*) belly, paunch; **di ~ buono** (*con impegno*) with a will.

Cc

C, c [tʃi] *sf o m inv* (*lettera*) C, c ♦ *abbr* (*GEO*) = **capo**; (= *Celsius, centigrado*) C; (= *conto*) a/c; ~ **come Como** ≈ C for Charlie.

CA *sigla* = **Cagliari**.

c.a. *abbr* (*ELETTR*) *vedi* **corrente alternata**; (*COMM*) = **corrente anno**.

cab. *abbr* = **cablogramma**.

caba'ret [kaba'rɛ] *sm inv* cabaret.

ca'bina *sf* (*di nave*) cabin; (*da spiaggia*) beach hut; (*di autocarro, treno*) cab; (*di aereo*) cockpit; (*di ascensore*) cage; ~ **di proiezione** (*CINE*) projection booth; ~ **di registrazione** recording booth; ~ **telefonica** callbox, (tele)phone box *o* booth.

cabi'nato *sm* cabin cruiser.

ca'blaggio [ka'bladdʒo] *sm* wiring.

cablo'gramma *sm* cable(gram).

ca'cao *sm* cocoa.

'**cacca** *sf* (*fam: anche fig*) shit (*!*).

'**caccia** ['kattʃa] *sf* hunting; (*con fucile*) shooting; (*inseguimento*) chase; (*cacciagione*) game ♦ *sm inv* (*aereo*) fighter; (*nave*) destroyer; **andare a ~** to go hunting; **andare a ~ di guai** to be asking for trouble; ~ **grossa** big-game hunting; ~ **all'uomo** manhunt.

cacciabombardi'ere [kattʃabombar'djɛre] *sm* fighter-bomber.

cacciagi'one [kattʃa'dʒone] *sf* game.

cacci'are [kat'tʃare] *vt* to hunt; (*mandar via*) to chase away; (*ficcare*) to shove, stick ♦ *vi* to hunt; ~**rsi** *vr* (*fam: mettersi*): ~**rsi tra la folla** to plunge into the crowd; **dove s'è cacciata la mia borsa?** where has my bag got to?; ~**rsi nei guai** to get into trouble; ~ **fuori qc** to whip *o* pull sth out; ~ **un**

urlo to let out a yell.

caccia'tora [kattʃa'tora] *sf* (*giacca*) hunting jacket; (*CUC*): **pollo** *etc* **alla ~** chicken *etc* chasseur.

caccia'tore [kattʃa'tore] *sm* hunter; ~ **di frodo** poacher; ~ **di dote** fortune-hunter.

cacciatorpedini'ere [kattʃatorpedi'njɛre] *sm* destroyer.

caccia'vite [kattʃa'vite] *sm inv* screwdriver.

cache'mire [kaʃ'mir] *sm inv* cashmere.

ca'chet [ka'ʃɛ] *sm* (*MED*) capsule; (*: compressa*) tablet; (*compenso*) fee; (*colorante per capelli*) rinse.

'**cachi** ['kaki] *sm inv* (*albero, frutto*) persimmon; (*colore*) khaki ♦ *ag inv* khaki.

'**cacio** ['katʃo] *sm* cheese; **essere come il ~ sui maccheroni** (*fig*) to turn up at the right moment.

'**cactus** *sm inv* cactus.

ca'davere *sm* (dead) body, corpse.

cada'verico, a, ci, che *ag* (*fig*) deathly pale.

'**caddi** *etc vb vedi* **cadere**.

ca'dente *ag* falling; (*casa*) tumbledown; (*persona*) decrepit.

ca'denza [ka'dɛntsa] *sf* cadence; (*andamento ritmico*) rhythm; (*MUS*) cadenza.

ca'dere *vi* to fall; (*denti, capelli*) to fall out; (*tetto*) to fall in; **questa gonna cade bene** this skirt hangs well; **lasciar ~** (*anche fig*) to drop; ~ **dal sonno** to be falling asleep on one's feet; ~ **ammalato** to fall ill; ~ **dalle nuvole** (*fig*) to be taken aback.

ca'detto *sm* cadet.

cadrò *etc vb vedi* **cadere**.

ca'duto, a *ag* (*morto*) dead ♦ *sm* dead soldier ♦ *sf* fall; **monumento ai ~i** war memorial; ~**a di temperatura** drop in temperature; **la ~a dei capelli** hair loss; ~**a del sistema** (*INFORM*) system failure.

caffè *sm inv* coffee; (*locale*) café; ~ **corretto** coffee with liqueur; ~ **in grani** coffee beans; ~ **macchiato** coffee with a dash of milk; ~ **macinato** ground coffee.

caffe'ina *sf* caffeine.

caffel'latte *sm inv* white coffee.

caffette'ria *sf* coffee shop.

caffetti'era *sf* coffeepot.

ca'fone *sm* (*contadino*) peasant; (*peg*) boor.

cagio'nare [kadʒo'nare] *vt* to cause, be the cause of.

cagio'nevole [kadʒo'nevole] *ag* delicate, weak.

cagli'are [kaʎ'ʎare] *vi* to curdle.

cagliari'tano, a [kaʎʎari'tano] *ag* of (*o* from) Cagliari.

'**cagna** ['kaɲɲa] *sf* (*ZOOL, peg*) bitch.

ca'gnara [kaɲ'ɲara] *sf* (*fig*) uproar.

ca'gnesco, a, schi, sche [kaɲ'ɲesko] *ag*
(*fig*): guardare qn in ~ to scowl at sb.

CAI *sigla m* = Club Alpino Italiano.

'Cairo *sm*: il ~ Cairo.

cala'brese *ag*, *smlf* Calabrian.

cala'brone *sm* hornet.

Cala'hari [kala'ari]: il Deserto di ~ *sm* the
Kalahari Desert.

cala'maio *sm* inkpot; inkwell.

cala'maro *sm* squid.

cala'mita *sf* magnet.

calamità *sf inv* calamity, disaster; ~
naturale natural disaster.

ca'lare *vt* (*far discendere*) to lower; (*MAGLIA*)
to decrease ♦ *vi* (*discendere*) to go (*o*
come) down; (*tramontare*) to set, go down;
~ di peso to lose weight.

ca'lata *sf* (*invasione*) invasion.

'calca *sf* throng, press.

cal'cagno [kal'kaɲɲo] *sm* heel.

cal'care *sm* limestone ♦ *vt* (*premere coi*
piedi) to tread, press down; (*premere con*
forza) to press down; (*mettere in rilievo*) to
stress; ~ la mano to overdo it,
exaggerate; ~ le scene (*fig*) to be on the
stage; ~ le orme di qn (*fig*) to follow in
sb's footsteps.

'calce ['kaltʃe] *sm*: in ~ at the foot of the
page ♦ *sf* lime; (~ viva quicklime.

calces'truzzo [kaltʃes'truttso] *sm* concrete.

calcherò *etc* [kalke'rɔ] *vb vedi* calcare.

calci'are [kal'tʃare] *vt*, *vi* to kick.

calcia'tore [kaltʃa'tore] *sm* footballer
(*BRIT*), (football) player.

cal'cina [kal'tʃina] *sf* (lime) mortar.

calci'naccio [kaltʃi'nattʃo] *sm* flake of
plaster.

'calcio ['kaltʃo] *sm* (*pedata*) kick; (*sport*)
football, soccer; (*di pistola, fucile*) butt;
(*CHIM*) calcium; ~ d'angolo (*SPORT*)
corner (kick); ~ di punizione (*SPORT*)
free kick.

'calco, chi *sm* (*ARTE*) casting, moulding
(*BRIT*), molding (*US*); cast, mo(u)ld.

calco'lare *vt* to calculate, work out,
reckon; (*ponderare*) to weigh (up).

calcola'tore, 'trice *ag* calculating ♦ *sm*
calculator; (*fig*) calculating person ♦ *sf*
(*anche*: macchina calcolatrice) calculator;
~ digitale digital computer; ~ elettronico
computer; ~ da tavolo desktop
computer.

'calcolo *sm* (*anche MAT*) calculation;
(*infinitesimale etc*) calculus; (*MED*) stone;
fare il ~ di qc to work sth out; fare i propri
~i (*fig*) to weigh the pros and cons; per ~
out of self-interest.

cal'daia *sf* boiler.

caldar'rosta *sf* roast chestnut.

caldeggi'are [kalded'dʒare] *vt* to support.

'caldo, a *ag* warm; (*molto* ~) hot; (*fig*:
appassionato*) keen ♦ *sm* heat; ho ~ I'm
warm; I'm hot; fa ~ it's warm; it's hot;
non mi fa né ~ né freddo I couldn't care
less; a ~ (*fig*) in the heat of the moment.

caleidos'copio *sm* kaleidoscope.

calen'dario *sm* calendar.

ca'lende *sfpl* calends; rimandare qc alle ~
greche to put sth off indefinitely.

ca'lesse *sm* gig.

'calibro *sm* (*di arma*) calibre, bore; (*TECN*)
callipers *pl*; (*fig*) calibre; di grosso ~ (*fig*)
prominent.

'calice ['kalitʃe] *sm* goblet; (*REL*) chalice.

Cali'fornia *sf* California.

californi'ano, a *ag* Californian.

ca'ligine [ka'lidʒine] *sf* fog; (*mista con fumo*)
smog.

calligra'fia *sf* (*scrittura*) handwriting; (*arte*)
calligraphy.

'callo *sm* callus; (*ai piedi*) corn; fare il ~ a qc
to get used to sth.

'calma *sf* calm; faccia con ~ take your
time.

cal'mante *sm* sedative, tranquillizer.

cal'mare *vt* to calm; (*lenire*) to soothe; ~rsi
vr to grow calm, calm down; (*vento*) to
abate; (*dolori*) to ease.

calmi'ere *sm* controlled price.

'calmo, a *ag* calm, quiet.

'calo *sm* (*COMM*: *di prezzi*) fall; (: *di volume*)
shrinkage; (: *di peso*) loss.

ca'lore *sm* warmth; (*intenso, FISICA*) heat;
essere in ~ (*ZOOL*) to be on heat.

calo'ria *sf* calorie.

calo'rifero *sm* radiator.

calo'roso, a *ag* warm; essere ~ not to feel
the cold.

calpes'tare *vt* to tread on, trample on; "è
vietato ~ l'erba" "keep off the grass".

ca'lunnia *sf* slander; (*scritta*) libel.

calunni'are *vt* to slander.

cal'vario *sm* (*fig*) affliction, cross.

cal'vizie [kal'vittsje] *sf* baldness.

'calvo, a *ag* bald.

'calza ['kaltsa] *sf* (*da donna*) stocking; (*da*
uomo*) sock; fare la ~ to knit; ~e di nailon
nylons, (nylon) stockings.

calza'maglia [kaltsa'maʎʎa] *sf* tights *pl*; (*per*
danza, ginnastica*) leotard.

cal'zare [kal'tsare] *vt* (*scarpe, guanti*:
mettersi*) to put on; (: *portare*) to wear ♦ *vi*
to fit; ~ a pennello to fit like a glove.

calza'tura [kaltsa'tura] *sf* footwear.

calzaturi'ficio [kaltsaturi'fitʃo] *sm* shoe *o*
footwear factory.

cal'zetta [kal'tsetta] *sf* ankle sock; **una mezza ~** (*fig*) a nobody.

calzet'tone [kaltset'tone] *sm* heavy knee-length sock.

cal'zino [kal'tsino] *sm* sock.

calzo'laio [kaltso'lajo] *sm* shoemaker; (*che ripara scarpe*) cobbler.

calzole'ria [kaltsole'ria] *sf* (*negozio*) shoe shop; (*arte*) shoemaking.

calzon'cini [kaltson'tʃini] *smpl* shorts; **~ da bagno** (swimming) trunks.

cal'zone [kal'tsone] *sm* trouser leg; (*CUC*) savoury turnover made with pizza dough; **~i** *smpl* trousers (*BRIT*), pants (*US*).

camale'onte *sm* chameleon.

cambi'ale *sf* bill (of exchange); (*pagherò cambiario*) promissory note; **~ di comodo** *o* **di favore** accommodation bill.

cambia'mento *sm* change.

cambi'are *vt* to change; (*modificare*) to alter, change; (*barattare*): **~ (qc con qn/ qc)** to exchange (sth with sb/for sth) ♦ *vi* to change, alter; **~rsi** *vr* (*variare abito*) to change; **~ casa** to move (house); **~ idea** to change one's mind; **~ treno** to change trains; **~ le carte in tavola** (*fig*) to change one's tune; **~ (l')aria in una stanza** to air a room; **è ora di ~ aria** (*andarsene*) it's time to move on.

cambiava'lute *sm inv* exchange office.

'cambio *sm* change; (*modifica*) alteration, change; (*scambio, COMM*) exchange; (*corso dei cambi*) rate (of exchange); (*TECN, AUT*) gears *pl*; **in ~ di** in exchange for; **dare il ~ a qn** to take over from sb; **fare il** *o* **un ~** to change (over); **~ a termine** (*COMM*) forward exchange.

'Cambital *sigla m* = Ufficio Italiano dei Cambi.

Cam'bogia [kam'bɔdʒa] *sf*: **la ~** Cambodia.

cambogi'ano, a [kambo'dʒano] *ag, sm/f* Cambodian.

cam'busa *sf* storeroom.

'camera *sf* room; (*anche:* **~ da letto**) bedroom; (*POL*) chamber, house; **~ ardente** mortuary chapel; **~ d'aria** inner tube; (*di pallone*) bladder; **~ blindata** strongroom; **C~ di Commercio** Chamber of Commerce; **C~ dei Deputati** Chamber of Deputies, ≈ House of Commons (*BRIT*), ≈ House of Representatives (*US*); **~ a gas** gas chamber; **~ del lavoro** trades union centre (*BRIT*), labor union center (*US*); **~ a un letto/a due letti/ matrimoniale** single/twin-bedded/double room; **~ oscura** (*FOT*) dark room; **~ da pranzo** dining room.

The **Camera dei deputati** *is the lower chamber of the Italian parliament. It has legislative power and is presided over by the* **Presidente della Camera** *who is elected by the 630* **deputati**. *Elections are normally held every 5 years. The electoral reform of 1993 has meant that candidates are now elected by a combination of a first-past-the-post system and proportional representation. See also* **Parlamento**.

came'rata, i, e *sm/f* companion, mate ♦ *sf* dormitory.

camera'tismo *sm* comradeship.

cameri'era *sf* (*domestica*) maid; (*che serve a tavola*) waitress; (*che fa le camere*) chambermaid.

cameri'ere *sm* (man)servant; (*di ristorante*) waiter.

came'rino *sm* (*TEAT*) dressing room.

'Camerun *sm*: **il ~** Cameroon.

'camice ['kamitʃe] *sm* (*REL*) alb; (*per medici etc*) white coat.

cami'cetta [kami'tʃetta] *sf* blouse.

ca'micia, cie [ka'mitʃa] *sf* (*da uomo*) shirt; (*da donna*) blouse; **nascere con la ~** (*fig*) to be born lucky; **sudare sette ~cie** (*fig*) to have a hell of a time; **~ di forza** straitjacket; **~ da notte** (*da donna*) nightdress; (*da uomo*) nightshirt; **C~ nera** (*fascista*) Blackshirt.

camici'aio, a [kami'tʃajo] *sm/f* (*sarto*) shirtmaker; (*che vende camicie*) shirtseller.

camici'ola [kami'tʃɔla] *sf* vest.

camici'otto [kami'tʃɔtto] *sm* casual shirt; (*per operai*) smock.

cami'netto *sm* hearth, fireplace.

ca'mino *sm* chimney; (*focolare*) fireplace, hearth.

'camion *sm inv* lorry (*BRIT*), truck (*US*).

camion'cino [kamjon'tʃino] *sm* van.

camio'netta *sf* jeep.

camio'nista, i *sm* lorry driver (*BRIT*), truck driver (*US*).

'camma *sf* cam; **albero a ~e** camshaft.

cam'mello *sm* (*ZOOL*) camel; (*tessuto*) camel hair.

cam'meo *sm* cameo.

cammi'nare *vi* to walk; (*funzionare*) to work, go; **~ a carponi** *o* **a quattro zampe** to go on all fours.

cammi'nata *sf* walk; **fare una ~** to go for a walk.

cam'mino *sm* walk; (*sentiero*) path; (*itinerario, direzione, tragitto*) way; **mettersi in ~** to set *o* start off; **cammin facendo** on

the way; **riprendere il** ~ to continue on
one's way.

camo'milla *sf* camomile; (*infuso*)
camomile tea.

ca'morra *sf* Camorra; (*fig*) racket.

camor'rista, i, e *smlf* member of the
Camorra; (*fig*) racketeer.

ca'moscio [ka'moʃʃo] *sm* chamois.

cam'pagna [kam'paɲɲa] *sf* country,
countryside; (*POL, COMM, MIL*) campaign;
in ~ in the country; **andare in** ~ to go to
the country; **fare una** ~ to campaign; ~
promozionale vendite sales campaign.

campa'gnolo, a [kampaɲ'ɲɔlo] *ag* country
cpd ♦ *sf* (*AUT*) cross-country vehicle.

cam'pale *ag* field *cpd*; (*fig*): **una giornata** ~
a hard day.

cam'pana *sf* bell; (*anche*: ~ **di vetro**) bell
jar; **sordo come una** ~ as deaf as a
doorpost; **sentire l'altra** ~ (*fig*) to hear the
other side of the story.

campa'nella *sf* small bell; (*di tenda*)
curtain ring.

campa'nello *sm* (*all'uscio, da tavola*) bell.

campa'nile *sm* bell tower, belfry.

campani'lismo *sm* parochialism.

cam'pano, a *ag* of (*o* from) Campania.

cam'pare *vi* to live; (*tirare avanti*) to get by,
manage; ~ **alla giornata** to live from day
to day.

cam'pato, a *ag*: ~ **in aria** unsound,
unfounded.

campeggi'are [kamped'dʒare] *vi* to camp;
(*risaltare*) to stand out.

campeggia'tore, 'trice [kampeddʒa'tore]
smlf camper.

cam'peggio [kam'peddʒo] *sm* camping;
(*terreno*) camp site; **fare (del)** ~ to go
camping.

cam'pestre *ag* country *cpd*, rural; **corsa** ~
cross-country race.

Campi'doglio [kampi'dɔʎʎo] *sm*: **il** ~ the
Capitol.

The **Campidoglio**, *one of the Seven Hills of
Rome, is the site of the Comune di Roma.*

'camping ['kæmpiŋ] *sm inv* camp site.

campiona'mento *sm* sampling.

campio'nario, a *ag*: **fiera** ~**a** trade fair
♦ *sm* collection of samples.

campio'nato *sm* championship.

campiona'tura *sf* (*COMM*) production of
samples; (*STATISTICA*) sampling.

campi'one, 'essa *smlf* (*SPORT*) champion
♦ *sm* (*COMM*) sample; ~ **gratuito** free
sample; **prelievi di** ~ product samples.

'campo *sm* (*gen*) field; (*MIL*) field;

(: *accampamento*) camp; (*spazio delimitato:
sportivo etc*) ground; field; (*di quadro*)
background; **i** ~**i** (*campagna*) the
countryside; **padrone del** ~ (*fig*) victor; ~
da aviazione airfield; ~ **di
concentramento** concentration camp; ~
di golf golf course; ~ **lungo** (*CINE, TV, FOT*)
long shot; ~ **da tennis** tennis court; ~
visivo field of vision.

campobas'sano, a *ag* of (*o* from)
Campobasso.

campo'santo, *pl* **campi'santi** *sm*
cemetery.

camuf'fare *vt* to disguise; ~**rsi** *vr*: ~**rsi (da)**
to disguise o.s. (as); (*per ballo in maschera*)
to dress up (as).

CAN *abbr* (= *Costo, Assicurazione e Nolo*)
CIF.

Can. *abbr* (*GEO*) = **canale**.

'Canada *sm*: **il** ~ Canada.

cana'dese *ag, smlf* Canadian ♦ *sf* (*anche*:
tenda ~) ridge tent.

ca'naglia [ka'naʎʎa] *sf* rabble, mob;
(*persona*) scoundrel, rogue.

ca'nale *sm* (*anche fig*) channel; (*artificiale*)
canal.

'canapa *sf* hemp; ~ **indiana** cannabis.

Ca'narie *sfpl*: **le (isole)** ~ the Canary
Islands, the Canaries.

cana'rino *sm* canary.

Can'berra *sf* Canberra.

cancel'lare [kantʃel'lare] *vt* (*con la gomma*)
to rub out, erase; (*con la penna*) to strike
out; (*annullare*) to annul, cancel; (*disdire*)
to cancel.

cancel'lata [kantʃel'lata] *sf* railing(s) (*pl*).

cancelle'ria [kantʃelle'ria] *sf* chancery;
(*quanto necessario per scrivere*) stationery.

cancelli'ere [kantʃel'ljɛre] *sm* chancellor;
(*di tribunale*) clerk of the court.

can'cello [kan'tʃello] *sm* gate.

cance'rogeno, a [kantʃe'rɔdʒeno] *ag*
carcinogenic ♦ *sm* carcinogen.

cance'rologo, a, gi, ghe [kantʃe'rɔlogo]
smlf cancer specialist.

cance'roso, a [kantʃe'roso] *ag* cancerous
♦ *smlf* cancer patient.

can'crena *sf* gangrene.

'cancro *sm* (*MED*) cancer; (*dello zodiaco*):
C~ Cancer; **essere del C**~ to be Cancer.

candeggi'are [kanded'dʒare] *vt* to bleach.

candeg'gina [kanded'dʒina] *sf* bleach.

can'deggio [kan'deddʒo] *sm* bleaching.

can'dela *sf* candle; ~ (**di accensione**) (*AUT*)
spark(ing) plug; **una lampadina da 100**
~**e** (*ELETTR*) a 100 watt bulb; **a lume di** ~
by candlelight; **tenere la** ~ (*fig*) to play
gooseberry (*BRIT*), act as chaperone.

cande'labro sm candelabra.
candeli'ere sm candlestick.
cande'lotto sm candle; ~ **di dinamite** stick of dynamite; ~ **lacrimogeno** tear gas grenade.
candi'dare vt to present as candidate; ~**rsi** vr to present o.s. as candidate.
candi'dato, a smlf candidate; (*aspirante a una carica*) applicant.
candida'tura sf candidature; application.
'candido, a ag white as snow; (*puro*) pure; (*sincero*) sincere, candid.
can'dito, a ag candied.
can'dore sm brilliant white; purity; sincerity, candour (*BRIT*), candor (*US*).
'cane sm dog; (*di pistola, fucile*) cock; **fa un freddo** ~ it's bitterly cold; **non c'era un** ~ there wasn't a soul; **quell'attore è un** ~ he's a rotten actor; ~ **da caccia** hunting dog; ~ **da guardia** guard dog; ~ **lupo** alsatian; ~ **da salotto** lap dog; ~ **da slitta** husky.
ca'nestro sm basket; **fare un** ~ (*SPORT*) to shoot a basket.
'canfora sf camphor.
cangi'ante [kan'dʒante] ag iridescent; **seta** ~ shot silk.
can'guro sm kangaroo.
ca'nicola sf scorching heat.
ca'nile sm kennel; (*di allevamento*) kennels pl; ~ **municipale** dog pound.
ca'nino, a ag, sm canine.
'canna sf (*pianta*) reed; (*: indica, da zucchero*) cane; (*bastone*) stick, cane; (*di fucile*) barrel; (*di organo*) pipe; (*DROGA: gergo*) joint; ~ **fumaria** chimney flue; ~ **da pesca** (fishing) rod; ~ **da zucchero** sugar cane.
can'nella sf (*CUC*) cinnamon; (*di conduttura, botte*) tap.
cannel'loni smpl *pasta tubes stuffed with sauce and baked.*
can'neto sm bed of reeds.
can'nibale sm cannibal.
cannocchi'ale [kannok'kjale] sm telescope.
canno'nata sf: **è una vera** ~! (*fig*) it's (*o* he's *etc*) fantastic!
can'none sm (*MIL*) gun; (*: STORIA*) cannon; (*tubo*) pipe, tube; (*piega*) box pleat; (*fig*) ace; **donna** ~ fat woman.
cannoni'ere sm (*NAUT*) gunner; (*CALCIO*) goal scorer.
can'nuccia, ce [kan'nuttʃa] sf (drinking) straw.
'canone sm canon, criterion; (*mensile, annuo*) rent; fee; **legge dell'equo** ~ fair rent act.
ca'nonica, che sf presbytery.

ca'nonico, ci sm (*REL*) canon.
canoniz'zare [kanonid'dzare] vt to canonize.
ca'noro, a ag (*uccello*) singing, song cpd.
ca'notta sf vest.
canot'taggio [kanot'taddʒo] sm rowing.
canotti'era sf vest (*BRIT*), undershirt (*US*).
ca'notto sm small boat, dinghy; canoe.
cano'vaccio [kano'vattʃo] sm (*tela*) canvas; (*strofinaccio*) duster; (*trama*) plot.
can'tante smlf singer.
can'tare vt, vi to sing; ~ **vittoria** to crow; **fare** ~ **qn** (*fig*) to make sb talk.
cantas'torie smlf inv storyteller.
cantau'tore, 'trice smlf singer-composer.
canterel'lare vt, vi to hum, sing to o.s.
canticchi'are [kantik'kjare] vt, vi to hum, sing to o.s.
canti'ere sm (*EDIL*) (building) site; (*anche:* ~ **navale**) shipyard.
canti'lena sf (*filastrocca*) lullaby; (*fig*) singsong voice.
can'tina sf (*locale*) cellar; (*bottega*) wine shop.
'canto sm song; (*arte*) singing; (*REL*) chant; chanting; (*POESIA*) poem, lyric; (*parte di una poesia*) canto; (*parte, lato*) **da un** ~ on the one hand; **d'altro** ~ on the other hand.
canto'nata sf (*di edificio*) corner; **prendere una** ~ (*fig*) to blunder.
can'tone sm (*in Svizzera*) canton.
cantoni'era ag: (**casa**) ~ road inspector's house.
can'tuccio [kan'tuttʃo] sm corner, nook.
ca'nuto, a ag white, whitehaired.
canzo'nare [kantso'nare] vt to tease.
canzona'tura [kantsona'tura] sf teasing; (*beffa*) joke.
can'zone [kan'tsone] sf song; (*POESIA*) canzone.
canzoni'ere [kantso'njɛre] sm (*MUS*) songbook; (*LETTERATURA*) collection of poems.
'caos sm inv chaos.
ca'otico, a, ci, che ag chaotic.
CAP sigla m vedi **codice di avviamento postale**.
cap. abbr (= *capitolo*) ch.
ca'pace [ka'patʃe] ag able, capable; (*ampio, vasto*) large, capacious; **sei** ~ **di farlo?** can you *o* are you able to do it?; ~ **d'intendere e di volere** (*DIR*) in full possession of one's faculties.
capacità [kapatʃi'ta] sf inv ability; (*DIR, di recipiente*) capacity; ~ **produttiva** production capacity.
capaci'tarsi [kapatʃi'tarsi] vr: ~ **di** to make out, understand.

ca'panna *sf* hut.

capan'nello *sm* knot (of people).

ca'panno *sm* (*di cacciatori*) hide; (*da spiaggia*) bathing hut.

capan'none *sm* (*AGR*) barn; (*fabbricato industriale*) (*factory*) shed.

caparbietà *sf* stubbornness.

ca'parbio, a *ag* stubborn.

ca'parra *sf* deposit, down payment.

capa'tina *sf*: fare una ~ da qn/in centro to pop in on sb/into town.

capeggi'are [kaped'dʒare] *vt* (*rivolta etc*) to head, lead.

ca'pello *sm* hair; ~i *smpl* (*capigliatura*) hair *sg*; averne fin sopra i ~i di qc/qn to be fed up to the (back) teeth with sth/sb; mi ci hanno tirato per i ~i (*fig*) they dragged me into it; tirato per i ~i (*spiegazione*) far-fetched.

capel'lone, a *sm/f* hippie.

capel'luto, a *ag*: cuoio ~ scalp.

capez'zale [kapet'tsale] *sm* bolster; (*fig*) bedside.

ca'pezzolo [ka'pettsolo] *sm* nipple.

capi'ente *ag* capacious.

capi'enza [ka'pjɛntsa] *sf* capacity.

capiglia'tura [kapiʎʎa'tura] *sf* hair.

capil'lare *ag* (*fig*) detailed ♦ *sm* (*ANAT*: *anche*: vaso ~) capillary.

ca'pire *vt* to understand; ~ al volo to catch on straight away; si capisce! (*certamente!*) of course!, certainly!

capi'tale *ag* (*mortale*) capital; (*fondamentale*) main *cpd*, chief *cpd* ♦ *sf* (*città*) capital ♦ *sm* (*ECON*) capital; ~ azionario equity capital, share capital; ~ d'esercizio working capital; ~ fisso capital assets, fixed capital; ~ immobile real estate; ~ liquido cash assets *pl*; ~ mobile movables *pl*; ~ di rischio risk capital; ~ sociale (*di società*) authorized capital; (*di club*) funds *pl*; ~ di ventura venture capital, risk capital.

capita'lismo *sm* capitalism.

capita'lista, i, e *ag*, *sm/f* capitalist.

capitaliz'zare [kapitalid'dzare] *vt* to capitalize.

capitalizzazi'one [kapitaliddzat'tsjone] *sf* capitalization.

capita'nare *vt* to lead; (*CALCIO*) to captain.

capitane'ria *sf*: ~ (di porto) port authorities *pl*.

capi'tano *sm* captain; ~ di lungo corso master mariner; ~ di ventura (*STORIA*) mercenary leader.

capi'tare *vi* (*giungere casualmente*) to happen to go, find o.s.; (*accadere*) to happen; (*presentarsi: cosa*) to turn up,

present itself ♦ *vb impers* to happen; ~ a proposito/bene/male to turn up at the right moment/at a good time/at a bad time; mi è capitato un guaio I've had a spot of trouble.

capi'tello *sm* (*ARCHIT*) capital.

capito'lare *vi* to capitulate.

capitolazi'one [kapitolat'tsjone] *sf* capitulation.

ca'pitolo *sm* chapter; ~i *smpl* (*COMM*) items; non ho voce in ~ (*fig*) I have no say in the matter.

capi'tombolo *sm* headlong fall, tumble.

'capo *sm* (*ANAT*) head; (*persona*) head, leader; (: *in ufficio*) head, boss; (: *in tribù*) chief; (*estremità*: *di tavolo, scale*) head, top; (: *di filo*) end; (*GEO*) cape; andare a ~ to start a new paragraph; "punto a ~" "full stop — new paragraph"; da ~ over again; in ~ a (*tempo*) within; da un ~ all'altro from one end to the other; fra ~ e collo (*all'improvviso*) out of the blue; un discorso senza né ~ né coda a senseless *o* meaningless speech; ~ d'accusa (*DIR*) charge; ~ di bestiame head *inv* of cattle; C~ di Buona Speranza Cape of Good Hope; ~ di vestiario item of clothing.

capo'banda, *pl* capi'banda *sm* (*MUS*) bandmaster; (*di malviventi, fig*) gang leader.

ca'poccia [ka'pɔttʃa] *sm inv* (*di lavoranti*) overseer; (*peg*: *capobanda*) boss.

capo'classe, *pl(m)* capi'classe, *pl(f)* *inv* *sm/f* (*INS*) ≈ form captain (*BRIT*), class president (*US*).

capocu'oco, chi *sm* head cook.

Capo'danno *sm* New Year.

capofa'miglia, *pl(m)* capifa'miglia, *pl(f)* *inv* [kapofa'miʎʎa] *sm/f* head of the family.

capo'fitto: a ~ *av* headfirst, headlong.

capo'giro [kapo'dʒiro] *sm* dizziness *no pl*; da ~ (*fig*) astonishing, staggering.

capo'gruppo, *pl(m)* capi'gruppo, *pl(f)* *inv* *sm/f* group leader.

capola'voro, i *sm* masterpiece.

capo'linea, *pl* capi'linea *sm* terminus; (*fig*) end of the line.

capo'lino *sm*: far ~ to peep out (*o in etc*).

capo'lista, *pl(m)* capi'lista, *pl(f)* *inv* *sm/f* (*POL*) top candidate on electoral list.

capolu'ogo, *pl* ghi *o* capilu'oghi *sm* chief town, administrative centre (*BRIT*) *o* center (*US*).

capo'mastro, *pl* i *o* capi'mastri *sm* master builder.

capo'rale *sm* (*MIL*) lance corporal (*BRIT*), private first class (*US*).

capore'parto, *pl(m)* capire'parto, *pl(f)* *inv*

sm/f (*di operai*) foreman; (*di ufficio, negozio*) head of department.

capo'sala *sf inv* (*MED*) ward sister.

capo'saldo, *pl* **capi'saldi** *sm* stronghold; (*fig: fondamento*) basis, cornerstone.

capo'squadra, *pl* **capi'squadra** *sm* (*di operai*) foreman, ganger; (*MIL*) squad leader; (*SPORT*) team captain.

capostazi'one, *pl* **capistazi'one** [kapostat'tsjone] *sm* station master.

capos'tipite *sm* progenitor; (*fig*) earliest example.

capo'tavola, *pl(m)* **capi'tavola**, *pl(f) inv sm/f* (*persona*) head of the table; **sedere a** ~ to sit at the head of the table.

ca'pote [ka'pɔt] *sf inv* (*AUT*) hood (*BRIT*), soft top.

capo'treno, *pl* **capi'treno** *o* **capo'treni** *sm* guard.

capouf'ficio, *pl(m)* **capiuf'ficio**, *pl(f) inv* [kapouf'fitʃo] *sm/f* head clerk.

'Capo 'Verde *sm*: **il** ~ Cape Verde.

capo'verso *sm* (*di verso, periodo*) first line; (*TIP*) indent; (*paragrafo*) paragraph; (*DIR: comma*) section.

capo'volgere [kapo'vɔldʒere] *vt* to overturn; (*fig*) to reverse; **~rsi** *vr* to overturn; (*barca*) to capsize; (*fig*) to be reversed.

capovolgi'mento [kapovɔldʒi'mento] *sm* (*fig*) reversal, complete change.

capo'volto, a *pp di* **capovolgere ♦** *ag* upside down; (*barca*) capsized.

'cappa *sf* (*mantello*) cape, cloak; (*del camino*) hood.

cap'pella *sf* (*REL*) chapel.

cappel'lano *sm* chaplain.

cap'pello *sm* hat; **ti faccio tanto di** ~! (*fig*) I take my hat off to you!; ~ **a bombetta** bowler (hat), derby (*US*); ~ **a cilindro** top hat.

'cappero *sm* caper.

cap'pone *sm* capon.

cappot'tare *vi* (*AUT*) to overturn.

cap'potto *sm* (over)coat.

cappuc'cino [kapput'tʃino] *sm* (*frate*) Capuchin monk; (*bevanda*) frothy white coffee.

cap'puccio [kap'puttʃo] *sm* (*copricapo*) hood; (*della biro*) cap.

'capra *sf* (she-)goat.

ca'prese *ag* from (*o* of) Capri.

ca'pretto *sm* kid.

ca'priccio [ka'prittʃo] *sm* caprice, whim; (*bizza*) tantrum; **fare i** ~**i** to be very naughty; ~ **della sorte** quirk of fate.

capricci'oso, a [kaprit'tʃoso] *ag* capricious, whimsical; naughty.

Capri'corno *sm* Capricorn; **essere del** ~ (*dello zodiaco*) to be Capricorn.

capri'foglio [kapri'fɔʎʎo] *sm* honeysuckle.

capri'ola *sf* somersault.

capri'olo *sm* roe deer.

'capro *sm* billy-goat; ~ **espiatorio** (*fig*) scapegoat.

ca'prone *sm* billy-goat.

'capsula *sf* capsule; (*di arma, per bottiglie*) cap.

cap'tare *vt* (*RADIO, TV*) to pick up; (*cattivarsi*) to gain, win.

CAR *sigla m* = *Centro Addestramento Reclute*.

cara'bina *sf* rifle.

carabini'ere *sm member of Italian military police force.*

Originally part of the armed forces, the **Carabinieri** *are police who now perform both military and civil duties such as maintaining public order. They consist of, among other things, paratroop units and mounted divisions and come under the control of either the Minister of the Interior or the Minister of Defence, depending on the function they are performing.*

Ca'racas *sf* Caracas.

ca'raffa *sf* carafe.

Ca'raibi *smpl*: **il mar dei** ~ the Caribbean (Sea).

cara'ibico, a, ci, che *ag* Caribbean.

cara'mella *sf* sweet.

cara'mello *sm* caramel.

ca'rato *sm* (*di oro, diamante etc*) carat.

ca'rattere *sm* character; (*caratteristica*) characteristic, trait; **avere un buon** ~ to be good-natured; **informazione di** ~ **tecnico/confidenziale** information of a technical/confidential nature; **essere in** ~ **con qc** (*intonarsi*) to be in harmony with sth.

caratte'rino *sm* difficult nature *o* character.

caratte'ristico, a, ci, che *ag* characteristic **♦** *sf* characteristic, feature; **segni** ~**ci** (*su passaporto etc*) distinguishing marks.

caratteriz'zare [karatterid'dzare] *vt* to characterize, distinguish.

carboi'drato *sm* carbohydrate.

carbo'naio *sm* (*chi fa carbone*) charcoal-burner; (*commerciante*) coalman, coal merchant.

car'bone *sm* coal; ~ **fossile** (pit) coal; **essere** *o* **stare sui** ~**i ardenti** to be like a cat on hot bricks.

car'bonio *sm* (*CHIM*) carbon.

carboniz'zare [karbonid'dzare] *vt* (*legna*) to carbonize; (: *parzialmente*) to char; **morire carbonizzato** to be burned to death.

carbu'rante *sm* (motor) fuel.

carbura'tore *sm* carburettor.

car'cassa *sf* carcass; (*fig: peg: macchina etc*) (old) wreck.

carce'rato, a [kartʃe'rato] *sm/f* prisoner.

'carcere ['kartʃere] *sm* prison; (*pena*) imprisonment; ~ **di massima sicurezza** top-security prison.

carceri'ere, a [kartʃe'rjɛre] *sm/f* (*anche fig*) jailer.

carci'ofo [kar'tʃɔfo] *sm* artichoke.

cardel'lino *sm* goldfinch.

car'diaco, a, ci, che *ag* cardiac, heart *cpd*.

cardi'nale *ag, sm* cardinal.

'cardine *sm* hinge.

cardiolo'gia [kardjolo'dʒia] *sf* cardiology.

cardi'ologo, gi *sm* heart specialist, cardiologist.

'cardo *sm* thistle.

ca'rente *ag*: ~ **di** lacking in.

ca'renza [ka'rɛntsa] *sf* lack, scarcity; (*vitaminica*) deficiency.

cares'tia *sf* famine; (*penuria*) scarcity, dearth.

ca'rezza [ka'rettsa] *sf* caress; **dare** *o* **fare una** ~ **a** (*persona*) to caress; (*animale*) to stroke, pat.

carez'zare [karet'tsare] *vt* to caress, stroke, fondle.

carez'zevole [karet'tsevole] *ag* sweet, endearing.

'cargo, ghi *sm* (*nave*) cargo boat, freighter; (*aereo*) freighter.

cari'are *vt*, ~**rsi** *vr* (*denti*) to decay.

'carica *sf vedi* **carico**.

caricabatte'rie *sm inv* (*ELETTR*) battery charger.

cari'care *vt* to load; (*aggravare: anche fig*) to weigh down; (*orologio*) to wind up; (*batteria, MIL*) to charge; (*INFORM*) to load; ~**rsi** *vr*: ~**rsi di** to burden *o* load o.s. with; (*fig: di responsabilità, impegni*) to burden o.s. with.

carica'tura *sf* caricature.

'carico, a, chi, che *ag* (*che porta un peso*): ~ **di** loaded *o* laden with; (*fucile*) loaded; (*orologio*) wound up; (*batteria*) charged; (*colore*) deep; (*caffè, tè*) strong ♦ *sm* (*il caricare*) loading; (*ciò che si carica*) load; (*COMM*) shipment; (*fig: peso*) burden, weight ♦ *sf* (*mansione ufficiale*) office, position; (*MIL, TECN, ELETTR*) charge; ~ **di debiti** up to one's ears in debt; **persona a** ~ dependent; **essere a** ~ **di qn** (*spese etc*) to be charged to sb; (*accusa, prova*) to be

against sb; **testimone a** ~ witness for the prosecution; **farsi** ~ **di** (*problema, responsabilità*) to take on; **a** ~ **del cliente** at the customer's expense; ~ **di lavoro** (*di ditta, reparto*) workload; ~ **utile** payload; **capacità di** ~ cargo capacity; **entrare/essere in** ~**a** to come into/be in office; **ricoprire** *o* **rivestire una** ~**a** to hold a position; **uscire di** ~**a** to leave office; **dare la** ~**a a** (*orologio*) to wind up; (*fig: persona*) to back up; **tornare alla** ~**a** (*fig*) to insist, persist; **ha una forte** ~**a di simpatia** he's very likeable.

'carie *sf* (*dentaria*) decay.

ca'rino, a *ag* lovely, pretty, nice; (*simpatico*) nice.

ca'risma [ka'rizma] *sm* charisma.

caris'matico, a, ci, che *ag* charismatic.

carità *sf* charity; **per** ~! (*escl di rifiuto*) good heavens, no!

carita'tevole *ag* charitable.

carnagi'one [karna'dʒone] *sf* complexion.

car'nale *ag* (*amore*) carnal; (*fratello*) blood *cpd*.

'carne *sf* flesh; (*bovina, ovina etc*) meat; **in** ~ **e ossa** in the flesh, in person; **essere (bene) in** ~ to be well padded, be plump; **non essere né** ~ **né pesce** (*fig*) to be neither fish nor fowl; ~ **di manzo/maiale/pecora** beef/pork/mutton; ~ **in scatola** tinned *o* canned meat; ~ **tritata** mince (*BRIT*), hamburger meat (*US*), minced (*BRIT*) *o* ground (*US*) meat.

car'nefice [kar'nefitʃe] *sm* executioner; hangman.

carnefi'cina [karnefi'tʃina] *sf* carnage; (*fig*) disaster.

carne'vale *sm* carnival.

Carnevale is the period between Epiphany (*Jan. 6th*) and the beginning of Lent when many festivities take place. It is marked by parties, processions of floats, bonfires in the piazze and people dressing up and wearing masks. It reaches its peak in the period immediately before Lent, culminating in the festivities of **Martedì grasso** (*Shrove Tuesday*).

---

car'nivoro, a *ag* carnivorous.

car'noso, a *ag* fleshy; (*pianta, frutto, radice*) pulpy; (*labbra*) full.

'caro, a *ag* (*amato*) dear; (*costoso*) dear, expensive; **se ti è** ~**a la vita** if you value your life.

ca'rogna [ka'roɲɲa] *sf* carrion; (*fig fam*) swine.

caro'sello *sm* merry-go-round.

ca'rota *sf* carrot.

caro'vana *sf* caravan.

caro'vita *sm* high cost of living.

'carpa *sf* carp.

Car'pazi [kar'patsi] *smpl*: i ~ the Carpathian Mountains.

carpente'ria *sf* carpentry.

carpenti'ere *sm* carpenter.

car'pire *vt*: ~ qc a qn (*segreto etc*) to get sth out of sb.

car'poni *av* on all fours.

car'rabile *ag* suitable for vehicles; "passo ~" "keep clear".

car'raio, a *ag*: passo ~ vehicle entrance.

carré *sm* (*acconciatura*) bob.

carreggi'ata [karred'dʒata] *sf* carriageway (*BRIT*), roadway; (*fig: recuperare*) to catch up; tenersi in ~ (*fig*) to keep to the right path.

carrel'lata *sf* (*CINE, TV: tecnica*) tracking; (: *scena*) running shot; ~ di successi medley of hit tunes.

car'rello *sm* trolley; (*AER*) undercarriage; (*CINE*) dolly; (*di macchina da scrivere*) carriage.

car'retta *sf*: tirare la ~ (*fig*) to plod along.

car'retto *sm* handcart.

carri'era *sf* career; fare ~ to get on; ufficiale di ~ (*MIL*) regular officer; a gran ~ at full speed.

carri'ola *sf* wheelbarrow.

'carro *sm* cart, wagon; il Gran/Piccolo C~ (*ASTR*) the Great/Little Bear; mettere il ~ avanti ai buoi (*fig*) to put the cart before the horse; ~ armato tank; ~ attrezzi (*AUT*) breakdown van (*BRIT*), tow truck (*US*); ~ funebre hearse; ~ merci/bestiame (*FERR*) goods/animal wagon.

car'roccio [kar'rɔtʃo] *sm* (*POL*): il C~ symbol of Lega Nord.

car'rozza [kar'rɔttsa] *sf* carriage, coach; ~ letto (*FERR*) sleeper; ~ ristorante (*FERR*) dining car.

carroz'zella [karrot'tsɛlla] *sf* (*per bambini*) pram (*BRIT*), baby carriage (*US*); (*per invalidi*) wheelchair.

carrozze'ria [karrottse'ria] *sf* body, coachwork (*BRIT*); (*officina*) coachbuilder's workshop (*BRIT*), body shop.

carrozzi'ere [karrot'tsjɛre] *sm* (*AUT*: *progettista*) car designer; (: *meccanico*) coachbuilder.

carroz'zina [karrot'tsina] *sf* pram (*BRIT*), baby carriage (*US*).

carroz'zone [karrot'tsone] *sm* (*da circo, di zingari*) caravan.

car'rucola *sf* pulley.

'carta *sf* paper; (*al ristorante*) menu; (*GEO*) map; plan; (*documento, da gioco*) card; (*costituzione*) charter; ~e *sfpl* (*documenti*) papers, documents; alla ~ (*al ristorante*) à la carte; cambiare le ~e in tavola (*fig*) to shift one's ground; fare ~e false (*fig*) to go to great lengths; ~ assegni bank card; ~ assorbente blotting paper; ~ bollata o da bollo (*AMM*) official stamped paper; ~ di credito credit card; ~ di debito cash card; ~ (geografica) map; ~ d'identità identity card; ~ igienica toilet paper; ~ d'imbarco (*AER, NAUT*) boarding card, boarding pass; ~ da lettere writing paper; ~ libera (*AMM*) unstamped paper; ~ millimetrata graph paper; ~ oleata waxed paper; ~ da pacchi, ~ da imballo wrapping paper, brown paper; ~ da parati wallpaper; ~ verde (*AUT*) green card; ~ vetrata sandpaper; ~ da visita visiting card.

cartacar'bone, *pl* cartecar'bone *sf* carbon paper.

car'taccia, ce [kar'tattʃa] *sf* waste paper.

cartamo'dello *sm* (*CUCITO*) paper pattern.

cartamo'neta *sf* paper money.

carta'pecora *sf* parchment.

carta'pesta *sf* papier-mâché.

cartas'traccia [kartas'trattʃa] *sf* waste paper.

car'teggio [kar'teddʒo] *sm* correspondence.

car'tella *sf* (*scheda*) card; (*custodia: di cartone*) folder; (: *di uomo d'affari etc*) briefcase; (: *di scolaro*) schoolbag, satchel; ~ clinica (*MED*) case sheet.

cartel'lino *sm* (*etichetta*) label; (*su porta*) notice; (*scheda*) card; timbrare il ~ (*all'entrata*) to clock in; (*all'uscita*) to clock out; ~ di presenza clock card, timecard.

car'tello *sm* sign; (*pubblicitario*) poster; (*stradale*) sign, signpost; (*in dimostrazioni*) placard; (*ECON*) cartel.

cartel'lone *sm* (*pubblicitario*) advertising poster; (*della tombola*) scoring frame; (*TEAT*) playbill; tenere il ~ (*spettacolo*) to have a long run.

carti'era *sf* paper mill.

carti'lagine [karti'ladʒine] *sf* cartilage.

car'tina *sf* (*AUT, GEO*) map.

car'toccio [kar'tɔttʃo] *sm* paper bag; cuocere al ~ (*CUC*) to bake in tinfoil.

cartogra'fia *sf* cartography.

carto'laio, a *sm/f* stationer.

cartole'ria *sf* stationer's (shop (*BRIT*)).

carto'lina *sf* postcard; ~ di auguri greetings card; ~ precetto o rosa (*MIL*) call-up card.

carto'mante *sm/f* fortune-teller (using

cards).

carton'cino [karton'tʃino] *sm* (*materiale*)
thin cardboard; (*biglietto*) card; ~ **della
società** compliments slip.

car'tone *sm* cardboard; (*del latte,
dell'aranciata*) carton; (*ARTE*) cartoon; ~**i
animati** (*CINE*) cartoons.

car'tuccia, ce [kar'tuttʃa] *sf* cartridge; ~ **a
salve** blank cartridge; **mezza** ~ (*fig:
persona*) good-for-nothing.

'casa *sf* house; (*specialmente la propria* ~)
home; (*COMM*) firm, house; **essere a** ~ to
be at home; **vado a** ~ **mia/tua** I'm going
home/to your house; ~ **di correzione** ≈
community home (*BRIT*), reformatory
(*US*); ~ **di cura** nursing home; ~ **editrice**
publishing house; ~ **dello studente**
student hostel; ~ **di tolleranza, ~
d'appuntamenti** brothel; ~**e popolari** ≈
council houses (*o flats*) (*BRIT*), ≈ public
housing units (*US*).

Casa'blanca *sf* Casablanca.

ca'sacca, che *sf* military coat; (*di fantino*)
blouse.

ca'sale *sm* (*gruppo di case*) hamlet; (*casa di
campagna*) farmhouse.

casa'lingo, a, ghi, ghe *ag* household,
domestic; (*fatto a casa*) home-made;
(*semplice*) homely; (*amante della casa*)
home-loving ♦ *sf* housewife; ~**ghi** *smpl*
(*oggetti*) household articles; **cucina** ~**a**
plain home cooking.

ca'sata *sf* family lineage.

ca'sato *sm* family name.

Casc. *abbr* (*GEO*) = **cascata.**

casca'morto *sm* woman-chaser; **fare il** ~ to
chase women.

cas'care *vi* to fall; ~ **bene/male** (*fig*) to
land lucky/unlucky; ~ **dalle nuvole** (*fig*)
to be taken aback; ~ **dal sonno** to be
falling asleep on one's feet; **caschi il
mondo** no matter what; **non cascherà il
mondo se** ... it won't be the end of the
world if ....

cas'cata *sf* fall; (*d'acqua*) cascade,
waterfall.

cascherò *etc* [kaske'rɔ] *vb vedi* **cascare.**

ca'scina [kaʃ'ʃina] *sf* farmstead.

casci'nale [kaʃʃi'nale] *sm* (*casolare*)
farmhouse; (*cascina*) farmstead.

'casco, schi *sm* helmet; (*del parrucchiere*)
hair-dryer; (*di banane*) bunch; ~ **blu** (*MIL*)
blue helmet (*UN soldier*).

caseggi'ato [kased'dʒato] *sm* (*edificio*) large
block of flats (*BRIT*) *o* apartment building
(*US*); (*gruppo di case*) group of houses.

casei'ficio [kazei'fitʃo] *sm* creamery.

ca'sella *sf* pigeonhole; ~ **postale** (*C.P.*) post

office box (*P.O. box*).

casel'lario *sm* (*mobile*) filing cabinet;
(*raccolta di pratiche*) files *pl*; ~ **giudiziale**
court records *pl*; ~ **penale** police files *pl*.

ca'sello *sm* (*di autostrada*) tollgate.

case'reccio, a, ci, ce [kase'rettʃo] *ag*
home-made.

ca'serma *sf* barracks *pl*.

caser'tano, a *ag* of (*o* from) Caserta.

ca'sino *sm* (*confusione*) row, racket; (*casa di
prostituzione*) brothel.

casinò *sm inv* casino.

ca'sistica *sf* (*MED*) record of cases;
secondo la ~ **degli incidenti stradali**
according to road accident data.

'caso *sm* chance; (*fatto, vicenda*) event,
incident; (*possibilità*) possibility; (*MED,
LING*) case; **a** ~ at random; **per** ~ by
chance, by accident; **in ogni** ~, **in tutti i**
~**i** in any case, at any rate; **in** ~ **contrario**
otherwise; **al** ~ should the opportunity
arise; **nel** ~ **che** in case; ~ **mai** if by
chance; **far** ~ **a qc/qn** to pay attention to
sth/sb; **fare** *o* **porre** *o* **mettere il** ~ **che** to
suppose that; **fa proprio al** ~ **nostro** it's
just what we need; **guarda** ~ ... strangely
enough ...; **è il** ~ **che ce ne andiamo** we'd
better go; ~ **limite** borderline case.

caso'lare *sm* cottage.

'Caspio *sm:* **il mar** ~ the Caspian Sea.

'caspita *escl* (*di sorpresa*) good heavens!; (*di
impazienza*) for goodness' sake!

'cassa *sf* case, crate, box; (*bara*) coffin;
(*mobile*) chest; (*involucro: di orologio etc*)
case; (*macchina*) cash register; (*luogo di
pagamento*) cash desk, checkout
(*counter*); (*fondo*) fund; (*istituto bancario*)
bank; **battere** ~ (*fig*) to come looking for
money; ~ **automatica prelievi** automatic
telling machine, cash dispenser; ~
continua night safe; **mettere in** ~
integrazione ≈ to lay off; **C**~ **del
Mezzogiorno** *development fund for the
South of Italy*; ~ **mutua** *o* **malattia** health
insurance scheme; ~ **di risonanza** (*MUS*)
soundbox; (*fig*) platform; ~ **di risparmio**
savings bank; ~ **rurale e artigiana** credit
institution (*serving farmers and craftsmen*);
~ **toracica** (*ANAT*) chest.

cassa'forte, *pl* **casse'forti** *sf* safe.

cassa'panca, *pl* **cassa'panche** *o*
casse'panche *sf* settle.

casseru'ola, casse'rola *sf* saucepan.

cas'setta *sf* box; (*per registratore*) cassette;
(*CINE, TEAT*) box-office takings *pl*; **pane a** *o*
in ~ toasting loaf; **film di** ~ (*commerciale*)
box-office draw; **far** ~ to be a box-office
success; ~ **delle lettere** letterbox; ~ **di**

sicurezza strongbox.
cas'setto *sm* drawer.
casset'tone *sm* chest of drawers.
cassi'ere, a *sm/f* cashier; (*di banca*) teller.
cassinte'grato, a *sm/f person who has been laid off.*
cas'sone *sm* (*cassa*) large case, large chest.
'casta *sf* caste.
cas'tagna [kas'taɲɲa] *sf* chestnut; **prendere qn in ~** (*fig*) to catch sb in the act.
cas'tagno [kas'taɲɲo] *sm* chestnut (tree).
cas'tano, a *ag* chestnut (brown).
cas'tello *sm* castle; (*TECN*) scaffolding.
casti'gare *vt* to punish.
casti'gato, a *ag* (*casto, modesto*) pure, chaste; (*emendato: prosa, versione*) expurgated, amended.
cas'tigo, ghi *sm* punishment.
castità *sf* chastity.
'casto, a *ag* chaste, pure.
cas'toro *sm* beaver.
cas'trante *ag* frustrating.
cas'trare *vt* to castrate; to geld; to doctor (*BRIT*), fix (*US*); (*fig: iniziativa*) to frustrate.
castrone'ria *sf* (*fam*): **dire ~e** to talk rubbish.
casu'ale *ag* chance *cpd.*
ca'supola *sf* simple little cottage.
catac'lisma, i *sm* (*fig*) catastrophe.
cata'comba *sf* catacomb.
cata'fascio [kata'faʃʃo] *sm*: **andare a ~** to collapse; **mandare a ~** to wreck.
cata'litico, a, ci, che *ag*: **marmitta ~a** (*AUT*) catalytic converter.
cataliz'zare [katalid'dzare] *vt* (*fig*) to act as a catalyst (up)on.
cataliz'zato, a [katalid'dzato] *ag* (*AUT*) with catalytic converter.
catalizza'tore [kataliddza'tore] *sm* (*anche fig*) catalyst; (*AUT*) catalytic converter.
Cata'logna [kata'loɲɲa] *sf*: **la ~** Catalonia.
ca'talogo, ghi *sm* catalogue; **~ dei prezzi** price list.
cata'nese *ag* of (*o from*) Catania.
catanza'rese [katandza'rese] *ag* of (*o from*) Catanzaro.
cata'pecchia [kata'pekkja] *sf* hovel.
cata'pulta *sf* catapult.
catarifran'gente [katarifran'dʒɛnte] *sm* (*AUT*) reflector.
ca'tarro *sm* catarrh.
ca'tarsi *sf inv* catharsis.
ca'tasta *sf* stack, pile.
ca'tasto *sm* land register; land registry office.
ca'tastrofe *sf* catastrophe, disaster.
catas'trofico, a, ci, che *ag* (*evento*)

catastrophic; (*persona, previsione*) pessimistic.
cate'chismo [kate'kizmo] *sm* catechism.
catego'ria *sf* category; (*di albergo*) class.
cate'gorico, a, ci, che *ag* categorical.
ca'tena *sf* chain; **reazione a ~** chain reaction; **susseguirsi a ~** to happen in quick succession; **~ alimentare** food chain; **~ di montaggio** assembly line; **~ montuosa** mountain range; **~e da neve** (*AUT*) snow chains.
cate'naccio [kate'nattʃo] *sm* bolt.
cate'nella *sf* (*ornamento*) chain; (*di orologio*) watch chain; (*di porta*) door chain.
cate'ratta *sf* cataract; (*chiusa*) sluice gate.
ca'terva *sf* (*di cose*) loads *pl*, heaps *pl*; (*di persone*) horde.
cate'tere *sm* (*MED*) catheter.
cati'nella *sf*: **piovere a ~e** to pour, rain cats and dogs.
ca'tino *sm* basin.
ca'todico, a, ci, che *ag*: **tubo a raggi ~ci** cathode-ray tube.
ca'torcio [ka'tɔrtʃo] *sm* (*peg*) old wreck.
ca'trame *sm* tar.
'cattedra *sf* teacher's desk; (*di università*) chair; **salire o montare in ~** (*fig*) to pontificate.
catte'drale *sf* cathedral.
catte'dratico, a, ci, che *ag* (*insegnamento*) university *cpd*; (*ironico*) pedantic ♦ *sm/f* professor.
catti'veria *sf* (*qualità*) wickedness; (*di bambino*) naughtiness; (*azione*) wicked action; **fare una ~** to do something wicked; to be naughty.
cattività *sf* captivity.
cat'tivo, a *ag* bad; (*malvagio*) bad, wicked; (*turbolento: bambino*) bad, naughty; (: *mare*) rough; (*odore, sapore*) nasty, bad ♦ *sm/f* bad *o* wicked person; **farsi ~ sangue** to worry, get in a state; **farsi un ~ nome** to earn o.s. a bad reputation; **i ~i** (*nei film*) the baddies (*BRIT*), the bad guys (*US*).
cattocomu'nista, i, e *ag* combining Catholic and communist ideas.
cattoli'cesimo [kattoli'tʃezimo] *sm* Catholicism.
cat'tolico, a, ci, che *ag*, *sm/f* (Roman) Catholic.
cat'tura *sf* capture.
cattu'rare *vt* to capture.
cau'casico, a, ci, che *ag*, *sm/f* Caucasian.
'Caucaso *sm*: **il ~** the Caucasus.
caucciù [kaut'tʃu] *sm* rubber.
'causa *sf* cause; (*DIR*) lawsuit, case, action;

a ~ di because of; **per ~ sua** because of him; **fare** *o* **muovere ~ a qn** to take legal action against sb; **parte in ~** litigant.

cau'sale *ag* (LING) causal ♦ *sf* cause, reason.

cau'sare *vt* to cause.

'caustico, a, ci, che *ag* caustic.

cau'tela *sf* caution, prudence.

caute'lare *vt* to protect; **~rsi** *vr*: **~rsi (da** *o* **contro)** to take precautions (against).

'cauto, a *ag* cautious, prudent.

cauzio'nare [kauttsjo'nare] *vt* to guarantee.

cauzi'one [kaut'tsjone] *sf* security; (DIR) bail; **rilasciare dietro ~** to release on bail.

cav. *abbr* = **cavaliere**.

'cava *sf* quarry.

caval'care *vt* (cavallo) to ride; (muro) to sit astride; (sog: ponte) to span.

caval'cata *sf* ride; (gruppo di persone) riding party.

cavalca'via *sm inv* flyover.

cavalci'oni [kaval'tʃoni]: **a ~ di** *prep* astride.

cavali'ere *sm* rider; (feudale, titolo) knight; (soldato) cavalryman; (al ballo) partner.

cavalleg'gero [kavalled'dʒɛro] *sm* (MIL) light cavalryman.

cavalle'resco, a, schi, sche *ag* chivalrous.

cavalle'ria *sf* chivalry; (milizia a cavallo) cavalry.

cavalle'rizzo, a [kavalle'rittso] *sm/f* riding instructor; circus rider.

caval'letta *sf* grasshopper; (dannosa) locust.

caval'letto *sm* (FOT) tripod; (da pittore) easel.

caval'lina *sf* (GINNASTICA) horse; (gioco) leap-frog; **correre la ~** (fig) to sow one's wild oats.

ca'vallo *sm* horse; (SCACCHI) knight; (AUT: anche: **~ vapore**) horsepower; (dei pantaloni) crotch; **a ~** on horseback; **a ~ di** astride, straddling; **siamo a ~** (fig) we've made it; **da ~** (fig: dose) drastic; (: febbre) raging; **vivere a ~ tra due periodi** to straddle two periods; **~ di battaglia** (TEAT) tour de force; (fig) hobbyhorse; **~ da corsa** racehorse; **~ a dondolo** rocking horse; **~ da sella** saddle horse; **~ da soma** packhorse.

ca'vare *vt* (togliere) to draw out, extract, take out; (: giacca, scarpe) to take off; (: fame, sete, voglia) to satisfy; **~rsi** *vr*: **~rsi da** (guai, problemi) to get out of; **cavarsela** to get away with it; to manage, get on all right; **non ci caverà un bel nulla** you'll get nothing out of it (o him etc).

cava'tappi *sm inv* corkscrew.

ca'verna *sf* cave.

caver'noso, a *ag* (luogo) cavernous; (fig: voce) deep; (: tosse) raucous.

ca'vezza [ka'vettsa] *sf* halter.

'cavia *sf* guinea pig.

cavi'ale *sm* caviar.

ca'viglia [ka'viʎʎa] *sf* ankle.

cavil'lare *vi* to quibble.

ca'villo *sm* quibble.

cavil'loso, a *ag* quibbling, hair-splitting.

cavità *sf inv* cavity.

'cavo, a *ag* hollow ♦ *sm* (ANAT) cavity; (grossa corda) rope, cable; (ELETTR, TEL) cable.

cavo'lata *sf* (fam) stupid thing, foolish thing.

cavolfi'ore *sm* cauliflower.

'cavolo *sm* cabbage; **non m'importa un ~** (fam) I don't give a hoot; **che ~ vuoi?** (fam) what the heck do you want?; **~ di Bruxelles** Brussels sprout.

caz'zata [kat'tsata] *sf* (fam!: stupidaggine) stupid thing, something stupid.

'cazzo ['kattso] *sm* (fam!: pene) prick (!); **non gliene importa un ~** (fig fam!) he doesn't give a damn about it; **fatti i ~i tuoi** (fig fam!) mind your own damn business.

caz'zotto [kat'tsɔtto] *sm* punch; **fare a ~i** to have a punch-up.

cazzu'ola [kat'tswɔla] *sf* trowel.

CB *sigla* = **Campobasso**.

CC *abbr* = **Carabinieri**.

cc *abbr* (= centimetro cubico) cc.

C.C. *abbr* = **codice civile**.

c.c. *abbr* (= conto corrente) c/a, a/c; (ELETTR) *vedi* **corrente continua**.

c/c *abbr* (= conto corrente) c/a, a/c.

C.C.D. *sigla m* (POL = Centro Cristiano Democratico) party originating from Democrazia Cristiana.

CCI *sigla f* (= Camera di Commercio Internazionale) ICC (= International Chamber of Commerce).

CCIAA *abbr* = Camera di Commercio Industria, Agricoltura e Artigianato.

CCT *sigla m vedi* **certificato di credito del Tesoro**.

C.D. *abbr* (= Corpo Diplomatico) CD ♦ *sm inv* (= compact disc) CD.

c.d. *abbr* = **cosiddetto**.

c.d.d. *abbr* (= come dovevasi dimostrare) QED (= quod erat demonstrandum).

C.d.M. *abbr* = **Cassa del Mezzogiorno**.

CD-Rom [tʃidi'rɔm] *sigla m inv* (= Compact Disc Read Only Memory) CD-Rom.

CE *sigla* = **Caserta**.

ce [tʃe] *pron, av vedi* **ci**.

C.E. *sigla* = **Consiglio d'Europa**.

CECA *sigla f* (= *Comunità Europea del Carbone e dell'Acciaio*) ECSC (= *European Coal and Steel Community*).

cec'chino [tʃek'kino] *sm* sniper; (*POL*) *member of parliament who votes against his own party.*

'cece ['tʃetʃe] *sm* chickpea, garbanzo (*US*).

cecità [tʃetʃi'ta] *sf* blindness.

'ceco, a, chi, che ['tʃɛko] *ag, sm/f, sm* Czech; **la Repubblica C~a** the Czech Republic.

Cecoslo'vacchia [tʃekozlo'vakkja] *sf*: **la ~** Czechoslovakia.

cecoslo'vacco, a, chi, che [tʃekozlo'vakko] *ag, sm/f* Czechoslovakian.

CED [tʃɛd] *sigla m* = **centro elaborazione dati.**

'cedere ['tʃɛdere] *vt* (*concedere: posto*) to give up; (*DIR*) to transfer, make over ♦ *vi* (*cadere*) to give way, subside; ~ **(a)** to surrender (to), yield (to), give in (to); ~ **il passo (a qn)** to let (sb) pass in front; ~ **il passo a qc** (*fig*) to give way to sth; ~ **la parola (a qn)** to hand over (to sb).

ce'devole [tʃe'devole] *ag* (*terreno*) soft; (*fig*) yielding.

'cedola ['tʃɛdola] *sf* (*COMM*) coupon; voucher.

ce'drata [tʃe'drata] *sf* citron juice.

'cedro ['tʃɛdro] *sm* cedar; (*albero da frutto, frutto*) citron.

'CEE ['tʃɛe] *sigla f vedi* **Comunità Economica Europea.**

'ceffo ['tʃɛffo] *sm* (*peg*) ugly mug.

cef'fone [tʃef'fone] *sm* slap, smack.

'ceko, a ['tʃɛko] *ag, sm/f, sm* = **ceco.**

ce'lare [tʃe'lare] *vt* to conceal; ~**rsi** *vr* to hide.

cele'brare [tʃele'brare] *vt* to celebrate; (*cerimonia*) to hold; ~ **le lodi di qc/qn** to sing the praises of sth/sb.

celebrazi'one [tʃelebrat'tsjone] *sf* celebration.

'celebre ['tʃɛlebre] *ag* famous, celebrated.

celebrità [tʃelebri'ta] *sf inv* fame; (*persona*) celebrity.

'celere ['tʃelere] *ag* fast, swift; (*corso*) crash *cpd* ♦ *sf* (*POLIZIA*) riot police.

ce'leste [tʃe'lɛste] *ag* celestial; heavenly; (*colore*) sky-blue.

'celia [tʃɛlja] *sf* joke; **per ~** for a joke.

celi'bato [tʃeli'bato] *sm* celibacy.

'celibe ['tʃɛlibe] *ag* single, unmarried ♦ *sm* bachelor.

'cella ['tʃɛlla] *sf* cell; ~ **di rigore** punishment cell.

cello'phane ® [sɛlo'fan] *sm* cellophane ®.

'cellula ['tʃɛllula] *sf* (*BIOL, ELETTR, POL*) cell.

cellu'lare [tʃellu'lare] *ag* cellular ♦ *sm*

(*furgone*) police van; (*telefono*) cellphone; **segregazione ~** (*DIR*) solitary confinement.

cellu'lite [tʃellu'lite] *sf* cellulitis.

'celta ['tʃɛlta] *sm/f* Celt.

'celtico, a, ci, che ['tʃɛltiko] *ag, sm* Celtic.

'cembalo ['tʃembalo] *sm* (*MUS*) harpsichord.

cemen'tare [tʃemen'tare] *vt* (*anche fig*) to cement.

ce'mento [tʃe'mento] *sm* cement; ~ **armato** reinforced concrete.

'cena ['tʃena] *sf* dinner; (*leggera*) supper.

ce'nacolo [tʃe'nakolo] *sm* (*circolo*) coterie, circle; (*REL, dipinto*) Last Supper.

ce'nare [tʃe'nare] *vi* to dine, have dinner.

'cencio ['tʃentʃo] *sm* piece of cloth, rag; (*per spolverare*) duster; **essere bianco come un ~** to be as white as a sheet.

'cenere ['tʃenere] *sf* ash.

Cene'rentola [tʃene'rɛntola] *sf* (*anche fig*) Cinderella.

'cenno ['tʃenno] *sm* (*segno*) sign, signal; (*gesto*) gesture; (*col capo*) nod; (*con la mano*) wave; (*allusione*) hint, mention; (*breve esposizione*) short account; **far ~ di si/no** to nod (one's head)/shake one's head; ~ **d'intesa** sign of agreement; ~**i di storia dell'arte** an outline of the history of art.

censi'mento [tʃensi'mento] *sm* census.

cen'sire [tʃen'sire] *vt* to take a census of.

'CENSIS ['tʃensis] *sigla m* (= *Centro Studi Investimenti Sociali*) *independent institute carrying out research on Italy's social and cultural welfare.*

cen'sore [tʃen'sore] *sm* censor.

cen'sura [tʃen'sura] *sf* censorship; censor's office; (*fig*) censure.

censu'rare [tʃensu'rare] *vt* to censor; to censure.

cent. *abbr* = **centesimo.**

centelli'nare [tʃentelli'nare] *vt* to sip; (*fig*) to savour (*BRIT*), savor (*US*).

cente'nario, a [tʃente'narjo] *ag* (*che ha cento anni*) hundred-year-old; (*che ricorre ogni cento anni*) centennial, centenary *cpd* ♦ *sm/f* centenarian ♦ *sm* centenary.

cen'tesimo, a [tʃen'tezimo] *ag, sm* hundredth; **essere senza un ~** to be penniless.

cen'tigrado, a [tʃen'tigrado] *ag* centigrade; **20 gradi ~i** 20 degrees centigrade.

cen'tilitro [tʃen'tilitro] *sm* centilitre.

cen'timetro [tʃen'timetro] *sm* centimetre (*BRIT*), centimeter (*US*); (*nastro*) measuring tape (*in centimetres*).

centi'naio, *pl(f)* **-aia** [tʃenti'najo] *sm*: **un ~**

(di) a hundred; about a hundred.

'cento ['tʃɛnto] *num* a hundred, one hundred; **per** ~ per cent; **al** ~ **per** ~ a hundred per cent; ~ **di questi giorni!** many happy returns (of the day)!

centodi'eci [tʃɛnto'djɛtʃi] *num* one hundred and ten; ~ **e lode** (*UNIVERSITÀ*) ≈ first-class honours.

cento'mila [tʃɛnto'mila] *num* a o one hundred thousand; **te l'ho detto** ~ **volte** (*fig*) I've told you a thousand times.

Cen'trafrica [tʃen'trafrika] *sm*: **il** ~ the Central African Republic.

cen'trale [tʃen'trale] *ag* central ♦ *sf*: ~ **elettrica** electric power station; ~ **del latte** dairy; ~ **di polizia** police headquarters *pl*; ~ **telefonica** (telephone) exchange; **sede** ~ head office.

centrali'nista [tʃentrali'nista] *sm/f* operator.

centra'lino [tʃentra'lino] *sm* (telephone) exchange; (*di albergo etc*) switchboard.

centraliz'zare [tʃentralid'dzare] *vt* to centralize.

cen'trare [tʃen'trare] *vt* to hit the centre (*BRIT*) o center (*US*) of; (*TECN*) to centre; ~ **una risposta** to get the right answer; **ha centrato il problema** you've hit the nail on the head.

centra'vanti [tʃentra'vanti] *sm inv* centre forward.

cen'trifuga [tʃen'trifuga] *sf* spin-dryer.

centrifu'gare [tʃentrifu'gare] *vt* (*TECN*) to centrifuge; (*biancheria*) to spin-dry.

'centro ['tʃɛntro] *sm* centre (*BRIT*), center (*US*); **fare** ~ to hit the bull's eye; (*CALCIO*) to score; (*fig*) to hit the nail on the head; ~ **balneare** seaside resort; ~ **commerciale** shopping centre; (*città*) commercial centre; ~ **di costo** cost centre; ~ **elaborazione dati** data-processing unit; ~ **ospedaliero** hospital complex; ~ **sociale** community centre; ~**i vitali** (*anche fig*) vital organs.

centromedi'ano [tʃentrome'djano] *sm* (*CALCIO*) centre half.

'ceppo ['tʃeppo] *sm* (*di albero*) stump; (*pezzo di legno*) log.

'cera ['tʃera] *sf* wax; (*aspetto*) appearance, look; ~ **per pavimenti** floor polish.

cera'lacca [tʃera'lakka] *sf* sealing wax.

ce'ramica, che [tʃe'ramika] *sf* ceramic; (*ARTE*) ceramics *sg*.

cerbi'atto [tʃer'bjatto] *sm* fawn.

'cerca ['tʃerka] *sf*: **in** o **alla** ~ **di** in search of.

cercaper'sone [tʃerkaper'sone] *sm inv* bleeper.

cer'care [tʃer'kare] *vt* to look for, search for ♦ *vi*: ~ **di fare qc** to try to do sth.

cercherò *etc* [tʃerke'rɔ] *vb vedi* **cercare.**

'cerchia ['tʃerkja] *sf* circle.

cerchi'ato, a [tʃer'kjato] *ag*: **occhiali** ~**i d'osso** horn-rimmed spectacles; **avere gli occhi** ~**i** to have dark rings under one's eyes.

'cerchio ['tʃerkjo] *sm* circle; (*giocattolo, di botte*) hoop; **dare un colpo al** ~ **e uno alla botte** (*fig*) to keep two things going at the same time.

cerchi'one [tʃer'kjone] *sm* (wheel)rim.

cere'ale [tʃere'ale] *sm* cereal.

cere'brale [tʃere'brale] *ag* cerebral.

ceri'monia [tʃeri'mɔnja] *sf* ceremony; **senza tante** ~**e** (*senza formalità*) informally; (*bruscamente*) unceremoniously, without so much as a by-your-leave.

cerimoni'ale [tʃerimo'njale] *sm* etiquette; ceremonial.

cerimoni'ere [tʃerimo'njɛre] *sm* master of ceremonies.

cerimoni'oso, a [tʃerimo'njoso] *ag* formal, ceremonious.

ce'rino [tʃe'rino] *sm* wax match.

CERN [tʃɛrn] *sigla m* (= *Comitato Europeo di Ricerche Nucleari*) CERN.

'cernia ['tʃɛrnja] *sf* (*ZOOL*) stone bass.

cerni'era [tʃer'njɛra] *sf* hinge; ~ **lampo** zip (fastener) (*BRIT*), zipper (*US*).

'cernita ['tʃɛrnita] *sf* selection; **fare una** ~ **di** to select.

'cero ['tʃero] *sm* (church) candle.

ce'rone [tʃe'rone] *sm* (*trucco*) greasepaint.

ce'rotto [tʃe'rɔtto] *sm* sticking plaster.

certa'mente [tʃerta'mente] *av* certainly, surely.

cer'tezza [tʃer'tettsa] *sf* certainty.

certifi'care [tʃertifi'kare] *vt* to certify.

certifi'cato [tʃertifi'kato] *sm* certificate; ~ **medico/di nascita** medical/birth certificate; ~ **di credito del Tesoro (CCT)** treasury bill.

certificazi'one [tʃertifikat'tsjone] *sf* certification; ~ **di bilancio** (*COMM*) external audit.

═══════════════════════════ *PAROLA CHIAVE*

'certo, a ['tʃɛrto] *ag* (*sicuro*): ~ **(di/che)** certain o sure (of/that)
♦ *det* **1** (*tale*) certain; **un** ~ **signor Smith** a (certain) Mr Smith
2 (*qualche; con valore intensivo*) some; **dopo un** ~ **tempo** after some time; **un fatto di una** ~**a importanza** a matter of some importance; **di una** ~**a età** past one's prime, not so young
♦ *pron*: ~**i, e** *pl* some

♦ av (*certamente*) certainly; (*senz'altro*) of course; **di** ~ certainly; **no (di)** ~!, ~ **che no!** certainly not!; **sì** ~ yes indeed, certainly.

---

certo'sino [tʃerto'zino] *sm* Carthusian monk; (*liquore*) chartreuse; **è un lavoro da** ~ it's a pernickety job.
cer'tuni [tʃer'tuni] *pron pl* some (people).
ce'rume [tʃe'rume] *sm* (ear) wax.
'cerva ['tʃɛrva] *sf* (female) deer, doe.
cer'vello, *pl* **i** (*anche*: *pl(f)* **a** *o* **e**) [tʃer'vɛllo] *sm* brain; ~ **elettronico** computer; **avere il** *o* **essere un** ~ **fino** to be sharp-witted; **è uscito di** ~, **gli è dato di volta il** ~ he's gone off his head.
cervi'cale [tʃervi'kale] *ag* cervical.
'cervo, a ['tʃɛrvo] *sm/f* stag/hind ♦ *sm* deer; ~ **volante** stag beetle.
cesel'lare [tʃezel'lare] *vt* to chisel; (*incidere*) to engrave.
ce'sello [tʃe'zɛllo] *sm* chisel.
'CESIS ['tʃesis] *sigla m* (= *Comitato Esecutivo per i Servizi di Informazione e di Sicurezza*) *committee on intelligence and security matters, reporting to the Prime Minister.*
ce'soie [tʃe'zoje] *sfpl* shears.
ces'puglio [tʃes'puʎʎo] *sm* bush.
ces'sare [tʃes'sare] *vi, vt* to stop, cease; ~ **di fare qc** to stop doing sth; **"cessato allarme"** "all clear".
ces'sate il fu'oco [tʃes'sate-] *sm* ceasefire.
cessazi'one [tʃessat'tsjone] *sf* cessation; (*interruzione*) suspension.
cessi'one [tʃes'sjone] *sf* transfer.
'cesso ['tʃɛsso] *sm* (*fam*: *gabinetto*) bog.
'cesta ['tʃesta] *sf* (large) basket.
ces'tello [tʃes'tɛllo] *sm* (*per bottiglie*) crate; (*di lavatrice*) drum.
cesti'nare [tʃesti'nare] *vt* to throw away; (*fig*: *proposta*) to turn down; (: *romanzo*) to reject.
ces'tino [tʃes'tino] *sm* basket; (*per la carta straccia*) wastepaper basket; ~ **da viaggio** (*FERR*) packed lunch (*o* dinner).
'cesto ['tʃesto] *sm* basket.
ce'sura [tʃe'zura] *sf* caesura.
ce'taceo [tʃe'tatʃeo] *sm* sea mammal.
'ceto ['tʃɛto] *sm* (social) class.
'cetra ['tʃetra] *sf* zither; (*fig*: *di poeta*) lyre.
cetrio'lino [tʃetrio'lino] *sm* gherkin.
cetri'olo [tʃetri'ɔlo] *sm* cucumber.
Cf., Cfr. *abbr* (= *confronta*) cf.
CFC [tʃiʃeffe'tʃi] *abbr mpl* (= *clorofluorocarburi*) CFC.
CFS *sigla m* (= *Corpo Forestale dello Stato*) *body responsible for the planting and management of forests.*

cg *abbr* (= *centigrammo*) cg.
C.G.I.L. [tʃidʒi'ɛlle] *sigla f* (= *Confederazione Generale Italiana del Lavoro*) *trades union organization.*
CH *sigla* = *Chieti.*
cha'let [ʃa'lɛ] *sm inv* chalet.
cham'pagne [ʃã'paɲ] *sm inv* champagne.
chance [ʃãs] *sf inv* chance.
charme [ʃarm] *sm* charm.
'charter ['tʃaːtər] *ag inv* (*volo*) charter *cpd*; (*aereo*) chartered ♦ *sm inv* chartered plane.

=========== PAROLA CHIAVE

che [ke] *pron* **1** (*relativo: persona: soggetto*) who; (: *oggetto*) whom, that; (: *cosa, animale*) which, that; **il ragazzo** ~ **è venuto** the boy who came; **l'uomo** ~ **io vedo** the man (whom) I see; **il libro** ~ **è sul tavolo** the book which *o* that is on the table; **il libro** ~ **vedi** the book (which *o* that) you see; **la sera** ~ **ti ho visto** the evening I saw you

2 (*interrogativo, esclamativo*) what; ~ **(cosa) fai?** what are you doing?; **a** ~ **(cosa) pensi?** what are you thinking about?; **non sa** ~ **(cosa) fare** he doesn't know what to do; **sai di** ~ **si tratta?** do you know what it's about?; ~ **(cosa) succede?** what's happening?; **ma** ~ **dici!** what are you saying!

3 (*indefinito*): **quell'uomo ha un** ~ **di losco** there's something suspicious about that man; **un certo non so** ~ an indefinable something; **non è un gran** ~ it's nothing much

♦ *det* **1** (*interrogativo: tra tanti*) what; (: *tra pochi*) which; ~ **tipo di film preferisci?** what sort of film do you prefer?; ~ **vestito ti vuoi mettere?** what (*o* which) dress do you want to put on?

2 (*esclamativo: seguito da aggettivo*) how; (: *seguito da sostantivo*) what; ~ **buono!** how delicious!; ~ **bel vestito!** what a lovely dress!; ~ **macchina!** what a car!

♦ *cong* **1** (*con proposizioni subordinate*) that; **credo** ~ **verrà** I think he'll come; **voglio** ~ **tu studi** I want you to study; **so** ~ **tu c'eri** I know (that) you were there; **non** ~ **sia sbagliato, ma ...** not that it's wrong, but ...

2 (*finale*) so that; **vieni qua,** ~ **ti veda** come here, so (that) I can see you; **stai attento** ~ **non cada** mind it doesn't fall

3 (*temporale*): **arrivai** ~ **eri già partito** you had already left when I arrived; **sono anni** ~ **non lo vedo** I haven't seen him for years

4 (*in frasi imperative, concessive*): ~ **venga**

pure! let him come by all means!; ~ **tu
sia benedetto!** may God bless you!; ~ **tu
venga o no partiamo lo stesso** we're
going whether you come or not
5 (*comparativo: con più, meno*) than; **è più
lungo ~ largo** it's longer than it's wide;
più bella ~ mai more beautiful than ever;
vedi anche **più; meno; così** *etc.*

'**checca, che** ['kekka] *sf (fam: omosessuale)*
fairy.
chef [ʃɛf] *sm inv* chef.
chemiotera'pia [kemjotera'pia] *sf*
chemotherapy.
chero'sene [kero'zɛne] *sm* kerosene.
cheru'bino [keru'bino] *sm* cherub.
che'tare [ke'tare] *vt* to hush, silence; **~rsi** *vr*
to quieten down, fall silent.
cheti'chella [keti'kɛlla]: **alla ~** *av* stealthily,
unobtrusively; **andarsene alla ~** to slip
away.
'**cheto, a** ['keto] *ag* quiet, silent.

=========== *PAROLA CHIAVE* ===========

chi [ki] *pron* **1** (*interrogativo: soggetto*) who;
(: *oggetto*) who, whom; ~ **è?** who is it?; **di
~ è questo libro?** whose book is this?,
whose is this book?; **con ~ parli?** who are
you talking to?; **a ~ pensi?** who are you
thinking about?; ~ **di voi?** which of you?;
non so a ~ rivolgermi I don't know who
to ask
2 (*relativo*) whoever, anyone who; **dillo a
~ vuoi** tell whoever you like; **portate ~
volete** bring anyone you like; **so io di ~
parlo** I know who I'm talking about; **lo
riferirò a ~ di dovere** I'll pass it on to the
relevant person
3 (*indefinito*): ~ ... ~ ... some ... others ...;
~ **dice una cosa,** ~ **dice un'altra** some say
one thing, others say another.

chiacchie'rare [kjakkje'rare] *vi* to chat;
(*discorrere futilmente*) to chatter; (*far
pettegolezzi*) to gossip.
chiacchie'rata [kjakkje'rata] *sf* chat; **farsi
una ~** to have a chat.
chi'acchiere ['kjakkjere] *sfpl* chatter *no pl*;
gossip *no pl*; **fare due** *o* **quattro ~** to have
a chat; **perdersi in ~** to waste time
talking.
chiacchie'rone, a [kjakkje'rone] *ag*
talkative, chatty; gossipy ♦ *sm/f*
chatterbox; gossip.
chia'mare [kja'mare] *vt* to call; (*rivolgersi a
qn*) to call (in), send for; **~rsi** *vr* (*aver
nome*) to be called; **mi chiamo Paolo** my
name is Paolo, I'm called Paolo; **mandare**

a ~ qn to send for sb, call sb in; ~ **alle
armi** to call up; ~ **in giudizio** to summon;
~ **qn da parte** to take sb aside.
chia'mata [kja'mata] *sf (TEL)* call; (*MIL*)
call-up; ~ **interurbana** long-distance call;
~ **con preavviso** person-to-person call; ~
alle urne (*POL*) election.
chi'appa ['kjappa] *sf (fam: natica)* cheek; ~**e**
sfpl bottom *sg*.
chi'ara ['kjara] *sf* egg white.
chia'rezza [kja'rettsa] *sf* clearness; clarity.
chiarifi'care [kjarifi'kare] *vt (anche fig)* to
clarify.
chiarificazi'one [kjarifikat'tsjone] *sf*
clarification.
chiari'mento [kjari'mento] *sm* clarification
no pl, explanation.
chia'rire [kja'rire] *vt* to make clear; (*fig:
spiegare*) to clear up, explain; **~rsi** *vr* to
become clear; **si sono chiariti** they've
sorted things out.
chi'aro, a ['kjaro] *ag* clear; (*luminoso*)
clear, bright; (*colore*) pale, light ♦ *av*
(*parlare, vedere*) clearly; **si sta facendo ~**
the day is dawning; **sia ~a una cosa** let's
get one thing straight; **mettere in ~ qc**
(*fig*) to clear sth up; **parliamoci ~** let's be
frank; **trasmissione in ~** (*TV*) uncoded
broadcast.
chia'rore [kja'rore] *sm* (*diffuse*) light.
chiaroveg'gente [kjaroved'dʒɛnte] *sm/f*
clairvoyant.
chi'asso ['kjasso] *sm* uproar, row; **far ~** to
make a din; (*fig*) to make a fuss;
(: *scalpore*) to cause a stir.
chias'soso, a [kjas'soso] *ag* noisy, rowdy;
(*vistoso*) showy, gaudy.
'**chiatta** ['kjatta] *sf* barge.
chi'ave ['kjave] *sf* key ♦ *ag inv* key *cpd*;
chiudere a ~ to lock; ~ **d'accensione**
(*AUT*) ignition key; ~ **a forcella** fork
spanner; ~ **inglese** monkey wrench; **in ~
politica** in political terms; ~ **di volta**
(*anche fig*) keystone; ~**i in mano**
(*contratto*) turn-key *cpd*; **prezzo ~i in
mano** (*di macchina*) on-the-road price.
chiavis'tello [kjavis'tɛllo] *sm* bolt.
chi'azza ['kjattsa] *sf* stain, splash.
chiaz'zare [kjat'tsare] *vt* to stain, splash.
chic [ʃik] *ag inv* chic, elegant.
chicches'sia [kikkes'sia] *pron* anyone,
anybody.
'**chicco, chi** ['kikko] *sm* (*di cereale, riso*)
grain; (*di caffè*) bean; ~ **di grandine**
hailstone; ~ **d'uva** grape.
chi'edere ['kjɛdere] *vt* (*per sapere*) to ask;
(*per avere*) to ask for ♦ *vi*: ~ **di qn** to ask
after sb; (*al telefono*) to ask for *o* want sb;

~**rsi** *vr*: ~**rsi (se)** to wonder (whether); ~ **qc a qn** to ask sb sth; to ask sb for sth; ~ **scusa a qn** to apologize to sb; ~ **l'elemosina** to beg; **non chiedo altro** that's all I want.

chieri'chetto [kjeri'ketto] *sm* altar boy.

chi'erico, ci ['kjɛriko] *sm* cleric; altar boy.

chi'esa ['kjɛza] *sf* church.

chi'esi *etc* ['kjɛzi] *vb vedi* **chiedere**.

chi'esto, a ['kjɛsto] *pp di* **chiedere**.

'**Chigi** ['kidʒi]: **palazzo** ~ *sm* (*POL*) *offices of the Italian Prime Minister*.

'**chiglia** ['kiʎʎa] *sf* keel.

'**chilo** ['kilo] *sm* kilo.

chilo'grammo [kilo'grammo] *sm* kilogram(me).

chilome'traggio [kilome'traddʒo] *sm* (*AUT*) ≈ mileage.

chilo'metrico, a, ci, che [kilo'mɛtriko] *ag* kilometric; (*fig*) endless.

chi'lometro [ki'lɔmetro] *sm* kilometre (*BRIT*), kilometer (*US*).

'**chimico, a, ci, che** ['kimiko] *ag* chemical ◆ *smlf* chemist ◆ *sf* chemistry.

chi'mono [ki'mɔno] *sm inv* kimono.

'**china** ['kina] *sf* (*pendio*) slope, descent; (*BOT*) cinchona; (**inchiostro di**) ~ Indian ink; **risalire la** ~ (*fig*) to be on the road to recovery.

chi'nare [ki'nare] *vt* to lower, bend; ~**rsi** *vr* to stoop, bend.

chincaglie'ria [kinkaʎʎe'ria] *sf* fancy-goods shop; ~**e** *sfpl* fancy goods, knick-knacks.

chi'nino [ki'nino] *sm* quinine.

'**chino, a** ['kino] *ag*: **a capo** ~, **a testa** ~**a** head bent *o* bowed.

chi'occia, ce ['kjɔttʃa] *sf* brooding hen.

chi'occio, a, ci, ce ['kjɔttʃo] *ag* (*voce*) clucking.

chi'occiola ['kjɔttʃola] *sf* snail; **scala a** ~ spiral staircase.

chi'odo ['kjɔdo] *sm* nail; (*fig*) obsession; ~ **scaccia** ~ (*proverbio*) one problem drives away another; **roba da** ~**i!** it's unbelievable!; ~ **di garofano** (*CUC*) clove.

chi'oma ['kjɔma] *sf* (*capelli*) head of hair; (*di albero*) foliage.

chi'osco, schi ['kjɔsko] *sm* kiosk, stall.

chi'ostro ['kjɔstro] *sm* cloister.

chiro'mante [kiro'mante] *smlf* palmist; (*indovino*) fortune-teller.

chirur'gia [kirur'dʒia] *sf* surgery.

chi'rurgico, a, ci, che [ki'rurdʒiko] *ag* (*anche fig*) surgical.

chi'rurgo, ghi *o* **gi** [ki'rurgo] *sm* surgeon.

chissà [kis'sa] *av* who knows, I wonder.

chi'tarra [ki'tarra] *sf* guitar.

chitar'rista, i, e [kitar'rista] *smlf* guitarist, guitar player.

chi'udere ['kjudere] *vt* to close, shut; (*luce, acqua*) to put off, turn off; (*definitivamente: fabbrica*) to close down, shut down; (*strada*) to close; (*recingere*) to enclose; (*porre termine*) to end ◆ *vi* to close, shut; to close down, shut down; to end; ~**rsi** *vr* to shut, close; (*ritirarsi: anche fig*) to shut o.s. away; (*ferita*) to close up; ~ **un occhio su** (*fig*) to turn a blind eye to; **chiudi la bocca!** *o* **il becco!** (*fam*) shut up!

chi'unque [ki'unkwe] *pron* (*relativo*) whoever; (*indefinito*) anyone, anybody; ~ **sia** whoever it is.

'**chiusi** *etc* ['kjusi] *vb vedi* **chiudere**.

chi'uso, a ['kjuso] *pp di* **chiudere** ◆ *ag* (*porta*) shut, closed; (: *a chiave*) locked; (*senza uscita: strada etc*) blocked off; (*rubinetto*) off; (*persona*) uncommunicative; (*ambiente, club*) exclusive ◆ *sm*: **stare al** ~ (*fig*) to be shut up ◆ *sf* (*di corso d'acqua*) sluice, lock; (*recinto*) enclosure; (*di discorso etc*) conclusion, ending; "~" (*negozio etc*) "closed"; "~ **al pubblico**" "no admittance to the public".

chiu'sura [kju'sura] *sf* closing; shutting; closing *o* shutting down; enclosing; putting *o* turning off; ending; (*dispositivo*) catch; fastening; fastener; **orario di** ~ closing time; ~ **lampo** ® zip (fastener) (*BRIT*), zipper (*US*).

═══════════════ *PAROLA CHIAVE*

ci [tʃi] (*dav lo, la, li, le, ne diventa* **ce**) *pron* **1** (*personale: complemento oggetto*) us; (: *a noi: complemento di termine*) (to) us; (: *riflessivo*) ourselves; (: *reciproco*) each other, one another; (*impersonale*): ~ **si veste** we get dressed; ~ **ha visti** he's seen us; **non** ~ **ha dato niente** he gave us nothing; ~ **vestiamo** we get dressed; ~ **amiamo** we love one another *o* each other; ~ **siamo divertiti** we had a good time

2 (*dimostrativo: di ciò, su ciò, in ciò etc*) about (*o* on *o* of) it; **non** ~ **capisco nulla** I can't make head nor tail of it; **non so cosa far**~ I don't know what to do about it; **che** ~ **posso fare?** what can I do about it?; **che c'entro io?** what have I got to do with it?; ~ **puoi giurare** you can bet on it; ~ **puoi contare** you can depend on it; ~ **sei?** (*sei pronto?*) are you ready?; (*hai capito?*) are you with me?

◆ *av* (*qui*) here; (*lì*) there; (*moto attraverso*

luogo): ~ **passa sopra un ponte** a bridge passes over it; **non** ~ **passa più nessuno** nobody comes this way any more; **qui** ~ **abito da un anno** I've been living here for a year; **esser**~ *vedi* **essere**.

CIA ['tʃia] *sigla f* (= *Central Intelligence Agency*) CIA.

C.ia *abbr* (= *compagnia*) Co.

cia'batta [tʃa'batta] *sf* mule, slipper.

ciabat'tino [tʃabat'tino] *sm* cobbler.

ciac [tʃak] *sm* (*CINE*) clapper board; ~, **si gira!** action!

Ci'ad [tʃad] *sm:* **il** ~ Chad.

ci'alda ['tʃalda] *sf* (*CUC*) wafer.

cial'trone [tʃal'trone] *sm* good-for-nothing.

ciam'bella [tʃam'bella] *sf* (*CUC*) ring-shaped cake; (*salvagente*) rubber ring.

ci'ancia, ce ['tʃantʃa] *sf* gossip *no pl*, tittle-tattle *no pl*.

cianfru'saglie [tʃanfruˈzaʎʎe] *sfpl* bits and pieces.

cia'nuro [tʃaˈnuro] *sm* cyanide.

ci'ao ['tʃao] *escl* (*all'arrivo*) hello!; (*alla partenza*) cheerio! (*BRIT*), bye!

ciar'lare [tʃarˈlare] *vi* to chatter; (*peg*) to gossip.

ciarla'tano [tʃarlaˈtano] *sm* charlatan.

cias'cuno, a [tʃasˈkuno] (*dav sm:* **ciascun** + *C, V*, **ciascuno** + *s impura, gn, pn, ps, x, z*; *dav sf:* **ciascuna** + *C*, **ciascun'** + *V*) *det, pron* each.

ci'bare [tʃiˈbare] *vt* to feed; ~**rsi** *vr:* ~**rsi di** to eat.

ci'barie [tʃiˈbarje] *sfpl* foodstuffs.

ciber'netica [tʃiberˈnɛtika] *sf* cybernetics *sg*.

'cibo ['tʃibo] *sm* food.

ci'cala [tʃiˈkala] *sf* cicada.

cica'trice [tʃikaˈtritʃe] *sf* scar.

cicatriz'zarsi [tʃikatridˈdzarsi] *vr* to form a scar, heal (up).

'cicca, che ['tʃikka] *sf* cigarette end; (*fam: sigaretta*) fag; **non vale una** ~ (*fig*) it's worthless.

'ciccia ['tʃittʃa] *sf* (*fam: carne*) meat; (: *grasso umano*) fat, flesh.

cicci'one, a [tʃitˈtʃone] *sm/f* (*fam*) fatty.

cice'rone [tʃitʃeˈrone] *sm* guide.

cicla'mino [tʃiklaˈmino] *sm* cyclamen.

ci'clismo [tʃiˈklizmo] *sm* cycling.

ci'clista, i, e [tʃiˈklista] *sm/f* cyclist.

'ciclo ['tʃiklo] *sm* cycle; (*di malattia*) course.

ciclomo'tore [tʃiklomoˈtore] *sm* moped.

ci'clone [tʃiˈklone] *sm* cyclone.

ciclos'tile [tʃiklosˈtile] *sm* cyclostyle (*BRIT*).

ci'cogna [tʃiˈkoɲɲa] *sf* stork.

ci'coria [tʃiˈkɔrja] *sf* chicory.

'CIDA ['tʃida] *sigla f* = *Confederazione Italiana Dirigenti d'Azienda*.

ci'eco, a, chi, che ['tʃɛko] *ag* blind ♦ *sm/f* blind man/woman; **alla** ~**a** (*anche fig*) blindly.

ciel'lino, a [tʃielˈlino] *sm/f* (*POL*) member of CL movement.

ci'elo ['tʃɛlo] *sm* sky; (*REL*) heaven; **toccare il** ~ **con un dito** (*fig*) to walk on air; **per amor del** ~! for heavens' sake!

'cifra ['tʃifra] *sf* (*numero*) figure, numeral; (*somma di denaro*) sum, figure; (*monogramma*) monogram, initials *pl*; (*codice*) code, cipher.

ci'frare [tʃiˈfrare] *vt* (*messaggio*) to code; (*lenzuola etc*) to embroider with a monogram.

'ciglio ['tʃiʎʎo] *sm* (*margine*) edge, verge; (*pl(f)* **ciglia**: *delle palpebre*) (eye)lash; (*sopracciglio*) eyebrow; **non ha battuto** ~ (*fig*) he didn't bat an eyelid.

'cigno ['tʃiɲɲo] *sm* swan.

cigo'lante [tʃigoˈlante] *ag* squeaking, creaking.

cigo'lare [tʃigoˈlare] *vi* to squeak, creak.

CIIS *sigla m* (= *Comitato Interparlamentare per l'Informazione e la Sicurezza*) all-party committee on intelligence and security.

'Cile ['tʃile] *sm:* **il** ~ Chile.

ci'lecca [tʃiˈlekka] *sf:* **far** ~ to fail.

ci'leno, a [tʃiˈlɛno] *ag, sm/f* Chilean.

cili'egia, gie o **ge** [tʃiˈljɛdʒa] *sf* cherry.

cilie'gina [tʃiljeˈdʒina] *sf* glacé cherry; **la** ~ **sulla torta** (*fig*) the icing o cherry on the cake.

cili'egio [tʃiˈljɛdʒo] *sm* cherry tree.

cilin'drata [tʃilinˈdrata] *sf* (*AUT*) (cubic) capacity; **una macchina di grossa** ~ a big-engined car.

ci'lindro [tʃiˈlindro] *sm* cylinder; (*cappello*) top hat.

CIM [tʃim] *sigla m* = *centro d'igiene mentale*.

'cima ['tʃima] *sf* (*sommità*) top; (*di monte*) top, summit; (*estremità*) end; (*fig: persona*) genius; **in** ~ **a** at the top of; **da** ~ **a fondo** from top to bottom; (*fig*) from beginning to end.

ci'melio [tʃiˈmɛljo] *sm* relic.

cimen'tarsi [tʃimenˈtarsi] *vr:* ~**rsi in** (*atleta, concorrente*) to try one's hand at.

'cimice ['tʃimitʃe] *sf* (*ZOOL*) bug; (*puntina*) drawing pin (*BRIT*), thumbtack (*US*).

cimini'era [tʃimiˈnjɛra] *sf* chimney; (*di nave*) funnel.

cimi'tero [tʃimiˈtɛro] *sm* cemetery.

ci'murro [tʃiˈmurro] *sm* (*di cani*) distemper.

'Cina ['tʃina] *sf:* **la** ~ China.

cin'cin, cin cin [tʃin'tʃin] escl cheers!
cincischi'are [tʃintʃis'kjare] vi to mess about, fiddle about.
'cine ['tʃine] sm inv (fam) cinema.
cine'asta, i, e [tʃine'asta] sm/f person in the film industry; film-maker.
cinegior'nale [tʃinedʒor'nale] sm newsreel.
'cinema ['tʃinema] sm inv cinema; ~ muto silent films; ~ d'essai (locale) avant-garde cinema, experimental cinema.
cinemato'grafico, a, ci, che [tʃinemato'grafiko] ag (attore, critica) movie cpd, film cpd; (festival) film cpd; sala ~a cinema; successo ~ box-office success.
cinema'tografo [tʃinema'tɔgrafo] sm cinema.
cine'presa [tʃine'presa] sf cine-camera.
ci'nese [tʃi'nese] ag, sm/f, sm Chinese inv.
cine'teca, che [tʃine'tɛka] sf (collezione) film collection, film library; (locale) film library.
ci'netico, a, ci, che [tʃi'nɛtiko] ag kinetic.
'cingere ['tʃindʒere] vt (attorniare) to surround, encircle; ~ la vita con una cintura to put a belt round one's waist; ~ d'assedio to besiege, lay siege to.
'cinghia ['tʃingja] sf strap; (cintura, TECN) belt; tirare la ~ (fig) to tighten one's belt.
cinghi'ale [tʃin'gjale] sm wild boar.
cinguet'tare [tʃingwet'tare] vi to twitter.
'cinico, a, ci, che ['tʃiniko] ag cynical ♦ sm/f cynic.
ci'nismo [tʃi'nizmo] sm cynicism.
cin'quanta [tʃin'kwanta] num fifty.
cinquante'nario [tʃinkwante'narjo] sm fiftieth anniversary.
cinquan'tenne [tʃinkwan'tɛnne] sm/f fifty-year-old man/woman.
cinquan'tesimo, a [tʃinkwan'tɛzimo] num fiftieth.
cinquan'tina [tʃinkwan'tina] sf (serie): una ~ (di) about fifty; (età): essere sulla ~ to be about fifty.
'cinque ['tʃinkwe] num five; avere ~ anni to be five (years old); il ~ dicembre 1988 the fifth of December 1988; alle ~ (ora) at five (o'clock); siamo in ~ there are five of us.
cinquecen'tesco, a, schi, sche [tʃinkwetʃen'tesko] ag sixteenth-century.
cinque'cento [tʃinkwe'tʃento] num five hundred ♦ sm: il C~ the sixteenth century.
cinque'mila [tʃinkwe'mila] num five thousand.
'cinsi etc ['tʃinsi] vb vedi cingere.
'cinta ['tʃinta] sf (anche: ~ muraria) city walls pl; muro di ~ (di giardino etc)
surrounding wall.
cin'tare [tʃin'tare] vt to enclose.
'cinto, a ['tʃinto] pp di cingere.
'cintola ['tʃintola] sf (cintura) belt; (vita) waist.
cin'tura [tʃin'tura] sf belt; ~ di salvataggio lifebelt (BRIT), life preserver (US); ~ di sicurezza (AUT, AER) safety o seat belt.
cintu'rino [tʃintu'rino] sm strap; ~ dell'orologio watch strap.
CIO sigla m (= Comitato Internazionale Olimpico) IOC (= International Olympic Committee).
ciò [tʃɔ] pron this; that; ~ che what; ~ nonostante o nondimeno nevertheless, in spite of that; con tutto ~ for all that, in spite of everything.
ci'occa, che ['tʃɔkka] sf (di capelli) lock.
ciocco'lata [tʃokko'lata] sf chocolate; (bevanda) (hot) chocolate; ~ al latte/fondente milk/plain chocolate.
cioccola'tino [tʃokkola'tino] sm chocolate.
ciocco'lato [tʃokko'lato] sm chocolate.
cio'è [tʃo'ɛ] av that is (to say).
ciondo'lare [tʃondo'lare] vt (far dondolare) to dangle, swing ♦ vi to dangle; (fig) to loaf (about).
ci'ondolo ['tʃondolo] sm pendant; ~ portafortuna charm.
ciondo'loni [tʃondo'loni] av: con le braccia/gambe ~ with arms/legs dangling.
cionono'stante [tʃononos'tante] av nonetheless, nevertheless.
ci'otola ['tʃɔtola] sf bowl.
ci'ottolo ['tʃɔttolo] sm pebble; (di strada) cobble(stone).
C.I.P. [tʃip] sigla m (= comitato interministeriale prezzi) vedi comitato.
Cipe ['tʃipe] sigla m (= comitato interministeriale per la programmazione economica) vedi comitato.
'Cipi ['tʃipi] sigla m (= comitato interministeriale per lo sviluppo industriale) vedi comitato.
ci'piglio [tʃi'piʎʎo] sm frown.
ci'polla [tʃi'polla] sf onion; (di tulipano etc) bulb.
ci'presso [tʃi'prɛsso] sm cypress (tree).
'cipria ['tʃiprja] sf (face) powder.
cipri'ota, i, e [tʃipri'ɔta] ag, sm/f Cypriot.
'Cipro ['tʃipro] sm Cyprus.
'circa ['tʃirka] av about, roughly ♦ prep about, concerning; a mezzogiorno ~ about midday.
'circo, chi ['tʃirko] sm circus.
circo'lare [tʃirko'lare] vi to circulate; (AUT) to drive (along), move (along) ♦ ag circular ♦ sf (AMM) circular; (di autobus) circle (line); circola voce che ... there is a

rumour going about that ...; **assegno** ~ banker's draft.

circolazi'one [tʃirkolat'tsjone] *sf* circulation; (*AUT*): **la** ~ (the) traffic; **libretto di** ~ log book, registration book; **tassa di** ~ road tax.

Circolazione a targhe alterne *is a practice introduced by some town councils to combat the increase in traffic and pollution in town centres. It stipulates that on days with an even date, only cars whose numberplate ends in an even number or a zero may be on the road, while on days with an odd date, only cars whose numberplate ends in an odd number may be on the road. Generally, public holidays are not affected by this bylaw, but may be included at the council's discretion.*

'circolo ['tʃirkolo] *sm* circle; **entrare in** ~ (*ANAT*) to enter the bloodstream.

circoncisi'one [tʃirkontʃi'zjone] *sf* circumcision.

circon'dare [tʃirkon'dare] *vt* to surround.

circondari'ale [tʃirkonda'rjale] *ag*: **casa di pena** ~ district prison.

circon'dario [tʃirkon'darjo] *sm* (*DIR*) administrative district; (*zona circostante*) neighbourhood (*BRIT*), neighborhood (*US*).

circonfe'renza [tʃirkonfe'rɛntsa] *sf* circumference.

circonvallazi'one [tʃirkonvallat'tsjone] *sf* ring road (*BRIT*), beltway (*US*); (*per evitare una città*) by-pass.

circos'critto, a [tʃirkos'kritto] *pp di* circoscrivere.

circos'crivere [tʃirkos'krivere] *vt* to circumscribe; (*fig*) to limit, restrict.

circoscrizi'one [tʃirkoskrit'tsjone] *sf* (*AMM*) district, area; ~ **elettorale** constituency.

circos'petto, a [tʃirkos'pɛtto] *ag* circumspect, cautious.

circos'tante [tʃirkos'tante] *ag* surrounding, neighbouring (*BRIT*), neighboring (*US*).

circos'tanza [tʃirkos'tantsa] *sf* circumstance; (*occasione*) occasion; **parole di** ~ words suited to the occasion.

circu'ire [tʃirku'ire] *vt* (*fig*) to fool, take in.

cir'cuito [tʃir'kuito] *sm* circuit; **andare in** *o* **fare corto** ~ to short-circuit; ~ **integrato** integrated circuit.

ci'rillico, a, ci, che [tʃi'rilliko] *ag* Cyrillic.

cir'rosi [tʃir'rɔzi] *sf*: ~ **epatica** cirrhosis (of the liver).

'C.I.S.A.L. ['tʃizal] *sigla f* (= *Confederazione Italiana Sindacati Autonomi dei Lavoratori*) trades union organization.

C.I.S.L. [tʃizl] *sigla f* (= *Confederazione Italiana Sindacati Lavoratori*) trades union organization.

'C.I.S.N.A.L. ['tʃiznal] *sigla f* (= *Confederazione Italiana Sindacati Nazionali dei Lavoratori*) trades union organization.

'ciste ['tʃiste] *sf* = **cisti.**

cis'terna [tʃis'tɛrna] *sf* tank, cistern.

'cisti ['tʃisti] *sf inv* cyst.

cis'tite [tʃis'tite] *sf* cystitis.

C.I.T. [tʃit] *sigla f* = *Compagnia Italiana Turismo.*

cit. *abbr* (= *citato, citata*) cit.

ci'tare [tʃi'tare] *vt* (*DIR*) to summon; (*autore*) to quote; (*a esempio, modello*) to cite; ~ **qn per danni** to sue sb.

citazi'one [tʃitat'tsjone] *sf* summons *sg*; quotation; (*di persona*) mention.

ci'tofono [tʃi'tɔfono] *sm* entry phone; (*in uffici*) intercom.

cito'logico, a, ci, che [tʃito'lɔdʒiko] *ag*: **esame** ~ test for detection of cancerous cells.

'citrico, a, ci, che ['tʃitriko] *ag* citric.

città [tʃit'ta] *sf inv* town; (*importante*) city; ~ **giardino** garden city; ~ **mercato** shopping centre, mall; ~ **universitaria** university campus; **C**~ **del Capo** Cape Town.

citta'della [tʃitta'dɛlla] *sf* citadel, stronghold.

cittadi'nanza [tʃittadi'nantsa] *sf* citizens *pl*, inhabitants *pl* of a town (*o* city); (*DIR*) citizenship.

citta'dino, a [tʃitta'dino] *ag* town *cpd*; city *cpd* ♦ *smf* (*di una Stato*) citizen; (*abitante di città*) town dweller, city dweller.

ci'uccio ['tʃuttʃo] *sm* (*fam*) comforter, dummy (*BRIT*), pacifier (*US*).

ci'uco, a, chi, che ['tʃuko] *smf* ass.

ci'uffo ['tʃuffo] *sm* tuft.

ci'urma ['tʃurma] *sf* (*di nave*) crew.

ci'vetta [tʃi'vetta] *sf* (*ZOOL*) owl; (*fig: donna*) coquette, flirt ♦ *ag inv*: **auto/nave** ~ decoy car/ship; **fare la** ~ **con qn** to flirt with sb.

civet'tare [tʃivet'tare] *vi* to flirt.

civette'ria [tʃivette'ria] *sf* coquetry, coquettishness.

civettu'olo, a [tʃivet'twɔlo] *ag* flirtatious.

'civico, a, ci, che ['tʃiviko] *ag* civic; (*museo*) municipal, town *cpd*; **guardia** ~**a** town policeman; **senso** ~ public spirit.

ci'vile [tʃi'vile] *ag* civil; (*non militare*) civilian; (*nazione*) civilized ♦ *sm* civilian; **stato** ~ marital status; **abiti** ~**i** civvies.

civi'lista, i, e [tʃivi'lista] *smf* (*avvocato*) civil lawyer; (*studioso*) expert in civil law.

civiliz'zare [tʃivilid'dzare] vt to civilize.
civilizzazi'one [tʃiviliddzat'tsjone] sf civilization.
civiltà [tʃivil'ta] sf civilization; (cortesia) civility.
ci'vismo [tʃi'vizmo] sm public spirit.
CL [tʃi'ɛlle] sigla f (POL: = Comunione e Liberazione) Catholic youth movement ♦ sigla = Caltanissetta.
cl abbr (= centilitro) cl.
'clacson sm inv (AUT) horn.
cla'more sm (frastuono) din, uproar, clamour (BRIT), clamor (US); (fig) outcry.
clamo'roso, a ag noisy; (fig) sensational.
clan sm inv clan.
clandestinità sf (di attività) secret nature; **vivere nella** ~ to live in hiding; (ricercato politico) to live underground.
clandes'tino, a ag clandestine; (POL) underground, clandestine ♦ sm/f stowaway.
clari'netto sm clarinet.
'classe sf class; **di** ~ (fig) with class; of excellent quality; ~ **turistica** (AER) economy class.
classi'cismo [klassi'tʃizmo] sm classicism.
'classico, a, ci, che ag classical; (tradizionale: moda) classic(al) ♦ sm classic; classical author; (anche: liceo ~) secondary school with emphasis on the humanities.
clas'sifica, che sf classification; (SPORT) placings pl; (di dischi) charts pl, hit parade.
classifi'care vt to classify; (candidato, compito) to grade; ~**rsi** vr to be placed.
classifica'tore sm filing cabinet.
classificazi'one [klassifikat'tsjone] sf classification; grading.
clas'sista, i, e ag class-conscious ♦ sm/f class-conscious person.
claudi'cante ag (zoppo) lame; (fig: prosa) halting.
'clausola sf (DIR) clause.
claustro'fobico, a, ci, che ag claustrophobic.
clau'sura sf (REL): **monaca di** ~ nun belonging to an enclosed order; **fare una vita di** ~ (fig) to lead a cloistered life.
'clava sf club.
clavi'cembalo [klavi'tʃembalo] sm harpsichord.
cla'vicola sf (ANAT) collarbone.
cle'mente ag merciful; (clima) mild.
cle'menza [kle'mɛntsa] sf mercy, clemency; mildness.
clep'tomane sm/f kleptomaniac.
cleri'cale ag clerical.

'clero sm clergy.
cles'sidra sf (a sabbia) hourglass; (ad acqua) water clock.
cliché [kli'ʃe] sm inv (TIP) plate; (fig) cliché.
cli'ente sm/f customer, client.
clien'tela sf customers pl, clientèle.
cliente'lismo sm: ~ **politico** political nepotism.
'clima, i sm climate.
cli'matico, a, ci, che ag climatic; **stazione** ~a health resort.
climatizzazi'one [klimatiddzat'tsjone] sf air conditioning.
'clinico, a, ci, che ag clinical ♦ sm (medico) clinician ♦ sf (scienza) clinical medicine; (casa di cura) clinic, nursing home; (settore d'ospedale) clinic; **quadro** ~ anamnesis; **avere l'occhio** ~ (fig) to have an expert eye.
clis'tere sm (MED) enema; (: apparecchio) device used to give an enema.
clo'aca, che sf sewer.
cloche [klɔʃ] sf inv (AER) control stick, joystick; **cambio a** ~ (AUT) floor-mounted gear lever.
'cloro sm chlorine.
cloro'filla sf chlorophyll.
cloro'formio sm chloroform.
club sm inv club.
cm abbr (= centimetro) cm.
c.m. abbr (= corrente mese) inst.
CN sigla = Cuneo.
c/n abbr = conto nuovo.
CNEN sigla m (= Comitato Nazionale per l'Energia Nucleare) ≈ AEA (BRIT), AEC (US).
CNIOP sigla m = Centro Nazionale per l'Istruzione e l'Orientamento Professionale.
CNR sigla m (= Consiglio Nazionale delle Ricerche) science research council.
CNRN sigla m = Comitato Nazionale Ricerche Nucleari.
CO sigla = Como.
Co. abbr (= compagnia) Co.
c/o abbr (= care of) c/o.
coabi'tare vi to live together, live under the same roof.
coagu'lare vt to coagulate ♦ vi, ~**rsi** vr to coagulate; (latte) to curdle.
coalizi'one [koalit'tsjone] sf coalition.
co'atto, a ag (DIR) compulsory, forced; **condannare al domicilio** ~ to place under house arrest.
'COBAS sigla mpl (= Comitati di base) independent trades unions.
'cobra sm inv cobra.
'coca 'cola ® sf coca cola ®.
coca'ina sf cocaine.

coc'carda *sf* cockade.

cocchi'ere [kok'kjɛre] *sm* coachman.

'cocchio ['kɔkkjo] *sm* (*carrozza*) coach; (*biga*) chariot.

cocci'nella [kottʃi'nɛlla] *sf* ladybird (*BRIT*), ladybug (*US*).

'coccio ['kɔttʃo] *sm* earthenware; (*vaso*) earthenware pot; ~i *smpl* fragments (of pottery).

cocciu'taggine [kottʃu'taddʒine] *sf* stubbornness, pig-headedness.

cocci'uto, a [kot'tʃuto] *ag* stubborn, pigheaded.

'cocco, chi *sm* (*pianta*) coconut palm; (*frutto*): noce di ~ coconut ♦ *sm/f* (*fam*) darling; è il ~ della mamma he's mummy's darling.

cocco'drillo *sm* crocodile.

cocco'lare *vt* to cuddle, fondle.

co'cente [ko'tʃɛnte] *ag* (*anche fig*) burning.

cocerò *etc* [kotʃe'rɔ] *vb vedi* cuocere.

co'comero *sm* watermelon.

co'cuzzolo [ko'kuttsolo] *sm* top; (*di capo, cappello*) crown.

cod. *abbr* = codice.

'coda *sf* tail; (*fila di persone, auto*) queue (*BRIT*), line (*US*); (*di abiti*) train; con la ~ dell'occhio out of the corner of one's eye; mettersi in ~ to queue (up) (*BRIT*), line up (*US*); to join the queue *o* line; ~ di cavallo (*acconciatura*) ponytail; avere la ~ di paglia (*fig*) to have a guilty conscience; ~ di rospo (*CUC*) frogfish tail.

codar'dia *sf* cowardice.

co'dardo, a *ag* cowardly ♦ *sm/f* coward.

co'desto, a *ag, pron* (*poetico*) this; that.

'codice ['kɔditʃe] *sm* code; (*manoscritto antico*) codex; ~ di avviamento postale (CAP) postcode (*BRIT*), zip code (*US*); ~ a barre bar code; ~ civile civil code; ~ fiscale tax code; ~ penale penal code; ~ segreto (*di tessera magnetica*) PIN (number); ~ della strada highway code.

co'difica *sf* codification; (*INFORM: di programma*) coding.

codifi'care *vt* (*DIR*) to codify; (*cifrare*) to code.

codificazi'one [kodifikat'tsjone] *sf* coding.

coercizi'one [koert ʃit'tsjone] *sf* coercion.

coe'rente *ag* coherent.

coe'renza [koe'rɛntsa] *sf* coherence.

coesi'one *sf* cohesion.

coe'sistere *vi* to coexist.

coe'taneo, a *ag, sm/f* contemporary; essere ~ di qn to be the same age as sb.

cofa'netto *sm* casket; ~ dei gioielli jewel case.

'cofano *sm* (*AUT*) bonnet (*BRIT*), hood (*US*);

(*forziere*) chest.

'coffa *sf* (*NAUT*) top.

'cogli ['kɔʎʎi] *prep* + *det vedi* con.

'cogliere ['kɔʎʎere] *vt* (*fiore, frutto*) to pick, gather; (*sorprendere*) to catch, surprise; (*bersaglio*) to hit; (*fig: momento opportuno etc*) to grasp, seize, take; (: *capire*) to grasp; ~ l'occasione (per fare) to take the opportunity (to do); ~ sul fatto *o* in flagrante/alla sprovvista to catch red-handed/unprepared; ~ nel segno (*fig*) to hit the nail on the head.

cogli'one [koʎ'ʎone] *sm* (*fam!: testicolo*): ~i balls (!); (: *fig: persona sciocca*) jerk; rompere i ~i a qn to get on sb's tits (!).

co'gnac [kɔ'ɲak] *sm inv* cognac.

co'gnato, a [koɲ'ɲato] *sm/f* brother-/sister-in-law.

cognizi'one [koɲɲit'tsjone] *sf* knowledge; con ~ di causa with full knowledge of the facts.

co'gnome [koɲ'ɲome] *sm* surname.

'coi *prep* + *det vedi* con.

coi'bente *ag* insulating.

coinci'denza [kointʃi'dɛntsa] *sf* coincidence; (*FERR, AER, di autobus*) connection.

coin'cidere [koin'tʃidere] *vi* to coincide.

coin'ciso, a [koin'tʃizo] *pp di* coincidere.

coinqui'lino *sm* fellow tenant.

cointeres'senza [kointeres'sɛntsa] *sf* (*COMM*): avere una ~ in qc to own shares in sth; ~ dei lavoratori profit-sharing.

coin'volgere [koin'vɔldʒere] *vt*: ~ in to involve in.

coinvolgi'mento [koinvoldʒi'mento] *sm* involvement.

coin'volto, a *pp di* coinvolgere.

col *prep* + *det vedi* con.

Col. *abbr* (= *colonnello*) Col.

colà *av* there.

cola'brodo *sm inv* strainer.

cola'pasta *sm inv* colander.

co'lare *vt* (*liquido*) to strain; (*pasta*) to drain; (*oro fuso*) to pour ♦ *vi* (*sudore*) to drip; (*botte*) to leak; (*cera*) to melt; ~ a picco *vt, vi* (*nave*) to sink.

co'lata *sf* (*di lava*) flow; (*FONDERIA*) casting.

colazi'one [kolat'tsjone] *sf* (*anche*: prima ~) breakfast; (*anche*: seconda ~) lunch; fare ~ to have breakfast (*o* lunch); ~ di lavoro working lunch.

Coldi'retti *abbr f* (= *Confederazione nazionale coltivatori diretti*) *federation of Italian farmers*.

co'lei *pron vedi* colui.

co'lera *sm* (*MED*) cholera.

coleste'rolo *sm* cholesterol.

colf – colore

colf *abbr f* = **collaboratrice familiare.**

'colgo *etc vb vedi* **cogliere.**

colibrì *sm* hummingbird.

'colica *sf* (*MED*) colic.

co'lino *sm* strainer.

'colla *prep* + *det vedi* **con ♦** *sf* glue; (*di farina*) paste.

collabo'rare *vi* to collaborate; (*con la polizia*) to co-operate; ~ **a** to collaborate on; (*giornale*) to contribute to.

collabora'tore, 'trice *sm/f* collaborator; (*di giornale, rivista*) contributor; ~ **esterno** freelance; ~**trice familiare** home help; ~ **di giustizia** = **pentito, a.**

collaborazi'one [kollaborat'tsjone] *sf* collaboration; contribution.

col'lana *sf* necklace; (*collezione*) collection, series.

col'lant [kɔ'lã] *sm inv* tights *pl.*

col'lare *sm* collar.

col'lasso *sm* (*MED*) collapse.

collate'rale *ag* collateral; **effetti** ~**i** side effects.

col'laudo *sm* testing *no pl*; test.

'colle *prep* + *det vedi* **con ♦** *sm* hill.

col'lega, ghi, ghe *sm/f* colleague.

collega'mento *sm* connection; (*MIL*) liaison; (*RADIO*) link(-up); **ufficiale di** ~ liaison officer.

colle'gare *vt* to connect, join, link; ~**rsi** *vr* (*RADIO, TV*) to link up; ~**rsi con** (*TEL*) to get through to.

collegi'ale [kolle'dʒale] *ag* (*riunione, decisione*) collective; (*INS*) boarding school *cpd* ♦ *sm/f* boarder; (*fig: persona timida e inesperta*) schoolboy/girl.

col'legio [kol'lɛdʒo] *sm* college; (*convitto*) boarding school; ~ **elettorale** (*POL*) constituency.

'collera *sf* anger; **andare in** ~ to get angry.

col'lerico, a, ci, che *ag* quick-tempered, irascible.

col'letta *sf* collection.

collettività *sf* community.

collet'tivo, a *ag* collective; (*interesse*) general, everybody's; (*biglietto, visita etc*) group *cpd* ♦ *sm* (*POL*) (political) group; **società in nome** ~ (*COMM*) partnership.

col'letto *sm* collar; ~**i bianchi** (*fig*) white-collar workers.

collezio'nare [kollettsjo'nare] *vt* to collect.

collezi'one [kollet'tsjone] *sf* collection.

collezio'nista [kollettsjo'nista] *sm/f* collector.

colli'mare *vi* to correspond, coincide.

col'lina *sf* hill.

colli'nare *ag* hill *cpd.*

col'lirio *sm* eyewash.

collisi'one *sf* collision.

'collo *prep* + *det vedi* **con ♦** *sm* neck; (*di abito*) neck, collar; (*pacco*) parcel; ~ **del piede** instep.

colloca'mento *sm* (*impiego*) employment; (*disposizione*) placing, arrangement; **ufficio di** ~ ≈ Jobcentre (*BRIT*), state (*o federal*) employment agency (*US*); ~ **a riposo** retirement.

collo'care *vt* (*libri, mobili*) to place; (*persona: trovare un lavoro per*) to find a job for, place; (*COMM: merce*) to find a market for; ~ **qn a riposo** to retire sb.

collocazi'one [kollokat'tsjone] *sf* placing; (*di libro*) classification.

colloqui'ale *ag* (*termine etc*) colloquial; (*tono*) informal.

col'loquio *sm* conversation, talk; (*ufficiale, per un lavoro*) interview; (*INS*) preliminary oral exam; **avviare un** ~ **con qn** (*POL etc*) to start talks with sb.

col'loso, a *ag* sticky.

col'lottola *sf* nape *o* scruff of the neck; **afferrare qn per la** ~ to grab sb by the scruff of the neck.

collusi'one *sf* (*DIR*) collusion.

colluttazi'one [kolluttat'tsjone] *sf* scuffle.

col'mare *vt*: ~ **di** (*anche fig*) to fill with; (*dare in abbondanza*) to load *o* overwhelm with; ~ **un divario** (*fig*) to bridge a gap.

'colmo, a *ag*: ~ (**di**) full (of) ♦ *sm* summit, top; (*fig*) height; **al** ~ **della disperazione** in the depths of despair; **è il** ~! it's the last straw!; **e per** ~ **di sfortuna** ... and to cap it all ....

co'lomba *sf vedi* **colombo.**

Co'lombia *sf*: **la** ~ Colombia.

colombi'ano, a *ag, sm/f* Colombian.

co'lombo, a *sm/f* dove; pigeon; ~**i** (*fig fam*) lovebirds.

Co'lonia *sf* Cologne.

co'lonia *sf* colony; (*per bambini*) holiday camp; (**acqua di**) ~ (eau de) cologne.

coloni'ale *ag* colonial ♦ *sm/f* colonist, settler.

co'lonico, a, ci, che *ag*: **casa** ~**a** farmhouse.

coloniz'zare [kolonid'dzare] *vt* to colonize.

co'lonna *sf* column; ~ **sonora** (*CINE*) sound track; ~ **vertebrale** spine, spinal column.

colon'nello *sm* colonel.

co'lono *sm* (*coltivatore*) tenant farmer.

colo'rante *sm* colouring (*BRIT*), coloring (*US*).

colo'rare *vt* to colour (*BRIT*), color (*US*); (*disegno*) to colo(u)r in.

co'lore *sm* colour (*BRIT*), color (*US*); (*CARTE*) suit; **a** ~**i** in colo(u)r, colo(u)r *cpd*; **la**

gente di ~ colo(u)red people; **diventare di tutti i** ~**i** to turn scarlet; **farne di tutti i** ~**i** to get up to all sorts of mischief; **passarne di tutti i** ~**i** to go through all sorts of problems.

colo'rito, a *ag* coloured (*BRIT*), colored (*US*); (*viso*) rosy, pink; (*linguaggio*) colourful (*BRIT*), colorful (*US*) ♦ *sm* (*tinta*) colour (*BRIT*), color (*US*); (*carnagione*) complexion.

co'loro *pron pl vedi* **colui.**

colos'sale *ag* colossal, enormous.

co'losso *sm* colossus.

'colpa *sf* fault; (*biasimo*) blame; (*colpevolezza*) guilt; (*azione colpevole*) offence; (*peccato*) sin; **di chi è la** ~**?** whose fault is it?; **è** ~ **sua** it's his fault; **per** ~ **di** through, owing to; **senso di** ~ sense of guilt; **dare la** ~ **a qn di qc** to blame sb for sth.

col'pevole *ag* guilty.

colpevoliz'zare [kolpevolid'dzare] *vt:* ~ **qn** to make sb feel guilty.

col'pire *vt* to hit, strike; (*fig*) to strike; **rimanere colpito da qc** to be amazed *o* struck by sth; **è stato colpito da ordine di cattura** there is a warrant out for his arrest; ~ **nel segno** (*fig*) to hit the nail on the head, be spot on (*BRIT*).

'colpo *sm* (*urto*) knock; (*fig: affettivo*) blow, shock; (*: aggressivo*) blow; (*di pistola*) shot; (*MED*) stroke; (*furto*) raid; **di** ~, **tutto d'un** ~ suddenly; **fare** ~ to make a strong impression; **il motore perde** ~**i** (*AUT*) the engine is misfiring; **è morto sul** ~ he died instantly; **mi hai fatto venire un** ~**!** what a fright you gave me!; **ti venisse un** ~**!** (*fam*) drop dead!; ~ **d'aria** chill; ~ **in banca** bank job *o* raid; ~ **basso** (*PUGILATO, fig*) punch below the belt; ~ **di fulmine** love at first sight; ~ **di grazia** coup de grâce; (*fig*) finishing blow; **a** ~ **d'occhio** at a glance; ~ **di scena** (*TEAT*) coup de théâtre; (*fig*) dramatic turn of events; ~ **di sole** sunstroke; ~**i di sole** (*nei capelli*) highlights; ~ **di Stato** coup d'état; ~ **di telefono** phone call; ~ **di testa** (sudden) impulse *o* whim; ~ **di vento** gust (of wind).

col'poso, a *ag*: **omicidio** ~ manslaughter.

'colsi *etc vb vedi* **cogliere.**

coltel'lata *sf* stab.

col'tello *sm* knife; **avere il** ~ **dalla parte del manico** (*fig*) to have the whip hand; ~ **a serramanico** clasp knife.

colti'vare *vt* to cultivate; (*verdura*) to grow, cultivate.

coltiva'tore *sm* farmer; ~ **diretto** small

independent farmer.

coltivazi'one [koltivat'tsjone] *sf* cultivation; growing; ~ **intensiva** intensive farming.

'colto, a *pp di* **cogliere** ♦ *ag* (*istruito*) cultured, educated.

'coltre *sf* blanket.

col'tura *sf* cultivation; ~ **alternata** crop rotation.

co'lui, co'lei, *pl* **co'loro** *pron* the one; ~ **che parla** the one *o* the man *o* the person who is speaking; **colei che amo** the one *o* the woman *o* the person (whom) I love.

com. *abbr* = **comunale; commissione.**

'coma *sm inv* coma.

comanda'mento *sm* (*REL*) commandment.

coman'dante *sm* (*MIL*) commander, commandant; (*di reggimento*) commanding officer; (*NAUT, AER*) captain.

coman'dare *vi* to be in command ♦ *vt* to command; (*imporre*) to order, command; ~ **a qn di fare** to order sb to do.

co'mando *sm* (*ingiunzione*) order, command; (*autorità*) command; (*TECN*) control; ~ **generale** general headquarters *pl*; ~ **a distanza** remote control.

co'mare *sf* (*madrina*) godmother; (*donna pettegola*) gossip.

co'masco, a, schi, sche *ag* of (*o* from) Como.

combaci'are [komba'tʃare] *vi* to meet; (*fig: coincidere*) to coincide, correspond.

combat'tente *ag* fighting ♦ *sm* combatant; **ex-**~ ex-serviceman.

com'battere *vt* to fight; (*fig*) to combat, fight against ♦ *vi* to fight.

combatti'mento *sm* fight; fighting *no pl*; (*di pugilato*) match; **mettere fuori** ~ to knock out.

combat'tivo, a *ag* pugnacious.

combat'tuto, a *ag* (*incerto: persona*) uncertain, undecided; (*gara, partita*) hard fought.

combi'nare *vt* to combine; (*organizzare*) to arrange; (*fam: fare*) to make, cause ♦ *vi* (*corrispondere*): ~ (**con**) to correspond (with).

combinazi'one [kombinat'tsjone] *sf* combination; (*caso fortuito*) coincidence; **per** ~ by chance.

com'briccola *sf* (*gruppo*) party; (*banda*) gang.

combus'tibile *ag* combustible ♦ *sm* fuel.

combusti'one *sf* combustion.

com'butta *sf* (*peg*) gang; **in** ~ in league.

=================== PAROLA CHIAVE

'**come** *av* **1** (*alla maniera di*) like; **ti comporti** ~ **lui** you behave like him *o* like he does; **bianco** ~ **la neve** (as) white as snow; ~ **se** as if, as though; **com'è vero Dio!** as God is my witness!

2 (*in qualità di*) as a; **lavora** ~ **autista** he works as a driver

3 (*interrogativo*) how; ~ **ti chiami?** what's your name?; ~ **sta?** how are you?; **com'è il tuo amico?** what is your friend like?; ~**?** (*prego?*) pardon?, sorry?; ~ **mai?** how come?; ~ **mai non ci hai avvertiti?** how come you didn't warn us?

4 (*esclamativo*): ~ **sei bravo!** how clever you are!; ~ **mi dispiace!** I'm terribly sorry!

♦ *cong* **1** (*in che modo*) how; **mi ha spiegato** ~ **l'ha conosciuto** he told me how he met him; **non so** ~ **sia successo** I don't know how it happened; **attento a** ~ **parli!** watch your mouth!

2 (*correlativo*) as; (*con comparativi di maggioranza*) than; **non è bravo** ~ **pensavo** he isn't as clever as I thought; **è meglio di** ~ **pensassi** it's better than I thought

3 (*quasi se*) as; **è** ~ **se fosse ancora qui** it's as if he was still here; ~ **se niente fosse** as if nothing had happened; ~ **non detto!** let's forget it!

4 (*appena che, quando*) as soon as; ~ **arrivò, iniziò a lavorare** as soon as he arrived, he set to work; *vedi anche* **così; oggi; ora.**

'**COMECON** *abbr m* (= *Consiglio di Mutua Assistenza Economica*) COMECON.

come'done *sm* blackhead.

co'meta *sf* comet.

'**comico, a, ci, che** *ag* (*TEAT*) comic; (*buffo*) comical ♦ *sm* (*attore*) comedian, comic actor; (*comicità*) comic spirit, comedy.

co'mignolo [ko'miɲɲolo] *sm* chimney top.

cominci'are [komin'tʃare] *vt, vi* to begin, start; ~ **a fare/col fare** to begin to do/by doing; **cominciamo bene!** (*ironico*) we're off to a fine start!

comi'tato *sm* committee; ~ **direttivo** steering committee; ~ **di gestione** works council; ~ **interministeriale prezzi** interdepartmental committee on prices; ~ **interministeriale per la programmazione economica** interdepartmental committee for economic planning; ~ **interministeriale per lo sviluppo industriale**

interdepartmental committee for industrial development.

comi'tiva *sf* party, group.

co'mizio [ko'mittsjo] *sm* (*POL*) meeting, assembly; ~ **elettorale** election rally.

'**comma, i** *sm* (*DIR*) subsection.

com'mando *sm inv* commando (squad).

com'media *sf* comedy; (*opera teatrale*) play; (: *che fa ridere*) comedy; (*fig*) playacting *no pl*.

commedi'ante *sm/f* (*peg*) third-rate actor/actress; (: *fig*) sham.

commedi'ografo, a *sm/f* (*autore*) comedy writer.

commemo'rare *vt* to commemorate.

commemorazi'one [kommemorat'tsjone] *sf* commemoration.

commenda'tore *sm* official title awarded for services to one's country.

commen'sale *sm/f* table companion.

commen'tare *vt* to comment on; (*testo*) to annotate; (*RADIO, TV*) to give a commentary on.

commenta'tore, 'trice *sm/f* commentator.

com'mento *sm* comment; (*a un testo, RADIO, TV*) commentary; ~ **musicale** (*CINE*) background music.

commerci'ale [kommer'tʃale] *ag* commercial, trading; (*peg*) commercial.

commercia'lista, i, e [kommertʃa'lista] *sm/f* (*laureato*) graduate in economics and commerce; (*consulente*) business consultant.

commercializ'zare [kommertʃalid'dzare] *vt* to market.

commercializzazi'one [kommertʃaliddzat 'tsjone] *sf* marketing.

commerci'ante [kommer'tʃante] *sm/f* trader, dealer; (*negoziante*) shopkeeper; ~ **all'ingrosso** wholesaler; ~ **in proprio** sole trader.

commerci'are [kommer'tʃare] *vi*: ~ **in** *vt* to deal *o* trade in.

com'mercio [kom'mertʃo] *sm* trade, commerce; **essere in** ~ (*prodotto*) to be on the market *o* on sale; **essere nel** ~ (*persona*) to be in business; ~ **all'ingrosso/al minuto** wholesale/retail trade.

com'messo, a *pp di* **commettere** ♦ *sm/f* shop assistant (*BRIT*), sales clerk (*US*) ♦ *sm* (*impiegato*) clerk ♦ *sf* (*COMM*) order; ~ **viaggiatore** commercial traveller.

commes'tibile *ag* edible; ~**i** *smpl* foodstuffs.

com'mettere *vt* to commit; (*ordinare*) to commission, order.

commi'ato *sm* leave-taking; **prendere** ~ **da**

qn to take one's leave of sb.
commi'nare vt (DIR) to make provision for.
commise'rare vt to sympathize with, commiserate with.
commiserazi'one [kommizerat'tsjone] sf commiseration.
com'misi etc vb vedi **commettere**.
commissaria'mento sm temporary receivership.
commissari'are vt to put under temporary receivership.
commissari'ato sm (AMM) commissionership; (: sede) commissioner's office; (: di polizia) police station.
commis'sario sm commissioner; (di pubblica sicurezza) ≈ (police) superintendent (BRIT), (police) captain (US); (SPORT) (membro di commissione) member of a committee o board; **alto** ~ high commissioner; ~ **di bordo** (NAUT) purser; ~ **d'esame** member of an examining board; ~ **di gara** race official; ~ **tecnico** (SPORT) national coach.
commissio'nare vt to order, place an order for.
commissio'nario sm (COMM) agent, broker.
commissi'one sf (incarico) errand; (comitato, percentuale) commission; (COMM: ordinazione) order; ~**i** sfpl (acquisti) shopping sg; ~ **d'esame** examining board; ~ **d'inchiesta** committee of enquiry; ~ **permanente** standing committee; ~**i bancarie** bank charges.
commit'tente smlf (COMM) purchaser, customer.
com'mosso, a pp di **commuovere**.
commo'vente ag moving.
commozi'one [kommot'tsjone] sf emotion, deep feeling; ~ **cerebrale** (MED) concussion.
commu'overe vt to move, affect; ~**rsi** vr to be moved.
commu'tare vt (pena) to commute; (ELETTR) to change o switch over.
commutazi'one [kommutat'tsjone] sf (DIR, ELETTR) commutation.
comò sm inv chest of drawers.
como'dino sm bedside table.
comodità sf inv comfort; convenience.
'comodo, a ag comfortable; (facile) easy; (conveniente) convenient; (utile) useful, handy ♦ sm comfort; convenience; **con** ~ at one's convenience o leisure; **fare il proprio** ~ to do as one pleases; **far** ~ to be useful o handy; **stia** ~! don't bother to

get up!
'compact disc sm inv compact disc.
compae'sano, a smlf fellow-countryman/woman; person from the same town.
com'pagine [kom'padʒine] sf (squadra) team.
compa'gnia [kompaɲ'ɲia] sf company; (gruppo) gathering; **fare** ~ **a qn** to keep sb company; **essere di** ~ to be sociable.
com'pagno, a [kom'paɲɲo] smlf (di classe, gioco) companion; (POL) comrade; ~ **di lavoro** workmate; ~ **di scuola** schoolfriend; ~ **di viaggio** fellow traveller.
com'paio etc vb vedi **comparire**.
compa'rare vt to compare.
compara'tivo, a ag, sm comparative.
comparazi'one [komparat'tsjone] sf comparison.
com'pare sm (padrino) godfather; (complice) accomplice; (fam: amico) old pal, old mate.
compa'rire vi to appear; ~ **in giudizio** (DIR) to appear before the court.
comparizi'one [komparit'tsjone] sf (DIR) appearance; **mandato di** ~ summons sg.
com'parso, a pp di **comparire** ♦ sf appearance; (TEAT) walk-on; (CINE) extra.
compareci'pare [kompartetʃi'pare] vi (COMM): ~ **a** to have a share in.
compartecipazi'one [kompartetʃipat'tsjone] sf sharing; (quota) share; ~ **agli utili** profit- sharing; **in** ~ jointly.
comparti'mento sm compartment; (AMM) district.
com'parvi etc vb vedi **comparire**.
compas'sato, a ag (persona) composed; **freddo e** ~ cool and collected.
compassi'one sf compassion, pity; **avere** ~ **di qn** to feel sorry for sb, pity sb; **fare** ~ to arouse pity.
compassio'nevole ag compassionate.
com'passo sm (pair of) compasses pl; callipers pl.
compa'tibile ag (scusabile) excusable; (conciliabile, INFORM) compatible.
compati'mento sm compassion; indulgence; **con aria di** ~ with a condescending air.
compa'tire vt (aver compassione di) to sympathize with, feel sorry for; (scusare) to make allowances for.
compatri'ota, i, e smlf compatriot.
compat'tezza [kompat'tettsa] sf (solidità) compactness; (fig: unità) solidarity.
com'patto, a ag compact; (roccia) solid; (folla) dense; (fig: gruppo, partito) united, close-knit.

com'pendio *sm* summary; (*libro*) compendium.

compen'sare *vt* (*equilibrare*) to compensate for, make up for; ~rsi *vr* (*reciproco*) to balance each other out; ~ qn di (*rimunerare*) to pay o remunerate sb for; (*risarcire*) to pay compensation to sb for; (*fig: fatiche, dolori*) to reward sb for.

compen'sato *sm* (*anche:* legno ~) plywood.

com'penso *sm* compensation; payment, remuneration; reward; in ~ (*d'altra parte*) on the other hand.

'compera *sf* purchase; fare le ~e to do the shopping.

compe'rare *vt* = comprare.

compe'tente *ag* competent; (*mancia*) apt, suitable; (*capace*) qualified; rivolgersi all'ufficio ~ to apply to the office concerned.

compe'tenza [kompe'tɛntsa] *sf* competence; (*DIR: autorità*) jurisdiction; (*TECN, COMM*) expertise; ~e *sfpl* (*onorari*) fees; definire le ~e to establish responsibilities.

com'petere *vi* to compete, vie; (*DIR: spettare*): ~ a to lie within the competence of.

competitività *sf inv* competitiveness.

competi'tivo, a *ag* competitive.

competi'tore, 'trice *smlf* competitor.

competizi'one [kompetit'tsjone] *sf* competition; spirito di ~ competitive spirit.

compia'cente [kompja'tʃɛnte] *ag* courteous, obliging.

compia'cenza [kompja'tʃɛntsa] *sf* courtesy.

compia'cere [kompja'tʃere] *vi:* ~ a to gratify, please ♦ *vt* to please; ~rsi *vr* (*provare soddisfazione*): ~rsi di o per qc to be delighted at sth; (*rallegrarsi*): ~rsi con qn to congratulate sb; (*degnarsi*): ~rsi di fare to be so good as to do.

compiaci'mento [kompjatʃi'mento] *sm* satisfaction.

compiaci'uto, a [kompja'tʃuto] *pp di* compiacere.

compi'angere [kom'pjandʒere] *vt* to sympathize with, feel sorry for.

compi'anto, a *pp di* compiangere ♦ *ag:* il ~ presidente the late lamented president ♦ *sm* mourning, grief.

'compiere *vt* (*concludere*) to finish, complete; (*adempiere*) to carry out, fulfil; ~rsi *vr* (*avverarsi*) to be fulfilled, come true; ~ gli anni to have one's birthday.

compi'lare *vt* to compile; (*modulo*) to complete, fill in (*BRIT*), fill out (*US*).

compila'tore, 'trice *smlf* compiler.

compilazi'one [kompilat'tsjone] *sf* compilation; (*completa*) completion.

compi'mento *sm* (*termine, conclusione*) completion, fulfilment; portare a ~ qc to conclude sth, bring sth to a conclusion.

com'pire *vb* = compiere.

'compito *sm* (*incarico*) task, duty; (*dovere*) duty; (*INS*) exercise; (*: a casa*) piece of homework; fare i ~i to do one's homework.

com'pito, a *ag* well-mannered, polite.

compiu'tezza [kompju'tettsa] *sf* (*completezza*) completeness; (*perfezione*) perfection.

compi'uto, a *pp di* compiere ♦ *ag:* a 20 anni ~i at 20 years of age, at age 20; un fatto ~ a fait accompli.

comple'anno *sm* birthday.

complemen'tare *ag* complementary; (*INS: materia*) subsidiary.

comple'mento *sm* complement; (*MIL*) reserve (troops); ~ oggetto (*LING*) direct object.

comples'sato, a *ag, smlf:* essere (un) ~ to be full of complexes o hang-ups (*fam*).

complessità *sf* complexity.

complessiva'mente *av* (*nell'insieme*) on the whole; (*in tutto*) altogether.

comples'sivo, a *ag* (*globale*) comprehensive, overall; (*totale: cifra*) total; visione ~a overview.

com'plesso, a *ag* complex ♦ *sm* (*PSIC, EDIL*) complex; (*MUS: corale*) ensemble; (*: orchestrina*) band; (*: di musica pop*) group; in o nel ~ on the whole.

completa'mento *sm* completion.

comple'tare *vt* to complete.

com'pleto, a *ag* complete; (*teatro, autobus*) full ♦ *sm* suit; al ~ full; (*tutti presenti*) all present; essere al ~ (*teatro*) to be sold out; ~ da sci ski suit.

compli'care *vt* to complicate; ~rsi *vr* to become complicated.

complicazi'one [komplikat'tsjone] *sf* complication; salvo ~i unless any difficulties arise.

'complice ['kɔmplitʃe] *smlf* accomplice.

complicità [komplitʃi'ta] *sf inv* complicity; un sorriso/uno sguardo di ~ a knowing smile/look.

complimen'tarsi *vr:* ~ con to congratulate.

compli'mento *sm* compliment; ~i *smpl* (*cortesia eccessiva*) ceremony *sg*; ~i! congratulations!; senza ~i! don't stand on ceremony!; make yourself at home!;

help yourself!

complot'tare *vi* to plot, conspire.

com'plotto *sm* plot, conspiracy.

com'pone *etc vb vedi* **comporre**.

compo'nente *sm/f* member ♦ *sm* component.

com'pongo *etc vb vedi* **comporre**.

compo'nibile *ag* (*mobili, cucina*) fitted.

componi'mento *sm* (*DIR*) settlement; (*INS*) composition; (*poetico, teatrale*) work.

com'porre *vt* (*musica, testo*) to compose; (*mettere in ordine*) to arrange; (*DIR: lite*) to settle; (*TIP*) to set; (*TEL*) to dial; **comporsi** *vr*: **comporsi di** to consist of, be composed of.

comportamen'tale *ag* behavioural (*BRIT*), behavioral (*US*).

comporta'mento *sm* behaviour (*BRIT*), behavior (*US*); (*di prodotto*) performance.

compor'tare *vt* (*implicare*) to involve, entail; (*consentire*) to permit, allow (of); ~**rsi** *vr* (*condursi*) to behave.

com'posi *etc vb vedi* **comporre**.

composi'tore, 'trice *sm/f* composer; (*TIP*) compositor, typesetter.

composizi'one [kompozit'tsjone] *sf* composition; (*DIR*) settlement.

com'posta *sf vedi* **composto**.

compos'tezza [kompos'tettsa] *sf* composure; decorum.

com'posto, a *pp di* **comporre** ♦ *ag* (*persona*) composed, self-possessed; (: *decoroso*) dignified; (*formato da più elementi*) compound *cpd* ♦ *sm* compound; (*CUC etc*) mixture ♦ *sf* (*CUC*) stewed fruit *no pl*; (*AGR*) compost.

com'prare *vt* to buy; (*corrompere*) to bribe.

compra'tore, 'trice *sm/f* buyer, purchaser.

compra'vendita *sf* (*COMM*) (contract of) sale; **un atto di** ~ a deed of sale.

com'prendere *vt* (*contenere*) to comprise, consist of; (*capire*) to understand.

compren'donio *sm*: **essere duro di** ~ to be slow on the uptake.

compren'sibile *ag* understandable.

comprensi'one *sf* understanding.

compren'sivo, a *ag* (*prezzo*): ~ **di** inclusive of; (*indulgente*) understanding.

compren'sorio *sm* area, territory; (*AMM*) district.

com'preso, a *pp di* **comprendere** ♦ *ag* (*incluso*) included; **tutto** ~ all included, all-in (*BRIT*).

com'pressa *sf vedi* **compresso**.

compressi'one *sf* compression.

com'presso, a *pp di* **comprimere** ♦ *ag* (*vedi* **comprimere**) pressed; compressed; repressed ♦ *sf* (*MED: garza*) compress;

(: *pastiglia*) tablet.

compres'sore *sm* compressor; (*anche*: **rullo** ~) steamroller.

compri'mario, a *sm/f* (*TEAT*) supporting actor/actress.

com'primere *vt* (*premere*) to press; (*FISICA*) to compress; (*fig*) to repress.

compro'messo, a *pp di* **compromettere** ♦ *sm* compromise.

compro'mettere *vt* to compromise; ~**rsi** *vr* to compromise o.s.

comproprietà *sf* (*DIR*) joint ownership.

compro'vare *vt* to confirm.

com'punto, a *ag* contrite; **con fare** ~ with a solemn air.

compunzi'one [kompun'tsjone] *sf* contrition; solemnity.

compu'tare *vt* to calculate; (*addebitare*): ~ **qc a qn** to debit sb with sth.

com'puter [kəm'pjuːtər] *sm inv* computer.

computeriz'zato, a [komputerid'dzato] *ag* computerized.

computerizzazi'one [komputeriddzat'tsjone] *sf* computerization.

computiste'ria *sf* accounting, book-keeping.

'computo *sm* calculation; **fare il** ~ **di** to count.

comu'nale *ag* municipal, town *cpd*; **consiglio/palazzo** ~ town council/hall; **è un impiegato** ~ he works for the local council.

Co'mune *sm* (*AMM*) town council; (*sede*) town hall.

> *The* **Comune** *is the smallest autonomous political and administrative unit. Records of births, marriages and deaths are kept by the Comune, which has the power to impose taxes and approve plans for public works and town planning. It is run by a Giunta comunale which is elected by the* **Consiglio Comunale**. *Both groups are headed by the* **Sindaco** *(mayor). See also* **Provincia** *and* **Regione**.

co'mune *ag* common; (*consueto*) common, everyday; (*di livello medio*) average; (*ordinario*) ordinary ♦ *sf* (*di persone*) commune; **fuori del** ~ out of the ordinary; **avere in** ~ to have in common, share; **mettere in** ~ to share; **un nostro** ~ **amico** a mutual friend of ours; **fare cassa** ~ to pool one's money.

comuni'care *vt* (*notizia*) to pass on, convey; (*malattia*) to pass on; (*ansia etc*) to communicate; (*trasmettere: calore etc*) to transmit, communicate; (*REL*) to administer communion to ♦ *vi* to communicate; **~rsi** *vr* (*propagarsi*): **~rsi a** to spread to; (*REL*) to receive communion.

comunica'tivo, a *ag* (*sentimento*) infectious; (*persona*) communicative ♦ *sf* communicativeness.

comuni'cato *sm* communiqué; **~ stampa** press release.

comunicazi'one [komunikat'tsjone] *sf* communication; (*annuncio*) announcement; (*TEL*): **~ (telefonica)** (telephone) call; **dare la ~ a qn** to put sb through; **ottenere la ~** to get through; **salvo ~i contrarie da parte Vostra** unless we hear from you to the contrary.

comuni'one *sf* communion; **~ dei beni** (*DIR*: *tra coniugi*) joint ownership of property.

comu'nismo *sm* communism.

comu'nista, i, e *ag, smlf* communist.

comunità *sf inv* community; **C~ Economica Europea (CEE)** European Economic Community (EEC); **~ terapeutica** *rehabilitation centre run by voluntary organizations for people with drug, alcohol etc dependency.*

comuni'tario, a *ag* community *cpd*.

co'munque *cong* however, no matter how ♦ *av* (*in ogni modo*) in any case; (*tuttavia*) however, nevertheless.

con *prep* (*nei seguenti casi* **con** *può fondersi con l'articolo definito:* con + il = **col**, con + la = **colla**, con + gli = **cogli**, con + i = **coi**, con + le = **colle**) with; **partire col treno** to leave by train; **~ mio grande stupore** to my great astonishment; **~ la forza** by force; **~ questo freddo** in this cold weather; **~ il 1° di ottobre** as of October 1st; **~ tutto ciò** in spite of that, for all that; **~ tutto che era arrabbiato** even though he was angry, in spite of the fact that he was angry; **e ~ questo?** so what?

co'nato *sm*: **~ di vomito** retching.

'conca, che *sf* (*GEO*) valley.

concate'nare *vt* to link up, connect; **~rsi** *vr* to be connected.

'concavo, a *ag* concave.

con'cedere [kon'tʃɛdere] *vt* (*accordare*) to grant; (*ammettere*) to admit, concede; **~rsi qc** to treat o.s. to sth, allow o.s. sth.

concentra'mento [kontʃentra'mento] *sm* concentration.

concen'trare [kontʃen'trare] *vt*, **~rsi** *vr* to concentrate.

concen'trato [kontʃen'trato] *sm* concentrate; **~ di pomodoro** tomato purée.

concentrazi'one [kontʃentrat'tsjone] *sf* concentration; **~ orizzontale/verticale** (*ECON*) horizontal/vertical integration.

con'centrico, a, ci, che [kon'tʃentriko] *ag* concentric.

conce'pibile [kontʃe'pibile] *ag* conceivable.

concepi'mento [kontʃepi'mento] *sm* conception.

conce'pire [kontʃe'pire] *vt* (*bambino*) to conceive; (*progetto, idea*) to conceive (of); (*metodo, piano*) to devise; (*situazione*) to imagine, understand.

con'cernere [kon'tʃernere] *vt* to concern; **per quanto mi concerne** as far as I'm concerned.

concer'tare [kontʃer'tare] *vt* (*MUS*) to harmonize; (*ordire*) to devise, plan; **~rsi** *vr* to agree.

concer'tista, i, e [kontʃer'tista] *smlf* (*MUS*) concert performer.

con'certo [kon'tʃerto] *sm* (*MUS*) concert; (*: componimento*) concerto.

con'cessi *etc* [kon'tʃessi] *vb vedi* **concedere**.

concessio'nario [kontʃessjo'narjo] *sm* (*COMM*) agent, dealer; **~ esclusivo (di)** sole agent (for).

concessi'one [kontʃes'sjone] *sf* concession.

con'cesso, a [kon'tʃesso] *pp di* **concedere**.

con'cetto [kon'tʃetto] *sm* (*pensiero, idea*) concept; (*opinione*) opinion; **è un impiegato di ~** ≈ he's a white-collar worker.

concezi'one [kontʃet'tsjone] *sf* conception; (*idea*) view, idea.

con'chiglia [kon'kiʎʎa] *sf* shell.

'concia ['kontʃa] *sf* (*di pelli*) tanning; (*di tabacco*) curing; (*sostanza*) tannin.

conci'are [kon'tʃare] *vt* (*pelli*) to tan; (*tabacco*) to cure; (*fig: ridurre in cattivo stato*) to beat up; **~rsi** *vr* (*sporcarsi*) to get in a mess; (*vestirsi male*) to dress badly; **ti hanno conciato male o per le feste!** they've really beaten you up!

concili'abile [kontʃi'ljabile] *ag* compatible.

concili'abolo [kontʃi'ljabolo] *sm* secret meeting.

concili'ante [kontʃi'ljante] *ag* conciliatory.

concili'are [kontʃi'ljare] *vt* to reconcile; (*contravvenzione*) to pay on the spot; (*favorire: sonno*) to be conducive to, induce; (*procurare: simpatia*) to gain; **~rsi qc** to gain *o* win sth (for o.s.); **~rsi qn** to win sb over; **~rsi con** to be reconciled with.

conciliazi'one [kontʃiljat'tsjone] *sf* reconciliation; (*DIR*) settlement; **la C~** (*STORIA*) the Lateran Pact.

con'cilio [kon'tʃiljo] *sm* (*REL*) council.

conci'mare [kontʃi'mare] *vt* to fertilize; (*con letame*) to manure.

con'cime [kon'tʃime] *sm* manure; (*chimico*) fertilizer.

concisi'one [kontʃi'zjone] *sf* concision, conciseness.

con'ciso, a [kon'tʃizo] *ag* concise, succinct.

conci'tato, a [kontʃi'tato] *ag* excited, emotional.

concitta'dino, a [kontʃitta'dino] *sm/f* fellow citizen.

con'clave *sm* conclave.

con'cludere *vt* to conclude; (*portare a compimento*) to conclude, finish, bring to an end; (*operare positivamente*) to achieve ♦ *vi* (*essere convincente*) to be conclusive; ~**rsi** *vr* to come to an end, close.

conclusi'one *sf* conclusion; (*risultato*) result.

conclu'sivo, a *ag* conclusive; (*finale*) final.

con'cluso, a *pp di* **concludere**.

concomi'tanza [konkomi'tantsa] *sf* (*di circostanze, fatti*) combination.

concor'danza [konkor'dantsa] *sf* (*anche* LING) agreement.

concor'dare *vt* (*prezzo*) to agree on; (LING) to make agree ♦ *vi* to agree; ~ **una tregua** to agree to a truce.

concor'dato *sm* agreement; (REL) concordat.

con'corde *ag* (*d'accordo*) in agreement; (*simultaneo*) simultaneous.

con'cordia *sf* harmony, concord.

concor'rente *ag* competing; (MAT) concurrent ♦ *sm/f* (SPORT, COMM) competitor; (*a un concorso di bellezza*) contestant.

concor'renza [konkor'rɛntsa] *sf* competition; ~ **sleale** unfair competition; **a prezzi di** ~ at competitive prices.

concorrenzi'ale [konkorren'tsjale] *ag* competitive.

con'correre *vi*: ~ **(in)** (MAT) to converge *o* meet (in); ~ **(a)** (*competere*) to compete (for); (: INS: *a una cattedra*) to apply (for); (*partecipare: a un'impresa*) to take part (in), contribute (to).

con'corso, a *pp di* **concorrere** ♦ *sm* competition; (*esame*) competitive examination; ~ **di bellezza** beauty contest; ~ **di circostanze** combination of circumstances; ~ **di colpa** (DIR) contributory negligence; **un** ~ **ippico** a showjumping event; ~ **in reato** (DIR) complicity in a crime; ~ **per titoli** competitive examination for qualified candidates.

con'creto, a *ag* concrete ♦ *sm*: **in** ~ **in** reality.

concu'bina *sf* concubine ♦ *sm*: **sono** ~**i** they are living together.

concussi'one *sf* (DIR) extortion.

con'danna *sf* condemnation; sentence; conviction; ~ **a morte** death sentence.

condan'nare *vt* (*disapprovare*) to condemn; (DIR): ~ **a** to sentence to; ~ **per** to convict of.

condan'nato, a *sm/f* convict.

con'densa *sf* condensation.

conden'sare *vt*, ~**rsi** *vr* to condense.

condensa'tore *sm* capacitor.

condensazi'one [kondensat'tsjone] *sf* condensation.

condi'mento *sm* seasoning; dressing.

con'dire *vt* to season; (*insalata*) to dress.

condiscen'dente [kondiʃʃen'dɛnte] *ag* obliging; compliant.

condiscen'denza [kondiʃʃen'dɛntsa] *sf* (*disponibilità*) obligingness; (*arrendevolezza*) compliance.

condi'scendere [kondiʃ'ʃendere] *vi*: ~ **a** to agree to.

condi'sceso, a [kondiʃ'ʃeso] *pp di* **condiscendere**.

condi'videre *vt* to share.

condi'viso, a *pp di* **condividere**.

condizio'nale [kondittsjo'nale] *ag* conditional ♦ *sm* (LING) conditional ♦ *sf* (DIR) suspended sentence.

condiziona'mento [kondittsjona'mento] *sm* conditioning; ~ **d'aria** air conditioning.

condizio'nare [kondittsjo'nare] *vt* to condition; **ad aria condizionata** air-conditioned.

condiziona'tore [kondittsjona'tore] *sm* air conditioner.

condizi'one [kondit'tsjone] *sf* condition; ~**i** *sfpl* (*di pagamento etc*) terms, conditions; **a** ~ **che** on condition that, provided that; **a nessuna** ~ on no account; ~**i a convenirsi** terms to be arranged; ~**i di lavoro** working conditions; ~**i di vendita** sales terms.

condogli'anze [kondoʎ'ʎantse] *sfpl* condolences.

condomini'ale *ag*: **riunione** ~ residents' meeting; **spese** ~**i** common charges.

condo'minio *sm* joint ownership; (*edificio*) jointly-owned building.

con'domino *sm* joint owner.

condo'nare *vt* (DIR) to remit.

con'dono *sm* remission; ~ **fiscale** *conditional amnesty for people evading tax.*

con'dotta *sf* vedi **condotto**.

con'dotto, a *pp di* **condurre** ♦ *ag*: **medico** ~

local authority doctor (*in country district*)
♦ *sm* (*canale, tubo*) pipe, conduit; (*ANAT*)
duct ♦ *sf* (*modo di comportarsi*) conduct,
behaviour (*BRIT*), behavior (*US*); (*di un
affare etc*) handling; (*di acqua*) piping;
(*incarico sanitario*) *country medical
practice controlled by a local authority.*

condu'cente [kondu'tʃɛnte] *sm* driver.

con'duco *etc vb vedi* **condurre.**

con'durre *vt* to conduct; (*azienda*) to
manage; (*accompagnare: bambino*) to take;
(*automobile*) to drive; (*trasportare: acqua,
gas*) to convey, conduct; (*fig*) to lead ♦ *vi*
to lead; **condursi** *vr* to behave, conduct
o.s.; ~ **a termine** to conclude.

con'dussi *etc vb vedi* **condurre.**

condut'tore, 'trice *ag*: **filo** ~ (*fig*) thread;
motivo ~ leitmotiv ♦ *sm* (*di mezzi pubblici*)
driver; (*FISICA*) conductor.

condut'tura *sf* (*gen*) pipe; (*di acqua, gas*)
main.

conduzi'one [kondut'tsjone] *sf* (*di affari,
ditta*) management; (*DIR: locazione*) lease;
(*FISICA*) conduction.

confabu'lare *vi* to confab.

confa'cente [konfa'tʃɛnte] *ag*: ~ **a qn/qc**
suitable for sb/sth; **clima** ~ **alla salute**
healthy climate.

CONFAGRICOL'TURA *abbr f*
(= *Confederazione generale dell'Agricoltura
Italiana*) *confederation of Italian farmers.*

CON'FAPI *sigla f* = *Confederazione Nazionale
della Piccola Industria.*

con'farsi *vr*: ~ **a** to suit, agree with.

CONFARTIGIA'NATO [konfartidʒa'nato]
abbr f = *Confederazione Generale
dell'Artigianato Italiano.*

con'fatto, a *pp di* **confarsi.**

CONFCOM'MERCIO [konfkom'mɛrtʃo]
abbr f = *Confederazione Generale del
Commercio.*

confederazi'one [konfederat'tsjone] *sf*
confederation; ~ **imprenditoriale**
employers' association.

confe'renza [konfe'rɛntsa] *sf* (*discorso*)
lecture; (*riunione*) conference; ~ **stampa**
press conference.

conferenzi'ere, a [konferen'tsjɛre] *sm/f*
lecturer.

conferi'mento *sm* conferring, awarding.

confe'rire *vt*: ~ **qc a qn** to give sth to sb,
confer sth on sb ♦ *vi* to confer.

con'ferma *sf* confirmation.

confer'mare *vt* to confirm.

confes'sare *vt*, ~**rsi** *vr* to confess; **andare a
~rsi** (*REL*) to go to confession.

confessio'nale *ag, sm* confessional.

confessi'one *sf* confession; (*setta religiosa*)

denomination.

con'fesso, a *ag*: **essere reo** ~ to have
pleaded guilty.

confes'sore *sm* confessor.

con'fetto *sm* sugared almond; (*MED*) pill.

confet'tura *sf* (*gen*) jam; (*di arance*)
marmalade.

confezio'nare [konfettsjo'nare] *vt* (*vestito*)
to make (up); (*merci, pacchi*) to package.

confezi'one [konfet'tsjone] *sf* (*di abiti: da
uomo*) tailoring; (: *da donna*)
dressmaking; (*imballaggio*) packaging; ~
regalo gift pack; ~ **risparmio** economy
size; ~ **da viaggio** travel pack; ~**i per
signora** ladies' wear *no pl*; ~**i da uomo**
menswear *no pl*.

confic'care *vt*: ~ **qc in** to hammer *o* drive
sth into; ~**rsi** *vr* to stick.

confi'dare *vi*: ~ **in** to confide in, rely on
♦ *vt* to confide; ~**rsi con qn** to confide in
sb.

confi'dente *sm/f* (*persona amica*) confidant/
confidante; (*informatore*) informer.

confi'denza [konfi'dɛntsa] *sf* (*familiarità*)
intimacy, familiarity; (*fiducia*) trust,
confidence; (*rivelazione*) confidence;
prendersi (troppe) ~**e** to take liberties;
fare una ~ **a qn** to confide something to
sb.

confidenzi'ale [konfiden'tsjale] *ag* familiar,
friendly; (*segreto*) confidential; **in via** ~
confidentially.

configu'rare *vt* (*INFORM*) to set; ~**rsi** *vr*: ~ **a**
to assume the shape *o* form of.

configurazi'one [konfigurat'tsjone] *sf*
configuration; (*INFORM*) setting.

confi'nante *ag* neighbouring (*BRIT*),
neighboring (*US*).

confi'nare *vi*: ~ **con** to border on ♦ *vt* (*POL*)
to intern; (*fig*) to confine; ~**rsi** *vr* (*isolarsi*):
~**rsi in** to shut o.s. up in.

confi'nato, a *ag* interned ♦ *sm/f* internee.

CONFIN'DUSTRIA *sigla f* (= *Confederazione
Generale dell'Industria Italiana*) *employers'
association*, ≈ CBI (*BRIT*).

con'fine *sm* boundary; (*di paese*) border,
frontier; **territorio di** ~ border zone.

con'fino *sm* internment.

con'fisca *sf* confiscation.

confis'care *vt* to confiscate.

conflagrazi'one [konflagrat'tsjone] *sf*
conflagration.

con'flitto *sm* conflict; **essere in** ~ **con qc** to
clash with sth; **essere in** ~ **con qn** to be at
loggerheads with sb.

conflittu'ale *ag*: **rapporto** ~ relationship
based on conflict.

conflittualità *sf* conflicts *pl*.

conflu'enza [konflu'ɛntsa] *sf* (*di fiumi*) confluence; (*di strade*) junction.

conflu'ire *vi* (*fiumi*) to flow into each other, meet; (*strade*) to meet.

con'fondere *vt* to mix up, confuse; (*imbarazzare*) to embarrass; ~**rsi** *vr* (*mescolarsi*) to mingle; (*turbarsi*) to be confused; (*sbagliare*) to get mixed up; ~ **le idee a qn** to mix sb up, confuse sb.

confor'mare *vt* (*adeguare*): ~ **a** to adapt *o* conform to; ~**rsi** *vr*: ~**rsi** (**a**) to conform (to).

con'forme *ag*: ~ **a** (*simile*) similar to; (*corrispondente*) in keeping with.

conforme'mente *av* accordingly; ~ **a** in accordance with.

confor'mismo *sm* conformity.

confor'mista, i, e *sm/f* conformist.

conformità *sf* conformity; **in** ~ **a** in conformity with.

confor'tare *vt* to comfort, console.

confor'tevole *ag* (*consolante*) comforting; (*comodo*) comfortable.

con'forto *sm* (*consolazione, sollievo*) comfort, consolation; (*conferma*) support; **a** ~ **di qc** in support of sth; **i** ~**i** (**religiosi**) the last sacraments.

confra'ternita *sf* brotherhood.

confron'tare *vt* to compare; ~**rsi** *vr* (*scontrarsi*) to have a confrontation.

con'fronto *sm* comparison; (*DIR, MIL, POL*) confrontation; **in** *o* **a** ~ **di** in comparison with, compared to; **nei miei** (*o* **tuoi** *etc*) ~**i** towards me (*o* you *etc*).

con'fusi *etc vb vedi* **confondere.**

confusi'one *sf* confusion; (*imbarazzo*) embarrassment; **far** ~ (*disordine*) to make a mess; (*chiasso*) to make a racket; (*confondere*) to confuse things.

con'fuso, a *pp di* **confondere** ♦ *ag* (*vedi confondere*) confused; embarrassed.

confu'tare *vt* to refute.

conge'dare [kondʒe'dare] *vt* to dismiss; (*MIL*) to demobilize; ~**rsi** *vr* to take one's leave.

con'gedo [kon'dʒedo] *sm* (*anche MIL*) leave; **prendere** ~ **da qn** to take one's leave of sb; ~ **assoluto** (*MIL*) discharge.

conge'gnare [kondʒeɲ'ɲare] *vt* to construct, put together.

con'gegno [kon'dʒeɲɲo] *sm* device, mechanism.

congela'mento [kondʒela'mento] *sm* (*gen*) freezing; (*MED*) frostbite; ~ **salariale** wage freeze.

conge'lare [kondʒe'lare] *vt*, ~**rsi** *vr* to freeze.

congela'tore [kondʒela'tore] *sm* freezer.

con'genito, a [kon'dʒɛnito] *ag* congenital.

con'gerie [kon'dʒɛrje] *sf inv* (*di oggetti*) heap; (*di idee*) muddle, jumble.

congestio'nare [kondʒestjo'nare] *vt* to congest; **essere congestionato** (*persona, viso*) to be flushed; (*zona: per traffico*) to be congested.

congesti'one [kondʒes'tjone] *sf* congestion.

conget'tura [kondʒet'tura] *sf* conjecture, supposition.

con'giungere [kon'dʒundʒere] *vt*, ~**rsi** *vr* to join (together).

congiunti'vite [kondʒunti'vite] *sf* conjunctivitis.

congiun'tivo [kondʒun'tivo] *sm* (*LING*) subjunctive.

congi'unto, a [kon'dʒunto] *pp di* **congiungere** ♦ *ag* (*unito*) joined ♦ *sm/f* (*parente*) relative.

congiun'tura [kondʒun'tura] *sf* (*giuntura*) junction, join; (*ANAT*) joint; (*circostanza*) juncture; (*ECON*) economic situation.

congiuntu'rale [kondʒuntu'rale] *ag* of the economic situation; **crisi** ~ economic crisis.

congiunzi'one [kondʒun'tsjone] *sf* (*LING*) conjunction.

congi'ura [kon'dʒura] *sf* conspiracy.

congiu'rare [kondʒu'rare] *vi* to conspire.

conglome'rato *sm* (*GEO*) conglomerate; (*fig*) conglomeration; (*EDIL*) concrete.

'Congo *sm*: **il** ~ the Congo.

congo'lese *ag, sm/f* Congolese *inv.*

congratu'larsi *vr*: ~ **con qn per qc** to congratulate sb on sth.

congratulazi'oni [kongratulat'tsjoni] *sfpl* congratulations.

con'grega, ghe *sf* band, bunch.

congregazi'one [kongregat'tsjone] *sf* congregation.

congres'sista, i, e *sm/f* participant at a congress.

con'gresso *sm* congress.

'congruo, a *ag* (*prezzo, compenso*) adequate, fair; (*ragionamento*) coherent, consistent.

conguagli'are [kongwaʎ'ʎare] *vt* to balance; (*stipendio*) to adjust.

congu'aglio [kon'gwaʎʎo] *sm* balancing; adjusting; (*somma di denaro*) balance; **fare il** ~ **di** to balance; to adjust.

coni'are *vt* to mint, coin; (*fig*) to coin.

coniazi'one [konjat'tsjone] *sf* mintage.

'conico, a, ci, che *ag* conical.

co'nifere *sfpl* conifers.

conigli'era [koniʎ'ʎɛra] *sf* (*gabbia*) rabbit hutch; (*più grande*) rabbit run.

conigli'etta [koniʎ'ʎetta] *sf* bunny girl.
conigli'etto [koniʎ'ʎetto] *sm* bunny.
co'niglio [ko'niʎʎo] *sm* rabbit; **sei un ~!** (*fig*) you're chicken!
coniu'gale *ag* (*amore, diritti*) conjugal; (*vita*) married, conjugal.
coniu'gare *vt* to combine; (*LING*) to conjugate; **~rsi** *vr* to get married.
coniu'gato, a *ag* (*AMM*) married.
coniugazi'one [konjugat'tsjone] *sf* (*LING*) conjugation.
'coniuge ['kɔnjudʒe] *sm/f* spouse.
connatu'rato, a *ag* inborn.
connazio'nale [konnattsjo'nale] *sm/f* fellow-countryman/woman.
connessi'one *sf* connection.
con'nesso, a *pp di* **connettere**.
con'nettere *vt* to connect, join ♦ *vi* (*fig*) to think straight.
connet'tore *sm* (*ELETTR*) connector.
conni'vente *ag* conniving.
conno'tati *smpl* distinguishing marks; **rispondere ai ~i** to fit the description; **cambiare i ~i a qn** (*fam*) to beat sb up.
con'nubio *sm* (*matrimonio*) marriage; (*fig*) union.
'cono *sm* cone; **~ gelato** ice-cream cone.
co'nobbi *etc vb vedi* **conoscere**.
cono'scente [konoʃ'ʃente] *sm/f* acquaintance.
cono'scenza [konoʃ'ʃentsa] *sf* (*il sapere*) knowledge *no pl*; (*persona*) acquaintance; (*facoltà sensoriale*) consciousness *no pl*; **essere a ~ di qc** to know sth; **portare qn a ~ di qc** to inform sb of sth; **per vostra ~** for your information; **fare la ~ di qn** to make sb's acquaintance; **perdere ~** to lose consciousness; **~ tecnica** know-how.
co'noscere [ko'noʃʃere] *vt* to know; **ci siamo conosciuti a Firenze** we (first) met in Florence; **~ qn di vista** to know sb by sight; **farsi ~** (*fig*) to make a name for o.s.
conosci'tore, 'trice [konoʃʃi'tore] *sm/f* connoisseur.
conosci'uto, a [konoʃ'ʃuto] *pp di* **conoscere** ♦ *ag* well-known.
con'quista *sf* conquest.
conquis'tare *vt* to conquer; (*fig*) to gain, win.
conquista'tore, 'trice *sm/f* (*in guerra*) conqueror ♦ *sm* (*seduttore*) lady-killer.
cons. *abbr* = **consiglio**.
consa'crare *vt* (*REL*) to consecrate; (*: sacerdote*) to ordain; (*dedicare*) to dedicate; (*fig: uso etc*) to sanction; **~rsi a** to dedicate o.s. to.
consangu'ineo, a *sm/f* blood relation.
consa'pevole *ag*: **~ di** aware *o* conscious of.
consapevo'lezza [konsapevo'lettsa] *sf* awareness, consciousness.
conscia'mente [konʃa'mente] *av* consciously.
'conscio, a, sci, sce ['kɔnʃo] *ag*: **~ di** aware *o* conscious of.
consecu'tivo, a *ag* consecutive; (*successivo: giorno*) following, next.
con'segna [kon'seɲɲa] *sf* delivery; (*merce consegnata*) consignment; (*custodia*) care, custody; (*MIL: ordine*) orders *pl*; (*: punizione*) confinement to barracks; **alla ~** on delivery; **dare qc in ~ a qn** to entrust sth to sb; **passare le ~e a qn** to hand over to sb; **~ a domicilio** home delivery; **~ in contrassegno, pagamento alla ~** cash on delivery; **~ sollecita** prompt delivery.
conse'gnare [konseɲ'ɲare] *vt* to deliver; (*affidare*) to entrust, hand over; (*MIL*) to confine to barracks.
consegna'tario [konseɲɲa'tarjo] *sm* consignee.
consegu'ente *ag* consequent.
conseguente'mente *av* consequently.
consegu'enza [konse'gwɛntsa] *sf* consequence; **per o di ~** consequently.
consegui'mento *sm* (*di scopo, risultato etc*) achievement, attainment; **al ~ della laurea** on graduation.
consegu'ire *vt* to achieve ♦ *vi* to follow, result; **~ la laurea** to graduate, obtain one's degree.
con'senso *sm* approval, consent.
consensu'ale *ag* (*DIR*) by mutual consent.
consen'tire *vi*: **~ a** to consent *o* agree to ♦ *vt* to allow, permit; **mi si consenta di ringraziare ...** I would like to thank ....
consenzi'ente [konsen'tsjɛnte] *ag* (*gen, DIR*) consenting.
con'serto, a *ag*: **a braccia ~e** with one's arms folded.
con'serva *sf* (*CUC*) preserve; **~ di frutta** jam; **~ di pomodoro** tomato purée; **~e alimentari** tinned (*o* canned *o* bottled) foods.
conser'vare *vt* (*CUC*) to preserve; (*custodire*) to keep; (*: dalla distruzione etc*) to preserve, conserve; **~rsi** *vr* to keep.
conserva'tore, 'trice *ag*, *sm/f* (*POL*) conservative.
conserva'torio *sm* (*di musica*) conservatory.
conservato'rismo *sm* (*POL*) conservatism.
conservazi'one [konservat'tsjone] *sf* preservation; conservation; **istinto di ~** instinct for self-preservation; **a lunga ~**

(_latte, panna_) long-life _cpd._
con'sesso _sm_ (_assemblea_) assembly; (_riunione_) meeting.
conside'rabile _ag_ worthy of consideration.
conside'rare _vt_ to consider; (_reputare_) to consider, regard; ~ **molto qn** to think highly of sb.
conside'rato, a _ag_ (_prudente_) cautious, careful; (_stimato_) highly thought of, esteemed.
considerazi'one [konsiderat'tsjone] _sf_ (_esame, riflessione_) consideration; (_stima_) regard, esteem; (_pensiero, osservazione_) observation; **prendere in** ~ to take into consideration.
conside'revole _ag_ considerable.
consigli'abile [konsiʎ'ʎabile] _ag_ advisable.
consigli'are [konsiʎ'ʎare] _vt_ (_persona_) to advise; (_metodo, azione_) to recommend, advise, suggest; ~**rsi** _vr_: ~**rsi con qn** to ask sb for advice.
consigli'ere, a [konsiʎ'ʎɛre] _smlf_ adviser ♦ _sm_: ~ **d'amministrazione** board member; ~ **comunale** town councillor; ~ **delegato** (_COMM_) managing director.
con'siglio [kon'siʎʎo] _sm_ (_suggerimento_) advice _no pl_, piece of advice; (_assemblea_) council; ~ **d'amministrazione** board; **C~ d'Europa** Council of Europe; ~ **di fabbrica** works council; **il C~ dei Ministri** (_POL_) ≈ the Cabinet; **C~ di stato** _advisory body to the Italian government on administrative matters and their legal implications_; **C~ superiore della magistratura** _state body responsible for judicial appointments and regulations_; _vedi anche_ **Comune; Provincia; Regione.**

The **Consiglio dei Ministri**, _the Italian Cabinet, is headed by the_ **Presidente del Consiglio**, _the Italian prime minister, and is made up of government ministers. See also_ **Presidente del Consiglio** _and_ **Presidente della Repubblica**.
The **Consiglio superiore della Magistratura**, _the magistrates' governing body, ensures their continued autonomy and independence as enshrined in the constitution. It deals principally with appointments and transfers of magistrates, and disciplinary action against individual members where required. The Consiglio has a total of 32 members and is chaired by the Presidente della Repubblica. Of the 30 magistrates elected to the Consiglio for a period of 4 years, 20 are elected by their fellow magistrates and 10 by Parliament. The remaining two are the Presidente della_

Repubblica and the Vicepresidente who are ex officio members.

con'simile _ag_ similar.
consis'tente _ag_ solid; (_fig_) sound, valid.
consis'tenza [konsis'tɛntsa] _sf_ (_di impasto_) consistency; (_di stoffa_) texture; **senza** ~ (_sospetti, voci_) ill-founded, groundless; ~ **di cassa/di magazzino** cash/stock in hand; ~ **patrimoniale** financial solidity.
con'sistere _vi_: ~ **in** to consist of.
consis'tito, a _pp di_ **consistere**.
'**CONSOB** _sigla f_ (= _Commissione nazionale per le società e la borsa_) _regulatory body for the Italian Stock Exchange._
consoci'arsi [konso'tʃarsi] _vr_ to go into partnership.
consociati'vismo [konsotʃati'vizmo] _sm_ (_POL_) pact-building.
consocia'tivo, a [konsotʃa'tivo] _ag_ (_POL: democrazia_) based on pacts.
consoci'ato, a [konso'tʃato] _ag_ associated ♦ _smlf_ associate.
conso'lante _ag_ consoling, comforting.
conso'lare _ag_ consular ♦ _vt_ (_confortare_) to console, comfort; (_rallegrare_) to cheer up; ~**rsi** _vr_ to be comforted; to cheer up.
conso'lato _sm_ consulate.
consolazi'one [konsolat'tsjone] _sf_ consolation, comfort.
'**console** _sm_ consul ♦ _sf_ [kɔ̃'sɔl] (_quadro di comando_) console.
consolida'mento _sm_ strengthening; consolidation.
consoli'dare _vt_ to strengthen, reinforce; (_MIL, terreno_) to consolidate; ~**rsi** _vr_ to consolidate.
consolidazi'one [konsolidat'tsjone] _sf_ strengthening; consolidation.
consommé [kɔ̃sɔ'me] _sm inv_ consommé.
conso'nante _sf_ consonant.
conso'nanza [konso'nantsa] _sf_ consonance.
'**consono, a** _ag_: ~ **a** consistent with, consonant with.
con'sorte _smlf_ consort.
con'sorzio [kon'sɔrtsjo] _sm_ consortium; ~ **agrario** farmers' cooperative; ~ **di garanzia** (_COMM_) underwriting syndicate.
con'stare _vi_: ~ **di** to consist of ♦ _vb impers_: **mi consta che** it has come to my knowledge that, it appears that; **a quanto mi consta** as far as I know.
consta'tare _vt_ to establish, verify; (_notare_) to notice, observe.
constatazi'one [konstatat'tsjone] _sf_ observation; ~ **amichevole** (_in incidenti_) _jointly-agreed statement for insurance purposes._

consu'eto, a *ag* habitual, usual ♦ *sm*: **come di ~** as usual.

consuetudi'nario, a *ag*: **diritto ~** (*DIR*) common law.

consue'tudine *sf* habit; (*usanza*) custom.

consu'lente *sm/f* consultant; **~ aziendale/ tecnico** management/technical consultant.

consu'lenza [konsu'lɛntsa] *sf* consultancy; **~ medica/legale** medical/legal advice; **ufficio di ~ fiscale** tax consultancy office; **~ tecnica** technical consultancy *o* advice.

consul'tare *vt* to consult; **~rsi** *vr*: **~rsi con qn** to seek the advice of sb.

consultazi'one [konsultat'tsjone] *sf* consultation; **~i** consultations; **libro di ~** reference book.

consul'tivo, a *ag* consultative.

consul'torio *sm*: **~ familiare** *o* **matrimoniale** marriage guidance centre; **~ pediatrico** children's clinic.

consu'mare *vt* (*logorare: abiti, scarpe*) to wear out; (*usare*) to consume, use up; (*mangiare, bere*) to consume; (*DIR*) to consummate; **~rsi** *vr* to wear out; to be used up; (*anche fig*) to be consumed; (*combustibile*) to burn out.

consu'mato, a *ag* (*vestiti, scarpe, tappeto*) worn; (*persona: esperto*) accomplished.

consuma'tore *sm* consumer.

consumazi'one [konsumat'tsjone] *sf* (*bibita*) drink; (*spuntino*) snack; (*DIR*) consummation.

consu'mismo *sm* consumerism.

con'sumo *sm* consumption; wear; use; **generi** *o* **beni di ~** consumer goods; **beni di largo ~** basic commodities; **imposta sui ~i** tax on consumer goods.

consun'tivo *sm* (*ECON*) final balance.

con'sunto, a *ag* worn-out; (*viso*) wasted.

'conta *sf* (*nei giochi*): **fare la ~** to see who is going to be "it".

con'tabile *ag* accounts *cpd*, accounting ♦ *sm/f* accountant.

contabilità *sf* (*attività, tecnica*) accounting, accountancy; (*insieme dei libri etc*) books *pl*, accounts *pl*; (*ufficio*) **~** accounts department; **~ finanziaria** financial accounting; **~ di gestione** management accounting.

contachi'lometri [kontaki'lɔmetri] *sm inv* ≈ mileometer.

conta'dino, a *sm/f* countryman/woman; farm worker; (*peg*) peasant.

contagi'are [konta'dʒare] *vt* to infect.

con'tagio [kon'tadʒo] *sm* infection; (*per contatto diretto*) contagion; (*epidemia*) epidemic.

contagi'oso, a [konta'dʒoso] *ag* infectious; contagious.

conta'giri [konta'dʒiri] *sm inv* (*AUT*) rev counter.

conta'gocce [konta'gottʃe] *sm inv* dropper.

contami'nare *vt* to contaminate.

contaminazi'one [kontaminat'tsjone] *sf* contamination.

con'tante *sm* cash; **pagare in ~i** to pay cash.

con'tare *vt* to count; (*considerare*) to consider ♦ *vi* to count, be of importance; **~ su qn** to count *o* rely on sb; **~ di fare qc** to intend to do sth; **ha i giorni contati, ha le ore contate** his days are numbered; **la gente che conta** people who matter.

contas'catti *sm inv* telephone meter.

conta'tore *sm* meter.

contat'tare *vt* to contact.

con'tatto *sm* contact; **essere in ~ con qn** to be in touch with sb; **fare ~** (*ELETTR: fili*) to touch.

'conte *sm* count.

con'tea *sf* (*STORIA*) earldom; (*AMM*) county.

conteggi'are [konted'dʒare] *vt* to charge, put on the bill.

con'teggio [kon'teddʒo] *sm* calculation.

con'tegno [kon'teɲɲo] *sm* (*comportamento*) behaviour (*BRIT*), behavior (*US*); (*atteggiamento*) attitude; **darsi un ~** (*ostentare disinvoltura*) to act nonchalant; (*ricomporsi*) to pull o.s. together.

conte'gnoso, a [konteɲ'ɲoso] *ag* reserved, dignified.

contem'plare *vt* to contemplate, gaze at; (*DIR*) to make provision for.

contempla'tivo, a *ag* contemplative.

contemplazi'one [kontemplat'tsjone] *sf* contemplation.

con'tempo *sm*: **nel ~** meanwhile, in the meantime.

contemporanea'mente *av* simultaneously; at the same time.

contempo'raneo, a *ag*, *sm/f* contemporary.

conten'dente *sm/f* opponent, adversary.

con'tendere *vi* (*competere*) to compete; (*litigare*) to quarrel ♦ *vt*: **~ qc a qn** to contend with *o* be in competition with sb for sth.

conte'nere *vt* to contain; **~rsi** *vr* to contain o.s.

conteni'tore *sm* container.

conten'tabile *ag*: **difficilmente ~** difficult to please.

conten'tare *vt* to please, satisfy; **~rsi** *vr*: **~rsi di** to be satisfied with, content o.s. with; **si contenta di poco** he is easily satisfied.

conten'tezza [konten'tettsa] *sf* contentment.

conten'tino *sm* sop.

con'tento, a *ag* pleased, glad; ~ **di** pleased with.

conte'nuto *ag* (*ira, entusiasmo*) restrained, suppressed; (*forza*) contained ♦ *sm* contents *pl*; (*argomento*) content.

contenzi'oso, a [konten'tsjɔso] *ag* (*DIR*) contentious ♦ *sm* (*AMM: ufficio*) legal department.

con'teso, a *pp di* **contendere** ♦ *sf* dispute, argument.

con'tessa *sf* countess.

contes'tare *vt* (*DIR*) to notify; (*fig*) to dispute; ~ **il sistema** to protest against the system.

contesta'tore, 'trice *ag* anti-establishment ♦ *sm/f* protester.

contestazi'one [kontestat'tsjone] *sf* (*DIR: disputa*) dispute; (: *notifica*) notification; (*POL*) anti-establishment activity; **in caso di** ~ if there are any objections.

con'testo *sm* context.

con'tiguo, a *ag*: ~ **(a)** adjacent (to).

continen'tale *ag* continental.

conti'nente *ag* continent ♦ *sm* (*GEO*) continent; (: *terra ferma*) mainland.

conti'nenza [konti'nentsa] *sf* continence.

contin'gente [kontin'dʒɛnte] *ag* contingent ♦ *sm* (*COMM*) quota; (*MIL*) contingent.

contin'genza [kontin'dʒɛntsa] *sf* circumstance; (**indennità di**) ~ cost-of-living allowance.

continua'mente *av* (*senza interruzione*) continuously, nonstop; (*ripetutamente*) continually.

continu'are *vt* to continue (with), go on with ♦ *vi* to continue, go on; ~ **a fare qc** to go on *o* continue doing sth; **continua a nevicare/a fare freddo** it's still snowing/cold.

continua'tivo, a *ag* (*occupazione*) permanent; (*periodo*) consecutive.

continuazi'one [kontinuat'tsjone] *sf* continuation.

continuità *sf* continuity.

con'tinuo, a *ag* (*numerazione*) continuous; (*pioggia*) continual, constant; (*ELETTR: corrente*) direct; **di** ~ continually.

'conto *sm* (*calcolo*) calculation; (*COMM, ECON*) account; (*di ristorante, albergo*) bill; (*fig: stima*) consideration, esteem; **avere un** ~ **in sospeso (con qn)** to have an outstanding account (with sb); (*fig*) to have a score to settle (with sb); **fare i ~i con qn** to settle one's account with sb;

fare ~ **su qn** to count *o* rely on sb; **fare** ~ **che** (*supporre*) to suppose that; **rendere** ~ **a qn di qc** to be accountable to sb for sth; **rendersi** ~ **di qc/che** to realize sth/that; **tener** ~ **di qn/qc** to take sb/sth into account; **tenere qc da** ~ to take great care of sth; **ad ogni buon** ~ in any case; **di poco/nessun** ~ of little/no importance; **per** ~ **di** on behalf of; **per** ~ **mio** as far as I'm concerned; (*da solo*) on my own; **a ~i fatti, in fin dei** ~i all things considered; **mi hanno detto strane cose sul suo** ~ I've heard some strange things about him; ~ **capitale** capital account; ~ **cifrato** numbered account; ~ **corrente** current account (*BRIT*), checking account (*US*); ~ **corrente postale** Post Office account; ~ **economico** profit and loss account; ~ **in partecipazione** joint account; ~ **passivo** account payable; ~ **profitti e perdite** profit and loss account; ~ **alla rovescia** countdown; ~ **valutario** foreign currency account.

con'torcere [kon'tɔrtʃere] *vt* to twist; (*panni*) to wring (out); ~**rsi** *vr* to twist, writhe.

contor'nare *vt* to surround; ~**rsi** *vr*: ~**rsi di** to surround o.s. with.

con'torno *sm* (*linea*) outline, contour; (*ornamento*) border; (*CUC*) vegetables *pl*; **fare da** ~ **a** to surround.

contorsi'one *sf* contortion.

con'torto, a *pp di* **contorcere**.

contrabban'dare *vt* to smuggle.

contrabbandi'ere, a *sm/f* smuggler.

contrab'bando *sm* smuggling, contraband; **merce di** ~ contraband, smuggled goods *pl*.

contrab'basso *sm* (*MUS*) (double) bass.

contraccambi'are *vt* (*favore etc*) to return; **vorrei** ~ I'd like to show my appreciation.

contraccet'tivo, a [kontrattʃet'tivo] *ag, sm* contraceptive.

contrac'colpo *sm* rebound; (*di arma da fuoco*) recoil; (*fig*) repercussion.

con'trada *sf* street; district; *vedi anche* **Palio**.

contrad'detto, a *pp di* **contraddire**.

contrad'dire *vt* to contradict; ~**rsi** *vr* to contradict o.s.; (*uso reciproco: persone*) to contradict each other *o* one another; (: *testimonianze etc*) to be contradictory.

contraddis'tinguere *vt* (*merce*) to mark; (*fig: atteggiamento, persona*) to distinguish.

contraddis'tinto, a *pp di* **contraddistinguere**.

contraddit'torio, a *ag* contradictory; (*sentimenti*) conflicting ♦ *sm* (*DIR*) cross-examination.

contraddizi'one [kontraddit'tsjone] *sf* contradiction; **cadere in** ~ to contradict o.s.; **essere in** ~ (*tesi, affermazioni*) to contradict one another; **spirito di** ~ argumentativeness.

con'trae *etc vb vedi* **contrarre**.

contra'ente *sm* contractor.

contra'erea *sf* (*MIL*) anti-aircraft artillery.

contra'ereo, a *ag* anti-aircraft.

contraf'fare *vt* (*persona*) to mimic; (*voce*) to disguise; (*firma*) to forge, counterfeit.

contraf'fatto, a *pp di* **contraffare** ♦ *ag* counterfeit.

contraffazi'one [kontraffat'tsjone] *sf* mimicking *no pl*; disguising *no pl*; forging *no pl*; (*cosa contraffatta*) forgery.

contraf'forte *sm* (*ARCHIT*) buttress; (*GEO*) spur.

con'traggo *etc vb vedi* **contrarre**.

con'tralto *sm* (*MUS*) contralto.

contrap'pello *sm* (*MIL*) second roll call.

contrappe'sare *vt* to counterbalance; (*fig: decisione*) to weigh up.

contrap'peso *sm* counterbalance, counterweight.

contrap'porre *vt*: ~ **qc a qc** to counter sth with sth; (*paragonare*) to compare sth with sth; **contrapporsi** *vr*: **contrapporsi a qc** to contrast with sth, be opposed to sth.

contrap'posto, a *pp di* **contrapporre**.

contraria'mente *av*: ~ **a** contrary to.

contrari'are *vt* (*contrastare*) to thwart, oppose; (*irritare*) to annoy, bother; ~**rsi** *vr* to get annoyed.

contrari'ato, a *ag* annoyed.

contrarietà *sf* adversity; (*fig*) aversion.

con'trario, a *ag* opposite; (*sfavorevole*) unfavourable (*BRIT*), unfavorable (*US*) ♦ *sm* opposite; **essere** ~ **a qc** (*persona*) to be against sth; **al** ~ on the contrary; **in caso** ~ otherwise; **avere qualcosa in** ~ to have some objection; **non ho niente in** ~ I have no objection.

con'trarre *vt* (*malattia, debito*) to contract; (*muscoli*) to tense; (*abitudine, vizio*) to pick up; (*accordo, patto*) to enter into; **contrarsi** *vr* to contract; ~ **matrimonio** to marry.

contrasse'gnare [kontrassen'nare] *vt* to mark.

contras'segno [kontras'senno] *sm* (*distintivo*) distinguishing mark; **spedire in** ~ (*COMM*) to send COD.

con'trassi *etc vb vedi* **contrarre**.

contras'tante *ag* contrasting.

contras'tare *vt* (*avversare*) to oppose; (*impedire*) to bar; (*negare: diritto*) to

contest, dispute ♦ *vi*: ~ (**con**) (*essere in disaccordo*) to contrast (with); (*lottare*) to struggle (with).

con'trasto *sm* contrast; (*conflitto*) conflict; (*litigio*) dispute.

contrat'tacco *sm* counterattack; **passare al** ~ (*fig*) to fight back.

contrat'tare *vt, vi* to negotiate.

contrat'tempo *sm* hitch.

con'tratto, a *pp di* **contrarre** ♦ *sm* contract; ~ **di acquisto** purchase agreement; ~ **di affitto**, ~ **di locazione** lease; ~ **collettivo di lavoro** collective agreement; ~ **di lavoro** contract of employment; ~ **a termine** forward contract.

contrattu'ale *ag* contractual; **forza** ~ (*di sindacato*) bargaining power.

contravve'nire *vi*: ~ **a** (*legge*) to contravene; (*obbligo*) to fail to meet.

contravven'tore, 'trice *sm/f* offender.

contravve'nuto, a *pp di* **contravvenire**.

contravvenzi'one [kontravven'tsjone] *sf* contravention; (*ammenda*) fine.

contrazi'one [kontrat'tsjone] *sf* contraction; (*di prezzi etc*) reduction.

contribu'ente *sm/f* taxpayer; ratepayer (*BRIT*), property tax payer (*US*).

contribu'ire *vi* to contribute.

contribu'tivo, a *ag* contributory.

contri'buto *sm* contribution; (*sovvenzione*) subsidy, contribution; (*tassa*) tax; ~**i previdenziali** ≈ national insurance (*BRIT*) *o* welfare (*US*) contributions; ~**i sindacali** trade union dues.

con'trito, a *ag* contrite, penitent.

'contro *prep* against; ~ **di me/lui** against me/him; **pastiglie** ~ **la tosse** throat lozenges; ~ **pagamento** (*COMM*) on payment; ~ **ogni mia aspettativa** contrary to my expectations; **per** ~ on the other hand.

contro'battere *vt* (*fig: a parole*) to answer back; (: *confutare*) to refute.

controbilanci'are [kontrobilan'tʃare] *vt* to counterbalance.

controcor'rente *av*: **andare** ~ (*anche fig*) to swim against the tide.

controcul'tura *sf* counterculture.

contro'esodo *sm* return from holiday.

contro'fax *sm inv* reply to a fax.

controffen'siva *sf* counteroffensive.

controfi'gura *sf* (*CINE*) double.

controfir'mare *vt* to countersign.

control'lare *vt* (*accertare*) to check; (*sorvegliare*) to watch, control; (*tenere nel proprio potere, fig: dominare*) to control; ~**rsi** *vr* to control o.s.

control'lato, a *ag* (*persona*) self-possessed;

(*reazioni*) controlled ♦ *sf* (*COMM*: *società*) associated company.

con'trollo *sm* check; watch; control; **base di** ~ (*AER*) ground control; **telefono sotto** ~ tapped telephone; **visita di** ~ (*MED*) checkup; ~ **doganale** customs inspection; ~ **di gestione** management control; ~ **delle nascite** birth control; ~ **di qualità** quality control.

control'lore *sm* (*FERR*, *AUTOBUS*) (ticket) inspector; ~ **di volo** *o* **del traffico aereo** air traffic controller.

contro'luce [kontro'lutʃe] *sf inv* (*FOT*) backlit shot ♦ *av*: **(in)** ~ against the light; (*fotografare*) into the light.

contro'mano *av*: **guidare** ~ to drive on the wrong side of the road; (*in un senso unico*) to drive the wrong way up a one-way street.

contropar'tita *sf* (*fig*: *compenso*): **come** ~ in return.

contropi'ede *sm* (*SPORT*): **azione di** ~ sudden counter-attack; **prendere qn in** ~ (*fig*) to catch sb off his (*o* her) guard.

controprodu'cente [kontroprodu'tʃɛnte] *ag* counterproductive.

con'trordine *sm* counter-order; **salvo** ~ unless I (*o* you *etc*) hear to the contrary.

contro'senso *sm* (*contraddizione*) contradiction in terms; (*assurdità*) nonsense.

controspio'naggio [kontrospio'naddʒo] *sm* counterespionage.

controva'lore *sm* equivalent (value).

contro'vento *av* against the wind; **navigare** ~ (*NAUT*) to sail to windward.

contro'versia *sf* controversy; (*DIR*) dispute; ~ **sindacale** industrial dispute.

contro'verso, a *ag* controversial.

contro'voglia [kontro'vɔʎʎa] *av* unwillingly.

contu'mace [kontu'matʃe] *ag* (*DIR*): **rendersi** ~ to default, fail to appear in court ♦ *sm/f* (*DIR*) defaulter.

contu'macia [kontu'matʃa] *sf* (*DIR*) default.

contun'dente *ag*: **corpo** ~ blunt instrument.

contur'bante *ag* (*sguardo, bellezza*) disturbing.

contur'bare *vt* to disturb, upset.

contusi'one *sf* (*MED*) bruise.

convale'scente [konvaleʃ'ʃɛnte] *ag*, *sm/f* convalescent.

convale'scenza [konvaleʃ'ʃɛntsa] *sf* convalescence.

con'valida *sf* (*DIR*) confirmation; (*di biglietto*) stamping.

convali'dare *vt* (*AMM*) to validate; (*fig*:

sospetto, dubbio*) to confirm.

con'vegno [kon'veɲɲo] *sm* (*incontro*) meeting; (*congresso*) convention, congress; (*luogo*) meeting place.

conve'nevoli *smpl* civilities.

conveni'ente *ag* suitable; (*vantaggioso*) profitable; (: *prezzo*) cheap.

conveni'enza [konve'njɛntsa] *sf* suitability; advantage; cheapness; ~**e** *sfpl* social conventions.

conve'nire *vt* to agree upon ♦ *vi* (*riunirsi*) to gather, assemble; (*concordare*) to agree; (*tornare utile*) to be worthwhile ♦ *vb impers*: **conviene fare questo** it is advisable to do this; **conviene andarsene** we should go; **ne convengo** I agree; **come convenuto** as agreed; **in data da** ~ on a date to be agreed; **come (si) conviene ad una signorina** as befits a young lady.

conven'ticola *sf* (*cricca*) clique; (*riunione*) secret meeting.

con'vento *sm* (*di frati*) monastery; (*di suore*) convent.

conve'nuto, a *pp di* **convenire** ♦ *sm* (*cosa pattuita*) agreement ♦ *sm/f* (*DIR*) defendant; **i** ~**i** (*i presenti*) those present.

convenzio'nale [konventsjo'nale] *ag* conventional.

convenzio'nato, a [konventsjo'nato] *ag* (*ospedale, clinica*) providing free health care, ≈ National Health Service *cpd* (*BRIT*).

convenzi'one [konven'tsjone] *sf* (*DIR*) agreement; (*nella società*) convention; **le** ~**i (sociali)** social conventions.

conver'gente [konver'dʒɛnte] *ag* convergent.

conver'genza [konver'dʒɛntsa] *sf* convergence.

con'vergere [kon'vɛrdʒere] *vi* to converge.

con'versa *sf* (*REL*) lay sister.

conver'sare *vi* to have a conversation, converse.

conversazi'one [konversat'tsjone] *sf* conversation; **fare** ~ (*chiacchierare*) to chat, have a chat.

conversi'one *sf* conversion; ~ **ad U** (*AUT*) U-turn.

con'verso, a *pp di* **convergere**; **per** ~ *av* conversely.

conver'tire *vt* (*trasformare*) to change; (*INFORM, POL, REL*) to convert; ~**rsi** *vr*: ~**rsi (a)** to be converted (to).

conver'tito, a *sm/f* convert.

converti'tore *sm* (*ELETTR*) converter.

con'vesso, a *ag* convex.

convin'cente [konvin'tʃɛnte] *ag* convincing.

con'vincere [kon'vintʃere] vt to convince; ~ qn di qc to convince sb of sth; (DIR) to prove sb guilty of sth; ~ qn a fare qc to persuade sb to do sth.

con'vinto, a pp di convincere ♦ ag: reo ~ (DIR) convicted criminal.

convinzi'one [konvin'tsjone] sf conviction, firm belief.

convis'suto, a pp di convivere.

convi'tato, a sm/f guest.

con'vitto sm (INS) boarding school.

convi'venza [konvi'vɛntsa] sf living together; (DIR) cohabitation.

con'vivere vi to live together.

convivi'ale ag convivial.

convo'care vt to call, convene; (DIR) to summon.

convocazi'one [konvokat'tsjone] sf meeting; summons sg; lettera di ~ (letter of) notification to appear o attend.

convogli'are [konvoʎ'ʎare] vt to convey; (dirigere) to direct, send.

con'voglio [kon'vɔʎʎo] sm (di veicoli) convoy; (FERR) train; ~ funebre funeral procession.

convo'lare vi: ~ a (giuste) nozze (scherzoso) to tie the knot.

convulsi'one sf convulsion.

con'vulso, a ag (pianto) violent, convulsive; (attività) feverish.

COOP abbr f = cooperativa.

coope'rare vi: ~ (a) to cooperate (in).

coopera'tiva sf cooperative.

cooperazi'one [kooperat'tsjone] sf cooperation.

coordina'mento sm coordination.

coordi'nare vt to coordinate.

coordi'nato, a ag (movimenti) coordinated ♦ sf (LING, GEO, MAT) coordinate ♦ smpl: ~i (MODA) coordinates.

coordinazi'one [koordinat'tsjone] sf coordination.

co'perchio [ko'pɛrkjo] sm cover; (di pentola) lid.

co'perta sf cover; (di lana) blanket; (da viaggio) rug; (NAUT) deck.

coper'tina sf (STAMPA) cover, jacket.

co'perto, a pp di coprire ♦ ag covered; (cielo) overcast ♦ sm place setting; (posto a tavola) place; (al ristorante) cover charge; ~ di covered in o with.

coper'tone sm (telo impermeabile) tarpaulin; (AUT) rubber tyre.

coper'tura sf (anche ECON, MIL) cover; (di edificio) roofing; fare un gioco di ~ (SPORT) to play a defensive game; ~ assicurativa insurance cover.

'copia sf copy; (FOT) print; brutta/bella ~ rough/final copy; ~ conforme (DIR) certified copy; ~ omaggio presentation copy.

copi'are vt to copy.

copia'trice [kopja'tritʃe] sf copier, copying machine.

copi'one sm (CINE, TEAT) script.

'coppa sf (bicchiere) goblet; (per frutta, gelato) dish; (trofeo) cup, trophy; ~e sfpl (CARTE) suit in Neapolitan pack of cards; ~ dell'olio oil sump (BRIT) o pan (US).

'coppia sf (di persone) couple; (di animali, SPORT) pair.

cop'rente ag (colore, cosmetico) covering; (calze) opaque.

copri'capo sm headgear; (cappello) hat.

coprifu'oco, chi sm curfew.

copri'letto sm bedspread.

co'prire vt to cover; (occupare: carica, posto) to hold; ~rsi vr (cielo) to cloud over; (vestirsi) to wrap up, cover up; (ECON) to cover o.s.; ~rsi di (macchie, muffa) to become covered in; ~ qn di baci to smother sb with kisses; ~ le spese to break even; ~rsi le spalle (fig) to cover o.s.

coque [kɔk] sf: uovo alla ~ boiled egg.

co'raggio [ko'raddʒo] sm courage, bravery; ~! (forza!) come on!; (animo!) cheer up!; farsi ~ to pluck up courage; hai un bel ~! (sfacciataggine) you've got a nerve o a cheek!

coraggi'oso, a [korad'dʒoso] ag courageous, brave.

co'rale ag choral; (approvazione) unanimous.

co'rallo sm coral; il mar dei C~i the Coral Sea.

co'rano sm (REL) Koran.

co'razza [ko'rattsa] sf armour (BRIT), armor (US); (di animali) carapace, shell; (MIL) armo(u)r(-plating).

coraz'zato, a [korat'tsato] ag (MIL) armoured (BRIT), armored (US) ♦ sf battleship.

corazzi'ere [korat'tsjere] sm (STORIA) cuirassier; (guardia presidenziale) carabiniere of the President's guard.

corbelle'ria sf stupid remark; ~e sfpl (sciocchezze) nonsense no pl.

'corda sf cord; (fune) rope; (spago, MUS) string; dare ~ a qn (fig) to let sb have his (o her) way; tenere sulla ~ qn (fig) to keep sb on tenterhooks; tagliare la ~ (fig) to slip away, sneak off; essere giù di ~ to feel down; ~e vocali vocal cords.

cor'data sf (ALPINISMO) roped party; (fig) alliance system in financial and business

world.
cordi'ale *ag* cordial, warm ♦ *sm* (*bevanda*) cordial.
cordialità *sf inv* warmth, cordiality; ~ *sfpl* (*saluti*) best wishes.
cor'doglio [kor'dɔʎʎo] *sm* grief; (*lutto*) mourning.
cor'done *sm* cord, string; (*linea: di polizia*) cordon; ~ **ombelicale** umbilical cord; ~ **sanitario** quarantine line.
Co'rea *sf*: **la** ~ Korea; **la** ~ **del Nord/Sud** North/South Korea.
core'ano, a *ag, sm/f* Korean.
coreogra'fia *sf* choreography.
core'ografo, a *sm/f* choreographer.
cori'aceo, a [ko'rjatʃeo] *ag* (*BOT, ZOOL*) coriaceous; (*fig*) tough.
cori'andolo *sm* (*BOT*) coriander; ~**i** *smpl* (*per carnevale etc*) confetti *no pl.*
cori'care *vt* to put to bed; ~**rsi** *vr* to go to bed.
coricherò *etc* [korike'rɔ] *vb vedi* **coricare**.
Co'rinto *sf* Corinth.
co'rista, i, e *sm/f* (*REL*) choir member, chorister; (*TEAT*) member of the chorus.
'corna *sfpl vedi* **corno**.
cor'nacchia [kor'nakkja] *sf* crow.
corna'musa *sf* bagpipes *pl.*
'cornea *sf* (*ANAT*) cornea.
'corner *sm inv* (*CALCIO*) corner (kick); **salvarsi in** ~ (*fig: in gara, esame etc*) to get through by the skin of one's teeth.
cor'netta *sf* (*MUS*) cornet; (*TEL*) receiver.
cor'netto *sm* (*CUC*) croissant; ~ **acustico** ear trumpet.
cor'nice [kor'nitʃe] *sf* frame; (*fig*) background, setting.
cornici'one [korni'tʃone] *sm* (*di edificio*) ledge; (*ARCHIT*) cornice.
'corno *sm* (*ZOOL*: *pl*(*f*) ~**a**, *MUS*) horn; (*fam*): **fare le** ~**a a qn** to be unfaithful to sb; **dire peste e** ~**a di qn** to call sb every name under the sun; **un** ~! not on your life!
Corno'vaglia [korno'vaʎʎa] *sf*: **la** ~ Cornwall.
cor'nuto, a *ag* (*con corna*) horned; (*fam!: marito*) cuckolded ♦ *sm* (*fam!*) cuckold; (: *insulto*) bastard (!).
'coro *sm* chorus; (*REL*) choir.
corol'lario *sm* corollary.
co'rona *sf* crown; (*di fiori*) wreath.
corona'mento *sm* (*di impresa*) completion; (*di carriera*) crowning achievement; **il** ~ **dei propri sogni** the fulfilment of one's dreams.
coro'nare *vt* to crown.
coro'naria *sf* coronary artery.
'corpo *sm* body; (*cadavere*) (dead) body;

(*militare, diplomatico*) corps *inv*; (*di opere*) corpus; **prendere** ~ to take shape; **darsi anima e** ~ **a** to give o.s. heart and soul to; **a** ~ **a** ~ hand-to-hand; ~ **d'armata** army corps; ~ **di ballo** corps de ballet; ~ **dei carabinieri** ≈ police force; ~ **celeste** heavenly body; ~ **di guardia** (*soldati*) guard; (*locale*) guardroom; ~ **insegnante** teaching staff; ~ **del reato** material evidence.
corpo'rale *ag* bodily; (*punizione*) corporal.
corpora'tura *sf* build, physique.
corporazi'one [korporat'tsjone] *sf* corporation.
cor'poreo, a *ag* bodily, physical.
cor'poso, a *ag* (*vino*) full-bodied.
corpu'lento, a *ag* stout, corpulent.
corpu'lenza [korpu'lɛntsa] *sf* stoutness, corpulence.
cor'puscolo *sm* corpuscle.
corre'dare *vt*: ~ **di** to provide *o* furnish with; **domanda corredata dai seguenti documenti** application accompanied by the following documents.
cor'redo *sm* equipment; (*di sposa*) trousseau.
cor'reggere [kor'rɛddʒere] *vt* to correct; (*compiti*) to correct, mark.
cor'rente *ag* (*fiume*) flowing; (*acqua del rubinetto*) running; (*moneta, prezzo*) current; (*comune*) everyday ♦ *sm*: **essere al** ~ (**di**) to be well-informed (about) ♦ *sf* (*movimento di liquido*) current, stream; (*spiffero*) draught; (*ELETTR, METEOR*) current; (*fig*) trend, tendency; **mettere al** ~ (**di**) to inform (of); **la vostra lettera del 5** ~ **mese** (*in lettere commerciali*) in your letter of the 5th inst.; **articoli di qualità** ~ average-quality products; ~ **alternata** (**c.a.**) alternating current (AC); ~ **continua** (**c.c.**) direct current (DC).
corrente'mente *av* (*comunemente*) commonly; **parlare una lingua** ~ to speak a language fluently.
corren'tista, i, e *sm/f* (current (*BRIT*) *o* checking (*US*)) account holder.
cor'reo, a *sm/f* (*DIR*) accomplice.
'correre *vi* to run; (*precipitarsi*) to rush; (*partecipare a una gara*) to race, run; (*fig: diffondersi*) to go round ♦ *vt* (*SPORT: gara*) to compete in; (*rischio*) to run; (*pericolo*) to face; ~ **dietro a qn** to run after sb; **corre voce che** ... it is rumoured that ....
corresponsabilità *sf* joint responsibility; (*DIR*) joint liability.
corresponsi'one *sf* payment.
cor'ressi *etc vb vedi* **correggere**.
corret'tezza [korret'tettsa] *sf* (*di*

comportamento) correctness; (*SPORT*) fair play.

cor'retto, , a *pp di* correggere ♦ *ag* (*comportamento*) correct, proper; caffè ~ al cognac coffee laced with brandy.

corret'tore, 'trice *sm/f*: ~ di bozze proofreader ♦ *sm*: (liquido) ~ correction fluid.

correzi'one [korret'tsjone] *sf* correction; marking; ~ di bozze proofreading.

cor'rida *sf* bullfight.

corri'doio *sm* corridor; manovre di ~ (*POL*) lobbying *sg*.

corri'dore *sm* (*SPORT*) runner; (: *su veicolo*) racer.

corri'era *sf* coach (*BRIT*), bus.

corri'ere *sm* (*diplomatico, di guerra*) courier; (*posta*) mail, post; (*spedizioniere*) carrier.

corri'mano *sm* handrail.

corrispet'tivo *sm* amount due; versare a qn il ~ di una prestazione to pay sb the amount due for his (*o* her) services.

corrispon'dente *ag* corresponding ♦ *sm/f* correspondent.

corrispon'denza [korrispon'dɛntsa] *sf* correspondence; ~ in arrivo/partenza incoming/outgoing mail.

corris'pondere *vi* (*equivalere*): ~ (a) to correspond (to); (*per lettera*): ~ con to correspond with ♦ *vt* (*stipendio*) to pay; (*fig: amore*) to return.

corris'posto, a *pp di* corrispondere.

corrobo'rare *vt* to strengthen, fortify; (*fig*) to corroborate, bear out.

cor'rodere *vt*, ~rsi *vr* to corrode.

cor'rompere *vt* to corrupt; (*comprare*) to bribe.

corrosi'one *sf* corrosion.

corro'sivo, a *ag* corrosive.

cor'roso, a *pp di* corrodere.

cor'rotto, a *pp di* corrompere ♦ *ag* corrupt.

corrucci'arsi [korrut'tʃarsi] *vr* to grow angry *o* vexed.

corru'gare *vt* to wrinkle; ~ la fronte to knit one's brows.

cor'ruppi *etc vb vedi* corrompere.

corrut'tela *sf* corruption, depravity.

corruzi'one [korrut'tsjone] *sf* corruption; bribery; ~ di minorenne (*DIR*) corruption of a minor.

'corsa *sf* running *no pl*; (*gara*) race; (*di autobus, taxi*) journey, trip; fare una ~ to run, dash; (*SPORT*) to run a race; andare *o* essere di ~ to be in a hurry; ~ ad ostacoli (*IPPICA*) steeplechase; (*ATLETICA*) hurdles race.

cor'saro, a *ag*: nave ~a privateer ♦ *sm* privateer.

'corsi *etc vb vedi* correre.

cor'sia *sf* (*AUT, SPORT*) lane; (*di ospedale*) ward; ~ preferenziale ≈ bus lane; (*fig*) fast track; ~ di sorpasso (*AUT*) overtaking lane.

'Corsica *sf*: la ~ Corsica.

cor'sivo *sm* cursive (writing); (*TIP*) italics *pl*.

'corso, a *pp di* correre ♦ *ag*, *sm/f* Corsican ♦ *sm* course; (*strada cittadina*) main street; (*di unità monetaria*) circulation; (*di titoli, valori*) rate, price; dar libero ~ a to give free expression to; in ~ in progress, under way; (*annata*) current; ~ d'acqua river; stream; (*artificiale*) waterway; ~ serale evening class; aver ~ legale to be legal tender.

'corte *sf* (court)yard; (*DIR, regale*) court; fare la ~ a qn to court sb; ~ d'appello court of appeal; ~ di cassazione final court of appeal; C~ dei Conti *State audit court*; C~ Costituzionale *special court dealing with constitutional and ministerial matters*; ~ marziale court-martial.

---

*Various **Corti** exist to deal with different types of offence. The **Corte d'Appello** hears appeals against sentences passed by courts dealing with civil and criminal prosecutions and is empowered to modify sentences where justification is shown. The **Corte d'Assise** tries serious crimes such as manslaughter and murder and its judges comprise both legal professionals and members of the public. The **Corte d'Assise d'Appello** is structured in a similar way to the **Corte d'Assise** and hears appeals against sentences imposed by this court and by the **Corte d'Appello**. The **Corte di Cassazione** is the highest judicial authority in the country, dealing solely with the legitimacy of judicial decisions. It ensures that the law is correctly applied by the other courts and may call for a re-trial where it deems a violation to have taken place. The **Corte Costituzionale** is a politically independent body which ensures that laws comply with the principles of the constitution. It has the power to impeach the Presidente della Repubblica. The **Corte dei Conti** ensures the government's compliance with the law and the constitution. Reporting directly to Parliament, it oversees the management of the state budget and the finances of nationalized industries.*

cor'teccia, , ce [kor'tettʃa] *sf* bark.
corteggia'mento [korteddʒa'mento] *sm* courtship.
corteggi'are [korted'dʒare] *vt* to court.
corteggia'tore [korteddʒa'tore] *sm* suitor.
cor'teo *sm* procession; ~ **funebre** funeral cortège.
cor'tese *ag* courteous.
corte'sia *sf* courtesy; **fare una ~ a qn** to do sb a favour; **per ~, dov'è ...?** excuse me, please, where is ...?
cortigi'ano, a [korti'dʒano] *smlf* courtier ♦ *sf* courtesan.
cor'tile *sm* (court)yard.
cor'tina *sf* curtain; (*anche fig*) screen.
corti'sone *sm* cortisone.
'corto, a *ag* short ♦ *av*: **tagliare ~** to come straight to the point; **essere a ~ di qc** to be short of sth; **essere a ~ di parole** to be at a loss for words; **la settimana ~a** the 5-day week; **~ circuito** short-circuit.
cortocir'cuito [kortotʃir'kuito] *sm* = **corto circuito**.
cortome'traggio [kortome'traddʒo] *sm* short (feature film).
cor'vino, a *ag* (*capelli*) jet-black.
'corvo *sm* raven.
'cosa *sf* thing; (*faccenda*) affair, matter, business *no pl*; (*che*) **~?** what?; (*che*) **cos'è?** what is it?; **a ~ pensi?** what are you thinking about?; **tante belle ~e!** all the best!; **ormai è ~ fatta!** (*positivo*) it's in the bag!; (*negativo*) it's done now!; **a ~e fatte** when it's all over.
'Cosa 'Nostra *sf* Cosa Nostra.
'cosca, sche *sf* (*di mafiosi*) clan.
'coscia, sce ['kɔʃʃa] *sf* thigh; **~ di pollo** (*CUC*) chicken leg.
cosci'ente [koʃ'ʃɛnte] *ag* conscious; **~ di** conscious *o* aware of.
cosci'enza [koʃ'ʃɛntsa] *sf* conscience; (*consapevolezza*) consciousness; **~ politica** political awareness.
coscienzi'oso, a [koʃʃen'tsjoso] *ag* conscientious.
casci'otto [koʃ'ʃɔtto] *sm* (*CUC*) leg.
cos'critto *sm* (*MIL*) conscript.
coscrizi'one [koskrit'tsjone] *sf* conscription.

══════════════ *PAROLA CHIAVE*

così *av* **1** (*in questo modo*) like this, (in) this way; (*in tal modo*) so; **le cose stanno ~** this is the way things stand; **non ho detto ~!** I didn't say that!; **come stai? — (e) ~** how are you? — so-so; **e ~ via** and so on; **per ~ dire** so to speak; **~ sia** amen
2 (*tanto*) so; **~ lontano** so far away; **un**

ragazzo ~ intelligente such an intelligent boy
♦ *ag inv* (*tale*): **non ho mai visto un film ~** I've never seen such a film
♦ *cong* **1** (*perciò*) so, therefore; **e ~ ho deciso di lasciarlo** so I decided to leave him
2: **~ ... come as ... as; non è ~ bravo come te** he's not as good as you; **~ ... che** so ... that.

cosicché [kosik'ke] *cong* so (that).
cosid'detto, a *ag* so-called.
cos'mesi *sf* (*scienza*) cosmetics *sg*; (*prodotti*) cosmetics *pl*; (*trattamento*) beauty treatment.
cos'metico, a, ci, che *ag, sm* cosmetic.
'cosmico, a, ci, che *ag* cosmic.
'cosmo *sm* cosmos.
cosmo'nauta, i, e *smlf* cosmonaut.
cosmopo'lita, i, e *ag* cosmopolitan.
'coso *sm* (*fam: oggetto*) thing, thingumajig; (: *aggeggio*) contraption; (: *persona*) what's his name, thingumajig.
cos'pargere [kos'pardʒere] *vt*: **~ di** to sprinkle with.
cos'parso, a *pp di* **cospargere**.
cos'petto *sm*: **al ~ di** in front of; in the presence of.
cospicuità *sf* vast quantity.
cos'picuo, a *ag* considerable, large.
cospi'rare *vi* to conspire.
cospira'tore, 'trice *smlf* conspirator.
cospirazi'one [kospirat'tsjone] *sf* conspiracy.
'cossi *etc vb vedi* **cuocere**.
Cost. *abbr* = **costituzione**.
'costa *sf* (*tra terra e mare*) coast(line); (*litorale*) shore; (*pendio*) slope; (*ANAT*) rib; **navigare sotto ~** to hug the coast; **la C~ Azzurra** the French Riviera; **la C~ d'Avorio** the Ivory Coast; **velluto a ~e** corduroy.
costà *av* there.
cos'tante *ag* constant; (*persona*) steadfast ♦ *sf* constant.
cos'tanza [kos'tantsa] *sf* (*gen*) constancy; (*fermezza*) constancy, steadfastness; **il Lago di C~** = Lake Constance.
cos'tare *vi, vt* to cost; **~ caro** to be expensive, cost a lot; **~ un occhio della testa** to cost a fortune; **costi quel che costi** no matter what.
'Costa 'Rica *sf*: **la ~** Costa Rica.
cos'tata *sf* (*CUC: di manzo*) large chop.
cos'tato *sm* (*ANAT*) ribs *pl*.
costeggi'are [kosted'dʒare] *vt* to be close to; to run alongside.

cos'tei pron vedi **costui**.

costellazi'one [kostellat'tsjone] sf constellation.

coster'nare vt to dismay.

coster'nato, a ag dismayed.

costernazi'one [kosternat'tsjone] sf dismay, consternation.

costi'ero, a ag coastal, coast cpd ♦ sf stretch of coast.

costi'pato, a ag (stitico) constipated.

costitu'ire vt (comitato, gruppo) to set up, form; (collezione) to put together, build up; (sog: elementi, parti: comporre) to make up, constitute; (rappresentare) to constitute; (DIR) to appoint; ~**rsi** vr: ~**rsi (alla polizia)** to give o.s. up (to the police); ~**rsi parte civile** (DIR) to associate in an action with the public prosecutor for damages; **il fatto non costituisce reato** this is not a crime.

costitu'tivo, a ag constituent, component; **atto** ~ (DIR: di società) memorandum of association.

costituzio'nale [kostituttsjo'nale] ag constitutional.

costituzi'one [kostitut'tsjone] sf setting up; building up; constitution.

'costo sm cost; **sotto** ~ for less than cost price; **a ogni** o **qualunque** ~, **a tutti i** ~**i** at all costs; ~**i di esercizio** running costs; ~**i fissi** fixed costs; ~**i di gestione** operating costs; ~**i di produzione** production costs.

'costola sf (ANAT) rib; **ha la polizia alle** ~**e** the police are hard on his heels.

costo'letta sf (CUC) cutlet.

cos'toro pron pl vedi **costui**.

cos'toso, a ag expensive, costly.

cos'tretto, a pp di **costringere**.

cos'tringere [kos'trindʒere] vt: ~ **qn a fare qc** to force sb to do sth.

costrit'tivo, a ag coercive.

costrizi'one [kostrit'tsjone] sf coercion.

costru'ire vt to construct, build.

costrut'tivo, a ag (EDIL) building cpd; (fig) constructive.

costruzi'one [kostrut'tsjone] sf construction, building; **di** ~ **inglese** British-made.

cos'tui, cos'tei, pl **cos'toro** pron (soggetto) he/she; pl they; (complemento) him/her; pl them; **si può sapere chi è** ~? (peg) just who is that fellow?

cos'tume sm (uso) custom; (foggia di vestire, indumento) costume; **il buon** ~ public morality; **donna di facili** ~**i** woman of easy morals; ~ **da bagno** bathing o swimming costume (BRIT), swimsuit; (da uomo) bathing o swimming trunks pl.

costu'mista, i, e sm/f costume maker, costume designer.

co'tenna sf bacon rind.

co'togna [ko'toɲɲa] sf quince.

coto'letta sf (di maiale, montone) chop; (di vitello, agnello) cutlet.

coto'nare vt (capelli) to backcomb.

co'tone sm cotton; ~ **idrofilo** cotton wool (BRIT), absorbent cotton (US).

cotoni'ficio [kotoni'fitʃo] sm cotton mill.

'cotta sf (REL) surplice; (fam: innamoramento) crush.

'cottimo sm: **lavorare a** ~ to do piecework.

'cotto, a pp di **cuocere** ♦ ag cooked; (fam: innamorato) head-over-heels in love ♦ sm brickwork; ~ **a puntino** cooked to perfection; **dirne di** ~**e e di crude a qn** to call sb every name under the sun; **farne di** ~**e e di crude** to get up to all kinds of mischief; **mattone di** ~ fired brick; **pavimento in** ~ tile floor.

cot'tura sf cooking; (in forno) baking; (in umido) stewing; ~ **a fuoco lento** simmering; **angolo (di)** ~ cooking area.

co'vare vt to hatch; (fig: malattia) to be sickening for; (: odio, rancore) to nurse ♦ vi (fuoco, fig) to smoulder (BRIT), smolder (US).

co'vata sf (anche fig) brood.

'covo sm den; ~ **di terroristi** terrorist base.

co'vone sm sheaf.

'cozza ['kɔttsa] sf mussel.

coz'zare [kot'tsare] vi: ~ **contro** to bang into, collide with.

'cozzo ['kɔttso] sm collision.

C.P. abbr (= cartolina postale) pc; (POSTA) vedi **casella postale**; (NAUT) = **capitaneria (di porto)**; (DIR) = **codice penale**.

crack sm inv (droga) crack.

Cra'covia sf Cracow.

'crampo sm cramp.

'cranio sm skull.

cra'tere sm crater.

cra'vatta sf tie; ~ **a farfalla** bow tie.

cravat'tino sm bow tie.

cre'anza [kre'antsa] sf manners pl; **per buona** ~ out of politeness.

cre'are vt to create.

creatività sf creativity.

cre'ato sm creation.

crea'tore, 'trice ag creative ♦ sm/f creator; **un** ~ **di alta moda** fashion designer; **andare al C**~ to go to meet one's maker.

crea'tura sf creature; (bimbo) baby, infant.

creazi'one [kreat'tsjone] sf creation; (fondazione) foundation, establishment.

'crebbi etc vb vedi **crescere**.

cre'dente sm/f (REL) believer.

cre'denza [kre'dɛntsa] *sf* belief; (*armadio*) sideboard.

credenzi'ali [kreden'tsjali] *sfpl* credentials.

'credere *vt* to believe ♦ *vi*: ~ **in**, ~ **a** to believe in; ~ **qn onesto** to believe sb (to be) honest; ~ **che** to believe *o* think that; ~**rsi furbo** to think one is clever; **lo credo bene!** I can well believe it!; **fai quello che credi** *o* **come credi** do as you please.

cre'dibile *ag* credible, believable.

credibilità *sf* credibility.

credi'tizio, a [kredi'tittsjo] *ag* credit.

'credito *sm* (*anche COMM*) credit; (*reputazione*) esteem, repute; **comprare a** ~ to buy on credit; ~ **agevolato** easy credit terms; ~ **d'imposta** tax credit.

credi'tore, 'trice *sm/f* creditor.

'credo *sm inv* creed.

'credulo, a *ag* credulous.

credu'lone, a *sm/f* simpleton, sucker (*fam*).

'crema *sf* cream; (*con uova, zucchero etc*) custard; ~ **idratante** moisturizing cream; ~ **pasticciera** confectioner's custard; ~ **solare** sun cream.

cre'mare *vt* to cremate.

crema'torio *sm* crematorium.

cremazi'one [kremat'tsjone] *sf* cremation.

'cremisi *ag inv, sm inv* crimson.

Crem'lino *sm*: **il** ~ the Kremlin.

cremo'nese *ag* of (*o* from) Cremona.

cre'moso, a *ag* creamy.

'crepa *sf* crack.

cre'paccio [kre'pattʃo] *sm* large crack, fissure; (*di ghiacciaio*) crevasse.

crepacu'ore *sm* broken heart.

crepa'pelle *av*: **ridere a** ~ to split one's sides laughing.

cre'pare *vi* (*fam: morire*) to snuff it (*BRIT*), kick the bucket; ~ **dalle risa** to split one's sides laughing; ~ **dall'invidia** to be green with envy.

crepi'tare *vi* (*fuoco*) to crackle; (*pioggia*) to patter.

crepi'tio, ii *sm* crackling; pattering.

cre'puscolo *sm* twilight, dusk.

cre'scendo [kreʃ'ʃɛndo] *sm* (*MUS*) crescendo.

cre'scente [kreʃ'ʃɛnte] *ag* (*gen*) growing, increasing; (*luna*) waxing.

'crescere ['kreʃʃere] *vi* to grow ♦ *vt* (*figli*) to raise.

cre'scione [kreʃ'ʃone] *sm* watercress.

'crescita ['kreʃʃita] *sf* growth.

cresci'uto, a [kreʃ'ʃuto] *pp di* **crescere**.

'cresima *sf* (*REL*) confirmation.

cresi'mare *vt* to confirm.

'crespo, a *ag* (*capelli*) frizzy; (*tessuto*) puckered ♦ *sm* crêpe.

'cresta *sf* crest; (*di polli, uccelli*) crest, comb; **alzare la** ~ (*fig*) to become cocky; **abbassare la** ~ (*fig*) to climb down; **essere sulla** ~ **dell'onda** (*fig*) to be riding high.

'Creta *sf* Crete.

'creta *sf* (*gesso*) chalk; (*argilla*) clay.

cre'tese *ag, sm/f* Cretan.

creti'nata *sf* (*fam*): **dire/fare una** ~ to say/ do a stupid thing.

cre'tino, a *ag* stupid ♦ *sm/f* idiot, fool.

CRI *sigla f* = *Croce Rossa Italiana*.

cric *sm inv* (*TECN*) jack.

'cricca, che *sf* clique.

'cricco, chi *sm* = **cric**.

cri'ceto [kri'tʃɛto] *sm* hamster.

crimi'nale *ag, sm/f* criminal.

criminalità *sf* crime; ~ **organizzata** organized crime.

'Criminalpol *abbr* = **polizia criminale**.

'crimine *sm* (*DIR*) crime.

criminolo'gia [kriminolo'dʒia] *sf* criminology.

crimi'noso, a *ag* criminal.

cri'nale *sm* ridge.

'crine *sm* horsehair.

crini'era *sf* mane.

'cripta *sf* crypt.

crip'tare *vt* (*TV: programma*) to encrypt.

crip'tato, a *ag* (*programma, messaggio*) encrypted.

crisan'temo *sm* chrysanthemum; *vedi anche* **Giorno dei Morti**.

'crisi *sf inv* crisis; (*MED*) attack, fit; **essere in** ~ (*partito, impresa etc*) to be in a state of crisis; ~ **energetica** energy crisis; ~ **di nervi** attack *o* fit of nerves.

cristalle'ria *sf* (*fabbrica*) crystal glassworks *sg*; (*oggetti*) crystalware.

cristal'lino, a *ag* (*MINERALOGIA*) crystalline; (*fig: suono, acque*) crystal clear ♦ *sm* (*ANAT*) crystalline lens.

cristalliz'zare [kristallid'dzare] *vi*, ~**rsi** *vr* to crystallize; (*fig*) to become fossilized.

cris'tallo *sm* crystal.

cristia'nesimo *sm* Christianity.

cristianità *sf* Christianity; (*i cristiani*) Christendom.

cristi'ano, a *ag, sm/f* Christian; **un povero** ~ (*fig*) a poor soul *o* beggar; **comportarsi da** ~ (*fig*) to behave in a civilized manner.

'cristo *sm*: **C**~ Christ; **(un) povero** ~ (a) poor beggar.

cri'terio *sm* criterion; (*buon senso*) (common) sense.

'critica, che *sf vedi* **critico**.

criti'care *vt* to criticize.

'critico, a, ci, che *ag* critical ♦ *sm* critic ♦ *sf*

criticism; **la** ~**a** (*attività*) criticism; (*persone*) the critics *pl*.
criti'cone, a *smlf* faultfinder.
crivel'lare *vt*: ~ (**di**) to riddle (with).
cri'vello *sm* riddle.
cro'ato, a *ag, smlf* Croatian, Croat.
Cro'azia [kro'attsja] *sf*: **la** ~ Croatia.
croc'cante *ag* crisp, crunchy ♦ *sm* (*CUC*) almond crunch.
'crocchia ['krɔkkja] *sf* chignon, bun.
'crocchio ['krɔkkjo] *sm* (*di persone*) small group, cluster.
'croce ['krotʃe] *sf* cross; **in** ~ (*di traverso*) crosswise; (*fig*) on tenterhooks; **mettere in** ~ (*anche fig: criticare*) to crucify; (: *tormentare*) to nag to death; **la C~ Rossa** the Red Cross; ~ **uncinata** swastika.
croce'figgere *etc* [krotʃe'fiddʒere] = **crocifiggere** *etc*.
croceros'sina [krotʃeros'sina] *sf* Red Cross nurse.
croce'via [krotʃe'via] *sm inv* crossroads *sg*.
croci'ato, a [kro'tʃato] *ag* cross-shaped ♦ *sm* (*anche fig*) crusader ♦ *sf* crusade.
cro'cicchio [kro'tʃikkjo] *sm* crossroads *sg*.
croci'era [kro'tʃɛra] *sf* (*viaggio*) cruise; (*ARCHIT*) transept; **altezza di** ~ (*AER*) cruising height; **velocità di** ~ (*AER, NAUT*) cruising speed.
croci'figgere [krotʃi'fiddʒere] *vt* to crucify.
crocifissi'one [krotʃifis'sjone] *sf* crucifixion.
croci'fisso, a [krotʃi'fisso] *pp di* **crocifiggere** ♦ *sm* crucifix.
crogio'larsi [krodʒo'larsi] *vr*: ~ **al sole** to bask in the sun.
crogi'olo [kro'dʒɔlo], **crogiu'olo** [kro'dʒwɔlo] *sm* crucible; (*fig*) melting pot.
crol'lare *vi* to collapse.
'crollo *sm* collapse; (*di prezzi*) slump, sudden fall.
'croma *sf* (*MUS*) quaver (*BRIT*), eighth note (*US*).
cro'mato, a *ag* chromium-plated.
'cromo *sm* chrome, chromium.
cromo'soma, i *sm* chromosome.
'cronaca, che *sf* chronicle; (*STAMPA*) news *sg*; (: *rubrica*) column; (*TV, RADIO*) commentary; **fatto o episodio di** ~ news item; ~ **nera** crime news *sg*; crime column.
'cronico, a, ci, che *ag* chronic.
cro'nista, i *sm* (*STAMPA*) reporter, columnist.
cronis'toria *sf* chronicle; (*fig: ironico*) blow-by-blow account.
cro'nografo *sm* (*strumento*) chronograph.
cronolo'gia [kronolo'dʒia] *sf* chronology.

cronome'trare *vt* to time.
cro'nometro *sm* chronometer; (*a scatto*) stopwatch.
'crosta *sf* crust; (*MED*) scab; (*ZOOL*) shell; (*di ghiaccio*) layer; (*fig peg: quadro*) daub.
cros'tacei [kros'tatʃei] *smpl* shellfish.
cros'tata *sf* (*CUC*) tart.
cros'tino *sm* (*CUC*) croûton; (: *da antipasto*) canapé.
crucci'are [krut'tʃare] *vt* to torment, worry; ~**rsi** *vr*: ~**rsi per** to torment o.s. over.
'cruccio [krutt'ʃo] *sm* worry, torment.
cruci'ale [kru'tʃale] *ag* crucial.
cruci'verba [krutʃi'vɛrba] *sm inv* crossword (puzzle).
cru'dele *ag* cruel.
crudeltà *sf* cruelty.
'crudo, a *ag* (*non cotto*) raw; (*aspro*) harsh, severe.
cru'ento, a *ag* bloody.
cru'miro *sm* (*peg*) blackleg (*BRIT*), scab.
'cruna *sf* eye (of a needle).
'crusca *sf* bran.
crus'cotto *sm* (*AUT*) dashboard.
CS *sigla* = *Cosenza*.
C.S. *sigla* (*MIL*) = *comando supremo*; (*AUT*) = *codice della strada*.
c.s. *abbr* = *come sopra*.
Csce [tʃi'ɛsse'tʃie] *sigla f* (= *Conferenza sulla sicurezza e la cooperazione in Europa*) CSCE.
CSI [tʃi'ɛsse'i] *sigla f* (= *Comunità di Stati Indipendenti*) CIS.
CSM [tʃiɛsse'ɛmme] *sigla m* (= *consiglio superiore della magistratura*) Magistrates' Board of Supervisors.
CT *sigla* = *Catania*.
c.t. *abbr* = **commissario tecnico**.
'Cuba *sf* Cuba.
cu'bano, a *ag, smlf* Cuban.
cu'betto *sm* (small) cube; ~ **di ghiaccio** ice cube.
'cubico, a, ci, che *ag* cubic.
'cubo, a *ag* cubic ♦ *sm* cube; **elevare al** ~ (*MAT*) to cube.
cuc'cagna [kuk'kaɲɲa] *sf*: **paese della** ~ land of plenty; **albero della** ~ greasy pole (*fig*).
cuc'cetta [kut'tʃetta] *sf* (*FERR*) couchette; (*NAUT*) berth.
cucchiai'ata [kukkja'jata] *sf* spoonful; tablespoonful.
cucchia'ino [kukkja'ino] *sm* teaspoon; coffee spoon.
cucchi'aio [kuk'kjajo] *sm* spoon; (*da tavola*) tablespoon; (*cucchiaiata*) spoonful; tablespoonful.
'cuccia, ce ['kuttʃa] *sf* dog's bed; **a** ~! down!

cuccio'lata [kuttʃo'lata] *sf* litter.

'cucciolo ['kuttʃolo] *sm* cub; (*di cane*) puppy.

cu'cina [ku'tʃina] *sf* (*locale*) kitchen; (*arte culinaria*) cooking, cookery; (*le vivande*) food, cooking; (*apparecchio*) cooker; **di** ~ (*libro, lezione*) cookery *cpd*; ~ **componibile** fitted kitchen; ~ **economica** kitchen range.

cuci'nare [kutʃi'nare] *vt* to cook.

cuci'nino [kutʃi'nino] *sm* kitchenette.

cu'cire [ku'tʃire] *vt* to sew, stitch; ~ **la bocca a qn** (*fig*) to shut sb up.

cu'cito, a [ku'tʃito] *sm* sewing; (*INS*) sewing, needlework.

cuci'trice [kutʃi'tritʃe] *sf* (*TIP: per libri*) stitching machine; (*per fogli*) stapler.

cuci'tura [kutʃi'tura] *sf* sewing, stitching; (*costura*) seam.

cucù *sm inv*, **cu'culo** *sm* cuckoo.

'cuffia *sf* bonnet, cap; (*da infermiera*) cap; (*da bagno*) (bathing) cap; (*per ascoltare*) headphones *pl*, headset.

cu'gino, a [ku'dʒino] *sm/f* cousin.

================ *PAROLA CHIAVE*

'cui *pron* **1** (*nei complementi indiretti: persona*) whom; (: *oggetto, animale*) which; **la persona/le persone a** ~ **accennavi** the person/people you were referring to *o* to whom you were referring; **la penna con** ~ **scrivo** the pen I'm writing with; **il paese da** ~ **viene** the country he comes from; **i libri di** ~ **parlavo** the books I was talking about *o* about which I was talking; **parla varie lingue, fra** ~ **l'inglese** he speaks several languages, including English; **il quartiere in** ~ **abito** the district where I live; **visto il modo in** ~ **ti ha trattato** ... considering how he treated you ...; **la ragione per** ~ the reason why; **per** ~ **non so più che fare** that's why I don't know what to do

2 (*inserito tra articolo e sostantivo*) whose; **la donna i** ~ **figli sono scomparsi** the woman whose children have disappeared; **il signore, dal** ~ **figlio ho avuto il libro** the man from whose son I got the book.

culi'naria *sf* cookery.

culi'nario, a *ag* culinary.

'culla *sf* cradle.

cul'lare *vt* to rock; (*fig: idea, speranza*) to cherish; ~**rsi** *vr* (*gen*) to sway; ~**rsi in vane speranze** (*fig*) to cherish fond hopes; ~**rsi nel dolce far niente** (*fig*) to sit back and relax.

culmi'nante *ag*: **posizione** ~ (*ASTR*) highest point; **punto** *o* **momento** ~ (*fig*) climax.

culmi'nare *vi*: ~ **in** *o* **con** to culminate in.

'culmine *sm* top, summit.

'culo *sm* (*fam!*) arse (*BRIT!*), ass (*US!*); (: *fig: fortuna*): **aver** ~ to have the luck of the devil; **prendere qn per il** ~ to take the piss out of sb (*!*).

'culto *sm* (*religione*) religion; (*adorazione*) worship, adoration; (*venerazione: anche fig*) cult.

cul'tura *sf* (*gen*) culture; (*conoscenza*) education, learning; **di** ~ (*persona*) cultured; (*istituto*) cultural, of culture; ~ **generale** general knowledge; ~ **di massa** mass culture.

cultu'rale *ag* cultural.

cultu'rismo *sm* body-building.

cumu'lare *vt* to accumulate, amass.

cumula'tivo, a *ag* cumulative; (*prezzo*) inclusive; (*biglietto*) group *cpd*.

'cumulo *sm* (*mucchio*) pile, heap; (*METEOR*) cumulus; ~ **dei redditi** (*FISCO*) combined incomes; ~ **delle pene** (*DIR*) consecutive sentences.

'cuneo *sm* wedge.

cu'netta *sf* (*di strada etc*) bump; (*scolo: nelle strade di città*) gutter; (: *di campagna*) ditch.

cu'nicolo *sm* (*galleria*) tunnel; (*di miniera*) pit, shaft; (*di talpa*) hole.

cu'oca *sf vedi* **cuoco**.

cu'ocere ['kwɔtʃere] *vt* (*alimenti*) to cook; (*mattoni etc*) to fire ♦ *vi* to cook; ~ **in umido/a vapore/in padella** to stew/steam/fry; ~ **al forno** (*pane*) to bake; (*arrosto*) to roast.

cu'oco, a, chi, che *sm/f* cook; (*di ristorante*) chef.

cuoi'ame *sm* leather goods *pl*.

cu'oio *sm* leather; ~ **capelluto** scalp; **tirare le** ~**a** (*fam*) to kick the bucket.

cu'ore *sm* heart; ~**i** *smpl* (*CARTE*) hearts; **avere buon** ~ to be kind-hearted; **stare a** ~ **a qn** to be important to sb; **un grazie di** ~ heartfelt thanks; **ringraziare di** ~ to thank sincerely; **nel profondo del** ~ in one's heart of hearts; **avere la morte nel** ~ to be sick at heart; **club dei** ~**i solitari** lonely hearts club.

cupi'digia [kupi'didʒa] *sf* greed, covetousness.

'cupo, a *ag* dark; (*suono*) dull; (*fig*) gloomy, dismal.

'cupola *sf* dome; (*più piccola*) cupola; (*fig*) Mafia high command.

'cura *sf* care; (*MED: trattamento*) (course of)

treatment; **aver ~ di** (*occuparsi di*) to look after; **a ~ di** (*libro*) edited by; **fare una ~** to follow a course of treatment; **~ dimagrante** diet.

cu'rabile *ag* curable.

cu'rante *ag*: **medico ~** doctor (in charge of a patient).

cu'rare *vt* (*malato, malattia*) to treat; (: *guarire*) to cure; (*aver cura di*) to take care of; (*testo*) to edit; **~rsi** *vr* to take care of o.s.; (*MED*) to follow a course of treatment; **~rsi di** to pay attention to; (*occuparsi di*) to look after.

cu'rato *sm* parish priest; (*protestante*) vicar, minister.

cura'tore, 'trice *sm/f* (*DIR*) trustee; (*di antologia etc*) editor; **~ fallimentare** (official) receiver.

'curdo, a *ag* Kurdish ♦ *sm/f* Kurd.

'curia *sf* (*REL*): **la ~ romana** the Roman curia; **~ notarile** notaries' association *o* guild.

curio'saggine [kurjo'saddʒine] *sf* nosiness.

curio'sare *vi* to look round, wander round; (*tra libri*) to browse; **~ nei negozi** to look *o* wander round the shops; **~ nelle faccende altrui** to poke one's nose into other people's affairs.

curiosità *sf inv* curiosity; (*cosa rara*) curio, curiosity.

curi'oso, a *ag* (*che vuol sapere*) curious, inquiring; (*ficcanaso*) curious, inquisitive; (*bizzarro*) strange, curious ♦ *sm/f* busybody, nosy parker; **essere ~ di** to be curious about; **una folla di ~i** a crowd of onlookers.

cur'riculum *sm inv*: **~ (vitae)** curriculum vitae.

cur'sore *sm* (*INFORM*) cursor.

'curva *sf* curve; (*stradale*) bend, curve.

cur'vare *vt* to bend ♦ *vi* (*veicolo*) to take a bend; (*strada*) to bend, curve; **~rsi** *vr* to bend; (*legno*) to warp.

'curvo, a *ag* curved; (*piegato*) bent.

CUS *sigla m* = Centro Universitario Sportivo.

cusci'netto [kuʃʃi'netto] *sm* pad; (*TECN*) bearing ♦ *ag inv*: **stato ~** buffer state; **~ a sfere** ball bearing.

cu'scino [kuʃ'ʃino] *sm* cushion; (*guanciale*) pillow.

'cuspide *sf* (*ARCHIT*) spire.

cus'tode *sm/f* (*di museo*) keeper, custodian; (*di parco*) warden; (*di casa*) concierge; (*di fabbrica, carcere*) guard.

cus'todia *sf* care; (*DIR*) custody; (*astuccio*) case, holder; **avere qc in ~** to look after sth; **dare qc in ~ a qn** to entrust sth to sb's care; **agente di ~** prison warder; **~**

delle carceri prison security; **~ cautelare** (*DIR*) remand.

custo'dire *vt* (*conservare*) to keep; (*assistere*) to look after, take care of; (*fare la guardia*) to guard.

'cute *sf* (*ANAT*) skin.

cu'ticola *sf* cuticle.

C.V. *abbr* = **cavallo vapore**.

c.v.d. *abbr* (= *come volevasi dimostrare*) QED (= *quod erat demonstrandum*).

c.vo *abbr* = **corsivo**.

cy'clette ® [si'klɛt] *sf inv* exercise bike.

CZ *sigla* = Catanzaro.

D d

D, d [di] *sf o m inv* (*lettera*) D, d; **D come Domodossola** ≈ D for David (*BRIT*), D for Dog (*US*).

D *abbr* (= *destra*) R; (*FERR*) = **diretto**.

═══════════════ *PAROLA CHIAVE*

da (*da + il = dal, da + lo = dallo, da + l' = dall', da + la = dalla, da + i = dai, da + gli = dagli, da + le = dalle*) *prep* **1** (*agente*) by; **dipinto ~ un grande artista** painted by a great artist

2 (*causa*) with; **tremare dalla paura** to tremble with fear

3 (*stato in luogo*) at; **abito ~ lui** I'm living at his house *o* with him; **sono dal giornalaio** I'm at the newsagent's; **era ~ Francesco** she was at Francesco's (house)

4 (*moto a luogo*) to; (*moto per luogo*) through; **vado ~ Pietro/dal giornalaio** I'm going to Pietro's (house)/to the newsagent's; **sono passati dalla finestra** they came in through the window

5 (*provenienza, allontanamento*) from; **~ ... a** from ... to; **arrivare/partire ~ Milano** to arrive/depart from Milan; **scendere dal treno/dalla macchina** to get off the train/out of the car; **viene ~ una famiglia povera** he comes from a poor background; **viene dalla Scozia** he comes from Scotland; **ti chiamo ~ una cabina** I'm phoning from a call box; **si trova a 5 km ~ qui** it's 5 km from here

6 (*tempo: durata*) for; (: *a partire da: nel passato*) since; (: *nel futuro*) from; **vivo qui ~ un anno** I've been living here for a year; **è dalle 3 che ti aspetto** I've been waiting for you since 3 (o'clock); ~ **mattina a sera** from morning till night; ~ **oggi in poi** from today onwards; ~ **bambino** as a child, when I (*o* he *etc*) was a child

7 (*modo, maniera*) like; **comportarsi ~ uomo** to behave like a man; **l'ho fatto ~ me** I did it (by) myself; **non è ~ lui** it's not like him

8 (*descrittivo*): **una macchina ~ corsa** a racing car; **è una cosa ~ poco** it's nothing special; **una ragazza dai capelli biondi** a girl with blonde hair; **sordo ~ un orecchio** deaf in one ear; **abbigliamento ~ uomo** menswear; **un vestito ~ 100.000 lire** a 100,000 lire dress; **qualcosa ~ bere/mangiare** something to drink/eat.

dà *vb vedi* **dare**.
dab'bene *ag inv* honest, decent.
'Dacca *sf* Dacca.
dac'capo, da 'capo *av* (*di nuovo*) (once) again; (*dal principio*) all over again, from the beginning.
dacché [dak'ke] *cong* since.
'dado *sm* (*da gioco*) dice *o* die (*pl* dice); (*CUC*) stock cube (*BRIT*), bouillon cube (*US*); (*TECN*) (screw) nut; **~i** *smpl* (*game of*) dice.
daf'fare, da 'fare *sm* work, toil; **avere un gran ~** to be very busy.
'dagli ['daλλi], **'dai** *prep + det vedi* **da**.
'daino *sm* (fallow) deer *inv*; (*pelle*) buckskin.
Da'kar *sf* Dakar.
dal *prep + det vedi* **da**.
dal. *abbr* (= *decalitro*) dal.
dall', 'dalla, 'dalle, 'dallo *prep + det vedi* **da**.
dal'tonico, a, ci, che *ag* colour-blind (*BRIT*), colorblind (*US*).
dam. *abbr* (= *decametro*) dam.
'dama *sf* lady; (*nei balli*) partner; (*gioco*) draughts *sg* (*BRIT*), checkers *sg* (*US*); **far ~** (*nel gioco*) to make a crown; **~ di compagnia** lady's companion; **~ di corte** lady-in-waiting.
Da'masco *sf* Damascus.
dami'gella [dami'dʒɛlla] *sf* (*STORIA*) damsel; (: *titolo*) mistress; **~ d'onore** (*di sposa*) bridesmaid.
damigi'ana [dami'dʒana] *sf* demijohn.
dam'meno *ag inv*: **per non essere ~ di qn** so as not to be outdone by sb.
DAMS *sigla m* (= *Disciplina delle Arti, della Musica, dello Spettacolo*) *study of the performing arts.*

da'naro *sm* = **denaro**.
dana'roso, a *ag* wealthy.
da'nese *ag* Danish ♦ *smlf* Dane ♦ *sm* (*LING*) Danish.
Dani'marca *sf*: **la ~** Denmark.
dan'nare *vt* (*REL*) to damn; **~rsi** *vr*: **~rsi** (**per**) (*fig: tormentarsi*) to be worried to death (by); **far ~ qn** to drive sb mad; **~rsi l'anima per qc** (*affannarsi*) to work o.s. to death for sth; (*tormentarsi*) to worry o.s. to death over sth.
dan'nato, a *ag* damned.
dannazi'one [dannat'tsjone] *sf* damnation.
danneggi'are [danned'dʒare] *vt* to damage; (*rovinare*) to spoil; (*nuocere*) to harm; **la parte danneggiata** (*DIR*) the injured party.
'danno *vb vedi* **dare** ♦ *sm* damage; (*a persona*) harm, injury; **~i** *smpl* (*DIR*) damages; **a ~ di qn** to sb's detriment; **chiedere/risarcire i ~i** to sue for/pay damages.
dan'noso, a *ag*: **~ (a** *o* **per)** harmful (to), bad (for).
dan'tesco, a, schi, sche *ag* Dantesque; **l'opera ~a** Dante's work.
Da'nubio *sm*: **il ~** the Danube.
'danza ['dantsa] *sf*: **la ~** dancing; **una ~** a dance.
dan'zante [dan'tsante] *ag* dancing; **serata ~** dance.
dan'zare [dan'tsare] *vt, vi* to dance.
danza'tore, 'trice [dantsa'tore] *smlf* dancer.
dapper'tutto *av* everywhere.
dap'poco *ag inv* inept; worthless.
dap'prima *av* at first.
Darda'nelli *smpl*: **i ~** the Dardanelles.
'dardo *sm* dart.
'dare *sm* (*COMM*) debit ♦ *vt* to give; (*produrre: frutti, suono*) to produce ♦ *vi* (*guardare*): **~ su** to look (out) onto; **~rsi** *vr*: **~rsi a** to dedicate o.s. to; **quanti anni mi dai?** how old do you think I am?; **danno ancora quel film?** is that film still showing?; **~ da mangiare a qn** to give sb something to eat; **~ per certo qc** to consider sth certain; **~ ad intendere a qn che ...** to lead sb to believe that ...; **~ per morto qn** to give sb up for dead; **~ qc per scontato** to take sth for granted; **~rsi ammalato** to report sick; **~rsi alla bella vita** to have a good time; **~rsi al bere** to take to drink; **~rsi al commercio** to go into business; **~rsi da fare per fare qc** to go to a lot of bother to do sth; **~rsi per vinto** to give in; **può ~rsi** maybe, perhaps; **si dà il caso che ...** it so happens that ...; **darsela a gambe** to take to one's

heels; **il ~ e l'avere** (*ECON*) debits and credits *pl*.
Dar-es-Sa'laam *sf* Dar-es-Salaam.
'darsena *sf* dock.
'data *sf* date; **in ~ da destinarsi** on a date still to be announced; **in ~ odierna** as of today; **amicizia di lunga** *o* **vecchia ~** long-standing friendship; **~ di emissione** date of issue; **~ di nascita** date of birth; **~ di scadenza** expiry date.
da'tare *vt* to date ♦ *vi*: **~ da** to date from.
da'tato, a *ag* dated.
da'tivo *sm* dative.
'dato, a *ag* (*stabilito*) given ♦ *sm* datum; **~i** *smpl* data *pl*; **~ che** given that; **in ~i casi** in certain cases; **è un ~ di fatto** it's a fact.
da'tore, 'trice *sm/f*: **~ di lavoro** employer.
'dattero *sm* date (*BOT*).
dattilogra'fare *vt* to type.
dattilogra'fia *sf* typing.
datti'lografo, a *sm/f* typist.
dattilos'critto *sm* typescript.
da'vanti *av* in front; (*dirimpetto*) opposite ♦ *ag inv* front ♦ *sm* front; **~ a** *prep* in front of; (*dirimpetto a*) facing, opposite; (*in presenza di*) before, in front of.
davan'zale [davan'tsale] *sm* windowsill.
da'vanzo, d'a'vanzo [da'vantso] *av* more than enough.
dav'vero *av* really, indeed; **dico ~** I mean it.
dazi'ario, a [dat'tsjarjo] *ag* excise *cpd*.
'dazio ['dattsjo] *sm* (*somma*) duty; (*luogo*) customs *pl*; **~ d'importazione** import duty.
db *abbr* (= *decibel*) dB.
DC *sigla f* = **Democrazia Cristiana** (*former political party*).
d.C. *av abbr* (= *dopo Cristo*) A.D.
D.D.T. *abbr m* (= *dicloro-difenil-tricloroetano*) D.D.T.
'dea *sf* goddess.
'debbo *etc vb vedi* **dovere**.
debel'lare *vt* to overcome, conquer.
debili'tare *vt* to debilitate.
debita'mente *av* duly, properly.
'debito, a *ag* due, proper ♦ *sm* debt; (*COMM: dare*) debit; **a tempo ~** at the right time; **portare a ~ di qn** to debit sb with; **~ consolidato** consolidated debt; **~ d'imposta** tax liability; **~ pubblico** national debt.
debi'tore, 'trice *sm/f* debtor.
'debole *ag* weak, feeble; (*suono*) faint; (*luce*) dim ♦ *sm* weakness.
debo'lezza [debo'lettsa] *sf* weakness.
debut'tante *sm/f* (*gen*) beginner, novice; (*TEAT*) actor/actress at the beginning of

his (*o* her) career.
debut'tare *vi* to make one's début.
de'butto *sm* début.
'decade *sf* period of ten days.
deca'dente *ag* decadent.
deca'denza [deka'dɛntsa] *sf* decline; (*DIR*) loss, forfeiture.
deca'dere *vi* to decline.
deca'duto, a *ag* (*persona*) impoverished; (*norma*) lapsed.
decaffei'nato, a *ag* decaffeinated.
de'calogo *sm* (*fig*) rulebook.
de'cano *sm* (*REL*) dean.
decan'tare *vt* (*virtù, bravura etc*) to praise; (*persona*) to sing the praises of.
decapi'tare *vt* to decapitate, behead.
decappot'tabile *ag, sf* convertible.
dece'duto, a [detʃe'duto] *ag* deceased.
decele'rare [detʃele'rare] *vt, vi* to decelerate, slow down.
decen'nale [detʃen'nale] *ag* (*che dura 10 anni*) ten-year *cpd*; (*che ricorre ogni 10 anni*) ten-yearly, every ten years ♦ *sm* (*ricorrenza*) tenth anniversary.
de'cenne [de'tʃɛnne] *ag*: **un bambino ~** a ten-year-old child, a child of ten.
de'cennio [de'tʃɛnnjo] *sm* decade.
de'cente [de'tʃɛnte] *ag* decent, respectable, proper; (*accettabile*) satisfactory, decent.
decentraliz'zare [detʃentralid'dzare] *vt* (*AMM*) to decentralize.
decentra'mento [detʃentra'mento] *sm* decentralization.
decen'trare [detʃen'trare] *vt* to decentralize, move out of *o* away from the centre.
de'cenza [de'tʃɛntsa] *sf* decency, propriety.
de'cesso [de'tʃɛsso] *sm* death; **atto di ~** death certificate.
de'cidere [de'tʃidere] *vi* to decide, make up one's mind ♦ *vt*: **~ qc** to decide on sth; (*questione, lite*) to settle sth; **~rsi** *vr*: **~rsi (a fare)** to decide (to do), make up one's mind (to do); **~ di fare/che** to decide to do/that; **~ di qc** (*sog: cosa*) to determine sth.
deci'frare [detʃi'frare] *vt* to decode; (*fig*) to decipher, make out.
de'cilitro [de'tʃilitro] *sm* decilitre (*BRIT*), deciliter (*US*).
deci'male [detʃi'male] *ag* decimal.
deci'mare [detʃi'mare] *vt* to decimate.
de'cimetro [de'tʃimetro] *sm* decimetre.
'decimo, a ['dɛtʃimo] *num* tenth.
de'cina [de'tʃina] *sf* ten; (*circa dieci*): **una ~ (di)** about ten.
de'cisi [de'tʃizi] *etc vb vedi* **decidere**.

decisio'nale [detʃizjo'nale] *ag* decision-making *cpd*.

decisi'one [detʃi'zjone] *sf* decision; **prendere una** ~ to make a decision; **con** ~ decisively, resolutely.

deci'sivo, a [detʃi'zivo] *ag* (*gen*) decisive; (*fattore*) deciding.

de'ciso, a [de'tʃizo] *pp di* **decidere** ♦ *ag* (*persona, carattere*) determined; (*tono*) firm, resolute.

declas'sare *vt* to downgrade; to lower in status; **1ª declassata** (*FERR*) first-class carriage which may be used by second-class passengers.

decli'nare *vi* (*pendio*) to slope down; (*fig: diminuire*) to decline; (*tramontare*) to set, go down ♦ *vt* to decline; ~ **le proprie generalità** (*fig*) to give one's particulars; ~ **ogni responsabilità** to disclaim all responsibility.

declinazi'one [deklinat'tsjone] *sf* (*LING*) declension.

de'clino *sm* decline.

de'clivio *sm* (downward) slope.

decodifi'care *vt* to decode.

decodifica'tore *sm* decoder.

decol'lare *vi* (*AER*) to take off.

décolleté [dekol'te] *ag inv* (*abito*) low-necked, low-cut ♦ *sm* (*di abito*) low neckline; (*di donna*) cleavage.

de'collo *sm* take-off.

decolo'rare *vt* to bleach.

decom'porre *vt*, **decomporsi** *vr* to decompose.

decomposizi'one [dekompozit'tsjone] *sf* decomposition.

decom'posto, a *pp di* **decomporre**.

decompressi'one *sf* decompression.

deconge'lare [dekondʒe'lare] *vt* to defrost.

decongestio'nare [dekondʒestjo'nare] *vt* (*MED, traffico*) to relieve congestion in.

deco'rare *vt* to decorate.

decora'tivo, a *ag* decorative.

decora'tore, 'trice *sm/f* (interior) decorator.

decorazi'one [dekorat'tsjone] *sf* decoration.

de'coro *sm* decorum.

deco'roso, a *ag* decorous, dignified.

decor'renza [dekor'rɛntsa] *sf*: **con** ~ **da** (as) from.

de'correre *vi* to pass, elapse; (*avere effetto*) to run, have effect.

de'corso, a *pp di* **decorrere** ♦ *sm* (*evoluzione: anche MED*) course.

de'crebbi *etc vb vedi* **decrescere**.

de'crepito, a *ag* decrepit.

de'crescere [de'kreʃʃere] *vi* (*diminuire*) to decrease, diminish; (*acque*) to subside, go down; (*prezzi*) to go down.

decresci'uto, a [dekreʃ'ʃuto] *pp di* **decrescere**.

decre'tare *vt* (*norma*) to decree; (*mobilitazione*) to order; ~ **lo stato d'emergenza** to declare a state of emergency; ~ **la nomina di qn** to decide on the appointment of sb.

de'creto *sm* decree; ~ **legge** *decree with the force of law*; ~ **di sfratto** eviction order.

decur'tare *vt* (*debito, somma*) to reduce.

decurtazi'one [dekurtat'tsjone] *sf* reduction.

'dedalo *sm* maze, labyrinth.

'dedica, che *sf* dedication.

dedi'care *vt* to dedicate; ~**rsi** *vr*: ~**rsi a** (*votarsi*) to devote o.s. to.

dedicherò *etc* [dedike'rɔ] *vb vedi* **dedicare**.

'dedito, a *ag*: ~ **a** (*studio etc*) dedicated o devoted to; (*vizio*) addicted to.

de'dotto, a *pp di* **dedurre**.

de'duco *etc vb vedi* **dedurre**.

de'durre *vt* (*concludere*) to deduce; (*defalcare*) to deduct.

de'dussi *etc vb vedi* **dedurre**.

deduzi'one [dedut'tsjone] *sf* deduction.

defal'care *vt* to deduct.

defenes'trare *vt* to throw out of the window; (*fig*) to remove from office.

defe'rente *ag* respectful, deferential.

defe'rire *vt* (*DIR*): ~ **a** to refer to.

defezi'one [defet'tsjone] *sf* defection, desertion.

defici'ente [defi'tʃɛnte] *ag* (*mancante*): ~ **di** deficient in; (*insufficiente*) insufficient ♦ *sm/f* mental defective; (*peg: cretino*) idiot.

defici'enza [defi'tʃɛntsa] *sf* deficiency; (*carenza*) shortage; (*fig: lacuna*) weakness.

'deficit ['dɛfitʃit] *sm inv* (*ECON*) deficit.

defi'nire *vt* to define; (*risolvere*) to settle; (*questione*) to finalize.

defini'tivo, a *ag* definitive, final ♦ *sf*: **in** ~**a** (*dopotutto*) when all is said and done; (*dunque*) well then.

defi'nito, a *ag* definite; **ben** ~ clear, clear cut.

definizi'one [definit'tsjone] *sf* (*gen*) definition; (*di disputa, vertenza*) settlement; (*di tempi, obiettivi*) establishment.

deflagrazi'one [deflagrat'tsjone] *sf* explosion.

deflazi'one [deflat'tsjone] *sf* (*ECON*) deflation.

deflet'tore *sm* (*AUT*) quarterlight (*BRIT*),

deflector (*US*).
deflu'ire *vi*: ~ **da** (*liquido*) to flow away from; (*fig*: *capitali*) to flow out of.
de'flusso *sm* (*della marea*) ebb.
defor'mare *vt* (*alterare*) to put out of shape; (*corpo*) to deform; (*pensiero, fatto*) to distort; ~**rsi** *vr* to lose its shape.
deformazi'one [deformat'tsjone] *sf* (*MED*) deformation; **questa è ~ professionale!** that's force of habit because of your (*o* his *etc*) job!
de'forme *ag* deformed; disfigured.
deformità *sf inv* deformity.
defrau'dare *vt*: ~ **qn di qc** to defraud sb of sth, cheat sb out of sth.
de'funto, a *ag* late *cpd* ♦ *smlf* deceased.
degene'rare [dedʒene'rare] *vi* to degenerate.
degenerazi'one [dedʒenerat'tsjone] *sf* degeneration.
de'genere [de'dʒenere] *ag* degenerate.
de'gente [de'dʒɛnte] *smlf* bedridden person; (*ricoverato in ospedale*) in-patient.
de'genza [de'dʒɛntsa] *sf* confinement to bed; ~ **ospedaliera** period in hospital.
'degli ['deʎʎi] *prep + det vedi* **di**.
deglu'tire *vt* to swallow.
de'gnare [deɲ'ɲare] *vt*: ~ **qn della propria presenza** to honour sb with one's presence; ~**rsi** *vr*: ~**rsi di fare qc** to deign *o* condescend to do sth; **non mi ha degnato di uno sguardo** he wouldn't even look at me.
'degno, a ['deɲɲo] *ag* dignified; ~ **di** worthy of; ~ **di lode** praiseworthy.
degra'dare *vt* (*MIL*) to demote; (*privare della dignità*) to degrade; ~**rsi** *vr* to demean o.s.
de'grado *sm*: ~ **urbano** urban decline.
degus'tare *vt* to sample, taste.
degustazi'one [degustat'tsjone] *sf* sampling, tasting; ~ **di vini** (*locale*) specialist wine bar; ~ **di caffè** (*locale*) specialist coffee shop.
'dei *smpl di* **dio** ♦ *prep + det vedi* **di**.
del *prep + det vedi* **di**.
dela'tore, 'trice *smlf* police informer.
delazi'one [delat'tsjone] *sf* informing.
'delega, ghe *sf* (*procura*) proxy; **per ~ notarile** ≈ through a solicitor (*BRIT*) *o* lawyer.
dele'gare *vt* to delegate.
dele'gato *sm* delegate.
delegazi'one [delegat'tsjone] *sf* delegation.
delegherò *etc* [delege'rɔ] *vb vedi* **delegare**.
dele'terio, a *ag* deleterious, noxious.
del'fino *sm* (*ZOOL*) dolphin; (*STORIA*) dauphin; (*fig*) probable successor.
'Delhi ['dɛli] *sf* Delhi.

de'libera *sf* decision.
delibe'rare *vt* to come to a decision on ♦ *vi* (*DIR*): ~ (**su qc**) to rule (on sth).
delica'tezza [delika'tettsa] *sf* delicacy; frailty; thoughtfulness; tactfulness.
deli'cato, a *ag* delicate; (*salute*) delicate, frail; (*fig*: *gentile*) thoughtful, considerate; (*: che dimostra tatto*) tactful.
delimi'tare *vt* (*anche fig*) to delimit.
deline'are *vt* to outline; ~**rsi** *vr* to be outlined; (*fig*) to emerge.
delin'quente *smlf* criminal, delinquent.
delin'quenza [delin'kwɛntsa] *sf* criminality, delinquency; ~ **minorile** juvenile delinquency.
de'liquio *sm* (*MED*) swoon; **cadere in ~ to swoon.**
deli'rante *ag* (*MED*) delirious; (*fig*: *folla*) frenzied; (*: discorso, mente*) insane.
deli'rare *vi* to be delirious, rave; (*fig*) to rave.
de'lirio *sm* delirium; (*ragionamento insensato*) raving; (*fig*): **andare/mandare in ~** to go/send into a frenzy.
de'litto *sm* crime; ~ **d'onore** *crime committed to avenge one's honour.*
delittu'oso, a *ag* criminal.
de'lizia [de'littsja] *sf* delight.
delizi'are [delit'tsjare] *vt* to delight; ~**rsi** *vr*: ~**rsi di qc/a fare qc** to take delight in sth/in doing sth.
delizi'oso, a [delit'tsjoso] *ag* delightful; (*cibi*) delicious.
dell', 'della, 'delle, 'dello *prep + det vedi* **di**.
'delta *sm inv* delta.
delta'plano *sm* hang-glider; **volo col ~** hang-gliding.
delucidazi'one [delutʃidat'tsjone] *sf* clarification *no pl*.
delu'dente *ag* disappointing.
de'ludere *vt* to disappoint.
delusi'one *sf* disappointment.
de'luso, a *pp di* **deludere** ♦ *ag* disappointed.
dema'gogico, a, ci, che [dema'gɔdʒiko] *ag* popularity-seeking, demagogic.
dema'gogo, ghi *sm* demagogue.
de'manio *sm* state property.
de'mente *ag* (*MED*) demented, mentally deranged; (*fig*) crazy, mad.
de'menza [de'mɛntsa] *sf* dementia; madness; ~ **senile** senile dementia.
demenzi'ale [demen'tsjale] *ag* (*fig*) off-the-wall.
'demmo *vb vedi* **dare**.
demo'cratico, a, ci, che *ag* democratic.
democra'zia [demokrat'tsia] *sf* democracy; **la D~ Cristiana** the Christian Democrat Party.

democristi'ano, a *ag, sm/f* Christian Democrat.

demogra'fia *sf* demography.

demo'grafico, a, ci, che *ag* demographic; **incremento** ~ increase in population.

demo'lire *vt* to demolish.

demolizi'one [demolit'tsjone] *sf* demolition.

'demone *sm* demon.

de'monio *sm* demon, devil; **il D**~ the Devil.

demoniz'zare [demonid'dzare] *vt* to make a monster of.

demonizzazi'one [demoniddzat'tsjone] *sf* demonizing, demonization.

demoraliz'zare [demoralid'dzare] *vt* to demoralize; ~**rsi** *vr* to become demoralized.

de'mordere *vi*: **non** ~ **(da)** to refuse to give up.

demoti'vare *vt*: ~ **qn** to take away sb's motivation.

demoti'vato, a *ag* unmotivated, lacking motivation.

de'naro *sm* money; ~**i** *smpl* (*CARTE*) *suit in Neapolitan pack of cards.*

denatu'rato, a *ag vedi* **alcool.**

deni'grare *vt* to denigrate, run down.

denomi'nare *vt* to name; ~**rsi** *vr* to be named *o* called.

denomina'tore *sm* (*MAT*) denominator.

denominazi'one [denominat'tsjone] *sf* name; denomination; ~ **di origine controllata (D.O.C.)** *label guaranteeing the quality and origin of a wine.*

deno'tare *vt* to denote, indicate.

densità *sf inv* density; (*di nebbia*) thickness, denseness; **ad alta/bassa** ~ **di popolazione** densely/sparsely populated.

'denso, a *ag* thick, dense.

den'tale *ag* dental.

den'tario, a *ag* dental.

denta'tura *sf* set of teeth, teeth *pl*; (*TECN: di ruota*) serration.

'dente *sm* tooth; (*di forchetta*) prong; (*GEO: cima*) jagged peak; **al** ~ (*CUC: pasta*) *cooked so as to be firm when eaten*; **mettere i** ~**i** to teethe; **mettere qc sotto i** ~**i** to have a bite to eat; **avere il** ~ **avvelenato contro** *o* **con qn** to bear sb a grudge; ~ **di leone** (*BOT*) dandelion; ~**i del giudizio** wisdom teeth.

'dentice ['dentitʃe] *sm* (*ZOOL*) sea bream.

denti'era *sf* (set of) false teeth *pl*.

denti'fricio [denti'fritʃo] *sm* toothpaste.

den'tista, i, e *sm/f* dentist.

'dentro *av* inside; (*in casa*) indoors; (*fig: nell'intimo*) inwardly ♦ *prep*: ~ **(a)** in;

piegato in ~ folded over; **qui/là** ~ in here/there; ~ **di sé** (*pensare, brontolare*) to oneself; **tenere tutto** ~ to keep everything bottled up (inside o.s.); **darci** ~ (*fig fam*) to slog away, work hard.

denucleariz'zato, a [denuklearid'dzato] *ag* denuclearized, nuclear-free.

denu'dare *vt* (*persona*) to strip; (*parte del corpo*) to bare; ~**rsi** *vr* to strip.

de'nuncia, ce *o* **cie** [de'nuntʃa], **de'nunzia** [de'nuntsja] *sf* denunciation; declaration; **fare una** ~ *o* **sporgere** ~ **contro qn** (*DIR*) to report sb to the police; ~ **del reddito** (income) tax return.

denunci'are [denun'tʃare], **denunzi'are** [denun'tsjare] *vt* to denounce; (*dichiarare*) to declare; ~ **qn/qc (alla polizia)** to report sb/sth to the police.

denu'trito, a *ag* undernourished.

denutrizi'one [denutrit'tsjone] *sf* malnutrition.

deodo'rante *sm* deodorant.

deontolo'gia [deontolo'dʒia] *sf* (*professionale*) professional code of conduct.

depenalizzazi'one [depenaliddzat'tsjone] *sf* decriminalization.

dépen'dance [depã'dãs] *sf inv* outbuilding.

depe'ribile *ag* perishable; **merce** ~ perishables *pl*, perishable goods *pl*.

deperi'mento *sm* (*di persona*) wasting away; (*di merci*) deterioration.

depe'rire *vi* to waste away.

depi'lare *vt* to depilate.

depila'torio, a *ag* hair-removing, depilatory ♦ *sm* hair remover, depilatory.

depilazi'one [depilat'tsjone] *sf* hair removal, depilation.

depis'taggio [depis'taddʒo] *sm* diversion.

depis'tare *vt* to set on the wrong track.

dépli'ant [depli'ã] *sm inv* leaflet; (*opuscolo*) brochure.

deplo'rare *vt* to deplore; to lament.

deplo'revole *ag* deplorable.

de'pone, de'pongo *etc vb vedi* **deporre.**

de'porre *vt* (*depositare*) to put down; (*rimuovere: da una carica*) to remove; (*: re*) to depose; (*DIR*) to testify; ~ **le armi** (*MIL*) to lay down arms; ~ **le uova** to lay eggs.

depor'tare *vt* to deport.

depor'tato, a *sm/f* deportee.

deportazi'one [deportat'tsjone] *sf* deportation.

de'posi *etc vb vedi* **deporre.**

deposi'tante *sm* (*COMM*) depositor.

deposi'tare *vt* (*gen, GEO, ECON*) to deposit; (*lasciare*) to leave; (*merci*) to store; ~**rsi** *vr* (*sabbia, polvere*) to settle.

deposi'tario *sm* (*COMM*) depository.
de'posito *sm* deposit; (*luogo*) warehouse; depot; (: *MIL*) depot; ~ **bagagli** left-luggage office; ~ **di munizioni** ammunition dump.
deposizi'one [depozit'tsjone] *sf* deposition; (*da una carica*) removal; **rendere una falsa** ~ to perjure o.s.
de'posto, a *pp di* **deporre**.
depra'vare *vt* to corrupt, pervert.
depra'vato, a *ag* depraved ♦ *sm/f* degenerate.
depre'care *vt* to deprecate, deplore.
depre'dare *vt* to rob, plunder.
depressi'one *sf* depression; **area** *o* **zona di** ~ (*METEOR*) area of low pressure; (*ECON*) depressed area.
de'presso, a *pp di* **deprimere** ♦ *ag* depressed.
deprezza'mento [deprettsa'mento] *sm* depreciation.
deprez'zare [depret'tsare] *vt* (*ECON*) to depreciate.
depri'mente *ag* depressing.
de'primere *vt* to depress.
depu'rare *vt* to purify.
depura'tore *sm*: ~ **d'acqua** water purifier; ~ **di gas** scrubber.
depu'tato, a *sm/f* (*POL*) deputy, ≈ Member of Parliament (*BRIT*), ≈ Congressman/woman (*US*); *vedi anche* **Camera dei Deputati**.
deputazi'one [deputat'tsjone] *sf* deputation; (*POL*) position of deputy, ≈ parliamentary seat (*BRIT*), ≈ seat in Congress (*US*).
deraglia'mento [deraʎʎa'mento] *sm* derailment.
deragli'are [deraʎ'ʎare] *vi* to be derailed; **far** ~ to derail.
dera'pare *vi* (*veicolo*) to skid; (*SCI*) to sideslip.
derattizzazi'one [derattiddzat'tsjone] *sf* rodent control.
deregolamen'tare *vt* to deregulate.
deregolamentazi'one [deregolamentat'tsjone] *sf* deregulation.
dere'litto, a *ag* derelict.
dere'tano *sm* (*fam*) bottom, buttocks *pl*.
de'ridere *vt* to mock, deride.
de'risi *etc vb vedi* **deridere**.
derisi'one *sf* derision, mockery.
de'riso, a *pp di* **deridere**.
deri'sorio, a *ag* (*gesto, tono*) mocking.
de'riva *sf* (*NAUT, AER*) drift; (*dispositivo: AER*) fin; (: *NAUT*) centre-board (*BRIT*), centerboard (*US*); **andare alla** ~ (*anche fig*) to drift.

deri'vare *vi*: ~ **da** to derive from ♦ *vt* to derive; (*corso d'acqua*) to divert.
deri'vato, a *ag* derived ♦ *sm* (*CHIM, LING*) derivative; (*prodotto*) by-product.
derivazi'one [derivat'tsjone] *sf* derivation; diversion.
derma'tite *sf* dermatitis.
dermatolo'gia [dermatolo'dʒia] *sf* dermatology.
derma'tologo, a, gi, ghe *sm/f* dermatologist.
dermoprotet'tivo, a *ag* (*crema, azione*) protecting the skin.
'deroga, ghe *sf* (special) dispensation; **in** ~ **a** as a (special) dispensation to.
dero'gare *vi*: ~ **a** (*DIR*) to repeal in part.
der'rate *sfpl* commodities; ~ **alimentari** foodstuffs.
deru'bare *vt* to rob.
des'critto, a *pp di* **descrivere**.
des'crivere *vt* to describe.
descrizi'one [deskrit'tsjone] *sf* description.
de'serto, a *ag* deserted ♦ *sm* (*GEO*) desert; **isola** ~**a** a desert island.
deside'rabile *ag* desirable.
deside'rare *vt* to want, wish for; (*sessualmente*) to desire; ~ **fare/che qn faccia** to want *o* wish to do/sb to do; **desidera fare una passeggiata?** would you like to go for a walk?; **farsi** ~ (*fare il prezioso*) to play hard to get; (*farsi aspettare*) to take one's time; **lascia molto a** ~ it leaves a lot to be desired.
desi'derio *sm* wish; (*più intenso, carnale*) desire.
deside'roso, a *ag*: ~ **di** longing *o* eager for.
desi'gnare [desiɲ'ɲare] *vt* to designate, appoint; (*data*) to fix; **la vittima designata** the intended victim.
designazi'one [desiɲɲat'tsjone] *sf* designation, appointment.
desi'nare *vi* to dine, have dinner ♦ *sm* dinner.
desi'nenza [dezi'nɛntsa] *sf* (*LING*) ending, inflexion.
de'sistere *vi*: ~ **da** to give up, desist from.
desis'tito, a *pp di* **desistere**.
deso'lante *ag* distressing.
deso'lato, a *ag* (*paesaggio*) desolate; (*persona: spiacente*) sorry.
desolazi'one [dezolat'tsjone] *sf* desolation.
'despota, i *sm* despot.
'dessi *etc vb vedi* **dare**.
destabiliz'zare [destabilid'dzare] *vt* to destabilize.
des'tare *vt* to wake (up); (*fig*) to awaken, arouse; ~**rsi** *vr* to wake (up).

'**deste** *etc vb vedi* **dare**.
desti'nare *vt* to destine; (*assegnare*) to appoint, assign; (*indirizzare*) to address; ~ qc a qn to intend to give sth to sb, intend sb to have sth.
destina'tario, a *sm/f* (*di lettera*) addressee; (*di merce*) consignee; (*di mandato*) payee.
destinazi'one [destinat'tsjone] *sf* destination; (*uso*) purpose.
des'tino *sm* destiny, fate.
destitu'ire *vt* to dismiss, remove.
destituzi'one [destitut'tsjone] *sf* dismissal, removal.
'**desto, a** *ag* (*wide*) awake.
'**destra** *sf vedi* **destro**.
destreggi'arsi [destred'dʒarsi] *vr* to manoeuvre (*BRIT*), maneuver (*US*).
des'trezza [des'trettsa] *sf* skill, dexterity.
'**destro, a** *ag* right, right-hand; (*abile*) skilful (*BRIT*), skillful (*US*), adroit ♦ *sf* (*mano*) right hand; (*parte*) right (side); (*POL*): **la ~a** the right ♦ *sm* (*BOXE*) right; **a ~a** (*essere*) on the right; (*andare*) to the right; **tenere la ~a** to keep to the right.
de'sumere *vt* (*dedurre*) to infer, deduce; (*trarre: informazioni*) to obtain.
de'sunto, a *pp di* **desumere**.
detas'sare *vt* to remove the duty (*o* tax) from.
dete'nere *vt* (*incarico, primato*) to hold; (*proprietà*) to have, possess; (*in prigione*) to detain, hold.
de'tengo, de'tenni *etc vb vedi* **detenere**.
deten'tivo, a *ag*: **mandato ~** imprisonment order; **pena ~a** prison sentence.
deten'tore, 'trice *sm/f* (*di titolo, primato etc*) holder.
dete'nuto, a *sm/f* prisoner.
detenzi'one [deten'tsjone] *sf* holding; possession; detention.
deter'gente [deter'dʒɛnte] *ag* detergent; (*crema, latte*) cleansing ♦ *sm* detergent.
de'tergere [de'tɛrdʒere] *vt* (*gen*) to clean; (*pelle, viso*) to cleanse; (*sudore*) to wipe (away).
deteriora'mento *sm*: **~ (di)** deterioration (in).
deterio'rare *vt* to damage; **~rsi** *vr* to deteriorate.
deteri'ore *ag* (*merce*) second-rate; (*significato*) pejorative; (*tradizione letteraria*) lesser, minor.
determi'nante *ag* decisive, determining.
determi'nare *vt* to determine.
determina'tivo, a *ag* determining; **articolo ~** (*LING*) definite article.
determi'nato, a *ag* (*gen*) certain; (*particolare*) specific; (*risoluto*) determined, resolute.
determinazi'one [determinat'tsjone] *sf* determination; (*decisione*) decision.
deter'rente *ag, sm* deterrent.
deterrò *etc vb vedi* **detenere**.
deter'sivo *sm* detergent; (*per bucato: in polvere*) washing powder (*BRIT*), soap powder.
de'terso, a *pp di* **detergere**.
detes'tare *vt* to detest, hate.
deti'ene *etc vb vedi* **detenere**.
deto'nare *vi* to detonate.
detona'tore *sm* detonator.
detonazi'one [detonat'tsjone] *sf* (*di esplosivo*) detonation, explosion; (*di arma*) bang; (*di motore*) pinking (*BRIT*), knocking.
de'trae, de'traggo *etc vb vedi* **detrarre**.
de'trarre *vt*: **~ (da)** to deduct (from), take away (from).
de'trassi *etc vb vedi* **detrarre**.
de'tratto, a *pp di* **detrarre**.
detrazi'one [detrat'tsjone] *sf* deduction; **~ d'imposta** tax allowance.
detri'mento *sm* detriment, harm; **a ~ di** to the detriment of.
de'trito *sm* (*GEO*) detritus.
detroniz'zare [detronid'dzare] *vt* to dethrone.
'**detta** *sf*: **a ~ di** according to.
dettagli'ante [dettaʎ'ʎante] *sm/f* (*COMM*) retailer.
dettagli'are [dettaʎ'ʎare] *vt* to detail, give full details of.
dettagliata'mente [dettaʎʎata'mente] *av* in detail.
det'taglio [det'taʎʎo] *sm* detail; (*COMM*): **il ~** retail; **al ~** (*COMM*) retail; separately.
det'tame *sm* dictate, precept.
det'tare *vt* to dictate; **~ legge** (*fig*) to lay down the law.
det'tato *sm* dictation.
detta'tura *sf* dictation.
'**detto, a** *pp di* **dire** ♦ *ag* (*soprannominato*) called, known as; (*già nominato*) above-mentioned ♦ *sm* saying; **~ fatto** no sooner said than done; **presto ~!** it's easier said than done!
detur'pare *vt* to disfigure; (*moralmente*) to sully.
devas'tante *ag* (*anche fig*) devastating.
devas'tare *vt* to devastate; (*fig*) to ravage.
devastazi'one [devastat'tsjone] *sf* devastation, destruction.
devi'are *vi*: **~ (da)** to turn off (from) ♦ *vt* to divert.
devi'ato, a *ag* (*fig: persona, organizzazione*)

corrupt, bent (col).

deviazi'one [devjat'tsjone] sf (anche AUT) diversion; **fare una ~** to make a detour.

'devo etc vb vedi **dovere.**

devo'luto, a pp di **devolvere.**

devoluzi'one [devolut'tsjone] sf (DIR) devolution, transfer.

de'volvere vt (DIR) to transfer, devolve; **~ qc in beneficenza** to give sth to charity.

de'voto, a ag (REL) devout, pious; (affezionato) devoted.

devozi'one [devot'tsjone] sf devoutness; (anche REL) devotion.

dg abbr (= decigrammo) dg.

================= *PAROLA CHIAVE* =================

di (di + il = **del**, di + lo = **dello**, di + l' = **dell'**, di + la = **della**, di + i = **dei**, di + gli = **degli**, di + le = **delle**) prep 1 (possesso, specificazione) of; (composto da, scritto da) by; **la macchina ~ Paolo/~ mio fratello** Paolo's/my brother's car; **un amico ~ mio fratello** a friend of my brother's, one of my brother's friends; **la grandezza della casa** the size of the house; **le foto delle vacanze** the holiday photos; **la città ~ Firenze** the city of Florence; **il nome ~ Maria** the name Mary; **un quadro ~ Botticelli** a painting by Botticelli

2 (caratterizzazione, misura) of; **una casa ~ mattoni** a brick house, a house made of bricks; **un orologio d'oro** a gold watch; **un bimbo ~ 3 anni** a child of 3, a 3-year-old child; **una trota ~ un chilo** a trout weighing a kilo; **una strada ~ 10km** a road 10km long; **un quadro ~ valore** a valuable picture

3 (causa, mezzo, modo) with; **tremare ~ paura** to tremble with fear; **morire ~ cancro** to die of cancer; **spalmare ~ burro** to spread with butter

4 (argomento) about, of; **discutere ~ sport** to talk about sport; **parlare ~ politica/lavoro** to talk about politics/work

5 (luogo: provenienza) from; out of; **essere ~ Roma** to be from Rome; **uscire ~ casa** to come out of o leave the house

6 (tempo) in; **d'estate/d'inverno** in (the) summer/winter; **~ notte** by night, at night; **~ mattina/sera** in the morning/evening; **~ lunedì** on Mondays; **~ ora in ora** by the hour

7 (partitivo) of; **alcuni ~ voi/noi** some of you/us; **il più bravo ~ tutti** the best of all; **il migliore del mondo** the best in the world; **non c'è niente ~ peggio** there's nothing worse

8 (paragone) than; **più veloce ~ me** faster than me; **guadagna meno ~ me** he earns less than me

♦ det (una certa quantità di) some; (: negativo) any; (: interrogativo) any, some; **del pane** (some) bread; **delle caramelle** (some) sweets; **degli amici miei** some friends of mine; **vuoi del vino?** do you want some o any wine?

dì sm day; **buon ~!** hallo!; **a ~ = addì.**

DIA sigla f = Direzione investigativa antimafia.

dia'bete sm diabetes sg.

dia'betico, a, ci, che ag, sm/f diabetic.

dia'bolico, a, ci, che ag diabolical.

di'acono sm (REL) deacon.

dia'dema, i sm diadem; (di donna) tiara.

di'afano, a ag (trasparente) diaphanous; (pelle) transparent.

dia'framma, i sm (divisione) screen; (ANAT, FOT, contraccettivo) diaphragm.

di'agnosi [di'aɲɲozi] sf diagnosis sg.

diagnosti'care [diaɲɲosti'kare] vt to diagnose.

dia'gnostico, a, ci, che [diaɲ'nɔstiko] ag diagnostic; **aiuti ~ci** (INFORM) debugging aids.

diago'nale ag, sf diagonal.

dia'gramma, i sm diagram; **~ a barre** bar chart; **~ di flusso** flow chart.

dialet'tale ag dialectal; **poesia ~** poetry in dialect.

dia'letto sm dialect.

di'alisi sf dialysis.

dialo'gante ag: **unità ~** (INFORM) interactive terminal.

dialo'gare vi: **~ (con)** to have a dialogue (with); (conversare) to converse (with)
♦ vt (scena) to write the dialogue for.

di'alogo, ghi sm dialogue.

dia'mante sm diamond.

di'ametro sm diameter.

di'amine escl: **che ~ ...?** what on earth ...?

diaposi'tiva sf transparency, slide.

di'aria sf daily (expense) allowance.

di'ario sm diary; **~ di bordo** (NAUT) log(book); **~ di classe** (INS) class register; **~ degli esami** (INS) exam timetable.

diar'rea sf diarrhoea.

dia'triba sf diatribe.

diavole'ria sf (azione) act of mischief; (aggegio) weird contraption.

di'avolo sm devil; **è un buon ~** he's a good sort; **avere un ~ per capello** to be in a foul temper; **avere una fame/un freddo del ~** to be ravenously hungry/frozen stiff; **mandare qn al ~** (fam) to tell sb to go to hell; **fare il ~ a quattro** to kick up a fuss.

di'battere *vt* to debate, discuss; **~rsi** *vr* to struggle.

dibatti'mento *sm* (*dibattito*) debate, discussion; (*DIR*) hearing.

di'battito *sm* debate, discussion.

dic. *abbr* (= *dicembre*) Dec.

dicas'tero *sm* ministry.

'dice ['ditʃe] *vb vedi* **dire.**

di'cembre [di'tʃɛmbre] *sm* December; *per fraseologia vedi* **luglio.**

dice'ria [ditʃe'ria] *sf* rumour (*BRIT*), rumor (*US*), piece of gossip.

dichia'rare [dikja'rare] *vt* to declare; **~rsi** *vr* to declare o.s.; (*innamorato*) to declare one's love; **si dichiara che ...** it is hereby declared that ...; **~rsi vinto** to acknowledge defeat.

dichia'rato, a [dikja'rato] *ag* (*nemico, ateo*) avowed.

dichiarazi'one [dikjarat'tsjone] *sf* declaration; **~ dei redditi** statement of income; (*modulo*) tax return.

dician'nove [ditʃan'nɔve] *num* nineteen.

dicianno'venne [ditʃanno'vɛnne] *ag, sm/f* nineteen-year-old.

dicias'sette [ditʃas'sɛtte] *num* seventeen.

diciasset'tenne [ditʃasset'tɛnne] *ag, sm/f* seventeen-year-old.

diciot'tenne [ditʃot'tɛnne] *ag, sm/f* eighteen-year-old.

dici'otto [di'tʃɔtto] *num* eighteen ♦ *sm inv* (*INS*) *minimum satisfactory mark awarded in Italian universities.*

dici'tura [ditʃi'tura] *sf* words *pl*, wording.

'dico *etc vb vedi* **dire.**

didasca'lia *sf* (*di illustrazione*) caption; (*CINE*) subtitle; (*TEAT*) stage directions *pl*.

di'dattico, a, ci, che *ag* didactic; (*metodo, programma*) teaching; (*libro*) educational ♦ *sf* didactics *sg*; teaching methodology.

di'dentro *av* inside, indoors.

didi'etro *av* behind ♦ *ag inv* (*ruota, giardino*) back, rear *cpd* ♦ *sm* (*di casa*) rear; (*fam: sedere*) backside.

di'eci ['djɛtʃi] *num* ten.

dieci'mila [djɛtʃi'mila] *num* ten thousand.

die'cina [dje'tʃina] *sf* = **decina.**

di'edi *etc vb vedi* **dare.**

di'eresi *sf* dieresis *sg*.

'diesel ['diːzəl] *sm inv* diesel engine.

di'eta *sf* diet; **essere a ~** to be on a diet.

die'tetica *sf* dietetics *sg*.

die'tologo, a, gi, ghe *sm/f* dietician.

di'etro *av* behind; (*in fondo*) at the back ♦ *prep* behind; (*tempo: dopo*) after ♦ *sm* (*di foglio, giacca*) back; (*di casa*) back, rear ♦ *ag inv* back *cpd*; **le zampe di ~** the hind

legs; **~ ricevuta** against receipt; **~ richiesta** on demand; (*scritta*) on application; **andare ~ a** (*anche fig*) to follow; **stare ~ a qn** (*sorvegliare*) to keep an eye on sb; (*corteggiare*) to hang around sb; **portarsi ~ qn/qc** to bring sb/sth with one, bring sb/sth along; **gli hanno riso/parlato ~** they laughed at/talked about him behind his back.

di'etro 'front *escl* about turn! (*BRIT*), about face! (*US*) ♦ *sm* (*MIL*) about-turn, about-face; (*fig*) volte-face, about-turn, about-face; **fare ~** (*MIL, fig*) to about-turn, about-face; (*tornare indietro*) to turn round.

di'fatti *cong* in fact, as a matter of fact.

di'fendere *vt* to defend; **~rsi** *vr* (*cavarsela*) to get by; **~rsi da/contro** to defend o.s. from/against; **~rsi dal freddo** to protect o.s. from the cold; **sapersi ~** to know how to look after o.s.

difen'sivo, a *ag* defensive ♦ *sf*: **stare sulla ~a** (*anche fig*) to be on the defensive.

difen'sore, a *sm/f* defender; **avvocato ~** counsel for the defence (*BRIT*) *o* defense (*US*).

di'fesa *sf vedi* **difeso.**

di'fesi *etc vb vedi* **difendere.**

di'feso, a *pp di* **difendere** ♦ *sf* defence (*BRIT*), defense (*US*); **prendere le ~e di qn** to defend sb, take sb's part.

difet'tare *vi* to be defective; **~ di** to be lacking in, lack.

difet'tivo, a *ag* defective.

di'fetto *sm* (*mancanza*): **~ di** lack of; (*di fabbricazione*) fault, flaw, defect; (*morale*) fault, failing, defect; (*fisico*) defect; **far ~** to be lacking; **in ~** at fault; **in the wrong.**

difet'toso, a *ag* defective, faulty.

diffa'mare *vt* (*a parole*) to slander; (*per iscritto*) to libel.

diffama'torio, a *ag* slanderous; libellous.

diffamazi'one [diffamat'tsjone] *sf* slander; libel.

diffe'rente *ag* different.

diffe'renza [diffe'rɛntsa] *sf* difference; **a ~ di** unlike; **non fare ~ (tra)** to make no distinction (between).

differenzi'ale [differen'tsjale] *ag, sm* differential; **classi ~i** (*INS*) special classes (*for backward children*).

differenzi'are [differen'tsjare] *vt* to differentiate; **~rsi da** to differentiate o.s. from; to differ from.

diffe'rire *vt* to postpone, defer ♦ *vi* to be different.

diffe'rita *sf*: **in ~** (*trasmettere*) prerecorded.

dif'ficile [dif'fitʃile] *ag* difficult; (*persona*)

hard to please, difficult (to please); (*poco probabile*): **è ~ che sia libero** it is unlikely that he'll be free ♦ *sm/f:* **fare il(la) ~** to be difficult, be awkward ♦ *sm* difficult part; difficulty; **essere ~ nel mangiare** to be fussy about one's food.

difficil'mente [diffitʃil'mente] *av* (*con difficoltà*) with difficulty; **~ verrà** he's unlikely to come.

difficoltà *sf inv* difficulty.

difficol'toso, a *ag* (*compito*) difficult, hard; (*persona*) difficult, hard to please; **digestione ~a** poor digestion.

dif'fida *sf* (*DIR*) warning, notice.

diffi'dare *vi:* **~ di** to be suspicious o distrustful of ♦ *vt* (*DIR*) to warn; **~ qn dal fare qc** to warn sb not to do sth, caution sb against doing sth.

diffi'dente *ag* suspicious, distrustful.

diffi'denza [diffi'dentsa] *sf* suspicion, distrust.

dif'fondere *vt* (*luce, calore*) to diffuse; (*notizie*) to spread, circulate; **~rsi** *vr* to spread.

dif'fusi *etc vb vedi* **diffondere**.

diffusi'one *sf* diffusion; spread; (*anche di giornale*) circulation; (*FISICA*) scattering.

dif'fuso, a *pp di* **diffondere** ♦ *ag* (*FISICA*) diffuse; (*notizia, malattia etc*) widespread; **è opinione ~a che ...** it's widely held that ....

difi'lato *av* (*direttamente*) straight, directly; (*subito*) straight away.

difte'rite *sf* diphtheria.

'diga, ghe *sf* dam; (*portuale*) breakwater.

dige'rente [didʒe'rɛnte] *ag* (*apparato*) digestive.

dige'rire [didʒe'rire] *vt* to digest.

digesti'one [didʒes'tjone] *sf* digestion.

diges'tivo, a [didʒes'tivo] *ag* digestive ♦ *sm* (after-dinner) liqueur.

Digi'one [di'dʒone] *sf* Dijon.

digi'tale [didʒi'tale] *ag* digital; (*delle dita*) finger *cpd*, digital ♦ *sf* (*BOT*) foxglove.

digi'tare [didʒi'tare] *vt* (*dati*) to key (in); (*tasto*) to press.

digiu'nare [didʒu'nare] *vi* to starve o.s.; (*REL*) to fast.

digi'uno, a [di'dʒuno] *ag:* **essere ~** not to have eaten ♦ *sm* fast; **a ~** on an empty stomach.

dignità [diɲɲi'ta] *sf inv* dignity.

digni'tario [diɲɲi'tarjo] *sm* dignitary.

digni'toso, a [diɲɲi'toso] *ag* dignified.

'DIGOS *sigla f* (= *Divisione Investigazioni Generali e Operazioni Speciali*) *police department dealing with political security*.

digressi'one *sf* digression.

digri'gnare [digriɲ'ɲare] *vt:* **~ i denti** to grind one's teeth.

dila'gare *vi* to flood; (*fig*) to spread.

dilani'are *vt* to tear to pieces.

dilapi'dare *vt* to squander, waste.

dila'tare *vt* to dilate; (*gas*) to cause to expand; (*passaggio, cavità*) to open (up); **~rsi** *vr* to dilate; (*FISICA*) to expand.

dilatazi'one [dilatat'tsjone] *sf* (*ANAT*) dilation; (*di gas, metallo*) expansion.

dilazio'nare [dilattsjo'nare] *vt* to delay, defer.

dilazi'one [dilat'tsjone] *sf* deferment.

dileggi'are [diled'dʒare] *vt* to mock, deride.

dilegu'are *vi*, **~rsi** *vr* to vanish, disappear.

di'lemma, i *sm* dilemma.

dilet'tante *sm/f* dilettante; (*anche SPORT*) amateur.

dilet'tare *vt* to give pleasure to, delight; **~rsi** *vr:* **~rsi di** to take pleasure in, enjoy.

dilet'tevole *ag* delightful.

di'letto, a *ag* dear, beloved ♦ *sm* pleasure, delight.

dili'gente [dili'dʒɛnte] *ag* (*scrupoloso*) diligent; (*accurato*) careful, accurate.

dili'genza [dili'dʒɛntsa] *sf* diligence; care; (*carrozza*) stagecoach.

dilu'ire *vt* to dilute.

dilun'garsi *vr* (*fig*): **~ su** to talk at length on o about.

diluvi'are *vb impers* to pour (down).

di'luvio *sm* downpour; (*inondazione, fig*) flood; **il ~ universale** the Flood.

dima'grante *ag* slimming *cpd*.

dima'grire *vi* to get thinner, lose weight.

dime'nare *vt* to wave, shake; **~rsi** *vr* to toss and turn; (*fig*) to struggle; **~ la coda** (*sog: cane*) to wag its tail.

dimensi'one *sf* dimension; (*grandezza*) size; **considerare un discorso nella sua ~ politica** to look at a speech in terms of its political significance.

dimenti'canza [dimenti'kantsa] *sf* forgetfulness; (*errore*) oversight, slip; **per ~** inadvertently.

dimenti'care *vt* to forget; **~rsi** *vr:* **~rsi di qc** to forget sth.

dimentica'toio *sm* (*scherzoso*): **cadere/mettere nel ~** to sink into/consign to oblivion.

di'mentico, a, chi, che *ag:* **~ di** (*che non ricorda*) forgetful of; (*incurante*) oblivious of, unmindful of.

di'messo, a *pp di* **dimettere** ♦ *ag* (*voce*) subdued; (*uomo, abito*) modest, humble.

dimesti'chezza [dimesti'kettsa] *sf* familiarity.

di'mettere *vt*: ~ **qn da** to dismiss sb from; (*dall'ospedale*) to discharge sb from; ~**rsi** *vr*: ~**rsi (da)** to resign (from).

dimez'zare [dimed'dzare] *vt* to halve.

diminu'ire *vt* to reduce, diminish; (*prezzi*) to bring down, reduce ♦ *vi* to decrease, diminish; (*rumore*) to die down, die away; (*prezzi*) to fall, go down.

diminu'tivo, a *ag, sm* diminutive.

diminuzi'one [diminut'tsjone] *sf* decreasing, diminishing; **in** ~ on the decrease; ~ **della produttività** fall in productivity.

di'misi *etc vb vedi* **dimettere**.

dimissio'nario, a *ag* outgoing, resigning.

dimissi'oni *sfpl* resignation *sg*; **dare** *o* **presentare le** ~ to resign, hand in one's resignation.

di'mora *sf* residence; **senza fissa** ~ of no fixed address *o* abode.

dimo'rare *vi* to reside.

dimos'trante *smf* (*POL*) demonstrator.

dimos'trare *vt* to demonstrate, show; (*provare*) to prove, demonstrate; ~**rsi** *vr*: ~**rsi molto abile** to show o.s. *o* prove to be very clever; **non dimostra la sua età** he doesn't look his age; **dimostra 30 anni** he looks about 30 (years old).

dimostra'tivo, a *ag* (*anche LING*) demonstrative.

dimostrazi'one [dimostrat'tsjone] *sf* demonstration; proof.

di'namico, a, ci, che *ag* dynamic ♦ *sf* dynamics *sg*.

dina'mismo *sm* dynamism.

dinami'tardo, a *ag*: **attentato** ~ dynamite attack ♦ *smf* dynamiter.

dina'mite *sf* dynamite.

'dinamo *sf inv* dynamo.

di'nanzi [di'nantsi]: ~ **a** *prep* in front of.

dinas'tia *sf* dynasty.

dini'ego, ghi *sm* (*rifiuto*) refusal; (*negazione*) denial.

dinocco'lato, a *ag* lanky; **camminare** ~ to walk with a slouch.

dino'sauro *sm* dinosaur.

din'torno *av* round, (round) about; ~**i** *smpl* outskirts; **nei** ~**i di** in the vicinity *o* neighbourhood of.

'dio, *pl* **'dei** *sm* god; **D**~ God; **gli dei** the gods; **si crede un** ~ he thinks he's wonderful; **D**~ **mio!** my God!; **D**~ **ce la mandi buona** let's hope for the best; **D**~ **ce ne scampi e liberi!** God forbid!

di'ocesi [di'ɔtʃezi] *sf inv* diocese.

dios'sina *sf* dioxin.

dipa'nare *vt* (*lana*) to wind into a ball; (*fig*) to disentangle, sort out.

diparti'mento *sm* department.

dipen'dente *ag* dependent ♦ *smf* employee.

dipen'denza [dipen'dentsa] *sf* dependence; **essere alle** ~**e di qn** to be employed by sb *o* in sb's employ.

di'pendere *vi*: ~ **da** to depend on; (*finanziariamente*) to be dependent on; (*derivare*) to come from, be due to.

di'pesi *etc vb vedi* **dipendere**.

di'peso, a *pp di* **dipendere**.

di'pingere [di'pindʒere] *vt* to paint.

di'pinsi *etc vb vedi* **dipingere**.

di'pinto, a *pp di* **dipingere** ♦ *sm* painting.

di'ploma, i *sm* diploma.

diplo'mare *vt* to award a diploma to, graduate (*US*) ♦ *vi* to obtain a diploma, graduate (*US*).

diplo'matico, a, ci, che *ag* diplomatic ♦ *sm* diplomat.

diplo'mato, a *ag* qualified ♦ *smf* qualified person, holder of a diploma.

diploma'zia [diplomat'tsia] *sf* diplomacy.

di'porto *sm*: **imbarcazione** *f* **da** ~ pleasure craft.

dira'dare *vt* to thin (out); (*visite*) to reduce, make less frequent; ~**rsi** *vr* to disperse; (*nebbia*) to clear (up).

dira'mare *vt* to issue ♦ *vi*, ~**rsi** *vr* (*strade*) to branch.

'dire *vt* to say; (*segreto, fatto*) to tell; ~ **qc a qn** to tell sb sth; ~ **a qn di fare qc** to tell sb to do sth; ~ **di sì/no** to say yes/no; **si dice che ...** they say that ...; **mi si dice che ...** I am told that ...; **si direbbe che ...** it looks (*o* sounds) as though ...; **dica, signora?** (*in un negozio*) yes, Madam, can I help you?; **sa quello che dice** he knows what he's talking about; **lascialo** ~ (*esprimersi*) let him have his say; (*ignoralo*) just ignore him; **come sarebbe a** ~? what do you mean?; **che ne diresti di andarcene?** how about leaving?; **chi l'avrebbe mai detto!** who would have thought it!; **si dicono esperti** they say they are experts; **per così** ~ so to speak; **a dir poco** to say the least; **non c'è che** ~ there's no doubt about it; **non dico di no** I can't deny it; **il che è tutto** ~ need I say more?

di'ressi *etc vb vedi* **dirigere**.

di'retta *sf vedi* **diretto**.

diretta'mente *av* (*immediatamente*) directly, straight; (*personalmente*) directly; (*senza intermediari*) direct, straight.

diret'tissima *sf* (*tragitto*) most direct route; (*DIR*): **processo per** ~ summary trial.

diret'tissimo *sm* (*FERR*) fast (through) train.

diret'tivo, a *ag* (*POL, AMM*) executive; (*COMM*) managerial, executive ♦ *sm* leadership, leaders *pl* ♦ *sf* directive, instruction.

di'retto, a *pp di* **dirigere** ♦ *ag* direct ♦ *sm* (*FERR*) through train ♦ *sf*: **in (linea) ~a** (*RADIO, TV*) live; **il mio ~ superiore** my immediate superior.

diret'tore, 'trice *sm/f* (*di azienda*) director; manager/ess; (*di scuola elementare*) head (teacher) (*BRIT*), principal (*US*); ~ **amministrativo** company secretary (*BRIT*), corporate executive secretary (*US*); ~ **del carcere** prison governor (*BRIT*) *o* warden (*US*); ~ **di filiale** branch manager; ~ **d'orchestra** conductor; ~ **di produzione** (*CINE*) producer; ~ **sportivo** team manager; ~ **tecnico** (*SPORT*) trainer, coach.

direzi'one [diret'tsjone] *sf* (*senso: anche fig*) direction; (*conduzione: gen*) running; (: *di partito*) leadership; (: *di società*) management; (: *di giornale*) editorship; (*direttori*) management; **in ~ di** in the direction of, towards.

diri'gente [diri'dʒɛnte] *ag* managerial ♦ *sm/f* executive; (*POL*) leader; **classe ~** ruling class.

diri'genza [diri'dʒɛntsa] *sf* management; (*POL*) leadership.

dirigenzi'ale [diridʒen'tsjale] *ag* managerial.

di'rigere [di'ridʒere] *vt* to direct; (*impresa*) to run, manage; (*MUS*) to conduct; **~rsi** *vr*: **~rsi verso** *o* **a** to make *o* head for; ~ **i propri passi verso** to make one's way towards; **il treno era diretto a Pavia** the train was heading for Pavia.

diri'gibile [diri'dʒibile] *sm* airship.

dirim'petto *av* opposite; ~ **a** *prep* opposite, facing.

di'ritto, a *ag* straight; (*onesto*) straight, upright ♦ *av* straight, directly ♦ *sm* right side; (*TENNIS*) forehand; (*MAGLIA*) plain stitch, knit stitch; (*prerogativa*) right; (*leggi, scienza*): **il ~** law; **stare ~** to stand up straight; **aver ~ a qc** to be entitled to sth; **punto ~** plain (stitch); **andare ~** to go straight on; **a buon ~** quite rightly; **~i (d'autore)** royalties; ~ **di successione** right of succession.

dirit'tura *sf* (*SPORT*) straight; (*fig*) rectitude.

diroc'cato, a *ag* tumbledown, in ruins.

dirom'pente *ag* (*anche fig*) explosive.

dirotta'mento *sm*: ~ **(aereo)** hijack.

dirot'tare *vt* (*nave, aereo*) to change the course of; (*aereo: sotto minaccia*) to hijack; (*traffico*) to divert ♦ *vi* (*nave, aereo*) to change course.

dirotta'tore, 'trice *sm/f* hijacker.

di'rotto, a *ag* (*pioggia*) torrential; (*pianto*) unrestrained; **piovere a ~** to pour, rain cats and dogs; **piangere a ~** to cry one's heart out.

di'rupo *sm* crag, precipice.

disabi'tato, a *ag* uninhabited.

disabitu'arsi *vr*: ~ **a** to get out of the habit of.

disac'cordo *sm* disagreement.

disadat'tato, a *ag* (*PSIC*) maladjusted.

disa'dorno, a *ag* plain, unadorned.

disaffezi'one [dizaffet'tsjone] *sf* disaffection.

disa'gevole [disa'dʒevole] *ag* (*scomodo*) uncomfortable; (*difficile*) difficult.

disagi'ato, a [diza'dʒato] *ag* poor, needy; (*vita*) hard.

di'sagio [di'zadʒo] *sm* discomfort; (*disturbo*) inconvenience; (*fig: imbarazzo*) embarrassment; **~i** *smpl* hardship *sg*, poverty *sg*; **essere a ~** to be ill at ease.

di'samina *sf* close examination.

disappro'vare *vt* to disapprove of.

disapprovazi'one [dizapprovat'tsjone] *sf* disapproval.

disap'punto *sm* disappointment.

disarcio'nare [dizartʃo'nare] *vt* to unhorse.

disar'mante *ag* (*fig*) disarming.

disar'mare *vt, vi* to disarm.

di'sarmo *sm* (*MIL*) disarmament.

di'sastro *sm* disaster.

disas'troso, a *ag* disastrous.

disat'tento, a *ag* inattentive.

disattenzi'one [dizatten'tsjone] *sf* carelessness, lack of attention.

disatti'vare *vt* (*bomba*) to de-activate, defuse.

disa'vanzo [diza'vantso] *sm* (*ECON*) deficit.

disavven'tura *sf* misadventure, mishap.

dis'brigo, ghi *sm* (*prompt*) clearing up *o* settlement.

dis'capito *sm*: **a ~ di** to the detriment of.

dis'carica, che *sf* (*di rifiuti*) rubbish tip *o* dump.

discen'dente [diʃʃen'dɛnte] *ag* descending ♦ *sm/f* descendant.

di'scendere [diʃ'ʃendere] *vt* to go (*o* come) down ♦ *vi* to go (*o* come) down; (*smontare*) to get off; ~ **da** (*famiglia*) to be descended from; ~ **dalla macchina/dal treno** to get out of the car/out of *o* off the train; ~ **da cavallo** to dismount, get off one's horse.

di'scepolo, a [diʃ'ʃepolo] _sm/f_ disciple.
di'scernere [diʃ'ʃɛrnere] _vt_ to discern.
discerni'mento [diʃʃerni'mento] _sm_
discernment.
disce'sista [diʃʃe'sista] _sm/f_ downhill skier.
di'sceso, a [diʃ'ʃeso] _pp di_ **discendere** ♦ _sf_
descent; (_pendio_) slope; **in** ~**a** (_strada_)
downhill _cpd_, sloping; ~**a libera** (_SCI_)
downhill race.
dischi'udere [dis'kjudere] _vt_ (_aprire_) to
open; (_fig: rivelare_) to disclose, reveal.
dischi'usi _etc_ [dis'kjusi] _vb vedi_ **dischiudere**.
dischi'uso, a [dis'kjuso] _pp di_ **dischiudere**.
di'scinto, a [diʃ'ʃinto] _ag_ (_anche:_ **in abiti** ~**i**)
half-undressed.
disci'ogliere [diʃ'ʃɔʎʎere] _vt_, ~**rsi** _vr_ to
dissolve; (_fondere_) to melt.
disci'plina [diʃʃi'plina] _sf_ discipline.
discipli'nare [diʃʃipli'nare] _ag_ disciplinary
♦ _vt_ to discipline.
'disco, schi _sm_ disc, disk; (_SPORT_) discus;
(_fonografico_) record; (_INFORM_) disk; ~
magnetico (_INFORM_) magnetic disk; ~
orario (_AUT_) parking disc; ~ **rigido**
(_INFORM_) hard disk; ~ **volante** flying
saucer.
discogra'fia _sf_ (_tecnica_) recording, record-
making; (_industria_) record industry.
disco'grafico, a, ci, che _ag_ record _cpd_,
recording _cpd_ ♦ _sm_ record producer; **casa**
~**a** record(ing) company.
'discolo, a _ag_ (_bambino_) undisciplined,
unruly ♦ _sm/f_ rascal.
discol'pare _vt_ to clear of blame; ~**rsi** _vr_ to
clear o.s., prove one's innocence;
(_giustificarsi_) to excuse o.s.
disco'noscere [disko'noʃʃere] _vt_ (_figlio_) to
disown; (_meriti_) to ignore, disregard.
disconosci'uto, a [diskonoʃ'ʃuto] _pp di_
disconoscere.
discon'tinuo, a _ag_ (_linea_) broken;
(_rendimento, stile_) irregular; (_interesse_)
sporadic.
dis'corde _ag_ conflicting, clashing.
dis'cordia _sf_ discord; (_dissidio_)
disagreement, clash.
dis'correre _vi_: ~ (**di**) to talk (about).
dis'corso, a _pp di_ **discorrere** ♦ _sm_ speech;
(_conversazione_) conversation, talk.
dis'costo, a _ag_ faraway, distant ♦ _av_ far
away; ~ **da** _prep_ far from.
disco'teca, che _sf_ (_raccolta_) record library;
(_luogo di ballo_) disco(theque).
discre'panza [diskre'pantsa] _sf_
discrepancy.
dis'creto, a _ag_ discreet; (_abbastanza buono_)
reasonable, fair.
discrezi'one [diskret'tsjone] _sf_ discretion;

(_giudizio_) judgment, discernment; **a** ~ **di**
at the discretion of.
discrimi'nante _ag_ (_fattore, elemento_)
decisive ♦ _sf_ (_DIR_) extenuating
circumstance.
discrimi'nare _vt_ to discrimate.
discriminazi'one [diskriminat'tsjone] _sf_
discrimination.
dis'cussi _etc_ _vb vedi_ **discutere**.
discussi'one _sf_ discussion; (_litigio_)
argument; **mettere in** ~ to bring into
question; **fuori** ~ out of the question.
dis'cusso, a _pp di_ **discutere**.
dis'cutere _vt_ to discuss, debate;
(_contestare_) to question, dispute ♦ _vi_
(_conversare_): ~ (**di**) to discuss; (_litigare_) to
argue.
discu'tibile _ag_ questionable.
disde'gnare [dizdeɲ'ɲare] _vt_ to scorn.
dis'degno [diz'deɲɲo] _sm_ scorn, disdain.
disde'gnoso, a [dizdeɲ'ɲoso] _ag_
disdainful, scornful.
dis'detto, a _pp di_ **disdire** ♦ _sf_ cancellation;
(_sfortuna_) bad luck.
disdi'cevole [dizdi'tʃevole] _ag_ improper,
unseemly.
dis'dire _vt_ (_prenotazione_) to cancel; ~ **un
contratto d'affitto** (_DIR_) to give notice (to
quit).
dise'gnare [diseɲ'ɲare] _vt_ to draw;
(_progettare_) to design; (_fig_) to outline.
disegna'tore, 'trice [diseɲɲa'tore] _sm/f_
designer.
di'segno [di'zeɲɲo] _sm_ drawing; (_su stoffa
etc_) design; (_fig: schema_) outline; ~
industriale industrial design; ~ **di legge**
(_DIR_) bill.
diser'bante _sm_ weedkiller.
disere'dare _vt_ to disinherit.
diser'tare _vt, vi_ to desert.
diser'tore _sm_ (_MIL_) deserter.
diserzi'one [dizer'tsjone] _sf_ (_MIL_) desertion.
disfaci'mento [disfatʃi'mento] _sm_ (_di
cadavere_) decay; (_fig: di istituzione, impero,
società_) decline, decay; **in** ~ in decay.
dis'fare _vt_ to undo; (_valigie_) to unpack;
(_meccanismo_) to take to pieces; (_lavoro,
paese_) to destroy; (_neve_) to melt; ~**rsi** _vr_ to
come undone; (_neve_) to melt; ~ **il letto** to
strip the bed; ~**rsi di qn** (_liberarsi_) to get
rid of sb.
dis'fatta _sf vedi_ **disfatto**.
disfat'tista, i, e _sm/f_ defeatist.
dis'fatto, a _pp di_ **disfare** ♦ _ag_ (_gen_) undone,
untied; (_letto_) unmade; (_persona: sfinito_)
exhausted, worn-out; (: _addolorato_) grief-
stricken ♦ _sf_ (_sconfitta_) rout.
disfunzi'one [disfun'tsjone] _sf_ (_MED_)

dysfunction; ~ **cardiaca** heart trouble.

disge'lare [dizdʒe'lare] *vt, vi,* ~**rsi** *vr* to thaw.

dis'gelo [diz'dʒɛlo] *sm* thaw.

dis'grazia [diz'grattsja] *sf* (*sventura*) misfortune; (*incidente*) accident, mishap.

disgrazi'ato, a [dizgrat'tsjato] *ag* unfortunate ♦ *sm/f* wretch.

disgre'gare *vt,* ~**rsi** *vr* to break up.

disgu'ido *sm* hitch; ~ **postale** error in postal delivery.

disgus'tare *vt* to disgust; ~**rsi** *vr*: ~**rsi di** to be disgusted by.

dis'gusto *sm* disgust.

disgus'toso, a *ag* disgusting.

disidra'tare *vt* to dehydrate.

disidra'tato, a *ag* dehydrated.

disil'ludere *vt* to disillusion, disenchant.

disillusi'one *sf* disillusion, disenchantment.

disimpa'rare *vt* to forget.

disimpe'gnare [dizimpeɲ'ɲare] *vt* (*persona: da obblighi*): ~ **da** to release from; (*oggetto dato in pegno*) to redeem, get out of pawn; ~**rsi** *vr*: ~**rsi da** (*obblighi*) to release o.s. from, free o.s. from.

disincagli'are [dizinkaʎ'ʎare] *vt* (*barca*) to refloat; ~**rsi** *vr* to get afloat again.

disincan'tato, a *ag* disenchanted, disillusioned.

disincenti'vare [dizintʃenti'vare] *vt* to discourage.

disinfes'tare *vt* to disinfest.

disinfestazi'one [dizinfestat'tsjone] *sf* disinfestation.

disinfet'tante *ag, sm* disinfectant.

disinfet'tare *vt* to disinfect.

disinfezi'one [dizinfet'tsjone] *sf* disinfection.

disingan'nare *vt* to disillusion.

disin'ganno *sm* disillusion.

disini'bito, a *ag* uninhibited.

disinnes'care *vt* to defuse.

disinnes'tare *vt* (*marcia*) to disengage.

disinqui'nare *vt* to free from pollution.

disinte'grare *vt, vi* to disintegrate.

disinteres'sarsi *vr*: ~ **di** to take no interest in.

disinte'resse *sm* indifference; (*generosità*) unselfishness.

disintossi'care *vt* (*alcolizzato, drogato*) to treat for alcoholism (*o drug addiction*); ~**rsi** *vr* to clear out one's system; (*alcolizzato, drogato*) to be treated for alcoholism (*o drug addiction*).

disintossicazi'one [dizintossikat'tsjone] *sf* treatment for alcoholism (*o drug addiction*).

disin'volto, a *ag* casual, free and easy.

disinvol'tura *sf* casualness, ease.

disles'sia *sf* dyslexia.

disli'vello *sm* difference in height; (*fig*) gap.

dislo'care *vt* to station, position.

dismi'sura *sf* excess; **a** ~ to excess, excessively.

disobbe'dire *etc* = **disubbidire** *etc*.

disoccu'pato, a *ag* unemployed ♦ *sm/f* unemployed person.

disoccupazi'one [dizokkupat'tsjone] *sf* unemployment.

disonestà *sf* dishonesty.

diso'nesto, a *ag* dishonest.

disono'rare *vt* to dishonour (*BRIT*), dishonor (*US*), bring disgrace upon.

diso'nore *sm* dishonour (*BRIT*), dishonor (*US*), disgrace.

di'sopra *av* (*con contatto*) on top; (*senza contatto*) above; (*al piano superiore*) upstairs ♦ *ag inv* (*superiore*) upper ♦ *sm inv* top, upper part; **la gente** ~ the people upstairs; **il piano** ~ the floor above.

disordi'nare *vt* to mess up, disarrange; (*MIL*) to throw into disorder.

disordi'nato, a *ag* untidy; (*privo di misura*) irregular, wild.

di'sordine *sm* (*confusione*) disorder, confusion; (*sregolatezza*) debauchery; ~**i** *smpl* (*POL etc*) disorder *sg*; (*tumulti*) riots.

disor'ganico, a, ci, che *ag* incoherent, disorganized.

disorganiz'zato, a [dizorganid'dzato] *ag* disorganized.

disorienta'mento *sm* (*fig*) confusion, bewilderment.

disorien'tare *vt* to disorientate; ~**rsi** *vr* (*fig*) to get confused, lose one's bearings.

disorien'tato, a *ag* disorientated.

disos'sare *vt* (*CUC*) to bone.

di'sotto *av* below, underneath; (*in fondo*) at the bottom; (*al piano inferiore*) downstairs ♦ *ag inv* (*inferiore*) lower; bottom *cpd* ♦ *sm inv* (*parte inferiore*) lower part; bottom; **la gente** ~ the people downstairs; **il piano** ~ the floor below.

dis'paccio [dis'pattʃo] *sm* dispatch.

dispa'rato, a *ag* disparate.

'dispari *ag inv* odd, uneven.

disparità *sf inv* disparity.

dis'parte: **in** ~ *av* (*da lato*) aside, apart; **tenersi** *o* **starsene in** ~ to keep to o.s., hold aloof.

dis'pendio *sm* (*di denaro, energie*) expenditure; (: *spreco*) waste.

dispendi'oso, a *ag* expensive.

dis'pensa *sf* pantry, larder; (*mobile*)

sideboard; (_DIR_) exemption; (_REL_) dispensation; (_fascicolo_) number, issue.

dispen'sare _vt_ (_elemosine, favori_) to distribute; (_esonerare_) ♦ to exempt.

dispe'rare _vi_: ~ **(di)** to despair (of); **~rsi** _vr_ to despair.

dispe'rato, a _ag_ (_persona_) in despair; (_caso, tentativo_) desperate.

disperazi'one [disperat'tsjone] _sf_ despair.

dis'perdere _vt_ (_disseminare_) to disperse; (_MIL_) to scatter, rout; (_fig: consumare_) to waste, squander; **~rsi** _vr_ to disperse; to scatter.

dispersi'one _sf_ dispersion, dispersal; (_FISICA, CHIM_) dispersion.

disper'sivo, a _ag_ (_lavoro etc_) disorganized.

dis'perso, a _pp di_ **disperdere** ♦ _smlf_ missing person; (_MIL_) missing soldier.

dis'petto _sm_ spite _no pl_, spitefulness _no pl_; **fare un** ~ **a qn** to play a (nasty) trick on sb; **a** ~ **di** in spite of; **con suo grande** ~ much to his annoyance.

dispet'toso, a _ag_ spiteful.

dispia'cere [dispja't∫ere] _sm_ (_rammarico_) regret, sorrow; (_dolore_) grief ♦ _vi_: ~ **a** to displease ♦ _vb impers_: **mi dispiace (che)** I am sorry (that); **~i** _smpl_ (_preoccupazioni_) troubles, worries; **se non le dispiace, me ne vado adesso** if you don't mind, I'll go now.

dispiaci'uto, a [dispja't∫uto] _pp di_ **dispiacere** ♦ _ag_ sorry.

dis'pone, dis'pongo _etc vb vedi_ **disporre**.

dispo'nibile _ag_ available; (_persona: solerte, gentile_) helpful.

disponibilità _sf inv_ availability; (_solerzia, gentilezza_) helpfulness; **disponibilità** _sfpl_ (_economiche_) resources.

dis'porre _vt_ (_sistemare_) to arrange; (_preparare_) to prepare; (_DIR_) to order; (_persuadere_): ~ **qn a** to incline _o_ dispose sb towards ♦ _vi_ (_decidere_) to decide; (_usufruire_): ~ **di** to use, have at one's disposal; (_essere dotato_): ~ **di** to have; **disporsi** _vr_ (_ordinarsi_) to place o.s., arrange o.s.; **disporsi a fare** to get ready to do; **disporsi all'attacco** to prepare for an attack; **disporsi in cerchio** to form a circle.

dis'posi _etc vb vedi_ **disporre**.

disposi'tivo _sm_ (_meccanismo_) device; (_DIR_) pronouncement; ~ **di controllo** _o_ **di comando** control device; ~ **di sicurezza** (_gen_) safety device; (_di arma da fuoco_) safety catch.

disposizi'one [dispozit'tsjone] _sf_ arrangement, layout; (_stato d'animo_) mood; (_tendenza_) bent, inclination;

(_comando_) order; (_DIR_) provision, regulation; **a** ~ **di qn** at sb's disposal; **per** ~ **di legge** by law; ~ **testamentaria** provisions of a will.

dis'posto, a _pp di_ **disporre** ♦ _ag_ (_incline_): ~ **a fare** disposed _o_ prepared to do.

dis'potico, a, ci, che _ag_ despotic.

dispo'tismo _sm_ despotism.

disprez'zare [dispret'tsare] _vt_ to despise.

dis'prezzo [dis'prettso] _sm_ contempt; **con** ~ **del pericolo** with a total disregard for the danger involved.

'disputa _sf_ dispute, quarrel.

dispu'tare _vt_ (_contendere_) to dispute, contest; (_SPORT: partita_) to play; (: _gara_) to take part in ♦ _vi_ to quarrel; ~ **di** to discuss; **~rsi qc** to fight for sth.

disqui'sire _vi_ to discourse on.

disquisizi'one [diskwizit'tsjone] _sf_ detailed analysis.

dissa'crare _vt_ to desecrate.

dissangua'mento _sm_ loss of blood.

dissangu'are _vt_ (_fig: persona_) to bleed white; (: _patrimonio_) to suck dry; **~rsi** _vr_ (_MED_) to lose blood; (_fig_) to ruin o.s.; **morire dissanguato** to bleed to death.

dissa'pore _sm_ slight disagreement.

'disse _vb vedi_ **dire**.

disse'care _vt_ to dissect.

dissec'care _vt_, **~rsi** _vr_ to dry up.

dissemi'nare _vt_ to scatter; (_fig: notizie_) to spread.

dissenna'tezza [dissenna'tettsa] _sf_ foolishness.

dis'senso _sm_ dissent; (_disapprovazione_) disapproval.

dissente'ria _sf_ dysentery.

dissen'tire _vi_: ~ **(da)** to disagree (with).

disseppel'lire _vt_ (_esumare: cadavere_) to disinter, exhume; (_dissotterrare: anche fig_) to dig up, unearth; (: _rancori_) to resurrect.

dissertazi'one [dissertat'tsjone] _sf_ dissertation.

disser'vizio [disser'vittsjo] _sm_ inefficiency.

disses'tare _vt_ (_ECON_) to ruin.

disses'tato, a _ag_ (_fondo stradale_) uneven; (_economia, finanze_) shaky; **"strada ~a"** (_per lavori in corso_) "road up" (_BRIT_), "road out" (_US_).

dis'sesto _sm_ (financial) ruin.

disse'tante _ag_ refreshing.

disse'tare _vt_ to quench the thirst of; **~rsi** _vr_ to quench one's thirst.

dissezi'one [disset'tsjone] _sf_ dissection.

'dissi _vb vedi_ **dire**.

dissi'dente _ag, smlf_ dissident.

dis'sidio _sm_ disagreement.

dis'simile _ag_ different, dissimilar.

dissimu'lare vt (fingere) to dissemble; (nascondere) to conceal.

dissimula'tore, 'trice sm/f dissembler.

dissimulazi'one [dissimulat'tsjone] sf dissembling; concealment.

dissi'pare vt to dissipate; (scialacquare) to squander, waste.

dissipa'tezza [dissipa'tettsa] sf dissipation.

dissi'pato, a ag dissolute, dissipated.

dissipazi'one [dissipat'tsjone] sf squandering.

dissoci'are [disso't∫are] vt to dissociate.

dis'solto, a pp di **dissolvere**.

disso'lubile ag soluble.

dissolu'tezza [dissolu'tettsa] sf dissoluteness.

dissolu'tivo, a ag (forza) divisive; **processo** ~ (anche fig) process of dissolution.

disso'luto, a pp di **dissolvere** ♦ ag dissolute, licentious.

dissol'venza [dissol'vɛntsa] sf (CINE) fading.

dis'solvere vt to dissolve; (neve) to melt; (fumo) to disperse; ~**rsi** vr to dissolve; to melt; to disperse.

disso'nante ag discordant.

disso'nanza [disso'nantsa] sf (fig: di opinioni) clash.

dissotter'rare vt (cadavere) to disinter, exhume; (tesori, rovine) to dig up, unearth; (fig: sentimenti, odio) to bring up again, resurrect.

dissu'adere vt: ~ qn da to dissuade sb from.

dissuasi'one sf dissuasion.

dissu'aso, a pp di **dissuadere**.

distacca'mento sm (MIL) detachment.

distac'care vt to detach, separate; (SPORT) to leave behind; ~**rsi** vr to be detached; (fig) to stand out; ~**rsi da** (fig: allontanarsi) to grow away from.

dis'tacco, chi sm (separazione) separation; (fig: indifferenza) detachment; (SPORT): **vincere con un** ~ **di** ... to win by a distance of ....

dis'tante av far away ♦ ag distant, far away; **essere** ~ (**da**) to be a long way (from); **è** ~ **da qui?** is it far from here?; **essere** ~ **nel tempo** to be in the distant past.

dis'tanza [dis'tantsa] sf distance; **comando a** ~ remote control; **a** ~ **di 2 giorni** 2 days later; **tener qn a** ~ to keep sb at arm's length; **prendere le** ~**e da qc/qn** to dissociate o.s. from sth/sb; **tenere o mantenere le** ~**e** to keep one's distance; ~ **focale** focal length; ~ **di sicurezza** safe distance; (AUT) braking distance; ~ **di**

tiro range; ~ **di visibilità** visibility.

distanzi'are [distan'tsjare] vt to space out, place at intervals; (SPORT) to outdistance; (fig: superare) to outstrip, surpass.

dis'tare vi: **distiamo pochi chilometri da Roma** we are only a few kilometres (away) from Rome; **dista molto da qui?** is it far (away) from here?; **non dista molto** it's not far (away).

dis'tendere vt (coperta) to spread out; (gambe) to stretch (out); (mettere a giacere) to lay; (rilassare: muscoli, nervi) to relax; ~**rsi** vr (rilassarsi) to relax; (sdraiarsi) to lie down.

disten'sione sf stretching; relaxation; (POL) détente.

disten'sivo, a ag (gen) relaxing, restful; (farmaco) tranquillizing; (POL) conciliatory.

dis'teso, a pp di **distendere** ♦ ag (allungato: persona, gamba) stretched out; (rilassato: persona, atmosfera) relaxed ♦ sf expanse, stretch; **avere un volto** ~ to look relaxed.

distil'lare vt to distil.

distil'lato sm distillate.

distillazi'one [distillat'tsjone] sf distillation.

distille'ria sf distillery.

dis'tinguere vt to distinguish; ~**rsi** vr (essere riconoscibile) to be distinguished; (emergere) to stand out, be conspicuous, distinguish o.s.; **un vino che si distingue per il suo aroma** a wine with a distinctive bouquet.

dis'tinguo sm inv distinction.

dis'tinta sf (nota) note; (elenco) list; ~ **di pagamento** receipt; ~ **di versamento** pay-in slip.

distin'tivo, a ag distinctive; distinguishing ♦ sm badge.

dis'tinto, a pp di **distinguere** ♦ ag (dignitoso ed elegante) distinguished; ~**i saluti** (in lettera) yours faithfully.

distinzi'one [distin'tsjone] sf distinction; **non faccio** ~**i** (tra persone) I don't discriminate; (tra cose) it's all one to me; **senza** ~ **di razza/religione** ... no matter what one's race/creed ....

dis'togliere [dis'tɔʎʎere] vt: ~ **da** to take away from; (fig) to dissuade from.

dis'tolto, a pp di **distogliere**.

dis'torcere [dis'tɔrt∫ere] vt to twist; (fig) to twist, distort; ~**rsi** vr (contorcersi) to twist.

distorsi'one sf (MED) sprain; (FISICA, OTTICA) distortion.

dis'torto, a pp di **distorcere**.

dis'trarre vt to distract; (divertire) to entertain, amuse; **distrarsi** vr (non fare *attenzione*) to be distracted, let one's mind wander; (*svagarsi*) to amuse *o* enjoy o.s.; ~ **lo sguardo** to look away; **non distrarti!** pay attention!

distratta'mente *av* absent-mindedly, without thinking.

dis'tratto, a *pp di* **distrarre** ♦ *ag* absent-minded; (*disattento*) inattentive.

distrazi'one [distrat'tsjone] *sf* absent-mindedness; inattention; (*svago*) distraction, entertainment; **errori di** ~ careless mistakes.

dis'tretto *sm* district.

distribu'ire *vt* to distribute; (*CARTE*) to deal (out); (*consegnare: posta*) to deliver; (*lavoro*) to allocate, assign; (*ripartire*) to share out.

distribu'tore *sm* (*di benzina*) petrol (*BRIT*) *o* gas (*US*) pump; (*AUT, ELETTR*) distributor; (*automatico*) vending machine.

distribuzi'one [distribut'tsjone] *sf* distribution; delivery; allocation, assignment; sharing out.

distri'care *vt* to disentangle, unravel; ~**rsi** *vr* (*tirarsi fuori*): ~**rsi da** to get out of, disentangle o.s. from; (*fig: cavarsela*) to manage, get by.

dis'truggere [dis'truddʒere] *vt* to destroy.

distrut'tivo, a *ag* destructive.

dis'trutto, a *pp di* **distruggere**.

distruzi'one [distrut'tsjone] *sf* destruction.

distur'bare *vt* to disturb, trouble; (*sonno, lezioni*) to disturb, interrupt; ~**rsi** *vr* to put o.s. out; **non si disturbi** please don't bother.

dis'turbo *sm* trouble, bother, inconvenience; (*indisposizione*) (slight) disorder, ailment; ~**i** *smpl* (*RADIO, TV*) static *sg*; ~ **della quiete pubblica** (*DIR*) disturbance of the peace; ~**i di stomaco** stomach trouble *sg*.

disubbidi'ente *ag* disobedient.

disubbidi'enza [dizubbi'djentsa] *sf* disobedience; ~ **civile** civil disobedience.

disubbi'dire *vi*: ~ **(a qn)** to disobey (sb).

disuguagli'anza [dizugwaʎ'ʎantsa] *sf* inequality.

disugu'ale *ag* unequal; (*diverso*) different; (*irregolare*) uneven.

disumanità *sf* inhumanity.

disu'mano, a *ag* inhuman; **un grido** ~ **a** terrible cry.

disuni'one *sf* disunity.

disu'nire *vt* to divide, disunite.

di'suso *sm*: **andare** *o* **cadere in** ~ to fall into disuse.

'dita *sfpl di* **dito**.

di'tale *sm* thimble.

di'tata *sf* (*colpo*) jab (with one's finger); (*segno*) fingermark.

'dito, ** *pl(f)* **'dita *sm* finger; (*misura*) finger, finger's breadth; ~ **(del piede)** toe; **mettersi le** ~**a nel naso** to pick one's nose; **mettere il** ~ **sulla piaga** (*fig*) to touch a sore spot; **non ha mosso un** ~ **(per aiutarmi)** he didn't lift a finger (to help me); **ormai è segnato a** ~ everyone knows about him now.

'ditta *sf* firm, business; **macchina della** ~ company car.

dit'tafono *sm* Dictaphone ®.

ditta'tore *sm* dictator.

ditta'tura *sf* dictatorship.

dit'tongo, ghi *sm* diphthong.

di'urno, a *ag* day *cpd*, daytime *cpd*; **ore** ~**e** daytime *sg*; **spettacolo** ~ matinee; **turno** ~ day shift; *vedi anche* **albergo**.

'diva *sf vedi* **divo**.

diva'gare *vi* to digress.

divagazi'one [divagat'tsjone] *sf* digression; ~**i sul tema** variations on a theme.

divam'pare *vi* to flare up, blaze up.

di'vano *sm* sofa; (*senza schienale*) divan; ~ **letto** bed settee, sofa bed.

divari'care *vt* to open wide.

di'vario *sm* difference.

di'vengo *etc vb vedi* **divenire**.

dive'nire *vi* = **diventare**.

di'venni *etc vb vedi* **divenire**.

diven'tare *vi* to become; ~ **famoso/ professore** to become famous/a teacher; ~ **vecchio** to grow old; **c'è da** ~ **matti** it's enough to drive you mad.

dive'nuto, a *pp di* **divenire**.

di'verbio *sm* altercation.

diver'gente [diver'dʒente] *ag* divergent.

diver'genza [diver'dʒentsa] *sf* divergence; ~ **d'opinioni** difference of opinion.

di'vergere [di'verdʒere] *vi* to diverge.

diverrò *etc vb vedi* **divenire**.

diversa'mente *av* (*in modo differente*) differently; (*altrimenti*) otherwise; ~ **da quanto stabilito** contrary to what had been decided.

diversifi'care *vt* to diversify, vary; ~**rsi** *vr*: ~**rsi (per)** to differ (in).

diversificazi'one [diversifikat'tsjone] *sf* diversification; difference.

diversi'one *sf* diversion.

diversità *sf inv* difference, diversity; (*varietà*) variety.

diver'sivo, a *ag* diversionary ♦ *sm* diversion, distraction; **fare un'azione** ~**a** to create a diversion.

di'verso, a *ag* (*differente*): ~ **(da)** different (from) ♦ *sm* (*omosessuale*) homosexual;

~**i, e** *det pl* several, various; (*COMM*)
sundry ♦ *pron pl* several (people), many
(people).

diver'tente *ag* amusing.

diverti'mento *sm* amusement, pleasure;
(*passatempo*) pastime, recreation; **buon**
~! enjoy yourself!, have a nice time!

diver'tire *vt* to amuse, entertain; ~**rsi** *vr* to
amuse *o* enjoy o.s.; **divertiti!** enjoy
yourself, have a good time!; ~**rsi alle**
spalle di qn to have a laugh at sb's
expense.

diver'tito, a *ag* amused.

divez'zare [divet'tsare] *vt* (*anche fig*): ~ **(da)**
to wean (from).

divi'dendo *sm* dividend.

di'videre *vt* (*anche MAT*) to divide;
(*distribuire, ripartire*) to divide (up), split
(up); ~**rsi** *vr* (*persone*) to separate, part;
(*coppia*) to separate; ~**rsi (in)** (*scindersi*) to
divide (into), split up (into); (*ramificarsi*)
to fork; **è diviso dalla moglie** he's
separated from his wife; **si divide tra**
casa e lavoro he divides his time between
home and work.

divi'eto *sm* prohibition; "~ **di accesso**" "no
entry"; "~ **di caccia**" "no hunting"; "~ **di**
parcheggio" "no parking"; "~ **di sosta**"
(*AUT*) "no waiting".

divinco'larsi *vr* to wriggle, writhe.

divinità *sf inv* divinity.

di'vino, a *ag* divine.

di'visa *sf* (*MIL etc*) uniform; (*COMM*) foreign
currency.

di'visi *etc vb vedi* **dividere**.

divisi'one *sf* division; ~ **in sillabe** syllable
division; (*a fine riga*) hyphenation.

di'vismo *sm* (*esibizionismo*) playing to the
crowd.

di'viso, a *pp di* **dividere**.

divi'sorio, a *ag* (*siepe, muro esterno*)
dividing; (*muro interno*) dividing,
partition *cpd* ♦ *sm* (*in una stanza*) partition.

'divo, a *sm/f* star; **come una** ~**a** like a
prima donna.

divo'rare *vt* to devour; ~ **qc con gli occhi** to
eye sth greedily.

divorzi'are [divor'tsjare] *vi*: ~ **(da qn)** to
divorce (sb).

divorzi'ato, a [divor'tsjato] *ag* divorced
♦ *sm/f* divorcee.

di'vorzio [di'vɔrtsjo] *sm* divorce.

divul'gare *vt* to divulge, disclose; (*rendere*
comprensibile) to popularize; ~**rsi** *vr* to
spread.

divulgazi'one [divulgat'tsjone] *sf* (*vedi vb*)
disclosure; popularization; spread.

dizio'nario [dittsjo'narjo] *sm* dictionary.

dizi'one [dit'tsjone] *sf* diction;
pronunciation.

Dja'karta [dʒa'karta] *sf* Djakarta.

dl *abbr* (= *decilitro*) dl.

dm *abbr* (= *decimetro*) dm.

DNA [di'ennɛa] *sigla m* (*BIOL*: = *acido*
deossiribonucleico) DNA ♦ *sigla f*
= *direzione nazionale antimafia*.

do *sm* (*MUS*) C; (: *solfeggiando la scala*)
do(h).

dobbi'amo *vb vedi* **dovere**.

D.O.C. [dɔk] *sigla vedi* **denominazione di**
origine controllata.

doc. *abbr* = **documento**.

'doccia, ce ['dottʃa] *sf* (*bagno*) shower;
(*condotto*) pipe; **fare la** ~ to have a
shower; ~ **fredda** (*fig*) slap in the face.

do'cente [do'tʃɛnte] *ag* teaching ♦ *sm/f*
teacher; (*di università*) lecturer; **personale**
non ~ non-teaching staff.

do'cenza [do'tʃɛntsa] *sf* university
teaching *o* lecturing; **ottenere la libera** ~
to become a lecturer.

D.O.C.G. *sigla* (= *denominazione di origine*
controllata e garantita) *label guaranteeing*
the quality and origin of a wine.

'docile ['dɔtʃile] *ag* docile.

docilità [dotʃili'ta] *sf* docility.

documen'tare *vt* to document; ~**rsi** *vr*: ~**rsi**
(su) to gather information *o* material
(about).

documen'tario, a *ag*, *sm* documentary.

documentazi'one [dokumentat'tsjone] *sf*
documentation.

docu'mento *sm* document; ~**i** *smpl*
(*d'identità etc*) papers.

Dodecan'neso *sm*: **le Isole del** ~ the
Dodecanese Islands.

dodi'cenne [dodi'tʃɛnne] *ag*, *sm/f* twelve-
year-old.

dodi'cesimo, a [dodi'tʃɛzimo] *num* twelfth.

'dodici ['doditʃi] *num* twelve.

do'gana *sf* (*ufficio*) customs *pl*; (*tassa*)
(customs) duty; **passare la** ~ to go
through customs.

doga'nale *ag* customs *cpd*.

dogani'ere *sm* customs officer.

'doglie ['dɔʎʎe] *sfpl* (*MED*) labour *sg* (*BRIT*),
labor *sg* (*US*), labo(u)r pains.

'dogma, i *sm* dogma.

dog'matico, a, ci, che *ag* dogmatic.

'dolce ['doltʃe] *ag* sweet; (*colore*) soft;
(*carattere, persona*) gentle, mild; (*fig*: *mite*:
clima) mild; (*non ripido*: *pendio*) gentle
♦ *sm* (*sapore* ~) sweetness, sweet taste;
(*CUC*: *portata*) sweet, dessert; (: *torta*)
cake; **il** ~ **far niente** sweet idleness.

dol'cezza [dol'tʃettsa] *sf* sweetness;

softness; mildness; gentleness.

dolci'ario, a [dol'tʃarjo] *ag* confectionery *cpd*.

dolci'astro, a [dol'tʃastro] *ag* (*sapore*) sweetish.

dolcifi'cante [doltʃifi'kante] *ag* sweetening ♦ *sm* sweetener.

dolci'umi [dol'tʃumi] *smpl* sweets.

do'lente *ag* sorrowful, sad.

do'lere *vi* to be sore, hurt, ache; ~**rsi** *vr* to complain; (*essere spiacente*): ~**rsi di** to be sorry for; **mi duole la testa** my head aches, I've got a headache.

'dolgo *etc vb vedi* **dolere.**

'dollaro *sm* dollar.

'dolo *sm* (*DIR*) malice; (*frode*) fraud, deceit.

Dolo'miti *sfpl:* **le ~** the Dolomites.

dolo'rante *ag* aching, sore.

do'lore *sm* (*fisico*) pain; (*morale*) sorrow, grief; **se lo scoprono sono ~i!** if they find out there'll be trouble!

dolo'roso, a *ag* painful; sorrowful, sad.

do'loso, a *ag* (*DIR*) malicious; **incendio ~** arson.

'dolsi *etc vb vedi* **dolere.**

dom. *abbr* (= *domenica*) Sun.

do'manda *sf* (*interrogazione*) question; (*richiesta*) demand; (: *cortese*) request; (*DIR: richiesta scritta*) application; (*ECON*): **la ~** demand; **fare una ~ a qn** to ask sb a question; **fare ~** (**per un lavoro**) to apply (for a job); **far regolare ~** (**di qc**) to apply through the proper channels (for sth); **fare ~ all'autorità giudiziaria** to apply to the courts; **~ di divorzio** divorce petition; **~ di matrimonio** proposal.

doman'dare *vt* (*per avere*) to ask for; (*per sapere*) to ask; (*esigere*) to demand; ~**rsi** *vr* to wonder, ask o.s.; **~ qc a qn** to ask sb for sth; to ask sb sth.

do'mani *av* tomorrow ♦ *sm* (*l'indomani*) next day, following day; **il ~** (*il futuro*) the future; (*il giorno successivo*) the next day; **un ~** some day; **~ l'altro** the day after tomorrow; **~** (**a**) **otto** tomorrow week, a week tomorrow; **a ~!** see you tomorrow!

do'mare *vt* to tame.

doma'tore, 'trice *sm/f* (*gen*) tamer; **~ di cavalli** horsebreaker; **~ di leoni** lion tamer.

domat'tina *av* tomorrow morning.

do'menica, che *sf* Sunday; *per fraseologia vedi* **martedì.**

domeni'cale *ag* Sunday *cpd*.

domeni'cano, a *ag, sm/f* Dominican.

do'mestica, che *sf vedi* **domestico.**

do'mestico, a, ci, che *ag* domestic ♦ *sm/f* servant, domestic; **le pareti ~che** one's

own four walls; **animale** *m* **~** pet; **una ~a a ore** a daily (woman).

domicili'are [domitʃi'ljare] *ag vedi* **arresto.**

domicili'arsi [domitʃi'ljarsi] *vr* to take up residence.

domi'cilio [domi'tʃiljo] *sm* (*DIR*) domicile, place of residence; **visita a ~** (*MED*) house call; **"recapito a ~"** "deliveries"; **violazione di ~** (*DIR*) breaking and entering.

domi'nante *ag* (*colore, nota*) dominant; (*opinione*) prevailing; (*idea*) main *cpd*, chief *cpd*; (*posizione*) dominating *cpd*; (*classe, partito*) ruling *cpd*.

domi'nare *vt* to dominate; (*fig: sentimenti*) to control, master ♦ *vi* to be in the dominant position; ~**rsi** *vr* (*controllarsi*) to control o.s.; **~ su** (*fig*) to surpass, outclass.

domina'tore, 'trice *ag* ruling *cpd* ♦ *sm/f* ruler.

dominazi'one [dominat'tsjone] *sf* domination.

domini'cano, a *ag:* **la Repubblica D~a** the Dominican Republic.

do'minio *sm* dominion; (*fig: campo*) field, domain; **~i coloniali** colonies; **essere di ~ pubblico** (*notizia etc*) to be common knowledge.

don *sm* (*REL*) Father.

do'nare *vt* to give, present; (*per beneficenza etc*) to donate ♦ *vi* (*fig*): **~ a** to suit, become; **~ sangue** to give blood.

dona'tore, 'trice *sm/f* donor; **~ di sangue/ di organi** blood/organ donor.

donazi'one [donat'tsjone] *sf* donation; **atto di ~** (*DIR*) deed of gift.

'donde *av* (*poetico*) whence.

dondo'lare *vt* (*cullare*) to rock; ~**rsi** *vr* to swing, sway.

'dondolo *sm:* **sedia/cavallo a ~** rocking chair/horse.

dongio'vanni [dondʒo'vanni] *sm* Don Juan, ladies' man.

'donna *sf* woman; (*titolo*) Donna; (*CARTE*) queen; **figlio di buona ~!** (*fam*) son of a bitch!; **~ di casa** housewife; **~ a ore** daily (help *o* woman); **~ delle pulizie** cleaning lady, cleaner; **~ di servizio** maid; **~ di vita** *o* **di strada** prostitute, streetwalker.

donnai'olo *sm* ladykiller.

'donnola *sf* weasel.

'dono *sm* gift.

'dopo *av* (*tempo*) afterwards; (: *più tardi*) later; (*luogo*) after, next ♦ *prep* after ♦ *cong* (*temporale*): **~ aver studiato** after having studied ♦ *ag inv:* **il giorno ~** the following day; **~ mangiato va a dormire**

after having eaten *o* after a meal he goes for a sleep; **un anno** ~ a year later; ~ **di me/lui** after me/him; ~ **che** = **dopoché.**

dopo'barba *sm inv* after-shave.

dopoché [dopo'ke] *cong* after, when.

dopodiché [dopodi'ke] *av* after which.

dopodo'mani *av* the day after tomorrow.

dopogu'erra *sm* postwar years *pl.*

dopola'voro *sm* recreational club.

dopo'pranzo [dopo'prandzo] *av* after lunch (*o* dinner).

doposcì [dopoʃ'ʃi] *sm inv* après-ski outfit.

doposcu'ola *sm inv* school club offering extra tuition and recreational facilities.

dopo'tutto *av* after all.

doppi'aggio [dop'pjaddʒo] *sm* (*CINE*) dubbing.

doppi'are *vt* (*NAUT*) to round; (*SPORT*) to lap; (*CINE*) to dub.

doppia'tore, 'trice *smlf* dubber.

doppi'etta *sf* (*fucile*) double-barrelled (*BRIT*) *o* double-barreled (*US*) shotgun; (*sparo*) shot from both barrels; (*CALCIO*) double; (*PUGILATO*) one-two; (*AUT*) double-declutch (*BRIT*), double-clutch (*US*).

doppi'ezza [dop'pjettsa] *sf* (*fig: di persona*) duplicity, double-dealing.

'doppio, a *ag* double; (*fig: falso*) double-dealing, deceitful ♦ *sm* (*quantità*): **il** ~ **(di)** twice as much (*o* many), double the amount (*o* number) of; (*SPORT*) doubles *pl* ♦ *av* double; **battere una lettera in** ~**a copia** to type a letter with a carbon copy; **fare il** ~ **gioco** (*fig*) to play a double game; **chiudere a** ~**a mandata** to double-lock; ~ **senso** double entendre; **frase a** ~ **senso** sentence with a double meaning; **un utensile a** ~ **uso** a dual-purpose utensil.

doppio'fondo *sm* (*di valigia*) false bottom; (*NAUT*) double hull.

doppi'one *sm* duplicate (copy).

doppio'petto *sm* double-breasted jacket.

dop'pista *smlf* (*TENNIS*) doubles player.

do'rare *vt* to gild; (*CUC*) to brown; ~ **la pillola** (*fig*) to sugar the pill.

do'rato, a *ag* golden; (*ricoperto d'oro*) gilt, gilded.

dora'tura *sf* gilding.

dormicchi'are [dormik'kjare] *vi* to doze.

dormi'ente *ag* sleeping ♦ *smlf* sleeper.

dormigli'one, a [dormiʎ'ʎone] *smlf* sleepyhead.

dor'mire *vi* to sleep; (*essere addormentato*) to be asleep, be sleeping; **il caffè non mi fa** ~ coffee keeps me awake; ~ **come un ghiro** to sleep like a log; ~ **della grossa** to sleep soundly, be dead to the world; ~ **in**

piedi (*essere stanco*) to be asleep on one's feet.

dor'mita *sf*: **farsi una** ~ to have a good sleep.

dormi'torio *sm* dormitory; ~ **pubblico** doss house (*BRIT*) *o* flophouse (*US*) (*run by local authority*).

dormi'veglia [dormi'veʎʎa] *sm* drowsiness.

dorrò *etc vb vedi* **dolere.**

dor'sale *ag*: **spina** ~ backbone, spine.

'dorso *sm* back; (*di montagna*) ridge, crest; (*di libro*) spine; (*NUOTO*) backstroke; **a** ~ **di cavallo** on horseback.

do'saggio [do'zaddʒo] *sm* (*atto*) measuring out; **sbagliare il** ~ to get the proportions wrong.

do'sare *vt* to measure out; (*MED*) to dose.

'dose *sf* quantity, amount; (*MED*) dose.

dossi'er [do'sje] *sm inv* dossier, file.

'dosso *sm* (*rilievo*) rise; (: *di strada*) bump; (*dorso*): **levarsi di** ~ **i vestiti** to take one's clothes off; **levarsi un peso di** ~ (*fig*) to take a weight off one's mind.

do'tare *vt*: ~ **di** to provide *o* supply with; (*fig*) to endow with.

do'tato, a *ag*: ~ **di** (*attrezzature*) equipped with; (*bellezza, intelligenza*) endowed with; **un uomo** ~ a gifted man.

dotazi'one [dotat'tsjone] *sf* (*insieme di beni*) endowment; (*di macchine etc*) equipment; **dare qc in** ~ **a qn** to issue sb with sth, issue sth to sb; **i macchinari in** ~ **alla fabbrica** the machinery in use in the factory.

'dote *sf* (*di sposa*) dowry; (*assegnata a un ente*) endowment; (*fig*) gift, talent.

Dott. *abbr* (= *dottore*) Dr.

'dotto, a *ag* (*colto*) learned ♦ *sm* (*sapiente*) scholar; (*ANAT*) duct.

dotto'rato *sm* degree; ~ **di ricerca** doctorate, doctor's degree.

dot'tore, 'essa *smlf* doctor.

dot'trina *sf* doctrine.

Dott.ssa *abbr* (= *dottoressa*) Dr.

double-'face [dubl'fas] *ag inv* reversible.

'dove *av* where; (*in cui*) where, in which; (*dovunque*) wherever ♦ *sm*: **per ogni** ~ everywhere; **di dov'è?** where are you from?; **da** ~ **abito vedo tutta la città** I can see the whole city from where I live; **per** ~ **si passa?** which way should we go?; **le dò una mano fin** ~ **posso** I'll help you as much as I can.

do'vere *sm* (*obbligo*) duty ♦ *vt* (*essere debitore*): ~ **qc (a qn)** to owe (sb) sth ♦ *vi* (*seguito dall'infinito: obbligo*) to have to; **lui deve farlo** he has to do it, he must do it; **è dovuto partire** he had to leave; **ha dovuto**

pagare he had to pay; (: *intenzione*): **devo partire domani** I'm (due) to leave tomorrow; (: *probabilità*) **dev'essere tardi** it must be late; **doveva accadere** it was bound to happen; **avere il senso del** ~ to have a sense of duty; **rivolgersi a chi di** ~ to apply to the appropriate authority *o* person; **a** ~ (*bene*) properly; (*debitamente*) as he (*o* she *etc*) deserves; **come si deve** (*bene*) properly; (*meritatamente*) properly, as he (*o* she *etc*) deserves; **una persona come si deve** a respectable person.

dove'roso, a *ag* (right and) proper.

do'vizia [do'vittsja] *sf* abundance.

dovrò *etc vb vedi* **dovere**.

do'vunque *av* (*in qualunque luogo*) wherever; (*dappertutto*) everywhere; ~ **io vada** wherever I go.

dovuta'mente *av* (*debitamente*: *redigere, compilare*) correctly; (: *rimproverare*) as he (*o* she *etc*) deserves.

do'vuto, a *ag* (*causato*): ~ **a** due to ♦ *sm* due; **nel modo** ~ in the proper way; **ho lavorato più del** ~ I worked more than was necessary.

doz'zina [dod'dzina] *sf* dozen; **una** ~ **di uova** a dozen eggs; **di** *o* **da** ~ (*scrittore, spettacolo*) second-rate.

dozzi'nale [doddzi'nale] *ag* cheap, second-rate.

DP *sigla f* (= *Democrazia Proletaria*) *political party.*

'draga, ghe *sf* dredger.

dra'gare *vt* to dredge.

dragherò *etc* [drage'rɔ] *vb vedi* **dragare**.

'drago, ghi *sm* dragon; (*fig fam*) genius.

'dramma, i *sm* drama; **fare un** ~ **di qc** to make a drama out of sth.

dram'matico, a, ci, che *ag* dramatic.

drammatiz'zare [drammatid'dzare] *vt* to dramatize.

dramma'turgo, ghi *sm* playwright, dramatist.

drappeggi'are [drapped'dʒare] *vt* to drape.

drap'peggio [drap'peddʒo] *sm* (*tessuto*) drapery; (*di abito*) folds.

drap'pello *sm* (*MIL*) squad; (*gruppo*) band, group.

'drappo *sm* cloth.

'drastico, a, ci, che *ag* drastic.

dre'naggio [dre'naddʒo] *sm* drainage.

dre'nare *vt* to drain.

'Dresda *sf* Dresden.

drib'blare *vi* (*CALCIO*) to dribble ♦ *vt* (*avversario*) to dodge, avoid.

'dritto, a *ag, av* = **diritto** ♦ *sm/f* (*fam: furbo*): **è un** ~ he's a crafty *o* sly one ♦ *sf* (*destra*)

right, right hand; (*NAUT*) starboard; **a** ~ **a e a manca** (*fig*) on all sides, right, left and centre.

driz'zare [drit'tsare] *vt* (*far tornare diritto*) to straighten; (*volgere: sguardo, occhi*) to turn, direct; (*innalzare: antenna, muro*) to erect; ~**rsi** *vr* to stand up; ~ **le orecchie** to prick up one's ears; ~**rsi in piedi** to rise to one's feet; ~**rsi a sedere** to sit up.

'droga, ghe *sf* (*sostanza aromatica*) spice; (*stupefacente*) drug; ~**ghe pesanti/leggere** hard/soft drugs.

dro'gare *vt* to season, spice; to drug, dope; ~**rsi** *vr* to take drugs.

dro'gato, a *sm/f* drug addict.

droghe'ria [droge'ria] *sf* grocer's (shop) (*BRIT*), grocery (store) (*US*).

drogherò *etc* [droge'rɔ] *vb vedi* **drogare**.

droghi'ere, a [dro'gjɛre] *sm/f* grocer.

drome'dario *sm* dromedary.

D.T. *abbr* = **direttore tecnico**.

'dubbio, a *ag* (*incerto*) doubtful, dubious; (*ambiguo*) dubious ♦ *sm* (*incertezza*) doubt; **avere il** ~ **che** to be afraid that, suspect that; **essere in** ~ **fra** to hesitate between; **mettere in** ~ **qc** to question sth; **nutrire seri** ~**i su qc** to have grave doubts about sth; **senza** ~ doubtless, no doubt.

dubbi'oso, a *ag* doubtful, dubious.

dubi'tare *vi*: ~ **di** (*onestà*) to doubt; (*risultato*) to be doubtful of; ~ **di qn** to mistrust sb; ~ **di sé** to be unsure of o.s.

Du'blino *sf* Dublin.

'duca, chi *sm* duke.

'duce [ˈdutʃe] *sm* (*STORIA*) captain; (: *del fascismo*) duce.

du'chessa [du'kessa] *sf* duchess.

'due *num* two; **a** ~ **a** ~ two at a time, two by two; **dire** ~ **parole** to say a few words; **ci metto** ~ **minuti** I'll have it done in a tick (*BRIT*) *o* jiffy.

duecen'tesco, a, schi, sche [duetʃen'tesko] *ag* thirteenth-century.

due'cento [due'tʃɛnto] *num* two hundred ♦ *sm*: **il D**~ the thirteenth century.

duel'lare *vi* to fight a duel.

du'ello *sm* duel.

due'mila *num* two thousand ♦ *sm inv*: **il** ~ the year two thousand.

due'pezzi [due'pɛttsi] *sm* (*costume da bagno*) two-piece swimsuit; (*abito femminile*) two-piece suit.

du'etto *sm* duet.

'dulcis in 'fundo [ˈdultʃisin'fundo] *av* to cap it all.

'duna *sf* dune.

'dunque *cong* (*perciò*) so, therefore; (*riprendendo il discorso*) well (then) ♦ *sm*

inv: **venire al** ~ to come to the point.
'duo *sm inv (MUS)* duet; *(TEAT, CINE, fig)* duo.
du'ole *etc vb vedi* **dolere**.
du'omo *sm* cathedral.
'duplex *sm inv (TEL)* party line.
dupli'cato *sm* duplicate.
'duplice ['duplitʃe] *ag* double, twofold; **in** ~ **copia** in duplicate.
duplicità [duplitʃi'ta] *sf (fig)* duplicity.
du'rante *prep* during; **vita natural** ~ for life.
du'rare *vi* to last; **non può** ~! this can't go on any longer!; ~ **fatica a** to have difficulty in; ~ **in carica** to remain in office.
du'rata *sf* length (of time); duration; **per tutta la** ~ **di** throughout; ~ **media della vita** life expectancy.
dura'turo, a *ag*, **du'revole** *ag (ricordo)* lasting; *(materiale)* durable.
du'rezza [du'rettsa] *sf* hardness; stubbornness; harshness; toughness.
'duro, a *ag (pietra, lavoro, materasso, problema)* hard; *(persona: ostinato)* stubborn, obstinate; *(: severo)* harsh, hard; *(voce)* harsh; *(carne)* tough ♦ *sm/f (persona)* tough one ♦ *av:* **tener** ~ *(resistere)* to stand firm, hold out; **avere la pelle** ~**a** *(fig: persona)* to be tough; **fare il** ~ to act tough; ~ **di comprendonio** slow-witted; ~ **d'orecchi** hard of hearing.
du'rone *sm* hard skin.
'duttile *ag (sostanza)* malleable; *(fig: carattere)* docile, biddable; *(: stile)* adaptable.

E e

E, e [e] *sf o m inv (lettera)* E, e; **E come Empoli** ≈ E for Edward *(BRIT)*, E for Easy *(US)*.
E *abbr (= est)* E; *(AUT)* = *itinerario europeo*.
e, *dav V spesso* **ed** *cong* and; *(avversativo)* but; *(eppure)* and yet; ~ **lui?** what about him?; ~ **compralo!** well buy it then!
è *vb vedi* **essere**.
E.A. *abbr* = *ente autonomo*.
E.A.D. *sigla f vedi* **elaborazione automatica dei dati**.
ebaniste'ria *sf* cabinet-making; *(negozio)* cabinet-maker's shop.
'ebano *sm* ebony.

eb'bene *cong* well (then).
'ebbi *etc vb vedi* **avere**.
eb'brezza [eb'brettsa] *sf* intoxication.
'ebbro, a *ag* drunk; ~ **di** *(gioia etc)* beside o.s. *o* wild with.
'ebete *ag* stupid, idiotic.
ebe'tismo *sm* stupidity.
ebollizi'one [ebollit'tsjone] *sf* boiling; **punto di** ~ boiling point.
e'braico, a, ci, che *ag* Hebrew, Hebraic ♦ *sm (LING)* Hebrew.
e'breo, a *ag* Jewish ♦ *sm/f* Jew/Jewess.
'Ebridi *sfpl:* **le (isole)** ~ the Hebrides.
e'burneo, a *ag* ivory *cpd*.
E/C *abbr* = *estratto conto*.
eca'tombe *sf (strage)* slaughter, massacre.
ecc *abbr av (= eccetera)* etc.
ecce'dente [ettʃe'dɛnte] *sm* surplus.
ecce'denza [ettʃe'dɛntsa] *sf* excess, surplus; *(INFORM)* overflow.
ec'cedere [et'tʃɛdere] *vt* to exceed ♦ *vi* to go too far; ~ **nel bere/mangiare** to indulge in drink/food to excess.
eccel'lente [ettʃel'lɛnte] *ag* excellent; *(cadavere, arresto)* of a prominent person.
eccel'lenza [ettʃe'lɛntsa] *sf* excellence; *(titolo):* **Sua E**~ His Excellency.
ec'cellere [et'tʃɛllere] *vi:* ~ **(in)** to excel (at); ~ **su tutti** to surpass everyone.
ec'celso, a [et'tʃɛlso] *pp di* **eccellere** ♦ *ag (cima, montagna)* high; *(fig: ingegno)* great, exceptional.
ec'centrico, a, ci, che [et'tʃɛntriko] *ag* eccentric.
ecces'sivo, a [ettʃes'sivo] *ag* excessive.
ec'cesso [et'tʃɛsso] *sm* excess; **all'**~ *(gentile, generoso)* to excess, excessively; **dare in** ~**i** to fly into a rage; ~ **di velocità** *(AUT)* speeding; ~ **di zelo** overzealousness.
ec'cetera [et'tʃɛtera] *av* et cetera, and so on.
ec'cetto [et'tʃɛtto] *prep* except, with the exception of; ~ **che** *cong* except, other than; ~ **che (non)** unless.
eccettu'are [ettʃettu'are] *vt* to except; **eccettuati i presenti** present company excepted.
eccezio'nale [ettʃettsjo'nale] *ag* exceptional; **in via del tutto** ~ in this instance, exceptionally.
eccezi'one [ettʃet'tsjone] *sf* exception; *(DIR)* objection; **a** ~ **di** with the exception of, except for; **d'**~ exceptional; **fare un'**~ **alla regola** to make an exception to the rule.
ec'chimosi [ek'kimozi] *sf inv* bruise.
ec'cidio [et'tʃidjo] *sm* massacre.

ecci'tante [ettʃi'tante] *ag* (*gen*) exciting; (*sostanza*) stimulating ♦ *sm* stimulant.

ecci'tare [ettʃi'tare] *vt* (*curiosità, interesse*) to excite, arouse; (*folla*) to incite; ~**rsi** *vr* to get excited; (*sessualmente*) to become aroused.

eccitazi'one [ettʃitat'tsjone] *sf* excitement.

ecclesi'astico, a, ci, che *ag* ecclesiastical, church *cpd*; clerical ♦ *sm* ecclesiastic.

'ecco *av* (*per dimostrare*): ~ **il treno!** here's *o* here comes the train!; (*dav pronome*): ~**mi!** here I am!; ~**ne uno!** here's one (of them)!; (*dav pp*): ~ **fatto!** there, that's it done!

ec'come *av* rather; **ti piace?** — ~! do you like it? — I'll say! *o* and how! *o* rather! (*BRIT*).

ECG *sigla m* = **elettrocardiogramma**.

echeggi'are [eked'dʒare] *vi* to echo.

e'clettico, a, ci, che *ag, sm/f* eclectic.

eclet'tismo *sm* eclecticism.

eclis'sare *vt* to eclipse; (*fig*) to eclipse, overshadow; ~**rsi** *vr* (*persona: scherzoso*) to slip away.

e'clissi *sf* eclipse.

'eco, *pl(m)* **'echi** *sm o f* echo; **suscitò** *o* **ebbe una profonda** ~ it caused quite a stir.

ecogra'fia *sf* (*MED*) ultrasound.

ecolo'gia [ekolo'dʒia] *sf* ecology.

eco'logico, a, ci, che [eko'lɔdʒiko] *ag* ecological.

ecolo'gista, i, e [ekolo'dʒista] *ag* ecological ♦ *sm/f* ecologist, environmentalist.

e'cologo, a, gi, ghe *sm/f* ecologist.

econo'mato *sm* (*INS*) bursar's office.

econo'mia *sf* economy; (*scienza*) economics *sg*; (*risparmio: azione*) saving; **fare** ~ to economize, make economies; **l'**~ **sommersa** the black (*BRIT*) *o* underground (*US*) economy; ~ **di mercato** market economy; ~ **pianificata** planned economy.

eco'nomico, a, ci, che *ag* economic; (*poco costoso*) economical; **edizione** ~**a** economy edition.

econo'mista, i *sm* economist.

economiz'zare [ekonomid'dzare] *vt, vi* to save.

e'conomo, a *ag* thrifty ♦ *sm/f* (*INS*) bursar.

ecosis'tema, i *sm* ecosystem.

'ECU, 'ecu *abbr m inv* (= *European Currency Unit*) ECU, ecu.

'Ecuador *sm*: **l'**~ Ecuador.

ecu'menico, a, ci, che *ag* ecumenical.

ec'zema [ek'dzɛma] *sm* eczema.

ed *cong vedi* **e**.

Ed. *abbr* = **editore**.

ed. *abbr* = **edizione**.

'edera *sf* ivy.

e'dicola *sf* newspaper kiosk *o* stand (*US*).

edico'lante *sm/f* news vendor (*in kiosk*).

edifi'cante *ag* edifying.

edifi'care *vt* to build; (*fig: teoria, azienda*) to establish; (*indurre al bene*) to edify.

edi'ficio [edi'fitʃo] *sm* building; (*fig*) structure.

e'dile *ag* building *cpd*.

edi'lizio, a [edi'littsjo] *ag* building *cpd* ♦ *sf* building, building trade.

Edim'burgo *sf* Edinburgh.

'edito, a *ag* published.

edi'tore, 'trice *ag* publishing *cpd* ♦ *sm/f* publisher; (*curatore*) editor.

edito'ria *sf* publishing.

editori'ale *ag* publishing *cpd* ♦ *sm* (*articolo di fondo*) editorial, leader.

e'ditto *sm* edict.

edizi'one [edit'tsjone] *sf* edition; (*tiratura*) printing; ~ **a tiratura limitata** limited edition.

edo'nismo *sm* hedonism.

e'dotto, a *ag* informed; **rendere qn** ~ **su qc** to inform sb about sth.

edu'canda *sf* boarder.

edu'care *vt* to educate; (*gusto, mente*) to train; ~ **qn a fare** to train sb to do.

educa'tivo, a *ag* educational.

edu'cato, a *ag* polite, well-mannered.

educazi'one [edukat'tsjone] *sf* education; (*familiare*) upbringing; (*comportamento*) (good) manners *pl*; **per** ~ out of politeness; **questa è pura mancanza d'**~! this is sheer bad manners!; ~ **fisica** (*INS*) physical training *o* education.

educherò *etc* [eduke'rɔ] *vb vedi* **educare**.

E.E.D. *sigla f vedi* **elaborazione elettronica dei dati**.

EEG *sigla m* = **elettroencefalogramma**.

e'felide *sf* freckle.

effemi'nato, a *ag* effeminate.

effe'rato, a *ag* brutal, savage.

efferve'scente [efferveʃ'ʃɛnte] *ag* effervescent.

effettiva'mente *av* (*in effetti*) in fact; (*a dire il vero*) really, actually.

effet'tivo, a *ag* (*reale*) real, actual; (*impiegato, professore*) permanent; (*MIL*) regular ♦ *sm* (*MIL*) strength; (*di patrimonio etc*) sum total.

ef'fetto *sm* effect; (*COMM: cambiale*) bill; (*fig: impressione*) impression; **far** ~ (*medicina*) to take effect, (start to) work; **cercare l'**~ to seek attention; **in** ~**i** in fact; ~**i attivi** (*COMM*) bills receivable; ~**i passivi** (*COMM*) bills payable; ~**i personali** personal effects, personal belongings; ~

serra greenhouse effect; ~**i speciali** (*CINE*) special effects.

effettu'are *vt* to effect, carry out.

effi'cace [effi'katʃe] *ag* effective.

effi'cacia [effi'katʃa] *sf* effectiveness.

effici'ente [effi'tʃɛnte] *ag* efficient.

efficien'tismo [effitʃen'tizmo] *sm* maximum efficiency.

effici'enza [effi'tʃɛntsa] *sf* efficiency.

effigi'are [effi'dʒare] *vt* to represent, portray.

ef'figie [ef'fidʒe] *sf inv* effigy.

ef'fimero, a *ag* ephemeral.

ef'fluvio *sm* (*anche peg, ironico*) scent, perfume.

effusi'one *sf* effusion.

e.g. *abbr* (= *exempli gratia*) e.g.

egemo'nia [edʒemo'nia] *sf* hegemony.

E'geo [e'dʒɛo] *sm*: **l'~, il mare ~** the Aegean (Sea).

'egida ['ɛdʒida] *sf*: **sotto l'~ di** under the aegis of.

E'gitto [e'dʒitto] *sm*: **l'~** Egypt.

egizi'ano, a [edʒit'tsjano] *ag, sm/f* Egyptian.

e'gizio, a [e'dʒittsjo] *ag, sm/f* (*ancient*) Egyptian.

'egli ['eʎʎi] *pron* he; ~ **stesso** he himself.

'ego *sm inv* (*PSIC*) ego.

ego'centrico, a, ci, che [ego'tʃɛntriko] *ag* egocentric(al) ♦ *sm/f* self-centred (*BRIT*) o self-centered (*US*) person.

egocen'trismo [egotʃen'trizmo] *sm* egocentricity.

ego'ismo *sm* selfishness, egoism.

ego'ista, i, e *ag* selfish, egoistic ♦ *sm/f* egoist.

ego'istico, a, ci, che *ag* egoistic, selfish.

ego'tismo *sm* egotism.

ego'tista, i, e *ag* egotistic ♦ *sm/f* egotist.

Egr. *abbr* = **Egregio.**

e'gregio, a, gi, gie [e'grɛdʒo] *ag* distinguished; (*nelle lettere*): **E~ Signore** Dear Sir.

eguagli'anza etc [egwaʎ'ʎantsa] *vedi* **uguaglianza** etc.

eguali'tario, a *ag, sm/f* egalitarian.

E.I. *abbr* = *Esercito Italiano*.

eiaculazi'one [ejakulat'tsjone] *sf* ejaculation; ~ **precoce** premature ejaculation.

elabo'rare *vt* (*progetto*) to work out, elaborate; (*dati*) to process; (*digerire*) to digest.

elabora'tore *sm* (*INFORM*): ~ **elettronico** computer.

elaborazi'one [elaborat'tsjone] *sf* elaboration; processing; digestion; ~ **automatica dei dati (E.A.D.)** (*INFORM*)

automatic data processing (A.D.P.); ~ **elettronica dei dati (E.E.D.)** (*INFORM*) electronic data processing (E.D.P.); ~ **testi** (*INFORM*) text processing.

elar'gire [elar'dʒire] *vt* to hand out.

elargizi'one [elardʒit'tsjone] *sf* donation.

elasticiz'zato, a [elastitʃid'dzato] *ag* (*tessuto*) stretch *cpd*.

e'lastico, a, ci, che *ag* elastic; (*fig: andatura*) springy; (: *decisione, vedute*) flexible ♦ *sm* (*gommino*) rubber band; (*per il cucito*) elastic *no pl*.

ele'fante *sm* elephant.

ele'gante *ag* elegant.

ele'ganza [ele'gantsa] *sf* elegance.

e'leggere [e'lɛddʒere] *vt* to elect.

elemen'tare *ag* elementary; **le (scuole)** ~**i** *vedi* **scuola elementare**; **prima** ~ first year of primary school, ≈ infants' class (*BRIT*), ≈ 1st grade (*US*).

ele'mento *sm* element; (*parte componente*) element, component, part; ~**i** *smpl* (*della scienza etc*) elements, rudiments.

ele'mosina *sf* charity, alms *pl*; **chiedere l'**~ to beg.

elemosi'nare *vt* to beg for, ask for ♦ *vi* to beg.

elen'care *vt* to list.

elencherò etc [elenke'rɔ] *vb vedi* **elencare**.

e'lenco, chi *sm* list; ~ **nominativo** list of names; ~ **telefonico** telephone directory.

e'lessi etc *vb vedi* **eleggere**.

elet'tivo, a *ag* (*carica etc*) elected.

e'letto, a *pp di* **eleggere** ♦ *sm/f* (*nominato*) elected member.

elet'torale *ag* electoral, election *cpd*.

eletto'rato *sm* electorate.

elet'tore, 'trice *sm/f* voter, elector.

elet'trauto *sm inv* workshop for car electrical repairs; (*tecnico*) car electrician.

elettri'cista, i [elettri'tʃista] *sm* electrician.

elettricità [elettritʃi'ta] *sf* electricity.

e'lettrico, a, ci, che *ag* electric(al).

elettrifi'care *vt* to electrify.

elettriz'zante [elettrid'dzante] *ag* (*fig*) electrifying, thrilling.

elettriz'zare [elettrid'dzare] *vt* to electrify; ~**rsi** *vr* to become charged with electricity; (*fig: persona*) to be thrilled.

e'lettro... *prefisso* electro....

elettrocardio'gramma, i *sm* electrocardiogram.

e'lettrodo *sm* electrode.

elettrodo'mestico, a, ci, che *ag*: **apparecchi** ~**ci** domestic (electrical) appliances.

elettroencefalo'gramma, i

[elettroentʃefalo'gramma] *sm*
electroencephalogram.

elet'trogeno, a [elet'trɔdʒeno] *ag*: **gruppo**
~ **generator**.

elet'trolisi *sf* electrolysis.

elettroma'gnetico, a, ci, che
[elettromaɲ'nɛtiko] *ag* electromagnetic.

elettromo'trice [elettromo'tritʃe] *sf*
electric train.

elet'trone *sm* electron.

elet'tronico, a, ci, che *ag* electronic ♦ *sf*
electronics *sg*.

elettro'shock [elettroʃ'ʃɔk] *sm inv*
(electro)shock treatment.

elettro'tecnico, a, ci, che *ag*
electrotechnical ♦ *sm* electrical engineer.

ele'vare *vt* to raise; (*edificio*) to erect;
(*multa*) to impose; ~ **un numero al**
quadrato to square a number.

eleva'tezza [eleva'tettsa] *sf* (*altezza*)
elevation; (*di animo, pensiero*) loftiness.

ele'vato, a *ag* (*gen*) high; (*cime*) high, lofty;
(*fig: stile, sentimenti*) lofty.

elevazi'one [elevat'tsjone] *sf* elevation;
(*l'elevare*) raising.

elezi'one [elet'tsjone] *sf* election; ~**i** *sfpl*
(*POL*) election(s); **patria d'**~ chosen
country.

'elica, che *sf* propeller.

eli'cottero *sm* helicopter.

e'lidere *vt* (*FONETICA*) to elide; ~**rsi** *vr*
(*forze*) to cancel each other out,
neutralize each other.

elimi'nare *vt* to eliminate.

elimina'toria *sf* eliminating round.

eliminazi'one [eliminat'tsjone] *sf*
elimination.

'elio *sm* helium.

eli'porto *sm* heliport.

elisabetti'ano, a *ag* Elizabethan.

eli'sir *sm inv* elixir.

e'liso, a *pp di* **elidere**.

eli'tario, a *ag* elitist.

é'lite [e'lit] *sf inv* élite.

'ella *pron* she; (*forma di cortesia*) you; ~
stessa she herself; you yourself.

el'lisse *sf* ellipse.

el'littico, a, ci, che *ag* elliptic(al).

el'metto *sm* helmet.

'elmo *sm* helmet.

elogi'are [elo'dʒare] *vt* to praise.

elogia'tivo, a [elodʒa'tivo] *ag* laudatory.

e'logio [e'lɔdʒo] *sm* (*discorso, scritto*)
eulogy; (*lode*) praise; ~ **funebre** funeral
oration.

elo'quente *ag* eloquent; **questi dati sono**
~**i** these facts speak for themselves.

elo'quenza [elo'kwɛntsa] *sf* eloquence.

e'loquio *sm* speech, language.

elucu'brare *vt* (*piano*) to ponder about,
ponder over.

elucubrazi'oni [elukubrat'tsjoni] *sfpl* (*anche*
ironico) cogitations, ponderings.

e'ludere *vt* to evade.

e'lusi *etc vb vedi* **eludere**.

elusi'one *sf*: ~ **d'imposta** tax evasion.

elu'sivo, a *ag* evasive.

e'luso, a *pp di* **eludere**.

el'vetico, a, ci, che *ag* Swiss.

emaci'ato, a [ema'tʃato] *ag* emaciated.

ema'nare *vt* to send out, give off; (*fig:*
leggi) to promulgate; (: *decreti*) to issue
♦ *vi*: ~ **da** to come from.

emanazi'one [emanat'tsjone] *sf* (*di raggi,*
calore) emanation; (*di odori*) exhalation;
(*di legge*) promulgation; (*di ordine,*
circolare) issuing.

emanci'pare [emantʃi'pare] *vt* to
emancipate; ~**rsi** *vr* (*fig*) to become
liberated *o* emancipated.

emancipazi'one [emantʃipat'tsjone] *sf*
emancipation.

emargi'nare [emardʒi'nare] *vt* (*fig:*
socialmente) to cast out.

emargi'nato, a [emardʒi'nato] *sm/f* outcast.

ematolo'gia [ematolo'dʒia] *sf* haematology
(*BRIT*), hematology (*US*).

ema'toma, i *sm* haematoma (*BRIT*),
hematoma (*US*).

em'blema, i *sm* emblem.

emble'matico, a, ci, che *ag* emblematic;
(*fig: atteggiamento, parole*) symbolic.

embo'lia *sf* embolism.

embrio'nale, i, e *ag* embryonic, embryo
cpd; **allo stadio** ~ at the embryo stage.

embri'one *sm* embryo.

emenda'mento *sm* amendment.

emen'dare *vt* to amend.

emer'gente [emer'dʒɛnte] *ag* emerging.

emer'genza [emer'dʒɛntsa] *sf* emergency;
in caso di ~ in an emergency.

e'mergere [e'mɛrdʒere] *vi* to emerge;
(*sommergibile*) to surface; (*fig:*
distinguersi) to stand out.

e'merito, a *ag* (*insigne*) distinguished; **è un**
~ **cretino!** he's a complete idiot!

e'mersi *etc vb vedi* **emergere**.

e'merso, a *pp di* **emergere** ♦ *ag* (*GEO*): **terre**
~**e** lands above sea level.

e'messo, a *pp di* **emettere**.

e'mettere *vt* (*suono, luce*) to give out, emit;
(*onde radio*) to send out; (*assegno,*
francobollo, ordine) to issue; (*fig: giudizio*)
to express, voice; ~ **la sentenza** (*DIR*) to
pass sentence.

emi'crania *sf* migraine.

emi'grante *ag, sm/f* emigrant.
emi'grare *vi* to emigrate.
emi'grato, a *ag* emigrant ♦ *sm/f* emigrant; (*STORIA*) émigré.
emigrazi'one [emigrat'tsjone] *sf* emigration.
emili'ano, a *ag* of (*o* from) Emilia.
emi'nente *ag* eminent, distinguished.
emi'nenza [emi'nɛntsa] *sf* eminence; ~ **grigia** (*fig*) éminence grise.
emi'rato *sm* emirate; **gli E~i Arabi Uniti** the United Arab Emirates.
e'miro *sm* emir.
emis'fero *sm* hemisphere; ~ **boreale/australe** northern/southern hemisphere.
e'misi *etc vb vedi* **emettere**.
emis'sario *sm* (*GEO*) outlet, effluent; (*inviato*) emissary.
emissi'one *sf* (*vedi* **emettere**) emission; sending out; issue; (*RADIO*) broadcast.
emit'tente *ag* (*banca*) issuing; (*RADIO*) broadcasting, transmitting ♦ *sf* (*RADIO*) transmitter.
emofi'lia *sf* haemophilia (*BRIT*), hemophilia (*US*).
emofi'liaco, a, ci, che *ag, sm/f* haemophiliac (*BRIT*), hemophiliac (*US*).
emoglo'bina *sf* haemoglobin (*BRIT*), hemoglobin (*US*).
emolli'ente *ag* soothing.
emorra'gia, 'gie [emorra'dʒia] *sf* haemorrhage (*BRIT*), hemorrhage (*US*).
emor'roidi *sfpl* haemorrhoids (*BRIT*), hemorrhoids (*US*).
emos'tatico, a, ci, che *ag* haemostatic (*BRIT*), hemostatic (*US*); **laccio** ~ tourniquet; **matita** ~**a** styptic pencil.
emotività *sf* emotionalism.
emo'tivo, a *ag* emotional.
emozio'nante [emottsjo'nante] *ag* exciting, thrilling.
emozio'nare [emottsjo'nare] *vt* (*appassionare*) to thrill, excite; (*commuovere*) to move; (*innervosire*) to upset; ~**rsi** *vr* to be excited; to be moved; to be upset.
emozi'one [emot'tsjone] *sf* emotion; (*agitazione*) excitement.
'empio, a *ag* (*sacrilego*) impious; (*spietato*) cruel, pitiless; (*malvagio*) wicked, evil.
em'pirico, a, ci, che *ag* empirical.
em'porio *sm* general store.
emu'lare *vt* to emulate.
'emulo, a *sm/f* imitator.
emulsi'one *sf* emulsion.
EN *sigla* = Enna.
en'ciclica, che [en'tʃiklika] *sf* (*REL*) encyclical.
enciclope'dia [entʃiklope'dia] *sf* encyclop(a)edia.
encomi'abile *ag* commendable, praiseworthy.
encomi'are *vt* to commend, praise.
en'comio *sm* commendation; ~ **solenne** (*MIL*) mention in dispatches.
endove'noso, a *ag* (*MED*) intravenous ♦ *sf* intravenous injection.
E'NEA *sigla f* = *Comitato nazionale per la ricerca e lo sviluppo dell'Energia Nucleare e delle Energie Alternative*.
'E.N.E.L. *sigla m* (= *Ente Nazionale per l'Energia Elettrica*) national electricity company.
ener'getico, a, ci, che [ener'dʒɛtiko] *ag* (*risorse, crisi*) energy *cpd*; (*sostanza, alimento*) energy-giving.
ener'gia, 'gie [ener'dʒia] *sf* (*FISICA*) energy; (*fig*) energy, strength, vigour (*BRIT*), vigor (*US*).
e'nergico, a, ci, che [e'nɛrdʒiko] *ag* energetic, vigorous.
'enfasi *sf* emphasis; (*peg*) bombast, pomposity.
en'fatico, a, ci, che *ag* emphatic; pompous.
enfatiz'zare [enfatid'dzare] *vt* to emphasize, stress.
enfi'sema *sm* emphysema.
'ENI *sigla m* = *Ente Nazionale Idrocarburi*.
e'nigma, i *sm* enigma.
enig'matico, a, ci, che *ag* enigmatic.
'ENIT *sigla m* (= *Ente Nazionale Italiano per il Turismo*) Italian tourist authority.
en'nesimo, a *ag* (*MAT, fig*) nth; **per l'~a volta** for the umpteenth time.
enolo'gia [enolo'dʒia] *sf* oenology (*BRIT*), enology (*US*).
e'nologo, gi *sm* wine expert.
e'norme *ag* enormous, huge.
enormità *sf inv* enormity, huge size; (*assurdità*) absurdity; **non dire** ~! don't talk nonsense!
eno'teca, che *sf* (*negozio*) wine bar.
'E.N.P.A. *sigla m* (= *Ente Nazionale Protezione Animali*) ≈ RSPCA (*BRIT*), ≈ SPCA (*US*).
'E.N.P.A.S. *sigla m* (= *Ente Nazionale di Previdenza e Assistenza per i Dipendenti Statali*) welfare organization for State employees.
'ente *sm* (*istituzione*) body, board, corporation; (*FILOSOFIA*) being; ~ **locale** local authority (*BRIT*), local government (*US*); ~ **pubblico** public body; ~ **di ricerca** research organization.
ente'rite *sf* enteritis.

entità *sf* (*FILOSOFIA*) entity; (*di perdita, danni, investimenti*) extent; (*di popolazione*) size; **di molta/poca** ~ (*avvenimento, incidente*) of great/little importance.

en'trambi, e *pron pl* both (of them) ♦ *ag pl*: ~ **i ragazzi** both boys, both of the boys.

en'trante *ag* (*prossimo: mese, anno*) next, coming.

en'trare *vi* to enter, go (*o come*) in; ~ **in** (*luogo*) to enter, go (*o come*) into; (*trovar posto, poter stare*) to fit into; (*essere ammesso a: club etc*) to join, become a member of; ~ **in automobile** to get into the car; **far** ~ **qn** (*visitatore etc*) to show sb in; ~ **in società/in commercio con qn** to go into partnership/business with sb; **questo non c'entra** (*fig*) that's got nothing to do with it.

en'trata *sf* entrance, entry; ~**e** *sfpl* (*COMM*) receipts, takings; (*ECON*) income *sg*; "~ **libera**" "admission free"; **con l'**~ **in vigore dei nuovi provvedimenti** ... once the new measures come into effect ...; ~**e tributarie** tax revenue *sg*.

'entro *prep* (*temporale*) within; ~ **domani** by tomorrow; ~ **e non oltre il 25 aprile** no later than 25th April.

entro'terra *sm inv* hinterland.

entusias'mante *ag* exciting.

entusias'mare *vt* to excite, fill with enthusiasm; ~**rsi** *vr*: ~**rsi (per qc/qn)** to become enthusiastic (about sth/sb).

entusi'asmo *sm* enthusiasm.

entusi'asta, i, e *ag* enthusiastic ♦ *sm/f* enthusiast.

entusi'astico, a, ci, che *ag* enthusiastic.

enucle'are *vt* (*formale: chiarire*) to explain.

enume'rare *vt* to enumerate, list.

enunci'are [enun't∫are] *vt* (*teoria*) to enunciate, set out.

en'zima, i *sm* enzyme.

e'patico, a, ci, che *ag* hepatic; **cirrosi** ~**a** cirrhosis of the liver.

epa'tite *sf* hepatitis.

'epico, a, ci, che *ag* epic.

epide'mia *sf* epidemic.

epi'dermico, a, ci, che *ag* (*ANAT*) skin *cpd*; (*fig: interesse, impressioni*) superficial.

epi'dermide *sf* skin, epidermis.

Epifa'nia *sf* Epiphany.

e'pigono *sm* imitator.

e'pigrafe *sf* epigraph; (*su libro*) dedication.

epiles'sia *sf* epilepsy.

epi'lettico, a, ci, che *ag*, *sm/f* epileptic.

e'pilogo, ghi *sm* conclusion.

epi'sodico, a, ci, che *ag* (*romanzo, narrazione*) episodic; (*fig: occasionale*) occasional.

epi'sodio *sm* episode; **sceneggiato a** ~**i** serial.

e'pistola *sf* epistle.

episto'lare *ag* epistolary; **essere in rapporto** *o* **relazione** ~ **con qn** to correspond *o* be in correspondence with sb.

e'piteto *sm* epithet.

'epoca, che *sf* (*periodo storico*) age, era; (*tempo*) time; (*GEO*) age; **mobili d'**~ period furniture; **fare** ~ (*scandalo*) to cause a stir; (*cantante, moda*) to mark a new era.

epo'pea *sf* (*anche fig*) epic.

ep'pure *cong* and yet, nevertheless.

EPT *sigla m* (= *Ente Provinciale per il Turismo*) *district tourist bureau*.

epu'rare *vt* (*POL*) to purge.

equ'anime *ag* (*imparziale*) fair, impartial.

equa'tore *sm* equator.

equazi'one [ekwat'tsjone] *sf* (*MAT*) equation.

e'questre *ag* equestrian.

equi'latero, a *ag* equilateral.

equili'brare *vt* to balance.

equili'brato, a *ag* (*carico, fig: giudizio*) balanced; (*vita*) well-regulated; (*persona*) stable, well-balanced.

equi'librio *sm* balance, equilibrium; **perdere l'**~ to lose one's balance; **stare in** ~ **su** (*persona*) to balance on; (*oggetto*) to be balanced on.

equili'brismo *sm* tightrope walking; (*fig*) juggling.

e'quino, a *ag* horse *cpd*, equine.

equi'nozio [ekwi'nɔttsjo] *sm* equinox.

equipaggia'mento [ekwipaddʒa'mento] *sm* (*operazione: di nave*) equipping, fitting out; (: *di spedizione, esercito*) equipping, kitting out; (*attrezzatura*) equipment.

equipaggi'are [ekwipad'dʒare] *vt* to equip; ~**rsi** *vr* to equip o.s.

equi'paggio [ekwi'paddʒo] *sm* crew.

equipa'rare *vt* to make equal.

é'quipe [e'kip] *sf* (*SPORT, gen*) team.

equità *sf* equity, fairness.

equitazi'one [ekwitat'tsjone] *sf* (horse-) riding.

equiva'lente *ag*, *sm* equivalent.

equiva'lenza [ekwiva'lɛntsa] *sf* equivalence.

equiva'lere *vi*: ~ **a** to be equivalent to; ~**rsi** *vr* (*forze etc*) to counterbalance each other; (*soluzioni*) to amount to the same thing; **equivale a dire che** ... that is the same as saying that ....

equi'valso, a *pp di* **equivalere**.

equivo'care *vi* to misunderstand.

e'quivoco, a, ci, che *ag* equivocal, ambiguous; (*sospetto*) dubious ♦ *sm* misunderstanding; a scanso di ~ci to avoid any misunderstanding; giocare sull'~ to equivocate.

'equo, a *ag* fair, just.

'era *sf* era.

'era *etc vb vedi* essere.

erari'ale *ag*: ufficio ~ ≈ tax office; imposte ~i revenue taxes; spese ~i public expenditure *sg*.

e'rario *sm*: l'~ ≈ the Treasury.

'erba *sf* grass; (*aromatica, medicinale*) herb; in ~ (*fig*) budding; fare di ogni ~ un fascio (*fig*) to lump everything (*o* everybody) together.

er'baccia, ce [er'battʃa] *sf* weed.

er'bivoro, a *ag* herbivorous ♦ *sm/f* herbivore.

erbo'rista, i, e *sm/f* herbalist.

erboriste'ria *sf* (*scienza*) study of medicinal herbs; (*negozio*) herbalist's (shop).

er'boso, a *ag* grassy.

e'rede *sm/f* heir; ~ legittimo heir-at-law.

eredità *sf* (*DIR*) inheritance; (*BIOL*) heredity; lasciare qc in ~ a qn to leave *o* bequeath sth to sb.

eredi'tare *vt* to inherit.

eredi'tario, a *ag* hereditary.

erediti'era *sf* heiress.

ere'mita, i *sm* hermit.

eremi'taggio [eremi'taddʒo] *sm* hermitage.

'eremo *sm* hermitage; (*fig*) retreat.

ere'sia *sf* heresy.

e'ressi *etc vb vedi* erigere.

e'retico, a, ci, che *ag* heretical ♦ *sm/f* heretic.

e'retto, a *pp di* erigere ♦ *ag* erect, upright.

erezi'one [eret'tsjone] *sf* (*FISIOL*) erection.

ergasto'lano, a *sm/f* prisoner serving a life sentence, lifer (*fam*).

er'gastolo *sm* (*DIR*: *pena*) life imprisonment; (: *luogo di pena*) prison (*for those serving life sentences*).

ergono'mia *sf* ergonomics *sg*.

ergo'nomico, a, ci, che *ag* ergonomic(al).

'erica *sf* heather.

e'rigere [e'ridʒere] *vt* to erect, raise; (*fig: fondare*) to found.

eri'tema *sm* (*MED*) inflammation, erythema; ~ solare sunburn.

Eri'trea *sf* Eritrea.

ermel'lino *sm* ermine.

er'metico, a, ci, che *ag* hermetic.

'ernia *sf* (*MED*) hernia; ~ del disco slipped disc.

'ero *vb vedi* essere.

e'rodere *vt* to erode.

e'roe *sm* hero.

ero'gare *vt* (*somme*) to distribute; (*gas, servizi*) to supply.

erogazi'one [erogat'tsjone] *sf* distribution; supply.

e'roico, a, ci, che *ag* heroic.

ero'ina *sf* heroine; (*droga*) heroin.

ero'ismo *sm* heroism.

'eros *sm* Eros.

erosi'one *sf* erosion.

e'roso, a *pp di* erodere.

e'rotico, a, ci, che *ag* erotic.

ero'tismo *sm* eroticism.

'erpete *sm* herpes *sg*.

'erpice ['erpitʃe] *sm* (*AGR*) harrow.

er'rare *vi* (*vagare*) to wander, roam; (*sbagliare*) to be mistaken.

er'roneo, a *ag* erroneous, wrong.

er'rore *sm* error, mistake; (*morale*) error; per ~ by mistake; ~ giudiziario miscarriage of justice.

'erto, a *ag* (very) steep ♦ *sf* steep slope; stare all'~a to be on the alert.

eru'dire *vt* to teach, educate.

eru'dito, a *ag* learned, erudite.

erut'tare *vt* (*sog: vulcano*) to throw out, belch.

eruzi'one [erut'tsjone] *sf* eruption; (*MED*) rash.

es. *abbr* (= *esempio*) e.g.

E.S. *sigla m* (= *elettroshock*) ECT.

E.S.A. ['eza] *sigla m* (= *European Space Agency*) ESA.

esacer'bare [ezatʃer'bare] *vt* to exacerbate.

esage'rare [ezadʒe'rare] *vt* to exaggerate ♦ *vi* to exaggerate; (*eccedere*) to go too far; senza ~ without exaggeration.

esage'rato, a [ezadʒe'rato] *ag* (*notizia, proporzioni*) exaggerated; (*curiosità, pignoleria*) excessive; (*prezzo*) exorbitant ♦ *sm/f*: sei il solito ~ you are exaggerating as usual.

esagerazi'one [esadʒerat'tsjone] *sf* exaggeration.

esago'nale *ag* hexagonal.

e'sagono *sm* hexagon.

esa'lare *vt* (*odori*) to give off ♦ *vi*: ~ (da) to emanate (from); ~ l'ultimo respiro (*fig*) to breathe one's last.

esalazi'one [ezalat'tsjone] *sf* (*emissione*) exhalation; (*odore*) fumes *pl*.

esal'tante *ag* exciting.

esal'tare *vt* to exalt; (*entusiasmare*) to excite, stir; ~rsi *vr*: ~rsi (per qc) to grow excited (about sth).

esal'tato, a *sm/f* fanatic.

esaltazi'one [ezaltat'tsjone] *sf* (*elogio*)

extolling, exalting; (*nervosa*) intense excitement; (*mistica*) exaltation.

e'same *sm* examination; (*INS*) exam, examination; **fare** *o* **dare un** ~ to sit *o* take an exam; **fare un** ~ **di coscienza** to search one's conscience; ~ **di guida** driving test; ~ **del sangue** blood test.

esami'nare *vt* to examine.

e'sangue *ag* bloodless; (*fig: pallido*) pale, wan; (: *privo di vigore*) lifeless.

e'sanime *ag* lifeless.

esaspe'rare *vt* to exasperate; (*situazione*) to exacerbate; ~**rsi** *vr* to become annoyed *o* exasperated.

esasperazi'one [ezasperat'tsjone] *sf* exasperation.

esatta'mente *av* exactly; accurately, precisely.

esat'tezza [ezat'tettsa] *sf* exactitude, accuracy, precision; **per l'**~ to be precise.

e'satto, a *pp di* **esigere ♦** *ag* (*calcolo, ora*) correct, right, exact; (*preciso*) accurate, precise; (*puntuale*) punctual.

esat'tore *sm* (*di imposte etc*) collector.

esatto'ria *sf*: ~ **comunale** district rates office (*BRIT*) *o* assessor's office (*US*).

esau'dire *vt* to grant, fulfil (*BRIT*), fulfill (*US*).

esauri'ente *ag* exhaustive.

esauri'mento *sm* exhaustion; ~ **nervoso** nervous breakdown; **svendita (fino) ad** ~ **della merce** clearance sale.

esau'rire *vt* (*stancare*) to exhaust, wear out; (*provviste, miniera*) to exhaust; ~**rsi** *vr* to exhaust o.s., wear o.s. out; (*provviste*) to run out.

esau'rito, a *ag* exhausted; (*merci*) sold out; (*libri*) out of print; **essere** ~ (*persona*) to be run down; **registrare il tutto** ~ (*TEAT*) to have a full house.

e'sausto, a *ag* exhausted.

esauto'rare *vt* (*dirigente, funzionario*) to deprive of authority.

esazi'one [ezat'tsjone] *sf* collection (of taxes).

'esca, *pl* **'esche** *sf* bait.

escamo'tage [eskamɔ'taʒ] *sm* subterfuge.

escande'scenza [eskandeʃ'ʃɛntsa] *sf*: **dare in** ~**e** to lose one's temper, fly into a rage.

'esce ['ɛʃʃe] *vb vedi* **uscire**.

eschi'mese [eski'mese] *ag, sm/f, sm* Eskimo.

'esci ['ɛʃʃi] *vb vedi* **uscire**.

escl. *abbr* (= *escluso*) excl.

escla'mare *vi* to exclaim, cry out.

esclama'tivo, a *ag*: **punto** ~ exclamation mark.

esclamazi'one [esklamat'tsjone] *sf* exclamation.

es'cludere *vt* to exclude.

es'clusi *etc vb vedi* **escludere**.

esclusi'one *sf* exclusion; **a** ~ **di, fatta** ~ **per** except (for), apart from; **senza** ~ (**alcuna**) without exception; **procedere per** ~ to follow a process of elimination; **senza** ~ **di colpi** (*fig*) with no holds barred.

esclu'siva *sf vedi* **esclusivo**.

esclusiva'mente *av* exclusively, solely.

esclu'sivo, a *ag* exclusive ♦ *sf* (*DIR, COMM*) exclusive *o* sole rights *pl*.

es'cluso, a *pp di* **escludere ♦** *ag*: **nessuno** ~ without exception; **IVA** ~**a** excluding VAT, exclusive of VAT.

'esco *vb vedi* **uscire**.

escogi'tare [eskodʒi'tare] *vt* to devise, think up.

'escono *vb vedi* **uscire**.

escoriazi'one [eskorjat'tsjone] *sf* abrasion, graze.

escre'menti *smpl* excrement *sg*, faeces.

es'cudo *sm* (*pl* ~**s**) escudo.

escursi'one *sf* (*gita*) excursion, trip; (: *a piedi*) hike, walk; (*METEOR*): ~ **termica** temperature range.

escursio'nista, i, e *sm/f* (*gitante*) (day) tripper; (: *a piedi*) hiker, walker.

ese'crare *vt* to loathe, abhor.

esecu'tivo, a *ag, sm* executive.

esecu'tore, 'trice *sm/f* (*MUS*) performer; (*DIR*) executor.

esecuzi'one [ezekut'tsjone] *sf* execution, carrying out; (*MUS*) performance; ~ **capitale** execution.

ese'geta, i [eze'dʒɛta] *sm* commentator.

esegu'ire *vt* to carry out, execute; (*MUS*) to perform, execute.

e'sempio *sm* example; **per** ~ for example, for instance; **fare un** ~ to give an example.

esem'plare *ag* exemplary ♦ *sm* example; (*copia*) copy; (*BOT, ZOOL, GEO*) specimen.

esemplifi'care *vt* to exemplify.

esen'tare *vt*: ~ **qn/qc da** to exempt sb/sth from.

esen'tasse *ag inv* tax-free.

e'sente *ag*: ~ **da** (*dispensato da*) exempt from; (*privo di*) free from.

esenzi'one [ezen'tsjone] *sf* exemption.

e'sequie *sfpl* funeral rites; funeral service *sg*.

eser'cente [ezer'tʃɛnte] *sm/f* trader, dealer; shopkeeper.

eserci'tare [ezertʃi'tare] *vt* (*professione*) to practise (*BRIT*), practice (*US*); (*allenare:*

corpo, mente) to exercise, train; (*diritto*) to exercise; (*influenza, pressione*) to exert; ~**rsi** *vr* to practise; ~**rsi nella guida** to practise one's driving.

esercitazi'one [ezertʃitat'tsjone] *sf* (*scolastica, militare*) exercise; ~**i di tiro** target practice *sg*.

e'sercito [e'zɛrtʃito] *sm* army.

eser'cizio [ezer'tʃittsjo] *sm* practice; (*compito, movimento*) exercise; (*azienda*) business, concern; (*ECON*): ~ **finanziario** financial year; **in** ~ (*medico etc*) practising (*BRIT*), practicing (*US*); **nell'**~ **delle proprie funzioni** in the execution of one's duties.

esfoli'ante *sm* exfoliator.

esi'bire *vt* to exhibit, display; (*documenti*) to produce, present; ~**rsi** *vr* (*attore*) to perform; (*fig*) to show off.

esibizi'one [ezibit'tsjone] *sf* exhibition; (*di documento*) presentation; (*spettacolo*) show, performance.

esibizio'nista, i, e [ezibittsjo'nista] *sm/f* exhibitionist.

esi'gente [ezi'dʒɛnte] *ag* demanding.

esi'genza [ezi'dʒɛntsa] *sf* demand, requirement.

e'sigere [e'zidʒere] *vt* (*pretendere*) to demand; (*richiedere*) to demand, require; (*imposte*) to collect.

esi'gibile [ezi'dʒibile] *ag* payable.

e'siguo, a *ag* small, slight.

esila'rante *ag* hilarious; **gas** ~ laughing gas.

'esile *ag* (*persona*) slender, slim; (*stelo*) thin; (*voce*) faint.

esili'are *vt* to exile.

e'silio *sm* exile.

e'simere *vt*: ~ **qn/qc da** to exempt sb/sth from; ~**rsi** *vr*: ~**rsi da** to get out of.

esis'tente *ag* existing; (*attuale*) present, current.

esis'tenza [ezis'tɛntsa] *sf* existence.

esistenzia'lismo [ezistentsja'lizmo] *sm* existentialism.

e'sistere *vi* to exist; **esiste più di una versione dell'opera** there is more than one version of the work; **non esiste!** (*fam*) no way!

esis'tito, a *pp di* **esistere**.

esi'tante *ag* hesitant; (*voce*) faltering.

esi'tare *vi* to hesitate.

esitazi'one [ezitat'tsjone] *sf* hesitation.

'esito *sm* result, outcome.

'eskimo *sm* (*giaccone*) parka.

'esodo *sm* exodus.

e'sofago, gi *sm* oesophagus (*BRIT*),

esophagus (*US*).

esone'rare *vt*: ~ **qn da** to exempt sb from.

esorbi'tante *ag* exorbitant, excessive.

esor'cismo [ezor'tʃizmo] *sm* exorcism.

esor'cista, i [ezor'tʃista] *sm* exorcist.

esorciz'zare [ezortʃid'dzare] *vt* to exorcize.

esordi'ente *sm/f* beginner.

e'sordio *sm* debut.

esor'dire *vi* (*nel teatro*) to make one's debut; (*fig*) to start out, begin (one's career); **esordì dicendo che ...** he began by saying (that) ....

esor'tare *vt*: ~ **qn a fare** to urge sb to do.

esortazi'one [ezortat'tsjone] *sf* exhortation.

e'soso, a *ag* (*prezzo*) exorbitant; (*persona: avido*) grasping.

eso'terico, a, ci, che *ag* esoteric.

e'sotico, a, ci, che *ag* exotic.

es'pandere *vt* to expand; (*confini*) to extend; (*influenza*) to extend, spread; ~**rsi** *vr* to expand.

espansi'one *sf* expansion.

espansività *sf* expansiveness.

espan'sivo, a *ag* expansive, communicative.

es'panso, a *pp di* **espandere**.

espatri'are *vi* to leave one's country.

es'patrio *sm* expatriation; **permesso di** ~ authorization to leave the country.

espedi'ente *sm* expedient; **vivere di** ~**i** to live by one's wits.

es'pellere *vt* to expel.

esperi'enza [espe'rjɛntsa] *sf* experience; (*SCIENZA: prova*) experiment; **parlare per** ~ to speak from experience.

esperi'mento *sm* experiment; **fare un** ~ to carry out *o* do an experiment.

es'perto, a *ag, sm/f* expert.

espi'anto *sm* (*MED*) removal.

espi'are *vt* to atone for.

espiazi'one [espiat'tsjone] *sf*: ~ **(di)** expiation (of), atonement (for).

espi'rare *vt, vi* to breathe out.

espleta'mento *sm* (*AMM*) carrying out.

esple'tare *vt* (*AMM*) to carry out.

espli'care *vt* (*attività*) to carry out, perform.

esplica'tivo, a *ag* explanatory.

es'plicito, a [es'plitʃito] *ag* explicit.

es'plodere *vi* (*anche fig*) to explode ♦ *vt* to fire.

esplo'rare *vt* to explore.

esplora'tore, 'trice *sm/f* explorer; (*anche: giovane* ~) (boy) scout/(girl) guide (*BRIT*) *o* scout (*US*) ♦ *sm* (*NAUT*) scout (ship).

esplorazi'one [esplorat'tsjone] *sf* exploration; **mandare qn in** ~ (*MIL*) to send sb to scout ahead.

esplosi'one *sf* (*anche fig*) explosion.

esplo'sivo, a *ag, sm* explosive.

es'ploso, a *pp di* **esplodere**.

es'pone *etc vb vedi* **esporre**.

espo'nente *sm/f* (*rappresentante*) representative.

esponenzi'ale [esponen'tsjale] *ag* (*MAT*) exponential.

es'pongo, es'poni *etc vb vedi* **esporre**.

es'porre *vt* (*merci*) to display; (*quadro*) to exhibit, show; (*fatti, idee*) to explain, set out; (*porre in pericolo, FOT*) to expose; **esporsi** *vr*: **esporsi a** (*sole, pericolo*) to expose o.s. to; (*critiche*) to lay o.s. open to.

espor'tare *vt* to export.

esporta'tore, 'trice *ag* exporting ♦ *sm* exporter.

esportazi'one [esportat'tsjone] *sf* (*azione*) exportation, export; (*insieme di prodotti*) exports *pl.*

es'pose *etc vb vedi* **esporre**.

espo'simetro *sm* exposure meter.

esposizi'one [espozit'tsjone] *sf* displaying; exhibiting; setting out; (*anche FOT*) exposure; (*mostra*) exhibition; (*narrazione*) explanation, exposition.

es'posto, a *pp di* **esporre** ♦ *ag*: ~ **a nord** facing north, north-facing ♦ *sm* (*AMM*) statement, account; (: *petizione*) petition.

espressi'one *sf* expression.

espres'sivo, a *ag* expressive.

es'presso, a *pp di* **esprimere** ♦ *ag* express ♦ *sm* (*lettera*) express letter; (*anche*: **treno** ~) express train; (*anche*: **caffè** ~) espresso.

es'primere *vt* to express; ~**rsi** *vr* to express o.s.

espropri'are *vt* (*terreni, edifici*) to place a compulsory purchase order on; (*persona*) to dispossess.

espropriazi'one [esproprjat'tsjone] *sf*, **es'proprio** *sm* expropriation; ~ **per pubblica utilità** compulsory purchase.

espu'gnare [espuɲ'ɲare] *vt* to take by force, storm.

es'pulsi *etc vb vedi* **espellere**.

espulsi'one *sf* expulsion.

es'pulso, a *pp di* **espellere**.

'essa *pron f*, **'esse** *pron fpl vedi* **esso**.

es'senza [es'sɛntsa] *sf* essence.

essenzi'ale [essen'tsjale] *ag* essential; (*stile, linea*) simple ♦ *sm*: **l'**~ the main *o* most important thing.

'essere *sm* being; ~ **umano** human being

♦ *vb copulativo* **1** (*con attributo, sostantivo*) to be; **sei giovane/simpatico** you are *o* you're young/nice; **è medico** he is *o* he's a doctor

2 (+ *di: appartenere*) to be; **di chi è la penna?** whose pen is it?; **è di Carla** it is *o* it's Carla's, it belongs to Carla

3 (+ *di: provenire*) to be; **è di Venezia** he is *o* he's from Venice

4 (*data, ora*): **è il 15 agosto** it is *o* it's the 15th of August; **è lunedì** it is *o* it's Monday; **che ora è?, che ore sono?** what time is it?; **è l'una** it is *o* it's one o'clock; **sono le due** it is *o* it's two o'clock

5 (*costare*): **quant'è?** how much is it?; **sono 20.000 lire** it's 20,000 lire

♦ *vb aus* **1** (*attivo*): ~ **arrivato/venuto** to have arrived/come; **è già partita** she has already left

2 (*passivo*) to be; ~ **fatto da** to be made by; **è stata uccisa** she has been killed

3 (*riflessivo*): **si sono lavati** they washed, they got washed

4 (+ *da* + *infinito*): **è da farsi subito** it must be done *o* is to be done immediately

♦ *vi* **1** (*esistere, trovarsi*) to be; **sono a casa** I'm at home; ~ **in piedi/seduto** to be standing/sitting

2 (*succedere*): **sarà quel che sarà** what will be will be; **sia quel che sia, io me ne vado** come what may, I'm going now

3: **esserci**: **c'è** there is; **ci sono** there are; **che c'è?** what's the matter?, what is it?; **non c'è niente da fare** there's nothing we can do; **c'è da sperare che ...** one can only hope that ...; **ci sono!** (*sono pronto*) I'm ready; (*ho capito*) I get it!; *vedi anche* **ci**

♦ *vb impers*: **è tardi/Pasqua** it's late/Easter; **è mezzanotte** it's midnight; **è bello/ caldo/freddo** it's nice/hot/cold; **è possibile che venga** he may come; **è così** that's the way it is.

'essi *pron mpl vedi* **esso**.

essic'care *vt* (*gen*) to dry; (*legname*) to season; (*cibi*) to desiccate; (*bacino, palude*) to drain; ~**rsi** *vr* (*fiume, pozzo*) to dry up; (*vernice*) to dry (out).

'esso, a *pron it*; (*riferito a persona: soggetto*) he/she; (: *complemento*) him/her; ~**i, e** *pron pl* they; (*complemento*) them.

est *sm* east; **i paesi dell'E**~ the Eastern bloc *sg.*

'estasi *sf* ecstasy.

estasiare – esuberanza

estasi'are *vt* to send into raptures; ~**rsi** *vr*: ~**rsi (davanti a)** to go into ecstasies (over), go into raptures (over).

es'tate *sf* summer.

es'tatico, a, ci, che *ag* ecstatic.

estempo'raneo, a *ag* (*discorso*) extempore, impromptu; (*brano musicale*) impromptu.

es'tendere *vt* to extend; ~**rsi** *vr* (*diffondersi*) to spread; (*territorio, confini*) to extend.

estensi'one *sf* extension; (*di superficie*) expanse; (*di voce*) range.

estenu'ante *ag* wearing, tiring.

estenu'are *vt* (*stancare*) to wear out, tire out.

esteri'ore *ag* outward, external.

esteriorità *sf inv* outward appearance.

esterioriz'zare [esterjorid'dzare] *vt* (*gioia etc*) to show.

ester'nare *vt* to express; ~ **un sospetto** to voice a suspicion.

es'terno, a *ag* (*porta, muro*) outer, outside; (*scala*) outside; (*alunno, impressione*) external ♦ *sm* outside, exterior ♦ *sm/f* (*allievo*) day pupil; "**per uso ~**" "for external use only"; **gli ~i sono stati girati a Glasgow** (*CINE*) the location shots were taken in Glasgow.

'estero, a *ag* foreign ♦ *sm*: **all'~** abroad; **Ministero degli E~i, gli E~i** Ministry for Foreign Affairs, ≈ Foreign Office (*BRIT*), ≈ State Department (*US*).

esterofi'lia *sf excessive love of foreign things.*

esterre'fatto, a *ag* (*costernato*) horrified; (*sbalordito*) astounded.

es'tesi *etc vb vedi* **estendere**.

es'teso, a *pp di* **estendere** ♦ *ag* extensive, large; **scrivere per ~** to write in full.

estetica'mente *av* aesthetically.

es'tetico, a, ci, che *ag* aesthetic ♦ *sf* (*disciplina*) aesthetics *sg*; (*bellezza*) attractiveness; **chirurgia ~a** cosmetic surgery; **cura ~a** beauty treatment.

este'tista, i, e *sm/f* beautician.

'estimo *sm* valuation; (*disciplina*) surveying.

es'tinguere *vt* to extinguish, put out; (*debito*) to pay off; (*conto*) to close; ~**rsi** *vr* to go out; (*specie*) to become extinct.

es'tinsi *etc vb vedi* **estinguere**.

es'tinto, a *pp di* **estinguere**.

estin'tore *sm* (fire) extinguisher.

estinzi'one [estin'tsjone] *sf* putting out; (*di specie*) extinction; (*di debito*) payment; (*di conto*) closing.

estir'pare *vt* (*pianta*) to uproot, pull up; (*dente*) to extract; (*tumore*) to remove;

(*fig: vizio*) to eradicate.

es'tivo, a *ag* summer *cpd*.

'estone *ag, sm/f, sm* Estonian.

Es'tonia *sf*: **l'~** Estonia.

es'torcere [es'tɔrtʃere] *vt*: ~ **qc (a qn)** to extort sth (from sb).

estorsi'one *sf* extortion.

es'torto, a *pp di* **estorcere**.

estra'dare *vt* to extradite.

estradizi'one [estradit'tsjone] *sf* extradition.

es'trae, es'traggo *etc vb vedi* **estrarre**.

es'traneo, a *ag* foreign; (*discorso*) extraneous, unrelated ♦ *sm/f* stranger; **rimanere ~ a qc** to take no part in sth; **sentirsi ~ a** (*famiglia, società*) to feel alienated from; "**ingresso vietato agli ~i**" "no admittance to unauthorized personnel".

estrani'arsi *vr*: ~ **(da)** to cut o.s. off (from).

es'trarre *vt* to extract; (*minerali*) to mine; (*sorteggiare*) to draw; ~ **a sorte** to draw lots.

es'trassi *etc vb vedi* **estrarre**.

es'tratto, a *pp di* **estrarre** ♦ *sm* extract; (*di documento*) abstract; ~ **conto** (bank) statement; ~ **di nascita** birth certificate.

estrazi'one [estrat'tsjone] *sf* extraction; mining; drawing *no pl*; draw.

estrema'mente *av* extremely.

estre'mismo *sm* extremism.

estre'mista, i, e *sm/f* extremist.

estremità *sf inv* extremity, end ♦ *sfpl* (*ANAT*) extremities.

es'tremo, a *ag* extreme; (*ultimo: ora, tentativo*) final, last ♦ *sm* extreme; (*di pazienza, forza*) limit, end; ~**i** *smpl* (*DIR*) essential elements; (*AMM: dati essenziali*) details, particulars; **l'E~ Oriente** the Far East.

estrinse'care *vt* to express, show.

'estro *sm* (*capriccio*) whim, fancy; (*ispirazione creativa*) inspiration.

estro'messo, a *pp di* **estromettere**.

estro'mettere *vt*: ~ **(da)** (*partito, club etc*) to expel (from); (*discussione*) to exclude (from).

estromissi'one *sf* expulsion.

es'troso, a *ag* whimsical, capricious; inspired.

estro'verso, a *ag, sm* extrovert.

estu'ario *sm* estuary.

esube'rante *ag* exuberant; (*COMM*) redundant (*BRIT*).

esube'ranza [ezube'rantsa] *sf* (*di persona*) exuberance; ~ **di personale** (*COMM*) overmanning (*BRIT*), over-staffing (*US*).

e'subero *sm*: ~ **di personale** surplus staff; **in** ~ redundant, due to be laid off.
esu'lare *vi*: ~ **da** (*competenza*) to be beyond; (*compiti*) not to be part of.
'esule *smlf* exile.
esul'tanza [ezul'tantsa] *sf* exultation.
esul'tare *vi* to exult.
esu'mare *vt* (*salma*) to exhume, disinter; (*fig*) to unearth.
età *sf inv* age; **all'**~ **di 8 anni** at the age of 8, at 8 years of age; **ha la mia** ~ he (*o* she) is the same age as me *o* as I am; **di mezza** ~ middle-aged; **raggiungere la maggiore** ~ to come of age; **essere in** ~ **minore** to be under age; **in** ~ **avanzata** advanced in years.
eta'nolo *sm* ethanol.
etc. *abbr* etc.
'etere *sm* ether; **via** ~ on the airwaves.
e'tereo, a *ag* ethereal.
eternità *sf* eternity.
e'terno, a *ag* eternal; (*interminabile*: *lamenti, attesa*) never-ending; **in** ~ for ever, eternally.
etero'geneo, a [etero'dʒɛneo] *ag* heterogeneous.
eterosessu'ale *ag, smlf* heterosexual.
'etica *sf vedi* **etico**.
eti'chetta [eti'ketta] *sf* label; (*cerimoniale*): **l'**~ etiquette.
'etico, a, ci, che *ag* ethical ♦ *sf* ethics *sg*.
eti'lometro *sm* Breathalyzer ®.
etimolo'gia, 'gie [etimolo'dʒia] *sf* etymology.
etimo'logico, a, ci, che [etimo'lɔdʒiko] *ag* etymological.
e'tiope *ag, smlf* Ethiopian.
Eti'opia *sf*: **l'**~ Ethiopia.
eti'opico, a, ci, che *ag, sm* (*LING*) Ethiopian.
'Etna *sm*: **l'**~ Etna.
'etnico, a, ci, che *ag* ethnic.
e'trusco, a, schi, sche *ag, smlf* Etruscan.
'ettaro *sm* hectare (= *10,000 m²*).
'etto *sm abbr* = **ettogrammo**.
etto'grammo *sm* hectogram(me) (= *100 grams*).
et'tolitro *sm* hectolitre (*BRIT*), hectoliter (*US*).
et'tometro *sm* hectometre.
EU *abbr* = **Europa**.
euca'lipto *sm* eucalyptus.
Eucaris'tia *sf*: **l'**~ the Eucharist.
eufe'mismo *sm* euphemism.
eufe'mistico, a, ci, che *ag* euphemistic.
eufo'ria *sf* euphoria.
eu'forico, a, ci, che *ag* euphoric.
Eu'rasia *sf* Eurasia.

eurasi'atico, a, ci, che *ag, smlf* Eurasian.
Eura'tom *sigla f* (= *Comunità Europea dell'Energia Atomica*) Euratom.
euro'corpo *sm* European force.
eurodepu'tato *sm* Euro MP.
eurodi'visa *sf* Eurocurrency.
euro'dollaro *sm* Eurodollar.
euromer'cato *sm* Euromarket.
euro'missile *sm* Euro-missile.
Eu'ropa *sf*: **l'**~ Europe.
euro'peo, a *ag, smlf* European.
euro'scettico, a, ci, che [euroʃ'ʃettiko] *smlf* Euro-sceptic.
eutana'sia *sf* euthanasia.
E.V. *abbr* = *Eccellenza Vostra*.
evacu'are *vt* to evacuate.
evacuazi'one [evakuat'tsjone] *sf* evacuation.
e'vadere *vi* (*fuggire*): ~ **da** to escape from ♦ *vt* (*sbrigare*) to deal with, dispatch; (*tasse*) to evade.
evan'gelico, a, ci, che [evan'dʒɛliko] *ag* evangelical.
evange'lista, i [evandʒe'lista] *sm* evangelist.
evapo'rare *vi* to evaporate.
evaporazi'one [evaporat'tsjone] *sf* evaporation.
e'vasi *etc vb vedi* **evadere**.
evasi'one *sf* (*vedi* **evadere**) escape; dispatch; **dare** ~ **ad un ordine** to carry out *o* execute an order; **letteratura d'**~ escapist literature; ~ **fiscale** tax evasion.
eva'sivo, a *ag* evasive.
e'vaso, a *pp di* **evadere** ♦ *sm* escapee.
eva'sore *sm*: ~ (**fiscale**) tax evader.
eveni'enza [eve'njɛntsa] *sf*: **nell'**~ **che ciò succeda** should that happen; **essere pronto ad ogni** ~ to be ready for anything *o* any eventuality.
e'vento *sm* event.
eventu'ale *ag* possible.
eventualità *sf inv* eventuality, possibility; **nell'**~ **di** in the event of.
eventual'mente *av* if need be, if necessary.
'Everest *sm*: **l'**~, **il Monte** ~ (Mount) Everest.
eversi'one *sf* subversion.
ever'sivo, a *ag* subversive.
evi'dente *ag* evident, obvious.
evidente'mente *av* evidently; (*palesemente*) obviously, evidently.
evi'denza [evi'dɛntsa] *sf* obviousness; **mettere in** ~ to point out, highlight; **tenere in** ~ **qc** to bear sth in mind.
evidenzi'are [eviden'tsjare] *vt* (*sottolineare*) to emphasize, highlight; (*con*

evidenziatore) to highlight.
evidenzia'tore [evidentsja'tore] *sm* (*penna*) highlighter.
evi'rare *vt* to castrate.
evi'tabile *ag* avoidable.
evi'tare *vt* to avoid; ~ **di fare** to avoid doing; ~ **qc a qn** to spare sb sth.
'evo *sm* age, epoch.
evo'care *vt* to evoke.
evoca'tivo, a *ag* evocative.
evocherò *etc* [evoke'rɔ] *vb vedi* **evocare**.
evolu'tivo, a *ag* (*gen*, *BIOL*) evolutionary; (*MED*) progressive.
evo'luto, a *pp di* **evolversi ♦** *ag* (*popolo*, *civiltà*) (highly) developed, advanced; (*persona: emancipato*) independent; (: *senza pregiudizi*) broad-minded.
evoluzi'one [evolut'tsjone] *sf* evolution.
e'volversi *vr* to evolve; **con l'~ della situazione** as the situation develops.
ev'viva *escl* hurrah!; ~ **il re!** long live the king!, hurrah for the king!
ex *prefisso* ex-, former ♦ *sm/f inv* ex-boyfriend/girlfriend.
ex 'aequo [ɛg'zɛkwo] *av*: **classificarsi primo** ~ to come joint first, come equal first.
'extra *ag inv*, *sm inv* extra.
extracomuni'tario, a *ag* non-EEC ♦ *sm/f* non-EEC national (*often referring to non-European immigrant*).
extraconiu'gale *ag* extramarital.
extraparlamen'tare *ag* extraparliamentary.
extrasensori'ale *ag*: **percezione** *f* ~ extrasensory perception.
extrater'restre *ag*, *sm/f* extraterrestrial.
extraur'bano, a *ag* suburban.

Ff

F, f ['effe] *sf o m inv* (*lettera*) F, f; **F come Firenze** ≈ F for Frederick (*BRIT*), F for Fox (*US*).
F *abbr* (= *Fahrenheit*) F.
F. *abbr* (= *fiume*) R.
fa *vb vedi* **fare ♦** *sm inv* (*MUS*) F; (: *solfeggiando la scala*) fa ♦ *av*: **10 anni** ~ 10 years ago.
fabbi'sogno [fabbi'zoɲɲo] *sm* needs *pl*, requirements *pl*; **il** ~ **nazionale di petrolio** the country's oil requirements; ~ **del**

settore pubblico public sector borrowing requirement (*BRIT*), government debt borrowing (*US*).
'fabbrica *sf* factory.
fabbri'cante *sm* manufacturer, maker.
fabbri'care *vt* to build; (*produrre*) to manufacture, make; (*fig*) to fabricate, invent.
fabbri'cato *sm* building.
fabbricazi'one [fabbrikat'tsjone] *sf* building, fabrication; making, manufacture, manufacturing.
'fabbro *sm* (black)smith.
fac'cenda [fat'tʃɛnda] *sf* matter, affair; (*cosa da fare*) task, chore; **le ~e domestiche** the housework *sg*.
faccendi'ere [fattʃen'djɛre] *sm* wheeler-dealer, (shady) operator.
fac'cetta [fat'tʃetta] *sf* (*di pietra preziosa*) facet.
fac'chino [fak'kino] *sm* porter.
'faccia, ce ['fattʃa] *sf* face; (*di moneta*, *medaglia*) side; ~ **a** ~ face to face; **di** ~ **a** opposite, facing; **avere la** ~ (**tosta**) **di dire/fare qc** to have the cheek *o* nerve to say/do sth; **fare qc alla** ~ **di qn** to do sth to spite sb; **leggere qc in** ~ **a qn** to see sth written all over sb's face.
facci'ata [fat'tʃata] *sf* façade; (*di pagina*) side.
'faccio *etc* ['fattʃo] *vb vedi* **fare**.
fa'cente [fa'tʃente] *etc*: ~ **funzione** *sm* (*AMM*) deputy.
fa'cessi *etc* [fa'tʃessi] *vb vedi* **fare**.
fa'ceto, a [fa'tʃeto] *ag* witty, humorous.
fa'cevo *etc* [fa'tʃevo] *vb vedi* **fare**.
fa'cezia [fa'tʃɛttsja] *sf* witticism, witty remark.
fa'chiro [fa'kiro] *sm* fakir.
'facile ['fatʃile] *ag* easy; (*affabile*) easy-going; (*disposto*): ~ **a** inclined to, prone to; (*probabile*): **è** ~ **che piova** it's likely to rain; **donna di** ~**i costumi** woman of easy virtue, loose woman.
facilità [fatʃili'ta] *sf* easiness; (*disposizione*, *dono*) aptitude.
facili'tare [fatʃili'tare] *vt* to make easier.
facilitazi'one [fatʃilitat'tsjone] *sf* (*gen*) facilities *pl*; ~**i di pagamento** easy terms, credit facilities.
facil'mente [fatʃil'mente] *av* (*gen*) easily; (*probabilmente*) probably.
faci'lone, a [fatʃi'lone] *sm/f* (*peg*) happy-go-lucky person.
facino'roso, a [fatʃino'roso] *ag* violent.
facoltà *sf inv* faculty; (*CHIM*) property; (*autorità*) power.
facolta'tivo, a *ag* optional; (*fermata*

d'autobus) request *cpd*.

facol'toso, a *ag* wealthy, rich.

fac'simile *sm* facsimile.

'faggio ['faddʒo] *sm* beech.

fagi'ano [fa'dʒano] *sm* pheasant.

fagio'lino [fadʒo'lino] *sm* French (*BRIT*) o string bean.

fagi'olo [fa'dʒɔlo] *sm* bean; **capitare a ~** to come at the right time.

fagoci'tare [fagotʃi'tare] *vt* (*fig: industria etc*) to absorb, swallow up; (*scherzoso: cibo*) to devour.

fa'gotto *sm* bundle; (*MUS*) bassoon; **far ~** (*fig*) to pack up and go.

'fai *vb vedi* **fare.**

'faida *sf* feud.

'fai-da-'te *sm inv* DIY, do-it-yourself.

fa'ina *sf* (*ZOOL*) stone marten.

'Fahrenheit ['fa:rənheit] *sm* Fahrenheit.

fa'lange [fa'landʒe] *sf* (*ANAT, MIL*) phalanx.

fal'cata *sf* stride.

'falce ['faltʃe] *sf* scythe; **~ e martello** (*POL*) hammer and sickle.

fal'cetto [fal'tʃetto] *sm* sickle.

falci'are [fal'tʃare] *vt* to cut; (*fig*) to mow down.

falcia'trice [faltʃa'tritʃe] *sf* (*per fieno*) reaping machine; (*per erba*) mowing machine.

'falco, chi *sm* (*anche fig*) hawk.

fal'cone *sm* falcon.

'falda *sf* (*GEO*) layer, stratum; (*di cappello*) brim; (*di cappotto*) tails *pl*; (*di monte*) lower slope; (*di tetto*) pitch; (*di neve*) flake; **abito a ~e** tails *pl*.

fale'gname [faleɲ'ɲame] *sm* joiner.

fa'lena *sf* (*ZOOL*) moth.

'Falkland ['fɔ:lkland] *sfpl*: **le isole ~** the Falkland Islands.

fal'lace [fal'latʃe] *ag* misleading, deceptive.

'fallico, a, ci, che *ag* phallic.

fallimen'tare *ag* (*COMM*) bankruptcy *cpd*; **bilancio ~** negative balance, deficit; **diritto ~** bankruptcy law.

falli'mento *sm* failure; bankruptcy.

fal'lire *vi* (*non riuscire*): **~ (in)** to fail (in); (*DIR*) to go bankrupt ♦ *vt* (*colpo, bersaglio*) to miss.

fal'lito, a *ag* unsuccessful; bankrupt ♦ *sm/f* bankrupt.

'fallo *sm* error, mistake; (*imperfezione*) defect, flaw; (*SPORT*) foul; fault; (*ANAT*) phallus; **senza ~** without fail; **cogliere qn in ~** to catch sb out; **mettere il piede in ~** to slip.

fal'locrate *sm* male chauvinist.

falò *sm inv* bonfire.

fal'sare *vt* to distort, misrepresent.

falsa'riga, ghe *sf* lined page, ruled page; **sulla ~ di ...** (*fig*) along the lines of ....

fal'sario *sm* forger; counterfeiter.

falsifi'care *vt* to forge; (*monete*) to forge, counterfeit.

falsità *sf inv* (*di persona, notizia*) falseness; (*bugia*) falsehood, lie.

'falso, a *ag* false; (*errato*) wrong; (*falsificato*) forged; fake; (: *oro, gioielli*) imitation *cpd* ♦ *sm* forgery; **essere un ~ magro** to be heavier than one looks; **giurare il ~** to commit perjury; **~ in atto pubblico** forgery (of a legal document).

'fama *sf* fame; (*reputazione*) reputation, name.

'fame *sf* hunger; **aver ~** to be hungry; **fare la ~** (*fig*) to starve, exist at subsistence level.

fa'melico, a, ci, che *ag* ravenous.

famige'rato, a [famidʒe'rato] *ag* notorious, ill-famed.

fa'miglia [fa'miʎʎa] *sf* family.

famili'are *ag* (*della famiglia*) family *cpd*; (*ben noto*) familiar; (*rapporti, atmosfera*) friendly; (*LING*) informal, colloquial ♦ *sm/f* relative, relation; **una vettura ~** a family car.

familiarità *sf* familiarity; friendliness; informality.

familiariz'zare [familjarid'dzare] *vi*: **~ con qn** to get to know sb; **abbiamo familiarizzato subito** we got on well together from the start.

fa'moso, a *ag* famous, well-known.

fa'nale *sm* (*AUT*) light, lamp (*BRIT*); (*luce stradale, NAUT*) light; (*di faro*) beacon.

fa'natico, a, ci, che *ag* fanatical; (*del teatro, calcio etc*): **~ di** o **per** mad o crazy about ♦ *sm/f* fanatic; (*tifoso*) fan.

fana'tismo *sm* fanaticism.

fanciul'lezza [fantʃul'lettsa] *sf* childhood.

fanci'ullo, a [fan'tʃullo] *sm/f* child.

fan'donia *sf* tall story; **~e** *sfpl* nonsense *sg*.

fan'fara *sf* brass band; (*musica*) fanfare.

fanfa'rone *sm* braggart.

fan'ghiglia [fan'giʎʎa] *sf* mire, mud.

'fango, ghi *sm* mud; **fare i ~ghi** (*MED*) to take a course of mud baths.

fan'goso, a *ag* muddy.

'fanno *vb vedi* **fare.**

fannul'lone, a *sm/f* idler, loafer.

fantasci'enza [fantaʃ'ʃentsa] *sf* science fiction.

fanta'sia *sf* fantasy, imagination; (*capriccio*) whim, caprice ♦ *ag inv*: **vestito ~** patterned dress.

fantasi'oso, a *ag* (*dotato di fantasia*) imaginative; (*bizzarro*) fanciful, strange.

fan'tasma, i *sm* ghost, phantom.
fantasti'care *vi* to daydream.
fantastiche'ria [fantastike'ria] *sf* daydream.
fan'tastico, a, ci, che *ag* fantastic; (*potenza, ingegno*) imaginative.
'fante *sm* infantryman; (*CARTE*) jack, knave (*BRIT*).
fante'ria *sf* infantry.
fan'tino *sm* jockey.
fan'toccio [fan'tɔttʃo] *sm* puppet.
fanto'matico, a, ci, che *ag* (*nave, esercito*) phantom *cpd*; (*personaggio*) mysterious.
FAO *sigla f* FAO (= *Food and Agriculture Organization*).
fara'butto *sm* crook.
fara'ona *sf* guinea fowl.
fara'one *sm* (*STORIA*) Pharaoh.
fara'onico, a, ci, che *ag* of the Pharaohs; (*fig*) enormous, huge.
far'cire [far'tʃire] *vt* (*carni, peperoni etc*) to stuff; (*torte*) to fill.
fard [far] *sm inv* blusher.
far'dello *sm* bundle; (*fig*) burden.

=========== *PAROLA CHIAVE* ===========

'fare *sm* 1 (*modo di fare*): **con ~ distratto** absent-mindedly; **ha un ~ simpatico** he has a pleasant manner
2: **sul far del giorno/della notte** at daybreak/nightfall
♦ *vt* 1 (*fabbricare, creare*) to make; (*: casa*) to build; (*: assegno*) to make out; **~ una promessa/un film** to make a promise/a film; **~ rumore** to make a noise
2 (*effettuare: lavoro, attività, studi*) to do; (*: sport*) to play; **cosa fa?** (*adesso*) what are you doing?; (*di professione*) what do you do?; **~ psicologia/italiano** to do psychology/Italian; **~ tennis** to play tennis; **~ un viaggio** to go on a trip *o* journey; **~ una passeggiata** to go for a walk; **~ la spesa** to do the shopping
3 (*funzione*) to be; (*TEAT*) to play; **~ il medico** to be a doctor; **~ il malato** (*fingere*) to act the invalid
4 (*suscitare: sentimenti*): **~ paura a qn** to frighten sb; **mi fa rabbia** it makes me angry; **(non) fa niente** (*non importa*) it doesn't matter
5 (*ammontare*): **3 più 3 fa 6** 3 and 3 are *o* make 6; **fanno 6.000 lire** that's 6,000 lire; **Roma fa oltre 2.000.000 di abitanti** Rome has over 2,000,000 inhabitants; **che ora fai?** what time do you make it?
6 (+ *infinito*): **far ~ qc a qn** (*obbligare*) to make sb do sth; (*permettere*) to let sb do sth; **~ piangere/ridere qn** to make sb

cry/laugh; **~ venire qn** to send for sb; **fammi vedere** let me see; **far partire il motore** to start (up) the engine; **far riparare la macchina/costruire una casa** to get *o* have the car repaired/a house built
7: **~rsi: ~rsi una gonna** to make o.s. a skirt; **~rsi un nome** to make a name for o.s.; **~rsi la permanente** to get a perm; **~rsi notare** to get o.s. noticed; **~rsi tagliare i capelli** to get one's hair cut; **~rsi operare** to have an operation
8 (*fraseologia*): **farcela** to succeed, manage; **non ce la faccio più** I can't go on; **ce la faremo** we'll make it; **me l'hanno fatta!** I've been done!; **lo facevo più giovane** I thought he was younger; **fare sì/no con la testa** to nod/shake one's head
♦ *vi* 1 (*agire*) to act, do; **fate come volete** do as you like; **~ presto** to be quick; **~ da** to act as; **non c'è niente da ~** it's no use; **saperci ~ con qn/qc** to know how to deal with sb/sth; **ci sa ~** she's very good at it; **faccia pure!** go ahead!
2 (*dire*) to say; **"davvero?" fece** "really?" he said
3: **~ per** (*essere adatto*) to be suitable for; **~ per ~ qc** to be about to do sth; **fece per andarsene** he made as if to leave
4: **~rsi: si fa così** you do it like this, this is the way it's done; **non si fa così!** (*rimprovero*) that's no way to behave!; **la festa non si fa** the party is off
5: **~ a gara con qn** to compete with sb; **~ a pugni** to come to blows; **~ in tempo a ~** to be in time to do
♦ *vb impers*: **fa bel tempo** the weather is fine; **fa caldo/freddo** it's hot/cold; **fa notte** it's getting dark
♦ *vr*: **~rsi** 1 (*diventare*) to become; **~rsi prete** to become a priest; **~rsi grande/vecchio** to grow tall/old
2 (*spostarsi*): **~rsi avanti/indietro** to move forward/back; **fatti più in là** move along a bit
3 (*fam: drogarsi*) to be a junkie.

fa'retra *sf* quiver.
far'falla *sf* butterfly.
farfugli'are [farfuʎ'ʎare] *vt, vi* to mumble, mutter.
fa'rina *sf* flour; **~ gialla** maize (*BRIT*) *o* corn (*US*) flour; **~ integrale** wholemeal (*BRIT*) *o* whole-wheat (*US*) flour; **questa non è ~ del tuo sacco** (*fig*) this isn't your own idea (*o* work).
fari'nacei [fari'natʃei] *smpl* starches.
fa'ringe [fa'rindʒe] *sf* (*ANAT*) pharynx.
farin'gite [farin'dʒite] *sf* pharyngitis.

fari'noso, a _ag_ (_patate_) floury; (_neve, mela_) powdery.

farma'ceutico, a, ci, che [farma'tʃeutiko] _ag_ pharmaceutical.

farma'cia, 'cie [farma'tʃia] _sf_ pharmacy; (_negozio_) chemist's (shop) (_BRIT_), pharmacy.

farma'cista, i, e [farma'tʃista] _smlf_ chemist (_BRIT_), pharmacist.

'farmaco, ci _o_ **chi** _sm_ drug, medicine.

farneti'care _vi_ to rave, be delirious.

'faro _sm_ (_NAUT_) lighthouse; (_AER_) beacon; (_AUT_) headlight, headlamp (_BRIT_).

farragi'noso, a [farradʒi'noso] _ag_ (_stile_) muddled, confused.

'farsa _sf_ farce.

far'sesco, a, schi, sche _ag_ farcical.

fasc. _abbr_ = **fascicolo**.

'fascia, sce ['faʃʃa] _sf_ (_azione_) band, strip; (_MED_) bandage; (_di sindaco, ufficiale_) sash; (_parte di territorio_) strip, belt; (_di contribuenti etc_) group, band; **essere in ~sce** (_anche fig_) to be in one's infancy; **~ oraria** time band.

fasci'are [faʃ'ʃare] _vt_ to bind; (_MED_) to bandage; (_bambino_) to put a nappy (_BRIT_) _o_ diaper (_US_) on.

fascia'tura [faʃʃa'tura] _sf_ (_azione_) bandaging; (_fascia_) bandage.

fa'scicolo [faʃ'ʃikolo] _sm_ (_di documenti_) file, dossier; (_di rivista_) issue, number; (_opuscolo_) booklet, pamphlet.

'fascino ['faʃʃino] _sm_ charm, fascination.

'fascio ['faʃʃo] _sm_ bundle, sheaf; (_di fiori_) bunch; (_di luce_) beam; (_POL_): **il F~** the Fascist Party.

fa'scismo [faʃ'ʃizmo] _sm_ fascism.

fa'scista, i, e [faʃ'ʃista] _ag, smlf_ fascist.

'fase _sf_ phase; (_TECN_) stroke; **in ~ di espansione** in a period of expansion; **essere fuori ~** (_motore_) to be rough (_BRIT_), run roughly; (_fig_) to feel rough (_BRIT_) _o_ rotten.

fas'tidio _sm_ bother, trouble; **dare ~ a qn** to bother _o_ annoy sb; **sento ~ allo stomaco** my stomach's upset; **avere ~i con la polizia** to have trouble _o_ bother with the police.

fastidi'oso, a _ag_ annoying, tiresome; (_schifiltoso_) fastidious.

'fasto _sm_ pomp, splendour (_BRIT_), splendor (_US_).

fas'toso, a _ag_ sumptuous, lavish.

fa'sullo, a _ag_ (_gen_) fake; (_dichiarazione, persona_) false; (_pretesto_) bogus.

'fata _sf_ fairy.

fa'tale _ag_ fatal; (_inevitabile_) inevitable; (_fig_) irresistible.

fata'lismo _sm_ fatalism.

fatalità _sf inv_ inevitability; (_avversità_) misfortune; (_fato_) fate, destiny.

fa'tato, a _ag_ (_spada, chiave_) magic; (_castello_) enchanted.

fa'tica, che _sf_ hard work, toil; (_sforzo_) effort; (_di metalli_) fatigue; **a ~** with difficulty; **respirare a ~** to have difficulty (in) breathing; **fare ~ a fare qc** to find it difficult to do sth; **animale da ~** beast of burden.

fati'caccia, ce [fati'kattʃa] _sf_: **fu una ~** it was hard work, it was a hell of a job (_fam_).

fati'care _vi_ to toil; **~ a fare qc** to have difficulty doing sth.

fati'cata _sf_ hard work.

fa'tichi _etc_ [fa'tiki] _vb vedi_ **faticare**.

fati'coso, a _ag_ (_viaggio, camminata_) tiring, exhausting; (_lavoro_) laborious.

fa'tidico, a, ci, che _ag_ fateful.

'fato _sm_ fate, destiny.

Fatt. _abbr_ (= _fattura_) inv.

fat'taccio [fat'tattʃo] _sm_ foul deed.

fat'tezze [fat'tettse] _sfpl_ features.

fat'tibile _ag_ feasible, possible.

fattis'pecie [fattis'pɛtʃe] _sf_: **nella** _o_ **in ~** in this case _o_ instance.

'fatto, a _pp di_ **fare** ♦ _ag_: **un uomo ~** a grown man ♦ _sm_ fact; (_azione_) deed; (_avvenimento_) event, occurrence; (_di romanzo, film_) action, story; **~ a mano/in casa** hand-/home-made; **è ben ~a** she has a nice figure; **cogliere qn sul ~** to catch sb red-handed; **il ~ sta** _o_ **è che** the fact remains _o_ is that; **in ~ di** as for, as far as ... is concerned; **fare i ~i propri** to mind one's own business; **è uno che sa il ~ suo** he knows what he's about; **gli ho detto il ~ suo** I told him what I thought of him; **porre qn di fronte al ~ compiuto** to present sb with a fait accompli.

fat'tore _sm_ (_AGR_) farm manager; (_MAT: elemento costitutivo_) factor.

fatto'ria _sf_ farm; (_casa_) farmhouse.

fatto'rino _sm_ errand boy; (_di ufficio_) office boy; (_d'albergo_) porter.

fattucchi'era [fattuk'kjɛra] _sf_ witch.

fat'tura _sf_ (_COMM_) invoice; (_di abito_) tailoring; (_malia_) spell; **pagamento contro presentazione ~** payment on invoice.

fattu'rare _vt_ (_COMM_) to invoice; (_prodotto_) to produce; (_vino_) to adulterate.

fattu'rato _sm_ (_COMM_) turnover.

fatturazi'one [fatturat'tsjone] _sf_ billing, invoicing.

'fatuo, a _ag_ vain, fatuous; **fuoco ~** (_anche fig_) will-o'-the-wisp.

'fauci ['fautʃi] _sfpl_ (_di leone etc_) jaws; (_di vulcano_) mouth _sg_.

'**fauna** *sf* fauna.

'**fausto, a** *ag* (*formale*) happy; **un ~ presagio** a good omen.

fau'**tore**, '**trice** *sm/f* advocate, supporter.

'**fava** *sf* broad bean.

fa'**vella** *sf* speech.

fa'**villa** *sf* spark.

'**favo** *sm* (*di api*) honeycomb.

'**favola** *sf* (*fiaba*) fairy tale; (*d'intento morale*) fable; (*fandonia*) yarn; **essere la ~ del paese** (*oggetto di critica*) to be the talk of the town; (*zimbello*) to be a laughing stock.

favo'**loso, a** *ag* fabulous; (*incredibile*) incredible.

fa'**vore** *sm* favour (*BRIT*), favor (*US*); **per ~** please; **prezzo/trattamento di ~** preferential price/treatment; **condizioni di ~** (*COMM*) favo(u)rable terms; **fare un ~ a qn** to do sb a favo(u)r; **col ~ delle tenebre** under cover of darkness.

favoreggia'**mento** [favoreddʒa'mento] *sm* (*DIR*) aiding and abetting.

favo'**revole** *ag* favourable (*BRIT*), favorable (*US*).

favo'**rire** *vt* to favour (*BRIT*), favor (*US*); (*il commercio, l'industria, le arti*) to promote, encourage; **vuole ~?** won't you help yourself?; **favorisca in salotto** please come into the sitting room; **mi favorisca i documenti** please may I see your papers?

favori'**tismo** *sm* favouritism (*BRIT*), favoritism (*US*).

favo'**rito, a** *ag, sm/f* favourite (*BRIT*), favorite (*US*).

fax *sm inv* fax; **mandare qc via ~** to fax sth.

fa'**xare** *vt* to fax.

fazi'**one** [fat'tsjone] *sf* faction.

faziosità [fattsjosi'ta] *sf* sectarianism.

fazzo'**letto** [fattso'letto] *sm* handkerchief; (*per la testa*) (head)scarf.

F.B.I. *sigla f* (= *Federal Bureau of Investigation*) FBI.

F.C. *abbr* = **fuoricorso**.

f.co *abbr* = **franco**.

FE *sigla* = Ferrara.

febb. *abbr* (= *febbraio*) Feb.

feb'**braio** *sm* February; *per fraseologia vedi* **luglio**.

'**febbre** *sf* fever; **aver la ~** to have a high temperature; **~ da fieno** hay fever.

feb'**brile** *ag* (*anche fig*) feverish.

'**feccia, ce** ['fettʃa] *sf* dregs *pl*.

'**feci** ['fɛtʃi] *sfpl* faeces, excrement *sg*.

'**feci** *etc* ['fɛtʃi] *vb vedi* **fare**.

'**fecola** *sf* potato flour.

fecon'**dare** *vt* to fertilize.

fecondazi'**one** [fekondat'tsjone] *sf* fertilization; **~ artificiale** artificial insemination.

fecondità *sf* fertility.

fe'**condo, a** *ag* fertile.

'**Fedcom** *sigla m* = Fondo Europeo di Cooperazione Monetaria.

'**fede** *sf* (*credenza*) belief, faith; (*REL*) faith; (*fiducia*) faith, trust; (*fedeltà*) loyalty; (*anello*) wedding ring; (*attestato*) certificate; **aver ~ in qn** to have faith in sb; **tener ~ a** (*ideale*) to remain loyal to; (*giuramento, promessa*) to keep; **in buona/ cattiva ~** in good/bad faith; "**in ~**" (*DIR*) "in witness whereof".

fe'**dele** *ag* (*leale*): **~ (a)** faithful (to); (*veritiero*) true, accurate ♦ *sm/f* follower; **i ~i** (*REL*) the faithful.

fedeltà *sf* faithfulness; (*coniugale*) fidelity; (*esattezza: di copia, traduzione*) accuracy; **alta ~** (*RADIO*) high fidelity.

'**federa** *sf* pillowslip, pillowcase.

fede'**rale** *ag* federal.

federa'**lismo** *sm* (*POL*) federalism.

federa'**lista, i, e** *ag, sm/f* (*POL*) federalist.

federazi'**one** [federat'tsjone] *sf* federation.

Feder'caccia [feder'kattʃa] *abbr f* (= *Federazione Italiana della Caccia*) hunting federation.

Feder'calcio [feder'kaltʃo] *abbr m* (= *Federazione Italiana Gioco Calcio*) Italian football association.

Federcon'sorzi [federkon'sɔrtsi] *abbr f* (= *Federazione Italiana dei Consorzi Agrari*) federation of farmers' cooperatives.

fe'**difrago, a, ghi, ghe** *ag* faithless, perfidious.

fe'**dina** *sf* (*DIR*): **~ (penale)** record; **avere la ~ penale sporca** to have a police record.

'**fegato** *sm* liver; (*fig*) guts *pl*, nerve; **mangiarsi o rodersi il ~** to be consumed with rage.

'**felce** ['feltʃe] *sf* fern.

fe'**lice** [fe'litʃe] *ag* happy; (*fortunato*) lucky.

felicità [felitʃi'ta] *sf* happiness.

felici'**tarsi** [felitʃi'tarsi] *vr* (*congratularsi*): **~ con qn per qc** to congratulate sb on sth.

felicitazi'**oni** [felitʃitat'tsjoni] *sfpl* congratulations.

fe'**lino, a** *ag, sm* feline.

'**felpa** *sf* sweatshirt.

fel'**pato, a** *ag* (*tessuto*) brushed; (*passo*) stealthy; **con passo ~** stealthily.

'**feltro** *sm* felt.

'**femmina** *sf* (*ZOOL, TECN*) female; (*figlia*) girl, daughter; (*spesso peg*) woman.

femmi'**nile** *ag* feminine; (*sesso*) female; (*lavoro, giornale*) woman's, women's;

(*moda*) women's ♦ *sm* (*LING*) feminine.
femminilità *sf* femininity.
femmi'nismo *sm* feminism.
femmi'nista, i, e *ag, sm/f* feminist.
'femore *sm* thighbone, femur.
'fendere *vt* to cut through.
fendi'nebbia *sm* (*AUT*) fog lamp.
fendi'tura *sf* (*gen*) crack; (*di roccia*) cleft, crack.
fenome'nale *ag* phenomenal.
fe'nomeno *sm* phenomenon.
'feretro *sm* coffin.
feri'ale *ag*: **giorno** ~ weekday, working day.
'ferie *sfpl* holidays (*BRIT*), vacation *sg* (*US*);
andare in ~ to go on holiday *o* vacation;
25 giorni di ~ **pagate** 25 days' holiday *o* vacation with pay.
feri'mento *sm* wounding.
fe'rire *vt* to injure; (*deliberatamente: MIL etc*) to wound; (*colpire*) to hurt; ~**rsi** *vr* to hurt o.s., injure o.s.
fe'rito, a *sm/f* wounded *o* injured man/ woman ♦ *sf* injury; wound.
feri'toia *sf* slit.
'ferma *sf* (*MIL*) (period of) service; (*CACCIA*): **cane da** ~ pointer.
ferma'carte *sm inv* paperweight.
fermacra'vatta *sm inv* tiepin (*BRIT*), tie tack (*US*).
fer'maglio [fer'maʎʎo] *sm* clasp; (*gioiello*) brooch; (*per documenti*) clip.
ferma'mente *av* firmly.
fer'mare *vt* to stop, halt; (*POLIZIA*) to detain, hold; (*bottone etc*) to fasten, fix ♦ *vi* to stop; ~**rsi** *vr* to stop, halt; ~**rsi a fare qc** to stop to do sth.
fer'mata *sf* stop; ~ **dell'autobus** bus stop.
fermen'tare *vi* to ferment; (*fig*) to be in a ferment.
fermentazi'one [fermentat'tsjone] *sf* fermentation.
fer'mento *sm* (*anche fig*) ferment; (*lievito*) yeast.
fer'mezza [fer'mettsa] *sf* (*fig*) firmness, steadfastness.
'fermo, a *ag* still, motionless; (*veicolo*) stationary; (*orologio*) not working; (*saldo: anche fig*) firm; (*voce, mano*) steady ♦ *escl* stop!; keep still! ♦ *sm* (*chiusura*) catch, lock; (*DIR*): ~ **di polizia** police detention; ~ **restando che** ... it being understood that ....
'fermo 'posta *av, sm inv* poste restante (*BRIT*), general delivery (*US*).
fe'roce [fe'rɔtʃe] *ag* (*animale*) wild, fierce, ferocious; (*persona*) cruel, fierce; (*fame, dolore*) raging.

fe'rocia, cie [fe'rɔtʃa] *sf* ferocity.
Ferr. *abbr* = **ferrovia**.
fer'raglia [fer'raʎʎa] *sf* scrap iron.
ferra'gosto *sm* (*festa*) feast of the Assumption; (*periodo*) August holidays *pl* (*BRIT*) *o* vacation (*US*).

Ferragosto *is a national holiday which falls on August 15th. Its origins are religious, marking the feast of the Assumption on that date. However, in recent years it has simply become the most important public holiday of the summer season. Most people now extend the holiday by taking the days around the 15th off too and head out of the towns and cities to the holiday resorts. Consequently, during this period, most of industry and commerce is at a standstill.*

---

ferra'menta *sfpl* ironmongery *sg* (*BRIT*), hardware *sg*; **negozio di** ~ ironmonger's (*BRIT*), hardware shop *o* store (*US*).
fer'rare *vt* (*cavallo*) to shoe.
fer'rato, a *ag* (*FERR*): **strada** ~**a** railway line (*BRIT*), railroad line (*US*); (*fig*): **essere** ~ **in** (*materia*) to be well up in.
ferra'vecchio [ferra'vɛkkjo] *sm* scrap merchant.
'ferreo, a *ag* iron *cpd*.
ferri'era *sf* ironworks *sg o pl*.
'ferro *sm* iron; **una bistecca ai** ~**i** a grilled steak; **mettere a** ~ **e fuoco** to put to the sword; **essere ai** ~**i corti** (*fig*) to be at daggers drawn; **tocca** ~! touch wood!; ~ **battuto** wrought iron; ~ **di cavallo** horseshoe; ~ **da stiro** iron; ~**i da calza** knitting needles; **i** ~**i del mestiere** the tools of the trade.
ferrotranvi'ario, a *ag* public transport *cpd*.
Ferrotranvi'eri *abbr f* (= *Federazione Nazionale Lavoratori Autoferrotranvieri e Internavigatori*) transport workers' union.
ferro'vecchio [ferro'vɛkkjo] *sm* = **ferravecchio**.
ferro'via *sf* railway (*BRIT*), railroad (*US*).
ferrovi'ario, a *ag* railway *cpd* (*BRIT*), railroad *cpd* (*US*).
ferrovi'ere *sm* railwayman (*BRIT*), railroad man (*US*).
'fertile *ag* fertile.
fertilità *sf* fertility.
fertiliz'zante [fertilid'dzante] *sm* fertilizer.
fertiliz'zare [fertilid'dzare] *vt* to fertilize.
fer'vente *ag* fervent, ardent.
'fervere *vi*: **fervono i preparativi per** ... they are making feverish preparations for ....
'fervido, a *ag* fervent, ardent.
fer'vore *sm* fervour (*BRIT*), fervor (*US*),

'**fesa** *sf* (*CUC*) rump of veal.
fesse'ria *sf* stupidity; **dire** ~**e** to talk nonsense.
'**fesso, a** *pp di* **fendere** ♦ *ag* (*fam: sciocco*) crazy, cracked.
fes'sura *sf* crack, split; (*per gettone, moneta*) slot.
'**festa** *sf* (*religiosa*) feast; (*pubblica*) holiday; (*compleanno*) birthday; (*onomastico*) name day; (*ricevimento*) celebration, party; **far** ~ to have a holiday; (*far baldoria*) to live it up; **far** ~ **a qn** to give sb a warm welcome; **essere vestito a** ~ to be dressed up to the nines; ~ **comandata** (*REL*) holiday of obligation; **la** ~ **della mamma/del papà** Mother's/Father's Day.

The **Festa della Repubblica**, *which takes place on June 2nd, celebrates the founding of the Italian Republic after the fall of the monarchy and the subsequent referendum in 1946. It is marked by military parades and political speeches.*

---

festeggia'menti [festeddʒa'menti] *smpl* celebrations.
festeggi'are [fested'dʒare] *vt* to celebrate; (*persona*) to have a celebration for.
fes'tino *sm* party; (*con balli*) ball.
fes'tivo, a *ag* (*atmosfera*) festive; **giorno** ~ holiday.
fes'toso, a *ag* merry, joyful.
fe'tente *ag* (*puzzolente*) fetid; (*comportamento*) disgusting ♦ *sm/f* (*fam*) stinker, rotter (*BRIT*).
fe'ticcio [fe'tittʃo] *sm* fetish.
'**feto** *sm* foetus (*BRIT*), fetus (*US*).
fe'tore *sm* stench, stink.
'**fetta** *sf* slice.
fet'tuccia, ce [fet'tuttʃa] *sf* tape, ribbon.
fettuc'cine [fettut'tʃine] *sfpl* (*CUC*) ribbon-shaped pasta.
feu'dale *ag* feudal.
'**feudo** *sm* (*STORIA*) fief; (*fig*) stronghold.
ff *abbr* (*AMM*) = **facente funzione**; (= *fogli*) pp.
FF.AA. *abbr* = **forze armate**.
FF.SS. *abbr* (= *Ferrovie dello Stato*) *Italian railways.*
FG *sigla* = Foggia.
FI *sigla* = Firenze.
fi'aba *sf* fairy tale.
fia'besco, a, schi, sche *ag* fairy-tale *cpd.*
fi'acca *sf* weariness; (*svogliatezza*) listlessness; **battere la** ~ to shirk.
fiac'care *vt* to weaken.

fiaccherò *etc* [fjakke'rɔ] *vb vedi* **fiaccare**.
fi'acco, a, chi, che *ag* (*stanco*) tired, weary; (*svogliato*) listless; (*debole*) weak; (*mercato*) slack.
fi'accola *sf* torch.
fiacco'lata *sf* torchlight procession.
fi'ala *sf* phial.
fi'amma *sf* flame; (*NAUT*) pennant.
fiam'mante *ag* (*colore*) flaming; **nuovo** ~ brand new.
fiam'mata *sf* blaze.
fiammeggi'are [fjammed'dʒare] *vi* to blaze.
fiam'mifero *sm* match.
fiam'mingo, a, ghi, ghe *ag* Flemish ♦ *sm/f* Fleming ♦ *sm* (*LING*) Flemish; (*ZOOL*) flamingo; **i F~ghi** the Flemish.
fian'cata *sf* (*di nave etc*) side; (*NAUT*) broadside.
fiancheggi'are [fjanked'dʒare] *vt* to border; (*fig*) to support, back (up); (*MIL*) to flank.
fi'anco, chi *sm* side; (*di persona*) hip; (*MIL*) flank; **di** ~ sideways, from the side; **a** ~ **a** ~ side by side; **prestare il proprio** ~ **alle critiche** to leave o.s. open to criticism; ~ **destr/sinistr!** (*MIL*) right/left turn!
Fi'andre *sfpl:* **le** ~ Flanders *sg.*
fiaschette'ria [fjaskette'ria] *sf* wine shop.
fi'asco, schi *sm* flask; (*fig*) fiasco; **fare** ~ to be a fiasco.
fia'tare *vi* (*fig: parlare*): **senza** ~ without saying a word.
fi'ato *sm* breath; (*resistenza*) stamina; ~**i** *smpl* (*MUS*) wind instruments; **avere il** ~ **grosso** to be out of breath; **prendere** ~ to catch one's breath; **bere qc tutto d'un** ~ to drink sth in one go *o* gulp.
'**fibbia** *sf* buckle.
'**fibra** *sf* fibre, fiber (*US*); (*fig*) constitution; ~ **ottica** optical fibre; ~ **di vetro** fibreglass (*BRIT*), fiberglass (*US*).
ficca'naso, pl(m) ~**i, pl(f) inv** *sm/f* busybody, nos(e)y parker.
fic'care *vt* to push, thrust, drive; ~**rsi** *vr* (*andare a finire*) to get to; ~ **il naso negli affari altrui** (*fig*) to poke *o* stick one's nose into other people's business; ~**rsi nei pasticci** *o* **nei guai** to get into hot water *o* a fix.
ficcherò *etc* [fikke'rɔ] *vb vedi* **ficcare**.
fiche [fiʃ] *sf inv* (*nei giochi d'azzardo*) chip.
'**fico, chi** *sm* (*pianta*) fig tree; (*frutto*) fig; ~ **d'India** prickly pear; ~ **secco** dried fig.
fidanza'mento [fidantsa'mento] *sm* engagement.
fidan'zarsi [fidan'tsarsi] *vr* to get engaged.
fidan'zato, a [fidan'tsato] *sm/f* fiancé/fiancée.
fi'darsi *vr:* ~ **di** to trust; ~**rsi è bene non**

~**rsi è meglio** (*proverbio*) better safe than sorry.

fi'dato, a *ag* reliable, trustworthy.

fide'ismo *sm* unquestioning belief.

fide'istico, a, ci, che *ag* (*atteggiamento, posizione*) totally uncritical.

fideius'sore *sm* (*DIR*) guarantor.

'fido, a *ag* faithful, loyal ♦ *sm* (*COMM*) credit.

fi'ducia [fi'dutʃa] *sf* confidence, trust; **incarico di** ~ position of trust, responsible position; **persona di** ~ reliable person; **è il mio uomo di** ~ he is my right-hand man; **porre la questione di** ~ (*POL*) to ask for a vote of confidence.

fiduci'oso, a [fidu'tʃoso] *ag* trusting.

fi'ele *sm* (*MED*) bile; (*fig*) bitterness.

fie'nile *sm* hayloft.

fi'eno *sm* hay.

fi'era *sf* fair; (*animale*) wild beast; ~ **di beneficenza** charity bazaar; ~ **campionaria** trade fair.

fie'rezza [fje'rettsa] *sf* pride.

fi'ero, a *ag* proud; (*crudele*) fierce, cruel; (*audace*) bold.

fi'evole *ag* (*luce*) dim; (*suono*) weak.

F.I.F.A. *sigla f* (= *Fédération Internationale de Football Association*) FIFA.

'fifa *sf* (*fam*): **aver** ~ to have the jitters.

fi'fone, a *sm/f* (*fam, scherzoso*) coward.

fig. *abbr* (= *figura*) fig.

FIGC *sigla f* (= *Federazione Italiana Gioco Calcio*) *Italian football association*.

'Figi ['fidʒi] *sfpl*: **le isole** ~ Fiji, the Fiji Islands.

'figlia ['fiʎʎa] *sf* daughter; (*COMM*) counterfoil (*BRIT*), stub.

figli'are [fiʎ'ʎare] *vi* to give birth.

figli'astro, a [fiʎ'ʎastro] *sm/f* stepson/daughter.

'figlio ['fiʎʎo] *sm* son; (*senza distinzione di sesso*) child; ~ **d'arte: essere** ~ **d'arte** to come from a theatrical (*o* musical *etc*) family; ~ **di puttana** (*fam!*) son of a bitch (*!*); ~ **unico** only child.

figli'occio, a, ci, ce [fiʎ'ʎottʃo] *sm/f* godchild, godson/daughter.

figli'ola [fiʎ'ʎola] *sf* daughter; (*fig: ragazza*) girl.

figli'olo [fiʎ'ʎolo] *sm* (*anche fig: ragazzo*) son.

fi'gura *sf* figure; (*forma, aspetto esterno*) form, shape; (*illustrazione*) picture, illustration; **far** ~ to look smart; **fare una brutta** ~ to make a bad impression; **che** ~**!** how embarrassing!

figu'raccia, ce [figu'rattʃa] *sf*: **fare una** ~ to create a bad impression.

figu'rare *vi* to appear ♦ *vt*: ~**rsi qc** to

imagine sth; ~**rsi** *vr*: **figurati!** imagine that!; **ti do noia?** — **ma figurati!** am I disturbing you? — not at all!

figura'tivo, a *ag* figurative.

figu'rina *sf* (*statuetta*) figurine; (*cartoncino*) picture card.

figuri'nista, i, e *sm/f* dress designer.

figu'rino *sm* fashion sketch.

fi'guro *sm*: **un losco** ~ a suspicious character.

figu'rone *sm*: **fare un** ~ (*persona, oggetto*) to look terrific; (*persona: con un discorso etc*) to make an excellent impression.

'fila *sf* row, line; (*coda*) queue; (*serie*) series, string; **di** ~ in succession; **fare la** ~ to queue; **in** ~ **indiana** in single file.

fila'mento *sm* filament.

fi'lanca ® *sf* stretch material.

fi'landa *sf* spinning mill.

fi'lante *ag*: **stella** ~ (*stella cadente*) shooting star; (*striscia di carta*) streamer.

filantro'pia *sf* philanthropy.

filan'tropico, a, ci, che *ag* philanthropic(al).

fi'lantropo *sm* philanthropist.

fi'lare *vt* to spin; (*NAUT*) to pay out ♦ *vi* (*baco, ragno*) to spin; (*formaggio fuso*) to go stringy; (*liquido*) to trickle; (*discorso*) to hang together; (*fam: amoreggiare*) to go steady; (*muoversi a forte velocità*) to go at full speed; (*andarsene lentamente*) to make o.s. scarce ♦ *sm* (*di alberi etc*) row, line; ~ **diritto** (*fig*) to toe the line.

filar'monico, a, ci, che *ag* philharmonic.

filas'trocca, che *sf* nursery rhyme.

filate'lia *sf* philately, stamp collecting.

fi'lato, a *ag* spun ♦ *sm* yarn ♦ *av*: **vai dritto** ~ **a casa** go straight home; **3 giorni** ~**i** 3 days running *o* on end.

fila'tura *sf* spinning; (*luogo*) spinning mill.

fi'letto *sm* (*ornamento*) braid, trimming; (*di vite*) thread; (*di carne*) fillet.

fili'ale *ag* filial ♦ *sf* (*di impresa*) branch.

filibusti'ere *sm* pirate; (*fig*) adventurer.

fili'grana *sf* (*in oreficeria*) filigree; (*su carta*) watermark.

fi'lippica *sf* invective.

Filip'pine *sfpl*: **le** ~ the Philippines.

filip'pino, a *ag, sm/f* Filipino.

film *sm inv* film.

fil'mare *vt* to film.

fil'mato *sm* short film.

fil'mina *sf* film strip.

'filo *sm* (*anche fig*) thread; (*filato*) yarn; (*metallico*) wire; (*di lama, rasoio*) edge; **con un** ~ **di voce** in a whisper; **un** ~ **d'aria** (*fig*) a breath of air; **dare del** ~ **da torcere a qn** to create difficulties for sb, make

life difficult for sb; **fare il ~ a qn**
(*corteggiare*) to be after sb, chase sb; **per
~ e per segno** in detail; **~ d'erba** blade of
grass; **~ interdentale** dental floss; **~ di
perle** string of pearls; **~ di Scozia** fine
cotton yarn; **~ spinato** barbed wire.

filoameri'cano, a *ag* pro-American.

'filobus *sm inv* trolley bus.

filodiffusi'one *sf* rediffusion.

filodram'matico, a, ci, che *ag*:
(**compagnia**) ~a amateur dramatic
society ♦ *sm/f* amateur actor/actress.

filon'cino [filon'tʃino] *sm* ≈ French stick.

fi'lone *sm* (*di minerali*) seam, vein; (*pane*) ≈
Vienna loaf; (*fig*) trend.

filoso'fia *sf* philosophy.

filo'sofico, a, ci, che *ag* philosophical.

fi'losofo, a *sm/f* philosopher.

filosovi'etico, a, ci, che *ag* pro-Soviet.

filo'via *sf* (*linea*) trolley line; (*bus*) trolley
bus.

fil'trare *vt, vi* to filter.

'filtro *sm* filter; (*pozione*) potion; **~ dell'olio**
(*AUT*) oil filter.

'filza ['filtsa] *sf* (*anche fig*) string.

FIN *sigla f* = *Federazione Italiana Nuoto*.

fin *av, prep* = **fino**.

fi'nale *ag* final ♦ *sm* (*di libro, film*) end,
ending; (*MUS*) finale ♦ *sf* (*SPORT*) final.

fina'lista, i, e *sm/f* finalist.

finalità *sf* (*scopo*) aim, purpose.

finaliz'zare [finalid'dzare] *vt*: **~ a** to direct
towards.

final'mente *av* finally, at last.

fi'nanza [fi'nantsa] *sf* finance; **~e** *sfpl* (*di
individuo, Stato*) finances; (**Guardia di**) **~**
(*di frontiera*) ≈ Customs and Excise (*BRIT*),
≈ Customs Service (*US*); (**Intendenza di**)
~ ≈ Inland Revenue (*BRIT*), ≈ Internal
Revenue Service (*US*); **Ministro delle ~e**
Minister of Finance, ≈ Chancellor of the
Exchequer (*BRIT*), ≈ Secretary of the
Treasury (*US*).

finanzia'mento [finantsja'mento] *sm*
(*azione*) financing; (*denaro fornito*) funds
pl.

finanzi'are [finan'tsjare] *vt* to finance, fund.

finanzi'ario, a [finan'tsjarjo] *ag* financial
♦ *sf* (*anche*: **società ~a**) investment
company; (*anche*: **legge ~a**) finance act,
≈ budget (*BRIT*).

finanzia'tore, 'trice *ag*: **ente ~, società
~trice** backer ♦ *sm/f* backer.

finanzi'ere [finan'tsjɛre] *sm* financier;
(*guardia di finanza: doganale*) customs
officer; (: *tributaria*) Inland Revenue
official (*BRIT*), Internal Revenue official
(*US*).

finché [fin'ke] *cong* (*per tutto il tempo che*) as
long as; (*fino al momento in cui*) until; **~
vorrai** as long as you like; **aspetta ~ non
esca** wait until he goes (*o* comes) out.

'fine *ag* (*lamina, carta*) thin; (*capelli, polvere*)
fine; (*vista, udito*) keen, sharp; (*persona*:
raffinata) refined, distinguished;
(*osservazione*) subtle ♦ *sf* end ♦ *sm* aim,
purpose; (*esito*) result, outcome; **in** *o* **alla
~** in the end, finally; **alla fin ~** at the end
of the day, in the end; **che ~ ha fatto?**
what became of him?; **buona ~ e buon
principio!** (*augurio*) happy New Year!; **a
fin di bene** with the best of intentions; **al
~ di fare qc** (in order) to do sth; **condurre
qc a buon ~** to bring sth to a successful
conclusion; **secondo ~** ulterior motive.

'fine setti'mana *sm o f inv* weekend.

fi'nestra *sf* window.

fines'trino *sm* (*di treno, auto*) window.

fi'nezza [fi'nettsa] *sf* thinness; fineness;
keenness, sharpness; refinement;
subtlety.

'fingere ['findʒere] *vt* to feign; (*supporre*) to
imagine, suppose; **~rsi** *vr*: **~rsi ubriaco/
pazzo** to pretend to be drunk/crazy; **~ di
fare qc** (in order) to do sth.

fini'menti *smpl* (*di cavallo etc*) harness *sg*.

fini'mondo *sm* pandemonium.

fi'nire *vt* to finish ♦ *vi* to finish, end ♦ *sm*: **sul
~ della festa** towards the end of the
party; **~ di fare** (*compiere*) to finish doing;
(*smettere*) to stop doing; **~ in galera** to
end up *o* finish up in prison; **farla finita**
(*con la vita*) to put an end to one's life;
farla finita con qc to have done with sth;
com'è andata a ~? what happened in the
end?; **finiscila!** stop it!

fini'tura *sf* finish.

finlan'dese *ag* Finnish ♦ *sm/f* Finn ♦ *sm*
(*LING*) Finnish.

Fin'landia *sf*: **la ~** Finland.

'fino, a *ag* (*capelli, seta*) fine; (*oro*) pure; (*fig*:
acuto) shrewd ♦ *av* (*spesso troncato in* **fin**:
pure, anche) even ♦ *prep* (*spesso troncato in*
fin: *tempo*): **fin quando?** till when?;
(: *luogo*): **fin qui** as far as here; **~ a**
(*tempo*) until, till; (*luogo*) as far as, (up)
to; **fin da domani** from tomorrow
onwards; **fin da ieri** since yesterday; **fin
dalla nascita** from *o* since birth.

fi'nocchio [fi'nɔkkjo] *sm* fennel; (*fam peg*:
pederasta) queer.

fi'nora *av* up till now.

'finsi *etc vb vedi* **fingere**.

'finto, a *pp di* **fingere** ♦ *ag* (*capelli, dente*)
false; (*fiori*) artificial; (*cuoio, pelle*)
imitation *cpd*; (*fig*: *simulato*: *pazzia etc*)

feigned, sham ♦ *sf* pretence (*BRIT*), pretense (*US*), sham; (*SPORT*) feint; **far** ~**a (di fare)** to pretend (to do); **l'ho detto per** ~**a** I was only pretending; (*per scherzo*) I was only kidding.

finzi'one [fin'tsjone] *sf* pretence (*BRIT*), pretense (*US*), sham.

fioc'care *vi* (*neve*) to fall; (*fig: insulti etc*) to fall thick and fast.

fi'occo, chi *sm* (*di nastro*) bow; (*di stoffa, lana*) flock; (*di neve*) flake; (*NAUT*) jib; **coi** ~**chi** (*fig*) first-rate; ~**chi di granoturco** cornflakes.

fi'ocina ['fjɔtʃina] *sf* harpoon.

fi'oco, a, chi, che *ag* faint, dim.

fi'onda *sf* catapult.

fio'raio, a *sm/f* florist.

fiorda'liso *sm* (*BOT*) cornflower.

fi'ordo *sm* fjord.

fi'ore *sm* flower; ~**i** *smpl* (*CARTE*) clubs; **nel** ~ **degli anni** in one's prime; **a fior d'acqua** on the surface of the water; **a fior di labbra** in a whisper; **aver i nervi a fior di pelle** to be on edge; **fior di latte** cream; **è costato fior di soldi** it cost a pretty penny; **il fior** ~ **della società** the cream of society; ~ **all'occhiello** feather in the cap; ~**i di campo** wild flowers.

fio'rente *ag* (*industria, paese*) flourishing; (*salute*) blooming; (*petto*) ample.

fioren'tino, a *ag, sm/f* Florentine ♦ *sf* (*CUC*) T-bone steak.

fio'retto *sm* (*SCHERMA*) foil.

fio'rino *sm* florin.

fio'rire *vi* (*rosa*) to flower; (*albero*) to blossom; (*fig*) to flourish.

fio'rista, i, e *sm/f* florist.

fiori'tura *sf* (*di pianta*) flowering, blooming; (*di albero*) blossoming; (*fig: di commercio, arte*) flourishing; (*insieme dei fiori*) flowers *pl*; (*MUS*) fioritura.

fi'otto *sm* (*di lacrime*) flow, flood; (*di sangue*) gush, spurt.

'FIPE *sigla f* = *Federazione Italiana Pubblici Esercizi*.

Fi'renze [fi'rɛntse] *sf* Florence.

'firma *sf* signature; (*reputazione*) name.

firma'mento *sm* firmament.

fir'mare *vt* to sign.

firma'tario, a *sm/f* signatory.

fisar'monica, che *sf* accordion.

fis'cale *ag* fiscal, tax *cpd*; (*meticoloso*) punctilious; **medico** ~ *doctor employed by Social Security to verify cases of sick leave*.

fisca'lista, i, e *sm/f* tax consultant.

fiscaliz'zare [fiskalid'dzare] *vt* to exempt from taxes.

fischi'are [fis'kjare] *vi* to whistle ♦ *vt* to whistle; (*attore*) to boo, hiss; **mi fischian le orecchie** my ears are singing; (*fig*) my ears are burning.

fischiet'tare [fiskjet'tare] *vi, vt* to whistle.

fischi'etto [fis'kjetto] *sm* (*strumento*) whistle.

'fischio ['fiskjo] *sm* whistle; **prendere** ~**i per fiaschi** to get hold of the wrong end of the stick.

'fisco *sm* tax authorities *pl*, ≈ Inland Revenue (*BRIT*), ≈ Internal Revenue Service (*US*).

'fisica *sf vedi* **fisico**.

fisica'mente *av* physically.

'fisico, a, ci, che *ag* physical ♦ *sm/f* physicist ♦ *sm* physique ♦ *sf* physics *sg*.

'fisima *sf* fixation.

fisiolo'gia [fizjolo'dʒia] *sf* physiology.

fisiono'mia *sf* face, physiognomy.

fisiotera'pia *sf* physiotherapy.

fisiotera'pista *sm/f* physiotherapist.

fis'saggio [fis'saddʒo] *sm* (*FOT*) fixing.

fis'sante *ag* (*spray, lozione*) holding.

fis'sare *vt* to fix, fasten; (*guardare intensamente*) to stare at; (*data, condizioni*) to fix, establish, set; (*prenotare*) to book; ~**rsi** *vr*: ~**rsi su** (*sog: sguardo, attenzione*) to focus on; (*fig: idea*) to become obsessed with.

fissazi'one [fissat'tsjone] *sf* (*PSIC*) fixation.

fissi'one *sf* fission.

'fisso, a *ag* fixed; (*stipendio, impiego*) regular ♦ *av*: **guardar** ~ **qn/qc** to stare at sb/sth; **avere un ragazzo** ~ to have a steady boyfriend; **senza** ~**a dimora** of no fixed abode.

fitoterma'lismo *sm* herbal hydrotherapy.

'fitta *sf vedi* **fitto**.

fit'tavolo *sm* tenant.

fit'tizio, a [fit'tittsjo] *ag* fictitious, imaginary.

'fitto, a *ag* thick, dense; (*pioggia*) heavy ♦ *sm* (*affitto, pigione*) rent ♦ *sf* sharp pain; **una** ~**a al cuore** (*fig*) a pang of grief; **nel** ~ **del bosco** in the heart *o* depths of the wood.

fiu'mana *sf* torrent; (*fig*) stream, flood.

fi'ume *sm* river ♦ *ag inv*: **processo** ~ long-running trial; **scorrere a** ~**i** (*acqua, sangue*) to flow in torrents.

fiu'tare *vt* to smell, sniff; (*sog: animale*) to scent; (*fig: inganno*) to get wind of, smell; ~ **tabacco** to take snuff; ~ **cocaina** to snort cocaine.

fi'uto *sm* (*sense of*) smell; (*fig*) nose.

'flaccido, a ['flattʃido] *ag* flabby.

fla'cone *sm* bottle.

flagel'lare [fladʒel'lare] *vt* to flog, scourge; (*sog: onde*) to beat against.

fla'gello [fla'dʒɛllo] *sm* scourge.

fla'grante *ag* flagrant; **cogliere qn in** ~ to catch sb red-handed.

fla'nella *sf* flannel.

flash [flaʃ] *sm inv* (*FOT*) flash; (*giornalistico*) newsflash.

flau'tista, i *sm/f* flautist.

'flauto *sm* flute.

'flebile *ag* faint, feeble.

fle'bite *sf* phlebitis.

'flemma *sf* (*calma*) coolness, phlegm; (*MED*) phlegm.

flem'matico, a, ci, che *ag* phlegmatic, cool.

fles'sibile *ag* pliable; (*fig: che si adatta*) flexible.

flessi'one *sf* (*gen*) bending; (*GINNASTICA: a terra*) sit-up; (: *in piedi*) forward bend; (: *sulle gambe*) knee-bend; (*diminuzione*) slight drop, slight fall; (*LING*) inflection; **fare una** ~ to bend; **una** ~ **economica** a downward trend in the economy.

'flesso, a *pp di* **flettere**.

flessu'oso, a *ag* supple, lithe; (*andatura*) flowing, graceful.

'flettere *vt* to bend.

'flipper ['flipper] *sm inv* pinball machine.

flirt [flɜːt] *sm inv* brief romance, flirtation.

flir'tare *vi* to flirt.

F.lli *abbr* (= *fratelli*) Bros.

'flora *sf* flora.

'florido, a *ag* flourishing; (*fig*) glowing with health.

'floscio, a, sci, sce ['flɔʃʃo] *ag* (*cappello*) floppy, soft; (*muscoli*) flabby.

'flotta *sf* fleet.

flot'tante *sm* (*ECON*): **titoli a largo** ~ blue chips, stocks on the market.

'fluido, a *ag, sm* fluid.

flu'ire *vi* to flow.

fluore'scente [fluoreʃ'ʃɛnte] *ag* fluorescent.

flu'oro *sm* fluorine.

fluo'ruro *sm* fluoride.

'flusso *sm* flow; (*FISICA, MED*) flux; ~ **e riflusso** ebb and flow; ~ **di cassa** (*COMM*) cash flow.

'flutti *smpl* waves.

fluttu'are *vi* to rise and fall; (*ECON*) to fluctuate.

fluvi'ale *ag* river *cpd*, fluvial.

FM *abbr vedi* **modulazione di frequenza**.

FMI *sigla m vedi* **Fondo Monetario Internazionale**.

FO *sigla* = Forlì.

fo'bia *sf* phobia.

'foca, che *sf* (*ZOOL*) seal.

fo'caccia, ce [fo'kattʃa] *sf kind of pizza*; (*dolce*) bun; **rendere pan per** ~ to get one's own back, give tit for tat.

fo'cale *ag* focal.

focaliz'zare [fokalid'dzare] *vt* (*FOT: immagine*) to get into focus; (*fig: situazione*) to get into perspective; ~ **l'attenzione su** to focus one's attention on.

'foce ['fotʃe] *sf* (*GEO*) mouth.

fo'chista, i [fo'kista] *sm* (*FERR*) stoker, fireman.

foco'laio *sm* (*MED*) centre (*BRIT*) o center (*US*) of infection; (*fig*) hotbed.

foco'lare *sm* hearth, fireside; (*TECN*) furnace.

fo'coso, a *ag* fiery; (*cavallo*) mettlesome, fiery.

'fodera *sf* (*di vestito*) lining; (*di libro, poltrona*) cover.

fode'rare *vt* to line; to cover.

'fodero *sm* (*di spada*) scabbard; (*di pugnale*) sheath; (*di pistola*) holster.

'foga *sf* enthusiasm, ardour (*BRIT*), ardor (*US*).

'foggia, ge ['fɔddʒa] *sf* (*maniera*) style; (*aspetto*) form, shape; (*moda*) fashion, style.

foggi'are [fod'dʒare] *vt* to shape; to style.

'foglia ['fɔʎʎa] *sf* leaf; **ha mangiato la** ~ (*fig*) he's caught on; ~ **d'argento/d'oro** silver/gold leaf.

fogli'ame [foʎ'ʎame] *sm* foliage, leaves *pl*.

fogli'etto [foʎ'ʎetto] *sm* (*piccolo foglio*) slip of paper, piece of paper; (*manifestino*) leaflet, handout.

'foglio ['fɔʎʎo] *sm* (*di carta*) sheet (of paper); (*di metallo*) sheet; (*documento*) document; (*banconota*) (bank)note; ~ **rosa** (*AUT*) provisional licence; ~ **di via** (*DIR*) expulsion order; ~ **volante** pamphlet.

'fogna ['foɲɲa] *sf* drain, sewer.

fogna'tura [foɲɲa'tura] *sf* drainage, sewerage.

föhn [føːn] *sm inv* hair-dryer.

fo'lata *sf* gust.

fol'clore *sm* folklore.

folclo'ristico, a, ci, che *ag* folk *cpd*.

folgo'rare *vt* (*sog: fulmine*) to strike down; (: *alta tensione*) to electrocute.

folgorazi'one [folgorat'tsjone] *sf* electrocution; **ebbe una** ~ (*fig: idea*) he had a brainwave.

'folgore *sf* thunderbolt.

'folla *sf* crowd, throng.

'folle *ag* mad, insane; (*TECN*) idle; **in** ~ (*AUT*) in neutral.

folleggi'are [folled'dʒare] *vi* (*divertirsi*) to

paint the town red.

fol'letto *sm* elf.

fol'lia *sf* folly, foolishness; foolish act; (*pazzia*) madness, lunacy; **amare qn alla ~** to love sb to distraction; **costare una ~** to cost the earth.

'folto, a *ag* thick.

fomen'tare *vt* to stir up, foment.

fon *sm inv* = **föhn**.

fon'dale *sm* (*del mare*) bottom; (*TEAT*) backdrop; **il ~ marino** the sea bed.

fondamen'tale *ag* fundamental, basic.

fondamenta'lista, i, e *ag, sm/f* (*REL*) fundamentalist.

fonda'mento *sm* foundation; **~a** *sfpl* (*EDIL*) foundations.

fon'dare *vt* to found; (*fig: dar base*): **~ qc su** to base sth on; **~rsi** *vr* (*teorie*): **~rsi (su)** to be based (on).

fonda'tezza [fonda'tettsa] *sf* (*di ragioni*) soundness; (*di dubbio, sospetto*) basis in fact.

fon'dato, a *ag* (*ragioni*) sound; (*dubbio, sospetto*) well-founded.

fondazi'one [fondat'tsjone] *sf* foundation.

'fondere *vt* (*neve*) to melt; (*metallo*) to fuse, melt; (*fig: colori*) to merge, blend; (: *imprese, gruppi*) to merge ♦ *vi* to melt; **~rsi** *vr* to melt; (*fig: partiti, correnti*) to unite, merge.

fonde'ria *sf* foundry.

fondi'ario, a *ag* land *cpd*.

fon'dina *sf* (*piatto fondo*) soup plate; (*portapistola*) holster.

'fondo, a *ag* deep ♦ *sm* (*di recipiente, pozzo*) bottom; (*di stanza*) back; (*quantità di liquido che resta, deposito*) dregs *pl*; (*sfondo*) background; (*unità immobiliare*) property, estate; (*somma di denaro*) fund; (*SPORT*) long-distance race; **~i** *smpl* (*denaro*) funds; **a notte ~a** at dead of night; **in ~ a** at the bottom of; at the back of; (*strada*) at the end of; **laggiù in ~** (*lontano*) over there; (*in profondità*) down there; **in ~** (*fig*) after all, all things considered; **andare fino in ~ a** (*fig*) to examine thoroughly; **andare a ~** (*nave*) to sink; **conoscere a ~** to know inside out; **dar ~ a** (*fig: provvisti, soldi*) to use up; **toccare il ~** (*fig*) to plumb the depths; **a ~ perduto** (*COMM*) without security; **~ comune di investimento** investment trust; **F~ Monetario Internazionale (FMI)** International Monetary Fund (IMF); **~ di previdenza** social insurance fund; **~ di riserva** reserve fund; **~ urbano** town property; **~i di caffè** coffee grounds; **~i d'esercizio** working capital *sg*; **~i liquidi**

ready money *sg*, liquid assets; **~i di magazzino** old *o* unsold stock *sg*; **~i neri** slush fund *sg*.

fondo'tinta *sm inv* (*cosmetico*) foundation.

fo'nema *sm* phoneme.

fo'netica *sf* phonetics *sg*.

fo'netico, a, ci, che *ag* phonetic.

fon'tana *sf* fountain.

fonta'nella *sf* drinking fountain.

'fonte *sf* spring, source; (*fig*) source ♦ *sm*: **~ battesimale** (*REL*) font.

fon'tina *sm* full fat hard, sweet cheese from Valle d'Aosta.

'footing ['futiŋ] *sm* jogging.

forag'giare [forad'dʒare] *vt* (*cavalli*) to fodder; (*fig: partito etc*) to bankroll.

fo'raggio [fo'raddʒo] *sm* fodder, forage.

fo'rare *vt* to pierce, make a hole in; (*pallone*) to burst; (*pneumatico*) to puncture; (*biglietto*) to punch; **~rsi** *vr* (*gen*) to develop a hole; (*AUT, pallone, timpano*) to burst; **~ una gomma** to burst a tyre (*BRIT*) *o* tire (*US*).

fora'tura *sf* piercing; bursting; puncturing; punching.

'forbici ['fɔrbitʃi] *sfpl* scissors.

forbi'cina [forbi'tʃina] *sf* earwig.

for'bito, a *ag* (*stile, modi*) polished.

'forca, che *sf* (*AGR*) fork, pitchfork; (*patibolo*) gallows *sg*.

for'cella [for'tʃɛlla] *sf* (*TECN*) fork; (*di monte*) pass.

for'chetta [for'ketta] *sf* fork; **essere una buona ~** to enjoy one's food.

for'cina [for'tʃina] *sf* hairpin.

'forcipe ['fɔrtʃipe] *sm* forceps *pl*.

for'cone *sm* pitchfork.

fo'rense *ag* (*linguaggio*) legal; **avvocato ~** barrister (*BRIT*), lawyer.

fo'resta *sf* forest; **la F~ Nera** the Black Forest.

fores'tale *ag* forest *cpd*; **guardia ~** forester.

foreste'ria *sf* (*di convento, palazzo etc*) guest rooms *pl*, guest quarters *pl*.

foresti'ero, a *ag* foreign ♦ *sm/f* foreigner.

for'fait [fɔr'fɛ] *sm inv*: (**prezzo a) ~** fixed price, set price; **dichiarare ~** (*SPORT*) to withdraw; (*fig*) to give up.

forfe'tario, a *ag*: **prezzo ~** (*da pagare*) fixed *o* set price; (*da ricevere*) lump sum.

'forfora *sf* dandruff.

'forgia, ge ['fɔrdʒa] *sf* forge.

forgi'are [for'dʒare] *vt* to forge.

'forma *sf* form; (*aspetto esteriore*) form, shape; (*DIR: procedura*) procedure; (*per calzature*) last; (*stampo da cucina*) mould (*BRIT*), mold (*US*); **~e** *sfpl* (*del corpo*) figure, shape; **le ~e** (*convenzioni*) appearances; **errori di** ~ stylistic errors; **essere in** ~ to be in good shape; **tenersi in** ~ to keep fit; **in** ~ **ufficiale/privata** officially/privately; **una** ~ **di formaggio** a (whole) cheese.

formag'gino [formad'dʒino] *sm* processed cheese.

for'maggio [for'maddʒo] *sm* cheese.

for'male *ag* formal.

formalità *sf inv* formality.

formaliz'zare [formalid'dzare] *vt* to formalize.

for'mare *vt* to form, shape, make; (*numero di telefono*) to dial; (*fig: carattere*) to form, mould (*BRIT*), mold (*US*); ~**rsi** *vr* to form, take shape; **il treno si forma a Milano** the train starts from Milan.

for'mato *sm* format, size.

format'tare *vt* (*INFORM*) to format.

formattazi'one [formattat'tsjone] *sf* (*INFORM*) formatting.

formazi'one [format'tsjone] *sf* formation; (*fig: educazione*) training; ~ **professionale** vocational training.

for'mica, che *sf* ant.

formi'caio *sm* anthill.

formico'lare *vi* (*gamba, braccio*) to tingle; (*brulicare: anche fig*): ~ **di** to be swarming with; **mi formicola la gamba** I've got pins and needles in my leg, my leg's tingling.

formico'lio *sm* pins and needles *pl*; swarming.

formi'dabile *ag* powerful, formidable; (*straordinario*) remarkable.

for'moso, a *ag* shapely.

'formula *sf* formula; ~ **di cortesia** (*nelle lettere*) letter ending.

formu'lare *vt* to formulate.

for'nace [for'natʃe] *sf* (*per laterizi etc*) kiln; (*per metalli*) furnace.

for'naio *sm* baker.

for'nello *sm* (*elettrico, a gas*) ring; (*di pipa*) bowl.

for'nire *vt*: ~ **qn di qc,** ~ **qc a qn** to provide *o* supply sb with sth, supply sth to sb; ~**rsi** *vr*: ~**rsi di** (*procurarsi*) to provide o.s. with.

for'nito, a *ag*: **ben** ~ (*negozio*) well-stocked.

forni'tore, 'trice *ag*: **ditta** ~**trice di** ... company supplying ... ♦ *sm/f* supplier.

forni'tura *sf* supply.

'forno *sm* (*di cucina*) oven; (*panetteria*) bakery; (*TECN: per calce etc*) kiln; (: *per metalli*) furnace; **fare i** ~**i** (*MED*) to undergo heat treatment.

'foro *sm* (*buco*) hole; (*STORIA*) forum; (*tribunale*) (law) court.

'forse *av* perhaps, maybe; (*circa*) about; **essere in** ~ to be in doubt.

forsen'nato, a *ag* mad, crazy, insane.

'forte *ag* strong; (*suono*) loud; (*spesa*) considerable, great ♦ *av* strongly; (*velocemente*) fast; (*a voce alta*) loud(ly); (*violentemente*) hard ♦ *sm* (*edificio*) fort; (*specialità*) forte, strong point; **piatto** ~ (*CUC*) main dish; **avere un** ~ **mal di testa/ raffreddore** to have a bad headache/cold; **essere** ~ **in qc** to be good at sth; **farsi** ~ **di qc** to make use of *o* avail o.s. of sth; **dare man** ~ **a qn** to back sb up, support sb; **usare le maniere** ~**i** to use strong-arm tactics.

for'tezza [for'tettsa] *sf* (*morale*) strength; (*luogo fortificato*) fortress.

fortifi'care *vt* to fortify, strengthen.

for'tuito, a *ag* fortuitous, chance *cpd*.

for'tuna *sf* (*destino*) fortune, luck; (*buona sorte*) success, fortune; (*eredità, averi*) fortune; **per** ~ luckily, fortunately; **di** ~ makeshift, improvised; **atterraggio di** ~ emergency landing.

fortu'nale *sm* storm.

fortunata'mente *av* luckily, fortunately.

fortu'nato, a *ag* lucky, fortunate; (*coronato da successo*) successful.

fortu'noso, a *ag* (*vita*) eventful; (*avvenimento*) unlucky.

fo'runcolo *sm* (*MED*) boil.

forvi'are *vt*, *vi* = **fuorviare.**

'forza ['fɔrtsa] *sf* strength; (*potere*) power; (*FISICA*) force ♦ *escl* come on!; ~**e** *sfpl* (*fisiche*) strength *sg*; (*MIL*) forces; **per** ~ against one's will; (*naturalmente*) of course; **per** ~ **di cose** by force of circumstances; **a viva** ~ by force; **a** ~ **di** by dint of; **farsi** ~ (*coraggio*) to pluck up one's courage; **bella** ~! (*ironico*) how clever of you (*o* him *etc*)!; ~ **lavoro** work force, manpower; **per causa di** ~ **maggiore** (*DIR*) by reason of an act of God; (*per estensione*) due to circumstances beyond one's control; **la** ~ **pubblica** the police *pl*; ~ **di vendita** (*COMM*) sales force; ~ **di volontà** willpower; **le** ~**e armate** the armed forces; **F**~ **Italia** (*POL*) *moderate right-wing party*.

for'zare [for'tsare] *vt* to force; (*cassaforte, porta*) to force (open); (*voce*) to strain; ~ **qn a fare** to force sb to do.

for'zato, a [for'tsato] *ag* forced ♦ *sm* (*DIR*) prisoner sentenced to hard labour (*BRIT*) *o* labor (*US*).

forzi'ere [for'tsjɛre] *sm* strongbox; (*di pirati*) treasure chest.

for'zista, i, e [for'tsista] _ag_ of Forza Italia ♦ _sm/f_ member (_o_ supporter) of Forza Italia.

for'zuto, a [for'tsuto] _ag_ big and strong.

fos'chia [fos'kia] _sf_ mist, haze.

'fosco, a, schi, sche _ag_ dark, gloomy; **dipingere qc a tinte ~sche** (_fig_) to paint a gloomy picture of sth.

fos'fato _sm_ phosphate.

fosfore'scente [fosforeʃ'ʃɛnte] _ag_ phosphorescent; (_lancetta dell'orologio etc_) luminous.

'fosforo _sm_ phosphorous.

'fossa _sf_ pit; (_di cimitero_) grave; **~ biologica** septic tank; **~ comune** mass grave.

fos'sato _sm_ ditch; (_di fortezza_) moat.

fos'setta _sf_ dimple.

'fossi _etc vb vedi_ **essere**.

'fossile _ag_, _sm_ fossil (_cpd_).

'fosso _sm_ ditch; (_MIL_) trench.

'foste _etc vb vedi_ **essere**.

'foto _sf inv_ photo; **~ ricordo** souvenir photo; **~ tessera** passport(-type) photo.

foto... _prefisso_ photo....

fotocomposi'tore _sm_ filmsetter.

fotocomposizi'one [fotokompozit'tsjone] _sf_ film setting.

foto'copia _sf_ photocopy.

fotocopi'are _vt_ to photocopy.

foto'genico, a, ci, che [foto'dʒɛniko] _ag_ photogenic.

fotogra'fare _vt_ to photograph.

fotogra'fia _sf_ (_procedimento_) photography; (_immagine_) photograph; **fare una ~** to take a photograph; **una ~ a colori/in bianco e nero** a colour/black and white photograph.

foto'grafico, a, ci, che _ag_ photographic; **macchina ~a** camera.

fo'tografo, a _sm/f_ photographer.

foto'gramma, i _sm_ (_CINE_) frame.

fotomo'dello, a _sm/f_ fashion model.

fotomon'taggio [fotomon'taddʒo] _sm_ photomontage.

fotore'porter _sm/f inv_ newspaper (_o_ magazine) photographer.

fotoro'manzo [fotoro'mandzo] _sm_ romantic picture story.

foto'sintesi _sf_ photosynthesis.

'fottere _vt_ (_fam!: avere rapporti sessuali_) to fuck (_!_), screw (_!_); (: _rubare_) to pinch, swipe; (: _fregare_): **mi hanno fottuto** they played a dirty trick on me; **vai a farti ~!** fuck off! (_!_).

fot'tuto, a _ag_ (_fam!_) bloody, fucking (_!_).

fou'lard [fu'lar] _sm inv_ scarf.

FR _sigla_ = Frosinone.

fr. _abbr_ (_COMM_) = **franco**.

fra _prep_ = **tra**.

fracas'sare _vt_ to shatter, smash; **~rsi** _vr_ to shatter, smash; (_veicolo_) to crash.

fra'casso _sm_ smash; crash; (_baccano_) din, racket.

'fradicio, a, ci, ce ['fraditʃo] _ag_ (_guasto_) rotten; (_molto bagnato_) soaking (wet); **ubriaco ~** blind drunk.

'fragile ['fradʒile] _ag_ fragile; (_salute_) delicate; (_nervi, vetro_) brittle.

fragilità [fradʒili'ta] _sf_ (_vedi ag_) fragility; delicacy; brittleness.

'fragola _sf_ strawberry.

fra'gore _sm_ (_di cascate, carro armato_) roar; (_di tuono_) rumble.

frago'roso, a _ag_ deafening; **ridere in modo ~** to roar with laughter.

fra'grante _ag_ fragrant.

fraintendi'mento _sm_ misunderstanding.

frain'tendere _vt_ to misunderstand.

frain'teso, a _pp di_ **fraintendere**.

fram'mento _sm_ fragment.

fram'misto, a _ag_: **~ a** interspersed with, mixed with.

'frana _sf_ landslide; (_fig: persona_): **essere una ~** to be useless, be a walking disaster area.

fra'nare _vi_ to slip, slide down.

franca'mente _av_ frankly.

fran'cese [fran'tʃeze] _ag_ French ♦ _sm/f_ Frenchman/woman ♦ _sm_ (_LING_) French; **i F~i** the French.

fran'chezza [fran'kettsa] _sf_ frankness, openness.

fran'chigia, gie [fran'kidʒa] _sf_ (_AMM_) exemption; (_DIR_) franchise; (_NAUT_) shore leave; **~ doganale** exemption from customs duty.

'Francia ['frantʃa] _sf_: **la ~** France.

'franco, a, chi, che _ag_ (_COMM_) free; (_sincero_) frank, open, sincere ♦ _sm_ (_moneta_) franc; **farla ~a** (_fig_) to get off scot-free; **~ a bordo** free on board; **~ di dogana** duty-free; **~ a domicilio** delivered free of charge; **~ fabbrica** ex factory, ex works; **prezzo ~ fabbrica** ex-works price; **~ magazzino** ex warehouse; **~ di porto** carriage free; **~ vagone** free on rail; **~ tiratore** _sm_ sniper; (_POL_) _member of parliament who votes against his own party_.

franco'bollo _sm_ (postage) stamp.

franco-cana'dese _ag_, _sm/f_ French Canadian.

Franco'forte _sf_ Frankfurt.

fran'gente [fran'dʒɛnte] _sm_ (_onda_) breaker; (_scoglio emergente_) reef; (_circostanza_) situation, circumstance.

'**frangia, ge** ['frandʒa] *sf* fringe.
frangi'flutti [frandʒi'flutti] *sm inv*
breakwater.
frangi'vento [frandʒi'vɛnto] *sm* windbreak.
fran'toio *sm* (*AGR*) olive press; (*TECN*)
crusher.
frantu'mare *vt*, ~**rsi** *vr* to break into
pieces, shatter.
fran'tumi *smpl* pieces, bits; (*schegge*)
splinters; **andare in** ~, **mandare in** ~ to
shatter, smash to pieces *o* smithereens.
frappé *sm* (*CUC*) milk shake.
fra'sario *sm* (*gergo*) vocabulary, language.
'**frasca, sche** *sf* (leafy) branch; **saltare di
palo in** ~ to jump from one subject to
another.
'**frase** *sf* (*LING*) sentence; (*locuzione,
espressione, MUS*) phrase; ~ **fatta** set
phrase.
fraseolo'gia [frazeolo'dʒia] *sf* phraseology.
'**frassino** *sm* ash (tree).
frastagli'ato, a [frasta'ʎʎato] *ag* (*costa*)
indented, jagged.
frastor'nare *vt* (*intontire*) to daze;
(*confondere*) to bewilder, befuddle.
frastor'nato, a *ag* dazed; bewildered.
frastu'ono *sm* hubbub, din.
'**frate** *sm* friar, monk.
fratel'lanza [fratel'lantsa] *sf* brotherhood;
(*associazione*) fraternity.
fratel'lastro *sm* stepbrother.
fra'tello *sm* brother; ~**i** *smpl* brothers; (*nel
senso di fratelli e sorelle*) brothers and
sisters.
fra'terno, a *ag* fraternal, brotherly.
fratri'cida, i, e [fratri'tʃida] *ag* fratricidal
♦ *sm/f* fratricide; **guerra** ~ civil war.
frat'taglie [frat'taʎʎe] *sfpl* (*CUC: gen*) offal
sg; (: *di pollo*) giblets.
frat'tanto *av* in the meantime, meanwhile.
frat'tempo *sm*: **nel** ~ in the meantime,
meanwhile.
frat'tura *sf* fracture; (*fig*) split, break.
frattu'rare *vt* to fracture.
fraudo'lento, a *ag* fraudulent.
fraziona'mento [frattsjona'mento] *sm*
division, splitting up.
frazio'nare [frattsjo'nare] *vt* to divide, split
up.
frazi'one [frat'tsjone] *sf* fraction; (*borgata*):
~ **di comune** hamlet.
'**freccia, ce** ['frettʃa] *sf* arrow; ~ **di
direzione** (*AUT*) indicator.
frec'ciata [fret'tʃata] *sf*: **lanciare una** ~ to
make a cutting remark.
fred'dare *vt* to shoot dead.
fred'dezza [fred'dettsa] *sf* coldness.
'**freddo, a** *ag, sm* cold; **fa** ~ it's cold; **aver** ~

to be cold; **soffrire il** ~ to feel the cold; **a**
~ (*fig*) deliberately.
freddo'loso, a *ag* sensitive to the cold.
fred'dura *sf* pun.
'**freezer** ['frizer] *sm inv* fridge-freezer.
fre'gare *vt* to rub; (*fam: truffare*) to take in,
cheat; (: *rubare*) to swipe, pinch;
fregarsene (*fam!*): **chi se ne frega?** who
gives a damn (about it)?
fre'gata *sf* rub; (*fam*) swindle; (*NAUT*)
frigate.
frega'tura *sf* (*fam: imbroglio*) rip-off;
(: *delusione*) let-down.
fregherò *etc* [frege'rɔ] *vb vedi* **fregare**.
'**fregio** ['fredʒo] *sm* (*ARCHIT*) frieze;
(*ornamento*) decoration.
'**fremere** *vi*: ~ **di** to tremble *o* quiver with;
~ **d'impazienza** to be champing at the bit.
'**fremito** *sm* tremor, quiver.
fre'nare *vt* (*veicolo*) to slow down; (*cavallo*)
to rein in; (*lacrime*) to restrain, hold back
♦ *vi* to brake; ~**rsi** *vr* (*fig*) to restrain o.s.,
control o.s.
fre'nata *sf*: **fare una** ~ to brake.
frene'sia *sf* frenzy.
fre'netico, a, ci, che *ag* frenetic.
'**freno** *sm* brake; (*morso*) bit; **tenere a** ~
(*passioni etc*) to restrain; **tenere a** ~ **la
lingua** to hold one's tongue; ~ **a disco**
disc brake; ~ **a mano** handbrake.
'**freon** ® *sm inv* (*CHIM*) Freon ®.
frequen'tare *vt* (*scuola, corso*) to attend;
(*locale, bar*) to go to, frequent; (*persone*)
to see (often).
frequen'tato, a *ag* (*locale*) busy.
fre'quente *ag* frequent; **di** ~ frequently.
fre'quenza [fre'kwɛntsa] *sf* frequency; (*INS*)
attendance.
fre'sare *vt* (*TECN*) to mill.
fres'chezza [fres'kettsa] *sf* freshness.
'**fresco, a, schi, sche** *ag* fresh;
(*temperatura*) cool; (*notizia*) recent, fresh
♦ *sm*: **godere il** ~ to enjoy the cool air;
~ **di bucato** straight from the wash,
newly washed; **stare** ~ (*fig*) to be in for it;
mettere al ~ to put in a cool place; (*fig: in
prigione*) to put inside *o* in the cooler.
fres'cura *sf* cool.
'**fresia** *sf* freesia.
'**fretta** *sf* hurry, haste; **in** ~ in a hurry; **in** ~
e furia in a mad rush; **aver** ~ to be in a
hurry; **far** ~ **a qn** to hurry sb.
frettolosa'mente *av* hurriedly, in a rush.
fretto'loso, a *ag* (*persona*) in a hurry;
(*lavoro etc*) hurried, rushed.
fri'abile *ag* (*terreno*) friable; (*pasta*)
crumbly.
'**friggere** ['friddʒere] *vt* to fry ♦ *vi* (*olio etc*)

to sizzle; **vai a farti ~!** (*fam*) get lost!
frigidità [fridʒidi'ta] *sf* frigidity.
'frigido, a ['fridʒido] *ag* (*MED*) frigid.
fri'gnare [friɲ'ɲare] *vi* to whine, snivel.
fri'gnone, a [friɲ'ɲone] *sm/f* whiner,
 sniveller.
'frigo, ghi *sm* fridge.
frigo'rifero, a *ag* refrigerating ♦ *sm*
 refrigerator; **cella ~a** cold store.
fringu'ello *sm* chaffinch.
'frissi *etc vb vedi* **friggere**.
frit'tata *sf* omelet(te); **fare una ~** (*fig*) to
 make a mess of things.
frit'tella *sf* (*CUC*) pancake; (: *ripiena*) fritter.
'fritto, a *pp di* **friggere** ♦ *ag* fried ♦ *sm* fried
 food; **ormai siamo ~i!** (*fig fam*) now we've
 had it!; **è un argomento ~ e rifritto** that's
 old hat; **~ misto** mixed fry.
frit'tura *sf* (*cibo*) fried food; **~ di pesce**
 mixed fried fish.
friu'lano, a *ag* of (*o* from) Friuli.
frivo'lezza [frivo'lettsa] *sf* frivolity.
'frivolo, a *ag* frivolous.
frizi'one [frit'tsjone] *sf* friction; (*di pelle*)
 rub, rub-down; (*AUT*) clutch.
friz'zante [frid'dzante] *ag* (*anche fig*)
 sparkling.
'frizzo ['friddzo] *sm* witticism.
fro'dare *vt* to defraud, cheat.
'frode *sf* fraud; **~ fiscale** tax evasion.
'frodo *sm*: **di ~** illegal, contraband;
 pescatore di ~, cacciatore di ~ poacher.
'frogia, gie ['frɔdʒa] *sf* (*di cavallo etc*)
 nostril.
'frollo, a *ag* (*carne*) tender; (: *di selvaggina*)
 high; (*fig: persona*) soft; **pasta ~a**
 short(crust) pastry.
'fronda *sf* (leafy) branch; (*di partito politico*)
 internal opposition; **~e** *sfpl* (*di albero*)
 foliage *sg*.
fron'tale *ag* frontal; (*scontro*) head-on.
'fronte *sf* (*ANAT*) forehead; (*di edificio*)
 front, façade ♦ *sm* (*MIL, POL, METEOR*)
 front; **a ~, di ~** facing, opposite; **di ~ a**
 (*posizione*) opposite, facing, in front of; (*a
 paragone di*) compared with; **far ~ a**
 (*nemico, problema*) to confront;
 (*responsabilità*) to face up to; (*spese*) to
 cope with.
fronteggi'are [fronted'dʒare] *vt* (*avversari,
 difficoltà*) to face, stand up to; (*spese*) to
 cope with.
frontes'pizio [frontes'pittsjo] *sm* (*ARCHIT*)
 frontispiece; (*di libro*) title page.
fronti'era *sf* border, frontier.
fron'tone *sm* pediment.
'fronzolo ['frondzolo] *sm* frill.
'frotta *sf* crowd; **in ~, a ~e** in their

hundreds, in droves.
'frottola *sf* fib; **raccontare un sacco di ~e** to
 tell a pack of lies.
fru'gale *ag* frugal.
fru'gare *vi* to rummage ♦ *vt* to search.
frugherò *etc* [fruge'rɔ] *vb vedi* **frugare**.
frui'tore *sm* user.
fruizi'one [fruit'tsjone] *sf* use.
frul'lare *vt* (*CUC*) to whisk ♦ *vi* (*uccelli*) to
 flutter; **cosa ti frulla in mente?** what is
 going on in that mind of yours?
frul'lato *sm* (*CUC*) milk shake; (: *con solo
 frutta*) fruit drink.
frulla'tore *sm* electric mixer.
frul'lino *sm* whisk.
fru'mento *sm* wheat.
frusci'are [fruʃ'ʃare] *vi* to rustle.
fru'scio [fruʃ'ʃio] *sm* rustle; rustling.
'frusta *sf* whip; (*CUC*) whisk.
frus'tare *vt* to whip.
frus'tata *sf* lash.
frus'tino *sm* riding crop.
frus'trare *vt* to frustrate.
frus'trato, a *ag* frustrated.
frustrazi'one [frustrat'tsjone] *sf*
 frustration.
'frutta *sf* fruit; (*portata*) dessert; **~
 candita/secca** candied/dried fruit.
frut'tare *vi* (*investimenti, deposito*) to bear
 dividends, give a return; **il mio deposito
 in banca (mi) frutta il 10%** my bank
 deposits bring (me) in 10%; **quella gara
 gli fruttò la medaglia d'oro** he won the
 gold medal in that competition.
frut'teto *sm* orchard.
frutticol'tura *sf* fruit growing.
frut'tifero, a *ag* (*albero etc*) fruit-bearing;
 (*fig: che frutta*) fruitful, profitable;
 deposito ~ interest-bearing deposit.
frutti'vendolo, a *sm/f* greengrocer (*BRIT*),
 produce dealer (*US*).
'frutto *sm* fruit; (*fig: risultato*) result(s);
 (*ECON: interesse*) interest; (: *reddito*)
 income; **è ~ della tua immaginazione** it's
 a figment of your imagination; **~i di mare**
 seafood *sg*.
fruttu'oso, a *ag* fruitful, profitable.
FS *abbr* (= *Ferrovie dello Stato*) *Italian
 railways*.
f.t. *abbr* = **fuori testo**.
f.to. *abbr* (= *firmato*) signed.
fu *vb vedi* **essere** ♦ *ag inv*: **il ~ Paolo Bianchi**
 the late Paolo Bianchi.
fuci'lare [futʃi'lare] *vt* to shoot.
fuci'lata [futʃi'lata] *sf* rifle shot.
fucilazi'one [futʃilat'tsjone] *sf* execution
 (by firing squad).
fu'cile [fu'tʃile] *sm* rifle, gun; (*da caccia*)

shotgun, gun; ~ **a canne mozze** sawn-off shotgun.

fu'cina [fu'tʃina] sf forge.

'fuco, chi sm drone.

'fucsia sf fuchsia.

'fuga, ghe sf escape, flight; (di gas, liquidi) leak; (MUS) fugue; mettere qn in ~ to put sb to flight; ~ di cervelli brain drain.

fu'gace [fu'gatʃe] ag fleeting, transient.

fu'gare vt (dubbi, incertezze) to dispel, drive out.

fug'gevole [fud'dʒevole] ag fleeting.

fuggi'asco, a, schi, sche [fud'dʒasko] ag, sm/f fugitive.

fuggi'fuggi [fuddʒi'fuddʒi] sm scramble, stampede.

fug'gire [fud'dʒire] vi to flee, run away; (fig: passar veloce) to fly ♦ vt to avoid.

fuggi'tivo, a [fuddʒi'tivo] sm/f fugitive, runaway.

'fui vb vedi essere.

'fulcro sm (FISICA) fulcrum; (fig: di teoria, questione) central o key point.

ful'gore sm brilliance, splendour (BRIT), splendor (US).

fu'liggine [fu'liddʒine] sf soot.

fulmi'nare vt (sog: elettricità) to electrocute; (con arma da fuoco) to shoot dead; ~rsi vr (lampadina) to go, blow; (fig: con lo sguardo): mi fulminò (con uno sguardo) he looked daggers at me.

'fulmine sm bolt of lightning; ~i smpl lightning sg; ~ a ciel sereno bolt from the blue.

ful'mineo, a ag (fig: scatto) rapid; (: minaccioso) threatening.

'fulvo, a ag tawny.

fumai'olo sm (di nave) funnel; (di fabbrica) chimney.

fu'mante ag (piatto etc) steaming.

fu'mare vi to smoke; (emettere vapore) to steam ♦ vt to smoke.

fu'mario, a ag: canna ~a flue.

fu'mata sf (segnale) smoke signal; farsi una ~ to have a smoke; ~ bianca/nera (in Vaticano) signal that a new pope has/has not been elected.

fuma'tore, 'trice sm/f smoker.

fu'metto sm comic strip; giornale m a ~i comic.

'fummo vb vedi essere.

'fumo sm smoke; (vapore) steam; (il fumare tabacco) smoking; ~i smpl (industriali etc) fumes; vendere ~ to deceive, cheat; è tutto ~ e niente arrosto it has no substance to it; i ~i dell'alcool (fig) the after-effects of drink; ~ passivo passive smoking.

fu'mogeno, a [fu'mɔdʒeno] ag (candelotto) smoke cpd ♦ sm smoke bomb; cortina ~a smoke screen.

fu'moso, a ag smoky; (fig) muddled.

fu'nambolo, a sm/f tightrope walker.

'fune sf rope, cord; (più grossa) cable.

'funebre ag (rito) funeral; (aspetto) gloomy, funereal.

fune'rale sm funeral.

fu'nesto, a ag (incidente) fatal; (errore, decisione) fatal, disastrous; (atmosfera) gloomy, dismal.

'fungere ['fundʒere] vi: ~ da to act as.

'fungo, ghi sm fungus; (commestibile) mushroom; ~ velenoso toadstool; crescere come i ~ghi (fig) to spring up overnight.

funico'lare sf funicular railway.

funi'via sf cable railway.

'funsi etc vb vedi fungere.

'funto, a pp di fungere.

funzio'nare [funtsjo'nare] vi to work, function; (fungere): ~ da to act as.

funzio'nario [funtsjo'narjo] sm official; ~ statale civil servant.

funzi'one [fun'tsjone] sf function; (carica) post, position; (REL) service; in ~ (meccanismo) in operation; in ~ di (come) as; vive in ~ dei figli he lives for his children; far ~ di to act as; fare la ~ di qn (farne le veci) to take sb's place.

fu'oco, chi sm fire; (fornello) ring; (FOT, FISICA) focus; dare ~ a qc to set fire to sth; far ~ (sparare) to fire; prendere ~ to catch fire; ~ d'artificio firework; ~ di paglia flash in the pan; ~ sacro o di Sant'Antonio (MED fam) shingles sg.

fuorché [fwor'ke] cong, prep except.

FU'ORI sigla m (= Fronte Unitario Omosessuale Rivoluzionario Italiano) gay liberation movement.

fu'ori av outside; (all'aperto) outdoors, outside; (~ di casa, SPORT) out; (esclamativo) get out! ♦ prep: ~ (di) out of, outside ♦ sm outside; essere in ~ (sporgere) to stick out; lasciar ~ qc/qn to leave sth/sb out; far ~ (fam: soldi) to spend; (: cioccolatini) to eat up; (: rubare) to nick; far ~ qn (fam) to kill sb, do sb in; essere tagliato ~ (da un gruppo, ambiente) to be excluded; essere ~ di sé to be beside oneself; ~ luogo (inopportuno) out of place, uncalled for; ~ mano out of the way, remote; ~ pasto between meals; ~ pericolo out of danger; ~ dai piedi! get out of the way!; ~ servizio out of order; ~ stagione out of season; illustrazione ~ testo (STAMPA) plate; ~ uso out of use.

fuori'bordo *sm inv* speedboat (with outboard motor); outboard motor.

fuori'busta *sm inv* unofficial payment.

fuori'classe *sm/f inv* (undisputed) champion.

fuori'corso *ag inv* (*moneta*) no longer in circulation; (*INS*): **(studente)** ~ *undergraduate who has not completed a course in due time.*

fuorigi'oco [fwori'dʒɔko] *sm* offside.

fuori'legge [fwori'leddʒe] *sm/f inv* outlaw.

fuoriprog'ramma *sm inv* (*TV*, *RADIO*) unscheduled programme; (*fig*) change of plan *o* programme.

fuori'serie *ag inv* (*auto etc*) custom-built ♦ *sf* custom-built car.

fuoris'trada *sm* (*AUT*) cross-country vehicle.

fuoru'scito, a, fuoriu'scito, a [fwor(i)uʃ'ʃito] *sm/f* exile ♦ *sf* (*di gas*) leakage, escape; (*di sangue, linfa*) seepage.

fuorvi'are *vt* to mislead; (*fig*) to lead astray ♦ *vi* to go astray.

furbacchi'one, a [furbak'kjone] *sm/f* cunning old devil.

fur'bizia [fur'bittsja] *sf* (*vedi ag*) cleverness; cunning; **una** ~ a cunning trick.

'furbo, a *ag* clever, smart; (*peg*) cunning ♦ *sm/f*: **fare il** ~ to (try to) be clever *o* smart; **fatti** ~! show a bit of sense!

fu'rente *ag*: ~ (**contro**) furious (with).

fure'ria *sf* (*MIL*) orderly room.

fu'retto *sm* ferret.

fur'fante *sm* rascal, scoundrel.

furgon'cino [furgon'tʃino] *sm* small van.

fur'gone *sm* van.

'furia *sf* (*ira*) fury, rage; (*fig: impeto*) fury, violence; (*fretta*) rush; **a** ~ **di** by dint of; **andare su tutte le** ~**e** to fly into a rage.

furi'bondo, a *ag* furious.

furi'ere *sm* quartermaster.

furi'oso, a *ag* furious; (*mare, vento*) raging.

'furono *vb vedi* **essere**.

fu'rore *sm* fury; (*esaltazione*) frenzy; **far** ~ to be all the rage.

furtiva'mente *av* furtively.

fur'tivo, a *ag* furtive.

'furto *sm* theft; ~ **con scasso** burglary.

'fusa *sfpl*: **fare le** ~ to purr.

fu'scello [fuʃ'ʃɛllo] *sm* twig.

fu'seaux *smpl inv* leggings.

'fusi *etc vb vedi* **fondere**.

fu'sibile *sm* (*ELETTR*) fuse.

fusi'one *sf* (*di metalli*) fusion, melting; (*colata*) casting; (*COMM*) merger; (*fig*) merging.

'fuso, a *pp di* **fondere** ♦ *sm* (*FILATURA*)

spindle; **diritto come un** ~ as stiff as a ramrod; ~ **orario** time zone.

fusoli'era *sf* (*AER*) fusillage.

fus'tagno [fus'taɲɲo] *sm* corduroy.

fus'tella *sf* (*su scatola di medicinali*) tear-off tab.

fusti'gare *vt* (*frustare*) to flog; (*fig: costumi*) to censure, denounce.

fus'tino *sm* (*di detersivo*) tub.

'fusto *sm* stem; (*ANAT, di albero*) trunk; (*recipiente*) drum, can; (*fam*) he-man.

'futile *ag* vain, futile.

futilità *sf inv* futility.

futu'rismo *sm* futurism.

G g

G, g [dʒi] *sf o m inv* (*lettera*) G, g; **G come Genova** ≈ G for George.

g. *abbr* (= *grammo*) g.

G7 [dʒi'sɛtte] *smpl* G7 (*Group of Seven*).

gabar'dine [gabar'din] *sm* (*tessuto*) gabardine; (*soprabito*) gabardine raincoat.

gab'bare *vt* to take in, dupe; ~**rsi** *vr*: ~**rsi di qn** to make fun of sb.

'gabbia *sf* cage; (*DIR*) dock; (*da imballaggio*) crate; **la** ~ **degli accusati** (*DIR*) the dock; ~ **dell'ascensore** lift (*BRIT*) *o* elevator (*US*) shaft; ~ **toracica** (*ANAT*) rib cage.

gabbi'ano *sm* (sea)gull.

gabi'netto *sm* (*MED etc*) consulting room; (*POL*) ministry; (*di decenza*) toilet, lavatory; (*INS: di fisica etc*) laboratory.

Ga'bon *sm*: **il** ~ Gabon.

ga'elico, a, ci, che *ag, sm* Gaelic.

gaffe [gaf] *sf inv* blunder, boob (*fam*).

gagli'ardo, a [gaʎ'ʎardo] *ag* strong, vigorous.

gai'ezza [ga'jettsa] *sf* gaiety, cheerfulness.

'gaio, a *ag* cheerful.

'gala *sf* (*sfarzo*) pomp; (*festa*) gala.

ga'lante *ag* gallant, courteous; (*avventura, poesia*) amorous.

galante'ria *sf* gallantry.

galantu'omo, pl galantu'omini *sm* gentleman.

Ga'lapagos *sfpl*: **le (isole)** ~ the Galapagos Islands.

ga'lassia *sf* galaxy.

gala'teo *sm* (good) manners *pl*, etiquette.

gale'otto *sm* (*rematore*) galley slave; (*carcerato*) convict.

ga'lera *sf* (*NAUT*) galley; (*prigione*) prison.

'galla *sf*: **a** ~ afloat; **venire a** ~ to surface, come to the surface; (*fig: verità*) to come out.

galleggia'mento [galleddʒa'mento] *sm* floating; **linea di** ~ (*di nave*) waterline.

galleggi'ante [galled'dʒante] *ag* floating ♦ *sm* (*natante*) barge; (*di pescatore, lenza, TECN*) float.

galleggi'are [galled'dʒare] *vi* to float.

galle'ria *sf* (*traforo*) tunnel; (*ARCHIT, d'arte*) gallery; (*TEAT*) circle; (*strada coperta con negozi*) arcade; ~ **del vento** *o* **aerodinamica** (*AER*) wind tunnel.

'Galles *sm*: **il** ~ Wales.

gal'lese *ag* Welsh ♦ *sm/f* Welshman/woman ♦ *sm* (*LING*) Welsh; **i G~i** the Welsh.

gal'letta *sf* cracker; (*NAUT*) ship's biscuit.

gal'letto *sm* young cock, cockerel; (*fig*) cocky young man; **fare il** ~ to play the gallant.

'Gallia *sf*: **la** ~ Gaul.

gal'lina *sf* hen; **andare a letto con le** ~**e** to go to bed early.

gal'lismo *sm* machismo.

'gallo *sm* cock; **al canto del** ~ at daybreak, at cockcrow; **fare il** ~ to play the gallant.

gal'lone *sm* piece of braid; (*MIL*) stripe; (*unità di misura*) gallon.

galop'pare *vi* to gallop.

galop'pino *sm* errand boy; (*POL*) canvasser.

ga'loppo *sm* gallop; **al** *o* **di** ~ at a gallop.

galvaniz'zare [galvanid'dzare] *vt* to galvanize.

'gamba *sf* leg; (*asta: di lettera*) stem; **in** ~ (*in buona salute*) well; (*bravo, sveglio*) bright, smart; **prendere qc sotto** ~ (*fig*) to treat sth too lightly; **scappare a** ~**e levate** to take to one's heels; ~**e!** scatter!

gam'bale *sm* legging.

gambe'retto *sm* shrimp.

'gambero *sm* (*di acqua dolce*) crayfish; (*di mare*) prawn.

'Gambia *sf*: **la** ~ the Gambia.

gambiz'zare [gambid'dzare] *vt* to kneecap.

'gambo *sm* stem; (*di frutta*) stalk.

ga'mella *sf* mess tin.

'gamma *sf* (*MUS*) scale; (*di colori, fig*) range; ~ **di prodotti** product range.

ga'nascia, sce [ga'naʃʃa] *sf* jaw; ~**sce del freno** (*AUT*) brake shoes.

'gancio ['gantʃo] *sm* hook.

'Gange ['gandʒe] *sm*: **il** ~ the Ganges.

'gangheri ['gangeri] *smpl*: **uscire dai** ~ (*fig*) to fly into a temper.

gan'grena *sf* = **cancrena**.

'gara *sf* competition; (*SPORT*) competition; contest; match; (: *corsa*) race; **fare a** ~ to compete, vie; ~ **d'appalto** (*COMM*) tender.

ga'rage [ga'raʒ] *sm inv* garage.

ga'rante *sm/f* guarantor.

garan'tire *vt* to guarantee; (*debito*) to stand surety for; (*dare per certo*) to assure.

garan'tismo *sm* protection of civil liberties.

garan'tista, i, e *ag* concerned with civil liberties.

garan'zia [garan'tsia] *sf* guarantee; (*pegno*) security; **in** ~ under guarantee.

gar'bare *vi*: **non mi garba** I don't like it (*o* him *etc*).

garba'tezza [garba'tettsa] *sf* courtesy, politeness.

gar'bato, a *ag* courteous, polite.

'garbo *sm* (*buone maniere*) politeness, courtesy; (*di vestito etc*) grace, style.

gar'buglio [gar'buʎʎo] *sm* tangle; (*fig*) muddle, mess.

gareggi'are [gared'dʒare] *vi* to compete.

garga'nella *sf*: **a** ~ from the bottle.

garga'rismo *sm* gargle; **fare i** ~**i** to gargle.

ga'ritta *sf* (*di caserma*) sentry box.

ga'rofano *sm* carnation; **chiodo di** ~ clove.

gar'retto *sm* hock.

gar'rire *vi* to chirp.

'garrulo, a *ag* (*uccello*) chirping; (*persona: loquace*) garrulous, talkative.

'garza ['gardza] *sf* (*per bende*) gauze.

gar'zone [gar'dzone] *sm* (*di negozio*) boy.

gas *sm inv* gas; **a tutto** ~ at full speed; **dare** ~ (*AUT*) to accelerate; ~ **lacrimogeno** tear gas; ~ **naturale** natural gas.

ga'sare *etc* = **gassare** *etc*.

ga'sato, a *sm/f* (*fam: persona*) freak.

gas'dotto *sm* gas pipeline.

ga'solio *sm* diesel (oil).

ga's(s)are *vt* to aerate, carbonate; (*asfissiare*) to gas; ~**rsi** *vr* (*fam*) to get excited.

ga's(s)ato, a *ag* (*bibita*) aerated, fizzy.

gas'soso, a *ag* gaseous; gassy ♦ *sf* fizzy drink.

'gastrico, a, ci, che *ag* gastric.

gast'rite *sf* gastritis.

gastroente'rite *sf* gastroenteritis.

gastrono'mia *sf* gastronomy.

gas'tronomo, a *sm/f* gourmet, gastronome.

G.A.T.T. *sigla m* (= *General Agreement on Tariffs and Trade*) GATT.

'gatta *sf* cat, she-cat; **una** ~ **da pelare** (*fam*) a thankless task; **qui** ~ **ci cova!** I smell a rat!, there's something fishy going on here!

gatta'buia *sf* (*fam scherzoso: prigione*) clink.

gat'tino *sm* kitten.

'gatto *sm* cat, tomcat; ~ **delle nevi** (*AUT, SCI*) snowcat; ~ **a nove code** cat-o'-nine-tails; ~ **selvatico** wildcat.

gatto'pardo *sm*: ~ **africano** serval; ~ **americano** ocelot.

gat'tuccio [gat'tuttʃo] *sm* dogfish.

gau'dente *sm/f* pleasure-seeker.

'gaudio *sm* joy, happiness.

ga'vetta *sf* (*MIL*) mess tin; **venire dalla ~** (*MIL, fig*) to rise from the ranks.

'gazza ['gaddza] *sf* magpie.

gaz'zarra [gad'dzarra] *sf* racket, din.

gaz'zella [gad'dzɛlla] *sf* gazelle; (*dei carabinieri*) (high-speed) police car.

gaz'zetta [gad'dzetta] *sf* news sheet; **G~ Ufficiale** *official publication containing details of new laws.*

gaz'zoso, a [gad'dzoso] *ag* = **gassoso**.

Gazz. Uff. *abbr* = **Gazzetta Ufficiale**.

GB *sigla* (= *Gran Bretagna*) GB.

G.C. *abbr* = **genio civile**.

G.d.F. *abbr* = **guardia di finanza**.

GE *sigla* = *Genova*.

gel [dʒɛl] *sm inv* gel.

ge'lare [dʒe'lare] *vt, vi, vb impers* to freeze; **mi ha gelato il sangue** (*fig*) it made my blood run cold.

ge'lata [dʒe'lata] *sf* frost.

gela'taio, a [dʒela'tajo] *sm/f* ice-cream vendor.

gelate'ria [dʒelate'ria] *sf* ice-cream shop.

gela'tina [dʒela'tina] *sf* gelatine; ~ **esplosiva** gelignite; ~ **di frutta** fruit jelly.

gelati'noso, a [dʒelati'noso] *ag* gelatinous, jelly-like.

ge'lato, a [dʒe'lato] *ag* frozen ♦ *sm* ice cream.

'gelido, a ['dʒɛlido] *ag* icy, ice-cold.

'gelo ['dʒɛlo] *sm* (*temperatura*) intense cold; (*brina*) frost; (*fig*) chill.

ge'lone [dʒe'lone] *sm* chilblain.

gelo'sia [dʒelo'sia] *sf* jealousy.

ge'loso, a [dʒe'loso] *ag* jealous.

'gelso ['dʒɛlso] *sm* mulberry (tree).

gelso'mino [dʒelso'mino] *sm* jasmine.

gemel'laggio [dʒemel'laddʒo] *sm* twinning.

gemel'lare [dʒemel'lare] *ag* twin *cpd* ♦ *vt* (*città*) to twin.

ge'mello, a [dʒe'mɛllo] *ag, sm/f* twin; ~**i** *smpl* (*di camicia*) cufflinks; (*dello zodiaco*): **G~i** Gemini *sg*; **essere dei G~i** to be Gemini.

'gemere ['dʒɛmere] *vi* to moan, groan; (*cigolare*) to creak; (*gocciolare*) to drip, ooze.

'gemito ['dʒɛmito] *sm* moan, groan.

'gemma ['dʒɛmma] *sf* (*BOT*) bud; (*pietra preziosa*) gem.

Gen *abbr* (*MIL*: = *generale*) Gen.

gen. *abbr* (= *generale, generalmente*) gen.

gen'darme [dʒen'darme] *sm* policeman; (*fig*) martinet.

'gene ['dʒɛne] *sm* gene.

genealo'gia, 'gie [dʒenealo'dʒia] *sf* genealogy.

genea'logico, a, ci, che [dʒenea'lɔdʒiko] *ag* genealogical; **albero ~** family tree.

gene'rale [dʒene'rale] *ag, sm* general; **in ~** (*per sommi capi*) in general terms; (*di solito*) usually, in general; **a ~ richiesta** by popular request.

generalità [dʒenerali'ta] *sfpl* (*dati d'identità*) particulars.

generaliz'zare [dʒeneralid'dzare] *vt, vi* to generalize.

generalizzazi'one [dʒeneraliddzat'tsjone] *sf* generalization.

general'mente [dʒeneral'mente] *av* generally.

gene'rare [dʒene'rare] *vt* (*dar vita*) to give birth to; (*produrre*) to produce; (*causare*) to arouse; (*TECN*) to produce, generate.

genera'tore [dʒenera'tore] *sm* (*TECN*) generator.

generazi'one [dʒenerat'tsjone] *sf* generation.

'genere ['dʒɛnere] *sm* kind, type, sort; (*BIOL*) genus; (*merce*) article, product; (*LING*) gender; (*ARTE, LETTERATURA*) genre; **in ~** generally, as a rule; **cose del o di questo ~** such things; **il ~ umano** mankind; ~**i alimentari** foodstuffs; ~**i di consumo** consumer goods; ~**i di prima necessità** basic essentials.

ge'nerico, a, ci, che [dʒe'nɛriko] *ag* generic; (*vago*) vague, imprecise; **medico ~** general practitioner.

'genero ['dʒɛnero] *sm* son-in-law.

generosità [dʒenerosi'ta] *sf* generosity.

gene'roso, a [dʒene'roso] *ag* generous.

'genesi ['dʒɛnezi] *sf* genesis.

ge'netico, a, ci, che [dʒe'nɛtiko] *ag* genetic ♦ *sf* genetics *sg*.

gen'giva [dʒen'dʒiva] *sf* (*ANAT*) gum.

ge'nia [dʒe'nia] *sf* (*peg*) mob, gang.

geni'ale [dʒe'njale] *ag* (*persona*) of genius; (*idea*) ingenious, brilliant.

'genio ['dʒɛnjo] *sm* genius; (*attitudine, talento*) talent, flair, genius; **andare a ~ a qn** to be to sb's liking, appeal to sb; ~ **civile** civil engineers *pl*; **il ~ (militare)** the Engineers.

geni'tale [dʒeni'tale] *ag* genital; ~**i** *smpl*

genitals.

geni'tore [dʒeni'tore] *sm* parent, father *o* mother; ~**i** *smpl* parents.

genn. *abbr* (= *gennaio*) Jan.

gen'naio [dʒen'najo] *sm* January; *per fraseologia vedi* **luglio.**

geno'cidio [dʒeno'tʃidjo] *sm* genocide.

'Genova ['dʒɛnova] *sf* Genoa.

geno'vese [dʒeno'vese] *ag, sm/f* Genoese (*pl inv*).

gen'taglia [dʒen'taʎʎa] *sf* (*peg*) rabble.

'gente ['dʒɛnte] *sf* people *pl.*

gentil'donna [dʒentil'dɔnna] *sf* lady.

gen'tile [dʒen'tile] *ag* (*persona, atto*) kind; (: *garbato*) courteous, polite; (*nelle lettere*): **G~ Signore** Dear Sir; (: *sulla busta*): **G~ Signor Fernando Villa** Mr Fernando Villa.

genti'lezza [dʒenti'lettsa] *sf* kindness; courtesy, politeness; **per** ~ (*per favore*) please.

gentilu'omo, *pl* **gentilu'omini** [dʒenti'lwɔmo] *sm* gentleman.

genuflessi'one [dʒenufles'sjone] *sf* genuflection.

genu'ino, a [dʒenu'ino] *ag* (*prodotto*) natural; (*persona, sentimento*) genuine, sincere.

geogra'fia [dʒeogra'fia] *sf* geography.

geo'grafico, a, ci, che [dʒeo'grafiko] *ag* geographical.

ge'ografo, a [dʒe'ɔgrafo] *sm/f* geographer.

geolo'gia [dʒeolo'dʒia] *sf* geology.

geo'logico, a, ci, che [dʒeo'lɔdʒiko] *ag* geological.

ge'ometra, i, e [dʒe'ɔmetra] *sm/f* (*professionista*) surveyor.

geome'tria [dʒeome'tria] *sf* geometry.

geo'metrico, a, ci, che [dʒeo'metriko] *ag* geometric(al).

geopo'litico, a, ci, che [dʒeopo'litiko] *ag* geopolitical.

Ge'orgia [dʒe'ɔrdʒa] *sf* Georgia.

geor'giano, a [dʒeor'dʒano] *ag, sm/f* Georgian.

ge'ranio [dʒe'ranjo] *sm* geranium.

ge'rarca, chi [dʒe'rarka] *sm* (*STORIA: nel fascismo*) party official.

gerar'chia [dʒerar'kia] *sf* hierarchy.

ge'rarchico, a, ci, che [dʒe'rarkiko] *ag* hierarchical.

ge'rente [dʒe'rɛnte] *sm/f* manager/ manageress.

ge'renza [dʒe'rɛntsa] *sf* management.

ger'gale [dʒer'gale] *ag* slang *cpd.*

'gergo, ghi ['dʒɛrgo] *sm* jargon; slang.

geria'tria [dʒerja'tria] *sf* geriatrics *sg.*

geri'atrico, a, ci, che [dʒe'rjatriko] *ag* geriatric.

'gerla ['dʒɛrla] *sf* conical wicker basket.

Ger'mania [dʒer'manja] *sf:* **la** ~ Germany; **la** ~ **occidentale/orientale** West/East Germany.

'germe ['dʒɛrme] *sm* germ; (*fig*) seed.

germinazi'one [dʒerminat'tsjone] *sf* germination.

germogli'are [dʒermoʎ'ʎare] *vi* (*emettere germogli*) to sprout; (*germinare*) to germinate.

ger'moglio [dʒer'moʎʎo] *sm* shoot; (*gemma*) bud.

gero'glifico, ci [dʒero'glifiko] *sm* hieroglyphic.

geron'tologo, a, gi, ghe [dʒeron'tɔlogo] *sm/f* specialist in geriatrics.

ge'rundio [dʒe'rundjo] *sm* gerund.

Gerusa'lemme [dʒeruza'lɛmme] *sf* Jerusalem.

'gesso ['dʒɛsso] *sm* chalk; (*SCULTURA, MED, EDIL*) plaster; (*statua*) plaster figure; (*minerale*) gypsum.

'gesta ['dʒɛsta] *sfpl* (*letterario*) deeds, feats.

ges'tante [dʒes'tante] *sf* expectant mother.

gestazi'one [dʒestat'tsjone] *sf* gestation.

gestico'lare [dʒestiko'lare] *vi* to gesticulate.

gestio'nale [dʒestjo'nale] *ag* administrative, management *cpd.*

gesti'one [dʒes'tjone] *sf* management; ~ **di magazzino** stock control; ~ **patrimoniale** investment management.

ges'tire [dʒes'tire] *vt* to run, manage.

'gesto ['dʒɛsto] *sm* gesture.

ges'tore [dʒes'tore] *sm* manager.

Gesù [dʒe'zu] *sm* Jesus; ~ **bambino** the Christ Child.

gesu'ita, i [dʒezu'ita] *sm* Jesuit.

get'tare [dʒet'tare] *vt* to throw; (*anche:* ~ **via**) to throw away *o* out; (*SCULTURA*) to cast; (*EDIL*) to lay; (*acqua*) to spout; (*grido*) to utter; ~**rsi** *vr:* ~**rsi in** (*impresa*) to throw o.s. into; (*mischia*) to hurl o.s. into; (*sog: fiume*) to flow into; ~ **uno sguardo su** to take a quick look at.

get'tata [dʒet'tata] *sf* (*di cemento, gesso, metalli*) cast; (*diga*) jetty.

'gettito ['dʒettito] *sm* revenue.

'getto ['dʒetto] *sm* (*di gas, liquido, AER*) jet; (*BOT*) shoot; **a** ~ **continuo** uninterruptedly; **di** ~ (*fig*) straight off, in one go.

get'tone [dʒet'tone] *sm* token; (*per giochi*) counter; (: *roulette etc*) chip; ~ **di presenza** attendance fee; ~ **telefonico** telephone token.

gettoni'era [dʒetto'njɛra] *sf* telephone-token dispenser.

'geyser ['gaizə] *sm inv* geyser.
'Ghana ['gana] *sm:* il ~ Ghana.
'ghenga, ghe ['gɛnga] *sf (fam)* gang, crowd.
ghe'pardo [ge'pardo] *sm* cheetah.
gher'mire [ger'mire] *vt* to grasp, clasp, clutch.
'ghetta ['getta] *sf (gambale)* gaiter.
ghettiz'zare [gettid'dzare] *vt* to segregate.
'ghetto ['getto] *sm* ghetto.
ghiacci'aia [gjat't∫aja] *sf (anche fig)* icebox.
ghiacci'aio [gjat't∫ajo] *sm* glacier.
ghiacci'are [gjat't∫are] *vt* to freeze; *(fig):* ~ qn to make sb's blood run cold ♦ *vi* to freeze, ice over.
ghiacci'ato, a [gjat't∫ato] *ag* frozen; *(bevanda)* ice-cold.
ghi'accio ['gjatt∫o] *sm* ice.
ghiacci'olo [gjat't∫olo] *sm* icicle; *(tipo di gelato)* ice lolly *(BRIT)*, popsicle *(US)*.
ghi'aia ['gjaja] *sf* gravel.
ghi'anda ['gjanda] *sf (BOT)* acorn.
ghi'andola ['gjandola] *sf* gland.
ghiando'lare [gjando'lare] *ag* glandular.
ghigliot'tina [giʎʎot'tina] *sf* guillotine.
ghi'gnare [giɲ'ɲare] *vi* to sneer.
'ghigno ['giɲɲo] *sm (espressione)* sneer; *(risata)* mocking laugh.
'ghingheri ['gingeri] *smpl:* in ~ all dolled up; mettersi in ~ to put on one's Sunday best.
ghi'otto, a ['gjotto] *ag* greedy; *(cibo)* delicious, appetizing.
ghiot'tone, a [gjot'tone] *sm/f* glutton.
ghiottone'ria [gjottone'ria] *sf* greed, gluttony; *(cibo)* delicacy, titbit *(BRIT)*, tidbit *(US)*.
ghiri'goro [giri'goro] *sm* scribble, squiggle.
ghir'landa [gir'landa] *sf* garland, wreath.
'ghiro ['giro] *sm* dormouse.
'ghisa ['giza] *sf* cast iron.
G.I. *abbr* = giudice istruttore.
già [dʒa] *av* already; *(ex, in precedenza)* formerly ♦ *escl* of course!, yes indeed!; ~ che ci sei ... while you are at it ....
gi'acca, che ['dʒakka] *sf* jacket; ~ a vento windcheater *(BRIT)*, windbreaker *(US)*.
giacché [dʒak'ke] *cong* since, as.
giac'chetta [dʒak'ketta] *sf (light)* jacket.
'giaccio *etc* ['dʒatt∫o] *vb vedi* giacere.
giac'cone [dʒak'kone] *sm* heavy jacket.
gia'cenza [dʒa't∫entsa] *sf:* merce in ~ goods in stock; capitale in ~ uninvested capital; ~e di magazzino unsold stock.
gia'cere [dʒa't∫ere] *vi* to lie.
giaci'mento [dʒat∫i'mento] *sm* deposit.
gia'cinto [dʒa't∫into] *sm* hyacinth.
giaci'uto, a [dʒa't∫uto] *pp di* giacere.

gi'acqui *etc* ['dʒakkwi] *vb vedi* giacere.
gi'ada ['dʒada] *sf* jade.
giaggi'olo [dʒad'dʒolo] *sm* iris.
giagu'aro [dʒa'gwaro] *sm* jaguar.
gial'lastro, a [dʒal'lastro] *ag* yellowish; *(carnagione)* sallow.
gi'allo ['dʒallo] *ag* yellow; *(carnagione)* sallow ♦ *sm* yellow; *(anche:* romanzo ~) detective novel; *(anche:* film ~) detective film; ~ dell'uovo yolk; il mar G~ the Yellow Sea.
gial'lognolo, a [dʒal'loɲɲolo] *ag* yellowish, dirty yellow.
Gia'maica [dʒa'maika] *sf:* la ~ Jamaica.
giamai'cano, a [dʒamai'kano] *ag, sm/f* Jamaican.
giam'mai [dʒam'mai] *av* never.
Giap'pone [dʒap'pone] *sm:* il ~ Japan.
giappo'nese [dʒappo'nese] *ag, sm/f, sm* Japanese *inv.*
gi'ara ['dʒara] *sf* jar.
giardi'naggio [dʒardi'naddʒo] *sm* gardening.
giardi'netta [dʒardi'netta] *sf* estate car *(BRIT)*, station wagon *(US)*.
giardini'ere, a [dʒardi'njɛre] *sm/f* gardener ♦ *sf (misto di sottaceti)* mixed pickles *pl*; *(automobile)* = giardinetta.
giar'dino [dʒar'dino] *sm* garden; ~ d'infanzia nursery school; ~ pubblico public gardens *pl*, (public) park; ~ zoologico zoo.
giarretti'era [dʒarret'tjɛra] *sf* garter.
Gi'ava ['dʒava] *sf* Java.
giavel'lotto [dʒavel'lotto] *sm* javelin.
gib'boso, a [dʒib'boso] *ag (superficie)* bumpy; *(naso)* crooked.
Gibil'terra [dʒibil'tɛrra] *sf* Gibraltar.
gi'gante, 'essa [dʒi'gante] *sm/f* giant ♦ *ag* giant, gigantic; *(COMM)* giant-size.
gigan'tesco, a, schi, sche [dʒigan'tesko] *ag* gigantic.
gigantogra'fia [dʒigantogra'fia] *sf (FOT)* blow-up.
'giglio ['dʒiʎʎo] *sm* lily.
gilè [dʒi'lɛ] *sm inv* waistcoat.
gin [dʒin] *sm inv* gin.
gin'cana [dʒin'kana] *sf* gymkhana.
ginecolo'gia [dʒinekolo'dʒia] *sf* gynaecology *(BRIT)*, gynecology *(US)*.
gine'cologo, a, gi, ghe [dʒine'kɔlogo] *sm/f* gynaecologist *(BRIT)*, gynecologist *(US)*.
gi'nepro [dʒi'nepro] *sm* juniper.
gi'nestra [dʒi'nɛstra] *sf (BOT)* broom.
Gi'nevra [dʒi'nevra] *sf* Geneva; il Lago di ~ Lake Geneva.
gingil'larsi [dʒindʒil'larsi] *vr* to fritter away one's time; *(giocare):* ~ con to fiddle with.

gin'gillo [dʒin'dʒillo] *sm* plaything.

gin'nasio [dʒin'nazjo] *sm the 4th and 5th year of secondary school in Italy.*

gin'nasta, i, e [dʒin'nasta] *sm/f* gymnast.

gin'nastica [dʒin'nastika] *sf* gymnastics *sg*; (*esercizio fisico*) keep-fit exercises *pl*; (*INS*) physical education.

'ginnico, a, ci, che ['dʒinnko] *ag* gymnastic.

gi'nocchio [dʒi'nɔkkjo], *pl(m)* **gi'nocchi** *o pl(f)* **gi'nocchia** *sm* knee; **stare in** ~ to kneel, be on one's knees; **mettersi in** ~ to kneel (down).

ginocchi'oni [dʒinok'kjoni] *av* on one's knees.

gio'care [dʒo'kɑre] *vt* to play; (*scommettere*) to stake, wager, bet; (*ingannare*) to take in ♦ *vi* to play; (*a roulette etc*) to gamble; (*fig*) to play a part, be important; (*TECN: meccanismo*) to be loose; ~ **a** (*gioco, sport*) to play; (*cavalli*) to bet on; ~ **d'astuzia** to be crafty; ~**rsi la carriera** to put one's career at risk; ~**rsi tutto** to risk everything; **a che gioco giochiamo?** what are you playing at?

gioca'tore, 'trice [dʒoka'tore] *sm/f* player; gambler.

gio'cattolo [dʒo'kattolo] *sm* toy.

giocherel'lare [dʒokerel'lare] *vi*: ~ **con** (*giocattolo*) to play with; (*distrattamente*) to fiddle with.

giocherò *etc* [dʒoke'rɔ] *vb vedi* **giocare.**

gio'chetto [dʒo'ketto] *sm* (*gioco*) game; (*tranello*) trick; (*fig*): **è un** ~ it's child's play.

gi'oco, chi ['dʒɔko] *sm* game; (*divertimento, TECN*) play; (*al casinò*) gambling; (*CARTE*) hand; (*insieme di pezzi etc necessari per un gioco*) set; **per** ~ for fun; **fare il doppio** ~ **con qn** to double-cross sb; **prendersi** ~ **di qn** to pull sb's leg; **stare al** ~ **di qn** to play along with sb; **è in** ~ **la mia reputazione** my reputation is at stake; ~ **d'azzardo** game of chance; ~ **della palla** ball game; ~ **degli scacchi** chess set; **i G**~**chi Olimpici** the Olympic Games.

gioco'forza [dʒoko'fɔrtsa] *sm*: **essere** ~ to be inevitable.

giocoli'ere [dʒoko'ljɛre] *sm* juggler.

gio'coso, a [dʒo'koso] *ag* playful, jesting.

gio'gaia [dʒo'gaja] *sf* (*GEO*) range of mountains.

gi'ogo, ghi ['dʒogo] *sm* yoke.

gi'oia ['dʒɔja] *sf* joy, delight; (*pietra preziosa*) jewel, precious stone.

gioielle'ria [dʒojelle'ria] *sf* jeweller's (*BRIT*) *o* jeweler's (*US*) craft; (*negozio*) jewel(l)er's (shop).

gioielli'ere, a [dʒojel'ljɛre] *sm/f* jeweller (*BRIT*), jeweler (*US*).

gioi'ello [dʒo'jɛllo] *sm* jewel, piece of jewellery (*BRIT*) *o* jewelry (*US*); ~**i** *smpl* (*gioie*) jewel(l)ery *sg*.

gioi'oso, a [dʒo'joso] *ag* joyful.

Gior'dania [dʒor'danja] *sf*: **la** ~ Jordan.

Gior'dano [dʒor'dano] *sm*: **il** ~ the Jordan.

gior'dano, a [dʒor'dano] *ag, sm/f* Jordanian.

giorna'laio, a [dʒorna'lajo] *sm/f* newsagent (*BRIT*), newsdealer (*US*).

gior'nale [dʒor'nale] *sm* (news)paper; (*diario*) journal, diary; (*COMM*) journal; ~ **di bordo** (*NAUT*) ship's log; ~ **radio** radio news *sg*.

giorna'letto [dʒorna'letto] *sm* (children's) comic.

giornali'ero, a [dʒorna'ljɛro] *ag* daily; (*che varia: umore*) changeable ♦ *sm* day labourer (*BRIT*) *o* laborer (*US*).

giorna'lino [dʒorna'lino] *sm* children's comic.

giorna'lismo [dʒorna'lizmo] *sm* journalism.

giorna'lista, i, e [dʒorna'lista] *sm/f* journalist.

giorna'listico, a, ci, che [dʒorna'listiko] *ag* journalistic; **stile** ~ journalese.

giornal'mente [dʒornal'mente] *av* daily.

gior'nata [dʒor'nata] *sf* day; (*paga*) day's wages, day's pay; **durante la** ~ **di ieri** yesterday; **fresco di** ~ (*uovo*) freshly laid; **vivere alla** ~ to live from day to day; ~ **lavorativa** working day.

gi'orno ['dʒorno] *sm* day; (*opposto alla notte*) day, daytime; (*luce del* ~) daylight; **al** ~ per day; **di** ~ by day; ~ **per** ~ day by day; **al** ~ **d'oggi** nowadays; **tutto il santo** ~ all day long.

> **Il Giorno dei Morti**, *All Souls' Day, falls on November 2nd. On that day, relatives make a special visit to the graves of loved ones to lay flowers.*

gi'ostra ['dʒɔstra] *sf* (*per bimbi*) merry-go-round; (*torneo storico*) joust.

gios'trare [dʒos'trare] *vi* (*STORIA*) to joust, tilt; ~**rsi** *vr* to manage.

giov. *abbr* (= *giovedì*) Thur(s).

giova'mento [dʒova'mento] *sm* benefit, help.

gi'ovane ['dʒovane] *ag* young; (*aspetto*) youthful ♦ *sm/f* youth/girl, young man/woman; **i** ~**i** young people; **è** ~ **del mestiere** he's new to the job.

giova'netto, a [dʒova'netto] *sm/f* young man/woman.

giova'nile [dʒova'nile] *ag* youthful; (*scritti*)

early; (*errore*) of youth.

giova'notto [dʒova'nɔtto] *sm* young man.

gio'vare [dʒo'vare] *vi:* ~ **a** (*essere utile*) to be useful to; (*far bene*) to be good for ♦ *vb impers* (*essere bene, utile*) to be useful; ~**rsi** *vr:* ~**rsi di qc** to make use of sth; **a che giova prendersela?** what's the point of getting upset?

Gi'ove ['dʒɔve] *sm* (*MITOLOGIA*) Jove; (*ASTR*) Jupiter.

giovedì [dʒove'di] *sm inv* Thursday; *per fraseologia vedi* **martedì**.

gio'venca, che [dʒo'vɛnka] *sf* heifer.

gioventù [dʒoven'tu] *sf* (*periodo*) youth; (*i giovani*) young people *pl*, youth.

giovi'ale [dʒo'vjale] *ag* jovial, jolly.

giovi'nastro [dʒovi'nastro] *sm* young thug.

giovin'cello [dʒovin'tʃɛllo] *sm* young lad.

giovi'nezza [dʒovi'nettsa] *sf* youth.

gip [dʒip] *sigla m* (= *giudice per le indagini preliminari*) judge for preliminary enquiries.

gira'dischi [dʒira'diski] *sm inv* record player.

gi'raffa [dʒi'raffa] *sf* giraffe; (*TV, CINE, RADIO*) boom.

gira'mento [dʒira'mento] *sm:* ~ **di testa** fit of dizziness.

gira'mondo [dʒira'mondo] *sm/f inv* globetrotter.

gi'randola [dʒi'randola] *sf* (*fuoco d'artificio*) Catherine wheel; (*giocattolo*) toy windmill; (*banderuola*) weather vane, weathercock.

gi'rante [dʒi'rante] *sm/f* (*di assegno*) endorser.

gi'rare [dʒi'rare] *vt* (*far ruotare*) to turn; (*percorrere, visitare*) to go round; (*CINE*) to shoot; (*: film: come regista*) to make; (*COMM*) to endorse ♦ *vi* to turn; (*più veloce*) to spin; (*andare in giro*) to wander, go around; ~**rsi** *vr* to turn; ~ **attorno a** to go round; to revolve round; **si girava e rigirava nel letto** he tossed and turned in bed; **far** ~ **la testa a qn** to make sb dizzy; (*fig*) to turn sb's head; **gira al largo** keep your distance; **girala come ti pare** (*fig*) look at it whichever way you like; **gira e rigira** ... after a lot of driving (*o walking*) about ...; (*fig*) whichever way you look at it; **cosa ti gira?** (*fam*) what's got into you?; **mi ha fatto** ~ **le scatole** (*fam*) he drove me crazy.

girar'rosto [dʒirar'rɔsto] *sm* (*CUC*) spit.

gira'sole [dʒira'sole] *sm* sunflower.

gi'rata [dʒi'rata] *sf* (*passeggiata*) stroll; (*con veicolo*) drive; (*COMM*) endorsement.

gira'tario, a [dʒira'tarjo] *sm/f* endorsee.

gira'volta [dʒira'vɔlta] *sf* twirl, turn; (*curva*) sharp bend; (*fig*) about-turn.

gi'rello [dʒi'rɛllo] *sm* (*di bambino*) Babywalker ® (*BRIT*), go-cart (*US*); (*taglio di carne*) topside (*BRIT*), top round (*US*).

gi'retto [dʒi'retto] *sm* (*passeggiata*) walk, stroll; (: *in macchina*) drive, spin; (: *in bicicletta*) ride.

gi'revole [dʒi'revole] *ag* revolving, turning.

gi'rino [dʒi'rino] *sm* tadpole.

'giro ['dʒiro] *sm* (*circuito, cerchio*) circle; (*di chiave, manovella*) turn; (*viaggio*) tour, excursion; (*passeggiata*) stroll, walk; (*in macchina*) drive; (*in bicicletta*) ride; (*SPORT: della pista*) lap; (*di denaro*) circulation; (*CARTE*) hand; (*TECN*) revolution; **fare un** ~ to go for a walk (*o a drive o a ride*); **fare il** ~ **di** (*parco, città*) to go round; **andare in** ~ (*a piedi*) to go about, walk around; **guardarsi in** ~ to look around; **prendere in** ~ **qn** (*fig*) to take sb for a ride; **a stretto** ~ **di posta** by return of post; **nel** ~ **di un mese** in a month's time; **essere nel** ~ (*fig*) to belong to a circle (of friends); ~ **d'affari** (*viaggio*) business tour; (*COMM*) turnover; ~ **di parole** circumlocution; ~ **di prova** (*AUT*) test drive; ~ **turistico** sightseeing tour; ~ **vita** waist measurement.

giro'collo [dʒiro'kɔllo] *sm:* **a** ~ crewneck *cpd*.

giro'conto [dʒiro'konto] *sm* (*ECON*) credit transfer.

gi'rone [dʒi'rone] *sm* (*SPORT*) series of games; ~ **di andata/ritorno** (*CALCIO*) first/second half of the season.

gironzo'lare [dʒirondzo'lare] *vi* to stroll about.

giro'tondo [dʒiro'tondo] *sm* ring-a-ring-o'roses (*BRIT*), ring-around-the-rosey (*US*); **in** ~ in a circle.

girova'gare [dʒirova'gare] *vi* to wander about.

gi'rovago, a, ghi, ghe [dʒi'rɔvago] *sm/f* (*vagabondo*) tramp; (*venditore*) peddler; **una compagnia di** ~**ghi** (*attori*) a company of strolling actors.

'gita ['dʒita] *sf* excursion, trip; **fare una** ~ to go for a trip, go on an outing.

gi'tano, a [dʒi'tano] *sm/f* gipsy.

gi'tante [dʒi'tante] *sm/f* member of a tour.

giù [dʒu] *av* down; (*dabbasso*) downstairs; **in** ~ downwards, down; **la mia casa è un po' più in** ~ my house is a bit further on; ~ **di lì** (*pressappoco*) thereabouts; **bambini dai 6 anni in** ~ children aged 6 and under; **cadere** ~ **per le scale** to fall down the stairs; ~ **le mani!** hands off!; **essere**

~ (fig: di salute) to be run down;
(: di spirito) to be depressed; **quel tipo non
mi va** ~ I can't stand that guy.
gi'ubba ['dʒubba] sf jacket.
giub'botto [dʒub'bɔtto] sm jerkin; ~
antiproiettile bulletproof vest.
giubi'lare [dʒubi'lare] vi to rejoice.
gi'ubilo [dʒubilo] sm rejoicing.
giudi'care [dʒudi'kare] vt to judge;
(accusato) to try; (lite) to arbitrate in; ~
qn/qc bello to consider sb/sth (to be)
beautiful.
giudi'cato [dʒudi'kato] sm (DIR): **passare in**
~ to pass final judgment.
gi'udice ['dʒuditʃe] sm judge; ~ **collegiale**
member of the court; ~ **conciliatore**
justice of the peace; ~ **istruttore**
examining (BRIT) o committing (US)
magistrate; ~ **popolare** member of a
jury.
giudizi'ale [dʒudit'tsjale] ag judicial.
giudizi'ario, a [dʒudit'tsjarjo] ag legal,
judicial.
giu'dizio [dʒu'dittsjo] sm judgment;
(opinione) opinion; (DIR) judgment,
sentence; (: processo) trial; (: verdetto)
verdict; **aver** ~ to be wise o prudent;
essere in attesa di ~ to be awaiting trial;
citare in ~ to summons; **l'imputato è
stato rinviato a** ~ the accused has been
committed for trial.
giudizi'oso, a [dʒudit'tsjoso] ag prudent,
judicious.
gi'uggiola ['dʒuddʒola] sf: **andare in brodo
di** ~**e** (fam) to be over the moon.
gi'ugno ['dʒuɲɲo] sm June; per fraseologia vedi
luglio.
giu'livo, a [dʒu'livo] ag merry.
giul'lare [dʒul'lare] sm jester.
giu'menta [dʒu'menta] sf mare.
gi'unco, chi ['dʒunko] sm (BOT) rush.
gi'ungere ['dʒundʒere] vi to arrive ♦ vt
(mani etc) to join; ~ **a** to arrive at, reach;
~ **nuovo a qn** to come as news to sb; ~ **in
porto** to reach harbour; (fig) to be
brought to a successful outcome.
gi'ungla ['dʒungla] sf jungle.
gi'unsi etc ['dʒunsi] vb vedi **giungere.**
gi'unto, a ['dʒunto] pp di **giungere** ♦ sm
(TECN) coupling, joint ♦ sf addition;
(organo esecutivo, amministrativo) council,
board; **per** ~**a** into the bargain, in
addition; ~**a militare** military junta; vedi
anche **Comune; Provincia; Regione.**
giun'tura [dʒun'tura] sf joint.
giuo'care [dʒwo'kare] vt, vi = **giocare.**
giu'oco ['dʒwɔko] sm = **gioco.**
giura'mento [dʒura'mento] sm oath; ~ **falso**

perjury.
giu'rare [dʒu'rare] vt to swear ♦ vi to swear,
take an oath; **gliel'ho giurata** I swore I
would get even with him.
giu'rato, a [dʒu'rato] ag: **nemico** ~ sworn
enemy ♦ sm/f juror, juryman/woman.
giu'ria [dʒu'ria] sf jury.
giu'ridico, a, ci, che [dʒu'ridiko] ag legal.
giurisdizi'one [dʒurizdit'tsjone] sf
jurisdiction.
giurispru'denza [dʒurispru'dɛntsa] sf
jurisprudence.
giu'rista, i, e [dʒu'rista] sm/f jurist.
giustap'porre [dʒustap'porre] vt to
juxtapose.
giustapposizi'one [dʒustappozit'tsjone] sf
juxtaposition.
giustap'posto, a [dʒustap'posto] pp di
giustapporre.
giustifi'care [dʒustifi'kare] vt to justify;
~**rsi** vr: ~**rsi di** o **per qc** to justify o excuse
o.s. for sth.
giustifica'tivo, a [dʒustifika'tivo] ag (AMM):
nota o **pezza** ~**a** receipt.
giustificazi'one [dʒustifikat'tsjone] sf
justification; (INS) (note of) excuse.
gius'tizia [dʒus'tittsja] sf justice; **farsi** ~ (**da
sé**) (vendicarsi) to take the law into one's
own hands.
giustizi'are [dʒustit'tsjare] vt to execute,
put to death.
giustizi'ere [dʒustit'tsjɛre] sm executioner.
gi'usto, a ['dʒusto] ag (equo) fair, just;
(vero) true, correct; (adatto) right,
suitable; (preciso) exact, correct ♦ av
(esattamente) exactly, precisely; (per
l'appunto, appena) just; **arrivare** ~ to
arrive just in time; **ho** ~ **bisogno di te**
you're just the person I need.
'glabro, a ag hairless.
glaci'ale [gla'tʃale] ag glacial.
gla'diolo sm gladiolus.
'glandola sf = **ghiandola.**
'glassa sf (CUC) icing.
glau'coma sm glaucoma.
gli [ʎi] det mpl (dav V, s impura, gn, pn, ps, x,
z) the ♦ pron (a lui) to him; (a esso) to it; (in
coppia con lo, la, li, le, ne: a lui, a lei, a loro
etc): **gliele do** I'm giving them to him (o
her o them); **gliene ho parlato** I spoke to
him (o her o them) about it; vedi anche **il.**
glice'mia [glitʃe'mia] sf glycaemia.
glice'rina [glitʃe'rina] sf glycerine.
'glicine ['glitʃine] sm wistaria.
gli'ela etc ['ʎela] vedi **gli.**
glo'bale ag overall; (vista) global.
'globo sm globe.
'globulo sm (ANAT): ~ **rosso/bianco** red/

white corpuscle.

'**gloria** *sf* glory; **farsi ~ di qc** to pride o.s. on sth, take pride in sth.

glori'arsi *vr:* **~ di qc** to pride o.s. on sth, glory *o* take pride in sth.

glorifi'care *vt* to glorify.

glori'oso, a *ag* glorious.

glos'sario *sm* glossary.

glu'cosio *sm* glucose.

'**gluteo** *sm* gluteus; **~i** *smpl* buttocks.

GM *abbr* = **genio militare**.

G.N. *abbr* = **gas naturale**.

'**gnocchi** ['ɲɔkki] *smpl* (*CUC*) *small dumplings made of semolina pasta or potato.*

'**gnomo** ['ɲɔmo] *sm* gnome.

'**gnorri** ['ɲɔrri] *sm/f inv:* **non fare lo ~!** stop acting as if you didn't know anything about it!

GO *sigla* = **Gorizia**.

'**goal** ['goul] *sm inv* (*SPORT*) goal.

'**gobba** *sf* (*ANAT*) hump; (*protuberanza*) bump.

'**gobbo, a** *ag* hunchbacked; (*ricurvo*) round-shouldered ♦ *sm/f* hunchback.

'**Gobi** *smpl:* **il Deserto dei ~** the Gobi Desert.

'**goccia, ce** ['gottʃa] *sf* drop; **~ di rugiada** dewdrop; **somigliarsi come due ~ce d'acqua** to be as like as two peas in a pod; **è la ~ che fa traboccare il vaso!** it's the last straw!

'**goccio** ['gottʃo] *sm* drop, spot.

goccio'lare [gottʃo'lare] *vi, vt* to drip.

goccio'lio [gottʃo'lio] *sm* dripping.

go'dere *vi* (*compiacersi*): **~ (di)** to be delighted (at), rejoice (at); (*trarre vantaggio*): **~ di** to enjoy, benefit from ♦ *vt* to enjoy; **~rsi la vita** to enjoy life; **godersela** to have a good time, enjoy o.s.

godi'mento *sm* enjoyment.

godrò *etc vb vedi* **godere**.

gof'faggine [gof'faddʒine] *sf* clumsiness.

'**goffo, a** *ag* clumsy, awkward.

'**gogna** ['goɲɲa] *sf* pillory.

gol *sm inv* = **goal**.

'**gola** *sf* (*ANAT*) throat; (*golosità*) gluttony, greed; (*di camino*) flue; (*di monte*) gorge; **fare ~** (*anche fig*) to tempt; **ricacciare il pianto** *o* **le lacrime in ~** to swallow one's tears.

go'letta *sf* (*NAUT*) schooner.

golf *sm inv* (*SPORT*) golf; (*maglia*) cardigan.

'**golfo** *sm* gulf.

goli'ardico, a, ci, che *ag* (*canto, vita*) student *cpd*.

go'loso, a *ag* greedy.

'**golpe** *sm inv* (*POL*) coup.

gomi'tata *sf:* **dare una ~ a qn** to elbow sb; **farsi avanti a (forza** *o* **furia di) ~e** to elbow one's way through; **fare a ~e per qc** to fight to get sth.

'**gomito** *sm* elbow; (*di strada etc*) sharp bend.

go'mitolo *sm* ball.

'**gomma** *sf* rubber; (*colla*) gum; (*per cancellare*) rubber, eraser; (*di veicolo*) tyre (*BRIT*), tire (*US*); **~ da masticare** chewing gum; **~ a terra** flat tyre.

gommapi'uma ® *sf* foam rubber.

gom'mino *sm* rubber tip; (*rondella*) rubber washer.

gom'mista, i, e *sm/f* tyre (*BRIT*) *o* tire (*US*) specialist; (*rivenditore*) tyre *o* tire merchant.

gom'mone *sm* rubber dinghy.

gom'moso, a *ag* rubbery.

'**gondola** *sf* gondola.

gondoli'ere *sm* gondolier.

gonfa'lone *sm* banner.

gonfi'are *vt* (*pallone*) to blow up, inflate; (*dilatare, ingrossare*) to swell; (*fig: notizia*) to exaggerate; **~rsi** *vr* to swell; (*fiume*) to rise.

'**gonfio, a** *ag* swollen; (*stomaco*) bloated; (*palloncino, gomme*) inflated, blown up; (*con pompa*) pumped up; (*vela*) full; **occhi ~i di pianto** eyes swollen with tears; **~ di orgoglio** (*persona*) puffed up (with pride); **avere il portafoglio ~** to have a bulging wallet.

gonfi'ore *sm* swelling.

gongo'lare *vi* to look pleased with o.s.; **~ di gioia** to be overjoyed.

'**gonna** *sf* skirt; **~ pantalone** culottes *pl*.

'**gonzo** ['gondzo] *sm* simpleton, fool.

gorgheggi'are [gorged'dʒare] *vi* to warble; to trill.

gor'gheggio [gor'geddʒo] *sm* (*MUS, di uccello*) trill.

'**gorgo, ghi** *sm* whirlpool.

gorgogli'are [gorgoʎ'ʎare] *vi* to gurgle.

gorgo'glio [gorgoʎ'ʎio] *sm* gurgling.

go'rilla *sm inv* gorilla; (*guardia del corpo*) bodyguard.

'**Gotha** *sm inv* (*del cinema, letteratura, industria*) leading lights *pl*.

'**gotico, a, ci, che** *ag, sm* Gothic.

'**gotta** *sf* gout.

gover'nante *sm/f* ruler ♦ *sf* (*di bambini*) governess; (*donna di servizio*) housekeeper.

gover'nare *vt* (*stato*) to govern, rule; (*pilotare, guidare*) to steer; (*bestiame*) to tend, look after.

governa'tivo, a *ag* (*politica, decreto*)

government *cpd*, governmental; (*stampa*) pro-government.

governa'tore *sm* governor.

go'verno *sm* government; ~ **ombra** shadow cabinet.

'gozzo ['gottso] *sm* (*ZOOL*) crop; (*MED*) goitre; (*fig fam*) throat.

gozzovigli'are [gottsoviʎ'ʎare] *vi* to make merry, carouse.

gpm *abbr* (= *giri per minuto*) rpm.

GR [dzi'erre] *sigla* = Grosseto ♦ *sigla m* (= *giornale radio*) radio news.

gracchi'are [grak'kjare] *vi* to caw.

graci'dare [gratʃi'dare] *vi* to croak.

graci'dio, ii [gratʃi'dio] *sm* croaking.

'gracile ['gratʃile] *ag* frail, delicate.

gra'dasso *sm* boaster.

gradata'mente *av* gradually, by degrees.

gradazi'one [gradat'tsjone] *sf* (*sfumatura*) gradation; ~ **alcolica** alcoholic content, strength.

gra'devole *ag* pleasant, agreeable.

gradi'mento *sm* pleasure, satisfaction; **essere di mio** (*o tuo etc*) ~ to be to my (*o* your *etc*) liking.

gradi'nata *sf* flight of steps; (*in teatro, stadio*) tiers *pl*.

gra'dino *sm* step; (*ALPINISMO*) foothold.

gra'dire *vt* (*accettare con piacere*) to accept; (*desiderare*) to wish, like; **gradisce una tazza di tè?** would you like a cup of tea?

gra'dito, a *ag* welcome.

'grado *sm* (*MAT, FISICA etc*) degree; (*stadio*) degree, level; (*MIL, sociale*) rank; **essere in** ~ **di fare** to be in a position to do; **di buon** ~ willingly; **per** ~**i** by degrees; **un cugino di primo/secondo** ~ a first/second cousin; **subire il terzo** ~ (*anche fig*) to be given the third degree.

gradu'ale *ag* gradual.

gradu'are *vt* to grade.

gradu'ato, a *ag* (*esercizi*) graded; (*scala, termometro*) graduated ♦ *sm* (*MIL*) non-commissioned officer.

gradua'toria *sf* (*di concorso*) list; (*per la promozione*) order of seniority.

'graffa *sf* (*gancio*) clip; (*segno grafico*) brace.

graf'fetta *sf* paper clip.

graffi'are *vt* to scratch.

graffia'tura *sf* scratch.

'graffio *sm* scratch.

graf'fiti *smpl* graffiti.

gra'fia *sf* spelling; (*scrittura*) handwriting.

'grafico, a, ci, che *ag* graphic ♦ *sm* graph; (*persona*) graphic designer ♦ *sf* graphic arts *pl*; ~ **a torta** pie chart.

gra'migna [gra'miɲɲa] *sf* weed; couch grass.

gram'matica, che *sf* grammar.

grammati'cale *ag* grammatical.

'grammo *sm* gram(me).

gram'mofono *sm* gramophone.

'gramo, a *ag* (*vita*) wretched.

gran *ag vedi* **grande**.

'grana *sf* (*granello, di minerali, corpi spezzati*) grain; (*fam: seccatura*) trouble; (: *soldi*) cash ♦ *sm inv* cheese similar to Parmesan.

gra'naglie [gra'naʎʎe] *sfpl* corn *sg*, seed *sg*.

gra'naio *sm* granary, barn.

gra'nata *sf* (*frutto*) pomegranate; (*pietra preziosa*) garnet; (*proiettile*) grenade.

granati'ere *sm* (*MIL*) grenadier; (*fig*) fine figure of a man.

Gran Bre'tagna [granbre'taɲɲa] *sf*: **la** ~ Great Britain.

gran'cassa *sf* (*MUS*) bass drum.

'granchio ['grankjo] *sm* crab; (*fig*) blunder; **prendere un** ~ (*fig*) to blunder.

grandango'lare *sm* wide-angle lens *sg*.

gran'dangolo *sm* (*FOT*) wide-angle lens *sg*.

'grande *ag* (*qualche volta* **gran** +*C*, **grand'** +*V*) (*grosso, largo, vasto*) big, large; (*alto*) tall; (*lungo*) long; (*in sensi astratti*) great ♦ *sm/f* (*persona adulta*) adult, grown-up; (*chi ha ingegno e potenza*) great man/woman; **mio fratello più** ~ my big *o* older brother; **il gran pubblico** the general public; **di gran classe** (*prodotto*) high-class; **cosa farai da** ~? what will you be *o* do when you grow up?; **fare le cose in** ~ to do things in style; **fare il** ~ (*strafare*) to act big; **una gran bella donna** a very beautiful woman; **non è una gran cosa** *o* **un gran che** it's nothing special; **non ne so gran che** I don't know very much about it.

grandeggi'are [granded'dʒare] *vi* (*emergere per grandezza*): ~ **su** to tower over; (*darsi arie*) to put on airs.

gran'dezza [gran'dettsa] *sf* (*dimensione*) size; (*fig*) greatness; **in** ~ **naturale** lifesize; **manie di** ~ delusions of grandeur.

grandi'nare *vb impers* to hail.

'grandine *sf* hail.

grandi'oso, a *ag* grand, grandiose.

gran'duca, chi *sm* grand duke.

grandu'cato *sm* grand duchy.

grandu'chessa [grandu'kessa] *sf* grand duchess.

gra'nello *sm* (*di cereali, uva*) seed; (*di frutta*) pip; (*di sabbia, sale etc*) grain.

gra'nita *sf* kind of water ice.

gra'nito *sm* granite.

'grano *sm* (*in quasi tutti i sensi*) grain;

(*frumento*) wheat; (*di rosario, collana*) bead; ~ **di pepe** peppercorn.

gran'turco *sm* maize.

'granulo *sm* granule; (*MED*) pellet.

'grappa *sf* rough, strong brandy.

'grappolo *sm* bunch, cluster.

'graspo *sm* bunch (of grapes).

gras'setto *sm* (*TIP*) bold (type) (*BRIT*), bold face.

'grasso, a *ag* fat; (*cibo*) fatty; (*pelle*) greasy; (*terreno*) rich; (*fig: guadagno, annata*) plentiful; (: *volgare*) coarse, lewd ♦ *sm* (*di persona, animale*) fat; (*sostanza che unge*) grease.

gras'soccio, a, ci, ce [gras'sɔttʃo] *ag* plump.

gras'sone, a *sm/f* (*fam: persona*) dumpling.

'grata *sf* grating.

gra'ticcio [gra'tittʃo] *sm* trellis; (*stuoia*) mat.

gra'ticola *sf* grill.

gra'tifica, che *sf* bonus; ~ **natalizia** Christmas bonus.

gratificazi'one [gratifikat'tsjone] *sf* (*soddisfazione*) satisfaction, reward.

grati'nare *vt* (*CUC*) to cook au gratin.

'gratis *av* free, for nothing.

grati'tudine *sf* gratitude.

'grato, a *ag* grateful.

gratta'capo *sm* worry, headache.

grattaci'elo [gratta'tʃɛlo] *sm* skyscraper.

grat'tare *vt* (*pelle*) to scratch; (*raschiare*) to scrape; (*pane, formaggio, carote*) to grate; (*fam: rubare*) to pinch ♦ *vi* (*stridere*) to grate; (*AUT*) to grind; ~**rsi** *vr* to scratch o.s.; ~**rsi la pancia** (*fig*) to twiddle one's thumbs.

grat'tata *sf* scratch; **fare una** ~ (*AUT: fam*) to grind the gears.

grat'tugia, gie [grat'tudʒa] *sf* grater.

grattugi'are [grattu'dʒare] *vt* to grate; **pane** *m* **grattugiato** breadcrumbs *pl*.

gratuità *sf* (*fig*) gratuitousness.

gra'tuito, a *ag* free; (*fig*) gratuitous.

gra'vame *sm* tax; (*fig*) burden, weight.

gra'vare *vt* to burden ♦ *vi*: ~ **su** to weigh on.

'grave *ag* (*danno, pericolo, peccato etc*) grave, serious; (*responsabilità*) heavy, grave; (*contegno*) grave, solemn; (*voce, suono*) deep, low-pitched; (*LING*): **accento** ~ grave accent ♦ *sm* (*FISICA*) (heavy) body; **un malato** ~ a person who is seriously ill.

grave'mente *av* (*ammalato, ferito*) seriously.

gravi'danza [gravi'dantsa] *sf* pregnancy.

'gravido, a *ag* pregnant.

gravità *sf* seriousness; (*anche FISICA*) gravity.

gravi'tare *vi* (*FISICA*): ~ **intorno a** to gravitate round.

gra'voso, a *ag* heavy, onerous.

'grazia ['grattsja] *sf* grace; (*favore*) favour (*BRIT*), favor (*US*); (*DIR*) pardon; **di** ~ (*ironico*) if you please; **troppa** ~! (*ironico*) you're too generous!; **quanta** ~ **di Dio!** what abundance!; **entrare nelle** ~**e di qn** to win sb's favour; **Ministero di G**~ **e Giustizia** Ministry of Justice, ≈ Lord Chancellor's Office (*BRIT*), ≈ Department of Justice (*US*).

grazi'are [grat'tsjare] *vt* (*DIR*) to pardon.

'grazie ['grattsje] *escl* thank you!; ~ **mille!** *o* **tante!** *o* **infinite!** thank you very much!; ~ **a** thanks to.

grazi'oso, a [grat'tsjoso] *ag* charming, delightful; (*gentile*) gracious.

'Grecia ['grɛtʃa] *sf*: **la** ~ Greece.

'greco, a, ci, che *ag, sm/f, sm* Greek.

gre'gario *sm* (*CICLISMO*) supporting rider.

'gregge, pl(f) i ['greddʒe] *sm* flock.

'greggio, a, gi, ge ['greddʒo] *ag* raw, unrefined; (*diamante*) rough, uncut; (*tessuto*) unbleached ♦ *sm* (*anche*: **petrolio** ~) crude (oil).

grembi'ule *sm* apron; (*sopravveste*) overall.

'grembo *sm* lap; (*ventre della madre*) womb.

gre'mito, a *ag*: ~ (**di**) packed *o* crowded (with).

'greto *sm* (exposed) gravel bed of a river.

'gretto, a *ag* mean, stingy; (*fig*) narrow-minded.

'greve *ag* heavy.

'grezzo, a ['greddzo] *ag* = **greggio**.

gri'dare *vi* (*per chiamare*) to shout, cry (out); (*strillare*) to scream, yell ♦ *vt* to shout (out), yell (out); ~ **aiuto** to cry *o* shout for help.

'grido, pl(m) i *o* *pl(f)* **a** *sm* shout, cry; scream, yell; (*di animale*) cry; **di** ~ famous; **all'ultimo** ~ in the latest style.

'grigio, a, gi, gie ['gridʒo] *ag, sm* grey (*BRIT*), gray (*US*).

'griglia ['griʎʎa] *sf* (*per arrostire*) grill; (*ELETTR*) grid; (*inferriata*) grating; **alla** ~ (*CUC*) grilled.

grigli'ata [griʎ'ʎata] *sf* (*CUC*) grill.

gril'letto *sm* trigger.

'grillo *sm* (*ZOOL*) cricket; (*fig*) whim; **ha dei** ~**i per la testa** his head is full of nonsense.

grimal'dello *sm* picklock.

'grinfia *sf*: **cadere nelle** ~**e di qn** (*fig*) to fall into sb's clutches.

'grinta *sf* grim expression; (*SPORT*) fighting

spirit; **avere molta ~** to be very determined.

grintoso, a *ag* forceful.

'grinza ['grintsa] *sf* crease, wrinkle; (*ruga*) wrinkle; **il tuo ragionamento non fa una ~** your argument is faultless.

grin'zoso, a [grin'tsoso] *ag* wrinkled; creased.

grip'pare *vi* (*TECN*) to seize.

gris'sino *sm* bread-stick.

groenlan'dese *ag* Greenland *cpd* ♦ *sm/f* Greenlander.

Groen'landia *sf*: **la ~** Greenland.

'gronda *sf* eaves *pl*.

gron'daia *sf* gutter.

gron'dante *ag* dripping.

gron'dare *vi* to pour; (*essere bagnato*): **~ di** to be dripping with ♦ *vt* to drip with.

'groppa *sf* (*di animale*) back, rump; (*fam: dell'uomo*) back, shoulders *pl*.

'groppo *sm* tangle; **avere un ~ alla gola** (*fig*) to have a lump in one's throat.

'grossa *sf* (*unità di misura*) gross.

gros'sezza [gros'settsa] *sf* size; thickness.

gros'sista, i, e *sm/f* (*COMM*) wholesaler.

'grosso, a *ag* big, large; (*di spessore*) thick; (*grossolano: anche fig*) coarse; (*grave, insopportabile*) serious, great; (*tempo, mare*) rough ♦ *sm*: **il ~ di** the bulk of; **un pezzo ~** (*fig*) a VIP, a bigwig; **farla ~a** to do something very stupid; **dirle ~e** to tell tall stories (*BRIT*) o tales (*US*); **questa è ~a!** that's a good one!; **sbagliarsi di ~** to be completely wrong; **dormire della ~a** to sleep like a log.

grossolanità *sf* coarseness.

grosso'lano, a *ag* rough, coarse; (*fig*) coarse, crude; (: *errore*) stupid.

grosso'modo *av* roughly.

'grotta *sf* cave; grotto.

grot'tesco, a, schi, sche *ag* grotesque.

grovi'era *sm o f* gruyère (cheese).

gro'viglio [gro'viλλo] *sm* tangle; (*fig*) muddle.

gru *sf inv* crane.

'gruccia, ce ['gruttʃa] *sf* (*per camminare*) crutch; (*per abiti*) coat-hanger.

gru'gnire [gruɲ'ɲire] *vi* to grunt.

gru'gnito [gruɲ'ɲito] *sm* grunt.

'grugno ['gruɲɲo] *sm* snout; (*fam: faccia*) mug.

'grullo, a *ag* silly, stupid.

'grumo *sm* (*di sangue*) clot; (*di farina etc*) lump.

gru'moso, a *ag* lumpy.

'gruppo *sm* group; **~ sanguigno** blood group.

gruvi'era *sm o f* = **groviera**.

'gruzzolo ['gruttsolo] *sm* (*di denaro*) hoard.

GT *abbr* (*AUT*: = *gran turismo*) GT.

G.U. *abbr* = **Gazzetta Ufficiale**.

guada'gnare [gwadaɲ'ɲare] *vt* (*ottenere*) to gain; (*soldi, stipendio*) to earn; (*vincere*) to win; (*raggiungere*) to reach; **tanto di guadagnato!** so much the better!

gua'dagno [gwa'daɲɲo] *sm* earnings *pl*; (*COMM*) profit; (*vantaggio, utile*) advantage, gain; **~ di capitale** capital gains *pl*; **~ lordo/netto** gross/net earnings *pl*.

gu'ado *sm* ford; **passare a ~** to ford.

gu'ai *escl*: **~ a te** (*o* **lui** *etc*)! woe betide you (*o him etc*)!

gua'ina *sf* (*fodero*) sheath; (*indumento per donna*) girdle.

gu'aio *sm* trouble, mishap; (*inconveniente*) trouble, snag.

gua'ire *vi* to whine, yelp.

gua'ito *sm* (*di cane*) yelp, whine; (*il guaire*) yelping, whining.

gu'ancia, ce ['gwantʃa] *sf* cheek.

guanci'ale [gwan'tʃale] *sm* pillow; **dormire fra due ~i** (*fig*) to sleep easy, have no worries.

gu'anto *sm* glove; **trattare qn con i ~i** (*fig*) to handle sb with kid gloves; **gettare/raccogliere il ~** (*fig*) to throw down/take up the gauntlet.

guan'tone *sm* boxing glove.

guarda'boschi [gwarda'boski] *sm inv* forester.

guarda'caccia [gwarda'kattʃa] *sm inv* gamekeeper.

guarda'coste *sm inv* coastguard; (*nave*) coastguard patrol vessel.

guarda'linee *sm inv* (*SPORT*) linesman.

guarda'macchine [gwarda'makkine] *sm/f inv* car-park (*BRIT*) o parking lot (*US*) attendant.

guar'dare *vt* (*con lo sguardo: osservare*) to look at; (*film, televisione*) to watch; (*custodire*) to look after, take care of ♦ *vi* to look; (*badare*): **~ a** to pay attention to; (*luoghi: esser orientato*): **~ a** to face; **~rsi** *vr* to look at o.s; **~ di** to try to; **~rsi da** (*astenersi*) to refrain from; (*stare in guardia*) to beware of; **~rsi dal fare** to take care not to do; **ma guarda un po'**! good heavens!; **e guarda caso** ... as if by coincidence ...; **~ qn dall'alto in basso** to look down on sb; **non ~ in faccia a nessuno** (*fig*) to have no regard for anybody; **~ di traverso** to scowl o frown at; **~ a vista qn** to keep a close watch on sb.

guarda'roba *sm inv* wardrobe; (*locale*)

cloakroom.

guardarobi'ere, a *sm/f* cloakroom attendant.

guardasi'gilli [gwardasi'dʒilli] *sm inv* ≈ Lord Chancellor (*BRIT*), ≈ Attorney General (*US*).

gu'ardia *sf* (*individuo, corpo*) guard; (*sorveglianza*) watch; **fare la ~ a qc/qn** to guard sth/sb; **stare in ~** (*fig*) to be on one's guard; **il medico di ~** the doctor on call; **il fiume ha raggiunto il livello di ~** the river has reached the high-water mark; **~ carceraria** (prison) warder (*BRIT*) *o* guard (*US*); **~ del corpo** bodyguard; **~ di finanza** (*corpo*) customs *pl*; (*persona*) customs officer; **~ forestale** forest ranger; **~ giurata** security guard; **~ medica** emergency doctor service; **~ municipale** town policeman; **~ notturna** night security guard; **~ di pubblica sicurezza** policeman.

> The **Guardia di Finanza** *is a military body which deals with infringements of the laws governing income tax and monopolies. In its various duties it reports to the Ministers of Finance, Justice or Agriculture.*

guardia'caccia [gwardja'kattʃa] *sm inv* = **guardacaccia**.

guardi'ano, a *sm/f* (*di carcere*) warder (*BRIT*), guard (*US*); (*di villa etc*) caretaker; (*di museo*) custodian; (*di zoo*) keeper; **~ notturno** night watchman.

guar'dina *sf* cell.

guar'dingo, a, ghi, ghe *ag* wary, cautious.

guardi'ola *sf* porter's lodge; (*MIL*) look-out tower.

guarigi'one [gwari'dʒone] *sf* recovery.

gua'rire *vt* (*persona, malattia*) to cure; (*ferita*) to heal ♦ *vi* to recover, be cured; to heal (up).

guarnigi'one [gwarni'dʒone] *sf* garrison.

guar'nire *vt* (*ornare: abiti*) to trim; (*CUC*) to garnish.

guarnizi'one [gwarnit'tsjone] *sf* trimming; garnish; (*TECN*) gasket.

guasta'feste *sm/f inv* spoilsport.

guas'tare *vt* to spoil, ruin; (*meccanismo*) to break; **~rsi** *vr* (*cibo*) to go bad; (*meccanismo*) to break down; (*tempo*) to change for the worse; (*amici*) to quarrel, fall out.

gu'asto, a *ag* (*non funzionante*) broken; (: *telefono etc*) out of order; (*andato a male*) bad, rotten; (: *dente*) decayed, bad; (*fig: corrotto*) depraved ♦ *sm* breakdown;

(*avaria*) failure; **~ al motore** engine failure.

Guate'mala *sm*: **il ~** Guatemala.

guatemal'teco, a, ci, che *ag, sm/f* Guatemalan.

guazza'buglio [gwattsa'buʎʎo] *sm* muddle.

gu'ercio, a, ci, ce ['gwertʃo] *ag* cross-eyed.

gu'erra *sf* war; (*tecnica: atomica, chimica etc*) warfare; **fare la ~ (a)** to wage war (against); **la ~ fredda** the Cold War; **~ mondiale** world war; **la prima/seconda ~ mondiale** the First/Second World War.

guerrafon'daio *sm* warmonger.

guerreggi'are [gwerred'dʒare] *vi* to wage war.

guer'resco, a, schi, sche *ag* (*di guerra*) war *cpd*; (*incline alla guerra*) warlike.

guerri'ero, a *ag* warlike ♦ *sm* warrior.

guer'riglia [gwer'riʎʎa] *sf* guerrilla warfare.

guerrigli'ero [gwerriʎ'ʎero] *sm* guerrilla.

'gufo *sm* owl.

'guglia ['guʎʎa] *sf* (*ARCHIT*) spire; (*di roccia*) needle.

Gui'ana *sf*: **la ~ francese** French Guiana.

gu'ida *sf* (*persona*) guide; (*libro*) guide(book); (*comando, direzione*) guidance, direction; (*AUT*) driving; (: *sterzo*) steering; (*tappeto, di tenda, cassetto*) runner; **~ a destra/sinistra** (*AUT*) right-/left-hand drive; **essere alla ~ di** (*governo*) to head; (*spedizione, paese*) to lead; **far da ~ a qn** (*mostrare la strada*) to show sb the way; (*in una città*) to show sb (a)round; **~ telefonica** telephone directory.

gui'dare *vt* to guide; (*condurre a capo*) to lead; (*auto*) to drive; (*aereo, nave*) to pilot; **sa ~?** can you drive?

guida'tore, 'trice *sm/f* (*conducente*) driver.

Gui'nea *sf*: **la Repubblica di ~** the Republic of Guinea; **la ~ Equatoriale** Equatorial Guinea.

guin'zaglio [gwin'tsaʎʎo] *sm* leash, lead.

gu'isa *sf*: **a ~ di** like, in the manner of.

guiz'zare [gwit'tsare] *vi* to dart; to flicker; to leap; **~ via** (*fuggire*) to slip away.

gu'izzo ['gwittso] *sm* (*di animali*) dart; (*di fulmine*) flash.

'guru *sm inv* (*REL, anche fig*) guru.

'guscio ['guʃʃo] *sm* shell.

gus'tare *vt* (*cibi*) to taste; (: *assaporare con piacere*) to enjoy, savour (*BRIT*), savor (*US*); (*fig*) to enjoy, appreciate ♦ *vi*: **~ a** to please; **non mi gusta affatto** I don't like it at all.

gusta'tivo, a *ag*: **papille** *fpl* **~e** taste buds.

'gusto *sm* (*senso*) taste; (*sapore*) taste, flavour (*BRIT*), flavor (*US*); (*godimento*) enjoyment; **al ~ di fragola** strawberry-flavo(u)red; **di ~ barocco** in the baroque style; **mangiare di ~** to eat heartily; **prenderci ~: ci ha preso ~** he's acquired a taste for it, he's got to like it.

gus'toso, a *ag* tasty; (*fig*) agreeable.

guttu'rale *ag* guttural.

Gu'yana [gu'jana] *sf*: **la ~** Guyana.

H h

H, h ['akka] *sf o m inv* (*lettera*) H, h ♦ *abbr* (= *ora*) hr; (= *etto, altezza*) h; **H come hotel** ≈ H for Harry (*BRIT*), H for How (*US*).

ha¹, 'hai [a, ai] *vb vedi* **avere.**

ha² *abbr* (= *ettaro*) ha.

Ha'iti [a'iti] *sf* Haiti.

haiti'ano, a [ai'tjano] *ag, sm/f* Haitian.

hall [hɔːl] *sf inv* hall, foyer.

'handicap ['handikap] *sm inv* handicap.

handicap'pato, a [andikap'pato] *ag* handicapped ♦ *sm/f* handicapped person, disabled person.

'hanno ['anno] *vb vedi* **avere.**

ha'scisc [aʃ'ʃiʃ] *sm* hashish.

hawai'ano, a [ava'jano] *ag, sm/f* Hawaiian.

Ha'waii [a'vai] *sfpl*: **le ~** Hawaii *sg.*

'Helsinki ['ɛlsinki] *sf* Helsinki.

'herpes ['ɛrpes] *sm* (*MED*) herpes *sg;* **~ zoster** shingles *sg.*

hg *abbr* (= *ettogrammo*) hg.

'hi-fi ['haifai] *sf inv, ag inv* hi-fi.

Hima'laia [ima'laja] *sm*: **l'~** the Himalayas *pl.*

hl *abbr* (= *ettolitro*) hl.

ho [ɔ] *vb vedi* **avere.**

'hobby ['hɔbi] *sm inv* hobby.

'hockey ['hɔki] *sm* hockey; **~ su ghiaccio** ice hockey.

'holding ['houldiŋ] *sf inv* holding company.

Hon'duras [on'duras] *sm* Honduras.

'Hong Kong ['ɔkɔg] *sf* Hong Kong.

Hono'lulu [ono'lulu] *sf* Honolulu.

'hostess ['houstis] *sf inv* air hostess (*BRIT*) o stewardess.

ho'tel [o'tɛl] *sm inv* hotel.

Hz *abbr* (= *hertz*) Hz.

I i

I, i [i] *sf o m inv* (*lettera*) I, i; **I come Imola** ≈ I for Isaac (*BRIT*), I for Item (*US*).

i *det mpl* the; *vedi anche* **il.**

IACP *sigla m* (= *Istituto Autonomo per le Case Popolari*) *public housing association.*

i'ato *sm* hiatus.

i'berico, a, ci, che *ag* Iberian; **la Penisola I~a** the Iberian Peninsula.

iber'nare *vi* to hibernate ♦ *vt* (*MED*) to induce hypothermia in.

ibernazi'one [ibernat'tsjone] *sf* hibernation.

ibid. *abbr* (= *ibidem*) ib(id).

'ibrido, a *ag, sm* hybrid.

'ICE ['itʃe] *sigla m* (= *Istituto nazionale per il Commercio Estero*) *overseas trade board.*

i'cona *sf* icon.

id *abbr* (= *idem*) do.

Id'dio *sm* God.

i'dea *sf* idea; (*opinione*) opinion, view; (*ideale*) ideal; **avere le ~e chiare** to know one's mind; **cambiare ~** to change one's mind; **dare l'~ di** to seem, look like; **neanche** o **neppure per ~!** certainly not!, no way!; **~ fissa** obsession.

ide'ale *ag, sm* ideal.

idea'lismo *sm* idealism.

idea'lista, i, e *sm/f* idealist.

idea'listico, a, ci, che *ag* idealistic.

idealiz'zare [idealid'dzare] *vt* to idealize.

ide'are *vt* (*immaginare*) to think up, conceive; (*progettare*) to plan.

idea'tore, 'trice *sm/f* author.

i'dentico, a, ci, che *ag* identical.

identifi'care *vt* to identify.

identificazi'one [identifikat'tsjone] *sf* identification.

identità *sf inv* identity.

ideolo'gia, 'gie [ideolo'dʒia] *sf* ideology.

ideo'logico, a, ci, che [ideo'lɔdʒiko] *ag* ideological.

idil'liaco, a, ci, che *ag* = **idillico.**

i'dillico, a, ci, che *ag* idyllic.

i'dillio *sm* idyll; **tra di loro è nato un ~** they have fallen in love.

idi'oma, i *sm* idiom, language.

idio'matico, a, ci, che *ag* idiomatic; **frase** *f* **~a** idiom.

idiosincra'sia *sf* idiosyncrasy.
idi'ota, i, e *ag* idiotic ♦ *sm/f* idiot.
idio'zia [idjot'tsia] *sf* idiocy; (*atto, discorso*) idiotic thing to do (*o* say).
ido'latra, i, e *ag* idolatrous ♦ *sm/f* idolater.
idola'trare *vt* to worship; (*fig*) to idolize.
idola'tria *sf* idolatry.
'idolo *sm* idol.
idoneità *sf* suitability; **esame** *m* **di ~** qualifying examination.
i'doneo, a *ag*: **~ a** suitable for, fit for; (*MIL*) fit for; (*qualificato*) qualified for.
i'drante *sm* hydrant.
idra'tante *ag* (*crema*) moisturizing ♦ *sm* moisturizer.
idra'tare *vt* (*pelle*) to moisturize.
idratazi'one [idratat'tsjone] *sf* moisturizing.
i'draulico, a, ci, che *ag* hydraulic ♦ *sm* plumber ♦ *sf* hydraulics *sg*.
'idrico, a, ci, che *ag* water *cpd*.
idrocar'buro *sm* hydrocarbon.
idroe'lettrico, a, ci, che *ag* hydroelectric.
i'drofilo, a *ag*: **cotone** *m* **~** cotton wool (*BRIT*), absorbent cotton (*US*).
idrofo'bia *sf* rabies *sg*.
i'drofobo, a *ag* rabid; (*fig*) furious.
i'drogeno [i'drɔdʒeno] *sm* hydrogen.
idroli'pidico, a, ci, che *ag* hydrolipid.
idro'porto *sm* (*AER*) seaplane base.
idrorepel'lente *ag* water-repellent.
idros'calo *sm* = **idroporto**.
idrovo'lante *sm* seaplane.
i'ella *sf* bad luck.
iel'lato, a *ag* plagued by bad luck.
i'ena *sf* hyena.
ie'ratico, a, ci, che *ag* (*REL: scrittura*) hieratic; (*fig: atteggiamento*) solemn.
i'eri *av, sm* yesterday; **il giornale di ~** yesterday's paper; **~ l'altro** the day before yesterday; **~ sera** yesterday evening.
ietta'tore, 'trice *sm/f* jinx.
igi'ene [i'dʒɛne] *sf* hygiene; **norme d'~** sanitary regulations; **ufficio d'~** public health office; **~ mentale** mental health; **~ pubblica** public health.
igi'enico, a, ci, che [i'dʒɛniko] *ag* hygienic; (*salubre*) healthy.
IGM *sigla m* (= *Ispettorato Generale della Motorizzazione*) road traffic inspectorate.
i'gnaro, a [iɲ'ɲaro] *ag*: **~ di** unaware of, ignorant of.
i'gnifugo, a, ghi, ghe [iɲ'ɲifugo] *ag* flame-resistant, fireproof.
i'gnobile [iɲ'ɲɔbile] *ag* despicable, vile.
igno'minia [iɲɲo'minja] *sf* ignominy.
igno'rante [iɲɲo'rante] *ag* ignorant.

igno'ranza [iɲɲo'rantsa] *sf* ignorance.
igno'rare [iɲɲo'rare] *vt* (*non sapere, conoscere*) to be ignorant *o* unaware of, not to know; (*fingere di non vedere, sentire*) to ignore.
i'gnoto, a [iɲ'ɲɔto] *ag* unknown ♦ *sm/f*: **figlio di ~i** child of unknown parentage; **il Milite I~** the Unknown Soldier.

===================== *PAROLA CHIAVE*

il (*pl* (*m*) **i**; *diventa* **lo** (*pl* **gli**) *davanti a s impura, gn, pn, ps, x, z, f* **la** (*pl* **le**)) *det m* **1** the; **~ libro/lo studente/l'acqua** the book/the student/the water; **gli scolari** the pupils
2 (*astrazione*): **~ coraggio/l'amore/la giovinezza** courage/love/youth
3 (*tempo*): **~ mattino/la sera** in the morning/evening; **~ venerdì** (*abitualmente*) on Fridays; (*quel giorno*) on (the) Friday; **la settimana prossima** next week
4 (*distributivo*) a, an; **2.500 lire ~ chilo/paio** 2,500 lire a *o* per kilo/pair
5 (*partitivo*) some, any; **hai messo lo zucchero?** have you added sugar?; **hai comprato ~ latte?** did you buy (some *o* any) milk?
6 (*possesso*): **aprire gli occhi** to open one's eyes; **rompersi la gamba** to break one's leg; **avere i capelli neri/~ naso rosso** to have dark hair/a red nose; **mettiti le scarpe** put your shoes on
7 (*con nomi propri*): **~ Petrarca** Petrarch; **~ Presidente Clinton** President Clinton; **dov'è la Francesca?** where's Francesca?
8 (*con nomi geografici*): **~ Tevere** the Tiber; **l'Italia** Italy; **~ Regno Unito** the United Kingdom; **l'Everest** Everest.

'ilare *ag* cheerful.
ilarità *sf* hilarity, mirth.
ill. *abbr* (= *illustrazione*; *illustrato*) ill.
illangui'dire *vi* to grow weak *o* feeble.
illazi'one [illat'tsjone] *sf* inference, deduction.
il'lecito, a [il'letʃito] *ag* illicit.
ille'gale *ag* illegal.
illegalità *sf* illegality.
illeg'gibile [illed'dʒibile] *ag* illegible.
illegittimità [illeddʒittimi'ta] *sf* illegitimacy.
ille'gittimo, a [ille'dʒittimo] *ag* illegitimate.
il'leso, a *ag* unhurt, unharmed.
illette'rato, a *ag* illiterate.
illiba'tezza [illiba'tettsa] *sf* (*di donna*) virginity.
illi'bato, a *ag*: **donna ~a** virgin.
illimi'tato, a *ag* boundless; unlimited.

illivi'dire *vi* (*volto, mani*) to turn livid; (*cielo*) to grow leaden.

ill.mo *abbr* = **illustrissimo.**

il'logico, a, ci, che [il'lɔdʒiko] *ag* illogical.

il'ludere *vt* to deceive, delude; **~rsi** *vr* to deceive o.s., delude o.s.

illumi'nare *vt* to light up, illuminate; (*fig*) to enlighten; **~rsi** *vr* to light up; **~ a giorno** (*con riflettori*) to floodlight.

illumi'nato, a *ag* (*fig: sovrano, spirito*) enlightened.

illuminazi'one [illuminat'tsjone] *sf* lighting; illumination; floodlighting; (*fig*) flash of inspiration.

illumi'nismo *sm* (*STORIA*): **l'I~** the Enlightenment.

il'lusi *etc vb vedi* **illudere.**

illusi'one *sf* illusion; **farsi delle ~i** to delude o.s.

illusio'nismo *sm* conjuring.

illusio'nista, i, e *smf* conjurer.

il'luso, a *pp di* **illudere.**

illu'sorio, a *ag* illusory.

illus'trare *vt* to illustrate.

illustra'tivo, a *ag* illustrative.

illustrazi'one [illustrat'tsjone] *sf* illustration.

il'lustre *ag* eminent, renowned.

illus'trissimo, a *ag* (*negli indirizzi*) very revered.

'ILOR *sigla f vedi* **imposta locale sui redditi.**

IM *sigla* = *Imperia.*

imbacuc'care *vt*, **~rsi** *vr* to wrap up.

imbaldan'zire [imbaldan'tsire] *vt* to give confidence to; **~rsi** *vr* to grow bold.

imbal'laggio [imbal'laddʒo] *sm* packing *no pl.*

imbal'lare *vt* to pack; (*AUT*) to race; **~rsi** *vr* (*AUT*) to race.

imbalsa'mare *vt* to embalm.

imbalsa'mato, a *ag* embalmed.

imbambo'lato, a *ag* (*sguardo, espressione*) vacant, blank.

imban'dire *vt*: **~ un banchetto** to prepare a lavish feast.

imban'dito, a *ag*: **tavola ~a** lavishly *o* sumptuously decked table.

imbaraz'zante [imbarat'tsante] *ag* embarrassing, awkward.

imbaraz'zare [imbarat'tsare] *vt* (*mettere a disagio*) to embarrass; (*ostacolare: movimenti*) to hamper; (: *stomaco*) to lie heavily on; **~rsi** *vr* to become embarrassed.

imbaraz'zato, a [imbarat'tsato] *ag* embarrassed; **avere lo stomaco ~** to have an upset stomach.

imba'razzo [imba'rattso] *sm* (*disagio*) embarrassment; (*perplessità*) puzzlement, bewilderment; **essere** *o* **trovarsi in ~** to be in an awkward situation *o* predicament; **mettere in ~** to embarrass; **~ di stomaco** indigestion.

imbarbari'mento *sm* (*di civiltà, costumi*) barbarization.

imbarca'dero *sm* landing stage.

imbar'care *vt* (*passeggeri*) to embark; (*merci*) to load; **~rsi** *vr*: **~rsi su** to board; **~rsi per l'America** to sail for America; **~rsi in** (*fig: affare*) to embark on.

imbarcazi'one [imbarkat'tsjone] *sf* (small) boat, (small) craft *inv*; **~ di salvataggio** lifeboat.

im'barco, chi *sm* embarkation; loading; boarding; (*banchina*) landing stage; **carta d'~** boarding pass (*BRIT*), boarding card.

imbastar'dire *vt* to bastardize, debase; **~rsi** *vr* to degenerate, become debased.

imbas'tire *vt* (*cucire*) to tack; (*fig: abbozzare*) to sketch, outline.

im'battersi *vr*: **~ in** (*incontrare*) to bump *o* run into.

imbat'tibile *ag* unbeatable, invincible.

imbavagli'are [imbavaʎ'ʎare] *vt* to gag.

imbec'care *vt* (*uccelli*) to feed; (*fig*) to prompt, put words into sb's mouth.

imbec'cata *sf* (*TEAT*) prompt; **dare l'~ a qn** to prompt sb; (*fig*) to give sb their cue.

imbe'cille [imbe'tʃille] *ag* idiotic ♦ *smf* idiot; (*MED*) imbecile.

imbecillità [imbetʃilli'ta] *sf inv* (*MED, fig*) imbecility, idiocy; **dire ~** to talk nonsense.

imbellet'tare *vt* (*viso*) to make up, put make-up on; **~rsi** *vr* to make o.s. up, put on one's make-up.

imbel'lire *vt* to adorn, embellish ♦ *vi* to grow more beautiful.

im'berbe *ag* beardless; **un giovanotto ~** a callow youth.

imbestia'lire *vt* to infuriate; **~rsi** *vr* to become infuriated, fly into a rage.

im'bevere *vt* to soak; **~rsi** *vr*: **~rsi di** to soak up, absorb.

imbe'vuto, a *ag*: **~ (di)** soaked (in).

imbian'care *vt* to whiten; (*muro*) to whitewash ♦ *vi* to become *o* turn white.

imbianca'tura *sf* (*di muro: con bianco di calce*) whitewashing; (: *con altre pitture*) painting.

imbian'chino [imbjan'kino] *sm* (house) painter, painter and decorator.

imbion'dire *vt* (*capelli*) to lighten; (*CUC: cipolla*) to brown; **~rsi** *vr* (*capelli*) to lighten, go blonde, go fair; (*messi*) to turn golden, ripen.

imbizzar'rirsi [imbiddzar'rirsi] *vr* (*cavallo*) to become frisky.

imboc'care *vt* (*bambino*) to feed; (*entrare: strada*) to enter, turn into ♦ *vi*: ~ **in** (*sog: strada*) to lead into; (: *fiume*) to flow into.

imbocca'tura *sf* mouth; (*di strada, porto*) entrance; (*MUS, del morso*) mouthpiece.

im'bocco, chi *sm* entrance.

imboni'tore *sm* (*di spettacolo, circo*) barker.

imborghe'sire [imborge'zire] *vi*, ~**rsi** *vr* to become bourgeois.

imbos'care *vt* to hide; ~**rsi** *vr* (*MIL*) to evade military service.

imbos'cata *sf* ambush.

imbos'cato *sm* draft dodger (*US*).

imboschi'mento [imboski'mento] *sm* afforestation.

imbottigli'are [imbottiʎ'ʎare] *vt* to bottle; (*NAUT*) to blockade; (*MIL*) to hem in; ~**rsi** *vr* to be stuck in a traffic jam.

imbot'tire *vt* to stuff; (*giacca*) to pad; ~**rsi** *vr*: ~**rsi di** (*rimpinzarsi*) to stuff o.s. with.

imbot'tito, a *ag* (*sedia*) upholstered; (*giacca*) padded ♦ *sf* quilt.

imbotti'tura *sf* stuffing; padding.

imbracci'are [imbrat't ʃare] *vt* (*fucile*) to shoulder; (*scudo*) to grasp.

imbra'nato, a *ag* clumsy, awkward ♦ *smf* clumsy person.

imbratta'carte *smf* (*peg*) scribbler.

imbrat'tare *vt* to dirty, smear, daub; ~**rsi** *vr*: ~**rsi (di)** to dirty o.s. (with).

imbratta'tele *smf* (*peg*) dauber.

imbrigli'are [imbriʎ'ʎare] *vt* to bridle.

imbroc'care *vt* (*fig*) to guess correctly.

imbrogli'are [imbroʎ'ʎare] *vt* to mix up; (*fig: raggirare*) to deceive, cheat; (: *confondere*) to confuse, mix up; ~**rsi** *vr* to get tangled; (*fig*) to become confused.

im'broglio [im'brɔʎʎo] *sm* (*groviglio*) tangle; (*situazione confusa*) mess; (*truffa*) swindle, trick.

imbrogli'one, a [imbroʎ'ʎone] *smf* cheat, swindler.

imbronci'ato, a [imbron't ʃato] *ag* (*persona*) sulky; (*cielo*) cloudy, threatening.

imbru'nire *vi*, *vb impers* to grow dark; **all'**~ at dusk.

imbrut'tire *vt* to make ugly ♦ *vi* to become ugly.

imbu'care *vt* to post.

imbur'rare *vt* to butter.

imbuti'forme *ag* funnel-shaped.

im'buto *sm* funnel.

I.M.C.T.C. *sigla* (= *Ispettorato Generale della Motorizzazione Civile e dei Trasporti in Concessione*) ≈ DVLA.

i'mene *sm* hymen.

imi'tare *vt* to imitate; (*riprodurre*) to copy; (*assomigliare*) to look like.

imita'tore, 'trice *smf* (*gen*) imitator; (*TEAT*) impersonator, impressionist.

imitazi'one [imitat'tsjone] *sf* imitation.

immaco'lato, a *ag* spotless; immaculate.

immagazzi'nare [immagaddzi'nare] *vt* to store.

immagi'nabile [immadʒi'nabile] *ag* imaginable.

immagi'nare [immadʒi'nare] *vt* to imagine; (*supporre*) to suppose; (*inventare*) to invent; **s'immagini!** don't mention it!, not at all!

immagi'nario, a [immadʒi'narjo] *ag* imaginary.

immagina'tiva [immadʒina'tiva] *sf* imagination.

immaginazi'one [immadʒinat'tsjone] *sf* imagination; (*cosa immaginata*) fancy.

im'magine [im'madʒine] *sf* image; (*rappresentazione grafica, mentale*) picture.

immagi'noso, a [immadʒi'noso] *ag* (*linguaggio, stile*) fantastic.

immalinco'nire *vt* to sadden, depress; ~**rsi** *vr* to become depressed, become melancholy.

imman'cabile *ag* unfailing.

immancabil'mente *av* without fail, unfailingly.

im'mane *ag* (*smisurato*) huge; (*spaventoso, inumano*) terrible.

imma'nente *ag* (*FILOSOFIA*) inherent, immanent.

immangi'abile [imman'dʒabile] *ag* inedible.

immatrico'lare *vt* to register; ~**rsi** *vr* (*INS*) to matriculate, enrol.

immatricolazi'one [immatrikolat'tsjone] *sf* registration; matriculation, enrolment.

immaturità *sf* immaturity.

imma'turo, a *ag* (*frutto*) unripe; (*persona*) immature; (*prematuro*) premature.

immedesi'marsi *vr*: ~ **in** to identify with.

immediata'mente *av* immediately, at once.

immedia'tezza [immedja'tettsa] *sf* immediacy.

immedi'ato, a *ag* immediate.

immemo'rabile *ag* immemorial; **da tempo** ~ from time immemorial.

im'memore *ag*: ~ **di** forgetful of.

immensità *sf* immensity.

im'menso, a *ag* immense.

im'mergere [im'mɛrdʒere] *vt* to immerse, plunge; ~**rsi** *vr* to plunge; (*sommergibile*) to dive, submerge; (*dedicarsi a*): ~**rsi in** to immerse o.s. in.

immeri'tato, a *ag* undeserved.

immeri'tevole *ag* undeserving, unworthy.

immersi'one *sf* immersion; (*di sommergibile*) submersion, dive; (*di palombaro*) dive; **linea di ~** (*NAUT*) water line.

im'merso, a *pp di* immergere.

im'messo, a *pp di* immettere.

im'mettere *vt*: **~ (in)** to introduce (into); **~ dati in un computer** to enter data on a computer.

immi'grante *ag, smf* immigrant.

immi'grare *vi* to immigrate.

immi'grato, a *smf* immigrant.

immigrazi'one [immigrat'tsjone] *sf* immigration.

immi'nente *ag* imminent.

immi'nenza [immi'nɛntsa] *sf* imminence.

immischi'are [immis'kjare] *vt*: **~ qn in** to involve sb in; **~rsi** *vr*: **~rsi in** to interfere *o* meddle in.

immiseri'mento *sm* impoverishment.

immise'rire *vt* to impoverish.

immis'sario *sm* (*GEO*) affluent, tributary.

immissi'one *sf* (*gen*) introduction; (*di aria, gas*) intake; **~ di dati** (*INFORM*) data entry.

im'mobile *ag* motionless, still; **(beni) ~i** *smpl* real estate *sg*.

immobili'are *ag* (*DIR*) property *cpd*; **patrimonio ~** real estate; **società ~** property company.

immobi'lismo *sm* inertia.

immobilità *sf* immobility.

immobiliz'zare [immobilid'dzare] *vt* to immobilize; (*ECON*) to lock up.

immobi'lizzo [immobi'liddzo] *sm*: **spese d'~** capital expenditure.

immo'destia *sf* immodesty.

immo'desto, a *ag* immodest.

immo'lare *vt* to sacrifice.

immondez'zaio [immondet'tsajo] *sm* rubbish dump.

immon'dizia [immon'dittsja] *sf* dirt, filth; (*spesso al pl: spazzatura, rifiuti*) rubbish *no pl*, refuse *no pl*.

immo'rale *ag* immoral.

immoralità *sf* immorality.

immorta'lare *vt* to immortalize.

immor'tale *ag* immortal.

immortalità *sf* immortality.

im'mune *ag* (*esente*) exempt; (*MED, DIR*) immune.

immunità *sf* immunity; **~ diplomatica** diplomatic immunity; **~ parlamentare** parliamentary privilege.

immuniz'zare [immunid'dzare] *vt* (*MED*) to immunize.

immunizzazi'one [immuniddzat'tsjone] *sf* immunization.

immunodefi'cienza [immunodefi'tʃɛntsa] *sf*: **~ acquisita** acquired immunodeficiency.

immuno'logico, a, ci, che [immuno'lɔdʒiko] *ag* immunological.

immu'tabile *ag* immutable; unchanging.

impac'care *vt* to pack.

impacchet'tare [impakket'tare] *vt* to pack up.

impacci'are [impat'tʃare] *vt* to hinder, hamper.

impacci'ato, a [impat'tʃato] *ag* awkward, clumsy; (*imbarazzato*) embarrassed.

im'paccio [im'pattʃo] *sm* obstacle; (*imbarazzo*) embarrassment; (*situazione imbarazzante*) awkward situation.

im'pacco, chi *sm* (*MED*) compress.

impadro'nirsi *vr*: **~ di** to seize, take possession of; (*fig: apprendere a fondo*) to master.

impa'gabile *ag* priceless.

impagi'nare [impadʒi'nare] *vt* (*TIP*) to paginate, page (up).

impaginazi'one [impadʒinat'tsjone] *sf* pagination.

impagli'are [impaʎ'ʎare] *vt* to stuff (with straw).

impa'lato, a *ag* (*fig*) stiff as a board.

impalca'tura *sf* scaffolding; (*anche fig*) framework.

impalli'dire *vi* to turn pale; (*fig*) to fade.

impalli'nare *vt* to riddle with shot.

impal'pabile *ag* impalpable.

impa'nare *vt* (*CUC*) to dip (*o* roll) in breadcrumbs, bread (*US*).

impanta'narsi *vr* to sink (in the mud); (*fig*) to get bogged down.

impape'rarsi *vr* to stumble over a word.

impappi'narsi *vr* to stammer, falter.

impa'rare *vt* to learn; **così impari!** that'll teach you!

impara'ticcio [impara'tittʃo] *sm* half-baked notions *pl*.

impareggi'abile [impared'dʒabile] *ag* incomparable.

imparen'tarsi *vr*: **~ con** (*famiglia*) to marry into.

'impari *ag inv* (*disuguale*) unequal; (*dispari*) odd.

impar'tire *vt* to bestow, give.

imparzi'ale [impar'tsjale] *ag* impartial, unbiased.

imparzialità [impartsjali'ta] *sf* impartiality.

impas'sibile *ag* impassive.

impas'tare *vt* (*pasta*) to knead; (*colori*) to mix.

impastic'carsi *vr* to pop pills.

im'pasto *sm* (*l'impastare: di pane*) kneading;

(: *di cemento*) mixing; (*pasta*) dough; (*anche fig*) mixture.

im'patto *sm* impact; ~ **ambientale** impact on the environment.

impau'rire *vt* to scare, frighten ♦ *vi* (*anche:* ~**rsi**) to become scared o frightened.

im'pavido, a *ag* intrepid, fearless.

impazi'ente [impat'tsjɛnte] *ag* impatient.

impazi'enza [impat'tsjɛntsa] *sf* impatience.

impaz'zata [impat'tsata] *sf*: **all'~** (*precipitosamente*) at breakneck speed; (*colpire*) wildly.

impaz'zire [impat'tsire] *vi* to go mad; ~ **per qn/qc** to be crazy about sb/sth.

impec'cabile *ag* impeccable.

impedi'mento *sm* obstacle, hindrance.

impe'dire *vt* (*vietare*): ~ **a qn di fare** to prevent sb from doing; (*ostruire*) to obstruct; (*impacciare*) to hamper, hinder.

impe'gnare [impeɲ'ɲare] *vt* (*dare in pegno*) to pawn; (*onore etc*) to pledge; (*prenotare*) to book, reserve; (*obbligare*) to oblige; (*occupare*) to keep busy; (*MIL: nemico*) to engage; ~**rsi** *vr* (*vincolarsi*): ~**rsi a fare** to undertake to do; (*mettersi risolutamente*): ~**rsi in qc** to devote o.s. to sth; ~**rsi con qn** (*accordarsi*) to come to an agreement with sb.

impegna'tivo, a [impeɲɲa'tivo] *ag* binding; (*lavoro*) demanding, exacting.

impe'gnato, a [impeɲ'ɲato] *ag* (*occupato*) busy; (*fig: romanzo, autore*) committed, engagé.

im'pegno [im'peɲɲo] *sm* (*obbligo*) obligation; (*promessa*) promise, pledge; (*zelo*) diligence, zeal; (*compito, d'autore*) commitment; ~**i di lavoro** business commitments.

impego'larsi *vr* (*fig*): ~ **in** to get heavily involved in.

impela'garsi *vr* = **impegolarsi**.

impel'lente *ag* pressing, urgent.

impene'trabile *ag* impenetrable.

impen'narsi *vr* (*cavallo*) to rear up; (*AER*) to go into a climb; (*fig*) to bridle.

impen'nata *sf* (*di cavallo*) rearing up; (*di aereo*) climb, nose-up; (*fig: scatto d'ira*) burst of anger; (: *di prezzi etc*) sudden increase.

impen'sabile *ag* (*inaccettabile*) unthinkable; (*difficile da concepire*) inconceivable.

impen'sato, a *ag* unforeseen, unexpected.

impensie'rire *vt*, ~**rsi** *vr* to worry.

impe'rante *ag* prevailing.

impe'rare *vi* (*anche fig*) to reign, rule.

impera'tivo, a *ag*, *sm* imperative.

impera'tore, 'trice *sm/f* emperor/empress.

impercet'tibile [impertʃet'tibile] *ag* imperceptible.

imperdo'nabile *ag* unforgivable, unpardonable.

imper'fetto, a *ag* imperfect ♦ *sm* (*LING*) imperfect (tense).

imperfezi'one [imperfet'tsjone] *sf* imperfection.

imperi'ale *ag* imperial.

imperia'lismo *sm* imperialism.

imperia'lista, i, e *ag* imperialist.

imperi'oso, a *ag* (*persona*) imperious; (*motivo, esigenza*) urgent, pressing.

imperi'turo, a *ag* everlasting.

impe'rizia [impe'rittsja] *sf* lack of experience.

imperma'lirsi *vr* to take offence.

imperme'abile *ag* waterproof ♦ *sm* raincoat.

imperni'are *vt*: ~ **qc su** to hinge sth on; (*fig: discorso, relazione etc*) to base sth on; ~**rsi** *vr* (*fig*): ~**rsi su** to be based on.

im'pero *sm* empire; (*forza, autorità*) rule, control.

imperscru'tabile *ag* inscrutable.

imperso'nale *ag* impersonal.

imperso'nare *vt* to personify; (*TEAT*) to play, act (the part of); ~**rsi** *vr*: ~**rsi in un ruolo** to get into a part, live a part.

imper'territo, a *ag* unperturbed.

imperti'nente *ag* impertinent.

imperti'nenza [imperti'nɛntsa] *sf* impertinence.

impertur'babile *ag* imperturbable.

imperver'sare *vi* to rage.

im'pervio, a *ag* (*luogo*) inaccessible; (*strada*) impassable.

'impeto *sm* (*moto, forza*) force, impetus; (*assalto*) onslaught; (*fig: impulso*) impulse; (: *slancio*) transport; **con** ~ (*parlare*) forcefully, energetically.

impet'tito, a *ag* stiff, erect; **camminare** ~ to strut.

impetu'oso, a *ag* (*vento*) strong, raging; (*persona*) impetuous.

impian'tare *vt* (*motore*) to install; (*azienda, discussione*) to establish, start.

impian'tistica *sf* plant design and installation.

impi'anto *sm* (*installazione*) installation; (*apparecchiature*) plant; (*sistema*) system; ~ **elettrico** wiring; ~ **sportivo** sports complex; ~**i di risalita** (*SCI*) ski lifts.

impias'trare, impiastricci'are [impjastrit'tʃare] *vt* to smear, dirty.

impi'astro *sm* poultice; (*fig fam: persona*) nuisance.

impiccagi'one [impikka'dʒone] *sf* hanging.

impiccare – impostare

impic'care vt to hang; ~**rsi** vr to hang o.s.

impicci'are [impit't∫are] vt to hinder, hamper; ~**rsi** vr to meddle, interfere; **impicciati degli affari tuoi!** mind your own business!

im'piccio [im'pitt∫o] sm (ostacolo) hindrance; (seccatura) trouble, bother; (affare imbrogliato) mess; **essere d'** ~ to be in the way; **cavare** o **togliere qn dagli** ~**i** to get sb out of trouble.

impicci'one, a [impit't∫one] sm/f busybody.

impie'gare vt (usare) to use, employ; (assumere) to employ, take on; (spendere: denaro, tempo) to spend; (investire) to invest; ~**rsi** vr to get a job, obtain employment; **impiego un quarto d'ora per andare a casa** it takes me o I take a quarter of an hour to get home.

impiega'tizio, a [impjega'tittsjo] ag clerical, white-collar cpd; **lavoro/ceto** ~ clerical o white-collar work/workers pl.

impie'gato, a sm/f employee; ~ **statale** state employee.

impi'ego, ghi sm (uso) use; (occupazione) employment; (posto di lavoro) (regular) job, post; (ECON) investment; ~ **pubblico** job in the public sector.

impieto'sire vt to move to pity; ~**rsi** vr to be moved to pity.

impie'toso, a ag pitiless, cruel.

impie'trire vt (anche fig) to petrify.

impigli'are [impiʎ'ʎare] vt to catch, entangle; ~**rsi** vr to get caught up o entangled.

impi'grire vt to make lazy ♦ vi (anche: ~**rsi**) to grow lazy.

impingu'are vt (maiale etc) to fatten; (fig: tasche, casse dello Stato) to stuff with money.

impiom'bare vt (pacco) to seal (with lead); (dente) to fill.

impla'cabile ag implacable.

implemen'tare vt to implement.

impli'care vt to imply; (coinvolgere) to involve; ~**rsi** vr: ~**rsi (in)** to become involved (in).

implicazi'one [implikat'tsjone] sf implication.

im'plicito, a [im'plit∫ito] ag implicit.

implo'rare vt to implore.

implorazi'one [implorat'tsjone] sf plea, entreaty.

impolli'nare vt to pollinate.

impollinazi'one [impollinat'tsjone] sf pollination.

impolve'rare vt to cover with dust; ~**rsi** vr to get dusty.

impoma'tare vt (pelle) to put ointment on;

(capelli) to pomade; (baffi) to wax; ~**rsi** vr (fam) to get spruced up.

imponde'rabile ag imponderable.

im'pone etc vb vedi **imporre**.

impo'nente ag imposing, impressive.

im'pongo etc vb vedi **imporre**.

impo'nibile ag taxable ♦ sm taxable income.

impopo'lare ag unpopular.

impopolarità sf unpopularity.

im'porre vt to impose; (costringere) to force, make; (far valere) to impose, enforce; **imporsi** vr (persona) to assert o.s.; (cosa: rendersi necessario) to become necessary; (aver successo: moda, attore) to become popular; ~ **a qn di fare** to force sb to do, make sb do.

impor'tante ag important.

impor'tanza [impor'tantsa] sf importance; **dare** ~ **a qc** to attach importance to sth; **darsi** ~ to give o.s. airs.

impor'tare vt (introdurre dall'estero) to import ♦ vi to matter, be important ♦ vb impers (essere necessario) to be necessary; (interessare) to matter; **non importa!** it doesn't matter!; **non me ne importa!** I don't care!

importa'tore, 'trice ag importing ♦ sm/f importer.

importazi'one [importat'tsjone] sf importation; (merci importate) imports pl.

im'porto sm (total) amount.

importu'nare vt to bother.

impor'tuno, a ag irksome, annoying.

im'posi etc vb vedi **imporre**.

imposizi'one [impozit'tsjone] sf imposition; (ordine) order, command; (onere, imposta) tax.

imposses'sarsi vr: ~ **di** to seize, take possession of.

impos'sibile ag impossible; **fare l'** ~ to do one's utmost, do all one can.

impossibilità sf impossibility; **essere nell'** ~ **di fare qc** to be unable to do sth.

impossibili'tato, a ag: **essere** ~ **a fare qc** to be unable to do sth.

im'posta sf (di finestra) shutter; (tassa) tax; ~ **indiretta sui consumi** excise duty o tax; ~ **locale sui redditi (ILOR)** tax on unearned income; ~ **patrimoniale** property tax; ~ **sul reddito** income tax; ~ **sul reddito delle persone fisiche (IRPEF)** personal income tax; ~ **di successione** capital transfer tax (BRIT), inheritance tax (US); ~ **sugli utili** tax on profits; ~ **sul valore aggiunto (I.V.A.)** value added tax (VAT) (BRIT), sales tax (US).

impos'tare vt (imbucare) to post; (servizio,

organizzazione) to set up; (*lavoro*) to organize, plan; (*resoconto, rapporto*) to plan; (*problema*) to set out, formulate; (*TIP: pagina*) to lay out; ~ **la voce** (*MUS*) to pitch one's voice.

impostazi'one [impostat'tsjone] *sf* (*di lettera*) posting (*BRIT*), mailing (*US*); (*di problema, questione*) formulation, statement; (*di lavoro*) organization, planning; (*di attività*) setting up; (*MUS: di voce*) pitch.

im'posto, a *pp di* **imporre**.

impos'tore, a *sm/f* impostor.

impo'tente *ag* weak, powerless; (*anche MED*) impotent.

impo'tenza [impo'tɛntsa] *sf* weakness, powerlessness; impotence.

impove'rire *vt* to impoverish ♦ *vi* (*anche*: ~**rsi**) to become poor.

imprati'cabile *ag* (*strada*) impassable; (*campo da gioco*) unplayable.

imprati'chire [imprati'kire] *vt* to train; ~**rsi** *vr*: ~**rsi in qc** to practise (*BRIT*) *o* practice (*US*) sth.

impre'care *vi* to curse, swear; ~ **contro** to hurl abuse at.

imprecazi'one [imprekat'tsjone] *sf* abuse, curse.

impreci'sato, a [impretʃi'zato] *ag* (*non preciso: quantità, numero*) indeterminate.

imprecisi'one [impretʃi'zjone] *sf* imprecision; inaccuracy.

impre'ciso, a [impre'tʃizo] *ag* imprecise, vague; (*calcolo*) inaccurate.

impre'gnare [impreɲ'ɲare] *vt*: ~ **(di)** (*imbevere*) to soak *o* impregnate (with); (*riempire: anche fig*) to fill (with).

imprendi'tore *sm* (*industriale*) entrepreneur; (*appaltatore*) contractor; **piccolo** ~ small businessman.

imprendito'ria *sf* enterprise; (*imprenditori*) entrepreneurs *pl*.

imprenditori'ale *ag* (*ceto, classe*) entrepreneurial.

imprepa'rato, a *ag*: ~ **(a)** (*gen*) unprepared (for); (*lavoratore*) untrained (for); **cogliere qn** ~ to catch sb unawares.

impreparazi'one [impreparat'tsjone] *sf* lack of preparation.

im'presa *sf* (*iniziativa*) enterprise; (*azione*) exploit; (*azienda*) firm, concern; ~ **familiare** family firm; ~ **pubblica** state-owned enterprise.

impre'sario *sm* (*TEAT*) manager, impresario; ~ **di pompe funebri** funeral director.

imprescin'dibile [impreʃʃin'dibile] *ag* not to be ignored.

im'pressi *etc vb vedi* **imprimere**.

impressio'nante *ag* impressive; upsetting.

impressio'nare *vt* to impress; (*turbare*) to upset; (*FOT*) to expose; ~**rsi** *vr* to be easily upset.

impressi'one *sf* impression; (*fig: sensazione*) sensation, feeling; (*stampa*) printing; **fare** ~ (*colpire*) to impress; (*turbare*) to frighten, upset; **fare buona/ cattiva** ~ **a** to make a good/bad impression on.

im'presso, a *pp di* **imprimere**.

impres'tare *vt*: ~ **qc a qn** to lend sth to sb.

impreve'dibile *ag* unforeseeable; (*persona*) unpredictable.

imprevi'dente *ag* lacking in foresight.

imprevi'denza [imprevi'dɛntsa] *sf* lack of foresight.

impre'visto, a *ag* unexpected, unforeseen ♦ *sm* unforeseen event; **salvo** ~**i** unless anything unexpected happens.

imprezio'sire [imprettsjo'sire] *vt*: ~ **di** to embellish with.

imprigiona'mento [impridʒona'mento] *sm* imprisonment.

imprigio'nare [impridʒo'nare] *vt* to imprison.

im'primere *vt* (*anche fig*) to impress, stamp; (*comunicare: movimento*) to transmit, give.

impro'babile *ag* improbable, unlikely.

'improbo, a *ag* (*fatica, lavoro*) hard, laborious.

improdut'tivo, a *ag* (*investimento*) unprofitable; (*terreno*) unfruitful; (*fig: sforzo*) fruitless.

im'pronta *sf* imprint, impression, sign; (*di piede, mano*) print; (*fig*) mark, stamp; ~ **digitale** fingerprint; **rilevamento delle** ~**e genetiche** genetic fingerprinting.

impro'perio *sm* insult.

impropo'nibile *ag* which cannot be proposed *o* suggested.

im'proprio, a *ag* improper; **arma** ~**a** offensive weapon.

improro'gabile *ag* (*termine*) that cannot be extended.

improvvisa'mente *av* suddenly; unexpectedly.

improvvi'sare *vt* to improvise; ~**rsi** *vr*: ~**rsi cuoco** to (decide to) act as cook.

improvvi'sata *sf* (pleasant) surprise.

improvvisazi'one [improvvizat'tsjone] *sf* improvisation; **spirito d'**~ spirit of invention.

improv'viso, a *ag* (*imprevisto*) unexpected;

imprudente – inanimato

(*subitaneo*) sudden; **all'**~ unexpectedly;
suddenly.
impru'dente *ag* foolish, imprudent;
(*osservazione*) unwise.
impru'denza [impru'dɛntsa] *sf* foolishness,
imprudence; **è stata un'**~ that was a
foolish *o* an imprudent thing to do.
impu'dente *ag* impudent.
impu'denza [impu'dɛntsa] *sf* impudence.
impudi'cizia [impudi'tʃittsja] *sf* immodesty.
impu'dico, a, chi, che *ag* immodest.
impu'gnare [impuɲ'ɲare] *vt* to grasp, grip;
(*DIR*) to contest.
impugna'tura [impuɲɲa'tura] *sf* grip,
grasp; (*manico*) handle; (: *di spada*) hilt.
impulsività *sf* impulsiveness.
impul'sivo, a *ag* impulsive.
im'pulso *sm* impulse; **dare un** ~ **alle
vendite** to boost sales.
impune'mente *av* with impunity.
impunità *sf* impunity.
impun'tarsi *vr* to stop dead, refuse to
budge; (*fig*) to be obstinate.
impun'tura *sf* stitching.
impurità *sf inv* impurity.
im'puro, a *ag* impure.
impu'tare *vt* (*ascrivere*): ~ **qc a** to attribute
sth to; (*DIR: accusare*): ~ **qn di** to charge
sb with, accuse sb of.
impu'tato, a *smf* (*DIR*) accused,
defendant.
imputazi'one [imputat'tsjone] *sf* (*DIR*)
charge; (*di spese*) allocation.
imputri'dire *vi* to rot.

======= *PAROLA CHIAVE* =======

in (*in* + *il* = **nel**, *in* + *lo* = **nello**, *in* + *l'* =
nell', *in* + *la* = **nella**, *in* + *i* = **nei**, *in* + *gli* =
negli, *in* + *le* = **nelle**) *prep* **1** (*stato in luogo*)
in; **vivere** ~ **Italia/città** to live in Italy/
town; **essere** ~ **casa/ufficio** to be at
home/the office; **è nel cassetto/**~ **salotto**
it's in the drawer/in the sitting room; **se
fossi** ~ **te** if I were you
2 (*moto a luogo*) into; (: *dentro*) into; **andare**
~ **Germania/città** to go to Germany/town;
andare ~ **ufficio** to go to the office;
entrare ~ **macchina/casa** to get into the
car/go into the house
3 (*tempo*) in; **nel 1989** in 1989; ~ **giugno/
estate** in June/summer; **l'ha fatto** ~ **sei
mesi** he did it in six months; ~ **gioventù,
io** ... when I was young, I ...
4 (*modo, maniera*) in; ~ **silenzio** in
silence; **parlare** ~ **tedesco** to speak (in)
German; ~ **abito da sera** in evening
dress; ~ **guerra** at war; ~ **vacanza** on
holiday; **Maria Bianchi** ~ **Rossi** Maria

Rossi née Bianchi
5 (*mezzo*) by; **viaggiare** ~ **autobus/treno**
to travel by bus/train
6 (*materia*) made of; ~ **marmo** made of
marble, marble *cpd*; **una collana** ~ **oro** a
gold necklace
7 (*misura*) in; **siamo** ~ **quattro** there are
four of us; ~ **tutto** in all
8 (*fine*): **dare** ~ **dono** to give as a gift;
spende tutto ~ **alcool** he spends all his
money on drink; ~ **onore di** in honour of.

i'nabile *ag*: ~ **a** incapable of; (*fisicamente,
MIL*) unfit for.
inabilità *sf*: ~ **(a)** unfitness (for).
inabis'sare *vt* (*nave*) to sink; ~**rsi** *vr* to go
down.
inabi'tabile *ag* uninhabitable.
inabi'tato, a *ag* uninhabited.
inacces'sibile [inatt ʃes'sibile] *ag* (*luogo*)
inaccessible; (*persona*) unapproachable;
(*mistero*) unfathomable.
inaccet'tabile [inatt ʃet'tabile] *ag*
unacceptable.
inacer'bire [inat ʃer'bire] *vt* to exacerbate;
~**rsi** *vr* (*persona*) to become embittered.
inaci'dire [inat ʃi'dire] *vt* (*persona, carattere*)
to embitter; ~**rsi** *vr* (*latte*) to go sour; (*fig:
persona, carattere*) to become sour,
become embittered.
ina'datto, a *ag*: ~ **(a)** unsuitable *o* unfit
(for).
inadegu'ato, a *ag* inadequate.
inadempi'ente *ag* defaulting ♦ *smf*
defaulter.
inadempi'enza [inadem'pjɛntsa] *sf*: ~ **a un
contratto** non-fulfilment of a contract;
dovuto alle ~**e dei funzionari** due to
negligence on the part of the officials.
inadempi'mento *sm* non-fulfilment.
inaffer'rabile *ag* elusive; (*concetto, senso*)
difficult to grasp.
'INAIL *sigla m* (= *Istituto Nazionale per
l'Assicurazione contro gli Infortuni sul
Lavoro*) state body providing sickness
benefit in the event of accidents at work.
ina'lare *vt* to inhale.
inala'tore *sm* inhaler.
inalazi'one [inalat'tsjone] *sf* inhalation.
inalbe'rare *vt* (*NAUT*) to hoist, raise; ~**rsi** *vr*
(*fig*) to flare up, fly off the handle.
inalte'rabile *ag* unchangeable; (*colore*)
fast, permanent; (*affetto*) constant.
inalte'rato, a *ag* unchanged.
inami'dare *vt* to starch.
inami'dato, a *ag* starched.
inammis'sibile *ag* inadmissible.
inani'mato, a *ag* inanimate; (*senza vita*:

corpo) lifeless.

inappa'gabile *ag* insatiable.

inappel'labile *ag (decisione)* final, irrevocable; *(DIR)* final, not open to appeal.

inappe'tenza [inappe'tɛntsa] *sf (MED)* lack of appetite.

inappun'tabile *ag* irreproachable, flawless.

inar'care *vt (schiena)* to arch; *(sopracciglia)* to raise; ~**rsi** *vr* to arch.

inaridi'mento *sm (anche fig)* drying up.

inari'dire *vt* to make arid, dry up ♦ *vi (anche:* ~**rsi)** to dry up, become arid.

inarres'tabile *ag (processo)* irreversible; *(emorragia)* that cannot be stemmed; *(corsa del tempo)* relentless.

inascol'tato, a *ag* unheeded, unheard.

inaspettata'mente *av* unexpectedly.

inaspet'tato, a *ag* unexpected.

inas'prire *vt (disciplina)* to tighten up, make harsher; *(carattere)* to embitter; *(rapporti)* to make worse; ~**rsi** *vr* to become harsher; to become bitter; to become worse.

inattac'cabile *ag (anche fig)* unassailable; *(alibi)* cast-iron.

inatten'dibile *ag* unreliable.

inat'teso, a *ag* unexpected.

inat'tivo, a *ag* inactive, idle; *(CHIM)* inactive.

inattu'abile *ag* impracticable.

inau'dito, a *ag* unheard of.

inaugu'rale *ag* inaugural.

inaugu'rare *vt* to inaugurate, open; *(monumento)* to unveil.

inaugurazi'one [inaugurat'tsjone] *sf* inauguration; unveiling.

inavve'duto, a *ag* careless, inadvertent.

inavver'tenza [inavver'tɛntsa] *sf* carelessness, inadvertence.

inavvertita'mente *av* inadvertently, unintentionally.

inavvici'nabile [inavvitʃi'nabile] *ag* unapproachable.

'Inca *ag inv, smf inv* Inca.

incagli'are [inkaʎ'ʎare] *vi (NAUT: anche:* ~**rsi)** to run aground.

incalco'labile *ag* incalculable.

incal'lito, a *ag* calloused; *(fig)* hardened, inveterate; *(: insensibile)* hard.

incal'zante [inkal'tsante] *ag* urgent, insistent; *(crisi)* imminent.

incal'zare [inkal'tsare] *vt* to follow *o* pursue closely; *(fig)* to press ♦ *vi (urgere)* to be pressing; *(essere imminente)* to be imminent.

iname'rare *vt (DIR)* to expropriate.

incammi'nare *vt (fig: avviare)* to start up; ~**rsi** *vr* to set off.

incana'lare *vt (anche fig)* to channel; ~**rsi** *vr (folla):* ~**rsi verso** to converge on.

incancre'nire *vi,* **incancre'nirsi** *vi* to become gangrenous.

incande'scente [inkandeʃ'ʃɛnte] *ag* incandescent, white-hot.

incan'tare *vt* to enchant, bewitch; ~**rsi** *vr (rimanere intontito)* to be spellbound; to be in a daze; *(meccanismo: bloccarsi)* to jam.

incanta'tore, 'trice *ag* enchanting, bewitching ♦ *smf* enchanter/enchantress.

incan'tesimo *sm* spell, charm.

incan'tevole *ag* charming, enchanting.

in'canto *sm* spell, charm, enchantment; *(asta)* auction; **come per** ~ as if by magic; **ti sta d'**~! *(vestito etc)* it really suits you!; **mettere all'**~ to put up for auction.

incanu'tire *vi* to go white.

inca'pace [inka'patʃe] *ag* incapable.

incapacità [inkapatʃi'ta] *sf* inability; *(DIR)* incapacity; ~ **d'intendere e di volere** diminished responsibility.

incapo'nirsi *vr* to be stubborn, be determined.

incap'pare *vi:* ~ **in qc/qn** *(anche fig)* to run into sth/sb.

incappucci'are [inkapput'tʃare] *vt* to put a hood on; ~**rsi** *vr (persona)* to put on a hood.

incapricci'arsi [inkaprit'tʃarsi] *vr:* ~ **di** to take a fancy to *o* for.

incapsu'lare *vt (dente)* to crown.

incarce'rare [inkartʃe'rare] *vt* to imprison.

incari'care *vt:* ~ **qn di fare** to give sb the responsibility of doing; ~**rsi** *vr:* ~**rsi di** to take care *o* charge of.

incari'cato, a *ag* ~ **(di)** in charge (of), responsible (for) ♦ *smf* delegate, representative; **docente** ~ *(di università)* lecturer without tenure; ~ **d'affari** *(POL)* chargé d'affaires.

in'carico, chi *sm* task, job; *(INS)* temporary post.

incar'nare *vt* to embody; ~**rsi** *vr* to be embodied; *(REL)* to become incarnate.

incarnazi'one [inkarnat'tsjone] *sf* incarnation; *(fig)* embodiment.

incarta'mento *sm* dossier, file.

incartapeco'rito, a *ag (pelle)* wizened, shrivelled *(BRIT),* shriveled *(US).*

incar'tare *vt* to wrap (in paper).

incasel'lare *vt (posta)* to sort; *(fig: nozioni)* to pigeonhole.

incas'sare *vt (merce)* to pack (in cases); *(gemma: incastonare)* to set; *(ECON: riscuotere)* to collect; *(PUGILATO: colpi)* to take, stand up to.

in'casso *sm* cashing, encashment; (*introito*) takings *pl.*

incasto'nare *vt* to set.

incastona'tura *sf* setting.

incas'trare *vt* to fit in, insert; (*fig: intrappolare*) to catch; ~**rsi** *vr* (*combaciare*) to fit together; (*restare bloccato*) to become stuck.

in'castro *sm* slot, groove; (*punto di unione*) joint; **gioco a** ~ interlocking puzzle.

incate'nare *vt* to chain up.

incatra'mare *vt* to tar.

incatti'vire *vt* to make wicked; ~**rsi** *vr* to turn nasty.

in'cauto, a *ag* imprudent, rash.

inca'vare *vt* to hollow out.

inca'vato, a *ag* hollow; (*occhi*) sunken.

in'cavo *sm* hollow; (*solco*) groove.

incavo'larsi *vr* (*fam*) to lose one's temper, get annoyed.

incaz'zarsi [inkat'tsarsi] *vr* (*fam!*) to get steamed up.

in'cedere [in't∫edere] *vi* (*poetico*) to advance solemnly ♦ *sm* solemn gait.

incendi'are [int∫en'djare] *vt* to set fire to; ~**rsi** *vr* to catch fire, burst into flames.

incendi'ario, a [int∫en'djarjo] *ag* incendiary ♦ *sm/f* arsonist.

in'cendio [in't∫endjo] *sm* fire.

incene'rire [int∫ene'rire] *vt* to burn to ashes, incinerate; (*cadavere*) to cremate; ~**rsi** *vr* to be burnt to ashes.

inceneri'tore [int∫eneri'tore] *sm* incinerator.

in'censo [in't∫enso] *sm* incense.

incensu'rato, a [int∫ensu'rato] *ag* (*DIR*): **essere** ~ to have a clean record.

incenti'vare [int∫enti'vare] *vt* (*produzione, vendite*) to boost; (*persona*) to motivate.

incen'tivo [int∫en'tivo] *sm* incentive.

incen'trarsi [int∫en'trarsi] *vr*: ~ **su** (*fig*) to centre (*BRIT*) *o* center (*US*) on.

incep'pare [int∫ep'pare] *vt* to obstruct, hamper; ~**rsi** *vr* to jam.

ince'rata [int∫e'rata] *sf* (*tela*) tarpaulin; (*impermeabile*) oilskins *pl.*

incer'tezza [int∫er'tettsa] *sf* uncertainty.

in'certo, a [in't∫erto] *ag* uncertain; (*irresoluto*) undecided, hesitating ♦ *sm* uncertainty; **gli ~i del mestiere** the risks of the job.

incespi'care [int∫espi'kare] *vi*: ~ (**in qc**) to trip (over sth).

inces'sante [int∫es'sante] *ag* incessant.

in'cesto [in't∫esto] *sm* incest.

incestu'oso, a [int∫estu'oso] *ag* incestuous.

in'cetta [in't∫etta] *sf* buying up; **fare** ~ **di qc**

to buy up sth.

inchi'esta [in'kjɛsta] *sf* investigation, inquiry.

inchi'nare [inki'nare] *vt* to bow; ~**rsi** *vr* to bend down; (*per riverenza*) to bow; (: *donna*) to curtsy.

in'chino [in'kino] *sm* bow; curtsy.

inchio'dare [inkjo'dare] *vt* to nail (down); ~ **la macchina** (*AUT*) to jam on the brakes.

inchi'ostro [in'kjɔstro] *sm* ink; ~ **simpatico** invisible ink.

inciam'pare [int∫am'pare] *vi* to trip, stumble.

inci'ampo [in't∫ampo] *sm* obstacle; **essere d'~ a qn** (*fig*) to be in sb's way.

inciden'tale [int∫iden'tale] *ag* incidental.

incidental'mente [int∫idental'mente] *av* (*per caso*) by chance; (*per inciso*) incidentally, by the way.

inci'dente [int∫i'dɛnte] *sm* accident; (*episodio*) incident; **e con questo l'~ è chiuso** and that is the end of the matter; ~ **d'auto** car accident; ~ **diplomatico** diplomatic incident.

inci'denza [int∫i'dɛntsa] *sf* incidence; **avere una forte ~ su qc** to affect sth greatly.

in'cidere [in't∫idere] *vi*: ~ **su** to bear upon, affect ♦ *vt* (*tagliare incavando*) to cut into; (*ARTE*) to engrave; to etch; (*canzone*) to record.

in'cinta [in't∫inta] *ag f* pregnant.

incipi'ente [int∫i'pjɛnte] *ag* incipient.

incipri'are [int∫i'prjare] *vt* to powder.

in'circa [in't∫irka] *av*: **all'~** more or less, very nearly.

in'cisi *etc* [in't∫izi] *vb vedi* **incidere**.

incisi'one [int∫i'zjone] *sf* cut; (*disegno*) engraving; etching; (*registrazione*) recording; (*MED*) incision.

inci'sivo, a [int∫i'zivo] *ag* incisive; (*ANAT*): (**dente**) ~ incisor.

in'ciso, a [in't∫izo] *pp di* **incidere** ♦ *sm*: **per ~** incidentally, by the way.

inci'sore [int∫i'zore] *sm* (*ARTE*) engraver.

incita'mento [int∫ita'mento] *sm* incitement.

inci'tare [int∫i'tare] *vt* to incite.

inci'vile [int∫i'vile] *ag* uncivilized; (*villano*) impolite.

incivi'lire [int∫ivi'lire] *vt* to civilize.

inciviltà [int∫ivil'ta] *sf* (*di popolazione*) barbarism; (*fig: di trattamento*) barbarity; (: *maleducazione*) incivility, rudeness.

incl. *abbr* (= *incluso*) encl.

incle'mente *ag* (*giudice, sentenza*) severe, harsh; (*fig: clima*) harsh; (: *tempo*) inclement.

incle'menza [inkle'mɛntsa] *sf* severity; harshness; inclemency.

incli'nabile *ag* (*schienale*) reclinable.
incli'nare *vt* to tilt ♦ *vi* (*fig*): ~ **a qc/a fare** to incline towards sth/doing; to tend towards sth/to do; ~**rsi** *vr* (*barca*) to list; (*aereo*) to bank.
incli'nato, a *ag* sloping.
inclinazi'one [inklinat'tsjone] *sf* slope; (*fig*) inclination, tendency.
in'cline *ag*: ~ **a** inclined to.
in'cludere *vt* to include; (*accludere*) to enclose.
inclusi'one *sf* inclusion.
inclu'sivo, a *ag*: ~ **di** inclusive of.
in'cluso, a *pp di* **includere** ♦ *ag* included; enclosed.
incoe'rente *ag* incoherent; (*contraddittorio*) inconsistent.
incoe'renza [inkoe'rɛntsa] *sf* incoherence; inconsistency.
in'cognito, a [in'kɔɲɲito] *ag* unknown ♦ *sm*: **in** ~ incognito ♦ *sf* (*MAT, fig*) unknown quantity.
incol'lare *vt* to glue, gum; (*unire con colla*) to stick together; ~ **gli occhi addosso a qn** (*fig*) to fix one's eyes on sb.
incolla'tura *sf* (*IPPICA*): **vincere/perdere di un'**~ to win/lose by a head.
incolon'nare *vt* to draw up in columns.
inco'lore *ag* colourless (*BRIT*), colorless (*US*).
incol'pare *vt*: ~ **qn di** to charge sb with.
in'colto, a *ag* (*terreno*) uncultivated; (*trascurato: capelli*) neglected; (*persona*) uneducated.
in'colume *ag* safe and sound, unhurt.
incolumità *sf* safety.
incom'bente *ag* (*pericolo*) imminent, impending.
incom'benza [inkom'bɛntsa] *sf* duty, task.
in'combere *vi* (*sovrastare minacciando*): ~ **su** to threaten, hang over.
incominci'are [inkomin'tʃare] *vi, vt* to begin, start.
incomo'dare *vt* to trouble, inconvenience; ~**rsi** *vr* to put o.s. out.
in'comodo, a *ag* uncomfortable; (*inopportuno*) inconvenient ♦ *sm* inconvenience, bother.
incompa'rabile *ag* incomparable.
incompa'tibile *ag* incompatible.
incompatibilità *sf* incompatibility; ~ **di carattere** (mutual) incompatibility.
incompe'tente *ag* incompetent.
incompe'tenza [inkompe'tɛntsa] *sf* incompetence.
incompi'uto, a *ag* unfinished, incomplete.
incom'pleto, a *ag* incomplete.
incompren'sibile *ag* incomprehensible.

incomprensi'one *sf* incomprehension.
incom'preso, a *ag* not understood; misunderstood.
inconce'pibile [inkontʃe'pibile] *ag* inconceivable.
inconcili'abile [inkontʃi'ljabile] *ag* irreconcilable.
inconclu'dente *ag* inconclusive; (*persona*) ineffectual.
incondizio'nato, a [inkondittsjo'nato] *ag* unconditional.
inconfes'sabile *ag* (*pensiero, peccato*) unmentionable.
inconfon'dibile *ag* unmistakable.
inconfu'tabile *ag* irrefutable.
incongru'ente *ag* inconsistent.
incongru'enza [inkongru'ɛntsa] *sf* inconsistency.
in'congruo, a *ag* incongruous.
inconsa'pevole *ag*: ~ **di** unaware of, ignorant of.
inconsapevo'lezza [inkonsapevo'lettsa] *sf* ignorance, lack of awareness.
in'conscio, a, sci, sce [in'kɔnʃo] *ag* unconscious ♦ *sm* (*PSIC*): **l'**~ the unconscious.
inconsis'tente *ag* (*patrimonio*) insubstantial; (*dubbio*) unfounded; (*ragionamento, prove*) tenuous, flimsy.
inconsis'tenza [inkonsis'tɛntsa] *sf* insubstantial nature; lack of foundation; flimsiness.
inconso'labile *ag* inconsolable.
inconsu'eto, a *ag* unusual.
incon'sulto, a *ag* rash.
inconte'nibile *ag* (*rabbia*) uncontrollable; (*entusiasmo*) irrepressible.
inconten'tabile *ag* (*desiderio, avidità*) insatiable; (*persona: capriccioso*) hard to please, very demanding.
incontes'tabile *ag* incontrovertible, indisputable.
incontes'tato, a *ag* undisputed.
inconti'nenza [inkonti'nɛntsa] *sf* incontinence.
incon'trare *vt* to meet; (*difficoltà*) to meet with; ~**rsi** *vr* to meet.
incon'trario *av*: **all'**~ (*sottosopra*) upside down; (*alla rovescia*) back to front; (*all'indietro*) backwards; (*nel senso contrario*) the other way round.
incontro'vertibile *ag* incontrovertible, indisputable.
incontras'tato, a *ag* (*successo, vittoria, verità*) uncontested, undisputed.
in'contro *av*: ~ **a** (*verso*) towards ♦ *sm* meeting; (*SPORT*) match; meeting; (*fortuito*) encounter; **venire** ~ **a** (*richieste,*

esigenze) to comply with; ~ **di calcio** football match (*BRIT*), soccer game (*US*).

incontrol'labile *ag* uncontrollable.

inconveni'ente *sm* drawback, snag.

incoraggia'mento [inkoraddʒa'mento] *sm* encouragement; **premio d'~** consolation prize.

incoraggi'are [inkorad'dʒare] *vt* to encourage.

incor'nare *vt* to gore.

incornici'are [inkorni'tʃare] *vt* to frame.

incoro'nare *vt* to crown.

incoronazi'one [inkoronat'tsjone] *sf* coronation.

incorpo'rare *vt* to incorporate; (*fig: annettere*) to annex.

incorreg'gibile [inkorred'dʒibile] *ag* incorrigible.

in'correre *vi:* ~ **in** to meet with, run into.

incorrut'tibile *ag* incorruptible.

in'corso, a *pp di* **incorrere.**

incosci'ente [inkoʃ'ʃɛnte] *ag* (*inconscio*) unconscious; (*irresponsabile*) reckless, thoughtless.

incosci'enza [inkoʃ'ʃɛntsa] *sf* unconsciousness; recklessness, thoughtlessness.

incos'tante *ag* (*studente, impiegato*) inconsistent; (*carattere*) fickle, inconstant; (*rendimento*) sporadic.

incos'tanza [inkos'tantsa] *sf* inconstancy, fickleness.

incostituzio'nale [inkostituttsjo'nale] *ag* unconstitutional.

incre'dibile *ag* incredible, unbelievable.

incredulità *sf* incredulity.

in'credulo, a *ag* incredulous, disbelieving.

incremen'tare *vt* to increase; (*dar sviluppo a*) to promote.

incre'mento *sm* (*sviluppo*) development; (*aumento numerico*) increase, growth.

incresci'oso, a [inkreʃ'ʃoso] *ag* (*spiacevole*) unpleasant; regrettable.

incres'pare *vt* (*capelli*) to curl; (*acque*) to ripple; **~rsi** *vr* (*vedi vt*) to curl; to ripple.

incrimi'nare *vt* (*DIR*) to charge.

incriminazi'one [inkriminat'tsjone] *sf* (*atto d'accusa*) indictment, charge.

incri'nare *vt* to crack; (*fig: rapporti, amicizia*) to cause to deteriorate; **~rsi** *vr* to crack; to deteriorate.

incrina'tura *sf* crack; (*fig*) rift.

incroci'are [inkro'tʃare] *vt* to cross; (*incontrare*) to meet ♦ *vi* (*NAUT, AER*) to cruise; **~rsi** *vr* (*strade*) to cross, intersect; (*persone, veicoli*) to pass each other; ~ **le braccia/le gambe** to fold one's arms/cross one's legs.

incrocia'tore [inkrot'ʃatore] *sm* cruiser.

in'crocio [in'krotʃo] *sm* (*anche FERR*) crossing; (*di strade*) crossroads.

incrol'labile *ag* (*fede*) unshakeable, firm.

incros'tare *vt* to encrust; **~rsi** *vr:* **~rsi di** to become encrusted with.

incrostazi'one [inkrostat'tsjone] *sf* encrustation; (*di calcare*) scale; (*nelle tubature*) fur (*BRIT*), scale.

incru'ento, a *ag* (*battaglia*) without bloodshed, bloodless.

incuba'trice [inkuba'tritʃe] *sf* incubator.

incubazi'one [inkubat'tsjone] *sf* incubation.

'incubo *sm* nightmare.

in'cudine *sf* anvil; **trovarsi o essere tra l'~ e il martello** (*fig*) to be between the devil and the deep blue sea.

incul'care *vt:* ~ **qc in** to inculcate sth into, instill sth into.

incune'are *vt* to wedge.

incu'pire *vt* (*rendere scuro*) to darken; (*fig: intristire*) to fill with gloom ♦ *vi* (*vedi vt*) to darken; to become gloomy.

incu'rabile *ag* incurable.

incu'rante *ag:* ~ (**di**) heedless (of), careless (of).

in'curia *sf* negligence.

incurio'sire *vt* to make curious; **~rsi** *vr* to become curious.

incursi'one *sf* raid.

incur'vare *vt,* **~rsi** *vr* to bend, curve.

in'cusso, a *pp di* **incutere.**

incusto'dito, a *ag* unguarded, unattended; **passaggio a livello** ~ unmanned level crossing.

in'cutere *vt* to arouse; ~ **timore/rispetto a qn** to strike fear into sb/command sb's respect.

'indaco *sm* indigo.

indaffa'rato, a *ag* busy.

inda'gare *vt* to investigate.

indaga'tore, 'trice *ag* (*sguardo, domanda*) searching; (*mente*) inquiring.

in'dagine [in'dadʒine] *sf* investigation, inquiry; (*ricerca*) research, study; ~ **di mercato** market survey.

indebita'mente *av* (*immeritatamente*) undeservedly; (*erroneamente*) wrongfully.

indebi'tare *vt:* ~ **qn** to get sb into debt; **~rsi** *vr* to run *o* get into debt.

in'debito, a *ag* undeserved; wrongful.

indeboli'mento *sm* weakening; (*debolezza*) weakness.

indebo'lire *vt, vi* (*anche:* **~rsi**) to weaken.

inde'cente [inde'tʃɛnte] *ag* indecent.

inde'cenza [inde'tʃɛntsa] *sf* indecency; **è un'~!** (*vergogna*) it's scandalous!, it's a disgrace!

indeci'frabile [indetʃi'frabile] *ag* · indecipherable.

indecisi'one [indetʃi'zjone] *sf* indecisiveness; indecision.

inde'ciso, a [inde'tʃizo] *ag* indecisive; (*irresoluto*) undecided.

indeco'roso, a *ag* (*comportamento*) indecorous, unseemly.

inde'fesso, a *ag* untiring, indefatigable.

indefi'nibile *ag* indefinable.

indefi'nito, a *ag* (*anche LING*) indefinite; (*impreciso, non determinato*) undefined.

indefor'mabile *ag* crushproof.

in'degno, a [in'deɲɲo] *ag* (*atto*) shameful; (*persona*) unworthy.

inde'lebile *ag* indelible.

indelica'tezza [indelika'tettsa] *sf* tactlessness.

indeli'cato, a *ag* (*domanda*) indiscreet, tactless.

indemoni'ato, a *ag* possessed (by the devil).

in'denne *ag* unhurt, uninjured.

indennità *sf inv* (*rimborso: di spese*) allowance; (*: di perdita*) compensation, indemnity; ~ **di contingenza** cost-of-living allowance; ~ **di fine rapporto** severance payment (*on retirement, redundancy or when taking up other employment*); ~ **di trasferta** travel expenses *pl*.

indenniz'zare [indennid'dzare] *vt* to compensate.

inden'nizzo [inden'niddzo] *sm* (*somma*) compensation, indemnity.

indero'gabile *ag* binding.

indescri'vibile *ag* indescribable.

indeside'rabile *ag* undesirable.

indeside'rato, a *ag* unwanted.

indetermina'tezza [indetermina'tettsa] *sf* vagueness.

indetermina'tivo, a *ag* (*LING*) indefinite.

indetermi'nato, a *ag* indefinite, indeterminate.

in'detto, a *pp di* **indire**.

'India *sf*: **l'**~ India; **le** ~**e occidentali** the West Indies.

indi'ano, a *ag* Indian ♦ *smlf* (*d'India*) Indian; (*d'America*) Red Indian; **l'Oceano I**~ the Indian Ocean.

indiavo'lato, a *ag* possessed (by the devil); (*vivace, violento*) wild.

indi'care *vt* (*mostrare*) to show, indicate; (*: col dito*) to point to, point out; (*consigliare*) to suggest, recommend.

indica'tivo, a *ag* indicative ♦ *sm* (*LING*) indicative (mood).

indi'cato, a *ag* (*consigliato*) advisable; (*adatto*): ~ **per** suitable for, appropriate for.

indica'tore, 'trice *ag* indicating ♦ *sm* (*elenco*) guide; directory; (*TECN*) gauge; indicator; **cartello** ~ sign; ~ **della benzina** petrol (*BRIT*) *o* gas (*US*) gauge, fuel gauge; ~ **di velocità** (*AUT*) speedometer; (*AER*) airspeed indicator.

indicazi'one [indikat'tsjone] *sf* indication; (*informazione*) piece of information; ~**i per l'uso** instructions for use.

'indice ['inditʃe] *sm* (*ANAT: dito*) index finger, forefinger; (*lancetta*) needle, pointer; (*fig: indizio*) sign; (*TECN, MAT, nei libri*) index; ~ **azionario** share index; ~ **di gradimento** (*RADIO, TV*) popularity rating; ~ **dei prezzi al consumo** ≈ retail price index.

indicherò *etc* [indike'rɔ] *vb vedi* **indicare**.

indi'cibile [indi'tʃibile] *ag* inexpressible.

indiciz'zare [inditʃid'dzare] *vt*: ~ **al costo della vita** to index-link (*BRIT*), index (*US*).

indiciz'zato, a [inditʃid'dzato] *ag* (*polizza, salario etc*) index-linked (*BRIT*), indexed (*US*).

indicizzazi'one [inditʃiddzat'tsjone] *sf* indexing.

indietreggi'are [indjetred'dʒare] *vi* to draw back, retreat.

indi'etro *av* back; (*guardare*) behind, back; (*andare, cadere: anche*: **all'**~) backwards; **rimanere** ~ to be left behind; **essere** ~ (*col lavoro*) to be behind; (*orologio*) to be slow; **rimandare qc** ~ to send sth back; **non vado né avanti né** ~ (*fig*) I'm not getting anywhere, I'm getting nowhere.

indi'feso, a *ag* (*città, confine*) undefended; (*persona*) defenceless (*BRIT*), defenseless (*US*), helpless.

indiffe'rente *ag* indifferent ♦ *sm*: **fare l'**~ to pretend to be indifferent, be *o* act casual; (*fingere di non vedere o sentire*) to pretend not to notice.

indiffe'renza [indiffe'rɛntsa] *sf* indifference.

in'digeno, a [in'didʒeno] *ag* indigenous, native ♦ *smlf* native.

indi'gente [indi'dʒɛnte] *ag* poverty-stricken, destitute.

indi'genza [indi'dʒɛntsa] *sf* extreme poverty.

indigesti'one [indidʒes'tjone] *sf* indigestion.

indi'gesto, a [indi'dʒɛsto] *ag* indigestible.

indi'gnare [indiɲ'ɲare] *vt* to fill with indignation; ~**rsi** *vr* to be (*o* get) indignant.

indignazi'one [indiɲɲat'tsjone] *sf* indignation.

indimenti'cabile *ag* unforgettable.

'indio, a *ag, sm/f* (South American) Indian.

indipen'dente *ag* independent.

indipendente'mente *av* independently; ~ dal fatto che gli piaccia o meno, verrà! he's coming, whether he likes it or not!

indipen'denza [indipen'dɛntsa] *sf* independence.

in'dire *vt* (*concorso*) to announce; (*elezioni*) to call.

indi'retto, a *ag* indirect.

indiriz'zare [indirit'tsare] *vt* (*dirigere*) to direct; (*mandare*) to send; (*lettera*) to address; ~ **la parola a qn** to address sb.

indiriz'zario [indirit'tsarjo] *sm* mailing list.

indi'rizzo [indi'rittso] *sm* address; (*direzione*) direction; (*avvio*) trend, course; ~ **assoluto** (*INFORM*) absolute address.

indisci'plina [indiʃʃi'plina] *sf* indiscipline.

indiscipli'nato, a [indiʃʃipli'nato] *ag* undisciplined, unruly.

indis'creto, a *ag* indiscreet.

indiscrezi'one [indiskret'tsjone] *sf* indiscretion.

indiscrimi'nato, a *ag* indiscriminate.

indis'cusso, a *ag* unquestioned.

indiscu'tibile *ag* indisputable, unquestionable.

indispen'sabile *ag* indispensable, essential.

indispet'tire *vt* to irritate, annoy ♦ *vi* (*anche*: ~**rsi**) to get irritated *o* annoyed.

indispo'nente *ag* irritating, annoying.

indis'porre *vt* to antagonize.

indisposizi'one [indispozit'tsjone] *sf* (slight) indisposition.

indis'posto, a *pp di* **indisporre** ♦ *ag* indisposed, unwell.

indisso'lubile *ag* indissoluble.

indissolubil'mente *av* indissolubly.

indistinta'mente *av* (*senza distinzioni*) indiscriminately, without exception; (*in modo indefinito*: *vedere, sentire*) vaguely, faintly.

indis'tinto, a *ag* indistinct.

indistrut'tibile *ag* indestructible.

in'divia *sf* endive.

individu'ale *ag* individual.

individua'lismo *sm* individualism.

individua'lista, i, e *sm/f* individualist.

individualità *sf* individuality.

individual'mente *av* individually.

individu'are *vt* (*dar forma distinta a*) to characterize; (*determinare*) to locate; (*riconoscere*) to single out.

indi'viduo *sm* individual.

indivi'sibile *ag* indivisible; **quei due sono** ~**i** (*fig*) those two are inseparable.

indizi'are [indit'tsjare] *vt*: ~ **qn di qc** to cast suspicion on sb for sth.

indizi'ato, a [indit'tsjato] *ag* suspected ♦ *sm/f* suspect.

in'dizio [in'dittsjo] *sm* (*segno*) sign, indication; (*POLIZIA*) clue; (*DIR*) piece of evidence.

Indo'cina [indo'tʃina] *sf*: **l'**~ Indochina.

'indole *sf* nature, character.

indo'lente *ag* indolent.

indo'lenza [indo'lɛntsa] *sf* indolence.

indolen'zire [indolen'tsire] *vt* (*gambe, braccia etc*) to make stiff, cause to ache; (: *intorpidire*) to numb; ~**rsi** *vr* to become stiff; to go numb.

indolen'zito, a [indolen'tsito] *ag* stiff, aching; (*intorpidito*) numb.

indo'lore *ag* (*anche fig*) painless.

indo'mani *sm*: **l'**~ the next day, the following day.

Indo'nesia *sf*: **l'**~ Indonesia.

indonesi'ano, a *ag, sm/f, sm* Indonesian.

indo'rare *vt* (*rivestire in oro*) to gild; (*CUC*) to dip in egg yolk; ~ **la pillola** (*fig*) to sugar the pill.

indos'sare *vt* (*mettere indosso*) to put on; (*avere indosso*) to have on.

indossa'tore, 'trice *sm/f* model.

in'dotto, a *pp di* **indurre**.

indottri'nare *vt* to indoctrinate.

indovi'nare *vt* (*scoprire*) to guess; (*immaginare*) to imagine, guess; (*il futuro*) to foretell; **tirare a** ~ to make a shot in the dark.

indovi'nato, a *ag* successful; (*scelta*) inspired.

indovi'nello *sm* riddle.

indo'vino, a *sm/f* fortuneteller.

indù *ag, sm/f* Hindu.

indubbia'mente *av* undoubtedly.

in'dubbio, a *ag* certain, undoubted.

in'duco *etc vb vedi* **indurre**.

indugi'are [indu'dʒare] *vi* to take one's time, delay.

in'dugio [in'dudʒo] *sm* (*ritardo*) delay; **senza** ~ without delay.

indul'gente [indul'dʒɛnte] *ag* indulgent; (*giudice*) lenient.

indul'genza [indul'dʒɛntsa] *sf* indulgence; leniency.

in'dulgere [in'duldʒere] *vi*: ~ **a** (*accondiscendere*) to comply with; (*abbandonarsi*) to indulge in.

in'dulto, a *pp di* **indulgere** ♦ *sm* (*DIR*) pardon.

indu'mento *sm* article of clothing, garment; ~**i** *smpl* (*vestiti*) clothes; ~**i intimi** underwear *sg*.
induri'mento *sm* hardening.
indu'rire *vt* to harden ♦ *vi* (*anche:* ~**rsi**) to harden, become hard.
in'durre *vt:* ~ **qn a fare qc** to induce *o* persuade sb to do sth; ~ **qn in errore** to mislead sb; ~ **in tentazione** to lead into temptation.
in'dussi *etc vb vedi* **indurre**.
in'dustria *sf* industry; **la piccola/grande** ~ small/big business.
industri'ale *ag* industrial ♦ *sm* industrialist.
industrializ'zare [industrjalid'dzare] *vt* to industrialize.
industrializzazi'one [industrjaliddzat'tsjone] *sf* industrialization.
industri'arsi *vr* to do one's best, try hard.
industri'oso, a *ag* industrious, hard-working.
induzi'one [indut'tsjone] *sf* induction.
inebe'tito, a *ag* dazed, stunned.
inebri'are *vt* (*anche fig*) to intoxicate; ~**rsi** *vr* to become intoxicated.
inecce'pibile [inettʃe'pibile] *ag* unexceptionable.
i'nedia *sf* starvation.
i'nedito, a *ag* unpublished.
inef'fabile *ag* ineffable.
ineffi'cace [ineffi'katʃe] *ag* ineffective.
ineffi'cacia [ineffi'katʃa] *sf* inefficacy, ineffectiveness.
ineffici'ente [ineffi'tʃɛnte] *ag* inefficient.
ineffici'enza [ineffi'tʃɛntsa] *sf* inefficiency.
ineguagli'abile [inegwaʎ'ʎabile] *ag* incomparable, matchless.
ineguagli'anza [inegwaʎ'ʎantsa] *sf* (*sociale*) inequality; (*di superficie, livello*) unevenness.
inegu'ale *ag* unequal; (*irregolare*) uneven.
inelut'tabile *ag* inescapable.
ineluttabilità *sf* inescapability.
inenar'rabile *ag* unutterable.
inequivo'cabile *ag* unequivocal.
ine'rente *ag:* ~ **a** concerning, regarding.
i'nerme *ag* unarmed, defenceless (*BRIT*), defenseless (*US*).
inerpi'carsi *vr:* ~ (**su**) to clamber (up).
i'nerte *ag* inert; (*inattivo*) indolent, sluggish.
i'nerzia [i'nɛrtsja] *sf* inertia; indolence, sluggishness.
inesat'tezza [inezat'tettsa] *sf* inaccuracy.
ine'satto, a *ag* (*impreciso*) inaccurate, inexact; (*erroneo*) incorrect; (*AMM: non*

riscosso) uncollected.
inesau'ribile *ag* inexhaustible.
inesis'tente *ag* non-existent.
ineso'rabile *ag* inexorable, relentless.
inesorabil'mente *av* inexorably.
inesperi'enza [inespe'rjɛntsa] *sf* inexperience.
ines'perto, a *ag* inexperienced.
inespli'cabile *ag* inexplicable.
inesplo'rato, a *ag* unexplored.
ines'ploso, a *ag* unexploded.
inespres'sivo, a *ag* (*viso*) expressionless, inexpressive.
ines'presso, a *ag* unexpressed.
inespri'mibile *ag* inexpressible.
inespu'gnabile [inespuɲ'ɲabile] *ag* (*fortezza, torre etc*) impregnable.
ineste'tismo *sm* beauty problem.
inesti'mabile *ag* inestimable; (*valore*) incalculable.
inestir'pabile *ag* ineradicable.
inestri'cabile *ag* (*anche fig*) impenetrable.
inetti'tudine *sf* ineptitude.
i'netto, a *ag* (*incapace*) inept; (*che non ha attitudine*): ~ (**a**) unsuited (to).
ine'vaso, a *ag* (*ordine, corrispondenza*) outstanding.
inevi'tabile *ag* inevitable.
inevitabil'mente *av* inevitably.
i'nezia [i'nɛttsja] *sf* trifle, thing of no importance.
infagot'tare *vt* to bundle up, wrap up; ~**rsi** *vr* to wrap up.
infal'libile *ag* infallible.
infallibilità *sf* infallibility.
infa'mante *ag* (*accusa*) defamatory, slanderous.
infa'mare *vt* to defame.
in'fame *ag* infamous; (*fig: cosa, compito*) awful, dreadful.
in'famia *sf* infamy.
infan'gare *vt* (*sporcare*) to cover with mud; (*nome, reputazione*) to sully; ~**rsi** *vr* to get covered in mud; to be sullied.
infan'tile *ag* child *cpd*; childlike; (*adulto, azione*) childish; **letteratura** ~ children's books *pl*.
in'fanzia [in'fantsja] *sf* childhood; (*bambini*) children *pl*; **prima** ~ babyhood, infancy.
infari'nare *vt* to cover with (*o* sprinkle with *o* dip in) flour; ~ **di zucchero** to sprinkle with sugar.
infarina'tura *sf* (*fig*) smattering.
in'farto *sm* (*MED*): ~ (**cardiaco**) coronary.
infasti'dire *vt* to annoy, irritate; ~**rsi** *vr* to get annoyed *o* irritated.
infati'cabile *ag* tireless, untiring.
in'fatti *cong* as a matter of fact, in fact,

actually.

infatu'arsi *vr*: ~ **di** *o* **per** to become infatuated with, fall for.

infatuazi'one [infatuat'tsjone] *sf* infatuation.

in'fausto, a *ag* unpropitious, unfavourable (*BRIT*), unfavorable (*US*).

infecondità *sf* infertility.

infe'condo, a *ag* infertile.

infe'dele *ag* unfaithful.

infedeltà *sf* infidelity.

infe'lice [infe'litʃe] *ag* unhappy; (*sfortunato*) unlucky, unfortunate; (*inopportuno*) inopportune, ill-timed; (*mal riuscito: lavoro*) bad, poor.

infelicità [infelitʃi'ta] *sf* unhappiness.

infel'trire *vi*, ~**rsi** *vr* (*lana*) to become matted.

infe'renza [infe'rɛntsa] *sf* inference.

inferi'ore *ag* lower; (*per intelligenza, qualità*) inferior ♦ *sm/f* inferior; ~ **a** (*numero, quantità*) less *o* smaller than; (*meno buono*) inferior to; ~ **alla media** below average.

inferiorità *sf* inferiority.

infe'rire *vt* (*dedurre*) to infer, deduce.

inferme'ria *sf* infirmary; (*di scuola, nave*) sick bay.

infermi'ere, a *sm/f* nurse.

infermità *sf inv* illness; infirmity; ~ **di mente** mental illness.

in'fermo, a *ag* (*ammalato*) ill; (*debole*) infirm; ~ **di mente** mentally ill.

infer'nale *ag* infernal; (*proposito, complotto*) diabolical; **un tempo** ~ (*fam*) hellish weather.

in'ferno *sm* hell; **soffrire le pene dell'**~ (*fig*) to go through hell.

infero'cire [infero'tʃire] *vt* to make fierce ♦ *vi*, ~**rsi** *vr* to become fierce.

inferri'ata *sf* grating.

infervo'rare *vt* to arouse enthusiasm in; ~**rsi** *vr* to get excited, get carried away.

infes'tare *vt* to infest.

infet'tare *vt* to infect; ~**rsi** *vr* to become infected.

infet'tivo, a *ag* infectious.

in'fetto, a *ag* infected; (*acque*) polluted, contaminated.

infezi'one [infet'tsjone] *sf* infection.

infiac'chire [infjak'kire] *vt* to weaken ♦ *vi* (*anche*: ~**rsi**) to grow weak.

infiam'mabile *ag* inflammable.

infiam'mare *vt* to set alight; (*fig, MED*) to inflame; ~**rsi** *vr* to catch fire; (*MED*) to become inflamed; (*fig*): ~**rsi di** to be fired with.

infiammazi'one [infjammat'tsjone] *sf*

(*MED*) inflammation.

infias'care *vt* to bottle.

infici'are [infit'ʃare] *vt* (*DIR: atto, dichiarazione*) to challenge.

in'fido, a *ag* unreliable, treacherous.

infie'rire *vi*: ~ **su** (*fisicamente*) to attack furiously; (*verbalmente*) to rage at; (*epidemia*) to rage over.

in'figgere [in'fiddʒere] *vt*: ~ **qc in** to thrust *o* drive sth into.

infi'lare *vt* (*ago*) to thread; (*mettere: chiave*) to insert; (*: vestito*) to slip *o* put on; (*strada*) to turn into, take; ~**rsi** *vr*: ~**rsi in** to slip into; (*indossare*) to slip on; ~ **un anello al dito** to slip a ring on one's finger; ~ **l'uscio** to slip in; to slip out; ~**rsi la giacca** to put on one's jacket.

infil'trarsi *vr* to penetrate, seep through; (*MIL*) to infiltrate.

infil'trato, a *sm/f* infiltrator.

infiltrazi'one [infiltrat'tsjone] *sf* infiltration.

infil'zare [infil'tsare] *vt* (*infilare*) to string together; (*trafiggere*) to pierce.

'infimo, a *ag* lowest; **un albergo di** ~ **ordine** a third-rate hotel.

in'fine *av* finally; (*insomma*) in short.

infin'gardo, a *ag* lazy ♦ *sm/f* slacker.

infinità *sf* infinity; (*in quantità*): **un'**~ **di** an infinite number of.

infinitesi'male *ag* infinitesimal.

infi'nito, a *ag* infinite; (*LING*) infinitive ♦ *sm* infinity; (*LING*) infinitive; **all'**~ (*senza fine*) endlessly; (*LING*) in the infinitive.

infinocchi'are [infinok'kjare] *vt* (*fam*) to hoodwink.

infiore'scenza [infjoreʃ'ʃentsa] *sf* inflorescence.

infir'mare *vt* (*DIR*) to invalidate.

infischi'arsi [infis'kjarsi] *vr*: ~ **di** not to care about.

in'fisso, a *pp di* **infiggere** ♦ *sm* fixture; (*di porta, finestra*) frame.

infit'tire *vt, vi* (*anche*: ~**rsi**) to thicken.

inflazio'nare [inflattsjo'nare] *vt* to inflate.

inflazi'one [inflat'tsjone] *sf* inflation.

inflazio'nistico, a, ci, che [inflattsjo'nistiko] *ag* inflationary.

infles'sibile *ag* inflexible; (*ferreo*) unyielding.

inflessi'one *sf* inflexion.

in'fliggere [in'fliddʒere] *vt* to inflict.

in'flissi *etc vb vedi* **infliggere**.

in'flitto, a *pp di* **infliggere**.

influ'ente *ag* influential.

influ'enza [influ'ɛntsa] *sf* influence; (*MED*) influenza, flu.

influen'zare [influen'tsare] *vt* to influence, have an influence on.

influ'ire *vi*: ~ **su** to influence.
in'flusso *sm* influence.
INFN *sigla m* = *Istituto Nazionale di Fisica Nucleare.*
info'cato, a *ag* = **infuocato.**
info'gnarsi [infoɲ'ɲarsi] *vr* (*fam*) to get into a mess; ~ **in un mare di debiti** to be up to one's *o* the eyes in debt.
infol'tire *vt, vi* to thicken.
infon'dato, a *ag* unfounded, groundless.
in'fondere *vt*: ~ **qc in qn** to instill sth in sb; ~ **fiducia in qn** to inspire sb with confidence.
infor'care *vt* to fork (up); (*bicicletta, cavallo*) to get on; (*occhiali*) to put on.
infor'male *ag* informal.
infor'mare *vt* to inform, tell; ~**rsi** *vr*: ~**rsi** (**di** *o* **su**) to inquire (about); **tenere informato qn** to keep sb informed.
infor'matico, a, ci, che *ag* (*settore*) computer *cpd* ♦ *sf* computer science.
informa'tivo, a *ag* informative; **a titolo** ~ for information only.
informatiz'zare [informatid'dzare] *vt* to computerize.
infor'mato, a *ag* informed; **tenersi** ~ to keep o.s. (well-)informed.
informa'tore *sm* informer.
informazi'one [informat'tsjone] *sf* piece of information; ~**i** *sfpl* information *sg*; **chiedere un'**~ to ask for (some) information; ~ **di garanzia** (*DIR*) = **avviso di garanzia.**
in'forme *ag* shapeless.
informico'larsi *vr*, **informico'lirsi** *vr*: **mi si è informicolata una gamba** I've got pins and needles in my leg.
infor'nare *vt* to put in the oven.
infor'nata *sf* (*anche fig*) batch.
infortu'narsi *vr* to injure o.s., have an accident.
infortu'nato, a *ag* injured, hurt ♦ *sm/f* injured person.
infor'tunio *sm* accident; ~ **sul lavoro** industrial accident, accident at work.
infortu'nistica *sf* study of (industrial) accidents.
infos'sarsi *vr* (*terreno*) to sink; (*guance*) to become hollow.
infos'sato, a *ag* hollow; (*occhi*) deep-set; (*: per malattia*) sunken.
infradici'are [infradi't∫are] *vt* (*inzuppare*) to soak, drench; (*marcire*) to rot; ~**rsi** *vr* to get soaked, get drenched; to rot.
in'frangere [in'frandʒere] *vt* to smash; (*fig: legge, patti*) to break; ~**rsi** *vr* to smash, break.
infran'gibile [infran'dʒibile] *ag*

unbreakable.
in'franto, a *pp di* **infrangere** ♦ *ag* broken.
infra'rosso, a *ag, sm* infrared.
infrasettima'nale *ag* midweek *cpd.*
infrastrut'tura *sf* infrastructure.
infrazi'one [infrat'tsjone] *sf*: ~ **a** breaking of, violation of.
infredda'tura *sf* slight cold.
infreddo'lito, a *ag* cold, chilled.
infre'quente *ag* infrequent, rare.
infrol'lire *vi*, ~**rsi** *vr* (*selvaggina*) to become high.
infruttu'oso, a *ag* fruitless.
infuo'cato, a *ag* (*metallo*) red-hot; (*sabbia*) burning; (*fig: discorso*) heated, passionate.
infu'ori *av* out; **all'**~ outwards; **all'**~ **di** (*eccetto*) except, with the exception of.
infuri'are *vi* to rage; ~**rsi** *vr* to fly into a rage.
infusi'one *sf* infusion.
in'fuso, a *pp di* **infondere** ♦ *ag*: **scienza** ~**a** (*anche ironico*) innate knowledge ♦ *sm* infusion; ~ **di camomilla** camomile tea.
Ing. *abbr* = **ingegnere.**
ingabbi'are *vt* to (put in a) cage.
ingaggi'are [ingad'dʒare] *vt* (*assumere con compenso*) to take on, hire; (*SPORT*) to sign on; (*MIL*) to engage.
in'gaggio [in'gaddʒo] *sm* hiring; signing on.
ingagliar'dire [ingaʎʎar'dire] *vt* to strengthen, invigorate ♦ *vi* (*anche*: ~**rsi**) to grow stronger.
ingan'nare *vt* to deceive; (*coniuge*) to be unfaithful to; (*fisco*) to cheat; (*eludere*) to dodge, elude; (*fig: tempo*) to while away ♦ *vi* (*apparenza*) to be deceptive; ~**rsi** *vr* to be mistaken, be wrong.
inganna'tore, 'trice *ag* deceptive; (*persona*) deceitful.
ingan'nevole *ag* deceptive.
in'ganno *sm* deceit, deception; (*azione*) trick; (*menzogna, frode*) cheat, swindle; (*illusione*) illusion.
ingarbugli'are [ingarbuʎ'ʎare] *vt* to tangle; (*fig*) to confuse, muddle; ~**rsi** *vr* to become confused *o* muddled.
ingarbu'gliato, a [ingarbuʎ'ʎato] *ag* tangled; confused, muddled.
inge'gnarsi [indʒeɲ'ɲarsi] *vr* to do one's best, try hard; ~ **per vivere** to live by one's wits; **basta** ~ **un po'** you just need a bit of ingenuity.
inge'gnere [indʒeɲ'ɲere] *sm* engineer; ~ **civile/navale** civil/naval engineer.
ingegne'ria [indʒeɲɲe'ria] *sf* engineering.
in'gegno [in'dʒeɲɲo] *sm* (*intelligenza*) intelligence, brains *pl*; (*capacità creativa*)

ingenuity; (*disposizione*) talent.
ingegnosità [indʒeɲɲosi'ta] *sf* ingenuity.
inge'gnoso, a [indʒeɲ'ɲoso] *ag* ingenious,
clever.
ingelo'sire [indʒelo'sire] *vt* to make jealous
♦ *vi* (*anche:* ~**rsi**) to become jealous.
in'gente [in'dʒɛnte] *ag* huge, enormous.
ingenti'lire [indʒenti'lire] *vt* to refine,
civilize; ~**rsi** *vr* to become more refined,
become more civilized.
ingenuità [indʒenui'ta] *sf* ingenuousness.
in'genuo, a [in'dʒɛnuo] *ag* ingenuous,
naïve.
inge'renza [indʒe'rɛntsa] *sf* interference.
inge'rire [indʒe'rire] *vt* to ingest.
inges'sare [indʒes'sare] *vt* (*MED*) to put in
plaster.
ingessa'tura [indʒessa'tura] *sf* plaster.
Inghil'terra [ingil'tɛrra] *sf*: l'~ England.
inghiot'tire [ingjot'tire] *vt* to swallow.
in'ghippo [in'gippo] *sm* trick.
ingial'lire [indʒal'lire] *vi* to go yellow.
ingigan'tire [indʒigan'tire] *vt* to enlarge,
magnify ♦ *vi* to become gigantic *o*
enormous.
inginocchi'arsi [indʒinok'kjarsi] *vr* to kneel
(down).
inginocchia'toio [indʒinokkja'tojo] *sm*
prie-dieu.
ingioiel'lare [indʒojel'lare] *vt* to bejewel,
adorn with jewels.
ingiù [in'dʒu] *av* down, downwards.
ingi'ungere [in'dʒundʒere] *vt*: ~ **a qn di fare**
qc to enjoin *o* order sb to do sth.
ingi'unto, a [in'dʒunto] *pp di* **ingiungere**.
ingiunzi'one [indʒun'tsjone] *sf* injunction,
command; ~ **di pagamento** final demand.
ingi'uria [in'dʒurja] *sf* insult; (*fig: danno*)
damage.
ingiuri'are [indʒu'rjare] *vt* to insult, abuse.
ingiuri'oso, a [indʒu'rjoso] *ag* insulting,
abusive.
ingiusta'mente [indʒusta'mente] *av*
unjustly.
ingiustifi'cabile [indʒustifi'kabile] *ag*
unjustifiable.
ingiustifi'cato, a [indʒustifi'kato] *ag*
unjustified.
ingius'tizia [indʒus'tittsja] *sf* injustice.
ingi'usto, a [in'dʒusto] *ag* unjust, unfair.
in'glese *ag* English ♦ *sm/f* Englishman/
woman ♦ *sm* (*LING*) English; **gli I~i** the
English; **andarsene** *o* **filare all'**~ to take
French leave.
inglori'oso, a *ag* inglorious.
ingob'bire *vi*, ~**rsi** *vr* to become stooped.
ingoi'are *vt* to gulp (down); (*fig*) to swallow
(up); **ha dovuto** ~ **il rospo** (*fig*) he had to

accept the situation.
ingol'fare *vt*, ~**rsi** *vr* (*motore*) to flood.
ingolo'sire *vt*: ~ **qn** to make sb's mouth
water; (*fig*) to attract sb ♦ *vi* (*anche:* ~**rsi**):
~ **(di)** (*anche fig*) to become greedy (for).
ingom'brante *ag* cumbersome.
ingom'brare *vt* (*strada*) to block; (*stanza*) to
clutter up.
in'gombro, a *ag*: ~ **di** (*strada*) blocked by;
(*stanza*) cluttered up with ♦ *sm* obstacle;
essere d'~ to be in the way; **per ragioni di**
~ for reasons of space.
ingor'digia [ingor'didʒa] *sf*: ~ **(di)** greed
(for); avidity (for).
in'gordo, a *ag*: ~ **di** greedy for; (*fig*)
greedy *o* avid for ♦ *sm/f* glutton.
ingor'gare *vt* to block; ~**rsi** *vr* to be
blocked up, be choked up.
in'gorgo, ghi *sm* blockage, obstruction;
(*anche:* ~ **stradale**) traffic jam.
ingoz'zare [ingot'tsare] *vt* (*animali*) to
fatten; (*fig: persona*) to stuff; ~**rsi** *vr*: ~**rsi**
(di) to stuff o.s. (with).
ingra'naggio [ingra'naddʒo] *sm* (*TECN*)
gear; (*di orologio*) mechanism; **gli** ~**i della**
burocrazia the bureaucratic machinery.
ingra'nare *vi* to mesh, engage ♦ *vt* to
engage; ~ **la marcia** to get into gear.
ingrandi'mento *sm* enlargement;
extension; magnification; growth;
expansion.
ingran'dire *vt* (*anche FOT*) to enlarge;
(*estendere*) to extend; (*OTTICA, fig*) to
magnify ♦ *vi* (*anche:* ~**rsi**) to become
larger *o* bigger; (*aumentare*) to grow,
increase; (*espandersi*) to expand.
ingrandi'tore *sm* (*FOT*) enlarger.
ingras'saggio [ingras'saddʒo] *sm* greasing.
ingras'sare *vt* to make fat; (*animali*) to
fatten; (*AGR: terreno*) to manure;
(*lubrificare*) to grease ♦ *vi* (*anche:* ~**rsi**) to
get fat, put on weight.
ingrati'tudine *sf* ingratitude.
in'grato, a *ag* ungrateful; (*lavoro*)
thankless, unrewarding.
ingrazi'are [ingrat'tsjare] *vt*: ~**rsi qn** to
ingratiate o.s. with sb.
ingredi'ente *sm* ingredient.
in'gresso *sm* (*porta*) entrance; (*atrio*) hall;
(*l'entrare*) entrance, entry; (*facoltà di*
entrare) admission; "~ **libero**" "admission
free"; ~ **principale** main entrance; ~ **di**
servizio tradesmen's entrance.
ingros'sare *vt* to increase; (*folla, livello*) to
swell ♦ *vi* (*anche:* ~**rsi**) to increase; to
swell.
in'grosso *av*: **all'**~ (*COMM*) wholesale;
(*all'incirca*) roughly, about.

ingru'gnato, a [ingruɲ'ɲato] *ag* grumpy.

inguai'arsi *vr* to get into trouble.

inguai'nare *vt* to sheathe.

ingual'cibile [ingwal'tʃibile] *ag* crease-resistant.

ingua'ribile *ag* incurable.

'inguine *sm* (*ANAT*) groin.

ingurgi'tare [ingurdʒi'tare] *vt* to gulp down.

ini'bire *vt* to forbid, prohibit; (*PSIC*) to inhibit.

ini'bito, a *ag* inhibited ♦ *sm/f* inhibited person.

inibi'torio, a *ag* (*PSIC*) inhibitory, inhibitive; (*provvedimento, misure*) restrictive.

inibizi'one [inibit'tsjone] *sf* prohibition; inhibition.

iniet'tare *vt* to inject; ~**rsi** *vr*: ~**rsi di sangue** (*occhi*) to become bloodshot.

iniet'tore *sm* injector.

iniezi'one [injet'tsjone] *sf* injection.

inimi'care *vt* to alienate, make hostile; ~**rsi** *vr*: ~**rsi con qn** to fall out with sb; **si è inimicato gli amici di un tempo** he has alienated his old friends.

inimi'cizia [inimi'tʃittsja] *sf* animosity.

inimi'tabile *ag* inimitable.

inimmagi'nabile [inimmadʒi'nabile] *ag* unimaginable.

ininfiam'mabile *ag* non-flammable.

inintelli'gibile [inintelli'dʒibile] *ag* unintelligible.

ininterrotta'mente *av* non-stop, continuously.

ininter'rotto, a *ag* (*fila*) unbroken; (*rumore*) uninterrupted.

iniquità *sf inv* iniquity; (*atto*) wicked action.

i'niquo, a *ag* iniquitous.

inizi'ale [init'tsjale] *ag, sf* initial.

inizializ'zare [inittsjalid'dzare] *vt* (*INFORM*) to boot.

inizial'mente [inittsjal'mente] *av* initially, at first.

inizi'are [init'tsjare] *vi, vt* to begin, start; ~ **qn a** to initiate sb into; (*pittura etc*) to introduce sb to; ~ **a fare qc** to start doing sth.

inizia'tiva [inittsja'tiva] *sf* initiative; ~ **privata** private enterprise.

inizia'tore, 'trice [inittsja'tore] *sm/f* initiator.

i'nizio [i'nittsjo] *sm* beginning; **all'**~ at the beginning, at the start; **dare** ~ **a qc** to start sth, get sth going; **essere agli** ~**i** (*progetto, lavoro etc*) to be in the initial stages.

innaffi'are *etc* = **annaffiare** *etc.*

innal'zare [innal'tsare] *vt* (*sollevare, alzare*) to raise; (*rizzare*) to erect; ~**rsi** *vr* to rise.

innamora'mento *sm* falling in love.

innamo'rare *vt* to enchant, charm; ~**rsi** *vr*: ~**rsi (di qn)** to fall in love (with sb).

innamo'rato, a *ag* (*che nutre amore*): ~ **(di)** in love (with); (*appassionato*): ~ **di** very fond of ♦ *sm/f* lover; (*anche scherzoso*) sweetheart.

in'nanzi [in'nantsi] *av* (*stato in luogo*) in front, ahead; (*moto a luogo*) forward, on; (*tempo: prima*) before ♦ *prep* (*prima*) before; ~ **a** in front of; **d'ora** ~ from now on; **farsi** ~ to step forward; ~ **tempo** ahead of time.

innanzi'tutto [innantsi'tutto] *av* above all; (*per prima cosa*) first of all.

in'nato, a *ag* innate.

innatu'rale *ag* unnatural.

inne'gabile *ag* undeniable.

inneggi'are [inned'dʒare] *vi*: ~ **a** to sing hymns to; (*fig*) to sing the praises of.

innervo'sire *vt*: ~ **qn** to get on sb's nerves; ~**rsi** *vr* to get irritated *o* upset.

innes'care *vt* to prime.

in'nesco, schi *sm* primer.

innes'tare *vt* (*BOT, MED*) to graft; (*TECN*) to engage; (*inserire: presa*) to insert.

in'nesto *sm* graft; grafting *no pl*; (*TECN*) clutch; (*ELETTR*) connection.

'inno *sm* hymn; ~ **nazionale** national anthem.

inno'cente [inno'tʃɛnte] *ag* innocent.

inno'cenza [inno'tʃɛntsa] *sf* innocence.

in'nocuo, a *ag* innocuous, harmless.

innomi'nato, a *ag* unnamed.

inno'vare *vt* to change, make innovations in.

innova'tivo, a *ag* innovative.

innovazi'one [innovat'tsjone] *sf* innovation.

innume'revole *ag* innumerable.

inocu'lare *vt* (*MED*) to inoculate.

ino'doro, a *ag* odourless (*BRIT*), odorless (*US*).

inoffen'sivo, a *ag* harmless.

inol'trare *vt* (*AMM*) to pass on, forward; ~**rsi** *vr* (*addentrarsi*) to advance, go forward.

inol'trato, a *ag*: **a notte** ~**a** late at night; **a primavera** ~**a** late in the spring.

i'noltre *av* besides, moreover.

i'noltro *sm* (*AMM*) forwarding.

inon'dare *vt* to flood.

inondazi'one [inondat'tsjone] *sf* flooding *no pl*; flood.

inope'roso, a *ag* inactive, idle.

inopi'nato, a *ag* unexpected.

inoppor'tuno, a *ag* untimely, ill-timed; (*poco adatto*) inappropriate; (*momento*) inopportune.

inoppu'gnabile [inoppuɲ'ɲabile] *ag* incontrovertible.

inor'ganico, a, ci, che *ag* inorganic.

inorgo'glire [inorgoʎ'ʎire] *vt* to make proud ♦ *vi* (*anche:* ~**rsi**) to become proud; ~**rsi di qc** to pride o.s. on sth.

inorri'dire *vt* to horrify ♦ *vi* to be horrified.

inospi'tale *ag* inhospitable.

inosser'vante *ag:* **essere** ~ **di** to fail to comply with.

inosser'vato, a *ag* (*non notato*) unobserved; (*non rispettato*) not observed, not kept; **passare** ~ to go unobserved, escape notice.

inossi'dabile *ag* stainless.

INPS *sigla m* (= *Istituto Nazionale Previdenza Sociale*) social security service.

inqua'drare *vt* (*foto, immagine*) to frame; (*fig*) to situate, set.

inquadra'tura *sf* (*CINE, FOT: atto*) framing; (: *immagine*) shot; (: *sequenza*) sequence.

inqualifi'cabile *ag* unspeakable.

inquie'tante *ag* disturbing, worrying.

inquie'tare *vt* (*turbare*) to disturb, worry; ~**rsi** *vr* to worry, become anxious; (*impazientirsi*) to get upset.

inqui'eto, a *ag* restless; (*preoccupato*) worried, anxious.

inquie'tudine *sf* anxiety, worry.

inqui'lino, a *smf* tenant.

inquina'mento *sm* pollution.

inqui'nare *vt* to pollute.

inqui'rente *ag* (*DIR*): **magistrato** ~ examining (*BRIT*) *o* committing (*US*) magistrate; **commissione** ~ commission of inquiry.

inqui'sire *vt, vi* to investigate.

inqui'sito, a *ag* (*persona*) under investigation.

inquisi'tore, 'trice *ag* (*sguardo*) inquiring.

inquisizi'one [inkwizit'tsjone] *sf* inquisition.

insabbia'mento *sm* (*fig*) shelving.

insabbi'are *vt* (*fig: pratica*) to shelve; ~**rsi** *vr* (*barca*) to run aground; (*fig: pratica*) to be shelved.

insac'care *vt* (*grano, farina etc*) to bag, put into sacks; (*carne*) to put into sausage skins.

insac'cati *smpl* (*CUC*) sausages.

insa'lata *sf* salad; (*pianta*) lettuce; ~ **mista** mixed salad.

insalati'era *sf* salad bowl.

insa'lubre *ag* unhealthy.

insa'nabile *ag* (*piaga*) which cannot be healed; (*situazione*) irremediable; (*odio*) implacable.

insangui'nare *vt* to stain with blood.

in'sania *sf* insanity.

in'sano, a *ag* (*pazzo, folle*) insane.

insapo'nare *vt* to soap; ~**rsi le mani** to soap one's hands.

insapo'nata *sf:* **dare un'**~ **a qc** to give sth a (quick) soaping.

insapo'rire *vt* to flavour (*BRIT*), flavor (*US*); (*con spezie*) to season; ~**rsi** *vr* to acquire flavo(u)r.

insa'poro, a *ag* tasteless, insipid.

insa'puta *sf:* **all'**~ **di qn** without sb knowing.

insazi'abile [insat'tsjabile] *ag* insatiable.

inscato'lare *vt* (*frutta, carne*) to can.

insce'nare [inʃe'nare] *vt* (*TEAT*) to stage, put on; (*fig*) to stage.

inscin'dibile [inʃin'dibile] *ag* (*fattori*) inseparable; (*legame*) indissoluble.

insec'chire [insek'kire] *vt* (*seccare*) to dry up; (: *piante*) to wither ♦ *vi* to dry up, become dry; to wither.

insedia'mento *sm* (*AMM: in carica, ufficio*) installation; (*villaggio, colonia*) settlement.

insedi'are *vt* (*AMM*) to install; ~**rsi** *vr* (*AMM*) to take up office; (*colonia, profughi etc*) to settle; (*MIL*) to take up positions.

in'segna [in'seɲɲa] *sf* sign; (*emblema*) sign, emblem; (*bandiera*) flag, banner; ~**e** *sfpl* (*decorazioni*) insignia *pl*.

insegna'mento [inseɲɲa'mento] *sm* teaching; **trarre** ~ **da un'esperienza** to learn from an experience, draw a lesson from an experience; **che ti serva da** ~ let this be a lesson to you.

inse'gnante [inseɲ'ɲante] *ag* teaching ♦ *smf* teacher.

inse'gnare [inseɲ'ɲare] *vt, vi* to teach; ~ **a qn qc** to teach sb sth; ~ **a qn a fare qc** to teach sb (how) to do sth; **come lei ben m'insegna** ... (*ironico*) as you will doubtless be aware ....

insegui'mento *sm* pursuit, chase; **darsi all'**~ **di qn** to give chase to sb.

insegu'ire *vt* to pursue, chase.

insegui'tore, 'trice *smf* pursuer.

insel'lare *vt* to saddle.

inselvati'chire [inselvati'kire] *vt* (*persona*) to make unsociable ♦ *vi* (*anche:* ~**rsi**) to grow wild; (*persona*) to become unsociable.

inseminazi'one [inseminat'tsjone] *sf* insemination.

insena'tura *sf* inlet, creek.

insen'sato, a *ag* senseless, stupid.

insen'sibile *ag* (*anche fig*) insensitive.

insensibilità *sf* insensitivity, insensibility.

insepa'rabile *ag* inseparable.

inse'polto, a *ag* unburied.

inseri'mento *sm* (*gen*) insertion; **problemi di** ~ (*di persona*) adjustment problems.

inse'rire *vt* to insert; (*ELETTR*) to connect; (*allegare*) to enclose; ~**rsi** *vr* (*fig*): ~**rsi in** to become part of; ~ **un annuncio sul giornale** to put *o* place an advertisement in the newspaper.

in'serto *sm* (*pubblicazione*) insert; ~ **filmato** (*film*) clip.

inser'vibile *ag* useless.

inservi'ente *sm/f* attendant.

inserzi'one [inser'tsjone] *sf* insertion; (*avviso*) advertisement; **fare un'**~ **sul giornale** to put an advertisement in the newspaper.

inserzio'nista, i, e [insertsjo'nista] *sm/f* advertiser.

insetti'cida, i [insetti'tʃida] *sm* insecticide.

in'setto *sm* insect.

insicu'rezza [insiku'rettsa] *sf* insecurity.

insi'curo, a *ag* insecure.

in'sidia *sf* snare, trap; (*pericolo*) hidden danger; **tendere un'**~ **a qn** to lay *o* set a trap for sb.

insidi'are *vt* (*MIL*) to harass; ~ **la vita di qn** to make an attempt on sb's life.

insidi'oso, a *ag* insidious.

insi'eme *av* together; (*contemporaneamente*) at the same time ♦ *prep*: ~ **a** *o* **con** together with ♦ *sm* whole; (*MAT, servizio, assortimento*) set; (*MODA*) ensemble, outfit; **tutti** ~ all together; **tutto** ~ all together; (*in una volta*) at one go; **nell'**~ on the whole; **d'**~ (*veduta etc*) overall.

in'signe [in'siɲɲe] *ag* (*persona*) famous, distinguished, eminent; (*città, monumento*) notable.

insignifi'cante [insiɲɲifi'kante] *ag* insignificant.

insi'gnire [insiɲ'ɲire] *vt*: ~ **qn di** to honour (*BRIT*) *o* honor (*US*) sb with, decorate sb with.

insin'cero, a [insin'tʃero] *ag* insincere.

insinda'cabile *ag* unquestionable.

insinu'ante *ag* (*osservazione, sguardo*) insinuating; (*maniere*) ingratiating.

insinu'are *vt* (*introdurre*): ~ **qc in** to slip *o* slide sth into; (*fig*) to insinuate, imply; ~**rsi** *vr*: ~**rsi in** to seep into; (*fig*) to creep into; to worm one's way into.

insinuazi'one [insinuat'tsjone] *sf* (*fig*) insinuation.

in'sipido, a *ag* insipid.

insis'tente *ag* insistent; (*pioggia, dolore*) persistent.

insistente'mente *av* repeatedly.

insis'tenza [insis'tɛntsa] *sf* insistence; persistence.

in'sistere *vi*: ~ **su qc** to insist on sth; ~ **in qc/a fare** (*perseverare*) to persist in sth/in doing.

insis'tito, a *pp di* **insistere**.

'insito, a *ag*: ~ (**in**) inherent (in).

insoddis'fatto, a *ag* dissatisfied.

insoddisfazi'one [insoddisfat'tsjone] *sf* dissatisfaction.

insoffe'rente *ag* intolerant.

insoffe'renza [insoffe'rɛntsa] *sf* impatience.

insolazi'one [insolat'tsjone] *sf* (*MED*) sunstroke.

inso'lente *ag* insolent.

insolen'tire *vi* to grow insolent ♦ *vt* to insult, be rude to.

inso'lenza [inso'lɛntsa] *sf* insolence.

in'solito, a *ag* unusual, out of the ordinary.

inso'lubile *ag* insoluble.

inso'luto, a *ag* (*non risolto*) unsolved; (*non pagato*) unpaid, outstanding.

insol'vente *ag* (*DIR*) insolvent.

insol'venza [insol'vɛntsa] *sf* (*DIR*) insolvency.

insol'vibile *ag* insolvent.

in'somma *av* (*in breve, in conclusione*) in short; (*dunque*) well ♦ *escl* for heaven's sake!

inson'dabile *ag* unfathomable.

in'sonne *ag* sleepless.

in'sonnia *sf* insomnia, sleeplessness.

insonno'lito, a *ag* sleepy, drowsy.

insonorizzazi'one [insonoriddzat'tsjone] *sf* soundproofing.

insoppor'tabile *ag* unbearable.

insoppri'mibile *ag* insuppressible.

insor'genza [insor'dʒɛntsa] *sf* (*di malattia*) onset.

in'sorgere [in'sordʒere] *vi* (*ribellarsi*) to rise up, rebel; (*apparire*) to come up, arise.

insormon'tabile *ag* (*ostacolo*) insurmountable, insuperable.

in'sorsi *etc vb vedi* **insorgere**.

in'sorto, a *pp di* **insorgere** ♦ *sm/f* rebel, insurgent.

insospet'tabile *ag* (*al di sopra di ogni sospetto*) above suspicion; (*inatteso*) unsuspected.

insospet'tire *vt* to make suspicious ♦ *vi* (*anche*: ~**rsi**) to become suspicious.

insoste'nibile *ag* (*posizione, teoria*) untenable; (*dolore, situazione*) intolerable, unbearable; **le spese di manutenzione sono** ~**i** the maintenance costs are excessive.

insostitu'ibile *ag* (*persona*) irreplaceable; (*aiuto, presenza*) invaluable.

insoz'zare [insot'tsare] vt (pavimento) to make dirty; (fig: reputazione, memoria) to tarnish, sully; ~**rsi** vr to get dirty.

inspe'rabile ag: **la guarigione/salvezza era** ~ there was no hope of a cure/of rescue; **abbiamo ottenuto risultati** ~**i** the results we achieved were far better than we had hoped.

inspe'rato, a ag unhoped-for.

inspie'gabile ag inexplicable.

inspi'rare vt to breathe in, inhale.

in'stabile ag (carico, indole) unstable; (tempo) unsettled; (equilibrio) unsteady.

instabilità sf instability; (di tempo) changeability.

instal'lare vt to install; ~**rsi** vr (sistemarsi): ~**rsi in** to settle in.

installazi'one [installat'tsjone] sf installation.

instan'cabile ag untiring, indefatigable.

instau'rare vt to establish.

instaurazi'one [instaurat'tsjone] sf establishment.

instil'lare vt to instil.

instra'dare vt = istradare.

insù av up, upwards; **guardare all'**~ to look up o upwards; **naso all'**~ turned-up nose.

insubordinazi'one [insubordinat'tsjone] sf insubordination.

insuc'cesso [insut'tʃɛsso] sm failure, flop.

insudici'are [insudi'tʃare] vt to dirty; ~**rsi** vr to get dirty.

insuffici'ente [insuffi'tʃɛnte] ag insufficient; (compito, allievo) inadequate.

insuffici'enza [insuffi'tʃɛntsa] sf insufficiency; inadequacy; (INS) fail; ~ **di prove** (DIR) lack of evidence.

insu'lare ag insular.

insu'lina sf insulin.

in'sulso, a ag (sciocco) inane, silly; (persona) dull, insipid.

insul'tare vt to insult, affront.

in'sulto sm insult, affront.

insupe'rabile ag (ostacolo, difficoltà) insuperable, insurmountable; (eccellente: qualità, prodotto) unbeatable; (: persona, interpretazione) unequalled.

insuper'bire vt to make proud, make arrogant; ~**rsi** vr to become arrogant.

insurrezi'one [insurret'tsjone] sf revolt, insurrection.

insussis'tente ag non-existent.

intac'care vt (fare tacche) to cut into; (corrodere) to corrode; (fig: cominciare ad usare: risparmi) to break into; (: ledere) to damage.

intagli'are [intaʎ'ʎare] vt to carve.

intaglia'tore, 'trice [intaʎʎa'tore] sm/f engraver.

in'taglio [in'taʎʎo] sm carving.

intan'gibile [intan'dʒibile] ag (bene, patrimonio) untouchable; (fig: diritto) inviolable.

in'tanto av (nel frattempo) meanwhile, in the meantime; (per cominciare) just to begin with; ~ **che** cong while.

intarsi'are vt to inlay.

in'tarsio sm inlaying no pl, marquetry no pl; inlay.

intasa'mento sm (ostruzione) blockage, obstruction; (AUT: ingorgo) traffic jam.

inta'sare vt to choke (up), block (up); (AUT) to obstruct, block; ~**rsi** vr to become choked o blocked.

intas'care vt to pocket.

in'tatto, a ag intact; (puro) unsullied.

intavo'lare vt to start, enter into.

inte'gerrimo, a [inte'dʒɛrrimo] ag honest, upright.

inte'grale ag complete; (pane, farina) wholemeal (BRIT), wholewheat (US); **film in versione** ~ uncut version of a film; **calcolo** ~ (MAT) integral calculus; **edizione** ~ unabridged edition.

inte'grante ag: **parte** f ~ integral part.

inte'grare vt to complete; (MAT) to integrate; ~**rsi** vr (persona) to become integrated.

integra'tivo, a ag (assegno) supplementary; (INS): **esame** ~ assessment test sat when changing schools.

integra'tore sm: ~**i alimentari** nutritional supplements.

integrazi'one [integrat'tsjone] sf integration.

integrità sf integrity.

'integro, a ag (intatto, intero) complete, whole; (retto) upright.

intelaia'tura sf frame; (fig) structure, framework.

intel'letto sm intellect.

intellettu'ale ag, sm/f intellectual.

intellettua'loide (peg) ag pseudo-intellectual ♦ sm/f pseudo-intellectual, would-be intellectual.

intelli'gente [intelli'dʒɛnte] ag intelligent.

intelli'genza [intelli'dʒɛntsa] sf intelligence.

intelli'ghenzia [intelli'gɛntsja] sf intelligentsia.

intelli'gibile [intelli'dʒibile] ag intelligible.

inteme'rato, a ag (persona, vita) blameless, irreproachable; (coscienza) clear; (fama) unblemished.

intempe'rante ag intemperate,

immoderate.
intempe'ranza [intempe'rantsa] *sf*
intemperance; **~e** *sfpl* (*eccessi*) excesses.
intem'perie *sfpl* bad weather *sg*.
intempes'tivo, a *ag* untimely.
inten'dente *sm*: **~ di Finanza** inland (*BRIT*)
o internal (*US*) revenue officer.
inten'denza [inten'dɛntsa] *sf*: **~ di Finanza**
inland (*BRIT*) *o* internal (*US*) revenue
office.
in'tendere *vt* (*avere intenzione*): **~ fare qc** to
intend *o* mean to do sth; (*comprendere*) to
understand; (*udire*) to hear; (*significare*) to
mean; **~rsi** *vr* (*conoscere*): **~rsi di** to know
a lot about, be a connoisseur of;
(*accordarsi*) to get on (well); **~rsi con qn**
su qc to come to an agreement with sb
about sth; **intendersela con qn** (*avere una
relazione amorosa*) to have an affair with
sb; **mi ha dato a ~ che** ... he led me to
believe that ...; **non vuole ~ ragione** he
won't listen to reason; **s'intende!**
naturally!, of course!; **intendiamoci** let's
get it quite clear; **ci siamo intesi?** is that
clear?, is that understood?
intendi'mento *sm* (*intelligenza*)
understanding; (*proposito*) intention.
intendi'tore, 'trice *sm/f* connoisseur,
expert; **a buon intenditor poche parole**
(*proverbio*) a word is enough to the wise.
intene'rire *vt* (*fig*) to move (to pity); **~rsi** *vr*
(*fig*) to be moved.
intensifi'care *vt*, **~rsi** *vr* to intensify.
intensità *sf* intensity; (*del vento*) force,
strength.
inten'sivo, a *ag* intensive.
in'tenso, a *ag* (*luce, profumo*) strong;
(*colore*) intense, deep.
inten'tare *vt* (*DIR*): **~ causa contro qn** to
start *o* institute proceedings against sb.
inten'tato, a *ag*: **non lasciare nulla d'~** to
leave no stone unturned, try everything.
in'tento, a *ag* (*teso, assorto*): **~ (a)** intent
(on), absorbed (in) ♦ *sm* aim, purpose;
fare qc con l'~ di to do sth with the
intention of; **riuscire nell'~** to achieve
one's aim.
intenzio'nale [intentsjo'nale] *ag*
intentional; (*DIR*: *omicidio*) premeditated;
fallo ~ (*SPORT*) deliberate foul.
intenzio'nato, a [intentsjo'nato] *ag*: **essere
~ a fare qc** to intend to do sth, have the
intention of doing sth; **ben ~** well-
meaning, well-intentioned; **mal ~** ill-
intentioned.
intenzi'one [inten'tsjone] *sf* intention; (*DIR*)
intent; **avere ~ di fare qc** to intend to do
sth, have the intention of doing sth.

intera'gire [intera'dʒire] *vi* to interact.
intera'mente *av* entirely, completely.
interat'tivo, a *ag* interactive.
interazi'one [interat'tsjone] *sf* interaction.
interca'lare *sm* pet phrase, stock phrase
♦ *vt* to insert.
interca'pedine *sf* gap, cavity.
inter'cedere [inter'tʃedere] *vi* to intercede.
intercessi'one [intertʃes'sjone] *sf*
intercession.
intercetta'mento [intertʃetta'mento] *sm*
= **intercettazione**.
intercet'tare [intertʃet'tare] *vt* to intercept.
intercettazi'one [intertʃettat'tsjone] *sf*: **~
telefonica** telephone tapping.
intercity [inter'siti] *sm inv* (*FERR*) ≈ intercity
(train).
intercon'nettere *vt* to interconnect.
inter'correre *vi* (*esserci*) to exist; (*passare:
tempo*) to elapse.
inter'corso, a *pp di* **intercorrere**.
inter'detto, a *pp di* **interdire** ♦ *ag* forbidden,
prohibited; (*sconcertato*) dumbfounded
♦ *sm* (*REL*) interdict; **rimanere ~** to be
taken aback.
inter'dire *vt* to forbid, prohibit, ban; (*REL*)
to interdict; (*DIR*) to deprive of civil
rights.
interdizi'one [interdit'tsjone] *sf*
prohibition, ban.
interessa'mento *sm* interest; (*intervento*)
intervention, good offices *pl*.
interes'sante *ag* interesting; **essere in
stato ~** to be expecting (a baby).
interes'sare *vt* to interest; (*concernere*) to
concern, be of interest to; (*far intervenire*):
~ qn a to draw sb's attention to ♦ *vi*: **~ a**
to interest, matter to; **~rsi** *vr* (*mostrare
interesse*): **~rsi a** to take an interest in, be
interested in; (*occuparsi*): **~rsi di** to take
care of; **precipitazioni che interessano le
regioni settentrionali** rainfall affecting
the north; **si è interessato di farmi avere
quei biglietti** he took the trouble to get
me those tickets.
interes'sato, a *ag* (*coinvolto*) interested,
involved; (*peg*): **essere ~** to act out of
pure self-interest ♦ *sm/f* (*coinvolto*) person
concerned; **a tutti gli ~i** to all those
concerned, to all interested parties.
inte'resse *sm* (*anche COMM*) interest;
(*tornaconto*): **fare qc per ~** to do sth out of
self-interest; **~ maturato** (*ECON*) accrued
interest; **~ privato in atti di ufficio** (*AMM*)
abuse of public office.
interes'senza [interes'sɛntsa] *sf* (*ECON*)
profit-sharing.
inter'faccia, ce [inter'fattʃa] *sf* (*INFORM*)

interface; ~ **utente** user interface.
interfacci'are [interfat't∫are] vt (INFORM) to interface.
interfe'renza [interfe'rɛntsa] sf interference.
interfe'rire vi to interfere.
inter'fono sm intercom; (apparecchio) internal phone.
interiezi'one [interjet'tsjone] sf exclamation, interjection.
'interim sm inv (periodo) interim, interval; **ministro ad ~** acting o interim minister; (incarico) temporary appointment.
interi'ora sfpl entrails.
interi'ore ag inner cpd; **parte** f ~ inside.
interiorità sf inner being.
interioriz'zare [interjorid'dzare] vt to internalize.
inter'linea sf (DATTILOGRAFIA) spacing; (TIP) leading; **doppia ~** double spacing.
interlocu'tore, 'trice smf speaker.
interlocu'torio, a ag interlocutory.
inter'ludio sm (MUS) interlude.
intermedi'ario, a ag, smf intermediary.
intermediazi'one [intermedjat'tsjone] sf mediation.
inter'medio, a ag intermediate.
inter'mezzo [inter'mɛddzo] sm (intervallo) interval; (breve spettacolo) intermezzo.
intermi'nabile ag interminable, endless.
intermit'tente ag intermittent.
intermit'tenza [intermit'tɛntsa] sf: **ad ~** intermittent.
interna'mento sm internment; confinement (to a mental hospital).
inter'nare vt (arrestare) to intern; (MED) to confine to a mental hospital.
inter'nato, a ag interned; confined (to a mental hospital) ♦ smf internee; inmate (of a mental hospital) ♦ sm (collegio) boarding school; (MED) period as a houseman (BRIT) o an intern (US).
internazio'nale [internattsjo'nale] ag international.
inter'nista, i, e smf specialist in internal medicine.
in'terno, a ag (di dentro) internal, interior, inner; (: mare) inland; (nazionale) domestic; (allievo) boarding ♦ sm inside, interior; (di paese) interior; (fodera) lining; (di appartamento) flat (BRIT) o apartment (US) (number); (TEL) extension ♦ smf (INS) boarder; ~**i** smpl (CINE) interior shots; **commissione ~a** (INS) internal examination board; **"per uso ~"** (MED) "to be taken internally"; **all'~** inside; **Ministero degli l~i** Ministry of the Interior, ≈ Home Office (BRIT), ≈

Department of the Interior (US); **notizie dall'~** (STAMPA) home news.
in'tero, a ag (integro, intatto) whole, entire; (completo, totale) complete; (numero) whole; (non ridotto: biglietto) full.
interpel'lanza [interpel'lantsa] sf: **presentare un'~** (POL) to ask a (parliamentary) question; ~ **parlamentare** interpellation.
interpel'lare vt to consult; (POL) to question.
INTER'POL sigla f (= International Criminal Police Organization) INTERPOL.
inter'porre vt (ostacolo): ~ **qc a qc** to put sth in the way of sth; (influenza) to use; **interporsi** vr to intervene; ~ **appello** (DIR) to appeal; **interporsi fra** (mettersi in mezzo) to come between.
inter'posto, a pp di **interporre**.
interpre'tare vt (spiegare, tradurre) to interpret; (MUS, TEAT) to perform; (personaggio, sonata) to play; (canzone) to sing.
interpretari'ato sm interpreting.
interpretazi'one [interpretat'tsjone] sf interpretation.
in'terprete smf interpreter; (TEAT) actor/actress, performer; (MUS) performer; **farsi ~ di** to act as a spokesman for.
interpunzi'one [interpun'tsjone] sf punctuation; **segni di ~** punctuation marks.
inter'rare vt (seme, pianta) to plant; (tubature etc) to lay underground; (MIL: pezzo d'artiglieria) to dig in; (riempire di terra: canale) to fill in.
interro'gare vt to question; (INS) to test.
interroga'tivo, a ag (occhi, sguardo) questioning, inquiring; (LING) interrogative ♦ sm question; (fig) mystery.
interroga'torio, a ag interrogatory, questioning ♦ sm (DIR) questioning no pl.
interrogazi'one [interrogat'tsjone] sf questioning no pl; (INS) oral test; (POL): ~ **(parlamentare)** question.
inter'rompere vt to interrupt; (studi, trattative) to break off, interrupt; ~**rsi** vr to break off, stop.
inter'rotto, a pp di **interrompere**.
interrut'tore sm switch.
interruzi'one [interrut'tsjone] sf (vedi interrompere) interruption; break; ~ **di gravidanza** termination of pregnancy.
interse'care vt, ~**rsi** vr to intersect.
inter'stizio [inter'stittsjo] sm interstice, crack.
interur'bano, a ag inter-city; (TEL:

chiamata) trunk *cpd* (*BRIT*), long-distance; (*: telefono*) long-distance ♦ *sf* trunk call (*BRIT*), long-distance call.

inter'vallo *sm* interval; (*spazio*) space, gap; ~ **pubblicitario** (*TV*) commercial break.

interve'nire *vi* (*partecipare*): ~ **a** to take part in; (*intromettersi: anche POL*) to intervene; (*MED: operare*) to operate.

interven'tista, i, e *ag*, *smf* interventionist.

inter'vento *sm* participation; (*intromissione*) intervention; (*MED*) operation; (*breve discorso*) speech; **fare un** ~ **nel corso di** (*dibattito, programma*) to take part in.

interve'nuto, a *pp di* **intervenire** ♦ *sm*: **gli** ~**i** those present.

inter'vista *sf* interview.

intervis'tare *vt* to interview.

intervista'tore, 'trice *smf* interviewer.

in'teso, a *pp di* **intendere** ♦ *ag* agreed ♦ *sf* understanding; (*accordo*) agreement, understanding; **resta** ~ **che** ... it is understood that ...; **non darsi per** ~ **di qc** to take no notice of sth; **uno sguardo d'**~**a** a knowing look.

in'tessere *vt* to weave together; (*fig: trama, storia*) to weave.

intes'tare *vt* (*lettera*) to address; (*proprietà*): ~ **a** to register in the name of; ~ **un assegno a qn** to make out a cheque to sb.

intesta'tario, a *smf* holder.

intestato, a *ag* (*proprietà, casa, conto*) in the name of; (*assegno*) made out to; **carta** ~**a** headed paper.

intestazi'one [intestat'tsjone] *sf* heading; (*su carta da lettere*) letterhead; (*registrazione*) registration.

intesti'nale *ag* intestinal.

intes'tino, a *ag* (*lotte*) internal, civil ♦ *sm* (*ANAT*) intestine.

intiepi'dire *vt* (*riscaldare*) to warm (up); (*raffreddare*) to cool (down); (*fig: amicizia etc*) to cool; ~**rsi** *vr* to warm (up); to cool (down); to cool.

Inti'fada *sf* Intifada.

intima'mente *av* intimately; **sono** ~ **convinto che** ... I'm firmly *o* deeply convinced that ...; **i due fatti sono** ~ **connessi** the two events are closely connected.

inti'mare *vt* to order, command; ~ **la resa a qn** (*MIL*) to call upon sb to surrender.

intimazi'one [intimat'tsjone] *sf* order, command.

intimida'torio, a *ag* threatening.

intimidazi'one [intimidat'tsjone] *sf* intimidation.

intimi'dire *vt* to intimidate ♦ *vi* (*anche:*

~**rsi**) to grow shy.

intimità *sf* intimacy; privacy; (*familiarità*) familiarity.

'intimo, a *ag* intimate; (*affetti, vita*) private; (*fig: profondo*) inmost ♦ *sm* (*persona*) intimate *o* close friend; (*dell'animo*) bottom, depths *pl*; **parti** ~**e** (*ANAT*) private parts; **rapporti** ~**i** (*sessuali*) intimate relations.

intimo'rire *vt* to frighten; ~**rsi** *vr* to become frightened.

in'tingere [in'tindʒere] *vt* to dip.

in'tingolo *sm* sauce; (*pietanza*) stew.

in'tinto, a *pp di* **intingere**.

intiriz'zire [intirid'dzire] *vt* to numb ♦ *vi* (*anche:* ~**rsi**) to go numb.

intiriz'zito, a [intirid'dzito] *ag* numb (with cold).

intito'lare *vt* to give a title to; (*dedicare*) to dedicate; ~**rsi** *vr* (*libro, film*) to be called.

intolle'rabile *ag* intolerable.

intolle'rante *ag* intolerant.

intolle'ranza [intolle'rantsa] *sf* intolerance.

intona'care *vt* to plaster.

in'tonaco, ci *o* **chi** *sm* plaster.

into'nare *vt* (*canto*) to start to sing; (*armonizzare*) to match; ~**rsi** *vr* (*colori*) to go together; ~**rsi a** (*carnagione*) to suit; (*abito*) to go with, match.

intonazi'one [intonat'tsjone] *sf* intonation.

inton'tire *vt* to stun, daze ♦ *vi*, ~**rsi** *vr* to be stunned *o* dazed.

inton'tito, a *ag* stunned, dazed; ~ **dal sonno** stupid with sleep.

in'toppo *sm* stumbling block, obstacle.

intorbi'dire *vt* (*liquido*) to make turbid; (*mente*) to cloud; ~ **le acque** (*fig*) to muddy the waters.

in'torno *av* around; ~ **a** *prep* (*attorno a*) around; (*riguardo, circa*) about.

intorpi'dire *vt* to numb; (*fig*) to make sluggish ♦ *vi* (*anche:* ~**rsi**) to grow numb; (*fig*) to become sluggish.

intossi'care *vt* to poison.

intossicazi'one [intossikat'tsjone] *sf* poisoning.

intradu'cibile [intradu'tʃibile] *ag* untranslatable.

intralci'are [intral'tʃare] *vt* to hamper, hold up.

in'tralcio [in'traltʃo] *sm* hitch.

intrallaz'zare [intrallat'tsare] *vi* to intrigue, scheme.

intral'lazzo [intral'lattso] *sm* (*POL*) intrigue, manoeuvre (*BRIT*), maneuver (*US*); (*traffico losco*) racket.

intramon'tabile *ag* timeless.

intramusco'lare *ag* intramuscular.

intransi'gente [intransi'dʒɛnte] *ag* intransigent, uncompromising.

intransi'genza [intransi'dʒɛntsa] *sf* intransigence.

intransi'tivo, a *ag, sm* intransitive.

intrappo'lare *vt* to trap; **rimanere intrappolato** to be trapped; **farsi** ~ to get caught.

intrapren'dente *ag* enterprising, go-ahead; (*con le donne*) forward, bold.

intrapren'denza [intrapren'dɛntsa] *sf* audacity, initiative; (*con le donne*) boldness.

intra'prendere *vt* to undertake; (*carriera*) to embark (up)on.

intra'preso, a *pp di* **intraprendere**.

intrat'tabile *ag* intractable.

intratte'nere *vt* (*divertire*) to entertain; (*chiacchierando*) to engage in conversation; (*rapporti*) to have, maintain; ~**rsi** *vr* to linger; ~**rsi su qc** to dwell on sth.

intratteni'mento *sm* entertainment.

intrave'dere *vt* to catch a glimpse of; (*fig*) to foresee.

intrecci'are [intret't∫are] *vt* (*capelli*) to plait, braid; (*intessere: anche fig*) to weave, interweave, intertwine; ~**rsi** *vr* to intertwine, become interwoven; ~ **le mani** to clasp one's hands; ~ **una relazione amorosa** (*fig*) to begin an affair.

in'treccio [in'trett∫o] *sm* (*fig: trama*) plot, story.

in'trepido, a *ag* fearless, intrepid.

intri'care *vt* (*fili*) to tangle; (*fig: faccenda*) to complicate; ~**rsi** *vr* to become tangled; to become complicated.

in'trico, chi *sm* (*anche fig*) tangle.

intri'gante *ag* scheming ♦ *smlf* schemer, intriguer.

intri'gare *vi* to manoeuvre (*BRIT*), maneuver (*US*), scheme.

in'trigo, ghi *sm* plot, intrigue.

in'trinseco, a, ci, che *ag* intrinsic.

in'triso, a *ag:* ~ (**di**) soaked (in).

intris'tire *vi* (*persona: diventare triste*) to grow sad; (*pianta*) to wilt.

intro'dotto, a *pp di* **introdurre**.

intro'durre *vt* to introduce; (*chiave etc*): ~ **qc in** to insert sth into; (*persona: far entrare*) to show in; **introdursi** *vr* (*moda, tecniche*) to be introduced; **introdursi in** (*persona: penetrare*) to enter; (: *entrare furtivamente*) to steal *o* slip into.

in'troito *sm* income, revenue.

intro'messo, a *pp di* **intromettersi**.

intro'mettersi *vr* to interfere, meddle; (*interporsi*) to intervene.

intromissi'one *sf* interference, meddling; intervention.

introspezi'one [introspet'tsjone] *sf* introspection.

intro'vabile *ag* (*persona, oggetto*) who (*o* which) cannot be found; (*libro etc*) unobtainable.

intro'verso, a *ag* introverted ♦ *smlf* introvert.

intrufo'larsi *vr:* ~ (**in**) (*stanza*) to sneak in(to), slip in(to); (*conversazione*) to butt in (on).

in'truglio [in'truʎʎo] *sm* concoction.

intrusi'one *sf* intrusion; interference.

in'truso, a *smlf* intruder.

intu'ire *vt* to perceive by intuition; (*rendersi conto*) to realize.

in'tuito *sm* intuition; (*perspicacia*) perspicacity.

intuizi'one [intuit'tsjone] *sf* intuition.

inturgi'dire [inturdʒi'dire] *vi*, ~**rsi** *vr* to swell.

inumanità *sf inv* inhumanity.

inu'mano, a *ag* inhuman.

inu'mare *vt* (*seppellire*) to bury, inter.

inumazi'one [inumat'tsjone] *sf* burial, interment.

inumi'dire *vt* to dampen, moisten; ~**rsi** *vr* to become damp *o* wet.

inurba'mento *sm* urbanization.

inusi'tato, a *ag* unusual.

i'nutile *ag* useless; (*superfluo*) pointless, unnecessary; **è stato tutto** ~! it was all in vain!

inutilità *sf* uselessness; pointlessness.

inutiliz'zabile [inutilid'dzabile] *ag* unusable.

inutil'mente *av* (*senza risultato*) fruitlessly; (*senza utilità, scopo*) unnecessarily, needlessly; **l'ho cercato** ~ I looked for him in vain; **ti preoccupi** ~ there's nothing for you to worry about, there's no need for you to worry.

inva'dente *ag* (*fig*) intrusive.

inva'denza [inva'dɛntsa] *sf* intrusiveness.

in'vadere *vt* to invade; (*affollare*) to swarm into, overrun; (*sog: acque*) to flood.

invadi'trice [invadi'trit∫e] *ag f vedi* **invasore**.

inva'ghirsi [inva'girsi] *vr:* ~ **di** to take a fancy to.

invali'cabile *ag* (*montagna*) impassable.

invali'dare *vt* to invalidate.

invalidità *sf* infirmity; disability; (*DIR*) invalidity.

in'valido, a *ag* (*infermo*) infirm; (*al lavoro*) disabled; (*DIR: nullo*) invalid ♦ *smlf* invalid; disabled person; ~ **di guerra** disabled ex-serviceman; ~ **del lavoro** industrially disabled person.

in'valso, a *ag* (*diffuso*) established.

in'vano *av* in vain.

invari'abile *ag* invariable.

invari'ato, a *ag* unchanged.

inva'sare *vt* (*pianta*) to pot.

inva'sato, a *ag* possessed (by the devil) ♦ *sm/f* person possessed by the devil; **urlare come un** ~ to shout like a madman.

invasi'one *sf* invasion.

in'vaso, a *pp di* **invadere**.

inva'sore, invadi'trice [invadi'tritʃe] *ag* invading ♦ *sm* invader.

invecchia'mento [invekkja'mento] *sm* growing old; ageing; **questo whisky ha un** ~ **di 12 anni** this whisky has been matured for 12 years.

invecchi'are [invek'kjare] *vi* (*persona*) to grow old; (*vino, popolazione*) to age; (*moda*) to become dated ♦ *vt* to age; (*far apparire più vecchio*) to make look older; **lo trovo invecchiato** I find he has aged.

in'vece [in'vetʃe] *av* instead; (*al contrario*) on the contrary; ~ **di** *prep* instead of.

inve'ire *vi*: ~ **contro** to rail against.

invele'nire *vt* to embitter; ~**rsi** *vr* to become bitter.

inven'duto, a *ag* unsold.

inven'tare *vt* to invent; (*pericoli, pettegolezzi*) to make up, invent.

inventari'are *vt* to make an inventory of, inventory.

inven'tario *sm* inventory; (*COMM*) stocktaking *no pl*.

inven'tivo, a *ag* inventive ♦ *sf* inventiveness.

inven'tore, 'trice *sm/f* inventor.

invenzi'one [inven'tsjone] *sf* invention; (*bugia*) lie, story.

invere'condia *sf* shamelessness, immodesty.

inver'nale *ag* winter *cpd*; (*simile all'inverno*) wintry.

in'verno *sm* winter; **d'**~ in (the) winter.

invero'simile *ag* unlikely ♦ *sm*: **ha dell'**~ it's hard to believe, it's incredible.

inversi'one *sf* inversion; **"divieto d'**~**"** (*AUT*) "no U-turns".

in'verso, a *ag* opposite; (*MAT*) inverse ♦ *sm* contrary, opposite; **in senso** ~ in the opposite direction; **in ordine** ~ in reverse order.

inverte'brato, a *ag, sm* invertebrate.

inver'tire *vt* to invert; (*disposizione, posti*) to change; (*ruoli*) to exchange; ~ **la marcia** (*AUT*) to do a U-turn; ~ **la rotta** (*NAUT*) to go about; (*fig*) to do a U-turn.

inver'tito, a *sm/f* homosexual.

investi'gare *vt, vi* to investigate.

investiga'tivo, a *ag*: **squadra** ~**a** detective squad.

investiga'tore, 'trice *sm/f* investigator, detective.

investigazi'one [investigat'tsjone] *sf* investigation, inquiry.

investi'mento *sm* (*ECON*) investment; (*di veicolo*) crash, collision; (*di pedone*) knocking down.

inves'tire *vt* (*denaro*) to invest; (*sog: veicolo: pedone*) to knock down; (: *altro veicolo*) to crash into; (*apostrofare*) to assail; (*incaricare*): ~ **qn di** to invest sb with; ~**rsi** *vr* (*fig*): ~**rsi di una parte** to enter thoroughly into a role.

investi'tore, 'trice *sm/f* driver responsible for an accident.

investi'tura *sf* investiture.

invete'rato, a *ag* inveterate.

invet'tiva *sf* invective.

invi'are *vt* to send.

invi'ato, a *sm/f* envoy; (*STAMPA*) correspondent.

in'vidia *sf* envy; **fare** ~ **a qn** to make sb envious.

invidi'abile *ag* enviable.

invidi'are *vt*: ~ **qn (per qc)** to envy sb (for sth); ~ **qc a qn** to envy sb sth; **non aver nulla da** ~ **a nessuno** to be as good as the next one.

invidi'oso, a *ag* envious.

invin'cibile [invin'tʃibile] *ag* invincible.

in'vio, 'vii *sm* sending; (*insieme di merci*) consignment.

invio'labile *ag* inviolable.

invio'lato, a *ag* (*diritto, segreto*) inviolate; (*foresta*) virgin *cpd*; (*montagna, vetta*) unscaled.

invipe'rire *vi*, ~**rsi** *vr* to become furious, fly into a temper.

invipe'rito, a *ag* furious.

invis'chiare [invis'kjare] *vt* (*fig*): ~ **qn in qc** to involve sb in sth, mix sb up in sth; ~**rsi** *vr*: ~**rsi (con qn/in qc)** to get mixed up *o* involved (with sb/in sth).

invi'sibile *ag* invisible.

in'viso, a *ag*: ~ **a** unpopular with.

invi'tante *ag* (*proposta, odorino*) inviting; (*sorriso*) appealing, attractive.

invi'tare *vt* to invite; ~ **qn a fare** to invite sb to do.

invi'tato, a *sm/f* guest.

in'vito *sm* invitation; **dietro** ~ **del sig. Rossi** at Mr Rossi's invitation.

invo'care *vt* (*chiedere: aiuto, pace*) to cry out for; (*appellarsi: la legge, Dio*) to appeal to, invoke.

invogli'are [invoʎ'ʎare] *vt*: ~ **qn a fare** to tempt sb to do, induce sb to do.

involon'tario, a *ag* (*errore*) unintentional; (*gesto*) involuntary.

invol'tino *sm* (*CUC*) roulade.

in'volto *sm* (*pacco*) parcel; (*fagotto*) bundle.

in'volucro *sm* cover, wrapping.

involu'tivo, a *ag*: **subire un processo** ~ to regress.

invo'luto, a *ag* involved, intricate.

involuzi'one [involut'tsjone] *sf* (*di stile*) convolutedness; (*regresso*): **subire un'**~ to regress.

invulne'rabile *ag* invulnerable.

inzacche'rare [intsakke'rare] *vt* to spatter with mud; ~**rsi** *vr* to get muddy.

inzup'pare [intsup'pare] *vt* to soak; ~**rsi** *vr* to get soaked; **inzuppò i biscotti nel latte** he dipped the biscuits in the milk.

'io *pron* I ♦ *sm inv*: **l'**~ the ego, the self; ~ **stesso(a)** I myself; **sono** ~ it's me.

i'odio *sm* iodine.

i'ogurt *sm inv* = **yoghurt**.

i'one *sm* ion.

l'onio *sm*: **lo** ~, **il mar** ~ the Ionian (Sea).

ionizza'tore [joniddza'tore] *sm* ioniser.

'iosa: a ~ *av* in abundance, in great quantity.

'IPAB *sigla fpl* (= *Istituzioni pubbliche di Assistenza e Beneficenza*) *charitable institutions.*

i'perbole *sf* (*LETTERATURA*) hyperbole; (*MAT*) hyperbola.

iper'bolico, a, ci, che *ag* (*LETTERATURA, MAT*) hyperbolic(al); (*fig: esagerato*) exaggerated.

ipermer'cato *sm* hypermarket.

ipersen'sibile *ag* (*persona*) hypersensitive; (*FOT: lastra, pellicola*) hypersensitized.

ipertecno'logico, a, ci, che [ipertekno'lɔdʒiko] *ag* hi-tech.

ipertensi'one *sf* high blood pressure, hypertension.

ip'nosi *sf* hypnosis.

ip'notico, a, ci, che *ag* hypnotic.

ipno'tismo *sm* hypnotism.

ipnotiz'zare [ipnotid'dzare] *vt* to hypnotize.

ipoaller'genico, a, ci, che [ipoaller'dʒɛniko] *ag* hypoallergenic.

ipocon'dria *sf* hypochondria.

ipocon'driaco, a, ci, che *ag, sm/f* hypochondriac.

ipocri'sia *sf* hypocrisy.

i'pocrita, i, e *ag* hypocritical ♦ *sm/f* hypocrite.

ipo'sodico, a, ci, che *ag* low sodium *cpd*.

ipo'teca, che *sf* mortgage.

ipote'care *vt* to mortgage.

ipote'nusa *sf* hypotenuse.

i'potesi *sf inv* hypothesis; **facciamo l'**~ **che** ..., **ammettiamo per** ~ **che** ... let's suppose *o* assume that ...; **nella peggiore/migliore delle** ~**i** at worst/best; **nell'**~ **che venga** should he come, if he comes; **se per** ~ **io partissi** ... just supposing I were to leave ....

ipo'tetico, a, ci, che *ag* hypothetical.

ipotiz'zare [ipotid'dzare] *vt*: ~ **che** to form the hypothesis that.

'ippico, a, ci, che *ag* horse *cpd* ♦ *sf* horse-racing.

ippocas'tano *sm* horse chestnut.

ip'podromo *sm* racecourse.

ippo'potamo *sm* hippopotamus.

'ipsilon *sf o m inv* (*lettera*) Y, y; (: *dell'alfabeto greco*) epsilon.

IP'SOA *sigla m* (= *Istituto Post-Universitario per lo Studio dell'Organizzazione Aziendale*) *postgraduate institute of business administration.*

IRA *sigla f* (= *Irish Republican Army*) IRA.

'ira *sf* anger, wrath.

ira'cheno, a [ira'kɛno] *ag, sm/f* Iraqi.

l'ran *sm*: **l'**~ Iran.

irani'ano, a *ag, sm/f* Iranian.

l'raq *sm*: **l'**~ Iraq.

iras'cibile [iraʃ'ʃibile] *ag* irascible, quick-tempered.

'IRCE ['irtʃe] *sigla m* = *Istituto per le relazioni culturali con l'Estero.*

'IRI *sigla m* (= *Istituto per la Ricostruzione Industriale*) *state-controlled industrial investment office.*

'iride *sf* (*arcobaleno*) rainbow; (*ANAT, BOT*) iris.

Ir'landa *sf*: **l'**~ Ireland; **l'**~ **del Nord** Northern Ireland, Ulster; **la Repubblica d'**~ Eire, the Republic of Ireland; **il mar d'**~ the Irish Sea.

irlan'dese *ag* Irish ♦ *sm/f* Irishman/woman; **gli I**~**i** the Irish.

iro'nia *sf* irony.

i'ronico, a, ci, che *ag* ironic(al).

ironiz'zare [ironid'dzare] *vt, vi*: ~ **su** to be ironical about.

i'roso, a *ag* (*sguardo, tono*) angry, wrathful; (*persona*) irascible.

'IRPEF *sigla f vedi* **imposta sul reddito delle persone fisiche.**

ir'pino, a *ag* of (*o* from) Irpinia.

irradi'are *vt* to radiate; (*sog: raggi di luce: illuminare*) to shine on ♦ *vi* (*diffondersi: anche:* ~**rsi**) to radiate.

irradiazi'one [irradjat'tsjone] *sf* radiation.

irraggiun'gibile [irraddʒun'dʒibile] *ag* unreachable; (*fig: meta*) unattainable.

irragio'nevole [irrad͡ʒo'nevole] *ag (privo di ragione)* irrational; *(fig: persona, pretese, prezzo)* unreasonable.

irrazio'nale [irrattsjo'nale] *ag* irrational.

irre'ale *ag* unreal.

irrealiz'zabile [irrealid'dzabile] *ag (sogno, desiderio)* unattainable, unrealizable; *(progetto)* unworkable, impracticable.

irrealtà *sf* unreality.

irrecupe'rabile *ag (gen)* irretrievable; *(fig: persona)* irredeemable.

irrecu'sabile *ag (offerta)* not to be refused; *(prova)* irrefutable.

irreden'tista, i, e *ag, smf (STORIA)* Irredentist.

irrefre'nabile *ag* uncontrollable.

irrefu'tabile *ag* irrefutable.

irrego'lare *ag* irregular; *(terreno)* uneven.

irregolarità *sf inv* irregularity; unevenness *no pl.*

irremo'vibile *ag (fig)* unshakeable, unyielding.

irrepa'rabile *ag* irreparable; *(fig)* inevitable.

irrepe'ribile *ag* nowhere to be found.

irrepren'sibile *ag* irreproachable.

irrequi'eto, a *ag* restless.

irresis'tibile *ag* irresistible.

irreso'luto, a *ag* irresolute.

irrespi'rabile *ag (aria)* unbreathable; *(fig: opprimente)* stifling, oppressive; *(: malsano)* unhealthy.

irrespon'sabile *ag* irresponsible.

irrestrin'gibile [irrestrin'd͡ʒibile] *ag* unshrinkable, non-shrink *(BRIT)*.

irre'tire *vt* to seduce.

irrever'sibile *ag* irreversible.

irrevo'cabile *ag* irrevocable.

irricono'scibile [irrikonoʃ'ʃibile] *ag* unrecognizable.

irridu'cibile [irridu'tʃibile] *ag* irreducible; *(fig)* unshakeable.

irrifles'sivo, a *ag* thoughtless.

irri'gare *vt (annaffiare)* to irrigate; *(sog: fiume etc)* to flow through.

irrigazi'one [irrigat'tsjone] *sf* irrigation.

irrigidi'mento [irrid͡ʒidi'mento] *sm* stiffening; hardening; tightening.

irrigi'dire [irrid͡ʒi'dire] *vt* to stiffen; *(disciplina)* to tighten; ~**rsi** *vr* to stiffen; *(posizione, atteggiamento)* to harden.

irriguar'doso, a *ag* disrespectful.

irrile'vante *ag (trascurabile)* insignificant.

irrimedi'abile *ag*: **un errore** ~ a mistake which cannot be rectified; **non è** ~**!** we can do something about it!

irrinunci'abile [irrinun'tʃabile] *ag* vital; which cannot be abandoned.

irripe'tibile *ag* unrepeatable.

irri'solto, a *ag (problema)* unresolved.

irri'sorio, a *ag* derisory.

irrispet'toso, a *ag* disrespectful.

irri'tabile *ag* irritable.

irri'tante *ag (atteggiamento)* irritating, annoying; *(MED)* irritant.

irri'tare *vt (mettere di malumore)* to irritate, annoy; *(MED)* to irritate; ~**rsi** *vr (stizzirsi)* to become irritated *o* annoyed; *(MED)* to become irritated.

irritazi'one [irritat'tsjone] *sf* irritation; annoyance.

irrive'rente *ag* irreverent.

irrobus'tire *vt (persona)* to make stronger, make more robust; *(muscoli)* to strengthen; ~**rsi** *vr* to become stronger.

ir'rompere *vi*: ~ **in** to burst into.

irro'rare *vt* to sprinkle; *(AGR)* to spray.

ir'rotto, a *pp di* **irrompere**.

irru'ente *ag (fig)* impetuous, violent.

irru'enza [irru'entsa] *sf* impetuousness; **con** ~ impetuously.

ir'ruppi *etc vb vedi* **irrompere**.

irruvi'dire *vt* to roughen ♦ *vi (anche:* ~**rsi***)* to become rough.

irruzi'one [irrut'tsjone] *sf*: **fare** ~ **in** to burst into; *(sog: polizia)* to raid.

ir'suto, a *ag (petto)* hairy; *(barba)* bristly.

'irto, a *ag* bristly; ~ **di** bristling with.

ls. *abbr (= isola)* I.

ISBN *abbr (= International Standard Book Number)* ISBN.

is'crissi *etc vb vedi* **iscrivere**.

is'critto, a *pp di* **iscrivere** ♦ *smlf* member; **gli** ~**i alla gara** the competitors; **per** *o* **in** ~ in writing.

is'crivere *vt* to register, enter; *(persona)*: ~ **(a)** to register (in), enrol (in); ~**rsi** *vr*: ~**rsi (a)** *(club, partito)* to join; *(università)* to register *o* enrol (at); *(esame, concorso)* to register *o* enter (for).

iscrizi'one [iskrit'tsjone] *sf (epigrafe etc)* inscription; *(a scuola, società etc)* enrolment; registration.

'ISEF *sigla m = Istituto Superiore di Educazione Fisica*.

ls'lam *sm*: **l'**~ Islam.

is'lamico, a, ci, che *ag* Islamic.

ls'landa *sf*: **l'**~ Iceland.

islan'dese *ag* Icelandic ♦ *smlf* Icelander ♦ *sm (LING)* Icelandic.

'isola *sf* island; ~ **pedonale** *(AUT)* pedestrian precinct.

isola'mento *sm* isolation; *(TECN)* insulation; **essere in cella di** ~ to be in solitary confinement; ~ **acustico** soundproofing; ~ **termico** thermal

insulation.
iso'lano, a *ag* island *cpd* ♦ *sm/f* islander.
iso'lante *ag* insulating ♦ *sm* insulator.
iso'lare *vt* to isolate; (*TECN*) to insulate; (: *acusticamente*) to soundproof.
iso'lato, a *ag* isolated; insulated ♦ *sm* (*edificio*) block.
isolazio'nismo [isolattsjo'nismo] *sm* isolationism.
i'sotopo *sm* isotope.
ispessi'mento *sm* thickening.
ispes'sire *vt* to thicken; ~**rsi** *vr* to get thicker, thicken.
ispetto'rato *sm* inspectorate.
ispet'tore, 'trice *sm/f* inspector; (*COMM*) supervisor; ~ **di zona** (*COMM*) area supervisor *o* manager; ~ **di reparto** shop walker (*BRIT*), floor walker (*US*).
ispezio'nare [ispettsjo'nare] *vt* to inspect.
ispezi'one [ispet'tsjone] *sf* inspection.
'ispido, a *ag* bristly, shaggy.
ispi'rare *vt* to inspire; ~**rsi** *vr*: ~**rsi a** to draw one's inspiration from; (*conformarsi*) to be based on; **l'idea m'ispira** the idea appeals to me.
ispira'tore, 'trice *ag* inspiring ♦ *sm/f* inspirer; (*di ribellione*) instigator.
ispirazi'one [ispirat'tsjone] *sf* inspiration; **secondo l'~ del momento** according to the mood of the moment.
israeli'ano, a *ag*, *sm/f* Israeli.
israe'lita, i, e *sm/f* Jew/Jewess; (*STORIA*) Israelite.
israe'litico, a, ci, che *ag* Jewish.
is'sare *vt* to hoist; ~ **l'ancora** to weigh anchor.
'Istanbul *sf* Istanbul.
istan'taneo, a *ag* instantaneous ♦ *sf* (*FOT*) snapshot.
is'tante *sm* instant, moment; **all'~, sull'~** instantly, immediately.
is'tanza [is'tantsa] *sf* petition, request; **giudice di prima ~** (*DIR*) judge of the court of first instance; **giudizio di seconda ~** judgment on appeal; **in ultima ~** (*fig*) finally; ~ **di divorzio** petition for divorce.
'ISTAT *sigla m* = *Istituto Centrale di Statistica*.
'ISTEL *sigla f* = *Indagine sull'ascolto delle televisioni in Italia*.
is'terico, a, ci, che *ag* hysterical.
isteri'lire *vt* (*terreno*) to render infertile; (*fig: fantasia*) to dry up; ~**rsi** *vr* to become infertile; to dry up.
iste'rismo *sm* hysteria.
isti'gare *vt* to incite.
istigazi'one [istigat'tsjone] *sf* instigation; ~ **a delinquere** (*DIR*) incitement to crime.

istin'tivo, a *ag* instinctive.
is'tinto *sm* instinct.
istitu'ire *vt* (*fondare*) to institute, found; (*porre: confronto*) to establish; (*intraprendere: inchiesta*) to set up.
isti'tuto *sm* institute; (*di università*) department; (*ente, DIR*) institution; ~ **di bellezza** beauty salon; ~ **di credito** bank, banking institution; ~ **tecnico commerciale** ≈ commercial college; ~ **tecnico industriale statale** ≈ technical college.
istitu'tore, 'trice *sm/f* (*fondatore*) founder; (*precettore*) tutor/governess.
istituzi'one [istitut'tsjone] *sf* institution; ~**i** *sfpl* (*DIR*) institutes; **lotta alle ~i** struggle against the Establishment.
'istmo *sm* (*GEO*) isthmus.
isto'gramma, i *sm* histogram.
istra'dare *vt* (*fig: persona*): ~ (**a/verso**) to direct (to/towards).
istri'ano, a *ag*, *sm/f* Istrian.
'istrice ['istritʃe] *sm* porcupine.
istri'one *sm* (*peg*) ham (actor).
istru'ire *vt* (*insegnare*) to teach; (*ammaestrare*) to train; (*informare*) to instruct, inform; (*DIR*) to prepare.
istru'ito, a *ag* educated.
istrut'tivo, a *ag* instructive.
istrut'tore, 'trice *sm/f* instructor ♦ *ag*: **giudice ~** examining (*BRIT*) *o* committing (*US*) magistrate.
istrut'toria *sf* (*DIR*) (preliminary) investigation and hearing; **formalizzare un'~** to proceed to a formal hearing.
istruzi'one [istrut'tsjone] *sf* (*gen*) training; (*INS, cultura*) education; (*direttiva*) instruction; (*DIR*) = **istruttoria; Ministero della Pubblica I~** Ministry of Education; ~**i di spedizione** forwarding instructions; ~**i per l'uso** instructions (for use).
istupi'dire *vt* (*sog: colpo*) to stun, daze; (: *droga, stanchezza*) to stupefy; ~**rsi** *vr* to become stupid.
'ISVE *sigla m* (= *Istituto di Studi per lo Sviluppo Economico*) *institute for research into economic development*.
l'talia *sf*: **l'~** Italy.
itali'ano, a *ag* Italian ♦ *sm/f* Italian ♦ *sm* (*LING*) Italian; **gli I~i** the Italians.
ITC *sigla m* = **istituto tecnico commerciale**.
'iter *sm* passage, course; **l'~ burocratico** the bureaucratic process.
itine'rante *ag* wandering, itinerant; **mostra ~** touring exhibition; **spettacolo ~** travelling (*BRIT*) *o* traveling (*US*) show, touring show.
itine'rario *sm* itinerary.

'ITIS *sigla m* = **istituto tecnico industriale statale.**

itte'rizia [itte'rittsja] *sf (MED)* jaundice.

'ittico, a, ci, che *ag* fish *cpd*; fishing *cpd*.

IUD *sigla m inv* (= *intra-uterine device*) IUD.

Iugos'lavia *sf* = **Jugoslavia.**

iugos'lavo, a *ag, sm/f* = **jugoslavo, a.**

i'uta *sf* jute.

'I.V.A. *sigla f vedi* **imposta sul valore aggiunto.**

'ivi *av (formale, poetico)* therein; *(nelle citazioni)* ibid.

J j

J, j [i'lunga] *sm o f inv (lettera)* J, j; ~ **come Jersey** ≈ J for Jack *(BRIT)*, J for Jig *(US)*.

jazz [dʒaz] *sm* jazz.

jaz'zista, i [dʒad'dzista] *sm* jazz player.

jeans [dʒinz] *smpl* jeans.

jeep [dʒip] *sm inv* jeep.

'jersey ['dʒɛrzi] *sm inv* jersey (cloth).

'jockey ['dʒɔki] *sm inv (CARTE)* jack; *(fantino)* jockey.

'jogging ['dʒɔgiŋ] *sm* jogging; **fare** ~ to go jogging.

'jolly ['dʒɔli] *sm inv* joker.

jr. *abbr* (= *junior*) Jr., jr.

ju'do [dʒu'dɔ] *sm* judo.

Jugos'lavia [jugoz'lavja] *sf:* **la** ~ Yugoslavia.

jugos'lavo, a *ag, sm/f* Yugoslav(ian).

'juke 'box ['dʒuk'bɔks] *sm inv* jukebox.

K k

K, k ['kappa] *sf o m inv (lettera)* K, k ♦ *abbr* (= *kilo-, chilo-*) k; *(INFORM)* K; **K come Kursaal** ≈ K for King.

Kam'pala *sf* Kampala.

kara'kiri *sm* harakiri.

karatè [kara'tɛ] *sm* karate.

'Kashmir ['kaʃmir] *sm:* **il** ~ Kashmir.

ka'yak [ka'jak] *sm inv* kayak.

'Kenia ['kɛnja] *sm:* **il** ~ Kenya.

keni'ano, a, keni'ota, i, e *ag, sm/f* Kenyan.

'Kenya ['kɛnja] *sm:* **il** ~ Kenya.

kero'sene [kero'zɛne] *sm* = **cherosene.**

kg *abbr* (= *chilogrammo*) kg.

kib'butz [kib'buts] *sm inv* kibbutz.

Kilimangi'aro [kiliman'dʒaro] *sm:* **il** ~ Kilimanjaro.

'killer ['killer] *sm inv* gunman, hired gun.

'kilo *etc* = **chilo** *etc.*

kilt [kilt] *sm inv* kilt.

ki'mono [ki'mɔno] *sm* = **chimono.**

kitsch [kitʃ] *sm* kitsch.

'kiwi ['kiwi] *sm inv* kiwi (fruit).

km *abbr* (= *chilometro*) km.

kmq *abbr* (= *chilometro quadrato*) km².

ko'ala [ko'ala] *sm inv* koala (bear).

KR *sigla* = **Crotone.**

'krapfen ['krapfən] *sm inv* doughnut.

Ku'ala Lum'par *sf* Kuala Lumpur.

Ku'wait [ku'vait] *sm:* **il** ~ Kuwait.

kW *abbr* (= *kilowatt, chilowatt*) kW.

kWh *abbr* (= *kilowattora*) kW/h.

L l

L, l ['ɛlle] *sf o m inv (lettera)* L, l ♦ *abbr* (= *lira*) L; **L come Livorno** ≈ L for Lucy *(BRIT)*, L for Love *(US)*.

l *abbr* (= *litro*) l.

l' *det vedi* **la, lo.**

la *det f (dav V l')* the ♦ *pron (dav V l')* *(oggetto: persona)* her; (: *cosa*) it; (: *forma di cortesia*) you ♦ *sm inv (MUS)* A; (: *solfeggiando la scala*) la; *vedi anche* **il.**

là *av* there; **di** ~ *(da quel luogo)* from there; *(in quel luogo)* in there; *(dall'altra parte)* over there; **di** ~ **di** beyond; **per di** ~ that way; **più in** ~ further on; *(tempo)* later on; ~ **dentro/sopra/sotto** in/up (*o* on)/ under there; ~ **per** ~ *(sul momento)* there and then; **essere in** ~ **con gli anni** to be getting on (in years); **essere più di** ~ **che di qua** to be more dead than alive; **va'** ~! come off it!; **stavolta è andato troppo in** ~ this time he's gone too far; *vedi anche* **quello.**

'labbro *sm (pl(f):* **labbra:** *solo nel senso ANAT)* lip.

'labile *ag* fleeting, ephemeral.

labi'rinto *sm* labyrinth, maze.

labora'torio *sm* (*di ricerca*) laboratory; (*di arti, mestieri*) workshop; ~ **linguistico** language laboratory.

labori'oso, a *ag* (*faticoso*) laborious; (*attivo*) hard-working.

labu'rista, i, e *ag* Labour *cpd* (*BRIT*) ♦ *sm/f* Labour Party member (*BRIT*).

'lacca, che *sf* lacquer; (*per unghie*) nail varnish (*BRIT*), nail polish.

lac'care *vt* (*mobili*) to varnish, lacquer.

'laccio ['lattʃo] *sm* noose; (*legaccio, tirante*) lasso; (*di scarpa*) lace; ~ **emostatico** (*MED*) tourniquet.

lace'rante [latʃe'rante] *ag* (*suono*) piercing, shrill.

lace'rare [latʃe'rare] *vt* to tear to shreds, lacerate; ~**rsi** *vr* to tear.

lacerazi'one [latʃerat'tsjone] *sf* (*anche MED*) tear.

'lacero, a ['latʃero] *ag* (*logoro*) torn, tattered; (*MED*) lacerated; **ferita** ~**- contusa** injury with lacerations and bruising.

la'conico, a, ci, che *ag* laconic, brief.

'lacrima *sf* tear; (*goccia*) drop; **in** ~**e** in tears.

lacri'mare *vi* to water.

lacri'mevole *ag* heartrending, pitiful.

lacri'mogeno, a [lakri'mɔdʒeno] *ag*: **gas** ~ tear gas.

lacri'moso, a *ag* tearful.

la'cuna *sf* (*fig*) gap.

la'custre *ag* lake *cpd*.

lad'dove *cong* whereas.

'ladro *sm* thief; **al** ~**!** stop thief!

ladro'cinio [ladro'tʃinjo] *sm* theft, robbery.

la'druncolo, a *sm/f* petty thief.

laggiù [lad'dʒu] *av* down there; (*di là*) over there.

'lagna ['laɲɲa] *sf* (*fam: persona, cosa*) drag, bore; **fare la** ~ to whine, moan.

la'gnanza [laɲ'ɲantsa] *sf* complaint.

la'gnarsi [laɲ'ɲarsi] *vr*: ~ (**di**) to complain (about).

'lago, ghi *sm* lake.

'Lagos ['lagos] *sf* Lagos.

'lagrima *etc* = **lacrima** *etc*.

la'guna *sf* lagoon.

lagu'nare *ag* lagoon *cpd*.

'laico, a, ci, che *ag* (*apostolato*) lay; (*vita*) secular; (*scuola*) non-denominational ♦ *sm/f* layman/woman ♦ *sm* lay brother.

'laido, a *ag* filthy, foul; (*fig: osceno*) obscene, filthy.

'lama *sf* blade ♦ *sm inv* (*ZOOL*) llama; (*REL*) lama.

lambic'care *vt* to distil; ~**rsi il cervello** to rack one's brains.

lam'bire *vt* (*fig: sog: fiamme*) to lick; (: *acqua*) to lap.

lam'bretta ® *sf* scooter.

la'mella *sf* (*di metallo etc*) thin sheet, thin strip; (*di fungo*) gill.

lamen'tare *vt* to lament; ~**rsi** *vr* (*emettere lamenti*) to moan, groan; (*rammaricarsi*): ~**rsi** (**di**) to complain (about).

lamen'tela *sf* complaining *no pl*.

lamen'tevole *ag* (*voce*) complaining, plaintive; (*stato*) lamentable, pitiful.

la'mento *sm* moan, groan; (*per la morte di qn*) lament.

lamen'toso, a *ag* plaintive.

la'metta *sf* razor blade.

lami'era *sf* sheet metal.

'lamina *sf* (*lastra sottile*) thin sheet (*o* layer *o* plate); ~ **d'oro** gold leaf; gold foil.

lami'nare *vt* to laminate.

lami'nato, a *ag* laminated; (*tessuto*) lamé ♦ *sm* laminate.

'lampada *sf* lamp; ~ **a petrolio/a gas** oil/gas lamp; ~ **a spirito** blowlamp (*BRIT*), blowtorch; ~ **a stelo** standard lamp (*BRIT*), floor lamp; ~ **da tavolo** table lamp.

lampa'dario *sm* chandelier.

lampa'dina *sf* light bulb; ~ **tascabile** pocket torch (*BRIT*), flashlight (*US*).

lam'pante *ag* (*fig: evidente*) crystal clear, evident.

lam'para *sf* fishing lamp; (*barca*) boat for fishing by lamplight (*in Mediterranean*).

lampeggi'are [lamped'dʒare] *vi* (*luce, fari*) to flash ♦ *vb impers*: **lampeggia** there's lightning.

lampeggia'tore [lampeddʒa'tore] *sm* (*AUT*) indicator.

lampi'one *sm* street light *o* lamp (*BRIT*).

'lampo *sm* (*METEOR*) flash of lightning; (*di luce, fig*) flash ♦ *ag inv*: **cerniera** ~ zip (fastener) (*BRIT*), zipper (*US*); **guerra** ~ blitzkrieg; ~**i** *smpl* (*METEOR*) lightning *no pl*; **passare come un** ~ to flash past *o* by.

lam'pone *sm* raspberry.

'lana *sf* wool; ~ **d'acciaio** steel wool; **pura** ~ **vergine** pure new wool; ~ **di vetro** glass wool.

lan'cetta [lan'tʃetta] *sf* (*indice*) pointer, needle; (*di orologio*) hand.

'lancia, ce ['lantʃa] *sf* (*arma*) lance; (: *picca*) spear; (*di pompa antincendio*) nozzle; (*imbarcazione*) launch; **partire** ~ **in resta** (*fig*) to set off ready for battle; **spezzare una** ~ **in favore di qn** (*fig*) to come to sb's defence; ~ **di salvataggio** lifeboat.

lancia'bombe [lantʃa'bombe] *sm inv* (*MIL*) mortar.

lanciafi'amme [lantʃa'fjamme] *sm inv*

flamethrower.

lancia'missili [lantʃa'missili] *ag inv* missile-launching ♦ *sm inv* missile launcher.

lancia'razzi [lantʃa'raddzi] *ag inv* rocket-launching ♦ *sm inv* rocket launcher.

lanci'are [lan'tʃare] *vt* to throw, hurl, fling; (*SPORT*) to throw; (*far partire: automobile*) to get up to full speed; (*bombe*) to drop; (*razzo, prodotto, moda*) to launch; (*emettere: grido*) to give out; ~**rsi** *vr*: ~**rsi contro/su** to throw *o* hurl *o* fling o.s. against/on; ~**rsi in** (*fig*) to embark on; ~ **un cavallo** to give a horse his head; ~ **il disco** (*SPORT*) to throw the discus; ~ **il peso** (*SPORT*) to put the shot; ~**rsi all'inseguimento di qn** to set off in pursuit of sb; ~**rsi col paracadute** to parachute.

lanciasi'luri [lantʃasi'luri] *sm inv* torpedo tube.

lanci'ato, a [lan'tʃato] *ag* (*affermato: attore, prodotto*) well-known, famous; (*veicolo*) speeding along, racing along.

lanci'nante [lantʃi'nante] *ag* (*dolore*) shooting, throbbing; (*grido*) piercing.

'lancio ['lantʃo] *sm* throwing *no pl*; throw; dropping *no pl*; drop; launching *no pl*; launch; ~ **del disco** (*SPORT*) throwing the discus; ~ **del peso** (*SPORT*) putting the shot.

'landa *sf* (*GEO*) moor.

'languido, a *ag* (*fiacco*) languid, weak; (*tenero, malinconico*) languishing.

langu'ire *vi* to languish; (*conversazione*) to flag.

langu'ore *sm* weakness, languor.

lani'ero, a *ag* wool *cpd*, woollen (*BRIT*), woolen (*US*).

lani'ficio [lani'fitʃo] *sm* woollen (*BRIT*) *o* woolen (*US*) mill.

lano'lina *sf* lanolin(e).

la'noso, a *ag* woolly.

lan'terna *sf* lantern; (*faro*) lighthouse.

lanter'nino *sm*: **cercarsele col** ~ to be asking for trouble.

la'nugine [la'nudʒine] *sf* down.

'Laos *sm* Laos.

lapalissi'ano, a *ag* self-evident.

La 'Paz [la'pas] *sf* La Paz.

lapi'dare *vt* to stone.

lapi'dario, a *ag* (*fig*) terse.

'lapide *sf* (*di sepolcro*) tombstone; (*commemorativa*) plaque.

la'pin [la'pɛ̃] *sm inv* coney.

'lapis *sm inv* pencil.

'lappone *ag, smf, sm* Lapp.

Lap'ponia *sf*: **la** ~ Lapland.

'lapsus *sm inv* slip.

laptop ['læp tɔp] *sm inv* laptop (computer).

'lardo *sm* bacon fat, lard.

lar'ghezza [lar'gettsa] *sf* width; breadth; looseness; generosity; ~ **di vedute** broad-mindedness.

lar'gire [lar'dʒire] *vt* to give generously.

'largo, a, ghi, ghe *ag* wide, broad; (*maniche*) wide; (*abito: troppo ampio*) loose; (*fig*) generous ♦ *sm* width; breadth; (*mare aperto*): **il** ~ the open sea ♦ *sf*: **stare** *o* **tenersi alla** ~**a (da qn/qc)** to keep one's distance (from sb/sth), keep away (from sb/sth); ~ **due metri** two metres wide; ~ **di spalle** broad-shouldered; **di** ~**ghe vedute** broad-minded; **in** ~**a misura** to a great *o* large extent; **su** ~**a scala** on a large scale; **di manica** ~**a** generous, open-handed; **al** ~ **di Genova** off (the coast of) Genoa; **farsi** ~ **tra la folla** to push one's way through the crowd.

'larice ['laritʃe] *sm* (*BOT*) larch.

la'ringe [la'rindʒe] *sf* larynx.

larin'gite [larin'dʒite] *sf* laryngitis.

laringoi'atra, i, e *smf* (*medico*) throat specialist.

'larva *sf* larva; (*fig*) shadow.

la'sagne [la'zaɲɲe] *sfpl* lasagna *sg*.

lasciapas'sare [laʃʃapas'sare] *sm inv* pass, permit.

lasci'are [laʃ'ʃare] *vt* to leave; (*abbandonare*) to leave, abandon, give up; (*cessare di tenere*) to let go *o* ♦ *vb aux*: ~ **qn fare qc** to let sb do sth ♦ *vi*: ~ **di fare** (*smettere*) to stop doing; ~**rsi andare/truffare** to let o.s. go/be cheated; ~ **andare** *o* **correre** *o* **perdere** to let things go their own way; ~ **stare qc/qn** to leave sth/sb alone; ~ **qn erede** to make sb one's heir; ~ **la presa** to lose one's grip; ~ **il segno (su qc)** to leave a mark (on sth); (*fig*) to leave one's mark (on sth); ~ **(molto) a desiderare** to leave much to be desired; **ci ha lasciato la vita** it cost him his life.

'lascito ['laʃʃito] *sm* (*DIR*) legacy.

la'scivia [laʃ'ʃivja] *sf* lust, lasciviousness.

la'scivo, a [laʃ'ʃivo] *ag* lascivious.

'laser ['lazer] *ag, sm inv*: (**raggio**) ~ laser (beam).

lassa'tivo, a *ag, sm* laxative.

las'sismo *sm* laxity.

'lasso *sm*: ~ **di tempo** interval, lapse of time.

lassù *av* up there.

'lastra *sf* (*di pietra*) slab; (*di metallo, FOT*) plate; (*di ghiaccio, vetro*) sheet; (*radiografica*) X-ray (plate).

lastri'care *vt* to pave.

lastri'cato *sm* paving.

'**lastrico, ci** *o* **chi** *sm* paving; **essere sul** ~ (*fig*) to be penniless; **gettare qn sul** ~ (*fig*) to leave sb destitute.

las'trone *sm* (*ALPINISMO*) sheer rock face.

la'tente *ag* latent.

late'rale *ag* lateral, side *cpd*; (*uscita, ingresso etc*) side *cpd* ♦ *sm* (*CALCIO*) half-back.

lateral'mente *av* sideways.

late'rizio [late'rittsjo] *sm* (perforated) brick.

latifon'dista, i, e *sm/f* large agricultural landowner.

lati'fondo *sm* large estate.

la'tino, a *ag, sm* Latin.

la'tinoameri'cano, a *ag, sm/f* Latin-American.

lati'tante *ag*: **essere** ~ to be on the run ♦ *sm/f* fugitive (from justice).

lati'tanza [lati'tantsa] *sf*: **darsi alla** ~ to go into hiding.

lati'tudine *sf* latitude.

'**lato, a** *ag*: **in senso** ~ broadly speaking ♦ *sm* side; (*fig*) aspect, point of view; **d'altro** ~ (*d'altra parte*) on the other hand.

la'trare *vi* to bark.

lat'rato *sm* howling.

la'trina *sf* public lavatory.

latro'cinio [latro'tʃinjo] *sm* = **ladrocinio**.

'**latta** *sf* tin (plate); (*recipiente*) tin, can.

lat'taio, a *sm/f* (*distributore*) milkman/woman; (*commerciante*) dairyman/woman.

lat'tante *ag* unweaned ♦ *sm/f* breast-fed baby.

'**latte** *sm* milk; **fratello di** ~ foster brother; **avere ancora il** ~ **alla bocca** (*fig*) to be still wet behind the ears; **tutto** ~ **e miele** (*fig*) all smiles; ~ **detergente** cleansing milk *o* lotion; ~ **intero** full-cream milk; ~ **magro** *o* **scremato** skimmed milk; ~ **secco** *o* **in polvere** dried *o* powdered milk.

'**latteo, a** *ag* milky; (*dieta, prodotto*) milk *cpd*.

latte'ria *sf* dairy.

latti'cini [latti'tʃini] *smpl* dairy products.

lat'tina *sf* (*di birra etc*) can.

lat'tuga, ghe *sf* lettuce.

'**laurea** *sf* ≈ degree; ~ **breve** *university degree awarded at the end of a three-year course*; **avere una** ~ **in chimica** to have a degree in chemistry *o* a chemistry degree.

The **Laurea** *is awarded to students upon successful completion of their degree courses. Courses take from 4 to 6 years and a major part of the final examinations is the presentation and discussion of a dissertation. A shorter, more vocational course of study, taking from 2 to 3 years, has been introduced at the end of which the* **Laurea breve,** *a diploma, is awarded.*

laure'ando, a *sm/f* final-year student.

laure'are *vt* to confer a degree on; ~**rsi** *vr* to graduate.

laure'ato, a *ag, sm/f* graduate.

'**lauro** *sm* laurel.

'**lauto, a** *ag* (*pranzo, mancia*) lavish; ~**i guadagni** handsome profits.

'**lava** *sf* lava.

lavabianche'ria [lavabjanke'ria] *sf inv* washing machine.

la'vabo *sm* washbasin.

la'vaggio [la'vaddʒo] *sm* washing *no pl*; ~ **del cervello** brainwashing *no pl*.

la'vagna [la'vaɲɲa] *sf* (*GEO*) slate; (*di scuola*) blackboard; ~ **luminosa** overhead projector.

la'vanda *sf* (*anche MED*) wash; (*BOT*) lavender; **fare una** ~ **gastrica a qn** to pump sb's stomach.

lavan'daia *sf* washerwoman.

lavande'ria *sf* (*di ospedale, caserma etc*) laundry; ~ **automatica** launderette; ~ **a secco** dry-cleaner's.

lavan'dino *sm* sink; (*del bagno*) washbasin.

lavapi'atti *sm/f* dishwasher.

la'vare *vt* to wash; ~**rsi** *vr* to wash, have a wash; ~ **a secco** to dry-clean; ~ **i panni sporchi in pubblico** (*fig*) to wash one's dirty linen in public; ~**rsi le mani/i denti** to wash one's hands/clean one's teeth.

lava'secco *sm o f inv* dry-cleaner's.

lavasto'viglie [lavasto'viʎʎe] *sm o f inv* (*macchina*) dishwasher.

la'vata *sf* wash; (*fig*): **dare una** ~ **di capo a qn** to give sb a good telling-off.

lava'tivo *sm* (*clistere*) enema; (*buono a nulla*) good-for-nothing, idler.

lava'toio *sm* (public) washhouse.

lava'trice [lava'tritʃe] *sf* washing machine.

lava'tura *sf* washing *no pl*; ~ **di piatti** dishwater.

la'vello *sm* (kitchen) sink.

la'vina *sf* snowslide.

lavo'rante *sm/f* worker.

lavo'rare *vi* to work; (*fig: bar, studio etc*) to do good business ♦ *vt* to work; ~ **a** to work on; ~ **a maglia** to knit; ~ **di fantasia** (*suggestionarsi*) to imagine things; (*fantasticare*) to let one's imagination run free; ~**rsi qn** (*fig: convincere*) to work on sb.

lavora'tivo, a *ag* working.

lavora'tore, 'trice *smf* worker ◆ *ag* working.

lavorazi'one [lavorat'tsjone] *sf (gen)* working; (*di legno, pietra*) carving; (*di film*) making; (*di prodotto*) manufacture; (*modo di esecuzione*) workmanship.

lavo'rio *sm* intense activity.

la'voro *sm* work; (*occupazione*) job, work *no pl*; (*opera*) piece of work, job; (*ECON*) labour (*BRIT*), labor (*US*); **Ministero del L~** Department of Employment (*BRIT*), Department of Labor (*US*); **(fare) i ~i di casa** (to do) the housework *sg*; **~i forzati** hard labour *sg*; **i ~i del parlamento** the parliamentary session *sg*; **~i pubblici** public works.

lazi'ale [lat'tsjale] *ag* of (*o* from) Lazio.

lazza'retto [laddza'retto] *sm* leper hospital.

lazza'rone [laddza'rone] *sm* scoundrel.

'lazzo ['laddzo] *sm* jest.

LC *sigla = Lecco.*

LE *sigla = Lecce.*

le *det fpl* the ◆ *pron* (*oggetto*) them; (: *a lei, a essa*) (to) her; (: *forma di cortesia*) (to) you; *vedi anche* **il**.

le'ale *ag* loyal; (*sincero*) sincere; (*onesto*) fair.

lea'lista, i, e *smf* loyalist.

lealtà *sf* loyalty; sincerity; fairness.

'leasing ['li:ziŋ] *sm* leasing; lease.

'lebbra *sf* leprosy.

'lecca 'lecca *sm inv* lollipop.

leccapi'edi *smf inv* (*peg*) toady, bootlicker.

lec'care *vt* to lick; (*sog: gatto: latte etc*) to lick *o* lap up; (*fig*) to flatter; **~rsi** *vr* (*fig*) to preen o.s.; **~rsi i baffi** to lick one's lips.

lec'cato, a *ag* affected ◆ *sf* lick.

leccherò *etc* [lekke'rɔ] *vb vedi* **leccare**.

'leccio ['lettʃo] *sm* holm oak, ilex.

leccor'nia *sf* titbit, delicacy.

'lecito, a ['letʃito] *ag* permitted, allowed; **se mi è ~** if I may; **mi sia ~ far presente che ...** may I point out that ....

'ledere *vt* to damage, injure; **~ gli interessi di qn** to be prejudicial to sb's interests.

'lega, ghe *sf (anche POL)* league; (*di metalli*) alloy; **metallo di bassa ~** base metal; **gente di bassa ~** common *o* vulgar people; **L~ Nord** (*POL*) *federalist party.*

le'gaccio [le'gattʃo] *sm* string, lace.

le'gale *ag* legal ◆ *sm* lawyer; **corso ~ delle monete** official exchange rate; **medicina ~** forensic medicine; **studio ~** lawyer's office.

legalità *sf* legality, lawfulness.

legaliz'zare [legalid'dzare] *vt* to legalize; (*documento*) to authenticate.

legalizzazi'one [legaliddzat'tsjone] *sf (vedi*

vt) legalization; authentication.

le'game *sm* (*corda, fig: affettivo*) tie, bond; (*nesso logico*) link, connection; **~ di sangue** *o* **di parentela** family tie.

lega'mento *sm* (*ANAT*) ligament.

le'gare *vt* (*prigioniero, capelli, cane*) to tie (up); (*libro*) to bind; (*CHIM*) to alloy; (*fig: collegare*) to bind, join ◆ *vi* (*far lega*) to unite; (*fig*) to get on well; **è pazzo da ~** (*fam*) he should be locked up.

lega'tario, a *smf* (*DIR*) legatee.

le'gato *sm* (*REL*) legate; (*DIR*) legacy, bequest.

legato'ria *sf* (*attività*) bookbinding; (*negozio*) bookbinder's.

lega'tura *sf* (*di libro*) binding; (*MUS*) ligature.

legazi'one [legat'tsjone] *sf* legation.

le'genda [le'dʒɛnda] *sf* (*di carta geografica etc*) = **leggenda**.

'legge ['leddʒe] *sf* law; **~ procedurale** procedural law.

leg'genda [led'dʒɛnda] *sf* (*narrazione*) legend; (*di carta geografica etc*) key, legend.

leggen'dario, a [leddʒen'darjo] *ag* legendary.

'leggere ['lɛddʒere] *vt, vi* to read; **~ il pensiero di qn** to read sb's mind *o* thoughts.

legge'rezza [leddʒe'rettsa] *sf* lightness; thoughtlessness; fickleness.

leg'gero, a [led'dʒɛro] *ag* light; (*agile, snello*) nimble, agile, light; (*tè, caffè*) weak; (*fig: non grave, piccolo*) slight; (: *spensierato*) thoughtless; (: *incostante*) fickle; free and easy; **una ragazza ~a** (*fig*) a flighty girl; **alla ~a** thoughtlessly.

leggi'adro, a [led'dʒadro] *ag* pretty, lovely; (*movimenti*) graceful.

leg'gibile [led'dʒibile] *ag* legible; (*libro*) readable, worth reading.

leg'gio, 'gii [led'dʒio] *sm* lectern; (*MUS*) music stand.

legherò *etc* [lege'rɔ] *vb vedi* **legare**.

le'ghismo [le'gismo] *sm political movement with federalist tendencies.*

le'ghista, i, e [le'gista] (*POL*) *ag of a "lega"* (*especially Lega Nord*) ◆ *smf member (o supporter) of a "lega"* (*especially Lega Nord*).

legife'rare [ledʒife'rare] *vi* to legislate.

legio'nario [ledʒo'narjo] *sm* (*romano*) legionary; (*volontario*) legionnaire.

legi'one [le'dʒone] *sf* legion; **~ straniera** foreign legion.

legisla'tivo, a [ledʒizla'tivo] *ag* legislative.

legisla'tore [ledʒizla'tore] *sm* legislator.

legisla'tura [ledʒizla'tura] *sf* legislature.
legislazi'one [ledʒizlat'tsjone] *sf*
legislation.
legitti'mare [ledʒitti'mare] *vt* (*figlio*) to
legitimize; (*comportamento etc*) to justify.
legittimità [ledʒittimi'ta] *sf* legitimacy.
le'gittimo, a [le'dʒittimo] *ag* legitimate;
(*fig: giustificato, lecito*) justified,
legitimate; ~**a difesa** (*DIR*) self-defence
(*BRIT*), self-defense (*US*).
legna ['leɲɲa] *sf* firewood.
le'gnaia [leɲ'ɲaja] *sf* woodshed.
legnai'olo [leɲɲa'jɔlo] *sm* woodcutter.
le'gname [leɲ'ɲame] *sm* wood, timber.
le'gnata [leɲ'ɲata] *sf* blow with a stick;
dare a qn un sacco di ~e to give sb a
good hiding.
legno ['leɲɲo] *sm* wood; (*pezzo di ~*) piece
of wood; **di** ~ wooden; ~ **compensato**
plywood.
le'gnoso, a [leɲ'ɲoso] *ag* (*di legno*) wooden;
(*come il legno*) woody; (*carne*) tough.
le'gume *sm* (*BOT*) pulse; ~**i** *smpl* (*fagioli,
piselli etc*) pulses.
'lei *pron* (*soggetto*) she; (*oggetto: per dare
rilievo, con preposizione*) her; (*forma di
cortesia: anche: L~*) you ♦ *sf inv*: **la mia ~**
my beloved ♦ *sm*: **dare del ~ a qn** to
address sb as "lei"; ~ **stessa** she herself;
you yourself; **è ~** it's her.
'lembo *sm* (*di abito, strada*) edge; (*striscia
sottile: di terra*) strip.
'lemma, i *sm* headword.
'lemme 'lemme *av* (*very*) very slowly.
'lena *sf* (*fig*) energy, stamina; **di buona ~**
(*lavorare, camminare*) at a good pace.
Lenin'grado *sf* Leningrad.
le'nire *vt* to soothe.
'lente *sf* (*OTTICA*) lens *sg*; ~
d'ingrandimento magnifying glass; ~**i a
contatto**, ~**i corneali** contact lenses; ~**i (a
contatto) morbide** soft lenses; ~**i (a
contatto) rigide** hard lenses.
len'tezza [len'tettsa] *sf* slowness.
len'ticchia [len'tikkja] *sf* (*BOT*) lentil.
len'tiggine [len'tiddʒine] *sf* freckle.
'lento, a *ag* slow; (*molle: fune*) slack; (*non
stretto: vite, abito*) loose ♦ *sm* (*ballo*) slow
dance.
'lenza ['lɛntsa] *sf* fishing line.
lenzu'olo [len'tswɔlo] *sm* sheet; ~**a** *sfpl* pair
of sheets; ~ **funebre** shroud.
leon'cino [leon'tʃino] *sm* lion cub.
le'one *sm* lion; (*dello zodiaco*): **L~** Leo;
essere del L~ to be Leo.
leo'pardo *sm* leopard.
lepo'rino, a *ag*: **labbro ~** harelip.
'lepre *sf* hare.

'lercio, a, ci, ce ['lɛrtʃo] *ag* filthy.
lerci'ume [ler'tʃume] *sm* filth.
'lesbico, a, ci, che *ag*, *sf* lesbian.
'lesi *etc vb vedi* **ledere**.
lesi'nare *vt* to be stingy with ♦ *vi*: ~ **(su)** to
skimp (on), be stingy (with).
lesi'one *sf* (*MED*) lesion; (*DIR*) injury,
damage; (*EDIL*) crack.
le'sivo, a *ag*: ~ **(di)** damaging (to),
detrimental (to).
'leso, a *pp di* **ledere** ♦ *ag* (*offeso*) injured;
parte ~a (*DIR*) injured party; ~**a maestà**
lese-majesty.
Le'sotho [le'soto] *sm* Lesotho.
les'sare *vt* (*CUC*) to boil.
'lessi *etc vb vedi* **leggere**.
lessi'cale *ag* lexical.
'lessico, ci *sm* vocabulary; (*dizionario*)
lexicon.
lessicogra'fia *sf* lexicography.
lessi'cografo, a *sm/f* lexicographer.
'lesso, a *ag* boiled ♦ *sm* boiled meat.
'lesto, a *ag* quick; (*agile*) nimble; ~ **di
mano** (*per rubare*) light-fingered; (*per
picchiare*) free with one's fists.
lesto'fante *sm* swindler, con man.
le'tale *ag* lethal, deadly.
leta'maio *sm* dunghill.
le'tame *sm* manure, dung.
le'targo, ghi *sm* lethargy; (*ZOOL*)
hibernation.
le'tizia [le'tittsja] *sf* joy, happiness.
'letta *sf*: **dare una ~ a qc** to glance *o* look
through sth.
'lettera *sf* letter; ~**e** *sfpl* (*letteratura*)
literature *sg*; (*studi umanistici*) arts
(subjects); **alla ~** literally; **in ~e** in
words, in full; **diventar ~ morta** (*legge*) to
become a dead letter; **restar ~ morta**
(*consiglio, invito*) to go unheeded; ~ **di
accompagnamento** accompanying letter;
~ **assicurata** registered letter; ~ **di
cambio** (*COMM*) bill of exchange; ~ **di
credito** (*COMM*) letter of credit; ~ **di
intenti** letter of intent; ~ **di presentazione**
o **raccomandazione** letter of introduction;
~ **raccomandata** recorded delivery (*BRIT*)
o certified (*US*) letter; ~ **di trasporto
aereo** (*COMM*) air waybill.
lette'rale *ag* literal.
letteral'mente *av* literally.
lette'rario, a *ag* literary.
lette'rato, a *ag* well-read, scholarly.
lettera'tura *sf* literature.
let'tiga, ghe *sf* (*portantina*) litter; (*barella*)
stretcher.
let'tino *sm* cot (*BRIT*), crib (*US*).
'letto, a *pp di* **leggere** ♦ *sm* bed; **andare a ~**

to go to bed; ~ **a castello** bunk beds *pl;* ~ **a una piazza/a due piazze** *o* **matrimoniale** single/double bed.

'**lettone** *ag, sm/f* Latvian ♦ *sm* (*LING*) Latvian, Lettish.

Let'tonia *sf:* **la** ~ Latvia.

lettorato *sm* (*INS*) lectorship, assistantship; (*REL*) lectorate.

let'tore, 'trice *sm/f* reader; (*INS*) (foreign language) assistant (*BRIT*), (foreign) teaching assistant (*US*) ♦ *sm:* ~ **ottico** (**di caratteri**) optical character reader; ~ **CD** CD player.

let'tura *sf* reading.

leuce'mia [leutʃe'mia] *sf* leukaemia.

'**leva** *sf* lever; (*MIL*) conscription; **far** ~ **su qn** to work on sb; **essere di** ~ to be due for call-up; ~ **del cambio** (*AUT*) gear lever.

le'vante *sm* east; (*vento*) East wind; **il L**~ the Levant.

le'vare *vt* (*occhi, braccio*) to raise; (*sollevare, togliere: tassa, divieto*) to lift; (: *indumenti*) to take off, remove; (*rimuovere*) to take away; (: *dal di sopra*) to take off; (: *dal di dentro*) to take out; ~**rsi** *vr* to get up; (*sole*) to rise; ~ **le tende** (*fig*) to pack up and leave; ~**rsi il pensiero** to put one's mind at rest; **levati di mezzo** *o* **di lì** *o* **di torno!** get out of my way!

le'vata *sf* (*di posta*) collection.

leva'taccia, ce [leva'tattʃa] *sf* early rise.

leva'toio, a *ag:* **ponte** ~ drawbridge.

leva'trice [leva'tritʃe] *sf* midwife.

leva'tura *sf* intelligence, mental capacity.

levi'gare *vt* to smooth; (*con carta vetrata*) to sand.

levi'gato, a *ag* (*superficie*) smooth; (*fig: stile*) polished; (: *viso*) flawless.

levità *sf* lightness.

levri'ere *sm* greyhound.

lezi'one [let'tsjone] *sf* lesson; (*all'università, sgridata*) lecture; **fare** ~ to teach; to lecture.

lezi'oso, a [let'tsjoso] *ag* affected; simpering.

'**lezzo** ['leddzo] *sm* stench, stink.

lg *abbr* (= *lira sterlina*) £.

LI *sigla* = Livorno.

li *pron pl* (*oggetto*) them.

lì *av* there; **di** *o* **da** ~ from there; **per di** ~ that way; **di** ~ **a pochi giorni** a few days later; ~ **per** ~ there and then; at first; **essere** ~ (~) **per fare** to be on the point of doing, be about to do; ~ **dentro** in there; ~ **sotto** under there; ~ **sopra** on there; up there; **tutto** ~ that's all; *vedi anche* **quello**.

libagi'one [liba'dʒone] *sf* libation.

liba'nese *ag, sm/f* Lebanese *inv.*

Li'bano *sm:* **il** ~ the Lebanon.

'**libbra** *sf* (*peso*) pound.

li'beccio [li'bettʃo] *sm* south-west wind.

li'bello *sm* libel.

li'bellula *sf* dragonfly.

libe'rale *ag, sm/f* liberal.

liberaliz'zare [liberalid'dzare] *vt* to liberalize.

libe'rare *vt* (*rendere libero: prigioniero*) to release; (: *popolo*) to free, liberate; (*sgombrare: passaggio*) to clear; (: *stanza*) to vacate; (*produrre: energia*) to release; ~**rsi** *vr:* ~**rsi di qc/qn** to get rid of sth/sb.

libera'tore, 'trice *ag* liberating ♦ *sm/f* liberator.

liberazi'one [liberat'tsjone] *sf* (*di prigioniero*) release; (*di popolo*) liberation; **che** ~**!** what a relief!

The **Liberazione** *is a national holiday which falls on April 25th. It commemorates the liberation of Italy in 1945 from German forces and Mussolini's government and marks the end of the war on Italian soil.*

---

li'bercolo *sm* (*peg*) worthless book.

Li'beria *sf:* **la** ~ Liberia.

liberi'ano, a *ag, sm/f* Liberian.

libe'rismo *sm* (*ECON*) laissez-faire.

'**libero, a** *ag* free; (*strada*) clear; (*non occupato: posto etc*) vacant, free; (*TEL*) not engaged; ~ **di fare qc** free to do sth; ~ **da** free from; **una donna dai** ~**i costumi** a woman of loose morals; **avere via** ~**a** to have a free hand; **dare via** ~**a a qn** to give sb the go-ahead; **via** ~**a!** all clear!; ~ **arbitrio** free will; ~ **professionista** self-employed professional person; ~ **scambio** free trade; ~**a uscita** (*MIL*) leave.

liberoscam'bismo *sm* (*ECON*) free trade.

libertà *sf inv* freedom; (*tempo disponibile*) free time ♦ *sfpl* (*licenza*) liberties; **essere in** ~ **provvisoria/vigilata** to be released without bail/be on probation; ~ **di riunione** right to hold meetings.

liber'tario, a *ag* libertarian.

liber'tino, a *ag, sm/f* libertine.

liberty ['liberti] *ag inv, sm* art nouveau.

'**Libia** *sf:* **la** ~ Libya.

'**libico, a, ci, che** *ag, sm/f* Libyan.

li'bidine *sf* lust.

libidi'noso, a *ag* lustful, libidinous.

li'bido *sf* libido.

li'braio *sm* bookseller.

li'brario, a *ag* book *cpd.*

li'brarsi *vr* to hover.

libre'ria *sf* (*bottega*) bookshop; (*stanza*)

library; (*mobile*) bookcase.

li'bretto *sm* booklet; (*taccuino*) notebook; (*MUS*) libretto; ~ degli assegni chequebook (*BRIT*), checkbook (*US*); ~ di circolazione (*AUT*) logbook; ~ di deposito (bank) deposit book; ~ di risparmio (savings) bankbook, passbook; ~ universitario student's report book.

'libro *sm* book; ~ bianco (*POL*) white paper; ~ di cassa cash book; ~ di consultazione reference book; ~ mastro ledger; ~ paga payroll; ~ tascabile paperback; ~ di testo textbook; ~i contabili (account) books; ~i sociali company records.

li'cantropo *sm* werewolf.

lice'ale [lit∫e'ale] *ag* secondary school *cpd* (*BRIT*), high school *cpd* (*US*) ♦ *smf* secondary school *o* high school pupil.

li'cenza [li't∫entsa] *sf* (*permesso*) permission, leave; (*di pesca, caccia, circolazione*) permit, licence (*BRIT*), license (*US*); (*MIL*) leave; (*INS*) school-leaving certificate; (*libertà*) liberty; (*sfrenatezza*) licentiousness; andare in ~ (*MIL*) to go on leave; su ~ di ... (*COMM*) under licence from ...; ~ di esportazione export licence; ~ di fabbricazione manufacturer's licence; ~ poetica poetic licence.

licenzia'mento [lit∫entsja'mento] *sm* dismissal.

licenzi'are [lit∫en'tsjare] *vt* (*impiegato*) to dismiss; (*INS*) to award a certificate to; ~rsi *vr* (*impiegato*) to resign, hand in one's notice; (*INS*) to obtain one's school-leaving certificate.

licenziosità [lit∫entsjosi'ta] *sf* licentiousness.

licenzi'oso, a [lit∫en'tsjoso] *ag* licentious.

li'ceo [li't∫eo] *sm* (*INS*) secondary (*BRIT*) *o* high (*US*) school (*for 14 to 19-year-olds*); ~ classico/scientifico *secondary or high school specializing in classics/scientific subjects*.

li'chene [li'kɛne] *sm* (*BOT*) lichen.

'lido *sm* beach, shore.

'Liechtenstein ['liktənstain] *sm*: il ~ Liechtenstein.

li'eto, a *ag* happy, glad; "molto ~" (*nelle presentazioni*) "pleased to meet you"; a ~ fine with a happy ending.

li'eve *ag* light; (*di poco conto*) slight; (*sommesso: voce*) faint, soft.

lievi'tare *vi* (*anche fig*) to rise ♦ *vt* to leaven.

li'evito *sm* yeast; ~ di birra brewer's yeast.

'ligio, a, gi, gie ['lidʒo] *ag* faithful, loyal.

li'gnaggio [liɲ'ɲaddʒo] *sm* descent, lineage.

'ligure *ag* Ligurian; la Riviera L~ the Italian Riviera.

Li'kud [li'kud] *sm* Likud.

'lilla, lillà *sm inv* lilac.

'Lima *sf* Lima.

'lima *sf* file; ~ da unghie nail file.

limacci'oso, a [limat't∫oso] *ag* muddy.

li'mare *vt* to file (down); (*fig*) to polish.

'limbo *sm* (*REL*) limbo.

li'metta *sf* nail file.

limi'tare *vt* to limit, restrict; (*circoscrivere*) to bound, surround.

limitata'mente *av* to a limited extent; ~ alle mie possibilità in so far as I am able.

limi'tato, a *ag* limited, restricted.

limitazi'one [limitat'tsjone] *sf* limitation, restriction.

'limite *sm* limit; (*confine*) border, boundary ♦ *ag inv*: caso ~ extreme case; al ~ if the worst comes to the worst (*BRIT*), if worst comes to worst (*US*); ~ di velocità speed limit.

li'mitrofo, a *ag* neighbouring (*BRIT*), neighboring (*US*).

'limo *sm* mud, slime; (*GEO*) silt.

limo'nata *sf* lemonade (*BRIT*), (lemon) soda (*US*); (*spremuta*) lemon squash (*BRIT*), lemonade (*US*).

li'mone *sm* (*pianta*) lemon tree; (*frutto*) lemon.

limpi'dezza [limpi'dettsa] *sf* clearness; (*di discorso*) clarity.

'limpido, a *ag* (*acqua*) limpid, clear; (*cielo*) clear; (*fig: discorso*) clear, lucid.

'lince ['lint∫e] *sf* lynx.

linci'aggio [lin't∫addʒo] *sm* lynching.

linci'are [lin't∫are] *vt* to lynch.

'lindo, a *ag* tidy, spick and span; (*biancheria*) clean.

'linea *sf* (*gen*) line; (*di mezzi pubblici di trasporto: itinerario*) route; (: *servizio*) service; (*di prodotto: collezione*) collection; (: *stile*) style; a grandi ~e in outline; mantenere la ~ to look after one's figure; è caduta la ~ (*TEL*) I (*o* you *etc*) have been cut off; di ~: aereo di ~ airliner; nave di ~ liner; volo di ~ scheduled flight; in ~ diretta da (*TV, RADIO*) coming to you direct from; ~ aerea airline; ~ continua solid line; ~ di partenza/d'arrivo (*SPORT*) starting/finishing line; ~ punteggiata dotted line; ~ di tiro line of fire.

linea'menti *smpl* features; (*fig*) outlines.

line'are *ag* linear; (*fig*) coherent, logical.

line'etta *sf* (*trattino*) dash; (*d'unione*) hyphen.

'linfa *sf* (*BOT*) sap; (*ANAT*) lymph; ~ vitale

(*fig*) lifeblood.

lin'gotto *sm* ingot, bar.

'lingua *sf* (*ANAT, CUC*) tongue; (*idioma*) language; **mostrare la ~** to stick out one's tongue; **di ~ italiana** Italian-speaking; **~ madre** mother tongue; **una ~ di terra** a spit of land.

lingu'accia [lin'gwattʃa] *sf* (*fig*) spiteful gossip.

linguacci'uto, a [lingwat'tʃuto] *ag* gossipy.

lingu'aggio [lin'gwaddʒo] *sm* language; **~ giuridico** legal language; **~ macchina** (*INFORM*) machine language; **~ di programmazione** (*INFORM*) programming language.

lingu'etta *sf* (*di strumento*) reed; (*di scarpa, TECN*) tongue; (*di busta*) flap.

lingu'ista, i, e *sm/f* linguist.

lingu'istico, a, ci, che *ag* linguistic ♦ *sf* linguistics *sg*.

lini'mento *sm* liniment.

'lino *sm* (*pianta*) flax; (*tessuto*) linen.

li'noleum *sm inv* linoleum, lino.

liofiliz'zare [liofilid'dzare] *vt* to freeze-dry.

liofiliz'zati [liofilid'dzati] *smpl* freeze-dried foods.

Li'one *sf* Lyons.

liposuzi'one [liposut'tsjone] *sf* liposuction.

'LIPU *sigla f* (= *Lega Italiana Protezione Uccelli*) society for the protection of birds.

liqu'ame *sm* liquid sewage.

lique'fare *vt* (*render liquido*) to liquefy; (*fondere*) to melt; **~rsi** *vr* to liquefy; to melt.

lique'fatto, a *pp di* **liquefare**.

liqui'dare *vt* (*società, beni, persona: uccidere*) to liquidate; (*persona: sbarazzarsene*) to get rid of; (*conto, problema*) to settle; (*COMM: merce*) to sell off, clear.

liquidazi'one [likwidat'tsjone] *sf* (*di società, persona*) liquidation; (*di conto*) settlement; (*di problema*) settling; (*COMM: di merce*) clearance sale; (*AMM*) severance pay (*on retirement, redundancy, or when taking up other employment*).

liquidità *sf* liquidity.

'liquido, a *ag, sm* liquid; **denaro ~** cash, ready money; **~ per freni** brake fluid.

liqui'gas ® *sm inv* Calor gas ® (*BRIT*), butane.

liqui'rizia [likwi'rittsja] *sf* liquorice.

li'quore *sm* liqueur.

liquo'roso, a *ag*: **vino ~** dessert wine.

'lira *sf* (*unità monetaria*) lira; (*MUS*) lyre; **~ sterlina** pound sterling.

'lirico, a, ci, che *ag* lyric(al); (*MUS*) lyric ♦ *sf* (*poesia*) lyric poetry; (*componimento*

poetico) lyric; (*MUS*) opera; **cantante/ teatro ~** opera singer/house.

li'rismo *sm* lyricism.

Lis'bona *sf* Lisbon.

'lisca, sche *sf* (*di pesce*) fishbone.

lisci'are [liʃ'ʃare] *vt* to smooth; (*fig*) to flatter; **~rsi i capelli** to straighten one's hair.

'liscio, a, sci, sce ['liʃʃo] *ag* smooth; (*capelli*) straight; (*mobile*) plain; (*bevanda alcolica*) neat; (*fig*) straightforward, simple ♦ *av*: **andare ~** to go smoothly; **passarla ~a** to get away with it.

'liso, a *ag* worn out, threadbare.

'lista *sf* (*striscia*) strip; (*elenco*) list; **~ elettorale** electoral roll; **~ delle vivande** menu.

lis'tare *vt*: **~ (di)** to edge (with), border (with).

lis'tato *sm* (*INFORM*) list, listing.

lis'tino *sm* list; **~ di borsa** the Stock Exchange list; **~ dei cambi** (*foreign*) exchange rate; **~ dei prezzi** price list.

lita'nia *sf* litany.

'lite *sf* quarrel, argument; (*DIR*) lawsuit.

liti'gare *vi* to quarrel; (*DIR*) to litigate.

li'tigio [li'tidʒo] *sm* quarrel.

litigi'oso, a [liti'dʒoso] *ag* quarrelsome; (*DIR*) litigious.

litogra'fia *sf* (*sistema*) lithography; (*stampa*) lithograph.

lito'grafico, a, ci, che *ag* lithographic.

lito'rale *ag* coastal, coast *cpd* ♦ *sm* coast.

lito'raneo, a *ag* coastal.

'litro *sm* litre (*BRIT*), liter (*US*).

lit'torio, a *ag* (*STORIA*) lictorial; **fascio ~** fasces *pl*.

Litu'ania *sf*: **la ~** Lithuania.

litu'ano, a *ag, sm/f, sm* Lithuanian.

litur'gia, 'gie [litur'dʒia] *sf* liturgy.

li'uto *sm* lute.

li'vella *sf* level; **~ a bolla d'aria** spirit level.

livel'lare *vt* to level, make level; **~rsi** *vr* to become level; (*fig*) to level out, balance out.

livella'trice [livella'tritʃe] *sf* steamroller.

li'vello *sm* level; (*fig*) level, standard; **ad alto ~** (*fig*) high-level; **a ~ mondiale** world-wide; **a ~ di confidenza** confidentially; **~ di magazzino** stock level; **~ del mare** sea level; **sul ~ del mare** above sea level; **~ occupazionale** level of employment; **~ retributivo** salary level.

'livido, a *ag* livid; (*per percosse*) bruised, black and blue; (*cielo*) leaden ♦ *sm* bruise.

li'vore *sm* malice, spite.

Li'vorno *sf* Livorno, Leghorn.

li'vrea *sf* livery.

'lizza ['littsa] *sf* lists *pl*; essere in ~ per (*fig*) to compete for; scendere in ~ (*anche fig*) to enter the lists.

LO *sigla* = Lodi.

lo *det m* (*dav s impura, gn, pn, ps, x, z; dav V I'*) the ♦ *pron* (*dav V I'*) (*oggetto: persona*) him; (*: cosa*) it; ~ sapevo I knew it; ~ so I know; sii buono, anche se lui non ~ è be good, even if he isn't; *vedi anche* il.

lob'bista, i, e *sm/f* lobbyist.

'lobby *sf inv* lobby.

'lobo *sm* lobe; ~ dell'orecchio ear lobe.

lo'cale *ag* local ♦ *sm* room; (*luogo pubblico*) premises *pl*; ~ notturno nightclub.

località *sf inv* locality.

localiz'zare [lokalid'dzare] *vt* (*circoscrivere*) to confine, localize; (*accertare*) to locate, place.

lo'canda *sf* inn.

locandi'ere, a *sm/f* innkeeper.

locan'dina *sf* (*TEAT*) poster.

lo'care *vt* (*casa*) to rent out, let; (*macchina*) to hire out (*BRIT*), rent (out).

loca'tario, a *sm/f* tenant.

loca'tivo, a *ag* (*DIR*) rentable.

loca'tore, 'trice *sm/f* landlord/lady.

locazi'one [lokat'tsjone] *sf* (*da parte del locatario*) renting *no pl*; (*da parte del locatore*) renting out *no pl*, letting *no pl*; (*contratto di*) ~ lease; (*canone di*) ~ rent; dare in ~ to rent out, let.

locomo'tiva *sf* locomotive.

locomo'tore *sm* electric locomotive.

locomot'rice [lokomo'tritʃe] *sf* = locomotore.

locomozi'one [lokomot'tsjone] *sf* locomotion; mezzi di ~ vehicles, means of transport.

'loculo *sm* burial recess.

lo'custa *sf* locust.

locuzi'one [lokut'tsjone] *sf* phrase, expression.

lo'dare *vt* to praise.

'lode *sf* praise; (*INS*): laurearsi con 110 e ~ ≈ to graduate with first-class honours (*BRIT*), ≈ to graduate summa cum laude (*US*).

'loden *sm inv* (*stoffa*) loden; (*cappotto*) loden overcoat.

lo'devole *ag* praiseworthy.

loga'ritmo *sm* logarithm.

'loggia, ge ['lɔddʒa] *sf* (*ARCHIT*) loggia; (*circolo massonico*) lodge.

loggi'one [lod'dʒone] *sm* (*di teatro*): il ~ the Gods *sg*.

logica'mente [lodʒika'mente] *av* naturally, obviously.

logicità [lodʒitʃi'ta] *sf* logicality.

'logico, a, ci, che ['lɔdʒiko] *ag* logical ♦ *sf* logic.

lo'gistica [lo'dʒistika] *sf* logistics *sg*.

'logo *sm inv* logo.

logora'mento *sm* (*di vestiti etc*) wear.

logo'rante *ag* exhausting.

logo'rare *vt* to wear out; (*sciupare*) to waste; ~rsi *vr* to wear out; (*fig*) to wear o.s. out.

logo'rio *sm* wear and tear; (*fig*) strain.

'logoro, a *ag* (*stoffa*) worn out, threadbare; (*persona*) worn out.

'Loira *sf*: la ~ the Loire.

lom'baggine [lom'baddʒine] *sf* lumbago.

Lombar'dia *sf*: la ~ Lombardy.

lom'bardo, a *ag, sm/f* Lombard.

lom'bare *ag* (*ANAT, MED*) lumbar.

lom'bata *sf* (*taglio di carne*) loin.

'lombo *sm* (*ANAT*) loin.

lom'brico, chi *sm* earthworm.

londi'nese *ag* London *cpd* ♦ *sm/f* Londoner.

'Londra *sf* London.

lon'ganime *ag* forbearing.

longevità [londʒevi'ta] *sf* longevity.

lon'gevo, a [lon'dʒevo] *ag* long-lived.

longi'lineo, a [londʒi'lineo] *ag* long-limbed.

longi'tudine [londʒi'tudine] *sf* longitude.

lontana'mente *av* remotely; non ci pensavo neppure ~ it didn't even occur to me.

lonta'nanza [lonta'nantsa] *sf* distance; absence.

lon'tano, a *ag* (*distante*) distant, faraway; (*assente*) absent; (*vago: sospetto*) slight, remote; (*tempo: remoto*) far-off, distant; (*parente*) distant, remote ♦ *av* far; è ~a la casa? is it far to the house?, is the house far from here?; è ~ un chilometro it's a kilometre away o a kilometre from here; più ~ farther; da o di ~ from a distance; ~ da a long way from; alla ~a slightly, vaguely.

'lontra *sf* otter.

lo'quace [lo'kwatʃe] *ag* talkative, loquacious; (*fig: gesto etc*) eloquent.

loquacità [lokwatʃi'ta] *sf* talkativeness, loquacity.

'lordo, a *ag* dirty, filthy; (*peso, stipendio*) gross; ~ d'imposta pre-tax.

Lo'rena *sf* (*GEO*) Lorraine.

'loro *pron pl* (*oggetto, con preposizione*) them; (*complemento di termine*) to them; (*soggetto*) they; (*forma di cortesia: anche:* L~) you; to you; il(la) ~, i(le) ~ *det* their; (*forma di cortesia: anche:* L~) your ♦ *pron* theirs; (*forma di cortesia: anche:* L~) yours ♦ *sm inv*: il ~ their (*o* your) money ♦ *sf inv*:

la ~ (*opinione*) their (*o* your) view; **i** ~ (*famiglia*) their (*o* your) family; (*amici etc*) their (*o* your) own people; **un** ~ **amico** a friend of theirs; **è dalla** ~ he's on their (*o* your) side; **ne hanno fatto un'altra delle** ~ they've (*o* you've) done it again; ~ **stessi(e)** they themselves; you yourselves.

lo'sanga, ghe *sf* diamond, lozenge.

Lo'sanna *sf* Lausanne.

'losco, a, schi, sche *ag* (*fig*) shady, suspicious.

'lotta *sf* struggle, fight; (*SPORT*) wrestling; **essere in** ~ (**con**) to be in conflict (with); **fare la** ~ (**con**) to wrestle (with); ~ **armata** armed struggle; ~ **di classe** (*POL*) class struggle; ~ **libera** (*SPORT*) all-in wrestling (*BRIT*), freestyle.

lot'tare *vi* to fight, struggle; to wrestle.

lotta'tore, 'trice *sm/f* wrestler.

lotte'ria *sf* lottery; (*di gara ippica*) sweepstake.

lottiz'zare [lottid'dzare] *vt* to divide into plots; (*fig*) to share out.

lottizzazi'one [lottiddzat'tsjone] *sf* division into plots; (*fig*) share-out.

'lotto *sm* (*gioco*) (state) lottery; (*parte*) lot; (*EDIL*) site; **vincere un terno al** ~ (*anche fig*) to hit the jackpot.

lozi'one [lot'tsjone] *sf* lotion.

L.st. *abbr* (= *lire sterline*) £.

LT *sigla* = *Latina*.

LU *sigla* = *Lucca*.

lubrifi'cante *sm* lubricant.

lubrifi'care *vt* to lubricate.

lu'cano, a *ag* of (*o* from) Lucania.

luc'chetto [luk'ketto] *sm* padlock.

lucci'care [luttʃi'kare] *vi* to sparkle; (*oro*) to glitter; (*stella*) to twinkle; (*occhi*) to glisten.

lucci'chio [luttʃi'kio] *sm* sparkling; glittering; twinkling; glistening.

lucci'cone [luttʃi'kone] *sm*: **avere i** ~**i agli occhi** to have tears in one's eyes.

'luccio ['luttʃo] *sm* (*ZOOL*) pike.

'lucciola ['luttʃola] *sf* (*ZOOL*) firefly; glow-worm; (*fam, fig: prostituta*) girl (*o* woman) on the game.

'luce ['lutʃe] *sf* light; (*finestra*) window; **alla** ~ **di** by the light of; **fare qc alla** ~ **del sole** (*fig*) to do sth in the open; **dare alla** ~ (*bambino*) to give birth to; **fare** ~ **su qc** (*fig*) to shed *o* throw light on sth; ~ **del sole/della luna** sun/moonlight.

lu'cente [lu'tʃente] *ag* shining.

lucen'tezza [lutʃen'tettsa] *sf* shine.

lu'cerna [lu'tʃerna] *sf* oil lamp.

lucer'nario [lutʃer'narjo] *sm* skylight.

lu'certola [lu'tʃertola] *sf* lizard.

luci'dare [lutʃi'dare] *vt* to polish; (*ricalcare*) to trace.

lucida'trice [lutʃida'tritʃe] *sf* floor polisher.

lucidità [lutʃidi'ta] *sf* lucidity.

'lucido, a ['lutʃido] *ag* shining, bright; (*lucidato*) polished; (*fig*) lucid ♦ *sm* shine, lustre (*BRIT*), luster (*US*); (*per scarpe etc*) polish; (*disegno*) tracing.

lu'cignolo [lu'tʃiɲɲolo] *sm* wick.

luc'rare *vt* to make money out of.

lucra'tivo, a *ag* lucrative; **a scopo** ~ for gain.

'lucro *sm* profit, gain; **a scopo di** ~ for gain; **organizzazione senza scopo di** ~ non-profit-making (*BRIT*) *o* non-profit (*US*) organization.

lu'croso, a *ag* lucrative, profitable.

luculli'ano, a *ag* (*pasto*) sumptuous.

lu'dibrio *sm* mockery *no pl*; (*oggetto di scherno*) laughing stock.

'lue *sf* syphilis.

'luglio ['luʎʎo] *sm* July; **nel mese di** ~ in July, in the month of July; **il primo** ~ the first of July; **arrivare il 2** ~ to arrive on the 2nd of July; **all'inizio/alla fine di** ~ at the beginning/at the end of July; **durante il mese di** ~ during July; **a** ~ **del prossimo anno** in July of next year; **ogni anno a** ~ every July; **che fai a** ~? what are you doing in July?; **ha piovuto molto a** ~ **quest'anno** July was very wet this year.

'lugubre *ag* gloomy.

'lui *pron* (*soggetto*) he; (*oggetto: per dare rilievo, con preposizione*) him ♦ *sm inv*: **il mio** ~ my beloved; ~ **stesso** he himself; **è** ~ it's him.

lu'maca, che *sf* slug; (*chiocciola*) snail.

luma'cone *sm* (*large*) slug; (*fig*) slowcoach (*BRIT*), slowpoke (*US*).

'lume *sm* light; (*lampada*) lamp; ~ **a olio** oil lamp; **chiedere** ~**i a qn** (*fig*) to ask sb for advice; **a** ~ **di naso** (*fig*) by rule of thumb.

lumi'cino [lumi'tʃino] *sm* small *o* faint light; **essere (ridotto) al** ~ (*fig*) to be at death's door.

lumi'era *sf* chandelier.

lumi'nare *sm* luminary.

lumi'naria *sf* (*per feste*) illuminations *pl*.

lumine'scente [lumineʃ'ʃente] *ag* luminescent.

lu'mino *sm* small light; ~ **da notte** night-light; ~ **per i morti** candle for the dead.

luminosità *sf* brightness; (*fig: di sorriso, volto*) radiance.

lumi'noso, a *ag* (*che emette luce*) luminous; (*cielo, colore, stanza*) bright; (*sorgente*) of light, light *cpd*; (*fig: sorriso*) bright, radiant; **insegna** ~**a** neon sign.

lun. *abbr* (= *lunedì*) Mon.

'**luna** *sf* moon; ~ **nuova/piena** new/full moon; **avere la** ~ to be in a bad mood; ~ **di miele** honeymoon.

'**luna park** *sm inv* amusement park, funfair.

lu'**nare** *ag* lunar, moon *cpd*.

lu'**nario** *sm* almanac; **sbarcare il** ~ to make ends meet.

lu'**natico, a, ci, che** *ag* whimsical, temperamental.

lune'**dì** *sm inv* Monday; *per fraseologia vedi* **martedì**.

lun'**gaggine** [lun'gaddʒine] *sf* slowness; ~**i della burocrazia** red tape.

lunga'**mente** *av* (*a lungo*) for a long time; (*estesamente*) at length.

lun'**garno** *sm* embankment along the Arno.

lun'**ghezza** [lun'gettsa] *sf* length; ~ **d'onda** (*FISICA*) wavelength.

'**lungi** ['lundʒi] *av*: ~ **da** *prep* far from.

lungimi'**rante** [lundʒimi'rante] *ag* far-sighted.

'**lungo, a, ghi, ghe** *ag* long; (*lento: persona*) slow; (*diluito: caffè, brodo*) weak, watery, thin ♦ *sm* length ♦ *prep* along; ~ **3 metri** 3 metres long; **avere la barba** ~**a** to be unshaven; **a** ~ for a long time; **a** ~ **andare** in the long run; **di gran** ~**a** (*molto*) by far; **andare in** ~ **o per le lunghe** to drag on; **saperla** ~**a** to know what's what; **in** ~ **e in largo** far and wide, all over; ~ **il corso dei secoli** throughout the centuries; **navigazione di** ~ **corso** ocean-going navigation.

lungofi'**ume** *sm* embankment.

lungo'**lago** *sm* road round a lake.

lungo'**mare** *sm* promenade.

lungome'**traggio** [lungome'traddʒo] *sm* (*CINE*) feature film.

lungo'**tevere** *sm* embankment along the Tiber.

lu'**notto** *sm* (*AUT*) rear *o* back window; ~ **termico** heated rear window.

lu'**ogo, ghi** *sm* place; (*posto: di incidente etc*) scene, site; (*punto, passo di libro*) passage; **in** ~ **di** instead of; **in primo** ~ in the first place; **aver** ~ to take place; **dar** ~ **a** to give rise to; ~ **comune** commonplace; ~ **del delitto** scene of the crime; ~ **geometrico** locus; ~ **di nascita** birthplace; (*AMM*) place of birth; ~ **di pena** prison, penitentiary; ~ **di provenienza** place of origin.

luogote'**nente** *sm* (*MIL*) lieutenant.

lupacchi'**otto** [lupak'kjɔtto] *sm* (*ZOOL*) (wolf) cub.

lu'**para** *sf* sawn-off shotgun.

lu'**petto** *sm* (*ZOOL*) (wolf) cub; (*negli scouts*) cub scout.

'**lupo, a** *sm/f* wolf/she-wolf; **cane** ~ alsatian (dog) (*BRIT*), German shepherd (dog); **tempo da** ~**i** filthy weather.

'**luppolo** *sm* (*BOT*) hop.

'**lurido, a** *ag* filthy.

luri'**dume** *sm* filth.

lu'**singa, ghe** *sf* (*spesso al pl*) flattery *no pl*.

lusin'**gare** *vt* to flatter.

lusinghi'**ero, a** [luzin'gjɛro] *ag* flattering, gratifying.

lus'**sare** *vt* (*MED*) to dislocate.

lussazi'**one** [lussat'tsjone] *sf* (*MED*) dislocation.

lussembur'**ghese** [lussembur'gese] *ag* of (*o* from) Luxembourg ♦ *sm/f* native (*o* inhabitant) of Luxembourg.

Lussem'**burgo** *sm* (*stato*): **il** ~ Luxembourg ♦ *sf* (*città*) Luxembourg.

'**lusso** *sm* luxury; **di** ~ luxury *cpd*.

lussu'**oso, a** *ag* luxurious.

lussureggi'**are** [lussured'dʒare] *vi* to be luxuriant.

lus'**suria** *sf* lust.

lussuri'**oso, a** *ag* lascivious, lustful.

lus'**trare** *vt* to polish, shine.

lustras'**carpe** *sm/f inv* shoeshine.

lus'**trino** *sm* sequin.

'**lustro, a** *ag* shiny; (*pelliccia*) glossy ♦ *sm* shine, gloss; (*fig*) prestige, glory; (*quinquennio*) five-year period.

lute'**rano, a** *ag, sm/f*, Lutheran.

'**lutto** *sm* mourning; **essere in/portare il** ~ to be in/wear mourning.

M m

M, m ['ɛmme] *sf o m inv* (*lettera*) M, m; **M come Milano** ≈ M for Mary (*BRIT*), M for Mike (*US*).

m. *abbr* = **mese; metro; miglia; monte.**

ma *cong* but; ~ **insomma!** for goodness sake!; ~ **no!** of course not!

'**macabro, a** *ag* gruesome, macabre.

ma'**caco, chi** *sm* (*ZOOL*) macaque.

macché [mak'ke] *escl* not at all!, certainly not!

macche'roni [makke'roni] _smpl_ macaroni _sg._

'macchia ['makkja] _sf_ stain, spot; (_chiazza di diverso colore_) spot; splash, patch; (_tipo di boscaglia_) scrub; ~ **d'inchiostro** ink stain; **estendersi a ~ d'olio** (_fig_) to spread rapidly; **darsi/vivere alla ~** (_fig_) to go into/live in hiding.

macchi'are [mak'kjare] _vt_ (_sporcare_) to stain, mark; ~**rsi** _vr_ (_persona_) to get o.s. dirty; (_stoffa_) to stain; to get stained _o_ marked; ~**rsi di un delitto** to be guilty of a crime.

macchi'ato, a [mak'kjato] _ag_ (_pelle, pelo_) spotted; ~ **di** stained with; **caffè ~** coffee with a dash of milk.

macchi'etta [mak'kjetta] _sf_ (_disegno_) sketch, caricature; (_TEAT_) caricature; (_fig: persona_) character.

'macchina ['makkina] _sf_ machine; (_motore, locomotiva_) engine; (_automobile_) car; (_fig: meccanismo_) machinery; **andare in ~** (_AUT_) to go by car; (_STAMPA_) to go to press; **salire in ~** to get into the car; **venire in ~** to come by car; **sala ~e** (_NAUT_) engine room; ~ **da cucire** sewing machine; ~ **fotografica** camera; ~ **da presa** cine _o_ movie camera; ~ **da scrivere** typewriter; ~ **utensile** machine tool; ~ **a vapore** steam engine.

macchinal'mente [makkinal'mente] _av_ mechanically.

macchi'nare [makki'nare] _vt_ to plot.

macchi'nario [makki'narjo] _sm_ machinery.

macchinazi'one [makkinat'tsjone] _sf_ plot, machination.

macchi'netta [makki'netta] _sf_ (_fam: caffettiera_) percolator; (: _accendino_) lighter.

macchi'nista, i [makki'nista] _sm_ (_di treno_) engine-driver; (_di nave_) engineer; (_TEAT, TV_) stagehand.

macchi'noso, a [makki'noso] _ag_ complex, complicated.

mace'donia [matʃe'dɔnja] _sf_ fruit salad.

macel'laio [matʃel'lajo] _sm_ butcher.

macel'lare [matʃel'lare] _vt_ to slaughter, butcher.

macellazi'one [matʃellat'tsjone] _sf_ slaughtering, butchering.

macelle'ria [matʃelle'ria] _sf_ butcher's (shop).

ma'cello [ma'tʃɛllo] _sm_ (_mattatoio_) slaughterhouse, abattoir; (_fig_) slaughter, massacre; (: _disastro_) shambles _sg._

mace'rare [matʃe'rare] _vt_ to macerate; (_CUC_) to marinate; ~**rsi** _vr_ to waste away; (_fig_): ~**rsi in** to be consumed with.

macerazi'one [matʃerat'tsjone] _sf_ maceration.

ma'cerie [ma'tʃɛrje] _sfpl_ rubble _sg_, debris _sg._

'macero ['matʃero] _sm_ (_operazione_) pulping; (_stabilimento_) pulping mill; **carta da ~** paper for pulping.

machia'vellico, a, ci, che [makja'vɛlliko] _ag_ (_anche fig_) Machiavellian.

ma'cigno [ma'tʃiɲɲo] _sm_ (_masso_) rock, boulder.

maci'lento, a [matʃi'lɛnto] _ag_ emaciated.

'macina ['matʃina] _sf_ (_pietra_) millstone; (_macchina_) grinder.

macinacaffè [matʃinakaf'fɛ] _sm inv_ coffee grinder.

macina'pepe [matʃina'pepe] _sm inv_ peppermill.

maci'nare [matʃi'nare] _vt_ to grind; (_carne_) to mince (_BRIT_), grind (_US_).

maci'nato [matʃi'nato] _sm_ meal, flour; (_carne_) minced (_BRIT_) _o_ ground (_US_) meat.

maci'nino [matʃi'nino] _sm_ (_per caffè_) coffee grinder; (_per pepe_) peppermill; (_scherzoso: macchina_) old banger (_BRIT_), clunker (_US_).

maciul'lare [matʃul'lare] _vt_ (_canapa, lino_) to brake; (_fig: braccio etc_) to crush.

'macro ... _prefisso_ macro....

macrobi'otico, a _ag_ macrobiotic ♦ _sf_ macrobiotics _sg._

macu'lato, a _ag_ (_pelo_) spotted.

Ma'dama: palazzo ~ _sm_ (_POL_) seat of the _Italian Chamber of Senators._

made in Italy [meɪdɪ'nɪtəlɪ] _sm_: **il ~** Italian exports _pl_ (_especially fashion goods_).

Ma'dera _sf_ (_GEO_) Madeira ♦ _sm inv_ (_vino_) Madeira.

'madido, a _ag_: ~ (**di**) wet _o_ moist (with).

Ma'donna _sf_ (_REL_) Our Lady.

mador'nale _ag_ enormous, huge.

'madre _sf_ mother; (_matrice di bolletta_) counterfoil ♦ _ag inv_ mother _cpd_; **ragazza ~** unmarried mother; **scena ~** (_TEAT_) principal scene; (_fig_) terrible scene.

madre'lingua _sf_ mother tongue, native language.

madre'patria _sf_ mother country, native land.

madre'perla _sf_ mother-of-pearl.

Ma'drid _sf_ Madrid.

madri'gale _sm_ madrigal.

madri'leno, a _ag_ of (_o from_) Madrid ♦ _sm/f_ person from Madrid.

ma'drina _sf_ godmother.

maestà _sf inv_ majesty; **Sua M~ la Regina** Her Majesty the Queen.

maestosità _sf_ majesty.

maestoso – magnetico

maes'toso, a *ag* majestic.
ma'estra *sf vedi* **maestro.**
maes'trale *sm* north-west wind.
maes'tranze [maes'trantse] *sfpl* workforce *sg.*
maes'tria *sf* mastery, skill.
ma'estro, a *smf* (*INS: anche:* ~ **di scuola** *o* **elementare**) primary (*BRIT*) *o* grade school (*US*) teacher; (*esperto*) expert ♦ *sm* (*artigiano, fig: guida*) master; (*MUS*) maestro ♦ *ag* (*principale*) main; (*di grande abilità*) masterly, skilful (*BRIT*), skillful (*US*); **un colpo da** ~ (*fig*) a masterly move; **muro** ~ main wall; **strada** ~**a** a main road; ~**a d'asilo** nursery teacher; ~ **di ballo** dancing master; ~ **di cerimonie** master of ceremonies; ~ **d'orchestra** conductor, director (*US*); ~ **di scherma** fencing master; ~ **di sci** ski instructor.
'mafia *sf* Mafia.
mafi'oso *sm* member of the Mafia.
'maga, ghe *sf* sorceress.
ma'gagna [ma'ɡaɲɲa] *sf* defect, flaw, blemish; (*noia, guaio*) problem.
ma'gari *escl* (*esprime desiderio*): ~ **fosse vero!** if only it were true!; **ti piacerebbe andare in Scozia?** — ~! would you like to go to Scotland? — I certainly would! ♦ *av* (*anche*) even; (*forse*) perhaps.
magazzi'naggio [magaddzi'naddʒo] *sm:* (**spese di**) ~ storage charges *pl*, warehousing charges *pl.*
magazzini'ere [magaddzi'njɛre] *sm* warehouseman.
magaz'zino [magad'dzino] *sm* warehouse; **grande** ~ department store; ~ **doganale** bonded warehouse.
'maggio ['maddʒo] *sm* May; *per fraseologia vedi* **luglio.**
maggio'rana [maddʒo'rana] *sf* (*BOT*) (sweet) marjoram.
maggio'ranza [maddʒo'rantsa] *sf* majority; **nella** ~ **dei casi** in most cases.
maggio'rare [maddʒo'rare] *vt* to increase, raise.
maggiorazi'one [maddʒorat'tsjone] *sf* (*COMM*) rise, increase.
maggior'domo [maddʒor'dɔmo] *sm* butler.
maggi'ore [mad'dʒore] *ag* (*comparativo: più grande*) bigger, larger; taller; greater; (: *più vecchio: sorella, fratello*) older, elder; (: *di grado superiore*) senior; (: *più importante, MIL, MUS*) major; (*superlativo*) biggest, largest; tallest; greatest; oldest, eldest ♦ *smf* (*di grado*) superior; (*di età*) elder; (*MIL*) major; (: *AER*) squadron leader; **la maggior parte** the majority; **andare per la** ~ (*cantante, attore etc*) to be very popular, be "in".
maggio'renne [maddʒo'rɛnne] *ag* of age ♦ *smf* person who has come of age.
maggiori'tario, a [maddʒori'tarjo] *ag* majority *cpd* ♦ (*POL: anche:* **sistema** ~) first-past-the-post system.
maggior'mente [maddʒor'mente] *av* much more; (*con senso superlativo*) most.
ma'gia [ma'dʒia] *sf* magic.
'magico, a, ci, che ['madʒiko] *ag* magic; (*fig*) fascinating, charming, magical.
'magio [ˈmadʒo] *sm* (*REL*): **i re Magi** the Magi, the Three Wise Men.
magis'tero [madʒis'tero] *sm* teaching; (*fig: maestria*) skill; (*INS*): **Facoltà di M**~ ≈ teachers' training college.
magis'trale [madʒis'trale] *ag* primary (*BRIT*) *o* grade school (*US*) teachers', primary *o* grade school teaching *cpd*; (*abile*) skilful (*BRIT*), skillful (*US*); **istituto** ~ *secondary school for the training of primary teachers.*
magis'trato [madʒis'trato] *sm* magistrate.
magistra'tura [madʒistra'tura] *sf* magistrature; (*magistrati*): **la** ~ the Bench.
'maglia ['maʎʎa] *sf* stitch; (*lavoro ai ferri*) knitting *no pl*; (*tessuto, SPORT*) jersey; (*maglione*) jersey, sweater; (*di catena*) link; (*di rete*) mesh; **avviare/diminuire le** ~**e** to cast on/cast off; **lavorare a** ~, **fare la** ~ to knit; ~ **diritta/rovescia** plain/purl.
magli'aia [maʎ'ʎaja] *sf* knitter.
maglie'ria [maʎʎe'ria] *sf* knitwear; (*negozio*) knitwear shop; **macchina per** ~ knitting machine.
magli'etta [maʎ'ʎetta] *sf* (*canottiera*) vest; (*tipo camicia*) T-shirt.
magli'ficio [maʎʎi'fitʃo] *sm* knitwear factory.
ma'glina [maʎ'ʎina] *sf* (*tessuto*) jersey.
'maglio ['maʎʎo] *sm* mallet; (*macchina*) power hammer.
magli'one [maʎ'ʎone] *sm* jersey, sweater.
'magma *sm* magma; (*fig*) mass.
ma'gnaccia [maɲ'ɲattʃa] *sm inv* (*peg*) pimp.
magnanimità [maɲɲanimi'ta] *sf* magnanimity.
ma'gnanimo, a [maɲ'ɲanimo] *ag* magnanimous.
ma'gnate [maɲ'ɲate] *sm* tycoon, magnate.
ma'gnesia [maɲ'ɲɛzja] *sf* (*CHIM*) magnesia.
ma'gnesio [maɲ'ɲɛzjo] *sm* (*CHIM*) magnesium; **al** ~ (*lampada, flash*) magnesium *cpd.*
ma'gnete [maɲ'ɲɛte] *sm* magnet.
ma'gnetico, a, ci, che [maɲ'ɲɛtiko] *ag* magnetic.

magne'tismo [maɲɲe'tizmo] *sm* magnetism.

magnetiz'zare [maɲɲetid'dzare] *vt* (*FISICA*) to magnetize; (*fig*) to mesmerize.

magne'tofono [maɲɲe'tɔfono] *sm* tape recorder.

magnifica'mente [maɲɲifika'mente] *av* magnificently, extremely well.

magnifi'cenza [maɲɲifi'tʃɛntsa] *sf* magnificence, splendour (*BRIT*), splendor (*US*).

ma'gnifico, a, ci, che [maɲ'ɲifiko] *ag* magnificent, splendid; (*ospite*) generous.

'magno, a ['maɲɲo] *ag*: **aula** ~**a** main hall.

ma'gnolia [maɲ'nɔlja] *sf* magnolia.

'mago, ghi *sm* (*stregone*) magician, wizard; (*illusionista*) magician.

ma'grezza [ma'grettsa] *sf* thinness.

'magro, a *ag* (*very*) thin, skinny; (*carne*) lean; (*formaggio*) low-fat; (*fig: scarso, misero*) meagre (*BRIT*), meager (*US*), poor; (*: meschino: scusa*) poor, lame; **mangiare di** ~ not to eat meat.

'mai *av* (*nessuna volta*) never; (*talvolta*) ever; **non ... ** ~ never; ~ **più** never again; **come ** ~**?** why (*o* how) on earth?; **chi/dove/quando** ~**?** whoever/wherever/whenever?

mai'ale *sm* (*ZOOL*) pig; (*carne*) pork.

mai'olica *sf* majolica.

maio'nese *sf* mayonnaise.

Mai'orca *sf* Majorca.

'mais *sm* maize (*BRIT*), corn (*US*).

mai'uscolo, a *ag* (*lettera*) capital ♦ *sf* capital letter ♦ *sm* capital letters *pl*; (*TIP*) upper case; **scrivere tutto (in)** ~ to write everything in capitals *o* in capital letters.

mal *av, sm vedi* **male**.

'mala *sf* (*gergo*) underworld.

malac'corto, a *ag* rash, careless.

mala'fede *sf* bad faith.

malaf'fare: di ~ *ag* (*gente*) shady, dishonest; **donna di** ~ prostitute.

mala'gevole [mala'dʒevole] *ag* difficult, hard.

mala'grazia [mala'grattsja] *sf*: **con** ~ with bad grace, impolitely.

mala'lingua, *pl* **male'lingue** *sf* gossip (*person*).

mala'mente *av* badly; (*sgarbatamente*) rudely.

malan'dato, a *ag* (*persona: di salute*) in poor health; (*: di condizioni finanziarie*) badly off; (*trascurato*) shabby.

ma'lanimo *sm* ill will, malevolence; **di** ~ unwillingly.

ma'lanno *sm* (*disgrazia*) misfortune;

(*malattia*) ailment.

mala'pena *sf*: **a** ~ hardly, scarcely.

ma'laria *sf* malaria.

ma'larico, a, ci, che *ag* malarial.

mala'sorte *sf* bad luck.

mala'ticcio, a [mala'tittʃo] *ag* sickly.

ma'lato, a *ag* ill, sick; (*gamba*) bad; (*pianta*) diseased ♦ *sm/f* sick person; (*in ospedale*) patient; **darsi** ~ (*sul lavoro etc*) to go sick.

malat'tia *sf* (*infettiva etc*) illness, disease; (*cattiva salute*) illness, sickness; (*di pianta*) disease; **mettersi in** ~ to go on sick leave; **fare una** ~ **di qc** (*fig: disperarsi*) to get in a state about sth.

malaugu'rato, a *ag* ill-fated, unlucky.

malau'gurio *sm* bad *o* ill omen; **uccello del** ~ bird of ill omen.

mala'vita *sf* underworld.

malavi'toso, a *sm/f* gangster.

mala'voglia [mala'vɔʎʎa]: **di** ~ *av* unwillingly, reluctantly.

Ma'lawi [ma'lavi] *sm*: **il** ~ Malawi.

Mala'ysia *sf* Malaysia.

malaysi'ano, a *ag*, *sm/f* Malaysian.

malcapi'tato, a *ag* unlucky, unfortunate ♦ *sm/f* unfortunate person.

mal'concio, a, ci, ce [mal'kontʃo] *ag* in a sorry state.

malcon'tento *sm* discontent.

malcos'tume *sm* immorality.

mal'destro, a *ag* (*inabile*) inexpert, inexperienced; (*goffo*) awkward.

maldi'cente [maldi'tʃɛnte] *ag* slanderous.

maldi'cenza [maldi'tʃɛntsa] *sf* malicious gossip.

maldis'posto, a *ag*: ~ (*verso*) ill-disposed (towards).

Mal'dive *sfpl*: **le** ~ the Maldives.

'male *av* badly ♦ *sm* (*ciò che è ingiusto, disonesto*) evil; (*danno, svantaggio*) harm; (*sventura*) misfortune; (*dolore fisico, morale*) pain, ache; **sentirsi** ~ to feel ill; **aver mal di cuore/fegato** to have a heart/liver complaint; **aver mal di denti/d'orecchi/di testa** to have toothache/earache/a headache; **aver mal di gola** to have a sore throat; **aver** ~ **ai piedi** to have sore feet; **far** ~ (*dolere*) to hurt; **far** ~ **alla salute** to be bad for one's health; **far del** ~ **a qn** to hurt *o* harm sb; **parlar** ~ **di qn** to speak ill of sb; **restare** *o* **rimanere** ~ to be sorry; to be disappointed; to be hurt; **trattar** ~ **qn** to ill-treat sb; **andare a** ~ to go off *o* bad; **come va?** — **non c'è** ~ how are you? — not bad; **di** ~ **in peggio** from bad to worse; **per** ~ **che vada** however badly things go; **non avertene a** ~, **non prendertela a** ~ don't take it to heart; **mal**

comune mezzo gaudio (*proverbio*) a trouble shared is a trouble halved; **mal d'auto** carsickness; **mal di mare** seasickness.

male'detto, a *pp di* **maledire** ♦ *ag* cursed, damned; (*fig fam*) damned, blasted.

male'dire *vt* to curse.

maledizi'one [maledit'tsjone] *sf* curse; ~! damn it!

maledu'cato, a *ag* rude, ill-mannered.

maleducazi'one [maledukat'tsjone] *sf* rudeness.

male'fatta *sf* misdeed.

male'ficio [male'fitʃo] *sm* witchcraft.

ma'lefico, a, ci, che *ag* (*aria, cibo*) harmful, bad; (*influsso, azione*) evil.

ma'lese *ag, sm/f* Malay(an) ♦ *sm* (*LING*) Malay.

Ma'lesia *sf* Malaya.

ma'lessere *sm* indisposition, slight illness; (*fig*) uneasiness.

malevo'lenza [malevo'lɛntsa] *sf* malevolence.

ma'levolo, a *ag* malevolent.

malfa'mato, a *ag* notorious.

mal'fatto, a *ag* (*persona*) deformed; (*oggetto*) badly made; (*lavoro*) badly done.

malfat'tore, 'trice *sm/f* wrongdoer.

mal'fermo, a *ag* unsteady, shaky; (*salute*) poor, delicate.

malformazi'one [malformat'tsjone] *sf* malformation.

'malga, ghe *sf* Alpine hut.

malgo'verno *sm* maladministration.

mal'grado *prep* in spite of, despite ♦ *cong* although; **mio** (*o tuo etc*) ~ against my (*o* your *etc*) will.

ma'lia *sf* spell; (*fig: fascino*) charm.

mali'ardo, a *ag* (*occhi, sorriso*) bewitching ♦ *sf* enchantress.

maligna'mente [maliɲɲa'mente] *av* maliciously.

mali'gnare [malin'ɲare] *vi*: ~ **su** to malign, speak ill of.

malignità [maliɲɲi'ta] *sf inv* (*qualità*) malice, spite; (*osservazione*) spiteful remark; **con** ~ spitefully, maliciously.

ma'ligno, a [ma'liɲɲo] *ag* (*malvagio*) malicious, malignant; (*MED*) malignant.

malinco'nia *sf* melancholy, gloom.

malin'conico, a, ci, che *ag* melancholy.

malincu'ore : **a** ~ *av* reluctantly, unwillingly.

malinfor'mato, a *ag* misinformed.

malintenzio'nato, a [malintentsjo'nato] *ag* ill-intentioned.

malin'teso, a *ag* misunderstood; (*riguardo, senso del dovere*) mistaken, wrong ♦ *sm* misunderstanding.

ma'lizia [ma'littsja] *sf* (*malignità*) malice; (*furbizia*) cunning; (*espediente*) trick.

malizi'oso, a [malit'tsjoso] *ag* malicious; cunning; (*vivace, birichino*) mischievous.

malle'abile *ag* malleable.

mal'loppo *sm* (*fam: refurtiva*) loot.

malme'nare *vt* to beat up; (*fig*) to ill-treat.

mal'messo, a *ag* shabby.

malnu'trito, a *ag* undernourished.

malnutrizi'one [malnutrit'tsjone] *sf* malnutrition.

'malo, a *ag*: **in** ~ **modo** badly.

ma'locchio [ma'lɔkkjo] *sm* evil eye.

ma'lora *sf* (*fam*): **andare in** ~ to go to the dogs; **va in** ~! go to hell!

ma'lore *sm* (sudden) illness.

malri'dotto, a *ag* (*abiti, scarpe, persona*) in a sorry state; (*casa, macchina*) dilapidated, in a poor state of repair.

mal'sano, a *ag* unhealthy.

malsi'curo, a *ag* unsafe.

'Malta *sf* Malta.

'malta *sf* (*EDIL*) mortar.

mal'tempo *sm* bad weather.

'malto *sm* malt.

mal'tolto *sm* ill-gotten gains *pl*.

maltratta'mento *sm* ill treatment.

maltrat'tare *vt* to ill-treat.

malu'more *sm* bad mood; (*irritabilità*) bad temper; (*discordia*) ill feeling; **di** ~ in a bad mood.

'malva *sf* (*BOT*) mallow ♦ *ag, sm inv* mauve.

mal'vagio, a, gi, gie [mal'vadʒo] *ag* wicked, evil.

malvagità [malvadʒi'ta] *sf inv* (*qualità*) wickedness; (*azione*) wicked deed.

malva'sia *sf* Italian dessert wine.

malversazi'one [malversat'tsjone] *sf* (*DIR*) embezzlement.

malves'tito, a *ag* badly dressed, ill-clad.

mal'visto, a *ag*: ~ (**da**) disliked (by), unpopular (with).

malvi'vente *sm* criminal.

malvolenti'eri *av* unwillingly, reluctantly.

malvo'lere *vt*: **farsi** ~ **da qn** to make o.s. unpopular with sb ♦ *sm*: **prendere qn a** ~ to take a dislike to sb.

'mamma *sf* mum(my) (*BRIT*), mom (*US*); ~ **mia!** my goodness!

mam'mario, a *ag* (*ANAT*) mammary.

mam'mella *sf* (*ANAT*) breast; (*di vacca, capra etc*) udder.

mam'mifero *sm* mammal.

mam'mismo *sm excessive attachment to one's mother.*

'mammola *sf* (*BOT*) violet.

'manager ['mænidʒə] *sm inv* manager.

manageri'ale [manadʒe'rjale] *ag* managerial.

ma'nata *sf (colpo)* slap; *(quantità)* handful.

'manca *sf* left (hand); **a destra e a** ~ left, right and centre, on all sides.

manca'mento *sm (di forze)* (feeling of) faintness, weakness.

man'canza [man'kantsa] *sf* lack; *(carenza)* shortage, scarcity; *(fallo)* fault; *(imperfezione)* failing, shortcoming; **per** ~ **di tempo** through lack of time; **in** ~ **di meglio** for lack of anything better; **sentire la** ~ **di qc/qn** to miss sth/sb.

man'care *vi (essere insufficiente)* to be lacking; *(venir meno)* to fail; *(sbagliare)* to be wrong, make a mistake; *(non esserci)* to be missing, not to be there; *(essere lontano)*: ~ **(da)** to be away (from) ♦ *vt* to miss; ~ **di** to lack; ~ **a** *(promessa)* to fail to keep; **tu mi manchi** I miss you; **mancò poco che morisse** he very nearly died; **mancano ancora 10 sterline** we're still £10 short; **manca un quarto alle 6** it's a quarter to 6; **non mancherò** I won't forget, I'll make sure I do; **ci mancherebbe altro!** of course I *(o you etc)* will!; ~ **da casa** to be away from home; ~ **di rispetto a** *o* **verso qn** to be lacking in respect towards sb, be disrespectful towards sb; ~ **di parola** not to keep one's word, go back on one's word; **sentirsi** ~ to feel faint.

man'cato, a *ag (tentativo)* unsuccessful; *(artista)* failed.

manche [mãʃ] *sf inv (SPORT)* heat.

mancherò *etc* [manke'rɔ] *vb vedi* **mancare**.

man'chevole [man'kevole] *ag (insufficiente)* inadequate, insufficient.

manchevo'lezza [mankevo'lettsa] *sf (scorrettezza)* fault, shortcoming.

'mancia, ce ['mantʃa] *sf* tip; ~ **competente** reward.

manci'ata [man'tʃata] *sf* handful.

man'cino, a [man'tʃino] *ag (braccio)* left; *(persona)* left-handed; *(fig)* underhand.

'manco *av (nemmeno)*: ~ **per sogno** *o* **per idea!** not on your life!

man'dante *sm/f (DIR)* principal; *(istigatore)* instigator.

manda'rancio [manda'rantʃo] *sm* clementine.

man'dare *vt* to send; *(far funzionare: macchina)* to drive; *(emettere)* to send out; *(: grido)* to give, utter, let out; ~ **avanti** *(persona)* to send ahead; *(fig: famiglia)* to provide for; *(: ditta)* to look after, run; *(: pratica)* to attend to; ~ **a chiamare qn** to send for sb; ~ **giù** to send down; *(anche*

fig) to swallow; ~ **in onda** *(RADIO, TV)* to broadcast; ~ **in rovina** to ruin; ~ **via** to send away; *(licenziare)* to fire.

manda'rino *sm* mandarin (orange); *(cinese)* mandarin.

man'data *sf (quantità)* lot, batch; *(di chiave)* turn; **chiudere a doppia** ~ to double-lock.

manda'tario *sm (DIR)* representative, agent.

man'dato *sm (incarico)* commission; *(DIR: provvedimento)* warrant; *(di deputato etc)* mandate; *(ordine di pagamento)* postal *o* money order; ~ **d'arresto**, ~ **di cattura** warrant for arrest; ~ **di comparizione** summons *sg*; ~ **di perquisizione** search warrant.

man'dibola *sf* mandible, jaw.

mando'lino *sm* mandolin(e).

'mandorla *sf* almond.

mandor'lato *sm* nut brittle.

'mandorlo *sm* almond tree.

'mandria *sf* herd.

mandri'ano *sm* cowherd, herdsman.

man'drino *sm (TECN)* mandrel.

maneg'gevole [maned'dʒevole] *ag* easy to handle.

maneggi'are [maned'dʒare] *vt (creta, cera)* to mould *(BRIT)*, mold *(US)*, work, fashion; *(arnesi, utensili)* to handle; *(: adoperare)* to use; *(fig: persone, denaro)* to handle, deal with.

ma'neggio [ma'neddʒo] *sm* moulding *(BRIT)*, molding *(US)*; handling; use; *(intrigo)* plot, scheme; *(per cavalli)* riding school.

ma'nesco, a, schi, sche *ag* free with one's fists.

ma'nette *sfpl* handcuffs.

manga'nello *sm* club.

manga'nese *sm* manganese.

mange'reccio, a, ci, ce [mandʒe'rettʃo] *ag* edible.

mangi'abile [man'dʒabile] *ag* edible, eatable.

mangia'dischi [mandʒa'diski] *sm inv* record player.

mangia'nastri [mandʒa'nastri] *sm inv* cassette-recorder.

mangi'are [man'dʒare] *vt* to eat; *(intaccare)* to eat into *o* away; *(CARTE, SCACCHI etc)* to take ♦ *vi* to eat ♦ *sm* eating; *(cibo)* food; *(cucina)* cooking; **fare da** ~ to do the cooking; ~**rsi le parole** to mumble; ~**rsi le unghie** to bite one's nails.

mangia'soldi [mandʒa'sɔldi] *ag inv (fam)*: **macchinetta** ~ one-armed bandit.

mangia'toia [mandʒa'toja] *sf* feeding-trough.

man'gime [man'dʒime] sm fodder.
mangiucchi'are [mandʒuk'kjare] vt to nibble.
'**mango, ghi** sm mango.
ma'nia sf (PSIC) mania; (fig) obsession, craze; **avere la ~ di fare qc** to have a habit of doing sth; **~ di persecuzione** persecution complex o mania.
mania'cale ag (PSIC) maniacal; (fanatico) fanatical.
ma'niaco, a, ci, che ag suffering from a mania; **~ (di)** obsessed (by), crazy (about).
'**manica, che** sf sleeve; (fig: gruppo) gang, bunch; (GEO): **la M~, il Canale della M~** the (English) Channel; **senza ~che** sleeveless; **essere in ~che di camicia** to be in one's shirt sleeves; **essere di ~ larga/stretta** to be easy-going/strict; **~ a vento** (AER) wind sock.
manica'retto sm titbit (BRIT), tidbit (US).
mani'chetta [mani'ketta] sf (TECN) hose.
mani'chino [mani'kino] sm (di sarto, vetrina) dummy.
'**manico, ci** sm handle; (MUS) neck; **~ di scopa** broomstick.
mani'comio sm mental hospital; (fig) madhouse.
mani'cotto sm muff; (TECN) coupling; sleeve.
mani'cure sm o f inv manicure ♦ sf inv manicurist.
mani'era sf way, manner; (stile) style, manner; **~e** sfpl manners; **in ~ che** so that; **in ~ da** so as to; **alla ~ di** in o after the style of; **in una ~ o nell'altra** one way or another; **in tutte le ~e** at all costs; **usare buone ~e con qn** to be polite to sb; **usare le ~e forti** to use strong-arm tactics.
manie'rato, a ag affected.
mani'ero sm manor.
manifat'tura sf (lavorazione) manufacture; (stabilimento) factory.
manifatturi'ero, a ag manufacturing.
manifes'tante sm/f demonstrator.
manifes'tare vt to show, display; (esprimere) to express; (rivelare) to reveal, disclose ♦ vi to demonstrate; **~rsi** vr to show o.s.; **~rsi amico** to prove o.s. (to be) a friend.
manifestazi'one [manifestat'tsjone] sf show, display; expression; (sintomo) sign, symptom; (dimostrazione pubblica) demonstration; (cerimonia) event.
manifes'tino sm leaflet.
mani'festo, a ag obvious, evident ♦ sm poster, bill; (scritto ideologico) manifesto.

ma'niglia [ma'niʎʎa] sf handle; (sostegno: negli autobus etc) strap.
Ma'nila sf Manila.
manipo'lare vt to manipulate; (alterare: vino) to adulterate.
manipolazi'one [manipolat'tsjone] sf manipulation; adulteration.
ma'nipolo sm (drappello) handful.

Mani pulite is a term used to describe the judicial operation which identified, gathered evidence against, and brought to trial a number of politicians and industrialists implicated in bribery and corruption scandals. See also **Tangentopoli**.

---

manis'calco, chi sm blacksmith, farrier (BRIT).
'**manna** sf (REL) manna.
man'naia sf (del boia) (executioner's) axe o ax (US); (per carni) cleaver.
man'naro, a ag: **lupo ~** werewolf.
'**mano, i** sf hand; (strato: di vernice etc) coat; **a ~** by hand; **cucito a ~** hand-sewn; **fatto a ~** handmade; **alla ~** (persona) easy-going; **fuori ~** out of the way; **di prima ~** (notizia) first-hand; **di seconda ~** second-hand; **man ~** little by little, gradually; **man ~ che** as; **a piene ~i** (fig) generously; **avere le ~i bucate** to spend money like water; **aver le ~i in pasta** to be in the know; **avere qc per le ~i** (progetto, lavoro) to have sth in hand; **dare una ~ a qn** to lend sb a hand; **dare una ~ di vernice a qc** to give sth a coat of paint; **darsi** o **stringersi la ~** to shake hands; **forzare la ~** to go too far; **mettere ~ a qc** to have a hand in sth; **mettere le ~i avanti** (fig) to safeguard o.s.; **restare a ~i vuote** to be left empty-handed; **venire alle ~i** to come to blows; **~i in alto!** hands up!
mano'dopera sf labour (BRIT), labor (US).
mano'messo, a pp di **manomettere**.
ma'nometro sm gauge, manometer.
mano'mettere vt (alterare) to tamper with; (aprire indebitamente) to break open illegally.
manomissi'one sf (di prove etc) tampering; (di lettera) opening.
ma'nopola sf (dell'armatura) gauntlet; (guanto) mitt; (di impugnatura) hand-grip; (pomello) knob.
manos'critto, a ag handwritten ♦ sm manuscript.
manova'lanza [manova'lantsa] sf unskilled workers pl.
mano'vale sm labourer (BRIT), laborer (US).

mano'vella *sf* handle; (*TECN*) crank.
ma'novra *sf* manoeuvre (*BRIT*), maneuver (*US*); (*FERR*) shunting; ~**e di corridoio** palace intrigues.
mano'vrare *vt* (*veicolo*) to manoeuvre (*BRIT*), maneuver (*US*); (*macchina, congegno*) to operate; (*fig: persona*) to manipulate ♦ *vi* to manoeuvre.
manro'vescio [manro'veʃʃo] *sm* slap (*with back of hand*).
man'sarda *sf* attic.
mansi'one *sf* task, duty, job.
mansu'eto, a *ag* (*animale*) tame; (*persona*) gentle, docile.
mansue'tudine *sf* tameness; gentleness, docility.
man'tello *sm* cloak; (*fig: di neve etc*) blanket, mantle; (*TECN: involucro*) casing, shell; (*ZOOL*) coat.
mante'nere *vt* to maintain; (*adempiere: promesse*) to keep, abide by; (*provvedere a*) to support, maintain; ~**rsi** *vr*: ~**rsi calmo/giovane** to stay calm/young; ~ **i contatti con qn** to keep in touch with sb.
manteni'mento *sm* maintenance.
mante'nuto, a *smf* gigolo/kept woman.
'mantice ['mantitʃe] *sm* bellows *pl*; (*di carrozza, automobile*) hood.
'manto *sm* cloak; ~ **stradale** road surface.
'Mantova *sf* Mantua.
manto'vano, a *ag* of (*o* from) Mantua.
manu'ale *ag* manual ♦ *sm* (*testo*) manual, handbook.
manua'listico, a, ci, che *ag* textbook *cpd*.
manual'mente *av* manually, by hand.
ma'nubrio *sm* handle; (*di bicicletta etc*) handlebars *pl*; (*SPORT*) dumbbell.
manu'fatto *sm* manufactured article; ~**i** *smpl* manufactured goods.
manutenzi'one [manuten'tsjone] *sf* maintenance, upkeep; (*d'impianti*) maintenance, servicing.
'manzo ['mandzo] *sm* (*ZOOL*) steer; (*carne*) beef.
Mao'metto *sm* Mohammed.
'mappa *sf* (*GEO*) map.
mappa'mondo *sm* map of the world; (*globo girevole*) globe.
ma'rasma, i *sm* (*fig*) decay, decline.
mara'tona *sf* marathon.
'marca, che *sf* mark; (*bollo*) stamp; (*COMM: di prodotti*) brand; (*contrassegno, scontrino*) ticket, check; **prodotti di (gran)** ~ high-class products; ~ **da bollo** official stamp.
mar'care *vt* (*munire di contrassegno*) to mark; (*a fuoco*) to brand; (*SPORT: gol*) to score; (*: avversario*) to mark; (*accentuare*) to stress; ~ **visita** (*MIL*) to report sick.

mar'cato, a *ag* (*lineamenti, accento etc*) pronounced.
'Marche ['marke] *sfpl*: **le** ~ the Marches (*region of central Italy*).
marcherò *etc* [marke'rɔ] *vb vedi* **marcare**.
mar'chese, a [mar'keze] *sm/f* marquis *o* marquess/marchioness.
marchi'ano, a [mar'kjano] *ag* (*errore*) glaring, gross.
marchi'are [mar'kjare] *vt* to brand.
marchigi'ano, a [marki'dʒano] *ag* of (*o* from) the Marches.
'marchio ['markjo] *sm* (*di bestiame, COMM, fig*) brand; ~ **depositato** registered trademark; ~ **di fabbrica** trademark.
'marcia, ce ['martʃa] *sf* (*anche MUS, MIL*) march; (*funzionamento*) running; (*il camminare*) walking; (*AUT*) gear; **mettere in** ~ to start; **mettersi in** ~ to get moving; **far** ~ **indietro** (*AUT*) to reverse; (*fig*) to back-pedal; ~ **forzata** forced march; ~ **funebre** funeral march.
marciapi'ede [martʃa'pjɛde] *sm* (*di strada*) pavement (*BRIT*), sidewalk (*US*); (*FERR*) platform.
marci'are [mar'tʃare] *vi* to march; (*andare: treno, macchina*) to go; (*funzionare*) to run, work.
'marcio, a, ci, ce ['martʃo] *ag* (*frutta, legno*) rotten, bad; (*MED*) festering; (*fig*) corrupt, rotten ♦ *sm*: **c'è del** ~ **in questa storia** (*fig*) there's something fishy about this business; **avere torto** ~ to be utterly wrong.
mar'cire [mar'tʃire] *vi* (*andare a male*) to go bad, rot; (*suppurare*) to fester; (*fig*) to rot.
marci'ume [mar'tʃume] *sm* (*parte guasta: di cibi etc*) rotten part, bad part; (*di radice, pianta*) rot; (*fig: corruzione*) rottenness, corruption.
'marco, chi *sm* (*unità monetaria*) mark.
'mare *sm* sea; **di** ~ (*brezza, acqua, uccelli, pesce*) sea *cpd*; **in** ~ at sea; **per** ~ by sea; **sul** ~ (*barca*) on the sea; (*villaggio, località*) by *o* beside the sea; **andare al** ~ (*in vacanza etc*) to go to the seaside; **il mar Caspio** the Caspian Sea; **il mar Morto** the Dead Sea; **il mar Nero** the Black Sea; **il** ~ **del Nord** the North Sea; **il mar Rosso** the Red Sea; **il mar dei Sargassi** the Sargasso Sea; **i** ~**i del Sud** the South Seas.
ma'rea *sf* tide; **alta/bassa** ~ high/low tide.
mareggi'ata [mared'dʒata] *sf* heavy sea.
ma'remma *sf* (*GEO*) maremma, swampy coastal area.
marem'mano, a *ag* (*zona, macchia*) swampy; (*della Maremma*) of (*o* from) the Maremma.

mare'moto *sm* seaquake.
maresci'allo [mareʃ'ʃallo] *sm* (*MIL*) marshal; (: *sottufficiale*) warrant officer.
marez'zato, a [mared'dzato] *ag* (*seta etc*) watered, moiré; (*legno*) veined; (*carta*) marbled.
marga'rina *sf* margarine.
marghe'rita [marge'rita] *sf* (ox-eye) daisy, marguerite; (*di stampante*) daisy wheel.
margheri'tina [margeri'tina] *sf* daisy.
margi'nale [mardʒi'nale] *ag* marginal.
'margine ['mardʒine] *sm* margin; (*di bosco, via*) edge, border; **avere un buon ~ di tempo/denaro** to have plenty of time/money; **~ di guadagno** *o* **di utile** profit margin; **~ di sicurezza** safety margin.
mariju'ana [mæri'waːnə] *sf* marijuana.
ma'rina *sf* navy; (*costa*) coast; (*quadro*) seascape; **~ mercantile** merchant navy (*BRIT*) *o* marine (*US*); **~ militare (M.M.)** ≈ Royal Navy (RN) (*BRIT*), Navy (*US*).
mari'naio *sm* sailor.
mari'nare *vt* (*CUC*) to marinate; **~ la scuola** to play truant.
mari'naro, a *ag* (*tradizione, popolo*) seafaring; (*CUC*) with seafood; **alla ~a** (*vestito, cappello*) sailor *cpd*; **borgo ~** district where fishing folk live.
mari'nata *sf* marinade.
ma'rino, a *ag* sea *cpd*, marine.
mario'netta *sf* puppet.
mari'tare *vt* to marry; **~rsi** *vr*: **~rsi a** *o* **con qn** to marry sb, get married to sb.
mari'tato, a *ag* married.
ma'rito *sm* husband; **prendere ~** to get married; **ragazza (in età) da ~** girl of marriageable age.
ma'rittimo, a *ag* maritime, sea *cpd*.
mar'maglia [mar'maʎʎa] *sf* mob, riff-raff.
marmel'lata *sf* jam; (*di agrumi*) marmalade.
mar'mitta *sf* (*recipiente*) pot; (*AUT*) silencer; **~ catalitica** catalytic converter.
'marmo *sm* marble.
mar'mocchio [mar'mɔkkjo] *sm* (*fam*) (little) kid.
mar'motta *sf* (*ZOOL*) marmot.
maroc'chino, a [marok'kino] *ag*, *sm/f* Moroccan.
Ma'rocco *sm*: **il ~** Morocco.
ma'roso *sm* breaker.
'marra *sf* hoe.
Marra'kesh [marra'keʃ] *sf* Marrakesh.
mar'rone *ag inv* brown ♦ *sm* (*BOT*) chestnut.
mar'sala *sm inv* (*vino*) Marsala (wine).
Mar'siglia [mar'siʎʎa] *sf* Marseilles.
mar'sina *sf* tails *pl*, tail coat.
mar'supio *sm* (*ZOOL*) pouch, marsupium.

mart. *abbr* (= *martedì*) Tue(s).
'Marte *sm* (*ASTR, MITOLOGIA*) Mars.
martedì *sm inv* Tuesday; **di** *o* **il ~** on Tuesdays; **oggi è ~ 3 aprile** (the date) today is Tuesday 3rd April; **~ stavo male** I wasn't well on Tuesday; **il giornale di ~** Tuesday's newspaper; **~ grasso** Shrove Tuesday.
martel'lante *ag* (*fig: dolore*) throbbing.
martel'lare *vt* to hammer ♦ *vi* (*pulsare*) to throb; (: *cuore*) to thump.
martel'letto *sm* (*di pianoforte*) hammer; (*di macchina da scrivere*) typebar; (*di giudice, nelle vendite all'asta*) gavel; (*MED*) percussion hammer.
mar'tello *sm* hammer; (*di uscio*) knocker; **suonare a ~** (*fig: campane*) to sound the tocsin; **~ pneumatico** pneumatic drill.
marti'netto *sm* (*TECN*) jack.
martin'gala *sf* (*di giacca*) half-belt; (*di cavallo*) martingale.
'martire *sm/f* martyr.
mar'tirio *sm* martyrdom; (*fig*) agony, torture.
martori'are *vt* to torment, torture.
mar'xismo *sm* Marxism.
mar'xista, i, e *ag*, *sm/f* Marxist.
marza'pane [martsa'pane] *sm* marzipan.
marzi'ale [mar'tsjale] *ag* martial.
'marzo ['martso] *sm* March; *per fraseologia vedi* **luglio**.
marzo'lino, a [martso'lino] *ag* March *cpd*.
mascalzo'nata [maskaltso'nata] *sf* dirty trick.
mascal'zone [maskal'tsone] *sm* rascal, scoundrel.
mas'cara *sm inv* mascara.
mascar'pone *sm* soft cream cheese often used in desserts.
ma'scella [maʃ'ʃɛlla] *sf* (*ANAT*) jaw.
'maschera ['maskera] *sf* mask; (*travestimento*) disguise; (: *per un ballo etc*) fancy dress; (*TEAT, CINE*) usher/usherette; (*personaggio del teatro*) stock character; **in ~** (*mascherato*) masked; **ballo in ~** fancy-dress ball; **gettare la ~** (*fig*) to reveal o.s.; **~ antigas/subacquea** gas/diving mask; **~ di bellezza** face pack.
masche'rare [maske'rare] *vt* to mask; (*travestire*) to disguise; to dress up; (*fig: celare*) to hide, conceal; (*MIL*) to camouflage; **~rsi** *vr*: **~rsi da** to disguise o.s. as; to dress up as; (*fig*) to masquerade as.
masche'rina [maske'rina] *sf* (*piccola maschera*) mask; (*di animale*) patch; (*di scarpe*) toe-cap; (*AUT*) radiator grill.
mas'chile [mas'kile] *ag* masculine; (*sesso,*

popolazione) male; *(abiti)* men's; *(per ragazzi: scuola)* boys'.

'**maschio, a** ['maskjo] *ag (BIOL)* male; *(virile)* manly ♦ *sm (anche ZOOL, TECN)* male; *(uomo)* man; *(ragazzo)* boy; *(figlio)* son.

masco'lino, a *ag* masculine.

mas'cotte [mas'kɔt] *sf inv* mascot.

maso'chismo [mazo'kizmo] *sm* masochism.

maso'chista, i, e [mazo'kista] *ag* masochistic ♦ *sm/f* masochist.

'**massa** *sf* mass; *(di errori etc)*: **una ~ di** heaps of, masses of; *(di gente)* mass, multitude; *(ELETTR)* earth; **in ~** *(COMM)* in bulk; *(tutti insieme)* en masse; **adunata in ~** mass meeting; **manifestazione/cultura di ~** mass demonstration/culture; **produrre in ~** to mass-produce; **la ~ (del popolo)** the masses *pl.*

massa'crante *ag* exhausting, gruelling.

massa'crare *vt* to massacre, slaughter.

mas'sacro *sm* massacre, slaughter; *(fig)* mess, disaster.

massaggi'are [massad'dʒare] *vt* to massage.

massaggia'tore, 'trice [massaddʒa'tore] *sm/f* masseur/masseuse.

mas'saggio [mas'saddʒo] *sm* massage.

mas'saia *sf* housewife.

masse'ria *sf* large farm.

masse'rizie [masse'rittsje] *sfpl* (household) furnishings.

massicci'ata [massit'tʃata] *sf (di strada, ferrovia)* ballast.

mas'siccio, a, ci, ce [mas'sittʃo] *ag (oro, legno)* solid; *(palazzo)* massive; *(corporatura)* stout ♦ *sm (GEO)* massif.

'**massima** *sf vedi* **massimo**.

massi'male *sm* maximum; *(COMM)* ceiling, limit.

'**massimo, a** *ag, sm* maximum ♦ *sf (sentenza, regola)* maxim; *(METEOR)* maximum temperature; **in linea di ~a** generally speaking; **arrivare entro il tempo ~** to arrive within the time limit; **al ~** at (the) most; **sfruttare qc al ~** to make full use of sth; **arriverò al ~ alle 5** I'll arrive at 5 at the latest; **erano presenti le ~e autorità** all the most important dignitaries were there; **il ~ della pena** *(DIR)* the maximum penalty.

mas'sivo, a *ag (intervento)* en masse; *(emigrazione)* mass; *(emorragia)* massive.

'**masso** *sm* rock, boulder.

mas'sone *sm* freemason.

massone'ria *sf* freemasonry.

mas'sonico, a, ci, che *ag* masonic.

mas'tello *sm* tub.

masti'care *vt* to chew.

'**mastice** ['mastitʃe] *sm* mastic; *(per vetri)* putty.

mas'tino *sm* mastiff.

masto'dontico, a, ci, che *ag* gigantic, colossal.

mastur'barsi *vr* to masturbate.

masturbazi'one [masturbat'tsjone] *sf* masturbation.

ma'tassa *sf* skein.

mate'matico, a, ci, che *ag* mathematical ♦ *sm/f* mathematician ♦ *sf* mathematics *sg.*

materas'sino *sm* mat; **~ gonfiabile** air bed.

mate'rasso *sm* mattress; **~ a molle** spring *o* interior-sprung mattress.

ma'teria *sf (FISICA)* matter; *(TECN, COMM)* material, matter *no pl*; *(disciplina)* subject; *(argomento)* subject matter, material; **prima di entrare in ~ ...** before discussing the matter in hand ...; **un esperto in ~ (di musica etc)** an expert on the subject (of music *etc)*; **sono ignorante in ~** I know nothing about it; **~ cerebrale** cerebral matter; **~ grassa** fat; **~ grigia** *(anche fig)* grey matter; **~e plastiche** plastics; **~e prime** raw materials.

materi'ale *ag* material; *(fig: grossolano)* rough, rude ♦ *sm* material; *(insieme di strumenti etc)* equipment *no pl*, materials *pl*; **~ da costruzione** building materials *pl.*

materia'lista, i, e *ag* materialistic ♦ *sm/f* materialist.

materializ'zarsi [materjalid'dzarsi] *vr* to materialize.

material'mente *av (fisicamente)* materially; *(economicamente)* financially.

maternità *sf* motherhood, maternity; *(clinica)* maternity hospital; **in (congedo di) ~** on maternity leave.

ma'terno, a *ag (amore, cura etc)* maternal, motherly; *(nonno)* maternal; *(lingua, terra)* mother *cpd*; *vedi anche* **scuola**.

ma'tita *sf* pencil; **~e colorate** crayons; **~ per gli occhi** eyeliner (pencil).

ma'trice [ma'tritʃe] *sf (COMM)* counterfoil; *(fig: origine)* background.

ma'tricola *sf (registro)* register; *(numero)* registration number; *(nell'università)* freshman, fresher *(BRIT fam)*.

ma'trigna [ma'triɲɲa] *sf* stepmother.

matrimoni'ale *ag* matrimonial, marriage *cpd*; **camera/letto ~** double room/bed.

matri'monio *sm* marriage, matrimony; *(durata)* marriage, married life; *(cerimonia)* wedding.

ma'trona *sf (fig)* matronly woman.

matta'toio *sm* abattoir *(BRIT)*, slaughterhouse.

mat'tina *sf* morning; **la** *o* **alla** *o* **di** ~ in the morning; **di prima** ~, **la** ~ **presto** early in the morning; **dalla** ~ **alla sera** (*continuamente*) from morning to night; (*improvvisamente: cambiare*) overnight.

matti'nata *sf* morning; (*spettacolo*) matinée, afternoon performance; **in** ~ in the course of the morning; **nella** ~ in the morning; **nella tarda** ~ at the end of the morning; **nella tarda** ~ **di sabato** late on Saturday morning.

mattini'ero, a *ag*: **essere** ~ to be an early riser.

mat'tino *sm* morning; **di buon** ~ early in the morning.

'matto, a *ag* mad, crazy; (*fig: falso*) false, imitation; (: *opaco*) matt, dull ♦ *sm/f* madman/woman; **avere una voglia** ~**a di qc** to be dying for sth; **far diventare** ~ **qn** to drive sb mad *o* crazy; **una gabbia di** ~**i** (*fig*) a madhouse.

mat'tone *sm* brick; (*fig*): **questo libro/film è un** ~ this book/film is heavy going.

matto'nella *sf* tile.

mattu'tino, a *ag* morning *cpd*.

matu'rare *vi* (*anche*: ~**rsi**) (*frutta, grano*) to ripen; (*ascesso*) to come to a head; (*fig: persona, idea, ECON*) to mature ♦ *vt* to ripen; to (make) mature; ~ **una decisione** to come to a decision.

maturità *sf* maturity; (*di frutta*) ripeness, maturity; (*INS*) school-leaving examination, ≈ GCE A-levels (*BRIT*).

ma'turo, a *ag* mature; (*frutto*) ripe, mature.

ma'tusa *sm/f inv* (*scherzoso*) old fogey.

Mauri'tania *sf*: **la** ~ Mauritania.

Mau'rizio [mau'rittsjo] *sf*: (**l'isola di**) ~ Mauritius.

mauso'leo *sm* mausoleum.

max. *abbr* (= *massimo*) max.

'maxi... *prefisso* maxi....

---

maxiprocesso is a criminal trial characterized by the large number of co-accused involved. These are usually members of terrorist or criminal organizations. The trials are often lengthy and many witnesses may be called to give evidence.

'mazza ['mattsa] *sf* (*bastone*) club; (*martello*) sledge-hammer; (*SPORT: da golf*) club; (: *da baseball, cricket*) bat.

maz'zata [mat'tsata] *sf* (*anche fig*) heavy blow.

maz'zetta [mat'tsetta] *sf* (*di banconote etc*) bundle; (*fig*) rake-off.

'mazzo ['mattso] *sm* (*di fiori, chiavi etc*) bunch; (*di carte da gioco*) pack.

MC *sigla* = *Macerata*.

m.c.d. *abbr* (= *minimo comune denominatore*) lcd.

m.c.m. *abbr* (= *minimo comune multiplo*) lcm.

ME *sigla* = *Messina*.

me *pron* me; **sei bravo quanto** ~ you are as clever as I (am) *o* as me.

me'andro *sm* meander.

M.E.C. [mɛk] *abbr m* = **Mercato Comune Europeo**.

'Mecca *sf* (*anche fig*): **La** ~ Mecca.

meccanica'mente *av* mechanically.

mec'canico, a, ci, che *ag* mechanical ♦ *sm* mechanic ♦ *sf* mechanics *sg*; (*attività tecnologica*) mechanical engineering; (*meccanismo*) mechanism; **officina** ~**a** garage.

mecca'nismo *sm* mechanism.

meccaniz'zare [mekkanid'dzare] *vt* to mechanize.

meccanizzazi'one [mekkaniddzat'tsjone] *sf* mechanization.

meccanogra'fia *sf* (mechanical) data processing.

meccano'grafico, a, ci, che *ag*: **centro** ~ data processing department.

mece'nate [metʃe'nate] *sm* patron.

mèche [mɛʃ] *sf inv* streak; **farsi le** ~ to have one's hair streaked.

me'daglia [me'daʎʎa] *sf* medal; ~ **d'oro** (*oggetto*) gold medal; (*persona*) gold medallist (*BRIT*) *o* medalist (*US*).

medagli'one [medaʎ'ʎone] *sm* (*ARCHIT*) medallion; (*gioiello*) locket.

me'desimo, a *ag* same; (*in persona*): **io** ~ I myself.

'media *sf vedi* **medio**.

media'mente *av* on average.

medi'ano, a *ag* median; (*valore*) mean ♦ *sm* (*CALCIO*) half-back.

medi'ante *prep* by means of.

medi'are *vt* (*fare da mediatore*) to act as mediator in; (*MAT*) to average.

medi'ato, a *ag* indirect.

media'tore, 'trice *sm/f* mediator; (*COMM*) middle man, agent; **fare da** ~ **fra** to mediate between.

mediazi'one [medjat'tsjone] *sf* mediation; (*COMM: azione, compenso*) brokerage.

medica'mento *sm* medicine, drug.

medi'care *vt* to treat; (*ferita*) to dress.

medi'cato, a *ag* (*garza, shampoo*) medicated.

medicazi'one [medikat'tsjone] *sf* treatment, medication; dressing; **fare una**

~ **a qn** to dress sb's wounds.
medi'cina [medi'tʃina] _sf_ medicine; ~
legale forensic medicine.
medici'nale [meditʃi'nale] _ag_ medicinal
♦ _sm_ drug, medicine.
'**medico, a, ci, che** _ag_ medical ♦ _sm_ doctor;
~ **di bordo** ship's doctor; ~ **di famiglia**
family doctor; ~ **fiscale** _doctor who_
examines patients signed off sick for a
lengthy period by their private doctor; ~
generico general practitioner, GP.
medie'vale _ag_ medieval.
'**medio, a** _ag_ average; _(punto, ceto)_ middle;
(altezza, statura) medium ♦ _sm (dito)_
middle finger ♦ _sf_ average; _(MAT)_ mean;
(INS: voto) end-of-term average; ~**e** _sfpl_
vedi **scuola media inferiore; licenza** ~**a**
leaving certificate awarded at the end of
3 years of secondary education; **in** ~**a** on
average; **al di sopra/sotto della** ~**a**
above/below average; **viaggiare ad una**
~**a di** ... to travel at an average speed of
...; **il M**~ **Oriente** the Middle East.
medi'ocre _ag (gen)_ mediocre; _(qualità,_
stipendio) poor.
mediocrità _sf_ mediocrity; poorness.
medioe'vale _ag_ = **medievale**.
Medio'evo _sm_ Middle Ages _pl._
medita'bondo, a _ag_ thoughtful.
medi'tare _vt_ to ponder over, meditate on;
(progettare) to plan, think out ♦ _vi_ to
meditate.
medi'tato, a _ag (gen)_ meditated; _(parole)_
carefully-weighed; _(vendetta)_
premeditated; **ben** ~ _(piano)_ well
worked-out, neat.
meditazi'one [meditat'tsjone] _sf_
meditation.
mediter'raneo, a _ag_ Mediterranean; **il**
(mare) M~ the Mediterranean (Sea).
'**medium** _sm/f inv_ medium.
me'dusa _sf (ZOOL)_ jellyfish.
me'gafono _sm_ megaphone.
mega'lomane _ag, sm/f_ megalomaniac.
me'gera [me'dʒɛra] _sf (peg: donna)_ shrew.
'**meglio** ['mɛʎʎo] _av, ag inv_ better; _(con senso_
superlativo) best ♦ _sm (la cosa migliore):_ **il** ~
the best (thing); **faresti** ~ **ad andartene**
you had better leave; **alla** ~ as best one
can; **andar di bene in** ~ to get better and
better; **fare del proprio** ~ to do one's best;
per il ~ for the best; **aver la** ~ **su qn** to
get the better of sb.
'**mela** _sf_ apple; ~ **cotogna** quince.
mela'grana _sf_ pomegranate.
melan'zana [melan'dzana] _sf_ aubergine
(BRIT), eggplant _(US)_.
me'lassa _sf_ molasses _sg_, treacle.

me'lenso, a _ag_ dull, stupid.
me'lissa _sf (BOT)_ balm.
mel'lifluo, a _ag (peg)_ sugary, honeyed.
'**melma** _sf_ mud, mire.
'**melo** _sm_ apple tree.
melo'dia _sf_ melody.
me'lodico, a, ci, che _ag_ melodic.
melodi'oso, a _ag_ melodious.
melo'dramma, i _sm_ melodrama.
me'lone _sm_ (musk) melon.
'**membra** _sfpl vedi_ **membro**.
mem'brana _sf_ membrane.
'**membro** _sm_ member; _(pl(f)_ ~**a**: _arto)_ limb.
memo'rabile _ag_ memorable.
memo'randum _sm inv_ memorandum.
'**memore** _ag:_ ~ **di** _(ricordando)_ mindful of;
(riconoscente) grateful for.
me'moria _sf (anche INFORM)_ memory; ~**e**
sfpl (opera autobiografica) memoirs; **a** ~
(imparare, sapere) by heart; **a** ~ **d'uomo**
within living memory; ~ **di sola lettura**
(INFORM) read-only memory; ~ **tampone**
(INFORM) buffer.
memori'ale _sm (raccolta di memorie)_
memoirs _pl; (DIR)_ memorial.
memoriz'zare [memorid'dzare] _vt (gen)_ to
memorize; _(INFORM)_ to store.
memorizzazi'one [memoriddzat'tsjone] _sf_
memorization; storage.
'**mena** _sf_ scheme.
mena'dito: a ~ _av_ perfectly, thoroughly;
sapere qc a ~ to have sth at one's
fingertips.
mena'gramo _sm/f inv_ jinx, Jonah.
me'nare _vt_ to lead; _(picchiare)_ to hit, beat;
(dare: colpi) to deal; ~ **la coda** _(cane)_ to
wag its tail; ~ **qc per le lunghe** to drag
sth out; ~ **il can per l'aia** _(fig)_ to beat
about _(BRIT) o_ around _(US)_ the bush.
mendi'cante _sm/f_ beggar.
mendi'care _vt_ to beg for ♦ _vi_ to beg.
menefre'ghismo [menefre'gizmo] _sm (fam)_
couldn't-care-less attitude.
me'ninge [me'nindʒe] _sf (MED)_ meninx;
spremersi le ~**i** to rack one's brains.
menin'gite [menin'dʒite] _sf_ meningitis.
me'nisco _sm (ANAT, MAT, FISICA)_ meniscus.

============================== _PAROLA CHIAVE_

'**meno** _av_ **1** _(in minore misura)_ less; **dovresti**
mangiare ~ you should eat less, you
shouldn't eat so much; **è sempre** ~ **facile**
it's getting less and less easy; **ne voglio**
di ~ I don't want so much
2 _(comparativo):_ ~ ... **di** not as ... as, less
... than; **sono** ~ **alto di te** I'm not as tall as
you (are), I'm less tall than you (are); ~
... **che** not as ... as, less ... than; ~ **che mai**

less than ever; **è ~ intelligente che ricco** he's more rich than intelligent; **~ fumo più mangio** the less I smoke the more I eat; **~ di quanto pensassi** less than I thought

3 (*superlativo*) least; **il ~ dotato degli studenti** the least gifted of the students; **è quello che compro ~ spesso** it's the one I buy least often

4 (*MAT*) minus; **8 ~ 5** 8 minus 5, 8 take away 5; **sono le 8 ~ un quarto** it's a quarter to 8; **~ 5 gradi** 5 degrees below zero, minus 5 degrees; **mille lire in ~** a thousand lire less; **ha preso 6 ~** (*a scuola*) he scraped a pass; **centomila lire ~ le spese** a hundred thousand lire minus *o* less expenses

5 (*fraseologia*): **quanto ~ poteva telefonare** he could at least have phoned; **non so se accettare o ~** I don't know whether to accept or not; **non essere da ~ di** not to be outdone by; **fare a ~ di qc/ qn** to do without sth/sb; **non potevo fare a ~ di ridere** I couldn't help laughing; **~ male!** thank goodness!; **~ male che sei arrivato** it's a good job that you've come ♦ *ag inv* (*tempo, denaro*) less; (*errori, persone*) fewer; **ha fatto ~ errori di tutti** he made fewer mistakes than anyone, he made the fewest mistakes of all ♦ *sm inv* **1**: **il ~** (*il minimo*) the least; **parlare del più e del ~** to talk about this and that; **era il ~ che ti potesse succedere** it was the least you could have expected **2** (*MAT*) minus ♦ *prep* (*eccetto*) except (for), apart from; **tutti ~ lui** everybody apart from *o* except him; **a ~ che, a ~ di** unless; **a ~ che non piova** unless it rains; **non posso, a ~ di prendere ferie** I can't, unless I take some leave; *vedi anche* **più.**

meno'mare *vt* (*danneggiare*) to maim, disable.

meno'mato, a *ag* (*persona*) disabled ♦ *sm/f* disabled person.

menomazi'one [menomat'tsjone] *sf* disablement.

meno'pausa *sf* menopause.

'mensa *sf* (*locale*) canteen; (: *MIL*) mess; (: *nelle università*) refectory.

men'sile *ag* monthly ♦ *sm* (*periodico*) monthly (magazine); (*stipendio*) monthly salary.

mensil'mente *av* (*ogni mese*) every month; (*una volta al mese*) monthly.

'mensola *sf* bracket; (*ripiano*) shelf; (*ARCHIT*) corbel.

'menta *sf* mint; (*anche:* **~ piperita**) peppermint; (*bibita*) peppermint cordial; (*caramella*) mint, peppermint.

men'tale *ag* mental.

mentalità *sf inv* mentality.

mental'mente *av* mentally.

'mente *sf* mind; **imparare/sapere qc a ~** to learn/know sth by heart; **avere in ~ qc** to have sth in mind; **avere in ~ di fare qc** to intend to do sth; **fare venire in ~ qc a qn** to remind sb of sth; **mettersi in ~ di fare qc** to make up one's mind to do sth; **passare di ~ a qn** to slip sb's mind; **tenere a ~ qc** to bear sth in mind; **a ~ fredda** objectively; **lasciami fare ~ locale** let me think.

mente'catto, a *ag* half-witted ♦ *sm/f* halfwit, imbecile.

men'tire *vi* to lie.

men'tito, a *ag*: **sotto ~e spoglie** under false pretences (*BRIT*) *o* pretenses (*US*).

'mento *sm* chin; **doppio ~** double chin.

men'tolo *sm* menthol.

'mentre *cong* (*temporale*) while; (*avversativo*) whereas ♦ *sm*: **in quel ~** at that very moment.

menù *sm inv* (set) menu; **~ turistico** standard *o* tourists' menu.

menzio'nare [mentsjo'nare] *vt* to mention.

menzi'one [men'tsjone] *sf* mention; **fare ~ di** to mention.

men'zogna [men'tsɔɲɲa] *sf* lie.

menzo'gnero, a [mentsoɲ'ɲɛro] *ag* false, untrue.

mera'viglia [mera'viʎʎa] *sf* amazement, wonder; (*persona, cosa*) marvel, wonder; **a ~** perfectly, wonderfully.

meravigli'are [meraviʎ'ʎare] *vt* to amaze, astonish; **~rsi** *vr*: **~rsi (di)** to marvel (at); (*stupirsi*) to be amazed (at), be astonished (at); **mi meraviglio di te!** I'm surprised at you!; **non c'è da ~rsi** it's not surprising.

meravigli'oso, a [meraviʎ'ʎoso] *ag* wonderful, marvellous (*BRIT*), marvelous (*US*).

merc. *abbr* (= *mercoledì*) Wed.

mer'cante *sm* merchant; **~ d'arte** art dealer; **~ di cavalli** horse dealer.

mercanteggi'are [merkanted'dʒare] *vt* (*onore, voto*) to sell ♦ *vi* to bargain, haggle.

mercan'tile *ag* commercial, mercantile; (*nave, marina*) merchant *cpd* ♦ *sm* (*nave*) merchantman.

mercan'zia [merkan'tsia] *sf* merchandise, goods *pl*.

merca'tino *sm* (*rionale*) local street market; (*ECON*) unofficial stock market.

mer'cato *sm* market; **di** ~ (*economia,
prezzo, ricerche*) market *cpd*; **mettere o
lanciare qc sul** ~ to launch sth on the
market; **a buon** ~ *ag, av* cheap; ~ **dei
cambi** exchange market; **M~ Comune
(Europeo)** (European) Common Market;
~ **del lavoro** labour market, job market;
~ **nero** black market; ~ **al rialzo/al
ribasso** (*BORSA*) sellers'/buyers' market;
~ **a termine** forward market, futures
market.

'merce ['mɛrtʃe] *sf* goods *pl*, merchandise;
~ **deperibile** perishable goods *pl*.

mercé [mer'tʃe] *sf* mercy; **essere alla** ~ **di
qn** to be at sb's mercy.

merce'nario, a [mertʃe'narjo] *ag, sm*
mercenary.

merce'ria [mertʃe'ria] *sf* (*articoli*)
haberdashery (*BRIT*), notions *pl* (*US*); (*bottega*) haberdasher's shop (*BRIT*), notions
store (*US*).

mercoledì *sm inv* Wednesday; ~ **delle
Ceneri** Ash Wednesday; *per fraseologia vedi*
martedì.

Mercoledì delle Ceneri, *in the Catholic
church, marks the beginning of Lent. On
that day, people go to church and are
marked on the forehead with ash from the
burning of the blessed olive branch. Ash
Wednesday is a day of fasting, abstinence
and penitence.*

---

mer'curio *sm* mercury.
'merda *sf* (*fam!*) shit (*!*).
me'renda *sf* afternoon snack.
meridi'ano, a *ag* (*di mezzogiorno*) midday
cpd, noonday ♦ *sm* meridian ♦ *sf* (*orologio*)
sundial.
meridio'nale *ag* southern ♦ *sm/f*
southerner.
meridi'one *sm* south.
me'ringa, ghe *sf* (*CUC*) meringue.
meri'tare *vt* to deserve, merit ♦ *vb impers*
(*valere la pena*): **merita andare** it is worth
going; **non merita neanche parlarne** it's
not worth talking about; **per quel che
merita** for what it's worth.
meri'tevole *ag* worthy.
'merito *sm* merit; (*valore*) worth; **dare** ~ **a
qn di** to give sb credit for; **finire a pari** ~
to finish joint first (*o second etc*); to tie;
in ~ **a** as regards, with regard to; **entrare
nel** ~ **di una questione** to go into a
matter; **non so niente in** ~ I don't know
anything about it.
meritocra'zia [meritokrat'tsia] *sf*
meritocracy.

meri'torio, a *ag* praiseworthy.
mer'letto *sm* lace.
'merlo *sm* (*ZOOL*) blackbird; (*ARCHIT*)
battlement.
mer'luzzo [mer'luttso] *sm* (*ZOOL*) cod.
'mescere ['meʃʃere] *vt* to pour (out).
meschinità [meskini'ta] *sf* wretchedness;
meagreness; meanness; narrow-
mindedness.
mes'chino, a [mes'kino] *ag* wretched;
(*scarso*) meagre (*BRIT*), meager (*US*);
(*persona: gretta*) mean; (: *limitata*) narrow-
minded, petty; **fare una figura** ~**a** to cut a
poor figure.
'mescita ['meʃʃita] *sf* wine shop.
mesci'uto, a [meʃ'ʃuto] *pp di* **mescere**.
mesco'lanza [mesko'lantsa] *sf* mixture.
mesco'lare *vt* to mix; (*vini, colori*) to blend;
(*mettere in disordine*) to mix up, muddle
up; (*carte*) to shuffle; ~**rsi** *vr* to mix; to
blend; to get mixed up; (*fig*): ~**rsi in** to get
mixed up in, meddle in.
'mese *sm* month; **il** ~ **scorso** last month; **il** ~
corrente this month.
'messa *sf* (*REL*) mass; (*il mettere*): ~ **a fuoco**
focusing; ~ **in moto** starting; ~ **in piega**
(*acconciatura*) set; ~ **a punto** (*TECN*)
adjustment; (*AUT*) tuning; (*fig*)
clarification; ~ **in scena** = **messinscena**.
messagge'rie [messaddʒe'rie] *sfpl* (*ditta: di
distribuzione*) distributors; (: *di trasporto*)
freight company.
messag'gero [messad'dʒero] *sm*
messenger.
mes'saggio [mes'saddʒo] *sm* message.
mes'sale *sm* (*REL*) missal.
'messe *sf* harvest.
Mes'sia *sm inv* (*REL*): **il** ~ the Messiah.
messi'cano, a *ag, sm/f* Mexican.
'Messico *sm*: **il** ~ Mexico; **Città del** ~
Mexico City.
messin'scena [messin'ʃɛna] *sf* (*TEAT*)
production.
'messo, a *pp di* **mettere** ♦ *sm* messenger.
mestie'rante *sm/f* (*peg*) money-grubber;
(: *scrittore*) hack.
mesti'ere *sm* (*professione*) job; (: *manuale*)
trade; (: *artigianale*) craft; (*fig: abilità nel
lavoro*) skill, technique; **di** ~ by *o* to
trade; **essere del** ~ to know the tricks of
the trade.
mes'tizia [mes'tittsja] *sf* sadness,
melancholy.
'mesto, a *ag* sad, melancholy.
'mestola *sf* (*CUC*) ladle; (*EDIL*) trowel.
'mestolo *sm* (*CUC*) ladle.
mestru'ale *ag* menstrual.
mestruazi'one [mestruat'tsjone] *sf*

menstruation; **avere le** ~**i** to have one's period.

'**meta** *sf* destination; (*fig*) aim, goal.

metà *sf inv* half; (*punto di mezzo*) middle; **dividere qc a** *o* **per** ~ to divide sth in half, halve sth; **fare a** ~ **(di qc con qn)** to go halves (with sb in sth); **a** ~ **prezzo** at half price; **a** ~ **settimana** midweek; **a** ~ **strada** halfway; **verso la** ~ **del mese** halfway through the month, towards the middle of the month; **dire le cose a** ~ to leave some things unsaid; **fare le cose a** ~ to leave things half-done; **la mia dolce** ~ (*fam scherzoso*) my better half.

metabo'lismo *sm* metabolism.

meta'done *sm* methadone.

meta'fisica *sf* metaphysics *sg.*

me'tafora *sf* metaphor.

meta'forico, a, ci, che *ag* metaphorical.

me'tallico, a, ci, che *ag* (*di metallo*) metal *cpd*; (*splendore, rumore etc*) metallic.

metalliz'zato, a [metallid'dzato] *ag* (*verniciatura*) metallic.

me'tallo *sm* metal; **di** ~ metal *cpd.*

metallur'gia [metallur'dʒia] *sf* metallurgy.

metalmec'canico, a, ci, che *ag* engineering *cpd* ♦ *sm* engineering worker.

meta'morfosi *sf* metamorphosis.

me'tano *sm* methane.

me'teora *sf* meteor.

meteo'rite *sm* meteorite.

meteorolo'gia [meteorolo'dʒia] *sf* meteorology.

meteoro'logico, a, ci, che [meteoro'lɔdʒiko] *ag* meteorological, weather *cpd.*

meteo'rologo, a, ghi, ghe *sm/f* meteorologist.

me'ticcio, a, ci, ce [me'tittʃo] *sm/f* half-caste, half-breed.

meticolosità *sf* meticulousness.

metico'loso, a *ag* meticulous.

me'todico, a, ci, che *ag* methodical.

'**metodo** *sm* method; (*manuale*) tutor (*BRIT*), manual; **far qc con/senza** ~ to do sth methodically/unmethodically.

me'traggio [me'traddʒo] *sm* (*SARTORIA*) length; (*CINE*) footage; **film a lungo** ~ feature film; **film a corto** ~ short film.

metra'tura *sf* length.

'**metrico, a, ci, che** *ag* metric; (*POESIA*) metrical ♦ *sf* metrics *sg.*

'**metro** *sm* metre (*BRIT*), meter (*US*); (*nastro*) tape measure; (*asta*) (metre) rule.

metrò *sm inv* underground (*BRIT*), subway (*US*).

metro'notte *sm inv* night security guard.

me'tropoli *sf* metropolis.

metropoli'tano, a *ag* metropolitan ♦ *sf* underground (*BRIT*), subway (*US*); ~**a leggera** metro (*mainly on the surface*).

'**mettere** *vt* to put; (*abito*) to put on; (*: portare*) to wear; (*installare: telefono*) to put in; (*fig: provocare*): ~ **fame/allegria a qn** to make sb hungry/happy; (*supporre*): **mettiamo che** ... let's suppose *o* say that ...; ~**rsi** *vr* (*persona*) to put o.s.; (*oggetto*) to go; (*disporsi: faccenda*) to turn out; ~**rsi a piangere/ridere** to start crying/laughing, start *o* begin to cry/laugh; ~**rsi a sedere** to sit down; ~**rsi al lavoro** to set to work; ~**rsi a letto** to get into bed; (*per malattia*) to take to one's bed; ~**rsi il cappello** to put on one's hat; ~**rsi sotto** to get down to things; ~**rsi in società** to set up in business; **si sono messi insieme** (*coppia*) they've started going out together (*BRIT*) *o* dating (*US*); ~**rci**: ~**rci molta cura/molto tempo** to take a lot of care/a lot of time; **mettercela tutta** to do one's best; **ci ho messo 3 ore per venire** it's taken me 3 hours to get here; ~ **un annuncio sul giornale** to place an advertisement in the paper; ~ **a confronto** to compare; ~ **in conto** (*somma etc*) to put on account; ~ **in luce** (*problemi, errori*) to stress, highlight; ~ **a tacere qn/qc** to keep sb/sth quiet; ~ **su casa** to set up house; ~ **su un negozio** to start a shop; ~ **su peso** to put on weight; ~ **via** to put away.

mez'zadro [med'dzadro] *sm* (*AGR*) sharecropper.

mezza'luna [meddza'luna], *pl* **mezze'lune** *sf* half-moon; (*dell'islamismo*) crescent; (*coltello*) (semicircular) chopping knife.

mezza'nino [meddza'nino] *sm* mezzanine (floor).

mez'zano, a [med'dzano] *ag* (*medio*) average, medium; (*figlio*) middle *cpd* ♦ *sm/f* (*intermediario*) go-between; (*ruffiano*) pimp.

mezza'notte [meddza'nɔtte] *sf* midnight.

'**mezzo, a** ['meddzo] *ag* half; **un** ~ **litro/panino** half a litre/roll ♦ *av* half-; ~ **morto** half-dead ♦ *sm* (*metà*) half; (*parte centrale: di strada etc*) middle; (*per raggiungere un fine*) means *sg*; (*veicolo*) vehicle; (*nell'indicare l'ora*): **le nove e** ~ half past nine; **mezzogiorno e** ~ half past twelve ♦ *sf*: **la** ~**a** half-past twelve (in the afternoon); ~**i** *smpl* (*possibilità economiche*) means; **di** ~**a età** middle-aged; **aver una** ~**a idea di fare qc** to have half a mind to do sth; **è stato un** ~ **scandalo** it almost caused a scandal; **un soprabito di** ~**a stagione** a spring (*o* autumn) coat; **a** ~**a**

voce in an undertone; **una volta e ~ più
grande** one and a half times bigger; **di ~**
middle, in the middle; **andarci di ~** (*patir
danno*) to suffer; **esserci di ~** (*ostacolo*) to
be in the way; **levarsi** *o* **togliersi di ~** to
get out of the way; **mettersi di ~** to
interfere; **togliere di ~** (*persona, cosa*) to
get rid of; (*fam: uccidere*) to bump off;
non c'è una via di ~ there's no middle
course; **in ~ a** in the middle of; **nel bel ~
(di)** right in the middle (of); **per** *o* **a ~ di**
by means of; **a ~ corriere** by carrier; **~i
di comunicazione di massa** mass media
pl; **~i pubblici** public transport *sg*; **~i di
trasporto** means of transport.

mezzogi'orno [meddzo'dʒorno] *sm* midday,
noon; (*GEO*) south; **a ~** at 12 (o'clock) *o*
midday *o* noon; **il ~ d'Italia** southern
Italy.

mez'z'ora, mez'zora [med'dzora] *sf* half-
hour, half an hour.

MI *sigla* = *Milano*.

mi *pron* (*dav* lo, la, li, le, ne *diventa* **me**)
(*oggetto*) me; (*complemento di termine*) (to)
me; (*riflessivo*) myself ♦ *sm* (*MUS*) E;
(: *solfeggiando la scala*) mi; **~ aiuti?** will
you help me?; **me ne ha parlato** he spoke
to me about it, he told me about it; **~
servo da solo** I'll help myself.

'mia *vedi* mio.

miago'lare *vi* to miaow, mew.

Mib *sigla m, ag* (= *indice borsa Milano*) Milan
Stock Exchange Index.

'mica *sf* (*CHIM*) mica ♦ *av* (*fam*): **non ... ~**
not ... at all; **non sono ~ stanco** I'm not a
bit tired; **non sarà ~ partito?** he wouldn't
have left, would he?; **~ male** not bad.

'miccia, ce ['mittʃa] *sf* fuse.

micidi'ale [mitʃi'djale] *ag* fatal;
(*dannosissimo*) deadly.

'micio, a, ci, cie ['mitʃo] *sm/f* pussy (cat).

microbiolo'gia [mikrobiolo'dʒia] *sf*
microbiology.

'microbo *sm* microbe.

microcir'cuito [mikrotʃir'kuito] *sm*
microcircuit.

micro'film *sm inv* microfilm.

mi'crofono *sm* microphone.

microinfor'matica *sf* microcomputing.

micro'onda *sf* microwave.

microproces'sore [mikroprotʃes'sore] *sm*
microprocessor.

micros'copico, a, ci, che *ag* microscopic.

micros'copio *sm* microscope.

micro'solco, chi *sm* (*solco*) microgroove;
(*disco: a 33 giri*) long-playing record, LP;
(: *a 45 giri*) extended-play record, EP.

micros'pia *sf* hidden microphone, bug

(*fam*).

mi'dollo, *pl(f)* **~a** *sm* (*ANAT*) marrow; **~
spinale** spinal cord.

'mie, mi'ei *vedi* mio.

mi'ele *sm* honey.

mi'etere *vt* (*AGR*) to reap, harvest; (*fig:
vite*) to take, claim.

mietitrebbia'trice [mjetitrebbja'tritʃe] *sf*
combine harvester.

mieti'trice [mjeti'tritʃe] *sf* (*macchina*)
harvester.

mieti'tura *sf* (*raccolto*) harvest; (*lavoro*)
harvesting; (*tempo*) harvest-time.

'miglia ['miʎʎa] *sfpl di* **miglio.**

migli'aio [miʎ'ʎajo], *pl(f)* **~a** *sm* thousand;
un ~ (di) about a thousand; **a ~a** by the
thousand, in thousands.

'miglio ['miʎʎo] *sm* (*BOT*) millet; (*pl(f)* **~a:**
unità di misura) mile; **~ marino** *o* **nautico**
nautical mile.

migliora'mento [miʎʎora'mento] *sm*
improvement.

miglio'rare [miʎʎo'rare] *vt, vi* to improve.

migli'ore [miʎ'ʎore] *ag* (*comparativo*)
better; (*superlativo*) best ♦ *sm:* **il ~** the
best (thing) ♦ *sm/f:* **il(la) ~** the best
(person); **il miglior vino di questa regione**
the best wine in this area; **i ~i auguri**
best wishes.

miglio'ria [miʎʎo'ria] *sf* improvement.

'mignolo ['miɲɲolo] *sm* (*ANAT*) little finger,
pinkie; (: *dito del piede*) little toe.

mi'grare *vi* to migrate.

migrazi'one [migrat'tsjone] *sf* migration.

'mila *pl di* **mille.**

mila'nese *ag* Milanese ♦ *sm/f* person from
Milan; **i ~i** the Milanese; **cotoletta alla ~**
(*CUC*) Wiener schnitzel; **risotto alla ~**
(*CUC*) risotto with saffron.

Mi'lano *sf* Milan.

miliar'dario, a *ag, sm/f* millionaire.

mili'ardo *sm* thousand million (*BRIT*),
billion (*US*).

mili'are *ag:* **pietra ~** milestone.

milio'nario, a *ag, sm/f* millionaire.

mili'one *sm* million; **un ~ di lire** a million
lire.

mili'tante *ag, sm/f* militant.

mili'tanza [mili'tantsa] *sf* militancy.

mili'tare *vi* (*MIL*) to be a soldier, serve; (*fig:
in un partito*) to be a militant ♦ *ag* military
♦ *sm* serviceman; **fare il ~** to do one's
military service; **~ di carriera** regular
(soldier).

milita'resco, a, schi, sche *ag* (*portamento*)
military *cpd.*

'milite *sm* soldier.

mi'lizia [mi'littsja] *sf* (*corpo armato*) militia.

milizi'ano [milit'tsjano] *sm* militiaman.
millanta'tore, **'trice** *sm/f* boaster.
millante'ria *sf* (*qualità*) boastfulness.
'mille *num* (*pl* **mila**) a *o* one thousand;
diecimila ten thousand.
mille'foglie [mille'fɔʎʎe] *sm inv* (*CUC*) cream
o vanilla slice.
mil'lennio *sm* millennium.
millepi'edi *sm inv* centipede.
mil'lesimo, a *ag, sm* thousandth.
milli'grammo *sm* milligram(me).
mil'lilitro *sm* millilitre (*BRIT*), milliliter
(*US*).
mil'limetro *sm* millimetre (*BRIT*),
millimeter (*US*).
'milza ['miltsa] *sf* (*ANAT*) spleen.
mi'metico, a, ci, che *ag* (*arte*) mimetic;
tuta ~**a** (*MIL*) camouflage.
mime'tismo *sm* camouflage.
mimetiz'zare [mimetid'dzare] *vt* to
camouflage; ~**rsi** *vr* to camouflage o.s.
'mimica *sf* (*arte*) mime.
'mimo *sm* (*attore, componimento*) mime.
mi'mosa *sf* mimosa.
min. *abbr* (= *minuto, minimo*) min.
'mina *sf* (*esplosiva*) mine; (*di matita*) lead.
mi'naccia, ce [mi'nattʃa] *sf* threat; **sotto la**
~ **di** under threat of.
minacci'are [minat'tʃare] *vt* to threaten; ~
qn di morte to threaten to kill sb; ~ **di**
fare qc to threaten to do sth; **minaccia di**
piovere it looks like rain.
minacci'oso, a [minat'tʃoso] *ag*
threatening.
mi'nare *vt* (*MIL*) to mine; (*fig*) to
undermine.
mina'tore *sm* miner.
mina'torio, a *ag* threatening.
minchi'one, a [min'kjone] (*fam*) *ag* idiotic
♦ *sm/f* idiot.
mine'rale *ag, sm* mineral.
mineralo'gia [mineralo'dʒia] *sf* mineralogy.
mine'rario, a *ag* (*delle miniere*) mining; (*dei*
minerali) ore *cpd*.
mi'nestra *sf* soup; ~ **in brodo** noodle soup;
~ **di verdura** vegetable soup.
mines'trone *sm* thick vegetable and pasta
soup.
mingher'lino, a [minger'lino] *ag* thin,
slender.
'mini *ag inv* mini ♦ *sf inv* miniskirt.
minia'tura *sf* miniature.
minielabora'tore *sm* minicomputer.
mini'era *sf* mine; ~ **di carbone** coalmine;
(*impresa*) colliery (*BRIT*), coalmine.
mini'gonna *sf* miniskirt.
minima'lista, i, e *ag*, *sm/f* minimalist.
minimiz'zare [minimid'dzare] *vt* to

minimize.
'minimo, a *ag* minimum, least, slightest;
(*piccolissimo*) very small, slight; (*il più*
basso) lowest, minimum ♦ *sm* minimum;
al ~ at least; **girare al** ~ (*AUT*) to idle; **il** ~
indispensabile the bare minimum; **il** ~
della pena the minimum sentence.
minis'tero *sm* (*POL, REL*) ministry;
(*governo*) government; (*DIR*): **Pubblico M**~
State Prosecutor; **M**~ **delle Finanze**
Ministry of Finance, ≈ Treasury.
mi'nistro *sm* (*POL, REL*) minister; **M**~ **delle**
Finanze Minister of Finance, ≈
Chancellor of the Exchequer (*BRIT*).
mino'ranza [mino'rantsa] *sf* minority;
essere in ~ to be in the minority.
mino'rato, a *ag* handicapped ♦ *sm/f*
physically (*o* mentally) handicapped
person.
minorazi'one [minorat'tsjone] *sf* handicap.
Mi'norca *sf* Minorca.
mi'nore *ag* (*comparativo*) less; (: *più piccolo*)
smaller; (: *numero*) lower; (: *inferiore*)
lower, inferior; (: *meno importante*)
minor; (: *più giovane*) younger;
(*superlativo*) least; smallest; lowest; least
important; youngest ♦ *sm/f* (*minorenne*)
minor, person under age; **in misura** ~ to
a lesser extent; **questo è il male** ~ this is
the lesser evil.
mino'renne *ag* under age ♦ *sm/f* minor,
person under age.
mino'rile *ag* juvenile; **carcere** ~ young
offenders' institution; **delinquenza** ~
juvenile delinquency.
minori'tario, a *ag* minority *cpd*.
mi'nuscolo, a *ag* (*scrittura, carattere*) small;
(*piccolissimo*) tiny ♦ *sf* small letter ♦ *sm*
small letters *pl*; (*TIP*) lower case; **scrivere**
tutto (in) ~ to write everything in small
letters.
mi'nuta *sf* rough copy, draft.
mi'nuto, a *ag* tiny, minute; (*pioggia*) fine;
(*corporatura*) delicate, fine; (*lavoro*)
detailed ♦ *sm* (*unità di misura*) minute; **al** ~
(*COMM*) retail; **avere i** ~**i contati** to have
very little time.
mi'nuzia [mi'nuttsja] *sf* (*cura*)
meticulousness; (*particolare*) detail.
minuziosa'mente [minuttsjosa'mente] *av*
meticulously; in minute detail.
minuzi'oso, a [minut'tsjoso] *ag* (*persona,*
descrizione) meticulous; (*esame*) minute.
'mio, 'mia, mi'ei, 'mie *det*: **il** ~, **la mia** *etc*
my ♦ *pronome*: **il** ~, **la mia** *etc* mine ♦ *sm*:
ho speso del ~ I spent my own money
♦ *sf*: **la mia** (*opinione*) my view; **i miei** my
family; **un** ~ **amico** a friend of mine; **per**

amor ~ for my sake; **è dalla mia** he is on my side; **anch'io ho avuto le mie** (*disavventure*) I've had my problems too; **ne ho fatta una delle mie!** (*sciocchezze*) I've done it again!; **cerco di stare sulle mie** I try to keep myself to myself.

'**miope** *ag* short-sighted.

mio'pia *sf* short-sightedness, myopia; (*fig*) short-sightedness.

'**mira** *sf* (*anche fig*) aim; **avere una buona/ cattiva ~** to be a good/bad shot; **prendere la ~** to take aim; **prendere di ~ qn** (*fig*) to pick on sb.

mi'rabile *ag* admirable, wonderful.

mi'racolo *sm* miracle.

miraco'loso, a *ag* miraculous.

mi'raggio [mi'raddʒo] *sm* mirage.

mi'rare *vi*: **~ a** to aim at.

mi'riade *sf* myriad.

mi'rino *sm* (*TECN*) sight; (*FOT*) viewer, viewfinder.

mir'tillo *sm* bilberry (*BRIT*), blueberry (*US*), whortleberry.

'**mirto** *sm* myrtle.

mi'santropo, a *sm/f* misanthropist.

mi'scela [miʃ'ʃɛla] *sf* mixture; (*di caffè*) blend.

miscel'lanea [miʃʃel'lanea] *sf* miscellany.

'**mischia** ['miskja] *sf* scuffle; (*RUGBY*) scrum, scrummage.

mischi'are [mis'kjare] *vt*, **~rsi** *vr* to mix, blend.

misco'noscere [misko'noʃʃere] *vt* (*qualità, coraggio etc*) to fail to appreciate.

miscre'dente *ag* (*REL*) misbelieving; (: *incredulo*) unbelieving ♦ *sm/f* misbeliever; unbeliever.

mis'cuglio [mis'kuʎʎo] *sm* mixture, hotchpotch, jumble.

'**mise** *vb vedi* **mettere**.

mise'rabile *ag* (*infelice*) miserable, wretched; (*povero*) poverty-stricken; (*di scarso valore*) miserable.

mi'seria *sf* extreme poverty; (*infelicità*) misery; **~e** *sfpl* (*del mondo etc*) misfortunes, troubles; **costare una ~** to cost next to nothing; **piangere ~** to plead poverty; **ridursi in ~** to be reduced to poverty; **porca ~!** (*fam*) (bloody) hell!

miseri'cordia *sf* mercy, pity.

misericordi'oso, a *ag* merciful.

'**misero, a** *ag* miserable, wretched; (*povero*) poverty-stricken; (*insufficiente*) miserable.

mis'fatto *sm* misdeed, crime.

'**misi** *vb vedi* **mettere**.

mi'sogino [mi'zɔdʒino] *sm* misogynist.

'**missile** *sm* missile; **~ cruise** *o* **di crociera** cruise missile; **~ terra-aria** surface-to-air missile.

missio'nario, a *ag*, *sm/f* missionary.

missi'one *sf* mission.

misteri'oso, a *ag* mysterious.

mis'tero *sm* mystery; **fare ~ di qc** to make a mystery out of sth; **quanti ~i!** why all the mystery?

'**mistico, a, ci, che** *ag* mystic(al) ♦ *sm* mystic.

mistifi'care *vt* to fool, bamboozle.

'**misto, a** *ag* mixed; (*scuola*) mixed, coeducational ♦ *sm* mixture; **un tessuto ~ lino** a linen mix.

mis'tura *sf* mixture.

mi'sura *sf* measure; (*misurazione, dimensione*) measurement; (*taglia*) size; (*provvedimento*) measure, step; (*moderazione*) moderation; (*MUS*) time; (: *divisione*) bar; (*fig: limite*) bounds *pl*, limit; **in ~ di** in accordance with, according to; **nella ~ in cui** inasmuch as, insofar as; **in giusta ~** moderately; **oltre ~** beyond measure; **su ~** made to measure; **in ugual ~** equally, in the same way; **a ~ d'uomo** on a human scale; **passare la ~** to overstep the mark, go too far; **prendere le ~e a qn** to take sb's measurements, measure sb; **prendere le ~e di qc** to measure sth; **ho preso le mie ~e** I've taken the necessary steps; **non ha il senso della ~** he doesn't know when to stop; **~ di lunghezza/capacità** measure of length/capacity; **~e di sicurezza/ prevenzione** safety/precautionary measures.

misu'rare *vt* (*ambiente, stoffa*) to measure; (*terreno*) to survey; (*abito*) to try on; (*pesare*) to weigh; (*fig: parole etc*) to weigh up; (: *spese, cibo*) to limit ♦ *vi* to measure; **~rsi** *vr*: **~rsi con qn** to have a confrontation with sb; (*competere*) to compete with sb.

misu'rato, a *ag* (*ponderato*) measured; (*prudente*) cautious; (*moderato*) moderate.

misurazi'one [mizurat'tsjone] *sf* measuring; (*di terreni*) surveying.

'**mite** *ag* mild; (*prezzo*) moderate, reasonable.

'**mitico, a, ci, che** *ag* mythical.

miti'gare *vt* to mitigate, lessen; (*lenire*) to soothe, relieve; **~rsi** *vr* (*odio*) to subside; (*tempo*) to become milder.

'**mitilo** *sm* mussel.

'**mito** *sm* myth.

mitolo'gia, 'gie [mitolo'dʒia] *sf* mythology.

mito'logico, a, ci, che [mito'lɔdʒiko] *ag* mythological.

'mitra sf (REL) mitre (BRIT), miter (US) ♦ sm inv (arma) sub-machine gun.

mitragli'are [mitraʎ'ʎare] vt to machine-gun.

mitraglia'tore, 'trice [mitraʎʎa'tore] ag: fucile m ~ sub-machine gun ♦ sf machine gun.

mitteleuro'peo, a ag Central European.

mit'tente sm/f sender.

ml abbr (= millilitro) ml.

MLD sigla m vedi Movimento per la Liberazione della Donna.

MM abbr = Metropolitana Milanese.

mm abbr (= millimetro) mm.

M.M. abbr vedi marina militare.

MN sigla = Mantova.

M/N, m/n abbr (= motonave) MV.

MO sigla = Modena.

M.O. abbr = Medio Oriente.

mo' sm: a ~ di prep like; a ~ di esempio by way of example.

'mobile ag mobile; (parte di macchina) moving; (DIR: bene) movable, personal ♦ sm (arredamento) piece of furniture; ~i smpl furniture sg.

mo'bilia sf furniture.

mobili'are ag (DIR) personal, movable.

mo'bilio sm = mobilia.

mobilità sf mobility.

mobili'tare vt to mobilize; ~ l'opinione pubblica to rouse public opinion.

mobilitazi'one [mobilitat'tsjone] sf mobilization.

mocas'sino sm moccasin.

mocci'oso, a [mot'tʃoso] sm/f (bambino piccolo) little kid; (peg) snotty-nosed kid.

'moccolo sm (di candela) candle end; (fam: bestemmia) oath; (: moccio) snot; reggere il ~ to play gooseberry (BRIT), act as chaperon(e).

'moda sf fashion; alla ~, di ~ fashionable, in fashion.

modalità sf inv formality; seguire attentamente le ~ d'uso to follow the instructions carefully; ~ giuridiche legal procedures; ~ di pagamento method of payment.

mo'della sf model.

model'lare vt (creta) to model, shape; ~rsi vr: ~rsi su to model o.s. on.

mo'dello sm model; (stampo) mould (BRIT), mold (US) ♦ ag inv model cpd.

'modem sm inv modem.

mode'nese ag of (o from) Modena.

mode'rare vt to moderate; ~rsi vr to restrain o.s.; ~ la velocità to reduce speed; ~ i termini to weigh one's words.

mode'rato, a ag moderate.

modera'tore, 'trice sm/f moderator.

moderazi'one [moderat'tsjone] sf moderation.

moderniz'zare [modernid'dzare] vt to bring up to date, modernize; ~rsi vr to get up to date.

mo'derno, a ag modern.

mo'destia sf modesty; ~ a parte ... in all modesty ..., though I say it myself ....

mo'desto, a ag modest.

'modico, a, ci, che ag reasonable, moderate.

mo'difica, che sf modification; subire delle ~che to undergo some modifications.

modifi'cabile ag modifiable.

modifi'care vt to modify, alter; ~rsi vr to alter, change.

mo'dista sf milliner.

'modo sm way, manner; (mezzo) means, way; (occasione) opportunity; (LING) mood; (MUS) mode; ~i smpl (maniere) manners; a suo ~, a ~ suo in his own way; ad o in ogni ~ anyway; di o in ~ che so that; in ~ da so as to; in tutti i ~i at all costs; (comunque sia) anyway; (in ogni caso) in any case; in un certo qual ~ in a way, in some ways; in qualche ~ somehow or other; oltre ~ extremely; ~ di dire turn of phrase; per ~ di dire so to speak; fare a ~ proprio to do as one likes; fare le cose a ~ to do things properly; una persona a ~ a well-mannered person; c'è ~ e ~ di farlo there's a right way and a wrong way of doing it.

modu'lare vt to modulate ♦ ag modular.

modulazi'one [modulat'tsjone] sf modulation; ~ di frequenza (FM) frequency modulation (FM).

'modulo sm (modello) form; (ARCHIT, lunare, di comando) module; ~ di domanda application form; ~ d'iscrizione enrolment form; ~ di versamento deposit slip.

Moga'discio [moga'diʃʃo] sm Mogadishu.

'mogano sm mahogany.

'mogio, a, gi, gie ['mɔdʒo] ag down in the dumps, dejected.

'moglie ['moʎʎe] sf wife.

mo'hair [mɔ'ɛr] sm mohair.

mo'ine sfpl cajolery sg; (leziosità) affectation sg; fare le ~ a qn to cajole sb.

'mola sf millstone; (utensile abrasivo) grindstone.

mo'lare vt to grind ♦ ag (pietra) mill cpd ♦ sm (dente) molar.

'mole sf mass; (dimensioni) size; (edificio grandioso) massive structure; una ~ di lavoro masses (BRIT) o loads of work.

mo'lecola *sf* molecule.

moles'tare *vt* to bother, annoy.

mo'lestia *sf* annoyance, bother; **recar ~ a qn** to bother sb; **~e sessuali** sexual harassment *sg*.

mo'lesto, a *ag* annoying.

moli'sano, a *ag* of (*o* from) Molise.

'molla *sf* spring; **~e** *sfpl* (*per camino*) tongs; **prendere qn con le ~e** to treat sb with kid gloves.

mol'lare *vt* to release, let go; (*NAUT*) to ease; (*fig: ceffone*) to give ◆ *vi* (*cedere*) to give in; **~ gli ormeggi** (*NAUT*) to cast off; **~ la presa** to let go.

'molle *ag* soft; (*muscoli*) flabby; (*fig: debole*) weak, feeble.

molleggi'ato, a [molled'dʒato] *ag* (*letto*) sprung; (*auto*) with good suspension.

mol'leggio [mol'leddʒo] *sm* (*per veicoli*) suspension; (*elasticità*) springiness; (*GINNASTICA*) knee-bends *pl*.

mol'letta *sf* (*per capelli*) hairgrip; (*per panni stesi*) clothes peg (*BRIT*) *o* pin (*US*); **~e** *sfpl* (*per zucchero*) tongs.

mol'lezza [mol'lettsa] *sf* softness; flabbiness; weakness, feebleness; **~e** *sfpl*: **vivere nelle ~e** to live in the lap of luxury.

mol'lica, che *sf* crumb, soft part.

mol'liccio, a, ci, ce [mol'littʃo] *ag* (*terreno, impasto*) soggy; (*frutta*) soft; (*floscio: mano*) limp; (*: muscolo*) flabby.

mol'lusco, schi *sm* mollusc.

'molo *sm* jetty, pier.

mol'teplice [mol'teplitʃe] *ag* (*formato di più elementi*) complex; **~i** *pl* (*svariati: interessi, attività*) numerous, various.

molteplicità [molteplitʃi'ta] *sf* multiplicity.

moltipli'care *vt* to multiply; **~rsi** *vr* to multiply; (*richieste*) to increase in number.

moltiplicazi'one [moltiplikat'tsjone] *sf* multiplication.

molti'tudine *sf* multitude; **una ~ di** a vast number *o* a multitude of.

=============== *PAROLA CHIAVE*

'molto, a *det* (*quantità*) a lot of, much; (*numero*) a lot of, many; **~ pane/carbone** a lot of bread/coal; **~a gente** a lot of people, many people; **~i libri** a lot of books, many books; **non ho ~ tempo** I haven't got much time; **per ~ (tempo)** for a long time; **ci vuole ~ (tempo)?** will it take long?; **arriverà fra non ~** he'll arrive soon; **ne hai per ~?** will you be long?
◆ *av* **1** a lot, (very) much; **viaggia ~** he travels a lot; **non viaggia ~** he doesn't

travel much *o* a lot
2 (*intensivo: con aggettivi, avverbi*) very; (*: con participio passato*) (very) much; **~ buono** very good; **~ migliore, ~ meglio** much *o* a lot better
◆ *pron* much, a lot; **~i, e** *pron pl* many, a lot; **~i pensano che ...** many (people) think that ...; **~e sono rimaste a casa** a lot of them stayed at home; **c'era gente, ma non ~a** there were people there, but not many.

momentanea'mente *av* at the moment, at present.

momen'taneo, a *ag* momentary, fleeting.

mo'mento *sm* moment; **da un ~ all'altro** at any moment; (*all'improvviso*) suddenly; **al ~ di fare** just as I was (*o* you were *o* he was *etc*) doing; **a ~i** (*da un ~ all'altro*) any time *o* moment now; (*quasi*) nearly; **per il ~** for the time being; **dal ~ che** ever since; (*dato che*) since; **~ culminante** climax.

'monaca, che *sf* nun.

'Monaco *sf* Monaco; **~ (di Baviera)** Munich.

'monaco, ci *sm* monk.

mo'narca, chi *sm* monarch.

monar'chia [monar'kia] *sf* monarchy.

mo'narchico, a, ci, che [mo'narkiko] *ag* (*stato, autorità*) monarchic; (*partito, fede*) monarchist ◆ *sm/f* monarchist.

monas'tero *sm* (*di monaci*) monastery; (*di monache*) convent.

mo'nastico, a, ci, che *ag* monastic.

'monco, a, chi, che *ag* maimed; (*fig*) incomplete; **~ d'un braccio** one-armed.

mon'cone *sm* stump.

mon'dana *sf* prostitute.

mondanità *sf* (*frivolezza*) worldliness; **le ~** (*piaceri*) the pleasures of the world.

mon'dano, a *ag* (*anche fig*) worldly; (*dell'alta società*) society *cpd*; fashionable.

mon'dare *vt* (*frutta, patate*) to peel; (*piselli*) to shell; (*pulire*) to clean.

mondez'zaio [mondet'tsajo] *sm* rubbish (*BRIT*) *o* garbage (*US*) dump.

mondi'ale *ag* (*campionato, popolazione*) world *cpd*; (*influenza*) world-wide; **di fama ~** world famous.

'mondo *sm* world; (*grande quantità*): **un ~ di** lots of, a host of; **il gran *o* bel ~** high society; **per niente al ~, per nessuna cosa al ~** not for all the world; **da che ~ è ~** since time *o* the world began; **mandare qn all'altro ~** to kill sb; **mettere/venire al ~** to bring/come into the world; **vivere fuori dal ~** to be out of touch with the real world; **(sono) cose dell'altro** ~! it's incredible!; **com'è piccolo il** ~! it's a small world!

mone'gasco, a, schi, sche *ag, smf* Monegasque.

monelle'ria *sf* prank, naughty trick.

mo'nello, a *smf* street urchin; (*ragazzo vivace*) scamp, imp.

mo'neta *sf* coin; (*ECON: valuta*) currency; (*denaro spicciolo*) (small) change; ~ **estera** foreign currency; ~ **legale** legal tender.

mone'tario, a *ag* monetary.

Mon'golia *sf:* **la** ~ Mongolia.

mon'golico, a, ci, che *ag* Mongolian.

mongo'lismo *sm* mongolism, Down's syndrome.

'mongolo, a *ag* Mongolian ♦ *smf, sm* Mongol, Mongolian.

mongo'loide *ag, smf* (*MED*) mongol.

'monito *sm* warning.

'monitor *sm inv* (*TECN, TV*) monitor.

monito'raggio [monito'raddʒo] *sm* monitoring.

monito'rare *vt* to monitor.

mo'nocolo *sm* (*lente*) monocle, eyeglass.

monoco'lore *ag* (*POL*): **governo** ~ one-party government.

monoga'mia *sf* monogamy.

mo'nogamo, a *ag* monogamous ♦ *sm* monogamist.

monogra'fia *sf* monograph.

mono'gramma, i *sm* monogram.

mono'lingue *ag* monolingual.

monolo'cale *sm* ≈ studio flat.

mo'nologo, ghi *sm* monologue.

mono'pattino *sm* scooter.

mono'polio *sm* monopoly; ~ **di stato** government monopoly.

monopoliz'zare [monopolid'dzare] *vt* to monopolize.

mono'sillabo, a *ag* monosyllabic ♦ *sm* monosyllable.

monoto'nia *sf* monotony.

mo'notono, a *ag* monotonous.

mono'uso *ag inv* disposable.

Mons. *abbr* (= *Monsignore*) Mgr.

monsi'gnore [monsiɲ'ɲore] *sm* (*REL: titolo*) Your (*o* His) Grace.

mon'sone *sm* monsoon.

monta'carichi [monta'kariki] *sm inv* hoist, goods lift.

mon'taggio [mon'taddʒo] *sm* (*TECN*) assembly; (*CINE*) editing.

mon'tagna [mon'taɲɲa] *sf* mountain; (*zona montuosa*): **la** ~ the mountains *pl*; **andare in** ~ to go to the mountains; **aria/strada di** ~ mountain air/road; **casa di** ~ house in the mountains; ~**e russe** roller coaster *sg,*

big dipper *sg* (*BRIT*).

monta'gnoso, a [montaɲ'ɲoso] *ag* mountainous.

monta'naro, a *ag* mountain *cpd* ♦ *smf* mountain dweller.

mon'tano, a *ag* mountain *cpd.*

mon'tante *sm* (*di porta*) jamb; (*di finestra*) upright; (*CALCIO: palo*) post; (*PUGILATO*) upper cut; (*COMM*) total amount.

mon'tare *vt* to go (*o* come) up; (*cavallo*) to ride; (*apparecchiatura*) to set up, assemble; (*CUC*) to whip; (*ZOOL*) to cover; (*incastonare*) to mount, set; (*CINE*) to edit; (*FOT*) to mount ♦ *vi* to go (*o* come) up; (*a cavallo*): ~ **bene/male** to ride well/badly; (*aumentare di livello, volume*) to rise; ~**rsi** *vr* to become big-headed; ~ **qc** to exaggerate sth; ~ **qn** *o* **la testa a qn** to turn sb's head; ~**rsi la testa** to become big-headed; ~ **in bicicletta/macchina/treno** to get on a bicycle/ into a car/on a train; ~ **a cavallo** to get on *o* mount a horse; ~ **la guardia** (*MIL*) to mount guard.

monta'tura *sf* assembling *no pl*; (*di occhiali*) frames *pl*; (*di gioiello*) mounting, setting; (*fig*): ~ **pubblicitaria** publicity stunt.

montavi'vande *sm inv* dumbwaiter.

'monte *sm* mountain; **a** ~ upstream; **andare a** ~ (*fig*) to come to nothing; **mandare a** ~ **qc** (*fig*) to upset sth, cause sth to fail; **il M**~ **Bianco** Mont Blanc; **il M**~ **Everest** Mount Everest; ~ **di pietà** pawnshop; ~ **premi** prize.

Monteci'torio [montetʃi'torjo] *sm:* **palazzo** ~ (*POL*) seat of the Italian Chamber of Deputies.

mont'gomery [mənt'gʌməri] *sm inv* duffel coat.

mon'tone *sm* (*ZOOL*) ram; (*anche:* **giacca di** ~) sheepskin (jacket); **carne di** ~ mutton.

montuosità *sf* mountainous nature.

montu'oso, a *ag* mountainous.

monu'mento *sm* monument.

mo'quette [mɔ'kɛt] *sf* fitted carpet.

'mora *sf* (*del rovo*) blackberry; (*del gelso*) mulberry; (*DIR*) delay; (: *somma*) arrears *pl.*

mo'rale *ag* moral ♦ *sf* (*scienza*) ethics *sg,* moral philosophy; (*complesso di norme*) moral standards *pl*, morality; (*condotta*) morals *pl*; (*insegnamento morale*) moral ♦ *sm* morale; **la** ~ **della favola** the moral of the tale; **essere giù di** ~ to be feeling down; **aver il** ~ **alto/a terra** to be in good/low spirits.

mora'lista, i, e *ag* moralistic ♦ *smf* moralist.

moralità *sf* morality; (*condotta*) morals *pl.*

moraliz'zare [moralid'dzare] *vt* (*costumi, vita pubblica*) to set moral standards for.

moralizzazi'one [moraliddzat'tsjone] *sf* setting of moral standards.

mora'toria *sf* (*DIR*) moratorium.

morbi'dezza [morbi'dettsa] *sf* softness; smoothness; tenderness.

'morbido, a *ag* soft; (*pelle*) soft, smooth; (*carne*) tender.

mor'billo *sm* (*MED*) measles *sg*.

'morbo *sm* disease.

mor'boso, a *ag* (*fig*) morbid.

'morchia ['mɔrkja] *sf* (*residuo grasso*) dregs *pl*; oily deposit.

mor'dente *sm* (*fig: di satira, critica*) bite; (: *di persona*) drive.

'mordere *vt* to bite; (*addentare*) to bite into; (*corrodere*) to eat into.

mordicchi'are [mordik'kjare] *vt* (*gen*) to chew at.

mo'rente *ag* dying ♦ *smf* dying man/woman.

mor'fina *sf* morphine.

mo'ria *sf* high mortality.

mori'bondo, a *ag* dying, moribund.

morige'rato, a [moridʒe'rato] *ag* of good morals.

mo'rire *vi* to die; (*abitudine, civiltà*) to die out; ~ **di dolore** to die of a broken heart; ~ **di fame** to die of hunger; (*fig*) to be starving; ~ **di freddo** to freeze to death; (*fig*) to be frozen; ~ **d'invidia** to be green with envy; ~ **di noia/paura** to be bored/scared to death; ~ **dalla voglia di fare qc** to be dying to do sth; **fa un caldo da** ~ it's terribly hot.

mormo'rare *vi* to murmur; (*brontolare*) to grumble; **si mormora che ...** it's rumoured (*BRIT*) *o* rumored (*US*) that ...; **la gente mormora** people are talking.

mormo'rio *sm* murmuring; grumbling.

'moro, a *ag* dark(-haired); dark(-complexioned); **i M~i** *smpl* (*STORIA*) the Moors.

mo'roso, a *ag* in arrears ♦ *smf* (*fam: innamorato*) sweetheart.

'morsa *sf* (*TECN*) vice (*BRIT*), vise (*US*); (*fig: stretta*) grip.

mor'setto *sm* (*TECN*) clamp; (*ELETTR*) terminal.

morsi'care *vt* to nibble (at), gnaw (at); (*sog: insetto*) to bite.

'morso, a *pp di* **mordere** ♦ *sm* bite; (*di insetto*) sting; (*parte della briglia*) bit; **dare un** ~ **a qc/qn** to bite sth/sb; **i ~i della fame** pangs of hunger.

morta'della *sf* (*CUC*) mortadella (*type of salted pork meat*).

mor'taio *sm* mortar.

mor'tale *ag, sm* mortal.

mortalità *sf* mortality; (*STATISTICA*) mortality, death rate.

'morte *sf* death; **in punto di** ~ at death's door; **ferito a** ~ (*soldato*) mortally wounded; (*in incidente*) fatally injured; **essere annoiato a** ~ to be bored to death *o* to tears; **avercela a** ~ **con qn** to be bitterly resentful of sb; **avere la** ~ **nel cuore** to have a heavy heart.

mortifi'care *vt* to mortify.

'morto, a *pp di* **morire** ♦ *ag* dead ♦ *smf* dead man/woman; **i ~i** the dead; **fare il** ~ (*nell'acqua*) to float on one's back; **un** ~ **di fame** (*fig peg*) a down-and-out; **le campane suonavano a** ~ the funeral bells were tolling; *vedi anche* **Giorno dei Morti**.

mor'torio *sm* (*anche fig*) funeral.

mo'saico, ci *sm* mosaic; **l'ultimo tassello del** ~ (*fig*) the last piece of the puzzle.

'Mosca *sf* Moscow.

'mosca, sche *sf* fly; **rimanere** *o* **restare con un pugno di** ~**sche** (*fig*) to be left empty-handed; **non si sentiva una** ~ (*fig*) you could have heard a pin drop; ~ **cieca** blind-man's buff.

mos'cato *sm* muscatel (wine).

mosce'rino [moʃʃe'rino] *sm* midge, gnat.

mos'chea [mos'kɛa] *sf* mosque.

mos'chetto [mos'ketto] *sm* musket.

moschet'tone [mosket'tone] *sm* (*gancia*) spring clip; (*ALPINISMO*) karabiner, snaplink.

moschi'cida, i, e [moski'tʃida] *ag* fly *cpd*; **carta** ~ flypaper.

'moscio, a, sci, sce ['mɔʃʃo] *ag* (*fig*) lifeless; **ha la "r"** ~**a** he can't roll his "r"s.

mos'cone *sm* (*ZOOL*) bluebottle; (*barca*) pedalo; (: *a remi*) *kind of pedalo with oars.*

mosco'vita, i, e *ag, smf* Muscovite.

'mossa *sf* movement; (*nel gioco*) move; **darsi una** ~ (*fig*) to give o.s. a shake; **prendere le** ~**e da qc** to come about as the result of sth.

'mossi *etc vb vedi* **muovere**.

'mosso, a *pp di* **muovere** ♦ *ag* (*mare*) rough; (*capelli*) wavy; (*FOT*) blurred; (*ritmo, prosa*) animated.

mos'tarda *sf* mustard.

'mosto *sm* must.

'mostra *sf* exhibition, show; (*ostentazione*) show; **in** ~ on show; **far** ~ **di** (*fingere*) to pretend; **far** ~ **di sé** to show off; **mettersi in** ~ to draw attention to o.s.

mos'trare *vt* to show ♦ *vi*: ~ **di fare** to pretend to do; ~**rsi** *vr* to appear; ~ **la**

lingua to stick out one's tongue.
'mostro *sm* monster.
mostru'oso, a *ag* monstrous.
mo'tel *sm inv* motel.
moti'vare *vt* (*causare*) to cause;
(*giustificare*) to justify, account for.
motivazi'one [motivat'tsjone] *sf*
justification; (*PSIC*) motivation.
mo'tivo *sm* (*causa*) reason, cause;
(*movente*) motive; (*letterario*) (central)
theme; (*disegno*) motif, design, pattern;
(*MUS*) motif; **per quale ~?** why?, for what
reason?; **per ~i di salute** for health
reasons, on health grounds; **~i personali**
personal reasons.
'moto *sm* (*anche FISICA*) motion;
(*movimento, gesto*) movement; (*esercizio
fisico*) exercise; (*sommossa*) rising,
revolt; (*commozione*) feeling, impulse ♦ *sf
inv* (*motocicletta*) motorbike; **fare del ~** to
take some exercise; **un ~ d'impazienza**
an impatient gesture; **mettere in ~** to set
in motion; (*AUT*) to start up.
moto'carro *sm* three-wheeler van.
motoci'cletta [motot∫i'kletta] *sf*
motorcycle.
motoci'clismo [motot∫i'klizmo] *sm*
motorcycling, motorcycle racing.
motoci'clista, i, e [motot∫i'klista] *sm/f*
motorcyclist.
moto'nave *sf* motor vessel.
motopesche'reccio [motopeske'rett∫o] *sm*
motor fishing vessel.
mo'tore, 'trice *ag* motor; (*TECN*) driving
♦ *sm* engine, motor ♦ *sf* (*TECN*) engine,
motor; **albero ~** drive shaft; **forza ~trice**
driving force; **a ~** motor *cpd*, power-
driven; **~ a combustione interna/a
reazione** internal combustion/jet engine.
moto'rino *sm* moped; **~ di avviamento**
(*AUT*) starter.
motoriz'zato, a [motorid'dzato] *ag* (*truppe*)
motorized; (*persona*) having a car *o*
transport.
motorizzazi'one [motoriddzat'tsjone] *sf*
(*ufficio tecnico e organizzativo*): (**ufficio
della**) ~ road traffic office.
motos'cafo *sm* motorboat.
motove'detta *sf* motor patrol vessel.
mo'trice [mo'trit∫e] *sf vedi* **motore**.
mot'teggio [mot'tedd3o] *sm* banter.
'motto *sm* (*battuta scherzosa*) witty remark;
(*frase emblematica*) motto, maxim.
mountain bike *sf inv* mountain bike.
mo'vente *sm* motive.
mo'venza [mo'ventsa] *sf* movement.
movimen'tare *vt* to liven up.
movimen'tato, a *ag* (*festa, partita*) lively;

(*riunione*) animated; (*strada, vita*) busy;
(*soggiorno*) eventful.
movi'mento *sm* movement; (*fig*) activity,
hustle and bustle; (*MUS*) tempo,
movement; **essere sempre in ~** to be
always on the go; **fare un po' di ~**
(*esercizio fisico*) to take some exercise; **c'è
molto ~ in città** the town is very busy; **~
di capitali** movement of capital; **M~ per
la Liberazione della Donna (MLD)**
Women's Movement.
movi'ola *sf* moviola; **rivedere qc alla ~** to
see an action (*BRIT*) *o* instant (*US*) replay
of sth.
Mozam'bico [moddzam'biko] *sm*: **il ~**
Mozambique.
mozi'one [mot'tsjone] *sf* (*POL*) motion; **~
d'ordine** (*POL*) point of order.
mozzafi'ato [mottsa'fjato] *ag inv*
breathtaking.
moz'zare [mot'tsare] *vt* to cut off; (*coda*) to
dock; **~ il fiato** *o* **il respiro a qn** (*fig*) to
take sb's breath away.
mozza'rella [mottsa'rɛlla] *sf* mozzarella (*a
moist Neapolitan curd cheese*).
mozzi'cone [mottsi'kone] *sm* stub, butt,
end; (*anche*: **~ di sigaretta**) cigarette end.
'mozzo *sm* ['mɔddzo] (*MECCANICA*) hub;
['mottso] (*NAUT*) ship's boy; **~ di stalla**
stable boy.
mq *abbr* (= *metro quadro*) sq.m.
MS *sigla* = *Massa Carrara*.
ms. *abbr* (= *manoscritto*) ms.
M.S.I. *sigla m* (= *Movimento Sociale Italiano*)
former right-wing political party.
Mti *abbr* = *monti*.
'mucca, che *sf* cow.
'mucchio ['mukkjo] *sm* pile, heap; (*fig*): **un
~ di** lots of, heaps of.
mucil'lagine [mut∫il'lad3ine] *sf* (*BOT*)
mucilage (*green slime produced by plants
growing in water*).
'muco, chi *sm* mucus.
mu'cosa *sf* mucous membrane.
'muffa *sf* mould (*BRIT*), mold (*US*), mildew;
fare la ~ to go mouldy (*BRIT*) *o* moldy
(*US*).
mugghi'are [mug'gjare] *vi* (*fig*: *mare, tuono*)
to roar; (: *vento*) to howl.
mug'gire [mud'd3ire] *vi* (*vacca*) to low, moo;
(*toro*) to bellow; (*fig*) to roar.
mug'gito [mud'd3ito] *sm* low, moo; bellow;
roar.
mu'ghetto [mu'getto] *sm* lily of the valley.
mu'gnaio, a [mun'najo] *sm/f* miller.
mugo'lare *vi* (*cane*) to whimper, whine;
(*fig*: *persona*) to moan.
mugu'gnare [mugun'jare] *vi* (*fam*) to

mutter, mumble.

mulatti'era sf mule track.

mu'latto, a ag, smf mulatto.

muli'nare vi to whirl, spin (round and round).

muli'nello sm (moto vorticoso) eddy, whirl; (di canna da pesca) reel; (NAUT) windlass.

mu'lino sm mill; ~ **a vento** windmill.

'mulo sm mule.

'multa sf fine.

mul'tare vt to fine.

multico'lore ag multicoloured (BRIT), multicolored (US).

multi'forme ag (paesaggio, attività, interessi) varied; (ingegno) versatile.

multimedi'ale ag multimedia cpd.

multinazio'nale [multinattsjo'nale] ag, sf multinational; **forza** ~ **di pace** multinational peace-keeping force.

'multiplo, a ag, sm multiple.

multiu'tenza [multiu'tɛntsa] sf (INFORM) time sharing.

'mummia sf mummy.

'mungere ['mundʒere] vt (anche fig) to milk.

mungi'tura [mundʒi'tura] sf milking.

munici'pale [munitʃi'pale] ag (gen) municipal; **palazzo** ~ town hall; **autorità** ~**i** local authorities (BRIT), local government sg.

muni'cipio [muni'tʃipjo] sm town council; (edificio) town hall; **sposarsi in** ~ ≈ to get married in a registry office (BRIT), have a civil marriage.

munifi'cenza [munifi'tʃɛntsa] sf munificence.

mu'nifico, a, ci, che ag munificent, generous.

mu'nire vt: ~ **qc/qn di** to equip sth/sb with; ~ **di firma** (documento) to sign.

munizi'oni [munit'tsjoni] sfpl (MIL) ammunition sg.

'munsi etc vb vedi **mungere.**

'munto, a pp di **mungere.**

mu'oio etc vb vedi **morire.**

mu'overe vt to move; (ruota, macchina) to drive; (sollevare: questione, obiezione) to raise, bring up; (: accusa) to make, bring forward; ~**rsi** vr to move; ~ **causa a qn** (DIR) to take legal action against sb; ~ **a compassione** to move to pity; ~ **guerra a** o **contro qn** to wage war against sb; ~ **mari e monti** to move heaven and earth; ~ **al pianto** to move to tears; ~ **i primi passi** to take one's first steps; (fig) to be starting out; **muoviti!** hurry up!, get a move on!

'mura sfpl vedi **muro.**

mu'raglia [mu'raʎʎa] sf (high) wall.

mu'rale ag wall cpd; mural.

mu'rare vt (persona, porta) to wall up.

mu'rario, a ag building cpd; **arte** ~**a** masonry.

mura'tore sm (con pietre) mason; (con mattoni) bricklayer.

mura'tura sf (lavoro murario) masonry; **casa in** ~ (di pietra) stonebuilt house; (di mattoni) brick house.

'muro sm wall; ~**a** sfpl (cinta cittadina) walls; **a** ~ wall cpd; (armadio etc) built-in; **mettere al** ~ (fucilare) to shoot (by firing squad); ~ **di cinta** surrounding wall; ~ **divisorio** dividing wall; ~ **del suono** sound barrier.

'musa sf muse.

'muschio ['muskjo] sm (ZOOL) musk; (BOT) moss.

musco'lare ag muscular, muscle cpd.

muscola'tura sf muscle structure.

'muscolo sm (ANAT) muscle.

musco'loso, a ag muscular.

mu'seo sm museum.

museru'ola sf muzzle.

'musica sf music; ~ **da ballo/camera** dance/chamber music.

musi'cale ag musical.

musicas'setta sf (pre-recorded) cassette.

musi'cista, i, e [muzi'tʃista] smf musician.

musi'comane smf music lover.

'muso sm muzzle; (di auto, aereo) nose; **tenere il** ~ to sulk.

mu'sone, a smf sulky person.

'mussola sf muslin.

mus(s)ul'mano, a ag, smf Muslim, Moslem.

'muta sf (di animali) moulting (BRIT), molting (US); (di serpenti) sloughing; (per immersioni subacquee) diving suit; (gruppo di cani) pack.

mu'tabile ag changeable.

muta'mento sm change.

mu'tande sfpl (da uomo) (under)pants.

mutan'dine sfpl (da donna, bambino) pants (BRIT), briefs; ~ **di plastica** plastic pants.

mu'tare vt, vi to change, alter.

mutazi'one [mutat'tsjone] sf change, alteration; (BIOL) mutation.

mu'tevole ag changeable.

muti'lare vt to mutilate, maim; (fig) to mutilate, deface.

muti'lato, a smf disabled person (through loss of limbs); ~ **di guerra** disabled ex-serviceman (BRIT) o war veteran (US).

mutilazi'one [mutilat'tsjone] sf mutilation.

mu'tismo sm (MED) mutism; (atteggiamento) (stubborn) silence.

'muto, a ag (MED) dumb; (emozione, dolore,

CINE) silent; (LING) silent, mute; (carta geografica) blank; ~ **per lo stupore** etc speechless with amazement etc; **ha fatto scena** ~**a** he didn't utter a word.

'**mutua** sf (anche: **cassa** ~) health insurance scheme; **medico della** ~ ≈ National Health Service doctor (BRIT).

mutu'are vt (fig) to borrow.

mutu'ato, a sm/f member of a health insurance scheme.

'**mutuo, a** ag (reciproco) mutual ♦ sm (ECON) (long-term) loan; ~ **ipotecario** mortgage.

N n

N, n ['ɛnne] sf o m (lettera) N, n; **N come Napoli** ≈ N for Nellie (BRIT), N for Nan (US).

N abbr (= nord) N.

n abbr (= numero) no.

NA sigla = Napoli.

na'babbo sm (anche fig) nabob.

'**nacchere** ['nakkere] sfpl castanets.

NAD sigla m = **nucleo anti-droga**.

na'dir sm (ASTR) nadir.

'**nafta** sf naphtha; (per motori diesel) diesel oil.

nafta'lina sf (CHIM) naphthalene; (tarmicida) mothballs pl.

'**naia** sf (ZOOL) cobra; (MIL) slang term for national service.

na'if [na'if] ag inv naïve.

'**nailon** sm = **nylon**.

Nai'robi sf Nairobi.

'**nanna** sf (linguaggio infantile): **andare a** ~ to go to beddy-byes.

'**nano, a** ag, sm/f dwarf.

napole'tano, a ag, sm/f Neapolitan ♦ sf (macchinetta da caffè) Neapolitan coffee pot.

'**Napoli** sf Naples.

'**nappa** sf tassel.

nar'ciso [nar'tʃizo] sm narcissus.

'**narcos** sm inv (colombiano) Colombian drug trafficker.

narco'dollari smpl drug money sg.

nar'cosi sf general anaesthesia, narcosis.

nar'cotico, ci sm narcotic.

narcotraffi'cante sm/f drug trafficker.

narco'traffico sm drug trade.

na'rice [na'ritʃe] sf nostril.

nar'rare vt to tell the story of, recount.

narra'tivo, a ag narrative ♦ sf (branca letteraria) fiction.

narra'tore, 'trice sm/f narrator.

narrazi'one [narrat'tsjone] sf narration; (racconto) story, tale.

N.A.S.A. ['naza] sigla f (= National Aeronautics and Space Administration) NASA.

na'sale ag nasal.

na'scente [naʃ'ʃɛnte] ag (sole, luna) rising.

'**nascere** ['naʃʃere] vi (bambino) to be born; (pianta) to come o spring up; (fiume) to rise, have its source; (sole) to rise; (dente) to come through; (fig: derivare, conseguire): ~ **da** to arise from, be born out of; **è nata nel 1952** she was born in 1952; **da cosa nasce cosa** one thing leads to another.

'**nascita** ['naʃʃita] sf birth.

nasci'turo, a [naʃʃi'turo] sm/f future child; **come si chiamerà il** ~? what's the baby going to be called?

nas'condere vt to hide, conceal; ~**rsi** vr to hide.

nascon'diglio [naskon'diʎʎo] sm hiding place.

nascon'dino sm (gioco) hide-and-seek.

nas'cosi etc vb vedi **nascondere**.

nas'costo, a pp di **nascondere** ♦ ag hidden; **di** ~ secretly.

na'sello sm (ZOOL) hake.

'**naso** sm nose.

Nas'sau sf Nassau.

'**nastro** sm ribbon; (magnetico, isolante, SPORT) tape; ~ **adesivo** adhesive tape; ~ **trasportatore** conveyor belt.

nas'turzio [nas'turtsjo] sm nasturtium.

na'tale ag of one's birth ♦ sm (REL): **N~** Christmas; (giorno della nascita) birthday; ~**i** smpl: **di illustri/umili** ~**i** of noble/ humble birth.

natalità sf birth rate.

nata'lizio, a [nata'littsjo] ag (del Natale) Christmas cpd.

na'tante sm craft inv, boat.

'**natica, che** sf (ANAT) buttock.

na'tio, a, 'tii, 'tie ag native.

Nativà sf (REL) Nativity.

na'tivo, a ag, sm/f native.

'**nato, a** pp di **nascere** ♦ ag: **un attore** ~ a born actor; ~**a Pieri** née Pieri.

'**N.A.T.O.** sigla f NATO (= North Atlantic Treaty Organization).

na'tura sf nature; **pagare in** ~ to pay in kind; ~ **morta** still life.

natu'rale ag natural ♦ sm: **al** ~ (alimenti) served plain; (ritratto) life-size; **(ma) è** ~!

(*in risposte*) of course!; **a grandezza** ~
life-size; **acqua** ~ spring water.
natura'lezza [natura'lettsa] *sf* naturalness.
natura'lista, i, e *smf* naturalist.
naturaliz'zare [naturalid'dzare] *vt* to
naturalize.
natural'mente *av* naturally; (*certamente,
si*) of course.
natu'rismo *sm* naturism, nudism.
natu'rista, i, e *ag, smf* naturist, nudist.
naufra'gare *vi* (*nave*) to be wrecked;
(*persona*) to be shipwrecked; (*fig*) to fall
through.
nau'fragio [nau'fradʒo] *sm* shipwreck; (*fig*)
ruin, failure.
'naufrago, ghi *sm* castaway, shipwreck
victim.
'nausea *sf* nausea; **avere la** ~ to feel sick
(*BRIT*) *o* ill (*US*); **fino alla** ~ ad nauseam.
nausea'bondo, a *ag*, **nause'ante** *ag*
nauseating, sickening.
nause'are *vt* to nauseate, make (feel) sick
(*BRIT*) *o* ill (*US*).
'nautico, a, ci, che *ag* nautical ♦ *sf* (art of)
navigation; **salone** ~ (*mostra*) boat show.
na'vale *ag* naval; **battaglia** ~ naval battle;
(*gioco*) battleships *pl*.
na'vata *sf* (*anche:* ~ **centrale**) nave; (*anche:*
~ **laterale**) aisle.
'nave *sf* ship, vessel; ~ **da carico** cargo
ship, freighter; ~ **cisterna** tanker; ~ **da
guerra** warship; ~ **di linea** liner; ~
passeggeri passenger ship; ~ **portaerei**
aircraft carrier; ~ **spaziale** spaceship.
na'vetta *sf* shuttle; (*servizio di
collegamento*) shuttle (service).
navi'cella [navi't ʃɛlla] *sf* (*di aerostato*)
gondola; ~ **spaziale** spaceship.
navi'gabile *ag* navigable.
navi'gante *sm* sailor, seaman.
navi'gare *vi* to sail; ~ **in cattive acque** (*fig*)
to be in deep water.
navi'gato, a *ag* (*fig: esperto*) experienced.
naviga'tore, 'trice *smf* (*gen*) navigator; ~
solitario single-handed sailor.
navigazi'one [navigat'tsjone] *sf* navigation;
dopo una settimana di ~ after a week at
sea.
na'viglio [na'viʎʎo] *sm* fleet, ships *pl*;
(*canale artificiale*) canal; ~ **da pesca**
fishing fleet.
'Nazaret(h) ['naddzaret] *sf* Nazareth.
nazio'nale [nattsjo'nale] *ag* national ♦ *sf*
(*SPORT*) national team.
naziona'lismo [nattsjona'lizmo] *sm*
nationalism.
naziona'lista, i, e [nattsjona'lista] *ag, smf*
nationalist.

nazionalità [nattsjonali'ta] *sf inv*
nationality.
nazionaliz'zare [nattsjonalid'dzare] *vt* to
nationalize.
nazionalizzazi'one [nattsjonalid-
dzat'tsjone] *sf* nationalization.
nazi'one [nat'tsjone] *sf* nation.
naziskin ['nɑːtsiskin] *sm inv* Nazi skinhead.
na'zismo [nat'tsizmo] *sm* Nazism.
na'zista, i, e [nat'tsista] *ag, smf* Nazi.
NB *abbr* (= *nota bene*) NB.
N.d.A. *abbr* (= *nota dell'autore*) author's
note.
N.d.D. *abbr* = *nota della direzione*.
N.d.E. *abbr* (= *nota dell'editore*) publisher's
note.
N.d.R. *abbr* (= *nota della redazione*) editor's
note.
'nd'rangheta [nd'rangeta] *sf* Calabrian
Mafia.
N.d.T. *abbr* (= *nota del traduttore*)
translator's note.

═══════════════════ *PAROLA CHIAVE*

ne *pron* **1** (*di lui, lei, loro*) of him/her/them;
about him/her/them; ~ **riconosco la voce**
I recognize his (*o* her) voice
2 (*di questa, quella cosa*) of it; about it; ~
voglio ancora I want some more (of it *o*
them); **non parliamone più!** let's not talk
about it any more!
3 (*da ciò*) from this; ~ **deduco che l'avete
trovato** I gather you've found it; ~
consegue che ... it follows therefore
that ...
4 (*con valore partitivo*): **hai dei libri? — sì,
~ ho** have you any books? — yes, I have
(some); **hai del pane? — no, non ~ ho**
have you any bread? — no, I haven't any;
quanti anni hai? — ~ ho 17 how old are
you? — I'm 17
♦ *av* (*moto da luogo: da lì*) from there; ~
vengo ora I've just come from there.

né *cong:* ~ ... ~ neither ... nor; ~ **l'uno** ~
l'altro lo vuole neither of them wants it;
~ **più** ~ **meno** no more no less; **non parla**
~ **l'italiano** ~ **il tedesco** he speaks neither
Italian nor German, he doesn't speak
either Italian or German; **non piove** ~
nevica it isn't raining or snowing.
N.E. *abbr* (= *nordest*) NE.
ne'anche [ne'anke] *av, cong* not even; **non** ...
~ not even; ~ **se volesse potrebbe venire**
he couldn't come even if he wanted to;
non l'ho visto — neanch'io I didn't see
him — neither did I *o* I didn't either; ~
per idea *o* **sogno!** not on your life!; **non ci**

penso ~! I wouldn't dream of it!; ~ **a pagarlo lo farebbe** he wouldn't do it even if you paid him.

'**nebbia** sf fog; (foschia) mist.

nebbi'oso, a ag foggy; misty.

nebulizza'tore [nebuliddza'tore] sm atomizer.

nebu'losa sf nebula.

nebulosità sf haziness.

nebu'loso, a ag (atmosfera, cielo) hazy; (fig) hazy, vague.

néces'saire [nesɛ'sɛr] sm inv: ~ **da viaggio** overnight case o bag.

necessaria'mente [netʃessarja'mente] av necessarily.

neces'sario, a [netʃes'sarjo] ag necessary ♦ sm: **fare il** ~ to do what is necessary; **lo stretto** ~ the bare essentials pl.

necessità [netʃessi'ta] sf inv necessity; (povertà) need, poverty; **trovarsi nella** ~ **di fare qc** to be forced o obliged to do sth, have to do sth.

necessi'tare [netʃessi'tare] vt to require ♦ vi (aver bisogno): ~ **di** to need.

necro'logio [nekro'lɔdʒo] sm obituary notice; (registro) register of deaths.

ne'fando, a ag infamous, wicked.

ne'fasto, a ag inauspicious, ill-omened.

ne'gare vt to deny; (rifiutare) to deny, refuse; ~ **di aver fatto/che** to deny having done/that.

negativa'mente av negatively; **rispondere** ~ to give a negative response.

nega'tivo, a ag, sf, sm negative.

negazi'one [negat'tsjone] sf negation.

negherò etc [nege'rɔ] vb vedi **negare**.

ne'gletto, a [ne'glɛtto] ag (trascurato) neglected.

'**negli** ['neʎʎi] prep + det vedi **in**.

négli'gé [negli'ʒe] sm inv negligee.

negli'gente [negli'dʒɛnte] ag negligent, careless.

negli'genza [negli'dʒɛntsa] sf negligence, carelessness.

negozi'abile [negot'tsjabile] ag negotiable.

negozi'ante [negot'tsjante] sm/f trader, dealer; (bottegaio) shopkeeper (BRIT), storekeeper (US).

negozi'are [negot'tsjare] vt to negotiate ♦ vi: ~ **in** to trade o deal in.

negozi'ato [negot'tsjato] sm negotiation.

negozia'tore, 'trice [negottsja'tore] sm/f negotiator.

ne'gozio [ne'gɔttsjo] sm (locale) shop (BRIT), store (US); (affare) (piece of) business no pl; (DIR): ~ **giuridico** legal

transaction.

negri'ere, a, negri'ero, a sm slave trader ♦ sm/f (fig) slave driver.

'**negro, a** ag, sm/f Negro.

negro'mante sm/f necromancer.

negroman'zia [negroman'tsia] sf necromancy.

'**nei, nel, nell', 'nella, 'nelle, 'nello** prep +det vedi **in**.

'**nembo** sm (METEOR) nimbus.

ne'mico, a, ci, che ag hostile; (MIL) enemy cpd ♦ sm/f enemy; **essere** ~ **di** to be strongly averse o opposed to.

nem'meno av, cong = **neanche**.

'**nenia** sf dirge; (motivo monotono) monotonous tune.

'**neo** sm mole; (fig) (slight) flaw.

'**neo...** prefisso neo....

neofa'scista, i, e [neofaʃ'ʃista] sm/f neofascist.

neolo'gismo [neolo'dʒizmo] sm neologism.

'**neon** sm (CHIM) neon.

neo'nato, a ag newborn ♦ sm/f newborn baby.

neozelan'dese [neoddzelan'dese] ag New Zealand cpd ♦ sm/f New Zealander.

Ne'pal sm: **il** ~ Nepal.

nepo'tismo sm nepotism.

nep'pure av, cong = **neanche**.

ner'bata sf (colpo) blow; (sferzata) whiplash.

'**nerbo** sm lash; (fig) strength, backbone.

nerbo'ruto, a ag muscular; robust.

ne'retto sm (TIP) bold type.

'**nero, a** ag black; (scuro) dark ♦ sm black; **nella miseria più** ~**a** in utter o abject poverty; **essere di umore** ~, **essere** ~ to be in a filthy mood; **mettere qc** ~ **su bianco** to put sth down in black and white; **vedere tutto** ~ to look on the black side (of things).

nero'fumo sm lampblack.

nerva'tura sf (ANAT) nervous system; (BOT) veining; (ARCHIT, TECN) rib.

'**nervo** sm (ANAT) nerve; (BOT) vein; **avere i** ~**i** to be on edge; **dare sui** ~**i a qn** to get on sb's nerves; **tenere/avere i** ~**i saldi** to keep/be calm; **che** ~**i!** damn (it)!

nervo'sismo sm (PSIC) nervousness; (irritazione) irritability.

ner'voso, a ag nervous; (irritabile) irritable ♦ sm (fam): **far venire il** ~ **a qn** to get on sb's nerves; **farsi prendere dal** ~ to let o.s. get irritated.

'**nespola** sf (BOT) medlar; (fig) blow, punch.

'**nespolo** sm medlar tree.

'**nesso** sm connection, link.

===================== *PAROLA CHIAVE*

nes'suno, a (*det: dav sm* **nessun** + *C, V,*
nessuno + *s impura, gn, pn, ps, x, z; dav sf*
nessuna + *C,* **nessun'** + *V*) *det* **1** (*non uno*)
no, *espressione negativa* + any; **non c'è**
nessun libro there isn't any book, there is
no book; **nessun altro** no one else, nobody
else; **nessun'altra cosa** nothing else; **in**
nessun luogo nowhere
2 (*qualche*) any; **hai ~a obiezione?** do you
have any objections?
♦ *pron* **1** (*non uno*) no one, nobody,
espressione negativa + any(one); (*: cosa*)
none, *espressione negativa* + any; **~ è venuto,**
non è venuto ~ nobody came
2 (*qualcuno*) anyone, anybody; **ha**
telefonato ~? did anyone phone?

netta'mente *av* clearly.
net'tare *vt* to clean ♦ *sm* ['nɛttare] nectar.
net'tezza [net'tettsa] *sf* cleanness,
cleanliness; **~ urbana** cleansing
department (*BRIT*), department of
sanitation (*US*).
'netto, a *ag* (*pulito*) clean; (*chiaro*) clear,
clear-cut; (*deciso*) definite; (*ECON*) net;
tagliare qc di ~ to cut sth clean off; **taglio**
~ col passato (*fig*) clean break with the
past.
nettur'bino *sm* dustman (*BRIT*), garbage
collector (*US*).
'neuro... *prefisso* neuro....
neurochirur'gia [neurokirur'dʒia] *sf*
neurosurgery.
neurolo'gia [neurolo'dʒia] *sf* neurology.
neuro'logico, a, ci, che [neuro'lɔdʒiko] *ag*
neurological.
neu'rologo a, gi, ghe *sm/f* neurologist.
neu'rosi *sf inv* = **nevrosi**.
neu'trale *ag* neutral.
neutralità *sf* neutrality.
neutraliz'zare [neutralid'dzare] *vt* to
neutralize.
'neutro, a *ag* neutral; (*LING*) neuter ♦ *sm*
(*LING*) neuter.
neu'trone *sm* neutron.
ne'vaio *sm* snowfield.
'neve *sf* snow; **montare a ~** (*CUC*) to whip
up; **~ carbonica** dry ice.
nevi'care *vb impers* to snow.
nevi'cata *sf* snowfall.
ne'vischio [ne'viskjo] *sm* sleet.
ne'voso, a *ag* snowy; snow-covered.
nevral'gia [nevral'dʒia] *sf* neuralgia.
ne'vralgico, a, ci, che [ne'vraldʒiko] *ag*:
punto ~ (*MED*) nerve centre; (*fig*) crucial
point.

nevras'tenico, a, ci, che *ag* (*MED*)
neurasthenic; (*fig*) hot-tempered ♦ *sm/f*
neurasthenic; hot-tempered person.
ne'vrosi *sf inv* neurosis.
ne'vrotico, a, ci, che *ag, sm/f* (*anche fig*)
neurotic.
Nia'gara *sm*: **le cascate del ~** the Niagara
Falls.
'nibbio *sm* (*ZOOL*) kite.
Nica'ragua *sm*: **il ~** Nicaragua.
nicaragu'ense *ag, sm/f* Nicaraguan.
'nicchia ['nikkja] *sf* niche; (*naturale*) cavity,
hollow; **~ di mercato** (*COMM*) niche
market.
nicchi'are [nik'kjare] *vi* to shilly-shally,
hesitate.
'nichel ['nikel] *sm* nickel.
nichi'lismo [niki'lizmo] *sm* nihilism.
Nico'sia *sf* Nicosia.
nico'tina *sf* nicotine.
nidi'ata *sf* (*di uccelli, fig: di bambini*) brood;
(*di altri animali*) litter.
nidifi'care *vi* to nest.
'nido *sm* nest ♦ *ag inv*: **asilo ~** day nursery,
crèche (*for children aged 0 to 3*); **a ~ d'ape**
(*tessuto etc*) honeycomb *cpd*.

===================== *PAROLA CHIAVE*

ni'ente *pron* **1** (*nessuna cosa*) nothing; **~**
può fermarlo nothing can stop him; **~ di**
~ absolutely nothing; **grazie! — di ~!**
thank you! — not at all!; **nient'altro**
nothing else; **nient'altro che** nothing but;
~ affatto not at all, not in the least; **come**
se ~ fosse as if nothing had happened;
cose da ~ trivial matters; **per ~** (*gratis,*
invano) for nothing; **non per ~, ma ...** not
for any particular reason, but ...; **poco o**
~ next to nothing; **un uomo da ~** a man
of no consequence
2 (*qualcosa*): **hai bisogno di ~?** do you
need anything?
3: **non ... ~** nothing, *espressione negativa* +
anything; **non ho visto ~** I saw nothing, I
didn't see anything; **non può farci ~** he
can't do anything about it; **(non) fa ~** (*non*
importa) it doesn't matter; **non ho ~ da**
dire I have nothing *o* haven't anything to
say
♦ *ag inv*: **~ paura!** never fear!; **e ~ scuse!**
and I don't want to hear excuses!
♦ *sm* nothing; **un bel ~** absolutely
nothing; **basta un ~ per farla piangere** the
slightest thing is enough to make her
cry; **finire in ~** to come to nothing
♦ *av* (*in nessuna misura*): **non ... ~** not ... at
all; **non è (per) ~ buono** it isn't good at
all; **non ci penso per ~** (*non ne ho nessuna*

intenzione) I wouldn't think of it; ~ **male!** not bad at all!

nientedi'meno, niente'meno *av* actually, even ♦ *escl* really!, I say!

'Niger ['nidʒer] *sm*: **il** ~ Niger; (*fiume*) the Niger.

Ni'geria [ni'dʒɛrja] *sf* Nigeria.

nigeri'ano, a [nidʒe'rjano] *ag, sm/f* Nigerian.

'Nilo *sm*: **il** ~ the Nile.

'nimbo *sm* halo.

'ninfa *sf* nymph.

nin'fea *sf* water lily.

nin'fomane *sf* nymphomaniac.

ninna'nanna *sf* lullaby.

'ninnolo *sm* (*balocco*) plaything; (*gingillo*) knick-knack.

ni'pote *sm/f* (*di zii*) nephew/niece; (*di nonni*) grandson/daughter, grandchild.

nip'ponico, a, ci, che *ag* Japanese.

niti'dezza [niti'dettsa] *sf* (*gen*) clearness; (*di stile*) clarity; (*FOT, TV*) sharpness.

'nitido, a *ag* clear; (*immagine*) sharp, well-defined.

ni'trato *sm* nitrate.

'nitrico, a, ci, che *ag* nitric.

ni'trire *vi* to neigh.

ni'trito *sm* (*di cavallo*) neighing *no pl*; neigh; (*CHIM*) nitrite.

nitroglice'rina [nitroglitʃe'rina] *sf* nitroglycerine.

'niveo, a *ag* snow-white.

'Nizza ['nittsa] *sf* Nice.

nn *abbr* (= *numeri*) nos.

NO *sigla* = Novara.

no *av* (*risposta*) no; **vieni o** ~? are you coming or not?; **come** ~! of course!, certainly!; **perché** ~? why not?

N.O. *abbr* (= *nordovest*) NW.

nobil'donna *sf* noblewoman.

'nobile *ag* noble ♦ *sm/f* noble, nobleman/woman.

nobili'are *ag* noble.

nobili'tare *vt* (*anche fig*) to ennoble; **~rsi** *vr* (*rendersi insigne*) to distinguish o.s.

nobiltà *sf* nobility; (*di azione etc*) nobleness.

nobilu'omo *sm, pl* **-u'omini** nobleman.

'nocca, che *sf* (*ANAT*) knuckle.

'noccio *etc* ['nɔttʃo] *vb vedi* **nuocere**.

nocci'ola [not'tʃɔla] *sf* hazelnut ♦ *ag inv* (*anche*: **color** ~) hazel, light brown.

noccio'lina [nottʃo'lina] *sf* (*anche*: ~ **americana**) peanut.

'nocciolo ['nɔttʃolo] *sm* (*di frutto*) stone; (*fig*) heart, core; [not'tʃɔlo] (*albero*) hazel.

'noce ['notʃe] *sm* (*albero*) walnut tree ♦ *sf* (*frutto*) walnut; **una** ~ **di burro** (*CUC*) a knob of butter (*BRIT*), a dab of butter

(*US*); ~ **di cocco** coconut; ~ **moscata** nutmeg.

noce'pesca, sche [notʃe'peska] *sf* nectarine.

no'cevo *etc* [no'tʃevo] *vb vedi* **nuocere**.

noci'uto [no'tʃuto] *pp di* **nuocere**.

no'civo, a [no'tʃivo] *ag* harmful, noxious.

'nocqui *etc vb vedi* **nuocere**.

'nodo *sm* (*di cravatta, legname, NAUT*) knot; (*AUT, FERR*) junction; (*MED, ASTR, BOT*) node; (*fig: legame*) bond, tie; (: *punto centrale*) heart, crux; **avere un** ~ **alla gola** to have a lump in one's throat; **tutti i** ~**i vengono al pettine** (*proverbio*) your sins will find you out.

no'doso, a *ag* (*tronco*) gnarled.

'nodulo *sm* (*ANAT, BOT*) nodule.

'noi *pron* (*soggetto*) we; (*oggetto: per dare rilievo, con preposizione*) us; ~ **stessi(e)** we ourselves; (*oggetto*) ourselves; **da** ~ (*nel nostro paese*) in our country, where we come from; (*a casa nostra*) at our house.

'noia *sf* boredom; (*disturbo, impaccio*) bother *no pl*, trouble *no pl*; **avere qn/qc a** ~ not to like sb/sth; **mi è venuto a** ~ I'm tired of it; **dare** ~ **a** to annoy; **avere delle** ~**e con qn** to have trouble with sb.

noi'altri *pron* we.

noi'oso, a *ag* boring; (*fastidioso*) annoying, troublesome.

noleggi'are [noled'dʒare] *vt* (*prendere a noleggio*) to hire (*BRIT*), rent; (*dare a noleggio*) to hire out (*BRIT*), rent out; (*aereo, nave*) to charter.

noleggia'tore, 'trice [noleddʒa'tore] *sm/f* hirer (*BRIT*), renter; charterer.

no'leggio [no'leddʒo] *sm* hire (*BRIT*), rental; charter.

no'lente *ag*: **volente o** ~ whether one likes it or not, willy-nilly.

'nolo *sm* hire (*BRIT*), rental; charter; (*per trasporto merci*) freight; **prendere/dare a** ~ **qc** to hire/hire out sth (*BRIT*), rent/rent out sth.

'nomade *ag* nomadic ♦ *sm/f* nomad.

noma'dismo *sm* nomadism.

'nome *sm* name; (*LING*) noun; **in** *o* **a** ~ **di** in the name of; **di** *o* **per** ~ (*chiamato*) called, named; **conoscere qn di** ~ to know sb by name; **fare il** ~ **di qn** to name sb; **faccia pure il mio** ~ feel free to mention my name; ~ **d'arte** stage name; ~ **di battesimo** Christian name; ~ **depositato** trade name; ~ **di famiglia** surname; ~ **da ragazza** maiden name; ~ **da sposata** married name.

no'mea *sf* notoriety.

nomencla'tura *sf* nomenclature.

nomenkla'tura *sf* (*di partito, stato*) nomenklatura.

no'mignolo [no'miɲɲolo] *sm* nickname.

'nomina *sf* appointment.

nomi'nale *ag* nominal; (*LING*) noun *cpd.*

nomi'nare *vt* to name; (*eleggere*) to appoint; (*citare*) to mention; **non l'ho mai sentito** ~ I've never heard of it (*o* him).

nomina'tivo, a *ag* (*intestato: titolo*) registered; (: *libretto*) personal; (*LING*) nominative ♦ *sm* (*nome*) name; (*LING*) nominative; **elenco** ~ list of names.

non *av* not ♦ *prefisso* non-; **grazie —** ~ **c'è di che** thank you — don't mention it; **i** ~ **credenti** the unbelievers; *vedi* **affatto, appena** *etc.*

nonché [non'ke] *cong* (*tanto più, tanto meno*) let alone; (*e inoltre*) as well as.

nonconfor'mista, i, e *ag, smf* nonconformist.

noncu'rante *ag*: ~ (*di*) careless (of), indifferent (to); **con fare** ~ with a nonchalant air.

noncu'ranza [nonku'rantsa] *sf* carelessness, indifference; **un'aria di** ~ a nonchalant air.

nondi'meno *cong* (*tuttavia*) however; (*nonostante*) nevertheless.

'nonno, a *smf* grandfather/mother; (*in senso più familiare*) grandma/grandpa; ~i *smpl* grandparents.

non'nulla *sm inv*: **un** ~ nothing, a trifle.

'nono, a *num* ninth.

nonos'tante *prep* in spite of, notwithstanding ♦ *cong* although, even though.

non plus 'ultra *sm inv*: **il** ~ (**di**) the last word (in).

nontiscordardimé *sm inv* (*BOT*) forget-me-not.

nord *sm* north ♦ *ag inv* north; (*regione*) northern; **verso** ~ north, northwards; **l'America del N**~ North America.

nor'dest *sm* north-east.

'nordico, a, ci, che *ag* nordic, northern European.

nor'dista, i, e *ag, smf* Yankee.

nor'dovest *sm* north-west.

Norim'berga *sf* Nuremberg.

'norma *sf* (*principio*) norm; (*regola*) regulation, rule; (*consuetudine*) custom, rule; **di** ~ normally; **a** ~ **di legge** according to law, as laid down by law; **al di sopra della** ~ above average, above the norm; **per sua** ~ **e regola** for your information; **proporsi una** ~ **di vita** to set o.s. rules to live by; ~**e di sicurezza** safety regulations; ~**e per l'uso** instructions for use.

nor'male *ag* normal.

normalità *sf* normality.

normaliz'zare [normalid'dzare] *vt* to normalize, bring back to normal.

normal'mente *av* normally.

Norman'dia *sf*: **la** ~ Normandy.

nor'manno, a *ag, smf* Norman.

norma'tivo, a *ag* normative ♦ *sf* regulations *pl.*

norve'gese [norve'dʒese] *ag, smf, sm* Norwegian.

Nor'vegia [nor'vɛdʒa] *sf*: **la** ~ Norway.

noso'comio *sm* hospital.

nostal'gia [nostal'dʒia] *sf* (*di casa, paese*) homesickness; (*del passato*) nostalgia.

nos'talgico, a, ci, che [nos'taldʒiko] *ag* homesick; nostalgic ♦ *smf* (*POL*) person who hopes for the return of Fascism.

nos'trano, a *ag* local; (*pianta, frutta*) home-produced.

'nostro, a *det*: **il(la)** ~**(a)** *etc* our ♦ *pron*: **il(la)** ~**(a)** *etc* ours ♦ *sm*: **abbiamo speso del** ~ we spent our own money ♦ *sf*: **la** ~**a** (*opinione*) our view; **i** ~**i** our family; our own people; **è dei** ~**i** he's one of us; **è dalla** ~**a** (*parte*) he's on our side; **anche noi abbiamo avuto le** ~**e** (*disavventure*) we've had our problems too; **alla** ~**a!** (*brindisi*) to us!

nos'tromo *sm* boatswain.

'nota *sf* (*segno*) mark; (*comunicazione scritta, MUS*) note; (*fattura*) bill; (*elenco*) list; **prendere** ~ **di qc** to note sth, make a note of sth, write sth down; (*fig: fare attenzione*) to note sth, take note of sth; **degno di** ~ noteworthy, worthy of note; ~**e caratteristiche** distinguishing marks *o* features; ~**e a piè di pagina** footnotes.

no'tabile *ag* notable; (*persona*) important ♦ *sm* prominent citizen.

no'taio *sm* notary.

no'tare *vt* (*segnare: errori*) to mark; (*registrare*) to note (down), write down; (*rilevare, osservare*) to note, notice; **farsi** ~ to get o.s. noticed.

nota'rile *ag*: **atto** ~ legal document (*authorized by a notary*); **studio** ~ notary's office.

notazi'one [notat'tsjone] *sf* (*MUS*) notation.

no'tevole *ag* (*talento*) notable, remarkable; (*peso*) considerable.

no'tifica, che *sf* notification.

notifi'care *vt* (*DIR*): ~ **qc a qn** to notify sb of sth, give sb notice of sth.

notificazi'one [notifikat'tsjone] *sf* notification.

no'tizia [no'tittsja] *sf* (piece of) news *sg*;

(*informazione*) piece of information; ~**e** *sfpl* news *sg*; information *sg*.

notizi'ario [notit'tsjarjo] *sm* (*RADIO, TV, STAMPA*) news *sg*.

'**noto, a** *ag* (well-)known.

notorietà *sf* fame; notoriety.

no'torio, a *ag* well-known; (*peg*) notorious.

not'tambulo, a *sm/f* night-bird (*fig*).

not'tata *sf* night.

'**notte** *sf* night; **di** ~ at night; (*durante la* ~) in the night, during the night; **questa** ~ (*passata*) last night; (*che viene*) tonight; **nella** ~ **dei tempi** in the mists of time; **come va?** — **peggio che andar di** ~ how are things? — worse than ever; ~ **bianca** sleepless night.

notte'tempo *av* at night; during the night.

'**nottola** *sf* (*ZOOL*) noctule.

not'turno, a *ag* nocturnal; (*servizio, guardiano*) night *cpd* ♦ *sf* (*SPORT*) evening fixture (*BRIT*) *o* match.

nov. *abbr* (= *novembre*) Nov.

no'vanta *num* ninety.

novan'tenne *ag, sm/f* ninety-year-old.

novan'tesimo, a *num* ninetieth.

novan'tina *sf*: **una** ~ (**di**) about ninety.

'**nove** *num* nine.

novecen'tesco, a, schi, sche [novet∫en'tesko] *ag* twentieth-century.

nove'cento [nove't∫ento] *num* nine hundred ♦ *sm*: **il N**~ the twentieth century.

no'vella *sf* (*LETTERATURA*) short story.

novel'lino, a *ag* (*pivello*) green, inexperienced.

novel'lista, i, e *sm/f* short-story writer.

novel'listica *sf* (*arte*) short-story writing; (*insieme di racconti*) short stories *pl*.

no'vello, a *ag* (*piante, patate*) new; (*insalata, verdura*) early; (*sposo*) newly-married.

no'vembre *sm* November; *per fraseologia vedi* **luglio**.

novem'brino, a *ag* November *cpd*.

nove'mila *num* nine thousand.

noven'nale *ag* (*che dura 9 anni*) nine-year *cpd*; (*ogni 9 anni*) nine-yearly.

novi'lunio *sm* (*ASTR*) new moon.

novità *sf inv* novelty; (*innovazione*) innovation; (*cosa originale, insolita*) something new; (*notizia*) (piece of) news *sg*; **le** ~ **della moda** the latest fashions.

novizi'ato [novit'tsjato] *sm* (*REL*) novitiate; (*tirocinio*) apprenticeship.

no'vizio, a [no'vittsjo] *sm/f* (*REL*) novice; (*tirocinante*) beginner, apprentice.

nozi'one [not'tsjone] *sf* notion, idea; ~**i** *sfpl* (*rudimenti*) basic knowledge *sg*, rudiments.

nozio'nismo [nottsjo'nizmo] *sm* superficial

knowledge.

nozio'nistico, a, ci, che [nottsjo'nistiko] *ag* superficial.

'**nozze** ['nottse] *sfpl* wedding *sg*, marriage *sg*; ~ **d'argento/d'oro** silver/golden wedding *sg*.

N.P.A. *abbr* = **nave portaerei**.

ns. *abbr* (*COMM*) = **nostro**.

NU *sigla* = *Nuoro*.

N.U. *sigla* (= *Nazioni Unite*) UN.

'**nube** *sf* cloud.

nubi'fragio [nubi'frad3o] *sm* cloudburst.

'**nubile** *ag* (*donna*) unmarried, single.

'**nuca, che** *sf* nape of the neck.

nucle'are *ag* nuclear ♦ *sm*: **il** ~ nuclear energy.

'**nucleo** *sm* nucleus; (*gruppo*) team, unit, group; (*MIL, POLIZIA*) squad; ~ **antidroga** anti-drugs squad; **il** ~ **familiare** the family unit.

nu'dismo *sm* nudism.

nu'dista, i, e *sm/f* nudist.

nudità *sf inv* nudity, nakedness; (*di paesaggio*) bareness ♦ *sfpl* (*parti nude del corpo*) nakedness *sg*.

'**nudo, a** *ag* (*persona*) bare, naked, nude; (*membra*) bare, naked; (*montagna*) bare ♦ *sm* (*ARTE*) nude; **a occhio** ~ to the naked eye; **a piedi** ~**i** barefoot; **mettere a** ~ (*cuore, verità*) to lay bare; **gli ha detto** ~ **e crudo che** ... he told him bluntly that ....

'**nugolo** *sm*: **un** ~ **di** a whole host of.

'**nulla** *pron, av* = **niente** ♦ *sm*: **il** ~ nothing; **svanire nel** ~ to vanish into thin air; **basta un** ~ **per farlo arrabbiare** he gets annoyed over the slightest thing.

nulla'osta *sm inv* authorization.

nullate'nente *ag*: **essere** ~ to own nothing ♦ *sm/f* person with no property.

nullità *sf inv* nullity; (*persona*) nonentity.

'**nullo, a** *ag* useless, worthless; (*DIR*) null (and void); (*SPORT*): **incontro** ~ draw.

nume'rale *ag, sm* numeral.

nume'rare *vt* to number.

numera'tore *sm* (*MAT*) numerator; (*macchina*) numbering device.

numerazi'one [numerat'tsjone] *sf* numbering; (*araba, decimale*) notation.

nu'merico, a, ci, che *ag* numerical.

'**numero** *sm* number; (*romano, arabo*) numeral; (*di spettacolo*) act, turn; **dare i** ~**i** (*farneticare*) not to be all there; **tanto per fare** ~ **invitiamo anche lui** why don't we invite him to make up the numbers?; **ha tutti i** ~**i per riuscire** he's got what it takes to succeed; **che** ~ **tuo fratello!** your brother is a real character!; ~ **civico** house number; ~ **chiuso** (*UNIVERSITÀ*) selective entry system; ~ **doppio** (*di rivista*) issue with supplement; ~ **di scarpe** size of shoe; ~ **verde** (*TEL*) ≈ Freephone ®.

nume'roso, a *ag* numerous, many; (*folla, famiglia*) large.

numis'matica *sf* numismatics *sg*, coin collecting.

'nunzio ['nuntsjo] *sm* (*REL*) nuncio.

nu'occio *etc* ['nwɔttʃo] *vb vedi* **nuocere**.

nu'ocere ['nwɔtʃere] *vi*: ~ **a** to harm, damage; **il tentar non nuoce** (*proverbio*) there's no harm in trying.

nuoci'uto, a [nwo'tʃuto] *pp di* **nuocere**.

nu'ora *sf* daughter-in-law.

nuo'tare *vi* to swim; (*galleggiare: oggetti*) to float; ~ **a rana/sul dorso** to do the breast stroke/backstroke.

nuo'tata *sf* swim.

nuota'tore, 'trice *sm/f* swimmer.

nu'oto *sm* swimming.

nu'ova *sf vedi* **nuovo**.

nuova'mente *av* again.

Nu'ova York *sf* New York.

Nu'ova Ze'landa [-dze'landa] *sf*: **la** ~ New Zealand.

nu'ovo, a *ag* new ♦ *sf* (*notizia*) (piece of) news *sg*; **come** ~ as good as new; **di** ~ again; **fino a** ~ **ordine** until further notice; **il suo volto non mi è** ~ I know his face; **rimettere a** ~ (*cosa, macchina*) to do up like new; **anno** ~, **vita** ~**a!** it's time to turn over a new leaf!; ~ **fiammante** *o* **di zecca** brand-new; **la N**~**a Guinea** New Guinea; **la N**~**a Inghilterra** New England; **la N**~**a Scozia** Nova Scotia.

nu'trice [nu'tritʃe] *sf* wet nurse.

nutri'ente *ag* nutritious, nourishing; (*crema, balsamo*) nourishing.

nutri'mento *sm* food, nourishment.

nu'trire *vt* to feed; (*fig: sentimenti*) to harbour (*BRIT*), harbor (*US*), nurse.

nutri'tivo, a *ag* nutritional; (*alimento*) nutritious.

nu'trito, a *ag* (*numeroso*) large; (*fitto*) heavy; **ben/mal** ~ well/poorly fed.

nutrizi'one [nutri'tsjone] *sf* nutrition.

'nuvolo, a *ag* cloudy ♦ *sf* cloud.

nuvolosità *sf* cloudiness.

nuvo'loso, a *ag* cloudy.

nuzi'ale [nut'tsjale] *ag* nuptial; wedding *cpd*.

'nylon ['nailɔn] *sm* nylon.

O o

O, o [ɔ] *sf o m inv* (*lettera*) O, o; ~ **come Otranto** ≈ O for Oliver (*BRIT*), O for Oboe (*US*).

o *cong* (*dav V spesso* **od**) or; ~ ... ~ ... either ... or; ~ **l'uno** ~ **l'altro** either (of them); ~ **meglio** or rather.

O. *abbr* (= *ovest*) W.

'oasi *sf inv* oasis.

obbedi'ente *etc vedi* **ubbidiente** *etc*.

obbiet'tare *etc vedi* **obiettare** *etc*.

obbli'gare *vt* (*costringere*): ~ **qn a fare** to force *o* oblige sb to do; (*DIR*) to bind; ~**rsi** *vr*: ~**rsi a fare** to undertake to do; ~**rsi per qn** (*DIR*) to stand surety for sb, act as guarantor for sb.

obbliga'tissimo, a *ag* (*ringraziamento*): ~**!** much obliged!

obbli'gato, a *ag* (*costretto, grato*) obliged; (*percorso, tappa*) set, fixed; **passaggio** ~ (*fig*) essential requirement.

obbliga'torio, a *ag* compulsory, obligatory.

obbligazi'one [obbligat'tsjone] *sf* obligation; (*COMM*) bond, debenture; ~ **dello Stato** government bond; ~**i convertibili** convertible loan stock, convertible debentures.

obbligazio'nista, i, e [obbligattsjo'nista] *sm/f* bond-holder.

'obbligo, ghi *sm* obligation; (*dovere*) duty; **avere l'**~ **di fare, essere nell'**~ **di fare** to be obliged to do; **essere d'**~ (*discorso, applauso*) to be called for; **avere degli** ~**ghi con** *o* **verso qn** to be under an obligation to sb, be indebted to sb; **le formalità d'**~ the necessary formalities.

obb.mo *abbr* = **obbligatissimo**.

ob'brobrio *sm* disgrace; (*fig*) mess, eyesore.

obe'lisco, schi *sm* obelisk.

obe'rato, a *ag*: ~ **di** (*lavoro*) overloaded *o* overburdened with; (*debiti*) crippled with.

obesità *sf* obesity.

o'beso, a *ag* obese.

obiet'tare *vt*: ~ **che** to object that; ~ **su qc** to object to sth, raise objections concerning sth.

obiettiva'mente *av* objectively.
obiettività *sf* objectivity.
obiet'tivo, a *ag* objective ♦ *sm* (*OTTICA, FOT*) lens *sg*, objective; (*MIL, fig*) objective.
obiet'tore *sm* objector; ~ **di coscienza** conscientious objector.
obiezi'one [objet'tsjone] *sf* objection.
obi'torio *sm* morgue.
o'bliquo, a *ag* oblique; (*inclinato*) slanting; (*fig*) devious, underhand; **sguardo** ~ sidelong glance.
oblite'rare *vt* (*francobollo*) to cancel; (*biglietto*) to stamp.
oblitera'trice [oblitera'tritʃe] *sf* (*anche:* **macchina** ~) cancelling machine; stamping machine.
oblò *sm inv* porthole.
o'blungo, a, ghi, ghe *ag* oblong.
'oboe *sm* oboe.
'obolo *sm* (*elemosina*) (small) offering, mite.
obsole'scenza [obsoleʃ'ʃɛntsa] *sf* (*ECON*) obsolescence.
obso'leto, a *ag* obsolete.
OC *abbr* (= *onde corte*) SW.
'oca, *pl* **'oche** *sf* goose.
o'caggine [o'kaddʒine] *sf* silliness, stupidity.
occasio'nale *ag* (*incontro*) chance; (*cliente, guadagni*) casual, occasional.
occasi'one *sf* (*caso favorevole*) opportunity; (*causa, motivo, circostanza*) occasion; (*COMM*) bargain; **all'**~ should the need arise; **alla prima** ~ at the first opportunity; **d'**~ (*a buon prezzo*) bargain *cpd*; (*usato*) secondhand.
occhi'aia [ok'kjaja] *sf* eye socket; ~**e** *sfpl* (*sotto gli occhi*) shadows (under the eyes).
occhi'ali [ok'kjali] *smpl* glasses, spectacles; ~ **da sole** sunglasses.
occhi'ata [ok'kjata] *sf* look, glance; **dare un'**~ **a** to have a look at.
occhieggi'are [okkjed'dʒare] *vi* (*apparire qua e là*) to peep (out).
occhi'ello [ok'kjɛllo] *sm* buttonhole; (*asola*) eyelet.
'occhio ['ɔkkjo] *sm* eye; ~**!** careful!, watch out!; **a** ~ **nudo** with the naked eye; **a quattr'**~**i** privately, in private; **avere** ~ to have a good eye; **chiudere un** ~ **(su)** (*fig*) to turn a blind eye (to), shut one's eyes (to); **costare un** ~ **della testa** to cost a fortune; **dare all'**~ **o nell'**~ **a qn** to catch sb's eye; **fare l'**~ **a qc** to get used to sth; **tenere d'**~ **qn** to keep an eye on sb; **vedere di buon/mal** ~ **qc** to look favourably/unfavourably on sth.

occhio'lino [okkjo'lino] *sm*: **fare l'**~ **a qn** to wink at sb.
occiden'tale [ottʃiden'tale] *ag* western ♦ *sm/f* Westerner.
occi'dente [ottʃi'dɛnte] *sm* west; (*POL*): **l'O**~ the West; **a** ~ in the west.
oc'cipite [ot'tʃipite] *sm* back of the head, occiput (*ANAT*).
oc'cludere *vt* to block.
occlusi'one *sf* blockage, obstruction.
oc'cluso, a *pp di* **occludere**.
occor'rente *ag* necessary ♦ *sm* all that is necessary.
occor'renza [okkor'rɛntsa] *sf* necessity, need; **all'**~ in case of need.
oc'correre *vi* to be needed, be required ♦ *vb impers*: **occorre farlo** it must be done; **occorre che tu parta** you must leave, you'll have to leave; **mi occorrono i soldi** I need the money.
oc'corso, a *pp di* **occorrere**.
occulta'mento *sm* concealment.
occul'tare *vt* to hide, conceal.
oc'culto, a *ag* hidden, concealed; (*scienze, forze*) occult.
occu'pante *sm/f* (*di casa*) occupier, occupant; ~ **abusivo** squatter.
occu'pare *vt* to occupy; (*manodopera*) to employ; (*ingombrare*) to occupy, take up; ~**rsi** *vr* to occupy o.s., keep o.s. busy; (*impiegarsi*) to get a job; ~**rsi di** (*interessarsi*) to take an interest in; (*prendersi cura di*) to look after, take care of.
occu'pato, a *ag* (*MIL, POL*) occupied; (*persona: affaccendato*) busy; (*posto, sedia*) taken; (*toilette, TEL*) engaged.
occupazio'nale [okkupattsjo'nale] *ag* employment *cpd*, of employment.
occupazi'one [okkupat'tsjone] *sf* occupation; (*impiego, lavoro*) job; (*ECON*) employment.
Oce'ania [otʃe'anja] *sf*: **l'**~ Oceania.
o'ceano [o'tʃeano] *sm* ocean.
'ocra *sf* ochre.
'OCSE *sigla f* (= *Organizzazione per la Cooperazione e lo Sviluppo Economico*) OECD (= *Organization for Economic Cooperation and Development*).
ocu'lare *ag* ocular, eye *cpd*; **testimone** ~ eye witness.
ocula'tezza [okula'tettsa] *sf* caution; shrewdness.
ocu'lato, a *ag* (*attento*) cautious, prudent; (*accorto*) shrewd.
ocu'lista, i, e *sm/f* eye specialist, oculist.
od *cong vedi* **o**.
'ode *sf* ode.

'ode *etc vb vedi* **udire.**

odi'are *vt* to hate, detest.

odi'erno, a *ag* today's, of today; (*attuale*) present; **in data ~a** (*formale*) today.

'odio *sm* hatred; **avere in ~ qc/qn** to hate *o* detest sth/sb.

odi'oso, a *ag* hateful, odious; **rendersi ~ (a)** to make o.s. unpopular (with).

'odo *etc vb vedi* **udire.**

odontoi'atra, i, e *sm/f* dentist, dental surgeon.

odontoia'tria *sf* dentistry.

odonto'tecnico, ci *sm* dental technician.

odo'rare *vt* (*annusare*) to smell; (*profumare*) to perfume, scent ♦ *vi*: **~ (di)** to smell (of).

odo'rato *sm* sense of smell.

o'dore *sm* smell; **gli ~i** *smpl* (*CUC*) (aromatic) herbs; **sentire ~ di qc** to smell sth; **morire in ~ di santità** (*REL*) to die in the odour (*BRIT*) *o* odor (*US*) of sanctity.

odo'roso, a *ag* sweet-smelling.

of'fendere *vt* to offend; (*violare*) to break, violate; (*insultare*) to insult; (*ferire*) to hurt; **~rsi** *vr* (*con senso reciproco*) to insult one another; (*risentirsi*): **~rsi (di)** to take offence (at), be offended (by).

offen'sivo, a *ag*, *sf* offensive.

offen'sore *sm* offender; (*MIL*) aggressor.

offe'rente *sm* (*in aste*): **al migliore ~** to the highest bidder.

of'ferto, a *pp di* **offrire** ♦ *sf* offer; (*donazione, anche REL*) offering; (*in gara d'appalto*) tender; (*in aste*) bid; (*ECON*) supply; **fare un'~a** to make an offer; (*per appalto*) to tender; (*ad un'asta*) to bid; **~a pubblica d'acquisto (OPA)** takeover bid; **~a pubblica di vendita (OPV)** public offer for sale; **~a reale** tender; **"~e d'impiego"** (*STAMPA*) "situations vacant" (*BRIT*), "help wanted" (*US*).

of'feso, a *pp di* **offendere** ♦ *ag* offended; (*fisicamente*) hurt, injured ♦ *sm/f* offended party ♦ *sf* insult, affront; (*MIL*) attack; (*DIR*) offence (*BRIT*), offense (*US*); **essere ~ con qn** to be annoyed with sb; **parte ~a** (*DIR*) plaintiff.

offi'ciare [offi't∫are] *vi* (*REL*) to officiate.

offi'cina [offi't∫ina] *sf* workshop.

of'frire *vt* to offer; **~rsi** *vr* (*proporsi*) to offer (o.s.), volunteer; (*occasione*) to present itself; (*esporsi*): **~rsi a** to expose o.s. to; **ti offro da bere** I'll buy you a drink; **"offresi posto di segretaria"** "secretarial vacancy", "vacancy for secretary"; **"segretaria offresi"** "secretary seeks post".

offus'care *vt* to obscure, darken; (*fig: intelletto*) to dim, cloud; (*: fama*) to

obscure, overshadow; **~rsi** *vr* to grow dark; to cloud, grow dim; to be obscured.

of'talmico, a, ci, che *ag* ophthalmic.

oggettività [oddʒettivi'ta] *sf* objectivity.

ogget'tivo, a [oddʒet'tivo] *ag* objective.

og'getto [od'dʒetto] *sm* object; (*materia, argomento*) subject (matter); (*in lettere commerciali*): **~ ... re ...;** **essere ~ di** (*critiche, controversia*) to be the subject of; (*odio, pietà etc*) to be the object of; **essere ~ di scherno** to be a laughing stock; **in ~ a quanto detto** (*in lettere*) as regards the matter mentioned above; **~i preziosi** valuables, articles of value; **~i smarriti** lost property *sg* (*BRIT*), lost and found *sg* (*US*).

'oggi ['ɔddʒi] *av*, *sm* today; **~ stesso** today, this very day; **~ come ~** at present, as things stand; **dall' ~ al domani** from one day to the next; **a tutt'~** up till now, till today; **le spese a tutt'~ sono ...** expenses to date are ...; **~ a otto** a week today.

oggigi'orno [oddʒi'dʒorno] *av* nowadays.

o'giva [o'dʒiva] *sf* ogive, pointed arch.

'ogni ['oɲɲi] *det* every, each; (*tutti*) all; (*con valore distributivo*) every; **~ uomo è mortale** all men are mortal; **viene ~ due giorni** he comes every two days; **~ cosa** everything; **ad ~ costo** at all costs, at any price; **in ~ luogo** everywhere; **~ tanto** every so often; **~ volta che** every time that.

Ognis'santi [oɲɲis'santi] *sm* All Saints' Day.

o'gnuno [oɲ'ɲuno] *pron* everyone, everybody.

'ohi *escl* oh!; (*esprimente dolore*) ow!

ohimè *escl* oh dear!

'OIL *sigla f* (= *Organizzazione Internazionale del Lavoro*) ILO.

OL *abbr* (= *onde lunghe*) LW.

O'landa *sf*: **l'~** Holland.

olan'dese *ag* Dutch ♦ *sm* (*LING*) Dutch ♦ *sm/f* Dutchman/woman; **gli O~i** the Dutch.

ole'andro *sm* oleander.

ole'ato, a *ag*: **carta ~a** greaseproof paper (*BRIT*), wax paper (*US*).

oleo'dotto *sm* oil pipeline.

ole'oso, a *ag* oily; (*che contiene olio*) oil *cpd*.

o'lezzo [o'leddzo] *sm* fragrance.

ol'fatto *sm* sense of smell.

oli'are *vt* to oil.

olia'tore *sm* oil can, oiler.

oli'era *sf* oil cruet.

oligar'chia [oligar'kia] *sf* oligarchy.

olim'piadi *sfpl* Olympic Games.

o'limpico, a, ci, che *ag* Olympic.

'olio *sm* oil; (*PITTURA*): **un (quadro a)** ~ an oil painting; **sott'**~ (*CUC*) in oil; ~ **di fegato di merluzzo** cod liver oil; ~ **d'oliva** olive oil; ~ **santo** holy oil; ~ **di semi** vegetable oil; ~ **solare** suntan oil.

o'liva *sf* olive.

oli'vastro, a *ag* olive(-coloured) (*BRIT*), olive(-colored) (*US*); (*carnagione*) sallow.

oli'veto *sm* olive grove.

o'livo *sm* olive tree.

'olmo *sm* elm.

olo'causto *sm* holocaust.

OLP *sigla f* (= *Organizzazione per la Liberazione della Palestina*) PLO.

oltraggi'are [oltrad'dʒare] *vt* to offend, insult.

ol'traggio [ol'traddʒo] *sm* offence (*BRIT*), offense (*US*), insult; (*DIR*): ~ **al pudore** indecent behaviour (*BRIT*) *o* behavior (*US*); ~ **alla corte** contempt of court.

oltraggi'oso, a [oltrad'dʒoso] *ag* offensive.

ol'tralpe *av* beyond the Alps.

ol'tranza [ol'trantsa] *sf*: **a** ~ to the last, to the bitter end; **sciopero ad** ~ all-out strike.

oltran'zismo [oltran'tsizmo] *sm* (*POL*) extremism.

oltran'zista, i, e [oltran'tsista] *sm/f* (*POL*) extremist.

'oltre *av* (*più in là*) further; (*di più: aspettare*) longer, more ♦ *prep* (*di là da*) beyond, over, on the other side of; (*più di*) more than, over; (*in aggiunta a*) besides; (*eccetto*): ~ **a** except, apart from; ~ **a tutto** on top of all that.

oltrecor'tina *av* behind the Iron Curtain; **paesi d'**~ Iron Curtain countries.

oltre'manica *av* across the Channel.

oltre'mare *av* overseas.

oltre'modo *av* extremely, greatly.

oltreo'ceano [oltreo'tʃeano] *av* overseas ♦ *sm*: **paesi d'**~ overseas countries.

oltrepas'sare *vt* to go beyond, exceed.

oltre'tomba *sm inv*: **l'**~ the hereafter.

OM *abbr* (= *onde medie*) MW; (*MIL*) = *ospedale militare*.

o'maggio [o'maddʒo] *sm* (*dono*) gift; (*segno di rispetto*) homage, tribute; **~i** *smpl* (*complimenti*) respects; **in** ~ (*copia, biglietto*) complimentary; **rendere** ~ **a** to pay homage *o* tribute to; **presentare i propri ~i a qn** (*formale*) to pay one's respects to sb.

'Oman *sm*: **l'**~ Oman.

ombeli'cale *ag* umbilical.

ombe'lico, chi *sm* navel.

'ombra *sf* (*zona non assolata, fantasma*) shade; (*sagoma scura*) shadow ♦ *ag inv*:

bandiera ~ flag of convenience; **governo** ~ (*POL*) shadow cabinet; **sedere all'**~ to sit in the shade; **nell'**~ (*tramare, agire*) secretly; **restare nell'**~ (*fig: persona*) to remain in obscurity; **senza** ~ **di dubbio** without the shadow of a doubt.

ombreggi'are [ombred'dʒare] *vt* to shade.

om'brello *sm* umbrella; ~ **da sole** parasol, sunshade.

ombrel'lone *sm* beach umbrella.

om'bretto *sm* eyeshadow.

om'broso, a *ag* shady, shaded; (*cavallo*) nervous, skittish; (*persona*) touchy, easily offended.

ome'lette [ɔmə'lɛt] *sf inv* omelet(te).

ome'lia *sf* (*REL*) homily, sermon.

ome'opata *sm/f* hom(o)eopath.

omeopa'tia *sf* hom(o)eopathy.

omeo'patico, a, ci, che *ag* hom(o)eopathic ♦ *sm* hom(o)eopath.

omertà *sf* conspiracy of silence.

o'messo, a *pp di* omettere.

o'mettere *vt* to omit, leave out; ~ **di fare** to omit *o* fail to do.

omi'cida, i, e [omi'tʃida] *ag* homicidal, murderous ♦ *sm/f* murderer/murderess.

omi'cidio [omi'tʃidjo] *sm* murder; ~ **colposo** (*DIR*) culpable homicide; ~ **premeditato** (*DIR*) murder.

o'misi *etc vb vedi* omettere.

omissi'one *sf* omission; **reato d'**~ criminal negligence; ~ **di atti d'ufficio** negligence (*by a public employee*); ~ **di denuncia** failure to report a crime; ~ **di soccorso** (*DIR*) failure to stop and give assistance.

omogeneiz'zato [omodʒeneid'dzato] *sm* baby food.

omo'geneo, a [omo'dʒeneo] *ag* homogeneous.

omolo'gare *vt* (*DIR*) to approve, recognize; (*ratificare*) to ratify.

omologazi'one [omologat'tsjone] *sf* approval; ratification.

o'mologo, a, ghi, ghe *ag* homologous, corresponding ♦ *sm/f* opposite number.

o'monimo, a *sm/f* namesake ♦ *sm* (*LING*) homonym.

omosessu'ale *ag, sm/f* homosexual.

O.M.S. *sigla f vedi* **Organizzazione Mondiale della Sanità.**

On. *abbr* (*POL*) = **onorevole.**

'oncia, ce ['ontʃa] *sf* ounce.

'onda *sf* wave; **mettere** *o* **mandare in** ~ (*RADIO, TV*) to broadcast; **andare in** ~ (*RADIO, TV*) to go on the air; **~e corte/ medie/lunghe** short/medium/long wave *sg*; **l'**~ **verde** (*AUT*) synchronized traffic lights *pl*.

on'data *sf* wave, billow; (*fig*) wave, surge; a ~e in waves; ~ di caldo heatwave; ~ di freddo cold spell *o* snap.

'onde *cong* (*affinché: con il congiuntivo*) so that, in order that; (*: con l'infinito*) so as to, in order to.

ondeggi'are [onded'dʒare] *vi* (*acqua*) to ripple; (*muoversi sulle onde: barca*) to rock, roll; (*fig: muoversi come le onde, barcollare*) to sway; (*: essere incerto*) to waver.

on'doso, a *ag* (*moto*) of the waves.

ondu'lato, a *ag* (*capelli*) wavy; (*terreno*) undulating; **cartone** ~ corrugated paper; **lamiera** ~a sheet of corrugated iron.

ondula'torio, a *ag* undulating; (*FISICA*) undulatory, wave *cpd*.

ondulazi'one [ondulat'tsjone] *sf* undulation; (*acconciatura*) wave.

one'rato, a *ag*: ~ di burdened with, loaded with.

'onere *sm* burden; ~ **finanziario** financial charge; ~i fiscali taxes.

one'roso, a *ag* (*fig*) heavy, onerous.

onestà *sf* honesty.

onesta'mente *av* honestly; fairly; virtuously; (*in verità*) honestly, frankly.

o'nesto, a *ag* (*probo, retto*) honest; (*giusto*) fair; (*casto*) chaste, virtuous.

'onice ['ɔnitʃe] *sf* onyx.

o'nirico, a, ci, che *ag* dreamlike, dream *cpd*.

onnipo'tente *ag* omnipotent.

onnipre'sente *ag* omnipresent; (*scherzoso*) ubiquitous.

onnisci'ente [onniʃ'ʃɛnte] *ag* omniscient.

onniveg'gente [onnived'dʒɛnte] *ag* all-seeing.

ono'mastico, ci *sm* name day.

onomato'pea *sf* onomatopoeia.

onomato'peico, a, ci, che *ag* onomatopoeic.

ono'ranze [ono'rantse] *sfpl* honours (*BRIT*), honors (*US*).

ono'rare *vt* to honour (*BRIT*), honor (*US*); (*far onore a*) to do credit to; ~rsi *vr*: ~rsi di qc/di fare to feel hono(u)red by sth/to do.

ono'rario, a *ag* honorary ♦ *sm* fee.

onora'tissimo, a *ag* (*in presentazioni*): ~! delighted to meet you!

ono'rato, a *ag* (*reputazione, famiglia, carriera*) distinguished; **essere** ~ di fare qc to have the honour to do sth *o* of doing sth; ~ di conoscerla! (it is) a pleasure to meet you!

o'nore *sm* honour (*BRIT*), honor (*US*); in ~ di in hono(u)r of; fare gli ~i di casa to play host (*o* hostess); fare ~ a to hono(u)r; (*pranzo*) to do justice to; (*famiglia*) to be a

credit to; farsi ~ to distinguish o.s.; posto d'~ place of hono(u)r; a onor del vero ... to tell the truth ....

ono'revole *ag* honourable (*BRIT*), honorable (*US*) ♦ *sm/f* (*POL*) ≈ Member of Parliament (*BRIT*), ≈ Congressman/woman (*US*).

onorifi'cenza [onorifi'tʃɛntsa] *sf* honour (*BRIT*), honor (*US*); decoration.

ono'rifico, a, ci, che *ag* honorary.

'onta *sf* shame, disgrace; ad ~ di despite, notwithstanding.

on'tano *sm* alder.

'O.N.U. *sigla f* (= *Organizzazione delle Nazioni Unite*) UN, UNO.

OO.PP. *abbr vedi* opere pubbliche.

'OPA *sigla f vedi* offerta pubblica d'acquisto.

o'paco, a, chi, che *ag* (*vetro*) opaque; (*metallo*) dull, matt.

o'pale *sm o f* opal.

'O.P.E.C. *sigla f* (= *Organization of Petroleum Exporting Countries*) OPEC.

'opera *sf* (*gen*) work; (*azione rilevante*) action, deed, work; (*MUS*) work; opus; (*: melodramma*) opera; (*: teatro*) opera house; (*ente*) institution, organization; per ~ sua thanks to him; fare ~ di persuasione presso qn to try to convince sb; mettersi/essere all'~ to get down to/be at work; ~ d'arte work of art; ~ buffa comic opera; ~ lirica (grand) opera; ~ pia religious charity; ~e pubbliche (OO.PP.) public works; ~e di restauro/di scavo restoration/excavation work *sg*.

ope'raio, a *ag* working-class; workers'; (*ZOOL: ape, formica*) worker *cpd* ♦ *sm/f* worker; **classe** ~a a working class; ~ di fabbrica factory worker; ~ a giornata day labourer (*BRIT*) *o* laborer (*US*); ~ specializzato *o* qualificato skilled worker; ~ non specializzato semi-skilled worker.

ope'rare *vt* to carry out, make; (*MED*) to operate on ♦ *vi* to operate, work; (*rimedio*) to act, work; (*MED*) to operate; ~rsi *vr* to occur, take place; (*MED*) to have an operation; ~rsi d'appendicite to have one's appendix out; ~ qn d'urgenza to perform an emergency operation on sb.

opera'tivo, a *ag* operative, operating; piano ~ (*MIL*) plan of operations.

ope'rato *sm* (*comportamento*) actions *pl*.

opera'tore, 'trice *sm/f* operator; (*TV, CINE*) cameraman; **aperto solo agli** ~i (*COMM*) open to the trade only; ~ di borsa dealer on the stock exchange; ~ ecologico refuse collector; ~ economico agent, broker; ~ del suono sound recordist; ~ turistico tour operator.

opera'torio, a *ag* (*MED*) operating.
operazi'one [operat'tsjone] *sf* operation.
ope'retta *sf* (*MUS*) operetta, light opera.
operosità *sf* industry.
ope'roso, a *ag* industrious, hard-working.
opi'ficio [opi'fitʃo] *sm* factory, works *pl*.
opi'nabile *ag* (*discutibile*) debatable, questionable; **è ~** it is a matter of opinion.
opini'one *sf* opinion; **avere il coraggio delle proprie ~i** to have the courage of one's convictions; **l'~ pubblica** public opinion.
opinio'nista, i, e *sm/f* (political) columnist.
op là *escl* (*per far saltare*) hup!; (*a bimbo che è caduto*) upsy-daisy!
'oppio *sm* opium.
oppi'omane *sm/f* opium addict.
oppo'nente *ag* opposing ♦ *sm/f* opponent.
op'pongo *etc vb vedi* **opporre**.
op'porre *vt* to oppose; **opporsi** *vr*: **opporsi (a qc)** to oppose (sth); to object (to sth); **~ resistenza/un rifiuto** to offer resistance/to refuse.
opportu'nista, i, e *sm/f* opportunist.
opportunità *sf inv* opportunity; (*convenienza*) opportuneness, timeliness.
oppor'tuno, a *ag* timely, opportune; (*giusto*) right, appropriate; **a tempo ~** at the right o the appropriate time.
op'posi *etc vb vedi* **opporre**.
opposi'tore, 'trice *sm/f* opposer, opponent.
opposizi'one [oppozit'tsjone] *sf* opposition; (*DIR*) objection; **essere in netta ~** (*idee, opinioni*) to clash, be in complete opposition; **fare ~ a qn/qc** to oppose sb/sth.
op'posto, a *pp di* **opporre** ♦ *ag* opposite; (*opinioni*) conflicting ♦ *sm* opposite, contrary; **all'~** on the contrary.
oppressi'one *sf* oppression.
oppres'sivo, a *ag* oppressive.
op'presso, a *pp di* **opprimere**.
oppres'sore *sm* oppressor.
oppri'mente *ag* (*caldo, noia*) oppressive; (*persona*) tiresome; (: *deprimente*) depressing.
op'primere *vt* (*premere, gravare*) to weigh down; (*estenuare: sog: caldo*) to suffocate, oppress; (*tiranneggiare: popolo*) to oppress.
oppu'gnare [oppuɲ'ɲare] *vt* (*fig*) to refute.
op'pure *cong* or (else).
op'tare *vi*: **~ per** (*scegliere*) to opt for, decide upon; (*BORSA*) to take (out) an option on.
'optimum *sm inv* optimum.
opu'lento, a *ag* (*ricco*) rich, wealthy, affluent; (: *arredamento etc*) opulent.

opu'lenza [opu'lɛntsa] *sf* (*vedi ag*) richness, wealth, affluence; opulence.
o'puscolo *sm* booklet, pamphlet.
OPV *sigla f vedi* **offerta pubblica di vendita**.
opzio'nale [optsjo'nale] *ag* optional.
opzi'one [op'tsjone] *sf* option.
OR *sigla* = *Oristano*.
'ora *sf* (*60 minuti*) hour; (*momento*) time ♦ *av* (*adesso*) now; (*poco fa*): **è uscito proprio ~** he's just gone out; (*tra poco*) presently, in a minute; (*correlativo*): **~ ... ~ now ... now; che ~ è?, che ~e sono?** what time is it?; **domani a quest'~** this time tomorrow; **non veder l'~ di fare** to long to do, look forward to doing; **fare le ~e piccole** to stay up till the early hours (of the morning) o the small hours; **è ~ di partire** it's time to go; **di buon' ~** early; **alla buon'~!** at last!; **~ legale** o **estiva** summer time (*BRIT*), daylight saving time (*US*); **~ locale** local time; **~ di pranzo** lunchtime; **~ di punta** (*AUT*) rush hour; **d'~ in avanti** o **poi** from now on; **or ~** just now, a moment ago; **~ come ~** right now, at present; **10 anni or sono** 10 years ago.
o'racolo *sm* oracle.
'orafo *sm* goldsmith.
o'rale *ag, sm* oral.
oral'mente *av* orally.
ora'mai *av* = **ormai**.
o'rario, a *ag* hourly; (*fuso, segnale*) time *cpd*; (*velocità*) per hour ♦ *sm* timetable, schedule; (*di visite etc*) hours *pl*, time(s *pl*); **~ di apertura/chiusura** opening/closing time; **~ di apertura degli sportelli** bank opening hours; **~ elastico** o **flessibile** (*INDUSTRIA*) flexitime; **~ ferroviario** railway timetable; **~ di lavoro/d'ufficio** working/office hours.
o'rata *sf* sea bream.
ora'tore, 'trice *sm/f* speaker; orator.
ora'torio, a *ag* oratorical ♦ *sm* (*REL*) oratory; (*MUS*) oratorio ♦ *sf* (*arte*) oratory.
orazi'one [orat'tsjone] *sf* (*REL*) prayer; (*discorso*) speech, oration.
or'bene *cong* so, well (then).
'orbita *sf* (*ASTR, FISICA*) orbit; (*ANAT*) (eye-) socket.
orbi'tare *vi* to orbit.
'orbo, a *ag* blind.
'Orcadi *sfpl*: **le (isole) ~** the Orkney Islands, the Orkneys.
or'chestra [or'kɛstra] *sf* orchestra.
orches'trale [orkes'trale] *ag* orchestral ♦ *sm/f* orchestra player.
orches'trare [orkes'trare] *vt* to orchestrate; (*fig*) to stage-manage.

orchi'dea [orki'dɛa] *sf* orchid.

'orcio ['ortʃo] *sm* jar.

'orco, chi *sm* ogre.

'orda *sf* horde.

or'digno [or'diɲɲo] *sm*: ~ **esplosivo** explosive device.

ordi'nale *ag, sm* ordinal.

ordina'mento *sm* order, arrangement; (*regolamento*) regulations *pl*, rules *pl*; ~ **scolastico/giuridico** education/legal system.

ordi'nanza [ordi'nantsa] *sf* (*DIR, MIL*) order; (*AMM: decreto*) decree; (*persona: MIL*) orderly, batman; **d'~** (*MIL*) regulation *cpd*; **ufficiale d'~** orderly; ~ **municipale** by(e)-law.

ordi'nare *vt* (*mettere in ordine*) to arrange, organize; (*COMM*) to order; (*prescrivere: medicina*) to prescribe; (*comandare*): ~ **a qn di fare qc** to order *o* command sb to do sth; (*REL*) to ordain.

ordi'nario, a *ag* (*comune*) ordinary; (*grossolano*) coarse, common ♦ *sm* ordinary; (*di università*) full professor.

ordina'tivo, a *ag* regulating, governing ♦ *sm* (*COMM*) order.

ordi'nato, a *ag* tidy, orderly.

ordinazi'one [ordinat'tsjone] *sf* (*COMM*) order; (*REL*) ordination; **fare un'~ di qc** to put in an order for sth, order sth; **eseguire qc su** ~ to make sth to order.

'ordine *sm* order; (*carattere*): **d'~ pratico** of a practical nature; **all'~** (*COMM: assegno*) to order; **di prim'~** first-class; **fino a nuovo** ~ until further notice; **essere in** ~ (*documenti*) to be in order; (*persona, stanza*) to be tidy; **mettere in** ~ to put in order, tidy (up); **richiamare all'~** to call to order; **le forze dell'~** the forces of law and order; ~ **d'acquisto** purchase order; **l'~ degli avvocati** ≈ the Bar; ~ **del giorno** (*di seduta*) agenda; (*MIL*) order of the day; **l'~ dei medici** ≈ the Medical Association; ~ **di pagamento** standing order (*BRIT*), automatic payment (*US*); **l'~ pubblico** law and order; ~**i (sacri)** (*REL*) holy orders.

or'dire *vt* (*fig*) to plot, scheme.

or'dito *sm* (*di tessuto*) warp.

orecchi'abile [orek'kjabile] *ag* (*canzone*) catchy.

orec'chino [orek'kino] *sm* earring.

o'recchio [o'rekkjo], *pl(f)* **o'recchie** *sm* (*ANAT*) ear; **avere** ~ to have a good ear (for music); **venire all'~ di qn** to come to sb's attention; **fare ~e da mercante (a)** to turn a deaf ear (to).

orecchi'oni [orek'kjoni] *smpl* (*MED*) mumps *sg*.

o'refice [o'refitʃe] *sm* goldsmith; jeweller (*BRIT*), jeweler (*US*).

orefice'ria [orefitʃe'ria] *sf* (*arte*) goldsmith's art; (*negozio*) jeweller's (shop) (*BRIT*), jewelry store (*US*).

'orfano, a *ag* orphan(ed) ♦ *sm/f* orphan; ~ **di padre/madre** fatherless/motherless.

orfano'trofio *sm* orphanage.

orga'netto *sm* barrel organ; (*fam: armonica a bocca*) mouth organ; (: *fisarmonica*) accordion.

or'ganico, a, ci, che *ag* organic ♦ *sm* personnel, staff.

organi'gramma, i *sm* organization chart; (*INFORM*) computer flow chart.

orga'nismo *sm* (*BIOL*) organism; (*ANAT, AMM*) body, organism.

orga'nista, i, e *sm/f* organist.

organiz'zare [organid'dzare] *vt* to organize; ~**rsi** *vr* to get organized.

organizza'tivo, a [organiddza'tivo] *ag* organizational.

organizza'tore, 'trice [organiddza'tore] *ag* organizing ♦ *sm/f* organizer.

organizzazi'one [organiddzat'tsjone] *sf* (*azione*) organizing, arranging; (*risultato*) organization; **O~ Mondiale della Sanità (O.M.S.)** World Health Organization (WHO).

'organo *sm* organ; (*di congegno*) part; (*portavoce*) spokesman/woman, mouthpiece; ~**i di trasmissione** (*TECN*) transmission (unit) *sg*.

or'gasmo *sm* (*FISIOL*) orgasm; (*fig*) agitation, anxiety.

'orgia, ge ['ɔrdʒa] *sf* orgy.

or'goglio [or'gɔʎʎo] *sm* pride.

orgogli'oso, a [orgoʎ'ʎoso] *ag* proud.

orien'tabile *ag* adjustable.

orien'tale *ag* (*paese, regione*) eastern; (*tappeti, lingua, civiltà*) oriental.

orienta'mento *sm* positioning; orientation; direction; **senso di** ~ sense of direction; **perdere l'~** to lose one's bearings; ~ **professionale** careers guidance.

orien'tare *vt* (*situare*) to position; (*carta, bussola*) to orientate; (*fig*) to direct; ~**rsi** *vr* to find one's bearings; (*fig: tendere*) to tend, lean; (: *indirizzarsi*): ~**rsi verso** to take up, go in for.

orienta'tivo, a *ag* indicative, for guidance; **a scopo** ~ for guidance.

ori'ente *sm* east; **l'O~** the East, the Orient; **il Medio/l'Estremo O~** the Middle/Far East; **a** ~ in the east.

ori'ficio [ori'fitʃo], **ori'fizio** [ori'fittsjo] *sm* (*apertura*) opening; (: *di tubo*) mouth;

(*ANAT*) orifice.

o'rigano *sm* oregano.

origi'nale [oridʒi'nale] *ag* original; (*bizzarro*) eccentric ♦ *sm* original.

originalità [oridʒinali'ta] *sf* originality; eccentricity.

origi'nare [oridʒi'nare] *vt* to bring about, produce ♦ *vi*: ~ da to arise *o* spring from.

origi'nario, a [oridʒi'narjo] *ag* original; essere ~ di to be a native of; (*animale, pianta*) to be indigenous to, be native to.

o'rigine [o'ridʒine] *sf* origin; all'~ originally; d'~ inglese of English origin; avere ~ da to originate from; dare ~ a to give rise to.

origli'are [oriʎ'ʎare] *vi*: ~ (a) to eavesdrop (on).

o'rina *sf* urine.

ori'nale *sm* chamberpot.

ori'nare *vi* to urinate ♦ *vt* to pass.

orina'toio *sm* (public) urinal.

ori'undo, a *ag*: essere ~ di Milano *etc* to be of Milanese *etc* extraction *o* origin ♦ *sm/f* person of foreign extraction *o* origin.

orizzon'tale [oriddzon'tale] *ag* horizontal.

oriz'zonte [orid'dzonte] *sm* horizon.

ORL *sigla f* (*MED*: = otorinolaringoiatria) ENT.

or'lare *vt* to hem.

orla'tura *sf* (*azione*) hemming *no pl*; (*orlo*) hem.

'orlo *sm* edge, border; (*di recipiente*) rim, brim; (*di vestito etc*) hem; pieno fino all'~ full to the brim, brimful; sull'~ della pazzia/della rovina on the brink *o* verge of madness/ruin; ~ a giorno hemstitch.

'orma *sf* (*di persona*) footprint; (*di animale*) track; (*impronta, traccia*) mark, trace; seguire *o* calcare le ~e di qn to follow in sb's footsteps.

or'mai *av* by now, by this time; (*adesso*) now; (*quasi*) almost, nearly.

ormeggi'are [ormed'dʒare] *vt*, ~rsi *vr* (*NAUT*) to moor.

or'meggio [or'meddʒo] *sm* (*atto*) mooring *no pl*; (*luogo*) moorings *pl*; posto d'~ berth.

ormo'nale *ag* hormonal; (*disfunzione, cura*) hormone *cpd*; terapia ~ hormone therapy.

or'mone *sm* hormone.

ornamen'tale *ag* ornamental, decorative.

orna'mento *sm* ornament, decoration.

or'nare *vt* to adorn, decorate; ~rsi *vr*: ~rsi (di) to deck o.s. (out) (with).

or'nato, a *ag* ornate.

ornitolo'gia [ornitolo'dʒia] *sf* ornithology.

orni'tologo, a, gi, ghe *sm/f* ornithologist.

'oro *sm* gold; d'~, in ~ gold *cpd*; d'~ (*colore, occasione*) golden; (*persona*) marvellous (*BRIT*), marvelous (*US*); un affare d'~ a

real bargain; prendere qc per ~ colato to take sth as gospel (truth); ~ nero black gold; ~ zecchino pure gold.

orolo'geria [orolodʒe'ria] *sf* watchmaking *no pl*; watchmaker's (shop); clockmaker's (shop); bomba a ~ time bomb.

orologi'aio [orolo'dʒajo] *sm* watchmaker; clockmaker.

oro'logio [oro'lɔdʒo] *sm* clock; (*da tasca, da polso*) watch; ~ biologico biological clock; ~ da polso wristwatch; ~ al quarzo quartz watch; ~ a sveglia alarm clock.

o'roscopo *sm* horoscope.

or'rendo, a *ag* (*spaventoso*) horrible, awful; (*bruttissimo*) hideous.

or'ribile *ag* horrible.

'orrido, a *ag* fearful, horrid.

orripi'lante *ag* hair-raising, horrifying.

or'rore *sm* horror; avere in ~ qn/qc to loathe *o* detest sb/sth; mi fanno ~ I loathe *o* detest them.

orsacchi'otto [orsak'kjɔtto] *sm* teddy bear.

'orso *sm* bear; ~ bruno/bianco brown/polar bear.

orsù *escl* come now!

or'taggio [or'taddʒo] *sm* vegetable.

or'tensia *sf* hydrangea.

or'tica, che *sf* (*stinging*) nettle.

orti'caria *sf* nettle rash.

orticol'tura *sf* horticulture.

'orto *sm* vegetable garden, kitchen garden; (*AGR*) market garden (*BRIT*), truck farm (*US*); ~ botanico botanical garden(s *pl*).

orto'dosso, a *ag* orthodox.

ortofrut'ticolo, a *ag* fruit and vegetable *cpd*.

ortogo'nale *ag* perpendicular.

ortogra'fia *sf* spelling.

orto'lano, a *sm/f* (*venditore*) greengrocer (*BRIT*), produce dealer (*US*).

ortope'dia *sf* orthopaedics *sg* (*BRIT*), orthopedics *sg* (*US*).

orto'pedico, a, ci, che *ag* orthopaedic (*BRIT*), orthopedic (*US*) ♦ *sm* orthopaedic specialist (*BRIT*), orthopedist (*US*).

orzai'olo [ordza'jɔlo], orzaiu'olo [ordza'jwɔlo] *sm* (*MED*) stye.

or'zata [or'dzata] *sf* barley water.

'orzo ['ɔrdzo] *sm* barley.

'OSA *sigla f* (= *Organizzazione degli Stati Americani*) OAS (= *Organization of American States*).

o'sare *vt*, *vi* to dare; ~ fare to dare (to) do; come osi? how dare you?

oscenità [oʃʃeni'ta] *sf inv* obscenity.

o'sceno, a [oʃ'ʃɛno] *ag* obscene; (*ripugnante*) ghastly.

oscil'lare [oʃʃil'lare] *vi* (*pendolo*) to swing; (*dondolare*: *al vento etc*) to rock; (*variare*) to fluctuate; (*TECN*) to oscillate; (*fig*): ~ **fra** to waver between.

oscillazi'one [oʃʃillat'tsjone] *sf* oscillation; (*di prezzi, temperatura*) fluctuation.

oscura'mento *sm* darkening; obscuring; (*in tempo di guerra*) blackout.

oscu'rare *vt* to darken, obscure; (*fig*) to obscure; ~**rsi** *vr* (*cielo*) to darken, cloud over; (*persona*): **si oscurò in volto** his face clouded over.

oscurità *sf* (*vedi ag*) darkness; obscurity; gloominess.

os'curo, a *ag* dark; (*fig: incomprensibile*) obscure; (: *umile: vita, natali*) humble, obscure; (: *triste: pensiero*) gloomy, sombre ♦ *sm*: **all'~** in the dark; **tenere qn all'~ di qc** to keep sb in the dark about sth.

'Oslo *sf* Oslo.

ospe'dale *sm* hospital.

ospedali'ero, a *ag* hospital *cpd*.

ospi'tale *ag* hospitable.

ospitalità *sf* hospitality.

ospi'tare *vt* to give hospitality to; (*sog: albergo*) to accommodate.

'ospite *smf* (*persona che ospita*) host/hostess; (*persona ospitata*) guest.

os'pizio [os'pittsjo] *sm* (*per vecchi etc*) home.

'ossa *sfpl vedi* **osso**.

os'sario *sm* (*MIL*) war memorial (*with burial place*).

ossa'tura *sf* (*ANAT*) skeletal structure, frame; (*TECN, fig*) framework.

'osseo, a *ag* bony; (*tessuto etc*) bone *cpd*.

osse'quente *ag*: ~ **alla legge** law-abiding.

os'sequio *sm* deference, respect; ~**i** *smpl* (*saluto*) respects, regards; **porgere i propri** ~**i a qn** (*formale*) to pay one's respects to sb; ~**i alla signora!** (give my) regards to your wife!

ossequi'oso, a *ag* obsequious.

osser'vanza [osser'vantsa] *sf* observance.

osser'vare *vt* to observe, watch; (*esaminare*) to examine; (*notare, rilevare*) to notice, observe; (*DIR: la legge*) to observe, respect; (*mantenere: silenzio*) to keep, observe; **far ~ qc a qn** to point sth out to sb.

osserva'tore, 'trice *ag* observant, perceptive ♦ *smf* observer.

osserva'torio *sm* (*ASTR*) observatory; (*MIL*) observation post.

osservazi'one [osservat'tsjone] *sf* observation; (*di legge etc*) observance; (*considerazione critica*) observation,

remark; (*rimprovero*) reproof; **in** ~ under observation; **fare un'**~ to make a remark; to raise an objection; **fare un'**~ **a qn** to criticize sb.

ossessio'nare *vt* to obsess, haunt; (*tormentare*) to torment, harass.

ossessi'one *sf* obsession; (*seccatura*) nuisance.

osses'sivo, a *ag* obsessive, haunting; troublesome.

os'sesso, a *ag* (*spiritato*) possessed.

os'sia *cong* that is, to be precise.

ossi'buchi [ossi'buki] *smpl di* **ossobuco**.

ossi'dare *vt*, ~**rsi** *vr* to oxidize.

ossidazi'one [ossidat'tsjone] *sf* oxidization, oxidation.

'ossido *sm* oxide; ~ **di carbonio** carbon monoxide.

ossige'nare [ossidʒe'nare] *vt* to oxygenate; (*decolorare*) to bleach; **acqua ossigenata** hydrogen peroxide.

os'sigeno [os'sidʒeno] *sm* oxygen.

'osso *sm* (*pl(f)* **ossa** *nel senso* ANAT) bone; **d'**~ (*bottone etc*) of bone, bone *cpd*; **avere le** ~**a rotte** to be dead *o* dog tired; **bagnato fino all'**~ soaked to the skin; **essere ridotto all'**~ (*fig: magro*) to be just skin and bone; (: *senza soldi*) to be in dire straits; **rompersi l'**~ **del collo** to break one's neck; **rimetterci l'**~ **del collo** (*fig*) to ruin o.s., lose everything; **un** ~ **duro** (*persona, impresa*) a tough number; ~ **di seppia** cuttlebone.

osso'buco, *pl* **ossi'buchi** *sm* (*CUC*) marrowbone; (: *piatto*) stew *made with knuckle of veal in tomato sauce*.

os'suto, a *ag* bony.

ostaco'lare *vt* to block, obstruct.

os'tacolo *sm* obstacle; (*EQUITAZIONE*) hurdle, jump; **essere di** ~ **a qn/qc** (*fig*) to stand in the way of sb/sth.

os'taggio [os'taddʒo] *sm* hostage.

'oste, os'tessa *smf* innkeeper.

osteggi'are [osted'dʒare] *vt* to oppose, be opposed to.

os'tello *sm* hostel; ~ **della gioventù** youth hostel.

osten'sorio *sm* (*REL*) monstrance.

osten'tare *vt* to make a show of, flaunt.

ostentazi'one [ostentat'tsjone] *sf* ostentation, show.

oste'ria *sf* inn.

os'tessa *sf vedi* **oste**.

os'tetrico, a, ci, che *ag* obstetric ♦ *sm* obstetrician ♦ *sf* midwife.

'ostia *sf* (*REL*) host; (*per medicinali*) wafer.

'ostico, a, ci, che *ag* difficult, tough.

os'tile *ag* hostile.

ostilità *sf* hostility ♦ *sfpl* (*MIL*) hostilities.

osti'narsi *vr* to insist, dig one's heels in; ~ **a fare** to persist (obstinately) in doing.

osti'nato, a *ag* (*caparbio*) obstinate; (*tenace*) persistent, determined.

ostinazi'one [ostinat'tsjone] *sf* obstinacy; persistence.

ostra'cismo [ostra'tʃizmo] *sm* ostracism.

'ostrica, che *sf* oyster.

ostru'ire *vt* to obstruct, block.

ostruzi'one [ostrut'tsjone] *sf* obstruction, blockage.

ostruzio'nismo [ostruttsjo'nizmo] *sm* (*POL*) obstructionism; (*SPORT*) obstruction; **fare dell'~ a** (*progetto, legge*) to obstruct; ~ **sindacale** work-to-rule (*BRIT*), slowdown (*US*).

o'tite *sf* ear infection.

oto'rino(laringoi'atra), i, e *smf* ear, nose and throat specialist.

'otre *sm* (*recipiente*) goatskin.

ott. *abbr* (= *ottobre*) Oct.

ottago'nale *ag* octagonal.

ot'tagono *sm* octagon.

ot'tano *sm* octane; **numero di** ~**i** octane rating.

ot'tanta *num* eighty.

ottan'tenne *ag* eighty-year-old ♦ *smf* octogenarian.

ottan'tesimo, a *num* eightieth.

ottan'tina *sf*: **una** ~ (**di**) about eighty.

ot'tavo, a *num* eighth ♦ *sf* octave.

ottempe'ranza [ottempe'rantsa] *sf*: **in** ~ **a** (*AMM*) in accordance with, in compliance with.

ottempe'rare *vi*: ~ **a** to comply with, obey.

ottene'brare *vt* to darken; (*fig*) to cloud.

otte'nere *vt* to obtain, get; (*risultato*) to achieve, obtain.

'ottico, a, ci, che *ag* (*della vista: nervo*) optic; (*dell'ottica*) optical ♦ *sm* optician ♦ *sf* (*scienza*) optics *sg*; (*FOT: lenti, prismi etc*) optics *pl*.

otti'male *ag* optimal, optimum.

ottima'mente *av* excellently, very well.

otti'mismo *sm* optimism.

otti'mista, i, e *smf* optimist.

ottimiz'zare [ottimid'dzare] *vt* to optimize.

ottimizzazi'one [ottimiddzat'tsjone] *sf* optimization.

'ottimo, a *ag* excellent, very good.

'otto *num* eight.

ot'tobre *sm* October; *per fraseologia vedi* **luglio**.

otto'brino, a *ag* October *cpd*.

ottocen'tesco, a, schi, sche [ottotʃen'tesko] *ag* nineteenth-century.

otto'cento [otto'tʃɛnto] *num* eight hundred ♦ *sm*: **l'O~** the nineteenth century.

otto'mila *num* eight thousand.

ot'tone *sm* brass; **gli** ~**i** (*MUS*) the brass.

ottuage'nario, a [ottuad͡ʒe'narjo] *ag, smf* octogenarian.

ot'tundere *vt* (*fig*) to dull.

ottu'rare *vt* to close (up); (*dente*) to fill.

ottura'tore *sm* (*FOT*) shutter; (*nelle armi*) breechblock.

otturazi'one [otturat'tsjone] *sf* closing (up); (*dentaria*) filling.

ottusità *sf* (*vedi ag*) obtuseness; dullness.

ot'tuso, a *pp di* **ottundere** ♦ *ag* (*MAT, fig*) obtuse; (*suono*) dull.

o'vaia *sf*, **o'vaio** *sm* (*ANAT*) ovary.

o'vale *ag, sm* oval.

o'varico, a *ag* ovarian.

o'vatta *sf* cotton wool; (*per imbottire*) padding, wadding.

ovat'tare *vt* (*imbottire*) to pad; (*fig: smorzare*) to muffle.

ovazi'one [ovat'tsjone] *sf* ovation.

'ovest *sm* west; **a** ~ (**di**) west (of); **verso** ~ westward(s).

o'vile *sm* pen, enclosure; **tornare all'**~ (*fig*) to return to the fold.

o'vino, a *ag* sheep *cpd*, ovine.

'O.V.N.I. *sigla m* (= *oggetto volante non identificato*) UFO.

ovulazi'one [ovulat'tsjone] *sf* ovulation.

'ovulo *sm* (*FISIOL*) ovum.

o'vunque *av* = **dovunque**.

ov'vero *cong* (*ossia*) that is, to be precise; (*oppure*) or (else).

ovvi'are *vi*: ~ **a** to obviate.

'ovvio, a *ag* obvious.

ozi'are [ot'tsjare] *vi* to laze around.

'ozio ['ɔttsjo] *sm* idleness; (*tempo libero*) leisure; **ore d'**~ leisure time; **stare in** ~ to be idle.

ozi'oso, a [ot'tsjoso] *ag* idle.

o'zono [od'dzɔno] *sm* ozone; **lo strato d'**~ the ozone layer.

ozonos'fera [oddzonos'fɛra] *sf* ozone layer.

P p

P, p [pi] *sf o m inv* (*lettera*) P, p; **P come Padova** ≈ P for Peter.

P *abbr* (= *peso*) wt; (= *posteggio*) P.

p *abbr* (= *pagina*) p.

P2 *abbr f:* **la (loggia)** ~ the P2 masonic lodge.

PA *sigla* = *Palermo*.

P.A. *abbr* = **pubblica amministrazione**.

pa'care *vt* to calm; ~**rsi** *vr* (*tempesta, disordini*) to subside.

paca'tezza [paka'tettsa] *sf* quietness, calmness.

pa'cato, a *ag* quiet, calm.

'pacca, che *sf* slap.

pac'chetto [pak'ketto] *sm* packet; ~ **applicativo** (*INFORM*) applications package; ~ **azionario** (*FINANZA*) shareholding; ~ **software** (*INFORM*) software package; ~ **turistico** package holiday (*BRIT*) o tour.

pacchi'ano, a [pak'kjano] *ag* (*colori*) garish; (*abiti, arredamento*) vulgar, garish.

'pacco, chi *sm* parcel; (*involto*) bundle; ~ **postale** parcel.

paccot'tiglia [pakkot'tiʎʎa] *sf* trash, junk.

'pace ['patʃe] *sf* peace; **darsi** ~ to resign o.s.; **fare (la)** ~ **con qn** to make it up with sb.

pachis'tano, a [pakis'tano] *ag, sm/f* Pakistani.

pacifi'care [patʃifi'kare] *vt* (*riconciliare*) to reconcile, make peace between; (*mettere in pace*) to pacify.

pacificazi'one [patʃifikat'tsjone] *sf* (*vedi vt*) reconciliation; pacification.

pa'cifico, a, ci, che [pa'tʃifiko] *ag* (*persona*) peaceable; (*vita*) peaceful; (*fig: indiscusso*) indisputable; (: *ovvio*) obvious, clear ♦ *sm:* **il P~, l'Oceano P~** the Pacific (Ocean).

paci'fismo [patʃi'fizmo] *sm* pacifism.

paci'fista, i, e [patʃi'fista] *sm/f* pacifist.

pa'dano, a *ag* of the Po; **la pianura** ~**a** the Lombardy plain.

pa'della *sf* frying pan; (*per infermi*) bedpan.

padigli'one [padiʎ'ʎone] *sm* pavilion.

'Padova *sf* Padua.

pado'vano, a *ag* of (o from) Padua.

'padre *sm* father; ~**i** *smpl* (*antenati*)

forefathers.

Padre'terno *sm:* **il** ~ God the Father.

pa'drino *sm* godfather.

padro'nale *ag* (*scala, entrata*) main, principal; **casa** ~ country house.

padro'nanza [padro'nantsa] *sf* command, mastery.

padro'nato *sm:* **il** ~ the ruling class.

pa'drone, a *sm/f* master/mistress; (*proprietario*) owner; (*datore di lavoro*) employer; **essere** ~ **di sé** to be in control of o.s.; ~/**a di casa** master/mistress of the house; (*per gli inquilini*) landlord/lady.

padroneggi'are [padroned'dʒare] *vt* (*fig: sentimenti*) to master, control; (: *materia*) to master, know thoroughly; ~**rsi** *vr* to control o.s.

pae'saggio [pae'zaddʒo] *sm* landscape.

paesag'gista, i, e [paezad'dʒista] *sm/f* (*pittore*) landscape painter.

pae'sano, a *ag* country *cpd* ♦ *sm/f* villager; countryman/woman.

pa'ese *sm* (*nazione*) country, nation; (*terra*) country, land; (*villaggio*) village; ~ **di provenienza** country of origin; **i P~i Bassi** the Netherlands.

paf'futo, a *ag* chubby, plump.

'paga, ghe *sf* pay, wages *pl;* **giorno di** ~ pay day.

pa'gabile *ag* payable; ~ **alla consegna/a vista** payable on delivery/on demand.

pa'gaia *sf* paddle.

paga'mento *sm* payment; ~ **anticipato** payment in advance; ~ **alla consegna** payment on delivery; ~ **all'ordine** cash with order; **la TV a** ~ pay TV.

pa'gano, a *ag, sm/f* pagan.

pa'gare *vt* to pay; (*acquisto, fig: colpa*) to pay for; (*contraccambiare*) to repay, pay back ♦ *vi* to pay; **quanto l'ha pagato?** how much did you pay for it?; ~ **con carta di credito** to pay by credit card; ~ **in contanti** to pay cash; ~ **di persona** (*fig*) to suffer the consequences; **l'ho pagata cara** (*fig*) I paid dearly for it.

pa'gella [pa'dʒella] *sf* (*INS*) school report (*BRIT*), report card (*US*).

'paggio ['paddʒo] *sm* page (boy).

pagherò [page'rɔ] *vb vedi* **pagare** ♦ *sm inv* IOU; ~ **cambiario** promissory note.

'pagina ['padʒina] *sf* page.

'paglia ['paʎʎa] *sf* straw; **avere la coda di** ~ (*fig*) to have a guilty conscience; **fuoco di** ~ (*fig*) flash in the pan.

pagliac'cetto [paʎʎat'tʃetto] *sm* (*per bambini*) rompers *pl.*

pagliac'ciata [paʎʎat'tʃata] *sf* farce.

pagli'accio [paʎ'ʎattʃo] *sm* clown.

pagliaio - pallone

pagli'aio [paʎ'ʎajo] *sm* haystack.
paglie'riccio [paʎʎe'rittʃo] *sm* straw mattress.
paglie'rino, a [paʎʎe'rino] *ag*: **giallo ~** pale yellow.
pagli'etta [paʎ'ʎetta] *sf* (*cappello per uomo*) (straw) boater; (*per tegami etc*) steel wool.
pagli'uzza [paʎ'ʎuttsa] *sf* (blade of) straw; (*d'oro etc*) tiny particle, speck.
pa'gnotta [paɲ'ɲɔtta] *sf* round loaf.
'**pago, a, ghi, ghe** *ag*: **~ (di)** satisfied (with).
pa'goda *sf* pagoda.
pail'lette [pa'jɛt] *sf inv* sequin.
'**paio, pl(f)** '**paia** *sm* pair; **un ~ di occhiali** a pair of glasses; **un ~ di** (*alcuni*) a couple of; **è un altro ~ di maniche** (*fig*) that's another kettle of fish.
'**paio** *etc vb vedi* **parere.**
pai'olo, paiu'olo *sm* (copper) pot.
'**Pakistan** *sm*: **il ~** Pakistan.
pakis'tano, a *ag, sm/f* = **pachistano.**
pal. *abbr* = **palude.**
'**pala** *sf* shovel; (*di remo, ventilatore, elica*) blade; (*di ruota*) paddle.
palan'drana *sf* (*scherzoso: abito lungo e largo*) tent.
pa'lata *sf* shovelful; **fare soldi a ~e** to make a mint.
pala'tale *ag* (*ANAT, LING*) palatal.
pa'lato *sm* palate.
pa'lazzo [pa'lattso] *sm* (*reggia*) palace; (*edificio*) building; **~ di giustizia** courthouse; **~ dello sport** sports stadium.

Rome contains a number of **Palazzi,** *which are now associated with various government departments and political figures or groups.* **Palazzo Chigi,** *in Piazza Colonna, was built in the 16th century and acquired by the state in 1919, as the seat of the Foreign Ministry. Since 1961 it has been the Prime Minister's office and the place where the cabinet meets.* **Palazzo Madama,** *also constructed in the 16th century for the Medici family, has been the seat of the Senate since 1871.* **Palazzo di Montecitorio,** *which was completed in 1694, has housed the* **Camera dei deputati** *since 1870.* **Palazzo Viminale,** *which takes its name from one of the seven hills of Rome, on which it stands, is the home of the Ministry of the Interior.*

pal'chetto [pal'ketto] *sm* shelf.
'**palco, chi** *sm* (*TEAT*) box; (*tavolato*) platform, stand; (*ripiano*) layer.
palco'scenico, ci [palkoʃ'ʃɛniko] *sm* (*TEAT*) stage.

palermi'tano, a *ag* of (*o* from) Palermo
♦ *sm/f* person from Palermo.
Pa'lermo *sf* Palermo.
pale'sare *vt* to reveal, disclose; **~rsi** *vr* to reveal *o* show o.s.
pa'lese *ag* clear, evident.
Pales'tina *sf*: **la ~** Palestine.
palesti'nese *ag, sm/f* Palestinian.
pa'lestra *sf* gymnasium; (*esercizio atletico*) exercise, training; (*fig*) training ground, school.
paletot [pal'to] *sm inv* overcoat.
pa'letta *sf* spade; (*per il focolare*) shovel; (*del capostazione*) signalling disc.
pa'letto *sm* stake, peg; (*spranga*) bolt.
palin'sesto *sm* (*STORIA*) palimpsest; (*TV, RADIO*) programme (*BRIT*) *o* program (*US*) schedule.
'**palio** *sm* (*gara*): **il P~** horserace run at Siena; **mettere qc in ~** to offer sth as a prize.

The **Palio** *is a horse race which takes place in a number of Italian towns, the most famous being the race in* **Siena.** *It has its origins in the 13th century and nowadays is usually held twice a year, on July 2nd and August 16th in the Piazza del Campo, Siena. 10 of the 17* **contrade** *or districts take part. Each contrada is represented by a horse and rider, and the winner is the first horse to complete the course regardless of whether it still has its rider. The race is preceded by a procession of contrada members in historical dress.*

palis'sandro *sm* rosewood.
paliz'zata [palit'tsata] *sf* palisade.
'**palla** *sf* ball; (*pallottola*) bullet; **prendere la ~ al balzo** (*fig*) to seize one's opportunity.
pallaca'nestro *sf* basketball.
pallanu'oto *sf* water polo.
palla'volo *sf* volleyball.
palleggi'are [palled'dʒare] *vi* (*CALCIO*) to practise (*BRIT*) *o* practice (*US*) with the ball; (*TENNIS*) to knock up.
pallia'tivo *sm* palliative; (*fig*) stopgap measure.
'**pallido, a** *ag* pale.
pal'lina *sf* (*bilia*) marble.
pal'lino *sm* (*BILIARDO*) cue ball; (*BOCCE*) jack; (*proiettile*) pellet; (*pois*) dot; **bianco a ~i blu** white with blue dots; **avere il ~ di** (*fig*) to be crazy about.
pallon'cino [pallon'tʃino] *sm* balloon; (*lampioncino*) Chinese lantern.
pal'lone *sm* (*palla*) ball; (*CALCIO*) football;

(*aerostato*) balloon; **gioco del** ~ ball game.

pal'lore *sm* pallor, paleness.

pal'lottola *sf* pellet; (*proiettile*) bullet.

'palma *sf* (*ANAT*) = **palmo**; (*BOT*) palm; ~ **da datteri** date palm.

pal'mato, a *ag* (*ZOOL: piede*) webbed; (*BOT*) palmate.

pal'mipede *ag* web-footed.

pal'mizio [pal'mittsjo] *sm* (*palma*) palm tree; (*ramo*) palm.

'palmo *sm* (*ANAT*) palm; **essere alto un** ~ (*fig*) to be tiny; **restare con un** ~ **di naso** (*fig*) to be badly disappointed.

'palo *sm* (*legno appuntito*) stake; (*sostegno*) pole; **fare da** *o* **il** ~ (*fig*) to act as look-out; **saltare di** ~ **in frasca** (*fig*) to jump from one topic to another.

palom'baro *sm* diver.

pa'lombo *sm* (*pesce*) dogfish.

pal'pare *vt* to feel, finger.

'palpebra *sf* eyelid.

palpi'tare *vi* (*cuore, polso*) to beat; (: *più forte*) to pound, throb; (*fremere*) to quiver.

palpitazi'one [palpitat'tsjone] *sf* palpitation.

'palpito *sm* (*del cuore*) beat; (*fig: d'amore etc*) throb.

paltò *sm inv* overcoat.

pa'lude *sf* marsh, swamp.

palu'doso, a *ag* marshy, swampy.

pa'lustre *ag* marsh *cpd*, swamp *cpd*.

'pampino *sm* vine leaf.

pana'cea [pana'tʃea] *sf* panacea.

'Panama *sf* Panama; **il canale di** ~ the Panama Canal.

pana'mense *ag, sm/f* Panamanian.

'panca, che *sf* bench.

pancarrè *sm* sliced bread.

pan'cetta [pan'tʃetta] *sf* (*CUC*) bacon.

pan'chetto [pan'ketto] *sm* stool; footstool.

pan'china [pan'kina] *sf* garden seat; (*di giardino pubblico*) (park) bench.

'pancia, ce ['pantʃa] *sf* belly, stomach; **mettere** *o* **fare** ~ to be getting a paunch; **avere mal di** ~ to have stomach ache *o* a sore stomach.

panci'era [pan'tʃɛra] *sf* corset.

panci'olle [pan'tʃɔlle] *av*: **stare in** ~ to lounge about (*BRIT*) *o* around.

panci'otto [pan'tʃɔtto] *sm* waistcoat.

pan'ciuto, a [pan'tʃuto] *ag* (*persona*) potbellied; (*vaso, bottiglia*) rounded.

'pancreas *sm inv* pancreas.

'panda *sm inv* panda.

pande'monio *sm* pandemonium.

pan'doro *sm type of sponge cake eaten at Christmas.*

'pane *sm* bread; (*pagnotta*) loaf (of bread);

(*forma*): **un** ~ **di burro/cera** *etc* a pat of butter/bar of wax *etc*; **guadagnarsi il** ~ to earn one's living; **dire** ~ **al** ~, **vino al vino** (*fig*) to call a spade a spade; **rendere pan per focaccia** (*fig*) to give tit for tat; ~ **casereccio** homemade bread; ~ **a cassetta** sliced bread; ~ **integrale** wholemeal bread; ~ **di segale** rye bread; **pan di Spagna** sponge cake; ~ **tostato** toast.

pane'girico [pane'dʒiriko] *sm* (*fig*) panegyric.

panette'ria *sf* (*forno*) bakery; (*negozio*) baker's (shop), bakery.

panetti'ere, a *sm/f* baker.

panet'tone *sm a kind of spiced brioche with sultanas, eaten at Christmas.*

'panfilo *sm* yacht.

pan'forte *sm Sienese nougat-type delicacy.*

pangrat'tato *sm* breadcrumbs *pl.*

'panico, a, ci, che *ag, sm* panic; **essere in preda al** ~ to be panic-stricken; **lasciarsi prendere dal** ~ to panic.

pani'ere *sm* basket.

panifica'tore, trice *sm/f* bread-maker, baker.

pani'ficio [pani'fitʃo] *sm* (*forno*) bakery; (*negozio*) baker's (shop), bakery.

pa'nino *sm* roll; ~ **imbottito** filled roll; sandwich.

panino'teca, che *sf* sandwich bar.

'panna *sf* (*CUC*) cream; (*AUT*) = **panne**; ~ **di cucina** cooking cream; ~ **montata** whipped cream.

'panne [pan] *sf inv* (*AUT*) breakdown; **essere in** ~ to have broken down.

pan'nello *sm* panel; ~ **di controllo** control panel; ~ **solare** solar panel.

'panno *sm* cloth; ~**i** *smpl* (*abiti*) clothes; **mettiti nei miei** ~**i** (*fig*) put yourself in my shoes.

pan'nocchia [pan'nɔkkja] *sf* (*di mais etc*) ear.

panno'lino *sm* (*per bambini*) nappy (*BRIT*), diaper (*US*).

pano'rama, i *sm* panorama.

pano'ramico, a, ci, che *ag* panoramic; **strada** ~**a** scenic route.

pantacol'lant *smpl* leggings.

panta'loni *smpl* trousers (*BRIT*), pants (*US*), pair *sg* of trousers *o* pants.

pan'tano *sm* bog.

pan'tera *sf* panther.

'pantheon ['panteon] *sm inv* pantheon.

pan'tofola *sf* slipper.

panto'mima *sf* pantomime.

pan'zana [pan'tsana] *sf* fib, tall story.

pao'nazzo, a [pao'nattso] *ag* purple.

'**papa, i** *sm* pope.

papà *sm inv* dad(dy); **figlio di** ~ spoilt young man.

pa'pale *ag* papal.

pa'pato *sm* papacy.

pa'pavero *sm* poppy.

'**papero, a** *sm/f* (*ZOOL*) gosling ♦ *sf* (*fig*) slip of the tongue, blunder.

papi'llon [papi'jɔ] *sm inv* bow tie.

pa'piro *sm* papyrus.

'**pappa** *sf* baby cereal.

pappa'gallo *sm* parrot; (*fig: uomo*) Romeo, wolf.

pappa'gorgia, ge [pappa'gɔrdʒa] *sf* double chin.

pappar'della *sf* (*fig*) rigmarole.

pap'pare *vt* (*fam: anche:* ~**rsi**) to gobble up.

par. *abbr* (= *paragrafo*) par.

'**para** *sf*: **suole di** ~ crepe soles.

parà *abbr m inv* (= *paracadutista*) para.

pa'rabola *sf* (*MAT*) parabola; (*REL*) parable.

para'bolico, a, ci, che *ag* (*MAT*) parabolic; *vedi anche* **antenna**.

para'brezza [para'breddza] *sm inv* (*AUT*) windscreen (*BRIT*), windshield (*US*).

paracadu'tare *vt*, ~**rsi** *vr* to parachute.

paraca'dute *sm inv* parachute.

paracadu'tismo *sm* parachuting.

paracadu'tista, i, e *sm/f* parachutist; (*MIL*) paratrooper.

para'carro *sm* kerbstone (*BRIT*), curbstone (*US*).

paradi'siaco, a, ci, che *ag* heavenly.

para'diso *sm* paradise; ~ **fiscale** tax haven.

parados'sale *ag* paradoxical.

para'dosso *sm* paradox.

para'fango, ghi *sm* mudguard.

paraf'fina *sf* paraffin, paraffin wax.

parafra'sare *vt* to paraphrase.

pa'rafrasi *sf inv* paraphrase.

para'fulmine *sm* lightning conductor.

pa'raggi [pa'raddʒi] *smpl*: **nei** ~ in the vicinity, in the neighbourhood (*BRIT*) o neighborhood (*US*).

parago'nare *vt*: ~ **con/a** to compare with/to.

para'gone *sm* comparison; (*esempio analogo*) analogy, parallel; **reggere al** ~ to stand comparison.

pa'ragrafo *sm* paragraph.

paraguai'ano, a *ag, sm/f* Paraguayan.

Paragu'ay [para'gwai] *sm*: **il** ~ Paraguay.

pa'ralisi *sf inv* paralysis.

para'litico, a, ci, che *ag, sm/f* paralytic.

paraliz'zare [paralid'dzare] *vt* to paralyze.

parallela'mente *av* in parallel.

paral'lele'pipedo *sm* parallelepiped.

paralle'lismo *sm* (*MAT*) parallelism; (*fig:*

corrispondenza) similarities *pl*.

paral'lelo, a *ag* parallel ♦ *sm* (*GEO*) parallel; (*comparazione*): **fare un** ~ **tra** to draw a parallel between ♦ *sf* parallel (line); ~**e** *sfpl* (*attrezzo ginnico*) parallel bars.

para'lume *sm* lampshade.

para'medico, a, ci, che *ag* paramedical.

para'menti *smpl* (*REL*) vestments.

pa'rametro *sm* parameter.

paramili'tare *ag* paramilitary.

pa'ranco, chi *sm* hoist.

para'noia *sf* paranoia; **andare/mandare in** ~ (*fam*) to freak/be freaked out.

para'noico, a, ci, che *ag, sm/f* paranoid; (*fam: angosciato*) freaked (out).

paranor'male *ag* paranormal.

para'occhi [para'ɔkki] *smpl* blinkers (*BRIT*), blinders (*US*).

para'petto *sm* parapet.

para'piglia [para'piʎʎa] *sm* commotion, uproar.

parapsicolo'gia [parapsikolo'dʒia] *sf* parapsychology.

pa'rare *vt* (*addobbare*) to adorn, deck; (*proteggere*) to shield, protect; (*scansare: colpo*) to parry; (*CALCIO*) to save ♦ *vi*: **dove vuole andare a** ~? what are you driving at?; ~**rsi** *vr* (*presentarsi*) to appear, present o.s.

parasco'lastico, a, ci, che *ag* (*attività*) extracurricular.

para'sole *sm inv* parasol, sunshade.

paras'sita, i *sm* parasite.

parassi'tario, a *ag* parasitic.

parasta'tale *ag* state-controlled.

paras'tato *sm* *employees in the state-controlled sector*.

pa'rata *sf* (*SPORT*) save; (*MIL*) review, parade.

pa'rati *smpl* hangings *pl*; **carta da** ~ wallpaper.

para'tia *sf* (*di nave*) bulkhead.

para'urti *sm inv* (*AUT*) bumper.

para'vento *sm* folding screen; **fare da** ~ **a qn** (*fig*) to shield sb.

par'cella [par'tʃɛlla] *sf* fee.

parcheggi'are [parked'dʒare] *vt* to park.

par'cheggio [par'keddʒo] *sm* parking *no pl*; (*luogo*) car park (*BRIT*), parking lot (*US*); (*singolo posto*) parking space.

par'chimetro [par'kimetro] *sm* parking meter.

'**parco, chi** *sm* park; (*spazio per deposito*) depot; (*complesso di veicoli*) fleet.

'**parco, a, chi, che** *ag*: ~ (**in**) (*sobrio*) moderate (in); (*avaro*) sparing (with).

pa'recchio, a [pa'rekkjo] *det* quite a lot of; (*tempo*) quite a lot of, a long ♦ *pron* quite a lot, quite a bit; (*tempo*) quite a while, a long time ♦ *av* (*con ag*) quite, rather; (*con vb*) quite a lot, quite a bit; ~**i(e)** *det pl* quite a lot of, several ♦ *pron pl* quite a lot, several.

pareggi'are [pared'dʒare] *vt* to make equal; (*terreno*) to level, make level; (*bilancio, conti*) to balance ♦ *vi* (*SPORT*) to draw.

pa'reggio [pa'reddʒo] *sm* (*ECON*) balance; (*SPORT*) draw.

paren'tado *sm* relatives *pl*, relations *pl*.

pa'rente *smlf* relative, relation.

paren'tela *sf* (*vincolo di sangue, fig*) relationship; (*insieme dei parenti*) relations *pl*, relatives *pl*.

pa'rentesi *sf* (*segno grafico*) bracket, parenthesis; (*frase incisa*) parenthesis; (*digressione*) parenthesis, digression; **tra** ~ in brackets; (*fig*) incidentally.

pa'rere *sm* (*opinione*) opinion; (*consiglio*) advice, opinion; **a mio** ~ in my opinion ♦ *vi* to seem, appear ♦ *vb impers*: **pare che** it seems *o* appears that, they say that; **mi pare che** it seems to me that; **mi pare di sì/no** I think so/don't think so; **fai come ti pare** do as you like; **che ti pare del mio libro?** what do you think of my book?

pa'rete *sf* wall.

'pargolo, a *smlf* child.

'pari *ag inv* (*uguale*) equal, same; (*in giochi*) equal; drawn, tied; (*MAT*) even ♦ *sm inv* (*POL: di Gran Bretagna*) peer ♦ *smlf inv* peer, equal; **copiato** ~ ~ copied word for word; **siamo** ~ (*fig*) we are quits *o* even; **alla** ~ on the same level; (*BORSA*) at par; **ragazza alla** ~ au pair (girl); **mettersi alla** ~ **con** to place o.s. on the same level as; **mettersi in** ~ **con** to catch up with; **andare di** ~ **passo con qn** to keep pace with sb.

parifi'care *vt* (*scuola*) to recognize officially.

parifi'cato, a *ag*: **scuola** ~**a** *officially recognized private school*.

Pa'rigi [pa'ridʒi] *sf* Paris.

pari'gino, a [pari'dʒino] *ag, smlf* Parisian.

pa'riglia [pa'riλλa] *sf* pair; **rendere la** ~ to give tit for tat.

parità *sf* parity, equality; (*SPORT*) draw, tie.

pari'tetico, a, ci, che *ag*: **commissione** ~**a** joint committee; **rapporto** ~ equal relationship.

parlamen'tare *ag* parliamentary ♦ *smlf* ≈ Member of Parliament (*BRIT*), ≈ Congressman/woman (*US*) ♦ *vi* to negotiate, parley.

parla'mento *sm* parliament.

The **Parlamento** *has legislative power as laid down in the Italian constitution which came into force on January 1st 1948. It is made up of two chambers: the* **Camera dei deputati** *and the* **Senato**. *Parliamentary elections are held every 5 years.*

---

parlan'tina *sf* (*fam*) talkativeness; **avere una buona** ~ to have the gift of the gab.

par'lare *vi* to speak, talk; (*confidare cose segrete*) to talk ♦ *vt* to speak; ~ (**a qn**) **di** to speak *o* talk (to sb) about; ~ **chiaro** to speak one's mind; ~ **male di qn/qc** to speak ill of sb/sth; ~ **del più e del meno** to talk of this and that; **ne ho sentito** ~ I have heard it mentioned; **non parliamone più** let's just forget about it; **i dati parlano** (*fig*) the facts speak for themselves.

par'lata *sf* (*dialetto*) dialect.

parla'tore, 'trice *smlf* speaker.

parla'torio *sm* (*di carcere etc*) visiting room; (*REL*) parlour (*BRIT*), parlor (*US*).

parlot'tare *vi* to mutter.

parmigi'ano, a [parmi'dʒano] *ag* Parma *cpd*, of (*o* from) Parma ♦ *sm* (*grana*) Parmesan (cheese); **alla** ~**a** (*CUC*) with Parmesan cheese.

paro'dia *sf* parody.

parodi'are *vt* to parody.

pa'rola *sf* word; (*facoltà*) speech; ~**e** *sfpl* (*chiacchiere*) talk *sg*; **chiedere la** ~ to ask permission to speak; **dare la** ~ **a qn** to call on sb to speak; **dare la propria** ~ **a qn** to give sb one's word; **mantenere la** ~ to keep one's word; **mettere una buona** ~ **per qn** to put in a good word for sb; **passare dalle** ~**e ai fatti** to get down to business; **prendere la** ~ to take the floor; **rimanere senza** ~**e** to be speechless; **rimangiarsi la** ~ to go back on one's word; **non ho** ~**e per ringraziarla** I don't know how to thank you; **rivolgere la** ~ **a qn** to speak to sb; **non è detta l'ultima** ~ that's not the end of the matter; **è una persona di** ~ he is a man of his word; **in** ~**e povere** in plain English; ~ **d'onore** word of honour; ~ **d'ordine** (*MIL*) password; ~**e incrociate** crossword (puzzle) *sg*.

paro'laccia, ce [paro'lattʃa] *sf* bad word, swearword.

paros'sismo *sm* paroxysm.

par'quet [par'kɛ] *sm* parquet (flooring).

parrò *etc vb vedi* **parere**.

par'rocchia [par'rɔkkja] *sf* parish; (*chiesa*) parish church.

parrocchiano – partorire

parrocchi'ano, a [parrok'kjano] *sm/f* parishioner.

'parroco, ci *sm* parish priest.

par'rucca, che *sf* wig.

parrucchi'ere, a [parruk'kjɛre] *sm/f* hairdresser ♦ *sm* barber.

parruc'cone *sm* (*peg*) old fogey.

parsi'monia *sf* frugality, thrift.

parsimoni'oso, a *ag* frugal, thrifty.

'parso, a *pp di* **parere**.

'parte *sf* part; (*lato*) side; (*quota spettante a ciascuno*) share; (*direzione*) direction; (*POL*) party; faction; (*DIR*) party; **a ~** *ag* separate ♦ *av* separately; **scherzi a ~** joking aside; **a ~ ciò** apart from that; **inviare a ~** (*campioni etc*) to send under separate cover; **da ~** (*in disparte*) to one side, aside; **mettere/prendere da ~** to put/take aside; **d'altra ~** on the other hand; **da ~ di** (*per conto di*) on behalf of; **da ~ mia** as far as I'm concerned, as for me; **da ~ di madre** on his (*o* her *etc*) mother's side; **essere dalla ~ della ragione** to be in the right; **da ~ a ~** right through; **da qualche ~** somewhere; **da nessuna ~** nowhere; **da questa ~** (*in questa direzione*) this way; **da ogni ~** on all sides, everywhere; (*moto da luogo*) from all sides; **fare ~ di qc** to belong to sth; **prendere ~ a qc** to take part in sth; **prendere le ~i di qn** to take sb's side; **mettere qn a ~ di qc** to inform sb of sth; **costituirsi ~ civile contro qn** (*DIR*) to associate in an action with the public prosecutor against sb; **la ~ lesa** (*DIR*) the injured party; **le ~i in causa** the parties concerned.

parteci'pante [partetʃi'pante] *sm/f*: **~ (a)** (*a riunione, dibattito*) participant (in); (*a gara sportiva*) competitor (in); (*a concorso*) entrant (to).

parteci'pare [partetʃi'pare] *vi*: **~ a** to take part in, participate in; (*utili etc*) to share in; (*spese etc*) to contribute to; (*dolore, successo di qn*) to share (in) ♦ *vt*: **~ le nozze (a)** to announce one's wedding (to).

partecipazi'one [partetʃipat'tsjone] *sf* participation; sharing; (*ECON*) interest; **~ a banda armata** (*DIR*) belonging to an armed gang; **~ di maggioranza/minoranza** controlling/minority interest; **~ agli utili** profit-sharing; **~i di nozze** *wedding announcement card*; **ministro delle P~i statali** *minister responsible for companies in which the state has a financial interest.*

par'tecipe [par'tetʃipe] *ag* participating; **essere ~ di** to take part in, participate in;

(*gioia, dolore*) to share (in); (*consapevole*) to be aware of.

parteggi'are [parted'dʒare] *vi*: **~ per** to side with, be on the side of.

par'tenza [par'tɛntsa] *sf* departure; (*SPORT*) start; **essere in ~** to be about to leave, be leaving; **passeggeri in ~ per** passengers travelling (*BRIT*) *o* traveling (*US*) to; **siamo tornati al punto di ~** (*fig*) we are back where we started; **falsa ~** (*anche fig*) false start.

parti'cella [parti'tʃɛlla] *sf* particle.

parti'cipio [parti'tʃipjo] *sm* participle.

partico'lare *ag* (*specifico*) particular; (*proprio*) personal, private; (*speciale*) special, particular; (*caratteristico*) distinctive; (*fuori dal comune*) peculiar ♦ *sm* detail, particular; **in ~** in particular, particularly; **entrare nei ~i** to go into details.

particolareggi'ato, a [partikolared'dʒato] *ag* (extremely) detailed.

particolarità *sf inv* (*carattere eccezionale*) peculiarity; (*dettaglio*) particularity, detail; (*caratteristica*) characteristic, feature.

partigi'ano, a [parti'dʒano] *ag* partisan ♦ *sm* (*fautore*) supporter, champion; (*MIL*) partisan.

par'tire *vi* to go, leave; (*allontanarsi*) to go (*o* drive *etc*) away *o* off; (*petardo, colpo*) to go off; (*fig: avere inizio, SPORT*) to start; **sono partita da Roma alle 7** I left Rome at 7; **il volo parte da Ciampino** the flight leaves from Ciampino; **a ~ da** from; **la seconda a ~ da destra** the second from the right; **~ in quarta** to drive off at top speed; (*fig*) to be very enthusiastic.

par'tita *sf* (*COMM*) lot, consignment; (*ECON: registrazione*) entry, item; (*CARTE, SPORT: gioco*) game; (: *competizione*) match, game; **~ di caccia** hunting party; **~ IVA** VAT account; **~ semplice/doppia** (*COMM*) single-/double-entry book-keeping.

par'tito *sm* (*POL*) party; (*decisione*) decision, resolution; (*persona da maritare*) match; **per ~ preso** on principle; **mettere la testa a ~** to settle down.

partitocra'zia [partitokrat'tsia] *sf hijacking of institutions by the party system.*

parti'tura *sf* (*MUS*) score.

'parto *sm* (*MED*) labour (*BRIT*), labor (*US*); **sala ~** labo(u)r room; **morire di ~** to die in childbirth.

partori'ente *sf* woman in labour (*BRIT*) *o* labor (*US*).

parto'rire *vt* to give birth to; (*fig*) to produce.

par'venza [par'vɛntsa] *sf* semblance.

'parvi *etc vb vedi* **parere.**

parzi'ale [par'tsjale] *ag* (*limitato*) partial; (*non obiettivo*) biased, partial.

parzialità [partsjali'ta] *sf:* ~ (**a favore di**) partiality (for), bias (towards); ~ (**contro**) bias (against).

'pascere ['paʃʃere] *vi* to graze ♦ *vt* (*brucare*) to graze on; (*far pascolare*) to graze, pasture.

pasci'uto, a [paʃ'ʃuto] *pp di* **pascere** ♦ *ag:* **ben** ~ plump.

pasco'lare *vt, vi* to graze.

'pascolo *sm* pasture.

'Pasqua *sf* Easter; **isola di** ~ Easter Island.

pas'quale *ag* Easter *cpd.*

pasqu'etta *sf* Easter Monday.

pas'sabile *ag* fairly good, passable.

pas'saggio [pas'saddʒo] *sm* passing *no pl*, passage; (*traversata*) crossing *no pl*, passage; (*luogo, prezzo della traversata, brano di libro etc*) passage; (*su veicolo altrui*) lift (*BRIT*), ride; (*SPORT*) pass; **di** ~ (*persona*) passing through; ~ **pedonale/a livello** pedestrian/level (*BRIT*) *o* grade (*US*) crossing; ~ **di proprietà** transfer of ownership.

passamane'ria *sf* braid, trimming.

passamon'tagna [passamon'taɲɲa] *sm inv* balaclava.

pas'sante *sm/f* passer-by ♦ *sm* loop.

passa'porto *sm* passport.

pas'sare *vi* (*andare*) to go; (*veicolo, pedone*) to pass (by), go by; (*fare una breve sosta: postino etc*) to come, call; (: *amico: per fare una visita*) to call *o* drop in; (*sole, aria, luce*) to get through; (*trascorrere: giorni, tempo*) to pass, go by; (*fig: proposta di legge*) to be passed; (: *dolore*) to pass, go away; (*CARTE*) to pass ♦ *vt* (*attraversare*) to cross; (*trasmettere: messaggio*): ~ **qc a qn** to pass sth on to sb; (*dare*): ~ **qc a qn** to pass sth to sb, give sb sth; (*trascorrere: tempo*) to spend; (*superare: esame*) to pass; (*triturare: verdura*) to strain; (*approvare*) to pass, approve; (*oltrepassare, sorpassare: anche fig*) to go beyond, pass; (*fig: subire*) to go through; ~ **da ... a** to pass from ... to; ~ **di padre in figlio** to be handed down *o* to pass from father to son; ~ **per** (*anche fig*) to go through; ~ **per stupido/un genio** to be taken for a fool/a genius; ~ **sopra** (*anche fig*) to pass over; ~ **attraverso** (*anche fig*) to go through; ~ **ad altro** to change the subject; (*in una riunione*) to discuss the next item; ~ **in banca/ufficio** to call (in) at the bank/office; ~ **alla storia** to pass into history; ~

a un esame to go up (to the next class) after an exam; ~ **di moda** to go out of fashion; ~ **a prendere qc/qn** to call and pick sth/sb up; **le passo il Signor X** (*al telefono*) here is Mr X, I'm putting you through to Mr X; **farsi** ~ **per** to pass o.s. off as, pretend to be; **lasciar** ~ **qn/qc** to let sb/sth through; **col** ~ **degli anni** (*riferito al presente*) as time goes by; (*riferito al passato*) as time passed *o* went by; **il peggio è passato** the worst is over; **30 anni e passa** well over 30 years ago; ~ **una mano di vernice su qc** to give sth a coat of paint; **passarsela: come te la passi?** how are you getting on *o* along?

pas'sata *sf:* **dare una** ~ **di vernice a qc** to give sth a coat of paint; **dare una** ~ **al giornale** to have a look at the paper, skim through the paper.

passa'tempo *sm* pastime, hobby.

pas'sato, a *ag* (*scorso*) last; (*finito: gloria, generazioni*) past; (*usanze*) out of date; (*sfiorito*) faded ♦ *sm* past; (*LING*) past (tense); **l'anno** ~ last year; **nel corso degli anni** ~**i** over the past years; **nei tempi** ~**i** in the past; **sono le 8** ~**e** it's past *o* after 8 o'clock; **è acqua** ~**a** (*fig*) it's over and done with; ~ **prossimo** (*LING*) present perfect; ~ **remoto** (*LING*) past historic; ~ **di verdura** (*CUC*) vegetable purée.

passa'tutto *sm inv*, **passaver'dura** *sm inv* vegetable mill.

passeg'gero, a [passed'dʒɛro] *ag* passing ♦ *sm/f* passenger.

passeggi'are [passed'dʒare] *vi* to go for a walk; (*in veicolo*) to go for a drive.

passeggi'ata [passed'dʒata] *sf* walk; drive; (*luogo*) promenade; **fare una** ~ to go for a walk (*o* drive).

passeg'gino [passed'dʒino] *sm* pushchair (*BRIT*), stroller (*US*).

pas'seggio [pas'seddʒo] *sm* walk, stroll; (*luogo*) promenade; **andare a** ~ to go for a walk *o* a stroll.

passe'rella *sf* footbridge; (*di nave, aereo*) gangway; (*pedana*) catwalk.

'passero *sm* sparrow.

pas'sibile *ag:* ~ **di** liable to.

passio'nale *ag* (*temperamento*) passionate; **delitto** ~ crime of passion.

passi'one *sf* passion.

passività *sf* (*qualità*) passivity, passiveness; (*COMM*) liability.

pas'sivo, a *ag* passive ♦ *sm* (*LING*) passive; (*ECON*) debit; (: *complesso dei debiti*) liabilities *pl.*

'passo *sm* step; (*andatura*) pace; (*rumore*) (foot)step; (*orma*) footprint; (*passaggio,* *fig: brano)* passage; (*valico*) pass; **a ~ d'uomo** at walking pace; (*AUT*) dead slow; **~ (a)** ~ step by step; **fare due** *o* **quattro ~i** to go for a walk *o* a stroll; **andare al ~ coi tempi** to keep up with the times; **di questo ~** (*fig*) at this rate; **fare i primi ~i** (*anche fig*) to take one's first steps; **fare il gran ~** (*fig*) to take the plunge; **fare un ~ falso** (*fig*) to make the wrong move; **tornare sui propri ~i** to retrace one's steps; **"~ carraio"** "vehicle entrance — keep clear".

'pasta *sf* (*CUC*) dough; (: *impasto per dolce*) pastry; (: *anche:* **~ alimentare**) pasta; (*massa molle di materia*) paste; (*fig: indole*) nature; **~e** *sfpl* (*pasticcini*) pastries; **~ in brodo** noodle soup; **~ sfoglia** puff pastry *o* paste (*US*).

pastasci'utta [pastaʃˈʃutta] *sf* pasta.

pasteggi'are [pastedˈdʒare] *vi:* **~ a vino/champagne** to have wine/champagne with one's meal.

pas'tella *sf* batter.

pas'tello *sm* pastel.

pas'tetta *sf* (*CUC*) = **pastella**.

pas'ticca, che *sf* = **pastiglia**.

pasticce'ria [pastittʃeˈria] *sf* (*pasticcini*) pastries *pl*, cakes *pl*; (*negozio*) cake shop; (*arte*) confectionery.

pasticci'are [pastitˈtʃare] *vt* to mess up, make a mess of ♦ *vi* to make a mess.

pasticci'ere, a [pastitˈtʃere] *sm/f* pastrycook; confectioner.

pastic'cino [pastitˈtʃino] *sm* petit four.

pas'ticcio [pasˈtittʃo] *sm* (*CUC*) pie; (*lavoro disordinato, imbroglio*) mess; **trovarsi nei ~i** to get into trouble.

pasti'ficio [pastiˈfitʃo] *sm* pasta factory.

pas'tiglia [pasˈtiʎʎa] *sf* pastille, lozenge.

pas'tina *sf* small pasta shapes used in soup.

pasti'naca, che *sf* parsnip.

'pasto *sm* meal; **vino da ~** table wine.

pas'toia *sf* (*fig*): **~ burocratica** red tape.

pas'tone *sm* (*per animali*) mash; (*peg*) overcooked stodge.

pasto'rale *ag* pastoral.

pas'tore *sm* shepherd; (*REL*) pastor, minister; (*anche:* **cane ~**) sheepdog; **~ scozzese** (*ZOOL*) collie; **~ tedesco** (*ZOOL*) Alsatian (dog) (*BRIT*), German shepherd (dog).

pasto'rizia [pastoˈrittsja] *sf* sheep-rearing, sheep farming.

pastoriz'zare [pastoridˈdzare] *vt* to pasteurize.

pas'toso, a *ag* doughy; pasty; (*fig: voce, colore*) mellow, soft.

pas'trano *sm* greatcoat.

pas'tura *sf* pasture.

pa'tacca, che *sf* (*distintivo*) medal, decoration; (*fig: macchia*) grease spot, grease mark; (: *articolo scadente*) bit of rubbish.

pa'tata *sf* potato; **~e fritte** chips (*BRIT*), French fries.

pata'tine *sfpl* (potato) crisps (*BRIT*) *o* chips (*US*).

pata'trac *sm* (*crollo: anche fig*) crash.

pâté [paˈte] *sm inv* pâté; **~ di fegato d'oca** pâté de foie gras.

pa'tella *sf* (*ZOOL*) limpet.

pa'tema, i *sm* anxiety, worry.

paten'tato, a *ag* (*munito di patente*) licensed, certified; (*fig scherzoso: qualificato*) utter, thorough.

pa'tente *sf* licence (*BRIT*), license (*US*); (*anche:* **~ di guida**) driving licence (*BRIT*), driver's license (*US*).

paten'tino *sm* temporary licence (*BRIT*) *o* license (*US*).

paterna'lismo *sm* paternalism.

paterna'lista *sm* paternalist.

paterna'listico, a, ci, che *ag* paternalistic.

paternità *sf* paternity, fatherhood.

pa'terno, a *ag* (*affetto, consigli*) fatherly; (*casa, autorità*) paternal.

pa'tetico, a, ci, che *ag* pathetic; (*commovente*) moving, touching.

'pathos [ˈpatos] *sm* pathos.

pa'tibolo *sm* gallows *sg*, scaffold.

pati'mento *sm* suffering.

'patina *sf* (*su rame etc*) patina; (*sulla lingua*) fur, coating.

pa'tire *vt, vi* to suffer.

pa'tito, a *sm/f* enthusiast, fan, lover.

patolo'gia [patoloˈdʒia] *sf* pathology.

pato'logico, a, ci, che [patoˈlɔdʒiko] *ag* pathological.

pa'tologo, a, gi, ghe *sm/f* pathologist.

'patria *sf* homeland; **amor di ~** patriotism.

patri'arca, chi *sm* patriarch.

pa'trigno [paˈtriɲɲo] *sm* stepfather.

patrimoni'ale *ag* (*rendita*) from property ♦ *sf* (*anche:* **imposta ~**) property tax.

patri'monio *sm* estate, property; (*fig*) heritage; **mi è costato un ~** (*fig*) it cost me a fortune, I paid a fortune for it; **~ spirituale/culturale** spiritual/cultural heritage; **~ ereditario** (*fig*) hereditary characteristics *pl*; **~ pubblico** public property.

'patrio, a, ii, ie *ag* (*di patria*) native *cpd*, of one's country; (*DIR*): **~a potestà** parental authority; **amor ~** love of one's country

patri'ota, i, e *sm/f* patriot.
patri'ottico, a, ci, che *ag* patriotic.
patriot'tismo *sm* patriotism.
patroci'nare [patrotʃi'nare] *vt* (*DIR:
difendere*) to defend; (*sostenere*) to
sponsor, support.
patro'cinio [patro'tʃinjo] *sm* defence (*BRIT*),
defense (*US*); support, sponsorship.
patro'nato *sm* patronage; (*istituzione
benefica*) charitable institution *o* society.
pa'trono *sm* (*REL*) patron saint; (*socio di
patronato*) patron; (*DIR*) counsel.
'patta *sf* flap; (*dei pantaloni*) fly.
patteggia'mento [patteddʒa'mento] *sm*
(*DIR*) plea bargaining.
patteggi'are [patted'dʒare] *vt*, *vi* to
negotiate.
patti'naggio [patti'naddʒo] *sm* skating.
patti'nare *vi* to skate; ~ **sul ghiaccio** to
ice-skate.
pattina'tore, 'trice *sm/f* skater.
'pattino *sm* skate; (*di slitta*) runner; (*AER*)
skid; (*TECN*) sliding block; ~**i (da
ghiaccio**) (ice) skates; ~**i a rotelle** roller
skates.
pat'tino *sm* (*barca*) *kind of pedalo with
oars.*
pat'tista, i, e *ag* (*POL*) of Patto per l'Italia
♦ *sm/f* (*POL*) member (*o* supporter) of
Patto per l'Italia.
'patto *sm* (*accordo*) pact, agreement;
(*condizione*) term, condition; **a ~ che** on
condition that; **a nessun ~** under no
circumstances; **venire** *o* **scendere a** ~**i
(con**) to come to an agreement (with); **P~
per l'Italia** (*POL*) centrist party.
pat'tuglia [pat'tuʎʎa] *sf* (*MIL*) patrol.
pattugli'are [pattuʎ'ʎare] *vt* to patrol.
pattu'ire *vt* to reach an agreement on.
pattumi'era *sf* (dust)bin (*BRIT*), ashcan
(*US*).
pa'ura *sf* fear; **aver** ~ **di/di fare/che** to be
frightened *o* afraid of/of doing/that; **far** ~
a to frighten; **per** ~ **di/che** for fear of/
that; **ho** ~ **di sì/no** I am afraid so/not.
pau'roso, a *ag* (*che fa paura*) frightening;
(*che ha paura*) fearful, timorous.
'pausa *sf* (*sosta*) break; (*nel parlare, MUS*)
pause.
paven'tato, a *ag* much-feared.
pa'vese *ag* of (*o* from) Pavia.
'pavido, a *ag* (*letterario*) fearful.
pavimen'tare *vt* (*stanza*) to floor; (*strada*)
to pave.
pavimentazi'one [pavimentat'tsjone] *sf*
flooring; paving.
pavi'mento *sm* floor.
pa'vone *sm* peacock.

pavoneggi'arsi [pavoned'dʒarsi] *vr* to strut
about, show off.
pazien'tare [pattsjen'tare] *vi* to be patient.
pazi'ente [pat'tsjɛnte] *ag*, *sm/f* patient.
pazi'enza [pat'tsjɛntsa] *sf* patience; **perdere
la** ~ to lose (one's) patience.
pazza'mente [pattsa'mente] *av* madly;
essere ~ **innamorato** to be madly in love.
paz'zesco, a, schi, sche [pat'tsesko] *ag*
mad, crazy.
paz'zia [pat'tsia] *sf* (*MED*) madness,
insanity; (*di azione, decisione*) madness,
folly; **è stata una** ~! it was sheer
madness!
'pazzo, a ['pattso] *ag* (*MED*) mad, insane;
(*strano*) wild, mad ♦ *sm/f* madman/woman;
~ **di** (*gioia, amore etc*) mad *o* crazy with;
~ **per qc/qn** mad *o* crazy about sth/sb;
essere ~ **da legare** to be raving mad *o* a
raving lunatic.
PC *sigla* = Piacenza.
P.C. *abbr* = **polizza di carico**.
p.c. *abbr* = **per condoglianze**; **per conoscenza**.
p.c.c. *abbr* (= *per copia conforme*) cc.
P.C.I. *sigla m* (= *Partito Comunista Italiano*)
former political party.
PCUS *sigla m* = *Partito Comunista dell'Unione
Sovietica*.
PD *sigla* = Padova.
P.D. *abbr* = **partita doppia**.
P.D.S. *sigla m* (= *Partito Democratico della
Sinistra*) *party originating from the P.C.I.*
PE *sigla* = Pescara.
'pecca, che *sf* defect, flaw, fault.
peccami'noso, a *ag* sinful.
pec'care *vi* to sin; (*fig*) to err.
pec'cato *sm* sin; **è un** ~ **che** it's a pity that;
che ~! what a shame *o* pity!; **un** ~ **di
gioventù** (*fig*) a youthful error *o*
indiscretion.
pecca'tore, 'trice *sm/f* sinner.
peccherò *etc* [pekke'rɔ] *vb vedi* **peccare**.
'pece ['petʃe] *sf* pitch.
pechi'nese [peki'nese] *ag*, *sm/f* Pekin(g)ese
(*inv*) ♦ *sm* (*anche: cane* ~) Pekin(g)ese *inv*,
Peke.
Pe'chino [pe'kino] *sf* Beijing, Peking.
'pecora *sf* sheep; ~ **nera** (*fig*) black sheep.
peco'raio *sm* shepherd.
peco'rella *sf* lamb; **la** ~ **smarrita** the lost
sheep; **cielo a** ~**e** (*fig: nuvole*) mackerel
sky.
peco'rino *sm* sheep's milk cheese.
pecu'lato *sm* (*DIR*) embezzlement.
peculi'are *ag*: ~ **di** peculiar to.
peculiarità *sf* peculiarity.
pecuni'ario, a *ag* financial, money *cpd*.
pe'daggio [pe'daddʒo] *sm* toll.

pedago'gia [pedago'dʒia] sf pedagogy, educational methods pl.

peda'gogico, a, ci, che [peda'gɔdʒiko] ag pedagogic(al).

peda'gogo, a, ghi, ghe sm/f pedagogue.

peda'lare vi to pedal; (andare in bicicletta) to cycle.

pe'dale sm pedal.

pe'dana sf footboard; (SPORT: nel salto) springboard; (: nella scherma) piste.

pe'dante ag pedantic ♦ sm/f pedant.

pedante'ria sf pedantry.

pe'data sf (impronta) footprint; (colpo) kick; **prendere a ~e qn/qc** to kick sb/sth.

pede'rasta, i sm pederast.

pe'destre ag prosaic, pedestrian.

pedi'atra, i, e sm/f paediatrician (BRIT), pediatrician (US).

pedia'tria sf paediatrics sg (BRIT), pediatrics sg (US).

pedi'atrico, a, ci, che ag pediatric.

pedi'cure sm/f inv chiropodist (BRIT), podiatrist (US).

pedigree sm inv pedigree.

pedi'luvio sm footbath.

pe'dina sf (della dama) draughtsman (BRIT), draftsman (US); (fig) pawn.

pedi'nare vt to shadow, tail.

pe'dofilo, a ag, sm/f paedophile.

pedo'nale ag pedestrian.

pe'done, a sm/f pedestrian ♦ sm (SCACCHI) pawn.

peeling ['piling] sm inv (COSMESI) facial scrub.

'peggio ['pɛddʒo] av, ag inv worse ♦ sm o f: **il o la ~** the worst; **cambiare in ~** to get o become worse; **alla ~** at worst, if the worst comes to the worst; **tirare avanti alla meno ~** to get along as best one can; **avere la ~** to come off worse, get the worst of it.

peggiora'mento [peddʒora'mento] sm worsening.

peggio'rare [peddʒo'rare] vt to make worse, worsen ♦ vi to grow worse, worsen.

peggiora'tivo, a [peddʒora'tivo] ag pejorative.

peggi'ore [ped'dʒore] ag (comparativo) worse; (superlativo) worst ♦ sm/f: **il(la) ~** the worst (person); **nel ~ dei casi** if the worst comes to the worst.

'pegno ['peɲɲo] sm (DIR) security, pledge; (nei giochi di società) forfeit; (fig) pledge, token; **dare in ~ qc** to pawn sth; **in ~ d'amicizia** as a token of friendship; **banco dei ~i** pawnshop.

pelapa'tate sm inv potato peeler.

pe'lare vt (spennare) to pluck; (spellare) to skin; (sbucciare) to peel; (fig) to make pay through the nose; **~rsi** vr to go bald.

pe'lato, a ag (sbucciato) peeled; (calvo) bald; (pomodori) **~i** peeled tomatoes.

pel'lame sm skins pl, hides pl.

'pelle sf skin; (di animale) skin, hide; (cuoio) leather; **essere ~ ed ossa** to be skin and bone; **avere la ~ d'oca** to have goose pimples o goose flesh; **avere i nervi a fior di ~** to be edgy; **non stare più nella ~ dalla gioia** to be beside o.s. with delight; **lasciarci la ~** to lose one's life; **amici per la ~** firm o close friends.

pellegri'naggio [pellegri'naddʒo] sm pilgrimage.

pelle'grino, a sm/f pilgrim.

pelle'rossa, pelli'rossa, pl **pelli'rosse** sm/f Red Indian.

pellette'ria sf (articoli) leather goods pl; (negozio) leather goods shop.

pelli'cano sm pelican.

pellicce'ria [pellittʃe'ria] sf (negozio) furrier's (shop); (quantità di pellicce) furs pl.

pel'liccia, ce [pel'littʃa] sf (mantello di animale) coat, fur; (indumento) fur coat; **~ ecologica** fake fur.

pellicci'aio [pellit'tʃajo] sm furrier.

pel'licola sf (membrana sottile) film, layer; (FOT, CINE) film.

pelli'rossa sm/f = **pellerossa.**

'pelo sm hair; (pelame) coat, hair; (pelliccia) fur; (di tappeto) pile; (di liquido) surface; **per un ~: per un ~ non ho perduto il treno** I very nearly missed the train; **c'è mancato un ~ che affogasse** he narrowly escaped drowning; **cercare il ~ nell'uovo** (fig) to pick holes, split hairs; **non aver ~i sulla lingua** (fig) to speak one's mind.

pe'loso, a ag hairy.

'peltro sm pewter.

pe'luche [pə'lyʃ] sm plush; **giocattoli di ~** soft toys.

pe'luria sf down.

'pelvi sf inv pelvis.

'pelvico, a, ci, che ag pelvic.

'pena sf (DIR) sentence; (punizione) punishment; (sofferenza) sadness no pl, sorrow; (fatica) trouble no pl, effort; (difficoltà) difficulty; **far ~** to be pitiful; **mi fai ~** I feel sorry for you; **essere o stare in ~ (per qc/qn)** to worry o be anxious (about sth/sb); **prendersi o darsi la ~ di fare** to go to the trouble of doing; **vale la ~ farlo** it's worth doing, it's worth it; **non ne vale la ~** it's not worth the effort, it's not worth it; **~ di morte** death sentence;

~ **pecuniaria** fine.

pe'nale *ag* penal ♦ *sf (anche:* **clausola** ~) penalty clause; **causa** ~ criminal trial; **diritto** ~ criminal law; **pagare la** ~ to pay the penalty.

pena'lista, i, e *sm/f (avvocato)* criminal lawyer.

penalità *sf inv* penalty.

penaliz'zare [penalid'dzare] *vt (SPORT)* to penalize.

penalizzazi'one [penaliddzat'tsjone] *sf (SPORT)* penalty.

pe'nare *vi (patire)* to suffer; *(faticare)* to struggle.

pen'dente *ag* hanging; leaning ♦ *sm (ciondolo)* pendant; *(orecchino)* drop earring.

pen'denza [pen'dɛntsa] *sf* slope, slant; *(grado d'inclinazione)* gradient; *(ECON)* outstanding account.

'pendere *vi (essere appeso):* ~ **da** to hang from; *(essere inclinato)* to lean; *(fig: incombere):* ~ **su** to hang over.

pen'dice [pen'ditʃe] *sf (di monte)* slope.

pen'dio, ii *sm* slope, slant; *(luogo in pendenza)* slope.

'pendola *sf* pendulum clock.

pendo'lare *ag* pendulum *cpd*, pendular ♦ *sm/f* commuter.

pendola'rismo *sm* commuting.

pendo'lino *sm (FERR)* high-speed tilting train.

'pendolo *sm (peso)* pendulum; *(anche:* **orologio a** ~) pendulum clock.

'pene *sm* penis.

pene'trante *ag* piercing, penetrating.

pene'trare *vi* to come *o* get in ♦ *vt* to penetrate; ~ **in** to enter; *(sog: proiettile)* to penetrate; *(: acqua, aria)* to go *o* come into.

penetrazi'one [penetrat'tsjone] *sf* penetration.

penicil'lina [penitʃil'lina] *sf* penicillin.

peninsu'lare *ag* peninsular; **l'Italia** ~ mainland Italy.

pe'nisola *sf* peninsula.

peni'tente *sm/f* penitent.

peni'tenza [peni'tɛntsa] *sf* penitence; *(punizione)* penance.

penitenzi'ario [peniten'tsjarjo] *sm* prison.

'penna *sf (di uccello)* feather; *(per scrivere)* pen; ~**e** *sfpl (CUC)* quills *(type of pasta)*; ~ **a feltro/stilografica/a sfera** felt-tip/fountain/ballpoint pen.

pen'nacchio [pen'nakkjo] *sm (ornamento)* plume.

penna'rello *sm* felt(-tip) pen.

pennel'lare *vi* to paint.

pennel'lata *sf* brushstroke.

pen'nello *sm* brush; *(per dipingere)* (paint)brush; **a** ~ *(perfettamente)* to perfection, perfectly; ~ **per la barba** shaving brush.

Pen'nini *smpl:* **i** ~ the Pennines.

pen'nino *sm* nib.

pen'none *sm (NAUT)* yard; *(stendardo)* banner, standard.

pen'nuto *sm* bird.

pe'nombra *sf* half-light, dim light.

pe'noso, a *ag* painful, distressing; *(faticoso)* tiring, laborious.

pen'sare *vi* to think ♦ *vt* to think; *(inventare, escogitare)* to think out; ~ **a** to think of; *(amico, vacanze)* to think of *o* about; *(problema)* to think about; ~ **di fare qc** to think of doing sth; ~ **bene/male di qn** to think well/badly of sb, have a good/bad opinion of sb; **penso di sì** I think so; **penso di no** I don't think so; **a pensarci bene** ... on second thoughts *(BRIT)* *o* thought *(US)* ...; **non voglio nemmeno pensarci** I don't even want to think about it; **ci penso io** I'll see to *o* take care of it.

pen'sata *sf (trovata)* idea, thought.

pensa'tore, 'trice *sm/f* thinker.

pensie'rino *sm (dono)* little gift; *(pensiero):* **ci farò un** ~ I'll think about it.

pensi'ero *sm* thought; *(modo di pensare, dottrina)* thinking *no pl*; *(preoccupazione)* worry, care, trouble; **darsi** ~ **per qc** to worry about sth; **stare in** ~ **per qn** to be worried about sb; **un** ~ **gentile** *(anche fig: dono etc)* a kind thought.

pensie'roso, a *ag* thoughtful.

'pensile *ag* hanging.

pensi'lina *sf (in stazione)* platform roof.

pensiona'mento *sm* retirement; ~ **anticipato** early retirement.

pensio'nante *sm/f (presso una famiglia)* lodger; *(di albergo)* guest.

pensio'nato, a *sm/f* pensioner ♦ *sm (istituto)* hostel.

pensi'one *sf (al prestatore di lavoro)* pension; *(vitto e alloggio)* board and lodging; *(albergo)* boarding house; **andare in** ~ to retire; **mezza** ~ half board; ~ **completa** full board; ~ **d'invalidità** disablement pension; ~ **di anzianità** old-age pension.

pensio'nistico, a, ci, che *ag* pension *cpd*.

pen'soso, a *ag* thoughtful, pensive, lost in thought.

pen'tagono *sm* pentagon; **il P**~ the Pentagon.

pentag'ramma, i *sm (MUS)* staff, stave.

pentapar'tito *sm (POL)* five-party coalition government.

'**pentathlon** ['pɛntatlɔn] *sm* (*SPORT*) pentathlon.

Pente'coste *sf* Pentecost, Whit Sunday (*BRIT*).

penti'mento *sm* repentance, contrition.

pen'tirsi *vr*: ~ **di** to repent of; (*rammaricarsi*) to regret, be sorry for.

penti'tismo *sm* confessions from terrorists and members of organized crime rackets.

> The practice of **pentitismo** emerged in Italy during the period of major terrorist activity in the 1970s. Members of terrorist groups, who had been arrested, would collaborate with the authorities by providing information in return for a reduced sentence, or for their own ideological reasons. In recent years it has become common practice for members of Mafia organizations to become **pentiti** and special legislation has been passed to provide for their sentencing and personal protection.

pen'tito, a *sm/f* ≈ supergrass (*BRIT*), terrorist/criminal who turns police informer.

'**pentola** *sf* pot; ~ **a pressione** pressure cooker.

pe'nultimo, a *ag* last but one (*BRIT*), next to last, penultimate.

pe'nuria *sf* shortage.

penzo'lare [pendzo'lare] *vi* to dangle, hang loosely.

penzo'loni [pendzo'loni] *av* dangling, hanging down; **stare** ~ to dangle, hang down.

pe'pato, a *ag* (*condito con pepe*) peppery, hot; (*fig: pungente*) sharp.

'**pepe** *sm* pepper; ~ **macinato/in grani/nero** ground/whole/black pepper.

pepero'nata *sf* stewed peppers, tomatoes and onions.

peperon'cino [peperon'tʃino] *sm* chilli pepper.

pepe'rone *sm*: ~ (**rosso**) red pepper, capsicum; ~ (**verde**) green pepper, capsicum; **rosso come un** ~ as red as a beetroot (*BRIT*), fire-engine red (*US*); ~**i ripieni** stuffed peppers.

pe'pita *sf* nugget.

============= *PAROLA CHIAVE*

per *prep* **1** (*moto attraverso luogo*) through; **i ladri sono passati** ~ **la finestra** the thieves got in (*o* out) through the window; **l'ho cercato** ~ **tutta la casa** I've searched the whole house *o* all over the

house for it

2 (*moto a luogo*) for, to; **partire** ~ **la Germania/il mare** to leave for Germany/the sea; **il treno** ~ **Roma** the Rome train, the train for *o* to Rome; **proseguire** ~ **Londra** to go on to London

3 (*stato in luogo*): **seduto/sdraiato** ~ **terra** sitting/lying on the ground

4 (*tempo*) for; ~ **anni/tanto tempo** for years/a long time; ~ **tutta l'estate** throughout the summer, all summer long; **lo rividi** ~ **Natale** I saw him again at Christmas; **lo faccio** ~ **lunedì** I'll do it for Monday

5 (*mezzo, maniera*) by; ~ **lettera/ferrovia/via aerea** by letter/rail/airmail; **prendere qn** ~ **un braccio** to take sb by the arm

6 (*causa, scopo*) for; **assente** ~ **malattia** absent because of *o* through *o* owing to illness; **ottimo** ~ **il mal di gola** excellent for sore throats; ~ **abitudine** out of habit, from habit

7 (*limitazione*) for; **è troppo difficile** ~ **lui** it's too difficult for him; ~ **quel che mi riguarda** as far as I'm concerned; ~ **poco che sia** however little it may be; ~ **questa volta ti perdono** I'll forgive you this time

8 (*prezzo, misura*) for; (*distributivo*) a, per; **venduto** ~ **3 milioni** sold for 3 million; **la strada continua** ~ **3 km** the street goes on for 3 km; **1000 lire** ~ **persona** 1000 lire a *o* per person; **uno** ~ **volta** one at a time; **uno** ~ **uno** one by one; **giorno** ~ **giorno** day by day; **due** ~ **parte** two either side; **5** ~ **cento** 5 per cent; **3** ~ **4 fa 12** 3 times 4 equals 12; **dividere/moltiplicare 12** ~ **4** to divide/multiply 12 by 4

9 (*in qualità di*) as; (*al posto di*) for; **avere qn** ~ **professore** to have sb as a teacher; **ti ho preso** ~ **Mario** I mistook you for Mario, I thought you were Mario; **dare** ~ **morto qn** to give sb up for dead; **lo prenderanno** ~ **pazzo** they'll think he's crazy

10 (*seguito da vb: finale*): ~ **fare qc** (so as) to do sth, in order to do sth; (*: causale*): ~ **aver fatto qc** for having done sth; **studia** ~ **passare l'esame** he's studying in order to *o* (so as) to pass his exam; **l'hanno punito** ~ **aver rubato i soldi** he was punished for having stolen the money; **è abbastanza grande** ~ **andarci da solo** he's big enough to go on his own.

'**pera** *sf* pear.

pe'raltro *av* moreover, what's more.

per'bacco *escl* by Jove!

per'bene *ag inv* respectable, decent ♦ *av*

(*con cura*) properly, well.

perbe'nismo *sm* (so-called) respectability.

percentu'ale [pertʃentu'ale] *sf* percentage; (*commissione*) commission.

perce'pire [pertʃe'pire] *vt* (*sentire*) to perceive; (*ricevere*) to receive.

percet'tibile [pertʃet'tibile] *ag* perceptible.

percezi'one [pertʃet'tsjone] *sf* perception.

═══════════ *PAROLA CHIAVE* ═══════════

perché [per'ke] *av* why; ~ **no?** why not?; ~ **non vuoi andarci?** why don't you want to go?; **spiegami** ~ **l'hai fatto** tell me why you did it

♦ *cong* **1** (*causale*) because; **non posso uscire** ~ **ho da fare** I can't go out because o as I've a lot to do

2 (*finale*) in order that, so that; **te lo do** ~ **tu lo legga** I'm giving it to you so (that) you can read it

3 (*consecutivo*): **è troppo forte** ~ **si possa batterlo** he's too strong to be beaten

♦ *sm inv* reason; **il** ~ **di** the reason for; **non c'è un vero** ~ there's no real reason for it.

─────────────────────────────

perciò [per'tʃɔ] *cong* so, for this (o that) reason.

per'correre *vt* (*luogo*) to go all over; (: *paese*) to travel up and down, go all over; (*distanza*) to cover.

percor'ribile *ag* (*strada*) which can be followed.

per'corso, a *pp di* **percorrere** ♦ *sm* (*tragitto*) journey; (*tratto*) route.

per'cosso, a *pp di* **percuotere** ♦ *sf* blow.

percu'otere *vt* to hit, strike.

percussi'one *sf* percussion; **strumenti a** ~ (*MUS*) percussion instruments.

per'dente *ag sm/f* loser.

'perdere *vt* to lose; (*lasciarsi sfuggire*) to miss; (*sprecare: tempo, denaro*) to waste; (*mandare in rovina: persona*) to ruin ♦ *vi* to lose; (*serbatoio etc*) to leak; ~**rsi** *vr* (*smarrirsi*) to get lost; (*svanire*) to disappear, vanish; **saper** ~ to be a good loser; **lascia** ~! forget it!, never mind!; **non ho niente da** ~ (*fig*) I've got nothing to lose; **è un'occasione da non** ~ it's a marvellous opportunity; (*affare*) it's a great bargain; **è fatica persa** it's a waste of effort; ~ **al gioco** to lose money gambling; ~ **di vista qn** (*anche fig*) to lose sight of sb; ~**rsi di vista** to lose sight of each other; (*fig*) to lose touch; ~**rsi alla vista** to disappear from sight; ~**rsi in chiacchiere** to waste time talking.

perdifi'ato : **a** ~ *av* (*correre*) at

breathtaking speed; (*gridare*) at the top of one's voice.

perdi'giorno [perdi'dʒorno] *sm/f inv* idler, waster.

'perdita *sf* loss; (*spreco*) waste; (*fuoriuscita*) leak; **siamo in** ~ (*COMM*) we are running at a loss; **a** ~ **d'occhio** as far as the eye can see.

perdi'tempo *sm/f inv* waster, idler.

perdizi'one [perdit'tsjone] *sf* (*REL*) perdition, damnation; **luogo di** ~ place of ill repute.

perdo'nare *vt* to pardon, forgive; (*scusare*) to excuse, pardon; **per farsi** ~ in order to be forgiven; **perdona la domanda** ... if you don't mind my asking ...; **vogliate** ~ **il (mio) ritardo** my apologies for being late; **un male che non perdona** an incurable disease.

per'dono *sm* forgiveness; (*DIR*) pardon; **chiedere** ~ **a qn (per)** to ask for sb's forgiveness (for); (*scusarsi*) to apologize to sb (for).

perdu'rare *vi* to go on, last; (*perseverare*) to persist.

perduta'mente *av* desperately, passionately.

per'duto, a *pp di* **perdere** ♦ *ag* (*gen*) lost; **sentirsi** o **vedersi** ~ (*fig*) to realize the hopelessness of one's position; **una donna** ~**a** (*fig*) a fallen woman.

peregri'nare *vi* to wander, roam.

pe'renne *ag* eternal, perpetual, perennial; (*BOT*) perennial.

peren'torio, a *ag* peremptory; (*definitivo*) final.

perfetta'mente *av* perfectly; **sai** ~ **che** ... you know perfectly well that ....

per'fetto, a *ag* perfect ♦ *sm* (*LING*) perfect (tense).

perfeziona'mento [perfettsjona'mento] *sm*: ~ **(di)** improvement (in), perfection (of); **corso di** ~ proficiency course.

perfezio'nare [perfettsjo'nare] *vt* to improve, perfect; ~**rsi** *vr* to improve.

perfezi'one [perfet'tsjone] *sf* perfection.

perfezio'nismo [perfettsjo'nizmo] *sm* perfectionism.

perfezio'nista, i, e [perfettsjo'nista] *sm/f* perfectionist.

per'fidia *sf* perfidy.

'perfido, a *ag* perfidious, treacherous.

per'fino *av* even.

perfo'rare *vt* to pierce; (*MED*) to perforate; (*banda, schede*) to punch; (*trivellare*) to drill.

perfora'tore, 'trice *sm/f* punch-card operator ♦ *sm* (*utensile*) punch; (*INFORM*):

~ **di schede** card punch ♦ *sf* (*TECN*) boring
o drilling machine; (*INFORM*) card punch.
perforazi'one [perforat'tsjone] *sf* piercing;
perforation; punching; drilling.
perga'mena *sf* parchment.
'**pergola** *sf* pergola.
pergo'lato *sm* pergola.
perico'lante *ag* precarious.
pe'ricolo *sm* danger; **essere fuori** ~ to be
out of danger; (*MED*) to be off the danger
list; **mettere in** ~ to endanger, put in
danger.
perico'loso, a *ag* dangerous.
perife'ria *sf* (*anche fig*) periphery; (*di città*)
outskirts *pl*.
peri'ferico, a, ci, che *ag* (*ANAT, INFORM*)
peripheral; (*zona*) outlying.
pe'rifrasi *sf inv* circumlocution.
pe'rimetro *sm* perimeter.
peri'odico, a, ci, che *ag* periodic(al);
(*MAT*) recurring ♦ *sm* periodical.
pe'riodo *sm* period; ~ **contabile**
accounting period; ~ **di prova** trial
period.
peripe'zie [peripet'tsie] *sfpl* ups and downs,
vicissitudes.
'**periplo** *sm* circumnavigation.
pe'rire *vi* to perish, die.
peris'copio *sm* periscope.
pe'rito, a *ag* expert, skilled ♦ *sm/f* expert;
(*agronomo, navale*) surveyor; **un** ~
chimico a qualified chemist.
perito'nite *sf* peritonitis.
pe'rizia [pe'rittsja] *sf* (*abilità*) ability;
(*giudizio tecnico*) expert opinion; expert's
report; ~ **psichiatrica** psychiatrist's
report.
'**perla** *sf* pearl.
per'lina *sf* bead.
perli'nato *sm* matchboarding.
perlo'meno *av* (*almeno*) at least.
perlopiù *av* (*quasi sempre*) in most cases,
usually.
perlus'trare *vt* to patrol.
perlustrazi'one [perlustrat'tsjone] *sf* patrol,
reconnaissance; **andare in** ~ to go on
patrol.
perma'loso, a *ag* touchy.
perma'nente *ag* permanent ♦ *sf*
permanent wave, perm.
perma'nenza [perma'nɛntsa] *sf*
permanence; (*soggiorno*) stay; **buona** ~!
enjoy your stay!
perma'nere *vi* to remain.
per'mango, per'masi *etc vb vedi*
permanere.
perme'abile *ag* permeable.
perme'are *vt* to permeate.

per'messo, a *pp di* **permettere** ♦ *sm*
(*autorizzazione*) permission, leave; (*dato a
militare, impiegato*) leave; (*licenza*) licence
(*BRIT*), license (*US*), permit; (*MIL: foglio*)
pass; ~**?, è** ~**?** (*posso entrare?*) may I
come in?; (*posso passare?*) excuse me; ~
di lavoro/pesca work/fishing permit.
per'mettere *vt* to allow, permit; ~ **a qn
qc/di fare qc** to allow sb sth/to do sth;
~**rsi** *vr*: ~**rsi qc/di fare qc** (*concedersi*) to
allow o.s. sth/to do sth; (*avere la
possibilità*) to afford sth/to do sth;
permettete che mi presenti let me
introduce myself, may I introduce
myself?; **mi sia permesso di sottolineare
che ...** may I take the liberty of pointing
out that ....
per'misi *etc vb vedi* **permettere**.
permis'sivo, a *ag* permissive.
'**permuta** *sf* (*DIR*) transfer; (*COMM*) trade-
in; **accettare qc in** ~ to take sth as a
trade-in; **valore di** ~ (*di macchina etc*)
trade-in value.
permu'tare *vt* to exchange; (*MAT*) to
permute.
per'nacchia [per'nakkja] *sf* (*fam*): **fare una**
~ to blow a raspberry.
per'nice [per'nitʃe] *sf* partridge.
pernici'oso, a [perni'tʃoso] *ag* pernicious.
'**perno** *sm* pivot.
pernotta'mento *sm* overnight stay.
pernot'tare *vi* to spend the night, stay
overnight.
'**pero** *sm* pear tree.
però *cong* (*ma*) but; (*tuttavia*) however,
nevertheless.
pero'rare *vt* (*DIR, fig*): ~ **la causa di qn** to
plead sb's case.
perpendico'lare *ag, sf* perpendicular.
perpen'dicolo *sm*: **a** ~ perpendicularly.
perpe'trare *vt* to perpetrate.
perpetu'are *vt* to perpetuate.
per'petuo, a *ag* perpetual.
perplessità *sf inv* perplexity.
per'plesso, a *ag* perplexed, puzzled.
perqui'sire *vt* to search.
perquisizi'one [perkwizit'tsjone] *sf* (*police*)
search; **mandato di** ~ search warrant.
'**perse** *etc vb vedi* **perdere**.
persecu'tore *sm* persecutor.
persecuzi'one [persekut'tsjone] *sf*
persecution.
persegu'ibile *ag* (*DIR*): **essere** ~ **per legge**
to be liable to prosecution.
persegu'ire *vt* to pursue; (*DIR*) to
prosecute.
persegui'tare *vt* to persecute.
perseve'rante *ag* persevering.

perseve'ranza [perseve'rantsa] *sf* perseverance.

perseve'rare *vi* to persevere.

'persi *etc vb vedi* **perdere**.

'Persia *sf*: **la** ~ Persia.

persi'ano, a *ag, smf* Persian ♦ *sf* shutter; ~**a avvolgibile** roller blind.

'persico, a, ci, che *ag*: **il golfo P**~ the Persian Gulf; **pesce** ~ perch.

per'sino *av* = **perfino**.

persis'tente *ag* persistent.

persis'tenza [persis'tɛntsa] *sf* persistence.

per'sistere *vi* to persist; ~ **a fare** to persist in doing.

persis'tito, a *pp di* **persistere**.

'perso, a *pp di* **perdere** ♦ *ag* (*smarrito*: *anche fig*) lost; (*sprecato*) wasted; **fare qc a tempo** ~ to do sth in one's spare time; ~ **per** ~ I've (*o* we've *etc*) got nothing further to lose.

per'sona *sf* person; (*qualcuno*): **una** ~ someone, somebody, *espressione interrogativa* + anyone *o* anybody; ~**e** *sfpl* people *pl*; **non c'è** ~ **che** ... there's nobody who ..., there isn't anybody who ...; **in** ~, **di** ~ in person; **per interposta** ~ through an intermediary *o* a third party; ~ **giuridica** (*DIR*) legal person.

perso'naggio [perso'naddʒo] *sm* (*persona ragguardevole*) personality, figure; (*tipo*) character, individual; (*LETTERATURA*) character.

perso'nale *ag* personal ♦ *sm* staff, personnel; (*figura fisica*) build ♦ *sf* (*mostra*) one-man (*o* one-woman) exhibition.

personalità *sf inv* personality.

personaliz'zare [personalid'dzare] *vt* (*arredamento*, *stile*) to personalize; (*adattare*) to customize.

personaliz'zato, a [personalid'dzato] *ag* personalized.

personal'mente *av* personally.

personifi'care *vt* to personify; (*simboleggiare*) to embody.

personificazi'one [personifikat'tsjone] *sf* (*vedi vb*) personification; embodiment.

perspi'cace [perspi'katʃe] *ag* shrewd, discerning.

perspi'cacia [perspi'katʃa] *sf* perspicacity, shrewdness.

persu'adere *vt*: ~ **qn** (**di qc/a fare**) to persuade sb (of sth/to do).

persuasi'one *sf* persuasion.

persua'sivo, a *ag* persuasive.

persu'aso, a *pp di* **persuadere**.

per'tanto *cong* (*quindi*) so, therefore.

'pertica, che *sf* pole.

perti'nace [perti'natʃe] *ag* determined; persistent.

perti'nente *ag*: ~ (**a**) relevant (to), pertinent (to).

perti'nenza [perti'nɛntsa] *sf* (*attinenza*) pertinence, relevance; (*competenza*): **essere di** ~ **di qn** to be sb's business.

per'tosse *sf* whooping cough.

per'tugio [per'tudʒo] *sm* hole, opening.

pertur'bare *vt* to disrupt; (*persona*) to disturb, perturb.

perturbazi'one [perturbat'tsjone] *sf* disruption; disturbance.

Perù *sm*: **il** ~ Peru.

peru'gino, a [peru'dʒino] *ag* of (*o* from) Perugia.

peruvi'ano, a *ag, smf* Peruvian.

per'vadere *vt* to pervade.

per'vaso, a *pp di* **pervadere**.

perve'nire *vi*: ~ **a** to reach, arrive at, come to; (*venire in possesso*): **gli pervenne una fortuna** he inherited a fortune; **far** ~ **qc a** to have sth sent to.

perve'nuto, a *pp di* **pervenire**.

perversi'one *sf* perversion.

perversità *sf* perversity.

per'verso, a *ag* perverted.

perver'tire *vt* to pervert.

perver'tito, a *smf* pervert.

pervi'cace [pervi'katʃe] *ag* stubborn, obstinate.

pervi'cacia [pervi'katʃa] *sf* stubbornness, obstinacy.

per'vinca, che *sf* periwinkle ♦ *sm inv* (*colore*) periwinkle (blue).

p.es. *abbr* (= *per esempio*) e.g.

'pesa *sf* weighing *no pl*; weighbridge.

pe'sante *ag* heavy; (*fig*: *noioso*) dull, boring.

pesan'tezza [pesan'tettsa] *sf* (*anche fig*) heaviness; **avere** ~ **di stomaco** to feel bloated.

pesaper'sone *ag inv*: (**bilancia**) ~ (weighing) scales *pl*; (*automatica*) weighing machine.

pe'sare *vt* to weigh ♦ *vi* (*avere un peso*) to weigh; (*essere pesante*) to be heavy; (*fig*) to carry weight; ~ **su** (*fig*) to lie heavy on; to influence; to hang over; **mi pesa sgridarlo** I find it hard to scold him; **tutta la responsabilità pesa su di lui** all the responsibility rests on his shoulders; **è una situazione che mi pesa** it's a difficult situation for me; **il suo parere pesa molto** his opinion counts for a lot; ~ **le parole** to weigh one's words.

'pesca *sf* (*pl* **pesche**: *frutto*) peach; (*il pescare*) fishing; **andare a** ~ to go fishing; ~ **di beneficenza** (*lotteria*) lucky dip; ~

con la lenza angling; ~ **subacquea** underwater fishing.

pes'caggio [pes'kaddʒo] *sm* (*NAUT*) draught (*BRIT*), draft (*US*).

pes'care *vt* (*pesce*) to fish for; to catch; (*qc nell'acqua*) to fish out; (*fig: trovare*) to get hold of, find.

pesca'tore *sm* fisherman; (*con lenza*) angler.

'pesce ['peʃʃe] *sm* fish *gen inv*; P~i (*dello zodiaco*) Pisces; **essere dei P~i** to be Pisces; **non saper che ~i prendere** (*fig*) not to know which way to turn; ~ **d'aprile!** April Fool!; ~ **martello** hammerhead; ~ **rosso** goldfish; ~ **spada** swordfish.

> **Il pesce d'aprile** *is a sort of April Fool, played on April 1st each year. It took its name from the paper fish which was stuck to the back of the person who was the object of the joke. Nowadays all sorts of practical jokes are played on that day.*

pesce'cane [peʃʃe'kane] *sm* shark.

pesche'reccio [peske'rettʃo] *sm* fishing boat.

pesche'ria [peske'ria] *sf* fishmonger's (shop) (*BRIT*), fish store (*US*).

pescherò *etc* [peske'rɔ] *vb vedi* **pescare**.

peschi'era [pes'kjɛra] *sf* fishpond.

pesci'vendolo, a [peʃʃi'vendolo] *smf* fishmonger (*BRIT*), fish merchant (*US*).

'pesco, schi *sm* peach tree.

pes'coso, a *ag* teeming with fish.

pe'seta *sf* peseta.

'peso *sm* weight; (*SPORT*) shot; **dar ~ a qc** to attach importance to sth; **essere di ~ a qn** (*fig*) to be a burden to sb; **rubare sul ~** to give short weight; **lo portarono via di ~** they carried him away bodily; **avere due ~i e due misure** (*fig*) to have double standards; ~ **lordo/netto** gross/net weight; ~ **piuma/mosca/gallo/medio/massimo** (*PUGILATO*) feather/fly/bantam/middle/heavyweight.

pessi'mismo *sm* pessimism.

pessi'mista, i, e *ag* pessimistic ♦ *smf* pessimist.

'pessimo, a *ag* very bad, awful; **di ~a qualità** of very poor quality.

pes'tare *vt* to tread on, trample on; (*sale, pepe*) to grind; (*uva, aglio*) to crush; (*fig: picchiare*): ~ **qn** to beat sb up; ~ **i piedi** to stamp one's feet; ~ **i piedi a qn** (*anche fig*) to tread on sb's toes.

'peste *sf* plague; (*persona*) nuisance, pest.

pes'tello *sm* pestle.

pesti'cida, i [pesti'tʃida] *sm* pesticide.

pes'tifero, a *ag* (*anche fig*) pestilential, pestiferous; (*odore*) noxious.

pesti'lenza [pesti'lɛntsa] *sf* pestilence; (*fetore*) stench.

'pesto, a *ag*: **c'è buio ~** it's pitch dark ♦ *sm* (*CUC*) sauce made with basil, garlic, cheese and oil; **occhio ~** black eye.

'petalo *sm* (*BOT*) petal.

pe'tardo *sm* firecracker, banger (*BRIT*).

petizi'one [petit'tsjone] *sf* petition; **fare una ~ a** to petition.

'peto *sm* (*fam!*) fart (*!*).

petro'dollaro *sm* petrodollar.

petrol'chimica [petrol'kimika] *sf* petrochemical industry.

petroli'era *sf* (*nave*) oil tanker.

petroli'ere *sm* (*industriale*) oilman; (*tecnico*) worker in the oil industry.

petroli'ero, a *ag* oil *cpd*.

petro'lifero, a *ag* oil *cpd*.

pe'trolio *sm* oil, petroleum; (*per lampada, fornello*) paraffin (*BRIT*), kerosene (*US*); **lume a ~** oil *o* paraffin *o* kerosene lamp; ~ **grezzo** crude oil.

pettego'lare *vi* to gossip.

pettego'lezzo [pettego'leddzo] *sm* gossip *no pl*; **fare ~i** to gossip.

pet'tegolo, a *ag* gossipy ♦ *smf* gossip.

petti'nare *vt* to comb (the hair of); ~**rsi** *vr* to comb one's hair.

pettina'tura *sf* (*acconciatura*) hairstyle.

'pettine *sm* comb; (*ZOOL*) scallop.

petti'rosso *sm* robin.

'petto *sm* chest; (*seno*) breast, bust; (*CUC: di carne bovina*) brisket; (: *di pollo etc*) breast; **prendere qn/qc di ~** to face up to sb/sth; **a doppio ~** (*abito*) double-breasted.

petto'rale *ag* pectoral.

petto'rina *sf* (*di grembiule*) bib.

petto'ruto, a *ag* broad-chested; full-breasted.

petu'lante *ag* insolent.

pe'tunia *sf* petunia.

'pezza ['pɛttsa] *sf* piece of cloth; (*toppa*) patch; (*cencio*) rag, cloth; (*AMM*): ~ **d'appoggio** *o* **giustificativa** voucher; **trattare qn come una ~ da piedi** to treat sb like a doormat.

pez'zato, a [pet'tsato] *ag* piebald.

pez'zente [pet'tsɛnte] *smf* beggar.

'pezzo ['pɛttso] *sm* (*gen*) piece; (*brandello, frammento*) piece, bit; (*di macchina, arnese etc*) part; (*STAMPA*) article; (*di tempo*): **aspettare un ~** to wait quite a while *o* some time; **andare a ~i** to break into pieces; **essere a ~i** (*oggetto*) to be in pieces o bits; (*fig: persona*) to be shattered; **un bel ~ d'uomo** a fine figure of a man; **abito a due ~i** two-piece suit; **essere tutto d'un ~** (*fig*) to be a man (*o* woman) of integrity; **~ di cronaca** (*STAMPA*) report; **~ grosso** (*fig*) bigwig; **~ di ricambio** spare part.

P.F. *abbr* = **per favore; prossimo futuro.**

PG *sigla* = **Perugia.**

P.G. *abbr* = **procuratore generale.**

pH [pi'akka] *sm inv* (*CHIM*) pH.

PI *sigla* = **Pisa.**

P.I. *abbr* = **Pubblica Istruzione.**

pi'accio *etc* ['pjatt∫o] *vb vedi* **piacere.**

pia'cente [pja't∫ɛnte] *ag* attractive, pleasant.

pia'cere [pja't∫ere] *vi* to please; ♦ *sm* pleasure; (*favore*) favour (*BRIT*), favor (*US*); **una ragazza che piace** (*piacevole*) a likeable girl; (*attraente*) an attractive girl; **~ a: mi piace** I like it; **quei ragazzi non mi piacciono** I don't like those boys; **gli piacerebbe andare al cinema** he would like to go to the cinema; **il suo discorso è piaciuto molto** his speech was well received; **"~!"** (*nelle presentazioni*) "pleased to meet you!"; **con ~** certainly, with pleasure; **per ~** please; **fare un ~ a qn** to do sb a favour; **mi fa ~ per lui** I am pleased for him; **mi farebbe ~ rivederlo** I would like to see him again.

pia'cevole [pja't∫evole] *ag* pleasant, agreeable.

piaci'mento [pjat∫i'mento] *sm*: **a ~** (*a volontà*) as much as one likes, at will; **lo farà a suo ~** he'll do it when it suits him.

piaci'uto, a [pja't∫uto] *pp di* **piacere.**

pi'acqui *etc vb vedi* **piacere.**

pi'aga, ghe *sf* (*lesione*) sore; (*ferita: anche fig*) wound; (*fig: flagello*) scourge, curse; (: *persona*) pest, nuisance.

piagnis'teo [pjaɲɲis'tɛo] *sm* whining, whimpering.

piagnuco'lare [pjaɲɲuko'lare] *vi* to whimper.

piagnuco'lio, ii [pjaɲɲuko'lio] *sm* whimpering.

piagnuco'loso, a [pjaɲɲuko'loso] *ag* whiny, whimpering, moaning.

pi'alla *sf* (*arnese*) plane.

pial'lare *vt* to plane.

pialla'trice [pjalla'trit∫e] *sf* planing machine.

pi'ana *sf* stretch of level ground; (*più esteso*) plain.

pianeggi'ante [pjaned'dʒante] *ag* flat, level.

piane'rottolo *sm* landing.

pia'neta *sm* (*ASTR*) planet.

pi'angere ['pjandʒere] *vi* to cry, weep; (*occhi*) to water ♦ *vt* to cry, weep; (*lamentare*) to bewail, lament; **~ la morte di qn** to mourn sb's death.

pianifi'care *vt* to plan.

pianificazi'one [pjanifikat'tsjone] *sf* (*ECON*) planning; **~ aziendale** corporate planning.

pia'nista, i, e *sm/f* pianist.

pi'ano, a *ag* (*piatto*) flat, level; (*MAT*) plane; (*facile*) straightforward, simple; (*chiaro*) clear, plain ♦ *av* (*adagio*) slowly; (*a bassa voce*) softly; (*con cautela*) slowly, carefully ♦ *sm* (*MAT*) plane; (*GEO*) plain; (*livello*) level, plane; (*di edificio*) floor; (*programma*) plan; (*MUS*) piano; **pian ~** very slowly; (*poco a poco*) little by little; **una casa di 3 ~i** a 3-storey (*BRIT*) *o* 3-storied (*US*) house; **al ~ di sopra/di sotto** on the floor above/below; **all'ultimo ~** on the top floor; **al ~ terra** on the ground floor; **in primo/secondo ~** (*FOT, CINE etc*) in the foreground/background; **fare un primo ~** (*FOT, CINE*) to take a close-up; **di primo ~** (*fig*) prominent, high-ranking; **un fattore di secondo ~** a secondary *o* minor factor; **passare in secondo ~** to become less important; **mettere tutto sullo stesso ~** to lump everything together, give equal importance to everything; **tutto secondo i ~i** all according to plan; **~ di lavoro** (*superficie*) worktop; (*programma*) work plan; **~ regolatore** (*URBANISTICA*) town-planning scheme; **~ stradale** road surface.

piano'forte *sm* piano, pianoforte.

piano'terra *sm inv* = **piano terra.**

pi'ansi *etc vb vedi* **piangere.**

pi'anta *sf* (*BOT*) plant; (*ANAT: anche*: **~ del piede**) sole (of the foot); (*grafico*) plan; (*cartina topografica*) map; **ufficio a ~ aperta** open-plan office; **in ~ stabile** on the permanent staff; **~ stradale** street map, street plan.

piantagi'one [pjanta'dʒone] *sf* plantation.

pianta'grane *sm/f inv* troublemaker.

pian'tare *vt* to plant; (*conficcare*) to drive *o* hammer in; (*tenda*) to put up, pitch; (*fig: lasciare*) to leave, desert; **~rsi** *vr*: **~rsi davanti a qn** to plant o.s. in front of sb; **~ qn in asso** to leave sb in the lurch; **~ grane** (*fig*) to cause trouble; **piantala!** (*fam*) cut it out!

pian'tato, a *ag*: **ben ~** (*persona*) well-built.

pianta'tore *sm* planter.

pianter'reno *sm* ground floor.

pi'anto, a *pp di* **piangere** ♦ *sm* tears *pl*, crying.

pianto'nare *vt* to guard, watch over.

pian'tone *sm* (*vigilante*) sentry, guard; (*soldato*) orderly; (*AUT*) steering column.

pia'nura *sf* plain.

pi'astra *sf* plate; (*di pietra*) slab; (*di fornello*) hotplate; **panino alla** ~ ≈ toasted sandwich; ~ **di registrazione** tape deck.

pias'trella *sf* tile.

piastrel'lare *vt* to tile.

pias'trina *sf* (*ANAT*) platelet; (*MIL*) identity disc (*BRIT*) *o* tag (*US*).

piatta'forma *sf* (*anche fig*) platform; ~ **continentale** (*GEO*) continental shelf; ~ **girevole** (*TECN*) turntable; ~ **di lancio** (*MIL*) launching pad *o* platform; ~ **rivendicativa** *document prepared by the unions in an industry, setting out their claims.*

piat'tello *sm* clay pigeon; **tiro al** ~ clay-pigeon shooting (*BRIT*), trapshooting.

piat'tino *sm* (*di tazza*) saucer.

pi'atto, a *ag* flat; (*fig: scialbo*) dull ♦ *sm* (*recipiente, vivanda*) dish; (*portata*) course; (*parte piana*) flat (part); ~**i** *smpl* (*MUS*) cymbals; **un** ~ **di minestra** a plate of soup; ~ **fondo** soup dish; ~ **forte** main course; ~ **del giorno** dish of the day, plat du jour; ~ **dei giradischi** turntable; ~**i già pronti** (*CUC*) ready-cooked dishes.

pi'azza ['pjattsa] *sf* square; (*COMM*) market; (*letto, lenzuolo*): **a una** ~ single; **a due** ~**e** double; **far** ~ **pulita** to make a clean sweep; **mettere in** ~ (*fig: rendere pubblico*) to make public; **scendere in** ~ (*fig*) to take to the streets, demonstrate; ~ **d'armi** (*MIL*) parade ground.

piazza'forte [pjattsa'forte], *pl* **piazze'forti** *sf* (*MIL*) stronghold.

piaz'zale [pjat'tsale] *sm* (large) square.

piazza'mento [pjattsa'mento] *sm* (*SPORT*) place, placing.

piaz'zare [pjat'tsare] *vt* to place; (*COMM*) to market, sell; ~**rsi** *vr* (*SPORT*) to be placed; ~**rsi bene** to finish with the leaders *o* in a good position.

piaz'zista, i [pjat'tsista] *sm* (*COMM*) commercial traveller.

piaz'zola [pjat'tsɔla] *sf* (*AUT*) lay-by (*BRIT*), (roadside) stopping place.

'picca, che *sf* pike; ~**che** *sfpl* (*CARTE*) spades; **rispondere** ~**che a qn** (*fig*) to give sb a flat refusal.

pic'cante *ag* hot, pungent; (*fig*) racy.

pic'carsi *vr*: ~ **di fare** to pride o.s. on one's ability to do; ~ **per qc** to take offence (*BRIT*) *o* offense (*US*) at sth.

picchet'taggio [pikket'taddʒo] *sm* picketing.

picchet'tare [pikket'tare] *vt* to picket.

pic'chetto [pik'ketto] *sm* (*MIL, di scioperanti*) picket.

picchi'are [pik'kjare] *vt* (*persona: colpire*) to hit, strike; (: *prendere a botte*) to beat (up); (*battere*) to beat; (*sbattere*) to bang ♦ *vi* (*bussare*) to knock; (: *con forza*) to bang; (*colpire*) to hit, strike; (*sole*) to beat down.

picchi'ata [pik'kjata] *sf* knock; bang; blow; (*percosse*) beating, thrashing; (*AER*) dive; **scendere in** ~ to (nose-)dive.

picchiet'tare [pikkjet'tare] *vt* (*punteggiare*) to spot, dot; (*colpire*) to tap.

'picchio ['pikkjo] *sm* woodpecker.

pic'cino, a [pit'tʃino] *ag* tiny, very small.

picci'olo [pit'tʃɔlo] *sm* (*BOT*) stalk.

piccio'naia [pittʃo'naja] *sf* pigeon-loft; (*TEAT*): **la** ~ the gods *sg* (*BRIT*), the gallery.

picci'one [pit'tʃone] *sm* pigeon; **pigliare due** ~**i con una fava** (*fig*) to kill two birds with one stone.

'picco, chi *sm* peak; **a** ~ vertically; **colare a** ~ (*NAUT, fig*) to sink.

picco'lezza [pikko'lettsa] *sf* (*dimensione*) smallness; (*fig: grettezza*) meanness, pettiness; (: *inezia*) trifle.

'piccolo, a *ag* small; (*oggetto, mano, di età: bambino*) small, little (*dav sostantivo*); (*di breve durata: viaggio*) short; (*fig*) mean, petty ♦ *sm/f* child, little one ♦ *sm*: **nel mio** ~ in my own small way; ~**i** *smpl* (*di animale*) young *pl*; **in** ~ in miniature; **la** ~**a borghesia** the lower middle classes; (*peg*) the petty bourgeoisie.

pic'cone *sm* pick(-axe).

pic'cozza [pik'kɔttsa] *sf* ice-axe.

pic'nic *sm inv* picnic; **fare un** ~ to have a picnic.

pidies'sino, a *ag* (*POL*) of P.D.S. ♦ *sm/f* member (*o* supporter) of P.D.S.

pi'docchio [pi'dɔkkjo] *sm* louse.

pidocchi'oso, a [pidok'kjoso] *ag* (*infestato*) lousy; (*fig: taccagno*) mean, stingy, tight.

pidu'ista, i, e *ag* P2 *cpd* (*masonic lodge*) ♦ *sm* member of the P2 masonic lodge.

piè *sm inv*: **a ogni** ~ **sospinto** (*fig*) at every step; **saltare a** ~ **pari** (*omettere*) to skip; **a** ~ **di pagina** at the foot of the page; **note a** ~ **di pagina** footnotes.

pi'ede *sm* foot; (*di mobile*) leg; **in** ~**i** standing; **a** ~**i** on foot; **a** ~**i nudi** barefoot; **su due** ~**i** (*fig*) at once; **mettere qc in** ~**i** (*azienda etc*) to set sth up; **prendere** ~ (*fig*) to gain ground, catch on; **puntare i** ~**i** (*fig*) to dig one's heels in; **sentirsi mancare la terra sotto i** ~**i** to feel lost; **non sta in** ~**i** (*persona*) he can't stand; (*fig: scusa etc*) it doesn't hold water; **tenere in**

~**i** (*persona*) to keep on his (*o* her) feet; (*fig: ditta etc*) to keep going; **a ~ libero** (*DIR*) on bail; **sul ~ di guerra** (*MIL*) ready for action; ~ **di porco** crowbar.

piedipi'atti *sm inv* (*peg: poliziotto*) cop.

piedis'tallo, piedes'tallo *sm* pedestal.

pi'ega, ghe *sf* (*piegatura*, *GEO*) fold; (*di gonna*) pleat; (*di pantaloni*) crease; (*grinza*) wrinkle, crease; **prendere una brutta** *o* **cattiva ~** (*fig: persona*) to get into bad ways; (*: situazione*) to take a turn for the worse; **non fa una ~** (*fig: ragionamento*) it's faultless; **non ha fatto una ~** (*fig: persona*) he didn't bat an eye(lid) (*BRIT*) *o* an eye(lash) (*US*).

piega'mento *sm* folding; bending; ~ **sulle gambe** (*GINNASTICA*) kneebend.

pie'gare *vt* to fold; (*braccia, gambe, testa*) to bend ♦ *vi* to bend; ~**rsi** *vr* to bend; (*fig*): ~**rsi (a)** to yield (to), submit (to).

piega'tura *sf* folding *no pl*; bending *no pl*; fold; bend.

piegherò *etc* [pjege'rɔ] *vb vedi* **piegare**.

pieghet'tare [pjeget'tare] *vt* to pleat.

pie'ghevole [pje'ɡevole] *ag* pliable, flexible; (*porta*) folding; (*fig*) yielding, docile.

Pie'monte *sm*: **il ~** Piedmont.

piemon'tese *ag*, *sm/f* Piedmontese.

pi'ena *sf vedi* **pieno**.

pie'nezza [pje'nettsa] *sf* fullness.

pi'eno, a *ag* full; (*muro, mattone*) solid ♦ *sm* (*colmo*) height, peak; (*carico*) full load ♦ *sf* (*di fiume*) flood, spate; (*gran folla*) crowd, throng; ~ **di** full of; **a ~e mani** abundantly; **a tempo ~** full-time; **a ~i voti** (*eleggere*) unanimously; **laurearsi a ~i voti** *to graduate with full marks*; **in ~ giorno** in broad daylight; **in ~ inverno** in the depths of winter; **in ~a notte** in the middle of the night; **in ~a stagione** at the height of the season; **in ~** (*completamente*: *sbagliare*) completely; (*colpire, centrare*) bang *o* right in the middle; **avere ~i poteri** to have full powers; **nel ~ possesso delle sue facoltà** in full possession of his faculties; **fare il ~ (di benzina)** to fill up (with petrol).

pie'none *sm*: **c'era il ~ al cinema/al teatro** the cinema/the theatre was packed.

pietà *sf* pity; (*REL*) piety; **senza ~** (*agire*) ruthlessly; (*persona*) pitiless, ruthless; **avere ~ di** (*compassione*) to pity, feel sorry for; (*misericordia*) to have pity *o* mercy on; **far ~** to arouse pity; (*peg*) to be terrible.

pie'tanza [pje'tantsa] *sf* dish, course.

pie'toso, a *ag* (*compassionevole*) pitying,

compassionate; (*che desta pietà*) pitiful.

pi'etra *sf* stone; **mettiamoci una ~ sopra** (*fig*) let bygones be bygones; ~ **preziosa** precious stone, gem; ~ **dello scandalo** (*fig*) cause of scandal.

pie'traia *sf* (*terreno*) stony ground.

pietrifi'care *vt* to petrify; (*fig*) to transfix, paralyze.

piet'rina *sf* (*per accendino*) flint.

pie'trisco, schi *sm* crushed stone, road metal.

pi'eve *sf* parish church.

'piffero *sm* (*MUS*) pipe.

pigi'ama [pi'dʒama] *sm* pyjamas *pl.*

'pigia 'pigia ['pidʒa'pidʒa] *sm* crowd, press.

pigi'are [pi'dʒare] *vt* to press.

pigia'trice [pidʒa'tritʃe] *sf* (*macchina*) wine press.

pigi'one [pi'dʒone] *sf* rent.

pigli'are [piʎ'ʎare] *vt* to take, grab; (*afferrare*) to catch.

'piglio ['piʎʎo] *sm* look, expression.

pig'mento *sm* pigment.

pig'meo, a *sm/f* pygmy.

'pigna ['piɲɲa] *sf* pine cone.

pignole'ria [piɲɲole'ria] *sf* fastidiousness, fussiness.

pi'gnolo, a [piɲ'ɲɔlo] *ag* pernickety.

pigno'rare [piɲɲo'rare] *vt* (*DIR*) to distrain.

pigo'lare *vi* to cheep, chirp.

pigo'lio *sm* cheeping, chirping.

pigra'mente *av* lazily.

pi'grizia [pi'grittsja] *sf* laziness.

'pigro, a *ag* lazy; (*fig: ottuso*) slow, dull.

PIL *sigla m vedi* **prodotto interno lordo**.

'pila *sf* (*catasta, di ponte*) pile; (*ELETTR*) battery; (*fam: torcia*) torch (*BRIT*), flashlight; **a ~, a ~e** battery-operated.

pi'lastro *sm* pillar.

'pillola *sf* pill; **prendere la ~** (*contraccettivo*) to be on the pill; ~ **del giorno dopo** morning-after pill.

pi'lone *sm* (*di ponte*) pier; (*di linea elettrica*) pylon.

pi'lota, i, e *sm/f* pilot; (*AUT*) driver ♦ *ag inv* pilot *cpd*; ~ **automatico** automatic pilot.

pilo'taggio [pilo'taddʒo] *sm*: **cabina di ~** flight deck.

pilo'tare *vt* to pilot; to drive.

piluc'care *vt* to nibble at.

pi'mento *sm* pimento, allspice.

pim'pante *ag* lively, full of beans.

pinaco'teca, che *sf* art gallery.

pi'neta *sf* pinewood.

ping-'pong [piŋ'pɔŋ] *sm* table tennis.

'pingue *ag* fat, corpulent.

pingu'edine *sf* corpulence.

pingu'ino *sm* (*ZOOL*) penguin.

'**pinna** *sf* fin; (*di pinguino, spatola di gomma*) flipper.
pin'**nacolo** *sm* pinnacle.
'**pino** *sm* pine (tree).
pi'**nolo** *sm* pine kernel.
'**pinta** *sf* pint.
'**pinza** ['pintsa] *sf* pliers *pl*; (*MED*) forceps *pl*; (*ZOOL*) pincer.
pin**zette** [pin'tsette] *sfpl* tweezers.
'**pio, a, 'pii, 'pie** *ag* pious; (*opere, istituzione*) charitable, charity *cpd.*
piogge'**rella** [pjoddʒe'rɛlla] *sf* drizzle.
pi'**oggia, ge** ['pjɔddʒa] *sf* rain; (*fig: di regali, fiori*) shower; (*di insulti*) hail; **sotto la** ~ in the rain; ~ **acida** acid rain.
pi'**olo** *sm* peg; (*di scala*) rung.
piom'**bare** *vi* to fall heavily; (*gettarsi con impeto*): ~ **su** to fall upon, assail ♦ *vt* (*dente*) to fill.
piomba'**tura** *sf* (*di dente*) filling.
piom'**bino** *sm* (*sigillo*) (lead) seal; (*del filo a piombo*) plummet; (*PESCA*) sinker.
pi'**ombo** *sm* (*CHIM*) lead; (*sigillo*) (lead) seal; (*proiettile*) (lead) shot; **a** ~ (*cadere*) straight down; (*muro etc*) plumb; **andare con i piedi di** ~ (*fig*) to tread carefully; **senza** ~ (*benzina*) unleaded, lead-free; **anni di** ~ (*fig*) era of terrorist outrages.
pioni'**ere, a** *sm/f* pioneer.
pi'**oppo** *sm* poplar.
pio'**vano, a** *ag:* **acqua** ~**a** rainwater.
pi'**overe** *vb impers* to rain ♦ *vi* (*fig: scendere dall'alto*) to rain down; (: *affluire in gran numero*): ~ **in** to pour into; **non ci piove sopra** (*fig*) there's no doubt about it.
pioviggi'**nare** [pjoviddʒi'nare] *vb impers* to drizzle.
piovosità *sf* rainfall.
pio'**voso, a** *ag* rainy.
pi'**ovra** *sf* octopus.
pi'**ovve** *etc vb vedi* **piovere.**
'**pipa** *sf* pipe.
pipì *sf* (*fam*): **fare** ~ to have a wee (wee).
pipis'**trello** *sm* (*ZOOL*) bat.
pi'**ramide** *sf* pyramid.
pi'**ranha** *sm inv* piranha.
pi'**rata, i** *sm* pirate; ~ **della strada** hit-and-run driver.
Pire'**nei** *smpl:* **i** ~ the Pyrenees.
pi'**retro** *sm* pyrethrum.
'**pirico, a, ci, che** *ag:* **polvere** ~**a** gunpowder.
pi'**rite** *sf* pyrite.
piro'**etta** *sf* pirouette.
pi'**rofilo, a** *ag* heat-resistant ♦ *sf* heat-resistant glass; (*tegame*) heat-resistant dish.
pi'**roga, ghe** *sf* dug-out canoe.

pi'**romane** *sm/f* arsonist.
pi'**roscafo** *sm* steamer, steamship.
'**Pisa** *sf* Pisa.
pi'**sano, a** *ag* Pisan.
pisci'**are** [piʃ'ʃare] *vi* (*fam!*) to piss (*!*), pee (*!*).
pi'**scina** [piʃ'ʃina] *sf* (swimming) pool.
pi'**sello** *sm* pea.
piso'**lino** *sm* nap; **fare un** ~ to have a nap.
'**pista** *sf* (*traccia*) track, trail; (*di stadio*) track; (*di pattinaggio*) rink; (*da sci*) run; (*AER*) runway; (*di circo*) ring; ~ **da ballo** dance floor; ~ **ciclabile** cycle track; ~ **di lancio** launch(ing) pad; ~ **di rullaggio** (*AER*) taxiway; ~ **di volo** (*AER*) runway.
pis'**tacchio** [pis'takkjo] *sm* pistachio (tree); pistachio (nut).
pis'**tillo** *sm* (*BOT*) pistil.
pis'**tola** *sf* pistol, gun; ~ **a spruzzo** spray gun; ~ **a tamburo** revolver.
pis'**tone** *sm* piston.
pi'**tocco, chi** *sm* skinflint, miser.
pi'**tone** *sm* python.
'**pittima** *sf* (*fig*) bore.
pit'**tore, 'trice** *sm/f* painter.
pitto'**resco, a, schi, sche** *ag* picturesque.
pit'**torico, a, ci, che** *ag* of painting, pictorial.
pit'**tura** *sf* painting; ~ **fresca** wet paint.
pittu'**rare** *vt* to paint.

========== **PAROLA CHIAVE**

più *av* **1** (*in maggiore quantità*) more; ~ **del solito** more than usual; **in** ~, **di** ~ more; **ne voglio di** ~ I want some more; **ci sono 3 persone in** *o* **di** ~ there are 3 more *o* extra people; **costa di** ~ it's more expensive; **una volta di** ~ once more; ~ *o* **meno** more or less; **né** ~ **né meno** no more, no less; **per di** ~ (*inoltre*) what's more, moreover; **è sempre** ~ **difficile** it is getting more and more difficult; **chi** ~ **chi meno hanno tutti contribuito** everybody made a contribution of some sort; ~ **dormo e** ~ **dormirei** the more I sleep the more I want to sleep

2 (*comparativo*) more; (*se monosillabo, spesso*): **+** ...**er**; ~ ... **di/che** more ... than; ~ **intelligente di lui** more intelligent than him; ~ **furbo di te** smarter than you; ~ **tardi di** ... later than ...; **lavoro** ~ **di te/di Paola** I work harder than you/than Paola; **è** ~ **fortunato che bravo** he is lucky rather than skilled; ~ **di quanto pensassi** more than I thought; ~ **che altro** mainly; ~ **che mai** more than ever

3 (*superlativo*) most; (*se monosillabico, spesso*): **+** ...**est**; **il** ~ **grande/intelligente**

the biggest/most intelligent; **è quello che compro ~ spesso** that's the one I buy most often; **al ~ presto** as soon as possible; **al ~ tardi** at the latest
4 (*negazione*): **non ... ~** no more, no longer; **non ho ~ soldi** I've got no more money, I don't have any more money; **non lavoro ~** I'm no longer working, I don't work any more; **non ce n'è ~** there isn't any left; **non c'è ~ nessuno** there's no one left; **non c'è ~ niente da fare** there's nothing more to be done; **a ~ non posso** (*gridare*) at the top of one's voice; (*correre*) as fast as one can
5 (*MAT*) plus; **4 ~ 5 fa 9** 4 plus 5 equals 9; **~ 5 gradi** 5 degrees above freezing, plus 5; **6 ~** (*a scuola*) just above a pass
♦ *prep* plus; **500.000 ~ le spese** 500,000 plus expenses; **siamo in quattro ~ il nonno** there are four of us, plus grandpa
♦ *ag inv* **1**: **~ ... (di)** more ... (than); **~ denaro/tempo** more money/time; **~ persone di quante ci aspettassimo** more people than we expected
2 (*numerosi, diversi*) several; **l'aspettai per ~ giorni** I waited for it for several days
♦ *sm* **1** (*la maggior parte*): **il ~ è fatto** most of it is done; **il ~ delle volte** more often than not, generally; **parlare del ~ e del meno** to talk about this and that
2 (*MAT*) plus (sign)
3: **i ~** the majority.

piuccheper'fetto [pjukkeper'fɛtto] *sm* (*LING*) pluperfect, past perfect.
pi'uma *sf* feather; **~e** *sfpl* down *sg*; (*piumaggio*) plumage *sg*, feathers.
piu'maggio [pju'maddʒo] *sm* plumage, feathers *pl*.
piu'mino *sm* (eider)down; (*per letto*) eiderdown; (: *tipo danese*) duvet, continental quilt; (*giacca*) quilted jacket (*with goose-feather padding*); (*per cipria*) powder puff; (*per spolverare*) feather duster.
piut'tosto *av* rather; **~ che** (*anziché*) rather than.
'piva *sf*: **con le ~e nel sacco** (*fig*) empty-handed.
pi'vello, a *sm/f* greenhorn.
'pizza ['pittsa] *sf* (*CUC*) pizza; (*CINE*) reel.
pizze'ria [pittse'ria] *sf place where pizzas are made, sold or eaten.*
pizzi'cagnolo, a [pittsi'kaɲɲolo] *sm/f* specialist grocer.
pizzi'care [pittsi'kare] *vt* (*stringere*) to nip, pinch; (*pungere*) to sting; to bite; (*MUS*) to

pluck ♦ *vi* (*prudere*) to itch, be itchy; (*cibo*) to be hot *o* spicy.
pizziche'ria [pittsike'ria] *sf* delicatessen (shop).
'pizzico, chi ['pittsiko] *sm* (*pizzicotto*) pinch, nip; (*piccola quantità*) pinch, dash; (*d'insetto*) sting; bite.
pizzi'cotto [pittsi'kɔtto] *sm* pinch, nip.
'pizzo ['pittso] *sm* (*merletto*) lace; (*barbetta*) goatee beard; (*tangente*) protection money.
pla'care *vt* to placate, soothe; **~rsi** *vr* to calm down.
'placca, che *sf* plate; (*con iscrizione*) plaque; (*anche*: **~ dentaria**) (dental) plaque.
plac'care *vt* to plate; **placcato in oro/argento** gold-/silver-plated.
pla'centa [pla'tʃɛnta] *sf* placenta.
placidità [platʃidi'ta] *sf* calm, peacefulness.
'placido, a ['platʃido] *ag* placid, calm.
plafoni'era *sf* ceiling light.
plagi'are [pla'dʒare] *vt* (*copiare*) to plagiarize; (*DIR*: *influenzare*) to coerce.
'plagio ['pladʒo] *sm* plagiarism; (*DIR*) duress.
plaid [plɛd] *sm inv* (travelling) rug (*BRIT*), lap robe (*US*).
pla'nare *vi* (*AER*) to glide.
'plancia, ce ['plantʃa] *sf* (*NAUT*) bridge; (*AUT*: *cruscotto*) dashboard.
'plancton *sm inv* plankton.
plane'tario, a *ag* planetary ♦ *sm* (*locale*) planetarium.
planis'fero *sm* planisphere.
plan'tare *sm* arch support.
'plasma *sm* plasma.
plas'mare *vt* to mould (*BRIT*), mold (*US*), shape.
'plastico, a, ci, che *ag* plastic ♦ *sm* (*rappresentazione*) relief model; (*esplosivo*): **bomba al ~** plastic bomb ♦ *sf* (*arte*) plastic arts *pl*; (*MED*) plastic surgery; (*sostanza*) plastic; **in materiale ~** plastic.
plasti'lina ® *sf* plasticine ®.
'platano *sm* plane tree.
pla'tea *sf* (*TEAT*) stalls *pl* (*BRIT*), orchestra (*US*).
plate'ale *ag* (*gesto, atteggiamento*) theatrical.
plateal'mente *av* theatrically.
'platino *sm* platinum.
pla'tonico, a, ci, che *ag* platonic.
plau'dire *vi*: **~ a** to applaud.
plau'sibile *ag* plausible.
'plauso *sm* (*fig*) approval.
'playback ['plei bæk] *sm*: **cantare in ~** to

mime.

'**playboy** ['pleibɔi] *sm inv* playboy.

'**playmaker** ['pleimeikə*] *sm/f inv* (*SPORT*) playmaker.

'**play-off** ['plеɪɔf] *sm inv* (*SPORT*) play-off.

ple'baglia [ple'baʎʎa] *sf* (*peg*) rabble, mob.

'**plebe** *sf* common people.

ple'beo, a *ag* plebeian; (*volgare*) coarse, common.

plebi'scito [plebiʃ'ʃito] *sm* plebiscite.

ple'nario, a *ag* plenary.

pleni'lunio *sm* full moon.

plenipotenzi'ario, a [plenipoten'tsjarjo] *ag* plenipotentiary.

'**plenum** *sm inv* plenum.

'**plettro** *sm* plectrum.

'**pleura** *sf* (*ANAT*) pleura.

pleu'rite *sf* pleurisy.

P.L.I. *sigla m* (= *Partito Liberale Italiano*) *former political party.*

'**plico, chi** *sm* (*pacco*) parcel; **in ~ a parte** (*COMM*) under separate cover.

plissé [pli'se] *ag inv* plissé *cpd* ♦ *sm inv* (*anche*: **tessuto ~**) plissé.

plisset'tato, a *ag* plissé *cpd.*

plo'tone *sm* (*MIL*) platoon; **~ d'esecuzione** firing squad.

'**plumbeo, a** *ag* leaden.

plu'rale *ag, sm* plural.

plura'lismo *sm* pluralism.

pluralità *sf* plurality; (*maggioranza*) majority.

plusva'lenza [pluzva'lɛntsa] *sf* capital gain.

plusva'lore *sm* (*ECON*) surplus.

plu'tonio *sm* plutonium.

pluvi'ale *ag* rain *cpd.*

pluvi'ometro *sm* rain gauge.

P.M. *abbr* (*POL*) = **Pubblico Ministero**; (= *Polizia Militare*) MP (= *Military Police*).

pm *abbr* = **peso molecolare.**

PN *sigla* = **Pordenone.**

pneu'matico, a, ci, che *ag* inflatable; (*TECN*) pneumatic ♦ *sm* (*AUT*) tyre (*BRIT*), tire (*US*).

PNL *sigla m vedi* **prodotto nazionale lordo.**

PO *sigla* = **Prato.**

Po *sm*: **il ~** the Po.

po' *av, sm vedi* **poco.**

P.O. *abbr* = **posta ordinaria.**

po'chezza [po'kettsa] *sf* insufficiency, shortage; (*fig*: *meschinità*) meanness, smallness.

══════════════ *PAROLA CHIAVE*

'**poco, a, chi, che** *ag* (*quantità*) little, not much; (*numero*) few, not many; **~ pane/ denaro/spazio** little *o* not much bread/ money/space; **con ~a spesa** without

spending much; **a ~ prezzo** at a low price, cheap; **~ (tempo) fa** a short time ago; **~che persone/idee** few *o* not many people/ideas; **è un tipo di ~che parole** he's a man of few words

♦ *av* **1** (*in piccola quantità*) little, not much; (*numero limitato*) few, not many; **guadagna ~** he doesn't earn much, he earns little

2 (*con ag, av*) (a) little, not very; **è ~ più vecchia di lui** she's a little *o* slightly older than him; **è ~ socievole** he's not very sociable; **sta ~ bene** he isn't very well

3 (*tempo*): **~ dopo/prima** shortly afterwards/before; **il film dura ~** the film doesn't last very long; **ci vediamo molto ~** we don't see each other very often, we hardly ever see each other

4: **un po'** a little, a bit; **è un po' corto** it's a little *o* a bit short; **arriverà fra un po'** he'll arrive shortly *o* in a little while

5: **a dir ~** to say the least; **a ~ a ~** little by little; **per ~ non cadevo** I nearly fell; **è una cosa da ~** it's nothing, it's of no importance; **una persona da ~** a worthless person

♦ *pron* (a) little; **~chi, ~che** *pron pl* (*persone*) few (people); (*cose*) few; **ci vediamo tra ~** see you soon; **~chi lo sanno** not many people know it; **ci vuole tempo ed io ne ho ~** it takes time, and I haven't got much to spare

♦ *sm* **1** little; **vive del ~ che ha** he lives on the little he has

2: **un po'** a little; **un po' di zucchero** a little sugar; **un bel po' di denaro** quite a lot of money; **un po' per ciascuno** a bit each.

─────────────────────────

po'dere *sm* (*AGR*) farm.

pode'roso, a *ag* powerful.

podestà *sm inv* (*nel fascismo*) podestà, mayor.

'**podio** *sm* dais, platform; (*MUS*) podium.

po'dismo *sm* (*SPORT*: *marcia*) walking; (: *corsa*) running.

po'dista, i, e *sm/f* walker; runner.

po'ema, i *sm* poem.

poe'sia *sf* (*arte*) poetry; (*componimento*) poem.

po'eta, 'essa *sm/f* poet/poetess.

poe'tare *vi* to write poetry.

po'etico, a, ci, che *ag* poetic(al).

poggi'are [pod'dʒare] *vt* to lean, rest; (*posare*) to lay, place.

poggia'testa [poddʒa'tɛsta] *sm inv* (*AUT*) headrest.

'**poggio** ['poddʒo] *sm* hillock, knoll.

poggi'olo [pod'dʒɔlo] *sm* balcony.

'poi *av* then; (*alla fine*) finally, at last ♦ *sm*: **pensare al** ~ to think of the future; **e** ~ (*inoltre*) and besides; **questa** ~ (**è bella**) (*ironico*) that's a good one!; **d'ora in** ~ from now on; **da domani in** ~ from tomorrow onwards.

poi'ana *sf* buzzard.

poiché [poi'ke] *cong* since, as.

pois [pwa] *sm inv* spot, (polka) dot; **a** ~ spotted, polka-dot *cpd*.

'poker *sm* poker.

po'lacco, a, chi, che *ag* Polish ♦ *sm/f* Pole.

po'lare *ag* polar.

polariz'zare [polarid'dzare] *vt* (*anche fig*) to polarize.

'polca, che *sf* polka.

po'lemico, a, ci, che *ag* polemic(al), controversial ♦ *sf* controversy; **fare ~che** to be contentious.

polemiz'zare [polemid'dzare] *vi*: ~ (**su qc**) to argue (about sth).

po'lenta *sf* (*CUC*) sort of thick porridge made with maize flour.

polen'tone, a *sm/f* slowcoach (*BRIT*), slowpoke (*US*).

pole'sano, a *ag* of (*o* from) Polesine (*area between the Po and the Adige*).

POL'FER *abbr f* = Polizia Ferroviaria.

'poli... *prefisso* poly....

poliambula'torio *sm* (*MED*) health clinic.

poli'clinico, ci *sm* general hospital, polyclinic.

poli'edro *sm* polyhedron.

poli'estere *sm* polyester.

poliga'mia *sf* polygamy.

polig'lotta, i, e *ag, sm/f* polyglot.

po'ligono *sm* polygon; ~ **di tiro** rifle range.

Poli'nesia *sf*: **la** ~ Polynesia.

polinesi'ano, a *ag, sm/f* Polynesian.

'polio(mie'lite) *sf* polio(myelitis).

'polipo *sm* polyp.

polisti'rolo *sm* polystyrene.

poli'tecnico, ci *sm* postgraduate technical college.

po'litica, che *sf vedi* **politico**.

politi'cante *sm/f* (*peg*) petty politician.

politiciz'zare [polititʃid'dzare] *vt* to politicize.

po'litico, a, ci, che *ag* political ♦ *sm/f* politician ♦ *sf* politics *sg*; (*linea di condotta*) policy; **elezioni ~che** parliamentary (*BRIT*) *o* congressional (*US*) election(s); **uomo** ~ politician; **darsi alla ~a** to go into politics; **fare ~a** (*militante*) to be a political activist; (*come professione*) to be in politics; **la ~a del governo** the

government's policies; **~a aziendale** company policy; **~a estera** foreign policy; **~a dei prezzi** prices policy; **~a dei redditi** incomes policy.

poliva'lente *ag* multi-purpose.

poli'zia [polit'tsia] *sf* police; ~ **giudiziaria** ≈ Criminal Investigation Department (CID) (*BRIT*), Federal Bureau of Investigation (FBI) (*US*); ~ **sanitaria/ tributaria** health/tax inspectorate; ~ **stradale** traffic police.

The function of the **polizia di stato** *is to maintain public order, to uphold law and prevent and investigate crime. They are a civil body and employ both male and female officers who perform similar duties. They report to the Minister of the Interior through a national committee on public order and security.*

---

polizi'esco, a, schi, sche [polit'tsjesko] *ag* police *cpd*; (*film, romanzo*) detective *cpd*.

polizi'otto [polit'tsjɔtto] *sm* policeman; **cane** ~ police dog; **donna** ~ policewoman.

'polizza ['pɔlittsa] *sf* (*COMM*) bill; ~ **di assicurazione** insurance policy; ~ **di carico** bill of lading.

pol'laio *sm* henhouse.

pollai'olo, a *sm/f* poulterer (*BRIT*), poultryman.

pol'lame *sm* poultry.

pol'lastra *sf* pullet; (*fig: ragazza*) chick, wench.

pol'lastro *sm* (*ZOOL*) cockerel.

'pollice ['pɔllitʃe] *sm* thumb; (*unità di misura*) inch.

'polline *sm* pollen.

polli'vendolo, a *sm/f* poulterer (*BRIT*), poultryman.

'pollo *sm* chicken; **far ridere i ~i** (*situazione, persona*) to be utterly ridiculous.

polmo'nare *ag* lung *cpd*, pulmonary.

pol'mone *sm* lung.

polmo'nite *sf* pneumonia.

'polo *sm* (*GEO, FISICA*) pole; (*gioco*) polo ♦ *sf inv* (*maglia*) polo shirt; **il P~ sud/nord** the South/North Pole.

Po'lonia *sf*: **la** ~ Poland.

'polpa *sf* flesh, pulp; (*carne*) lean meat.

pol'paccio [pol'pattʃo] *sm* (*ANAT*) calf.

polpas'trello *sm* fingertip.

pol'petta *sf* (*CUC*) meatball.

polpet'tone *sm* (*CUC*) meatloaf.

'polpo *sm* octopus.

pol'poso, a *ag* fleshy.

pol'sino *sm* cuff.

'polso *sm* (*ANAT*) wrist; (*pulsazione*) pulse;

(*fig: forza*) drive, vigour (*BRIT*), vigor (*US*); **avere** ~ (*fig*) to be strong; **un uomo di** ~ a man of nerve.

pol'tiglia [pol'tiʎʎa] *sf* (*composto*) mash, mush; (*di fango e neve*) slush.

pol'trire *vi* to laze about.

pol'trona *sf* armchair; (*TEAT: posto*) seat in the front stalls (*BRIT*) *o* the orchestra (*US*).

poltron'cina [poltron'tʃina] *sf* (*TEAT*) seat in the back stalls (*BRIT*) *o* the orchestra (*US*).

pol'trone *ag* lazy, slothful.

'polvere *sf* dust; (*anche:* ~ **da sparo**) (gun)powder; (*sostanza ridotta minutissima*) powder, dust; **caffè in** ~ instant coffee; **latte in** ~ dried *o* powdered milk; **sapone in** ~ soap powder; ~ **di ferro** iron filings *pl*; ~ **d'oro** gold dust; ~ **pirica** *o* **da sparo** gunpowder.

polveri'era *sf* powder magazine.

polve'rina *sf* (*gen, MED*) powder; (*gergo: cocaina*) snow.

polveriz'zare [polverid'dzare] *vt* to pulverize; (*nebulizzare*) to atomize; (*fig*) to crush, pulverize; (: *record*) to smash.

polve'rone *sm* thick cloud of dust.

polve'roso, a *ag* dusty.

po'mata *sf* ointment, cream.

po'mello *sm* knob.

pomeridi'ano, a *ag* afternoon *cpd*; **nelle ore** ~**e** in the afternoon.

pome'riggio [pome'riddʒo] *sm* afternoon; **nel primo/tardo** ~ in the early/late afternoon.

'pomice ['pomitʃe] *sf* pumice.

pomici'are [pomi'tʃare] *vi* (*fam: sbaciucchiarsi*) to neck.

'pomo *sm* (*mela*) apple; (*ornamentale*) knob; (*di sella*) pommel; ~ **d'Adamo** (*ANAT*) Adam's apple.

pomo'doro *sm* tomato.

'pompa *sf* pump; (*sfarzo*) pomp (and ceremony); ~ **antincendio** fire hose; ~ **di benzina** (*BRIT*) *o* **gas** (*US*) pump; (*distributore*) filling *o* gas (*US*) station; (**impresa di**) ~**e funebri** funeral parlour *sg* (*BRIT*), undertaker's *sg*, mortician's (*US*).

pom'pare *vt* to pump; (*trarre*) to pump out; (*gonfiare d'aria*) to pump up.

pompei'ano, a *ag* of (*o* from) Pompeii.

pom'pelmo *sm* grapefruit.

pompi'ere *sm* fireman.

pom'pon [pom'pɔn] *sm inv* pompom, pompon.

pom'poso, a *ag* pompous.

ponde'rare *vt* to ponder over, consider carefully.

ponde'roso, a *ag* (*anche fig*) weighty.

po'nente *sm* west.

'pongo, 'poni *etc vb vedi* **porre**.

'ponte *sm* bridge; (*di nave*) deck; (: *anche:* ~ **di comando**) bridge; (*impalcatura*) scaffold; **vivere sotto i** ~**i** to be a tramp; **fare il** ~ (*fig*) to take the extra day off (*between 2 public holidays*); **governo** ~ interim government; ~ **aereo** airlift; ~ **di barche** (*MIL*) pontoon bridge; ~ **di coperta** (*NAUT*) upper deck; ~ **levatoio** drawbridge; ~ **radio** radio link; ~ **sospeso** suspension bridge.

pon'tefice [pon'tefitʃe] *sm* (*REL*) pontiff.

ponti'cello [ponti'tʃello] *sm* (*di occhiali, MUS*) bridge.

pontifi'care *vi* (*anche fig*) to pontificate.

pontifi'cato *sm* pontificate.

ponti'ficio, a, ci, cie [ponti'fitʃo] *ag* papal; **Stato P**~ Papal State.

pon'tile *sm* jetty.

'pony ['pɔni] *sm inv* pony.

pool [puːl] *sm inv* (*consorzio*) consortium; (*organismo internazionale*) pool; (*di esperti, ricercatori*) team; (*antimafia, antidroga*) working party.

pop [pɔp] *ag inv* pop *cpd*.

'popcorn ['pɔpkɔːn] *sm inv* popcorn.

'popeline ['pɔpelin] *sm* poplin.

popò *sm inv* (*sedere*) botty.

popo'lano, a *ag* popular, of the people ♦ *sm/f* man/woman of the people.

popo'lare *ag* popular; (*quartiere, clientela*) working-class; (*POL*) of P.P.I. ♦ *sm/f* (*POL*) member (*o* supporter) of P.P.I. ♦ *vt* (*rendere abitato*) to populate; ~**rsi** *vr* to fill with people, get crowded; **manifestazione** ~ mass demonstration; **repubblica** ~ people's republic.

popolarità *sf* popularity.

popolazi'one [popolat'tsjone] *sf* population.

'popolo *sm* people.

popo'loso, a *ag* densely populated.

po'pone *sm* melon.

'poppa *sf* (*di nave*) stern; (*mammella*) breast; **a** ~ aft, astern.

pop'pante *sm/f* unweaned infant; (*fig: inesperto*) whippersnapper.

pop'pare *vt* to suck.

pop'pata *sf* (*allattamento*) feed.

poppa'toio *sm* (feeding) bottle.

popu'lista, i, e *ag* populist.

por'caio *sm* (*anche fig*) pigsty.

por'cata *sf* (*libro, film etc*) load of rubbish; **fare una** ~ **a qn** to play a dirty trick on sb.

porcel'lana [portʃel'lana] *sf* porcelain,

china; (*oggetto*) piece of porcelain.

porcel'lino, a [portʃel'lino] *sm/f* piglet; ~ **d'India** guinea pig.

porche'ria [porke'ria] *sf* filth, muck; (*fig: oscenità*) obscenity; (: *azione disonesta*) dirty trick; (: *cosa mal fatta*) rubbish.

por'chetta [por'ketta] *sf* roast sucking pig.

por'cile [por'tʃile] *sm* pigsty.

por'cino, a [por'tʃino] *ag* of pigs, pork *cpd* ♦ *sm* (*fungo*) type of edible mushroom.

'porco, ci *sm* pig; (*carne*) pork.

porcos'pino *sm* porcupine.

'porfido *sm* porphyry.

'porgere ['pɔrdʒere] *vt* to hand, give; (*tendere*) to hold out.

'porno *ag inv* porn, porno.

pornogra'fia *sf* pornography.

porno'grafico, a, ci, che *ag* pornographic.

'poro *sm* pore.

po'roso, a *ag* porous.

'porpora *sf* purple.

'porre *vt* (*mettere*) to put; (*collocare*) to place; (*posare*) to lay (down), put (down); (*fig: supporre*): **poniamo (il caso) che ...** let's suppose that ...; **porsi** *vr* (*mettersi*): **porsi a sedere/in cammino** to sit down/ set off; ~ **le basi di** (*fig*) to lay the foundations of, establish; ~ **una domanda a qn** to ask sb a question, put a question to sb; ~ **la propria fiducia in qn** to place one's trust in sb; ~ **fine** *o* **termine a qc** to put an end *o* a stop to sth; **posto che ...** supposing that ..., on the assumption that ...; **porsi in salvo** to save o.s.

'porro *sm* (*BOT*) leek; (*MED*) wart.

'porsi *etc vb vedi* **porgere**.

'porta *sf* door; (*SPORT*) goal; (*INFORM*) port; ~**e** *sfpl* (*di città*) gates; **mettere qn alla** ~ **to** throw sb out; **sbattere** *o* **chiudere la** ~ **in faccia a qn** (*anche fig*) to slam the door in sb's face; **trovare tutte le** ~**e chiuse** (*fig*) to find the way barred; **a** ~**e chiuse** (*DIR*) in camera; **l'inverno è alle** ~**e** (*fig*) winter is upon us; **vendita** ~ **a** ~ door-to-door selling; ~ **di servizio** tradesmen's entrance; ~ **di sicurezza** emergency exit; ~ **stagna** watertight door.

portaba'gagli [portaba'gaʎʎi] *sm inv* (*facchino*) porter; (*AUT, FERR*) luggage rack.

portabandi'era *sm inv* standard bearer.

porta'borse *sm inv* (*peg*) lackey.

portabot'tiglie [portabot'tiʎʎe] *sm inv* bottle rack.

porta'cenere [porta'tʃenere] *sm inv* ashtray.

portachi'avi [porta'kjavi] *sm inv* keyring.

porta'cipria [porta'tʃiprja] *sm inv* powder compact.

porta'erei *sf inv* (*nave*) aircraft carrier ♦ *sm inv* (*aereo*) aircraft transporter.

portafi'nestra, *pl* **portefi'nestre** *sf* French window.

porta'foglio [porta'fɔʎʎo] *sm* (*busta*) wallet; (*cartella*) briefcase; (*POL, BORSA*) portfolio; ~ **titoli** investment portfolio.

portagi'oie [porta'dʒɔje] *sm inv*, **portagioi'elli** [portadʒo'jɛlli] *sm inv* jewellery (*BRIT*) *o* jewelry (*US*) box.

por'tale *sm* portal.

porta'lettere *sm/f inv* postman/woman (*BRIT*), mailman/woman (*US*).

porta'mento *sm* carriage, bearing.

portamo'nete *sm inv* purse.

por'tante *ag* (*muro etc*) supporting, load-bearing.

portan'tina *sf* sedan chair; (*per ammalati*) stretcher.

portaog'getti [portaod'dʒɛtti] *ag inv*: **vano** ~ (*in macchina*) glove compartment.

portaom'brelli *sm inv* umbrella stand.

porta'pacchi [porta'pakki] *sm inv* (*di moto, bicicletta*) luggage rack.

por'tare *vt* (*sostenere, sorreggere: peso, bambino, pacco*) to carry; (*indossare: abito, occhiali*) to wear; (: *capelli lunghi*) to have; (*avere: nome, titolo*) to have, bear; (*recare*): ~ **qc a qn** to take (*o* bring) sth to sb; (*fig: sentimenti*) to bear; ~**rsi** *vr* (*recarsi*) to go; ~ **avanti** (*discorso, idea*) to pursue; ~ **via** to take away; (*rubare*) to take; ~ **i bambini a spasso** to take the children for a walk; ~ **fortuna** to bring good luck; ~ **qc alla bocca** to lift *o* put sth to one's lips; **porta bene i suoi anni** he's wearing well; **dove porta questa strada?** where does this road lead?, where does this road take you?; **il documento porta la tua firma** the document has *o* bears your signature; **non gli porto rancore** I don't bear him a grudge; **la polizia si è portata sul luogo del disastro** the police went to the scene of the disaster.

portarit'ratti *sm inv* photo(graph) frame.

portari'viste *sm inv* magazine rack.

portasa'pone *sm inv* soap dish.

portasiga'rette *sm inv* cigarette case.

portas'pilli *sm inv* pincushion.

por'tata *sf* (*vivanda*) course; (*AUT*) carrying (*o* loading) capacity; (*di arma*) range; (*volume d'acqua*) (rate of) flow; (*fig: limite*) scope, capability; (: *importanza*) impact, import; **alla** ~ **di tutti** (*conoscenza*) within everybody's capabilities; (*prezzo*) within everybody's means; **a/fuori** ~ **(di)** within/out of reach (of); **a** ~ **di mano**

within (arm's) reach; **di grande** ~ of great importance.

por'tatile *ag* portable.

por'tato, a *ag* (*incline*): ~ **a** inclined *o* apt to.

porta'tore, 'trice *sm/f* (*anche* COMM) bearer; (MED) carrier; **pagabile al** ~ payable to the bearer; ~ **di handicap** disabled person.

portatovagli'olo [portatovaʎ'ʎɔlo] *sm* napkin ring.

portau'ovo *sm inv* eggcup.

porta'voce [porta'votʃe] *sm/f inv* spokesman/woman.

por'tello *sm* (*di portone*) door; (NAUT) hatch.

portel'lone *sm* (NAUT, AER) hold door.

por'tento *sm* wonder, marvel.

porten'toso, a *ag* wonderful, marvellous (BRIT), marvelous (US).

porti'cato *sm* portico.

'portico, ci *sm* portico; (*riparo*) lean-to.

porti'era *sf* (AUT) door.

porti'ere *sm* (*portinaio*) concierge, caretaker; (*di hotel*) porter; (*nel calcio*) goalkeeper.

porti'naio, a *sm/f* concierge, caretaker.

portine'ria *sf* caretaker's lodge.

'porto, a *pp di* **porgere** ♦ *sm* (NAUT) harbour (BRIT), harbor (US), port; (*spesa di trasporto*) carriage ♦ *sm inv* port (wine); **andare** *o* **giungere in** ~ (*fig*) to come to a successful conclusion; **condurre qc in** ~ to bring sth to a successful conclusion; ~ **d'armi** gun licence (BRIT) *o* license (US); ~ **fluviale** river port; ~ **franco** free port; ~ **marittimo** seaport; ~ **militare** naval base; ~ **pagato** carriage paid, post free *o* paid; ~ **di scalo** port of call.

Porto'gallo *sm*: **il** ~ Portugal.

porto'ghese [porto'geze] *ag, sm/f, sm* Portuguese *inv*.

por'tone *sm* main entrance, main door.

portori'cano, a *ag, sm/f* Puerto Rican.

Porto'rico *sf* Puerto Rico.

portu'ale *ag* harbour *cpd* (BRIT), harbor *cpd* (US), port *cpd* ♦ *sm* dock worker.

porzi'one [por'tsjone] *sf* portion, share; (*di cibo*) portion, helping.

'posa *sf* (FOT) exposure; (*atteggiamento, di modello*) pose; (*riposo*): **lavorare senza** ~ to work without a break; **mettersi in** ~ to pose; **teatro di** ~ photographic studio.

posa'cenere [posa'tʃenere] *sm inv* ashtray.

po'sare *vt* to put (down), lay (down) ♦ *vi* (*ponte, edificio, teoria*): ~ **su** to rest on; (FOT, *atteggiarsi*) to pose; ~**rsi** *vr* (*ape, aereo*) to land; (*uccello*) to alight;

(*sguardo*) to settle.

po'sata *sf* piece of cutlery; ~**e** *sfpl* cutlery *sg*.

posa'tezza [posa'tettsa] *sf* (*di persona*) composure; (*di discorso*) balanced nature.

po'sato, a *ag* steady; (*discorso*) balanced.

pos'critto *sm* postscript.

'posi *etc vb vedi* **porre**.

positiva'mente *av* positively; (*rispondere*) in the affirmative, affirmatively.

posi'tivo, a *ag* positive.

posizi'one [pozit'tsjone] *sf* position; **farsi una** ~ to make one's way in the world; **prendere** ~ (*fig*) to take a stand; **luci di** ~ (AUT) sidelights.

posolo'gia, 'gie [pozolo'dʒia] *sf* dosage, directions *pl* for use.

pos'porre *vt* to place after; (*differire*) to postpone, defer.

pos'posto, a *pp di* **posporre**.

posse'dere *vt* to own, possess; (*qualità, virtù*) to have, possess; (*conoscere a fondo*: *lingua etc*) to have a thorough knowledge of; (*sog: ira etc*) to possess.

possedi'mento *sm* possession.

pos'sente *ag* strong, powerful.

posses'sivo, a *ag* possessive.

pos'sesso *sm* possession; **essere in** ~ **di qc** to be in possession of sth; **prendere** ~ **di qc** to take possession of sth; **entrare in** ~ **dell'eredità** to come into one's inheritance.

posses'sore *sm* owner.

pos'sibile *ag* possible ♦ *sm*: **fare tutto il** ~ to do everything possible; **nei limiti del** ~ as far as possible; **al più tardi** ~ as late as possible; **vieni prima** ~ come as soon as possible.

possibi'lista, i, e *ag*: **essere** ~ to keep an open mind.

possibilità *sf inv* possibility ♦ *sfpl* (*mezzi*) means; **aver la** ~ **di fare** to be in a position to do; to have the opportunity to do; **nei limiti delle nostre** ~ in so far as we can.

possibil'mente *av* if possible.

possi'dente *sm/f* landowner.

possi'edo *etc vb vedi* **possedere**.

'posso *etc vb vedi* **potere**.

post... *prefisso* post....

'posta *sf* (*servizio*) post, postal service; (*corrispondenza*) post, mail; (*ufficio postale*) post office; (*nei giochi d'azzardo*) stake; (CACCIA) hide (BRIT), blind (US); ~**e** *sfpl* (*amministrazione*) post office; **fare la** ~ **a qn** (*fig*) to lie in wait for sb; **la** ~ **in gioco è troppo alta** (*fig*) there's too much at stake; **a bella** ~ (*apposta*) on purpose;

piccola ~ (*su giornale*) letters to the editor, letters page; ~ **aerea** airmail; ~ **elettronica** electronic mail; ~ **ordinaria** ≈ second-class mail; **P~e e Telecomunicazioni (PP.TT.)** *postal and telecommunications service*; **ministro delle P~e e Telecomunicazioni** Postmaster General.

posta'giro [posta'dʒiro] *sm* post office cheque (*BRIT*) *o* check (*US*), postal giro (*BRIT*).

pos'tale *ag* postal, post office *cpd* ♦ *sm* (*treno*) mail train; (*nave*) mail boat; (*furgone*) mail van; **timbro** ~ postmark.

postazi'one [postat'tsjone] *sf* (*MIL*) emplacement.

post'bellico, a, ci, che *ag* postwar.

postda'tare *vt* to postdate.

posteggi'are [posted'dʒare] *vt, vi* to park.

posteggia'tore, 'trice [posteddʒa'tore] *smf* car-park attendant (*BRIT*), parking-lot attendant (*US*).

pos'teggio [pos'teddʒo] *sm* car park (*BRIT*), parking lot (*US*); (*di taxi*) rank (*BRIT*), stand (*US*).

postelegra'fonico, a, ci, che *ag* postal and telecommunications *cpd*.

'posteri *smpl* posterity *sg*; **i nostri** ~ our descendants.

posteri'ore *ag* (*dietro*) back; (*dopo*) later ♦ *sm* (*fam: sedere*) behind.

posteri'ori: a ~ *ag inv* after the event (*dopo sostantivo*) ♦ *av* looking back.

posterità *sf* posterity.

pos'ticcio, a, ci, ce [pos'tittʃo] *ag* false ♦ *sm* hairpiece.

postici'pare [postitʃi'pare] *vt* to defer, postpone.

pos'tilla *sf* marginal note.

pos'tino *sm* postman (*BRIT*), mailman (*US*).

'posto, a *pp di* **porre** ♦ *sm* (*sito, posizione*) place; (*impiego*) job; (*spazio libero*) room, space; (*di parcheggio*) space; (*sedile: al teatro, in treno etc*) seat; (*MIL*) post; **a** ~ (*in ordine*) in place, tidy; (*fig*) settled; (: *persona*) reliable; **mettere a** ~ (*riordinare*) to tidy (up), put in order; (*faccende: sistemare*) to straighten out; **prender** ~ to take a seat; **al** ~ **di** in place of; **sul** ~ on the spot; ~ **di blocco** roadblock; ~ **di lavoro** job; ~ **di polizia** police station; ~ **telefonico pubblico (P.T.P.)** public telephone; ~ **di villeggiatura** holiday (*BRIT*) *o* tourist spot; **~i in piedi** (*TEAT, in autobus*) standing room.

postopera'torio, a *ag* (*MED*) postoperative.

pos'tribolo *sm* brothel.

post'scriptum *sm inv* postscript.

'postumo, a *ag* posthumous; (*tardivo*) belated; **~i** *smpl* (*conseguenze*) after-effects, consequences.

po'tabile *ag* drinkable; **acqua** ~ drinking water.

po'tare *vt* to prune.

po'tassio *sm* potassium.

pota'tura *sf* pruning.

po'tente *ag* (*nazione*) strong, powerful; (*veleno, farmaco*) potent, strong.

poten'tino, a *ag* of (*o* from) Potenza.

Po'tenza [po'tɛntsa] *sf* Potenza.

po'tenza [po'tɛntsa] *sf* power; (*forza*) strength; **all'ennesima** ~ to the nth degree; **le Grandi P~e** the Great Powers; ~ **militare** military might *o* strength.

potenzi'ale [poten'tsjale] *ag, sm* potential.

potenzia'mento [potentsja'mento] *sm* development.

potenzi'are [poten'tsjare] *vt* to develop.

━━━━━━━━━━━━━━━ *PAROLA CHIAVE*

po'tere *sm* power; **al** ~ (*partito etc*) in power; ~ **d'acquisto** purchasing power; ~ **esecutivo** executive power; ~ **giudiziario** legal power; ~ **legislativo** legislative power

♦ *vb aus* **1** (*essere in grado di*) can, be able to; **non ha potuto ripararlo** he couldn't *o* he wasn't able to repair it; **non è potuto venire** he couldn't *o* he wasn't able to come; **spiacente di non poter aiutare** sorry not to be able to help

2 (*avere il permesso*) can, may, be allowed to; **posso entrare?** can *o* may I come in?; **posso chiederti dove sei stato?** where, may I ask, have you been?

3 (*eventualità*) may, might, could; **potrebbe essere vero** it might *o* could be true; **può aver avuto un incidente** he may *o* might *o* could have had an accident; **può darsi** perhaps; **può darsi** *o* **può essere che non venga** he may *o* might not come

4 (*augurio*): **potessi almeno parlargli!** if only I could speak to him!

5 (*suggerimento*): **potresti almeno scusarti!** you could at least apologize!

♦ *vt* can, be able to; **può molto per noi** he can do a lot for us; **non ne posso più** (*per stanchezza*) I'm exhausted; (*per rabbia*) I can't take any more.

potestà *sf* (*potere*) power; (*DIR*) authority.

potrò *etc vb vedi* **potere**.

pove'raccio, a, ci, ce [pove'rattʃo] *smf* poor devil.

'**povero, a** *ag* poor; (*disadorno*) plain, bare ♦ *sm/f* poor man/woman; **i** ~**i** the poor; ~ **di** lacking in, having little; **minerale** ~ **di ferro** ore with a low iron content; **paese** ~ **di risorse** country short of *o* lacking in resources.

povertà *sf* poverty.

pozi'one [pot'tsjone] *sf* potion.

'**pozza** ['pottsa] *sf* pool.

poz'zanghera [pot'tsangera] *sf* puddle.

'**pozzo** ['pottso] *sm* well; (*cava: di carbone*) pit; (*di miniera*) shaft; ~ **nero** cesspit; ~ **petrolifero** oil well.

pp. *abbr* (= *pagine*) pp.

p.p. *abbr* (= *per procura*) pp.

P.P.I. *sigla m* (POL) (= *Partito Popolare Italiano*) *party originating from D.C.*

PP.SS. *abbr* = **partecipazioni statali.**

PP.TT. *abbr* = **Poste e Telecomunicazioni;** *vedi* **posta.**

PR *sigla* = *Parma* ♦ *sigla m* (POL) = *Partito Radicale.*

P.R. *abbr* = **piano regolatore; procuratore della Repubblica.**

'**Praga** *sf* Prague.

prag'matico, a, ci, che *ag* pragmatic.

pram'matica *sf* custom; **essere di** ~ to be customary.

pran'zare [pran'dzare] *vi* to dine, have dinner; to lunch, have lunch.

'**pranzo** ['prandzo] *sm* dinner; (*a mezzogiorno*) lunch.

'**prassi** *sf* usual procedure.

'**pratica, che** *sf* practice; (*esperienza*) experience; (*conoscenza*) knowledge, familiarity; (*tirocinio*) training, practice; (*AMM: affare*) matter, case; (: *incartamento*) file, dossier; **in** ~ (*praticamente*) in practice; **mettere in** ~ to put into practice; **fare le** ~**che per** (AMM) to do the paperwork for; ~ **restrittiva** restrictive practice; ~**che illecite** dishonest practices.

prati'cabile *ag* (*progetto*) practicable, feasible; (*luogo*) passable, practicable.

pratica'mente *av* (*in modo pratico*) in a practical way, practically; (*quasi*) practically, almost.

prati'cante *sm/f* apprentice, trainee; (REL) (regular) churchgoer.

prati'care *vt* to practise (BRIT), practice (US); (SPORT: *tennis etc*) to play; (: *nuoto, scherma etc*) to go in for; (*eseguire: apertura, buco*) to make; ~ **uno sconto** to give a discount.

praticità [pratitʃi'ta] *sf* practicality, practicalness; **per** ~ for practicality's sake.

'**pratico, a, ci, che** *ag* practical; ~ **di** (*esperto*) experienced *o* skilled in; (*familiare*) familiar with; **all'atto** ~ in practice; **è** ~ **del mestiere** he knows his trade; **mi è più** ~ **venire di pomeriggio** it's more convenient for me to come in the afternoon.

'**prato** *sm* meadow; (*di giardino*) lawn.

preal'larme *sm* warning (signal).

Pre'alpi *sfpl*: **le** ~ (the) Pre-Alps.

preal'pino, a *ag* of the Pre-Alps.

pre'ambolo *sm* preamble; **senza tanti** ~**i** without beating about (BRIT) *o* around (US) the bush.

preannunci'are [preannun'tʃare], **preannunzi'are** [preannun'tsjare] *vt* to give advance notice of.

preavvi'sare *vt* to give advance notice of.

preav'viso *sm* notice; **telefonata con** ~ personal *o* person to person call.

pre'bellico, a, ci, che *ag* prewar *cpd.*

precari'ato *sm* temporary employment.

precarietà *sf* precariousness.

pre'cario, a *ag* precarious; (INS) temporary, without tenure.

precauzio'nale [prekauttsjo'nale] *ag* precautionary.

precauzi'one [prekaut'tsjone] *sf* caution, care; (*misura*) precaution; **prendere** ~**i** to take precautions.

prece'dente [pretʃe'dɛnte] *ag* previous ♦ *sm* precedent; **il discorso/film** ~ the previous *o* preceding speech/film; **senza** ~**i** unprecedented; ~**i penali** (DIR) criminal record *sg.*

precedente'mente [pretʃedente'mente] *av* previously.

prece'denza [pretʃe'dɛntsa] *sf* priority, precedence; (AUT) right of way; **dare** ~ **assoluta a qc** to give sth top priority.

pre'cedere [pre'tʃedere] *vt* to precede, go (*o* come) before.

precet'tare [pretʃet'tare] *vt* (*lavoratori*) to order back to work (*via an injunction*).

precettazi'one [pretʃettat'tsjone] *sf* (*di lavoratori*) order to resume work.

pre'cetto [pre'tʃetto] *sm* precept; (MIL) call-up notice.

precet'tore [pretʃet'tore] *sm* (private) tutor.

precipi'tare [pretʃipi'tare] *vi* (*cadere*) to fall headlong; (*fig: situazione*) to get out of control ♦ *vt* (*gettare dall'alto in basso*) to hurl, fling; (*fig: affrettare*) to rush; ~**rsi** *vr* (*gettarsi*) to hurl *o* fling o.s.; (*affrettarsi*) to rush.

precipi'tato, a [pretʃipi'tato] *ag* hasty ♦ *sm* (CHIM) precipitate.

precipitazi'one [pretʃipitat'tsjone] *sf*
(*METEOR*) precipitation; (*fig*) haste.

precipi'toso, a [pretʃipi'toso] *ag* (*caduta,
fuga*) headlong; (*fig: avventato*) rash,
reckless; (: *affrettato*) hasty, rushed.

preci'pizio [pretʃi'pittsjo] *sm* precipice; **a ~**
(*fig: correre*) headlong.

pre'cipuo, a [pre'tʃipuo] *ag* principal, main.

precisa'mente [pretʃiza'mente] *av* (*gen*)
precisely; (*con esattezza*) exactly.

preci'sare [pretʃi'zare] *vt* to state, specify;
(*spiegare*) to explain (in detail); **vi
preciseremo la data in seguito** we'll let
you know the exact date later; **tengo a ~
che ...** I must point out that ....

precisazi'one [pretʃizat'tsjone] *sf*
clarification.

precisi'one [pretʃi'zjone] *sf* precision;
accuracy; **strumenti di ~** precision
instruments.

pre'ciso, a [pre'tʃizo] *ag* (*esatto*) precise;
(*accurato*) accurate, precise; (*deciso: idea*)
precise, definite; (*uguale*): **2 vestiti ~i** 2
dresses exactly the same; **sono le 9 ~e**
it's exactly 9 o'clock.

pre'cludere *vt* to block, obstruct.

pre'cluso, a *pp di* **precludere**.

pre'coce [pre'kɔtʃe] *ag* early; (*bambino*)
precocious; (*vecchiaia*) premature.

precocità [prekotʃi'ta] *sf* (*di morte*)
untimeliness; (*di bambino*)
precociousness.

precon'cetto, a [prekon'tʃetto] *ag*
preconceived ♦ *sm* preconceived idea,
prejudice.

pre'correre *vt* to anticipate; **~ i tempi** to
be ahead of one's time.

precorri'tore, 'trice *sm/f* precursor,
forerunner.

pre'corso, a *pp di* **precorrere**.

precur'sore *sm* forerunner, precursor.

'preda *sf* (*bottino*) booty; (*animale, fig*) prey;
essere ~ di to fall prey to; **essere in ~ a**
to be prey to.

pre'dare *vt* to plunder.

preda'tore *sm* predator.

predeces'sore, a [predetʃes'sore] *sm/f*
predecessor.

pre'della *sf* platform, dais; altar-step.

predesti'nare *vt* to predestine.

predestinazi'one [predestinat'tsjone] *sf*
predestination.

pre'detto, a *pp di* **predire** ♦ *ag* aforesaid,
aforementioned.

'predica, che *sf* sermon; (*fig*) lecture,
talking-to.

predi'care *vt, vi* to preach.

predica'tivo, a *ag* predicative.

predi'cato *sm* (*LING*) predicate.

predi'letto, a *pp di* **prediligere** ♦ *ag, sm/f*
favourite (*BRIT*), favorite (*US*).

predilezi'one [predilet'tsjone] *sf* fondness,
partiality; **avere una ~ per qc/qn** to be
partial to sth/fond of sb.

predi'ligere [predi'lidʒere] *vt* to prefer,
have a preference for.

pre'dire *vt* to foretell, predict.

predis'porre *vt* to get ready, prepare; **~
qn a qc** to predispose sb to sth.

predisposizi'one [predispozit'tsjone] *sf*
(*MED*) predisposition; (*attitudine*) bent,
aptitude; **avere ~ alla musica** to have a
bent for music.

predis'posto, a *pp di* **predisporre**.

predizi'one [predit'tsjone] *sf* prediction.

predomi'nante *ag* predominant.

predomi'nare *vi* (*prevalere*) to
predominate; (*eccellere*) to excel.

predo'minio *sm* predominance;
supremacy.

preesis'tente *ag* pre-existent.

pree'sistere *vi* to pre-exist.

preesis'tito, a *pp di* **preesistere**.

prefabbri'cato, a *ag* (*EDIL*) prefabricated.

prefazi'one [prefat'tsjone] *sf* preface,
foreword.

prefe'renza [prefe'rɛntsa] *sf* preference; **a
~ di** rather than; **di ~** preferably, by
preference; **non ho ~e** I have no
preferences either way, I don't mind.

preferenzi'ale [preferen'tsjale] *ag*
preferential; **corsia ~** (*AUT*) bus and taxi
lane.

prefe'ribile *ag*: **~ (a)** preferable (to), better
(than); **sarebbe ~ andarsene** it would be
better to go.

preferibil'mente *av* preferably.

prefe'rire *vt* to prefer, like better; **~ il
caffè al tè** to prefer coffee to tea, like
coffee better than tea.

pre'fetto *sm* prefect.

prefet'tura *sf* prefecture.

pre'figgersi [pre'fiddʒersi] *vr*: **~rsi uno
scopo** to set o.s. a goal.

prefigu'rare *vt* (*simboleggiare*) to
foreshadow; (*prevedere*) to foresee.

pre'fisso, a *pp di* **prefiggersi** ♦ *sm* (*LING*)
prefix; (*TEL*) dialling (*BRIT*) o dial (*US*)
code.

Preg. *abbr* = **pregiatissimo**.

pre'gare *vi* to pray ♦ *vt* (*REL*) to pray to;
(*implorare*) to beg; (*chiedere*): **~ qn di fare**
to ask sb to do; **farsi ~** to need coaxing o
persuading.

pre'gevole [pre'dʒevole] *ag* valuable.

pregherò *etc* [prege'rɔ] *vb vedi* **pregare**.

preghi'era [pre'gjɛra] *sf* (*REL*) prayer; (*domanda*) request.

pregi'arsi [pre'dʒarsi] *vr*: **mi pregio di farle sapere che** ... I am pleased to inform you that ....

pregia'tissimo, a [predʒa'tissimo] *ag* (*in lettere*): ~ **Signor G. Agnelli** G. Agnelli Esquire.

pregi'ato, a [pre'dʒato] *ag* (*opera*) valuable; (*tessuto*) fine; (*valuta*) strong; **vino** ~ vintage wine.

'pregio ['prɛdʒo] *sm* (*stima*) esteem, regard; (*qualità*) (good) quality, merit; (*valore*) value, worth; **il** ~ **di questo sistema è** ... the merit of this system is ...; **oggetto di** ~ valuable object.

pregiudi'care [predʒudi'kare] *vt* to prejudice, harm, be detrimental to.

pregiudi'cato, a [predʒudi'kato] *sm/f* (*DIR*) previous offender.

pregiu'dizio [predʒu'dittsjo] *sm* (*idea errata*) prejudice; (*danno*) harm *no pl*.

preg'nante [preɲ'ɲante] *ag* (*fig*) pregnant, meaningful.

'pregno, a ['preɲɲo] *ag* (*saturo*): ~ **di** full of, saturated with.

'prego *escl* (*a chi ringrazia*) don't mention it!; (*invitando qn ad accomodarsi*) please sit down!; (*invitando qn ad andare prima*) after you!

pregus'tare *vt* to look forward to.

preis'toria *sf* prehistory.

preis'torico, a, ci, che *ag* prehistoric.

pre'lato *sm* prelate.

prela'vaggio [prela'vaddʒo] *sm* pre-wash.

prelazi'one [prelat'tsjone] *sf* (*DIR*) pre-emption; **avere il diritto di** ~ **su qc** to have the first option on sth.

preleva'mento *sm* (*BANCA*) withdrawal; (*di merce*) picking up, collection.

prele'vare *vt* (*denaro*) to withdraw; (*campione*) to take; (*merce*) to pick up, collect; (*sog: polizia*) to take, capture.

preli'evo *sm* (*BANCA*) withdrawal; (*MED*): **fare un** ~ (**di**) to take a sample (of).

prelimi'nare *ag* preliminary; ~**i** *smpl* preliminary talks; preliminaries.

pre'ludere *vi*: ~ **a** (*preannunciare: crisi, guerra, temporale*) to herald, be a sign of; (*introdurre: dibattito etc*) to introduce, be a prelude to.

pre'ludio *sm* prelude.

pre'luso, a *pp di* **preludere**.

pre-ma'man [prema'mã] *sm inv* maternity dress.

prematrimoni'ale *ag* premarital.

prema'turo, a *ag* premature.

premedi'tare *vt* to premeditate, plan.

premeditazi'one [premeditat'tsjone] *sf* (*DIR*) premeditation; **con** ~ *ag* premeditated ♦ *av* with intent.

'premere *vt* to press ♦ *vi*: ~ **su** to press down on; (*fig*) to put pressure on; ~ **a** (*fig: importare*) to matter to; ~ **il grilletto** to pull the trigger.

pre'messo, a *pp di* **premettere** ♦ *sf* introductory statement, introduction; **mancano le** ~**e per una buona riuscita** we lack the basis for a successful outcome.

pre'mettere *vt* to put before; (*dire prima*) to start by saying, state first; **premetto che** ... I must say first of all that ...; **premesso che** ... given that ...; **ciò premesso** ... that having been said ....

premi'are *vt* to give a prize to; (*fig: merito, onestà*) to reward.

premiazi'one [premjat'tsjone] *sf* prize giving.

'premier ['prɛmjer] *sm inv* premier.

premi'nente *ag* pre-eminent.

'premio *sm* prize; (*ricompensa*) reward; (*COMM*) premium; (*AMM: indennità*) bonus; **in** ~ **per** as a prize (*o* reward) for; ~ **d'ingaggio** (*SPORT*) signing-on fee; ~ **di produzione** productivity bonus.

pre'misi *etc vb vedi* **premettere**.

premoni'tore, 'trice *ag* premonitory.

premonizi'one [premonit'tsjone] *sf* premonition.

premu'nirsi *vr*: ~ **di** to provide o.s. with; ~ **contro** to protect o.s. from, guard o.s. against.

pre'mura *sf* (*fretta*) haste, hurry; (*riguardo*) attention, care; **aver** ~ to be in a hurry; **far** ~ **a qn** to hurry sb; **usare ogni** ~ **nei riguardi di qn, circondare qn di** ~**e** to be very attentive to sb.

premu'roso, a *ag* thoughtful, considerate.

prena'tale *ag* antenatal.

'prendere *vt* to take; (*andare a prendere*) to get, fetch; (*ottenere*) to get; (*guadagnare*) to get, earn; (*catturare: ladro, pesce*) to catch; (*collaboratore, dipendente*) to take on; (*passeggero*) to pick up; (*chiedere: somma, prezzo*) to charge, ask; (*trattare: persona*) to handle ♦ *vi* (*colla, cemento*) to set; (*pianta*) to take; (*fuoco: nel camino*) to catch; (*voltare*): ~ **a destra** to turn (to the) right; ~**rsi** *vr* (*azzuffarsi*): ~**rsi a pugni** to come to blows; **prende qualcosa?** (*da bere, da mangiare*) would you like something to eat (*o* drink)?; **prendo un caffè** I'll have a coffee; ~ **a fare qc** to start doing sth; ~ **qn/qc per** (*scambiare*) to take sb/sth for; ~ **l'abitudine di** to get into the habit of; ~ **fuoco** to catch fire; ~ **le generalità di qn**

to take down sb's particulars; ~ **nota di** to take note of; ~ **parte a** to take part in; ~**rsi cura di qn/qc** to look after sb/sth; ~**rsi un impegno** to take on a commitment; **prendersela** (*adirarsi*) to get annoyed; (*preoccuparsi*) to get upset, worry.

prendi'sole *sm inv* sundress.

preno'tare *vt* to book, reserve.

prenotazi'one [prenotat'tsjone] *sf* booking, reservation.

'prensile *ag* prehensile.

preoccu'pante *ag* worrying.

preoccu'pare *vt* to worry; ~**rsi** *vr*: ~**rsi di qn/qc** to worry about sb/sth; ~**rsi per qn** to be anxious for sb.

preoccupazi'one [preokkupat'tsjone] *sf* worry, anxiety.

preordi'nato, a *ag* preordained.

prepa'rare *vt* to prepare; (*esame, concorso*) to prepare for; ~**rsi** *vr* (*vestirsi*) to get ready; ~**rsi a qc/a fare** to get ready *o* prepare (o.s.) for sth/to do; ~ **da mangiare** to prepare a meal.

prepara'tivi *smpl* preparations.

prepa'rato, a *ag* (*gen*) prepared; (*pronto*) ready ♦ *sm* (*prodotto*) preparation.

prepara'torio, a *ag* preparatory.

preparazi'one [preparat'tsjone] *sf* preparation; **non ha la necessaria** ~ **per svolgere questo lavoro** he lacks the qualifications necessary for the job.

prepensiona'mento *sm* early retirement.

preponde'rante *ag* predominant.

pre'porre *vt* to place before; (*fig*) to prefer.

preposizi'one [prepozit'tsjone] *sf* (*LING*) preposition.

pre'posto, a *pp di* **preporre**.

prepo'tente *ag* (*persona*) domineering, arrogant; (*bisogno, desiderio*) overwhelming, pressing ♦ *sm/f* bully.

prepo'tenza [prepo'tentsa] *sf* arrogance; (*comportamento*) arrogant behaviour (*BRIT*) *o* behavior (*US*).

pre'puzio [pre'puttsjo] *sm* (*ANAT*) foreskin.

preroga'tiva *sf* prerogative.

'presa *sf* taking *no pl*; catching *no pl*; (*di città*) capture; (*indurimento: di cemento*) setting; (*appiglio, SPORT*) hold; (*di acqua, gas*) (supply) point; (*ELETTR*): ~ **(di corrente)** socket; (: *al muro*) point; (*piccola quantità: di sale etc*) pinch; (*CARTE*) trick; **far** ~ (*colla*) to set; **ha fatto** ~ **sul pubblico** (*fig*) it caught the public's imagination; **a** ~ **rapida** (*cemento*) quick-setting; **di forte** ~ (*fig*) with wide appeal; **essere alle** ~**e con qc** (*fig*) to be struggling with sth;

macchina da ~ (*CINE*) cine camera (*BRIT*), movie camera (*US*); ~ **d'aria** air inlet; ~ **diretta** (*AUT*) direct drive; ~ **in giro** leg-pull (*BRIT*), joke; ~ **di posizione** stand.

pre'sagio [pre'zadʒo] *sm* omen.

presa'gire [preza'dʒire] *vt* to foresee.

presa'lario *sm* (*INS*) grant.

'presbite *ag* long-sighted.

presbiteri'ano, a *ag*, *sm/f* Presbyterian.

presbi'terio *sm* presbytery.

pre'scindere [preʃ'ʃindere] *vi*: ~ **da** to leave out of consideration; ~ **da** apart from.

pre'scisso, a [preʃ'ʃisso] *pp di* **prescindere**.

presco'lastico, a, ci, che *ag* pre-school *cpd*.

pres'critto, a *pp di* **prescrivere**.

pres'crivere *vt* to prescribe.

prescrizi'one [preskrit'tsjone] *sf* (*MED, DIR*) prescription; (*norma*) rule, regulation; **cadere in** ~ (*DIR*) to become statute-barred.

'prese *etc vb vedi* **prendere**.

presen'tare *vt* to present; (*far conoscere*): ~ **qn (a)** to introduce sb (to); (*AMM: inoltrare*) to submit; ~**rsi** *vr* (*recarsi, farsi vedere*) to present o.s., appear; (*farsi conoscere*) to introduce o.s.; (*occasione*) to arise; ~ **qc in un'esposizione** to show *o* display sth at an exhibition; ~ **qn in società** to introduce sb into society; ~**rsi come candidato** (*POL*) to stand (*BRIT*) *o* run (*US*) as a candidate; ~**rsi bene/male** to have a good/poor appearance; **la situazione si presenta difficile** things aren't looking too good, things look a bit tricky.

presentazi'one [prezentat'tsjone] *sf* presentation; introduction.

pre'sente *ag* present; (*questo*) this ♦ *sm* present ♦ *sf* (*lettera*): **con la** ~ **vi comunico ... this** is to inform you that ... ♦ *sm/f* person present; **i** ~**i** those present; **aver** ~ **qc/qn** to remember sth/sb; **essere** ~ **a una riunione** to be present at *o* attend a meeting; **tener** ~ **qn/qc** to keep sb/sth in mind; **esclusi i** ~**i** present company excepted.

presenti'mento *sm* premonition.

pre'senza [pre'zentsa] *sf* presence; (*aspetto esteriore*) appearance; **in** ~ **di** in (the) presence of; **di bella** ~ of good appearance; ~ **di spirito** presence of mind.

presenzi'are [prezen'tsjare] *vi*: ~ **a** to be present at, attend.

pre'sepio, pre'sepe *sm* crib.

preser'vare *vt* to protect.

preserva'tivo *sm* sheath, condom.

'presi *etc vb vedi* **prendere**.
'preside *smlf* (*INS*) head (teacher) (*BRIT*),
principal (*US*); (*di facoltà universitaria*)
dean.
presi'dente *sm* (*POL*) president; (*di
assemblea, COMM*) chairman; **il P~ della
Camera** (*POL*) ≈ the Speaker; **P~ del
Consiglio (dei Ministri)** ≈ Prime Minister;
P~ della Repubblica President of the
Republic.

The **Presidente del Consiglio**, *the Italian
prime minister, is the head of the
government. He/She submits nominations
for ministerial posts to the Presidente della
Repubblica and is responsible for those
ministers appointed. He/She is nominated
by the Presidente della Repubblica, in
consultation with the leaders of the
parliamentary parties, former heads of
state, the* **Presidente della Camera** *and the
Presidente del Senato. See also* **Parlamento**
and **Consiglio dei Ministri**. *The* **Presidente
della Repubblica** *is the head of state. He/She
must be an Italian citizen of at least 50
years of age and is elected by Parliament
and by 3 delegates from each region. He/She
remains in office for 7 years. He/She has the
power to call an election, dissolve one or
both chambers of Parliament or call a
referendum. He/She nominates the*
Presidente del Consiglio *and in consultation
with the latter appoints government
Ministers. He/She also presides over the*
Consiglio Superiore della Magistratura.

---

presiden'tessa *sf* president; (*moglie*)
president's wife; (*di assemblea, COMM*)
chairwoman.
presi'denza [presi'dɛntsa] *sf* presidency;
office of president; chairmanship;
assumere la ~ to become president; to
take the chair; **essere alla ~** to be
president (*o* chairman); **candidato alla ~**
presidential candidate; candidate for the
chairmanship.
presidenzi'ale [presidɛn'tsjale] *ag*
presidential.
presidi'are *vt* to garrison.
pre'sidio *sm* garrison.
presi'edere *vt* to preside over ♦ *vi*: **~ a** to
direct, be in charge of.
'preso, a *pp di* **prendere**.
'pressa *sf* (*TECN*) press.
pres'sante *ag* (*bisogno, richiesta*) urgent,
pressing.
pressap'poco *av* about, roughly,
approximately.

pres'sare *vt* (*anche fig*) to press; **~ qn con
richieste** to pursue sb with demands.
pressi'one *sf* pressure; **far ~ su qn** to put
pressure on sb; **subire forti ~i** to be
under strong pressure; **~ sanguigna**
blood pressure.
'presso *av* (*vicino*) nearby, close at hand
♦ *prep* (*vicino a*) near; (*accanto a*) beside,
next to; (*in casa di*): **~** at sb's home;
(*nelle lettere*) care of (*abbr* c/o); (*alle
dipendenza di*): **lavora ~ di noi** he works
for *o* with us ♦ *smpl*: **nei ~i di** near, in the
vicinity of; **ha avuto grande successo ~ i
giovani** it has been a hit with young
people.
pressoché [presso'ke] *av* nearly, almost.
pressuriz'zare [pressurid'dzare] *vt* to
pressurize.
prestabi'lire *vt* to arrange beforehand,
arrange in advance.
presta'nome *smlf inv* (*peg*) figurehead.
pres'tante *ag* good-looking.
pres'tanza [pres'tantsa] *sf* (*robust*) good
looks *pl*.
pres'tare *vt*: **~ (qc a qn)** to lend (sb sth *o*
sth to sb); **~rsi** *vr* (*offrirsi*): **~rsi a fare** to
offer to do; (*essere adatto*): **~rsi a** to lend
itself to, be suitable for; **~ aiuto** to lend a
hand; **~ ascolto *o* orecchio** to listen; **~
attenzione** to pay attention; **~ fede a qc/
qn** to give credence to sth/sb; **~
giuramento** to take an oath; **la frase si
presta a molteplici interpretazioni** the
phrase lends itself to numerous
interpretations.
prestazi'one [prestat'tsjone] *sf* (*TECN,
SPORT*) performance; **~i** *sfpl* (*di persona*:
servizi) services.
prestigia'tore, 'trice [prestidʒa'tore] *smlf*
conjurer.
pres'tigio [pres'tidʒo] *sm* (*potere*) prestige;
(*illusione*): **gioco di ~** conjuring trick.
prestigi'oso, a [presti'dʒoso] *ag*
prestigious.
'prestito *sm* lending *no pl*; loan; **dar in ~** to
lend; **prendere in ~** to borrow; **~ bancario**
bank loan; **~ pubblico** public borrowing.
'presto *av* (*tra poco*) soon; (*in fretta*)
quickly; (*di buon'ora*) early; **a ~** see you
soon; **~ o tardi** sooner or later; **fare ~ a
fare qc** to hurry up and do sth; (*non
costare fatica*) to have no trouble doing
sth; **si fa ~ a criticare** it's easy to
criticize; **è ancora ~ per decidere** it's still
too early *o* too soon to decide.
pre'sumere *vt* to presume, assume.
presu'mibile *ag* (*dati, risultati*) likely.
pre'sunsi *etc vb vedi* **presumere**.

pre'sunto, a *pp di* **presumere** ♦ *ag*: il ~ colpevole the alleged culprit.
presuntu'oso, a *ag* presumptuous.
presunzi'one [prezun'tsjone] *sf* presumption.
presup'porre *vt* to suppose; to presuppose.
presup'posto, a *pp di* **presupporre** ♦ *sm* (*premessa*) supposition, premise; partendo dal ~ che ... assuming that ...; mancano i ~i necessari the necessary conditions are lacking.
'prete *sm* priest.
preten'dente *smf* pretender ♦ *sm* (*corteggiatore*) suitor.
pre'tendere *vt* (*esigere*) to demand, require; (*sostenere*): ~ che to claim that; pretende di aver sempre ragione he thinks he's always right.
pretenzi'oso, a [preten'tsjoso] *ag* pretentious.
preterintenzio'nale [preterintentsjo'nale] *ag* (*DIR*): omicidio ~ manslaughter.
pre'teso, a *pp di* **pretendere** ♦ *sf* (*esigenza*) claim, demand; (*presunzione, sfarzo*) pretentiousness; avanzare una ~a to put forward a claim *o* demand; senza ~e *ag* unpretentious ♦ *av* unpretentiously.
pre'testo *sm* pretext, excuse; con il ~ di on the pretext of.
pretestu'oso, a *ag* (*data, motivo*) used as an excuse.
pre'tore *sm* magistrate.
pre'tura *sf* (*DIR: sede*) magistrate's court (*BRIT*), circuit *o* superior court (*US*); (: *magistratura*) magistracy.
preva'lente *ag* prevailing.
prevalente'mente *av* mainly, for the most part.
preva'lenza [preva'lɛntsa] *sf* predominance.
preva'lere *vi* to prevail.
pre'valso, a *pp di* **prevalere**.
prevari'care *vi* (*abusare del potere*) to abuse one's power.
prevaricazi'one [prevarikat'tsjone] *sf* (*abuso di potere*) abuse of power.
preve'dere *vt* (*indovinare*) to foresee; (*presagire*) to foretell; (*considerare*) to make provision for; nulla lasciava ~ che ... there was nothing to suggest *o* to make one think that ...; come previsto as expected; spese previste anticipated expenditure; previsto per martedì scheduled for Tuesday.
prev'edibile *ag* predictable; non era assolutamente ~ che ... no one could have foreseen that ....

prevedibil'mente *av* as one would expect.
preve'nire *vt* (*anticipare: obiezione*) to forestall; (: *domanda*) to anticipate; (*evitare*) to avoid, prevent; (*avvertire*): ~ qn (di) to warn sb (of); to inform sb (of).
preventi'vare *vt* (*COMM*) to estimate.
preven'tivo, a *ag* preventive ♦ *sm* (*COMM*) estimate; fare un ~ to give an estimate; bilancio ~ budget; carcere ~ custody (*pending trial*).
preve'nuto, a *ag* (*mal disposto*): ~ (contro qc/qn) prejudiced (against sth/sb).
prevenzi'one [preven'tsjone] *sf* prevention; (*preconcetto*) prejudice.
previ'dente *ag* showing foresight; prudent.
previ'denza [previ'dɛntsa] *sf* foresight; istituto di ~ provident institution; ~ sociale social security (*BRIT*), welfare (*US*).
pre'vidi *etc vb vedi* **prevedere**.
'previo, a *ag* (*COMM*): ~ avviso upon notice; ~ pagamento upon payment.
previsi'one *sf* forecast, prediction; ~i meteorologiche *o* del tempo weather forecast *sg*.
pre'visto, a *pp di* **prevedere** ♦ *sm*: più/meno del ~ more/less than expected; prima del ~ earlier than expected.
prezi'oso, a [pret'tsjoso] *ag* precious; (*aiuto, consiglio*) invaluable ♦ *sm* jewel; valuable.
prez'zemolo [pret'tsemolo] *sm* parsley.
'prezzo ['prɛttso] *sm* price; a ~ di costo at cost, at cost price (*BRIT*); tirare sul ~ to bargain, haggle; il ~ pattuito è 1.000.000 di lire the agreed price is 1,000,000 lire; ~ d'acquisto/di vendita buying/selling price; ~ di fabbrica factory price; ~ di mercato market price; ~ scontato reduced price; ~ unitario unit price.
P.R.I. *sigla m* (= *Partito Repubblicano Italiano*) *former political party*.
prigi'one [pri'dʒone] *sf* prison.
prigio'nia [pridʒo'nia] *sf* imprisonment.
prigioni'ero, a [pridʒo'njero] *ag* captive ♦ *smf* prisoner.
'prima *sf vedi* **primo** ♦ *av* before; (*in anticipo*) in advance, beforehand; (*per l'addietro*) at one time, formerly; (*più presto*) sooner, earlier; (*in primo luogo*) first ♦ *cong*: ~ di fare/che parta before doing/he leaves; ~ di *prep* before; ~ o poi sooner or later; due giorni ~ two days before *o* earlier; ~ d'ora before now.
pri'mario, a *ag* primary; (*principale*) chief, leading, primary ♦ *smf* (*medico*) head physician, chief physician.

pri'mate sm (REL, ZOOL) primate.
prima'tista, i, e sm/f (SPORT) record holder.
pri'mato sm supremacy; (SPORT) record.
prima'vera sf spring.
primave'rile ag spring cpd.
primeggi'are [primed'dʒare] vi to excel, be one of the best.
primi'tivo, a ag (gen) primitive; (significato) original.
pri'mizie [pri'mittsje] sfpl early produce sg.
'primo, a ag first; (fig) initial; basic; prime ♦ sm/f first (one) ♦ sm (CUC) first course; (in date): **il ~ luglio** the first of July ♦ sf (TEAT) first night; (CINE) première; (AUT) first (gear); **le ~e ore del mattino** the early hours of the morning; **di ~a mattina** early in the morning; **in ~a pagina** (STAMPA) on the front page; **ai ~i freddi** at the first sign of cold weather; **ai ~i di maggio** at the beginning of May; **i ~i del Novecento** the early twentieth century; **viaggiare in ~a** to travel first-class; **per ~a cosa** firstly; **in ~ luogo** first of all, in the first place; **di prim'ordine** o **~a qualità** first-class, first-rate; **in un ~ tempo** o **momento** at first; **~a donna** leading lady; (di opera lirica) prima donna.
primo'genito, a [primo'dʒɛnito] ag, sm/f firstborn.
pri'mordi smpl beginnings.
primordi'ale ag primordial.
'primula sf primrose.
princi'pale [printʃi'pale] ag main, principal ♦ sm manager, boss; **sede ~** head office.
principal'mente [printʃipal'mente] av mainly, principally.
princi'pato [printʃi'pato] sm principality.
'principe ['printʃipe] sm prince; **~ ereditario** crown prince.
princi'pesco, a, schi, sche [printʃi'pesko] ag (anche fig) princely.
princi'pessa [printʃi'pessa] sf princess.
principi'ante [printʃi'pjante] sm/f beginner.
principi'are [printʃi'pjare] vt, vi to start, begin.
prin'cipio [prin'tʃipjo] sm (inizio) beginning, start; (origine) origin, cause; (concetto, norma) principle; **al o in ~** at first; **fin dal ~** right from the start; **per ~** on principle; **una questione di ~** a matter of principle; **una persona di sani ~i morali** a person of sound moral principles; **~ attivo** active ingredient.
pri'ore sm (REL) prior.
pri'ori: a ~ ag inv prior; **a priori** ♦ av at first glance; initially; a priori.
priorità sf priority; **avere la ~ (su)** to have priority (over).
priori'tario, a ag having priority, of utmost importance.
'prisma, i sm prism.
pri'vare vt: **~ qn di** to deprive sb of; **~rsi** vr: **~rsi di** to go o do without.
priva'tiva sf (ECON) monopoly.
privatiz'zare [privatid'dzare] vt to privatize.
privatizzazi'one [privatiddzat'tsjone] sf privatization.
pri'vato, a ag private ♦ sm/f (anche: **~ cittadino**) private citizen; **in ~** in private; **diritto ~** (DIR) civil law; **ritirarsi a vita ~a** to withdraw from public life; **"non vendiamo a ~i"** "wholesale only".
privazi'one [privat'tsjone] sf privation, hardship.
privilegi'are [privile'dʒare] vt to favour (BRIT), favor (US).
privilegi'ato, a [privile'dʒato] ag (individuo, classe) privileged; (trattamento, COMM: credito) preferential; **azioni ~e** preference shares (BRIT), preferred stock (US).
privi'legio [privi'lɛdʒo] sm privilege; **avere il ~ di fare** to have the privilege of doing, be privileged to do.
'privo, a ag: **~ di** without, lacking.
pro prep for, on behalf of ♦ sm inv (utilità) advantage, benefit; **a che ~?** what's the use?; **il ~ e il contro** the pros and cons.
pro'babile ag probable, likely.
probabilità sf inv probability; **con molta ~** very probably, in all probability.
probabil'mente av probably.
pro'bante ag convincing.
pro'blema, i sm problem.
proble'matico, a, ci, che ag problematic; (incerto) doubtful ♦ sf problems pl.
pro'boscide [pro'bɔʃʃide] sf (di elefante) trunk.
procacci'are [prokat'tʃare] vt to get, obtain.
procaccia'tore [prokattʃa'tore] sm: **~ d'affari** sales executive.
pro'cace [pro'katʃe] ag (donna, aspetto) provocative.
pro'cedere [pro'tʃɛdere] vi to proceed; (comportarsi) to behave; (iniziare): **~ a** to start; **~ contro** (DIR) to start legal proceedings against; **~ oltre** to go on ahead; **prima di ~ oltre** before going any further; **gli affari procedono bene** business is going well; **bisogna ~ con cautela** we have to proceed cautiously; **non luogo a ~** (DIR) nonsuit.
procedi'mento [protʃedi'mento] sm (modo di condurre) procedure; (di avvenimenti) course; (TECN) process; **~ penale** (DIR)

criminal proceedings *pl*.

proce'dura [protʃe'dura] *sf* (*DIR*) procedure.

proces'sare [protʃes'sare] *vt* (*DIR*) to try.

processi'one [protʃes'sjone] *sf* procession.

pro'cesso [pro'tʃɛsso] *sm* (*DIR*) trial; proceedings *pl*; (*metodo*) process; **essere sotto ~** to be on trial; **mettere sotto ~** (*anche fig*) to put on trial; **~ di fabbricazione** manufacturing process; **~ di pace** peace process.

processu'ale [protʃessu'ale] *ag* (*DIR*): **atti ~i** records of a trial; **spese ~i** legal costs.

Proc. Gen. *abbr* = **procuratore generale**.

pro'cinto [pro'tʃinto] *sm*: **in ~ di fare** about to do, on the point of doing.

pro'clama, i *sm* proclamation.

procla'mare *vt* to proclaim.

proclamazi'one [proklamat'tsjone] *sf* proclamation, declaration.

procrasti'nare *vt* (*data*) to postpone; (*pagamento*) to defer.

procre'are *vt* to procreate.

pro'cura *sf* (*DIR*) proxy, power of attorney; (*ufficio*) attorney's office; **per ~** by proxy; **la P~ della Repubblica** the Public Prosecutor's Office.

procu'rare *vt*: **~ qc a qn** (*fornire*) to get *o* obtain sth for sb; (*causare: noie etc*) to bring *o* give sb sth.

procura'tore, 'trice *sm/f* (*DIR*) ≈ solicitor; (*: chi ha la procura*) holder of power of attorney; **~ generale** (*in corte d'appello*) public prosecutor; (*in corte di cassazione*) Attorney General; **~ legale** ≈ solicitor (*BRIT*), lawyer; **~ della Repubblica** (*in corte d'assise, tribunale*) public prosecutor.

prodi'gare *vt* to be lavish with; **~rsi** *vr*: **~rsi per qn** to do all one can for sb.

pro'digio [pro'didʒo] *sm* marvel, wonder; (*persona*) prodigy.

prodigi'oso, a [prodi'dʒoso] *ag* prodigious; phenomenal.

'prodigo, a, ghi, ghe *ag* lavish, extravagant.

pro'dotto, a *pp di* **produrre** ♦ *sm* product; **~ di base** primary product; **~ finale** end product; **~ interno lordo (PIL)** gross domestic product (GDP); **~ nazionale lordo (PNL)** gross national product (GNP); **~i agricoli** farm produce *sg*; **~i di bellezza** cosmetics; **~i chimici** chemicals.

pro'duco *etc vb vedi* **produrre**.

pro'durre *vt* to produce.

pro'dussi *etc vb vedi* **produrre**.

produttività *sf* productivity.

produt'tivo, a *ag* productive.

produt'tore, 'trice *ag* producing *cpd* ♦ *sm/f* producer; **paese ~ di petrolio** oil-

producing country.

produzi'one [produt'tsjone] *sf* production; (*rendimento*) output; **~ in serie** mass production.

pro'emio *sm* introduction, preface.

Prof. *abbr* (= *professore*) Prof.

profa'nare *vt* to desecrate.

pro'fano, a *ag* (*mondano*) secular, profane; (*sacrilego*) profane.

profe'rire *vt* to utter.

profes'sare *vt* to profess; (*medicina etc*) to practise (*BRIT*), practice (*US*).

professio'nale *ag* professional; **scuola ~** training college.

professi'one *sf* profession; **di ~** professional, by profession; **libera ~** profession.

professio'nista, i, e *sm/f* professional.

profes'sore, 'essa *sm/f* (*INS*) teacher; (*: di università*) lecturer; (*: titolare di cattedra*) professor; **~ d'orchestra** member of an orchestra.

pro'feta, i *sm* prophet.

pro'fetico, a, ci, che *ag* prophetic.

profetiz'zare [profetid'dzare] *vt* to prophesy.

profe'zia [profet'tsia] *sf* prophecy.

pro'ficuo, a *ag* useful, profitable.

profi'lare *vt* to outline; (*ornare: vestito*) to edge; **~rsi** *vr* to stand out, be silhouetted; to loom up.

profi'lassi *sf* (*MED*) preventive treatment, prophylaxis.

profi'lattico, a, ci, che *ag* prophylactic ♦ *sm* (*anticoncezionale*) sheath, condom.

pro'filo *sm* profile; (*breve descrizione*) sketch, outline; **di ~** in profile.

profit'tare *vi*: **~ di** (*trarre profitto*) to profit by; (*approfittare*) to take advantage of.

pro'fitto *sm* advantage, profit, benefit; (*fig: progresso*) progress; (*COMM*) profit; **ricavare un ~ da** to make a profit from *o* out of; **vendere con ~** to sell at a profit; **conto ~i e perdite** profit and loss account.

pro'fondere *vt* (*lodi*) to lavish; (*denaro*) to squander; **~rsi** *vr*: **~rsi in** to be profuse in.

profondità *sf inv* depth.

pro'fondo, a *ag* deep; (*rancore, meditazione*) profound ♦ *sm* depth(s *pl*), bottom; **~ 8 metri** 8 metres deep.

pro'forma *ag* routine *cpd* ♦ *sm inv* formality ♦ *av*: **fare qc ~** to do sth as a formality.

'profugo, a, ghi, ghe *sm/f* refugee.

profu'mare *vt* to perfume ♦ *vi* to be fragrant; **~rsi** *vr* to put on perfume *o* scent.

profumata'mente *av*: **pagare qc ~** to pay

through the nose for sth.

profu'mato, a *ag* (*fiore, aria*) fragrant; (*fazzoletto, saponetta*) scented; (*pelle*) sweet-smelling; (*persona*) with perfume on.

profume'ria *sf* perfumery; (*negozio*) perfume shop.

pro'fumo *sm* (*prodotto*) perfume, scent; (*fragranza*) scent, fragrance.

profusi'one *sf* profusion; **a ~** in plenty.

pro'fuso, a *pp di* **profondere**.

progeni'tore, 'trice [prodʒeni'tore] *smf* ancestor.

proget'tare [prodʒet'tare] *vt* to plan; (*TECN: edificio*) to plan, design; **~ di fare qc** to plan to do sth.

progettazi'one [prodʒettat'tsjone] *sf* planning; **in corso di ~** at the planning stage.

proget'tista, i, e [prodʒet'tista] *smf* designer.

pro'getto [pro'dʒɛtto] *sm* plan; (*idea*) plan, project; **avere in ~ di fare qc** to be planning to do sth; **~ di legge** (*POL*) bill.

'prognosi ['proɲɲozi] *sf* (*MED*) prognosis; **essere in ~ riservata** to be on the danger list.

pro'gramma, i *sm* programme (*BRIT*), program (*US*); (*TV, RADIO*) program(me)s *pl*; (*INS*) syllabus, curriculum; (*INFORM*) program; **avere in ~ di fare qc** to be planning to do sth; **~ applicativo** (*INFORM*) application program.

program'mare *vt* (*TV, RADIO*) to put on; (*INFORM*) to program; (*ECON*) to plan.

programma'tore, 'trice *smf* (*INFORM*) computer programmer (*BRIT*) *o* programer (*US*).

programmazi'one [programmat'tsjone] *sf* programming (*BRIT*), programing (*US*); planning.

progre'dire *vi* to progress, make progress.

progressi'one *sf* progression.

progres'sista, i, e *ag, smf* progressive.

progressiva'mente *av* progressively.

progres'sivo, a *ag* progressive.

pro'gresso *sm* progress *no pl*; **fare ~i** to make progress.

proi'bire *vt* to forbid, prohibit; **~ a qn di fare qc** (*vietare*) to forbid sb to do sth; (*impedire*) to prevent sb from doing sth.

proibi'tivo, a *ag* prohibitive.

proi'bito, a *ag* forbidden; "**è ~ l'accesso**" "no admittance"; "**è ~ fumare**" "no smoking".

proibizi'one [proibit'tsjone] *sf* prohibition.

proibizio'nismo [proibittsjo'nizmo] *sm* prohibition.

proiet'tare *vt* (*gen, GEOM, CINE*) to project; (: *presentare*) to show, screen; (*luce, ombra*) to throw, cast, project.

proi'ettile *sm* projectile, bullet (*o* shell *etc*).

proiet'tore *sm* (*CINE*) projector; (*AUT*) headlamp; (*MIL*) searchlight.

proiezi'one [projet'tsjone] *sf* (*CINE*) projection; showing.

'prole *sf* children *pl*, offspring.

proletari'ato *sm* proletariat.

prole'tario, a *ag, smf* proletarian.

prolife'rare *vi* (*fig*) to proliferate.

pro'lifico, a, ci, che *ag* prolific.

pro'lisso, a *ag* verbose.

'prologo, ghi *sm* prologue.

pro'lunga, ghe *sf* (*di cavo elettrico etc*) extension.

prolunga'mento *sm* (*gen*) extension; (*di strada*) continuation.

prolun'gare *vt* (*discorso, attesa*) to prolong; (*linea, termine*) to extend.

prome'moria *sm inv* memorandum.

pro'messa *sf* promise; **fare/mantenere una ~** to make/keep a promise.

pro'messo, a *pp di* **promettere**.

promet'tente *ag* promising.

pro'mettere *vt* to promise ♦ *vi* to be *o* look promising; **~ a qn di fare** to promise sb that one will do.

promi'nente *ag* prominent.

promi'nenza [promi'nentsa] *sf* prominence.

promiscuità *sf* promiscuousness.

pro'miscuo, a *ag*: **matrimonio ~** mixed marriage; **nome ~** (*LING*) common-gender noun.

pro'misi *etc vb vedi* **promettere**.

promon'torio *sm* promontory, headland.

pro'mosso, a *pp di* **promuovere**.

promo'tore, 'trice *smf* promoter, organizer.

promozio'nale [promottsjo'nale] *ag* promotional; "**vendita ~**" "special offer".

promozi'one [promot'tsjone] *sf* promotion; **~ delle vendite** sales promotion.

promul'gare *vt* to promulgate.

promulgazi'one [promulgat'tsjone] *sf* promulgation.

promu'overe *vt* to promote.

proni'pote *smf* (*di nonni*) great-grandchild, great-grandson/granddaughter; (*di zii*) great-nephew/niece; **~i** *smpl* (*discendenti*) descendants.

pro'nome *sm* (*LING*) pronoun.

pronomi'nale *ag* pronominal.

pronosti'care *vt* to foretell, predict.

pro'nostico, ci *sm* forecast.

pron'tezza [pron'tettsa] *sf* readiness; quickness, promptness; ~ **di riflessi** quick reflexes; ~ **di spirito/mente** readiness of wit/mind.

'pronto, a *ag* ready; (*rapido*) fast, quick, prompt; ~! (*TEL*) hello!; **essere** ~ **a fare qc** to be ready to do sth; ~ **all'ira** quick-tempered; **a** ~**a cassa** (*COMM*) cash (*BRIT*) *o* collect (*US*) on delivery; ~**a consegna** (*COMM*) prompt delivery; ~ **soccorso** first aid.

prontu'ario *sm* manual, handbook.

pro'nuncia [pro'nuntʃa] *sf* pronunciation.

pronunci'are [pronun'tʃare] *vt* (*parola, sentenza*) to pronounce; (*dire*) to utter; (*discorso*) to deliver; ~**rsi** *vr* to declare one's opinion; ~**rsi a favore di/contro** to pronounce o.s. in favour of/against; **non mi pronuncio** I'm not prepared to comment.

pronunci'ato, a [pronun'tʃato] *ag* (*spiccato*) pronounced, marked; (*sporgente*) prominent.

pro'nunzia *etc* [pro'nuntsja] = **pronuncia** *etc*.

propa'ganda *sf* propaganda.

propagan'dare *vt* (*idea*) to propagandize; (*prodotto, invenzione*) to push, plug (*fam*).

propa'gare *vt* (*FISICA, BIOL*) to propagate; (*notizia, idea, malattia*) to spread; ~**rsi** *vr* to propagate; to spread.

propagaz'ione [propagat'tsjone] *sf* (*vedi vb*) propagation; spreading.

prope'deutico, a, ci, che *ag* (*corso, trattato*) introductory.

pro'pendere *vi*: ~ **per** to favour (*BRIT*), favor (*US*), lean towards.

propensi'one *sf* inclination, propensity; **avere** ~ **a credere che** ... to be inclined to think that ....

pro'penso, a *pp di* **propendere** ♦ *ag*: **essere** ~ **a qc** to be in favour (*BRIT*) *o* favor (*US*) of sth; **essere** ~ **a fare qc** to be inclined to do sth.

propi'nare *vt* to administer.

pro'pizio, a [pro'pittsjo] *ag* favourable (*BRIT*), favorable (*US*).

pro'porre *vt* (*suggerire*): ~ **qc (a qn)** to suggest sth (to sb); (*candidato*) to put forward; (*legge, brindisi*) to propose; ~ **di fare** to suggest *o* propose doing; **proporsi di fare** to propose *o* intend to do; **proporsi una meta** to set o.s. a goal.

proporzio'nale [proportsjo'nale] *ag* proportional; (**sistema**) ~ (*POL*) proportional representation system.

proporzio'nato, a [proportsjo'nato] *ag*: ~ **a** proportionate to, proportional to; **ben** ~ well-proportioned.

proporzi'one [propor'tsjone] *sf* proportion; **in** ~ **a** in proportion to.

pro'posito *sm* (*intenzione*) intention, aim; (*argomento*) subject, matter; **a** ~ **di** regarding, with regard to; **a questo** ~ on this subject; **di** ~ (*apposta*) deliberately, on purpose; **a** ~ by the way; **capitare a** ~ (*cosa, persona*) to turn up at the right time.

proposizi'one [propozit'tsjone] *sf* (*LING*) clause; (: *periodo*) sentence.

pro'posto, a *pp di* **proporre** ♦ *sf* proposal; (*suggerimento*) suggestion; **fare una** ~**a** to put forward a proposal; to make a suggestion; ~**a di legge** (*POL*) bill.

propria'mente *av* (*correttamente*) properly, correctly; (*in modo specifico*) specifically; ~ **detto** in the strict sense of the word.

proprietà *sf inv* (*ciò che si possiede*) property *gen no pl*, estate; (*caratteristica*) property; (*correttezza*) correctness; **essere di** ~ **di qn** to belong to sb; ~ **edilizia** (developed) property; ~ **privata** private property.

proprie'tario, a *sm/f* owner; (*di albergo etc*) proprietor, owner; (*per l'inquilino*) landlord/lady; ~ **terriero** landowner.

'proprio, a *ag* (*possessivo*) own; (: *impersonale*) one's; (*esatto*) exact, correct, proper; (*senso, significato*) literal; (*LING: nome*) proper; (*particolare*): ~ **di** characteristic of, peculiar to ♦ *av* (*precisamente*) just, exactly; (*davvero*) really; (*affatto*): **non** ... ~ not ... at all ♦ *sm* (*COMM*): **mettersi in** ~ to set up on one's own; **l'ha visto con i (suoi)** ~**i occhi** he saw it with his own eyes.

propu'gnare [propuɲ'ɲare] *vt* to support.

propulsi'one *sf* propulsion; **a** ~ **atomica** atomic-powered.

propul'sore *sm* (*TECN*) propeller.

'prora *sf* (*NAUT*) bow(s *pl*), prow.

'proroga, ghe *sf* extension; postponement.

proro'gare *vt* to extend; (*differire*) to postpone, defer.

pro'rompere *vi* to burst out.

pro'rotto, a *pp di* **prorompere**.

pro'ruppi *etc vb vedi* **prorompere**.

'prosa *sf* prose; (*TEAT*): **la stagione della** ~ the theatre season; **attore di** ~ theatre actor; **compagnia di** ~ theatrical company.

pro'saico, a, ci, che *ag* (*fig*) prosaic, mundane.

pro'sciogliere [proʃ'ʃɔʎʎere] *vt* to release; (*DIR*) to acquit.

prosciogli'mento [proʃʃoʎʎi'mento] *sm*

acquittal.

prosci'olto, a [proʃ'ʃɔlto] *pp di*
prosciogliere.

prosciu'gare [proʃʃu'gare] *vt* (*terreni*) to
drain, reclaim; **~rsi** *vr* to dry up.

prosci'utto [proʃ'ʃutto] *sm* ham.

pros'critto, a *pp di* **proscrivere** ♦ *sm/f* exile;
outlaw.

pros'crivere *vt* to exile, banish.

proscrizi'one [proskrit'tsjone] *sf* (*esilio*)
banishment, exile.

prosecuzi'one [prosekut'tsjone] *sf*
continuation.

prosegui'mento *sm* continuation; **buon ~!**
all the best!; (*a chi viaggia*) enjoy the rest
of your journey!

prosegu'ire *vt* to carry on with, continue
♦ *vi* to carry on, go on.

pro'selito *sm* (*REL, POL*) convert.

prospe'rare *vi* to thrive.

prosperità *sf* prosperity.

'prospero, a *ag* (*fiorente*) flourishing,
thriving, prosperous.

prospe'roso, a *ag* (*robusto*) hale and
hearty; (: *ragazza*) buxom.

prospet'tare *vt* (*esporre*) to point out,
show; (*ipotesi*) to advance; (*affare*) to
outline; **~rsi** *vr* to look, appear.

prospet'tiva *sf* (*ARTE*) perspective;
(*veduta*) view; (*fig: previsione, possibilità*)
prospect.

pros'petto *sm* (*DISEGNO*) elevation;
(*veduta*) view, prospect; (*facciata*) façade,
front; (*tabella*) table; (*sommario*)
summary.

prospici'ente [prospi't ʃente] *ag*: **~ qc**
facing *o* overlooking sth.

prossima'mente *av* soon.

prossimità *sf* nearness, proximity; **in ~ di**
near (to), close to; **in ~ delle feste
natalizie** as Christmas approaches.

'prossimo, a *ag* (*vicino*): **~ a** near (to),
close to; (*che viene subito dopo*) next;
(*parente*) close ♦ *sm* neighbour (*BRIT*),
neighbor (*US*), fellow man; **nei ~i giorni**
in the next few days; **in un ~ futuro** in
the near future; **~ venturo (pv)** (*AMM*):
venerdì ~ venturo next Friday.

'prostata *sf* prostate (gland).

prostitu'irsi *vr* to prostitute o.s.

prosti'tuta *sf* prostitute.

prostituzi'one [prostitut'tsjone] *sf*
prostitution.

pros'trare *vt* (*fig*) to exhaust, wear out;
~rsi *vr* (*fig*) to humble o.s.; **prostrato dal
dolore** overcome *o* prostrate with grief.

prostrazi'one [prostrat'tsjone] *sf*
prostration.

protago'nista, i, e *sm/f* protagonist.

pro'teggere [pro'tɛddʒere] *vt* to protect.

pro'teico, a, ci, che *ag* protein *cpd*;
altamente ~ high in protein.

prote'ina *sf* protein.

pro'tendere *vt* to stretch out.

'protesi *sf inv* (*MED*) prosthesis.

pro'teso, a *pp di* **protendere**.

pro'testa *sf* protest.

protes'tante *ag, sm/f* Protestant.

protes'tare *vt, vi* to protest; **~rsi** *vr*: **~rsi
innocente** *etc* to protest one's innocence
o that one is innocent *etc*.

pro'testo *sm* (*DIR*) protest; **mandare una
cambiale in ~** to dishonour (*BRIT*) *o*
dishonor (*US*) a bill.

protet'tivo, a *ag* protective.

pro'tetto, a *pp di* **proteggere**.

protet'torato *sm* protectorate.

protet'tore, 'trice *sm/f* protector;
(*sostenitore*) patron ♦ *ag* (*REL*): **santo ~**
patron saint; **società ~trice dei
consumatori** consumer protection
society.

protezi'one [protet'tsjone] *sf* protection;
(*patrocinio*) patronage; **misure di ~**
protective measures; **~ civile** civil
defence (*BRIT*) *o* defense (*US*).

protezio'nismo [protettsjo'nizmo] *sm*
protectionism.

protocol'lare *vt* to register ♦ *ag* formal; of
protocol.

proto'collo *sm* protocol; (*registro*) register
of documents ♦ *ag inv*: **foglio ~** foolscap;
numero di ~ reference number.

pro'tone *sm* proton.

pro'totipo *sm* prototype.

pro'trarre *vt* (*prolungare*) to prolong;
protrarsi *vr* to go on, continue.

pro'tratto, a *pp di* **protrarre**.

protube'ranza [protube'rantsa] *sf*
protuberance, bulge.

Prov. *abbr* (= *provincia*) Prov.

'prova *sf* (*esperimento, cimento*) test,
trial; (*tentativo*) attempt, try; (*MAT,
testimonianza etc*) proof *no pl*; (*DIR*)
evidence *no pl*, proof *no pl*; (*INS*) exam,
test; (*TEAT*) rehearsal; (*di abito*) fitting; **a
~ di** (*in testimonianza di*) as proof of; **a ~
di fuoco** fireproof; **assumere in ~** (*per
lavoro*) to employ on a trial basis; **essere
in ~** (*persona: per lavoro*) to be on trial;
mettere alla ~ to put to the test; **giro di ~**
test *o* trial run; **fino a ~ contraria** until
(it's) proved otherwise; **~ a carico/a
discarico** (*DIR*) evidence for the
prosecution/for the defence; **~
documentale** (*DIR*) documentary

evidence; ~ **generale** (*TEAT*) dress rehearsal; ~ **testimoniale** (*DIR*) testimonial evidence.

pro'vare *vt* (*sperimentare*) to test; (*tentare*) to try, attempt; (*assaggiare*) to try, taste; (*sperimentare in sé*) to experience; (*sentire*) to feel; (*cimentare*) to put to the test; (*dimostrare*) to prove; (*abito*) to try on; ~**rsi** *vr*: ~**rsi (a fare)** to try *o* attempt (to do); ~ **a fare** to try *o* attempt to do.

proveni'enza [prove'njɛntsa] *sf* origin, source.

prove'nire *vi*: ~ **da** to come from.

pro'venti *smpl* revenue *sg*.

prove'nuto, a *pp di* **provenire**.

Pro'venza [pro'vɛntsa] *sf*: **la** ~ Provence.

proven'zale [proven'tsale] *ag* Provençal.

pro'verbio *sm* proverb.

pro'vetta *sf* test tube; **bambino in** ~ test-tube baby.

pro'vetto, a *ag* skilled, experienced.

pro'vincia, ce *o* **cie** [pro'vintʃa] *sf* province.

> The **Provincia** is the autonomous political and administrative unit intermediate between the Comune and the Regione. A **Provincia** includes several **Comuni**. It has responsiblity for public sanitation and health, maintenance of major roads and public buildings, such as schools, and for agriculture and fisheries. Each **Provincia** has a capoluogo, its chief town, and is run by a Giunta Provinciale which is elected by the Consiglio Provinciale. Each of these two bodies is presided over by a Presidente. There are 103 province in Italy. See also **Comune** and **Regione**.

provinci'ale [provin'tʃale] *ag* provincial; **(strada)** ~ main road (*BRIT*), highway (*US*).

pro'vino *sm* (*CINE*) screen test; (*campione*) specimen.

provo'cante *ag* (*attraente*) provocative.

provo'care *vt* (*causare*) to cause, bring about; (*eccitare: riso, pietà*) to arouse; (*irritare, sfidare*) to provoke.

provoca'tore, 'trice *smf* agitator ♦ *ag*: **agente** ~ agent provocateur.

provoca'torio, a *ag* provocative.

provocazi'one [provokat'tsjone] *sf* provocation.

provve'dere *vi* (*disporre*): ~ **(a)** to provide (for); (*prendere un provvedimento*) to take steps, act ♦ *vt*: ~ **qc a qn** to supply sth to sb; ~**rsi** *vr*: ~**rsi di** to provide o.s. with.

provvedi'mento *sm* measure; (*di*

previdenza) precaution; ~ **disciplinare** disciplinary measure.

provvedito'rato *sm* (*AMM*): ~ **agli studi** divisional education offices *pl*.

provvedi'tore *sm* (*AMM*): ~ **agli studi** divisional director of education.

provvi'denza [provvi'dɛntsa] *sf*: **la** ~ providence.

provvidenzi'ale [provviden'tsjale] *ag* providential.

provvigi'one [provvi'dʒone] *sf* (*COMM*) commission; **lavoro/stipendio a** ~ job/salary on a commission basis.

provvi'sorio, a *ag* temporary; (*governo*) temporary, provisional.

prov'vista *sf* (*riserva*) supply, stock; **fare** ~ **di** to stock up with.

prov'visto, a *pp di* **provvedere** ♦ *sf* provision, supply.

pro'zia [prot'tsia] *sf* great-aunt.

pro'zio, zii [prot'tsio] *sm* great-uncle.

'prua *sf* (*NAUT*) = **prora**.

pru'dente *ag* cautious, prudent; (*assennato*) sensible, wise.

pru'denza [pru'dɛntsa] *sf* prudence, caution; wisdom; **per** ~ as a precaution, to be on the safe side.

'prudere *vi* to itch, be itchy.

'prugna ['pruɲɲa] *sf* plum; ~ **secca** prune.

prurigi'noso, a [pruridʒi'noso] *ag* itchy.

pru'rito *sm* itchiness *no pl*; itch.

PS *sigla* = *Pesaro*.

P.S. *abbr* (= *postscriptum*) P.S.; (*COMM*) = **partita semplice** ♦ *sigla f vedi* **Pubblica Sicurezza**.

P.S.D.I. *sigla m* (= *Partito Socialista Democratico Italiano*) *former political party*.

pseu'donimo *sm* pseudonym.

PSI *sigla m* (*POL*) = *Partito Socialista Italiano*.

psica'nalisi *sf* psychoanalysis.

psicana'lista, i, e *smf* psychoanalyst.

psicanaliz'zare [psikanalid'dzare] *vt* to psychoanalyse.

'psiche ['psike] *sf* psyche.

psiche'delico, a, ci, che [psike'dɛliko] *ag* psychedelic.

psichi'atra, i, e [psi'kjatra] *smf* psychiatrist.

psichia'tria [psikja'tria] *sf* psychiatry.

psichi'atrico, a, ci, che [psi'kjatriko] *ag* (*caso*) psychiatric; (*reparto, ospedale*) psychiatric, mental.

'psichico, a, ci, che ['psikiko] *ag* psychological.

psico'farmaco, ci *sm* (*MED*) drug used in treatment of mental conditions.

psicolo'gia [psikolo'dʒia] *sf* psychology.

psico'logico, a, ci, che [psiko'lɔdʒiko] *ag* psychological.

psi'cologo, a, gi, ghe *sm/f* psychologist.

psico'patico, a, ci, che *ag* psychopathic ♦ *sm/f* psychopath.

psi'cosi *sf inv* (*MED*) psychosis; (*fig*) obsessive fear.

psicoso'matico, a, ci, che *ag* psychosomatic.

PT *sigla* = Pistoia.

Pt. *abbr* (*GEO:* = *punta*) Pt.

P.T. *abbr* (= *Posta e Telegrafi*) ≈ PO (= *Post Office*); (*FISCO*) = **polizia tributaria.**

P.ta *abbr* = **porta.**

P.T.P. *abbr vedi* **posto telefonico pubblico.**

pubbli'care *vt* to publish.

pubblicazi'one [pubblikat'tsjone] *sf* publication; ~ **periodica** periodical; ~**i (matrimoniali)** *sfpl* (marriage) banns.

pubbli'cista, i, e [pubbli'tʃista] *sm/f* (*STAMPA*) freelance journalist.

pubblicità [pubblitʃi'ta] *sf* (*diffusione*) publicity; (*attività*) advertising; (*annunci nei giornali*) advertisements *pl*; **fare ~ a qc** to advertise sth.

pubblici'tario, a [pubblitʃi'tarjo] *ag* advertising *cpd*; (*trovata, film*) publicity *cpd* ♦ *sm* advertising agent; **annuncio** *o* **avviso ~** advertisement.

'pubblico, a, ci, che *ag* public; (*statale: scuola etc*) state *cpd* ♦ *sm* public; (*spettatori*) audience; **in ~** in public; **la ~a amministrazione** public administration; **un ~ esercizio** a catering (*o* hotel *o* entertainment) business; **~ funzionario** civil servant; **Ministero della P~a Istruzione** ≈ Department of Education and Science (*BRIT*), ≈ Department of Health, Education and Welfare (*US*); **P~ Ministero** Public Prosecutor's Office; **la P~a Sicurezza (P.S.)** the police.

'pube *sm* (*ANAT*) pubis.

pubertà *sf* puberty.

'pudico, a, ci, che *ag* modest.

pu'dore *sm* modesty.

puericul'tura *sf* infant care.

pue'rile *ag* childish.

pu'erpera *sf woman who has just given birth.*

pugi'lato [pudʒi'lato] *sm* boxing.

'pugile ['pudʒile] *sm* boxer.

pugli'ese [puʎ'ʎese] *ag* of (*o* from) Puglia.

pugna'lare [puɲɲa'lare] *vt* to stab.

pu'gnale [puɲ'ɲale] *sm* dagger.

'pugno ['puɲɲo] *sm* fist; (*colpo*) punch; (*quantità*) fistful; **avere qn in ~** to have sb in the palm of one's hand; **tenere la situazione in ~** to have control of the

situation; **scrivere qc di proprio ~** to write sth in one's own hand.

'pulce ['pultʃe] *sf* flea.

pul'cino [pul'tʃino] *sm* chick.

pu'ledro, a *sm/f* colt/filly.

pu'leggia, ge [pu'leddʒa] *sf* pulley.

pu'lire *vt* to clean; (*lucidare*) to polish; **far ~ qc** to have sth cleaned; **~ a secco** to dry-clean.

pu'lito, a *ag* (*anche fig*) clean; (*ordinato*) neat, tidy ♦ *sf* quick clean; **avere la coscienza ~a** to have a clear conscience.

puli'tura *sf* cleaning; **~ a secco** dry-cleaning.

puli'zia [puli'tsia] *sf* (*atto*) cleaning; (*condizione*) cleanness; **fare le ~e** to do the cleaning, do the housework; **~ etnica** ethnic cleansing.

'pullman *sm inv* coach (*BRIT*), bus.

pul'lover *sm inv* pullover, jumper.

pullu'lare *vi* to swarm, teem.

pul'mino *sm* minibus.

'pulpito *sm* pulpit.

pul'sante *sm* (push-)button.

pul'sare *vi* to pulsate, beat.

pulsazi'one [pulsat'tsjone] *sf* beat.

pul'viscolo *sm* fine dust.

'puma *sm inv* puma.

pun'gente [pun'dʒɛnte] *ag* prickly; stinging; (*anche fig*) biting.

'pungere ['pundʒere] *vt* to prick; (*sog: insetto, ortica*) to sting; (: *freddo*) to bite; **~ qn sul vivo** (*fig*) to cut sb to the quick.

pungigli'one [pundʒiʎ'ʎone] *sm* sting.

pungo'lare *vt* to goad.

pu'nire *vt* to punish.

puni'tivo, a *ag* punitive.

punizi'one [punit'tsjone] *sf* punishment; (*SPORT*) penalty.

'punsi *etc vb vedi* **pungere.**

'punta *sf* point; (*parte terminale*) tip, end; (*di monte*) peak; (*di costa*) promontory; (*minima parte*) touch, trace; **in ~ di piedi** on tiptoe; **ore di ~** peak hours; **uomo di ~** (*SPORT, POL*) front-rank *o* leading man; **doppie ~e** split ends.

pun'tare *vt* (*piedi a terra, gomiti sul tavolo*) to plant; (*dirigere: pistola*) to point; (*scommettere*): **~ su** to bet on ♦ *vi* (*mirare*): **~ a** to aim at; (*avviarsi*): **~ su** to head *o* make for; (*fig: contare*): **~ su** to count *o* rely on.

puntas'pilli *sm inv* = **portaspilli.**

pun'tata *sf* (*gita*) short trip; (*scommessa*) bet; (*parte di opera*) instalment (*BRIT*), installment (*US*); **farò una ~ a Parigi** I'll pay a flying visit to Paris; **romanzo a ~e** serial.

punteggi'are [punted'dʒare] *vt* to punctuate.

punteggia'tura [punteddʒa'tura] *sf* punctuation.

pun'teggio [pun'teddʒo] *sm* score.

puntel'lare *vt* to support.

pun'tello *sm* prop, support.

punteru'olo *sm* (*TECN*) punch; (: *per stoffa*) bodkin.

pun'tiglio [pun'tiʎʎo] *sm* obstinacy, stubbornness.

puntigli'oso, a [puntiʎ'ʎoso] *ag* punctilious.

pun'tina *sf*: ~ **da disegno** drawing pin (*BRIT*), thumb tack (*US*); ~**e** *sfpl* (*AUT*) points.

pun'tino *sm* dot; **fare qc a** ~ to do sth properly; **arrivare a** ~ to arrive just at the right moment; **cotto a** ~ cooked to perfection; **mettere i** ~**i sulle "i"** (*fig*) to dot the i's and cross the t's.

'punto, a *pp di* **pungere** ♦ *sm* (*segno, macchiolina*) dot; (*LING*) full stop; (*MAT, momento, di punteggio, fig: argomento*) point; (*posto*) spot; (*a scuola*) mark; (*nel cucire, nella maglia, MED*) stitch ♦ *av*: **non ...** ~ not ... at all; **due** ~**i** *sm inv* (*LING*) colon; **ad un certo** ~ at a certain point; **fino ad un certo** ~ (*fig*) to a certain extent; **sul** ~ **di fare** (just) about to do; **fare il** ~ (*NAUT*) to take a bearing; **fare il** ~ **della situazione** (*analisi*) to take stock of the situation; (*riassunto*) to sum up the situation; **alle 6 in** ~ at 6 o'clock sharp *o* on the dot; **essere a buon** ~ to have reached a satisfactory stage; **mettere a** ~ to adjust; (*motore*) to tune; (*cannocchiale*) to focus; (*fig*) to settle; **venire al** ~ to come to the point; **vestito di tutto** ~ all dressed up; **di** ~ **in bianco** point-blank; ~ **d'arrivo** arrival point; ~ **cardinale** point of the compass, cardinal point; ~ **debole** weak point; ~ **esclamativo/interrogativo** exclamation/question mark; ~ **d'incontro** meeting place, meeting point; ~ **morto** standstill; ~ **nero** (*comedone*) blackhead; ~ **nevralgico** (*anche fig*) nerve centre (*BRIT*) *o* center (*US*); ~ **di partenza** (*anche fig*) starting point; ~ **di riferimento** landmark; (*fig*) point of reference; ~ **di vendita** retail outlet; ~ **e virgola** semicolon; ~ **di vista** (*fig*) point of view; ~**i di sospensione** suspension points.

puntu'ale *ag* punctual.

puntualità *sf* punctuality.

puntualiz'zare [puntualid'dzare] *vt* to make clear.

puntual'mente *av* (*gen*) on time; (*ironico*: al solito) as usual.

pun'tura *sf* (*di ago*) prick; (*di insetto*) sting, bite; (*MED*) puncture; (: *iniezione*) injection; (*dolore*) sharp pain.

punzecchi'are [puntsek'kjare] *vt* to prick; (*fig*) to tease.

punzo'nare [puntso'nare] *vt* (*TECN*) to stamp.

pun'zone [pun'tsone] *sm* (*per metalli*) stamp, die.

può, pu'oi *vb vedi* **potere**.

'pupa *sf* doll.

pu'pazzo [pu'pattso] *sm* puppet.

pu'pillo, a *smf* (*DIR*) ward; (*prediletto*) favourite (*BRIT*), favorite (*US*), pet ♦ *sf* (*ANAT*) pupil.

purché [pur'ke] *cong* provided that, on condition that.

'pure *cong* (*tuttavia*) and yet, nevertheless; (*anche se*) even if ♦ *av* (*anche*) too, also; **pur di** (*al fine di*) just to; **faccia** ~**!** go ahead!, please do!

purè *sm*, **pu'rea** *sf* (*CUC*) purée; (: *di patate*) mashed potatoes.

pu'rezza [pu'rettsa] *sf* purity.

'purga, ghe *sf* (*MED*) purging *no pl*; purge; (*POL*) purge.

pur'gante *sm* (*MED*) purgative, purge.

pur'gare *vt* (*MED, POL*) to purge; (*pulire*) to clean.

purga'torio *sm* purgatory.

purifi'care *vt* to purify; (*metallo*) to refine.

purificazi'one [purifikat'tsjone] *sf* purification; refinement.

puri'tano, a *ag*, *smf* puritan.

'puro, a *ag* pure; (*acqua*) clear, limpid; (*vino*) undiluted; **di razza** ~**a** thoroughbred; **per** ~ **caso** by sheer chance, purely by chance.

puro'sangue *smf inv* thoroughbred.

pur'troppo *av* unfortunately.

pus *sm* pus.

pusil'lanime *ag* cowardly.

'pustola *sf* pimple.

puta'caso *av* just supposing, suppose.

puti'ferio *sm* rumpus, row.

putre'fare *vi* to putrefy, rot.

putre'fatto, a *pp di* **putrefare**.

putrefazi'one [putrefat'tsjone] *sf* putrefaction.

'putrido, a *ag* putrid, rotten.

put'tana *sf* (*fam!*) whore (*!*).

'putto *sm* cupid.

'puzza ['puttsa] *sf* = **puzzo**.

puz'zare [put'tsare] *vi* to stink; **la faccenda puzza (d'imbroglio)** the whole business stinks.

'puzzo ['puttso] *sm* stink, foul smell.

'**puzzola** ['puttsola] *sf* polecat.
puzzo'lente [puttso'lɛnte] *ag* stinking.
PV *sigla* = Pavia.
pv *abbr vedi* **prossimo venturo**.
P.V.C. [pivi'tʃi] *sigla m* (= *polyvinyl chloride*)
   PVC.
PZ *sigla* = Potenza.
p. zza *abbr* = **piazza**.

Q q

Q, q [ku] *sf o m inv* (*lettera*) Q, q; **Q come
   Quarto** ≈ Q for Queen.
q *abbr* (= *quintale*) q.
Qa'tar [ka'tar] *sm*: **il** ~ Qatar.
q.b. *abbr* (= *quanto basta*) as needed;
   zucchero ~ sugar to taste.
Q.G. *abbr* = **quartier generale**.
Q.I. *abbr vedi* **quoziente d'intelligenza**.
qua *av* here; **in** ~ (*verso questa parte*) this
   way; ~ **dentro/sotto** *etc* in/under here
   etc; **da un anno in** ~ for a year now; **da
   quando in** ~**?** since when?; **per di** ~
   (*passare*) this way; **al di** ~ **di** (*fiume,
   strada*) on this side of; *vedi* **questo**.
'**quacchero, a** ['kwakkero] *sm/f* Quaker.
qua'derno *sm* notebook; (*per scuola*)
   exercise book.
qua'drangolo *sm* quadrangle.
qua'drante *sm* quadrant; (*di orologio*) face.
qua'drare *vi* (*bilancio*) to balance, tally;
   (*fig: corrispondere*): ~ (**con**) to correspond
   (with) ♦ *vt* (*MAT*) to square; **far** ~ **il
   bilancio** to balance the books; **non mi
   quadra** I don't like it.
qua'drato, a *ag* square; (*fig: equilibrato*)
   level-headed, sensible; (: *peg*) square
   ♦ *sm* (*MAT*) square; (*PUGILATO*) ring; **5 al** ~
   5 squared.
quadret'tato, a *ag* (*foglio*) squared;
   (*tessuto*) checked.
qua'dretto *sm*: **a** ~**i** (*tessuto*) checked;
   (*foglio*) squared.
quadrien'nale *ag* (*che dura 4 anni*) four-
   year *cpd*; (*che avviene ogni 4 anni*) four-
   yearly.
quadri'foglio [kwadri'fɔʎʎo] *sm* four-leaf
   clover.
quadri'mestre *sm* (*periodo*) four-month
   period; (*INS*) term.
'**quadro** *sm* (*pittura*) painting, picture;

(*quadrato*) square; (*tabella*) table, chart;
(*TECN*) board, panel; (*TEAT*) scene; (*fig:
scena, spettacolo*) sight; (: *descrizione*)
outline, description; ~**i** *smpl* (*POL*) party
organizers; (*COMM*) managerial staff;
(*MIL*) cadres; (*CARTE*) diamonds; **a** ~**i**
(*disegno*) checked; **fare un** ~ **della
situazione** to outline the situation; ~
clinico (*MED*) case history; ~ **di comando**
control panel; ~**i intermedi** middle
management *sg*.
qua'drupede *sm* quadruped.
quadrupli'care *vt* to quadruple.
'**quadruplo, a** *ag*, *sm* quadruple.
quaggiù [kwad'dʒu] *av* down here.
'**quaglia** ['kwaʎʎa] *sf* quail.

━━━━━━━━━━━━━━━ *PAROLA CHIAVE*

'**qualche** ['kwalke] *det* **1** some, a few; (*in
   interrogative*) any; **ho comprato** ~ **libro**
   I've bought some *o* a few books; ~ **volta**
   sometimes; **hai** ~ **sigaretta?** have you any
   cigarettes?
   2 (*uno*): **c'è** ~ **medico?** is there a doctor?;
   in ~ **modo** somehow
   3 (*un certo, parecchio*) some; **un
   personaggio di** ~ **rilievo** a figure of some
   importance
   4: ~ **cosa** = **qualcosa**.

qualche'duno [kwalke'duno] *pron*
   = **qualcuno**.
qual'cosa *pron* something; (*in espressioni
   interrogative*) anything; **qualcos'altro**
   something else; anything else; ~ **di
   nuovo** something new; anything new; ~
   da mangiare something to eat; anything
   to eat; **c'è** ~ **che non va?** is there
   something *o* anything wrong?
qual'cuno *pron* (*persona*) someone,
   somebody; (: *in espressioni interrogative*)
   anyone, anybody; (*alcuni*) some; ~ **è
   favorevole a noi** some are on our side;
   qualcun altro someone *o* somebody else;
   anyone *o* anybody else.

━━━━━━━━━━━━━━━ *PAROLA CHIAVE*

'**quale** (*spesso troncato in* **qual**) *det* **1**
   (*interrogativo*) what; (: *scegliendo tra due o
   più cose o persone*) which; ~ **uomo/
   denaro?** what man/money?; which man/
   money?; ~**i sono i tuoi programmi?** what
   are your plans?; ~ **stanza preferisci?**
   which room do you prefer?
   2 (*relativo: come*): **il risultato fu** ~ **ci si
   aspettava** the result was as expected
   3 (*in elenchi*) such as, like; **piante** ~**i
   l'edera** plants such as *o* like ivy

4 (*esclamativo*) what; ~ **disgrazia!** what bad luck!
5: **in un certo qual modo** in a way, in some ways; **per la qual cosa** for which reason
♦ *pron* 1 (*interrogativo*) which; ~ **dei due scegli?** which of the two do you want?
2 (*relativo*): **il(la) ~** (*persona: soggetto*) who; (: *oggetto, con preposizione*) whom; (*cosa*) which; (*possessivo*) whose; **suo padre, il ~ è avvocato, ...** his father, who is a lawyer, ...; **a tutti coloro i ~i fossero interessati** ... to whom it may concern ...; **il signore con il ~ parlavo** the gentleman to whom I was speaking; **l'albergo al ~ ci siamo fermati** the hotel where we stayed *o* which we stayed at; **la signora della ~ ammiriamo la bellezza** the lady whose beauty we admire
♦ *av* (*in qualità di, come*) as; ~ **sindaco di questa città** as mayor of this town.

qua'lifica, che *sf* qualification; (*titolo*) title.
qualifi'care *vt* to qualify; (*definire*): ~ **qn/qc come** to describe sb/sth as; ~**rsi** *vr* (*anche* SPORT) to qualify; ~**rsi a un concorso** to pass a competitive exam.
qualifica'tivo, a *ag* qualifying.
qualifi'cato, a *ag* (*dotato di qualifica*) qualified; (*esperto, abile*) skilled; **non mi ritengo ~ per questo lavoro** I don't think I'm qualified for this job; **è un medico molto ~** he is a very distinguished doctor.
qualificazi'one [kwalifikat'tsjone] *sf* qualification; **gara di ~** (SPORT) qualifying event.
qualità *sf inv* quality; **di ottima** *o* **prima ~** top quality; **in ~ di** in one's capacity as; **in ~ di amica** as a friend; **articoli di ogni ~** all sorts of goods; **controllo (di) ~** quality control; **prodotto di ~** quality product.
qualita'tivo, a *ag* qualitative.
qua'lora *cong* in case, if.
qual'siasi, qua'lunque *det inv* any; (*quale che sia*) whatever; (*discriminativo*) whichever; (*posposto: mediocre*) poor, indifferent; ordinary; **mettiti un vestito ~** put on any old dress; ~ **cosa** anything; ~ **cosa accada** whatever happens; **a ~ costo** at any cost, whatever the cost; **l'uomo ~** the man in the street; ~ **persona** anyone, anybody.
qualunqu'ista, i, e *sm/f person indifferent to politics.*
'quando *cong, av* when; ~ **sarò ricco** when I'm rich; **da ~** (*dacché*) since;

(*interrogativo*): **da ~ sei qui?** how long have you been here?; **di ~ in ~** from time to time; **quand'anche** even if.
quantifi'care *vt* to quantify.
quantità *sf inv* quantity; (*gran numero*): **una ~ di** a great deal of; a lot of; **in grande ~** in large quantities.
quantita'tivo, a *ag* quantitative ♦ *sm* (COMM: *di merce*) amount, quantity.

══════════ *PAROLA CHIAVE*

'quanto, a *det* 1 (*interrogativo: quantità*) how much; (: *numero*) how many; ~ **pane/denaro?** how much bread/money?; ~**i libri/ragazzi?** how many books/boys?; ~ **tempo?** how long?; ~**i anni hai?** how old are you?
2 (*esclamativo*): ~**e storie!** what a lot of nonsense!; ~ **tempo sprecato!** what a waste of time!
3 (*relativo: quantità*) as much ... as; (: *numero*) as many ... as; **ho ~ denaro mi occorre** I have as much money as I need; **prendi ~i libri vuoi** take as many books as you like
♦ *pron* 1 (*interrogativo: quantità*) how much; (: *numero*) how many; (: *tempo*) how long; ~ **mi dai?** how much will you give me?; ~**i me ne hai portati?** how many did you bring me?; ~ **starai via?** how long will you be away (for)?; **da ~ sei qui?** how long have you been here?; ~**i ne abbiamo oggi?** what's the date today?
2 (*relativo: quantità*) as much as; (: *numero*) as many as; **farò ~ posso** I'll do as much as I can; **a ~ dice lui** according to him; **in risposta a ~ esposto nella sua lettera** ... in answer to the points raised in your letter; **possono venire ~i sono stati invitati** all those who have been invited can come
♦ *av* 1 (*interrogativo: con ag, av*) how; (: *con vb*) how much; ~ **stanco ti sembrava?** how tired did he seem to you?; ~ **corre la tua moto?** how fast can your motorbike go?; ~ **costa?** how much does it cost?; **quant'è?** how much is it?
2 (*esclamativo: con ag, av*) how; (: *con vb*) how much; ~ **sono felice!** how happy I am!; **sapessi ~ abbiamo camminato!** if you knew how far we've walked!; **studierò ~ posso** I'll study as much as *o* all I can; ~ **prima** as soon as possible; **più ... tanto meno** the more ... the less; **più ... tanto più** the more ... the more
3: **in ~** (*in qualità di*) as; (*perché, per il fatto che*) as, since; **in ~ legale della signora** as the lady's lawyer; **non è possibile in ~**

non possiamo permettercelo it isn't possible, since we can't afford it; (in) ~ a (per ciò che riguarda) as for, as regards; (in) ~ a lui as far as he's concerned 4: per ~ (nonostante, anche se) however; per ~ si sforzi, non ce la farà try as he may, he won't manage it; per ~ sia brava, fa degli errori however good she may be, she makes mistakes; per ~ io sappia as far as I know.

quan'tunque cong although, though.
qua'ranta num forty.
quaran'tena sf quarantine.
quaran'tenne ag, sm/f forty-year-old.
quaran'tennio sm (period of) forty years.
quaran'tesimo, a num fortieth.
quaran'tina sf: una ~ (di) about forty.
quaran'totto sm inv forty-eight; fare un ~ (fam) to raise hell.
Qua'resima sf: la ~ Lent.
'quarta sf vedi quarto.
quar'tetto sm quartet(te).
quarti'ere sm district, area; (MIL) quarters pl; ~ generale (Q.G.) headquarters pl (HQ); ~ residenziale residential area o district; i ~i alti the smart districts.
'quarto, a ag fourth ♦ sm fourth; (quarta parte) quarter ♦ sf (AUT) fourth (gear); (INS: elementare) fourth year of primary school; (: superiore) seventh year of secondary school; un ~ di vino a quarter-litre (BRIT) o quarter-liter (US) bottle of wine; le 6 e un ~ a quarter past (BRIT) o after (US) 6; ~ d'ora quarter of an hour; tre ~i d'ora three quarters of an hour; le otto e tre ~i, le nove meno un ~ (a) quarter to (BRIT) o of (US) nine; passare un brutto ~ d'ora (fig) to have a bad o nasty time of it; ~i di finale (SPORT) quarter finals.
'quarzo ['kwartso] sm quartz.
'quasi av almost, nearly ♦ cong (anche: ~ che) as if; (non) ... ~ mai hardly ever; ~ ~ me ne andrei I've half a mind to leave.
quassù av up here.
'quatto, a ag crouched, squatting; (silenzioso) silent; ~ ~ very quietly; stealthily.
quattordi'cenne [kwattordi't∫ɛnne] ag, sm/f fourteen-year-old.
quat'tordici [kwat'tordit∫i] num fourteen.
quat'trini smpl money sg, cash sg.
'quattro num four; in ~ e quattr'otto in less than no time; dirne ~ a qn to give sb a piece of one's mind; fare il diavolo a ~ to

kick up a rumpus; fare ~ chiacchiere to have a chat; farsi in ~ per qn to go out of one's way for sb, put o.s. out for sb.
quat'trocchi [kwat'trɔkki] sm inv (fig fam: persona con occhiali) four-eyes; a ~ av (tra 2 persone) face to face; (privatamente) in private.
quattrocen'tesco, a, schi, sche [kwattrot∫en'tesko] ag fifteenth-century.
quattro'cento [kwattro't∫ento] num four hundred ♦ sm: il Q~ the fifteenth century.
quattro'mila num four thousand.

═══════════════════ PAROLA CHIAVE

'quello, a (dav sm quel + C, quell' + V, quello + s impura, gn, pn, ps, x, z, pl quei + C, quegli + V o s impura, gn, pn, ps, x, z; dav sf quella + C, quell' + V; pl quelle) det that; those pl; ~a casa that house; quegli uomini those men; voglio ~a camicia (lì o là) I want that shirt; ~ è mio fratello that's my brother
♦ pron 1 (dimostrativo) that (one); those (ones) pl; (ciò) that; conosci ~a? do you know her?; prendo ~ bianco I'll take the white one; chi è ~? who's that?; prendiamo ~ (lì o là) let's take that one (there); in quel di Milano in the Milan area o region
2 (relativo): ~(a) che (persona) the one (who); (cosa) the one (which), the one (that); ~i(e) che (persone) those who; (cose) those which; è lui ~ che non voleva venire he's the one who didn't want to come; ho fatto ~ che potevo I did what I could; è ~a che ti ho prestato that's the one I lent you; è proprio ~ che gli ho detto that's exactly what I told him; da ~ che ho sentito from what I've heard.

'quercia, ce ['kwɛrt∫a] sf oak (tree); (legno) oak; la Q~(POL) symbol of P.D.S.
que'rela sf (DIR) (legal) action.
quere'lare vt to bring an action against.
que'sito sm question, query; problem.
'questi pron (poetico) this person.
questio'nario sm questionnaire.
questi'one sf problem, question; (controversia) issue; (litigio) quarrel; in ~ in question; il caso in ~ the matter at hand; la persona in ~ the person involved; non voglio essere chiamato in ~ I don't want to be dragged into the argument; fuor di ~ out of the question; è ~ di tempo it's a matter o question of time.

════════════ *PAROLA CHIAVE*

'questo, a *det* **1** (*dimostrativo*) this; these *pl*;
~ **libro (qui** *o* **qua)** this book; **io prendo** ~
cappotto, tu quello I'll take this coat, you
take that one; **quest'oggi** today; **~a sera**
this evening
2 (*enfatico*): **non fatemi più prendere di**
~e paure don't frighten me like that
again
♦ *pron* (*dimostrativo*) this (one); these
(ones) *pl*; (*ciò*) this; **prendo** ~ **(qui** *o* **qua)**
I'll take this one; **preferisci ~i** *o* **quelli?** do
you prefer these (ones) or those (ones)?;
~ **intendevo io** this is what I meant; ~
non dovevi dirlo you shouldn't have said
that; **e con ~?** so what?; **e con ~ se n'è**
andato and with that he left; **con tutto ~**
in spite of this, despite all this; ~ **è**
quanto that's all.

ques'tore *sm public official in charge of*
the police in the provincial capital,
reporting to the prefetto; ≈ *chief*
constable (*BRIT*), ≈ police commissioner
(*US*).
'questua *sf* collection (of alms).
ques'tura *sf* police headquarters *pl.*
questu'rino *sm* (*fam: poliziotto*) cop.
qui *av* here; **da** *o* **di** ~ from here; **di** ~ **in**
avanti from now on; **di** ~ **a poco/una**
settimana in a little while/a week's time;
~ **dentro/sopra/vicino** in/up/near here;
vedi **questo.**
quie'scenza [kwjeʃ'ʃɛntsa] *sf* (*AMM*): **porre**
qn in ~ to retire sb.
quie'tanza [kwje'tantsa] *sf* receipt.
quie'tare *vt* to calm, soothe.
qui'ete *sf* quiet, quietness; calmness;
stillness; peace; **turbare la** ~ **pubblica**
(*DIR*) to disturb the peace.
qui'eto, a *ag* quiet; (*notte*) calm, still;
(*mare*) calm; **l'ho fatto per il** ~ **vivere** I did
it for a quiet life.
'quindi *av* then ♦ *cong* therefore, so.
quindi'cenne [kwindi'tʃɛnne] *ag, sm/f*
fifteen-year-old.
'quindici ['kwinditʃi] *num* fifteen; ~ **giorni** a
fortnight (*BRIT*), two weeks.
quindi'cina [kwindi'tʃina] *sf* (*serie*): **una** ~
(di) about fifteen; **fra una** ~ **di giorni** in a
fortnight (*BRIT*) *o* two weeks.
quindici'nale [kwinditʃi'nale] *ag* fortnightly
(*BRIT*), semimonthly (*US*) ♦ *sm* (*rivista*)
fortnightly magazine (*BRIT*),
semimonthly (*US*).
quinquen'nale *ag* (*che dura 5 anni*) five-
year *cpd*; (*che avviene ogni 5 anni*) five-

yearly.
quin'quennio *sm* period of five years.
quinta *sf vedi* **quinto.**
quin'tale *sm* quintal (*100 kg*).
quin'tetto *sm* quintet(te).
'quinto, a *num* fifth ♦ *sf* (*AUT*) fifth (gear);
(*INS: elementare*) *fifth year of primary*
school; (*: superiore*) *final year of*
secondary school; (*TEAT*) wing; **un** ~ **della**
popolazione a fifth of the population; **tre**
~i three fifths; **in** ~ **a pagina** on the fifth
page, on page five.
qui pro quo *sm inv* misunderstanding.

┌───┐
│ The **Quirinale**, *which takes its name from* │
│ *one of the famous Seven Hills of Rome, on* │
│ *which it stands, is the official residence of* │
│ *the Presidente della Repubblica.* │
└───┘

'Quito *sf* Quito.
quiz [kwidz] *sm inv* (*domanda*) question;
(*anche: gioco a* ~) quiz game.
'quorum *sm* quorum.
'quota *sf* (*parte*) quota, share; (*AER*) height,
altitude; (*IPPICA*) odds *pl*; **prendere/**
perdere ~ (*AER*) to gain/lose height *o*
altitude; ~ **imponibile** taxable income; ~
d'iscrizione (*INS*) enrolment fee; (*ad una*
gara) entry fee; (*ad un club*) membership
fee; ~ **di mercato** market share.
quo'tare *vt* (*BORSA*) to quote; (*valutare:*
anche fig) to value; **è un pittore molto**
quotato he is rated highly as a painter.
quotazi'one [kwotat'tsjone] *sf* quotation.
quotidiana'mente *av* daily, every day.
quotidi'ano, a *ag* daily; (*banale*) everyday
♦ *sm* (*giornale*) daily (paper).
quozi'ente [kwot'tsjɛnte] *sm* (*MAT*)
quotient; ~ **di crescita zero** zero growth
rate; ~ **d'intelligenza (Q.I.)** intelligence
quotient (IQ).

════════════ *R r*

R, r ['ɛrre] *sf o m* (*lettera*) R, r; **R come Roma**
≈ R for Robert (*BRIT*), R for Roger (*US*).
R *abbr* (*POSTA*) = **raccomandata;** (*FERR*)
= **regionale.**
RA *sigla* = *Ravenna.*
ra'barbaro *sm* rhubarb.
Ra'bat *sf* Rabat.

rabberci'are [rabber'tʃare] vt (anche fig) to patch up.

'rabbia sf (ira) anger, rage; (accanimento, furia) fury; (MED: idrofobia) rabies sg.

rab'bino sm rabbi.

rabbi'oso, a ag angry, furious; (facile all'ira) quick-tempered; (forze, acqua etc) furious, raging; (MED) rabid, mad.

rabbo'nire vt, **~rsi** vr to calm down.

rabbrivi'dire vi to shudder, shiver.

rabbui'arsi vr to grow dark.

rabdo'mante sm water diviner.

racc. abbr (POSTA) = raccomandata.

raccapez'zarsi [rakkapet'tsarsi] vr: **non ~** to be at a loss.

raccapricci'ante [rakkaprit'tʃante] ag horrifying.

racca'priccio [rakka'prittʃo] sm horror.

raccatta'palle sm inv (SPORT) ballboy.

raccat'tare vt to pick up.

rac'chetta [rak'ketta] sf (per tennis) racket; (per ping-pong) bat; **~ da neve** snowshoe; **~ da sci** ski stick.

'racchio, a ['rakkjo] ag (fam) ugly.

racchi'udere [rak'kjudere] vt to contain.

racchi'uso, a [rak'kjuso] pp di racchiudere.

rac'cogliere [rak'kɔʎʎere] vt to collect; (raccattare) to pick up; (frutti, fiori) to pick, pluck; (AGR) to harvest; (approvazione, voti) to win; (profughi) to take in; (vele) to furl; (capelli) to put up; **~rsi** vr to gather; (fig) to gather one's thoughts; to meditate; **non ha raccolto** (allusione) he didn't take the hint; (frecciata) he took no notice of it; **~ i frutti del proprio lavoro** (fig) to reap the benefits of one's work; **~ le idee** (fig) to gather one's thoughts.

raccogli'mento [rakkoʎʎi'mento] sm meditation.

raccogli'tore [rakkoʎʎi'tore] sm (cartella) folder, binder; **~ a fogli mobili** loose-leaf binder.

rac'colto, a pp di raccogliere ♦ ag (persona: pensoso) thoughtful; (luogo: appartato) secluded, quiet ♦ sm (AGR) crop, harvest ♦ sf collecting no pl; collection; (AGR) harvesting no pl, gathering no pl; harvest, crop; **fare la ~a di qc** to collect sth; **chiamare a ~a** to gather together.

raccoman'dabile ag (highly) commendable; **è un tipo poco ~** he is not to be trusted.

raccoman'dare vt to recommend; (affidare) to entrust; **~rsi** vr: **~rsi a qn** to commend o.s. to sb; **~ a qn di fare qc** to recommend that sb does sth; **~ a qn di non fare qc** to tell o warn sb not to do sth; **~ qn a qn/alle cure di qn** to entrust sb to

sb/to sb's care; **mi raccomando!** don't forget!

raccoman'dato, a ag (lettera, pacco) recorded-delivery (BRIT), certified (US); (candidato) recommended ♦ sm/f: **essere un(a) ~(a) di ferro** to have friends in high places ♦ sf (anche: **lettera ~a**) recorded-delivery letter; **~a con ricevuta di ritorno (Rrr)** recorded-delivery letter with advice of receipt.

raccomandazi'one [rakkomandat'tsjone] sf recommendation; **lettera di ~** letter of introduction.

raccomo'dare vt (riparare) to repair, mend.

raccon'tare vt: **~ (a qn)** (dire) to tell (sb); (narrare) to relate (to sb), tell (sb) about; **a me non la racconti** don't try and kid me; **cosa mi racconti di nuovo?** what's new?

rac'conto sm telling no pl, relating no pl; (fatto raccontato) story, tale; (genere letterario) short story; **~i per bambini** children's stories.

raccorci'are [rakkor'tʃare] vt to shorten.

raccor'dare vt to link up, join.

rac'cordo sm (TECN: giunzione) connection, joint; (AUT: di autostrada) slip road (BRIT), entrance (o exit) ramp (US); **~ anulare** (AUT) ring road (BRIT), beltway (US).

ra'chitico, a, ci, che [ra'kitiko] ag suffering from rickets; (fig) scraggy, scrawny.

rachi'tismo [raki'tizmo] sm (MED) rickets sg.

racimo'lare [ratʃimo'lare] vt (fig) to scrape together, glean.

'rada sf (natural) harbour (BRIT) o harbor (US).

'radar sm inv radar.

raddol'cire [raddol'tʃire] vt (persona, carattere) to soften; **~rsi** vr (tempo) to grow milder; (persona) to soften, mellow.

raddoppia'mento sm doubling.

raddoppi'are vt, vi to double.

rad'doppio sm (gen) doubling; (BILIARDO) double; (EQUITAZIONE) gallop.

raddriz'zare [raddrit'tsare] vt to straighten; (fig: correggere) to put straight, correct.

'radere vt (barba) to shave off; (mento) to shave; (fig: rasentare) to graze; to skim; **~rsi** vr to shave (o.s.); **~ al suolo** to raze to the ground.

radi'ale ag radial.

radi'ante ag (calore, energia) radiant.

radi'are vt to strike off.

radia'tore sm radiator.

radiazi'one [radjat'tsjone] sf (FISICA) radiation; (cancellazione) striking off.

'radica *sf* (*BOT*): ~ **di noce** walnut (wood).
radi'cale *ag* radical ♦ *sm* (*LING*) root; (*MAT, POL*) radical.
radi'cato, a *ag* (*pregiudizio, credenza*) deep-seated, deeply-rooted.
ra'dicchio [ra'dikkjo] *sm variety of chicory.*
ra'dice [ra'ditʃe] *sf* root; **segno di** ~ (*MAT*) radical sign; **colpire alla** ~ (*fig*) to strike at the root; **mettere** ~**i** (*idee, odio etc*) to take root; (*persona*) to put down roots; ~ **quadrata** (*MAT*) square root.
'radio *sf inv* radio ♦ *sm* (*CHIM*) radium; **trasmettere per** ~ to broadcast; **stazione/ponte** ~ radio station/link; ~ **ricevente/trasmittente** receiver/transmitter.
radioabbo'nato, a *sm/f* radio subscriber.
radioama'tore, 'trice *sm/f* amateur radio operator, ham (*fam*).
radioascolta'tore, 'trice *sm/f* (radio) listener.
radioattività *sf* radioactivity.
radioat'tivo, a *ag* radioactive.
radiocoman'dare *vt* to operate by remote control.
radiocoman'dato, a *ag* remote-controlled.
radioco'mando *sm* remote control.
radiocomunicazi'one [radjokomunikat'tsjone] *sf* radio message.
radio'cronaca, che *sf* radio commentary.
radiocro'nista, i, e *sm/f* radio commentator.
radiodiffusi'one *sf* (radio) broadcasting.
radio'fonico, a, ci, che *ag* radio *cpd*.
radiogra'fare *vt* to X-ray.
radiogra'fia *sf* radiography; (*foto*) X-ray photograph.
radio'lina *sf* portable radio, transistor (radio).
radiolo'gia [radjolo'dʒia] *sf* radiology.
radi'ologo, a, gi, ghe *sm/f* radiologist.
radiorice'vente [radjoritʃe'vente] *sf* (*anche*: **apparecchio** ~) receiver.
radi'oso, a *ag* radiant.
radiostazi'one [radjostat'tsjone] *sf* radio station.
radios'veglia [radjoz'veʎʎa] *sf* radio alarm.
radio'taxi *sm inv* radio taxi.
radio'tecnico, a, ci, che *ag* radio engineering *cpd* ♦ *sm* radio engineer.
radiotelegra'fista, i, e *sm/f* radiotelegrapher.
radiotera'pia *sf* radiotherapy.
radiotrasmit'tente *ag* (radio) broadcasting *cpd* ♦ *sf* (radio) broadcasting station.
'rado, a *ag* (*capelli*) sparse, thin; (*visite*)

infrequent; **di** ~ rarely; **non di** ~ not uncommonly.
radu'nare *vt*, ~**rsi** *vr* to gather, assemble.
radu'nata *sf* (*MIL*) muster.
ra'duno *sm* gathering, meeting.
ra'dura *sf* clearing.
'rafano *sm* horseradish.
raffazzo'nare [raffattso'nare] *vt* to patch up.
raf'fermo, a *ag* stale.
'raffica, che *sf* (*METEOR*) gust (of wind); ~ **di colpi** (*di fucile*) burst of gunfire.
raffigu'rare *vt* to represent.
raffigurazi'one [raffigurat'tsjone] *sf* representation, depiction.
raffi'nare *vt* to refine.
raffina'tezza [raffina'tettsa] *sf* refinement.
raffi'nato, a *ag* refined.
raffinazi'one [raffinat'tsjone] *sf* (*di sostanza*) refining; ~ **del petrolio** oil refining.
raffine'ria *sf* refinery.
raffor'zare [raffor'tsare] *vt* to reinforce.
rafforza'tivo, a [raffortsa'tivo] *ag* (*LING*) intensifying ♦ *sm* (*LING*) intensifier.
raffredda'mento *sm* cooling.
raffred'dare *vt* to cool; (*fig*) to dampen, have a cooling effect on; ~**rsi** *vr* to grow cool *o* cold; (*prendere un raffreddore*) to catch a cold; (*fig*) to cool (off).
raffred'dato, a *ag* (*MED*): **essere** ~ to have a cold.
raffred'dore *sm* (*MED*) cold.
raffron'tare *vt* to compare.
raf'fronto *sm* comparison.
'rafia *sf* (*fibra*) raffia.
raga'nella *sf* (*ZOOL*) tree frog.
ra'gazzo, a [ra'gattso] *sm/f* boy/girl; (*fam: fidanzato*) boyfriend/girlfriend; **nome da** ~**a** maiden name; ~**a madre** unmarried mother; ~**a squillo** call girl.
ragge'lare [raddʒe'lare] *vt, vi*, ~**rsi** *vr* to freeze.
raggi'ante [rad'dʒante] *ag* radiant, shining; ~ **di gioia** beaming *o* radiant with joy.
raggi'era [rad'dʒɛra] *sf* (*di ruota*) spokes *pl*; **a** ~ with a sunburst pattern.
'raggio ['raddʒo] *sm* (*di sole etc*) ray; (*MAT, distanza*) radius; (*di ruota etc*) spoke; **nel** ~ **di 20 km** within a radius of 20 km *o* a 20-km radius; **a largo** ~ (*esplorazione, incursione*) wide-ranging; ~ **d'azione** range; ~ **laser** laser beam; ~**i X** X-rays.
raggi'rare [raddʒi'rare] *vt* to take in, trick.
rag'giro [rad'dʒiro] *sm* trick.
raggi'ungere [rad'dʒundʒere] *vt* to reach; (*persona: riprendere*) to catch up (with); (*bersaglio*) to hit; (*fig: meta*) to achieve; ~

il proprio scopo to reach one's goal, achieve one's aim; ~ **un accordo** to come to o reach an agreement.

raggi'unto, a [rad'dʒunto] *pp di* **raggiungere**.

raggomito'larsi *vr* to curl up.

raggranel'lare *vt* to scrape together.

raggrin'zare [raggrin'tsare] *vt, vi (anche: ~rsi)* to wrinkle.

raggrin'zire [raggrin'tsire] *vt* = **raggrinzare**.

raggru'mare *vt, ~rsi vr (sangue, latte)* to clot.

raggruppa'mento *sm (azione)* grouping; *(gruppo)* group; *(: MIL)* unit.

raggrup'pare *vt* to group (together).

ragguagli'are [raggwaʎ'ʎare] *vt (paragonare)* to compare; *(informare)* to inform.

raggu'aglio [rag'gwaʎʎo] *sm* comparison; *(informazione, relazione)* piece of information.

ragguar'devole *ag (degno di riguardo)* distinguished, notable; *(notevole: somma)* considerable.

'ragia ['radʒa] *sf:* **acqua** ~ turpentine.

ragiona'mento [radʒona'mento] *sm* reasoning *no pl;* argument.

ragio'nare [radʒo'nare] *vi (usare la ragione)* to reason; *(discorrere):* ~ **(di)** to argue (about); **cerca di** ~ try and be reasonable.

ragi'one [ra'dʒone] *sf* reason; *(dimostrazione, prova)* argument, reason; *(diritto)* right; **aver** ~ to be right; **aver** ~ **di qn** to get the better of sb; **dare** ~ **a qn** *(sog: persona)* to side with sb; *(: fatto)* to prove sb right; **farsi una** ~ **di qc** to accept sth, come to terms with sth; **in** ~ **di** at the rate of; **a o con** ~ rightly, justly; **perdere la** ~ to become insane; *(fig)* to take leave of one's senses; **a ragion veduta** after due consideration; **per** ~**i di famiglia** for family reasons; ~ **di scambio** terms of trade; ~ **sociale** *(COMM)* corporate name; **ragion di stato** reason of State.

ragione'ria [radʒone'ria] *sf* accountancy; *(ufficio)* accounts department.

ragio'nevole [radʒo'nevole] *ag* reasonable.

ragioni'ere, a [radʒo'njɛre] *sm/f* accountant.

ragli'are [raʎ'ʎare] *vi* to bray.

ragna'tela [raɲɲa'tela] *sf* cobweb, spider's web.

'ragno ['raɲɲo] *sm* spider; **non cavare un** ~ **dal buco** *(fig)* to draw a blank.

ragù *sm inv (CUC)* meat sauce *(for pasta).*

RAI-TV [raiti'vu] *sigla f (= Radio televisione italiana)* Italian Broadcasting Company.

rallegra'menti *smpl* congratulations.

ralle'grare *vt* to cheer up; **~rsi** *vr* to cheer up; *(provare allegrezza)* to rejoice; **~rsi con qn** to congratulate sb.

rallenta'mento *sm* slowing down; slackening.

rallen'tare *vt, vi* to slow down; ~ **il passo** to slacken one's pace.

rallenta'tore *sm (CINE)* slow-motion camera; **al** ~ *(anche fig)* in slow motion.

raman'zina [raman'dzina] *sf* lecture, telling-off.

ra'mare *vt (superficie)* to copper, coat with copper; *(AGR: vite)* to spray with copper sulphate.

ra'marro *sm* green lizard.

ra'mato, a *ag (oggetto: rivestito di rame)* copper-coated, coppered; *(capelli, barba)* coppery, copper-coloured *(BRIT)*, copper-colored *(US)*.

'rame *sm (CHIM)* copper; **di** ~ copper *cpd;* **incisione su** ~ copperplate.

ramifi'care *vi (BOT)* to put out branches; **~rsi** *vr (diramarsi)* to branch out; *(MED: tumore, vene)* to ramify; **~rsi in** *(biforcarsi)* to branch into.

ramificazi'one [ramifikat'tsjone] *sf* ramification.

ra'mingo, a, ghi, ghe *ag (poetico):* **andare** ~ to go wandering, wander.

ra'mino *sm (CARTE)* rummy.

rammari'carsi *vr:* ~ **(di)** *(rincrescersi)* to be sorry (about), regret; *(lamentarsi)* to complain (about).

ram'marico, chi *sm* regret.

rammen'dare *vt* to mend; *(calza)* to darn.

ram'mendo *sm* mending *no pl;* darning *no pl;* mend; darn.

rammen'tare *vt* to remember, recall; **~rsi** *vr:* **~rsi (di qc)** to remember (sth); ~ **qc a qn** to remind sb of sth.

rammol'lire *vt* to soften ♦ *vi (anche: ~rsi)* to go soft.

rammol'lito, a *ag* weak ♦ *sm/f* weakling.

'ramo *sm* branch; *(di commercio)* field; **non è il mio** ~ it's not my field o line.

ramo'scello [ramoʃ'ʃɛllo] *sm* twig.

'rampa *sf* flight (of stairs); ~ **di lancio** launching pad.

rampi'cante *ag (BOT)* climbing.

ram'pino *sm (gancio)* hook; *(NAUT)* grapnel.

ram'pollo *sm (di acqua)* spring; *(BOT: germoglio)* shoot; *(fig: discendente)* descendant.

ram'pone *sm* harpoon; *(ALPINISMO)* crampon.

'rana *sf* frog; ~ **pescatrice** angler fish.

'rancido, a ['rantʃido] *ag* rancid.

'rancio ['rantʃo] *sm* (*MIL*) mess; **ora del ~** mess time.

ran'core *sm* rancour (*BRIT*), rancor (*US*), resentment; **portare ~ a qn, provare ~ per** *o* **verso qn** to bear sb a grudge.

ran'dagio, a, gi, gie *o* **ge** [ran'dadʒo] *ag* (*gatto, cane*) stray.

ran'dello *sm* club, cudgel.

'rango, ghi *sm* (*grado*) rank; (*condizione sociale*) station, social standing; **persone di ~ inferiore** people of lower standing; **uscire dai ~ghi** to fall out; (*fig*) to step out of line.

Ran'gun *sf* Rangoon.

rannicchi'arsi [rannik'kjarsi] *vr* to crouch, huddle.

rannuvo'larsi *vr* to cloud over, become overcast.

ra'nocchio [ra'nɔkkjo] *sm* (edible) frog.

ranto'lare *vi* to wheeze.

ranto'lio *sm* (*il respirare affannoso*) wheezing; (: *di agonizzante*) death rattle.

'rantolo *sm* wheeze; death rattle.

ra'nuncolo *sm* (*BOT*) buttercup.

'rapa *sf* (*BOT*) turnip.

ra'pace [ra'patʃe] *ag* (*animale*) predatory; (*fig*) rapacious, grasping ♦ *sm* bird of prey.

ra'pare *vt* (*capelli*) to crop, cut very short.

'rapida *sf vedi* **rapido**.

rapida'mente *av* quickly, rapidly.

rapidità *sf* speed.

'rapido, a *ag* fast; (*esame, occhiata*) quick, rapid ♦ *sm* (*FERR*) express (train) ♦ *sf* (*di fiume*) rapid.

rapi'mento *sm* kidnapping; (*fig*) rapture.

ra'pina *sf* robbery; **~ in banca** bank robbery; **~ a mano armata** armed robbery.

rapi'nare *vt* to rob.

rapina'tore, 'trice *smlf* robber.

ra'pire *vt* (*cose*) to steal; (*persone*) to kidnap; (*fig*) to enrapture, delight.

ra'pito, a *ag* (*persona*) kidnapped; (*fig: in estasi*): **ascoltare ~ qn** to be captivated by sb's words ♦ *smlf* kidnapped person.

rapi'tore, 'trice *smlf* kidnapper.

rappacifi'care [rappatʃifi'kare] *vt* (*riconciliare*) to reconcile; **~rsi** *vr* (*uso reciproco*) to be reconciled, make it up (*fam*).

rappacificazi'one [rappatʃifikat'tsjone] *sf* reconciliation.

rappez'zare [rappet'tsare] *vt* to patch.

rappor'tare *vt* (*confrontare*) to compare; (*riprodurre*) to reproduce.

rap'porto *sm* (*resoconto*) report; (*legame*) relationship; (*MAT, TECN*) ratio; **~i** *smpl* (*fra persone, paesi*) relations; **in ~ a quanto è successo** with regard to *o* in relation to what happened; **fare ~ a qn su qc** to report sth to sb; **andare a ~ da qn** to report to sb; **chiamare qn a ~** (*MIL*) to summon sb; **essere in buoni/cattivi ~i con qn** to be on good/bad terms with sb; **~ d'affari**, ~ **di lavoro** business relations; **~ di compressione** (*TECN*) pressure ratio; **~ coniugale** marital relationship; **~ di trasmissione** (*TECN*) gear; **~i sessuali** sexual intercourse *sg*.

rap'prendersi *vr* to coagulate, clot; (*latte*) to curdle.

rappre'saglia [rappre'saʎʎa] *sf* reprisal, retaliation.

rappresen'tante *smlf* representative; **~ di commercio** sales representative, sales rep (*fam*); **~ sindacale** union delegate *o* representative.

rappresen'tanza [rapprezen'tantsa] *sf* delegation, deputation; (*COMM: ufficio, sede*) agency; **in ~ di qn** on behalf of sb; **spese di ~** entertainment expenses; **macchina di ~** official car; **avere la ~ di** to be the agent for; **~ esclusiva** sole agency; **avere la ~ esclusiva** to be sole agent.

rappresen'tare *vt* to represent; (*TEAT*) to perform; **farsi ~ dal proprio legale** to be represented by one's lawyer.

rappresenta'tivo, a *ag* representative ♦ *sf* (*di partito, sindacale*) representative group; (*SPORT: squadra*) representative (team).

rappresentazi'one [rapprezentat'tsjone] *sf* representation; performing *no pl*; (*spettacolo*) performance; **prima ~ assoluta** world première.

rap'preso, a *pp di* **rapprendere**.

rapso'dia *sf* rhapsody.

'raptus *sm inv*: **~ di follia** fit of madness.

rara'mente *av* seldom, rarely.

rare'fare *vt*, **~rsi** *vr* to rarefy.

rare'fatto, a *pp di* **rarefare** ♦ *ag* rarefied.

rarefazi'one [rarefat'tsjone] *sf* rarefaction.

rarità *sf inv* rarity.

'raro, a *ag* rare.

ra'sare *vt* (*barba etc*) to shave off; (*siepi, erba*) to trim, cut; **~rsi** *vr* to shave (o.s.).

ra'sato, a *ag* (*erba*) trimmed, cut; (*tessuto*) smooth; **avere la barba ~a** to be clean-shaven.

rasa'tura *sf* shave.

raschia'mento [raskja'mento] *sm* (*MED*) curettage; **~ uterino** D and C.

raschi'are [ras'kjare] *vt* to scrape; (*macchia, fango*) to scrape off ♦ *vi* to clear one's throat.

rasen'tare vt (andar rasente) to keep close to; (sfiorare) to skim along (o over); (fig) to border on.

ra'sente prep: ~ (a) close to, very near.

'raso, a pp di **radere** ♦ ag (barba) shaved; (capelli) cropped; (con misure di capacità) level; (pieno: bicchiere) full to the brim ♦ sm (tessuto) satin; ~ **terra** close to the ground; **volare ~ terra** to hedgehop; **un cucchiaio ~ a** level spoonful.

ra'soio sm razor; ~ **elettrico** electric shaver o razor.

ras'pare vt (levigare) to rasp; (grattare) to scratch.

'raspo sm (di uva) grape stalk.

ras'segna [ras'seɲɲa] sf (MIL) inspection, review; (esame) inspection; (resoconto) review, survey; (pubblicazione letteraria etc) review; (mostra) exhibition, show; **passare in ~** (MIL, fig) to review.

rasse'gnare [rasseɲ'ɲare] vt: ~ **le dimissioni** to resign, hand in one's resignation; ~**rsi** vr (accettare): ~**rsi (a qc/ a fare)** to resign o.s. (to sth/to doing).

rassegnazi'one [rasseɲɲat'tsjone] sf resignation.

rassere'nare vt (persona) to cheer up; ~**rsi** vr (tempo) to clear up.

rasset'tare vt to tidy, put in order; (aggiustare) to repair, mend.

rassicu'rante ag reassuring.

rassicu'rare vt to reassure; ~**rsi** vr to take heart, recover one's confidence.

rassicurazi'one [rassikurat'tsjone] sf reassurance.

rasso'dare vt to harden, stiffen; (fig) to strengthen, consolidate.

rassomigli'anza [rassomiʎ'ʎantsa] sf resemblance.

rassomigli'are [rassomiʎ'ʎare] vi: ~ **a** to resemble, look like.

rastrella'mento sm (MIL, di polizia) (thorough) search.

rastrel'lare vt to rake; (fig: perlustrare) to comb.

rastrelli'era sf rack; (per piatti) dish rack.

ras'trello sm rake.

'rata sf (quota) instalment, installment (US); **pagare a ~e** to pay by instal(l)ments o on hire purchase (BRIT); **comprare/vendere a ~e** to buy/sell on hire purchase (BRIT) o on the installment plan (US).

rate'ale ag: **pagamento ~** payment by instal(l)ments; **vendita ~** hire purchase (BRIT), installment plan (US).

rate'are, rateiz'zare [rateid'dzare] vt to

divide into instal(l)ments.

rateazi'one [rateat'tsjone] sf division into instal(l)ments.

'rateo sm (COMM) accrual.

ra'tifica, che sf ratification.

ratifi'care vt (DIR) to ratify.

'ratto sm (DIR) abduction; (ZOOL) rat.

rattop'pare vt to patch.

rat'toppo sm patching no pl; patch.

rattrap'pire vt to make stiff; ~**rsi** vr to be stiff.

rattris'tare vt to sadden; ~**rsi** vr to become sad.

rau'cedine [rau'tʃɛdine] sf hoarseness.

'rauco, a, chi, che ag hoarse.

rava'nello sm radish.

raven'nate ag of (o from) Ravenna.

ravi'oli smpl ravioli sg.

ravve'dersi vr to mend one's ways.

ravvi'are vt (capelli) to tidy; ~**rsi i capelli** to tidy one's hair.

ravvicina'mento [ravvitʃina'mento] sm (tra persone) reconciliation; (POL: tra paesi etc) rapprochement.

ravvici'nare [ravvitʃi'nare] vt (avvicinare): ~ **qc a** to bring sth nearer to; (oggetti) to bring closer together; (fig: persone) to reconcile, bring together; ~**rsi** vr to be reconciled.

ravvi'sare vt to recognize.

ravvi'vare vt to revive; (fig) to brighten up, enliven; ~**rsi** vr to revive; to brighten up.

Rawal'pindi [raval'pindi] sf Rawalpindi.

razio'cinio [rattsjo'tʃinjo] sm reasoning no pl; reason; (buon senso) common sense.

razio'nale [rattsjo'nale] ag rational.

razionalità [rattsjonali'ta] sf rationality; (buon senso) common sense.

razionaliz'zare [rattsjonalid'dzare] vt (metodo, lavoro, programma) to rationalize; (problema, situazione) to approach rationally.

raziona'mento [rattsjona'mento] sm rationing.

razio'nare [rattsjo'nare] vt to ration.

razi'one [rat'tsjone] sf ration; (porzione) portion, share.

'razza ['rattsa] sf race; (ZOOL) breed; (discendenza, stirpe) stock, race; (sorta) sort, kind.

raz'zia [rat'tsia] sf raid, foray.

razzi'ale [rat'tsjale] ag racial.

raz'zismo [rat'tsizmo] sm racism, racialism.

raz'zista, i, e [rat'tsista] ag, sm/f racist, racialist.

'razzo ['raddzo] sm rocket; ~ **di segnalazione** flare; ~ **vettore** vector rocket.

razzo'lare [rattso'lare] *vi* (*galline*) to scratch about.

RC *sigla* = *Reggio Calabria*.

RDT *sigla f vedi* **Repubblica Democratica Tedesca.**

RE *sigla* = *Reggio Emilia*.

re *sm inv* (*sovrano*) king; (*MUS*) D; (*: solfeggiando la scala*) re.

rea'gente [rea'dʒɛnte] *sm* reagent.

rea'gire [rea'dʒire] *vi* to react.

re'ale *ag* real; (*di, da re*) royal ♦ *sm*: **il ~** reality; **i R~i** the Royal family.

rea'lismo *sm* realism.

rea'lista, i, e *sm/f* realist; (*POL*) royalist.

rea'listico, a, ci, che *ag* realistic.

realiz'zare [realid'dzare] *vt* (*progetto etc*) to realize, carry out; (*sogno, desiderio*) to realize, fulfil; (*scopo*) to achieve; (*COMM*: *titoli etc*) to realize; (*CALCIO etc*) to score; **~rsi** *vr* to be realized.

realizzazi'one [realiddzat'tsjone] *sf* realization; fulfilment; achievement; **~ scenica** stage production.

rea'lizzo [rea'liddzo] *sm* (*conversione in denaro*) conversion into cash; (*vendita forzata*) clearance sale.

real'mente *av* really, actually.

realtà *sf inv* reality; **in ~** (*in effetti*) in fact; (*a dire il vero*) really.

re'ame *sm* kingdom, realm; (*fig*) realm.

re'ato *sm* offence (*BRIT*), offense (*US*).

reat'tore *sm* (*FISICA*) reactor; (*AER: aereo*) jet; (*: motore*) jet engine.

reazio'nario, a [reattsjo'narjo] *ag, sm/f* (*POL*) reactionary.

reazi'one [reat'tsjone] *sf* reaction; **motore/aereo a ~** jet engine/plane; **forze della ~** reactionary forces; **~ a catena** (*anche fig*) chain reaction.

'rebbio *sm* prong.

'rebus *sm inv* rebus; (*fig*) puzzle; enigma.

recapi'tare *vt* to deliver.

re'capito *sm* (*indirizzo*) address; (*consegna*) delivery; **ha un ~ telefonico?** do you have a telephone number where you can be reached?; **~ a domicilio** home delivery (service).

re'care *vt* (*portare*) to bring; (*avere su di sé*) to carry, bear; (*cagionare*) to cause, bring; **~rsi** *vr* to go; **~ danno a qn** to harm sb, cause harm to sb.

re'cedere [re't∫ɛdere] *vi* to withdraw.

recensi'one [ret∫en'sjone] *sf* review.

recen'sire [ret∫en'sire] *vt* to review.

recen'sore, a [ret∫en'sore] *sm/f* reviewer.

re'cente [re't∫ɛnte] *ag* recent; **di ~** recently; **più ~** latest, most recent.

recente'mente [ret∫ente'mente] *av* recently.

rece'pire [ret∫e'pire] *vt* to understand, take in.

recessi'one [ret∫es'sjone] *sf* (*ECON*) recession.

re'cesso [re't∫ɛsso] *sm* (*azione*) recession, receding; (*DIR*) withdrawal; (*luogo*) recess.

recherò *etc* [reke'rɔ] *vb vedi* **recare**.

re'cidere [re't∫idere] *vt* to cut off, chop off.

reci'divo, a [ret∫i'divo] *sm/f* (*DIR*) second (*o* habitual) offender, recidivist ♦ *sf* recidivism.

recin'tare [ret∫in'tare] *vt* to enclose, fence off.

re'cinto [re't∫into] *sm* enclosure; (*ciò che recinge*) fence; surrounding wall.

recinzi'one [ret∫in'tsjone] *sf* (*azione*) enclosure, fencing-off; (*recinto: di legno*) fence; (*: di mattoni*) wall; (*: reticolato*) wire fencing; (*: a sbarre*) railings *pl*.

recipi'ente [ret∫i'pjɛnte] *sm* container.

re'ciproco, a, ci, che [re't∫iproko] *ag* reciprocal.

re'ciso, a [re't∫izo] *pp di* **recidere**.

'recita ['rɛt∫ita] *sf* performance.

'recital ['rɛt∫ital] *sm inv* recital.

reci'tare [ret∫i'tare] *vt* (*poesia, lezione*) to recite; (*dramma*) to perform; (*ruolo*) to play *o* act (the part of).

recitazi'one [ret∫itat'tsjone] *sf* recitation; (*di attore*) acting; **scuola di ~** drama school.

recla'mare *vi* to complain ♦ *vt* (*richiedere*) to demand.

ré'clame [re'klam] *sf inv* advertising *no pl*; advertisement, advert (*BRIT*), ad (*fam*).

reclamiz'zare [reklamid'dzare] *vt* to advertise.

re'clamo *sm* complaint; **sporgere ~ a** to complain to, make a complaint to.

recli'nabile *ag* (*sedile*) reclining.

recli'nare *vt* (*capo*) to bow, lower; (*sedile*) to tilt.

reclusi'one *sf* (*DIR*) imprisonment.

re'cluso, a *sm/f* prisoner.

'recluta *sf* recruit.

recluta'mento *sm* recruitment.

reclu'tare *vt* to recruit.

re'condito, a *ag* secluded; (*fig*) secret, hidden.

'record *ag inv* record *cpd* ♦ *sm inv* record; **in tempo ~, a tempo di ~** in record time; **detenere il ~ di** to hold the record for; **~ mondiale** world record.

recrimi'nare *vi*: **~ (su qc)** to complain (about sth).

recriminazi'one [rekriminat'tsjone] *sf* recrimination.

recrude'scenza [rekrudeʃ'ʃɛntsa] *sf* fresh outbreak.

recupe'rare *etc* = **ricuperare** *etc*.

redargu'ire *vt* to rebuke.

re'dassi *etc vb vedi* **redigere**.

re'datto, a *pp di* **redigere**.

redat'tore, 'trice *smf* (*STAMPA*) editor; (*: di articolo*) writer; (*di dizionario etc*) compiler; ~ **capo** chief editor.

redazi'one [redat'tsjone] *sf* editing; writing; (*sede*) editorial office(s); (*personale*) editorial staff; (*versione*) version.

reddi'tizio, a [reddi'tittsjo] *ag* profitable.

'reddito *sm* income; (*dello Stato*) revenue; (*di un capitale*) yield; ~ **complessivo** gross income; ~ **disponibile** disposable income; ~ **fisso** fixed income; ~ **imponibile/non imponibile** taxable/non-taxable income; ~ **da lavoro** earned income; ~ **nazionale** national income; ~ **pubblico** public revenue.

re'densi *etc vb vedi* **redimere**.

re'dento, a *pp di* **redimere**.

reden'tore *sm*: **il R~** the Redeemer.

redenzi'one [reden'tsjone] *sf* redemption.

re'digere [re'didʒere] *vt* to write; (*contratto*) to draw up.

re'dimere *vt* to deliver; (*REL*) to redeem.

'redini *sfpl* reins.

redi'vivo, a *ag* returned to life, reborn.

'reduce ['rɛdutʃe] *ag* (*gen*): ~ **da** returning from, back from ♦ *smf* survivor; (*veterano*) veteran; **essere** ~ **da** (*esame, colloquio*) to have been through; (*malattia*) to be just over.

'refe *sm* thread.

refe'rendum *sm inv* referendum.

refe'renza [refe'rɛntsa] *sf* reference.

re'ferto *sm* medical report.

refet'torio *sm* refectory.

refezi'one [refet'tsjone] *sf* (*INS*) school meal.

refrat'tario, a *ag* refractory; (*fig*): **essere** ~ **alla matematica** to have no aptitude for mathematics.

refrige'rante [refridʒe'rante] *ag* (*TECN*) cooling, refrigerating; (*bevanda*) refreshing ♦ *sm* (*CHIM: fluido*) coolant; (*TECN: apparecchio*) refrigerator.

refrige'rare [refridʒe'rare] *vt* to refrigerate; (*rinfrescare*) to cool, refresh.

refrigerazi'one [refridʒerat'tsjone] *sf* refrigeration; (*TECN*) cooling; ~ **ad acqua** (*AUT*) water-cooling.

refri'gerio [refri'dʒɛrjo] *sm*: **trovare** ~ to find somewhere cool.

refur'tiva *sf* stolen goods *pl*.

Reg. *abbr* (= *reggimento*) Regt; (*AMM*) = *regolamento*.

rega'lare *vt* to give (as a present), make a present of.

re'gale *ag* regal.

re'galo *sm* gift, present ♦ *ag inv*: **confezione** ~ gift pack; **fare un** ~ **a qn** to give sb a present; "**articoli da** ~" "gifts"

re'gata *sf* regatta.

reg'gente [red'dʒɛnte] *ag* (*proposizione*) main; (*sovrano*) reigning ♦ *smf* regent; **principe** ~ prince regent.

reg'genza [red'dʒɛntsa] *sf* regency.

'reggere ['rɛddʒere] *vt* (*tenere*) to hold; (*sostenere*) to support, bear, hold up; (*portare*) to carry, bear; (*resistere*) to withstand; (*dirigere: impresa*) to manage, run; (*governare*) to rule, govern; (*LING*) to take, be followed by ♦ *vi* (*resistere*): ~ **a** to stand up to, hold out against; (*sopportare*): ~ **a** to stand; (*durare*) to last; (*fig: teoria etc*) to hold water; ~**rsi** *vr* (*stare ritto*) to stand; (*fig: dominarsi*) to control o.s.; ~**rsi sulle gambe** *o* **in piedi** to stand up.

'reggia, ge ['rɛddʒa] *sf* royal palace.

reggi'calze [reddʒi'kaltse] *sm inv* suspender belt.

reggi'mento [reddʒi'mento] *sm* (*MIL*) regiment.

reggi'petto [reddʒi'pɛtto] *sm*, **reggi'seno** [reddʒi'seno] *sm* bra.

re'gia, 'gie [re'dʒia] *sf* (*TV, CINE etc*) direction.

re'gime [re'dʒime] *sm* (*POL*) regime; (*DIR: aureo, patrimoniale etc*) system; (*MED*) diet; (*TECN*) (engine) speed; ~ **di giri** (*di motore*) revs *pl* per minute; ~ **vegetariano** vegetarian diet.

re'gina [re'dʒina] *sf* queen.

'regio, a, gi, gie ['rɛdʒo] *ag* royal.

regio'nale [redʒo'nale] *ag* regional.

regi'one [re'dʒone] *sf* (*gen*) region; (*territorio*) region, area.

The **Regione** is the main administrative unit in Italy. There are 20 of these, each being subdivided into **Province**, which in turn are divided into **Comuni**. Each **Regione** has a **capoluogo**, which is its chief **provincia**. For example, in the Regione of Tuscany, Florence is the chief **Provincia** and therefore the **capoluogo di regione**. The number of **province** in a **regione** varies. Five **regioni** have special status: Val d'Aosta, Friuli-Venezia Giulia, Trentino-Alto Adige, Sicily and Sardinia and these enjoy wider powers.

The **Regione** *is run by the Giunta regionale which is elected by the Consiglio regionale. Each of these two bodies is presided over by a Presidente. The Giunta regionale has legislative powers within the region over the police, public health, schools, town planning and agriculture. See also* **Comune** *and* **Provincia**.

re'gista, i, e [re'dʒista] *smlf* (*TV, CINE etc*) director.

regis'trare [redʒis'trare] *vt* (*AMM*) to register; (*COMM*) to enter; (*notare*) to report, note; (*canzone, conversazione, sog: strumento di misura*) to record; (*mettere a punto*) to adjust, regulate; **~ i bagagli** (*AER*) to check in one's luggage; **~ i freni** (*TECN*) to adjust the brakes.

registra'tore [redʒistra'tore] *sm* (*strumento*) recorder, register; (*magnetofono*) tape recorder; **~ di cassa** cash register; **~ a cassette** cassette recorder; **~ di volo** (*AER*) flight recorder, black box (*fam*).

registrazi'one [redʒistrat'tsjone] *sf* registration; entry; reporting; recording; adjustment; **~ bagagli** (*AER*) check-in.

re'gistro [re'dʒistro] *sm* (*libro*) register; (*DIR*) registry; (*MUS, TECN*) register; (*COMM*): **~ (di cassa)** ledger; **ufficio del ~** registrar's office; **~ di bordo** logbook; **~i contabili** (account) books.

re'gnante [reɲ'ɲante] *ag* reigning, ruling ♦ *smlf* ruler.

re'gnare [reɲ'ɲare] *vi* to reign, rule; (*fig*) to reign.

'regno ['reɲɲo] *sm* kingdom; (*periodo*) reign; (*fig*) realm; **il ~ animale/vegetale** the animal/vegetable kingdom; **il R~ Unito** the United Kingdom.

'regola *sf* rule; **a ~ d'arte** duly; perfectly; **essere in ~** (*dipendente*) to be a registered employee; (*fig: essere pulito*) to be clean; **fare le cose in ~** to do things properly; **avere le carte in ~** (*gen*) to have one's papers in order; (*fig: essere adatto*) to be the right person; **per tua (norma e) ~** for your information; **un'eccezione alla ~** an exception to the rule.

rego'labile *ag* adjustable.

regolamen'tare *ag* (*distanza, velocità*) regulation *cpd*, proper; (*disposizione*) statutory ♦ *vt* (*gen*) to control; **entro il tempo ~** within the time allowed, within the prescribed time.

regola'mento *sm* (*complesso di norme*) regulations *pl*; (*di debito*) settlement; **~ di conti** (*fig*) settling of scores.

rego'lare *ag* regular; (*velocità*) steady;

(*superficie*) even; (*passo*) steady, even; (*in regola: documento*) in order ♦ *vt* to regulate, control; (*apparecchio*) to adjust, regulate; (*questione, conto, debito*) to settle; **~rsi** *vr* (*moderarsi*): **~rsi nel bere/ nello spendere** to control one's drinking/ spending; (*comportarsi*) to behave, act; **presentare ~ domanda** to apply through the proper channels; **~ i conti** (*fig*) to settle old scores.

regolarità *sf inv* regularity; steadiness; evenness; (*nel pagare*) punctuality.

regolariz'zare [regolarid'dzare] *vt* (*posizione*) to regularize; (*debito*) to settle.

rego'lata *sf*: **darsi una ~** to pull o.s. together.

regola'tezza [regola'tettsa] *sf* (*ordine*) orderliness; (*moderazione*) moderation.

rego'lato, a *ag* (*ordinato*) orderly; (*moderato*) moderate.

regola'tore *sm* (*TECN*) regulator; **~ di frequenza/di volume** frequency/volume control.

'regolo *sm* ruler; **~ calcolatore** slide rule.

regre'dire *vi* to regress.

regressi'one *sf* regression.

re'gresso *sm* (*fig: declino*) decline.

rei'etto, a *sm/f* outcast.

reincarnazi'one [reinkarnat'tsjone] *sf* reincarnation.

reinte'grare *vt* (*produzione*) to restore; (*energie*) to recover; (*dipendente*) to reinstate.

reintegrazi'one [reintegrat'tsjone] *sf* (*di produzione*) restoration; (*di dipendente*) reinstatement.

relativa'mente *av* relatively.

relatività *sf* relativity.

rela'tivo, a *ag* relative; (*attinente*) relevant; (*rispettivo*) respective; **~ a** (*che concerne*) relating to, concerning; (*proporzionato*) in proportion to.

rela'tore, 'trice *smlf* (*gen*) spokesman/ woman; (*INS: di tesi*) supervisor.

re'lax [re'laks] *sm* relaxation.

relazi'one [relat'tsjone] *sf* (*fra cose, persone*) relation(ship); (*resoconto*) report, account; **~i** *sfpl* (*conoscenze*) connections; **essere in ~** to be connected; **mettere in ~** (*fatti, elementi*) to make the connection between; **in ~ a quanto detto prima** with regard to what has already been said; **essere in buone ~i con qn** to be on good terms with sb; **fare una ~** to make a report, give an account; **~i pubbliche (RP)** public relations (PR).

rele'gare *vt* to banish; (*fig*) to relegate.

religi'one [reli'dʒone] *sf* religion.

religi'oso, a [reli'dʒoso] *ag* religious ♦ *sm/f* monk/nun.

re'liquia *sf* relic.

re'litto *sm* wreck; (*fig*) down-and-out.

re'mainder [ri'meində*] *sm inv* (*libro*) remainder.

're'make ['ri:'meik] *sm inv* (*CINE*) remake.

re'mare *vi* to row.

remini'scenze [reminiʃ'ʃɛntse] *sfpl* reminiscences.

remissi'one *sf* remission; (*deferenza*) submissiveness, compliance; ~ **del debito** remission of debt; ~ **di querela** (*DIR*) withdrawal of an action.

remissività *sf* submissiveness.

remis'sivo, a *ag* submissive, compliant.

'remo *sm* oar.

'remora *sf* (*poetico: indugio*) hesitation.

re'moto, a *ag* remote.

remune'rare *etc* = **rimunerare** *etc*.

'rena *sf* sand.

re'nale *ag* kidney *cpd*.

'rendere *vt* (*ridare*) to return, give back; (*: saluto etc*) to return; (*produrre*) to yield, bring in; (*esprimere, tradurre*) to render; (*far diventare*): ~ **qc possibile** to make sth possible ♦ *vi* (*fruttare: ditta*) to be profitable; (*: investimento, campo*) to yield, be productive; ~ **grazie a qn** to thank sb; ~ **omaggio a qn** to honour sb; ~ **un servizio a qn** to do sb a service; ~ **una testimonianza** to give evidence; ~ **la visita** to pay a return visit; **non so se rendo l'idea** I don't know whether I'm making myself clear; ~**rsi utile** to make o.s. useful; ~**rsi conto di qc** to realize sth.

rendi'conto *sm* (*rapporto*) report, account; (*AMM, COMM*) statement of account.

rendi'mento *sm* (*reddito*) yield; (*di manodopera, TECN*) efficiency; (*capacità di produrre*) output; (*di studenti*) performance.

'rendita *sf* (*di individuo*) private *o* unearned income; (*COMM*) revenue; ~ **annua** annuity; ~ **vitalizia** life annuity.

'rene *sm* kidney.

'reni *sfpl* back *sg*.

reni'tente *ag* reluctant, unwilling; ~ **ai consigli di qn** unwilling to follow sb's advice; **essere** ~ **alla leva** (*MIL*) to fail to report for military service.

'renna *sf* reindeer *inv*.

'Reno *sm*: **il** ~ the Rhine.

'reo, a *sm/f* (*DIR*) offender.

re'parto *sm* department, section; (*MIL*) detachment; ~ **acquisti** purchasing office.

repel'lente *ag* repulsive; (*CHIM: insettifugo*): **liquido** ~ (liquid) repellant.

repen'taglio [repen'taʎʎo] *sm*: **mettere a** ~ to jeopardize, risk.

repen'tino, a *ag* sudden, unexpected.

repe'ribile *ag* available.

repe'rire *vt* to find, trace.

re'perto *sm* (*ARCHEOLOGIA*) find; (*MED*) report; (*anche*: ~ **giudiziario**) exhibit.

reper'torio *sm* (*TEAT*) repertory; (*elenco*) index, (alphabetical) list.

'replica, che *sf* repetition; reply, answer; (*obiezione*) objection; (*TEAT, CINE*) repeat performance; (*copia*) replica.

repli'care *vt* (*ripetere*) to repeat; (*rispondere*) to answer, reply.

repor'tage [rəpɔr'taʒ] *sm inv* (*STAMPA*) report.

repressi'one *sf* repression.

repres'sivo, a *ag* repressive.

re'presso, a *pp di* **reprimere**.

re'primere *vt* to suppress, repress.

re'pubblica, che *sf* republic; **la R**~ **Democratica Tedesca (RDT)** the German Democratic Republic (GDR); **la R**~ **Federale Tedesca (RFT)** the Federal Republic of Germany (FRG); **la Prima/la Seconda R**~ *terms used to refer to Italy before and after the political changes resulting from the 1994 elections; vedi anche* **Festa della Repubblica; Seconda Repubblica.**

repubbli'cano, a *ag, sm/f* republican.

repu'tare *vt* to consider, judge.

reputazi'one [reputat'tsjone] *sf* reputation; **farsi una cattiva** ~ to get o.s. a bad name.

'requie *sf* rest; **dare** ~ **a qn** to give sb some peace; **senza** ~ unceasingly.

'requiem *sm inv* (*preghiera*) requiem, prayer for the dead; (*fig: ufficio funebre*) requiem.

requi'sire *vt* to requisition.

requi'sito *sm* requirement; **avere i** ~**i necessari per un lavoro** to have the necessary qualifications for a job.

requisi'toria *sf* (*DIR*) closing speech (for the prosecution).

requisizi'one [rekwizit'tsjone] *sf* requisition.

'resa *sf* (*l'arrendersi*) surrender; (*restituzione, rendimento*) return; ~ **dei conti** rendering of accounts; (*fig*) day of reckoning.

re'scindere [reʃ'ʃindere] *vt* (*DIR*) to rescind, annul.

re'scisso, a [reʃ'ʃisso] *pp di* **rescindere.**

reset'tare *vt* (*INFORM*) to reset.

'resi *etc vb vedi* **rendere.**

resi'dente *ag* resident.
resi'denza [resi'dɛntsa] *sf* residence.
residenzi'ale [residen'tsjale] *ag* residential.
residu'ale *ag* residual.
re'siduo, a *ag* residual, remaining ♦ *sm* remainder; (*CHIM*) residue; **~i industriali** industrial waste *sg*.
'resina *sf* resin.
resis'tente *ag* (*che resiste*): **~ a** resistant to; (*forte*) strong; (*duraturo*) long-lasting, durable; **~ all'acqua** waterproof; **~ al caldo** heat-resistant; **~ al fuoco** fireproof; **~ al gelo** frost-resistant.
resis'tenza [resis'tɛntsa] *sf* (*gen, ELETTR*) resistance; (*di persona: fisica*) stamina, endurance; (*: mentale*) endurance, resistance; **opporre ~ (a)** to offer *o* put up resistance (to); (*decisione, scelta*) to show opposition (to).

The **Resistenza** *in Italy fought against both the Nazis and Fascists during the Second World War. It was particularly active after the fall of the Fascist government on July 25th 1943, during the German occupation and the period of Mussolini's Republic of Salò in Northern Italy. Members of the Resistance spanned the whole political spectrum and played a vital role in the Liberation and in the formation of the new democratic government.*

---

re'sistere *vi* to resist; **~ a** (*assalto, tentazioni*) to resist; (*dolore, sog: pianta*) to withstand; (*non patir danno*) to be resistant to.
resis'tito, a *pp di* **resistere**.
'reso, a *pp di* **rendere**.
reso'conto *sm* report, account.
respin'gente [respin'dʒɛnte] *sm* (*FERR*) buffer.
res'pingere [res'pindʒere] *vt* to drive back, repel; (*rifiutare: pacco, lettera*) to return; (*: invito*) to refuse; (*: proposta*) to reject, turn down; (*INS: bocciare*) to fail.
res'pinto, a *pp di* **respingere**.
respi'rare *vi* to breathe; (*fig*) to get one's breath; to breathe again ♦ *vt* to breathe (in), inhale.
respira'tore *sm* respirator.
respira'torio, a *ag* respiratory.
respirazi'one [respirat'tsjone] *sf* breathing; **~ artificiale** artificial respiration; **~ bocca a bocca** mouth-to-mouth resuscitation, kiss of life (*fam*).
res'piro *sm* breathing *no pl*; (*singolo atto*) breath; (*fig*) respite, rest; **mandare un ~ di sollievo** to give a sigh of relief;

trattenere il ~ to hold one's breath; **lavorare senza ~** to work non-stop; **di ampio ~** (*opera, lavoro*) far-reaching.
respon'sabile *ag* responsible ♦ *sm/f* person responsible; (*capo*) person in charge; **~ di** responsible for; (*DIR*) liable for.
responsabilità *sf inv* responsibility; (*legale*) liability; **assumere la ~ di** to take on the responsibility for; **affidare a qn la ~ di qc** to make sb responsible for sth; **~ patrimoniale** debt liability; **~ penale** criminal liability.
responsabiliz'zare [responsabilid'dzare] *vt*: **~ qn** to make sb feel responsible.
res'ponso *sm* answer; (*DIR*) verdict.
'ressa *sf* crowd, throng.
'ressi *etc vb vedi* **reggere**.
res'tare *vi* (*rimanere*) to remain, stay; (*diventare*): **~ orfano/cieco** to become *o* be left an orphan/become blind; (*trovarsi*): **~ sorpreso** to be surprised; (*avanzare*) to be left, remain; **~ d'accordo** to agree; **non resta più niente** there's nothing left; **restano pochi giorni** there are only a few days left; **che resti tra di noi** this is just between ourselves; **~ in buoni rapporti** to remain on good terms; **~ senza parole** to be left speechless.
restau'rare *vt* to restore.
restaura'tore, 'trice *sm/f* restorer.
restaurazi'one [restaurat'tsjone] *sf* (*POL*) restoration.
res'tauro *sm* (*di edifici etc*) restoration; **in ~** under repair; **sotto ~** (*dipinto*) being restored; **chiuso per ~i** closed for repairs.
res'tio, a, 'tii, 'tie *ag* restive; (*persona*): **~ a** reluctant to.
restitu'ire *vt* to return, give back; (*energie, forze*) to restore.
restituzi'one [restitut'tsjone] *sf* return; (*di soldi*) repayment.
'resto *sm* remainder, rest; (*denaro*) change; (*MAT*) remainder; **~i** *smpl* leftovers; (*di città*) remains; **del ~** moreover, besides; **~i mortali** (mortal) remains.
res'tringere [res'trindʒere] *vt* to reduce; (*vestito*) to take in; (*stoffa*) to shrink; (*fig*) to restrict, limit; **~rsi** *vr* (*strada*) to narrow; (*stoffa*) to shrink.
restrit'tivo, a *ag* restrictive.
restrizi'one [restrit'tsjone] *sf* restriction.
resurrezi'one [resurret'tsjone] *sf* = **risurrezione**.
resusci'tare [resuʃʃi'tare] *vt, vi* = **risuscitare**.
re'tata *sf* (*PESCA*) haul, catch; **fare una ~ di** (*fig: persone*) to round up.
'rete *sf* net; (*di recinzione*) wire netting;

(AUT, FERR, di spionaggio etc) network; (fig) trap, snare; **segnare una ~** (CALCIO) to score a goal; **~ ferroviaria/stradale/di distribuzione** railway/road/distribution network; **~ del letto** (sprung) bed base; **~ da pesca** fishing net; **~ (televisiva)** (sistema) network; (canale) channel.

reti'cente [reti'tʃɛnte] ag reticent.

reti'cenza [reti'tʃɛntsa] sf reticence.

retico'lato sm grid; (rete metallica) wire netting; (di filo spinato) barbed wire fence.

'retina sf (ANAT) retina.

re'torico, a, ci, che ag rhetorical ♦ sf rhetoric.

retribu'ire vt to pay; (premiare) to reward; **un lavoro mal retribuito** a poorly-paid job.

retribu'tivo, a ag pay cpd.

retribuzi'one [retribut'tsjone] sf payment; reward.

re'trivo, a ag (fig) reactionary.

'retro sm inv back ♦ av (dietro): **vedi ~** see over(leaf).

retroattività sf retroactivity.

retroat'tivo, a ag (DIR: legge) retroactive; (AMM: salario) backdated.

retrobot'tega, ghe sf back shop.

retro'cedere [retro'tʃɛdere] vi to withdraw ♦ vt (CALCIO) to relegate; (MIL) to degrade; (AMM) to demote.

retrocessi'one [retrotʃes'sjone] sf (di impiegato) demotion.

retro'cesso, a [retro'tʃɛsso] pp di **retrocedere**.

retroda'tare vt (AMM) to backdate.

re'trogrado, a ag (fig) reactionary, backward-looking.

retrogu'ardia sf (anche fig) rearguard.

retro'marcia [retro'martʃa] sf (AUT) reverse; (: dispositivo) reverse gear.

retro'scena [retroʃ'ʃɛna] sf inv (TEAT) backstage ♦ sm inv (fig) behind-the-scenes activity.

retrospet'tivo, a ag retrospective ♦ sf (ARTE) retrospective (exhibition).

retros'tante ag: **~ (a)** at the back (of).

retro'terra sm hinterland.

retro'via sf (MIL) zone behind the front; **mandare nelle ~e** to send to the rear.

retrovi'sore sm (AUT) (rear-view) mirror.

'retta sf (MAT) straight line; (di convitto) charge for bed and board; (fig: ascolto): **dar ~ a** to listen to, pay attention to.

rettango'lare ag rectangular.

ret'tangolo, a ag right-angled ♦ sm rectangle.

ret'tifica, che sf rectification, correction.

rettifi'care vt (curva) to straighten; (fig) to rectify, correct.

'rettile sm reptile.

retti'lineo, a ag rectilinear.

retti'tudine sf rectitude, uprightness.

'retto, a pp di **reggere** ♦ ag straight; (MAT): **angolo ~** right angle; (onesto) honest, upright; (giusto, esatto) correct, proper, right.

ret'tore sm (REL) rector; (di università) ≈ chancellor.

reuma'tismo sm rheumatism.

Rev. abbr (= Reverendo) Rev(d).

reve'rendo, a ag: **il ~ padre Belli** the Reverend Father Belli.

reve'rente ag = **riverente**.

reve'renza [reve'rɛntsa] sf = **riverenza**.

rever'sibile ag reversible.

revisio'nare vt (conti) to audit; (TECN) to overhaul, service; (DIR: processo) to review; (componimento) to revise.

revisi'one sf auditing no pl; audit; servicing no pl; overhaul; review; revision; **~ di bilancio** audit; **~ di bozze** proofreading; **~ contabile interna** internal audit.

revi'sore sm: **~ di conti/bozze** auditor/proofreader.

'revoca sf revocation.

revo'care vt to revoke.

re'volver sm inv revolver.

revolve'rata sf revolver shot.

'Reykjavik ['reikjavik] sf Reykjavik.

RFT sigla f vedi **Repubblica Federale Tedesca**.

ri'abbia etc vb vedi **riavere**.

riabili'tare vt to rehabilitate; (fig) to restore to favour (BRIT) o favor (US).

riabilitazi'one [riabilitat'tsjone] sf rehabilitation.

riac'cendere [riat'tʃɛndere] vt (sigaretta, fuoco, gas) to light again; (luce, radio, TV) to switch on again; (fig: sentimenti, interesse) to rekindle, revive; **~rsi** vr (fuoco) to catch again; (luce, radio, TV) to come back on again; (fig: sentimenti) to revive, be rekindled.

riac'ceso, a [riat'tʃeso] pp di **riaccendere**.

riacqui'stare vt (gen) to buy again; (ciò che si era venduto) to buy back; (fig: buonumore, sangue freddo, libertà) to regain; **~ la salute** to recover (one's health); **~ le forze** to regain one's strength.

Ri'ad sf Riyadh.

riaddormen'tare vt to put to sleep again; **~rsi** vr to fall asleep again.

riallac'ciare [riallat'tʃare] vt (cintura, cavo etc) to refasten, tie up o fasten again; (fig: rapporti, amicizia) to resume, renew; **~rsi**

_vr:_ ~**rsi a** (_fig: a discorso, tema_) to resume, take up again.

rial'zare [rial'tsare] _vt_ to raise, lift; (_alzare di più_) to heighten, raise; (_aumentare: prezzi_) to increase, raise ♦ _vi_ (_prezzi_) to rise, increase.

rial'zato, a [rial'tsato] _ag:_ **piano** ~ mezzanine, entresol.

rial'zista, i [rial'tsista] _sm_ (_BORSA_) bull.

ri'alzo [ri'altso] _sm_ (_di prezzi_) increase, rise; (_sporgenza_) rise; **giocare al** ~ (_BORSA_) to bull.

rian'dare _vi:_ ~ (**in**), ~ (**a**) to go back (to), return (to).

riani'mare _vt_ (_MED_) to resuscitate; (_fig: rallegrare_) to cheer up; (: _dar coraggio_) to give heart to; ~**rsi** _vr_ to recover consciousness; to cheer up; to take heart.

rianimazi'one [rianimat'tsjone] _sf_ (_MED_) resuscitation; **centro di** ~ intensive care unit.

ria'perto, a _pp di_ **riaprire.**

riaper'tura _sf_ reopening.

riappa'rire _vi_ to reappear.

riap'parso, a _pp di_ **riapparire.**

riap'pendere _vt_ to rehang; (_TEL_) to hang up.

ria'prire _vt,_ ~**rsi** _vr_ to reopen, open again.

ri'armo _sm_ (_MIL_) rearmament.

ri'arso, a _ag_ (_terreno_) arid; (_gola_) parched; (_labbra_) dry.

riasset'tare _vt_ (_vedi sm_) to rearrange; to reorganize.

rias'setto _sm_ (_di stanza etc_) rearrangement; (_ordinamento_) reorganization.

rias'sumere _vt_ (_riprendere_) to resume; (_impiegare di nuovo_) to re-employ; (_sintetizzare_) to summarize.

rias'sunto, a _pp di_ **riassumere** ♦ _sm_ summary.

riattac'care _vt_ (_attaccare di nuovo_): ~ (**a**) (_manifesto, francobollo_) to stick back (on); (_bottone_) to sew back (on); (_quadro, chiavi_) to hang back up (on); ~ (**il telefono** _o_ **il ricevitore**) to hang up (the receiver).

riatti'vare _vt_ to reactivate.

ria'vere _vt_ to have again; (_avere indietro_) to get back; (_riacquistare_) to recover; ~**rsi** _vr_ to recover; (_da svenimento, stordimento_) to come round.

riba'dire _vt_ (_fig_) to confirm.

ri'balta _sf_ (_sportello_) flap; (_TEAT: proscenio_) front of the stage; (: _apparecchio d'illuminazione_) footlights _pl;_ (_fig_) limelight; **tornare alla** ~ (_personaggio_) to make a comeback; (_problema_) to come up again.

ribal'tabile _ag_ (_sedile_) tip-up.

ribal'tare _vt, vi_ (_anche:_ ~**rsi**) to turn over, tip over.

ribas'sare _vt_ to lower, bring down ♦ _vi_ to come down, fall.

ribas'sista, i _sm_ (_BORSA_) bear.

ri'basso _sm_ reduction, fall; **essere in** ~ (_azioni, prezzi_) to be down; (_fig: popolarità_) to be on the decline; **giocare al** ~ (_BORSA_) to bear.

ri'battere _vt_ (_battere di nuovo_) to beat again; (_con macchina da scrivere_) to type again; (_palla_) to return; (_confutare_) to refute; ~ **che** to retort that.

ribattez'zare [ribatted'dzare] _vt_ to rename.

ribel'larsi _vr:_ ~ (**a**) to rebel (against).

ri'belle _ag_ (_soldati_) rebel; (_ragazzo_) rebellious ♦ _smf_ rebel.

ribelli'one _sf_ rebellion.

'ribes _sm inv_ currant; ~ **nero** blackcurrant; ~ **rosso** redcurrant.

ribol'lire _vi_ (_fermentare_) to ferment; (_fare bolle_) to bubble, boil; (_fig_) to seethe.

ri'brezzo [ri'breddzo] _sm_ disgust, loathing; **far** ~ **a** to disgust.

ribut'tante _ag_ disgusting, revolting.

ricacci'are [rikat't∫are] _vt_ (_respingere_) to drive back; ~ **qn fuori** to throw sb out.

rica'dere _vi_ to fall again; (_scendere a terra, fig: nel peccato etc_) to fall back; (_vestiti, capelli etc_) to hang (down); (_riversarsi: fatiche, colpe_): ~ **su** to fall on.

rica'duta _sf_ (_MED_) relapse.

rical'care _vt_ (_disegni_) to trace; (_fig_) to follow faithfully.

ricalci'trare [rikalt∫i'trare] _vi_ (_cavalli, asini, muli_) to kick.

rica'mare _vt_ to embroider.

ricambi'are _vt_ to change again; (_contraccambiare_) to return.

ri'cambio _sm_ exchange, return; (_FISIOL_) metabolism; ~**i** _smpl,_ **pezzi di** ~ spare parts; ~ **della manodopera** labour turnover.

ri'camo _sm_ embroidery; **senza** ~**i** (_fig_) without frills.

ricapito'lare _vt_ to recapitulate, sum up.

ricapitolazi'one [rikapitolat'tsjone] _sf_ recapitulation, summary.

ricari'care _vt_ (_arma, macchina fotografica_) to reload; (_penna_) to refill; (_orologio, giocattolo_) to rewind; (_ELETTR_) to recharge.

ricat'tare _vt_ to blackmail.

ricatta'tore, 'trice _smf_ blackmailer.

ri'catto _sm_ blackmail; **fare un** ~ **a qn** to blackmail sb; **subire un** ~ to be blackmailed.

rica'vare _vt_ (_estrarre_) to draw out, extract;

(*ottenere*) to obtain, gain.

rica'vato *sm* (*di vendite*) proceeds *pl*.

ri'cavo *sm* proceeds *pl*; (*CONTABILITÀ*) revenue.

ric'chezza [rik'kettsa] *sf* wealth; (*fig*) richness; ~e *sfpl* (*beni*) wealth *sg*, riches; ~e **naturali** natural resources.

'riccio, a, ci, ce ['rittʃo] *ag* curly ♦ *sm* (*ZOOL*) hedgehog; (: *anche*: ~ **di mare**) sea urchin.

'ricciolo ['rittʃolo] *sm* curl.

ricci'uto, a [rit'tʃuto] *ag* curly.

'ricco, a, chi, che *ag* rich; (*persona, paese*) rich, wealthy ♦ *sm/f* rich man/woman; **i** ~**chi** the rich; ~ **di** (*idee, illustrazioni etc*) full of; (*risorse, fauna etc*) rich in.

ri'cerca, che [ri'tʃerka] *sf* search; (*indagine*) investigation, inquiry; (*studio*): **la** ~ research; **una** ~ piece of research; **mettersi alla** ~ **di** to go in search of, look *o* search *o* hunt for; **essere alla** ~ **di** to be searching for, be looking for; ~ **di mercato** market research; ~ **operativa** operational research.

ricer'care [ritʃer'kare] *vt* (*motivi, cause*) to look for, try to determine; (*successo, piacere*) to pursue; (*onore, gloria*) to seek.

ricerca'tezza [ritʃerka'tettsa] *sf* (*raffinatezza*) refinement; (: *peg*) affectation.

ricer'cato, a [ritʃer'kato] *ag* (*apprezzato*) much sought-after; (*affettato*) studied, affected ♦ *sm/f* (*POLIZIA*) wanted man/ woman.

ricerca'tore, 'trice [ritʃerka'tore] *sm/f* (*INS*) researcher.

ricetrasmit'tente [ritʃetrazmit'tɛnte] *sf* two-way radio, transceiver.

ri'cetta [ri'tʃɛtta] *sf* (*MED*) prescription; (*CUC*) recipe; (*fig: antidoto*): ~ **contro** remedy for.

ricet'tacolo [ritʃet'takolo] *sm* (*peg: luogo malfamato*) den.

ricet'tario [ritʃet'tarjo] *sm* (*MED*) prescription pad; (*CULIN*) recipe book.

ricetta'tore, 'trice [ritʃetta'tore] *sm/f* (*DIR*) receiver (of stolen goods).

ricettazi'one [ritʃettat'tsjone] *sf* (*DIR*) receiving (stolen goods).

ricet'tivo, a [ritʃet'tivo] *ag* receptive.

rice'vente [ritʃe'vɛnte] *ag* (*RADIO, TV*) receiving ♦ *sm/f* (*COMM*) receiver.

ri'cevere [ri'tʃevere] *vt* to receive; (*stipendio, lettera*) to get, receive; (*accogliere: ospite*) to welcome; (*vedere: cliente, rappresentante etc*) to see; "**confermiamo di aver ricevuto tale merce**" (*COMM*) "we acknowledge receipt

of these goods".

ricevi'mento [ritʃevi'mento] *sm* receiving *no pl*; (*trattenimento*) reception; **al** ~ **della merce** on receipt of the goods.

ricevi'tore [ritʃevi'tore] *sm* (*TECN*) receiver; ~ **delle imposte** tax collector.

ricevito'ria [ritʃevito'ria] *sf* (*FISCO*): ~ (**delle imposte**) Inland Revenue (*BRIT*) *o* Internal Revenue (*US*) Office; ~ **del lotto** lottery office.

rice'vuta [ritʃe'vuta] *sf* receipt; **accusare** ~ **di qc** (*COMM*) to acknowledge receipt of sth; ~ **fiscale** official receipt (for tax purposes); ~ **di ritorno** (*POSTA*) advice of receipt; ~ **di versamento** receipt of payment.

ricezi'one [ritʃet'tsjone] *sf* (*RADIO, TV*) reception.

richia'mare [rikja'mare] *vt* (*chiamare indietro, ritelefonare*) to call back; (*ambasciatore, truppe*) to recall; (*rimproverare*) to reprimand; (*attirare*) to attract, draw; ~**rsi** *vr*: ~**rsi a** (*riferirsi a*) to refer to; ~ **qn all'ordine** to call sb to order; **desidero** ~ **la vostra attenzione su** ... I would like to draw your attention to ....

richi'amo [ri'kjamo] *sm* call; recall; reprimand; attraction.

richie'dente [rikje'dɛnte] *sm/f* applicant.

richi'edere [ri'kjɛdere] *vt* to ask again for; (*chiedere indietro*): ~ **qc** to ask for sth back; (*chiedere: per sapere*) to ask; (: *per avere*) to ask for; (*AMM: documenti*) to apply for; (*esigere*) to need, require; **essere molto richiesto** to be in great demand.

richi'esto, a [ri'kjɛsto] *pp di* **richiedere** ♦ *sf* (*domanda*) request; (*AMM*) application, request; (*esigenza*) demand, request; **a** ~**a** on request.

rici'claggio [ritʃi'kladdʒo] *sm* (*fig*) laundering; ~ **di materiale** recycling; ~ **di denaro sporco** money laundering.

rici'clare [ritʃi'klare] *vt* (*vetro, carta, bottiglie*) to recycle; (*fig: personale*) to retrain.

'ricino ['ritʃino] *sm*: **olio di** ~ castor oil.

ricogni'tore [rikoɲɲi'tore] *sm* (*AER*) reconnaissance aircraft.

ricognizi'one [rikoɲɲit'tsjone] *sf* (*MIL*) reconnaissance; (*DIR*) recognition, acknowledgement.

ricolle'gare *vt* (*collegare nuovamente: gen*) to join again, link again; (*connettere: fatti*): ~ (**a, con**) to connect (with); ~**rsi** *vr*: ~**rsi a** (*sog: fatti: connettersi*) to be connected to; (: *persona: riferirsi*) to refer to.

ri'colmo, a *ag*: ~ (**di**) (*bicchiere*) full to the

brim (with); (*stanza*) full (of).
ricominci'are [rikomin't∫are] *vt, vi* to start
again, begin again; ~ **a fare qc** to begin
doing *o* to do sth again, start doing *o* to
do sth again.
ricom'pensa *sf* reward.
ricompen'sare *vt* to reward.
ricom'porsi *vr* to compose o.s., regain
one's composure.
ricom'posto, a *pp di* **ricomporsi.**
riconcili'are [rikont∫i'ljare] *vt* to reconcile;
~**rsi** *vr* to be reconciled.
riconciliazi'one [rikont∫iliat'tsjone] *sf*
reconciliation.
ricon'dotto, a *pp di* **ricondurre.**
ricon'durre *vt* to bring (*o* take) back.
ricon'ferma *sf* reconfirmation.
riconfer'mare *vt* to reconfirm.
ricono'scente [rikono∫'∫ente] *ag* grateful.
ricono'scenza [rikono∫'∫entsa] *sf* gratitude.
rico'noscere [riko'no∫∫ere] *vt* to recognize;
(*DIR: figlio, debito*) to acknowledge;
(*ammettere: errore*) to admit, acknowledge;
~ **qn colpevole** to find sb guilty.
riconosci'mento [rikono∫∫i'mento] *sm*
recognition; acknowledgement;
(*identificazione*) identification; **come ~ dei
servizi resi** in recognition of services
rendered; **documento di ~** means of
identification; **segno di ~** distinguishing
mark.
riconosci'uto, a [rikono∫'∫uto] *pp di*
riconoscere.
riconquis'tare *vt* (*MIL*) to reconquer;
(*libertà, stima*) to win back.
rico'perto, a *pp di* **ricoprire.**
ricopi'are *vt* to copy.
rico'prire *vt* to re-cover; (*coprire*) to cover;
(*occupare: carica*) to hold.
ricor'dare *vt* to remember, recall;
(*richiamare alla memoria*): ~ **qc a qn** to
remind sb of sth; ~**rsi** *vr*: ~**rsi (di)** to
remember; ~**rsi di qc/di aver fatto** to
remember sth/having done.
ri'cordo *sm* memory; (*regalo*) keepsake,
souvenir; (*di viaggio*) souvenir; ~**i** *smpl*
(*memorie*) memoirs.
ricor'rente *ag* recurrent, recurring.
ricor'renza [rikor'rentsa] *sf* recurrence;
(*festività*) anniversary.
ri'correre *vi* (*ripetersi*) to recur; ~ **a**
(*rivolgersi*) to turn to; (*: DIR*) to appeal to;
(*servirsi di*) to have recourse to; ~ **in
appello** to lodge an appeal.
ri'corso, a *pp di* **ricorrere** ♦ *sm* recurrence;
(*DIR*) appeal; **far ~ a = ricorrere a.**
ricostitu'ente *ag* (*MED*): **cura ~** tonic
treatment ♦ *sm* (*MED*) tonic.

ricostitu'ire *vt* (*società*) to build up again;
(*governo, partito*) to re-form; ~**rsi** *vr*
(*gruppo etc*) to re-form.
ricostru'ire *vt* (*casa*) to rebuild; (*fatti*) to
reconstruct.
ricostruzi'one [rikostrut'tsjone] *sf*
rebuilding *no pl*; reconstruction.
ri'cotta *sf soft white unsalted cheese made
from sheep's milk.*
ricove'rare *vt* to give shelter to; ~ **qn in
ospedale** to admit sb to hospital.
ricove'rato, a *sm/f* patient.
ri'covero *sm* shelter, refuge; (*MIL*) shelter;
(*MED*) admission (to hospital); ~
antiaereo air-raid shelter.
ricre'are *vt* to recreate; (*rinvigorire*) to
restore; (*fig: distrarre*) to amuse.
ricrea'tivo, a *ag* recreational.
ricreazi'one [rikreat'tsjone] *sf* recreation,
entertainment; (*INS*) break.
ri'credersi *vr* to change one's mind.
ricupe'rare *vt* (*rientrare in possesso di*) to
recover, get back; (*tempo perduto*) to
make up for; (*NAUT*) to salvage;
(*: naufraghi*) to rescue; (*delinquente*) to
rehabilitate; ~ **lo svantaggio** (*SPORT*) to
close the gap.
ri'cupero *sm* (*gen*) recovery; (*di relitto etc*)
salvaging; **capacità di ~** resilience.
ricu'sare *vt* to refuse.
ridacchi'are [ridak'kjare] *vi* to snigger.
ri'dare *vt* to return, give back.
'ridda *sf* (*di ammiratori etc*) swarm; (*di
pensieri*) jumble.
ri'dente *ag* (*occhi, volto*) smiling;
(*paesaggio*) delightful.
'ridere *vi* to laugh; (*deridere, beffare*): ~ **di**
to laugh at, make fun of; **non c'è niente
da ~, c'è poco da ~** it's not a laughing
matter.
rides'tare *vt* (*fig: ricordi, passioni*) to
reawaken.
ri'detto, a *pp di* **ridire.**
ridico'laggine [ridiko'laddʒine] *sf* (*di
situazione*) absurdity; (*cosa detta o fatta*)
nonsense *no pl.*
ridicoliz'zare [ridikolid'dzare] *vt* to ridicule.
ri'dicolo, a *ag* ridiculous, absurd ♦ *sm*:
cadere nel ~ to become ridiculous;
rendersi ~ to make a fool of o.s.
ridimensiona'mento *sm* reorganization;
(*di fatto storico*) reappraisal.
ridimensio'nare *vt* to reorganize; (*fig*) to
see in the right perspective.
ri'dire *vt* to repeat; (*criticare*) to find fault
with; to object to; **trova sempre qualcosa
da ~** he always manages to find fault.
ridon'dante *ag* redundant.

ri'dosso *sm*: a ~ di (*dietro*) behind; (*contro*) against.

ri'dotto, a *pp di* ridurre.

ri'duco *etc vb vedi* ridurre.

ri'durre *vt* (*anche CHIM, MAT*) to reduce; (*prezzo, spese*) to cut, reduce; (*accorciare: opera letteraria*) to abridge; (: *RADIO, TV*) to adapt; ridursi *vr* (*diminuirsi*) to be reduced, shrink; ridursi a to be reduced to; ridursi a pelle e ossa to be reduced to skin and bone.

ri'dussi *etc vb vedi* ridurre.

ridut'tore *sm* (*TECN, CHIM, ELETTR*) reducer.

riduzi'one [ridut'tsjone] *sf* reduction; abridgment; adaptation.

ri'ebbi *etc vb vedi* riavere.

riecheg'giare [rieked'dʒare] *vi* to re-echo.

riedu'care *vt* (*persona, arto*) to re-educate; (*malato*) to rehabilitate.

rieducazi'one [riedukat'tsjone] *sf* re-education; rehabilitation; centro di ~ rehabilitation centre.

rie'leggere [rie'lɛddʒere] *vt* to re-elect.

rie'letto, a *pp di* rieleggere.

riempi'mento *sm* filling (up).

riem'pire *vt* to fill (up); (*modulo*) to fill in *o* out; ~rsi *vr* to fill (up); (*mangiare troppo*) to stuff o.s.; ~ qc di to fill sth (up) with.

riempi'tivo, a *ag* filling ♦ *sm* (*anche fig*) filler.

rien'tranza [rien'trantsa] *sf* recess; indentation.

rien'trare *vi* (*entrare di nuovo*) to go (*o* come) back in; (*tornare*) to return; (*fare una rientranza*) to go in, curve inwards; to be indented; (*riguardare*): ~ in to be included among, form part of; ~ (a casa) to get back home; non rientriamo nelle spese we are not within our budget.

ri'entro *sm* (*ritorno*) return; (*di astronave*) re-entry; è iniziato il grande ~ (*estivo*) people are coming back from their (summer) holidays.

riepilo'gare *vt* to summarize ♦ *vi* to recapitulate.

rie'pilogo, ghi *sm* recapitulation; fare un ~ di qc to sum up sth.

rie'same *sm* re-examination.

riesami'nare *vt* to re-examine.

ri'esco *etc vb vedi* riuscire.

ri'essere *vi*: ci risiamo! (*fam*) we're back to this again!

rievo'care *vt* (*passato*) to recall; (*commemorare: figura, meriti*) to commemorate.

rievocazi'one [rievokat'tsjone] *sf* (*vedi vt*) recalling; commemoration.

rifaci'mento [rifatʃi'mento] *sm* (*di film*) remake; (*di opera letteraria*) rehashing.

ri'fare *vt* to do again; (*ricostruire*) to make again; (*nodo*) to tie again, do up again; (*imitare*) to imitate, copy; ~rsi *vr* (*risarcirsi*): ~rsi di to make up for; (*vendicarsi*): ~rsi di qc su qn to get one's own back on sb for sth; (*riferirsi*): ~rsi a (*periodo, fenomeno storico*) to go back to; ~ il letto to make the bed; ~rsi una vita to make a new life for o.s.

ri'fatto, a *pp di* rifare.

riferi'mento *sm* reference; in *o* con ~ a with reference to; far ~ a to refer to.

rife'rire *vt* (*riportare*) to report; (*ascrivere*): ~ qc a to attribute sth to ♦ *vi* to do a report; ~rsi *vr*: ~rsi a to refer to; riferirò I'll pass on the message.

rifi'lare *vt* (*tagliare a filo*) to trim; (*fam: affibbiare*): ~ qc a qn to palm sth off on sb.

rifi'nire *vt* to finish off, put the finishing touches to.

rifini'tura *sf* finishing touch; ~e *sfpl* (*di mobile, auto*) finish *sg*.

rifiu'tare *vt* to refuse; ~ di fare to refuse to do.

rifi'uto *sm* refusal; ~i *smpl* (*spazzatura*) rubbish *sg*, refuse *sg*; ~i solidi urbani solid urban waste *sg*.

riflessi'one *sf* (*FISICA*) reflection; (*il pensare*) thought, reflection; (*osservazione*) remark.

rifles'sivo, a *ag* (*persona*) thoughtful, reflective; (*LING*) reflexive.

ri'flesso, a *pp di* riflettere ♦ *sm* (*di luce, su specchio*) reflection; (*FISIOL*) reflex; (*su capelli*) light; (*fig*) effect; di *o* per ~ indirectly; avere i ~i pronti to have quick reflexes.

ri'flettere *vt* to reflect ♦ *vi* to think; ~rsi *vr* to be reflected; (*ripercuotersi*): ~rsi su to have repercussions on; ~ su to think over.

riflet'tore *sm* reflector; (*proiettore*) floodlight; (: *MIL*) searchlight.

ri'flusso *sm* flowing back; (*della marea*) ebb; un'epoca di ~ an era of nostalgia.

rifocil'larsi [rifotʃil'larsi] *vr* (*poetico*) to take refreshment.

rifondazi'one [rifondat'tsjone] *sf* (*POL*): R~ Comunista *hard left party, originating from former P.C.I.*

ri'fondere *vt* (*rimborsare*) to refund, repay; ~ le spese a qn to refund sb's expenses; ~ i danni a qn to compensate sb for damages.

ri'forma *sf* reform; (*MIL*) declaration of unfitness for service; discharge (*on *health grounds*); **la R~** (*REL*) the Reformation.

rifor'mare *vt* to re-form; (*cambiare, innovare*) to reform; (*MIL: recluta*) to declare unfit for service; (: *soldato*) to invalid out, discharge.

riforma'tore, 'trice *ag* reforming ♦ *sm/f* reformer.

riforma'torio *sm* (*DIR*) community home (*BRIT*), reformatory (*US*).

rifor'mista, i, e *ag, sm/f* reformist.

riforni'mento *sm* supplying, providing; restocking; (*di carburante*) refuelling; **~i** *smpl* supplies, provisions; **fare ~ di** (*viveri*) to stock up with; (*benzina*) to fill up with; **posto di ~** filling *o* gas (*US*) station.

rifor'nire *vt* (*provvedere*): **~ di** to supply *o* provide with; (*fornire di nuovo: casa etc*) to restock.

ri'frangere [ri'frandʒere] *vt* to refract.

ri'fratto, a *pp di* **rifrangere**.

rifrazi'one [rifrat'tsjone] *sf* refraction.

rifug'gire [rifud'dʒire] *vi* to escape again; (*fig*): **~ da** to shun.

rifugi'arsi [rifu'dʒarsi] *vr* to take refuge.

rifugi'ato, a [rifu'dʒato] *sm/f* refugee.

ri'fugio [ri'fudʒo] *sm* refuge, shelter; (*in montagna*) shelter; **~ antiaereo** air-raid shelter.

ri'fuso, a *pp di* **rifondere**.

'riga, ghe *sf* line; (*striscia*) stripe; (*di persone, cose*) line, row; (*regolo*) ruler; (*scriminatura*) parting; **mettersi in ~** to line up; **a ~ghe** (*foglio*) lined; (*vestito*) striped; **buttare giù due ~ghe** (*note*) to jot down a few notes; **mandami due ~ghe appena arrivi** drop me a line as soon as you arrive.

ri'gagnolo [ri'gaɲɲolo] *sm* rivulet.

ri'gare *vt* (*foglio*) to rule ♦ *vi*: **~ diritto** (*fig*) to toe the line.

riga'toni *smpl* (*CUC*) short, ridged pasta shapes.

rigatti'ere *sm* junk dealer.

riga'tura *sf* (*di pagina, quaderno*) lining, ruling; (*di fucile*) rifling.

rigene'rare [ridʒene'rare] *vt* (*gen, TECN*) to regenerate; (*forze*) to restore; (*gomma*) to retread; **~rsi** *vr* (*gen*) to regenerate; (*ramo, tumore*) to regenerate, grow again; **gomma rigenerata** retread.

rigenerazi'one [ridʒenerat'tsjone] *sf* regeneration.

riget'tare [ridʒet'tare] *vt* (*gettare indietro*) to throw back; (*fig: respingere*) to reject; (*vomitare*) to bring *o* throw up.

ri'getto [ri'dʒetto] *sm* (*anche MED*) rejection.

ri'ghello [ri'gɛllo] *sm* ruler.

righerò *etc* [rige'rɔ] *vb vedi* **rigare**.

rigi'dezza [ridʒi'dettsa], **rigidità** [ridʒidi'ta] *sf* rigidity; stiffness; severity, rigours *pl* (*BRIT*), rigors *pl* (*US*); strictness.

'rigido, a ['ridʒido] *ag* rigid, stiff; (*membra etc: indurite*) stiff; (*METEOR*) harsh, severe; (*fig*) strict.

rigi'rare [ridʒi'rare] *vt* to turn; **~rsi** *vr* to turn round; (*nel letto*) to turn over; **~ qc tra le mani** to turn sth over in one's hands; **~ il discorso** to change the subject.

'rigo, ghi *sm* line; (*MUS*) staff, stave.

rigogli'oso, a [rigoʎ'ʎoso] *ag* (*pianta*) luxuriant; (*fig: commercio, sviluppo*) thriving.

rigonfia'mento *sm* (*ANAT*) swelling; (*su legno, intonaco etc*) bulge.

ri'gonfio, a *ag* swollen; (*grembiule, sporta*): **~ di** bulging with.

ri'gore *sm* (*METEOR*) harshness, rigours *pl* (*BRIT*), rigors *pl* (*US*); (*fig*) severity, strictness; (*anche: calcio di ~*) penalty; **di ~** compulsory; **"è di ~ l'abito da sera"** "evening dress"; **area di ~** (*CALCIO*) penalty box (*BRIT*); **a rigor di termini** strictly speaking.

rigorosità *sf* strictness; rigour (*BRIT*), rigor (*US*).

rigo'roso, a *ag* (*severo: persona, ordine*) strict; (*preciso*) rigorous.

rigover'nare *vt* to wash (up).

riguar'dare *vt* to look at again; (*considerare*) to regard, consider; (*concernere*) to regard, concern; **~rsi** *vr* (*aver cura di sé*) to look after o.s.; **per quel che mi riguarda** as far as I'm concerned; **sono affari che non ti riguardano** it's none of your business.

rigu'ardo *sm* (*attenzione*) care; (*considerazione*) regard, respect; **~ a** concerning, with regard to; **per ~ a** out of respect for; **ospite/persona di ~** very important guest/person; **non aver ~i nell'agire/nel parlare** to act/speak freely.

riguar'doso, a *ag* (*rispettoso*) respectful; (*premuroso*) considerate, thoughtful.

rigurgi'tare [rigurdʒi'tare] *vi* (*liquido*): **~ da** to gush out from; (*recipiente: traboccare*): **~ di** to overflow with.

ri'gurgito [ri'gurdʒito] *sm* (*MED*) regurgitation; (*fig: ritorno, risveglio*) revival.

rilanci'are [rilan'tʃare] *vt* (*lanciare di nuovo: gen*) to throw again; (: *moda*) to bring back; (: *prodotto*) to re-launch; **~ un'offerta** (*asta*) to make a higher bid.

ri'lancio [ri'lantʃo] *sm* (*CARTE, di offerta*) raising.

rilasci'are [rilaʃ'ʃare] *vt* (*rimettere in libertà*) to release; (*AMM: documenti*) to issue; (*intervista*) to give; ~ **delle dichiarazioni** to make a statement.

ri'lascio [ri'laʃʃo] *sm* release; issue.

rilassa'mento *sm* (*gen, MED*) relaxation.

rilas'sare *vt* to relax; ~**rsi** *vr* to relax; (*fig: disciplina*) to become slack.

rilassa'tezza [rilassa'tettsa] *sf* (*fig: di costumi, disciplina*) laxity.

rilas'sato, a *ag* (*persona, muscoli*) relaxed; (*disciplina, costumi*) lax.

rile'gare *vt* (*libro*) to bind.

rilega'tura *sf* binding.

ri'leggere [ri'lɛddʒere] *vt* to reread, read again; (*rivedere*) to read over.

ri'lento: a ~ *av* slowly.

ri'letto, a *pp di* **rileggere**.

rilet'tura *sf* (*vedi vt*) rereading; reading over.

rileva'mento *sm* (*topografico, statistico*) survey; (*NAUT*) bearing.

rile'vante *ag* considerable; important.

rile'vanza [rile'vantsa] *sf* importance.

rile'vare *vt* (*ricavare*) to find; (*notare*) to notice; (*mettere in evidenza*) to point out; (*venire a conoscere: notizia*) to learn; (*raccogliere: dati*) to gather, collect; (*TOPOGRAFIA*) to survey; (*MIL*) to relieve; (*COMM*) to take over.

rilevazi'one [rilevat'tsjone] *sf* survey.

rili'evo *sm* (*ARTE, GEO*) relief; (*fig: rilevanza*) importance; (*osservazione*) point, remark; (*TOPOGRAFIA*) survey; **dar** ~ **a o mettere in** ~ **qc** (*fig*) to bring sth out, highlight sth; **di poco/nessun** ~ (*fig*) of little/no importance; **un personaggio di** ~ an important person.

rilut'tante *ag* reluctant.

rilut'tanza [rilut'tantsa] *sf* reluctance.

'rima *sf* rhyme; (*verso*) verse; **far** ~ **con** to rhyme with; **rispondere a qn per le** ~**e** to give sb tit for tat.

riman'dare *vt* to send again; (*restituire, rinviare*) to send back, return; (*differire*): ~ **qc (a)** to postpone sth *o* put sth off (till); (*fare riferimento*): ~ **qn a** to refer sb to; **essere rimandato** (*INS*) to have to resit one's exams.

ri'mando *sm* (*rinvio*) return; (*dilazione*) postponement; (*riferimento*) cross-reference.

rimaneggi'are [rimaned'dʒare] *vt* (*testo*) to reshape, recast; (*POL*) to reshuffle.

rima'nente *ag* remaining ♦ *sm* rest, remainder; **i** ~**i** (*persone*) the rest of them, the others.

rima'nenza [rima'nɛntsa] *sf* rest, remainder; ~**e** *sfpl* (*COMM*) unsold stock *sg*.

rima'nere *vi* (*restare*) to remain, stay; (*avanzare*) to be left, remain; (*restare stupito*) to be amazed; (*restare, mancare*): **rimangono poche settimane a Pasqua** there are only a few weeks left till Easter; (*diventare*): ~ **vedovo** to be left a widower; (*trovarsi*): ~ **confuso/sorpreso** to be confused/surprised; **rimane da vedere se** it remains to be seen whether.

rimangi'are [riman'dʒare] *vt* to eat again; ~**rsi la parola/una promessa** (*fig*) to go back on one's word/one's promise.

ri'mango *etc vb vedi* **rimanere**.

ri'mare *vt, vi* to rhyme.

rimargi'nare [rimardʒi'nare] *vt, vi* (*anche*: ~**rsi**) to heal.

ri'masto, a *pp di* **rimanere**.

rima'sugli [rima'suʎʎi] *smpl* leftovers.

rimbal'zare [rimbal'tsare] *vi* to bounce back, rebound; (*proiettile*) to ricochet.

rim'balzo [rim'baltso] *sm* rebound; ricochet.

rimbam'bire *vi* to be in one's dotage; (*rincretinire*) to grow foolish.

rimbam'bito, a *ag* senile, gaga (*fam*); **un vecchio** ~ a doddering old man.

rimbec'care *vt* (*persona*) to answer back; (*offesa*) to return.

rimbecil'lire [rimbetʃil'lire] *vi*, ~**rsi** *vr* to become stupid.

rimboc'care *vt* (*orlo*) to turn up; (*coperta*) to tuck in; (*maniche, pantaloni*) to turn *o* roll up.

rimbom'bare *vi* to resound; (*artiglieria*) to boom; (*tuono*) to rumble.

rim'bombo *sm* (*vedi vi*) boom; rumble.

rimbor'sare *vt* to pay back, repay; ~ **qc a qn** to reimburse sb for sth.

rim'borso *sm* repayment; (*di spese, biglietto*) refund; ~ **d'imposta** tax rebate.

rimboschi'mento [rimboski'mento] *sm* reafforestation.

rimbos'chire [rimbos'kire] *vt* to reafforest.

rimbrot'tare *vt* to reproach.

rim'brotto *sm* reproach.

rimedi'are *vi*: ~ **a** to remedy ♦ *vt* (*fam: procurarsi*) to get *o* scrape together; ~ **da vivere** to scrape a living.

ri'medio *sm* (*medicina*) medicine; (*cura, fig*) remedy, cure; **porre** ~ **a qc** to remedy sth; **non c'è** ~ there's no way out, there's nothing to be done about it.

rimesco'lare *vt* to mix well, stir well; (*carte*) to shuffle; **sentirsi** ~ **il sangue** (*per* *rabbia*) to feel one's blood boil.

ri'messa *sf* (*locale: per veicoli*) garage; (: *per aerei*) hangar; (*COMM: di merce*) consignment; (: *di denaro*) remittance; (*TENNIS*) return; (*CALCIO: anche:* ~ **in gioco**) throw-in.

ri'messo, a *pp di* **rimettere.**

rimes'tare *vt* (*mescolare*) to mix well, stir well; (*fig: passato*) to drag up again.

ri'mettere *vt* (*mettere di nuovo*) to put back; (*indossare di nuovo*): ~ **qc** to put sth back on, put sth on again; (*restituire*) to return, give back; (*affidare*) to entrust; (: *decisione*) to refer; (*condonare*) to remit; (*COMM: merci*) to deliver; (: *denaro*) to remit; (*vomitare*) to bring up; (*perdere*: *anche:* **rimetterci**) to lose; ~**rsi** *vr*: ~**rsi a** (*affidarsi*) to trust; ~ **a nuovo** (*casa etc*) to do up (*BRIT*) *o* over (*US*); **rimetterci di tasca propria** to be out of pocket; ~**rsi al bello** (*tempo*) to clear up; ~**rsi in cammino** to set off again; ~**rsi al lavoro** to start working again; ~**rsi in salute** to get better, recover one's health.

rimi'nese *ag* of (*o* from) Rimini.

ri'misi *etc vb vedi* **rimettere.**

'rimmel ® *sm inv* mascara.

rimoderna'mento *sm* modernization.

rimoder'nare *vt* to modernize.

ri'monta *sf* (*SPORT, gen*) recovery.

rimon'tare *vt* (*meccanismo*) to reassemble; (*tenda*) to put up again ♦ *vi* (*salire di nuovo*): ~ **in** (*macchina, treno*) to get back into; (*SPORT*) to close the gap.

rimorchi'are [rimor'kjare] *vt* to tow; (*fig: ragazza*) to pick up.

rimorchia'tore [rimorkja'tore] *sm* (*NAUT*) tug(boat).

ri'morchio [ri'mɔrkjo] *sm* tow; (*veicolo*) trailer; **andare a** ~ to be towed; **prendere a** ~ to tow; **cavo da** ~ towrope; **autocarro con** ~ articulated lorry (*BRIT*), semi(trailer) (*US*).

ri'morso *sm* remorse; **avere il** ~ **di aver fatto qc** to deeply regret having done sth.

ri'mosso, a *pp di* **rimuovere.**

rimos'tranza [rimos'trantsa] *sf* protest, complaint; **fare le proprie** ~**e a qn** to remonstrate with sb.

rimozi'one [rimot'tsjone] *sf* removal; (*da un impiego*) dismissal; (*PSIC*) repression; "~ **forzata**" "illegally parked vehicles will be removed at owner's expense".

rimpas'tare *vt* (*POL: ministero*) to reshuffle.

rim'pasto *sm* (*POL*) reshuffle; ~ **ministeriale** cabinet reshuffle.

rimpatri'are *vi* to return home ♦ *vt* to repatriate.

rim'patrio *sm* repatriation.

rimpi'angere [rim'pjandʒere] *vt* to regret; (*persona*) to miss; ~ **di (non) aver fatto qc** to regret (not) having done sth.

rimpi'anto, a *pp di* **rimpiangere** ♦ *sm* regret.

rimpiat'tino *sm* hide-and-seek.

rimpiaz'zare [rimpjat'tsare] *vt* to replace.

rimpiccio'lire [rimpittʃo'lire] *vt* to make smaller ♦ *vi* (*anche:* ~**rsi**) to become smaller.

rimpin'zare [rimpin'tsare] *vt*: ~ **di** to cram *o* stuff with.

rimprove'rare *vt* to rebuke, reprimand.

rim'provero *sm* rebuke, reprimand; **di** ~ (*tono, occhiata*) reproachful; (*parole*) of reproach.

rimugi'nare [rimudʒi'nare] *vt* (*fig*) to turn over in one's mind.

rimune'rare *vt* (*retribuire*) to remunerate; (*ricompensare: sacrificio etc*) to reward; **un lavoro ben rimunerato** a well-paid job.

rimunera'tivo, a *ag* (*lavoro, attività*) remunerative, profitable.

rimunerazi'one [rimunerat'tsjone] *sf* remuneration; (*premio*) reward.

rimu'overe *vt* to remove; (*destituire*) to dismiss; (*fig: distogliere*) to dissuade.

rinascimen'tale [rinaʃʃimen'tale] *ag* Renaissance *cpd*, of the Renaissance.

Rinasci'mento [rinaʃʃi'mento] *sm*: **il** ~ the Renaissance.

ri'nascita [ri'naʃʃita] *sf* rebirth, revival.

rincal'zare [rinkal'tsare] *vt* (*palo, albero*) to support, prop up; (*lenzuola*) to tuck in.

rin'calzo [rin'kaltso] *sm* support, prop; (*rinforzo*) reinforcement; (*SPORT*) reserve (player); ~**i** *smpl* (*MIL*) reserves.

rinca'rare *vt* to increase the price of ♦ *vi* to go up, become more expensive; ~ **la dose** (*fig*) to pile it on.

rin'caro *sm*: ~ (**di**) (*prezzi, costo della vita*) increase (in); (*prodotto*) increase in the price (of).

rinca'sare *vi* to go home.

rinchi'udere [rin'kjudere] *vt* to shut (*o* lock) up; ~**rsi** *vr*: ~**rsi in** to shut o.s. up in; ~**rsi in se stesso** to withdraw into o.s.

rinchi'uso, a [rin'kjuso] *pp di* **rinchiudere.**

rincitrul'lirsi [rintʃitrul'lirsi] *vr* to grow foolish.

rin'correre *vt* to chase, run after.

rin'corso, a *pp di* **rincorrere** ♦ *sf* short run.

rin'crescere [rin'kreʃʃere] *vb impers*: **mi rincresce che/di non poter fare** I'm sorry that/I can't do, I regret that/being unable to do.

rincresci'mento [rinkreʃʃi'mento] *sm*

regret.

rincresci'uto, a [rinkreʃ'ʃuto] *pp di*
rincrescere.

rincu'lare *vi* to draw back; (*arma*) to recoil.

rinfacci'are [rinfat't∫are] *vt* (*fig*): ~ qc a qn
to throw sth in sb's face.

rinfoco'lare *vt* (*fig: odio, passioni*) to
rekindle; (*: risentimento, rabbia*) to stir up.

rinfor'zare [rinfor'tsare] *vt* to reinforce,
strengthen ♦ *vi* (*anche: ~rsi*) to grow
stronger.

rin'forzo [rin'fɔrtso] *sm*: **mettere un ~ a** to
strengthen; **~i** *smpl* (*MIL*) reinforcements;
di ~ (*asse, sbarra*) strengthening;
(*esercito*) supporting; (*personale*) extra,
additional.

rinfran'care *vt* to encourage, reassure.

rinfres'cante *ag* (*bibita*) refreshing.

rinfres'care *vt* (*atmosfera, temperatura*) to
cool (down); (*abito, pareti*) to freshen up
♦ *vi* (*tempo*) to grow cooler; **~rsi** *vr*
(*ristorarsi*) to refresh o.s.; (*lavarsi*) to
freshen up; **~ la memoria a qn** to refresh
sb's memory.

rin'fresco, schi *sm* (*festa*) party; **~schi** *smpl*
(*cibi e bevande*) refreshments.

rin'fusa *sf*: **alla ~** in confusion, higgledy-
piggledy.

ringhi'are [rin'gjare] *vi* to growl, snarl.

ringhi'era [rin'gjɛra] *sf* railing; (*delle scale*)
banister(s *pl*).

'ringhio ['ringjo] *sm* growl, snarl.

ringhi'oso, a [rin'gjoso] *ag* growling,
snarling.

ringiova'nire [rindʒova'nire] *vt* (*sog: vestito,
acconciatura etc*): **~ qn** to make sb look
younger; (*: vacanze etc*) to rejuvenate ♦ *vi*
(*anche: ~rsi*) to become (*o* look) younger.

ringrazia'mento [ringrattsja'mento] *sm*
thanks *pl*; **lettera/biglietto di ~** thank you
letter/card.

ringrazi'are [ringrat'tsjare] *vt* to thank; **~
qn di qc** to thank sb for sth; **~ qn per aver
fatto qc** to thank sb for doing sth.

rinne'gare *vt* (*fede*) to renounce; (*figlio*) to
disown, repudiate.

rinne'gato, a *sm/f* renegade.

rinnova'mento *sm* renewal; (*economico*)
revival.

rinno'vare *vt* to renew; (*ripetere*) to repeat,
renew; **~rsi** *vr* (*fenomeno*) to be repeated,
recur.

rin'novo *sm* (*di contratto*) renewal; **"chiuso
per ~ (dei) locali"** (*negozio*) "closed for
alterations".

rinoce'ronte [rinotʃe'ronte] *sm* rhinoceros.

rino'mato, a *ag* renowned, celebrated.

rinsal'dare *vt* to strengthen.

rinsa'vire *vi* to come to one's senses.

rinsec'chito, a [rinsek'kito] *ag* (*vecchio,
albero*) thin, gaunt.

rinta'narsi *vr* (*animale*) to go into its den;
(*persona: nascondersi*) to hide.

rintoc'care *vi* (*campana*) to toll; (*orologio*)
to strike.

rin'tocco, chi *sm* toll.

rintracci'are [rintrat't∫are] *vt* to track
down; (*persona scomparsa, documento*) to
trace.

rintro'nare *vi* to boom, roar ♦ *vt* (*assordare*)
to deafen; (*stordire*) to stun.

rintuz'zare [rintut'tsare] *vt* (*fig: sentimento*)
to check, repress; (*: accusa*) to refute.

ri'nuncia [ri'nunt∫a] *sf* renunciation; **~ a**
(*carica*) resignation from; (*eredità*)
relinquishment of; **~ agli atti del giudizio**
(*DIR*) abandonment of a claim.

rinunci'are [rinun't∫are] *vi*: **~ a** to give up,
renounce; **~ a fare qc** to give up doing
sth.

rinuncia'tario, a [rinunt∫a'tarjo] *ag*
defeatist.

ri'nunzia *etc* [ri'nuntsja] = **rinuncia** *etc*.

rinveni'mento *sm* (*ritrovamento*) recovery;
(*scoperta*) discovery; (*METALLURGIA*)
tempering.

rinve'nire *vt* to find, recover; (*scoprire*) to
discover, find out ♦ *vi* (*riprendere i sensi*) to
come round; (*riprendere l'aspetto naturale*)
to revive.

rinve'nuto, a *pp di* **rinvenire**.

rinver'dire *vi* (*bosco, ramo*) to become
green again.

rinvi'are *vt* (*rimandare indietro*) to send
back, return; (*differire*): **~ qc (a)** to
postpone sth *o* put sth off (till); (*: seduta*)
to adjourn sth (till); (*fare un rimando*):
~ qn a to refer sb to; **~ a giudizio** (*DIR*) to
commit for trial.

rinvigo'rire *vt* to strengthen.

rin'vio, 'vii *sm* (*rimando*) return;
(*differimento*) postponement; (*: di seduta*)
adjournment; (*in un testo*) cross-
reference; **~ a giudizio** (*DIR*) indictment.

riò *etc vb vedi* **riavere**.

'Rio de Ja'neiro ['riodedʒa'neiro] *sf* Rio de
Janeiro.

rio'nale *ag* (*mercato, cinema*) local, district
cpd.

ri'one *sm* district, quarter.

riordina'mento *sm* (*di ente, azienda*)
reorganization.

riordi'nare *vt* (*rimettere in ordine*) to tidy;
(*riorganizzare*) to reorganize.

riorganiz'zare [riorganid'dzare] *vt* to
reorganize.

riorganizzazi'one [riorganiddzat'tsjone] *sf* reorganization.

ripa'gare *vt* to repay.

ripa'rare *vt* (*proteggere*) to protect, defend; (*correggere: male, torto*) to make up for; (: *errore*) to put right; (*aggiustare*) to repair ♦ *vi* (*mettere rimedio*): ~ **a** to make up for; ~**rsi** *vr* (*rifugiarsi*) to take refuge *o* shelter.

ripa'rato, a *ag* (*posto*) sheltered.

riparazi'one [riparat'tsjone] *sf* (*di un torto*) reparation; (*di guasto, scarpe*) repairing *no pl*; repair; (*risarcimento*) compensation; (*INS*): **esame di** ~ resit (*BRIT*), test retake (*US*).

ri'paro *sm* (*protezione*) shelter, protection; (*rimedio*) remedy; **al** ~ **da** (*sole, vento*) sheltered from; **mettersi al** ~ to take shelter; **correre ai** ~**i** (*fig*) to take remedial action.

ripar'tire *vt* (*dividere*) to divide up; (*distribuire*) to share out, distribute ♦ *vi* to leave again; (*motore*) to start again.

ripartizi'one [ripartit'tsjone] *sf* division; sharing out, distribution; (*AMM: dipartimento*) department.

ripas'sare *vi* to come (*o* go) back ♦ *vt* (*scritto, lezione*) to go over (again).

ri'passo *sm* (*di lezione*) revision (*BRIT*), review (*US*).

ripensa'mento *sm* second thoughts *pl* (*BRIT*), change of mind; **avere un** ~ to have second thoughts, change one's mind.

ripen'sare *vi* to think; (*cambiare idea*) to change one's mind; (*tornare col pensiero*): ~ **a** to recall; **a ripensarci** ... on thinking it over ....

riper'correre *vt* (*itinerario*) to travel over again; (*strada*) to go along again; (*fig: ricordi, passato*) to go back over.

riper'corso, a *pp di* **ripercorrere.**

riper'cosso, a *pp di* **ripercuotersi.**

ripercu'otersi *vr*: ~ **su** (*fig*) to have repercussions on.

ripercussi'one *sf* (*fig*): **avere una** ~ *o* **delle** ~**i su** to have repercussions on.

ripes'care *vt* (*pesce*) to catch again; (*persona, cosa*) to fish out; (*fig: ritrovare*) to dig out.

ripe'tente *sm/f* student repeating the year, repeater (*US*).

ri'petere *vt* to repeat; (*ripassare*) to go over.

ripeti'tore *sm* (*RADIO, TV*) relay.

ripetizi'one [ripetit'tsjone] *sf* repetition; (*di lezione*) revision; ~**i** *sfpl* (*INS*) private tutoring *o* coaching *sg*; **fucile a** ~

repeating rifle.

ripetuta'mente *av* repeatedly, again and again.

ripi'ano *sm* (*GEO*) terrace; (*di mobile*) shelf.

ri'picca *sf*: **per** ~ out of spite.

'**ripido, a** *ag* steep.

ripiega'mento *sm* (*MIL*) retreat.

ripie'gare *vt* to refold; (*piegare più volte*) to fold (up) ♦ *vi* (*MIL*) to retreat, fall back; (*fig: accontentarsi*): ~ **su** to make do with; ~**rsi** *vr* to bend.

ripi'ego, ghi *sm* expedient; **una soluzione di** ~ a makeshift solution.

ripi'eno, a *ag* full; (*CUC*) stuffed; (: *panino*) filled ♦ *sm* (*CUC*) stuffing.

ri'pone, ri'pongo *etc vb vedi* **riporre.**

ri'porre *vt* (*porre al suo posto*) to put back, replace; (*mettere via*) to put away; (*fiducia, speranza*): ~ **qc in qn** to place *o* put sth in sb.

ripor'tare *vt* (*portare indietro*) to bring (*o* take) back; (*riferire*) to report; (*citare*) to quote; (*ricevere*) to receive, get; (*vittoria*) to gain; (*successo*) to have; (*MAT*) to carry; (*COMM*) to carry forward; ~**rsi** *vr*: ~**rsi a** (*anche fig*) to go back to; (*riferirsi a*) to refer to; ~ **danni** to suffer damage; **ha riportato gravi ferite** he was seriously injured.

ri'porto *sm* amount carried over; amount carried forward.

ripo'sante *ag* (*gen*) restful; (*musica, colore*) soothing.

ripo'sare *vt* (*bicchiere, valigia*) to put down; (*dare sollievo*) to rest ♦ *vi* to rest; ~**rsi** *vr* to rest; **qui riposa** ... (*su tomba*) here lies ....

ripo'sato, a *ag* (*viso, aspetto*) rested; (*mente*) fresh.

ri'posi *etc vb vedi* **riporre.**

ri'poso *sm* rest; (*MIL*): ~**!** at ease!; **a** ~ (*in pensione*) retired; **giorno di** ~ day off; "**oggi** ~" (*CINE, TEAT*) "no performance today"; (*ristorante*) "closed today".

ripos'tiglio [ripos'tiʎʎo] *sm* lumber room (*BRIT*), storage room (*US*).

ri'posto, a *pp di* **riporre** ♦ *ag* (*fig: senso, significato*) hidden.

ri'prendere *vt* (*prigioniero, fortezza*) to recapture; (*prendere indietro*) to take back; (*ricominciare: lavoro*) to resume; (*andare a prendere*) to fetch, come back for; (*assumere di nuovo: impiegati*) to take on again, re-employ; (*rimproverare*) to tell off; (*restringere: abito*) to take in; (*CINE*) to shoot; ~**rsi** *vr* to recover; (*correggersi*) to correct o.s.; ~ **a fare qc** to start doing sth again; ~ **il cammino** to set off again; ~ **i sensi** to recover consciousness; ~ **sonno**

ripresentare – riscontrare

to go back to sleep.

ripresen'tare vt (certificato) to submit again; (domanda) to put forward again; ~**rsi** vr (persona) to introduce again; ~**rsi** vr (ritornare: persona) to come back; (: occasione) to arise again; ~**rsi a** (esame) to sit (BRIT) o take (US) again; (concorso) to enter again; ~**rsi come candidato** (POL) to stand (BRIT) o run (US) again (as a candidate).

ri'preso, a pp di **riprendere** ♦ sf recapture; resumption; (economica, da malattia, emozione) recovery; (AUT) acceleration no pl; (TEAT, CINE) rerun; (CINE: presa) shooting no pl; shot; (SPORT) second half; (: PUGILATO) round; **a più ~e** on several occasions, several times.

ripristi'nare vt to restore.

ri'pristino sm (gen) restoration; (di tradizioni) revival.

ripro'dotto, a pp di **riprodurre**.

ripro'durre vt to reproduce; **riprodursi** vr (BIOL) to reproduce; (riformarsi) to form again.

riprodut'tivo, a ag reproductive.

riprodut'tore, 'trice ag (organo) reproductive ♦ sm: ~ **acustico** pick-up; ~ **a cassetta** cassette player.

riproduzi'one [riprodut'tsjone] sf reproduction; ~ **vietata** all rights reserved.

ripro'messo, a pp di **ripromettersi**.

ripro'mettersi vt (aspettarsi): ~ **qc da** to expect sth from; (intendere): ~ **di fare qc** to intend to do sth.

ripro'porre vt: **riproporsi di fare qc** to intend to do sth.

ripro'posto, a pp di **riproporre**.

ri'prova sf confirmation; **a ~ di** as confirmation of.

ripro'vare vt (provare di nuovo: gen) to try again; (: vestito) to try on again; (: sensazione) to experience again ♦ vi (tentare): ~ **(a fare qc)** to try (to do sth) again; **riproverò più tardi** I'll try again later.

ripro'vevole ag reprehensible.

ripudi'are vt to repudiate, disown.

ri'pudio sm repudiation, disowning.

ripu'gnante [ripuɲ'ɲante] ag disgusting, repulsive.

ripu'gnanza [ripuɲ'ɲantsa] sf repugnance, disgust.

ripu'gnare [ripuɲ'ɲare] vi: ~ **a qn** to repel o disgust sb.

ripu'lire vt to clean up; (sog: ladri) to clean out; (perfezionare) to polish, refine.

ripulsi'one sf (FISICA, fig) repulsion.

ri'quadro sm square; (ARCHIT) panel.

ri'sacca, che sf backwash.

ri'saia sf paddy field.

risa'lire vi (ritornare in su) to go back up; ~ **a** (ritornare con la mente) to go back to; (datare da) to date back to, go back to.

risa'lita sf: **mezzi di ~** (SCI) ski lifts.

risal'tare vi (fig: distinguersi) to stand out; (ARCHIT) to project, jut out.

ri'salto sm prominence; (sporgenza) projection; **mettere** o **porre in ~ qc** to make sth stand out.

risana'mento sm (economico) improvement; (bonifica) reclamation; ~ **del bilancio** reorganization of the budget; ~ **edilizio** building improvement.

risa'nare vt (guarire) to heal, cure; (palude) to reclaim; (economia) to improve; (bilancio) to reorganize.

risa'pere vt: ~ **qc** to come to know of sth.

risa'puto, a ag: **è ~ che** ... everyone knows that ..., it's common knowledge that ....

risarci'mento [risartʃi'mento] sm: ~ **(di)** compensation (for); **aver diritto al ~ dei danni** to be entitled to damages.

risar'cire [risar'tʃire] vt (cose) to pay compensation for; (persona): ~ **qn di qc** to compensate sb for sth; ~ **i danni a qn** to pay sb damages.

ri'sata sf laugh.

riscalda'mento sm heating; ~ **centrale** central heating.

riscal'dare vt (scaldare) to heat; (: mani, persona) to warm; (minestra) to reheat; ~**rsi** vr to warm up.

ris'caldo sm (fam) (slight) inflammation.

riscat'tare vt (prigioniero) to ransom, pay a ransom for; (DIR) to redeem; ~**rsi** vr (da disonore) to redeem o.s.

ris'catto sm ransom; redemption.

rischia'rare [riskja'rare] vt (illuminare) to light up; (colore) to make lighter; ~**rsi** vr (tempo) to clear up; (cielo) to clear; (fig: volto) to brighten up; ~**rsi la voce** to clear one's throat.

rischi'are [ris'kjare] vt to risk ♦ vi: ~ **di fare qc** to risk o run the risk of doing sth.

'rischio ['riskjo] sm risk; **a ~** (zona, situazione) at risk, vulnerable; **a proprio ~ e pericolo** at one's own risk; **correre il ~ di fare qc** to run the risk of doing sth; ~ **del mestiere** occupational hazard.

rischi'oso, a [ris'kjoso] ag risky, dangerous.

risciac'quare [riʃʃak'kware] vt to rinse.

risci'acquo [riʃ'ʃakkwo] sm rinse.

riscon'trare vt (confrontare: due cose) to compare; (esaminare) to check, verify;

(*rilevare*) to find.

ris'contro *sm* comparison; check, verification; (*AMM: lettera di risposta*) reply; **mettere a** ~ to compare; **in attesa di un vostro cortese** ~ we look forward to your reply.

risco'perto, a *pp di* **riscoprire.**

risco'prire *vt* to rediscover.

riscossi'one *sf* collection.

ris'cosso, a *pp di* **riscuotere** ♦ *sf* (*riconquista*) recovery, reconquest.

riscu'otere *vt* (*ritirare una somma dovuta*) to collect; (: *stipendio*) to draw, collect; (*fig: successo etc*) to win, earn; ~**rsi** *vr:* ~**rsi (da)** to shake o.s. (out of), rouse o.s. (from); ~ **un assegno** to cash a cheque.

'rise *etc vb vedi* **ridere.**

risenti'mento *sm* resentment.

risen'tire *vt* to hear again; (*provare*) to feel ♦ *vi:* ~ **di** to feel (*o* show) the effects of; ~**rsi** *vr:* ~**rsi di** *o* **per** to take offence (*BRIT*) *o* offense (*US*) at, resent.

risen'tito, a *ag* resentful.

ri'serbo *sm* reserve.

ri'serva *sf* reserve; (*di caccia, pesca*) preserve; (*restrizione, di indigeni*) reservation; **fare** ~ **di** (*cibo*) to get in a supply of; **tenere di** ~ to keep in reserve; **con le dovute** ~**e** with certain reservations; **ha accettato con la** ~ **di potersi ritirare** he accepted with the proviso that he could pull out.

riser'vare *vt* (*tenere in serbo*) to keep, put aside; (*prenotare*) to book, reserve; ~**rsi** *vr:* ~**rsi di fare qc** to intend to do sth; ~**rsi il diritto di fare qc** to reserve the right to do sth.

riserva'tezza [riserva'tettsa] *sf* reserve.

riser'vato, a *ag* (*prenotato, fig: persona*) reserved; (*confidenziale*) confidential; (*lettera, informazione*) confidential.

'risi *etc vb vedi* **ridere.**

ri'sibile *ag* laughable.

risi'cato, a *ag* (*vittoria etc*) very narrow.

risi'edere *vi:* ~ **a** *o* **in** to reside in.

'risma *sf* (*di carta*) ream; (*fig*) kind, sort.

'riso, a *pp di* **ridere** ♦ *sm* (*pianta*) rice; (*pl(f)* ~**a:** *il ridere*) **un** ~ a laugh; **il** ~ laughter; **uno scoppio di** ~**a** a burst of laughter.

riso'lino *sm* snigger.

risolle'vare *vt* (*sollevare di nuovo: testa*) to raise again, lift up again; (*fig: questione*) to raise again, bring up again; (: *morale*) to raise; ~**rsi** *vr* (*da terra*) to rise again; (*fig: da malattia*) to recover; ~ **le sorti di qc** to improve the chances of sth.

ri'solsi *etc vb vedi* **risolvere.**

ri'solto, a *pp di* **risolvere.**

risolu'tezza [risolu'tettsa] *sf* determination.

risolu'tivo, a *ag* (*determinante*) decisive; (*che risolve*): **arrivare ad una formula** ~**a** to come up with a formula to resolve a situation.

riso'luto, a *ag* determined, resolute.

risoluzi'one [risolut'tsjone] *sf* solving *no pl*; (*MAT*) solution; (*decisione, di immagine*) resolution; (*DIR: di contratto*) annulment, cancellation.

ri'solvere *vt* (*difficoltà, controversia*) to resolve; (*problema*) to solve; (*decidere*): ~ **di fare** to resolve to do; ~**rsi** *vr* (*decidersi*): ~**rsi a fare** to make up one's mind to do; (*andare a finire*): ~**rsi in** to end up, turn out; ~**rsi in nulla** to come to nothing.

risol'vibile *ag* solvable.

riso'nanza [riso'nantsa] *sf* resonance; **aver vasta** ~ (*fig: fatto etc*) to be known far and wide.

riso'nare *vt, vi* = **risuonare.**

ri'sorgere [ri'sordʒere] *vi* to rise again.

risorgimen'tale [risordʒimen'tale] *ag* of the Risorgimento.

risorgi'mento [risordʒi'mento] *sm* revival; **il R**~ (*STORIA*) the Risorgimento.

The **Risorgimento**, *which began in the early nineteenth century and ended in 1861, with the proclamation of the Kingdom of Italy, was a period of great upheaval and change. Political and personal freedom took on a new importance under the influence of the events of the French Revolution. It eventually led to the unification of Italy in 1871.*

---

ri'sorsa *sf* expedient, resort; ~**e** *sfpl* (*naturali, finanziarie etc*) resources; **persona piena di** ~**e** resourceful person.

ri'sorsi *etc vb vedi* **risorgere.**

ri'sorto, a *pp di* **risorgere.**

ri'sotto *sm* (*CUC*) risotto.

risparmi'are *vt* to save; (*non uccidere*) to spare ♦ *vi* to save; ~ **qc a qn** to spare sb sth; ~ **fatica/fiato** to save one's energy/breath; **risparmiati il disturbo** *o* **la fatica** (*anche ironico*) save yourself the trouble.

risparmia'tore, 'trice *sm/f* saver.

ris'parmio *sm* saving *no pl*; (*denaro*) savings *pl.*

rispecchi'are [rispek'kjare] *vt* to reflect; ~**rsi** *vr* to be reflected.

rispe'dire *vt* to send back; ~ **qc a qn** to send sth back to sb.

rispet'tabile *ag* respectable; (*considerevole: somma*) sizeable, considerable.

rispet'tare *vt* to respect; (*legge*) to obey, comply with, abide by; (*promessa*) to keep; **farsi** ~ to command respect; ~ **le distanze** to keep one's distance; ~ **i tempi** to keep to schedule; **ogni medico che si rispetti** every self-respecting doctor.

rispettiva'mente *av* respectively.

rispet'tivo, a *ag* respective.

ris'petto *sm* respect; ~**i** *smpl* (*saluti*) respects, regards; ~ **a** (*in paragone a*) compared to; (*in relazione a*) as regards, as for; ~ **(di o per)** (*norme, leggi*) observance (of), compliance (with); **portare** ~ **a qn/qc** to have o feel respect for sb/sth; **mancare di** ~ **a qn** to be disrespectful to sb; **con** ~ **parlando** with respect, if you will excuse my saying so; **(porga) i miei** ~**i alla signora** (give) my regards to your wife.

rispet'toso, a *ag* respectful.

risplen'dente *ag* (*giornata, sole*) bright, shining; (*occhi*) sparkling.

ris'plendere *vi* to shine.

rispon'dente *ag*: ~ **a** in keeping o conformity with.

rispon'denza [rispon'dɛntsa] *sf* correspondence.

ris'pondere *vi* to answer, reply; (*freni*) to respond; ~ **a** (*domanda*) to answer, reply to; (*persona*) to answer; (*invito*) to reply to; (*provocazione, sog: veicolo, apparecchio*) to respond to; (*corrispondere a*) to correspond to; (*: speranze, bisogno*) to answer; ~ **a qn di qc** (*essere responsabile*) to be answerable to sb for sth.

rispo'sarsi *vr* to get married again, remarry.

ris'posto, a *pp di* **rispondere** ♦ *sf* answer, reply; **in** ~**a a** in reply to; **dare una** ~**a** to give an answer; **diamo** ~**a alla vostra lettera del** ... in reply to your letter of ....

'rissa *sf* brawl.

ris'soso, a *ag* quarrelsome.

rist. *abbr* = **ristampa**.

ristabi'lire *vt* to re-establish, restore; (*persona: sog: riposo etc*) to restore to health; ~**rsi** *vr* to recover.

rista'gnare [ristaɲ'ɲare] *vi* (*acqua*) to become stagnant; (*sangue*) to cease flowing; (*fig: industria*) to stagnate.

ris'tagno [ris'taɲɲo] *sm* stagnation; **c'è un** ~ **delle vendite** business is slack.

ris'tampa *sf* reprinting *no pl*; reprint.

ristam'pare *vt* to reprint.

risto'rante *sm* restaurant.

risto'rare *vt* (*persona, forze*) to revive, refresh; ~**rsi** *vr* (*rifocillarsi*) to have

something to eat and drink; (*riposarsi*) to rest, have a rest.

ristora'tore, 'trice *ag* refreshing, reviving ♦ *sm* (*gestore di ristorante*) restaurateur.

ris'toro *sm* (*bevanda, cibo*) refreshment; **posto di** ~ (*FERR*) buffet, snack bar; **servizio di** ~ (*FERR*) refreshments *pl*.

ristret'tezza [ristret'tettsa] *sf* (*strettezza*) narrowness; (*fig: scarsezza*) scarcity, lack; (*: meschinità*) meanness; ~**e** *sfpl* (*povertà*) poverty *sg*.

ris'tretto, a *pp di* **restringere** ♦ *ag* (*racchiuso*) enclosed, hemmed in; (*angusto*) narrow; (*limitato*): ~ **(a)** restricted o limited (to); (*CUC: brodo*) thick; (*: caffè*) extra strong.

ristruttu'rare *vt* (*azienda*) to reorganize; (*edificio*) to restore; (*appartamento*) to alter; (*sog: crema, balsamo*) to repair.

ristrutturazi'one [ristrutturat'tsjone] *sf* reorganization; restoration; alteration.

risucchi'are [risuk'kjare] *vt* to suck in.

ri'succhio [ri'sukkjo] *sm* (*di acqua*) undertow, pull; (*di aria*) suction.

risul'tare *vi* (*dimostrarsi*) to prove (to be), turn out (to be); (*riuscire*): ~ **vincitore** to emerge as the winner; ~ **da** (*provenire*) to result from, be the result of; **mi risulta che** ... I understand that ..., as far as I know ...; **(ne) risulta che** ... it follows that ...; **non mi risulta** not as far as I know.

risul'tato *sm* result.

risuo'nare *vi* (*rimbombare*) to resound.

risurrezi'one [risurret'tsjone] *sf* (*REL*) resurrection.

risusci'tare [risuʃʃi'tare] *vt* to resuscitate, restore to life; (*fig*) to revive, bring back ♦ *vi* to rise (from the dead).

risvegli'are [rizveʎ'ʎare] *vt* (*gen*) to wake up, waken; (*fig: interesse*) to stir up, arouse; (*: curiosità*) to arouse; (*fig: dall'inerzia etc*): ~ **qn (da)** to rouse sb (from); ~**rsi** *vr* to wake up, awaken; (*fig: interesse, curiosità*) to be aroused.

ris'veglio [riz'veʎʎo] *sm* waking up; (*fig*) revival.

ris'volto *sm* (*di giacca*) lapel; (*di pantaloni*) turn-up (*BRIT*), cuff (*US*); (*di manica*) cuff; (*di tasca*) flap; (*di libro*) inside flap; (*fig*) implication.

ritagli'are [ritaʎ'ʎare] *vt* (*tagliar via*) to cut out.

ri'taglio [ri'taʎʎo] *sm* (*di giornale*) cutting, clipping; (*di stoffa etc*) scrap; **nei** ~**i di tempo** in one's spare time.

ritar'dare *vi* (*persona, treno*) to be late; (*orologio*) to be slow ♦ *vt* (*rallentare*) to slow down; (*impedire*) to delay, hold up;

(*differire*) to postpone, delay; ~ **il pagamento** to defer payment.

ritarda'tario, a *sm/f* latecomer.

ritar'dato, a *ag* (*PSIC*) retarded.

ri'tardo *sm* delay; (*di persona aspettata*) lateness *no pl*; (*fig: mentale*) backwardness; **in** ~ late.

ri'tegno [ri'teɲɲo] *sm* restraint.

ritem'prare *vt* (*forze, spirito*) to restore.

rite'nere *vt* (*trattenere*) to hold back; (: *somma*) to deduct; (*giudicare*) to consider, believe.

ri'tengo, ri'tenni *etc vb vedi* **ritenere**.

riten'tare *vt* to try again, make another attempt at.

rite'nuta *sf* (*sul salario*) deduction; ~ **d'acconto** advance deduction of tax; ~ **alla fonte** (*FISCO*) taxation at source.

riterrò, riti'ene *etc vb vedi* **ritenere**.

riti'rare *vt* to withdraw; (*POL: richiamare*) to recall; (*andare a prendere: pacco etc*) to collect, pick up; ~**rsi** *vr* to withdraw; (*da un'attività*) to retire; (*stoffa*) to shrink; (*marea*) to recede; **gli hanno ritirato la patente** they disqualified him from driving (*BRIT*), they took away his licence (*BRIT*) *o* license (*US*); ~**rsi a vita privata** to withdraw from public life.

riti'rata *sf* (*MIL*) retreat; (*latrina*) lavatory.

riti'rato, a *ag* secluded; **fare vita** ~**a** to live in seclusion.

ri'tiro *sm* (*di truppe, candidati, soldi*) withdrawal; (*di pacchi*) collection; (*di passaporto*) confiscation; (*da attività*) retirement; (*luogo appartato*) retreat.

rit'mato, a *ag* rhythmic(al).

'ritmico, a, ci, che *ag* rhythmic(al).

'ritmo *sm* rhythm; (*fig*) rate; (: *della vita*) pace, tempo; **al** ~ **di** at a speed *o* rate of; **ballare al** ~ **di valzer** to waltz.

'rito *sm* rite; **di** ~ usual, customary.

ritoc'care *vt* (*disegno, fotografia*) to touch up; (*testo*) to alter.

ri'tocco, chi *sm* touching up *no pl*; alteration.

ri'torcere [ri'tɔrtʃere] *vt* (*filato*) to twist; (*fig: accusa, insulto*) to throw back; ~**rsi** *vr* (*tornare a danno di*): ~**rsi contro** to turn against.

ritor'nare *vi* to return, go (*o* come) back; (*ripresentarsi*) to recur; (*ridiventare*): ~ **ricco** to become rich again ♦ *vt* (*restituire*) to return, give back.

ritor'nello *sm* refrain.

ri'torno *sm* return; **durante il (viaggio di)** ~ on the return trip, on the way back; **al** ~ (*tornando*) on the way back; **essere di** ~ to be back; **far** ~ to return; **avere un** ~ **di**

fiamma (*AUT*) to backfire; (*fig: persona*) to be back in love again.

ritorsi'one *sf* (*rappresaglia*) retaliation.

ri'torto, a *pp di* **ritorcere** ♦ *ag* (*cotone, corda*) twisted.

ri'trarre *vt* (*trarre indietro, via*) to withdraw; (*distogliere: sguardo*) to turn away; (*rappresentare*) to portray, depict; (*ricavare*) to get, obtain; **ritrarsi** *vr* to move back.

ritrat'tare *vt* (*disdire*) to retract, take back; (*trattare nuovamente*) to deal with again.

ritrattazi'one [ritrattat'tsjone] *sf* withdrawal.

ritrat'tista, i, e *sm/f* portrait painter.

ri'tratto, a *pp di* **ritrarre** ♦ *sm* portrait.

ritro'sia *sf* (*riluttanza*) reluctance, unwillingness; (*timidezza*) shyness.

ri'troso, a *ag* (*restio*): ~ **(a)** reluctant (to); (*schivo*) shy; **andare a** ~ to go backwards.

ritrova'mento *sm* (*di cadavere, oggetto smarrito etc*) finding; (*oggetto ritrovato*) find.

ritro'vare *vt* to find; (*salute*) to regain; (*persona*) to find; to meet again; ~**rsi** *vr* (*essere, capitare*) to find o.s.; (*raccapezzarsi*) to find one's way; (*con senso reciproco*) to meet (again).

ritro'vato *sm* discovery.

ri'trovo *sm* meeting place; ~ **notturno** night club.

'ritto, a *ag* (*in piedi*) standing, on one's feet; (*levato in alto*) erect, raised; (: *capelli*) standing on end; (*posto verticalmente*) upright.

ritu'ale *ag, sm* ritual.

riuni'one *sf* (*adunanza*) meeting; (*riconciliazione*) reunion; **essere in** ~ to be at a meeting.

riu'nire *vt* (*ricongiungere*) to join (together); (*riconciliare*) to reunite, bring together (again); ~**rsi** *vr* (*adunarsi*) to meet; (*tornare a stare insieme*) to be reunited; **siamo qui riuniti per festeggiare il vostro anniversario** we are gathered here to celebrate your anniversary.

riu'scire [riuʃ'ʃire] *vi* (*uscire di nuovo*) to go out again, go back out; (*aver esito: fatti, azioni*) to go, turn out; (*aver successo*) to succeed, be successful; (*essere, apparire*) to be, prove; (*raggiungere il fine*) to manage, succeed; ~ **a fare qc** to manage *o* be able to do sth; **questo mi riesce nuovo** this is new to me.

riu'scita [riuʃ'ʃita] *sf* (*esito*) result, outcome; (*buon esito*) success.

riutiliz'zare [riutilid'dzare] *vt* to use again, re-use.

'**riva** *sf* (*di fiume*) bank; (*di lago, mare*) shore; **in ~ al mare** on the (sea) shore.

ri'**vale** *ag* rival *cpd* ♦ *sm/f* rival; **non avere ~i** (*anche fig*) to be unrivalled.

rivaleggi'**are** [rivaled'dʒare] *vi* to compete, vie.

rivalità *sf* rivalry.

ri'**valsa** *sf* (*rivincita*) revenge; (*risarcimento*) compensation; **prendersi una ~ su qn** to take revenge on sb.

rivalu'**tare** *vt* (*ECON*) to revalue.

rivalutazi'**one** [rivalutat'tsjone] *sf* (*ECON*) revaluation; (*fig*) re-evaluation.

rivan'**gare** *vt* (*ricordi etc*) to dig up (again).

rive'**dere** *vt* to see again; (*ripassare*) to revise; (*verificare*) to check.

rivedrò *etc vb vedi* **rivedere**.

rive'**lare** *vt* to reveal; (*divulgare*) to reveal, disclose; (*dare indizio*) to reveal, show; **~rsi** *vr* (*manifestarsi*) to be revealed; **~rsi onesto** *etc* to prove to be honest *etc*.

rivela'**tore, 'trice** *ag* revealing ♦ *sm* (*TECN*) detector; (*FOT*) developer.

rivelazi'**one** [rivelat'tsjone] *sf* revelation.

ri'**vendere** *vt* (*vendere: di nuovo*) to resell, sell again; (: *al dettaglio*) to retail, sell retail.

rivendi'**care** *vt* to claim, demand.

rivendicazi'**one** [rivendikat'tsjone] *sf* claim; **~i salariali** wage claims.

ri'**vendita** *sf* (*bottega*) retailer's (shop); **~ di tabacchi** tobacconist's (shop).

rivendi'**tore, 'trice** *sm/f* retailer; **~ autorizzato** authorized dealer.

riverbe'**rare** *vt* to reflect.

ri'**verbero** *sm* (*di luce, calore*) reflection; (*di suono*) reverberation.

rive'**rente** *ag* reverent, respectful.

rive'**renza** [rive'rɛntsa] *sf* reverence; (*inchino*) bow; curtsey.

rive'**rire** *vt* (*rispettare*) to revere; (*salutare*) to pay one's respects to.

river'**sare** *vt* (*anche fig*) to pour; **~rsi** *vr* (*fig: persone*) to pour out.

rivesti'**mento** *sm* covering; coating.

rives'**tire** *vt* to dress again; (*ricoprire*) to cover; (: *con vernice*) to coat; (*fig: carica*) to hold; **~rsi** *vr* to get dressed again; to change (one's clothes); **~ di piastrelle** to tile.

ri'**vidi** *etc vb vedi* **rivedere**.

rivi'**era** *sf* coast; **la ~ italiana** the Italian Riviera.

ri'**vincita** [ri'vintʃita] *sf* (*SPORT*) return match; (*fig*) revenge; **prendersi la ~ (su qn)** to take *o* get one's revenge (on sb).

rivis'**suto, a** *pp di* **rivivere**.

ri'**vista** *sf* review; (*periodico*) magazine,

review; (*TEAT*) revue; variety show.

ri'**visto, a** *pp di* **rivedere**.

rivitaliz'**zante** [rivitalid'dzante] *ag* revitalizing.

rivitaliz'**zare** [rivitalid'dzare] *vt* to revitalize.

ri'**vivere** *vi* (*riacquistare forza*) to come alive again; (*tornare in uso*) to be revived ♦ *vt* to relive.

'**rivo** *sm* stream.

ri'**volgere** [ri'vɔldʒere] *vt* (*attenzione, sguardo*) to turn, direct; (*parole*) to address; **~rsi** *vr* to turn round; (*fig: dirigersi per informazioni*): **~rsi a** to go and see, go and speak to; **~ un'accusa/una critica a qn** to accuse/criticize sb; **~rsi all'ufficio competente** to apply to the office concerned.

rivolgi'**mento** [rivoldʒi'mento] *sm* upheaval.

ri'**volsi** *etc vb vedi* **rivolgere**.

ri'**volta** *sf* revolt, rebellion.

rivol'**tante** *ag* revolting, disgusting.

rivol'**tare** *vt* to turn over; (*con l'interno all'esterno*) to turn inside out; (*disgustare: stomaco*) to upset, turn; (: *fig*) to revolt, disgust; **~rsi** *vr* (*ribellarsi*): **~rsi (a)** to rebel (against).

rivol'**tella** *sf* revolver.

ri'**volto, a** *pp di* **rivolgere**.

rivol'**toso, a** *ag* rebellious ♦ *sm/f* rebel.

rivoluzio'**nare** [rivoluttsjo'nare] *vt* to revolutionize.

rivoluzio'**nario, a** [rivoluttsjo'narjo] *ag, sm/f* revolutionary.

rivoluzi'**one** [rivolut'tsjone] *sf* revolution.

riz'**zare** [rit'tsare] *vt* to raise, erect; **~rsi** *vr* to stand up; (*capelli*) to stand on end; **~rsi in piedi** to stand up, get to one's feet.

RN *sigla* = Rimini.

RNA *sigla m* RNA (= *ribonucleic acid*).

RO *sigla* = Rovigo.

'**roba** *sf* stuff, things *pl*; (*possessi, beni*) belongings *pl*, things *pl*, possessions *pl*; **~ da mangiare** things to eat, food; **~ da matti!** it's sheer madness *o* lunacy!

robi'**vecchi** [robi'vɛkki] *sm/f inv* junk dealer.

'**robot** *sm inv* robot.

ro'**botica** *sf* robotics *sg*.

robus'**tezza** [robus'tettsa] *sf* (*di persona, pianta*) robustness, sturdiness; (*di edificio, ponte*) soundness.

ro'**busto, a** *ag* robust, sturdy; (*solido: catena*) strong; (: *edificio, ponte*) sound, solid; (*vino*) full-bodied.

'**rocca, che** *sf* fortress.

rocca'**forte** *sf* stronghold.

roc'**chetto** [rok'ketto] *sm* reel, spool.

'roccia, ce ['rɔttʃa] *sf* rock; **fare** ~ (*SPORT*) to go rock climbing.

roccia'tore, 'trice [rottʃa'tore] *sm/f* rock climber.

rocci'oso, a [rot'tʃoso] *ag* rocky; **le Montagne R**~**e** the Rocky Mountains.

'roco, a, chi, che *ag* hoarse.

ro'daggio [ro'daddʒo] *sm* running (*BRIT*) *o* breaking (*US*) in; **in** ~ running *o* breaking in; **periodo di** ~ (*fig*) period of adjustment.

'Rodano *sm*: **il** ~ the Rhone.

ro'dare *vt* (*AUT*, *TECN*) to run (*BRIT*) *o* break (*US*) in.

ro'deo *sm* rodeo.

'rodere *vt* to gnaw (at); (*distruggere poco a poco*) to eat into.

'Rodi *sf* Rhodes.

rodi'tore *sm* (*ZOOL*) rodent.

rodo'dendro *sm* rhododendron.

'rogito ['rɔdʒito] *sm* (*DIR*) (notary's) deed.

'rogna ['rɔɲɲa] *sf* (*MED*) scabies *sg*; (*di animale*) mange; (*fig*) bother, nuisance.

ro'gnone [roɲ'ɲone] *sm* (*CUC*) kidney.

ro'gnoso, a [roɲ'ɲoso] *ag* (*persona*) scabby; (*animale*) mangy; (*fig*) troublesome.

'rogo, ghi *sm* (*per cadaveri*) (funeral) pyre; (*supplizio*): **il** ~ the stake.

rol'lare *vi* (*NAUT*, *AER*) to roll.

rol'lino *sm* = **rullino**.

rol'lio *sm* roll(ing).

'Roma *sf* Rome.

roma'gnolo, a [roma ɲ'ɲɔlo] *ag* of (*o* from) Romagna.

roma'nesco, a, schi, sche *ag* Roman ♦ *sm* Roman dialect.

Roma'nia *sf*: **la** ~ Romania.

ro'manico, a, ci, che *ag* Romanesque.

ro'mano, a *ag*, *sm/f* Roman; **fare alla** ~**a** to go Dutch.

romantiche'ria [romantike'ria] *sf* sentimentality.

romanti'cismo [romanti'tʃizmo] *sm* romanticism.

ro'mantico, a, ci, che *ag* romantic.

ro'manza [ro'mandza] *sf* (*MUS*, *LETTERATURA*) romance.

roman'zare [roman'dzare] *vt* to romanticize.

roman'zesco, a, schi, sche [roman'dzesko] *ag* (*stile, personaggi*) fictional; (*fig*) storybook *cpd*.

romanzi'ere [roman'dzjɛre] *sm* novelist.

ro'manzo, a [ro'mandzo] *ag* (*LING*) romance *cpd* ♦ *sm* (*medievale*) romance; (*moderno*) novel; ~ **d'amore** love story; ~ **d'appendice** serial (story); ~ **cavalleresco** tale of chivalry; ~ **poliziesco**, ~ **giallo**

detective story; ~ **rosa** romantic novel.

rom'bare *vi* to rumble, thunder, roar.

'rombo *sm* rumble, thunder, roar; (*MAT*) rhombus; (*ZOOL*) turbot.

ro'meno, a *ag*, *sm/f*, *sm* = **rumeno**.

'rompere *vt* to break; (*conversazione, fidanzamento*) to break off ♦ *vi* to break; ~**rsi** *vr* to break; **mi rompe le scatole** (*fam*) he (*o* she) is a pain in the neck; ~**rsi un braccio** to break an arm.

rompi'capo *sm* worry, headache; (*indovinello*) puzzle; (*in enigmistica*) brain-teaser.

rompi'collo *sm* daredevil.

rompi'ghiaccio [rompi'gjattʃo] *sm* (*NAUT*) icebreaker.

rompis'catole *sm/f inv* (*fam*) pest, pain in the neck.

'ronda *sf* (*MIL*) rounds *pl*, patrol.

ron'della *sf* (*TECN*) washer.

'rondine *sf* (*ZOOL*) swallow.

ron'done *sm* (*ZOOL*) swift.

ron'fare *vi* (*russare*) to snore.

ron'zare [ron'dzare] *vi* to buzz, hum.

ron'zino [ron'dzino] *sm* (*peg: cavallo*) nag.

ron'zio, ii [ron'dzio] *sm* buzzing, humming; ~ **auricolare** (*MED*) tinnitus *sg*.

'rosa *sf* rose; (*fig: gruppo*): ~ **dei candidati** list of candidates ♦ *ag inv*, *sm* pink.

ro'saio *sm* (*pianta*) rosebush, rose tree; (*giardino*) rose garden.

ro'sario *sm* (*REL*) rosary.

ro'sato, a *ag* pink, rosy ♦ *sm* (*vino*) rosé (wine).

ro'seo, a *ag* (*anche fig*) rosy.

ro'seto *sm* rose garden.

ro'setta *sf* (*diamante*) rose-cut diamond; (*rondella*) washer.

'rosi *vb vedi* **rodere**.

rosicchi'are [rosik'kjare] *vt* to gnaw (at); (*mangiucchiare*) to nibble (at).

rosma'rino *sm* rosemary.

'roso, a *pp di* **rodere**.

roso'lare *vt* (*CUC*) to brown.

roso'lia *sf* (*MED*) German measles *sg*, rubella.

'rospo *sm* (*ZOOL*) toad; **mandar giù** *o* **ingoiare un** *o* **il** ~ (*fig*) to swallow a bitter pill; **sputa il** ~! out with it!

ros'setto *sm* (*per labbra*) lipstick; (*per guance*) rouge.

ros'siccio, a, ci, ce [ros'sittʃo] *ag* reddish.

'rosso, a *ag*, *sm*, *sm/f* red; **diventare** ~ (**per la vergogna**) to blush *o* go red (with *o* for shame); **il mar R**~ the Red Sea; ~ **d'uovo** egg yolk.

ros'sore *sm* flush, blush.

rosticce'ria [rostittʃe'ria] *sf* shop selling

roast meat and other cooked food.
'rostro *sm* rostrum; (*becco*) beak.
ro'tabile *ag* (*percorribile*): **strada** ~ roadway; (*FERR*): **materiale** ~ rolling stock.
ro'taia *sf* rut, track; (*FERR*) rail.
ro'tare *vt, vi* to rotate.
rota'tivo, a *ag* rotating, rotation *cpd.*
rotazi'one [rotat'tsjone] *sf* rotation.
rote'are *vt, vi* to whirl; ~ **gli occhi** to roll one's eyes.
ro'tella *sf* small wheel; (*di mobile*) castor.
roto'calco, chi *sm* (*TIP*) rotogravure; (*rivista*) illustrated magazine.
roto'lare *vt, vi* to roll; ~**rsi** *vr* to roll (about).
roto'lio *sm* rolling.
'rotolo *sm* (*di carta, stoffa*) roll; (*di corda*) coil; **andare a** ~**i** (*fig*) to go to rack and ruin; **mandare a** ~**i** (*fig*) to ruin.
ro'tondo, a *ag* round ♦ *sf* rotunda.
ro'tore *sm* rotor.
'rotta *sf* (*AER, NAUT*) course, route; (*MIL*) rout; **a** ~ **di collo** at breakneck speed; **essere in** ~ **con qn** to be on bad terms with sb; **fare** ~ **per** *o* **verso** to head for *o* towards; **cambiare** ~ (*anche fig*) to change course; **in** ~ **di collisione** on a collision course; **ufficiale di** ~ navigator, navigating officer.
rot'tame *sm* fragment, scrap, broken bit; ~**i** *smpl* (*di nave, aereo etc*) wreckage *sg*; ~**i di ferro** scrap iron *sg.*
'rotto, a *pp di* **rompere** ♦ *ag* broken; (*calzoni*) torn, split; (*persona: pratico, resistente*): ~ **a** accustomed *o* inured to ♦ *sm*: **per il** ~ **della cuffia** by the skin of one's teeth; ~**i** *smpl*: **20.000 lire e** ~**i** 20,000-odd lire.
rot'tura *sf* (*azione*) breaking *no pl*; (*di rapporti*) breaking off; (*MED*) fracture, break.
rou'lotte [ru'lɔt] *sf inv* caravan.
ro'vente *ag* red-hot.
'rovere *sm* oak.
ro'vescia, sci [ro'veʃʃa] *sf*: **alla** ~ upside-down; inside-out; **oggi mi va tutto alla** ~ everything is going wrong (for me) today.
rovesci'are [roveʃ'ʃare] *vt* (*versare in giù*) to pour; (*: accidentalmente*) to spill; (*capovolgere*) to turn upside down; (*gettare a terra*) to knock down; (*: fig: governo*) to overthrow; (*piegare all'indietro: testa*) to throw back; ~**rsi** *vr* (*sedia, macchina*) to overturn; (*barca*) to capsize; (*liquido*) to spill; (*fig: situazione*) to be reversed.
ro'vescio, sci [ro'veʃʃo] *sm* other side, wrong side; (*della mano*) back; (*di moneta*)

reverse; (*pioggia*) sudden downpour; (*fig*) setback; (*MAGLIA: anche*: **punto** ~) purl (stitch); (*TENNIS*) backhand (stroke); **a** ~ (*sottosopra*) upside-down; (*con l'esterno all'interno*) inside-out; **capire qc a** ~ to misunderstand sth; ~ **di fortuna** setback.
ro'vina *sf* ruin; ~**e** *sfpl* ruins; **andare in** ~ (*andare a pezzi*) to collapse; (*fig*) to go to rack and ruin; **mandare qc/qn in** ~ to ruin sth/sb.
rovi'nare *vi* to collapse, fall down ♦ *vt* (*far cadere giù: casa*) to demolish; (*danneggiare, fig*) to ruin.
rovi'nato, a *ag* ruined, damaged; (*fig: persona*) ruined.
rovi'noso, a *ag* ruinous.
rovis'tare *vt* (*casa*) to ransack; (*tasche*) to rummage in (*o* through).
'rovo *sm* (*BOT*) blackberry bush, bramble bush.
roz'zezza [rod'dzettsa] *sf* roughness, coarseness.
'rozzo, a ['roddzo] *ag* rough, coarse.
RP *sigla fpl vedi* **relazioni pubbliche.**
R.R. *abbr* (*POSTA*) = **ricevuta di ritorno.**
Rrr *abbr* (*POSTA*) = **raccomandata con ricevuta di ritorno.**
RSVP *abbr* (= *répondez s'il vous plaît*) RSVP.
'ruba *sf*: **andare a** ~ to sell like hot cakes.
rubacu'ori *sm inv* ladykiller.
ru'bare *vt* to steal; ~ **qc a qn** to steal sth from sb.
rubi'condo, a *ag* ruddy.
rubi'netto *sm* tap, faucet (*US*).
ru'bino *sm* ruby.
ru'bizzo, a [ru'bittso] *ag* lively, sprightly.
'rublo *sm* rouble.
ru'brica, che *sf* (*di giornale: colonna*) column; (*: pagina*) page; (*quadernetto*) index book; (*: per indirizzi*) address book.
'rude *ag* tough, rough.
'rudere *sm* (*rovina*) ruins *pl.*
rudimen'tale *ag* rudimentary, basic.
rudi'menti *smpl* rudiments; basic principles.
ruffi'ano *sm* pimp.
'ruga, ghe *sf* wrinkle.
'ruggine ['ruddʒine] *sf* rust.
rug'gire [rud'dʒire] *vi* to roar.
rug'gito [rud'dʒito] *sm* roar.
rugi'ada [ru'dʒada] *sf* dew.
ru'goso, a *ag* wrinkled; (*scabro: superficie etc*) rough.
rul'lare *vi* (*tamburo, nave*) to roll; (*aereo*) to taxi.
rul'lino *sm* (*FOT*) roll of film, spool.
rul'lio, ii *sm* (*di tamburi*) roll.
'rullo *sm* (*di tamburi*) roll; (*arnese cilindrico,*

TIP) roller; ~ **compressore** steam roller;
~ **di pellicola** roll of film.

rum *sm* rum.

ru'meno, a *ag, sm/f, sm* Romanian.

rumi'nante *sm* (*ZOOL*) ruminant.

rumi'nare *vt* (*ZOOL*) to ruminate; (*fig*) to
ruminate on *o* over, chew over.

ru'more *sm*: **un** ~ a noise, a sound; **il** ~
noise; **fare** ~ to make a noise; **un** ~ **di
passi** the sound of footsteps; **la notizia ha
fatto molto** ~ (*fig*) the news aroused
great interest.

rumoreggi'are [rumored'dʒare] *vi* (*tuono
etc*) to rumble; (*fig: folla*) to clamour
(*BRIT*), clamor (*US*).

rumo'roso, a *ag* noisy.

ru'olo *sm* (*TEAT, fig*) role, part; (*elenco*) roll,
register, list; **di** ~ permanent, on the
permanent staff; **professore di** ~ (*INS*)
≈ lecturer with tenure; **fuori** ~
(*personale, insegnante*) temporary.

ru'ota *sf* wheel; **a** ~ (*forma*) circular; ~
anteriore/posteriore front/back wheel;
andare a ~ **libera** to freewheel; **parlare a**
~ **libera** (*fig*) to speak freely; ~ **di scorta**
spare wheel.

ruo'tare *vt, vi* = **rotare**.

'rupe *sf* cliff, rock.

ru'pestre *ag* rocky.

ru'pia *sf* rupee.

'ruppi *etc vb vedi* **rompere**.

ru'rale *ag* rural, country *cpd.*

ru'scello [ruʃ'ʃɛllo] *sm* stream.

'ruspa *sf* excavator.

rus'pante *ag* (*pollo*) free-range.

rus'sare *vi* to snore.

'Russia *sf*: **la** ~ Russia.

'russo, a *ag, sm/f, sm* Russian.

'rustico, a, ci, che *ag* country *cpd*, rural;
(*arredamento*) rustic; (*fig*) rough,
unrefined ♦ *sm* (*fabbricato: per attrezzi*)
shed; (*per abitazione*) farm labourer's
(*BRIT*) *o* farmhand's cottage.

'ruta *sf* (*BOT*) rue.

rut'tare *vi* to belch.

'rutto *sm* belch.

'ruvido, a *ag* rough, coarse.

ruzzo'lare [ruttso'lare] *vi* to tumble down.

ruzzo'lone [ruttso'lone] *sm* tumble, fall.

ruzzo'loni [ruttso'loni] *av*: **cadere** ~ to
tumble down; **fare le scale** ~ to tumble
down the stairs.

S s

S, s [ˈɛsse] *sf o m* (*lettera*) S, s; **S come
Savona** ≈ S for Sugar.

s *abbr* (= *secondo*) sec.

S. *abbr* (= *sud*) S; (= *santo*) St.

SA *sigla* = *Salerno* ♦ *abbr vedi* **società
anonima**.

sa *vb vedi* **sapere**.

sab. *abbr* (= *sabato*) Sat.

'sabato *sm* Saturday; *per fraseologia vedi*
martedì.

'sabbia *sf* sand; **~e mobili** quicksand(s *pl*).

sabbia'tura *sf* (*MED*) sand bath; (*TECN*)
sand-blasting; **fare le ~e** to take sand
baths.

sabbi'oso, a *ag* sandy.

sabo'taggio [sabo'taddʒo] *sm* sabotage.

sabo'tare *vt* to sabotage.

sabota'tore, 'trice *sm/f* saboteur.

'sacca, che *sf* bag; (*bisaccia*) haversack;
(*insenatura*) inlet; ~ **d'aria** air pocket; ~
da viaggio travelling bag.

sacca'rina *sf* saccharin(e).

sac'cente [sat'tʃɛnte] *sm/f* know-all (*BRIT*),
know-it-all (*US*).

saccheggi'are [sakked'dʒare] *vt* to sack,
plunder.

sac'cheggio [sak'keddʒo] *sm* sack(ing).

sac'chetto [sak'ketto] *sm* (small) bag;
(small) sack; ~ **di carta/di plastica**
paper/plastic bag.

'sacco, chi *sm* bag; (*per carbone etc*) sack;
(*ANAT, BIOL*) sac; (*tela*) sacking;
(*saccheggio*) sack(ing); (*fig: grande
quantità*): **un** ~ **di** lots of, heaps of;
cogliere *o* **prendere qn con le mani nel** ~
to catch sb red-handed; **vuotare il** ~ to
confess, spill the beans; **mettere qn nel** ~
to cheat sb; **colazione** *f* **al** ~ packed lunch;
~ **a pelo** sleeping bag; ~ **per i rifiuti** bin
bag (*BRIT*), garbage bag (*US*).

sacer'dote [satʃer'dote] *sm* priest.

sacer'dozio [satʃer'dɔttsjo] *sm* priesthood.

'Sacra Co'rona U'nita *sf the mafia in
Puglia.*

sacra'mento *sm* sacrament.

sa'crario *sm* memorial chapel.

sacres'tano *sm* = **sagrestano**.

sacres'tia *sf* = **sagrestia**.

sacrifi'care *vt* to sacrifice; **~rsi** *vr* to sacrifice o.s.; (*privarsi di qc*) to make sacrifices.

sacrifi'cato, a *ag* sacrificed; (*non valorizzato*) wasted; **una vita ~a** a life of sacrifice.

sacri'ficio [sakri'fitʃo] *sm* sacrifice.

sacri'legio [sacri'lɛdʒo] *sm* sacrilege.

sa'crilego, a, ghi, ghe *ag* (*REL*) sacrilegious.

'sacro, a *ag* sacred.

sacro'santo, a *ag* sacrosanct.

'sadico, a, ci, che *ag* sadistic ♦ *smf* sadist.

sa'dismo *sm* sadism.

sadomaso'chismo [sadomazo'kismo] *sm* sadomasochism.

sa'etta *sf* arrow; (*fulmine: anche fig*) thunderbolt.

sa'fari *sm inv* safari.

sa'gace [sa'gatʃe] *ag* shrewd, sagacious.

sa'gacia [sa'gatʃa] *sf* sagacity, shrewdness.

sag'gezza [sad'dʒettsa] *sf* wisdom.

saggi'are [sad'dʒare] *vt* (*metalli*) to assay; (*fig*) to test.

'saggio, a, gi, ge ['saddʒo] *ag* wise ♦ *sm* (*persona*) sage; (*operazione sperimentale*) test; (: *dell'oro*) assay; (*fig: prova*) proof; (*campione indicativo*) sample; (*scritto: letterario*) essay; (: *INS*) written test; **dare ~ di** to give proof of; **in ~** as a sample.

sag'gistica [sad'dʒistika] *sf* ≈ non-fiction.

Sagit'tario [sadʒit'tarjo] *sm* Sagittarius; **essere del ~** to be Sagittarius.

'sagoma *sf* (*profilo*) outline, profile; (*forma*) form, shape; (*TECN*) template; (*bersaglio*) target; (*fig: persona*) character.

'sagra *sf* festival.

sa'grato *sm* churchyard.

sagres'tano *sm* sacristan; sexton.

sagres'tia *sf* sacristy; (*culto protestante*) vestry.

Sa'hara [sa'ara] *sm*: **il (Deserto del) ~** the Sahara (Desert).

sahari'ana [saa'rjana] *sf* bush jacket.

'sai *vb vedi* **sapere**.

Sai'gon *sf* Saigon.

'saio *sm* (*REL*) habit.

'sala *sf* hall; (*stanza*) room; **~ d'aspetto** waiting room; **~ da ballo** ballroom; **~ (dei) comandi** control room; **~ per concerti** concert hall; **~ per conferenze** (*INS*) lecture hall; (*in aziende*) conference room; **~ da gioco** gaming room; **~ macchine** (*NAUT*) engine room; **~ operatoria** (*MED*) operating theatre (*BRIT*) *o* room (*US*); **~ da pranzo** dining room; **~ per ricevimenti** banqueting hall; **~ delle udienze** (*DIR*) courtroom.

sa'lace [sa'latʃe] *ag* (*spinto, piccante*) salacious, saucy; (*mordace*) cutting, biting.

sala'mandra *sf* salamander.

sa'lame *sm* salami *no pl*, salami sausage.

sala'moia *sf* (*CUC*) brine.

sa'lare *vt* to salt.

salari'ale *ag* wage *cpd*, pay *cpd*; **aumento ~** wage *o* pay increase (*BRIT*) *o* raise (*US*).

salari'ato, a *smf* wage-earner.

sa'lario *sm* pay, wages *pl*; **~ base** basic wage; **~ minimo garantito** guaranteed minimum wage.

salas'sare *vt* (*MED*) to bleed.

sa'lasso *sm* (*MED*) bleeding, bloodletting; (*fig: forte spesa*) drain.

sala'tino *sm* cracker, salted biscuit.

sa'lato, a *ag* (*sapore*) salty; (*CUC*) salted, salt *cpd*; (*fig: discorso etc*) biting, sharp; (: *prezzi*) steep, stiff.

sal'dare *vt* (*congiungere*) to join, bind; (*parti metalliche*) to solder; (: *con saldatura autogena*) to weld; (*conto*) to settle, pay.

salda'tore *sm* (*operaio*) solderer; welder; (*utensile*) soldering iron.

salda'trice [salda'tritʃe] *sf* (*macchina*) welder, welding machine; **~ ad arco** arc welder.

salda'tura *sf* soldering; welding; (*punto saldato*) soldered joint; weld; **~ autogena** welding; **~ dolce** soft soldering.

sal'dezza [sal'dettsa] *sf* firmness, strength.

'saldo, a *ag* (*resistente, forte*) strong, firm; (*fermo*) firm, steady, stable; (*fig*) firm, steadfast ♦ *sm* (*svendita*) sale; (*di conto*) settlement; (*ECON*) balance; **pagare a ~** to pay in full; **~ attivo** credit; **~ passivo** deficit; **~ da riportare** balance carried forward.

'sale *sm* salt; (*fig*) wit; **~i** *smpl* (*MED: da annusare*) smelling salts; **sotto ~** salted; **restare di ~** (*fig*) to be dumbfounded; **ha poco ~ in zucca** he doesn't have much sense; **~ da cucina, ~ grosso** cooking salt; **~ da tavola, ~ fino** table salt; **~i da bagno** bath salts; **~i minerali** mineral salts; **~i e tabacchi** tobacconist's (shop).

sal'gemma [sal'dʒɛmma] *sm* rock salt.

'salgo *etc vb vedi* **salire**.

'salice ['salitʃe] *sm* willow; **~ piangente** weeping willow.

sali'ente *ag* (*fig*) salient, main.

sali'era *sf* salt cellar.

sa'lino, a *ag* saline ♦ *sf* saltworks *sg*.

sa'lire *vi* to go (*o* come) up; (*aereo etc*) to climb, go up; (*passeggero*) to get on; (*sentiero, prezzi, livello*) to go up, rise ♦ *vt* (*scale, gradini*) to go (*o* come) up; **~ su** to climb (up); ~ **sul treno/sull'autobus** to board the train/the bus; ~ **in macchina** to get into the car; ~ **a cavallo** to mount; ~ **al potere** to rise to power; ~ **al trono** to ascend the throne; ~ **alle stelle** (*prezzi*) to rocket.

sali'scendi [saliʃ'ʃendi] *sm inv* latch.

sa'lita *sf* climb, ascent; (*erta*) hill, slope; **in** ~ *ag, av* uphill.

sa'liva *sf* saliva.

'salma *sf* corpse.

sal'mastro, a *ag* (*acqua*) salt *cpd*; (*sapore*) salty ♦ *sm* (*sapore*) salty taste; (*odore*) salty smell.

salmì *sm* (*CUC*) salmi; **lepre in** ~ salmi of hare.

'salmo *sm* psalm.

sal'mone *sm* salmon.

salmo'nella *sf* salmonella.

Salo'mone: le isole ~ *sfpl* the Solomon Islands.

sa'lone *sm* (*stanza*) sitting room, lounge; (*in albergo*) lounge; (*di ricevimento*) reception room; (*su nave*) lounge, saloon; (*mostra*) show, exhibition; (*negozio: di parrucchiere*) hairdresser's (salon); ~ **dell'automobile** motor show; ~ **di bellezza** beauty salon.

salo'pette [salɔ'pɛt] *sf inv* dungarees *pl*.

salotti'ero, a *ag* mundane.

sa'lotto *sm* lounge, sitting room; (*mobilio*) lounge suite.

sal'pare *vi* (*NAUT*) to set sail; (*anche*: ~ **l'ancora**) to weigh anchor.

'salsa *sf* (*CUC*) sauce; **in tutte le** ~**e** (*fig*) in all kinds of ways; ~ **di pomodoro** tomato sauce.

sal'sedine *sf* (*del mare, vento*) saltiness; (*incrostazione*) (dried) salt.

sal'siccia, ce [sal'sittʃa] *sf* pork sausage.

salsi'era *sf* sauceboat (*BRIT*), gravy boat.

'salso *sm* saltiness.

sal'tare *vi* to jump, leap; (*esplodere*) to blow up, explode; (: *valvola*) to blow; (*venir via*) to pop off; (*non aver luogo: corso etc*) ♦ *vt* to jump (over), leap (over); (*fig: pranzo, capitolo*) to skip, miss (out); (*CUC*) to sauté; **far** ~ to blow up; (*serratura: forzare*) to break; **far** ~ **il banco** (*GIOCO*) to break the bank; **farsi** ~ **le cervella** to blow one's brains out; **ma che ti salta in mente?** what are you thinking of?; ~ **da un argomento all'altro** to jump from one subject to another; ~ **addosso a qn** (*aggredire*) to attack sb; ~ **fuori** to jump out, leap out; (*venire trovato*) to turn up; ~ **fuori con** (*frase, commento*) to come out with; ~ **giù da qc** to jump off sth, jump down from sth.

saltel'lare *vi* to skip; to hop.

sal'tello *sm* hop, little jump.

saltim'banco, chi *sm* acrobat.

'salto *sm* jump; (*SPORT*) jumping; (*dislivello*) drop; **fare un** ~ to jump, leap; **fare un** ~ **da qn** to pop over to sb's (place); ~ **in alto/lungo** high/long jump; ~ **con l'asta** pole vaulting; ~ **mortale** somersault; **un** ~ **di qualità** (*miglioramento*) significant improvement.

saltu'ario, a *ag* occasional, irregular.

sa'lubre *ag* healthy, salubrious.

sa'lume *sm* (*CUC*) cured pork; ~**i** *smpl* (*insaccati*) cured pork meats.

salume'ria *sf* delicatessen.

salumi'ere, a *sm/f* ≈ delicatessen owner.

salumi'ficio [salumi'fitʃo] *sm* cured pork meat factory.

salu'tare *ag* healthy; (*fig*) salutary, beneficial ♦ *vt* (*per dire buon giorno, fig*) to greet; (*per dire addio*) to say goodbye to; (*MIL*) to salute; **mi saluti sua moglie** my regards to your wife.

sa'lute *sf* health; ~**!** (*a chi starnutisce*) bless you!; (*nei brindisi*) cheers!; **bere alla** ~ **di qn** to drink (to) sb's health; **la** ~ **pubblica** public welfare; **godere di buona** ~ to be healthy, enjoy good health.

sa'luto *sm* (*gesto*) wave; (*parola*) greeting; (*MIL*) salute; **gli ha tolto il** ~ he no longer says hello to him; **cari** ~**i, tanti** ~**i** best regards; **vogliate gradire i nostri più distinti** ~**i** yours faithfully; **i miei** ~**i alla sua signora** my regards to your wife.

'salva *sf* salvo.

salvacon'dotto *sm* (*MIL*) safe-conduct.

salvada'naio *sm* moneybox, piggy bank.

salvado'regno, a [salvado'reɲɲo] *ag, sm/f* Salvadorean.

salva'gente [salva'dʒɛnte] *sm* (*NAUT*) lifebuoy; (*pl inv: stradale*) traffic island; ~ **a ciambella** lifebelt; ~ **a giubbotto** lifejacket (*BRIT*), life preserver (*US*).

salvaguar'dare *vt* to safeguard.

salvagu'ardia *sf* safeguard; **a** ~ **di** for the safeguard of.

sal'vare *vt* to save; (*trarre da un pericolo*) to rescue; (*proteggere*) to protect; ~**rsi** *vr* to save o.s.; to escape; ~ **la vita a qn** to save sb's life; ~ **le apparenze** to keep up appearances; **si salvi chi può!** every man for himself!

salva'taggio [salva'taddʒo] *sm* rescue.

salva'tore, 'trice *sm/f* saviour (*BRIT*), savior (*US*).

salvazi'one [salvat'tsjone] *sf* (*REL*) salvation.

'salve *escl* (*fam*) hi!

sal'vezza [sal'vettsa] *sf* salvation; (*sicurezza*) safety.

'salvia *sf* (*BOT*) sage.

salvi'etta *sf* napkin, serviette.

'salvo, a *ag* safe, unhurt, unharmed; (*fuori pericolo*) safe, out of danger ♦ *sm*: **in ~ safe** ♦ *prep* (*eccetto*) except; **~ che** *cong* (*a meno che*) unless; (*eccetto che*) except (that); **mettere qc in ~** to put sth in a safe place; **mettersi in ~** to reach safety; **portare qn in ~** to lead sb to safety; **~ contrordini** barring instructions to the contrary; **~ errori e omissioni** errors and omissions excepted; **~ imprevisti** barring accidents.

sam'buca *sf* (*liquore*) sambuca (*type of anisette*).

sam'buco *sm* elder (tree).

sa'nare *vt* to heal, cure; (*economia*) to put right.

sana'toria *sf* (*DIR*) act of indemnity.

sana'torio *sm* sanatorium (*BRIT*), sanitarium (*US*).

san'cire [san'tʃire] *vt* to sanction.

'sandalo *sm* (*BOT*) sandalwood; (*calzatura*) sandal.

sang'ria [san'gria] *sf* (*bibita*) sangria.

'sangue *sm* blood; **farsi cattivo ~** to fret, get worked up; **all'ultimo ~** (*duello, lotta*) to the death; **non corre buon ~ tra di loro** there's bad blood between them; **buon ~ non mente!** blood will out!; **~ freddo** (*fig*) sang-froid, calm; **a ~ freddo** in cold blood.

sangu'igno, a [san'gwiɲɲo] *ag* blood *cpd*; (*colore*) blood-red.

sangui'nante *ag* bleeding.

sangui'nare *vi* to bleed.

sangui'nario, a *ag* bloodthirsty.

sangui'noso, a *ag* bloody.

sangui'suga, ghe *sf* leech.

sanità *sf* health; (*salubrità*) healthiness; **Ministero della S~** Department of Health; **~ mentale** sanity; **~ pubblica** public health.

sani'tario, a *ag* health *cpd*; (*condizioni*) sanitary ♦ *sm* (*AMM*) doctor; **Ufficiale S~** Health Officer; (*impianti*) **~i** *smpl* bathroom *o* sanitary fittings.

San Ma'rino *sf*: **la Repubblica di ~** the Republic of San Marino.

'sanno *vb vedi* **sapere**.

'sano, a *ag* healthy; (*denti, costituzione*) healthy, sound; (*integro*) whole, unbroken; (*fig: politica, consigli*) sound; **~ di mente** sane; **di ~a pianta** completely, entirely; **~ e salvo** safe and sound.

Santi'ago *sf*: **~ (del Cile)** Santiago (de Chile).

santifi'care *vt* to sanctify; (*feste*) to observe.

san'tino *sm* holy picture.

san'tissimo, a *ag*: **il S~ Sacramento** the Holy Sacrament; **il Padre S~** (*papa*) the Holy Father.

santità *sf* sanctity; holiness; **Sua/Vostra ~** (*titolo di papa*) His/Your Holiness.

'santo, a *ag* holy; (*fig*) saintly; (*seguito da nome proprio: dav sm* **san** + *C*, **sant'** + *V*, **santo** + *s impura, gn, pn, ps, x, z; dav sf* **santa** + *C*, **sant'** + *V*) saint ♦ *sm/f* saint; **parole ~e!** very true!; **tutto il ~ giorno** the whole blessed day, all day long; **non c'è ~ che tenga!** that's no excuse!; **la S~a Sede** the Holy See.

san'tone *sm* holy man.

santu'ario *sm* sanctuary.

sanzio'nare [santsjo'nare] *vt* to sanction.

sanzi'one [san'tsjone] *sf* sanction; (*penale, civile*) sanction, penalty; **~i economiche** economic sanctions.

sa'pere *vt* to know; (*essere capace di*): **so nuotare** I know how to swim, I can swim ♦ *vi*: **~ di** (*aver sapore*) to taste of; (*aver odore*) to smell of ♦ *sm* knowledge; **far ~ qc a qn** to inform sb about sth, let sb know sth; **venire a ~ qc (da qn)** to find out *o* hear about sth (from sb); **non ne vuole più ~ di lei** he doesn't want to have anything more to do with her; **mi sa che non sia vero** I don't think that's true.

sapi'ente *ag* (*dotto*) learned; (*che rivela abilità*) masterly ♦ *sm/f* scholar.

sapien'tone, a *sm/f* (*peg*) know-all (*BRIT*), know-it-all (*US*).

sapi'enza [sa'pjɛntsa] *sf* wisdom.

sa'pone *sm* soap; **~ da barba** shaving soap; **~ da bucato** washing soap; **~ liquido** liquid soap; **~ in scaglie** soapflakes *pl*.

sapo'netta *sf* cake *o* bar *o* tablet of soap.

sa'pore *sm* taste, flavour (*BRIT*), flavor (*US*).

sapo'rito, a *ag* tasty; (*fig: arguto*) witty; (: *piccante*) racy.

sappi'amo *vb vedi* **sapere**.

saprò *etc vb vedi* **sapere**.

sapu'tello, a *sm/f* know-all (*BRIT*), know-it-all (*US*).

sarà *etc vb vedi* **essere**.

sara'banda *sf* (*fig*) uproar.

saraci'nesca, sche [saratʃi'neska] *sf* (*serranda*) rolling shutter.

sar'casmo *sm* sarcasm *no pl*; sarcastic remark.

sar'castico, a, ci, che *ag* sarcastic.

sarchi'are [sar'kjare] *vt* (*AGR*) to hoe.

sar'cofago, gi *o* **ghi** *sm* sarcophagus.

Sar'degna [sar'deɲɲa] *sf:* **la** ~ Sardinia.
sar'dina *sf* sardine.
'sardo, a *ag, sm/f* Sardinian.
sar'donico, a, ci, che *ag* sardonic.
sa'rei etc *vb vedi* **essere.**
'sarta *sf vedi* **sarto.**
'sartia *sf* (*NAUT*) stay.
sarti'ame *sm* (*NAUT*) stays *pl.*
'sarto, a *sm/f* tailor/dressmaker; ~ **d'alta moda** couturier.
sarto'ria *sf* tailor's (shop); dressmaker's (shop); (*casa di moda*) fashion house; (*arte*) couture.
sassai'ola *sf* hail of stones.
sas'sata *sf* blow with a stone; **tirare una ~ contro** *o* **a qc/qn** to throw a stone at sth/sb.
'sasso *sm* stone; (*ciottolo*) pebble; (*masso*) rock; **restare** *o* **rimanere di** ~ to be dumbfounded.
sassofo'nista, i, e *sm/f* saxophonist.
sas'sofono *sm* saxophone.
sas'sone *ag, sm/f, sm* Saxon.
sas'soso, a *ag* stony; pebbly.
'Satana *sm* Satan.
sa'tanico, a, ci, che *ag* satanic, fiendish.
sa'tellite *sm, ag* satellite.
'satira *sf* satire.
satireggi'are [satired'dʒare] *vt* to satirize ♦ *vi* (*fare della satira*) to be satirical; (*scrivere satire*) to write satires.
sa'tirico, a, ci, che *ag* satiric(al).
sa'tollo, a *ag* full, replete.
satu'rare *vt* to saturate.
saturazi'one [saturat'tsjone] *sf* saturation.
'saturo, a *ag* saturated; (*fig*): ~ **di** full of; ~ **d'acqua** (*terreno*) waterlogged.
'SAUB *sigla f* (= *Struttura Amministrativa Unificata di Base*) *state welfare system.*
'sauna *sf* sauna; **fare la** ~ to have *o* take a sauna.
sa'vana *sf* savannah.
'savio, a *ag* wise, sensible ♦ *sm* wise man.
Sa'voia *sf:* **la** ~ Savoy.
savoi'ardo, a *ag* of Savoy, Savoyard ♦ *sm* (*biscotto*) sponge finger.
sazi'are [sat'tsjare] *vt* to satisfy, satiate; ~**rsi** *vr* (*riempirsi di cibo*): ~**rsi** (**di**) to eat one's fill (of); (*fig*): ~**rsi di** to grow tired *o* weary of.
sazietà [sattsje'ta] *sf* satiety, satiation.
'sazio, a ['sattsjo] *ag:* ~ (**di**) sated (with), full (of); (*fig: stufo*) fed up (with), sick (of).
sbada'taggine [zbada'taddʒine] *sf* (*sventatezza*) carelessness; (*azione*) oversight.
sba'dato, a *ag* careless, inattentive.

sbadigli'are [zbadiʎ'ʎare] *vi* to yawn.
sba'diglio [zba'diʎʎo] *sm* yawn; **fare uno** ~ to yawn.
'sbafo *sm:* **a** ~ at somebody else's expense.
sbagli'are [zbaʎ'ʎare] *vt* to make a mistake in, get wrong ♦ *vi* (*fare errori*) to make a mistake (*o* mistakes), be mistaken; (*ingannarsi*) to be wrong; (*operare in modo non giusto*) to err; ~**rsi** *vr* to make a mistake, be mistaken, be wrong; ~ **la mira/strada** to miss one's aim/take the wrong road; **scusi, ho sbagliato numero** (*TEL*) sorry, I've got the wrong number; **non c'è da** ~**rsi** there can be no mistake.
sbagli'ato, a [zbaʎ'ʎato] *ag* (*gen*) wrong; (*compito*) full of mistakes; (*conclusione*) erroneous.
'sbaglio ['zbaʎʎo] *sm* mistake, error; (*morale*) error; **fare uno** ~ to make a mistake.
sbales'trato, a *ag* (*persona: scombussolato*) unsettled.
sbal'lare *vt* (*merce*) to unpack ♦ *vi* (*nel fare un conto*) to overestimate; (*DROGA: gergo*) to get high.
sbal'lato, a *ag* (*calcolo*) wrong; (*fam: ragionamento, persona*) screwy.
'sballo *sm* (*DROGA: gergo*) trip.
sballot'tare *vt* to toss (about).
sbalor'dire *vt* to stun, amaze ♦ *vi* to be stunned, be amazed.
sbalordi'tivo, a *ag* amazing; (*prezzo*) incredible, absurd.
sbal'zare [zbal'tsare] *vt* to throw, hurl; (*fig: da una carica*) to remove, dismiss ♦ *vi* (*balzare*) to bounce; (*saltare*) to leap, bound.
'sbalzo ['zbaltso] *sm* (*spostamento improvviso*) jolt, jerk; **a** ~**i** jerkily; (*fig*) in fits and starts; **uno** ~ **di temperatura** a sudden change in temperature.
sban'care *vt* (*nei giochi*) to break the bank at (*o* of); (*fig*) to ruin, bankrupt.
sbanda'mento *sm* (*NAUT*) list; (*AUT*) skid; (*fig: di persona*) confusion; **ha avuto un periodo di** ~ he went off the rails for a bit.
sban'dare *vi* (*NAUT*) to list; (*AUT*) to skid; ~**rsi** *vr* (*folla*) to disperse; (*truppe*) to scatter; (*fig: famiglia*) to break up.
sban'data *sf* (*AUT*) skid; (*NAUT*) list; **prendere una** ~ **per qn** (*fig*) to fall for sb.
sban'dato, a *sm/f* mixed-up person.
sbandie'rare *vt* (*bandiera*) to wave; (*fig*) to parade, show off.
'sbando *sm:* **essere allo** ~ to drift.
sbarac'care *vt* (*libri, piatti etc*) to clear (up).
sbaragli'are [zbaraʎ'ʎare] *vt* (*MIL*) to rout;

(*in gare sportive etc*) to beat, defeat.

sba'raglio [zba'raʎʎo] *sm*: **gettarsi allo ~** (*soldato*) to throw o.s. into the fray; (*fig*) to risk everything.

sbaraz'zarsi [zbarat'tsarsi] *vr*: **~ di** to get rid of, rid o.s. of.

sbaraz'zino, a [zbarat'tsino] *ag* impish, cheeky.

sbar'bare *vt*, **~rsi** *vr* to shave.

sbarba'tello *sm* novice, greenhorn.

sbar'care *vt* (*passeggeri*) to disembark; (*merci*) to unload ♦ *vi* to disembark.

'sbarco *sm* disembarkation; unloading; (*MIL*) landing.

'sbarra *sf* bar; (*di passaggio a livello*) barrier; (*DIR*): **mettere/presentarsi alla ~** to bring/appear before the court.

sbarra'mento *sm* (*stradale*) barrier; (*diga*) dam, barrage; (*MIL*) barrage; (*POL*) cut-off point (*level of support below which a political party is excluded from representation in Parliament*).

sbar'rare *vt* (*bloccare*) to block, bar; (*cancellare: assegno*) to cross (*BRIT*); **~ il passo** to bar the way; **~ gli occhi** to open one's eyes wide.

sbar'rato, a *ag* (*porta*) barred; (*passaggio*) blocked, barred; (*strada*) blocked, obstructed; (*occhi*) staring; (*assegno*) crossed (*BRIT*).

'sbattere *vt* (*porta*) to bang; (*tappeti, ali, CUC*) to beat; (*urtare*) to knock, hit ♦ *vi* (*porta, finestra*) to bang; (*agitarsi: ali, vele etc*) to flap; **~ qn fuori/in galera** to throw sb out/into prison; **me ne sbatto!** (*fam*) I don't give a damn!

sbat'tuto, a *ag* (*viso, aria*) dejected, worn out; (*uovo*) beaten.

sba'vare *vi* to dribble; (*colore*) to smear, smudge.

sbava'tura *sf* (*di persone*) dribbling; (*di lumache*) slime; (*di rossetto, vernice*) smear.

sbelli'carsi *vr*: **~ dalle risa** to split one's sides laughing.

'sberla *sf* slap.

sber'leffo *sm*: **fare uno ~ a qn** to make a face at sb.

sbia'dire *vi* (*anche*: **~rsi**), *vt* to fade.

sbia'dito, a *ag* faded; (*fig*) colourless (*BRIT*), colorless (*US*), dull.

sbian'care *vt* to whiten; (*tessuto*) to bleach ♦ *vi* (*impallidire*) to grow pale *o* white.

sbi'eco, a, chi, che *ag* (*storto*) squint, askew; **di ~**: **guardare qn di ~** (*fig*) to look askance at sb; **tagliare una stoffa di ~** to cut material on the bias.

sbigot'tire *vt* to dismay, stun ♦ *vi* (*anche*:

~rsi) to be dismayed.

sbilanci'are [zbilan'tʃare] *vt* to throw off balance; **~rsi** *vr* (*perdere l'equilibrio*) to overbalance, lose one's balance; (*fig*: *compromettersi*) to compromise o.s.

sbi'lenco, a, chi, che *ag* (*persona*) crooked, misshapen; (*fig*: *idea, ragionamento*) twisted.

sbirci'are [zbir'tʃare] *vt* to cast sidelong glances at, eye.

sbirci'ata [zbir'tʃata] *sf*: **dare una ~ a qc** to glance at sth, have a look at sth.

'sbirro *sm* (*peg*) cop.

sbizzar'rirsi [zbiddzar'rirsi] *vr* to indulge one's whims.

sbloc'care *vt* to unblock, free; (*freno*) to release; (*prezzi, affitti*) to free from controls; **~rsi** *vr* (*gen*) to become unblocked; (*passaggio, strada*) to clear, become unblocked; **la situazione si è sbloccata** things are moving again.

'sblocco, chi *sm* (*vedi vt*) unblocking, freeing; release.

sboc'care *vi*: **~ in** (*fiume*) to flow into; (*strada*) to lead into; (*persona*) to come (out) into; (*fig*: *concludersi*) to end (up) in.

sboc'cato, a *ag* (*persona*) foul-mouthed; (*linguaggio*) foul.

sbocci'are [zbot'tʃare] *vi* (*fiore*) to bloom, open (out).

'sbocco, chi *sm* (*di fiume*) mouth; (*di strada*) end; (*di tubazione, COMM*) outlet; (*uscita: anche fig*) way out; **una strada senza ~ a** dead end; **siamo in una situazione senza ~chi** there's no way out of this for us.

sbocconcel'lare [zbokkontʃel'lare] *vt*: **~ (qc)** to nibble (at sth).

sbollen'tare *vt* (*CUC*) to parboil.

sbol'lire *vi* (*fig*) to cool down, calm down.

'sbornia *sf* (*fam*): **prendersi una ~** to get plastered.

sbor'sare *vt* (*denaro*) to pay out.

sbot'tare *vi*: **~ in una risata/per la collera** to burst out laughing/explode with anger.

sbotto'nare *vt* to unbutton, undo.

sbra'cato, a *ag* slovenly.

sbracci'arsi [zbrat'tʃarsi] *vr* to wave (one's arms about).

sbracci'ato, a [zbrat'tʃato] *ag* (*camicia*) sleeveless; (*persona*) bare-armed.

sbrai'tare *vi* to yell, bawl.

sbra'nare *vi* to tear to pieces.

sbricio'lare [zbritʃo'lare] *vt*, **~rsi** *vr* to crumble.

sbri'gare *vt* to deal with, get through; (*cliente*) to attend to, deal with; **~rsi** *vr* to hurry (up).

sbriga'tivo, a *ag* (*persona, modo*) quick, expeditious; (*giudizio*) hasty.

sbrina'mento *sm* defrosting.

sbri'nare *vt* to defrost.

sbrindel'lato, a *ag* tattered, in tatters.

sbrodo'lare *vt* to stain, dirty.

sbron'zarsi [zbron'tsarsi] *vr* (*fam*) to get sozzled.

'sbronzo, a ['zbrontso] (*fam*) *ag* sozzled.
♦ *sf*: **prendersi una ~a** to get sozzled.

sbruf'fone, a *sm/f* boaster, braggart.

sbu'care *vi* (*apparire*) to pop out (*o* up).

sbucci'are [zbut'tʃare] *vt* (*arancia, patata*) to peel; (*piselli*) to shell; **~rsi un ginocchio** to graze one's knee.

sbucherò *etc* [zbuke'rɔ] *vb vedi* **sbucare**.

sbudel'larsi *vr*: **~ dalle risa** to split one's sides laughing.

sbuf'fare *vi* (*persona, cavallo*) to snort; (: *ansimare*) to puff, pant; (*treno*) to puff.

'sbuffo *sm* (*di aria, fumo, vapore*) puff; **maniche a ~** puff(ed) sleeves.

sc. *abbr* (*TEAT*: = *scena*) sc.

S.C. *abbr* = **stato civile; Suprema Corte (di Cassazione)**.

'scabbia *sf* (*MED*) scabies *sg*.

'scabro, a *ag* rough, harsh; (*fig*) concise, terse.

sca'broso, a *ag* (*fig: difficile*) difficult, thorny; (: *imbarazzante*) embarrassing; (: *sconcio*) indecent.

scacchi'era [skak'kjɛra] *sf* chessboard.

scacchiere [skak'kjɛre] *sm* (*MIL*) sector; **S~** (*in Gran Bretagna*) Exchequer.

scaccia'cani [skattʃa'kani] *sm o f inv* pistol with blanks.

scacciapensi'eri [skattʃapen'sjɛri] *sm inv* (*MUS*) jew's-harp.

scacci'are [skat'tʃare] *vt* to chase away *o* out, drive away *o* out; **~ qn di casa** to turn sb out of the house.

'scacco, chi *sm* (*pezzo del gioco*) chessman; (*quadretto di scacchiera*) square; (*fig*) setback, reverse; **~chi** *smpl* (*gioco*) chess *sg*; **a ~chi** (*tessuto*) check(ed); **subire uno ~** (: *fig: sconfitta*) to suffer a setback.

scacco'matto *sm* checkmate; **dare ~ a qn** (*anche fig*) to checkmate sb.

'scaddi *etc vb vedi* **scadere**.

sca'dente *ag* shoddy, of poor quality.

sca'denza [ska'dentsa] *sf* (*di cambiale, contratto*) maturity; (*di passaporto*) expiry date; **a breve/lunga ~** short-/long-term; **data di ~** expiry date; **~ a termine** fixed deadline.

sca'dere *vi* (*contratto etc*) to expire; (*debito*) to fall due; (*valore, forze, peso*) to decline, go down.

sca'fandro *sm* (*di palombaro*) diving suit; (*di astronauta*) spacesuit.

scaffala'tura *sf* shelving, shelves *pl*.

scaf'fale *sm* shelf; (*mobile*) set of shelves.

'scafo *sm* (*NAUT, AER*) hull.

scagio'nare [skadʒo'nare] *vt* to exonerate. free from blame.

'scaglia ['skaʎʎa] *sf* (*ZOOL*) scale; (*scheggia*) chip, flake.

scagli'are [skaʎ'ʎare] *vt* (*lanciare: anche fig*) to hurl, fling; **~rsi** *vr*: **~rsi su** *o* **contro** to hurl *o* fling *o.s.* at; (*fig*) to rail at.

scagliona'mento [skaʎʎona'mento] *sm* (*MIL*) arrangement in echelons.

scaglio'nare [skaʎʎo'nare] *vt* (*pagamenti*) to space out, spread out; (*MIL*) to echelon.

scagli'one [skaʎ'ʎone] *sm* (*MIL*) echelon; (*GEO*) terrace; **a ~i** in groups.

sca'gnozzo [skaɲ'ɲɔttso] *sm* (*peg*) lackey.

'scala *sf* (*a gradini etc*) staircase, stairs *pl*; (*a pioli, di corda*) ladder; (*MUS, GEO, di colori, valori, fig*) scale; **~e** *sfpl* (*scalinata*) stairs; **su larga** *o* **vasta ~** on a large scale; **su piccola ~, su ~ ridotta** on a small scale; **su ~ nazionale/mondiale** on a national/worldwide scale; **in ~ di 1 a 100.000** on a scale of 1 cm to 1 km; **riproduzione in ~** reproduction to scale; **~ a chiocciola** spiral staircase; **~ a libretto** stepladder; **~ di misure** system of weights and measures; **~ mobile** escalator; (*ECON*) sliding scale; **~ mobile (dei salari)** index-linked pay scale; **~ di sicurezza** (*antincendio*) fire escape.

Milan's **la Scala** *theatre first opened its doors in 1778 with a performance of Salieri's opera, "L'Europa riconosciuta". Built on the site of the former church of Santa Maria della Scala, it suffered serious damage in the bombing of Milan in 1943. It re-opened in 1946 with a concert conducted by Toscanini. Enjoying world-wide renown for its opera performances, it also has a famous classical dance school.*

sca'lare *vt* (*ALPINISMO, muro*) to climb, scale; (*debito*) to scale down, reduce; **questa somma ci viene scalata dal prezzo originale** this sum is deducted from the original price.

sca'lata *sf* scaling *no pl*, climbing *no pl*; (*arrampicata, fig*) climb; **dare la ~ a** (*fig*) to make a bid for.

scala'tore, 'trice *sm/f* climber.

scalca'gnato, a [skalkaɲ'ɲato] *ag* (*logoro*) worn; (*persona*) shabby.

scalci'are [skal'tʃare] *vi* to kick.

scalci'nato, a [skaltʃi'nato] *ag* (*fig peg*) shabby.

scalda'bagno [skalda'baɲɲo] *sm* water heater.

scal'dare *vt* to heat; ~**rsi** *vr* to warm up, heat up; (*al fuoco, al sole*) to warm o.s.; (*fig*) to get excited; ~ **la sedia** (*fig*) to twiddle one's thumbs.

scaldavi'vande *sm inv* dish warmer.

scal'dino *sm* (*per mani*) hand-warmer; (*per piedi*) foot-warmer; (*per letto*) bedwarmer.

scal'fire *vt* to scratch.

scalfit'tura *sf* scratch.

scali'nata *sf* staircase.

sca'lino *sm* (*anche fig*) step; (*di scala a pioli*) rung.

scal'mana *sf* (hot) flush.

scalma'narsi *vr* (*affaticarsi*) to rush about, rush around; (*agitarsi, darsi da fare*) to get all hot and bothered; (*arrabbiarsi*) to get excited, get steamed up.

scalma'nato, a *sm/f* hothead.

'scalo *sm* (*NAUT*) slipway; (: *porto d'approdo*) port of call; (*AER*) stopover; **fare** ~ **(a)** (*NAUT*) to call (at), put in (at); (*AER*) to land (at), make a stop (at); **volo senza** ~ non-stop flight; ~ **merci** (*FERR*) goods (*BRIT*) o freight yard.

sca'logna [ska'loɲɲa] *sf* (*fam*) bad luck.

scalo'gnato, a [skaloɲ'ɲato] *ag* (*fam*) unlucky.

scalop'pina *sf* (*CUC*) escalope.

scal'pello *sm* chisel.

scalpi'tare *vi* (*cavallo*) to paw the ground; (*persona*) to stamp one's feet.

scal'pore *sm* noise, row; **far** ~ (*notizia*) to cause a sensation o a stir.

'scaltro, a *ag* cunning, shrewd.

scal'zare [skal'tsare] *vt* (*albero*) to bare the roots of; (*muro, fig: autorità*) to undermine.

'scalzo, a ['skaltso] *ag* barefoot.

scambi'are *vt* to exchange; (*confondere*): ~ **qn/qc per** to take o mistake sb/sth for; **mi hanno scambiato il cappello** they've given me the wrong hat.

scambi'evole *ag* mutual, reciprocal.

'scambio *sm* exchange; (*COMM*) trade; (*FERR*) points *pl*; **fare (uno)** ~ to make a swap; **libero** ~ free trade; ~**i con l'estero** foreign trade.

scamosci'ato, a [skamoʃ'ʃato] *ag* suede.

scampa'gnata [skampaɲ'ɲata] *sf* trip to the country.

scampa'nare *vi* to peal.

scam'pare *vt* (*salvare*) to rescue, save; (*evitare: morte, prigione*) to escape ♦ *vi:* ~ (*a qc*) to survive (sth), escape (sth); **scamparla bella** to have a narrow escape.

'scampo *sm* (*salvezza*) escape; (*ZOOL*) prawn; **cercare** ~ **nella fuga** to seek safety in flight; **non c'è (via di)** ~ there's no way out.

'scampolo *sm* remnant.

scanala'tura *sf* (*incavo*) channel, groove.

scandagli'are [skandaʎ'ʎare] *vt* (*NAUT*) to sound; (*fig*) to sound out; to probe.

scanda'listico, a, ci, che *ag* (*settimanale etc*) sensational.

scandaliz'zare [skandalid'dzare] *vt* to shock, scandalize; ~**rsi** *vr* to be shocked.

'scandalo *sm* scandal; **dare** ~ to cause a scandal.

scanda'loso, a *ag* scandalous, shocking.

Scandi'navia *sf:* **la** ~ Scandinavia.

scandi'navo, a *ag, sm/f* Scandinavian.

scan'dire *vt* (*versi*) to scan; (*parole*) to articulate, pronounce distinctly; ~ **il tempo** (*MUS*) to beat time.

scan'nare *vt* (*animale*) to butcher, slaughter; (*persona*) to cut o slit the throat of.

'scanno *sm* seat, bench.

scansafa'tiche [skansafa'tike] *sm/f inv* idler, loafer.

scan'sare *vt* (*rimuovere*) to move (aside), shift; (*schivare: schiaffo*) to dodge; (*sfuggire*) to avoid; ~**rsi** *vr* to move aside.

scan'sia *sf* shelves *pl*; (*per libri*) bookcase.

'scanso *sm:* **a** ~ **di** in order to avoid, as a precaution against; **a** ~ **di equivoci** to avoid (any) misunderstanding.

scanti'nato *sm* basement.

scanto'nare *vi* to turn the corner; (*svignarsela*) to sneak off.

scanzo'nato, a [skantso'nato] *ag* easygoing.

scapacci'one [skapat'tʃone] *sm* clout, slap.

scapes'trato, a *ag* dissolute.

'scapito *sm* (*perdita*) loss; (*danno*) damage, detriment; **a** ~ **di** to the detriment of.

'scapola *sf* shoulder blade.

'scapolo *sm* bachelor.

scappa'mento *sm* (*AUT*) exhaust.

scap'pare *vi* (*fuggire*) to escape; (*andare via in fretta*) to rush off; ~ **di prigione** to escape from prison; ~ **di mano** (*oggetto*) to slip out of one's hands; ~ **di mente a qn** to slip sb's mind; **lasciarsi** ~ (*occasione, affare*) to miss, let go by; (*dettaglio*) to overlook; (*parola*) to let slip; (*prigioniero*) to let escape; **mi scappò detto** I let it slip.

scap'pata *sf* quick visit o call.

scappa'tella *sf* escapade.

scappa'toia *sf* way out.
scara'beo *sm* beetle.
scarabocchi'are [skarabok'kjare] *vt* to scribble, scrawl.
scara'bocchio [skara'bɔkkjo] *sm* scribble, scrawl.
scara'faggio [skara'faddʒo] *sm* cockroach.
scaraman'zia [skaraman'tsia] *sf*: **per ~ for** luck.
scara'muccia, ce [skara'muttʃa] *sf* skirmish.
scaraven'tare *vt* to fling, hurl.
scarce'rare [skartʃe'rare] *vt* to release (from prison).
scarcerazi'one [skartʃerat'tsjone] *sf* release (from prison).
scardi'nare *vt* to take off its hinges.
'scarica, che *sf* (*di più armi*) volley of shots; (*di sassi, pugni*) hail, shower; (*ELETTR*) discharge; ~ **di mitra** burst of machine-gun fire.
scari'care *vt* (*merci, camion etc*) to unload; (*passeggeri*) to set down; (*arma*) to unload; (: *sparare, ELETTR*) to discharge; (*sog: corso d'acqua*) to empty, pour; (*fig: liberare da un peso*) to unburden, relieve; ~**rsi** *vr* (*orologio*) to run *o* wind down; (*batteria, accumulatore*) to go flat (*BRIT*) *o* dead; (*fig: rilassarsi*) to unwind; (: *sfogarsi*) to let off steam; ~ **le proprie responsabilità su qn** to off-load one's responsibilities onto sb; ~ **la colpa addosso a qn** to blame sb; **il fulmine si scaricò su un albero** the lightning struck a tree.
scarica'tore *sm* loader; (*di porto*) docker.
'scarico, a, ci, che *ag* unloaded; (*orologio*) run down; (*batteria, accumulatore*) dead, flat (*BRIT*) ♦ *sm* (*di merci, materiali*) unloading; (*di immondizie*) dumping, tipping (*BRIT*); (: *luogo*) rubbish dump; (*TECN: deflusso*) draining; (: *dispositivo*) drain; (*AUT*) exhaust; ~ **del lavandino** waste outlet.
scarlat'tina *sf* scarlet fever.
scar'latto, a *ag* scarlet.
'scarno, a *ag* thin, bony.
'scarpa *sf* shoe; **fare le ~e a qn** (*fig*) to double-cross sb; ~**e da ginnastica** gym shoes; ~**e coi tacchi (alti)** high-heeled shoes; ~**e col tacco basso** low-heeled shoes; ~**e senza tacco** flat shoes; ~**e da tennis** tennis shoes.
scar'pata *sf* escarpment.
scarpi'era *sf* shoe rack.
scar'pone *sm* boot; ~**i da montagna** climbing boots; ~**i da sci** ski-boots.
scarroz'zare [skarrot'tsare] *vt* to drive around.

scarseggi'are [skarsed'dʒare] *vi* to be scarce; ~ **di** to be short of, lack.
scar'sezza [skar'settsa] *sf* scarcity, lack.
'scarso, a *ag* (*insufficiente*) insufficient, meagre (*BRIT*), meager (*US*); (*povero: annata*) poor, lean; (*INS: voto*) poor; ~ **di** lacking in; **3 chili ~i** just under 3 kilos, barely 3 kilos.
scartabel'lare *vt* to skim through, glance through.
scarta'faccio [skarta'fattʃo] *sm* notebook.
scarta'mento *sm* (*FERR*) gauge; ~ **normale/ridotto** standard/narrow gauge.
scar'tare *vt* (*pacco*) to unwrap; (*idea*) to reject; (*MIL*) to declare unfit for military service; (*carte da gioco*) to discard; (*CALCIO*) to dodge (past) ♦ *vi* to swerve.
'scarto *sm* (*cosa scartata, anche COMM*) reject; (*di veicolo*) swerve; (*differenza*) gap, difference; ~ **salariale** wage differential.
scar'toffie *sfpl* (*peg*) papers *pl*.
scas'sare *vt* (*fam: rompere*) to wreck.
scassi'nare *vt* to break, force.
'scasso *sm vedi* **furto**.
scate'nare *vt* (*fig*) to incite, stir up; ~**rsi** *vr* (*temporale*) to break; (*rivolta*) to break out; (*persona: infuriarsi*) to rage.
scate'nato, a *ag* wild.
'scatola *sf* box; (*di latta*) tin (*BRIT*), can; **cibi in ~** tinned (*BRIT*) *o* canned foods; **una ~ di cioccolatini** a box of chocolates; **comprare qc a ~ chiusa** to buy sth sight unseen; ~ **cranica** cranium.
scat'tante *ag* quick off the mark; (*agile*) agile.
scat'tare *vt* (*fotografia*) to take ♦ *vi* (*congegno, molla etc*) to be released; (*balzare*) to spring up; (*SPORT*) to put on a spurt; (*fig: per l'ira*) to fly into a rage; (*legge, provvedimento*) to come into effect; ~ **in piedi** to spring to one's feet; **far ~** to release.
'scatto *sm* (*dispositivo*) release; (: *di arma da fuoco*) trigger mechanism; (*rumore*) click; (*balzo*) jump, start; (*SPORT*) spurt; (*fig: di ira etc*) fit; (: *di stipendio*) increment; **di ~** suddenly; **serratura a ~** spring lock.
scatu'rire *vi* to gush, spring.
scaval'care *vt* (*ostacolo*) to pass (*o* climb) over; (*fig*) to get ahead of, overtake.
sca'vare *vt* (*terreno*) to dig; (*legno*) to hollow out; (*pozzo, galleria*) to bore; (*città sepolta etc*) to excavate.
scava'trice [skava'tritʃe] *sf* (*macchina*) excavator.
scavezza'collo [skavettsa'kɔllo] *sm* daredevil.

'scavo *sm* excavating *no pl*; excavation.
scazzot'tare [skattsot'tare] *vt* (*fam*) to beat up, give a thrashing to.
'scegliere ['ʃeʎʎere] *vt* (*gen*) to choose; (*candidato, prodotto*) to choose, select; ~ **di fare** to choose to do.
sce'icco, chi [ʃe'ikko] *sm* sheik.
'scelgo *etc* ['ʃelgo] *vb vedi* **scegliere**.
scelle'rato, a [ʃelle'rato] *ag* wicked, evil.
scel'lino [ʃel'lino] *sm* shilling.
'scelto, a ['ʃelto] *pp di* **scegliere** ♦ *ag* (*gruppo*) carefully selected; (*frutta, verdura*) choice, top quality; (*MIL: specializzato*) crack *cpd*, highly skilled ♦ *sf* choice; (*selezione*) selection, choice; **frutta o formaggi a** ~**a** a choice of fruit or cheese; **fare una** ~**a** to make a choice, choose; **non avere** ~**a** to have no choice *o* option; **di prima** ~**a** top grade *o* quality.
sce'mare [ʃe'mare] *vt, vi* to diminish.
sce'menza [ʃe'mɛntsa] *sf* stupidity *no pl*; stupid thing (to do *o* say).
'scemo, a ['ʃemo] *ag* stupid, silly.
'scempio ['ʃempjo] *sm* slaughter, massacre; (*fig*) ruin; **far** ~ **di** (*fig*) to play havoc with, ruin.
'scena ['ʃɛna] *sf* (*gen*) scene; (*palcoscenico*) stage; **le** ~**e** (*fig: teatro*) the stage; **andare in** ~ to be staged *o* put on *o* performed; **mettere in** ~ to stage; **uscire di** ~ to leave the stage; (*fig*) to leave the scene; **fare una** ~ (*fig*) to make a scene; **ha fatto** ~ **muta** (*fig*) he didn't open his mouth.
sce'nario [ʃe'narjo] *sm* scenery; (*di film*) scenario.
sce'nata [ʃe'nata] *sf* row, scene.
'scendere ['ʃendere] *vi* to go (*o* come) down; (*strada, sole*) to go down; (*notte*) to fall; (*passeggero: fermarsi*) to get out, alight; (*fig: temperatura, prezzi*) to fall, drop ♦ *vt* (*scale, pendio*) to go (*o* come) down; ~ **dalle scale** to go (*o* come) down the stairs; ~ **dal treno** to get off *o* out of the train; ~ **dalla macchina** to get out of the car; ~ **da cavallo** to dismount, get off one's horse; ~ **ad un albergo** to put up *o* stay at a hotel.
sceneggi'ato [ʃened'dʒato] *sm* television drama.
sceneggia'tore, 'trice [ʃeneddʒa'tore] *sm/f* script-writer.
sceneggia'tura [ʃeneddʒa'tura] *sf* (*TEAT*) scenario; (*CINE*) screenplay, scenario.
'scenico, a, ci, che ['ʃɛniko] *ag* stage *cpd*.
scenogra'fia [ʃenogra'fia] *sf* (*TEAT*) stage design; (*CINE*) set design; (*elementi scenici*) scenery.
sce'nografo, a [ʃe'nɔgrafo] *sm/f* set

designer.
sce'riffo [ʃe'riffo] *sm* sheriff.
scervel'larsi [ʃervel'larsi] *vr*: ~ (**su qc**) to rack one's brains (over sth).
scervel'lato, a [ʃervel'lato] *ag* featherbrained, scatterbrained.
'sceso, a ['ʃeso] *pp di* **scendere**.
scetti'cismo [ʃetti'tʃizmo] *sm* scepticism (*BRIT*), skepticism (*US*).
'scettico, a, ci, che ['ʃɛttiko] *ag* sceptical (*BRIT*), skeptical (*US*).
'scettro ['ʃɛttro] *sm* sceptre (*BRIT*), scepter (*US*).
'scheda ['skɛda] *sf* (index) card; (*TV, RADIO*) (brief) report; ~ **a circuito stampato** printed-circuit board; ~ **elettorale** ballot paper; ~ **perforata** punch card; ~ **telefonica** phone card.
sche'dare [ske'dare] *vt* (*dati*) to file; (*libri*) to catalogue; (*registrare: anche POLIZIA*) to put on one's files.
sche'dario [ske'darjo] *sm* file; (*mobile*) filing cabinet.
sche'dato, a [ske'dato] *ag* with a (police) record ♦ *sm/f* person with a (police) record.
sche'dina [ske'dina] *sf* ≈ pools coupon (*BRIT*).
'scheggia, ge ['skeddʒa] *sf* splinter, sliver; ~ **impazzita** (*fig*) maverick.
sche'letrico, a, ci, che [ske'lɛtriko] *ag* (*anche ANAT*) skeletal; (*fig: essenziale*) skeleton *cpd*.
'scheletro ['skɛletro] *sm* skeleton; **avere uno** ~ **nell'armadio** (*fig*) to have a skeleton in the cupboard.
'schema, i ['skɛma] *sm* (*diagramma*) diagram, sketch; (*progetto, abbozzo*) outline, plan; **ribellarsi agli** ~**i** to rebel against traditional values; **secondo gli** ~**i tradizionali** in accordance with traditional values.
sche'matico, a, ci, che [ske'matiko] *ag* schematic.
schematiz'zare [skematid'dzare] *vt* to schematize.
'scherma ['skerma] *sf* fencing.
scher'maglia [sker'maʎʎa] *sf* (*fig*) skirmish.
scher'mirsi [sker'mirsi] *vr* to defend o.s., protect o.s.
'schermo ['skermo] *sm* shield, screen; (*CINE, TV*) screen.
schermogra'fia [skermogra'fia] *sf* X-rays *pl*.
scher'nire [sker'nire] *vt* to mock, sneer at.
'scherno ['skerno] *sm* mockery, derision; **farsi** ~ **di** to sneer at; **essere oggetto di** ~ to be a laughing stock.

scher'zare [sker'tsare] *vi* to joke.

'scherzo ['skertso] *sm* joke; (*tiro*) trick; (*MUS*) scherzo; **è uno ~!** (*una cosa facile*) it's child's play!, it's easy!; **per ~** for a joke *o* a laugh; **fare un brutto ~ a qn** to play a nasty trick on sb; **~i a parte** seriously, joking apart.

scher'zoso, a [sker'tsoso] *ag* (*tono, gesto*) playful; (*osservazione*) facetious; **è un tipo ~** he likes a joke.

schiaccia'noci [skjattʃa'notʃi] *sm inv* nutcracker.

schiacci'ante [skjat'tʃante] *ag* overwhelming.

schiacci'are [skjat'tʃare] *vt* (*dito*) to crush; (*noci*) to crack; **~ un pisolino** to have a nap.

schiaffeggi'are [skjaffed'dʒare] *vt* to slap.

schi'affo ['skjaffo] *sm* slap; **prendere qn a ~i** to slap sb's face; **uno ~ morale** a slap in the face, a rebuff.

schiamaz'zare [skjamat'tsare] *vi* to squawk, cackle.

schia'mazzo [skja'mattso] *sm* (*fig: chiasso*) din, racket.

schian'tare [skjan'tare] *vt* to break, tear apart; **~rsi** *vr* to break (up), shatter; **~rsi al suolo** (*aereo*) to crash (to the ground).

schi'anto ['skjanto] *sm* (*rumore*) crash; tearing sound; **è uno ~!** (*fam*) it's (*o* he's *o* she's) terrific!; **di ~** all of a sudden.

schia'rire [skja'rire] *vt* to lighten, make lighter ♦ *vi* (*anche:* **~rsi**) to grow lighter; (*tornar sereno*) to clear, brighten up; **~rsi la voce** to clear one's throat.

schia'rita [skja'rita] *sf* (*METEOR*) bright spell; (*fig*) improvement, turn for the better.

schiat'tare [skjat'tare] *vi* to burst; **~ d'invidia** to be green with envy; **~ di rabbia** to be beside o.s. with rage.

schiavitù [skjavi'tu] *sf* slavery.

schiaviz'zare [skjavid'dzare] *vt* to enslave.

schi'avo, a ['skjavo] *sm/f* slave.

schi'ena ['skjɛna] *sf* (*ANAT*) back.

schie'nale [skje'nale] *sm* (*di sedia*) back.

schi'era ['skjɛra] *sf* (*MIL*) rank; (*gruppo*) group, band; **villette a ~** ≈ terraced houses.

schiera'mento [skjera'mento] *sm* (*MIL, SPORT*) formation; (*fig*) alliance.

schie'rare [skje'rare] *vt* (*esercito*) to line up, draw up, marshal; **~rsi** *vr* to line up; (*fig*): **~rsi con** *o* **dalla parte di/contro qn** to side with/oppose sb.

schi'etto, a ['skjɛtto] *ag* (*puro*) pure; (*fig*) frank, straightforward.

schi'fare [ski'fare] *vt* to disgust.

schi'fezza [ski'fettsa] *sf*: **essere una ~** (*cibo, bibita etc*) to be disgusting; (*film, libro*) to be dreadful.

schifil'toso, a [skifil'toso] *ag* fussy, difficult.

'schifo ['skifo] *sm* disgust; **fare ~** (*essere fatto male, dare pessimi risultati*) to be awful; **mi fa ~** it makes me sick, it's disgusting; **quel libro è uno ~** that book's rotten.

schi'foso, a [ski'foso] *ag* disgusting, revolting; (*molto scadente*) rotten, lousy.

schioc'care [skjok'kare] *vt* (*frusta*) to crack; (*dita*) to snap; (*lingua*) to click; **~ le labbra** to smack one's lips.

schioppet'tata [skjoppet'tata] *sf* gunshot.

schi'oppo ['skjɔppo] *sm* rifle, gun.

schi'udere ['skjudere] *vt*, **~rsi** *vr* to open.

schi'uma ['skjuma] *sf* foam; (*di sapone*) lather; (*di latte*) froth.

schiu'mare [skju'mare] *vt* to skim ♦ *vi* to foam.

schi'uso, a ['skjuso] *pp di* **schiudere**.

schi'vare [ski'vare] *vt* to dodge, avoid.

'schivo, a ['skivo] *ag* (*ritroso*) stand-offish, reserved; (*timido*) shy.

schizofre'nia [skiddzofre'nia] *sf* schizophrenia.

schizo'frenico, a, ci, che [skiddzo'frɛniko] *ag* schizophrenic.

schiz'zare [skit'tsare] *vt* (*spruzzare*) to spurt, squirt; (*sporcare*) to splash, spatter; (*fig: abbozzare*) to sketch ♦ *vi* to spurt, squirt; (*saltar fuori*) to dart up (*o* off *etc*); **~ via** (*animale, persona*) to dart away; (*macchina, moto*) to accelerate away.

schizzi'noso, a [skittsi'noso] *ag* fussy, finicky.

'schizzo ['skittso] *sm* (*di liquido*) spurt; splash, spatter; (*abbozzo*) sketch.

sci [ʃi] *sm inv* (*attrezzo*) ski; (*attività*) skiing; **~ di fondo** cross-country skiing, ski touring (*US*); **~ nautico** water-skiing.

'scia, *pl* **'scie** ['ʃia] *sf* (*di imbarcazione*) wake; (*di profumo*) trail.

scià [ʃa] *sm inv* shah.

sci'abola ['ʃabola] *sf* sabre (*BRIT*), saber (*US*).

scia'callo [ʃa'kallo] *sm* jackal; (*fig peg: profittatore*) shark, profiteer; (: *ladro*) looter.

sciac'quare [ʃak'kware] *vt* to rinse.

scia'gura [ʃa'gura] *sf* disaster, calamity.

sciagu'rato, a [ʃagu'rato] *ag* unfortunate; (*malvagio*) wicked.

scialac'quare [ʃalak'kware] *vt* to squander.

scia'lare [ʃa'lare] *vi* to throw one's money

around.

sci'albo, a ['ʃalbo] *ag* pale, dull; (*fig*) dull, colourless (*BRIT*), colorless (*US*).

sci'alle ['ʃalle] *sm* shawl.

sci'alo ['ʃalo] *sm* squandering, waste.

scia'luppa [ʃa'luppa] *sf* (*NAUT*) sloop; (*anche*: ~ **di salvataggio**) lifeboat.

scia'mare [ʃa'mare] *vi* to swarm.

sci'ame ['ʃame] *sm* swarm.

scian'cato, a [ʃan'kato] *ag* lame; (*mobile*) rickety.

sci'are [ʃi'are] *vi* to ski; **andare a** ~ to go skiing.

sci'arpa ['ʃarpa] *sf* scarf; (*fascia*) sash.

scia'tore, 'trice [ʃia'tore] *sm/f* skier.

sciat'tezza [ʃat'tettsa] *sf* slovenliness.

sci'atto, a ['ʃatto] *ag* (*persona: nell'aspetto*) slovenly, unkempt; (: *nel lavoro*) sloppy, careless.

'scibile ['ʃibile] *sm* knowledge.

scien'tifico, a, ci, che [ʃen'tifiko] *ag* scientific; **la (polizia)** ~**a** the forensic department.

sci'enza ['ʃɛntsa] *sf* science; (*sapere*) knowledge; ~**e** *sfpl* (*INS*) science *sg*; ~**e naturali** natural sciences; ~**e politiche** political science *sg*.

scienzi'ato, a [ʃen'tsjato] *sm/f* scientist.

'Scilly ['ʃilli] **le isole** ~ *sfpl* the Scilly Isles.

'scimmia ['ʃimmja] *sf* monkey.

scimmiot'tare [ʃimmjot'tare] *vt* to ape, mimic.

scimpanzé [ʃimpan'tse] *sm inv* chimpanzee.

scimu'nito, a [ʃimu'nito] *ag* silly, idiotic.

'scindere ['ʃindere] *vt*, ~**rsi** *vr* to split (up).

scin'tilla [ʃin'tilla] *sf* spark.

scintil'lare [ʃintil'lare] *vi* to spark; (*acqua, occhi*) to sparkle.

scintil'lio [ʃintil'lio] *sm* sparkling.

scioc'care [ʃok'kare] *vt* to shock.

scioc'chezza [ʃok'kettsa] *sf* stupidity *no pl*; stupid *o* foolish thing; **dire** ~**e** to talk nonsense.

sci'occo, a, chi, che ['ʃɔkko] *ag* stupid, foolish.

sci'ogliere ['ʃɔʎʎere] *vt* (*nodo*) to untie; (*capelli*) to loosen; (*persona, animale*) to untie, release; (*fig: persona*): ~ **da** to release from; (*neve*) to melt; (*nell'acqua: zucchero etc*) to dissolve; (*fig: mistero*) to solve; (*porre fine a: contratto*) to cancel; (: *società, matrimonio*) to dissolve; (: *riunione*) to bring to an end; ~**rsi** *vr* to loosen, come untied; to melt; to dissolve; (*assemblea, corteo, duo*) to break up; ~ **i muscoli** to limber up; ~ **il ghiaccio** (*fig*) to break the ice; ~ **le vele** (*NAUT*) to set sail; ~**rsi dai legami** (*fig*) to free o.s. from all

ties.

sci'olgo *etc* ['ʃɔlgo] *vb vedi* **sciogliere**.

sciol'tezza [ʃol'tettsa] *sf* agility; suppleness; ease.

sci'olto, a ['ʃɔlto] *pp di* **sciogliere** ♦ *ag* loose; (*agile*) agile, nimble; (*disinvolto*) free and easy; **essere** ~ **nei movimenti** to be supple; **versi** ~**i** (*POESIA*) blank verse.

sciope'rante [ʃope'rante] *sm/f* striker.

sciope'rare [ʃope'rare] *vi* to strike, go on strike.

sci'opero ['ʃɔpero] *sm* strike; **fare** ~ to strike; **entrare in** ~ to go on *o* come out on strike; ~ **bianco** work-to-rule (*BRIT*), slowdown (*US*); ~ **della fame** hunger strike; ~ **selvaggio** wildcat strike; ~ **a singhiozzo** on-off strike; ~ **di solidarietà** sympathy strike.

sciori'nare [ʃori'nare] *vt* (*ostentare*) to show off, display.

scio'via [ʃio'via] *sf* ski lift.

sciovi'nismo [ʃovi'nizmo] *sm* chauvinism.

sciovi'nista, i, e [ʃovi'nista] *sm/f* chauvinist.

sci'pito, a [ʃi'pito] *ag* insipid.

scip'pare [ʃip'pare] *vt*: ~ **qn** to snatch sb's bag.

scippa'tore [ʃippa'tore] *sm* bag-snatcher.

'scippo ['ʃippo] *sm* bag-snatching.

sci'rocco [ʃi'rɔkko] *sm* sirocco.

sci'roppo [ʃi'rɔppo] *sm* syrup; ~ **per la tosse** cough syrup, cough mixture.

'scisma, i ['ʃizma] *sm* (*REL*) schism.

scissi'one [ʃis'sjone] *sf* (*anche fig*) split, division; (*FISICA*) fission.

'scisso, a ['ʃisso] *pp di* **scindere**.

sciu'pare [ʃu'pare] *vt* (*abito, libro, appetito*) to spoil, ruin; (*tempo, denaro*) to waste; ~**rsi** *vr* to get spoilt *o* ruined; (*rovinarsi la salute*) to ruin one's health.

scivo'lare [ʃivo'lare] *vi* to slide *o* glide along; (*involontariamente*) to slip, slide.

'scivolo ['ʃivolo] *sm* slide; (*TECN*) chute.

scivo'loso, a [ʃivo'loso] *ag* slippery.

scle'rosi *sf* sclerosis.

scoc'care *vt* (*freccia*) to shoot ♦ *vi* (*guizzare*) to shoot up; (*battere: ora*) to strike.

scoccherò *etc* [skokke'rɔ] *vb vedi* **scoccare**.

scocci'are [skot'tʃare] *vt* to bother, annoy; ~**rsi** *vr* to be bothered *o* annoyed.

scoccia'tore, 'trice [skottʃa'tore] *sm/f* nuisance, pest (*fam*).

scoccia'tura [skottʃa'tura] *sf* nuisance, bore.

sco'della *sf* bowl.

scodinzo'lare [skodintso'lare] *vi* to wag its tail.

scogli'era [skoʎ'ʎɛra] *sf* reef; (*rupe*) cliff.

'scoglio ['skɔʎʎo] *sm* (*al mare*) rock; (*fig: ostacolo*) difficulty, stumbling block.

scogli'oso, a [skoʎ'ʎoso] *ag* rocky.

scoi'attolo *sm* squirrel.

scola'pasta *sm inv* colander.

sco'lare *ag*: **età ~** school age ♦ *vt* to drain ♦ *vi* to drip.

scola'resca *sf* schoolchildren *pl*, pupils *pl*.

sco'laro, a *sm/f* pupil, schoolboy/girl.

sco'lastico, a, ci, che *ag* (*gen*) scholastic; (*libro, anno, divisa*) school *cpd*.

scol'lare *vt* (*staccare*) to unstick; **~rsi** *vr* to come unstuck.

scol'lato, a *ag* (*vestito*) low-cut, low-necked; (*donna*) wearing a low-cut dress (*o blouse etc*).

scolla'tura *sf* neckline.

'scolo *sm* drainage; (*sbocco*) drain; (*acqua*) waste water; **canale di ~** drain; **tubo di ~** drainpipe.

scolo'rire *vt* to fade; to discolour (*BRIT*), discolor (*US*) ♦ *vi* (*anche:* **~rsi**) to fade; to become discolo(u)red; (*impallidire*) to turn pale.

scol'pire *vt* to carve, sculpt.

scombi'nare *vt* to mess up, upset.

scombi'nato, a *ag* confused, muddled.

scombusso'lare *vt* to upset.

scom'messo, a *pp di* **scommettere** ♦ *sf* bet, wager; **fare una ~a** to bet.

scom'mettere *vt, vi* to bet.

scomo'dare *vt* to trouble, bother, disturb; (*fig: nome famoso*) to involve, drag in; **~rsi** *vr* to put o.s. out; **~rsi a fare** to go to the bother *o* trouble of doing.

scomodità *sf inv* (*di sedia, letto etc*) discomfort; (*di orario, sistemazione etc*) inconvenience.

'scomodo, a *ag* uncomfortable; (*sistemazione, posto*) awkward, inconvenient.

scompagi'nare [skompadʒi'nare] *vt* to upset, throw into disorder.

scompag'nato, a [skompaɲ'ɲato] *ag* (*calzini, guanti*) odd.

scompa'rire *vi* (*sparire*) to disappear, vanish; (*fig*) to be insignificant.

scom'parso, a *pp di* **scomparire** ♦ *sf* disappearance; (*fig: morte*) passing away, death.

scomparti'mento *sm* (*FERR*) compartment; (*sezione*) division.

scom'parto *sm* compartment, division.

scom'penso *sm* imbalance, lack of balance.

scompigli'are [skompiʎ'ʎare] *vt* (*cassetto, capelli*) to mess up, disarrange; (*fig: piani*) to upset.

scom'piglio [skom'piʎʎo] *sm* mess, confusion.

scom'porre *vt* (*parola, numero*) to break up; (*CHIM*) to decompose; **scomporsi** *vr* (*CHIM*) to decompose; (*fig*) to get upset, lose one's composure; **senza scomporsi** unperturbed.

scom'posto, a *pp di* **scomporre** ♦ *ag* (*gesto*) unseemly; (*capelli*) ruffled, dishevelled.

sco'munica, che *sf* excommunication.

scomuni'care *vt* to excommunicate.

sconcer'tante [skontʃer'tante] *ag* disconcerting.

sconcer'tare [skontʃer'tare] *vt* to disconcert, bewilder.

'sconcio, a, ci, ce ['skontʃo] *ag* (*osceno*) indecent, obscene ♦ *sm* (*cosa riprovevole, mal fatta*) disgrace.

sconclusio'nato, a *ag* incoherent, illogical.

sconfes'sare *vt* to renounce, disavow; to repudiate.

scon'figgere [skon'fiddʒere] *vt* to defeat, overcome.

sconfi'nare *vi* to cross the border; (*in proprietà privata*) to trespass; (*fig*): **~ da** to stray *o* digress from.

sconfi'nato, a *ag* boundless, unlimited.

scon'fitto, a *pp di* **sconfiggere** ♦ *sf* defeat.

sconfor'tante, a *ag* discouraging, disheartening.

sconfor'tare *vt* to discourage, dishearten; **~rsi** *vr* to become discouraged, become disheartened, lose heart.

scon'forto *sm* despondency.

sconge'lare [skondʒe'lare] *vt* to defrost.

scongiu'rare [skondʒu'rare] *vt* (*implorare*) to beseech, implore; (*eludere: pericolo*) to ward off, avert.

scongi'uro [skon'dʒuro] *sm* (*esorcismo*) exorcism; **fare gli ~i** to touch wood (*BRIT*), knock on wood (*US*).

scon'nesso, a *ag* (*fig: discorso*) incoherent, rambling.

sconosci'uto, a [skonoʃ'ʃuto] *ag* unknown; new, strange ♦ *sm/f* stranger, unknown person.

sconquas'sare *vt* to shatter, smash.

scon'quasso *sm* (*danno*) damage; (*fig*) confusion.

sconside'rato, a *ag* thoughtless, rash.

sconsigli'are [skonsiʎ'ʎare] *vt*: **~ qc a qn** to advise sb against sth; **~ qn dal fare qc** to advise sb not to do *o* against doing sth.

sconso'lato, a *ag* disconsolate.

scon'tare *vt* (*COMM: detrarre*) to deduct; (*: debito*) to pay off; (*: cambiale*) to discount; (*pena*) to serve; (*colpa, errori*) to pay for, suffer for.

scon'tato, a *ag* (*previsto*) foreseen, taken for granted; (*prezzo, merce*) discounted, at a discount; **dare per ~ che** to take it for granted that.

sconten'tare *vt* to displease, dissatisfy.

sconten'tezza [skonten'tettsa] *sf* displeasure, dissatisfaction.

scon'tento, a *ag:* **~ (di)** discontented *o* dissatisfied (with) ♦ *sm* discontent, dissatisfaction.

'sconto *sm* discount; **fare** *o* **concedere uno ~** to give a discount; **uno ~ del 10%** a 10% discount.

scon'trarsi *vr* (*treni etc*) to crash, collide; (*venire ad uno scontro, fig*) to clash; **~ con** to crash into, collide with.

scon'trino *sm* ticket.

'scontro *sm* (*MIL, fig*) clash; (*di veicoli*) crash, collision; **~ a fuoco** shoot-out.

scon'troso, a *ag* sullen, surly; (*permaloso*) touchy.

sconveni'ente *ag* unseemly, improper.

sconvol'gente [skonvol'dʒɛnte] *ag* (*notizia, brutta esperienza*) upsetting, disturbing; (*bellezza*) amazing; (*passione*) overwhelming.

scon'volgere [skon'vɔldʒere] *vt* to throw into confusion, upset; (*turbare*) to shake, disturb, upset.

scon'volto, a *pp di* **sconvolgere** ♦ *ag* (*persona*) distraught, very upset.

'scopa *sf* broom; (*CARTE*) *Italian card game.*

sco'pare *vt* to sweep; (*fam!*) to bonk (*!*).

sco'pata *sf* (*fam!*) bonk (*!*).

scoperchi'are [skoper'kjare] *vt* (*pentola, vaso*) to take the lid off, uncover; (*casa*) to take the roof off.

sco'perto, a *pp di* **scoprire** ♦ *ag* uncovered; (*capo*) uncovered, bare; (*macchina*) open; (*MIL*) exposed, without cover; (*conto*) overdrawn ♦ *sf* discovery ♦ *sm:* **allo ~** (*dormire etc*) out in the open; **assegno ~** uncovered cheque; **avere un conto ~** to be overdrawn.

'scopo *sm* aim, purpose; **a che ~?** what for?; **adatto allo ~** fit for its purpose; **allo ~ di fare qc** in order to do sth; **a ~ di lucro** for gain *o* money; **senza ~** (*fare, cercare*) pointlessly.

scoppi'are *vi* (*spaccarsi*) to burst; (*esplodere*) to explode; (*fig*) to break out; **~ in pianto** *o* **a piangere** to burst out crying; **~ dalle risa** *o* **dal ridere** to split one's sides laughing; **~ dal caldo** to be boiling; **~ di salute** to be the picture of health.

scoppiet'tare *vi* to crackle.

'scoppio *sm* explosion; (*di tuono, arma etc*) crash, bang; (*di pneumatico*) bang; (*fig: di guerra*) outbreak; **a ~ ritardato** delayed-action; **reazione a ~ ritardato** delayed *o* slow reaction; **uno ~ di risa** a burst of laughter; **uno ~ di collera** an explosion of anger.

sco'prire *vt* to discover; (*liberare da ciò che copre*) to uncover; (*: monumento*) to unveil; **~rsi** *vr* to put on lighter clothes; (*fig*) to give o.s. away.

scopri'tore, 'trice *sm/f* discoverer.

scoraggi'are [skorad'dʒare] *vt* to discourage; **~rsi** *vr* to become discouraged, lose heart.

scor'butico, a, ci, che *ag* (*fig*) cantankerous.

scorcia'toia [skortʃa'toja] *sf* short cut.

'scorcio ['skortʃo] *sm* (*ARTE*) foreshortening; (*di secolo, periodo*) end, close; **~ panoramico** vista.

scor'dare *vt* to forget; **~rsi** *vr:* **~rsi di qc/di fare** to forget sth/to do.

sco'reggia [sko'reddʒa] (*fam!*) *sf* fart (*!*).

scoreggi'are [skored'dʒare] (*fam!*) *vi* to fart (*!*).

'scorgere ['skɔrdʒere] *vt* to make out, distinguish, see.

sco'ria *sf* (*di metalli*) slag; (*vulcanica*) scoria; **~e radioattive** (*FISICA*) radioactive waste *sg*.

'scorno *sm* ignominy, disgrace.

scorpacci'ata [skorpat'tʃata] *sf:* **fare una ~ (di)** to stuff o.s. (with), eat one's fill (of).

scorpi'one *sm* scorpion; (*dello zodiaco*): **S~** Scorpio; **essere dello S~** to be Scorpio.

'scorporo *sm* (*POL*) *transfer of votes aimed at increasing the chances of representation for minority parties.*

scorraz'zare [skorrat'tsare] *vi* to run about.

'scorrere *vt* (*giornale, lettera*) to run *o* skim through ♦ *vi* (*liquido, fiume*) to run, flow; (*fune*) to run; (*cassetto, porta*) to slide easily; (*tempo*) to pass (by).

scorre'ria *sf* raid, incursion.

scorret'tezza [skorret'tettsa] *sf* incorrectness; lack of politeness, rudeness; unfairness; **commettere una ~** (*essere sleale*) to be unfair.

scor'retto, a *ag* (*sbagliato*) incorrect; (*sgarbato*) impolite; (*sconveniente*) improper; (*sleale*) unfair; (*gioco*) foul.

scor'revole *ag* (*porta*) sliding; (*fig: stile*) fluent, flowing.

scorri'banda *sf* (*MIL*) raid; (*escursione*) trip, excursion.

'scorsi *etc vb vedi* **scorgere**.

'**scorso, a** *pp di* **scorrere** ♦ *ag* last ♦ *sf* quick look, glance; **lo ~ mese** last month.

scor'soio, a *ag*: **nodo ~** noose.

'**scorta** *sf* (*di personalità, convoglio*) escort; (*provvista*) supply, stock; **sotto la ~ di due agenti** escorted by two policemen; **fare ~ di** to stock up with, get in a supply of; **di ~** (*materiali*) spare; **ruota di ~** spare wheel.

scor'tare *vt* to escort.

scor'tese *ag* discourteous, rude.

scorte'sia *sf* discourtesy, rudeness; (*azione*) discourtesy.

scorti'care *vt* to skin.

'**scorto, a** *pp di* **scorgere**.

'**scorza** ['skɔrdza] *sf* (*di albero*) bark; (*di agrumi*) peel, skin.

sco'sceso, a [skoʃ'ʃeso] *ag* steep.

'**scosso, a** *pp di* **scuotere** ♦ *ag* (*turbato*) shaken, upset ♦ *sf* jerk, jolt, shake; (*ELETTR, fig*) shock; **prendere la ~a** to get an electric shock; **~a di terremoto** earth tremor.

scos'sone *sm*: **dare uno ~ a qn** to give sb a shake; **procedere a ~i** to jolt *o* jerk along.

scos'tante *ag* (*fig*) off-putting (*BRIT*), unpleasant.

scos'tare *vt* to move (away), shift; **~rsi** *vr* to move away.

scostu'mato, a *ag* immoral, dissolute.

scotch [skɔtʃ] *sm inv* (*whisky*) Scotch; ® (*nastro adesivo*) Scotch tape ®, Sellotape ®.

scot'tante *ag* (*fig: urgente*) pressing; (: *delicato*) delicate.

scot'tare *vt* (*ustionare*) to burn; (: *con liquido bollente*) to scald ♦ *vi* to burn; (*caffè*) to be too hot.

scotta'tura *sf* burn; scald.

'**scotto, a** *ag* overcooked ♦ *sm* (*fig*): **pagare lo ~ (di)** to pay the penalty (for).

sco'vare *vt* to drive out, flush out; (*fig*) to discover.

'**Scozia** ['skɔttsja] *sf*: **la ~** Scotland.

scoz'zese [skot'tsese] *ag* Scottish ♦ *sm/f* Scot.

screan'zato, a [skrean'tsato] *ag* ill-mannered ♦ *sm/f* boor.

scredi'tare *vt* to discredit.

scre'mare *vt* to skim.

scre'mato, a *ag* skimmed; **parzialmente ~** semi-skimmed.

screpo'lare *vt*, **~rsi** *vr* to crack.

screpola'tura *sf* cracking *no pl*; crack.

screzi'ato, a [skret'tsjato] *ag* streaked.

'**screzio** ['skrɛttsjo] *sm* disagreement.

scribac'chino [skribak'kino] *sm* (*peg: impiegato*) penpusher; (: *scrittore*) hack.

scricchio'lare [skrikkjo'lare] *vi* to creak, squeak.

scricchio'lio [skrikkjo'lio] *sm* creaking.

'**scricciolo** ['skrittʃolo] *sm* wren.

'**scrigno** ['skriɲɲo] *sm* casket.

scrimina'tura *sf* parting.

'**scrissi** *etc vb vedi* **scrivere**.

'**scritto, a** *pp di* **scrivere** ♦ *ag* written ♦ *sm* writing; (*lettera*) letter, note ♦ *sf* inscription; **~i** *smpl* (*letterari etc*) work(s), writings; **per** *o* **in ~** in writing.

scrit'toio *sm* writing desk.

scrit'tore, 'trice *sm/f* writer.

scrit'tura *sf* writing; (*COMM*) entry; (*contratto*) contract; (*REL*): **la Sacra S~** the Scriptures *pl*; **~e** *sfpl* (*COMM*) accounts, books.

scrittu'rare *vt* (*TEAT, CINE*) to sign up, engage; (*COMM*) to enter.

scriva'nia *sf* desk.

scri'vano *sm* (*amanuense*) scribe; (*impiegato*) clerk.

scri'vente *sm/f* writer.

'**scrivere** *vt* to write; **come si scrive?** how is it spelt?, how do you write it?; **~ qc a qn** to write sth to sb; **~ qc a macchina** to type sth; **~ a penna/matita** to write in pen/pencil; **~ qc maiuscolo/minuscolo** to write sth in capital/small letters.

scroc'care *vt* (*fam*) to scrounge, cadge.

scroc'cone, a *sm/f* scrounger.

'**scrofa** *sf* (*ZOOL*) sow.

scrol'lare *vt* to shake; **~rsi** *vr* (*anche fig*) to give o.s. a shake; **~ le spalle/il capo** to shrug one's shoulders/shake one's head; **~rsi qc di dosso** (*ache fig*) to shake sth off.

scrol'lata *sf* shake; **~ di spalle** shrug (of one's shoulders).

scrosci'ante [skroʃ'ʃante] *ag* (*pioggia*) pouring; (*fig: applausi*) thunderous.

scrosci'are [skroʃ'ʃare] *vi* (*pioggia*) to pour down, pelt down; (*torrente, fig: applausi*) to thunder, roar.

'**scroscio** ['skroʃʃo] *sm* pelting; thunder, roar; (*di applausi*) burst.

scros'tare *vt* (*intonaco*) to scrape off, strip; **~rsi** *vr* to peel off, flake off.

'**scrupolo** *sm* scruple; (*meticolosità*) care, conscientiousness; **essere senza ~i** to be unscrupulous.

scrupo'loso, a *ag* scrupulous; conscientious.

scru'tare *vt* to scrutinize; (*intenzioni, causa*) to examine, scrutinize.

scruta'tore, trice *sm/f* (*POL*) scrutineer.

scruti'nare *vt* (*voti*) to count.

scru'tinio *sm* (*votazione*) ballot; (*insieme*

delle operazioni) poll; (*INS*) (*meeting for*) *assignment of marks at end of a term or year.*

scu'cire [sku'tʃire] *vt* (*orlo etc*) to unpick, undo; **~rsi** *vr* to come unstitched.

scude'ria *sf* stable.

scu'detto *sm* (*SPORT*) (championship) shield; (*distintivo*) badge.

scu'discio [sku'diʃʃo] *sm* (riding) crop, (riding) whip.

'scudo *sm* shield; **farsi ~ di** *o* **con qc** to shield o.s. with sth; **~ aereo/missilistico** air/missile defence (*BRIT*) *o* defense (*US*); **~ termico** heat shield.

sculacci'are [skulat'tʃare] *vt* to spank.

sculacci'one [skulat'tʃone] *sm* spanking.

scul'tore, 'trice *sm/f* sculptor.

scul'tura *sf* sculpture.

scu'ola *sf* school; **~ elementare** primary (*BRIT*) *o* grade (*US*) school (*for children from 6 to 11 years of age*); **~ guida** driving school; **~ materna** nursery school (*for children aged 3 to 5*); **~ media inferiore** first 3 years of secondary school, *for children from 11 to 14 years of age*; **~ dell'obbligo** compulsory education; **~ privata/pubblica** private/state school; **~e serali** evening classes, night school *sg*; **~ tecnica** technical college.

Italian children first attend **la scuola** *from the age of 3. They remain at* **la scuola materna** *until the age of 6 when they move on to the* **scuola elementare** *for a period of 5 years. After this there is the* **scuola media inferiore***, which lasts another 3 years. Its completion marks the end of compulsory education. Students who want to continue their education then go to the* **scuola media superiore***, which consists of a number of different establishments offering different specialisations: these are the* **liceo classico***, the* **liceo scientifico** *and the liceo artistico, which take a further 5 years, the* **istituto magistrale***, which takes 4 years, and the istituto tecnico e professionale, which takes between 3 and 5 years.*

---

scu'otere *vt* to shake; **~rsi** *vr* to jump, be startled; (*fig: muoversi*) to rouse o.s., stir o.s.; (: *turbarsi*) to be shaken.

'scure *sf* axe, ax (*US*).

scu'rire *vt* to darken, make darker.

'scuro, a *ag* dark; (*fig: espressione*) grim ♦ *sm* darkness; dark colour (*BRIT*) *o* color (*US*); (*imposta*) (window) shutter; **verde/rosso** *etc* **~** dark green/red *etc.*

scur'rile *ag* scurrilous.

'scusa *sf* excuse; **~e** *sfpl* apology *sg*, apologies; **chiedere ~ a qn (per)** to apologize to sb (for); **chiedo ~** I'm sorry; (*disturbando etc*) excuse me; **vi prego di accettare le mie ~e** please accept my apologies.

scu'sare *vt* to excuse; **~rsi** *vr*: **~rsi (di)** to apologize (for); **(mi) scusi** I'm sorry; (*per richiamare l'attenzione*) excuse me.

S.C.V. *sigla* = Stato della Città del Vaticano.

sdebi'tarsi *vt*: **~rsi (con qn di** *o* **per qc)** (*anche fig*) to repay (sb for sth).

sde'gnare [zdeɲ'ɲare] *vt* to scorn, despise; **~rsi** *vr* (*adirarsi*) to get angry.

sde'gnato, a [zdeɲ'ɲato] *ag* indignant, angry.

'sdegno ['zdeɲɲo] *sm* scorn, disdain.

sde'gnoso, a [zdeɲ'ɲoso] *ag* scornful, disdainful.

sdilin'quirsi *vr* (*illanguidirsi*) to become sentimental.

sdoga'nare *vt* (*COMM*) to clear through customs.

sdolci'nato, a [zdoltʃi'nato] *ag* mawkish, oversentimental.

sdoppia'mento *sm* (*CHIM: di composto*) splitting; (*PSIC*): **~ della personalità** split personality.

sdoppi'are *vt* (*dividere*) to divide *o* split in two.

sdrai'arsi *vr* to stretch out, lie down.

'sdraio *sm*: **sedia a ~** deck chair.

sdrammatiz'zare [zdrammatid'dzare] *vt* to play down, minimize.

sdruccio'lare [zdruttʃo'lare] *vi* to slip, slide.

sdruccio'levole [zdruttʃo'levole] *ag* slippery.

sdru'cito, a [zdru'tʃito] *ag* (*strappato*) torn; (*logoro*) threadbare.

═══ *PAROLA CHIAVE*

se *pron vedi* **si**
♦ *cong* **1** (*condizionale, ipotetica*) if; **~ nevica non vengo** I won't come if it snows; **~ fossi in te** if I were you; **sarei rimasto ~ me l'avessero chiesto** I would have stayed if they'd asked me; **non puoi fare altro ~ non telefonare** all you can do is phone; **~ mai** if, if ever; **siamo noi ~ mai che le siamo grati** it is we who should be grateful to you; **~ no** (*altrimenti*) or (else), otherwise; **~ non** (*anzi*) if not; (*tranne*) except; **~ non altro** if nothing else, at least; **~ solo** *o* **solamente** if only

2 (*in frasi dubitative, interrogative indirette*) if, whether; **non so ~ scrivere** *o* **telefonare** I don't know whether *o* if I should write or phone.

S.E. *abbr* (= *sud-est*) SE; (= *Sua Eccellenza*) HE.

sé *pron* (*gen*) oneself; (*esso, essa, lui, lei, loro*) itself; himself; herself; themselves; ~ **stesso(a)** *pron* oneself; itself; himself; herself; ~ **stessi(e)** *pron pl* themselves; **di per ~ non è un problema** it's no problem in itself; **parlare tra ~ e ~** to talk to oneself; **va da ~ che ...** it goes without saying that ..., it's obvious that ..., it stands to reason that ...; **è un caso a ~ o a ~ stante** it's a special case.

S.E.A.T.O. *sigla f* (= *Southeast Asia Treaty Organization*) SEATO.

seb'bene *cong* although, though.

'sebo *sm* sebum.

sec. *abbr* (= *secolo*) c.

'SECAM *sigla m* (= *séquentiel couleur à mémoire*) SECAM.

'secca *sf vedi* **secco**.

sec'care *vt* to dry; (*prosciugare*) to dry up; (*fig: importunare*) to annoy, bother ♦ *vi* to dry; to dry up; ~**rsi** *vr* to dry; to dry up; (*fig*) to grow annoyed; **si è seccato molto** he was very annoyed.

sec'cato, a *ag* (*fig: infastidito*) bothered, annoyed; (: *stufo*) fed up.

secca'tore, 'trice *sm/f* nuisance, bother.

secca'tura *sf* (*fig*) bother *no pl*, trouble *no pl*.

seccherò *etc* [sekke'rɔ] *vb vedi* **seccare**.

'secchia ['sekkja] *sf* bucket, pail.

secchi'ello [sek'kjɛllo] *sm* (*per bambini*) pail, bucket.

'secchio ['sekkjo] *sm* bucket, pail; ~ **della spazzatura** *o* **delle immondizie** dustbin (*BRIT*), garbage can (*US*).

'secco, a, chi, che *ag* dry; (*fichi, pesce*) dried; (*foglie, ramo*) withered; (*magro: persona*) thin, skinny; (*fig: risposta, modo di fare*) curt, abrupt; (: *colpo*) clean, sharp ♦ *sm* (*siccità*) drought ♦ *sf* (*del mare*) shallows *pl*; **restarci ~** (*fig: morire sul colpo*) to drop dead; **avere la gola ~a** to feel dry, be parched; **lavare a ~** to dry-clean; **tirare a ~** (*barca*) to beach.

secen'tesco, a, schi, sche [setʃen'tesko] *ag* = **seicentesco**.

se'cernere [se'tʃɛrnere] *vt* to secrete.

seco'lare *ag* age-old, centuries-old; (*laico, mondano*) secular.

'secolo *sm* century; (*epoca*) age.

se'conda *sf vedi* **secondo**.

The **Seconda Repubblica** *is the name used especially by the media to refer to the government and country in general since the elections of 1994 when the old party*

system collapsed and a new system was adopted. The collapse followed the Tangentopoli scandals (see **Tangentopoli***) which provoked a general wish for radical change. The political parties representing this new system were formed only recently and 1994 saw the first elections to be decided by the first-past-the-post method rather than by proportional representation.*

secondaria'mente *av* secondly.

secon'dario, a *ag* secondary; **scuola/istruzione** ~**a** secondary school/education.

secon'dino *sm* prison officer, warder (*BRIT*).

se'condo, a *ag* second ♦ *sm* second; (*di pranzo*) main course ♦ *sf* (*AUT*) second (gear); (*FERR*) second class ♦ *prep* according to; (*nel modo prescritto*) in accordance with; ~ **me** in my opinion, to my mind; ~ **la legge/quanto si era deciso** in accordance with the law/the decision taken; **di** ~**a classe** second-class; **di** ~**a mano** second-hand; **viaggiare in** ~**a** to travel second-class; **comandante** *m* **in** ~**a** second-in-command; **a** ~**a di** *prep* according to; in accordance with.

secondo'genito, a [sekondo'dʒɛnito] *sm/f* second-born.

secrezi'one [sekret'tsjone] *sf* secretion.

'sedano *sm* celery.

se'dare *vt* (*dolore*) to soothe; (*rivolta*) to put down, suppress.

seda'tivo, a *ag, sm* sedative.

'sede *sf* (*luogo di residenza*) (place of) residence; (*di ditta: principale*) head office; (: *secondaria*) branch (office); (*di organizzazione*) headquarters *pl*; (*di governo, parlamento*) seat; (*REL*) see; **in** ~ **di** (*in occasione di*) during; **in altra** ~ on another occasion; **in** ~ **legislativa** in legislative sitting; **prendere** ~ to take up residence; **un'azienda con diverse** ~**i in città** a firm with several branches in the city; ~ **centrale** head office; ~ **sociale** registered office.

seden'tario, a *ag* sedentary.

se'dere *vi* to sit, be seated; ~**rsi** *vr* to sit down ♦ *sm* (*deretano*) bottom; **posto a** ~ seat.

'sedia *sf* chair; ~ **elettrica** electric chair; ~ **a rotelle** wheelchair.

sedi'cenne [sedi'tʃɛnne] *ag, sm/f* sixteen-year-old.

sedi'cente [sedi'tʃɛnte] *ag* self-styled.

sedi'cesimo, a [sedi'tʃɛzimo] *num* sixteenth.

'**sedici** ['seditʃi] *num* sixteen.
se'**dile** *sm* seat; (*panchina*) bench.
sedimen'**tare** *vi* to leave a sediment.
sedi'**mento** *sm* sediment.
sedizi'**one** [sedit'tsjone] *sf* revolt,
   rebellion.
sedizi'**oso, a** [sedit'tsjoso] *ag* seditious.
se'**dotto, a** *pp di* **sedurre**.
sedu'**cente** [sedu'tʃɛnte] *ag* seductive;
   (*proposta*) very attractive.
se'**durre** *vt* to seduce.
se'**duta** *sf* session, sitting; (*riunione*)
   meeting; **essere in** ~ to be in session, be
   sitting; ~ **stante** (*fig*) immediately; ~
   spiritica seance.
sedut'**tore, 'trice** *sm/f* seducer/seductress.
seduzi'**one** [sedut'tsjone] *sf* seduction;
   (*fascino*) charm, appeal.
SEeO *abbr* (= *salvo errori e omissioni*) E and
   OE.
'**sega, ghe** *sf* saw; ~ **circolare** circular saw;
   ~ **a mano** handsaw.
'**segale** *sf* rye.
se'**gare** *vt* to saw; (*recidere*) to saw off.
sega'**tura** *sf* (*residuo*) sawdust.
'**seggio** ['sɛddʒo] *sm* seat; ~ **elettorale**
   polling station.
'**seggiola** ['sɛddʒola] *sf* chair.
seggio'**lino** [seddʒo'lino] *sm* seat; (*per
   bambini*) child's chair; ~ **di sicurezza**
   (*AUT*) child safety seat.
seggio'**lone** [seddʒo'lone] *sm* (*per bambini*)
   highchair.
seggio'**via** [seddʒo'via] *sf* chairlift.
seghe'**ria** [sege'ria] *sf* sawmill.
segherò *etc* [sege'rɔ] *vb vedi* **segare**.
seghet'**tato, a** [seget'tato] *ag* serrated.
se'**ghetto** [se'getto] *sm* hacksaw.
seg'**mento** *sm* segment.
segna'**lare** [seɲɲa'lare] *vt* (*essere segno di*)
   to indicate, be a sign of; (*avvertire*) to
   signal; (*menzionare*) to indicate; (: *fatto,
   risultato, aumento*) to report; (: *errore,
   dettaglio*) to point out; (*AUT*) to signal,
   indicate; ~**rsi** *vr* (*distinguersi*) to
   distinguish o.s.; ~ **qn a qn** (*per lavoro etc*)
   to bring sb to sb's attention.
segnalazi'**one** [seɲɲalat'tsjone] *sf* (*azione*)
   signalling; (*segnale*) signal; (*annuncio*)
   report; (*raccomandazione*)
   recommendation.
se'**gnale** [seɲ'ɲale] *sm* signal; (*cartello*): ~
   stradale road sign; ~ **acustico** acoustic *o*
   sound signal; ~ **d'allarme** alarm; (*FERR*)
   communication cord; ~ **di linea libera**
   (*TEL*) dialling (*BRIT*) *o* dial (*US*) tone; ~
   luminoso light signal; ~ **di occupato** (*TEL*)
   engaged tone (*BRIT*), busy signal (*US*); ~

   orario (*RADIO*) time signal.
segna'**letica** [seɲɲa'lɛtika] *sf* signalling,
   signposting; ~ **stradale** road signs *pl*.
segna'**libro** [seɲɲa'libro] *sm* bookmark(er).
segna'**punti** [seɲɲa'punti] *sm/f inv* scorer,
   scorekeeper.
se'**gnare** [seɲ'ɲare] *vt* to mark; (*prendere
   nota*) to note; (*indicare*) to indicate, mark;
   (*SPORT*: *goal*) to score; ~**rsi** *vr* (*REL*) to
   make the sign of the cross, cross o.s.
'**segno** ['seɲɲo] *sm* sign; (*impronta,
   contrassegno*) mark; (*bersaglio*) target;
   fare ~ **di sì/no** to nod (one's head)/shake
   one's head; **fare** ~ **a qn di fermarsi** to
   motion (to) sb to stop; **cogliere** *o* **colpire
   nel** ~ (*fig*) to hit the mark; **in** *o* **come** ~
   d'amicizia as a mark *o* token of
   friendship; "~**i particolari**" (*su documento
   etc*) "distinguishing marks".
segre'**gare** *vt* to segregate, isolate.
segregazi'**one** [segregat'tsjone] *sf*
   segregation.
se'**greta** *sf vedi* **segreto**.
segre'**tario, a** *sm/f* secretary; ~ **comunale**
   town clerk; ~ **del partito** party leader;
   S~ **di Stato** Secretary of State.
segrete'**ria** *sf* (*di ditta, scuola*) (secretary's)
   office; (*d'organizzazione internazionale*)
   secretariat; (*POL etc*: *carica*) office of
   Secretary; ~ **telefonica** answering
   service.
segre'**tezza** [segre'tettsa] *sf* secrecy;
   notizie della massima ~ confidential
   information; **in tutta** ~ in secret;
   (*confidenzialmente*) in confidence.
se'**greto, a** *ag* secret ♦ *sm* secret ♦ *sf*
   dungeon; **in** ~ in secret, secretly; **il** ~
   professionale professional secrecy; **un** ~
   professionale a professional secret.
segu'**ace** [se'gwatʃe] *sm/f* follower,
   disciple.
segu'**ente** *ag* following, next; **nel modo** ~
   as follows, in the following way.
se'**gugio** [se'gudʒo] *sm* hound, hunting dog;
   (*fig*) private eye, sleuth.
segu'**ire** *vt* to follow; (*frequentare*: *corso*) to
   attend ♦ *vi* to follow; (*continuare*: *testo*) to
   continue; ~ **i consigli di qn** to follow *o* to
   take sb's advice; ~ **gli avvenimenti di
   attualità** to follow *o* keep up with current
   events; **come segue** as follows; "**segue**"
   "to be continued".
segui'**tare** *vt* to continue, carry on with
   ♦ *vi* to continue, carry on.
'**seguito** *sm* (*scorta*) suite, retinue;
   (*discepoli*) followers *pl*; (*serie*) sequence,
   series *sg*; (*continuazione*) continuation;
   (*conseguenza*) result; **di** ~ at a stretch, on

end; **in** ~ later on; **in** ~ **a, a** ~ **di**
following; (*a causa di*) as a result of,
owing to; **essere al** ~ **di qn** to be among
sb's suite, be one of sb's retinue; **non**
aver ~ (*consequenze*) to have no
repercussions; **facciamo** ~ **alla lettera del**
... further to *o* in answer to your letter
of ....
'sei *vb vedi* **essere** ♦ *num* six.
Sei'celle [sei'tʃɛlle] *sfpl*: **le** ~ the
Seychelles.
seicen'tesco, a, schi, sche [seitʃen'tesko]
ag seventeenth-century.
sei'cento [sei'tʃɛnto] *num* six hundred ♦ *sm*:
il S~ the seventeenth century.
sei'mila *num* six thousand.
'selce ['seltʃe] *sf* flint, flintstone.
selci'ato [sel'tʃato] *sm* cobbled surface.
selet'tivo, a *ag* selective.
selet'tore *sm* (*TECN*) selector.
selezio'nare [selettsjo'nare] *vt* to select.
selezi'one [selet'tsjone] *sf* selection; **fare**
una ~ to make a selection *o* choice.
'sella *sf* saddle.
sel'lare *vt* to saddle.
sel'lino *sm* saddle.
seltz *sm inv* soda (water).
'selva *sf* (*bosco*) wood; (*foresta*) forest.
selvag'gina [selvad'dʒina] *sf* (*animali*)
game.
sel'vaggio, a, gi, ge [sel'vaddʒo] *ag* wild;
(*tribù*) savage, uncivilized; (*fig: brutale*)
savage, brutal; (: *incontrollato: fenomeno,*
aumento etc) uncontrolled ♦ *sm/f* savage;
inflazione ~a runaway inflation.
sel'vatico, a, ci, che *ag* wild.
S.Em. *abbr* (= *Sua Eminenza*) HE.
se'maforo *sm* (*AUT*) traffic lights *pl*.
se'mantico, a *ag* semantic ♦ *sf* semantics
sg.
sembi'anza [sem'bjantsa] *sf* (*poetico:*
aspetto) appearance; ~**e** *sfpl* (*lineamenti*)
features; (*fig: falsa apparenza*) semblance
sg.
sem'brare *vi* to seem ♦ *vb impers*: **sembra**
che it seems that; **mi sembra che** it seems
to me that; (*penso che*) I think (that); ~ **di**
essere to seem to be; **non mi sembra**
vero! I can't believe it!
'seme *sm* seed; (*sperma*) semen; (*CARTE*)
suit.
se'mente *sf* seed.
semes'trale *ag* (*che dura 6 mesi*) six-month
cpd; (*che avviene ogni 6 mesi*) six-monthly.
se'mestre *sm* half-year, six-month period.
'semi ... *prefisso* semi ....
semi'cerchio [semi'tʃerkjo] *sm* semicircle.
semicondut'tore *sm* semiconductor.

semidetenzi'one [semideten'tsjone] *sf*
custodial sentence whereby individual
must spend a minimum of 10 hours per
day in prison.
semifi'nale *sf* semifinal.
semi'freddo, a *ag* (*CUC*) chilled ♦ *sm* ice-
cream cake.
semilibertà *sf* custodial sentence which
allows prisoner to study or work outside
prison for part of the day.
'semina *sf* (*AGR*) sowing.
semi'nare *vt* to sow.
semi'nario *sm* seminar; (*REL*) seminary.
semi'nato *sm*: **uscire dal** ~ (*fig*) to wander
off the point.
seminter'rato *sm* basement;
(*appartamento*) basement flat (*BRIT*) *o*
apartment (*US*).
semi'ologo, a, gi, ghe *sm/f* semiologist.
semi'otica *sf* semiotics *sg*.
se'mitico, a, ci, che *ag* semitic.
sem'mai = **se mai**.
'semola *sf* bran; ~ **di grano duro** durum
wheat.
semo'lato *ag*: **zucchero** ~ caster sugar.
semo'lino *sm* semolina.
'semplice ['semplitʃe] *ag* simple; (*di un solo*
elemento) single; **è una** ~ **formalità** it's a
mere formality.
semplice'mente [semplitʃe'mente] *av*
simply.
sempli'cistico, a, ci, che [sempli'tʃistiko]
ag simplistic.
semplicità [semplitʃi'ta] *sf* simplicity.
semplifi'care *vt* to simplify.
semplificazi'one [semplifikat'tsjone] *sf*
simplification; **fare una** ~ **di** to simplify.
'sempre *av* always; (*ancora*) still; **posso** ~
tentare I can always *o* still try; **da** ~
always; **per** ~ forever; **una volta per** ~
once and for all; ~ **che** *cong* provided
(that); ~ **più** more and more; ~ **meno**
less and less; **va** ~ **meglio** things are
getting better and better; **è** ~ **meglio che**
niente it's better than nothing; **è** (**pur**) ~
tuo fratello he is still your brother
(however); **c'è** ~ **la possibilità che** ...
there's still a chance that ..., there's
always the possibility that ....
sempre'verde *ag, sm o f* (*BOT*) evergreen.
Sen. *abbr* (= *senatore*) Sen.
'senape *sf* (*CUC*) mustard.
se'nato *sm* senate.

The **Senato** *is the upper chamber of the*
Italian parliament, with similar functions to
the **Camera dei deputati**. *To stand for the*
Senato, *one must be at least 40 years of age*

and to vote a candidate into the **Senato**, *one must be 25 years of age or over. Elections for the 315 senators are held every 5 years. Former heads of state are elected life senators as are 5 distinguished members of the public nominated by the head of state for their achievements in the scientific, social, artistic or literary fields. It is presided over by the Presidente del Senato who is elected by the senators.* See also **Parlamento**.

sena'tore, 'trice *sm/f* senator.

'Senegal *sm*: **il ~** Senegal.

senega'lese *ag, sm/f* Senegalese *inv.*

se'nese *ag* of (*o* from) Siena.

se'nile *ag* senile.

'Senna *sf*: **la ~** the Seine.

'senno *sm* judgment, (common) sense; **col ~ di poi** with hindsight.

sennò *av* = **se no.**

'seno *sm* (*ANAT: petto, mammella*) breast; (: *grembo, fig*) womb; (: *cavità*) sinus; (*GEO*) inlet, creek; (*MAT*) sine; **in ~ al partito/all'organizzazione** within the party/the organization.

sen'sale *sm* (*COMM*) agent.

sensa'tezza [sensa'tettsa] *sf* good sense, good judgment.

sen'sato, a *ag* sensible.

sensazio'nale [sensattsjo'nale] *ag* sensational.

sensazi'one [sensat'tsjone] *sf* feeling, sensation; **fare ~** to cause a sensation, create a stir; **avere la ~ che** to have a feeling that.

sen'sibile *ag* sensitive; (*ai sensi*) perceptible; (*rilevante, notevole*) appreciable, noticeable; **~ a** sensitive to.

sensibilità *sf* sensitivity.

sensibiliz'zare [sensibilid'dzare] *vt* (*fig*) to make aware, awaken.

'senso *sm* (*FISIOL, istinto*) sense; (*impressione, sensazione*) feeling, sensation; (*significato*) meaning, sense; (*direzione*) direction; **~i** *smpl* (*coscienza*) consciousness *sg*; (*sensualità*) senses; **perdere/riprendere i ~i** to lose/regain consciousness; **avere ~ pratico** to be practical; **avere un sesto ~** to have a sixth sense; **fare ~ a** (*ripugnare*) to disgust, repel; **ciò non ha ~** that doesn't make sense; **senza** *o* **privo di ~** meaningless; **nel ~ che** in the sense that; **nel vero ~ della parola** in the true sense of the word; **nel ~ della lunghezza** lengthwise, lengthways; **nel ~ della larghezza** widthwise; **ho dato disposizioni**

in quel ~ I've given instructions to that end *o* effect; **~ comune** common sense; **~ del dovere** sense of duty; **in ~ opposto** in the opposite direction; **in ~ orario/antiorario** clockwise/anticlockwise; **~ dell'umorismo** sense of humour; **a ~ unico** one-way; "**~ vietato**" (*AUT*) "no entry".

sensu'ale *ag* sensual; sensuous.

sensualità *sf* sensuality; sensuousness.

sen'tenza [sen'tɛntsa] *sf* (*DIR*) sentence; (*massima*) maxim.

sentenzi'are [senten'tsjare] *vi* (*DIR*) to pass judgment.

senti'ero *sm* path.

sentimen'tale *ag* sentimental; (*vita, avventura*) love *cpd.*

senti'mento *sm* feeling.

senti'nella *sf* sentry.

sen'tire *vt* (*percepire al tatto, fig*) to feel; (*udire*) to hear; (*ascoltare*) to listen to; (*odore*) to smell; (*avvertire con il gusto, assaggiare*) to taste ♦ *vi*: **~ di** (*avere sapore*) to taste of; (*avere odore*) to smell of; **~rsi** *vr* (*uso reciproco*) to be in touch; **~rsi bene/male** to feel well/unwell *o* ill; **~rsi di fare qc** (*essere disposto*) to feel like doing sth; **~ la mancanza di qn** to miss sb; **ho sentito dire che ...** I have heard that ...; **a ~ lui ...** to hear him talk ...; **fatti ~** keep in touch; **intendo ~ il mio legale/il parere di un medico** I'm going to consult my lawyer/a doctor.

sentita'mente *av* sincerely; **ringraziare ~** to thank sincerely.

sen'tito, a *ag* (*sincero*) sincere, warm; **per ~ dire** by hearsay.

sen'tore *sm* rumour (*BRIT*), rumor (*US*), talk; **aver ~ di qc** to hear about sth.

'senza ['sɛntsa] *prep, cong* without; **~ dir nulla** without saying a word; **~ dire che ...** not to mention the fact that ...; **~ contare che ...** without considering that ...; **fare ~ qc** to do without sth; **~ di me** without me; **~ che io lo sapessi** without me *o* my knowing; **~ amici** friendless; **senz'altro** of course, certainly; **~ dubbio** no doubt; **~ scrupoli** unscrupulous; **i ~ lavoro** the jobless, the unemployed; **i ~ tetto** the homeless.

senza'tetto [sentsa'tetto] *sm/f inv* homeless person; **i ~** the homeless.

sepa'rare *vt* to separate; (*dividere*) to divide; (*tenere distinto*) to distinguish; **~rsi** *vr* (*coniugi*) to separate, part; (*amici*) to part; **~rsi da** (*coniuge*) to separate *o* part from; (*amico, socio*) to part company with; (*oggetto*) to part with.

separata'mente *av* separately.
sepa'rato, a *ag* (*letti, conto etc*) separate; (*coniugi*) separated.
separazi'one [separat'tsjone] *sf* separation; ~ **dei beni** division of property.
séparé [sepa're] *sm inv* screen.
se'polcro *sm* sepulchre (*BRIT*), sepulcher (*US*).
se'polto, a *pp di* **seppellire**.
sepol'tura *sf* burial; **dare** ~ **a qn** to bury sb.
seppel'lire *vt* to bury.
'seppi *etc vb vedi* **sapere**.
'seppia *sf* cuttlefish ♦ *ag inv* sepia.
sep'pure *cong* even if.
se'quela *sf* (*di avvenimenti*) series, sequence; (*di offese, ingiurie*) string.
se'quenza [se'kwentsa] *sf* sequence.
sequenzi'ale [sekwen'tsjale] *ag* sequential.
seques'trare *vt* (*DIR*) to impound; (*rapire*) to kidnap; (*costringere in un luogo*) to keep, confine.
se'questro *sm* (*DIR*) impoundment; ~ **di persona** kidnapping.
se'quoia *sf* sequoia.
'sera *sf* evening; **di** ~ in the evening; **domani** ~ tomorrow evening, tomorrow night; **questa** ~ this evening, tonight.
se'rale *ag* evening *cpd*; **scuola** ~ evening classes *pl*, night school.
se'rata *sf* evening; (*ricevimento*) party.
ser'bare *vt* to keep; (*mettere da parte*) to put aside; ~ **rancore/odio verso qn** to bear sb a grudge/hate sb.
serba'toio *sm* tank; (*cisterna*) cistern.
'serbo *ag* Serbian ♦ *sm/f* Serbian, Serb ♦ *sm* (*LING*) Serbian; (*il serbare*): **mettere/tenere** *o* **avere in** ~ **qc** to put/keep sth aside.
serbocro'ato, a *ag, sm* Serbo-Croat.
serena'mente *av* serenely, calmly.
sere'nata *sf* (*MUS*) serenade.
serenità *sf* serenity.
se'reno, a *ag* (*tempo, cielo*) clear; (*fig*) serene, calm ♦ *sm* (*tempo*) good weather; **un fulmine a ciel** ~ (*fig*) a bolt from the blue.
serg. *abbr* (= *sergente*) Sgt.
ser'gente [ser'dʒɛnte] *sm* (*MIL*) sergeant.
seri'ale *ag* (*INFORM*) serial.
seria'mente *av* (*con serietà, in modo grave*) seriously; **lavorare** ~ to take one's job seriously.
'serie *sf inv* (*successione*) series *inv*; (*gruppo, collezione: di chiavi etc*) set; (*SPORT*) division; league; (*COMM*): **modello di** ~/**fuori** ~ standard/custom-built model; **in** ~ in quick succession; (*COMM*) mass *cpd*; **tutta una** ~ **di problemi** a whole string *o* series of problems.
serietà *sf* seriousness; reliability.
'serio, a *ag* serious; (*impiegato*) responsible, reliable; (*ditta, cliente*) reliable, dependable; **sul** ~ (*davvero*) really, truly; (*seriamente*) seriously, in earnest; **dico sul** ~ I'm serious; **faccio sul** ~ I mean it; **prendere qc/qn sul** ~ to take sth/sb seriously.
seri'oso, a *ag* (*persona, modi*): **un po'** ~ a bit too serious.
ser'mone *sm* sermon.
'serpe *sf* snake; (*fig peg*) viper.
serpeggi'are [serped'dʒare] *vi* to wind; (*fig*) to spread.
ser'pente *sm* snake; ~ **a sonagli** rattlesnake.
'serra *sf* greenhouse; hothouse; (*GEO*) sierra.
serra'manico *sm*: **coltello a** ~ jack-knife.
ser'randa *sf* roller shutter.
ser'rare *vt* to close, shut; (*a chiave*) to lock; (*stringere*) to tighten; (*premere: nemico*) to close in on; ~ **i pugni/i denti** to clench one's fists/teeth; ~ **le file** to close ranks.
ser'rata *sf* (*INDUSTRIA*) lockout.
ser'rato, a *ag* (*veloce*): **a ritmo** ~ quickly, fast.
serra'tura *sf* lock.
'serva *sf vedi* **servo**.
ser'vigio [ser'vidʒo] *sm* favour (*BRIT*), favor (*US*), service.
ser'vire *vt* to serve; (*clienti: al ristorante*) to wait on; (: *al negozio*) to serve, attend to; (*fig: giovare*) to aid, help; (*CARTE*) to deal ♦ *vi* (*TENNIS*) to serve; (*essere utile*): ~ **a qn** to be of use to sb; ~ **a qc/a fare** (*utensile etc*) to be used for sth/for doing; ~ (**a qn**) **da** to serve as (for sb); ~**rsi** *vr* (*usare*): ~**rsi di** to use; (*prendere: cibo*): ~**rsi (di)** to help o.s. (to); (*essere cliente abituale*): ~**rsi da** to be a regular customer at, go to; **non mi serve più** I don't need it any more; **non serve che lei vada** you don't need to go.
servitù *sf* servitude; slavery; (*personale di servizio*) servants *pl*, domestic staff.
servizi'evole [servit'tsjevole] *ag* obliging, willing to help.
ser'vizio [ser'vittsjo] *sm* service; (*al ristorante: sul conto*) service (charge); (*STAMPA, TV, RADIO*) report; (*da tè, caffè etc*) set, service; ~**i** *smpl* (*di casa*) kitchen and bathroom; (*ECON*) services; **essere di** ~ to be on duty; **fuori** ~ (*telefono etc*) out of order; ~ **compreso/escluso** service included/not included; **entrata di** ~ service *o* tradesman's (*BRIT*) entrance;

casa con doppi ~i house with two bathrooms; ~ **assistenza clienti** after-sales service; ~ **civile** ≈ community service; ~ **in diretta** (*TV, RADIO*) live coverage; ~ **fotografico** (*STAMPA*) photo feature; ~ **militare** military service; ~ **d'ordine** (*POLIZIA*) police patrol; (*di manifestanti*) team of stewards (*responsible for crowd control*); ~**i segreti** secret service *sg*; ~**i di sicurezza** security forces.

'**servo, a** *smf* servant.

servo'freno *sm* (*AUT*) servo brake.

servos'terzo [servos'tɛrtso] *sm* (*AUT*) power steering.

'**sesamo** *sm* (*BOT*) sesame.

ses'santa *num* sixty.

sessan'tenne *ag, smf* sixty-year-old.

sessan'tesimo, a *num* sixtieth.

sessan'tina *sf:* una ~ (**di**) about sixty.

sessantot'tino, a *smf a* person who took part in the events of 1968.

Sessantotto, '68, refers to the year 1968 when the student protest movement really took on major significance. Originating in France, it then spread to other industrialized countries including Italy. What began as a purely student movement gradually spread to other parts of society and led to major political and social change. Left-wing groups flourished, schools and universities became more democratic and the referendum on divorce was held.

---

sessi'one *sf* session.

'**sesso** *sm* sex; **il** ~ **debole/forte** the weaker/stronger sex.

sessu'ale *ag* sexual, sex *cpd*.

sessualità *sf* sexuality.

sessu'ologo, a, gi, ghe *smf* sexologist, sex specialist.

ses'tante *sm* sextant.

'**sesto, a** *num* sixth ♦ *sm:* **rimettere in** ~ (*aggiustare*) to put back in order; (*fig: persona*) to put back on his (*o* her) feet; **rimettersi in** ~ (*riprendersi*) to recover, get well; (*riassettarsi*) to tidy o.s. up.

'**seta** *sf* silk.

setacci'are [setat'tʃare] *vt* (*farina etc*) to sift, sieve; (*fig: zona*) to search, comb.

se'taccio [se'tattʃo] *sm* sieve; **passare al** ~ (*fig*) to search, comb.

'**sete** *sf* thirst; **avere** ~ to be thirsty; ~ **di potere** thirst for power.

seti'ficio [seti'fitʃo] *sm* silk factory.

'**setola** *sf* bristle.

sett. *abbr* (= *settembre*) Sept.

'**setta** *sf* sect.

set'tanta *num* seventy.

settan'tenne *ag, smf* seventy-year-old.

settan'tesimo, a *num* seventieth.

settan'tina *sf:* una ~ (**di**) about seventy.

'**sette** *num* seven.

settecen'tesco, a, schi, sche [settetʃen'tesko] *ag* eighteenth-century.

sette'cento [sette'tʃɛnto] *num* seven hundred ♦ *sm:* **il S**~ the eighteenth century.

set'tembre *sm* September; *per fraseologia vedi* **luglio**.

sette'mila *num* seven thousand.

settentrio'nale *ag* northern ♦ *smf* northerner.

settentri'one *sm* north.

'**settico, a, ci, che** *ag* (*MED*) septic.

setti'mana *sf* week; **la** ~ **scorsa/prossima** last/next week; **a metà** ~ in the middle of the week.

The **settimana bianca** is a winter-sports holiday taken by many Italians.

---

settima'nale *ag, sm* weekly.

'**settimo, a** *num* seventh.

set'tore *sm* sector; ~ **privato/pubblico** private/public sector; ~ **terziario** service industries *pl*.

Se'ul *sf* Seoul.

severità *sf* severity.

se'vero, a *ag* severe.

sevizi'are [sevit'tsjare] *vt* to torture.

se'vizie [se'vittsje] *sfpl* torture *sg*.

'**sexy** ['sɛksi] *ag inv* sexy.

sez. *abbr* = **sezione**.

sezio'nare [settsjo'nare] *vt* to divide into sections; (*MED*) to dissect.

sezi'one [set'tsjone] *sf* section; (*MED*) dissection.

sfaccen'dato, a [sfattʃen'dato] *ag* idle.

sfaccetta'tura [sfattʃetta'tura] *sf* (*azione*) faceting; (*parte sfaccettata, fig*) facet.

sfacchi'nare [sfakki'nare] *vi* (*fam*) to toil, drudge.

sfacchi'nata [sfakki'nata] *sf* (*fam*) chore, drudgery *no pl*.

sfaccia'taggine [sfattʃa'taddʒine] *sf* insolence, cheek.

sfacci'ato, a [sfat'tʃato] *ag* (*maleducato*) cheeky, impudent; (*vistoso*) gaudy.

sfa'celo [sfa'tʃɛlo] *sm* (*fig*) ruin, collapse.

sfal'darsi *vr* to flake (off).

sfal'sare *vt* to offset.

sfa'mare *vt* (*nutrire*) to feed; (*soddisfare la fame*): ~ **qn** to satisfy sb's hunger; ~**rsi** *vr* to satisfy one's hunger, fill o.s. up.

sfarfal'lio *sm* (*CINE, TV*) flickering.
'sfarzo ['sfartso] *sm* pomp, splendour
(*BRIT*), splendor (*US*).
sfar'zoso, a [sfar'tsoso] *ag* splendid,
magnificent.
sfasa'mento *sm* (*ELETTR*) phase
displacement; (*fig*) confusion,
bewilderment.
sfa'sato, a *ag* (*ELETTR, motore*) out of
phase; (*fig: persona*) confused,
bewildered.
sfasci'are [sfaʃ'ʃare] *vt* (*ferita*) to
unbandage; (*distruggere: porta*) to smash,
shatter; ~**rsi** *vr* (*rompersi*) to smash,
shatter.
sfa'tare *vt* (*leggenda*) to explode.
sfati'cato, a *sm/f* idler, loafer.
'sfatto, a *ag* (*letto*) unmade; (*orlo etc*)
undone; (*gelato, neve*) melted; (*frutta*)
overripe; (*riso, pasta etc*) overdone,
overcooked; (*fam: persona, corpo*) flabby.
sfavil'lare *vi* to spark, send out sparks;
(*risplendere*) to sparkle.
sfa'vore *sm* disfavour (*BRIT*), disfavor (*US*),
disapproval.
sfavo'revole *ag* unfavourable (*BRIT*),
unfavorable (*US*).
sfega'tato, a *ag* fanatical.
'sfera *sf* sphere.
'sferico, a, ci, che *ag* spherical.
sfer'rare *vt* (*fig: colpo*) to land, deal;
(: *attacco*) to launch.
sfer'zante [sfer'tsante] *ag* (*critiche, parole*)
stinging.
sfer'zare [sfer'tsare] *vt* to whip; (*fig*) to lash
out at.
sfian'care *vt* to wear out, exhaust; ~**rsi** *vr*
to exhaust o.s., wear o.s. out.
sfia'tare *vi* to allow air (*o gas etc*) to
escape.
sfiata'toio *sm* blowhole; (*TECN*) vent.
sfi'brante *ag* exhausting, energy-sapping.
sfi'brare *vt* (*indebolire*) to exhaust,
enervate.
sfi'brato, a *ag* exhausted, worn out.
'sfida *sf* challenge.
sfi'dante *ag* challenging ♦ *sm/f* challenger.
sfi'dare *vt* to challenge; (*fig*) to defy,
brave; ~ **qn a fare qc** to challenge sb to
do sth; ~ **un pericolo** to brave a danger;
sfido che ... I dare say (that) ....
sfi'ducia [sfi'dutʃa] *sf* distrust, mistrust;
avere ~ **in qn/qc** to distrust sb/sth.
sfiduci'ato, a [sfidu'tʃato] *ag* lacking
confidence.
sfigu'rare *vt* (*persona*) to disfigure; (*quadro,
statua*) to deface ♦ *vi* (*far cattiva figura*) to
make a bad impression.

sfilacci'are [sfilat'tʃare] *vt, vi*, ~**rsi** *vr* to
fray.
sfi'lare *vt* (*ago*) to unthread; (*abito, scarpe*)
to slip off ♦ *vi* (*truppe*) to march past,
parade; (*manifestanti*) to march; ~**rsi** *vr*
(*perle etc*) to come unstrung; (*orlo,
tessuto*) to fray; (*calza*) to run, ladder.
sfi'lata *sf* (*MIL*) parade; (*di manifestanti*)
march; ~ **di moda** fashion show.
'sfilza ['sfiltsa] *sf* (*di case*) row; (*di errori*)
series *inv*.
'sfinge ['sfindʒe] *sf* sphinx.
sfini'mento *sm* exhaustion.
sfi'nito, a *ag* exhausted.
sfio'rare *vt* to brush (against); (*argomento*)
to touch upon; ~ **la velocità di 150 km/h**
to touch 150 km/h.
sfio'rire *vi* to wither, fade.
'sfitto, a *ag* vacant, empty.
sfo'cato, a *ag* (*FOT*) out of focus.
sfoci'are [sfo'tʃare] *vi*: ~ **in** to flow into; (*fig:
malcontento*) to develop into.
sfode'rato, a *ag* (*vestito*) unlined.
sfo'gare *vt* to vent, pour out; ~**rsi** *vr*
(*sfogare la propria rabbia*) to give vent to
one's anger; (*confidarsi*): ~**rsi (con)** to
pour out one's feelings (to); **non sfogarti
su di me!** don't take your bad temper out
on me!
sfoggi'are [sfod'dʒare] *vt, vi* to show off.
'sfoggio ['sfɔddʒo] *sm* show, display; **fare** ~
di to show off, display.
sfogherò *etc* [sfoge'rɔ] *vb vedi* **sfogare**.
'sfoglia ['sfɔʎʎa] *sf* sheet of pasta dough;
pasta ~ (*CUC*) puff pastry.
sfogli'are [sfoʎ'ʎare] *vt* (*libro*) to leaf
through.
'sfogo, ghi *sm* outlet; (*eruzione cutanea*)
rash; (*fig*) outburst; **dare** ~ **a** (*fig*) to give
vent to.
sfolgo'rante *ag* (*luce*) blazing; (*fig: vittoria*)
brilliant.
sfolgo'rare *vi* to blaze.
sfolla'gente [sfolla'dʒɛnte] *sm inv*
truncheon (*BRIT*), billy (*US*).
sfol'lare *vt* to empty, clear ♦ *vi* to disperse;
~ **da** (*città*) to evacuate.
sfol'lato, a *ag* evacuated ♦ *sm/f* evacuee.
sfol'tire *vt*, ~**rsi** *vr* to thin (out).
sfon'dare *vt* (*porta*) to break down; (*scarpe*)
to wear a hole in; (*cesto, scatola*) to burst,
knock the bottom out of; (*MIL*) to break
through ♦ *vi* (*riuscire*) to make a name for
o.s.
sfon'dato, a *ag* (*scarpe*) worn out; (*scatola*)
burst; (*sedia*) broken, damaged; **essere
ricco** ~ to be rolling in it.
'sfondo *sm* background.

sfo'rare *vi* to overrun.

sfor'mare *vt* to put out of shape, knock out of shape; **~rsi** *vr* to lose shape, get out of shape.

sfor'mato, a *ag* (*che ha perso forma*) shapeless ♦ *sm* (*CUC*) *type of soufflé*.

sfor'nare *vt* (*pane*) to take out of the oven; (*fig*) to churn out.

sfor'nito, a *ag*: ~ **di** lacking in, without; (*negozio*) out of.

sfor'tuna *sf* misfortune, ill luck *no pl*; **avere** ~ to be unlucky; **che** ~! how unfortunate!

sfortu'nato, a *ag* unlucky; (*impresa, film*) unsuccessful.

sfor'zare [sfor'tsare] *vt* to force; (*voce, occhi*) to strain; **~rsi** *vr*: **~rsi di** *o* **a** *o* **per fare** to try hard to do.

'sforzo ['sfɔrtso] *sm* effort; (*tensione eccessiva, TECN*) strain; **fare uno** ~ to make an effort; **essere sotto** ~ (*motore, macchina, fig: persona*) to be under stress.

'sfottere *vt* (*fam*) to tease.

sfracel'lare [sfratʃel'lare] *vt*, **~rsi** *vr* to smash.

sfrat'tare *vt* to evict.

'sfratto *sm* eviction; **dare lo** ~ **a qn** to give sb notice to quit.

sfrecci'are [sfret'tʃare] *vi* to shoot *o* flash past.

sfre'gare *vt* (*strofinare*) to rub; (*graffiare*) to scratch; **~rsi le mani** to rub one's hands; ~ **un fiammifero** to strike a match.

sfregi'are [sfre'dʒare] *vt* to slash, gash; (*persona*) to disfigure; (*quadro*) to deface.

'sfregio ['sfredʒo] *sm* gash; scar; (*fig*) insult.

sfre'nato, a *ag* (*fig*) unrestrained, unbridled.

sfron'dare *vt* (*albero*) to prune, thin out; (*fig: discorso, scritto*) to prune (down).

sfronta'tezza [sfronta'tettsa] *sf* impudence, cheek.

sfron'tato, a *ag* impudent, cheeky.

sfrutta'mento *sm* exploitation.

sfrut'tare *vt* (*terreno*) to overwork, exhaust; (*miniera*) to exploit, work; (*fig: operai, occasione, potere*) to exploit.

sfrutta'tore, 'trice *smf* exploiter.

sfug'gente [sfud'dʒɛnte] *ag* (*fig: sguardo*) elusive; (*mento*) receding.

sfug'gire [sfud'dʒire] *vi* to escape; ~ **a** (*custode*) to escape (from); (*morte*) to escape; ~ **a qn** (*dettaglio, nome*) to escape sb; ~ **di mano a qn** to slip out of sb's hand (*o* hands); **lasciarsi** ~ **un'occasione** to let an opportunity go by; ~ **al controllo** (*macchina*) to go out of control;

(*situazione*) to be no longer under control.

sfug'gita [sfud'dʒita] *sf*: **di** ~ (*rapidamente, in fretta*) in passing.

sfu'mare *vt* (*colori, contorni*) to soften, shade off ♦ *vi* to shade (off), fade; (*fig: svanire*) to vanish, disappear; (*: speranze*) to come to nothing.

sfuma'tura *sf* shading off *no pl*; (*tonalità*) shade, tone; (*fig*) touch, hint.

sfuo'cato, a *ag* = **sfocato**.

sfuri'ata *sf* (*scatto di collera*) fit of anger; (*rimprovero*) sharp rebuke.

'sfuso, a *ag* (*caramelle etc*) loose, unpacked; (*vino*) unbottled; (*birra*) draught (*BRIT*), draft (*US*).

sg. *abbr* = **seguente**.

S.G. *abbr* = **Sua Grazia**.

sga'bello *sm* stool.

sgabuz'zino [zgabud'dzino] *sm* lumber room.

sgambet'tare *vi* to kick one's legs about.

sgam'betto *sm*: **far lo** ~ **a qn** to trip sb up; (*fig*) to oust sb.

sganasci'arsi [zganaʃ'ʃarsi] *vr*: ~ **dalle risa** to roar with laughter.

sganci'are [zgan'tʃare] *vt* to unhook; (*chiusura*) to unfasten, undo; (*FERR*) to uncouple; (*bombe: da aereo*) to release, drop; (*fig: fam: soldi*) to fork out; **~rsi** *vr* to come unhooked; to come unfastened, come undone; to uncouple; (*fig*): **~rsi (da)** to get away (from).

sganghe'rato, a [zgange'rato] *ag* (*porta*) off its hinges; (*auto*) ramshackle; (*riso*) wild, boisterous.

sgar'bato, a *ag* rude, impolite.

'sgarbo *sm*: **fare uno** ~ **a qn** to be rude to sb.

sgargi'ante [zgar'dʒante] *ag* gaudy, showy.

sgar'rare *vi* (*persona*) to step out of line; (*orologio: essere avanti*) to gain; (*: essere indietro*) to lose.

'sgarro *sm* inaccuracy.

sgattaio'lare *vi* to sneak away *o* off.

sge'lare [zdʒe'lare] *vi, vt* to thaw.

'sghembo, a ['zgembo] *ag* (*obliquo*) slanting; (*storto*) crooked.

sghignaz'zare [zgiɲɲat'tsare] *vi* to laugh scornfully.

sghignaz'zata [zgiɲɲat'tsata] *sf* scornful laugh.

sgob'bare *vi* (*fam: scolaro*) to swot; (*: operaio*) to slog.

sgocci'olare [zgottʃo'lare] *vt* (*vuotare*) to drain (to the last drop) ♦ *vi* (*acqua*) to drip; (*recipiente*) to drain.

'sgoccioli ['zgottʃoli] *smpl*: **essere agli** ~ (*lavoro, provviste etc*) to be nearly finished; (*periodo*) to be nearly over; **siamo agli** ~ we've nearly finished, the end is in sight.

sgo'larsi *vr* to talk (*o* shout *o* sing) o.s. hoarse.

sgomb(e)'rare *vt* to clear; (*andarsene da:* stanza) to vacate; (*evacuare*) to evacuate.

'sgombero *sm vedi* **sgombro**.

'sgombro, a *ag:* ~ **(di)** clear (of), free (from) ♦ *sm* (*ZOOL*) mackerel; (*anche:* **sgombero**) clearing; vacating; evacuation; (*: trasloco*) removal.

sgomen'tare *vt* to dismay; ~**rsi** *vr* to be dismayed.

sgo'mento, a *ag* dismayed ♦ *sm* dismay, consternation.

sgomi'nare *vt* (*nemico*) to rout; (*avversario*) to defeat; (*fig: epidemia*) to overcome.

sgonfi'are *vt* to let down, deflate; ~**rsi** *vr* to go down.

'sgonfio, a *ag* (*pneumatico, pallone*) flat.

'sgorbio *sm* blot; scribble.

sgor'gare *vi* to gush (out).

sgoz'zare [zgot'tsare] *vt* to cut the throat of.

sgra'devole *ag* unpleasant, disagreeable.

sgra'dito, a *ag* unpleasant, unwelcome.

sgraffi'gnare [zgraffiɲ'ɲare] *vt* (*fam*) to pinch, swipe.

sgrammati'cato, a *ag* ungrammatical.

sgra'nare *vt* (*piselli*) to shell; ~ **gli occhi** to open one's eyes wide.

sgran'chirsi [zgran'kirsi] *vr* to stretch; ~ **le gambe** to stretch one's legs.

sgranocchi'are [zgranok'kjare] *vt* to munch.

sgras'sare *vt* to remove the grease from.

'sgravio *sm:* ~ **fiscale** *o* **contributivo** tax relief.

sgrazi'ato, a [zgrat'tsjato] *ag* clumsy, ungainly.

sgreto'lare *vt* to cause to crumble; ~**rsi** *vr* to crumble.

sgri'dare *vt* to scold.

sgri'data *sf* scolding.

sguai'ato, a *ag* coarse, vulgar.

sguai'nare *vt* to draw, unsheathe.

sgual'cire [zgwal'tʃire] *vt* to crumple (up), crease.

sgual'drina *sf* (*peg*) slut.

sgu'ardo *sm* (*occhiata*) look, glance; (*espressione*) look (in one's eye); **dare uno** ~ **a qc** to glance at sth, cast a glance *o* an eye over sth; **alzare** *o* **sollevare lo** ~ to raise one's eyes, look up; **cercare qc/qn con lo** ~ to look (a)round for sth/sb.

'sguattero, a *smf* scullery boy/maid.

sguaz'zare [zgwat'tsare] *vi* (*nell'acqua*) to splash about; (*nella melma*) to wallow; ~ **nell'oro** to be rolling in money.

sguinzagli'are [zgwintsaʎ'ʎare] *vt* to let off the leash; (*fig: persona*): ~ **qn dietro a qn** to set sb on sb.

sgusci'are [zguʃ'ʃare] *vt* to shell ♦ *vi* (*sfuggire di mano*) to slip; ~ **via** to slip *o* slink away.

'shaker ['ʃeikə*] *sm inv* (cocktail) shaker.

'shampoo ['ʃampo] *sm inv* shampoo.

shoc'care [ʃok'kare] *vt* = **shockare**.

shock [ʃɔk] *sm inv* shock.

shoc'kare [ʃok'kare] *vt* to shock.

SI *sigla* = *Siena*.

====================================== *PAROLA CHIAVE*

si (*dav lo, la, li, le, ne diventa* **se**) *pron* **1** (*riflessivo: maschile*) himself; (*: femminile*) herself; (*: neutro*) itself; (*: impersonale*) oneself; (*: pl*) themselves; **lavarsi** to wash (oneself); ~ **è tagliato** he has cut himself; ~ **credono importanti** they think a lot of themselves

2 (*con complemento oggetto*): **lavarsi le mani** to wash one's hands; **sporcarsi i pantaloni** to get one's trousers dirty; ~ **sta lavando i capelli** he (*o* she) is washing his (*o* her) hair

3 (*reciproco*) one another, each other; **si amano** they love one another *o* each other

4 (*passivo*): ~ **ripara facilmente** it is easily repaired; **affittasi camera** room to let

5 (*impersonale*): ~ **dice che ...** they *o* people say that ...; ~ **vede che è vecchio** one *o* you can see that it's old; **non** ~ **fa credito** we do not give credit; **ci** ~ **sbaglia facilmente** it's easy to make a mistake

6 (*noi*) we; **tra poco** ~ **parte** we're leaving soon.

────────────────────────────

sì *av* yes ♦ *sm:* **non mi aspettavo un** ~ I didn't expect him (*o* her *etc*) to say yes; **per me è** ~ I should think so, I expect so; **saranno stati** ~ **e no in 20** there must have been about 20 of them; **uno** ~ **e uno no** every other one; **un giorno** ~ **e uno no** every other day; **dire di** ~ to say yes; **spero/penso di** ~ I hope/think so; **fece di** ~ **col capo** he nodded (his head); **e** ~ **che ...** and to think that ....

'sia *cong:* ~ **...** ~ (*o* **...** *o*): ~ **che lavori,** ~ **che non lavori** whether he works or not; (*tanto ... quanto*): **verranno** ~ **Luigi** ~ **suo fratello** both Luigi and his brother will be coming.

'sia *etc vb vedi* **essere**.

SIAE *sigla f* = Società Italiana Autori ed Editori.

Si'am *sm*: **il** ~ Siam.

sia'mese *ag, sm/f* siamese *inv.*

si'amo *vb vedi* **essere**.

Si'beria *sf*: **la** ~ Siberia.

siberi'ano, a *ag, sm/f* Siberian.

sibi'lare *vi* to hiss; (*fischiare*) to whistle.

'sibilo *sm* hiss; whistle.

si'cario *sm* hired killer.

sicché [sik'ke] *cong* (*perciò*) so (that), therefore; (*e quindi*) (and) so.

siccità [sittʃi'ta] *sf* drought.

sic'come *cong* since, as.

Si'cilia [si'tʃilja] *sf*: **la** ~ Sicily.

sicili'ano, a [sitʃi'ljano] *ag, sm/f* Sicilian.

sico'moro *sm* sycamore.

'siculo, a *ag, sm/f* Sicilian.

si'cura *sf* (*di arma, spilla*) safety catch; (*di portiera*) safety lock.

sicura'mente *av* certainly.

sicu'rezza [siku'rettsa] *sf* safety; security; confidence; certainty; **di** ~ safety *cpd*; **la** ~ **stradale** road safety; **avere la** ~ **di qc** to be sure *o* certain of sth; **lo so con** ~ I am quite certain; **ha risposto con molta** ~ he answered very confidently.

si'curo, a *ag* safe; (*ben difeso*) secure; (*fiducioso*) confident; (*certo*) sure, certain; (*notizia, amico*) reliable; (*esperto*) skilled ♦ *av* (*anche*: **di** ~) certainly ♦ *sm*: **andare sul** ~ to play safe; **essere/mettere al** ~ to be safe/put in a safe place; ~ **di sé** self-confident, sure of o.s.; **sentirsi** ~ to feel safe *o* secure; **essere** ~ **di/che** to be sure of/that; **da fonte** ~**a** from reliable sources.

siderur'gia [siderur'dʒia] *sf* iron and steel industry.

side'rurgico, a, ci, che [side'rurdʒiko] *ag* iron and steel *cpd*.

'sidro *sm* cider.

si'edo *etc vb vedi* **sedere**.

si'epe *sf* hedge.

si'ero *sm* (*MED*) serum; ~ **antivipera** snake bite serum; ~ **del latte** whey.

sieronegatività *sf inv* HIV-negative status.

sieronega'tivo, a *ag* HIV-negative ♦ *sm/f* HIV-negative person.

sieropositività *sf inv* HIV-positive status.

sieroposi'tivo, a *ag* HIV-positive ♦ *sm/f* HIV-positive person.

si'erra *sf* (*GEO*) sierra.

Si'erra Le'one *sf*: **la** ~ Sierra Leone.

si'esta *sf* siesta, (afternoon) nap.

si'ete *vb vedi* **essere**.

si'filide *sf* syphilis.

si'fone *sm* siphon.

Sig. *abbr* (= *signore*) Mr.

siga'retta *sf* cigarette.

'sigaro *sm* cigar.

Sigg. *abbr* (= *signori*) Messrs.

sigil'lare [sidʒil'lare] *vt* to seal.

si'gillo [si'dʒillo] *sm* seal.

'sigla *sf* (*iniziali*) initials *pl*; (*abbreviazione*) acronym, abbreviation; ~ **automobilistica** *abbreviation of province on vehicle number plate*; ~ **musicale** signature tune.

si'glare *vt* to initial.

Sig.na *abbr* (= *signorina*) Miss.

signifi'care [siɲɲifi'kare] *vt* to mean; **cosa significa?** what does this mean?

significa'tivo, a [siɲɲifika'tivo] *ag* significant.

signifi'cato [siɲɲifi'kato] *sm* meaning.

si'gnora [siɲ'ɲora] *sf* lady; **la** ~ **X** Mrs ['mɪsɪz] X; **buon giorno S**~/**Signore/ Signorina** good morning; (*deferente*) good morning Madam/Sir/Madam; (*quando si conosce il nome*) good morning Mrs/Mr/ Miss X; **Gentile S**~/**Signore/Signorina** (*in una lettera*) Dear Madam/Sir/Madam; **Gentile** (*o* **Cara**) **S**~ **Rossi** Dear Mrs Rossi; **Gentile S**~ **Anna Rossi** (*sulle buste*) Mrs Anna Rossi; **il signor Rossi e** ~ Mr Rossi and his wife; ~**e e signori** ladies and gentlemen; **le presento la mia** ~ may I introduce my wife?

si'gnore [siɲ'ɲore] *sm* gentleman; (*padrone*) lord, master; (*REL*) **il S**~ the Lord; **il signor X** Mr ['mɪsta*] X; **signor Presidente** Mr Chairman; **Gentile** (*o* **Caro**) **Signor Rossi** (*in lettere*) Dear Mr Rossi; **Gentile Signor Paolo Rossi** (*sulle buste*) Mr Paolo Rossi; **i** ~**i Bianchi** (*coniugi*) Mr and Mrs Bianchi; *vedi anche* **signora**.

signo'ria [siɲɲo'ria] *sf* (*STORIA*) seignory, signoria; **S**~ **Vostra** (**S.V.**) (*AMM*) you.

signo'rile [siɲɲo'rile] *ag* refined.

signorilità [siɲɲorili'ta] *sf* (*raffinatezza*) refinement; (*eleganza*) elegance.

signo'rina [siɲɲo'rina] *sf* young lady; **la** ~ **X** Miss X; **Gentile** (*o* **Cara**) **S**~ **Rossi** (*in lettere*) Dear Miss Rossi; **Gentile S**~ **Anna Rossi** (*sulle buste*) Miss Anna Rossi; *vedi anche* **signora**.

signo'rino [siɲɲo'rino] *sm* young master.

Sig.ra *abbr* (= *signora*) Mrs.

silenzia'tore [silentsja'tore] *sm* silencer.

si'lenzio [si'lentsjo] *sm* silence; **fare** ~ to be quiet, stop talking; **far passare qc sotto** ~ to keep quiet about sth, hush sth up.

silenzi'oso, a [silen'tsjoso] *ag* silent, quiet.

'silice ['silitʃe] *sf* silica.

si'licio [si'litʃo] *sm* silicon; **piastrina di** ~

silicon chip.

sili'cone *sm* silicone.

'sillaba *sf* syllable.

silu'rare *vt* to torpedo; (*fig: privare del comando*) to oust.

si'luro *sm* torpedo.

simbi'osi *sf* (*BIOL, fig*) symbiosis.

simboleggi'are [simboled'dʒare] *vt* to symbolize.

sim'bolico, a, ci, che *ag* symbolic(al).

simbo'lismo *sm* symbolism.

'simbolo *sm* symbol.

simi'lare *ag* similar.

'simile *ag* (*analogo*) similar; (*di questo tipo*): **un uomo ~** such a man, a man like this ♦ *sm* (*persona*) fellow man; **libri ~i** such books; **~ a** a similar to; **non ho mai visto niente di ~** I've never seen anything like that; **è insegnante o qualcosa di ~** he's a teacher or something like that; **vendono vasi e ~i** they sell vases and things like that; **i suoi ~i** one's fellow men; one's peers.

simili'tudine *sf* (*LING*) simile.

simme'tria *sf* symmetry.

sim'metrico, a, ci, che *ag* symmetric(al).

simpa'tia *sf* (*qualità*) pleasantness; (*inclinazione*) liking; **avere ~ per qn** to like sb, have a liking for sb; **con ~** (*su lettera etc*) with much affection.

sim'patico, a, ci, che *ag* (*persona*) nice, pleasant, likeable; (*casa, albergo etc*) nice, pleasant.

simpatiz'zante [simpatid'dzante] *sm/f* sympathizer.

simpatiz'zare [simpatid'dzare] *vi:* **~ con** to take a liking to.

sim'posio *sm* symposium.

simu'lacro *sm* (*monumento, statua*) image; (*fig*) semblance.

simu'lare *vt* to sham, simulate; (*TECN*) to simulate.

simulazi'one [simulat'tsjone] *sf* shamming; simulation.

simul'taneo, a *ag* simultaneous.

sin. *abbr* (= *sinistra*) L.

sina'goga, ghe *sf* synagogue.

sincera'mente [sintʃera'mente] *av* (*gen*) sincerely; (*francamente*) honestly, sincerely.

since'rarsi [sintʃe'rarsi] *vr:* **~ (di qc)** to make sure (of sth).

sincerità [sintʃeri'ta] *sf* sincerity.

sin'cero, a [sin'tʃero] *ag* (*genuino*) sincere; (*onesto*) genuine.

'sincope *sf* syncopation; (*MED*) blackout.

sincro'nia *sf* (*di movimento*) synchronism.

sin'cronico, a, ci, che *ag* synchronic.

sincroniz'zare [sinkronid'dzare] *vt* to synchronize.

sinda'cale *ag* (trade-)union *cpd.*

sindaca'lista, i, e *sm/f* trade unionist.

sinda'care *vt* (*controllare*) to inspect; (*fig: criticare*) to criticize.

sinda'cato *sm* (*di lavoratori*) (trade) union; **~ dei datori di lavoro** employers' association.

'sindaco, ci *sm* mayor.

'sindrome *sf* (*MED*) syndrome.

siner'gia, gie [siner'dʒia] *sf* (*anche fig*) synergy.

sinfo'nia *sf* (*MUS*) symphony.

sin'fonico, a, ci, che *ag* symphonic; (*orchestra*) symphony *cpd.*

singa'lese *ag, sm/f, sm* Sin(g)halese *inv.*

Singa'pore *sf* Singapore.

singhioz'zare [singjot'tsare] *vi* to sob; to hiccup.

singhi'ozzo [sin'gjottso] *sm* (*di pianto*) sob; (*MED*) hiccup; **avere il ~** to have the hiccups; **a ~** (*fig*) by fits and starts.

singo'lare *ag* (*insolito*) remarkable, singular; (*LING*) singular ♦ *sm* (*LING*) singular; (*TENNIS*): **~ maschile/femminile** men's/women's singles.

singolar'mente *av* (*separatamente*) individually, one at a time; (*in modo strano*) strangely, peculiarly, oddly.

'singolo, a *ag* single, individual ♦ *sm* (*persona*) individual; (*TENNIS*) = **singolare**; **ogni ~ individuo** each individual; **camera ~a** a single room.

sinis'trato, a *ag* damaged ♦ *sm/f* disaster victim; **zona ~a** disaster area.

si'nistro, a *ag* left, left-hand; (*fig*) sinister ♦ *sm* (*incidente*) accident ♦ *sf* (*POL*) left (wing); **a ~a** on the left; (*direzione*) to the left; **a ~a di** to the left of; **di ~a** left-wing; **tenere la ~a** to keep to the left; **guida a ~a** left-hand drive.

'sino *prep* = **fino**.

si'nonimo, a *ag* synonymous ♦ *sm* synonym; **~ di** synonymous with.

sin'tassi *sf* syntax.

sin'tattico, a, ci, che *ag* syntactic.

'sintesi *sf* synthesis; (*riassunto*) summary, résumé; **in ~** in brief, in short.

sin'tetico, a, ci, che *ag* synthetic; (*conciso*) brief, concise.

sintetiz'zare [sintetid'dzare] *vt* to synthesize; (*riassumere*) to summarize.

sintetizza'tore [sintetiddza'tore] *sm* (*MUS*) synthesizer; **~ di voce** voice synthesizer.

sinto'matico, a, ci, che *ag* symptomatic.

'sintomo *sm* symptom.

sinto'nia *sf* (*RADIO*) tuning; **essere in ~ con**

qn (*fig*) to be on the same wavelength as sb.

sintoniz'zare [sintonid'dzare] *vt* to tune (in); ~**rsi** *vr*: ~**rsi su** to tune in to.

sintonizza'tore [sintoniddza'tore] *sm* tuner.

sinu'oso, a *ag* (*strada*) winding.

sinu'site *sf* sinusitis.

SIP *sigla f* (= *Società Italiana per l'esercizio telefonico*) *Italian telephone company.*

si'pario *sm* (*TEAT*) curtain.

si'rena *sf* (*apparecchio*) siren; (*nella mitologia, fig*) siren, mermaid; ~ **d'allarme** (*per incendio*) fire alarm; (*per furto*) burglar alarm.

'Siria *sf*: **la** ~ Syria.

siri'ano, a *ag*, *sm/f* Syrian.

si'ringa, ghe *sf* syringe.

'sisma, i *sm* earthquake.

'SISMI *sigla m* (= *Servizio per l'Informazione e la Sicurezza Militari*) *military security service.*

'sismico, a, ci, che *ag* seismic; (*zona*) earthquake *cpd*.

sis'mografo *sm* seismograph.

sissi'gnore [sissiɲ'ɲore] *av* (*a un superiore*) yes, sir; (*enfatico*) yes indeed, of course.

sis'tema, i *sm* system; (*metodo*) method, way; **trovare il ~ per fare qc** to find a way to do sth; ~ **decimale/metrico** decimal/metric system; ~ **operativo** (*INFORM*) operating system; ~ **solare** solar system; ~ **di vita** way of life.

siste'mare *vt* (*mettere a posto*) to tidy, put in order; (*risolvere: questione*) to sort out, settle; (*procurare un lavoro a*) to find a job for; (*dare un alloggio a*) to settle, find accommodation (*BRIT*) *o* accommodations (*US*) for; ~**rsi** *vr* (*problema*) to be settled; (*persona: trovare alloggio*) to find accommodation(s); (: *trovarsi un lavoro*) to get fixed up with a job; **ti sistemo io!** I'll soon sort you out!; ~ **qn in un albergo** to fix sb up with a hotel.

sistematica'mente *av* systematically.

siste'matico, a, ci, che *ag* systematic.

sistemazi'one [sistemat'tsjone] *sf* arrangement, order; settlement; employment; accommodation (*BRIT*), accommodations (*US*).

'sito, a *ag* (*AMM*) situated ♦ *sm* (*letterario*) place.

situ'are *vt* to site, situate.

situ'ato, a *ag*: ~ **a/su** situated at/on.

situazi'one [situat'tsjone] *sf* situation; **vista la sua** ~ **familiare** given your family situation *o* circumstances; **nella sua** ~ in your position *o* situation; **mi trovo in una** ~ **critica** I'm in a very difficult situation *o*

position.

'skai ® *sm* Leatherette ®.

ski-lift [ski'lift] *sm inv* ski lift.

slacci'are [zlat't∫are] *vt* to undo, unfasten.

slanci'arsi [zlan't∫arsi] *vr* to dash, fling o.s.

slanci'ato, a [zlan't∫ato] *ag* slender.

'slancio ['zlant∫o] *sm* dash, leap; (*fig*) surge; **in uno** ~ **d'affetto** in a burst *o* rush of affection; **di** ~ impetuously.

sla'vato, a *ag* faded, washed out; (*fig: viso, occhi*) pale, colourless (*BRIT*), colorless (*US*).

sla'vina *sf* snowslide.

'slavo, a *ag* Slav(onic), Slavic.

sle'ale *ag* disloyal; (*concorrenza etc*) unfair.

slealtà *sf* disloyalty; unfairness.

sle'gare *vt* to untie.

slip *sm inv* (*mutandine*) briefs *pl*; (*da bagno: per uomo*) (swimming) trunks *pl*; (: *per donna*) bikini bottoms *pl*.

'slitta *sf* sledge; (*trainata*) sleigh.

slitta'mento *sm* slipping; skidding; postponement; ~ **salariale** wage drift.

slit'tare *vi* to slip, slide; (*AUT*) to skid; (*incontro, conferenza*) to be put off, be postponed.

s.l.m. *abbr* (= *sul livello del mare*) a.s.l.

slo'gare *vt* (*MED*) to dislocate; (: *caviglia, polso*) to sprain.

sloga'tura *sf* dislocation; sprain.

sloggi'are [zlod'dʒare] *vt* (*inquilino*) to turn out; (*nemico*) to drive out, dislodge ♦ *vi* to move out.

Slo'vacchia [zlo'vakkja] *sf* Slovakia.

slo'vacco, a, ci, che *ag*, *sm/f* Slovak, Slovakian; **la Repubblica S~a** the Slovak Republic.

Slo'venia *sf* Slovenia.

slo'veno, a *ag*, *sm/f* Slovene, Slovenian ♦ *sm* (*LING*) Slovene.

S.M. *abbr* (*MIL*) = **Stato Maggiore**; (= *Sua Maestà*) HM.

smac'cato, a *ag* (*fig*) excessive.

smacchi'are [zmak'kjare] *vt* to remove stains from.

smacchia'tore [zmakkja'tore] *sm* stain remover.

'smacco, chi *sm* humiliating defeat.

smagli'ante [zmaʎ'ʎante] *ag* brilliant, dazzling.

smagli'are [zmaʎ'ʎare] *vt*, ~**rsi** *vr* (*calza*) to ladder.

smaglia'tura [zmaʎʎa'tura] *sf* (*su maglia, calza*) ladder (*BRIT*), run; (*MED: sulla pelle*) stretch mark.

sma'grire *vt* to make thin ♦ *vi* to get *o* grow thin, lose weight.

sma'grito, a *ag*: **essere** ~ to have lost a lot

of weight.

smalizi'ato, a [smalit'tsjato] *ag* shrewd, cunning.

smal'tare *vt* to enamel; (*ceramica*) to glaze; (*unghie*) to varnish.

smalti'mento *sm* (*di rifiuti*) disposal.

smal'tire *vt* (*merce*) to sell off; (*rifiuti*) to dispose of; (*cibo*) to digest; (*peso*) to lose; (*rabbia*) to get over; ~ **la sbornia** to sober up.

'smalto *sm* (*anche di denti*) enamel; (*per ceramica*) glaze; ~ **per unghie** nail varnish.

smance'rie [zmantʃe'rie] *sfpl* mawkishness *sg*.

'smania *sf* agitation, restlessness; (*fig*): ~ **di** thirst for, craving for; **avere la** ~ **addosso** to have the fidgets; **avere la** ~ **di fare** to long *o* yearn to do.

smani'are *vi* (*agitarsi*) to be restless *o* agitated; (*fig*): ~ **di fare** to long *o* yearn to do.

smantella'mento *sm* dismantling.

smantel'lare *vt* to dismantle.

smar'carsi *vr* (*SPORT*) to get free of marking.

smargi'asso [zmar'dʒasso] *sm* show-off.

smarri'mento *sm* loss; (*fig*) bewilderment; dismay.

smar'rire *vt* to lose; (*non riuscire a trovare*) to mislay; ~**rsi** *vr* (*perdersi*) to lose one's way, get lost; (: *oggetto*) to go astray.

smar'rito, a *ag* (*oggetto*) lost; (*fig: confuso: persona*) bewildered, nonplussed; (: *sguardo*) bewildered; **ufficio oggetti** ~**i** lost property office (*BRIT*), lost and found (*US*).

smasche'rare [zmaske'rare] *vt* to unmask.

SME *abbr* = *Stato Maggiore Esercito* ♦ *sigla m* (= *Sistema Monetario Europeo*) EMS (= *European Monetary System*).

smem'brare *vt* (*gruppo, partito etc*) to split; ~**rsi** *vr* to split up.

smemo'rato, a *ag* forgetful.

smen'tire *vt* (*negare*) to deny; (*testimonianza*) to refute; (*reputazione*) to give the lie to; ~**rsi** *vr* to be inconsistent.

smen'tita *sf* denial; refutation.

sme'raldo *sm, ag inv* emerald.

smerci'are [zmer'tʃare] *vt* (*COMM*) to sell; (: *svendere*) to sell off.

'smercio ['zmɛrtʃo] *sm* sale; **avere poco/molto** ~ to have poor/good sales.

smerigli'ato, a [zmeriʎ'ʎato] *ag*: **carta** ~**a** emery paper; **vetro** ~ frosted glass.

sme'riglio [zme'riʎʎo] *sm* emery.

'smesso, a *pp di* **smettere** ♦ *ag*: **abiti** *mpl* ~**i** cast-offs.

'smettere *vt* to stop; (*vestiti*) to stop wearing ♦ *vi* to stop, cease; ~ **di fare** to stop doing.

smidol'lato, a *ag* spineless ♦ *sm/f* spineless person.

smilitarizzazi'one [zmilitariddzat'tsjone] *sf* demilitarization.

'smilzo, a ['zmiltso] *ag* thin, lean.

sminu'ire *vt* to diminish, lessen; (*fig*) to belittle; ~ **l'importanza di qc** to play sth down.

sminuz'zare [zminut'tsare] *vt* to break into small pieces; to crumble.

'smisi *etc vb vedi* **smettere**.

smista'mento *sm* (*di posta*) sorting; (*FERR*) shunting.

smis'tare *vt* (*pacchi etc*) to sort; (*FERR*) to shunt.

smisu'rato, a *ag* boundless, immeasurable; (*grandissimo*) immense, enormous.

smitiz'zare [zmitid'dzare] *vt* to debunk.

smobili'tare *vt* to demobilize.

smobilitazi'one [zmobilitat'tsjone] *sf* demobilization.

smobi'lizzo [zmobi'liddzo] *sm* (*COMM*) disinvestment.

smo'dato, a *ag* excessive, unrestrained.

smode'rato, a *ag* immoderate.

smog [zmɔg] *sm inv* smog.

'smoking ['smoukiŋ] *sm inv* dinner jacket (*BRIT*), tuxedo (*US*).

smon'tare *vt* (*mobile, macchina etc*) to take to pieces, dismantle; (*fig: scoraggiare*) to dishearten ♦ *vi* (*scendere: da cavallo*) to dismount; (: *da treno*) to get off; (*terminare il lavoro*) to stop (work); ~**rsi** *vr* to lose heart; to lose one's enthusiasm.

'smorfia *sf* grimace; (*atteggiamento lezioso*) simpering; **fare** ~**e** to make faces; to simper.

smorfi'oso, a *ag* simpering.

'smorto, a *ag* (*viso*) pale, wan; (*colore*) dull.

smor'zare [zmor'tsare] *vt* (*suoni*) to deaden; (*colori*) to tone down; (*luce*) to dim; (*sete*) to quench; (*entusiasmo*) to dampen; ~**rsi** *vr* (*suono, luce*) to fade; (*entusiasmo*) to dampen.

'smosso, a *pp di* **smuovere**.

smotta'mento *sm* landslide.

'smunto, a *ag* haggard, pinched.

smu'overe *vt* to move, shift; (*fig: commuovere*) to move; (: *dall'inerzia*) to rouse, stir; ~**rsi** *vr* to move, shift.

smus'sare *vt* (*angolo*) to round off, smooth; (*lama etc*) to blunt; ~**rsi** *vr* to become blunt.

s.n. *abbr* = *senza numero*.

snatu'rato, a *ag* inhuman, heartless.

snazionaliz'zare [znattsjonalid'dzare] *vt* to denationalize.

snelli'mento *sm* (*di traffico*) speeding up; (*di procedura*) streamlining.

snel'lire *vt* (*persona*) to make slim; (*traffico*) to speed up; (*procedura*) to streamline; ~**rsi** *vr* (*persona*) to (get) slim; (*traffico*) to speed up.

'snello, a *ag* (*agile*) agile; (*svelto*) slender, slim.

sner'vante *ag* (*attesa, lavoro*) exasperating.

sner'vare *vt* to enervate, wear out; ~**rsi** *vr* to become enervated.

sni'dare *vt* to drive out, flush out.

snob'bare *vt* to snub.

sno'bismo *sm* snobbery.

snoccio'lare [znott∫o'lare] *vt* (*frutta*) to stone; (*fig: orazioni*) to rattle off; (: *verità*) to blab; (: *fam: soldi*) to shell out.

sno'dabile *ag* (*lampada*) adjustable; (*tubo, braccio*) hinged; **rasoio con testina** ~ swivel-head razor.

sno'dare *vt* to untie, undo; (*rendere agile, mobile*) to loosen; ~**rsi** *vr* to come loose; (*articolarsi*) to bend; (*strada, fiume*) to wind.

SO *sigla* = *Sondrio*.

so *vb vedi* **sapere.**

S.O. *abbr* (= *sudovest*) SW.

so'ave *ag* (*voce, maniera*) gentle; (*volto*) delicate, sweet; (*musica*) soft, sweet; (*profumo*) delicate.

soavità *sf* gentleness; delicacy; sweetness; softness.

sobbal'zare [sobbal'tsare] *vi* to jolt, jerk; (*trasalire*) to jump, start.

sob'balzo [sob'baltso] *sm* jerk, jolt; jump, start.

sobbar'carsi *vr*: ~ **a** to take on, undertake.

sob'borgo, ghi *sm* suburb.

sobil'lare *vt* to stir up, incite.

'sobrio, a *ag* sober.

Soc. *abbr* (= *società*) Soc.

socchi'udere [sok'kjudere] *vt* (*porta*) to leave ajar; (*occhi*) to half-close.

socchi'uso, a [sok'kjuso] *pp di* **socchiudere** ♦ *ag* (*porta, finestra*) ajar; (*occhi*) half-closed.

soc'combere *vi* to succumb, give way.

soc'correre *vt* to help, assist.

soccorri'tore, 'trice *sm/f* rescuer.

soc'corso, a *pp di* **soccorrere** ♦ *sm* help, aid, assistance; ~**i** *smpl* relief *sg*, aid *sg*; **prestare** ~ **a qn** to help *o* assist sb; **venire in** ~ **di qn** to help sb, come to sb's aid; **operazioni di** ~ rescue operations; ~ **stradale** breakdown service.

sardaldemo'cratico, a, ci, che [sotʃaldemo'kratiko] *sm/f* Social Democrat.

soci'ale [so'tʃale] *ag* social; (*di associazione*) club *cpd*, association *cpd*.

socia'lismo [sotʃa'lizmo] *sm* socialism.

socia'lista, i, e [sotʃa'lista] *ag, sm/f* socialist.

socializ'zare [sotʃalid'dzare] *vi* to socialize.

società [sotʃe'ta] *sf inv* society; (*sportiva*) club; (*COMM*) company; **in** ~ **con qn** in partnership with sb; **mettersi in** ~ **con qn** to go into business with sb; **l'alta** ~ high society; ~ **anonima (SA)** ≈ limited (*BRIT*) *o* incorporated (*US*) company; ~ **per azioni (S.p.A.)** joint-stock company; ~ **di comodo** shell company; ~ **fiduciaria** trust company; ~ **di mutuo soccorso** friendly society (*BRIT*), benefit society (*US*); ~ **a responsabilità limitata (S.r.l.)** *type of limited liability company.*

soci'evole [so'tʃevole] *ag* sociable.

socievo'lezza [sotʃevo'lettsa] *sf* sociableness.

'socio ['sɔtʃo] *sm* (*DIR, COMM*) partner; (*membro di associazione*) member.

sociolo'gia [sotʃolo'dʒia] *sf* sociology.

soci'ologo, a, gi, ghe [so'tʃɔlogo] *sm/f* sociologist.

'soda *sf* (*CHIM*) soda; (*acqua gassata*) soda (water).

soda'lizio [soda'littsjo] *sm* association, society.

soddisfa'cente [soddisfa'tʃɛnte] *ag* satisfactory.

soddis'fare *vt, vi*: ~ **a** to satisfy; (*impegno*) to fulfil; (*debito*) to pay off; (*richiesta*) to meet, comply with; (*offesa*) to make amends for.

soddis'fatto, a *pp di* **soddisfare** ♦ *ag* satisfied, pleased; **essere** ~ **di** to be satisfied *o* pleased with.

soddisfazi'one [soddisfat'tsjone] *sf* satisfaction.

'sodio *sm* (*CHIM*) sodium.

'sodo, a *ag* firm, hard ♦ *sm*: **venire al** ~ to come to the point ♦ *av* (*picchiare, lavorare*) hard; **dormire** ~ to sleep soundly.

sofà *sm inv* sofa.

soffe'renza [soffe'rɛntsa] *sf* suffering; (*COMM*): **in** ~ unpaid.

sof'ferto, a *pp di* **soffrire** ♦ *ag* (*vittoria*) hard-fought; (*distacco, decisione*) painful.

soffi'are *vt* to blow; (*notizia, segreto*) to whisper ♦ *vi* to blow; (*sbuffare*) to puff (and blow); ~**rsi il naso** to blow one's nose; ~ **qc/qn a qn** (*fig*) to pinch *o* steal sth/sb from sb; ~ **via qc** to blow sth away.

soffi'ata *sf* (*fam*) tip-off; **fare una** ~ **alla**

polizia to tip off the police.

'soffice ['sɔffitʃe] *ag* soft.

soffi'etto *sm* (*MUS, per fuoco*) bellows *pl*; **porta a** ~ folding door.

'soffio *sm* (*di vento*) breath; (*di fumo*) puff; (*MED*) murmur.

soffi'one *sm* (*BOT*) dandelion.

sof'fitta *sf* attic.

sof'fitto *sm* ceiling.

soffo'cante *ag* suffocating, stifling.

soffo'care *vi* (*anche*: ~**rsi**) to suffocate, choke ♦ *vt* to suffocate, choke; (*fig*) to stifle, suppress.

soffocazi'one [soffokat'tsjone] *sf* suffocation.

sof'friggere [sof'friddʒere] *vt* to fry lightly.

sof'frire *vt* to suffer, endure; (*sopportare*) to bear, stand ♦ *vi* to suffer; to be in pain; ~ (**di**) **qc** (*MED*) to suffer from sth.

sof'fritto, a *pp di* **soffriggere** ♦ *sm* (*CUC*) *fried mixture of herbs, bacon and onions*.

sof'fuso, a *ag* (*di luce*) suffused.

So'fia *sf* (*GEO*) Sofia.

sofisti'care *vt* (*vino, cibo*) to adulterate.

sofisti'cato, a *ag* sophisticated; (*vino*) adulterated.

sofisticazi'one [sofistikat'tsjone] *sf* adulteration.

'software ['sɔftwɛə] *sm*: ~ **applicativo** applications package.

sogget'tivo, a [soddʒet'tivo] *ag* subjective.

sog'getto [sod'dʒɛtto] *ag*: ~ **a** (*sottomesso*) subject to; (*esposto: a variazioni, danni etc*) subject *o* liable to ♦ *sm* subject; ~ **a tassa** taxable; **recitare a** ~ (*TEAT*) to improvise.

soggezi'one [soddʒet'tsjone] *sf* subjection; (*timidezza*) awe; **avere** ~ **di qn** to be ill at ease in sb's presence.

sogghi'gnare [soggiɲ'ɲare] *vi* to sneer.

sog'ghigno [sog'giɲɲo] *sm* sneer.

soggia'cere [soddʒa'tʃere] *vi*: ~ **a** to be subjected to.

soggio'gare [soddʒo'gare] *vt* to subdue, subjugate.

soggior'nare [soddʒor'nare] *vi* to stay.

soggi'orno [sod'dʒorno] *sm* (*invernale, marino*) stay; (*stanza*) living room.

soggi'ungere [sod'dʒundʒere] *vt* to add.

soggi'unto, a [sod'dʒunto] *pp di* **soggiungere**.

'soglia ['sɔʎʎa] *sf* doorstep; (*anche fig*) threshold.

'sogliola ['sɔʎʎola] *sf* (*ZOOL*) sole.

so'gnante [soɲ'ɲante] *ag* dreamy.

so'gnare [soɲ'ɲare] *vt, vi* to dream; ~ **a occhi aperti** to daydream.

sogna'tore, 'trice [soɲɲa'tore] *sm/f*
dreamer.

'sogno ['soɲɲo] *sm* dream.

'soia *sf* (*BOT*) soya.

sol *sm* (*MUS*) G; (: *solfeggiando la scala*) so(h).

so'laio *sm* (*soffitta*) attic.

sola'mente *av* only, just.

so'lare *ag* solar, sun *cpd*.

sol'care *vt* (*terreno, fig: mari*) to plough (*BRIT*), plow (*US*).

'solco, chi *sm* (*scavo, fig: ruga*) furrow; (*incavo*) rut, track; (*di disco*) groove; (*scia*) wake.

sol'dato *sm* soldier; ~ **di leva** conscript; ~ **semplice** private.

'soldo *sm* (*fig*): **non avere un** ~ to be penniless; **non vale un** ~ it's not worth a penny; ~**i** *smpl* (*denaro*) money *sg*.

'sole *sm* sun; (*luce*) sun(light); (*tempo assolato*) sun(shine); **prendere il** ~ to sunbathe; **il S**~ **che ride** (*POL*) *symbol of the Italian Green party*.

soleggi'ato, a [soled'dʒato] *ag* sunny.

so'lenne *ag* solemn.

solennità *sf* solemnity; (*festività*) holiday, feast day.

so'lere *vt*: ~ **fare qc** to be in the habit of doing sth ♦ *vb impers*: **come suole accadere** as is usually the case, as usually happens; **come si suol dire** as they say.

so'lerte *ag* diligent.

so'lerzia [so'lɛrtsja] *sf* diligence.

so'letta *sf* (*per scarpe*) insole.

sol'fato *sm* sulphate (*BRIT*), sulfate (*US*).

sol'forico, a, ci, che *ag* sulphuric (*BRIT*), sulfuric (*US*); **acido** ~ sulphuric *o* sulfuric acid.

sol'furo *sm* sulphur (*BRIT*), sulfur (*US*).

soli'dale *ag* in agreement; **essere** ~ **con qn** (*essere d'accordo*) to be in agreement with sb; (*appoggiare*) to be behind sb.

solidarietà *sf* solidarity.

solidifi'care *vt, vi* (*anche*: ~**rsi**) to solidify.

solidità *sf* solidity.

'solido, a *ag* solid; (*forte, robusto*) sturdy, solid; (*fig: ditta*) sound, solid ♦ *sm* (*MAT*) solid.

soli'loquio *sm* soliloquy.

so'lista, i, e *ag* solo ♦ *sm/f* soloist.

solita'mente *av* usually, as a rule.

soli'tario, a *ag* (*senza compagnia*) solitary, lonely; (*solo, isolato*) solitary, lone; (*deserto*) lonely ♦ *sm* (*gioiello, gioco*) solitaire.

'solito, a *ag* usual; **essere** ~ **fare** to be in the habit of doing; **di** ~ usually; **più tardi del** ~ later than usual; **come al** ~ as usual; **siamo alle** ~**e!** (*fam*) here we go

solitudine – sonnolento

again!

soli'tudine *sf* solitude.

sollaz'zare [sollat'tsare] *vt* to entertain; **~rsi** *vr* to amuse o.s.

sol'lazzo [sol'lattso] *sm* amusement.

solleci'tare [sollet∫i'tare] *vt* (*lavoro*) to speed up; (*persona*) to urge on; (*chiedere con insistenza*) to press for, request urgently; (*stimolare*): **~ qn a fare** to urge sb to do; (*TECN*) to stress.

sollecitazi'one [sollet∫itat'tsjone] *sf* entreaty, request; (*fig*) incentive; (*TECN*) stress; **lettera di ~** (*COMM*) reminder.

sol'lecito, a [sol'let∫ito] *ag* prompt, quick ♦ *sm* (*COMM*) reminder; **~ di pagamento** payment reminder.

solleci'tudine [sollet∫i'tudine] *sf* promptness, speed.

solleti'care *vt* to tickle.

sol'letico *sm* tickling; **soffrire il ~** to be ticklish.

solleva'mento *sm* raising; lifting; (*ribellione*) revolt; **~ pesi** (*sport*) weight-lifting.

solle'vare *vt* to lift, raise; (*fig: persona: alleggerire*): **~ (da)** to relieve (of); (: *dar conforto*) to comfort, relieve; (: *questione*) to raise; (: *far insorgere*) to stir (to revolt); **~rsi** *vr* to rise; (*fig: riprendersi*) to recover; (: *ribellarsi*) to rise up; **~rsi da terra** (*persona*) to get up from the ground; (*aereo*) to take off; **sentirsi sollevato** to feel relieved.

solli'evo *sm* relief; (*conforto*) comfort; **con mio grande ~** to my great relief.

'solo, a *ag* alone; (*in senso spirituale: isolato*) lonely; (*unico*): **un ~ libro** only one book, a single book; (*con ag numerale*): **veniamo noi tre ~i** just *o* only the three of us are coming ♦ *av* (*soltanto*) only, just; **~ che** *cong* but; **è il ~ proprietario** he's the sole proprietor; **l'incontrò due ~e volte** he only met him twice; **non ~ ... ma anche** not only ... but also; **fare qc da ~** to do sth (all) by oneself; **vive (da) ~** he lives on his own; **possiamo vederci da ~i?** can I see you in private?

sol'stizio [sol'stittsjo] *sm* solstice.

sol'tanto *av* only.

so'lubile *ag* (*sostanza*) soluble; **caffè ~** instant coffee.

soluzi'one [solut'tsjone] *sf* solution; **senza ~ di continuità** uninterruptedly.

sol'vente *ag, sm* solvent; **~ per unghie** nail polish remover; **~ per vernici** paint remover.

sol'venza [sol'vɛntsa] *sf* (*COMM*) solvency.

'soma *sf* load, burden; **bestia da ~** beast of burden.

So'malia *sf*: **la ~** Somalia.

'somalo, a *ag, sm/f, sm* Somali.

so'maro *sm* ass, donkey.

so'matico, a, ci, che *ag* somatic.

somigli'anza [somiʎ'ʎantsa] *sf* resemblance.

somigli'are [somiʎ'ʎare] *vi*: **~ a** to be like, resemble; (*nell'aspetto fisico*) to look like; **~rsi** *vr* to be (*o* look) alike.

'somma *sf* (*MAT*) sum; (*di denaro*) sum (of money); (*complesso di varie cose*) whole amount, sum total; **tirare le ~e** (*fig*) to sum up; **tirate le ~e** (*fig*) all things considered.

som'mare *vt* to add up; (*aggiungere*) to add; **tutto sommato** all things considered.

som'mario, a *ag* (*racconto, indagine*) brief; (*giustizia*) summary ♦ *sm* summary.

som'mergere [som'mɛrdʒere] *vt* to submerge.

sommer'gibile [sommer'dʒibile] *sm* submarine.

som'merso, a *pp di* **sommergere**.

som'messo, a *ag* (*voce*) soft, subdued.

somminis'trare *vt* to give, administer.

sommità *sf inv* summit, top; (*fig*) height.

'sommo, a *ag* highest; (*rispetto*) highest, greatest; (*poeta, artista*) great, outstanding ♦ *sm* (*fig*) height; **per ~i capi** in short, in brief.

som'mossa *sf* uprising.

sommozza'tore [sommottsa'tore] *sm* (deep-sea) diver; (*MIL*) frogman.

so'naglio [so'naʎʎo] *sm* (*di mucche etc*) bell; (*per bambini*) rattle.

so'nante *ag*: **denaro** *o* **moneta ~** (ready) cash.

so'nare *etc* = **suonare** *etc*.

'sonda *sf* (*MED, METEOR, AER*) probe; (*MINERALOGIA*) drill ♦ *ag inv*: **pallone m ~** weather balloon.

son'daggio [son'daddʒo] *sm* sounding; probe; boring, drilling; (*indagine*) survey; **~ d'opinioni** opinion poll.

son'dare *vt* (*NAUT*) to sound; (*atmosfera, piaga*) to probe; (*MINERALOGIA*) to bore, drill; (*fig: opinione etc*) to survey, poll.

so'netto *sm* sonnet.

son'nambulo, a *sm/f* sleepwalker.

sonnecchi'are [sonnek'kjare] *vi* to doze, nod.

sonnel'lino *sm* nap.

son'nifero *sm* sleeping drug (*o* pill).

'sonno *sm* sleep; **aver ~** to be sleepy; **prendere ~** to fall asleep.

sonno'lento, a *ag* sleepy, drowsy;

(*movimenti*) sluggish.
sonno'lenza [sonno'lɛntsa] *sf* sleepiness, drowsiness.
'sono *vb vedi* **essere.**
sonoriz'zare [sonorid'dzare] *vt* (*LING*) to voice; (*CINE*) to add a sound-track to.
so'noro, a *ag* (*ambiente*) resonant; (*voce*) sonorous, ringing; (*onde, film*) sound *cpd*
♦ *sm*: **il ~** (*CINE*) the talkies *pl.*
sontu'oso, a *ag* sumptuous.
so'pire *vt* (*fig: dolore, tensione*) to soothe.
so'pore *sm* drowsiness.
sopo'rifero, a *ag* soporific.
soppe'rire *vi*: **~ a** to provide for; **~ alla mancanza di qc** to make up for the lack of sth.
soppe'sare *vt* to weigh in one's hand(s), feel the weight of; (*fig*) to weigh up.
soppian'tare *vt* to supplant.
soppi'atto: di ~ secretly; furtively.
soppor'tabile *ag* tolerable, bearable.
soppor'tare *vt* (*reggere*) to support; (*subire: perdita, spese*) to bear, sustain; (*soffrire: dolore*) to bear, endure; (*sog: cosa: freddo*) to withstand; (: *persona: freddo, vino*) to take; (*tollerare*) to put up with, tolerate.
sopportazi'one [sopportat'tsjone] *sf* patience; **avere spirito di ~, avere capacità di ~** to be long-suffering.
soppressi'one *sf* abolition; withdrawal; suppression; deletion; elimination, liquidation.
sop'presso, a *pp di* **sopprimere.**
sop'primere *vt* (*carica, privilegi etc*) to abolish, do away with; (*servizio*) to withdraw; (*pubblicazione*) to suppress; (*parola, frase*) to delete; (*uccidere*) to eliminate, liquidate.
'sopra *prep* (*gen*) on; (*al di sopra di, più in alto di*) above; over; (*riguardo a*) on, about ♦ *av* on top; (*attaccato, scritto*) on it; (*al di sopra*) above; (*al piano superiore*) upstairs; **donne ~ i 30 anni** women over 30 (years of age); **100 metri ~ il livello del mare** 100 metres above sea level; **5 gradi ~ lo zero** 5 degrees above zero; **abito di ~** I live upstairs; **essere al di ~ di ogni sospetto** to be above suspicion; **per i motivi ~ illustrati** for the above-mentioned reasons, for the reasons shown above; **dormirci ~** (*fig*) to sleep on it; **passar ~ a qc** (*anche fig*) to pass over sth.
so'prabito *sm* overcoat.
sopraccen'nato, a [soprattʃen'nato] *ag* above-mentioned.
soprac'ciglio [soprat'tʃiʎʎo], *pl(f)* **soprac'ciglia** *sm* eyebrow.
sopracco'perta *sf* (*di letto*) bedspread; (*di*

libro) jacket.
soprad'detto, a *ag* aforesaid.
sopraf'fare *vt* to overcome, overwhelm.
sopraf'fatto, a *pp di* **sopraffare.**
sopraffazi'one [sopraffat'tsjone] *sf* overwhelming, overpowering.
sopraf'fino, a *ag* (*pranzo, vino*) excellent; (*fig*) masterly.
sopraggi'ungere [soprad'dʒundʒere] *vi* (*giungere all'improvviso*) to arrive (unexpectedly); (*accadere*) to occur (unexpectedly).
sopraggi'unto, a [soprad'dʒunto] *pp di* **sopraggiungere.**
soprallu'ogo, ghi *sm* (*di esperti*) inspection; (*di polizia*) on-the-spot investigation.
sopram'mobile *sm* ornament.
soprannatu'rale *ag* supernatural.
sopran'nome *sm* nickname.
soprannomi'nare *vt* to nickname.
sopran'numero *av*: **in ~** in excess.
so'prano, a *sm/f* (*persona*) soprano ♦ *sm* (*voce*) soprano.
soprappensi'ero *av* lost in thought.
soprappiù *sm* surplus, extra; **in ~** extra, surplus; (*per giunta*) besides, in addition.
sopras'salto *sm*: **di ~** with a start, with a jump.
soprasse'dere *vi*: **~ a** to delay, put off.
soprat'tassa *sf* surtax.
soprat'tutto *av* (*anzitutto*) above all; (*specialmente*) especially.
sopravvalu'tare *vt* (*persona, capacità*) to overestimate.
sopravve'nire *vi* to arrive, appear; (*fatto*) to occur.
soprav'vento *sm*: **avere/prendere il ~ su qn** to have/get the upper hand over sb.
sopravvis'suto, a *pp di* **sopravvivere** ♦ *sm/f* survivor.
sopravvi'venza [sopravvi'vɛntsa] *sf* survival.
soprav'vivere *vi* to survive; (*continuare a vivere*): **~ (in)** to live on (in); **~ a** (*incidente etc*) to survive; (*persona*) to outlive.
soprele'vata *sf* (*di strada, ferrovia*) elevated section.
soprinten'dente *sm/f* supervisor; (*statale: di belle arti etc*) keeper.
soprinten'denza [soprinten'dɛntsa] *sf* supervision; (*ente*): **~ alle Belle Arti** *government department responsible for monuments and artistic treasures.*
soprin'tendere *vi*: **~ a** to superintend, supervise.
soprin'teso, a *pp di* **soprintendere.**
so'pruso *sm* abuse of power; **subire un ~**

to be abused.

soq'quadro *sm*: **mettere a ~** to turn upside-down.

sor'betto *sm* sorbet, water ice (*BRIT*).

sor'bire *vt* to sip; (*fig*) to put up with.

'sorcio ['sortʃo] *sm* mouse.

'sordido, a *ag* sordid; (*fig: gretto*) stingy.

sor'dina *sf*: **in ~** softly; (*fig*) on the sly.

sordità *sf* deafness.

'sordo, a *ag* deaf; (*rumore*) muffled; (*dolore*) dull; (*lotta*) silent, hidden; (*odio, rancore*) veiled ♦ *sm/f* deaf person.

sordo'muto, a *ag* deaf-and-dumb ♦ *sm/f* deaf-mute.

so'rella *sf* sister.

sorel'lastra *sf* stepsister.

sor'gente [sor'dʒɛnte] *sf* (*acqua che sgorga*) spring; (*di fiume, FISICA, fig*) source; **acqua di ~** spring water; **~ di calore** source of heat; **~ termale** thermal spring.

'sorgere ['sordʒere] *vi* to rise; (*scaturire*) to spring, rise; (*fig: difficoltà*) to arise ♦ *sm*: **al ~ del sole** at sunrise.

sori'ano, a *ag, sm/f* tabby.

sormon'tare *vt* (*fig*) to overcome, surmount.

sorni'one, a *ag* sly.

sorpas'sare *vt* (*AUT*) to overtake; (*fig*) to surpass; (: *eccedere*) to exceed, go beyond; **~ in altezza** to be higher than; (*persona*) to be taller than.

sorpas'sato, a *ag* (*metodo, moda*) outmoded, old-fashioned; (*macchina*) obsolete.

sor'passo *sm* (*AUT*) overtaking.

sorpren'dente *ag* surprising; (*eccezionale, inaspettato*) astonishing, amazing.

sor'prendere *vt* (*cogliere: in flagrante etc*) to catch; (*stupire*) to surprise; **~rsi** *vr*: **~rsi (di)** to be surprised (at).

sor'preso, a *pp di* **sorprendere** ♦ *sf* surprise; **fare una ~a a qn** to give sb a surprise; **prendere qn di ~a** to take sb by surprise *o* unawares.

sor'reggere [sor'reddʒere] *vt* to support, hold up; (*fig*) to sustain.

sor'retto, a *pp di* **sorreggere**.

sor'ridere *vi* to smile.

sor'riso, a *pp di* **sorridere** ♦ *sm* smile.

sor'sata *sf* gulp; **bere a ~e** to gulp.

sorseggi'are [sorsed'dʒare] *vt* to sip.

'sorsi *etc vb vedi* **sorgere**.

'sorso *sm* sip; **d'un ~, in un ~ solo** at one gulp.

'sorta *sf* sort, kind; **di ~** whatever, of any kind at all; **ogni ~ di** all sorts of; **di ogni ~** of every kind.

'sorte *sf* (*fato*) fate, destiny; (*evento fortuito*) chance; **tirare a ~** to draw lots; **tentare la ~** to try one's luck.

sorteggi'are [sorted'dʒare] *vt* to draw for.

sor'teggio [sor'teddʒo] *sm* draw.

sorti'legio [sorti'ledʒo] *sm* witchcraft *no pl*; (*incantesimo*) spell; **fare un ~ a qn** to cast a spell on sb.

sor'tire *vt* (*ottenere*) to produce.

sor'tita *sf* (*MIL*) sortie.

'sorto, a *pp di* **sorgere**.

sorvegli'ante [sorveʎ'ʎante] *sm/f* (*di carcere*) guard, warder (*BRIT*); (*di fabbrica etc*) supervisor.

sorvegli'anza [sorveʎ'ʎantsa] *sf* watch; supervision; (*POLIZIA, MIL*) surveillance.

sorvegli'are [sorveʎ'ʎare] *vt* (*bambino, bagagli, prigioniero*) to watch, keep an eye on; (*malato*) to watch over; (*territorio, casa*) to watch *o* keep watch over; (*lavori*) to supervise.

sorvo'lare *vt* (*territorio*) to fly over ♦ *vi*: **~ su** (*fig*) to skim over.

S.O.S. *sigla m* mayday, SOS.

'sosia *sm inv* double.

sos'pendere *vt* (*appendere*) to hang (up); (*interrompere, privare di una carica*) to suspend; (*rimandare*) to defer; **~ un quadro al muro/un lampadario al soffitto** to hang a picture on the wall/a chandelier from the ceiling; **~ qn dal suo incarico** to suspend sb from office.

sospensi'one *sf* (*anche CHIM, AUT*) suspension; deferment; **~ condizionale della pena** (*DIR*) suspended sentence.

sos'peso, a *pp di* **sospendere** ♦ *ag* (*appeso*): **~ a** hanging on (*o* from); (*treno, autobus*) cancelled; **in ~** in abeyance; (*conto*) outstanding; **tenere in ~** (*fig*) to keep in suspense; **col fiato ~** with bated breath.

sospet'tare *vt* to suspect ♦ *vi*: **~ di** to suspect; (*diffidare*) to be suspicious of.

sos'petto, a *ag* suspicious ♦ *sm* suspicion; **destare ~i** to arouse suspicion.

sospet'toso, a *ag* suspicious.

sos'pingere [sos'pindʒere] *vt* to drive, push.

sos'pinto, a *pp di* **sospingere**.

sospi'rare *vi* to sigh ♦ *vt* to long for, yearn for.

sos'piro *sm* sigh; **~ di sollievo** sigh of relief.

'sosta *sf* (*fermata*) stop, halt; (*pausa*) pause, break; **senza ~** non-stop, without a break.

sostanti'vato, a *ag* (*LING*): **aggettivo ~** adjective used as a noun.

sostan'tivo *sm* noun, substantive.

sos'tanza [sos'tantsa] *sf* substance; **~e** *sfpl*

(*ricchezze*) wealth *sg*, possessions; **in** ~ in short, to sum up; **la** ~ **del discorso** the essence of the speech.

sostanzi'ale [sostan'tsjale] *ag* substantial.

sostanzi'oso, a [sostan'tsjoso] *ag* (*cibo*) nourishing, substantial.

sos'tare *vi* (*fermarsi*) to stop (for a while), stay; (*fare una pausa*) to take a break.

sos'tegno [sos'teɲɲo] *sm* support; **a** ~ **di** in support of; **muro di** ~ supporting wall.

soste'nere *vt* to support; (*prendere su di sé*) to take on, bear; (*resistere*) to withstand, stand up to; (*affermare*): ~ **che** to maintain that; ~**rsi** *vr* to hold o.s. up, support o.s.; (*fig*) to keep up one's strength; ~ **qn** (*moralmente*) to be a support to sb; (*difendere*) to stand up for sb, take sb's part; ~ **gli esami** to sit exams; ~ **il confronto** to bear *o* stand comparison.

soste'nibile *ag* (*tesi*) tenable; (*spese*) bearable; (*sviluppo*) sustainable.

sosteni'tore, 'trice *sm/f* supporter.

sostenta'mento *sm* maintenance, support; **mezzi di** ~ means of support.

soste'nuto, a *ag* (*stile*) elevated; (*velocità, ritmo*) sustained; (*prezzo*) high ♦ *sm/f*: **fare il(la)** ~**(a)** to be standoffish, keep one's distance.

sostitu'ire *vt* (*mettere al posto di*): ~ **qn/qc a** to substitute sb/sth for; (*prendere il posto di*) to replace, take the place of.

sostitu'tivo, a *ag* (*AMM: documento, certificato*) equivalent.

sosti'tuto, a *sm/f* substitute; ~ **procuratore della Repubblica** (*DIR*) deputy public prosecutor.

sostituzi'one [sostitut'tsjone] *sf* substitution; **in** ~ **di** as a substitute for, in place of.

sotta'ceti [sotta'tʃeti] *smpl* pickles.

sot'tana *sf* (*sottoveste*) underskirt; (*gonna*) skirt; (*REL*) soutane, cassock.

sot'tecchi [sot'tekki] *av*: **guardare di** ~ to steal a glance at.

sotter'fugio [sotter'fudʒo] *sm* subterfuge.

sotter'raneo, a *ag* underground ♦ *sm* cellar.

sotter'rare *vt* to bury.

sottigli'ezza [sottiʎ'ʎettsa] *sf* thinness; slimness; (*fig: acutezza*) subtlety; shrewdness; ~**e** *sfpl* (*pedanteria*) quibbles.

sot'tile *ag* thin; (*figura, caviglia*) thin, slim, slender; (*fine: polvere, capelli*) fine; (*fig: leggero*) light; (*: vista*) sharp, keen; (*: olfatto*) fine, discriminating; (*: mente*) subtle; shrewd ♦ *sm*: **non andare per il** ~ not to mince matters.

sottiliz'zare [sottilid'dzare] *vi* to split hairs.

sottin'tendere *vt* (*intendere qc non espresso*) to understand; (*implicare*) to imply; **lasciare** ~ **che** to let it be understood that.

sottin'teso, a *pp di* **sottintendere** ♦ *sm* allusion; **parlare senza** ~**i** to speak plainly.

'sotto *prep* (*gen*) under; (*più in basso di*) below ♦ *av* underneath, beneath; below; (*al piano inferiore*): **(al piano) di** ~ downstairs; ~ **il monte** at the foot of the mountain; ~ **la pioggia/il sole** in the rain/sun(shine); **tutti quelli** ~ **i 18 anni** all those under 18 (years of age) (*BRIT*) *o* under age 18 (*US*); ~ **il livello del mare** below sea level; ~ **il chilo** under *o* less than a kilo; **ha 5 impiegati** ~ **di sé** he has 5 clerks under him; **siamo** ~ **Natale/Pasqua** it's nearly Christmas/Easter; ~ **un certo punto di vista** in a sense; ~ **forma di** in the form of; ~ **falso nome** under a false name; ~ **terra** underground; ~ **voce** in a low voice; **chiuso** ~ **vuoto** vacuum packed.

sotto'banco *av* (*di nascosto: vendere, comprare*) under the counter; (*agire*) in an underhand way.

sottobicchi'ere [sottobik'kjɛre] *sm* mat, coaster.

sotto'bosco, schi *sm* undergrowth *no pl*.

sotto'braccio [sotto'brattʃo] *av* by the arm; **prendere qn** ~ to take sb by the arm; **camminare** ~ **a qn** to walk arm in arm with sb.

sottochi'ave [sotto'kjave] *av* under lock and key.

sottoco'perta *av* (*NAUT*) below deck.

sotto'costo *av* below cost (price).

sottocu'taneo, a *ag* subcutaneous.

sottoes'posto, a *ag* (*fotografia, pellicola*) underexposed.

sotto'fondo *sm* background; ~ **musicale** background music.

sotto'gamba *av*: **prendere qc** ~ not to take sth seriously.

sotto'gonna *sf* underskirt.

sottogo'verno *sm* political patronage.

sotto'gruppo *sm* subgroup; (*di partito*) faction.

sottoline'are *vt* to underline; (*fig*) to emphasize, stress.

sot't'olio *av, ag inv* in oil.

sotto'mano *av* (*a portata di mano*) within reach, to hand; (*di nascosto*) secretly.

sottoma'rino, a *ag* (*flora*) submarine; (*cavo, navigazione*) underwater ♦ *sm* (*NAUT*) submarine.

sotto'messo, a *pp di* **sottomettere** ♦ *ag* submissive.

sotto'mettere *vt* to subdue, subjugate; **~rsi** *vr* to submit.

sottomissi'one *sf* submission.

sottopas'saggio [sottopas'saddʒo] *sm* (*AUT*) underpass; (*pedonale*) subway, underpass.

sotto'porre *vt* (*costringere*) to subject; (*fig: presentare*) to submit; **sottoporsi** *vr* to submit; **sottoporsi a** (*subire*) to undergo.

sotto'posto, a *pp di* **sottoporre**.

sottopro'dotto *sm* by-product.

sottoproduzi'one [sottoprodut'tsjone] *sf* underproduction.

sottoproletari'ato *sm*: **il ~** the underprivileged class.

sot'tordine *av*: **passare in ~** to become of minor importance.

sottos'cala *sm inv* (*ripostiglio*) cupboard (*BRIT*) *o* closet (*US*) under the stairs; (*stanza*) room under the stairs.

sottos'critto, a *pp di* **sottoscrivere** ♦ *sm/f*: **io ~, il ~** the undersigned.

sottos'crivere *vt* to sign ♦ *vi*: **~ a** to subscribe to.

sottoscrizi'one [sottoskrit'tsjone] *sf* signing; subscription.

sottosegre'tario *sm*: **S~ di Stato** undersecretary of state (*BRIT*), assistant secretary of state (*US*).

sotto'sopra *av* upside-down.

sottos'tante *ag* (*piani*) lower; **nella valle ~** in the valley below.

sottos'tare *vi*: **~ a** (*assoggettarsi a*) to submit to; (: *richieste*) to give in to; (*subire: prova*) to undergo.

sottosu'olo *sm* subsoil.

sottosvilup'pato, a *ag* underdeveloped.

sottosvi'luppo *sm* underdevelopment.

sottote'nente *sm* (*MIL*) second lieutenant.

sotto'terra *av* underground.

sotto'tetto *sm* attic.

sotto'titolo *sm* subtitle.

sottovalu'tare *vt* (*persona, prova*) to underestimate, underrate.

sotto'vento *av* (*NAUT*) leeward(s) ♦ *ag inv* (*lato*) leeward, lee.

sotto'veste *sf* underskirt.

sotto'voce [sotto'votʃe] *av* in a low voice.

sottovu'oto *av*: **confezionare ~** to vacuum-pack ♦ *ag*: **confezione** *f* **~** vacuum pack.

sot'trarre *vt* (*MAT*) to subtract, take away; **sottrarsi** *vr*: **sottrarsi a** (*sfuggire*) to escape; (*evitare*) to avoid; **~ qn/qc a** (*togliere*) to remove sb/sth from; (*salvare*) to save *o* rescue sb/sth from; **~ qc a qn**

(*rubare*) to steal sth from sb; **sottratte le spese** once expenses have been deducted.

sot'tratto, a *pp di* **sottrarre**.

sottrazi'one [sottrat'tsjone] *sf* (*MAT*) subtraction; (*furto*) removal.

sottuffici'ale [sottuffi'tʃale] *sm* (*MIL*) non-commissioned officer; (*NAUT*) petty officer.

soufflé [su'fle] *sm inv* (*CUC*) soufflé.

souve'nir [suv(ə)'nir] *sm inv* souvenir.

so'vente *av* often.

soverchi'are [sover'kjare] *vt* to overpower, overwhelm.

soverchie'ria [soverkje'ria] *sf* (*prepotenza*) abuse (of power).

sovi'etico, a, ci, che *ag* Soviet ♦ *sm/f* Soviet citizen.

sovrabbon'dante *ag* overabundant.

sovrabbon'danza [sovrabbon'dantsa] *sf* overabundance; **in ~** in excess.

sovraccari'care *vt* to overload.

sovrac'carico, a, chi, che *ag*: **~ (di)** overloaded (with) ♦ *sm* excess load; **~ di lavoro** extra work.

sovraesposizi'one [sovraespozit'tsjone] *sf* (*FOT*) overexposure.

sovraffol'lato, a *ag* overcrowded.

sovraimmagazzi'nare [sovraimmagaddzi-'nare] *vt* to overstock.

sovranità *sf* sovereignty; (*fig: superiorità*) supremacy.

sovrannatu'rale *ag* = **soprannaturale**.

so'vrano, a *ag* sovereign; (*fig: sommo*) supreme ♦ *sm/f* sovereign, monarch.

sovrappopolazi'one [sovrappopolat'tsjone] *sf* overpopulation.

sovrap'porre *vt* to place on top of, put on top of; (*FOT, GEOM*) to superimpose; **sovrapporsi** *vr* (*fig: aggiungersi*) to be added; (*FOT*) to be superimposed.

sovrapposizi'one [sovrapposit'tsjone] *sf* superimposition.

sovrap'posto, a *pp di* **sovrapporre**.

sovrapproduzi'one [sovrapprodut'tsjone] *sf* overproduction.

sovras'tante *ag* overhanging; (*fig*) imminent.

sovras'tare *vi*: **~ a** *vt* (*vallata, fiume*) to overhang; (*fig*) to hang over, threaten.

sovrastrut'tura *sf* superstructure.

sovrecci'tare [sovrettʃi'tare] *vt* to overexcite.

sovrimpressi'one *sf* (*FOT, CINE*) double exposure; **immagini in ~** superimposed images.

sovrinten'dente *etc* = **soprintendente** *etc*.

sovru'mano, a *ag* superhuman.

sovve'nire *vi* (*venire in mente*): ~ **a** to occur to.

sovvenzio'nare [sovventsjo'nare] *vt* to subsidize.

sovvenzi'one [sovven'tsjone] *sf* subsidy, grant.

sovver'sivo, a *ag* subversive.

sovverti'mento *sm* subversion, undermining.

sovver'tire *vt* (*POL: ordine, stato*) to subvert, undermine.

'sozzo, a ['sottso] *ag* filthy, dirty.

SP *sigla* = La Spezia.

S.P. *abbr* = **strada provinciale**; *vedi* **provinciale.**

S.p.A. *abbr vedi* **società per azioni.**

spac'care *vt* to split, break; (*legna*) to chop; (*fig*) to divide; ~**rsi** *vr* to split, break.

spacca'tura *sf* split.

spaccherò [spakke'rɔ] *etc vb vedi* **spaccare.**

spacci'are [spat'tʃare] *vt* (*vendere*) to sell (off); (*mettere in circolazione*) to circulate; (*droga*) to peddle, push; ~**rsi** *vr*: ~**rsi per** (*farsi credere*) to pass o.s. off as, pretend to be.

spacci'ato, a [spat'tʃato] *ag* (*fam: malato, fuggiasco*): **essere** ~ to be done for.

spaccia'tore, 'trice [spattʃa'tore] *smlf* (*di droga*) pusher; (*di denaro falso*) dealer.

'spaccio ['spattʃo] *sm* (*di merce rubata, droga*): ~ (**di**) trafficking (in); (*di denaro falso*): ~ (**di**) passing (of); (*vendita*) sale; (*bottega*) shop.

'spacco, chi *sm* (*fenditura*) split, crack; (*strappo*) tear; (*di gonna*) slit.

spac'cone *smlf* boaster, braggart.

'spada *sf* sword.

spadroneggi'are [spadroned'dʒare] *vi* to swagger.

spae'sato, a *ag* disorientated, lost.

spaghet'tata [spaget'tata] *sf* spaghetti meal.

spa'ghetti [spa'getti] *smpl* (*CUC*) spaghetti *sg.*

'Spagna ['spaɲɲa] *sf*: **la** ~ Spain.

spa'gnolo, a [spaɲ'ɲɔlo] *ag* Spanish ♦ *smlf* Spaniard ♦ *sm* (*LING*) Spanish; **gli S**~**i** the Spanish.

'spago, ghi *sm* string, twine; **dare** ~ **a qn** (*fig*) to let sb have his (*o* her) way.

spai'ato, a *ag* (*calza, guanto*) odd.

spalan'care *vt*, ~**rsi** *vr* to open wide.

spa'lare *vt* to shovel.

'spalla *sf* shoulder; (*fig: TEAT*) stooge; ~**e** *sfpl* (*dorso*) back; **di** ~**e** from behind; **seduto alle mie** ~**e** sitting behind me; **prendere/colpire qn alle** ~**e** to take/hit sb

from behind; **mettere qn con le** ~**e al muro** (*fig*) to put sb with his (*o* her) back to the wall; **vivere alle** ~**e di qn** (*fig*) to live off sb.

spal'lata *sf* (*urto*) shove *o* push with the shoulder; **dare una** ~ **a qc** to give sth a push *o* shove with one's shoulder.

spalleggi'are [spalled'dʒare] *vt* to back up, support.

spal'letta *sf* (*parapetto*) parapet.

spalli'era *sf* (*di sedia etc*) back; (*di letto: da capo*) head(board); (*: da piedi*) foot(board); (*GINNASTICA*) wall bars *pl.*

spal'lina *sf* (*MIL*) epaulette; (*di sottoveste, maglietta*) strap; **senza** ~**e** strapless.

spal'mare *vt* to spread.

'spalti *smpl* (*di stadio*) terraces (*BRIT*), ≈ bleachers (*US*).

'spandere *vt* to spread; (*versare*) to pour (out); ~**rsi** *vr* to spread; ~ **lacrime** to shed tears.

'spanto, a *pp di* **spandere.**

spa'rare *vt* to fire ♦ *vi* (*far fuoco*) to fire; (*tirare*) to shoot; ~ **a qn/qc** to shoot sb/sth, fire at sb/sth.

spa'rato *sm* (*di camicia*) dicky.

spara'tore *sm* gunman.

spara'toria *sf* exchange of shots.

sparecchi'are [sparek'kjare] *vt*: ~ (**la tavola**) to clear the table.

spa'reggio [spa'reddʒo] *sm* (*SPORT*) play-off.

'spargere ['spardʒere] *vt* (*sparpagliare*) to scatter; (*versare: vino*) to spill; (*: lacrime, sangue*) to shed; (*diffondere*) to spread; (*emanare*) to give off (*o* out); ~**rsi** *vr* (*voce, notizia*) to spread; (*persone*) to scatter; **si è sparsa una voce sul suo conto** there is a rumour going round about him.

spargi'mento [spardʒi'mento] *sm* scattering; spilling; shedding; ~ **di sangue** bloodshed.

spa'rire *vi* to disappear, vanish; ~ **dalla circolazione** (*fig fam*) to lie low, keep a low profile.

sparizi'one [sparit'tsjone] *sf* disappearance.

spar'lare *vi*: ~ **di** to run down, speak ill of.

'sparo *sm* shot.

sparpagli'are [sparpaʎ'ʎare] *vt*, ~**rsi** *vr* to scatter.

'sparso, a *pp di* **spargere** ♦ *ag* scattered; (*sciolto*) loose; **in ordine** ~ (*MIL*) in open order.

sparti'acque *sm* (*GEO*) watershed.

sparti'neve *sm inv* snowplough (*BRIT*), snowplow (*US*).

spar'tire *vt* (*eredità, bottino*) to share out;

(*avversari*) to separate.
spar'tito *sm* (*MUS*) score.
sparti'traffico *sm inv* (*AUT*) central
  reservation (*BRIT*), median (strip) (*US*).
spartizi'one [spartit'tsjone] *sf* division.
spa'ruto, a *ag* (*viso etc*) haggard.
sparvi'ero *sm* (*ZOOL*) sparrowhawk.
spasi'mante *sm* suitor.
spasi'mare *vi* to be in agony; ~ **di fare** (*fig*)
  to yearn to do; ~ **per qn** to be madly in
  love with sb.
'spasimo *sm* pang.
'spasmo *sm* (*MED*) spasm.
spas'modico, a, ci, che *ag* (*angoscioso*)
  agonizing; (*MED*) spasmodic.
spas'sarsela *vi* to enjoy o.s., have a good
  time.
spassio'nato, a *ag* dispassionate,
  impartial.
'spasso *sm* (*divertimento*) amusement,
  enjoyment; **andare a** ~ to go out for a
  walk; **essere a** ~ (*fig*) to be out of work;
  mandare qn a ~ (*fig*) to give sb the sack.
spas'soso, a *ag* amusing, entertaining.
'spastico, a, ci, che *ag, sm/f* spastic.
'spatola *sf* spatula.
spau'racchio [spau'rakkjo] *sm* scarecrow.
spau'rire *vt* to frighten, terrify.
spavalde'ria *sf* boldness, arrogance.
spa'valdo, a *ag* arrogant, bold.
spaventa'passeri *sm inv* scarecrow.
spaven'tare *vt* to frighten, scare; ~**rsi** *vr* to
  become frightened, become scared.
spa'vento *sm* fear, fright; **far** ~ **a qn** to
  give sb a fright.
spaven'toso, a *ag* frightening, terrible;
  (*fig fam*) tremendous, fantastic.
spazi'ale [spat'tsjale] *ag* (*volo, nave, tuta*)
  space *cpd*; (*ARCHIT, GEOM*) spatial.
spazia'tura [spattsja'tura] *sf* (*TIP*) spacing.
spazien'tire [spattsjen'tire] *vi* (*anche:* ~**rsi**)
  to lose one's patience.
'spazio ['spattsjo] *sm* space; (*posto*) room,
  space; **fare** ~ **per qc/qn** to make room for
  sth/sb; **nello** ~ **di un'ora** within an hour,
  in the space of an hour; **dare** ~ **a** (*fig*) to
  make room for; ~ **aereo** airspace.
spazi'oso, a [spat'tsjoso] *ag* spacious.
spazzaca'mino [spattsaka'mino] *sm*
  chimney sweep.
spazza'neve [spattsa'neve] *sm inv*
  (*spartineve, SCI*) snowplough (*BRIT*),
  snowplow (*US*).
spaz'zare [spat'tsare] *vt* to sweep; (*foglie
  etc*) to sweep up; (*cacciare*) to sweep
  away.
spazza'tura [spattsa'tura] *sf* sweepings *pl*;
  (*immondizia*) rubbish.

spaz'zino [spat'tsino] *sm* street sweeper.
'spazzola ['spattsola] *sf* brush; **capelli a** ~
  crew cut *sg*; ~ **per abiti** clothesbrush; ~
  da capelli hairbrush.
spazzo'lare [spattso'lare] *vt* to brush.
spazzo'lino [spattso'lino] *sm* (small) brush;
  ~ **da denti** toothbrush.
specchi'arsi [spek'kjarsi] *vr* to look at o.s.
  in a mirror; (*riflettersi*) to be mirrored, be
  reflected.
specchi'era [spek'kjera] *sf* large mirror;
  (*mobile*) dressing table.
specchi'etto [spek'kjetto] *sm* (*tabella*)
  table, chart; ~ **da borsetta** pocket
  mirror; ~ **retrovisore** (*AUT*) rear-view
  mirror.
'specchio ['spekkjo] *sm* mirror; (*tabella*)
  table, chart; **uno** ~ **d'acqua** a sheet of
  water.
speci'ale [spe'tʃale] *ag* special; **in special
  modo** especially; **inviato** ~ (*RADIO, TV,
  STAMPA*) special correspondent; **offerta** ~
  special offer; **poteri/leggi** ~**i** (*POL*)
  emegency powers/legislation.
specia'lista, i, e [spetʃa'lista] *sm/f*
  specialist.
specia'listico, a, ci, che [spetʃa'listiko] *ag*
  (*conoscenza, preparazione*) specialized.
specialità [spetʃali'ta] *sf inv* speciality;
  (*branca di studio*) special field, speciality.
specializ'zare [spetʃalid'dzare] *vt* (*industria*)
  to make more specialized; ~**rsi** *vr*: ~**rsi
  (in)** to specialize (in).
specializ'zato, a [spetʃalid'dzato] *ag*
  (*manodopera*) skilled; **operaio non** ~
  semiskilled worker; **essere** ~ **in** to be a
  specialist in.
specializzazi'one [spetʃaliddzat'tsjone] *sf*
  specialization; **prendere la** ~ **in** to
  specialize in.
special'mente [spetʃal'mente] *av*
  especially, particularly.
'specie ['spetʃe] *sf inv* (*BIOL, BOT, ZOOL*)
  species *inv*; (*tipo*) kind, sort ♦ *av*
  especially, particularly; **una** ~ **di** a kind
  of; **fare** ~ **a qn** to surprise sb; **la** ~ **umana**
  mankind.
spe'cifica, che [spe'tʃifika] *sf* specification.
specifi'care [spetʃifi'kare] *vt* to specify,
  state.
specificata'mente [spetʃifikata'mente] *av*
  in detail.
spe'cifico, a, ci, che [spe'tʃifiko] *ag*
  specific.
speck [ʃpɛk] *sm inv* *kind of smoked ham*.
specu'lare *vi*: ~ **su** (*COMM*) to speculate in;
  (*sfruttare*) to exploit; (*meditare*) to
  speculate on.

specula'tore, 'trice *sm/f* (*COMM*) speculator.

speculazi'one [spekulat'tsjone] *sf* speculation.

spe'dire *vt* to send; (*COMM*) to dispatch, forward; ~ **per posta** to post (*BRIT*), mail (*US*); ~ **per mare** to ship.

spedita'mente *av* quickly; **camminare** ~ to walk at a brisk pace.

spe'dito, a *ag* (*gen*) quick; **con passo** ~ at a brisk pace.

spedizi'one [spedit'tsjone] *sf* sending; (*collo*) consignment; (*scientifica etc*) expedition; (*COMM*) forwarding; shipping; **fare una** ~ to send a consignment; **agenzia di** ~ forwarding agency; **spese di** ~ postal charges; (*COMM*) forwarding charges.

spedizioni'ere [spedittsjo'njɛre] *sm* forwarding agent, shipping agent.

'spegnere ['speɲɲere] *vt* (*fuoco, sigaretta*) to put out, extinguish; (*apparecchio elettrico*) to turn *o* switch off; (*gas*) to turn off; (*fig: suoni, passioni*) to stifle; (*debito*) to extinguish; ~**rsi** *vr* to go out; to go off; (*morire*) to pass away.

speleolo'gia [speleolo'dʒia] *sf* (*studio*) speleology; (*pratica*) potholing (*BRIT*), speleology.

spele'ologo, a, gi, ghe *sm/f* speleologist; potholer.

spel'lare *vt* (*scuoiare*) to skin; (*scorticare*) to graze; ~**rsi** *vr* to peel.

spendacci'one, a [spendat'tʃone] *sm/f* spendthrift.

'spendere *vt* to spend; ~ **una buona parola per qn** (*fig*) to put in a good word for sb.

'spengo *etc vb vedi* **spegnere**.

spen'nare *vt* to pluck.

'spensi *etc vb vedi* **spegnere**.

spensiera'tezza [spensjera'tettsa] *sf* carefreeness, lightheartedness.

spensie'rato, a *ag* carefree.

'spento, a *pp di* **spegnere** ♦ *ag* (*suono*) muffled; (*colore*) dull; (*sigaretta*) out; (*civiltà, vulcano*) extinct.

spe'ranza [spe'rantsa] *sf* hope; **nella** ~ **di rivederti** hoping to see *o* in the hope of seeing you again; **pieno di** ~**e** hopeful; **senza** ~ (*situazione*) hopeless; (*amare*) without hope.

speran'zoso, a [speran'tsoso] *ag* hopeful.

spe'rare *vt* to hope for ♦ *vi*: ~ **in** to trust in; ~ **che/di fare** to hope that/to do; **lo spero, spero di sì** I hope so; **tutto fa** ~ **per il meglio** everything leads one to hope for the best.

sper'duto, a *ag* (*isolato*) out-of-the-way;

(*persona*: *smarrita, a disagio*) lost.

spergi'uro, a [sper'dʒuro] *sm/f* perjurer ♦ *sm* perjury.

sperico'lato, a *ag* fearless, daring; (*guidatore*) reckless.

sperimen'tale *ag* experimental; **fare qc in via** ~ to try sth out.

sperimen'tare *vt* to experiment with, test; (*fig*) to test, put to the test.

sperimentazi'one [sperimentat'tsjone] *sf* experimentation.

'sperma, i *sm* (*BIOL*) sperm.

spermato'zoo, i [spermatod'dzɔo] *sm* spermatozoon.

spe'rone *sm* spur.

sperpe'rare *vt* to squander.

'sperpero *sm* (*di denaro*) squandering, waste; (*di cibo, materiali*) waste.

'spesa *sf* (*soldi spesi*) expense; (*costo*) cost; (*acquisto*) purchase; (*fam*: *acquisto del cibo quotidiano*) shopping; ~**e** *sfpl* expenses; (*COMM*) costs; charges; **ridurre le** ~**e** (*gen*) to cut down; (*COMM*) to reduce expenditure; **fare la** ~ to do the shopping; **fare le** ~**e di qc** (*fig*) to pay the price for sth; **a** ~**e di** (*a carico di*) at the expense of; **con la modica** ~ **di un milione di lire** for the modest sum *o* outlay of one million lire; ~ **pubblica** public expenditure; ~**e accessorie** incidental expenses; ~**e generali** overheads; ~**e di gestione** operating expenses; ~**e d'impianto** initial outlay; ~**e legali** legal costs; ~**e di manutenzione, ~e di mantenimento** maintenance costs; ~**e postali** postage *sg*; ~**e di sbarco e sdoganamento** landing charges; ~**e di trasporto** handling charge; ~**e di viaggio** travelling (*BRIT*) *o* traveling (*US*) expenses.

spe'sare *vt*: **viaggio tutto spesato** all-expenses-paid trip.

'speso, a *pp di* **spendere**.

'spesso, a *ag* (*fitto*) thick; (*frequente*) frequent ♦ *av* often; ~**e volte** frequently, often.

spes'sore *sm* thickness; **ha uno** ~ **di 20 cm** it is 20 cm thick.

Spett. *abbr vedi* **spettabile**.

spet'tabile *ag* (*abbr*: **Spett.**: *in lettere*): ~ **ditta X** Messrs X and Co; **avvertiamo la** ~ **clientela** ... we inform our customers ....

spettaco'lare *ag* spectacular.

spet'tacolo *sm* (*rappresentazione*) performance, show; (*vista, scena*) sight; **dare** ~ **di sé** to make an exhibition *o* a spectacle of o.s.

spettaco'loso, a *ag* spectacular.

spet'tanza [spet'tantsa] *sf* (*competenza*)

concern; **non è di mia** ~ it's no concern of mine.

spet'tare *vi*: ~ **a** (*decisione*) to be up to; (*stipendio*) to be due to; **spetta a lei decidere** it's up to you to decide.

spetta'tore, 'trice *smlf* (*CINE, TEAT*) member of the audience; (*di avvenimento*) onlooker, witness.

spettego'lare *vi* to gossip.

spetti'nare *vt*: ~ **qn** to ruffle sb's hair; ~**rsi** *vr* to get one's hair in a mess.

spet'trale *ag* spectral, ghostly.

'spettro *sm* (*fantasma*) spectre (*BRIT*), specter (*US*); (*FISiCA*) spectrum.

'spezie ['spɛttsje] *sfpl* (*CUC*) spices.

spez'zare [spet'tsare] *vt* (*rompere*) to break; (*fig: interrompere*) to break up; ~**rsi** *vr* to break.

spezza'tino [spettsa'tino] *sm* (*CUC*) stew.

spez'zato, a [spet'tsato] *ag* (*unghia, ramo, braccio*) broken ♦ *sm* (*abito maschile*) coordinated jacket and trousers (*BRIT*) *o* pants (*US*); **fare orario** ~ to work a split shift.

spezzet'tare [spettset'tare] *vt* to break up (*o chop*) into small pieces.

spez'zino, a [spet'tsino] *ag* of (*o from*) La Spezia.

spez'zone [spet'tsone] *sm* (*CINE*) clip.

'spia *sf* spy; (*confidente della polizia*) informer; (*ELETTR*) indicating light; warning light; (*fessura*) peephole; (*fig: sintomo*) sign, indication; ~ **dell'olio** (*AUT*) oil warning light.

spiacci'care [spjattʃi'kare] *vt* to squash, crush.

spia'cente [spja'tʃɛnte] *ag* sorry; **essere** ~ **di qc/di fare qc** to be sorry about sth/for doing sth; **siamo** ~**i di dovervi annunciare che ...** we regret to announce that ....

spia'cevole [spja'tʃevole] *ag* unpleasant, disagreeable.

spi'aggia, ge ['spjaddʒa] *sf* beach.

spia'nare *vt* (*terreno*) to level, make level; (*edificio*) to raze to the ground; (*pasta*) to roll out; (*rendere liscio*) to smooth (out).

spi'ano *sm*: **a tutto** ~ (*lavorare*) non-stop, without a break; (*spendere*) lavishly.

spian'tato, a *ag* penniless, ruined.

spi'are *vt* to spy on; (*occasione etc*) to watch *o* wait for.

spi'ata *sf* tip-off.

spiattel'lare *vt* (*fam: verità, segreto*) to blurt out.

spi'azzo ['spjattso] *sm* open space; (*radura*) clearing.

spic'care *vt* (*assegno, mandato di cattura*) to issue ♦ *vi* (*risaltare*) to stand out; ~ **il volo**

to fly off; (*fig*) to spread one's wings; ~ **un balzo** to jump, leap.

spic'cato, a *ag* (*marcato*) marked, strong; (*notevole*) remarkable.

spiccherò *etc* [spikke'rɔ] *vb vedi* **spiccare**.

'spicchio ['spikkjo] *sm* (*di agrumi*) segment; (*di aglio*) clove; (*parte*) piece, slice.

spicci'are [spit'tʃare] *vt* (*faccenda, impegno*) to finish off; ~**rsi** *vr* (*fare in fretta*) to hurry up, get a move on.

'spiccio, a, ci, ce ['spitt'tʃo] *ag* (*modi, mezzi*) quick; **andare per le** ~**ce** to be quick off the mark, waste no time.

spiccio'lata [spitt'tʃo'lata] *av*: **alla** ~ in dribs and drabs, a few at a time.

'spicciolo, a ['spitt'tʃolo] *ag*: **moneta** ~**a, ~i** *smpl* (small) change.

'spicco, chi *sm*: **fare** ~ to stand out; **di** ~ outstanding, prominent; (*tema*) main, principal.

spie'dino *sm* (*utensile*) skewer; (*cibo*) kebab.

spi'edo *sm* (*CUC*) spit; **pollo allo** ~ spit-roasted chicken.

spiega'mento *sm* (*MIL*): ~ **di forze** deployment of forces.

spie'gare *vt* (*far capire*) to explain; (*tovaglia*) to unfold; (*vele*) to unfurl; ~**rsi** *vr* to explain o.s., make o.s. clear; ~ **qc a qn** to explain sth to sb; **il problema si spiega** one can understand the problem; **non mi spiego come ...** I can't understand how ....

spiegazi'one [spjegat'tsjone] *sf* explanation; **avere una** ~ **con qn** to have it out with sb.

spiegaz'zare [spjegat'tsare] *vt* to crease, crumple.

spiegherò *etc* [spjege'rɔ] *vb vedi* **spiegare**.

spie'tato, a *ag* ruthless, pitiless.

spiffe'rare *vt* (*fam*) to blurt out, blab.

'spiffero *sm* draught (*BRIT*), draft (*US*).

'spiga, ghe *sf* (*BOT*) ear.

spigli'ato, a [spiʎ'ʎato] *ag* self-possessed, self-confident.

spigo'lare *vt* (*anche fig*) to glean.

'spigolo *sm* corner; (*GEOM*) edge.

spigo'loso, a *ag* (*mobile*) angular; (*persona, carattere*) difficult.

'spilla *sf* brooch; (*da cravatta, cappello*) pin.

spil'lare *vt* (*vino, fig*) to tap; ~ **denaro/ notizie a qn** to tap sb for money/ information.

'spillo *sm* pin; (*spilla*) brooch; **tacco a** ~ stiletto heel (*BRIT*), spike heel (*US*); ~ **di sicurezza** *o* **da balia** safety pin; ~ **di sicurezza** (*MIL*) (safety) pin.

spilorce'ria [spilort'tʃe'ria] *sf* meanness,

stinginess.

spi'lorcio, a, ci, ce [spi'lortʃo] *ag* mean, stingy.

spilun'gone *sm/f* beanpole.

'spina *sf* (*BOT*) thorn; (*ZOOL*) spine, prickle; (*di pesce*) bone; (*ELETTR*) plug; (*di botte*) bunghole; **birra alla** ~ draught beer; **stare sulle** ~**e** (*fig*) to be on tenterhooks; ~ **dorsale** (*ANAT*) backbone.

spi'nacio [spi'natʃo] *sm* spinach *no pl*; (*CUC*): ~**i** spinach *sg*.

spi'nale *ag* (*ANAT*) spinal.

spi'nato, a *ag* (*fornito di spine*): **filo** ~ barbed wire; (*tessuto*) herringbone *cpd*.

spi'nello *sm* (*DROGA*: *gergo*) joint.

'spingere ['spindʒere] *vt* to push; (*condurre*: *anche fig*) to drive; (*stimolare*): ~ **qn a fare** to urge *o* press sb to do; ~**rsi** *vr* (*inoltrarsi*) to push on, carry on; ~**rsi troppo lontano** (*anche fig*) to go too far.

'spino *sm* (*BOT*) thorn bush.

spi'noso, a *ag* thorny, prickly.

'spinsi *etc vb vedi* **spingere**.

spinte'rogeno [spinte'rɔdʒeno] *sm* (*AUT*) coil ignition.

'spinto, a *pp di* **spingere** ♦ *sf* (*urto*) push; (*FISICA*) thrust; (*fig: stimolo*) incentive, spur; (: *appoggio*) string-pulling *no pl*; **dare una** ~**a a qn** (*fig*) to pull strings for sb.

spinto'nare *vt* to shove, push.

spin'tone *sm* push, shove.

spio'naggio [spio'naddʒo] *sm* espionage, spying.

spion'cino [spion'tʃino] *sm* peephole.

spi'one, a *sm/f* (*spia*) informer; (*ragazzino, collega*) telltale, sneak.

spio'nistico, a, ci, che *ag* (*organizzazione*) spy *cpd*; **rete** ~**a** spy ring.

spi'overe *vi* (*scorrere*) to flow down; (*ricadere*) to hang down, fall.

'spira *sf* coil.

spi'raglio [spi'raʎʎo] *sm* (*fessura*) chink, narrow opening; (*raggio di luce, fig*) glimmer, gleam.

spi'rale *sf* (*di spirale*) spiral; (*contraccettivo*) coil; **a** ~ spiral(-shaped); ~ **inflazionistica** inflationary spiral.

spi'rare *vi* (*vento*) to blow; (*morire*) to expire, pass away.

spiri'tato, a *ag* possessed; (*fig: persona, espressione*) wild.

spiri'tismo *sm* spiritualism.

'spirito *sm* (*REL, CHIM, disposizione d'animo, di legge etc, fantasma*) spirit; (*pensieri, intelletto*) mind; (*arguzia*) wit; (*umorismo*) humour, wit; **in buone condizioni di** ~ in the right frame of mind; **è una persona di** ~ he has a sense of humour (*BRIT*) *o*

humor (*US*); **battuta di** ~ joke; ~ **di classe** class consciousness; **non ha** ~ **di parte** he never takes sides; **lo S**~ **Santo** the Holy Spirit *o* Ghost.

spirito'saggine [spirito'saddʒine] *sf* witticism; (*peg*) wisecrack.

spiri'toso, a *ag* witty.

spiritu'ale *ag* spiritual.

splen'dente *ag* (*giornata*) bright, sunny; (*occhi*) shining; (*pavimento*) shining, gleaming.

'splendere *vi* to shine.

'splendido, a *ag* splendid; (*splendente*) shining; (*sfarzoso*) magnificent, splendid.

splen'dore *sm* splendour (*BRIT*), splendor (*US*); (*luce intensa*) brilliance, brightness.

spodes'tare *vt* to deprive of power; (*sovrano*) to depose.

'spoglia ['spɔʎʎa] *sf vedi* **spoglio**.

spogli'are [spoʎ'ʎare] *vt* (*svestire*) to undress; (*privare, fig: depredare*): ~ **qn di qc** to deprive sb of sth; (*togliere ornamenti: anche fig*): ~ **qn/qc di** to strip sb/sth of; ~**rsi** *vr* to undress, strip; ~**rsi di** (*ricchezze etc*) to deprive o.s. of, give up; (*pregiudizi*) to rid o.s. of.

spoglia'rello [spoʎʎa'rɛllo] *sm* striptease.

spoglia'toio [spoʎʎa'tojo] *sm* dressing room; (*di scuola etc*) cloakroom; (*SPORT*) changing room.

'spoglio, a ['spɔʎʎo] *ag* (*pianta, terreno*) bare; (*privo*): ~ **di** stripped of; lacking in, without ♦ *sm* (*di voti*) counting ♦ *sf* (*ZOOL*) skin, hide; (: *di rettile*) slough; ~**e** *sfpl* (*salma*) remains; (*preda*) spoils, booty *sg*.

'spola *sf* shuttle; (*bobina*) spool; **fare la** ~ **(fra)** to go to and fro *o* shuttle (between).

spo'letta *sf* (*CUCITO*: *bobina*) spool; (*di bomba*) fuse.

spol'pare *vt* to strip the flesh off.

spolve'rare *vt* (*anche CUC*) to dust; (*con spazzola*) to brush; (*con battipanni*) to beat; (*fig: mangiare*) to polish off ♦ *vi* to dust.

spolve'rino *sm* (*soprabito*) dust coat.

'sponda *sf* (*di fiume*) bank; (*di mare, lago*) shore; (*bordo*) edge.

sponsoriz'zare [sponsorid'dzare] *vt* to sponsor.

sponsorizzazi'one [sponsoriddzat'tsjone] *sf* sponsorship.

spontanea'mente *av* (*comportarsi*) naturally; (*agire*) spontaneously; (*reagire*) instinctively, spontaneously.

spon'taneo, a *ag* spontaneous; (*persona*) unaffected, natural; **di sua** ~**a volontà** of his own free will.

spopo'lare *vt* to depopulate ♦ *vi* (*attirare folla*) to draw the crowds; ~**rsi** *vr* to become depopulated.

spo'radico, a, ci, che *ag* sporadic.

sporcacci'one, a [sporkat'tʃone] *sm/f* (*peg*) pig, filthy person.

spor'care *vt* to dirty, make dirty; (*fig*) to sully, soil; ~**rsi** *vr* to get dirty.

spor'cizia [spor'tʃittsja] *sf* (*stato*) dirtiness; (*sudiciume*) dirt, filth; (*fig: cosa oscena*) obscenity.

'sporco, a, chi, che *ag* dirty, filthy; **avere la coscienza** ~**a** to have a guilty conscience.

spor'genza [spor'dʒɛntsa] *sf* projection.

'sporgere ['spɔrdʒere] *vt* to put out, stretch out ♦ *vi* (*venire in fuori*) to stick out; ~**rsi** *vr* to lean out; ~ **querela contro qn** (*DIR*) to take legal action against sb.

'sporsi *etc vb vedi* **sporgere**.

sport *sm inv* sport.

'sporta *sf* shopping bag.

spor'tello *sm* (*di treno, auto etc*) door; (*di banca, ufficio*) window, counter; ~ **automatico** (*BANCA*) cash dispenser, automated telling machine.

spor'tivo, a *ag* (*gara, giornale*) sports *cpd*; (*persona*) sporty; (*abito*) casual; (*spirito, atteggiamento*) sporting ♦ *sm/f* sportsman/ woman; **campo** ~ playing field; **giacca** ~**a** sports (*BRIT*) *o* sport (*US*) jacket.

'sporto, a *pp di* **sporgere**.

'sposa *sf* bride; (*moglie*) wife; **abito** *o* **vestito da** ~ wedding dress.

sposa'lizio [spoza'littsjo] *sm* wedding.

spo'sare *vt* to marry; (*fig: idea, fede*) to espouse; ~**rsi** *vr* to get married, marry; ~**rsi con qn** to marry sb, get married to sb.

spo'sato, a *ag* married.

'sposo *sm* (bride)groom; (*marito*) husband; **gli** ~**i** the newlyweds.

spos'sante *ag* exhausting.

spossa'tezza [spossa'tettsa] *sf* exhaustion.

spos'sato, a *ag* exhausted, weary.

sposta'mento *sm* movement, change of position.

spos'tare *vt* to move, shift; (*cambiare: orario*) to change; ~**rsi** *vr* to move; **hanno spostato la partenza di qualche giorno** they postponed *o* put off their departure by a few days.

spot [spɔt] *sm inv* (*faretto*) spotlight, spot; (*TV*) advert, commercial, ad.

'spranga, ghe *sf* (*sbarra*) bar; (*catenaccio*) bolt.

spran'gare *vt* to bar; to bolt.

spray ['sprai] *sm inv* (*dispositivo, sostanza*) spray ♦ *ag inv* (*bombola, confezione*) spray *cpd*.

'sprazzo ['sprattso] *sm* (*di sole etc*) flash; (*fig: di gioia etc*) burst.

spre'care *vt* to waste; ~**rsi** *vr* (*persona*) to waste one's energy.

'spreco, chi *sm* waste.

spre'gevole [spre'dʒevole] *ag* contemptible, despicable.

'spregio ['spredʒo] *sm* scorn, disdain.

spregiudi'cato, a [spredʒudi'kato] *ag* unprejudiced, unbiased; (*peg*) unscrupulous.

'spremere *vt* to squeeze; ~**rsi le meningi** (*fig*) to rack one's brains.

spre'muta *sf* fresh fruit juice; ~ **d'arancia** fresh orange juice.

sprez'zante [spret'tsante] *ag* scornful, contemptuous.

'sprezzo ['sprettso] *sm* contempt, scorn, disdain.

sprigio'nare [spridʒo'nare] *vt* to give off, emit; ~**rsi** *vr* to emanate; (*uscire con impeto*) to burst out.

spriz'zare [sprit'tsare] *vt, vi* to spurt; ~ **gioia/salute** to be bursting with joy/ health.

sprofon'dare *vi* to sink; (*casa*) to collapse; (*suolo*) to give way, subside; ~**rsi** *vr*: ~**rsi in** (*poltrona*) to sink into; (*fig*) to become immersed *o* absorbed in.

sproloqui'are *vi* to ramble on.

spro'loquio *sm* rambling speech.

spro'nare *vt* to spur (on).

'sprone *sm* (*sperone, fig*) spur.

sproporzio'nato, a [sproportsjo'nato] *ag* disproportionate, out of all proportion.

sproporzi'one [spropor'tsjone] *sf* disproportion.

sproposi'tato, a *ag* (*lettera, discorso*) full of mistakes; (*fig: costo*) excessive, enormous.

spro'posito *sm* blunder; **a** ~ at the wrong time; (*rispondere, parlare*) irrelevantly.

sprovve'duto, a *ag* inexperienced, naïve.

sprov'visto, a *ag* (*mancante*): ~ **di** lacking in, without; **ne siamo** ~**i** (*negozio*) we are out of it (*o* them); **alla** ~**a** unawares.

spruz'zare [sprut'tsare] *vt* (*a nebulizzazione*) to spray; (*aspergere*) to sprinkle; (*inzaccherare*) to splash.

spruzza'tore [spruttsa'tore] *sm* (*per profumi*) spray, atomizer; (*per biancheria*) sprinkler, spray.

'spruzzo ['spruttso] *sm* spray; splash; **verniciatura a** ~ spray painting.

spudora'tezza [spudora'tettsa] *sf* shamelessness.

spudo'rato, a *ag* shameless.

'spugna ['spuɲɲa] *sf* (*ZOOL*) sponge;

(*tessuto*) towelling.

spu'gnoso, a [spuɲ'ɲoso] *ag* spongy.

spulci'are [spul'tʃare] *vt* (*animali*) to rid of fleas; (*fig: testo, compito*) to examine thoroughly.

'spuma *sf* (*schiuma*) foam; (*bibita*) fizzy drink.

spu'mante *sm* sparkling wine.

spumeggi'ante [spumed'dʒante] *ag* (*vino, fig*) sparkling; (*birra, mare*) foaming.

spu'mone *sm* (*CUC*) mousse.

spun'tare *sm*: **allo ~ del sole** at sunrise; **allo ~ del giorno** at daybreak ♦ *vt* (*coltello*) to break the point of; (*capelli*) to trim; (*elenco*) to tick off (*BRIT*), check off (*US*) ♦ *vi* (*uscire: germogli*) to sprout; (: *capelli*) to begin to grow; (: *denti*) to come through; (*apparire*) to appear (suddenly); **~rsi** *vr* to become blunt, lose its point; **spuntarla** (*fig*) to make it, win through.

spun'tino *sm* snack.

'spunto *sm* (*TEAT, MUS*) cue; (*fig*) starting point; **dare lo ~ a** to give rise to; **prendere ~ da qc** to take sth as one's starting point.

spur'gare *vt* (*fogna*) to clean, clear; **~rsi** *vr* (*MED*) to expectorate.

spu'tare *vt* to spit out; (*fig*) to belch (out) ♦ *vi* to spit.

'sputo *sm* spittle *no pl*, spit *no pl*.

sputta'nare *vt* (*fam*) to bad-mouth.

'squadra *sf* (*strumento*) (set) square; (*gruppo*) team, squad; (*di operai*) gang, squad; (*MIL*) squad; (: *AER, NAUT*) squadron; (*SPORT*) team; **lavoro a ~e** teamwork; **~ mobile/del buon costume** (*POLIZIA*) flying/vice squad.

squa'drare *vt* to square, make square; (*osservare*) to look at closely.

squa'driglia [skwa'driʎʎa] *sf* (*AER*) flight; (*NAUT*) squadron.

squa'drone *sm* squadron.

squagli'arsi [skwaʎ'ʎarsi] *vr* to melt; (*fig*) to sneak off.

squa'lifica, che *sf* disqualification.

squalifi'care *vt* to disqualify.

'squallido, a *ag* wretched, bleak.

squal'lore *sm* wretchedness, bleakness.

'squalo *sm* shark.

'squama *sf* scale.

squa'mare *vt* to scale; **~rsi** *vr* to flake *o* peel (off).

squarcia'gola [skwartʃa'gola]: **a ~** *av* at the top of one's voice.

squarci'are [skwar'tʃare] *vt* (*muro, corpo*) to rip open; (*tessuto*) to rip; (*fig: tenebre, silenzio*) to split; (: *nuvole*) to pierce.

'squarcio ['skwartʃo] *sm* (*ferita*) gash; (*in lenzuolo, abito*) rip; (*in un muro*) breach; (*in una nave*) hole; (*brano*) passage, excerpt; **uno ~ di sole** a burst of sunlight.

squar'tare *vt* to quarter, cut up; (*cadavere*) to dismember.

squattri'nato, a *ag* penniless ♦ *sm/f* pauper.

squili'brare *vt* to unbalance.

squili'brato, a *ag* (*PSIC*) unbalanced ♦ *sm/f* deranged person.

squi'librio *sm* (*differenza, sbilancio*) imbalance; (*PSIC*) derangement.

squil'lante *ag* (*suono*) shrill, sharp; (*voce*) shrill.

squil'lare *vi* (*campanello, telefono*) to ring (out); (*tromba*) to blare.

'squillo *sm* ring, ringing *no pl*; blare ♦ *sf inv* (*anche:* **ragazza ~**) call girl.

squi'sito, a *ag* exquisite; (*cibo*) delicious; (*persona*) delightful.

squit'tire *vi* (*uccello*) to squawk; (*topo*) to squeak.

SR *sigla* = Siracusa.

sradi'care *vt* to uproot; (*fig*) to eradicate.

sragio'nare [zradʒo'nare] *vi* to talk nonsense, rave.

sregola'tezza [zregola'tettsa] *sf* (*nel mangiare, bere*) lack of moderation; (*di vita*) dissoluteness, dissipation.

srego'lato, a *ag* (*senza ordine: vita*) disorderly; (*smodato*) immoderate; (*dissoluto*) dissolute.

Sri 'Lanka [sri'lanka] *sm*: **il ~** Sri Lanka.

S.r.l. *abbr vedi* **società a responsabilità limitata.**

sroto'lare *vt*, **~rsi** *vr* to unroll.

SS *sigla* = Sassari.

S.S. *abbr* (*REL*) = Sua Santità; Santa Sede; santi, santissimo; (*AUT*) = **strada statale**; *vedi* **statale.**

S.S.N. *abbr* (= *Servizio Sanitario Nazionale*) ≈ NHS.

sta *etc vb vedi* **stare.**

'stabbio *sm* (*recinto*) pen, fold; (*di maiali*) pigsty; (*letame*) manure.

'stabile *ag* stable, steady; (*tempo: non variabile*) settled; (*TEAT: compagnia*) resident ♦ *sm* (*edificio*) building; **teatro ~** civic theatre.

stabili'mento *sm* (*edificio*) establishment; (*fabbrica*) plant, factory; **~ balneare** bathing establishment; **~ tessile** textile mill.

stabi'lire *vt* to establish; (*fissare: prezzi, data*) to fix; (*decidere*) to decide; **~rsi** *vr* (*prendere dimora*) to settle; **resta stabilito**

che ... it is agreed that ....

stabilità *sf* stability.

stabiliz'zare [stabilid'dzare] *vt* to stabilize.

stabilizza'tore [stabiliddza'tore] *sm* stabilizer; (*fig*) stabilizing force.

stabilizzazi'one [stabiliddzat'tsjone] *sf* stabilization.

stacano'vista, i, e *sm/f* (*ironico*) eager beaver.

stac'care *vt* (*levare*) to detach, remove; (*separare: anche fig*) to separate, divide; (*strappare*) to tear off (o out); (*scandire: parole*) to pronounce clearly; (*SPORT*) to leave behind; ~**rsi** *vr* (*bottone etc*) to come off; (*scostarsi*): ~**rsi** (**da**) to move away (from); (*fig: separarsi*): ~**rsi da** to leave; **non** ~ **gli occhi da qn** not to take one's eyes off sb; ~ **la televisione/il telefono** to disconnect the television/the phone; ~ **un assegno** to write a cheque.

staccio'nata [stattʃo'nata] *sf* (*gen*) fence; (*IPPICA*) hurdle.

'stacco, chi *sm* (*intervallo*) gap; (: *tra due scene*) break; (*differenza*) difference; (*SPORT: nel salto*) takeoff.

sta'dera *sf* lever scales *pl*.

'stadio *sm* (*SPORT*) stadium; (*periodo, fase*) phase, stage.

'staffa *sf* (*di sella, TECN*) stirrup; **perdere le** ~**e** (*fig*) to fly off the handle.

staf'fetta *sf* (*messo*) dispatch rider; (*SPORT*) relay race.

stagflazi'one [stagflat'tsjone] *sf* (*ECON*) stagflation.

stagio'nale [stadʒo'nale] *ag* seasonal ♦ *sm/f* seasonal worker.

stagio'nare [stadʒo'nare] *vt* (*legno*) to season; (*formaggi, vino*) to mature.

stagio'nato, a [stadʒo'nato] *ag* (*vedi vb*) seasoned; matured; (*scherzoso: attempato*) getting on in years.

stagi'one [sta'dʒone] *sf* season; **alta/bassa** ~ high/low season.

stagli'arsi [staʎ'ʎarsi] *vr* to stand out, be silhouetted.

sta'gnante [staɲ'ɲante] *ag* stagnant.

sta'gnare [staɲ'ɲare] *vt* (*vaso, tegame*) to tin-plate; (*barca, botte*) to make watertight; (*sangue*) to stop ♦ *vi* to stagnate.

sta'gnino [staɲ'ɲino] *sm* tinsmith.

'stagno, a ['staɲɲo] *ag* (*a tenuta d'acqua*) watertight; (*a tenuta d'aria*) airtight ♦ *sm* (*acquitrino*) pond; (*CHIM*) tin.

sta'gnola [staɲ'ɲɔla] *sf* tinfoil.

stalag'mite *sf* stalagmite.

stalat'tite *sf* stalactite.

stali'nismo *sm* (*POL*) Stalinism.

'stalla *sf* (*per bovini*) cowshed; (*per cavalli*) stable.

stalli'ere *sm* groom, stableboy.

'stallo *sm* stall, seat; (*SCACCHI*) stalemate; (*AER*) stall; **situazione di** ~ (*fig*) stalemate.

stal'lone *sm* stallion.

sta'mani, stamat'tina *av* this morning.

stam'becco, chi *sm* ibex.

stam'berga, ghe *sf* hovel.

'stampa *sf* (*TIP, FOT: tecnica*) printing; (*impressione, copia fotografica*) print; (*insieme di quotidiani, giornalisti etc*): **la** ~ the press; **andare in** ~ to go to press; **mandare in** ~ to pass for press; **errore di** ~ printing error; **prova di** ~ print sample; **libertà di** ~ freedom of the press; "~**e**" "printed matter".

stam'pante *sf* (*INFORM*) printer; ~ **seriale/termica** serial/thermal printer.

stam'pare *vt* to print; (*pubblicare*) to publish; (*coniare*) to strike, coin; (*imprimere: anche fig*) to impress.

stampa'tello *sm* block letters *pl*.

stam'pato, a *ag* printed ♦ *sm* (*opuscolo*) leaflet; (*modulo*) form; ~**i** *smpl* printed matter *sg*.

stam'pella *sf* crutch.

stampigli'are [stampiʎ'ʎare] *vt* to stamp.

stampiglia'tura [stampiʎʎa'tura] *sf* (*atto*) stamping; (*marchio*) stamp.

'stampo *sm* mould; (*fig: indole*) type, kind, sort.

sta'nare *vt* to drive out.

stan'care *vt* to tire, make tired; (*annoiare*) to bore; (*infastidire*) to annoy; ~**rsi** *vr* to get tired, tire o.s. out; ~**rsi (di)** (*stufarsi*) to grow weary (of), grow tired (of).

stan'chezza [stan'kettsa] *sf* tiredness, fatigue.

'stanco, a, chi, che *ag* tired; ~ **di** tired of, fed up with.

stand [stand] *sm inv* (*in fiera*) stand.

'standard ['standərd] *sm inv* (*livello*) standard.

standardiz'zare [standardid'dzare] *vt* to standardize.

stan'dista, i, e *sm/f* (*in una fiera etc*) person responsible for a stand.

'stanga, ghe *sf* bar; (*di carro*) shaft.

stan'gare *vt* (*fig: cliente*) to overcharge; (: *studente*) to fail.

stan'gata *sf* (*colpo: anche fig*) blow; (*cattivo risultato*) poor result; (*CALCIO*) shot.

stan'ghetta [stan'getta] *sf* (*di occhiali*) leg; (*MUS, di scrittura*) bar.

'stanno *vb vedi* **stare**.

sta'notte *av* tonight; (*notte passata*) last night.

'**stante** *prep* owing to, because of; **a sé** ~ (*appartamento, casa*) independent, separate.

stan'tio, a, 'tii, 'tie *ag* stale; (*burro*) rancid; (*fig*) old.

stan'tuffo *sm* piston.

'**stanza** ['stantsa] *sf* room; (*POESIA*) stanza; **essere di** ~ **a** (*MIL*) to be stationed in; ~ **da bagno** bathroom; ~ **da letto** bedroom.

stanzia'mento [stantsja'mento] *sm* allocation.

stanzi'are [stan'tsjare] *vt* to allocate.

stan'zino [stan'tsino] *sm* (*ripostiglio*) storeroom; (*spogliatoio*) changing room (*BRIT*), locker room (*US*).

stap'pare *vt* to uncork; (*tappo a corona*) to uncap.

star [star] *sf* (*attore, attrice etc*) star.

'**stare** *vi* (*restare in un luogo*) to stay, remain; (*abitare*) to stay, live; (*essere situato*) to be, be situated; (*anche:* ~ **in piedi**) to stand; (*essere, trovarsi*) to be; (*dipendere*): **se stesse in me** if it were up to me, if it depended on me; (*seguito da gerundio*): **sta studiando** he's studying; ~ **per fare qc** to be about to do sth; **starci** (*esserci spazio*): **nel baule non ci sta più niente** there's no more room in the boot; (*accettare*): **ci stai?** is that okay with you?; ~ **a** (*attenersi a*) to follow, stick to; (*seguito dall'infinito*): ~ **a sentire** to listen; **staremo a vedere** let's wait and see; **stiamo a discutere** we're talking; (*toccare a*): **sta a te giocare** it's your turn to play; **sta a te decidere** it's up to you to decide; ~ **a qn** (*abiti etc*) to fit sb; **queste scarpe mi stanno strette** these shoes are tight for me; **il rosso ti sta bene** red suits you; **come stai?** how are you?; **io sto bene/male** I'm very well/not very well; ~ **fermo** to keep *o* stay still; ~ **seduto** to sit, be sitting; ~ **zitto** to keep quiet; **stando così le cose** given the situation; **stando a ciò che dice lui** according to him *o* to his version.

starnaz'zare [starnat'tsare] *vi* to squawk.

starnu'tire *vi* to sneeze.

star'nuto *sm* sneeze.

sta'sera *av* this evening, tonight.

'**stasi** *sf* (*MED, fig*) stasis.

sta'tale *ag* state *cpd*, government *cpd* ♦ *sm/f* state employee; (*nell'amministrazione*) ≈ civil servant; **bilancio** ~ national budget; **strada** ~ ≈ trunk (*BRIT*) *o* main road.

stataliz'zare [statalid'dzare] *vt* to nationalize, put under state control.

'**statico, a, ci, che** *ag* (*ELETTR, fig*) static.

sta'tista, i *sm* statesman.

sta'tistico, a, ci, che *ag* statistical ♦ *sf* statistic; (*scienza*) statistics *sg*; **fare una** ~**a** to carry out a statistical examination.

'**stato, a** *pp di* **essere, stare** ♦ *sm* (*condizione*) state, condition; (*POL*) state; (*DIR*) status; **essere in** ~ **d'accusa** (*DIR*) to be committed for trial; **essere in** ~ **d'arresto** (*DIR*) to be under arrest; **essere in** ~ **interessante** to be pregnant; ~ **d'assedio/d'emergenza** state of siege/emergency; ~ **civile** (*AMM*) marital status; ~ **di famiglia** (*AMM*) *certificate giving details of a household and its dependents*; ~ **maggiore** (*MIL*) general staff; ~ **patrimoniale** (*COMM*) statement of assets and liabilities; **gli S~i Uniti (d'America)** the United States (of America).

'**statua** *sf* statue.

statuni'tense *ag* United States *cpd*, of the United States.

sta'tura *sf* (*ANAT*) height; (*fig*) stature; **essere alto/basso di** ~ to be tall/short *o* small.

sta'tuto *sm* (*DIR*) statute; **regione a** ~ **speciale** *Italian region with political autonomy in certain matters*; ~ **della società** (*COMM*) articles *pl* of association.

sta'volta *av* this time.

staziona'mento [stattsjona'mento] *sm* (*AUT*) parking; (*: sosta*) waiting; **freno di** ~ handbrake.

stazio'nare [stattsjo'nare] *vi* (*veicoli*) to be parked.

stazio'nario, a [stattsjo'narjo] *ag* stationary; (*fig*) unchanged.

stazi'one [stat'tsjone] *sf* station; (*balneare, invernale etc*) resort; ~ **degli autobus** bus station; ~ **balneare** seaside resort; ~ **climatica** health resort; ~ **ferroviaria** railway (*BRIT*) *o* railroad (*US*) station; ~ **invernale** winter sports resort; ~ **di lavoro** work station; ~ **di polizia** police station (*in small town*); ~ **di servizio** service *o* petrol (*BRIT*) *o* filling station; ~ **termale** spa.

'**stazza** ['stattsa] *sf* tonnage.

st. civ. *abbr* = **stato civile**.

'**stecca, che** *sf* stick; (*di ombrello*) rib; (*di sigarette*) carton; (*MED*) splint; (*stonatura*): **fare una** ~ to sing (*o* play) a wrong note.

stec'cato *sm* fence.

stec'chito, a [stek'kito] *ag* dried up; (*persona*) skinny; **lasciar** ~ **qn** (*fig*) to leave sb flabbergasted; **morto** ~ stone dead.

'**stella** *sf* star; ~ **alpina** (*BOT*) edelweiss; ~ **cadente** *o* **filante** shooting star; ~ **di mare**

(*ZOOL*) starfish.
stel'lato, a *ag* (*cielo, notte*) starry.
'stelo *sm* stem; (*asta*) rod; **lampada a ~** standard lamp (*BRIT*), floor lamp.
'stemma, i *sm* coat of arms.
'stemmo *vb vedi* **stare**.
stempe'rare *vt* (*calce, colore*) to dissolve.
stempi'ato, a *ag* with a receding hairline.
stempia'tura *sf* receding hairline.
sten'dardo *sm* standard.
'stendere *vt* (*braccia, gambe*) to stretch (out); (*tovaglia*) to spread (out); (*bucato*) to hang out; (*mettere a giacere*) to lay (down); (*spalmare: colore*) to spread; (*mettere per iscritto*) to draw up; **~rsi** *vr* (*coricarsi*) to stretch out, lie down; (*estendersi*) to extend, stretch.
stendibianche'ria [stendibjanke'ria] *sm inv* clotheshorse.
stendi'toio *sm* (*locale*) drying room; (*stendibiancheria*) clotheshorse.
stenodattilogra'fia *sf* shorthand typing (*BRIT*), stenography (*US*).
stenodatti'lografo, a *sm/f* shorthand typist (*BRIT*), stenographer (*US*).
stenogra'fare *vt* to take down in shorthand.
stenogra'fia *sf* shorthand.
ste'nografo, a *sm/f* stenographer.
sten'tare *vi*: **~ a fare** to find it hard to do, have difficulty doing.
sten'tato, a *ag* (*compito, stile*) laboured (*BRIT*), labored (*US*); (*sorriso*) forced.
'stento *sm* (*fatica*) difficulty; **~i** *smpl* (*privazioni*) hardship *sg*, privation *sg*; **a ~** *av* with difficulty, barely.
'steppa *sf* steppe.
'sterco *sm* dung.
stereofo'nia *sf* stereophony.
'stereo('fonico, a, ci, che) *ag* stereo(phonic).
stereoti'pato, a *ag* stereotyped.
stere'otipo *sm* stereotype; **pensare per ~i** to think in clichés.
'sterile *ag* sterile; (*terra*) barren; (*fig*) futile, fruitless.
sterilità *sf* sterility.
sterili'zzare [sterilid'dzare] *vt* to sterilize.
sterilizzazi'one [steriliddzat'tsjone] *sf* sterilization.
ster'lina *sf* pound (sterling).
stermi'nare *vt* to exterminate, wipe out.
stermi'nato, a *ag* immense, endless.
ster'minio *sm* extermination, destruction; **campo di ~** death camp.
'sterno *sm* (*ANAT*) breastbone.
ster'paglia [ster'paʎʎa] *sf* brushwood.
'sterpo *sm* dry twig.

ster'rare *vt* to excavate.
ster'zare [ster'tsare] *vt*, *vi* (*AUT*) to steer.
'sterzo ['stɛrtso] *sm* steering; (*volante*) steering wheel.
'steso, a *pp di* **stendere**.
'stessi *etc vb vedi* **stare**.
'stesso, a *ag* same; (*rafforzativo: in persona, proprio*): **il re ~** the king himself *o* in person ♦ *pron*: **lo(la) ~(a)** the same (one); **quello ~ giorno** that very day; **i suoi ~i avversari lo ammirano** even his enemies admire him; **fa lo ~** it doesn't matter; **parto lo ~** I'm going all the same; **per me è lo ~** it's all the same to me, it doesn't matter to me; *vedi* **io, tu** *etc*.
ste'sura *sf* (*azione*) drafting *no pl*, drawing up *no pl*; (*documento*) draft.
stetos'copio *sm* stethoscope.
'stetti *etc vb vedi* **stare**.
'stia *sf* hutch.
'stia *etc vb vedi* **stare**.
'stigma, i *sm* stigma.
'stigmate *sfpl* (*REL*) stigmata.
sti'lare *vt* to draw up, draft.
'stile *sm* style; (*classe*) style, class; (*SPORT*): **~ libero** freestyle; **mobili in ~** period furniture; **in grande ~** in great style; **è proprio nel suo ~** (*fig*) it's just like him.
sti'lismo *sm* concern for style.
sti'lista, i, e *sm/f* designer.
sti'listico, a, ci, che *ag* stylistic.
stiliz'zato, a [stilid'dzato] *ag* stylized.
stil'lare *vi* (*trasudare*) to ooze; (*gocciolare*) to drip.
stilli'cidio [stilli'tʃidjo] *sm* (*fig*) continual pestering (*o moaning etc*).
stilo'grafica, che *sf* (*anche*: **penna ~**) fountain pen.
Stim. *abbr* = **stimata**.
'stima *sf* esteem; valuation; assessment, estimate; **avere ~ di qn** to have respect for sb; **godere della ~ di qn** to enjoy sb's respect; **fare la ~ di qc** to estimate the value of sth.
sti'mare *vt* (*persona*) to esteem, hold in high regard; (*terreno, casa etc*) to value; (*stabilire in misura approssimativa*) to estimate, assess; (*ritenere*): **~ che** to consider that; **~rsi fortunato** to consider o.s. (to be) lucky.
Stim.ma *abbr* = **stimatissima**.
stimo'lante *ag* stimulating ♦ *sm* (*MED*) stimulant.
stimo'lare *vt* to stimulate; (*incitare*): **~ qn (a fare)** to spur sb on (to do).
stimolazi'one [stimolat'tsjone] *sf* stimulation.
'stimolo *sm* (*anche fig*) stimulus.

'**stinco, chi** *sm* shin; shinbone.

'**stingere** ['stindʒere] *vt, vi* (*anche*: ~**rsi**) to fade.

'**stinto, a** *pp di* **stingere**.

sti'**pare** *vt* to cram, pack; ~**rsi** *vr* (*accalcarsi*) to crowd, throng.

stipendi'**are** *vt* (*pagare*) to pay (a salary to).

stipendi'**ato, a** *ag* salaried ♦ *sm/f* salaried worker.

sti'**pendio** *sm* salary.

'**stipite** *sm* (*di porta, finestra*) jamb.

stipu'**lare** *vt* (*redigere*) to draw up.

stipulazi'**one** [stipulat'tsjone] *sf* (*di contratto*: *stesura*) drafting; (: *firma*) signing.

stiracchi'**are** [stirak'kjare] *vt* (*fig*: *significato di una parola*) to stretch, force; ~**rsi** *vr* (*persona*) to stretch.

stira'**mento** *sm* (*MED*) sprain.

sti'**rare** *vt* (*abito*) to iron; (*distendere*) to stretch; (*strappare*: *muscolo*) to strain; ~**rsi** *vr* (*fam*) to stretch (o.s.).

stira'**tura** *sf* ironing.

'**stirpe** *sf* birth, stock; descendants *pl*.

stiti'**chezza** [stiti'kettsa] *sf* constipation.

'**stitico, a, ci, che** *ag* constipated.

'**stiva** *sf* (*di nave*) hold.

sti'**vale** *sm* boot.

stiva'**letto** *sm* ankle boot.

sti'**vare** *vt* to stow, load.

'**stizza** ['stittsa] *sf* anger, vexation.

stiz'**zire** [stit'tsire] *vt* to irritate ♦ *vi*, ~**rsi** *vr* to become irritated, become vexed.

stiz'**zoso, a** [stit'tsoso] *ag* (*persona*) quick-tempered, irascible; (*risposta*) angry.

stocca'**fisso** *sm* stockfish, dried cod.

Stoc'**carda** *sf* Stuttgart.

stoc'**cata** *sf* (*colpo*) stab, thrust; (*fig*) gibe, cutting remark.

Stoc'**colma** *sf* Stockholm.

stock [stɔk] *sm inv* (*COMM*) stock.

'**stoffa** *sf* material, fabric; (*fig*): **aver la ~ di** to have the makings of; **avere della ~** to have what it takes.

stoi'**cismo** [stoi'tʃizmo] *sm* stoicism.

'**stoico, a, ci, che** *ag* stoic(al).

sto'**ino** *sm* doormat.

'**stola** *sf* stole.

stol'**tezza** [stol'tettsa] *sf* stupidity; (*azione*) foolish action.

'**stolto, a** *ag* stupid, foolish.

'**stomaco, chi** *sm* stomach; **dare di ~** to vomit, be sick.

sto'**nare** *vt* to sing (*o* play) out of tune ♦ *vi* to be out of tune, sing (*o* play) out of tune; (*fig*) to be out of place, jar; (: *colori*) to clash.

sto'**nato, a** *ag* (*persona*) off-key; (*strumento*) off-key, out of tune.

stona'**tura** *sf* (*suono*) false note.

stop *sm inv* (*TELEGRAFIA*) stop; (*AUT*: *cartello*) stop sign; (: *fanalino d'arresto*) brake-light (*BRIT*), stoplight.

'**stoppa** *sf* tow.

'**stoppia** *sf* (*AGR*) stubble.

stop'**pino** *sm* (*di candela*) wick; (*miccia*) fuse.

'**storcere** ['stortʃere] *vt* to twist; ~**rsi** *vr* to writhe, twist; ~ **il naso** (*fig*) to turn up one's nose; ~**rsi la caviglia** to twist one's ankle.

stordi'**mento** *sm* (*gen*) dizziness; (*da droga*) stupefaction.

stor'**dire** *vt* (*intontire*) to stun, daze; ~**rsi** *vr*: ~**rsi col bere** to dull one's senses with drink.

stor'**dito, a** *ag* stunned; (*sventato*) scatterbrained, heedless.

'**storia** *sf* (*scienza, avvenimenti*) history; (*racconto, bugia*) story; (*faccenda, questione*) business *no pl*; (*pretesto*) excuse, pretext; ~**e** *sfpl* (*smancerie*) fuss *sg*; **passare alla ~** to go down in history; **non ha fatto ~e** he didn't make a fuss.

storicità [storitʃi'ta] *sf* historical authenticity.

'**storico, a, ci, che** *ag* historic(al) ♦ *sm/f* historian.

storiogra'**fia** *sf* historiography.

stori'**one** *sm* (*ZOOL*) sturgeon.

stor'**mire** *vi* to rustle.

'**stormo** *sm* (*di uccelli*) flock.

stor'**nare** *vt* (*COMM*) to transfer.

stor'**nello** *sm* kind of folk song.

'**storno** *sm* starling.

storpi'**are** *vt* to cripple, maim; (*fig*: *parole*) to mangle; (: *significato*) to twist.

storpia'**tura** *sf* (*fig*: *di parola*) twisting, distortion.

'**storpio, a** *ag* crippled, maimed.

'**storsi** *etc vb vedi* **storcere**.

'**storto, a** *pp di* **storcere** ♦ *ag* (*chiodo*) twisted, bent; (*gamba, quadro*) crooked; (*fig*: *ragionamento*) false, wrong ♦ *sf* (*distorsione*) sprain, twist; (*recipiente*) retort ♦ *av*: **guardare ~ qn** (*fig*) to look askance at sb; **andar ~** to go wrong.

sto'**viglie** [sto'viʎʎe] *sfpl* dishes *pl*, crockery.

str. *abbr* (*GEO*) = **stretto**.

'**strabico, a, ci, che** *ag* squint-eyed; (*occhi*) squint.

strabili'**ante** *ag* astonishing, amazing.

strabili'**are** *vi* to astonish, amaze.

stra'**bismo** *sm* squinting.

strabuz'zare [strabud'dzare] *vt:* ~ **gli occhi** to open one's eyes wide.

stra'carico, a, chi, che *ag* overloaded.

strac'chino [strak'kino] *sm type of soft cheese.*

stracci'are [strat'tʃare] *vt* to tear.

'straccio, a, ci, ce ['strattʃo] *ag:* **carta** ~**a** waste paper ♦ *sm* rag; (*per pulire*) cloth, duster.

stracci'one, a [strat'tʃone] *sm/f* ragamuffin.

stracci'vendolo [strattʃi'vendolo] *sm* ragman.

'stracco, a, chi, che *ag:* ~ **(morto)** exhausted, dead tired.

stra'cotto, a *ag* overcooked ♦ *sm* (*CUC*) beef stew.

'strada *sf* road; (*di città*) street; (*cammino, via, fig*) way; ~ **facendo** on the way; **tre ore di** ~ **(a piedi)/(in macchina)** three hours' walk/drive; **essere sulla buona** ~ (*nella vita*) to be on the right road *o* path; (*con indagine etc*) to be on the right track; **essere fuori** ~ (*fig*) to be on the wrong track; **fare** ~ **a qn** to show sb the way; **fare** *o* **farsi** ~ (*fig: persona*) to get on in life; **portare qn sulla cattiva** ~ to lead sb astray; **donna di** ~ (*fig peg*) streetwalker; **ragazzo di** ~ (*fig peg*) street urchin; ~ **ferrata** railway (*BRIT*), railroad (*US*); ~ **principale** main road; ~ **senza uscita** dead end, cul-de-sac.

stra'dale *ag* road *cpd*; (*polizia, regolamento*) traffic *cpd*.

stra'dario *sm* street guide.

stra'dino *sm* road worker.

strafalci'one [strafal'tʃone] *sm* blunder, howler.

stra'fare *vi* to overdo it.

stra'fatto, a *pp di* strafare.

stra'foro : di ~ *av* (*di nascosto*) on the sly.

strafot'tente *ag:* **è** ~ he doesn't give a damn, he couldn't care less.

strafot'tenza [strafot'tɛntsa] *sf* arrogance.

'strage ['stradʒe] *sf* massacre, slaughter.

stra'grande *ag:* **la** ~ **maggioranza** the overwhelming majority.

stralci'are [stral'tʃare] *vt* to remove.

'stralcio ['straltʃo] *sm* (*COMM*): **vendere in** ~ to sell off (at bargain prices) ♦ *ag inv*: **legge** ~ abridged version of an act.

stralu'nato, a *ag* (*occhi*) rolling; (*persona*) beside o.s., very upset.

stramaz'zare [stramat'tsare] *vi* to fall heavily.

strambe'ria *sf* eccentricity.

'strambo, a *ag* strange, queer.

strampa'lato, a *ag* odd, eccentric.

strana'mente *av* oddly, strangely; **e lui,** ~, **ha accettato** and, surprisingly, he agreed.

stra'nezza [stra'nettsa] *sf* strangeness.

strango'lare *vt* to strangle; ~**rsi** *vr* to choke.

strani'ero, a *ag* foreign ♦ *sm/f* foreigner.

stra'nito, a *ag* dazed.

'strano, a *ag* strange, odd.

straordi'nario, a *ag* extraordinary; (*treno etc*) special ♦ *sm* (*lavoro*) overtime.

strapaz'zare [strapat'tsare] *vt* to ill-treat; ~**rsi** *vr* to tire o.s. out, overdo things.

strapaz'zato, a [strapat'tsato] *ag:* **uova** ~**e** scrambled eggs.

stra'pazzo [stra'pattso] *sm* strain, fatigue; **da** ~ (*fig*) third-rate.

strapi'eno, a *ag* full to overflowing.

strapi'ombo *sm* overhanging rock; **a** ~ overhanging.

strapo'tere *sm* excessive power.

strappa'lacrime *ag inv* (*fam*): **romanzo** (*o* **film** *etc*) ~ tear-jerker.

strap'pare *vt* (*gen*) to tear, rip; (*pagina etc*) to tear off, tear out; (*sradicare*) to pull up; (*togliere*): ~ **qc a qn** to snatch sth from sb; (*fig*) to wrest sth from sb; ~**rsi** *vr* (*lacerarsi*) to rip, tear; (*rompersi*) to break; ~**rsi un muscolo** to tear a muscle.

strap'pato, a *ag* torn, ripped.

'strappo *sm* (*strattone*) pull, tug; (*lacerazione*) tear, rip; (*fig fam: passaggio*) lift (*BRIT*), ride (*US*); **fare uno** ~ **alla regola** to make an exception to the rule; ~ **muscolare** torn muscle.

strapun'tino *sm* jump *o* foldaway seat.

strari'pare *vi* to overflow.

Stras'burgo *sf* Strasbourg.

strasci'care [straʃʃi'kare] *vt* to trail; (*piedi*) to drag; ~ **le parole** to drawl.

'strascico, chi ['straʃʃiko] *sm* (*di abito*) train; (*conseguenza*) after-effect.

strata'gemma, i [strata'dʒɛmma] *sm* stratagem.

stra'tega, ghi *sm* strategist.

strate'gia, 'gie [strate'dʒia] *sf* strategy.

stra'tegico, a, ci, che [stra'tɛdʒiko] *ag* strategic.

'strato *sm* layer; (*rivestimento*) coat, coating; (*GEO, fig*) stratum; (*METEOR*) stratus.

stratos'fera *sf* stratosphere.

strat'tone *sm* tug, jerk; **dare uno** ~ **a qc** to tug *o* jerk sth, give sth a tug *o* jerk.

stravac'cato, a *ag* sprawling.

strava'gante *ag* odd, eccentric.

strava'ganza [strava'gantsa] *sf* eccentricity.

stra'vecchio, a [stra'vɛkkjo] *ag* very old.

strave'dere *vi:* ~ **per qn** to dote on sb.

stra'visto, a *pp di* **stravedere.**

stra'vizio [stra'vittsjo] *sm* excess.

stra'volgere [stra'vɔldʒere] *vt* (*volto*) to contort; (*fig: animo*) to trouble deeply; (: *verità*) to twist, distort.

stra'volto, a *pp di* **stravolgere** ♦ *ag* (*persona: per stanchezza etc*) in a terrible state; (: *per sofferenza*) distraught.

strazi'ante [strat'tsjante] *ag* (*scena*) harrowing; (*urlo*) bloodcurdling; (*dolore*) excruciating.

strazi'are [strat'tsjare] *vt* to torture, torment.

'strazio ['strattsjo] *sm* torture; (*fig: cosa fatta male*): **essere uno** ~ to be appalling; **fare** ~ **di** (*corpo, vittima*) to mutilate.

'strega, ghe *sf* witch.

stre'gare *vt* to bewitch.

stre'gone *sm* (*mago*) wizard; (*di tribù*) witch doctor.

stregone'ria *sf* (*pratica*) witchcraft; **fare una** ~ to cast a spell.

'stregua *sf:* **alla** ~ **di** by the same standard as.

stre'mare *vt* to exhaust.

'stremo *sm:* **essere allo** ~ to be at the end of one's tether.

'strenna *sf:* ~ **natalizia** (*regalo*) Christmas present; (*libro*) *book published for the Christmas market.*

'strenuo, a *ag* brave, courageous.

strepi'tare *vi* to yell and shout.

'strepito *sm* (*di voci, folla*) clamour (*BRIT*), clamor (*US*); (*di catene*) clanking, rattling.

strepi'toso, a *ag* clamorous, deafening; (*fig: successo*) resounding.

stres'sante *ag* stressful.

stres'sare *vt* to put under stress.

stres'sato, a *ag* under stress.

'stretta *sf vedi* **stretto.**

stretta'mente *av* tightly; (*rigorosamente*) strictly.

stret'tezza [stret'tettsa] *sf* narrowness; ~**e** *sfpl* (*povertà*) poverty *sg*, straitened circumstances.

'stretto, a *pp di* **stringere** ♦ *ag* (*corridoio, limiti*) narrow; (*gonna, scarpe, nodo, curva*) tight; (*intimo: parente, amico*) close; (*rigoroso: osservanza*) strict; (*preciso: significato*) precise, exact ♦ *sm* (*braccio di mare*) strait ♦ *sf* (*di mano*) grasp; (*finanziaria*) squeeze; (*fig: dolore, turbamento*) pang; **a denti** ~**i** with clenched teeth; **lo** ~ **necessario** the bare minimum; **una** ~**a di mano** a handshake; **una** ~**a al cuore** a sudden sadness; **essere alle** ~**e** to have one's back to the wall.

stret'toia *sf* bottleneck; (*fig*) tricky situation.

stri'ato, a *ag* streaked.

stria'tura *sf* (*atto*) streaking; (*effetto*) streaks *pl*.

stric'nina *sf* strychnine.

'strida *sfpl* screaming *sg*.

stri'dente *ag* strident.

'stridere *vi* (*porta*) to squeak; (*animale*) to screech, shriek; (*colori*) to clash.

'strido, *pl*(*f*) **strida** *sm* screech, shriek.

stri'dore *sm* screeching, shrieking.

'stridulo, a *ag* shrill.

'striglia ['striʎʎa] *sf* currycomb.

strigli'are [striʎ'ʎare] *vt* (*cavallo*) to curry.

strigli'ata [striʎ'ʎata] *sf* (*di cavallo*) currying; (*fig*): **dare una** ~ **a qn** to give sb a scolding.

stril'lare *vt, vi* to scream, shriek.

'strillo *sm* scream, shriek.

stril'lone *sm* newspaper seller.

strimin'zito, a [strimin'tsito] *ag* (*misero*) shabby; (*molto magro*) skinny.

strimpel'lare *vt* (*MUS*) to strum.

'stringa, ghe *sf* lace; (*INFORM*) string.

strin'gare *vt* (*fig: discorso*) to condense.

strin'gato, a *ag* (*fig*) concise.

'stringere ['strindʒere] *vt* (*avvicinare due cose*) to press (together), squeeze (together); (*tenere stretto*) to hold tight, clasp, clutch; (*pugno, mascella, denti*) to clench; (*labbra*) to compress; (*avvitare*) to tighten; (*abito*) to take in; (*sog: scarpe*) to pinch, be tight for; (*fig: concludere: patto*) to make; (: *accelerare: passo*) to quicken ♦ *vi* (*incalzare*) to be pressing; ~**rsi** *vr* (*accostarsi*): ~**rsi a** to press o.s. up against; ~ **la mano a qn** to shake sb's hand; ~ **gli occhi** to screw up one's eyes; ~ **amicizia con qn** to make friends with sb; **stringi stringi** in conclusion; **il tempo stringe** time is short.

'strinsi *etc vb vedi* **stringere.**

'striscia, sce ['striʃʃa] *sf* (*di carta, tessuto etc*) strip; (*riga*) stripe; ~**sce** (**pedonali**) zebra crossing *sg*; **a** ~**sce** striped.

strisci'ante [striʃ'ʃante] *ag* (*fig peg*) unctuous; (*ECON: inflazione*) creeping.

strisci'are [striʃ'ʃare] *vt* (*piedi*) to drag; (*muro, macchina*) to graze ♦ *vi* to crawl, creep.

'striscio ['striʃʃo] *sm* graze; (*MED*) smear; **colpire di** ~ to graze.

strisci'one [striʃ'ʃone] *sm* banner.

strito'lare *vt* to grind.

striz'zare [strit'tsare] *vt* (*arancia*) to squeeze; (*panni*) to wring (out); ~ **l'occhio** to wink.

striz'zata [strit'tsata] *sf*: **dare una ~ a qc** to give sth a wring; **una ~ d'occhio** a wink.
'strofa *sf*, **'strofe** *sf inv* strophe.
strofi'naccio [strofi'nattʃo] *sm* duster, cloth; (*per piatti*) dishcloth; (*per pavimenti*) floorcloth.
strofi'nare *vt* to rub.
stron'care *vt* to break off; (*fig: ribellione*) to suppress, put down; (: *film, libro*) to tear to pieces.
'stronzo ['strontso] *sm* (*sterco*) turd; (*fig fam!: persona*) shit (*!*).
stropicci'are [stropit'tʃare] *vt* to rub.
stroz'zare [strot'tsare] *vt* (*soffocare*) to choke, strangle; **~rsi** *vr* to choke.
strozza'tura [strottsa'tura] *sf* (*restringimento*) narrowing; (*di strada etc*) bottleneck.
stroz'zino, a [strot'tsino] *sm/f* (*usuraio*) usurer; (*fig*) shark.
struc'care *vt* to remove make-up from; **~rsi** *vr* to remove one's make-up.
'struggere ['struddʒere] *vt* (*fig*) to consume; **~rsi** *vr* (*fig*): **~rsi di** to be consumed with.
struggi'mento [struddʒi'mento] *sm* (*desiderio*) yearning.
strumen'tale *ag* (*MUS*) instrumental.
strumentaliz'zare [strumentalid'dzare] *vt* to exploit, use to one's own ends.
strumentalizzazi'one [strumentaliddzat'tsjone] *sf* exploitation.
strumentazi'one [strumentat'tsjone] *sf* (*MUS*) orchestration; (*TECN*) instrumentation.
stru'mento *sm* (*arnese, fig*) instrument, tool; (*MUS*) instrument; **~ a corda** *o* **ad arco/a fiato** string(ed)/wind instrument.
'strussi *etc vb vedi* **struggere**.
'strutto *sm* lard.
strut'tura *sf* structure.
struttu'rare *vt* to structure.
'struzzo ['struttso] *sm* ostrich; **fare lo ~, fare la politica dello ~** to bury one's head in the sand.
stuc'care *vt* (*muro*) to plaster; (*vetro*) to putty; (*decorare con stucchi*) to stucco.
stucca'tore, 'trice *sm/f* plasterer; (*artista*) stucco worker.
stuc'chevole [stuk'kevole] *ag* nauseating; (*fig*) tedious, boring.
'stucco, chi *sm* plaster; (*da vetri*) putty; (*ornamentale*) stucco; **rimanere di ~** (*fig*) to be dumbfounded.
stu'dente, 'essa *sm/f* student; (*scolaro*) pupil, schoolboy/girl.
studen'tesco, a, schi, sche *ag* student *cpd*.
studi'are *vt* to study; **~rsi** *vr* (*sforzarsi*): **~rsi**

di fare to try *o* endeavour (*BRIT*) *o* endeavor (*US*) to do.
studi'ato, a *ag* (*modi, sorriso*) affected.
'studio *sm* studying; (*ricerca, saggio, stanza*) study; (*di professionista*) office; (*di artista, CINE, TV, RADIO*) studio; (*di medico*) surgery (*BRIT*), office (*US*); **~i** *smpl* (*INS*) studies; **alla fine degli ~i** at the end of one's course (of studies); **secondo recenti ~i, appare che ...** recent research indicates that ...; **la proposta è allo ~** the proposal is under consideration; **~ legale** lawyer's office.
studi'oso, a *ag* studious, hardworking ♦ *sm/f* scholar.
'stufa *sf* stove; **~ elettrica** electric fire *o* heater; **~ a legna/carbone** wood-burning/coal stove.
stu'fare *vt* (*CUC*) to stew; (*fig fam*) to bore.
stu'fato *sm* (*CUC*) stew.
'stufo, a *ag* (*fam*): **essere ~ di** to be fed up with, be sick and tired of.
stu'oia *sf* mat.
stu'olo *sm* crowd, host.
stupefa'cente [stupefa'tʃɛnte] *ag* stunning, astounding ♦ *sm* drug, narcotic.
stupe'fare *vt* to stun, astound.
stupe'fatto, a *pp di* **stupefare**.
stupefazi'one [stupefat'tsjone] *sf* astonishment.
stu'pendo, a *ag* marvellous, wonderful.
stupi'daggine [stupi'daddʒine] *sf* stupid thing (to do *o* say).
stupidità *sf* stupidity.
'stupido, a *ag* stupid.
stu'pire *vt* to amaze, stun ♦ *vi* (*anche*: **~rsi**): **~ (di)** to be amazed (at), be stunned (by); **non c'è da ~rsi** that's not surprising.
stu'pore *sm* amazement, astonishment.
stu'prare *vt* to rape.
stupra'tore *sm* rapist.
'stupro *sm* rape.
stu'rare *vt* (*lavandino*) to clear.
stuzzica'denti [stuttsika'dɛnti] *sm* toothpick.
stuzzi'cante [stuttsi'kante] *ag* (*gen*) stimulating; (*appetitoso*) appetizing.
stuzzi'care [stuttsi'kare] *vt* (*ferita etc*) to poke (at), prod (at); (*fig*) to tease; (: *appetito*) to whet; (: *curiosità*) to stimulate; **~ i denti** to pick one's teeth.

================= *PAROLA CHIAVE*

su (*su* + *il* = **sul**, *su* + *lo* = **sullo**, *su* + *l'* = **sull'**, *su* + *la* = **sulla**, *su* + *i* = **sui**, *su* + *gli* = **sugli**, *su* + *le* = **sulle**) *prep* **1** (*gen*) on; (*moto*) on(to); (*in cima a*) on (top of); **mettilo sul tavolo** put it on the table;

salire sul treno to get on the train; **un paesino sul mare** a village by the sea; **è sulla destra** it's on the right; **cento metri sul livello del mare** a hundred metres above sea level; **fecero rotta ~ Palermo** they set out for Palermo; **sul vestito portava un golf rosso** she was wearing a red sweater over her dress

2 (*argomento*) about, on; **un libro ~ Cesare** a book on *o* about Caesar

3 (*circa*) about; **costerà sui 3 milioni** it will cost about 3 million; **una ragazza sui 17 anni** a girl of about 17 (years of age)

4: **~ misura** made to measure; **~ ordinazione** to order; **~ richiesta** on request; **3 casi ~ dieci** 3 cases out of 10

♦ *av* **1** (*in alto, verso l'alto*) up; **vieni ~ come** on up; **guarda ~** look up; **andare ~ e giù** to go up and down; **~ le mani!** hands up!; **in ~** (*verso l'alto*) up(wards); (*in poi*) onwards; **vieni ~ da me?** are you going to come up?; **dai 20 anni in ~** from the age of 20 onwards

2 (*addosso*) on; **cos'hai ~?** what have you got on?

♦ *escl* come on!; **~ avanti, muoviti!** come on, hurry up!; **~ coraggio!** come on, cheer up!

'sua *vedi* **suo.**

sua'dente *ag* persuasive.

sub *sm/f inv* skin-diver.

su'bacqueo, a *ag* underwater ♦ *sm* skin-diver.

subaffit'tare *vt* to sublet.

subaf'fitto *sm* (*contratto*) sublet.

subal'terno, a *ag, sm* subordinate; (*MIL*) subaltern.

subappal'tare *vt* to subcontract.

subap'palto *sm* subcontract.

sub'buglio [sub'buʎʎo] *sm* confusion, turmoil; **essere/mettere in ~** to be in/ throw into a turmoil.

sub'conscio, a [sub'kɔnʃo], **subcosci'ente** [subkoʃ'ʃɛnte] *ag, sm* subconscious.

'subdolo, a *ag* underhand, sneaky.

suben'trare *vi*: **~ a qn in qc** to take over sth from sb; **sono subentrati altri problemi** other problems arose.

su'bire *vt* to suffer, endure.

subis'sare *vt* (*fig*): **~ di** to overwhelm with, load with.

subi'taneo, a *ag* sudden.

'subito *av* immediately, at once, straight away.

subli'mare *vt* (*PSIC*) to sublimate; (*CHIM*) to sublime.

su'blime *ag* sublime.

sublo'care *vt* to sublease.

sublocazi'one [sublokat'tsjone] *sf* sublease.

subnor'male *ag* subnormal ♦ *sm/f* mentally handicapped person.

subodo'rare *vt* (*insidia etc*) to smell, suspect.

subordi'nare *vt* to subordinate.

subordi'nato, a *ag* subordinate; (*dipendente*): **~ a** dependent on, subject to.

subordinazi'one [subordinat'tsjone] *sf* subordination.

su'bordine *sm*: **in ~** secondarily.

subur'bano, a *ag* suburban.

succe'daneo [suttʃe'daneo] *sm* substitute.

suc'cedere [sut'tʃedere] *vi* (*prendere il posto di qn*): **~ a** to succeed; (*venire dopo*): **~ a** to follow; (*accadere*) to happen; **~rsi** *vr* to follow each other; **~ al trono** to succeed to the throne; **sono cose che succedono** these things happen.

successi'one [suttʃes'sjone] *sf* succession; **tassa di ~** death duty (*BRIT*), inheritance tax (*US*).

successiva'mente [suttʃessiva'mente] *av* subsequently.

succes'sivo, a [suttʃes'sivo] *ag* successive; **il giorno ~** the following day; **in un momento ~** subsequently.

suc'cesso, a [sut'tʃesso] *pp di* **succedere** ♦ *sm* (*esito*) outcome; (*buona riuscita*) success; **di ~** (*libro, personaggio*) successful; **avere ~** (*persona*) to be successful; (*idea*) to be well received.

succes'sore [suttʃes'sore] *sm* successor.

succhi'are [suk'kjare] *vt* to suck (up).

succhi'otto [suk'kjɔtto] *sm* dummy (*BRIT*), pacifier (*US*), comforter (*US*).

suc'cinto, a [sut'tʃinto] *ag* (*discorso*) succinct; (*abito*) brief.

'succo, chi *sm* juice; (*fig*) essence, gist; **~ di frutta/pomodoro** fruit/tomato juice.

suc'coso, a *ag* juicy; (*fig*) pithy.

'succube *sm/f* victim; **essere ~ di qn** to be dominated by sb.

succur'sale *sf* branch (office).

sud *sm* south ♦ *ag inv* south; (*regione*) southern; **verso ~** south, southwards; **l'Italia del S~** Southern Italy; **l'America del S~** South America.

Su'dafrica *sm*: **il ~** South Africa.

sudafri'cano, a *ag, sm/f* South African.

Suda'merica *sm*: **il ~** South America.

sudameri'cano, a *ag, sm/f* South American.

Su'dan *sm*: **il ~** (the) Sudan.

suda'nese *ag, sm/f* Sudanese *inv*.

su'dare *vi* to perspire, sweat; **~ freddo** to

come out in a cold sweat.

su'dato, a *ag* (*persona, mani*) sweaty; (*fig:*
denaro) hard-earned ♦ *sf* (*anche fig*) sweat;
una vittoria ~a a hard-won victory; **ho
fatto una bella ~a per finirlo in tempo** it
was a real sweat to get it finished in
time.

sud'detto, a *ag* above-mentioned.

suddi'tanza [suddi'tantsa] *sf* subjection;
(*cittadinanza*) citizenship.

sud'dito, a *smlf* subject.

suddi'videre *vt* to subdivide.

suddivisi'one *sf* subdivision.

suddi'viso, a *pp di* **suddividere.**

su'dest *sm* south-east; **vento di ~** south-
easterly wind; **il ~ asiatico** South-East
Asia.

sudice'ria [sudit∫e'ria] *sf* (*qualità*) filthiness,
dirtiness; (*cosa sporca*) dirty thing.

'sudicio, a, ci, ce ['sudit∫o] *ag* dirty, filthy.

sudici'ume [sudi't∫ume] *sm* dirt, filth.

su'dore *sm* perspiration, sweat.

su'dovest *sm* south-west; **vento di ~**
south-westerly wind.

'sue *vedi* **suo.**

'Suez ['suez] *sm*: **il Canale di ~** the Suez
Canal.

suffici'ente [suffi't∫ɛnte] *ag* enough,
sufficient; (*borioso*) self-important; (*INS*)
satisfactory.

sufficiente'mente [suffit∫ɛnte'mente] *av*
sufficiently, enough; (*guadagnare, darsi da
fare*) enough.

suffici'enza [suffi't∫ɛntsa] *sf* (*INS*) pass
mark; **con un'aria di ~** (*fig*) with a
condescending air; **a ~** enough; **ne ho
avuto a ~!** I've had enough of this!

suf'fisso *sm* (*LING*) suffix.

suffra'gare *vt* to support.

suf'fragio [suf'fradʒo] *sm* (*voto*) vote; **~
universale** universal suffrage.

suggel'lare [suddʒel'lare] *vt* (*fig*) to seal.

suggeri'mento [suddʒeri'mento] *sm*
suggestion; (*consiglio*) piece of advice,
advice *no pl*; **dietro suo ~** on his advice.

sugge'rire [suddʒe'rire] *vt* (*risposta*) to tell;
(*consigliare*) to advise; (*proporre*) to
suggest; (*TEAT*) to prompt; **~ a qn di fare
qc** to suggest to sb that he (*o* she) do sth.

suggeri'tore, 'trice [suddʒeri'tore] *smlf*
(*TEAT*) prompter.

suggestio'nare [suddʒestjo'nare] *vt* to
influence.

suggesti'one [suddʒes'tjone] *sf* (*PSIC*)
suggestion; (*istigazione*) instigation.

sugges'tivo, a [suddʒes'tivo] *ag* (*paesaggio*)
evocative; (*teoria*) interesting, attractive.

'sughero ['sugero] *sm* cork.

'sugli ['suʎʎi] *prep +det vedi* **su.**

'sugo, ghi *sm* (*succo*) juice; (*di carne*)
gravy; (*condimento*) sauce; (*fig*) gist,
essence.

su'goso, a *ag* (*frutto*) juicy; (*fig: articolo etc*)
pithy.

'sui *prep +det vedi* **su.**

sui'cida, i, e [sui't∫ida] *ag* suicidal ♦ *smlf*
suicide.

suici'darsi [suit∫i'darsi] *vr* to commit
suicide.

sui'cidio [sui't∫idjo] *sm* suicide.

su'ino, a *ag*: **carne ~a** pork ♦ *sm* pig; **~i**
smpl swine *pl*.

sul, sull', 'sulla, 'sulle, 'sullo *prep + det
vedi* **su.**

sulfa'midico, a, ci, che *ag, sm* (*MED*)
sulphonamide.

sulta'nina *sf*: **(uva) ~** sultana.

sul'tano, a *smlf* sultan/sultana.

Su'matra *sf* Sumatra.

'summit ['summit] *sm inv* summit.

S.U.N.I.A. *sigla m* (= *sindacato unitario
nazionale inquilini e assegnatari*) *national
association of tenants.*

sunnomi'nato, a *ag* aforesaid *cpd.*

'sunto *sm* summary.

'suo, 'sua, 'sue, su'oi *det*: **il ~, la sua** *etc*
(*di lui*) his; (*di lei*) her; (*di esso*) its; (*con
valore indefinito*) one's, his/her; (*forma di
cortesia: anche:* **S~**) your ♦ *pron*: **il ~, la sua**
etc his; hers; yours ♦ *sm*: **ha speso del ~**
he (*o* she etc) spent his (*o* her etc) own
money ♦ *sf*: **la ~a** (*opinione*) his (*o* her etc)
view; **i suoi** (*parenti*) his (*o* her etc)
family; **un ~ amico** a friend of his (*o* hers
etc); **è dalla ~a** he's on his (*o* her etc)
side; **anche lui ha avuto le ~e**
(*disavventure*) he's had his problems too;
sta sulle ~e he keeps himself to himself.

su'ocero, a ['swɔt∫ero] *smlf* father/mother-
in-law; **i ~i** *smpl* father- and mother-in-
law.

su'oi *vedi* **suo.**

su'ola *sf* (*di scarpa*) sole.

su'olo *sm* (*terreno*) ground; (*terra*) soil.

suo'nare *vt* (*MUS*) to play; (*campana*) to
ring; (*ore*) to strike; (*clacson, allarme*) to
sound ♦ *vi* to play; (*telefono, campana*) to
ring; (*ore*) to strike; (*clacson, fig: parole*) to
sound.

suo'nato, a *ag* (*compiuto*): **ha cinquant'anni
~i** he is well over fifty.

suona'tore, 'trice *smlf* player; **~
ambulante** street musician.

suone'ria *sf* alarm.

su'ono *sm* sound.

su'ora *sf* (*REL*) nun; **Suor Maria** Sister

Maria.

'super *ag inv*: **(benzina)** ~ ≈ four-star (petrol) (*BRIT*), premium (*US*).

supera'mento *sm* (*di ostacolo*) overcoming; (*di montagna*) crossing.

supe'rare *vt* (*oltrepassare*: *limite*) to exceed, surpass; (*attraversare*: *fiume*) to cross; (*sorpassare*: *veicolo*) to overtake; (*fig*: *essere più bravo di*) to surpass, outdo; (: *difficoltà*) to overcome; (: *esame*) to get through; ~ **qn in altezza/peso** to be taller/heavier than sb; **ha superato la cinquantina** he's over fifty (years of age); ~ **i limiti di velocità** to exceed the speed limit; **stavolta ha superato se stesso** this time he has surpassed himself.

supe'rato, a *ag* outmoded.

supe'rattico, ci *sm* penthouse.

su'perbia *sf* pride.

su'perbo, a *ag* proud; (*fig*) magnificent, superb.

supercondut'tore *sm* superconductor.

superfici'ale [superfi'tʃale] *ag* superficial.

superficialità [superfitʃali'ta] *sf* superficiality.

super'ficie, ci [super'fitʃe] *sf* surface; **tornare in** ~ (*a galla*) to return to the surface; (*fig*: *problemi etc*) to resurface; ~ **alare** (*AER*) wing area; ~ **velica** (*NAUT*) sail area.

su'perfluo, a *ag* superfluous.

superi'ora *sf* (*REL*: *anche*: **madre** ~) mother superior.

superi'ore *ag* (*piano, arto, classi*) upper; (*più elevato*: *temperatura, livello*): ~ **(a)** higher (than); (*migliore*): ~ **(a)** superior (to) ♦ *sfpl*: **le** ~**i** (*INS*) *vedi* **scuola media superiore; il corso** ~ **di un fiume** the upper reaches of a river; **scuola media** ~ ≈ senior comprehensive school (*BRIT*); ≈ senior high (school) (*US*).

superiorità *sf* superiority.

superla'tivo, a *ag, sm* superlative.

superla'voro *sm* overwork.

super'market [super'market] *sm inv* = **supermercato**.

supermer'cato *sm* supermarket.

super'nova *sf* supernova.

superpo'tenza [superpo'tentsa] *sf* (*POL*) superpower.

super'sonico, a, ci, che *ag* supersonic.

su'perstite *ag* surviving ♦ *sm/f* survivor.

superstizi'one [superstit'tsjone] *sf* superstition.

superstizi'oso, a [superstit'tsjoso] *ag* superstitious.

super'strada *sf* ≈ expressway.

supervisi'one *sf* supervision.

supervi'sore *sm* supervisor.

su'pino, a *ag* supine; **accettazione** ~**a** (*fig*) blind acceptance.

suppel'lettile *sf* furnishings *pl*.

suppergiù [supper'dʒu] *av* more or less, roughly.

suppl. *abbr* (= *supplemento*) supp(l).

supplemen'tare *ag* extra; (*treno*) relief *cpd*; (*entrate*) additional.

supple'mento *sm* supplement.

sup'plente *ag* temporary; (*insegnante*) supply *cpd* (*BRIT*), substitute *cpd* (*US*) ♦ *sm/f* temporary member of staff; supply (*o* substitute) teacher.

supp'lenza [sup'plentsa] *sf*: **fare** ~ to do supply (*BRIT*) *o* substitute (*US*) teaching.

supple'tivo, a *ag* (*gen*) supplementary; (*sessione d'esami*) extra.

'supplica, che *sf* (*preghiera*) plea; (*domanda scritta*) petition, request.

suppli'care *vt* to implore, beseech.

suppli'chevole [suppli'kevole] *ag* imploring.

sup'plire *vi*: ~ **a** to make up for, compensate for.

sup'plizio [sup'plittsjo] *sm* torture.

sup'pongo, sup'poni *etc vb vedi* **supporre**.

sup'porre *vt* to suppose; **supponiamo che** ... let's *o* just suppose that ....

sup'porto *sm* (*sostegno*) support.

supposizi'one [suppozit'tsjone] *sf* supposition.

sup'posta *sf* (*MED*) suppository.

sup'posto, a *pp di* **supporre**.

suppu'rare *vi* to suppurate.

suprema'zia [suprema'tsia] *sf* supremacy.

su'premo, a *ag* supreme; **S~a Corte (di Cassazione)** Supreme Court.

surclas'sare *vt* to outclass.

surge'lare [surdʒe'lare] *vt* to (deep-)freeze.

surge'lato, a [surdʒe'lato] *ag* (deep-)frozen ♦ *smpl*: **i** ~**i** frozen food *sg*.

surme'nage [syrmə'naʒ] *sm* (*fisico*) overwork; (*mentale*) mental strain; (*SPORT*) overtraining.

sur'plus *sm inv* (*ECON*) surplus; ~ **di manodopera** overmanning.

surre'ale *ag* surrealistic.

surriscalda'mento *sm* (*gen, TECN*) overheating.

surriscal'dare *vt* to overheat.

surro'gato *sm* substitute.

suscet'tibile [suʃʃet'tibile] *ag* (*sensibile*) touchy, sensitive; (*soggetto*): ~ **di miglioramento** that can be improved, open to improvement.

suscettibilità [suʃʃettibili'ta] *sf* touchiness; **urtare la** ~ **di qn** to hurt sb's feelings.

susci'tare [suʃʃi'tare] *vt* to provoke, arouse.

su'sina *sf* plum.

su'sino *sm* plum (tree).

sussegu'ire *vt* to follow; **~rsi** *vr* to follow one another.

sussidi'ario, a *ag* subsidiary; (*treno*) relief *cpd*; (*fermata*) extra.

sus'sidio *sm* subsidy; (*aiuto*) aid; **~i didattici/audiovisivi** teaching/audiovisual aids; **~ di disoccupazione** unemployment benefit (*BRIT*) *o* benefits (*US*); **~ per malattia** sickness benefit.

sussi'ego *sm* haughtiness; **con aria di ~** haughtily.

sussis'tenza [sussis'tɛntsa] *sf* subsistence.

sus'sistere *vi* to exist; (*essere fondato*) to be valid *o* sound.

sussul'tare *vi* to shudder.

sus'sulto *sm* start.

sussur'rare *vt*, *vi* to whisper, murmur; **si sussurra che ...** it's rumoured (*BRIT*) *o* rumored (*US*) that ....

sus'surro *sm* whisper, murmur.

su'tura *sf* (*MED*) suture.

sutu'rare *vt* to stitch up, suture.

suv'via *escl* come on!

SV *sigla* = Savona.

S.V. *abbr vedi* **Signoria Vostra**.

sva'gare *vt* (*divertire*) to amuse; (*distrarre*): **~ qn** to take sb's mind off things; **~rsi** *vr* to amuse o.s.; to take one's mind off things.

sva'gato, a *ag* (*persona*) absent-minded; (*scolaro*) inattentive.

'svago, ghi *sm* (*riposo*) relaxation; (*ricreazione*) amusement; (*passatempo*) pastime.

svaligi'are [zvali'dʒare] *vt* to rob, burgle (*BRIT*), burglarize (*US*).

svaligia'tore, 'trice [zvalidʒa'tore] *sm/f* (*di banca*) robber; (*di casa*) burglar.

svalu'tare *vt* (*ECON*) to devalue; (*fig*) to belittle; **~rsi** *vr* (*ECON*) to be devalued.

svalutazi'one [zvalutat'tsjone] *sf* devaluation.

svam'pito, a *ag* absent-minded ♦ *sm/f* absent-minded person.

sva'nire *vi* to disappear, vanish.

sva'nito, a *ag* (*fig: persona*) absent-minded.

svantaggi'ato, a [zvantad'dʒato] *ag* at a disadvantage.

svan'taggio [zvan'taddʒo] *sm* disadvantage; (*inconveniente*) drawback, disadvantage; **tornerà a suo ~** it will work against you.

svantaggi'oso, a [zvantad'dʒoso] *ag* disadvantageous; **è un'offerta ~a per me** it's not in my interest to accept this

offer; **è un prezzo ~** it is not an attractive price.

svapo'rare *vi* to evaporate.

svapo'rato, a *ag* (*bibita*) flat.

svari'ato, a *ag* (*vario, diverso*) varied; (*numeroso*) various.

'svastica, che *sf* swastika.

sve'dese *ag* Swedish ♦ *sm/f* Swede ♦ *sm* (*LING*) Swedish.

'sveglia ['zveʎʎa] *sf* waking up; (*orologio*) alarm (clock); **suonare la ~** (*MIL*) to sound the reveille; **~ telefonica** alarm call.

svegli'are [zveʎ'ʎare] *vt* to wake up; (*fig*) to awaken, arouse; **~rsi** *vr* to wake up; (*fig*) to be revived, reawaken.

'sveglio, a ['zveʎʎo] *ag* awake; (*fig*) alert, quick-witted.

sve'lare *vt* to reveal.

svel'tezza [zvel'tettsa] *sf* (*gen*) speed; (*mentale*) quick-wittedness.

svel'tire *vt* (*gen*) to speed up; (*procedura*) to streamline.

'svelto, a *ag* (*passo*) quick; (*mente*) quick, alert; (*linea*) slim, slender; **alla ~a** quickly.

'svendere *vt* to sell off, clear.

'svendita *sf* (*COMM*) (clearance) sale.

sve'nevole *ag* mawkish.

'svengo *etc vb vedi* **svenire**.

sveni'mento *sm* fainting fit, faint.

sve'nire *vi* to faint.

sven'tare *vt* to foil, thwart.

sventa'tezza [zventa'tettsa] *sf* (*distrazione*) absent-mindedness; (*mancanza di prudenza*) rashness.

sven'tato, a *ag* (*distratto*) scatterbrained; (*imprudente*) rash.

'sventola *sf* (*colpo*) slap; **orecchie a ~** sticking-out ears.

svento'lare *vt*, *vi* to wave, flutter.

sven'trare *vt* to disembowel.

sven'tura *sf* misfortune.

sventu'rato, a *ag* unlucky, unfortunate.

sve'nuto, a *pp di* **svenire**.

svergo'gnare [zvergoɲ'ɲare] *vt* to shame.

svergo'gnato, a [zvergoɲ'ɲato] *ag* shameless ♦ *sm/f* shameless person.

sver'nare *vi* to spend the winter.

sverrò *etc vb vedi* **svenire**.

sves'tire *vt* to undress; **~rsi** *vr* to get undressed.

'Svezia ['zvɛttsja] *sf*: **la ~** Sweden.

svez'zare [zvet'tsare] *vt* to wean.

svi'are *vt* to divert; (*fig*) to lead astray; **~rsi** *vr* to go astray.

svico'lare *vi* to slip down an alley; (*fig*) to sneak off.

svi'gnarsela [zviɲ'ɲarsela] *vr* to slip away,

sneak off.

svili'mento *sm* debasement.

svi'lire *vt* to debase.

svilup'pare *vt*, **~rsi** *vr* to develop.

svi'luppo *sm* development; (*di industria*) expansion; **in via di ~** in the process of development; **paesi in via di ~** developing countries.

svinco'lare *vt* to free, release; (*merce*) to clear.

'svincolo *sm* (*COMM*) clearance; (*stradale*) motorway (*BRIT*) *o* expressway (*US*) intersection.

svisce'rare [zviʃʃe'rare] *vt* (*fig: argomento*) to examine in depth.

svisce'rato, a [zviʃʃe'rato] *ag* (*amore, odio*) passionate.

'svista *sf* oversight.

svi'tare *vt* to unscrew.

'Svizzera ['zvittsera] *sf*: **la ~** Switzerland.

'svizzero, a ['zvittsero] *ag*, *sm/f* Swiss.

svoglia'tezza [zvoʎʎa'tettsa] *sf* listlessness; indolence.

svogli'ato, a [zvoʎ'ʎato] *ag* listless; (*pigro*) lazy, indolent.

svolaz'zare [zvolat'tsare] *vi* to flutter.

'svolgere ['zvɔldʒere] *vt* to unwind; (*srotolare*) to unroll; (*fig: argomento*) to develop; (*: piano, programma*) to carry out; **~rsi** *vr* to unwind; to unroll; (*fig: aver luogo*) to take place; (*: procedere*) to go on; **tutto si è svolto secondo i piani** everything went according to plan.

svolgi'mento [zvoldʒi'mento] *sm* development; carrying out; (*andamento*) course.

'svolsi *etc* *vb* *vedi* **svolgere**.

'svolta *sf* (*atto*) turning *no pl*; (*curva*) turn, bend; (*fig*) turning-point; **essere ad una ~ nella propria vita** to be at a crossroads in one's life.

svol'tare *vi* to turn.

'svolto, a *pp* *di* **svolgere**.

svuo'tare *vt* to empty (out).

'Swaziland ['swadziland] *sm*: **lo ~** Swaziland.

T t

T, t [ti] *sf o m inv* (*lettera*) T, t; **T come Taranto** ≈ T for Tommy.

T *abbr* = **tabaccheria**.

t *abbr* = **tara; tonnellata**.

TA *sigla* = *Taranto*.

tabac'caio, a *sm/f* tobacconist.

tabacche'ria [tabakke'ria] *sf* tobacconist's (shop).

tabacchi'era [tabak'kjɛra] *sf* snuffbox.

ta'bacco, chi *sm* tobacco.

ta'bella *sf* (*tavola*) table; (*elenco*) list; **~ di marcia** schedule; **~ dei prezzi** price list.

tabel'lone *sm* (*per pubblicità*) billboard; (*per informazioni*) notice board (*BRIT*), bulletin board (*US*); (*: in stazione*) timetable board.

taber'nacolo *sm* tabernacle.

tabù *ag*, *sm inv* taboo.

'tabula 'rasa *sf* tabula rasa; **fare ~** (*fig*) to make a clean sweep.

tabu'lare *vt* to tabulate.

tabu'lato *sm* (*INFORM*) printout.

tabula'tore *sm* tabulator.

TAC *sigla f* (*MED*: = *Tomografia Assiale Computerizzata*) CAT.

'tacca, che *sf* notch, nick; **di mezza ~** (*fig*) mediocre.

taccagne'ria [takkaɲɲe'ria] *sf* meanness, stinginess.

tac'cagno, a [tak'kaɲɲo] *ag* mean, stingy.

tac'cheggio [tak'keddʒo] *sm* shoplifting.

tac'chino [tak'kino] *sm* turkey.

'taccia, ce ['tattʃa] *sf* bad reputation.

tacci'are [tat'tʃare] *vt*: **~ qn di** (*vigliaccheria etc*) to accuse sb of.

'taccio *etc* ['tattʃo] *vb* *vedi* **tacere**.

'tacco, chi *sm* heel.

taccu'ino *sm* notebook.

ta'cere [ta'tʃere] *vi* to be silent *o* quiet; (*smettere di parlare*) to fall silent ♦ *vt* to keep to oneself, say nothing about; **far ~ qn** to make sb be quiet; (*fig*) to silence sb; **mettere a ~ qc** to hush sth up.

tachicar'dia [takikar'dia] *sf* (*MED*) tachycardia.

ta'chimetro [ta'kimetro] *sm* speedometer.

'tacito, a ['tatʃito] *ag* silent; (*sottinteso*) tacit, unspoken.

taci'turno, a [tatʃi'turno] *ag* taciturn.

taci'uto, a [ta'tʃuto] *pp di* **tacere.**

'tacqui *etc vb vedi* **tacere.**

ta'fano *sm* horsefly.

taffe'ruglio [taffe'ruʎʎo] *sm* brawl, scuffle.

taffettà *sm* taffeta.

'taglia ['taʎʎa] *sf* (*statura*) height; (*misura*) size; (*riscatto*) ransom; (*ricompensa*) reward; **~e forti** (*ABBIGLIAMENTO*) outsize.

taglia'boschi [taʎʎa'bɔski] *sm inv* woodcutter.

taglia'carte [taʎʎa'karte] *sm inv* paperknife.

taglia'legna [taʎʎa'leɲɲa] *sm inv* woodcutter.

tagli'ando [taʎ'ʎando] *sm* coupon.

tagli'are [taʎ'ʎare] *vt* to cut; (*recidere, interrompere*) to cut off; (*intersecare*) to cut across, intersect; (*carne*) to carve; (*vini*) to blend ♦ *vi* to cut; (*prendere una scorciatoia*) to take a short-cut; **~ la strada a qn** *vt* to cut across in front of sb; **~ corto** (*fig*) to cut short.

taglia'telle [taʎʎa'tɛlle] *sfpl* tagliatelle *pl.*

tagli'ato, a [taʎ'ʎato] *ag:* **essere ~ per qc** (*fig*) to be cut out for sth.

taglia'trice [taʎʎa'tritʃe] *sf* (*TECN*) cutter.

taglia'unghie [taʎʎa'ungje] *sm inv* nail clippers *pl.*

taglieggi'are [taʎʎed'dʒare] *vt* to exact a tribute from.

tagli'ente [taʎ'ʎɛnte] *ag* sharp.

tagli'ere [taʎ'ʎɛre] *sm* chopping board; (*per il pane*) bread board.

'taglio ['taʎʎo] *sm* (*anche fig*) cut; (*azione*) cutting *no pl*; (*di carne*) piece; (*di stoffa*) length; (*di vini*) blending; **di ~** on edge, edgeways; **banconote di piccolo/grosso ~** notes of small/large denomination; **un bel ~ di capelli** a nice haircut *o* hairstyle; **pizza al ~** pizza by the slice.

tagli'ola [taʎ'ʎɔla] *sf* trap, snare.

tagli'one [taʎ'ʎone] *sm:* **la legge del ~** the concept of an eye for an eye and a tooth for a tooth.

tagliuz'zare [taʎʎut'tsare] *vt* to cut into small pieces.

Ta'hiti [ta'iti] *sf* Tahiti.

tailan'dese *ag, sm/f, sm* Thai.

Tai'landia *sf:* **la ~** Thailand.

tai'lleur [ta'jœr] *sm inv* lady's suit.

Tai'wan [tai'wan] *sm:* **il ~** Taiwan.

'talamo *sm* (*poetico*) marriage bed.

'talco *sm* talcum powder.

═══════════════ *PAROLA CHIAVE*

'tale *det* **1** (*simile, così grande*) such; **un(a) ~ ... such (a) ...; non accetto ~i discorsi** I won't allow such talk; **è di una ~ arroganza** he is so arrogant; **fa una ~**

confusione! he makes such a mess!

2 (*persona o cosa indeterminata*) such-and-such; **il giorno ~ all'ora ~** on such-and-such a day at such-and-such a time; **la tal persona** that person; **ha telefonato una ~ Giovanna** somebody called Giovanna phoned

3 (*nelle similitudini*): **~ ... ~** like ... like; **~ padre ~ figlio** like father, like son; **hai il vestito ~ quale il mio** your dress is just *o* exactly like mine

♦ *pron* (*indefinito: persona*): **un(a) ~** someone; **quel (*o* quella) ~** that person, that man (*o* woman); **il tal dei ~i** what's-his-name.

ta'lento *sm* talent.

talis'mano *sm* talisman.

talk-'show [tɔlk'ʃo] *sm inv* talk *o* chat show.

tallo'nare *vt* to pursue; **~ il pallone** (*CALCIO, RUGBY*) to heel the ball.

tallon'cino [tallon'tʃino] *sm* counterfoil (*BRIT*), stub; **~ del prezzo** (*di medicinali*) tear-off tag.

tal'lone *sm* heel.

tal'mente *av* so.

ta'lora *av* = **talvolta.**

'talpa *sf* (*anche fig*) mole.

tal'volta *av* sometimes, at times.

tambu'rello *sm* tambourine.

tambu'rino *sm* drummer boy.

tam'buro *sm* drum; **freni a ~** drum brakes; **pistola a ~** revolver; **a ~ battente** (*fig*) immediately, at once.

Ta'migi [ta'midʒi] *sm:* **il ~** the Thames.

tampona'mento *sm* (*AUT*) collision; **~ a catena** pile-up.

tampo'nare *vt* (*otturare*) to plug; (*urtare: macchina*) to crash *o* ram into.

tam'pone *sm* (*MED*) wad, pad; (*per timbri*) ink-pad; (*respingente*) buffer; **~ assorbente** tampon.

'tamtam *sm inv* (*fig*) grapevine.

'tana *sf* lair, den; (*fig*) den, hideout.

'tanfo *sm* (*di muffa*) musty smell; (*puzza*) stench.

tan'gente [tan'dʒɛnte] *ag* (*MAT*): **~ a** tangential to ♦ *sf* tangent; (*quota*) share; (*denaro estorto*) rake-off (*fam*), cut.

tangen'topoli [tandʒɛn'topoli] *sf* (*POL, MEDIA*) Bribesville.

┌─────────────────────────────────┐

Tangentopoli is the term used to describe *the corruption scandal involving a large number of politicians, from all political parties, including government ministers, leading industrialists and businessmen. Investigations exposed a complex system of* *illegal payments and bribes using both public and private money to benefit certain private individuals and political parties. The scandal began in Milan which was consequently called Tangentopoli or "Bribesville".*

tangenzi'ale [tandʒen'tsjale] *sf (strada)* bypass.

'Tangeri ['tandʒeri] *sf* Tangiers.

tan'gibile [tan'dʒibile] *ag* tangible.

'tango, ghi *sm* tango.

'tanica, che *sf* jerry can.

tan'nino *sm* tannin.

tan'tino: un ~ *av* a little, a bit.

═══════════ *PAROLA CHIAVE* ═══════════

'tanto, a *det* **1** *(molto: quantità)* a lot of, much; (: *numero*) a lot of, many; **~ pane/ latte** a lot of bread/milk; **~ tempo** a lot of time, a long time; **~i auguri!** all the best!; **~e grazie** many thanks; **~ persone** a lot of people, many people; **~e volte** many times, often; **ogni ~i chilometri** every so many kilometres

2: *(così ~: quantità)* so much, such a lot of; (: *numero*) so many, such a lot of; **~a fatica per niente!** a lot of trouble for nothing!; **ha ~ coraggio che ...** he's got so much courage that ..., he's so brave that ...; **ho aspettato per ~ tempo** I waited so long *o* for such a long time

3: **~ ... quanto** *(quantità)* as much ... as; *(numero)* as many ... as; **ho ~a pazienza quanta ne hai tu** I have as much patience as you have *o* as you; **ha ~i amici quanti nemici** he has as many friends as he has enemies

♦ *pron* **1** *(molto)* much, a lot; *(così ~)* so much, such a lot; **~i, e** many, a lot; so many, such a lot; **credevo ce ne fosse ~** I thought there was (such) a lot, I thought there was plenty; **una persona come ~e**a person just like any other; **è passato ~** *(tempo)* it's been so long; **è ~ che aspetto** I've been waiting for a long time; **~ di guadagnato!** so much the better!

2: **~ quanto** *(denaro)* as much as; *(cioccolatini)* as many as; **ne ho ~ quanto basta** I have as much as I need; **due volte ~** twice as much

3 *(indeterminato)* so much; **~ per l'affitto, ~ per il gas** so much for the rent, so much for the gas; **costa un ~ al metro** it costs so much per metre; **di ~ in ~, ogni ~** every so often; **~ vale che ... I** *(o we etc)* may as well ...; **~ meglio!** so much the better!; **~ peggio per lui!** so much the

worse for him!; **se ~ mi dà ~** if that's how things are; **guardare qc con ~ d'occhi** to gaze wide-eyed at sth

♦ *av* **1** *(molto)* very; **vengo ~ volentieri** I'd be very glad to come; **non ci vuole ~ a capirlo** it doesn't take much to understand it

2 *(così ~: con ag, av)* so; (: *con vb*) so much, such a lot; **è ~ bella!** she's so beautiful!; **non urlare ~ (forte)** don't shout so much; **sto ~ meglio adesso** I'm so much better now; **era ~ bella da non credere** she was incredibly beautiful; **~ ... che** so ... (that); **~ ... da** so ... as

3: **~ ... quanto** as ... as; **conosco ~ Carlo quanto suo padre** I know both Carlo and his father; **non è poi ~ complicato quanto sembra** it's not as difficult as it seems; **è ~ bella quanto buona** she is as good as she is beautiful; **~ più insisti, ~ più non mollerà** the more you insist, the more stubborn he'll be; **quanto più ... ~ meno** the more ... the less; **quanto più lo conosco ~ meno mi piace** the better I know him the less I like him

4 *(solamente)* just; **~ per cambiare/ scherzare** just for a change/a joke; **una volta ~** for once

5 *(a lungo)* (for) long

♦ *cong* after all; **non insistere, ~ è inutile** don't keep on, it's no use; **lascia stare, ~ è troppo tardi** forget it, it's too late.

─────────────

Tanza'nia [tandza'nia] *sf*: **la ~** Tanzania.

tapi'oca *sf* tapioca.

ta'piro *sm (ZOOL)* tapir.

'tappa *sf (luogo di sosta, fermata)* stop, halt; *(parte di un percorso)* stage, leg; *(SPORT)* lap; **a ~e** in stages; **bruciare le ~e** *(fig)* to be a whizz kid.

tappa'buchi [tappa'buki] *sm inv* stopgap; **fare da ~** to act as a stopgap.

tap'pare *vt* to plug, stop up; *(bottiglia)* to cork.

tappa'rella *sf* rolling shutter.

tap'peto *sm* carpet; *(anche*: **tappetino**) rug; *(di tavolo)* cloth; *(SPORT)*: **andare al ~** to go down for the count; **mettere sul ~** *(fig)* to bring up for discussion.

tappez'zare [tappet'tsare] *vt (con carta)* to paper; *(rivestire)*: **~ qc (di)** to cover sth (with).

tappez'zeria [tappettse'ria] *sf (arredamento)* soft furnishings *pl*; *(carta da parati)* wall covering; *(di automobile)* upholstery; **far da ~** *(fig)* to be a wallflower.

tappezzi'ere [tappet'tsjere] *sm* upholsterer.

'tappo *sm* stopper; *(in sughero)* cork; **~ a**

corona bottle top; ~ **a vite** screw top.

TAR *sigla m* = *Tribunale Amministrativo Regionale.*

'**tara** *sf* (*peso*) tare; (*MED*) hereditary defect; (*difetto*) flaw.

taran'tella *sf* tarantella.

ta'rantola *sf* tarantula.

ta'rare *vt* (*COMM*) to tare; (*TECN*) to calibrate.

ta'rato, a *ag* (*COMM*) tared; (*MED*) with a hereditary defect.

tara'tura *sf* (*COMM*) taring; (*TECN*) calibration.

tarchi'ato, a [tar'kjato] *ag* stocky, thickset.

tar'dare *vi* to be late ♦ *vt* to delay; ~ **a fare** to delay doing.

'**tardi** *av* late; **più** ~ later (on); **al più** ~ at the latest; **sul** ~ (*verso sera*) late in the day; **far** ~ to be late; (*restare alzato*) to stay up late.

tar'divo, a *ag* (*primavera*) late; (*rimedio*) belated, tardy; (*fig: bambino*) retarded.

'**tardo, a** *ag* (*lento, fig: ottuso*) slow; (*tempo: avanzato*) late.

tar'dona *sf* (*peg*): **essere una** ~ to be mutton dressed as lamb.

'**targa, ghe** *sf* plate; (*AUT*) number (*BRIT*) o license (*US*) plate; *vedi anche* **circolazione**.

tar'gare *vt* (*AUT*) to register.

targ'hetta [tar'getta] *sf* (*con nome: su porta*) nameplate; (: *su bagaglio*) name tag.

ta'riffa *sf* (*gen*) rate, tariff; (*di trasporti*) fare; (*elenco*) price list; tariff; **la** ~ **in vigore** the going rate; ~ **normale/ridotta** standard/reduced rate; (*su mezzi di trasporto*) full/concessionary fare; ~ **salariale** wage rate; ~ **unica** flat rate; ~**e doganali** customs rates o tariff; ~**e postali/telefoniche** postal/telephone charges.

tarif'fario, ii *ag*: **aumento** ~ increase in charges o rates ♦ *sm* tariff, table of charges.

'**tarlo** *sm* woodworm.

'**tarma** *sf* moth.

tarmi'cida, i [tarmi'tʃida] *ag, sm* moth-killer.

ta'rocco, chi *sm* tarot card; ~**chi** *smpl* (*gioco*) tarot *sg.*

tar'pare *vt* (*fig*): ~ **le ali a qn** to clip sb's wings.

tartagli'are [tartaʎ'ʎare] *vi* to stutter, stammer.

'**tartaro, a** *ag, sm* (*in tutti i sensi*) tartar.

tarta'ruga, ghe *sf* tortoise; (*di mare*) turtle; (*materiale*) tortoiseshell.

tartas'sare *vt* (*fam*): ~ **qn** to give sb the

works; ~ **qn a un esame** to give sb a grilling at an exam.

tar'tina *sf* canapé.

tar'tufo *sm* (*BOT*) truffle.

'**tasca, sche** *sf* pocket; **da** ~ pocket *cpd*; **fare i conti in** ~ **a qn** (*fig*) to meddle in sb's affairs.

tas'cabile *ag* (*libro*) pocket *cpd*.

tasca'pane *sm* haversack.

tas'chino [tas'kino] *sm* breast pocket.

Tas'mania *sf*: **la** ~ Tasmania.

'**tassa** *sf* (*imposta*) tax; (*doganale*) duty; (*per iscrizione: a scuola etc*) fee; ~ **di circolazione/di soggiorno** road/tourist tax.

tas'sametro *sm* taximeter.

tas'sare *vt* to tax; to levy a duty on.

tassa'tivo, a *ag* peremptory.

tassazi'one [tassat'tsjone] *sf* taxation; **soggetto a** ~ taxable.

tas'sello *sm* (*di legno, pietra*) plug; (*assaggio*) wedge.

tassì *sm inv* = **taxi.**

tas'sista, i, e *sm/f* taxi driver.

'**tasso** *sm* (*di natalità, d'interesse etc*) rate; (*BOT*) yew; (*ZOOL*) badger; ~ **di cambio/ d'interesse** rate of exchange/interest; ~ **di crescita** growth rate.

tas'tare *vt* to feel; ~ **il terreno** (*fig*) to see how the land lies.

tasti'era *sf* keyboard.

tastie'rino *sm*: ~ **numerico** numeric keypad.

'**tasto** *sm* key; (*tatto*) touch, feel; **toccare un** ~ **delicato** (*fig*) to touch on a delicate subject; **toccare il** ~ **giusto** (*fig*) to strike the right note; ~ **funzione** (*INFORM*) function key; ~ **delle maiuscole** (*su macchina da scrivere etc*) shift key.

tas'toni *av*: **procedere (a)** ~ to grope one's way forward.

'**tata** *sf* (*linguaggio infantile*) nanny.

'**tattico, a, ci, che** *ag* tactical ♦ *sf* tactics *pl.*

'**tatto** *sm* (*senso*) touch; (*fig*) tact; **duro al** ~ hard to the touch; **aver** ~ to be tactful, have tact.

tatu'aggio [tatu'addʒo] *sm* tattooing; (*disegno*) tattoo.

tatu'are *vt* to tattoo.

tauma'turgico, a, ci, che [tauma'turdʒiko] *ag* (*fig*) miraculous.

ta'verna *sf* (*osteria*) tavern.

'**tavola** *sf* table; (*asse*) plank, board; (*lastra*) tablet; (*quadro*) panel (painting); (*illustrazione*) plate; ~ **calda** snack bar; ~ **pieghevole** folding table.

tavo'lata *sf* company at table.

tavo'lato *sm* boarding; (*pavimento*) wooden

floor.

tavo'letta *sf* tablet, bar; **a ~** (*AUT*) flat out.

tavo'lino *sm* small table; (*scrivania*) desk; **~ da tè/gioco** coffee/card table; **mettersi a ~** to get down to work; **decidere qc a ~** (*fig*) to decide sth on a theoretical level.

'tavolo *sm* table; **~ da disegno** drawing board; **~ da lavoro** desk; (*TECN*) workbench; **~ operatorio** (*MED*) operating table.

tavo'lozza [tavo'lɔttsa] *sf* (*ARTE*) palette.

'taxi *sm inv* taxi.

'tazza ['tattsa] *sf* cup; **~ da caffè/tè** coffee/tea cup; **una ~ di caffè/tè** a cup of coffee/tea.

taz'zina [tat'tsina] *sf* coffee cup.

TBC *abbr f* (= *tubercolosi*) TB.

TCI *sigla m* = *Touring Club Italiano*.

TE *sigla* = *Teramo*.

te *pron* (*soggetto: in forme comparative, oggetto*) you.

tè *sm inv* tea; (*trattenimento*) tea party.

tea'trale *ag* theatrical.

te'atro *sm* theatre; **~ comico** comedy; **~ di posa** film studio.

'tecnico, a, ci, che *ag* technical ♦ *sm/f* technician ♦ *sf* technique; (*tecnologia*) technology.

tecnolo'gia [teknolo'dʒia] *sf* technology; **alta ~** high technology, hi-tech.

tecno'logico, a, ci, che [tekno'lɔdʒiko] *ag* technological.

te'desco, a, schi, sche *ag, sm/f, sm* German; **~ orientale/occidentale** East/West German.

tedi'are *vt* (*infastidire*) to bother, annoy; (*annoiare*) to bore.

'tedio *sm* tedium, boredom.

tedi'oso, a *ag* tedious, boring.

te'game *sm* (*CUC*) pan; **al ~** fried.

'teglia ['teʎʎa] *sf* (*CUC: per dolci*) (baking) tin (*BRIT*), cake pan (*US*); (: *per arrosti*) (roasting) tin.

'tegola *sf* tile.

Teh'ran *sf* Tehran.

tei'era *sf* teapot.

te'ina *sf* (*CHIM*) theine.

tel. *abbr* (= *telefono*) tel.

'tela *sf* (*tessuto*) cloth; (*per vele, quadri*) canvas; (*dipinto*) canvas, painting; **di ~** (*calzoni*) (heavy) cotton *cpd*; (*scarpe, borsa*) canvas *cpd*; **~ cerata** oilcloth; **~ di ragno** spider's web.

te'laio *sm* (*apparecchio*) loom; (*struttura*) frame.

Tel A'viv *sf* Tel Aviv.

tele... *prefisso* tele....

teleabbo'nato *sm* television licence holder.

tele'camera *sf* television camera.

telecoman'dare *vt* to operate by remote control.

teleco'mando *sm* remote control; (*dispositivo*) remote-control device.

telecomunicazi'oni [telekomunikat'tsjoni] *sfpl* telecommunications.

tele'cronaca, che *sf* television report.

telecro'nista, i, e *sm/f* (television) commentator.

tele'ferica, che *sf* cableway.

tele'film *sm inv* television film.

telefo'nare *vi* to telephone, ring; (*fare una chiamata*) to make a phone call ♦ *vt* to telephone; **~ a qn** to telephone sb, phone *o* ring *o* call sb (up).

telefo'nata *sf* (telephone) call; **~ urbana/interurbana** local/long-distance call; **~ a carico del destinatario** reverse charge (*BRIT*) *o* collect (*US*) call; **~ con preavviso** person-to-person call.

telefonica'mente *av* by (tele)phone.

tele'fonico, a, ci, che *ag* (tele)phone *cpd*.

telefo'nino *sm* (*cellulare*) mobile phone.

telefo'nista, i, e *sm/f* telephonist; (*d'impresa*) switchboard operator.

te'lefono *sm* telephone; **avere il ~** to be on the (tele)phone; **~ a gettoni** ≈ pay phone; **~ azzurro** ≈ Childline; **~ interno** internal phone; **~ pubblico** public phone, call box (*BRIT*); **~ rosa** ≈ rape crisis.

telegior'nale [teledʒor'nale] *sm* television news (programme).

telegra'fare *vt, vi* to telegraph, cable.

telegra'fia *sf* telegraphy.

tele'grafico, a, ci, che *ag* telegraph *cpd*, telegraphic.

telegra'fista, i, e *sm/f* telegraphist, telegraph operator.

te'legrafo *sm* telegraph; (*ufficio*) telegraph office.

tele'gramma, i *sm* telegram.

tele'matica *sf* data transmission; telematics *sg*.

teleno'vela *sf* soap opera.

teleobiet'tivo *sm* telephoto lens *sg*.

telepa'tia *sf* telepathy.

tele'quiz [tele'kwits] *sm inv* (*TV*) game show.

teles'chermo [teles'kɛrmo] *sm* television screen.

teles'copio *sm* telescope.

telescri'vente *sf* teleprinter (*BRIT*), teletypewriter (*US*).

teleselet'tivo, a *ag*: **prefisso ~** dialling code (*BRIT*), dial code (*US*).

teleselezi'one [teleselet'tsjone] *sf* direct dialling.

telespetta'tore, 'trice *sm/f* (television) viewer.

tele'text *sm inv* teletext.

tele'video *sm* videotext service.

televisi'one *sf* television.

Televisione in *Italy comprises public and private-sector channels. There are 3 state-owned channels,* RAI *1, 2 and 3, and a large number of private channels. Some of these exist at local level only, while others are regional. Some form part of a network, others are independent. Being state-owned,* RAI *is responsible to the Ministero delle Poste e Telecomunicazioni. Both the state-owned* RAI *and the privately run channels compete for advertising to finance themselves.*

---

televi'sore *sm* television set.

'telex *sm inv* telex.

'telo *sm* length of cloth.

te'lone *sm* (*per merci etc*) tarpaulin; (*sipario*) drop curtain.

'tema, i *sm* theme; (*INS*) essay, composition.

te'matica *sf* basic themes *pl.*

teme'rario, a *ag* rash, reckless.

te'mere *vt* to fear, be afraid of; (*essere sensibile a: freddo, calore*) to be sensitive to ♦ *vi* to be afraid; (*essere preoccupato*): ~ **per** to worry about, fear for; ~ **di/che** to be afraid of/that.

'tempera *sf* (*pittura*) tempera; (*dipinto*) painting in tempera.

temperama'tite *sm inv* pencil sharpener.

tempera'mento *sm* temperament.

tempe'rante *ag* moderate.

tempe'rare *vt* (*aguzzare*) to sharpen; (*fig*) to moderate, control, temper.

tempe'rato, a *ag* moderate, temperate; (*clima*) temperate.

tempera'tura *sf* temperature; ~ **ambiente** room temperature.

tempe'rino *sm* penknife.

tem'pesta *sf* storm; ~ **di sabbia/neve** sand/snowstorm.

tempes'tare *vt* (*percuotere*): ~ **qn di colpi** to rain blows on sb; (*bombardare*): ~ **qn di domande** to bombard sb with questions; (*ornare*) to stud.

tempestività *sf* timeliness.

tempes'tivo, a *ag* timely.

tempes'toso, a *ag* stormy.

'tempia *sf* (*ANAT*) temple.

'tempio *sm* (*edificio*) temple.

tem'pismo *sm* sense of timing.

tem'pistiche [tem'pistike] *sfpl* (*COMM*) time

and motion.

'tempo *sm* (*METEOR*) weather; (*cronologico*) time; (*epoca*) time, times *pl*; (*di film, gioco: parte*) part; (*MUS*) time; (: *battuta*) beat; (*LING*) tense; **un** ~ once; **da** ~ for a long time now; ~ **fa** some time ago; **poco** ~ **dopo** not long after; **a** ~ **e luogo** at the right time and place; **ogni cosa a suo** ~ we'll (*o* you'll *etc*) deal with it in due course; **al** ~ **stesso** *o* **a un** ~ at the same time; **per** ~ early; **per qualche** ~ for a while; **trovare il** ~ **di fare qc** to find the time to do sth; **aver fatto il proprio** ~ to have had its (*o* his *etc*) day; **primo/secondo** ~ (*TEAT*) first/second part; (*SPORT*) first/second half; **rispettare i** ~**i** to keep to the timetable; **stringere i** ~**i** to speed things up; **con i** ~**i che corrono** these days; **in questi ultimi** ~**i** of late; **ai miei** ~**i** in my day; ~ **di cottura** cooking time; **in** ~ **utile** in due time *o* course; ~**i di esecuzione** (*COMM*) time scale *sg*; ~**i di lavorazione** (*COMM*) throughput time *sg*; ~**i morti** (*COMM*) downtime *sg*, idle time *sg*.

tempo'rale *ag* temporal ♦ *sm* (*METEOR*) (thunder)storm.

tempora'lesco, a, schi, sche *ag* stormy.

tempo'raneo, a *ag* temporary.

temporeggi'are [tempored'dʒare] *vi* to play for time, temporize.

'tempra *sf* (*TECN: atto*) tempering, hardening; (: *effetto*) temper; (*fig: costituzione fisica*) constitution; (: *intellettuale*) temperament.

tem'prare *vt* to temper.

te'nace [te'natʃe] *ag* strong, tough; (*fig*) tenacious.

te'nacia [te'natʃa] *sf* tenacity.

te'naglie [te'naʎʎe] *sfpl* pincers *pl.*

'tenda *sf* (*riparo*) awning; (*di finestra*) curtain; (*per campeggio etc*) tent.

ten'daggio [ten'daddʒo] *sm* curtaining, curtains *pl*, drapes *pl* (*US*).

ten'denza [ten'dɛntsa] *sf* tendency; (*orientamento*) trend; **avere** ~ **a** *o* **per qc** to have a bent for sth; ~ **al rialzo/ribasso** (*BORSA*) upward/downward trend.

tendenziosità [tendentsjosi'ta] *sf* tendentiousness.

tendenzi'oso, a [tenden'tsjoso] *ag* tendentious, bias(s)ed.

'tendere *vt* (*allungare al massimo*) to stretch, draw tight; (*porgere: mano*) to hold out; (*fig: trappola*) to lay, set ♦ *vi*: ~ **a qc/a fare** to tend towards sth/to do; **tutti i nostri sforzi sono tesi a ...** all our efforts are geared towards ...; ~ **l'orecchio** to prick up one's ears; **il tempo tende al caldo** the weather is getting hot; **un blu che tende al verde** a greenish blue.

ten'dina *sf* curtain.

'tendine *sm* tendon, sinew.

ten'done *sm* (*da circo*) big top.

ten'dopoli *sf inv* (large) camp.

'tenebre *sfpl* darkness *sg*.

tene'broso, a *ag* dark, gloomy.

te'nente *sm* lieutenant.

te'nere *vt* to hold; (*conservare, mantenere*) to keep; (*ritenere, considerare*) to consider; (*spazio: occupare*) to take up, occupy; (*seguire: strada*) to keep to; (*dare: lezione, conferenza*) to give ♦ *vi* to hold; (*colori*) to be fast; (*dare importanza*): ~ **a** to care about; ~ **a fare** to want to do, be keen to do; ~**rsi** *vr* (*stare in una determinata posizione*) to stand; (*stimarsi*) to consider o.s.; (*aggrapparsi*): ~**rsi a** to hold on to; (*attenersi*): ~**rsi a** to stick to; ~ **in gran conto** *o* **considerazione qn** to have a high regard for sb, think highly of sb; ~ **conto di qc** to take sth into consideration; ~ **presente qc** to bear sth in mind; **non ci sono scuse che tengano** I'll take no excuses; ~**rsi per la mano** (*uso reciproco*) to hold hands; ~**rsi in piedi** to stay on one's feet.

tene'rezza [tene'rettsa] *sf* tenderness.

'tenero, a *ag* tender; (*pietra, cera, colore*) soft; (*fig*) tender, loving ♦ *sm*: **tra quei due c'è del** ~ there's a romance budding between those two.

'tengo *etc vb vedi* tenere.

'tenia *sf* tapeworm.

'tenni *etc vb vedi* tenere.

'tennis *sm* tennis; ~ **da tavolo** table tennis.

ten'nista, i, e *sm/f* tennis player.

te'nore *sm* (*tono*) tone; (*MUS*) tenor; ~ **di vita** way of life; (*livello*) standard of living.

tensi'one *sf* tension; **ad alta** ~ (*ELETTR*) high-voltage *cpd*, high-tension *cpd*.

tentaco'lare *ag* tentacular; (*fig: città*) magnet-like.

ten'tacolo *sm* tentacle.

ten'tare *vt* (*indurre*) to tempt; (*provare*): ~ **qc/di fare** to attempt *o* try sth/to do; ~ **la sorte** to try one's luck.

tenta'tivo *sm* attempt.

tentazi'one [tentat'tsjone] *sf* temptation; **aver la** ~ **di fare** to be tempted to do.

tentenna'mento *sm* (*fig*) hesitation, wavering; **dopo molti** ~**i** after much hesitation.

tenten'nare *vi* to shake, be unsteady; (*fig*) to hesitate, waver ♦ *vt*: ~ **il capo** to shake

one's head.

ten'toni *av*: **andare a** ~ (*anche fig*) to grope one's way.

'tenue *ag* (*sottile*) fine; (*colore*) soft; (*fig*) slender, slight.

te'nuta *sf* (*capacità*) capacity; (*divisa*) uniform; (*abito*) dress; (*AGR*) estate; **a** ~ **d'aria** airtight; ~ **di strada** roadholding power; **in** ~ **da lavoro** in one's working clothes; **in** ~ **da sci** in a skiing outfit.

teolo'gia [teolo'dʒia] *sf* theology.

teo'logico, a, ci, che [teo'lɔdʒiko] *ag* theological.

te'ologo, gi *sm* theologian.

teo'rema, i *sm* theorem.

teo'ria *sf* theory; **in** ~ in theory, theoretically.

te'orico, a, ci, che *ag* theoretic(al) ♦ *sm* theorist, theoretician; **a livello** ~, **in linea** ~**a** theoretically.

teoriz'zare [teorid'dzare] *vt* to theorize.

'tepido, a *ag* = tiepido.

te'pore *sm* warmth.

'teppa *sf* mob, hooligans *pl*.

tep'paglia [tep'paʎʎa] *sf* hooligans *pl*.

tep'pismo *sm* hooliganism.

tep'pista, i *sm* hooligan.

tera'peutico, a, ci, che *ag* therapeutic.

tera'pia *sf* therapy; ~ **di gruppo** group therapy.

tera'pista, i, e *sm/f* therapist.

tergicris'tallo [terdʒikris'tallo] *sm* windscreen (*BRIT*) *o* windshield (*US*) wiper.

tergiver'sare [terdʒiver'sare] *vi* to shilly-shally.

'tergo *sm*: **a** ~ behind; **vedi a** ~ please turn over.

'terital ® *sm inv* Terylene ®.

ter'male *ag* thermal.

'terme *sfpl* thermal baths.

'termico, a, ci, che *ag* thermal; **centrale** ~**a** thermal power station.

termi'nale *ag* (*fase, parte*) final; (*MED*) terminal ♦ *sm* terminal; **tratto** ~ (*di fiume*) lower reaches *pl*.

termi'nare *vt* to end; (*lavoro*) to finish ♦ *vi* to end.

terminazi'one [terminat'tsjone] *sf* (*fine*) end; (*LING*) ending; ~**i nervose** (*ANAT*) nerve endings.

'termine *sm* term; (*fine, estremità*) end; (*di territorio*) boundary, limit; **fissare un** ~ to set a deadline; **portare a** ~ **qc** to bring sth to a conclusion; **contratto a** ~ (*COMM*) forward contract; **a breve/lungo** ~ short-/long-term; **ai** ~**i di legge** by law; **in altri** ~**i** in other words; **parlare senza** mezzi ~i to talk frankly, not to mince one's words.

terminolo'gia [terminolo'dʒia] *sf* terminology.

'termite *sf* termite.

termoco'perta *sf* electric blanket.

ter'mometro *sm* thermometer.

termonucle'are *ag* thermonuclear.

'termos *sm inv* = **thermos**.

termosi'fone *sm* radiator; **(riscaldamento a)** ~ central heating.

ter'mostato *sm* thermostat.

'terna *sf* set of three; (*lista di tre nomi*) list of three candidates.

'terno *sm* (*al lotto etc*) (set of) three winning numbers; **vincere un** ~ **al lotto** (*fig*) to hit the jackpot.

'terra *sf* (*gen, ELETTR*) earth; (*sostanza*) soil, earth; (*opposto al mare*) land *no pl*; (*regione, paese*) land; (*argilla*) clay; ~**e** *sfpl* (*possedimento*) lands, land *sg*; **a** *o* **per** ~ (*stato*) on the ground (*o* floor); (*moto*) to the ground, down; **mettere a** ~ (*ELETTR*) to earth; **essere a** ~ (*fig: depresso*) to be at rock bottom; **via** ~ (*viaggiare*) by land, overland; **strada in** ~ **battuta** dirt track; ~ **di nessuno** no man's land; **la T~** **Santa** the Holy Land; ~ **di Siena** sienna; ~ ~ (*fig: persona, argomento*) prosaic, pedestrian.

'terra-'aria *ag inv* (*MIL*) ground-to-air.

terra'cotta *sf* terracotta; **vasellame di** ~ earthenware.

terra'ferma *sf* dry land, terra firma; (*continente*) mainland.

ter'raglia [ter'raʎʎa] *sf* pottery; ~**e** *pl* (*oggetti*) crockery *sg*, earthenware *sg*.

Terra'nova *sf*: **la** ~ Newfoundland.

terrapi'eno *sm* embankment, bank.

'terra-'terra *ag inv* (*MIL*) surface-to-surface.

ter'razza [ter'rattsa] *sf*, **ter'razzo** [ter'rattso] *sm* terrace.

terremo'tato, a *ag* (*zona*) devastated by an earthquake ♦ *sm/f* earthquake victim.

terre'moto *sm* earthquake.

ter'reno, a *ag* (*vita, beni*) earthly ♦ *sm* (*suolo, fig*) ground; (*COMM*) land *no pl*, plot (of land); (*SPORT, MIL*) field; **perdere** ~ (*anche fig*) to lose ground; **un** ~ **montuoso** a mountainous terrain; ~ **alluvionale** (*GEO*) alluvial soil.

'terreo, a *ag* (*viso, colorito*) wan.

ter'restre *ag* (*superficie*) of the earth, earth's; (*di terra: battaglia, animale*) land *cpd*; (*REL*) earthly, worldly.

ter'ribile *ag* terrible, dreadful.

ter'riccio [ter'rittʃo] *sm* soil.

terri'ero, a *ag*: **proprietà** ~**a** landed

property; **proprietario** ~ landowner.

terrifi'cante *ag* terrifying.

ter'rina *sf* (*zuppiera*) tureen.

territori'ale *ag* territorial.

terri'torio *sm* territory.

ter'rone, a *sm/f* derogatory term used by Northern Italians to describe Southern Italians.

ter'rore *sm* terror; **avere il** ~ **di qc** to be terrified of sth.

terro'rismo *sm* terrorism.

terro'rista, i, e *sm/f* terrorist.

terroriz'zare [terrorid'dzare] *vt* to terrorize.

'terso, a *ag* clear.

ter'zetto [ter'tsetto] *sm* (*MUS*) trio, terzetto; (*di persone*) trio.

terzi'ario, a [ter'tsjarjo] *ag* (*GEO, ECON*) tertiary.

ter'zino [ter'tsino] *sm* (*CALCIO*) fullback, back.

'terzo, a ['tɛrtso] *ag* third ♦ *sm* (*frazione*) third; (*DIR*) third party ♦ *sf* (*gen*) third; (*AUT*) third (gear); (*di trasporti*) third class; (*SCOL: elementare*) *third year at primary school*; (: *media*) *third year at secondary school*; (: *superiore*) *sixth year at secondary school*; ~**i** *smpl* (*altri*) others, other people; **agire per conto di** ~**i** to act on behalf of a third party; **assicurazione contro** ~**i** third-party insurance (*BRIT*), liability insurance (*US*); **la** ~**a età** old age; **il** ~ **mondo** the Third World; **di terz'ordine** third rate; **la** ~**a pagina** (*STAMPA*) the Arts page.

'tesa *sf* brim; **a larghe** ~**e** wide-brimmed.

'teschio ['tɛskjo] *sm* skull.

'tesi *sf inv* thesis; ~ **di laurea** degree thesis.

'tesi *etc vb vedi* **tendere**.

'teso, a *pp di* **tendere** ♦ *ag* (*tirato*) taut, tight; (*fig*) tense.

tesore'ria *sf* treasury.

tesori'ere *sm* treasurer.

te'soro *sm* treasure; **il Ministero del T**~ the Treasury; **far** ~ **dei consigli di qn** to take sb's advice to heart.

'tessera *sf* (*documento*) card; (*di abbonato*) season ticket; (*di giornalista*) pass; **ha la** ~ **del partito** he's a party member.

tesse'rare *vt* (*iscrivere*) to give a membership card to.

tesse'rato, a *sm/f* (*di società sportiva etc*) (fully paid-up) member; (*POL*) (card-carrying) member.

'tessere *vt* to weave; ~ **le lodi di qn** (*fig*) to sing sb's praises.

'tessile *ag*, *sm* textile.

tessi'tore, 'trice *sm/f* weaver.

tessi'tura *sf* weaving.

tes'suto *sm* fabric, material; (*BIOL*) tissue; (*fig*) web.

'testa *sf* head; (*di cose: estremità, parte anteriore*) head, front; **5.000 lire a ~** 5,000 lire apiece *o* a head *o* per person; **a ~ alta** with one's head held high; **a ~ bassa** (*correre*) headlong; (*con aria dimessa*) with head bowed; **di ~** *ag* (*vettura etc*) front; **dare alla ~** to go to one's head; **fare di ~ propria** to go one's own way; **in ~** (*SPORT*) in the lead; **essere in ~ alla classifica** (*corridore*) to be number one; (*squadra*) to be at the top of the league table; (*disco*) to be top of the charts, be number one; **essere alla ~ di qc** (*società*) to be the head of; (*esercito*) to be at the head of; **tenere ~ a qn** (*nemico etc*) to stand up to sb; **una ~ d'aglio** a bulb of garlic; **~ o croce?** heads or tails?; **avere la ~ dura** to be stubborn; **~ di serie** (*TENNIS*) seed, seeded player.

'testa-'coda *sm inv* (*AUT*) spin.

testamen'tario, a *ag* (*DIR*) testamentary; **le sue disposizioni ~e** the provisions of his will.

testa'mento *sm* (*atto*) will, testament; **l'Antico/il Nuovo T~** (*REL*) the Old/New Testament.

testar'daggine [testar'daddʒine] *sf* stubbornness, obstinacy.

tes'tardo, a *ag* stubborn, pig-headed.

tes'tare *vt* to test.

tes'tata *sf* (*parte anteriore*) head; (*intestazione*) heading; **missile a ~ nucleare** missile with a nuclear warhead.

'teste *sm/f* witness.

tes'ticolo *sm* testicle.

testi'era *sf* (*del letto*) headboard; (*di cavallo*) headpiece.

testi'mone *sm/f* (*DIR*) witness; **fare da ~ alle nozze di qn** to be a witness at sb's wedding; **~ oculare** eye witness.

testimoni'anza [testimo'njantsa] *sf* (*atto*) deposition; (*effetto*) evidence; (*fig: prova*) proof; **accusare qn di falsa ~** to accuse sb of perjury; **rilasciare una ~** to give evidence.

testimoni'are *vt* to testify; (*fig*) to bear witness to, testify to ♦ *vi* to give evidence, testify; **~ il vero** to tell the truth; **~ il falso** to perjure o.s.

tes'tina *sf* (*di giradischi, registratore*) head.

'testo *sm* text; **fare ~** (*opera, autore*) to be authoritative; (*fig: dichiarazione*) to carry weight.

testoste'rone *sm* testosterone.

testu'ale *ag* textual; **le sue parole ~i** his (*o* her) actual words.

tes'tuggine [tes'tuddʒine] *sf* tortoise; (*di mare*) turtle.

'tetano *sm* (*MED*) tetanus.

'tetro, a *ag* gloomy.

'tetta *sf* (*fam*) boob, tit.

tetta'rella *sf* teat.

'tetto *sm* roof; **abbandonare il ~ coniugale** to desert one's family; **~ a cupola** dome.

tet'toia *sf* roofing; canopy.

'Tevere *sm*: **il ~** the Tiber.

TG [tid'dʒi] *abbr m* (= *telegiornale*) TV news *sg*.

'thermos ® ['tɛrmos] *sm inv* vacuum *o* Thermos ® flask.

'thriller ['θrilə], **'thrilling** ['θriliŋ] *sm inv* thriller.

ti *pron* (*dav lo, la, li, le, ne diventa* **te**) (*oggetto*) you; (*complemento di termine*) (to) you; (*riflessivo*) yourself; **~ aiuto?** can I give you a hand?; **te lo ha dato?** did he give it to you?; **~ sei lavato?** have you washed?

ti'ara *sf* (*REL*) tiara.

'Tibet *sm*: **il ~** Tibet.

tibe'tano, a *ag, sm/f* Tibetan.

'tibia *sf* tibia, shinbone.

tic *sm inv* tic, (*nervous*) twitch; (*fig*) mannerism.

ticchet'tio [tikket'tio] *sm* (*di macchina da scrivere*) clatter; (*di orologio*) ticking; (*della pioggia*) patter.

'ticchio ['tikkjo] *sm* (*ghiribizzo*) whim; (*tic*) tic, (*nervous*) twitch.

'ticket *sm inv* (*MED*) prescription charge (*BRIT*).

ti'ene *etc vb vedi* **tenere**.

ti'epido, a *ag* lukewarm, tepid.

ti'fare *vi*: **~ per** to be a fan of; (*parteggiare*) to side with.

'tifo *sm* (*MED*) typhus; (*fig*): **fare il ~ per** to be a fan of.

tifoi'dea *sf* typhoid.

ti'fone *sm* typhoon.

ti'foso, a *sm/f* (*SPORT etc*) fan.

tight ['tait] *sm inv* morning suit.

'tiglio ['tiʎʎo] *sm* lime (tree), linden (tree).

'tigna ['tiɲɲa] *sf* (*MED*) ringworm.

ti'grato, a *ag* striped.

'tigre *sf* tiger.

tilt *sm*: **andare in ~** (*fig*) to go haywire.

tim'ballo *sm* (*strumento*) kettledrum; (*CUC*) timbale.

tim'brare *vt* to stamp; (*annullare: francobolli*) to postmark; **~ il cartellino** to clock in.

'timbro *sm* stamp; (*MUS*) timbre, tone.

timi'dezza [timi'dettsa] *sf* shyness, timidity.

'timido, a *ag* shy, timid.

'timo *sm* thyme.

ti'mone *sm* (*NAUT*) rudder.
timoni'ere *sm* helmsman.
timo'rato, a *ag* conscientious; ~ di Dio
God-fearing.
ti'more *sm* (*paura*) fear; (*rispetto*) awe;
avere ~ di qc/qn (*paura*) to be afraid of
sth/sb.
timo'roso, a *ag* timid, timorous.
'timpano *sm* (*ANAT*) eardrum; (*MUS*): ~i
kettledrums, timpani.
'tinca, che *sf* (*ZOOL*) tench.
ti'nello *sm* small dining room.
'tingere ['tindʒere] *vt* to dye.
'tino *sm* vat.
ti'nozza [ti'nɔttsa] *sf* tub.
'tinsi *etc vb vedi* tingere.
'tinta *sf* (*materia colorante*) dye; (*colore*)
colour (*BRIT*), color (*US*), shade.
tinta'rella *sf* (*fam*) (sun)tan.
tintin'nare *vi* to tinkle.
tintin'nio *sm* tinkling.
'tinto, a *pp di* tingere.
tinto'ria *sf* (*officina*) dyeworks *sg*;
(*lavasecco*) dry cleaner's (shop).
tin'tura *sf* (*operazione*) dyeing; (*colorante*)
dye; ~ di iodio tincture of iodine.
'tipico, a, ci, che *ag* typical.
'tipo *sm* type; (*genere*) kind, type; (*fam*)
chap, fellow; vestiti di tutti i ~i all kinds
of clothes; sul ~ di questo of this sort; sei
un bel ~! you're a fine one!
tipogra'fia *sf* typography.
tipo'grafico, a, ci, che *ag* typographic(al).
ti'pografo *sm* typographer.
tip 'tap [tip'tap] *sm* (*ballo*) tap dancing.
T.I.R. *sigla m* (= *Transports Internationaux
Routiers*) International Heavy Goods
Vehicle.
'tira e 'molla *sm inv* tug-of-war.
ti'raggio [ti'raddʒo] *sm* (*di camino etc*)
draught (*BRIT*), draft (*US*).
Ti'rana *sf* Tirana.
tiranneggi'are [tiranned'dʒare] *vt* to
tyrannize.
tiran'nia *sf* tyranny.
ti'ranno, a *ag* tyrannical ♦ *sm* tyrant.
ti'rante *sm* (*NAUT, di tenda etc*) guy; (*EDIL*)
brace.
tirapi'edi *sm/f inv* hanger-on.
tira'pugni [tira'puɲɲi] *sm inv* knuckleduster.
ti'rare *vt* (*gen*) to pull; (*estrarre*): ~ qc da
to take *o* pull sth out of; to get sth out of; to
extract sth from; (*chiudere: tenda etc*) to
draw, pull; (*tracciare, disegnare*) to draw,
trace; (*lanciare: sasso, palla*) to throw;
(*stampare*) to print; (*pistola, freccia*) to fire
♦ *vi* (*pipa, camino*) to draw; (*vento*) to

blow; (*abito*) to be tight; (*fare fuoco*) to
fire; (*fare del tiro, CALCIO*) to shoot; ~ qn da
parte to take *o* draw sb aside; ~ un
sospiro (di sollievo) to heave a sigh (of
relief); ~ a indovinare to take a guess; ~
sul prezzo to bargain; ~ avanti *vi* to
struggle on ♦ *vt* to provide for; ~
(*ditta*) to look after; ~ fuori to take out,
pull out; ~ giù to pull down; ~ su to pull
up; (*capelli*) to put up; (*fig: bambino*) to
bring up; ~rsi indietro to move back; (*fig*)
to back out; ~rsi su to pull o.s. up; (*fig*) to
cheer o.s. up.
ti'rato, a *ag* (*teso*) taut; (*fig: teso, stanco*)
drawn.
tira'tore *sm* gunman; un buon ~ a good
shot; ~ scelto marksman.
tira'tura *sf* (*azione*) printing; (*di libro*)
(print) run; (*di giornale*) circulation.
tirchie'ria [tirkje'ria] *sf* meanness,
stinginess.
'tirchio, a ['tirkjo] *ag* mean, stingy.
tiri'tera *sf* drivel, hot air.
'tiro *sm* shooting *no pl*, firing *no pl*; (*colpo,
sparo*) shot; (*di palla: lancio*) throwing *no pl*;
throw; (*fig*) trick; essere a ~ to be in
range; giocare un brutto ~ *o* un ~
mancino a qn to play a dirty trick on s.b.;
cavallo da ~ draught (*BRIT*) *o* draft (*US*)
horse; ~ a segno target shooting; (*luogo*)
shooting range.
tiroci'nante [tirotʃi'nante] *ag, sm/f*
apprentice (*cpd*); trainee (*cpd*).
tiro'cinio [tiro'tʃinjo] *sm* apprenticeship;
(*professionale*) training.
ti'roide *sf* thyroid (gland).
tiro'lese *ag, sm/f* Tyrolean, Tyrolese *inv*.
Ti'rolo *sm*: il ~ the Tyrol.
tir'rennico, a, ci, che *ag* Tyrrhenian.
Tir'reno *sm*: il (mar) ~ the Tyrrhenian Sea.
ti'sana *sf* herb tea.
'tisi *sf* (*MED*) consumption.
'tisico, a, ci, che *ag* (*MED*) consumptive;
(*fig: gracile*) frail ♦ *sm/f* consumptive
(person).
ti'tanico, a, ci, che *ag* gigantic, enormous.
ti'tano *sm* (*MITOLOGIA, fig*) titan.
tito'lare *ag* appointed; (*sovrano*) titular
♦ *sm/f* incumbent; (*proprietario*) owner;
(*CALCIO*) regular player.
tito'lato, a *ag* (*persona*) titled.
'titolo *sm* title; (*di giornale*) headline;
(*diploma*) qualification; (*COMM*) security;
(: *azione*) share; a che ~? for what
reason?; a ~ di amicizia out of friendship;
a ~ di cronaca for your information; a ~
di premio as a prize; ~ di credito share; ~
obbligazionario bond; ~ al portatore

bearer bond; ~ **di proprietà** title deed; ~**i di stato** government securities; ~**i di testa** (*CINE*) credits.

titu'bante *ag* hesitant, irresolute.

tivù *sf inv* (*fam*) telly (*BRIT*), TV.

'tizio, a ['tittsjo] *sm/f* fellow, chap.

tiz'zone [tit'tsone] *sm* brand.

T.M.G. *abbr* (= *tempo medio di Greenwich*) GMT.

TN *sigla* = *Trento*.

TNT *sigla m* (= *trinitrotoluolo*) TNT.

TO *sigla* = *Torino*.

toast [toust] *sm inv* toasted sandwich.

toc'cante *ag* touching.

toc'care *vt* to touch; (*tastare*) to feel; (*fig: riguardare*) to concern; (: *commuovere*) to touch, move; (: *pungere*) to hurt, wound; (: *far cenno a: argomento*) to touch on, mention ♦ *vi*: ~ **a** (*accadere*) to happen to; (*spettare*) to be up to; **tocca a te difenderci** it's up to you to defend us; **a chi tocca?** whose turn is it?; **mi toccò pagare** I had to pay; ~ **il fondo** (*in acqua*) to touch the bottom; (*fig*) to touch rock bottom; ~ **con mano** (*fig*) to find out for o.s.; ~ **qn sul vivo** to cut sb to the quick.

tocca'sana *sm inv* cure-all, panacea.

toccherò *etc* [tokke'rɔ] *vb vedi* toccare.

'tocco, chi *sm* touch; (*ARTE*) stroke, touch.

toe'letta *sf* = toilette.

'toga, ghe *sf* toga; (*di magistrato, professore*) gown.

'togliere ['tɔʎʎere] *vt* (*rimuovere*) to take away (*o* off), remove; (*riprendere, non concedere più*) to take away, remove; (*MAT*) to take away, subtract; (*liberare*) to free; ~ **qc a qn** to take sth (away) from sb; **ciò non toglie che** ... nevertheless ..., be that as it may ...; ~**rsi il cappello** to take off one's hat.

'Togo *sm*: **il** ~ Togo.

toilette [twa'lɛt] *sf inv* (*gabinetto*) toilet; (*cosmesi*) make-up; (*abbigliamento*) gown, dress; (*mobile*) dressing table; **fare** ~ to get made up, make o.s. beautiful.

'Tokyo *sf* Tokyo.

to'letta *sf* = toilette.

'tolgo *etc vb vedi* togliere.

tolle'rante *ag* tolerant.

tolle'ranza [tolle'rantsa] *sf* tolerance; **casa di** ~ brothel.

tolle'rare *vt* to tolerate; **non tollero repliche** I won't stand for objections; **non sono tollerati i ritardi** lateness will not be tolerated.

To'losa *sf* Toulouse.

'tolsi *etc vb vedi* togliere.

'tolto, a *pp di* togliere.

to'maia *sf* (*di scarpa*) upper.

'tomba *sf* tomb.

tom'bale *ag*: **pietra** ~ tombstone, gravestone.

tom'bino *sm* manhole cover.

'tombola *sf* (*gioco*) tombola; (*ruzzolone*) tumble.

'tomo *sm* volume.

tomogra'fia *sf* (*MED*) tomography; ~ **assiale computerizzata** computerized axial tomography.

'tonaca, che *sf* (*REL*) habit.

to'nare *vi* = tuonare.

'tondo, a *ag* round.

'tonfo *sm* splash; (*rumore sordo*) thud; (*caduta*): **fare un** ~ to take a tumble.

'tonico, a, ci, che *ag* tonic ♦ *sm* tonic; (*cosmetico*) toner.

tonifi'cante *ag* invigorating, bracing.

tonifi'care *vt* (*muscoli, pelle*) to tone up; (*irrobustire*) to invigorate, brace.

ton'nara *sf* tuna-fishing nets *pl*.

ton'nato, a *ag* (*CUC*): **salsa** ~**a** tuna fish sauce; **vitello** ~ veal with tuna fish sauce.

tonnel'laggio [tonnel'laddʒo] *sm* (*NAUT*) tonnage.

tonnel'lata *sf* ton.

'tonno *sm* tuna (fish).

'tono *sm* (*gen, MUS*) tone; (*di colore*) shade, tone; **rispondere a** ~ (*a proposito*) to answer to the point; (*nello stesso modo*) to answer in kind; (*per le rime*) to answer back.

ton'silla *sf* tonsil.

tonsil'lite *sf* tonsillitis.

ton'sura *sf* tonsure.

'tonto, a *ag* dull, stupid ♦ *sm/f* blockhead, dunce; **fare il finto** ~ to play dumb.

top [tɔp] *sm inv* (*vertice, camicetta*) top.

to'paia *sf* (*di topo*) mousehole; (*di ratto*) rat's nest; (*fig: casa etc*) hovel, dump.

to'pazio [to'pattsjo] *sm* topaz.

topi'cida, i [topi'tʃida] *sm* rat poison.

'topless ['tɔplis] *sm inv* topless bathing costume.

'topo *sm* mouse; ~ **d'albergo** (*fig*) hotel thief; ~ **di biblioteca** (*fig*) bookworm.

topogra'fia *sf* topography.

topog'rafico, a, ci, che *ag* topographic, topographical.

to'ponimo *sm* place name.

'toppa *sf* (*serratura*) keyhole; (*pezza*) patch.

to'race [to'ratʃe] *sm* chest.

'torba *sf* peat.

'torbido, a *ag* (*liquido*) cloudy; (: *fiume*) muddy; (*fig*) dark; troubled ♦ *sm*: **pescare nel** ~ (*fig*) to fish in troubled waters.

'torcere ['tɔrtʃere] *vt* to twist; (*biancheria*) to

wring (out); ~**rsi** *vr* to twist, writhe; **dare del filo da** ~ **a qn** to make life *o* things difficult for sb.

torchi'are [tor'kjare] *vt* to press.

'**torchio** ['tɔrkjo] *sm* press; **mettere qn sotto il** ~ (*fig fam: interrogare*) to grill sb; ~ **tipografico** printing press.

'**torcia, ce** ['tɔrtʃa] *sf* torch; ~ **elettrica** torch (*BRIT*), flashlight (*US*).

torci'collo [tortʃi'kɔllo] *sm* stiff neck.

'**tordo** *sm* thrush.

to'rero *sm* bullfighter, toreador.

tori'nese *ag* of (*o* from) Turin ♦ *smf* person from Turin.

To'rino *sf* Turin.

tor'menta *sf* snowstorm.

tormen'tare *vt* to torment; ~**rsi** *vr* to fret, worry o.s.

tor'mento *sm* torment.

torna'conto *sm* advantage, benefit.

tor'nado *sm* tornado.

tor'nante *sm* hairpin bend (*BRIT*) *o* curve (*US*).

tor'nare *vi* to return, go (*o* come) back; (*ridiventare: anche fig*) to become (again); (*riuscire giusto, esatto: conto*) to work out; (*risultare*) to turn out (to be), prove (to be); ~ **al punto di partenza** to start again; ~ **a casa** to go (*o* come) home; **i conti tornano** the accounts balance; ~ **utile** to prove *o* turn out (to be) useful.

torna'sole *sm inv* litmus.

tor'neo *sm* tournament.

'**tornio** *sm* lathe.

tor'nire *vt* (*TECN*) to turn (on a lathe); (*fig*) to shape, polish.

tor'nito, a *ag* (*gambe, caviglie*) well-shaped.

'**toro** *sm* bull; (*dello zodiaco*): **T**~ Taurus; **essere del T**~ to be Taurus.

tor'pedine *sf* torpedo.

torpedini'era *sf* torpedo boat.

tor'pore *sm* torpor.

'**torre** *sf* tower; (*SCACCHI*) rook, castle; ~ **di controllo** (*AER*) control tower.

torrefazi'one [torrefat'tsjone] *sf* roasting.

torreggi'are [torred'dʒare] *vi*: ~ (**su**) to tower (over).

tor'rente *sm* torrent.

torren'tizio, a [torren'tittsjo] *ag* torrential.

torrenzi'ale [torren'tsjale] *ag* torrential.

tor'retta *sf* turret.

'**torrido, a** *ag* torrid.

torri'one *sm* keep.

tor'rone *sm* nougat.

'**torsi** *etc vb vedi* **torcere**.

torsi'one *sf* twisting; (*TECN*) torsion.

'**torso** *sm* torso, trunk; (*ARTE*) torso; **a** ~ **nudo** bare-chested.

'**torsolo** *sm* (*di cavolo etc*) stump; (*di frutta*) core.

'**torta** *sf* cake.

tortel'lini *smpl* (*CUC*) tortellini.

torti'era *sf* cake tin (*BRIT*), cake pan (*US*).

'**torto, a** *pp di* **torcere** ♦ *ag* (*ritorto*) twisted; (*storto*) twisted, crooked ♦ *sm* (*ingiustizia*) wrong; (*colpa*) fault; **a** ~ wrongly; **a** ~ **o a ragione** rightly or wrongly; **aver** ~ to be wrong; **fare un** ~ **a qn** to wrong sb; **essere/passare dalla parte del** ~ to be/put o.s. in the wrong; **lui non ha tutti i** ~**i** there's something in what he says.

'**tortora** *sf* turtle dove.

tortu'oso, a *ag* (*strada*) twisting; (*fig*) tortuous.

tor'tura *sf* torture.

tortu'rare *vt* to torture.

'**torvo, a** *ag* menacing, grim.

tosa'erba *sm o f inv* (lawn)mower.

to'sare *vt* (*pecora*) to shear; (*cane*) to clip; (*siepe*) to clip, trim.

tosa'tura *sf* (*di pecore*) shearing; (*di cani*) clipping; (*di siepi*) trimming, clipping.

Tos'cana *sf*: **la** ~ Tuscany.

tos'cano, a *ag*, *smf* Tuscan ♦ *sm* (*anche*: **sigaro** ~) *strong Italian cigar*.

'**tosse** *sf* cough.

tossicità [tossitʃi'ta] *sf* toxicity.

'**tossico, a, ci, che** *ag* toxic.

tossicodipen'dente *smf* drug addict.

tossicodipen'denza [tossikodipen'dɛntsa] *sf* drug addiction.

tossi'comane *smf* drug addict.

tossicoma'nia *sf* drug addiction.

tos'sina *sf* toxin.

tos'sire *vi* to cough.

tosta'pane *sm inv* toaster.

tos'tare *vt* to toast; (*caffè*) to roast.

tosta'tura *sf* (*di pane*) toasting; (*di caffè*) roasting.

'**tosto, a** *ag*: **faccia** ~**a** cheek ♦ *av* at once, immediately; ~ **che** as soon as.

to'tale *ag*, *sm* total.

totalità *sf*: **la** ~ **di** all of, the total amount (*o* number) of; **the whole** + *sg*.

totali'tario, a *ag* totalitarian; (*totale*) complete, total; **adesione** ~**a** complete support.

totalita'rismo *sm* (*POL*) totalitarianism.

totaliz'zare [totalid'dzare] *vt* to total; (*SPORT: punti*) to score.

totalizza'tore [totaliddza'tore] *sm* (*TECN*) totalizator; (*IPPICA*) totalizator, tote (*fam*).

to'tip *sm gambling pool betting on horse racing*.

toto'calcio [toto'kaltʃo] *sm gambling pool betting on football results*, ≈ (football) pools *pl* (*BRIT*).

tou'pet [tu'pɛ] *sm inv* toupee.

tour [tur] *sm inv* (*giro*) tour; (*CICLISMO*) tour de France.

tour de 'force ['tur də 'fɔrs] *sm inv* (*SPORT*: *anche fig*) tour de force.

tour'née [tur'ne] *sf* tour; **essere in** ~ to be on tour.

to'vaglia [to'vaʎʎa] *sf* tablecloth.

tovagli'olo [tovaʎ'ʎɔlo] *sm* napkin.

'tozzo, a ['tɔttso] *ag* squat ♦ *sm*: ~ **di pane** crust of bread.

TP *sigla* = *Trapani.*

TR *sigla* = *Terni.*

Tr *abbr* (*COMM*) = **tratta.**

tra *prep* (*di due persone, cose*) between; (*di più persone, cose*) among(st); (*tempo: entro*) within, in; **prendere qn** ~ **le braccia** to take sb in one's arms; **litigano** ~ (**di**) **loro** they're fighting amongst themselves; ~ **5 giorni** in 5 days' time; ~ **breve** *o* **poco** soon; ~ **sé e sé** (*parlare etc*) to oneself; **sia detto** ~ **noi** ... between you and me ...; ~ **una cosa e l'altra** what with one thing and another.

trabal'lante *ag* shaky.

trabal'lare *vi* to stagger, totter.

tra'biccolo *sm* (*peg*: *auto*) old banger (*BRIT*), jalopy.

traboc'care *vi* to overflow.

traboc'chetto [trabok'ketto] *sm* (*fig*) trap ♦ *ag inv* trap *cpd*; **domanda** ~ trick question.

traca'gnotto, a [trakaɲ'ɲɔtto] *ag* dumpy ♦ *sm/f* dumpy person.

tracan'nare *vt* to gulp down.

'traccia, ce ['trattʃa] *sf* (*segno, striscia*) trail, track; (*orma*) tracks *pl*; (*residuo, testimonianza*) trace, sign; (*abbozzo*) outline; **essere sulle** ~**ce di qn** to be on sb's trail.

tracci'are [trat'tʃare] *vt* to trace, mark (out); (*disegnare*) to draw; (*fig: abbozzare*) to outline; ~ **un quadro della situazione** to outline the situation.

tracci'ato [trat'tʃato] *sm* (*grafico*) layout, plan; ~ **di gara** (*SPORT*) race route.

tra'chea [tra'kɛa] *sf* windpipe, trachea.

tra'colla *sf* shoulder strap; **portare qc a** ~ to carry sth over one's shoulder; **borsa a** ~ shoulder bag.

tra'collo *sm* (*fig*) collapse, ruin; ~ **finanziario** crash; **avere un** ~ (*MED*) to have a setback; (*COMM*) to collapse.

traco'tante *ag* overbearing, arrogant.

traco'tanza [trako'tantsa] *sf* arrogance.

trad. *abbr* = **traduzione.**

tradi'mento *sm* betrayal; (*DIR, MIL*) treason; **a** ~ by surprise; **alto** ~ high treason.

tra'dire *vt* to betray; (*coniuge*) to be unfaithful to; (*doveri: mancare*) to fail in; (*rivelare*) to give away, reveal; **ha tradito le attese di tutti** he let everyone down.

tradi'tore, 'trice *sm/f* traitor.

tradizio'nale [tradittsjo'nale] *ag* traditional.

tradizi'one [tradit'tsjone] *sf* tradition.

tra'dotto, a *pp di* **tradurre** ♦ *sf* (*MIL*) troop train.

tra'durre *vt* to translate; (*spiegare*) to render, convey; (*DIR*): ~ **qn in carcere/tribunale** to take sb to prison/court; ~ **in cifre** to put into figures; ~ **in atto** (*fig*) to put into effect.

tradut'tore, 'trice *sm/f* translator.

traduzi'one [tradut'tsjone] *sf* translation; (*DIR*) transfer.

'trae *vb vedi* **trarre.**

tra'ente *sm/f* (*ECON*) drawer.

trafe'lato, a *ag* out of breath.

traffi'cante *sm/f* dealer; (*peg*) trafficker.

traffi'care *vi* (*commerciare*): ~ (**in**) to trade (in), deal (in); (*affaccendarsi*) to busy o.s. ♦ *vt* (*peg*) to traffic in.

traffi'cato, a *ag* (*strada, zona*) busy.

'traffico, ci *sm* traffic; (*commercio*) trade, traffic; ~ **aereo/ferroviario** air/rail traffic; ~ **di droga** drug trafficking; ~ **stradale** traffic.

tra'figgere [tra'fiddʒere] *vt* to run through, stab; (*fig*) to pierce.

tra'fila *sf* procedure.

trafi'letto *sm* (*di giornale*) short article.

tra'fitto, a *pp di* **trafiggere.**

trafo'rare *vt* to bore, drill.

tra'foro *sm* (*azione*) boring, drilling; (*galleria*) tunnel.

trafu'gare *vt* to purloin.

tra'gedia [tra'dʒɛdja] *sf* tragedy.

'traggo *etc vb vedi* **trarre.**

traghet'tare [traget'tare] *vt* to ferry.

tra'ghetto [tra'getto] *sm* crossing; (*barca*) ferry(boat).

tragicità [tradʒitʃi'ta] *sf* tragedy.

'tragico, a, ci, che ['tradʒiko] *ag* tragic ♦ *sm* (*autore*) tragedian; **prendere tutto sul** ~ (*fig*) to take everything far too seriously.

tragi'comico, a, ci, che [tradʒi'kɔmiko] *ag* tragicomic.

tra'gitto [tra'dʒitto] *sm* (*passaggio*) crossing; (*viaggio*) journey.

tragu'ardo *sm* (*SPORT*) finishing line; (*fig*) goal, aim.

'trai *etc vb vedi* **trarre.**

traiet'toria *sf* trajectory.

trai'nante *ag* (*cavo, fune*) towing; (*fig: persona, settore*) driving.

trai'nare *vt* to drag, haul; (*rimorchiare*) to tow.

'training ['trɛinin(g)] *sm inv* training.

'traino *sm* (*carro*) wagon; (*slitta*) sledge; (*carico*) load.

tralasci'are [tralaʃ'ʃare] *vt* (*studi*) to neglect; (*dettagli*) to leave out, omit.

'tralcio ['traltʃo] *sm* (*BOT*) shoot.

tra'liccio [tra'littʃo] *sm* (*tela*) ticking; (*struttura*) trellis; (*ELETTR*) pylon.

tram *sm inv* tram (*BRIT*), streetcar (*US*).

'trama *sf* (*filo*) weft, woof; (*fig: argomento, maneggio*) plot.

traman'dare *vt* to pass on, hand down.

tra'mare *vt* (*fig*) to scheme, plot.

tram'busto *sm* turmoil.

trames'tio *sm* bustle.

tramez'zino [tramed'dzino] *sm* sandwich.

tra'mezzo [tra'mɛddzo] *sm* partition.

'tramite *prep* through ♦ *sm* means *pl*; **agire/fare da** ~ to act as/be a go-between.

tramon'tana *sf* (*METEOR*) north wind.

tramon'tare *vi* to set, go down.

tra'monto *sm* setting; (*del sole*) sunset.

tramor'tire *vi* to faint ♦ *vt* to stun.

trampo'lino *sm* (*per tuffi*) springboard, diving board; (*per lo sci*) ski-jump.

'trampolo *sm* stilt.

tramu'tare *vt*: ~ **in** to change into, turn into.

trance [traːns] *sf inv* (*di medium*) trance; **cadere in** ~ to fall into a trance.

'trancia, ce ['trantʃa] *sf* slice; (*cesoia*) shearing machine.

tranci'are [tran'tʃare] *vt* (*TECN*) to shear.

'trancio ['trantʃo] *sm* slice.

tra'nello *sm* trap; **tendere un** ~ **a qn** to set a trap for sb; **cadere in un** ~ to fall into a trap.

trangugi'are [trangu'dʒare] *vt* to gulp down.

'tranne *prep* except (for), but (for); ~ **che** *cong* unless; **tutti i giorni** ~ **il venerdì** every day except *o* with the exception of Friday.

tranquil'lante *sm* (*MED*) tranquillizer.

tranquillità *sf* calm, stillness; quietness; peace of mind.

tranquilliz'zare [trankwillid'dzare] *vt* to reassure.

tran'quillo, a *ag* calm, quiet; (*bambino, scolaro*) quiet; (*sereno*) with one's mind at rest; **sta'** ~ don't worry.

transat'lantico, a, ci, che *ag* transatlantic ♦ *sm* transatlantic liner; (*POL*) corridor used as a meeting place by members of

the lower chamber of the Italian Parliament.

The **transatlantico** is a room in the **Palazzo di Montecitorio** used by the **deputati**, between parliamentary sessions, for relaxing and conversing with other members and also for giving interviews and press conferences to the media.

---

tran'satto, a *pp di* **transigere**.

transazi'one [transat'tsjone] *sf* (*DIR*) settlement; (*COMM*) transaction, deal.

tran'senna *sf* barrier.

tran'setto *sm* transept.

transiberi'ano, a *ag* trans-Siberian.

tran'sigere [tran'sidʒere] *vi* (*DIR*) to reach a settlement; (*venire a patti*) to compromise, come to an agreement.

tran'sistor *sm inv*, **transis'tore** *sm* transistor.

transi'tabile *ag* passable.

transi'tare *vi* to pass.

transi'tivo, a *ag* transitive.

'transito *sm* transit; **di** ~ (*merci*) in transit; (*stazione*) transit *cpd*; **"divieto di** ~**"** "no entry"; **"**~ **interrotto"** "road closed".

transi'torio, a *ag* transitory, transient; (*provvisorio*) provisional.

transizi'one [transit'tsjone] *sf* transition.

tran 'tran *sm* routine; **il solito** ~ the same old routine.

tran'via *sf* tramway (*BRIT*), streetcar line (*US*).

tranvi'ario, a *ag* tram *cpd* (*BRIT*), streetcar *cpd* (*US*); **linea** ~**a** tramline, streetcar line.

tranvi'ere *sm* (*conducente*) tram driver (*BRIT*), streetcar driver (*US*); (*bigliettaio*) tram *o* streetcar conductor.

trapa'nare *vt* (*TECN*) to drill.

'trapano *sm* (*utensile*) drill; (*: MED*) trepan.

trapas'sare *vt* to pierce.

trapas'sato *sm* (*LING*) past perfect.

tra'passo *sm* passage; ~ **di proprietà** (*di case*) conveyancing; (*di auto etc*) legal transfer.

trape'lare *vi* to leak, drip; (*fig*) to leak out.

tra'pezio [tra'pɛttsjo] *sm* (*MAT*) trapezium; (*attrezzo ginnico*) trapeze.

trape'zista, i, e [trapet'tsista] *sm/f* trapeze artist.

trapian'tare *vt* to transplant.

trapi'anto *sm* transplanting; (*MED*) transplant.

'trappola *sf* trap.

tra'punta *sf* quilt.

'trarre *vt* to draw, pull; (*prendere, tirare fuori*) to take (out), draw; (*derivare*) to obtain; ~ **beneficio** *o* **profitto da qc** to benefit from sth; ~ **le conclusioni** to draw one's own conclusions; ~ **esempio da qn** to follow sb's example; ~ **guadagno** to make a profit; ~ **qn d'impaccio** to get sb out of an awkward situation; ~ **origine da qc** to have its origins *o* originate in sth; ~ **in salvo** to rescue.

trasa'lire *vi* to start, jump.

trasan'dato, a *ag* shabby.

trasbor'dare *vt* to transfer; (*NAUT*) to tran(s)ship ♦ *vi* (*NAUT*) to change ship; (*AER*) to change plane; (*FERR*) to change (trains).

trascenden'tale [traʃʃenden'tale] *ag* transcendental.

tra'scendere [traʃ'ʃendere] *vt* (*FILOSOFIA, REL*) to transcend; (*fig: superare*) to surpass, go beyond.

tra'sceso, a [traʃ'ʃeso] *pp di* **trascendere**.

trasci'nare [traʃʃi'nare] *vt* to drag; ~**rsi** *vr* to drag o.s. along; (*fig*) to drag on.

tras'correre *vt* (*tempo*) to spend, pass ♦ *vi* to pass.

tras'corso, a *pp di* **trascorrere** ♦ *ag* past ♦ *sm* mistake.

tras'critto, a *pp di* **trascrivere**.

tras'crivere *vt* to transcribe.

trascrizi'one [traskrit'tsjone] *sf* transcription.

trascu'rare *vt* to neglect; (*non considerare*) to disregard.

trascura'tezza [traskura'tettsa] *sf* carelessness, negligence.

trascu'rato, a *ag* (*casa*) neglected; (*persona*) careless, negligent.

traseco'lato, a *ag* astounded, amazed.

trasferi'mento *sm* transfer; (*trasloco*) removal, move.

trasfe'rire *vt* to transfer; ~**rsi** *vr* to move.

tras'ferta *sf* transfer; (*indennità*) travelling expenses *pl*; (*SPORT*) away game.

trasfigu'rare *vt* to transfigure.

trasfor'mare *vt* to transform, change.

trasforma'tore *sm* transformer.

trasformazi'one [trasformat'tsjone] *sf* transformation.

trasfusi'one *sf* (*MED*) transfusion.

trasgre'dire *vt* to break, infringe; (*ordini*) to disobey.

trasgressi'one *sf* breaking, infringement; disobeying.

trasgres'sivo, a *ag* (*personaggio, atteggiamento*) rule-breaking.

trasgres'sore, trasgredi'trice [trazgredi'tritʃe] *sm/f* (*DIR*) transgressor.

tras'lato, a *ag* metaphorical, figurative.

traslo'care *vt* to move, transfer; ~**rsi** *vr* to move.

tras'loco, chi *sm* removal.

tras'messo, a *pp di* **trasmettere**.

tras'mettere *vt* (*passare*): ~ **qc a qn** to pass sth on to sb; (*mandare*) to send; (*TECN, TEL, MED*) to transmit; (*TV, RADIO*) to broadcast.

trasmetti'tore *sm* transmitter.

trasmissi'one *sf* (*gen, FISICA, TECN*) transmission; (*passaggio*) transmission, passing on; (*TV, RADIO*) broadcast.

trasmit'tente *sf* transmitting *o* broadcasting station.

traso'gnato, a [trasoɲ'ɲato] *ag* dreamy.

traspa'rente *ag* transparent.

traspa'renza [traspa'rɛntsa] *sf* transparency; **guardare qc in** ~ to look at sth against the light.

traspa'rire *vi* to show (through).

tras'parso, a *pp di* **trasparire**.

traspi'rare *vi* to perspire; (*fig*) to come to light, leak out.

traspirazi'one [traspirat'tsjone] *sf* perspiration.

tras'porre *vt* to transpose.

traspor'tare *vt* to carry, move; (*merce*) to transport, convey; **lasciarsi** ~ (**da qc**) (*fig*) to let o.s. be carried away (by sth).

tras'porto *sm* transport; (*fig*) rapture, passion; **con** ~ passionately; **compagnia di** ~ carriers *pl*; (*per strada*) hauliers *pl* (*BRIT*), haulers *pl* (*US*); **mezzi di** ~ means of transport; **nave/aereo da** ~ transport ship/aircraft *inv*; ~ (**funebre**) funeral procession; ~ **marittimo/aereo** sea/air transport; ~ **stradale** (road) haulage; **i** ~**i pubblici** public transport.

tras'posto, a *pp di* **trasporre**.

'trassi *etc vb vedi* **trarre**.

trastul'lare *vt* to amuse; ~**rsi** *vr* to amuse o.s.

tras'tullo *sm* game.

trasu'dare *vi* (*filtrare*) to ooze; (*sudare*) to sweat ♦ *vt* to ooze with.

trasver'sale *ag* (*taglio, sbarra*) cross(-); (*retta*) transverse; **via** ~ side street.

trasvo'lare *vt* to fly over.

'tratta *sf* (*ECON*) draft; (*di persone*): **la** ~ **delle bianche** the white slave trade; ~ **documentaria** documentary bill of exchange.

tratta'mento *sm* treatment; (*servizio*) service; **ricevere un buon** ~ (*cliente*) to get good service; ~ **di bellezza** beauty treatment; ~ **di fine rapporto** (*COMM*) severance pay.

trat'tare *vt* (*gen*) to treat; (*commerciare*) to

deal in; (*svolgere: argomento*) to discuss, deal with; (*negoziare*) to negotiate ♦ *vi:* ~ **di** to deal with; ~ **con** (*persona*) to deal with; **si tratta di** ... it's about ...; **si tratterebbe solo di poche ore** it would just be a matter of a few hours.

tratta'tiva *sf* negotiation; ~**e** *sfpl* (*tra governi, stati*) talks; **essere in** ~ **con** to be in negotiation with.

trat'tato *sm* (*testo*) treatise; (*accordo*) treaty; ~ **commerciale** trade agreement; ~ **di pace** peace treaty.

trattazi'one [trattat'tsjone] *sf* treatment.

tratteggi'are [tratted'dʒare] *vt* (*disegnare: a tratti*) to sketch, outline; (*: col tratteggio*) to hatch.

trat'teggio [trat'teddʒo] *sm* hatching.

tratte'nere *vt* (*far rimanere: persona*) to detain; (*tenere, frenare, reprimere*) to hold back, keep back; (*astenersi dal consegnare*) to hold, keep; (*detrarre: somma*) to deduct; ~**rsi** *vr* (*astenersi*) to restrain o.s., stop o.s.; (*soffermarsi*) to stay, remain; **sono stato trattenuto in ufficio** I was delayed at the office.

tratteni'mento *sm* entertainment; (*festa*) party.

tratte'nuta *sf* deduction.

trat'tino *sm* dash; (*in parole composte*) hyphen.

'tratto, a *pp di* **trarre** ♦ *sm* (*di penna, matita*) stroke; (*parte*) part, piece; (*di strada*) stretch; (*di mare, cielo*) expanse; (*di tempo*) period (of time); ~**i** *smpl* (*caratteristiche*) features; (*modo di fare*) ways, manners; **a un** ~, **d'un** ~ suddenly.

trat'tore *sm* tractor.

tratto'ria *sf* (small) restaurant.

'trauma, i *sm* trauma; ~ **cranico** concussion.

trau'matico, a, ci, che *ag* traumatic.

traumatiz'zare [traumatid'dzare] *vt* (*MED*) to traumatize; (*fig: impressionare*) to shock.

tra'vaglio [tra'vaʎʎo] *sm* (*angoscia*) pain, suffering; (*MED*) pains *pl*; ~ **di parto** labour pains.

trava'sare *vt* to pour; (*vino*) to decant.

tra'vaso *sm* pouring; decanting.

trava'tura *sf* beams *pl*.

'trave *sf* beam.

tra'veggole *sfpl:* **avere le** ~ to be seeing things.

tra'versa *sf* (*trave*) crosspiece; (*via*) sidestreet; (*FERR*) sleeper (*BRIT*), (*railroad*) tie (*US*); (*CALCIO*) crossbar.

traver'sare *vt* to cross.

traver'sata *sf* crossing; (*AER*) flight, trip.

traver'sie *sfpl* mishaps, misfortunes.

traver'sina *sf* (*FERR*) sleeper (*BRIT*), (*railroad*) tie (*US*).

tra'verso, a *ag* oblique; **di** ~ *ag* askew ♦ *av* sideways; **andare di** ~ (*cibo*) to go down the wrong way; **messo di** ~ sideways on; **guardare di** ~ to look askance at; **via** ~**a** side road; **ottenere qc per vie** ~**e** (*fig*) to obtain sth in an underhand way.

travesti'mento *sm* disguise.

traves'tire *vt* to disguise; ~**rsi** *vr* to disguise o.s.

traves'tito *sm* transvestite.

travi'are *vt* (*fig*) to lead astray.

travi'sare *vt* (*fig*) to distort, misrepresent.

travol'gente [travol'dʒente] *ag* overwhelming.

tra'volgere [tra'vɔldʒere] *vt* to sweep away, carry away; (*fig*) to overwhelm.

tra'volto, a *pp di* **travolgere**.

trazi'one [trat'tsjone] *sf* traction; ~ **anteriore/posteriore** (*AUT*) front-wheel/rear-wheel drive.

tre *num* three.

tre'alberi *sm inv* (*NAUT*) three-master.

'trebbia *sf* (*AGR: operazione*) threshing; (*: stagione*) threshing season.

trebbi'are *vt* to thresh.

trebbia'trice [trebbja'tritʃe] *sf* threshing machine.

trebbia'tura *sf* threshing.

'treccia, ce ['trettʃa] *sf* plait, braid; **lavorato a** ~**ce** (*pullover etc*) cable-knit.

trecen'tesco, a, schi, sche [tretʃen'tesko] *ag* fourteenth-century.

tre'cento [tre'tʃento] *num* three hundred ♦ *sm:* **il T**~ the fourteenth century.

tredi'cenne [tredi'tʃenne] *ag, sm/f* thirteen-year-old.

tredi'cesimo, a [tredi'tʃezimo] *num* thirteenth ♦ *sf* Christmas bonus of a month's pay.

'tredici ['treditʃi] *num* thirteen ♦ *sm inv:* **fare** ~ (*TOTOCALCIO*) to win the pools (*BRIT*).

'tregua *sf* truce; (*fig*) respite; **senza** ~ nonstop, without stopping, uninterruptedly.

tre'mante *ag* trembling, shaking.

tre'mare *vi* to tremble, shake; ~ **di** (*freddo etc*) to shiver o tremble with; (*paura, rabbia*) to shake o tremble with.

trema'rella *sf* shivers *pl*.

tremen'tina *sf* turpentine.

tre'mila *num* three thousand.

'tremito *sm* trembling *no pl*; shaking *no pl*; shivering *no pl*.

tremo'lare *vi* to tremble; (*luce*) to flicker; (*foglie*) to quiver.

tremo'lio _sm_ (_vedi vi_) tremble; flicker; quiver.

tre'more _sm_ tremor.

'treno _sm_ train; (_AUT_): ~ **di gomme** set of tyres; ~ **locale/diretto/espresso** local/ fast/express train; ~ **merci** goods (_BRIT_) _o_ freight train; ~ **rapido** express (train) (_for which supplement must be paid_); ~ **straordinario** special train; ~ **viaggiatori** passenger train.

Treni _in Italy are of numerous different types: the_ **regionali** _and_ **interregionali** _are local trains which stop at every small town and village; the former operate within regional boundaries, while the latter may cross these. The_ **diretti** _are ordinary trains for which no supplement need be paid and differ from the_ **espressi** _principally in that the latter are long-distance trains which travel mainly during the night. The intercity and eurocity are faster trains for which a supplement must be paid when one buys one's ticket. The_ **rapidi** _operate a first-class service only, and the high-speed pendolino, which offers both first and second-class travel, runs between major Italian cities._

'trenta _num_ thirty ♦ _sm inv_ (_INS_): ~ **e lode** full marks plus distinction _o_ cum laude.

tren'tenne _ag, sm/f_ thirty-year-old.

tren'tennio _sm_ period of thirty years.

tren'tesimo, a _num_ thirtieth.

tren'tina _sf:_ **una ~ (di)** thirty or so, about thirty.

tren'tino, a _ag_ of (_o_ from) Trento.

trepi'dante _ag_ anxious.

trepi'dare _vi_ to be anxious; ~ **per qn** to be anxious about sb.

'trepido, a _ag_ anxious.

treppi'ede _sm_ tripod; (_CUC_) trivet.

tre'quarti _sm inv_ three-quarter-length coat.

'tresca, sche _sf_ (_fig_) intrigue; (_: relazione amorosa_) affair.

'trespolo _sm_ trestle.

trevigi'ano, a [trevi'dʒano] _ag_ of (_o_ from) Treviso.

triango'lare _ag_ triangular.

tri'angolo _sm_ triangle.

tribo'lare _vi_ (_patire_) to suffer; (_fare fatica_) to have a lot of trouble.

tribolazi'one [tribolat'tsjone] _sf_ suffering, tribulation.

tri'bordo _sm_ (_NAUT_) starboard.

tribù _sf inv_ tribe.

tri'buna _sf_ (_podio_) platform; (_in aule etc_) gallery; (_di stadio_) stand; ~ **della stampa/ riservata al pubblico** press/public gallery.

tribu'nale _sm_ court; **presentarsi** _o_ **comparire in** ~ to appear in court; ~ **militare** military tribunal; ~ **supremo** supreme court.

tribu'tare _vt_ to bestow; ~ **gli onori dovuti a qn** to pay tribute to sb.

tribu'tario, a _ag_ (_imposta_) fiscal, tax _cpd_; (_GEO_): **essere** ~ **di** to be a tributary of.

tri'buto _sm_ tax; (_fig_) tribute.

tri'checo, chi [tri'kɛko] _sm_ (_ZOOL_) walrus.

tri'ciclo [tri'tʃiklo] _sm_ tricycle.

trico'lore _ag_ three-coloured (_BRIT_), three-colored (_US_) ♦ _sm_ tricolo(u)r; (_bandiera italiana_) Italian flag.

tri'dente _sm_ trident.

trien'nale _ag_ (_che dura 3 anni_) three-year _cpd_; (_che avviene ogni 3 anni_) three-yearly.

tri'ennio _sm_ period of three years.

tries'tino, a _ag_ of (_o_ from) Trieste.

tri'fase _ag_ (_ELETTR_) three-phase.

tri'foglio [tri'fɔʎʎo] _sm_ clover.

trifo'lato, a _ag_ (_CUC_) cooked in oil, garlic and parsley.

'triglia ['triʎʎa] _sf_ red mullet.

trigonome'tria _sf_ trigonometry.

tril'lare _vi_ (_MUS_) to trill.

'trillo _sm_ trill.

tri'mestre _sm_ period of three months; (_INS_) term, quarter (_US_); (_COMM_) quarter.

trimo'tore _sm_ (_AER_) three-engined plane.

'trina _sf_ lace.

trin'cea [trin'tʃea] _sf_ trench.

trince'rare [trintʃe'rare] _vt_ to entrench.

trinci'are [trin'tʃare] _vt_ to cut up.

'Trinidad _sm:_ ~ **e Tobago** Trinidad and Tobago.

Trinità _sf_ (_REL_) Trinity.

'trio, _pl_ 'trii _sm_ trio.

trion'fale _ag_ triumphal, triumphant.

trion'fante _ag_ triumphant.

trion'fare _vi_ to triumph, win; ~ **su** to triumph over, overcome.

tri'onfo _sm_ triumph.

tripli'care _vt_ to triple.

'triplice ['triplitʃe] _ag_ triple; **in ~ copia** in triplicate.

'triplo, a _ag_ triple, treble ♦ _sm:_ **il ~ (di)** three times as much (as); **la spesa è ~a it** costs three times as much.

'tripode _sm_ tripod.

'Tripoli _sf_ Tripoli.

'trippa _sf_ (_CUC_) tripe.

tri'pudio _sm_ triumph, jubilation; (_fig: di colori_) galaxy.

tris _sm inv_ (_CARTE_): ~ **d'assi/di re** _etc_ three aces/kings _etc_.

'triste _ag_ sad; (_luogo_) dreary, gloomy.

tris'tezza [tris'tettsa] _sf_ sadness;

gloominess.

'**tristo, a** *ag* (*cattivo*) wicked, evil; (*meschino*) sorry, poor.

trita'carne *sm inv* mincer, grinder (*US*).

trita'ghiaccio [trita'gjattʃo] *sm inv* ice crusher.

tri'tare *vt* to mince, grind (*US*).

trita'tutto *sm inv* mincer, grinder (*US*).

'**trito, a** *ag* (*tritato*) minced, ground (*US*); ~ **e ritrito** (*idee, argomenti, frasi*) trite, hackneyed.

tri'tolo *sm* trinitrotoluene.

tri'tone *sm* (*ZOOL*) newt.

'**trittico, ci** *sm* (*ARTE*) triptych.

tritu'rare *vt* to grind.

tri'vella *sf* drill.

trivel'lare *vt* to drill.

trivellazi'one [trivellat'tsjone] *sf* drilling; **torre di ~** derrick.

trivi'ale *ag* vulgar, low.

trivialità *sf inv* (*volgarità*) coarseness, crudeness; (: *osservazione*) coarse *o* crude remark.

tro'feo *sm* trophy.

'**trogolo** *sm* (*per maiali*) trough.

'**troia** *sf* (*ZOOL*) sow; (*fig peg*) whore.

'tromba *sf* (*MUS*) trumpet; (*AUT*) horn; ~ **d'aria** whirlwind; ~ **delle scale** stairwell.

trombet'tista, i, e *sm/f* trumpeter, trumpet (player).

trom'bone *sm* trombone.

trom'bosi *sf* thrombosis.

tron'care *vt* to cut off; (*spezzare*) to break off.

'**tronco, a, chi, che** *ag* cut off; broken off; (*LING*) truncated ♦ *sm* (*BOT, ANAT*) trunk; (*fig: tratto*) section; (: *pezzo: di lancia*) stump; **licenziare qn in ~** (*fig*) to fire sb on the spot.

troneggi'are [troned'dʒare] *vi*: ~ (**su**) to tower (over).

'**tronfio, a** *ag* conceited.

'**trono** *sm* throne.

tropi'cale *ag* tropical.

'**tropico, ci** *sm* tropic; ~ **del Cancro/ Capricorno** Tropic of Cancer/Capricorn; **i ~ci** the tropics.

============== *PAROLA CHIAVE*

'**troppo, a** *det* (*in eccesso: quantità*) too much; (: *numero*) too many; **ho messo ~ zucchero** I put too much sugar in; **c'era ~a gente** there were too many people
♦ *pron* (*in eccesso: quantità*) too much; (: *numero*) too many; **ne hai messo ~** you've put in too much; **meglio ~i che pochi** better too many than too few
♦ *av* (*eccessivamente: con ag, av*) too; (: *con vb*) too much; ~ **amaro/tardi** too bitter/ late; **lavora ~** he works too much; ~ **buono da parte tua!** (*anche ironico*) you're too kind!; **di ~** too much; too many; **qualche tazza di ~** a few cups too many; **3000 lire di ~** 3000 lire too much; **essere di ~** to be in the way.

'**trota** *sf* trout.

trot'tare *vi* to trot.

trotterel'lare *vi* to trot along; (*bambino*) to toddle.

'**trotto** *sm* trot.

'**trottola** *sf* spinning top.

tro'vare *vt* to find; (*giudicare*): **trovo che** I find *o* think that; ~**rsi** *vr* (*reciproco: incontrarsi*) to meet; (*essere, stare*) to be; (*arrivare, capitare*) to find o.s.; **andare a ~ qn** to go and see sb; ~ **qn colpevole** to find sb guilty; **trovo giusto/sbagliato che** ... I think/don't think it's right that ...; ~**rsi bene/male** (*in un luogo, con qn*) to get on well/badly; ~**rsi d'accordo con qn** to be in agreement with sb.

tro'vata *sf* good idea; ~ **pubblicitaria** advertising gimmick.

trova'tello, a *sm/f* foundling.

truc'care *vt* (*falsare*) to fake; (*attore etc*) to make up; (*travestire*) to disguise; (*SPORT*) to fix; (*AUT*) to soup up; ~**rsi** *vr* to make up (one's face).

trucca'tore, 'trice *sm/f* (*CINE, TEAT*) make-up artist.

'**trucco, chi** *sm* trick; (*cosmesi*) make-up; **i ~chi del mestiere** the tricks of the trade.

'**truce** ['trutʃe] *ag* fierce.

truci'dare [trutʃi'dare] *vt* to slaughter.

truciolo ['trutʃolo] *sm* shaving.

'**truffa** *sf* fraud, swindle.

truf'fare *vt* to swindle, cheat.

truffa'tore, 'trice *sm/f* swindler, cheat.

'**truppa** *sf* troop.

TS *sigla* = *Trieste*.

tu *pron* you; ~ **stesso(a)** you yourself; **dare del ~ a qn** to address sb as "tu"; **trovarsi a ~ per ~ con qn** to find o.s. face to face with sb.

'**tua** *vedi* **tuo**.

'**tuba** *sf* (*MUS*) tuba; (*cappello*) top hat.

tu'bare *vi* to coo.

tuba'tura *sf*, **tubazi'one** [tubat'tsjone] *sf* piping *no pl*, pipes *pl*.

tuberco'losi *sf* tuberculosis.

'**tubero** *sm* (*BOT*) tuber.

tu'betto *sm* tube.

✝**tu'bino** *sm* (*cappello*) bowler (*BRIT*), derby (*US*); (*abito da donna*) sheath dress.

'**tubo** *sm* tube; (*per conduttore*) pipe; ~

digerente (*ANAT*) alimentary canal, digestive tract; ~ **di scappamento** (*AUT*) exhaust pipe.

tubo'lare *ag* tubular ♦ *sm* tubeless tyre (*BRIT*) *o* tire (*US*).

'tue *vedi* **tuo.**

tuf'fare *vt* to plunge; (*intingere*) to dip; ~**rsi** *vr* to plunge, dive.

tuffa'tore, 'trice *sm/f* (*SPORT*) diver.

'tuffo *sm* dive; (*breve bagno*) dip.

tu'gurio *sm* hovel.

tuli'pano *sm* tulip.

'tulle *sm* (*tessuto*) tulle.

tume'fare *vt* to cause to swell; ~**rsi** *vr* to swell.

'tumido, a *ag* swollen.

tu'more *sm* (*MED*) tumour (*BRIT*), tumor (*US*).

tumulazi'one [tumulat'tsjone] *sf* burial.

tu'multo *sm* uproar, commotion; (*sommossa*) riot; (*fig*) turmoil.

tumultu'oso, a *ag* rowdy, unruly; (*fig*) turbulent, stormy.

tungs'teno *sm* tungsten.

'tunica, che *sf* tunic.

'Tunisi *sf* Tunis.

Tuni'sia *sf*: **la** ~ Tunisia.

tuni'sino, a *ag*, *sm/f* Tunisian.

'tunnel *sm inv* tunnel.

'tuo, 'tua, tu'oi, 'tue *det*: **il** ~, **la tua** *etc* your ♦ *pron*: **il** ~, **la tua** *etc* yours ♦ *sm*: **hai speso del** ~? did you spend your own money? ♦ *sf*: **la** ~**a** (*opinione*) your view; **i tuoi** (*genitori, famiglia*) your family; **una** ~**a amica** a friend of yours; **è dalla** ~**a** he is on your side; **alla** ~**a!** (*brindisi*) your health!; **ne hai fatta una delle** ~**e!** (*sciocchezze*) you've done it again!

tuo'nare *vi* to thunder; **tuona** it is thundering, there's some thunder.

tu'ono *sm* thunder.

tu'orlo *sm* yolk.

tu'racciolo [tu'rattʃolo] *sm* cap, top; (*di sughero*) cork.

tu'rare *vt* to stop, plug; (*con sughero*) to cork; ~**rsi il naso** to hold one's nose.

'turba *sf* (*folla*) crowd, throng; (: *peg*) mob; ~**e** *sfpl* disorder(s); **soffrire di** ~**e psichiche** to suffer from a mental disorder.

turba'mento *sm* disturbance; (*di animo*) anxiety, agitation.

tur'bante *sm* turban.

tur'bare *vt* to disturb, trouble; ~ **la quiete pubblica** (*DIR*) to disturb the peace.

tur'bina *sf* turbine.

turbi'nare *vi* to whirl.

'turbine *sm* whirlwind; ~ **di neve** swirl of snow; ~ **di polvere/sabbia** dust/sandstorm.

turbi'noso, a *ag* (*vento, danza etc*) whirling.

turbo'lento, a *ag* turbulent; (*ragazzo*) boisterous, unruly.

turbo'lenza [turbo'lɛntsa] *sf* turbulence.

turboreat'tore *sm* turbojet engine.

tur'chese [tur'kese] *ag*, *sm*, *sf* turquoise.

Tur'chia [tur'kia] *sf*: **la** ~ Turkey.

tur'chino, a [tur'kino] *ag* deep blue.

'turco, a, chi, che *ag* Turkish ♦ *sm/f* Turk/Turkish woman ♦ *sm* (*LING*) Turkish; **parlare** ~ (*fig*) to talk double Dutch.

'turgido, a ['turdʒido] *ag* swollen.

tu'rismo *sm* tourism.

tu'rista, i, e *sm/f* tourist.

tu'ristico, a, ci, che *ag* tourist *cpd*.

tur'nista, i, e *sm/f* shift worker.

'turno *sm* turn; (*di lavoro*) shift; **di** ~ (*soldato, medico, custode*) on duty; **a** ~ (*rispondere*) in turn; (*lavorare*) in shifts; **fare a** ~ **a fare qc** to take turns to do sth; **è il suo** ~ it's your (*o his etc*) turn.

'turpe *ag* filthy, vile.

turpi'loquio *sm* obscene language.

'tuta *sf* overalls *pl*; (*SPORT*) tracksuit; ~ **mimetica** (*MIL*) camouflage clothing; ~ **spaziale** spacesuit; ~ **subacquea** wetsuit.

tu'tela *sf* (*DIR*: *di minore*) guardianship; (: *protezione*) protection; (*difesa*) defence (*BRIT*), defense (*US*); ~ **dell'ambiente** environmental protection; ~ **del consumatore** consumer protection.

tute'lare *vt* to protect, defend ♦ *ag* (*DIR*): **giudice** ~ *judge with responsibility for guardianship cases.*

tu'tore, 'trice *sm/f* (*DIR*) guardian.

tutta'via *cong* nevertheless, yet.

════════════════════════ *PAROLA CHIAVE*

'tutto, a *det* **1** (*intero*) all; ~ **il latte** all the milk; ~**a la notte** all night, the whole night; ~ **il libro** the whole book; ~**a una bottiglia** a whole bottle; **in** ~ **il mondo** all over the world

2 (*pl, collettivo*) all; every; ~**i i libri** all the books; ~**e le notti** every night; ~**i i venerdì** every Friday; ~**i gli uomini** all the men; (*collettivo*) all men; ~**e le volte che** every time (that); ~**i e due** both *o* each of us (*o them o you*); ~**i e cinque** all five of us (*o them o you*)

3 (*completamente*): **era** ~**a sporca** she was all dirty; **tremava** ~ he was trembling all over; **è** ~**a sua madre** she's just *o* exactly like her mother

4: **a tutt'oggi** so far, up till now; **a** ~**a velocità** at full *o* top speed

♦ *pron* **1** (*ogni cosa*) everything, all; (*qualsiasi cosa*) anything; **ha mangiato ~** he's eaten everything; **dimmi ~** tell me all about it; **~ compreso** all included, all-in (*BRIT*); **~ considerato** all things considered; **con ~ che** (*malgrado*) although; **del ~** completely; **10.000 lire in ~** 10,000 lire in all; **in ~ eravamo 50** there were 50 of us in all; **in ~ e per ~** completely; **il che è ~ dire** and that's saying a lot
2: **~i, e** (*ognuno*) all, everybody; **vengono ~i** they are all coming, everybody's coming; **~i sanno che** everybody knows that; **~i quanti** all and sundry
♦ *av* (*completamente*) entirely, quite; **è ~ il contrario** it's quite *o* exactly the opposite; **tutt'al più: saranno stati tutt'al più una cinquantina** there were about fifty of them at (the very) most; **tutt'al più possiamo prendere un treno** if the worst comes to the worst we can take a train; **tutt'altro** on the contrary; **è tutt'altro che felice** he's anything but happy; **tutt'intorno** all around; **tutt'a un tratto** suddenly
♦ *sm*: **il ~** the whole lot, all of it; **il ~ si è svolto senza incidenti** it all went off without incident; **il ~ le costerà due milioni** the whole thing will cost you two million.

tutto'fare *ag inv*: **domestica ~** general maid; **ragazzo ~** office boy **♦** *sm/f inv* handyman/woman.
tut'tora *av* still.
tutù *sm inv* tutu, ballet skirt.
TV [ti'vu] *sf inv* (= *televisione*) TV **♦** *sigla* = Treviso.

U u

U, u [u] *sf o m inv* (*lettera*) U, u; **U come Udine** ≈ U for Uncle; **inversione ad U** U-turn.
ub'bia *sf* (*letterario*) irrational fear.
ubbidi'ente *ag* obedient.
ubbidi'enza [ubbi'djɛntsa] *sf* obedience.
ubbi'dire *vi* to obey; **~ a** to obey; (*sog: veicolo, macchina*) to respond to.
ubicazi'one [ubikat'tsjone] *sf* site, location.

ubiquità *sf*: **non ho il dono dell'~** I can't be everywhere at once.
ubria'care *vt*: **~ qn** to get sb drunk; (*sog: alcool*) to make sb drunk; (*fig*) to make sb's head spin *o* reel; **~rsi** *vr* to get drunk; **~rsi di** (*fig*) to become intoxicated with.
ubria'chezza [ubria'kettsa] *sf* drunkenness.
ubri'aco, a, chi, che *ag, sm/f* drunk.
ubria'cone *sm* drunkard.
uccellagi'one [uttʃella'dʒone] *sf* bird catching.
uccelli'era [uttʃel'ljɛra] *sf* aviary.
uccel'lino [uttʃel'lino] *sm* baby bird, chick.
uc'cello [ut'tʃello] *sm* bird.
uc'cidere [ut'tʃidere] *vt* to kill; **~rsi** *vr* (*suicidarsi*) to kill o.s.; (*perdere la vita*) to be killed.
uccisi'one [uttʃi'zjone] *sf* killing.
uc'ciso, a [ut'tʃizo] *pp di* **uccidere**.
ucci'sore [uttʃi'zore] *sm* killer.
U'craina *sf* Ukraine.
u'craino, a *ag, sm/f* Ukrainian.
UD *sigla* = *Udine*.
U.D.C. *sigla f* (*POL*: = *Unione di Centro*) centre party.
u'dente *sm/f*: **i non udenti** the hard of hearing.
u'dibile *ag* audible.
udi'enza [u'djɛntsa] *sf* audience; (*DIR*) hearing; **dare ~ (a)** to grant an audience (to); **~ a porte chiuse** hearing in camera.
u'dire *vt* to hear.
udi'tivo, a *ag* auditory.
u'dito *sm* (sense of) hearing.
udi'tore, 'trice *sm/f* listener; (*INS*) unregistered student (*attending lectures*).
udi'torio (*persone*) audience.
U.E. *abbr* = *uso esterno*.
UEFA *sigla f* UEFA (= *Union of European Football Associations*).
'uffa *escl* tut!
uffici'ale [uffi'tʃale] *ag* official **♦** *sm* (*AMM*) official, officer; (*MIL*) officer; **pubblico ~** public official; **~ giudiziario** clerk of the court; **~ di marina** naval officer; **~ sanitario** health inspector; **~ di stato civile** registrar.
ufficializ'zare [uffitʃalid'dzare] *vt* to make official.
uf'ficio [uf'fitʃo] *sm* (*gen*) office; (*dovere*) duty; (*mansione*) task, function, job; (*agenzia*) agency, bureau; (*REL*) service; **d'~** *ag* office *cpd*; official **♦** *av* officially; **provvedere d'~** to act officially; **convocare d'~** (*DIR*) to summons; **difensore** *o* **avvocato d'~** (*DIR*) court-appointed counsel for the defence; **~ brevetti** patent office; **~ di collocamento**

employment office; ~ **informazioni**
information bureau; ~ **oggetti smarriti**
lost property office (*BRIT*), lost and found
(*US*); ~ **postale** post office; ~ **vendite/del
personale** sales/personnel department.

uffici'oso, a [uffi't∫oso] *ag* unofficial.

'UFO *sm inv* (= *unidentified flying object*)
UFO.

'ufo: a ~ *av* free, for nothing.

U'ganda *sf:* **l'**~ Uganda.

'uggia ['uddʒa] *sf* (*noia*) boredom; (*fastidio*)
bore; **avere/prendere qn in** ~ to dislike/
take a dislike to sb.

uggi'oso, a [ud'dʒoso] *ag* tiresome; (*tempo*)
dull.

'ugola *sf* uvula.

uguagli'anza [ugwaʎ'ʎantsa] *sf* equality.

uguagli'are [ugwaʎ'ʎare] *vt* to make equal;
(*essere uguale*) to equal, be equal to;
(*livellare*) to level; ~**rsi** *vr:* ~**rsi a o con qn**
(*paragonarsi*) to compare o.s. to sb.

ugu'ale *ag* equal; (*identico*) identical, the
same; (*uniforme*) level, even ♦ *av:* **costano**
~ they cost the same; **sono bravi** ~
they're equally good.

ugual'mente *av* equally; (*lo stesso*) all the
same.

U.I. *abbr* = *uso interno.*

UIL *sigla f* (= *Unione Italiana del Lavoro*)
trade union federation.

'ulcera ['ultʃera] *sf* ulcer.

ulcerazi'one [ultʃerat'tsjone] *sf* ulceration.

u'liva *etc* = *oliva etc.*

ulteri'ore *ag* further.

ultima'mente *av* lately, of late.

ulti'mare *vt* to finish, complete.

ulti'matum *sm inv* ultimatum.

ulti'missime *sfpl* latest news *sg.*

'ultimo, a *ag* (*finale*) last; (*estremo*)
farthest, utmost; (*recente: notizia, moda*)
latest; (*fig: sommo, fondamentale*) ultimate
♦ *sm/f* last (one); **fino all'**~ to the last, until
the end; **da** ~, **in** ~ in the end; **per** ~
(*entrare, arrivare*) last; **abitare all'**~ **piano**
to live on the top floor; **in** ~**a pagina** (*di
giornale*) on the back page; **negli** ~**i tempi**
recently; **all'**~ **momento** at the last
minute; ... **la vostra lettera del 7 aprile** ~
scorso ... your letter of April 7th last; **in**
~**a analisi** in the final *o* last analysis; **in** ~
luogo finally.

ultrà *sm/f* ultra.

ultrasi'nistra *sf* (*POL*) extreme left.

ultrasu'ono *sm* ultrasound.

ultravio'letto, a *ag* ultraviolet.

ulu'lare *vi* to howl.

ulu'lato *sm* howling *no pl;* howl.

umana'mente *av* (*con umanità*) humanely;

(*nei limiti delle capacità umane*) humanly.

uma'nesimo *sm* humanism.

umanità *sf* humanity.

umani'tario, a *ag* humanitarian.

umaniz'zare [umanid'dzare] *vt* to
humanize.

u'mano, a *ag* human; (*comprensivo*)
humane.

umbi'lico *sm* = **ombelico.**

'umbro, a *ag* of (*o* from) Umbria.

umet'tare *vt* to dampen, moisten.

umi'diccio, a, ci, ce [umi'dittʃo] *ag*
(*terreno*) damp; (*mano*) moist, clammy.

umidifi'care *vt* to humidify.

umidifica'tore *sm* humidifier.

umidità *sf* dampness; moistness; humidity.

'umido, a *ag* damp; (*mano, occhi*) moist;
(*clima*) humid ♦ *sm* dampness, damp;
carne in ~ stew.

'umile *ag* humble.

umili'ante *ag* humiliating.

umili'are *vt* to humiliate; ~**rsi** *vr* to humble
o.s.

umiliazi'one [umiljat'tsjone] *sf* humiliation.

umiltà *sf* humility, humbleness.

u'more *sm* (*disposizione d'animo*) mood;
(*carattere*) temper; **di buon/cattivo** ~ in a
good/bad mood.

umo'rismo *sm* humour (*BRIT*), humor (*US*);
avere il senso dell'~ to have a sense of
humo(u)r.

umo'rista, i, e *sm/f* humorist.

umo'ristico, a, ci, che *ag* humorous,
funny.

un, un', una *vedi* **uno.**

u'nanime *ag* unanimous.

unanimità *sf* unanimity; **all'**~
unanimously.

'una 'tantum *ag* one-off *cpd* ♦ *sf* (*imposta*)
one-off tax.

unci'nato, a [untʃi'nato] *ag* (*amo*) barbed;
(*ferro*) hooked; **croce** ~**a** swastika.

unci'netto [untʃi'netto] *sm* crochet hook.

un'cino [un'tʃino] *sm* hook.

undi'cenne [undi'tʃɛnne] *ag, sm/f* eleven-
year-old.

undi'cesimo, a [undi'tʃɛzimo] *ag* eleventh.

'undici ['undítʃi] *num* eleven.

U'NESCO *sigla f* (= *United Nations
Educational, Scientific and Cultural
Organization*) UNESCO.

'ungere ['undʒere] *vt* to grease, oil; (*REL*) to
anoint; (*fig*) to flatter, butter up; ~**rsi** *vr*
(*sporcarsi*) to get covered in grease; ~**rsi
con la crema** to put on cream.

unghe'rese [unge'rese] *ag, sm/f, sm*
Hungarian.

Unghe'ria [unge'ria] *sf:* **l'**~ Hungary.

'unghia ['ungja] *sf* (*ANAT*) nail; (*di animale*) claw; (*di rapace*) talon; (*di cavallo*) hoof; **pagare sull'~** (*fig*) to pay on the nail
unghi'ata [un'gjata] *sf* (*graffio*) scratch.
ungu'ento *sm* ointment.
unica'mente *av* only.
'UNICEF ['unitʃef] *sigla m* (= *United Nations International Children's Emergency Fund*) UNICEF.
'unico, a, ci, che *ag* (*solo*) only; (*ineguagliabile*) unique; (*singolo: binario*) single; **è figlio ~** he's an only child; **atto ~** (*TEAT*) one-act play; **agente ~** (*COMM*) sole agent.
uni'corno *sm* unicorn.
unifi'care *vt* to unite, unify; (*sistemi*) to standardize.
unificazi'one [unifikat'tsjone] *sf* unification; standardization.
unifor'mare *vt* (*terreno, superficie*) to level; **~rsi** *vr:* **~rsi a** to conform to; **~ qc a** to adjust *o* relate sth to.
uni'forme *ag* uniform; (*superficie*) even ♦ *sf* (*divisa*) uniform; **alta ~** dress uniform.
uniformità *sf* uniformity; evenness.
unilate'rale *ag* one-sided; (*DIR, POL*) unilateral.
uninomi'nale *ag* (*POL: collegio, sistema*) single-candidate *cpd*.
uni'one *sf* union; (*fig: concordia*) unity, harmony; **l'U~ Sovietica** the Soviet Union.
u'nire *vt* to unite; (*congiungere*) to join, connect; (*: ingredienti, colori*) to combine; (*in matrimonio*) to unite, join together; **~rsi** *vr* to unite; (*in matrimonio*) to be joined together; **~ qc a** to unite sth with; to join *o* connect sth with; to combine sth with; **~rsi a** (*gruppo, società*) to join.
u'nisono *sm:* **all'~** in unison.
unità *sf inv* (*unione, concordia*) unity; (*MAT, MIL, COMM, di misura*) unit; **~ centrale (di elaborazione)** (*INFORM*) central processing unit; **~ disco** (*INFORM*) disk drive; **~ monetaria** monetary unit.
uni'tario, a *ag* unitary; **prezzo ~** price per unit.
u'nito, a *ag* (*paese*) united; (*amici, famiglia*) close; **in tinta ~a** plain, self-coloured (*BRIT*), self-colored (*US*).
univer'sale *ag* universal; general.
universalità *sf* universality.
universal'mente *av* universally.
università *sf inv* university.
universi'tario, a *ag* university *cpd* ♦ *sm/f* (*studente*) university student; (*insegnante*) academic, university lecturer.
uni'verso *sm* universe.

u'nivoco, a, ci, che *ag* unambiguous.

═══════════════ *PAROLA CHIAVE*

'uno, a (*dav sm* **un** + *C, V,* **uno** + *s impura, gn, pn, ps, x, z, dav sf* **un'** + *V,* **una** + *C*) *det*
1 a; (*dav vocale*) an; **un bambino** a child; **~a strada** a street; **~ zingaro** a gypsy
2 (*intensivo*): **ho avuto ~a paura!** I got such a fright!

♦ *pron* **1** one; **ce n'è ~ qui** there's one here; **prendine ~** take one (of them); **l'~ o l'altro** either (of them); **l'~ e l'altro** both (of them); **aiutarsi l'un l'altro** to help one another *o* each other; **sono entrati l'~ dopo l'altro** they came in one after the other; **a ~ a ~** one by one; **metà per ~** half each
2 (*un tale*) someone, somebody; **ho incontrato ~ che ti conosce** I met somebody who knows you
3 (*con valore impersonale*) one, you; **se ~ vuole** if one wants, if you want; **cosa fa ~ in quella situazione?** what does one do in that situation?

♦ *num* one; **~a mela e due pere** one apple and two pears; **~ più ~ fa due** one plus one equals two, one and one are two
♦ *sf:* **è l'~a** it's one (o'clock).

'unsi *etc vb vedi* **ungere**.
'unto, a *pp di* **ungere** ♦ *ag* greasy, oily ♦ *sm* grease.
untu'oso, a *ag* greasy, oily.
unzi'one [un'tsjone] *sf:* **l'Estrema U~** (*REL*) Extreme Unction.
u'omo, *pl* **u'omini** *sm* man; **da ~** (*abito, scarpe*) men's, for men; **a memoria d'~** since the world began; **a passo d'~** at walking pace; **~ d'affari** businessman; **~ d'azione** man of action; **~ di fiducia** right-hand man; **~ di mondo** man of the world; **~ di paglia** stooge; **~ rana** frogman; **l'~ della strada** the man in the street.
u'opo *sm:* **all'~** if necessary.
u'ovo, *pl(f)* **u'ova** *sm* egg; **cercare il pelo nell'~** (*fig*) to split hairs; **~ affogato** *o* **in camicia** poached egg; **~ bazzotto/sodo** soft-/hard-boiled egg; **~ alla coque** boiled egg; **~ di Pasqua** Easter egg; **~ al tegame** *o* **all'occhio di bue** fried egg; **uova strapazzate** scrambled eggs.
ura'gano *sm* hurricane.
U'rali *smpl:* **gli ~, i Monti ~** the Urals, the Ural Mountains.
u'ranio *sm* uranium.
urba'nesimo *sm* urbanization.
urba'nista, i, e *sm/f* town planner.

urba'nistica *sf* town planning.
urbanità *sf* urbanity.
ur'bano, a *ag* urban, city *cpd*, town *cpd*; (*TEL: chiamata*) local; (*fig*) urbane.
ur'gente [ur'dʒɛnte] *ag* urgent.
ur'genza [ur'dʒɛntsa] *sf* urgency; **in caso d'~** in (case of) an emergency; **d'~** *ag* emergency ♦ *av* urgently, as a matter of urgency; **non c'è ~** there's no hurry; **questo lavoro va fatto con ~** this work is urgent.
'urgere ['urdʒere] *vi* to be needed urgently.
u'rina *etc* = **orina** *etc*.
ur'lare *vi* (*persona*) to scream, yell; (*animale, vento*) to howl ♦ *vt* to scream, yell.
'urlo, *pl(m)* **'urli,** *pl(f)* **'urla** *sm* scream, yell; howl.
'urna *sf* urn; (*elettorale*) ballot box; **andare alle ~e** to go to the polls.
urrà *escl* hurrah!
U.R.S.S. *sigla f (= Unione delle Repubbliche Socialiste Sovietiche)*: **l'~** the USSR.
ur'tare *vt* to bump into, knock against; (*fig: irritare*) to annoy ♦ *vi:* **~ contro** *o* **in** to bump into, knock against; (*fig: imbattersi*) to come up against; **~rsi** *vr* (*reciproco: scontrarsi*) to collide; (*: fig*) to clash; (*irritarsi*) to get annoyed.
'urto *sm* (*colpo*) knock, bump; (*scontro*) crash, collision; (*fig*) clash; **terapia d'~** (*MED*) shock treatment.
uruguai'ano, a *ag, sm/f* Uruguayan.
Urugu'ay *sm:* **l'~** Uruguay.
u.s. *abbr* = **ultimo scorso**.
'USA *smpl:* **gli ~** the USA.
u'sanza [u'zantsa] *sf* custom; (*moda*) fashion.
u'sare *vt* to use, employ ♦ *vi* (*essere di moda*) to be fashionable; (*servirsi*): **~ di** to use; (*: diritto*) to exercise; (*essere solito*): **~ fare** to be in the habit of doing, be accustomed to doing ♦ *vb impers*: **qui usa così** it's the custom round here; **~ la massima cura nel fare qc** to exercise great care when doing sth.
u'sato, a *ag* used; (*consumato*) worn; (*di seconda mano*) used, second-hand ♦ *sm* second-hand goods *pl*.
u'scente [uʃ'ʃɛnte] *ag* (*AMM*) outgoing.
usci'ere [uʃ'ʃere] *sm* usher.
'uscio ['uʃʃo] *sm* door.
u'scire [uʃ'ʃire] *vi* (*gen*) to come out; (*partire, andare a passeggio, a uno spettacolo etc*) to go out; (*essere sorteggiato: numero*) to come up; **~ da** (*gen*) to leave; (*posto*) to go (*o* come) out of, leave; (*solco, vasca etc*) to come out of; (*muro*) to stick out of;

(*competenza etc*) to be outside; (*infanzia, adolescenza*) to leave behind; (*famiglia nobile etc*) to come from; **~ da** *o* **di casa** to go out; (*fig*) to leave home; **~ in automobile** to go out in the car, go for a drive; **~ di strada** (*AUT*) to go off *o* leave the road.
u'scita [uʃ'ʃita] *sf* (*passaggio, varco*) exit, way out; (*per divertimento*) outing; (*ECON: somma*) expenditure; (*fig: battuta*) witty remark; **"vietata l'~"** "no exit"; **~ di sicurezza** emergency exit.
usi'gnolo [uziɲ'ɲɔlo] *sm* nightingale.
U.S.L. [uzl] *sigla f (= unità sanitaria locale)* local health centre.
'uso *sm* (*utilizzazione*) use; (*esercizio*) practice (*BRIT*), practise (*US*); (*abitudine*) custom; **fare ~ di qc** to use sth; **con l'~** with practice; **a ~ di** for (the use of); **d'~** (*corrente*) in use; **fuori ~** out of use; **essere in ~** to be in common *o* current use.
ustio'nare *vt* to burn; **~rsi** *vr* to burn o.s.
usti'one *sf* burn.
usu'ale *ag* common, everyday.
usufru'ire *vi:* **~ di** (*giovarsi di*) to take advantage of, make use of.
usu'frutto *sm* (*DIR*) usufruct.
u'sura *sf* usury; (*logoramento*) wear (and tear).
usu'raio *sm* usurer.
usur'pare *vt* to usurp.
usurpa'tore, 'trice *sm/f* usurper.
uten'sile *sm* tool, implement ♦ *ag:* **macchina ~** machine tool; **~i da cucina** kitchen utensils.
utensile'ria *sf* (*utensili*) tools *pl*; (*reparto*) tool room.
u'tente *sm/f* user; (*di gas etc*) consumer; (*del telefono*) subscriber; **~ finale** end user.
'utero *sm* uterus, womb; **~ in affitto** host womb.
'utile *ag* useful ♦ *sm* (*vantaggio*) advantage, benefit; (*ECON: profitto*) profit; **rendersi ~** to be helpful; **in tempo ~ per** in time for; **unire l'~ al dilettevole** to combine business with pleasure; **partecipare agli ~i** (*ECON*) to share in the profits.
utilità *sf* usefulness *no pl*; use; (*vantaggio*) benefit; **essere di grande ~** to be very useful.
utili'tario, a *ag* utilitarian ♦ *sf* (*AUT*) economy car.
utiliz'zare [utilid'dzare] *vt* to use, make use of, utilize.
utilizzazi'one [utiliddzat'tsjone] *sf* utilization, use.

uti'lizzo [uti'liddzo] *sm* (*AMM*) utilization; (*BANCA: di credito*) availment.
util'mente *av* usefully, profitably.
uto'pia *sf* utopia; **è pura ~** that's sheer utopianism.
uto'pistico, a, ci, che *ag* utopian.
UVA *abbr* = *ultravioletto prossimo*.
'uva *sf* grapes *pl*; **~ passa** raisins *pl*; **~ spina** gooseberry.

V v

V, v [vi, vu] *sf o m inv* (*lettera*) V, v; **V come Venezia** ≈ V for Victor.
V *abbr* (= *volt*) V.
v. *abbr* (= *vedi, verso, versetto*) v.
VA *sigla* = *Varese*.
va, va' *vb vedi* **andare**.
va'cante *ag* vacant.
va'canza [va'kantsa] *sf* (*l'essere vacante*) vacancy; (*riposo, ferie*) holiday(s *pl*) (*BRIT*), vacation (*US*); (*giorno di permesso*) day off, holiday; **~e** *sfpl* (*periodo di ferie*) holidays, vacation *sg*; **essere/andare in ~** to be/go on holiday *o* vacation; **far ~** to have a holiday; **~e estive** summer holiday(s) *o* vacation.
'vacca, che *sf* cow.
vacci'nare [vattʃi'nare] *vt* to vaccinate; **farsi ~** to have a vaccination, get vaccinated.
vaccinazi'one [vattʃinat'tsjone] *sf* vaccination.
vac'cino [vat'tʃino] *sm* (*MED*) vaccine.
vacil'lante [vatʃil'lante] *ag* (*edificio, vecchio*) shaky, unsteady; (*fiamma*) flickering; (*salute, memoria*) shaky, failing.
vacil'lare [vatʃil'lare] *vi* to sway; (*fiamma*) to flicker; (*fig: memoria, coraggio*) to be failing, falter.
'vacuo, a *ag* (*fig*) empty, vacuous ♦ *sm* vacuum.
'vado *etc vb vedi* **andare**.
vagabon'daggio [vagabon'daddʒo] *sm* wandering, roaming; (*DIR*) vagrancy.
vagabon'dare *vi* to roam, wander.
vaga'bondo, a *sm/f* tramp, vagrant; (*fannullone*) idler, loafer.
va'gare *vi* to wander.
vagheggi'are [vaged'dʒare] *vt* to long for, dream of.

vagherò *etc* [vage'rɔ] *vb vedi* **vagare**.
va'ghezza [va'gettsa] *sf* vagueness.
va'gina [va'dʒina] *sf* vagina.
va'gire [va'dʒire] *vi* to whimper.
va'gito [va'dʒito] *sm* cry, wailing.
'vaglia ['vaʎʎa] *sm inv* money order; **~ cambiario** promissory note; **~ postale** postal order.
vagli'are [vaʎ'ʎare] *vt* to sift; (*fig*) to weigh up.
'vaglio ['vaʎʎo] *sm* sieve; **passare al ~** (*fig*) to examine closely.
'vago, a, ghi, ghe *ag* vague.
va'gone *sm* (*FERR: per passeggeri*) carriage (*BRIT*), car (*US*); (: *per merci*) truck, wagon; **~ letto** sleeper, sleeping car; **~ ristorante** dining *o* restaurant car.
'vai *vb vedi* **andare**.
vai'olo *sm* smallpox.
val. *abbr* = **valuta**.
va'langa, ghe *sf* avalanche.
va'lente *ag* able, talented.
va'lenza [va'lɛntsa] *sf* (*fig: significato*) content; (*CHIM*) valency.
va'lere *vi* (*avere forza, potenza*) to have influence; (*essere valido*) to be valid; (*avere vigore, autorità*) to hold, apply; (*essere capace: poeta, studente*) to be good, be able ♦ *vt* (*prezzo, sforzo*) to be worth; (*corrispondere*) to correspond to; (*procurare*): **~ qc a qn** to earn sb sth; **~rsi** *vr*: **~rsi di** to make use of, take advantage of; **far ~** (*autorità etc*) to assert; **far ~ le proprie ragioni** to make o.s. heard; **farsi ~** to make o.s. appreciated *o* respected; **vale a dire** that is to say; **~ la pena** to be worth the effort *o* worth it; **l'uno vale l'altro** the one is as good as the other, they amount to the same thing; **non vale niente** it's worthless; **~rsi dei consigli di qn** to take sb's advice, act upon sb's advice.
valeri'ana *sf* (*BOT, MED*) valerian.
va'levole *ag* valid.
'valgo *etc vb vedi* **valere**.
vali'care *vt* to cross.
'valico, chi *sm* (*passo*) pass.
validità *sf* validity.
'valido, a *ag* valid; (*rimedio*) effective; (*persona*) worthwhile; **essere di ~ aiuto a qn** to be a great help to sb.
valige'ria [validʒe'ria] *sf* (*assortimento*) leather goods *pl*; (*fabbrica*) leather goods factory; (*negozio*) leather goods shop.
va'ligia, gie *o* **ge** [va'lidʒa] *sf* (*suit*)case; **fare le ~gie** to pack (up); **~ diplomatica** diplomatic bag.
val'lata *sf* valley.

'valle *sf* valley; **a ~** (*di fiume*) downstream; **scendere a ~** to go downhill.

val'letto *sm* valet.

valligi'ano, a [valli'dʒano] *sm/f* inhabitant of a valley.

va'lore *sm* (*gen, COMM*) value; (*merito*) merit, worth; (*coraggio*) valour (*BRIT*), valor (*US*), courage; (*FINANZA: titolo*) security; **~i** *smpl* (*oggetti preziosi*) valuables; **crescere/diminuire di ~** to go up/down in value, gain/lose in value; **è di gran ~** it's worth a lot, it's very valuable; **privo di ~** worthless; **~ contabile** book value; **~ effettivo** real value; **~ nominale** *o* **facciale** nominal value; **~ di realizzo** break-up value; **~ di riscatto** surrender value; **~i bollati** (revenue) stamps.

valoriz'zare [valorid'dzare] *vt* (*terreno*) to develop; (*fig*) to make the most of.

valo'roso, a *ag* courageous.

'valso, a *pp di* **valere**.

va'luta *sf* currency, money; (*BANCA*): **~ 15 gennaio** interest to run from January 15th; **~ estera** foreign currency.

valu'tare *vt* (*casa, gioiello, fig*) to value; (*stabilire: peso, entrate, fig*) to estimate.

valu'tario, a *ag* (*FINANZA: norme*) currency *cpd*.

valutazi'one [valutat'tsjone] *sf* valuation; estimate.

'valva *sf* (*ZOOL, BOT*) valve.

'valvola *sf* (*TECN, ANAT*) valve; (*ELETTR*) fuse; **~ a farfalla del carburatore** (*AUT*) throttle; **~ di sicurezza** safety valve.

'valzer ['valtser] *sm inv* waltz.

vam'pata *sf* (*di fiamma*) blaze; (*di calore*) blast; (: *al viso*) flush.

vam'piro *sm* vampire.

vana'gloria *sf* boastfulness.

van'dalico, a, ci, che *ag* vandal *cpd*; **atto ~** act of vandalism.

vanda'lismo *sm* vandalism.

'vandalo *sm* vandal.

vaneggia'mento [vaneddʒa'mento] *sm* raving, delirium.

vaneggi'are [vaned'dʒare] *vi* to rave.

va'nesio, a *ag* vain, conceited.

'vanga, ghe *sf* spade.

van'gare *vt* to dig.

van'gelo [van'dʒɛlo] *sm* gospel.

vanifi'care *vt* to nullify.

va'niglia [va'niʎʎa] *sf* vanilla.

vanigli'ato, a [vaniʎ'ʎato] *ag*: **zucchero ~** (*CUC*) vanilla sugar.

vanità *sf* vanity; (*di promessa*) emptiness; (*di sforzo*) futility.

vani'toso, a *ag* vain, conceited.

'vanno *vb vedi* **andare**.

'vano, a *ag* vain ♦ *sm* (*spazio*) space; (*apertura*) opening; (*stanza*) room; **il ~ della porta** the doorway; **il ~ portabagagli** (*AUT*) the boot (*BRIT*), the trunk (*US*).

van'taggio [van'taddʒo] *sm* advantage; **trarre ~ da qc** to benefit from sth; **essere/portarsi in ~** (*SPORT*) to be in/take the lead.

vantaggi'oso, a [vantad'dʒoso] *ag* advantageous, favourable (*BRIT*), favorable (*US*).

van'tare *vt* to praise, speak highly of; **~rsi** *vr*: **~rsi (di/di aver fatto)** to boast *o* brag (about/about having done).

vante'ria *sf* boasting.

'vanto *sm* boasting; (*merito*) virtue, merit; (*gloria*) pride.

'vanvera *sf*: **a ~** haphazardly; **parlare a ~** to talk nonsense.

va'pore *sm* vapour (*BRIT*), vapor (*US*); (*anche*: **~ acqueo**) steam; (*nave*) steamer; **a ~** (*turbina etc*) steam *cpd*; **al ~** (*CUC*) steamed.

vapo'retto *sm* steamer.

vapori'era *sf* (*FERR*) steam engine.

vaporiz'zare [vaporid'dzare] *vt* to vaporize.

vaporizza'tore [vaporiddza'tore] *sm* spray.

vaporizzazi'one [vaporiddzat'tsjone] *sf* vaporization.

vapo'roso, a *ag* (*tessuto*) filmy; (*capelli*) soft and full.

va'rare *vt* (*NAUT, fig*) to launch; (*DIR*) to pass.

var'care *vt* to cross.

'varco, chi *sm* passage; **aprirsi un ~ tra la folla** to push one's way through the crowd.

vare'china [vare'kina] *sf* bleach.

vari'abile *ag* variable; (*tempo, umore*) changeable, variable ♦ *sf* (*MAT*) variable.

vari'ante *sf* (*gen*) variation, change; (*di piano*) modification; (*LING*) variant; (*SPORT*) alternative route.

vari'are *vt, vi* to vary; **~ di opinione** to change one's mind.

variazi'one [varjat'tsjone] *sf* variation, change; (*MUS*) variation; **una ~ di programma** a change of plan.

va'rice [va'ritʃe] *sf* varicose vein.

vari'cella [vari'tʃɛlla] *sf* chickenpox.

vari'coso, a *ag* varicose.

varie'gato, a *ag* variegated.

varietà *sf inv* variety ♦ *sm inv* variety show.

'vario, a *ag* varied; (*parecchi: col sostantivo al pl*) various; (*mutevole: umore*) changeable; **~e** *sfpl*: **~e ed eventuali** (*nell'ordine del giorno*) any other business.

vario'pinto, a *ag* multicoloured (*BRIT*),

multicolored (*US*).

'**varo** *sm* (*NAUT*, *fig*) launch; (*di leggi*) passing.

varrò *etc vb vedi* **valere**.

Var'savia *sf* Warsaw.

va'saio *sm* potter.

'**vasca, sche** *sf* basin; (*anche*: ~ **da bagno**) bathtub, bath.

va'scello [vaʃ'ʃɛllo] *sm* (*NAUT*) vessel, ship.

vas'chetta [vas'ketta] *sf* (*per gelato*) tub; (*per sviluppare fotografie*) dish.

vase'lina *sf* vaseline.

vasel'lame *sm* (*stoviglie*) crockery; (: *di porcellana*) china; ~ **d'oro/d'argento** gold/silver plate.

'**vaso** *sm* (*recipiente*) pot; (: *barattolo*) jar; (: *decorativo*) vase; (*ANAT*) vessel; ~ **da fiori** vase; (*per piante*) flowerpot.

vas'sallo *sm* vassal.

vas'soio *sm* tray.

vastità *sf* vastness.

'**vasto, a** *ag* vast, immense; **di ~e proporzioni** (*incendio*) huge; (*fenomeno, rivolta*) widespread; **su ~a scala** on a vast *o* huge scale.

Vati'cano *sm*: **il ~** the Vatican; **la Città del ~** the Vatican City.

VB *sigla* = *Vibo Valenza*.

VC *sigla* = *Vercelli*.

VE *sigla* = *Venezia* ♦ *abbr* = *Vostra Eccellenza*.

ve *pron, av vedi* **vi**.

vecchi'aia [vek'kjaja] *sf* old age.

'**vecchio, a** ['vɛkkjo] *ag* old ♦ *sm/f* old man/woman; **i ~i** the old; **è un mio ~ amico** he's an old friend of mine; **è un uomo ~ stile** *o* **stampo** he's an old-fashioned man; **è ~ del mestiere** he's an old hand at the job.

'**vece** ['vetʃe] *sf*: **in ~ di** in the place of, for; **fare le ~i di qn** to take sb's place; **firma del padre** *o* **di chi ne fa le ~i** signature of the father or guardian.

ve'dere *vt, vi* to see; **~rsi** *vr* to meet, see one another; ~ **di fare qc** to see (to it) that sth is done, make sure that sth is done; **avere a che ~ con** to have to do with; **far ~ qc a qn** to show sb sth; **farsi ~** to show o.s.; (*farsi vivo*) to show one's face; **farsi ~ da un medico** to go and see a doctor; **modo di ~** outlook, view of things; **vedi pagina 8** (*rimando*) see page 8; **è da ~ se** ... it remains to be seen whether ...; **non vedo la ragione di farlo** I can't see any reason to do it; **si era visto costretto a** ... he found himself forced to ...; **non (ci) si vede** (*è buio etc*) you can't see a thing; **ci vediamo domani!** see you tomorrow!; **non lo posso ~** (*fig*) I can't stand him.

ve'detta *sf* (*sentinella, posto*) look-out; (*NAUT*) patrol boat.

ve'dette [və'dɛt] *sf inv* (*attrice*) star.

'**vedovo, a** *sm/f* widower/widow; **rimaner ~** to be widowed.

vedrò *etc vb vedi* **vedere**.

ve'duta *sf* view; **di larghe** *o* **ampie ~e** broad-minded; **di ~e limitate** narrow-minded.

vee'mente *ag* (*discorso, azione*) vehement; (*assalto*) vigorous; (*passione*) overwhelming.

vee'menza [vee'mɛntsa] *sf* vehemence; **con ~** vehemently.

vege'tale [vedʒe'tale] *ag, sm* vegetable.

vege'tare [vedʒe'tare] *vi* (*fig*) to vegetate.

vegetari'ano, a [vedʒeta'rjano] *ag, sm/f* vegetarian.

vegeta'tivo, a *ag* vegetative.

vegetazi'one [vedʒetat'tsjone] *sf* vegetation.

'**vegeto, a** ['vɛdʒeto] *ag* (*pianta*) thriving; (*persona*) strong, vigorous.

veg'gente [ved'dʒɛnte] *sm/f* (*indovino*) clairvoyant.

'**veglia** ['veʎʎa] *sf* (*sorveglianza*) watch; (*trattenimento*) evening gathering; **tra la ~ e il sonno** half awake; **fare la ~ a un malato** to watch over a sick person; ~ **funebre** wake.

vegli'ardo, a [veʎ'ʎardo] *sm/f* venerable old man/woman.

vegli'are [veʎ'ʎare] *vi* to stay *o* sit up; (*stare vigile*) to watch; to keep watch ♦ *vt* (*malato, morto*) to watch over, sit up with.

vegli'one [veʎ'ʎone] *sm* ball, dance.

ve'icolo *sm* vehicle; ~ **spaziale** spacecraft *inv*.

'**vela** *sf* (*NAUT*: *tela*) sail; (*sport*) sailing; **tutto va a gonfie ~e** (*fig*) everything is going perfectly.

ve'lare *vt* to veil; **~rsi** *vr* (*occhi, luna*) to mist over; (*voce*) to become husky; **~rsi il viso** to cover one's face (with a veil).

ve'lato, a *ag* veiled.

vela'tura *sf* (*NAUT*) sails *pl*.

veleggi'are [veled'dʒare] *vi* to sail; (*AER*) to glide.

ve'leno *sm* poison.

vele'noso, a *ag* poisonous.

ve'letta *sf* (*di cappello*) veil.

veli'ero *sm* sailing ship.

ve'lina *sf* (*anche*: **carta ~**: *per imballare*) tissue paper; (: *per copie*) flimsy paper; (*copia*) carbon copy.

ve'lista, i, e *sm/f* yachtsman/woman.

ve'livolo *sm* aircraft.

velleità *sf inv* vain ambition, vain desire.

vellei'tario, a *ag* unrealistic.

'vello *sm* fleece.

vellu'tato, a *ag* (*stoffa, pesca, colore*) velvety; (*voce*) mellow.

vel'luto *sm* velvet; ~ **a coste** cord.

'velo *sm* veil; (*tessuto*) voile.

ve'loce [ve'lotʃe] *ag* fast, quick ♦ *av* fast, quickly.

velo'cista, i, e [velo'tʃista] *sm/f* (*SPORT*) sprinter.

velocità [velotʃi'ta] *sf* speed; **a forte** ~ at high speed; ~ **di crociera** cruising speed.

ve'lodromo *sm* velodrome.

ven. *abbr* (*REL*) = **venerabile**; (= *venerdì*) Fri.

'vena *sf* (*gen*) vein; (*filone*) vein, seam; (*fig: ispirazione*) inspiration; (: *umore*) mood; **essere in** ~ **di qc** to be in the mood for sth.

ve'nale *ag* (*prezzo, valore*) market *cpd*; (*fig*) venal; mercenary.

venalità *sf* venality.

ve'nato, a *ag* (*marmo*) veined, streaked; (*legno*) grained.

vena'torio, a *ag* hunting; **la stagione** ~**a** the hunting season.

vena'tura *sf* (*di marmo*) vein, streak; (*di legno*) grain.

ven'demmia *sf* (*raccolta*) grape harvest; (*quantità d'uva*) grape crop, grapes *pl*; (*vino ottenuto*) vintage.

vendemmi'are *vt* to harvest ♦ *vi* to harvest the grapes.

'vendere *vt* to sell; ~ **all'ingrosso/al dettaglio** *o* **minuto** to sell wholesale/ retail; ~ **all'asta** to auction, sell by auction; **"vendesi"** "for sale".

ven'detta *sf* revenge.

vendi'care *vt* to avenge; ~**rsi** *vr*: ~**rsi (di)** to avenge o.s. (for); (*per rancore*) to take one's revenge (for); ~**rsi su qn** to revenge o.s. on sb.

vendica'tivo, a *ag* vindictive.

'vendita *sf* sale; **la** ~ (*attività*) selling; (*smercio*) sales *pl*; **in** ~ on sale; **mettere in** ~ to put on sale; **in** ~ **presso** on sale at; **contratto di** ~ sales agreement; **reparto** ~**e** sales department; ~ **all'asta** sale by auction; ~ **al dettaglio** *o* **minuto** retail; ~ **all'ingrosso** wholesale.

vendi'tore, 'trice *sm/f* seller, vendor; (*gestore di negozio*) trader, dealer.

ven'duto, a *ag* (*merce*) sold; (*fig: corrotto*) corrupt.

ve'nefico, a, ci, che *ag* poisonous.

vene'rabile *ag*, **vene'rando, a** *ag* venerable.

vene'rare *vt* to venerate.

venerazi'one [venerat'tsjone] *sf* veneration.

venerdì *sm inv* Friday; **V**~ **Santo** Good Friday; *per fraseologia vedi* **martedì**.

'Venere *sm, sf* Venus.

ve'nereo, a *ag* venereal.

'veneto, a *ag* of (*o* from) the Veneto.

'veneto-giuli'ano, a ['vɛnetodʒu'ljano] *ag* of (*o* from) Venezia-Giulia.

Ve'nezia [ve'nɛttsja] *sf* Venice.

venezi'ano, a [venet'tsjano] *ag, sm/f* Venetian.

Venezu'ela [venettsu'ela] *sm*: **il** ~ Venezuela.

venezue'lano, a [venettsue'lano] *ag, sm/f* Venezuelan.

'vengo *etc vb vedi* **venire**.

veni'ale *ag* venial.

ve'nire *vi* to come; (*riuscire: dolce, fotografia*) to turn out; (*come ausiliare: essere*): **viene ammirato da tutti** he is admired by everyone; ~ **da** to come from; **quanto viene?** how much does it cost?; **far** ~ (*mandare a chiamare*) to send for; (*medico*) to call, send for; ~ **a capo di qc** to unravel sth, sort sth out; ~ **al dunque** *o* **nocciolo** *o* **fatto** to come to the point; ~ **fuori** to come out; ~ **giù** to come down; ~ **meno** (*svenire*) to faint; ~ **meno a qc** not to fulfil sth; ~ **su** to come up; ~ **via** to come away; ~ **a sapere qc** to learn sth; ~ **a trovare qn** to come and see sb; **negli anni a** ~ in the years to come, in future; **è venuto il momento di ...** the time has come to ....

'venni *etc vb vedi* **venire**.

ven'taglio [ven'taʎʎo] *sm* fan.

ven'tata *sf* gust (of wind).

venten'nale *ag* (*che dura 20 anni*) twenty-year *cpd*; (*che ricorre ogni 20 anni*) which takes place every twenty years.

ven'tenne *ag, sm/f* twenty-year-old.

ven'tennio *sm* period of twenty years; **il** ~ **fascista** the Fascist period.

ven'tesimo, a *num* twentieth.

'venti *num* twenty.

venti'lare *vt* (*stanza*) to air, ventilate; (*fig: idea, proposta*) to air.

venti'lato, a *ag* (*camera, zona*) airy; **poco** ~ airless.

ventila'tore *sm* fan; (*su parete, finestra*) ventilator, fan.

ventilazi'one [ventilat'tsjone] *sf* ventilation.

ven'tina *sf*: **una** ~ **(di)** around twenty, twenty or so.

ventiquat'tr'ore *sfpl* (*periodo*) twenty-four hours ♦ *sf inv* (*SPORT*) twenty-four-hour race; (*valigetta*) overnight case.

venti'sette *num* twenty-seven; **il** ~ (*giorno di paga*) (monthly) pay day.

ventitré *num* twenty-three ♦ *sfpl*: **portava il cappello sulle** ~ he wore his hat at a jaunty angle.

'vento *sm* wind; **c'è** ~ it's windy; **un colpo di** ~ a gust of wind; **contro** ~ against the wind; ~ **contrario** (*NAUT*) headwind.

'ventola *sf* (*AUT, TECN*) fan.

ven'tosa *sf* (*ZOOL*) sucker; (*di gomma*) suction pad.

ven'toso, a *ag* windy.

ven'totto *num* twenty-eight.

'ventre *sm* stomach.

ven'triloquo *sm* ventriloquist.

ven'tuno *num* twenty-one.

ven'tura *sf*: **andare alla** ~ to trust to luck; **soldato di** ~ mercenary.

ven'turo, a *ag* next, coming.

ve'nuto, a *pp di* venire ♦ *sm/f*: **il(la) primo(a)** ~(a) the first person who comes along ♦ *sf* coming, arrival.

ver. *abbr* = **versamento**.

'vera *sf* wedding ring.

ve'race [ve'ratʃe] *ag* (*testimone*) truthful; (*testimonianza*) accurate; (*cibi*) real, genuine.

vera'mente *av* really.

ve'randa *sf* veranda(h).

ver'bale *ag* verbal ♦ *sm* (*di riunione*) minutes *pl*; **accordo** ~ verbal agreement; **mettere a** ~ to place in the minutes *o* on record.

'verbo *sm* (*LING*) verb; (*parola*) word; (*REL*): **il V**~ the Word.

ver'boso, a *ag* verbose, wordy.

ver'dastro, a *ag* greenish.

'verde *ag, sm* green; ~ **bottiglia/oliva** *ag inv* bottle/olive green; **benzina** ~ lead-free *o* unleaded petrol; **i V**~**i** (*POL*) the Greens; **essere al** ~ (*fig*) to be broke.

verdeggi'ante [verded'dʒante] *ag* green, verdant.

verde'rame *sm* verdigris.

ver'detto *sm* verdict.

ver'dura *sf* vegetables *pl*.

vere'condia *sf* modesty.

vere'condo, a *ag* modest.

'verga, ghe *sf* rod.

ver'gato, a *ag* (*foglio*) ruled.

vergi'nale [verdʒi'nale] *ag* virginal.

'vergine ['verdʒine] *sf* vir_,in; ´ *dello zodiaco*): **V**~ Virgo ♦ *ag* virgin; (*ragazza*): **essere** ~ to be a virgin; **essere della V**~ (*dello zodiaco*) to be Virgo; **pura lana** ~ pure new wool; **olio** ~ **d'oliva** unrefined olive oil.

verginità [verdʒini'ta] *sf* virginity.

ver'gogna [ver'goɲɲa] *sf* shame; (*timidezza*) shyness, embarrassment.

vergo'gnarsi [vergoɲ'ɲarsi] *vr*: ~ (**di**) to be *o* feel ashamed (of); to be shy (about), be embarrassed (about).

vergo'gnoso, a [vergoɲ'ɲoso] *ag* ashamed; (*timido*) shy, embarrassed; (*causa di vergogna: azione*) shameful.

veridicità [veriditʃi'ta] *sf* truthfulness.

ve'ridico, a, ci, che *ag* truthful.

ve'rifica, che *sf* checking *no pl*; check; **fare una** ~ **di** (*freni, testimonianza, firma*) to check; ~ **contabile** (*FINANZA*) audit.

verifi'care *vt* (*controllare*) to check; (*confermare*) to confirm, bear out; (*FINANZA*) to audit.

verità *sf inv* truth; **a dire la** ~, **per la** ~ truth to tell, actually.

veriti'ero, a *ag* (*che dice la verità*) truthful; (*conforme a verità*) true.

'verme *sm* worm.

vermi'celli [vermi'tʃelli] *smpl* vermicelli *sg*.

ver'miglio [ver'miʎʎo] *sm* vermilion, scarlet.

'vermut *sm inv* vermouth.

ver'nacolo *sm* vernacular.

ver'nice [ver'nitʃe] *sf* (*colorazione*) paint; (*trasparente*) varnish; (*pelle*) patent leather; "~ **fresca**" "wet paint".

vernici'are [verni'tʃare] *vt* to paint; to varnish.

vernicia'tura [vernitʃa'tura] *sf* painting; varnishing.

'vero, a *ag* (*veridico: fatti, testimonianza*) true; (*autentico*) real ♦ *sm* (*verità*) truth; (*realtà*) (real) life; **un** ~ **e proprio delinquente** a real criminal, an out and out criminal; **tant'è** ~ **che** ... so much so that ...; **a onor del** ~, **a dire il** ~ to tell the truth.

Ve'rona *sf* Verona.

vero'nese *ag* of (*o* from) Verona.

vero'simile *ag* likely, probable.

verrò *etc vb vedi* **venire**.

ver'ruca, che *sf* wart.

versa'mento *sm* (*pagamento*) payment; (*deposito di denaro*) deposit.

ver'sante *sm* slopes *pl*, side.

ver'sare *vt* (*fare uscire: vino, farina*) to pour (out); (*spargere: lacrime, sangue*) to shed; (*rovesciare*) to spill; (*ECON*) to pay; (: *depositare*) to deposit, pay in ♦ *vi*: ~ **in gravi difficoltà** to find o.s. with serious problems; ~**rsi** *vr* (*rovesciarsi*) to spill; (*fiume, folla*): ~**rsi (in)** to pour (into).

versa'tile *ag* versatile.

versatilità *sf* versatility.

ver'sato, a *ag*: ~ **in** to be (well-)versed in.
ver'setto *sm* (*REL*) verse.
versi'one *sf* version; (*traduzione*) translation.
'verso *sm* (*di poesia*) verse, line; (*di animale, uccello, venditore ambulante*) cry; (*direzione*) direction; (*modo*) way; (*di foglio di carta*) verso; (*di moneta*) reverse; ~**i** *smpl* (*poesia*) verse *sg*; **per un** ~ **o per l'altro** one way or another; **prendere qn/qc per il** ~ **giusto** to approach sb/sth the right way; **rifare il** ~ **a qn** (*imitare*) to mimic sb; **non c'è** ~ **di persuaderlo** there's no way of persuading him, he can't be persuaded ♦ *prep* (*in direzione di*) toward(s); (*nei pressi di*) near, around (about); (*in senso temporale*) about, around; (*nei confronti di*) for; ~ **di me** towards me; ~ **l'alto** upwards; ~ **il basso** downwards; ~ **sera** towards evening.
'vertebra *sf* vertebra.
verte'brale *ag* vertebral; **colonna** ~ spinal column, spine.
verte'brato, a *ag, sm* vertebrate.
ver'tenza [ver'tɛntsa] *sf* (*lite*) lawsuit, case; (*sindacale*) dispute.
'vertere *vi*: ~ **su** to deal with, be about.
verti'cale *ag, sf* vertical.
'vertice ['vɛrtitʃe] *sm* summit, top; (*MAT*) vertex; **conferenza al** ~ (*POL*) summit conference.
ver'tigine [ver'tidʒine] *sf* dizziness *no pl*; dizzy spell; (*MED*) vertigo; **avere le** ~**i** to feel dizzy.
vertigi'noso, a [vertidʒi'noso] *ag* (*altezza*) dizzy; (*fig*) breathtakingly high (*o* deep *etc*).
'verza ['vɛrdza] *sf* Savoy cabbage.
ve'scica, che [veʃ'ʃika] *sf* (*ANAT*) bladder; (*MED*) blister.
vesco'vile *ag* episcopal.
'vescovo *sm* bishop.
'vespa *sf* wasp; ((®): *veicolo*) (motor) scooter.
ves'paio *sm* wasps' nest; **suscitare un** ~ (*fig*) to stir up a hornets' nest.
vespasi'ano *sm* urinal.
'vespro *sm* (*REL*) vespers *pl*.
ves'sare *vt* to oppress.
vessazi'one [vessat'tsjone] *sf* oppression.
ves'sillo *sm* standard; (*bandiera*) flag.
ves'taglia [ves'taʎʎa] *sf* dressing gown, robe (*US*).
'veste *sf* garment; (*rivestimento*) covering; (*qualità, facoltà*) capacity; ~**i** *sfpl* clothes, clothing *sg*; **in** ~ **ufficiale** (*fig*) in an official capacity; **in** ~ **di** in the guise of, as; ~ **da camera** dressing gown, robe

(*US*); ~ **editoriale** layout.
vesti'ario *sm* wardrobe, clothes *pl*; **capo di** ~ article of clothing, garment.
ves'tibolo *sm* (entrance) hall.
ves'tigia [ves'tidʒa] *sfpl* (*tracce*) vestiges, traces; (*rovine*) ruins, remains.
ves'tire *vt* (*bambino, malato*) to dress; (*avere indosso*) to have on, wear; ~**rsi** *vr* to dress, get dressed; ~**rsi da** (*negozio, sarto*) to buy *o* get one's clothes at.
ves'tito, a *ag* dressed ♦ *sm* garment; (*da donna*) dress; (*da uomo*) suit; ~**i** *smpl* (*indumenti*) clothes; ~ **di bianco** dressed in white.
Ve'suvio *sm*: **il** ~ Vesuvius.
vete'rano, a *ag, sm/f* veteran.
veteri'nario, a *ag* veterinary ♦ *sm* veterinary surgeon (*BRIT*), veterinarian (*US*), vet ♦ *sf* veterinary medicine.
'veto *sm inv* veto; **porre il** ~ **a qc** to veto sth.
ve'traio *sm* glassmaker; (*per finestre*) glazier.
ve'trato, a *ag* (*porta, finestra*) glazed; (*che contiene vetro*) glass *cpd* ♦ *sf* glass door (*o* window); (*di chiesa*) stained glass window; **carta** ~**a** sandpaper.
vetre'ria *sf* (*stabilimento*) glassworks *sg*; (*oggetti di vetro*) glassware.
ve'trina *sf* (*di negozio*) (shop) window; (*armadio*) display cabinet.
vetri'nista, i, e *sm/f* window dresser.
ve'trino *sm* slide.
vetri'olo *sm* vitriol.
'vetro *sm* glass; (*per finestra, porta*) pane (of glass); ~ **blindato** bulletproof glass; ~ **infrangibile** shatterproof glass; ~ **di sicurezza** safety glass; **i** ~**i di Murano** Murano glassware *sg*.
ve'troso, a *ag* vitreous.
'vetta *sf* peak, summit, top.
vet'tore *sm* (*MAT, FISICA*) vector; (*chi trasporta*) carrier.
vetto'vaglie [vetto'vaʎʎe] *sfpl* supplies.
vet'tura *sf* (*carrozza*) carriage; (*FERR*) carriage (*BRIT*), car (*US*); (*auto*) car (*BRIT*), automobile (*US*); ~ **di piazza** hackney carriage.
vettu'rino *sm* coach driver, coachman.
vezzeggi'are [vettsedd'dʒare] *vt* to fondle, caress.
vezzeggia'tivo [vettseddʒa'tivo] *sm* (*LING*) term of endearment.
'vezzo ['vettso] *sm* habit; ~**i** *smpl* (*smancerie*) affected ways; (*leggiadria*) charms.
vez'zoso, a [vet'tsoso] *ag* (*grazioso*) charming, pretty; (*lezioso*) affected.
V.F. *abbr* = **vigili del fuoco**.

V.G. *abbr* = *Vostra Grazia*.
VI *sigla* = *Vicenza*.
vi (*dav lo, la, li, le, ne diventa* **ve**) *pron* (*oggetto*) you; (*complemento di termine*) (to) you; (*riflessivo*) yourselves; (*reciproco*) each other ♦ *av* (*lì*) there; (*qui*) here; (*per questo/quel luogo*) through here/there; ~ **è/sono** there is/are.
'via *sf* (*gen*) way; (*strada*) street; (*sentiero, pista*) path, track; (*AMM: procedimento*) channels *pl* ♦ *prep* (*passando per*) via, by way of ♦ *av* away ♦ *escl* go away!; (*suvvia*) come on!; (*SPORT*) go! ♦ *sm* (*SPORT*) starting signal; **per ~ di** (*a causa di*) because of, on account of; **in o per ~** on the way; **in ~ di guarigione** (*fig*) on the road to recovery; **per ~ aerea** by air; (*lettere*) by airmail; ~ **satellite** by satellite; **andare/essere ~** to go/be away; ~ ~ (*pian piano*) gradually; ~ ~ **che** (*a mano a mano*) as; **e ~ dicendo, e ~ di questo passo** and so on (and so forth); **dare il ~** (*SPORT*) to give the starting signal; **dare il ~ a un progetto** to give the green light to a project; **hanno dato il ~ ai lavori** they've begun *o* started work; **in ~ amichevole** in a friendly manner; **comporre una disputa in ~ amichevole** (*DIR*) to settle a dispute out of court; **in ~ eccezionale** as an exception; **in ~ privata** *o* **confidenziale** (*dire etc*) in confidence; **in ~ provvisoria** provisionally; **V~ lattea** (*ASTR*) Milky Way; ~ **di mezzo** middle course; **non c'è ~ di scampo** *o* **d'uscita** there's no way out; ~**e di comunicazione** communication routes.
viabilità *sf* (*di strada*) practicability; (*rete stradale*) roads *pl*, road network.
via'dotto *sm* viaduct.
viaggi'are [viad'dʒare] *vi* to travel; **le merci viaggiano via mare** the goods go *o* are sent by sea.
viaggia'tore, 'trice [viaddʒa'tore] *ag* travelling (*BRIT*), traveling (*US*) ♦ *sm* traveller (*BRIT*), traveler (*US*); (*passeggero*) passenger.
vi'aggio [vi'addʒo] *sm* travel(ling); (*tragitto*) journey, trip; **buon ~!** have a good trip!; ~ **d'affari** business trip; ~ **di nozze** honeymoon; ~ **organizzato** package tour *o* holiday.
vi'ale *sm* avenue.
vian'dante *sm/f* vagrant.
vi'atico, ci *sm* (*REL*) viaticum; (*fig*) encouragement.
via'vai *sm* coming and going, bustle.
vi'brare *vi* to vibrate; (*agitarsi*): ~ (**di**) to quiver (with).

vibra'tore *sm* vibrator.
vibrazi'one [vibrat'tsjone] *sf* vibration.
vi'cario *sm* (*apostolico etc*) vicar.
'vice ['vitʃe] *sm/f* deputy ♦ *prefisso* vice.
vice'console [vitʃe'kɔnsole] *sm* vice-consul.
vicediret'tore, 'trice [vitʃediret'tore] *sm/f* assistant manager/manageress; (*di giornale etc*) deputy editor.
vi'cenda [vi'tʃɛnda] *sf* event; ~**e** *sfpl* (*sorte*) fortunes; **a ~ in** turn; **con alterne** ~**e** with mixed fortunes.
vicen'devole [vitʃen'devole] *ag* mutual, reciprocal.
vicen'tino, a [vitʃen'tino] *ag* of (*o* from) Vicenza.
vicepresi'dente [vitʃepresi'dɛnte] *sm* vice-president, vice-chairman.
vice'versa [vitʃe'vɛrsa] *av* vice versa; **da Roma a Pisa e ~** from Rome to Pisa and back.
vi'chingo, a, ghi, ghe [vi'kingo] *ag, sm/f* Viking.
vici'nanza [vitʃi'nantsa] *sf* nearness, closeness; ~**e** *sfpl* (*paraggi*) neighbourhood (*BRIT*), neighborhood (*US*), vicinity.
vici'nato [vitʃi'nato] *sm* neighbourhood (*BRIT*), neighborhood (*US*); (*vicini*) neighbo(u)rs *pl*.
vi'cino, a [vi'tʃino] *ag* (*gen*) near; (*nello spazio*) near, nearby; (*accanto*) next; (*nel tempo*) near, close at hand ♦ *sm/f* neighbour (*BRIT*), neighbor (*US*) ♦ *av* near, close; **da ~** (*guardare*) close up; (*esaminare, seguire*) closely; (*conoscere*) well, intimately; ~ **a** *prep* near (to), close to; (*accanto a*) beside; **mi sono stati molto** ~**i** (*fig*) they were very supportive towards me; ~ **di casa** neighbo(u)r.
vicissi'tudini [vitʃissi'tudini] *sfpl* trials and tribulations.
'vicolo *sm* alley; ~ **cieco** blind alley.
'video *sm inv* (*TV: schermo*) screen.
video'camera *sf* camcorder.
videocas'setta *sf* videocassette.
videogi'oco, chi [video'dʒɔko] *sm* video game.
videoregistra'tore [videoredʒistra'tore] *sm* (*apparecchio*) video (recorder).
video'teca, che *sf* video shop.
videotermi'nale *sm* visual display unit.
'vidi *etc vb vedi* **vedere**.
vidi'mare *vt* (*AMM*) to authenticate.
vidimazi'one [vidimat'tsjone] *sf* (*AMM*) authentication.
Vi'enna *sf* Vienna.
vien'nese *ag, sm/f* Viennese *inv*.
vie'tare *vt* to forbid; (*AMM*) to prohibit;

(*libro*) to ban; ~ **a qn di fare** to forbid sb to do; to prohibit sb from doing.

vie'tato, a *ag* (*vedi vb*) forbidden; prohibited; banned; "~ **fumare/l'ingresso**" "no smoking/admittance"; ~ **ai minori di 14/18 anni** prohibited to children under 14/18; "**senso** ~" (*AUT*) "no entry"; "**sosta** ~**a**" (*AUT*) "no parking".

Viet'nam *sm*: **il** ~ Vietnam.

vietna'mita, i, e *ag, sm/f, sm* Vietnamese *inv*.

vi'eto, a *ag* worthless.

vi'gente [vi'dʒɛnte] *ag* in force.

'vigere ['vidʒere] *vi* (*difettivo: si usa solo alla terza persona*) to be in force; **in casa mia vige l'abitudine di ...** at home we are in the habit of ....

vigi'lante [vidʒi'lante] *ag* vigilant, watchful.

vigi'lanza [vidʒi'lantsa] *sf* vigilance; (*sorveglianza: di operai, alunni*) supervision; (: *di sospetti, criminali*) surveillance; ~ **notturna** night-watchman service.

vigi'lare [vidʒi'lare] *vt* to watch over, keep an eye on; ~ **che** to make sure that, see to it that.

vigi'lato, a [vidʒi'lato] *sm/f* (*DIR*) person under police surveillance.

vigila'trice [vidʒila'tritʃe] *sf*: ~ **d'infanzia** nursery-school teacher; ~ **scolastica** school health officer.

'vigile ['vidʒile] *ag* watchful ♦ *sm* (*anche*: ~ **urbano**) policeman (*in towns*); ~ **del fuoco** fireman.

> The **vigili urbani** *are a municipal police force whose sphere of activity is the* **Comune** *and daily life within it. Their duties involve the enforcing of laws relating to traffic, public works and services and commerce.*

vigi'lessa [vidʒi'lessa] *sf* (traffic) policewoman.

vi'gilia [vi'dʒilja] *sf* (*giorno antecedente*) eve; **la** ~ **di Natale** Christmas Eve.

vigliacche'ria [viʎʎakke'ria] *sf* cowardice.

vigli'acco, a, chi, che [viʎ'ʎakko] *ag* cowardly ♦ *sm/f* coward.

'vigna ['viɲɲa] *sf*, **vi'gneto** [viɲ'ɲeto] *sm* vineyard.

vi'gnetta [viɲ'ɲetta] *sf* cartoon.

vi'gogna [vi'goɲɲa] *sf* vicuña.

vi'gore *sm* vigour (*BRIT*), vigor (*US*); (*DIR*): **essere/entrare in** ~ to be in/come into force; **non è più in** ~ it is no longer in force, it no longer applies.

vigo'roso, a *ag* vigorous.

'vile *ag* (*spregevole*) low, mean, base; (*codardo*) cowardly.

vili'pendere *vt* to despise, scorn.

vili'pendio *sm* contempt, scorn.

vili'peso, a *pp di* **vilipendere**.

'villa *sf* villa.

vil'laggio [vil'laddʒo] *sm* village; ~ **turistico** holiday village.

villa'nia *sf* rudeness, lack of manners; **fare** (*o* **dire**) **una** ~ **a qn** to be rude to sb.

vil'lano, a *ag* rude, ill-mannered ♦ *sm/f* boor.

villeggi'ante [villed'dʒante] *sm/f* holiday-maker (*BRIT*), vacationer (*US*).

villeggi'are [villed'dʒare] *vi* to holiday, spend one's holidays, vacation (*US*).

villeggia'tura [villeddʒa'tura] *sf* holiday(s pl) (*BRIT*), vacation (*US*); **luogo di** ~ (holiday) resort.

vil'letta *sf*, **vil'lino** *sm* small house (with a garden), cottage.

vil'loso, a *ag* hairy.

viltà *sf* cowardice *no pl*; (*gesto*) cowardly act.

> The **Viminale**, *which takes its name from one of the famous Seven Hills of Rome, on which it stands, is the home of the Ministry of the Interior.*

'vimine *sm* wicker; **mobili di** ~**i** wicker furniture *sg*.

vi'naio *sm* wine merchant.

'vincere ['vintʃere] *vt* (*in guerra, al gioco, a una gara*) to defeat, beat; (*premio, guerra, partita*) to win; (*fig*) to overcome, conquer ♦ *vi* to win; ~ **qn in** (*abilità, bellezza*) to surpass sb in.

'vincita ['vintʃita] *sf* win; (*denaro vinto*) winnings *pl*.

vinci'tore, 'trice [vintʃi'tore] *sm/f* winner; (*MIL*) victor.

vinco'lante *ag* binding.

vinco'lare *vt* to bind; (*COMM: denaro*) to tie up.

vinco'lato, a *ag*: **deposito** ~ (*COMM*) fixed deposit.

'vincolo *sm* (*fig*) bond, tie; (*DIR*) obligation.

vi'nicolo, a *ag* wine *cpd*; **regione** ~**a** wine-producing area.

vinificazi'one [vinifikat'tsjone] *sf* wine-making.

'vino *sm* wine; ~ **bianco/rosso** white/red wine.

'vinsi *etc vb vedi* **vincere**.

'vinto, a *pp di* **vincere** ♦ *ag*: **darla** ~**a a qn** to let sb have his (*o* her) way; **darsi per** ~ to

give up, give in.
vi'ola sf (BOT) violet; (MUS) viola ♦ ag, sm inv (colore) purple.
vio'lare vt (chiesa) to desecrate, violate; (giuramento, legge) to violate.
violazi'one [violat'tsjone] sf desecration; violation; ~ **di domicilio** (DIR) breaking and entering.
violen'tare vt to use violence on; (donna) to rape.
vio'lento, a ag violent.
vio'lenza [vio'lɛntsa] sf violence; ~ **carnale** rape.
vio'letto, a ag, sm (colore) violet ♦ sf (BOT) violet.
violi'nista, i, e sm/f violinist.
vio'lino sm violin.
violoncel'lista, i, e [violontʃel'lista] sm/f cellist, cello player.
violon'cello [violon'tʃɛllo] sm cello.
vi'ottolo sm path, track.
VIP sm/f inv (= Very Important Person) VIP.
'vipera sf viper, adder.
vi'raggio [vi'raddʒo] sm (NAUT, AER) turn; (FOT) toning.
vi'rale ag viral.
vi'rare vi (NAUT) to come about; (AER) to turn; (FOT) to tone; ~ **di bordo** to change course.
vi'rata sf coming about; turning; change of course.
'virgola sf (LING) comma; (MAT) point.
virgo'lette sfpl inverted commas, quotation marks.
vi'rile ag (proprio dell'uomo) masculine; (non puerile, da uomo) manly, virile.
virilità sf masculinity; manliness; (sessuale) virility.
virtù sf inv virtue; **in** o **per** ~ **di** by virtue of, by.
virtu'ale ag virtual.
virtu'oso, a ag virtuous ♦ sm/f (MUS etc) virtuoso.
viru'lento, a ag virulent.
'virus sm inv virus.
visa'gista, i, e [viza'dʒista] sm/f beautician.
visce'rale [viʃʃe'rale] ag (MED) visceral; (fig) profound, deep-rooted.
'viscere ['viʃʃere] sm (ANAT) internal organ ♦ sfpl (di animale) entrails pl; (fig) depths pl, bowels pl.
'vischio ['viskjo] sm (BOT) mistletoe; (pania) birdlime.
vischi'oso, a [vis'kjoso] ag sticky.
viscidità [viʃʃidi'ta] sf sliminess.
'viscido, a ['viʃʃido] ag slimy.
vis'conte, 'essa sm/f viscount/viscountess.
viscosità sf viscosity.

vis'coso, a ag viscous.
vi'sibile ag visible.
visi'bilio sm: **andare in** ~ to go into raptures.
visibilità sf visibility.
visi'era sf (di elmo) visor; (di berretto) peak.
visio'nare vt (gen) to look at, examine; (CINE) to screen.
visio'nario, a ag, sm/f visionary.
visi'one sf vision; **prendere** ~ **di qc** to examine sth, look sth over; **prima/ seconda** ~ (CINE) first/second showing.
'visita sf visit; (MED) visit, call; (: esame) examination; **far** ~ **a qn**, **andare in** ~ **da qn** to visit sb, pay sb a visit; **in** ~ **ufficiale in Italia** on an official visit to Italy; **orario di** ~**e** (ospedale) visiting hours; ~ **di controllo** (MED) checkup; ~ **a domicilio** house call; ~ **guidata** guided tour; ~ **sanitaria** sanitary inspection.
visi'tare vt to visit; (MED) to visit, call on; (: esaminare) to examine.
visita'tore, 'trice sm/f visitor.
vi'sivo, a ag visual.
'viso sm face; **fare buon** ~ **a cattivo gioco** to make the best of things.
vi'sone sm mink.
vi'sore sm (FOT) viewer.
'vispo, a ag quick, lively.
'vissi etc vb vedi **vivere**.
vis'suto, a pp di **vivere** ♦ ag (aria, modo di fare) experienced.
'vista sf (facoltà) (eye)sight; (fatto di vedere): **la** ~ **di** the sight of; (veduta) view; **con** ~ **sul lago** with a view over the lake; **sparare a** ~ to shoot on sight; **pagabile a** ~ payable on demand; **in** ~ in sight; **avere in** ~ **qc** to have sth in view; **mettersi in** ~ to draw attention to o.s.; (peg) to show off; **perdere qn di** ~ to lose sight of sb; (fig) to lose touch with sb; **far** ~ **di fare** to pretend to do; **a** ~ **d'occhio** as far as the eye can see; (fig) before one's very eyes.
vis'tare vt to approve; (AMM: passaporto) to visa.
'visto, a pp di **vedere** ♦ sm visa; ~ **che** cong seeing (that); ~ **d'ingresso/di transito** entry/transit visa; ~ **permanente/di soggiorno** permanent/tourist visa.
vis'toso, a ag gaudy, garish; (ingente) considerable.
visu'ale ag visual.
visualiz'zare [vizualid'dzare] vt to visualize.
visualizza'tore [vizualiddza'tore] sm (INFORM) visual display unit, VDU.
visualizzazi'one [vizualiddzat'tsjone] sf (INFORM) display.

'**vita** *sf* life; (*ANAT*) waist; **essere in** ~ to be alive; **pieno di** ~ full of life; **a** ~ for life; **membro a** ~ life member.

vi'tale *ag* vital.

vitalità *sf* vitality.

vita'lizio, a [vita'littsjo] *ag* life *cpd* ♦ *sm* life annuity.

vita'mina *sf* vitamin.

'**vite** *sf* (*BOT*) vine; (*TECN*) screw; **giro di** ~ (*anche fig*) turn of the screw.

vi'tello *sm* (*ZOOL*) calf; (*carne*) veal; (*pelle*) calfskin.

vi'ticcio [vi'tittʃo] *sm* (*BOT*) tendril.

viticol'tore *sm* wine grower.

viticol'tura *sf* wine growing.

'**vitreo, a** *ag* vitreous; (*occhio, sguardo*) glassy.

'**vittima** *sf* victim.

vitti'mismo *sm* self-pity.

'**vitto** *sm* food; (*in un albergo etc*) board; ~ **e alloggio** board and lodging.

vit'toria *sf* victory.

vittori'ano, a *ag* Victorian.

vittori'oso, a *ag* victorious.

vitupe'rare *vt* to rail at *o* against.

vi'uzza [vi'uttsa] *sf* (*in città*) alley.

'**viva** *escl*: ~ **il re!** long live the king!

vivacchi'are [vivak'kjare] *vi* to scrape a living.

vi'vace [vi'vatʃe] *ag* (*vivo, animato*) lively; (: *mente*) lively, sharp; (*colore*) bright.

vivacità [vivatʃi'ta] *sf* liveliness; brightness.

vivaciz'zare [vivatʃid'dzare] *vt* to liven up.

vi'vaio *sm* (*di pesci*) hatchery; (*AGR*) nursery.

viva'mente *av* (*commuoversi*) deeply, profoundly; (*ringraziare etc*) sincerely, warmly.

vi'vanda *sf* food; (*piatto*) dish.

vi'vente *ag* living, alive; **i** ~**i** the living.

'**vivere** *vi* to live ♦ *vt* to live; (*passare: brutto momento*) to live through, go through; (*sentire: gioie, pene di qn*) to share ♦ *sm* life; (*anche*: **modo di** ~) way of life; ~**i** *smpl* food *sg*, provisions; ~ **di** to live on.

vi'veur [vi'vœr] *sm inv* pleasure-seeker.

'**vivido, a** *ag* (*colore*) vivid, bright.

vivifi'care *vt* to enliven, give life to; (*piante etc*) to revive.

vivisezi'one [viviset'tsjone] *sf* vivisection.

'**vivo, a** *ag* (*vivente*) alive, living; (*fig*) lively; (: *colore*) bright, brilliant ♦ *sm*: **entrare nel** ~ **di una questione** to get to the heart of a matter; **i** ~**i** the living; **esperimenti su animali** ~**i** experiments on live *o* living animals; ~ **e vegeto** hale and hearty; **farsi** ~ (*fig*) to show one's face; to

keep in touch; **con** ~ **rammarico** with deep regret; **congratulazioni vivissime** heartiest congratulations; **con i più** ~**i ringraziamenti** with deepest *o* warmest thanks; **ritrarre dal** ~ to paint from life; **pungere qn nel** ~ (*fig*) to cut sb to the quick.

vivrò *etc vb vedi* **vivere**.

vizi'are [vit'tsjare] *vt* (*bambino*) to spoil; (*corrompere moralmente*) to corrupt; (*DIR*) to invalidate.

vizi'ato, a [vit'tsjato] *ag* spoilt; (*aria, acqua*) polluted; (*DIR*) invalid, invalidated.

'**vizio** ['vittsjo] *sm* (*morale*) vice; (*cattiva abitudine*) bad habit; (*imperfezione*) flaw, defect; (*errore*) fault, mistake; ~ **di forma** legal flaw *o* irregularity; ~ **procedurale** procedural error.

vizi'oso, a [vit'tsjoso] *ag* depraved; (*inesatto*) incorrect, wrong; **circolo** ~ vicious circle.

V.le *abbr* = **viale**.

vocabo'lario *sm* (*dizionario*) dictionary; (*lessico*) vocabulary.

vo'cabolo *sm* word.

vo'cale *ag* vocal ♦ *sf* vowel.

vocazi'one [vokat'tsjone] *sf* vocation; (*fig*) natural bent.

'**voce** ['votʃe] *sf* voice; (*diceria*) rumour (*BRIT*), rumor (*US*); (*di un elenco, in bilancio*) item; (*di dizionario*) entry; **parlare a alta/bassa** ~ to speak in a loud/low *o* soft voice; **fare la** ~ **grossa** to raise one's voice; **dar** ~ **a qc** to voice sth, give voice to sth; **a gran** ~ in a loud voice, loudly; **te lo dico a** ~ I'll tell you when I see you; **a una** ~ unanimously; **aver** ~ **in capitolo** (*fig*) to have a say in the matter; ~**i di corridoio** rumours.

voci'are [vo'tʃare] *vi* to shout, yell.

vocife'rante [votʃife'rante] *ag* noisy.

vo'cio [vo'tʃio] *sm* shouting.

'**vodka** *sf inv* vodka.

'**voga** *sf* (*NAUT*) rowing; (*usanza*): **essere in** ~ to be in fashion *o* in vogue.

vo'gare *vi* to row.

voga'tore, 'trice *sm/f* oarsman/woman ♦ *sm* rowing machine.

vogherò *etc* [voge'rɔ] *vb vedi* **vogare**.

'**voglia** ['vɔʎʎa] *sf* desire, wish; (*macchia*) birthmark; **aver** ~ **di qc/di fare** to feel like sth/like doing; (*più forte*) to want sth/ to do; **di buona** ~ willingly.

'**voglio** *etc* ['vɔʎʎo] *vb vedi* **volere**.

vogli'oso, a [voʎ'ʎoso] *ag* (*sguardo etc*) longing; (*più forte*) full of desire.

'**voi** *pron* you; ~ **stessi(e)** you yourselves.

voi'altri *pron* you.

vol. *abbr* (= *volume*) vol.
vo'lano *sm* (*SPORT*) shuttlecock; (*TECN*) flywheel.
vo'lant [vɔ'lã] *sm inv* frill.
vo'lante *ag* flying ♦ *sm* (steering wheel) ♦ *sf* (*POLIZIA: anche:* **squadra ~**) flying squad.
volanti'naggio [volanti'naddʒo] *sm* leafleting.
volanti'nare *vt* (*distribuire volantini*) to leaflet, hand out leaflets.
volan'tino *sm* leaflet.
vo'lare *vi* (*uccello, aereo, fig*) to fly; (*cappello*) to blow away *o* off, fly away *o* off; **~ via** to fly away *o* off.
vo'lata *sf* flight; (*d'uccelli*) flock, flight; (*corsa*) rush; (*SPORT*) final sprint; **passare di ~ da qn** to drop in on sb briefly.
vo'latile *ag* (*CHIM*) volatile ♦ *sm* (*ZOOL*) bird.
volatiliz'zarsi [volatilid'dzarsi] *vr* (*CHIM*) to volatilize; (*fig*) to vanish, disappear.
vo'lente *ag*: **verrai ~ o nolente** you'll come whether you like it or not.
volente'roso, a *ag* willing, keen.
volenti'eri *av* willingly; **"~"** "with pleasure", "I'd be glad to".

══════════════ *PAROLA CHIAVE*

vo'lere *sm* will, wish(es); **contro il ~ di** against the wishes of; **per ~ di qn** in obedience to sb's will *o* wishes
♦ *vt* **1** (*esigere, desiderare*) to want; **~ fare qc** to want to do sth; **~ che qn faccia qc** to want sb to do sth; **vorrei andarmene** I'd like to go; **vorrei che se ne andasse** I'd like him to go; **vorrei quello lì!** I'd like that one!; **volevo parlartene** I meant to talk to you about it; **come vuoi** as you like; **la vogliono al telefono** there's a call for you; **che tu lo voglia o no** whether you like it or not; **vuoi un caffè?** would you like a coffee?; **senza ~** (*inavvertitamente*) without meaning to, unintentionally; **te la sei voluta** you asked for it; **la tradizione vuole che ...** custom requires that ...; **la leggenda vuole che ...** legend has it that ...

2 (*consentire*): **vogliate attendere, per piacere** please wait; **vogliamo andare?** shall we go?; **vuole essere così gentile da ...?** would you be so kind as to ...?; **non ha voluto ricevermi** he wouldn't see me

3: **volerci** (*essere necessario: materiale, attenzione*) to be needed; (: *tempo*) to take; **quanta farina ci vuole per questa torta?** how much flour do you need for this cake?; **ci vuole un'ora per arrivare a Venezia** it takes an hour to get to Venice; **è quel che ci vuole** it's just what is

needed
4: **voler bene a qn** (*amore*) to love sb; (*affetto*) to be fond of sb, like sb very much; **voler male a qn** to dislike sb; **volerne a qn** to bear sb a grudge; **voler dire** to mean; **voglio dire ...** I mean ...; **volevo ben dire!** I thought as much!

vol'gare *ag* vulgar.
volgarità *sf* vulgarity.
volgariz'zare [volgarid'dzare] *vt* to popularize.
volgar'mente *av* (*in modo volgare*) vulgarly, coarsely; (*del popolo*) commonly, popularly.
'volgere ['vɔldʒere] *vt* to turn ♦ *vi* to turn; (*tendere*): **~ a: il tempo volge al brutto/al bello** the weather is breaking/is setting fair; **un rosso che volge al viola** a red verging on purple; **~rsi** *vr* to turn; **~ al peggio** to take a turn for the worse; **~ al termine** to draw to an end.
'volgo *sm* common people.
voli'era *sf* aviary.
voli'tivo, a *ag* strong-willed.
'volli *etc vb vedi* **volere**.
'volo *sm* flight; **ci sono due ore di ~ da Londra a Milano** it's a two-hour flight between London and Milan; **al ~: colpire qc al ~** to hit sth as it flies past; **prendere al ~** (*autobus, treno*) to catch at the last possible moment; (*palla*) to catch as it flies past; (*occasione*) to seize; **capire al ~** to understand straight away; **veduta a ~ d'uccello** bird's-eye view; **~ di linea** scheduled flight.
volontà *sf inv* will; **a ~** (*mangiare, bere*) as much as one likes; **buona/cattiva ~** goodwill/lack of goodwill; **le sue ultime ~** (*testamento*) his last will and testament *sg*.
volontaria'mente *av* voluntarily.
volontari'ato *sm* (*MIL*) voluntary service; (*lavoro*) voluntary work.
volon'tario, a *ag* voluntary ♦ *sm* (*MIL*) volunteer.
'volpe *sf* fox.
vol'pino, a *ag* (*pelo, coda*) fox's; (*aspetto, astuzia*) fox-like ♦ *sm* (*cane*) Pomeranian.
vol'pone, a *sm/f* (*fig*) old fox.
'volsi *etc vb vedi* **volgere**.
volt *sm inv* (*ELETTR*) volt.
'volta *sf* (*momento, circostanza*) time; (*turno, giro*) turn; (*curva*) turn, bend; (*ARCHIT*) vault; (*direzione*): **partire alla ~ di** to set off for; **a mia** (*o tua etc*) **~** in turn; **una ~** once; **una ~ sola** only once; **c'era una ~** once upon a time there was; **le cose di**

una ~ the things of the past; **due** ~**e** twice; **tre** ~**e** three times; **una cosa per** ~ one thing at a time; **una** ~ **o l'altra** one of these days; **una** ~ **per tutte** once and for all; **una** ~ **tanto** just for once; **lo facciamo un'altra** ~ we'll do it another time *o* some other time; **a** ~**e** at times, sometimes; **di** ~ **in** ~ from time to time; **una** ~ **che** (*temporale*) once; (*causale*) since; 3 ~**e** 4 3 times 4; **ti ha dato di** ~ **il cervello?** have you gone out of your mind?

volta'faccia [volta'fatt∫a] *sm inv* (*fig*) volteface.

vol'taggio [vol'taddʒo] *sm* (*ELETTR*) voltage.

vol'tare *vt* to turn; (*girare: moneta*) to turn over; (*rigirare*) to turn round ♦ *vi* to turn; ~**rsi** *vr* to turn; to turn over; to turn round.

voltas'tomaco *sm* nausea; (*fig*) disgust.

volteggi'are [volted'dʒare] *vi* (*volare*) to circle; (*in equitazione*) to do trick riding; (*in ginnastica*) to vault.

'volto, a *pp di* **volgere** ♦ *ag* (*inteso a*): **il mio discorso è** ~ **a spiegare** ... in my speech I intend to explain ... ♦ *sm* face.

vo'lubile *ag* changeable, fickle.

vo'lume *sm* volume.

volumi'noso, a *ag* voluminous, bulky.

vo'luta *sf* (*gen*) spiral; (*ARCHIT*) volute.

voluttà *sf* sensual pleasure *o* delight.

voluttu'oso, a *ag* voluptuous.

vomi'tare *vt, vi* to vomit.

'vomito *sm* vomit; **ho il** ~ I feel sick.

'vongola *sf* clam.

vo'race [vo'rat∫e] *ag* voracious, greedy.

voracità [vorat∫i'ta] *sf* voracity, voraciousness.

vo'ragine [vo'radʒine] *sf* abyss, chasm.

vorrò *etc vb vedi* **volere**.

'vortice ['vortit∫e] *sm* whirl, vortex; (*fig*) whirl.

vorti'coso, a *ag* whirling.

'vostro, a *det*: **il(la)** ~**(a)** *etc* your ♦ *pron*: **il(la)** ~**(a)** *etc* yours ♦ *sm*: **avete speso del** ~? did you spend your own money? ♦ *sf*: **la** ~**a** (*opinione*) your view; **i** ~**i** (*famiglia*) your family; **un** ~ **amico** a friend of yours; **è dei** ~**i, è dalla** ~**a** he's on your side; **l'ultima** ~**a** (*COMM: lettera*) your most recent letter; **alla** ~**a!** (*brindisi*) here's to you!, your health!

vo'tante *sm/f* voter.

vo'tare *vi* to vote ♦ *vt* (*sottoporre a votazione*) to take a vote on; (*approvare*) to vote for; (*REL*): ~ **qc a** to dedicate sth to; ~**rsi** *vr* to devote o.s. to.

votazi'one [votat'tsjone] *sf* vote, voting; ~**i** *sfpl* (*POL*) votes; (*INS*) marks.

'voto *sm* (*POL*) vote; (*INS*) mark (*BRIT*), grade (*US*); (*REL*) vow; (: *offerta*) votive offering; **aver** ~**i belli/brutti** (*INS*) to get good/bad marks *o* grades; **prendere i** ~**i** to take one's vows; ~ **di fiducia** vote of confidence.

V.P. *abbr* (= *vicepresidente*) VP.

VR *sigla* = *Verona*.

v.r. *abbr* (= *vedi retro*) PTO.

V.S. *abbr* = *Vostra Santità, Vostra Signoria*.

vs. *abbr* (= *vostro*) yr.

v.s. *abbr* = *vedi sopra*.

VT *sigla* = *Viterbo*.

V.U. *abbr* = **vigile urbano**.

vul'canico, a, ci, che *ag* volcanic.

vulcanizzazi'one [vulkaniddzat'tsjone] *sf* vulcanization.

vul'cano *sm* volcano.

vulne'rabile *ag* vulnerable.

vulnerabilità *sf* vulnerability.

vu'oi, vu'ole *vb vedi* **volere**.

vuo'tare *vt,* ~**rsi** *vr* to empty.

vu'oto, a *ag* empty; (*fig: privo*): ~ **di** (*senso etc*) devoid of ♦ *sm* empty space, gap; (*spazio in bianco*) blank; (*FISICA*) vacuum; (*fig: mancanza*) gap, void; **a mani** ~**e** empty-handed; **assegno a** ~ dud cheque (*BRIT*), bad check (*US*); ~ **d'aria** air pocket; "~ **a perdere**" "no deposit"; "~ **a rendere**" "returnable bottle".

v.v. *abbr* (= *vostro*) yr.

W w

W, w ['doppjovu] *sf o m inv* (*lettera*) W, w; **W come Washington** ≈ W for William.

W *abbr* = **viva, evviva**.

'wafer ['vafer] *sm inv* (*CUC, ELETTR*) wafer.

wagon-'lit [vagɔ̃'li] *sm inv* (*FERR*) sleeping car.

'walkman ® ['wɔːkmən] *sm inv* Walkman ®.

'water 'closet ['wɔːtə'klɔzɪt] *sm inv* toilet, lavatory.

watt [vat] *sm inv* (*ELETTR*) watt.

wat'tora [vat'tora] *sm inv* (*ELETTR*) watt-hour.

WC *sm inv* WC.

'weekend ['wiːkend] *sm inv* weekend.

'western ['wɛstern] *ag* (*CINE*) cowboy *cpd* ♦ *sm inv* western, cowboy film; ~ **all'italiana** spaghetti western.

'**whisky** ['wiski] *sm inv* whisky.
'**windsurf** ['windsɔːf] *sm inv* (*tavola*) windsurfer, sailboard; (*sport*) windsurfing.
'**würstel** ['vyrstəl] *sm inv* frankfurter.

X x

X, x [iks] *sf o m inv* (*lettera*) X, x; **X come Xeres** ≈ X for Xmas.
xenofo'bia [ksenofo'bia] *sf* xenophobia.
xe'nofobo, a [kse'nɔfobo] *ag* xenophobic ♦ *sm/f* xenophobe.
'**xeres** ['ksɛres] *sm inv* sherry.
xero'copia [ksero'kɔpja] *sf* xerox ®, photocopy.
xerocopi'are [kseroko'pjare] *vt* to photocopy.
xi'lofono [ksi'lɔfono] *sm* xylophone.

Y y

Y, y ['ipsilon] *sf o m inv* (*lettera*) Y, y; **Y come Yacht** ≈ Y for Yellow (*BRIT*), Y for Yoke (*US*).
yacht [jɔt] *sm inv* yacht.
'**yankee** ['jæŋki] *sm/f inv* Yank, Yankee.
Y.C.I. *abbr* = *Yacht Club d'Italia*.
'**Yemen** ['jemen] *sm*: **lo** ~ Yemen.
yen [jen] *sm inv* (*moneta*) yen.
'**yiddish** ['jidiʃ] *ag inv, sm inv* Yiddish.
'**yoga** ['jɔga] *ag inv, sm* yoga (*cpd*).
yogurt ['jɔgurt] *sm inv* yog(h)urt.

Z z

Z, z ['dzɛta] *sf o m inv* (*lettera*) Z, z; **Z come Zara** ≈ Z for Zebra.
zabai'one [dzaba'jone] *sm dessert made of egg yolks, sugar and marsala.*
zaf'fata [tsaf'fata] *sf* (*tanfo*) stench.
zaffe'rano [dzaffe'rano] *sm* saffron.
zaf'firo [dzaf'firo] *sm* sapphire.
'**zagara** ['dzagara] *sf* orange blossom.
'**zaino** ['dzaino] *sm* rucksack.
Za'ire [dza'ire] *sm*: **lo** ~ Zaire.
'**Zambia** ['dzambja] *sm*: **lo** ~ Zambia.
'**zampa** ['tsampa] *sf* (*di animale: gamba*) leg; (*: piede*) paw; **a quattro** ~**e** on all fours; ~**e di gallina** (*calligrafia*) scrawl; (*rughe*) crow's feet.
zam'pata [tsam'pata] *sf* (*di cane, gatto*) blow with a paw.
zampet'tare [tsampet'tare] *vi* to scamper.
zampil'lare [tsampil'lare] *vi* to gush, spurt.
zam'pillo [tsam'pillo] *sm* gush, spurt.
zam'pino [tsam'pino] *sm* paw; **qui c'è sotto il suo** ~ (*fig*) he's had a hand in this.
zam'pogna [tsam'poɲɲa] *sf instrument similar to bagpipes.*
'**zanna** ['tsanna] *sf* (*di elefante*) tusk; (*di carnivori*) fang.
zan'zara [dzan'dzara] *sf* mosquito.
zanzari'era [dzandza'rjɛra] *sf* mosquito net.
'**zappa** ['tsappa] *sf* hoe.
zap'pare [tsap'pare] *vt* to hoe.
zappa'tore [tsappa'tore] *sm* (*AGR*) hoer.
zappa'tura [tsappa'tura] *sf* (*AGR*) hoeing.
zar, za'rina [tsar, tsa'rina] *sm/f* tsar/tsarina.
'**zattera** ['dzattera] *sf* raft.
za'vorra [dza'vɔrra] *sf* ballast.
'**zazzera** ['tsattsera] *sf* shock of hair.
'**zebra** ['dzɛbra] *sf* zebra; ~**e** *sfpl* (*AUT*) zebra crossing *sg* (*BRIT*), crosswalk *sg* (*US*).
ze'brato, a [dze'brato] *ag* with black and white stripes; **strisce** ~**e, attraversamento** ~ (*AUT*) zebra crossing (*BRIT*), crosswalk (*US*).
'**zecca, che** ['tsekka] *sf* (*ZOOL*) tick; (*officina di monete*) mint.
zec'chino [tsek'kino] *sm* gold coin; **oro** ~ pure gold.
ze'lante [dze'lante] *ag* zealous.
'**zelo** ['dzɛlo] *sm* zeal.

'zenit ['dzɛnit] *sm* zenith.

'zenzero ['dzendzero] *sm* ginger.

'zeppa ['tseppa] *sf* wedge.

'zeppo, a ['tseppo] *ag*: ~ **di** crammed *o* packed with.

zer'bino [dzer'bino] *sm* doormat.

'zero ['dzɛro] *sm* zero, nought; **vincere per tre a** ~ (*SPORT*) to win three-nil.

'zeta ['dzɛta] *sm o f* zed, (the letter) z.

'zia ['tsia] *sf* aunt.

zibel'lino [dzibel'lino] *sm* sable.

zi'gano, a [tsi'gano] *ag, sm/f* gypsy.

'zigomo ['dzigomo] *sm* cheekbone.

zigri'nare [dzigri'nare] *vt* (*gen*) to knurl; (*pellame*) to grain; (*monete*) to mill.

zig'zag [dzig'dzag] *sm inv* zigzag; **andare a** ~ to zigzag.

Zim'babwe [tsim'babwe] *sm*: **lo** ~ Zimbabwe.

zim'bello [dzim'bɛllo] *sm* (*oggetto di burle*) laughing-stock.

'zinco ['dzinko] *sm* zinc.

zinga'resco, a, schi, sche [dzinga'resko] *ag* gypsy *cpd*.

'zingaro, a ['dzingaro] *sm/f* gipsy.

'zio ['tsio], *pl* **'zii** *sm* uncle; **zii** *smpl* (*zio e zia*) uncle and aunt.

zi'tella [dzi'tɛlla] *sf* spinster; (*peg*) old maid.

zit'tire [tsit'tire] *vt* to silence, hush *o* shut up ♦ *vi* to hiss.

'zitto, a ['tsitto] *ag* quiet, silent; **sta'** ~! be quiet!

ziz'zania [dzid'dzanja] *sf* (*BOT*) darnel; (*fig*) discord; **gettare** *o* **seminare** ~ to sow discord.

'zoccolo ['tsɔkkolo] *sm* (*calzatura*) clog; (*di cavallo etc*) hoof; (*ARCHIT*) plinth; (*di parete*) skirting (board); (*di armadio*) base.

zodia'cale [dzodia'kale] *ag* zodiac *cpd*; **segno** ~ sign of the zodiac.

zo'diaco [dzo'diako] *sm* zodiac.

zolfa'nello [tsolfa'nɛllo] *sm* (sulphur) match.

'zolfo ['tsolfo] *sm* sulphur (*BRIT*), sulfur (*US*).

'zolla ['dzolla] *sf* clod (of earth).

zol'letta [dzol'letta] *sf* sugar lump.

'zona ['dzɔna] *sf* zone, area; ~ **di depressione** (*METEOR*) trough of low pressure; ~ **erogena** erogenous zone; ~ **pedonale** pedestrian precinct; ~ **verde** (*di abitato*) green area.

'zonzo ['dzondzo]: **a** ~ *av*: **andare a** ~ to wander about, stroll about.

'zoo ['dzɔo] *sm inv* zoo.

zoolo'gia [dzoolo'dʒia] *sf* zoology.

zoo'logico, a, ci, che [dzoo'lɔdʒiko] *ag* zoological.

zo'ologo, a, gi, ghe [dzo'ɔlogo] *sm/f* zoologist.

zoosa'fari [dzoosa'fari] *sm inv* safari park.

zoo'tecnico, a, ci, che [dzoo'tɛkniko] *ag* zootechnical; **il patrimonio** ~ **di un paese** a country's livestock resources.

zoppi'care [tsoppi'kare] *vi* to limp; (*fig: mobile*) to be shaky, rickety.

'zoppo, a ['tsɔppo] *ag* lame; (*fig: mobile*) shaky, rickety.

zoti'cone [dzoti'kone] *sm* lout.

zu'ava [dzu'ava] *sf*: **pantaloni** *mpl* **alla** ~ knickerbockers.

'zucca, che ['tsukka] *sf* (*BOT*) marrow (*BRIT*), vegetable marrow (*US*); pumpkin; (*scherzoso*) head.

zucche'rare [tsukke'rare] *vt* to put sugar in.

zucche'rato, a [tsukke'rato] *ag* sweet, sweetened.

zuccheri'era [tsukke'rjɛra] *sf* sugar bowl.

zuccheri'ficio [tsukkeri'fitʃo] *sm* sugar refinery.

zucche'rino, a [tsukke'rino] *ag* sugary, sweet.

'zucchero ['tsukkero] *sm* sugar; ~ **di canna** cane sugar; ~ **caramellato** caramel; ~ **filato** candy floss, cotton candy (*US*); ~ **a velo** icing sugar (*BRIT*), confectioner's sugar (*US*).

zucche'roso, a [tsukke'roso] *ag* sugary.

zuc'china [tsuk'kina] *sf*, **zuc'chino** [tsuk'kino] *sm* courgette (*BRIT*), zucchini (*US*).

zuc'cotto [tsuk'kɔtto] *sm* ice-cream sponge.

'zuffa ['tsuffa] *sf* brawl.

zufo'lare [tsufo'lare] *vt, vi* to whistle.

'zufolo ['tsufolo] *sm* (*MUS*) flageolet.

'zuppa ['tsuppa] *sf* soup; (*fig*) mixture, muddle; ~ **inglese** (*CUC*) dessert made with sponge cake, custard and chocolate, ≈ trifle (*BRIT*).

zuppi'era [tsup'pjɛra] *sf* soup tureen.

'zuppo, a ['tsuppo] *ag*: ~ **(di)** drenched (with), soaked (with).

Zu'rigo [dzu'rigo] *sf* Zurich.

English-Italian
Inglese-Italiano

Aa

A, a [eɪ] *n* (*letter*) A, a *form inv*; (*SCOL: mark*)
≈ 10 (*ottimo*); (*MUS*): **A** la *m*; **A for Andrew**,
(*US*) **A for Able** ≈ A come Ancona;
from A to Z dall'A alla Z; **A road** *n* (*BRIT
AUT*) ≈ strada statale; **A shares** *npl* (*BRIT
STOCK EXCHANGE*) azioni *fpl* senza diritto
di voto; **A to Z** ® *n* stradario.

━━━━━━━━━━━━━━━━━━━━━━ *KEYWORD*

a [ə] (*before vowel or silent h*: **an**) *indef art* **1**
un (uno +*s impure, gn, pn, ps, x, z*), *f* una
(un' +*vowel*); ~ **book** un libro; ~ **mirror**
uno specchio; **an apple** una mela; **she's** ~
doctor è medico
2 (*instead of the number "one"*) un(o), *f*
una; ~ **year ago** un anno fa; ~ **hundred/
thousand pounds** cento/mille sterline
3 (*in expressing ratios, prices etc*) a, per; **3**
~ **day/week** al giorno/alla settimana; **10
km an hour** 10 km all'ora; **£5** ~ **person** 5
sterline a persona *or* per persona.

a. *abbr* = **acre**.

AA *n abbr* (*BRIT*: = *Automobile Association*)
≈ A.C.I. *m* (= *Automobile Club d'Italia*);
(*US*: = *Associate in/of Arts*) titolo di studio;
(= *Alcoholics Anonymous*) A.A. *f*
(= *Anonima Alcolisti*); (*MIL*) = **anti-aircraft**.

AAA *n abbr* (= *American Automobile
Association*) ≈ A.C.I. *m* (= *Automobile
Club d'Italia*); (*BRIT*) = *Amateur Athletics
Association*.

A & R *n abbr* (*MUS*) = *artists and repertoire*; ~
man talent scout *m inv*.

AAUP *n abbr* (= *American Association of
University Professors*) associazione dei
professori universitari.

AB *abbr* (*BRIT*) *see* **able-bodied seaman**;

(*Canada*) = *Alberta*.

aback [ə'bæk] *adv*: **to be taken** ~ essere
sbalordito(a).

abacus, *pl* **abaci** ['æbəkəs, -saɪ] *n*
pallottoliere *m*, abaco.

abandon [ə'bændən] *vt* abbandonare ♦ *n*
abbandono; **to** ~ **ship** abbandonare la
nave.

abandoned [ə'bændənd] *adj* (*child, house
etc*) abbandonato(a); (*unrestrained:
manner*) disinvolto(a).

abase [ə'beɪs] *vt*: **to** ~ **o.s. (so far as to do)**
umiliarsi *or* abbassarsi (al punto di fare).

abashed [ə'bæʃt] *adj* imbarazzato(a).

abate [ə'beɪt] *vi* calmarsi.

abatement [ə'beɪtmənt] *n* (*of pollution,
noise*) soppressione *f*, eliminazione *f*;
noise ~ **society** associazione *f* per la lotta
contro i rumori.

abattoir ['æbətwɑ:*] *n* (*BRIT*) mattatoio.

abbey ['æbɪ] *n* abbazia, badia.

abbot ['æbət] *n* abate *m*.

abbreviate [ə'bri:vɪeɪt] *vt* abbreviare.

abbreviation [əbri:vɪ'eɪʃən] *n*
abbreviazione *f*.

ABC *n abbr* (= *American Broadcasting
Company*) rete televisiva americana.

abdicate ['æbdɪkeɪt] *vt* abdicare a ♦ *vi*
abdicare.

abdication [æbdɪ'keɪʃən] *n* abdicazione *f*.

abdomen ['æbdəmən] *n* addome *m*.

abdominal [æb'dɔmɪnl] *adj* addominale.

abduct [æb'dʌkt] *vt* rapire.

abduction [æb'dʌkʃən] *n* rapimento.

Aberdonian [æbə'dəunɪən] *adj* di Aberdeen
♦ *n* abitante *m/f* di Aberdeen; originario/a
di Aberdeen.

aberration [æbə'reɪʃən] *n* aberrazione *f*.

abet [ə'bɛt] *vt see* **aid**.

abeyance [ə'beɪəns] *n*: **in ~** in sospeso.

abhor [əb'hɔː*] *vt* aborrire.

abhorrent [əb'hɔrənt] *adj* odioso(a).

abide [ə'baɪd] *vt* sopportare.

▶**abide by** *vt fus* conformarsi a.

abiding [ə'baɪdɪŋ] *adj* (*memory etc*) persistente, duraturo(a).

ability [ə'bɪlɪtɪ] *n* abilità *f inv*; **to the best of my ~** con il massimo impegno.

abject ['æbdʒɛkt] *adj* (*poverty*) abietto(a); (*apology*) umiliante; (*coward*) indegno(a), vile.

ablaze [ə'bleɪz] *adj* in fiamme; **~ with light** risplendente di luce.

able ['eɪbl] *adj* capace; **to be ~ to do sth** essere capace di fare qc, poter fare qc.

able-bodied ['eɪbl'bɔdɪd] *adj* robusto(a).

able-bodied seaman (AB) *n* (*BRIT*) marinaio scelto.

ably ['eɪblɪ] *adv* abilmente.

ABM *n abbr* (= *anti-ballistic missile*) ABM *m*.

abnormal [æb'nɔːməl] *adj* anormale.

abnormality [æbnɔː'mælɪtɪ] *n* (*condition*) anormalità; (*instance*) anomalia.

aboard [ə'bɔːd] *adv* a bordo ♦ *prep* a bordo di; **~ the train** in *or* sul treno.

abode [ə'bəud] *n* (*old*) dimora; (*LAW*) domicilio, dimora; **of no fixed ~** senza fissa dimora.

abolish [ə'bɔlɪʃ] *vt* abolire.

abolition [æbəu'lɪʃən] *n* abolizione *f*.

abominable [ə'bɔmɪnəbl] *adj* abominevole.

aborigine [æbə'rɪdʒɪnɪ] *n* aborigeno/a.

abort [ə'bɔːt] *vt* (*MED*, *fig*) abortire; (*COMPUT*) interrompere l'esecuzione di.

abortion [ə'bɔːʃən] *n* aborto; **to have an ~** avere un aborto, abortire.

abortionist [ə'bɔːʃənɪst] *n* abortista *m/f*.

abortive [ə'bɔːtɪv] *adj* abortivo(a).

abound [ə'baund] *vi* abbondare; **to ~ in** abbondare di.

======= *KEYWORD*

about [ə'baut] *adv* **1** (*approximately*) circa, quasi; **~ a hundred/thousand** un centinaio/migliaio, circa cento/mille; **it takes ~ 10 hours** ci vogliono circa 10 ore; **at ~ 2 o'clock** verso le 2; **I've just ~ finished** ho quasi finito; **it's ~ here** è qui intorno, è qui vicino

2 (*referring to place*) qua e là, in giro; **to leave things lying ~** lasciare delle cose in giro; **to run ~** correre qua e là; **to walk ~** camminare; **is Paul ~?** (*BRIT*) hai visto Paul in giro?; **it's the other way ~** (*BRIT*) è il contrario

3: **to be ~ to do sth** stare per fare qc; **I'm not ~ to do all that for nothing** non ho intenzione di fare tutto questo per niente

♦ *prep* **1** (*relating to*) su, di; **a book ~ London** un libro su Londra; **what is it ~?** di che si tratta?; (*book, film etc*) di cosa tratta?; **we talked ~ it** ne abbiamo parlato; **do something ~ it!** fai qualcosa!; **what** *or* **how ~ doing this?** che ne dici di fare questo?

2 (*referring to place*): **to walk ~ the town** camminare per la città; **her clothes were scattered ~ the room** i suoi vestiti erano sparsi *or* in giro per tutta la stanza.

about-face [ə'baut'feɪs] *n*, **about-turn** [ə'baut'təːn] *n* (*MIL*) dietro front *m inv*.

above [ə'bʌv] *adv*, *prep* sopra; **mentioned ~** suddetto; **costing ~ £10** più caro di 10 sterline; **he's not ~ a bit of blackmail** non rifuggirebbe dal ricatto; **~ all** soprattutto.

aboveboard [ə'bʌv'bɔːd] *adj* aperto(a); onesto(a).

abrasion [ə'breɪʒən] *n* abrasione *f*.

abrasive [ə'breɪzɪv] *adj* abrasivo(a).

abreast [ə'brɛst] *adv* di fianco; **3 ~** per 3 di fronte; **to keep ~ of** tenersi aggiornato su.

abridge [ə'brɪdʒ] *vt* ridurre.

abroad [ə'brɔːd] *adv* all'estero; **there is a rumour ~ that ...** (*fig*) si sente dire in giro che ..., circola la voce che ....

abrupt [ə'brʌpt] *adj* (*steep*) erto(a); (*sudden*) improvviso(a); (*gruff, blunt*) brusco(a).

abscess ['æbsɪs] *n* ascesso.

abscond [əb'skɔnd] *vi* scappare.

absence ['æbsəns] *n* assenza; **in the ~ of** (*person*) in assenza di; (*thing*) in mancanza di.

absent ['æbsənt] *adj* assente; **to be ~ without leave (AWOL)** (*MIL etc*) essere assente ingiustificato.

absentee [æbsən'tiː] *n* assente *m/f*.

absenteeism [æbsən'tiːɪzəm] *n* assenteismo.

absent-minded ['æbsənt'maɪndɪd] *adj* distratto(a).

absent-mindedness ['æbsənt'maɪndɪdnɪs] *n* distrazione *f*.

absolute ['æbsəluːt] *adj* assoluto(a).

absolutely [æbsə'luːtlɪ] *adv* assolutamente.

absolve [əb'zɔlv] *vt*: **to ~ sb (from)** (*sin etc*) assolvere qn (da); **to ~ sb from** (*oath*) sciogliere qn da.

absorb [əb'sɔːb] *vt* assorbire; **to be ~ed in a book** essere immerso(a) in un libro.

absorbent [əb'sɔːbənt] *adj* assorbente.

absorbent cotton *n* (*US*) cotone *m* idrofilo.

absorbing [əb'sɔːbɪŋ] *adj* avvincente, molto

interessante.

absorption [əb'sɔ:pʃən] n assorbimento.

abstain [əb'steɪn] vi: **to ~ (from)** astenersi (da).

abstemious [əb'sti:mɪəs] adj astemio(a).

abstention [əb'stɛnʃən] n astensione f.

abstinence ['æbstɪnəns] n astinenza.

abstract ['æbstrækt] adj astratto(a) ♦ n (summary) riassunto ♦ vt [æb'strækt] estrarre.

absurd [əb'sɔ:d] adj assurdo(a).

absurdity [əb'sɔ:dɪtɪ] n assurdità f inv.

ABTA ['æbtə] n abbr = Association of British Travel Agents.

Abu Dhabi ['æbu:'dɑ:bɪ] n Abu Dhabi f.

abundance [ə'bʌndəns] n abbondanza.

abundant [ə'bʌndənt] adj abbondante.

abuse n [ə'bju:s] abuso; (insults) ingiurie fpl ♦ vt [ə'bju:z] abusare di; **open to ~** che si presta ad abusi.

abusive [ə'bju:sɪv] adj ingiurioso(a).

abysmal [ə'bɪzməl] adj spaventoso(a).

abyss [ə'bɪs] n abisso.

AC n abbr (US) = athletic club.

a/c abbr (BANKING etc: = account, account current) c.

academic [ækə'dɛmɪk] adj accademico(a); (pej: issue) puramente formale ♦ n universitario/a.

academic year n anno accademico.

academy [ə'kædəmɪ] n (learned body) accademia; (school) scuola privata; **military/naval ~** scuola militare/navale; **~ of music** conservatorio.

ACAS ['eɪkæs] n abbr (BRIT: = Advisory, Conciliation and Arbitration Service) comitato governativo per il miglioramento della contrattazione collettiva.

accede [æk'si:d] vi: **to ~ to** (request) accedere a; (throne) ascendere a.

accelerate [æk'sɛləreɪt] vt, vi accelerare.

acceleration [æksɛlə'reɪʃən] n accelerazione f.

accelerator [æk'sɛləreɪtə*] n acceleratore m.

accent ['æksɛnt] n accento.

accentuate [æk'sɛntjueɪt] vt (syllable) accentuare; (need, difference etc) accentuare, mettere in risalto or in evidenza.

accept [ək'sɛpt] vt accettare.

acceptable [ək'sɛptəbl] adj accettabile.

acceptance [ək'sɛptəns] n accettazione f; **to meet with general ~** incontrare il favore or il consenso generale.

access ['æksɛs] n accesso ♦ vt (COMPUT) accedere a; **to have ~ to** avere accesso a;

the burglars gained **~ through a window** i ladri sono riusciti a penetrare da or attraverso una finestra.

accessible [æk'sɛsəbl] adj accessibile.

accession [æk'sɛʃən] n (addition) aggiunta; (to library) accessione f, acquisto; (of king) ascesa or salita al trono.

accessory [æk'sɛsərɪ] n accessorio; **toilet accessories** npl (BRIT) articoli mpl da toilette.

access road n strada d'accesso; (to motorway) raccordo di entrata.

access time n (COMPUT) tempo di accesso.

accident ['æksɪdənt] n incidente m; (chance) caso; **to meet with** or **to have an ~** avere un incidente; **~s at work** infortuni mpl sul lavoro; **by ~** per caso.

accidental [æksɪ'dɛntl] adj accidentale.

accidentally [æksɪ'dɛntəlɪ] adv per caso.

accident insurance n assicurazione f contro gli infortuni.

accident-prone ['æksɪdənt'prəun] adj: **he's very ~** è un vero passaguai.

acclaim [ə'kleɪm] vt acclamare ♦ n acclamazione f.

acclamation [æklə'meɪʃən] n (approval) acclamazione f; (applause) applauso.

acclimatize [ə'klaɪmətaɪz], (US) **acclimate** [ə'klaɪmeɪt] vt: **to become ~d** acclimatarsi.

accolade ['ækəleɪd] n encomio.

accommodate [ə'kɒmədeɪt] vt alloggiare; (oblige, help) favorire; **this car ~s 4 people comfortably** quest'auto può trasportare comodamente 4 persone.

accommodating [ə'kɒmədeɪtɪŋ] adj compiacente.

accommodation, (US) **accommodations** [əkɒmə'deɪʃən(z)] n(pl) alloggio; **seating ~** (BRIT) posti a sedere; **"~ to let"** (BRIT) "camere in affitto"; **have you any ~?** avete posto?

accompaniment [ə'kʌmpənɪmənt] n accompagnamento.

accompanist [ə'kʌmpənɪst] n (MUS) accompagnatore/trice.

accompany [ə'kʌmpənɪ] vt accompagnare.

accomplice [ə'kʌmplɪs] n complice m/f.

accomplish [ə'kʌmplɪʃ] vt compiere; (achieve) ottenere.

accomplished [ə'kʌmplɪʃt] adj (person) esperto(a).

accomplishment [ə'kʌmplɪʃmənt] n compimento; (thing achieved) risultato; **~s** npl (skills) doti fpl.

accord [ə'kɔ:d] n accordo ♦ vt accordare; **of his own ~** di propria iniziativa; **with one ~** all'unanimità, di comune accordo.

accordance [ə'kɔ:dəns] n: **in ~ with** in

conformità con.

according [ə'kɔːdɪŋ]: ~ **to** prep secondo; **it went ~ to plan** è andata secondo il previsto.

accordingly [ə'kɔːdɪŋlɪ] adv in conformità.

accordion [ə'kɔːdɪən] n fisarmonica.

accost [ə'kɔst] vt avvicinare.

account [ə'kaunt] n (COMM) conto; (report) descrizione f; ~**s** npl (COMM) conti; "~ payee only" (BRIT) "assegno non trasferibile"; **to keep an ~ of** tenere nota di; **to bring sb to ~ for sth/for having done sth** chiedere a qn di render conto di qc/per aver fatto qc; **by all ~s** a quanto si dice; **of little ~** di poca importanza; **on ~** in acconto; **to buy sth on ~** comprare qc a credito; **on no ~** per nessun motivo; **on ~ of** a causa di; **to take into ~**, **take ~ of** tener conto di.

▶**account for** vt fus (explain) spiegare; giustificare; **all the children were ~ed for** nessun bambino mancava all'appello.

accountability [ə'kauntə'bɪlɪtɪ] n responsabilità.

accountable [ə'kauntəbl] adj responsabile; **to be held ~ for sth** dover rispondere di qc.

accountancy [ə'kauntənsɪ] n ragioneria.

accountant [ə'kauntənt] n ragioniere/a.

accounting [ə'kauntɪŋ] n contabilità.

accounting period n esercizio finanziario, periodo contabile.

account number n numero di conto.

account payable n conto passivo.

account receivable n conto da esigere.

accredited [ə'krɛdɪtɪd] adj accreditato(a).

accretion [ə'kriːʃən] n accrescimento.

accrue [ə'kruː] vi (mount up) aumentare; **to ~ to** derivare a; ~**d charges** ratei mpl passivi; ~**d interest** interesse m maturato.

accumulate [ə'kjuːmjuleɪt] vt accumulare ♦ vi accumularsi.

accumulation [əkjuːmjuˈleɪʃən] n accumulazione f.

accuracy ['ækjurəsɪ] n precisione f.

accurate ['ækjurɪt] adj preciso(a).

accurately ['ækjurɪtlɪ] adv precisamente.

accusation [ækjuˈzeɪʃən] n accusa.

accusative [ə'kjuːzətɪv] n (LING) accusativo.

accuse [ə'kjuːz] vt accusare.

accused [ə'kjuːzd] n accusato/a.

accuser [ə'kjuːzə*] n accusatore/trice.

accustom [ə'kʌstəm] vt abituare; **to ~ o.s. to sth** abituarsi a qc.

accustomed [ə'kʌstəmd] adj (usual) abituale; ~ **to** abituato(a) a.

AC/DC abbr (= alternating current/direct current) c.a./c.c.

ACE [eɪs] n abbr = American Council on Education.

ace [eɪs] n asso; **within an ~ of** (BRIT) a un pelo da.

acerbic [ə'səːbɪk] adj (also fig) acido(a).

acetate ['æsɪteɪt] n acetato.

ache [eɪk] n male m, dolore m ♦ vi (be sore) far male, dolere; (yearn): **to ~ to do sth** morire dalla voglia di fare qc; **I've got stomach ~** or (US) **a stomach ~** ho mal di stomaco; **my head ~s** mi fa male la testa; **I'm aching all over** mi duole dappertutto.

achieve [ə'tʃiːv] vt (aim) raggiungere; (victory, success) ottenere; (task) compiere.

achievement [ə'tʃiːvmənt] n compimento; successo.

Achilles heel [ə'kɪliːz-] n tallone m d'Achille.

acid ['æsɪd] adj acido(a) ♦ n acido.

acidity [ə'sɪdɪtɪ] n acidità.

acid rain n pioggia acida.

acid test n (fig) prova del fuoco.

acknowledge [ək'nɔlɪdʒ] vt riconoscere; (letter: also: ~ **receipt of**) accusare ricevuta di.

acknowledgement [ək'nɔlɪdʒmənt] n riconoscimento; (of letter) conferma; ~**s** (in book) ringraziamenti mpl.

ACLU n abbr (= American Civil Liberties Union) unione americana per le libertà civili.

acme ['ækmɪ] n culmine m, acme m.

acne ['æknɪ] n acne f.

acorn ['eɪkɔːn] n ghianda.

acoustic [ə'kuːstɪk] adj acustico(a); see also **acoustics**.

acoustic coupler [-'kʌplə*] n (COMPUT) accoppiatore m acustico.

acoustics [ə'kuːstɪks] n, npl acustica.

acquaint [ə'kweɪnt] vt: **to ~ sb with sth** far sapere qc a qn; **to be ~ed with** (person) conoscere.

acquaintance [ə'kweɪntəns] n conoscenza; (person) conoscente m/f; **to make sb's ~** fare la conoscenza di qn.

acquiesce [ækwɪ'ɛs] vi (agree): **to ~ (in)** acconsentire (a).

acquire [ə'kwaɪə*] vt acquistare.

acquired [ə'kwaɪəd] adj acquisito(a); **it's an ~ taste** è una cosa che si impara ad apprezzare.

acquisition [ækwɪ'zɪʃən] n acquisto.

acquisitive [ə'kwɪzɪtɪv] adj a cui piace accumulare le cose.

acquit [ə'kwɪt] vt assolvere; **to ~ o.s. well**

comportarsi bene.

acquittal [ə'kwɪtl] *n* assoluzione *f*.

acre ['eɪkə*] *n* acro (= 4047 *m²*).

acreage ['eɪkərɪdʒ] *n* superficie *f* in acri.

acrid ['ækrɪd] *adj* (*smell*) acre, pungente; (*fig*) pungente.

acrimonious [ækrɪ'məʊnɪəs] *adj* astioso(a).

acrobat ['ækrəbæt] *n* acrobata *m/f*.

acrobatic [ækrə'bætɪk] *adj* acrobatico(a).

acrobatics [ækrə'bætɪks] *n* acrobatica ♦ *npl* acrobazie *fpl*.

Acropolis [ə'krɔpəlɪs] *n*: **the ~** l'Acropoli *f*.

across [ə'krɔs] *prep* (*on the other side*) dall'altra parte di; (*crosswise*) attraverso ♦ *adv* dall'altra parte; in larghezza; **to walk ~ (the road)** attraversare (la strada); **to take sb ~ the road** far attraversare la strada a qn; **~ from** di fronte a; **the lake is 12 km ~** il lago ha una larghezza di 12 km *or* è largo 12 km; **to get sth ~ to sb** (*fig*) far capire qc a qn.

acrylic [ə'krɪlɪk] *adj* acrilico(a) ♦ *n* acrilico.

ACT *n abbr* (= *American College Test*) esame di ammissione a college.

act [ækt] *n* atto; (*in music-hall etc*) numero; (*LAW*) decreto ♦ *vi* agire; (*THEAT*) recitare; (*pretend*) fingere ♦ *vt* (*part*) recitare; **to catch sb in the ~** cogliere qn in flagrante *or* sul fatto; **it's only an ~** è tutta scena, è solo una messinscena; **~ of God** (*LAW*) calamità *f inv* naturale; **to ~ Hamlet** (*BRIT*) recitare la parte di Amleto; **to ~ the fool** (*BRIT*) fare lo stupido; **to ~ as** agire da; **it ~s as a deterrent** serve da deterrente; **~ing in my capacity as chairman, I ...** in qualità di presidente, io ....

▶**act on** *vt*: **to ~ on sth** agire in base a qc.

▶**act out** *vt* (*event*) ricostruire; (*fantasies*) dare forma concreta a.

acting ['æktɪŋ] *adj* che fa le funzioni di ♦ *n* (*of actor*) recitazione *f*; (*activity*): **to do some ~** fare del teatro (*or* del cinema); **he is the ~ manager** fa le veci del direttore.

action ['ækʃən] *n* azione *f*; (*MIL*) combattimento; (*LAW*) processo; **to take ~** agire; **to put a plan into ~** realizzare un piano; **out of ~** fuori combattimento; (*machine etc*) fuori servizio; **killed in ~** (*MIL*) ucciso in combattimento; **to bring an ~ against sb** (*LAW*) intentare causa contro qn.

action replay *n* (*BRIT TV*) replay *m inv*.

activate ['æktɪveɪt] *vt* (*mechanism*) fare funzionare; (*CHEM, PHYSICS*) rendere attivo(a).

active ['æktɪv] *adj* attivo(a); **to play an ~ part in** partecipare attivamente a.

active duty (AD) *n* (*US MIL*) = **active service**.

actively ['æktɪvlɪ] *adv* attivamente.

active partner *n* (*COMM*) socio effettivo.

active service *n* (*BRIT MIL*): **to be on ~** prestar servizio in zona di operazioni.

activist ['æktɪvɪst] *n* attivista *m/f*.

activity [æk'tɪvɪtɪ] *n* attività *f inv*.

actor ['æktə*] *n* attore *m*.

actress ['æktrɪs] *n* attrice *f*.

actual ['æktjuəl] *adj* reale, vero(a).

actually ['æktjuəlɪ] *adv* veramente; (*even*) addirittura.

actuary ['æktjuərɪ] *n* attuario/a.

actuate ['æktjueɪt] *vt* attivare.

acuity [ə'kju:ɪtɪ] *n* acutezza.

acumen ['ækjumən] *n* acume *m*; **business ~** fiuto negli affari.

acupuncture ['ækjupʌŋktʃə*] *n* agopuntura.

AD *adv abbr* (= *Anno Domini*) d. C. ♦ *n abbr* (*US MIL*) *see* **active duty**.

ad [æd] *n abbr* = **advertisement**.

adamant ['ædəmənt] *adj* irremovibile.

Adam's apple ['ædəmz-] *n* pomo di Adamo.

adapt [ə'dæpt] *vt* adattare ♦ *vi*: **to ~ (to)** adattarsi (a).

adaptability [ədæptə'bɪlɪtɪ] *n* adattabilità.

adaptable [ə'dæptəbl] *adj* (*device*) adattabile; (*person*) che sa adattarsi.

adaptation [ædæp'teɪʃən] *n* adattamento.

adapter, adaptor [ə'dæptə*] *n* (*ELEC*) adattatore *m*.

ADC *n abbr* (*MIL*) = **aide-de-camp**; (*US*: = *Aid to Dependent Children*) sussidio per figli a carico.

add [æd] *vt* aggiungere; (*figures*) addizionare ♦ *vi*: **to ~ to** (*increase*) aumentare.

▶**add on** *vt* aggiungere.

▶**add up** *vt* (*figures*) addizionare ♦ *vi* (*fig*): **it doesn't ~ up** non ha senso; **it doesn't ~ up to much** non è un granché.

adder ['ædə*] *n* vipera.

addict ['ædɪkt] *n* tossicomane *m/f*; (*fig*) fanatico/a; **heroin ~** eroinomane *m/f*; **drug ~** tossicodipendente *m/f*, tossicomane *m/f*.

addicted [ə'dɪktɪd] *adj*: **to be ~ to** (*drink etc*) essere dedito(a) a; (*fig: football etc*) essere tifoso(a) di.

addiction [ə'dɪkʃən] *n* (*MED*) tossicomania.

adding machine ['ædɪŋ-] *n* addizionatrice *f*.

Addis Ababa ['ædɪs'æbəbə] *n* Addis Abeba *f*.

addition [ə'dɪʃən] *n* addizione *f*; **in ~** inoltre; **in ~ to** oltre.

additional [ə'dɪʃənl] *adj* supplementare.

additive ['ædɪtɪv] *n* additivo.

address [ə'drɛs] n (*gen, COMPUT*) indirizzo; (*talk*) discorso ♦ vt indirizzare; (*speak to*) fare un discorso a; **form of** ~ (*gen*) formula di cortesia; (*in letters*) formula d'indirizzo *or* di intestazione; **to** ~ **o.s. to sth** indirizzare le proprie energie verso qc; **absolute/relative** ~ (*COMPUT*) indirizzo assoluto/relativo.

address book n rubrica.

addressee [ædrɛ'siː] n destinatario/a.

Aden ['eɪdən] n: **the Gulf of** ~ il golfo di Aden.

adenoids ['ædɪnɔɪdz] npl adenoidi fpl.

adept ['ædɛpt] adj: ~ **at** esperto(a) in.

adequate ['ædɪkwɪt] adj (*description, reward*) adeguato(a); (*amount*) sufficiente; **to feel** ~ **to a task** sentirsi all'altezza di un compito.

adequately ['ædɪkwɪtlɪ] adv adeguatamente; sufficientemente.

adhere [əd'hɪə*] vi: **to** ~ **to** aderire a; (*fig: rule, decision*) seguire.

adhesion [əd'hiːʒən] n adesione f.

adhesive [əd'hiːzɪv] adj adesivo(a) ♦ n adesivo; ~ **tape** (*BRIT: for parcels etc*) nastro adesivo; (*US: MED*) cerotto adesivo.

ad hoc [æd'hɔk] adj (*decision*) ad hoc inv; (*committee*) apposito(a).

ad infinitum ['ædɪnfɪ'naɪtəm] adv all'infinito.

adjacent [ə'dʒeɪsənt] adj adiacente; ~ **to** accanto a.

adjective ['ædʒɛktɪv] n aggettivo.

adjoin [ə'dʒɔɪn] vt essere contiguo(a) *or* attiguo(a) a.

adjoining [ə'dʒɔɪnɪŋ] adj accanto inv, adiacente ♦ prep accanto a.

adjourn [ə'dʒɜːn] vt rimandare, aggiornare; (*US: end*) sospendere ♦ vi sospendere la seduta; (*PARLIAMENT*) sospendere i lavori; (*go*) spostarsi; **to** ~ **a meeting till the following week** aggiornare *or* rinviare un incontro alla settimana seguente; **they** ~**ed to the pub** (*col*) si sono trasferiti al pub.

adjournment [ə'dʒɜːnmənt] n rinvio, aggiornamento; sospensione f.

Adjt abbr (*MIL*) = **adjutant**.

adjudicate [ə'dʒuːdɪkeɪt] vt (*contest*) giudicare; (*claim*) decidere su.

adjudication [ədʒuːdɪ'keɪʃən] n decisione f.

adjust [ə'dʒʌst] vt aggiustare; (*COMM*) rettificare ♦ vi: **to** ~ (**to**) adattarsi (a).

adjustable [ə'dʒʌstəbl] adj regolabile.

adjuster [ə'dʒʌstə*] n see **loss adjuster**.

adjustment [ə'dʒʌstmənt] n adattamento; (*of prices, wages*) aggiustamento.

adjutant ['ædʒətənt] n aiutante m.

ad-lib [æd'lɪb] vt, vi improvvisare ♦ n improvvisazione f ♦ adv: **ad lib** a piacere, a volontà.

adman ['ædmæn] n (*col*) pubblicitario/a.

admin [æd'mɪn] n abbr (*col*) = **administration**.

administer [əd'mɪnɪstə*] vt amministrare; (*justice*) somministrare.

administration [ədmɪnɪs'treɪʃən] n amministrazione f; **the A**~ (*US*) il Governo.

administrative [əd'mɪnɪstrətɪv] adj amministrativo(a).

administrator [əd'mɪnɪstreɪtə*] n amministratore/trice.

admirable ['ædmərəbl] adj ammirevole.

admiral ['ædmərəl] n ammiraglio.

Admiralty ['ædmərəltɪ] n (*BRIT: also:* ~ **Board**) Ministero della Marina.

admiration [ædmə'reɪʃən] n ammirazione f.

admirer [əd'maɪərə*] n ammiratore/trice.

admiring [əd'maɪərɪŋ] adj (*glance etc*) di ammirazione.

admissible [əd'mɪsəbl] adj ammissibile.

admission [əd'mɪʃən] n ammissione f; (*to exhibition, night club etc*) ingresso; (*confession*) confessione f; **by his own** ~ per sua ammissione; "~ **free**", "**free** ~" "ingresso gratuito".

admit [əd'mɪt] vt ammettere; far entrare; (*agree*) riconoscere; "**children not** ~**ted**" "vietato l'ingresso ai bambini"; **this ticket** ~**s two** questo biglietto è valido per due persone; **I must** ~ **that** ... devo ammettere *or* confessare che ....

▶**admit of** vt fus lasciare adito a.

▶**admit to** vt fus riconoscere.

admittance [əd'mɪtəns] n ingresso; "**no** ~" "vietato l'ingresso".

admittedly [əd'mɪtɪdlɪ] adv bisogna pur riconoscere (che).

admonish [əd'mɔnɪʃ] vt ammonire.

ad nauseam [æd'nɔːzɪæm] adv fino alla nausea, a non finire.

ado [ə'duː] n: **without (any) more** ~ senza più indugi.

adolescence [ædəu'lɛsns] n adolescenza.

adolescent [ædəu'lɛsnt] adj, n adolescente (m/f).

adopt [ə'dɔpt] vt adottare.

adopted [ə'dɔptɪd] adj adottivo(a).

adoption [ə'dɔpʃən] n adozione f.

adore [ə'dɔː*] vt adorare.

adoring [ə'dɔːrɪŋ] adj adorante; **his** ~ **wife** sua moglie che lo adora.

adoringly [ə'dɔːrɪŋlɪ] adv con adorazione.

adorn [ə'dɔːn] vt ornare.

adornment [ə'dɔːnmənt] n ornamento.
ADP n abbr see **automatic data processing**.
adrenalin [ə'drɛnəlɪn] n adrenalina; **it gets the ~ going** ti dà una carica.
Adriatic (Sea) [eɪdrɪ'ætɪk-] n Adriatico.
adrift [ə'drɪft] adv alla deriva; **to come ~** (boat) andare alla deriva; (wire, rope etc) essersi staccato(a) or sciolto(a).
adroit [ə'drɔɪt] adj abile, destro(a).
ADT abbr (US: = Atlantic Daylight Time) ora legale di New York.
adult ['ædʌlt] n adulto/a.
adult education n scuola per adulti.
adulterate [ə'dʌltəreɪt] vt adulterare.
adulterer [ə'dʌltərə*] n adultero.
adulteress [ə'dʌltərɪs] n adultera.
adultery [ə'dʌltərɪ] n adulterio.
adulthood ['ædʌlthud] n età adulta.
advance [əd'vɑːns] n avanzamento; (money) anticipo ♦ vt avanzare; (date, money) anticipare ♦ vi avanzare; **in ~** in anticipo; **to make ~s to sb** (gen) fare degli approcci a qn; (amorously) fare delle avances a qn.
advanced [əd'vɑːnst] adj avanzato(a); (SCOL: studies) superiore; **~ in years** avanti negli anni.
advancement [əd'vɑːnsmənt] n avanzamento.
advance notice n preavviso.
advantage [əd'vɑːntɪdʒ] n (also TENNIS) vantaggio; **to take ~ of** approfittarsi di; **it's to our ~** è nel nostro interesse, torna a nostro vantaggio.
advantageous [ædvən'teɪdʒəs] adj vantaggioso(a).
advent ['ædvənt] n avvento; **A~** (REL) Avvento.
Advent calendar n calendario dell'Avvento.
adventure [əd'vɛntʃə*] n avventura.
adventure playground n area attrezzata di giochi per bambini con funi, strutture in legno etc.
adventurous [əd'vɛntʃərəs] adj avventuroso(a).
adverb ['ædvəːb] n avverbio.
adversary ['ædvəsərɪ] n avversario/a.
adverse ['ædvəːs] adj avverso(a); **in ~ circumstances** nelle avversità; **~ to** contrario(a) a.
adversity [əd'vəːsɪtɪ] n avversità.
advert ['ædvəːt] n abbr (BRIT) = **advertisement**.
advertise ['ædvətaɪz] vi (vt) fare pubblicità or réclame (a); fare un'inserzione (per vendere); **to ~ for** (staff) cercare tramite annuncio.

advertisement [əd'vəːtɪsmənt] n (COMM) réclame f inv, pubblicità f inv; (in classified ads) inserzione f.
advertiser ['ædvətaɪzə*] n azienda che reclamizza un prodotto; (in newspaper) inserzionista m/f.
advertising ['ædvətaɪzɪŋ] n pubblicità.
advertising agency n agenzia pubblicitaria or di pubblicità.
advertising campaign n campagna pubblicitaria.
advice [əd'vaɪs] n consigli mpl; (notification) avviso; **piece of ~** consiglio; **to ask (sb) for ~** chiedere il consiglio (di qn), chiedere un consiglio (a qn); **legal ~** consulenza legale.
advice note n (BRIT) avviso di spedizione.
advisable [əd'vaɪzəbl] adj consigliabile.
advise [əd'vaɪz] vt consigliare; **to ~ sb of sth** informare qn di qc; **to ~ sb against sth/against doing sth** sconsigliare qc a qn/a qn di fare qc; **you will be well/ill ~d to go** fareste bene/male ad andare.
advisedly [əd'vaɪzɪdlɪ] adv (deliberately) deliberatamente.
adviser [əd'vaɪzə*] n consigliere/a; (in business) consulente m/f, consigliere/a.
advisory [əd'vaɪzərɪ] adj consultivo(a); **in an ~ capacity** in veste di consulente.
advocate n ['ædvəkɪt] (upholder) sostenitore/trice ♦ vt ['ædvəkeɪt] propugnare; **to be an ~ of** essere a favore di.
advt. abbr = **advertisement**.
AEA n abbr (BRIT: = Atomic Energy Authority) ente di controllo sulla ricerca e lo sviluppo dell'energia atomica.
AEC n abbr (US: = Atomic Energy Commission) ente di controllo sulla ricerca e lo sviluppo dell'energia atomica.
Aegean (Sea) [iː'dʒiːən-] n (mare m) Egeo.
aegis ['iːdʒɪs] n: **under the ~ of** sotto gli auspici di.
aeon ['iːən] n eternità f inv.
aerial ['ɛərɪəl] n antenna ♦ adj aereo(a).
aerobatics ['ɛərəu'bætɪks] npl acrobazia aerea sg; (stunts) acrobazie fpl aeree.
aerobics [ɛə'rəubɪks] n aerobica.
aerodrome ['ɛərədrəum] n (BRIT) aerodromo.
aerodynamic ['ɛərəudaɪ'næmɪk] adj aerodinamico(a).
aeronautics [ɛərə'nɔːtɪks] n aeronautica.
aeroplane ['ɛərəpleɪn] n aeroplano.
aerosol ['ɛərəsɔl] n aerosol m inv.
aerospace industry ['ɛərəuspeɪs-] n industria aerospaziale.

aesthetic [ɪs'θɛtɪk] *adj* estetico(a).

afar [ə'fɑ:*] *adv* lontano; **from** ~ da lontano.

AFB *n abbr* (*US*) = *Air Force Base.*

AFDC *n abbr* (*US*: = *Aid to Families with Dependent Children*) ≈ A.F. (= *assegni familiari*).

affable ['æfəbl] *adj* affabile.

affair [ə'fɛə*] *n* affare *m*; (*also*: **love** ~) relazione *f* amorosa; ~**s** (*business*) affari; **the Watergate** ~ il caso Watergate.

affect [ə'fɛkt] *vt* toccare; (*feign*) fingere.

affectation [æfɛk'teɪʃən] *n* affettazione *f*.

affected [ə'fɛktɪd] *adj* affettato(a).

affection [ə'fɛkʃən] *n* affezione *f*.

affectionate [ə'fɛkʃənɪt] *adj* affettuoso(a).

affectionately [ə'fɛkʃənɪtlɪ] *adv* affettuosamente.

affidavit [æfɪ'deɪvɪt] *n* (*LAW*) affidavit *m inv.*

affiliated [ə'fɪlɪeɪtɪd] *adj* affiliato(a); ~ **company** filiale *f*.

affinity [ə'fɪnɪtɪ] *n* affinità *f inv.*

affirm [ə'fə:m] *vt* affermare, asserire.

affirmation [æfə'meɪʃən] *n* affermazione *f*.

affirmative [ə'fə:mətɪv] *adj* affermativo(a) ♦ *n*: **in the** ~ affermativamente.

affix [ə'fɪks] *vt* apporre; attaccare.

afflict [ə'flɪkt] *vt* affliggere.

affliction [ə'flɪkʃən] *n* afflizione *f*.

affluence ['æfluəns] *n* ricchezza.

affluent ['æfluənt] *adj* ricco(a); **the** ~ **society** la società del benessere.

afford [ə'fɔ:d] *vt* permettersi; (*provide*) fornire; **I can't** ~ **the time** non ho veramente il tempo; **can we** ~ **a car?** possiamo permetterci un'automobile?

affordable [ə'fɔ:dəbl] *adj* (che ha un prezzo) abbordabile.

affray [ə'freɪ] *n* (*BRIT LAW*) rissa.

affront [ə'frʌnt] *n* affronto.

affronted [ə'frʌntɪd] *adj* insultato(a).

Afghan ['æfgæn] *adj*, *n* afgano(a).

Afghanistan [æf'gænɪstɑ:n] *n* Afganistan *m*.

afield [ə'fi:ld] *adv*: **far** ~ lontano.

AFL-CIO *n abbr* (= *American Federation of Labor and Congress of Industrial Organizations*) confederazione sindacale.

afloat [ə'fləut] *adj*, *adv* a galla.

afoot [ə'fut] *adv*: **there is something** ~ si sta preparando qualcosa.

aforementioned [ə'fɔ:mɛnʃənd] *adj* suddetto(a).

aforesaid [ə'fɔ:sɛd] *adj* suddetto(a), predetto(a).

afraid [ə'freɪd] *adj* impaurito(a); **to be** ~ **of** aver paura di; **to be** ~ **of doing** *or* **to do** aver paura di fare; **I am** ~ **that I'll be late** mi dispiace, ma farò tardi; **I'm** ~ **so!** ho paura di sì!, temo proprio di sì!; **I'm** ~ **not** no, mi dispiace, purtroppo no.

afresh [ə'frɛʃ] *adv* di nuovo.

Africa ['æfrɪkə] *n* Africa.

African ['æfrɪkən] *adj*, *n* africano(a).

Afrikaans [æfrɪ'kɑ:ns] *n* afrikaans *m*.

Afrikaner [æfrɪ'kɑ:nə*] *n* africander *m inv.*

Afro-American ['æfrəuə'mɛrɪkən] *adj* afroamericano(a).

AFT *n abbr* (= *American Federation of Teachers*) sindacato degli insegnanti.

aft [ɑ:ft] *adv* a poppa, verso poppa.

after ['ɑ:ftə*] *prep*, *adv* dopo; ~ **dinner** dopo cena; **the day** ~ **tomorrow** dopodomani; **what/who are you** ~? che/chi cerca?; **the police are** ~ **him** è ricercato dalla polizia; ~ **you!** prima lei!, dopo di lei!; ~ **all** dopo tutto.

afterbirth ['ɑ:ftəbə:θ] *n* placenta.

aftercare ['ɑ:ftəkeə*] *n* (*BRIT MED*) assistenza medica post-degenza.

after-effects ['ɑ:ftərɪfɛkts] *npl* conseguenze *fpl*; (*of illness*) postumi *mpl*.

afterlife ['ɑ:ftəlaɪf] *n* vita dell'al di là.

aftermath ['ɑ:ftəmæθ] *n* conseguenze *fpl*; **in the** ~ **of** nel periodo dopo.

afternoon ['ɑ:ftə'nu:n] *n* pomeriggio; **good** ~! buon giorno!

afters ['ɑ:ftəz] *n* (*BRIT col*: *dessert*) dessert *m inv.*

after-sales service [ɑ:ftə'seɪlz-] *n* servizio assistenza clienti.

after-shave (lotion) ['ɑ:ftəʃeɪv-] *n* dopobarba *m inv.*

aftershock ['ɑ:ftəʃɔk] *n* scossa di assestamento.

aftertaste ['ɑ:ftəteɪst] *n* retrogusto.

afterthought ['ɑ:ftəθɔ:t] *n*: **as an** ~ come aggiunta.

afterwards ['ɑ:ftəwədz] *adv* dopo.

again [ə'gɛn] *adv* di nuovo; **to begin/see** ~ ricominciare/rivedere; **he opened it** ~ l'ha aperto di nuovo, l'ha riaperto; **not** ... ~ non ... più; ~ **and** ~ ripetutamente; **now and** ~ di tanto in tanto, a volte.

against [ə'gɛnst] *prep* contro; ~ **a blue background** su uno sfondo azzurro; **leaning** ~ **the desk** appoggiato alla scrivania; **(as)** ~ (*BRIT*) in confronto a, contro.

age [eɪdʒ] *n* età *f inv* ♦ *vt*, *vi* invecchiare; **what** ~ **is he?** quanti anni ha?; **he is 20 years of** ~ ha 20 anni; **under** ~ minorenne; **to come of** ~ diventare maggiorenne; **it's been** ~**s since** ... sono secoli che ....

aged ['eɪdʒd] *adj*: ~ **10** di 10 anni; **the** ~ ['eɪdʒɪd] *npl* (*elderly*) gli anziani.

age group n generazione f; **the 40 to 50** ~ le persone fra i 40 e i 50 anni.
ageing ['eɪdʒɪŋ] adj che diventa vecchio(a); **an ~ filmstar** una diva stagionata.
ageless ['eɪdʒlɪs] adj senza età.
age limit n limite m d'età.
agency ['eɪdʒənsɪ] n agenzia; **through** or **by the ~ of** grazie a.
agenda [ə'dʒɛndə] n ordine m del giorno; **on the ~** all'ordine del giorno.
agent ['eɪdʒənt] n agente m.
aggravate ['ægrəveɪt] vt aggravare, peggiorare; (annoy) esasperare.
aggravation [ægrə'veɪʃən] n peggioramento; esasperazione f.
aggregate ['ægrɪgeɪt] n aggregato; **on ~** (SPORT) con punteggio complessivo.
aggression [ə'grɛʃən] n aggressione f.
aggressive [ə'grɛsɪv] adj aggressivo(a).
aggressiveness [ə'grɛsɪvnɪs] n aggressività.
aggressor [ə'grɛsə*] n aggressore m.
aggrieved [ə'griːvd] adj addolorato(a).
aggro ['ægrəu] n (col: behaviour) aggressività f inv; (: hassle) rottura.
aghast [ə'gɑːst] adj sbigottito(a).
agile ['ædʒaɪl] adj agile.
agility [ə'dʒɪlɪtɪ] n agilità f inv.
agitate ['ædʒɪteɪt] vt turbare; agitare ♦ vi: **to ~ for** agitarsi per.
agitator ['ædʒɪteɪtə*] n agitatore/trice.
AGM n abbr see **annual general meeting**.
agnostic [æg'nɔstɪk] adj, n agnostico(a).
ago [ə'gəu] adv: **2 days ~** 2 giorni fa; **not long ~** poco tempo fa; **as long ~ as 1960** già nel 1960; **how long ~?** quanto tempo fa?
agog [ə'gɔg] adj: (**all**) ~ (**for**) ansioso(a) (di), impaziente (di).
agonize ['ægənaɪz] vi: **to ~ (over)** angosciarsi (per).
agonizing ['ægənaɪzɪŋ] adj straziante.
agony ['ægənɪ] n agonia; **I was in ~** avevo dei dolori atroci.
agony aunt n (BRIT col) chi tiene la rubrica della posta del cuore.
agony column n posta del cuore.
agree [ə'griː] vt (price) pattuire ♦ vi: **to ~ (with)** essere d'accordo (con); (LING) concordare (con); **to ~ to sth/to do sth** accettare qc/di fare qc; **to ~ that** (admit) ammettere che; **to ~ on sth** accordarsi su qc; **it was ~d that ...** è stato deciso (di comune accordo) che ...; **garlic doesn't ~ with me** l'aglio non mi va.
agreeable [ə'griːəbl] adj gradevole; (willing) disposto(a); **are you ~ to this?** è d'accordo con questo?

agreed [ə'griːd] adj (time, place) stabilito(a); **to be ~** essere d'accordo.
agreement [ə'griːmənt] n accordo; **in ~** d'accordo; **by mutual ~** di comune accordo.
agricultural [ægrɪ'kʌltʃərəl] adj agricolo(a).
agriculture ['ægrɪkʌltʃə*] n agricoltura.
aground [ə'graund] adv: **to run ~** arenarsi.
ahead [ə'hɛd] adv avanti; davanti; ~ **of** davanti a; (fig: schedule etc) in anticipo su; ~ **of time** in anticipo; **go ~!** avanti!; **go right** or **straight ~** tiri diritto; **they were (right)** ~ **of us** erano (proprio) davanti a noi.
AI n abbr = Amnesty International; (COMPUT) see **artificial intelligence**.
AIB n abbr (BRIT: = Accident Investigation Bureau) ufficio d'inchiesta per incidenti aerei e simili.
AID n abbr = artificial insemination by donor; (US: = Agency for International Development) A.I.D. f.
aid [eɪd] n aiuto ♦ vt aiutare; **with the ~** of con l'aiuto di; **in ~ of** a favore di; **to ~ and abet** (LAW) essere complice di.
aide [eɪd] n (person) aiutante m.
aide-de-camp (ADC) ['eɪddə'kɔŋ] n (MIL) aiutante m di campo.
AIDS [eɪdz] n abbr (= acquired immune or immuno-deficiency syndrome) A.I.D.S. f.
AIH n abbr = artificial insemination by husband.
ailing ['eɪlɪŋ] adj sofferente; (fig: economy, industry etc) in difficoltà.
ailment ['eɪlmənt] n indisposizione f.
aim [eɪm] vt: **to ~ sth at** (gun) mirare qc a, puntare qc a; (camera, remark) rivolgere qc a; (missile) lanciare qc contro; (blow etc) tirare qc a ♦ vi (also: **to take ~**) prendere la mira ♦ n mira; **to ~ at** mirare; **to ~ to do** aver l'intenzione di fare.
aimless ['eɪmlɪs] adj, **aimlessly** ['eɪmlɪslɪ] adv senza scopo.
ain't [eɪnt] (col) = **am not; aren't; isn't**.
air [ɛə*] n aria ♦ vt (room, bed) arieggiare; (clothes) far prendere aria a; (idea, grievance) esprimere pubblicamente, manifestare; (views) far conoscere ♦ cpd (currents) d'aria; (attack) aereo(a); **by ~** (travel) in aereo; **to be on the ~** (RADIO, TV: station) trasmettere; (: programme) essere in onda.
air bag n airbag m inv.
air base n base f aerea.
airbed ['ɛəbɛd] n (BRIT) materassino.
airborne ['ɛəbɔːn] adj (plane) in volo; (troops) aerotrasportato(a); **as soon as**

the plane was ~ appena l'aereo ebbe decollato.
air cargo n carico trasportato per via aerea.
air-conditioned ['ɛəkən'dɪʃənd] adj con or ad aria condizionata.
air conditioning n condizionamento d'aria.
air-cooled ['ɛəkuːld] adj raffreddato(a) ad aria.
aircraft ['ɛəkrɑːft] n (pl inv) apparecchio.
aircraft carrier n portaerei f inv.
air cushion n cuscino gonfiabile; (TECH) cuscino d'aria.
airfield ['ɛəfiːld] n campo d'aviazione.
Air Force n aviazione f militare.
air freight n spedizione f di merci per via aerea; (goods) carico spedito per via aerea.
airgun ['ɛəgʌn] n fucile m ad aria compressa.
air hostess n hostess f inv.
airily ['ɛərɪlɪ] adv con disinvoltura.
airing ['ɛərɪŋ] n: **to give an** ~ **to** (linen) far prendere aria a; (room) arieggiare; (fig: ideas etc) ventilare.
air letter n (BRIT) aerogramma m.
airlift ['ɛəlɪft] n ponte m aereo.
airline ['ɛəlaɪn] n linea aerea.
airliner ['ɛəlaɪnə*] n aereo di linea.
airlock ['ɛəlɔk] n cassa d'aria.
air mail n posta aerea; **by** ~ per via or posta aerea.
air mattress n materassino gonfiabile.
airplane ['ɛəpleɪn] n (US) aeroplano.
air pocket n vuoto d'aria.
airport ['ɛəpɔːt] n aeroporto.
air raid n incursione f aerea.
air rifle n fucile m ad aria compressa.
airsick ['ɛəsɪk] adj: **to be** ~ soffrire di mal d'aereo.
airspace ['ɛəspeɪs] n spazio aereo.
airspeed ['ɛəspiːd] n velocità f inv di crociera (AER).
airstrip ['ɛəstrɪp] n pista d'atterraggio.
air terminal n air-terminal m inv.
airtight ['ɛətaɪt] adj ermetico(a).
air time n (RADIO) spazio radiofonico; (TV) spazio televisivo.
air traffic control n controllo del traffico aereo.
air traffic controller n controllore m del traffico aereo.
airway ['ɛəweɪ] n (AVIAT) rotte fpl aeree; (ANAT) vie fpl respiratorie.
airy ['ɛərɪ] adj arioso(a); (manners) noncurante.
aisle [aɪl] n (of church) navata laterale;

navata centrale; (of plane) corridoio.
ajar [ə'dʒɑː*] adj socchiuso(a).
AK abbr (US) = Alaska.
aka abbr (= also known as) alias.
akin [ə'kɪn] prep simile a.
AL abbr (US) = Alabama.
ALA n abbr = American Library Association.
Ala. abbr (US) = Alabama.
à la carte [ɑːlɑː'kɑːt] adv alla carta.
alacrity [ə'lækrɪtɪ] n: **with** ~ con prontezza.
alarm [ə'lɑːm] n allarme m ♦ vt allarmare.
alarm clock n sveglia.
alarmed [ə'lɑːmd] adj (person) allarmato(a); (house, car etc) dotato(a) di allarme.
alarming [ə'lɑːmɪŋ] adj allarmante, preoccupante.
alarmingly [ə'lɑːmɪŋlɪ] adv in modo allarmante; ~ **close** pericolosamente vicino.
alarmist [ə'lɑːmɪst] n allarmista m/f.
alas [ə'læs] excl ohimè!, ahimè!
Alas. abbr (US) = Alaska.
Alaska [ə'læskə] n Alasca.
Albania [æl'beɪnɪə] n Albania.
Albanian [æl'beɪnɪən] adj albanese ♦ n albanese m/f; (LING) albanese m.
albatross ['ælbətrɔs] n albatro, albatros m inv.
albeit [ɔːl'biːɪt] conj sebbene + sub, benché + sub.
album ['ælbəm] n album m inv; (L.P.) 33 giri m inv, L.P. m inv.
albumen ['ælbjumɪn] n albume m.
alchemy ['ælkɪmɪ] n alchimia.
alcohol ['ælkəhɔl] n alcool m.
alcohol-free ['ælkəhɔl'friː] adj analcolico(a).
alcoholic [ælkə'hɔlɪk] adj alcolico(a) ♦ n alcolizzato/a.
alcoholism ['ælkəhɔlɪzəm] n alcolismo.
alcove ['ælkəuv] n alcova.
Ald. abbr = alderman.
alderman ['ɔːldəmən] n consigliere m comunale.
ale [eɪl] n birra.
alert [ə'ləːt] adj vivo(a); (watchful) vigile ♦ n allarme m ♦ vt: **to** ~ **sb (to sth)** avvisare qn (di qc), avvertire qn (di qc); **to** ~ **sb to the dangers of sth** mettere qn in guardia contro qc; **on the** ~ all'erta.
Aleutian Islands [ə'luːʃən] npl isole fpl Aleutine.
A level n (BRIT) diploma di studi superiori.
Alexandria [ælɪg'zændrɪə] n Alessandria (d'Egitto).
alfresco [æl'frɛskəu] adj, adv all'aperto.
algebra ['ældʒɪbrə] n algebra.
Algeria [æl'dʒɪərɪə] n Algeria.
Algerian [æl'dʒɪərɪən] adj, n algerino(a).

Algiers [æl'dʒɪəz] n Algeri f.

algorithm ['ælgərɪðəm] n algoritmo.

alias ['eɪlɪəs] adv alias ♦ n pseudonimo, falso nome m.

alibi ['ælɪbaɪ] n alibi m inv.

alien ['eɪlɪən] n straniero/a ♦ adj: ~ (to) estraneo(a) (a).

alienate ['eɪlɪəneɪt] vt alienare.

alienation [eɪlɪə'neɪʃən] n alienazione f.

alight [ə'laɪt] adj acceso(a) ♦ vi scendere; (bird) posarsi.

align [ə'laɪn] vt allineare.

alignment [ə'laɪnmənt] n allineamento; **out of ~ (with)** non allineato (con).

alike [ə'laɪk] adj simile ♦ adv allo stesso modo; **to look ~** assomigliarsi; **winter and summer ~** sia d'estate che d'inverno.

alimony ['ælɪmənɪ] n (payment) alimenti mpl.

alive [ə'laɪv] adj vivo(a); (active) attivo(a); ~ **with** pieno(a) di; ~ **to** conscio(a) di.

alkali ['ælkəlaɪ] n alcali m inv.

━━━━━━━━━━━━━━━━━ KEYWORD

all [ɔːl] adj tutto(a); ~ **day** tutto il giorno; ~ **night** tutta la notte; ~ **men** tutti gli uomini; ~ **five girls** tutt'e cinque le ragazze; ~ **five came** sono venuti tutti e cinque; ~ **the books** tutti i libri; ~ **the food** tutto il cibo; ~ **the time** tutto il tempo; (always) sempre; ~ **his life** tutta la vita; **for ~ their efforts** nonostante tutti i loro sforzi

♦ pron **1** tutto(a); **is that ~?** non c'è altro?; (in shop) basta così?; ~ **of them** tutti(e); ~ **of it** tutto(a); **I ate it ~, I ate ~ of it** l'ho mangiato tutto; ~ **of us went** tutti noi siamo andati; ~ **of the boys went** tutti i ragazzi sono andati

2 (in phrases): **above ~** soprattutto; **after ~** dopotutto; **at ~**: **not at ~** (in answer to question) niente affatto; (in answer to thanks) prego!, di niente!, s'immagini!; **I'm not at ~ tired** non sono affatto stanco; **anything at ~ will do** andrà bene qualsiasi cosa; ~ **in ~** tutto sommato

♦ adv: **alone** tutto(a) solo(a); **to be/feel ~ in** (BRIT col) essere/sentirsi sfinito(a) or distrutto(a); ~ **out** adv: **to go ~ out** mettercela tutta; **it's not as hard as ~ that** non è poi così difficile; ~ **the more/ the better** tanto più/meglio; ~ **but** quasi; **the score is two ~** il punteggio è di due a due or è due pari.

allay [ə'leɪ] vt (fears) dissipare.

all clear n (MIL) cessato allarme m inv; (fig) okay m.

allegation [ælɪ'geɪʃən] n asserzione f.

allege [ə'lɛdʒ] vt asserire; **he is ~d to have said ...** avrebbe detto che ....

alleged [ə'lɛdʒd] adj presunto(a).

allegedly [ə'lɛdʒɪdlɪ] adv secondo quanto si asserisce.

allegiance [ə'liːdʒəns] n fedeltà.

allegory ['ælɪgərɪ] n allegoria.

all-embracing ['ɔːlɪm'breɪsɪŋ] adj universale.

allergic [ə'ləːdʒɪk] adj: ~ **to** allergico(a) a.

allergy ['ælədʒɪ] n allergia.

alleviate [ə'liːvɪeɪt] vt alleviare.

alley ['ælɪ] n vicolo; (in garden) vialetto.

alleyway ['ælɪweɪ] n vicolo.

alliance [ə'laɪəns] n alleanza.

allied ['ælaɪd] adj alleato(a).

alligator ['ælɪgeɪtə*] n alligatore m.

all-important ['ɔːlɪm'pɔːtənt] adj importantissimo(a).

all-in ['ɔːlɪn] adj (BRIT: also adv: charge) tutto compreso.

all-in wrestling n (BRIT) lotta americana.

alliteration [əlɪtə'reɪʃən] n allitterazione f.

all-night ['ɔːl'naɪt] adj aperto(a) (or che dura) tutta la notte.

allocate ['æləkeɪt] vt (share out) distribuire; (duties, sum, time): **to ~ sth to** assegnare qc a; **to ~ sth for** stanziare qc per.

allocation [æləu'keɪʃən] n: ~ **(of money)** stanziamento.

allot [ə'lɔt] vt (share out) spartire; **to ~ sth to** (time) dare qc a; (duties) assegnare qc a; **in the ~ted time** nel tempo fissato or prestabilito.

allotment [ə'lɔtmənt] n (share) spartizione f; (garden) lotto di terra.

all-out ['ɔːlaut] adj (effort etc) totale ♦ adv: **to go all out** for mettercela tutta per.

allow [ə'lau] vt (practice, behaviour) permettere; (sum to spend etc) accordare; (sum, time estimated) dare; (concede): **to ~ that** ammettere che; **to ~ sb to do** permettere a qn di fare; **he is ~ed to (do it)** lo può fare; **smoking is not ~ed** è vietato fumare, non è permesso fumare; **we must ~ 3 days for the journey** dobbiamo calcolare 3 giorni per il viaggio.

▶**allow for** vt fus tener conto di.

allowance [ə'lauəns] n (money received) assegno; (for travelling, accommodation) indennità f inv; (TAX) detrazione f di imposta; **to make ~(s) for** tener conto di; (person) scusare.

alloy ['ælɔɪ] n lega.

all right adv (feel, work) bene; (as answer) va bene.

all-round ['ɔːl'raund] adj completo(a).
all-rounder [ɔːl'raundə*] n (BRIT): **to be a good** ~ essere bravo(a) in tutto.
allspice ['ɔːlspaɪs] n pepe m della Giamaica.
all-time ['ɔːl'taɪm] adj (record) assoluto(a).
allude [ə'luːd] vi: **to** ~ **to** alludere a.
alluring [ə'ljuərɪŋ] adj seducente.
allusion [ə'luːʒən] n allusione f.
alluvium [ə'luːvɪəm] n materiale m alluvionale.
ally n ['ælaɪ] alleato ♦ vt [ə'laɪ]: **to** ~ **o.s. with** allearsi con.
almighty [ɔːl'maɪtɪ] adj onnipotente.
almond ['ɑːmənd] n mandorla.
almost ['ɔːlməust] adv quasi; **he** ~ **fell** per poco non è caduto.
alms [ɑːmz] n elemosina.
aloft [ə'lɔft] adv in alto; (NAUT) sull'alberatura.
alone [ə'ləun] adj, adv solo(a); **to leave sb** ~ lasciare qn in pace; **to leave sth** ~ lasciare stare qc; **let** ~ ... figuriamoci poi ..., tanto meno ....
along [ə'lɔŋ] prep lungo ♦ adv: **is he coming** ~**?** viene con noi?; **he was hopping/limping** ~ veniva saltellando/zoppicando; ~ **with** insieme con.
alongside [ə'lɔŋ'saɪd] prep accanto a; lungo ♦ adv accanto; (NAUT) sottobordo; **we brought our boat** ~ (of a pier/shore etc) abbiamo accostato la barca (al molo/alla riva etc).
aloof [ə'luːf] adj distaccato(a) ♦ adv a distanza, in disparte; **to stand** ~ tenersi a distanza or in disparte.
aloofness [ə'luːfnɪs] n distacco, riserbo.
aloud [ə'laud] adv ad alta voce.
alphabet ['ælfəbɛt] n alfabeto.
alphabetical [ælfə'bɛtɪkəl] adj alfabetico(a); **in** ~ **order** in ordine alfabetico.
alphanumeric [ælfənjuː'mɛrɪk] adj alfanumerico(a).
alpine ['ælpaɪn] adj alpino(a); ~ **hut** rifugio alpino; ~ **pasture** pascolo alpestre; ~ **skiing** sci alpino.
Alps [ælps] npl: **the** ~ le Alpi.
already [ɔːl'rɛdɪ] adv già.
alright ['ɔːl'raɪt] adv (BRIT) = **all right**.
Alsatian [æl'seɪʃən] n (BRIT: dog) pastore m tedesco, (cane m) lupo.
also ['ɔːlsəu] adv anche.
Alta. abbr (Canada) = Alberta.
altar ['ɔltə*] n altare m.
alter ['ɔltə*] vt, vi alterare.
alteration [ɔltə'reɪʃən] n modificazione f, alterazione f; ~**s** (SEWING, ARCHIT) modifiche fpl; **timetable subject to** ~

orario soggetto a variazioni.
altercation [ɔːltə'keɪʃən] n alterco, litigio.
alternate adj [ɔl'təːnɪt] alterno(a) ♦ vi ['ɔltəːneɪt] alternare; **on** ~ **days** ogni due giorni.
alternately [ɔl'təːnɪtlɪ] adv alternatamente.
alternating current ['ɔltəneɪtɪŋ-] n corrente f alternata.
alternative [ɔl'təːnətɪv] adj (solutions) alternativo(a); (solution) altro(a) ♦ n (choice) alternativa; (other possibility) altra possibilità.
alternatively [ɔl'təːnətɪvlɪ] adv altrimenti, come alternativa.
alternative medicine n medicina alternativa.
alternator ['ɔltəneɪtə*] n (AUT) alternatore m.
although [ɔːl'ðəu] conj benché + sub, sebbene + sub.
altitude ['æltɪtjuːd] n altitudine f.
alto ['æltəu] n contralto.
altogether [ɔːltə'gɛðə*] adv del tutto, completamente; (on the whole) tutto considerato; (in all) in tutto; **how much is that** ~**?** quant'è in tutto?
altruism ['æltruɪzəm] n altruismo.
altruistic [æltru'ɪstɪk] adj altruistico(a).
aluminium [ælju'mɪnɪəm], (US) **aluminum** [ə'luːmɪnəm] n alluminio.
always ['ɔːlweɪz] adv sempre.
Alzheimer's ['æltshaɪməz] n (also: ~ **disease**) morbo di Alzheimer.
AM abbr (= amplitude modulation) AM.
am [æm] vb see **be**.
a.m. adv abbr (= ante meridiem) della mattina.
AMA n abbr = American Medical Association.
amalgam [ə'mælgəm] n amalgama m.
amalgamate [ə'mælgəmeɪt] vt amalgamare ♦ vi amalgamarsi.
amalgamation [əmælgə'meɪʃən] n amalgamazione f; (COMM) fusione f.
amass [ə'mæs] vt ammassare.
amateur ['æmətə*] n dilettante m/f ♦ adj (SPORT) dilettante; ~ **dramatics** n filodrammatica.
amateurish ['æmətərɪʃ] adj (pej) da dilettante.
amaze [ə'meɪz] vt stupire; **to be** ~**d (at)** essere sbalordito(a) (da).
amazement [ə'meɪzmənt] n stupore m.
amazing [ə'meɪzɪŋ] adj sorprendente, sbalorditivo(a); (bargain, offer) sensazionale.
amazingly [ə'meɪzɪŋlɪ] adv incredibilmente, sbalorditivamente.
Amazon ['æməzən] n (MYTHOLOGY)

Amazzone *f*; (*river*): **the** ~ il Rio delle Amazzoni ♦ *cpd* (*basin, jungle*) amazzonico(a).

Amazonian [æmə'zəunɪən] *adj* amazzonico(a).

ambassador [æm'bæsədə*] *n* ambasciatore/trice.

amber ['æmbə*] *n* ambra; **at** ~ (*BRIT AUT*) giallo.

ambidextrous [æmbɪ'dekstrəs] *adj* ambidestro(a).

ambience ['æmbɪəns] *n* ambiente *m*.

ambiguity [æmbɪ'gjuɪtɪ] *n* ambiguità *f inv*.

ambiguous [æm'bɪgjuəs] *adj* ambiguo(a).

ambition [æm'bɪʃən] *n* ambizione *f*; **to achieve one's** ~ realizzare le proprie aspirazioni *or* ambizioni.

ambitious [æm'bɪʃəs] *adj* ambizioso(a).

ambivalent [æm'bɪvələnt] *adj* ambivalente.

amble ['æmbl] *vi* (*gen*: **to** ~ **along**) camminare tranquillamente.

ambulance ['æmbjuləns] *n* ambulanza.

ambush ['æmbuʃ] *n* imboscata ♦ *vt* fare un'imboscata a.

ameba [ə'miːbə] *n* (*US*) = **amoeba**.

ameliorate [ə'miːlɪəreɪt] *vt* migliorare.

amen ['ɑː'men] *excl* così sia, amen.

amenable [ə'miːnəbl] *adj*: ~ **to** (*advice etc*) ben disposto(a) a.

amend [ə'mend] *vt* (*law*) emendare; (*text*) correggere ♦ *vi* emendarsi; **to make** ~**s** fare ammenda.

amendment [ə'mendmənt] *n* emendamento; correzione *f*.

amenities [ə'miːnɪtɪz] *npl* attrezzature *fpl* ricreative e culturali.

amenity [ə'miːnɪtɪ] *n* amenità *f inv*.

America [ə'merɪkə] *n* America.

American [ə'merɪkən] *adj, n* americano(a).

americanize [ə'merɪkənaɪz] *vt* americanizzare.

amethyst ['æmɪθɪst] *n* ametista.

Amex ['æmeks] *n abbr* = American Stock Exchange.

amiable ['eɪmɪəbl] *adj* amabile, gentile.

amicable ['æmɪkəbl] *adj* amichevole.

amicably ['æmɪkəblɪ] *adv*: **to part** ~ lasciarsi senza rancori.

amid(st) [ə'mɪd(st)] *prep* fra, tra, in mezzo a.

amiss [ə'mɪs] *adj, adv*: **there's something** ~ c'è qualcosa che non va bene; **don't take it** ~ non avertene a male.

ammo ['æməu] *n abbr* (*col*) = **ammunition**.

ammonia [ə'məunɪə] *n* ammoniaca.

ammunition [æmju'nɪʃən] *n* munizioni *fpl*; (*fig*) arma.

ammunition dump *n* deposito di munizioni.

amnesia [æm'niːzɪə] *n* amnesia.

amnesty ['æmnɪstɪ] *n* amnistia; **to grant an** ~ **to** concedere l'amnistia a, amnistiare.

Amnesty International *n* Amnesty International *f*.

amoeba, (*US*) **ameba** [ə'miːbə] *n* ameba.

amok [ə'mɔk] *adv*: **to run** ~ diventare pazzo(a) furioso(a).

among(st) [ə'mʌŋ(st)] *prep* fra, tra, in mezzo a.

amoral [eɪ'mɔrəl] *adj* amorale.

amorous ['æmərəs] *adj* amoroso(a).

amorphous [ə'mɔːfəs] *adj* amorfo(a).

amortization [əmɔːtaɪ'zeɪʃən] *n* (*COMM*) ammortamento.

amount [ə'maunt] *n* (*sum of money*) somma; (*of bill etc*) importo; (*quantity*) quantità *f inv* ♦ *vi*: **to** ~ **to** (*total*) ammontare a; (*be same as*) essere come; **this** ~**s to a refusal** questo equivale a un rifiuto.

amp(ère) ['æmp(ɛə*)] *n* ampere *m inv*; **a 13** ~ **plug** una spina con fusibile da 13 ampere.

ampersand ['æmpəsænd] *n* e *f* commerciale.

amphetamine [æm'fetəmiːn] *n* anfetamina.

amphibian [æm'fɪbɪən] *n* anfibio.

amphibious [æm'fɪbɪəs] *adj* anfibio(a).

amphitheatre, (*US*) **amphitheater** ['æmfɪθɪətə*] *n* anfiteatro.

ample ['æmpl] *adj* ampio(a); spazioso(a); (*enough*): **this is** ~ questo è più che sufficiente; **to have** ~ **time/room** avere assai tempo/posto.

amplifier ['æmplɪfaɪə*] *n* amplificatore *m*.

amplify ['æmplɪfaɪ] *vt* amplificare.

amply ['æmplɪ] *adv* ampiamente.

ampoule, (*US*) **ampule** ['æmpuːl] *n* (*MED*) fiala.

amputate ['æmpjuteɪt] *vt* amputare.

amputee [æmpju'tiː] *n* mutilato/a, chi ha subito un'amputazione.

Amsterdam [æmstə'dæm] *n* Amsterdam *f*.

amt *abbr* = **amount**.

amuck [ə'mʌk] *adv* = **amok**.

amuse [ə'mjuːz] *vt* divertire; **to** ~ **o.s. with sth/by doing sth** divertirsi con qc/a fare qc; **to be** ~**d at** essere divertito da; **he was not** ~**d** non l'ha trovato divertente.

amusement [ə'mjuːzmənt] *n* divertimento; **much to my** ~ con mio grande spasso.

amusement arcade *n* sala giochi (*solo con macchinette a gettoni*).

amusement park *n* luna park *m inv*.

amusing [ə'mjuːzɪŋ] *adj* divertente.

an [æn, ən, n] *indef art see* **a**.

ANA *n abbr* = American Newspaper

Association; American Nurses Association.
anachronism [ə'nækrənızəm] *n* anacronismo.
anaemia [ə'niːmɪə] *n* anemia.
anaemic [ə'niːmɪk] *adj* anemico(a).
anaesthetic [ænɪs'θɛtɪk] *adj* anestetico(a)
♦ *n* anestetico; **local/general** ~ anestesia locale/totale; **under the** ~ sotto anestesia.
anaesthetist [æ'niːsθɪtɪst] *n* anestesista *m/f.*
anagram ['ænəgræm] *n* anagramma *m.*
anal ['eɪnl] *adj* anale.
analgesic [ænæl'dʒiːsɪk] *adj* analgesico(a)
♦ *n* analgesico.
analogous [ə'næləgəs] *adj*: ~ **to** *or* **with** analogo(a) a.
analog(ue) ['ænəlɔg] *adj* (*watch, computer*) analogico(a).
analogy [ə'nælədʒɪ] *n* analogia; **to draw an** ~ **between** fare un'analogia tra.
analyse ['ænəlaɪz] *vt* (*BRIT*) analizzare.
analysis, *pl* **analyses** [ə'næləsɪs, -siːz] *n* analisi *f inv*; **in the last** ~ in ultima analisi.
analyst ['ænəlɪst] *n* (*political* ~ *etc*) analista *m/f*; (*US*) (psic)analista *m/f.*
analytic(al) [ænə'lɪtɪk(l)] *adj* analitico(a).
analyze ['ænəlaɪz] *vt* (*US*) = **analyse.**
anarchic [æ'nɑːkɪk] *adj* anarchico(a).
anarchist ['ænəkɪst] *adj, n* anarchico(a).
anarchy ['ænəkɪ] *n* anarchia.
anathema [ə'næθɪmə] *n*: **it is** ~ **to him** non ne vuol neanche sentir parlare.
anatomical [ænə'tɔmɪkl] *adj* anatomico(a).
anatomy [ə'nætəmɪ] *n* anatomia.
ANC *n abbr* = *African National Congress.*
ancestor ['ænsɪstə*] *n* antenato/a.
ancestral [æn'sɛstrəl] *adj* avito(a).
ancestry ['ænsɪstrɪ] *n* antenati *mpl*; ascendenza.
anchor ['æŋkə*] *n* ancora ♦ *vi* (*also*: **to drop** ~) gettare l'ancora ♦ *vt* ancorare; **to weigh** ~ salpare *or* levare l'ancora.
anchorage ['æŋkərɪdʒ] *n* ancoraggio.
anchor man *n* (*TV, RADIO*) anchorman *m inv.*
anchor woman *n* (*TV, RADIO*) anchorwoman *f inv.*
anchovy ['æntʃəvɪ] *n* acciuga.
ancient ['eɪnʃənt] *adj* antico(a); (*fig*) anziano(a); ~ **monument** monumento storico.
ancillary [æn'sɪlərɪ] *adj* ausiliario(a).
and [ænd] *conj* e (*often* ed *before vowel*); ~ **so on** e così via; **try** ~ **do it** prova a farlo; **come** ~ **sit here** vieni a sedere qui; **better** ~ **better** sempre meglio; **more** ~ **more** sempre di più.
Andes ['ændiːz] *npl*: **the** ~ le Ande.
Andorra [æn'dɔːrə] *n* Andorra.

anecdote ['ænɪkdəut] *n* aneddoto.
anemia [ə'niːmɪə] *etc* = **anaemia** *etc.*
anemone [ə'nɛmənɪ] *n* (*BOT*) anemone *m*; (*sea* ~) anemone *m* di mare, attinia.
anesthetic [ænɪs'θɛtɪk] *etc* = **anaesthetic** *etc.*
anew [ə'njuː] *adv* di nuovo.
angel ['eɪndʒəl] *n* angelo.
angel dust *n sedativo usato a scopo allucinogeno.*
anger ['æŋgə*] *n* rabbia ♦ *vt* arrabbiare.
angina [æn'dʒaɪnə] *n* angina pectoris.
angle ['æŋgl] *n* angolo ♦ *vi*: **to** ~ **for** (*fig*) cercare di avere; **from their** ~ dal loro punto di vista.
angler ['æŋglə*] *n* pescatore *m* con la lenza.
Anglican ['æŋglɪkən] *adj, n* anglicano(a).
anglicize ['æŋglɪsaɪz] *vt* anglicizzare.
angling ['æŋglɪŋ] *n* pesca con la lenza.
Anglo- ['æŋgləu] *prefix* anglo...; ~**Italian** *adj*, *n* italobritannico(a).
Anglo-Saxon ['æŋgləu'sæksən] *adj, n* anglosassone (*m/f*).
Angola [æŋ'gəulə] *n* Angola.
Angolan [æŋ'gəulən] *adj, n* angolano(a).
angrily ['æŋgrɪlɪ] *adv* con rabbia.
angry ['æŋgrɪ] *adj* arrabbiato(a), furioso(a); **to be** ~ **with sb/at sth** essere in collera con qn/per qc; **to get** ~ arrabbiarsi; **to make sb** ~ fare arrabbiare qn.
anguish ['æŋgwɪʃ] *n* angoscia.
anguished ['æŋgwɪʃt] *adj* angosciato(a), pieno(a) d'angoscia.
angular ['æŋgjulə*] *adj* angolare.
animal ['ænɪməl] *adj, n* animale (*m*).
animal rights *npl* diritti *mpl* degli animali.
animate *vt* ['ænɪmeɪt] animare ♦ *adj* ['ænɪmɪt] animato(a).
animated ['ænɪmeɪtɪd] *adj* animato(a).
animation [ænɪ'meɪʃən] *n* animazione *f.*
animosity [ænɪ'mɔsɪtɪ] *n* animosità.
aniseed ['ænɪsiːd] *n* semi *mpl* di anice.
Ankara ['æŋkərə] *n* Ankara.
ankle ['æŋkl] *n* caviglia.
ankle socks *npl* calzini *mpl.*
annex *n* ['ænɛks] (*also*: *BRIT*: **annexe**) edificio annesso ♦ *vt* [ə'nɛks] annettere.
annexation [ænɛk'seɪʃən] *n* annessione *f.*
annihilate [ə'naɪəleɪt] *vt* annientare.
annihilation [ənaɪə'leɪʃən] *n* annientamento.
anniversary [ænɪ'vɔːsərɪ] *n* anniversario.
anniversary dinner *n* cena commemorativa.
annotate ['ænəuteɪt] *vt* annotare.
announce [ə'nauns] *vt* annunciare; **he** ~**d that he wasn't going** ha dichiarato che

non (ci) sarebbe andato.

announcement [ə'naunsmənt] n annuncio; (letter, card) partecipazione f; **I'd like to make an ~** ho una comunicazione da fare.

announcer [ə'naunsə*] n (RADIO, TV: between programmes) annunciatore/trice; (: in a programme) presentatore/trice.

annoy [ə'nɔɪ] vt dare fastidio a; **to be ~ed (at sth/with sb)** essere seccato or irritato (per qc/con qn); **don't get ~ed!** non irritarti!

annoyance [ə'nɔɪəns] n fastidio; (cause of ~) noia.

annoying [ə'nɔɪɪŋ] adj irritante, seccante.

annual ['ænjuəl] adj annuale ♦ n (BOT) pianta annua; (book) annuario.

annual general meeting (AGM) n (BRIT) assemblea generale.

annually ['ænjuəlɪ] adv annualmente.

annual report n relazione f annuale.

annuity [ə'njuːɪtɪ] n annualità f inv; **life ~** vitalizio.

annul [ə'nʌl] vt annullare; (law) rescindere.

annulment [ə'nʌlmənt] n annullamento; rescissione f.

annum ['ænəm] n see **per annum**.

Annunciation [ənʌnsɪ'eɪʃən] n Annunciazione f.

anode ['ænəud] n anodo.

anoint [ə'nɔɪnt] vt ungere.

anomalous [ə'nɔmələs] adj anomalo(a).

anomaly [ə'nɔmәlɪ] n anomalia.

anon. [ə'nɔn] abbr = **anonymous**.

anonymity [ænə'nɪmɪtɪ] n anonimato.

anonymous [ə'nɔnɪməs] adj anonimo(a); **to remain ~** mantenere l'anonimato.

anorak ['ænəræk] n giacca a vento.

anorexia [ænə'rɛksɪə] n (also: ~ **nervosa**) anoressia.

anorexic [ænə'rɛksɪk] adj, n anoressico(a).

another [ə'nʌðə*] adj: ~ **book** (one more) un altro libro, ancora un libro; (a different one) un altro libro ♦ pron un altro(un'altra), ancora uno(a); ~ **drink?** ancora qualcosa da bere?; **in ~ 5 years** fra altri 5 anni; see also **one**.

ANSI n abbr (= American National Standards Institution) Istituto americano di standardizzazione.

answer ['ɑːnsə*] n risposta; soluzione f ♦ vi rispondere ♦ vt (reply to) rispondere a; (problem) risolvere; (prayer) esaudire; **in ~ to your letter** in risposta alla sua lettera; **to ~ the phone** rispondere (al telefono); **to ~ the bell** rispondere al campanello; **to ~ the door** aprire la porta.

▶**answer back** vi ribattere.

▶**answer for** vt fus essere responsabile di.

▶**answer to** vt fus (description) corrispondere a.

answerable ['ɑːnsərəbl] adj: ~ **(to sb/for sth)** responsabile (verso qn/di qc); **I am ~ to no one** non devo rispondere a nessuno.

answering machine ['ɑːnsərɪŋ-] n segreteria (telefonica) automatica.

ant [ænt] n formica.

ANTA n abbr = American National Theater and Academy.

antagonism [æn'tægənɪzəm] n antagonismo.

antagonist [æn'tægənɪst] n antagonista m/f.

antagonistic [æntægə'nɪstɪk] adj antagonistico(a).

antagonize [æn'tægənaɪz] vt provocare l'ostilità di.

Antarctic [ænt'ɑːktɪk] n: **the ~** l'Antartide f ♦ adj antartico(a).

Antarctica [ænt'ɑːktɪkə] n Antartide f.

Antarctic Circle n Circolo polare antartico.

Antarctic Ocean n Oceano antartico.

ante ['æntɪ] n (CARDS, fig): **to up the ~** alzare la posta in palio.

ante... ['æntɪ] prefix anti..., ante..., pre....

anteater ['æntiːtə*] n formichiere m.

antecedent [æntɪ'siːdənt] n antecedente m, precedente m.

antechamber ['æntɪtʃeɪmbə*] n anticamera.

antelope ['æntɪləup] n antilope f.

antenatal ['æntɪ'neɪtl] adj prenatale.

antenatal clinic n assistenza medica preparto.

antenna, pl **antennae** [æn'tɛnə, -niː] n antenna.

anthem ['ænθəm] n antifona; **national ~** inno nazionale.

ant-hill ['ænthɪl] n formicaio.

anthology [æn'θɔlədʒɪ] n antologia.

anthropologist [ænθrə'pɔlədʒɪst] n antropologo/a.

anthropology [ænθrə'pɔlədʒɪ] n antropologia.

anti- ['æntɪ] prefix anti....

anti-aircraft ['æntɪ'ɛəkrɑːft] adj antiaereo(a).

anti-aircraft defence n difesa antiaerea.

antiballistic ['æntɪbə'lɪstɪk] adj antibalistico(a).

antibiotic ['æntɪbaɪ'ɔtɪk] adj antibiotico(a) ♦ n antibiotico.

antibody ['æntɪbɔdɪ] n anticorpo.

anticipate [æn'tɪsɪpeɪt] vt prevedere;

pregustare; (*wishes, request*) prevenire; **as ~d** come previsto; **this is worse than I ~d** è peggio di quel che immaginavo *or* pensavo.

anticipation [æntɪsɪ'peɪʃən] *n* anticipazione *f*; (*expectation*) aspettative *fpl*; **thanking you in ~** vi ringrazio in anticipo.

anticlimax ['æntɪ'klaɪmæks] *n*: **it was an ~** fu una completa delusione.

anticlockwise ['æntɪ'klɔkwaɪz] *adj* in senso antiorario.

antics ['æntɪks] *npl* buffonerie *fpl*.

anticyclone ['æntɪ'saɪkləun] *n* anticiclone *m*.

antidote ['æntɪdəut] *n* antidoto.

antifreeze ['æntɪfriːz] *n* anticongelante *m*.

antihistamine [æntɪ'hɪstəmɪn] *n* antistaminico.

Antilles [æn'tɪliːz] *npl*: **the ~** le Antille.

antipathy [æn'tɪpəθɪ] *n* antipatia.

antiperspirant ['æntɪ'pəːspərənt] *adj* antitraspirante.

Antipodean [æntɪpə'diːən] *adj* degli Antipodi.

Antipodes [æn'tɪpədiːz] *npl*: **the ~** gli Antipodi.

antiquarian [æntɪ'kwɛərɪən] *adj*: **~ bookshop** libreria antiquaria ♦ *n* antiquario/a.

antiquated ['æntɪkweɪtɪd] *adj* antiquato(a).

antique [æn'tiːk] *n* antichità *f inv* ♦ *adj* antico(a).

antique dealer *n* antiquario/a.

antique shop *n* negozio d'antichità.

antiquity [æn'tɪkwɪtɪ] *n* antichità *f inv*.

anti-semitic [æntɪsɪ'mɪtɪk] *adj* antisemitico(a), antisemita.

anti-semitism ['æntɪ'sɛmɪtɪzəm] *n* antisemitismo.

antiseptic [æntɪ'sɛptɪk] *adj* antisettico(a) ♦ *n* antisettico.

antisocial ['æntɪ'səuʃəl] *adj* asociale; (*against society*) antisociale.

antitank [æntɪ'tæŋk] *adj* anticarro *inv*.

antithesis, *pl* **antitheses** [æn'tɪθɪsɪs, -siːz] *n* antitesi *f inv*; (*contrast*) carattere *m* antitetico.

anti-trust [æntɪ'trʌst] *adj* (*COMM*): **~ legislation** legislazione *f* antitrust *inv*.

antlers ['æntləz] *npl* palchi *mpl*.

Antwerp ['æntwəːp] *n* Anversa.

anus ['eɪnəs] *n* ano.

anvil ['ænvɪl] *n* incudine *f*.

anxiety [æŋ'zaɪətɪ] *n* ansia; (*keenness*): **~ to do** smania di fare.

anxious ['æŋkʃəs] *adj* ansioso(a), inquieto(a); (*keen*): **~ to do/that** impaziente di fare/che + *sub*; **I'm very ~**

about you sono molto preoccupato *or* in pensiero per te.

anxiously ['æŋkʃəslɪ] *adv* ansiosamente, con ansia.

=========== *KEYWORD*

any ['ɛnɪ] *adj* **1** (*in questions etc*): **have you ~ butter?** hai del burro?, hai un po' di burro?; **have you ~ children?** hai bambini?; **if there are ~ tickets left** se ci sono ancora (dei) biglietti, se c'è ancora qualche biglietto

2 (*with negative*): **I haven't ~ money/ books** non ho soldi/libri; **without ~ difficulty** senza nessuna *or* alcuna difficoltà

3 (*no matter which*) qualsiasi, qualunque; **choose ~ book you like** scegli un libro qualsiasi

4 (*in phrases*): **in ~ case** in ogni caso; **~ day now** da un giorno all'altro; **at ~ moment** in qualsiasi momento, da un momento all'altro; **at ~ rate** ad ogni modo

♦ *pron* **1** (*in questions, with negative*): **have you got ~?** ne hai?; **can ~ of you sing?** qualcuno di voi sa cantare?; **I haven't ~ (of them)** non ne ho

2 (*no matter which one(s)*): **take ~ of those books (you like)** prendi uno qualsiasi di quei libri

♦ *adv* **1** (*in questions etc*): **do you want ~ more soup/sandwiches?** vuoi ancora un po' di minestra/degli altri panini?; **are you feeling ~ better?** ti senti meglio?

2 (*with negative*): **I can't hear him ~ more** non lo sento più; **don't wait ~ longer** non aspettare più.

---

anybody ['ɛnɪbɔdɪ] *pron* qualsiasi persona; (*in interrogative sentences*) qualcuno; (*in negative sentences*): **I don't see ~** non vedo nessuno.

anyhow ['ɛnɪhau] *adv* in qualsiasi modo; (*haphazard*) come capita; **I shall go ~** ci andrò lo stesso *or* comunque.

anyone ['ɛnɪwʌn] *pron* = **anybody**.

anyplace ['ɛnɪpleɪs] *pron* (*US col*) = **anywhere**.

anything ['ɛnɪθɪŋ] *pron* qualsiasi cosa; (*in interrogative sentences*) qualcosa; (*in negative sentences*) non ... niente, non ... nulla; **~ else?** (*in shop*) basta (così)?; **it can cost ~ between £15 and £20** può costare qualcosa come 15 o 20 sterline.

anytime ['ɛnɪtaɪm] *adv* in qualunque momento; quando vuole.

anyway ['ɛnɪweɪ] *adv* in *or* ad ogni modo.

anywhere ['ɛnıwɛə*] *adv* da qualsiasi parte; (*in interrogative sentences*) da qualche parte; **I don't see him** ~ non lo vedo da nessuna parte; ~ **in the world** dovunque nel mondo.

Anzac ['ænzæk] *n abbr* (= *Australia-New Zealand Army Corps*) A.N.Z.A.C. *m*; (*soldier*) soldato dell'A.N.Z.A.C.

L'**Anzac Day** è una festa nazionale australiana e neozelandese che cade il 25 aprile e commemora il famoso sbarco delle forze armate congiunte dei due paesi a Gallipoli nel 1915, durante la prima guerra mondiale.

apart [ə'pɑːt] *adv* (*to one side*) a parte; (*separately*) separatamente; **with one's legs** ~ con le gambe divaricate; **10 miles/a long way** ~ a 10 miglia di distanza/molto lontani l'uno dall'altro; **they are living** ~ sono separati; ~ **from** *prep* a parte, eccetto.

apartheid [ə'pɑːteıt] *n* apartheid *f*.

apartment [ə'pɑːtmənt] *n* (*US*) appartamento; ~**s** *npl* appartamento ammobiliato.

apartment building *n* (*US*) stabile *m*, caseggiato.

apathetic [æpə'θɛtık] *adj* apatico(a).

apathy ['æpəθı] *n* apatia.

APB *n abbr* (*US*: = *all points bulletin*: *police expression*) espressione della polizia che significa "trovate e arrestate il sospetto".

ape [eıp] *n* scimmia ♦ *vt* scimmiottare.

Apennines ['æpənaınz] *npl*: **the** ~ gli Apennini.

aperitif [ə'pɛrıtiːf] *n* aperitivo.

aperture ['æpətʃjuə*] *n* apertura.

APEX ['eıpɛks] *n abbr* (*AVIAT*: = *advance purchase excursion*) APEX *m inv*.

apex ['eıpɛks] *n* apice *m*.

aphid ['æfıd] *n* afide *f*.

aphrodisiac [æfrəu'dızıæk] *adj* afrodisiaco(a) ♦ *n* afrodisiaco.

API *n abbr* = *American Press Institute*.

apiece [ə'piːs] *adv* ciascuno(a).

aplomb [ə'plɔm] *n* disinvoltura.

APO *n abbr* (*US*: = *Army Post Office*) ufficio postale dell'esercito.

apocalypse [ə'pɔkəlıps] *n* apocalisse *f*.

apolitical [eıpə'lıtıkl] *adj* apolitico(a).

apologetic [əpɔlə'dʒɛtık] *adj* (*tone, letter*) di scusa; **to be very** ~ **about** scusarsi moltissimo di.

apologetically [əpɔlə'dʒɛtıkəlı] *adv* per scusarsi.

apologize [ə'pɔlədʒaız] *vi*: **to** ~ **(for sth to sb)** scusarsi (di qc a qn), chiedere scusa (a qn per qc).

apology [ə'pɔlədʒı] *n* scuse *fpl*; **please accept my apologies** la prego di accettare le mie scuse.

apoplectic [æpə'plɛktık] *adj* (*MED*) apoplettico(a); ~ **with rage** (*col*) livido(a) per la rabbia.

apoplexy ['æpəplɛksı] *n* apoplessia.

apostle [ə'pɔsl] *n* apostolo.

apostrophe [ə'pɔstrəfı] *n* (*sign*) apostrofo.

appal [ə'pɔːl] *vt* atterrire; sgomentare.

Appalachian Mountains [æpə'leıʃən-] *npl*: **the** ~ i Monti Appalachi.

appalling [ə'pɔːlıŋ] *adj* spaventoso(a); **she's an** ~ **cook** è un disastro come cuoca.

apparatus [æpə'reıtəs] *n* apparato.

apparel [ə'pærl] *n* (*US*) abbigliamento, confezioni *fpl*.

apparent [ə'pærənt] *adj* evidente.

apparently [ə'pærəntlı] *adv* evidentemente, a quanto pare.

apparition [æpə'rıʃən] *n* apparizione *f*.

appeal [ə'piːl] *vi* (*LAW*) appellarsi alla legge ♦ *n* (*LAW*) appello; (*request*) richiesta; (*charm*) attrattiva; **to** ~ **for** chiedere (con insistenza); **to** ~ **to** (*subj: person*) appellarsi a; (: *thing*) piacere a; **to** ~ **to sb for mercy** chiedere pietà a qn; **it doesn't** ~ **to me** mi dice poco; **right of** ~ diritto d'appello.

appealing [ə'piːlıŋ] *adj* (*moving*) commovente; (*attractive*) attraente.

appear [ə'pıə*] *vi* apparire; (*LAW*) comparire; (*publication*) essere pubblicato(a); (*seem*) sembrare; **it would** ~ **that** sembra che; **to** ~ **in Hamlet** recitare nell'Amleto; **to** ~ **on TV** presentarsi in televisione.

appearance [ə'pıərəns] *n* apparizione *f*; (*look, aspect*) aspetto; **to put in** *or* **make an** ~ fare atto di presenza; **by order of** ~ (*THEAT*) in ordine di apparizione; **to keep up** ~**s** salvare le apparenze; **to all** ~**s** a giudicar dalle apparenze.

appease [ə'piːz] *vt* calmare, appagare.

appeasement [ə'piːzmənt] *n* (*POL*) appeasement *m inv*.

append [ə'pɛnd] *vt* (*COMPUT*) aggiungere in coda.

appendage [ə'pɛndıdʒ] *n* aggiunta.

appendicitis [əpɛndı'saıtıs] *n* appendicite *f*.

appendix, pl appendices [ə'pɛndıks, -siːz] *n* appendice *f*; **to have one's** ~ **out** operarsi *or* farsi operare di appendicite.

appetite ['æpıtaıt] *n* appetito; **that walk has given me an** ~ la passeggiata mi ha

messo appetito.
appetizer ['æpɪtaɪzə*] n (*food*) stuzzichino; (*drink*) aperitivo.
appetizing ['æpɪtaɪzɪŋ] adj appetitoso(a).
applaud [ə'plɔːd] vt, vi applaudire.
applause [ə'plɔːz] n applauso.
apple ['æpl] n mela; (*also*: ~ tree) melo; **the ~ of one's eye** la pupilla dei propri occhi.
apple turnover n sfogliatella alle mele.
appliance [ə'plaɪəns] n apparecchio; **electrical ~s** elettrodomestici *mpl*.
applicable [ə'plɪkəbl] adj applicabile; **to be ~ to** essere valido per; **the law is ~ from January** la legge entrerà in vigore in gennaio.
applicant ['æplɪkənt] n candidato/a; (*ADMIN*: *for benefit etc*) chi ha fatto domanda *or* richiesta.
application [æplɪ'keɪʃən] n applicazione *f*; (*for a job, a grant etc*) domanda; **on ~** su richiesta.
application form n modulo di domanda.
application program n (*COMPUT*) programma applicativo.
applications package n (*COMPUT*) software *m inv* applicativo.
applied [ə'plaɪd] adj applicato(a); ~ **arts** arti *fpl* applicate.
apply [ə'plaɪ] vt: **to ~ (to)** (*paint, ointment*) dare (a); (*theory, technique*) applicare (a) ♦ vi: **to ~ to** (*ask*) rivolgersi a; (*be suitable for, relevant to*) riguardare, riferirsi a; **to ~ (for)** (*permit, grant, job*) fare domanda (per); **to ~ the brakes** frenare; **to ~ o.s. to** dedicarsi a.
appoint [ə'pɔɪnt] vt nominare.
appointee [əpɔɪn'tiː] n incaricato/a.
appointment [ə'pɔɪntmənt] n nomina; (*arrangement to meet*) appuntamento; **by ~** su *or* per appuntamento; **to make an ~ with sb** prendere un appuntamento con qn; (*PRESS*): **"~s (vacant)"** "offerte *fpl* di impiego".
apportion [ə'pɔːʃən] vt attribuire.
appraisal [ə'preɪzl] n valutazione *f*.
appraise [ə'preɪz] vt (*value*) valutare, fare una stima di; (*situation etc*) fare il bilancio di.
appreciable [ə'priːʃəbl] adj apprezzabile.
appreciably [ə'priːʃəblɪ] adv notevolmente, sensibilmente.
appreciate [ə'priːʃɪeɪt] vt (*like*) apprezzare; (*be grateful for*) essere riconoscente di; (*be aware of*) rendersi conto di ♦ vi (*COMM*) aumentare; **I ~d your help** ti sono grato per l'aiuto.
appreciation [əpriːʃɪ'eɪʃən] n apprezzamento; (*FINANCE*) aumento del

valore.
appreciative [ə'priːʃɪətɪv] adj (*person*) sensibile; (*comment*) elogiativo(a).
apprehend [æprɪ'hɛnd] vt (*arrest*) arrestare; (*understand*) comprendere.
apprehension [æprɪ'hɛnʃən] n (*fear*) inquietudine *f*.
apprehensive [æprɪ'hɛnsɪv] adj apprensivo(a).
apprentice [ə'prɛntɪs] n apprendista *m/f* ♦ vt: **to be ~d to** lavorare come apprendista presso.
apprenticeship [ə'prɛntɪsʃɪp] n apprendistato; **to serve one's ~** fare il proprio apprendistato *or* tirocinio.
appro. ['æprəu] abbr (*BRIT COMM*: *col*) = **approval**.
approach [ə'prəutʃ] vi avvicinarsi ♦ vt (*come near*) avvicinarsi a; (*ask, apply to*) rivolgersi a; (*subject, passer-by*) avvicinare ♦ n approccio; accesso; (*to problem*) modo di affrontare; **to ~ sb about sth** rivolgersi a qn per qc.
approachable [ə'prəutʃəbl] adj accessibile.
approach road n strada d'accesso.
approbation [æprə'beɪʃən] n approvazione *f*, benestare *m*.
appropriate vt [ə'prəuprɪeɪt] (*take*) appropriarsi di ♦ adj [ə'prəuprɪɪt] appropriato(a); adatto(a); **it would not be ~ for me to comment** non sta a me fare dei commenti.
appropriately [ə'prəuprɪɪtlɪ] adv in modo appropriato.
appropriation [əprəuprɪ'eɪʃən] n stanziamento.
approval [ə'pruːvəl] n approvazione *f*; **on ~** (*COMM*) in prova, in esame; **to meet with sb's ~** soddisfare qn, essere di gradimento di qn.
approve [ə'pruːv] vt, vi approvare.
▶**approve of** vt fus approvare.
approved school n (*BRIT*: *old*) riformatorio.
approvingly [ə'pruːvɪŋlɪ] adv in approvazione.
approx. abbr = **approximately**.
approximate adj [ə'prɔksɪmɪt] approssimativo(a) ♦ vt [ə'prɔksɪmeɪt] essere un'approssimazione di, avvicinarsi a.
approximately [ə'prɔksɪmətlɪ] adv circa.
approximation [ə'prɔksɪ'meɪʃən] n approssimazione *f*.
apr n abbr (= *annual percentage rate*) tasso di percentuale annuo.
Apr. abbr (= *April*) apr.
apricot ['eɪprɪkɔt] n albicocca.

April ['eɪprəl] n aprile m; ~ **fool!** pesce d'aprile!; *for phrases see also* **July**.

April Fool's Day è il primo aprile, il giorno degli scherzi e delle burle. Il nome deriva dal fatto che, se una persona cade nella trappola che gli è stata tesa, fa la figura del **fool**, cioè dello sciocco. Di recente gli scherzi stanno diventando sempre più elaborati, e persino i giornalisti a volte inventano vicende incredibili per burlarsi dei lettori.

---

apron ['eɪprən] n grembiule m; (*AVIAT*) area di stazionamento.

apse [æps] n (*ARCHIT*) abside f.

APT n abbr (*BRIT*: = advanced passenger train) treno ad altissima velocità.

apt [æpt] adj (*suitable*) adatto(a); (*able*) capace; (*likely*): **to be** ~ **to do** avere tendenza a fare.

Apt. abbr = **apartment**.

aptitude ['æptɪtjuːd] n abilità f inv.

aptitude test n test m inv attitudinale.

aptly ['æptlɪ] adv appropriatamente, in modo adatto.

aqualung ['ækwəlʌŋ] n autorespiratore m.

aquarium [ə'kwɛərɪəm] n acquario.

Aquarius [ə'kwɛərɪəs] n Acquario; **to be** ~ essere dell'Acquario.

aquatic [ə'kwætɪk] adj acquatico(a).

aqueduct ['ækwɪdʌkt] n acquedotto.

AR abbr (*US*) = Arkansas.

ARA n abbr (*BRIT*) = Associate of the Royal Academy.

Arab ['ærəb] adj, n arabo(a).

Arabia [ə'reɪbɪə] n Arabia.

Arabian [ə'reɪbɪən] adj arabo(a).

Arabian Desert n Deserto arabico.

Arabian Sea n mare m Arabico.

Arabic ['ærəbɪk] adj arabico(a) ♦ n arabo.

Arabic numerals npl numeri arabi mpl, numerazione f araba.

arable ['ærəbl] adj arabile.

ARAM n abbr (*BRIT*) = Associate of the Royal Academy of Music.

arbiter ['ɑːbɪtə*] n arbitro.

arbitrary ['ɑːbɪtrərɪ] adj arbitrario(a).

arbitrate ['ɑːbɪtreɪt] vi arbitrare.

arbitration [ɑːbɪ'treɪʃən] n (*LAW*) arbitrato; (*INDUSTRY*) arbitraggio.

arbitrator ['ɑːbɪtreɪtə*] n arbitro.

ARC n abbr (= American Red Cross) C.R.I. f (= Croce Rossa Italiana).

arc [ɑːk] n arco.

arcade [ɑː'keɪd] n portico; (*passage with shops*) galleria.

arch [ɑːtʃ] n arco; (*of foot*) arco plantare

♦ vt inarcare ♦ prefix: ~(-) grande (*before* n); per eccellenza.

archaeological [ɑːkɪə'lɔdʒɪkəl] adj archeologico(a).

archaeologist [ɑːkɪ'ɔlədʒɪst] n archeologo/a.

archaeology [ɑːkɪ'ɔlədʒɪ] n archeologia.

archaic [ɑː'keɪɪk] adj arcaico(a).

archangel ['ɑːkeɪndʒəl] n arcangelo.

archbishop [ɑːtʃ'bɪʃəp] n arcivescovo.

arched [ɑːtʃt] adj arcuato(a), ad arco.

arch-enemy ['ɑːtʃ'ɛnɪmɪ] n arcinemico/a.

archeology [ɑːkɪ'ɔlədʒɪ] etc = **archaeology** etc.

archer ['ɑːtʃə*] n arciere m.

archery ['ɑːtʃərɪ] n tiro all'arco.

archetypal ['ɑːkɪtaɪpəl] adj tipico(a).

archetype ['ɑːkɪtaɪp] n archetipo.

archipelago [ɑːkɪ'pɛlɪgəʊ] n arcipelago.

architect ['ɑːkɪtɛkt] n architetto.

architectural [ɑːkɪ'tɛktʃərəl] adj architettonico(a).

architecture ['ɑːkɪtɛktʃə*] n architettura.

archive file n (*COMPUT*) file m inv di archivio.

archives ['ɑːkaɪvz] npl archivi mpl.

archivist ['ɑːkɪvɪst] n archivista m/f.

archway ['ɑːtʃweɪ] n arco.

ARCM n abbr (*BRIT*) = Associate of the Royal College of Music.

Arctic ['ɑːktɪk] adj artico(a) ♦ n: **the** ~ l'Artico.

Arctic Circle n Circolo polare artico.

Arctic Ocean n Oceano artico.

ARD n abbr (*US MED*) = acute respiratory disease.

ardent ['ɑːdənt] adj ardente.

ardour, (*US*) **ardor** ['ɑːdə*] n ardore m.

arduous ['ɑːdjuəs] adj arduo(a).

are [ɑː*] vb see **be**.

area ['ɛərɪə] n (*GEOM*) area; (*zone*) zona; (: smaller) settore m; **dining** ~ zona pranzo; **the London** ~ la zona di Londra.

area code n (*US TEL*) prefisso.

arena [ə'riːnə] n arena.

aren't [ɑːnt] = **are not**.

Argentina [ɑːdʒən'tiːnə] n Argentina.

Argentinian [ɑːdʒən'tɪnɪən] adj, n argentino(a).

arguable ['ɑːgjuəbl] adj discutibile; **it is** ~ **whether** ... è una cosa discutibile se ... + sub.

arguably ['ɑːgjuəblɪ] adv: **it is** ~ ... si può sostenere che sia ....

argue ['ɑːgjuː] vi (*quarrel*) litigare; (*reason*) ragionare ♦ vt (*debate: case, matter*) dibattere; **to** ~ **that** sostenere che; **to** ~ **about sth (with sb)** litigare per *or* a

proposito di qc (con qn).
argument ['ɑːgjumənt] *n* (*reasons*)
argomento; (*quarrel*) lite *f*; (*debate*)
discussione *f*; ~ **for/against** argomento a
or in favore di/contro.
argumentative [ɑːgju'mɛntətɪv] *adj*
litigioso(a).
aria ['ɑːrɪə] *n* aria.
ARIBA *n abbr* (*BRIT*) = *Associate of the Royal
Institute of British Architects.*
arid ['ærɪd] *adj* arido(a).
aridity [ə'rɪdɪtɪ] *n* aridità.
Aries ['ɛərɪz] *n* Ariete *m*; **to be** ~ essere
dell'Ariete.
arise, *pt* **arose,** *pp* **arisen** [ə'raɪz, ə'rəuz,
ə'rɪzn] *vi* alzarsi; (*opportunity, problem*)
presentarsi; **to** ~ **from** risultare da;
should the need ~ dovesse presentarsi la
necessità, in caso di necessità.
aristocracy [ærɪs'tɔkrəsɪ] *n* aristocrazia.
aristocrat ['ærɪstəkræt] *n* aristocratico/a.
aristocratic [ærɪstə'krætɪk] *adj*
aristocratico(a).
arithmetic [ə'rɪθmətɪk] *n* aritmetica.
arithmetical [ærɪθ'mɛtɪkəl] *adj*
aritmetico(a).
Ariz. *abbr* (*US*) = *Arizona.*
ark [ɑːk] *n*: **Noah's A~** l'arca di Noè.
Ark. *abbr* (*US*) = *Arkansas.*
arm [ɑːm] *n* braccio; (*MIL: branch*) arma ♦ *vt*
armare; ~ **in** ~ a braccetto; *see also* **arms.**
armaments ['ɑːməmənts] *npl* (*weapons*)
armamenti *mpl*.
armband ['ɑːmbænd] *n* bracciale *m*.
armchair ['ɑːmtʃɛə*] *n* poltrona.
armed [ɑːmd] *adj* armato(a).
armed forces *npl* forze *fpl* armate.
armed robbery *n* rapina a mano armata.
Armenia [ɑː'miːnɪə] *n* Armenia.
Armenian [ɑː'miːnɪən] *adj* armeno(a) ♦ *n*
armeno/a; (*LING*) armeno.
armful ['ɑːmful] *n* bracciata.
armistice ['ɑːmɪstɪs] *n* armistizio.
armour, (*US*) **armor** ['ɑːmə*] *n* armatura;
(*also:* ~**-plating**) corazza, blindatura; (*MIL:
tanks*) mezzi *mpl* blindati.
armo(u)red car *n* autoblinda *f inv*.
armo(u)ry ['ɑːmərɪ] *n* arsenale *m*.
armpit ['ɑːmpɪt] *n* ascella.
armrest ['ɑːmrɛst] *n* bracciolo.
arms [ɑːmz] *npl* (*weapons*) armi *fpl*;
(*HERALDRY*) stemma *m*.
arms control *n* controllo degli armamenti.
arms race *n* corsa agli armamenti.
army ['ɑːmɪ] *n* esercito.
aroma [ə'rəumə] *n* aroma.
aromatherapy [ərəumə'θɛrəpɪ] *n*
aromaterapia.

aromatic [ærə'mætɪk] *adj* aromatico(a).
arose [ə'rəuz] *pt of* **arise.**
around [ə'raund] *adv* attorno, intorno ♦ *prep*
intorno a; (*fig: about*): ~ **£5/3 o'clock** circa
5 sterline/le 3; **is he** ~? è in giro?
arousal [ə'rauzəl] *n* (*sexual etc*) eccitazione
f; (*awakening*) risveglio.
arouse [ə'rauz] *vt* (*sleeper*) svegliare;
(*curiosity, passions*) suscitare.
arrange [ə'reɪndʒ] *vt* sistemare;
(*programme*) preparare ♦ *vi*: **we have** ~**d
for a taxi to pick you up** la faremo venire
a prendere da un taxi; **it was** ~**d that** ... è
stato deciso *or* stabilito che ...; **to** ~ **to do
sth** mettersi d'accordo per fare qc.
arrangement [ə'reɪndʒmənt] *n*
sistemazione *f*; (*plans etc*): ~**s** progetti
mpl, piani *mpl*; **by** ~ su richiesta; **to come
to an** ~ (**with sb**) venire ad un accordo
(con qn), mettersi d'accordo *or*
accordarsi (con qn); **I'll make** ~**s for you
to be met** darò disposizioni per istruzioni
perché ci sia qualcuno ad incontrarla.
arrant ['ærənt] *adj*: ~ **nonsense** colossali
sciocchezze *fpl*.
array [ə'reɪ] *n* fila; (*COMPUT*) array *m inv*,
insiemi *mpl*.
arrears [ə'rɪəz] *npl* arretrati *mpl*; **to be in** ~
with one's rent essere in arretrato con
l'affitto.
arrest [ə'rɛst] *vt* arrestare; (*sb's attention*)
attirare ♦ *n* arresto; **under** ~ in arresto.
arresting [ə'rɛstɪŋ] *adj* (*fig*) che colpisce.
arrival [ə'raɪvəl] *n* arrivo; (*person*)
arrivato/a; **new** ~ nuovo venuto.
arrive [ə'raɪv] *vi* arrivare.
►**arrive at** *vt fus* arrivare a.
arrogance ['ærəgəns] *n* arroganza.
arrogant ['ærəgənt] *adj* arrogante.
arrow ['ærəu] *n* freccia.
arse [ɑːs] *n* (*BRIT col!*) culo(*!*).
arsenal ['ɑːsɪnl] *n* arsenale *m*.
arsenic ['ɑːsnɪk] *n* arsenico.
arson ['ɑːsn] *n* incendio doloso.
art [ɑːt] *n* arte *f*; (*craft*) mestiere *m*; **work of**
~ opera d'arte; *see also* **arts.**
artefact, (*US*) **artifact** ['ɑːtɪfækt] *n*
manufatto.
arterial [ɑː'tɪərɪəl] *adj* (*ANAT*) arterioso(a);
(*road etc*) di grande comunicazione; ~
roads le (grandi *or* principali) arterie.
artery ['ɑːtərɪ] *n* arteria.
artful ['ɑːtful] *adj* furbo(a).
art gallery *n* galleria d'arte.
arthritis [ɑː'θraɪtɪs] *n* artrite *f*.
artichoke ['ɑːtɪtʃəuk] *n* carciofo; **Jerusalem**
~ topinambur *m inv*.
article ['ɑːtɪkl] *n* articolo; ~**s** *npl* (*BRIT LAW:*

training) contratto di tirocinio; **~s of clothing** indumenti *mpl*.
articles of association *npl* (*COMM*) statuto sociale.
articulate *adj* [ɑːˈtɪkjʊlɪt] (*person*) che si esprime forbitamente; (*speech*) articolato(a) ♦ *vi* [ɑːˈtɪkjʊleɪt] articolare.
articulated lorry *n* (*BRIT*) autotreno.
artifact [ˈɑːtɪfækt] *n* (*US*) = **artefact**.
artifice [ˈɑːtɪfɪs] *n* (*cunning*) abilità, destrezza; (*trick*) artificio.
artificial [ɑːtɪˈfɪʃəl] *adj* artificiale.
artificial insemination [-ɪnsɛmɪˈneɪʃən] *n* fecondazione *f* artificiale.
artificial intelligence (AI) *n* intelligenza artificiale (IA).
artificial respiration *n* respirazione *f* artificiale.
artillery [ɑːˈtɪlərɪ] *n* artiglieria.
artisan [ˈɑːtɪzæn] *n* artigiano/a.
artist [ˈɑːtɪst] *n* artista *m/f*.
artistic [ɑːˈtɪstɪk] *adj* artistico(a).
artistry [ˈɑːtɪstrɪ] *n* arte *f*.
artless [ˈɑːtlɪs] *adj* semplice, ingenuo(a).
arts [ɑːts] *npl* (*SCOL*) lettere *fpl*.
art school *n* scuola d'arte.
artwork [ˈɑːtwɜːk] *n* materiale *m* illustrativo.
ARV *n abbr* (= *American Revised Version*) *traduzione della Bibbia*.
AS *n abbr* (*US SCOL*: = *Associate in/of Sciences*) *titolo di studio* ♦ *abbr* (*US*) = *American Samoa*.

═══════════ *KEYWORD*

as [æz] *conj* **1** (*referring to time*) mentre; **~ the years went by** col passare degli anni; **he came in ~ I was leaving** arrivò mentre stavo uscendo; **~ from tomorrow** da domani
2 (*in comparisons*): **~ big ~** grande come; **twice ~ big ~** due volte più grande di; **~ much/many ~** tanto quanto/tanti quanti; **~ soon ~ possible** prima possibile
3 (*since, because*) dal momento che, siccome
4 (*referring to manner, way*) come; **big ~ it is** grande com'è; **much ~ I like them, ...** per quanto mi siano simpatici, ...; **do ~ you wish** fa' come vuoi; **~ she said** come ha detto lei
5 (*concerning*): **~ for** *or* **to that** per quanto riguarda *or* quanto a quello
6: **~ if** *or* **though** come se; **he looked ~ if he was ill** sembrava stare male; *see also* **long; such; well**
♦ *prep*: **he works ~ a driver** fa l'autista; **~ chairman of the company, he ...** come

presidente della compagnia, lui ...; **he gave me it ~ a present** me lo ha regalato.

ASA *n abbr* (= *American Standards Association*) *associazione per la normalizzazione*.
a.s.a.p. *abbr* (= *as soon as possible*) prima possibile.
asbestos [æzˈbɛstəs] *n* asbesto, amianto.
ascend [əˈsɛnd] *vt* salire.
ascendancy [əˈsɛndənsɪ] *n* ascendente *m*.
ascendant [əˈsɛndənt] *n*: **to be in the ~** essere in auge.
ascension [əˈsɛnʃən] *n*: **the A~** (*REL*) l'Ascensione *f*.
Ascension Island *n* isola dell'Ascensione.
ascent [əˈsɛnt] *n* salita.
ascertain [æsəˈteɪn] *vt* accertare.
ascetic [əˈsɛtɪk] *adj* ascetico(a).
asceticism [əˈsɛtɪsɪzəm] *n* ascetismo.
ASCII [ˈæskiː] *n abbr* (= *American Standard Code for Information Interchange*) ASCII *m*.
ascribe [əˈskraɪb] *vt*: **to ~ sth to** attribuire qc a.
ASCU *n abbr* (*US*) = *Association of State Colleges and Universities*.
ASE *n abbr* = *American Stock Exchange*.
ASH [æʃ] *n abbr* (*BRIT*: = *Action on Smoking and Health*) *iniziativa contro il fumo*.
ash [æʃ] *n* (*dust*) cenere *f*; **~ (tree)** frassino.
ashamed [əˈʃeɪmd] *adj* vergognoso(a); **to be ~ of** vergognarsi di; **to be ~ (of o.s.) for having done** vergognarsi di aver fatto.
ashen [ˈæʃən] *adj* (*pale*) livido(a).
ashore [əˈʃɔː*] *adv* a terra; **to go ~** sbarcare.
ashtray [ˈæʃtreɪ] *n* portacenere *m*.
Ash Wednesday *n* Mercoledì *m inv* delle Ceneri.
Asia Minor *n* Asia minore.
Asian [ˈeɪʃən] *adj*, *n* asiatico(a).
Asiatic [eɪsɪˈætɪk] *adj* asiatico(a).
aside [əˈsaɪd] *adv* da parte ♦ *n* a parte *m*; **to take sb ~** prendere qn da parte; **~ from** (*as well as*) oltre a; (*except for*) a parte.
ask [ɑːsk] *vt* (*request*) chiedere; (*question*) domandare; (*invite*) invitare; **to ~ about sth** informarsi su *or* di qc; **to ~ sb sth/sb to do sth** chiedere qc a qn/a qn di fare qc; **to ~ sb about sth** chiedere a qn di qc; **to ~ (sb) a question** fare una domanda (a qn); **to ~ sb the time** chiedere l'ora a qn; **to ~ sb out to dinner** invitare qn a mangiare fuori; **you should ~ at the information desk** dovreste rivolgervi all'ufficio informazioni.
▶**ask after** *vt fus* chiedere di.

▶**ask for** *vt fus* chiedere; **it's just** ~**ing for trouble** *or* **for it** è proprio (come) andarsele a cercare.

askance [ə'skɑːns] *adv*: **to look** ~ **at sb** guardare qn di traverso.

askew [ə'skjuː] *adv* di traverso, storto.

asking price ['ɑːskɪŋ-] *n* prezzo di partenza.

asleep [ə'sliːp] *adj* addormentato(a); **to be** ~ dormire; **to fall** ~ addormentarsi.

ASLEF ['æzlɛf] *n abbr* (*BRIT*: = *Associated Society of Locomotive Engineers and Firemen*) sindacato dei conducenti dei treni e dei macchinisti.

asp [æsp] *n* cobra *m inv* egiziano.

asparagus [əs'pærəgəs] *n* asparagi *mpl*.

asparagus tips *npl* punte *fpl* d'asparagi.

ASPCA *n abbr* (= *American Society for the Prevention of Cruelty to Animals*) ≈ E.N.P.A. *m* (*Ente Nazionale per la Protezione degli Animali*).

aspect ['æspɛkt] *n* aspetto.

aspersions [əs'pəːʃənz] *npl*: **to cast** ~ **on** diffamare.

asphalt ['æsfælt] *n* asfalto.

asphyxiate [æs'fɪksɪeɪt] *vt* asfissiare.

asphyxiation [æsfɪksɪ'eɪʃən] *n* asfissia.

aspiration [æspə'reɪʃən] *n* aspirazione *f*.

aspire [əs'paɪə*] *vi*: **to** ~ **to** aspirare a.

aspirin ['æsprɪn] *n* aspirina.

aspiring [əs'paɪərɪŋ] *adj* aspirante.

ass [æs] *n* asino; (*US col!*) culo(*!*).

assail [ə'seɪl] *vt* assalire.

assailant [ə'seɪlənt] *n* assalitore *m*.

assassin [ə'sæsɪn] *n* assassino.

assassinate [ə'sæsɪneɪt] *vt* assassinare.

assassination [əsæsɪ'neɪʃən] *n* assassinio.

assault [ə'sɔːlt] *n* (*MIL*) assalto; (*gen*: *attack*) aggressione *f*; (*LAW*): ~ **(and battery)** minacce e vie di fatto *fpl* ♦ *vt* assaltare; aggredire; (*sexually*) violentare.

assemble [ə'sɛmbl] *vt* riunire; (*TECH*) montare ♦ *vi* riunirsi.

assembly [ə'sɛmblɪ] *n* (*meeting*) assemblea; (*construction*) montaggio.

assembly language *n* (*COMPUT*) linguaggio assemblativo.

assembly line *n* catena di montaggio.

assent [ə'sɛnt] *n* assenso, consenso ♦ *vi* assentire; **to** ~ **(to sth)** approvare (qc).

assert [ə'səːt] *vt* asserire; (*insist on*) far valere; **to** ~ **o.s.** farsi valere.

assertion [ə'səːʃən] *n* asserzione *f*.

assertive [ə'səːtɪv] *adj* che sa imporsi.

assess [ə'sɛs] *vt* valutare.

assessment [ə'sɛsmənt] *n* valutazione *f*; (*judgment*): ~ **(of)** giudizio (su).

assessor [ə'sɛsə*] *n* perito; funzionario del fisco.

asset ['æsɛt] *n* vantaggio; (*person*) elemento prezioso; ~**s** *npl* (*COMM*) beni *mpl*; disponibilità *fpl*; attivo.

asset-stripping ['æsɛt'strɪpɪŋ] *n* (*COMM*) acquisto di una società in fallimento con lo scopo di rivenderne le attività.

assiduous [ə'sɪdjuəs] *adj* assiduo(a).

assign [ə'saɪn] *vt*: **to** ~ **(to)** (*task*) assegnare (a); (*resources*) riservare (a); (*cause, meaning*) attribuire (a); **to** ~ **a date to sth** fissare la data di qc.

assignment [ə'saɪnmənt] *n* compito.

assimilate [ə'sɪmɪleɪt] *vt* assimilare.

assimilation [əsɪmɪ'leɪʃən] *n* assimilazione *f*.

assist [ə'sɪst] *vt* assistere, aiutare.

assistance [ə'sɪstəns] *n* assistenza, aiuto.

assistant [ə'sɪstənt] *n* assistente *m/f*; (*BRIT*: *also*: **shop** ~) commesso/a.

assistant manager *n* vicedirettore *m*.

assizes [ə'saɪzɪz] *npl* assise *fpl*.

associate [ə'səuʃɪɪt] *adj* associato(a); (*member*) aggiunto(a) ♦ *n* collega *m/f*; (*in business*) socio/a ♦ *vb* [ə'səuʃɪeɪt] *vt* associare ♦ *vi*: **to** ~ **with sb** frequentare qn.

associated company [ə'səusɪ'eɪtɪd-] *n* società collegata.

associate director *n* amministratore *m* aggiunto.

association [əsəusɪ'eɪʃən] *n* associazione *f*; **in** ~ **with** in collaborazione con.

association football *n* (*BRIT*) (gioco del) calcio.

assorted [ə'sɔːtɪd] *adj* assortito(a); **in** ~ **sizes** in diverse taglie.

assortment [ə'sɔːtmənt] *n* assortimento.

Asst. *abbr* = **assistant**.

assuage [ə'sweɪdʒ] *vt* alleviare.

assume [ə'sjuːm] *vt* supporre; (*responsibilities etc*) assumere; (*attitude, name*) prendere.

assumed name *n* nome *m* falso.

assumption [ə'sʌmpʃən] *n* supposizione *f*, ipotesi *f inv*; **on the** ~ **that** ... partendo dal presupposto che ....

assurance [ə'ʃuərəns] *n* assicurazione *f*; (*self-confidence*) fiducia in se stesso; **I can give you no** ~**s** non posso assicurarle *or* garantirle niente.

assure [ə'ʃuə*] *vt* assicurare.

assured [ə'ʃuəd] *adj* (*confident*) sicuro(a); (*certain*: *promotion etc*) assicurato(a).

AST *abbr* (*US*: = *Atlantic Standard Time*) ora invernale di New York.

asterisk ['æstərɪsk] *n* asterisco.

astern [ə'stəːn] *adv* a poppa.

asteroid ['æstərɔɪd] n asteroide m.
asthma ['æsmə] n asma.
asthmatic [æs'mætɪk] adj, n asmatico(a).
astigmatism [ə'stɪgmətɪzəm] n astigmatismo.
astir [ə'stə:*] adv in piedi; (excited) in fermento.
astonish [ə'stɔnɪʃ] vt stupire.
astonishing [ə'stɔnɪʃɪŋ] adj sorprendente, stupefacente; **I find it ~ that** ... mi stupisce che ...
astonishingly [ə'stɔnɪʃɪŋlɪ] adv straordinariamente, incredibilmente.
astonishment [ə'stɔnɪʃmənt] n stupore m; **to my ~** con mia gran meraviglia, con mio grande stupore.
astound [ə'staund] vt sbalordire.
astray [ə'streɪ] adv: **to go ~** smarrirsi; (fig) traviarsi; **to go ~ in one's calculations** sbagliare i calcoli.
astride [ə'straɪd] adv a cavalcioni ♦ prep a cavalcioni di.
astringent [əs'trɪndʒənt] adj, n astringente (m).
astrologer [əs'trɔlədʒə*] n astrologo/a.
astrology [əs'trɔlədʒɪ] n astrologia.
astronaut ['æstrənɔ:t] n astronauta m/f.
astronomer [əs'trɔnəmə*] n astronomo/a.
astronomical [æstrə'nɔmɪkl] adj astronomico(a).
astronomy [əs'trɔnəmɪ] n astronomia.
astrophysics ['æstrəu'fɪzɪks] n astrofisica.
astute [əs'tju:t] adj astuto(a).
asunder [ə'sʌndə*] adv: **to tear ~** strappare.
ASV n abbr (= American Standard Version) traduzione della Bibbia.
asylum [ə'saɪləm] n asilo; (lunatic ~) manicomio; **to seek political ~** chiedere asilo politico.
asymmetric(al) [eɪsɪ'mɛtrɪk(əl)] adj asimmetrico(a).

================= KEYWORD

at [æt] prep **1** (referring to position, direction) a; **~ the top** in cima; **~ the desk** al banco, alla scrivania; **~ home/school** a casa/ scuola; **~ Paolo's** da Paolo; **~ the baker's** dal panettiere; **to look ~ sth** guardare qc; **to throw sth ~ sb** lanciare qc a qn
2 (referring to time) a; **~ 4 o'clock** alle 4; **~ night** di notte; **~ Christmas** a Natale; **~ times** a volte
3 (referring to rates, speed etc) a; **~ £1 a kilo** a 1 sterlina al chilo; **two ~ a time** due alla volta, due per volta; **~ 50 km/h** a 50 km/h; **~ full speed** a tutta velocità
4 (referring to manner): **~ a stroke** d'un

solo colpo; **~ peace** in pace
5 (referring to activity): **to be ~ work** essere al lavoro; **to play ~ cowboys** giocare ai cowboy; **to be good ~ sth/ doing sth** essere bravo in qc/a fare qc
6 (referring to cause): **shocked/surprised/ annoyed ~ sth** colpito da/sorpreso da/ arrabbiato per qc; **I went ~ his suggestion** ci sono andato dietro suo consiglio.

ate [eɪt] pt of **eat**.
atheism ['eɪθɪɪzəm] n ateismo.
atheist ['eɪθɪɪst] n ateo/a.
Athenian [ə'θi:nɪən] adj, n ateniese (m/f).
Athens ['æθɪnz] n Atene f.
athlete ['æθli:t] n atleta m/f.
athletic [æθ'lɛtɪk] adj atletico(a).
athletics [æθ'lɛtɪks] n atletica.
Atlantic [ət'læntɪk] adj atlantico(a) ♦ n: **the ~ (Ocean)** l'Atlantico, l'Oceano Atlantico.
atlas ['ætləs] n atlante m.
Atlas Mountains npl: **the ~** i Monti dell'Atlante.
A.T.M. abbr (= automated telling machine) cassa automatica prelievi, sportello automatico.
atmosphere ['ætməsfɪə*] n atmosfera; (air) aria.
atmospheric [ætməs'fɛrɪk] adj atmosferico(a).
atmospherics [ætməs'fɛrɪks] npl (RADIO) scariche fpl.
atoll ['ætɔl] n atollo.
atom ['ætəm] n atomo.
atomic [ə'tɔmɪk] adj atomico(a).
atom(ic) bomb n bomba atomica.
atomizer ['ætəmaɪzə*] n atomizzatore m.
atone [ə'təun] vi: **to ~ for** espiare.
atonement [ə'təunmənt] n espiazione f.
ATP n abbr = Association of Tennis Professionals.
atrocious [ə'trəuʃəs] adj atroce, pessimo(a).
atrocity [ə'trɔsɪtɪ] n atrocità f inv.
atrophy ['ætrəfɪ] n atrofia ♦ vi atrofizzarsi.
attach [ə'tætʃ] vt attaccare; (document, letter) allegare; (MIL: troops) assegnare; **to be ~ed to sb/sth** (to like) essere affezionato(a) a qn/qc; **the ~ed letter** la lettera acclusa or allegata.
attaché [ə'tæʃeɪ] n addetto.
attaché case n valigetta per documenti.
attachment [ə'tætʃmənt] n (tool) accessorio; (love): **~ (to)** affetto (per).
attack [ə'tæk] vt attaccare; (task etc) iniziare; (problem) affrontare ♦ n attacco; (also: heart ~) infarto.

attacker [ə'tækə*] *n* aggressore *m*, assalitore/trice.

attain [ə'teɪn] *vt* (*also*: **to ~ to**) arrivare a, raggiungere.

attainments [ə'teɪnmənts] *npl* cognizioni *fpl*.

attempt [ə'tempt] *n* tentativo ♦ *vt* tentare; **~ed murder** (*LAW*) tentato omicidio; **to make an ~ on sb's life** attentare alla vita di qn; **he made no ~ to help** non ha (neanche) tentato *or* cercato di aiutare.

attend [ə'tend] *vt* frequentare; (*meeting, talk*) andare a; (*patient*) assistere.

▶**attend to** *vt fus* (*needs, affairs etc*) prendersi cura di; (*customer*) occuparsi di.

attendance [ə'tendəns] *n* (*being present*) presenza; (*people present*) gente *f* presente.

attendant [ə'tendənt] *n* custode *m/f*; persona di servizio ♦ *adj* concomitante.

attention [ə'tenʃən] *n* attenzione *f*; **~s** premure *fpl*, attenzioni *fpl*; **~!** (*MIL*) attenti!; **at ~** (*MIL*) sull'attenti; **for the ~ of** (*ADMIN*) per l'attenzione di; **it has come to my ~ that** ... sono venuto a conoscenza (del fatto) che ....

attentive [ə'tentɪv] *adj* attento(a); (*kind*) premuroso(a).

attentively [ə'tentɪvlɪ] *adv* attentamente.

attenuate [ə'tenjueɪt] *vt* attenuare ♦ *vi* attenuarsi.

attest [ə'test] *vi*: **to ~ to** attestare.

attic ['ætɪk] *n* soffitta.

attire [ə'taɪə*] *n* abbigliamento.

attitude ['ætɪtjuːd] *n* (*behaviour*) atteggiamento; (*posture*) posa; (*view*): **~ (to)** punto di vista (nei confronti di).

attorney [ə'təːnɪ] *n* (*US: lawyer*) avvocato; (*having proxy*) mandatario; **power of ~** procura.

Attorney General *n* (*BRIT*) Procuratore *m* Generale; (*US*) Ministro della Giustizia.

attract [ə'trækt] *vt* attirare.

attraction [ə'trækʃən] *n* (*gen pl: pleasant things*) attrattiva; (*PHYSICS, fig: towards sth*) attrazione *f*.

attractive [ə'træktɪv] *adj* attraente; (*idea, offer, price*) allettante, interessante.

attribute *n* ['ætrɪbjuːt] attributo ♦ *vt* [ə'trɪbjuːt]: **to ~ sth to** attribuire qc a.

attrition [ə'trɪʃən] *n*: **war of ~** guerra di logoramento.

Atty. Gen. *abbr* = **Attorney General**.

atypical [eɪ'tɪpɪkl] *adj* atipico(a).

aubergine ['əubəʒiːn] *n* melanzana.

auburn ['ɔːbən] *adj* tizianesco(a).

auction ['ɔːkʃən] *n* (*also*: **sale by ~**) asta ♦ *vt*

(*also*: **to sell by ~**) vendere all'asta; (*also*: **to put up for ~**) mettere all'asta.

auctioneer [ɔːkʃə'nɪə*] *n* banditore *m*.

auction room *n* sala dell'asta.

audacious [ɔː'deɪʃəs] *adj* (*bold*) audace; (*impudent*) sfrontato(a).

audacity [ɔː'dæsɪtɪ] *n* audacia.

audible ['ɔːdɪbl] *adj* udibile.

audience ['ɔːdɪəns] *n* (*people*) pubblico; spettatori *mpl*; ascoltatori *mpl*; (*interview*) udienza.

audio-typist ['ɔːdɪəu'taɪpɪst] *n* dattilografo/a che trascrive da nastro.

audiovisual [ɔːdɪəu'vɪzjuəl] *adj* audiovisivo(a); **~ aids** sussidi *mpl* audiovisivi.

audit ['ɔːdɪt] *n* revisione *f*, verifica ♦ *vt* rivedere, verificare.

audition [ɔː'dɪʃən] *n* (*THEAT*) audizione *f*; (*CINE*) provino ♦ *vi* fare un'audizione (*or* un provino).

auditor ['ɔːdɪtə*] *n* revisore *m*.

auditorium [ɔːdɪ'tɔːrɪəm] *n* sala, auditorio.

Aug. *abbr* (= *August*) ago., ag.

augment [ɔːg'ment] *vt, vi* aumentare.

augur ['ɔːgə*] *vt* (*be a sign of*) predire ♦ *vi*: **it ~s well** promette bene.

August ['ɔːgəst] *n* agosto; *for phrases see also* **July**.

august [ɔː'gʌst] *adj* augusto(a).

aunt [ɑːnt] *n* zia.

auntie, aunty ['ɑːntɪ] *n* zietta.

au pair ['əu'pɛə*] *n* (*also*: **~ girl**) (ragazza *f*) alla pari *inv*.

aura ['ɔːrə] *n* aura.

auspices ['ɔːspɪsɪz] *npl*: **under the ~ of** sotto gli auspici di.

auspicious [ɔːs'pɪʃəs] *adj* propizio(a).

austere [ɔs'tɪə*] *adj* austero(a).

austerity [ɔs'terɪtɪ] *n* austerità *f inv*.

Australasia [ɔstrə'leɪzɪə] *n* Australasia.

Australia [ɔs'treɪlɪə] *n* Australia.

Australian [ɔs'treɪlɪən] *adj, n* australiano(a).

Austria ['ɔstrɪə] *n* Austria.

Austrian ['ɔstrɪən] *adj, n* austriaco(a).

AUT *n abbr* (*BRIT*: = *Association of University Teachers*) *associazione dei docenti universitari*.

authentic [ɔː'θentɪk] *adj* autentico(a).

authenticate [ɔː'θentɪkeɪt] *vt* autenticare.

authenticity [ɔːθen'tɪsɪtɪ] *n* autenticità.

author ['ɔːθə*] *n* autore/trice.

authoritarian [ɔːθɔrɪ'tɛərɪən] *adj* autoritario(a).

authoritative [ɔː'θɔrɪtətɪv] *adj* (*account etc*) autorevole; (*manner*) autoritario(a).

authority [ɔː'θɔrɪtɪ] *n* autorità *f inv*; (*permission*) autorizzazione *f*; **the**

authorities *npl* le autorità; **to have ~ to do sth** avere l'autorizzazione a fare *or* il diritto di fare qc.

authorization [ɔ:θəraɪ'zeɪʃən] *n* autorizzazione *f*.

authorize ['ɔ:θəraɪz] *vt* autorizzare.

authorized capital *n* capitale *m* nominale.

authorship ['ɔ:θəʃɪp] *n* paternità (*letteraria etc*).

autistic [ɔ:'tɪstɪk] *adj* autistico(a).

auto ['ɔ:təu] *n* (*US*) auto *f inv*.

autobiography [ɔ:təbaɪ'ɔgrəfɪ] *n* autobiografia.

autocratic [ɔ:tə'krætɪk] *adj* autocratico(a).

Autocue ® ['ɔ:təukju:] *n* (*BRIT*) gobbo (*TV*).

autograph ['ɔ:təgrɑ:f] *n* autografo ♦ *vt* firmare.

autoimmune [ɔ:təuɪ'mju:n] *adj* autoimmune.

automat ['ɔ:təmæt] *n* (*US*) *tavola calda fornita esclusivamente di distributori automatici*.

automated ['ɔ:təmeɪtɪd] *adj* automatizzato(a).

automatic [ɔ:tə'mætɪk] *adj* automatico(a) ♦ *n* (*gun*) arma automatica; (*car*) automobile *f* con cambio automatico; (*washing machine*) lavatrice *f* automatica.

automatically [ɔ:tə'mætɪklɪ] *adv* automaticamente.

automatic data processing (ADP) *n* elaborazione *f* automatica dei dati (EAD).

automation [ɔ:tə'meɪʃən] *n* automazione *f*.

automaton, *pl* **automata** [ɔ:'tɔmətən, -tə] *n* automa *m*.

automobile ['ɔ:təməbi:l] *n* (*US*) automobile *f*.

autonomous [ɔ:'tɔnəməs] *adj* autonomo(a).

autopsy ['ɔ:tɔpsɪ] *n* autopsia.

autumn ['ɔ:təm] *n* autunno.

auxiliary [ɔ:g'zɪlɪərɪ] *adj* ausiliario(a) ♦ *n* ausiliare *m/f*.

AV *n abbr* (= *Authorized Version*) *traduzione inglese della Bibbia* ♦ *abbr* = **audiovisual.**

Av. *abbr* = **avenue.**

avail [ə'veɪl] *vt*: **to ~ o.s. of** servirsi di; approfittarsi di ♦ *n*: **to no ~** inutilmente.

availability [əveɪlə'bɪlɪtɪ] *n* disponibilità.

available [ə'veɪləbl] *adj* disponibile; **every ~ means** tutti i mezzi disponibili; **to make sth ~ to sb** mettere qc a disposizione di qn; **is the manager ~?** è libero il direttore?

avalanche ['ævəlɑ:nʃ] *n* valanga.

avant-garde ['ævɑ̃ŋ'gɑ:d] *adj* d'avanguardia.

avarice ['ævərɪs] *n* avarizia.

avaricious [ævə'rɪʃəs] *adj* avaro(a).

avdp. *abbr* (= *avoirdupois*) *sistema ponderale anglosassone basato su libbra, oncia e multipli*.

Ave. *abbr* = **avenue.**

avenge [ə'vɛndʒ] *vt* vendicare.

avenue ['ævənju:] *n* viale *m*.

average ['ævərɪdʒ] *n* media ♦ *adj* medio(a) ♦ *vt* (*also*: ~ **out at**) aggirarsi in media su; essere in media di; **on ~** in media; **above/below (the) ~** sopra/sotto la media.

averse [ə'və:s] *adj*: **to be ~ to sth/doing** essere contrario(a) a qc/a fare; **I wouldn't be ~ to a drink** non avrei nulla in contrario a bere qualcosa.

aversion [ə'və:ʃən] *n* avversione *f*.

avert [ə'və:t] *vt* evitare, prevenire; (*one's eyes*) distogliere.

aviary ['eɪvɪərɪ] *n* voliera, uccelliera.

aviation [eɪvɪ'eɪʃən] *n* aviazione *f*.

avid ['ævɪd] *adj* avido(a).

avidly ['ævɪdlɪ] *adv* avidamente.

avocado [ævə'kɑ:dəu] *n* (*also*: *BRIT*: ~ **pear**) avocado *m inv*.

avoid [ə'vɔɪd] *vt* evitare.

avoidable [ə'vɔɪdəbl] *adj* evitabile.

avoidance [ə'vɔɪdəns] *n* l'evitare *m*.

avowed [ə'vaud] *adj* dichiarato(a).

AVP *n abbr* (*US*) = *assistant vice-president*.

AWACS ['eɪwæks] *n abbr* (= *airborne warning and control system*) *sistema di allarme e controllo in volo*.

await [ə'weɪt] *vt* aspettare; **~ing attention** (*COMM: letter*) in attesa di risposta; (*: order*) in attesa di essere evaso; **long ~ed** tanto atteso(a).

awake [ə'weɪk] *adj* sveglio(a) ♦ *vb* (*pt* **awoke** [ə'wəuk], *pp* **awoken** [ə'wəukən] *or* **awaked**) *vt* svegliare ♦ *vi* svegliarsi; **~ to** consapevole di.

awakening [ə'weɪknɪŋ] *n* risveglio.

award [ə'wɔ:d] *n* premio; (*LAW*) decreto ♦ *vt* assegnare; (*LAW: damages*) decretare.

aware [ə'wɛə*] *adj*: **~ of** (*conscious*) conscio(a) di; (*informed*) informato(a) di; **to become ~ of** accorgersi di; **politically/ socially ~** politicamente/socialmente preparato; **I am fully ~ that** ... mi rendo perfettamente conto che ....

awareness [ə'wɛənɪs] *n* consapevolezza; coscienza; **to develop people's ~ (of)** sensibilizzare la gente (a).

awash [ə'wɔʃ] *adj*: ~ **(with)** inondato(a) (da).

away [ə'weɪ] *adj, adv* via; lontano(a); **two kilometres ~** a due chilometri di distanza; **two hours ~ by car** a due ore di

distanza in macchina; **the holiday was
two weeks** ~ mancavano due settimane
alle vacanze; ~ **from** lontano da; **he's** ~
for a week è andato via per una
settimana; **he's** ~ **in Milan** è (andato) a
Milano; **to take** ~ *vt* portare via; **he was
working/pedalling** *etc* ~ *la particella indica
la continuità e l'energia dell'azione:* lavorava/
pedalava *etc* più che poteva; **to fade/
wither** *etc* ~ *la particella rinforza l'idea della
diminuzione.*

away game *n* (*SPORT*) partita fuori casa.

awe [ɔ:] *n* timore *m*.

awe-inspiring ['ɔ:ɪnspaɪərɪŋ], **awesome**
['ɔ:səm] *adj* imponente.

awestruck ['ɔ:strʌk] *adj* sgomento(a).

awful ['ɔ:fəl] *adj* terribile; **an** ~ **lot of**
(*people, cars, dogs*) un numero incredibile
di; (*jam, flowers*) una quantità incredibile
di.

awfully ['ɔ:flɪ] *adv* (*very*) terribilmente.

awhile [ə'waɪl] *adv* (per) un po'.

awkward ['ɔ:kwəd] *adj* (*clumsy*) goffo(a);
(*inconvenient*) scomodo(a); (*embarrassing*)
imbarazzante; (*difficult*) delicato(a),
difficile.

awkwardness ['ɔ:kwədnɪs] *n* goffaggine *f;*
scomodità; imbarazzo; delicatezza,
difficoltà.

awl ['ɔ:l] *n* punteruolo.

awning ['ɔ:nɪŋ] *n* (*of tent*) veranda; (*of shop,
hotel etc*) tenda.

awoke [ə'wəuk] *pt of* **awake.**

awoken [ə'wəukən] *pp of* **awake.**

AWOL ['eɪwɔl] *abbr* (*MIL etc*) *see* **absent
without leave.**

awry [ə'raɪ] *adv* di traverso ♦ *adj* storto(a);
to go ~ andare a monte.

axe, (*US*) **ax** [æks] *n* scure *f* ♦ *vt* (*project etc*)
abolire; (*jobs*) sopprimere; **to have an** ~
to grind (*fig*) fare i propri interessi *or* il
proprio tornaconto.

axiom ['æksɪəm] *n* assioma *m.*

axiomatic [æksɪəu'mætɪk] *adj*
assiomatico(a).

axis, *pl* **axes** ['æksɪs, -si:z] *n* asse *m.*

axle ['æksl] *n* (*also:* ~-**tree**) asse *m.*

ay(e) [aɪ] *excl* (*yes*) sì.

AYH *n abbr* = *American Youth Hostels.*

AZ *abbr* (*US*) = *Arizona.*

azalea [ə'zeɪlɪə] *n* azalea.

Azerbaijan [æzəbaɪ'dʒɑ:n] *n* Azerbaigian *m.*

Azerbaijani [æzəbaɪ'dʒɑ:nɪ], **Azeri** [ə'zɛərɪ]
adj, n azerbaigiano(a), azero(a).

Azores [ə'zɔ:z] *npl:* **the** ~ le Azzorre.

AZT *n abbr* (= *azidothymidine*) AZT *m.*

Aztec ['æztɛk] *adj, n* azteco(a).

azure ['eɪʒə*] *adj* azzurro(a).

$$Bb$$

B, b [bi:] *n* (*letter*) B, b *f or m inv;* (*SCOL: mark*)
≈ 8 (*buono*); (*MUS*): **B** si *m;* **B for
Benjamin,** (*US*) **B for Baker** ≈ B come
Bologna; **B road** *n* (*BRIT AUT*) ≈ strada
secondaria.

b. *abbr* = **born.**

BA *n abbr* = *British Academy;* (*SCOL*) *see*
Bachelor of Arts.

babble ['bæbl] *vi* cianciare; mormorare ♦ *n*
ciance *fpl;* mormorio.

babe [beɪb] *n* (*col*): **she's a real** ~ è uno
schianto di ragazza.

baboon [bə'bu:n] *n* babbuino.

baby ['beɪbɪ] *n* bambino/a.

baby carriage *n* (*US*) carrozzina.

baby grand *n* (*also:* ~ **piano**) pianoforte *m*
a mezza coda.

babyhood ['beɪbɪhud] *n* prima infanzia.

babyish ['beɪbɪɪʃ] *adj* infantile.

baby-minder ['beɪbɪ'maɪndə*] *n* (*BRIT*)
bambinaia (*che tiene i bambini mentre la
madre lavora*).

baby-sit ['beɪbɪsɪt] *vi* fare il (*or* la)
babysitter.

baby-sitter ['beɪbɪsɪtə*] *n* baby-sitter *m/f
inv.*

bachelor ['bætʃələ*] *n* scapolo; **B~ of Arts/
Science (BA/BSc)** ≈ laureato/a in lettere/
scienze; **B~ of Arts/Science degree (BA/
BSc)** *n* ≈ laurea in lettere/scienze.

Il **Bachelor's Degree** *è il riconoscimento che
viene conferito a chi ha completato un corso
di laurea di tre o quattro anni all'università.
I Bachelor's degree più importanti sono il
BA (Bachelor of Arts), il BSc (Bachelor of
Science), il BEd (Bachelor of Education), e
il LLB (Bachelor of Laws); vedi anche*
Master's degree, doctorate.

bachelorhood ['bætʃələhud] *n* celibato.

bachelor party *n* (*US*) festa di addio al
celibato.

back [bæk] *n* (*of person, horse*) dorso,
schiena; (*of hand*) dorso; (*of house, car*)
didietro; (*of train*) coda; (*of chair*)
schienale *m;* (*of page*) rovescio;
(*FOOTBALL*) difensore *m;* ~ **to front**

all'incontrario; **to break the** ~ **of a job**
(BRIT) fare il grosso or il peggio di un
lavoro; **to have one's** ~ **to the wall** (fig)
essere or trovarsi con le spalle al muro
♦ vt (financially) finanziare; (candidate: also:
~ **up**) appoggiare; (horse: at races)
puntare su; (car) guidare a marcia
indietro ♦ vi indietreggiare; (car etc) fare
marcia indietro ♦ adj (in compounds)
posteriore, di dietro; arretrato(a); ~
seats/wheels (AUT) sedili mpl/ruote fpl
posteriori; ~ **payments/rent** arretrati
mpl; ~ **garden/room** giardino/stanza sul
retro (della casa); **to take a** ~ **seat** (fig)
restare in secondo piano ♦ adv (not
forward) indietro; (returned): **he's** ~ è
tornato; **when will you be** ~**?** quando
torni?; **he ran** ~ tornò indietro di corsa;
(restitution): **throw the ball** ~ ritira la
palla; **can I have it** ~**?** posso riaverlo?;
(again): **he called** ~ ha richiamato.
▶**back down** vi (fig) fare marcia indietro.
▶**back on to** vt fus: **the house** ~**s on to the
golf course** il retro della casa dà sul
campo da golf.
▶**back out** vi (of promise) tirarsi indietro.
▶**back up** vt (support) appoggiare,
sostenere; (COMPUT) fare una copia di
riserva di.
backache ['bækeɪk] n mal m di schiena.
back benches npl posti in Parlamento
occupati dai backbencher.

Nella **House of Commons**, una delle camere
del Parlamento britannico, sono chiamati
back benches gli scanni dove siedono i
backbencher, parlamentari che non hanno
incarichi né al governo né all'opposizione.
Nelle file davanti ad essi siedono i
frontbencher; vedi anche **front bench**.

backbencher ['bæk'bɛntʃə*] n (BRIT)
parlamentare che non ha incarichi né al
governo né all'opposizione.
backbiting ['bækbaɪtɪŋ] n maldicenza.
backbone ['bækbəʊn] n spina dorsale; **the
~ of the organization** l'anima
dell'organizzazione.
backchat ['bæktʃæt] n (BRIT col)
impertinenza.
backcloth ['bækklɔθ] n (BRIT) scena di
sfondo.
backcomb ['bækkəʊm] vt (BRIT) cotonare.
backdate [bæk'deɪt] vt (letter) retrodatare;
~**d pay rise** aumento retroattivo.
backdrop ['bækdrɔp] n = **backcloth**.
backer ['bækə*] n sostenitore/trice; (COMM)
fautore m.

backfire ['bæk'faɪə*] vi (AUT) dar ritorni di
fiamma; (plans) fallire.
backgammon ['bækgæmən] n tavola reale.
background ['bækgraʊnd] n sfondo; (of
events, COMPUT) background m inv; (basic
knowledge) base f; (experience) esperienza
♦ cpd (noise, music) di fondo; ~ **reading**
letture fpl sull'argomento; **family** ~
ambiente m familiare.
backhand ['bækhænd] n (TENNIS: also: ~
stroke) rovescio.
backhanded [bæk'hændɪd] adj (fig)
ambiguo(a).
backhander ['bækhændə*] n (BRIT: bribe)
bustarella.
backing [bækɪŋ] n (COMM) finanziamento;
(MUS) accompagnamento; (fig) appoggio.
backlash ['bæklæʃ] n contraccolpo,
ripercussione f.
backlog ['bæklɔg] n: ~ **of work** lavoro
arretrato.
back number n (of magazine etc) numero
arretrato.
backpack ['bækpæk] n zaino.
backpacker ['bækpækə*] n chi viaggia con
zaino e sacco a pelo.
back pay n arretrato di paga.
backpedal ['bækpɛdl] vi pedalare
all'indietro; (fig) far marcia indietro.
backseat driver ['bæksiːt-] n passeggero
che dà consigli non richiesti al guidatore.
backside [bæk'saɪd] n (col) sedere m.
backslash ['bækslæʃ] n backslash m inv,
barra obliqua inversa.
backslide ['bækslaɪd] vi ricadere.
backspace ['bækspeɪs] vi (in typing) battere
il tasto di ritorno.
backstage [bæk'steɪdʒ] adv nel retroscena.
back street n vicolo.
back-street ['bækstriːt] adj: ~ **abortionist**
praticante m/f di aborti clandestini.
backstroke ['bækstrəʊk] n nuoto sul dorso.
backtrack ['bæktræk] vi = **backpedal**.
backup ['bækʌp] adj (train, plane)
supplementare; (COMPUT) di riserva ♦ n
(support) appoggio, sostegno; (COMPUT:
also: ~ **file**) file m inv di riserva.
backward ['bækwəd] adj (movement)
indietro inv; (person) tardivo(a); (country)
arretrato(a); ~ **and forward movement**
movimento avanti e indietro.
backwards ['bækwədz] adv indietro; (fall,
walk) all'indietro; **to know sth** ~ or (US) ~
and forwards (col) sapere qc a menadito.
backwater ['bækwɔːtə*] n (fig) posto
morto.
back yard n cortile m sul retro.
bacon ['beɪkən] n pancetta.

bacteria [bæk'tɪərɪə] *npl* batteri *mpl*.
bacteriology [bæktɪərɪ'ɔlədʒɪ] *n* batteriologia.
bad [bæd] *adj* cattivo(a); (*child*) cattivello(a); (*meat, food*) andato(a) a male; **his** ~ **leg** la sua gamba malata; **to go** ~ (*meat, food*) andare a male; **to have a** ~ **time of it** passarsela male; **I feel** ~ **about it** (*guilty*) mi sento un po' in colpa; ~ **debt** credito difficile da recuperare; ~ **faith** malafede *f*.
baddie, baddy ['bædɪ] *n* (*col*: *CINE etc*) cattivo/a.
bade [bæd] *pt of* bid.
badge [bædʒ] *n* insegna; (*of policeman*) stemma *m*; (*stick-on*) adesivo.
badger ['bædʒə*] *n* tasso ♦ *vt* tormentare.
badly ['bædlɪ] *adv* (*work, dress etc*) male; **things are going** ~ le cose vanno male; ~ **wounded** gravemente ferito; **he needs it** ~ ne ha gran bisogno; ~ **off** *adj* povero(a).
bad-mannered [bæd'mænəd] *adj* maleducato(a), sgarbato(a).
badminton ['bædmɪntən] *n* badminton *m*.
bad-tempered [bæd'tɛmpəd] *adj* irritabile; (*in bad mood*) di malumore.
baffle ['bæfl] *vt* (*puzzle*) confondere.
baffling ['bæflɪŋ] *adj* sconcertante.
bag [bæg] *n* sacco; (*handbag etc*) borsa; (*of hunter*) carniere *m*; bottino ♦ *vt* (*col*: *take*) mettersi in tasca; prendersi; ~**s of** (*col*: *lots of*) un sacco di; **to pack one's** ~**s** fare le valigie; ~**s under the eyes** borse sotto gli occhi.
bagful ['bægful] *n* sacco (pieno).
baggage ['bægɪdʒ] *n* bagagli *mpl*.
baggage car *n* (*US*) bagagliaio.
baggage claim *n* ritiro bagagli.
baggy ['bægɪ] *adj* largo(a), sformato(a).
Baghdad [bæg'dæd] *n* Bagdad *f*.
bag lady *n* (*col*) stracciona, barbona.
bagpipes ['bægpaɪps] *npl* cornamusa.
bag-snatcher ['bægsnætʃə*] *n* (*BRIT*) scippatore/trice.
bag-snatching ['bægsnætʃɪŋ] *n* (*BRIT*) scippo.
Bahamas [bə'hɑːməz] *npl*: **the** ~ le isole Bahama.
Bahrain [bɑː'reɪn] *n* Bahrein *m*.
bail [beɪl] *n* cauzione *f* ♦ *vt* (*prisoner*: *gen*: **to grant** ~ **to**) concedere la libertà provvisoria su cauzione a; (*NAUT*: *also*: ~ **out**) *see* bale out; **to be released on** ~ essere rilasciato(a) su cauzione.
▶**bail out** *vt* (*prisoner*) ottenere la libertà provvisoria su cauzione di; (*fig*) tirare fuori dai guai ♦ *vi see* bale out.
bailiff ['beɪlɪf] *n* usciere *m*; fattore *m*.

bait [beɪt] *n* esca ♦ *vt* (*hook*) innescare; (*trap*) munire di esca; (*fig*) tormentare.
bake [beɪk] *vt* cuocere al forno ♦ *vi* cuocersi al forno.
baked beans *npl* fagioli *mpl* all'uccelletto.
baker ['beɪkə*] *n* fornaio/a, panettiere/a.
bakery ['beɪkərɪ] *n* panetteria.
baking ['beɪkɪŋ] *n* cottura (al forno).
baking powder *n* lievito in polvere.
baking tin *n* stampo, tortiera.
baking tray *n* teglia.
balaclava [bælə'klɑːvə] *n* (*also*: ~ **helmet**) passamontagna *m inv*.
balance ['bæləns] *n* equilibrio; (*COMM*: *sum*) bilancio; (*scales*) bilancia ♦ *vt* tenere in equilibrio; (*pros and cons*) soppesare; (*budget*) far quadrare; (*account*) pareggiare; (*compensate*) contrappesare; ~ **of trade/payments** bilancia commerciale/dei pagamenti; ~ **brought forward** saldo riportato; ~ **carried forward** saldo da riportare; **to** ~ **the books** fare il bilancio.
balanced ['bælənst] *adj* (*personality, diet*) equilibrato(a).
balance sheet *n* bilancio.
balcony ['bælkənɪ] *n* balcone *m*.
bald [bɔːld] *adj* calvo(a).
baldness ['bɔːldnɪs] *n* calvizie *f*.
bale [beɪl] *n* balla.
▶**bale out** *vt* (*NAUT*: *water*) vuotare; (: *boat*) aggottare ♦ *vi* (*of a plane*) gettarsi col paracadute.
Balearic [bælɪ'ærɪk] *adj*: **the** ~ **Islands** le (isole) Baleari.
baleful ['beɪlful] *adj* funesto(a).
balk [bɔːlk] *vi*: **to** ~ (**at**) tirarsi indietro (davanti a); (*horse*) recalcitrare (davanti a).
Balkan ['bɔːlkən] *adj* balcanico(a) ♦ *n*: **the** ~**s** i Balcani.
ball [bɔːl] *n* palla; (*football*) pallone *m*; (*for golf*) pallina; (*dance*) ballo; **to play** ~ (**with sb**) giocare a palla (con qn); (*fig*) stare al gioco (di qn); **to be on the** ~ (*fig*: *competent*) essere in gamba; (: *alert*) stare all'erta; **to start the** ~ **rolling** (*fig*) fare la prima mossa; **the** ~ **is in your court** (*fig*) a lei la prossima mossa; *see also* **balls**.
ballad ['bæləd] *n* ballata.
ballast ['bæləst] *n* zavorra.
ball bearing *n* cuscinetto a sfere.
ball cock *n* galleggiante *m*.
ballerina [bælə'riːnə] *n* ballerina.
ballet ['bæleɪ] *n* balletto.
ballet dancer *n* ballerino/a.
ballistic [bə'lɪstɪk] *adj* balistico(a).
ballistics [bə'lɪstɪks] *n* balistica.

balloon – banter

balloon [bə'luːn] *n* pallone *m*; (*in comic strip*) fumetto ♦ *vi* gonfiarsi.
balloonist [bə'luːnɪst] *n* aeronauta *m/f*.
ballot ['bælət] *n* scrutinio.
ballot box *n* urna (per le schede).
ballot paper *n* scheda.
ballpark ['bɔːlpɑːk] *n* (*US*) stadio di baseball.
ballpark figure *n* (*col*) cifra approssimativa.
ball-point pen ['bɔːlpɔɪnt-] *n* penna a sfera.
ballroom ['bɔːlrum] *n* sala da ballo.
balls [bɔːlz] *npl* (*col!*) coglioni *mpl* (*!*).
balm [bɑːm] *n* balsamo.
balmy ['bɑːmɪ] *adj* (*breeze, air*) balsamico(a); (*BRIT col*) = **barmy**.
BALPA ['bælpə] *n abbr* (= *British Airline Pilots' Association*) *sindacato dei piloti.*
balsam ['bɔːlsəm] *n* balsamo.
balsa (wood) ['bɔːlsə-] *n* (legno di) balsa.
Baltic ['bɔːltɪk] *adj, n:* **the ~ (Sea)** il (mar) Baltico.
balustrade [bæləs'treɪd] *n* balaustrata.
bamboo [bæm'buː] *n* bambù *m*.
bamboozle [bæm'buːzl] *vt* (*col*) infinocchiare.
ban [bæn] *n* interdizione *f* ♦ *vt* interdire; **he was ~ned from driving** (*BRIT*) gli hanno ritirato la patente.
banal [bə'nɑːl] *adj* banale.
banana [bə'nɑːnə] *n* banana.
band [bænd] *n* banda; (*at a dance*) orchestra; (*MIL*) fanfara.
▶**band together** *vi* collegarsi.
bandage ['bændɪdʒ] *n* benda.
Band-Aid ® ['bændeɪd] *n* (*US*) cerotto.
bandit ['bændɪt] *n* bandito.
bandstand ['bændstænd] *n* palco dell'orchestra.
bandwagon ['bændwægən] *n:* **to jump on the ~** (*fig*) seguire la corrente.
bandy ['bændɪ] *vt* (*jokes, insults*) scambiare.
▶**bandy about** *vt* far circolare.
bandy-legged ['bændɪ'lɛgɪd] *adj* dalle gambe storte.
bane [beɪn] *n:* **it** (*or* **he** *etc*) **is the ~ of my life** è la mia rovina.
bang [bæŋ] *n* botta; (*of door*) lo sbattere; (*blow*) colpo ♦ *vt* battere (violentemente); (*door*) sbattere ♦ *vi* scoppiare; sbattere; **to ~ at the door** picchiare alla porta; **to ~ into sth** sbattere contro qc ♦ *adv:* **to ~ on time** (*BRIT col*) spaccare il secondo; *see also* **bangs**.
banger ['bæŋə*] *n* (*BRIT: car. also:* **old ~**) macinino; (*BRIT col: sausage*) salsiccia; (*firework*) mortaretto.

Bangkok ['bæŋkɔk] *n* Bangkok *f*.
Bangladesh [bɑːŋglə'dɛʃ] *n* Bangladesh *m*.
bangle ['bæŋgl] *n* braccialetto.
bangs [bæŋz] *npl* (*US: fringe*) frangia, frangetta.
banish ['bænɪʃ] *vt* bandire.
banister(s) ['bænɪstə(z)] *n(pl)* ringhiera.
banjo, **~es** *or* **~s** ['bændʒəu] *n* banjo *m inv*.
bank [bæŋk] *n* (*for money*) banca, banco; (*of river, lake*) riva, sponda; (*of earth*) banco ♦ *vi* (*AVIAT*) inclinarsi in virata; (*COMM*): **they ~ with Pitt's** sono clienti di Pitt's.
▶**bank on** *vt fus* contare su.
bank account *n* conto in banca.
bank balance *n* saldo; **a healthy ~** un solido conto in banca.
bank card *n* = **banker's card**.
bank charges *npl* (*BRIT*) spese *fpl* bancarie.
bank draft *n* assegno circolare *or* bancario.
banker ['bæŋkə*] *n* banchiere *m*; **~'s card** (*BRIT*) carta *f* assegni *inv*; **~'s order** (*BRIT*) ordine *m* di banca.
bank giro *n* bancogiro.
bank holiday *n* (*BRIT*) giorno di festa.

Una **bank holiday**, in Gran Bretagna, è una giornata in cui le banche e i negozi sono chiusi. Generalmente le bank holiday cadono di lunedì e molti ne approfittano per fare una breve vacanza fuori città. Di conseguenza, durante questi fine settimana lunghi (**bank holiday weekend**) si verifica un notevole aumento del traffico sulle strade, negli aeroporti e nelle stazioni e molte località turistiche registrano il tutto esaurito.

---

banking ['bæŋkɪŋ] *n* attività bancaria; professione *f* di banchiere.
banking hours *npl* orario di sportello.
bank loan *n* prestito bancario.
bank manager *n* direttore *m* di banca.
banknote ['bæŋknəut] *n* banconota.
bank rate *n* tasso bancario.
bankrupt ['bæŋkrʌpt] *adj, n* fallito(a); **to go ~** fallire.
bankruptcy ['bæŋkrʌptsɪ] *n* fallimento.
bank statement *n* estratto conto.
banner ['bænə*] *n* bandiera.
bannister(s) ['bænɪstə(z)] *n(pl)* = **banister(s)**.
banns [bænz] *npl* pubblicazioni *fpl* di matrimonio.
banquet ['bæŋkwɪt] *n* banchetto.
bantam-weight ['bæntəmweɪt] *n* peso gallo.
banter ['bæntə*] *n* scherzi *mpl* bonari.

baptism ['bæptɪzəm] n battesimo.
Baptist ['bæptɪst] adj, n battista (m/f).
baptize [bæp'taɪz] vt battezzare.
bar [bɑ:*] n barra; (of window etc) sbarra; (of chocolate) tavoletta; (fig) ostacolo; restrizione f; (pub) bar m inv; (counter: in pub) banco; (MUS) battuta ♦ vt (road, window) sbarrare; (person) escludere; (activity) interdire; ~ **of soap** saponetta; **the B~** (LAW) l'Ordine m degli avvocati; **behind** ~s (prisoner) dietro le sbarre; ~ **none** senza eccezione.
Barbados [bɑ:'beɪdɔs] n Barbados fsg.
barbaric [bɑ:'bærɪk], **barbarous** ['bɑ:bərəs] adj barbaro(a); barbarico(a).
barbecue ['bɑ:bɪkju:] n barbecue m inv.
barbed wire ['bɑ:bd-] n filo spinato.
barber ['bɑ:bə*] n barbiere m.
barbiturate [bɑ:'bɪtjurɪt] n barbiturico.
Barcelona [bɑ:sɪ'ləunə] n Barcellona.
bar chart n diagramma m di frequenza.
bar code n codice m a barre.
bare [bɛə*] adj nudo(a) ♦ vt scoprire, denudare; (teeth) mostrare; **the ~ essentials** lo stretto necessario.
bareback ['bɛəbæk] adv senza sella.
barefaced ['bɛəfeɪst] adj sfacciato(a).
barefoot ['bɛəfut] adj, adv scalzo(a).
bareheaded [bɛə'hɛdɪd] adj, adv a capo scoperto.
barely ['bɛəlɪ] adv appena.
Barents Sea ['bærənts-] n: **the** ~ il mar di Barents.
bargain ['bɑ:gɪn] n (transaction) contratto; (good buy) affare m ♦ vi (haggle) tirare sul prezzo; (trade) contrattare; **into the** ~ per giunta.
►**bargain for** vt fus (col): **to** ~ **for sth** aspettarsi qc; **he got more than he** ~**ed for** gli è andata peggio di quel che si aspettasse.
bargaining ['bɑ:gənɪŋ] n contrattazione f.
bargaining position n: **to be in a weak/ strong** ~ non avere/avere potere contrattuale.
barge [bɑ:dʒ] n chiatta.
►**barge in** vi (walk in) piombare dentro; (interrupt talk) intromettersi a sproposito.
►**barge into** vt fus urtare contro.
baritone ['bærɪtəun] n baritono.
barium meal ['bɛərɪəm-] n (pasto di) bario.
bark [bɑ:k] n (of tree) corteccia; (of dog) abbaio ♦ vi abbaiare.
barley ['bɑ:lɪ] n orzo.
barley sugar n zucchero d'orzo.
barmaid ['bɑ:meɪd] n cameriera al banco.
barman ['bɑ:mən] n barista m.
barmy ['bɑ:mɪ] adj (BRIT col) tocco(a).

barn [bɑ:n] n granaio; (for animals) stalla.
barnacle ['bɑ:nəkl] n cirripede m.
barn owl n barbagianni m inv.
barometer [bə'rɔmɪtə*] n barometro.
baron ['bærən] n barone m; (fig) magnate m; **the oil** ~s i magnati del petrolio; **the press** ~s i baroni della stampa.
baroness ['bærənɪs] n baronessa.
baronet ['bærənɪt] n baronetto.
barrack ['bærək] vt (BRIT): **to** ~ **sb** subissare qn di grida e fischi.
barracking ['bærəkɪŋ] n (BRIT): **to give sb a** ~ subissare qn di grida e fischi.
barracks ['bærəks] npl caserma.
barrage ['bærɑ:ʒ] n (MIL) sbarramento; **a** ~ **of questions** una raffica di or un fuoco di fila di domande.
barrel ['bærəl] n barile m; (of gun) canna.
barrel organ n organetto a cilindro.
barren ['bærən] adj sterile; (soil) arido(a).
barricade [bærɪ'keɪd] n barricata ♦ vt barricare.
barrier ['bærɪə*] n barriera; (BRIT: also: **crash** ~) guardrail m inv.
barrier cream n (BRIT) crema protettiva.
barring ['bɑ:rɪŋ] prep salvo.
barrister ['bærɪstə*] n (BRIT) avvocato.

---

*Il **barrister** è un membro della più prestigiosa delle due branche della professione legale (l'altra è quella dei **solicitor**); la sua funzione è quella di rappresentare i propri clienti in tutte le corti (**magistrates' court, crown court** e **Court of Appeal**), generalmente seguendo le istruzioni del caso preparate dai solicitor.*

---

barrow ['bærəu] n (cart) carriola.
barstool ['bɑ:stu:l] n sgabello.
Bart. abbr (BRIT) = **baronet**.
bartender ['bɑ:tɛndə*] n (US) barista m.
barter ['bɑ:tə*] n baratto ♦ vt: **to** ~ **sth for** barattare qc con.
base [beɪs] n base f ♦ adj vile ♦ vt: **to** ~ **sth on** basare qc su; **to** ~ **at** (troops) mettere di stanza a; **coffee-**~**d** a base di caffè; **a Paris-**~**d firm** una ditta con sede centrale a Parigi; **I'm** ~**d in London** sono di base or ho base a Londra.
baseball ['beɪsbɔ:l] n baseball m.
baseboard ['beɪsbɔ:d] n (US) zoccolo, battiscopa m inv.
base camp n campo m base inv.
Basel [bɑ:l] n = **Basle**.
baseline ['beɪslaɪn] n (TENNIS) linea di fondo.
basement ['beɪsmənt] n seminterrato; (of shop) sotterraneo.

base rate – bay

base rate *n* tasso di base.
bases ['beɪsiːz] *npl of* **basis**; ['beɪsɪz] *npl of* **base**.
bash [bæʃ] *vt* (*col*) picchiare ♦ *n*: **I'll have a ~ (at it)** (*BRIT col*) ci proverò; **~ed in** *adj* sfondato(a).
▶**bash up** *vt* (*col: car*) sfasciare; (: *BRIT: person*) riempire di *or* prendere a botte.
bashful ['bæʃful] *adj* timido(a).
bashing ['bæʃɪŋ] *n*: **Paki-/queer-~** atti *mpl* di violenza contro i pachistani/gli omosessuali.
BASIC ['beɪsɪk] *n* (*COMPUT*) BASIC *m*.
basic ['beɪsɪk] *adj* (*principles, precautions, rules*) elementare; (*salary*) base *inv* (*after n*).
basically ['beɪsɪklɪ] *adv* fondamentalmente, sostanzialmente.
basic rate *n* (*of tax*) aliquota minima.
basil ['bæzl] *n* basilico.
basin ['beɪsn] *n* (*vessel, also GEO*) bacino; (*also:* **wash~**) lavabo; (*BRIT: for food*) terrina.
basis, *pl* **bases** ['beɪsis, -siːz] *n* base *f*; **on the ~ of what you've said** in base alle sue asserzioni.
bask [bɑːsk] *vi*: **to ~ in the sun** crogiolarsi al sole.
basket ['bɑːskɪt] *n* cesta; (*smaller*) cestino; (*with handle*) paniere *m*.
basketball ['bɑːskɪtbɔːl] *n* pallacanestro *f*.
basketball player *n* cestista *m/f*.
Basle [bɑːl] *n* Basilea.
basmati rice [bəz'mætɪ-] *n* riso basmati.
Basque [bæsk] *adj, n* basco(a).
bass [beɪs] *n* (*MUS*) basso.
bass clef *n* chiave *f* di basso.
bassoon [bə'suːn] *n* fagotto.
bastard ['bɑːstəd] *n* bastardo/a; (*col!*) stronzo (*!*).
baste [beɪst] *vt* (*CULIN*) ungere con grasso; (*SEWING*) imbastire.
bastion ['bæstɪən] *n* bastione *m*; (*fig*) baluardo.
bat [bæt] *n* pipistrello; (*for baseball etc*) mazza; (*BRIT: for table tennis*) racchetta; **off one's own ~** di propria iniziativa ♦ *vt*: **he didn't ~ an eyelid** non battè ciglio.
batch [bætʃ] *n* (*of bread*) infornata; (*of papers*) cumulo; (*of applicants, letters*) gruppo; (*of work*) sezione *f*; (*of goods*) partita, lotto.
batch processing *n* (*COMPUT*) elaborazione *f* a blocchi.
bated ['beɪtɪd] *adj*: **with ~ breath** col fiato sospeso.
bath [bɑːθ, *pl* bɑːðz] *n* bagno; (*bathtub*) vasca da bagno ♦ *vt* far fare il bagno a; **to**

have a ~ fare un bagno; *see also* **baths**.
bathchair ['bɑːtʃeə*] *n* (*BRIT*) poltrona a rotelle.
bathe [beɪð] *vi* fare il bagno ♦ *vt* bagnare (*wound etc*) lavare.
bather ['beɪðə*] *n* bagnante *m/f*.
bathing ['beɪðɪŋ] *n* bagni *mpl*.
bathing cap *n* cuffia da bagno.
bathing costume, (*US*) **bathing suit** *n* costume *m* da bagno.
bathmat ['bɑːθmæt] *n* tappetino da bagno.
bathrobe ['bɑːθrəub] *n* accappatoio.
bathroom ['bɑːθrum] *n* stanza da bagno.
baths [bɑːðz] *npl* bagni *mpl* pubblici.
bath towel *n* asciugamano da bagno.
bathtub ['bɑːθtʌb] *n* (vasca da) bagno.
batman ['bætmən] *n* (*BRIT MIL*) attendente *m*.
baton ['bætən] *n* bastone *m*; (*MUS*) bacchetta.
battalion [bə'tælɪən] *n* battaglione *m*.
batten ['bætən] *n* (*CARPENTRY*) assicella, correntino; (*for flooring*) tavola per pavimenti; (*NAUT*) serretta; (: *on sail*) stecca.
▶**batten down** *vt* (*NAUT*): **to ~ down the hatches** chiudere i boccaporti.
batter ['bætə*] *vt* battere ♦ *n* pastetta.
battered ['bætəd] *adj* (*hat*) sformato(a); (*pan*) ammaccato(a); **~ wife/baby** consorte *f*/bambino(a) maltrattato(a).
battering ram ['bætərɪŋ-] *n* ariete *m*.
battery ['bætərɪ] *n* batteria; (*of torch*) pila.
battery charger *n* caricabatterie *m inv*.
battle ['bætl] *n* battaglia ♦ *vi* battagliare, lottare; **to fight a losing ~** (*fig*) battersi per una causa persa; **that's half the ~** (*col*) è già una mezza vittoria.
battle dress *n* uniforme *f* da combattimento.
battlefield ['bætlfiːld] *n* campo di battaglia.
battlements ['bætlmənts] *npl* bastioni *mpl*.
battleship ['bætlʃɪp] *n* nave *f* da guerra.
batty ['bætɪ] *adj* (*col: person*) svitato(a), strambo(a); (: *behaviour, idea*) strampalato(a).
bauble ['bɔːbl] *n* ninnolo.
baud [bɔːd] *n* (*COMPUT*) baud *m inv*.
baulk [bɔːlk] *vi* = **balk**.
bauxite ['bɔːksaɪt] *n* bauxite *f*.
Bavaria [bə'vɛərɪə] *n* Bavaria.
Bavarian [bə'vɛərɪən] *adj, n* bavarese (*m/f*).
bawdy ['bɔːdɪ] *adj* piccante.
bawl [bɔːl] *vi* urlare.
bay [beɪ] *n* (*of sea*) baia; (*BRIT: for parking*) piazzola di sosta; (*loading*) piazzale *m* di (sosta e) carico; **to hold sb at ~** tenere qn a bada.

bay leaf *n* foglia d'alloro.
bayonet ['beɪənɪt] *n* baionetta.
bay tree *n* alloro.
bay window *n* bovindo.
bazaar [bə'zɑ:*] *n* bazar *m inv*; vendita di beneficenza.
bazooka [bə'zu:kə] *n* bazooka *m inv*.
BB *n abbr* (*BRIT*: = *Boys' Brigade*) *organizzazione giovanile a fine educativo.*
B & B *n abbr see* **bed and breakfast**.
BBB *n abbr* (*US*: = *Better Business Bureau*) *organismo per la difesa dei consumatori.*
BBC *n abbr* = *British Broadcasting Corporation.*

> La **BBC** è l'azienda statale che fornisce il servizio radiofonico e televisivo in Gran Bretagna. Pur dovendo rispondere al Parlamento del proprio operato, la BBC non è soggetta al controllo dello stato per scelte e programmi, anche perché si autofinanzia con il ricavato dei canoni d'abbonamento. La BBC ha due reti televisive (BBC1 e BBC2), cinque stazioni radiofoniche nazionali e 37 emittenti locali; fornisce un servizio di informazione internazionale, il **BBC World Service**, trasmesso in tutto il mondo.

BBE *n abbr* (*US*: = *Benevolent and Protective Order of Elks*) *organizzazione filantropica.*
BC *adv abbr* (= *before Christ*) a.C. ♦ *abbr* (*Canada*) = *British Columbia.*
BCG *n abbr* (= *Bacillus Calmette-Guérin*) *vaccino antitubercolare.*
BD *n abbr* (= *Bachelor of Divinity*) *titolo di studio.*
B/D *abbr* = **bank draft**.
BDS *n abbr* (= *Bachelor of Dental Surgery*) *titolo di studio.*

===================== *KEYWORD*

be [bi:] (*pt* **was**, **were**, *pp* **been**) *aux vb* **1** (*with present participle: forming continuous tenses*): **what are you doing?** che fai?, che stai facendo?; **they're coming tomorrow** vengono domani; **I've been waiting for her for hours** sono ore che l'aspetto
2 (*with pp: forming passives*) essere; **to ~ killed** essere *or* venire ucciso(a); **the box had been opened** la scatola era stata aperta; **the thief was nowhere to ~ seen** il ladro non si trovava da nessuna parte
3 (*in tag questions*): **it was fun, wasn't it?** è stato divertente, no?; **he's good-looking, isn't he?** è un bell'uomo, vero?; **she's back, is she?** così è tornata, eh?

4 (+ *to* + *infinitive*): **the house is to ~ sold** abbiamo (*or* hanno *etc*) intenzione di vendere casa; **you're to ~ congratulated for all your work** dovremo farvi i complimenti per tutto il vostro lavoro; **am I to understand that ...?** devo dedurre che ...?; **he's not to open it** non deve aprirlo; **he was to have come yesterday** sarebbe dovuto venire ieri
♦ *vb* + *complement* **1** (*gen*) essere; **I'm English** sono inglese; **I'm tired** sono stanco(a); **I'm hot/cold** ho caldo/freddo; **he's a doctor** è medico; **2 and 2 are 4** 2 più 2 fa 4; **~ careful!** sta attento!; **~ good** sii buono; **if I were you ...** se fossi in te ...
2 (*of health*) stare; **how are you?** come sta?; **he's very ill** sta molto male
3 (*of age*): **how old are you?** quanti anni hai?; **I'm sixteen (years old)** ho sedici anni
4 (*cost*) costare; **how much was the meal?** quant'era *or* quanto costava il pranzo?; **that'll ~ £5, please** (sono) 5 sterline, per favore
♦ *vi* **1** (*exist, occur etc*) essere, esistere; **the best singer that ever was** il migliore cantante mai esistito *or* di tutti tempi; **~ that as it may** comunque sia, sia come sia; **so ~ it** sia pure, e sia
2 (*referring to place*) essere, trovarsi; **I won't ~ here tomorrow** non ci sarò domani; **Edinburgh is in Scotland** Edimburgo si trova in Scozia
3 (*referring to movement*): **where have you been?** dove sei stato?; **I've been to China** sono stato in Cina
♦ *impers vb* **1** (*referring to time, distance*) essere; **it's 5 o'clock** sono le 5; **it's the 28th of April** è il 28 aprile; **it's 10 km to the village** di qui al paese sono 10 km
2 (*referring to the weather*) fare; **it's too hot/cold** fa troppo caldo/freddo; **it's windy** c'è vento
3 (*emphatic*): **it's me** sono io; **it's only me** sono solo io; **it was Maria who paid the bill** è stata Maria che ha pagato il conto.

B/E *abbr* = **bill of exchange**.
beach [bi:tʃ] *n* spiaggia ♦ *vt* tirare in secco.
beach buggy *n* dune buggy *f inv*.
beachcomber ['bi:tʃkəumə*] *n* vagabondo (che s'aggira sulla spiaggia).
beachwear ['bi:tʃwɛə*] *n* articoli *mpl* da spiaggia.
beacon ['bi:kən] *n* (*lighthouse*) faro; (*marker*) segnale *m*; (*radio ~*) radiofaro.
bead [bi:d] *n* perlina; (*of dew, sweat*) goccia; **~s** (*necklace*) collana.
beady ['bi:dɪ] *adj*: **~ eyes** occhi *mpl* piccoli e

penetranti.

beagle ['biːgl] n cane m da lepre.

beak [biːk] n becco.

beaker ['biːkə*] n coppa.

beam [biːm] n trave f; (of light) raggio; (RADIO) fascio (d'onde) ♦ vi brillare; (smile): **to ~ at sb** rivolgere un radioso sorriso a qn; **to drive on full** or **main ~** or (US) **high ~** guidare con gli abbaglianti accesi.

beaming ['biːmɪŋ] adj (sun, smile) raggiante.

bean [biːn] n fagiolo; (of coffee) chicco.

beanpole ['biːnpəul] n (col) spilungone/a.

beansprouts ['biːnsprauts] npl germogli mpl di soia.

bear [bɛə*] n orso; (STOCK EXCHANGE) ribassista m/f ♦ vb (pt **bore**, pp **borne** [bɔː*, bɔːn]) vt (gen) portare; (produce: fruit) produrre, dare; (: traces, signs) mostrare; (COMM: interest) fruttare; (endure) sopportare ♦ vi: **to ~ right/left** piegare a destra/sinistra; **to ~ the responsibility of** assumersi la responsabilità di; **to ~ comparison with** reggere al paragone con; **I can't ~ him** non lo posso soffrire or sopportare; **to bring pressure to ~ on sb** fare pressione su qn.

▶**bear out** vt (theory, suspicion) confermare, convalidare.

▶**bear up** vi farsi coraggio; **he bore up well under the strain** ha sopportato bene lo stress.

▶**bear with** vt fus (sb's moods, temper) sopportare (con pazienza); **~ with me a minute** solo un attimo, prego.

bearable ['bɛərəbl] adj sopportabile.

beard [bɪəd] n barba.

bearded ['bɪədɪd] adj barbuto(a).

bearer ['bɛərə*] n portatore m; (of passport) titolare m/f.

bearing ['bɛərɪŋ] n portamento; (connection) rapporto; (ball) **~s** npl cuscinetti mpl a sfere; **to take a ~** fare un rilevamento; **to find one's ~s** orientarsi.

beast [biːst] n bestia.

beastly ['biːstlɪ] adj meschino(a); (weather) da cani.

beat [biːt] n colpo; (of heart) battito; (MUS) tempo; battuta; (of policeman) giro ♦ vt (pt **beat**, pp **beaten**) battere; **off the ~en track** fuori mano; **to ~ about the bush** menare il cane per l'aia; **to ~ time** battere il tempo; **that ~s everything!** (col) questo è il colmo!

▶**beat down** vt (door) abbattere, buttare giù; (price) far abbassare; (seller) far scendere ♦ vi (rain) scrosciare; (sun)

picchiare.

▶**beat off** vt respingere.

▶**beat up** vt (col: person) picchiare; (eggs) sbattere.

beater ['biːtə*] n (for eggs, cream) frullino.

beating ['biːtɪŋ] n botte fpl; (defeat) batosta; **to take a ~** prendere una (bella) batosta.

beat-up [biːt'ʌp] adj (col) scassato(a).

beautician [bjuː'tɪʃən] n estetista m/f.

beautiful ['bjuːtɪful] adj bello(a).

beautify ['bjuːtɪfaɪ] vt abbellire.

beauty ['bjuːtɪ] n bellezza; (concept) bello; **the ~ of it is that** ... il bello è che ....

beauty contest n concorso di bellezza.

beauty queen n miss f inv, reginetta di bellezza.

beauty salon n istituto di bellezza.

beauty sleep n: **to get one's ~** farsi un sonno ristoratore.

beauty spot n neo; (BRIT: TOURISM) luogo pittoresco.

beaver ['biːvə*] n castoro.

becalmed [bɪ'kɑːmd] adj in bonaccia.

became [bɪ'keɪm] pt of **become**.

because [bɪ'kɔz] conj perché; **~ of** prep a causa di.

beck [bɛk] n: **to be at sb's ~ and call** essere a completa disposizione di qn.

beckon ['bɛkən] vt (also: **~ to**) chiamare con un cenno.

become [bɪ'kʌm] vt (irreg: like **come**) diventare; **to ~ fat/thin** ingrassarsi/ dimagrire; **to ~ angry** arrabbiarsi; **it became known that** ... si è venuto a sapere che ...; **what has ~ of him?** che gli è successo?

becoming [bɪ'kʌmɪŋ] adj (behaviour) che si conviene; (clothes) grazioso(a).

BECTU ['bɛktuː] n abbr (BRIT) = Broadcasting Entertainment Cinematographic and Theatre Union.

BEd n abbr (= Bachelor of Education) laurea con abilitazione all'insegnamento.

bed [bɛd] n letto; (of flowers) aiuola; (of coal, clay) strato; (of sea, lake) fondo; **to go to ~** andare a letto.

▶**bed down** vi sistemarsi (per dormire).

bed and breakfast (B & B) n (terms) camera con colazione; (place) ≈ pensione f familiare.

I **bed and breakfast**, anche **B & B**, sono piccole pensioni a conduzione familiare, in case private o fattorie, dove si affittano camere e viene servita al mattino la tradizionale colazione all'inglese. Segnalate da un cartello posto in giardino o alla finestra, queste graziose pensioni offrono un *servizio di camera con prima colazione, appunto bed and breakfast, a prezzi più contenuti rispetto agli alberghi.*

bedbug ['bɛdbʌg] n cimice f.

bedclothes ['bɛdkləʊðz] npl coperte e lenzuola fpl.

bedcover ['bɛdkʌvə*] n copriletto.

bedding ['bɛdɪŋ] n coperte e lenzuola fpl.

bedevil [bɪ'dɛvl] vt (person) tormentare; (plans) ostacolare continuamente.

bedfellow ['bɛdfɛləu] n: **they are strange ~s** (fig) fanno una coppia ben strana.

bedlam ['bɛdləm] n baraonda.

bedpan ['bɛdpæn] n padella.

bedpost ['bɛdpəust] n colonnina del letto.

bedraggled [bɪ'drægld] adj fradicio(a).

bedridden ['bɛdrɪdən] adj costretto(a) a letto.

bedrock ['bɛdrɔk] n (GEO) basamento; (fig) fatti mpl di base.

bedroom ['bɛdrum] n camera da letto.

Beds abbr (BRIT) = Bedfordshire.

bed settee n divano m letto inv.

bedside ['bɛdsaɪd] n: **at sb's ~** al capezzale di qn.

bedside lamp n lampada da comodino.

bedsit(ter) ['bɛdsɪt(ə*)] n (BRIT) monolocale m.

bedspread ['bɛdsprɛd] n copriletto.

bedtime ['bɛdtaɪm] n: **it's ~** è ora di andare a letto.

bee [bi:] n ape f; **to have a ~ in one's bonnet (about sth)** avere la fissazione (di qc).

beech [bi:tʃ] n faggio.

beef [bi:f] n manzo.

▶**beef up** vt (col) rinforzare.

beefburger ['bi:fbə:gə*] n hamburger m inv.

beefeater ['bi:fi:tə*] n guardia della Torre di Londra.

beehive ['bi:haɪv] n alveare m.

bee-keeping ['bi:ki:pɪŋ] n apicoltura.

beeline ['bi:laɪn] n: **to make a ~ for** buttarsi a capo fitto verso.

been [bi:n] pp of be.

beep [bi:p] n (of horn) colpo di clacson; (of phone etc) segnale m (acustico), bip m inv ♦ vi suonare.

beeper ['bi:pə*] n (of doctor etc) cercapersone m inv.

beer [bɪə*] n birra.

beer belly n (col) stomaco da bevitore.

beer can n lattina di birra.

beetle ['bi:tl] n scarafaggio; coleottero.

beetroot ['bi:tru:t] n (BRIT) barbabietola.

befall [bɪ'fɔ:l] vi(vt) (irreg: like **fall**) accadere (a).

befit [bɪ'fɪt] vt addirsi a.

before [bɪ'fɔ:*] prep (in time) prima di; (in space) davanti a ♦ conj prima che + sub; prima di ♦ adv prima; **~ going** prima di andare; **~ she goes** prima che vada; **the week ~** la settimana prima; **I've seen it ~** l'ho già visto; **I've never seen it ~** è la prima volta che lo vedo.

beforehand [bɪ'fɔ:hænd] adv in anticipo.

befriend [bɪ'frɛnd] vt assistere; mostrarsi amico a.

befuddled [bɪ'fʌdld] adj confuso(a).

beg [bɛg] vi chiedere l'elemosina ♦ vt chiedere in elemosina; (favour) chiedere; (entreat) pregare; **I ~ your pardon** (apologising) mi scusi; (not hearing) scusi?; **this ~s the question of ...** questo presuppone che sia già risolto il problema di ....

began [bɪ'gæn] pt of **begin**.

beggar ['bɛgə*] n (also: ~**man**, ~**woman**) mendicante m/f.

begin, pt **began,** pp **begun** [bɪ'gɪn, bɪ'gæn, bɪ'gʌn] vt, vi cominciare; **to ~ doing** or **to do sth** incominciare or iniziare a fare qc; **I can't ~ to thank you** non so proprio come ringraziarla; **to ~ with, I'd like to know ...** tanto per cominciare vorrei sapere ...; ~**ning from Monday** a partire da lunedì.

beginner [bɪ'gɪnə*] n principiante m/f.

beginning [bɪ'gɪnɪŋ] n inizio, principio; **right from the ~** fin dall'inizio.

begrudge [bɪ'grʌdʒ] vt: **to ~ sb sth** dare qc a qn a malincuore; invidiare qn per qc.

beguile [bɪ'gaɪl] vt (enchant) incantare.

beguiling [bɪ'gaɪlɪŋ] adj (charming) allettante; (deluding) ingannevole.

begun [bɪ'gʌn] pp of **begin**.

behalf [bɪ'hɑ:f] n: **on ~ of**, (US) **in ~ of** per conto di; a nome di.

behave [bɪ'heɪv] vi comportarsi; (well: also: ~ **o.s.**) comportarsi bene.

behaviour, (US) **behavior** [bɪ'heɪvjə*] n comportamento, condotta.

behead [bɪ'hɛd] vt decapitare.

beheld [bɪ'hɛld] pt, pp of **behold**.

behind [bɪ'haɪnd] prep dietro; (followed by pronoun) dietro di; (time) in ritardo con ♦ adv dietro; in ritardo ♦ n didietro; **we're ~ them in technology** siamo più indietro or più arretrati di loro nella tecnica; ~ **the scenes** dietro le quinte; **to be ~ (schedule) with sth** essere indietro con qc; (payments) essere in arretrato con qc; **to leave sth ~** dimenticare di prendere qc.

behold [bɪ'həuld] vt (irreg: like **hold**) vedere, scorgere.

beige [beɪʒ] *adj* beige *inv.*

Beijing ['beɪ'dʒɪŋ] *n* Pechino *f.*

being ['biːɪŋ] *n* essere *m*; **to come into ~** cominciare ad esistere.

Beirut [beɪ'ruːt] *n* Beirut *f.*

Belarus ['bɛlærəs] *n* Bielorussia.

Belarussian [bɛlə'rʌʃən] *adj* bielorusso(a) ♦ *n* bielorusso/a; (*LING*) bielorusso.

belated [bɪ'leɪtɪd] *adj* tardo(a).

belch [bɛltʃ] *vi* ruttare ♦ *vt* (*gen*: ~ **out**: *smoke etc*) eruttare.

beleaguered [bɪ'liːgəd] *adj* (*city*) assediato(a); (*army*) accerchiato(a); (*fig*) assillato(a).

Belfast ['bɛlfɑːst] *n* Belfast *f.*

belfry ['bɛlfrɪ] *n* campanile *m.*

Belgian ['bɛldʒən] *adj, n* belga (*m/f*).

Belgium ['bɛldʒəm] *n* Belgio.

Belgrade [bɛl'greɪd] *n* Belgrado *f.*

belie [bɪ'laɪ] *vt* smentire; (*give false impression of*) nascondere.

belief [bɪ'liːf] *n* (*opinion*) opinione *f*, convinzione *f*; (*trust, faith*) fede *f*; (*acceptance as true*) credenza; **in the ~ that** nella convinzione che; **it's beyond ~** è incredibile.

believe [bɪ'liːv] *vt, vi* credere; **to ~ in** (*God*) credere in; (*ghosts*) credere a; (*method*) avere fiducia in; **I don't ~ in corporal punishment** sono contrario alle punizioni corporali; **he is ~d to be abroad** si pensa (che) sia all'estero.

believer [bɪ'liːvə*] *n* (*REL*) credente *m/f*; (*in idea, activity*): **to be a ~ in** credere in.

belittle [bɪ'lɪtl] *vt* sminuire.

Belize [bɛ'liːz] *n* Belize *m.*

bell [bɛl] *n* campana; (*small, on door, electric*) campanello; **that rings a ~** (*fig*) mi ricorda qualcosa.

bell-bottoms ['bɛlbɔtəmz] *npl* calzoni *mpl* a zampa d'elefante.

bellboy ['bɛlbɔɪ], (*US*) **bellhop** ['bɛlhɔp] *n* ragazzo d'albergo, fattorino d'albergo.

belligerent [bɪ'lɪdʒərənt] *adj* (*at war*) belligerante; (*fig*) bellicoso(a).

bellow ['bɛləu] *vi* muggire; (*cry*) urlare (a squarciagola) ♦ *vt* (*orders*) urlare (a squarciagola).

bellows ['bɛləuz] *npl* soffietto.

bell push *n* (*BRIT*) pulsante *m* del campanello.

belly ['bɛlɪ] *n* pancia.

bellyache ['bɛlɪeɪk] *n* mal *m* di pancia ♦ *vi* (*col*) mugugnare.

bellybutton ['bɛlɪbʌtn] *n* ombelico.

bellyful ['bɛlɪful] *n* (*col*): **to have had a ~ of** (*fig*) averne piene le tasche (di).

belong [bɪ'lɔŋ] *vi*: **to ~ to** appartenere a;

(*club etc*) essere socio di; **this book ~s here** questo libro va qui.

belongings [bɪ'lɔŋɪŋz] *npl* cose *fpl*, roba; **personal ~** effetti *mpl* personali.

Belorussia [bɛləu'rʌʃə] *n* Bielorussia.

Belorussian [bɛləu'rʌʃən] *adj, n* = **Belarussian.**

beloved [bɪ'lʌvɪd] *adj* adorato(a).

below [bɪ'ləu] *prep* sotto, al di sotto di ♦ *adv* sotto, di sotto; giù; **see ~** vedi sotto *or* oltre; **temperatures ~ normal** temperature al di sotto del normale.

belt [bɛlt] *n* cintura; (*TECH*) cinghia ♦ *vt* (*thrash*) picchiare ♦ *vi* (*BRIT col*) filarsela; **industrial ~** zona industriale.

▶**belt out** *vt* (*song*) cantare a squarciagola.

▶**belt up** *vi* (*BRIT col*) chiudere la boccaccia.

beltway ['bɛltweɪ] *n* (*US AUT*) circonvallazione *f*; (: *motorway*) autostrada.

bemoan [bɪ'məun] *vt* lamentare.

bemused [bɪ'mjuːzd] *adj* perplesso(a), stupito(a).

bench [bɛntʃ] *n* panca; (*in workshop*) banco; **the B~** (*LAW*) la Corte.

bench mark *n* banco di prova.

bend [bɛnd] *vb* (*pt, pp* **bent** [bɛnt]) *vt* curvare; (*leg, arm*) piegare ♦ *vi* curvarsi; piegarsi ♦ *n* (*BRIT*: *in road*) curva; (*in pipe, river*) gomito.

▶**bend down** *vi* chinarsi.

▶**bend over** *vi* piegarsi.

bends [bɛndz] *npl* (*MED*) embolia.

beneath [bɪ'niːθ] *prep* sotto, al di sotto di; (*unworthy of*) indegno(a) di ♦ *adv* sotto, di sotto.

benefactor ['bɛnɪfæktə*] *n* benefattore *m.*

benefactress ['bɛnɪfæktrɪs] *n* benefattrice *f.*

beneficial [bɛnɪ'fɪʃəl] *adj* che fa bene; vantaggioso(a); **~ to** che giova a.

beneficiary [bɛnɪ'fɪʃərɪ] *n* (*LAW*) beneficiario/a.

benefit ['bɛnɪfɪt] *n* beneficio, vantaggio; (*allowance of money*) indennità *f inv* ♦ *vt* far bene a ♦ *vi*: **he'll ~ from it** ne trarrà beneficio *or* profitto.

benefit performance *n* spettacolo di beneficenza.

Benelux ['bɛnɪlʌks] *n* Benelux *m.*

benevolent [bɪ'nɛvələnt] *adj* benevolo(a).

BEng *n abbr* (= *Bachelor of Engineering*) *laurea in ingegneria.*

benign [bɪ'naɪn] *adj* benevolo(a); (*MED*) benigno(a).

bent [bɛnt] *pt, pp of* **bend** ♦ *n* inclinazione *f* ♦ *adj* (*wire, pipe*) piegato(a), storto(a); (*col*: *dishonest*) losco(a); **to be ~ on** essere

deciso(a) a.

bequeath [bɪ'kwiːð] *vt* lasciare in eredità.

bequest [bɪ'kwest] *n* lascito.

bereaved [bɪ'riːvd] *adj* in lutto ♦ *npl*: **the ~** i familiari in lutto.

bereavement [bɪ'riːvmənt] *n* lutto.

beret ['bereɪ] *n* berretto.

Bering Sea ['berɪŋ-] *n*: **the ~** il mar di Bering.

berk [bəːk] *n* (*BRIT col!*) coglione/a (*!*).

Berks *abbr* (*BRIT*) = Berkshire.

Berlin [bəː'lɪn] *n* Berlino *f*; **East/West ~** Berlino est/ovest.

berm [bəːm] *n* (*US AUT*) corsia d'emergenza.

Bermuda [bəː'mjuːdə] *n* le Bermude.

Bermuda shorts *npl* bermuda *mpl*.

Bern [bəːn] *n* Berna *f*.

berry ['berɪ] *n* bacca.

berserk [bə'səːk] *adj*: **to go ~** montare su tutte le furie.

berth [bəːθ] *n* (*bed*) cuccetta; (*for ship*) ormeggio ♦ *vi* (*in harbour*) entrare in porto; (*at anchor*) gettare l'ancora; **to give sb a wide ~** (*fig*) tenersi alla larga da qn.

beseech, *pt, pp* **besought** [bɪ'siːtʃ, bɪ'sɔːt] *vt* implorare.

beset, *pt, pp* **beset** [bɪ'sɛt] *vt* assalire ♦ *adj*: **a policy ~ with dangers** una politica irta *or* piena di pericoli.

besetting [bɪ'sɛtɪŋ] *adj*: **his ~ sin** il suo più grande difetto.

beside [bɪ'saɪd] *prep* accanto a; (*compared with*) rispetto a, in confronto a; **to be ~ o.s. (with anger)** essere fuori di sé; **that's ~ the point** non c'entra.

besides [bɪ'saɪdz] *adv* inoltre, per di più ♦ *prep* oltre a; (*except*) a parte.

besiege [bɪ'siːdʒ] *vt* (*town*) assediare; (*fig*) tempestare.

besotted [bɪ'sɔtɪd] *adj* (*BRIT*): **~ with** infatuato(a) di.

besought [bɪ'sɔːt] *pt, pp of* **beseech**.

bespectacled [bɪ'spɛktɪkld] *adj* occhialuto(a).

bespoke [bɪ'spəʊk] *adj* (*BRIT: garment*) su misura; **~ tailor** sarto.

best [bɛst] *adj* migliore ♦ *adv* meglio; **the ~ thing to do is ...** la cosa migliore da fare *or* farsi è ...; **the ~ part of** (*quantity*) la maggior parte di; **at ~** tutt'al più; **to make the ~ of sth** cavare il meglio possibile da qc; **to do one's ~** fare del proprio meglio; **to the ~ of my knowledge** per quel che ne so; **to the ~ of my ability** al massimo delle mie capacità; **he's not exactly patient at the ~ of times** non è mai molto paziente.

best man *n* testimone *m* dello sposo.

bestow [bɪ'stəʊ] *vt*: **to ~ sth on sb** conferire qc a qn.

bestseller ['bɛst'sɛlə*] *n* bestseller *m inv*.

bet [bɛt] *n* scommessa ♦ *vt, vi* (*pt, pp* **bet** *or* **betted**) scommettere; **it's a safe ~** (*fig*) è molto probabile.

Bethlehem ['bɛθlɪhɛm] *n* Betlemme *f*.

betray [bɪ'treɪ] *vt* tradire.

betrayal [bɪ'treɪəl] *n* tradimento.

better ['bɛtə*] *adj* migliore ♦ *adv* meglio ♦ *vt* migliorare ♦ *n*: **to get the ~ of** avere la meglio su; **you had ~ do it** è meglio che lo faccia; **he thought ~ of it** cambiò idea; **to get ~** migliorare; **a change for the ~** un cambiamento in meglio; **that's ~!** così va meglio!; **I had ~ go** dovrei andare; **~ off** *adj* più ricco(a); (*fig*): **you'd be ~ off this way** starebbe meglio così.

betting ['bɛtɪŋ] *n* scommesse *fpl*.

betting shop *n* (*BRIT*) ufficio dell'allibratore.

between [bɪ'twiːn] *prep* tra ♦ *adv* in mezzo, nel mezzo; **the road ~ here and London** la strada da qui a Londra; **we only had £5 ~ us** fra tutti e due avevamo solo 5 sterline.

bevel ['bɛvl] *n* (*also*: **~(led) edge**) profilo smussato.

beverage ['bɛvərɪdʒ] *n* bevanda.

bevy ['bɛvɪ] *n*: **a ~ of** una banda di.

bewail [bɪ'weɪl] *vt* lamentare.

beware [bɪ'wɛə*] *vt, vi*: **to ~ (of)** stare attento(a) (a).

bewildered [bɪ'wɪldəd] *adj* sconcertato(a), confuso(a).

bewildering [bɪ'wɪldərɪŋ] *adj* sconcertante, sbalorditivo(a).

bewitching [bɪ'wɪtʃɪŋ] *adj* affascinante.

beyond [bɪ'jɔnd] *prep* (*in space*) oltre; (*exceeding*) al di sopra di ♦ *adv* di là; **~ doubt** senza dubbio; **~ repair** irreparabile.

b/f *abbr see* **brought forward**.

BFPO *n abbr* (= *British Forces Post Office*) *recapito delle truppe britanniche all'estero*.

bhp *n abbr* (*AUT*. = *brake horsepower*) c.v. (= *cavallo vapore*).

bi... [baɪ] *prefix* bi....

biannual [baɪ'ænjuəl] *adj* semestrale.

bias ['baɪəs] *n* (*prejudice*) pregiudizio; (*preference*) preferenza.

bias(s)ed ['baɪəst] *adj* parziale; **to be ~ against** essere prevenuto(a) contro.

biathlon [baɪ'æθlən] *n* biathlon *m*.

bib [bɪb] *n* bavaglino.

Bible ['baɪbl] *n* Bibbia.

bibliography [bɪblɪ'ɔgrəfɪ] *n* bibliografia.
bicarbonate of soda [baɪ'kɑːbənɪt-] *n* bicarbonato (di sodio).
bicentenary [baɪsɛn'tiːnərɪ], **bicentennial** [baɪsɛn'tɛnɪəl] *n* bicentenario.
biceps ['baɪsɛps] *n* bicipite *m*.
bicker ['bɪkə*] *vi* bisticciare.
bicycle ['baɪsɪkl] *n* bicicletta.
bicycle path *n*, **bicycle track** *n* sentiero ciclabile.
bicycle pump *n* pompa della bicicletta.
bid [bɪd] *n* offerta; (*attempt*) tentativo ♦ *vb* (*pt* **bade** [bæd] *or* **bid**, *pp* **bidden** ['bɪdn] *or* **bid**) *vi* fare un'offerta ♦ *vt* fare un'offerta di; **to ~ sb good day** dire buon giorno a qn.
bidder ['bɪdə*] *n*: **the highest ~** il maggior offerente.
bidding ['bɪdɪŋ] *n* offerte *fpl*.
bide [baɪd] *vt*: **to ~ one's time** aspettare il momento giusto.
bidet ['biːdeɪ] *n* bidè *m inv*.
bidirectional ['baɪdɪ'rɛkʃənl] *adj* bidirezionale.
biennial [baɪ'ɛnɪəl] *adj* biennale ♦ *n* (pianta) biennale *f*.
bier [bɪə*] *n* bara.
bifocals [baɪ'fəuklz] *npl* occhiali *mpl* bifocali.
big [bɪg] *adj* grande; grosso(a); **my ~ brother** mio fratello maggiore; **to do things in a ~ way** fare le cose in grande.
bigamy ['bɪgəmɪ] *n* bigamia.
big dipper [-'dɪpə*] *n* montagne *fpl* russe, otto *m inv* volante.
big end *n* (*AUT*) testa di biella.
biggish ['bɪgɪʃ] *adj* (*see* **big**) piuttosto grande; piuttosto grosso(a); **a ~ rent** un affitto piuttosto alto.
bigheaded ['bɪg'hɛdɪd] *adj* presuntuoso(a).
big-hearted ['bɪg'hɑːtɪd] *adj* generoso(a).
bigot ['bɪgət] *n* persona gretta.
bigoted ['bɪgətɪd] *adj* gretto(a).
bigotry ['bɪgətrɪ] *n* grettezza.
big toe *n* alluce *m*.
big top *n* tendone *m* del circo.
big wheel *n* (*at fair*) ruota (panoramica).
bigwig ['bɪgwɪg] *n* (*col*) pezzo grosso.
bike [baɪk] *n* bici *f inv*.
bikini [bɪ'kiːnɪ] *n* bikini *m inv*.
bilateral [baɪ'lætərl] *adj* bilaterale.
bile [baɪl] *n* bile *f*.
bilingual [baɪ'lɪŋgwəl] *adj* bilingue.
bilious ['bɪlɪəs] *adj* biliare; (*fig*) bilioso(a).
bill [bɪl] *n* (*in hotel, restaurant*) conto; (*COMM*) fattura; (*for gas, electricity*) bolletta, conto; (*POL*) atto; (*US: banknote*) banconota; (*notice*) avviso; (*THEAT*): **on the ~** in cartellone; (*of bird*) becco ♦ *vt* mandare il conto a; **may I have the ~ please?** posso avere il conto per piacere?; **"stick *or* post no ~s"** "divieto di affissione"; **to fit *or* fill the ~** (*fig*) fare al caso; **~ of exchange** cambiale *f*, tratta; **~ of lading** polizza di carico; **~ of sale** atto di vendita.
billboard ['bɪlbɔːd] *n* tabellone *m*.
billet ['bɪlɪt] *n* alloggio ♦ *vt* (*troops etc*) alloggiare.
billfold ['bɪlfəuld] *n* (*US*) portafoglio.
billiards ['bɪljədz] *n* biliardo.
billion ['bɪljən] *n* (*BRIT*) bilione *m*; (*US*) miliardo.
billow ['bɪləu] *n* (*of smoke*) nuvola; (*of sail*) rigonfiamento ♦ *vi* (*smoke*) alzarsi in volute; (*sail*) gonfiarsi.
bills payable (B/P, b.p.) *npl* effetti *mpl* passivi.
bills receivable (B/R, b.r.) *npl* effetti *mpl* attivi.
billy goat ['bɪlɪgəut] *n* caprone *m*, becco.
bimbo ['bɪmbəu] *n* (*col*) pollastrella, svampitella.
bin [bɪn] *n* bidone *m*; (*BRIT: also*: **dust~**) pattumiera; (: *also*: **litter ~**) cestino.
binary ['baɪnərɪ] *adj* binario(a).
bind, *pt*, *pp* **bound** [baɪnd, baund] *vt* legare; (*oblige*) obbligare.
▶**bind over** *vt* (*LAW*) dare la condizionale a.
▶**bind up** *vt* (*wound*) fasciare, bendare; **to be bound up in** (*work, research etc*) essere completamente assorbito da; **to be bound up with** (*person*) dedicarsi completamente a.
binder ['baɪndə*] *n* (*file*) classificatore *m*.
binding ['baɪndɪŋ] *n* (*of book*) legatura ♦ *adj* (*contract*) vincolante.
binge [bɪndʒ] *n* (*col*): **to go on a ~** fare baldoria.
bingo ['bɪŋgəu] *n gioco simile alla tombola*.
bin liner *n* sacchetto per l'immondizia.
binoculars [bɪ'nɔkjuləz] *npl* binocolo.
biochemistry [baɪəu'kɛmɪstrɪ] *n* biochimica.
biodegradable ['baɪəudɪ'greɪdəbl] *adj* biodegradabile.
biodiversity ['baɪəudaɪ'vəːsɪtɪ] *n* biodiversità *f inv*.
biofuel ['baɪəufjuəl] *n* carburante *m* biologico.
biographer [baɪ'ɔgrəfə*] *n* biografo/a.
biographic(al) [baɪə'græfɪk(l)] *adj* biografico(a).
biography [baɪ'ɔgrəfɪ] *n* biografia.
biological [baɪə'lɔdʒɪkl] *adj* biologico(a).
biological clock *n* orologio biologico.

biologist [baɪ'ɔlədʒɪst] *n* biologo/a.
biology [baɪ'ɔlədʒɪ] *n* biologia.
biophysics [baɪəu'fɪzɪks] *n* biofisica.
biopic ['baɪəupɪk] *n* film *m inv* biografia *inv*.
biosphere ['baɪəusfɪə*] *n* biosfera.
biopsy ['baɪɔpsɪ] *n* biopsia.
biotechnology [baɪəutɛk'nɔlədʒɪ] *n*
biotecnologia.
birch [bɔ:tʃ] *n* betulla.
bird [bɔ:d] *n* uccello; (*BRIT col: girl*)
bambola.
bird of prey *n* (uccello) rapace *m*.
bird's-eye view ['bɔ:dzaɪ-] *n* vista
panoramica.
bird watcher *n* ornitologo/a dilettante.
Biro ® ['baɪrəu] *n* biro ® *f inv*.
birth [bɔ:θ] *n* nascita; **to give ~ to** dare alla
luce; (*fig*) dare inizio a.
birth certificate *n* certificato di nascita.
birth control *n* controllo delle nascite;
contraccezione *f*.
birthday ['bɔ:θdeɪ] *n* compleanno.
birthmark ['bɔ:θmɑːk] *n* voglia.
birthplace ['bɔ:θpleɪs] *n* luogo di nascita.
birth rate *n* indice *m* di natalità.
Biscay ['bɪskeɪ] *n*: **the Bay of ~** il golfo di
Biscaglia.
biscuit ['bɪskɪt] *n* (*BRIT*) biscotto; (*US*)
panino al latte.
bisect [baɪ'sɛkt] *vt* tagliare in due (parti);
(*MATH*) bisecare.
bisexual ['baɪ'sɛksjuəl] *adj, n* bisessuale
(*m/f*).
bishop ['bɪʃəp] *n* vescovo; (*CHESS*) alfiere
m.
bistro ['biːstrəu] *n* bistrò *m inv*.
bit [bɪt] *pt of* **bite** ♦ *n* pezzo; (*of tool*) punta;
(*of horse*) morso; (*COMPUT*) bit *m inv*; (*US:
coin*) ottavo di dollaro; **a ~ of** un po' di; **a
~ mad/dangerous** un po' matto/
pericoloso; **~ by ~** a poco a poco; **to do
one's ~** fare la propria parte; **to come to
~s** (*break*) andare a pezzi; **bring all your
~s and pieces** porta tutte le tue cose.
bitch [bɪtʃ] *n* (*dog*) cagna; (*col!*) puttana (*!*).
bite [baɪt] *vt, vi* (*pt* **bit** [bɪt], *pp* **bitten** ['bɪtn])
mordere ♦ *n* morso; (*insect ~*) puntura;
(*mouthful*) boccone *m*; **let's have a ~ (to
eat)** mangiamo un boccone; **to ~ one's
nails** mangiarsi le unghie.
biting ['baɪtɪŋ] *adj* pungente.
bit part *n* (*THEAT*) particina.
bitten ['bɪtn] *pp of* **bite**.
bitter ['bɪtə*] *adj* amaro(a); (*wind, criticism*)
pungente; (*icy: weather*) gelido(a) ♦ *n*
(*BRIT: beer*) birra amara; **to the ~ end** a
oltranza.
bitterly ['bɪtəlɪ] *adv* (*disappoint, complain,*

weep) amaramente; (*oppose, criticise*)
aspramente; (*jealous*) profondamente; **it's
~ cold** fa un freddo gelido.
bitterness ['bɪtənɪs] *n* amarezza; gusto
amaro.
bittersweet ['bɪtəswiːt] *adj* agrodolce.
bitty ['bɪtɪ] *adj* (*BRIT col*) frammentario(a).
bitumen ['bɪtjumɪn] *n* bitume *m*.
bivouac ['bɪvuæk] *n* bivacco.
bizarre [bɪ'zɑː*] *adj* bizzarro(a).
bk *abbr* = **bank; book**.
BL *n abbr* (= *Bachelor of Law(s), Bachelor of
Letters*) titolo di studio; (*US*: = *Bachelor of
Literature*) titolo di studio.
bl *abbr* = **bill of lading**.
blab [blæb] *vi* parlare troppo ♦ *vt* (*also: ~
out*) spifferare.
black [blæk] *adj* nero(a) ♦ *n* nero; (*person*):
B~ negro/a ♦ *vt* (*BRIT INDUSTRY*)
boicottare; **~ coffee** caffè *m inv* nero; **to
give sb a ~ eye** fare un occhio nero a qn;
in the ~ (*in credit*) in attivo; **there it is in ~
and white** (*fig*) eccolo nero su bianco; **~
and blue** *adj* tutto(a) pesto(a).
►**black out** *vi* (*faint*) svenire.
black belt *n* (*SPORT*) cintura nera; (*US:
area*): **the ~** zona abitata principalmente
da negri.
blackberry ['blækbərɪ] *n* mora.
blackbird ['blækbɔːd] *n* merlo.
blackboard ['blækbɔːd] *n* lavagna.
black box *n* (*AVIAT*) scatola nera.
Black Country *n* (*BRIT*): **the ~** zona
carbonifera del centro dell'Inghilterra.
blackcurrant [blæk'kʌrənt] *n* ribes *m inv*.
black economy *n* (*BRIT*) economia
sommersa.
blacken ['blækn] *vt* annerire.
Black Forest *n*: **the ~** la Foresta Nera.
blackhead ['blækhɛd] *n* punto nero,
comedone *m*.
black hole *n* (*ASTRON*) buco nero.
black ice *n* strato trasparente di ghiaccio.
blackjack ['blækdʒæk] *n* (*CARDS*) ventuno;
(*US: truncheon*) manganello.
blackleg ['blæklɛg] *n* (*BRIT*) crumiro.
blacklist ['blæklɪst] *n* lista nera ♦ *vt* mettere
sulla lista nera.
blackmail ['blækmeɪl] *n* ricatto ♦ *vt*
ricattare.
blackmailer ['blækmeɪlə*] *n* ricattatore/
trice.
black market *n* mercato nero.
blackout ['blækaut] *n* oscuramento;
(*fainting*) svenimento; (*TV*) interruzione *f*
delle trasmissioni.
black pepper *n* pepe *m* nero.
Black Sea *n*: **the ~** il mar Nero.

black sheep *n* pecora nera.

blacksmith ['blæksmɪθ] *n* fabbro ferraio.

black spot *n* (*AUT*) luogo famigerato per gli incidenti.

bladder ['blædə*] *n* vescica.

blade [bleɪd] *n* lama; (*of oar*) pala; ~ **of grass** filo d'erba.

blame [bleɪm] *n* colpa ♦ *vt*: **to ~ sb/sth for sth** dare la colpa di qc a qn/qc; **who's to ~?** chi è colpevole?; **I'm not to ~** non è colpa mia.

blameless ['bleɪmlɪs] *adj* irreprensibile.

blanch [blɑːntʃ] *vi* (*person*) sbiancare in viso ♦ *vt* (*CULIN*) scottare.

bland [blænd] *adj* mite; (*taste*) blando(a).

blank [blæŋk] *adj* bianco(a); (*look*) distratto(a) ♦ *n* spazio vuoto; (*cartridge*) cartuccia a salve; **to draw a ~** (*fig*) non aver nessun risultato.

blank cheque, (*US*) **blank check** *n* assegno in bianco; **to give sb a ~ to do** (*fig*) dare carta bianca a qn per fare.

blanket ['blæŋkɪt] *n* coperta ♦ *adj* (*statement, agreement*) globale.

blanket cover *n*: **to give ~** (*subj: insurance policy*) coprire tutti i rischi.

blare [blɛə*] *vi* strombettare; (*radio*) suonare a tutto volume.

blasé ['blɑːzeɪ] *adj* blasé *inv*.

blasphemous ['blæsfɪməs] *adj* blasfemo(a).

blasphemy ['blæsfɪmɪ] *n* bestemmia.

blast [blɑːst] *n* (*of wind*) raffica; (*of air, steam*) getto; (*bomb ~*) esplosione *f* ♦ *vt* far saltare ♦ *excl* (*BRIT col*) mannaggia!; **(at) full ~** a tutta forza.

▶**blast off** *vi* (*SPACE*) essere lanciato(a).

blast-off ['blɑːstɔf] *n* (*SPACE*) lancio.

blatant ['bleɪtənt] *adj* flagrante.

blatantly ['bleɪtəntlɪ] *adv*: **it's ~ obvious** è lampante.

blaze [bleɪz] *n* (*fire*) incendio; (*glow: of fire, sun etc*) bagliore *m*; (*fig*) vampata ♦ *vi* (*fire*) ardere, fiammeggiare; (*fig*) infiammarsi ♦ *vt*: **to ~ a trail** (*fig*) tracciare una via nuova; **in a ~ of publicity** circondato da grande pubblicità.

blazer ['bleɪzə*] *n* blazer *m inv*.

bleach [bliːtʃ] *n* (*also*: **household ~**) varechina ♦ *vt* (*material*) candeggiare.

bleached ['bliːtʃt] *adj* (*hair*) decolorato(a).

bleachers ['bliːtʃəz] *npl* (*US*) posti *mpl* di gradinata.

bleak [bliːk] *adj* (*prospect, future*) tetro(a); (*landscape*) desolato(a); (*weather*) gelido(a); (*smile*) pallido(a).

bleary-eyed ['blɪərɪˈaɪd] *adj* dagli occhi offuscati.

bleat [bliːt] *vi* belare.

bleed, *pt, pp* **bled** [bliːd, blɛd] *vt* dissanguare; (*brakes, radiator*) spurgare ♦ *vi* sanguinare; **my nose is ~ing** mi viene fuori sangue dal naso.

bleep [bliːp] *n* breve segnale *m* acustico, bip *m inv* ♦ *vi* suonare ♦ *vt* (*doctor*) chiamare con il cercapersone.

bleeper ['bliːpə*] *n* (*of doctor etc*) cercapersone *m inv*.

blemish ['blɛmɪʃ] *n* macchia.

blend [blɛnd] *n* miscela ♦ *vt* mescolare ♦ *vi* (*colours etc*) armonizzare.

blender ['blɛndə*] *n* (*CULIN*) frullatore *m*.

bless, *pt, pp* **blessed** *or* **blest** [blɛs, blɛst] *vt* benedire; **~ you!** (*sneezing*) salute!; **to be ~ed with** godere di.

blessed ['blɛsɪd] *adj* (*REL: holy*) benedetto(a); (*happy*) beato(a); **every ~ day** tutti i santi giorni.

blessing ['blɛsɪŋ] *n* benedizione *f*; fortuna; **to count one's ~s** ringraziare Iddio, ritenersi fortunato; **it was a ~ in disguise** in fondo è stato un bene.

blest [blɛst] *pt, pp of* **bless**.

blew [bluː] *pt of* **blow**.

blight [blaɪt] *n* (*of plants*) golpe *f* ♦ *vt* (*hopes etc*) deludere; (*life*) rovinare.

blimey ['blaɪmɪ] *excl* (*BRIT col*) accidenti!

blind [blaɪnd] *adj* cieco(a) ♦ *n* (*for window*) avvolgibile *m*; (*Venetian ~*) veneziana ♦ *vt* accecare; **to turn a ~ eye (on *or* to)** chiudere un occhio (su).

blind alley *n* vicolo cieco.

blind corner *n* (*BRIT*) svolta cieca.

blind date *n* appuntamento combinato (*tra due persone che non si conoscono*).

blinders ['blaɪndəz] *npl* (*US*) = **blinkers**.

blindfold ['blaɪndfəuld] *n* benda ♦ *adj, adv* bendato(a) ♦ *vt* bendare gli occhi a.

blinding ['blaɪndɪŋ] *adj* (*flash, light*) accecante; (*pain*) atroce.

blindly ['blaɪndlɪ] *adv* ciecamente.

blindness ['blaɪndnɪs] *n* cecità.

blind spot *n* (*AUT etc*) punto cieco; (*fig*) punto debole.

blink [blɪŋk] *vi* battere gli occhi; (*light*) lampeggiare ♦ *n*: **to be on the ~** (*col*) essere scassato(a).

blinkers ['blɪŋkəz] *npl* (*BRIT*) paraocchi *mpl*.

blinking ['blɪŋkɪŋ] *adj* (*BRIT col*): **this ~ ...** questo(a) maledetto(a) ....

blip [blɪp] *n* (*on radar etc*) segnale *m* intermittente; (*on graph*) piccola variazione *f*; (*fig*) momentanea battuta d'arresto.

bliss [blɪs] *n* estasi *f*.

blissful ['blɪsfəl] *adj* (*event, day*) stupendo(a), meraviglioso(a); (*smile*) beato(a); **in ~ ignorance** nella (più) beata ignoranza.

blissfully ['blɪsfəlɪ] *adj (sigh, smile)* beatamente; **~ happy** magnificamente felice.

blister ['blɪstə*] *n (on skin)* vescica; *(on paintwork)* bolla ♦ *vi (paint)* coprirsi di bolle.

blithe [blaɪð] *adj* gioioso(a), allegro(a).

blithely ['blaɪðlɪ] *adv* allegramente.

blithering ['blɪðərɪŋ] *adj (col)*: **this ~ idiot** questa razza d'idiota.

BLit(t) *n abbr* (= *Bachelor of Literature*) titolo di studio.

blitz [blɪts] *n* blitz *m*; **to have a ~ on sth** *(fig)* prendere d'assalto qc.

blizzard ['blɪzəd] *n* bufera di neve.

BLM *n abbr* (*US*: = *Bureau of Land Management*) ≈ il demanio.

bloated ['bləʊtɪd] *adj* gonfio(a).

blob [blɔb] *n (drop)* goccia; *(stain, spot)* macchia.

bloc [blɔk] *n (POL)* blocco.

block [blɔk] *n (gen, COMPUT)* blocco; *(in pipes)* ingombro; *(toy)* cubo; *(of buildings)* isolato ♦ *vt (gen, COMPUT)* bloccare; **~ of flats** caseggiato; **3 ~s from here** a 3 isolati di distanza da qui; **mental ~** blocco mentale.
▸**block up** *vt* bloccare; *(pipe)* ingorgare, intasare.

blockade [blɔ'keɪd] *n* blocco ♦ *vt* assediare.

blockage ['blɔkɪdʒ] *n* ostacolo.

block and tackle *n (TECH)* paranco.

block booking *n* prenotazione *f* in blocco.

blockbuster ['blɔkbʌstə*] *n* libro *or* film *etc* sensazionale.

block capitals *npl* stampatello.

blockhead ['blɔkhɛd] *n* testa di legno.

block letters *npl* stampatello.

block release *n (BRIT)* periodo pagato concesso al tirocinante per effettuare studi superiori.

block vote *n (BRIT)* voto per delega.

bloke [bləʊk] *n (BRIT col)* tizio.

blond [blɔnd] *n (man)* biondo ♦ *adj* biondo(a).

blonde [blɔnd] *n (woman)* bionda ♦ *adj* biondo(a).

blood [blʌd] *n* sangue *m*; **new ~** *(fig)* nuova linfa.

blood bank *n* banca del sangue.

blood count *n* conteggio di globuli rossi e bianchi.

bloodcurdling ['blʌdkə:dlɪŋ] *adj* raccapricciante, da far gelare il sangue.

blood donor *n* donatore/trice di sangue.

blood group *n* gruppo sanguigno.

bloodhound ['blʌdhaund] *n* segugio.

bloodless ['blʌdlɪs] *adj (pale)* smorto(a), esangue; *(coup)* senza spargimento di sangue.

bloodletting ['blʌdlɛtɪŋ] *n (MED)* salasso; *(fig)* spargimento di sangue.

blood poisoning *n* setticemia.

blood pressure *n* pressione *f* sanguigna; **to have high/low ~** avere la pressione alta/bassa.

bloodshed ['blʌdʃɛd] *n* spargimento di sangue.

bloodshot ['blʌdʃɔt] *adj*: **~ eyes** occhi iniettati di sangue.

bloodstained ['blʌdsteɪnd] *adj* macchiato(a) di sangue.

bloodstream ['blʌdstri:m] *n* flusso del sangue.

blood test *n* analisi *f inv* del sangue.

bloodthirsty ['blʌdθə:stɪ] *adj* assetato(a) di sangue.

blood transfusion *n* trasfusione *f* di sangue.

blood type *n* gruppo sanguigno.

blood vessel *n* vaso sanguigno.

bloody ['blʌdɪ] *adj* sanguinoso(a); *(BRIT col!)*: **this ~ ...** questo maledetto ...; **a ~ awful day** *(col!)* una giornata di merda *(!)*; **~ good** *(col!)* maledettamente buono.

bloody-minded ['blʌdɪ'maɪndɪd] *adj (BRIT col)* indisponente.

bloom [blu:m] *n* fiore *m* ♦ *vi* essere in fiore.

blooming ['blu:mɪŋ] *adj (col)*: **this ~ ...** questo(a) dannato(a) ....

blossom ['blɔsəm] *n* fiore *m*; *(with pl sense)* fiori *mpl* ♦ *vi* essere in fiore; **to ~ into** *(fig)* diventare.

blot [blɔt] *n* macchia ♦ *vt* macchiare; **to be a ~ on the landscape** rovinare il paesaggio; **to ~ one's copy book** *(fig)* farla grossa.
▸**blot out** *vt (memories)* cancellare; *(view)* nascondere; *(nation, city)* annientare.

blotchy ['blɔtʃɪ] *adj (complexion)* coperto(a) di macchie.

blotter ['blɔtə*] *n* tampone *m* (di carta assorbente).

blotting paper ['blɔtɪŋ-] *n* carta assorbente.

blotto ['blɔtəʊ] *adj (col)* sbronzo(a).

blouse [blauz] *n* camicetta.

blow [bləʊ] *n* colpo ♦ *vb (pt* **blew** [blu:]*, pp* **blown** [bləʊn]) *vi* soffiare ♦ *vt (fuse)* far saltare; **to come to ~s** venire alle mani; **to ~ one's nose** soffiarsi il naso; **to ~ a whistle** fischiare.
▸**blow away** *vi* volare via ♦ *vt* portare via.
▸**blow down** *vt* abbattere.
▸**blow off** *vt* far volare via; **to ~ off course**

far uscire di rotta.

▶**blow out** vi scoppiare.

▶**blow over** vi calmarsi.

▶**blow up** vi saltare in aria ♦ vt far saltare in aria; (tyre) gonfiare; (PHOT) ingrandire.

blow-dry ['bləudraı] n (hairstyle) messa in piega a föhn ♦ vt asciugare con il föhn.

blowlamp ['bləulæmp] n (BRIT) lampada a benzina per saldare.

blown [bləun] pp of **blow**.

blowout ['bləuaut] n (of tyre) scoppio; (col: big meal) abbuffata.

blowtorch ['bləutɔ:tʃ] n lampada a benzina per saldare.

blowzy ['blauzı] adj trasandato(a).

BLS n abbr (US) = Bureau of Labor Statistics.

blubber ['blʌbə*] n grasso di balena ♦ vi (pej) piangere forte.

bludgeon ['blʌdʒən] vt prendere a randellate.

blue [blu:] adj azzurro(a), celeste; (darker) blu inv; ~ **film/joke** film/barzelletta pornografico(a); (**only) once in a ~ moon** a ogni morte di papa; **out of the ~** (fig) all'improvviso; see also **blues**.

blue baby n neonato cianotico.

bluebell ['blu:bɛl] n giacinto di bosco.

bluebottle ['blu:bɔtl] n moscone m.

blue cheese n formaggio tipo gorgonzola.

blue-chip ['blu:tʃıp] adj: ~ **investment** investimento sicuro.

blue-collar worker ['blu:kɔlə*-] n operaio/a.

blue jeans npl blue-jeans mpl.

blueprint ['blu:prınt] n cianografia; (fig): ~ **(for)** formula (per).

blues [blu:z] npl: **the ~** (MUS) il blues; **to have the ~** (col: feeling) essere a terra.

bluff [blʌf] vi bluffare ♦ n bluff m inv; (promontory) promontorio scosceso ♦ adj (person) brusco(a); **to call sb's ~** mettere alla prova il bluff di qn.

blunder ['blʌndə*] n abbaglio ♦ vi prendere un abbaglio; **to ~ into sb/sth** andare a sbattere contro qn/qc.

blunt [blʌnt] adj (edge) smussato(a); (point) spuntato(a); (knife) che non taglia; (person) brusco(a) ♦ vt smussare; spuntare; **this pencil is** ~ questa matita non ha più la punta; ~ **instrument** (LAW) corpo contundente.

bluntly ['blʌntlı] adv (speak) senza mezzi termini.

bluntness ['blʌntnıs] n (of person) brutale franchezza.

blur [blə:*] n cosa offuscata ♦ vt offuscare.

blurb [blə:b] n trafiletto pubblicitario.

blurred [blə:d] adj (photo) mosso(a); (TV)

sfuocato(a).

blurt out [blə:t-] vt lasciarsi sfuggire.

blush [blʌʃ] vi arrossire ♦ n rossore m.

blusher ['blʌʃə*] n fard m inv.

bluster ['blʌstə*] n spacconate fpl; (threats) vuote minacce fpl ♦ vi fare lo spaccone; minacciare a vuoto.

blustering ['blʌstərıŋ] adj (tone etc) da spaccone.

blustery ['blʌstərı] adj (weather) burrascoso(a).

Blvd abbr = **boulevard**.

BM n abbr = British Museum; (SCOL: = Bachelor of Medicine) titolo di studio.

BMA n abbr = British Medical Association.

BMJ n abbr = British Medical Journal.

BMus n abbr (= Bachelor of Music) titolo di studio.

BMX n abbr (= bicycle motorcross) BMX f inv; ~ **bike** mountain bike f inv per cross.

BO n abbr (col: = body odour) odori mpl sgradevoli (del corpo); (US) = **box office**.

boar [bɔ:*] n cinghiale m.

board [bɔ:d] n tavola; (on wall) tabellone m; (for chess etc) scacchiera; (committee) consiglio, comitato; (in firm) consiglio d'amministrazione; (NAUT, AVIAT): **on ~ a** bordo ♦ vt (ship) salire a bordo di; (train) salire su; **full ~** (BRIT) pensione f completa; **half ~** (BRIT) mezza pensione; ~ **and lodging** vitto e alloggio; **above ~** (fig) regolare; **across the ~** (fig) adv per tutte le categorie ♦ adj generale; **to go by the ~** venir messo(a) da parte.

▶**board up** vt (door) chiudere con assi.

boarder ['bɔ:də*] n pensionante m/f; (SCOL) convittore/trice.

board game n gioco da tavolo.

boarding card ['bɔ:dıŋ-] n (AVIAT, NAUT) carta d'imbarco.

boarding house n pensione f.

boarding party n squadra di ispezione (del carico di una nave).

boarding pass n (BRIT) = **boarding card**.

boarding school n collegio.

board meeting n riunione f di consiglio.

board room n sala del consiglio.

boardwalk ['bɔ:dwɔ:k] n (US) passeggiata a mare.

boast [bəust] vi: **to ~ (about or of)** vantarsi (di) ♦ vt vantare ♦ n vanteria; vanto.

boastful ['bəustful] adj vanaglorioso(a).

boastfulness ['bəustfulnıs] n vanagloria.

boat [bəut] n nave f; (small) barca; **to go by ~** andare in barca or in nave; **we're all in the same ~** (fig) siamo tutti nella stessa barca.

boater ['bəutə*] n (hat) paglietta.

boating ['bəutɪŋ] n canottaggio.
boat people n boat people mpl.
boatswain ['bəusn] n nostromo.
bob [bɔb] vi (boat, cork on water: also: ~ up and down) andare su e giù ♦ n (BRIT col) = shilling.
▶**bob up** vi saltare fuori.
bobbin ['bɔbɪn] n bobina; (of sewing machine) rocchetto.
bobby ['bɔbɪ] n (BRIT col) ≈ poliziotto.
bobsleigh ['bɔbsleɪ] n bob m inv.
bode [bəud] vi: **to ~ well/ill (for)** essere di buon/cattivo auspicio (per).
bodice ['bɔdɪs] n corsetto.
bodily ['bɔdɪlɪ] adj (comfort, needs) materiale; (pain) fisico(a) ♦ adv (carry) in braccio; (lift) di peso.
body ['bɔdɪ] n corpo; (of car) carrozzeria; (of plane) fusoliera; (organization) associazione f, organizzazione f; (quantity) quantità f inv; (of speech, document) parte f principale; (also: ~ **stocking**) body m inv; **in a ~** in massa; **ruling ~** direttivo; **a wine with ~** un vino corposo.
body blow n (fig) duro colpo.
body-building ['bɔdɪ'bɪldɪŋ] n culturismo.
bodyguard ['bɔdɪgɑːd] n guardia del corpo.
body language n linguaggio del corpo.
body repairs npl (AUT) lavori mpl di carrozzeria.
body search n perquisizione f personale; **to submit to** or **undergo a ~** essere sottoposto(a) a perquisizione personale.
bodywork ['bɔdɪwəːk] n carrozzeria.
boffin ['bɔfɪn] n scienziato.
bog [bɔg] n palude f ♦ vt: **to get ~ged down** (fig) impantanarsi.
bogey ['bəugɪ] n (worry) spauracchio; (also: ~ **man**) babau m inv.
boggle ['bɔgl] vi: **the mind ~s** è incredibile.
Bogotá [bəugə'tɑː] n Bogotà f.
bogus ['bəugəs] adj falso(a); finto(a).
Bohemia [bəu'hiːmɪə] n Boemia.
Bohemian [bəu'hiːmɪən] adj, n boemo(a).
boil [bɔɪl] vt, vi bollire ♦ n (MED) foruncolo; **to come to the** or (US) **a ~** raggiungere l'ebollizione; **to bring to the** or (US) **a ~** portare a ebollizione; **~ed egg** uovo alla coque; **~ed potatoes** patate fpl bollite or lesse.
▶**boil down** vi (fig): **to ~ down to** ridursi a.
▶**boil over** vi traboccare (bollendo).
boiler ['bɔɪlə*] n caldaia.
boiler suit n (BRIT) tuta.
boiling ['bɔɪlɪŋ] adj bollente; **I'm ~ (hot)** (col) sto morendo di caldo.

boiling point n punto di ebollizione.
boil-in-the-bag [bɔɪlɪndə'bæg] adj (rice etc) da bollire nel sacchetto.
boisterous ['bɔɪstərəs] adj chiassoso(a).
bold [bəuld] adj audace; (child) impudente; (outline) chiaro(a); (colour) deciso(a).
boldness ['bəuldnɪs] n audacia; impudenza.
bold type n (TYP) neretto, grassetto.
Bolivia [bə'lɪvɪə] n Bolivia.
Bolivian [bə'lɪvɪən] adj, n boliviano(a).
bollard ['bɔləd] n (NAUT) bitta; (BRIT AUT) colonnina luminosa.
bolshy ['bɔlʃɪ] adj (BRIT col) piantagrane, ribelle; **to be in a ~ mood** essere in vena di piantar grane.
bolster ['bəulstə*] n capezzale m.
▶**bolster up** vt sostenere.
bolt [bəult] n chiavistello; (with nut) bullone m ♦ adv: ~ **upright** diritto(a) come un fuso ♦ vt serrare; (food) mangiare in fretta ♦ vi scappare via; **a ~ from the blue** (fig) un fulmine a ciel sereno.
bomb [bɔm] n bomba ♦ vt bombardare.
bombard [bɔm'bɑːd] vt bombardare.
bombardment [bɔm'bɑːdmənt] n bombardamento.
bombastic [bɔm'bæstɪk] adj ampolloso(a).
bomb disposal n: ~ **expert** artificiere m; ~ **unit** corpo degli artificieri.
bomber ['bɔmə*] n bombardiere m; (terrorist) dinamitardo/a.
bombing ['bɔmɪŋ] n bombardamento.
bomb scare n stato di allarme (per sospetta presenza di una bomba).
bombshell ['bɔmʃɛl] n (fig) notizia bomba.
bomb site n luogo bombardato.
bona fide ['bəunə'faɪdɪ] adj sincero(a); (offer) onesto(a).
bonanza [bə'nænzə] n cuccagna.
bond [bɔnd] n legame m; (binding promise, FINANCE) obbligazione f; **in ~** (of goods) in attesa di sdoganamento.
bondage ['bɔndɪdʒ] n schiavitù f.
bonded warehouse ['bɔndɪd-] n magazzino doganale.
bone [bəun] n osso; (of fish) spina, lisca ♦ vt disossare; togliere le spine a.
bone china n porcellana fine.
bone-dry ['bəun'draɪ] adj asciuttissimo(a).
bone idle adj: **to be ~** essere un(a) fannullone(a).
bone marrow n midollo osseo.
boner ['bəunə*] n (US) gaffe f inv.
bonfire ['bɔnfaɪə*] n falò m inv.
bonk [bɔŋk] vt, vi (hum, col) scopare (!).
bonkers ['bɔŋkəz] adj (BRIT col) suonato(a).
Bonn [bɔn] n Bonn f.
bonnet ['bɔnɪt] n cuffia; (BRIT: of car)

cofano.

bonny ['bɒnɪ] *adj* (*esp Scottish*) bello(a), carino(a).

bonus ['bəʊnəs] *n* premio; (*on wages*) gratifica.

bony ['bəʊnɪ] *adj* (*thin: person*) ossuto(a), angoloso(a); (*arm, face, MED: tissue*) osseo(a); (*meat*) pieno(a) di ossi; (*fish*) pieno(a) di spine.

boo [bu:] *excl* ba! ♦ *vt* fischiare ♦ *n* fischio.

boob [bu:b] *n* (*col: breast*) tetta; (: *BRIT: mistake*) gaffe *f inv*.

booby prize ['bu:bɪ-] *n* premio per il peggior contendente.

booby trap ['bu:bɪ-] *n* trabocchetto; (*bomb*) congegno che esplode al contatto.

booby-trapped ['bu:bɪtræpt] *adj*: **a ~ car** una macchina con dell'esplosivo a bordo.

book [buk] *n* libro; (*of stamps etc*) blocchetto ♦ *vt* (*ticket, seat, room*) prenotare; (*driver*) multare; (*football player*) ammonire; **~s** *npl* (*COMM*) conti *mpl*; **to keep the ~s** (*COMM*) tenere la contabilità; **by the ~** secondo le regole; **to throw the ~ at sb** incriminare qn seriamente *or* con tutte le aggravanti.

▶**book in** *vi* (*BRIT: at hotel*) prendere una camera.

▶**book up** *vt* riservare, prenotare; **the hotel is ~ed up** l'albergo è al completo; **all seats are ~ed up** è tutto esaurito.

bookable ['bukəbl] *adj*: **seats are ~** si possono prenotare i posti.

bookcase ['bukkeɪs] *n* scaffale *m*.

book ends *npl* reggilibri *mpl*.

booking ['bukɪŋ] *n* (*BRIT*) prenotazione *f*.

booking office *n* (*BRIT*) biglietteria.

book-keeping ['buk'ki:pɪŋ] *n* contabilità.

booklet ['buklɪt] *n* opuscolo, libretto.

bookmaker ['bukmeɪkə*] *n* allibratore *m*.

bookseller ['buksɛlə*] *n* libraio.

bookshelf ['bukʃɛlf] *n* mensola (per libri); **bookshelves** *npl* (*bookcase*) libreria.

bookshop ['bukʃɔp] *n* libreria.

bookstall ['bukstɔ:l] *n* bancarella di libri.

bookstore ['bukstɔ:*] *n* = **bookshop**.

book token *n* buono *m* libri *inv*.

book value *n* valore *m* contabile.

bookworm ['bukwə:m] *n* (*fig*) topo di biblioteca.

boom [bu:m] *n* (*noise*) rimbombo; (*busy period*) boom *m inv* ♦ *vi* rimbombare; andare a gonfie vele.

boomerang ['bu:məræŋ] *n* boomerang *m inv* ♦ *vi* (*fig*) avere effetto contrario; **to ~ on sb** (*fig*) ritorcersi contro qn.

boom town *n* città *f inv* in rapidissima espansione.

boon [bu:n] *n* vantaggio.

boorish ['buərɪʃ] *adj* maleducato(a).

boost [bu:st] *n* spinta ♦ *vt* spingere; (*increase: sales, production*) incentivare; **to give a ~ to** (*morale*) tirar su; **it gave a ~ to his confidence** è stata per lui un'iniezione di fiducia.

booster ['bu:stə*] *n* (*ELEC*) amplificatore *m*; (*TV*) amplificatore *m* di segnale; (*also*: **~ rocket**) razzo vettore; (*MED*) richiamo.

booster seat *n* (*AUT: for children*) seggiolino di sicurezza.

boot [bu:t] *n* stivale *m*; (*ankle ~*) stivaletto; (*for hiking*) scarpone *m* da montagna; (*for football etc*) scarpa; (*BRIT: of car*) portabagagli *m inv* ♦ *vt* (*COMPUT*) inizializzare; **to ~** (*in addition*) per giunta, in più; **to give sb the ~** (*col*) mettere qn alla porta.

booth [bu:ð] *n* (*at fair*) baraccone *m*; (*of cinema, telephone etc*) cabina; (*also*: **voting ~**) cabina (elettorale).

bootleg ['bu:tlɛg] *adj* di contrabbando; **~ record** registrazione *f* pirata *inv*.

booty ['bu:tɪ] *n* bottino.

booze [bu:z] (*col*) *n* alcool *m* ♦ *vi* trincare.

boozer ['bu:zə*] *n* (*col: person*) beone *m*; (*BRIT col: pub*) osteria.

border ['bɔ:də*] *n* orlo; margine *m*; (*of a country*) frontiera; **the B~** *la frontiera tra l'Inghilterra e la Scozia*; **the B~s** *la zona di confine tra l'Inghilterra e la Scozia*.

▶**border on** *vt fus* confinare con.

borderline ['bɔ:dəlaɪn] *n* (*fig*) linea di demarcazione ♦ *adj*: **~ case** caso limite.

bore [bɔ:*] *pt of* **bear** ♦ *vt* (*hole*) perforare; (*person*) annoiare ♦ *n* (*person*) seccatore/trice; (*of gun*) calibro; **he's ~d to tears** *or* **~d to death** *or* **~d stiff** è annoiato a morte, si annoia da morire.

boredom ['bɔ:dəm] *n* noia.

boring ['bɔ:rɪŋ] *adj* noioso(a).

born [bɔ:n] *adj*: **to be ~** nascere; **I was ~ in 1960** sono nato nel 1960; **~ blind** cieco dalla nascita; **a ~ comedian** un comico nato.

born-again [bɔ:nə'gɛn] *adj*: **~ Christian** convertito(a) alla chiesa evangelica.

borne [bɔ:n] *pp of* **bear**.

Borneo ['bɔ:nɪəu] *n* Borneo.

borough ['bʌrə] *n* comune *m*.

borrow ['bɔrəu] *vt*: **to ~ sth (from sb)** prendere in prestito qc (da qn); **may I ~ your car?** può prestarmi la macchina?

borrower ['bɔrəuə*] *n* (*gen*) chi prende a prestito; (*ECON*) mutuatario/a.

borrowing ['bɔrəuɪŋ] *n* prestito.

borstal ['bɔ:stl] *n* (*BRIT*) riformatorio.

Bosnia ['bɔznɪə] *n* Bosnia.
Bosnia-Herzegovina
['bɔznɪəhɛrzə'gəʊviːnə] *n* (*also*: **Bosnia-Hercegovina**) Bosnia-Erzegovina.
Bosnian ['bɔznɪən] *adj, n* bosniaco(a).
bosom ['buzəm] *n* petto; (*fig*) seno.
bosom friend *n* amico/a del cuore.
boss [bɔs] *n* capo ♦ *vt* (*also*: ~ **about** *or* **around**) comandare a bacchetta; **stop** ~**ing everyone about!** smettila di dare ordini a tutti!
bossy ['bɔsɪ] *adj* prepotente.
bosun ['bəʊsn] *n* nostromo.
botanical [bə'tænɪkl] *adj* botanico(a).
botanist ['bɔtənɪst] *n* botanico/a.
botany ['bɔtənɪ] *n* botanica.
botch [bɔtʃ] *vt* fare un pasticcio di.
both [bəʊθ] *adj* entrambi(e), tutt'e due ♦ *pron*: ~ (**of them**) entrambi(e) ♦ *adv*: **they sell** ~ **meat and poultry** vendono insieme la carne ed il pollame; ~ **of us went, we** ~ **went** ci siamo andati tutt'e due.
bother ['bɔðə*] *vt* (*worry*) preoccupare; (*annoy*) infastidire ♦ *vi* (*gen*: ~ **o.s.**) preoccuparsi ♦ *n*: **it is a** ~ **to have to do** è una seccatura dover fare ♦ *excl* uffa!, accidenti!; **to** ~ **doing sth** darsi la pena di fare qc; **I'm sorry to** ~ **you** mi dispiace disturbarla; **please don't** ~ non si scomodi; **it's no** ~ non c'è problema.
Botswana [bɔt'swɑːnə] *n* Botswana *m*.
bottle ['bɔtl] *n* bottiglia; (*of perfume, shampoo etc*) flacone *m*; (*baby's*) biberon *m inv* ♦ *vt* imbottigliare; ~ **of wine/milk** bottiglia di vino/latte; **wine/milk** ~ bottiglia da vino/del latte.
▶**bottle up** *vt* contenere.
bottle bank *n* contenitore *m* per la raccolta del vetro.
bottle-fed ['bɔtlfɛd] *adj* allattato(a) artificialmente.
bottleneck ['bɔtlnɛk] *n* ingorgo.
bottle-opener ['bɔtləʊpnə*] *n* apribottiglie *m inv*.
bottom ['bɔtəm] *n* fondo; (*of mountain, tree, hill*) piedi *mpl*; (*buttocks*) sedere *m* ♦ *adj* più basso(a); ultimo(a); **at the** ~ **of** in fondo a; **to get to the** ~ **of sth** (*fig*) andare al fondo di *or* in fondo a qc.
bottomless ['bɔtəmlɪs] *adj* senza fondo.
bottom line *n*: **the** ~ **is ...** in ultima analisi ....
botulism ['bɔtjulɪzəm] *n* botulismo.
bough [baʊ] *n* ramo.
bought [bɔːt] *pt, pp of* **buy**.
boulder ['bəʊldə*] *n* masso (tondeggiante).
boulevard ['buːlvɑːd] *n* viale *m*.
bounce [baʊns] *vi* (*ball*) rimbalzare;

(*cheque*) essere restituito(a) ♦ *vt* far rimbalzare ♦ *n* (*rebound*) rimbalzo; **to** ~ **in** entrare di slancio *or* con foga; **he's got plenty of** ~ (*fig*) è molto esuberante.
bouncer ['baʊnsə*] *n* buttafuori *m inv*.
bouncy castle ® ['baʊnsɪ-] *n grande castello gonfiabile per giocare.*
bound [baʊnd] *pt, pp of* **bind** ♦ *n* (*gen pl*) limite *m*; (*leap*) salto ♦ *vt* (*leap*) saltare; (*limit*) delimitare ♦ *adj*: **to be** ~ **to do sth** (*obliged*) essere costretto(a) a fare qc; **he's** ~ **to fail** (*likely*) è certo di fallire; ~ **for** diretto(a) a; **out of** ~**s** il cui accesso è vietato.
boundary ['baʊndrɪ] *n* confine *m*.
boundless ['baʊndlɪs] *adj* illimitato(a).
bountiful ['baʊntɪful] *adj* (*person*) munifico(a); (*God*) misericordioso(a); (*supply*) abbondante.
bounty ['baʊntɪ] *n* (*generosity*) liberalità, munificenza; (*reward*) taglia.
bounty hunter *n* cacciatore *m* di taglie.
bouquet ['buːkeɪ] *n* bouquet *m inv*.
bourbon ['buəbən] *n* (*US: also*: ~ **whiskey**) bourbon *m inv*.
bourgeois ['buəʒwɑː] *adj, n* borghese (*m/f*).
bout [baʊt] *n* periodo; (*of malaria etc*) attacco; (*BOXING etc*) incontro.
boutique [buː'tiːk] *n* boutique *f inv*.
bow[1] *n* [bəʊ] nodo; (*weapon*) arco; (*MUS*) archetto; (*NAUT: also*: ~**s**) prua.
bow[2] [baʊ] *n* (*with body*) inchino ♦ *vi* inchinarsi; (*yield*): **to** ~ **to** *or* **before** sottomettersi a; **to** ~ **to the inevitable** rassegnarsi all'inevitabile.
bowels [baʊəlz] *npl* intestini *mpl*; (*fig*) viscere *fpl*.
bowl [bəʊl] *n* (*for eating*) scodella; (*for washing*) bacino; (*ball*) boccia; (*of pipe*) fornello; (*US: stadium*) stadio ♦ *vi* (*CRICKET*) servire (la palla); *see also* **bowls**.
▶**bowl over** *vt* (*fig*) sconcertare.
bow-legged ['bəʊ'lɛgɪd] *adj* dalle gambe storte.
bowler ['bəʊlə*] *n* giocatore *m* di bocce; (*CRICKET*) giocatore che serve la palla; (*BRIT: also*: ~ **hat**) bombetta.
bowling ['bəʊlɪŋ] *n* (*game*) gioco delle bocce; bowling *m*.
bowling alley *n* pista da bowling.
bowling green *n* campo di bocce.
bowls [bəʊlz] *n* gioco delle bocce.
bow tie *n* cravatta a farfalla.
box [bɔks] *n* scatola; (*also*: **cardboard** ~) (scatola di) cartone *m*; (*crate*; *also for money*) cassetta; (*THEAT*) palco; (*BRIT AUT*) area d'incrocio ♦ *vi* fare pugilato ♦ *vt* mettere in (una) scatola; (*SPORT*)

combattere contro.
boxer ['bɔksə*] n (*person*) pugile m; (*dog*) boxer m *inv*.
boxing ['bɔksɪŋ] n (*SPORT*) pugilato.
Boxing Day n (*BRIT*) ≈ Santo Stefano.

> *Il* **Boxing Day** *è il primo giorno infrasettimanale dopo Natale e cade generalmente il 26 di dicembre. Prende il nome dall'usanza di donare pacchi regalo natalizi, un tempo chiamati "Christmas boxes", a fornitori, dipendenti e così via.*

boxing gloves npl guantoni mpl da pugile.
boxing ring n ring m *inv*.
box number n (*for advertisements*) casella.
box office n biglietteria.
box room n ripostiglio.
boy [bɔɪ] n ragazzo; (*small*) bambino; (*son*) figlio; (*servant*) servo.
boycott ['bɔɪkɔt] n boicottaggio ♦ vt boicottare.
boyfriend ['bɔɪfrɛnd] n ragazzo.
boyish ['bɔɪɪʃ] adj di or da ragazzo.
Bp abbr = **bishop**.
BR abbr see **British Rail**.
bra [brɑː] n reggipetto, reggiseno.
brace [breɪs] n sostegno; (*on teeth*) apparecchio correttore; (*tool*) trapano; (*TYP: also:* ~ **bracket**) graffa ♦ vt rinforzare, sostenere; **to** ~ **o.s.** (*fig*) farsi coraggio; *see also* **braces**.
bracelet ['breɪslɪt] n braccialetto.
braces ['breɪsɪz] npl (*BRIT*) bretelle fpl.
bracing ['breɪsɪŋ] adj invigorante.
bracken ['brækən] n felce f.
bracket ['brækɪt] n (*TECH*) mensola; (*group*) gruppo; (*TYP*) parentesi f inv ♦ vt mettere fra parentesi; (*fig: also:* ~ **together**) mettere insieme; **in** ~**s** tra parentesi; **round/square** ~**s** parentesi tonde/quadre; **income** ~ fascia di reddito.
brackish ['brækɪʃ] adj (*water*) salmastro(a).
brag [bræg] vi vantarsi.
braid [breɪd] n (*trimming*) passamano; (*of hair*) treccia.
Braille [breɪl] n braille m.
brain [breɪn] n cervello; ~**s** npl cervella fpl; **he's got** ~**s** è intelligente.
brainchild ['breɪntʃaɪld] n creatura, creazione f.
braindead ['breɪndɛd] adj (*MED*) che ha subito morte cerebrale; (*col*) cerebroleso(a), deficiente.
brainless ['breɪnlɪs] adj deficiente, stupido(a).
brainstorm ['breɪnstɔːm] n (*fig*) attacco di pazzia; (*US*) = **brainwave**.

brainwash ['breɪnwɔʃ] vt fare un lavaggio di cervello a.
brainwave ['breɪnweɪv] n lampo di genio.
brainy ['breɪnɪ] adj intelligente.
braise [breɪz] vt brasare.
brake [breɪk] n (*on vehicle*) freno ♦ vt, vi frenare.
brake light n (fanalino dello) stop m inv.
brake pedal n pedale m del freno.
bramble ['bræmbl] n rovo; (*fruit*) mora.
bran [bræn] n crusca.
branch [brɑːntʃ] n ramo; (*COMM*) succursale f, filiale f ♦ vi diramarsi.
▶**branch out** vi: **to** ~ **out into** intraprendere una nuova attività nel ramo di.
branch line n (*RAIL*) linea secondaria.
branch manager n direttore m di filiale.
brand [brænd] n marca ♦ vt (*cattle*) marcare (a ferro rovente); (*fig: pej*): **to** ~ **sb a communist** etc definire qn come comunista etc.
brandish ['brændɪʃ] vt brandire.
brand name n marca.
brand-new ['brænd'njuː] adj nuovo(a) di zecca.
brandy ['brændɪ] n brandy m inv.
brash [bræʃ] adj sfacciato(a).
Brasilia [brə'zɪljə] n Brasilia.
brass [brɑːs] n ottone m; **the** ~ (*MUS*) gli ottoni.
brass band n fanfara.
brassière ['bræsɪə*] n reggipetto, reggiseno.
brass tacks npl: **to get down to** ~ (*col*) venire al sodo.
brat [bræt] n (*pej*) marmocchio, monello/a.
bravado [brə'vɑːdəu] n spavalderia.
brave [breɪv] adj coraggioso(a) ♦ n guerriero m pellerossa inv ♦ vt affrontare.
bravery ['breɪvərɪ] n coraggio.
bravo [brɑː'vəu] excl bravo!, bene!
brawl [brɔːl] n rissa ♦ vi azzuffarsi.
brawn [brɔːn] n muscolo; (*meat*) carne f di testa di maiale.
brawny ['brɔːnɪ] adj muscoloso(a).
bray [breɪ] n raglio ♦ vi ragliare.
brazen ['breɪzn] adj svergognato(a) ♦ vt: **to** ~ **it out** fare lo sfacciato.
brazier ['breɪzɪə*] n braciere m.
Brazil [brə'zɪl] n Brasile m.
Brazilian [brə'zɪljən] adj, n brasiliano(a).
Brazil nut n noce f del Brasile.
breach [briːtʃ] vt aprire una breccia in ♦ n (*gap*) breccia, varco; (*estrangement*) rottura; (*of duty*) abuso; (*breaking*): ~ **of contract** rottura di contratto; ~ **of the peace** violazione f dell'ordine pubblico; ~

of trust abuso di fiducia.

bread [brɛd] *n* pane *m*; (*col: money*) grana;
to earn one's daily ~ guadagnarsi il pane;
to know which side one's ~ **is buttered
on** saper fare i propri interessi; ~ **and
butter** *n* pane e burro; (*fig*) mezzi *mpl* di
sussistenza.

breadbin ['brɛdbɪn] *n* (*BRIT*) cassetta *f*
portapane *inv*.

breadboard ['brɛdbɔːd] *n* tagliere *m* (*per il
pane*); (*COMPUT*) pannello per
esperimenti.

breadbox ['brɛdbɔks] *n* (*US*) cassetta *f*
portapane *inv*.

breadcrumbs ['brɛdkrʌmz] *npl* briciole *fpl*;
(*CULIN*) pangrattato.

breadline ['brɛdlaɪn] *n*: **to be on the** ~
avere appena denaro per vivere.

breadth [brɛtθ] *n* larghezza.

breadwinner ['brɛdwɪnə*] *n chi guadagna
il pane per tutta la famiglia.*

break [breɪk] *vb* (*pt* **broke** [brəuk], *pp* **broken**
['brəukən]) *vt* rompere; (*law*) violare;
(*promise*) mancare a ♦ *vi* rompersi;
(*weather*) cambiare ♦ *n* (*gap*) breccia;
(*fracture*) rottura; (*rest, also SCOL*)
intervallo; (: *short*) pausa; (*chance*)
possibilità *f inv*; (*holiday*) vacanza; **to** ~
one's leg *etc* rompersi la gamba *etc*; **to** ~
a record battere un primato; **to** ~ **the
news to sb** comunicare per primo la
notizia a qn; **to** ~ **with sb** (*fig*) rompere
con qn; **to** ~ **even** *vi* coprire le spese; **to** ~
free *or* **loose** liberarsi; **without a** ~ senza
una pausa; **to have** *or* **take a** ~ (*few
minutes*) fare una pausa; (*holiday*)
prendere un po' di riposo; **a lucky** ~ un
colpo di fortuna.

▶**break down** *vt* (*figures, data*) analizzare;
(*door etc*) buttare giù, abbattere;
(*resistance*) stroncare ♦ *vi* crollare; (*MED*)
avere un esaurimento (nervoso); (*AUT*)
guastarsi.

▶**break in** *vt* (*horse etc*) domare ♦ *vi*
(*burglar*) fare irruzione.

▶**break into** *vt fus* (*house*) fare irruzione
in.

▶**break off** *vi* (*speaker*) interrompersi;
(*branch*) troncarsi ♦ *vt* (*talks, engagement*)
rompere.

▶**break open** *vt* (*door etc*) sfondare.

▶**break out** *vi* evadere; **to** ~ **out in spots**
coprirsi di macchie.

▶**break through** *vi*: **the sun broke through**
il sole ha fatto capolino tra le nuvole ♦ *vt*
(*defences, barrier*) sfondare, penetrare in;
(*crowd*) aprirsi un varco in *or* tra, aprirsi
un passaggio tra *or* tra.

▶**break up** *vi* (*partnership*) sciogliersi;
(*friends*) separarsi ♦ *vt* fare in pezzi,
spaccare; (*fight etc*) interrompere, far
cessare; (*marriage*) finire.

breakable ['breɪkəbl] *adj* fragile; ~**s** *npl*
oggetti *mpl* fragili.

breakage ['breɪkɪdʒ] *n* rottura; **to pay for**
~**s** pagare i danni.

breakaway ['breɪkəweɪ] *adj* (*group etc*)
scissionista, dissidente.

break-dancing ['breɪkdɑːnsɪŋ] *n*
breakdance *f*.

breakdown ['breɪkdaun] *n* (*AUT*) guasto; (*in
communications*) interruzione *f*; (*MED: also:
nervous* ~) esaurimento nervoso; (*of
payments etc*) resoconto.

breakdown service *n* (*BRIT*) servizio
riparazioni.

breakdown van *n* carro *m* attrezzi *inv*.

breaker ['breɪkə*] *n* frangente *m*.

breakeven ['breɪk'iːvn] *cpd*: ~ **chart**
diagramma *m* del punto di rottura *or*
pareggio; ~ **point** punto di rottura *or*
pareggio.

breakfast ['brɛkfəst] *n* colazione *f*.

breakfast cereal *n* fiocchi *mpl* d'avena *or*
di mais *etc*.

break-in ['breɪkɪn] *n* irruzione *f*.

breaking point ['breɪkɪŋ-] *n* punto di
rottura.

breakthrough ['breɪkθruː] *n* (*MIL*) breccia;
(*fig*) passo avanti.

break-up ['breɪkʌp] *n* (*of partnership,
marriage*) rottura.

break-up value *n* (*COMM*) valore *m* di
realizzo.

breakwater ['breɪkwɔːtə*] *n* frangiflutti *m*
inv.

breast [brɛst] *n* (*of woman*) seno; (*chest*)
petto.

breast-feed ['brɛstfiːd] *vt, vi* (*irreg: like* **feed**)
allattare (al seno).

breast pocket *n* taschino.

breast-stroke ['brɛststrəuk] *n* nuoto a rana.

breath [brɛθ] *n* fiato; **out of** ~ senza fiato;
to go out for a ~ **of air** andare a prendere
una boccata d'aria.

Breathalyser ® ['brɛθəlaɪzə*] *n* alcoltest *m*
inv.

breathe [briːð] *vt, vi* respirare; **I won't** ~ **a
word about it** non fiaterò.

▶**breathe in** *vi* inspirare ♦ *vt* respirare.

▶**breathe out** *vt, vi* espirare.

breather ['briːðə*] *n* attimo di respiro.

breathing ['briːðɪŋ] *n* respiro, respirazione
f.

breathing space *n* (*fig*) attimo di respiro.

breathless ['brɛθlɪs] *adj* senza fiato; (*with*

excitement) con il fiato sospeso.

breath-taking ['brɛθteɪkɪŋ] *adj* sbalorditivo(a).

breath test *n* ≈ prova del palloncino.

-bred [brɛd] *suffix*: **to be well/ill**~ essere ben educato(a)/maleducato(a).

breed [briːd] *vb* (*pt, pp* **bred** [brɛd]) *vt* allevare; (*fig: hate, suspicion*) generare, provocare ♦ *vi* riprodursi ♦ *n* razza, varietà *f inv*.

breeder ['briːdə*] *n* (*PHYSICS: also:* ~ **reactor**) reattore *m* autofertilizzante.

breeding ['briːdɪŋ] *n* riproduzione *f*; allevamento.

breeze [briːz] *n* brezza.

breeze block *n* (*BRIT*) *mattone composto di scorie di coke.*

breezy ['briːzɪ] *adj* arioso(a); allegro(a).

Breton ['brɛtən] *adj, n* brettone (*m/f*).

brevity ['brɛvɪtɪ] *n* brevità.

brew [bruː] *vt* (*tea*) fare un infuso di; (*beer*) fare; (*plot*) tramare ♦ *vi* (*tea*) essere in infusione; (*beer*) essere in fermentazione; (*fig*) bollire in pentola.

brewer ['bruːə*] *n* birraio.

brewery ['bruːərɪ] *n* fabbrica di birra.

briar ['braɪə*] *n* (*thorny bush*) rovo; (*wild rose*) rosa selvatica.

bribe [braɪb] *n* bustarella ♦ *vt* comprare; **to** ~ **sb to do sth** pagare qn sottobanco perché faccia qc.

bribery ['braɪbərɪ] *n* corruzione *f*.

bric-a-brac ['brɪkəbræk] *n* bric-a-brac *m*.

brick [brɪk] *n* mattone *m*.

bricklayer ['brɪkleɪə*] *n* muratore *m*.

brickwork ['brɪkwəːk] *n* muratura in mattoni.

brickworks ['brɪkwəːks] *n* fabbrica di mattoni.

bridal ['braɪdl] *adj* nuziale; ~ **party** corteo nuziale.

bride [braɪd] *n* sposa.

bridegroom ['braɪdgruːm] *n* sposo.

bridesmaid ['braɪdzmeɪd] *n* damigella d'onore.

bridge [brɪdʒ] *n* ponte *m*; (*NAUT*) ponte di comando; (*of nose*) dorso; (*CARDS, DENTISTRY*) bridge *m inv* ♦ *vt* (*river*) fare un ponte sopra; (*gap*) colmare.

bridging loan ['brɪdʒɪŋ-] *n* (*BRIT*) anticipazione *f* sul mutuo.

bridle ['braɪdl] *n* briglia ♦ *vt* tenere a freno; (*horse*) mettere la briglia a ♦ *vi* (*in anger etc*) adombrarsi, adontarsi.

bridle path *n* sentiero (per cavalli).

brief [briːf] *adj* breve ♦ *n* (*LAW*) comparsa ♦ *vt* (*MIL etc*) dare istruzioni a; **in** = ... in breve ..., a farla breve ...; **to** ~ **sb (about**

sth) mettere qn al corrente (di qc); *see also* **briefs**.

briefcase ['briːfkeɪs] *n* cartella.

briefing ['briːfɪŋ] *n* istruzioni *fpl*.

briefly ['briːflɪ] *adv* (*speak, visit*) brevemente; (*glimpse*) di sfuggita.

briefness ['briːfnɪs] *n* brevità.

briefs [briːfs] *npl* mutande *fpl*.

Brig. *abbr* = **brigadier**.

brigade [brɪ'geɪd] *n* (*MIL*) brigata.

brigadier [brɪgə'dɪə*] *n* generale *m* di brigata.

bright [braɪt] *adj* luminoso(a); (*person*) sveglio(a); (*colour*) vivace; **to look on the** ~ **side** vedere il lato positivo delle cose.

brighten ['braɪtn] (*also:* ~ **up**) *vt* (*room*) rendere luminoso(a); rallegrare ♦ *vi* schiarirsi; (*person*) rallegrarsi.

brightly ['braɪtlɪ] *adv* (*shine*) vivamente, intensamente; (*smile*) radiosamente; (*talk*) con animazione.

brill [brɪl] *excl* (*BRIT col*) stupendo!, fantastico!

brilliance ['brɪljəns] *n* splendore *m*; (*fig: of person*) genialità, talento.

brilliant ['brɪljənt] *adj* brillante; (*sunshine*) sfolgorante.

brim [brɪm] *n* orlo.

brimful ['brɪm'ful] *adj* pieno(a) *or* colmo(a) fino all'orlo; (*fig*) pieno(a).

brine [braɪn] *n* acqua salmastra; (*CULIN*) salamoia.

bring, *pt, pp* **brought** [brɪŋ, brɔːt] *vt* portare; **to** ~ **sth to an end** mettere fine a qc; **I can't** ~ **myself to sack him** non so risolvermi a licenziarlo.

▶**bring about** *vt* causare.

▶**bring back** *vt* riportare.

▶**bring down** *vt* (*lower*) far scendere; (*shoot down*) abbattere; (*government*) far cadere.

▶**bring forward** *vt* portare avanti; (*in time*) anticipare; (*BOOK-KEEPING*) riportare.

▶**bring in** *vt* (*person*) fare entrare; (*object*) portare; (*POL: bill*) presentare; (: *legislation*) introdurre; (*LAW: verdict*) emettere; (*produce: income*) rendere.

▶**bring off** *vt* (*task, plan*) portare a compimento; (*deal*) concludere.

▶**bring out** *vt* (*meaning*) mettere in evidenza; (*new product*) lanciare; (*book*) pubblicare, fare uscire.

▶**bring round** *or* **to** *vt* (*unconscious person*) far rinvenire.

▶**bring up** *vt* allevare; (*question*) introdurre.

brink [brɪŋk] *n* orlo; **on the** ~ **of doing sth** sul punto di fare qc; **she was on the** ~ **of**

tears era lì lì per piangere.

brisk [brɪsk] *adj* (*person, tone*) spiccio(a), sbrigativo(a); (: *abrupt*) brusco(a); (*wind*) fresco(a); (*trade etc*) vivace, attivo(a); **to go for a ~ walk** fare una camminata di buon passo; **business is ~** gli affari vanno bene.

bristle ['brɪsl] *n* setola ♦ *vi* rizzarsi; **bristling with** irto(a) di.

bristly ['brɪslɪ] *adj* (*chin*) ispido(a); (*beard, hair*) irsuto(a), setoloso(a).

Brit [brɪt] *n abbr* (*col:* = *British person*) britannico/a.

Britain ['brɪtən] *n* Gran Bretagna.

British ['brɪtɪʃ] *adj* britannico(a); **the ~** *npl* i Britannici; **the ~ Isles** *npl* le Isole Britanniche.

British Rail (BR) *n compagnia ferroviaria britannica*, ≈ Ferrovie *fpl* dello Stato (F.S.).

British Summer Time *n* ora legale (*in Gran Bretagna*).

Briton ['brɪtən] *n* britannico/a.

Brittany ['brɪtənɪ] *n* Bretagna.

brittle ['brɪtl] *adj* fragile.

Br(o) *abbr* (*REL*) = **brother.**

broach [brəʊtʃ] *vt* (*subject*) affrontare.

broad [brɔːd] *adj* largo(a); (*distinction*) generale; (*accent*) spiccato(a) ♦ *n* (*US col*) bellona; **~ hint** allusione *f* esplicita; **in ~ daylight** in pieno giorno; **the ~ outlines** le grandi linee.

broad bean *n* fava.

broadcast ['brɔːdkɑːst] *n* trasmissione *f* ♦ *vb* (*pt, pp* **broadcast**) *vt* trasmettere per radio (*or* per televisione) ♦ *vi* fare una trasmissione.

broadcaster ['brɔːdkɑːstə*] *n* annunciatore/trice radiotelevisivo(a) (*or* radiofonico(a)).

broadcasting ['brɔːdkɑːstɪŋ] *n* radiodiffusione *f*; televisione *f*.

broadcasting station *n* stazione *f* trasmittente.

broaden ['brɔːdn] *vt* allargare ♦ *vi* allargarsi.

broadly ['brɔːdlɪ] *adv* (*fig*) in generale.

broad-minded ['brɔːd'maɪndɪd] *adj* di mente aperta.

broadsheet ['brɔːdʃiːt] *n* (*BRIT*) giornale *m* (*si contrappone al tabloid che è di formato più piccolo*).

broccoli ['brɔkəlɪ] *n* (*BOT*) broccolo; (*CULIN*) broccoli *mpl*.

brochure ['brəʊʃjuə*] *n* dépliant *m inv*.

brogue [brəʊg] *n* (*shoe*) scarpa rozza in cuoio; (*accent*) accento irlandese.

broil [brɔɪl] *vt* cuocere a fuoco vivo.

broke [brəʊk] *pt of* **break** ♦ *adj* (*col*) squattrinato(a); **to go ~** fare fallimento.

broken ['brəʊkən] *pp of* **break** ♦ *adj* (*gen*) rotto(a); (*stick, promise, vow*) spezzato(a); (*marriage*) fallito(a); **he comes from a ~ home** i suoi sono divisi; **in ~ French/ English** in un francese/inglese stentato.

broken-down ['brəʊkən'daun] *adj* (*car*) in panne, rotto(a); (*machine*) guasto(a), fuori uso; (*house*) abbandonato(a), in rovina.

broken-hearted ['brəʊkən'hɑːtɪd] *adj:* **to be ~** avere il cuore spezzato.

broker ['brəʊkə*] *n* agente *m*.

brokerage ['brəʊkərɪdʒ] *n* (*COMM*) commissione *f* di intermediazione.

brolly ['brɔlɪ] *n* (*BRIT col*) ombrello.

bronchitis [brɔŋ'kaɪtɪs] *n* bronchite *f*.

bronze [brɔnz] *n* bronzo.

bronzed [brɔnzd] *adj* abbronzato(a).

brooch [brəʊtʃ] *n* spilla.

brood [bruːd] *n* covata ♦ *vi* (*hen*) covare; (*person*) rimuginare.

broody ['bruːdɪ] *adj* (*fig*) cupo(a) e taciturno(a).

brook [bruk] *n* ruscello.

broom [brum] *n* scopa.

broomstick ['brumstɪk] *n* manico di scopa.

Bros. *abbr* (*COMM:* = *brothers*) F.lli (= *Fratelli*).

broth [brɔθ] *n* brodo.

brothel ['brɔθl] *n* bordello.

brother ['brʌðə*] *n* fratello.

brotherhood ['brʌðəhud] *n* fratellanza; confraternità *f inv*.

brother-in-law ['brʌðərɪnlɔː] *n* cognato.

brotherly ['brʌðəlɪ] *adj* fraterno(a).

brought [brɔːt] *pt, pp of* **bring.**

brought forward (b/f) *adj* (*COMM*) riportato(a).

brow [brau] *n* fronte *f*; (*rare, gen:* **eye~**) sopracciglio; (*of hill*) cima.

browbeat ['braubiːt] *vt* intimidire.

brown [braun] *adj* bruno(a), marrone; (*hair*) castano(a) ♦ *n* (*colour*) color *m* bruno *or* marrone ♦ *vt* (*CULIN*) rosolare; **to go ~** (*person*) abbronzarsi; (*leaves*) ingiallire.

brown bread *n* pane *m* integrale, pane nero.

brownie ['braunɪ] *n* giovane esploratrice *f*.

brown paper *n* carta da pacchi *or* da imballaggio.

brown rice *n* riso greggio.

brown sugar *n* zucchero greggio.

browse [brauz] *vi* (*animal*) brucare; (*in bookshop etc*) curiosare ♦ *n*: **to have a ~ (around)** dare un'occhiata (in giro); **to ~ through a book** sfogliare un libro.

bruise [bru:z] *n* ammaccatura; (*on person*) livido ♦ *vt* ammaccare; (*leg etc*) farsi un livido a; (*fig: feelings*) urtare ♦ *vi* (*fruit*) ammaccarsi.

Brum [brʌm] *n abbr*, **Brummagem** ['brʌmədʒəm] *n* (*col*) = Birmingham.

Brummie ['brʌmɪ] *n* (*col*) abitante *m/f* di Birmingham; originario/a di Birmingham.

brunch [brʌntʃ] *n* ricca colazione consumata in tarda mattinata.

brunette [bru:'nɛt] *n* bruna.

brunt [brʌnt] *n*: **the ~ of** (*attack, criticism etc*) il peso maggiore di.

brush [brʌʃ] *n* spazzola; (*quarrel*) schermaglia ♦ *vt* spazzolare; (*gen*: ~ **past**, ~ **against**) sfiorare; **to have a ~ with sb** (*verbally*) avere uno scontro con qn; (*physically*) venire a diverbio *or* alle mani con qn; **to have a ~ with the police** avere delle noie con la polizia.

▶**brush aside** *vt* scostare.

▶**brush up** *vt* (*knowledge*) rinfrescare.

brushed [brʌʃt] *adj* (*TECH: steel, chrome etc*) sabbiato(a); (*nylon, denim etc*) pettinato(a).

brush-off ['brʌʃɔf] *n*: **to give sb the ~** dare il ben servito a qn.

brushwood ['brʌʃwud] *n* macchia.

brusque [bru:sk] *adj* (*person, manner*) brusco(a); (*tone*) secco(a).

Brussels ['brʌslz] *n* Bruxelles *f*.

Brussels sprout *n* cavolo di Bruxelles.

brutal ['bru:tl] *adj* brutale.

brutality [bru:'tælɪtɪ] *n* brutalità.

brutalize ['bru:tәlaɪz] *vt* (*harden*) abbrutire; (*ill-treat*) brutalizzare.

brute [bru:t] *n* bestia; **by ~ force** con la forza, a viva forza.

brutish ['bru:tɪʃ] *adj* da bruto.

BS *n abbr* (*US*: = *Bachelor of Science*) titolo di studio.

bs *abbr* = **bill of sale**.

BSA *n abbr* (*US*) = *Boy Scouts of America*.

BSc *n abbr see* **Bachelor of Science**.

BSE *n abbr* (= *bovine spongiform encephalopathy*) encefalite *f* bovina spongiforme.

BSI *n abbr* (= *British Standards Institution*) associazione per la normalizzazione.

BST *abbr* (= *British Summer Time*) ora legale.

Bt. *abbr* (*BRIT*) = **baronet**.

btu *n abbr* (= *British thermal unit*) Btu *m* (= 1054.2 *joules*).

bubble ['bʌbl] *n* bolla ♦ *vi* ribollire; (*sparkle, fig*) essere effervescente.

bubble bath *n* bagno *m* schiuma *inv*.

bubblejet printer ['bʌbldʒɛt-] *n* stampante *f* a getto d'inchiostro.

bubbly ['bʌblɪ] *adj* (*also fig*) frizzante ♦ *n* (*col*) (*champagne*) spumante *m*.

Bucharest [bu:kə'rɛst] *n* Bucarest *f*.

buck [bʌk] *n* maschio (*di camoscio, caprone, coniglio etc*); (*US col*) dollaro ♦ *vi* sgroppare; **to pass the ~ (to sb)** scaricare (su di qn) la propria responsabilità.

▶**buck up** *vi* (*cheer up*) rianimarsi ♦ *vt*: **to ~ one's ideas up** mettere la testa a partito.

bucket ['bʌkɪt] *n* secchio ♦ *vi* (*BRIT col*): **the rain is ~ing (down)** piove a catinelle.

> **Buckingham Palace** è la residenza ufficiale a Londra del sovrano britannico. Costruita nel 1703 per il duca di Buckingham, fu acquistata nel 1762 dal re Giorgio III e ricostruita tra il 1821 ed il 1838 sotto la guida dell'architetto John Nash. All'inizio del Novecento alcune sue parti sono state ulteriormente modificate.

buckle ['bʌkl] *n* fibbia ♦ *vt* affibbiare; (*warp*) deformare.

▶**buckle down** *vi* mettersi sotto.

Bucks [bʌks] *abbr* (*BRIT*) = **Buckinghamshire**.

bud [bʌd] *n* gemma; (*of flower*) boccio ♦ *vi* germogliare; (*flower*) sbocciare.

Budapest [bju:də'pɛst] *n* Budapest *f*.

Buddha ['budə] *n* Budda *m*.

Buddhism ['budɪzəm] *n* buddismo.

Buddhist ['budɪst] *adj*, *n* buddista (*m/f*).

budding ['bʌdɪŋ] *adj* (*flower*) in boccio; (*poet etc*) in erba.

buddy ['bʌdɪ] *n* (*US*) compagno.

budge [bʌdʒ] *vt* scostare ♦ *vi* spostarsi.

budgerigar ['bʌdʒərɪgɑ:*] *n* pappagallino.

budget ['bʌdʒɪt] *n* bilancio preventivo ♦ *vi*: **to ~ for sth** fare il bilancio per qc; **I'm on a tight ~** devo contare la lira; **she works out her ~ every month** fa il preventivo delle spese ogni mese.

budgie ['bʌdʒɪ] *n* = **budgerigar**.

Buenos Aires ['bweɪnɔs'aɪrɪz] *n* Buenos Aires *f*.

buff [bʌf] *adj* color camoscio *inv* ♦ *n* (*enthusiast*) appassionato/a.

buffalo, *pl* ~ *or* ~**es** ['bʌfələu] *n* bufalo; (*US*) bisonte *m*.

buffer ['bʌfə*] *n* respingente *m*; (*COMPUT*) memoria tampone, buffer *m inv*.

buffering ['bʌfərɪŋ] *n* (*COMPUT*) bufferizzazione *f*, memorizzazione *f* transitoria.

buffer state *n* stato cuscinetto.

buffer zone *n* zona *f* cuscinetto *inv*.

buffet n ['bufeɪ] (food, BRIT: bar) buffet m inv ♦ vt ['bʌfɪt] schiaffeggiare; scuotere; urtare.

buffet car n (BRIT RAIL) ≈ servizio ristoro.

buffet lunch n pranzo in piedi.

buffoon [bə'fuːn] n buffone m.

bug [bʌg] n (insect) cimice f; (: gen) insetto; (fig: germ) virus m inv; (spy device) microfono spia; (COMPUT) bug m inv, errore m nel programma ♦ vt mettere sotto controllo; (room) installare microfoni spia in; (annoy) scocciare; **I've got the travel ~** (fig) mi è presa la mania dei viaggi.

bugbear ['bʌgbɛə*] n spauracchio.

bugger ['bʌgə*] (col!) n bastardo (!) ♦ vb: ~ **off!** vaffanculo! (!); ~ **(it)!** merda! (!).

bugle ['bjuːgl] n tromba.

build [bɪld] n (of person) corporatura ♦ vt (pt, pp **built** [bɪlt]) costruire.

▶**build on** vt fus (fig) prendere il via da.

▶**build up** vt (establish: business) costruire; (: reputation) fare, consolidare; (increase: production) allargare, incrementare; **don't ~ your hopes up too soon** non sperarci troppo.

builder ['bɪldə*] n costruttore m.

building ['bɪldɪŋ] n costruzione f; edificio; (also: ~ **trade**) edilizia.

building contractor n costruttore m, imprenditore m (edile).

building industry n industria edilizia.

building site n cantiere m di costruzione.

building society n società immobiliare e finanziaria.

Le **building society** sono società immobiliari e finanziarie che forniscono anche numerosi servizi bancari ai clienti che vi investono i risparmi. Chi ha bisogno di un prestito per l'acquisto di una casa si rivolge in genere ad una building society.

---

building trade n = **building industry**.

build-up ['bɪldʌp] n (of gas etc) accumulo; (publicity): **to give sb/sth a good ~** fare buona pubblicità a qn/qc.

built [bɪlt] pt, pp of **build**; **well-~** robusto(a).

built-in ['bɪlt'ɪn] adj (cupboard) a muro; (device) incorporato(a).

built-up area ['bɪltʌp-] n abitato.

bulb [bʌlb] n (BOT) bulbo; (ELEC) lampadina.

bulbous ['bʌlbəs] adj bulboso(a).

Bulgaria [bʌl'gɛərɪə] n Bulgaria.

Bulgarian [bʌl'gɛərɪən] adj bulgaro(a) ♦ n bulgaro/a; (LING) bulgaro.

bulge [bʌldʒ] n rigonfiamento; (in birth rate, sales) punta ♦ vi essere protuberante or

rigonfio(a); **to be bulging with** essere pieno(a) or zeppo(a) di.

bulimia [bə'lɪmɪə] n bulimia.

bulk [bʌlk] n massa, volume m; **the ~ of** il grosso di; **(to buy) in ~** (comprare) in grande quantità.

bulk buying n acquisto di merce in grande quantità.

bulk carrier n grossa nave f da carico.

bulkhead ['bʌlkhɛd] n paratia.

bulky ['bʌlkɪ] adj grosso(a); voluminoso(a).

bull [bul] n toro; (STOCK EXCHANGE) rialzista m/f; (REL) bolla (papale).

bulldog ['buldɔg] n bulldog m inv.

bulldoze ['buldəuz] vt aprire or spianare col bulldozer; **I was ~d into doing it** (fig col) mi ci hanno costretto con la prepotenza.

bulldozer ['buldəuzə*] n bulldozer m inv.

bullet ['bulɪt] n pallottola.

bulletin ['bulɪtɪn] n bollettino.

bulletin board n (COMPUT) bulletin board m inv.

bullet-proof ['bulɪtpruːf] adj a prova di proiettile; ~ **vest** giubbotto antiproiettile.

bullfight ['bulfaɪt] n corrida.

bullfighter ['bulfaɪtə*] n torero.

bullfighting ['bulfaɪtɪŋ] n tauromachia.

bullion ['buljən] n oro or argento in lingotti.

bullock ['bulək] n giovenco.

bullring ['bulrɪŋ] n arena (per corride).

bull's-eye ['bulzaɪ] n centro del bersaglio.

bullshit ['bulʃɪt] (col!) excl, n stronzate fpl (!) ♦ vi raccontare stronzate (!) ♦ vt raccontare stronzate a (!).

bully ['bulɪ] n prepotente m ♦ vt angariare; (frighten) intimidire.

bullying ['bulɪŋ] n prepotenze fpl.

bum [bʌm] n (col: backside) culo; (tramp) vagabondo/a; (US: idler) fannullone/a.

▶**bum around** vi (col) fare il vagabondo.

bumblebee ['bʌmblbiː] n (ZOOL) bombo.

bumf [bʌmf] n (col: forms etc) scartoffie fpl.

bump [bʌmp] n (blow) colpo; (jolt) scossa; (noise) botto; (on road etc) protuberanza; (on head) bernoccolo ♦ vt battere; (car) urtare, sbattere.

▶**bump along** vi procedere sobbalzando.

▶**bump into** vt fus scontrarsi con; (col: meet) imbattersi in, incontrare per caso.

bumper ['bʌmpə*] n (BRIT) paraurti m inv ♦ adj: ~ **harvest** raccolto eccezionale.

bumper cars npl (US) autoscontri mpl.

bumph [bʌmf] n = **bumf**.

bumptious ['bʌmpʃəs] adj presuntuoso(a).

bumpy ['bʌmpɪ] adj (road) dissestato(a);

(*journey, flight*) movimentato(a).
bun [bʌn] *n* focaccia; (*of hair*) crocchia.
bunch [bʌntʃ] *n* (*of flowers, keys*) mazzo; (*of bananas*) ciuffo; (*of people*) gruppo; ~ **of grapes** grappolo d'uva.
bundle ['bʌndl] *n* fascio ♦ *vt* (*also:* ~ **up**) legare in un fascio; (*put*): **to** ~ **sth/sb into** spingere qc/qn in.
▶**bundle off** *vt* (*person*) mandare via in gran fretta.
▶**bundle out** *vt* far uscire (senza tante cerimonie).
bun fight *n* (*BRIT: col*) tè *m inv* (*ricevimento*).
bung [bʌŋ] *n* tappo ♦ *vt* (*BRIT: throw: also:* ~ **into**) buttare; (*also:* ~ **up**: *pipe, hole*) tappare, otturare; **my nose is** ~**ed up** (*col*) ho il naso otturato.
bungalow ['bʌŋɡələu] *n* bungalow *m inv.*
bungee jumping ['bʌndʒiː'dʒʌmpɪŋ] *n* salto nel vuoto da ponti, grattacieli etc con un cavo fissato alla caviglia.
bungle ['bʌŋɡl] *vt* abborracciare.
bunion ['bʌnjən] *n* callo (al piede).
bunk [bʌŋk] *n* cuccetta.
▶**bunk off** *vi* (*BRIT col*): **to** ~ **off school** marinare la scuola; **I'll** ~ **off at 3 this afternoon** oggi me la filo dal lavoro alle 3.
bunk beds *npl* letti *mpl* a castello.
bunker ['bʌŋkə*] *n* (*coal store*) ripostiglio per il carbone; (*MIL, GOLF*) bunker *m inv.*
bunny ['bʌnɪ] *n* (*also:* ~ **rabbit**) coniglietto.
bunny girl *n* coniglietta.
bunny hill *n* (*US SKI*) pista per principianti.
bunting ['bʌntɪŋ] *n* pavesi *mpl*, bandierine *fpl.*
buoy [bɔɪ] *n* boa.
▶**buoy up** *vt* tenere a galla; (*fig*) sostenere.
buoyancy ['bɔɪənsɪ] *n* (*of ship*) galleggiabilità.
buoyant ['bɔɪənt] *adj* galleggiante; (*fig*) vivace; (*COMM: market*) sostenuto(a); (*prices, currency*) stabile.
burden ['bəːdn] *n* carico, fardello ♦ *vt* caricare; (*oppress*) opprimere; **to be a** ~ **to sb** essere di peso a qn.
bureau, *pl* ~**x** ['bjuərəu, -z] *n* (*BRIT: writing desk*) scrivania; (*US: chest of drawers*) cassettone *m*; (*office*) ufficio, agenzia.
bureaucracy [bjuə'rɔkrəsɪ] *n* burocrazia.
bureaucrat ['bjuərəkræt] *n* burocrate *m/f.*
bureaucratic [bjuərə'krætɪk] *adj* burocratico(a).
burgeon ['bəːdʒən] *vi* svilupparsi rapidamente.
burger ['bəːɡə*] *n* hamburger *m inv.*
burglar ['bəːɡlə*] *n* scassinatore *m.*
burglar alarm *n* antifurto *m inv.*
burglarize ['bəːɡləraɪz] *vt* (*US*) svaligiare.

burglary ['bəːɡlərɪ] *n* furto con scasso.
burgle ['bəːɡl] *vt* svaligiare.
Burgundy ['bəːɡəndɪ] *n* Borgogna.
burial ['bɛrɪəl] *n* sepoltura.
burial ground *n* cimitero.
burly ['bəːlɪ] *adj* robusto(a).
Burma ['bəːmə] *n* Birmania; *see* **Myanmar**.
Burmese [bəː'miːz] *adj* birmano(a) ♦ *n* (*pl inv*) birmano/a; (*LING*) birmano.
burn [bəːn] *vt, vi* (*pt, pp* **burned** *or* **burnt** [bəːnt]) bruciare ♦ *n* bruciatura, scottatura; (*MED*) ustione *f*; **I've** ~**t myself!** mi sono bruciato!; **the cigarette** ~**t a hole in her dress** si è fatta un buco nel vestito con la sigaretta.
▶**burn down** *vt* distruggere col fuoco.
▶**burn out** *vt* (*subj: writer etc*): **to** ~ **o.s. out** esaurirsi.
burner ['bəːnə*] *n* fornello.
burning ['bəːnɪŋ] *adj* (*building, forest*) in fiamme; (*issue, question*) scottante.
burnish ['bəːnɪʃ] *vt* brunire.

Burns night è la festa celebrata il 25 gennaio per commemorare il poeta scozzese Robert Burns (1759-1796). Gli scozzesi festeggiano questa data con una cena a base di **haggis** e **whisky**, spesso al suono di una cornamusa; durante la cena vengono recitate le poesie di Robert Burns e vengono letti discorsi alla sua memoria.

---

burnt [bəːnt] *pt, pp of* **burn**.
burnt sugar *n* (*BRIT*) caramello.
burp [bəːp] (*col*) *n* rutto ♦ *vi* ruttare.
burrow ['bʌrəu] *n* tana ♦ *vt* scavare.
bursar ['bəːsə*] *n* economo/a; (*BRIT: student*) borsista *m/f.*
bursary ['bəːsərɪ] *n* (*BRIT*) borsa di studio.
burst [bəːst] *vb* (*pt, pp* **burst**) *vt* far scoppiare *or* esplodere ♦ *vi* esplodere; (*tyre*) scoppiare ♦ *n* scoppio; (*also:* ~ **pipe**) rottura nel tubo, perdita; ~ **of energy/ laughter** scoppio d'energia/di risa; **a** ~ **of applause** uno scroscio d'applausi; **a** ~ **of speed** uno scatto (di velocità); ~ **blood vessel** rottura di un vaso sanguigno; **the river has** ~ **its banks** il fiume ha rotto gli argini *or* ha straripato; **to** ~ **into flames/ tears** scoppiare in fiamme/lacrime; **to be** ~**ing with** essere pronto a scoppiare di; **to** ~ **out laughing** scoppiare a ridere; **to** ~ **open** *vi* aprirsi improvvisamente; (*door*) spalancarsi.
▶**burst into** *vt fus* (*room etc*) irrompere in.
▶**burst out of** *vt fus* precipitarsi fuori da.
bury ['bɛrɪ] *vt* seppellire; **to** ~ **one's face in one's hands** nascondere la faccia tra le

mani; **to ~ one's head in the sand** (*fig*)
fare (la politica del)lo struzzo; **to ~ the
hatchet** (*fig*) seppellire l'ascia di guerra.
bus, **~es** [bʌs, 'bʌsɪz] *n* autobus *m inv*.
bus boy *n* (*US*) aiuto *inv* cameriere/a.
bush [buʃ] *n* cespuglio; (*scrub land*)
macchia.
bushed [buʃt] *adj* (*col*) distrutto(a).
bushel ['buʃl] *n* staio.
bushfire ['buʃfaɪə*] *n grande incendio in
aperta campagna*.
bushy ['buʃɪ] *adj* (*plant, tail, beard*) folto(a);
(*eyebrows*) irsuto(a).
busily ['bɪzɪlɪ] *adv* con impegno,
alacremente.
business ['bɪznɪs] *n* (*matter*) affare *m*;
(*trading*) affari *mpl*; (*firm*) azienda; (*job,
duty*) lavoro; **to be away on ~** essere
andato via per affari; **I'm here on ~** sono
qui per affari; **to do ~ with sb** fare affari
con qn; **he's in the insurance ~** lavora nel
campo delle assicurazioni; **it's none of
my ~** questo non mi riguarda; **he means
~** non scherza.
business address *n* indirizzo di lavoro *or*
d'ufficio.
business card *n* biglietto da visita della
ditta.
businesslike ['bɪznɪslaɪk] *adj* serio(a);
efficiente.
businessman ['bɪznɪsmən] *n* uomo d'affari.
business trip *n* viaggio d'affari.
businesswoman ['bɪznɪswumən] *n* donna
d'affari.
busker ['bʌskə*] *n* (*BRIT*) suonatore/trice
ambulante.
bus lane *n* (*BRIT*) corsia riservata agli
autobus.
bus shelter *n* pensilina (*alla fermata
dell'autobus*).
bus station *n* stazione *f* delle autolinee,
autostazione *f*.
bus stop *n* fermata d'autobus.
bust [bʌst] *n* (*ART*) busto; (*bosom*) seno ♦ *adj*
(*broken*) rotto(a) ♦ *vt* (*col: POLICE: arrest*)
pizzicare, beccare; **to go ~** fallire.
bustle ['bʌsl] *n* movimento, attività ♦ *vi*
darsi da fare.
bustling ['bʌslɪŋ] *adj* (*person*)
indaffarato(a); (*town*) animato(a).
bust-up ['bʌstʌp] *n* (*BRIT col*) lite *f*.
busty ['bʌstɪ] *adj* (*col*) tettone(a).
busy ['bɪzɪ] *adj* occupato(a); (*shop, street*)
molto frequentato(a) ♦ *vt*: **to ~ o.s.** darsi
da fare; **he's a ~ man** (*normally*) è un
uomo molto occupato; (*temporarily*) ha
molto da fare, è molto occupato.
busybody ['bɪzɪbɔdɪ] *n* ficcanaso *m/f inv*.

busy signal *n* (*US*) segnale *m* di occupato.

═══════════════ *KEYWORD*

but [bʌt] *conj* ma; **I'd love to come, ~ I'm
busy** vorrei tanto venire, ma ho da fare
♦ *prep* (*apart from, except*) eccetto, tranne,
meno; **nothing ~** nient'altro che; **he was
nothing ~ trouble** non dava altro che
guai; **no-one ~ him** solo lui; **no-one ~ him
can do it** nessuno può farlo tranne lui;
the last ~ one (*BRIT*) il(la) penultimo(a);
~ for you/your help se non fosse per te/
per il tuo aiuto; **anything ~ that** tutto ma
non questo; **anything ~ finished** tutt'altro
che finito
♦ *adv* (*just, only*) solo, soltanto; **she's ~ a
child** è solo una bambina; **had I ~ known**
se solo avessi saputo; **I can ~ try** tentar
non nuoce; **all ~ finished** quasi finito.

butane ['bjuːteɪn] *n* (*also: ~ gas*) butano.
butch [butʃ] *adj* (*woman: pej*) mascolino(a);
(*man*) macho *inv*.
butcher ['butʃə*] *n* macellaio ♦ *vt*
macellare; **~'s (shop)** macelleria.
butler ['bʌtlə*] *n* maggiordomo.
butt [bʌt] *n* (*cask*) grossa botte *f*; (*thick end*)
estremità *f inv* più grossa; (*of gun*) calcio;
(*of cigarette*) mozzicone *m*; (*BRIT fig: target*)
oggetto ♦ *vt* cozzare.
►**butt in** *vi* (*interrupt*) interrompere.
butter ['bʌtə*] *n* burro ♦ *vt* imburrare.
buttercup ['bʌtəkʌp] *n* ranuncolo.
butter dish *n* burriera.
butterfingers ['bʌtəfɪŋɡəz] *n* (*col*) mani *fpl*
di ricotta.
butterfly ['bʌtəflaɪ] *n* farfalla; (*SWIMMING:
also: ~ stroke*) (nuoto a) farfalla.
buttocks ['bʌtəks] *npl* natiche *fpl*.
button ['bʌtn] *n* bottone *m* ♦ *vt* (*also: ~ up*)
abbottonare ♦ *vi* abbottonarsi.
buttonhole ['bʌtnhəul] *n* asola, occhiello
♦ *vt* (*person*) attaccar bottone a.
buttress ['bʌtrɪs] *n* contrafforte *m*.
buxom ['bʌksəm] *adj* formoso(a).
buy [baɪ] *vt* (*pt, pp* **bought** [bɔːt]) comprare,
acquistare ♦ *n*: **a good/bad ~** un buon/
cattivo acquisto *or* affare; **to ~ sb sth/
sth from sb** comprare qc per qn/qc da qn;
to ~ sb a drink offrire da bere a qn.
►**buy back** *vt* riprendersi, prendersi
indietro.
►**buy in** *vt* (*BRIT: goods*) far provvista di.
►**buy into** *vt fus* (*BRIT COMM*) acquistare
delle azioni di.
►**buy off** *vt* (*col: bribe*) comprare.
►**buy out** *vt* (*business*) rilevare.
►**buy up** *vt* accaparrare.

buyer ['baɪə*] n compratore/trice; ~'s market mercato favorevole ai compratori.

buy-out ['baɪaut] n (COMM) acquisto di una società da parte dei suoi dipendenti.

buzz [bʌz] n ronzio; (col: phone call) colpo di telefono ♦ vi ronzare ♦ vt (call on intercom) chiamare al citofono; (: with buzzer) chiamare col cicalino; (AVIAT: plane, building) passare rasente; **my head is ~ing** mi gira la testa.
▶ **buzz off** vi (BRIT col) filare, levarsi di torno.

buzzard ['bʌzəd] n poiana.

buzzer ['bʌzə*] n cicalino.

buzz word n (col) termine m in voga.

══════════════════ KEYWORD

by [baɪ] prep **1** (referring to cause, agent) da; **killed ~ lightning** ucciso da un fulmine; **surrounded ~ a fence** circondato da uno steccato; **a painting ~ Picasso** un quadro di Picasso
2 (referring to method, manner, means): ~ **bus/car/train** in autobus/macchina/treno, con l'autobus/la macchina/il treno; **to pay ~ cheque** pagare con (un) assegno; ~ **moonlight** al chiaro di luna; ~ **saving hard, he** ... risparmiando molto, lui ...
3 (via, through) per; **we came ~ Dover** siamo venuti via Dover
4 (close to, past) accanto a; **the house ~ the river** la casa sul fiume; **a holiday ~ the sea** una vacanza al mare; **she sat ~ his bed** si sedette accanto al suo letto; **she rushed ~ me** mi è passata accanto correndo; **I go ~ the post office every day** passo davanti all'ufficio postale ogni giorno
5 (not later than) per, entro; ~ **4 o'clock** per or entro le 4; ~ **this time tomorrow** domani a quest'ora; ~ **the time I got here it was too late** quando sono arrivato era ormai troppo tardi
6 (during): ~ **day/night** di giorno/notte
7 (amount) a; ~ **the kilo** a chili; **paid ~ the hour** pagato all'ora; **to increase** ~ **the hour** aumentare di ora in ora; **one ~ one** uno per uno; **little ~ little** a poco a poco
8 (MATH, measure): **to divide/multiply** ~ **3** dividere/moltiplicare per 3; **a room 3 metres** ~ **4** una stanza di 3 metri per 4; **it's broader** ~ **a metre** è un metro più largo, è più largo di un metro
9 (according to) per; **to play** ~ **the rules** attenersi alle regole; **it's all right** ~ **me** per me va bene
10: (all) ~ **oneself** (tutto(a)) solo(a); **he did it (all) ~ himself** lo ha fatto (tutto) da solo
11: ~ **the way** a proposito; **this wasn't** ~ **my idea** ~ **the way** tra l'altro l'idea non è stata mia
♦ adv **1** see **go**; **pass** etc
2: ~ **and** ~ (in past) poco dopo; (in future) fra breve; ~ **and large** nel complesso.

bye(-bye) ['baɪ('baɪ)] excl ciao!, arrivederci!

by(e)-law ['baɪlɔː] n legge f locale.

by-election ['baɪɪlɛkʃən] n (BRIT) elezione f straordinaria.

Una **by-election** in Gran Bretagna e in alcuni paesi del Commonwealth è un'elezione che si tiene per coprire un posto in Parlamento resosi vacante, a governo ancora in carica. È importante in quanto serve a misurare il consenso degli elettori in vista delle successive elezioni politiche.

Byelorussia [bjɛləuˈrʌʃə] n Bielorussia, Belorussia.

Byelorussian [bjɛləuˈrʌʃən] adj, n = **Belarussian**.

bygone ['baɪgɔn] adj passato(a) ♦ n: **let ~s be ~s** mettiamoci una pietra sopra.

bypass ['baɪpɑːs] n circonvallazione f; (MED) by-pass m inv ♦ vt fare una deviazione intorno a.

by-product ['baɪprɔdʌkt] n sottoprodotto; (fig) conseguenza secondaria.

byre ['baɪə*] n (BRIT) stalla.

bystander ['baɪstændə*] n spettatore/trice.

byte [baɪt] n (COMPUT) byte m inv.

byway ['baɪweɪ] n strada secondaria.

byword ['baɪwəːd] n: **to be a** ~ **for** essere sinonimo di.

by-your-leave ['baɪjɔːˈliːv] n: **without so much as a** ~ senza nemmeno chiedere il permesso.

C c

C, c [siː] n (letter) C, c f or m inv; (SCOL: mark)
≈ 6 (sufficiente); (MUS): **C** do; ~ **for Charlie**
≈ C come Como.

C abbr (= Celsius, centigrade) C.

c. abbr (= century) sec.; (= circa) c; (US etc)
= **cent(s)**.

CA abbr = **Central America**; (US) = California
♦ n abbr (BRIT) see **chartered accountant**.

ca. abbr (= circa) ca.

c/a abbr = **capital account; credit account;
current account**.

CAA n abbr (BRIT: = Civil Aviation Authority,
US: = Civil Aeronautics Authority)
organismo di controllo e di sviluppo
dell'aviazione civile.

CAB n abbr (BRIT: = Citizens' Advice Bureau)
organizzazione per la tutela del
consumatore.

cab [kæb] n taxi m inv; (of train, truck) cabina;
(horsedrawn) carrozza.

cabaret ['kæbəreɪ] n cabaret m inv.

cabbage ['kæbɪdʒ] n cavolo.

cabbie, cabby ['kæbɪ] n (col), **cab driver** n
tassista m/f.

cabin ['kæbɪn] n capanna; (on ship) cabina.

cabin cruiser n cabinato.

cabinet ['kæbɪnɪt] n (POL) consiglio dei
ministri; (furniture) armadietto; (also:
display ~) vetrinetta; **cocktail** ~ mobile m
bar inv.

cabinet-maker ['kæbɪnɪt'meɪkə*] n
stipettaio.

cabinet minister n ministro (membro del
Consiglio).

cable ['keɪbl] n cavo; fune f; (TEL)
cablogramma m ♦ vt telegrafare.

cable-car ['keɪblkɑː*] n funivia.

cablegram ['keɪblgræm] n cablogramma m.

cable railway n funicolare f.

cable television n televisione f via cavo.

cache [kæʃ] n nascondiglio; **a** ~ **of food** etc
un deposito segreto di viveri etc.

cackle ['kækl] vi schiamazzare.

cactus, pl **cacti** ['kæktəs, -taɪ] n cactus m inv.

CAD n abbr (= computer-aided design)
progettazione f con l'ausilio
dell'elaboratore.

caddie ['kædɪ] n caddie m inv.

cadet [kə'dɛt] n (MIL) cadetto; **police** ~
allievo poliziotto.

cadge [kædʒ] vt (col) scroccare; **to** ~ **a
meal (off sb)** scroccare un pranzo (a qn).

cadre ['kædrɪ] n quadro.

Caesarean, (US) Cesarean [siː'zɛərɪən] adj:
~ **(section)** (taglio) cesareo.

CAF abbr (BRIT: = cost and freight) Caf m.

café ['kæfeɪ] n caffè m inv.

cafeteria [kæfɪ'tɪərɪə] n self-service m inv.

caffein(e) ['kæfiːn] n caffeina.

cage [keɪdʒ] n gabbia ♦ vt mettere in
gabbia.

cagey ['keɪdʒɪ] adj (col) chiuso(a);
guardingo(a).

cagoule [kə'guːl] n K-way ® m inv.

cahoots [kə'huːts] n: **to be in** ~ **(with sb)**
essere in combutta (con qn).

CAI n abbr (= computer-aided instruction)
istruzione f assistita dall'elaboratore.

Cairo ['kaɪərəu] n il Cairo.

cajole [kə'dʒəul] vt allettare.

cake [keɪk] n torta; ~ **of soap** saponetta; **it's
a piece of** ~ (col) è una cosa da nulla; **he
wants to have his** ~ **and eat it (too)** (fig)
vuole la botte piena e la moglie ubriaca.

caked [keɪkt] adj: ~ **with** incrostato(a) di.

cake shop n pasticceria.

Cal. abbr (US) = California.

calamitous [kə'læmɪtəs] adj disastroso(a).

calamity [kə'læmɪtɪ] n calamità f inv.

calcium ['kælsɪəm] n calcio.

calculate ['kælkjuleɪt] vt calcolare;
(estimate: chances, effect) valutare.

▶**calculate on** vt fus: **to** ~ **on sth/on doing
sth** contare su qc/di fare qc.

calculated ['kælkjuleɪtɪd] adj calcolato(a),
intenzionale; **a** ~ **risk** un rischio
calcolato.

calculating ['kælkjuleɪtɪŋ] adj
calcolatore(trice).

calculation [kælkju'leɪʃən] n calcolo.

calculator ['kælkjuleɪtə*] n calcolatrice f.

calculus ['kælkjuləs] n calcolo; **integral/
differential** ~ calcolo integrale/
differenziale.

calendar ['kæləndə*] n calendario.

calendar year n anno civile.

calf, pl **calves** [kɑːf, kɑːvz] n (of cow)
vitello; (of other animals) piccolo; (also:
~**skin**) (pelle f di) vitello; (ANAT)
polpaccio.

caliber ['kælɪbə*] n (US) = **calibre**.

calibrate ['kælɪbreɪt] vt (gun etc) calibrare;
(scale of measuring instrument) tarare.

calibre, (US) caliber ['kælɪbə*] n calibro.

calico ['kælɪkəu] n tela grezza, cotone m
grezzo; (US) cotonina stampata.

Calif. *abbr* (*US*) = *California*.
California [kælɪ'fɔːnɪə] *n* California.
calipers ['kælɪpəz] *npl* (*US*) = **callipers**.
call [kɔːl] *vt* (*gen, also TEL*) chiamare;
(*announce: flight*) annunciare; (*meeting,
strike*) indire, proclamare ♦ *vi* chiamare;
(*visit: also*: ~ **in**, ~ **round**) passare ♦ *n*
(*shout*) grido, urlo; visita; (*summons: for
flight etc*) chiamata; (*fig: lure*) richiamo;
(*also*: **telephone** ~) telefonata; **to be on** ~
essere a disposizione; **to make a** ~
telefonare, fare una telefonata; **please
give me a** ~ **at 7** per piacere mi chiami
alle 7; **to pay a** ~ **on sb** fare (una) visita a
qn; **there's not much** ~ **for these items**
non c'è molta richiesta di questi articoli;
she's ~**ed Jane** si chiama Jane; **who is
~ing?** (*TEL*) chi parla?; **London** ~**ing**
(*RADIO*) qui Londra.
▶**call at** *vt fus* (*subj: ship*) fare scalo a; (*:
train*) fermarsi a.
▶**call back** *vi* (*return*) ritornare; (*TEL*)
ritelefonare, richiamare ♦ *vt* (*TEL*)
ritelefonare a, richiamare.
▶**call for** *vt fus* (*demand: action etc*)
richiedere; (*collect: person*) passare a
prendere; (*: goods*) ritirare.
▶**call in** *vt* (*doctor, expert, police*) chiamare,
far venire.
▶**call off** *vt* (*meeting, race*) disdire; (*deal*)
cancellare; (*dog*) richiamare; **the strike
was** ~**ed off** lo sciopero è stato revocato.
▶**call on** *vt fus* (*visit*) passare da; (*request*):
to ~ **on sb to do** chiedere a qn di fare.
▶**call out** *vi* urlare ♦ *vt* (*doctor, police,
troops*) chiamare.
▶**call up** *vt* (*MIL*) richiamare.
Callanetics ® [kælə'netɪks] *nsg* tipo di
ginnastica basata sulla ripetizione di
piccoli movimenti.
callbox ['kɔːlbɒks] *n* (*BRIT*) cabina
telefonica.
caller ['kɔːlə*] *n* persona che chiama;
visitatore/trice; **hold the line,** ~**!** (*TEL*)
rimanga in linea, signore (*or* signora)!
call girl *n* ragazza *f* squillo *inv*.
call-in ['kɔːlɪn] *n* (*US*) = **phone-in**.
calling ['kɔːlɪŋ] *n* vocazione *f*.
calling card *n* (*US*) biglietto da visita.
callipers, (*US*) **calipers** ['kælɪpəz] *npl* (*MED*)
gambale *m*; (*MATH*) calibro.
callous ['kæləs] *adj* indurito(a), insensibile.
callousness ['kæləsnɪs] *n* insensibilità.
callow ['kæləu] *adj* immaturo(a).
calm [kɑːm] *adj* calmo(a) ♦ *n* calma ♦ *vt*
calmare.
▶**calm down** *vi* calmarsi ♦ *vt* calmare.
calmly ['kɑːmlɪ] *adv* con calma.

calmness ['kɑːmnɪs] *n* calma.
Calor gas ® ['kælə*-] *n* (*BRIT*) butano.
calorie ['kælərɪ] *n* caloria; **low-~ product**
prodotto a basso contenuto di calorie.
calve [kɑːv] *vi* figliare.
calves [kɑːvz] *npl of* **calf**.
CAM *n abbr* (= *computer-aided
manufacturing*) fabbricazione *f* con
l'ausilio dell'elaboratore.
camber ['kæmbə*] *n* (*of road*) bombatura.
Cambodia [kæm'bəudjə] *n* Cambogia.
Cambodian [kæm'bəudɪən] *adj, n*
cambogiano(a).
Cambs *abbr* (*BRIT*) = *Cambridgeshire*.
camcorder ['kæmkɔːdə*] *n* videocamera.
came [keɪm] *pt of* **come**.
camel ['kæməl] *n* cammello.
cameo ['kæmɪəu] *n* cammeo.
camera ['kæmərə] *n* macchina fotografica;
(*CINE, TV*) telecamera; (*also*: **cine~**, **movie**
~) cinepresa; **in** ~ a porte chiuse.
cameraman ['kæmərəmæn] *n* cameraman
m inv.
Cameroon, Cameroun ['kæməruːn] *n*
Camerun *m*.
camouflage ['kæməflɑːʒ] *n* camuffamento;
(*MIL*) mimetizzazione *f* ♦ *vt* camuffare;
mimetizzare.
camp [kæmp] *n* campeggio; (*MIL*) campo ♦
vi campeggiare; accamparsi; **to go** ~**ing**
andare in campeggio.
campaign [kæm'peɪn] *n* (*MIL, POL etc*)
campagna ♦ *vi*: **to** ~ **(for/against)** (*also fig*)
fare una campagna (per/contro).
campaigner [kæm'peɪnə*] *n*: ~ **for** fautore/
trice di; ~ **against** oppositore/trice di.
campbed ['kæmp'bed] *n* (*BRIT*) brandina.
camper ['kæmpə*] *n* campeggiatore/trice.
camping ['kæmpɪŋ] *n* campeggio.
camp(ing) site *n* campeggio.
campus ['kæmpəs] *n* campus *m inv*.
camshaft ['kæmʃɑːft] *n* albero a camme.
can [kæn] *aux vb see next headword* ♦ *n* (*of milk*)
scatola; (*of oil*) bidone *m*; (*of water*) tanica;
(*tin*) scatola ♦ *vt* mettere in scatola; **a** ~ **of
beer** una lattina di birra; **to carry the** ~
(*BRIT col*) prendere la colpa.

================= *KEYWORD*

can [kæn] (*negative* **cannot, can't**; *conditional
and pt* **could**) *aux vb* **1** (*be able to*) potere; **I
~'t go any further** non posso andare
oltre; **you** ~ **do it if you try** sei in grado di
farlo — basta provarci; **I'll help you all I
~** ti aiuterò come potrò; **I** ~**'t see you** non
ti vedo; ~ **you hear me?** mi senti?, riesci
a sentirmi?
2 (*know how to*) sapere, essere capace di;

56

I ~ **swim** so nuotare; ~ **you speak French?** parla francese?
3 (may) potere; **could I have a word with you?** posso parlarle un momento?
4 (expressing disbelief, puzzlement etc): **it ~'t be true!** non può essere vero!; **what CAN he want?** cosa può mai volere?
5 (expressing possibility, suggestion etc): **he could be in the library** può darsi che sia in biblioteca; **they could have forgotten** potrebbero essersene dimenticati; **she could have been delayed** può aver avuto un contrattempo.

Canada ['kænədə] n Canada m.
Canadian [kə'neɪdɪən] adj, n canadese (m/f).
canal [kə'næl] n canale m.
canary [kə'nɛərɪ] n canarino.
Canary Islands, Canaries [kə'nɛərɪz] npl: **the** ~ le (isole) Canarie.
Canberra ['kænbərə] n Camberra.
cancel ['kænsəl] vt annullare; (train) sopprimere; (cross out) cancellare.
► **cancel out** vt (MATH) semplificare; (fig) annullare; **they** ~ **each other out** (also fig) si annullano a vicenda.
cancellation [kænsə'leɪʃən] n annullamento; soppressione f; cancellazione f; (TOURISM) prenotazione f annullata.
cancer ['kænsə*] n cancro; **C**~ (sign) Cancro; **to be C**~ essere del Cancro.
cancerous ['kænsərəs] adj canceroso(a).
cancer patient n malato/a di cancro.
cancer research n ricerca sul cancro.
C and F abbr (BRIT: = cost and freight) Caf m.
candid ['kændɪd] adj onesto(a).
candidacy ['kændɪdəsɪ] n candidatura.
candidate ['kændɪdeɪt] n candidato/a.
candidature ['kændɪdətʃə*] n (BRIT) = **candidacy**.
candied ['kændɪd] adj candito(a); ~ **apple** (US) mela caramellata.
candle ['kændl] n candela.
candlelight ['kændl'laɪt] n: **by** ~ a lume di candela.
candlestick ['kændlstɪk] n (also: **candle holder**) bugia; (bigger, ornate) candeliere m.
candour, (US) **candor** ['kændə*] n sincerità.
candy ['kændɪ] n zucchero candito; (US) caramella; caramelle fpl.
candy-floss ['kændɪflɔs] n (BRIT) zucchero filato.
candy store n (US) ≈ pasticceria.
cane [keɪn] n canna; (for baskets, chairs etc) bambù m; (SCOL) verga; (for walking)

bastone m (da passeggio) ♦ vt (BRIT SCOL) punire a colpi di verga.
canine ['kænaɪn] adj canino(a).
canister ['kænɪstə*] n scatola metallica.
cannabis ['kænɪbɪs] n canapa indiana.
canned ['kænd] adj (food) in scatola; (col: recorded: music) registrato(a); (BRIT col: drunk) sbronzo(a); (US col: worker) licenziato(a).
cannibal ['kænɪbəl] n cannibale m/f.
cannibalism ['kænɪbəlɪzəm] n cannibalismo.
cannon, pl ~ or ~**s** ['kænən] n (gun) cannone m.
cannonball ['kænənbɔːl] n palla di cannone.
cannon fodder n carne f da macello.
cannot ['kænɔt] = **can not**.
canny ['kænɪ] adj furbo(a).
canoe [kə'nuː] n canoa; (SPORT) canotto.
canoeing [kə'nuːɪŋ] n (sport) canottaggio.
canoeist [kə'nuːɪst] n canottiere m.
canon ['kænən] n (clergyman) canonico; (standard) canone m.
canonize ['kænənaɪz] vt canonizzare.
can opener [-'əupnə*] n apriscatole m inv.
canopy ['kænəpɪ] n baldacchino.
cant [kænt] n gergo ♦ vt inclinare ♦ vi inclinarsi.
can't [kænt] = **can not**.
Cantab. abbr (BRIT: = cantabrigiensis) of Cambridge.
cantankerous [kæn'tæŋkərəs] adj stizzoso(a).
canteen [kæn'tiːn] n mensa; (BRIT: of cutlery) portaposate m inv.
canter ['kæntə*] n piccolo galoppo ♦ vi andare al piccolo galoppo.
cantilever ['kæntɪliːvə*] n trave f a sbalzo.
canvas ['kænvəs] n tela; **under** ~ (camping) sotto la tenda; (NAUT) sotto la vela.
canvass ['kænvəs] vt (COMM: district) fare un'indagine di mercato in; (: citizens, opinions) fare un sondaggio di; (POL: district) fare un giro elettorale di; (: person) fare propaganda elettorale a.
canvasser ['kænvəsə*] n (COMM) agente m viaggiatore, piazzista m; (POL) propagandista m/f (elettorale).
canvassing ['kænvəsɪŋ] n sollecitazione f.
canyon ['kænjən] n canyon m inv.
CAP n abbr (= Common Agricultural Policy) PAC f.
cap [kæp] n (also FOOTBALL) berretto; (of pen) coperchio; (of bottle) tappo; (for swimming) cuffia; (BRIT: contraceptive: also: **Dutch** ~) diaframma m ♦ vt tappare; (outdo) superare; ~**ped with** ricoperto(a) di; **and to** ~ **it all, he ...** (BRIT) e per

completare l'opera, lui ....

capability [keɪpə'bɪlɪtɪ] n capacità f inv, abilità f inv.

capable ['keɪpəbl] adj capace; ~ **of** capace di; suscettibile di.

capacious [kə'peɪʃəs] adj capace.

capacity [kə'pæsɪtɪ] n capacità f inv; (of lift etc) capienza; **in his** ~ **as** nella sua qualità di; **to work at full** ~ lavorare al massimo delle proprie capacità; **this work is beyond my** ~ questo lavoro supera le mie possibilità; **filled to** ~ pieno zeppo; **in an advisory** ~ a titolo consultativo.

cape [keɪp] n (garment) cappa; (GEO) capo.

Cape of Good Hope n Capo di Buona Speranza.

caper ['keɪpə*] n (CULIN: also: ~s) cappero; (leap) saltello; (escapade) birichinata.

Cape Town n Città del Capo.

capita ['kæpɪtə] see **per capita**.

capital ['kæpɪtl] n (also: ~ **city**) capitale f; (money) capitale m; (also: ~ **letter**) (lettera) maiuscola.

capital account n conto capitale.

capital allowance n ammortamento fiscale.

capital assets npl capitale m fisso.

capital expenditure n spese fpl in capitale.

capital gains tax n imposta sulla plusvalenza.

capital goods n beni mpl d'investimento, beni mpl capitali.

capital-intensive ['kæpɪtlɪn'tɛnsɪv] adj ad alta intensità di capitale.

capitalism ['kæpɪtəlɪzəm] n capitalismo.

capitalist ['kæpɪtəlɪst] adj, n capitalista (m/f).

capitalize ['kæpɪtəlaɪz] vt (provide with capital) capitalizzare.

▶**capitalize on** vt fus (fig) trarre vantaggio da.

capital punishment n pena capitale.

capital transfer tax n (BRIT) imposta sui trasferimenti di capitali.

Capitol ['kæpɪtl] n: **the** ~ il Campidoglio.

Il **Capitol** *è l'edificio che ospita le riunioni del Congresso degli Stati Uniti. È situato sull'omonimo colle, Capitol Hill, a Washington DC. In molti stati americani il termine* Capitol *viene usato per indicare l'edificio dove si riuniscono i rappresentanti dello stato.*

---

capitulate [kə'pɪtjuleɪt] vi capitolare.

capitulation [kəpɪtju'leɪʃən] n capitolazione f.

capricious [kə'prɪʃəs] adj capriccioso(a).

Capricorn ['kæprɪkɔ:n] n Capricorno; **to be** ~ essere del Capricorno.

caps [kæps] abbr = **capital letters**.

capsize [kæp'saɪz] vt capovolgere ♦ vi capovolgersi.

capstan ['kæpstən] n argano.

capsule ['kæpsju:l] n capsula.

Capt. abbr (= captain) Cap.

captain ['kæptɪn] n capitano ♦ vt capitanare.

caption ['kæpʃən] n leggenda.

captivate ['kæptɪveɪt] vt avvincere.

captive ['kæptɪv] adj, n prigioniero(a).

captivity [kæp'tɪvɪtɪ] n prigionia; **in** ~ (animal) in cattività.

captor ['kæptə*] n (lawful) chi ha catturato; (unlawful) rapitore m.

capture ['kæptʃə*] vt catturare, prendere; (attention) attirare ♦ n cattura; (data ~) registrazione f or rilevazione f di dati.

car [ka:*] n macchina, automobile f; (US RAIL) carrozza; **by** ~ in macchina.

Caracas [kə'rækəs] n Caracas f.

carafe [kə'ræf] n caraffa.

carafe wine n (in restaurant) ≈ vino sfuso.

caramel ['kærəməl] n caramello.

carat ['kærət] n carato; **18** ~ **gold** oro a 18 carati.

caravan ['kærəvæn] n roulotte f inv.

caravan site n (BRIT) campeggio per roulotte.

caraway ['kærəweɪ] n: ~ **seed** seme m di cumino.

carbohydrates [ka:bəu'haɪdreɪts] npl (foods) carboidrati mpl.

carbolic acid [ka:'bɔlɪk-] n acido fenico, fenolo.

car bomb n ordigno esplosivo collocato in una macchina; **a** ~ **went off yesterday** ieri è esplosa un'autobomba.

carbon ['ka:bən] n carbonio.

carbonated ['ka:bəneɪtəd] adj (drink) gassato(a).

carbon copy n copia f carbone inv.

carbon dioxide [-daɪ'ɔksaɪd] n diossido di carbonio.

carbon paper n carta carbone.

carbon ribbon n nastro carbonato.

car boot sale n mercatino dell'usato dove la merce viene esposta nel bagagliaio delle macchine.

carburettor, (US) **carburetor** [ka:bju'retə*] n carburatore m.

carcass ['ka:kəs] n carcassa.

carcinogenic [ka:sɪnə'dʒɛnɪk] adj cancerogeno(a).

card [ka:d] n carta; (thin cardboard)

cartoncino; (*visiting* ~ *etc*) biglietto; (*membership* ~) tessera; (*Christmas* ~ *etc*) cartolina; **to play ~s** giocare a carte.

cardamom ['kɑːdəməm] *n* cardamomo.

cardboard ['kɑːdbɔːd] *n* cartone *m*.

cardboard box *n* (scatola di) cartone *m*.

cardboard city *n luogo dove dormono in scatole di cartone emarginati senzatetto*.

card-carrying member ['kɑːd'kærɪɪŋ-] *n* tesserato/a.

card game *n* gioco di carte.

cardiac ['kɑːdɪæk] *adj* cardiaco(a).

cardigan ['kɑːdɪɡən] *n* cardigan *m inv*.

cardinal ['kɑːdɪnl] *adj*, *n* cardinale (*m*).

card index *n* schedario.

cardphone ['kɑːdfəun] *n* telefono a scheda (magnetica).

cardsharp ['kɑːdʃɑːp] *n* baro.

card vote *n* (*BRIT*) voto (palese) per delega.

CARE [kɛə*] *n abbr* = *Cooperative for American Relief Everywhere*.

care [kɛə*] *n* cura, attenzione *f*; (*worry*) preoccupazione *f* ♦ *vi*: **to ~ about** interessarsi di; **would you ~ to/for ...?** le piacerebbe ...?; **I wouldn't ~ to do it** non lo vorrei fare; **in sb's ~** alle cure di qn; **to take ~** fare attenzione; **to take ~ of** curarsi di; (*details, arrangements*) occuparsi di; **I don't ~** non me ne importa; **I couldn't ~ less** non me ne importa un bel niente; **~ of (c/o)** (*on letter*) presso; "**with ~**" "fragile"; **the child has been taken into ~** il bambino è stato preso in custodia.

► **care for** *vt fus* aver cura di; (*like*) voler bene a.

careen [kəˈriːn] *vi* (*ship*) sbandare ♦ *vt* carenare.

career [kəˈrɪə*] *n* carriera; (*occupation*) professione *f* ♦ *vi* (*also*: ~ **along**) andare di (gran) carriera.

career girl *n* donna dedita alla carriera.

careers officer *n* consulente *m/f* d'orientamento professionale.

carefree ['kɛəfriː] *adj* sgombro(a) di preoccupazioni.

careful ['kɛəful] *adj* attento(a); (*cautious*) cauto(a); **(be) ~!** attenzione!; **he's very ~ with his money** bada molto alle spese.

carefully ['kɛəfəlɪ] *adv* con cura; cautamente.

careless ['kɛəlɪs] *adj* negligente; (*remark*) privo(a) di tatto.

carelessly ['kɛəlɪslɪ] *adv* negligentemente; senza tatto; (*without thinking*) distrattamente.

carelessness ['kɛəlɪsnɪs] *n* negligenza;

mancanza di tatto.

carer ['kɛərə*] *n chi si occupa di un familiare anziano o invalido*.

caress [kəˈrɛs] *n* carezza ♦ *vt* accarezzare.

caretaker ['kɛəteɪkə*] *n* custode *m*.

caretaker government *n* (*BRIT*) governo *m* ponte *inv*.

car-ferry ['kɑːfɛrɪ] *n* traghetto.

cargo, ~**es** ['kɑːɡəu] *n* carico.

cargo boat *n* cargo.

cargo plane *n* aereo di linea da carico.

car hire *n* (*BRIT*) autonoleggio.

Caribbean [kærɪˈbiːən] *adj* caraibico(a); **the ~ (Sea)** il Mar dei Caraibi.

caricature ['kærɪkətjuə*] *n* caricatura.

caring ['kɛərɪŋ] *adj* (*person*) premuroso(a); (*society, organization*) umanitario(a).

carnage ['kɑːnɪdʒ] *n* carneficina.

carnal ['kɑːnl] *adj* carnale.

carnation [kɑːˈneɪʃən] *n* garofano.

carnival ['kɑːnɪvəl] *n* (*public celebration*) carnevale *m*; (*US*: *funfair*) luna park *m inv*.

carnivorous [kɑːˈnɪvərəs] *adj* carnivoro(a).

carol ['kærəl] *n*: (**Christmas**) ~ canto di Natale.

carouse [kəˈrauz] *vi* far baldoria.

carousel [kærəˈsɛl] *n* (*US*) giostra.

carp [kɑːp] *n* (*fish*) carpa.

► **carp at** *vt fus* trovare a ridire su.

car park *n* parcheggio.

carpenter ['kɑːpɪntə*] *n* carpentiere *m*.

carpentry ['kɑːpɪntrɪ] *n* carpenteria.

carpet ['kɑːpɪt] *n* tappeto; (*BRIT*: fitted ~) moquette *f inv* ♦ *vt* coprire con tappeto.

carpet bombing *n* bombardamento a tappeto.

carpet slippers *npl* pantofole *fpl*.

carpet sweeper *n* scopatappeti *m inv*.

car phone *n* telefonino per auto.

car rental *n* (*US*) autonoleggio.

carriage ['kærɪdʒ] *n* vettura; (*of goods*) trasporto; (*of typewriter*) carrello; (*bearing*) portamento; ~ **forward** porto assegnato; ~ **free** franco di porto; ~ **paid** porto pagato.

carriage return *n* (*on typewriter etc*) leva (*or* tasto) del ritorno a capo.

carriageway ['kærɪdʒweɪ] *n* (*BRIT*: part of road*) carreggiata.

carrier ['kærɪə*] *n* (*of disease*) portatore/trice; (*COMM*) impresa di trasporti; (*NAUT*) portaerei *f inv*.

carrier bag *n* (*BRIT*) sacchetto.

carrier pigeon *n* colombo viaggiatore.

carrion ['kærɪən] *n* carogna.

carrot ['kærət] *n* carota.

carry ['kærɪ] *vt* (*subj*: *person*) portare; (: *vehicle*) trasportare; (*a motion, bill*) far passare; (*involve: responsibilities etc*) comportare; (*COMM: goods*) tenere; (*: interest*) avere; (*MATH: figure*) riportare ♦ *vi* (*sound*) farsi sentire; **this loan carries 10% interest** questo prestito è sulla base di un interesse del 10%; **to be carried away** (*fig*) farsi trascinare.

▶**carry forward** *vt* (*MATH, COMM*) riportare.

▶**carry on** *vi*: **to ~ with sth/doing** continuare qc/a fare ♦ *vt* mandare avanti.

▶**carry out** *vt* (*orders*) eseguire; (*investigation*) svolgere; (*accomplish etc: plan*) realizzare; (*perform, implement: idea, threat*) mettere in pratica.

carrycot ['kærɪkɔt] *n* (*BRIT*) culla portabile.

carry-on [kærɪ'ɔn] *n* (*col: fuss*) casino, confusione *f*; (*: annoying behaviour*): **I've had enough of your ~**! mi hai proprio scocciato!

cart [kɑːt] *n* carro ♦ *vt* (*col*) trascinare, scarrozzare.

carte blanche ['kɑːt'blɔnʃ] *n*: **to give sb ~** dare carta bianca a qn.

cartel [kɑː'tɛl] *n* (*COMM*) cartello.

cartilage ['kɑːtɪlɪdʒ] *n* cartilagine *f*.

cartographer [kɑː'tɔgrəfə*] *n* cartografo/a.

cartography [kɑː'tɔgrəfɪ] *n* cartografia.

carton ['kɑːtən] *n* (*box*) scatola di cartone; (*of yogurt*) cartone *m*; (*of cigarettes*) stecca.

cartoon [kɑː'tuːn] *n* (*in newspaper etc*) vignetta; (*CINE, TV*) cartone *m* animato; (*ART*) cartone.

cartoonist [kɑː'tuːnɪst] *n* vignettista *m/f*; cartonista *m/f*.

cartridge ['kɑːtrɪdʒ] *n* (*for gun, pen*) cartuccia; (*for camera*) caricatore *m*; (*music tape*) cassetta; (*of record player*) testina.

cartwheel ['kɑːtwiːl] *n*: **to turn a ~** (*SPORT etc*) fare la ruota.

carve [kɑːv] *vt* (*meat*) trinciare; (*wood, stone*) intagliare.

▶**carve up** *vt* (*meat*) tagliare; (*fig: country*) suddividere.

carving ['kɑːvɪŋ] *n* (*in wood etc*) scultura.

carving knife *n* trinciante *m*.

car wash *n* lavaggio auto.

Casablanca [kæsə'blæŋkə] *n* Casablanca.

cascade [kæs'keɪd] *n* cascata ♦ *vi* scendere a cascata.

case [keɪs] *n* caso *m*; (*LAW*) causa, processo; (*box*) scatola; (*also*: **suit~**) valigia; (*TYP*): **lower/upper ~** (*carattere m*) minuscolo/ maiuscolo; **to have a good ~** avere pretese legittime; **there's a strong ~ for reform** ci sono validi argomenti a favore

della riforma; **in ~ of** in caso di; **in ~ he** caso mai lui; **just in ~** in caso di bisogno.

case history *n* (*MED*) cartella clinica.

case study *n* studio di un caso.

cash [kæʃ] *n* (*coins, notes*) soldi *mpl*, denaro; (*col: money*) quattrini *mpl* ♦ *vt* incassare; **to pay (in) ~** pagare in contanti; **to be short of ~** essere a corto di soldi; **~ with order/on delivery (COD)** (*COMM*) pagamento all'ordinazione/alla consegna.

▶**cash in** *vt* (*insurance policy etc*) riscuotere, riconvertire.

▶**cash in on** *vt fus*: **to ~ in on sth** sfruttare qc.

cash account *n* conto *m* cassa *inv*.

cash-and-carry ['kæʃənd'kærɪ] *n* cash and carry *m inv*.

cashbook ['kæʃbuk] *n* giornale *m* di cassa.

cash box *n* cassetta per il denaro spicciolo.

cash card *n* carta per prelievi automatici.

cash desk *n* (*BRIT*) cassa.

cash discount *n* sconto per contanti.

cash dispenser *n* sportello automatico.

cashew [kæ'fuː] *n* (*also*: **~ nut**) anacardio.

cash flow *n* cash-flow *m inv*, liquidità *f inv*.

cashier [kæ'ʃɪə*] *n* cassiere/a ♦ *vt* (*esp MIL*) destituire.

cashmere ['kæʃmɪə*] *n* cachemire *m*.

cash payment *n* pagamento in contanti.

cash price *n* prezzo per contanti.

cash register *n* registratore *m* di cassa.

cash sale *n* vendita per contanti.

casing ['keɪsɪŋ] *n* rivestimento.

casino [kə'siːnəu] *n* casinò *m inv*.

cask [kɑːsk] *n* botte *f*.

casket ['kɑːskɪt] *n* cofanetto; (*US: coffin*) bara.

Caspian Sea ['kæspɪən-] *n*: **the ~** il mar Caspio.

casserole ['kæsərəul] *n* casseruola; (*food*): **chicken ~** pollo in casseruola.

cassette [kæ'sɛt] *n* cassetta.

cassette deck *n* piastra di registrazione.

cassette player *n* riproduttore *m* a cassette.

cassette recorder *n* registratore *m* a cassette.

cast [kɑːst] *vt* (*pt, pp* **cast**) (*throw*) gettare; (*shed*) perdere; spogliarsi di; (*metal*) gettare, fondere ♦ *n* (*THEAT*) complesso di attori; (*mould*) forma; (*also*: **plaster ~**) ingessatura; (*THEAT*): **to ~ sb as Hamlet** scegliere qn per la parte di Amleto; **to ~ one's vote** votare, dare il voto.

▶**cast aside** *vt* (*reject*) mettere da parte.

▶**cast off** *vi* (*NAUT*) salpare; (*KNITTING*) diminuire, calare ♦ *vt* (*NAUT*) disormeggiare; (*KNITTING*) diminuire, calare.

▶**cast on** *vt* (*KNITTING*) avviare ♦ *vi* avviare (le maglie).

castanets [kæstə'nɛts] *npl* castagnette *fpl*.

castaway ['kɑːstəwəɪ] *n* naufrago/a.

caste [kɑːst] *n* casta.

caster sugar ['kɑːstə-] *n* zucchero semolato.

casting vote ['kɑːstɪŋ-] *n* (*BRIT*) voto decisivo.

cast iron *n* ghisa ♦ *adj*: **cast-iron** (*fig: will, alibi*) di ferro, d'acciaio.

castle ['kɑːsl] *n* castello; (*fortified*) rocca.

castor ['kɑːstə*] *n* (*wheel*) rotella.

castor oil *n* olio di ricino.

castrate [kæs'treɪt] *vt* castrare.

casual ['kæʒjul] *adj* (*by chance*) casuale, fortuito(a); (*irregular: work etc*) avventizio(a); (*unconcerned*) noncurante, indifferente; ~ **wear** casual *m*.

casual labour *n* manodopera avventizia.

casually ['kæʒjulɪ] *adv* con disinvoltura; (*by chance*) casualmente.

casualty ['kæʒjultɪ] *n* ferito/a; (*dead*) morto/a, vittima; **heavy casualties** *npl* grosse perdite *fpl*.

casualty ward *n* (*BRIT*) pronto soccorso.

cat [kæt] *n* gatto.

catacombs ['kætəkuːmz] *npl* catacombe *fpl*.

catalogue, (*US*) **catalog** ['kætəlɔg] *n* catalogo ♦ *vt* catalogare.

catalyst ['kætəlɪst] *n* catalizzatore *m*.

catalytic converter [kætə'lɪtɪkkən'vəːtə*] *n* marmitta catalitica, catalizzatore *m*.

catapult ['kætəpʌlt] *n* catapulta; fionda.

cataract ['kætərækt] *n* (*also MED*) cateratta.

catarrh [kə'tɑː*] *n* catarro.

catastrophe [kə'tæstrəfɪ] *n* catastrofe *f*.

catastrophic [kætə'strɔfɪk] *adj* catastrofico(a).

catcall ['kætkɔːl] *n* (*at meeting etc*) fischio.

catch [kætʃ] *vb* (*pt, pp* **caught** [kɔːt]) *vt* (*train, thief, cold*) acchiappare; (*ball*) afferrare; (*person: by surprise*) sorprendere; (*understand*) comprendere; (*get entangled*) impigliare ♦ *vi* (*fire*) prendere ♦ *n* (*fish etc caught*) retata, presa; (*trick*) inganno; (*TECH*) gancio; **to ~ sb's attention** *or* **eye** attirare l'attenzione di qn; **to ~ fire** prendere fuoco; **to ~ sight of** scorgere.

▶**catch on** *vi* (*become popular*) affermarsi, far presa; (*understand*): **to ~ on (to sth)** capire (qc).

▶**catch out** *vt* (*BRIT fig: with trick question*) cogliere in fallo.

▶**catch up** *vi* mettersi in pari ♦ *vt* (*also*: ~ **up with**) raggiungere.

catching ['kætʃɪŋ] *adj* (*MED*) contagioso(a).

catchment area ['kætʃmənt-] *n* (*BRIT SCOL*) circoscrizione *f* scolare; (*GEO*) bacino pluviale.

catch phrase *n* slogan *m inv*; frase *f* fatta.

catch-22 ['kætʃtwɛntɪ'tuː] *n*: **it's a ~ situation** non c'è via d'uscita.

catchy ['kætʃɪ] *adj* orecchiabile.

catechism ['kætɪkɪzəm] *n* catechismo.

categoric(al) [kætɪ'gɔrɪk(l)] *adj* categorico(a).

categorize ['kætɪgəraɪz] *vt* categorizzare.

category ['kætɪgərɪ] *n* categoria.

cater ['keɪtə*] *vi* (*gen*: ~ **for**) provvedere da mangiare (per).

▶**cater for** *vt fus* (*BRIT: needs*) provvedere a; (*: readers, consumers*) incontrare i gusti di.

caterer ['keɪtərə*] *n* fornitore *m*.

catering ['keɪtərɪŋ] *n* approvvigionamento.

catering trade *n* settore *m* ristoranti.

caterpillar ['kætəpɪlə*] *n* (*ZOOL*) bruco ♦ *cpd* (*vehicle*) cingolato(a); ~ **track** cingolo.

cat flap *n* gattaiola.

cathedral [kə'θiːdrəl] *n* cattedrale *f*, duomo.

cathode ['kæθəud] *n* catodo.

cathode ray tube *n* tubo a raggi catodici.

catholic ['kæθəlɪk] *adj* universale; aperto(a); eclettico(a); **C~** *adj, n* (*REL*) cattolico(a).

CAT scanner [kæt-] *n* (*MED*: = *computerized axial tomography scanner*) (rilevatore *m* per la) TAC *f inv*.

cat's-eye ['kæts'aɪ] *n* (*BRIT AUT*) catarifrangente *m*.

catsup ['kætsəp] *n* (*US*) ketchup *m inv*.

cattle ['kætl] *npl* bestiame *m*, bestie *fpl*.

catty ['kætɪ] *adj* maligno(a), dispettoso(a).

catwalk ['kætwɔːk] *n* passerella.

Caucasian [kɔː'keɪzɪən] *adj, n* caucasico(a).

Caucasus ['kɔːkəsəs] *n* Caucaso.

caucus ['kɔːkəs] *n* (*US POL*) (riunione *f* del) comitato elettorale; (*BRIT POL*: *group*) comitato di dirigenti.

Caucus è il termine usato, specialmente negli Stati Uniti, per indicare una riunione informale dei rappresentanti di spicco di un partito politico che precede una riunione ufficiale. Con uso estensivo, la parola indica il nucleo direttivo di un partito politico.

---

caught [kɔːt] *pt, pp of* **catch**.

cauliflower ['kɔlɪflauə*] *n* cavolfiore *m*.

cause [kɔːz] *n* causa ♦ *vt* causare; **there is no ~ for concern** non c'è ragione di preoccuparsi; **to ~ sb to do sth** far fare qc a qn; **to ~ sth to be done** far fare qc.

causeway ['kɔːzweɪ] n strada rialzata.
caustic ['kɔːstɪk] adj caustico(a).
caution ['kɔːʃən] n prudenza; (warning) avvertimento ♦ vt ammonire.
cautious ['kɔːʃəs] adj cauto(a), prudente.
cautiously ['kɔːʃəslɪ] adv prudentemente.
cautiousness ['kɔːʃəsnɪs] n cautela.
cavalier [kævə'lɪə*] n (knight) cavaliere m ♦ adj (pej: offhand) brusco(a).
cavalry ['kævəlrɪ] n cavalleria.
cave [keɪv] n caverna, grotta ♦ vi: **to go caving** fare speleologia.
▶**cave in** vi (roof etc) crollare.
caveman ['keɪvmæn] n uomo delle caverne.
cavern ['kævən] n caverna.
caviar(e) ['kævɪɑː*] n caviale m.
cavity ['kævɪtɪ] n cavità f inv.
cavity wall insulation n isolamento per pareti a intercapedine.
cavort [kə'vɔːt] vi far capriole.
cayenne (pepper) [keɪ'ɛn-] n pepe m di Caienna.
CB n abbr (BRIT: = Companion (of the Order) of the Bath) titolo; (= Citizens' Band (Radio)) C.B. m; ~ **radio (set)** baracchino.
CBC n abbr = Canadian Broadcasting Corporation.
CBE n abbr (BRIT: = Companion (of the Order) of the British Empire) titolo.
CBI n abbr (= Confederation of British Industry) ≈ CONFINDUSTRIA (= Confederazione Generale dell'Industria Italiana).
CBS n abbr (US) = Columbia Broadcasting System.
CC abbr (BRIT) = county council.
cc abbr (= cubic centimetre) cc; (on letter etc) = **carbon copy.**
CCA n abbr (US: = Circuit Court of Appeals) corte f d'appello itinerante.
CCU n abbr (US: = coronary care unit) unità coronarica.
CD n abbr (= compact disk) compact disc m inv; ~ **player** lettore m CD; (MIL) = Civil Defence (Corps) (BRIT), Civil Defense (US) ♦ abbr (BRIT: = Corps Diplomatique) C.D.
CDC n abbr (US) = center for disease control.
CD-I ® n CD-I m inv, compact disc m inv interattivo.
Cdr. abbr (= commander) Com.
CD-ROM ['siː'diː'rɔm] n abbr (= compact disc read-only memory) CD-ROM m inv.
CDT abbr (US: = Central Daylight Time) ora legale del centro.
CDW n abbr see **collision damage waiver.**
cease [siːs] vt, vi cessare.
ceasefire ['siːsfaɪə*] n cessate il fuoco m

inv.
ceaseless ['siːslɪs] adj incessante, continuo(a).
CED n abbr (US) = Committee for Economic Development.
cedar ['siːdə*] n cedro.
cede [siːd] vt cedere.
CEEB n abbr (US: = College Entrance Examination Board) commissione f per l'esame di ammissione al college.
ceilidh ['keɪlɪ] n festa con musiche e danze popolari scozzesi o irlandesi.
ceiling ['siːlɪŋ] n soffitto; (fig: upper limit) tetto, limite m massimo.
celebrate ['sɛlɪbreɪt] vt, vi celebrare.
celebrated ['sɛlɪbreɪtɪd] adj celebre.
celebration [sɛlɪ'breɪʃən] n celebrazione f.
celebrity [sɪ'lɛbrɪtɪ] n celebrità f inv.
celeriac [sə'lɛrɪæk] n sedano m rapa inv.
celery ['sɛlərɪ] n sedano.
celestial [sɪ'lɛstɪəl] adj celeste.
celibacy ['sɛlɪbəsɪ] n celibato.
cell [sɛl] n cella; (BIOL) cellula; (ELEC) elemento (di batteria).
cellar ['sɛlə*] n sottosuolo, cantina.
cellist ['tʃɛlɪst] n violoncellista m/f.
cello ['tʃɛləʊ] n violoncello.
cellophane ® ['sɛləfeɪn] n cellophane ® m.
cellphone ['sɛlfəʊn] n cellulare m.
cellular ['sɛljʊlə*] adj cellulare.
celluloid ['sɛljʊlɔɪd] n celluloide f.
cellulose ['sɛljʊləʊs] n cellulosa.
Celsius ['sɛlsɪəs] adj Celsius inv.
Celt [kɛlt, sɛlt] n celta m/f.
Celtic ['kɛltɪk, 'sɛltɪk] adj celtico(a) ♦ n (LING) celtico.
cement [sə'mɛnt] n cemento ♦ vt cementare.
cement mixer n betoniera.
cemetery ['sɛmɪtrɪ] n cimitero.
cenotaph ['sɛnətɑːf] n cenotafio.
censor ['sɛnsə*] n censore m ♦ vt censurare.
censorship ['sɛnsəʃɪp] n censura.
censure ['sɛnʃə*] vt censurare.
census ['sɛnsəs] n censimento.
cent [sɛnt] n (US: coin) centesimo (= 1:100 di un dollaro); see also **per cent.**
centenary [sɛn'tiːnərɪ], **centennial** [sɛn'tɛnɪəl] n centenario.
center ['sɛntə*] n, vt (US) = **centre.**
centigrade ['sɛntɪɡreɪd] adj centigrado(a).
centilitre, (US) **centiliter** ['sɛntɪliːtə*] n centilitro.
centimetre, (US) **centimeter** ['sɛntɪmiːtə*] n centimetro.
centipede ['sɛntɪpiːd] n centopiedi m inv.
central ['sɛntrəl] adj centrale.
Central African Republic n Repubblica

centrafricana.

Central America n America centrale.

central heating n riscaldamento centrale.

centralize ['sɛntrəlaɪz] vt accentrare.

central processing unit (CPU) n (*COMPUT*) unità f inv centrale di elaborazione.

central reservation n (*BRIT AUT*) banchina f spartitraffico inv.

centre, (us**) center** ['sɛntə*] n centro ♦ vt (*concentrate*): **to ~ (on)** concentrare (su).

centrefold, (us**) centerfold** ['sɛntəfəuld] n (*PRESS*) poster m (all'interno di rivista).

centre-forward ['sɛntə'fɔːwəd] n (*SPORT*) centroavanti m inv.

centre-half ['sɛntə'hɑːf] n (*SPORT*) centromediano.

centrepiece, (us**) centerpiece** ['sɛntəpiːs] n centrotavola m; (*fig*) punto centrale.

centre spread n (*BRIT*) pubblicità a doppia pagina.

centre-stage [sɛntə'steɪdʒ] n: **to take ~** porsi al centro dell'attenzione.

centrifugal [sɛn'trɪfjugəl] adj centrifugo(a).

centrifuge ['sɛntrɪfjuːʒ] n centrifuga.

century ['sɛntjurɪ] n secolo; **in the twentieth ~** nel ventesimo secolo.

CEO n abbr (us) see **chief executive officer**.

ceramic [sɪ'ræmɪk] adj ceramico(a).

cereal ['siːrɪəl] n cereale m.

cerebral ['sɛrɪbrəl] adj cerebrale.

ceremonial [sɛrɪ'məunɪəl] n cerimoniale m; (*rite*) rito.

ceremony ['sɛrɪmənɪ] n cerimonia; **to stand on ~** fare complimenti.

cert [səːt] n (*BRIT col*): **it's a dead ~** non c'è alcun dubbio.

certain ['səːtən] adj certo(a); **to make ~ of** assicurarsi di; **for ~** per certo, di sicuro.

certainly ['səːtənlɪ] adv certamente, certo.

certainty ['səːtəntɪ] n certezza.

certificate [sə'tɪfɪkɪt] n certificato; diploma m.

certified letter ['səːtɪfaɪd-] n (us) lettera raccomandata.

certified public accountant (CPA) ['səːtɪfaɪd-] n (us) ≈ commercialista m/f.

certify ['səːtɪfaɪ] vt certificare ♦ vi: **to ~ to** attestare a.

cervical ['səːvɪkl] adj: **~ cancer** cancro della cervice, tumore m al collo dell'utero; **~ smear** Pap-test m inv.

cervix ['səːvɪks] n cervice f.

Cesarean [siː'zɛərɪən] adj, n (us) = **Caesarean**.

cessation [sə'seɪʃən] n cessazione f; arresto.

cesspit ['sɛspɪt] n pozzo nero.

CET abbr (= *Central European Time*) fuso orario.

Ceylon [sɪ'lɔn] n Ceylon f.

cf. abbr (= *compare*) cfr.

c/f abbr (*COMM*) = *carried forward*.

CFC n abbr (= *chlorofluorocarbon*) CFC m inv.

CG n abbr (us) = **coastguard**.

cg abbr (= *centigram*) cg.

CH n abbr (*BRIT*: = *Companion of Honour*) titolo.

ch abbr (*BRIT*) = **central heating**.

ch. abbr (= *chapter*) cap.

Chad [tʃæd] n Chad m.

chafe [tʃeɪf] vt fregare, irritare ♦ vi (*fig*): **to ~ against** scontrarsi con.

chaffinch ['tʃæfɪntʃ] n fringuello.

chagrin ['ʃægrɪn] n disappunto, dispiacere m.

chain [tʃeɪn] n catena ♦ vt (*also*: **~ up**) incatenare.

chain reaction n reazione f a catena.

chain-smoke ['tʃeɪnsməuk] vi fumare una sigaretta dopo l'altra.

chain store n negozio a catena.

chair [tʃɛə*] n sedia; (*armchair*) poltrona; (*of university*) cattedra ♦ vt (*meeting*) presiedere; **the ~** (us: *electric* ~) la sedia elettrica.

chairlift ['tʃɛəlɪft] n seggiovia.

chairman ['tʃɛəmən] n presidente m.

chairperson ['tʃɛəpəːsn] n presidente/essa.

chairwoman ['tʃɛəwumən] n presidentessa.

chalet ['ʃæleɪ] n chalet m inv.

chalice ['tʃælɪs] n calice m.

chalk [tʃɔːk] n gesso.

▶**chalk up** vt scrivere col gesso; (*fig: success*) ottenere; (: *victory*) riportare.

challenge ['tʃælɪndʒ] n sfida ♦ vt sfidare; (*statement, right*) mettere in dubbio; **to ~ sb to a fight/game** sfidare qn a battersi/ad una partita; **to ~ sb to do** sfidare qn a fare.

challenger ['tʃælɪndʒə*] n (*SPORT*) sfidante m/f.

challenging ['tʃælɪndʒɪŋ] adj sfidante; (*remark, look*) provocatorio(a).

chamber ['tʃeɪmbə*] n camera; **~ of commerce** camera di commercio.

chambermaid ['tʃeɪmbəmeɪd] n cameriera.

chamber music n musica da camera.

chamberpot ['tʃeɪmbəpɔt] n vaso da notte.

chameleon [kə'miːlɪən] n camaleonte m.

chamois ['ʃæmwɑː] n camoscio.

chamois leather ['ʃæmɪ-] n pelle f di camoscio.

champagne [ʃæm'peɪn] n champagne m inv.

champers ['ʃæmpəz] nsg (*col*) sciampagna.

champion ['tʃæmpɪən] n campione/essa; (of cause) difensore m ♦ vt difendere, lottare per.

championship ['tʃæmpɪənʃɪp] n campionato.

chance [tʃɑːns] n caso; (opportunity) occasione f; (likelihood) possibilità f inv ♦ vt: **to ~ it** rischiare, provarci ♦ adj fortuito(a); **there is little ~ of his coming** è molto improbabile che venga; **to take a ~** rischiare; **by ~** per caso; **it's the ~ of a lifetime** è un'occasione unica; **the ~s are that ...** probabilmente ..., è probabile che ... + sub; **to ~ to do sth** (formal: happen) fare per caso qc.

▶**chance (up)on** vt fus (person) incontrare per caso, imbattersi in; (thing) trovare per caso.

chancel ['tʃɑːnsəl] n coro.

chancellor ['tʃɑːnsələ*] n cancelliere m; (of university) rettore m (onorario); **C~ of the Exchequer** (BRIT) Cancelliere m dello Scacchiere.

chandelier [ʃændə'lɪə*] n lampadario.

change [tʃeɪndʒ] vt cambiare; (transform): **to ~ sb into** trasformare qn in ♦ vi cambiarsi; (be transformed): **to ~ into** trasformarsi in ♦ n cambiamento; (money) resto; **to ~ one's mind** cambiare idea; **to ~ gear** (AUT) cambiare (marcia); **she ~d into an old skirt** si è cambiata e ha messo una vecchia gonna; **a ~ of clothes** un cambio (di vestiti); **for a ~** tanto per cambiare; **small ~** spiccioli mpl, moneta; **keep the ~** tenga il resto; **can you give me ~ for £1?** mi può cambiare una sterlina?

changeable ['tʃeɪndʒəbl] adj (weather) variabile; (person) mutevole.

change machine n distributore m automatico di monete.

changeover ['tʃeɪndʒəʊvə*] n cambiamento, passaggio.

changing ['tʃeɪndʒɪŋ] adj che cambia; (colours) cangiante.

changing room n (BRIT: in shop) camerino; (: SPORT) spogliatoio.

channel ['tʃænl] n canale m; (of river, sea) alveo ♦ vt canalizzare; (fig: interest, energies): **to ~ into** concentrare su, indirizzare verso; **through the usual ~s** per le solite vie; **the (English) C~** la Manica; **green/red ~** (CUSTOMS) uscita "niente da dichiarare"/"merci da dichiarare".

Channel Islands npl: **the ~** le Isole Normanne.

Channel Tunnel n: **the ~** il tunnel della Manica.

chant [tʃɑːnt] n canto; salmodia; (of crowd) slogan m inv ♦ vt cantare; salmodiare; **the demonstrators ~ed their disapproval** i dimostranti lanciavano slogan di protesta.

chaos ['keɪɔs] n caos m.

chaos theory n teoria del caos.

chaotic [keɪ'ɔtɪk] adj caotico(a).

chap [tʃæp] n (BRIT col: man) tipo ♦ vt (skin) screpolare; **old ~** vecchio mio.

chapel ['tʃæpl] n cappella.

chaperone ['ʃæpərəʊn] n accompagnatore/trice ♦ vt accompagnare.

chaplain ['tʃæplɪn] n cappellano.

chapped [tʃæpt] adj (skin, lips) screpolato(a).

chapter ['tʃæptə*] n capitolo.

char [tʃɑː*] vt (burn) carbonizzare ♦ vi (BRIT: cleaner) lavorare come domestica (a ore) ♦ n (BRIT) = **charlady**.

character ['kærɪktə*] n (gen, COMPUT) carattere m; (in novel, film) personaggio; (eccentric) originale m; **a person of good ~** una persona a modo.

character code n (COMPUT) codice m di carattere.

characteristic ['kærɪktə'rɪstɪk] adj caratteristico(a) ♦ n caratteristica; **~ of** tipico(a) di.

characterize ['kærɪktəraɪz] vt caratterizzare; (describe): **to ~ (as)** descrivere (come).

charade [ʃə'rɑːd] n sciarada.

charcoal ['tʃɑːkəʊl] n carbone m di legna.

charge [tʃɑːdʒ] n accusa; (cost) prezzo; (of gun, battery, MIL: attack) carica ♦ vt (gun, battery, MIL: enemy) caricare; (customer) fare pagare a; (sum) fare pagare; (LAW): **to ~ sb (with)** accusare qn (di) ♦ vi (gen with: up, along etc) lanciarsi; **~s** npl: **bank ~s** commissioni fpl bancarie; **labour ~s** costi mpl del lavoro; **to ~ in/out** precipitarsi dentro/fuori; **to ~ up/down** lanciarsi su/giù per; **is there a ~?** c'è da pagare?; **there's no ~** non c'è niente da pagare; **extra ~** supplemento; **to take ~ of** incaricarsi di; **to be in ~ of** essere responsabile per; **to have ~ of sb** aver cura di qn; **how much do you ~ for this repair?** quanto chiede per la riparazione?; **to ~ an expense (up) to sb** addebitare una spesa a qn; **~ it to my account** lo metta or addebiti sul mio conto.

charge account n conto.

charge card n carta di credito commerciale.

chargé d'affaires ['ʃɑːʒeɪdæ'fɛə*] n incaricato d'affari.

chargehand ['tʃɑːdʒhænd] n (*BRIT*) caposquadra m/f.

charger ['tʃɑːdʒə*] n (*also*: **battery** ~) caricabatterie m inv; (*old: warhorse*) destriero.

chariot ['tʃærɪət] n carro.

charitable ['tʃærɪtəbl] adj caritatevole.

charity ['tʃærɪtɪ] n carità; (*organization*) opera pia.

charlady ['tʃɑːleɪdɪ] n (*BRIT*) domestica a ore.

charlatan ['ʃɑːlətən] n ciarlatano.

charm [tʃɑːm] n fascino; (*on bracelet*) ciondolo ♦ vt affascinare, incantare.

charm bracelet n braccialetto con ciondoli.

charming ['tʃɑːmɪŋ] adj affascinante.

chart [tʃɑːt] n tabella; grafico; (*map*) carta nautica; (*weather* ~) carta del tempo ♦ vt fare una carta nautica di; (*sales, progress*) tracciare il grafico di; **to be in the ~s** (*record, pop group*) essere in classifica.

charter ['tʃɑːtə*] vt (*plane*) noleggiare ♦ n (*document*) carta; **on** ~ a nolo.

chartered accountant (CA) ['tʃɑːtəd-] n (*BRIT*) ragioniere/a professionista.

charter flight n volo m charter inv.

charwoman ['tʃɑːwumən] n = **charlady**.

chase [tʃeɪs] vt inseguire; (*also*: ~ **away**) cacciare ♦ n caccia.

►**chase down** vt (*US*) = **chase up**.

►**chase up** vt (*BRIT: person*) scovare; (*: information*) scoprire, raccogliere.

chasm ['kæzəm] n abisso.

chassis ['ʃæsɪ] n telaio.

chastened ['tʃeɪsnd] adj abbattuto(a), provato(a).

chastening ['tʃeɪsnɪŋ] adj che fa riflettere.

chastise [tʃæs'taɪz] vt punire, castigare.

chastity ['tʃæstɪtɪ] n castità.

chat [tʃæt] vi (*also*: **have a** ~) chiacchierare ♦ n chiacchierata.

►**chat up** vt (*BRIT col: girl*) abbordare.

chatline ['tʃætlaɪn] n chatline f.

chat show n (*BRIT*) talk show m inv, conversazione f televisiva.

chattel ['tʃætl] n *see* **goods**.

chatter ['tʃætə*] vi (*person*) ciarlare ♦ n ciarle fpl; **her teeth were** ~**ing** batteva i denti.

chatterbox ['tʃætəbɔks] n chiacchierone/a.

chattering classes ['tʃætərɪŋ-] npl: **the** ~ (*col, pej*) ≈ gli intellettuali da salotto.

chatty ['tʃætɪ] adj (*style*) familiare; (*person*) chiacchierino(a).

chauffeur ['ʃəufə*] n autista m.

chauvinism ['ʃəuvɪnɪzəm] n (*also*: **male** ~) maschilismo; (*nationalism*) sciovinismo.

chauvinist ['ʃəuvɪnɪst] n (*also*: **male** ~) maschilista m; (*nationalist*) sciovinista m/f.

chauvinistic [ʃəuvɪ'nɪstɪk] adj sciovinistico(a).

ChE abbr = **chemical engineer**.

cheap [tʃiːp] adj a buon mercato; (*reduced: fare, ticket*) ridotto(a); (*joke*) grossolano(a); (*poor quality*) di cattiva qualità ♦ adv a buon mercato; ~**er** meno caro; ~ **money** denaro a basso tasso di interesse.

cheapen ['tʃiːpn] vt ribassare; (*fig*) avvilire.

cheaply ['tʃiːplɪ] adv a buon prezzo, a buon mercato.

cheat [tʃiːt] vi imbrogliare; (*at school*) copiare ♦ vt ingannare; (*rob*) defraudare ♦ n imbroglione m; copione m; (*trick*) inganno; **he's been** ~**ing on his wife** ha tradito sua moglie.

cheating ['tʃiːtɪŋ] n imbrogliare m; copiare m.

check [tʃɛk] vt verificare; (*passport, ticket*) controllare; (*halt*) fermare; (*restrain*) contenere ♦ vi (*official etc*) informarsi ♦ n verifica; controllo; (*curb*) freno; (*bill*) conto; (*pattern: gen pl*) quadretti mpl; (*US*) = **cheque** ♦ adj (*also*: ~**ed**: *pattern, cloth*) a scacchi, a quadretti; **to** ~ **with sb** chiedere a qn; **to keep a** ~ **on sb/sth** controllare qn/qc, fare attenzione a qn/qc.

►**check in** vi (*in hotel*) registrare; (*at airport*) presentarsi all'accettazione ♦ vt (*luggage*) depositare.

►**check off** vt segnare.

►**check out** vi (*from hotel*) saldare il conto ♦ vt (*luggage*) ritirare; (*investigate: story*) controllare, verificare; (*: person*) prendere informazioni su.

►**check up** vi: **to** ~ **up (on sth)** investigare (qc); **to** ~ **up on sb** informarsi sul conto di qn.

checkbook ['tʃɛkbuk] n (*US*) = **chequebook**.

checkered ['tʃɛkəd] adj (*US*) = **chequered**.

checkers ['tʃɛkəz] n (*US*) dama.

check guarantee card n (*US*) carta f assegni inv.

check-in ['tʃɛkɪn] n (*also*: ~ **desk**: *at airport*) check-in m inv, accettazione f (*bagagli inv*).

checking account ['tʃɛkɪŋ-] n (*US*) conto corrente.

checklist ['tʃɛklɪst] n lista di controllo.

checkmate ['tʃɛkmeɪt] n scaccomatto.

checkout ['tʃɛkaut] n (*in supermarket*)

cassa.

checkpoint ['tʃɛkpɔɪnt] n posto di blocco.

checkroom ['tʃɛkrum] n (US) deposito m bagagli inv.

checkup ['tʃɛkʌp] n (MED) controllo medico.

cheek [tʃiːk] n guancia; (impudence) faccia tosta.

cheekbone ['tʃiːkbəun] n zigomo.

cheeky ['tʃiːkɪ] adj sfacciato(a).

cheep [tʃiːp] n (of bird) pigolio ♦ vi pigolare.

cheer [tʃɪə*] vt applaudire; (gladden) rallegrare ♦ vi applaudire ♦ n (gen pl) applausi mpl; evviva mpl; ~s! salute!
►**cheer on** vt (person etc) incitare.
►**cheer up** vi rallegrarsi, farsi animo ♦ vt rallegrare.

cheerful ['tʃɪəful] adj allegro(a).

cheerfulness ['tʃɪəfulnɪs] n allegria.

cheerio ['tʃɪərɪ'əu] excl (BRIT) ciao!

cheerleader ['tʃɪəliːdə*] n cheerleader f inv.

cheerless ['tʃɪəlɪs] adj triste.

cheese [tʃiːz] n formaggio.

cheeseboard ['tʃiːzbɔːd] n piatto del (or per il) formaggio.

cheeseburger ['tʃiːzbəːgə*] n cheeseburger m inv.

cheesecake ['tʃiːzkeɪk] n specie di torta di ricotta, a volte con frutta.

cheetah ['tʃiːtə] n ghepardo.

chef [ʃɛf] n capocuoco.

chemical ['kɛmɪkl] adj chimico(a) ♦ n prodotto chimico.

chemical engineering n ingegneria chimica.

chemist ['kɛmɪst] n (BRIT: pharmacist) farmacista m/f; (scientist) chimico/a; ~'s shop n (BRIT) farmacia.

chemistry ['kɛmɪstrɪ] n chimica.

chemotherapy [kiːməu'θɛrəpɪ] n chemioterapia.

cheque, (US) **check** [tʃɛk] n assegno; **to pay by** ~ pagare per assegno or con un assegno.

chequebook, (US) **checkbook** ['tʃɛkbuk] n libretto degli assegni.

cheque card n (BRIT) carta f assegni inv.

chequered, (US) **checkered** ['tʃɛkəd] adj (fig) movimentato(a).

cherish ['tʃɛrɪʃ] vt aver caro; (hope etc) nutrire.

cheroot [ʃə'ruːt] n sigaro spuntato.

cherry ['tʃɛrɪ] n ciliegia.

Ches abbr (BRIT) = Cheshire.

chess [tʃɛs] n scacchi mpl.

chessboard ['tʃɛsbɔːd] n scacchiera.

chessman ['tʃɛsmæn] n pezzo degli scacchi.

chessplayer ['tʃɛspleɪə*] n scacchista m/f.

chest [tʃɛst] n petto; (box) cassa; **to get sth off one's** ~ (col) sputare il rospo; ~ **of drawers** cassettone m.

chest measurement n giro m torace inv.

chestnut ['tʃɛsnʌt] n castagna; (also: ~ tree) castagno ♦ adj castano(a).

chesty ['tʃɛstɪ] adj: ~ **cough** tosse f bronchiale.

chew [tʃuː] vt masticare.

chewing gum ['tʃuːɪŋ-] n chewing gum m.

chic [ʃiːk] adj elegante.

chick [tʃɪk] n pulcino; (US col) pollastrella.

chicken ['tʃɪkɪn] n pollo; (col: coward) coniglio.
►**chicken out** vi (col) avere fifa; **to** ~ **out of sth** tirarsi indietro da qc per fifa or paura.

chicken feed n (fig) miseria.

chickenpox ['tʃɪkɪnpɔks] n varicella.

chickpea ['tʃɪkpiː] n cece m.

chicory ['tʃɪkərɪ] n cicoria.

chide [tʃaɪd] vt rimproverare.

chief [tʃiːf] n capo ♦ adj principale; **C~ of Staff** (MIL) Capo di Stato Maggiore.

chief constable n (BRIT) ≈ questore m.

chief executive, (US) **chief executive officer (CEO)** n direttore m generale.

chiefly ['tʃiːflɪ] adv per lo più, soprattutto.

chiffon ['ʃɪfɔn] n chiffon m inv.

chilblain ['tʃɪlbleɪn] n gelone m.

child, pl ~**ren** [tʃaɪld, 'tʃɪldrən] n bambino/a.

child abuse n molestie fpl a minori.

child abuser [-ə'bjuːzə*] n molestatore/trice di bambini.

child benefit n (BRIT) ≈ assegni mpl familiari.

childbirth ['tʃaɪldbəːθ] n parto.

childhood ['tʃaɪldhud] n infanzia.

childish ['tʃaɪldɪʃ] adj puerile.

childless ['tʃaɪldlɪs] adj senza figli.

childlike ['tʃaɪldlaɪk] adj fanciullesco(a).

child minder n (BRIT) bambinaia.

child prodigy n bambino m prodigio inv.

children ['tʃɪldrən] npl of **child**.

children's home n istituto per l'infanzia.

Chile ['tʃɪlɪ] n Cile m.

Chilean ['tʃɪlɪən] adj, n cileno(a).

chill [tʃɪl] n freddo; (MED) infreddatura ♦ adj freddo(a), gelido(a) ♦ vt raffreddare; (CULIN) mettere in fresco; **"serve ~ed"** "servire fresco".
►**chill out** vi (esp US: col) darsi una calmata.

chilli, (US) **chili** ['tʃɪlɪ] n peperoncino.

chilling ['tʃɪlɪŋ] adj agghiacciante; (wind) gelido(a).

chilly ['tʃɪlɪ] *adj* freddo(a), fresco(a); (*sensitive to cold*) freddoloso(a); **to feel ~** sentirsi infreddolito(a).

chime [tʃaɪm] *n* carillon *m inv* ♦ *vi* suonare, scampanare.

chimney ['tʃɪmnɪ] *n* camino.

chimney sweep *n* spazzacamino.

chimpanzee [tʃɪmpæn'ziː] *n* scimpanzé *m inv*.

chin [tʃɪn] *n* mento.

China ['tʃaɪnə] *n* Cina.

china ['tʃaɪnə] *n* porcellana.

Chinese [tʃaɪ'niːz] *adj* cinese ♦ *n* (*pl inv*) cinese *m/f*; (*LING*) cinese *m*.

chink [tʃɪŋk] *n* (*opening*) fessura; (*noise*) tintinnio.

chinwag ['tʃɪnwæg] *n* (*col*): **to have a ~** fare una chiacchierata.

chip [tʃɪp] *n* (*gen pl*: *CULIN*) patatina fritta; (: *US*: *also*: **potato ~**) patatina; (*of wood, glass, stone*) scheggia; (*in gambling*) fiche *f inv*; (*COMPUT*: **micro~**) chip *m inv* ♦ *vt* (*cup, plate*) scheggiare; **when the ~s are down** (*fig*) al momento critico.

▶**chip in** *vi* (*col*: *contribute*) contribuire; (: *interrupt*) intromettersi.

chipboard ['tʃɪpbɔːd] *n* agglomerato.

chipmunk ['tʃɪpmʌŋk] *n* tamia *m* striato.

chippings ['tʃɪpɪŋz] *npl*: **loose ~** brecciame *m*.

I **chip shop**, *anche chiamati* **fish-and-chip shop**, *sono friggitorie che vendono principalmente filetti di pesce impanati e patatine fritte che un tempo venivano serviti ai clienti avvolti in carta di giornale.*

---

chiropodist [kɪ'rɔpədɪst] *n* (*BRIT*) pedicure *m/f inv*.

chiropody [kɪ'rɔpədɪ] *n* (*BRIT*) mestiere *m* di callista.

chirp [tʃəːp] *n* cinguettio; (*of crickets*) cri cri *m* ♦ *vi* cinguettare.

chirpy ['tʃəːpɪ] *adj* (*col*) frizzante.

chisel ['tʃɪzl] *n* cesello.

chit [tʃɪt] *n* biglietto.

chitchat ['tʃɪttʃæt] *n* (*col*) chiacchiere *fpl*.

chivalrous ['ʃɪvəlrəs] *adj* cavalleresco(a).

chivalry ['ʃɪvəlrɪ] *n* cavalleria; cortesia.

chives [tʃaɪvz] *npl* erba cipollina.

chloride ['klɔːraɪd] *n* cloruro.

chlorinate ['klɔrɪneɪt] *vt* clorare.

chlorine ['klɔːriːn] *n* cloro.

chock [tʃɔk] *n* zeppa.

chock-a-block ['tʃɔkə'blɔk], **chockfull** ['tʃɔk'ful] *adj* pieno(a) zeppo(a).

chocolate ['tʃɔklɪt] *n* (*substance*) cioccolato, cioccolata; (*drink*) cioccolata; (*a sweet*) cioccolatino.

choice [tʃɔɪs] *n* scelta ♦ *adj* scelto(a); **a wide ~** un'ampia scelta; **I did it by** *or* **from ~** l'ho fatto di mia volontà *or* per mia scelta.

choir ['kwaɪə*] *n* coro.

choirboy ['kwaɪəbɔɪ] *n* corista *m* fanciullo.

choke [tʃəuk] *vi* soffocare ♦ *vt* soffocare; (*block*) ingombrare ♦ *n* (*AUT*) valvola dell'aria.

cholera ['kɔlərə] *n* colera *m*.

cholesterol [kə'lɛstərɔl] *n* colesterolo.

choose, *pt* **chose**, *pp* **chosen** [tʃuːz, tʃəuz, 'tʃəuzn] *vt* scegliere; **to ~ to do** decidere di fare; preferire fare; **to ~ between** scegliere tra; **to ~ from** scegliere da *or* tra.

choosy ['tʃuːzɪ] *adj*: **(to be) ~** (fare lo(la)) schizzinoso(a).

chop [tʃɔp] *vt* (*wood*) spaccare; (*CULIN*: *also*: **~ up**) tritare ♦ *n* colpo netto; (*CULIN*) costoletta; **to get the ~** (*BRIT col*: *project*) essere bocciato(a); (: *person*: *be sacked*) essere licenziato(a); *see also* **chops**.

▶**chop down** *vt* (*tree*) abbattere.

choppy ['tʃɔpɪ] *adj* (*sea*) mosso(a).

chops [tʃɔps] *npl* (*jaws*) mascelle *fpl*.

chopsticks ['tʃɔpstɪks] *npl* bastoncini *mpl* cinesi.

choral ['kɔːrəl] *adj* corale.

chord [kɔːd] *n* (*MUS*) accordo.

chore [tʃɔː*] *n* faccenda; **household ~s** faccende *fpl* domestiche.

choreographer [kɔrɪ'ɔgrəfə*] *n* coreografo/a.

choreography [kɔrɪ'ɔgrəfɪ] *n* coreografia.

chorister ['kɔrɪstə*] *n* corista *m/f*.

chortle ['tʃɔːtl] *vi* ridacchiare.

chorus ['kɔːrəs] *n* coro; (*repeated part of song*, *also fig*) ritornello.

chose [tʃəuz] *pt of* **choose**.

chosen ['tʃəuzn] *pp of* **choose**.

chowder ['tʃaudə*] *n* zuppa di pesce.

Christ [kraɪst] *n* Cristo.

christen ['krɪsn] *vt* battezzare.

christening ['krɪsnɪŋ] *n* battesimo.

Christian ['krɪstɪən] *adj*, *n* cristiano(a).

Christianity [krɪstɪ'ænɪtɪ] *n* cristianesimo.

Christian name *n* nome *m* di battesimo.

Christmas ['krɪsməs] *n* Natale *m*; **happy** *or* **merry ~!** Buon Natale!

Christmas card *n* cartolina di Natale.

Christmas Day *n* il giorno di Natale.

Christmas Eve *n* la vigilia di Natale.

Christmas Island *n* isola di Christmas.

Christmas tree *n* albero di Natale.

chrome [krəum] *n* = **chromium**.

chromium ['krəumɪəm] *n* cromo; (*also*: ~

plating) cromatura.

chromosome ['krəuməsəum] *n* cromosoma *m*.

chronic ['krɒnɪk] *adj* cronico(a); (*fig: liar, smoker*) incallito(a).

chronicle ['krɒnɪkl] *n* cronaca.

chronological [krɒnə'lɒdʒɪkl] *adj* cronologico(a).

chrysanthemum [krɪ'sænθəməm] *n* crisantemo.

chubby ['tʃʌbɪ] *adj* paffuto(a).

chuck [tʃʌk] *vt* buttare, gettare; **to ~ (up** *or* **in**) (*BRIT: job, person*) piantare.
▶**chuck out** *vt* buttar fuori.

chuckle ['tʃʌkl] *vi* ridere sommessamente.

chuffed [tʃʌft] *adj* (*col*): **to be ~ about sth** essere arcicontento(a) di qc.

chug [tʃʌg] *vi* (*also*: **~ along**: *train*) muoversi sbuffando.

chum [tʃʌm] *n* compagno/a.

chump [tʃʌmp] *n* (*col*) idiota *m/f*.

chunk [tʃʌŋk] *n* pezzo; (*of bread*) tocco.

chunky [tʃʌŋkɪ] *adj* (*furniture etc*) basso(a) e largo(a); (*person*) ben piantato(a); (*knitwear*) di lana grossa.

Chunnel ['tʃʌnəl] *n* = **Channel Tunnel**.

church [tʃəːtʃ] *n* chiesa; **the C~ of England** la Chiesa anglicana.

churchyard ['tʃəːtʃjɑːd] *n* sagrato.

churlish ['tʃəːlɪʃ] *adj* rozzo(a), sgarbato(a).

churn [tʃəːn] *n* (*for butter*) zangola; (*also*: **milk ~**) bidone *m*.
▶**churn out** *vt* sfornare.

chute [ʃuːt] *n* cascata; (*also*: **rubbish ~**) canale *m* di scarico; (*BRIT: children's slide*) scivolo.

chutney ['tʃʌtnɪ] *n* salsa piccante (di frutta, zucchero e spezie).

CIA *n abbr* (*US*: = *Central Intelligence Agency*) C.I.A. *f*.

CID *n abbr* (*BRIT*) *see* **Criminal Investigation Department**.

cider ['saɪdə*] *n* sidro.

CIF *abbr* (= *cost, insurance and freight*) C.I.F. *m*.

cigar [sɪ'gɑː*] *n* sigaro.

cigarette [sɪgə'rɛt] *n* sigaretta.

cigarette case *n* portasigarette *m inv*.

cigarette end *n* mozzicone *m*.

cigarette holder *n* bocchino.

C-in-C *abbr see* **commander-in-chief**.

cinch [sɪntʃ] *n* (*col*): **it's a ~** è presto fatto; (*sure thing*) è una cosa sicura.

cinder ['sɪndə*] *n* cenere *f*.

Cinderella [sɪndə'rɛlə] *n* Cenerentola.

cine-camera ['sɪnɪ'kæmərə] *n* (*BRIT*) cinepresa.

cine-film ['sɪnɪfɪlm] *n* (*BRIT*) pellicola.

cinema ['sɪnəmə] *n* cinema *m inv*.

cine-projector ['sɪnɪprə'dʒɛktə*] *n* (*BRIT*) proiettore *m*.

cinnamon ['sɪnəmən] *n* cannella.

cipher ['saɪfə*] *n* cifra; (*fig: faceless employee etc*) persona di nessun conto; **in ~** in codice.

circa ['səːkə] *prep* circa.

circle ['səːkl] *n* cerchio; (*of friends etc*) circolo; (*in cinema*) galleria ♦ *vi* girare in circolo ♦ *vt* (*surround*) circondare; (*move round*) girare intorno a.

circuit ['səːkɪt] *n* circuito.

circuit board *n* (*COMPUT*) tavola dei circuiti.

circuitous [səː'kjuːtəs] *adj* indiretto(a).

circular ['səːkjulə*] *adj* circolare ♦ *n* (*letter*) circolare *f*; (*as advertisement*) volantino pubblicitario.

circulate ['səːkjuleɪt] *vi* circolare; (*person: socially*) girare e andare un po' da tutti ♦ *vt* far circolare.

circulating capital ['səːkjuleɪtɪŋ-] *n* (*COMM*) capitale *m* d'esercizio.

circulation [səːkju'leɪʃən] *n* circolazione *f*; (*of newspaper*) tiratura.

circumcise ['səːkəmsaɪz] *vt* circoncidere.

circumference [sə'kʌmfərəns] *n* circonferenza.

circumflex ['səːkəmflɛks] *n* (*also*: **~ accent**) accento circonflesso.

circumscribe ['səːkəmskraɪb] *vt* circoscrivere; (*fig: limit*) limitare.

circumspect ['səːkəmspɛkt] *adj* circospetto(a).

circumstances ['səːkəmstənsɪz] *npl* circostanze *fpl*; (*financial condition*) condizioni *fpl* finanziarie; **in the ~s** date le circostanze; **under no ~s** per nessun motivo.

circumstantial ['səːkəm'stænʃəl] *adj* (*report, statement*) circostanziato(a), dettagliato(a); **~ evidence** prova indiretta.

circumvent [səːkəm'vɛnt] *vt* (*rule etc*) aggirare.

circus ['səːkəs] *n* circo; (*also*: **C~**: *in place names*) piazza (*di forma circolare*).

cirrhosis [sɪ'rəusɪs] *n* (*also*: **~ of the liver**) cirrosi *f inv* (epatica).

CIS *n abbr* (= *Commonwealth of Independent States*) CSI *f*.

cissy ['sɪsɪ] *n* = **sissy**.

cistern ['sɪstən] *n* cisterna; (*in toilet*) serbatoio d'acqua.

citation [saɪ'teɪʃən] *n* citazione *f*.

cite [saɪt] *vt* citare.

citizen ['sɪtɪzn] *n* (*POL*) cittadino/a;

(*resident*): **the ~s of this town** gli abitanti di questa città.
Citizens' Advice Bureau n (*BRIT*) *organizzazione di volontari che offre gratuitamente assistenza legale e finanziaria*.
citizenship ['sɪtɪznʃɪp] n cittadinanza.
citric ['sɪtrɪk] adj: **~ acid** acido citrico.
citrus fruit ['sɪtrəs-] n agrume m.
city ['sɪtɪ] n città f inv; **the C~** la Città di Londra (*centro commerciale*).
city centre n centro della città.
City Hall n (*US*) ≈ Comune m.
City Technology College n (*BRIT*) istituto tecnico superiore (*finanziato dall'industria*).
civic ['sɪvɪk] adj civico(a).
civic centre n (*BRIT*) centro civico.
civil ['sɪvɪl] adj civile; (*polite*) educato(a), gentile.
civil disobedience n disubbidienza civile.
civil engineer n ingegnere m civile.
civil engineering n ingegneria civile.
civilian [sɪ'vɪlɪən] adj, n borghese (*m/f*).
civilization [sɪvɪlaɪ'zeɪʃən] n civiltà f inv.
civilized ['sɪvɪlaɪzd] adj civilizzato(a); (*fig*) cortese.
civil law n codice m civile; (*study*) diritto civile.
civil liberties npl libertà fpl civili.
civil rights npl diritti mpl civili.
civil servant n impiegato/a statale.
Civil Service n amministrazione f statale.
civil war n guerra civile.
civvies ['sɪvɪz] npl (*col*): **in ~** in borghese.
cl abbr (= centilitre) cl.
clad [klæd] adj: **~ (in)** vestito(a) (di).
claim [kleɪm] vt (*rights etc*) rivendicare; (*damages*) richiedere; (*assert*) sostenere, pretendere ♦ vi (*for insurance*) fare una domanda d'indennizzo ♦ n rivendicazione f; pretesa; (*right*) diritto; **to ~ that/to be** sostenere che/di essere; (*insurance*) domanda d'indennizzo; **to put in a ~ for sth** fare una richiesta di qc.
claimant ['kleɪmənt] n (*ADMIN, LAW*) richiedente m/f.
claim form n (*gen*) modulo di richiesta; (*for expenses*) modulo di rimborso spese.
clairvoyant [kleə'vɔɪənt] n chiaroveggente m/f.
clam [klæm] n vongola.
▶**clam up** vi (*col*) azzittirsi.
clamber ['klæmbə*] vi arrampicarsi.
clammy ['klæmɪ] adj (*weather*) caldo(a) umido(a); (*hands*) viscido(a).
clamour, (*US*) **clamor** ['klæmə*] n (*noise*) clamore m; (*protest*) protesta ♦ vi: **to ~ for**

sth chiedere a gran voce qc.
clamp [klæmp] n pinza; morsa ♦ vt ammorsare.
▶**clamp down** vt fus (*fig*): **to ~ down (on)** dare un giro di vite (a).
clampdown ['klæmpdaun] n stretta, giro di vite; **a ~ on sth/sb** un giro di vite a qc/qn.
clan [klæn] n clan m inv.
clandestine [klæn'dɛstɪn] adj clandestino(a).
clang [klæŋ] n fragore m, suono metallico.
clanger ['klæŋə*] n: **to drop a ~** (*BRIT col*) fare una gaffe.
clansman ['klænzmən] n membro di un clan.
clap [klæp] vi applaudire ♦ vt: **to ~ one's hands** battere le mani ♦ n: **a ~ of thunder** un tuono.
clapping ['klæpɪŋ] n applausi mpl.
claptrap ['klæptræp] n (*col*) stupidaggini fpl.
claret ['klærət] n vino di Bordeaux.
clarification [klærɪfɪ'keɪʃən] n (*fig*) chiarificazione f, chiarimento.
clarify ['klærɪfaɪ] vt chiarificare, chiarire.
clarinet [klærɪ'nɛt] n clarinetto.
clarity ['klærɪtɪ] n chiarezza.
clash [klæʃ] n frastuono; (*fig*) scontro ♦ vi (*MIL, fig: have an argument*) scontrarsi; (*colours*) stridere; (*dates, events*) coincidere.
clasp [klɑːsp] n fermaglio, fibbia ♦ vt stringere.
class [klɑːs] n classe f; (*group, category*) tipo, categoria ♦ vt classificare.
class-conscious ['klɑːskɔnʃəs] adj che ha coscienza di classe.
class consciousness n coscienza di classe.
classic ['klæsɪk] adj classico(a) ♦ n classico.
classical ['klæsɪkəl] adj classico(a).
classics ['klæsɪks] npl (*SCOL*) studi mpl umanistici.
classification [klæsɪfɪ'keɪʃən] n classificazione f.
classified ['klæsɪfaɪd] adj (*information*) segreto(a), riservato(a); **~ ads** annunci economici.
classify ['klæsɪfaɪ] vt classificare.
classless society ['klɑːslɪs-] n società f inv senza distinzioni di classe.
classmate ['klɑːsmeɪt] n compagno/a di classe.
classroom ['klɑːsrum] n aula.
clatter ['klætə*] n acciottolio; scalpitio ♦ vi acciottolare; scalpitare.
clause [klɔːz] n clausola; (*LING*) proposizione f.

claustrophobia [klɔːstrəˈfəubɪə] n claustrofobia.

claustrophobic [klɔːstrəˈfəubɪk] adj claustrofobico(a).

claw [klɔː] n tenaglia; (of bird of prey) artiglio; (of lobster) pinza ♦ vt graffiare; afferrare.

clay [kleɪ] n argilla.

clean [kliːn] adj pulito(a); (clear, smooth) netto(a) ♦ vt pulire ♦ adv: **he ~ forgot** si è completamente dimenticato; **to come ~** (col: admit guilt) confessare; **to have a ~ driving licence** or (US) **record** non aver mai preso contravvenzioni; **to ~ one's teeth** (BRIT) lavarsi i denti.

▶**clean off** vt togliere.

▶**clean out** vt ripulire.

▶**clean up** vi far pulizia ♦ vt (also fig) ripulire; (fig: make profit): **to ~ up on** fare una barca di soldi con.

clean-cut [ˈkliːnˈkʌt] adj (man) curato(a); (situation etc) ben definito(a).

cleaner [ˈkliːnə*] n (person) uomo/donna delle pulizie; (also: **dry ~**) tintore/a; (product) smacchiatore m.

cleaning [ˈkliːnɪŋ] n pulizia.

cleaning lady n donna delle pulizie.

cleanliness [ˈklɛnlɪnɪs] n pulizia.

cleanly [ˈkliːnlɪ] adv in modo netto.

cleanse [klɛnz] vt pulire; purificare.

cleanser [ˈklɛnzə*] n detergente m; (cosmetic) latte m detergente.

clean-shaven [ˈkliːnˈʃeɪvn] adj sbarbato(a).

cleansing department [ˈklɛnzɪŋ-] n (BRIT) nettezza urbana.

clean sweep n: **to make a ~ (of)** fare piazza pulita (di).

clean-up [ˈkliːnʌp] n pulizia.

clear [klɪə*] adj chiaro(a); (road, way) libero(a); (profit, majority) netto(a) ♦ vt sgombrare; liberare; (site, woodland) spianare; (COMM: goods) liquidare; (LAW: suspect) discolpare; (obstacle) superare; (cheque) fare la compensazione di ♦ vi (weather) rasserenarsi; (fog) andarsene ♦ adv: **~ of** distante da ♦ n: **to be in the ~** (out of debt) essere in attivo; (out of suspicion) essere a posto; (out of danger) essere fuori pericolo; **to ~ the table** sparecchiare (la tavola); **to ~ one's throat** schiarirsi la gola; **to ~ a profit** avere un profitto netto; **to make o.s. ~** spiegarsi bene; **to make it ~ to sb that ...** far capire a qn che ...; **I have a ~ day tomorrow** (BRIT) non ho impegni domani; **to keep ~ of sb/sth** tenersi lontano da qn/qc, stare alla larga da qn/qc.

▶**clear off** vi (col: leave) svignarsela.

▶**clear up** vi schiarirsi ♦ vt mettere in ordine; (mystery) risolvere.

clearance [ˈklɪərəns] n (removal) sgombro; (free space) spazio; (permission) autorizzazione f, permesso.

clearance sale n vendita di liquidazione.

clear-cut [ˈklɪəˈkʌt] adj ben delineato(a), distinto(a).

clearing [ˈklɪərɪŋ] n radura; (BRIT BANKING) clearing m.

clearing bank n (BRIT) banca che fa uso della camera di compensazione.

clearing house n (COMM) camera di compensazione.

clearly [ˈklɪəlɪ] adv chiaramente.

clearway [ˈklɪəweɪ] n (BRIT) strada con divieto di sosta.

cleavage [ˈkliːvɪdʒ] n (of woman) scollatura.

cleaver [ˈkliːvə*] n mannaia.

clef [klɛf] n (MUS) chiave f.

cleft [klɛft] n (in rock) crepa, fenditura.

clemency [ˈklɛmənsɪ] n clemenza.

clement [ˈklɛmənt] adj (weather) mite, clemente.

clench [klɛntʃ] vt stringere.

clergy [ˈklɔːdʒɪ] n clero.

clergyman [ˈklɔːdʒɪmən] n ecclesiastico.

clerical [ˈklɛrɪkl] adj d'impiegato; (REL) clericale.

clerk [klɔːk, (US) klɔːrk] n impiegato/a; (US: salesman/woman) commesso/a; **C~ of the Court** (LAW) cancelliere m.

clever [ˈklɛvə*] adj (mentally) intelligente; (deft, skilful) abile; (device, arrangement) ingegnoso(a).

cleverly [ˈklɛvəlɪ] adv abilmente.

clew [kluː] n (US) = **clue**.

cliché [ˈkliːʃeɪ] n cliché m inv.

click [klɪk] vi scattare ♦ vt: **to ~ one's tongue** schioccare la lingua; **to ~ one's heels** battere i tacchi.

client [ˈklaɪənt] n cliente m/f.

clientele [kliːɑːnˈtɛl] n clientela.

cliff [klɪf] n scogliera scoscesa, rupe f.

cliffhanger [ˈklɪfhæŋə*] n (TV, fig) episodio (or situazione etc) ricco(a) di suspense.

climactic [klaɪˈmæktɪk] adj culminante.

climate [ˈklaɪmɪt] n clima m.

climax [ˈklaɪmæks] n culmine m; (of play etc) momento più emozionante; (sexual ~) orgasmo.

climb [klaɪm] vi salire; (clamber) arrampicarsi; (plane) prendere quota ♦ vt salire; (CLIMBING) scalare ♦ n salita; arrampicata; scalata; **to ~ over a wall** scavalcare un muro.

▶**climb down** vi scendere; (BRIT fig) far

marcia indietro.

climbdown ['klaɪmdaun] *n* (*BRIT*) ritirata.

climber ['klaɪmə*] *n* (*also*: **rock** ~)
rocciatore/trice; alpinista *m/f*.

climbing ['klaɪmɪŋ] *n* (*also*: **rock** ~)
alpinismo.

clinch [klɪntʃ] *vt* (*deal*) concludere.

clincher ['klɪntʃə*] *n* (*col*): **that was the** ~
quello è stato il fattore decisivo.

cling, *pt*, *pp* **clung** [klɪŋ, klʌŋ] *vi*: **to** ~ (**to**)
tenersi stretto(a) (a); (*of clothes*) aderire
strettamente (a).

clingfilm ['klɪŋfɪlm] *n* pellicola trasparente
(*per alimenti*).

clinic ['klɪnɪk] *n* clinica; (*session*) seduta;
serie *f* di sedute.

clinical ['klɪnɪkəl] *adj* clinico(a); (*fig*)
freddo(a), distaccato(a).

clink [klɪŋk] *vi* tintinnare.

clip [klɪp] *n* (*for hair*) forcina; (*also*: **paper** ~)
graffetta; (*BRIT*: *also*: **bulldog** ~)
fermafogli *m inv*; (*holding hose etc*) anello
d'attacco ♦ *vt* (*also*: ~ **together**: *papers*)
attaccare insieme; (*hair, nails*) tagliare;
(*hedge*) tosare.

clippers ['klɪpəz] *npl* macchinetta per
capelli; (*also*: **nail** ~) forbicine *fpl* per le
unghie.

clipping ['klɪpɪŋ] *n* (*from newspaper*)
ritaglio.

clique [kliːk] *n* cricca.

cloak [kləuk] *n* mantello ♦ *vt* avvolgere.

cloakroom ['kləukrum] *n* (*for coats etc*)
guardaroba *m inv*; (*BRIT*: W.C.) gabinetti
mpl.

clock [klɔk] *n* orologio; (*of taxi*) tassametro;
around the ~ ventiquattr'ore su
ventiquattro; **to sleep round the** ~ *or* **the**
~ **round** dormire un giorno intero; **to**
work against the ~ lavorare in gara col
tempo; **30,000 on the** ~ (*BRIT AUT*) 30.000
sul contachilometri.

▶**clock in, clock on** *vi* (*BRIT*) timbrare il
cartellino (all'entrata).

▶**clock off, clock out** *vi* (*BRIT*) timbrare il
cartellino (all'uscita).

▶**clock up** *vt* (*miles, hours etc*) fare.

clockwise ['klɔkwaɪz] *adv* in senso orario.

clockwork ['klɔkwəːk] *n* movimento *or*
meccanismo a orologeria ♦ *adj* (*toy, train*)
a molla.

clog [klɔg] *n* zoccolo ♦ *vt* intasare ♦ *vi*
intasarsi, bloccarsi.

cloister ['klɔɪstə*] *n* chiostro.

clone [kləun] *n* clone *m*.

close *adj, adv and derivatives* [kləus] *adj*
vicino(a); (*writing, texture*) fitto(a); (*watch*)
stretto(a); (*examination*) attento(a);

(*weather*) afoso(a) ♦ *adv* vicino,
dappresso; ~ **to** *prep* vicino a; ~ **by**, ~ **at**
hand qui (*or* lì) vicino; **how** ~ **is**
Edinburgh to Glasgow? quanto dista
Edimburgo da Glasgow?; **a** ~ **friend** un
amico intimo; **to have a** ~ **shave** (*fig*)
scamparla bella; **at** ~ **quarters** da vicino
♦ *vb, n and derivatives* [kləuz] *vt* chiudere;
(*bargain, deal*) concludere ♦ *vi* (*shop etc*)
chiudere; (*lid, door etc*) chiudersi; (*end*)
finire ♦ *n* (*end*) fine *f*; **to bring sth to a** ~
terminare qc.

▶**close down** *vt* chiudere
(definitivamente) ♦ *vi* cessare
(definitivamente).

▶**close in** *vi* (*hunters*) stringersi attorno;
(*evening, night, fog*) calare; **to** ~ **in on sb**
accerchiare qn; **the days are closing in** le
giornate si accorciano.

▶**close off** *vt* (*area*) chiudere.

closed [kləuzd] *adj* chiuso(a).

closed-circuit ['kləuzd'səːkɪt] *adj*: ~
television televisione *f* a circuito chiuso.

closed shop *n* azienda *o* fabbrica *che*
impiega solo aderenti ai sindacati.

close-knit ['kləus'nɪt] *adj* (*family,*
community) molto unito(a).

closely ['kləuslɪ] *adv* (*examine, watch*) da
vicino; **we are** ~ **related** siamo parenti
stretti; **a** ~ **guarded secret** un assoluto
segreto.

close season ['kləuz-] *n* (*FOOTBALL*)
periodo di vacanza del campionato;
(*HUNTING*) stagione *f* di chiusura (*di*
caccia, pesca etc).

closet ['klɔzɪt] *n* (*cupboard*) armadio.

close-up ['kləusʌp] *n* primo piano.

closing ['kləuzɪŋ] *adj* (*stages, remarks*)
conclusivo(a), finale; ~ **price** (*STOCK*
EXCHANGE) prezzo di chiusura.

closing time *n* orario di chiusura.

closure ['kləuʒə*] *n* chiusura.

clot [klɔt] *n* (*also*: **blood** ~) coagulo; (*col*:
idiot) scemo/a ♦ *vi* coagularsi.

cloth [klɔθ] *n* (*material*) tessuto, stoffa;
(*BRIT*: *also*: **tea**~) strofinaccio; (*also*:
table~) tovaglia.

clothe [kləuð] *vt* vestire.

clothes [kləuðz] *npl* abiti *mpl*, vestiti *mpl*; **to**
put one's ~ **on** vestirsi; **to take one's** ~
off togliersi i vestiti, svestirsi.

clothes brush *n* spazzola per abiti.

clothes line *n* corda (*per stendere il*
bucato).

clothes peg, (*US*) **clothes pin** *n* molletta.

clothing ['kləuðɪŋ] *n* = **clothes**.

clotted cream ['klɔtɪd-] *n* (*BRIT*) panna
rappresa.

cloud [klaud] n nuvola; (of dust, smoke, gas) nube f ♦ vt (liquid) intorbidire; **to ~ the issue** distogliere dal problema; **every ~ has a silver lining** (proverb) non tutto il male vien per nuocere.
► **cloud over** vi rannuvolarsi; (fig) offuscarsi.

cloudburst ['klaudbə:st] n acquazzone m.

cloud-cuckoo-land ['klaud'kuku:'lænd] n (BRIT) mondo dei sogni.

cloudy ['klaudɪ] adj nuvoloso(a); (liquid) torbido(a).

clout [klaut] n (blow) colpo; (fig) influenza ♦ vt dare un colpo a.

clove [kləuv] n chiodo di garofano; **~ of garlic** spicchio d'aglio.

clover ['kləuvə*] n trifoglio.

cloverleaf ['kləuvəli:f] n foglia di trifoglio; (AUT) raccordo (a quadrifoglio).

clown [klaun] n pagliaccio ♦ vi (also: **~ about, ~ around**) fare il pagliaccio.

cloying ['klɔɪɪŋ] adj (taste, smell) nauseabondo(a).

club [klʌb] n (society) club m inv, circolo; (weapon, GOLF) mazza ♦ vt bastonare ♦ vi: **to ~ together** associarsi; **~s** npl (CARDS) fiori mpl.

club car n (US RAIL) carrozza or vagone m ristorante.

club class n (AVIAT) classe f club.

clubhouse ['klʌbhaus] n sede f del circolo.

club soda n (US) = **soda**.

cluck [klʌk] vi chiocciare.

clue [klu:] n indizio; (in crosswords) definizione f; **I haven't a ~** non ho la minima idea.

clued up, (US) clued in [klu:d-] adj (col) (ben) informato(a).

clump [klʌmp] n: **~ of trees** folto d'alberi.

clumsy ['klʌmzɪ] adj (person) goffo(a), maldestro(a); (object) malfatto(a), mal costruito(a).

clung [klʌŋ] pt, pp of **cling**.

cluster ['klʌstə*] n gruppo ♦ vi raggrupparsi.

clutch [klʌtʃ] n (grip, grasp) presa, stretta; (AUT) frizione f ♦ vt afferrare, stringere forte; **to ~ at** aggrapparsi a.

clutter ['klʌtə*] vt (also: **~ up**) ingombrare ♦ n confusione f, disordine m.

CM abbr (US POST) = North Marianna Islands.

cm abbr (= centimetre) cm.

CNAA n abbr (BRIT: = Council for National Academic Awards) organizzazione che conferisce premi accademici.

CND n abbr = Campaign for Nuclear Disarmament.

CO n abbr (= commanding officer) Com.;

(BRIT) = Commonwealth Office ♦ abbr (US) = Colorado.

Co. abbr = county; (= company) C., C.ia.

c/o abbr (= care of) c/o.

coach [kəutʃ] n (bus) pullman m inv; (horse-drawn, of train) carrozza; (SPORT) allenatore/trice ♦ vt allenare.

coach trip n viaggio in pullman.

coagulate [kəu'ægjuleɪt] vt coagulare ♦ vi coagularsi.

coal [kəul] n carbone m.

coalface ['kəulfeɪs] n fronte f.

coalfield ['kəulfi:ld] n bacino carbonifero.

coalition [kəuə'lɪʃən] n coalizione f.

coalman ['kəulmən] n negoziante m di carbone.

coalmine ['kəulmaɪn] n miniera di carbone.

coalminer ['kəulmaɪnə*] n minatore m.

coalmining ['kəulmaɪnɪŋ] n estrazione f del carbone.

coarse [kɔːs] adj (salt, sand etc) grosso(a); (cloth, person) rozzo(a); (vulgar: character, laugh) volgare.

coast [kəust] n costa ♦ vi (with cycle etc) scendere a ruota libera.

coastal ['kəustəl] adj costiero(a).

coaster ['kəustə*] n (NAUT) nave f da cabotaggio; (for glass) sottobicchiere m.

coastguard ['kəustgɑːd] n guardia costiera.

coastline ['kəustlaɪn] n linea costiera.

coat [kəut] n cappotto; (of animal) pelo; (of paint) mano f ♦ vt coprire; **~ of arms** n stemma m.

coat hanger n attaccapanni m inv.

coating ['kəutɪŋ] n rivestimento.

co-author ['kəu'ɔːθə*] n coautore/trice.

coax [kəuks] vt indurre (con moine).

cob [kɔb] n see **corn.**

cobbler ['kɔblə*] n calzolaio.

cobbles ['kɔblz], **cobblestones** ['kɔblstəunz] npl ciottoli mpl.

COBOL ['kəubɔl] n COBOL m.

cobra ['kəubrə] n cobra m inv.

cobweb ['kɔbwɛb] n ragnatela.

cocaine [kə'keɪn] n cocaina.

cock [kɔk] n (rooster) gallo; (male bird) maschio ♦ vt (gun) armare; **to ~ one's ears** (fig) drizzare le orecchie.

cock-a-hoop [kɔkə'hu:p] adj euforico(a).

cockerel ['kɔkərəl] n galletto.

cock-eyed ['kɔkaɪd] adj (fig) storto(a); strampalato(a).

cockle ['kɔkl] n cardio.

cockney ['kɔknɪ] n cockney m/f inv (abitante dei quartieri popolari dell'East End di Londra).

cockpit ['kɔkpɪt] n abitacolo.

cockroach ['kɔkrəutʃ] n blatta.

cocktail ['kɔkteɪl] n cocktail m inv; **prawn ~**, (US) **shrimp ~** cocktail m inv di gamberetti.

cocktail cabinet n mobile m bar inv.

cocktail party n cocktail m inv.

cocktail shaker n shaker m inv.

cocky ['kɔkɪ] adj spavaldo(a), arrogante.

cocoa ['kəukəu] n cacao.

coconut ['kəukənʌt] n noce f di cocco.

cocoon [kə'ku:n] n bozzolo.

COD abbr see **cash on delivery, collect on delivery**.

cod [kɔd] n merluzzo.

code [kəud] n codice m; **~ of behaviour** regole fpl di condotta; **~ of practice** codice professionale.

codeine ['kəudi:n] n codeina.

codger ['kɔdʒə*] n (BRIT col): **an old ~** un simpatico nonnetto.

codicil ['kɔdɪsɪl] n codicillo.

codify ['kəudɪfaɪ] vt codificare.

cod-liver oil ['kɔdlɪvə*-] n olio di fegato di merluzzo.

co-driver ['kəu'draɪvə*] n (in race) copilota m; (of lorry) secondo autista m.

co-ed ['kəu'ɛd] adj abbr = **coeducational** ♦ n abbr (US: female student) studentessa presso un'università mista; (BRIT: school) scuola mista.

coeducational ['kəuɛdju'keɪʃənl] adj misto(a).

coerce [kəu'ə:s] vt costringere.

coercion [kəu'ə:ʃən] n coercizione f.

coexistence ['kəuɪg'zɪstəns] n coesistenza.

C. of C. n abbr = **chamber of commerce**.

C of E abbr = **Church of England**.

coffee ['kɔfɪ] n caffè m inv; **white ~**, (US) **~ with cream** caffellatte m.

coffee bar n (BRIT) caffè m inv.

coffee bean n grano or chicco di caffè.

coffee break n pausa per il caffè.

coffeecake ['kɔfɪkeɪk] n (US) panino dolce all'uva.

coffee cup n tazzina da caffè.

coffeepot ['kɔfɪpɔt] n caffettiera.

coffee table n tavolino da tè.

coffin ['kɔfɪn] n bara.

C of I abbr = **Church of Ireland**.

C of S abbr = **Church of Scotland**.

cog [kɔg] n dente m.

cogent ['kəudʒənt] adj convincente.

cognac ['kɔnjæk] n cognac m inv.

cogwheel ['kɔgwi:l] n ruota dentata.

cohabit [kəu'hæbɪt] vi (formal): **to ~ (with sb)** coabitare (con qn).

coherent [kəu'hɪərənt] adj coerente.

cohesion [kəu'hi:ʒən] n coesione f.

cohesive [kəu'hi:sɪv] adj (fig) unificante, coesivo(a).

COI n abbr (BRIT) = Central Office of Information.

coil [kɔɪl] n rotolo; (one loop) anello; (AUT, ELEC) bobina; (contraceptive) spirale f; (of smoke) filo ♦ vt avvolgere.

coin [kɔɪn] n moneta ♦ vt (word) coniare.

coinage ['kɔɪnɪdʒ] n sistema m monetario.

coin-box ['kɔɪnbɔks] n (BRIT) cabina telefonica.

coincide [kəuɪn'saɪd] vi coincidere.

coincidence [kəu'ɪnsɪdəns] n combinazione f.

coin-operated ['kɔɪn'ɔpəreɪtɪd] adj (machine) (che funziona) a monete.

Coke ® [kəuk] n (Coca-Cola) coca f inv.

coke [kəuk] n coke m.

Col. abbr = **colonel**; (US) = Colorado.

COLA n abbr (US: = cost-of-living adjustment) ≈ scala mobile.

colander ['kɔləndə*] n colino.

cold [kəuld] adj freddo(a) ♦ n freddo; (MED) raffreddore m; **it's ~** fa freddo; **to be ~** aver freddo; **to catch ~** prendere freddo; **to catch a ~** prendere un raffreddore; **in ~ blood** a sangue freddo; **to have ~ feet** avere i piedi freddi; (fig) aver la fifa; **to give sb the ~ shoulder** ignorare qn.

cold-blooded [kəuld'blʌdɪd] adj (ZOOL) a sangue freddo.

cold cream n crema emolliente.

coldly ['kəuldlɪ] adv freddamente.

cold sore n erpete m.

cold sweat n: **to be in a ~ (about sth)** sudare freddo (per qc).

cold turkey n (col): **to go ~** avere la scimmia (drogato).

Cold War n: **the ~** la guerra fredda.

coleslaw ['kəulslɔ:] n insalata di cavolo bianco.

colic ['kɔlɪk] n colica.

colicky ['kɔlɪkɪ] adj che soffre di coliche.

collaborate [kə'læbəreɪt] vi collaborare.

collaboration [kəlæbə'reɪʃən] n collaborazione f.

collaborator [kə'læbəreɪtə*] n collaboratore/trice.

collage [kɔ'lɑ:ʒ] n (ART) collage m inv.

collagen ['kɔlədʒən] n collageno.

collapse [kə'læps] vi (gen) (government) cadere; (MED) avere un collasso; (plans) fallire ♦ n crollo; caduta; collasso; fallimento.

collapsible [kə'læpsəbl] adj pieghevole.

collar ['kɔlə*] n (of coat, shirt) colletto; (for dog) collare m; (TECH) anello, fascetta ♦ vt (col: person, object) beccare.

collarbone ['kɔləbəʊn] n clavicola.
collate [kɔ'leɪt] vt collazionare.
collateral [kɔ'lætərəl] n garanzia.
collation [kɔ'leɪʃən] n collazione f.
colleague ['kɔliːg] n collega m/f.
collect [kɔ'lɛkt] vt (gen) raccogliere; (as a hobby) fare collezione di; (BRIT: call for) prendere; (money owed, pension) riscuotere; (donations, subscriptions) fare una colletta di ♦ vi (people) adunarsi, riunirsi; (rubbish etc) ammucchiarsi ♦ adv (US TEL): **to call** ~ fare una chiamata a carico del destinatario; **to** ~ **one's thoughts** raccogliere le idee; ~ **on delivery (COD)** (US COMM) pagamento alla consegna.
collected [kə'lɛktɪd] adj: ~ **works** opere fpl raccolte.
collection [kə'lɛkʃən] n collezione f; raccolta; (for money) colletta; (POST) levata.
collective [kə'lɛktɪv] adj collettivo(a) ♦ n collettivo.
collective bargaining n trattative fpl (sindacali) collettive.
collector [kə'lɛktə*] n collezionista m/f; (of taxes) esattore m; ~**'s item** or **piece** pezzo da collezionista.
college ['kɔlɪdʒ] n (BRIT, US SCOL) college m inv; (of technology, agriculture etc) istituto superiore; (body) collegio; ~ **of education** ≈ facoltà f inv di Magistero.
collide [kə'laɪd] vi: **to** ~ **(with)** scontrarsi (con).
collie ['kɔlɪ] n (dog) collie m inv.
colliery ['kɔlɪərɪ] n (BRIT) miniera di carbone.
collision [kə'lɪʒən] n collisione f, scontro; **to be on a** ~ **course** (also fig) essere in rotta di collisione.
collision damage waiver (CDW) n (INSURANCE) copertura per i danni alla vettura.
colloquial [kə'ləʊkwɪəl] adj familiare.
collusion [kə'luːʒən] n collusione f; **in** ~ **with** in accordo segreto con.
Colo. abbr (US) = Colorado.
Cologne [kə'ləʊn] n Colonia.
cologne [kə'ləʊn] n (also: **eau de** ~) acqua di colonia.
Colombia [kə'lɔmbɪə] n Colombia.
Colombian [kə'lɔmbɪən] adj, n colombiano(a).
colon ['kəʊlən] n (sign) due punti mpl; (MED) colon m inv.
colonel ['kɜːnl] n colonnello.
colonial [kə'ləʊnɪəl] adj coloniale.
colonize ['kɔlənaɪz] vt colonizzare.

colony ['kɔlənɪ] n colonia.
color etc ['kʌlə*] (US) = **colour** etc.
Colorado beetle [kɔlə'rɑːdəʊ-] n dorifora.
colossal [kə'lɔsl] adj colossale.
colour, (US) color ['kʌlə*] n colore m ♦ vt colorare; (tint, dye) tingere; (fig: affect) influenzare ♦ vi arrossire ♦ cpd (film, photograph, television) a colori; ~**s** npl (of party, club) emblemi mpl.
colo(u)r bar n discriminazione f razziale (in locali etc).
colo(u)r-blind ['kʌləblaɪnd] adj daltonico(a).
colo(u)red ['kʌləd] adj colorato(a); (photo) a colori ♦ n: ~**s** gente f di colore.
colo(u)r film n (for camera) pellicola a colori.
colo(u)rful ['kʌləful] adj pieno(a) di colore, a vivaci colori; (personality) colorato(a).
colo(u)ring ['kʌlərɪŋ] n colorazione f; (complexion) colorito.
colo(u)r scheme n combinazione f di colori.
colour supplement n (BRIT PRESS) supplemento a colori.
colo(u)r television n televisione f a colori.
colt [kəʊlt] n puledro.
column ['kɔləm] n colonna; (fashion ~, sports ~ etc) rubrica; **the editorial** ~ l'articolo di fondo.
columnist ['kɔləmnɪst] n articolista m/f.
coma ['kəʊmə] n coma m inv.
comb [kəʊm] n pettine m ♦ vt (hair) pettinare; (area) battere a tappeto.
combat ['kɔmbæt] n combattimento ♦ vt combattere, lottare contro.
combination [kɔmbɪ'neɪʃən] n combinazione f.
combination lock n serratura a combinazione.
combine vb [kəm'baɪn] vt combinare; (one quality with another): **to** ~ **sth with sth** unire qc a qc ♦ vi unirsi; (CHEM) combinarsi ♦ n ['kɔmbaɪn] lega; (ECON) associazione f; **a** ~**d effort** uno sforzo collettivo.
combine (harvester) n mietitrebbia.
combo ['kɔmbəʊ] n (JAZZ etc) gruppo.
combustible [kəm'bʌstɪbl] adj combustibile.
combustion [kəm'bʌstʃən] n combustione f.
come, pt **came,** pp **come** [kʌm, keɪm] vi venire; (arrive) venire, arrivare; ~ **with me** vieni con me; **we've just** ~ **from Paris** siamo appena arrivati da Parigi; **nothing came of it** non è saltato fuori niente; **to** ~ **into sight** or **view** apparire; **to** ~ **to** (decision etc) raggiungere; **to** ~ **undone/**

loose slacciarsi/allentarsi; **coming!** vengo!; **if it ~s to it** nella peggiore delle ipotesi.

▶**come about** *vi* succedere.

▶**come across** *vt fus* trovare per caso; **to ~ across well/badly** fare una buona/cattiva impressione.

▶**come along** *vi* (*pupil, work*) fare progressi; **~ along!** avanti!, andiamo!, forza!

▶**come apart** *vi* andare in pezzi; (*become detached*) staccarsi.

▶**come away** *vi* venire via; (*become detached*) staccarsi.

▶**come back** *vi* ritornare; (*reply: col*): **can I ~ back to you on that one?** possiamo riparlarne più tardi?

▶**come by** *vt fus* (*acquire*) ottenere; procurarsi.

▶**come down** *vi* scendere; (*prices*) calare; (*buildings*) essere demolito(a).

▶**come forward** *vi* farsi avanti; presentarsi.

▶**come from** *vt fus* venire da; provenire da.

▶**come in** *vi* entrare.

▶**come in for** *vt fus* (*criticism etc*) ricevere.

▶**come into** *vt fus* (*money*) ereditare.

▶**come off** *vi* (*button*) staccarsi; (*stain*) andar via; (*attempt*) riuscire.

▶**come on** *vi* (*lights, electricity*) accendersi; (*pupil, undertaking*) fare progressi; **~ on!** avanti!, andiamo!, forza!

▶**come out** *vi* uscire; (*strike*) entrare in sciopero.

▶**come over** *vt fus*: **I don't know what's ~ over him!** non so cosa gli sia successo!

▶**come round** *vi* (*after faint, operation*) riprendere conoscenza, rinvenire.

▶**come through** *vi* (*survive*) sopravvivere, farcela; **the call came through** ci hanno passato la telefonata.

▶**come to** *vi* rinvenire ♦ *vt* (*add up to: amount*): **how much does it ~ to?** quanto costa?, quanto viene?

▶**come under** *vt fus* (*heading*) trovarsi sotto; (*influence*) cadere sotto, subire.

▶**come up** *vi* venire su.

▶**come up against** *vt fus* (*resistance, difficulties*) urtare contro.

▶**come up to** *vt fus* arrivare (fino) a; **the film didn't ~ up to our expectations** il film ci ha delusi.

▶**come up with** *vt fus*: **he came up with an idea** venne fuori con un'idea.

▶**come upon** *vt fus* trovare per caso.

comeback ['kʌmbæk] *n* (*THEAT etc*) ritorno; (*reaction*) reazione *f*; (*response*) risultato,

risposta.

COMECON ['kɔmɪkɔn] *n abbr* (= *Council for Mutual Economic Aid*) COMECON *m*.

comedian [kə'miːdɪən] *n* comico.

comedienne [kəmiːdɪ'ɛn] *n* attrice *f* comica.

comedown ['kʌmdaun] *n* rovescio.

comedy ['kɔmɪdɪ] *n* commedia.

comet ['kɔmɪt] *n* cometa.

comeuppance [kʌm'ʌpəns] *n*: **to get one's ~** ricevere ciò che si merita.

comfort ['kʌmfət] *n* comodità *f inv*, benessere *m*; (*solace*) consolazione *f*, conforto ♦ *vt* consolare, confortare; *see also* **comforts**.

comfortable ['kʌmfətəbl] *adj* comodo(a); (*income, majority*) più che sufficiente; **I don't feel very ~ about it** non mi sento molto tranquillo.

comfortably ['kʌmfətəblɪ] *adv* (*sit*) comodamente; (*live*) bene.

comforter ['kʌmfətə*] *n* (*US*) trapunta.

comforts ['kʌmfəts] *npl* comforts *mpl*, comodità *fpl*.

comfort station *n* (*US*) gabinetti *mpl*.

comic ['kɔmɪk] *adj* comico(a) ♦ *n* comico; (*magazine*) giornaletto.

comical ['kɔmɪkl] *adj* divertente, buffo(a).

comic strip *n* fumetto.

coming ['kʌmɪŋ] *n* arrivo ♦ *adj* (*next*) prossimo(a); (*future*) futuro(a); **in the ~ weeks** nelle prossime settimane.

coming(s) and going(s) *n*(*pl*) andirivieni *m inv*.

Comintern ['kɔmɪntəːn] *n* KOMINTERN *m*.

comma ['kɔmə] *n* virgola.

command [kə'maːnd] *n* ordine *m*, comando; (*MIL: authority*) comando; (*mastery*) padronanza; (*COMPUT*) command *m inv*, comando ♦ *vt* comandare; **to ~ sb to do** ordinare a qn di fare; **to have/take ~ of** avere/prendere il comando di; **to have at one's ~** (*money, resources etc*) avere a propria disposizione.

command economy *n* = **planned economy**.

commandeer [kɔmən'dɪə*] *vt* requisire.

commander [kə'maːndə*] *n* capo; (*MIL*) comandante *m*.

commander-in-chief (C-in-C) [kə'maːndər-ɪn'tʃiːf] *n* (*MIL*) comandante *m* in capo.

commanding [kə'maːndɪŋ] *adj* (*appearance*) imponente; (*voice, tone*) autorevole; (*lead, position*) dominante.

commanding officer *n* comandante *m*.

commandment [kə'maːndmənt] *n* (*REL*) comandamento.

command module n (SPACE) modulo di comando.

commando [kə'mɑːndəu] n commando m inv; membro di un commando.

commemorate [kə'mɛməreɪt] vt commemorare.

commemoration [kəmɛmə'reɪʃən] n commemorazione f.

commemorative [kə'mɛmərətɪv] adj commemorativo(a).

commence [kə'mɛns] vt, vi cominciare.

commend [kə'mɛnd] vt lodare; raccomandare.

commendable [kə'mɛndəbl] adj lodevole.

commendation [kɒmɛn'deɪʃən] n lode f; raccomandazione f; (for bravery etc) encomio.

commensurate [kə'mɛnʃərɪt] adj: ~ **with** proporzionato(a) a.

comment ['kɒmɛnt] n commento ♦ vi: to ~ (on) fare commenti (su); to ~ that osservare che; "no ~" "niente da dire".

commentary ['kɒməntərɪ] n commentario; (SPORT) radiocronaca; telecronaca.

commentator ['kɒmənteɪtə*] n commentatore/trice; (SPORT) radiocronista m/f; telecronista m/f.

commerce ['kɒmɜːs] n commercio.

commercial [kə'mɜːʃəl] adj commerciale ♦ n (TV: also: ~ **break**) pubblicità f inv.

commercial bank n banca commerciale.

commercial college n ≈ istituto commerciale.

commercialism [kə'mɜːʃəlɪzəm] n affarismo.

commercial television n televisione f commerciale.

commercial traveller n commesso viaggiatore.

commercial vehicle n veicolo commerciale.

commiserate [kə'mɪzəreɪt] vi: to ~ **with** condolersi con.

commission [kə'mɪʃən] n commissione f; (for salesman) commissione, provvigione f ♦ vt (MIL) nominare (al comando); (work of art) commissionare; **I get 10%** ~ ricevo il 10% sulle vendite; **out of** ~ (NAUT) in disarmo; (machine) fuori uso; to ~ **sb to do sth** incaricare qn di fare qc; to ~ **sth from sb** (painting etc) commissionare qc a qn; ~ **of inquiry** (BRIT) commissione f d'inchiesta.

commissionaire [kəmɪʃə'nɛə*] n (BRIT: at shop, cinema etc) portiere m in livrea.

commissioner [kə'mɪʃənə*] n commissionario; (POLICE) questore m.

commit [kə'mɪt] vt (act) commettere; (to

sb's care) affidare; to ~ **o.s.** (**to do**) impegnarsi (a fare); to ~ **suicide** suicidarsi; to ~ **sb for trial** rinviare qn a giudizio.

commitment [kə'mɪtmənt] n impegno.

committed [kə'mɪtɪd] adj (writer) impegnato(a); (Christian) convinto(a).

committee [kə'mɪtɪ] n comitato; to **be on a** ~ far parte di un comitato or di una commissione.

committee meeting n riunione f di comitato or di commissione.

commodity [kə'mɒdɪtɪ] n prodotto, articolo; (food) derrata.

commodity exchange n borsa f merci inv.

common ['kɒmən] adj comune; (pej) volgare; (usual) normale ♦ n terreno comune; **in** ~ in comune; **in** ~ **use** di uso comune; **it's** ~ **knowledge that** è di dominio pubblico che; **to the** ~ **good** nell'interesse generale, per il bene comune; see also **Commons**.

common cold n: **the** ~ il raffreddore.

common denominator n denominatore m comune.

commoner ['kɒmənə*] n cittadino/a (non nobile).

common ground n (fig) terreno comune.

common land n terreno di uso pubblico.

common law n diritto consuetudinario.

common-law ['kɒmənlɔː] adj: ~ **wife** convivente f more uxorio.

commonly ['kɒmənlɪ] adv comunemente, usualmente.

Common Market n Mercato Comune.

commonplace ['kɒmənpleɪs] adj banale, ordinario(a).

commonroom ['kɒmənrum] n sala di riunione; (SCOL) sala dei professori.

Commons ['kɒmənz] npl (BRIT POL): **the (House of)** ~ la Camera dei Comuni.

common sense n buon senso.

Commonwealth ['kɒmənwɛlθ] n: **the** ~ il Commonwealth.

---

*Il **Commonwealth** è un'associazione di stati sovrani indipendenti e di alcuni territori annessi che facevano parte dell'antico Impero Britannico, e che nel 1931 assunsero il nome di Commonwealth of Nations, denominazione successivamente semplificata in Commonwealth.*
Attualmente gli stati del Commonwealth riconoscono ancora il proprio capo di stato nel sovrano britannico e i loro rappresentanti si riuniscono per discutere questioni di comune interesse.

commotion [kəˈməuʃən] *n* confusione *f*,
tumulto.

communal [ˈkɔmjuːnl] *adj* (*life*) comunale;
(*for common use*) pubblico(a).

commune *n* [ˈkɔmjuːn] (*group*) comune *f*
♦ *vi* [kəˈmjuːn]: **to ~ with** mettersi in
comunione con.

communicate [kəˈmjuːnɪkeɪt] *vt*
comunicare, trasmettere ♦ *vi*: **to ~ (with)**
comunicare (con).

communication [kəmjuːnɪˈkeɪʃən] *n*
comunicazione *f*.

communication cord *n* (*BRIT*) segnale *m*
d'allarme.

communications network *n* rete *f* delle
comunicazioni.

communications satellite *n* satellite *m*
per telecomunicazioni.

communicative [kəˈmjuːnɪkətɪv] *adj* (*gen*)
loquace.

communion [kəˈmjuːnɪən] *n* (*also*: **Holy C~**)
comunione *f*.

communiqué [kəˈmjuːnɪkeɪ] *n* comunicato.

communism [ˈkɔmjunɪzəm] *n* comunismo.

communist [ˈkɔmjunɪst] *adj*, *n* comunista
(*m/f*).

community [kəˈmjuːnɪtɪ] *n* comunità *f inv*.

community centre *n* circolo ricreativo.

community chest *n* (*US*) fondo di
beneficenza.

community health centre *n* centro
socio-sanitario.

community home *n* (*BRIT*) riformatorio.

community service *n* (*BRIT*) ≈ lavoro
sostitutivo.

community spirit *n* spirito civico.

commutation ticket [kɔmjuˈteɪʃən-] *n* (*US*)
biglietto di abbonamento.

commute [kəˈmjuːt] *vi* fare il pendolare
♦ *vt* (*LAW*) commutare.

commuter [kəˈmjuːtə*] *n* pendolare *m/f*.

compact *adj* [kəmˈpækt] compatto(a) ♦ *n*
[ˈkɔmpækt] (*also*: **powder ~**) portacipria *m
inv*.

compact disc *n* compact disc *m inv*; **~
player** lettore *m* CD *inv*.

companion [kəmˈpænjən] *n* compagno/a.

companionship [kəmˈpænjənʃɪp] *n*
compagnia.

companionway [kəmˈpænjənweɪ] *n* (*NAUT*)
scala.

company [ˈkʌmpənɪ] *n* (*also* COMM, MIL,
THEAT) compagnia; **he's good ~** è di
buona compagnia; **we have ~** abbiamo
ospiti; **to keep sb ~** tenere compagnia a
qn; **to part ~ with** separarsi da; **Smith
and C~** Smith e soci.

company car *n* macchina (di proprietà)
della ditta.

company director *n* amministratore *m*,
consigliere *m* di amministrazione.

company secretary *n* (*BRIT COMM*)
segretario/a generale.

comparable [ˈkɔmpərəbl] *adj* comparabile.

comparative [kəmˈpærətɪv] *adj* (*freedom,
cost*) relativo(a); (*adjective, adverb etc*)
comparativo(a); (*literature*) comparato(a).

comparatively [kəmˈpærətɪvlɪ] *adv*
relativamente.

compare [kəmˈpɛə*] *vt*: **to ~ sth/sb with/to**
confrontare qc/qn con/a ♦ *vi*: **to ~ (with)**
reggere il confronto (con); **~d with** *or* **to**
a paragone di, rispetto a; **how do the
prices ~?** che differenza di prezzo c'è?

comparison [kəmˈpærɪsn] *n* confronto; **in ~
(with)** a confronto (di).

compartment [kəmˈpɑːtmənt] *n*
compartimento; (*RAIL*) scompartimento.

compass [ˈkʌmpəs] *n* bussola; (**a pair of**)
~es (*MATH*) compasso; **within the ~ of**
entro i limiti di.

compassion [kəmˈpæʃən] *n* compassione *f*.

compassionate [kəmˈpæʃənɪt] *adj*
compassionevole; **on ~ grounds** per
motivi personali.

compassionate leave *n* congedo
straordinario (*per gravi motivi di famiglia*).

compatibility [kəmpætɪˈbɪlɪtɪ] *n*
compatibilità.

compatible [kəmˈpætɪbl] *adj* compatibile.

compel [kəmˈpɛl] *vt* costringere, obbligare.

compelling [kəmˈpɛlɪŋ] *adj* (*fig: argument*)
irresistibile.

compendium [kəmˈpɛndɪəm] *n* compendio.

compensate [ˈkɔmpənseɪt] *vt* risarcire ♦ *vi*:
to ~ for compensare.

compensation [kɔmpənˈseɪʃən] *n*
compensazione *f*; (*money*) risarcimento.

compère [ˈkɔmpɛə*] *n* presentatore/trice.

compete [kəmˈpiːt] *vi* (*take part*)
concorrere; (*vie*): **to ~ (with)** fare
concorrenza (a).

competence [ˈkɔmpɪtəns] *n* competenza.

competent [ˈkɔmpɪtənt] *adj* competente.

competing [kəmˈpiːtɪŋ] *adj* (*theories, ideas*)
opposto(a); (*companies*) in concorrenza;
three ~ explanations (of) tre spiegazioni
contrastanti tra di loro (di).

competition [kɔmpɪˈtɪʃən] *n* gara,
concorso; (*SPORT*) gara; (*ECON*)
concorrenza; **in ~ with** in concorrenza
con.

competitive [kəmˈpɛtɪtɪv] *adj* (*sports*)
agonistico(a); (*person*) che ha spirito di
competizione; (*ECON*) concorrenziale.

competitive examination *n* concorso.

competitor [kəm'pɛtɪtə*] n concorrente m/f.
compile [kəm'paɪl] vt compilare.
complacency [kəm'pleɪsnsɪ] n
compiacenza di sé.
complacent [kəm'pleɪsnt] adj
compiaciuto(a) di sé.
complain [kəm'pleɪn] vi: to ~ (about)
lagnarsi (di); (in shop etc) reclamare
(per).
▶**complain of** vt fus (MED) accusare.
complaint [kəm'pleɪnt] n lamento; reclamo;
(MED) malattia.
complement n ['kɒmplɪmənt]
complemento; (especially of ship's crew
etc) effettivo ♦ vt ['kɒmplɪmɛnt] (enhance)
accompagnarsi bene a.
complementary [kɒmplɪ'mɛntərɪ] adj
complementare.
complete [kəm'pliːt] adj completo(a) ♦ vt
completare; (a form) riempire; **it's a** ~
disaster è un vero disastro.
completely [kəm'pliːtlɪ] adv
completamente.
completion [kəm'pliːʃən] n
completamento; **to be nearing** ~ essere
in fase di completamento; **on** ~ **of**
contract alla firma del contratto.
complex ['kɒmplɛks] adj complesso(a) ♦ n
(PSYCH, buildings etc) complesso.
complexion [kəm'plɛkʃən] n (of face)
carnagione f; (of event etc) aspetto.
complexity [kəm'plɛksɪtɪ] n complessità f
inv.
compliance [kəm'plaɪəns] n acquiescenza;
in ~ **with** (orders, wishes etc) in
conformità con.
compliant [kəm'plaɪənt] adj acquiescente,
arrendevole.
complicate ['kɒmplɪkeɪt] vt complicare.
complicated ['kɒmplɪkeɪtɪd] adj
complicato(a).
complication [kɒmplɪ'keɪʃən] n
complicazione f.
compliment n ['kɒmplɪmənt] complimento
♦ vt ['kɒmplɪmɛnt] fare un complimento a;
~**s** npl complimenti mpl; rispetti mpl; **to
pay sb a** ~ fare un complimento a qn; **to**
~ **sb (on sth/on doing sth)** congratularsi
or complimentarsi con qn (per qc/per
aver fatto qc).
complimentary [kɒmplɪ'mɛntərɪ] adj
complimentoso(a), elogiativo(a); (free) in
omaggio.
complimentary ticket n biglietto
d'omaggio.
compliments slip n cartoncino della
società.
comply [kəm'plaɪ] vi: **to** ~ **with** assentire a;

conformarsi a.
component [kəm'pəunənt] adj, n
componente (m).
compose [kəm'pəuz] vt comporre; **to** ~ **o.s.**
ricomporsi; ~**d of** composto(a) di.
composed [kəm'pəuzd] adj calmo(a).
composer [kəm'pəuzə*] n (MUS)
compositore/trice.
composite ['kɒmpəzɪt] adj composito(a);
(MATH) composto(a).
composition [kɒmpə'zɪʃən] n composizione
f.
compost ['kɒmpɒst] n composta, concime
m.
composure [kəm'pəuʒə*] n calma.
compound ['kɒmpaund] n (CHEM, LING)
composto; (enclosure) recinto ♦ adj
composto(a) ♦ vt (fig: problem, difficulty)
peggiorare.
compound fracture n frattura esposta.
compound interest n interesse m
composto.
comprehend [kɒmprɪ'hɛnd] vt
comprendere, capire.
comprehension [kɒmprɪ'hɛnʃən] n
comprensione f.
comprehensive [kɒmprɪ'hɛnsɪv] adj
comprensivo(a).
comprehensive insurance policy n
polizza multi-rischio inv.
comprehensive (school) n (BRIT) scuola
secondaria aperta a tutti.
compress vt [kəm'prɛs] comprimere ♦ n
['kɒmprɛs] (MED) compressa.
compression [kəm'prɛʃən] n compressione
f.
comprise [kəm'praɪz] vt (also: **be** ~**d of**)
comprendere.
compromise ['kɒmprəmaɪz] n
compromesso ♦ vt compromettere ♦ vi
venire a un compromesso ♦ cpd (decision,
solution) di compromesso.
compulsion [kəm'pʌlʃən] n costrizione f;
under ~ sotto pressioni.
compulsive [kəm'pʌlsɪv] adj (PSYCH)
incontrollabile; **he's a** ~ **smoker** non
riesce a controllarsi nel fumare.
compulsory [kəm'pʌlsərɪ] adj
obbligatorio(a).
compulsory purchase n espropriazione f.
compunction [kəm'pʌŋkʃən] n scrupolo; **to
have no** ~ **about doing sth** non farsi
scrupoli a fare qc.
computer [kəm'pjuːtə*] n computer m inv,
elaboratore m elettronico.
computer game n computer game m inv.
computerization [kəmpjuːtəraɪ'zeɪʃən] n
computerizzazione f.

computerize [kəm'pju:təraɪz] vt computerizzare.

computer language n linguaggio m macchina inv.

computer literate adj: **to be ~** essere in grado di usare il computer.

computer peripheral n unità periferica.

computer program n programma m di computer.

computer programmer n programmatore/trice.

computer programming n programmazione f di computer.

computer science n informatica.

computer scientist n informatico/a.

computing [kəm'pju:tɪŋ] n informatica.

comrade ['kɒmrɪd] n compagno/a.

comradeship ['kɒmrɪdʃɪp] n cameratismo.

comsat ['kɒmsæt] n abbr = **communications satellite**.

con [kɒn] vt (col) truffare ♦ n truffa; **to ~ sb into doing sth** indurre qn a fare qc con raggiri.

concave ['kɒn'keɪv] adj concavo(a).

conceal [kən'si:l] vt nascondere.

concede [kən'si:d] vt concedere ♦ vi fare una concessione.

conceit [kən'si:t] n presunzione f, vanità.

conceited [kən'si:tɪd] adj presuntuoso(a), vanitoso(a).

conceivable [kən'si:vəbl] adj concepibile; **it is ~ that** ... può anche darsi che ....

conceivably [kən'si:vəblɪ] adv: **he may ~ be right** può anche darsi che abbia ragione.

conceive [kən'si:v] vt concepire ♦ vi concepire un bambino; **to ~ of sth/of doing sth** immaginare qc/di fare qc.

concentrate ['kɒnsəntreɪt] vi concentrarsi ♦ vt concentrare.

concentration [kɒnsən'treɪʃən] n concentrazione f.

concentration camp n campo di concentramento.

concentric [kən'sɛntrɪk] adj concentrico(a).

concept ['kɒnsɛpt] n concetto.

conception [kən'sɛpʃən] n concezione f; (idea) idea, concetto.

concern [kən'sə:n] n affare m; (COMM) azienda, ditta; (anxiety) preoccupazione f ♦ vt riguardare; **to be ~ed (about)** preoccuparsi (di); **to be ~ed with** occuparsi di; **as far as I am ~ed** per quanto mi riguarda; **"to whom it may ~"** "a tutti gli interessati"; **the department ~ed** (under discussion) l'ufficio in questione; (relevant) l'ufficio competente.

concerning [kən'sə:nɪŋ] prep riguardo a, circa.

concert ['kɒnsət] n concerto; **in ~** di concerto.

concerted [kən'sə:tɪd] adj concertato(a).

concert hall n sala da concerti.

concertina [kɒnsə'ti:nə] n piccola fisarmonica ♦ vi ridursi come una fisarmonica.

concerto [kən'tʃə:təu] n concerto.

concession [kən'sɛʃən] n concessione f.

concessionaire [kənsɛʃə'nɛə*] n concessionario.

concessionary [kən'sɛʃənərɪ] adj (ticket, fare) a prezzo ridotto.

conciliation [kənsɪlɪ'eɪʃən] n conciliazione f.

conciliatory [kən'sɪlɪətrɪ] adj conciliativo(a).

concise [kən'saɪs] adj conciso(a).

conclave ['kɒnkleɪv] n riunione f segreta; (REL) conclave m.

conclude [kən'klu:d] vt concludere ♦ vi (speaker) concludere; (events): **to ~ (with)** concludersi (con).

concluding [kən'klu:dɪŋ] adj (remarks etc) conclusivo(a), finale.

conclusion [kən'klu:ʒən] n conclusione f; **to come to the ~ that** ... concludere che ..., arrivare alla conclusione che ....

conclusive [kən'klu:sɪv] adj conclusivo(a).

concoct [kən'kɒkt] vt inventare.

concoction [kən'kɒkʃən] n (food, drink) miscuglio.

concord ['kɒŋkɔ:d] n (harmony) armonia, concordia; (treaty) accordo.

concourse ['kɒŋkɔ:s] n (hall) atrio.

concrete ['kɒŋkri:t] n calcestruzzo ♦ adj concreto(a); (CONSTR) di calcestruzzo.

concrete mixer n betoniera.

concur [kən'kə:*] vi concordare.

concurrently [kən'kʌrntlɪ] adv simultaneamente.

concussion [kən'kʌʃən] n (MED) commozione f cerebrale.

condemn [kən'dɛm] vt condannare.

condemnation [kɒndɛm'neɪʃən] n condanna.

condensation [kɒndɛn'seɪʃən] n condensazione f.

condense [kən'dɛns] vi condensarsi ♦ vt condensare.

condensed milk n latte m condensato.

condescend [kɒndɪ'sɛnd] vi condiscendere; **to ~ to do sth** degnarsi di fare qc.

condescending [kɒndɪ'sɛndɪŋ] adj condiscendente.

condition [kən'dɪʃən] n condizione f; (disease) malattia ♦ vt condizionare, regolare; **in good/poor ~** in buone/cattive condizioni; **to have a heart ~**

soffrire di (mal di) cuore; **weather ~s**
condizioni meteorologiche; **on ~ that** a
condizione che + *sub*, a condizione di.
conditional [kən'dɪʃənl] *adj* condizionale;
to be ~ upon dipendere da.
conditioner [kən'dɪʃənə*] *n* (*for hair*)
balsamo.
condo ['kɔndəu] *n abbr* (*US col*) =
condominium.
condolences [kən'dəulənsɪz] *npl*
condoglianze *fpl*.
condom ['kɔndəm] *n* preservativo.
condominium [kɔndə'mɪnɪəm] *n* (*US*)
condominio.
condone [kən'dəun] *vt* condonare.
conducive [kən'djuːsɪv] *adj*: **~ to**
favorevole a.
conduct *n* ['kɔndʌkt] condotta ♦ *vt*
[kən'dʌkt] condurre; (*manage*) dirigere;
amministrare; (*MUS*) dirigere; **to ~ o.s.**
comportarsi.
conductor [kən'dʌktə*] *n* (*of orchestra*)
direttore *m* d'orchestra; (*on bus*)
bigliettaio; (*US RAIL*) controllore *m*; (*ELEC*)
conduttore *m*.
conductress [kən'dʌktrɪs] *n* (*on bus*)
bigliettaia.
conduit ['kɔndɪt] *n* condotto; tubo.
cone [kəun] *n* cono; (*BOT*) pigna.
confectioner [kən'fɛkʃənə*] *n*: **~'s (shop)** ≈
pasticceria.
confectionery [kən'fɛkʃənərɪ] *n* dolciumi
mpl.
confederate [kən'fɛdərɪt] *adj*
confederato(a) ♦ *n* (*pej*) complice *m/f*; (*US
HISTORY*) confederato.
confederation [kənfɛdə'reɪʃən] *n*
confederazione *f*.
confer [kən'fəː*] *vt*: **to ~ sth on** conferire
qc a ♦ *vi* conferire; **to ~ (with sb about
sth)** consultarsi (con qn su qc).
conference ['kɔnfərns] *n* congresso; **to be
in ~** essere in riunione.
conference room *n* sala *f* conferenze *inv*.
confess [kən'fɛs] *vt* confessare, ammettere
♦ *vi* confessarsi.
confession [kən'fɛʃən] *n* confessione *f*.
confessional [kən'fɛʃənl] *n* confessionale
m.
confessor [kən'fɛsə*] *n* confessore *m*.
confetti [kən'fɛtɪ] *n* coriandoli *mpl*.
confide [kən'faɪd] *vi*: **to ~ in** confidarsi con.
confidence ['kɔnfɪdns] *n* confidenza; (*trust*)
fiducia; (*also*: **self-~**) sicurezza di sé; **to
tell sb sth in strict ~** dire qc a qn in via
strettamente confidenziale; **to have
(every) ~ that ...** essere assolutamente
certo(a) che ...; **motion of no ~** mozione *f*

di sfiducia.
confidence trick *n* truffa.
confident ['kɔnfɪdənt] *adj* sicuro(a); (*also*:
self-~) sicuro(a) di sé.
confidential [kɔnfɪ'dɛnʃəl] *adj* riservato(a);
(*secretary*) particolare.
confidentiality ['kɔnfɪdɛnʃɪ'ælɪtɪ] *n*
riservatezza, carattere *m* confidenziale.
configuration [kən'fɪgjuːreɪʃən] *n* (*COMPUT*)
configurazione *f*.
confine [kən'faɪn] *vt* limitare; (*shut up*)
rinchiudere; **to ~ o.s. to doing sth**
limitarsi a fare qc; *see also* **confines.**
confined [kən'faɪnd] *adj* (*space*) ristretto(a).
confinement [kən'faɪnmənt] *n* prigionia;
(*MIL*) consegna; (*MED*) parto.
confines ['kɔnfaɪnz] *npl* confini *mpl*.
confirm [kən'fəːm] *vt* confermare; (*REL*)
cresimare.
confirmation [kɔnfə'meɪʃən] *n* conferma;
cresima.
confirmed [kən'fəːmd] *adj* inveterato(a).
confiscate ['kɔnfɪskeɪt] *vt* confiscare.
confiscation [kɔnfɪs'keɪʃən] *n* confisca.
conflagration [kɔnflə'greɪʃən] *n*
conflagrazione *f*.
conflict *n* ['kɔnflɪkt] conflitto ♦ *vi* [kən'flɪkt]
essere in conflitto.
conflicting [kən'flɪktɪŋ] *adj* contrastante;
(*reports, evidence, opinions*)
contraddittorio(a).
conform [kən'fɔːm] *vi*: **to ~ (to)**
conformarsi (a).
conformist [kən'fɔːmɪst] *n* conformista *m/f*.
confound [kən'faund] *vt* confondere;
(*amaze*) sconcertare.
confounded [kən'faundɪd] *adj*
maledetto(a).
confront [kən'frʌnt] *vt* confrontare;
(*enemy, danger*) affrontare.
confrontation [kɔnfrən'teɪʃən] *n* scontro.
confrontational [kɔnfrən'teɪʃənəl] *adj*
polemico(a), aggressivo(a).
confuse [kən'fjuːz] *vt* imbrogliare; (*one
thing with another*) confondere.
confused [kən'fjuːzd] *adj* confuso(a); **to get
~** confondersi.
confusing [kən'fjuːzɪŋ] *adj* che fa
confondere.
confusion [kən'fjuːʒən] *n* confusione *f*.
congeal [kən'dʒiːl] *vi* (*blood*) congelarsi.
congenial [kən'dʒiːnɪəl] *adj* (*person*)
simpatico(a); (*place, work, company*)
piacevole.
congenital [kən'dʒɛnɪtl] *adj* congenito(a).
conger eel ['kɔngər-] *n* grongo.
congested [kən'dʒɛstɪd] *adj*
congestionato(a); (*telephone lines*)

sovraccarico(a).
congestion [kən'dʒɛstʃən] *n* congestione *f*.
conglomerate [kən'glɔmərɪt] *n* (*COMM*) conglomerato.
conglomeration [kənglɔmə'reɪʃən] *n* conglomerazione *f*.
Congo ['kɔŋgəu] *n* Congo.
congratulate [kən'grætjuleɪt] *vt*: **to ~ sb (on)** congratularsi con qn (per *or* di).
congratulations [kəngrætju'leɪʃənz] *npl*: **~ (on)** congratulazioni *fpl* (per) ♦ *excl* congratulazioni!, rallegramenti!
congregate ['kɔŋgrɪgeɪt] *vi* congregarsi, riunirsi.
congregation [kɔŋgrɪ'geɪʃən] *n* congregazione *f*.
congress ['kɔŋgrɛs] *n* congresso; (*US POL*): **C~** il Congresso.

Il **Congress** *è l'assemblea statunitense che si riunisce a Washington D.C. nel* **Capitol** *per elaborare e discutere le leggi federali. È costituita dalla* **House of Representatives** *(435 membri, eletti nei vari stati in base al numero degli abitanti) e dal* **Senate** *(100 senatori, due per ogni stato). Sia i membri della House of Representatives che quelli del Senate sono eletti direttamente dal popolo.*

---

congressman ['kɔŋgrɛsmən] *n* (*US*) membro del Congresso.
congresswoman ['kɔŋgrɛswumən] *n* (*US*) (donna) membro del Congresso.
conical ['kɔnɪkl] *adj* conico(a).
conifer ['kɔnɪfə*] *n* conifero.
coniferous [kə'nɪfərəs] *adj* (*forest*) di conifere.
conjecture [kən'dʒɛktʃə*] *n* congettura ♦ *vt*, *vi* congetturare.
conjugal ['kɔndʒugl] *adj* coniugale.
conjugate ['kɔndʒugeɪt] *vt* coniugare.
conjugation [kɔndʒə'geɪʃən] *n* coniugazione *f*.
conjunction [kən'dʒʌŋkʃən] *n* congiunzione *f*; **in ~ with** in accordo con, insieme con.
conjunctivitis [kəndʒʌŋkti'vaɪtɪs] *n* congiuntivite *f*.
conjure ['kʌndʒə*] *vi* fare giochi di prestigio.
▶**conjure up** *vt* (*ghost, spirit*) evocare; (*memories*) rievocare.
conjurer ['kʌndʒərə*] *n* prestigiatore/trice, prestidigitatore/trice.
conjuring trick ['kʌndʒərɪŋ-] *n* gioco di prestigio.
conker ['kɔŋkə*] *n* (*BRIT col*) castagna (d'ippocastano).

conk out [kɔŋk-] *vi* (*col*) andare in panne.
conman ['kɔnmæn] *n* truffatore *m*.
Conn. *abbr* (*US*) = Connecticut.
connect [kə'nɛkt] *vt* connettere, collegare; (*ELEC*) collegare; (*fig*) associare ♦ *vi* (*train*): **to ~ with** essere in coincidenza con; **to be ~ed with** aver rapporti con; **to be imparentato(a) con; I am trying to ~ you** (*TEL*) sto cercando di darle la linea.
connection [kə'nɛkʃən] *n* relazione *f*, rapporto; (*ELEC*) connessione *f*; (*TEL*) collegamento; (*train etc*) coincidenza; **in ~ with** con riferimento a, a proposito di; **what is the ~ between them?** in che modo sono legati?; **business ~s** rapporti d'affari; **to miss/get one's ~** (*train etc*) perdere/prendere la coincidenza.
connexion [kə'nɛkʃən] *n* (*BRIT*) = **connection**.
conning tower ['kɔnɪŋ-] *n* torretta di comando.
connive [kə'naɪv] *vi*: **to ~ at** essere connivente in.
connoisseur [kɔnɪ'sə:*] *n* conoscitore/trice.
connotation [kɔnə'teɪʃən] *n* connotazione *f*.
connubial [kə'nju:bɪəl] *adj* coniugale.
conquer ['kɔŋkə*] *vt* conquistare; (*feelings*) vincere.
conqueror ['kɔŋkərə*] *n* conquistatore *m*.
conquest ['kɔŋkwɛst] *n* conquista.
cons [kɔnz] *npl see* **pro**; **convenience**.
conscience ['kɔnʃəns] *n* coscienza; **in all ~** onestamente, in coscienza.
conscientious [kɔnʃɪ'ɛnʃəs] *adj* coscienzioso(a).
conscientious objector *n* obiettore *m* di coscienza.
conscious ['kɔnʃəs] *adj* consapevole; (*MED*) conscio(a); (*deliberate: insult, error*) intenzionale, voluto(a); **to become ~ of sth/that** rendersi conto di qc/che.
consciousness ['kɔnʃəsnɪs] *n* consapevolezza; (*MED*) coscienza; **to lose/regain ~** perdere/riprendere coscienza.
conscript ['kɔnskrɪpt] *n* coscritto.
conscription [kən'skrɪpʃən] *n* coscrizione *f*.
consecrate ['kɔnsɪkreɪt] *vt* consacrare.
consecutive [kən'sɛkjutɪv] *adj* consecutivo(a); **on 3 ~ occasions** 3 volte di fila.
consensus [kən'sɛnsəs] *n* consenso; **the ~ of opinion** l'opinione *f* unanime *or* comune.
consent [kən'sɛnt] *n* consenso ♦ *vi*: **to ~ (to)** acconsentire (a); **age of ~** età legale (per avere rapporti sessuali); **by**

common ~ di comune accordo.
consenting adults [kən'sɛntɪŋ-] *npl* adulti *mpl* consenzienti.
consequence ['kɔnsɪkwəns] *n* conseguenza, risultato; importanza; **in** ~ di conseguenza.
consequently ['kɔnsɪkwəntlɪ] *adv* di conseguenza, dunque.
conservation [kɔnsə'veɪʃən] *n* conservazione *f*; (*also*: **nature** ~) tutela dell'ambiente; **energy** ~ risparmio energetico.
conservationist [kɔnsə'veɪʃənɪst] *n* fautore/trice della tutela dell'ambiente.
conservative [kən'sə:vətɪv] *adj* conservatore(trice); (*cautious*) cauto(a); **C~** *adj*, *n* (*BRIT POL*) conservatore(trice); **the C~ Party** il partito conservatore.
conservatory [kən'sə:vətrɪ] *n* (*greenhouse*) serra.
conserve [kən'sə:v] *vt* conservare ♦ *n* conserva.
consider [kən'sɪdə*] *vt* considerare; (*take into account*) tener conto di; **to** ~ **doing sth** considerare la possibilità di fare qc; **all things** ~**ed** tutto sommato *or* considerato; ~ **yourself lucky** puoi dirti fortunato.
considerable [kən'sɪdərəbl] *adj* considerevole, notevole.
considerably [kən'sɪdərəblɪ] *adv* notevolmente, decisamente.
considerate [kən'sɪdərɪt] *adj* premuroso(a).
consideration [kənsɪdə'reɪʃən] *n* considerazione *f*; (*reward*) rimunerazione *f*; **out of** ~ **for** per riguardo a; **under** ~ in esame; **my first** ~ **is my family** il mio primo pensiero è per la mia famiglia.
considered [kən'sɪdəd] *adj*: **it is my** ~ **opinion that** ... dopo lunga riflessione il mio parere è che ....
considering [kən'sɪdərɪŋ] *prep* in considerazione di; ~ **(that)** se si considera (che).
consign [kən'saɪn] *vt* consegnare; (*send*: *goods*) spedire.
consignee [kɔnsaɪ'ni:] *n* consegnatario/a, destinatario/a.
consignment [kən'saɪnmənt] *n* consegna; spedizione *f*.
consignment note *n* (*COMM*) nota di spedizione.
consignor [kən'saɪnə*] *n* mittente *m/f*.
consist [kən'sɪst] *vi*: **to** ~ **of** constare di, essere composto(a) di.
consistency [kən'sɪstənsɪ] *n* consistenza; (*fig*) coerenza.
consistent [kən'sɪstənt] *adj* coerente;

(*constant*) costante; ~ **with** compatibile con.
consolation [kɔnsə'leɪʃən] *n* consolazione *f*.
console *vt* [kən'səul] consolare ♦ *n* ['kɔnsəul] quadro di comando.
consolidate [kən'sɔlɪdeɪt] *vt* consolidare.
consols ['kɔnsɔlz] *npl* (*STOCK EXCHANGE*) titoli *mpl* del debito consolidato.
consommé [kən'sɔmeɪ] *n* consommé *m inv*, brodo ristretto.
consonant ['kɔnsənənt] *n* consonante *f*.
consort ['kɔnsɔ:t] *n* consorte *m/f*; **prince** ~ principe *m* consorte ♦ *vi* (*often pej*): **to** ~ **with sb** frequentare qn.
consortium [kən'sɔ:tɪəm] *n* consorzio.
conspicuous [kən'spɪkjuəs] *adj* cospicuo(a); **to make o.s.** ~ farsi notare.
conspiracy [kən'spɪrəsɪ] *n* congiura, cospirazione *f*.
conspiratorial [kənspɪrə'tɔ:rɪəl] *adj* cospiratorio(a).
conspire [kən'spaɪə*] *vi* congiurare, cospirare.
constable ['kʌnstəbl] *n* (*BRIT*: *also*: **police** ~) ≈ poliziotto, agente *m* di polizia.
constabulary [kən'stæbjulərɪ] *n* forze *fpl* dell'ordine.
constant ['kɔnstənt] *adj* costante; continuo(a).
constantly ['kɔnstəntlɪ] *adv* costantemente; continuamente.
constellation [kɔnstə'leɪʃən] *n* costellazione *f*.
consternation [kɔnstə'neɪʃən] *n* costernazione *f*.
constipated ['kɔnstɪpeɪtɪd] *adj* stitico(a).
constipation [kɔnstɪ'peɪʃən] *n* stitichezza.
constituency [kən'stɪtjuənsɪ] *n* collegio elettorale; (*people*) elettori *mpl* (del collegio).

> Con il termine **constituency** viene indicato sia un collegio elettorale che i suoi elettori. In Gran Bretagna ogni collegio elegge un rappresentante che in seguito incontra regolarmente i propri elettori in riunioni chiamate **surgery** per discutere questioni di interesse locale.

constituency party *n* sezione *f* locale (del partito).
constituent [kən'stɪtjuənt] *n* elettore/trice; (*part*) elemento componente.
constitute ['kɔnstɪtju:t] *vt* costituire.
constitution [kɔnstɪ'tju:ʃən] *n* costituzione *f*.
constitutional [kɔnstɪ'tju:ʃənl] *adj* costituzionale.

constitutional monarchy *n* monarchia costituzionale.
constrain [kən'streɪn] *vt* costringere.
constrained [kən'streɪnd] *adj* costretto(a).
constraint [kən'streɪnt] *n* (*restraint*) limitazione *f*, costrizione *f*; (*embarrassment*) imbarazzo, soggezione *f*.
constrict [kən'strɪkt] *vt* comprimere; opprimere.
construct [kən'strʌkt] *vt* costruire.
construction [kən'strʌkʃən] *n* costruzione *f*; (*fig: interpretation*) interpretazione *f*; **under** ~ in costruzione.
construction industry *n* edilizia, industria edile.
constructive [kən'strʌktɪv] *adj* costruttivo(a).
construe [kən'struː] *vt* interpretare.
consul ['kɔnsl] *n* console *m*.
consulate ['kɔnsjulɪt] *n* consolato.
consult [kən'sʌlt] *vt*: **to** ~ **sb (about sth)** consultare qn (su *or* riguardo a qc).
consultancy [kən'sʌltənsɪ] *n* consulenza.
consultancy fee *n* onorario di consulenza.
consultant [kən'sʌltənt] *n* (*MED*) consulente *m* medico; (*other specialist*) consulente ♦ *cpd*: ~ **engineer** *n* ingegnere *m* consulente; ~ **paediatrician** *n* specialista *m/f* in pediatria; **legal/ management** ~ consulente legale/ gestionale.
consultation [kɔnsəl'teɪʃən] *n* consultazione *f*; (*MED, LAW*) consulto; **in** ~ **with** consultandosi con.
consultative [kən'sʌltətɪv] *adj* di consulenza.
consulting room [kən'sʌltɪŋ-] *n* (*BRIT*) ambulatorio.
consume [kən'sjuːm] *vt* consumare.
consumer [kən'sjuːmə*] *n* consumatore/ trice; (*of electricity, gas etc*) utente *m/f*.
consumer credit *n* credito al consumatore.
consumer durables *npl* prodotti *mpl* di consumo durevole.
consumer goods *npl* beni *mpl* di consumo.
consumerism [kən'sjuːmərɪzəm] *n* (*consumer protection*) tutela del consumatore; (*ECON*) consumismo.
consumer society *n* società dei consumi.
consumer watchdog *n* comitato di difesa dei consumatori.
consummate ['kɔnsʌmeɪt] *vt* consumare.
consumption [kən'sʌmpʃən] *n* consumo; (*MED*) consunzione *f*; **not fit for human** ~ non commestibile.
cont. *abbr* (= *continued*) segue.
contact ['kɔntækt] *n* contatto; (*person*)

conoscenza ♦ *vt* mettersi in contatto con; **to be in** ~ **with sb/sth** essere in contatto con qn/qc; **business** ~**s** contatti *mpl* d'affari.
contact lenses *npl* lenti *fpl* a contatto.
contagious [kən'teɪdʒəs] *adj* contagioso(a).
contain [kən'teɪn] *vt* contenere; **to** ~ **o.s.** contenersi.
container [kən'teɪnə*] *n* recipiente *m*; (*for shipping etc*) container *m*.
containerize [kən'teɪnəraɪz] *vt* mettere in container.
container ship *n* nave *f* container *inv*.
contaminate [kən'tæmɪneɪt] *vt* contaminare.
contamination [kəntæmɪ'neɪʃən] *n* contaminazione *f*.
cont'd *abbr* (= *continued*) segue.
contemplate ['kɔntəmpleɪt] *vt* contemplare; (*consider*) pensare a (*or* di).
contemplation [kɔntəm'pleɪʃən] *n* contemplazione *f*.
contemporary [kən'tempərərɪ] *adj* contemporaneo(a); (*design*) moderno(a) ♦ *n* contemporaneo/a; (*of the same age*) coetaneo/a.
contempt [kən'tempt] *n* disprezzo; ~ **of court** (*LAW*) oltraggio alla Corte.
contemptible [kən'temptəbl] *adj* spregevole, vergognoso(a).
contemptuous [kən'temptjuəs] *adj* sdegnoso(a).
contend [kən'tend] *vt*: **to** ~ **that** sostenere che ♦ *vi*: **to** ~ **with** lottare contro; **he has a lot to** ~ **with** ha un sacco di guai.
contender [kən'tendə*] *n* contendente *m/f*; concorrente *m/f*.
content [kən'tent] *adj* contento(a), soddisfatto(a) ♦ *vt* contentare, soddisfare ♦ *n* ['kɔntent] contenuto; ~**s** *npl* contenuto; (*of barrel etc: capacity*) capacità *f inv*; (**table of**) ~**s** indice *m*; **to be** ~ **with** essere contento di; **to** ~ **o.s. with sth/with doing sth** accontentarsi di qc/di fare qc.
contented [kən'tentɪd] *adj* contento(a), soddisfatto(a).
contentedly [kən'tentɪdlɪ] *adv* con soddisfazione.
contention [kən'tenʃən] *n* contesa; (*assertion*) tesi *f inv*; **bone of** ~ pomo della discordia.
contentious [kən'tenʃəs] *adj* polemico(a).
contentment [kən'tentmənt] *n* contentezza.
contest *n* ['kɔntest] lotta; (*competition*) gara, concorso ♦ *vt* [kən'test] contestare; (*LAW*) impugnare; (*compete for*) contendere.

contestant [kən'tɛstənt] n concorrente m/f; (in fight) avversario/a.

context ['kɔntɛkst] n contesto; **in/out of** ~ nel/fuori dal contesto.

continent ['kɔntɪnənt] n continente m; **the C**~ (BRIT) l'Europa continentale; **on the C**~ in Europa.

continental [kɔntɪ'nɛntl] adj continentale ♦ n (BRIT) abitante m/f dell'Europa continentale.

continental breakfast n colazione f all'europea.

continental quilt n (BRIT) piumino.

contingency [kən'tɪndʒənsɪ] n eventualità f inv.

contingency plan n misura d'emergenza.

contingent [kən'tɪndʒənt] n contingenza ♦ adj: **to be** ~ **upon** dipendere da.

continual [kən'tɪnjuəl] adj continuo(a).

continually [kən'tɪnjuəlɪ] adv di continuo.

continuation [kəntɪnju'eɪʃən] n continuazione f; (after interruption) ripresa; (of story) seguito.

continue [kən'tɪnjuː] vi continuare ♦ vt continuare; (start again) riprendere; **to be** ~**d** (story) continua; ~**d on page 10** segue or continua a pagina 10.

continuing education [kən'tɪnjuɪŋ-] n corsi mpl per adulti.

continuity [kɔntɪ'njuːɪtɪ] n continuità; (CINE) (ordine m della) sceneggiatura.

continuity girl n (CINE) segretaria di edizione.

continuous [kən'tɪnjuəs] adj continuo(a), ininterrotto(a); ~ **performance** (CINE) spettacolo continuato; ~ **stationery** (COMPUT) carta a moduli continui.

continuously [kən'tɪnjuəslɪ] adv (repeatedly) continuamente; (uninterruptedly) ininterrottamente.

contort [kən'tɔːt] vt contorcere.

contortion [kən'tɔːʃən] n contorcimento; (of acrobat) contorsione f.

contortionist [kən'tɔːʃənɪst] n contorsionista m/f.

contour ['kɔntuə*] n contorno, profilo; (also: ~ **line**) curva di livello.

contraband ['kɔntrəbænd] n contrabbando ♦ adj di contrabbando.

contraception [kɔntrə'sɛpʃən] n contraccezione f.

contraceptive [kɔntrə'sɛptɪv] adj contraccettivo(a) ♦ n contraccettivo.

contract n ['kɔntrækt] contratto ♦ cpd ['kɔntrækt] (price, date) del contratto; (work) a contratto ♦ vi [kən'trækt] (COMM): **to** ~ **to do sth** fare un contratto per fare qc; (become smaller) contrarre; **to be**

under ~ **to do sth** aver stipulato un contratto per fare qc; ~ **of employment** contratto di lavoro.

▶**contract in** vi impegnarsi (con un contratto); (BRIT ADMIN) scegliere di pagare i contributi per una pensione.

▶**contract out** vi: **to** ~ **out (of)** ritirarsi (da); (BRIT ADMIN) (scegliere di) non pagare i contributi per una pensione.

contraction [kən'trækʃən] n contrazione f.

contractor [kən'træktə*] n imprenditore m.

contractual [kən'træktjuəl] adj contrattuale.

contradict [kɔntrə'dɪkt] vt contraddire.

contradiction [kɔntrə'dɪkʃən] n contraddizione f; **to be in** ~ **with** discordare con.

contradictory [kɔntrə'dɪktərɪ] adj contraddittorio(a).

contralto [kən'træltəu] n contralto.

contraption [kən'træpʃən] n (pej) aggeggio.

contrary ['kɔntrərɪ] adj contrario(a); (unfavourable) avverso(a), contrario(a); [kən'trɛərɪ] (perverse) bisbetico(a) ♦ n contrario; **on the** ~ al contrario; **unless you hear to the** ~ a meno che non si disdica; ~ **to what we thought** a differenza di or contrariamente a quanto pensavamo.

contrast n ['kɔntrɑːst] contrasto ♦ vt [kən'trɑːst] mettere in contrasto; **in** ~ **to** or **with** a differenza di, contrariamente a.

contrasting [kən'trɑːstɪŋ] adj contrastante, di contrasto.

contravene [kɔntrə'viːn] vt contravvenire.

contravention [kɔntrə'vɛnʃən] n: ~ **(of)** contravvenzione f(a), infrazione f(di).

contribute [kən'trɪbjuːt] vi contribuire ♦ vt: **to** ~ **£10/an article** to dare 10 sterline/un articolo a; **to** ~ **to** contribuire a; (newspaper) scrivere per; (discussion) partecipare a.

contribution [kɔntrɪ'bjuːʃən] n contribuzione f.

contributor [kən'trɪbjutə*] n (to newspaper) collaboratore/trice.

contributory [kən'trɪbjutərɪ] adj (cause) che contribuisce; **it was a** ~ **factor in ...** quello ha contribuito a ....

contributory pension scheme n (BRIT) sistema di pensionamento finanziato congiuntamente dai contributi del lavoratore e del datore di lavoro.

contrite ['kɔntraɪt] adj contrito(a).

contrivance [kən'traɪvəns] n congegno; espediente m.

contrive [kən'traɪv] vt inventare;

escogitare ♦ *vi*: **to ~ to do** fare in modo di fare.

control [kən'trəul] *vt* dominare; *(firm, operation etc)* dirigere; *(check)* controllare; *(disease, fire)* arginare, limitare ♦ *n* controllo; **~s** *npl* comandi *mpl*; **to take ~ of** assumere il controllo di; **to be in ~ of** aver autorità su; essere responsabile di; controllare; **to ~ o.s.** controllarsi; **everything is under ~** tutto è sotto controllo; **the car went out of ~** la macchina non rispondeva ai comandi; **circumstances beyond our ~** circostanze *fpl* che non dipendono da noi.

control key *n* (*COMPUT*) tasto di controllo.

controller [kən'trəulə*] *n* controllore *m*.

controlling interest [kən'trəulɪŋ-] *n* (*COMM*) maggioranza delle azioni.

control panel *n* (*on aircraft, ship, TV etc*) quadro dei comandi.

control point *n* punto di controllo.

control room *n* (*NAUT, MIL*) sala di comando; (*RADIO, TV*) sala di regia.

control tower *n* (*AVIAT*) torre *f* di controllo.

control unit *n* (*COMPUT*) unità *f inv* di controllo.

controversial [kɔntrə'və:ʃl] *adj* controverso(a), polemico(a).

controversy ['kɔntrəvə:sɪ] *n* controversia, polemica.

conurbation [kɔnə:'beɪʃən] *n* conurbazione *f*.

convalesce [kɔnvə'lɛs] *vi* rimettersi in salute.

convalescence [kɔnvə'lɛsns] *n* convalescenza.

convalescent [kɔnvə'lɛsnt] *adj, n* convalescente (*m/f*).

convector [kən'vɛktə*] *n* convettore *m*.

convene [kən'vi:n] *vt* convocare; (*meeting*) organizzare ♦ *vi* convenire, adunarsi.

convenience [kən'vi:nɪəns] *n* comodità *f inv*; **at your ~** a suo comodo; **at your earliest ~** (*COMM*) appena possibile; **all modern ~s**, (*BRIT*) **all mod cons** tutte le comodità moderne.

convenience foods *npl* cibi *mpi* precotti.

convenient [kən'vi:nɪənt] *adj* conveniente, comodo(a); **if it is ~ to you** se per lei va bene, se non la incomoda.

conveniently [kən'vi:nɪəntlɪ] *adv* (*happen*) a proposito; (*situated*) in un posto comodo.

convent ['kɔnvənt] *n* convento.

convention [kən'vɛnʃən] *n* convenzione *f*; (*meeting*) convegno.

conventional [kən'vɛnʃənl] *adj* convenzionale.

convent school *n* scuola retta da suore.

converge [kən'və:dʒ] *vi* convergere.

conversant [kən'və:snt] *adj*: **to be ~ with** essere al corrente di; essere pratico(a) di.

conversation [kɔnvə'seɪʃən] *n* conversazione *f*.

conversational [kɔnvə'seɪʃənl] *adj* non formale; (*COMPUT*) conversazionale; **~ Italian** l'italiano parlato.

conversationalist [kɔnvə'seɪʃnəlɪst] *n* conversatore/trice.

converse *n* ['kɔnvə:s] contrario, opposto ♦ *vi* [kən'və:s]: **to ~ (with sb about sth)** conversare (con qn su qc).

conversely [kɔn'və:slɪ] *adv* al contrario, per contro.

conversion [kən'və:ʃən] *n* conversione *f*; (*BRIT: of house*) trasformazione *f*, rimodernamento.

conversion table *n* tavola di equivalenze.

convert *vt* [kən'və:t] (*REL, COMM*) convertire; (*alter*) trasformare ♦ *n* ['kɔnvə:t] convertito/a.

convertible [kən'və:təbl] *n* macchina decappottabile.

convex ['kɔnvɛks] *adj* convesso(a).

convey [kən'veɪ] *vt* trasportare; (*thanks*) comunicare; (*idea*) dare.

conveyance [kən'veɪəns] *n* (*of goods*) trasporto; (*vehicle*) mezzo di trasporto.

conveyancing [kən'veɪənsɪŋ] *n* (*LAW*) redazione *f* di transazioni di proprietà.

conveyor belt *n* nastro trasportatore.

convict *vt* [kən'vɪkt] dichiarare colpevole ♦ *n* ['kɔnvɪkt] carcerato/a.

conviction [kən'vɪkʃən] *n* condanna; (*belief*) convinzione *f*.

convince [kən'vɪns] *vt*: **to ~ sb (of sth/that)** convincere qn (di qc/che), persuadere qn (di qc/che).

convincing [kən'vɪnsɪŋ] *adj* convincente.

convincingly [kən'vɪnsɪŋlɪ] *adv* in modo convincente.

convivial [kən'vɪvɪəl] *adj* allegro(a).

convoluted ['kɔnvəlu:tɪd] *adj* (*shape*) attorcigliato(a), avvolto(a); (*argument*) involuto(a).

convoy ['kɔnvɔɪ] *n* convoglio.

convulse [kən'vʌls] *vt* sconvolgere; **to be ~d with laughter** contorcersi dalle risa.

convulsion [kən'vʌlʃən] *n* convulsione *f*.

coo [ku:] *vi* tubare.

cook [kuk] *vt* cucinare, cuocere; (*meal*) preparare ♦ *vi* cuocere; (*person*) cucinare ♦ *n* cuoco/a.

▶**cook up** *vt* (*col: excuse, story*) improvvisare, inventare.

cookbook – corner

cookbook ['kukbuk] n = **cookery book**.
cooker ['kukə*] n fornello, cucina.
cookery book n (BRIT) libro di cucina.
cookie ['kukı] n (US) biscotto.
cooking ['kukıŋ] n cucina ♦ cpd (apples, chocolate) da cuocere; (utensils, salt, foil) da cucina.
cookout ['kukaut] n (US) pranzo (cucinato) all'aperto.
cool [ku:l] adj fresco(a); (not afraid) calmo(a); (unfriendly) freddo(a); (impertinent) sfacciato(a) ♦ vt raffreddare, rinfrescare ♦ vi raffreddarsi, rinfrescarsi; **it's** ~ (weather) fa fresco; **to keep sth** ~ or **in a** ~ **place** tenere qc in fresco.
►**cool down** vi raffreddarsi; (fig: person, situation) calmarsi.
coolant ['ku:lənt] n (liquido) refrigerante m.
cool box, (US) **cooler** ['ku:lə*] n borsa termica.
cooling ['ku:lıŋ] adj (breeze) fresco(a).
cooling tower n torre f di raffreddamento.
coolly ['ku:lı] adv (calmly) con calma, tranquillamente; (audaciously) come se niente fosse; (unenthusiastically) freddamente.
coolness ['ku:lnıs] n freschezza; sangue m freddo, calma.
coop [ku:p] n stia ♦ vt: **to** ~ **up** (fig) rinchiudere.
co-op ['kəuɔp] n abbr (= cooperative (society)) coop f.
cooperate [kəu'ɔpəreıt] vi cooperare, collaborare.
cooperation [kəuɔpə'reıʃən] n cooperazione f, collaborazione f.
cooperative [kəu'ɔpərətıv] adj cooperativo(a) ♦ n cooperativa.
coopt [kəu'ɔpt] vt: **to** ~ **sb into sth** cooptare qn per qc.
coordinate vt [kəu'ɔ:dıneıt] coordinare ♦ n [kəu'ɔ:dınət] (MATH) coordinata; ~**s** npl (clothes) coordinati mpl.
coordination [kəuɔ:dı'neıʃən] n coordinazione f.
coot [ku:t] n folaga.
co-ownership [kəu'əunəʃıp] n comproprietà.
cop [kɔp] n (col) sbirro.
cope [kəup] vi farcela; **to** ~ **with** (problems) far fronte a.
Copenhagen [kəupən'heıgən] n Copenhagen f.
copier ['kɔpıə*] n (also: **photo**~) (foto)copiatrice f.

co-pilot ['kəupaılət] n secondo pilota m.
copious ['kəupıəs] adj copioso(a), abbondante.
copper ['kɔpə*] n rame m; (col: policeman) sbirro; ~**s** npl spiccioli mpl.
coppice ['kɔpıs], **copse** [kɔps] n bosco ceduo.
copulate ['kɔpjuleıt] vi accoppiarsi.
copy ['kɔpı] n copia; (book etc) esemplare m; (material: for printing) materiale m, testo ♦ vt (gen, COMPUT) copiare; (imitate) imitare; **rough/fair** ~ brutta/bella (copia); **to make good** ~ (fig) fare notizia.
►**copy out** vt ricopiare, trascrivere.
copycat ['kɔpıkæt] n (pej) copione m.
copyright ['kɔpıraıt] n diritto d'autore; ~ **reserved** tutti i diritti riservati.
copy typist n dattilografo/a.
copywriter ['kɔpıraıtə*] n redattore m pubblicitario.
coral ['kɔrəl] n corallo.
coral reef n barriera corallina.
Coral Sea n: **the** ~ il mar dei Coralli.
cord [kɔ:d] n corda; (ELEC) filo; (fabric) velluto a coste; ~**s** npl (trousers) calzoni mpl (di velluto) a coste.
cordial ['kɔ:dıəl] adj, n cordiale (m).
cordless ['kɔ:dlıs] adj senza cavo.
cordon ['kɔ:dn] n cordone m.
►**cordon off** vt fare cordone intorno a.
corduroy ['kɔ:dərɔı] n fustagno.
CORE [kɔ:*] n abbr (US) = Congress of Racial Equality.
core [kɔ:*] n (of fruit) torsolo; (TECH) centro; (of earth, nuclear reactor) nucleo; (of problem etc) cuore m, nocciolo ♦ vt estrarre il torsolo da; **rotten to the** ~ marcio fino al midollo.
Corfu [kɔ:'fu:] n Corfù f.
coriander [kɔrı'ændə*] n coriandolo.
cork [kɔ:k] n sughero; (of bottle) tappo.
corkage ['kɔ:kıdʒ] n somma da pagare se il cliente porta il proprio vino.
corked [kɔ:kt], (US) **corky** ['kɔ:kı] adj (wine) che sa di tappo.
corkscrew ['kɔ:kskru:] n cavatappi m inv.
cormorant ['kɔ:mərnt] n cormorano.
Corn abbr (BRIT) = **Cornwall**.
corn [kɔ:n] n (BRIT: wheat) grano; (US: maize) granturco; (on foot) callo; ~ **on the cob** (CULIN) pannocchia cotta.
cornea ['kɔ:nıə] n cornea.
corned beef ['kɔ:nd-] n carne f di manzo in scatola.
corner ['kɔ:nə*] n angolo; (AUT) curva; (FOOTBALL: also: ~ **kick**) corner m inv, calcio d'angolo ♦ vt intrappolare; mettere con le spalle al muro; (COMM: market)

accaparrare ♦ *vi* prendere una curva; **to cut ~s** (*fig*) prendere una scorciatoia.

corner flag *n* (*FOOTBALL*) bandierina d'angolo.

corner kick *n* (*FOOTBALL*) calcio d'angolo.

cornerstone ['kɔːnəstəun] *n* pietra angolare.

cornet ['kɔːnɪt] *n* (*MUS*) cornetta; (*BRIT: of ice-cream*) cono.

cornflakes ['kɔːnfleɪks] *npl* fiocchi *mpl* di granturco.

cornflour ['kɔːnflauə*] *n* (*BRIT*) ≈ fecola di patate.

cornice ['kɔːnɪs] *n* cornicione *m*; cornice *f*.

Cornish ['kɔːnɪʃ] *adj* della Cornovaglia.

corn oil *n* olio di mais.

cornstarch ['kɔːnstɑːtʃ] *n* (*US*) = **cornflour**.

cornucopia [kɔːnju'kəupɪə] *n* grande abbondanza.

Cornwall ['kɔːnwəl] *n* Cornovaglia.

corny ['kɔːnɪ] *adj* (*col*) trito(a).

corollary [kə'rɔlərɪ] *n* corollario.

coronary ['kɔrənərɪ] *n*: ~ **(thrombosis)** trombosi *f* coronaria.

coronation [kɔrə'neɪʃən] *n* incoronazione *f*.

coroner ['kɔrənə*] *n* *magistrato incaricato di indagare la causa di morte in circostanze sospette*.

coronet ['kɔrənɪt] *n* diadema *m*.

Corp. *abbr* = **corporation**.

corporal ['kɔːpərl] *n* caporalmaggiore *m* ♦ *adj*: ~ **punishment** pena corporale.

corporate ['kɔːpərɪt] *adj* comune; (*COMM*) costituito(a) (in corporazione).

corporate hospitality *n* omaggi *mpl* ai clienti (*come biglietti per spettacoli, cene etc*).

corporate identity, corporate image *n* (*of organization*) immagine *f* di marca.

corporation [kɔːpə'reɪʃən] *n* (*of town*) consiglio comunale; (*COMM*) ente *m*.

corporation tax *n* ≈ imposta societaria.

corps [kɔː*], *pl* **corps** [kɔːz] *n* corpo; **press** ~ ufficio *m* stampa *inv*.

corpse [kɔːps] *n* cadavere *m*.

corpuscle ['kɔːpʌsl] *n* corpuscolo.

corral [kə'rɑːl] *n* recinto.

correct [kə'rɛkt] *adj* (*accurate*) corretto(a), esatto(a); (*proper*) corretto(a) ♦ *vt* correggere; **you are** ~ ha ragione.

correction [kə'rɛkʃən] *n* correzione *f*.

correlate ['kɔrɪleɪt] *vt* mettere in correlazione ♦ *vi*: **to** ~ **with** essere in rapporto con.

correlation [kɔrɪ'leɪʃən] *n* correlazione *f*.

correspond [kɔrɪs'pɔnd] *vi* corrispondere.

correspondence [kɔrɪs'pɔndəns] *n* corrispondenza.

correspondence course *n* corso per corrispondenza.

correspondent [kɔrɪs'pɔndənt] *n* corrispondente *m/f*.

corridor ['kɔrɪdɔː*] *n* corridoio.

corroborate [kə'rɔbəreɪt] *vt* corroborare, confermare.

corrode [kə'rəud] *vt* corrodere ♦ *vi* corrodersi.

corrosion [kə'rəuʒən] *n* corrosione *f*.

corrosive [kə'rəuzɪv] *adj* corrosivo(a).

corrugated ['kɔrəgeɪtɪd] *adj* increspato(a); ondulato(a).

corrugated iron *n* lamiera di ferro ondulata.

corrupt [kə'rʌpt] *adj* corrotto(a) ♦ *vt* corrompere; ~ **practices** (*dishonesty, bribery*) pratiche *fpl* illecite.

corruption [kə'rʌpʃən] *n* corruzione *f*.

corset ['kɔːsɪt] *n* busto.

Corsica ['kɔːsɪkə] *n* Corsica.

Corsican ['kɔːsɪkən] *adj*, *n* corso(a).

cortège [kɔː'teɪʒ] *n* corteo.

cortisone ['kɔːtɪzəun] *n* cortisone *m*.

coruscating ['kɔrəskeɪtɪŋ] *adj* scintillante.

c.o.s. *abbr* (= *cash on shipment*) pagamento alla spedizione.

cosh [kɔʃ] *n* (*BRIT*) randello (corto).

cosignatory [kəu'sɪgnətərɪ] *n* cofirmatario/a.

cosiness ['kəuzɪnɪs] *n* intimità.

cos lettuce ['kɔs-] *n* lattuga romana.

cosmetic [kɔz'mɛtɪk] *n* cosmetico ♦ *adj* (*preparation*) cosmetico(a); (*surgery*) estetico(a); (*fig: reforms*) ornamentale.

cosmic ['kɔzmɪk] *adj* cosmico(a).

cosmonaut ['kɔzmənɔːt] *n* cosmonauta *m/f*.

cosmopolitan [kɔzmə'pɔlɪtn] *adj* cosmopolita.

cosmos ['kɔzmɔs] *n* cosmo.

cosset ['kɔsɪt] *vt* vezzeggiare.

cost [kɔst] *n* costo ♦ *vb* (*pt, pp* **cost**) *vi* costare ♦ *vt* stabilire il prezzo di; ~**s** *npl* (*LAW*) spese *fpl*; **it** ~**s £5/too much** costa 5 sterline/troppo; **it** ~ **him his life/job** gli costò la vita/il suo lavoro; **how much does it** ~? quanto costa?, quanto viene?; **what will it** ~ **to have it repaired?** quanto costerà farlo riparare?; ~ **of living** costo della vita; **at all** ~**s** a ogni costo.

cost accountant *n* analizzatore *m* dei costi.

co-star ['kəustɑː*] *n* *attore/trice della stessa importanza del protagonista*.

Costa Rica ['kɔstə'riːkə] *n* Costa Rica.

cost centre *n* centro di costo.

cost control *n* controllo dei costi.

cost-effective ['kɔstɪ'fɛktɪv] *adj* (*gen*)

conveniente, economico(a); (COMM) redditizio(a), conveniente.

cost-effectiveness ['kɔstɪ'fɛktɪvnɪs] n convenienza.

costing ['kɔstɪŋ] n (determinazione f dei) costi mpl.

costly ['kɔstlɪ] adj costoso(a), caro(a).

cost-of-living ['kɔstəv'lɪvɪŋ] adj: ~ **allowance** indennità f inv di contingenza; ~ **index** indice m della scala mobile.

cost price n (BRIT) prezzo all'ingrosso.

costume ['kɔstjuːm] n costume m; (lady's suit) tailleur m inv; (BRIT: also: **swimming** ~) costume da bagno.

costume jewellery n bigiotteria.

cosy, (US) **cozy** ['kəuzɪ] adj intimo(a); (room, atmosphere) accogliente.

cot [kɔt] n (BRIT: child's) lettino; (US: folding bed) brandina.

cot death n improvvisa e inspiegabile morte nel sonno di un neonato.

Cotswolds ['kɔtswəuldz] npl: **the** ~ zona collinare del Gloucestershire.

cottage ['kɔtɪdʒ] n cottage m inv.

cottage cheese n fiocchi mpl di latte magro.

cottage industry n industria artigianale basata sul lavoro a cottimo.

cottage pie n piatto a base di carne macinata in sugo e purè di patate.

cotton ['kɔtn] n cotone m; ~ **dress** etc vestito etc di cotone.

▶**cotton on** vi (col): **to** ~ **on (to sth)** afferrare (qc).

cotton wool n (BRIT) cotone m idrofilo.

couch [kautʃ] n sofà m inv; (in doctor's surgery) lettino ♦ vt esprimere.

couchette [kuːˈʃɛt] n cuccetta.

couch potato n (col) pigrone/a teledipendente.

cough [kɔf] vi tossire ♦ n tosse f.

cough drop n pasticca per la tosse.

cough mixture, cough syrup n sciroppo per la tosse.

could [kud] pt of **can**.

couldn't ['kudnt] = **could not**.

council ['kaunsl] n consiglio; **city** or **town** ~ consiglio comunale; **C**~ **of Europe** Consiglio d'Europa.

council estate n (BRIT) quartiere m di case popolari.

council house n (BRIT) casa popolare.

council housing n alloggi mpl popolari.

councillor ['kaunsələ*] n consigliere/a.

council tax n (BRIT) tassa comunale sulla proprietà.

counsel ['kaunsl] n avvocato; consultazione f ♦ vt: **to** ~ **sth/sb to do sth** consigliare

qc/a qn di fare qc; ~ **for the defence/the prosecution** avvocato difensore/di parte civile.

counsellor, (US) **counselor** ['kaunslə*] n consigliere/a; (US: lawyer) avvocato/essa.

count [kaunt] vt, vi contare ♦ n conto; (nobleman) conte m; **to** ~ **(up) to 10** contare fino a 10; **to** ~ **the cost of** calcolare il costo di; **not** ~**ing the children** senza contare i bambini; **10** ~**ing him** 10 compreso lui; ~ **yourself lucky** considerati fortunato; **it** ~**s for very little** non conta molto, non ha molta importanza; **to keep** ~ **of sth** tenere il conto di qc.

▶**count on** vt fus contare su; **to** ~ **on doing sth** contare di fare qc.

▶**count up** vt addizionare.

countdown ['kauntdaun] n conto alla rovescia.

countenance ['kauntɪnəns] n volto, aspetto ♦ vt approvare.

counter ['kauntə*] n banco; (position: in post office, bank) sportello; (in game) gettone m; (TECH) contatore m ♦ vt opporsi a; (blow) parare ♦ adv: ~ **to** contro; in opposizione a; **to buy under the** ~ (fig) comperare sottobanco; **to** ~ **sth with sth/by doing sth** rispondere a qc con qc/facendo qc.

counteract [kauntər'ækt] vt agire in opposizione a; (poison etc) annullare gli effetti di.

counterattack ['kauntərətæk] n contrattacco ♦ vi contrattaccare.

counterbalance ['kauntəbæləns] vt contrappesare.

counter-clockwise ['kauntə'klɔkwaɪz] adv in senso antiorario.

counter-espionage [kauntər'ɛspɪənɑːʒ] n controspionaggio.

counterfeit ['kauntəfɪt] n contraffazione f, falso ♦ vt contraffare, falsificare ♦ adj falso(a).

counterfoil ['kauntəfɔɪl] n matrice f.

counterintelligence ['kauntərɪn'tɛlɪdʒəns] n = **counter-espionage**.

countermand ['kauntəmɑːnd] vt annullare.

countermeasure ['kauntəmɛʒə*] n contromisura.

counteroffensive ['kauntərə'fɛnsɪv] n controffensiva.

counterpane ['kauntəpeɪn] n copriletto m inv.

counterpart ['kauntəpɑːt] n (of document etc) copia; (of person) corrispondente m/f.

counterproductive ['kauntəprə'dʌktɪv] adj controproducente.

counterproposal ['kauntəprə'pəuzl] *n* controproposta.

countersign ['kauntəsain] *vt* controfirmare.

countersink ['kauntəsiŋk] *vt* (*hole*) svasare.

countess ['kauntis] *n* contessa.

countless ['kauntlis] *adj* innumerevole.

countrified ['kʌntrifaid] *adj* rustico(a), campagnolo(a).

country ['kʌntri] *n* paese *m*; (*native land*) patria; (*as opposed to town*) campagna; (*region*) regione *f*; **in the** ~ in campagna; **mountainous** ~ territorio montagnoso.

country and western (music) *n* musica country e western, country *m*.

country dancing *n* (*BRIT*) danza popolare.

country house *n* villa in campagna.

countryman ['kʌntrimən] *n* (*national*) compatriota *m*; (*rural*) contadino.

countryside ['kʌntrisaid] *n* campagna.

country-wide ['kʌntri'waid] *adj* diffuso(a) in tutto il paese ♦ *adv* in tutto il paese.

county ['kaunti] *n* contea.

county council *n* (*BRIT*) consiglio di contea.

county town *n* (*BRIT*) capoluogo.

coup, ~s [ku:, -z] *n* (*also*: ~ **d'état**) colpo di Stato; (*triumph*) bel colpo.

coupé [ku:'pei] *n* coupé *m inv*.

couple ['kʌpl] *n* coppia ♦ *vt* (*carriages*) agganciare; (*TECH*) accoppiare; (*ideas, names*) associare; **a** ~ **of** un paio di.

couplet ['kʌplit] *n* distico.

coupling ['kʌpliŋ] *n* (*RAIL*) agganciamento.

coupon ['ku:pɔn] *n* (*voucher*) buono; (*COMM*) coupon *m inv*.

courage ['kʌridʒ] *n* coraggio.

courageous [kə'reidʒəs] *adj* coraggioso(a).

courgette [kuə'ʒɛt] *n* (*BRIT*) zucchina.

courier ['kuriə*] *n* corriere *m*; (*for tourists*) guida.

course [kɔ:s] *n* corso; (*of ship*) rotta; (*for golf*) campo; (*part of meal*) piatto; **first** ~ primo piatto; **of** ~ *adv* senz'altro, naturalmente; **(no) of** ~ **not!** certo che no!, no di certo!; **in the** ~ **of the next few days** nel corso dei prossimi giorni; **in due** ~ a tempo debito; ~ **(of action)** modo d'agire; **the best** ~ **would be to ...** la cosa migliore sarebbe ...; **we have no other** ~ **but to ...** non possiamo far altro che ...; ~ **of lectures** corso di lezioni; **a** ~ **of treatment** (*MED*) una cura.

court [kɔ:t] *n* corte *f*; (*TENNIS*) campo ♦ *vt* (*woman*) fare la corte a; (*fig: favour, popularity*) cercare di conquistare; (: *death, disaster*) sfiorare, rasentare; **out of** ~ (*LAW: settle*) in via amichevole; **to take to** ~ citare in tribunale; **C~ of Appeal** corte d'appello.

courteous ['kɔ:tiəs] *adj* cortese.

courtesan [kɔ:ti'zæn] *n* cortigiana.

courtesy ['kɔ:təsi] *n* cortesia; **by** ~ **of** per gentile concessione di.

courtesy light *n* (*AUT*) luce *f* interna.

court-house ['kɔ:thaus] *n* (*US*) palazzo di giustizia.

courtier ['kɔ:tiə*] *n* cortigiano/a.

courtmartial, *pl* **courtsmartial** ['kɔ:t'mɑ:ʃəl] *n* corte *f* marziale.

courtroom ['kɔ:trum] *n* tribunale *m*.

court shoe *n* scarpa *f* décolleté *inv*.

courtyard ['kɔ:tjɑ:d] *n* cortile *m*.

cousin ['kʌzn] *n* cugino/a.

cove [kəuv] *n* piccola baia.

covenant ['kʌvənənt] *n* accordo ♦ *vt*: **to** ~ **to do sth** impegnarsi (per iscritto) a fare qc.

Coventry ['kɔvəntri] *n*: **to send sb to** ~ (*fig*) dare l'ostracismo a qn.

cover ['kʌvə*] *vt* (*gen*) coprire; (*distance*) coprire, percorrere; (*PRESS: report on*) fare un servizio su ♦ *n* (*of pan*) coperchio; (*over furniture*) fodera; (*of book*) copertina; (*shelter*) riparo; (*COMM, INSURANCE*) copertura; **to take** ~ mettersi al coperto; **under** ~ al riparo; **under** ~ **of darkness** protetto dall'oscurità; **under separate** ~ (*COMM*) a parte, in plico separato; **£10 will** ~ **everything** 10 sterline saranno sufficienti.

▶**cover up** *vt* (*child, object*): **to** ~ **up (with)** coprire (di); (*fig: hide: truth, facts*) nascondere ♦ *vi*: **to** ~ **up for sb** (*fig*) coprire qn.

coverage ['kʌvəridʒ] *n* (*PRESS, TV, RADIO*): **to give full** ~ **to** fare un ampio servizio su.

coveralls ['kʌvərɔ:lz] *npl* (*US*) tuta.

cover charge *n* coperto.

covering ['kʌvəriŋ] *n* copertura.

covering letter, (*US*) **cover letter** *n* lettera d'accompagnamento.

cover note *n* (*INSURANCE*) polizza (di assicurazione) provvisoria.

cover price *n* prezzo di copertina.

covert ['kʌvət] *adj* nascosto(a); (*glance*) di sottecchi, furtivo(a).

cover-up ['kʌvərʌp] *n* occultamento (di informazioni).

covet ['kʌvit] *vt* bramare.

cow [kau] *n* vacca ♦ *cpd* femmina ♦ *vt* intimidire; ~ **elephant** *n* elefantessa.

cowardice ['kauədis] *n* vigliaccheria.

cowardly ['kauədli] *adj* vigliacco(a).

cowboy ['kaubɔi] *n* cow-boy *m inv*.

cower ['kauə*] *vi* acquattarsi.

cowshed ['kauʃɛd] n stalla.
cowslip ['kauslɪp] n (BOT) primula (odorata).
coxswain ['kɔksn] n (abbr: cox) timoniere m.
coy [kɔɪ] adj falsamente timido(a).
coyote [kɔɪ'əutɪ] n coyote m inv.
cozy ['kəuzɪ] adj (US) = cosy.
CP n abbr (= Communist Party) P.C. m.
cp. abbr (= compare) cfr.
c/p abbr (BRIT) = carriage paid.
CPA n abbr (US) see certified public accountant.
CPI n abbr (US: = Consumer Price Index) indice dei prezzi al consumo.
Cpl. abbr = corporal.
CP/M n abbr (= Control Program for Microcomputers) CP/M m.
c.p.s. abbr (= characters per second) c.p.s.
CPSA n abbr (BRIT: = Civil and Public Services Association) sindacato dei servizi pubblici.
CPU n abbr see central processing unit.
cr. abbr = credit; creditor.
crab [kræb] n granchio.
crab apple n mela selvatica.
crack [kræk] n (split, slit) fessura, crepa; incrinatura; (noise) schiocco; (: of gun) scoppio; (joke) battuta; (col: attempt): **to have a ~ at sth** tentare qc; (DRUGS) crack m inv ♦ vt spaccare; incrinare; (whip) schioccare; (nut) schiacciare; (case, mystery: solve) risolvere; (code) decifrare ♦ cpd (athlete) di prim'ordine; **to ~ jokes** (col) dire battute, scherzare; **to get ~ing** (col) darsi una mossa.
▸**crack down on** vt fus prendere serie misure contro, porre freno a.
▸**crack up** vi crollare.
crackdown ['krækdaun] n repressione f.
cracked [krækt] adj (col) matto(a).
cracker ['krækə*] n cracker m inv; (firework) petardo; (Christmas ~) mortaretto natalizio (con sorpresa); **a ~ of a ...** (BRIT col) un(a) ... formidabile; **he's ~s** (BRIT col) è tocco.
crackle ['krækl] vi crepitare.
crackling ['kræklɪŋ] n crepitio; (on radio, telephone) disturbo; (of pork) cotenna croccante (del maiale).
crackpot ['krækpɔt] n (col) imbecille m/f con idee assurde, assurdo/a.
cradle ['kreɪdl] n culla ♦ vt (child) tenere tra le braccia; (object) reggere tra le braccia.
craft [krɑːft] n mestiere m; (cunning) astuzia; (boat) naviglio.
craftsman ['krɑːftsmən] n artigiano.
craftsmanship ['krɑːftsmənʃɪp] n abilità.

crafty ['krɑːftɪ] adj furbo(a), astuto(a).
crag [kræg] n roccia.
cram [kræm] vt (fill): **to ~ sth with** riempire qc di; (put): **to ~ sth into** stipare qc in.
cramming ['kræmɪŋ] n (fig: pej) sgobbare m.
cramp [kræmp] n crampo ♦ vt soffocare, impedire.
cramped [kræmpt] adj ristretto(a).
crampon ['kræmpən] n (CLIMBING) rampone m.
cranberry ['krænbərɪ] n mirtillo.
crane [kreɪn] n gru f inv ♦ vt, vi: **to ~ forward, to ~ one's neck** allungare il collo.
cranium, pl **crania** ['kreɪnɪəm, 'kreɪnɪə] n cranio.
crank [kræŋk] n manovella; (person) persona stramba.
crankshaft ['kræŋkʃɑːft] n albero a gomiti.
cranky ['kræŋkɪ] adj eccentrico(a); (bad-tempered): **to be ~** avere i nervi.
cranny ['krænɪ] n see nook.
crap [kræp] n (col!) fesserie fpl; **to have a ~** cacare (!).
crappy ['kræpɪ] adj (col) di merda (!).
crash [kræʃ] n fragore m; (of car) incidente m; (of plane) caduta; (of business) fallimento; (STOCK EXCHANGE) crollo ♦ vt fracassare ♦ vi (plane) fracassarsi; (car) avere un incidente; (two cars) scontrarsi; (fig) fallire, andare in rovina; **to ~ into** scontrarsi con; **he ~ed the car into a wall** andò a sbattere contro un muro con la macchina.
crash barrier n (BRIT AUT) guardrail m inv.
crash course n corso intensivo.
crash helmet n casco.
crash landing n atterraggio di fortuna.
crass [kræs] adj crasso(a).
crate [kreɪt] n gabbia.
crater ['kreɪtə*] n cratere m.
cravat(e) [krə'væt] n fazzoletto da collo.
crave [kreɪv] vi: **to ~ for** desiderare ardentemente.
craving ['kreɪvɪŋ] n: **~ (for)** (for food, cigarettes etc) (gran) voglia (di).
crawl [krɔːl] vi strisciare carponi; (child) andare a gattoni; (vehicle) avanzare lentamente ♦ n (SWIMMING) crawl m; **to ~ to sb** (col: suck up) arruffianarsi qn.
crawler lane ['krɔːlə*-] n (BRIT AUT) corsia riservata al traffico lento.
crayfish ['kreɪfɪʃ] n (pl inv) gambero (d'acqua dolce).
crayon ['kreɪən] n matita colorata.
craze [kreɪz] n mania.
crazed [kreɪzd] adj (look, person) folle, pazzo(a); (pottery, glaze) incrinato(a).

crazy ['kreɪzɪ] *adj* matto(a); **to go ~** uscir di senno, impazzire; **to be ~ about sb** (*col: keen*) essere pazzo di qn; **to be ~ about sth** andare matto per qc.

crazy paving *n* (*BRIT*) lastricato a mosaico irregolare.

creak [kriːk] *vi* cigolare, scricchiolare.

cream [kriːm] *n* crema; (*fresh*) panna ♦ *adj* (*colour*) color crema *inv*; **whipped ~** panna montata.

▶**cream off** *vt* (*best talents, part of profits*) portarsi via.

cream cake *n* torta alla panna.

cream cheese *n* formaggio fresco.

creamery ['kriːmərɪ] *n* (*shop*) latteria; (*factory*) caseificio.

creamy ['kriːmɪ] *adj* cremoso(a).

crease [kriːs] *n* grinza; (*deliberate*) piega ♦ *vt* sgualcire ♦ *vi* sgualcirsi.

crease-resistant ['kriːsrɪzɪstənt] *adj* ingualcibile.

create [kriː'eɪt] *vt* creare; (*fuss, noise*) fare.

creation [kriː'eɪʃən] *n* creazione *f*.

creative [kriː'eɪtɪv] *adj* creativo(a).

creativity [kriːeɪ'tɪvɪtɪ] *n* creatività.

creator [kriː'eɪtə*] *n* creatore/trice.

creature ['kriːtʃə*] *n* creatura.

crèche, creche [krɛʃ] *n* asilo infantile.

credence ['kriːdns] *n* credenza, fede *f*.

credentials [krɪ'dɛnʃlz] *npl* (*papers*) credenziali *fpl*; (*letters of reference*) referenze *fpl*.

credibility [krɛdɪ'bɪlɪtɪ] *n* credibilità.

credible ['krɛdɪbl] *adj* credibile; (*witness, source*) attendibile.

credit ['krɛdɪt] *n* credito; onore *m*; (*SCOL: esp US*) *certificato del compimento di una parte del corso universitario* ♦ *vt* (*COMM*) accreditare; (*believe: also:* **give ~ to**) credere, prestar fede a; **to ~ £5 to sb** accreditare 5 sterline a qn; **to ~ sb with sth** (*fig*) attribuire qc a qn; **on ~ a** credito; **to one's ~ a** proprio onore; **to take the ~ for** farsi il merito di; **to be in ~** (*person*) essere creditore(trice); (*bank account*) essere coperto(a); **he's a ~ to his family** fa onore alla sua famiglia; *see also* **credits**.

creditable ['krɛdɪtəbl] *adj* che fa onore, degno(a) di lode.

credit account *n* conto di credito.

credit agency *n* (*BRIT*) agenzia di analisi di credito.

credit balance *n* saldo attivo.

credit bureau *n* (*US*) agenzia di analisi di credito.

credit card *n* carta di credito.

credit control *n* controllo dei crediti.

credit facilities *npl* agevolazioni *fpl* creditizie.

credit limit *n* limite *m* di credito.

credit note *n* (*BRIT*) nota di credito.

creditor ['krɛdɪtə*] *n* creditore/trice.

credits ['krɛdɪts] *npl* (*CINE*) titoli *mpl*.

credit transfer *n* bancogiro, postagiro.

creditworthy ['krɛdɪt'wəːðɪ] *adj* autorizzabile al credito.

credulity [krɪ'djuːlɪtɪ] *n* credulità.

creed [kriːd] *n* credo; dottrina.

creek [kriːk] *n* insenatura; (*US*) piccolo fiume *m*.

creel ['kriːl] *n* cestino per il pesce; (*also:* **lobster ~**) nassa.

creep [kriːp] *vi* (*pt, pp* **crept** [krɛpt]) avanzare furtivamente (*or* pian piano); (*plant*) arrampicarsi ♦ *n* (*col*): **he's a ~** è un tipo viscido; **it gives me the ~s** (*col*) mi fa venire la pelle d'oca; **to ~ up on sb** avvicinarsi quatto quatto a qn; (*fig: old age etc*) cogliere qn alla sprovvista.

creeper ['kriːpə*] *n* pianta rampicante.

creepers ['kriːpəz] *npl* (*US: rompers*) tutina.

creepy ['kriːpɪ] *adj* (*frightening*) che fa accapponare la pelle.

creepy-crawly ['kriːpɪ'krɔːlɪ] *n* (*col*) bestiolina, insetto.

cremate [krɪ'meɪt] *vt* cremare.

cremation [krɪ'meɪʃən] *n* cremazione *f*.

crematorium, *pl* **crematoria** [krɛmə'tɔːrɪəm, -'tɔːrɪə] *n* forno crematorio.

creosote ['krɪəsəut] *n* creosoto.

crêpe [kreɪp] *n* crespo.

crêpe bandage *n* (*BRIT*) fascia elastica.

crêpe paper *n* carta crespa.

crêpe sole *n* suola di para.

crept [krɛpt] *pt, pp of* **creep**.

crescendo [krɪ'ʃɛndəu] *n* crescendo.

crescent ['krɛsnt] *n* (*shape*) mezzaluna; (*street*) strada semicircolare.

cress [krɛs] *n* crescione *m*.

crest [krɛst] *n* cresta; (*of helmet*) pennacchiera; (*of coat of arms*) cimiero.

crestfallen ['krɛstfɔːlən] *adj* mortificato(a).

Crete ['kriːt] *n* Creta.

crevasse [krɪ'væs] *n* crepaccio.

crevice ['krɛvɪs] *n* fessura, crepa.

crew [kruː] *n* equipaggio; (*CINE*) troupe *f inv*; (*gang*) banda, compagnia.

crew-cut ['kruːkʌt] *n*: **to have a ~** avere i capelli a spazzola.

crew-neck ['kruːnɛk] *n* girocollo.

crib [krɪb] *n* culla; (*REL*) presepio ♦ *vt* (*col*) copiare.

cribbage ['krɪbɪdʒ] *n tipo di gioco di carte*.

crick [krɪk] *n* crampo; **~ in the neck**

torcicollo.
cricket ['krɪkɪt] n (*insect*) grillo; (*game*) cricket m.
cricketer ['krɪkɪtə*] n giocatore m di cricket.
crime [kraɪm] n (*in general*) criminalità; (*instance*) crimine m, delitto.
crime wave n ondata di criminalità.
criminal ['krɪmɪnl] adj, n criminale (*m/f*); **C~ Investigation Department (CID)** ≈ polizia giudiziaria.
crimp [krɪmp] vt arricciare.
crimson ['krɪmzn] adj color cremisi inv.
cringe [krɪndʒ] vi acquattarsi; (*fig*) essere servile.
crinkle ['krɪŋkl] vt arricciare, increspare.
cripple ['krɪpl] n zoppo/a ♦ vt azzoppare; (*ship, plane*) avariare; (*production, exports*) rovinare; **~d with arthritis** sciancato(a) per l'artrite.
crippling ['krɪplɪŋ] adj (*taxes, debts*) esorbitante; (*disease*) molto debilitante.
crisis, pl **crises** ['kraɪsɪs, -siːz] n crisi f inv.
crisp [krɪsp] adj croccante; (*fig*) frizzante; vivace; deciso(a).
crisps [krɪsps] npl (*BRIT*) patatine fpl fritte.
criss-cross ['krɪskrɔs] adj incrociato(a) ♦ vt incrociarsi.
criterion, pl **criteria** [kraɪˈtɪərɪən, -ˈtɪərɪə] n criterio.
critic ['krɪtɪk] n critico/a.
critical ['krɪtɪkl] adj critico(a); **to be ~ of sb/sth** criticare qn/qc, essere critico verso qn/qc.
critically ['krɪtɪklɪ] adv criticamente; **~ ill** gravemente malato.
criticism ['krɪtɪsɪzəm] n critica.
criticize ['krɪtɪsaɪz] vt criticare.
critique [krɪˈtiːk] n critica, saggio critico.
croak [krəuk] vi gracchiare.
Croat ['krəuæt] adj, n = **Croatian.**
Croatia [krəuˈeɪʃə] n Croazia.
Croatian [krəuˈeɪʃən] adj croato(a) ♦ n croato/a; (*LING*) croato.
crochet ['krəuʃeɪ] n lavoro all'uncinetto.
crock [krɔk] n coccio; (*col: person: also:* **old ~**) rottame m; (*: car etc*) caffettiera, rottame m.
crockery ['krɔkərɪ] n vasellame m; (*plates, cups etc*) stoviglie fpl.
crocodile ['krɔkədaɪl] n coccodrillo.
crocus ['krəukəs] n croco.
croft [krɔft] n (*BRIT*) piccolo podere m.
crofter ['krɔftə*] n (*BRIT*) affittuario di un piccolo podere.
crone [krəun] n strega.
crony ['krəunɪ] n (*col*) amicone/a.
crook [kruk] n truffatore m; (*of shepherd*)

bastone m.
crooked ['krukɪd] adj curvo(a), storto(a); (*person, action*) disonesto(a).
crop [krɔp] n raccolto; (*produce*) coltivazione f; (*of bird*) gozzo, ingluvie f ♦ vt (*cut: hair*) tagliare, rapare; (*subj: animals: grass*) brucare.
▶**crop up** vi presentarsi.
cropper ['krɔpə*] n: **to come a ~** (*col*) fare fiasco.
crop spraying n spruzzatura di antiparassitari.
croquet ['krəukeɪ] n croquet m.
croquette [krəˈkɛt] n crocchetta.
cross [krɔs] n croce f; (*BIOL*) incrocio ♦ vt (*street etc*) attraversare; (*arms, legs, BIOL*) incrociare; (*cheque*) sbarrare; (*thwart: person, plan*) contrastare, ostacolare ♦ vi: **the boat ~es from ... to ...** la barca fa la traversata da ... a ... ♦ adj di cattivo umore; **to ~ o.s.** fare il segno della croce; segnarsi; **we have a ~ed line** (*BRIT: on telephone*) c'è un'interferenza; **they've got their lines ~ed** (*fig*) si sono fraintesi; **to be/get ~ with sb (about sth)** essere arrabbiato(a)/arrabbiarsi con qn (per qc).
▶**cross out** vt cancellare.
▶**cross over** vi attraversare.
crossbar ['krɔsbɑː*] n traversa.
crossbow ['krɔsbəu] n balestra.
crossbreed ['krɔsbriːd] n incrocio.
cross-Channel ferry ['krɔsˈtʃænl-] n traghetto che attraversa la Manica.
cross-check ['krɔstʃɛk] n controprova ♦ vi fare una controprova.
crosscountry (race) [krɔsˈkʌntrɪ-] n cross-country m inv.
cross-dressing [krɔsˈdrɛsɪŋ] n travestitismo.
cross-examination ['krɔsɪgzæmɪˈneɪʃən] n (*LAW*) controinterrogatorio.
cross-examine ['krɔsɪgˈzæmɪn] vt (*LAW*) sottoporre a controinterrogatorio.
cross-eyed ['krɔsaɪd] adj strabico(a).
crossfire ['krɔsfaɪə*] n fuoco incrociato.
crossing ['krɔsɪŋ] n incrocio; (*sea-passage*) traversata; (*also:* **pedestrian ~**) passaggio pedonale.
crossing point n valico di frontiera.
cross-purposes ['krɔsˈpəːpəsɪz] npl: **to be at ~ with sb** (*misunderstand*) fraintendere qn; **to talk at ~** fraintendersi.
cross-question [krɔsˈkwɛstʃən] vt (*LAW*) = **cross-examine;** (*fig*) sottoporre ad un interrogatorio.
cross-reference ['krɔsˈrɛfərəns] n rinvio, rimando.

crossroads ['krɔsrəudz] n incrocio.
cross section n (BIOL) sezione f trasversale; (in population) settore m rappresentativo.
crosswalk ['krɔswɔːk] n (US) strisce fpl pedonali, passaggio pedonale.
crosswind ['krɔswɪnd] n vento di traverso.
crosswise ['krɔswaɪz] adv di traverso.
crossword ['krɔswəːd] n cruciverba m inv.
crotch [krɔtʃ] n (ANAT) inforcatura; (of garment) pattina.
crotchet ['krɔtʃɪt] n (MUS) semiminima.
crotchety ['krɔtʃɪtɪ] adj (person) burbero(a).
crouch [krautʃ] vi acquattarsi; rannicchiarsi.
croup [kruːp] n (MED) crup m.
crouton ['kruːtɔn] n crostino.
crow [krəu] n (bird) cornacchia; (of cock) canto del gallo ♦ vi (cock) cantare; (fig) vantarsi; cantar vittoria.
crowbar ['krəubaː*] n piede m di porco.
crowd [kraud] n folla ♦ vt affollare, stipare ♦ vi affollarsi; ~s of people un sacco di gente.
crowded ['kraudɪd] adj affollato(a); ~ with stipato(a) di.
crowd scene n (CINE, THEAT) scena di massa.
crown [kraun] n corona; (of head) calotta cranica; (of hat) cocuzzolo; (of hill) cima ♦ vt incoronare; (tooth) incapsulare; **and to ~ it all ...** (fig) e per giunta ..., e come se non bastasse ....

---

*Nel sistema legale inglese, la **crown court** è un tribunale penale che si sposta da una città all'altra. È formata da una giuria e presieduta da un giudice. Vi si discutono i reati più gravi, mentre dei reati minori si occupano le **magistrates' court**, presiedute da un giudice di pace, ma senza giuria. È il giudice di pace che decide se passare o meno un caso alla crown court.*

---

crowning ['kraunɪŋ] adj (achievement, glory) supremo(a).
crown jewels npl gioielli mpl della Corona.
crown prince n principe m ereditario.
crow's-feet ['krəuzfiːt] npl zampe fpl di gallina.
crow's-nest ['krəuznɛst] n (on sailing-ship) coffa.
crucial ['kruːʃl] adj cruciale, decisivo(a); ~ to essenziale per.
crucifix ['kruːsɪfɪks] n crocifisso.
crucifixion [kruːsɪ'fɪkʃən] n crocifissione f.
crucify ['kruːsɪfaɪ] vt crocifiggere, mettere

in croce; (fig) distruggere, fare a pezzi.
crude [kruːd] adj (materials) greggio(a); non raffinato(a); (fig: basic) crudo(a), primitivo(a); (: vulgar) rozzo(a), grossolano(a).
crude (oil) n (petrolio) greggio.
cruel ['kruəl] adj crudele.
cruelty ['kruəltɪ] n crudeltà f inv.
cruet ['kruːɪt] n ampolla.
cruise [kruːz] n crociera ♦ vi andare a velocità di crociera; (taxi) circolare.
cruise missile n missile m cruise inv.
cruiser ['kruːzə*] n incrociatore m.
cruising speed ['kruːzɪŋ-] n velocità f inv di crociera.
crumb [krʌm] n briciola.
crumble ['krʌmbl] vt sbriciolare ♦ vi sbriciolarsi; (plaster etc) sgretolarsi; (land, earth) franare; (building, fig) crollare.
crumbly ['krʌmblɪ] adj friabile.
crummy ['krʌmɪ] adj (col: cheap) di infima categoria; (: depressed) giù inv.
crumpet ['krʌmpɪt] n specie di frittella.
crumple ['krʌmpl] vt raggrinzare, spiegazzare.
crunch [krʌntʃ] vt sgranocchiare; (underfoot) scricchiolare ♦ n (fig) punto or momento cruciale.
crunchy ['krʌntʃɪ] adj croccante.
crusade [kruː'seɪd] n crociata ♦ vi (fig): **to ~ for/against** fare una crociata per/contro.
crusader [kruː'seɪdə*] n crociato; (fig): ~ **(for)** sostenitore/trice (di).
crush [krʌʃ] n folla; (love): **to have a ~ on sb** avere una cotta per qn; (drink): **lemon ~** spremuta di limone ♦ vt schiacciare; (crumple) sgualcire; (grind, break up: garlic, ice) tritare; (: grapes) pigiare.
crush barrier n (BRIT) transenna.
crushing ['krʌʃɪŋ] adj schiacciante.
crust [krʌst] n crosta.
crustacean [krʌs'teɪʃən] n crostaceo.
crusty ['krʌstɪ] adj (bread) croccante; (person) brontolone(a); (remark) brusco(a).
crutch [krʌtʃ] n (MED) gruccia; (support) sostegno; (also: crotch) pattina.
crux [krʌks] n nodo.
cry [kraɪ] vi piangere; (shout: also: ~ out) urlare ♦ n urlo, grido; (of animal) verso; **to ~ for help** gridare aiuto; **what are you ~ing about?** perché piangi?; **she had a good ~** si è fatta un bel pianto; **it's a far ~ from ...** (fig) è tutt'un'altra cosa da ....
►**cry off** vi ritirarsi.
crying ['kraɪɪŋ] adj (fig) palese; urgente.
crypt [krɪpt] n cripta.

cryptic – curious

cryptic ['krɪptɪk] adj ermetico(a).

crystal ['krɪstl] n cristallo.

crystal-clear ['krɪstl'klɪə*] adj cristallino(a); (fig) chiaro(a) (come il sole).

crystallize ['krɪstəlaɪz] vi cristallizzarsi ♦ vt (fig) concretizzare, concretare; ~**d fruits** (BRIT) frutta candita.

CSA n abbr (US) = Confederate States of America; (BRIT: = Child Support Agency) istituto a difesa dei figli di coppie separate, che si adopera affinché venga rispettato l'obbligo del mantenimento.

CSC n abbr (= Civil Service Commission) commissione per il reclutamento dei funzionari statali.

CSE n abbr (BRIT old: = Certificate of Secondary Education) diploma di istruzione superiore.

CS gas n (BRIT) tipo di gas lacrimogeno.

CST abbr (US: = central standard time) fuso orario.

CT abbr (US) = Connecticut.

ct abbr = **carat**.

CTC n abbr (BRIT: = city technology college) istituto tecnico superiore.

cu. abbr = **cubic**.

cub [kʌb] n cucciolo; (also: ~ **scout**) lupetto.

Cuba ['kjuːbə] n Cuba.

Cuban ['kjuːbən] adj, n cubano(a).

cubbyhole ['kʌbɪhəul] n angolino.

cube [kjuːb] n cubo ♦ vt (MATH) elevare al cubo.

cube root n radice f cubica.

cubic ['kjuːbɪk] adj cubico(a); ~ **metre** etc metro etc cubo; ~ **capacity** (AUT) cilindrata.

cubicle ['kjuːbɪkl] n scompartimento separato; cabina.

cuckoo ['kuːkuː] n cucù m inv.

cuckoo clock n orologio a cucù.

cucumber ['kjuːkʌmbə*] n cetriolo.

cud [kʌd] n: **to chew the** ~ ruminare.

cuddle ['kʌdl] vt abbracciare, coccolare ♦ vi abbracciarsi.

cuddly ['kʌdlɪ] adj da coccolare.

cudgel ['kʌdʒl] n randello ♦ vt: **to** ~ **one's brains** scervellarsi, spremere le meningi.

cue [kjuː] n stecca; (THEAT etc) segnale m.

cuff [kʌf] n (of shirt, coat etc) polsino; (US: on trousers) = **turnup**; (blow) schiaffo ♦ vt dare uno schiaffo a; **off the** ~ adv improvvisando.

cufflink ['kʌflɪŋk] n gemello.

cu. ft. abbr = **cubic feet**.

cu. in. abbr = **cubic inches**.

cuisine [kwɪ'ziːn] n cucina.

cul-de-sac ['kʌldəsæk] n vicolo cieco.

culinary ['kʌlɪnərɪ] adj culinario(a).

cull [kʌl] vt (kill selectively: animals) selezionare e abbattere.

culminate ['kʌlmɪneɪt] vi: **to** ~ **in** culminare con.

culmination [kʌlmɪ'neɪʃən] n culmine m.

culottes [kjuː'lɔts] npl gonna f pantalone inv.

culpable ['kʌlpəbl] adj colpevole.

culprit ['kʌlprɪt] n colpevole m/f.

cult [kʌlt] n culto.

cult figure n idolo.

cultivate ['kʌltɪveɪt] vt (also fig) coltivare.

cultivation [kʌltɪ'veɪʃən] n coltivazione f.

cultural ['kʌltʃərəl] adj culturale.

culture ['kʌltʃə*] n (also fig) cultura.

cultured ['kʌltʃəd] adj colto(a).

cumbersome ['kʌmbəsəm] adj ingombrante.

cumin ['kʌmɪn] n (spice) cumino.

cumulative ['kjuːmjulətɪv] adj cumulativo(a).

cunning ['kʌnɪŋ] n astuzia, furberia ♦ adj astuto(a), furbo(a); (clever: device, idea) ingegnoso(a).

cunt [kʌnt] (col!) n figa (!); (insult) stronzo/a (!).

cup [kʌp] n tazza; (prize) coppa; **a** ~ **of tea** una tazza di tè.

cupboard ['kʌbəd] n armadio.

cup final n (BRIT FOOTBALL) finale f di coppa.

Cupid ['kjuːpɪd] n Cupido; (figurine): **c**~ cupido.

cupidity [kjuː'pɪdɪtɪ] n cupidigia.

cupola ['kjuːpələ] n cupola.

cuppa ['kʌpə] n (BRIT col) tazza di tè.

cup-tie ['kʌptaɪ] n (BRIT FOOTBALL) partita di coppa.

curable ['kjuərəbl] adj curabile.

curate ['kjuərɪt] n cappellano.

curator [kjuə'reɪtə*] n direttore m (di museo etc).

curb [kəːb] vt tenere a freno; (expenditure) limitare ♦ n freno; (US) = **kerb**.

curd cheese n [kəːd-] n cagliata.

curdle ['kəːdl] vi cagliare.

curds [kəːdz] npl latte m cagliato.

cure [kjuə*] vt guarire; (CULIN) trattare; affumicare; essiccare ♦ n rimedio; **to be** ~**d of sth** essere guarito(a) da qc.

cure-all ['kjuərɔːl] n (also fig) panacea, toccasana m inv.

curfew ['kəːfjuː] n coprifuoco.

curio ['kjuərɪəu] n curiosità f inv.

curiosity [kjuərɪ'ɔsɪtɪ] n curiosità.

curious ['kjuərɪəs] adj curioso(a); **I'm** ~

about him m'incuriosisce.

curiously ['kjuərɪəslɪ] *adv* con curiosità; (*strangely*) stranamente; ~ **enough**, ... per quanto possa sembrare strano, ...

curl [kəːl] *n* riccio; (*of smoke etc*) anello ♦ *vt* ondulare; (*tightly*) arricciare ♦ *vi* arricciarsi.

►**curl up** *vi* avvolgersi a spirale; rannicchiarsi.

curler ['kəːlə*] *n* bigodino; (*SPORT*) giocatore/trice di curling.

curlew ['kəːluː] *n* chiurlo.

curling ['kəːlɪŋ] *n* (*SPORT*) curling *m*.

curling tongs, (*US*) **curling irons** *npl* (*for hair*) arricciacapelli *m inv*.

curly ['kəːlɪ] *adj* ricciuto(a).

currant ['kʌrnt] *n* uva passa.

currency ['kʌrnsɪ] *n* moneta; **foreign** ~ divisa estera; **to gain** ~ (*fig*) acquistare larga diffusione.

current ['kʌrnt] *adj* corrente; (*tendency, price, event*) attuale ♦ *n* corrente *f*; **in** ~ **use** in uso corrente, d'uso comune; **the** ~ **issue of a magazine** l'ultimo numero di una rivista; **direct/alternating** ~ (*ELEC*) corrente continua/alternata.

current account *n* (*BRIT*) conto corrente.

current affairs *npl* attualità *fpl*.

current assets (*COMM*) attivo realizzabile e disponibile.

current liabilities *npl* (*COMM*) passività *fpl* correnti.

currently ['kʌrntlɪ] *adv* attualmente.

curriculum, *pl* ~**s** *or* **curricula** [kə'rɪkjuləm, -lə] *n* curriculum *m inv*.

curriculum vitae (CV) [-'viːtaɪ] *n* curriculum vitae *m inv*.

curry ['kʌrɪ] *n* curry *m inv* ♦ *vt*: **to** ~ **favour with** cercare di attirarsi i favori di; **chicken** ~ pollo al curry.

curry powder *n* curry *m*.

curse [kəːs] *vt* maledire ♦ *vi* bestemmiare ♦ *n* maledizione *f*; bestemmia.

cursor ['kəːsə*] *n* (*COMPUT*) cursore *m*.

cursory ['kəːsərɪ] *adj* superficiale.

curt [kəːt] *adj* secco(a).

curtail [kəː'teɪl] *vt* (*visit etc*) accorciare; (*expenses etc*) ridurre, decurtare.

curtain ['kəːtn] *n* tenda; (*THEAT*) sipario; **to draw the** ~**s** (*together*) chiudere *or* tirare le tende; (*apart*) aprire le tende.

curtain call *n* (*THEAT*) chinata alla ribalta.

curts(e)y ['kəːtsɪ] *n* inchino, riverenza ♦ *vi* fare un inchino *or* una riverenza.

curvature ['kəːvətʃə*] *n* curvatura.

curve [kəːv] *n* curva ♦ *vt* curvare ♦ *vi* curvarsi; (*road*) fare una curva.

curved [kəːvd] *adj* curvo(a).

cushion ['kuʃən] *n* cuscino ♦ *vt* (*shock*) fare da cuscinetto a.

cushy ['kuʃɪ] *adj* (*col*): **a** ~ **job** un lavoro di tutto riposo; **to have a** ~ **time** spassarsela.

custard ['kʌstəd] *n* (*for pouring*) crema.

custard powder *n* (*BRIT*) crema pasticcera in polvere.

custodial sentence [kʌsˈtəudɪəl-] *n* condanna a pena detentiva.

custodian [kʌsˈtəudɪən] *n* custode *m/f*; (*of museum etc*) soprintendente *m/f*.

custody ['kʌstədɪ] *n* (*of child*) custodia; (*for offenders*) arresto; **to take sb into** ~ mettere qn in detenzione preventiva; **in the** ~ **of** alla custodia di.

custom ['kʌstəm] *n* costume *m*, usanza; (*LAW*) consuetudine *f*; (*COMM*) clientela; *see also* **customs**.

customary ['kʌstəmərɪ] *adj* consueto(a); **it is** ~ **to do** è consuetudine fare.

custom-built ['kʌstəmˈbɪlt] *adj see* **custom-made**.

customer ['kʌstəmə*] *n* cliente *m/f*; **he's an awkward** ~ (*col*) è un tipo incontentabile.

customer profile *n* profilo del cliente.

customized ['kʌstəmaɪzd] *adj* personalizzato(a); (*car*) fuoriserie *inv*.

custom-made ['kʌstəmˈmeɪd] *adj* (*clothes*) fatto(a) su misura; (*other goods: also:* **custom-built**) fatto(a) su ordinazione.

customs ['kʌstəmz] *npl* dogana; **to go through (the)** ~ passare la dogana.

Customs and Excise *n* (*BRIT*) Ufficio Dazi e Dogana.

customs officer *n* doganiere *m*.

cut [kʌt] *vb* (*pt, pp* **cut**) *vt* tagliare; (*shape, make*) intagliare; (*reduce*) ridurre; (*col: avoid: class, lecture, appointment*) saltare ♦ *vi* tagliare; (*intersect*) tagliarsi ♦ *n* taglio; (*in salary etc*) riduzione *f*; **cold** ~**s** *npl* (*US*) affettati *mpl*; **power** ~ mancanza di corrente elettrica; **to** ~ **one's finger** tagliarsi un dito; **to get one's hair** ~ farsi tagliare i capelli; **to** ~ **a tooth** mettere un dente; **to** ~ **sb/sth short** interrompere qn/qc; **to** ~ **sb dead** ignorare qn completamente.

►**cut back** *vt* (*plants*) tagliare; (*production, expenditure*) ridurre.

►**cut down** *vt* (*tree*) abbattere; (*consumption, expenses*) ridurre; **to** ~ **sb down to size** (*fig*) sgonfiare *or* ridimensionare qn.

►**cut down on** *vt fus* ridurre.

►**cut in** *vi* (*interrupt conversation*): **to** ~ **in (on)** intromettersi (in); (*AUT*) tagliare la strada (a).

▶**cut off** *vt* tagliare; (*fig*) isolare; **we've been** ~ **off** (*TEL*) è caduta la linea.

▶**cut out** *vt* tagliare; (*picture*) ritagliare.

▶**cut up** *vt* (*gen*) tagliare; (*chop: food*) sminuzzare.

cut-and-dried ['kʌtən'draɪd] *adj* (*also*: **cut-and-dry**) assodato(a).

cutaway ['kʌtəweɪ] *adj, n*: ~ (**drawing**) spaccato.

cutback ['kʌtbæk] *n* riduzione *f*.

cute [kjuːt] *adj* grazioso(a); (*clever*) astuto(a).

cut glass *n* cristallo.

cuticle ['kjuːtɪkl] *n* (*on nail*) pellicina, cuticola.

cutlery ['kʌtlərɪ] *n* posate *fpl*.

cutlet ['kʌtlɪt] *n* costoletta.

cutoff ['kʌtɔf] *n* (*also*: ~ **point**) limite *m*.

cutoff switch *n* interruttore *m*.

cutout ['kʌtaut] *n* (*switch*) interruttore *m*; (*paper, cardboard figure*) ritaglio.

cut-price ['kʌt'praɪs], (*US*) **cut-rate** ['kʌt'reɪt] *adj* a prezzo ridotto.

cutthroat ['kʌtθrəut] *n* assassino ♦ *adj*: ~ **competition** concorrenza spietata.

cutting ['kʌtɪŋ] *adj* tagliente; (*fig*) pungente ♦ *n* (*BRIT: PRESS*) ritaglio (di giornale); (: *RAIL*) trincea; (*CINE*) montaggio.

cutting edge *n* (*of knife*) taglio, filo; **on** *or* **at the** ~ **of sth** all'avanguardia di qc.

cuttlefish ['kʌtlfɪʃ] *n* seppia.

cut-up ['kʌtʌp] *adj* stravolto(a).

CV *n abbr see* **curriculum vitae**.

C & W *n abbr* = **country and western** (**music**).

CWO *abbr* = **cash with order**.

cwt. *abbr* = **hundredweight**.

cyanide ['saɪənaɪd] *n* cianuro.

cybernetics [saɪbə'nɛtɪks] *n* cibernetica.

cyclamen ['sɪkləmən] *n* ciclamino.

cycle ['saɪkl] *n* ciclo; (*bicycle*) bicicletta ♦ *vi* andare in bicicletta.

cycle race *n* gara *or* corsa ciclistica.

cycle rack *n* portabiciclette *m inv*.

cycling ['saɪklɪŋ] *n* ciclismo; **to go on a** ~ **holiday** (*BRIT*) fare una vacanza in bicicletta.

cyclist ['saɪklɪst] *n* ciclista *m/f*.

cyclone ['saɪkləun] *n* ciclone *m*.

cygnet ['sɪgnɪt] *n* cigno giovane.

cylinder ['sɪlɪndə*] *n* cilindro.

cylinder capacity *n* cilindrata.

cylinder head *n* testata.

cylinder head gasket *n* guarnizione *f* della testata del cilindro.

cymbals ['sɪmblz] *npl* cembali *mpl*.

cynic ['sɪnɪk] *n* cinico/a.

cynical ['sɪnɪkl] *adj* cinico(a).

cynicism ['sɪnɪsɪzəm] *n* cinismo.

CYO *n abbr* (*US*) = *Catholic Youth Organization*.

cypress ['saɪprɪs] *n* cipresso.

Cypriot ['sɪprɪət] *adj, n* cipriota (*m/f*).

Cyprus ['saɪprəs] *n* Cipro.

cyst [sɪst] *n* cisti *f inv*.

cystitis [sɪ'staɪtɪs] *n* cistite *f*.

CZ *n abbr* (*US*: = *Canal Zone*) zona del Canale di Panama.

czar [zuː*] *n* zar *m inv*.

Czech [tʃɛk] *adj* ceco(a) ♦ *n* ceco/a; (*LING*) ceco; **the** ~ **Republic** la Repubblica Ceca.

Czechoslovak [tʃɛkə'sləuvæk] *adj, n* = **Czechoslovakian**.

Czechoslovakia [tʃɛkəslə'vækɪə] *n* Cecoslovacchia.

Czechoslovakian [tʃɛkəslə'vækɪən] *adj, n* cecoslovacco(a).

Dd

D, d [diː] *n* (*letter*) D, d *f or m inv*; (*MUS*): **D** re *m*; **D for David**, (*US*) **D for Dog** ≈ D come Domodossola.

D *abbr* (*US POL*) = **democrat(ic)**.

d *abbr* (*BRIT: old*) = **penny**.

d. *abbr* = **died**.

DA *n abbr* (*US*) *see* **district attorney**.

dab [dæb] *vt* (*eyes, wound*) tamponare; (*paint, cream*) applicare (con leggeri colpetti); **a** ~ **of paint** un colpetto di vernice.

dabble ['dæbl] *vi*: **to** ~ **in** occuparsi (da dilettante) di.

Dacca ['dækə] *n* Dacca *f*.

dachshund ['dækshund] *n* bassotto.

dad, daddy [dæd, 'dædɪ] *n* babbo, papà *m inv*.

daddy-long-legs [dædɪ'lɒŋlɛgz] *n* tipula, zanzarone *m*.

daffodil ['dæfədɪl] *n* trombone *m*, giunchiglia.

daft [dɑːft] *adj* sciocco(a); **to be** ~ **about sb** perdere la testa per qn; **to be** ~ **about sth** andare pazzo per qc.

dagger ['dægə*] *n* pugnale *m*.

dahlia ['deɪljə] *n* dalia.

daily ['deɪlɪ] *adj* quotidiano(a), giornaliero(a) ♦ *n* quotidiano; (*BRIT*:

servant) donna di servizio ♦ *adv* tutti i giorni; **twice** ~ due volte al giorno.

dainty ['deɪntɪ] *adj* delicato(a), grazioso(a).

dairy ['dɛərɪ] *n* (*shop*) latteria; (*on farm*) caseificio ♦ *cpd* caseario(a).

dairy cow *n* mucca da latte.

dairy farm *n* caseificio.

dairy produce *n* latticini *mpl*.

dais ['deɪɪs] *n* pedana, palco.

daisy ['deɪzɪ] *n* margherita.

daisy wheel *n* (*on printer*) margherita.

daisy-wheel printer ['deɪzɪwiːl-] *n* stampante *f* a margherita.

Dakar ['dækə*] *n* Dakar *f.*

dale [deɪl] *n* valle *f.*

dally ['dælɪ] *vi* trastullarsi.

dalmatian [dæl'meɪʃən] *n* (*dog*) dalmata *m.*

dam [dæm] *n* diga; (*reservoir*) bacino artificiale ♦ *vt* sbarrare; costruire dighe su.

damage ['dæmɪdʒ] *n* danno, danni *mpl*; (*fig*) danno ♦ *vt* danneggiare; (*fig*) recar danno a; ~ **to property** danni materiali.

damages ['dæmɪdʒɪz] *npl* (*LAW*) danni *mpl*; **to pay £5000 in** ~ pagare 5000 sterline di indennizzo.

damaging ['dæmɪdʒɪŋ] *adj*: ~ (**to**) nocivo(a) (a).

Damascus [də'mɑːskəs] *n* Damasco *f.*

dame [deɪm] *n* (*title, US col*) donna; (*THEAT*) vecchia signora (*ruolo comico di donna recitato da un uomo*).

damn [dæm] *vt* condannare; (*curse*) maledire ♦ *n* (*col*): **I don't give a** ~ non me ne importa un fico ♦ *adj* (*col*): **this** ~ ... questo maledetto ...; ~ (**it**)**!** accidenti!

damnable ['dæmnəbl] *adj* (*col: behaviour*) vergognoso(a); (: *weather*) schifoso(a).

damnation [dæm'neɪʃən] *n* (*REL*) dannazione *f* ♦ *excl* (*col*) dannazione!, diavolo!

damning ['dæmɪŋ] *adj* (*evidence*) schiacciante.

damp [dæmp] *adj* umido(a) ♦ *n* umidità, umido ♦ *vt* (*also*: ~**en**) (*cloth, rag*) inumidire, bagnare; (*enthusiasm etc*) spegnere.

dampcourse ['dæmpkɔːs] *n* strato *m* isolante antiumido *inv.*

damper ['dæmpə*] *n* (*MUS*) sordina; (*of fire*) valvola di tiraggio; **to put a** ~ **on sth** (*fig: atmosphere*) gelare; (: *enthusiasm*) far sbollire.

dampness ['dæmpnɪs] *n* umidità, umido.

damson ['dæmzən] *n* susina damaschina.

dance [dɑːns] *n* danza, ballo; (*ball*) ballo ♦ *vi* ballare; **to** ~ **about** saltellare.

dance hall *n* dancing *m inv*, sala da ballo.

dancer ['dɑːnsə*] *n* danzatore/trice; (*professional*) ballerino/a.

dancing ['dɑːnsɪŋ] *n* danza, ballo.

D and C *n abbr* (*MED*: = *dilation and curettage*) raschiamento.

dandelion ['dændɪlaɪən] *n* dente *m* di leone.

dandruff ['dændrəf] *n* forfora.

dandy ['dændɪ] *n* dandy *m inv*, elegantone *m* ♦ *adj* (*US col*) fantastico(a).

Dane [deɪn] *n* danese *m/f.*

danger ['deɪndʒə*] *n* pericolo; **there is a** ~ **of fire** c'è pericolo di incendio; **in** ~ in pericolo; **out of** ~ fuori pericolo; **he was in** ~ **of falling** rischiava di cadere.

danger list *n* (*MED*): **on the** ~ **list** in prognosi riservata.

dangerous ['deɪndʒrəs] *adj* pericoloso(a).

dangerously ['deɪndʒrəslɪ] *adv*: ~ **ill** in pericolo di vita.

danger zone *n* area di pericolo.

dangle ['dæŋgl] *vt* dondolare; (*fig*) far balenare ♦ *vi* pendolare.

Danish ['deɪnɪʃ] *adj* danese ♦ *n* (*LING*) danese *m.*

Danish pastry *n* dolce *m* di pasta sfoglia.

dank [dæŋk] *adj* freddo(a) e umido(a).

Danube ['dænjuːb] *n*: **the** ~ il Danubio.

dapper ['dæpə*] *adj* lindo(a).

Dardanelles [dɑːdə'nɛlz] *npl* Dardanelli *mpl.*

dare [dɛə*] *vt*: **to** ~ **sb to do** sfidare qn a fare ♦ *vi*: **to** ~ (**to**) **do sth** osare fare qc; **I** ~**n't tell him** (*BRIT*) non oso dirglielo; **I** ~ **say he'll turn up** immagino che spunterà.

daredevil ['dɛədɛvl] *n* scavezzacollo *m/f.*

Dar-es-Salaam ['dɑːrɛssə'lɑːm] *n* Dar-es-Salaam *f.*

daring ['dɛərɪŋ] *adj* audace, ardito(a).

dark [dɑːk] *adj* (*night, room*) buio(a), scuro(a); (*colour, complexion*) scuro(a); (*fig*) cupo(a), tetro(a), nero(a) ♦ *n*: **in the** ~ al buio; **it is/is getting** ~ è/si sta facendo buio; **in the** ~ **about** (*fig*) all'oscuro di; **after** ~ a notte fatta; ~ **chocolate** cioccolata amara.

darken ['dɑːkən] *vt* (*room*) oscurare; (*photo, painting*) far scuro(a) ♦ *vi* oscurarsi; imbrunirsi.

dark glasses *npl* occhiali *mpl* scuri.

dark horse *n* (*fig*) incognita.

darkly ['dɑːklɪ] *adv* (*gloomily*) cupamente, con aria cupa; (*in a sinister way*) minacciosamente.

darkness ['dɑːknɪs] *n* oscurità, buio.

darkroom ['dɑːkruːm] *n* camera oscura.

darling ['dɑːlɪŋ] *adj* caro(a) ♦ *n* tesoro.

darn [dɑːn] *vt* rammendare.

dart [dɑːt] *n* freccetta ♦ *vi*: **to** ~ **towards** (*also*: **make a** ~ **towards**) precipitarsi

verso; **to ~ along** passare come un razzo;
to ~ away guizzare via; *see also* **darts.**
dartboard ['dɑːtbɔːd] *n* bersaglio (per
freccette).
darts [dɑːts] *n* tiro al bersaglio (con
freccette).
dash [dæʃ] *n* (*sign*) lineetta; (*small quantity:
of liquid*) goccio, goccino; (: *of soda*)
spruzzo ♦ *vt* (*missile*) gettare; (*hopes*)
infrangere ♦ *vi*: **to ~ towards** (*also*: **make
a ~ towards**) precipitarsi verso.
▶**dash away** *vi* scappare via.
dashboard ['dæʃbɔːd] *n* cruscotto.
dashing ['dæʃɪŋ] *adj* ardito(a).
dastardly ['dæstədlɪ] *adj* vile.
DAT *n abbr* (= *digital audio tape*) cassetta *f*
digitale audio *inv*.
data ['deɪtə] *npl* dati *mpl*.
database ['deɪtəbeɪs] *n* database *m*, base *f*
di dati.
data capture *n* registrazione *f or*
rilevazione *f* di dati.
data processing *n* elaborazione *f*
(elettronica) dei dati.
data transmission *n* trasmissione *f* di
dati.
date [deɪt] *n* data; (*appointment*)
appuntamento; (*fruit*) dattero ♦ *vt* datare;
(*col: girl etc*) uscire con; **what's the ~
today?** quanti ne abbiamo oggi?; **~ of
birth** data di nascita; **closing ~** scadenza,
termine *m*; **to ~** *adv* fino a oggi; **out of ~**
scaduto(a); (*old-fashioned*) passato(a) di
moda; **up to ~** moderno(a);
aggiornato(a); **to bring up to ~**
(*correspondence, information*) aggiornare;
(*method*) modernizzare; (*person*)
aggiornare, mettere al corrente; **~d the
13th** datato il 13; **thank you for your letter
~d 5th July** *or* (*US*) **July 5th** la ringrazio
per la sua lettera in data 5 luglio.
dated ['deɪtɪd] *adj* passato(a) di moda.
dateline ['deɪtlaɪn] *n* linea del
cambiamento di data.
date rape *n* stupro perpetrato da persona
conosciuta.
date stamp *n* timbro datario.
daub [dɔːb] *vt* imbrattare.
daughter ['dɔːtə*] *n* figlia.
daughter-in-law ['dɔːtərɪnlɔː] *n* nuora.
daunt [dɔːnt] *vt* intimidire.
daunting ['dɔːntɪŋ] *adj* non invidiabile.
dauntless ['dɔːntlɪs] *adj* intrepido(a).
dawdle ['dɔːdl] *vi* bighellonare; **to ~ over
one's work** gingillarsi con il lavoro.
dawn [dɔːn] *n* alba ♦ *vi* (*day*) spuntare; (*fig*)
venire in mente; **at ~** all'alba; **from ~ to
dusk** dall'alba al tramonto; **it ~ed on him**

that ... gli è venuto in mente che ....
dawn chorus *n* (*BRIT*) coro mattutino degli
uccelli.
day [deɪ] *n* giorno; (*as duration*) giornata;
(*period of time, age*) tempo, epoca; **the ~
before** il giorno avanti *or* prima; **the ~
after, the following ~** il giorno dopo, il
giorno seguente; **the ~ before yesterday**
l'altroieri; **the ~ after tomorrow**
dopodomani; **(on) that ~** quel giorno; **(on)
the ~ that** ... il giorno che *or* in cui ...; **to
work an 8-hour ~** avere una giornata
lavorativa di 8 ore; **by ~** di giorno; **~ by
~** giorno per giorno; **paid by the ~**
pagato(a) a giornata; **these ~s, in the
present ~** di questi tempi, oggigiorno.
daybook ['deɪbuk] *n* (*BRIT*) brogliaccio.
day boy *n* (*SCOL*) alunno esterno.
daybreak ['deɪbreɪk] *n* spuntar *m* del
giorno.
day care centre *n* scuola materna.
daydream ['deɪdriːm] *n* sogno a occhi
aperti ♦ *vi* sognare a occhi aperti.
day girl *n* (*SCOL*) alunna esterna.
daylight ['deɪlaɪt] *n* luce *f* del giorno.
daylight robbery *n*: **it's ~!** (*BRIT col*) è un
vero furto!
Daylight Saving Time *n* (*US*) ora legale.
day release *n*: **to be on ~** *avere un giorno
di congedo alla settimana per
formazione professionale.*
day return (ticket) *n* (*BRIT*) biglietto
giornaliero di andata e ritorno.
day shift *n* turno di giorno.
daytime ['deɪtaɪm] *n* giorno.
day-to-day ['deɪtə'deɪ] *adj* (*routine*)
quotidiano(a); (*expenses*) giornaliero(a);
on a ~ basis a giornata.
day trip *n* gita (di un giorno).
day tripper *n* gitante *m/f*.
daze [deɪz] *vt* (*subj: drug*) inebetire; (: *blow*)
stordire ♦ *n*: **in a ~** inebetito(a);
stordito(a).
dazzle ['dæzl] *vt* abbagliare.
dazzling ['dæzlɪŋ] *adj* (*light*) abbagliante;
(*colour*) violento(a); (*smile*) smagliante.
dB *abbr* (= *decibel*) db.
DC *abbr* (*ELEC*: = *direct current*) c.c.; (*US*) =
District of Columbia.
DCC ® *n abbr* = *digital compact cassette.*
DD *n abbr* (= *Doctor of Divinity*) titolo di
studio.
dd. *abbr* (*COMM*) = *delivered.*
D/D *abbr* = *direct debit.*
D-day ['diːdeɪ] *n giorno dello sbarco alleato
in Normandia.*
DDS *n abbr* (*US*: = *Doctor of Dental Science;
Doctor of Dental Surgery*) *titoli di studio.*

DDT *n abbr* (= *dichlorodiphenyl trichloroethane*) D.D.T. *m*.

DE *abbr* (*US*) = *Delaware*.

DEA *n abbr* (*US:* = *Drug Enforcement Administration*) ≈ squadra narcotici.

deacon ['diːkən] *n* diacono.

dead [dɛd] *adj* morto(a); (*numb*) intirizzito(a) ♦ *adv* assolutamente, perfettamente; **the ~** *npl* i morti; **he was shot ~** fu colpito a morte; **~ on time** in perfetto orario; **~ tired** stanco(a) morto(a); **to stop ~** fermarsi in tronco; **the line has gone ~** (*TEL*) è caduta la linea.

dead beat *adj* (*col*) stanco(a) morto(a).

deaden ['dɛdn] *vt* (*blow, sound*) ammortire; (*make numb*) intirizzire.

dead end *n* vicolo cieco.

dead-end ['dɛdɛnd] *adj:* **a ~ job** un lavoro senza sbocchi.

dead heat *n* (*SPORT*): **to finish in a ~** finire alla pari.

dead-letter office [dɛd'lɛtə-] *n* ufficio della posta in giacenza.

deadline ['dɛdlaɪn] *n* scadenza; **to work to a ~** avere una scadenza.

deadlock ['dɛdlɔk] *n* punto morto.

dead loss *n* (*col*): **to be a ~** (*person, thing*) non valere niente.

deadly ['dɛdlɪ] *adj* mortale; (*weapon, poison*) micidiale ♦ *adv:* **~ dull** di una noia micidiale.

deadpan ['dɛdpæn] *adj* a faccia impassibile.

Dead Sea *n:* **the ~** il mar Morto.

deaf [dɛf] *adj* sordo(a); **to turn a ~ ear to sth** fare orecchi da mercante a qc.

deaf-aid ['dɛfeɪd] *n* apparecchio per la sordità.

deaf-and-dumb ['dɛfən'dʌm] *adj* (*person*) sordomuto(a); (*alphabet*) dei sordomuti.

deafen ['dɛfn] *vt* assordare.

deafening ['dɛfnɪŋ] *adj* fragoroso(a), assordante.

deaf-mute ['dɛfmjuːt] *n* sordomuto/a.

deafness ['dɛfnɪs] *n* sordità.

deal [diːl] *n* accordo; (*business ~*) affare *m* ♦ *vt* (*pt, pp* **dealt** [dɛlt]) (*blow, cards*) dare; **to strike a ~ with sb** fare un affare con qn; **it's a ~!** (*col*) affare fatto!; **he got a bad/fair ~ from them** l'hanno trattato male/bene; **a good ~ of**, **a great ~ of** molto(a).

▶**deal in** *vt fus* (*COMM*) occuparsi di.

▶**deal with** *vt fus* (*COMM*) fare affari con, trattare con; (*handle*) occuparsi di; (*be about: book etc*) trattare di.

dealer ['diːlə*] *n* commerciante *m/f*.

dealership ['diːləʃɪp] *n* rivenditore *m*.

dealings ['diːlɪŋz] *npl* rapporti *mpl*; (*in goods, shares*) transazioni *fpl*.

dealt [dɛlt] *pt, pp of* **deal**.

dean [diːn] *n* (*REL*) decano; (*SCOL*) preside *m* di facoltà (*or* di collegio).

dear [dɪə*] *adj* caro(a) ♦ *n:* **my ~** caro mio/ cara mia; **~ me!** Dio mio!; **D~ Sir/Madam** (*in letter*) Egregio Signore/Egregia Signora; **D~ Mr/Mrs X** Gentile Signor/ Signora X.

dearly ['dɪəlɪ] *adv* (*love*) moltissimo; (*pay*) a caro prezzo.

dear money *n* (*COMM*) denaro ad alto interesse.

dearth [dəːθ] *n* scarsità, carestia.

death [dɛθ] *n* morte *f*; (*ADMIN*) decesso.

deathbed ['dɛθbɛd] *n* letto di morte.

death certificate *n* atto di decesso.

death duty *n* (*BRIT*) imposta *or* tassa di successione.

deathly ['dɛθlɪ] *adj* di morte ♦ *adv* come un cadavere.

death penalty *n* pena di morte.

death rate *n* indice *m* di mortalità.

death row [-rəu] *n* (*US*): **to be on ~** essere nel braccio della morte.

death sentence *n* condanna a morte.

death squad *n* squadra della morte.

deathtrap ['dɛθtræp] *n* trappola mortale.

deb [dɛb] *n abbr* (*col*) = **debutante**.

debacle [deɪ'bɑːkl] *n* (*defeat*) disfatta; (*collapse*) sfacelo.

debar [dɪ'bɑː*] *vt:* **to ~ sb from a club** *etc* escludere qn da un club *etc*; **to ~ sb from doing** vietare a qn di fare.

debase [dɪ'beɪs] *vt* (*currency*) adulterare; (*person*) degradare.

debatable [dɪ'beɪtəbl] *adj* discutibile; **it is ~ whether ...** è in dubbio se ....

debate [dɪ'beɪt] *n* dibattito ♦ *vt* dibattere, discutere ♦ *vi* (*consider*): **to ~ whether** riflettere se.

debauchery [dɪ'bɔːtʃərɪ] *n* dissolutezza.

debenture [dɪ'bɛntʃə*] *n* (*COMM*) obbligazione *f*.

debilitate [dɪ'bɪlɪteɪt] *vt* debilitare.

debit ['dɛbɪt] *n* debito ♦ *vt:* **to ~ a sum to sb** *or* **to sb's account** addebitare una somma a qn.

debit balance *n* saldo debitore.

debit note *n* nota di addebito.

debonair [dɛbə'nɛə*] *adj* gioviale e disinvolto(a).

debrief [diː'briːf] *vt* chiamare a rapporto (a operazione ultimata).

debriefing [diː'briːfɪŋ] *n* rapporto.

debris ['dɛbriː] *n* detriti *mpl*.

debt [dɛt] *n* debito; **to be in ~** essere

indebitato(a); ~s of £5000 debiti per 5000 sterline; **bad** ~ debito insoluto.

debt collector n agente m di recupero crediti.

debtor ['dɛtə*] n debitore/trice.

debug [di:'bʌg] vt (COMPUT) localizzare e rimuovere errori in.

debunk [di:'bʌŋk] vt (col: theory) demistificare; (: claim) smentire; (: person, institution) screditare.

debut ['deɪbju:] n debutto.

debutante ['dɛbjutɑ:nt] n debuttante f.

Dec. abbr (= December) dic.

decade ['dɛkeɪd] n decennio.

decadence ['dɛkədəns] n decadenza.

decadent ['dɛkədənt] adj decadente.

de-caff ['di:kæf] n (col) decaffeinato.

decaffeinated [di:'kæfɪneɪtɪd] adj decaffeinato(a).

decamp [dɪ'kæmp] vi (col) filarsela, levare le tende.

decant [dɪ'kænt] vt (wine) travasare.

decanter [dɪ'kæntə*] n caraffa.

decarbonize [di:'kɑ:bənaɪz] vt (AUT) decarburare.

decathlon [dɪ'kæθlən] n decathlon m.

decay [dɪ'keɪ] n decadimento; imputridimento; (fig) rovina, (also: **tooth** ~) carie f ♦ vi (rot) imputridire; (fig) andare in rovina.

decease [dɪ'si:s] n decesso.

deceased [dɪ'si:st] n: **the** ~ il(la) defunto(a).

deceit [dɪ'si:t] n inganno.

deceitful [dɪ'si:tful] adj ingannevole, perfido(a).

deceive [dɪ'si:v] vt ingannare; **to** ~ **o.s.** illudersi, ingannarsi.

decelerate [di:'sɛləreɪt] vt, vi rallentare.

December [dɪ'sɛmbə*] n dicembre m; for phrases see also **July**.

decency ['di:sənsɪ] n decenza.

decent ['di:sənt] adj decente; **they were very** ~ **about it** si sono comportati da signori riguardo a ciò.

decently ['di:səntlɪ] adv (respectably) decentemente, convenientemente; (kindly) gentilmente.

decentralization [di:sɛntrəlaɪ'zeɪʃən] n decentramento.

decentralize [di:'sɛntrəlaɪz] vt decentrare.

deception [dɪ'sɛpʃən] n inganno.

deceptive [dɪ'sɛptɪv] adj ingannevole.

decibel ['dɛsɪbɛl] n decibel m inv.

decide [dɪ'saɪd] vt (person) far prendere una decisione a; (question, argument) risolvere, decidere ♦ vi decidere, decidersi; **to** ~ **to do/that** decidere di

fare/che; **to** ~ **on** decidere per; **to** ~ **against doing sth** decidere di non fare qc.

decided [dɪ'saɪdɪd] adj (resolute) deciso(a); (clear, definite) netto(a), chiaro(a).

decidedly [dɪ'saɪdɪdlɪ] adv indubbiamente; decisamente.

deciding [dɪ'saɪdɪŋ] adj decisivo(a).

deciduous [dɪ'sɪdjuəs] adj deciduo(a).

decimal ['dɛsɪməl] adj, n decimale (m); **to 3** ~ **places** al terzo decimale.

decimalize ['dɛsɪməlaɪz] vt (BRIT) convertire al sistema metrico decimale.

decimal point n ≈ virgola.

decimate ['dɛsɪmeɪt] vt decimare.

decipher [dɪ'saɪfə*] vt decifrare.

decision [dɪ'sɪʒən] n decisione f; **to make a** ~ prendere una decisione.

decisive [dɪ'saɪsɪv] adj (victory, factor) decisivo(a); (influence) determinante; (manner, person) risoluto(a), deciso(a); (reply) deciso(a), categorico(a).

deck [dɛk] n (NAUT) ponte m; (of cards) mazzo; (of bus): **top** ~ imperiale m; **to go up on** ~ salire in coperta; **below** ~ sotto coperta; **cassette** ~ piastra (di registrazione); **record** ~ piatto (giradischi).

deckchair ['dɛktʃɛə*] n sedia a sdraio.

deck hand n marinaio.

declaration [dɛklə'reɪʃən] n dichiarazione f.

declare [dɪ'klɛə*] vt dichiarare.

declassify [di:'klæsɪfaɪ] vt rendere accessibile al pubblico.

decline [dɪ'klaɪn] n (decay) declino; (lessening) ribasso ♦ vt declinare; rifiutare ♦ vi declinare; diminuire; ~ **in living standards** abbassamento del tenore di vita; **to** ~ **to do sth** rifiutar(si) di fare qc.

declutch [di:'klʌtʃ] vi (BRIT) premere la frizione.

decode [di:'kəud] vt decifrare.

decoder [di:'kəudə*] n (COMPUT, TV) decodificatore m.

decompose [di:kəm'pəuz] vi decomporre.

decomposition [di:kɔmpə'zɪʃən] n decomposizione f.

decompression [di:kəm'prɛʃən] n decompressione f.

decompression chamber n camera di decompressione.

decongestant [di:kən'dʒɛstənt] n decongestionante m.

decontaminate [di:kən'tæmɪneɪt] vt decontaminare.

decontrol [di:kən'trəul] vt (trade) liberalizzare; (prices) togliere il controllo governativo a.

decor ['deɪkɔː*] n decorazione f.
decorate ['dɛkəreɪt] vt (adorn, give a medal to) decorare; (paint and paper) pitturare e tappezzare.
decoration [dɛkə'reɪʃən] n decorazione f.
decorative ['dɛkərətɪv] adj decorativo(a).
decorator ['dɛkəreɪtə*] n decoratore/trice.
decorum [dɪ'kɔːrəm] n decoro.
decoy ['diːkɔɪ] n zimbello; **they used him as a ~ for the enemy** l'hanno usato come esca per il nemico.
decrease n ['diːkriːs] diminuzione f ♦ vt, vi [diː'kriːs] diminuire; **to be on the ~** essere in diminuzione.
decreasing [diː'kriːsɪŋ] adj sempre meno inv.
decree [dɪ'kriː] n decreto ♦ vt: **to ~ (that)** decretare (che + sub); **~ absolute** sentenza di divorzio definitiva; **~ nisi** [-'naɪsaɪ] sentenza provvisoria di divorzio.
decrepit [dɪ'krɛpɪt] adj decrepito(a); (building) cadente.
decry [dɪ'kraɪ] vt condannare, deplorare.
dedicate ['dɛdɪkeɪt] vt consacrare; (book etc) dedicare.
dedicated ['dɛdɪkeɪtɪd] adj coscienzioso(a); (COMPUT) specializzato(a), dedicato(a).
dedication [dɛdɪ'keɪʃən] n (devotion) dedizione f; (in book) dedica.
deduce [dɪ'djuːs] vt dedurre.
deduct [dɪ'dʌkt] vt: **to ~ sth (from)** dedurre qc (da); (from wage etc) trattenere qc (da).
deduction [dɪ'dʌkʃən] n (deducting) deduzione f; (from wage etc) trattenuta; (deducing) deduzione f, conclusione f.
deed [diːd] n azione f, atto; (LAW) atto; **~ of covenant** atto di donazione.
deem [diːm] vt (formal) giudicare, ritenere; **to ~ it wise to do** ritenere prudente fare.
deep [diːp] adj profondo(a) ♦ adv: **~ in snow** affondato(a) nella neve; **spectators stood 20 ~** c'erano 20 file di spettatori; **knee-~ in water** in acqua fino alle ginocchia; **4 metres ~** profondo(a) 4 metri; **he took a ~ breath** fece un respiro profondo.
deepen ['diːpn] vt (hole) approfondire ♦ vi approfondirsi; (darkness) farsi più intenso(a).
deep-freeze [diːp'friːz] n congelatore m ♦ vt congelare.
deep-fry ['diːp'fraɪ] vt friggere in olio abbondante.
deeply ['diːplɪ] adv profondamente; **to regret sth ~** rammaricarsi sinceramente di qc.
deep-rooted ['diːp'ruːtɪd] adj (prejudice) profondamente radicato(a); (affection)

profondo(a); (habit) inveterato(a).
deep-sea diver ['diːp'siː-] n palombaro.
deep-sea diving n immersione f in alto mare.
deep-sea fishing n pesca d'alto mare.
deep-seated ['diːp'siːtɪd] adj (beliefs) radicato(a).
deep-set ['diːpsɛt] adj (eyes) infossato(a).
deer [dɪə*] n (pl inv): **the ~** i cervidi (ZOOL); **(red) ~** cervo; **(fallow) ~** daino; **(roe) ~** capriolo.
deerskin ['dɪəskɪn] n pelle f di daino.
deerstalker ['dɪəstɔːkə*] n berretto da cacciatore.
deface [dɪ'feɪs] vt imbrattare.
defamation [dɛfə'meɪʃən] n diffamazione f.
defamatory [dɪ'fæmətɔrɪ] adj diffamatorio(a).
default [dɪ'fɔːlt] vi (LAW) essere contumace; (gen) essere inadempiente ♦ n (COMPUT: also: **~ value**) default m inv; **by ~** (LAW) in contumacia; (SPORT) per abbandono; **to ~ on a debt** non onorare un debito.
defaulter [dɪ'fɔːltə*] n (on debt) inadempiente m/f.
default option n (COMPUT) opzione f di default.
defeat [dɪ'fiːt] n sconfitta ♦ vt (team, opponents) sconfiggere; (fig: plans, efforts) frustrare.
defeatism [dɪ'fiːtɪzəm] n disfattismo.
defeatist [dɪ'fiːtɪst] adj, n disfattista (m/f).
defecate ['dɛfəkeɪt] vi defecare.
defect n ['diːfɛkt] difetto ♦ vi [dɪ'fɛkt]: **to ~ to the enemy/the West** passare al nemico/all'Ovest; **physical ~** difetto fisico; **mental ~** anomalia mentale.
defective [dɪ'fɛktɪv] adj difettoso(a).
defector [dɪ'fɛktə*] n rifugiato(a) politico(a).
defence, (US) defense [dɪ'fɛns] n difesa; **in ~ of** in difesa di; **the Ministry of D~, (US) the Department of Defense** il Ministero della Difesa; **witness for the ~** teste m/f a difesa.
defenceless [dɪ'fɛnslɪs] adj senza difesa.
defend [dɪ'fɛnd] vt difendere; (decision, action) giustificare; (opinion) sostenere.
defendant [dɪ'fɛndənt] n imputato/a.
defender [dɪ'fɛndə*] n difensore/a.
defending champion n (SPORT) campione/essa in carica.
defending counsel n (LAW) avvocato difensore.
defense [dɪ'fɛns] n (US) = **defence**.
defensive [dɪ'fɛnsɪv] adj difensivo(a) ♦ n difensiva; **on the ~** sulla difensiva.

defer [dɪ'fə:*] vt (postpone) differire, rinviare ♦ vi (submit): **to ~ to sb/sth** rimettersi a qn/qc.

deference ['dɛfərəns] n deferenza; riguardo; **out of** or **in ~ to** per riguardo a.

defiance [dɪ'faɪəns] n sfida; **in ~ of** a dispetto di.

defiant [dɪ'faɪənt] adj (attitude) di sfida; (person) ribelle.

defiantly [dɪ'faɪəntlɪ] adv con aria di sfida.

deficiency [dɪ'fɪʃənsɪ] n deficienza; carenza; (COMM) ammanco.

deficiency disease n malattia da carenza.

deficient [dɪ'fɪʃənt] adj deficiente; insufficiente; **to be ~ in** mancare di.

deficit ['dɛfɪsɪt] n disavanzo.

defile vb [dɪ'faɪl] vt contaminare ♦ vi sfilare ♦ n ['di:faɪl] gola, stretta.

define [dɪ'faɪn] vt (gen, COMPUT) definire.

definite ['dɛfɪnɪt] adj (fixed) definito(a), preciso(a); (clear, obvious) ben definito(a), esatto(a); (LING) determinativo(a); **he was ~ about it** ne era sicuro.

definitely ['dɛfɪnɪtlɪ] adv indubbiamente.

definition [dɛfɪ'nɪʃən] n definizione f.

definitive [dɪ'fɪnɪtɪv] adj definitivo(a).

deflate [di:'fleɪt] vt sgonfiare; (ECON) deflazionare; (pompous person) fare abbassare la cresta a.

deflation [di:'fleɪʃən] n (ECON) deflazione f.

deflationary [di:'fleɪʃənrɪ] adj (ECON) deflazionistico(a).

deflect [dɪ'flɛkt] vt deflettere, deviare.

defog ['di:'fɔg] vt (US AUT) sbrinare.

defogger ['di:'fɔgə*] n (US AUT) sbrinatore m.

deform [dɪ'fɔ:m] vt deformare.

deformed [dɪ'fɔ:md] adj deforme.

deformity [dɪ'fɔ:mɪtɪ] n deformità f inv.

defraud [dɪ'frɔ:d] vt: **to ~ (of)** defraudare (di).

defray [dɪ'freɪ] vt: **to ~ sb's expenses** sostenere le spese di qn.

defrost [di:'frɔst] vt (fridge) disgelare; (frozen food) scongelare.

deft [dɛft] adj svelto(a), destro(a).

defunct [dɪ'fʌŋkt] adj defunto(a).

defuse [di:'fju:z] vt disinnescare; (fig) distendere.

defy [dɪ'faɪ] vt sfidare; (efforts etc) resistere a; (refuse to obey: person) rifiutare di obbedire a.

degenerate vi [dɪ'dʒɛnəreɪt] degenerare ♦ adj [dɪ'dʒɛnərɪt] degenere.

degradation [dɛgrə'deɪʃən] n degradazione f.

degrade [dɪ'greɪd] vt degradare.

degrading [dɪ'greɪdɪŋ] adj degradante.

degree [dɪ'gri:] n grado; (SCOL) laurea (universitaria); **10 ~s below freezing** 10 gradi sotto zero; **a (first) ~ in maths** una laurea in matematica; **a considerable ~ of risk** una grossa percentuale di rischio; **by ~s** (gradually) gradualmente, a poco a poco; **to some ~, to a certain ~** fino a un certo punto, in certa misura.

dehydrated [di:haɪ'dreɪtɪd] adj disidratato(a); (milk, eggs) in polvere.

dehydration [di:haɪ'dreɪʃən] n disidratazione f.

de-ice [di:'aɪs] vt (windscreen) disgelare.

de-icer ['di:aɪsə*] n sbrinatore m.

deign [deɪn] vi: **to ~ to do** degnarsi di fare.

deity ['di:ɪtɪ] n divinità f inv; dio/dea.

déjà vu [deɪʒɑ:'vu:] n déjà vu m inv.

dejected [dɪ'dʒɛktɪd] adj abbattuto(a), avvilito(a).

dejection [dɪ'dʒɛkʃən] n abbattimento, avvilimento.

Del. abbr (US) = Delaware.

del. abbr = **delete**.

delay [dɪ'leɪ] vt (journey, operation) ritardare, rinviare; (travellers, trains) ritardare; (payment) differire ♦ n ritardo; **without ~** senza ritardo.

delayed-action [dɪ'leɪd'ækʃən] adj a azione ritardata.

delectable [dɪ'lɛktəbl] adj delizioso(a).

delegate n ['dɛlɪgɪt] delegato/a ♦ vt ['dɛlɪgeɪt] delegare; **to ~ sth to sb/sb to do sth** delegare qc a qn/qn a fare qc.

delegation [dɛlɪ'geɪʃən] n delegazione f; (of work etc) delega.

delete [dɪ'li:t] vt (gen, COMPUT) cancellare.

Delhi ['dɛlɪ] n Delhi f.

deli ['dɛlɪ] n = **delicatessen**.

deliberate adj [dɪ'lɪbərɪt] (intentional) intenzionale; (slow) misurato(a) ♦ vi [dɪ'lɪbəreɪt] deliberare, riflettere.

deliberately [dɪ'lɪbərɪtlɪ] adv (on purpose) deliberatamente.

deliberation [dɪlɪbə'reɪʃən] n (consideration) riflessione f; (discussion) discussione f, deliberazione f.

delicacy ['dɛlɪkəsɪ] n delicatezza.

delicate ['dɛlɪkɪt] adj delicato(a).

delicately ['dɛlɪkɪtlɪ] adv (gen) delicatamente; (act, express) con delicatezza.

delicatessen [dɛlɪkə'tɛsn] n ≈ salumeria.

delicious [dɪ'lɪʃəs] adj delizioso(a), squisito(a).

delight [dɪ'laɪt] n delizia, gran piacere m ♦ vt dilettare; **it is a ~ to the eyes** è un piacere guardarlo; **to take ~ in** divertirsi a; **to be the ~ of** essere la gioia di.

delighted [dɪ'laɪtɪd] *adj*: ~ **(at** *or* **with sth)** contentissimo(a) (di qc), felice (di qc); **to be** ~ **to do sth/that** essere felice di fare qc/che + *sub*; **I'd be** ~ con grande piacere.

delightful [dɪ'laɪtful] *adj (person, place, meal)* delizioso(a); *(smile, manner)* incantevole.

delimit [diː'lɪmɪt] *vt* delimitare.

delineate [dɪ'lɪnɪeɪt] *vt* delineare.

delinquency [dɪ'lɪŋkwənsɪ] *n* delinquenza.

delinquent [dɪ'lɪŋkwənt] *adj, n* delinquente *(m/f)*.

delirious [dɪ'lɪrɪəs] *adj (MED, fig)* delirante, in delirio; **to be** ~ delirare; *(fig)* farneticare.

delirium [dɪ'lɪrɪəm] *n* delirio.

deliver [dɪ'lɪvə*] *vt (mail)* distribuire; *(goods)* consegnare; *(speech)* pronunciare; *(free)* liberare; *(MED)* far partorire; **to** ~ **a message** fare un'ambasciata; **to** ~ **the goods** *(fig)* partorire.

deliverance [dɪ'lɪvrəns] *n* liberazione *f*.

delivery [dɪ'lɪvərɪ] *n* distribuzione *f*; consegna; *(of speaker)* dizione *f*; *(MED)* parto; **to take** ~ **of** prendere in consegna.

delivery note *n* bolla di consegna.

delivery van, *(US)* **delivery truck** *n* furgoncino (per le consegne).

delta ['dɛltə] *n* delta *m*.

delude [dɪ'luːd] *vt* deludere, illudere.

deluge ['dɛljuːdʒ] *n* diluvio ♦ *vt (fig)*: **to** ~ **(with)** subissare (di), inondare (di).

delusion [dɪ'luːʒən] *n* illusione *f*.

de luxe [də'lʌks] *adj* di lusso.

delve [dɛlv] *vi*: **to** ~ **into** frugare in; *(subject)* far ricerche in.

Dem. *abbr (US POL)* = **democrat(ic).**

demagogue ['dɛməgɒg] *n* demagogo.

demand [dɪ'mɑːnd] *vt* richiedere ♦ *n* richiesta; *(ECON)* domanda; **to** ~ **sth (from** *or* **of sb)** pretendere qc (da qn), esigere qc (da qn); **in** ~ ricercato(a), richiesto(a); **on** ~ a richiesta.

demand draft *n (COMM)* tratta a vista.

demanding [dɪ'mɑːndɪŋ] *adj (boss)* esigente; *(work)* impegnativo(a).

demarcation [diːmɑː'keɪʃən] *n* demarcazione *f*.

demarcation dispute *n (INDUSTRY)* controversia settoriale *(or* di categoria*)*.

demean [dɪ'miːn] *vt*: **to** ~ **o.s.** umiliarsi.

demeanour, *(US)* **demeanor** [dɪ'miːnə*] *n* comportamento; contegno.

demented [dɪ'mɛntɪd] *adj* demente, impazzito(a).

demilitarized zone [diː'mɪlɪtəraɪzd-] *n* zona smilitarizzata.

demise [dɪ'maɪz] *n* decesso.

demist [diː'mɪst] *vt (BRIT AUT)* sbrinare.

demister [diː'mɪstə*] *n (BRIT AUT)* sbrinatore *m*.

demo ['dɛməʊ] *n abbr (col)* = **demonstration.**

demobilize [diː'məʊbɪlaɪz] *vt* smobilitare.

democracy [dɪ'mɒkrəsɪ] *n* democrazia.

democrat ['dɛməkræt] *n* democratico/a.

democratic [dɛmə'krætɪk] *adj* democratico(a); **the D~ Party** *(US)* il partito democratico.

demography [dɪ'mɒgrəfɪ] *n* demografia.

demolish [dɪ'mɒlɪʃ] *vt* demolire.

demolition [dɛmə'lɪʃən] *n* demolizione *f*.

demon ['diːmən] *n (also fig)* demonio ♦ *cpd*: **a** ~ **squash player** un mago dello squash; **a** ~ **driver** un guidatore folle.

demonstrate ['dɛmənstreɪt] *vt* dimostrare, provare ♦ *vi*: **to** ~ **(for/against)** dimostrare (per/contro), manifestare (per/contro).

demonstration [dɛmən'streɪʃən] *n* dimostrazione *f*; *(POL)* manifestazione *f*, dimostrazione; **to hold a** ~ *(POL)* tenere una manifestazione, fare una dimostrazione.

demonstrative [dɪ'mɒnstrətɪv] *adj* dimostrativo(a).

demonstrator ['dɛmənstreɪtə*] *n (POL)* dimostrante *m/f*; *(COMM: sales person)* dimostratore/trice; *(: car, computer etc)* modello per dimostrazione.

demoralize [dɪ'mɒrəlaɪz] *vt* demoralizzare.

demote [dɪ'məʊt] *vt* far retrocedere.

demotion [dɪ'məʊʃən] *n* retrocessione *f*, degradazione *f*.

demur [dɪ'mɜː*] *vi (formal)*: **to** ~ **(at)** sollevare obiezioni (a *or* su) ♦ *n*: **without** ~ senza obiezioni.

demure [dɪ'mjʊə*] *adj* contegnoso(a).

demurrage [dɪ'mʌrɪdʒ] *n* diritti *mpl* di immagazzinaggio; spese *fpl* di controstallia.

den [dɛn] *n* tana, covo.

denationalization ['diːnæʃnəlaɪ'zeɪʃən] *n* denazionalizzazione *f*.

denationalize [diː'næʃnəlaɪz] *vt* snazionalizzare.

denial [dɪ'naɪəl] *n* diniego; rifiuto.

denier ['dɛnɪə*] *n* denaro *(di filati, calze)*.

denigrate ['dɛnɪgreɪt] *vt* denigrare.

denim ['dɛnɪm] *n* tessuto di cotone ritorto; *see also* **denims.**

denim jacket *n* giubbotto di jeans.

denims ['dɛnɪmz] *npl* blue jeans *mpl*.

denizen ['dɛnɪzən] *n (inhabitant)* abitante *m/f*; *(foreigner)* straniero(a) naturalizzato(a).

Denmark ['dɛnmɑːk] n Danimarca.

denomination [dɪnɔmɪ'neɪʃən] n (money) valore m; (REL) confessione f.

denominator [dɪ'nɔmɪneɪtə*] n denominatore m.

denote [dɪ'nəut] vt denotare.

denounce [dɪ'nauns] vt denunciare.

dense [dɛns] adj fitto(a); (stupid) ottuso(a), duro(a).

densely ['dɛnslɪ] adv: ~ **wooded** fittamente boscoso(a); ~ **populated** densamente popolato(a).

density ['dɛnsɪtɪ] n densità f inv; **single/ double** ~ **disk** (COMPUT) disco a singola/ doppia densità di registrazione.

dent [dɛnt] n ammaccatura ♦ vt (also: **make a** ~ **in**) ammaccare; (fig) intaccare.

dental ['dɛntl] adj dentale.

dental floss [-flɔs] n filo interdentale.

dental surgeon n medico/a dentista.

dentist ['dɛntɪst] n dentista m/f; ~**'s surgery** (BRIT) gabinetto dentistico.

dentistry ['dɛntɪstrɪ] n odontoiatria.

denture(s) ['dɛntʃə(z)] n(pl) dentiera.

denunciation [dɪnʌnsɪ'eɪʃən] n denuncia.

deny [dɪ'naɪ] vt negare; (refuse) rifiutare; **he denies having said it** nega di averlo detto.

deodorant [diː'əudərənt] n deodorante m.

depart [dɪ'pɑːt] vi partire; **to** ~ **from** (leave) allontanarsi da, partire da; (fig) deviare da.

departed [dɪ'pɑːtɪd] adj estinto(a) ♦ n: **the** ~ il caro estinto/la cara estinta.

department [dɪ'pɑːtmənt] n (COMM) reparto; (SCOL) sezione f, dipartimento; (POL) ministero; **that's not my** ~ (also fig) questo non è di mia competenza; **D**~ **of State** (US) Dipartimento di Stato.

departmental [diːpɑːt'mɛntl] adj (dispute) settoriale; (meeting) di sezione; ~ **manager** caporeparto m/f.

department store n grande magazzino.

departure [dɪ'pɑːtʃə*] n partenza (fig): ~ **from** deviazione f da; **a new** ~ una novità.

departure lounge n sala d'attesa.

depend [dɪ'pɛnd] vi: **to** ~ **(up)on** dipendere da; (rely on) contare su; (be dependent on) dipendere (economicamente) da, essere a carico di; **it** ~**s** dipende; ~**ing on the result ...** a seconda del risultato ....

dependable [dɪ'pɛndəbl] adj fidato(a); (car etc) affidabile.

dependant [dɪ'pɛndənt] n persona a carico.

dependence [dɪ'pɛndəns] n dipendenza.

dependent [dɪ'pɛndənt] adj: **to be** ~ **(on)** (gen) dipendere (da); (child, relative) essere a carico (di) ♦ n = **dependant**.

depict [dɪ'pɪkt] vt (in picture) dipingere; (in words) descrivere.

depilatory [dɪ'pɪlətərɪ] n (also: ~ **cream**) crema depilatoria.

depleted [dɪ'pliːtɪd] adj diminuito(a).

deplorable [dɪ'plɔːrəbl] adj deplorevole, lamentevole.

deplore [dɪ'plɔː*] vt deplorare.

deploy [dɪ'plɔɪ] vt dispiegare.

depopulate [diː'pɔpjuleɪt] vt spopolare.

depopulation ['diːpɔpju'leɪʃən] n spopolamento.

deport [dɪ'pɔːt] vt deportare; espellere.

deportation [diːpɔː'teɪʃən] n deportazione f.

deportation order n foglio di via obbligatorio.

deportee [diːpɔː'tiː] n deportato/a.

deportment [dɪ'pɔːtmənt] n portamento.

depose [dɪ'pəuz] vt deporre.

deposit [dɪ'pɔzɪt] n (COMM, GEO) deposito; (of ore, oil) giacimento; (CHEM) sedimento; (part payment) acconto; (for hired goods etc) cauzione f ♦ vt depositare; dare in acconto; (luggage etc) mettere or lasciare in deposito; **to put down a** ~ **of £50** versare una caparra di 50 sterline.

deposit account n conto vincolato.

depositor [dɪ'pɔzɪtə*] n depositante m/f.

depository [dɪ'pɔzɪtərɪ] n (person) depositario/a; (place) deposito.

depot ['dɛpəu] n deposito.

depraved [dɪ'preɪvd] adj depravato(a).

depravity [dɪ'prævɪtɪ] n depravazione f.

deprecate ['dɛprɪkeɪt] vt deprecare.

deprecating ['dɛprɪkeɪtɪŋ] adj (disapproving) di biasimo; (apologetic): **a** ~ **smile** un sorriso di scusa.

depreciate [dɪ'priːʃɪeɪt] vt svalutare ♦ vi svalutarsi.

depreciation [dɪpriːʃɪ'eɪʃən] n svalutazione f.

depress [dɪ'prɛs] vt deprimere; (press down) premere.

depressant [dɪ'prɛsnt] n (MED) sedativo.

depressed [dɪ'prɛst] adj (person) depresso(a), abbattuto(a); (area) depresso(a); (COMM: market, trade) stagnante, in ribasso; **to get** ~ deprimersi.

depressing [dɪ'prɛsɪŋ] adj deprimente.

depression [dɪ'prɛʃən] n depressione f.

deprivation [dɛprɪ'veɪʃən] n privazione f; (state) indigenza; (PSYCH) carenza affettiva.

deprive [dɪ'praɪv] vt: **to** ~ **sb of** privare qn di.

deprived [dɪ'praɪvd] adj disgraziato(a).

dept. *abbr* = **department.**

depth [dɛpθ] *n* profondità *f inv*; **at a ~ of 3 metres** a una profondità di 3 metri, a 3 metri di profondità; **in the ~s of** nel profondo di; nel cuore di; **in the ~s of winter** in pieno inverno; **to study sth in ~** studiare qc in profondità; **to be out of one's ~** (*BRIT: swimmer*) essere dove non si tocca; (*fig*) non sentirsi all'altezza della situazione.

depth charge *n* carica di profondità.

deputation [dɛpju'teɪʃən] *n* deputazione *f*, delegazione *f*.

deputize ['dɛpjutaɪz] *vi*: **to ~ for** svolgere le funzioni di.

deputy ['dɛpjutɪ] *n* (*replacement*) supplente *m/f*; (*second in command*) vice *m/f* ♦ *cpd*: **~ chairman** vicepresidente *m*; **~ head** (*SCOL*) vicepreside *m/f*; **~ leader** (*BRIT POL*) sottosegretario.

derail [dɪ'reɪl] *vt* far deragliare; **to be ~ed** deragliare.

derailment [dɪ'reɪlmənt] *n* deragliamento.

deranged [dɪ'reɪndʒd] *adj*: **to be (mentally) ~** essere pazzo(a).

derby ['dɜːbɪ] *n* (*US*) bombetta.

Derbys *abbr* (*BRIT*) = **Derbyshire.**

deregulate [diː'rɛgjuleɪt] *vt* eliminare la regolamentazione di.

deregulation ['diːrɛgju'leɪʃən] *n* eliminazione *f* della regolamentazione.

derelict ['dɛrɪlɪkt] *adj* abbandonato(a).

deride [dɪ'raɪd] *vt* deridere.

derision [dɪ'rɪʒən] *n* derisione *f*.

derisive [dɪ'raɪsɪv] *adj* di derisione.

derisory [dɪ'raɪsərɪ] *adj* (*sum*) irrisorio(a).

derivation [dɛrɪ'veɪʃən] *n* derivazione *f*.

derivative [dɪ'rɪvətɪv] *n* derivato ♦ *adj* derivato(a).

derive [dɪ'raɪv] *vt*: **to ~ sth from** derivare qc da; trarre qc da ♦ *vi*: **to ~ from** derivare da.

dermatitis [dəːmə'taɪtɪs] *n* dermatite *f*.

dermatology [dəːmə'tɔlədʒɪ] *n* dermatologia.

derogatory [dɪ'rɔgətərɪ] *adj* denigratorio(a).

derrick ['dɛrɪk] *n* gru *f inv*; (*for oil*) derrick *m inv*.

derv [dəːv] *n* (*BRIT*) gasolio.

DES *n abbr* (*BRIT*: = *Department of Education and Science*) ≈ ministero della Pubblica Istruzione.

desalination [diːsælɪ'neɪʃən] *n* desalinizzazione *f*, dissalazione *f*.

descend [dɪ'sɛnd] *vt, vi* discendere, scendere; **to ~ from** discendere da; **in ~ing order of importance** in ordine

decrescente d'importanza.

►descend on *vt fus* (*subj: enemy, angry person*) assalire, piombare su; (: *misfortune*) arrivare addosso a; (: *fig: gloom, silence*) scendere su; **visitors ~ed (up)on us** ci sono arrivate visite tra capo e collo.

descendant [dɪ'sɛndənt] *n* discendente *m/f*.

descent [dɪ'sɛnt] *n* discesa; (*origin*) discendenza, famiglia.

describe [dɪs'kraɪb] *vt* descrivere.

description [dɪs'krɪpʃən] *n* descrizione *f*; (*sort*) genere *m*, specie *f*; **of every ~** di ogni genere e specie.

descriptive [dɪs'krɪptɪv] *adj* descrittivo(a).

desecrate ['dɛsɪkreɪt] *vt* profanare.

desert *n* ['dɛzət] deserto ♦ *vb* [dɪ'zəːt] *vt* lasciare, abbandonare ♦ *vi* (*MIL*) disertare; *see also* **deserts.**

deserter [dɪ'zəːtə*] *n* disertore *m*.

desertion [dɪ'zəːʃən] *n* diserzione *f*.

desert island *n* isola deserta.

deserts [dɪ'zəːts] *npl*: **to get one's just ~** avere ciò che si merita.

deserve [dɪ'zəːv] *vt* meritare.

deservedly [dɪ'zəːvɪdlɪ] *adv* meritatamente, giustamente.

deserving [dɪ'zəːvɪŋ] *adj* (*person*) meritevole, degno(a); (*cause*) meritorio(a).

desiccated ['dɛsɪkeɪtɪd] *adj* essiccato(a).

design [dɪ'zaɪn] *n* (*sketch*) disegno; (: *of dress, car*) modello; (*layout, shape*) linea; (*pattern*) fantasia; (*COMM*) disegno tecnico; (*intention*) intenzione *f* ♦ *vt* disegnare; progettare; **to have ~s on** aver mire su; **well-~ed** ben concepito(a); **industrial ~** disegno industriale.

designate *vt* ['dɛzɪgneɪt] designare ♦ *adj* ['dɛzɪgnɪt] designato(a).

designation [dɛzɪg'neɪʃən] *n* designazione *f*.

designer [dɪ'zaɪnə*] *n* (*TECH*) disegnatore/trice, progettista *m/f*; (*of furniture*) designer *m/f inv*; (*fashion ~*) disegnatore/trice di moda; (*of theatre sets*) scenografo/a.

desirability [dɪzaɪərə'bɪlɪtɪ] *n* desiderabilità; vantaggio.

desirable [dɪ'zaɪərəbl] *adj* desiderabile; **it is ~ that** è opportuno che + *sub*.

desire [dɪ'zaɪə*] *n* desiderio, voglia ♦ *vt* desiderare, volere; **to ~ sth/to do sth/that** desiderare qc/di fare qc/che + *sub*.

desirous [dɪ'zaɪərəs] *adj*: **~ of** desideroso(a) di.

desk [dɛsk] *n* (*in office*) scrivania; (*for pupil*) banco; (*BRIT: in shop, restaurant*) cassa; (*in* *hotel*) ricevimento; (*at airport*) accettazione *f*.

desk job *n* lavoro d'ufficio.

desktop computer ['dɛsktɔp-] *n* personal *m inv*, personal computer *m inv*.

desktop publishing *n* desktop publishing *m*.

desolate ['dɛsəlɪt] *adj* desolato(a).

desolation [dɛsə'leɪʃən] *n* desolazione *f*.

despair [dɪs'pɛə*] *n* disperazione *f* ♦ *vi*: **to ~ of** disperare di; **in ~** disperato(a).

despatch [dɪs'pætʃ] *n*, *vt* = **dispatch**.

desperate ['dɛspərɪt] *adj* disperato(a); (*measures*) estremo(a); (*fugitive*) capace di tutto; **we are getting ~** siamo sull'orlo della disperazione.

desperately ['dɛspərɪtlɪ] *adv* disperatamente; (*very*) terribilmente, estremamente; **~ ill** in pericolo di vita.

desperation [dɛspə'reɪʃən] *n* disperazione *f*; **in ~** per disperazione.

despicable [dɪs'pɪkəbl] *adj* disprezzabile.

despise [dɪs'paɪz] *vt* disprezzare, sdegnare.

despite [dɪs'paɪt] *prep* malgrado, a dispetto di, nonostante.

despondent [dɪs'pɔndənt] *adj* abbattuto(a), scoraggiato(a).

despot ['dɛspɔt] *n* despota *m*.

dessert [dɪ'zɜːt] *n* dolce *m*; frutta.

dessertspoon [dɪ'zɜːtspuːn] *n* cucchiaio da dolci.

destabilize [diː'steɪbɪlaɪz] *vt* privare di stabilità; (*fig*) destabilizzare.

destination [dɛstɪ'neɪʃən] *n* destinazione *f*.

destine ['dɛstɪn] *vt* destinare.

destined ['dɛstɪnd] *adj*: **to be ~ to do sth** essere destinato(a) a fare qc; **~ for London** diretto a Londra, con destinazione Londra.

destiny ['dɛstɪnɪ] *n* destino.

destitute ['dɛstɪtjuːt] *adj* indigente, bisognoso(a); **~ of** privo(a) di.

destroy [dɪs'trɔɪ] *vt* distruggere.

destroyer [dɪs'trɔɪə*] *n* (*NAUT*) cacciatorpediniere *m*.

destruction [dɪs'trʌkʃən] *n* distruzione *f*.

destructive [dɪs'trʌktɪv] *adj* distruttivo(a).

desultory ['dɛsəltərɪ] *adj* (*reading*) disordinato(a); (*conversation*) sconnesso(a); (*contact*) saltuario(a), irregolare.

detach [dɪ'tætʃ] *vt* staccare, distaccare.

detachable [dɪ'tætʃəbl] *adj* staccabile.

detached [dɪ'tætʃt] *adj* (*attitude*) distante.

detached house *n* villa.

detachment [dɪ'tætʃmənt] *n* (*MIL*) distaccamento; (*fig*) distacco.

detail ['diːteɪl] *n* particolare *m*, dettaglio;

(*MIL*) piccolo distaccamento ♦ *vt* dettagliare, particolareggiare; (*MIL*): **to ~ sb (for)** assegnare qn (a); **in ~** nei particolari; **to go into ~(s)** scendere nei particolari.

detailed ['diːteɪld] *adj* particolareggiato(a).

detain [dɪ'teɪn] *vt* trattenere; (*in captivity*) detenere.

detainee [diːteɪ'niː] *n* detenuto/a.

detect [dɪ'tɛkt] *vt* scoprire, scorgere; (*MED, POLICE, RADAR etc*) individuare.

detection [dɪ'tɛkʃən] *n* scoperta; individuazione *f*; **crime ~** indagini *fpl* criminali; **to escape ~** (*criminal*) eludere le ricerche; (*mistake*) passare inosservato(a).

detective [dɪ'tɛktɪv] *n* investigatore/trice; **private ~** investigatore *m* privato.

detective story *n* giallo.

detector [dɪ'tɛktə*] *n* rivelatore *m*.

détente [deɪ'tɑːnt] *n* distensione *f*.

detention [dɪ'tɛnʃən] *n* detenzione *f*; (*SCOL*) permanenza forzata per punizione.

deter [dɪ'tɜː*] *vt* dissuadere.

detergent [dɪ'tɜːdʒənt] *n* detersivo.

deteriorate [dɪ'tɪərɪəreɪt] *vi* deteriorarsi.

deterioration [dɪtɪərɪə'reɪʃən] *n* deterioramento.

determination [dɪtɜːmɪ'neɪʃən] *n* determinazione *f*.

determine [dɪ'tɜːmɪn] *vt* determinare; **to ~ to do sth** decidere di fare qc.

determined [dɪ'tɜːmɪnd] *adj* (*person*) risoluto(a), deciso(a); **to be ~ to do sth** essere determinato(a) *or* deciso a fare qc; **a ~ effort** uno sforzo di volontà.

deterrence [dɪ'tɛrəns] *n* deterrenza.

deterrent [dɪ'tɛrənt] *n* deterrente *m*; **to act as a ~** fungere da deterrente.

detest [dɪ'tɛst] *vt* detestare.

detestable [dɪ'tɛstəbl] *adj* detestabile, abominevole.

detonate ['dɛtəneɪt] *vi* detonare ♦ *vt* far detonare.

detonator ['dɛtəneɪtə*] *n* detonatore *m*.

detour ['diːtuə*] *n* deviazione *f*.

detract [dɪ'trækt] *vt*: **to ~ from** detrarre da.

detractor [dɪ'træktə*] *n* detrattore/trice.

detriment ['dɛtrɪmənt] *n*: **to the ~ of** a detrimento di; **without ~ to** senza danno a.

detrimental [dɛtrɪ'mɛntl] *adj*: **~ to** dannoso(a) a, nocivo(a) a.

deuce [djuːs] *n* (*TENNIS*) quaranta pari *m inv*.

devaluation [diːvælju'eɪʃən] *n* svalutazione *f*.

devalue ['diː'væljuː] *vt* svalutare.

devastate ['dɛvəsteɪt] *vt* devastare; **he was ~d by the news** la notizia fu per lui un colpo terribile.

devastating ['dɛvəsteɪtɪŋ] *adj* devastatore(trice).

devastation [dɛvə'steɪʃən] *n* devastazione *f*.

develop [dɪ'vɛləp] *vt* sviluppare; (*habit*) prendere (gradualmente) ♦ *vi* svilupparsi; (*facts, symptoms: appear*) manifestarsi, rivelarsi; **to ~ a taste for sth** imparare a gustare qc; **to ~ into** diventare.

developer [dɪ'vɛləpə*] *n* (*PHOT*) sviluppatore *m*; **property ~** costruttore *m* (edile).

developing country [dɪ'vɛləpɪŋ-] *n* paese *m* in via di sviluppo.

development [dɪ'vɛləpmənt] *n* sviluppo.

development area *n* area di sviluppo industriale.

deviant ['diːvɪənt] *adj* deviante.

deviate ['diːvɪeɪt] *vi*: **to ~ (from)** deviare (da).

deviation [diːvɪ'eɪʃən] *n* deviazione *f*.

device [dɪ'vaɪs] *n* (*apparatus*) congegno; (*explosive ~*) ordigno esplosivo.

devil ['dɛvl] *n* diavolo; demonio.

devilish ['dɛvlɪʃ] *adj* diabolico(a).

devil-may-care ['dɛvlmeɪ'kɛə*] *adj* impudente.

devil's advocate *n*: **to play ~** fare l'avvocato del diavolo.

devious ['diːvɪəs] *adj* (*means*) indiretto(a), tortuoso(a); (*person*) subdolo(a).

devise [dɪ'vaɪz] *vt* escogitare, concepire.

devoid [dɪ'vɔɪd] *adj*: **~ of** privo(a) di.

devolution [diːvə'luːʃən] *n* (*POL*) decentramento.

devolve [dɪ'vɔlv] *vi*: **to ~ (up)on** ricadere su.

devote [dɪ'vəut] *vt*: **to ~ sth to** dedicare qc a.

devoted [dɪ'vəutɪd] *adj* devoto(a); **to be ~ to** essere molto attaccato(a) a.

devotee [dɛvəu'tiː] *n* (*REL*) adepto/a; (*MUS, SPORT*) appassionato/a.

devotion [dɪ'vəuʃən] *n* devozione *f*, attaccamento; (*REL*) atto di devozione, preghiera.

devour [dɪ'vauə*] *vt* divorare.

devout [dɪ'vaut] *adj* pio(a), devoto(a).

dew [djuː] *n* rugiada.

dexterity [dɛks'tɛrɪtɪ] *n* destrezza.

dext(e)rous ['dɛkstrəs] *adj* (*skilful*) destro(a), abile; (*movement*) agile.

dg *abbr* (= decigram) dg.

DH *n abbr* = **Department of Health**; *see*

health.

DHSS *n abbr* (*BRIT: old*) = *Department of Health and Social Security.*

diabetes [daɪə'biːtiːz] *n* diabete *m*.

diabetic [daɪə'bɛtɪk] *adj* diabetico(a); (*chocolate, jam*) per diabetici ♦ *n* diabetico/a.

diabolical [daɪə'bɔlɪkl] *adj* diabolico(a); (*col: dreadful*) infernale, atroce.

diaeresis [daɪ'ɛrɪsɪs] *n* dieresi *f inv.*

diagnose [daɪəg'nəuz] *vt* diagnosticare.

diagnosis, *pl* **diagnoses** [daɪəg'nəusɪs, -siːz] *n* diagnosi *f inv.*

diagonal [daɪ'ægənl] *adj, n* diagonale (*f*).

diagram ['daɪəgræm] *n* diagramma *m*.

dial ['daɪəl] *n* quadrante *m*; (*on telephone*) disco combinatore ♦ *vt* (*number*) fare; **to ~ a wrong number** sbagliare numero; **can I ~ London direct?** si può chiamare Londra in teleselezione?

dial. *abbr* = **dialect**.

dialect ['daɪəlɛkt] *n* dialetto.

dialling code ['daɪəlɪŋ-], (*US*) **area code** *n* prefisso.

dialling tone ['daɪəlɪŋ-], (*US*) **dial tone** *n* segnale *m* di linea libera.

dialogue ['daɪəlɔg] *n* dialogo.

dialysis [daɪ'ælɪsɪs] *n* dialisi *f*.

diameter [daɪ'æmɪtə*] *n* diametro.

diametrically [daɪə'mɛtrɪklɪ] *adv*: **~ opposed (to)** diametralmente opposto(a) (a).

diamond ['daɪəmənd] *n* diamante *m*; (*shape*) rombo; **~s** *npl* (*CARDS*) quadri *mpl*.

diamond ring *n* anello di brillanti; (*with one diamond*) anello con brillante.

diaper ['daɪəpə*] *n* (*US*) pannolino.

diaphragm ['daɪəfræm] *n* diaframma *m*.

diarrhoea, (*US*) **diarrhea** [daɪə'riːə] *n* diarrea.

diary ['daɪərɪ] *n* (*daily account*) diario; (*book*) agenda; **to keep a ~** tenere un diario.

diatribe ['daɪətraɪb] *n* diatriba.

dice [daɪs] *n* (*pl inv*) dado ♦ *vt* (*CULIN*) tagliare a dadini.

dicey ['daɪsɪ] *adj* (*col*): **it's a bit ~** è un po' un rischio.

dichotomy [daɪ'kɔtəmɪ] *n* dicotomia.

dickhead ['dɪkhɛd] *n* (*BRIT col!*) testa *m* di cazzo(!).

Dictaphone ® ['dɪktəfəun] *n* dittafono.

dictate *vt* [dɪk'teɪt] dettare ♦ *vi*: **to ~ to** (*person*) dare ordini a, dettar legge a ♦ *n* ['dɪkteɪt] dettame *m*; **I won't be ~d to** non ricevo ordini.

dictation [dɪk'teɪʃən] *n* dettato; (*to secretary etc*) dettatura; **at ~ speed** a velocità di dettatura.

dictator [dɪk'teɪtə*] n dittatore m.
dictatorship [dɪk'teɪtəʃɪp] n dittatura.
diction ['dɪkʃən] n dizione f.
dictionary ['dɪkʃənrɪ] n dizionario.
did [dɪd] pt of do.
didactic [daɪ'dæktɪk] adj didattico(a).
didn't = did not.
die [daɪ] n (pl: dies) conio; matrice f;
stampo ♦ vi morire; **to be dying** star
morendo; **to be dying for sth/to do sth**
morire dalla voglia di qc/di fare qc; **to ~
(of or from)** morire (di).
▶**die away** vi spegnersi a poco a poco.
▶**die down** vi abbassarsi.
▶**die out** vi estinguersi.
diehard ['daɪhɑːd] n reazionario/a.
diesel ['diːzl] n diesel m.
diesel engine n motore m diesel inv.
diesel fuel, diesel oil n gasolio (per
motori diesel).
diet ['daɪət] n alimentazione f; (restricted
food) dieta ♦ vi (also: **be on a ~**) stare a
dieta; **to live on a ~** of nutrirsi di.
dietician [daɪə'tɪʃən] n dietologo/a.
differ ['dɪfə*] vi: **to ~ from sth** differire da
qc; essere diverso(a) da qc; **to ~ from sb
over sth** essere in disaccordo con qn su
qc.
difference ['dɪfrəns] n differenza; (quarrel)
screzio; **it makes no ~ to me** per me è lo
stesso; **to settle one's ~s** risolvere la
situazione.
different ['dɪfrənt] adj diverso(a).
differential [dɪfə'renʃəl] n (AUT, wages)
differenziale m.
differentiate [dɪfə'renʃɪeɪt] vi
differenziarsi; **to ~ between**
discriminare fra, fare differenza fra.
differently ['dɪfrəntlɪ] adv diversamente.
difficult ['dɪfɪkəlt] adj difficile; **~ to
understand** difficile da capire.
difficulty ['dɪfɪkəltɪ] n difficoltà f inv; **to
have difficulties with** (police, landlord etc)
avere noie con; **to be in ~** essere or
trovarsi in difficoltà.
diffidence ['dɪfɪdəns] n mancanza di
sicurezza.
diffident ['dɪfɪdənt] adj sfiduciato(a).
diffuse adj [dɪ'fjuːs] diffuso(a) ♦ vt [dɪ'fjuːz]
diffondere, emanare.
dig [dɪg] vb (pt, pp dug [dʌg]) vt (hole)
scavare; (garden) vangare ♦ vi scavare ♦ n
(prod) gomitata; (fig) frecciata;
(ARCHAEOLOGY) scavo, scavi mpl; **to ~ into**
(snow, soil) scavare; **to ~ into one's
pockets for sth** frugarsi le tasche
cercando qc; **to ~ one's nails into**
conficcare le unghie in; see also **digs.**

▶**dig in** vi (col: eat) attaccare a mangiare;
(also: **~ o.s. in**: MIL) trincerarsi; (: fig)
insediarsi, installarsi ♦ vt (compost)
interrare; (knife, claw) affondare; **to ~ in
one's heels** (fig) impuntarsi.
▶**dig out** vt (survivors, car from snow) tirar
fuori (scavando), estrarre (scavando).
▶**dig up** vt scavare; (tree etc) sradicare.
digest [daɪ'dʒest] vt digerire.
digestible [dɪ'dʒestəbl] adj digeribile.
digestion [dɪ'dʒestʃən] n digestione f.
digestive [dɪ'dʒestɪv] adj digestivo(a); **~
system** apparato digerente.
digit ['dɪdʒɪt] n cifra; (finger) dito.
digital ['dɪdʒɪtəl] adj digitale.
digital compact cassette n piastra
digitale per CD.
dignified ['dɪgnɪfaɪd] adj dignitoso(a).
dignitary ['dɪgnɪtərɪ] n dignitario.
dignity ['dɪgnɪtɪ] n dignità.
digress [daɪ'gres] vi: **to ~ from** divagare da.
digression [daɪ'greʃən] n digressione f.
digs [dɪgz] npl (BRIT col) camera
ammobiliata.
dilapidated [dɪ'læpɪdeɪtɪd] adj cadente.
dilate [daɪ'leɪt] vt dilatare ♦ vi dilatarsi.
dilatory ['dɪlətərɪ] adj dilatorio(a).
dilemma [daɪ'lemə] n dilemma m; **to be in a
~** essere di fronte a un dilemma.
diligent ['dɪlɪdʒənt] adj diligente.
dill [dɪl] n aneto.
dilly-dally ['dɪlɪdælɪ] vi gingillarsi.
dilute [daɪ'luːt] vt diluire; (with water)
annacquare ♦ adj diluito(a).
dim [dɪm] adj (light, eyesight) debole;
(memory, outline) vago(a); (stupid)
ottuso(a) ♦ vt (light: also: US AUT)
abbassare; **to take a ~ view of sth** non
vedere di buon occhio qc.
dime [daɪm] n (US) = 10 cents.
dimension [dɪ'menʃən] n dimensione f.
-dimensional [dɪ'menʃənl] adj suffix: **two~**
bi-dimensionale.
diminish [dɪ'mɪnɪʃ] vt, vi diminuire.
diminished [dɪ'mɪnɪʃt] adj: **~ responsibility**
(LAW) incapacità d'intendere e di volere.
diminutive [dɪ'mɪnjutɪv] adj minuscolo(a)
♦ n (LING) diminutivo.
dimly ['dɪmlɪ] adv debolmente;
indistintamente.
dimmer ['dɪmə*] n (also: **~ switch**) dimmer
m inv, interruttore m a reostato; **~s** (US
AUT) anabbaglianti mpl; (: parking lights)
luci fpl di posizione.
dimple ['dɪmpl] n fossetta.
dim-witted ['dɪm'wɪtɪd] adj (col) sciocco(a),
stupido(a).
din [dɪn] n chiasso, fracasso ♦ vt: **to ~ sth**

into sb (col) ficcare qc in testa a qn.
dine [daɪn] vi pranzare.
diner ['daɪnə*] n (person: in restaurant)
cliente m; (RAIL) carrozza or vagone m
ristorante; (US: eating place) tavola calda.
dinghy ['dɪŋgɪ] n battello pneumatico;
(also: **sailing** ~) dinghy m inv.
dingy ['dɪndʒɪ] adj grigio(a).
dining area ['daɪnɪŋ-] n zona pranzo inv.
dining car n vagone m ristorante.
dining room n sala da pranzo.
dinner ['dɪnə*] n pranzo m; (evening meal)
cena; (public) banchetto; ~'s **ready!** a
tavola!
dinner jacket n smoking m inv.
dinner party n cena.
dinner service n servizio da tavola.
dinner time n ora di pranzo (or cena).
dinosaur ['daɪnəsɔ:*] n dinosauro.
dint [dɪnt] n: **by** ~ **of (doing) sth** a forza di
(fare) qc.
diocese ['daɪəsɪs] n diocesi f inv.
dioxide [daɪ'ɒksaɪd] n biossido.
dip [dɪp] n (slope) discesa; (in sea) bagno
♦ vt immergere, bagnare; (BRIT AUT: lights)
abbassare ♦ vi (road) essere in pendenza;
(bird, plane) abbassarsi.
Dip. abbr (BRIT) = diploma.
diphtheria [dɪf'θɪərɪə] n difterite f.
diphthong ['dɪfθɒŋ] n dittongo.
diploma [dɪ'pləumə] n diploma m.
diplomacy [dɪ'pləuməsɪ] n diplomazia.
diplomat ['dɪpləmæt] n diplomatico.
diplomatic [dɪplə'mætɪk] adj
diplomatico(a); **to break off** ~ **relations**
rompere le relazioni diplomatiche.
diplomatic corps n corpo diplomatico.
diplomatic immunity n immunità f inv
diplomatica.
dipstick ['dɪpstɪk] n (AUT) indicatore m di
livello dell'olio.
dipswitch ['dɪpswɪtʃ] n (BRIT AUT) levetta
dei fari.
dire [daɪə*] adj terribile; estremo(a).
direct [daɪ'rɛkt] adj diretto(a); (manner,
person) franco(a), esplicito(a) ♦ vt
dirigere; **to** ~ **sb to do sth** dare direttive
a qn di fare qc; **can you** ~ **me to ...?** mi
può indicare la strada per ...?
direct cost n (COMM) costo diretto.
direct current n (ELEC) corrente f
continua.
direct debit n (BANKING) addebito
effettuato per ordine di un cliente di
banca.
direct dialling n (TEL) ≈ teleselezione f.
direct hit n (MIL) colpo diretto.
direction [dɪ'rɛkʃən] n direzione f; (of play,

film, programme) regia; ~**s** npl (advice)
chiarimenti mpl; (instructions: to a place)
indicazioni fpl; ~**s for use** istruzioni fpl; **to
ask for** ~**s** chiedere la strada; **sense of** ~
senso dell'orientamento; **in the** ~ **of** in
direzione di.
directive [dɪ'rɛktɪv] n direttiva, ordine m; **a
government** ~ una disposizione
governativa.
direct labour n manodopera diretta.
directly [dɪ'rɛktlɪ] adv (in straight line)
direttamente; (at once) subito.
direct mail n pubblicità diretta.
direct mailshot n (BRIT) materiale m
pubblicitario ad approccio diretto.
directness [daɪ'rɛktnɪs] n (of person, speech)
franchezza.
director [dɪ'rɛktə*] n direttore/trice;
amministratore/trice; (THEAT, CINE, TV)
regista m/f; **D~ of Public Prosecutions
(DPP)** (BRIT) ≈ Procuratore m della
Repubblica.
directory [dɪ'rɛktərɪ] n elenco; (street ~)
stradario; (trade ~) repertorio del
commercio; (COMPUT) directory m inv.
directory enquiries, (US) **directory
assistance** n (TEL) servizio informazioni,
informazioni fpl elenco abbonati.
dirt [dɜ:t] n sporcizia; immondizia; **to treat
sb like** ~ trattare qn come uno straccio.
dirt-cheap ['dɜ:t'tʃi:p] adj da due soldi.
dirt road n strada non asfaltata.
dirty ['dɜ:tɪ] adj sporco(a) ♦ vt sporcare; ~
story storia oscena; ~ **trick** brutto
scherzo.
disability [dɪsə'bɪlɪtɪ] n invalidità f inv;
(LAW) incapacità f inv.
disability allowance n pensione f
d'invalidità.
disable [dɪs'eɪbl] vt (subj: illness, accident)
rendere invalido(a); (tank, gun) mettere
fuori uso.
disabled [dɪs'eɪbld] adj invalido(a);
(maimed) mutilato(a); (through illness, old
age) inabile.
disadvantage [dɪsəd'vɑ:ntɪdʒ] n
svantaggio.
disadvantaged [dɪsəd'vɑ:ntɪdʒd] adj
(person) svantaggiato(a).
disadvantageous [dɪsædvɑ:n'teɪdʒəs] adj
svantaggioso(a).
disaffected [dɪsə'fɛktɪd] adj: ~ **(to** or
towards) scontento(a) di, insoddisfatto(a)
di.
disaffection [dɪsə'fɛkʃən] n malcontento,
insoddisfazione f.
disagree [dɪsə'gri:] vi (differ) discordare;
(be against, think otherwise): **to** ~ **(with)**

essere in disaccordo (con), dissentire
(da); I ~ **with you** non sono d'accordo con
lei; **garlic ~s with me** l'aglio non mi va.
disagreeable [dɪsə'griːəbl] *adj* sgradevole;
(*person*) antipatico(a).
disagreement [dɪsə'griːmənt] *n*
disaccordo; (*quarrel*) dissapore *m*; **to have
a ~ with sb** litigare con qn.
disallow ['dɪsə'lau] *vt* respingere; (*BRIT
FOOTBALL: goal*) annullare.
disappear [dɪsə'pɪə*] *vi* scomparire.
disappearance [dɪsə'pɪərəns] *n* scomparsa.
disappoint [dɪsə'pɔɪnt] *vt* deludere.
disappointed [dɪsə'pɔɪntɪd] *adj* deluso(a).
disappointing [dɪsə'pɔɪntɪŋ] *adj* deludente.
disappointment [dɪsə'pɔɪntmənt] *n*
delusione *f*.
disapproval [dɪsə'pruːvəl] *n*
disapprovazione *f*.
disapprove [dɪsə'pruːv] *vi*: **to ~ of**
disapprovare.
disapproving [dɪsə'pruːvɪŋ] *adj* di
disapprovazione.
disarm [dɪs'ɑːm] *vt* disarmare.
disarmament [dɪs'ɑːməmənt] *n* disarmo.
disarming [dɪs'ɑːmɪŋ] *adj* (*smile*)
disarmante.
disarray [dɪsə'reɪ] *n*: **in ~** (*troops*) in rotta;
(*thoughts*) confuso(a); (*clothes*) in
disordine; **to throw into ~** buttare
all'aria.
disaster [dɪ'zɑːstə*] *n* disastro.
disaster area *n* zona disastrata.
disastrous [dɪ'zɑːstrəs] *adj* disastroso(a).
disband [dɪs'bænd] *vt* sbandare; (*MIL*)
congedare ♦ *vi* sciogliersi.
disbelief ['dɪsbə'liːf] *n* incredulità; **in ~**
incredulo(a).
disbelieve ['dɪsbə'liːv] *vt* (*person, story*) non
credere a, mettere in dubbio; **I don't ~
you** vorrei poterle credere.
disc [dɪsk] *n* disco.
disc. *abbr* (*COMM*) = **discount**.
discard [dɪs'kɑːd] *vt* (*old things*) scartare;
(*fig*) abbandonare.
disc brake *n* freno a disco.
discern [dɪ'sɜːn] *vt* discernere, distinguere.
discernible [dɪ'sɜːnəbl] *adj* percepibile.
discerning [dɪ'sɜːnɪŋ] *adj* perspicace.
discharge *vt* [dɪs'tʃɑːdʒ] (*duties*) compiere;
(*settle: debt*) pagare, estinguere; (*ELEC,
waste etc*) scaricare; (*MED*) emettere;
(*patient*) dimettere; (*employee*) licenziare;
(*soldier*) congedare; (*defendant*) liberare
♦ *n* ['dɪstʃɑːdʒ] (*ELEC*) scarica; (*MED, of gas,
chemicals*) emissione *f*; (*vaginal ~*) perdite
fpl (bianche); (*dismissal*) licenziamento;
congedo; liberazione *f*; **to ~ one's gun**

fare fuoco.
discharged bankrupt [dɪs'tʃɑːdʒd-] *n*
fallito cui il tribunale ha concesso la
riabilitazione.
disciple [dɪ'saɪpl] *n* discepolo.
disciplinary ['dɪsɪplɪnərɪ] *adj* disciplinare;
to take ~ action against sb prendere un
provvedimento disciplinare contro qn.
discipline ['dɪsɪplɪn] *n* disciplina ♦ *vt*
disciplinare; (*punish*) punire; **to ~ o.s. to
do sth** imporsi di fare qc.
disc jockey (DJ) *n* disc jockey *m inv*.
disclaim [dɪs'kleɪm] *vt* negare, smentire.
disclaimer [dɪs'kleɪmə*] *n* smentita; **to
issue a ~** pubblicare una smentita.
disclose [dɪs'kləuz] *vt* rivelare, svelare.
disclosure [dɪs'kləuʒə*] *n* rivelazione *f*.
disco ['dɪskəu] *n abbr* = **discothèque**.
discolour, (*US*) **discolor** [dɪs'kʌlə*] *vt*
scolorire; (*sth white*) ingiallire ♦ *vi*
sbiadire, scolorirsi; (*sth white*) ingiallire.
discolo(u)ration [dɪskʌlə'reɪʃən] *n*
scolorimento.
discolo(u)red [dɪs'kʌləd] *adj* scolorito(a);
ingiallito(a).
discomfort [dɪs'kʌmfət] *n* disagio; (*lack of
comfort*) scomodità *f inv*.
disconcert [dɪskən'sɜːt] *vt* sconcertare.
disconnect [dɪskə'nɛkt] *vt* sconnettere,
staccare; (*ELEC, RADIO*) staccare; (*gas,
water*) chiudere.
disconnected [dɪskə'nɛktɪd] *adj* (*speech,
thought*) sconnesso(a).
disconsolate [dɪs'kɔnsəlɪt] *adj*
sconsolato(a).
discontent [dɪskən'tɛnt] *n* scontentezza.
discontented [dɪskən'tɛntɪd] *adj*
scontento(a).
discontinue [dɪskən'tɪnjuː] *vt* smettere,
cessare; "**~d**" (*COMM*) "sospeso".
discord ['dɪskɔːd] *n* disaccordo; (*MUS*)
dissonanza.
discordant [dɪs'kɔːdənt] *adj* discordante;
dissonante.
discothèque ['dɪskəutɛk] *n* discoteca.
discount *n* ['dɪskaunt] sconto ♦ *vt* [dɪs'kaunt]
scontare; (*report etc*) non badare a; **at a ~**
con uno sconto; **to give sb a ~ on sth** fare
uno sconto a qn su qc; **~ for cash** sconto
m cassa *inv*.
discount house *n* (*FINANCE*) casa di
sconto, discount house *f inv*; (*COMM: also:*
discount store) discount *m inv*.
discount rate *n* tasso di sconto.
discourage [dɪs'kʌrɪdʒ] *vt* scoraggiare;
(*dissuade, deter*) tentare di dissuadere.
discouragement [dɪs'kʌrɪdʒmənt] *n*
(*dissuasion*) disapprovazione *f*;

(*depression*) scoraggiamento; **to act as a ~ to** ostacolare.

discouraging [dɪsˈkʌrɪdʒɪŋ] *adj* scoraggiante.

discourteous [dɪsˈkəːtɪəs] *adj* scortese.

discover [dɪsˈkʌvə*] *vt* scoprire.

discovery [dɪsˈkʌvərɪ] *n* scoperta.

discredit [dɪsˈkrɛdɪt] *vt* screditare; mettere in dubbio ♦ *n* discredito.

discreet [dɪˈskriːt] *adj* discreto(a).

discreetly [dɪˈskriːtlɪ] *adv* con discrezione.

discrepancy [dɪˈskrɛpənsɪ] *n* discrepanza.

discretion [dɪˈskrɛʃən] *n* discrezione *f*; **use your own ~** giudichi lei.

discretionary [dɪsˈkrɛʃənərɪ] *adj* (*powers*) discrezionale.

discriminate [dɪˈskrɪmɪneɪt] *vi*: **to ~ between** distinguere tra; **to ~ against** discriminare contro.

discriminating [dɪsˈkrɪmɪneɪtɪŋ] *adj* (*ear, taste*) fine, giudizioso(a); (*person*) esigente; (*tax, duty*) discriminante.

discrimination [dɪskrɪmɪˈneɪʃən] *n* discriminazione *f*; (*judgement*) discernimento; **racial/sexual ~** discriminazione razziale/sessuale.

discus [ˈdɪskəs] *n* disco.

discuss [dɪˈskʌs] *vt* discutere; (*debate*) dibattere.

discussion [dɪˈskʌʃən] *n* discussione *f*; **under ~** in discussione.

disdain [dɪsˈdeɪn] *n* disdegno.

disease [dɪˈziːz] *n* malattia.

diseased [dɪˈziːzd] *adj* malato(a).

disembark [dɪsɪmˈbɑːk] *vt, vi* sbarcare.

disembarkation [dɪsɛmbɑːˈkeɪʃən] *n* sbarco.

disembodied [dɪsɪmˈbɔdɪd] *adj* disincarnato(a).

disembowel [dɪsɪmˈbauəl] *vt* sbudellare, sventrare.

disenchanted [dɪsɪnˈtʃɑːntɪd] *adj* disincantato(a); **~ (with)** deluso(a) (da).

disenfranchise [dɪsɪnˈfræntʃaɪz] *vt* privare del diritto di voto; (*COMM*) revocare una condizione di privilegio commerciale a.

disengage [dɪsɪnˈgeɪdʒ] *vt* disimpegnare; (*TECH*) distaccare; (*AUT*) disinnestare.

disentangle [dɪsɪnˈtæŋgl] *vt* sbrogliare.

disfavour, (*US*) **disfavor** [dɪsˈfeɪvə*] *n* sfavore *m*; disgrazia.

disfigure [dɪsˈfɪgə*] *vt* sfigurare.

disgorge [dɪsˈgɔːdʒ] *vt* (*subj: river*) riversare.

disgrace [dɪsˈgreɪs] *n* vergogna; (*disfavour*) disgrazia ♦ *vt* disonorare, far cadere in disgrazia.

disgraceful [dɪsˈgreɪsful] *adj* scandaloso(a),

vergognoso(a).

disgruntled [dɪsˈgrʌntld] *adj* scontento(a), di cattivo umore.

disguise [dɪsˈgaɪz] *n* travestimento ♦ *vt* travestire; (*voice*) contraffare; (*feelings etc*) mascherare; **to ~ o.s. as** travestirsi da; **in ~** travestito(a); **there's no disguising the fact that ...** non si può nascondere (il fatto) che ....

disgust [dɪsˈgʌst] *n* disgusto, nausea ♦ *vt* disgustare, far schifo a.

disgusting [dɪsˈgʌstɪŋ] *adj* disgustoso(a).

dish [dɪʃ] *n* piatto; **to do** *or* **wash the ~es** fare i piatti.

▶**dish out** *vt* (*food*) servire; (*advice*) elargire; (*money*) tirare fuori; (*exam papers*) distribuire.

▶**dish up** *vt* (*food*) servire; (*facts, statistics*) presentare.

dishcloth [ˈdɪʃklɔθ] *n* strofinaccio dei piatti.

dishearten [dɪsˈhɑːtn] *vt* scoraggiare.

dishevelled, (*US*) **disheveled** [dɪˈʃɛvəld] *adj* arruffato(a); scapigliato(a).

dishonest [dɪsˈɔnɪst] *adj* disonesto(a).

dishonesty [dɪsˈɔnɪstɪ] *n* disonestà.

dishonour, (*US*) **dishonor** [dɪsˈɔnə*] *n* disonore *m*.

dishono(u)rable [dɪsˈɔnərəbl] *adj* disonorevole.

dish soap *n* (*US*) detersivo liquido (per stoviglie).

dishtowel [ˈdɪʃtauəl] *n* strofinaccio dei piatti.

dishwasher [ˈdɪʃwɔʃə*] *n* lavastoviglie *f inv*; (*person*) sguattero/a.

dishy [ˈdɪʃɪ] *adj* (*BRIT col*) figo(a).

disillusion [dɪsɪˈluːʒən] *vt* disilludere, disingannare ♦ *n* disillusione *f*; **to become ~ed (with)** perdere le illusioni (su).

disillusionment [dɪsɪˈluːʒənmənt] *n* disillusione *f*.

disincentive [dɪsɪnˈsɛntɪv] *n*: **to act as a ~ (to)** agire da freno (su); **to be a ~ to** scoraggiare.

disinclined [dɪsɪnˈklaɪnd] *adj*: **to be ~ to do sth** essere poco propenso(a) a fare qc.

disinfect [dɪsɪnˈfɛkt] *vt* disinfettare.

disinfectant [dɪsɪnˈfɛktənt] *n* disinfettante *m*.

disinflation [dɪsɪnˈfleɪʃən] *n* disinflazione *f*.

disinformation [dɪsɪnfəˈmeɪʃən] *n* disinformazione *f*.

disinherit [dɪsɪnˈhɛrɪt] *vt* diseredare.

disintegrate [dɪsˈɪntɪgreɪt] *vi* disintegrarsi.

disinterested [dɪsˈɪntrəstɪd] *adj* disinteressato(a).

disjointed [dɪsˈdʒɔɪntɪd] *adj* sconnesso(a).

disk [dɪsk] n (COMPUT) disco; **single-/ double-sided** ~ disco m monofaccia inv/a doppia faccia.

disk drive n disk drive m inv, unità f inv a dischi magnetici.

disk operating system (DOS) n sistema m operativo a disco.

diskette [dɪs'kɛt] n (COMPUT) dischetto.

dislike [dɪs'laɪk] n antipatia, avversione f ♦ vt: **he ~s it** non gli piace; **I ~ the idea** l'idea non mi va; **to take a ~ to sb/sth** prendere in antipatia qn/qc.

dislocate ['dɪslɔkeɪt] vt (MED) slogare; (fig) disorganizzare; **he ~d his shoulder** si è lussato una spalla.

dislodge [dɪs'lɔdʒ] vt rimuovere, staccare; (enemy) sloggiare.

disloyal [dɪs'lɔɪəl] adj sleale.

dismal ['dɪzml] adj triste, cupo(a).

dismantle [dɪs'mæntl] vt smantellare, smontare; (fort, warship) disarmare.

dismast [dɪs'mɑːst] vt disalberare.

dismay [dɪs'meɪ] n costernazione f ♦ vt sgomentare; **much to my ~** con mio gran stupore.

dismiss [dɪs'mɪs] vt congedare; (employee) licenziare; (idea) scacciare; (LAW) respingere ♦ vi (MIL) rompere i ranghi.

dismissal [dɪs'mɪsəl] n congedo; licenziamento.

dismount [dɪs'maunt] vi scendere ♦ vt (rider) disarcionare.

disobedience [dɪsə'biːdɪəns] n disubbidienza.

disobedient [dɪsə'biːdɪənt] adj disubbidiente.

disobey [dɪsə'beɪ] vt disubbidire; (rule) trasgredire.

disorder [dɪs'ɔːdə*] n disordine m; (rioting) tumulto; (MED) disturbo; **civil ~** disordini mpl interni.

disorderly [dɪs'ɔːdəlɪ] adj disordinato(a); tumultuoso(a).

disorderly conduct n (LAW) comportamento atto a turbare l'ordine pubblico.

disorganize [dɪs'ɔːgənaɪz] vt disorganizzare.

disorganized [dɪs'ɔːgənaɪzd] adj (person, life) disorganizzato(a); (system, meeting) male organizzato(a).

disorientated [dɪs'ɔːrɪenteɪtɪd] adj disorientato(a).

disown [dɪs'aun] vt ripudiare.

disparaging [dɪs'pærɪdʒɪŋ] adj spregiativo(a), sprezzante; **to be ~ about sb/sth** denigrare qn/qc.

disparate ['dɪspərɪt] adj disparato(a).

disparity [dɪs'pærɪtɪ] n disparità f inv.

dispassionate [dɪs'pæʃənət] adj calmo(a), freddo(a); imparziale.

dispatch [dɪs'pætʃ] vt spedire, inviare; (deal with: business) sbrigare ♦ n spedizione f, invio; (MIL, PRESS) dispaccio.

dispatch department n reparto spedizioni.

dispatch rider n (MIL) corriere m, portaordini m inv.

dispel [dɪs'pɛl] vt dissipare, scacciare.

dispensary [dɪs'pɛnsərɪ] n farmacia; (in chemist's) dispensario.

dispense [dɪs'pɛns] vt distribuire, amministrare; (medicine) preparare e dare; **to ~ sb from** dispensare qn da.

▶**dispense with** vt fus fare a meno di; (make unnecessary) rendere superfluo(a).

dispenser [dɪs'pɛnsə*] n (container) distributore m.

dispensing chemist n (BRIT) farmacista m/f.

dispersal [dɪs'pɔːsl] n dispersione f.

disperse [dɪs'pɔːs] vt disperdere; (knowledge) disseminare ♦ vi disperdersi.

dispirited [dɪs'pɪrɪtɪd] adj scoraggiato(a), abbattuto(a).

displace [dɪs'pleɪs] vt spostare.

displaced person n (POL) profugo/a.

displacement [dɪs'pleɪsmənt] n spostamento.

display [dɪs'pleɪ] n mostra; esposizione f; (of feeling etc) manifestazione f; (military ~) parata (militare); (computer ~) display m inv; (pej) ostentazione f ♦ vt mostrare; (goods) esporre; (results) affiggere; (departure times) indicare; **on ~** (gen) in mostra; (goods) in vetrina.

display advertising n pubblicità tabellare.

displease [dɪs'pliːz] vt dispiacere a, scontentare; **~d with** scontento(a) di.

displeasure [dɪs'plɛʒə*] n dispiacere m.

disposable [dɪs'pəuzəbl] adj (pack etc) a perdere; (income) disponibile; **~ nappy** (BRIT) pannolino di carta.

disposal [dɪs'pəuzl] n (of rubbish) evacuazione f; distruzione f; (of property etc: by selling) vendita; (: by giving away) cessione f; **at one's ~** alla sua disposizione; **to put sth at sb's ~** mettere qc a disposizione di qn.

dispose [dɪs'pəuz] vt disporre.

▶**dispose of** vt fus (time, money) disporre di; (COMM: sell) vendere; (unwanted goods) sbarazzarsi di; (problem) eliminare.

disposed [dɪs'pəuzd] adj: **~ to do** disposto(a) a fare.

disposition [dɪspə'zɪʃən] *n* disposizione *f*; (*temperament*) carattere *m*.

dispossess ['dɪspə'zɛs] *vt*: **to ~ sb (of)** spossessare qn (di).

disproportion [dɪsprə'pɔːʃən] *n* sproporzione *f*.

disproportionate [dɪsprə'pɔːʃənət] *adj* sproporzionato(a).

disprove [dɪs'pruːv] *vt* confutare.

dispute [dɪs'pjuːt] *n* disputa; (*also*: **industrial ~**) controversia (sindacale) ♦ *vt* contestare; (*matter*) discutere; (*victory*) disputare; **to be in** *or* **under ~** (*matter*) essere in discussione; (*territory*) essere oggetto di contesa.

disqualification [dɪskwɔlɪfɪ'keɪʃən] *n* squalifica; **~ (from driving)** (*BRIT*) ritiro della patente.

disqualify [dɪs'kwɔlɪfaɪ] *vt* (*SPORT*) squalificare; **to ~ sb from sth/from doing** rendere qn incapace a qc/a fare; squalificare qn da qc/da fare; **to ~ sb from driving** (*BRIT*) ritirare la patente a qn.

disquiet [dɪs'kwaɪət] *n* inquietudine *f*.

disquieting [dɪs'kwaɪətɪŋ] *adj* inquietante, allarmante.

disregard [dɪsrɪ'gɑːd] *vt* non far caso a, non badare a ♦ *n* (*indifference*): **~ (for)** (*feelings*) insensibilità (a), indifferenza (verso); (*danger*) noncuranza (di); (*money*) disprezzo (di).

disrepair [dɪsrɪ'pɛə*] *n* cattivo stato; **to fall into ~** (*building*) andare in rovina; (*street*) deteriorarsi.

disreputable [dɪs'rɛpjutəbl] *adj* (*person*) di cattiva fama; (*area*) malfamato(a), poco raccomandabile.

disrepute ['dɪsrɪ'pjuːt] *n* disonore *m*, vergogna; **to bring into ~** rovinare la reputazione di.

disrespectful [dɪsrɪ'spɛktful] *adj* che manca di rispetto.

disrupt [dɪs'rʌpt] *vt* (*meeting, lesson*) disturbare, interrompere; (*public transport*) creare scompiglio in; (*plans*) scombussolare.

disruption [dɪs'rʌpʃən] *n* disordine *m*; interruzione *f*.

disruptive [dɪs'rʌptɪv] *adj* (*influence*) negativo(a), deleterio(a); (*strike action*) paralizzante.

dissatisfaction [dɪssætɪs'fækʃən] *n* scontentezza, insoddisfazione *f*.

dissatisfied [dɪs'sætɪsfaɪd] *adj*: **~ (with)** scontento(a) *or* insoddisfatto(a) (di).

dissect [dɪ'sɛkt] *vt* sezionare; (*fig*) sviscerare.

disseminate [dɪ'sɛmɪneɪt] *vt* disseminare.

dissent [dɪ'sɛnt] *n* dissenso.

dissenter [dɪ'sɛntə*] *n* (*REL, POL etc*) dissidente *m/f*.

dissertation [dɪsə'teɪʃən] *n* (*SCOL*) tesi *f inv*, dissertazione *f*.

disservice [dɪs'səːvɪs] *n*: **to do sb a ~** fare un cattivo servizio a qn.

dissident ['dɪsɪdnt] *adj* dissidente; (*speech, voice*) di dissenso ♦ *n* dissidente *m/f*.

dissimilar [dɪ'sɪmɪlə*] *adj*: **~ (to)** dissimile *or* diverso(a) (da).

dissipate ['dɪsɪpeɪt] *vt* dissipare.

dissipated ['dɪsɪpeɪtɪd] *adj* dissipato(a).

dissociate [dɪ'səuʃɪeɪt] *vt* dissociare; **to ~ o.s. from** dichiarare di non avere niente a che fare con.

dissolute ['dɪsəluːt] *adj* dissoluto(a), licenzioso(a).

dissolve [dɪ'zɔlv] *vt* dissolvere, sciogliere; (*COMM, POL, marriage*) sciogliere ♦ *vi* dissolversi, sciogliersi; (*fig*) svanire.

dissuade [dɪ'sweɪd] *vt*: **to ~ sb (from)** dissuadere qn (da).

distaff side ['dɪstɑːf-] *n ramo femminile di una famiglia.*

distance ['dɪstns] *n* distanza; **in the ~** in lontananza; **what's the ~ to London?** quanto dista Londra?; **it's within walking ~** ci si arriva a piedi; **at a ~ of 2 metres** a 2 metri di distanza.

distant ['dɪstnt] *adj* lontano(a), distante; (*manner*) riservato(a), freddo(a).

distaste [dɪs'teɪst] *n* ripugnanza.

distasteful [dɪs'teɪstful] *adj* ripugnante, sgradevole.

Dist. Atty. *abbr* (*US*) = **district attorney**.

distemper [dɪs'tɛmpə*] *n* (*paint*) tempera; (*of dogs*) cimurro.

distend [dɪs'tɛnd] *vt* dilatare ♦ *vi* dilatarsi.

distended [dɪs'tɛndɪd] *adj* (*stomach*) dilatato(a).

distil, (*US*) **distill** [dɪs'tɪl] *vt* distillare.

distillery [dɪs'tɪlərɪ] *n* distilleria.

distinct [dɪs'tɪŋkt] *adj* distinto(a); (*preference, progress*) definito(a); **as ~ from** a differenza di.

distinction [dɪs'tɪŋkʃən] *n* distinzione *f*; (*in exam*) lode *f*; **to draw a ~ between** fare distinzione tra; **a writer of ~** uno scrittore di notevoli qualità.

distinctive [dɪs'tɪŋktɪv] *adj* distintivo(a).

distinctly [dɪs'tɪŋktlɪ] *adv* distintamente; (*remember*) chiaramente; (*unhappy, better*) decisamente.

distinguish [dɪs'tɪŋgwɪʃ] *vt* distinguere; discernere ♦ *vi*: **to ~ (between)** distinguere (tra); **to ~ o.s.** distinguersi.

distinguished [dɪsˈtɪŋgwɪʃt] *adj* (*eminent*) eminente; (*career*) brillante; (*refined*) distinto(a), signorile.
distinguishing [dɪsˈtɪŋgwɪʃɪŋ] *adj* (*feature*) distinto(a), caratteristico(a).
distort [dɪsˈtɔːt] *vt* (*also fig*) distorcere; (*account, news*) falsare; (*TECH*) deformare.
distortion [dɪsˈtɔːʃən] *n* (*gen*) distorsione *f*; (*of truth etc*) alterazione *f*; (*of facts*) travisamento; (*TECH*) deformazione *f*.
distract [dɪsˈtrækt] *vt* distrarre.
distracted [dɪsˈtræktɪd] *adj* distratto(a).
distraction [dɪsˈtrækʃən] *n* distrazione *f*; **to drive sb to ~** spingere qn alla pazzia.
distraught [dɪsˈtrɔːt] *adj* stravolto(a).
distress [dɪsˈtrɛs] *n* angoscia; (*pain*) dolore *m* ♦ *vt* affliggere; **in ~** (*ship etc*) in pericolo, in difficoltà; **~ed area** (*BRIT*) zona sinistrata.
distressing [dɪsˈtrɛsɪŋ] *adj* doloroso(a), penoso(a).
distress signal *n* segnale *m* di pericolo.
distribute [dɪsˈtrɪbjuːt] *vt* distribuire.
distribution [dɪstrɪˈbjuːʃən] *n* distribuzione *f*.
distribution cost *n* costo di distribuzione.
distributor [dɪsˈtrɪbjutə*] *n* distributore *m*; (*COMM*) concessionario.
district [ˈdɪstrɪkt] *n* (*of country*) regione *f*; (*of town*) quartiere *m*; (*ADMIN*) distretto.
district attorney (DA) *n* (*US*) ≈ sostituto procuratore *m* della Repubblica.
district council *n organo di amministrazione regionale.*

In Inghilterra e in Galles, il **district council** è *l'organo amministrativo indipendente dei* district *(che sono 369, ripartiti in 53* county*) e si occupa di questioni di interesse locale. È finanziato tramite una tassa locale e riceve un contributo da parte del governo che ne controlla le spese tramite un'apposita commissione. I district council vengono eletti ogni quattro anni.*

---

district nurse *n* (*BRIT*) infermiera di quartiere.
distrust [dɪsˈtrʌst] *n* diffidenza, sfiducia ♦ *vt* non aver fiducia in.
distrustful [dɪsˈtrʌstful] *adj* diffidente.
disturb [dɪsˈtəːb] *vt* disturbare; (*inconvenience*) scomodare; **sorry to ~ you** scusi se la disturbo.
disturbance [dɪsˈtəːbəns] *n* disturbo; (*political etc*) tumulto; (*by drunks etc*) disordini *mpl*; **~ of the peace** disturbo della quiete pubblica; **to cause a ~**

provocare disordini.
disturbed [dɪsˈtəːbd] *adj* turbato(a); **to be emotionally ~** avere problemi emotivi; **to be mentally ~** essere malato(a) di mente.
disturbing [dɪsˈtəːbɪŋ] *adj* sconvolgente.
disuse [dɪsˈjuːs] *n*: **to fall into ~** cadere in disuso.
disused [dɪsˈjuːzd] *adj* abbandonato(a).
ditch [dɪtʃ] *n* fossa ♦ *vt* (*col*) piantare in asso.
dither [ˈdɪðə*] *vi* vacillare.
ditto [ˈdɪtəu] *adv* idem.
divan [dɪˈvæn] *n* divano.
divan bed *n* divano letto *inv.*
dive [daɪv] *n* tuffo; (*of submarine*) immersione *f*; (*AVIAT*) picchiata; (*pej*) buco ♦ *vi* tuffarsi.
diver [ˈdaɪvə*] *n* tuffatore/trice; (*deep-sea ~*) palombaro.
diverge [daɪˈvəːdʒ] *vi* divergere.
divergent [daɪˈvəːdʒənt] *adj* divergente.
diverse [daɪˈvəːs] *adj* vario(a).
diversification [daɪvəːsɪfɪˈkeɪʃən] *n* diversificazione *f*.
diversify [daɪˈvəːsɪfaɪ] *vt* diversificare.
diversion [daɪˈvəːʃən] *n* (*BRIT AUT*) deviazione *f*; (*distraction*) divertimento.
diversionary tactics [daɪˈvəːʃənrɪ-] *npl* tattica *fsg* diversiva.
diversity [daɪˈvəːsɪtɪ] *n* diversità *f inv*, varietà *f inv.*
divert [daɪˈvəːt] *vt* (*traffic, river*) deviare; (*train, plane*) dirottare; (*amuse*) divertire.
divest [daɪˈvɛst] *vt*: **to ~ sb of** spogliare qn di.
divide [dɪˈvaɪd] *vt* dividere; (*separate*) separare ♦ *vi* dividersi; **to ~ (between** *or* **among)** dividere (tra), ripartire (tra); **40 ~d by 5** 40 diviso 5.
▶**divide out** *vt*: **to ~ out (between** *or* **among)** (*sweets etc*) distribuire (tra); (*tasks*) distribuire *or* ripartire (tra).
divided [dɪˈvaɪdɪd] *adj* (*country*) diviso(a); (*opinions*) discordi.
divided highway *n* (*US*) strada a doppia carreggiata.
divided skirt *n* gonna *f* pantalone *inv.*
dividend [ˈdɪvɪdɛnd] *n* dividendo.
dividend cover *n* rapporto dividendo profitti.
dividers [dɪˈvaɪdəz] *npl* compasso a punte fisse.
divine [dɪˈvaɪn] *adj* divino(a) ♦ *vt* (*future*) divinare, predire; (*truth*) indovinare; (*water, metal*) individuare tramite radioestesia.
diving [ˈdaɪvɪŋ] *n* tuffo.
diving board *n* trampolino.

diving suit *n* scafandro.
divinity [dɪ'vɪnɪtɪ] *n* divinità *f inv*; teologia.
division [dɪ'vɪʒən] *n* divisione *f*;
separazione *f*; (*BRIT FOOTBALL*) serie *f inv*;
~ **of labour** divisione *f* del lavoro.
divisive [dɪ'vaɪsɪv] *adj* che è causa di
discordia.
divorce [dɪ'vɔːs] *n* divorzio ♦ *vt* divorziare
da.
divorced [dɪ'vɔːst] *adj* divorziato(a).
divorcee [dɪvɔː'siː] *n* divorziato/a.
divot ['dɪvət] *n* (*GOLF*) zolla di terra
(*sollevata accidentalmente*).
divulge [daɪ'vʌldʒ] *vt* divulgare, rivelare.
D.I.Y. *adj*, *n abbr* (*BRIT*) *see* **do-it-yourself.**
dizziness ['dɪzɪnɪs] *n* vertigini *fpl.*
dizzy ['dɪzɪ] *adj* (*height*) vertiginoso(a); **to
make sb** ~ far girare la testa a qn; **to feel**
~ avere il capogiro; **I feel** ~ mi gira la
testa, ho il capogiro.
DJ *n abbr see* **disc jockey.**
d.j. *n abbr* = **dinner jacket.**
Djakarta [dʒə'kɑːtə] *n* Giakarta.
DJIA *n abbr* (*US STOCK EXCHANGE*: = *Dow-
Jones Industrial Average*) indice *m* Dow-
Jones.
dl *abbr* (= *decilitre*) dl.
DLit(t) *n abbr* = *Doctor of Literature*; *Doctor of
Letters.*
DLO *n abbr* = **dead-letter office.**
dm *abbr* (= *decimetre*) dm.
DMus *n abbr* = *Doctor of Music.*
DMZ *n abbr* (= *demilitarized zone*) zona
smilitarizzata.
DNA *n abbr* (= *deoxyribonucleic acid*) DNA *m*.

========================= *KEYWORD*

do [duː] (*pt* **did**, *pp* **done**) *n* (*col: party etc*)
festa; **it was rather a grand** ~ è stato un
ricevimento piuttosto importante
♦ *vb* **1** (*in negative constructions*) *non
tradotto*; **I don't understand** non capisco
2 (*to form questions*) *non tradotto*; **didn't
you know?** non lo sapevi?; **why didn't you
come?** perché non sei venuto?
3 (*for emphasis, in polite expressions*): **she
does seem rather late** sembra essere
piuttosto in ritardo; **I DO wish I could ...**
magari potessi ...; **but I DO like it!** sì che
mi piace!; ~ **sit down** si accomodi la
prego, prego si sieda; ~ **take care!** mi
raccomando, stai attento!
4 (*used to avoid repeating vb*): **she swims
better than I** ~ lei nuota meglio di me; ~
you agree? — yes, I ~/**no, I don't** sei
d'accordo? — sì/no; **she lives in Glasgow
— so** ~ **I** lei vive a Glasgow — anch'io; **he
asked me to help him and I did** mi ha

chiesto di aiutarlo ed io l'ho fatto; **they
come here often —** ~ **they?** vengono qui
spesso — ah sì?, davvero?
5 (*in question tags*): **you like him, don't
you?** ti piace, vero?; **I don't know him,** ~
I? non lo conosco, vero?
♦ *vt* (*gen, carry out, perform etc*) fare; **what
are you** ~**ing tonight?** che fai stasera?;
what can I ~ **for you?** (*in shop*) desidera?;
I'll ~ **all I can** farò tutto il possibile; **to** ~
the cooking cucinare; **to** ~ **the washing-
up** fare i piatti; **to** ~ **one's teeth** lavarsi i
denti; **to** ~ **one's hair/nails** farsi i
capelli/le unghie; **the car was** ~**ing 100** la
macchina faceva i 100 all'ora; **how** ~ **you
like your steak done?** come preferisce la
bistecca?; **well done** ben cotto(a)
♦ *vi* **1** (*act, behave*) fare; ~ **as I** ~ faccia
come me, faccia come faccio io; **what did
he** ~ **with the cat?** che ne ha fatto del
gatto?
2 (*get on, fare*) andare; **he's** ~**ing well/
badly at school** va bene/male a scuola;
how ~ **you** ~**?** piacere!
3 (*suit*) andare bene; **this room will** ~
questa stanza va bene
4 (*be sufficient*) bastare; **will £10** ~**?**
basteranno 10 sterline?; **that'll** ~ basta
così; **that'll** ~**!** (*in annoyance*) ora basta!;
to make ~ **(with)** arrangiarsi (con)
►**do away with** *vt fus* (*kill*) far fuori;
(*abolish*) abolire
►**do for** *vt fus* (*BRIT col: clean for*) fare i
servizi per
►**do out of** *vt fus*: **to** ~ **sb out of sth**
fregare qc a qn
►**do up** *vt* (*laces*) allacciare; (*dress, buttons*)
abbottonare; (*renovate: room, house*)
rimettere a nuovo, rifare; **to** ~ **o.s. up**
farsi bello(a)
►**do with** *vt fus* (*need*) aver bisogno di; **I
could** ~ **with some help/a drink** un aiuto/
un bicchierino non guasterebbe; **it could**
~ **with a wash** una lavata non gli farebbe
male; (*be connected*): **what has it got to** ~
with you? e tu che c'entri?; **I won't have
anything to** ~ **with it** non voglio avere
niente a che farci; **it has to** ~ **with money**
si tratta di soldi
►**do without** *vi* fare senza ♦ *vt fus* fare a
meno di.

do. *abbr* = **ditto.**
DOA *abbr* (= *dead on arrival*) morto(a)
durante il trasporto.
d.o.b. *abbr* = *date of birth.*
doc [dɔk] *n* (*col*) dottore/essa.
docile ['dəʊsaɪl] *adj* docile.

dock [dɔk] n bacino; (wharf) molo; (LAW) banco degli imputati ♦ vi entrare in bacino ♦ vt (pay etc) decurtare.
dock dues npl diritti mpl di banchina.
docker ['dɔkə*] n scaricatore m.
docket ['dɔkɪt] n (on parcel etc) etichetta, cartellino.
dockyard ['dɔkjɑːd] n cantiere m navale.
doctor ['dɔktə*] n medico, dottore/essa; (PhD etc) dottore/essa ♦ vt (interfere with: food, drink) adulterare; (: text, document) alterare, manipolare; ~'s office (US) gabinetto medico, ambulatorio; **D~ of Philosophy (PhD)** dottorato di ricerca; (person) titolare m/f di un dottorato di ricerca.
doctorate ['dɔktərɪt] n dottorato.

> Il **doctorate** è il riconoscimento accademico più prestigioso in tutti i campi del sapere e viene conferito in seguito alla presentazione di una tesi originale di fronte ad una commissione di esperti. Generalmente tale tesi è un compendio del lavoro svolto durante più anni di studi; vedi anche **Bachelor's degree, Master's degree**.

doctrine ['dɔktrɪn] n dottrina.
docudrama [dɔkju'drɑːmə] n (TV) ricostruzione f filmata.
document n ['dɔkjumənt] documento ♦ vt ['dɔkjumɛnt] documentare.
documentary [dɔkju'mɛntərɪ] adj documentario(a); (evidence) documentato(a) ♦ n documentario.
documentation [dɔkjumən'teɪʃən] n documentazione f.
DOD n abbr (US) = **Department of Defense**; see **defence**.
doddering ['dɔdərɪŋ] adj traballante.
doddery ['dɔdərɪ] adj malfermo(a).
doddle ['dɔdl] n: it's a ~ (col) è un gioco da ragazzi.
Dodecanese Islands [dəudɪkə'niːz-] npl Isole fpl del Dodecanneso.
dodge [dɔdʒ] n trucco; schivata ♦ vt schivare, eludere ♦ vi scansarsi; (SPORT) fare una schivata; to ~ out of the way scansarsi; to ~ through the traffic destreggiarsi nel traffico.
dodgems ['dɔdʒəmz] npl (BRIT) autoscontri mpl.
dodgy ['dɔdʒɪ] adj (col: uncertain) rischioso(a); (untrustworthy) sospetto(a).
DOE n abbr (BRIT: = Department of the Environment) ≈ Ministero dell'Ambiente; (US) = **Department of Energy**; see **energy**.
doe [dəu] n (deer) femmina di daino;

(rabbit) coniglia.
does [dʌz] see **do**.
doesn't ['dʌznt] = **does not**.
dog [dɔg] n cane m ♦ vt (follow closely) pedinare; (fig: memory etc) perseguitare; to go to the ~s (person) ridursi male, lasciarsi andare; (nation etc) andare in malora.
dog biscuits npl biscotti mpl per cani.
dog collar n collare m di cane; (fig) collarino.
dog-eared ['dɔgɪəd] adj (book) con orecchie.
dog food n cibo per cani.
dogged ['dɔgɪd] adj ostinato(a), tenace.
doggie, doggy ['dɔgɪ] n (col) cane m, cagnolino.
doggy bag n sacchetto per gli avanzi (da portare a casa).
dogma ['dɔgmə] n dogma m.
dogmatic [dɔg'mætɪk] adj dogmatico(a).
do-gooder [duː'gudə*] n (col pej): to be a ~ fare il filantropo.
dogsbody ['dɔgzbɔdɪ] n (BRIT) factotum m inv.
doily ['dɔɪlɪ] n centrino di carta sottopiatto.
doing ['duːɪŋ] n: this is your ~ è opera tua, sei stato tu.
doings ['duːɪŋz] npl attività fpl.
do-it-yourself (DIY) ['duːɪtjɔː'sɛlf] n il far da sé.
doldrums ['dɔldrəmz] npl (fig): to be in the ~ essere giù; (business) attraversare un momento difficile.
dole [dəul] n (BRIT) sussidio di disoccupazione; to be on the ~ vivere del sussidio.
▶**dole out** vt distribuire.
doleful ['dəulful] adj triste, doloroso(a).
doll [dɔl] n bambola.
▶**doll up** vt: to ~ o.s. up farsi bello(a).
dollar ['dɔlə*] n dollaro.
dollop ['dɔləp] n (of food) cucchiaiata.
dolly ['dɔlɪ] n bambola.
dolphin ['dɔlfɪn] n delfino.
domain [də'meɪn] n dominio; (fig) campo, sfera.
dome [dəum] n cupola.
domestic [də'mɛstɪk] adj (duty, happiness, animal) domestico(a); (policy, affairs, flights) nazionale; (news) dall'interno.
domesticated [də'mɛstɪkeɪtɪd] adj addomesticato(a); (person) casalingo(a).
domesticity [dəumɛs'tɪsɪtɪ] n vita di famiglia.
domestic servant n domestico/a.
domicile ['dɔmɪsaɪl] n domicilio.
dominant ['dɔmɪnənt] adj dominante.

dominate ['dɔmɪneɪt] *vt* dominare.
domination [dɔmɪ'neɪʃən] *n* dominazione *f*.
domineering [dɔmɪ'nɪərɪŋ] *adj* dispotico(a), autoritario(a).
Dominican Republic [də'mɪnɪkən-] *n* Repubblica Dominicana.
dominion [də'mɪnɪən] *n* dominio; sovranità; (*BRIT POL*) dominion *m inv*.
domino, ~**es** ['dɔmɪnəu] *n* domino; ~**es** *n* (*game*) gioco del domino.
don [dɔn] *n* (*BRIT*) docente *m/f* universitario(a) ♦ *vt* indossare.
donate [də'neɪt] *vt* donare.
donation [də'neɪʃən] *n* donazione *f*.
done [dʌn] *pp of* do.
donkey ['dɔŋkɪ] *n* asino.
donkey-work ['dɔŋkɪwə:k] *n* (*BRIT col*) lavoro ingrato.
donor ['dəunə*] *n* donatore/trice.
donor card *n* tessera di donatore di organi.
don't [dəunt] *vb* = do not.
donut ['dəunʌt] *n* (*US*) = doughnut.
doodle ['du:dl] *n* scarabocchio ♦ *vi* scarabocchiare.
doom [du:m] *n* destino; rovina ♦ *vt*: to be ~**ed** (**to failure**) essere predestinato(a) (a fallire).
doomsday ['du:mzdeɪ] *n* il giorno del Giudizio.
door [dɔ:*] *n* porta; (*of vehicle*) sportello, portiera; **from** ~ **to** ~ di porta in porta.
doorbell ['dɔ:bɛl] *n* campanello.
door handle *n* maniglia.
doorman ['dɔ:mæn] *n* (*in hotel*) portiere *m* in livrea; (*in block of flats*) portinaio.
doormat ['dɔ:mæt] *n* stuoia della porta.
doorstep ['dɔ:stɛp] *n* gradino della porta.
door-to-door ['dɔ:tə'dɔ:*] *adj*: ~ **selling** vendita porta a porta.
doorway ['dɔ:weɪ] *n* porta; **in the** ~ nel vano della porta.
dope [dəup] *n* (*col: drugs*) roba; (*: information*) dati *mpl* ♦ *vt* (*horse etc*) drogare.
dopey ['dəupɪ] *adj* (*col*) inebetito(a).
dormant ['dɔ:mənt] *adj* inattivo(a); (*fig*) latente.
dormer ['dɔ:mə*] *n* (*also*: ~ **window**) abbaino.
dormice ['dɔ:maɪs] *npl of* dormouse.
dormitory ['dɔ:mɪtrɪ] *n* dormitorio; (*US: hall of residence*) casa dello studente.
dormouse, *pl* **dormice** ['dɔ:maus, -maɪs] *n* ghiro.
Dors *abbr* (*BRIT*) = Dorset.
DOS [dɔs] *n abbr see* disk operating system.
dosage ['dəusɪdʒ] *n* (*on medicine bottle*)

posologia.
dose [dəus] *n* dose *f*; (*BRIT*: *bout*) attacco ♦ *vt*: to ~ **sb with sth** somministrare qc a qn; **a** ~ **of flu** una bella influenza.
dosser ['dɔsə*] *n* (*BRIT col*) barbone/a.
doss house ['dɔs-] *n* (*BRIT*) asilo notturno.
dossier ['dɔsɪeɪ] *n* dossier *m inv*.
DOT *n abbr* (*US*) = **Department of Transportation**; *see* **transportation**.
dot [dɔt] *n* punto; macchiolina ♦ *vt*: ~**ted with** punteggiato(a) di; **on the** ~ in punto.
dot command *n* (*COMPUT*) dot command *m inv*.
dote [dəut]: **to** ~ **on** *vt fus* essere infatuato(a) di.
dot-matrix printer [dɔt'meɪtrɪks-] *n* stampante *f* a matrice a punti.
dotted line ['dɔtɪd-] *n* linea punteggiata; **to sign on the** ~ firmare (nell'apposito spazio); (*fig*) accettare.
dotty ['dɔtɪ] *adj* (*col*) strambo(a).
double ['dʌbl] *adj* doppio(a) ♦ *adv* (*fold*) in due, doppio; (*twice*): **to cost** ~ (**sth**) costare il doppio (di qc) ♦ *n* sosia *m inv*; (*CINE*) controfigura ♦ *vt* raddoppiare; (*fold*) piegare doppio *or* in due ♦ *vi* raddoppiarsi; **spelt with a** ~ "**l**" scritto con due elle *or* con doppia elle; ~ **five two six (5526)** (*BRIT TEL*) cinque cinque due sei; **on the** ~, (*BRIT*) **at the** ~ a passo di corsa; **to** ~ **as** (*have two uses etc*) funzionare *or* servire anche da; *see also* **doubles**.
▶**double back** *vi* (*person*) tornare sui propri passi.
▶**double up** *vi* (*bend over*) piegarsi in due; (*share room*) dividere la stanza.
double bass *n* contrabbasso.
double bed *n* letto matrimoniale.
double-breasted ['dʌbl'brɛstɪd] *adj* a doppio petto.
double-check ['dʌbl'tʃɛk] *vt, vi* ricontrollare.
double-clutch ['dʌbl'klʌtʃ] *vi* (*US*) fare la doppietta.
double cream *n* (*BRIT*) doppia panna.
doublecross ['dʌbl'krɔs] *vt* fare il doppio gioco con.
doubledecker ['dʌbl'dɛkə*] *n* autobus *m inv* a due piani.
double declutch *vi* (*BRIT*) fare la doppietta.
double exposure *n* (*PHOT*) sovrimpressione *f*.
double glazing *n* (*BRIT*) doppi vetri *mpl*.
double-page ['dʌblpeɪdʒ] *adj*: ~ **spread** pubblicità a doppia pagina.
double parking *n* parcheggio in doppia

double room – doz.

fila.

double room n camera per due.

doubles ['dʌblz] n (TENNIS) doppio.

double time n tariffa doppia per lavoro straordinario.

double whammy [-'wæmɪ] n doppia mazzata (fig).

doubly ['dʌblɪ] adv doppiamente.

doubt [daut] n dubbio ♦ vt dubitare di; **to ~ that** dubitare che + sub; **without (a) ~** senza dubbio; **beyond ~** fuor di dubbio; **I ~ it very much** ho i miei dubbi, nutro seri dubbi in proposito.

doubtful ['dautful] adj dubbioso(a), incerto(a); (person) equivoco(a); **to be ~ about sth** avere dei dubbi su qc, non essere convinto di qc; **I'm a bit ~** non ne sono sicuro.

doubtless ['dautlɪs] adv indubbiamente.

dough [dəu] n pasta, impasto; (col: money) grana.

doughnut, (US) **donut** ['dəunʌt] n bombolone m.

dour [duə*] adj arcigno(a).

douse [daus] vt (with water) infradiciare; (flames) spegnere.

dove [dʌv] n colombo/a.

Dover ['dəuvə*] n Dover f.

dovetail ['dʌvteɪl] n: **~ joint** incastro a coda di rondine ♦ vi (fig) combaciare.

dowager ['dauədʒə*] n vedova titolata.

dowdy ['daudɪ] adj trasandato(a); malvestito(a).

Dow-Jones average ['dau'dʒəunz-] n (US) indice m Dow-Jones.

down [daun] n (fluff) piumino; (hill) collina, colle m ♦ adv giù, di sotto ♦ prep giù per ♦ vt (col: drink) scolarsi; **~ there** laggiù, là in fondo; **~ here** quaggiù; **I'll be ~ in a minute** scendo tra un minuto; **the price of meat is ~** il prezzo della carne è sceso; **I've got it ~ in my diary** ce l'ho sulla mia agenda; **to pay £2 ~** dare 2 sterline in acconto or di anticipo; **I've been ~ with flu** sono stato a letto con l'influenza; **England is two goals ~** l'Inghilterra sta perdendo per due goal; **to ~ tools** (BRIT) incrociare le braccia; **~ with X!** abbasso X!

down-and-out ['daunəndaut] n (tramp) barbone m.

down-at-heel ['daunət'hi:l] adj scalcagnato(a); (fig) trasandato(a).

downbeat ['daunbi:t] n (MUS) tempo in battere ♦ adj (col) volutamente distaccato(a).

downcast ['daunkɑ:st] adj abbattuto(a).

downer ['daunə*] n (col: drug) farmaco

depressivo; **to be on a ~** (depressed) essere giù.

downfall ['daunfɔ:l] n caduta; rovina.

downgrade ['daungreɪd] vt (job, hotel) declassare; (employee) degradare.

downhearted [daun'hɑ:tɪd] adj scoraggiato(a).

downhill ['daun'hɪl] adv verso il basso ♦ n (SKI: also: ~ race) discesa libera; **to go ~** andare in discesa; (business) andare a rotoli.

Downing Street ['daunɪŋ-] n: **lo ~** residenza del primo ministro inglese.

Downing Street è la via di Westminster che porta da Whitehall al parco di St James dove, al numero 10, si trova la residenza del primo ministro inglese. Nella stessa via, al numero 11, si trova la residenza del **Chancellor of the Exchequer**. Spesso l'espressione Downing Street è usata per indicare il governo britannico.

---

download ['daunləud] vt (COMPUT) trasferire (per esempio da un grosso calcolatore ad un microcalcolatore).

down-market ['daun'mɑ:kɪt] adj rivolto(a) ad una fascia di mercato inferiore.

down payment n acconto.

downplay ['daunpleɪ] vt (US) minimizzare.

downpour ['daunpɔ:*] n scroscio di pioggia.

downright ['daunraɪt] adj franco(a); (refusal) assoluto(a).

Downs [daunz] npl (BRIT): **the ~** colline ricche di gesso nel sud-est dell'Inghilterra.

downsize ['daun'saɪz] vt (workforce) ridurre.

Down's syndrome n sindrome f di Down.

downstairs ['daun'stɛəz] adv di sotto; al piano inferiore; **to come ~, go ~** scendere giù.

downstream ['daun'stri:m] adv a valle.

downtime ['dauntaɪm] n (COMM) tempi mpl morti.

down-to-earth ['dauntu'ə:θ] adj pratico(a).

downtown ['daun'taun] adv in città ♦ adj (US): **~ Chicago** il centro di Chicago.

downtrodden ['dauntrɔdn] adj oppresso(a).

down under adv agli antipodi.

downward ['daunwəd] adj in giù, in discesa; **a ~ trend** una diminuzione progressiva.

downward(s) ['daunwəd(z)] adv in giù, in discesa.

dowry ['daurɪ] n dote f.

doz. abbr = **dozen**.

doze [dəuz] *vi* sonnecchiare.
▶**doze off** *vi* appisolarsi.
dozen ['dʌzn] *n* dozzina; **a ~ books** una
   dozzina di libri; **80p a ~** 80 pence la
   dozzina; **~s of times** centinaia *or* migliaia
   di volte.
DPh, DPhil *n abbr* (= *Doctor of Philosophy*) ≈
   dottorato di ricerca.
DPP *n abbr* (*BRIT*) *see* **Director of Public
   Prosecutions.**
DPT *n abbr* (*MED*: = *diphtheria, pertussis,
   tetanus*) vaccino.
DPW *n abbr* (*US*: = *Department of Public
   Works*) ≈ Ministero dei Lavori Pubblici.
Dr, Dr. *abbr* (= *doctor*) Dr, Dott./Dott.ssa.
dr *abbr* (*COMM*) = **debtor.**
Dr. *abbr* (*in street names*) = **drive.**
drab [dræb] *adj* tetro(a), grigio(a).
draft [drɑːft] *n* abbozzo; (*COMM*) tratta; (*US
   MIL*) n dozzina; **a ~ books** una
   contingente *m*; (: *call-up*) leva ♦ *vt*
   abbozzare; (*document, report*) stendere (in
   versione preliminare); *see also* **draught.**
drag [dræg] *vt* trascinare; (*river*) dragare
   ♦ *vi* trascinarsi ♦ *n* (*AVIAT, NAUT*)
   resistenza (aerodinamica); (*col*: *person*)
   noioso/a; (: *task*) noia; (*women's clothing*):
   in ~ travestito (da donna).
▶**drag away** *vt*: **to ~ away (from)** tirare
   via (da).
▶**drag on** *vi* tirar avanti lentamente.
dragnet ['drægnet] *n* giacchio; (*fig*)
   rastrellamento.
dragon ['drægən] *n* drago.
dragonfly ['drægənflaɪ] *n* libellula.
dragoon [drə'guːn] *n* (*cavalryman*) dragone
   m ♦ *vt*: **to ~ sb into doing sth** (*BRIT*)
   costringere qn a fare qc.
drain [dreɪn] *n* canale *m* di scolo; (*for
   sewage*) fogna; (*on resources*) salasso ♦ *vt*
   (*land, marshes*) prosciugare; (*vegetables*)
   scolare; (*reservoir etc*) vuotare ♦ *vi* (*water*)
   defluire; **to feel ~ed** sentirsi svuotato(a),
   sentirsi sfinito(a).
drainage ['dreɪnɪdʒ] *n* prosciugamento;
   fognatura.
draining board ['dreɪnɪŋ-], **drainboard**
   (*US*) ['dreɪnbɔːd] *n* piano del lavello.
drainpipe ['dreɪnpaɪp] *n* tubo di scarico.
drake [dreɪk] *n* maschio dell'anatra.
dram [dræm] *n* bicchierino (di whisky *etc*).
drama ['drɑːmə] *n* (*art*) dramma *m*, teatro;
   (*play*) commedia; (*event*) dramma.
dramatic [drə'mætɪk] *adj* drammatico(a).
dramatically [drə'mætɪklɪ] *adv* in modo
   spettacolare.
dramatist ['dræmətɪst] *n* drammaturgo/a.
dramatize ['dræmətaɪz] *vt* (*events etc*)
   drammatizzare; (*adapt*: *novel*: *for TV*)

ridurre *or* adattare per la televisione;
   (: *for cinema*) ridurre *or* adattare per lo
   schermo.
drank [dræŋk] *pt of* **drink.**
drape [dreɪp] *vt* drappeggiare; *see also*
   drapes.
draper ['dreɪpə*] *n* (*BRIT*) negoziante *m/f* di
   stoffe.
drapes [dreɪps] *npl* (*US*) tende *fpl*.
drastic ['dræstɪk] *adj* drastico(a).
drastically ['dræstɪklɪ] *adv* drasticamente.
draught, **(*US*) **draft [drɑːft] *n* corrente *f*
   d'aria; (*NAUT*) pescaggio; **on ~** (*beer*) alla
   spina; *see also* **draughts.**
draught beer *n* birra alla spina.
draughtboard ['drɑːftbɔːd] *n* scacchiera.
draughts [drɑːfts] *n* (*BRIT*) (gioco della)
   dama.
draughtsman, (*US*) **draftsman**
   ['drɑːftsmən] *n* disegnatore *m*.
draughtsmanship, (*US*) **draftsmanship**
   ['drɑːftsmənʃɪp] *n* disegno tecnico; (*skill*)
   arte *f* del disegno.
draw [drɔː] *vb* (*pt* **drew,** *pp* **drawn** [druː,
   drɔːn]) *vt* tirare; (*attract*) attirare; (*picture*)
   disegnare; (*line, circle*) tracciare; (*money*)
   ritirare; (*formulate*: *conclusion*) trarre,
   ricavare; (*comparison, distinction*): **to ~
   (between)** fare (tra) ♦ *vi* (*SPORT*)
   pareggiare ♦ *n* (*SPORT*) pareggio; (*in
   lottery*) estrazione *f*; (*attraction*) attrazione
   f; **to ~ to a close** avvicinarsi alla
   conclusione; **to ~ near** *vi* avvicinarsi.
▶**draw back** *vi*: **to ~ back (from)**
   indietreggiare (di fronte a), tirarsi
   indietro (di fronte a).
▶**draw in** *vi* (*BRIT*: *car*) accostarsi; (: *train*)
   entrare in stazione.
▶**draw on** *vt* (*resources*) attingere a;
   (*imagination, person*) far ricorso a.
▶**draw out** *vi* (*lengthen*) allungarsi ♦ *vt*
   (*money*) ritirare.
▶**draw up** *vi* (*stop*) arrestarsi, fermarsi
   ♦ *vt* (*document*) compilare; (*plans*)
   formulare.
drawback ['drɔːbæk] *n* svantaggio,
   inconveniente *m*.
drawbridge ['drɔːbrɪdʒ] *n* ponte *m* levatoio.
drawee [drɔː'iː] *n* trattario.
drawer [drɔː*] *n* cassetto; ['drɔːə*] (*of
   cheque*) riscuotitore/trice.
drawing ['drɔːɪŋ] *n* disegno.
drawing board *n* tavola da disegno.
drawing pin *n* (*BRIT*) puntina da disegno.
drawing room *n* salotto.
drawl [drɔːl] *n* pronuncia strascicata.
drawn [drɔːn] *pp of* **draw** ♦ *adj* (*haggard*: *with
   tiredness*) tirato(a); (: *with pain*)

contratto(a) (dal dolore).

drawstring ['drɔːstrɪŋ] n laccio (*per stringere maglie, sacche etc*).

dread [drɛd] n terrore m ♦ vt tremare all'idea di.

dreadful ['drɛdful] adj terribile; **I feel ~!** (*ill*) mi sento uno straccio!; (*ashamed*) vorrei scomparire (dalla vergogna)!

dream [driːm] n sogno ♦ vt, vi (pt, pp **dreamed** or **dreamt** [drɛmt]) sognare; **to have a ~ about sb/sth** fare un sogno su qn/qc; **sweet ~s!** sogni d'oro!
▸**dream up** vt (*reason, excuse*) inventare; (*plan, idea*) escogitare.

dreamer ['driːmə*] n sognatore/trice.

dreamt [drɛmt] pt, pp of **dream**.

dreamy ['driːmɪ] adj (*look, voice*) sognante; (*person*) distratto(a), sognatore(trice).

dreary ['drɪərɪ] adj tetro(a); monotono(a).

dredge [drɛdʒ] vt dragare.
▸**dredge up** vt tirare alla superficie; (*fig: unpleasant facts*) rivangare.

dredger ['drɛdʒə*] n draga; (*BRIT: also:* **sugar ~**) spargizucchero m inv.

dregs [drɛgz] npl feccia.

drench [drɛntʃ] vt inzuppare; **~ed to the skin** bagnato(a) fino all'osso, bagnato(a) fradicio(a).

dress [drɛs] n vestito; (*clothing*) abbigliamento ♦ vt vestire; (*wound*) fasciare; (*food*) condire; preparare; (*shop window*) allestire ♦ vi vestirsi; **to ~ o.s., to get ~ed** vestirsi; **she ~es very well** veste molto bene.
▸**dress up** vi vestirsi a festa; (*in fancy dress*) vestirsi in costume.

dress circle n prima galleria.

dress designer n disegnatore/trice di moda.

dresser ['drɛsə*] n (*THEAT*) assistente m/f del camerino; (*also:* **window ~**) vetrinista m/f; (*furniture*) credenza.

dressing ['drɛsɪŋ] n (*MED*) benda; (*CULIN*) condimento.

dressing gown n (*BRIT*) vestaglia.

dressing room n (*THEAT*) camerino; (*SPORT*) spogliatoio.

dressing table n toilette f inv.

dressmaker ['drɛsmeɪkə*] n sarta.

dressmaking ['drɛsmeɪkɪŋ] n sartoria; confezioni fpl per donna.

dress rehearsal n prova generale.

dress shirt n camicia da sera.

dressy ['drɛsɪ] adj (*col*) elegante.

drew [druː] pt of **draw**.

dribble ['drɪbl] vi gocciolare; (*baby*) sbavare; (*FOOTBALL*) dribblare ♦ vt dribblare.

dried [draɪd] adj (*fruit, beans*) secco(a); (*eggs, milk*) in polvere.

drier ['draɪə*] n = **dryer**.

drift [drɪft] n (*of current etc*) direzione f; forza; (*of sand, snow*) cumulo; (*general meaning*) senso ♦ vi (*boat*) essere trasportato(a) dalla corrente; (*sand, snow*) ammucchiarsi; **to catch sb's ~** capire dove qn vuole arrivare; **to let things ~** lasciare che le cose vadano come vogliono; **to ~ apart** (*friends*) perdersi di vista; (*lovers*) allontanarsi l'uno dall'altro.

drifter ['drɪftə*] n persona che fa una vita da zingaro.

driftwood ['drɪftwud] n resti mpl della mareggiata.

drill [drɪl] n trapano; (*MIL*) esercitazione f ♦ vt trapanare; (*soldiers*) esercitare, addestrare; (*pupils: in grammar*) fare esercitare ♦ vi (*for oil*) fare trivellazioni.

drilling ['drɪlɪŋ] n (*for oil*) trivellazione f.

drilling rig n (*on land*) torre f di perforazione; (*at sea*) piattaforma (per trivellazioni subacquee).

drily ['draɪlɪ] adv = **dryly**.

drink [drɪŋk] n bevanda, bibita ♦ vt, vi (pt **drank**, pp **drunk** [dræŋk, drʌŋk]) bere; **to have a ~** bere qualcosa; **a ~ of water** un bicchier d'acqua; **would you like something to ~?** vuole qualcosa da bere?; **we had ~s before lunch** abbiamo preso l'aperitivo.
▸**drink in** vt (*subj: person: fresh air*) aspirare; (: *story*) ascoltare avidamente; (: *sight*) ammirare, bersi con gli occhi.

drinkable ['drɪŋkəbl] adj (*not poisonous*) potabile; (*palatable*) bevibile.

drink-driving ['drɪŋk'draɪvɪŋ] n guida in stato di ebbrezza.

drinker ['drɪŋkə*] n bevitore/trice.

drinking ['drɪŋkɪŋ] n (*drunkenness*) il bere, alcoolismo.

drinking fountain n fontanella.

drinking water n acqua potabile.

drip [drɪp] n goccia; (*~ping*) sgocciolio; (*MED*) fleboclisi f inv; (*col: spineless person*) lavativo ♦ vi gocciolare; (*washing*) sgocciolare; (*wall*) trasudare.

drip-dry ['drɪp'draɪ] adj (*shirt*) che non si stira.

drip-feed ['drɪpfiːd] vt alimentare mediante fleboclisi.

dripping ['drɪpɪŋ] n (*CULIN*) grasso d'arrosto ♦ adj: **~ wet** fradicio(a).

drive [draɪv] n passeggiata or giro in macchina; (*also:* **~way**) viale m d'accesso; (*energy*) energia; (*PSYCH*) impulso;

bisogno; (_push_) sforzo eccezionale; campagna; (_SPORT_) drive _m inv_; (_TECH_) trasmissione _f_; (_COMPUT_: _also_: **disk** ~) disk drive _m inv_, unità _f inv_ a dischi magnetici ♦ _vb_ (_pt_ **drove**, _pp_ **driven** [drəuv, 'drɪvn]) _vt_ (_vehicle_) guidare; (_nail_) piantare; (_push_) cacciare, spingere; (_TECH_: _motor_) azionare; far funzionare ♦ _vi_ (_AUT_: _at controls_) guidare; (: _travel_) andare in macchina; **to go for a** ~ andare a fare un giro in macchina; **it's 3 hours'** ~ **from London** è a 3 ore di macchina da Londra; **left-/right-hand** ~ (_AUT_) guida a sinistra/destra; **front-/rear-wheel** ~ (_AUT_) trazione _f_ anteriore/posteriore; **to** ~ **sb to (do) sth** spingere qn a (fare) qc; **he** ~**s a taxi** fa il tassista; **to** ~ **at 50 km an hour** guidare _or_ andare a 50 km all'ora.

▶**drive at** _vt fus_ (_fig_: _intend_, _mean_) mirare a, voler dire.

▶**drive on** _vi_ proseguire, andare (più) avanti ♦ _vt_ (_incite_, _encourage_) sospingere, spingere.

drive-by ['draɪvbaɪ] _n_ (_also_: ~ **shooting**) sparatoria dalla macchina; **he was killed in a** ~ **shooting** lo hanno ammazzato sparandogli da una macchina in corsa.

drive-in ['draɪvɪn] _adj_, _n_ (_esp US_) drive-in (_m inv_).

drive-in window _n_ (_US_) sportello di drive-in.

drivel ['drɪvl] _n_ (_col_: _nonsense_) ciance _fpl_.

driven ['drɪvn] _pp of_ **drive**.

driver ['draɪvə*] _n_ conducente _m/f_; (_of taxi_) tassista _m_; (_of bus_) autista _m_.

driver's license _n_ (_US_) patente _f_ di guida.

driveway ['draɪvweɪ] _n_ viale _m_ d'accesso.

driving ['draɪvɪŋ] _adj_: ~ **rain** pioggia sferzante ♦ _n_ guida.

driving force _n_ forza trainante.

driving instructor _n_ istruttore/trice di scuola guida.

driving lesson _n_ lezione _f_ di guida.

driving licence _n_ (_BRIT_) patente _f_ di guida.

driving school _n_ scuola _f_ guida _inv_.

driving test _n_ esame _m_ di guida.

drizzle ['drɪzl] _n_ pioggerella ♦ _vi_ piovigginare.

droll [drəul] _adj_ buffo(a).

dromedary ['drɒmədərɪ] _n_ dromedario.

drone [drəun] _n_ ronzio; (_male bee_) fuco ♦ _vi_ (_bee_, _aircraft_, _engine_) ronzare; (_also_: ~ **on**: _person_) continuare a parlare (in modo monotono); (: _voice_) continuare a ronzare.

drool [dru:l] _vi_ sbavare; **to** ~ **over sb/sth** (_fig_) andare in estasi per qn/qc.

droop [dru:p] _vi_ abbassarsi; languire.

drop [drɒp] _n_ goccia; (_fall_: _in price_) calo,

ribasso; (: _in salary_) riduzione _f_, taglio; (_also_: **parachute** ~) lancio; (_steep incline_) salto ♦ _vt_ lasciar cadere; (_voice_, _eyes_, _price_) abbassare; (_set down from car_) far scendere ♦ _vi_ cascare; (_decrease_: _wind_, _temperature_, _price_, _voice_) calare; (_numbers_, _attendance_) diminuire; ~**s** _npl_ (_MED_) gocce _fpl_; **cough** ~**s** pastiglie _fpl_ per la tosse; **a** ~ **of 10%** un calo del 10%; **to** ~ **sb a line** mandare due righe a qn; **to** ~ **anchor** gettare l'ancora.

▶**drop in** _vi_ (_col_: _visit_): **to** ~ **in (on)** fare un salto (da), passare (da).

▶**drop off** _vi_ (_sleep_) addormentarsi ♦ _vt_: **to** ~ **sb off** far scendere qn.

▶**drop out** _vi_ (_withdraw_) ritirarsi; (_student etc_) smettere di studiare.

droplet ['drɒplɪt] _n_ gocciolina.

dropout ['drɒpaut] _n_ (_from society/university_) chi ha abbandonato (la società/gli studi).

dropper ['drɒpə*] _n_ (_MED etc_) contagocce _m inv_.

droppings ['drɒpɪŋz] _npl_ sterco.

dross [drɒs] _n_ scoria; scarto.

drought [draut] _n_ siccità _f inv_.

drove [drəuv] _pt of_ **drive** ♦ _n_: ~**s of people** una moltitudine di persone.

drown [draun] _vt_ affogare; (_also_: ~ **out**: _sound_) coprire ♦ _vi_ affogare.

drowse [drauz] _vi_ sonnecchiare.

drowsy ['drauzɪ] _adj_ sonnolento(a), assonnato(a).

drudge [drʌdʒ] _n_ (_person_) uomo/donna di fatica; (_job_) faticaccia.

drudgery ['drʌdʒərɪ] _n_ fatica improba; **housework is sheer** ~ le faccende domestiche sono alienanti.

drug [drʌg] _n_ farmaco; (_narcotic_) droga ♦ _vt_ drogare; **he's on** ~**s** si droga; (_MED_) segue una cura.

drug abuser [-ə'bju:zə*] _n_ chi fa uso di droghe.

drug addict _n_ tossicomane _m/f_.

druggist ['drʌgɪst] _n_ (_US_) farmacista _m/f_.

drug peddler _n_ spacciatore/trice di droga.

drugstore ['drʌgstɔ:*] _n_ (_US_) _negozio di generi vari e di articoli di farmacia con un bar._

drum [drʌm] _n_ tamburo; (_for oil_, _petrol_) fusto ♦ _vt_: **to** ~ **one's fingers on the table** tamburellare con le dita sulla tavola; ~**s** _npl_ (_MUS_) batteria.

▶**drum up** _vt_ (_enthusiasm_, _support_) conquistarsi.

drummer ['drʌmə*] _n_ batterista _m/f_.

drum roll _n_ rullio di tamburi.

drumstick ['drʌmstɪk] _n_ (_MUS_) bacchetta; (_chicken leg_) coscia di pollo.

drunk [drʌŋk] pp of **drink** ♦ adj ubriaco(a); ebbro(a) ♦ n ubriacone/a; **to get ~** ubriacarsi, prendere una sbornia.

drunkard ['drʌŋkəd] n ubriacone/a.

drunken ['drʌŋkən] adj ubriaco(a); da ubriaco; **~ driving** guida in stato di ebbrezza.

drunkenness ['drʌŋkənnɪs] n ubriachezza; ebbrezza.

dry [draɪ] adj secco(a); (day, clothes, fig: humour) asciutto(a); (uninteresting: lecture, subject) poco avvincente ♦ vt seccare; (clothes, hair, hands) asciugare ♦ vi asciugarsi; **on ~ land** sulla terraferma; **to ~ one's hands/hair/eyes** asciugarsi le mani/i capelli/gli occhi.

▶**dry up** vi seccarsi; (source of supply) esaurirsi; (fig: imagination etc) inaridirsi; (fall silent: speaker) azzittirsi.

dry-clean [draɪ'kliːn] vt pulire or lavare a secco.

dry-cleaner's [draɪ'kliːnəz] n lavasecco m inv.

dry-cleaning [draɪ'kliːnɪŋ] n pulitura a secco.

dry dock n (NAUT) bacino di carenaggio.

dryer ['draɪə*] n (for hair) föhn m inv, asciugacapelli m inv; (for clothes) asciugabiancheria m inv.

dry goods npl (COMM) tessuti mpl e mercerie fpl.

dry goods store n (US) negozio di stoffe.

dry ice n ghiaccio secco.

dryly ['draɪlɪ] adv con fare asciutto.

dryness ['draɪnɪs] n secchezza; (of ground) aridità.

dry rot n fungo del legno.

dry run n (fig) prova.

dry ski slope n pista artificiale.

DSc n abbr (= Doctor of Science) titolo di studio.

DSS n abbr (BRIT) = **Department of Social Security**; see **social security**.

DST abbr (US) = **Daylight Saving Time**.

DT n abbr (COMPUT) = **data transmission**.

DTI n abbr (BRIT) = **Department of Trade and Industry**; see **trade**.

DTP n abbr = **desktop publishing**.

DT's n abbr (col) = **delirium tremens**.

dual ['djuəl] adj doppio(a).

dual carriageway n (BRIT) strada a doppia carreggiata.

dual-control ['djuəlkən'trəul] adj con doppi comandi.

dual nationality n doppia nazionalità.

dual-purpose ['djuəl'pəːpəs] adj a doppio uso.

dubbed [dʌbd] adj (CINE) doppiato(a);

(nicknamed) soprannominato(a).

dubious ['djuːbɪəs] adj dubbio(a); (character, manner) ambiguo(a), equivoco(a); **I'm very ~ about it** ho i miei dubbi in proposito.

Dublin ['dʌblɪn] n Dublino f.

Dubliner ['dʌblɪnə*] n dublinese m/f.

duchess ['dʌtʃɪs] n duchessa.

duck [dʌk] n anatra ♦ vi abbassare la testa ♦ vt spingere sotto (acqua).

duckling ['dʌklɪŋ] n anatroccolo.

duct [dʌkt] n condotto; (ANAT) canale m.

dud [dʌd] n (shell) proiettile m che fa cilecca; (object, tool): **it's a ~** è inutile, non funziona ♦ adj (BRIT: cheque) a vuoto; (note, coin) falso(a).

due [djuː] adj dovuto(a); (expected) atteso(a); (fitting) giusto(a) ♦ n dovuto ♦ adv: **~ north** diritto verso nord; **~s** npl (for club, union) quota; (in harbour) diritti mpl di porto; **in ~ course** a tempo debito; finalmente; **~ to** dovuto a; a causa di; **the rent's ~ on the 30th** l'affitto scade il 30; **the train is ~ at 8** il treno è atteso per le 8; **she is ~ back tomorrow** dovrebbe essere di ritorno domani; **I am ~ 6 days' leave** mi spettano 6 giorni di ferie.

due date n data di scadenza.

duel ['djuəl] n duello.

duet [djuːˈɛt] n duetto.

duff [dʌf] adj (BRIT col) barboso(a).

duffelbag, duffle bag ['dʌflbæg] n sacca da viaggio di tela.

duffelcoat, duffle coat ['dʌflkəut] n montgomery m inv.

duffer ['dʌfə*] n (col) schiappa.

dug [dʌg] pt, pp of **dig**.

dugout ['dʌgaut] n (FOOTBALL) panchina.

duke [djuːk] n duca m.

dull [dʌl] adj (boring) noioso(a); (slow-witted) ottuso(a); (sound, pain) sordo(a); (weather, day) fosco(a), scuro(a); (blade) smussato(a) ♦ vt (pain, grief) attutire; (mind, senses) interpidire.

duly ['djuːlɪ] adv (on time) a tempo debito; (as expected) debitamente.

dumb [dʌm] adj muto(a); (stupid) stupido(a); **to be struck ~** (fig) ammutolire, restare senza parole.

dumbbell ['dʌmbɛl] n (SPORT) manubrio, peso.

dumbfounded [dʌm'faundɪd] adj stupito(a), stordito(a).

dummy ['dʌmɪ] n (tailor's model) manichino; (SPORT) finto; (BRIT: for baby) tettarella ♦ adj falso(a), finto(a).

dummy run n giro di prova.

dump [dʌmp] n mucchio di rifiuti; (place)

luogo di scarico; (*MIL*) deposito; (*COMPUT*) scaricamento, dump *m inv* ♦ *vt* (*put down*) scaricare; mettere giù; (*get rid of*) buttar via; (*COMM: goods*) svendere; (*COMPUT*) scaricare; **to be (down) in the** ~**s** (*col*) essere giù di corda.

dumping ['dʌmpɪŋ] *n* (*ECON*) dumping *m*; (*of rubbish*): **"no** ~**"** "vietato lo scarico".

dumpling ['dʌmplɪŋ] *n specie di gnocco.*

dumpy ['dʌmpɪ] *adj* tracagnotto(a).

dunce [dʌns] *n* asino.

dune [djuːn] *n* duna.

dung [dʌŋ] *n* concime *m*.

dungarees [dʌŋgə'riːz] *npl* tuta.

dungeon ['dʌndʒən] *n* prigione *f* sotterranea.

dunk [dʌŋk] *vt* inzuppare.

duo ['djuːəu] *n* (*gen, MUS*) duo *m inv.*

duodenal [djuːəu'diːnl] *adj* (*ulcer*) duodenale.

duodenum [djuːəu'diːnəm] *n* duodeno.

dupe [djuːp] *vt* gabbare, ingannare.

duplex ['djuːplɛks] *n* (*US: also:* ~ **apartment**) appartamento su due piani.

duplicate *n* ['djuːplɪkət] doppio; (*copy of letter etc*) duplicato ♦ *vt* ['djuːplɪkeɪt] raddoppiare; (*on machine*) ciclostilare ♦ *adj* (*copy*) conforme, esattamente uguale; **in** ~ in duplice copia; ~ **key** duplicato (della chiave).

duplicating machine ['djuːplɪkeɪtɪŋ-], **duplicator** ['djuːplɪkeɪtə*] *n* duplicatore *m*.

duplicity [djuː'plɪsɪtɪ] *n* doppiezza, duplicità.

Dur. *abbr* (*BRIT*) = *Durham.*

durability [djuərə'bɪlɪtɪ] *n* durevolezza; resistenza.

durable ['djuərəbl] *adj* durevole; (*clothes, metal*) resistente.

duration [djuə'reɪʃən] *n* durata.

duress [djuə'rɛs] *n*: **under** ~ sotto costrizione.

Durex ® ['djuərɛks] *n* (*BRIT*) preservativo.

during ['djuərɪŋ] *prep* durante, nel corso di.

dusk [dʌsk] *n* crepuscolo.

dusky ['dʌskɪ] *adj* scuro(a).

dust [dʌst] *n* polvere *f* ♦ *vt* (*furniture*) spolverare; (*cake etc*): **to** ~ **with** cospargere con.

▶**dust off** *vt* rispolverare.

dustbin ['dʌstbɪn] *n* (*BRIT*) pattumiera.

duster ['dʌstə*] *n* straccio per la polvere.

dust jacket *n* sopraccoperta.

dustman ['dʌstmən] *n* (*BRIT*) netturbino.

dustpan ['dʌstpæn] *n* pattumiera.

dusty ['dʌstɪ] *adj* polveroso(a).

Dutch [dʌtʃ] *adj* olandese ♦ *n* (*LING*)

olandese *m* ♦ *adv*: **to go** ~ *or* **d**~ fare alla romana; **the** ~ *npl* gli Olandesi.

Dutch auction *n* asta all'olandese.

Dutchman ['dʌtʃmən], **Dutchwoman** ['dʌtʃwumən] *n* olandese *m/f.*

dutiable ['djuːtɪəbl] *adj* soggetto(a) a dazio.

dutiful ['djuːtɪful] *adj* (*child*) rispettoso(a); (*husband*) premuroso(a); (*employee*) coscienzioso(a).

duty ['djuːtɪ] *n* dovere *m*; (*tax*) dazio, tassa; **duties** *npl* mansioni *fpl*; **on** ~ di servizio; (*MED: in hospital*) di guardia; **off** ~ libero(a), fuori servizio; **to make it one's** ~ **to do sth** assumersi l'obbligo di fare qc; **to pay** ~ **on sth** pagare il dazio su qc.

duty-free ['djuːtɪ'friː] *adj* esente da dazio; ~ **shop** duty free *m inv.*

duty officer *n* (*MIL etc*) ufficiale *m* di servizio.

duvet ['duːveɪ] *n* piumino, piumone *m*.

DV *abbr* (= *Deo volente*) D.V.

DVLA *n abbr* (= *Driver and Vehicle Licensing Authority*) ≈ I.M.C.T.C. *m* (= *Ispettorato Generale della Motorizzazione Civile e dei Trasporti in Concessione*).

DVLC *n abbr* (*BRIT: = Driver and Vehicle Licensing Office*) ≈ I.M.C.T.C. *m.*

DVM *n abbr* (*US: = Doctor of Veterinary Medicine*) *titolo di studio.*

dwarf [dwɔːf] *n* nano/a ♦ *vt* far apparire piccolo.

dwell [dwɛl], *pt, pp* **dwelt** [dwɛl, dwɛlt] *vi* dimorare.

▶**dwell on** *vt fus* indugiare su.

dweller ['dwɛlə*] *n* abitante *m/f*; **city** ~ cittadino/a.

dwelling ['dwɛlɪŋ] *n* dimora.

dwelt [dwɛlt] *pt, pp of* **dwell**.

dwindle ['dwɪndl] *vi* diminuire, decrescere.

dwindling ['dwɪndlɪŋ] *adj* (*strength, interest*) che si affievolisce; (*resources, supplies*) in diminuzione.

dye [daɪ] *n* colore *m*; (*chemical*) colorante *m*, tintura ♦ *vt* tingere; **hair** ~ tinta per capelli.

dyestuffs ['daɪstʌfs] *npl* coloranti *mpl.*

dying ['daɪɪŋ] *adj* morente, moribondo(a).

dyke [daɪk] *n* diga; (*channel*) canale *m* di scolo; (*causeway*) sentiero rialzato.

dynamic [daɪ'næmɪk] *adj* dinamico(a).

dynamics [daɪ'næmɪks] *n or npl* dinamica.

dynamite ['daɪnəmaɪt] *n* dinamite *f* ♦ *vt* far saltare con la dinamite.

dynamo ['daɪnəməu] *n* dinamo *f inv.*

dynasty ['dɪnəstɪ] *n* dinastia.

dysentery ['dɪsntrɪ] *n* dissenteria.

dyslexia [dɪs'lɛksɪə] *n* dislessia.

dyslexic [dɪs'lɛksɪk] *adj, n* dislessico(a).

dyspepsia [dɪs'pɛpsɪə] *n* dispepsia.
dystrophy ['dɪstrəfɪ] *n* distrofia; **muscular**
~ distrofia muscolare.

E e

E, e [i:] *n* (*letter*) E, e *f or m inv*; (*MUS*): **E** mi *m*;
E for Edward, (*US*) **E for Easy** ≈ E come
Empoli.
E *abbr* (= *east*) E ♦ *n abbr* (= *Ecstasy*) ecstasy
f inv.
E111 *n abbr* (*also*: **form** ~) E111 (*modulo CEE
per rimborso spese mediche*).
ea. *abbr* = **each.**
E.A. *n abbr* (*US*) = *educational age.*
each [i:tʃ] *adj* ogni, ciascuno(a) ♦ *pron*
ciascuno(a), ognuno(a); ~ **one** ognuno(a);
~ **other** si (*or* ci *etc*); **they hate** ~ **other** si
odiano (l'un l'altro); **you are jealous of** ~
other siete gelosi l'uno dell'altro; ~ **day**
ogni giorno; **they have 2 books** ~ hanno 2
libri ciascuno; **they cost £5** ~ costano 5
sterline l'uno; ~ **of us** ciascuno *or* ognuno
di noi.
eager ['i:gə*] *adj* impaziente;
desideroso(a); ardente; (*keen: pupil*)
appassionato(a), attento(a); **to be** ~ **to do
sth** non veder l'ora di fare qc; essere
desideroso di fare qc; **to be** ~ **for** essere
desideroso di, aver gran voglia di.
eagle ['i:gl] *n* aquila.
E and OE *abbr* (= *errors and omissions
excepted*) S.E.O.
ear [ɪə*] *n* orecchio; (*of corn*) pannocchia;
up to the ~**s in debt** nei debiti fino al
collo.
earache ['ɪəreɪk] *n* mal *m* d'orecchi.
eardrum ['ɪədrʌm] *n* timpano.
earful ['ɪəful] *n*: **to give sb an** ~ fare una
ramanzina a qn.
earl [əːl] *n* conte *m*.
earlier ['əːlɪə*] *adj* (*date etc*) anteriore;
(*edition etc*) precedente, anteriore ♦ *adv*
prima; **I can't come any** ~ non posso
venire prima.
early ['əːlɪ] *adv* presto, di buon'ora; (*ahead
of time*) in anticipo ♦ *adj* precoce;
anticipato(a); che si fa vedere di
buon'ora; (*man*) primitivo(a); (*Christians,
settlers*) primo(a); ~ **in the morning/
afternoon** nelle prime ore del mattino/del

pomeriggio; **you're** ~! sei in anticipo!;
have an ~ **night/start** vada a letto/parta
presto; **in the** ~ *or* ~ **in the spring/19th
century** all'inizio della primavera/
dell'Ottocento; **she's in her** ~ **forties** ha
appena passato la quarantina; **at your
earliest convenience** (*COMM*) non appena
possibile.
early retirement *n* ritiro anticipato.
early warning system *n* sistema *m* del
preallarme.
earmark ['ɪəmɑːk] *vt*: **to** ~ **sth for** destinare
qc a.
earn [əːn] *vt* guadagnare; (*rest, reward*)
meritare; (*COMM: yield*) maturare; **to** ~
one's living guadagnarsi da vivere; **this**
~**ed him much praise, he** ~**ed much
praise for this** si è attirato grandi lodi per
questo.
earned income *n* reddito da lavoro.
earnest ['əːnɪst] *adj* serio(a) ♦ *n* (*also*: ~
money) caparra; **in** ~ *adv* sul serio.
earnings ['əːnɪŋz] *npl* guadagni *mpl*; (*of
company etc*) proventi *mpl*; (*salary*)
stipendio.
ear, nose and throat specialist *n*
otorinolaringoiatra *m/f*.
earphones ['ɪəfəunz] *npl* cuffia.
earplugs ['ɪəplʌgz] *npl* tappi *mpl* per le
orecchie.
earring ['ɪərɪŋ] *n* orecchino.
earshot ['ɪəʃɔt] *n*: **out of/within** ~ fuori
portata/a portata d'orecchio.
earth [əːθ] *n* (*gen, also BRIT ELEC*) terra; (*of
fox etc*) tana ♦ *vt* (*BRIT ELEC*) mettere a
terra.
earthenware ['əːθənwɛə*] *n* terracotta;
stoviglie *fpl* di terracotta ♦ *adj* di
terracotta.
earthly ['əːθlɪ] *adj* terreno(a); ~ **paradise**
paradiso terrestre; **there is no** ~ **reason
to think** ... non vi è ragione di pensare ....
earthquake ['əːθkweɪk] *n* terremoto.
earth-shattering ['əːθʃætərɪŋ] *adj*
stupefacente.
earth tremor *n* scossa sismica.
earthworks ['əːθwəːks] *npl* lavori *mpl* di
sterro.
earthworm ['əːθwəːm] *n* lombrico.
earthy ['əːθɪ] *adj* (*fig*) grossolano(a).
earwax ['ɪəwæks] *n* cerume *m*.
earwig ['ɪəwɪg] *n* forbicina.
ease [i:z] *n* agio, comodo ♦ *vt* (*soothe*)
calmare; (*loosen*) allentare ♦ *vi* (*situation*)
allentarsi, distendersi; **life of** ~ vita
comoda; **with** ~ senza difficoltà; **at** ~ a
proprio agio; (*MIL*) a riposo; **to feel at** ~/
ill at ~ sentirsi a proprio agio/a disagio;

to ~ sth out/in tirare fuori/infilare qc con delicatezza; facilitare l'uscita/ l'entrata di qc.
►**ease off, ease up** vi diminuire; (slow down) rallentarsi; (fig) rilassarsi.
easel ['i:zl] n cavalletto.
easily ['i:zɪlɪ] adv facilmente.
easiness ['i:zɪnɪs] n facilità, semplicità; (of manners) disinvoltura.
east [i:st] n est m ♦ adj dell'est ♦ adv a oriente; **the E~** l'Oriente m; (POL) i Paesi dell'Est.
Easter ['i:stə*] n Pasqua ♦ adj (holidays) pasquale, di Pasqua.
Easter egg n uovo di Pasqua.
Easter Island n isola di Pasqua.
easterly ['i:stəlɪ] adj dall'est, d'oriente.
Easter Monday n Pasquetta.
eastern ['i:stən] adj orientale, d'oriente; **E~ Europe** l'Europa orientale; **the E~ bloc** (POL) i Paesi dell'Est.
Easter Sunday n domenica di Pasqua.
East Germany n Germania dell'Est.
eastward(s) ['i:stwəd(z)] adv verso est, verso levante.
easy ['i:zɪ] adj facile; (manner) disinvolto(a); (carefree: life) agiato(a), tranquillo(a) ♦ adv: **to take it** or **things ~** prendersela con calma; **I'm ~** (col) non ho problemi; **easier said than done** tra il dire e il fare c'è di mezzo il mare; **payment on ~ terms** (COMM) facilitazioni fpl di pagamento.
easy chair n poltrona.
easy-going ['i:zɪ'gəuɪŋ] adj accomodante.
eat, pt **ate**, pp **eaten** [i:t, eɪt, 'i:tn] vt mangiare.
►**eat away** vt (subj: sea) erodere; (: acid) corrodere.
►**eat away at, eat into** vt fus rodere.
►**eat out** vi mangiare fuori.
►**eat up** vt (meal etc) finire di mangiare; **it ~s up electricity** consuma un sacco di corrente.
eatable ['i:təbl] adj mangiabile; (safe to eat) commestibile.
eaten ['i:tn] pp of **eat**.
eau de Cologne ['əudəkə'ləun] n acqua di colonia.
eaves [i:vz] npl gronda.
eavesdrop ['i:vzdrɔp] vi: **to ~** (on a conversation) origliare (una conversazione).
ebb [ɛb] n riflusso ♦ vi rifluire; (fig: also: ~ away) declinare; **~ and flow** flusso e riflusso; **to be at a low ~** (fig: person, spirits) avere il morale a terra; (: business) andar male.

ebb tide n marea discendente.
ebony ['ɛbənɪ] n ebano.
ebullient [ɪ'bʌlɪənt] adj esuberante.
EC n abbr (= European Community) CE (= Comunità Europea).
eccentric [ɪk'sɛntrɪk] adj, n eccentrico(a).
ecclesiastic [ɪkli:zɪ'æstɪk] n ecclesiastico.
ecclesiastic(al) [ɪkli:zɪ'æstɪk(əl)] adj ecclesiastico(a).
ECG n abbr see **electrocardiogram**.
ECGD n abbr (= Export Credits Guarantee Department) servizio di garanzia finanziaria per l'esportazione.
echo, ~**es** ['ɛkəu] n eco m or f ♦ vt ripetere; fare eco a ♦ vi echeggiare; dare un eco.
éclair ['eɪklɛə*] n ≈ bignè m inv.
eclipse [ɪ'klɪps] n eclissi f inv ♦ vt eclissare.
ECM n abbr (US: = European Common Market) MEC m.
eco... ['i:kəu] prefix eco....
eco-friendly [i:kəu'frɛndlɪ] adj ecologico(a).
ecological [i:kə'lɔdʒɪkəl] adj ecologico(a).
ecologist [ɪ'kɔlədʒɪst] n ecologo/a.
ecology [ɪ'kɔlədʒɪ] n ecologia.
economic [i:kə'nɔmɪk] adj economico(a); (profitable: price) vantaggioso(a); (business) che rende.
economical [i:kə'nɔmɪkəl] adj economico(a); (person) economo(a).
economically [i:kə'nɔmɪklɪ] adv con economia; (regarding economics) dal punto di vista economico.
economics [i:kə'nɔmɪks] n economia ♦ npl aspetto or lato economico.
economist [ɪ'kɔnəmɪst] n economista m/f.
economize [ɪ'kɔnəmaɪz] vi risparmiare, fare economia.
economy [ɪ'kɔnəmɪ] n economia; **economies of scale** (COMM) economie fpl di scala.
economy class n (AVIAT etc) classe f turistica.
economy size n confezione f economica.
ecosystem ['i:kəusɪstəm] n ecosistema m.
eco-tourism [i:kəu'tuərɪzəm] n ecoturismo.
ECSC n abbr (= European Coal & Steel Community) C.E.C.A. f (= Comunità Europea del Carbone e dell'Acciaio).
ecstasy ['ɛkstəsɪ] n estasi f inv; **to go into ecstasies over** andare in estasi davanti a; **E~** (drug) ecstasy f inv.
ecstatic [ɛks'tætɪk] adj estatico(a), in estasi.
ECT n abbr see **electroconvulsive therapy**.
ECU, ecu ['eɪkju:] n abbr (= European Currency Unit) ECU f inv, ecu f inv.
Ecuador ['ɛkwədɔ:*] n Ecuador m.
ecumenical [i:kju'mɛnɪkl] adj

ecumenico(a).

eczema ['ɛksɪmə] n eczema m.

eddy ['ɛdɪ] n mulinello.

edge [ɛdʒ] n margine m; (of table, plate, cup) orlo; (of knife etc) taglio ♦ vt bordare ♦ vi: **to ~ away from** sgattaiolare da; **to ~ past** passar rasente; **to ~ forward** avanzare a poco a poco; **on ~** (fig) = **edgy; to have the ~ on** essere in vantaggio su.

edgeways ['ɛdʒweɪz] adv di fianco; **he couldn't get a word in ~** non riuscì a dire una parola.

edging ['ɛdʒɪŋ] n bordo.

edgy ['ɛdʒɪ] adj nervoso(a).

edible ['ɛdɪbl] adj commestibile; (meal) mangiabile.

edict ['iːdɪkt] n editto.

edifice ['ɛdɪfɪs] n edificio.

edifying ['ɛdɪfaɪɪŋ] adj edificante.

Edinburgh ['ɛdɪnbərə] n Edimburgo f.

edit ['ɛdɪt] vt curare; (newspaper, magazine) dirigere; (COMPUT) correggere e modificare, editare.

edition [ɪ'dɪʃən] n edizione f.

editor ['ɛdɪtə*] n (in newspaper) redattore/ trice; redattore/trice capo; (of sb's work) curatore/trice; (film ~) responsabile m/f del montaggio.

editorial [ɛdɪ'tɔːrɪəl] adj redazionale, editoriale ♦ n editoriale m; **the ~ staff** la redazione.

EDP n abbr see **electronic data processing.**

EDT abbr (US: = Eastern Daylight Time) ora legale di New York.

educate ['ɛdjukeɪt] vt istruire; educare.

educated guess ['ɛdjukeɪtɪd-] n ipotesi f ben fondata.

education [ɛdju'keɪʃən] n (teaching) insegnamento; istruzione f; (knowledge, culture) cultura; (SCOL: subject etc) pedagogia; **primary** or (US) **elementary/ secondary ~** scuola primaria/secondaria.

educational [ɛdju'keɪʃənl] adj pedagogico(a); scolastico(a); istruttivo(a); **~ technology** tecnologie fpl applicate alla didattica.

Edwardian [ɛd'wɔːdɪən] adj edoardiano(a).

EE abbr = **electrical engineer.**

EEC n abbr (= European Economic Community) C.E.E. f (= Comunità Economica Europea).

EEG n abbr see **electroencephalogram.**

eel [iːl] n anguilla.

EENT n abbr (US MED) = eye, ear, nose and throat.

EEOC n abbr (US) = **Equal Employment Opportunity Commission.**

eerie ['ɪərɪ] adj che fa accapponare la pelle.

EET abbr (= Eastern European Time) fuso orario.

effect [ɪ'fɛkt] n effetto ♦ vt effettuare; **to take ~** (law) entrare in vigore; (drug) fare effetto; **to have an ~ on sb/sth** avere or produrre un effetto su qn/qc; **to put into ~** (plan) attuare; **in ~** effettivamente; **his letter is to the ~ that ...** il contenuto della sua lettera è che ...; see also **effects.**

effective [ɪ'fɛktɪv] adj efficace; (striking: display, outfit) che fa colpo; **~ date** data d'entrata in vigore; **to become ~** (law) entrare in vigore.

effectively [ɪ'fɛktɪvlɪ] adv (efficiently) efficacemente; (strikingly) ad effetto; (in reality) di fatto; (in effect) in effetti.

effectiveness [ɪ'fɛktɪvnɪs] n efficacia.

effects [ɪ'fɛkts] npl (THEAT) effetti mpl scenici; (property) effetti mpl.

effeminate [ɪ'fɛmɪnɪt] adj effeminato(a).

effervescent [ɛfə'vɛsnt] adj effervescente.

efficacy ['ɛfɪkəsɪ] n efficacia.

efficiency [ɪ'fɪʃənsɪ] n efficienza; rendimento effettivo.

efficiency apartment n (US) miniappartamento.

efficient [ɪ'fɪʃnt] adj efficiente; (remedy, product, system) efficace; (machine, car) che ha un buon rendimento.

efficiently [ɪ'fɪʃntlɪ] adv efficientemente; efficacemente.

effigy ['ɛfɪdʒɪ] n effigie f.

effluent ['ɛfluənt] n effluente m.

effort ['ɛfət] n sforzo; **to make an ~ to do sth** sforzarsi di fare qc.

effortless ['ɛfətlɪs] adj senza sforzo, facile.

effrontery [ɪ'frʌntərɪ] n sfrontatezza.

effusive [ɪ'fjuːsɪv] adj (person) espansivo(a); (welcome, letter) caloroso(a); (thanks, apologies) interminabile.

EFL n abbr (SCOL) = English as a foreign language.

EFTA ['ɛftə] n abbr (= European Free Trade Association) E.F.T.A. f.

e.g. adv abbr (= exempli gratia: for example) p.es.

egalitarian [ɪgælɪ'tɛərɪən] adj egualitario(a).

egg [ɛg] n uovo.

▶**egg on** vt incitare.

eggcup ['ɛgkʌp] n portauovo m inv.

eggplant ['ɛgplɑːnt] n (esp US) melanzana.

eggshell ['ɛgʃɛl] n guscio d'uovo ♦ adj (colour) guscio d'uovo inv.

egg-timer ['ɛgtaɪmə*] n clessidra (per misurare il tempo di cottura delle uova).

egg white n albume m, bianco d'uovo.

egg yolk *n* tuorlo, rosso (d'uovo).
ego ['iːgəu] *n* ego *m inv.*
egoism ['ɛgəuɪzəm] *n* egoismo.
egoist ['ɛgəuɪst] *n* egoista *m/f.*
egotism ['ɛgəutɪzəm] *n* egotismo.
egotist ['ɛgəutɪst] *n* egotista *m/f.*
ego trip *n*: **to be on an** ~ gasarsi.
Egypt ['iːdʒɪpt] *n* Egitto.
Egyptian [ɪ'dʒɪpʃən] *adj, n* egiziano(a).
eiderdown ['aɪdədaun] *n* piumino.
eight [eɪt] *num* otto.
eighteen ['eɪ'tiːn] *num* diciotto.
eighth [eɪtθ] *num* ottavo(a).
eighty [eɪtɪ] *num* ottanta.
Eire ['ɛərə] *n* Repubblica d'Irlanda.
EIS *n abbr* (= *Educational Institute of Scotland*) *principale sindacato degli insegnanti in Scozia.*
either ['aɪðə*] *adj* l'uno(a) o l'altro(a); (*both, each*) ciascuno(a); **on** ~ **side** su ciascun lato ♦ *pron:* ~ **(of them)** (o) l'uno(a) o l'altro(a); **I don't like** ~ non mi piace né l'uno né l'altro ♦ *adv* neanche; **no, I don't** ~ no, neanch'io ♦ *conj:* ~ **good or bad** o buono o cattivo; **I haven't seen** ~ **one or the other** non ho visto né l'uno né l'altro.
ejaculation [ɪdʒækju'leɪʃən] *n* (*PHYSIOL*) eiaculazione *f.*
eject [ɪ'dʒɛkt] *vt* espellere; lanciare ♦ *vi* (*pilot*) catapultarsi.
ejector seat [ɪ'dʒɛktə-] *n* sedile *m* eiettabile.
eke [iːk]: **to** ~ **out** *vt* far durare; aumentare.
EKG *n abbr* (*US*) = **electrocardiogram.**
el [ɛl] *n abbr* (*US col*) *see* **elevated railroad.**
elaborate *adj* [ɪ'læbərɪt] elaborato(a), minuzioso(a) ♦ *vb* [ɪ'læbəreɪt] *vt* elaborare ♦ *vi* entrare in dettagli.
elapse [ɪ'læps] *vi* trascorrere, passare.
elastic [ɪ'læstɪk] *adj* elastico(a) ♦ *n* elastico.
elastic band *n* (*BRIT*) elastico.
elasticity [ɪlæs'tɪsɪtɪ] *n* elasticità.
elated [ɪ'leɪtɪd] *adj* pieno(a) di gioia.
elation [ɪ'leɪʃən] *n* gioia.
elbow ['ɛlbəu] *n* gomito ♦ *vt:* **to** ~ **one's way through the crowd** farsi largo tra la folla a gomitate.
elbow grease *n*: **to use a bit of** ~ usare un po' di olio di gomiti.
elbowroom ['ɛlbəurum] *n* spazio.
elder ['ɛldə*] *adj* maggiore, più vecchio(a) ♦ *n* (*tree*) sambuco; **one's** ~**s** i più anziani.
elderly ['ɛldəlɪ] *adj* anziano(a) ♦ *npl:* **the** ~ gli anziani.
elder statesman *n anziano uomo politico in pensione, ma ancora influente*; (*of company*) anziano/a consigliere/a.

eldest ['ɛldɪst] *adj, n:* **the** ~ **(child)** il(la) maggiore (dei bambini).
elect [ɪ'lɛkt] *vt* eleggere; (*choose*): **to** ~ **to do** decidere di fare ♦ *adj:* **the president** ~ il presidente designato.
election [ɪ'lɛkʃən] *n* elezione *f*; **to hold an** ~ indire un'elezione.
election campaign *n* campagna elettorale.
electioneering [ɪlɛkʃə'nɪərɪŋ] *n* propaganda elettorale.
elector [ɪ'lɛktə*] *n* elettore/trice.
electoral [ɪ'lɛktərəl] *adj* elettorale.
electoral college *n* collegio elettorale.
electoral roll *n* (*BRIT*) registro elettorale.
electoral system *n* sistema *m* elettorale.
electorate [ɪ'lɛktərɪt] *n* elettorato.
electric [ɪ'lɛktrɪk] *adj* elettrico(a).
electrical [ɪ'lɛktrɪkəl] *adj* elettrico(a).
electrical engineer *n* ingegnere *m* elettrotecnico.
electrical failure *n* guasto all'impianto elettrico.
electric blanket *n* coperta elettrica.
electric chair *n* sedia elettrica.
electric cooker *n* cucina elettrica.
electric current *n* corrente *f* elettrica.
electric fire *n* (*BRIT*) stufa elettrica.
electrician [ɪlɛk'trɪʃən] *n* elettricista *m.*
electricity [ɪlɛk'trɪsɪtɪ] *n* elettricità; **to switch on/off the** ~ attaccare/staccare la corrente.
electricity board *n* (*BRIT*) ente *m* regionale per l'energia elettrica.
electric light *n* luce *f* elettrica.
electric shock *n* scossa (elettrica).
electrify [ɪ'lɛktrɪfaɪ] *vt* (*RAIL*) elettrificare; (*audience*) elettrizzare.
electro... [ɪ'lɛktrəu] *prefix* elettro....
electrocardiogram (ECG) [ɪ'lɛktrə-'kɑːdɪəgræm] *n* elettrocardiogramma *m.*
electro-convulsive therapy (ECT) [ɪ'lɛktrəkən'vʌlsɪv-] *n* elettroshockterapia.
electrocute [ɪ'lɛktrəkjuːt] *vt* fulminare.
electrode [ɪ'lɛktrəud] *n* elettrodo.
electroencephalogram (EEG) [ɪ'lɛktrəuɛn'sɛfələgræm] *n* (*MED*) elettroencefalogramma *m* (EEG).
electrolysis [ɪlɛk'trɔlɪsɪs] *n* elettrolisi *f.*
electromagnetic [ɪ'lɛktrəumæg'nɛtɪk] *n* elettromagnetico(a).
electron [ɪ'lɛktrɔn] *n* elettrone *m.*
electronic [ɪlɛk'trɔnɪk] *adj* elettronico(a); *see also* **electronics.**
electronic data processing (EDP) *n* elaborazione *f* elettronica di dati.
electronic mail *n* posta elettronica.
electronics [ɪlɛk'trɔnɪks] *n* elettronica.

electron microscope n microscopio elettronico.

electroplated [ɪ'lɛktrəu'pleɪtɪd] adj galvanizzato(a).

electrotherapy [ɪ'lɛktrəu'θɛrəpɪ] n elettroterapia.

elegance ['ɛlɪgəns] n eleganza.

elegant ['ɛlɪgənt] adj elegante.

element ['ɛlɪmənt] n elemento; (of heater, kettle etc) resistenza.

elementary [ɛlɪ'mɛntərɪ] adj elementare.

L'**elementary school**, negli Stati Uniti e in Canada, è un istituto scolastico dove i bambini ricevono un'istruzione per un periodo che va dai 6 agli 8 anni. Negli Stati Uniti si chiama anche **grade school** o **grammar school**.

---

elephant ['ɛlɪfənt] n elefante/essa.

elevate ['ɛlɪveɪt] vt elevare.

elevated railroad (el) n (US) (ferrovia) soprelevata.

elevation [ɛlɪ'veɪʃən] n elevazione f; (height) altitudine f.

elevator ['ɛlɪveɪtə*] n elevatore m; (US: lift) ascensore m.

eleven [ɪ'lɛvn] num undici.

elevenses [ɪ'lɛvnzɪz] npl (BRIT) caffè m a metà mattina.

eleventh [ɪ'lɛvnθ] adj undicesimo(a); **at the ~ hour** (fig) all'ultimo minuto.

elf, pl **elves** [ɛlf, ɛlvz] n elfo.

elicit [ɪ'lɪsɪt] vt: **to ~ (from)** trarre (da), cavare fuori (da); **to ~ sth (from sb)** strappare qc (a qn).

eligible ['ɛlɪdʒəbl] adj eleggibile; (for membership) che ha i requisiti; **to be ~ for a pension** essere pensionabile.

eliminate [ɪ'lɪmɪneɪt] vt eliminare.

elimination [ɪlɪmɪ'neɪʃən] n eliminazione f; **by process of ~** per eliminazione.

élite [eɪ'liːt] n élite f inv.

elitist [eɪ'liːtɪst] adj (pej) elitario(a).

elixir [ɪ'lɪksə*] n elisir m inv.

Elizabethan [ɪlɪzə'biːθən] n elisabettiano(a).

ellipse [ɪ'lɪps] n ellisse f.

elliptical [ɪ'lɪptɪkl] adj ellittico(a).

elm [ɛlm] n olmo.

elocution [ɛlə'kjuːʃən] n elocuzione f.

elongated ['iːlɔŋgeɪtɪd] adj allungato(a).

elope [ɪ'ləup] vi (lovers) scappare.

elopement [ɪ'ləupmənt] n fuga romantica.

eloquence ['ɛləkwəns] n eloquenza.

eloquent ['ɛləkwənt] adj eloquente.

else [ɛls] adv altro; **something ~** qualcos'altro; **somewhere ~** altrove;

everywhere ~ in qualsiasi altro luogo; **where ~?** in quale altro luogo?; **little ~** poco altro; **everyone ~** tutti gli altri; **nothing ~** nient'altro; **or ~** (otherwise) altrimenti; **is there anything ~ I can do?** posso fare qualcos'altro?

elsewhere [ɛls'wɛə*] adv altrove.

ELT n abbr (SCOL) = English Language Teaching.

elucidate [ɪ'luːsɪdeɪt] vt delucidare.

elude [ɪ'luːd] vt eludere.

elusive [ɪ'luːsɪv] adj elusivo(a); (answer) evasivo(a); **he is very ~** è proprio inafferrabile or irraggiungibile.

elves [ɛlvz] npl of **elf.**

emaciated [ɪ'meɪsɪeɪtɪd] adj emaciato(a).

E-mail, e-mail ['iːmeɪl] n abbr (= electronic mail) posta elettronica ♦ vt: **to ~ sb** comunicare con qn mediante posta elettronica.

emanate ['ɛməneɪt] vi: **to ~ from** emanare da.

emancipate [ɪ'mænsɪpeɪt] vt emancipare.

emancipation [ɪmænsɪ'peɪʃən] n emancipazione f.

emasculate [ɪ'mæskjuleɪt] vt (fig) rendere impotente.

embalm [ɪm'bɑːm] vt imbalsamare.

embankment [ɪm'bæŋkmənt] n (of road, railway) massicciata; (riverside) argine m; (dyke) diga.

embargo [ɪm'bɑːgəu] n (pl ~es: COMM, NAUT) embargo ♦ vt mettere l'embargo su; **to put an ~ on sth** mettere l'embargo su qc.

embark [ɪm'bɑːk] vi: **to ~ (on)** imbarcarsi (su) ♦ vt imbarcare; **to ~ on** (fig) imbarcarsi in; (journey) intraprendere.

embarkation [ɛmbɑː'keɪʃən] n imbarco.

embarkation card n carta d'imbarco.

embarrass [ɪm'bærəs] vt imbarazzare; **to be ~ed** essere imbarazzato(a).

embarrassing [ɪm'bærəsɪŋ] adj imbarazzante.

embarrassment [ɪm'bærəsmənt] n imbarazzo.

embassy ['ɛmbəsɪ] n ambasciata; **the Italian E~** l'ambasciata d'Italia.

embed [ɪm'bɛd] vt conficcare; incastrare.

embellish [ɪm'bɛlɪʃ] vt abbellire; **to ~ (with)** (fig: story, truth) infiorare (con).

embers ['ɛmbəz] npl braci fpl.

embezzle [ɪm'bɛzl] vt appropriarsi indebitamente di.

embezzlement [ɪm'bɛzlmənt] n appropriazione f indebita, malversazione f.

embezzler [ɪmˈbɛzləˈ] n malversatore/trice.

embitter [ɪmˈbɪtəˈ] vt amareggiare; inasprire.

emblem [ˈɛmbləm] n emblema m.

embodiment [ɪmˈbɔdɪmənt] n personificazione f, incarnazione f.

embody [ɪmˈbɔdɪ] vt (features) racchiudere, comprendere; (ideas) dar forma concreta a, esprimere.

embolden [ɪmˈbəʊldn] vt incitare.

embolism [ˈɛmbəlɪzəm] n embolia.

embossed [ɪmˈbɔst] adj in rilievo; goffrato(a); ~ with ... con in rilievo ....

embrace [ɪmˈbreɪs] vt abbracciare; (include) comprendere ♦ vi abbracciarsi ♦ n abbraccio.

embroider [ɪmˈbrɔɪdəˈ] vt ricamare; (fig: story) abbellire.

embroidery [ɪmˈbrɔɪdərɪ] n ricamo.

embroil [ɪmˈbrɔɪl] vt: **to become ~ed (in sth)** restare invischiato(a) (in qc).

embryo [ˈɛmbrɪəʊ] n (also fig) embrione m.

emcee [ɛmˈsiː] n abbr = **master of ceremonies**.

emend [ɪˈmɛnd] vt (text) correggere, emendare.

emerald [ˈɛmərəld] n smeraldo.

emerge [ɪˈmɜːdʒ] vi apparire, sorgere; **it ~s that** (BRIT) risulta che.

emergence [ɪˈmɜːdʒəns] n apparizione f; (of nation) nascita.

emergency [ɪˈmɜːdʒənsɪ] n emergenza; **in an ~** in caso di emergenza; **to declare a state of ~** dichiarare lo stato di emergenza.

emergency exit n uscita di sicurezza.

emergency landing n atterraggio forzato.

emergency lane n (US AUT) corsia d'emergenza.

emergency road service n (US) servizio riparazioni.

emergency service n servizio di pronto intervento.

emergency stop n (BRIT AUT) frenata improvvisa.

emergent [ɪˈmɜːdʒənt] adj: ~ **nation** paese m in via di sviluppo.

emery board [ˈɛmərɪ-] n limetta di carta smerigliata.

emery paper n carta smerigliata.

emetic [ɪˈmɛtɪk] n emetico.

emigrant [ˈɛmɪɡrənt] n emigrante m/f.

emigrate [ˈɛmɪɡreɪt] vi emigrare.

emigration [ɛmɪˈɡreɪʃən] n emigrazione f.

émigré [ˈɛmɪɡreɪ] n emigrato/a.

eminence [ˈɛmɪnəns] n eminenza.

eminent [ˈɛmɪnənt] adj eminente.

eminently [ˈɛmɪnəntlɪ] adv assolutamente, perfettamente.

emirate [ɛˈmɪərɪt] n emirato.

emission [ɪˈmɪʃən] n (of gas, radiation) emissione f.

emit [ɪˈmɪt] vt emettere.

emolument [ɪˈmɔljumənt] n (often pl: formal) emolumento.

emotion [ɪˈməʊʃən] n emozione f; (love, jealousy etc) sentimento.

emotional [ɪˈməʊʃənl] adj (person) emotivo(a); (scene) commovente; (tone, speech) carico(a) d'emozione.

emotionally [ɪˈməʊʃnəlɪ] adv (behave, be involved) sentimentalmente; (speak) con emozione; ~ **disturbed** con turbe emotive.

emotive [ɪˈməʊtɪv] adj emotivo(a); ~ **power** capacità di commuovere.

empathy [ˈɛmpəθɪ] n immedesimazione f; **to feel ~ with sb** immedesimarsi con i sentimenti di qn.

emperor [ˈɛmpərəˈ] n imperatore m.

emphasis, pl **-ases** [ˈɛmfəsɪs, -siːz] n enfasi f inv; importanza; **to lay** or **place ~ on sth** (fig) mettere in risalto or in evidenza qc; **the ~ is on sport** si dà molta importanza allo sport.

emphasize [ˈɛmfəsaɪz] vt (word, point) sottolineare; (feature) mettere in evidenza.

emphatic [ɪmˈfætɪk] adj (strong) vigoroso(a); (unambiguous, clear) netto(a); categorico(a).

emphatically [ɪmˈfætɪkəlɪ] adv vigorosamente; nettamente.

emphysema [ɛmfɪˈsiːmə] n (MED) enfisema m.

empire [ˈɛmpaɪəˈ] n impero.

empirical [ɛmˈpɪrɪkl] adj empirico(a).

employ [ɪmˈplɔɪ] vt (make use of: thing, method, person) impiegare, servirsi di; (give job to) dare lavoro a, impiegare; **he's ~ed in a bank** lavora in banca.

employee [ɪmplɔɪˈiː] n impiegato/a.

employer [ɪmˈplɔɪəˈ] n principale m/f, datore m di lavoro.

employment [ɪmˈplɔɪmənt] n impiego; **to find ~** trovare impiego or lavoro; **without ~** disoccupato(a); **place of ~** posto di lavoro.

employment agency n agenzia di collocamento.

employment exchange n (BRIT) ufficio m collocamento inv.

empower [ɪmˈpaʊəˈ] vt: **to ~ sb to do** concedere autorità a qn di fare.

empress ['ɛmprɪs] *n* imperatrice *f*.

emptiness ['ɛmptɪnɪs] *n* vuoto.

empty ['ɛmptɪ] *adj* vuoto(a); (*street, area*) deserto(a); (*threat, promise*) vano(a) ♦ *n* (*bottle*) vuoto ♦ *vt* vuotare ♦ *vi* vuotarsi; (*liquid*) scaricarsi; **on an ~ stomach** a stomaco vuoto; **to ~ into** (*river*) gettarsi in.

empty-handed [ɛmptɪ'hændɪd] *adj* a mani vuote.

empty-headed [ɛmptɪ'hɛdɪd] *adj* sciocco(a).

EMS *n abbr* (= *European Monetary System*) S.M.E. *m*.

EMT *n abbr* = *emergency medical technician*.

EMU *n abbr* (= *European Monetary Union*) Unità *f* monetaria europea.

emulate ['ɛmjuleɪt] *vt* emulare.

emulsion [ɪ'mʌlʃən] *n* emulsione *f*; (*also: ~ paint*) colore *m* a tempera.

enable [ɪ'neɪbl] *vt*: **to ~ sb to do** permettere a qn di fare.

enact [ɪn'ækt] *vt* (*law*) emanare; (*play, scene*) rappresentare.

enamel [ɪ'næməl] *n* smalto.

enamel paint *n* vernice *f* a smalto.

enamoured [ɪ'næməd] *adj*: **~ of** innamorato(a) di.

encampment [ɪn'kæmpmənt] *n* accampamento.

encased [ɪn'keɪst] *adj*: **~ in** racchiuso(a) in; rivestito(a) di.

enchant [ɪn'tʃɑːnt] *vt* incantare; (*subj: magic spell*) catturare.

enchanting [ɪn'tʃɑːntɪŋ] *adj* incantevole, affascinante.

encircle [ɪn'səːkl] *vt* accerchiare.

enc(l). *abbr* (*on letters etc*: = *enclosed, enclosure*) all., alleg.

enclose [ɪn'kləuz] *vt* (*land*) circondare, recingere; (*letter etc*): **to ~ (with)** allegare (con); **please find ~d** trovi qui accluso.

enclosure [ɪn'kləuʒə*] *n* recinto; (*COMM*) allegato.

encoder [ɪn'kəudə*] *n* (*COMPUT*) codificatore *m*.

encompass [ɪn'kʌmpəs] *vt* comprendere.

encore [ɔŋ'kɔː*] *excl, n* bis (*m inv*).

encounter [ɪn'kauntə*] *n* incontro ♦ *vt* incontrare.

encourage [ɪn'kʌrɪdʒ] *vt* incoraggiare; (*industry, growth etc*) favorire; **to ~ sb to do sth** incoraggiare qn a fare qc.

encouragement [ɪn'kʌrɪdʒmənt] *n* incoraggiamento.

encouraging [ɪn'kʌrɪdʒɪŋ] *adj* incoraggiante.

encroach [ɪn'krəutʃ] *vi*: **to ~ (up)on** (*rights*) usurpare; (*time*) abusare di; (*land*) oltrepassare i limiti di.

encrusted [ɪn'krʌstɪd] *adj*: **~ with** incrostato(a) di.

encumbered [ɪn'kʌmbəd] *adj*: **to be ~ (with)** essere carico(a) di.

encyclop(a)edia [ɛnsaɪkləu'piːdɪə] *n* enciclopedia.

end [ɛnd] *n* fine *f*; (*aim*) fine *m*; (*of table*) bordo estremo; (*of line, rope etc*) estremità *f inv*; (*of pointed object*) punta; (*of town*) parte *f* ♦ *vt* finire; (*also: bring to an ~, put an ~ to*) mettere fine a ♦ *vi* finire; **from ~ to ~** da un'estremità all'altra; **to come to an ~** arrivare alla fine, finire; **to be at an ~** essere finito; **in the ~** alla fine; **at the ~ of the street** in fondo alla strada; **at the ~ of the day** (*BRIT fig*) in fin dei conti; **on ~** (*object*) ritto(a); **to stand on ~** (*hair*) rizzarsi; **for 5 hours on ~** per 5 ore di fila; **for hours on ~** per ore e ore; **to this ~, with this ~ in view** a questo fine; **to ~ (with)** concludere (con).

▶**end up** *vi*: **to ~ up in** finire in.

endanger [ɪn'deɪndʒə*] *vt* mettere in pericolo; **an ~ed species** una specie in via di estinzione.

endear [ɪn'dɪə*] *vt*: **to ~ o.s. to sb** accattivarsi le simpatie di qn.

endearing [ɪn'dɪərɪŋ] *adj* accattivante.

endearment [ɪn'dɪəmənt] *n*: **to whisper ~s** sussurrare tenerezze; **term of ~** vezzeggiativo, parola affettuosa.

endeavour, (*US*) **endeavor** [ɪn'dɛvə*] *n* sforzo, tentativo ♦ *vi*: **to ~ to do** cercare *or* sforzarsi di fare.

endemic [ɛn'dɛmɪk] *adj* endemico(a).

ending ['ɛndɪŋ] *n* fine *f*, conclusione *f*; (*LING*) desinenza.

endive ['ɛndaɪv] *n* (*curly*) indivia (riccia); (*smooth, flat*) indivia belga.

endless ['ɛndlɪs] *adj* senza fine; (*patience, resources*) infinito(a); (*possibilities*) illimitato(a).

endorse [ɪn'dɔːs] *vt* (*cheque*) girare; (*approve*) approvare, appoggiare.

endorsee [ɪndɔː'siː] *n* giratario/a.

endorsement [ɪn'dɔːsmənt] *n* (*approval*) approvazione *f*; (*signature*) firma; (*BRIT*: *on driving licence*) contravvenzione registrata sulla patente.

endorser [ɪn'dɔːsə*] *n* girante *m/f*.

endow [ɪn'dau] *vt* (*prize*) istituire; (*hospital*) fondare; (*provide with money*) devolvere denaro a; (*equip*): **to ~ with** fornire di, dotare di.

endowment [ɪn'daumənt] *n* istituzione *f*;

fondazione *f*; (*amount*) donazione *f*.

endowment mortgage *n* mutuo che viene ripagato sotto forma di un'assicurazione a vita.

endowment policy *n* polizza-vita mista.

end product *n* (*INDUSTRY*) prodotto finito; (*fig*) risultato.

end result *n* risultato finale.

endurable [ɪn'djuərəbl] *adj* sopportabile.

endurance [ɪn'djuərəns] *n* resistenza; pazienza.

endurance test *n* prova di resistenza.

endure [ɪn'djuə*] *vt* sopportare, resistere a ♦ *vi* durare.

enduring [ɪn'djuərɪŋ] *adj* duraturo(a).

end user *n* (*COMPUT*) consumatore(trice) effettivo(a).

enema [ˈɛnɪmə] *n* (*MED*) clistere *m*.

enemy [ˈɛnəmɪ] *adj*, *n* nemico(a); **to make an ~ of sb** inimicarsi qn.

energetic [ɛnə'dʒɛtɪk] *adj* energico(a); attivo(a).

energy [ˈɛnədʒɪ] *n* energia; **Department of E~** Ministero dell'Energia.

energy crisis *n* crisi *f* energetica.

energy-saving [ˈɛnədʒɪ'seɪvɪŋ] *adj* (*policy*) del risparmio energetico; (*device*) che risparmia energia.

enervating [ˈɛnəːveɪtɪŋ] *adj* debilitante.

enforce [ɪn'fɔːs] *vt* (*LAW*) applicare, far osservare.

enforced [ɪn'fɔːst] *adj* forzato(a).

enfranchise [ɪn'fræntʃaɪz] *vt* (*give vote to*) concedere il diritto di voto a; (*set free*) affrancare.

engage [ɪn'geɪdʒ] *vt* (*hire*) assumere; (*lawyer*) incaricare; (*attention, interest*) assorbire; (*MIL*) attaccare; (*TECH*): **to ~ gear/the clutch** innestare la marcia/la frizione ♦ *vi* (*TECH*) ingranare; **to ~ in** impegnarsi in; **he is ~d in research/a survey** si occupa di ricerca/di un'inchiesta; **to ~ sb in conversation** attaccare conversazione con qn.

engaged [ɪn'geɪdʒd] *adj* (*BRIT: busy, in use*) occupato(a); (*betrothed*) fidanzato(a); **to get ~** fidanzarsi.

engaged tone *n* (*BRIT TEL*) segnale *m* di occupato.

engagement [ɪn'geɪdʒmənt] *n* impegno, obbligo; appuntamento; (*to marry*) fidanzamento; (*MIL*) combattimento; **I have a previous ~** ho già un impegno.

engagement ring *n* anello di fidanzamento.

engaging [ɪn'geɪdʒɪŋ] *adj* attraente.

engender [ɪn'dʒɛndə*] *vt* produrre, causare.

engine [ˈɛndʒɪn] *n* (*AUT*) motore *m*; (*RAIL*) locomotiva.

engine driver *n* (*BRIT: of train*) macchinista *m*.

engineer [ɛndʒɪ'nɪə*] *n* ingegnere *m*; (*BRIT: for domestic appliances*) tecnico; (*US RAIL*) macchinista *m*; **civil/mechanical ~** ingegnere civile/meccanico.

engineering [ɛndʒɪ'nɪərɪŋ] *n* ingegneria ♦ *cpd* (*works, factory, worker etc*) metalmeccanico(a).

engine failure *n* guasto al motore.

engine trouble *n* panne *f*.

England [ˈɪŋglənd] *n* Inghilterra.

English [ˈɪŋglɪʃ] *adj* inglese ♦ *n* (*LING*) inglese *m*; **the ~** *npl* gli Inglesi; **to be an ~ speaker** essere anglofono(a).

English Channel *n*: **the ~** il Canale della Manica.

Englishman [ˈɪŋglɪʃmən], **Englishwoman** [ˈɪŋglɪʃwumən] *n* inglese *m/f*.

English-speaking [ˈɪŋglɪʃ'spiːkɪŋ] *adj* di lingua inglese.

engrave [ɪn'greɪv] *vt* incidere.

engraving [ɪn'greɪvɪŋ] *n* incisione *f*.

engrossed [ɪn'grəust] *adj*: **~ in** assorbito(a) da, preso(a) da.

engulf [ɪn'gʌlf] *vt* inghiottire.

enhance [ɪn'hɑːns] *vt* accrescere; (*position, reputation*) migliorare.

enigma [ɪ'nɪgmə] *n* enigma *m*.

enigmatic [ɛnɪg'mætɪk] *adj* enigmatico(a).

enjoy [ɪn'dʒɔɪ] *vt* godere; (*have: success, fortune*) avere; (*have benefit of: health*) godere (di); **I ~ dancing** mi piace ballare; **to ~ o.s.** godersela, divertirsi.

enjoyable [ɪn'dʒɔɪəbl] *adj* piacevole.

enjoyment [ɪn'dʒɔɪmənt] *n* piacere *m*, godimento.

enlarge [ɪn'lɑːdʒ] *vt* ingrandire ♦ *vi*: **to ~ on** (*subject*) dilungarsi su.

enlarged [ɪn'lɑːdʒd] *adj* (*edition*) ampliato(a); (*MED: organ, gland*) ingrossato(a).

enlargement [ɪn'lɑːdʒmənt] *n* (*PHOT*) ingrandimento.

enlighten [ɪn'laɪtn] *vt* illuminare; dare chiarimenti a.

enlightened [ɪn'laɪtnd] *adj* illuminato(a).

enlightening [ɪn'laɪtnɪŋ] *adj* istruttivo(a).

enlightenment [ɪn'laɪtnmənt] *n* progresso culturale; chiarimenti *mpl*; (*HISTORY*): **the E~** l'Illuminismo.

enlist [ɪn'lɪst] *vt* arruolare; (*support*) procurare ♦ *vi* arruolarsi; **~ed man** (*US MIL*) soldato semplice.

enliven [ɪn'laɪvn] *vt* (*people*) rallegrare; (*events*) ravvivare.

enmity ['ɛnmɪtɪ] n inimicizia.

ennoble [ɪ'nəubl] vt nobilitare; (with title) conferire un titolo nobiliare a.

enormity [ɪ'nɔ:mɪtɪ] n enormità f inv.

enormous [ɪ'nɔ:məs] adj enorme.

enormously [ɪ'nɔ:məslɪ] adv enormemente.

enough [ɪ'nʌf] adj, n: ~ **time/books** assai tempo/libri; **have you got ~?** ne ha abbastanza or a sufficienza? ♦ adv: **big ~** abbastanza grande; **he has not worked ~** non ha lavorato abbastanza; ~! basta!; **it's hot ~ (as it is)!** fa abbastanza caldo così!; **will £5 be ~?** bastano 5 sterline?; **that's ~** basta; **I've had ~!** non ne posso più!; **he was kind ~ to lend me the money** è stato così gentile da prestarmi i soldi; **... which, funnily ~ ...** che, strano a dirsi.

enquire [ɪn'kwaɪə*] vt, vi = **inquire.**

enrage [ɪn'reɪdʒ] vt fare arrabbiare.

enrich [ɪn'rɪtʃ] vt arricchire.

enrol, (US) **enroll** [ɪn'rəul] vt iscrivere; (at university) immatricolare ♦ vi iscriversi.

enrol(l)ment [ɪn'rəulmənt] n iscrizione f.

en route [ɔn'ruːt] adv: ~ **for/from/to** in viaggio per/da/a.

ensconced [ɪn'skɔnst] adj: ~ **in** ben sistemato(a) in.

ensemble [ãːn'sãːmbl] n (MUS) ensemble m inv.

enshrine [ɪn'ʃraɪn] vt conservare come una reliquia.

ensign n (NAUT) ['ɛnsən] bandiera; (MIL) ['ɛnsaɪn] portabandiera m inv.

enslave [ɪn'sleɪv] vt fare schiavo.

ensue [ɪn'sjuː] vi seguire, risultare.

ensure [ɪn'ʃuə*] vt assicurare; garantire; **to ~ that** assicurarsi che.

ENT n abbr (MED: = Ear, Nose & Throat) O.R.L.

entail [ɪn'teɪl] vt comportare.

entangle [ɪn'tæŋgl] vt (thread etc) impigliare; **to become ~d in sth** (fig) rimanere impegolato in qc.

enter ['ɛntə*] vt (gen) entrare in; (club) associarsi a; (profession) intraprendere; (army) arruolarsi in; (competition) partecipare a; (sb for a competition) iscrivere; (write down) registrare; (COMPUT: data) introdurre, inserire ♦ vi entrare.

▶**enter for** vt fus iscriversi a.

▶**enter into** vt fus (explanation) cominciare a dare; (debate) partecipare a; (agreement) concludere; (negotiations) prendere parte a.

▶**enter (up)on** vt fus cominciare.

enteritis [ɛntə'raɪtɪs] n enterite f.

enterprise ['ɛntəpraɪz] n (undertaking,

company) impresa; (spirit) iniziativa.

enterprising ['ɛntəpraɪzɪŋ] adj intraprendente.

entertain [ɛntə'teɪn] vt divertire; (invite) ricevere; (idea, plan) nutrire.

entertainer [ɛntə'teɪnə*] n comico/a.

entertaining [ɛntə'teɪnɪŋ] adj divertente ♦ n: **to do a lot of ~** avere molti ospiti.

entertainment [ɛntə'teɪnmənt] n (amusement) divertimento; (show) spettacolo.

entertainment allowance n spese fpl di rappresentanza.

enthral [ɪn'θrɔːl] vt affascinare, avvincere.

enthralled [ɪn'θrɔːld] adj affascinato(a).

enthralling [ɪn'θrɔːlɪŋ] adj avvincente.

enthuse [ɪn'θuːz] vi: **to ~ (about or over)** entusiasmarsi (per).

enthusiasm [ɪn'θuːzɪæzəm] n entusiasmo.

enthusiast [ɪn'θuːzɪæst] n entusiasta m/f; **a jazz etc ~** un appassionato di jazz etc.

enthusiastic [ɪnθuːzɪ'æstɪk] adj entusiasta, entusiastico(a); **to be ~ about sth/sb** essere appassionato di qc/entusiasta di qn.

entice [ɪn'taɪs] vt allettare, sedurre.

enticing [ɪn'taɪsɪŋ] adj allettante.

entire [ɪn'taɪə*] adj intero(a).

entirely [ɪn'taɪəlɪ] adv completamente, interamente.

entirety [ɪn'taɪərətɪ] n: **in its ~** nel suo complesso.

entitle [ɪn'taɪtl] vt (give right): **to ~ sb to sth/to do** dare diritto a qn a qc/a fare.

entitled [ɪn'taɪtld] adj (book) che si intitola; **to be ~ to sth/to do sth** avere diritto a qc/a fare qc.

entity ['ɛntɪtɪ] n entità f inv.

entrails ['ɛntreɪlz] npl interiora fpl.

entrance n ['ɛntrns] entrata, ingresso; (of person) entrata ♦ vt [ɪn'trɑːns] incantare, rapire; **to gain ~ to** (university etc) essere ammesso a.

entrance examination n (to school) esame m di ammissione.

entrance fee n tassa d'iscrizione; (to museum etc) prezzo d'ingresso.

entrance ramp n (US AUT) rampa di accesso.

entrancing [ɪn'trɑːnsɪŋ] adj incantevole.

entrant ['ɛntrnt] n partecipante m/f; concorrente m/f; (BRIT: in exam) candidato/a.

entreat [ɛn'triːt] vt supplicare.

entreaty [ɪn'triːtɪ] n supplica, preghiera.

entrée ['ɔntreɪ] n (CULIN) prima portata.

entrenched [ɛn'trɛntʃt] adj radicato(a).

entrepreneur ['ɔntrəprə'nəː*] n

imprenditore *m*.
entrepreneurial ['ɔntrəprə'nɜːrɪəl] *adj*
imprenditoriale.
entrust [ɪn'trʌst] *vt*: to ~ sth to affidare qc
a.
entry ['ɛntrɪ] *n* entrata; (*way in*) entrata,
ingresso; (*in dictionary*) voce *f*; (*in diary,
ship's log*) annotazione *f*; (*in account book,
ledger, list*) registrazione *f*; **"no ~"**
"vietato l'ingresso"; (*AUT*) "divieto di
accesso"; **single/double ~ book-keeping**
partita semplice/doppia.
entry form *n* modulo d'iscrizione.
entry phone *n* (*BRIT*) citofono.
entwine [ɪn'twaɪn] *vt* intrecciare.
E number *n sigla di additivo alimentare.*
enumerate [ɪ'njuːməreɪt] *vt* enumerare.
enunciate [ɪ'nʌnsɪeɪt] *vt* enunciare;
pronunciare.
envelop [ɪn'vɛləp] *vt* avvolgere,
avviluppare.
envelope ['ɛnvələup] *n* busta.
enviable ['ɛnvɪəbl] *adj* invidiabile.
envious ['ɛnvɪəs] *adj* invidioso(a).
environment [ɪn'vaɪərənmənt] *n* ambiente
m; **Department of the E~** (*BRIT*) ≈
Ministero dell'Ambiente.
environmental [ɪnvaɪərən'mɛntl] *adj*
ecologico(a); ambientale; ~ **studies** (*in
school etc*) ecologia.
environmentalist [ɪn'vaɪərən'mɛntəlɪst] *n*
studioso/a della protezione
dell'ambiente.
environmentally [ɪnvaɪərən'mɛntəlɪ] *adv*: ~
sound/friendly che rispetta l'ambiente.
**Environmental Protection Agency
(EPA)** *n* (*US*) ≈ Ministero dell'Ambiente.
envisage [ɪn'vɪzɪdʒ] *vt* immaginare;
prevedere.
envision [ɪn'vɪʒən] *vt* concepire,
prevedere.
envoy ['ɛnvɔɪ] *n* inviato/a.
envy ['ɛnvɪ] *n* invidia ♦ *vt* invidiare; **to ~ sb
sth** invidiare qn per qc.
enzyme ['ɛnzaɪm] *n* enzima *m*.
EPA *n abbr* (*US*) *see* **Environmental
Protection Agency**.
ephemeral [ɪ'fɛmərəl] *adj* effimero(a).
epic ['ɛpɪk] *n* poema *m* epico ♦ *adj* epico(a).
epicentre, (*US*) **epicenter** ['ɛpɪsɛntə*] *n*
epicentro.
epidemic [ɛpɪ'dɛmɪk] *n* epidemia.
epilepsy ['ɛpɪlɛpsɪ] *n* epilessia.
epileptic [ɛpɪ'lɛptɪk] *adj, n* epilettico(a).
epilogue ['ɛpɪlɔg] *n* epilogo.
Epiphany [ɪ'pɪfənɪ] *n* Epifania.
episcopal [ɪ'pɪskəpəl] *adj* episcopale.
episode ['ɛpɪsəud] *n* episodio.

epistle [ɪ'pɪsl] *n* epistola.
epitaph ['ɛpɪtɑːf] *n* epitaffio.
epithet ['ɛpɪθɛt] *n* epiteto.
epitome [ɪ'pɪtəmɪ] *n* epitome *f*;
quintessenza.
epitomize [ɪ'pɪtəmaɪz] *vt* (*fig*) incarnare.
epoch ['iːpɔk] *n* epoca.
epoch-making ['iːpɔkmeɪkɪŋ] *adj* che fa
epoca.
eponymous [ɪ'pɔnɪməs] *adj* dello stesso
nome.
equable ['ɛkwəbl] *adj* uniforme; (*climate*)
costante; (*character*) equilibrato(a).
equal ['iːkwl] *adj, n* uguale (*m/f*) ♦ *vt*
uguagliare; ~ **to** (*task*) all'altezza di.
equality [iː'kwɔlɪtɪ] *n* uguaglianza.
equalize ['iːkwəlaɪz] *vt, vi* pareggiare.
equalizer ['iːkwəlaɪzə*] *n* punto del
pareggio.
equally ['iːkwəlɪ] *adv* ugualmente; **they are**
~ **clever** sono intelligenti allo stesso
modo.
Equal Opportunities Commission, (*US*)
**Equal Employment Opportunity
Commission** *n commissione contro
discriminazioni sessuali o razziali nel
mondo del lavoro.*
equal(s) sign *n* segno d'uguaglianza.
equanimity [ɛkwə'nɪmɪtɪ] *n* serenità.
equate [ɪ'kweɪt] *vt*: to ~ sth with
considerare qc uguale a; (*compare*)
paragonare qc con; **to ~ A to B** mettere
in equazione A e B.
equation [ɪ'kweɪʃən] *n* (*MATH*) equazione *f*.
equator [ɪ'kweɪtə*] *n* equatore *m*.
Equatorial Guinea [ɛkwə'tɔːrɪəl-] *n* Guinea
Equatoriale.
equestrian [ɪ'kwɛstrɪən] *adj* equestre ♦ *n*
cavaliere/amazzone.
equilibrium [iːkwɪ'lɪbrɪəm] *n* equilibrio.
equinox ['iːkwɪnɔks] *n* equinozio.
equip [ɪ'kwɪp] *vt* equipaggiare, attrezzare;
to ~ sb/sth with fornire qn/qc di; ~**ped
with** (*machinery etc*) dotato(a) di; **he is
well** ~**ped for the job** ha i requisiti
necessari per quel lavoro.
equipment [ɪ'kwɪpmənt] *n* attrezzatura;
(*electrical etc*) apparecchiatura.
equitable ['ɛkwɪtəbl] *adj* equo(a), giusto(a).
equities ['ɛkwɪtɪz] *npl* (*BRIT COMM*) azioni *fpl*
ordinarie.
equity ['ɛkwɪtɪ] *n* equità.
equity capital *n* capitale *m* azionario.
equivalent [ɪ'kwɪvələnt] *adj, n* equivalente
(*m*); **to be** ~ **to** equivalere a.
equivocal [ɪ'kwɪvəkl] *adj* equivoco(a); (*open
to suspicion*) dubbio(a).
equivocate [ɪ'kwɪvəkeɪt] *vi* esprimersi in

modo equivoco.

equivocation [ɪkwɪvə'keɪʃən] *n* parole *fpl* equivoche.

ER *abbr* (*BRIT*) = *Elizabeth Regina*.

ERA *n abbr* (*US POL*) = *Equal Rights Amendment*.

era ['ɪərə] *n* era, età *f inv*.

eradicate [ɪ'rædɪkeɪt] *vt* sradicare.

erase [ɪ'reɪz] *vt* cancellare.

eraser [ɪ'reɪzə*] *n* gomma.

erect [ɪ'rɛkt] *adj* eretto(a) ♦ *vt* costruire; (*monument, tent*) alzare.

erection [ɪ'rɛkʃən] *n* (*also PHYSIOL*) erezione *f*; (*of building*) costruzione *f*; (*of machinery*) montaggio.

ergonomics [ə:gə'nɔmɪks] *n* ergonomia.

ERISA *n abbr* (*US*: = *Employee Retirement Income Security Act*) *legge relativa al pensionamento statale*.

Eritrea [ɛrɪ'treɪə] *n* Eritrea.

ERM *n abbr* (= *Exchange Rate Mechanism*) meccanismo dei tassi di cambio.

ermine ['ə:mɪn] *n* ermellino.

ERNIE ['ə:nɪ] *n abbr* (*BRIT*: = *Electronic Random Number Indicator Equipment*) *sistema che seleziona i numeri vincenti di buoni del Tesoro*.

erode [ɪ'rəud] *vt* erodere; (*metal*) corrodere.

erogenous zone [ɪ'rɔdʒənəs-] *n* zona erogena.

erosion [ɪ'rəuʒən] *n* erosione *f*.

erotic [ɪ'rɔtɪk] *adj* erotico(a).

eroticism [ɪ'rɔtɪsɪzəm] *n* erotismo.

err [ə:*] *vi* errare; (*REL*) peccare.

errand ['ɛrənd] *n* commissione *f*; **to run ~s** fare commissioni; **~ of mercy** atto di carità.

errand boy *n* fattorino.

erratic [ɪ'rætɪk] *adj* imprevedibile; (*person, mood*) incostante.

erroneous [ɪ'rəunɪəs] *adj* erroneo(a).

error ['ɛrə*] *n* errore *m*; **typing/spelling ~** errore di battitura/di ortografia; **in ~** per errore; **~s and omissions excepted** salvo errori ed omissioni.

error message *n* (*COMPUT*) messaggio di errore.

erstwhile ['ə:stwaɪl] *adv* allora, un tempo ♦ *adj* di allora.

erudite ['ɛrjudaɪt] *adj* erudito(a).

erupt [ɪ'rʌpt] *vi* erompere; (*volcano*) mettersi (*or* essere) in eruzione.

eruption [ɪ'rʌpʃən] *n* eruzione *f*; (*of anger, violence*) esplosione *f*.

ESA *n abbr* (= *European Space Agency*) ESA *f*.

escalate ['ɛskəleɪt] *vi* intensificarsi; (*costs*) salire.

escalation [ɛskə'leɪʃən] *n* escalation *f*; (*of prices*) aumento.

escalation clause *n* clausola di revisione.

escalator ['ɛskəleɪtə*] *n* scala mobile.

escapade [ɛskə'peɪd] *n* scappatella; avventura.

escape [ɪ'skeɪp] *n* evasione *f*; fuga; (*of gas etc*) fuga, fuoriuscita ♦ *vi* fuggire; (*from jail*) evadere, scappare; (*fig*) sfuggire; (*leak*) uscire ♦ *vt* sfuggire a; **to ~ from sb** sfuggire a qn; **to ~** (*another place*) fuggire in; (*freedom, safety*) fuggire verso; **to ~ notice** passare inosservato(a).

escape artist *n* mago della fuga.

escape clause *n* clausola scappatoia.

escapee [ɪskeɪ'pi:] *n* evaso/a.

escape hatch *n* (*in submarine, space rocket*) portello di sicurezza.

escape key *n* (*COMPUT*) tasto di escape, tasto per cambio di codice.

escape route *n* percorso della fuga.

escapism [ɪs'keɪpɪzəm] *n* evasione *f* (dalla realtà).

escapist [ɪs'keɪpɪst] *adj* d'evasione ♦ *n* persona che cerca di evadere dalla realtà.

escapologist [ɛskə'pɔlədʒɪst] *n* (*BRIT*) = **escape artist**.

escarpment [ɪs'kɑ:pmənt] *n* scarpata.

eschew [ɪs'tʃu:] *vt* evitare.

escort *n* ['ɛskɔ:t] scorta; (*to dance etc*): **her ~** il suo cavaliere; **his ~** la sua dama ♦ *vt* [ɪ'skɔ:t] scortare; accompagnare.

escort agency *n* agenzia di hostess.

Eskimo ['ɛskɪməu] *adj* eschimese ♦ *n* eschimese *m/f*; (*LING*) eschimese *m*.

ESL *n abbr* (*SCOL*) = *English as a Second Language*.

esophagus [i:'sɔfəgəs] *n* (*US*) = **oesophagus**.

esoteric [ɛsəu'tɛrɪk] *adj* esoterico(a).

ESP *n abbr see* **extrasensory perception**; (*SCOL*) = *English for Special Purposes*.

esp. *abbr* (= *especially*) spec.

especially [ɪ'spɛʃlɪ] *adv* specialmente; (*above all*) soprattutto; (*specifically*) espressamente; (*particularly*) particolarmente.

espionage ['ɛspɪənɑːʒ] *n* spionaggio.

esplanade [ɛsplə'neɪd] *n* lungomare *m*.

espouse [ɪ'spauz] *vt* abbracciare.

Esquire [ɪ'skwaɪə*] *n* (*BRIT*: *abbr* **Esq.**): **J. Brown, ~** Signor J. Brown.

essay ['ɛseɪ] *n* (*SCOL*) composizione *f*; (*LITERATURE*) saggio.

essence ['ɛsns] *n* essenza; **in ~** in sostanza;

speed is of the ~ la velocità è di estrema importanza.

essential [ɪ'sɛnʃəl] *adj* essenziale; (*basic*) fondamentale ♦ *n* elemento essenziale; **it is** ~ **that** è essenziale che + *sub*.

essentially [ɪ'sɛnʃəlɪ] *adv* essenzialmente.

EST *abbr* (*US*: = *Eastern Standard Time*) *fuso orario.*

est. *abbr* = *established; estimate(d).*

establish [ɪ'stæblɪʃ] *vt* stabilire; (*business*) mettere su; (*one's power etc*) confermare; (*prove: fact, identity, sb's innocence*) dimostrare.

establishment [ɪs'tæblɪʃmənt] *n* stabilimento; (*business*) azienda; **the E~** la classe dirigente; l'establishment *m*; **a teaching** ~ un istituto d'istruzione.

estate [ɪ'steɪt] *n* proprietà *f inv*; (*LAW*) beni *mpl*, patrimonio; (*BRIT: also:* **housing** ~) complesso edilizio.

estate agency *n* (*BRIT*) agenzia immobiliare.

estate agent *n* (*BRIT*) agente *m* immobiliare.

estate car *n* (*BRIT*) giardiniera.

esteem [ɪ'stiːm] *n* stima ♦ *vt* considerare; stimare; **I hold him in high** ~ gode di tutta la mia stima.

esthetic [ɪs'θɛtɪk] *adj* (*US*) = **aesthetic**.

estimate *n* ['ɛstɪmət] stima; (*COMM*) preventivo ♦ *vb* ['ɛstɪmeɪt] *vt* stimare, valutare ♦ *vi* (*BRIT COMM*): **to** ~ **for** fare il preventivo per; **to give sb an** ~ **of** fare a qn una valutazione approssimativa (*or* un preventivo) di; **at a rough** ~ approssimativamente.

estimation [ɛstɪ'meɪʃən] *n* stima; opinione *f*; **in my** ~ a mio giudizio, a mio avviso.

Estonia [ɛ'stəunɪə] *n* Estonia.

Estonian [ɛ'stəunɪən] *adj* estone *inv* ♦ *n* estone *m/f*; (*LING*) estone *m*.

estranged [ɪ'streɪndʒd] *adj* separato(a).

estrangement [ɪs'treɪndʒmənt] *n* alienazione *f*.

estrogen ['iːstrəudʒən] *n* (*US*) = **oestrogen**.

estuary ['ɛstjuərɪ] *n* estuario.

ET *abbr* (*US*: = *Eastern Time*) *fuso orario*; (*BRIT*: = *Employment Training*) *corso di formazione professionale per disoccupati.*

ETA *n abbr* (= *estimated time of arrival*) ora di arrivo prevista.

et al. *abbr* (= *et alii: and others*) ed altri.

etc. *abbr* (= *et cetera*) ecc., etc.

etch [ɛtʃ] *vt* incidere all'acquaforte.

etching ['ɛtʃɪŋ] *n* acquaforte *f.*

ETD *n abbr* (= *estimated time of departure*) ora di partenza prevista.

eternal [ɪ'təːnl] *adj* eterno(a).

eternity [ɪ'təːnɪtɪ] *n* eternità.

ether ['iːθəˣ] *n* etere *m.*

ethereal [ɪ'θɪərɪəl] *adj* etereo(a).

ethical ['ɛθɪkl] *adj* etico(a), morale.

ethics ['ɛθɪks] *n* etica ♦ *npl* morale *f.*

Ethiopia [iːθɪ'əupɪə] *n* Etiopia.

Ethiopian [iːθɪ'əupɪən] *adj, n* etiope (*m/f*).

ethnic ['ɛθnɪk] *adj* etnico(a).

ethnic cleansing [-'klɛnzɪŋ] *n* pulizia etnica.

ethnology [ɛθ'nɔlədʒɪ] *n* etnologia.

ethos ['iːθɔs] *n* (*of culture, group*) norma di vita.

etiquette ['ɛtɪkɛt] *n* etichetta.

ETV *n abbr* (*US*) = *Educational Television.*

etymology [ɛtɪ'mɔlədʒɪ] *n* etimologia.

EU *n abbr* (= *European Union*) UE *f.*

eucalyptus [juːkə'lɪptəs] *n* eucalipto.

eulogy ['juːlədʒɪ] *n* elogio.

euphemism ['juːfəmɪzəm] *n* eufemismo.

euphemistic [juːfə'mɪstɪk] *adj* eufemistico(a).

euphoria [juː'fɔːrɪə] *n* euforia.

Eurasia [juə'reɪʃə] *n* Eurasia.

Eurasian [juə'reɪʃən] *adj, n* eurasiano(a).

Euratom [juə'rætəm] *n abbr* (= *European Atomic Energy Community*) EURATOM *f.*

Euro- ['juərəu] *prefix* euro-.

Eurocheque ['juərəutʃɛk] *n* eurochèque *m inv.*

Eurocrat ['juərəukræt] *n* eurocrate *m/f.*

Eurodollar ['juərəudɔlə*] *n* eurodollaro.

Europe ['juərəp] *n* Europa.

European [juərə'piːən] *adj, n* europeo(a).

European Court of Justice *n* Corte *f* di Giustizia della Comunità Europea.

Euro-sceptic ['juərəuskɛptɪk] *n* euroscettico/a.

euthanasia [juːθə'neɪzɪə] *n* eutanasia.

evacuate [ɪ'vækjueɪt] *vt* evacuare.

evacuation [ɪvækju'eɪʃən] *n* evacuazione *f.*

evacuee [ɪvækju'iː] *n* sfollato/a.

evade [ɪ'veɪd] *vt* eludere; (*duties etc*) sottrarsi a.

evaluate [ɪ'væljueɪt] *vt* valutare.

evangelist [ɪ'vændʒəlɪst] *n* evangelista *m.*

evangelize [ɪ'vændʒəlaɪz] *vt* evangelizzare.

evaporate [ɪ'væpəreɪt] *vi* evaporare ♦ *vt* far evaporare.

evaporated milk *n* latte *m* concentrato.

evaporation [ɪvæpə'reɪʃən] *n* evaporazione *f.*

evasion [ɪ'veɪʒən] *n* evasione *f.*

evasive [ɪ'veɪsɪv] *adj* evasivo(a).

eve [iːv] *n*: **on the** ~ **of** alla vigilia di.

even ['iːvn] *adj* regolare; (*number*) pari *inv* ♦ *adv* anche, perfino; ~ **if,** ~ **though** anche se; ~ **more** ancora di più; **he loves her ~ more** la ama anche di più; ~ **faster** ancora più veloce; ~ **so** ciò nonostante; **not** ~ ... nemmeno ...; **to break** ~ finire in pari *or* alla pari; **to get** ~ **with sb** dare la pari a qn.

▶**even out** *vi* pareggiare.

even-handed ['iːvn'hændɪd] *adj* imparziale, equo(a).

evening ['iːvnɪŋ] *n* sera; (*as duration, event*) serata; **in the** ~ la sera; **this** ~ stasera, questa sera; **tomorrow/yesterday** ~ domani/ieri sera.

evening class *n* corso serale.

evening dress *n* (*woman's*) abito da sera; **in** ~ (*man*) in abito scuro; (*woman*) in abito lungo.

evenly ['iːvənlɪ] *adv* (*distribute, space, spread*) uniformemente; (*divide*) in parti uguali.

evensong ['iːvnsɔŋ] *n* ≈ vespro.

event [ɪ'vɛnt] *n* avvenimento; (*SPORT*) gara; **in the** ~ of in caso di; **at all ~s** (*BRIT*), **in any** ~ in ogni caso; **in the** ~ in realtà, di fatto; **in the course of ~s** nel corso degli eventi.

eventful [ɪ'vɛntful] *adj* denso(a) di eventi.

eventing [ɪ'vɛntɪŋ] *n* (*HORSERIDING*) concorso ippico.

eventual [ɪ'vɛntʃuəl] *adj* finale.

eventuality [ɪvɛntʃu'ælɪtɪ] *n* possibilità *f inv*, eventualità *f inv*.

eventually [ɪ'vɛntʃuəlɪ] *adv* finalmente.

ever ['ɛvə*] *adv* mai; (*at all times*) sempre; **for** ~ per sempre; **the best** ~ il migliore che ci sia mai stato; **hardly** ~ non ... quasi mai; **did you** ~ **meet him?** l'ha mai incontrato?; **have you** ~ **been there?** c'è mai stato?; ~ **so pretty** così bello(a); **thank you** ~ **so much** grazie mille; **yours** ~ (*BRIT: in letters*) sempre tuo; ~ **since** *adv* da allora ♦ *conj* sin da quando.

Everest ['ɛvərɪst] *n* (*also*: **Mount** ~) Everest *m*.

evergreen ['ɛvəgriːn] *n* sempreverde *m*.

everlasting [ɛvə'lɑːstɪŋ] *adj* eterno(a).

every ['ɛvrɪ] *adj* ogni; ~ **day** tutti i giorni, ogni giorno; ~ **other/third day** ogni due/tre giorni; ~ **other car** una macchina su due; ~ **now and then** ogni tanto, di quando in quando; **I have** ~ **confidence in him** ho piena fiducia in lui.

everybody ['ɛvrɪbɔdɪ] *pron* ognuno, tutti *pl*; ~ **else** tutti gli altri; ~ **knows about it** lo sanno tutti.

everyday ['ɛvrɪdeɪ] *adj* quotidiano(a); di ogni giorno; (*use, occurrence, experience*) comune; (*expression*) di uso corrente.

everyone ['ɛvrɪwʌn] = **everybody**.

everything ['ɛvrɪθɪŋ] *pron* tutto, ogni cosa; ~ **is ready** è tutto pronto; **he did** ~ **possible** ha fatto tutto il possibile.

everywhere ['ɛvrɪwɛə*] *adv* in ogni luogo, dappertutto; (*wherever*) ovunque; ~ **you go you meet** ... ovunque si vada si trova ....

evict [ɪ'vɪkt] *vt* sfrattare.

eviction [ɪ'vɪkʃən] *n* sfratto.

eviction notice *n* avviso di sfratto.

evidence ['ɛvɪdəns] *n* (*proof*) prova; (*of witness*) testimonianza; (*sign*): **to show** ~ **of** dare segni di; **to give** ~ deporre; **in** ~ (*obvious*) in evidenza, in vista.

evident ['ɛvɪdənt] *adj* evidente.

evidently ['ɛvɪdəntlɪ] *adv* evidentemente.

evil ['iːvl] *adj* cattivo(a), maligno(a) ♦ *n* male *m*.

evince [ɪ'vɪns] *vt* manifestare.

evocative [ɪ'vɔkətɪv] *adj* evocativo(a).

evoke [ɪ'vəuk] *vt* evocare; (*admiration*) suscitare.

evolution [iːvə'luːʃən] *n* evoluzione *f*.

evolve [ɪ'vɔlv] *vt* elaborare ♦ *vi* svilupparsi, evolversi.

ewe [juː] *n* pecora.

ex- [ɛks] *prefix* ex; (*out of*): **the price** ~ **works** il prezzo franco fabbrica.

exacerbate [ɪk'sæsəbeɪt] *vt* (*pain*) aggravare; (*fig: relations, situation*) esacerbare, esasperare.

exact [ɪg'zækt] *adj* esatto(a) ♦ *vt*: **to** ~ **sth** (**from**) estorcere qc (da); esigere qc (da).

exacting [ɪg'zæktɪŋ] *adj* esigente; (*work*) faticoso(a).

exactitude [ɪg'zæktɪtjuːd] *n* esattezza, precisione *f*.

exactly [ɪg'zæktlɪ] *adv* esattamente; ~! esatto!

exaggerate [ɪg'zædʒəreɪt] *vt, vi* esagerare.

exaggeration [ɪgzædʒə'reɪʃən] *n* esagerazione *f*.

exalt [ɪg'zɔːlt] *vt* esaltare; elevare.

exalted [ɪg'zɔːltɪd] *adj* (*rank, person*) elevato(a); (*elated*) esaltato(a).

exam [ɪg'zæm] *n abbr* (*SCOL*) = **examination**.

examination [ɪgzæmɪ'neɪʃən] *n* (*SCOL*) esame *m*; (*MED*) controllo; **to take** *or* (*BRIT*) **sit an** ~ sostenere *or* dare un esame; **the matter is under** ~ la questione è all'esame.

examine [ɪg'zæmɪn] *vt* esaminare; (*SCOL: orally, LAW: person*) interrogare; (*inspect: machine, premises*) ispezionare; (*luggage, passport*) controllare; (*MED*) visitare.

examiner [ɪg'zæmɪnə*] *n* esaminatore/ trice.

example [ɪg'zɑːmpl] n esempio; **for** ~ ad *or* per esempio; **to set a good/bad** ~ dare il buon/cattivo esempio.

exasperate [ɪg'zɑːspəreɪt] vt esasperare; ~**d by** (*or* **at** *or* **with**) esasperato da.

exasperating [ɪg'zɑːspəreɪtɪŋ] *adj* esasperante.

exasperation [ɪgzɑːspə'reɪʃən] n esasperazione f.

excavate ['ɛkskəveɪt] vt scavare.

excavation [ɛkskə'veɪʃən] n escavazione f.

excavator ['ɛkskəveɪtə*] n scavatore m, scavatrice f.

exceed [ɪk'siːd] vt superare; (*one's powers, time limit*) oltrepassare.

exceedingly [ɪk'siːdɪŋlɪ] *adv* eccessivamente.

excel [ɪk'sɛl] vi eccellere ♦ vt sorpassare; **to** ~ **o.s.** (*BRIT*) superare se stesso.

excellence ['ɛksələns] n eccellenza.

Excellency ['ɛksələnsɪ] n: **His** ~ Sua Eccellenza.

excellent ['ɛksələnt] *adj* eccellente.

except [ɪk'sɛpt] *prep* (*also*: ~ **for**, ~**ing**) salvo, all'infuori di, eccetto ♦ vt escludere; ~ **if/when** salvo se/quando; ~ **that** salvo che.

exception [ɪk'sɛpʃən] n eccezione f; **to take** ~ **to** trovare a ridire su; **with the** ~ **of** ad eccezione di.

exceptional [ɪk'sɛpʃənl] *adj* eccezionale.

excerpt ['ɛksəːpt] n estratto.

excess [ɪk'sɛs] n eccesso; **in** ~ **of** al di sopra di.

excess baggage n bagaglio in eccedenza.

excess fare n supplemento.

excessive [ɪk'sɛsɪv] *adj* eccessivo(a).

excess supply n eccesso di offerta.

exchange [ɪks'tʃeɪndʒ] n scambio; (*also*: **telephone** ~) centralino ♦ vt: **to** ~ (**for**) scambiare (con); **in** ~ **for** in cambio di; **foreign** ~ (*COMM*) cambio.

exchange control n controllo sui cambi.

exchange market n mercato dei cambi.

exchange rate n tasso di cambio.

Exchequer [ɪks'tʃɛkə*] n: **the** ~ (*BRIT*) lo Scacchiere, ≈ il ministero delle Finanze.

excisable [ɪk'saɪzəbl] *adj* soggetto(a) a dazio.

excise n ['ɛksaɪz] imposta, dazio ♦ vt [ɛk'saɪz] recidere.

excise duties npl dazi mpl.

excitable [ɪk'saɪtəbl] *adj* eccitabile.

excite [ɪk'saɪt] vt eccitare; **to get** ~**d** eccitarsi.

excitement [ɪk'saɪtmənt] n eccitazione f; agitazione f.

exciting [ɪk'saɪtɪŋ] *adj* avventuroso(a);

(*film, book*) appassionante.

excl. *abbr* (= *excluding, exclusive* (*of*)) escl.

exclaim [ɪk'skleɪm] vi esclamare.

exclamation [ɛksklə'meɪʃən] n esclamazione f.

exclamation mark n punto esclamativo.

exclude [ɪk'skluːd] vt escludere.

excluding [ɪk'skluːdɪŋ] *prep*: ~ **VAT** IVA esclusa.

exclusion [ɪk'skluːʒən] n esclusione f; **to the** ~ **of** escludendo.

exclusion clause n clausola di esclusione.

exclusion zone n area interdetta.

exclusive [ɪk'skluːsɪv] *adj* esclusivo(a); (*club*) selettivo(a); (*district*) snob *inv* ♦ *adv* (*COMM*) non compreso; ~ **of VAT** IVA esclusa; ~ **of postage** spese postali escluse; ~ **of service** servizio escluso; **from 1st to 15th March** ~ dal 1° al 15 marzo esclusi; ~ **rights** npl (*COMM*) diritti mpl esclusivi.

exclusively [ɪk'skluːsɪvlɪ] *adv* esclusivamente.

excommunicate [ɛkskə'mjuːnɪkeɪt] vt scomunicare.

excrement ['ɛkskrəmənt] n escremento.

excruciating [ɪk'skruːʃɪeɪtɪŋ] *adj* straziante, atroce.

excursion [ɪk'skəːʃən] n escursione f, gita.

excursion ticket n biglietto a tariffa escursionistica.

excusable [ɪk'skjuːzəbl] *adj* scusabile.

excuse n [ɪk'skjuːs] scusa ♦ vt [ɪk'skjuːz] scusare; (*justify*) giustificare; **to make** ~**s for sb** trovare giustificazioni per qn; **to** ~ **sb from** (*activity*) dispensare qn da; ~ **me!** mi scusi!; **now if you will** ~ **me, ...** ora, mi scusi ma ...; **to** ~ **o.s.** (**for** (**doing**) **sth**) giustificarsi (per (aver fatto) qc).

ex-directory ['ɛksdɪ'rɛktərɪ] *adj* (*BRIT*): ~ (**phone**) **number** numero non compreso nell'elenco telefonico.

execrable ['ɛksɪkrəbl] *adj* (*gen*) pessimo(a); (*manners*) esecrabile.

execute ['ɛksɪkjuːt] vt (*prisoner*) giustiziare; (*plan etc*) eseguire.

execution [ɛksɪ'kjuːʃən] n esecuzione f.

executioner [ɛksɪ'kjuːʃnə*] n boia m inv.

executive [ɪg'zɛkjutɪv] n (*COMM*) dirigente m; (*POL*) esecutivo ♦ *adj* esecutivo(a); (*secretary*) di direzione; (*offices, suite*) della direzione; (*car, plane*) dirigenziale; (*position, job, duties*) direttivo(a).

executive director n amministratore/ trice.

executor [ɪg'zɛkjutə*] n esecutore(trice) testamentario(a).

exemplary [ɪg'zɛmplərɪ] *adj* esemplare.

exemplify [ɪg'zɛmplɪfaɪ] *vt* esemplificare.

exempt [ɪg'zɛmpt] *adj*: ~ **(from)** (*person*: *from tax*) esentato(a) (da); (: *from military service etc*) esonerato(a) (da); (*goods*) esente (da) ♦ *vt*: **to** ~ **sb from** esentare qn da.

exemption [ɪg'zɛmpʃən] *n* esenzione *f*.

exercise ['ɛksəsaɪz] *n* esercizio ♦ *vt* esercitare; (*dog*) portar fuori ♦ *vi* (*also*: **take** ~) fare del movimento *or* moto.

exercise bike *n* cyclette ® *f inv*.

exercise book *n* quaderno.

exert [ɪg'zəːt] *vt* esercitare; (*strength, force*) impiegare; **to** ~ **o.s.** sforzarsi.

exertion [ɪg'zəːʃən] *n* sforzo.

ex gratia ['ɛks'greɪʃə] *adj*: ~ **payment** gratifica.

exhale [ɛks'heɪl] *vt, vi* espirare.

exhaust [ɪg'zɔːst] *n* (*also*: ~ **fumes**) scappamento; (*also*: ~ **pipe**) tubo di scappamento ♦ *vt* esaurire; **to** ~ **o.s.** sfiancarsi.

exhausted [ɪg'zɔːstɪd] *adj* esaurito(a).

exhausting [ɪg'zɔːstɪŋ] *adj* estenuante.

exhaustion [ɪg'zɔːstʃən] *n* esaurimento; **nervous** ~ sovraffaticamento mentale.

exhaustive [ɪg'zɔːstɪv] *adj* esauriente.

exhibit [ɪg'zɪbɪt] *n* (*ART*) oggetto esposto; (*LAW*) documento *or* oggetto esibito ♦ *vt* esporre; (*courage, skill*) dimostrare.

exhibition [ɛksɪ'bɪʃən] *n* mostra, esposizione *f*; (*of rudeness etc*) spettacolo; **to make an** ~ **of o.s.** dare spettacolo di sé.

exhibitionist [ɛksɪ'bɪʃənɪst] *n* esibizionista *m/f*.

exhibitor [ɪg'zɪbɪtə*] *n* espositore/trice.

exhilarating [ɪg'zɪləreɪtɪŋ] *adj* esilarante; stimolante.

exhilaration [ɪgzɪlə'reɪʃən] *n* esaltazione *f*, ebbrezza.

exhort [ɪg'zɔːt] *vt* esortare.

exile ['ɛksaɪl] *n* esilio; (*person*) esiliato/a ♦ *vt* esiliare; **in** ~ in esilio.

exist [ɪg'zɪst] *vi* esistere.

existence [ɪg'zɪstəns] *n* esistenza; **to be in** ~ esistere.

existentialism [ɛgzɪs'tɛnʃəlɪzəm] *n* esistenzialismo.

existing [ɪg'zɪstɪŋ] *adj* (*laws, regime*) attuale.

exit ['ɛksɪt] *n* uscita ♦ *vi* (*COMPUT, THEAT*) uscire.

exit poll *n* exit poll *m inv*, sondaggio all'uscita dei seggi.

exit ramp *n* (*US AUT*) rampa di uscita.

exit visa *n* visto d'uscita.

exodus ['ɛksədəs] *n* esodo.

ex officio ['ɛksə'fɪʃɪəu] *adj, adv* d'ufficio.

exonerate [ɪg'zɔnəreɪt] *vt*: **to** ~ **from** discolpare da.

exorbitant [ɪg'zɔːbɪtənt] *adj* (*price*) esorbitante; (*demands*) spropositato(a).

exorcize ['ɛksɔːsaɪz] *vt* esorcizzare.

exotic [ɪg'zɔtɪk] *adj* esotico(a).

expand [ɪk'spænd] *vt* (*chest, economy etc*) sviluppare; (*market, operations*) espandere; (*influence*) estendere; (*horizons*) allargare ♦ *vi* svilupparsi; (*also gas*) espandersi; (*metal*) dilatarsi; **to** ~ **on** (*notes, story etc*) ampliare.

expanse [ɪk'spæns] *n* distesa, estensione *f*.

expansion [ɪk'spænʃən] *n* (*gen*) espansione *f*; (*of town, economy*) sviluppo; (*of metal*) dilatazione *f*.

expansionism [ɪk'spænʃənɪzəm] *n* espansionismo.

expansionist [ɪk'spænʃənɪst] *adj* espansionistico(a).

expatriate *n* [ɛks'pætrɪət] espatriato/a ♦ *vt* [ɛks'pætrɪeɪt] espatriare.

expect [ɪk'spɛkt] *vt* (*anticipate*) prevedere, aspettarsi, prevedere *or* aspettarsi che + *sub*; (*count on*) contare su; (*hope for*) sperare; (*require*) richiedere, esigere; (*suppose*) supporre; (*await, also baby*) aspettare ♦ *vi*: **to be** ~**ing** essere in stato interessante; **to** ~ **sb to do** aspettarsi che qn faccia; **to** ~ **to do sth** pensare *or* contare di fare qc; **as** ~**ed** come previsto; **I** ~ **so** credo di sì.

expectancy [ɪk'spɛktənsɪ] *n* attesa; **life** ~ probabilità *fpl* di vita.

expectant [ɪk'spɛktənt] *adj* pieno(a) di aspettative.

expectantly [ɪk'spɛktəntlɪ] *adv* (*look, listen*) con un'aria d'attesa.

expectant mother *n* gestante *f*.

expectation [ɛkspɛk'teɪʃən] *n* aspettativa; speranza; **in** ~ **of** in previsione di; **against** *or* **contrary to all** ~**(s)** contro ogni aspettativa; **to come** *or* **live up to sb's** ~**s** rispondere alle attese di qn.

expedience, expediency [ɪk'spiːdɪəns, ɪk'spiːdɪənsɪ] *n* convenienza; **for the sake of** ~ per una questione di comodità.

expedient [ɪk'spiːdɪənt] *adj* conveniente; vantaggioso(a) ♦ *n* espediente *m*.

expedite ['ɛkspədaɪt] *vt* sbrigare; facilitare.

expedition [ɛkspə'dɪʃən] *n* spedizione *f*.

expeditionary force [ɛkspə'dɪʃənərɪ-] *n* corpo di spedizione.

expeditious [ɛkspə'dɪʃəs] *adj* sollecito(a), rapido(a).

expel [ɪk'spɛl] *vt* espellere.
expend [ɪk'spɛnd] *vt* spendere; (*use up*) consumare.
expendable [ɪk'spɛndəbl] *adj* sacrificabile.
expenditure [ɪk'spɛndɪtʃə*] *n* spesa; (*of time, effort*) dispendio.
expense [ɪk'spɛns] *n* spesa; (*high cost*) costo; ~s *npl* (*COMM*) spese *fpl*, indennità *fpl*; **to go to the ~ of** sobbarcarsi la spesa di; **at great ~** con grande impiego di mezzi; **at the ~ of** a spese di.
expense account *n* conto *m* spese *inv*.
expensive [ɪk'spɛnsɪv] *adj* caro(a), costoso(a); **she has ~ tastes** le piacciono le cose costose.
experience [ɪk'spɪərɪəns] *n* esperienza ♦ *vt* (*pleasure*) provare; (*hardship*) soffrire; **to learn by ~** imparare per esperienza.
experienced [ɪk'spɪərɪənst] *adj* che ha esperienza.
experiment *n* [ɪk'spɛrɪmənt] esperimento, esperienza ♦ *vi* [ɪk'spɛrɪmɛnt] fare esperimenti; **to perform** *or* **carry out an ~** fare un esperimento; **as an ~** a titolo di esperimento; **to ~ with a new vaccine** sperimentare un nuovo vaccino.
experimental [ɪkspɛrɪ'mɛntl] *adj* sperimentale; **at the ~ stage** in via di sperimentazione.
expert ['ɛkspə:t] *adj, n* esperto(a); **~ witness** (*LAW*) esperto/a; **~ in** *or* **at doing sth** esperto nel fare qc; **an ~ on sth** un esperto di qc.
expertise [ɛkspə:'ti:z] *n* competenza.
expire [ɪk'spaɪə*] *vi* (*period of time, licence*) scadere.
expiry [ɪk'spaɪərɪ] *n* scadenza.
explain [ɪk'spleɪn] *vt* spiegare.
▶**explain away** *vt* dar ragione di.
explanation [ɛksplə'neɪʃən] *n* spiegazione *f*; **to find an ~ for sth** trovare la spiegazione di qc.
explanatory [ɪk'splænətrɪ] *adj* esplicativo(a).
expletive [ɪk'spli:tɪv] *n* imprecazione *f*.
explicit [ɪk'splɪsɪt] *adj* esplicito(a); (*definite*) netto(a).
explode [ɪk'spləud] *vi* esplodere ♦ *vt* (*fig: theory*) demolire; **to ~ a myth** distruggere un mito.
exploit *n* ['ɛksplɔɪt] impresa ♦ *vt* [ɪk'splɔɪt] sfruttare.
exploitation [ɛksplɔɪ'teɪʃən] *n* sfruttamento.
exploration [ɛksplə'reɪʃən] *n* esplorazione *f*.
exploratory [ɪk'splɔrətrɪ] *adj* (*fig: talks*) esplorativo(a); **~ operation** (*MED*) intervento d'esplorazione.

explore [ɪk'splɔ:*] *vt* esplorare; (*possibilities*) esaminare.
explorer [ɪk'splɔ:rə*] *n* esploratore/trice.
explosion [ɪk'spləuʒən] *n* esplosione *f*.
explosive [ɪk'spləusɪv] *adj* esplosivo(a) ♦ *n* esplosivo.
exponent [ɪk'spəunənt] *n* esponente *m/f*.
export *vt* [ɛk'spɔ:t] esportare ♦ *n* ['ɛkspɔ:t] esportazione *f*; articolo di esportazione ♦ *cpd* d'esportazione.
exportation [ɛkspɔ:'teɪʃən] *n* esportazione *f*.
exporter [ɪk'spɔ:tə*] *n* esportatore *m*.
export licence *n* licenza d'esportazione.
expose [ɪk'spəuz] *vt* esporre; (*unmask*) smascherare; **to ~ o.s.** (*LAW*) oltraggiare il pudore.
exposed [ɪk'spəuzd] *adj* (*land, house*) esposto(a); (*ELEC: wire*) scoperto(a); (*pipe, beam*) a vista.
exposition [ɛkspə'zɪʃən] *n* esposizione *f*.
exposure [ɪk'spəuʒə*] *n* esposizione *f*; (*PHOT*) posa; (*MED*) assideramento; **to die of ~** morire assiderato(a).
exposure meter *n* esposimetro.
expound [ɪk'spaund] *vt* esporre; (*theory, text*) spiegare.
express [ɪk'sprɛs] *adj* (*definite*) chiaro(a), espresso(a); (*BRIT: letter etc*) espresso *inv* ♦ *n* (*train*) espresso ♦ *adv*: **to send sth ~** spedire qc per espresso ♦ *vt* esprimere; **to ~ o.s.** esprimersi.
expression [ɪk'sprɛʃən] *n* espressione *f*.
expressionism [ɪk'sprɛʃənɪzəm] *n* espressionismo.
expressive [ɪk'sprɛsɪv] *adj* espressivo(a).
expressly [ɪk'sprɛslɪ] *adv* espressamente.
expressway [ɪk'sprɛsweɪ] *n* (*US*) autostrada che attraversa la città.
expropriate [ɛks'prəuprɪeɪt] *vt* espropriare.
expulsion [ɪk'spʌlʃən] *n* espulsione *f*.
exquisite [ɛk'skwɪzɪt] *adj* squisito(a).
ex-serviceman ['ɛks'sə:vɪsmən] *n* ex combattente *m*.
ext. *abbr* (*TEL: = extension*) int. (*= interno*).
extemporize [ɪk'stɛmpəraɪz] *vi* improvvisare.
extend [ɪk'stɛnd] *vt* (*visit*) protrarre; (*road, deadline*) prolungare; (*building*) ampliare; (*offer*) offrire, porgere; (*COMM: credit*) accordare ♦ *vi* (*land*) estendersi.
extension [ɪk'stɛnʃən] *n* (*of road, term*) prolungamento; (*of contract, deadline*) proroga; (*building*) annesso; (*to wire, table*) prolunga; (*telephone*) interno; (: *in private house*) apparecchio supplementare; **~ 3718** (*TEL*) interno 3718.
extension cable *n* (*ELEC*) prolunga.

extensive [ɪk'stɛnsɪv] *adj* esteso(a), ampio(a); (*damage*) su larga scala; (*alterations*) notevole; (*inquiries*) esauriente; (*use*) grande.

extensively [ɪk'stɛnsɪvlɪ] *adv* (*altered, damaged etc*) radicalmente; **he's travelled** ~ ha viaggiato molto.

extent [ɪk'stɛnt] *n* estensione *f*; (*of knowledge, activities, power*) portata; (*degree: of damage, loss*) proporzioni *fpl*; **to some** ~ fino a un certo punto; **to a certain/large** ~ in certa/larga misura; **to what** ~? fino a che punto?; **to such an** ~ **that** ... a tal punto che ....

extenuating [ɪk'stɛnjueɪtɪŋ] *adj*: ~ **circumstances** attenuanti *fpl*.

exterior [ɛk'stɪərɪə*] *adj* esteriore, esterno(a) ♦ *n* esteriore *m*, esterno; aspetto (esteriore).

exterminate [ɪk'stəːmɪneɪt] *vt* sterminare.

extermination [ɪkstəːmɪ'neɪʃən] *n* sterminio.

external [ɛk'stəːnl] *adj* esterno(a), esteriore ♦ *n*: **the** ~**s** le apparenze; **for** ~ **use only** (*MED*) solo per uso esterno; ~ **affairs** (*POL*) affari *mpl* esteri.

externally [ɛk'stəːnəlɪ] *adv* esternamente.

extinct [ɪk'stɪŋkt] *adj* estinto(a).

extinction [ɪk'stɪŋkʃən] *n* estinzione *f*.

extinguish [ɪk'stɪŋgwɪʃ] *vt* estinguere.

extinguisher [ɪk'stɪŋgwɪʃə*] *n* estintore *m*.

extol, (*US*) **extoll** [ɪk'stəul] *vt* (*merits, virtues*) magnificare; (*person*) celebrare.

extort [ɪk'stɔːt] *vt*: **to** ~ **sth** (**from**) estorcere qc (da).

extortion [ɪk'stɔːʃən] *n* estorsione *f*.

extortionate [ɪk'stɔːʃənɪt] *adj* esorbitante.

extra ['ɛkstrə] *adj* extra *inv*, supplementare ♦ *adv* (*in addition*) di più ♦ *n* supplemento; (*THEAT*) comparso; **wine will cost** ~ il vino è extra; ~ **large sizes** taglie *fpl* forti.

extra... ['ɛkstrə] *prefix* extra....

extract *vt* [ɪk'strækt] estrarre; (*money, promise*) strappare ♦ *n* ['ɛkstrækt] estratto; (*passage*) brano.

extraction [ɪk'strækʃən] *n* estrazione *f*; (*descent*) origine *f*.

extractor fan [ɪk'stræktə*-] *n* aspiratore *m*.

extracurricular [ɛkstrəkə'rɪkjulə*] *adj* (*SCOL*) parascolastico(a).

extradite ['ɛkstrədaɪt] *vt* estradare.

extradition [ɛkstrə'dɪʃən] *n* estradizione *f*.

extramarital [ɛkstrə'mærɪtl] *adj* extraconiugale.

extramural [ɛkstrə'mjuərl] *adj* fuori dell'università.

extraneous [ɛk'streɪnɪəs] *adj*: ~ **to** estraneo(a) a.

extraordinary [ɪk'strɔːdnrɪ] *adj* straordinario(a); **the** ~ **thing is that** ... la cosa strana è che ....

extraordinary general meeting *n* assemblea straordinaria.

extrapolation [ɪkstræpə'leɪʃən] *n* estrapolazione *f*.

extrasensory perception (ESP) [ɛkstrə'sɛnsərɪ-] *n* percezione *f* extrasensoriale.

extra time *n* (*FOOTBALL*) tempo supplementare.

extravagance [ɪk'strævəgəns] *n* (*excessive spending*) sperpero; (*thing bought*) stravaganza.

extravagant [ɪk'strævəgənt] *adj* stravagante; (*in spending: person*) prodigo(a); (: *tastes*) dispendioso(a).

extreme [ɪk'striːm] *adj* estremo(a) ♦ *n* estremo; ~**s of temperature** eccessivi sbalzi *mpl* di temperatura; **the** ~ **left/right** (*POL*) l'estrema sinistra/destra.

extremely [ɪk'striːmlɪ] *adv* estremamente.

extremist [ɪk'striːmɪst] *adj*, *n* estremista (*m/f*).

extremity [ɪk'strɛmɪtɪ] *n* estremità *f inv*.

extricate ['ɛkstrɪkeɪt] *vt*: **to** ~ **sth** (**from**) districare qc (da).

extrovert ['ɛkstrəvəːt] *n* estroverso/a.

exuberance [ɪg'zuːbərəns] *n* esuberanza.

exuberant [ɪg'zjuːbərənt] *adj* esuberante.

exude [ɪg'zjuːd] *vt* trasudare; (*fig*) emanare.

exult [ɪg'zʌlt] *vi* esultare, gioire.

exultant [ɪg'zʌltənt] *adj* (*person, smile*) esultante; (*shout, expression*) di giubilo.

exultation [ɛgzʌl'teɪʃən] *n* giubilo; **in** ~ per la gioia.

eye [aɪ] *n* occhio; (*of needle*) cruna ♦ *vt* osservare; **to keep an** ~ **on** tenere d'occhio; **in the public** ~ esposto(a) al pubblico; **as far as the** ~ **can see** a perdita d'occhio; **with an** ~ **to doing sth** (*BRIT*) con l'idea di far qc; **to have an** ~ **for sth** avere occhio per qc; **there's more to this than meets the** ~ non è così semplice come sembra.

eyeball ['aɪbɔːl] *n* globo dell'occhio.

eyebath ['aɪbɑːθ] *n* occhino.

eyebrow ['aɪbrau] *n* sopracciglio.

eyebrow pencil *n* matita per le sopracciglia.

eye-catching ['aɪkætʃɪŋ] *adj* che colpisce l'occhio.

eye cup *n* (*US*) = **eyebath**.

eyedrops ['aɪdrɔps] *npl* gocce *fpl* oculari, collirio.

eyeful ['aɪful] *n*: **to get an** ~ (**of sth**) (*col*)

avere l'occasione di dare una bella
sbirciata (a qc).
eyeglass ['aɪglɑːs] *n* monocolo.
eyelash ['aɪlæʃ] *n* ciglio.
eyelet ['aɪlɪt] *n* occhiello.
eye-level ['aɪlɛvl] *adj* all'altezza degli
occhi.
eyelid ['aɪlɪd] *n* palpebra.
eyeliner ['aɪlaɪnə*] *n* eye-liner *m inv*.
eye-opener ['aɪəupnə*] *n* rivelazione *f*.
eyeshadow ['aɪʃædəu] *n* ombretto.
eyesight ['aɪsaɪt] *n* vista.
eyesore ['aɪsɔː*] *n* pugno nell'occhio.
eyestrain ['aɪstreɪn] *n*: **to get** ~ stancarsi
gli occhi.
eye-tooth, *pl* **-teeth** ['aɪtuːθ, -tiːθ] *n* canino
superiore; **to give one's eye-teeth for
sth/to do sth** (*fig*) dare non so che cosa
per qc/per fare qc.
eyewash ['aɪwɔʃ] *n* collirio; (*fig*)
sciocchezze *fpl*.
eye witness *n* testimone *m/f* oculare.
eyrie ['ɪərɪ] *n* nido (d'aquila).

Ff

F, f [ɛf] *n* (*letter*) F, f *f or m inv*; (*MUS*): F fa *m*;
F for Frederick, (*US*) **F for Fox** ≈ F come
Firenze.
F. *abbr* (= *Fahrenheit*) F.
FA *n abbr* (*BRIT*) = *Football Association*.
FAA *n abbr* (*US*) = *Federal Aviation
Administration*.
fable ['feɪbl] *n* favola.
fabric ['fæbrɪk] *n* stoffa, tessuto; (*ARCHIT*)
struttura.
fabricate ['fæbrɪkeɪt] *vt* fabbricare.
fabrication [fæbrɪ'keɪʃən] *n* fabbricazione *f*.
fabric ribbon *n* (*for typewriter*)
dattilonastro di tessuto.
fabulous ['fæbjuləs] *adj* favoloso(a); (*col*:
super) favoloso(a), fantastico(a).
façade [fə'sɑːd] *n* facciata; (*fig*) apparenza.
face [feɪs] *n* faccia, viso, volto; (*expression*)
faccia; (*grimace*) smorfia; (*of clock*)
quadrante *m*; (*of building*) facciata; (*side,
surface*) faccia; (*of mountain, cliff*) parete *f*
♦ *vt* fronteggiare; (*fig*) affrontare; ~
down (*person*) bocconi; (*object*) a faccia
in giù; **to lose/save** ~ perdere/salvare la
faccia; **to pull a** ~ fare una smorfia; **in**

the ~ **of** (*difficulties etc*) di fronte a; **on the**
~ **of it** a prima vista; **to** ~ **the fact that** ...
riconoscere *or* ammettere che ....
▶**face up to** *vt fus* affrontare, far fronte a.
face cloth *n* (*BRIT*) guanto di spugna.
face cream *n* crema per il viso.
faceless ['feɪslɪs] *adj* anonimo(a).
face lift *n* lifting *m inv*; (*of façade etc*)
ripulita.
face powder *n* cipria.
face-saving ['feɪs'seɪvɪŋ] *adj* che salva la
faccia.
facet ['fæsɪt] *n* faccetta, sfaccettatura; (*fig*)
sfaccettatura.
facetious [fə'siːʃəs] *adj* faceto(a).
face-to-face ['feɪstə'feɪs] *adv* faccia a
faccia.
face value ['feɪs'væljuː] *n* (*of coin*) valore *m*
facciale *or* nominale; **to take sth at** ~ (*fig*)
giudicare qc dalle apparenze.
facia ['feɪʃɪə] *n* = **fascia**.
facial ['feɪʃəl] *adj* facciale ♦ *n* trattamento
del viso.
facile ['fæsaɪl] *adj* facile; superficiale.
facilitate [fə'sɪlɪteɪt] *vt* facilitare.
facility [fə'sɪlɪtɪ] *n* facilità; **facilities** *npl*
attrezzature *fpl*; **credit facilities**
facilitazioni *fpl* di credito.
facing ['feɪsɪŋ] *n* (*of wall etc*) rivestimento;
(*SEWING*) paramontura.
facsimile [fæk'sɪmɪlɪ] *n* facsimile *m inv*.
facsimile machine *n* telecopiatrice *f*.
fact [fækt] *n* fatto; **in** ~ infatti; **to know for
a** ~ **that** ... sapere per certo che ...; **the** ~
(**of the matter**) **is that** ... la verità è che ...;
the ~**s of life** (*sex*) i fatti riguardanti la
vita sessuale; (*fig*) le realtà della vita.
fact-finding ['fæktfaɪndɪŋ] *adj*: **a** ~ **tour/
mission** un viaggio/una missione
d'inchiesta.
faction ['fækʃən] *n* fazione *f*.
factional ['fækʃənl] *adj*: ~ **fighting** scontri
mpl tra fazioni.
factor ['fæktə*] *n* fattore *m*; (*COMM*:
company) organizzazione specializzata
nell'incasso di crediti per conto terzi; (:
agent) agente *m* depositario ♦ *vi* incassare
crediti per conto terzi; **human** ~
elemento umano; **safety** ~ coefficiente *m*
di sicurezza.
factory ['fæktərɪ] *n* fabbrica, stabilimento.
factory farming *n* (*BRIT*) allevamento su
scala industriale.
factory floor *n*: **the** ~ (*workers*) gli operai;
(*area*) il reparto produzione; **on the** ~ nel
reparto produzione.
factory ship *n* nave *f* fattoria *inv*.
factual ['fæktjuəl] *adj* che si attiene ai fatti.

faculty ['fækəltɪ] n facoltà f inv; (US: teaching staff) corpo insegnante.

fad [fæd] n mania; capriccio.

fade [feɪd] vi sbiadire, sbiadirsi; (light, sound, hope) attenuarsi, affievolirsi; (flower) appassire.

▶**fade in** vt (picture) aprire in dissolvenza; (sound) aumentare gradualmente d'intensità.

▶**fade out** vt (picture) chiudere in dissolvenza; (sound) diminuire gradualmente d'intensità.

faeces, (US) **feces** ['fiːsiːz] npl feci fpl.

fag [fæg] n (BRIT col: cigarette) cicca; (: chore) sfacchinata; (US col: homosexual) frocio.

fag end n (BRIT col) mozzicone m.

fagged out ['fægd-] adj (BRIT col) stanco(a) morto(a).

fail [feɪl] vt (exam) non superare; (candidate) bocciare; (subj: courage, memory) mancare a ♦ vi fallire; (student) essere respinto(a); (supplies) mancare; (eyesight, health, light: also: be ~ing) venire a mancare; (brakes) non funzionare; to ~ to do sth (neglect) mancare di fare qc; (be unable) non riuscire a fare qc; without ~ senza fallo; certamente.

failing ['feɪlɪŋ] n difetto ♦ prep in mancanza di; ~ that se questo non è possibile.

failsafe ['feɪlseɪf] adj (device etc) di sicurezza.

failure ['feɪljə*] n fallimento; (person) fallito/a; (mechanical etc) guasto; (in exam) insuccesso, bocciatura; (of crops) perdita; his ~ to come il fatto che non sia venuto; it was a complete ~ è stato un vero fiasco.

faint [feɪnt] adj debole; (recollection) vago(a); (mark) indistinto(a); (smell, breeze, trace) leggero(a) ♦ vi svenire; to feel ~ sentirsi svenire.

faintest ['feɪntɪst] adj: I haven't the ~ idea non ho la più pallida idea.

faint-hearted [feɪnt'hɑːtɪd] adj pusillanime.

faintly ['feɪntlɪ] adv debolmente; vagamente.

faintness ['feɪntnɪs] n debolezza.

fair [fɛə*] adj (person, decision) giusto(a), equo(a); (hair etc) biondo(a); (skin, complexion) bianco(a); (weather) bello(a), clemente; (good enough) assai buono(a); (sizeable) bello(a) ♦ adv: to play ~ giocare correttamente ♦ n fiera; (BRIT: funfair) luna park m inv; (also: trade ~) fiera campionaria; it's not ~! non è giusto!; a ~ amount of un bel po' di.

fair copy n bella copia.

fair game n: to be ~ (person) essere bersaglio legittimo.

fairground ['fɛəgraund] n luna park m inv.

fair-haired [fɛə'hɛəd] adj (person) biondo(a).

fairly ['fɛəlɪ] adv equamente; (quite) abbastanza.

fairness ['fɛənɪs] n equità, giustizia; in all ~ per essere giusti, a dire il vero.

fair play n correttezza.

fairy ['fɛərɪ] n fata.

fairy godmother n fata buona.

fairy lights npl (BRIT) lanternine fpl colorate.

fairy tale n fiaba.

faith [feɪθ] n fede f; (trust) fiducia; (sect) religione f, fede f; to have ~ in sb/sth avere fiducia in qn/qc.

faithful ['feɪθful] adj fedele.

faithfully ['feɪθfəlɪ] adv fedelmente; yours ~ (BRIT: in letters) distinti saluti.

faith healer n guaritore/trice.

fake [feɪk] n imitazione f; (picture) falso; (person) impostore/a ♦ adj falso(a) ♦ vt (accounts) falsificare; (illness) fingere; (painting) contraffare; his illness is a ~ fa finta di essere malato.

falcon ['fɔːlkən] n falco, falcone m.

Falkland Islands ['fɔːlklənd-] npl: the ~ le isole Falkland.

fall [fɔːl] n caduta; (decrease) diminuzione f, calo; (in temperature) abbassamento; (in price) ribasso; (US: autumn) autunno ♦ vi (pt **fell**, pp **fallen** [fɛl, 'fɔːlən]) cadere; (temperature, price) abbassarsi; a ~ of earth uno smottamento; a ~ of snow (BRIT) una nevicata; to ~ in love (with sb/sth) innamorarsi (di qn/qc); to ~ short of (sb's expectations) non corrispondere a; to ~ flat vi (on one's face) cadere bocconi; (joke) fare cilecca; (plan) fallire; see also **falls**.

▶**fall apart** vi cadere a pezzi.

▶**fall back** vi indietreggiare; (MIL) ritirarsi.

▶**fall back on** vt fus ripiegare su; to have sth to ~ back on avere qc di riserva.

▶**fall behind** vi rimanere indietro; (fig: with payments) essere in arretrato.

▶**fall down** vi (person) cadere; (building, hopes) crollare.

▶**fall for** vt fus (person) prendere una cotta per; to ~ for a trick (or a story etc) cascarci.

▶**fall in** vi crollare; (MIL) mettersi in riga.

▶**fall in with** vt fus (sb's plans etc) trovarsi d'accordo con.

▶**fall off** vi cadere; (diminish) diminuire, abbassarsi.

▶**fall out** *vi* (*friends etc*) litigare.
▶**fall over** *vi* cadere.
▶**fall through** *vi* (*plan, project*) fallire.
fallacy ['fæləsɪ] *n* errore *m.*
fallback ['fɔːlbæk] *adj*: ~ **position** posizione *f* di ripiego.
fallen ['fɔːlən] *pp of* **fall**.
fallible ['fælɪbl] *adj* fallibile.
falling ['fɔːlɪŋ] *adj*: ~ **market** (*COMM*) mercato in ribasso.
falling-off ['fɔːlɪŋ'ɔf] *n* calo.
fallopian tube [fə'ləupɪən-] *n* (*ANAT*) tuba di Falloppio.
fallout ['fɔːlaut] *n* fall-out *m.*
fallout shelter *n* rifugio antiatomico.
fallow ['fæləu] *adj* incolto(a); a maggese.
falls [fɔːlz] *npl* (*waterfall*) cascate *fpl.*
false [fɔːls] *adj* falso(a); **under** ~ **pretences** con l'inganno.
false alarm *n* falso allarme *m.*
falsehood ['fɔːlshud] *n* menzogna.
falsely ['fɔːlslɪ] *adv* (*accuse*) a torto.
false teeth *npl* (*BRIT*) denti *mpl* finti.
falsify ['fɔːlsɪfaɪ] *vt* falsificare; (*figures*) alterare.
falter ['fɔːltə*] *vi* esitare, vacillare.
fame [feɪm] *n* fama, celebrità.
familiar [fə'mɪlɪə*] *adj* familiare; (*common*) comune; (*close*) intimo(a); **to be** ~ **with** (*subject*) conoscere; **to make o.s.** ~ **with** familiarizzarsi con; **to be on** ~ **terms with** essere in confidenza con.
familiarity [fəmɪlɪ'ærɪtɪ] *n* familiarità; intimità.
familiarize [fə'mɪlɪəraɪz] *vt*: **to** ~ **sb with sth** far conoscere qc a qn.
family ['fæmɪlɪ] *n* famiglia.
family allowance *n* (*BRIT*) assegni *mpl* familiari.
family business *n* impresa familiare.
family credit *n* (*BRIT*) ≈ assegni *mpl* familiari.
family doctor *n* medico di famiglia.
family life *n* vita familiare.
family man *n* padre *m* di famiglia.
family planning clinic *n* consultorio familiare.
family tree *n* albergo genealogico.
famine ['fæmɪn] *n* carestia.
famished ['fæmɪʃt] *adj* affamato(a); **I'm** ~! (*col*) ho una fame da lupo!
famous ['feɪməs] *adj* famoso(a).
famously ['feɪməslɪ] *adv* (*get on*) a meraviglia.
fan [fæn] *n* (*folding*) ventaglio; (*machine*) ventilatore *m*; (*person*) ammiratore/trice; (*SPORT*) tifoso/a ♦ *vt* far vento a; (*fire, quarrel*) alimentare.

▶**fan out** *vi* spargersi (a ventaglio).
fanatic [fə'nætɪk] *n* fanatico/a.
fanatical [fə'nætɪkl] *adj* fanatico(a).
fan belt *n* cinghia del ventilatore.
fancied ['fænsɪd] *adj* immaginario(a).
fanciful ['fænsɪful] *adj* fantasioso(a); (*object*) di fantasia.
fan club *n* fan club *m inv.*
fancy ['fænsɪ] *n* immaginazione *f*, fantasia; (*whim*) capriccio ♦ *cpd* (di) fantasia *inv* ♦ *vt* (*feel like, want*) aver voglia di; (*imagine*) immaginare, credere; **to take a** ~ **to** incapricciarsi di; **it took** *or* **caught my** ~ mi è piaciuto; **when the** ~ **takes him** quando ne ha voglia; **to** ~ **that** immaginare che; **he fancies her** gli piace.
fancy dress *n* costume *m* (per maschera).
fancy-dress ball *n* ballo in maschera.
fancy goods *npl* articoli *mpl* di ogni genere.
fanfare ['fænfɛə*] *n* fanfara.
fanfold paper ['fænfəuld-] *n* carta a moduli continui.
fang [fæŋ] *n* zanna; (*of snake*) dente *m.*
fan heater *n* (*BRIT*) stufa ad aria calda.
fanlight ['fænlaɪt] *n* lunetta.
fanny ['fænɪ] *n* (*BRIT col!*) figa(!); (*US col*) culo(!).
fantasize ['fæntəsaɪz] *vi* fantasticare, sognare.
fantastic [fæn'tæstɪk] *adj* fantastico(a).
fantasy ['fæntəsɪ] *n* fantasia, immaginazione *f*; fantasticheria; chimera.
fanzine ['fænziːn] *n* rivista specialistica (*per appassionati*).
FAO *n abbr* (= *Food and Agriculture Organization*) FAO *f.*
FAQ *abbr* (= *free alongside quay*) franco lungo banchina.
far [fɑː*] *adj*: **the** ~ **side/end** l'altra parte/ l'altro capo; **the** ~ **left/right** (*POL*) l'estrema sinistra/destra ♦ *adv* lontano; **is it** ~ **to London?** è lontana Londra?; **it's not** ~ **(from here)** non è lontano (da qui); ~ **away,** ~ **off** lontano, distante; ~ **better** assai migliore; ~ **from** lontano da; **by** ~ di gran lunga; **as** ~ **back as the 13th century** già nel duecento; **go as** ~ **as the farm** vada fino alla fattoria; **as** ~ **as I know** per quel che so; **as** ~ **as possible** nei limiti del possibile; **how** ~ **have you got with your work?** dov'è arrivato con il suo lavoro?
faraway ['fɑːrəweɪ] *adj* lontano(a); (*voice, look*) assente.
farce [fɑːs] *n* farsa.
farcical ['fɑːsɪkəl] *adj* farsesco(a).

fare [fɛə*] n (on trains, buses) tariffa; (in taxi) prezzo della corsa; (food) vitto, cibo ♦ vi passarsela.

Far East n: the ~ l'Estremo Oriente m.

farewell [fɛə'wɛl] excl, n addio ♦ cpd (party etc) d'addio.

far-fetched ['fɑ:'fɛtʃt] adj (explanation) stiracchiato(a), forzato(a); (idea, scheme, story) inverosimile.

farm [fɑ:m] n fattoria, podere m ♦ vt coltivare.

▶**farm out** vt (work) dare in consegna.

farmer ['fɑ:mə*] n coltivatore/trice; agricoltore/trice.

farmhand ['fɑ:mhænd] n bracciante m agricolo.

farmhouse ['fɑ:mhaus] n fattoria.

farming ['fɑ:mɪŋ] n agricoltura; **intensive** ~ coltura intensiva; **sheep** ~ allevamento di pecore.

farm labourer n = **farmhand**.

farmland ['fɑ:mlænd] n terreno da coltivare.

farm produce n prodotti mpl agricoli.

farm worker n = **farmhand**.

farmyard ['fɑ:mjɑ:d] n aia.

Faroe Islands ['fɛərəu-], **Faroes** ['fɛərəuz] npl: the ~ le isole Faeroer.

far-reaching ['fɑ:'ri:tʃɪŋ] adj di vasta portata.

far-sighted ['fɑ:'saitid] adj presbite; (fig) lungimirante.

fart [fɑ:t] (col!) n scoreggia(!) ♦ vi scoreggiare (!).

farther ['fɑ:ðə*] adv più lontano ♦ adj più lontano(a).

farthest ['fɑ:ðist] superlative of **far**.

FAS abbr (BRIT: = free alongside ship) franco banchina nave.

fascia ['feiʃiə] n (AUT) cruscotto.

fascinate ['fæsineit] vt affascinare.

fascinating ['fæsineitiŋ] adj affascinante.

fascination [fæsi'neiʃən] n fascino.

fascism ['fæʃizəm] n fascismo.

fascist ['fæʃist] adj, n fascista (m/f).

fashion ['fæʃən] n moda; (manner) maniera, modo ♦ vt foggiare, formare; in ~ alla moda; **out of** ~ passato(a) di moda; **after a** ~ (finish, manage etc) così così; **in the Greek** ~ alla greca.

fashionable ['fæʃənəbl] adj alla moda, di moda; (writer) di grido.

fashion designer n disegnatore/trice di moda.

fashion show n sfilata di moda.

fast [fɑ:st] adj rapido(a), svelto(a), veloce; (clock): **to be** ~ andare avanti; (dye, colour) solido(a) ♦ adv rapidamente; (stuck, held) saldamente ♦ n digiuno ♦ vi digiunare; ~ **asleep** profondamente addormentato; **as** ~ **as I can** più in fretta possibile; **my watch is 5 minutes** ~ il mio orologio va avanti di 5 minuti; **to make a boat** ~ (BRIT) ormeggiare una barca.

fasten ['fɑ:sn] vt chiudere, fissare; (coat) abbottonare, allacciare ♦ vi chiudersi, fissarsi; abbottonarsi, allacciarsi.

▶**fasten (up)on** vt fus (idea) cogliere al volo.

fastener ['fɑ:snə*], **fastening** ['fɑ:snɪŋ] n fermaglio, chiusura; (BRIT: zip ~) chiusura lampo.

fast food n fast food m inv.

fastidious [fæs'tidiəs] adj esigente, difficile.

fast lane n (AUT) ≈ corsia di sorpasso.

fat [fæt] adj grasso(a) ♦ n grasso; **to live off the** ~ **of the land** vivere nel lusso, avere ogni ben di Dio.

fatal ['feitl] adj fatale; mortale; disastroso(a).

fatalism ['feitəlizəm] n fatalismo.

fatality [fə'tæliti] n (road death etc) morto/a, vittima.

fatally ['feitəli] adv a morte.

fate [feit] n destino; (of person) sorte f; **to meet one's** ~ trovare la morte.

fated ['feitid] adj (governed by fate) destinato(a); (person, project etc) destinato(a) a finire male.

fateful ['feitful] adj fatidico(a).

fat-free ['fæt'fri:] adj senza grassi.

father ['fɑ:ðə*] n padre m.

Father Christmas n Babbo Natale.

fatherhood ['fɑ:ðəhu:d] n paternità.

father-in-law ['fɑ:ðərinlɔ:] n suocero.

fatherland ['fɑ:ðəlænd] n patria.

fatherly ['fɑ:ðəli] adj paterno(a).

fathom ['fæðəm] n braccio (= 1828 mm) ♦ vt (mystery) penetrare, sondare.

fatigue [fə'ti:g] n stanchezza; (MIL) corvé f; **metal** ~ fatica del metallo.

fatness ['fætnis] n grassezza.

fatten ['fætn] vt, vi ingrassare; **chocolate is** ~**ing** la cioccolata fa ingrassare.

fatty ['fæti] adj (food) grasso(a) ♦ n (col) ciccione/a.

fatuous ['fætjuəs] adj fatuo(a).

faucet ['fɔ:sit] n (US) rubinetto.

fault [fɔ:lt] n colpa; (TENNIS) fallo; (defect) difetto; (GEO) faglia ♦ vt criticare; **it's my** ~ è colpa mia; **to find** ~ **with** trovare da ridire su; **at** ~ in fallo; **generous to a** ~ eccessivamente generoso.

faultless ['fɔ:ltlis] adj perfetto(a); senza difetto; impeccabile.

faulty ['fɔːltɪ] *adj* difettoso(a).

fauna ['fɔːnə] *n* fauna.

faux pas [fəu'pɑː] *n* gaffe *f inv*.

favour, (*US*) **favor** ['feɪvə*] *n* favore *m* ♦ *vt* (*proposition*) favorire, essere favorevole a; (*pupil etc*) favorire; (*team, horse*) dare per vincente; **to do sb a ~** fare un favore *or* una cortesia a qn; **in ~ of** in favore di; **to be in ~ of sth/of doing sth** essere favorevole a qc/a fare qc; **to find ~ with sb** (*subj: person*) entrare nelle buone grazie di qn; (: *suggestion*) avere l'approvazione di qn.

favo(u)rable ['feɪvərəbl] *adj* favorevole.

favo(u)rably ['feɪvərəblɪ] *adv* favorevolmente.

favo(u)rite ['feɪvrɪt] *adj*, *n* favorito(a).

favo(u)ritism ['feɪvrɪtɪzəm] *n* favoritismo.

fawn [fɔːn] *n* daino ♦ *adj* (*also*: **~-coloured**) marrone chiaro *inv* ♦ *vi*: **to ~ (up)on** adulare servilmente.

fax [fæks] *n* (*document, machine*) facsimile *m inv* ♦ *vt* teletrasmettere, spedire in facsimile.

FBI *n abbr* (*US*: = *Federal Bureau of Investigation*) FBI *f*.

FCC *n abbr* (*US*) = *Federal Communications Commission*.

FCO *n abbr* (*BRIT*: = *Foreign and Commonwealth Office*) ≈ Ufficio affari esteri.

FD *n abbr* (*US*) = **fire department**.

FDA *n abbr* (*US*) = *Food and Drug Administration*.

FE *n abbr* = **further education**.

fear [fɪə*] *n* paura, timore *m* ♦ *vt* aver paura di, temere ♦ *vi*: **to ~ for** temere per, essere in ansia per; **~ of heights** vertigini *fpl*; **for ~ of** per paura di; **to ~ that** avere paura di (*or* che + *sub*), temere di (*or* che + *sub*).

fearful ['fɪəful] *adj* pauroso(a); (*sight, noise*) terribile, spaventoso(a); (*frightened*): **to be ~ of** temere.

fearfully ['fɪəfəlɪ] *adv* (*timidly*) timorosamente; (*col: very*) terribilmente, spaventosamente.

fearless ['fɪəlɪs] *adj* intrepido(a), senza paura.

fearsome ['fɪəsəm] *adj* (*opponent*) formidabile, terribile; (*sight*) terrificante.

feasibility [fiːzə'bɪlɪtɪ] *n* praticabilità.

feasibility study *n* studio delle possibilità di realizzazione.

feasible ['fiːzəbl] *adj* fattibile, realizzabile.

feast [fiːst] *n* festa, banchetto; (*REL*: *also*: **~ day**) festa ♦ *vi* banchettare; **to ~ on** godersi, gustare.

feat [fiːt] *n* impresa, fatto insigne.

feather ['fɛðə*] *n* penna ♦ *cpd* (*mattress, bed, pillow*) di piume ♦ *vt*: **to ~ one's nest** (*fig*) arricchirsi.

feather-weight ['fɛðəweɪt] *n* peso *m* piuma *inv*.

feature ['fiːtʃə*] *n* caratteristica; (*article*) articolo ♦ *vt* (*subj: film*) avere come protagonista ♦ *vi* figurare; **~s** *npl* (*of face*) fisionomia; **a (special) ~ on sth/sb** un servizio speciale su qc/qn; **it ~d prominently in ...** ha avuto un posto di prima importanza in ....

feature film *n* film *m inv* principale.

featureless ['fiːtʃəlɪs] *adj* anonimo(a), senza caratteri distinti.

Feb. [fɛb] *abbr* (= *February*) feb.

February ['fɛbruərɪ] *n* febbraio; *for phrases see also* **July.**

feces ['fiːsiːz] *npl* (*US*) = **faeces.**

feckless ['fɛklɪs] *adj* irresponsabile, incosciente.

Fed [fɛd] *abbr* (*US*) = **federal; federation.**

fed [fɛd] *pt*, *pp of* **feed; to be ~ up** essere stufo(a).

Fed. [fɛd] *n abbr* (*US col*) = **Federal Reserve Board.**

federal ['fɛdərəl] *adj* federale.

Federal Republic of Germany (FRG) *n* Repubblica Federale Tedesca (RFT).

Federal Reserve Board (Fed.) *n* (*US*) *organo di controllo del sistema bancario statunitense.*

Federal Trade Commission (FTC) *n* (*US*) *organismo di protezione contro le pratiche commerciali abusive.*

federation [fɛdə'reɪʃən] *n* federazione *f*.

fee [fiː] *n* pagamento; (*of doctor, lawyer*) onorario; (*for examination*) tassa d'esame; **school ~s** tasse *fpl* scolastiche; **entrance ~, membership ~** quota d'iscrizione; **for a small ~** per una somma modesta.

feeble ['fiːbl] *adj* debole.

feeble-minded [fiːbl'maɪndɪd] *adj* deficiente.

feed [fiːd] *n* (*of baby*) pappa ♦ *vt* (*pt, pp* **fed** [fɛd]) nutrire; (*horse etc*) dare da mangiare a; (*fire, machine*) alimentare ♦ *vi* (*baby, animal*) mangiare; **to ~ material into sth** introdurre materiale in qc; **to ~ data/information into sth** inserire dati/informazioni in qc.

▶**feed back** *vt* (*results*) riferire.

▶**feed on** *vt fus* nutrirsi di.

feedback ['fiːdbæk] *n* feed-back *m*; (*from person*) reazioni *fpl*.

feeder ['fiːdə*] *n* (*bib*) bavaglino.

feeding bottle ['fiːdɪŋ-] *n* (*BRIT*) biberon *m*

inv.

feel [fiːl] *n* sensazione *f*; (*sense of touch*) tatto; (*of substance*) consistenza ♦ *vt* (*pt, pp* **felt** [fɛlt]) toccare; palpare; tastare; (*cold, pain, anger*) sentire; (*grief*) provare; (*think, believe*): **to ~ (that)** pensare che; **I ~ that you ought to do it** penso che dovreste farlo; **to ~ hungry/cold** aver fame/freddo; **to ~ lonely/better** sentirsi solo/meglio; **I don't ~ well** non mi sento bene; **to ~ sorry for** dispiacersi per; **it ~s soft** è morbido al tatto; **it ~s colder out here** sembra più freddo qui fuori; **it ~s like velvet** sembra velluto (al tatto); **to ~ like** (*want*) aver voglia di; **to ~ about or around for** cercare a tastoni; **to ~ about or around in one's pocket for** frugarsi in tasca per cercare; **I'm still ~ing my way** (*fig*) sto ancora tastando il terreno; **to get the ~ of sth** (*fig*) abituarsi a qc.

feeler ['fiːlə*] *n* (*of insect*) antenna; **to put out ~s** (*fig*) fare un sondaggio.

feeling ['fiːlɪŋ] *n* sensazione *f*, sentimento; (*impression*) senso, impressione *f*; **to hurt sb's ~s** offendere qn; **what are your ~s about the matter?** che cosa ne pensa?; **my ~ is that ...** ho l'impressione che ...; **I got the ~ that ...** ho avuto l'impressione che ...; **~s ran high about it** la cosa aveva provocato grande eccitazione.

fee-paying school ['fiːpeɪɪŋ-] *n* scuola privata.

feet [fiːt] *npl of* **foot**.

feign [feɪn] *vt* fingere, simulare.

felicitous [fɪ'lɪsɪtəs] *adj* felice.

fell [fɛl] *pt of* **fall** ♦ *vt* (*tree*) abbattere; (*person*) atterrare ♦ *adj*: **with one ~ blow** con un colpo terribile; **at one ~ swoop** in un colpo solo ♦ *n* (*BRIT: mountain*) monte *m*; (*: moorland*): **the ~s** la brughiera.

fellow ['fɛləu] *n* individuo, tipo; (*comrade*) compagno; (*of learned society*) membro; (*of university*) ≈ docente *m/f* ♦ *cpd*: **their ~ prisoners/students** i loro compagni di prigione/studio.

fellow citizen *n* concittadino/a.

fellow countryman *n* compatriota *m*.

fellow feeling *n* simpatia.

fellow men *npl* simili *mpl*.

fellowship ['fɛləuʃɪp] *n* associazione *f*; compagnia; (*SCOL*) specie di borsa di studio universitaria.

fellow traveller *n* compagno/a di viaggio; (*POL*) simpatizzante *m/f*.

fell-walking ['fɛlwɔːkɪŋ] *n* (*BRIT*) passeggiate *fpl* in montagna.

felon ['fɛlən] *n* (*LAW*) criminale *m/f*.

felony ['fɛlənɪ] *n* (*LAW*) reato, crimine *m*.

felt [fɛlt] *pt, pp of* **feel** ♦ *n* feltro.

felt-tip pen ['fɛlttɪp-] *n* pennarello.

female ['fiːmeɪl] *n* (*ZOOL*) femmina; (*pej: woman*) donna, femmina ♦ *adj* femminile; (*BIOL, ELEC*) femmina *inv*; **male and ~ students** studenti e studentesse.

female impersonator *n* (*THEAT*) attore comico che fa parti da donna.

feminine ['femɪnɪn] *adj*, *n* femminile (*m*).

femininity [femɪ'nɪnɪtɪ] *n* femminilità.

feminism ['femɪnɪzəm] *n* femminismo.

feminist ['femɪnɪst] *n* femminista *m/f*.

fen [fɛn] *n* (*BRIT*): **the F~s** la regione delle Fen.

fence [fɛns] *n* recinto; (*SPORT*) ostacolo; (*col: person*) ricettatore/trice ♦ *vt* (*also: ~ in*) recingere ♦ *vi* schermire; **to sit on the ~** (*fig*) rimanere neutrale.

fencing ['fensɪŋ] *n* (*SPORT*) scherma.

fend [fɛnd] *vi*: **to ~ for o.s.** arrangiarsi.

▶**fend off** *vt* (*attack, attacker*) respingere, difendersi da; (*blow*) parare; (*awkward question*) eludere.

fender ['fɛndə*] *n* parafuoco; (*US*) parafango; paraurti *m inv*.

fennel ['fɛnl] *n* finocchio.

ferment *vi* [fə'mɛnt] fermentare ♦ *n* ['fəːmɛnt] agitazione *f*, eccitazione *f*.

fermentation [fəːmɛn'teɪʃən] *n* fermentazione *f*.

fern [fəːn] *n* felce *f*.

ferocious [fə'rəuʃəs] *adj* feroce.

ferocity [fə'rɔsɪtɪ] *n* ferocità.

ferret ['fɛrɪt] *n* furetto.

▶**ferret about, ferret around** *vi* frugare.

▶**ferret out** *vt* (*person*) scovare, scoprire; (*secret, truth*) scoprire.

ferry ['fɛrɪ] *n* (*small*) traghetto; (*large: also: ~boat*) nave *f* traghetto *inv* ♦ *vt* traghettare; **to ~ sth/sb across** *or* **over** traghettare qc/qn da una parte all'altra.

ferryman ['fɛrɪmən] *n* traghettatore *m*.

fertile ['fəːtaɪl] *adj* fertile; (*BIOL*) fecondo(a); **~ period** periodo di fecondità.

fertility [fə'tɪlɪtɪ] *n* fertilità; fecondità.

fertility drug *n* farmaco fecondativo.

fertilize ['fəːtɪlaɪz] *vt* fertilizzare; fecondare.

fertilizer ['fəːtɪlaɪzə*] *n* fertilizzante *m*.

fervent ['fəːvənt] *adj* ardente, fervente.

fervour, (*US*) **fervor** ['fəːvə*] *n* fervore *m*, ardore *m*.

fester ['fɛstə*] *vi* suppurare.

festival ['fɛstɪvəl] *n* (*REL*) festa; (*ART, MUS*) festival *m inv*.

festive ['fɛstɪv] *adj* di festa; **the ~ season** (*BRIT: Christmas*) il periodo delle feste.

festivities [fɛsˈtɪvɪtɪz] *npl* festeggiamenti *mpl*.

festoon [fɛˈstuːn] *vt*: **to ~ with** ornare di; decorare con.

fetch [fɛtʃ] *vt* andare a prendere; (*sell for*) essere venduto(a) per; **how much did it ~?** a *or* per quanto lo ha venduto?
▶**fetch up** *vi* (*BRIT*) andare a finire.

fetching [ˈfɛtʃɪŋ] *adj* attraente.

fête [feɪt] *n* festa.

fetid [ˈfɛtɪd] *adj* fetido(a).

fetish [ˈfɛtɪʃ] *n* feticcio.

fetter [ˈfɛtə*] *vt* (*person*) incatenare; (*horse*) legare; (*fig*) ostacolare.

fetters [ˈfɛtəz] *npl* catene *fpl*.

fettle [ˈfɛtl] *n* (*BRIT*): **in fine ~** in gran forma.

fetus [ˈfiːtəs] *n* (*US*) = **foetus**.

feud [fjuːd] *n* contesa, lotta ♦ *vi* essere in lotta; **a family ~** una lite in famiglia.

feudal [ˈfjuːdl] *adj* feudale.

feudalism [ˈfjuːdəlɪzəm] *n* feudalesimo.

fever [ˈfiːvə*] *n* febbre *f*; **he has a ~** ha la febbre.

feverish [ˈfiːvərɪʃ] *adj* (*also fig*) febbrile; (*person*) febbricitante.

few [fjuː] *adj* pochi(e) ♦ *pron* alcuni(e); **~ succeed** pochi ci riescono; **they were ~** erano pochi; **a ~ ...** qualche ...; **I know a ~** ne conosco alcuni; **a good ~, quite a ~** parecchi; **in the next ~ days** nei prossimi giorni; **in the past ~ days** negli ultimi giorni, in questi ultimi giorni; **every ~ days/months** ogni due o tre giorni/mesi; **a ~ more days** qualche altro giorno.

fewer [ˈfjuːə*] *adj* meno *inv*; meno numerosi(e) ♦ *pron* meno; **they are ~ now** adesso ce ne sono di meno.

fewest [ˈfjuːɪst] *adj* il minor numero di.

FFA *n abbr* = *Future Farmers of America*.

FH *abbr* (*BRIT*) = *fire hydrant*.

FHA *n abbr* (*US*) = *Federal Housing Administration*.

fiancé [fɪˈɑːŋseɪ] *n* fidanzato.

fiancée [fɪˈɑːŋseɪ] *n* fidanzata.

fiasco [fɪˈæskəu] *n* fiasco.

fib [fɪb] *n* piccola bugia.

fibre, (*US*) fiber [ˈfaɪbə*] *n* fibra.

fibreboard, (*US*) fiberboard [ˈfaɪbəbɔːd] *n* pannello di fibre.

fibre-glass, (*US*) fiber-glass [ˈfaɪbəglɑːs] *n* fibra di vetro.

fibrositis [faɪbrəˈsaɪtɪs] *n* cellulite *f*.

FICA *n abbr* (*US*) = *Federal Insurance Contributions Act*.

fickle [ˈfɪkl] *adj* incostante, capriccioso(a).

fiction [ˈfɪkʃən] *n* narrativa; (*sth made up*) finzione *f*.

fictional [ˈfɪkʃənl] *adj* immaginario(a).

fictionalize [ˈfɪkʃənəlaɪz] *vt* romanzare.

fictitious [fɪkˈtɪʃəs] *adj* fittizio(a).

fiddle [ˈfɪdl] *n* (*MUS*) violino; (*cheating*) imbroglio; truffa ♦ *vt* (*BRIT*: *accounts*) falsificare, falsare; **tax ~** frode *f* fiscale; **to work a ~** fare un imbroglio.
▶**fiddle with** *vt fus* gingillarsi con.

fiddler [ˈfɪdlə*] *n* violinista *m/f*.

fiddly [ˈfɪdlɪ] *adj* (*task*) da certosino; (*object*) complesso(a).

fidelity [fɪˈdɛlɪtɪ] *n* fedeltà; (*accuracy*) esattezza.

fidget [ˈfɪdʒɪt] *vi* agitarsi.

fidgety [ˈfɪdʒɪtɪ] *adj* agitato(a).

fiduciary [fɪˈduːʃɪərɪ] *n* fiduciario.

field [fiːld] *n* (*gen*, *COMPUT*) campo; **to lead the ~** (*SPORT*, *COMM*) essere in testa, essere al primo posto; **to have a ~ day** (*fig*) divertirsi, spassarsela.

field glasses *npl* binocolo (da campagna).

field hospital *n* ospedale *m* da campo.

field marshal (FM) *n* feldmaresciallo.

fieldwork [ˈfiːldwɔːk] *n* ricerche *fpl* esterne; (*ARCHEOLOGY*, *GEO*) lavoro sul campo.

fiend [fiːnd] *n* demonio.

fiendish [ˈfiːndɪʃ] *adj* demoniaco(a).

fierce [fɪəs] *adj* (*look, fighting*) fiero(a); (*wind*) furioso(a); (*attack*) feroce; (*enemy*) acerrimo(a).

fiery [ˈfaɪərɪ] *adj* ardente; infocato(a).

FIFA [ˈfiːfə] *n abbr* (= *Fédération Internationale de Football Association*) F.I.F.A. *f*.

fifteen [fɪfˈtiːn] *num* quindici.

fifth [fɪfθ] *num* quinto(a).

fiftieth [ˈfɪftɪɪθ] *num* cinquantesimo(a).

fifty [ˈfɪftɪ] *num* cinquanta.

fifty-fifty [ˈfɪftɪˈfɪftɪ] *adj*, *adv*: **to go ~ with sb** fare a metà con qn; **we have a ~ chance of success** abbiamo una probabilità su due di successo.

fig [fɪg] *n* fico.

fight [faɪt] *n* zuffa, rissa; (*MIL*) battaglia, combattimento; (*against cancer etc*) lotta ♦ *vb* (*pt, pp* **fought** [fɔːt]) *vt* combattere; (*cancer, alcoholism*) lottare contro, combattere; (*LAW*: *case*) difendere ♦ *vi* battersi, combattere; (*quarrel*): **to ~ (with sb)** litigare (con qn); (*fig*): **to ~ (for/against)** lottare (per/contro).
▶**fight back** *vi* difendersi; (*SPORT, after illness*) riprendersi ♦ *vt* (*tears*) ricacciare.
▶**fight down** *vt* (*anger, anxiety*) vincere; (*urge*) reprimere.
▶**fight off** *vt* (*attack, attacker*) respingere; (*disease, sleep, urge*) lottare contro.
▶**fight out** *vt*: **to ~ it out** risolvere la

fighter – find

questione a pugni.

fighter ['faɪtə*] n combattente m; (plane) aeroplano da caccia.

fighter-bomber ['faɪtəbɔmə*] n cacciabombardiere m.

fighter pilot n pilota m di caccia.

fighting ['faɪtɪŋ] n combattimento; (in streets) scontri mpl.

figment ['fɪgmənt] n: a ~ of the imagination un parto della fantasia.

figurative ['fɪgjurətɪv] adj figurato(a).

figure ['fɪgə*] n (DRAWING, GEOM, person) figura; (number, cipher) cifra; (body, outline) forma ♦ vi (appear) figurare; (US: make sense) spiegarsi; essere logico(a) ♦ vt (US: think, calculate) pensare, immaginare; **public** ~ personaggio pubblico; ~ **of speech** figura retorica.

▶**figure on** vt fus (US) contare su.

▶**figure out** vt riuscire a capire; calcolare.

figurehead ['fɪgəhɛd] n (NAUT) polena; (pej) prestanome m/f inv.

figure skating n pattinaggio artistico.

Fiji (Islands) ['fiːdʒiː-] n(pl) le (isole) Figi.

filament ['fɪləmənt] n filamento.

filch [fɪltʃ] vt (col: steal) grattare.

file [faɪl] n (tool) lima; (for nails) limetta; (dossier) incartamento; (in cabinet) scheda; (folder) cartellina; (for loose leaf) raccoglitore m; (row) fila; (COMPUT) archivio, file m inv ♦ vt (nails, wood) limare; (papers) archiviare; (LAW: claim) presentare ♦ vi: **to** ~ **in/out** entrare/ uscire in fila; **to** ~ **past** marciare in fila davanti a; **to** ~ **a suit against sb** intentare causa contro qn.

file name n (COMPUT) nome m del file.

filibuster ['fɪlɪbʌstə*] (esp US POL) n (also: ~**er**) ostruzionista m/f ♦ vi fare ostruzionismo.

filing ['faɪlɪŋ] n archiviare m; see also **filings**.

filing cabinet n casellario.

filing clerk n archivista m/f.

filings ['faɪlɪŋz] npl limatura.

Filipino [fɪlɪ'piːnəu] n filippino/a; (LING) tagal m.

fill [fɪl] vt riempire; (tooth) otturare; (job) coprire; (supply: order, requirements, need) soddisfare ♦ n: **to eat one's** ~ mangiare a sazietà; **we've already** ~**ed that vacancy** abbiamo già assunto qualcuno per quel posto.

▶**fill in** vt (hole) riempire; (form) compilare; (details, report) completare ♦ vi: **to** ~ **in for sb** sostituire qn; **to** ~ **sb in on sth** (col) mettere qn al corrente di qc.

▶**fill out** vt (form, receipt) riempire.

▶**fill up** vt riempire ♦ vi (AUT) fare il pieno;

~ **it up, please** (AUT) mi faccia il pieno, per piacere.

fillet ['fɪlɪt] n filetto.

fillet steak n bistecca di filetto.

filling ['fɪlɪŋ] n (CULIN) impasto, ripieno; (for tooth) otturazione f.

filling station n stazione f di rifornimento.

fillip ['fɪlɪp] n incentivo, stimolo.

filly ['fɪlɪ] n puledra.

film [fɪlm] n (CINE) film m inv; (PHOT) pellicola; (thin layer) velo ♦ vt (scene) filmare.

film script n copione m.

film star n divo/a dello schermo.

filmstrip ['fɪlmstrɪp] n filmina.

film studio n studio cinematografico.

Filofax ® ['faɪləufæks] n agenda ad anelli.

filter ['fɪltə*] n filtro ♦ vt filtrare.

▶**filter in, filter through** vi (news) trapelare.

filter coffee n caffè m da passare al filtro.

filter lane n (BRIT AUT) corsia di svincolo.

filter tip n filtro.

filth [fɪlθ] n sporcizia; (fig) oscenità.

filthy ['fɪlθɪ] adj lordo(a), sozzo(a); (language) osceno(a).

fin [fɪn] n (of fish) pinna.

final ['faɪnl] adj finale, ultimo(a); definitivo(a) ♦ n (SPORT) finale f; ~**s** npl (SCOL) esami mpl finali; ~ **demand** ingiunzione f di pagamento.

finale [fɪ'nɑːlɪ] n finale m.

finalist ['faɪnəlɪst] n (SPORT) finalista m/f.

finality [faɪ'nælɪtɪ] n irrevocabilità; **with an air of** ~ con risolutezza.

finalize ['faɪnəlaɪz] vt mettere a punto.

finally ['faɪnəlɪ] adv (lastly) alla fine; (eventually) finalmente; (once and for all) definitivamente.

finance [faɪ'næns] n finanza; (funds) fondi mpl, capitale m ♦ vt finanziare; ~**s** npl finanze fpl.

financial [faɪ'nænʃəl] adj finanziario(a); ~ **statement** estratto conto finanziario.

financially [faɪ'nænʃəlɪ] adv finanziariamente.

financial year n anno finanziario, esercizio finanziario.

financier [faɪ'nænsɪə*] n finanziatore m.

find [faɪnd] vt (pt, pp found [faund]) trovare; (lost object) ritrovare ♦ n trovata, scoperta; **to** ~ **(some) difficulty in doing sth** trovare delle difficoltà nel fare qc; **to** ~ **sb guilty** (LAW) giudicare qn colpevole.

▶**find out** vt informarsi di; (truth, secret) scoprire; (person) cogliere in fallo ♦ vi: **to** ~ **out about** informarsi su; (by chance) venire a sapere.

findings ['faɪndɪŋz] npl (LAW) sentenza, conclusioni fpl; (of report) conclusioni.

fine [faɪn] adj bello(a); ottimo(a); (thin, subtle) fine ♦ adv (well) molto bene; (small) finemente ♦ n (LAW) multa ♦ vt (LAW) multare; **he's** ~ sta bene; **the weather is** ~ il tempo è bello; **you're doing** ~ te la cavi benissimo; **to cut it** ~ (of time, money) farcela per un pelo.

fine arts npl belle arti fpl.

finely ['faɪnlɪ] adv (splendidly) in modo stupendo; (chop) finemente; (adjust) con precisione.

fine print n: **the** ~ i caratteri minuti.

finery ['faɪnərɪ] n abiti mpl eleganti.

finesse [fɪ'nɛs] n finezza.

fine-tooth comb ['faɪntuːθ-] n: **to go through sth with a** ~ (fig) passare qc al setaccio.

finger ['fɪŋgə*] n dito ♦ vt toccare, tastare.

fingernail ['fɪŋgəneɪl] n unghia.

fingerprint ['fɪŋgəprɪnt] n impronta digitale ♦ vt (person) prendere le impronte digitali di.

fingerstall ['fɪŋgəstɔːl] n ditale m.

fingertip ['fɪŋgətɪp] n punta del dito; **to have sth at one's** ~**s** (fig) avere qc sulla punta delle dita.

finicky ['fɪnɪkɪ] adj esigente, pignolo(a); minuzioso(a).

finish ['fɪnɪʃ] n fine f; (SPORT: place) traguardo; (polish etc) finitura ♦ vt finire; (use up) esaurire ♦ vi finire; (session) terminare; **to** ~ **doing sth** finire di fare qc; **to** ~ **first/second** (SPORT) arrivare primo/secondo; **she's** ~**ed with him** ha chiuso con lui.

►**finish off** vt compiere; (kill) uccidere.

►**finish up** vi, vt finire.

finished ['fɪnɪʃt] adj (product) finito(a); (performance) perfetto(a); (col: tired) sfinito(a).

finishing line ['fɪnɪʃɪŋ-] n linea d'arrivo.

finishing school n scuola privata di perfezionamento (per signorine).

finishing touches npl ultimi ritocchi mpl.

finite ['faɪnaɪt] adj limitato(a); (verb) finito(a).

Finland ['fɪnlənd] n Finlandia.

Finn [fɪn] n finlandese m/f.

Finnish ['fɪnɪʃ] adj finlandese ♦ n (LING) finlandese m.

fiord [fjɔːd] n fiordo.

fir [fəː*] n abete m.

fire [faɪə*] n fuoco; incendio ♦ vt (discharge): **to** ~ **a gun** scaricare un fucile; (fig) infiammare; (dismiss) licenziare ♦ vi sparare, far fuoco; **on** ~ in fiamme;

insured against ~ assicurato contro gli incendi; **electric/gas** ~ stufa elettrica/a gas; **to set** ~ **to sth, set sth on** ~ dar fuoco a qc, incendiare qc; **to be/come under** ~ **(from)** essere/finire sotto il fuoco or il tiro (di).

fire alarm n allarme m d'incendio.

firearm ['faɪərɑːm] n arma da fuoco.

fire brigade n (BRIT) (corpo dei) pompieri mpl.

fire chief n (US) = **fire master**.

fire department n (US) = **fire brigade**.

fire door n porta f rompifuoco inv.

fire drill n esercitazione f antincendio.

fire engine n autopompa.

fire escape n scala di sicurezza.

fire extinguisher n estintore m.

fireguard ['faɪəgɑːd] n (BRIT) parafuoco.

fire hazard n: **that's a** ~ comporta rischi in caso d'incendio.

fire hydrant n idrante m.

fire insurance n assicurazione f contro gli incendi.

fireman ['faɪəmən] n pompiere m.

fire master n (BRIT) comandante m dei vigili del fuoco.

fireplace ['faɪəpleɪs] n focolare m.

fireplug ['faɪəplʌg] n (US) = **fire hydrant**.

fire practice n = **fire drill**.

fireproof ['faɪəpruːf] adj resistente al fuoco.

fire regulations npl norme fpl antincendio.

fire screen n parafuoco.

fireside ['faɪəsaɪd] n angolo del focolare.

fire station n caserma dei pompieri.

firewood ['faɪəwʊd] n legna.

firework ['faɪəwəːk] n fuoco d'artificio.

firing ['faɪərɪŋ] n (MIL) spari mpl, tiro.

firing line n linea del fuoco; **to be in the** ~ (fig) essere sotto tiro.

firing squad n plotone m d'esecuzione.

firm [fəːm] adj fermo(a); (offer, decision) definitivo(a) ♦ n ditta, azienda; **to be a** ~ **believer in sth** credere fermamente in qc.

firmly ['fəːmlɪ] adv fermamente.

firmness ['fəːmnɪs] n fermezza.

first [fəːst] adj primo(a) ♦ adv (before others) il primo, la prima; (before other things) per primo; (for the first time) per la prima volta; (when listing reasons etc) per prima cosa ♦ n (person: in race) primo/a; (BRIT SCOL) laurea con lode; (AUT) prima; **at** ~ dapprima, all'inizio; ~ **of all** prima di tutto; **in the** ~ **instance** prima di tutto, in primo luogo; **I'll do it** ~ **thing tomorrow** lo farò per prima cosa domani; **from the (very)** ~ fin dall'inizio, fin dal primo momento; **the** ~ **of January** il primo (di) gennaio.

first aid *n* pronto soccorso.

first-aid kit ['fəːst'eɪd-] *n* cassetta pronto soccorso.

first-class ['fəːst'klɑːs] *adj* di prima classe.

first-class mail *n* ≈ espresso.

first-hand ['fəːst'hænd] *adj* di prima mano; diretto(a).

first lady *n* (*US*) moglie *f* del presidente.

firstly ['fəːstlɪ] *adv* in primo luogo.

first name *n* nome *m* di battesimo.

first night *n* (*THEAT*) prima.

first-rate ['fəːst'reɪt] *adj* di prima qualità, ottimo(a).

first-time buyer ['fəːsttaɪm-] *n* acquirente *m/f* di prima casa.

First World War *n*: **the ~** la prima guerra mondiale.

fir tree *n* abete *m*.

FIS *n abbr* (*BRIT*: = *Family Income Supplement*) ≈ A.F. (= *assegni familiari*).

fiscal ['fɪskəl] *adj* fiscale; **~ year** anno fiscale.

fish [fɪʃ] *n* (*pl inv*) pesce *m* ♦ *vt, vi* pescare; **to ~ a river** pescare in un fiume; **to go ~ing** andare a pesca.

▶**fish out** *vt* (*from water*) ripescare; (*from box etc*) tirare fuori.

fish-and-chip shop [fɪʃən'tʃɪp-] *n* ≈ friggitoria; *see* **chip shop**.

fishbone ['fɪʃbəʊn] *n* lisca, spina.

fisherman ['fɪʃəmən] *n* pescatore *m*.

fishery ['fɪʃərɪ] *n* zona da pesca.

fish factory *n* (*BRIT*) fabbrica per la lavorazione del pesce.

fish farm *n* vivaio.

fish fingers *npl* (*BRIT*) bastoncini *mpl* di pesce (surgelati).

fish hook *n* amo.

fishing boat ['fɪʃɪŋ-] *n* barca da pesca.

fishing industry *n* industria della pesca.

fishing line *n* lenza.

fishing net *n* rete *f* da pesca.

fishing rod *n* canna da pesca.

fishing tackle *n* attrezzatura da pesca.

fish market *n* mercato del pesce.

fishmonger ['fɪʃmʌŋgə*] *n* pescivendolo; **~'s (shop)** pescheria.

fish slice *n* (*BRIT*) posata per servire il pesce.

fish sticks *npl* (*US*) = **fish fingers**.

fishy ['fɪʃɪ] *adj* (*fig*) sospetto(a).

fission ['fɪʃən] *n* fissione *f*; **atomic/nuclear ~** fissione atomica/nucleare.

fissure ['fɪʃə*] *n* fessura.

fist [fɪst] *n* pugno.

fistfight ['fɪstfaɪt] *n* scazzottata.

fit [fɪt] *adj* (*MED, SPORT*) in forma; (*proper*) adatto(a), appropriato(a); conveniente

♦ *vt* (*subj: clothes*) stare bene a; (*match: facts etc*) concordare con; (: *description*) corrispondere a; (*adjust*) aggiustare; (*put in, attach*) mettere; installare; (*equip*) fornire, equipaggiare ♦ *vi* (*clothes*) stare bene; (*parts*) andare bene, adattarsi; (*in space, gap*) entrare ♦ *n* (*MED*) attacco; **~ to** in grado di; **~ for** adatto(a) a; degno(a) di; **to keep ~** tenersi in forma; **~ for work** (*after illness*) in grado di riprendere il lavoro; **do as you think** *or* **see ~** faccia come meglio crede; **this dress is a tight/ good ~** questo vestito è stretto/sta bene; **~ of anger/enthusiasm** accesso d'ira/ d'entusiasmo; **to have a ~** (*MED*) avere un attacco di convulsioni; (*col*) andare su tutte le furie; **by ~s and starts** a sbalzi.

▶**fit in** *vi* accordarsi; adattarsi ♦ *vt* (*object*) far entrare; (*fig: appointment, visitor*) trovare il tempo per; **to ~ in with sb's plans** adattarsi ai progetti di qn.

▶**fit out** *vt* (*BRIT*: *also*: **~ up**) equipaggiare.

fitful ['fɪtful] *adj* saltuario(a).

fitment ['fɪtmənt] *n* componibile *m*.

fitness ['fɪtnɪs] *n* (*MED*) forma fisica; (*of remark*) appropriatezza.

fitted ['fɪtɪd] *adj*: **~ carpet** moquette *f inv*; **~ cupboards** armadi *mpl* a muro; **~ kitchen** (*BRIT*) cucina componibile.

fitter ['fɪtə*] *n* aggiustatore *m* or montatore *m* meccanico; (*DRESSMAKING*) sarto/a.

fitting ['fɪtɪŋ] *adj* appropriato(a) ♦ *n* (*of dress*) prova; (*of piece of equipment*) montaggio, aggiustaggio; *see also* **fittings**.

fitting room *n* (*in shop*) camerino.

fittings ['fɪtɪŋz] *npl* impianti *mpl*.

five [faɪv] *num* cinque.

five-day week ['faɪvdeɪ-] *n* settimana di 5 giorni (lavorativi).

fiver ['faɪvə*] *n* (*col*: *BRIT*) biglietto da cinque sterline; (: *US*) biglietto da cinque dollari.

fix [fɪks] *vt* fissare; (*mend*) riparare; (*make ready: meal, drink*) preparare ♦ *n*: **to be in a ~** essere nei guai; **the fight was a ~** (*col*) l'incontro è stato truccato.

▶**fix up** *vt* (*arrange: date, meeting*) fissare, stabilire; **to ~ sb up with sth** procurare qc a qn.

fixation [fɪk'seɪʃən] *n* (*PSYCH, fig*) fissazione *f*, ossessione *f*.

fixed [fɪkst] *adj* (*prices etc*) fisso(a); **there's a ~ charge** c'è una quota fissa; **how are you ~ for money?** (*col*) a soldi come stai?

fixed assets *npl* beni *mpl* patrimoniali.

fixture ['fɪkstʃə*] *n* impianto (fisso); (*SPORT*) incontro (del calendario sportivo).

fizz [fɪz] *vi* frizzare.

fizzle ['fɪzl] *vi* frizzare; (*also:* ~ **out**: *enthusiasm, interest*) smorzarsi, svanire; (: *plan*) fallire.

fizzy ['fɪzɪ] *adj* frizzante; gassato(a).

fjord [fjɔːd] *n* = **fiord**.

FL, Fla. *abbr* (*US*) = *Florida*.

flabbergasted ['flæbəgɑːstɪd] *adj* sbalordito(a).

flabby ['flæbɪ] *adj* flaccido(a).

flag [flæg] *n* bandiera; (*also:* ~**stone**) pietra da lastricare ♦ *vi* stancarsi; affievolirsi; ~ **of convenience** bandiera di convenienza.

▶**flag down** *vt* fare segno (di fermarsi) a.

flagon ['flægən] *n* bottiglione *m*.

flagpole ['flægpəul] *n* albero.

flagrant ['fleɪgrənt] *adj* flagrante.

flag stop *n* (*US: for bus*) fermata facoltativa, fermata a richiesta.

flair [flɛə*] *n* (*for business etc*) fiuto; (*for languages etc*) facilità.

flak [flæk] *n* (*MIL*) fuoco d'artiglieria; (*col: criticism*) critiche *fpl*.

flake [fleɪk] *n* (*of rust, paint*) scaglia; (*of snow, soap powder*) fiocco ♦ *vi* (*also:* ~ **off**) sfaldarsi.

flaky ['fleɪkɪ] *adj* (*paintwork*) scrostato(a); (*skin*) squamoso(a); ~ **pastry** (*CULIN*) pasta sfoglia.

flamboyant [flæm'bɔɪənt] *adj* sgargiante.

flame [fleɪm] *n* fiamma; **old** ~ (*col*) vecchia fiamma.

flamingo [flə'mɪŋgəu] *n* fenicottero, fiammingo.

flammable ['flæməbl] *adj* infiammabile.

flan [flæn] *n* (*BRIT*) flan *m inv*.

Flanders ['flɑːndəz] *n* Fiandre *fpl*.

flange [flændʒ] *n* flangia; (*on wheel*) suola.

flank [flæŋk] *n* fianco.

flannel ['flænl] *n* (*BRIT: also:* **face** ~) guanto di spugna; (*fabric*) flanella; ~**s** *npl* pantaloni *mpl* di flanella.

flannelette [flænə'lɛt] *n* flanella di cotone.

flap [flæp] *n* (*of pocket*) patta; (*of envelope*) lembo; (*AVIAT*) flap *m inv* ♦ *vt* (*wings*) battere ♦ *vi* (*sail, flag*) sbattere; (*col: also:* **be in a** ~) essere in agitazione.

flapjack ['flæpdʒæk] *n* (*US: pancake*) frittella; (*BRIT: biscuit*) biscotto di avena.

flare [flɛə*] *n* razzo; (*in skirt etc*) svasatura.

▶**flare up** *vi* andare in fiamme; (*fig: person*) infiammarsi di rabbia; (: *revolt*) scoppiare.

flared ['flɛəd] *adj* (*trousers*) svasato(a).

flash [flæʃ] *n* vampata; (*also:* **news** ~) notizia *f* lampo *inv*; (*PHOT*) flash *m inv*; (*US: torch*) torcia elettrica, lampadina tascabile ♦ *vt* accendere e spegnere;

(*send: message*) trasmettere; (*flaunt*) ostentare ♦ *vi* brillare; (*light on ambulance, eyes etc*) lampeggiare; **in a** ~ in un lampo; ~ **of inspiration** lampo di genio; **to** ~ **one's headlights** lampeggiare; **he** ~**ed by** *or* **past** ci passò davanti come un lampo.

flashback ['flæʃbæk] *n* flashback *m inv*.

flashbulb ['flæʃbʌlb] *n* cubo *m* flash *inv*.

flash card *n* (*SCOL*) scheda didattica.

flashcube ['flæʃkjuːb] *n* flash *m inv*.

flasher ['flæʃə*] *n* (*AUT*) lampeggiatore *m*.

flashlight ['flæʃlaɪt] *n* (*torch*) lampadina tascabile.

flashpoint ['flæʃpɔɪnt] *n* punto di infiammabilità; (*fig*) livello critico.

flashy ['flæʃɪ] *adj* (*pej*) vistoso(a).

flask [flɑːsk] *n* fiasco; (*CHEM*) beuta; (*also:* **vacuum** ~) thermos ® *m inv*.

flat [flæt] *adj* piatto(a); (*tyre*) sgonfio(a), a terra; (*battery*) scarico(a); (*denial*) netto(a); (*MUS*) bemolle *inv*; (: *voice*) stonato(a); (: *instrument*) scordato(a) ♦ *n* (*BRIT: rooms*) appartamento; (*MUS*) bemolle *m*; (*AUT*) pneumatico sgonfio ♦ *adv*: (**to work**) ~ **out** (lavorare) a più non posso; ~ **rate of pay** tariffa unica di pagamento.

flat-footed ['flæt'futɪd] *adj*: **to be** ~ avere i piedi piatti.

flatly ['flætlɪ] *adv* categoricamente, nettamente.

flatmate ['flætmeɪt] *n* (*BRIT*): **he's my** ~ divide l'appartamento con me.

flatness ['flætnɪs] *n* (*of land*) assenza di rilievi.

flat-screen ['flætskriːn] *adj* a schermo piatto.

flatten ['flætn] *vt* (*also:* ~ **out**) appiattire; (*house, city*) abbattere, radere al suolo.

flatter ['flætə*] *vt* lusingare; (*show to advantage*) donare a.

flatterer ['flætərə*] *n* adulatore/trice.

flattering ['flætərɪŋ] *adj* lusinghiero(a); (*clothes etc*) che dona, che abbellisce.

flattery ['flætərɪ] *n* adulazione *f*.

flatulence ['flætjuləns] *n* flatulenza.

flaunt [flɔːnt] *vt* fare mostra di.

flavour, (*US*) **flavor** ['fleɪvə*] *n* gusto, sapore *m* ♦ *vt* insaporire, aggiungere sapore a; **vanilla-**~**ed** al gusto di vaniglia.

flavo(u)ring ['fleɪvərɪŋ] *n* essenza (artificiale).

flaw [flɔː] *n* difetto.

flawless ['flɔːlɪs] *adj* senza difetti.

flax [flæks] *n* lino.

flaxen ['flæksən] *adj* biondo(a).

flea [fliː] *n* pulce *f*.

flea market *n* mercato delle pulci.

fleck [flɛk] n (of mud, paint, colour) macchiolina; (of dust) granello ♦ vt (with blood, mud etc) macchiettare; **brown** ~**ed with white** marrone screziato di bianco.

fled [flɛd] pt, pp of **flee**.

fledg(e)ling ['flɛdʒlɪŋ] n uccellino.

flee, pt, pp **fled** [fliː, flɛd] vt fuggire da ♦ vi fuggire, scappare.

fleece [fliːs] n vello ♦ vt (col) pelare.

fleecy ['fliːsɪ] adj (blanket) soffice; (cloud) come ovatta.

fleet [fliːt] n flotta; (of lorries etc) convoglio; (of cars) parco.

fleeting ['fliːtɪŋ] adj fugace, fuggitivo(a); (visit) volante.

Flemish ['flɛmɪʃ] adj fiammingo(a) ♦ n (LING) fiammingo; **the** ~ npl i Fiamminghi.

flesh [flɛʃ] n carne f; (of fruit) polpa.

flesh wound n ferita superficiale.

flew [fluː] pt of **fly**.

flex [flɛks] n filo (flessibile) ♦ vt flettere; (muscles) contrarre.

flexibility [flɛksɪ'bɪlɪtɪ] n flessibilità.

flexible ['flɛksəbl] adj flessibile.

flexitime ['flɛksɪtaɪm] n orario flessibile.

flick [flɪk] n colpetto; see also **flicks**.

►**flick through** vt fus sfogliare.

flicker ['flɪkə*] vi tremolare ♦ n tremolio; **a** ~ **of light** un breve bagliore.

flick knife n (BRIT) coltello a serramanico.

flicks npl: **the** ~ (col) il cine.

flier ['flaɪə*] n aviatore m.

flight [flaɪt] n volo; (escape) fuga; (also: ~ **of steps**) scalinata; **to take** ~ darsi alla fuga; **to put to** ~ mettere in fuga.

flight attendant n (US) steward m, hostess f inv.

flight crew n equipaggio.

flight deck n (AVIAT) cabina di controllo; (NAUT) ponte m di comando.

flight path n (of aircraft) rotta di volo; (of rocket, projectile) traiettoria.

flight recorder n registratore m di volo.

flimsy ['flɪmzɪ] adj (fabric) inconsistente; (excuse) meschino(a).

flinch [flɪntʃ] vi ritirarsi; **to** ~ **from** tirarsi indietro di fronte a.

fling, pt, pp **flung** [flɪŋ, flʌŋ] vt lanciare, gettare ♦ n (love affair) avventura.

flint [flɪnt] n selce f; (in lighter) pietrina.

flip [flɪp] n colpetto ♦ vt dare un colpetto a; (US: pancake) far saltare (in aria) ♦ vi: **to** ~ **for sth** (US) fare a testa e croce per qc.

►**flip through** vt fus (book, records) dare una scorsa a.

flippant ['flɪpənt] adj senza rispetto, irriverente.

flipper ['flɪpə*] n pinna.

flip side n (of record) retro.

flirt [fləːt] vi flirtare ♦ n civetta.

flirtation [fləː'teɪʃən] n flirt m inv.

flit [flɪt] vi svolazzare.

float [fləut] n galleggiante m; (in procession) carro; (sum of money) somma ♦ vi galleggiare; (bather) fare il morto; (COMM: currency) fluttuare ♦ vt far galleggiare; (loan, business) lanciare; **to** ~ **an idea** ventilare un'idea.

floating ['fləutɪŋ] adj a galla; ~ **vote** voto oscillante; ~ **voter** elettore m indeciso.

flock [flɔk] n gregge m; (of people) folla; (of birds) stormo.

floe [fləu] n (also: **ice** ~) banchisa.

flog [flɔg] vt flagellare.

flood [flʌd] n alluvione f; (of words, tears etc) diluvio ♦ vt inondare, allagare; (AUT: carburettor) ingolfare; **in** ~ in pieno; **to** ~ **the market** (COMM) inondare il mercato.

flooding ['flʌdɪŋ] n inondazione f.

floodlight ['flʌdlaɪt] n riflettore m ♦ vt illuminare a giorno.

floodlit ['flʌdlɪt] pt, pp of **floodlight** ♦ adj illuminato(a) a giorno.

flood tide n alta marea, marea crescente.

floodwater ['flʌdwɔːtə*] n acque fpl (di inondazione).

floor [flɔː*] n pavimento; (storey) piano; (of sea, valley) fondo; (fig: at meeting): **the** ~ il pubblico ♦ vt pavimentare; (knock down) atterrare; (baffle) confondere; (silence) far tacere; **on the** ~ sul pavimento, per terra; **ground** ~, (US) **first** ~ pianterreno; **first** ~, (US) **second** ~ primo piano; **top** ~ ultimo piano; **to have the** ~ (speaker) prendere la parola.

floorboard ['flɔːbɔːd] n tavellone m di legno.

flooring ['flɔːrɪŋ] n (floor) pavimento; (material) materiale m per pavimentazioni.

floor lamp n (US) lampada a stelo.

floor show n spettacolo di varietà.

floorwalker ['flɔːwɔːkə*] n (esp US) ispettore m di reparto.

flop [flɔp] n fiasco ♦ vi (fail) far fiasco.

floppy ['flɔpɪ] adj floscio(a), molle ♦ n (COMPUT) = **floppy disk**; ~ **hat** cappello floscio.

floppy disk n floppy disk m inv.

flora ['flɔːrə] n flora.

floral ['flɔːrl] adj floreale.

Florence ['flɔrəns] n Firenze f.

Florentine ['flɔrəntaɪn] adj fiorentino(a).

florid ['flɔrɪd] adj (complexion) florido(a); (style) fiorito(a).

florist ['flɔrɪst] n fioraio/a; **at the** ~'s **(shop)**

dal fioraio.

flotation [fləu'teɪʃən] n (*COMM*) lancio.

flounce [flauns] n balzo.

▶**flounce out** vi uscire stizzito(a).

flounder ['flaundə*] vi annaspare ♦ n (*ZOOL*) passera di mare.

flour ['flauə*] n farina.

flourish ['flʌrɪʃ] vi fiorire ♦ vt brandire ♦ n abbellimento; svolazzo; (*of trumpets*) fanfara.

flourishing ['flʌrɪʃɪŋ] adj prosperoso(a), fiorente.

flout [flaut] vt (*order*) contravvenire a; (*convention*) sfidare.

flow [fləu] n flusso; circolazione f; (*of river, also ELEC*) corrente f ♦ vi fluire; (*traffic, blood in veins*) circolare; (*hair*) scendere.

flow chart n schema m di flusso.

flow diagram n organigramma m.

flower ['flauə*] n fiore m ♦ vi fiorire; **in** ~ in fiore.

flower bed n aiuola.

flowerpot ['flauəpɔt] n vaso da fiori.

flowery ['flauərɪ] adj fiorito(a).

flown [fləun] pp of **fly**.

flu [fluː] n influenza.

fluctuate ['flʌktjueɪt] vi fluttuare, oscillare.

fluctuation [flʌktju'eɪʃən] n fluttuazione f, oscillazione f.

flue [fluː] n canna fumaria.

fluency ['fluːənsɪ] n facilità, scioltezza; **his** ~ **in English** la sua scioltezza nel parlare l'inglese.

fluent ['fluːənt] adj (*speech*) facile, sciolto(a); **he's a** ~ **speaker/reader** si esprime/legge senza difficoltà; **he speaks** ~ **Italian, he's** ~ **in Italian** parla l'italiano correntemente.

fluently ['fluːəntlɪ] adv con facilità; correntemente.

fluff [flʌf] n lanugine f.

fluffy ['flʌfɪ] adj lanuginoso(a); (*toy*) di peluche.

fluid ['fluːɪd] adj fluido(a) ♦ n fluido; (*in diet*) liquido.

fluid ounce n (*BRIT*) = 0.028 l; 0.05 pints.

fluke [fluːk] n (*col*) colpo di fortuna.

flummox ['flʌməks] vt rendere perplesso(a).

flung [flʌŋ] pt, pp of **fling**.

flunky ['flʌŋkɪ] n tirapiedi m/f inv.

fluorescent [fluə'rɛsnt] adj fluorescente.

fluoride ['fluəraɪd] n fluoruro.

fluorine ['fluəriːn] n fluoro.

flurry ['flʌrɪ] n (*of snow*) tempesta; **a** ~ **of activity/excitement** una febbre di attività/un'improvvisa agitazione.

flush [flʌʃ] n rossore m; (*fig*) ebbrezza ♦ vt ripulire con un getto d'acqua; (*also:* ~ **out**: *birds*) far alzare in volo; (: *animals, fig: criminal*) stanare ♦ vi arrossire ♦ adj: ~ **with** a livello di, pari a; ~ **against** aderente a; **hot** ~**es** (*MED*) vampate fpl di calore; **to** ~ **the toilet** tirare l'acqua.

flushed [flʌʃt] adj tutto(a) rosso(a).

fluster ['flʌstə*] n agitazione f.

flustered ['flʌstəd] adj sconvolto(a).

flute [fluːt] n flauto.

flutter ['flʌtə*] n agitazione f; (*of wings*) frullio ♦ vi (*bird*) battere le ali.

flux [flʌks] n: **in a state of** ~ in continuo mutamento.

fly [flaɪ] n (*insect*) mosca; (*on trousers: also:* **flies**) bracchetta ♦ vb (*pt* **flew**, *pp* **flown** [fluː, fləun]) vt pilotare; (*passengers, cargo*) trasportare (in aereo); (*distances*) percorrere ♦ vi volare; (*passengers*) andare in aereo; (*escape*) fuggire; (*flag*) sventolare; **to** ~ **open** spalancarsi all'improvviso; **to** ~ **off the handle** perdere le staffe, uscire dai gangheri.

▶**fly away** vi volar via.

▶**fly in** vi (*plane*) arrivare; (*person*) arrivare in aereo.

▶**fly off** vi volare via.

▶**fly out** vi (*plane*) partire; (*person*) partire in aereo.

fly-fishing ['flaɪfɪʃɪŋ] n pesca con la mosca.

flying ['flaɪɪŋ] n (*activity*) aviazione f; (*action*) volo ♦ adj: ~ **visit** visita volante; **with** ~ **colours** con risultati brillanti; **he doesn't like** ~ non gli piace viaggiare in aereo.

flying buttress n arco rampante.

flying picket n picchetto (*proveniente da fabbriche non direttamente coinvolte nello sciopero*).

flying saucer n disco volante.

flying squad n (*POLICE*) (squadra) volante f.

flying start n: **to get off to a** ~ **start** partire come un razzo.

flyleaf ['flaɪliːf] n risguardo.

flyover ['flaɪəuvə*] n (*BRIT: bridge*) cavalcavia m inv.

flypast ['flaɪpɑːst] n esibizione f della pattuglia aerea.

flysheet ['flaɪʃiːt] n (*for tent*) sopratetto.

flyweight ['flaɪweɪt] n (*SPORT*) peso m mosca inv.

flywheel ['flaɪwiːl] n volano.

FM abbr see **frequency modulation**; (*BRIT MIL*) see **Field Marshal**.

FMB n abbr (*US*) = Federal Maritime Board.

FMCS n abbr (*US*: = Federal Mediation and Conciliation Services*) organismo di *conciliazione in caso di conflitti sul lavoro.*

FO *n abbr* (*BRIT*) *see* **Foreign Office.**

foal [fəul] *n* puledro.

foam [fəum] *n* schiuma ♦ *vi* schiumare.

foam rubber *n* gommapiuma ®.

FOB *abbr* (= *free on board*) franco a bordo.

fob [fɔb] *vt*: **to ~ sb off with** appioppare qn con; **sbarazzarsi di qn con ♦** *n* (*also*: **watch ~**: *chain*) catena per orologio; (: *band of cloth*) nastro per orologio.

foc *abbr* (*BRIT*) = **free of charge.**

focal ['fəukəl] *adj* focale.

focal point *n* punto focale.

focus ['fəukəs] *n* (*pl* **~es**) fuoco; (*of interest*) centro ♦ *vt* (*field glasses etc*) mettere a fuoco; (*light rays*) far convergere ♦ *vi*: **to ~ on** (*with camera*) mettere a fuoco; (*person*) fissare lo sguardo su; **in ~** a fuoco; **out of ~** sfocato(a).

fodder ['fɔdə*] *n* foraggio.

FOE *n abbr* (= *Friends of the Earth*) Amici *mpl* della Terra; (*US*: = *Fraternal Order of Eagles*) *organizzazione filantropica.*

foe [fəu] *n* nemico.

foetus, (*US*) **fetus** ['fi:təs] *n* feto.

fog [fɔg] *n* nebbia.

fogbound ['fɔgbaund] *adj* fermo(a) a causa della nebbia.

foggy ['fɔgɪ] *adj* nebbioso(a); **it's ~** c'è nebbia.

fog lamp, (*US*) **fog light** *n* (*AUT*) faro *m* antinebbia *inv*.

foible ['fɔɪbl] *n* debolezza, punto debole.

foil [fɔɪl] *vt* confondere, frustrare ♦ *n* lamina di metallo; (*also*: **kitchen ~**) foglio di alluminio; (*FENCING*) fioretto; **to act as a ~ to** (*fig*) far risaltare.

foist [fɔɪst] *vt*: **to ~ sth on sb** rifilare qc a qn.

fold [fəuld] *n* (*bend, crease*) piega; (*AGR*) ovile *m*; (*fig*) gregge *m* ♦ *vt* piegare; **to ~ one's arms** incrociare le braccia.

▶**fold up** *vi* (*map etc*) piegarsi; (*business*) crollare ♦ *vt* (*map etc*) piegare, ripiegare.

folder ['fəuldə*] *n* (*for papers*) cartella, cartellina; (*binder*) raccoglitore *m*.

folding ['fəuldɪŋ] *adj* (*chair, bed*) pieghevole.

foliage ['fəulɪɪdʒ] *n* fogliame *m*.

folk [fəuk] *npl* gente *f* ♦ *cpd* popolare; **~s** *npl* famiglia.

folklore ['fəuklɔ:*] *n* folclore *m*.

folk music *n* musica folk *inv*.

folk singer *n* cantante *m/f* folk *inv*.

folksong ['fəuksɔŋ] *n* canto popolare.

follow ['fɔləu] *vt* seguire ♦ *vi* seguire; (*result*) conseguire, risultare; **to ~ sb's advice** seguire il consiglio di qn; **I don't**

quite ~ you non ti capisco *or* seguo affatto; **to ~ in sb's footsteps** seguire le orme di qn; **it ~s that ...** ne consegue che ...; **he ~ed suit** lui ha fatto lo stesso.

▶**follow on** *vi* (*continue*): **to ~ on from** seguire.

▶**follow out** *vt* (*implement: idea, plan*) eseguire, portare a termine.

▶**follow through** *vt* = **follow out.**

▶**follow up** *vt* (*victory*) sfruttare; (*letter, offer*) fare seguito a; (*case*) seguire.

follower ['fɔləuə*] *n* seguace *m/f*, discepolo/a.

following ['fɔləuɪŋ] *adj* seguente, successivo(a) ♦ *n* seguito, discepoli *mpl*.

follow-up ['fɔləuʌp] *n* seguito.

folly ['fɔlɪ] *n* pazzia, follia.

fond [fɔnd] *adj* (*memory, look*) tenero(a), affettuoso(a); **to be ~ of** volere bene a; **she's ~ of swimming** le piace nuotare.

fondle ['fɔndl] *vt* accarezzare.

fondly ['fɔndlɪ] *adv* (*lovingly*) affettuosamente; (*naïvely*): **he ~ believed that ...** ha avuto l'ingenuità di credere che ....

fondness ['fɔndnɪs] *n* affetto; **~ (for sth)** predilezione *f* (per qc).

font [fɔnt] *n* (*REL*) fonte *m* (battesimale); (*TYP*) stile *m* di carattere.

food [fu:d] *n* cibo.

food chain *n* catena alimentare.

food mixer *n* frullatore *m*.

food poisoning *n* intossicazione *f* alimentare.

food processor *n* tritatutto *m inv* elettrico.

food stamp *n* (*US*) *buono alimentare dato agli indigenti.*

foodstuffs ['fu:dstʌfs] *npl* generi *fpl* alimentari.

fool [fu:l] *n* sciocco/a; (*HISTORY: of king*) buffone *m*; (*CULIN*) frullato ♦ *vt* ingannare ♦ *vi* (*gen*: **~ around**) fare lo sciocco; **to make a ~ of sb** prendere in giro qn; **to make a ~ of o.s.** coprirsi di ridicolo; **you can't ~ me** non mi inganna.

▶**fool about, fool around** *vi* (*waste time*) perdere tempo.

foolhardy ['fu:lhɑːdɪ] *adj* avventato(a).

foolish ['fu:lɪʃ] *adj* scemo(a), stupido(a); imprudente.

foolishly ['fu:lɪʃlɪ] *adv* stupidamente.

foolishness ['fu:lɪʃnɪs] *n* stupidità.

foolproof ['fu:lpru:f] *adj* (*plan etc*) sicurissimo(a).

foolscap ['fu:lskæp] *n* carta protocollo.

foot [fut] *n* (*pl* **feet** [fi:t]) piede *m*; (*measure*) piede (= *304 mm; 12 inches*); (*of animal*) zampa; (*of page, stairs etc*) fondo ♦ *vt* (*bill*) pagare; **on ~** a piedi; **to put one's ~ down** (*AUT*) schiacciare l'acceleratore; (*say no*) imporsi; **to find one's feet** ambientarsi.

footage ['futɪdʒ] *n* (*CINE: length*) ≈ metraggio; (: *material*) sequenza.

foot and mouth (disease) *n* afta epizootica.

football ['fuːtbɔːl] *n* pallone *m*; (*sport: BRIT*) calcio; (: *US*) football *m* americano.

footballer ['fuːtbɔːlə*] *n* (*BRIT*) = **football player**.

football ground *n* campo di calcio.

football match *n* (*BRIT*) partita di calcio.

football player *n* (*BRIT*) calciatore *m*; (*US*) giocatore *m* di football americano.

footbrake ['fuːtbreɪk] *n* freno a pedale.

footbridge ['fuːtbrɪdʒ] *n* passerella.

foothills ['fuːthɪlz] *npl* contrafforti *fpl*.

foothold ['futhəʊld] *n* punto d'appoggio.

footing ['futɪŋ] *n* (*fig*) posizione *f*; **to lose one's ~** mettere un piede in fallo; **on an equal ~** in condizioni di parità.

footlights ['futlaɪts] *npl* luci *fpl* della ribalta.

footman ['futmən] *n* lacchè *m inv*.

footnote ['futnəʊt] *n* nota (a piè di pagina).

footpath ['futpɑːθ] *n* sentiero; (*in street*) marciapiede *m*.

footprint ['futprɪnt] *n* orma, impronta.

footrest ['futrest] *n* poggiapiedi *m inv*.

footsie ['futsɪ] *n* (*col*): **to play ~ with sb** fare piedino a qn.

Footsie (index) ['futsɪ-] *n* (*col*) = *Financial Times Stock Exchange 100 Index*.

footsore ['futsɔː*] *adj*: **to be ~** avere mal di piedi.

footstep ['futstɛp] *n* passo.

footwear ['futweə*] *n* calzatura.

FOR *abbr* (= *free on rail*) franco vagone.

═══════════════════ *KEYWORD*

for [fɔː*] *prep* **1** (*indicating destination, intention, purpose*) per; **the train ~ London** il treno per Londra; **he went ~ the paper** è andato a prendere il giornale; **it's time ~ lunch** è ora di pranzo; **what's it ~?** a che serve?; **what ~?** (*why*) perché?

2 (*on behalf of, representing*) per; **to work ~ sb/sth** lavorare per qn/qc; **I'll ask him ~ you** glielo chiederò a nome tuo; **G ~ George** G come George

3 (*because of*) per, a causa di; **~ this reason** per questo motivo

4 (*with regard to*) per; **it's cold ~ July** è freddo per luglio; **~ everyone who voted yes, 50 voted no** per ogni voto a favore ce n'erano 50 contro

5 (*in exchange for*) per; **I sold it ~ £5** l'ho venduto per 5 sterline

6 (*in favour of*) per, a favore di; **are you ~ or against us?** sei con noi o contro di noi?; **I'm all ~ it** sono completamente a favore

7 (*referring to distance, time*) per; **there are roadworks ~ 5 km** ci sono lavori in corso per 5 km; **he was away ~ 2 years** è stato via per 2 anni; **she will be away ~ a month** starà via un mese; **it hasn't rained ~ 3 weeks** non piove da 3 settimane; **can you do it ~ tomorrow?** può farlo per domani?

8 (*with infinitive clauses*): **it is not ~ me to decide** non sta a me decidere; **it would be best ~ you to leave** sarebbe meglio che lei se ne andasse; **there is still time ~ you to do it** ha ancora tempo per farlo; **~ this to be possible** ... perché ciò sia possibile ...

9 (*in spite of*) nonostante; **~ all his complaints, he's very fond of her** nonostante tutte le sue lamentele, le vuole molto bene

♦ *conj* (*since, as: rather formal*) dal momento che, poiché.

forage ['fɔrɪdʒ] *vi* foraggiare.

forage cap *n* bustina.

foray ['fɔreɪ] *n* incursione *f*.

forbad(e) [fə'bæd] *pt of* **forbid**.

forbearing [fɔː'bɛərɪŋ] *adj* paziente, tollerante.

forbid, *pt* **forbad(e)**, *pp* **forbidden** [fə'bɪd, -'bæd, -'bɪdn] *vt* vietare, interdire; **to ~ sb to do sth** proibire a qn di fare qc.

forbidding [fə'bɪdɪŋ] *adj* arcigno(a), d'aspetto minaccioso.

force [fɔːs] *n* forza ♦ *vt* forzare; (*obtain by ~: smile, confession*) strappare; **the F~s** *npl* (*BRIT*) le forze armate; **in ~** (*in large numbers*) in gran numero; (*law*) in vigore; **to come into ~** entrare in vigore; **a ~ 5 wind** un vento forza 5; **to join ~s** unire le forze; **the sales ~** (*COMM*) l'effettivo dei rappresentanti; **to ~ sb to do sth** costringere qn a fare qc.

▶**force back** *vt* (*crowd, enemy*) respingere; (*tears*) ingoiare.

▶**force down** *vt* (*food*) sforzarsi di mangiare.

forced [fɔːst] *adj* forzato(a).

force-feed ['fɔːsfiːd] *vt* sottoporre ad alimentazione forzata.

forceful ['fɔːsful] *adj* forte, vigoroso(a).

forcemeat ['fɔːsmiːt] *n* (*BRIT CULIN*) ripieno.

forceps ['fɔːsɪps] *npl* forcipe *m*.

forcibly – fork

forcibly ['fɔːsəblɪ] *adv* con la forza; (*vigorously*) vigorosamente.
ford [fɔːd] *n* guado ♦ *vt* guadare.
fore [fɔː*] *n*: **to the ~** in prima linea; **to come to the ~** mettersi in evidenza.
forearm ['fɔːrɑːm] *n* avambraccio.
forebear ['fɔːbɛə*] *n* antenato.
foreboding [fɔː'bəudɪŋ] *n* presagio di male.
forecast ['fɔːkɑːst] *n* previsione *f*; (*weather* ~) previsioni *fpl* del tempo ♦ *vt* (*irreg: like* **cast**) prevedere.
foreclose [fɔː'kləuz] *vt* (*LAW: also*: ~ **on**) sequestrare l'immobile ipotecato di.
foreclosure [fɔː'kləuʒə*] *n* sequestro di immobile ipotecato.
forecourt ['fɔːkɔːt] *n* (*of garage*) corte *f* esterna.
forefathers ['fɔːfɑːðəz] *npl* antenati *mpl*, avi *mpl*.
forefinger ['fɔːfɪŋgə*] *n* (dito) indice *m*.
forefront ['fɔːfrʌnt] *n*: **in the ~ of** all'avanguardia di.
forego [fɔː'gəu] *vt* = **forgo**.
foregoing ['fɔːgəuɪŋ] *adj* precedente.
foregone ['fɔːgɔn] *pp of* **forego** ♦ *adj*: **it's a ~ conclusion** è una conclusione scontata.
foreground ['fɔːgraund] *n* primo piano ♦ *cpd* (*COMPUT*) foreground *inv*, di primo piano.
forehand ['fɔːhænd] *n* (*TENNIS*) diritto.
forehead ['fɔrɪd] *n* fronte *f*.
foreign ['fɔrən] *adj* straniero(a); (*trade*) estero(a).
foreign body *n* corpo estraneo.
foreign currency *n* valuta estera.
foreigner ['fɔrənə*] *n* straniero/a.
foreign exchange *n* cambio di valuta; (*currency*) valuta estera.
foreign exchange market *n* mercato delle valute.
foreign exchange rate *n* cambio.
foreign investment *n* investimento all'estero.
foreign minister *n* ministro degli Affari esteri.
Foreign Office (FO) *n* (*BRIT*) Ministero degli Esteri.
foreign secretary *n* (*BRIT*) ministro degli Affari esteri.
foreleg ['fɔːlɛg] *n* zampa anteriore.
foreman ['fɔːmən] *n* caposquadra *m*; (*LAW: of jury*) portavoce *m* della giuria.
foremost ['fɔːməust] *adj* principale; più in vista ♦ *adv*: **first and ~** innanzitutto.
forename ['fɔːneɪm] *n* nome *m* di battesimo.
forensic [fə'rɛnsɪk] *adj*: ~ **medicine** medicina legale; ~ **expert** esperto della

(polizia) scientifica.
foreplay ['fɔːpleɪ] *n* preliminari *mpl*.
forerunner ['fɔːrʌnə*] *n* precursore *m*.
foresee, *pt* **foresaw**, *pp* **foreseen** [fɔː'siː, -'sɔː, -'siːn] *vt* prevedere.
foreseeable [fɔː'siːəbl] *adj* prevedibile.
foreseen [fɔː'siːn] *pp of* **foresee**.
foreshadow [fɔː'ʃædəu] *vt* presagire, far prevedere.
foreshorten [fɔː'ʃɔːtn] *vt* (*figure, scene*) rappresentare in scorcio.
foresight ['fɔːsaɪt] *n* previdenza.
foreskin ['fɔːskɪn] *n* (*ANAT*) prepuzio.
forest ['fɔrɪst] *n* foresta.
forestall [fɔː'stɔːl] *vt* prevenire.
forestry ['fɔrɪstrɪ] *n* silvicoltura.
foretaste ['fɔːteɪst] *n* pregustazione *f*.
foretell, *pt*, *pp* **foretold** [fɔː'tɛl, -'təuld] *vt* predire.
forethought ['fɔːθɔːt] *n* previdenza.
foretold [fɔː'təuld] *pt*, *pp of* **foretell**.
forever [fə'rɛvə*] *adv* per sempre; (*fig*) sempre, di continuo.
forewarn [fɔː'wɔːn] *vt* avvisare in precedenza.
forewent [fɔː'wɛnt] *pt of* **forego**.
foreword ['fɔːwɔːd] *n* prefazione *f*.
forfeit ['fɔːfɪt] *n* ammenda, pena ♦ *vt* perdere; (*one's happiness, health*) giocarsi.
forgave [fə'geɪv] *pt of* **forgive**.
forge [fɔːdʒ] *n* fucina ♦ *vt* falsificare; (*signature*) contraffare, falsificare; (*wrought iron*) fucinare, foggiare.
▶**forge ahead** *vi* tirare avanti.
forger ['fɔːdʒə*] *n* contraffattore *m*.
forgery ['fɔːdʒərɪ] *n* falso; (*activity*) contraffazione *f*.
forget, *pt* **forgot**, *pp* **forgotten** [fə'gɛt, -'gɔt, -'gɔtn] *vt, vi* dimenticare.
forgetful [fə'gɛtful] *adj* di corta memoria; ~ **of** dimentico(a) di.
forgetfulness [fə'gɛtfulnɪs] *n* smemoratezza; (*oblivion*) oblio.
forget-me-not [fə'gɛtmɪnɔt] *n* nontiscordardimé *m inv*.
forgive, *pt* **forgave**, *pp* **forgiven** [fə'gɪv, -'geɪv, -'gɪvn] *vt* perdonare; **to ~ sb sth/for doing sth** perdonare qc a qn/a qn di aver fatto qc.
forgiveness [fə'gɪvnɪs] *n* perdono.
forgiving [fə'gɪvɪŋ] *adj* indulgente.
forgo, *pt* **forwent**, *pp* **forgone** [fɔː'gəu, -'wɛnt, -'gɔn] *vt* rinunciare a.
forgot [fə'gɔt] *pt of* **forget**.
forgotten [fə'gɔtn] *pp of* **forget**.
fork [fɔːk] *n* (*for eating*) forchetta; (*for gardening*) forca; (*of roads*) bivio; (*of railways*) inforcazione *f* ♦ *vi* (*road*)

biforcarsi.

▶**fork out** (*col: pay*) *vt* sborsare ♦ *vi* pagare.

forked [fɔːkt] *adj* (*lightning*) a zigzag.

fork-lift truck ['fɔːklɪft-] *n* carrello elevatore.

forlorn [fə'lɔːn] *adj* (*person*) sconsolato(a); (*deserted: cottage*) abbandonato(a); (*desperate: attempt*) disperato(a).

form [fɔːm] *n* forma; (*SCOL*) classe *f*; (*questionnaire*) modulo ♦ *vt* formare; (*circle, queue etc*) fare; **in the ~ of** a forma di, sotto forma di; **to be in good ~** (*SPORT, fig*) essere in forma; **in top ~** in gran forma; **to ~ part of sth** far parte di qc.

formal ['fɔːməl] *adj* (*offer, receipt*) vero(a) e proprio(a); (*person*) cerimonioso(a); (*occasion, dinner*) formale, ufficiale; (*ART, PHILOSOPHY*) formale; **~ dress** abito da cerimonia; (*evening dress*) abito da sera.

formality [fɔː'mælɪtɪ] *n* formalità *f inv*.

formalize ['fɔːməlaɪz] *vt* rendere ufficiale.

formally ['fɔːməlɪ] *adv* ufficialmente; formalmente; cerimoniosamente; **to be ~ invited** ricevere un invito ufficiale.

format ['fɔːmæt] *n* formato ♦ *vt* (*COMPUT*) formattare.

formation [fɔː'meɪʃən] *n* formazione *f*.

formative ['fɔːmətɪv] *adj*: **~ years** anni *mpl* formativi.

former ['fɔːmə*] *adj* vecchio(a) (*before n*), ex *inv* (*before n*); **the ~ president** l'ex presidente; **the ~ ... the latter** quello ... questo; **the ~ Yugoslavia/Soviet Union** l'ex Jugoslavia/Unione Sovietica.

formerly ['fɔːməlɪ] *adv* in passato.

form feed *n* (*on printer*) alimentazione *f* modulo.

formidable ['fɔːmɪdəbl] *adj* formidabile.

formula ['fɔːmjulə] *n* formula; **F~ One** (*AUT*) formula uno.

formulate ['fɔːmjuleɪt] *vt* formulare.

fornicate ['fɔːnɪkeɪt] *vi* fornicare.

forsake, *pt* forsook, *pp* forsaken [fə'seɪk, -'suk, -'seɪkən] *vt* abbandonare.

fort [fɔːt] *n* forte *m*; **to hold the ~** (*fig*) prendere le redini (della situazione).

forte ['fɔːtɪ] *n* forte *m*.

forth [fɔːθ] *adv* in avanti; **to go back and ~** andare avanti e indietro; **and so ~** e così via.

forthcoming [fɔːθ'kʌmɪŋ] *adj* prossimo(a); (*character*) aperto(a), comunicativo(a).

forthright ['fɔːθraɪt] *adj* franco(a), schietto(a).

forthwith [fɔːθ'wɪθ] *adv* immediatamente, subito.

fortieth ['fɔːtɪɪθ] *num* quarantesimo(a).

fortification [fɔːtɪfɪ'keɪʃən] *n* fortificazione *f*.

fortified wine *n* vino ad alta gradazione alcolica.

fortify ['fɔːtɪfaɪ] *vt* fortificare.

fortitude ['fɔːtɪtjuːd] *n* forza d'animo.

fortnight ['fɔːtnaɪt] *n* (*BRIT*) quindici giorni *mpl*, due settimane *fpl*; **it's a ~ since ...** sono due settimane da quando ....

fortnightly ['fɔːtnaɪtlɪ] *adj* bimensile ♦ *adv* ogni quindici giorni.

FORTRAN ['fɔːtræn] *n* FORTRAN *m*.

fortress ['fɔːtrɪs] *n* fortezza, rocca.

fortuitous [fɔː'tjuːɪtəs] *adj* fortuito(a).

fortunate ['fɔːtʃənɪt] *adj* fortunato(a); **he is ~ to have ...** ha la fortuna di avere ...; **it is ~ that** è una fortuna che + *sub*.

fortunately ['fɔːtʃənɪtlɪ] *adv* fortunatamente.

fortune ['fɔːtʃən] *n* fortuna; **to make a ~** farsi una fortuna.

fortuneteller ['fɔːtʃəntɛlə*] *n* indovino/a.

forty ['fɔːtɪ] *num* quaranta.

forum ['fɔːrəm] *n* foro; (*fig*) luogo di pubblica discussione.

forward ['fɔːwəd] *adj* (*movement, position*) in avanti; (*not shy*) sfacciato(a); (*COMM: delivery, sales, exchange*) a termine ♦ *n* (*SPORT*) avanti *m inv* ♦ *vt* (*letter*) inoltrare; (*parcel, goods*) spedire; (*fig*) promuovere, appoggiare; **to move ~** avanzare; **"please ~"** "si prega di inoltrare"; **~ planning** programmazione *f* in anticipo.

forward(s) ['fɔːwəd(z)] *adv* avanti.

forwent [fɔː'wɛnt] *pt of* **forgo**.

fossil ['fɔsl] *adj*, *n* fossile (*m*); **~ fuel** combustibile *m* fossile.

foster ['fɔstə*] *vt* incoraggiare, nutrire; (*child*) avere in affidamento.

foster brother *n* fratellastro.

foster child *n* bambino(a) preso(a) in affidamento.

foster mother *n* madre *f* affidataria.

fought [fɔːt] *pt, pp of* **fight**.

foul [faul] *adj* (*smell, food*) cattivo(a); (*weather*) brutto(a), orribile; (*language*) osceno(a); (*deed*) infame ♦ *n* (*FOOTBALL*) fallo ♦ *vt* sporcare; (*football player*) commettere un fallo su; (*entangle: anchor, propeller*) impigliarsi in.

foul play *n* (*SPORT*) gioco scorretto; **~ is not suspected** si è scartata l'ipotesi del delitto (*or* dell'attentato *etc*).

found [faund] *pt, pp of* **find** ♦ *vt* (*establish*) fondare.

foundation [faun'deɪʃən] *n* (*act*) fondazione *f*; (*base*) base *f*; (*also:* **~ cream**) fondo tinta; **~s** *npl* (*of building*) fondamenta *fpl*;

foundation stone–free

to lay the ~**s** gettare le fondamenta.
foundation stone n prima pietra.
founder ['faundə*] n fondatore/trice ♦ vi affondare.
founding ['faundɪŋ] adj: ~ **fathers** (US) padri mpl fondatori; ~ **member** socio fondatore.
foundry ['faundrɪ] n fonderia.
fount [faunt] n fonte f; (TYP) stile m di carattere.
fountain ['fauntɪn] n fontana.
fountain pen n penna stilografica.
four [fɔ:*] num quattro; **on all** ~**s** a carponi.
four-letter word ['fɔ:lɛtə-] n parolaccia.
four-poster ['fɔ:'pəustə*] n (also: ~ **bed**) letto a quattro colonne.
foursome ['fɔ:səm] n partita a quattro; uscita in quattro.
fourteen ['fɔ:ti:n] num quattordici.
fourth [fɔ:θ] num quarto(a) ♦ n (AUT: also: ~ **gear**) quarta.
four-wheel drive ['fɔ:wi:l-] n (AUT): **with** ~ con quattro ruote motrici.
fowl [faul] n pollame m; volatile m.
fox [fɔks] n volpe f ♦ vt confondere.
fox fur n volpe f, pelliccia di volpe.
foxglove ['fɔksglʌv] n (BOT) digitale f.
fox-hunting ['fɔkshʌntɪŋ] n caccia alla volpe.
foyer ['fɔɪeɪ] n atrio; (THEAT) ridotto.
FP n abbr (BRIT) = former pupil; (US) = fireplug.
FPA n abbr (BRIT: = Family Planning Association) ≈ A.I.E.D. f (= Associazione Italiana Educazione Demografica).
Fr. abbr (REL) = **father; friar.**
fr. abbr (= franc) fr.
fracas ['fræka:] n rissa, lite f.
fraction ['frækʃən] n frazione f.
fractionally ['frækʃnəlɪ] adv un tantino, minimamente.
fractious ['frækʃəs] adj irritabile.
fracture ['fræktʃə*] n frattura ♦ vt fratturare.
fragile ['frædʒaɪl] adj fragile.
fragment ['frægmənt] n frammento.
fragmentary ['frægməntərɪ] adj frammentario(a).
fragrance ['freɪgrəns] n fragranza, profumo.
fragrant ['freɪgrənt] adj fragrante, profumato(a).
frail [freɪl] adj debole, delicato(a).
frame [freɪm] n (of building) armatura; (of human, animal) ossatura, corpo; (of picture) cornice f; (of door, window) telaio; (of spectacles: also: ~**s**) montatura ♦ vt (picture) incorniciare; **to** ~ **sb** (col)

incastrare qn; ~ **of mind** stato d'animo.
framework ['freɪmwə:k] n struttura.
France [frɑ:ns] n Francia.
franchise ['fræntʃaɪz] n (POL) diritto di voto; (COMM) concessione f.
franchisee [fræntʃaɪ'zi:] n concessionaria.
franchiser ['fræntʃaɪzə*] n concedente m.
frank [fræŋk] adj franco(a), aperto(a) ♦ vt (letter) affrancare.
Frankfurt ['fræŋkfə:t] n Francoforte f.
frankfurter ['fræŋkfə:tə*] n würstel m inv.
franking machine ['fræŋkɪŋ-] n macchina affrancatrice.
frankly ['fræŋklɪ] adv francamente, sinceramente.
frankness ['fræŋknɪs] n franchezza.
frantic ['fræntɪk] adj (activity, pace) frenetico(a); (desperate: need, desire) pazzo(a), sfrenato(a); (: search) affannoso(a); (person) fuori di sé.
frantically ['fræntɪklɪ] adv freneticamente; affannosamente.
fraternal [frə'tə:nl] adj fraterno(a).
fraternity [frə'tə:nɪtɪ] n (club) associazione f; (spirit) fratellanza.
fraternize ['frætənaɪz] vi fraternizzare.
fraud [frɔ:d] n truffa; (LAW) frode f; (person) impostore/a.
fraudulent ['frɔ:djulənt] adj fraudolento(a).
fraught [frɔ:t] adj (tense) teso(a); ~ **with** pieno(a) di, intriso(a) da.
fray [freɪ] n baruffa ♦ vt logorare ♦ vi logorarsi; **to return to the** ~ tornare nella mischia; **tempers were getting** ~**ed** cominciavano ad innervosirsi; **her nerves were** ~**ed** aveva i nervi a pezzi.
FRB n abbr (US) = **Federal Reserve Board.**
FRCM n abbr (BRIT) = Fellow of the Royal College of Music.
FRCO n abbr (BRIT) = Fellow of the Royal College of Organists.
FRCP n abbr (BRIT) = Fellow of the Royal College of Physicians.
FRCS n abbr (BRIT) = Fellow of the Royal College of Surgeons.
freak [fri:k] n fenomeno, mostro; (col: enthusiast) fanatico/a ♦ adj (storm, conditions) anormale; (victory) inatteso(a).
▶**freak out** vi (col) andare fuori di testa.
freakish ['fri:kɪʃ] adj (result, appearance) strano(a), bizzarro(a); (weather) anormale.
freckle ['frɛkl] n lentiggine f.
free [fri:] adj libero(a); (gratis) gratuito(a); (liberal) generoso(a) ♦ vt (prisoner, jammed person) liberare; (jammed object) districare; ~ **(of charge)** gratuitamente; **admission** ~ entrata libera; **to give sb a**

~ **hand** dare carta bianca a qn; ~ **and easy** rilassato.

freebie ['fri:bɪ] n (*col*): **it's a** ~ è in omaggio.

freedom ['fri:dəm] n libertà.

freedom fighter n combattente *m/f* per la libertà.

free enterprise n liberalismo economico.

Freefone ® ['fri:fəun] n (*BRIT*) ≈ numero verde.

free-for-all ['fri:fərɔ:l] n parapiglia *m* generale.

free gift n regalo, omaggio.

freehold ['fri:həuld] n proprietà assoluta.

free kick n (*SPORT*) calcio libero.

freelance ['fri:lɑ:ns] adj indipendente; ~ **work** collaborazione *f* esterna.

freeloader ['fri:ləudə*] n (*pej*) scroccone/a.

freely ['fri:lɪ] adv liberamente; (*liberally*) liberalmente.

free-market economy [fri:'mɑ:kɪt-] n economia di libero mercato.

freemason ['fri:meɪsn] n massone *m*.

freemasonry ['fri:meɪsnrɪ] n massoneria.

freepost ['fri:pəust] n affrancatura a carica del destinatario.

free-range ['fri:'reɪndʒ] adj (*eggs*) di gallina ruspante.

free sample n campione *m* gratuito.

free speech n libertà di parola.

freestyle ['fri:staɪl] n (*in swimming*) stile *m* libero.

free trade n libero scambio.

freeway ['fri:weɪ] n (*US*) superstrada.

freewheel [fri:'wi:l] vi andare a ruota libera.

freewheeling [fri:'wi:lɪŋ] adj a ruota libera.

free will n libero arbitrio; **of one's own** ~ di spontanea volontà.

freeze [fri:z] vb (*pt* **froze**, *pp* **frozen** [frəuz, 'frəuzn]) vi gelare ♦ vt gelare; (*food*) congelare; (*prices, salaries*) bloccare ♦ n gelo; blocco.

▶**freeze over** vi (*lake, river*) ghiacciarsi; (*windows, windscreen*) coprirsi di ghiaccio.

▶**freeze up** vi gelarsi.

freeze-dried ['fri:zdraɪd] adj liofilizzato(a).

freezer ['fri:zə*] n congelatore *m*.

freezing ['fri:zɪŋ] adj: **I'm** ~ mi sto congelando ♦ n (*also*: ~ **point**) punto di congelamento; **3 degrees below** ~ 3 gradi sotto zero.

freight [freɪt] n (*goods*) merce *f*, merci *fpl*; (*money charged*) spese *fpl* di trasporto; ~ **forward** spese a carico del destinatario; ~ **inward** spese di trasporto sulla merce in entrata.

freight car n (*US*) carro *m* merci *inv*.

freighter ['freɪtə*] n (*NAUT*) nave *f* da carico.

freight forwarder [-'fɔ:wədə*] n spedizioniere *m*.

freight train n (*US*) treno *m* merci *inv*.

French [frɛntʃ] adj francese ♦ n (*LING*) francese *m*; **the** ~ *npl* i Francesi.

French bean n fagiolino.

French Canadian adj, n franco-canadese (*m/f*).

French dressing n (*CULIN*) condimento per insalata.

French fried potatoes, (*US*) **French fries** *npl* patate *fpl* fritte.

French Guiana [-gaɪ'ænə] n Guiana francese.

French loaf n ≈ filoncino.

Frenchman ['frɛntʃmən] n francese *m*.

French Riviera n: **the** ~ la Costa Azzurra.

French stick n baguette *f inv*.

French window n portafinestra.

Frenchwoman ['frɛntʃwumən] n francese *f*.

frenetic [frə'nɛtɪk] adj frenetico(a).

frenzy ['frɛnzɪ] n frenesia.

frequency ['fri:kwənsɪ] n frequenza.

frequency modulation (FM) n modulazione *f* di frequenza (F.M.).

frequent adj ['fri:kwənt] frequente ♦ vt [frɪ'kwɛnt] frequentare.

frequently ['fri:kwəntlɪ] adv frequentemente, spesso.

fresco ['frɛskəu] n affresco.

fresh [frɛʃ] adj fresco(a); (*new*) nuovo(a); (*cheeky*) sfacciato(a); **to make a** ~ **start** cominciare da capo.

freshen ['frɛʃən] vi (*wind, air*) rinfrescare.

▶**freshen up** vi rinfrescarsi.

freshener ['frɛʃnə*] n: **skin** ~ tonico rinfrescante; **air** ~ deodorante *m* per ambienti.

fresher ['frɛʃə*] n (*BRIT SCOL: col*) = **freshman**.

freshly ['frɛʃlɪ] adv di recente, di fresco.

freshman ['frɛʃmən] n (*SCOL*) matricola.

freshness ['frɛʃnɪs] n freschezza.

freshwater ['frɛʃwɔ:tə*] adj (*fish*) d'acqua dolce.

fret [frɛt] vi agitarsi, affliggersi.

fretful ['frɛtful] adj (*child*) irritabile.

Freudian ['frɔɪdɪən] adj freudiano(a); ~ **slip** lapsus *m inv* freudiano.

FRG n abbr see **Federal Republic of Germany**.

Fri. abbr (= *Friday*) ven.

friar ['fraɪə*] n frate *m*.

friction ['frɪkʃən] n frizione *f*, attrito.

friction feed n (*on printer*) trascinamento ad attrito.

Friday ['fraɪdɪ] n venerdì m inv; for phrases see also **Tuesday**.
fridge [frɪdʒ] n (BRIT) frigo, frigorifero.
fridge-freezer ['frɪdʒ'friːzə*] n freezer m inv.
fried [fraɪd] pt, pp of **fry** ♦ adj fritto(a); ~ **egg** uovo fritto.
friend [frɛnd] n amico/a; **to make ~s with** fare amicizia con.
friendliness ['frɛndlɪnɪs] n amichevolezza.
friendly ['frɛndlɪ] adj amichevole ♦ n (also: ~ **match**) partita amichevole; **to be ~ with** essere amico di; **to be ~ to** essere cordiale con.
friendly fire n fuoco amico.
friendly society n società f inv di mutuo soccorso.
friendship ['frɛndʃɪp] n amicizia.
frieze [friːz] n fregio.
frigate ['frɪgɪt] n (NAUT: modern) fregata.
fright [fraɪt] n paura, spavento; **to take ~** spaventarsi; **she looks a ~!** guarda com'è conciata!
frighten ['fraɪtn] vt spaventare, far paura a.
▶**frighten away, frighten off** vt (birds, children etc) scacciare (facendogli paura).
frightened ['fraɪtnd] adj: **to be ~ (of)** avere paura (di).
frightening ['fraɪtnɪŋ] adj spaventoso(a), pauroso(a).
frightful ['fraɪtful] adj orribile.
frightfully ['fraɪtfulɪ] adv terribilmente; **I'm ~ sorry** mi dispiace moltissimo.
frigid ['frɪdʒɪd] adj (woman) frigido(a).
frigidity [frɪ'dʒɪdɪtɪ] n frigidità.
frill [frɪl] n balza; **without ~s** (fig) senza fronzoli.
frilly ['frɪlɪ] adj (clothes, lampshade) pieno(a) di fronzoli.
fringe [frɪndʒ] n frangia; (edge: of forest etc) margine m; (fig): **on the ~** al margine.
fringe benefits npl vantaggi mpl.
fringe theatre n teatro d'avanguardia.
Frisbee ® ['frɪzbɪ] n frisbee ® m inv.
frisk [frɪsk] vt perquisire.
frisky ['frɪskɪ] adj vivace, vispo(a).
fritter ['frɪtə*] n frittella.
▶**fritter away** vt sprecare.
frivolity [frɪ'vɔlɪtɪ] n frivolezza.
frivolous ['frɪvələs] adj frivolo(a).
frizzy ['frɪzɪ] adj crespo(a).
fro [frəu] adv: **to and ~** avanti e indietro.
frock [frɔk] n vestito.
frog [frɔg] n rana; **to have a ~ in one's throat** avere la voce rauca.
frogman ['frɔgmən] n uomo m rana inv.
frogmarch ['frɔgmɑːtʃ] vt (BRIT): **to ~ sb**

in/out portar qn dentro/fuori con la forza.
frolic ['frɔlɪk] vi sgambettare.

═══════════════ KEYWORD

from [frɔm] prep **1** (indicating starting place, origin etc) da; **where do you come ~?, where are you ~?** da dove viene?, di dov'è?; **where has he come ~?** da dove arriva?; ~ **London to Glasgow** da Londra a Glasgow; **a letter ~ my sister** una lettera da mia sorella; **tell him ~ me that ...** gli dica da parte mia che ...
2 (indicating time) da; ~ **one o'clock to** or **until** or **till two** dall'una alle due; **(as) ~ Friday** a partire da venerdì; ~ **January (on)** da gennaio, a partire da gennaio
3 (indicating distance) da; **the hotel is 1 km ~ the beach** l'albergo è a 1 km dalla spiaggia
4 (indicating price, number etc) da; ~ **a pound** da una sterlina in su; **prices range ~ £10 to £50** i prezzi vanno dalle 10 alle 50 sterline
5 (indicating difference) da; **he can't tell red ~ green** non sa distinguere il rosso dal verde
6 (because of, on the basis of): ~ **what he says** da quanto dice lui; **weak ~ hunger** debole per la fame.

frond [frɔnd] n fronda.
front [frʌnt] n (of house, dress) davanti m inv; (of train) testa; (of book) copertina; (promenade: also: **sea ~**) lungomare m; (MIL, POL, METEOR) fronte m; (fig: appearances) fronte f ♦ adj primo(a); anteriore, davanti inv ♦ vi: **to ~ onto sth** dare su qc, guardare verso qc; **in ~ (of)** davanti (a).
frontage ['frʌntɪdʒ] n facciata.
frontal ['frʌntl] adj frontale.
front bench n posti in Parlamento occupati dai frontbencher.

Nel Parlamento britannico, si chiamano **front bench** gli scanni della **House of Commons** che si trovano alla sinistra e alla destra dello **Speaker** davanti ai **backbenches**. I front bench sono occupati dai **frontbencher**, parlamentari che ricoprono una carica di governo o che fanno parte dello **shadow cabinet** dell'opposizione.

frontbencher ['frʌnt'bɛntʃə*] n (BRIT) parlamentare con carica al governo o all'opposizione.
front desk n (US: in hotel) reception f inv; (:

at doctor's) accettazione f.
front door n porta d'entrata; (of car) sportello anteriore.
frontier ['frʌntɪə*] n frontiera.
frontispiece ['frʌntɪspiːs] n frontespizio.
front page n prima pagina.
front room n (BRIT) salotto.
front runner n (fig) favorito/a.
front-wheel drive ['frʌntwiːl-] n trasmissione f anteriore.
frost [frɔst] n gelo; (also: **hoar~**) brina.
frostbite ['frɔstbaɪt] n congelamento.
frosted ['frɔstɪd] adj (glass) smerigliato(a); (US: cake) glassato(a).
frosting ['frɔstɪŋ] n (US: on cake) glassa.
frosty ['frɔstɪ] adj (window) coperto(a) di ghiaccio; (welcome) gelido(a).
froth ['frɔθ] n spuma; schiuma.
frown [fraun] n cipiglio ♦ vi accigliarsi.
►**frown on** vt fus (fig) disapprovare.
froze [frəuz] pt of **freeze**.
frozen ['frəuzn] pp of **freeze** ♦ adj (food) congelato(a); (COMM: assets) bloccato(a).
FRS n abbr (BRIT) = Fellow of the Royal Society; (US: = Federal Reserve System) sistema bancario degli Stati Uniti.
frugal ['fruːɡəl] adj frugale; (person) economo(a).
fruit [fruːt] n (pl inv) frutto; (collectively) frutta.
fruiterer ['fruːtərə*] n fruttivendolo; **at the ~'s (shop)** dal fruttivendolo.
fruit fly n mosca della frutta.
fruitful ['fruːtful] adj fruttuoso(a); (plant) fruttifero(a); (soil) fertile.
fruition [fruː'ɪʃən] n: **to come to ~** realizzarsi.
fruit juice n succo di frutta.
fruitless ['fruːtlɪs] adj (fig) vano(a), inutile.
fruit machine n (BRIT) macchina f mangiasoldi inv.
fruit salad n macedonia.
frump [frʌmp] n: **to feel a ~** sentirsi infagottato(a).
frustrate [frʌs'treɪt] vt frustrare.
frustrated [frʌs'treɪtɪd] adj frustrato(a).
frustrating [frʌs'treɪtɪŋ] adj (job) frustrante; (day) disastroso(a).
frustration [frʌs'treɪʃən] n frustrazione f.
fry, pt, pp **fried** [fraɪ, -d] vt friggere ♦ npl: **the small ~** i pesci piccoli.
frying pan ['fraɪɪŋ-] n padella.
FT n abbr (BRIT: = Financial Times) giornale finanziario; **the ~ index** l'indice FT.
ft. abbr = **foot, feet**.
FTC n abbr (US) see **Federal Trade Commission**.
FT-SE 100 Index n abbr = Financial Times

Stock Exchange 100 Index.
fuchsia ['fjuːʃə] n fucsia.
fuck [fʌk] vt, vi (col!) fottere (!); **~ off!** vaffanculo! (!).
fuddled ['fʌdld] adj (muddled) confuso(a); (col: tipsy) brillo(a).
fuddy-duddy ['fʌdɪdʌdɪ] n (pej) parruccone m.
fudge [fʌdʒ] n (CULIN) specie di caramella a base di latte, burro e zucchero ♦ vt (issue, problem) evitare.
fuel [fjuəl] n (for heating) combustibile m; (for propelling) carburante m ♦ vt (furnace etc) alimentare; (aircraft, ship etc) rifornire di carburante.
fuel oil n nafta.
fuel pump n (AUT) pompa del carburante.
fuel tank n deposito m nafta inv; (on vehicle) serbatoio (della benzina).
fug [fʌɡ] n (BRIT) aria viziata.
fugitive ['fjuːdʒɪtɪv] n fuggitivo/a, profugo/a; (from prison) evaso/a.
fulfil, (US) **fulfill** [ful'fɪl] vt (function) compiere; (order) eseguire; (wish, desire) soddisfare, appagare.
fulfilled [ful'fɪld] adj (person) realizzato(a), soddisfatto(a).
fulfil(l)ment [ful'fɪlmənt] n (of wishes) soddisfazione f, appagamento.
full [ful] adj pieno(a); (details, skirt) ampio(a); (price) intero(a) ♦ adv: **to know ~ well that** sapere benissimo che; **~ (up)** (hotel etc) al completo; **I'm ~ (up)** sono pieno; **a ~ two hours** due ore intere; **at ~ speed** a tutta velocità; **in ~** per intero; **to pay in ~** pagare tutto; **~ name** nome m e cognome m; **~ employment** piena occupazione; **~ fare** tariffa completa.
fullback ['fulbæk] n (RUGBY, FOOTBALL) terzino.
full-blooded ['ful'blʌdɪd] adj (vigorous: attack) energico(a); (virile: male) virile.
full-cream ['ful'kriːm] adj: **~ milk** (BRIT) latte m intero.
full-grown ['ful'ɡrəun] adj maturo(a).
full-length ['ful'leŋθ] adj (portrait) in piedi; (film) a lungometraggio.
full moon n luna piena.
full-scale ['fulskeɪl] adj (plan, model) in grandezza naturale; (search, retreat) su vasta scala.
full-sized ['ful'saɪzd] adj (portrait etc) a grandezza naturale.
full stop n punto.
full-time ['ful'taɪm] adj, adv (work) a tempo pieno ♦ n (SPORT) fine f partita.
fully ['fulɪ] adv interamente, pienamente, completamente; (at least): **~ as big**

almeno così grosso.

fully-fledged ['fulɪ'flɛdʒd] adj (bird) adulto(a); (fig: teacher, member etc) a tutti gli effetti.

fulsome ['fulsəm] adj (pej: praise) esagerato(a), eccessivo(a); (: manner) insincero.

fumble ['fʌmbl] vi brancolare, andare a tentoni ♦ vt (ball) lasciarsi sfuggire.
▶**fumble with** vt fus trafficare.

fume [fju:m] vi essere furioso(a); ~**s** npl esalazioni fpl, vapori mpl.

fumigate ['fju:mɪgeɪt] vt suffumicare.

fun [fʌn] n divertimento, spasso; **to have** ~ divertirsi; **for** ~ per scherzo; **it's not much** ~ non è molto divertente; **to make** ~ **of** prendersi gioco di.

function ['fʌŋkʃən] n funzione f; cerimonia, ricevimento ♦ vi funzionare; **to** ~ **as** fungere da, funzionare da.

functional ['fʌŋkʃənl] adj funzionale.

function key n (COMPUT) tasto di funzioni.

fund [fʌnd] n fondo, cassa; (source) fondo; (store) riserva; ~**s** npl (money) fondi mpl.

fundamental [fʌndə'mɛntl] adj fondamentale; ~**s** npl basi fpl.

fundamentalism [fʌndə'mɛntəlɪzəm] n fondamentalismo.

fundamentalist [fʌndə'mɛntəlɪst] n fondamentalista m/f.

fundamentally [fʌndə'mɛntəlɪ] adv essenzialmente, fondamentalmente.

funding ['fʌndɪŋ] n finanziamento.

fund-raising ['fʌndreɪzɪŋ] n raccolta di fondi.

funeral ['fju:nərəl] n funerale m.

funeral director n impresario di pompe funebri.

funeral parlour n impresa di pompe funebri.

funeral service n ufficio funebre.

funereal [fju:'nɪərɪəl] adj funereo(a), lugubre.

fun fair n luna park m inv.

fungus, pl **fungi** ['fʌŋgəs, -gaɪ] n fungo; (mould) muffa.

funicular [fju:'nɪkjulə*] adj (also: ~ **railway**) funicolare f.

funky ['fʌŋkɪ] adj (music) funky inv; (col: excellent) figo(a).

funnel ['fʌnl] n imbuto; (of ship) ciminiera.

funnily ['fʌnɪlɪ] adv in modo divertente; (oddly) stranamente.

funny ['fʌnɪ] adj divertente, buffo(a); (strange) strano(a), bizzarro(a).

funny bone n osso cubitale.

fun run n marcia non competitiva.

fur [fə:*] n pelo; pelliccia; pelle f; (BRIT: in

kettle etc) deposito calcare.

fur coat n pelliccia.

furious ['fjuərɪəs] adj furioso(a); (effort) accanito(a); (argument) violento(a).

furiously ['fjuərɪəslɪ] adv furiosamente; accanitamente.

furl [fə:l] vt (sail) piegare.

furlong ['fə:lɔŋ] n = 201.17 m (termine ippico).

furlough ['fə:ləu] n (US) congedo, permesso.

furnace ['fə:nɪs] n fornace f.

furnish ['fə:nɪʃ] vt ammobiliare; (supply) fornire; ~**ed flat** or (US) **apartment** appartamento ammobiliato.

furnishings ['fə:nɪʃɪŋz] npl mobili mpl, mobilia.

furniture ['fə:nɪtʃə*] n mobili mpl; **piece of** ~ mobile m.

furore [fjuə'rɔ:rɪ] n (protests) scalpore m; (enthusiasm) entusiasmo.

furrier ['fʌrɪə*] n pellicciaio/a.

furrow ['fʌrəu] n solco ♦ vt (forehead) segnare di rughe.

furry ['fə:rɪ] adj (animal) peloso(a); (toy) di peluche.

further ['fə:ðə*] adj supplementare, altro(a); nuovo(a); più lontano(a) ♦ adv più lontano; (more) di più; (moreover) inoltre ♦ vt favorire, promuovere; **until** ~ **notice** fino a nuovo avviso; **how much** ~ **is it?** quanto manca or dista?; ~ **to your letter of ...** (COMM) con riferimento alla vostra lettera del ...; **to** ~ **one's interests** fare i propri interessi.

further education n ≈ corsi mpl di formazione.

furthermore [fə:ðə'mɔ:*] adv inoltre, per di più.

furthermost ['fə:ðəməust] adj più lontano(a).

furthest ['fə:ðɪst] superlative of **far**.

furtive ['fə:tɪv] adj furtivo(a).

fury ['fjuərɪ] n furore m.

fuse, (US) **fuze** [fju:z] n fusibile m; (for bomb etc) miccia, spoletta ♦ vt fondere; (ELEC): **to** ~ **the lights** far saltare i fusibili ♦ vi fondersi; **a** ~ **has blown** è saltato un fusibile.

fuse box n cassetta dei fusibili.

fuselage ['fju:zəlɑ:ʒ] n fusoliera.

fuse wire n filo (di fusibile).

fusillade [fju:zɪ'leɪd] n scarica di fucileria; (fig) fuoco di fila, serie f inv incalzante.

fusion ['fju:ʒən] n fusione f.

fuss [fʌs] n chiasso, trambusto, confusione f; (complaining) storie fpl ♦ vt (person) infastidire, scocciare ♦ vi agitarsi; **to**

make a ~ fare delle storie; **to make a** ~ **of sb** coprire qn di attenzioni.

▶**fuss over** *vt fus* (*person*) circondare di premure.

fusspot ['fʌspɔt] *n* (*col*): **he's such a** ~ fa sempre tante storie.

fussy ['fʌsɪ] *adj* (*person*) puntiglioso(a), esigente; che fa le storie; (*dress*) carico(a) di fronzoli; (*style*) elaborato(a); **I'm not** ~ (*col*) per me è lo stesso.

fusty ['fʌstɪ] *adj* (*pej: archaic*) stantio(a); (: *smell*) che sa di stantio.

futile ['fjuːtaɪl] *adj* futile.

futility [fjuː'tɪlɪtɪ] *n* futilità.

futon ['fuːtɔn] *n* futon *m inv*, letto giapponese.

future ['fjuːtʃə*] *adj* futuro(a) ♦ *n* futuro, avvenire *m*; (*LING*) futuro; **in** ~ in futuro; **in the near** ~ in un prossimo futuro; **in the immediate** ~ nell'immediato futuro.

futures ['fjuːtʃəz] *npl* (*COMM*) operazioni *fpl* a termine.

futuristic [fjuːtʃə'rɪstɪk] *adj* futuristico(a).

fuze [fjuːz] *n*, *vt*, *vi* (*US*) = **fuse**.

fuzzy ['fʌzɪ] *adj* (*PHOT*) indistinto(a), sfocato(a); (*hair*) crespo(a).

fwd. *abbr* = **forward**.

fwy *abbr* (*US*) = **freeway**.

FY *abbr* = **fiscal year**.

FYI *abbr* = **for your information**.

Gg

G, g [dʒiː] *n* (*letter*) G, g *f or m inv*; (*MUS*): **G** sol *m*; **G for George** ≈ G come Genova.

G *n abbr* (*BRIT SCOL: mark: = good*) ≈ buono; (*US CINE: = general audience*) per tutti.

g *abbr* (= *gram; gravity*) g.

G7 *n abbr* (*POL: = Group of Seven*) G7 *mpl*.

GA *abbr* (*US POST*) = **Georgia**.

gab [gæb] *n* (*col*): **to have the gift of the** ~ avere parlantina.

gabble ['gæbl] *vi* borbottare; farfugliare.

gaberdine [gæbə'diːn] *n* gabardine *m inv*.

gable ['geɪbl] *n* frontone *m*.

Gabon [gə'bɔn] *n* Gabon *m*.

gad about [gæd-] *vi* (*col*) svolazzare (qua e là).

gadget ['gædʒɪt] *n* aggeggio.

Gaelic ['geɪlɪk] *adj* gaelico(a) ♦ *n* (*language*) gaelico.

gaffe [gæf] *n* gaffe *f inv*.

gaffer ['gæfə*] *n* (*BRIT col*) capo.

gag [gæg] *n* bavaglio; (*joke*) facezia, scherzo ♦ *vt* (*prisoner etc*) imbavagliare ♦ *vi* (*choke*) soffocare.

gaga ['gɑːgɑː] *adj*: **to go** ~ rimbambirsi.

gage [geɪdʒ] *n*, *vt* (*US*) = **gauge**.

gaiety ['geɪtɪ] *n* gaiezza.

gaily ['geɪlɪ] *adv* allegramente.

gain [geɪn] *n* guadagno, profitto ♦ *vt* guadagnare ♦ *vi* (*watch*) andare avanti; **to** ~ **in/by** aumentare di/con; **to** ~ **3lbs (in weight)** aumentare di 3 libbre; **to** ~ **ground** guadagnare terreno.

▶**gain (up)on** *vt fus* accorciare le distanze da, riprendere.

gainful ['geɪnful] *adj* profittevole, lucrativo(a).

gainfully ['geɪnfəlɪ] *adv*: **to be** ~ **employed** avere un lavoro retribuito.

gainsay [geɪn'seɪ] *vt irreg* (*like* **say**) contraddire; negare.

gait [geɪt] *n* andatura.

gal. *abbr* = **gallon**.

gala ['gɑːlə] *n* gala; **swimming** ~ manifestazione *f* di nuoto.

Galapagos Islands [gə'læpəgəs-] *npl*: **the** ~ le isole Galapagos.

galaxy ['gæləksɪ] *n* galassia.

gale [geɪl] *n* vento forte; burrasca; ~ **force 10** vento forza 10.

gall [gɔːl] *n* (*ANAT*) bile *f*; (*fig: impudence*) fegato, faccia ♦ *vt* urtare (i nervi a).

gall. *abbr* = **gallon**.

gallant ['gælənt] *adj* valoroso(a); (*towards ladies*) galante, cortese.

gallantry ['gæləntrɪ] *n* valore *m* militare; galanteria, cortesia.

gall bladder ['gɔːl-] *n* cistifellea.

galleon ['gælɪən] *n* galeone *m*.

gallery ['gælərɪ] *n* galleria; loggia; (*for spectators*) tribuna; (*in theatre*) loggione *m*, balconata; (*also*: **art** ~: *state-owned*) museo; (: *private*) galleria.

galley ['gælɪ] *n* (*ship's kitchen*) cambusa; (*ship*) galea; (*also*: ~ **proof**) bozza in colonna.

Gallic ['gælɪk] *adj* gallico(a); (*French*) francese.

galling ['gɔːlɪŋ] *adj* irritante.

gallon ['gælən] *n* gallone *m* (*BRIT*: = *4.543 l*; *8 pints*; *US* = *3.785 l*).

gallop ['gæləp] *n* galoppo ♦ *vi* galoppare; ~**ing inflation** inflazione *f* galoppante.

gallows ['gæləuz] *n* forca.

gallstone ['gɔːlstəun] *n* calcolo biliare.

Gallup Poll ['gæləp-] *n* sondaggio a campione.

galore [gə'lɔ:*] adv a iosa, a profusione.
galvanize ['gælvənaɪz] vt galvanizzare; **to ~ sb into action** (fig) galvanizzare qn, spronare qn all'azione.
Gambia ['gæmbɪə] n Gambia m.
gambit ['gæmbɪt] n (fig): **(opening) ~** prima mossa.
gamble ['gæmbl] n azzardo, rischio calcolato ♦ vt, vi giocare; **to ~ on** (fig) giocare su; **to ~ on the Stock Exchange** giocare in Borsa.
gambler ['gæmblə*] n giocatore/trice d'azzardo.
gambling ['gæmblɪŋ] n gioco d'azzardo.
gambol ['gæmbəl] vi saltellare.
game [geɪm] n gioco; (event) partita; (HUNTING) selvaggina ♦ adj coraggioso(a); (ready): **to be ~ (for sth/to do)** essere pronto(a) (a qc/a fare); **~s** npl (SCOL) attività fpl sportive; **big ~** selvaggina grossa.
game bird n uccello selvatico.
gamekeeper ['geɪmkiːpə*] n guardacaccia m inv.
gamely ['geɪmlɪ] adv coraggiosamente.
game reserve n riserva di caccia.
games console n console f inv dei videogame.
gameshow ['geɪmʃəu] n gioco a premi.
gamesmanship ['geɪmzmənʃɪp] n abilità.
gaming ['geɪmɪŋ] n gioco d'azzardo.
gammon ['gæmən] n (bacon) quarto di maiale; (ham) prosciutto affumicato.
gamut ['gæmət] n gamma.
gang [gæŋ] n banda, squadra ♦ vi: **to ~ up on sb** far combutta contro qn.
Ganges ['gændʒiːz] n: **the ~** il Gange.
gangland ['gæŋlænd] adj della malavita; **~ killer** sicario.
gangling ['gæŋglɪŋ] adj allampanato(a).
gangly ['gæŋglɪ] adj = **gangling**.
gangplank ['gæŋplæŋk] n passerella.
gangrene ['gæŋgriːn] n cancrena.
gangster ['gæŋstə*] n gangster m inv.
gangway ['gæŋweɪ] n passerella; (BRIT: of bus) passaggio.
gantry ['gæntrɪ] n (for crane, railway signal) cavalletto; (for rocket) torre f di lancio.
GAO n abbr (US: = General Accounting Office) ≈ Corte f dei Conti.
gaol [dʒeɪl] n, vt (BRIT) = **jail**.
gap [gæp] n buco; (in time) intervallo; (fig) lacuna; vuoto.
gape [geɪp] vi restare a bocca aperta.
gaping ['geɪpɪŋ] adj (hole) squarciato(a).
garage ['gærɑ:ʒ] n garage m inv.
garb [gɑ:b] n abiti mpl, veste f.
garbage ['gɑ:bɪdʒ] n immondizie fpl, rifiuti

mpl; (fig: film, book) porcheria, robaccia; (: nonsense) fesserie fpl.
garbage can n (US) bidone m della spazzatura.
garbage collector n (US) spazzino/a.
garbage disposal unit n tritarifiuti m inv.
garbage truck n (US) camion m inv della spazzatura.
garbled ['gɑ:bld] adj deformato(a); ingarbugliato(a).
garden ['gɑ:dn] n giardino ♦ vi lavorare nel giardino; **~s** npl (public) giardini pubblici; (private) parco.
garden centre n vivaio.
garden city n (BRIT) città f inv giardino inv.
gardener ['gɑ:dnə*] n giardiniere/a.
gardening ['gɑ:dnɪŋ] n giardinaggio.
gargle ['gɑ:gl] vi fare gargarismi ♦ n gargarismo.
gargoyle ['gɑ:gɔɪl] n gargouille f inv.
garish ['gɛərɪʃ] adj vistoso(a).
garland ['gɑ:lənd] n ghirlanda; corona.
garlic ['gɑ:lɪk] n aglio.
garment ['gɑ:mənt] n indumento.
garner ['gɑ:nə*] vt ammucchiare, raccogliere.
garnish ['gɑ:nɪʃ] vt guarnire.
garret ['gærɪt] n soffitta.
garrison ['gærɪsn] n guarnigione f ♦ vt guarnire.
garrulous ['gærjuləs] adj ciarliero(a), loquace.
garter ['gɑ:tə*] n giarrettiera; (US: suspender) gancio (di reggicalze).
garter belt n (US) reggicalze m inv.
gas [gæs] n gas m inv; (used as anaesthetic) etere m; (US: gasoline) benzina ♦ vt asfissiare con il gas; (MIL) gasare.
gas cooker n (BRIT) cucina a gas.
gas cylinder n bombola del gas.
gaseous ['gæsɪəs] adj gassoso(a).
gas fire n (BRIT) radiatore m a gas.
gas-fired ['gæsfaɪəd] adj (alimentato(a)) a gas.
gash [gæʃ] n sfregio ♦ vt sfregiare.
gasket ['gæskɪt] n (AUT) guarnizione f.
gas mask n maschera f antigas inv.
gas meter n contatore m del gas.
gasoline ['gæsəliːn] n (US) benzina.
gasp [gɑ:sp] vi ansare, boccheggiare; (in surprise) restare senza fiato.
► **gasp out** vt dire affannosamente.
gas ring n fornello a gas.
gas station n (US) distributore m di benzina.
gas stove n cucina a gas.
gassy ['gæsɪ] adj gassoso(a).
gas tank n (US AUT) serbatoio (di benzina).

gas tap *n* (*on cooker*) manopola del gas; (*on pipe*) rubinetto del gas.
gastric ['gæstrɪk] *adj* gastrico(a).
gastric ulcer *n* ulcera gastrica.
gastroenteritis ['gæstrəuɛntə'raɪtɪs] *n* gastroenterite *f*.
gastronomy [gæs'trɒnəmɪ] *n* gastronomia.
gasworks ['gæswə:ks] *n or npl* impianto di produzione del gas.
gate [geɪt] *n* cancello; (*of castle, town*) porta; (*at airport*) uscita; (*at level crossing*) barriera.
gâteau, *pl* ~**x** ['gætəu, -z] *n* torta.
gatecrash ['geɪtkræʃ] *vt* partecipare senza invito a.
gatecrasher ['geɪtkræʃə*] *n* intruso(a), ospite *m/f* non invitato(a).
gatehouse ['geɪthaus] *n* casetta del custode (*all'entrata di un parco*).
gateway ['geɪtweɪ] *n* porta.
gather ['gæðə*] *vt* (*flowers, fruit*) cogliere; (*pick up*) raccogliere; (*assemble*) radunare; raccogliere; (*understand*) capire ♦ *vi* (*assemble*) radunarsi; (*dust*) accumularsi; (*clouds*) addensarsi; **to ~ speed** acquistare velocità; **to ~ (from/ that)** comprendere (da/che), dedurre (da/che); **as far as I can ~** da quel che ho potuto capire.
gathering ['gæðərɪŋ] *n* adunanza.
GATT [gæt] *n abbr* (= *General Agreement on Tariffs and Trade*) G.A.T.T. *m*.
gauche [gəuʃ] *adj* goffo(a), maldestro(a).
gaudy ['gɔ:dɪ] *adj* vistoso(a).
gauge [geɪdʒ] *n* (*standard measure*) calibro; (*RAIL*) scartamento; (*instrument*) indicatore *m* ♦ *vt* misurare; (*fig: sb's capabilities, character*) valutare, stimare; **to ~ the right moment** calcolare il momento giusto; **petrol ~**, (*US*) **gas ~** indicatore *m or* spia della benzina.
gaunt [gɔ:nt] *adj* scarno(a); (*grim, desolate*) desolato(a).
gauntlet ['gɔ:ntlɪt] *n* (*fig*): **to run the ~ through an angry crowd** passare sotto il fuoco di una folla ostile; **to throw down the ~** gettare il guanto.
gauze [gɔ:z] *n* garza.
gave [geɪv] *pt of* **give**.
gawky ['gɔ:kɪ] *adj* goffo(a), sgraziato(a).
gawp [gɔ:p] *vi*: **to ~ at** guardare a bocca aperta.
gay [geɪ] *adj* (*person*) gaio(a), allegro(a); (*colour*) vivace, vivo(a); (*col*) omosessuale.
gaze [geɪz] *n* sguardo fisso ♦ *vi*: **to ~ at** guardare fisso.
gazelle [gə'zɛl] *n* gazzella.

gazette [gə'zɛt] *n* (*newspaper*) gazzetta; (*official publication*) gazzetta ufficiale.
gazetteer [gæzə'tɪə*] *n* (*book*) dizionario dei nomi geografici; (*section of book*) indice *m* dei nomi geografici.
gazump [gə'zʌmp] *vt* (*BRIT*): **to ~ sb** *nella compravendita di immobili, venire meno all'impegno preso con un acquirente accettando un'offerta migliore fatta da altri.*
GB *abbr* (= *Great Britain*) GB.
GBH *n abbr* (*BRIT LAW: col*) *see* **grievous bodily harm.**
GC *n abbr* (*BRIT*: = *George Cross*) *decorazione al valore.*
GCE *n abbr* (*BRIT*: = *General Certificate of Education*) ≈ *diploma m di maturità.*
GCHQ *n abbr* (*BRIT*: = *Government Communications Headquarters*) *centro per l'intercettazione delle telecomunicazioni straniere.*
GCSE *n abbr* (*BRIT*: = *General Certificate of Secondary Education*) *diploma di istruzione secondaria conseguito a 16 anni in Inghilterra e Galles.*
Gdns. *abbr* = *gardens.*
GDP *n abbr* = **gross domestic product.**
GDR *n abbr see* **German Democratic Republic.**
gear [gɪə*] *n* attrezzi *mpl*, equipaggiamento; (*belongings*) roba; (*TECH*) ingranaggio; (*AUT*) marcia ♦ *vt* (*fig: adapt*) adattare; **top** *or* (*US*) **high/low/bottom ~** quarta (*or* quinta)/ seconda/ prima; **in ~** in marcia; **out of ~** in folle; **our service is ~ed to meet the needs of the disabled** la nostra organizzazione risponde espressamente alle esigenze degli handicappati.
▶**gear up** *vi*: **to ~ up (to do)** prepararsi (a fare).
gear box *n* scatola del cambio.
gear lever, (*US*) **gear shift** *n* leva del cambio.
GED *n abbr* (*US SCOL*) = *general educational development.*
geese [gi:s] *npl of* **goose.**
geezer ['gi:zə*] *n* (*BRIT col*) tizio.
Geiger counter ['gaɪgə-] *n* geiger *m inv.*
gel [dʒɛl] *n* gel *m inv.*
gelatin(e) ['dʒɛləti:n] *n* gelatina.
gelignite ['dʒɛlɪgnaɪt] *n* nitroglicerina.
gem [dʒɛm] *n* gemma.
Gemini ['dʒɛmɪnaɪ] *n* Gemelli *mpl*; **to be ~** essere dei Gemelli.
gen [dʒɛn] *n* (*BRIT col*): **to give sb the ~ on sth** mettere qn al corrente di qc.
Gen. *abbr* (*MIL*: = *General*) Gen.

gen. abbr (= general, generally) gen.
gender ['dʒɛndə*] n genere m.
gene [dʒiːn] n (BIOL) gene m.
genealogy [dʒiːnɪ'ælədʒɪ] n genealogia.
general ['dʒɛnərl] n generale m ♦ adj generale; **in** ~ in genere; **the** ~ **public** il grande pubblico.
general anaesthetic n anestesia totale.
general delivery n (US) fermo posta m.
general election n elezioni fpl generali.
generalization ['dʒɛnrəlaɪ'zeɪʃən] n generalizzazione f.
generalize ['dʒɛnrəlaɪz] vi generalizzare.
generally ['dʒɛnrəlɪ] adv generalmente.
general manager n direttore m generale.
general practitioner (GP) n medico generico; **who's your GP?** qual'è il suo medico di fiducia?
general strike n sciopero generale.
generate ['dʒɛnəreɪt] vt generare.
generation [dʒɛnə'reɪʃən] n generazione f; (of electricity etc) produzione f.
generator ['dʒɛnəreɪtə*] n generatore m.
generic [dʒɪ'nɛrɪk] adj generico(a).
generosity [dʒɛnə'rɔsɪtɪ] n generosità.
generous ['dʒɛnərəs] adj generoso(a); (copious) abbondante.
genesis ['dʒɛnɪsɪs] n genesi f.
genetic [dʒɪ'nɛtɪk] adj genetico(a); ~ **engineering** ingegneria genetica.
genetic fingerprinting [-fɪŋgəprɪntɪŋ] n rilevamento delle impronte genetiche.
genetics [dʒɪ'nɛtɪks] n genetica.
Geneva [dʒɪ'niːvə] n Ginevra; **Lake** ~ il lago di Ginevra.
genial ['dʒiːnɪəl] adj geniale, cordiale.
genitals ['dʒɛnɪtlz] npl genitali mpl.
genitive ['dʒɛnɪtɪv] n genitivo.
genius ['dʒiːnɪəs] n genio.
Genoa ['dʒɛnəuə] n Genova.
genocide ['dʒɛnəusaɪd] n genocidio.
Genoese [dʒɛnəu'iːz] adj, n (pl inv) genovese (m/f).
gent [dʒɛnt] n abbr (BRIT col) = gentleman.
genteel [dʒɛn'tiːl] adj raffinato(a), distinto(a).
gentle ['dʒɛntl] adj delicato(a); (person) dolce.
gentleman ['dʒɛntlmən] n signore m; (well-bred man) gentiluomo; ~'**s agreement** impegno sulla parola.
gentlemanly ['dʒɛntlmənlɪ] adj da gentiluomo.
gentleness ['dʒɛntlnɪs] n delicatezza; dolcezza.
gently ['dʒɛntlɪ] adv delicatamente.
gentry ['dʒɛntrɪ] n nobiltà minore.

gents [dʒɛnts] n W.C. m (per signori).
genuine ['dʒɛnjuɪn] adj autentico(a); sincero(a).
genuinely ['dʒɛnjuɪnlɪ] adv genuinamente.
geographer [dʒɪ'ɔgrəfə*] n geografo/a.
geographic(al) [dʒɪə'græfɪk(l)] adj geografico(a).
geography [dʒɪ'ɔgrəfɪ] n geografia.
geological [dʒɪə'lɔdʒɪkl] adj geologico(a).
geologist [dʒɪ'ɔlədʒɪst] n geologo/a.
geology [dʒɪ'ɔlədʒɪ] n geologia.
geometric(al) [dʒɪə'mɛtrɪk(l)] adj geometrico(a).
geometry [dʒɪ'ɔmɪtrɪ] n geometria.
Geordie ['dʒɔːdɪ] n (col) abitante m/f del Tyneside; originario/a del Tyneside.
Georgia ['dʒɔːdʒə] n Georgia.
Georgian ['dʒɔːdʒən] adj georgiano(a) ♦ n georgiano/a; (LING) georgiano.
geranium [dʒɪ'reɪnɪəm] n geranio.
geriatric [dʒɛrɪ'ætrɪk] adj geriatrico(a).
germ [dʒəːm] n (MED) microbo; (BIOL, fig) germe m.
German ['dʒəːmən] adj tedesco(a) ♦ n tedesco/a; (LING) tedesco.
German Democratic Republic (GDR) n Repubblica Democratica Tedesca (R.D.T.).
germane [dʒəː'meɪn] adj (formal): **to be** ~ **to sth** essere attinente a qc.
German measles n rosolia.
Germany ['dʒəːmənɪ] n Germania.
germination [dʒəːmɪ'neɪʃən] n germinazione f.
germ warfare n guerra batteriologica.
gerrymandering ['dʒɛrɪmændərɪŋ] n manipolazione f dei distretti elettorali.
gestation [dʒɛs'teɪʃən] n gestazione f.
gesticulate [dʒɛs'tɪkjuleɪt] vi gesticolare.
gesture ['dʒɛstjə*] n gesto; **as a** ~ **of friendship** in segno d'amicizia.

===================================== KEYWORD

get [gɛt] (pt, pp **got**, (US) pp **gotten**) vi **1** (become, be) diventare, farsi; **to** ~ **drunk** ubriacarsi; **to** ~ **killed** venire or rimanere ucciso(a); **it's** ~**ting late** si sta facendo tardi; **to** ~ **old** invecchiare; **to** ~ **paid** venire pagato(a); **to** ~ **ready** prepararsi; **to** ~ **shaved** farsi la barba; **to** ~ **tired** stancarsi; **to** ~ **washed** lavarsi
2 (go): **to** ~ **to/from** andare a/da; **to** ~ **home** arrivare or tornare a casa; **how did you** ~ **here?** come sei venuto?; **he got across the bridge** ha attraversato il

ponte; **he got under the fence** è passato sotto il recinto
3 (*begin*) mettersi a, cominciare a; **to ~ to know sb** incominciare a conoscere qn; **let's ~ going** *or* **started** muoviamoci
4 (*modal aux vb*): **you've got to do it** devi farlo
♦ *vt* 1: **to ~ sth done** (*do*) fare qc; (*have done*) far fare qc; **to ~ sth/sb ready** preparare qc/qn; **to ~ one's hair cut** tagliarsi *or* farsi tagliare i capelli; **to ~ sb to do sth** far fare qc a qn
2 (*obtain*: *money, permission, results*) ottenere; (*find*: *job, flat*) trovare; (*fetch*: *person, doctor*) chiamare; (: *object*) prendere; **to ~ sth for sb** prendere *or* procurare qc a qn; **~ me Mr Jones, please** (*TEL*) mi passi il signor Jones, per favore; **can I ~ you a drink?** le posso offrire da bere?
3 (*receive*: *present, letter, prize*) ricevere; (*acquire*: *reputation*) farsi; **how much did you ~ for the painting?** quanto le hanno dato per il quadro?
4 (*catch*) prendere; (*hit*: *target etc*) colpire; **to ~ sb by the arm/throat** afferrare qn per un braccio/alla gola; **~ him!** prendetelo!; **he really ~s me** (*fig*: *annoy*) mi dà proprio sui nervi
5 (*take, move*) portare; **to ~ sth to sb** far avere qc a qn; **do you think we'll ~ it through the door?** pensi che riusciremo a farlo passare per la porta?
6 (*catch, take*: *plane, bus etc*) prendere; **he got the last bus** ha preso l'ultimo autobus; **she got the morning flight to Milan** ha preso il volo per Milano del mattino
7 (*understand*) afferrare; (*hear*) sentire; **I've got it!** ci sono arrivato!, ci sono!; **I'm sorry, I didn't ~ your name** scusi, non ho capito (*or* sentito) come si chiama
8 (*have, possess*): **to have got** avere; **how many have you got?** quanti ne ha?
▶ **get about** *vi* muoversi; (*news*) diffondersi
▶ **get across** *vt*: **to ~ across (to)** (*message, meaning*) comunicare (a) ♦ *vi*: **to ~ across to** (*subj*: *speaker*) comunicare con
▶ **get along** *vi* (*agree*) andare d'accordo; (*depart*) andarsene; (*manage*) = **get by**
▶ **get at** *vt fus* (*attack*) prendersela con; (*reach*) raggiungere, arrivare a; **what are you ~ting at?** dove vuoi arrivare?
▶ **get away** *vi* partire, andarsene; (*escape*) scappare
▶ **get away with** *vt fus*: **he'll never ~ away with it!** non riuscirà a farla franca!

▶ **get back** *vi* (*return*) ritornare, tornare ♦ *vt* riottenere, riavere; **to ~ back to** (*start again*) ritornare a; (*contact again*) rimettersi in contatto con
▶ **get back at** *vt fus* (*col*): **to ~ back at sb (for sth)** rendere pan per focaccia a qn (per qc)
▶ **get by** *vi* (*pass*) passare; (*manage*) farcela; **I can ~ by in Dutch** mi arrangio in olandese
▶ **get down** *vi*, *vt fus* scendere ♦ *vt* far scendere; (*depress*) buttare giù
▶ **get down to** *vt fus* (*work*) mettersi a (fare); **to ~ down to business** venire al dunque
▶ **get in** *vi* entrare; (*train*) arrivare; (*arrive home*) ritornare, tornare ♦ *vt* (*bring in*: *harvest*) raccogliere; (: *coal, shopping, supplies*) fare provvista di; (*insert*) far entrare, infilare
▶ **get into** *vt fus* entrare in; **to ~ into a rage** incavolarsi; **to ~ into bed** mettersi a letto
▶ **get off** *vi* (*from train etc*) scendere; (*depart*: *person, car*) andare via; (*escape*) cavarsela ♦ *vt* (*remove*: *clothes, stain*) levare; (*send off*) spedire; (*have as leave*: *days, time*): **we got 2 days off** abbiamo avuto 2 giorni liberi ♦ *vt fus* (*train, bus*) scendere da; **to ~ off to a good start** (*fig*) cominciare bene
▶ **get on** *vi*: **how did you ~ on?** com'è andata?; **he got on quite well** ha fatto bene, (gli) è andata bene; **to ~ on (with sb)** andare d'accordo (con qn); **how are you ~ting on?** come va la vita? ♦ *vt fus* montare in; (*horse*) montare su
▶ **get on to** *vt fus* (*BRIT col*: *contact*: *on phone etc*) contattare, rintracciare; (: *deal with*) occuparsi di
▶ **get out** *vi* uscire; (*of vehicle*) scendere ♦ *vt* tirar fuori, far uscire; **to ~ out (of)** (*money from bank etc*) ritirare (da)
▶ **get out of** *vt fus* uscire da; (*duty etc*) evitare; **what will you ~ out of it?** cosa ci guadagni?
▶ **get over** *vt fus* (*illness*) riaversi da; (*communicate*: *idea etc*) comunicare, passare; **let's ~ it over (with)** togliamoci il pensiero
▶ **get round** *vt fus* aggirare; (*fig*: *person*) rigirare ♦ *vi*: **to ~ round to doing sth** trovare il tempo di fare qc
▶ **get through** *vi* (*TEL*) avere la linea ♦ *vt fus* (*finish*: *work*) sbrigare; (: *book*) finire
▶ **get through to** *vt fus* (*TEL*) parlare a
▶ **get together** *vi* riunirsi ♦ *vt* raccogliere; (*people*) adunare
▶ **get up** *vi* (*rise*) alzarsi ♦ *vt fus* salire su

per

▶**get up to** vt fus (reach) raggiungere; (prank etc) fare.

getaway ['gɛtəweɪ] n fuga.

getaway car n macchina per la fuga.

get-together ['gɛttəgɛðə*] n (piccola) riunione f; (party) festicciola.

get-up ['gɛtʌp] n (col: outfit) tenuta.

get-well card [gɛt'wɛl-] n cartolina di auguri di pronta guarigione.

geyser ['giːzə*] n scaldabagno; (GEO) geyser m inv.

Ghana ['gɑːnə] n Ghana m.

Ghanaian [gɑːˈneɪən] adj, n ganaense (m/f).

ghastly ['gɑːstlɪ] adj orribile, orrendo(a).

gherkin ['gəːkɪn] n cetriolino.

ghetto ['gɛtəu] n ghetto.

ghetto blaster [-ˈblɑːstə*] n maxistereo portatile.

ghost [gəust] n fantasma m, spettro ♦ vt (book) fare lo scrittore ombra per.

ghostly ['gəustlɪ] adj spettrale.

ghostwriter ['gəustraɪtə*] n scrittore/trice ombra inv.

ghoul [guːl] n vampiro che si nutre di cadaveri.

ghoulish ['guːlɪʃ] adj (tastes etc) macabro(a).

GHQ n abbr (MIL: = general headquarters) ≈ comando di Stato maggiore.

GI n abbr (US col: = government issue) G.I. m, soldato americano.

giant ['dʒaɪənt] n gigante/essa ♦ adj gigante, enorme; ~ (size) packet confezione f gigante.

giant killer n (SPORT) piccola squadra che riesce a batterne una importante.

gibber ['dʒɪbə*] vi (monkey) squittire confusamente; (idiot) farfugliare.

gibberish ['dʒɪbərɪʃ] n parole fpl senza senso.

gibe [dʒaɪb] n frecciata ♦ vi: **to ~ at** lanciare frecciate a.

giblets ['dʒɪblɪts] npl frattaglie fpl.

Gibraltar [dʒɪ'brɔːltə*] n Gibilterra.

giddiness ['gɪdɪnɪs] n vertigine f.

giddy ['gɪdɪ] adj (dizzy): **to be ~** aver le vertigini; (height) vertiginoso(a); **I feel ~** mi gira la testa.

gift [gɪft] n regalo; (donation, ability) dono; (COMM: also: **free ~**) omaggio; **to have a ~ for sth** (talent) avere il dono di qc.

gifted ['gɪftɪd] adj dotato(a).

gift token, gift voucher n buono (acquisto).

gig [gɪg] n (col: of musician) serata.

gigabyte [gi:gəbaɪt] n gigabyte m inv.

gigantic [dʒaɪ'gæntɪk] adj gigantesco(a).

giggle ['gɪgl] vi ridere scioccamente ♦ n risolino (sciocco).

GIGO ['gaɪgəu] abbr (COMPUT: col: = garbage in, garbage out) qualità di input = qualità di output.

gild [gɪld] vt dorare.

gill [dʒɪl] n (measure) = 0.25 pints (BRIT = 0.148 l; US = 0.118 l).

gills [gɪlz] npl (of fish) branchie fpl.

gilt [gɪlt] n doratura ♦ adj dorato(a).

gilt-edged ['gɪltɛdʒd] adj (stocks, securities) della massima sicurezza.

gimlet ['gɪmlɪt] n succhiello.

gimmick ['gɪmɪk] n trucco; **sales ~** trovata commerciale.

gin [dʒɪn] n (liquor) gin m inv.

ginger ['dʒɪndʒə*] n zenzero.

▶**ginger up** vt scuotere; animare.

ginger ale, ginger beer n bibita gassosa allo zenzero.

gingerbread ['dʒɪndʒəbrɛd] n pan m di zenzero.

ginger group n (BRIT) gruppo di pressione.

ginger-haired ['dʒɪndʒə'hɛəd] adj rossiccio(a).

gingerly ['dʒɪndʒəlɪ] adv cautamente.

gingham ['gɪŋəm] n percalle m a righe (or quadretti).

ginseng ['dʒɪnsɛŋ] n ginseng m.

gipsy ['dʒɪpsɪ] n zingaro/a ♦ adj degli zingari.

giraffe [dʒɪ'rɑːf] n giraffa.

girder ['gəːdə*] n trave f.

girdle ['gəːdl] n (corset) guaina.

girl [gəːl] n ragazza; (young unmarried woman) signorina; (daughter) figlia, figliola; **a little ~** una bambina.

girlfriend ['gəːlfrɛnd] n (of girl) amica; (of boy) ragazza.

girlish ['gəːlɪʃ] adj da ragazza.

Girl Scout n (US) Giovane Esploratrice f.

Giro ['dʒaɪrəu] n: **the National ~** (BRIT) ≈ la or il Bancoposta.

giro ['dʒaɪrəu] n (bank ~) versamento bancario; (post office ~) postagiro.

girth [gəːθ] n circonferenza; (of horse) cinghia.

gist [dʒɪst] n succo.

give [gɪv] n (of fabric) elasticità ♦ vb (pt **gave**, pp **given** [geɪv, 'gɪvn]) vt dare ♦ vi cedere; **to ~ sb sth, ~ sth to sb** dare qc a qn; **to ~ a cry/sigh** emettere un grido/ sospiro; **how much did you ~ for it?** quanto (l')hai pagato?; **12 o'clock, ~ or take a few minutes** mezzogiorno, minuto più minuto meno; **to ~ way** vi cedere;

(*BRIT AUT*) dare la precedenza.
▶**give away** *vt* dare via; (*give free*) fare dono di; (*betray*) tradire; (*disclose*) rivelare; (*bride*) condurre all'altare.
▶**give back** *vt* rendere.
▶**give in** *vi* cedere ♦ *vt* consegnare.
▶**give off** *vt* emettere.
▶**give out** *vt* distribuire; annunciare ♦ *vi* (*be exhausted: supplies*) esaurirsi, venir meno; (*fail: engine*) fermarsi; (: *strength*) mancare.
▶**give up** *vi* rinunciare ♦ *vt* rinunciare a; **to ~ up smoking** smettere di fumare; **to ~ o.s. up** arrendersi.
give-and-take [gɪvən'teɪk] *n* (*col*) elasticità (da ambo le parti), concessioni *fpl* reciproche.
giveaway ['gɪvəweɪ] *n* (*col*): **her expression was a ~** le si leggeva tutto in volto; **the exam was a ~!** l'esame è stato uno scherzo! ♦ *cpd*: **~ prices** prezzi stracciati.
given ['gɪvn] *pp of* **give** ♦ *adj* (*fixed: time, amount*) dato(a), determinato(a) ♦ *conj*: **~ (that)** ... dato che ...; **~ the circumstances** ... date le circostanze ....
glacial ['gleɪsɪəl] *adj* glaciale.
glacier ['glæsɪə*] *n* ghiacciaio.
glad [glæd] *adj* lieto(a), contento(a); **to be ~ about sth/that** essere contento *or* lieto di qc/che + *sub*; **I was ~ of his help** gli sono stato grato del suo aiuto.
gladden ['glædn] *vt* rallegrare, allietare.
glade [gleɪd] *n* radura.
gladioli [glædɪ'əʊlaɪ] *npl* gladioli *mpl*.
gladly ['glædlɪ] *adv* volentieri.
glamorous ['glæmərəs] *adj* (*gen*) favoloso(a); (*person*) affascinante, seducente; (*occasion*) brillante, elegante.
glamour ['glæmə*] *n* fascino.
glance [glɑːns] *n* occhiata, sguardo ♦ *vi*: **to ~ at** dare un'occhiata a.
▶**glance off** *vt fus* (*bullet*) rimbalzare su.
glancing ['glɑːnsɪŋ] *adj* (*blow*) che colpisce di striscio.
gland [glænd] *n* ghiandola.
glandular ['glændjʊlə*] *adj*: **~ fever** (*BRIT*) mononucleosi *f*.
glare [glɛə*] *n* riverbero, luce *f* abbagliante; (*look*) sguardo furioso ♦ *vi* abbagliare; **to ~ at** guardare male.
glaring ['glɛərɪŋ] *adj* (*mistake*) madornale.
glasnost ['glæznɒst] *n* glasnost *f*.
glass [glɑːs] *n* (*substance*) vetro; (*tumbler*) bicchiere *m*; (*also*: **looking ~**) specchio; *see also* **glasses**.
glass-blowing ['glɑːsbləʊɪŋ] *n* soffiatura del vetro.
glass ceiling *n* (*fig*) barriera invisibile.

glasses ['glɑːsɪz] *npl* (*spectacles*) occhiali *mpl*.
glass fibre *n* fibra di vetro.
glasshouse ['glɑːshaʊs] *n* serra.
glassware ['glɑːswɛə*] *n* vetrame *m*.
glassy ['glɑːsɪ] *adj* (*eyes*) vitreo(a).
Glaswegian [glæs'wiːdʒən] *adj* di Glasgow ♦ *n* abitante *m/f* di Glasgow; originario/a di Glasgow.
glaze [gleɪz] *vt* (*door*) fornire di vetri; (*pottery*) smaltare; (*CULIN*) glassare ♦ *n* smalto; glassa.
glazed ['gleɪzd] *adj* (*eye*) vitreo(a); (*tiles, pottery*) smaltato(a).
glazier ['gleɪzɪə*] *n* vetraio.
gleam [gliːm] *n* barlume *m*; raggio ♦ *vi* luccicare; **a ~ of hope** un barlume di speranza.
gleaming ['gliːmɪŋ] *adj* lucente.
glean [gliːn] *vt* (*information*) racimolare.
glee [gliː] *n* allegrezza, gioia.
gleeful ['gliːfʊl] *adj* allegro(a), gioioso(a).
glen [glɛn] *n* valletta.
glib [glɪb] *adj* dalla parola facile; facile.
glide [glaɪd] *vi* scivolare; (*AVIAT, birds*) planare ♦ *n* scivolata; planata.
glider ['glaɪdə*] *n* (*AVIAT*) aliante *m*.
gliding ['glaɪdɪŋ] *n* (*AVIAT*) volo a vela.
glimmer ['glɪmə*] *vi* luccicare ♦ *n* barlume *m*.
glimpse [glɪmps] *n* impressione *f* fugace ♦ *vt* vedere di sfuggita; **to catch a ~ of** vedere di sfuggita.
glint [glɪnt] *n* luccichio ♦ *vi* luccicare.
glisten ['glɪsn] *vi* luccicare.
glitter ['glɪtə*] *vi* scintillare ♦ *n* scintillio.
glitz [glɪts] *n* (*col*) vistosità, chiassosità.
gloat [gləʊt] *vi*: **to ~ (over)** gongolare di piacere (per).
global ['gləʊbl] *adj* globale; (*world-wide*) mondiale.
global warming *n* riscaldamento dell'atmosfera terrestre.
globe [gləʊb] *n* globo, sfera.
globetrotter ['gləʊbtrɒtə*] *n* giramondo *m/f* *inv*.
globule ['glɒbjuːl] *n* (*ANAT*) globulo; (*of water etc*) gocciolina.
gloom [gluːm] *n* oscurità, buio; (*sadness*) tristezza, malinconia.
gloomy ['gluːmɪ] *adj* fosco(a), triste; **to feel ~** sentirsi giù *or* depresso.
glorification [glɔːrɪfɪ'keɪʃən] *n* glorificazione *f*.
glorify ['glɔːrɪfaɪ] *vt* glorificare; celebrare, esaltare.
glorious ['glɔːrɪəs] *adj* glorioso(a); magnifico(a).

glory ['glɔːrɪ] n gloria; splendore m ♦ vi: **to ~ in** gloriarsi di or in.

glory hole n (col) ripostiglio.

Glos abbr (BRIT) = Gloucestershire.

gloss [glɔs] n (shine) lucentezza; (also: ~ paint) vernice f a olio.

▶**gloss over** vt fus scivolare su.

glossary ['glɔsərɪ] n glossario.

glossy ['glɔsɪ] adj lucente ♦ n (also: ~ magazine) rivista di lusso.

glove [glʌv] n guanto.

glove compartment n (AUT) vano portaoggetti.

glow [gləu] vi ardere; (face) essere luminoso(a) ♦ n bagliore m; (of face) colorito acceso.

glower ['glauə*] vi: **to ~ (at sb)** guardare (qn) in cagnesco.

glowing ['gləuɪŋ] adj (fire) ardente; (complexion) luminoso(a); (fig: report, description etc) entusiasta.

glow-worm ['gləuwəːm] n lucciola.

glucose ['gluːkəus] n glucosio.

glue [gluː] n colla ♦ vt incollare.

glue-sniffing ['gluːsnɪfɪŋ] n sniffare m (colla).

glum [glʌm] adj abbattuto(a).

glut [glʌt] n eccesso ♦ vt saziare; (market) saturare.

glutinous ['gluːtɪnəs] adj colloso(a), appiccicoso(a).

glutton ['glʌtn] n ghiottone/a; **a ~ for work** un(a) patito(a) del lavoro.

gluttonous ['glʌtənəs] adj ghiotto(a), goloso(a).

gluttony ['glʌtənɪ] n ghiottoneria; (sin) gola.

glycerin(e) ['glɪsəriːn] n glicerina.

gm abbr = **gram**.

GMAT n abbr (US: = Graduate Management Admissions Test) esame di ammissione all'ultimo biennio di scuola superiore.

GMB n abbr (BRIT) = General Municipal and Boilermakers (Union).

GMT abbr (= Greenwich Mean Time) T.M.G.·

gnarled [nɑːld] adj nodoso(a).

gnash [næʃ] vt: **to ~ one's teeth** digrignare i denti.

gnat [næt] n moscerino.

gnaw [nɔː] vt rodere.

gnome [nəum] n gnomo.

GNP n abbr = **gross national product**.

go [gəu] vb (pt **went**, pp **gone** [wɛnt, gɔn]) vi andare; (depart) partire, andarsene; (work) funzionare; (break etc) cedere; (be sold): **to ~ for £10** essere venduto per 10 sterline; (fit, suit): **to ~ with** andare bene con; (become): **to ~ pale** diventare

pallido(a); **to ~ mouldy** ammuffire ♦ n (pl ~es): **to have a ~ (at)** provare; **to be on the ~** essere in moto; **whose ~ is it?** a chi tocca?; **to ~ by car/on foot** andare in macchina/a piedi; **he's ~ing to do** sta per fare; **to ~ for a walk** andare a fare una passeggiata; **to ~ dancing/shopping** andare a ballare/fare la spesa; **to ~ looking for sb/sth** andare in cerca di qn/ qc; **to ~ to sleep** addormentarsi; **to ~ and see sb, to ~ to see sb** andare a trovare qn; **how is it ~ing?** come va (la vita)?; **how did it ~?** com'è andato?; **to ~ round the back/by the shop** passare da dietro/ davanti al negozio; **my voice has gone** m'è andata via la voce; **the cake is all gone** il dolce è finito tutto; **I'll take whatever is ~ing** (BRIT) prendo quello che c'è; ... **to ~** (US: food) ... da portar via; **the money will ~ towards our holiday** questi soldi li mettiamo per la vacanza.

▶**go about** vi (also: ~ around) aggirarsi; (: rumour) correre, circolare ♦ vt fus: **how do I ~ about this?** qual'è la prassi per questo?; **to ~ about one's business** occuparsi delle proprie faccende.

▶**go after** vt fus (pursue) correr dietro a, rincorrere; (job, record etc) mirare a.

▶**go against** vt fus (be unfavourable to) essere contro; (be contrary to) andare contro.

▶**go ahead** vi andare avanti; **~ ahead!** faccia pure!

▶**go along** vi andare, avanzare ♦ vt fus percorrere; **to ~ along with** (accompany) andare con, accompagnare; (agree with: idea) sottoscrivere, appoggiare.

▶**go away** vi partire, andarsene.

▶**go back** vi tornare, ritornare; (go again) andare di nuovo.

▶**go back on** vt fus (promise) non mantenere.

▶**go by** vi (years, time) scorrere ♦ vt fus attenersi a, seguire (alla lettera); prestar fede a.

▶**go down** vi scendere; (ship) affondare; (sun) tramontare ♦ vt fus scendere; **that should ~ down well with him** dovrebbe incontrare la sua approvazione.

▶**go for** vt fus (fetch) andare a prendere; (like) andar matto(a) per; (attack) attaccare; saltare addosso a.

▶**go in** vi entrare.

▶**go in for** vt fus (competition) iscriversi a; (be interested in) interessarsi di.

▶**go into** vt fus entrare in; (investigate) indagare, esaminare; (embark on) lanciarsi in.

▶**go off** *vi* partire, andar via; (*food*) guastarsi; (*explode*) esplodere, scoppiare; (*lights etc*) spegnersi; (*event*) passare ♦ *vt fus*: **I've gone off chocolate** la cioccolata non mi piace più; **the gun went off** il fucile si scaricò; **the party went off well** la festa è andata *or* è riuscita bene; **to ~ off to sleep** addormentarsi.

▶**go on** *vi* continuare; (*happen*) succedere; (*lights*) accendersi ♦ *vt fus* (*be guided by: evidence etc*) basarsi su, fondarsi su; **to ~ on doing** continuare a fare; **what's ~ing on here?** che succede *or* che sta succedendo qui?

▶**go on at** *vt fus* (*nag*) assillare.

▶**go on with** *vt fus* continuare, proseguire.

▶**go out** *vi* uscire; (*fire, light*) spegnersi; (*ebb: tide*) calare; **to ~ out with sb** uscire con qn.

▶**go over** *vi* (*ship*) ribaltarsi ♦ *vt fus* (*check*) esaminare; **to ~ over sth in one's mind** pensare bene a qc.

▶**go round** *vi* (*circulate: news, rumour*) circolare; (*revolve*) girare; (*visit*): **to ~ round (to sb's)** passare (da qn); (*make a detour*): **to ~ round (by)** passare (per); (*suffice*) bastare (per tutti).

▶**go through** *vt fus* (*town etc*) attraversare; (*search through*) frugare in; (*examine: list, book*) leggere da capo a fondo; (*perform*) fare.

▶**go through with** *vt fus* (*plan, crime*) mettere in atto, eseguire; **I couldn't ~ through with it** non sono riuscito ad andare fino in fondo.

▶**go under** *vi* (*sink: ship*) affondare, colare a picco; (: *person*) andare sotto; (*fig: business, firm*) fallire.

▶**go up** *vi* salire ♦ *vt fus* salire su per; **to ~ up in flames** andare in fiamme.

▶**go without** *vt fus* fare a meno di.

goad [gəud] *vt* spronare.

go-ahead ['gəuəhɛd] *adj* intraprendente ♦ *n*: **to give sb/sth the ~** dare l'okay a qn/qc.

goal [gəul] *n* (SPORT) gol *m*, rete *f*, (: *place*) porta; (*fig: aim*) fine *m*, scopo.

goal difference *n* differenza *f* reti *inv*.

goalie ['gəulɪ] *n* (*col*) portiere *m*.

goalkeeper ['gəulkiːpə*] *n* portiere *m*.

goalpost ['gəulpəust] *n* palo (della porta).

goat [gəut] *n* capra.

gobble ['gɔbl] *vt* (*also*: ~ **down**, ~ **up**) ingoiare.

go-between ['gəubɪtwiːn] *n* intermediario/a.

Gobi Desert ['gəubɪ-] *n*: **the ~** il Deserto dei Gobi.

goblet ['gɔblɪt] *n* calice *m*, coppa.

goblin ['gɔblɪn] *n* folletto.

go-cart ['gəukɑːt] *n* go-kart *m inv* ♦ *cpd*: ~ **racing** *n* kartismo.

god [gɔd] *n* dio; **G~** Dio.

god-awful [gɔd'ɔːfəl] *adj* (*col*) di merda (*!*).

godchild ['gɔdtʃaɪld] *n* figlioccio/a.

goddamn(ed) ['gɔddæm(d)] (*esp US: col*) *excl*: **goddamn!** porca miseria! ♦ *adj* fottuto(a) (*!*), maledetto(a) ♦ *adv* maledettamente.

goddaughter ['gɔddɔːtə*] *n* figlioccia.

goddess ['gɔdɪs] *n* dea.

godfather ['gɔdfɑːðə*] *n* padrino.

god-fearing ['gɔdfɪərɪŋ] *adj* timorato(a) di Dio.

god-forsaken ['gɔdfəseɪkən] *adj* desolato(a), sperduto(a).

godmother ['gɔdmʌðə*] *n* madrina.

godparents ['gɔdpɛərənts] *npl*: **the ~** il padrino e la madrina.

godsend ['gɔdsɛnd] *n* dono del cielo.

godson ['gɔdsʌn] *n* figlioccio.

goes [gəuz] *vb see* **go**.

gofer ['gəufə*] *n* (*col*) tuttofare *m/f*, tirapiedi *m/f inv*.

go-getter ['gəugɛtə*] *n* arrivista *m/f*.

goggle ['gɔgl] *vi*: **to ~ (at)** stare con gli occhi incollati *or* appiccicati (a *or* addosso a).

goggles ['gɔglz] *npl* occhiali *mpl* (di protezione).

going ['gəuɪŋ] *n* (*conditions*) andare *m*, stato del terreno ♦ *adj*: **the ~ rate** la tariffa in vigore; **a ~ concern** un'azienda avviata; **it was slow ~** si andava a rilento.

going-over [gəuɪŋ'əuvə*] *n* (*col*) controllata; (*violent attack*) pestaggio.

goings-on ['gəuɪŋz'ɔn] *npl* (*col*) fatti *mpl* strani, cose *fpl* strane.

go-kart ['gəukɑːt] *n* = **go-cart**.

gold [gəuld] *n* oro ♦ *adj* d'oro; (*reserves*) aureo(a).

golden ['gəuldən] *adj* (*made of gold*) d'oro; (*gold in colour*) dorato(a).

golden age *n* età d'oro.

golden handshake *n* (BRIT) gratifica di fine servizio.

golden rule *n* regola principale.

goldfish ['gəuldfɪʃ] *n* pesce *m* dorato *or* rosso.

gold leaf *n* lamina d'oro.

gold medal *n* (SPORT) medaglia d'oro.

goldmine ['gəuldmaɪn] *n* miniera d'oro.

gold-plated ['gəuld'pleɪtɪd] *adj* placcato(a) oro *inv*.

goldsmith ['gəuldsmɪθ] *n* orefice *m*, orafo.

gold standard *n* tallone *m* aureo.

golf [gɔlf] n golf m.
golf ball n pallina da golf.
golf club n circolo di golf; (stick) bastone m or mazza da golf.
golf course n campo di golf.
golfer ['gɔlfə*] n giocatore/trice di golf.
golfing ['gɔlfɪŋ] n il giocare a golf.
gondola ['gɔndələ] n gondola.
gondolier [gɔndə'lɪə*] n gondoliere m.
gone [gɔn] pp of **go**.
goner ['gɔnə*] n (col): **I thought you were a** ~ pensavo che ormai fossi spacciato.
gong [gɔŋ] n gong m inv.
good [gud] adj buono(a); (kind) buono(a), gentile; (child) bravo(a) ♦ n bene m; ~! bene!, ottimo!; **to be** ~ **at** essere bravo(a) in; **it's** ~ **for you** fa bene; **it's a** ~ **thing you were there** meno male che c'era; **she is** ~ **with children/her hands** ci sa fare coi bambini/è abile nei lavori manuali; **to feel** ~ sentirsi bene; **it's** ~ **to see you** che piacere vederla; **he's up to no** ~ ne sta combinando qualcuna; **it's no** ~ **complaining** brontolare non serve a niente; **for the common** ~ nell'interesse generale, per il bene comune; **for** ~ (for ever) per sempre, definitivamente; **would you be** ~ **enough to ...?** avrebbe la gentilezza di ...?; **that's very** ~ **of you** è molto gentile da parte sua; **is this any** ~? (will it do?) va bene questo?; (what's it like?) com'è?; **a** ~ **deal (of)** molto(a), una buona quantità (di); **a** ~ **many** molti(e); ~ **morning!** buon giorno!; ~ **afternoon/ evening!** buona sera!; ~ **night!** buona notte!; see also **goods**.
goodbye [gud'baɪ] excl arrivederci!; **to say** ~ **to** (person) salutare.
good faith n buona fede.
good-for-nothing ['gudfənʌθɪŋ] n buono/a a nulla, vagabondo/a.
Good Friday n Venerdì Santo.
good-humoured [gud'hju:məd] adj (person) di buon umore; (remark, joke) bonario(a).
good-looking [gud'lukɪŋ] adj bello(a).
good-natured [gud'neɪtʃəd] adj (person) affabile; (discussion) amichevole, cordiale.
goodness ['gudnɪs] n (of person) bontà; **for** ~ **sake!** per amor di Dio!; ~ **gracious!** santo cielo!, mamma mia!
goods [gudz] npl (COMM etc) merci fpl, articoli mpl; ~ **and chattels** beni mpl e effetti mpl.
goods train n (BRIT) treno m merci inv.
goodwill [gud'wɪl] n amicizia, benevolenza; (COMM) avviamento.

goody-goody ['gudɪgudɪ] n (pej) santarellino/a.
gooey ['gu:ɪ] adj (BRIT col: sticky) appiccicoso(a); (cake, dessert) troppo zuccherato(a).
goose, pl **geese** [gu:s, gi:s] n oca.
gooseberry ['guzbərɪ] n uva spina; **to play** ~ (BRIT) tenere la candela.
gooseflesh ['gu:sflɛʃ] n, **goosepimples** ['gu:spɪmplz] npl pelle f d'oca.
goose step n (MIL) passo dell'oca.
GOP n abbr (US POL: col: = Grand Old Party) partito repubblicano.
gopher ['gəufə*] n = **gofer**.
gore [gɔ:*] vt incornare ♦ n sangue m (coagulato).
gorge [gɔ:dʒ] n gola ♦ vt: **to** ~ **o.s. (on)** ingozzarsi (di).
gorgeous ['gɔ:dʒəs] adj magnifico(a).
gorilla [gə'rɪlə] n gorilla m inv.
gormless ['gɔ:mlɪs] adj (BRIT col) tonto(a); (: stronger) deficiente.
gorse [gɔ:s] n ginestrone m.
gory ['gɔ:rɪ] adj sanguinoso(a).
go-slow ['gəu'sləu] n (BRIT) rallentamento dei lavori (per agitazione sindacale).
gospel ['gɔspl] n vangelo.
gossamer ['gɔsəmə*] n (cobweb) fili mpl della Madonna or di ragnatela; (light fabric) stoffa sottilissima.
gossip ['gɔsɪp] n chiacchiere fpl; pettegolezzi mpl; (person) pettegolo/a ♦ vi chiacchierare; (maliciously) pettegolare; **a piece of** ~ un pettegolezzo.
gossip column n cronaca mondana.
got [gɔt] pt, pp of **get**.
Gothic ['gɔθɪk] adj gotico(a).
gotten ['gɔtn] (US) pp of **get**.
gouge [gaudʒ] vt (also: ~ **out**: hole etc) scavare; (: initials) scolpire; (: sb's eyes) cavare.
gourd [guəd] n zucca.
gourmet ['guəmeɪ] n buongustaio/a.
gout [gaut] n gotta.
govern ['gʌvən] vt governare; (LING) reggere.
governess ['gʌvənɪs] n governante f.
governing ['gʌvənɪŋ] adj (POL) al potere, al governo; ~ **body** consiglio di amministrazione.
government ['gʌvnmənt] n governo; (BRIT: ministers) ministero ♦ cpd statale; **local** ~ amministrazione f locale.
governmental [gʌvn'mɛntl] adj governativo(a).
government housing n (US) alloggi mpl popolari.
government stock n titoli mpl di stato.

governor ['gʌvənə*] n (*of state, bank*) governatore m; (*of school, hospital*) amministratore m; (*BRIT: of prison*) direttore/trice.

Govt abbr = **government**.

gown [gaun] n vestito lungo; (*of teacher, judge*) toga.

GP n abbr (*MED*) see **general practitioner**.

GPMU n abbr (*BRIT*) = Graphical, Paper and Media Union.

GPO n abbr (*BRIT: old*) = General Post Office; (*US:* = Government Printing Office) ≈ Poligrafici dello Stato.

gr. abbr (*COMM*) = **gross**.

grab [græb] vt afferrare, arraffare; (*property, power*) impadronirsi di ♦ vi: **to ~ at** tentare disperatamente di afferrare.

grace [greis] n grazia; (*graciousness*) garbo, cortesia ♦ vt onorare; **5 days' ~** dilazione f di 5 giorni; **to say ~** dire il benedicite; **with a good/bad ~** volentieri/ malvolentieri; **his sense of humour is his saving ~** il suo senso dell'umorismo è quello che lo salva.

graceful ['greisful] adj elegante, aggraziato(a).

gracious ['greiʃəs] adj grazioso(a); misericordioso(a) ♦ excl: (**good**) **~!** madonna (mia)!

gradation [grə'deiʃən] n gradazione f.

grade [greid] n (*COMM*) qualità f inv; classe f; categoria; (*in hierarchy*) grado; (*US SCOL*) voto; classe; (*gradient*) pendenza, gradiente m ♦ vt classificare; ordinare; graduare; **to make the ~** (*fig*) farcela.

grade crossing n (*US*) passaggio a livello.

grade school n (*US*) scuola elementare or primaria.

gradient ['greidiənt] n pendenza, gradiente m.

gradual ['grædjuəl] adj graduale.

gradually ['grædjuəli] adv man mano, a poco a poco.

graduate n ['grædjuit] laureato/a; (*US SCOL*) diplomato/a, licenziato/a ♦ vi ['grædjueit] laurearsi.

graduated pension ['grædjueitid-] n pensione calcolata sugli ultimi stipendi.

graduation [grædju'eiʃən] n cerimonia del conferimento della laurea; (*US SCOL*) consegna dei diplomi.

graffiti [grə'fiːti] npl graffiti mpl.

graft [grɑːft] n (*AGR, MED*) innesto ♦ vt innestare; **hard ~** (*col*) duro lavoro.

grain [grein] n (*no pl: cereals*) cereali mpl; (*US: corn*) grano; (*of sand*) granello; (*of wood*) venatura; **it goes against the ~**

(*fig*) va contro la mia (*or* la sua *etc*) natura.

gram [græm] n grammo.

grammar ['græmə*] n grammatica.

grammar school n (*BRIT*) ≈ liceo; (*US*) ≈ scuola elementare.

grammatical [grə'mætikl] adj grammaticale.

gramme [græm] n = **gram**.

gramophone ['græməfəun] n (*BRIT*) grammofono.

granary ['grænəri] n granaio.

grand [grænd] adj grande, magnifico(a); grandioso(a) ♦ n (*col: thousand*) mille dollari mpl (*or* sterline fpl).

grandchild, pl **-children** ['græntʃaild, -tʃildrən] n nipote m.

granddad ['grændæd] n (*col*) nonno.

granddaughter ['grændɔːtə*] n nipote f.

grandeur ['grændjə*] n (*of style, house*) splendore m; (*of occasion, scenery etc*) grandiosità, maestà.

grandfather ['grændfɑːðə*] n nonno.

grandiose ['grændiəus] adj grandioso(a); (*pej*) pomposo(a).

grand jury n (*US*) giuria (*formata da 12 a 23 membri*).

grandma ['grænmɑː] n (*col*) nonna.

grandmother ['grænmʌðə*] n nonna.

grandpa ['grænpɑː] n (*col*) = **granddad**.

grandparent ['grænpɛərənt] n nonno/a.

grand piano n pianoforte m a coda.

Grand Prix ['grɑ̃ː'priː] n (*AUT*) Gran Premio, Grand Prix m inv.

grandson ['grænsʌn] n nipote m.

grandstand ['grændstænd] n (*SPORT*) tribuna.

grand total n somma complessiva.

granite ['grænit] n granito.

granny ['græni] n (*col*) nonna.

grant [grɑːnt] vt accordare; (*a request*) accogliere; (*admit*) ammettere, concedere ♦ n (*SCOL*) borsa; (*ADMIN*) sussidio, sovvenzione f; **to take sth for ~ed** dare qc per scontato.

granulated ['grænjuleitid] adj: **~ sugar** zucchero cristallizzato.

granule ['grænjuːl] n granello.

grape [greip] n chicco d'uva, acino; **a bunch of ~s** un grappolo d'uva.

grapefruit ['greipfruːt] n pompelmo.

grapevine ['greipvain] n vite f; **I heard it on the ~** (*fig*) me l'ha detto l'uccellino.

graph [grɑːf] n grafico.

graphic ['græfik] adj grafico(a); (*vivid*) vivido(a); see also **graphics**.

graphic designer n grafico/a.

graphic equalizer n equalizzatore m

grafico.

graphics ['græfıks] n (art, process) grafica; (pl: drawings) illustrazioni fpl.

graphite ['græfaıt] n grafite f.

graph paper n carta millimetrata.

grapple ['græpl] vi: **to ~ with** essere alle prese con.

grappling iron ['græplıŋ-] n (NAUT) grappino.

grasp [grɑːsp] vt afferrare ♦ n (grip) presa; (fig) potere m; comprensione f; **to have sth within one's ~** avere qc a portata di mano; **to have a good ~ of** (subject) avere una buona padronanza di.

► **grasp at** vt fus (rope etc) afferrarsi a, aggrapparsi a; (fig: opportunity) non farsi sfuggire, approfittare di.

grasping ['grɑːspıŋ] adj avido(a).

grass [grɑːs] n erba; (pasture) pascolo, prato; (BRIT col: informer) informatore/ trice; (ex-terrorist) pentito/a.

grasshopper ['grɑːshɔpə*] n cavalletta.

grassland ['grɑːslænd] n prateria.

grass roots npl (fig) base f.

grass snake n natrice f.

grassy ['grɑːsı] adj erboso(a).

grate [greıt] n graticola (del focolare) ♦ vi cigolare, stridere ♦ vt (CULIN) grattugiare.

grateful ['greıtful] adj grato(a), riconoscente.

gratefully ['greıtfulı] adv con gratitudine.

grater ['greıtə*] n grattugia.

gratification [grætıfı'keıʃən] n soddisfazione f.

gratify ['grætıfaı] vt appagare; (whim) soddisfare.

gratifying ['grætıfaııŋ] adj gradito(a); soddisfacente.

grating ['greıtıŋ] n (iron bars) grata ♦ adj (noise) stridente, stridulo(a).

gratitude ['grætıtjuːd] n gratitudine f.

gratuitous [grə'tjuːıtəs] adj gratuito(a).

gratuity [grə'tjuːıtı] n mancia.

grave [greıv] n tomba ♦ adj grave, serio(a).

gravedigger ['greıvdıgə*] n becchino.

gravel ['grævl] n ghiaia.

gravely ['greıvlı] adv gravemente, solennemente; **~ ill** in pericolo di vita.

gravestone ['greıvstəun] n pietra tombale.

graveyard ['greıvjɑːd] n cimitero.

gravitate ['grævıteıt] vi gravitare.

gravity ['grævıtı] n (all senses) gravità.

gravy ['greıvı] n intingolo della carne; salsa.

gravy boat n salsiera.

gravy train n: **the ~** (col) l'albero della cuccagna.

gray [greı] adj (US) = **grey**.

graze [greız] vi pascolare, pascere ♦ vt (touch lightly) sfiorare; (scrape) escoriare ♦ n (MED) escoriazione f.

grazing ['greızıŋ] n pascolo.

grease [griːs] n (fat) grasso; (lubricant) lubrificante m ♦ vt ingrassare; lubrificare; **to ~ the skids** (US: fig) spianare la strada.

grease gun n ingrassatore m.

greasepaint ['griːspeınt] n cerone m.

greaseproof paper ['griːspruːf-] n (BRIT) carta oleata.

greasy ['griːsı] adj grasso(a); untuoso(a); (BRIT: road, surface) scivoloso(a); (hands, clothes) unto(a).

great [greıt] adj grande; (pain, heat) forte, intenso(a); (col) magnifico(a), meraviglioso(a); **they're ~ friends** sono grandi amici; **the ~ thing is that ...** il bello è che ...; **it was ~!** è stato fantastico!; **we had a ~ time** ci siamo divertiti un mondo.

Great Barrier Reef n: **the ~** la Grande Barriera Corallina.

Great Britain n Gran Bretagna.

great-grandchild, pl **-children** [greıt'græntʃaıld, -tʃıldrən] n pronipote m/f.

great-grandfather [greıt'grændfɑːðə*] n bisnonno.

great-grandmother [greıt'grænmʌðə*] n bisnonna.

Great Lakes npl: **the ~** i Grandi Laghi.

greatly ['greıtlı] adv molto.

greatness ['greıtnıs] n grandezza.

Grecian ['griːʃən] adj greco(a).

Greece [griːs] n Grecia.

greed [griːd] n (also: ~iness) avarizia; (for food) golosità, ghiottoneria.

greedily ['griːdılı] adv avidamente; golosamente.

greedy ['griːdı] adj avido(a); goloso(a), ghiotto(a).

Greek [griːk] adj greco(a) ♦ n greco/a; (LING) greco; **ancient/modern ~** greco antico/moderno.

green [griːn] adj (also POL) verde; (inexperienced) inesperto(a), ingenuo(a) ♦ n verde m; (stretch of grass) prato; (also: **village ~**) ≈ piazza del paese; **~s** npl (vegetables) verdura; (of golf course) green m inv; **to have ~ fingers** or (US) **a ~ thumb** (fig) avere il pollice verde; **the G~ Party** (BRIT POL) i Verdi.

green belt n (round town) cintura di verde.

green card n (AUT) carta verde.

greenery ['griːnərı] n verde m.

greenfly ['griːnflaı] n afide f.

greengage ['griːngeıdʒ] n susina Regina

Claudia.

greengrocer ['gri:ngrəusə*] *n* (*BRIT*) fruttivendolo/a, erbivendolo/a.

greenhouse ['gri:nhaus] *n* serra.

greenhouse effect *n*: **the ~** l'effetto serra.

greenhouse gas *n* gas *m inv* responsabile dell'effetto serra.

greenish ['gri:nıʃ] *adj* verdastro(a).

Greenland ['gri:nlənd] *n* Groenlandia.

Greenlander ['gri:nləndə*] *n* groenlandese *m/f*.

green light *n*: **to give sb the ~** dare via libera a qn.

green pepper *n* peperone *m* verde.

greet [gri:t] *vt* salutare.

greeting ['gri:tıŋ] *n* saluto; **Christmas/ birthday ~s** auguri *mpl* di Natale/di compleanno; **Season's ~s** Buone Feste.

greeting(s) card *n* cartolina d'auguri.

gregarious [grə'gɛərıəs] *adj* gregario(a); socievole.

grenade [grə'neıd] *n* (*also*: **hand ~**) granata.

grew [gru:] *pt of* **grow**.

grey [greı] *adj* grigio(a); **to go ~** diventar grigio.

greyhound ['greıhaund] *n* levriere *m*.

grid [grıd] *n* grata; (*ELEC*) rete *f*; (*US AUT*) area d'incrocio.

griddle ['grıdl] *n* piastra.

gridiron ['grıdaıən] *n* graticola.

gridlock ['grıdlɔk] *n* (*traffic jam*) paralisi *f inv* del traffico.

grief [gri:f] *n* dolore *m*; **to come to ~** (*plan*) naufragare; (*person*) finire male.

grievance ['gri:vəns] *n* doglianza, lagnanza; (*cause for complaint*) motivo di risentimento.

grieve [gri:v] *vi* addolorarsi, soffrire ♦ *vt* addolorare; **to ~ for sb** compiangere qn; (*dead person*) piangere qn.

grievous bodily harm (GBH) ['gri:vəs-] *n* (*LAW*) aggressione *f*.

grill [grıl] *n* (*on cooker*) griglia ♦ *vt* (*BRIT*) cuocere ai ferri; (*question*) interrogare senza sosta; **~ed meat** carne *f* ai ferri *or* alla griglia.

grille [grıl] *n* grata; (*AUT*) griglia.

grill(room) ['grıl(rum)] *n* rosticceria.

grim [grım] *adj* sinistro(a); brutto(a).

grimace [grı'meıs] *n* smorfia ♦ *vi* fare smorfie.

grime [graım] *n* sudiciume *m*.

grimy ['graımı] *adj* sudicio(a).

grin [grın] *n* sorriso smagliante ♦ *vi*: **to ~ (at)** sorridere (a), fare un gran sorriso (a).

grind [graınd] *vb* (*pt*, *pp* **ground** [graund]) *vt* macinare; (*US: meat*) tritare, macinare; (*make sharp*) arrotare; (*polish: gem, lens*) molare ♦ *vi* (*car gears*) grattare ♦ *n* (*work*) sgobbata; **to ~ one's teeth** digrignare i denti; **to ~ to a halt** (*vehicle*) arrestarsi con uno stridio di freni; (*fig: talks, scheme*) insabbiarsi; (: *work, production*) cessare del tutto; **the daily ~** (*col*) il trantran quotidiano.

grinder ['graındə*] *n* (*machine: for coffee*) macinino.

grindstone ['graındstəun] *n*: **to keep one's nose to the ~** darci sotto.

grip [grıp] *n* presa; (*holdall*) borsa da viaggio ♦ *vt* afferrare; **to come to ~s with** affrontare; cercare di risolvere; **to ~ the road** (*tyres*) far presa sulla strada; (*car*) tenere bene la strada; **to lose one's ~** perdere *or* allentare la presa; (*fig*) perdere la grinta.

gripe [graıp] *n* (*MED*) colica; (*col: complaint*) lagna ♦ *vi* (*col*) brontolare.

gripping ['grıpıŋ] *adj* avvincente.

grisly ['grızlı] *adj* macabro(a), orrido(a).

grist [grıst] *n* (*fig*): **it's (all) ~ to the mill** tutto aiuta.

gristle ['grısl] *n* cartilagine *f*.

grit [grıt] *n* ghiaia; (*courage*) fegato ♦ *vt* (*road*) coprire di sabbia; **to ~ one's teeth** stringere i denti; **I've got a piece of ~ in my eye** ho un bruscolino nell'occhio.

grits [grıts] *npl* (*US*) macinato grosso (di avena *etc*).

grizzle ['grızl] *vi* (*BRIT*) piagnucolare.

grizzly ['grızlı] *n* (*also*: **~ bear**) orso grigio, grizzly *m inv*.

groan [grəun] *n* gemito ♦ *vi* gemere.

grocer ['grəusə*] *n* negoziante *m* di generi alimentari; **~'s (shop)** negozio di alimentari.

groceries ['grəusərız] *npl* provviste *fpl*.

grocery ['grəusərı] *n* (*shop*) (negozio di) alimentari.

grog [grɔg] *n* grog *m inv*.

groggy ['grɔgı] *adj* barcollante.

groin [grɔın] *n* inguine *m*.

groom [gru:m] *n* palafreniere *m*; (*also*: **bride~**) sposo ♦ *vt* (*horse*) strigliare; (*fig*): **to ~ sb for** avviare qn a.

groove [gru:v] *n* scanalatura, solco.

grope [grəup] *vi* andare a tentoni; **to ~ for sth** cercare qc a tastoni.

gross [grəus] *adj* grossolano(a); (*COMM*) lordo(a) ♦ *n* (*pl inv*) (*twelve dozen*) grossa ♦ *vt* (*COMM*) incassare, avere un incasso lordo di.

gross domestic product (GDP) *n*

prodotto interno lordo (P.I.L.).

grossly ['grəuslɪ] adv (greatly) molto.

gross national product (GNP) n
prodotto nazionale lordo (P.N.L.).

grotesque [grəu'tɛsk] adj grottesco(a).

grotto ['grɔtəu] n grotta.

grotty ['grɔtɪ] adj (BRIT col) squallido(a).

grouch [grautʃ] (col) vi brontolare ♦ n
(person) brontolone/a.

ground [graund] pt, pp of **grind** ♦ adj (coffee
etc) macinato(a) ♦ n suolo, terra; (land)
terreno; (SPORT) campo; (reason: gen pl)
ragione f; (US: also: ~ **wire**) (presa a)
terra ♦ vt (plane) tenere a terra; (US ELEC)
mettere la presa a terra a ♦ vi (ship)
arenarsi; ~**s** npl (of coffee etc) fondi mpl;
(gardens etc) terreno, giardini mpl; **on/to
the ~** per/a terra; **below ~** sottoterra;
common ~ terreno comune; **to gain/lose
~** guadagnare/perdere terreno; **he
covered a lot of ~ in his lecture** ha
toccato molti argomenti nel corso della
conferenza.

ground cloth n (US) = **groundsheet**.

ground control n (AVIAT, SPACE) base f di
controllo.

ground floor n pianterreno.

grounding ['graundɪŋ] n (in education) basi
fpl.

groundless ['graundlɪs] adj infondato(a).

groundnut ['graundnʌt] n arachide f.

ground rent n (BRIT) canone m di affitto di
un terreno.

ground rules npl regole fpl fondamentali.

groundsheet ['graundʃiːt] n (BRIT) telone m
impermeabile.

groundsman ['graundzmən], (US)
groundskeeper ['graundzkiːpə*] n
(SPORT) custode m (di campo sportivo).

ground staff n personale m di terra.

groundswell ['graundswɛl] n maremoto;
(fig) movimento.

ground-to-air ['graundtu'ɛə*] adj terra-aria
inv.

ground-to-ground ['graundtə'graund] adj: ~
missile missile m terra-terra.

groundwork ['graundwɜːk] n preparazione
f.

group [gruːp] n gruppo; (MUS: pop ~)
complesso, gruppo ♦ vt raggruppare ♦ vi
raggrupparsi.

groupie ['gruːpɪ] n groupie m/f inv, fan m/f inv
scatenato(a).

group therapy n terapia di gruppo.

grouse [graus] n (pl inv) (bird) tetraone m
♦ vi (complain) brontolare.

grove [grəuv] n boschetto.

grovel ['grɔvl] vi (fig): **to ~ (before)**

strisciare (di fronte a).

grow, pt **grew,** pp **grown** [grəu, gruː, grəun]
vi crescere; (increase) aumentare;
(become): **to ~ rich/weak** arricchirsi/
indebolirsi ♦ vt coltivare, far crescere; **to
~ tired of waiting** stancarsi di aspettare.

▶**grow apart** vi (fig) estraniarsi.

▶**grow away from** vt fus (fig) allontanarsi
da, staccarsi da.

▶**grow on** vt fus: **that painting is ~ing on
me** quel quadro più lo guardo più mi
piace.

▶**grow out of** vt fus (clothes) diventare
troppo grande per indossare; (habit)
perdere (col tempo); **he'll ~ out of it** gli
passerà.

▶**grow up** vi farsi grande, crescere.

grower ['grəuə*] n coltivatore/trice.

growing ['grəuɪŋ] adj (fear, amount)
crescente; ~ **pains** (also fig) problemi mpl
di crescita.

growl [graul] vi ringhiare.

grown [grəun] pp of **grow** ♦ adj adulto(a),
maturo(a).

grown-up [grəun'ʌp] n adulto/a, grande m/f.

growth [grəuθ] n crescita, sviluppo; (what
has grown) crescita; (MED) escrescenza,
tumore m.

growth rate n tasso di crescita.

GRSM n abbr (BRIT) = Graduate of the Royal
Schools of Music.

grub [grʌb] n larva; (col: food) roba (da
mangiare).

grubby ['grʌbɪ] adj sporco(a).

grudge [grʌdʒ] n rancore m ♦ vt: **to ~ sb sth**
dare qc a qn di malavoglia; invidiare qc
a qn; **to bear sb a ~ (for)** serbar rancore a
qn (per).

grudgingly ['grʌdʒɪŋlɪ] adv di malavoglia,
di malincuore.

gruelling, (US) **grueling** ['gruəlɪŋ] adj
estenuante.

gruesome ['gruːsəm] adj orribile.

gruff [grʌf] adj rozzo(a).

grumble ['grʌmbl] vi brontolare, lagnarsi.

grumpy ['grʌmpɪ] adj stizzito(a).

grunge [grʌndʒ] n (MUS) grunge m inv;
(style) moda f grunge inv.

grunt [grʌnt] vi grugnire ♦ n grugnito.

G-string ['dʒiːstrɪŋ] n (garment) tanga m inv.

GSUSA n abbr = Girl Scouts of the United
States of America.

GT abbr (AUT: = gran turismo) GT.

GU abbr (US POST) = Guam.

guarantee [gærən'tiː] n garanzia ♦ vt
garantire; **he can't ~ (that) he'll come**
non può garantire che verrà.

guarantor [gærən'tɔː*] n garante m/f.

guard [gɑːd] *n* guardia; (*protection*) riparo, protezione *f*; (*BOXING*) difesa; (*one man*) guardia, sentinella; (*BRIT RAIL*) capotreno; (*safety device*: *on machine*) schermo protettivo; (*also*: **fire ~**) parafuoco ♦ *vt* fare la guardia a; **to ~ (against** *or* **from)** proteggere (da), salvaguardare (da); **to be on one's ~** (*fig*) stare in guardia.
▶**guard against** *vi*: **to ~ against doing sth** guardarsi dal fare qc.

guard dog *n* cane *m* da guardia.

guarded ['gɑːdɪd] *adj* (*fig*) cauto(a), guardingo(a).

guardian ['gɑːdɪən] *n* custode *m*; (*of minor*) tutore/trice.

guard's van *n* (*BRIT RAIL*) vagone *m* di servizio.

Guatemala [gwɑːtə'mɑːlə] *n* Guatemala *m*.

Guernsey ['gɜːnzɪ] *n* Guernesey *f*.

guerrilla [gə'rɪlə] *n* guerrigliero.

guerrilla warfare *n* guerriglia.

guess [gɛs] *vi* indovinare ♦ *vt* indovinare; (*US*) credere, pensare ♦ *n* congettura; **to take** *or* **have a ~** cercare di indovinare; **my ~ is that ...** suppongo che ...; **to keep sb ~ing** tenere qn in sospeso *or* sulla corda; **I ~ you're right** mi sa che hai ragione.

guesstimate ['gɛstɪmɪt] *n* (*col*) stima approssimativa.

guesswork ['gɛswɜːk] *n*: **I got the answer by ~** ho azzeccato la risposta.

guest [gɛst] *n* ospite *m/f*; (*in hotel*) cliente *m/f*; **be my ~** (*col*) fai come (se fossi) a casa tua.

guest-house ['gɛsthaus] *n* pensione *f*.

guest room *n* camera degli ospiti.

guff [gʌf] *n* (*col*) stupidaggini *fpl*, assurdità *fpl*.

guffaw [gʌ'fɔː] *n* risata sonora ♦ *vi* scoppiare di una risata sonora.

guidance ['gaɪdəns] *n* guida, direzione *f*; **marriage/vocational ~** consulenza matrimoniale/per l'avviamento professionale.

guide [gaɪd] *n* (*person, book etc*) guida; (*also*: **girl ~**) giovane esploratrice *f* ♦ *vt* guidare; **to be ~d by sb/sth** farsi *or* lasciarsi guidare da qn/qc.

guidebook ['gaɪdbuk] *n* guida.

guided missile *n* missile *m* telecomandato.

guide dog *n* (*BRIT*) cane *m* guida *inv*.

guidelines ['gaɪdlaɪnz] *npl* (*fig*) indicazioni *fpl*, linee *fpl* direttive.

guild [gɪld] *n* arte *f*, corporazione *f*; associazione *f*.

guildhall ['gɪldhɔːl] *n* (*BRIT*) palazzo municipale.

guile [gaɪl] *n* astuzia.

guileless ['gaɪllɪs] *adj* candido(a).

guillotine ['gɪlətiːn] *n* ghigliottina.

guilt [gɪlt] *n* colpevolezza.

guilty ['gɪltɪ] *adj* colpevole; **to feel ~ (about)** sentirsi in colpa (per); **to plead ~/not ~** dichiararsi colpevole/innocente.

Guinea ['gɪnɪ] *n*: **Republic of ~** Repubblica di Guinea.

guinea ['gɪnɪ] *n* (*BRIT*) ghinea (= *21 shillings*: *valuta ora fuori uso*).

guinea pig *n* cavia.

guise [gaɪz] *n* maschera.

guitar [gɪ'tɑː*] *n* chitarra.

guitarist [gɪ'tɑːrɪst] *n* chitarrista *m/f*.

gulch [gʌltʃ] *n* (*US*) burrone *m*.

gulf [gʌlf] *n* golfo; (*abyss*) abisso; **the (Persian) G~** il Golfo Persico.

Gulf States *npl*: **the ~** i paesi del Golfo Persico.

Gulf Stream *n*: **the ~** la corrente del Golfo.

gull [gʌl] *n* gabbiano.

gullet ['gʌlɪt] *n* gola.

gullibility [gʌlɪ'bɪlɪtɪ] *n* semplicioneria.

gullible ['gʌlɪbl] *adj* credulo(a).

gully ['gʌlɪ] *n* burrone *m*; gola; canale *m*.

gulp [gʌlp] *vi* deglutire; (*from emotion*) avere il nodo in gola ♦ *vt* (*also*: **~ down**) tracannare, inghiottire ♦ *n* (*of liquid*) sorso; (*of food*) boccone *m*; **in** *or* **at one ~** in un sorso, d'un fiato.

gum [gʌm] *n* (*ANAT*) gengiva; (*glue*) colla; (*sweet*) gelatina di frutta; (*also*: **chewing-~**) chewing-gum *m* ♦ *vt* incollare.
▶**gum up** *vt*: **to ~ up the works** (*col*) mettere il bastone tra le ruote.

gumboil ['gʌmbɔɪl] *n* ascesso (dentario).

gumboots ['gʌmbuːts] *npl* (*BRIT*) stivali *mpl* di gomma.

gumption ['gʌmpʃən] *n* buon senso, senso pratico.

gun [gʌn] *n* fucile *m*; (*small*) pistola, rivoltella; (*rifle*) carabina; (*shotgun*) fucile da caccia; (*cannon*) cannone *m* ♦ *vt* (*also*: **~ down**) abbattere a colpi di pistola *or* fucile; **to stick to one's ~s** (*fig*) tener duro.

gunboat ['gʌnbəut] *n* cannoniera.

gun dog *n* cane *m* da caccia.

gunfire ['gʌnfaɪə*] *n* spari *mpl*.

gung-ho ['gʌŋ'həu] *adj* (*col*) stupidamente entusiasta.

gunk [gʌŋk] *n* porcherie *fpl*.

gunman ['gʌnmən] *n* bandito armato.

gunner ['gʌnə*] *n* artigliere *m*.

gunpoint ['gʌnpɔɪnt] *n*: **at ~** sotto minaccia

di fucile.
gunpowder ['gʌnpaudə*] n polvere f da
sparo.
gunrunner ['gʌnrʌnə*] n contrabbandiere
d'armi.
gunrunning ['gʌnrʌnɪŋ] n contrabbando
d'armi.
gunshot ['gʌnʃɔt] n sparo; **within ~ a**
portata di fucile.
gunsmith ['gʌnsmɪθ] n armaiolo.
gurgle ['gə:gl] n gorgoglio ♦ vi gorgogliare.
guru ['guru:] n guru m inv.
gush [gʌʃ] n fiotto, getto ♦ vi sgorgare; (fig)
abbandonarsi ad effusioni.
gushing ['gʌʃɪŋ] adj che fa smancerie,
smorfioso(a).
gusset ['gʌsɪt] n gherone m; (in tights, pants)
rinforzo.
gust [gʌst] n (of wind) raffica; (of smoke)
buffata.
gusto ['gʌstəu] n entusiasmo.
gusty ['gʌstɪ] adj (wind) a raffiche; (day)
tempestoso(a).
gut [gʌt] n intestino, budello; (MUS etc)
minugia; **~s** npl (col: innards) budella fpl;
(: of animals) interiora fpl; (courage) fegato
♦ vt (poultry, fish) levare le interiora a,
sventrare; (building) svuotare; (: subj: fire)
divorare l'interno di; **to hate sb's ~s**
odiare qn a morte.
gut reaction n reazione f istintiva.
gutsy ['gʌtsɪ] adj (col: style) che ha
mordente; (plucky) coraggioso(a).
gutted ['gʌtɪd] adv (col: upset) scioccato(a).
gutter ['gʌtə*] n (of roof) grondaia; (in
street) cunetta.
gutter press n: **the ~** la stampa
scandalistica.
guttural ['gʌtərl] adj gutturale.
guy [gaɪ] n (also: **~rope**) cavo or corda di
fissaggio; (col: man) tipo, elemento;
(figure) effigie di Guy Fawkes.

---

*Durante la notte del 5 novembre, la **Guy**
Fawkes' Night, che commemora il
fallimento della Congiura delle Polveri
contro Giacomo I nel 1605, vengono lanciati
fuochi d'artificio e viene bruciata l'effigie di
Guy Fawkes, uno dei cospiratori.*

Guyana [gaɪ'ænə] n Guayana f.
guzzle ['gʌzl] vi gozzovigliare ♦ vt
tranguggiare.
gym [dʒɪm] n (also: **gymnasium**) palestra;
(also: **gymnastics**) ginnastica.
gymkhana [dʒɪm'kɑ:nə] n gimkana.
gymnasium [dʒɪm'neɪzɪəm] n palestra.
gymnast ['dʒɪmnæst] n ginnasta m/f.

gymnastics [dʒɪm'næstɪks] n, npl
ginnastica.
gym shoes npl scarpe fpl da ginnastica.
gym slip n (BRIT) grembiule m da scuola
(per ragazze).
gynaecologist, (US) **gynecologist**
[gaɪnɪ'kɔlədʒɪst] n ginecologo/a.
gynaecology, (US) **gynecology**
[gaɪnə'kɔlədʒɪ] n ginecologia.
gypsy ['dʒɪpsɪ] n = **gipsy**.
gyrate [dʒaɪ'reɪt] vi girare.
gyroscope ['dʒaɪərəskəup] n giroscopio.

H h

H, h [eɪtʃ] n (letter) H, h f or m inv; **H for**
Harry, (US) **H for How** ≈ H come Hotel.
habeas corpus ['heɪbɪəs'kɔːpəs] n (LAW)
habeas corpus m inv.
haberdashery ['hæbədæʃərɪ] n merceria.
habit ['hæbɪt] n abitudine f; (costume) abito;
(REL) tonaca; **to get out of/into the ~ of**
doing sth perdere/prendere l'abitudine
di fare qc.
habitable ['hæbɪtəbl] adj abitabile.
habitat ['hæbɪtæt] n habitat m inv.
habitation [hæbɪ'teɪʃən] n abitazione f.
habitual [hə'bɪtjuəl] adj abituale; (drinker,
liar) inveterato(a).
habitually [hə'bɪtjuəlɪ] adv abitualmente, di
solito.
hack [hæk] vt tagliare, fare a pezzi ♦ n (cut)
taglio; (blow) colpo; (old horse) ronzino;
(pej: writer) negro.
hacker ['hækə*] n (COMPUT) pirata m
informatico.
hackles ['hæklz] npl: **to make sb's ~ rise**
(fig) rendere qn furioso.
hackney cab ['hæknɪ-] n carrozza a nolo.
hackneyed ['hæknɪd] adj comune, trito(a).
hacksaw ['hæksɔː] n seghetto (per
metallo).
had [hæd] pt, pp of **have**.
haddock ['hædək] n eglefino.
hadn't ['hædnt] = **had not**.
haematology, (US) **hematology**
[hiːmə'tɔlədʒɪ] n ematologia.
haemoglobin, (US) **hemoglobin**
[hiːməu'gləubɪn] n emoglobina.
haemophilia, (US) **hemophilia**
[hiːməu'fɪlɪə] n emofilia.

haemorrhage, (*US*) **hemorrhage** ['hɛmərɪdʒ] *n* emorragia.
haemorrhoids, (*US*) **hemorrhoids** ['hɛmərɔɪdz] *npl* emorroidi *fpl*.
hag [hæg] *n* (*ugly*) befana; (*nasty*) megera; (*witch*) strega.
haggard ['hægəd] *adj* smunto(a).
haggis ['hægɪs] *n* (*Scottish*) *insaccato a base di frattaglie di pecora e avena.*
haggle ['hægl] *vi*: **to ~ (over)** contrattare (su); (*argue*) discutere (su).
haggling ['hæglɪŋ] *n* contrattazioni *fpl*.
Hague [heɪg] *n*: **The ~** L'Aia.
hail [heɪl] *n* grandine *f* ♦ *vt* (*call*) chiamare; (*greet*) salutare ♦ *vi* grandinare; **to ~ (as)** acclamare (come); **he ~s from Scotland** viene dalla Scozia.
hailstone ['heɪlstəun] *n* chicco di grandine.
hailstorm ['heɪlstɔːm] *n* grandinata.
hair [hɛə*] *n* capelli *mpl*; (*single hair: on head*) capello; (: *on body*) pelo; **to do one's ~** pettinarsi.
hairbrush ['hɛəbrʌʃ] *n* spazzola per capelli.
haircut ['hɛəkʌt] *n* taglio di capelli; **I need a ~** devo tagliarmi i capelli.
hairdo ['hɛəduː] *n* acconciatura, pettinatura.
hairdresser ['hɛədrɛsə*] *n* parrucchiere/a.
hair-dryer ['hɛədraɪə*] *n* asciugacapelli *m inv*.
-haired [hɛəd] *suffix*: **fair/long~** dai capelli biondi/lunghi.
hairgrip ['hɛəgrɪp] *n* forcina.
hairline ['hɛəlaɪn] *n* attaccatura dei capelli.
hairline fracture *n* incrinatura.
hairnet ['hɛənɛt] *n* retina (per capelli).
hair oil *n* brillantina.
hairpiece ['hɛəpiːs] *n* toupet *m inv*.
hairpin ['hɛəpɪn] *n* forcina.
hairpin bend, (*US*) **hairpin curve** *n* tornante *m*.
hair-raising ['hɛəreɪzɪŋ] *adj* orripilante.
hair remover *n* crema depilatoria.
hair spray *n* lacca per capelli.
hairstyle ['hɛəstaɪl] *n* pettinatura, acconciatura.
hairy ['hɛərɪ] *adj* irsuto(a); peloso(a); (*col: frightening*) spaventoso(a).
Haiti ['heɪtɪ] *n* Haiti *f*.
hake, *pl* **~** *or* **~s** [heɪk] *n* nasello.
halcyon ['hælsɪən] *adj* sereno(a).
hale [heɪl] *adj*: **~ and hearty** che scoppia di salute.
half [hɑːf] *n* (*pl* **halves** [hɑːvz]) mezzo, metà *f inv*; (*SPORT: of match*) tempo; (: *of ground*) metà campo ♦ *adj* mezzo(a) ♦ *adv* a mezzo, a metà; **~ an hour** mezz'ora; **~ a dozen** mezza dozzina; **~ a pound** mezza libbra;

two and a ~ due e mezzo; **a week and a ~** una settimana e mezza; **~ (of it)** la metà; **~ (of)** la metà di; **~ the amount of** la metà di; **to cut sth in ~** tagliare qc in due; **~ empty/closed** mezzo vuoto/chiuso, semivuoto/semichiuso; **~ past 3** le 3 e mezza; **to go halves (with sb)** fare a metà (con qn).
half-back ['hɑːfbæk] *n* (*SPORT*) mediano.
half-baked [hɑːf'beɪkt] *adj* (*fig col: idea, scheme*) mal combinato(a), che non sta in piedi.
half-breed ['hɑːfbriːd] *n* = **half-caste**.
half-brother ['hɑːfbrʌðə*] *n* fratellastro.
half-caste ['hɑːfkɑːst] *n* meticcio/a.
half-hearted [hɑːf'hɑːtɪd] *adj* tiepido(a).
half-hour [hɑːf'auə*] *n* mezz'ora.
half-mast ['hɑːf'mɑːst] *n*: **at ~** (*flag*) a mezz'asta.
halfpenny ['heɪpnɪ] *n* mezzo penny *m inv*.
half-price ['hɑːf'praɪs] *adj* a metà prezzo ♦ *adv* (*also*: **at ~**) a metà prezzo.
half term *n* (*BRIT SCOL*) vacanza a *or* di metà trimestre.
half-time [hɑːf'taɪm] *n* (*SPORT*) intervallo.
halfway [hɑːf'weɪ] *adv* a metà strada; **to meet sb ~** (*fig*) arrivare a un compromesso con qn.
halfway house *n* (*hostel*) ostello dove possono alloggiare temporaneamente ex detenuti; (*fig*) via di mezzo.
half-wit ['hɑːfwɪt] *n* (*col*) idiota *m/f*.
half-yearly [hɑːf'jɪəlɪ] *adv* semestralmente, ogni sei mesi ♦ *adj* semestrale.
halibut ['hælɪbət] *n* (*pl inv*) ippoglosso.
halitosis [hælɪ'təusɪs] *n* alitosi *f*.
hall [hɔːl] *n* sala, salone *m*; (*entrance way*) entrata; (*corridor*) corridoio; (*mansion*) grande villa, maniero; **~ of residence** *n* (*BRIT*) casa dello studente.
hallmark ['hɔːlmɑːk] *n* marchio di garanzia; (*fig*) ~ caratteristica.
hallo [hə'ləu] *excl* = **hello**.
Hallowe'en ['hæləu'iːn] *n* vigilia d'Ognissanti.

Secondo la tradizione anglosassone, durante la notte di **Hallowe'en**, *il 31 di ottobre, è possibile vedere le streghe e i fantasmi. Negli Stati Uniti e in Scozia i bambini, travestiti da fantasmi e con in mano lanterne ricavate da zucche, vanno di porta in porta e raccolgono dolci e piccoli doni.*

hallucination [həluːsɪ'neɪʃən] *n* allucinazione *f*.
hallucinogenic [həluːsɪnəu'dʒɛnɪk] *adj* allucinogeno(a).

hallway ['hɔːlweɪ] n ingresso; corridoio.
halo ['heɪləʊ] n (of saint etc) aureola; (of sun) alone m.
halt [hɔːlt] n fermata ♦ vt fermare ♦ vi fermarsi; **to call a ~ (to sth)** (fig) mettere or porre fine (a qc).
halter ['hɔːltə*] n (for horse) cavezza.
halterneck ['hɔːltənɛk] adj allacciato(a) dietro il collo.
halve [hɑːv] vt (apple etc) dividere a metà; (expense) ridurre di metà.
halves [hɑːvz] npl of **half**.
ham [hæm] n prosciutto; (col: also: **radio** ~) radioamatore/trice; (also: ~ **actor**) attore/trice senza talento.
Hamburg ['hæmbɔːg] n Amburgo f.
hamburger ['hæmbɔːgə*] n hamburger m inv.
ham-fisted ['hæm'fɪstɪd], (US) **ham-handed** ['hæm'hændɪd] adj maldestro(a).
hamlet ['hæmlɪt] n paesetto.
hammer ['hæmə*] n martello ♦ vt martellare; (fig) sconfiggere duramente ♦ vi (at door) picchiare; **to ~ a point home to sb** cacciare un'idea in testa a qn.
►**hammer out** vt (metal) spianare (a martellate); (fig: solution, agreement) mettere a punto.
hammock ['hæmək] n amaca.
hamper ['hæmpə*] vt impedire ♦ n cesta.
hamster ['hæmstə*] n criceto.
hamstring ['hæmstrɪŋ] n (ANAT) tendine m del ginocchio.
hand [hænd] n mano f; (of clock) lancetta; (handwriting) scrittura; (at cards) mano; (: game) partita; (worker) operaio/a; (measurement: of horse) ≈ dieci centimetri ♦ vt dare, passare; **to give sb a ~** dare una mano a qn; **at ~** a portata di mano; **in ~** a disposizione; (work) in corso; **we have the matter in ~** ci stiamo occupando della cosa; **we have the situation in ~** abbiamo la situazione sotto controllo; **to be on ~** (person) essere disponibile; (emergency services) essere pronto(a) a intervenire; **to ~** (information etc) a portata di mano; **to force sb's ~** forzare la mano a qn; **to have a free ~** avere carta bianca; **to have in one's ~** (also fig) avere in mano or in pugno; **on the one ~ ..., on the other ~** da un lato ..., dall'altro.
►**hand down** vt passare giù; (tradition, heirloom) tramandare; (US: sentence, verdict) emettere.
►**hand in** vt consegnare.
►**hand out** vt (leaflets) distribuire; (advice) elargire.

►**hand over** vt passare; cedere.
►**hand round** vt (BRIT: information, papers) far passare; (distribute: chocolates etc) far girare; (subj: hostess) offrire.
handbag ['hændbæg] n borsetta.
hand baggage n bagaglio a mano.
handball ['hændbɔːl] n pallamano f.
handbasin ['hændbeɪsn] n lavandino.
handbook ['hændbuk] n manuale m.
handbrake ['hændbreɪk] n freno a mano.
hand cream n crema per le mani.
handcuffs ['hændkʌfs] npl manette fpl.
handful ['hændful] n manciata, pugno.
hand-held ['hænd'hɛld] adj portatile.
handicap ['hændɪkæp] n handicap m inv ♦ vt handicappare; **to be mentally ~ped** essere un handicappato mentale; **to be physically ~ped** essere handicappato.
handicraft ['hændɪkrɑːft] n lavoro d'artigiano.
handiwork ['hændɪwɔːk] n lavorazione f a mano; **this looks like his ~** (pej) qui c'è il suo zampino.
handkerchief ['hæŋkətʃɪf] n fazzoletto.
handle ['hændl] n (of door etc) maniglia; (of cup etc) ansa; (of knife etc) impugnatura; (of saucepan) manico; (for winding) manovella ♦ vt toccare, maneggiare; manovrare; (deal with) occuparsi di; (treat: people) trattare; "~ **with care**" "fragile".
handlebar(s) ['hændlbɑː(z)] n(pl) manubrio.
handling ['hændlɪŋ] n (AUT) maneggevolezza; (of issue) modo di affrontare.
handling charges npl commissione f per la prestazione; (for goods) spese fpl di trasporto; (BANKING) spese fpl bancarie.
hand-luggage ['hændlʌgɪdʒ] n bagagli mpl a mano.
handmade [hænd'meɪd] adj fatto(a) a mano; (biscuits etc) fatto(a) in casa.
handout ['hændaut] n (leaflet) volantino; (press ~) comunicato stampa.
hand-picked [hænd'pɪkt] adj (produce) scelto(a), selezionato(a); (staff etc) scelto(a).
handrail ['hændreɪl] n (on staircase etc) corrimano.
handset ['hændsɛt] n (TEL) ricevitore m.
handshake ['hændʃeɪk] n stretta di mano; (COMPUT) colloquio.
handsome ['hænsəm] adj bello(a); (reward) generoso(a); (profit, fortune) considerevole.
hands-on ['hændz'ɔn] adj: ~ **experience** esperienza diretta or pratica.
handstand ['hændstænd] n: **to do a ~** fare

la verticale.

hand-to-mouth ['hændtə'mauθ] *adj* (*existence*) precario(a).

handwriting ['hændraɪtɪŋ] *n* scrittura.

handwritten ['hændrɪtn] *adj* scritto(a) a mano, manoscritto(a).

handy ['hændɪ] *adj* (*person*) bravo(a); (*close at hand*) a portata di mano; (*convenient*) comodo(a); (*useful: machine etc*) pratico(a), utile; **to come in** ~ servire.

handyman ['hændɪmæn] *n* tuttofare *m inv*; **tools for the** ~ arnesi per il fatelo-da-voi.

hang, *pt, pp* **hung** [hæŋ, hʌŋ] *vt* appendere; (*criminal: pt, pp* **hanged**) impiccare ♦ *vi* pendere; (*hair*) scendere; (*drapery*) cadere; **to get the** ~ **of (doing) sth** (*col*) cominiciare a capire (come si fa) qc.

► **hang about** *vi* bighellonare, ciondolare.

► **hang back** *vi* (*hesitate*): **to** ~ **back (from doing)** essere riluttante (a fare).

► **hang on** *vi* (*wait*) aspettare ♦ *vt fus* (*depend on: decision etc*) dipendere da; **to** ~ **on to** (*keep hold of*) aggrapparsi a, attaccarsi a; (*keep*) tenere.

► **hang out** *vt* (*washing*) stendere (fuori); (*col: live*) stare ♦ *vi* penzolare, pendere.

► **hang together** *vi* (*argument etc*) stare in piedi.

► **hang up** *vi* (*TEL*) riattaccare ♦ *vt* appendere; **to** ~ **up on sb** (*TEL*) metter giù il ricevitore a qn.

hangar ['hæŋə*] *n* hangar *m inv*.

hangdog ['hæŋdɔg] *adj* (*guilty: look, expression*) da cane bastonato.

hanger ['hæŋə*] *n* gruccia.

hanger-on [hæŋər'ɔn] *n* parassita *m*.

hang-glider ['hæŋglaɪdə*] *n* deltaplano.

hang-gliding ['hæŋglaɪdɪŋ] *n* volo col deltaplano.

hanging ['hæŋɪŋ] *n* (*execution*) impiccagione *f*.

hangman ['hæŋmən] *n* boia *m*, carnefice *m*.

hangover ['hæŋəuvə*] *n* (*after drinking*) postumi *mpl* di sbornia.

hang-up ['hæŋʌp] *n* complesso.

hank [hæŋk] *n* matassa.

hanker ['hæŋkə*] *vi*: **to** ~ **after** bramare.

hankering ['hæŋkərɪŋ] *n*: **to have a** ~ **for sth/to do sth** avere una gran voglia di qc/di fare qc.

hankie, hanky ['hæŋkɪ] *n abbr* = **handkerchief**.

Hants *abbr* (*BRIT*) = Hampshire.

haphazard [hæp'hæzəd] *adj* a casaccio, alla carlona.

hapless ['hæplɪs] *adj* disgraziato(a); (*unfortunate*) sventurato(a).

happen ['hæpən] *vi* accadere, succedere;

she ~**ed to be free** per caso era libera; **if anything** ~**ed to him** se dovesse succedergli qualcosa; **as it** ~**s** guarda caso; **what's** ~**ing?** cosa succede?, cosa sta succedendo?

► **happen (up)on** *vt fus* capitare su.

happening ['hæpnɪŋ] *n* avvenimento.

happily ['hæpɪlɪ] *adv* felicemente; fortunatamente.

happiness ['hæpɪnɪs] *n* felicità, contentezza.

happy ['hæpɪ] *adj* felice, contento(a); ~ **with** (*arrangements etc*) soddisfatto(a) di; **yes, I'd be** ~ **to** (certo,) con piacere, (ben) volentieri; ~ **birthday!** buon compleanno!; ~ **Christmas/New Year!** buon Natale/anno!

happy-go-lucky ['hæpɪgəu'lʌkɪ] *adj* spensierato(a).

happy hour *n* orario in cui i pub hanno prezzi ridotti.

harangue [hə'ræŋ] *vt* arringare.

harass ['hærəs] *vt* molestare.

harassed ['hærəst] *adj* assillato(a).

harassment ['hærəsmənt] *n* molestia.

harbour, (*US*) **harbor** ['hɑːbə*] *n* porto ♦ *vt* dare rifugio a; (*retain: grudge etc*) covare, nutrire.

harbo(u)r dues *npl* diritti *mpl* portuali.

harbo(u)r master *n* capitano di porto.

hard [hɑːd] *adj* duro(a) ♦ *adv* (*work*) sodo; (*think, try*) bene; **to look** ~ **at** guardare fissamente; esaminare attentamente; **to drink** ~ bere forte; ~ **luck!** peccato!; **no** ~ **feelings!** senza rancore!; **to be** ~ **of hearing** essere duro(a) d'orecchio; **to be** ~ **on sb** essere severo con qn; **to be** ~ **done by** essere trattato(a) ingiustamente; **I find it** ~ **to believe that** ... stento *or* faccio fatica a credere che ... + *sub*.

hard-and-fast ['hɑːdən'fɑːst] *adj* ferreo(a).

hardback ['hɑːdbæk] *n* libro rilegato.

hardboard ['hɑːdbɔːd] *n* legno precompresso.

hard-boiled egg ['hɑːd'bɔɪld-] *n* uovo sodo.

hard cash *n* denaro in contanti.

hard copy *n* (*COMPUT*) hard copy *f inv*, terminale *m* di stampa.

hard-core ['hɑːd'kɔː*] *adj* (*pornography*) hardcore *inv*; (*supporters*) irriducibile.

hard court *n* (*TENNIS*) campo in terra battuta.

hard disk *n* (*COMPUT*) hard disk *m inv*, disco rigido.

harden ['hɑːdn] *vt* indurire; (*steel*) temprare; (*fig: determination*) rafforzare ♦ *vi* (*substance*) indurirsi.

hardened ['hɑ:dnd] *adj* (*criminal*) incallito(a); **to be ~ to sth** essere (diventato) insensibile a qc.

hard graft *n*: **by sheer ~** lavorando da matti.

hard-headed ['hɑ:d'hɛdɪd] *adj* pratico(a).

hard-hearted ['hɑ:d'hɑ:tɪd] *adj* che non si lascia commuovere, dal cuore duro.

hard-hitting ['hɑ:d'hɪtɪŋ] *adj* molto duro(a); **a ~ documentary** un documentario *m* verità *inv*.

hard labour *n* lavori forzati *mpl*.

hardliner [hɑ:d'laɪnə*] *n* fautore/trice della linea dura.

hard-luck story [hɑ:d'lʌk-] *n* storia lacrimosa (*con un fine ben preciso*).

hardly ['hɑ:dlɪ] *adv* (*scarcely*) appena, a mala pena; **it's ~ the case** non è proprio il caso; **~ anyone/anywhere** quasi nessuno/da nessuna parte; **I can ~ believe it** stento a crederci.

hardness ['hɑ:dnɪs] *n* durezza.

hard-nosed ['hɑ:d'nəuzd] *adj* (*people*) con i piedi per terra.

hard-pressed ['hɑ:d'prɛst] *adj* in difficoltà.

hard sell *n* (*COMM*) intensa campagna promozionale.

hardship ['hɑ:dʃɪp] *n* avversità *f inv*; privazioni *fpl*.

hard shoulder *n* (*BRIT AUT*) corsia d'emergenza.

hard-up [hɑ:d'ʌp] *adj* (*col*) al verde.

hardware ['hɑ:dwɛə*] *n* ferramenta *fpl*; (*COMPUT*) hardware *m*.

hardware shop *n* (negozio di) ferramenta *fpl*.

hard-wearing [hɑ:d'wɛərɪŋ] *adj* resistente, robusto(a).

hard-won ['hɑ:d'wʌn] *adj* sudato(a).

hard-working [hɑ:d'wə:kɪŋ] *adj* lavoratore(trice).

hardy ['hɑ:dɪ] *adj* robusto(a); (*plant*) resistente al gelo.

hare [hɛə*] *n* lepre *f*.

hare-brained ['hɛəbreɪnd] *adj* folle; scervellato(a).

harelip ['hɛəlɪp] *n* (*MED*) labbro leporino.

harem [hɑ:'ri:m] *n* harem *m inv*.

hark back [hɑ:k-] *vi*: **to ~ back to** (*former days*) rievocare; (*earlier occasion*) ritornare a *or* su.

harm [hɑ:m] *n* male *m*; (*wrong*) danno ♦ *vt* (*person*) fare male a; (*thing*) danneggiare; **to mean no ~** non avere l'intenzione d'offendere; **out of ~'s way** al sicuro; **there's no ~ in trying** tentar non nuoce.

harmful ['hɑ:mful] *adj* dannoso(a).

harmless ['hɑ:mlɪs] *adj* innocuo(a); inoffensivo(a).

harmonic [hɑ:'mɔnɪk] *adj* armonico(a).

harmonica [hɑ:'mɔnɪkə] *n* armonica.

harmonics [hɑ:'mɔnɪks] *npl* armonia.

harmonious [hɑ:'məunɪəs] *adj* armonioso(a).

harmonium [hɑ:'məunɪəm] *n* armonium *m inv*.

harmonize ['hɑ:mənaɪz] *vt*, *vi* armonizzare.

harmony ['hɑ:mənɪ] *n* armonia.

harness ['hɑ:nɪs] *n* bardatura, finimenti *mpl* ♦ *vt* (*horse*) bardare; (*resources*) sfruttare.

harp [hɑ:p] *n* arpa ♦ *vi*: **to ~ on about** insistere tediosamente su.

harpist ['hɑ:pɪst] *n* arpista *m/f*.

harpoon [hɑ:'pu:n] *n* arpione *m*.

harpsichord ['hɑ:psɪkɔ:d] *n* clavicembalo.

harrow ['hærəu] *n* (*AGR*) erpice *m*.

harrowing ['hærəuɪŋ] *adj* straziante.

harry ['hærɪ] *vt* (*MIL*) saccheggiare; (*person*) assillare.

harsh [hɑ:ʃ] *adj* (*hard*) duro(a); (*severe*) severo(a); (*unpleasant: sound*) rauco(a); (: *colour*) chiassoso(a); violento(a).

harshly ['hɑ:ʃlɪ] *adv* duramente; severamente.

harshness ['hɑ:ʃnɪs] *n* durezza; severità.

harvest ['hɑ:vɪst] *n* raccolto; (*of grapes*) vendemmia ♦ *vt* fare il raccolto di, raccogliere; vendemmiare ♦ *vi* fare il raccolto; vendemmiare.

harvester ['hɑ:vɪstə*] *n* (*machine*) mietitrice *f*; (*also*: **combine ~**) mietitrebbia; (*person*) mietitore/trice.

has [hæz] *see* **have**.

has-been ['hæzbi:n] *n* (*col: person*): **he's/she's a ~** ha fatto il suo tempo.

hash [hæʃ] *n* (*CULIN*) specie di spezzatino fatto con carne già cotta; (*fig: mess*) pasticcio ♦ *n abbr* (*col*) = **hashish**.

hashish ['hæʃɪʃ] *n* hascisc *m*.

hasn't ['hæznt] = **has not**.

hassle ['hæsl] *n* (*col*) sacco di problemi.

haste [heɪst] *n* fretta.

hasten ['heɪsn] *vt* affrettare ♦ *vi* affrettarsi; **I ~ to add that ...** mi preme di aggiungere che ....

hastily ['heɪstɪlɪ] *adv* in fretta, precipitosamente.

hasty ['heɪstɪ] *adj* affrettato(a), precipitoso(a).

hat [hæt] *n* cappello.

hatbox ['hætbɔks] *n* cappelliera.

hatch [hætʃ] *n* (*NAUT: also*: **~way**) boccaporto; (*BRIT: also*: **service ~**) portello di servizio ♦ *vi* schiudersi ♦ *vt* covare; (*fig: scheme, plot*) elaborare, mettere a punto.

hatchback ['hætʃbæk] *n* (*AUT*) tre (or

cinque) porte *f inv*.
hatchet ['hætʃɪt] *n* accetta.
hatchet job *n* (*col*) attacco spietato; **to do a ~ on sb** fare a pezzi qn.
hatchet man *n* (*col*) tirapiedi *m inv*, scagnozzo.
hate [heɪt] *vt* odiare, detestare ♦ *n* odio; **to ~ to do** *or* **doing** detestare fare; **I ~ to trouble you, but ...** mi dispiace disturbarla, ma ....
hateful ['heɪtful] *adj* odioso(a), detestabile.
hatred ['heɪtrɪd] *n* odio.
hat trick *n* (*BRIT SPORT, also fig*): **to get a ~** segnare tre punti consecutivi (*or* vincere per tre volte consecutive).
haughty ['hɔːtɪ] *adj* altero(a), arrogante.
haul [hɔːl] *vt* trascinare, tirare ♦ *n* (*of fish*) pescata; (*of stolen goods etc*) bottino.
haulage ['hɔːlɪdʒ] *n* trasporto; autotrasporto.
haulage contractor *n* (*BRIT: firm*) impresa di trasporti; (*: person*) autotrasportatore *m*.
haulier ['hɔːlɪə*], (*US*) **hauler** ['hɔːlə*] *n* autotrasportatore *m*.
haunch [hɔːntʃ] *n* anca; **a ~ of venison** una coscia di cervo.
haunt [hɔːnt] *vt* (*subj: fear*) pervadere; (*: person*) frequentare ♦ *n* rifugio; **a ghost ~s this house** questa casa è abitata da un fantasma.
haunted ['hɔːntɪd] *adj* (*castle etc*) abitato(a) dai fantasmi *or* dagli spiriti; (*look*) ossessionato(a), tormentato(a).
haunting ['hɔːntɪŋ] *adj* (*sight, music*) ossessionante, che perseguita.
Havana [hə'vænə] *n* l'Avana.

════════════════ *KEYWORD*

have [hæv] (*pt, pp* **had**) *aux vb* **1** (*gen*) avere; essere; **to ~ arrived/gone** essere arrivato(a)/andato(a); **to ~ eaten/slept** avere mangiato/dormito; **he has been kind/promoted** è stato gentile/promosso; **having finished** *or* **when he had finished, he left** dopo aver finito, se n'è andato
2 (*in tag questions*): **you've done it, ~n't you?** l'hai fatto, (non è) vero?; **he hasn't done it, has he?** non l'ha fatto, vero?
3 (*in short answers and questions*): **you've made a mistake — no I ~n't/so I ~n't** ha fatto un errore — ma no, niente affatto/sì, è vero; **we ~n't paid — yes we ~!** non abbiamo pagato — ma sì che abbiamo pagato!; **I've been there before, ~ you?** ci sono già stato, e lei?
♦ *modal aux vb* (*be obliged*): **to ~ (got) to do sth** dover fare qc; **I ~n't got** *or* **I don't ~**

to wear glasses non ho bisogno di portare gli occhiali; **I had better leave** è meglio che io vada
♦ *vt* **1** (*possess, obtain*) avere; **he has (got) blue eyes/dark hair** ha gli occhi azzurri/i capelli scuri; **~ you got** *or* **do you ~ a car/phone?** ha la macchina/il telefono?; **may I ~ your address?** potrebbe darmi il suo indirizzo?; **you can ~ it for £5** te lo do per 5 sterline
2 (*+noun: take, hold etc*): **to ~ a bath** fare un bagno; **to ~ breakfast** fare colazione; **to ~ a cigarette** fumare una sigaretta; **to ~ dinner** cenare; **to ~ a drink** bere qualcosa; **to ~ lunch** pranzare; **to ~ a party** dare *or* fare una festa; **to ~ an operation** avere *or* subire un'operazione; **to ~ a swim** fare una nuotata; **I'll ~ a coffee** prendo un caffè; **let me ~ a try** fammi *or* lasciami provare
3: **to ~ sth done** far fare qc; **to ~ one's hair cut** tagliarsi *or* farsi tagliare i capelli; **he had a suit made** si fece fare un abito; **to ~ sb do sth** far fare qc a qn; **he had me phone his boss** mi ha fatto telefonare al suo capo
4 (*experience, suffer*) avere; **to ~ a cold/flu** avere il raffreddore/l'influenza; **she had her bag stolen** le hanno rubato la borsa
5 (*phrases*): **you've been had!** ci sei cascato!; **I won't ~ it!** (*accept*) non mi sta affatto bene!; *see also* **haves**
▶**have in** *vt*: **to ~ it in for sb** (*col*) avercela con qn
▶**have on** *vt* (*garment*) avere addosso; (*be busy with*) avere da fare; **I don't ~ any money on me** non ho soldi con me; **~ you anything on tomorrow?** (*BRIT*) ha qualcosa in programma per domani?; **to ~ sb on** (*BRIT col*) prendere in giro qn
▶**have out** *vt*: **to ~ it out with sb** (*settle a problem etc*) mettere le cose in chiaro con qn.

haven ['heɪvn] *n* porto; (*fig*) rifugio.
haversack ['hævəsæk] *n* zaino.
haves [hævz] *npl* (*col*): **the ~ and the have-nots** gli abbienti e i non abbienti.
havoc ['hævək] *n* confusione *f*, subbuglio; **to play ~ with sth** scombussolare qc; **to wreak ~ on sth** mettere in subbuglio qc.
Hawaii [hə'waɪiː] *n* le Hawaii.
Hawaiian [hə'waɪjən] *adj* hawaiano(a) ♦ *n* hawaiano/a; (*LING*) lingua hawaiana.
hawk [hɔːk] *n* falco ♦ *vt* (*goods for sale*) vendere per strada.
hawker ['hɔːkə*] *n* venditore *m* ambulante.

hawkish ['hɔːkɪʃ] *adj* violento(a).
hawthorn ['hɔːθɔːn] *n* biancospino.
hay [heɪ] *n* fieno.
hay fever *n* febbre *f* da fieno.
haystack ['heɪstæk] *n* pagliaio.
haywire ['heɪwaɪə*] *adj* (*col*): **to go** ~
    perdere la testa; impazzire.
hazard ['hæzəd] *n* (*chance*) azzardo; (*risk*)
    pericolo, rischio ♦ *vt* (*one's life*) rischiare,
    mettere a repentaglio; (*remark*)
    azzardare; **to be a health/fire** ~ essere
    pericoloso per la salute/in caso
    d'incendio; **to** ~ **a guess** tirare a
    indovinare.
hazardous ['hæzədəs] *adj* pericoloso(a),
    rischioso(a).
hazard pay *n* (*US*) indennità di rischio.
hazard warning lights *npl* (*AUT*) luci *fpl* di
    emergenza.
haze [heɪz] *n* foschia.
hazel ['heɪzl] *n* (*tree*) nocciolo ♦ *adj* (*eyes*)
    (color) nocciola *inv*.
hazelnut ['heɪzlnʌt] *n* nocciola.
hazy ['heɪzɪ] *adj* fosco(a); (*idea*) vago(a);
    (*photograph*) indistinto(a).
H-bomb ['eɪtʃbɔm] *n* bomba H.
h & c *abbr* (*BRIT*) = hot and cold (*water*).
HE *abbr* = high explosive; (*REL, DIPLOMACY*: =
    His (*or Her*) *Excellency*) S.E.
he [hiː] *pron* lui, egli; **it is** ~ **who** ... è lui che
    ...; **here** ~ **is** eccolo; **~-bear** *etc* orso *etc*
    maschio.
head [hɛd] *n* testa, capo; (*leader*) capo; (*on
    tape recorder, computer etc*) testina ♦ *vt*
    (*list*) essere in testa a; (*group*) essere a
    capo di; **~s** (**or tails**) testa (o croce), pari
    (o dispari); ~ **first** a capofitto; ~ **over
    heels in love** pazzamente innamorato(a);
    £10 a *or* **per** ~ 10 sterline a testa; **to sit at
    the** ~ **of the table** sedersi a capotavola;
    to have a ~ **for business** essere tagliato
    per gli affari; **to have no** ~ **for heights**
    soffrire di vertigini; **to lose/keep one's** ~
    perdere/non perdere la testa; **to come to
    a** ~ (*fig: situation etc*) precipitare; **to** ~ **the
    ball** (*SPORT*) dare di testa alla palla.
▶**head for** *vt fus* dirigersi verso.
▶**head off** *vt* (*threat, danger*) sventare.
headache ['hɛdeɪk] *n* mal *m* di testa; **to
    have a** ~ aver mal di testa.
headband ['hɛdbænd] *n* fascia per i capelli.
headboard ['hɛdbɔːd] *n* testiera (del letto).
head cold *n* raffreddore *m* di testa.
headdress ['hɛddrɛs] *n* (*of Indian etc*)
    copricapo; (*of bride*) acconciatura.
headed notepaper ['hɛdɪd-] *n* carta
    intestata.
header ['hɛdə*] *n* (*BRIT col: FOOTBALL*) colpo

di testa; (: *fall*) caduta di testa.
head-first ['hɛd'fɜːst] *adv* a testa in giù;
    (*fig*) senza pensare.
headhunt ['hɛdhʌnt] *vt*: **to be** ~**ed** avere
    un'offerta di lavoro da un cacciatore di
    teste.
headhunter ['hɛdhʌntə*] *n* cacciatore *m* di
    teste.
heading ['hɛdɪŋ] *n* titolo; intestazione *f*.
headlamp ['hɛdlæmp] *n* (*BRIT*) = **headlight**.
headland ['hɛdlənd] *n* promontorio.
headlight ['hɛdlaɪt] *n* fanale *m*.
headline ['hɛdlaɪn] *n* titolo.
headlong ['hɛdlɔŋ] *adv* (*fall*) a capofitto;
    (*rush*) precipitosamente.
headmaster [hɛd'mɑːstə*] *n* preside *m*.
headmistress [hɛd'mɪstrɪs] *n* preside *f*.
head office *n* sede *f* (centrale).
head-on [hɛd'ɔn] *adj* (*collision*) frontale.
headphones ['hɛdfəunz] *npl* cuffia.
headquarters (HQ) [hɛd'kwɔːtəz] *npl*
    ufficio centrale; (*MIL*) quartiere *m*
    generale.
head-rest ['hɛdrɛst] *n* poggiacapo.
headroom ['hɛdrum] *n* (*in car*) altezza
    dell'abitacolo; (*under bridge*) altezza
    limite.
headscarf ['hɛdskɑːf] *n* foulard *m inv*.
headset ['hɛdsɛt] *n* = **headphones**.
headstone ['hɛdstəun] *n* (*on grave*) lapide *f*,
    pietra tombale.
headstrong ['hɛdstrɔŋ] *adj* testardo(a).
head waiter *n* capocameriere *m*.
headway ['hɛdweɪ] *n*: **to make** ~ fare
    progressi *or* passi avanti.
headwind ['hɛdwɪnd] *n* controvento.
heady ['hɛdɪ] *adj* che dà alla testa;
    inebriante.
heal [hiːl] *vt*, *vi* guarire.
health [hɛlθ] *n* salute *f*; **Department of H**~
    ≈ Ministero della Sanità.
health care *n* assistenza sanitaria.
health centre *n* (*BRIT*) poliambulatorio.
health food(s) *n(pl)* alimenti *mpl* integrali.
health hazard *n* pericolo per la salute.
Health Service *n*: **the** ~ (*BRIT*) ≈ il
    Servizio Sanitario Statale.
healthy ['hɛlθɪ] *adj* (*person*) in buona salute;
    (*climate*) salubre; (*food*) salutare; (*attitude
    etc*) sano(a); (*economy*) florido(a); (*bank
    balance*) solido(a).
heap [hiːp] *n* mucchio ♦ *vt* ammucchiare;
    ~**s (of)** (*col: lots*) un sacco (di), un
    mucchio (di); **to** ~ **favours/praise/gifts**
    etc **on sb** ricolmare qn di favori/lodi/
    regali *etc*.
hear, *pt*, *pp* **heard** [hɪə*, hɜːd] *vt* sentire;
    (*news*) ascoltare; (*lecture*) assistere a;

(*LAW*: *case*) esaminare ♦ *vi* sentire; **to ~ about** sentire parlare di; (*have news of*) avere notizie di; **did you ~ about the move?** ha sentito del trasloco?; **to ~ from sb** ricevere notizie da qn.
▶**hear out** *vt* ascoltare senza interrompere.
hearing ['hɪərɪŋ] *n* (*sense*) udito; (*of witnesses*) audizione *f*; (*of a case*) udienza; **to give sb a ~** dare ascolto a qn.
hearing aid *n* apparecchio acustico.
hearsay ['hɪəseɪ] *n* dicerie *fpl*, chiacchiere *fpl*; **by ~** *adv* per sentito dire.
hearse [hə:s] *n* carro funebre.
heart [ha:t] *n* cuore *m*; **~s** *npl* (*CARDS*) cuori *mpl*; **at ~** in fondo; **by ~** (*learn, know*) a memoria; **to take ~** farsi coraggio *or* animo; **to lose ~** perdere coraggio, scoraggiarsi; **to have a weak ~** avere il cuore debole; **to set one's ~ on sth/on doing sth** tenere molto a qc/a fare qc; **the ~ of the matter** il nocciolo della questione.
heartache ['ha:teɪk] *n* pene *fpl*, dolori *mpl*.
heart attack *n* attacco di cuore.
heartbeat ['ha:tbi:t] *n* battito del cuore.
heartbreak ['ha:tbreɪk] *n* immenso dolore *m*.
heartbreaking ['ha:tbreɪkɪŋ] *adj* straziante.
heartbroken ['ha:tbrəukən] *adj* affranto(a); **to be ~** avere il cuore spezzato.
heartburn ['ha:tbə:n] *n* bruciore *m* di stomaco.
-hearted ['ha:tɪd] *suffix*: **a kind~ person** una persona molto gentile.
heartening ['ha:tnɪŋ] *adj* incoraggiante.
heart failure *n* (*MED*) arresto cardiaco.
heartfelt ['ha:tfɛlt] *adj* sincero(a).
hearth [ha:θ] *n* focolare *m*.
heartily ['ha:tɪlɪ] *adv* (*laugh*) di cuore; (*eat*) di buon appetito; (*agree*) in pieno, completamente; **to be ~ sick of** (*BRIT*) essere veramente stufo di, essere arcistufo di.
heartland ['ha:tlænd] *n* zona centrale; **Italy's industrial ~** il cuore dell'industria italiana.
heartless ['ha:tlɪs] *adj* senza cuore, insensibile; crudele.
heartstrings ['ha:tstrɪŋz] *npl*: **to tug at sb's ~** toccare il cuore a qn, toccare qn nel profondo.
heart-throb ['ha:tθrɔb] *n* rubacuori *m inv*.
heart-to-heart ['ha:ttə'ha:t] *adj*, *adv* a cuore aperto.
heart transplant *n* trapianto del cuore.
heartwarming ['ha:twɔ:mɪŋ] *adj* confortante, che scalda il cuore.

hearty ['ha:tɪ] *adj* caloroso(a); robusto(a), sano(a); vigoroso(a).
heat [hi:t] *n* calore *m*; (*fig*) ardore *m*; fuoco; (*SPORT*: *also*: **qualifying ~**) prova eliminatoria; (*ZOOL*): **in** *or* (*BRIT*) **on ~** in calore ♦ *vt* scaldare.
▶**heat up** *vi* (*liquids*) scaldarsi; (*room*) riscaldarsi ♦ *vt* riscaldare.
heated ['hi:tɪd] *adj* riscaldato(a); (*fig*) appassionato(a); acceso(a), eccitato(a).
heater ['hi:tə*] *n* stufa; radiatore *m*.
heath [hi:θ] *n* (*BRIT*) landa.
heathen ['hi:ðn] *adj*, *n* pagano(a).
heather ['hɛðə*] *n* erica.
heating ['hi:tɪŋ] *n* riscaldamento.
heat-resistant ['hi:trɪzɪstənt] *adj* termoresistente.
heat-seeking ['hi:tsi:kɪŋ] *adj* che cerca fonti di calore.
heatstroke ['hi:tstrəuk] *n* colpo di sole.
heatwave ['hi:tweɪv] *n* ondata di caldo.
heave [hi:v] *vt* sollevare (con forza) ♦ *vi* sollevarsi ♦ *n* (*push*) grande spinta; **to ~ a sigh** emettere *or* mandare un sospiro.
▶**heave to** (*pt, pp* **hove**) *vi* (*NAUT*) mettersi in cappa.
heaven ['hɛvn] *n* paradiso, cielo; **~ forbid!** Dio ce ne guardi!; **for ~'s sake!** (*pleading*) per amor del cielo!, per carità!; (*protesting*) santo cielo!, in nome del cielo!; **thank ~!** grazie al cielo!
heavenly ['hɛvnlɪ] *adj* divino(a), celeste.
heavily ['hɛvɪlɪ] *adv* pesantemente; (*drink, smoke*) molto.
heavy ['hɛvɪ] *adj* pesante; (*sea*) grosso(a); (*rain*) forte; (*drinker, smoker*) gran (*before noun*); **it's ~ going** è una gran fatica; **~ industry** industria pesante.
heavy cream *n* (*US*) doppia panna.
heavy-duty ['hɛvɪ'dju:tɪ] *adj* molto resistente.
heavy goods vehicle (HGV) *n* (*BRIT*) veicolo per trasporti pesanti.
heavy-handed ['hɛvɪ'hændɪd] *adj* (*clumsy, tactless*) pesante.
heavy metal *n* (*MUS*) heavy metal *m*.
heavy-set ['hɛvɪ'sɛt] *adj* (*esp US*) tarchiato(a).
heavyweight ['hɛvɪweɪt] *n* (*SPORT*) peso massimo.
Hebrew ['hi:bru:] *adj* ebreo(a) ♦ *n* (*LING*) ebraico.
Hebrides ['hɛbrɪdi:z] *npl*: **the ~** le Ebridi.
heck [hɛk] (*col*) *excl*: **oh ~!** oh no! ♦ *n*: **a ~ of a lot of** un gran bel po' di.
heckle ['hɛkl] *vt* interpellare e dare noia a (*un oratore*).
heckler ['hɛklə*] *n* agitatore/trice.

hectare ['hɛktɑ:*] n (BRIT) ettaro.
hectic ['hɛktɪk] adj movimentato(a); (busy) frenetico(a).
hector ['hɛktə*] vt usare le maniere forti con.
he'd [hi:d] = he would; he had.
hedge [hɛdʒ] n siepe f ♦ vi essere elusivo(a); as a ~ against inflation per cautelarsi contro l'inflazione; to ~ one's bets (fig) coprirsi dai rischi.
▶**hedge in** vt recintare con una siepe.
hedgehog ['hɛdʒhɔg] n riccio.
hedgerow ['hɛdʒrəu] n siepe f.
hedonism ['hi:dənɪzəm] n edonismo.
heed [hi:d] vt (also: take ~ of) badare a, far conto di ♦ n: to pay (no) ~ to, to take (no) ~ of (non) ascoltare, (non) tener conto di.
heedless ['hi:dlɪs] adj sbadato(a).
heel [hi:l] n (ANAT) calcagno; (of shoe) tacco ♦ vt (shoe) rifare i tacchi a; to bring to ~ addomesticare; to take to one's ~s (col) darsela a gambe, alzare i tacchi.
hefty ['hɛftɪ] adj (person) solido(a); (parcel) pesante; (piece, price) grosso(a).
heifer ['hɛfə*] n giovenca.
height [haɪt] n altezza; (high ground) altura; (fig: of glory) apice m; (: of stupidity) colmo; what ~ are you? quanto sei alto?; of average ~ di statura media; to be afraid of ~s soffrire di vertigini; it's the ~ of fashion è l'ultimo grido della moda.
heighten ['haɪtn] vt innalzare; (fig) accrescere.
heinous ['heɪnəs] adj nefando(a), atroce.
heir [ɛə*] n erede m.
heir apparent n erede m/f legittimo(a).
heiress ['ɛərɛs] n erede f.
heirloom ['ɛəlu:m] n mobile m (or gioiello or quadro) di famiglia.
heist [haɪst] n (US col) rapina.
held [hɛld] pt, pp of hold.
helicopter ['hɛlɪkɔptə*] n elicottero.
heliport ['hɛlɪpɔ:t] n eliporto.
helium ['hi:lɪəm] n elio.
hell [hɛl] n inferno; a ~ of a ... (col) un(a) maledetto(a) ...; oh ~! (col) porca miseria!, accidenti!
he'll [hi:l] = he will, he shall.
hell-bent [hɛl'bɛnt] adj (col): to be ~ on doing sth voler fare qc a tutti i costi.
hellish ['hɛlɪʃ] adj infernale.
hello [hə'ləu] excl buon giorno!; ciao! (to sb one addresses as "tu"); (surprise) ma guarda!
helm [hɛlm] n (NAUT) timone m.
helmet ['hɛlmɪt] n casco.
helmsman ['hɛlmzmən] n timoniere m.
help [hɛlp] n aiuto; (charwoman) donna di

servizio; (assistant etc) impiegato/a ♦ vt aiutare; ~! aiuto!; with the ~ of con l'aiuto di; to be of ~ to sb essere di aiuto or essere utile a qn; to ~ sb (to) do sth aiutare qn a far qc; can I ~ you? (in shop) desidera?; ~ yourself (to bread) si serva (del pane); I can't ~ saying non posso evitare di dire; he can't ~ it non ci può far niente.
helper ['hɛlpə*] n aiutante m/f, assistente m/f.
helpful ['hɛlpful] adj di grande aiuto; (useful) utile.
helping ['hɛlpɪŋ] n porzione f.
helping hand n: to give sb a ~ dare una mano a qn.
helpless ['hɛlplɪs] adj impotente; debole; (baby) indifeso(a).
helplessly ['hɛlplɪslɪ] adv (watch) senza poter fare nulla.
helpline ['hɛlplaɪn] n ≈ telefono amico; (COMM) servizio m informazioni inv (a pagamento).
Helsinki ['hɛlsɪŋkɪ] n Helsinki f.
helter-skelter ['hɛltə'skɛltə*] n (BRIT: in funfair) scivolo (a spirale).
hem [hɛm] n orlo ♦ vt fare l'orlo a.
▶**hem in** vt cingere; to feel ~med in (fig) sentirsi soffocare.
he-man ['hi:mæn] n (col) fusto.
hematology [hi:mə'tɔlədʒɪ] n (US) = haematology.
hemisphere ['hɛmɪsfɪə*] n emisfero.
hemlock ['hɛmlɔk] n cicuta.
hemoglobin [hi:məu'gləubɪn] n (US) = haemoglobin.
hemophilia [hi:məu'fɪlɪə] n (US) = haemophilia.
hemorrhage n (US) = haemorrhage.
hemorrhoids ['hɛmərɔɪdz] npl (US) = haemorrhoids.
hemp [hɛmp] n canapa.
hen [hɛn] n gallina; (female bird) femmina.
hence [hɛns] adv (therefore) dunque; 2 years ~ di qui a 2 anni.
henceforth [hɛns'fɔ:θ] adv d'ora in poi.
henchman ['hɛntʃmən] n (pej) caudatario.
henna ['hɛnə] n henna.
hen night n (col) addio al nubilato.
hen party n (col) festa di sole donne.
henpecked ['hɛnpɛkt] adj dominato dalla moglie.
hepatitis [hɛpə'taɪtɪs] n epatite f.
her [hə:*] pron (direct) la, l' + vowel; (indirect) le; (stressed, after prep) lei; see note at she ♦ adj il(la) suo(a), i(le) suoi(sue); I see ~ la vedo; give ~ a book le dia un libro; after ~ dopo (di)

lei.

herald ['hɛrəld] *n* araldo ♦ *vt* annunciare.
heraldic [hɛ'rældɪk] *adj* araldico(a).
heraldry ['hɛrəldrɪ] *n* araldica.
herb [hɜːb] *n* erba; ~s *npl* (*CULIN*) erbette *fpl.*
herbaceous [hɜː'beɪʃəs] *adj* erbaceo(a).
herbal ['hɜːbəl] *adj* di erbe; ~ **tea** tisana.
herbicide ['hɜːbɪsaɪd] *n* erbicida *m.*
herd [hɜːd] *n* mandria; (*of wild animals, swine*) branco ♦ *vt* (*drive, gather: animals*) guidare; (: *people*) radunare; ~**ed together** ammassati (come bestie).
here [hɪə*] *adv* qui, qua ♦ *excl* ehi!; ~! (*at roll call*) presente!; ~ **is,** ~ **are** ecco; ~'**s my sister** ecco mia sorella; ~ **she is** eccola; ~ **she comes** eccola che viene; **come** ~! vieni qui!; ~ **and there** qua e là.
hereabouts ['hɪərəbauts] *adv* da queste parti.
hereafter [hɪər'ɑːftə*] *adv* in futuro; dopo questo ♦ *n*: **the** ~ l'al di là *m.*
hereby [hɪə'baɪ] *adv* (*in letter*) con la presente.
hereditary [hɪ'rɛdɪtrɪ] *adj* ereditario(a).
heredity [hɪ'rɛdɪtɪ] *n* eredità.
heresy ['hɛrəsɪ] *n* eresia.
heretic ['hɛrətɪk] *n* eretico/a.
heretical [hɪ'rɛtɪkl] *adj* eretico(a).
herewith [hɪə'wɪð] *adv* qui accluso.
heritage ['hɛrɪtɪdʒ] *n* eredità; (*of country, nation*) retaggio; **our national** ~ il nostro patrimonio nazionale.
hermetically [hɜː'mɛtɪklɪ] *adv* ermeticamente; ~ **sealed** ermeticamente chiuso.
hermit ['hɜːmɪt] *n* eremita *m.*
hernia ['hɜːnɪə] *n* ernia.
hero, ~**es** ['hɪərəu] *n* eroe *m.*
heroic [hɪ'rəuɪk] *adj* eroico(a).
heroin ['hɛrəuɪn] *n* eroina (*droga*).
heroin addict *n* eroinomane *m/f.*
heroine ['hɛrəuɪn] *n* eroina (*donna*).
heroism ['hɛrəuɪzəm] *n* eroismo.
heron ['hɛrən] *n* airone *m.*
hero worship *n* divismo.
herring ['hɛrɪŋ] *n* aringa.
hers [hɜːz] *pron* il(la) suo(a), i(le) suoi(sue); **a friend of** ~ un suo amico; **this is** ~ questo è (il) suo.
herself [hɜː'sɛlf] *pron* (*reflexive*) si; (*emphatic*) lei stessa; (*after prep*) se stessa, sé.
Herts *abbr* (*BRIT*) = Hertfordshire.
he's [hiːz] = **he is; he has.**
hesitant ['hɛzɪtənt] *adj* esitante, indeciso(a); **to be** ~ **about doing sth** esitare a fare qc.

hesitate ['hɛzɪteɪt] *vi*: **to** ~ (**about/to do**) esitare (su/a fare); **don't** ~ **to ask (me)** non aver timore *or* paura di chiedermelo.
hesitation [hɛzɪ'teɪʃən] *n* esitazione *f*; **I have no** ~ **in saying (that)** ... non esito a dire che ....
hessian ['hɛsɪən] *n* tela di canapa.
heterogeneous [hɛtərəu'dʒiːnɪəs] *adj* eterogeneo(a).
heterosexual [hɛtərəu'sɛksjuəl] *adj, n* eterosessuale (*m/f*).
het up [hɛt'ʌp] *adj* agitato(a).
HEW *n abbr* (*US*: = *Department of Health, Education and Welfare*) ministero della sanità, della pubblica istruzione e della previdenza sociale.
hew [hjuː] *vt* tagliare (con l'accetta).
hex [hɛks] (*US*) *n* stregoneria ♦ *vt* stregare.
hexagon ['hɛksəgən] *n* esagono.
hexagonal [hɛk'sægənl] *adj* esagonale.
hey [heɪ] *excl* ehi!
heyday ['heɪdeɪ] *n*: **the** ~ **of** i bei giorni di, l'età d'oro di.
HF *n abbr* (= *high frequency*) AF.
HGV *n abbr see* **heavy goods vehicle.**
HI *abbr* (*US*) = Hawaii.
hi [haɪ] *excl* ciao!
hiatus [haɪ'eɪtəs] *n* vuoto; (*LING*) iato.
hibernate ['haɪbəneɪt] *vi* ibernare.
hibernation [haɪbə'neɪʃən] *n* letargo, ibernazione *f.*
hiccough, hiccup ['hɪkʌp] *vi* singhiozzare ♦ *n* singhiozzo; **to have (the)** ~**s** avere il singhiozzo.
hick [hɪk] *n* (*US col*) buzzurro/a.
hid [hɪd] *pt of* **hide.**
hidden ['hɪdn] *pp of* **hide** ♦ *adj* nascosto(a); **there are no** ~ **extras** è veramente tutto compreso nel prezzo; ~ **agenda** programma *m* occulto.
hide [haɪd] *n* (*skin*) pelle *f* ♦ *vb* (*pt* **hid,** *pp* **hidden** [hɪd, 'hɪdn]) *vt*: **to** ~ **sth (from sb)** nascondere qc (a qn) ♦ *vi*: **to** ~ (**from sb**) nascondersi (da qn).
hide-and-seek ['haɪdən'siːk] *n* rimpiattino.
hideaway ['haɪdəweɪ] *n* nascondiglio.
hideous ['hɪdɪəs] *adj* laido(a); orribile.
hide-out ['haɪdaut] *n* nascondiglio.
hiding ['haɪdɪŋ] *n* (*beating*) bastonata; **to be in** ~ (*concealed*) tenersi nascosto(a).
hiding place *n* nascondiglio.
hierarchy ['haɪərɑːkɪ] *n* gerarchia.
hieroglyphic [haɪərə'glɪfɪk] *adj* geroglifico(a); ~**s** *npl* geroglifici *mpl.*
hi-fi ['haɪ'faɪ] *adj, n abbr* (= *high fidelity*) hi-fi (*m*) *inv.*
higgledy-piggledy ['hɪgldɪ'pɪgldɪ] *adv* alla rinfusa.

high [haɪ] *adj* alto(a); (*speed, respect, number*) grande; (*wind*) forte; (*BRIT CULIN: meat, game*) frollato(a); (: *spoilt*) andato(a) a male; (*col: on drugs*) fatto(a); (: *on drink*) su di giri ♦ *adv* alto, in alto ♦ *n*: **exports have reached a new** ~ **le esportazioni hanno toccato un nuovo record; 20m** ~ **alto(a) 20m; to pay a** ~ **price for sth** pagare (molto) caro qc.

highball ['haɪbɔːl] *n* (*US: drink*) whisky (*or* brandy) e soda con ghiaccio.

highboy ['haɪbɔɪ] *n* (*US*) cassettone *m*.

highbrow ['haɪbrau] *adj, n* intellettuale (*m/f*).

highchair ['haɪtʃɛə*] *n* seggiolone *m*.

high-class ['haɪ'klɑːs] *adj* (*neighbourhood*) elegante; (*hotel*) di prim'ordine; (*person*) di gran classe; (*food*) raffinato(a).

High Court *n* alta corte *f*.

Nel sistema legale inglese e gallese, la **High Court** *e la* **Court of Appeal** *compongono la* **Supreme Court of Judicature**. *In Scozia, invece, la High Court è la corte che si occupa dei reati più gravi e corrisponde alla* **crown court** *inglese.*

---

higher ['haɪə*] *adj* (*form of life, study etc*) superiore ♦ *adv* più in alto, più in su.

higher education *n* istruzione *f* superiore, istruzione universitaria.

highfalutin [haɪfə'luːtɪn] *adj* (*col*) pretenzioso(a).

high finance *n* alta finanza.

high-flier, high-flyer [haɪ'flaɪə*] *n* (giovane) promessa (*fig*).

high-flying [haɪ'flaɪɪŋ] *adj* (*fig*) promettente.

high-handed [haɪ'hændɪd] *adj* prepotente.

high-heeled [haɪ'hiːld] *adj* a tacchi alti.

highjack ['haɪdʒæk] *vt, n* = **hijack**.

high jump *n* (*SPORT*) salto in alto.

highlands ['haɪləndz] *npl* zona montuosa; **the H**~ le Highlands scozzesi.

high-level ['haɪlɛvl] *adj* (*talks etc, COMPUT*) ad alto livello.

highlight ['haɪlaɪt] *n* (*fig: of event*) momento culminante ♦ *vt* mettere in evidenza; ~**s** *npl* (*in hair*) colpi *mpl* di sole.

highlighter ['haɪlaɪtə*] *n* (*pen*) evidenziatore *m*.

highly ['haɪlɪ] *adv* molto; ~ **paid** pagato molto bene; **to speak** ~ **of** parlare molto bene di.

highly-strung ['haɪlɪ'strʌŋ] *adj* teso(a) di nervi, eccitabile.

High Mass *n* messa cantata *or* solenne.

highness ['haɪnɪs] *n* altezza; **Her H**~ Sua Altezza.

high-pitched [haɪ'pɪtʃt] *adj* acuto(a).

high point *n*: **the** ~ il momento più importante.

high-powered ['haɪ'pauəd] *adj* (*engine*) molto potente, ad alta potenza; (*fig: person*) di prestigio.

high-pressure ['haɪprɛʃə*] *adj* ad alta pressione; (*fig*) aggressivo(a).

high-rise block ['haɪraɪz-] *n* palazzone *m*.

high school *n* (*BRIT*) scuola secondaria; (*US*) istituto d'istruzione secondaria.

Negli Stati Uniti la **high school** *è un istituto di istruzione secondaria. Si suddivide in* junior high school *(dal settimo al nono anno di corso) e* senior high school *(dal decimo al dodicesimo), dove vengono impartiti sia insegnamenti accademici che di formazione professionale. In Gran Bretagna molte scuole secondarie si chiamano high school; vedi anche* **elementary school**.

---

high season *n* (*BRIT*) alta stagione.

high spirits *npl* buonumore *m*, euforia; **to be in** ~ essere euforico(a).

high street *n* (*BRIT*) strada principale.

highway ['haɪweɪ] *n* strada maestra; **the information** ~ l'autostrada telematica.

Highway Code *n* (*BRIT*) codice *m* della strada.

highwayman ['haɪweɪmən] *n* bandito.

hijack ['haɪdʒæk] *vt* dirottare ♦ *n* dirottamento; (*also*: ~**ing**) pirateria aerea.

hijacker ['haɪdʒækə*] *n* dirottatore/trice.

hike [haɪk] *vi* fare un'escursione a piedi ♦ *n* escursione *f* a piedi; (*col: in prices etc*) aumento ♦ *vt* (*col*) aumentare.

hiker ['haɪkə*] *n* escursionista *m/f*.

hiking ['haɪkɪŋ] *n* escursioni *fpl* a piedi.

hilarious [hɪ'lɛərɪəs] *adj* che fa schiantare dal ridere.

hilarity [hɪ'lærɪtɪ] *n* ilarità.

hill [hɪl] *n* collina, colle *m*; (*fairly high*) montagna; (*on road*) salita.

hillbilly ['hɪlbɪlɪ] *n* (*US*) montanaro/a dal sud degli Stati Uniti; (*pej*) zotico/a.

hillock ['hɪlək] *n* collinetta, poggio.

hillside ['hɪlsaɪd] *n* fianco della collina.

hill start *n* (*AUT*) partenza in salita.

hilly ['hɪlɪ] *adj* collinoso(a); montagnoso(a).

hilt [hɪlt] *n* (*of sword*) elsa; **to the** ~ (*fig: support*) fino in fondo.

him [hɪm] *pron* (*direct*) lo, l' + *vowel*; (*indirect*) gli; (*stressed, after prep*) lui; **I see** ~ lo vedo; **give** ~ **a book** gli dia un libro; **after** ~ dopo (di) lui.

Himalayas [hɪmə'leɪəz] *npl*: **the ~** l'Himalaia *m*.

himself [hɪm'sɛlf] *pron* (*reflexive*) si; (*emphatic*) lui stesso; (*after prep*) se stesso, sé.

hind [haɪnd] *adj* posteriore ♦ *n* cerva.

hinder ['hɪndə*] *vt* ostacolare; (*delay*) tardare; (*prevent*): **to ~ sb from doing** impedire a qn di fare.

hindquarters ['haɪndkwɔ:təz] *npl* (*ZOOL*) posteriore *m*.

hindrance ['hɪndrəns] *n* ostacolo, impedimento.

hindsight ['haɪndsaɪt] *n* senno di poi; **with the benefit of ~** con il senno di poi.

Hindu ['hɪndu:] *n* indù *m/f inv*.

hinge [hɪndʒ] *n* cardine *m* ♦ *vi* (*fig*): **to ~ on** dipendere da.

hint [hɪnt] *n* accenno, allusione *f*; (*advice*) consiglio ♦ *vt*: **to ~ that** lasciar capire che ♦ *vi*: **to ~ at** accennare a; **to drop a ~** lasciar capire; **give me a ~** (*clue*) dammi almeno un'idea, dammi un'indicazione.

hip [hɪp] *n* anca, fianco; (*BOT*) frutto della rosa canina.

hip flask *n* fiaschetta da liquore tascabile.

hip hop *n* hip-hop *m*.

hippie ['hɪpɪ] *n* hippy *m/f inv*.

hip pocket *n* tasca posteriore dei calzoni.

hippopotamus, *pl* **~es** *or* **hippopotami** [hɪpə'pɔtəməs, -'pɔtəmaɪ] *n* ippopotamo.

hippy ['hɪpɪ] *n* = **hippie**.

hire ['haɪə*] *vt* (*BRIT: car, equipment*) noleggiare; (*worker*) assumere, dare lavoro a ♦ *n* nolo, noleggio; **for ~** da nolo; (*taxi*) libero(a); **on ~** a nolo.

▶**hire out** *vt* noleggiare, dare a nolo *or* noleggio, affittare.

hire(d) car *n* (*BRIT*) macchina a nolo.

hire purchase (HP) *n* (*BRIT*) acquisto (*or* vendita) rateale; **to buy sth on ~** comprare qc a rate.

his [hɪz] *adj*, *pron* il(la) suo(sua), i(le) suoi(sue); **this is ~** questo è (il) suo.

hiss [hɪs] *vi* fischiare; (*cat, snake*) sibilare ♦ *n* fischio; sibilo.

histogram ['hɪstəgræm] *n* istogramma *m*.

historian [hɪ'stɔ:rɪən] *n* storico/a.

historic(al) [hɪ'stɔrɪk(l)] *adj* storico(a).

history ['hɪstərɪ] *n* storia; **there's a long ~ of that illness in his family** ci sono molti precedenti (della malattia) nella sua famiglia.

histrionics [hɪstrɪ'ɔnɪks] *n* istrionismo.

hit [hɪt] *vt* (*pt, pp* **hit**) colpire, picchiare; (*knock against*) battere; (*reach: target*) raggiungere; (*collide with: car*) urtare contro; (*fig: affect*) colpire; (*find: problem*)

incontrare ♦ *n* colpo; (*success, song*) successo; **to ~ the headlines** far titolo; **to ~ the road** (*col*) mettersi in cammino; **to ~ it off with sb** andare molto d'accordo con qn.

▶**hit back** *vi*: **to ~ back at sb** restituire il colpo a qn.

▶**hit out at** *vt fus* sferrare dei colpi contro; (*fig*) attaccare.

▶**hit (up)on** *vt fus* (*answer*) imbroccare, azzeccare; (*solution*) trovare (per caso).

hit-and-run driver ['hɪtænd'rʌn-] *n* pirata *m* della strada.

hitch [hɪtʃ] *vt* (*fasten*) attaccare; (*also: ~ up*) tirare su ♦ *n* (*difficulty*) intoppo, difficoltà *f inv*; **technical ~** difficoltà tecnica; **to ~ a lift** fare l'autostop.

▶**hitch up** *vt* (*horse, cart*) attaccare.

hitch-hike ['hɪtʃhaɪk] *vi* fare l'autostop.

hitch-hiker ['hɪtʃhaɪkə*] *n* autostoppista *m/f*.

hi-tech ['haɪtɛk] *adj* high-tech *inv*, a tecnologia avanzata.

hitherto ['hɪðə'tu:] *adv* finora.

hit list *n* libro nero.

hitman ['hɪtmæn] *n* (*col*) sicario.

hit-or-miss ['hɪtə'mɪs] *adj* casuale; **it's ~ whether ...** è in dubbio se ...; **the service in this hotel is very ~** il servizio dell'albergo lascia a desiderare.

hit parade *n* hit-parade *f*.

HIV *n abbr* (= *human immunodeficiency virus*) virus *m inv* di immunodeficienza; **~-negative/-positive** sieronegativo(a)/ sieropositivo(a).

hive [haɪv] *n* alveare *m*; **the shop was a ~ of activity** (*fig*) c'era una grande attività nel negozio.

▶**hive off** *vt* (*col*) separare.

hl *abbr* (= *hectolitre*) hl.

HM *abbr* (= *His* (*or Her*) *Majesty*) S.M. (= *Sua Maestà*).

HMG *abbr* (*BRIT*) = *His* (*or Her*) *Majesty's Government*.

HMI *n abbr* (*BRIT SCOL*: = *His* (*or Her*) *Majesty's Inspector*) ≈ ispettore *m* scolastico.

HMO *n abbr* (*US*: = *health maintenance organization*) *organo per la salvaguardia della salute pubblica*.

HMS *abbr* (*BRIT*) = *His* (*or Her*) *Majesty's Ship*.

HMSO *n abbr* (*BRIT*: = *His* (*or Her*) *Majesty's Stationery Office*) ≈ Poligrafici *mpl* dello Stato.

HNC *n abbr* (*BRIT*: = *Higher National Certificate*) *diploma di istituto tecnico o professionale*.

HND *n abbr* (*BRIT*: = *Higher National Diploma*)

diploma in materie tecniche equivalente ad una laurea.

hoard [hɔːd] n (*of food*) provviste *fpl*; (*of money*) gruzzolo ♦ *vt* ammassare.

hoarding ['hɔːdɪŋ] n (*BRIT*) tabellone *m* per affissioni.

hoarfrost ['hɔːfrɔst] n brina.

hoarse [hɔːs] *adj* rauco(a).

hoax [həuks] n scherzo; falso allarme.

hob [hɔb] n piastra (con fornelli).

hobble ['hɔbl] *vi* zoppicare.

hobby ['hɔbɪ] n hobby *m inv*, passatempo.

hobby-horse ['hɔbɪhɔːs] n cavallo a dondolo; (*fig*) chiodo fisso.

hobnail(ed) boots ['hɔbneɪl(d)-] n scarponi *mpl* chiodati.

hobnob ['hɔbnɔb] *vi*: **to ~ (with)** mescolarsi (con).

hobo ['həubəu] n (*US*) vagabondo.

hock [hɔk] n (*BRIT*: *wine*) vino del Reno; (*of animal, CULIN*) garretto; (*col*): **to be in ~** avere debiti.

hockey ['hɔkɪ] n hockey *m*.

hocus-pocus ['həukəs'pəukəs] n (*trickery*) trucco; (*words*: *of magician*) abracadabra *m inv*; (: *jargon*) parolone *fpl*.

hod [hɔd] n (*TECH*) cassetta per portare i mattoni.

hodgepodge ['hɔdʒpɔdʒ] n = **hotchpotch**.

hoe [həu] n zappa ♦ *vt* (*ground*) zappare.

hog [hɔg] n maiale *m* ♦ *vt* (*fig*) arraffare; **to go the whole ~** farlo fino in fondo.

Hogmanay [hɔgmə'neɪ] n (*SCOTTISH*) ≈ San Silvestro.

hogwash ['hɔgwɔʃ] n (*col*) stupidaggini *fpl*.

hoist [hɔɪst] n paranco ♦ *vt* issare.

hoity-toity [hɔɪtɪ'tɔɪtɪ] *adj* (*col*) altezzoso(a).

hold [həuld] *vb* (*pt, pp* **held** [hɛld]) *vt* tenere; (*contain*) contenere; (*keep back*) trattenere; (*believe*) mantenere; considerare; (*possess*) avere, possedere; detenere ♦ *vi* (*withstand pressure*) tenere; (*be valid*) essere valido(a) ♦ *n* presa; (*fig*) potere *m*; (*NAUT*) stiva; **~ the line!** (*TEL*) resti in linea!; **to ~ office** (*POL*) essere in carica; **to ~ sb responsible for sth** considerare *or* ritenere qn responsabile di qc; **to ~ one's own** (*fig*) difendersi bene; **he ~s the view that ...** è del parere che ...; **to ~ firm** *or* **fast** resistere bene, tenere; **to catch** *or* **get (a) ~ of** afferrare; **to get ~ of** (*fig*) trovare; **to get ~ of o.s.** trattenersi.

▶**hold back** *vt* trattenere; (*secret*) celato(a); **to ~ sb back from doing sth** impedire a qn di fare qc.

▶**hold down** *vt* (*person*) tenere a terra;

(*job*) tenere.

▶**hold forth** *vi* fare *or* tenere una concione.

▶**hold off** *vt* tener lontano ♦ *vi* (*rain*): **if the rain ~s off** se continua a non piovere.

▶**hold on** *vi* tener fermo; (*wait*) aspettare; **~ on!** (*TEL*) resti in linea!

▶**hold on to** *vt fus* tenersi stretto(a) a; (*keep*) conservare.

▶**hold out** *vt* offrire ♦ *vi* (*resist*): **to ~ out (against)** resistere (a).

▶**hold over** *vt* (*meeting etc*) rimandare, rinviare.

▶**hold up** *vt* (*raise*) alzare; (*support*) sostenere; (*delay*) ritardare; (*traffic*) rallentare; (*rob*: *bank*) assaltare.

holdall ['həuldɔːl] n (*BRIT*) borsone *m*.

holder ['həuldə*] n (*of ticket, title*) possessore/posseditrice; (*of office etc*) incaricato/a; (*of passport, post*) titolare; (*of record*) detentore/trice.

holding ['həuldɪŋ] n (*share*) azioni *fpl*, titoli *mpl*; (*farm*) podere *m*, tenuta.

holding company n holding *f inv*.

holdup ['həuldʌp] n (*robbery*) rapina a mano armata; (*delay*) ritardo; (*BRIT*: *in traffic*) blocco.

hole [həul] n buco, buca ♦ *vt* bucare; **~ in the heart** (*MED*) morbo blu; **to pick ~s in** (*fig*) trovare da ridire su.

▶**hole up** *vi* nascondersi, rifugiarsi.

holiday ['hɔlədɪ] n vacanza; (*from work*) ferie *fpl*; (*day off*) giorno di vacanza; (*public*) giorno festivo; **to be on ~** essere in vacanza; **tomorrow is a ~** domani è festa.

holiday camp n (*BRIT*: *for children*) colonia (di villeggiatura); (*also*: **holiday centre**) ≈ villaggio (di vacanze).

holiday-maker ['hɔlədɪmeɪkə*] n (*BRIT*) villeggiante *m/f*.

holiday pay n stipendio delle ferie.

holiday resort n luogo di villeggiatura.

holiday season n stagione *f* delle vacanze.

holiness ['həulɪnɪs] n santità.

holistic [həu'lɪstɪk] *adj* olistico(a).

Holland ['hɔlənd] n Olanda.

holler ['hɔlə*] *vi* gridare, urlare.

hollow ['hɔləu] *adj* cavo(a), vuoto(a); (*fig*) falso(a); vano(a) ♦ *n* cavità *f inv*; (*in land*) valletta, depressione *f*.

▶**hollow out** *vt* scavare.

holly ['hɔlɪ] n agrifoglio.

hollyhock ['hɔlɪhɔk] n malvone *m*.

holocaust ['hɔləkɔːst] n olocausto.

hologram ['hɔləgræm] n ologramma *m*.

hols [hɔlz] *npl*: **the ~** le vacanze.

holster ['həulstə*] n fondina (di pistola).

holy ['həʊlɪ] *adj* santo(a); (*bread*) benedetto(a), consacrato(a); (*ground*) consacrato(a); **the H~ Father** il Santo Padre.
Holy Communion *n* la Santa Comunione.
Holy Ghost, Holy Spirit *n* Spirito Santo.
Holy Land *n*: **the ~** la Terra Santa.
holy orders *npl* ordini *mpl* (sacri).
homage ['hɒmɪdʒ] *n* omaggio; **to pay ~ to** rendere omaggio a.
home [həʊm] *n* casa; (*country*) patria; (*institution*) casa, ricovero ♦ *cpd* (*life*) familiare; (*cooking etc*) casalingo(a); (*ECON, POL*) nazionale, interno(a); (*SPORT: team*) di casa; (: *match, win*) in casa ♦ *adv* a casa; in patria; (*right in: nail etc*) fino in fondo; **at ~** a casa; **to go** (*or* **come**) **~** tornare a casa (*or* in patria); **it's near my ~** è vicino a casa mia; **make yourself at ~** si metta a suo agio.
►**home in on** *vt fus* (*missiles*) dirigersi (automaticamente) verso.
home address *n* indirizzo di casa.
home-brew [həʊm'bruː] *n* birra *or* vino fatto(a) in casa.
homecoming ['həʊmkʌmɪŋ] *n* ritorno.
home computer *n* home computer *m inv*.
Home Counties *npl* contee *fpl* intorno a Londra.
home economics *n* economia domestica.
home ground *n* (*fig*): **to be on ~** essere sul proprio terreno.
home-grown [həʊm'grəʊn] *adj* nostrano(a), di produzione locale.
home help *n* (*BRIT*) *collaboratore familiare per persone bisognose stipendiato dal comune.*
homeland ['həʊmlænd] *n* patria.
homeless ['həʊmlɪs] *adj* senza tetto; spatriato(a); **the ~** *npl* i senzatetto.
home loan *n* prestito con garanzia immobiliare.
homely ['həʊmlɪ] *adj* semplice, alla buona; accogliente.
home-made [həʊm'meɪd] *adj* casalingo(a).
Home Office *n* (*BRIT*) ministero degli Interni.
homeopathy *etc* [həʊmɪ'ɒpəθɪ] (*US*) = **homoeopathy** *etc*.
home rule *n* autogoverno.
Home Secretary *n* (*BRIT*) ministro degli Interni.
homesick ['həʊmsɪk] *adj*: **to be ~** avere la nostalgia.
homestead ['həʊmstɛd] *n* fattoria e terreni.
home town *n* città *f inv* natale.

home truth *n*: **to tell sb a few ~s** dire a qn qualche amara verità.
homeward ['həʊmwəd] *adj* (*journey*) di ritorno.
homeward(s) ['həʊmwəd(z)] *adv* verso casa.
homework ['həʊmwəːk] *n* compiti *mpl* (per casa).
homicidal [hɒmɪ'saɪdl] *adj* omicida.
homicide ['hɒmɪsaɪd] *n* (*US*) omicidio.
homily ['hɒmɪlɪ] *n* omelia.
homing ['həʊmɪŋ] *adj* (*device, missile*) autocercante; **~ pigeon** piccione *m* viaggiatore.
homoeopath, (*US*) homeopath ['həʊmɪəʊpæθ] *n* omeopatico.
homoeopathic, (*US*) homeopathic ['həʊmɪəʊ'pæθɪk] *adj* omeopatico(a).
homoeopathy, (*US*) homeopathy [həʊmɪ'ɒpəθɪ] *n* omeopatia.
homogeneous [hɒməʊ'dʒiːnɪəs] *adj* omogeneo(a).
homogenize [hə'mɒdʒənaɪz] *vt* omogenizzare.
homosexual [hɒməʊ'sɛksjʊəl] *adj, n* omosessuale (*m/f*).
Hon. *abbr* = **honourable; honorary.**
Honduras [hɒn'djʊərəs] *n* Honduras *m*.
hone [həʊn] *vt* (*sharpen*) affilare; (*fig*) affinare.
honest ['ɒnɪst] *adj* onesto(a); sincero(a); **to be quite ~ with you ...** se devo dirle la verità ....
honestly ['ɒnɪstlɪ] *adv* onestamente; sinceramente.
honesty ['ɒnɪstɪ] *n* onestà.
honey ['hʌnɪ] *n* miele *m*; (*US col*) tesoro, amore *m*.
honeycomb ['hʌnɪkəʊm] *n* favo ♦ *vt* (*fig*): **~ed with tunnels** *etc* pieno(a) di gallerie *etc*.
honeymoon ['hʌnɪmuːn] *n* luna di miele, viaggio di nozze.
honeysuckle ['hʌnɪsʌkl] *n* caprifoglio.
Hong Kong ['hɒŋ'kɒŋ] *n* Hong Kong *f*.
honk [hɒŋk] *n* (*AUT*) colpo di clacson ♦ *vi* suonare il clacson.
Honolulu [hɒnə'luːluː] *n* Honolulu *f*.
honorary ['ɒnərərɪ] *adj* onorario(a); (*duty, title*) onorifico(a).
honour, (*US*) honor ['ɒnə*] *vt* onorare ♦ *n* onore *m*; **in ~ of** in onore di.
hono(u)rable ['ɒnərəbl] *adj* onorevole.
hono(u)r-bound ['ɒnə'baʊnd] *adj*: **to be ~ to do** dover fare per una questione di onore.
hono(u)rs degree *n* (*SCOL*) *laurea (con corso di studi di 4 o 5 anni).*

honours list – horseshoe

Il corso universitario di studi che porta al conferimento del **Bachelor's degree** può avere una durata diversa a seconda del profitto dello studente. Dopo quattro o cinque anni di corso si ottiene l'**honours degree**, il riconoscimento più alto, che, abbreviato in **Hons.**, viene posto dopo il titolo ottenuto (ad esempio BA Hons); vedi anche **ordinary degree.**

honours list n (BRIT) elenco ufficiale dei destinati al conferimento di onorificenze.

La **honours list** è un elenco di cittadini britannici e del Commonwealth che si sono distinti in campo imprenditoriale, militare, sportivo, ecc, meritando il conferimento di un titolo o di una decorazione da parte del sovrano. Ogni anno vengono redatte dal primo ministro due honours list, una a Capodanno e una in occasione del compleanno del sovrano.

Hons. [ɔnz] abbr (SCOL) = hono(u)rs degree.

hood [hud] n cappuccio; (BRIT AUT) capote f; (US AUT) cofano; (col) malvivente m/f.

hooded ['hudɪd] adj (robber) mascherato(a).

hoodlum ['huːdləm] n malvivente m/f.

hoodwink ['hudwɪŋk] vt infinocchiare.

hoof, pl ~s or **hooves** [huːf, huːvz] n zoccolo.

hook [huk] n gancio; (for fishing) amo ♦ vt uncinare; (dress) agganciare; **to be ~ed on** (col) essere fanatico di; ~**s and eyes** gancetti; **by** ~ **or by crook** in un modo o nell'altro.

►**hook up** vt (RADIO, TV etc) allacciare, collegare.

hooligan ['huːlɪgən] n giovinastro, teppista m.

hooliganism ['huːlɪgənɪzəm] n teppismo.

hoop [huːp] n cerchio.

hoot [huːt] vi (AUT) suonare il clacson; (owl) gufare ♦ n colpo di clacson; **to ~ with laughter** farsi una gran risata.

hooter ['huːtə*] n (AUT) clacson m inv; (NAUT, at factory) sirena.

hoover ® ['huːvə*] n (BRIT) aspirapolvere m inv ♦ vt pulire con l'aspirapolvere.

hooves [huːvz] npl of **hoof.**

hop [hɔp] vi saltellare, saltare; (on one foot) saltare su una gamba ♦ n salto; see also **hops.**

hope [həup] vt, vi sperare ♦ n speranza; I ~ **so/not** spero di sì/no.

hopeful ['həupful] adj (person) pieno(a) di speranza; (situation) promettente; I'm ~ **that she'll manage to come** ho buone speranze che venga.

hopefully ['həupfulɪ] adv con speranza; ~ **he will recover** speriamo che si riprenda.

hopeless ['həuplɪs] adj senza speranza, disperato(a); (useless) inutile.

hopelessly ['həuplɪslɪ] adv (live etc) senza speranza; (involved, complicated) spaventosamente; (late) disperatamente, irrimediabilmente; I'm ~ **confused/lost** sono completamente confuso/perso.

hopper ['hɔpə*] n (chute) tramoggia.

hops [hɔps] npl luppoli mpl.

horde [hɔːd] n orda.

horizon [hə'raɪzn] n orizzonte m.

horizontal [hɔrɪ'zɔntl] adj orizzontale.

hormone ['hɔːməun] n ormone m.

hormone replacement therapy n terapia ormonale (usata in menopausa).

horn [hɔːn] n corno; (AUT) clacson m inv.

horned [hɔːnd] adj (animal) cornuto(a).

hornet ['hɔːnɪt] n calabrone m.

horny ['hɔːnɪ] adj corneo(a); (hands) calloso(a).

horoscope ['hɔrəskəup] n oroscopo.

horrendous [hə'rɛndəs] n orrendo(a).

horrible ['hɔrɪbl] adj orribile, tremendo(a).

horrid ['hɔrɪd] adj orrido(a); (person) antipatico(a).

horrific [hɔ'rɪfɪk] adj (accident) spaventoso(a); (film) orripilante.

horrify ['hɔrɪfaɪ] vt lasciare inorridito(a).

horrifying ['hɔrɪfaɪŋ] adj terrificante.

horror ['hɔrə*] n orrore m.

horror film n film m inv dell'orrore.

horror-struck ['hɔrəstrʌk], **horror-stricken** ['hɔrəstrɪkn] adj inorridito (a).

hors d'œuvre [ɔː'dəːvrə] n antipasto.

horse [hɔːs] n cavallo.

horseback ['hɔːsbæk]: **on** ~ adj, adv a cavallo.

horsebox ['hɔːsbɔks] n carro or furgone m per il trasporto dei cavalli.

horse chestnut n ippocastano.

horse-drawn ['hɔːsdrɔːn] adj tirato(a) da cavallo.

horsefly ['hɔːsflaɪ] n tafano, mosca cavallina.

horseman ['hɔːsmən] n cavaliere m.

horsemanship ['hɔːsmənʃɪp] n equitazione f.

horseplay ['hɔːspleɪ] n giochi mpl scatenati.

horsepower (hp) ['hɔːspauə*] n cavallo (vapore) (c/v).

horse-racing ['hɔːsreɪsɪŋ] n ippica.

horseradish ['hɔːsrædɪʃ] n rafano.

horseshoe ['hɔːsʃuː] n ferro di cavallo.

horse show n concorso ippico, gare fpl ippiche.

horse-trading ['hɔːstreɪdɪŋ] n mercanteggiamento.

horse trials npl = **horse show**.

horsewhip ['hɔːswɪp] vt frustare.

horsewoman ['hɔːswumən] n amazzone f.

horsey ['hɔːsɪ] adj (col: person) che adora i cavalli; (appearance) cavallino(a), da cavallo.

horticulture ['hɔːtɪkʌltʃə*] n orticoltura.

hose [həuz] n (also: ~pipe) tubo; (also: garden ~) tubo per annaffiare.

▶**hose down** vt lavare con un getto d'acqua.

hosepipe ['həuzpaɪp] n see **hose**.

hosiery ['həuzɪərɪ] n (in shop) (reparto di) calze fpl e calzini mpl.

hospice ['hɔspɪs] n ricovero, ospizio.

hospitable [hɔ'spɪtəbl] adj ospitale.

hospital ['hɔspɪtl] n ospedale m; in ~, (US) in the ~ all'ospedale.

hospitality [hɔspɪ'tælɪtɪ] n ospitalità.

hospitalize ['hɔspɪtəlaɪz] vt ricoverare (in or all'ospedale).

host [həust] n ospite m; (TV, RADIO) presentatore/trice; (REL) ostia; (large number): **a ~ of** una schiera di ♦ vt (TV programme, games) presentare.

hostage ['hɔstɪdʒ] n ostaggio/a.

host country n paese m ospite, paese che ospita.

hostel ['hɔstl] n ostello; (for students, nurses etc) pensionato; (for homeless people) ospizio, ricovero; (also: youth ~) ostello della gioventù.

hostelling ['hɔstəlɪŋ] n: **to go (youth) ~** passare le vacanze negli ostelli della gioventù.

hostess ['həustɪs] n ospite f; (AVIAT) hostess f inv; (in nightclub) entraineuse f inv.

hostile ['hɔstaɪl] adj ostile.

hostility [hɔ'stɪlɪtɪ] n ostilità f inv.

hot [hɔt] adj caldo(a); (as opposed to only warm) molto caldo(a); (spicy) piccante; (fig) accanito(a); ardente; violento(a), focoso(a); **to be ~** (person) aver caldo; (thing) essere caldo(a); (METEOR) far caldo.

▶**hot up** (BRIT col) vi (situation) farsi più teso(a); (party) scaldarsi ♦ vt (pace) affrettare; (engine) truccare.

hot-air balloon [hɔt'ɛə-] n mongolfiera.

hotbed ['hɔtbɛd] n (fig) focolaio.

hotchpotch ['hɔtʃpɔtʃ] n (BRIT) pot-pourri m.

hot dog n hot dog m inv.

hotel [həu'tɛl] n albergo.

hotelier [həu'tɛljeɪ] n albergatore/trice.

hotel industry n industria alberghiera.

hotel room n camera d'albergo.

hot flush n (BRIT) scalmana, caldana.

hotfoot ['hɔtfut] adv di gran carriera.

hothead ['hɔthɛd] n (fig) testa calda.

hotheaded [hɔt'hɛdɪd] adj focoso(a), eccitabile.

hothouse ['hɔthaus] n serra.

hot line n (POL) telefono rosso.

hotly ['hɔtlɪ] adv violentemente.

hotplate ['hɔtpleɪt] n fornello; piastra riscaldante.

hotpot ['hɔtpɔt] n (BRIT CULIN) stufato.

hot potato n (BRIT col) patata bollente; **to drop sb/sth like a ~** mollare subito qn/qc.

hot seat n (fig) posto che scotta.

hot spot n (fig) zona calda.

hot spring n sorgente f termale.

hot-tempered [hɔt'tɛmpəd] adj irascibile.

hot-water bottle [hɔt'wɔːtə-] n borsa dell'acqua calda.

hot-wire ['hɔtwaɪə*] vt (col: car) avviare mettendo in contatto i fili dell'accensione.

hound [haund] vt perseguitare ♦ n segugio; **the ~s** la muta.

hour ['auə*] n ora; **at 30 miles an ~** a 30 miglia all'ora; **lunch ~** intervallo di pranzo; **to pay sb by the ~** pagare qn a ore.

hourly ['auəlɪ] adj (ad) ogni ora; (rate) orario(a) ♦ adv ogni ora; **~ paid** adj pagato(a) a ore.

house n [haus] (pl ~s ['hauzɪz]) (also: firm) casa; (POL) camera; (THEAT) sala; pubblico; spettacolo ♦ vt [hauz] (person) ospitare; **at (or to) my ~** a casa mia; **the H~ (of Commons/Lords)** (BRIT) la Camera dei Comuni/Lords; **the H~ (of Representatives)** (US) ≈ la Camera dei Deputati; **on the ~** (fig) offerto(a) dalla casa.

house arrest n arresti mpl domiciliari.

houseboat ['hausbəut] n house boat f inv.

housebound ['hausbaund] adj confinato(a) in casa.

housebreaking ['hausbreɪkɪŋ] n furto con scasso.

house-broken ['hausbrəukn] adj (US) = **house-trained**.

housecoat ['hauskəut] n vestaglia.

household ['haushəuld] n famiglia, casa.

householder ['haushəuldə*] n padrone/a di casa; (head of house) capofamiglia m/f.

household name n nome m che tutti conoscono.

househunting ['haushʌntɪŋ] n: **to go ~**

mettersi a cercar casa.

housekeeper ['hauski:pə*] n governante f.

housekeeping ['hauski:pɪŋ] n (work) governo della casa; (also: ~ **money**) soldi mpl per le spese di casa; (COMPUT) ausilio.

houseman ['hausmən] n (BRIT MED) ≈ interno.

house-owner ['hausəunə*] n possessore m/f di casa.

house plant n pianta da appartamento.

house-proud ['hauspraud] adj che è maniaco(a) della pulizia.

house-to-house ['haustə'haus] adj (collection) di porta in porta; (search) casa per casa.

house-train ['haustreɪn] vt (pet animal) addestrare a non sporcare in casa.

house-trained ['haustreɪnd] adj (BRIT: animal) che non sporca in casa.

house-warming party ['hauswɔ:mɪŋ-] n festa per inaugurare la casa nuova.

housewife ['hauswaɪf] n massaia, casalinga.

housework ['hauswə:k] n faccende fpl domestiche.

housing ['hauzɪŋ] n alloggio ♦ cpd (problem, shortage) degli alloggi.

housing association n cooperativa edilizia.

housing benefit n (BRIT) contributo abitativo (ad affittuari e a coloro che comprano una casa).

housing conditions npl condizioni fpl di abitazione.

housing development, (BRIT) housing estate n zona residenziale con case popolari e/o private.

hovel ['hɔvl] n casupola.

hover ['hɔvə*] vi (bird) librarsi; (helicopter) volare a punto fisso; **to ~ round sb** aggirarsi intorno a qn.

hovercraft ['hɔvəkrɑ:ft] n hovercraft m inv.

hoverport ['hɔvəpɔ:t] n porto per hovercraft.

how [hau] adv come; ~ **are you?** come sta?; ~ **do you do?** piacere!, molto lieto!; ~ **far is it to ...?** quanto è lontano ...?; ~ **long have you been here?** da quanto tempo sta qui?; ~ **lovely!** che bello!; ~ **many?** quanti(e)?; ~ **much?** quanto(a)?; ~ **many people/much milk?** quante persone/ quanto latte?; ~ **old are you?** quanti anni ha?; ~'s **life?** (col) come va (la vita)?; ~ **about a drink?** che ne diresti di andare a bere qualcosa?; ~ **is it that ...?** com'è che ... + sub?

however [hau'ɛvə*] adv in qualsiasi modo or maniera che; (+ adjective) per quanto

+ sub; (in questions) come ♦ conj comunque, però.

howitzer ['hauɪtsə*] n (MIL) obice m.

howl [haul] n ululato ♦ vi ululare.

howler ['haulə*] n marronata.

howling ['haulɪŋ] adj: **a ~ wind** or **gale** un vento terribile.

HP n abbr (BRIT) see **hire purchase**.

hp abbr (AUT) see **horsepower**.

HQ n abbr (= headquarters) Q.G.

HR n abbr (US) = **House of Representatives**.

HRH abbr (= His (or Her) Royal Highness) S.A.R.

hr(s) abbr (= hour(s)) h.

HRT n abbr = **hormone replacement therapy**.

HS abbr (US) = **high school**.

HST abbr (= Hawaiian Standard Time) fuso orario.

HT abbr (= high tension) A.T.

hub [hʌb] n (of wheel) mozzo; (fig) fulcro.

hubbub ['hʌbʌb] n baccano.

hubcap ['hʌbkæp] n (AUT) coprimozzo.

HUD n abbr (US) = Department of Housing and Urban Development.

huddle ['hʌdl] vi: **to ~ together** rannicchiarsi l'uno contro l'altro.

hue [hju:] n tinta; ~ **and cry** n clamore m.

huff [hʌf] n: **in a ~** stizzito(a); **to take the ~** mettere il broncio.

huffy ['hʌfɪ] adj (col) stizzito(a), indispettito(a).

hug [hʌg] vt abbracciare; (shore, kerb) stringere ♦ n abbraccio, stretta; **to give sb a ~** abbracciare qn.

huge [hju:dʒ] adj enorme, immenso(a).

hulk [hʌlk] n carcassa.

hulking ['hʌlkɪŋ] adj: ~ **(great)** grosso(a) e goffo(a).

hull [hʌl] n (of ship) scafo.

hullabaloo [hʌləbə'lu:] n (col: noise) fracasso.

hullo [hə'ləu] excl = **hello**.

hum [hʌm] vt (tune) canticchiare ♦ vi canticchiare; (insect, plane, tool) ronzare ♦ n (also ELEC) ronzio; (of traffic, machines) rumore m; (of voices etc) mormorio, brusio.

human ['hju:mən] adj umano(a) ♦ n (also: ~ **being**) essere m umano.

humane [hju:'meɪn] adj umanitario(a).

humanism ['hju:mənɪzəm] n umanesimo.

humanitarian [hju:mænɪ'tɛərɪən] adj umanitario(a).

humanity [hju:'mænɪtɪ] n umanità; **the humanities** gli studi umanistici.

humanly ['hju:mənlɪ] adv umanamente.

humanoid ['hju:mənɔɪd] adj che sembra

umano(a) ♦ *n* umanoide *m/f*.
human rights *npl* diritti *mpl* dell'uomo.
humble ['hʌmbl] *adj* umile, modesto(a) ♦ *vt* umiliare.
humbly ['hʌmblɪ] *adv* umilmente, modestamente.
humbug ['hʌmbʌg] *n* inganno; sciocchezze *fpl*; (*BRIT*: *sweet*) caramella alla menta.
humdrum ['hʌmdrʌm] *adj* monotono(a), tedioso(a).
humid ['hjuːmɪd] *adj* umido(a).
humidifier [hjuː'mɪdɪfaɪə*] *n* umidificatore *m*.
humidity [hjuː'mɪdɪtɪ] *n* umidità.
humiliate [hjuː'mɪlɪeɪt] *vt* umiliare.
humiliation [hjuːmɪlɪ'eɪʃən] *n* umiliazione *f*.
humility [hjuː'mɪlɪtɪ] *n* umiltà.
humorist ['hjuːmərɪst] *n* umorista *m/f*.
humorous ['hjuːmərəs] *adj* umoristico(a); (*person*) buffo(a).
humour, (*US*) **humor** ['hjuːmə*] *n* umore *m* ♦ *vt* (*person*) compiacere; (*sb's whims*) assecondare; **sense of** ~ senso dell'umorismo; **to be in a good/bad** ~ essere di buon/cattivo umore.
humo(u)rless ['hjuːməlɪs] *adj* privo(a) di umorismo.
hump [hʌmp] *n* gobba.
humpback ['hʌmpbæk] *n* schiena d'asino; (*BRIT*: *also*: ~ **bridge**) ponte *m* a schiena d'asino.
humus ['hjuːməs] *n* humus *m*.
hunch [hʌntʃ] *n* gobba; (*premonition*) intuizione *f*; **I have a** ~ **that** ho la vaga impressione che.
hunchback ['hʌntʃbæk] *n* gobbo/a.
hunched [hʌntʃt] *adj* incurvato(a).
hundred ['hʌndrəd] *num* cento; **about a** ~ **people** un centinaio di persone; ~**s of people** centinaia *fpl* di persone; **I'm a** ~ **per cent sure** sono sicuro al cento per cento.
hundredweight ['hʌndrɪdweɪt] *n* (*BRIT*) = *50.8 kg; 112 lb*; (*US*) = *45.3 kg; 100 lb*.
hung [hʌŋ] *pt, pp of* hang.
Hungarian [hʌŋ'gɛərɪən] *adj* ungherese ♦ *n* ungherese *m/f*; (*LING*) ungherese *m*.
Hungary ['hʌŋgərɪ] *n* Ungheria.
hunger ['hʌŋgə*] *n* fame *f* ♦ *vi*: **to** ~ **for** desiderare ardentemente.
hunger strike *n* sciopero della fame.
hungover [hʌŋ'əʊvə*] *adj* (*col*): **to be** ~ avere i postumi della sbornia.
hungrily ['hʌŋgrəlɪ] *adv* voracemente; (*fig*) avidamente.
hungry ['hʌŋgrɪ] *adj* affamato(a); **to be** ~ aver fame; ~ **for** (*fig*) assetato di.
hung up *adj* (*col*) complessato(a).

hunk [hʌŋk] *n* bel pezzo.
hunt [hʌnt] *vt* (*seek*) cercare; (*SPORT*) cacciare ♦ *vi* andare a caccia ♦ *n* caccia.
▶**hunt down** *vt* scovare.
hunter ['hʌntə*] *n* cacciatore *m*; (*BRIT*: *horse*) cavallo da caccia.
hunting ['hʌntɪŋ] *n* caccia.
hurdle ['həːdl] *n* (*SPORT, fig*) ostacolo.
hurl [həːl] *vt* lanciare con violenza.
hurling ['həːlɪŋ] *n* (*SPORT*) hurling *m*.
hurly-burly ['həːlɪ'bəːlɪ] *n* chiasso, baccano.
hurrah, hurray [hu'rɑː, hu'reɪ] *excl* urrà!, evviva!
hurricane ['hʌrɪkən] *n* uragano.
hurried ['hʌrɪd] *adj* affrettato(a); (*work*) fatto(a) in fretta.
hurriedly ['hʌrɪdlɪ] *adv* in fretta.
hurry ['hʌrɪ] *n* fretta ♦ *vi* affrettarsi ♦ *vt* (*person*) affrettare; (*work*) far in fretta; **to be in a** ~ aver fretta; **to do sth in a** ~ fare qc in fretta; **to** ~ **in/out** entrare/ uscire in fretta; **to** ~ **back/home** affrettarsi a tornare indietro/a casa.
▶**hurry along** *vi* camminare in fretta.
▶**hurry away, hurry off** *vi* andarsene in fretta.
▶**hurry up** *vi* sbrigarsi.
hurt [həːt] *vb* (*pt, pp* **hurt**) *vt* (*cause pain to*) far male a; (*injure, fig*) ferire; (*business, interests etc*) colpire, danneggiare ♦ *vi* far male ♦ *adj* ferito(a); **I** ~ **my arm** mi sono fatto male al braccio; **where does it** ~? dove ti fa male?
hurtful ['həːtful] *adj* (*remark*) che ferisce.
hurtle ['həːtl] *vt* scagliare ♦ *vi*: **to** ~ **past/ down** passare/scendere a razzo.
husband ['hʌzbənd] *n* marito.
hush [hʌʃ] *n* silenzio, calma ♦ *vt* zittire; ~! zitto(a)!
▶**hush up** *vt* (*fact*) cercare di far passare sotto silenzio.
hush-hush ['hʌʃ'hʌʃ] *adj* (*col*) segretissimo(a).
husk [hʌsk] *n* (*of wheat*) cartoccio; (*of rice, maize*) buccia.
husky ['hʌskɪ] *adj* roco(a) ♦ *n* cane *m* eschimese.
hustings ['hʌstɪŋz] *npl* (*BRIT POL*) comizi *mpl* elettorali.
hustle ['hʌsl] *vt* spingere, incalzare ♦ *n* pigia pigia *m inv*; ~ **and bustle** trambusto.
hut [hʌt] *n* rifugio; (*shed*) ripostiglio.
hutch [hʌtʃ] *n* gabbia.
hyacinth ['haɪəsɪnθ] *n* giacinto.
hybrid ['haɪbrɪd] *adj* ibrido(a) ♦ *n* ibrido.
hydrant ['haɪdrənt] *n* (*also*: **fire** ~) idrante *m*.
hydraulic [haɪ'drɔlɪk] *adj* idraulico(a).

hydraulics [haɪ'drɔlɪks] *n* idraulica.
hydrochloric [haɪdrə'klɔrɪk] *adj*: ~ **acid** acido cloridrico.
hydroelectric [haɪdrəʊɪ'lɛktrɪk] *adj* idroelettrico(a).
hydrofoil ['haɪdrəfɔɪl] *n* aliscafo.
hydrogen ['haɪdrədʒən] *n* idrogeno.
hydrogen bomb *n* bomba all'idrogeno.
hydrophobia [haɪdrə'fəʊbɪə] *n* idrofobia.
hydroplane ['haɪdrəʊpleɪn] *n* idrovolante *m*.
hyena [haɪ'iːnə] *n* iena.
hygiene ['haɪdʒiːn] *n* igiene *f*.
hygienic [haɪ'dʒiːnɪk] *adj* igienico(a).
hymn [hɪm] *n* inno; cantica.
hype [haɪp] *n* (*col*) clamorosa pubblicità.
hyperactive [haɪpər'æktɪv] *adj* iperattivo(a).
hypermarket ['haɪpəmɑːkɪt] *n* (*BRIT*) ipermercato.
hypertension [haɪpə'tɛnʃən] *n* (*MED*) ipertensione *f*.
hyphen ['haɪfn] *n* trattino.
hypnosis [hɪp'nəʊsɪs] *n* ipnosi *f*.
hypnotic [hɪp'nɔtɪk] *adj* ipnotico(a).
hypnotism ['hɪpnətɪzəm] *n* ipnotismo.
hypnotist ['hɪpnətɪst] *n* ipnotizzatore/trice.
hypnotize ['hɪpnətaɪz] *vt* ipnotizzare.
hypoallergenic [haɪpəʊælə'dʒɛnɪk] *adj* ipoallergico(a).
hypochondriac [haɪpə'kɔndrɪæk] *n* ipocondriaco/a.
hypocrisy [hɪ'pɔkrɪsɪ] *n* ipocrisia.
hypocrite ['hɪpəkrɪt] *n* ipocrita *m/f*.
hypocritical [hɪpə'krɪtɪkl] *adj* ipocrita.
hypodermic [haɪpə'dəːmɪk] *adj* ipodermico(a) ♦ *n* (*syringe*) siringa ipodermica.
hypotenuse [haɪ'pɔtɪnjuːz] *n* ipotenusa.
hypothermia [haɪpəʊ'θəːmɪə] *n* ipotermia.
hypothesis, *pl* **hypotheses** [haɪ'pɔθɪsɪs, -siːz] *n* ipotesi *f inv*.
hypothetical [haɪpəʊ'θɛtɪkl] *adj* ipotetico(a).
hysterectomy [hɪstə'rɛktəmɪ] *n* isterectomia.
hysteria [hɪ'stɪərɪə] *n* isteria.
hysterical [hɪ'stɛrɪkl] *adj* isterico(a); **to become** ~ avere una crisi isterica.
hysterics [hɪ'stɛrɪks] *npl* accesso di isteria; (*laughter*) attacco di riso; **to have** ~ avere una crisi isterica.

I i

I, i [aɪ] *n* (*letter*) I, i *f or m inv*; **I for Isaac,** (*US*) **I for Item** ≈ I come Imola.
I [aɪ] *pron* io ♦ *abbr* (= *island, isle*) Is.
IA *abbr* (*US*) = *Iowa*.
IAEA *n abbr* = **International Atomic Energy Agency.**
IBA *n abbr* (*BRIT*: = *Independent Broadcasting Authority*) *organo di controllo sulle reti televisive*.
Iberian [aɪ'bɪərɪən] *adj* iberico(a).
Iberian Peninsula *n*: **the** ~ la Penisola iberica.
IBEW *n abbr* (*US*: = *International Brotherhood of Electrical Workers*) *associazione internazionale degli elettrotecnici*.
ib(id). ['ɪb(ɪd)] *abbr* (= *ibidem: from the same source*) ibid.
i/c *abbr* (*BRIT*) = **in charge.**
ICBM *n abbr* (= *intercontinental ballistic missile*) ICBM *m inv*.
ICC *n abbr* (= *International Chamber of Commerce*) C.C.I. *f*; (*US*: = *Interstate Commerce Commission*) *commissione per il commercio tra gli stati degli USA*.
ice [aɪs] *n* ghiaccio; (*on road*) gelo ♦ *vt* (*cake*) glassare; (*drink*) mettere in fresco ♦ *vi* (*also*: ~ **over**) ghiacciare; (*also*: ~ **up**) gelare; **to keep sth on** ~ (*fig*: plan, project) mettere da parte (per il momento), accantonare.
Ice Age *n* era glaciale.
ice axe *n* piccozza da ghiaccio.
iceberg ['aɪsbəːg] *n* iceberg *m inv*; **tip of the** ~ (*also fig*) punta dell'iceberg.
icebox ['aɪsbɔks] *n* (*US*) frigorifero; (*BRIT*) reparto ghiaccio; (*insulated box*) frigo portatile.
icebreaker ['aɪsbreɪkə*] *n* rompighiaccio *m inv*.
ice bucket *n* secchiello del ghiaccio.
ice-cap ['aɪskæp] *n* calotta polare.
ice-cold [aɪs'kəʊld] *adj* gelato(a).
ice cream *n* gelato.
ice-cream soda *n* (gelato) affogato al seltz.
ice cube *n* cubetto di ghiaccio.
iced [aɪst] *adj* (*drink*) ghiacciato(a); (*coffee, tea*) freddo(a); (*cake*) glassato(a).

ice hockey n hockey m su ghiaccio.
Iceland ['aɪslənd] n Islanda.
Icelander ['aɪsləndə*] n islandese m/f.
Icelandic [aɪs'lændɪk] adj islandese ♦ n (LING) islandese m.
ice lolly n (BRIT) ghiacciolo.
ice pick n piccone m per ghiaccio.
ice rink n pista di pattinaggio.
ice-skate ['aɪsskeɪt] n pattino da ghiaccio ♦ vi pattinare sul ghiaccio.
ice-skating ['aɪsskeɪtɪŋ] n pattinaggio sul ghiaccio.
icicle ['aɪsɪkl] n ghiacciolo.
icing ['aɪsɪŋ] n (AVIAT etc) patina di ghiaccio; (CULIN) glassa.
icing sugar n zucchero a velo.
ICJ n abbr see **International Court of Justice.**
icon ['aɪkɔn] n icona; (COMPUT) immagine f.
ICR n abbr (US) = Institute for Cancer Research.
ICRC n abbr (= International Committee of the Red Cross) CICR m.
ICU n abbr see **intensive care unit.**
icy ['aɪsɪ] adj ghiacciato(a); (weather, temperature) gelido(a).
ID abbr (US) = Idaho.
I'd [aɪd] = I would; I had.
Ida. abbr (US) = Idaho.
ID card n = identity card.
IDD n abbr (BRIT TEL: = International direct dialling) teleselezione f internazionale.
idea [aɪ'dɪə] n idea; good ~! buon'idea!; to have an ~ that ... aver l'impressione che ...; I haven't the least ~ non ne ho la minima idea.
ideal [aɪ'dɪəl] adj, n ideale (m).
idealist [aɪ'dɪəlɪst] n idealista m/f.
ideally [aɪ'dɪəlɪ] adv perfettamente, assolutamente; ~ the book should have ... l'ideale sarebbe che il libro avesse ....
identical [aɪ'dɛntɪkl] adj identico(a).
identification [aɪdɛntɪfɪ'keɪʃən] n identificazione f; means of ~ carta d'identità.
identify [aɪ'dɛntɪfaɪ] vt identificare ♦ vi: to ~ with identificarsi con.
Identikit ® [aɪ'dɛntɪkɪt] n: ~ (picture) identikit m inv.
identity [aɪ'dɛntɪtɪ] n identità f inv.
identity card n carta d'identità.
identity parade n (BRIT) confronto all'americana.
ideological [aɪdɪə'lɔdʒɪkəl] adj ideologico(a).
ideology [aɪdɪ'ɔlədʒɪ] n ideologia.
idiocy ['ɪdɪəsɪ] n idiozia.
idiom ['ɪdɪəm] n idioma m; (phrase) espressione f idiomatica.
idiomatic [ɪdɪə'mætɪk] adj idiomatico(a).
idiosyncrasy [ɪdɪəu'sɪŋkrəsɪ] n idiosincrasia.
idiot ['ɪdɪət] n idiota m/f.
idiotic [ɪdɪ'ɔtɪk] adj idiota.
idle ['aɪdl] adj inattivo(a); (lazy) pigro(a), ozioso(a); (unemployed) disoccupato(a); (question, pleasures) ozioso(a) ♦ vi (engine) girare al minimo; to lie ~ stare fermo, non funzionare.
►**idle away** vt (time) sprecare, buttar via.
idleness ['aɪdlnɪs] n ozio; pigrizia.
idler ['aɪdlə*] n ozioso/a, fannullone/a.
idle time n tempi mpl morti.
idol ['aɪdl] n idolo.
idolize ['aɪdəlaɪz] vt idoleggiare.
idyllic [ɪ'dɪlɪk] adj idillico(a).
i.e. abbr (= id est: that is) cioè.
if [ɪf] conj se ♦ n: there are a lot of ~s and buts ci sono molti se e ma; I'd be pleased ~ you could do it sarei molto contento se potesse farlo; ~ necessary se (è) necessario; ~ only he were here se solo fosse qui; ~ only to show him my gratitude se non altro per esprimergli la mia gratitudine.
iffy ['ɪfɪ] adj (col) incerto(a).
igloo ['ɪglu:] n igloo m inv.
ignite [ɪg'naɪt] vt accendere ♦ vi accendersi.
ignition [ɪg'nɪʃən] n (AUT) accensione f; to switch on/off the ~ accendere/spegnere il motore.
ignition key n (AUT) chiave f dell'accensione.
ignoble [ɪg'nəubl] adj ignobile.
ignominious [ɪgnə'mɪnɪəs] adj vergognoso(a), ignominioso(a).
ignoramus [ɪgnə'reɪməs] n ignorante m/f.
ignorance ['ɪgnərəns] n ignoranza; to keep sb in ~ of sth tenere qn all'oscuro di qc.
ignorant ['ɪgnərənt] adj ignorante; to be ~ of (subject) essere ignorante in; (events) essere ignaro(a) di.
ignore [ɪg'nɔ:*] vt non tener conto di; (person, fact) ignorare.
ikon ['aɪkɔn] n = icon.
IL abbr (US) = Illinois.
ILA n abbr (US: = International Longshoremen's Association) associazione internazionale degli scaricatori di porto.
ill [ɪl] adj (sick) malato(a); (bad) cattivo(a) ♦ n male m; to take or be taken ~ ammalarsi; to feel ~ star male; to speak/think ~ of sb parlar/pensar male di qn.
I'll [aɪl] = I will, I shall.

III. *abbr* (*US*) = *Illinois*.

ill-advised [ɪləd'vaɪzd] *adj* (*decision*) poco giudizioso(a); (*person*) mal consigliato(a).

ill-at-ease [ɪlət'iːz] *adj* a disagio.

ill-considered [ɪlkən'sɪdəd] *adj* (*plan*) avventato(a).

ill-disposed [ɪldɪs'pəuzd] *adj*: **to be ~ towards sb/sth** essere maldisposto(a) verso qn/qc *or* nei riguardi di qn/qc.

illegal [ɪ'liːgl] *adj* illegale.

illegally [ɪ'liːgəlɪ] *adv* illegalmente.

illegible [ɪ'lɛdʒɪbl] *adj* illeggibile.

illegitimate [ɪlɪ'dʒɪtɪmət] *adj* illegittimo(a).

ill-fated [ɪl'feɪtɪd] *adj* nefasto(a).

ill-favoured, (*US*) **ill-favored** [ɪl'feɪvəd] *adj* sgraziato(a), brutto(a).

ill feeling *n* rancore *m*.

ill-gotten ['ɪlgɔtn] *adj*: **~ gains** maltolto.

ill health *n* problemi *mpl* di salute.

illicit [ɪ'lɪsɪt] *adj* illecito(a).

ill-informed [ɪlɪn'fɔːmd] *adj* (*judgement, speech*) pieno(a) di inesattezze; (*person*) male informato(a).

illiterate [ɪ'lɪtərət] *adj* analfabeta, illetterato(a); (*letter*) scorretto(a).

ill-mannered [ɪl'mænəd] *adj* maleducato(a), sgarbato(a).

illness ['ɪlnɪs] *n* malattia.

illogical [ɪ'lɔdʒɪkl] *adj* illogico(a).

ill-suited [ɪl'suːtɪd] *adj* (*couple*) mal assortito(a); **he is ~ to the job** è inadatto a quel lavoro.

ill-timed [ɪl'taɪmd] *adj* intempestivo(a), inopportuno(a).

ill-treat [ɪl'triːt] *vt* maltrattare.

ill-treatment [ɪl'triːtmənt] *n* maltrattamenti *mpl*.

illuminate [ɪ'luːmɪneɪt] *vt* illuminare; **~d sign** insegna luminosa.

illuminating [ɪ'luːmɪneɪtɪŋ] *adj* chiarificatore(trice).

illumination [ɪluːmɪ'neɪʃən] *n* illuminazione *f*.

illusion [ɪ'luːʒən] *n* illusione *f*; **to be under the ~ that** avere l'impressione che.

illusive [ɪ'luːsɪv], **illusory** [ɪ'luːsərɪ] *adj* illusorio(a).

illustrate ['ɪləstreɪt] *vt* illustrare.

illustration [ɪlə'streɪʃən] *n* illustrazione *f*.

illustrator ['ɪləstreɪtə*] *n* illustratore/trice.

illustrious [ɪ'lʌstrɪəs] *adj* illustre.

ill will *n* cattiva volontà.

ILO *n abbr* (= *International Labour Organization*) OIL *f*.

ILWU *n abbr* (*US*: = *International Longshoremen's and Warehousemen's Union*) sindacato internazionale degli scaricatori di porto e magazzinieri.

I'm [aɪm] = **I am**.

image ['ɪmɪdʒ] *n* immagine *f*; (*public face*) immagine (pubblica).

imagery ['ɪmɪdʒərɪ] *n* immagini *fpl*.

imaginable [ɪ'mædʒɪnəbl] *adj* immaginabile, che si possa immaginare.

imaginary [ɪ'mædʒɪnərɪ] *adj* immaginario(a).

imagination [ɪmædʒɪ'neɪʃən] *n* immaginazione *f*, fantasia.

imaginative [ɪ'mædʒɪnətɪv] *adj* immaginoso(a).

imagine [ɪ'mædʒɪn] *vt* immaginare.

imbalance [ɪm'bæləns] *n* squilibrio.

imbecile ['ɪmbəsiːl] *n* imbecille *m/f*.

imbue [ɪm'bjuː] *vt*: **to ~ sth with** impregnare qc di.

IMF *n abbr see* **International Monetary Fund**.

imitate ['ɪmɪteɪt] *vt* imitare.

imitation [ɪmɪ'teɪʃən] *n* imitazione *f*.

imitator ['ɪmɪteɪtə*] *n* imitatore/trice.

immaculate [ɪ'mækjulət] *adj* immacolato(a); (*dress, appearance*) impeccabile.

immaterial [ɪmə'tɪərɪəl] *adj* immateriale, indifferente; **it is ~ whether** poco importa se *or* che + *sub*.

immature [ɪmə'tjuə*] *adj* immaturo(a).

immaturity [ɪmə'tjuərɪtɪ] *n* immaturità, mancanza di maturità.

immeasurable [ɪ'mɛʒərəbl] *adj* incommensurabile.

immediacy [ɪ'miːdɪəsɪ] *n* immediatezza.

immediate [ɪ'miːdɪət] *adj* immediato(a).

immediately [ɪ'miːdɪətlɪ] *adv* (*at once*) subito, immediatamente; **~ next to** proprio accanto a.

immense [ɪ'mɛns] *adj* immenso(a); enorme.

immensity [ɪ'mɛnsɪtɪ] *n* (*of size, difference*) enormità; (*of problem etc*) vastità.

immerse [ɪ'məːs] *vt* immergere.

immersion heater [ɪ'məːʃən-] *n* (*BRIT*) scaldaacqua *m inv* a immersione.

immigrant ['ɪmɪgrənt] *n* immigrante *m/f*; (*already established*) immigrato/a.

immigration [ɪmɪ'greɪʃən] *n* immigrazione *f*.

immigration authorities *npl* ufficio stranieri.

immigration laws *npl* leggi *fpl* relative all'immigrazione.

imminent ['ɪmɪnənt] *adj* imminente.

immobile [ɪ'məubaɪl] *adj* immobile.

immobilize [ɪ'məubɪlaɪz] *vt* immobilizzare.

immoderate [ɪ'mɔdərət] *adj* (*person*) smodato(a), sregolato(a); (*opinion, reaction, demand*) eccessivo(a).

immodest [ɪ'mɔdɪst] *adj* (*indecent*)

indecente, impudico(a); (*boasting*)
presuntuoso(a).
immoral [ɪ'mɔrl] *adj* immorale.
immorality [ɪmɔ'rælɪtɪ] *n* immoralità.
immortal [ɪ'mɔːtl] *adj, n* immortale (*m/f*).
immortalize [ɪ'mɔːtəlaɪz] *vt* rendere
immortale.
immovable [ɪ'muːvəbl] *adj* (*object*) non
movibile; (*person*) irremovibile.
immune [ɪ'mjuːn] *adj*: ~ (**to**) immune (da).
immune system *n* sistema *m*
immunitario.
immunity [ɪ'mjuːnɪtɪ] *n* (*also fig: of
diplomat*) immunità; **diplomatic** ~
immunità diplomatica.
immunization [ɪmjunaɪ'zeɪʃən] *n*
immunizzazione *f*.
immunize ['ɪmjunaɪz] *vt* immunizzare.
imp [ɪmp] *n* folletto, diavoletto; (*child*)
diavoletto.
impact ['ɪmpækt] *n* impatto.
impair [ɪm'pɛə⁺] *vt* danneggiare.
impaired [ɪm'pɛəd] *adj* indebolito(a).
-impaired [ɪm'pɛəd] *suffix*: **visually**~
videoleso(a).
impale [ɪm'peɪl] *vt* impalare.
impart [ɪm'pɑːt] *vt* (*make known*)
comunicare; (*bestow*) impartire.
impartial [ɪm'pɑːʃl] *adj* imparziale.
impartiality [ɪmpɑːʃɪ'ælɪtɪ] *n* imparzialità.
impassable [ɪm'pɑːsəbl] *adj* insuperabile;
(*road*) impraticabile.
impasse [æm'pɑːs] *n* impasse *f inv*.
impassioned [ɪm'pæʃənd] *adj*
appassionato(a).
impassive [ɪm'pæsɪv] *adj* impassibile.
impatience [ɪm'peɪʃəns] *n* impazienza.
impatient [ɪm'peɪʃənt] *adj* impaziente; **to
get** *or* **grow** ~ perdere la pazienza.
impeach [ɪm'piːtʃ] *vt* accusare, attaccare;
(*public official*) mettere sotto accusa.
impeachment [ɪm'piːtʃmənt] *n* (*LAW*)
imputazione *f*.
impeccable [ɪm'pɛkəbl] *adj* impeccabile.
impecunious [ɪmpɪ'kjuːnɪəs] *adj* povero(a).
impede [ɪm'piːd] *vt* impedire.
impediment [ɪm'pɛdɪmənt] *n* impedimento;
(*also:* **speech** ~) difetto di pronuncia.
impel [ɪm'pɛl] *vt* (*force*): **to** ~ **sb** (**to do sth**)
costringere *or* obbligare qn (a fare qc).
impending [ɪm'pɛndɪŋ] *adj* imminente.
impenetrable [ɪm'pɛnɪtrəbl] *adj*
impenetrabile.
imperative [ɪm'pɛrətɪv] *adj* imperativo(a);
necessario(a), urgente; (*voice*)
imperioso(a) ♦ *n* (*LING*) imperativo.
imperceptible [ɪmpə'sɛptɪbl] *adj*
impercettibile.

imperfect [ɪm'pəːfɪkt] *adj* imperfetto(a);
(*goods etc*) difettoso(a) ♦ *n* (*LING: also:* ~
tense) imperfetto.
imperfection [ɪmpə'fɛkʃən] *n*
imperfezione *f*; (*flaw*) difetto.
imperial [ɪm'pɪərɪəl] *adj* imperiale;
(*measure*) legale.
imperialism [ɪm'pɪərɪəlɪzəm] *n*
imperialismo.
imperil [ɪm'pɛrɪl] *vt* mettere in pericolo.
imperious [ɪm'pɪərɪəs] *adj* imperioso(a).
impersonal [ɪm'pəːsənl] *adj* impersonale.
impersonate [ɪm'pəːsəneɪt] *vt*
impersonare; (*THEAT*) imitare.
impersonation [ɪmpəːsə'neɪʃən] *n* (*LAW*)
usurpazione *f* d'identità; (*THEAT*)
imitazione *f*.
impersonator [ɪm'pəːsəneɪtə⁺] *n* (*gen,
THEAT*) imitatore/trice.
impertinence [ɪm'pəːtɪnəns] *n*
impertinenza.
impertinent [ɪm'pəːtɪnənt] *adj*
impertinente.
imperturbable [ɪmpə'təːbəbl] *adj*
imperturbabile.
impervious [ɪm'pəːvɪəs] *adj* impermeabile;
(*fig*): ~ **to** insensibile a; impassibile di
fronte a.
impetuous [ɪm'pɛtjuəs] *adj* impetuoso(a),
precipitoso(a).
impetus ['ɪmpətəs] *n* impeto.
impinge [ɪm'pɪndʒ]: **to** ~ **on** *vt fus* (*person*)
colpire; (*rights*) ledere.
impish ['ɪmpɪʃ] *adj* malizioso(a),
birichino(a).
implacable [ɪm'plækəbl] *adj* implacabile.
implant [ɪm'plɑːnt] *vt* (*MED*) innestare; (*fig:
idea, principle*) inculcare.
implausible [ɪm'plɔːzɪbl] *adj* non plausibile.
implement *n* ['ɪmplɪmənt] attrezzo; (*for
cooking*) utensile *m* ♦ *vt* ['ɪmplɪmɛnt]
effettuare.
implicate ['ɪmplɪkeɪt] *vt* implicare.
implication [ɪmplɪ'keɪʃən] *n* implicazione *f*;
by ~ implicitamente.
implicit [ɪm'plɪsɪt] *adj* implicito(a);
(*complete*) completo(a).
implicitly [ɪm'plɪsɪtlɪ] *adv* implicitamente.
implore [ɪm'plɔː⁺] *vt* implorare.
imply [ɪm'plaɪ] *vt* insinuare; suggerire.
impolite [ɪmpə'laɪt] *adj* scortese.
imponderable [ɪm'pɔndərəbl] *adj*
imponderabile.
import *vt* [ɪm'pɔːt] importare ♦ *n* ['ɪmpɔːt]
(*COMM*) importazione *f*; (*meaning*)
significato, senso ♦ *cpd* (*duty, licence etc*)
d'importazione.
importance [ɪm'pɔːtns] *n* importanza; **to be**

of great/little ~ importare molto/poco, essere molto/poco importante.

important [ɪm'pɔːtnt] *adj* importante; **it's not** ~ non ha importanza; **it is** ~ **that** è importante che + *sub*.

importantly [ɪm'pɔːtəntlɪ] *adv* (*pej*) con (un'aria d')importanza; **but, more** ~, ... ma, quel che più conta *or* importa, ...

importation [ɪmpɔː'teɪʃən] *n* importazione *f*.

imported [ɪm'pɔːtɪd] *adj* importato(a).

importer [ɪm'pɔːtə*] *n* importatore/trice.

impose [ɪm'pəuz] *vt* imporre ♦ *vi*: **to** ~ **on sb** sfruttare la bontà di qn.

imposing [ɪm'pəuzɪŋ] *adj* imponente.

imposition [ɪmpə'zɪʃən] *n* imposizione *f*; **to be an** ~ **on** (*person*) abusare della gentilezza di.

impossibility [ɪmpɔsə'bɪlɪtɪ] *n* impossibilità.

impossible [ɪm'pɔsɪbl] *adj* impossibile; **it is** ~ **for me to leave now** mi è impossibile venir via adesso.

impostor [ɪm'pɔstə*] *n* impostore/a.

impotence ['ɪmpətns] *n* impotenza.

impotent ['ɪmpətnt] *adj* impotente.

impound [ɪm'paund] *vt* confiscare.

impoverished [ɪm'pɔvərɪʃt] *adj* impoverito(a).

impracticable [ɪm'præktɪkəbl] *adj* impraticabile.

impractical [ɪm'præktɪkl] *adj* non pratico(a).

imprecise [ɪmprɪ'saɪs] *adj* impreciso(a).

impregnable [ɪm'prɛgnəbl] *adj* (*fortress*) inespugnabile; (*fig*) inoppugnabile; irrefutabile.

impregnate ['ɪmprɛgneɪt] *vt* impregnare; (*fertilize*) fecondare.

impresario [ɪmprɪ'sɑːrɪəu] *n* impresario/a.

impress [ɪm'prɛs] *vt* impressionare; (*mark*) imprimere, stampare; **to** ~ **sth on sb** far capire qc a qn.

impression [ɪm'prɛʃən] *n* impressione *f*; **to be under the** ~ **that** avere l'impressione che; **to make a good/bad** ~ **on sb** fare una buona/cattiva impressione a *or* su qn.

impressionable [ɪm'prɛʃnəbl] *adj* impressionabile.

impressionist [ɪm'prɛʃənɪst] *n* impressionista *m/f*.

impressive [ɪm'prɛsɪv] *adj* impressionante.

imprint ['ɪmprɪnt] *n* (*PUBLISHING*) sigla editoriale.

imprinted [ɪm'prɪntɪd] *adj*: ~ **on** impresso(a) in.

imprison [ɪm'prɪzn] *vt* imprigionare.

imprisonment [ɪm'prɪznmənt] *n* imprigionamento.

improbable [ɪm'prɔbəbl] *adj* improbabile; (*excuse*) inverosimile.

impromptu [ɪm'prɔmptjuː] *adj* improvvisato(a) ♦ *adv* improvvisando, così su due piedi.

improper [ɪm'prɔpə*] *adj* scorretto(a); (*unsuitable*) inadatto(a), improprio(a); sconveniente, indecente.

impropriety [ɪmprə'praɪətɪ] *n* sconvenienza; (*of expression*) improprietà.

improve [ɪm'pruːv] *vt* migliorare ♦ *vi* migliorare; (*pupil etc*) fare progressi.

▶**improve (up)on** *vt fus* (*offer*) aumentare.

improvement [ɪm'pruːvmənt] *n* miglioramento; progresso; **to make ~s to** migliorare, apportare dei miglioramenti a.

improvisation [ɪmprəvaɪ'zeɪʃən] *n* improvvisazione *f*.

improvise ['ɪmprəvaɪz] *vt, vi* improvvisare.

imprudence [ɪm'pruːdns] *n* imprudenza.

imprudent [ɪm'pruːdnt] *adj* imprudente.

impudence ['ɪmpjudns] *n* impudenza.

impudent ['ɪmpjudnt] *adj* impudente, sfacciato(a).

impugn [ɪm'pjuːn] *vt* impugnare.

impulse ['ɪmpʌls] *n* impulso; **to act on** ~ agire d'impulso *or* impulsivamente.

impulse buy *n* acquisto fatto d'impulso.

impulsive [ɪm'pʌlsɪv] *adj* impulsivo(a).

impunity [ɪm'pjuːnɪtɪ] *n*: **with** ~ impunemente.

impure [ɪm'pjuə*] *adj* impuro(a).

impurity [ɪm'pjuərɪtɪ] *n* impurità *f inv*.

IN *abbr* (*US*) = *Indiana*.

―――――――――――――― *KEYWORD*

in [ɪn] *prep* **1** (*indicating place, position*) in; ~ **the house/garden** in casa/giardino; ~ **the box** nella scatola; ~ **the fridge** nel frigorifero; **I have it** ~ **my hand** ce l'ho in mano; ~ **town/the country** in città/campagna; ~ **school** a scuola; ~ **here/there** qui/lì dentro

2 (*with place names: of town, region, country*): ~ **London** a Londra; ~ **England** in Inghilterra; ~ **the United States** negli Stati Uniti; ~ **Yorkshire** nello Yorkshire

3 (*indicating time: during, in the space of*) in; ~ **spring/summer** in primavera/estate; ~ **1988** nel 1988; ~ **May** in *or* a maggio; **I'll see you** ~ **July** ci vediamo a luglio; ~ **the afternoon** nel pomeriggio; **at 4 o'clock** ~ **the afternoon** alle 4 del pomeriggio; **I did it** ~ **3 hours/days** l'ho

fatto in 3 ore/giorni; **I'll see you ~ 2 weeks** *or* **~ 2 weeks' time** ci vediamo tra 2 settimane; **once ~ a hundred years** una volta ogni cento anni
4 (*indicating manner etc*) a; **~ a loud/soft voice** a voce alta/bassa; **~ pencil** a matita; **~ English/French** in inglese/francese; **~ writing** per iscritto; **the boy ~ the blue shirt** il ragazzo con la camicia blu
5 (*indicating circumstances*): **~ the sun** al sole; **~ the shade** all'ombra; **~ the rain** sotto la pioggia; **a rise ~ prices** un aumento dei prezzi
6 (*indicating mood, state*): **~ tears** in lacrime; **~ anger** per la rabbia; **~ despair** disperato(a); **~ good condition** in buono stato, in buone condizioni; **to live ~ luxury** vivere nel lusso
7 (*with ratios, numbers*): **1 ~ 10** 1 su 10; **20 pence ~ the pound** 20 pence per sterlina; **they lined up ~ twos** si misero in fila per due; **~ hundreds** a centinaia
8 (*referring to people, works*) in; **the disease is common ~ children** la malattia è comune nei bambini; **~ (the works of) Dickens** in Dickens, nelle opere di Dickens
9 (*indicating profession etc*) in; **to be ~ teaching** fare l'insegnante, insegnare; **to be ~ publishing** lavorare nell'editoria
10 (*after superlative*) di; **the best ~ the class** il migliore della classe
11 (*with present participle*): **~ saying this** dicendo questo, nel dire questo
12: **~ that** *conj* poiché
♦ *adv*: **to be ~** (*person: at home, work*) esserci; (*train, ship, plane*) essere arrivato(a); (*in fashion*) essere di moda; **their party is ~** il loro partito è al potere; **to ask sb ~** invitare qn ad entrare; **to run/limp** *etc* **~** entrare di corsa/zoppicando *etc*
♦ *n*: **the ~s and outs of the problem** tutti gli aspetti del problema.

in., ins *abbr* = **inch(es)**.
inability [ɪnə'bɪlɪtɪ] *n* inabilità, incapacità; **~ to pay** impossibilità di pagare.
inaccessible [ɪnək'sɛsɪbl] *adj* inaccessibile.
inaccuracy [ɪn'ækjurəsɪ] *n* inaccuratezza; inesattezza; imprecisione *f*.
inaccurate [ɪn'ækjurət] *adj* inaccurato(a); (*figures*) inesatto(a); (*translation*) impreciso(a).
inaction [ɪn'ækʃən] *n* inazione *f*.
inactivity [ɪnæk'tɪvɪtɪ] *n* inattività.
inadequacy [ɪn'ædɪkwəsɪ] *n* insufficienza.
inadequate [ɪn'ædɪkwət] *adj* insufficiente.

inadmissible [ɪnəd'mɪsəbl] *adj* inammissibile.
inadvertent [ɪnəd'vɜːtənt] *adj* involontario(a).
inadvertently [ɪnəd'vɜːtntlɪ] *adv* senza volerlo.
inadvisable [ɪnəd'vaɪzəbl] *adj* sconsigliabile.
inane [ɪ'neɪn] *adj* vacuo(a), stupido(a).
inanimate [ɪn'ænɪmət] *adj* inanimato(a).
inapplicable [ɪn'æplɪkəbl] *adj* inapplicabile.
inappropriate [ɪnə'prəuprɪət] *adj* disadatto(a); (*word, expression*) improprio(a).
inapt [ɪn'æpt] *adj* maldestro(a); fuori luogo.
inaptitude [ɪn'æptɪtjuːd] *n* improprietà.
inarticulate [ɪnɑː'tɪkjulət] *adj* (*person*) che si esprime male; (*speech*) inarticolato(a).
inasmuch as [ɪnəz'mʌtʃæz] *adv* in quanto che; (*seeing that*) poiché.
inattention [ɪnə'tɛnʃən] *n* mancanza di attenzione.
inattentive [ɪnə'tɛntɪv] *adj* disattento(a), distratto(a); negligente.
inaudible [ɪn'ɔːdɪbl] *adj* che non si riesce a sentire.
inaugural [ɪ'nɔːgjurəl] *adj* inaugurale.
inaugurate [ɪ'nɔːgjureɪt] *vt* inaugurare; (*president, official*) insediare.
inauguration [ɪnɔːgju'reɪʃən] *n* inaugurazione *f*; insediamento in carica.
inauspicious [ɪnɔːs'pɪʃəs] *adj* poco propizio(a).
in-between [ɪnbɪ'twiːn] *adj* fra i (*or* le) due.
inborn [ɪn'bɔːn] *adj* (*feeling*) innato(a); (*defect*) congenito(a).
inbred [ɪn'brɛd] *adj* innato(a); (*family*) connaturato(a).
inbreeding [ɪn'briːdɪŋ] *n* incrocio ripetuto di animali consanguinei; unioni *fpl* fra consanguinei.
Inc. *abbr see* **incorporated**.
Inca ['ɪŋkə] *adj* (*also*: **~n**) inca *inv* ♦ *n* inca *m/f inv*.
incalculable [ɪn'kælkjuləbl] *adj* incalcolabile.
incapability [ɪnkeɪpə'bɪlɪtɪ] *n* incapacità.
incapable [ɪn'keɪpəbl] *adj*: **~ (of doing sth)** incapace (di fare qc).
incapacitate [ɪnkə'pæsɪteɪt] *vt*: **to ~ sb from doing sth** rendere qn incapace di fare.
incapacitated [ɪnkə'pæsɪteɪtɪd] *adj* (*LAW*) inabilitato(a).
incapacity [ɪnkə'pæsɪtɪ] *n* incapacità.
incarcerate [ɪn'kɑːsəreɪt] *vt* imprigionare.
incarnate *adj* [ɪn'kɑːnɪt] incarnato(a) ♦ *vt* ['ɪnkɑːneɪt] incarnare.
incarnation [ɪnkɑː'neɪʃən] *n* incarnazione *f*.

incendiary [ɪn'sɛndɪərɪ] *adj* incendiario(a)
♦ *n* (*bomb*) bomba incendiaria.
incense *n* ['ɪnsɛns] incenso ♦ *vt* [ɪn'sɛns]
(*anger*) infuriare.
incense burner *n* incensiere *m*.
incentive [ɪn'sɛntɪv] *n* incentivo.
incentive scheme *n* piano di
incentivazione.
inception [ɪn'sɛpʃən] *n* inizio, principio.
incessant [ɪn'sɛsnt] *adj* incessante.
incessantly [ɪn'sɛsntlɪ] *adv* di continuo,
senza sosta.
incest ['ɪnsɛst] *n* incesto.
inch [ɪntʃ] *n* pollice *m* (= *25 mm*; *12 in a
foot*); **within an** ~ **of** a un pelo da; **he
wouldn't give an** ~ (*fig*) non ha ceduto di
un millimetro.
▶**inch forward** *vi* avanzare pian piano.
inch tape *n* (*BRIT*) metro a nastro (da
sarto).
incidence ['ɪnsɪdns] *n* incidenza.
incident ['ɪnsɪdnt] *n* incidente *m*; (*in book*)
episodio.
incidental [ɪnsɪ'dɛntl] *adj* accessorio(a),
d'accompagnamento; (*unplanned*)
incidentale; ~ **to** marginale a; ~
expenses *npl* spese *fpl* accessorie.
incidentally [ɪnsɪ'dɛntəlɪ] *adv* (*by the way*) a
proposito.
incidental music *n* sottofondo (musicale),
musica di sottofondo.
incident room *n* (*POLICE*) centrale *f* delle
operazioni (*per indagini*).
incinerate [ɪn'sɪnəreɪt] *vt* incenerire.
incinerator [ɪn'sɪnəreɪtə*] *n* inceneritore *m*.
incipient [ɪn'sɪpɪənt] *adj* incipiente.
incision [ɪn'sɪʒən] *n* incisione *f*.
incisive [ɪn'saɪsɪv] *adj* incisivo(a); tagliante;
acuto(a).
incisor [ɪn'saɪzə*] *n* incisivo.
incite [ɪn'saɪt] *vt* incitare.
incl. *abbr* = **including, inclusive (of)**.
inclement [ɪn'klɛmənt] *adj* inclemente.
inclination [ɪnklɪ'neɪʃən] *n* inclinazione *f*.
incline *n* ['ɪnklaɪn] pendenza, pendio ♦ *vb*
[ɪn'klaɪn] *vt* inclinare ♦ *vi*: **to** ~ **to** tendere
a; **to be** ~**d to do** tendere a fare; essere
propenso(a) a fare; **to be well** ~**d
towards sb** essere ben disposto(a) verso
qn.
include [ɪn'kluːd] *vt* includere,
comprendere; **the tip is/is not** ~**d** la
mancia è compresa/esclusa.
including [ɪn'kluːdɪŋ] *prep* compreso(a),
incluso(a); ~ **tip** mancia compresa,
compresa la mancia.
inclusion [ɪn'kluːʒən] *n* inclusione *f*.
inclusive [ɪn'kluːsɪv] *adj* incluso(a),

compreso(a); **£50,** ~ **of all surcharges** 50
sterline, incluse tutte le soprattasse.
inclusive terms *npl* (*BRIT*) prezzo tutto
compreso.
incognito [ɪnkɒg'niːtəu] *adv* in incognito.
incoherent [ɪnkəu'hɪərənt] *adj* incoerente.
income ['ɪnkʌm] *n* reddito; **gross/net** ~
reddito lordo/netto; ~ **and expenditure
account** conto entrate ed uscite.
income support *n* (*BRIT*) sussidio di
indigenza *or* povertà.
income tax *n* imposta sul reddito.
income tax inspector *n* ispettore *m* delle
imposte dirette.
income tax return *n* dichiarazione *f*
annuale dei redditi.
incoming ['ɪnkʌmɪŋ] *adj* (*passengers*) in
arrivo; (*government, tenant*) subentrante;
~ **tide** marea montante.
incommunicado [ɪnkəmjunɪ'kɑːdəu] *adj*: **to
hold sb** ~ tenere qn in segregazione.
incomparable [ɪn'kɒmpərəbl] *adj*
incomparabile.
incompatible [ɪnkəm'pætɪbl] *adj*
incompatibile.
incompetence [ɪn'kɒmpɪtns] *n*
incompetenza, incapacità.
incompetent [ɪn'kɒmpɪtnt] *adj*
incompetente, incapace.
incomplete [ɪnkəm'pliːt] *adj* incompleto(a).
incomprehensible [ɪnkɒmprɪ'hɛnsɪbl] *adj*
incomprensibile.
inconceivable [ɪnkən'siːvəbl] *adj*
inimmaginabile.
inconclusive [ɪnkən'kluːsɪv] *adj*
improduttivo(a); (*argument*) poco
convincente.
incongruous [ɪn'kɒŋgruəs] *adj* poco
appropriato(a); (*remark, act*)
incongruo(a).
inconsequential [ɪnkɒnsɪ'kwɛnʃl] *adj* senza
importanza.
inconsiderable [ɪnkən'sɪdərəbl] *adj*: **not** ~
non trascurabile.
inconsiderate [ɪnkən'sɪdərət] *adj*
sconsiderato(a).
inconsistency [ɪnkən'sɪstənsɪ] *n* (*of actions
etc*) incongruenza; (*of work*) irregolarità;
(*of statement etc*) contraddizione *f*.
inconsistent [ɪnkən'sɪstnt] *adj* incoerente;
poco logico(a); contraddittorio(a); ~ **with**
in contraddizione con.
inconsolable [ɪnkən'səuləbl] *adj*
inconsolabile.
inconspicuous [ɪnkən'spɪkjuəs] *adj*
incospicuo(a); (*colour*) poco appariscente;
(*dress*) dimesso(a); **to make o.s.** ~
cercare di passare inosservato(a).

inconstant [ɪn'kɔnstnt] *adj* incostante; mutevole.

incontinence [ɪn'kɔntɪnəns] *n* incontinenza.

incontinent [ɪn'kɔntɪnənt] *adj* incontinente.

incontrovertible [ɪnkɔntrə'vəːtəbl] *adj* incontrovertibile.

inconvenience [ɪnkən'viːnjəns] *n* inconveniente *m*; (*trouble*) disturbo ♦ *vt* disturbare; **to put sb to great ~** creare degli inconvenienti a qn; **don't ~ yourself** non si disturbi.

inconvenient [ɪnkən'viːnjənt] *adj* scomodo(a); **that time is very ~ for me** quell'ora mi è molto scomoda, non è un'ora adatta per me.

incorporate [ɪn'kɔːpəreɪt] *vt* incorporare; (*contain*) contenere.

incorporated [ɪn'kɔːpəreɪtɪd] *adj*: **~ company** (*US: abbr* **Inc.**) società *f inv* registrata.

incorrect [ɪnkə'rɛkt] *adj* scorretto(a); (*statement*) impreciso(a).

incorrigible [ɪn'kɔrɪdʒəbl] *adj* incorreggibile.

incorruptible [ɪnkə'rʌptɪbl] *adj* incorruttibile.

increase *n* ['ɪnkriːs] aumento ♦ *vi* [ɪn'kriːs] aumentare; **to be on the ~** essere in aumento; **an ~ of £5/10%** un aumento di 5 sterline/del 10%.

increasing [ɪn'kriːsɪŋ] *adj* (*number*) crescente.

increasingly [ɪn'kriːsɪŋlɪ] *adv* sempre più.

incredible [ɪn'krɛdɪbl] *adj* incredibile.

incredulous [ɪn'krɛdjuləs] *adj* incredulo(a).

increment ['ɪnkrɪmənt] *n* aumento, incremento.

incriminate [ɪn'krɪmɪneɪt] *vt* compromettere.

incriminating [ɪn'krɪmɪneɪtɪŋ] *adj* incriminante.

incubate ['ɪnkjubeɪt] *vt* (*eggs*) covare ♦ *vi* (*egg*) essere in incubazione; (*disease*) avere un'incubazione.

incubation [ɪnkju'beɪʃən] *n* incubazione *f*.

incubation period *n* (periodo di) incubazione *f*.

incubator ['ɪnkjubeɪtə*] *n* incubatrice *f*.

inculcate ['ɪnkʌlkeɪt] *vt*: **to ~ sth in sb** inculcare qc a qn, instillare qc a qn.

incumbent [ɪn'kʌmbənt] *adj*: **it is ~ on him to do ...** è suo dovere fare ... ♦ *n* titolare *m/f*.

incur [ɪn'kəː*] *vt* (*expenses*) incorrere; (*debt*) contrarre; (*loss*) subire; (*anger, risk*) esporsi a.

incurable [ɪn'kjuərəbl] *adj* incurabile.

incursion [ɪn'kəːʃən] *n* incursione *f*.

Ind. *abbr* (*US*) = *Indiana*.

indebted [ɪn'dɛtɪd] *adj*: **to be ~ to sb (for)** essere obbligato(a) verso qn (per).

indecency [ɪn'diːsnsɪ] *n* indecenza.

indecent [ɪn'diːsnt] *adj* indecente.

indecent assault *n* (*BRIT*) aggressione *f* a scopo di violenza sessuale.

indecent exposure *n* atti *mpl* osceni in luogo pubblico.

indecipherable [ɪndɪ'saɪfərəbl] *adj* indecifrabile.

indecision [ɪndɪ'sɪʒən] *n* indecisione *f*.

indecisive [ɪndɪ'saɪsɪv] *adj* indeciso(a); (*discussion*) non decisivo(a).

indeed [ɪn'diːd] *adv* infatti; veramente; **yes ~!** certamente!

indefatigable [ɪndɪ'fætɪgəbl] *adj* infaticabile, instancabile.

indefensible [ɪndɪ'fɛnsəbl] *adj* (*conduct*) ingiustificabile.

indefinable [ɪndɪ'faɪnəbl] *adj* indefinibile.

indefinite [ɪn'dɛfɪnɪt] *adj* indefinito(a); (*answer*) vago(a); (*period, number*) indeterminato(a).

indefinitely [ɪn'dɛfɪnɪtlɪ] *adv* (*wait*) indefinitamente.

indelible [ɪn'dɛlɪbl] *adj* indelebile.

indelicate [ɪn'dɛlɪkɪt] *adj* (*tactless*) indelicato(a), privo(a) di tatto; (*not polite*) sconveniente.

indemnify [ɪn'dɛmnɪfaɪ] *vt* indennizzare.

indemnity [ɪn'dɛmnɪtɪ] *n* (*insurance*) assicurazione *f*; (*compensation*) indennità, indennizzo.

indent [ɪn'dɛnt] *vt* (*TYP: text*) far rientrare dal margine.

indentation [ɪndɛn'teɪʃən] *n* dentellatura; (*TYP*) rientranza; (*dent*) tacca.

indented [ɪn'dɛntɪd] *adj* (*TYP*) rientrante.

indenture [ɪn'dɛntʃə*] *n* contratto *m* formazione *inv*.

independence [ɪndɪ'pɛndns] *n* indipendenza.

Negli Stati Uniti il 4 luglio si festeggia l'**Independence Day**, *il giorno in cui è stata firmata, nel 1776, la Dichiarazione di Indipendenza con la quale tredici colonie britanniche dichiaravano la propria autonomia dalla Gran Bretagna e la propria appartenenza agli Stati Uniti d'America.*

---

independent [ɪndɪ'pɛndnt] *adj* indipendente.

independently [ɪndɪ'pɛndntlɪ] *adv* indipendentemente; separatamente; **~ of** indipendentemente da.

in-depth ['ɪn'dɛpθ] *adj* approfondito(a).
indescribable [ɪndɪ'skraɪbəbl] *adj* indescrivibile.
indestructible [ɪndɪ'strʌktəbl] *adj* indistruttibile.
indeterminate [ɪndɪ'tə:mɪnɪt] *adj* indeterminato(a).
index ['ɪndɛks] *n* (*pl* ~**es**: *in book*) indice *m*; (: *in library etc*) catalogo; (*pl* **indices** ['ɪndɪsi:z]: *ratio, sign*) indice *m*.
index card *n* scheda.
index finger *n* (dito) indice *m*.
index-linked ['ɪndɛks'lɪŋkt], (*US*) **indexed** ['ɪndɛkst] *adj* legato(a) al costo della vita.
India ['ɪndɪə] *n* India.
Indian ['ɪndɪən] *adj*, *n* indiano(a).
Indian ink *n* inchiostro di china.
Indian Ocean *n*: **the** ~ l'Oceano Indiano.
Indian Summer *n* (*fig*) estate *f* di San Martino.
India paper *n* carta d'India, carta bibbia.
India rubber *n* caucciù *m*.
indicate ['ɪndɪkeɪt] *vt* indicare ♦ *vi* (*BRIT AUT*): **to** ~ **left/right** mettere la freccia a sinistra/a destra.
indication [ɪndɪ'keɪʃən] *n* indicazione *f*, segno.
indicative [ɪn'dɪkətɪv] *adj* indicativo(a) ♦ *n* (*LING*) indicativo; **to be** ~ **of sth** essere indicativo(a) *or* un indice di qc.
indicator ['ɪndɪkeɪtə*] *n* (*sign*) segno; (*AUT*) indicatore *m* di direzione, freccia.
indices ['ɪndɪsi:z] *npl of* **index**.
indict [ɪn'daɪt] *vt* accusare.
indictable [ɪn'daɪtəbl] *adj* passibile di pena; ~ **offence** atto che costituisce reato.
indictment [ɪn'daɪtmənt] *n* accusa.
indifference [ɪn'dɪfrəns] *n* indifferenza.
indifferent [ɪn'dɪfrənt] *adj* indifferente; (*poor*) mediocre.
indigenous [ɪn'dɪdʒɪnəs] *adj* indigeno(a).
indigestible [ɪndɪ'dʒɛstɪbl] *adj* indigeribile.
indigestion [ɪndɪ'dʒɛstʃən] *n* indigestione *f*.
indignant [ɪn'dɪgnənt] *adj*: ~ **(at sth/with sb)** indignato(a) (per qc/contro qn).
indignation [ɪndɪg'neɪʃən] *n* indignazione *f*.
indignity [ɪn'dɪgnɪtɪ] *n* umiliazione *f*.
indigo ['ɪndɪgəu] *adj*, *n* indaco (*inv*).
indirect [ɪndɪ'rɛkt] *adj* indiretto(a).
indirectly [ɪndɪ'rɛktlɪ] *adv* indirettamente.
indiscreet [ɪndɪ'skri:t] *adj* indiscreto(a); (*rash*) imprudente.
indiscretion [ɪndɪ'skrɛʃən] *n* indiscrezione *f*; imprudenza.
indiscriminate [ɪndɪ'skrɪmɪnət] *adj* (*person*) che non sa discernere; (*admiration*) cieco(a); (*killings*) indiscriminato(a).
indispensable [ɪndɪ'spɛnsəbl] *adj* indispensabile.
indisposed [ɪndɪ'spəuzd] *adj* (*unwell*) indisposto(a).
indisposition [ɪndɪspə'zɪʃən] *n* (*illness*) indisposizione *f*.
indisputable [ɪndɪ'spju:təbl] *adj* incontestabile, indiscutibile.
indistinct [ɪndɪ'stɪŋkt] *adj* indistinto(a); (*memory, noise*) vago(a).
indistinguishable [ɪndɪ'stɪŋgwɪʃəbl] *adj* indistinguibile.
individual [ɪndɪ'vɪdjuəl] *n* individuo ♦ *adj* individuale; (*characteristic*) particolare, originale.
individualist [ɪndɪ'vɪdjuəlɪst] *n* individualista *m/f*.
individuality [ɪndɪvɪdju'ælɪtɪ] *n* individualità.
individually [ɪndɪ'vɪdjuəlɪ] *adv* singolarmente, uno(a) per uno(a).
indivisible [ɪndɪ'vɪzɪbl] *adj* indivisibile.
Indochina ['ɪndəu'tʃaɪnə] *n* Indocina.
indoctrinate [ɪn'dɔktrɪneɪt] *vt* indottrinare.
indoctrination [ɪndɔktrɪ'neɪʃən] *n* indottrinamento.
indolent ['ɪndələnt] *adj* indolente.
Indonesia [ɪndəu'ni:zɪə] *n* Indonesia.
Indonesian [ɪndəu'ni:zɪən] *adj*, *n* indonesiano(a); (*LING*) indonesiano.
indoor ['ɪndɔ:*] *adj* da interno; (*plant*) d'appartamento; (*swimming pool*) coperto(a); (*sport, games*) fatto(a) al coperto.
indoors [ɪn'dɔ:z] *adv* all'interno; (*at home*) in casa.
indubitable [ɪn'dju:bɪtəbl] *adj* indubitabile.
induce [ɪn'dju:s] *vt* persuadere; (*bring about*) provocare; **to** ~ **sb to do sth** persuadere qn a fare qc.
inducement [ɪn'dju:smənt] *n* incitamento; (*incentive*) stimolo, incentivo.
induct [ɪn'dʌkt] *vt* insediare; (*fig*) iniziare.
induction [ɪn'dʌkʃən] *n* (*MED*: *of birth*) parto indotto.
induction course *n* (*BRIT*) corso di avviamento.
indulge [ɪn'dʌldʒ] *vt* (*whim*) compiacere, soddisfare; (*child*) viziare ♦ *vi*: **to** ~ **in sth** concedersi qc; abbandonarsi a qc.
indulgence [ɪn'dʌldʒəns] *n* lusso (che uno si permette); (*leniency*) indulgenza.
indulgent [ɪn'dʌldʒənt] *adj* indulgente.
industrial [ɪn'dʌstrɪəl] *adj* industriale; (*injury*) sul lavoro; (*dispute*) di lavoro.
industrial action *n* azione *f* rivendicativa.
industrial estate *n* zona industriale.
industrialist [ɪn'dʌstrɪəlɪst] *n* industriale *m*.
industrialize [ɪn'dʌstrɪəlaɪz] *vt*

industrializzare.
industrial park n (US) zona industriale.
industrial relations npl relazioni fpl
industriali.
industrial tribunal n (BRIT) ≈ Tribunale m
Amministrativo Regionale.
industrial unrest n (BRIT) agitazione f
(sindacale).
industrious [ɪn'dʌstrɪəs] adj industrioso(a),
assiduo(a).
industry ['ɪndəstrɪ] n industria; (diligence)
operosità.
inebriated [ɪ'niːbrɪeɪtɪd] adj ubriaco(a).
inedible [ɪn'ɛdɪbl] adj immangiabile; non
commestibile.
ineffective [ɪnɪ'fɛktɪv] adj inefficace.
ineffectual [ɪnɪ'fɛktʃuəl] adj inefficace;
incompetente.
inefficiency [ɪnɪ'fɪʃənsɪ] n inefficienza.
inefficient [ɪnɪ'fɪʃənt] adj inefficiente.
inelegant [ɪn'ɛlɪgənt] adj poco elegante.
ineligible [ɪn'ɛlɪdʒɪbl] adj (candidate)
ineleggibile; **to be ~ for sth** non avere il
diritto a qc.
inept [ɪ'nɛpt] adj inetto(a).
ineptitude [ɪ'nɛptɪtjuːd] n inettitudine f,
stupidità.
inequality [ɪnɪ'kwɒlɪtɪ] n ineguaglianza.
inequitable [ɪn'ɛkwɪtəbl] adj iniquo(a).
ineradicable [ɪnɪ'rædɪkəbl] adj
inestirpabile.
inert [ɪ'nɜːt] adj inerte.
inertia [ɪ'nɜːʃə] n inerzia.
inertia-reel seat belt [ɪ'nɜːʃə'riːl-] n
cintura di sicurezza con arrotolatore.
inescapable [ɪnɪ'skeɪpəbl] adj inevitabile.
inessential [ɪnɪ'sɛnʃl] adj non essenziale.
inestimable [ɪn'ɛstɪməbl] adj inestimabile,
incalcolabile.
inevitable [ɪn'ɛvɪtəbl] adj inevitabile.
inevitably [ɪn'ɛvɪtəblɪ] adv inevitabilmente;
as ~ happens ... come immancabilmente
succede ....
inexact [ɪnɪg'zækt] adj inesatto(a).
inexcusable [ɪnɪks'kjuːzəbl] adj
imperdonabile.
inexhaustible [ɪnɪg'zɔːstɪbl] adj
inesauribile; (person) instancabile.
inexorable [ɪn'ɛksərəbl] adj inesorabile.
inexpensive [ɪnɪk'spɛnsɪv] adj poco
costoso(a).
inexperience [ɪnɪk'spɪərɪəns] n
inesperienza.
inexperienced [ɪnɪk'spɪərɪənst] adj
inesperto(a), senza esperienza; **to be ~ in
sth** essere poco pratico in qc.
inexplicable [ɪnɪk'splɪkəbl] adj
inesplicabile.

inexpressible [ɪnɪk'sprɛsəbl] adj
inesprimibile.
inextricable [ɪnɪk'strɪkəbl] adj inestricabile.
infallibility [ɪnfælə'bɪlɪtɪ] n infallibilità.
infallible [ɪn'fælɪbl] adj infallibile.
infamous ['ɪnfəməs] adj infame.
infamy ['ɪnfəmɪ] n infamia.
infancy ['ɪnfənsɪ] n infanzia.
infant ['ɪnfənt] n bambino/a.
infantile ['ɪnfəntaɪl] adj infantile.
infant mortality n mortalità infantile.
infantry ['ɪnfəntrɪ] n fanteria.
infantryman ['ɪnfəntrɪmən] n fante m.
infant school n (BRIT) scuola elementare
(per bambini dall'età di 5 a 7 anni).
infatuated [ɪn'fætjueɪtɪd] adj: **~ with**
infatuato(a) di; **to become ~ (with sb)**
infatuarsi (di qn).
infatuation [ɪnfætju'eɪʃən] n infatuazione f.
infect [ɪn'fɛkt] vt infettare; **~ed with**
(illness) affetto(a) da; **to become ~ed**
(wound) infettarsi.
infection [ɪn'fɛkʃən] n infezione f.
infectious [ɪn'fɛkʃəs] adj (disease)
infettivo(a), contagioso(a); (person,
laughter) contagioso(a).
infer [ɪn'fɜː] vt: **to ~ (from)** dedurre (da),
concludere (da).
inference ['ɪnfərəns] n deduzione f,
conclusione f.
inferior [ɪn'fɪərɪə] adj inferiore; (goods) di
qualità scadente ♦ n inferiore m/f; (in rank)
subalterno/a; **to feel ~** sentirsi inferiore.
inferiority [ɪnfɪərɪ'ɒrətɪ] n inferiorità.
inferiority complex n complesso di
inferiorità.
infernal [ɪn'fɜːnl] adj infernale.
inferno [ɪn'fɜːnəu] n inferno.
infertile [ɪn'fɜːtaɪl] adj sterile.
infertility [ɪnfɜː'tɪlɪtɪ] n sterilità.
infested [ɪn'fɛstɪd] adj: **~ (with)**
infestato(a) (di).
infidelity [ɪnfɪ'dɛlɪtɪ] n infedeltà.
in-fighting ['ɪnfaɪtɪŋ] n lotte fpl intestine.
infiltrate ['ɪnfɪltreɪt] vt (troops etc) far
penetrare; (enemy line etc) infiltrare ♦ vi
infiltrarsi.
infinite ['ɪnfɪnɪt] adj infinito(a); **an ~
amount of time/money** un'illimitata
quantità di tempo/denaro.
infinitely ['ɪnfɪnɪtlɪ] adv infinitamente.
infinitesimal [ɪnfɪnɪ'tɛsɪməl] adj
infinitesimale.
infinitive [ɪn'fɪnɪtɪv] n infinito.
infinity [ɪn'fɪnɪtɪ] n infinità; (also MATH)
infinito.
infirm [ɪn'fɜːm] adj infermo(a).
infirmary [ɪn'fɜːmərɪ] n ospedale m; (in

school, factory) infermeria.
infirmity [ɪn'fəːmɪtɪ] *n* infermità *f inv*.
inflamed [ɪn'fleɪmd] *adj* infiammato(a).
inflammable [ɪn'flæməbl] *adj* infiammabile.
inflammation [ɪnflə'meɪʃən] *n*
infiammazione *f*.
inflammatory [ɪn'flæmətərɪ] *adj* (*speech*)
incendiario(a).
inflatable [ɪn'fleɪtəbl] *adj* gonfiabile.
inflate [ɪn'fleɪt] *vt* (*tyre, balloon*) gonfiare;
(*fig*) esagerare; gonfiare; **to ~ the
currency** far ricorso all'inflazione.
inflated [ɪn'fleɪtɪd] *adj* (*style*) gonfio(a);
(*value*) esagerato(a).
inflation [ɪn'fleɪʃən] *n* (*ECON*) inflazione *f*.
inflationary [ɪn'fleɪʃənərɪ] *adj*
inflazionistico(a).
inflexible [ɪn'flɛksɪbl] *adj* inflessibile,
rigido(a).
inflict [ɪn'flɪkt] *vt*: **to ~ on** infliggere a.
infliction [ɪn'flɪkʃən] *n* inflizione *f*; afflizione
f.
in-flight ['ɪnflaɪt] *adj* a bordo.
inflow ['ɪnfləu] *n* afflusso.
influence ['ɪnfluəns] *n* influenza ♦ *vt*
influenzare; **under the ~ of** sotto
l'influenza di; **under the ~ of drink** sotto
l'influenza *or* l'effetto dell'alcool.
influential [ɪnflu'ɛnʃl] *adj* influente.
influenza [ɪnflu'ɛnzə] *n* (*MED*) influenza.
influx ['ɪnflʌks] *n* afflusso.
inform [ɪn'fɔːm] *vt*: **to ~ sb (of)** informare
qn (di) ♦ *vi*: **to ~ on sb** denunciare qn; **to
~ sb about** mettere qn al corrente di.
informal [ɪn'fɔːml] *adj* (*person, manner*) alla
buona, semplice; (*visit, discussion*)
informale; (*announcement, invitation*) non
ufficiale; "**dress ~**" "non è richiesto
l'abito scuro"; **~ language** linguaggio
colloquiale.
informality [ɪnfɔː'mælɪtɪ] *n* semplicità,
informalità; carattere *m* non ufficiale.
informally [ɪn'fɔːməlɪ] *adv* senza cerimonie;
(*invite*) in modo non ufficiale.
informant [ɪn'fɔːmənt] *n* informatore/trice.
informatics [ɪnfə'mætɪks] *n* informatica.
information [ɪnfə'meɪʃən] *n* informazioni
fpl; particolari *mpl*; **to get ~ on** informarsi
su; **a piece of ~** un'informazione; **for your
~** a titolo d'informazione, per sua
informazione.
information bureau *n* ufficio *m*
informazioni *inv*.
information processing *n* elaborazione *f*
delle informazioni.
information retrieval *n* ricupero delle
informazioni.
information technology (IT) *n*

informatica.
informative [ɪn'fɔːmətɪv] *adj* istruttivo(a).
informed [ɪn'fɔːmd] *adj* (*observer*) (ben)
informato(a); **an ~ guess** un'ipotesi
fondata.
informer [ɪn'fɔːmə*] *n* informatore/trice.
infra dig ['ɪnfrə'dɪg] *adj abbr* (*col*: = *infra
dignitatem: beneath one's dignity*)
indecoroso(a).
infra-red [ɪnfrə'rɛd] *adj* infrarosso(a).
infrastructure ['ɪnfrəstrʌktʃə*] *n*
infrastruttura.
infrequent [ɪn'friːkwənt] *adj* infrequente,
raro(a).
infringe [ɪn'frɪndʒ] *vt* infrangere ♦ *vi*: **to ~
on** calpestare.
infringement [ɪn'frɪndʒmənt] *n*: **~ (of)**
infrazione *f* (di).
infuriate [ɪn'fjuərɪeɪt] *vt* rendere
furioso(a).
infuriating [ɪn'fjuərɪeɪtɪŋ] *adj* molto
irritante.
infuse [ɪn'fjuːz] *vt* (*with courage,
enthusiasm*): **to ~ sb with sth** infondere
qc a qn, riempire qn di qc.
infusion [ɪn'fjuːʒən] *n* (*tea etc*) infuso,
infusione *f*.
ingenious [ɪn'dʒiːnjəs] *adj* ingegnoso(a).
ingenuity [ɪndʒɪ'njuːɪtɪ] *n* ingegnosità.
ingenuous [ɪn'dʒɛnjuəs] *adj* ingenuo(a).
ingot ['ɪŋgət] *n* lingotto.
ingrained [ɪn'greɪnd] *adj* radicato(a).
ingratiate [ɪn'greɪʃɪeɪt] *vt*: **to ~ o.s. with sb**
ingraziarsi qn.
ingratiating [ɪn'greɪʃɪeɪtɪŋ] *adj* (*smile,
speech*) suadente, cattivante; (*person*)
compiacente.
ingratitude [ɪn'grætɪtjuːd] *n* ingratitudine *f*.
ingredient [ɪn'griːdɪənt] *n* ingrediente *m*;
elemento.
ingrowing ['ɪngrəuɪŋ], **ingrown** ['ɪngrəun]
adj: **~ (toe)nail** unghia incarnita.
inhabit [ɪn'hæbɪt] *vt* abitare.
inhabitable [ɪn'hæbɪtəbl] *adj* abitabile.
inhabitant [ɪn'hæbɪtnt] *n* abitante *m/f*.
inhale [ɪn'heɪl] *vt* inalare ♦ *vi* (*in smoking*)
aspirare.
inhaler [ɪn'heɪlə*] *n* inalatore *m*.
inherent [ɪn'hɪərənt] *adj*: **~ (in or to)**
inerente (a).
inherently [ɪn'hɪərəntlɪ] *adv* (*easy, difficult*)
di per sé, di per se stesso(a); **~ lazy** pigro
di natura.
inherit [ɪn'hɛrɪt] *vt* ereditare.
inheritance [ɪn'hɛrɪtəns] *n* eredità.
inhibit [ɪn'hɪbɪt] *vt* (*PSYCH*) inibire; **to ~ sb
from doing** impedire a qn di fare.
inhibited [ɪn'hɪbɪtɪd] *adj* (*person*) inibito(a).

inhibiting [ɪnˈhɪbɪtɪŋ] *adj* che inibisce.
inhibition [ɪnhɪˈbɪʃən] *n* inibizione *f*.
inhospitable [ɪnhɔsˈpɪtəbl] *adj* inospitale.
in-house [ˈɪnˈhaus] *adj* effettuato(a) da personale interno, interno(a) ♦ *adv* (*training*) all'interno dell'azienda.
inhuman [ɪnˈhjuːmən] *adj* inumano(a), disumano(a).
inhumane [ɪnhjuːˈmeɪn] *adj* inumano(a), disumano(a).
inimitable [ɪˈnɪmɪtəbl] *adj* inimitabile.
iniquity [ɪˈnɪkwɪtɪ] *n* iniquità *f inv*.
initial [ɪˈnɪʃl] *adj* iniziale ♦ *n* iniziale *f* ♦ *vt* siglare; ~**s** *npl* iniziali *fpl*; (*as signature*) sigla.
initialize [ɪˈnɪʃəlaɪz] *vt* (*COMPUT*) inizializzare.
initially [ɪˈnɪʃəlɪ] *adv* inizialmente, all'inizio.
initiate [ɪˈnɪʃɪeɪt] *vt* (*start*) avviare; intraprendere; iniziare; (*person*) iniziare; **to** ~ **sb into sth** iniziare qn a qc; **to** ~ **proceedings against sb** (*LAW*) intentare causa a *or* contro qn.
initiation [ɪnɪʃɪˈeɪʃən] *n* iniziazione *f*.
initiative [ɪˈnɪʃətɪv] *n* iniziativa; **to take the** ~ prendere l'iniziativa.
inject [ɪnˈdʒɛkt] *vt* (*liquid*) iniettare; (*person*) fare una puntura a; (*fig: money*): **to** ~ **into** immettere in.
injection [ɪnˈdʒɛkʃən] *n* iniezione *f*, puntura; **to have an** ~ farsi fare un'iniezione *or* una puntura.
injudicious [ɪndʒuˈdɪʃəs] *adj* poco saggio(a).
injunction [ɪnˈdʒʌŋkʃən] *n* (*LAW*) ingiunzione *f*, intimazione *f*.
injure [ˈɪndʒə*] *vt* ferire; (*wrong*) fare male *or* torto a; (*damage: reputation etc*) nuocere a; (*feelings*) offendere; **to** ~ **o.s.** farsi male.
injured [ˈɪndʒəd] *adj* (*person, leg etc*) ferito(a); (*tone, feelings*) offeso(a); ~ **party** (*LAW*) parte *f* lesa.
injurious [ɪnˈdʒuərɪəs] *adj*: ~ **(to)** nocivo(a) (a), pregiudizievole (per).
injury [ˈɪndʒərɪ] *n* ferita; (*wrong*) torto; **to escape without** ~ rimanere illeso.
injury time *n* (*SPORT*) tempo di ricupero.
injustice [ɪnˈdʒʌstɪs] *n* ingiustizia; **you do me an** ~ mi fa un torto, è ingiusto verso di me.
ink [ɪŋk] *n* inchiostro.
ink-jet printer [ˈɪŋkdʒɛt-] *n* stampante *f* a getto d'inchiostro.
inkling [ˈɪŋklɪŋ] *n* sentore *m*, vaga idea.
inkpad [ˈɪŋkpæd] *n* tampone *m*, cuscinetto per timbri.
inky [ˈɪŋkɪ] *adj* macchiato(a) *or* sporco(a) d'inchiostro.

inlaid [ˈɪnleɪd] *adj* incrostato(a); (*table etc*) intarsiato(a).
inland *adj* [ˈɪnlənd] interno(a) ♦ *adv* [ɪnˈlænd] all'interno; ~ **waterways** canali e fiumi *mpl* navigabili.
Inland Revenue *n* (*BRIT*) Fisco.
in-laws [ˈɪnlɔːz] *npl* suoceri *mpl*; famiglia del marito (*or* della moglie).
inlet [ˈɪnlɛt] *n* (*GEO*) insenatura, baia.
inlet pipe *n* (*TECH*) tubo d'immissione.
inmate [ˈɪnmeɪt] *n* (*in prison*) carcerato/a; (*in asylum*) ricoverato/a.
inmost [ˈɪnməust] *adj* più profondo(a), più intimo(a).
inn [ɪn] *n* locanda.
innards [ˈɪnədz] *npl* (*col*) interiora *fpl*, budella *fpl*.
innate [ɪˈneɪt] *adj* innato(a).
inner [ˈɪnə*] *adj* interno(a), interiore.
inner city *n* centro di una zona urbana.
innermost [ˈɪnəməust] *adj* = **inmost**.
inner tube *n* camera d'aria.
innings [ˈɪnɪŋz] *n* (*CRICKET*) turno di battuta; (*BRIT fig*): **he has had a good** ~ ha avuto molto dalla vita.
innocence [ˈɪnəsns] *n* innocenza.
innocent [ˈɪnəsnt] *adj* innocente.
innocuous [ɪˈnɔkjuəs] *adj* innocuo(a).
innovation [ɪnəuˈveɪʃən] *n* innovazione *f*.
innuendo, ~es [ɪnjuˈɛndəu] *n* insinuazione *f*.
innumerable [ɪˈnjuːmrəbl] *adj* innumerevole.
inoculate [ɪˈnɔkjuleɪt] *vt*: **to** ~ **sb with sth/ against sth** inoculare qc a qn/qn contro qc.
inoculation [ɪnɔkjuˈleɪʃən] *n* inoculazione *f*.
inoffensive [ɪnəˈfɛnsɪv] *adj* inoffensivo(a), innocuo(a).
inopportune [ɪnˈɔpətjuːn] *adj* inopportuno(a).
inordinate [ɪˈnɔːdɪnɪt] *adj* eccessivo(a).
inordinately [ɪˈnɔːdɪnətlɪ] *adv* smoderatamente.
inorganic [ɪnɔːˈgænɪk] *adj* inorganico(a).
in-patient [ˈɪnpeɪʃənt] *n* ricoverato/a.
input [ˈɪnput] *n* (*ELEC*) energia, potenza; (*of machine*) alimentazione *f*; (*of computer*) input *m* ♦ *vt* (*COMPUT*) inserire, introdurre.
inquest [ˈɪnkwɛst] *n* inchiesta.
inquire [ɪnˈkwaɪə*] *vi* informarsi ♦ *vt* domandare, informarsi di *or* su; **to** ~ **about** informarsi di *or* su, chiedere informazioni su; **to** ~ **when/where/ whether** informarsi di quando/su dove/ se.
▶**inquire after** *vt fus* (*person*) chiedere di;

(sb's health) informarsi di.
▶**inquire into** vt fus indagare su, fare delle indagini or ricerche su.
inquiring [ɪn'kwaɪərɪŋ] adj (mind) inquisitivo(a).
inquiry [ɪn'kwaɪərɪ] n domanda; (LAW) indagine f, investigazione f; **to hold an ~ into sth** fare un'inchiesta su qc.
inquiry desk n (BRIT) banco delle informazioni.
inquiry office n (BRIT) ufficio m informazioni inv.
inquisition [ɪnkwɪ'zɪʃən] n inquisizione f, inchiesta; (REL): **the I~** l'Inquisizione.
inquisitive [ɪn'kwɪzɪtɪv] adj curioso(a).
inroads ['ɪnrəudz] npl: **to make ~ into** (savings, supplies) intaccare (seriamente).
insane [ɪn'seɪn] adj matto(a), pazzo(a); (MED) alienato(a).
insanitary [ɪn'sænɪtərɪ] adj insalubre.
insanity [ɪn'sænɪtɪ] n follia; (MED) alienazione f mentale.
insatiable [ɪn'seɪʃəbl] adj insaziabile.
inscribe [ɪn'skraɪb] vt iscrivere; (book etc): **to ~ (to sb)** dedicare (a qn).
inscription [ɪn'skrɪpʃən] n iscrizione f; (in book) dedica.
inscrutable [ɪn'skruːtəbl] adj imperscrutabile.
inseam ['ɪnsiːm] n (US): **~ measurement** lunghezza interna.
insect ['ɪnsɛkt] n insetto.
insect bite n puntura or morsicatura di insetto.
insecticide [ɪn'sɛktɪsaɪd] n insetticida m.
insect repellent n insettifugo.
insecure [ɪnsɪ'kjuə*] adj malsicuro(a); (person) insicuro(a).
insecurity [ɪnsɪ'kjuərɪtɪ] n mancanza di sicurezza.
insensible [ɪn'sɛnsɪbl] adj insensibile; (unconscious) privo(a) di sensi.
insensitive [ɪn'sɛnsɪtɪv] adj insensibile.
insensitivity [ɪnsɛnsɪ'tɪvɪtɪ] n mancanza di sensibilità.
inseparable [ɪn'sɛprəbl] adj inseparabile.
insert vt [ɪn'səːt] inserire, introdurre ♦ n ['ɪnsəːt] inserto.
insertion [ɪn'səːʃən] n inserzione f.
in-service ['ɪn'səːvɪs] adj (course, training) dopo l'assunzione.
inshore [ɪn'ʃɔː*] adj costiero(a) ♦ adv presso la riva; verso la riva.
inside ['ɪn'saɪd] n interno, parte f interiore; (of road: BRIT) sinistra; (: US, in Europe etc) destra ♦ adj interno(a), interiore ♦ adv dentro, all'interno ♦ prep dentro, all'interno di; (of time): **~ 10 minutes**

entro 10 minuti; **~s** npl (col) ventre m; **~ out** adv alla rovescia; **to turn sth ~ out** rivoltare qc; **to know sth ~ out** conoscere qc a fondo; **~ information** informazioni fpl riservate; **~ story** storia segreta.
inside forward n (SPORT) mezzala, interno.
inside lane n (AUT) corsia di marcia.
inside leg measurement n (BRIT) lunghezza interna.
insider [ɪn'saɪdə*] n uno(a) che ha le mani in pasta.
insider dealing, insider trading n (STOCK EXCHANGE) insider trading m inv.
insidious [ɪn'sɪdɪəs] adj insidioso(a).
insight ['ɪnsaɪt] n acume m, perspicacia; (glimpse, idea) percezione f; **to gain** or **get an ~ into sth** potersi render conto di qc.
insignia [ɪn'sɪgnɪə] npl insegne fpl.
insignificant [ɪnsɪg'nɪfɪknt] adj insignificante.
insincere [ɪnsɪn'sɪə*] adj insincero(a).
insincerity [ɪnsɪn'sɛrɪtɪ] n falsità, insincerità.
insinuate [ɪn'sɪnjueɪt] vt insinuare.
insinuation [ɪnsɪnju'eɪʃən] n insinuazione f.
insipid [ɪn'sɪpɪd] adj insipido(a), insulso(a).
insist [ɪn'sɪst] vi insistere; **to ~ on doing** insistere per fare; **to ~ that** insistere perché + sub; (claim) sostenere che.
insistence [ɪn'sɪstəns] n insistenza.
insistent [ɪn'sɪstənt] adj insistente.
insofar [ɪnsəu'fɑː*] conj: **~ as** in quanto.
insole ['ɪnsəul] n soletta; (fixed part of shoe) tramezza.
insolence ['ɪnsələns] n insolenza.
insolent ['ɪnsələnt] adj insolente.
insoluble [ɪn'sɔljubl] adj insolubile.
insolvency [ɪn'sɔlvənsɪ] n insolvenza.
insolvent [ɪn'sɔlvənt] adj insolvente.
insomnia [ɪn'sɔmnɪə] n insonnia.
insomniac [ɪn'sɔmnɪæk] n chi soffre di insonnia.
inspect [ɪn'spɛkt] vt ispezionare; (BRIT: ticket) controllare.
inspection [ɪn'spɛkʃən] n ispezione f; controllo.
inspector [ɪn'spɛktə*] n ispettore/trice; controllore m.
inspiration [ɪnspə'reɪʃən] n ispirazione f.
inspire [ɪn'spaɪə*] vt ispirare.
inspired [ɪn'spaɪəd] adj (writer, book etc) ispirato(a); **in an ~ moment** in un momento d'ispirazione.
inspiring [ɪn'spaɪərɪŋ] adj stimolante.
inst. [ɪnst] abbr (BRIT COMM: = instant) c.m. (=corrente mese).

instability [ɪnstə'bɪlɪtɪ] *n* instabilità.

install [ɪn'stɔːl] *vt* installare.

installation [ɪnstə'leɪʃən] *n* installazione *f.*

installment plan *n* (*US*) acquisto a rate.

instalment, (*US*) **installment**
[ɪn'stɔːlmənt] *n* rata; (*of TV serial etc*)
puntata; **to pay in ~s** pagare a rate.

instance ['ɪnstəns] *n* esempio, caso; **for ~**
per *or* ad esempio; **in that ~** in quel caso;
in the first ~ in primo luogo.

instant ['ɪnstənt] *n* istante *m*, attimo ◊ *adj*
immediato(a); urgente; (*coffee, food*) in
polvere; **the 10th ~** il 10 corrente (mese).

instantaneous [ɪnstən'teɪnɪəs] *adj*
istantaneo(a).

instantly ['ɪnstəntlɪ] *adv* immediatamente,
subito.

instant replay *n* (*US TV*) replay *m inv.*

instead [ɪn'sted] *adv* invece; **~ of** invece di;
~ of sb al posto di qn.

instep ['ɪnstep] *n* collo del piede; (*of shoe*)
collo della scarpa.

instigate ['ɪnstɪgeɪt] *vt* (*rebellion, strike,*
crime) istigare a; (*new ideas etc*)
promuovere.

instigation [ɪnstɪ'geɪʃən] *n* istigazione *f;* **at**
sb's ~ per *or* in seguito al suggerimento
di qn.

instil [ɪn'stɪl] *vt:* **to ~ (into)** inculcare (in).

instinct ['ɪnstɪŋkt] *n* istinto.

instinctive [ɪn'stɪŋktɪv] *adj* istintivo(a).

instinctively [ɪn'stɪŋktɪvlɪ] *adv* per istinto.

institute ['ɪnstɪtjuːt] *n* istituto ◊ *vt* istituire,
stabilire; (*inquiry*) avviare; (*proceedings*)
iniziare.

institution [ɪnstɪ'tjuːʃən] *n* istituzione *f;*
istituto (d'istruzione); istituto
(psichiatrico).

institutional [ɪnstɪ'tjuːʃənl] *adj*
istituzionale; **~ care** assistenza presso un
istituto.

instruct [ɪn'strʌkt] *vt* istruire; **to ~ sb in**
sth insegnare qc a qn; **to ~ sb to do** dare
ordini a qn di fare.

instruction [ɪn'strʌkʃən] *n* istruzione *f;* **~s**
(for use) istruzioni per l'uso.

instruction book *n* libretto di istruzioni.

instructive [ɪn'strʌktɪv] *adj* istruttivo(a).

instructor [ɪn'strʌktə*] *n* istruttore/trice;
(*for skiing*) maestro/a.

instrument ['ɪnstrumənt] *n* strumento.

instrumental [ɪnstru'mentl] *adj* (*MUS*)
strumentale; **to be ~ in sth/in doing sth**
avere un ruolo importante in qc/nel fare
qc.

instrumentalist [ɪnstru'mentəlɪst] *n*
strumentista *m/f.*

instrument panel *n* quadro *m*

portastrumenti *inv.*

insubordinate [ɪnsə'bɔːdənɪt] *adj*
insubordinato(a).

insubordination [ɪnsəbɔːdə'neɪʃən] *n*
insubordinazione *f.*

insufferable [ɪn'sʌfrəbl] *adj* insopportabile.

insufficient [ɪnsə'fɪʃənt] *adj* insufficiente.

insufficiently [ɪnsə'fɪʃəntlɪ] *adv* in modo
insufficiente.

insular ['ɪnsjulə*] *adj* insulare; (*person*) di
mente ristretta.

insulate ['ɪnsjuleɪt] *vt* isolare.

insulating tape ['ɪnsjuleɪtɪŋ-] *n* nastro
isolante.

insulation [ɪnsju'leɪʃən] *n* isolamento.

insulin ['ɪnsjulɪn] *n* insulina.

insult *n* ['ɪnsʌlt] insulto, affronto ◊ *vt*
[ɪn'sʌlt] insultare.

insulting [ɪn'sʌltɪŋ] *adj* offensivo(a),
ingiurioso(a).

insuperable [ɪn'sjuːprəbl] *adj*
insormontabile, insuperabile.

insurance [ɪn'ʃuərəns] *n* assicurazione *f;*
fire/life ~ assicurazione contro gli
incendi/sulla vita; **to take out ~ (against)**
fare un'assicurazione (contro),
assicurarsi (contro).

insurance agent *n* agente *m*
d'assicurazioni.

insurance broker *n* broker *m inv*
d'assicurazioni.

insurance policy *n* polizza
d'assicurazione.

insurance premium *n* premio
assicurativo.

insure [ɪn'ʃuə*] *vt* assicurare; **to ~ sb** *or*
sb's life assicurare qn sulla vita; **to be ~d**
for £5000 essere assicurato per 5000
sterline.

insured [ɪn'ʃuəd] *n:* **the ~** l'assicurato/a.

insurer [ɪn'ʃuərə*] *n* assicuratore/trice.

insurgent [ɪn'sɜːdʒənt] *adj* ribelle ◊ *n*
insorto/a, rivoltoso/a.

insurmountable [ɪnsə'mauntəbl] *adj*
insormontabile.

insurrection [ɪnsə'rekʃən] *n* insurrezione *f.*

intact [ɪn'tækt] *adj* intatto(a).

intake ['ɪnteɪk] *n* (*TECH*) immissione *f;* (*of*
food) consumo; (*of pupils etc*) afflusso.

intangible [ɪn'tændʒɪbl] *adj* intangibile.

integral ['ɪntɪgrəl] *adj* integrale; (*part*)
integrante.

integrate ['ɪntɪgreɪt] *vt* integrare.

integrated circuit *n* (*COMPUT*) circuito
integrato.

integration [ɪntɪ'greɪʃən] *n* integrazione *f;*
racial ~ integrazione razziale.

integrity [ɪn'tegrɪtɪ] *n* integrità.

intellect ['ɪntəlɛkt] n intelletto.
intellectual [ɪntə'lɛktjuəl] adj, n intellettuale (m/f).
intelligence [ɪn'tɛlɪdʒəns] n intelligenza; (MIL etc) informazioni fpl.
intelligence quotient (IQ) n quoziente m d'intelligenza (Q.I.).
Intelligence Service n servizio segreto.
intelligence test n test m inv d'intelligenza.
intelligent [ɪn'tɛlɪdʒənt] adj intelligente.
intelligible [ɪn'tɛlɪdʒɪbl] adj intelligibile.
intemperate [ɪn'tɛmpərət] adj immoderato(a); (drinking too much) intemperante nel bere.
intend [ɪn'tɛnd] vt (gift etc): **to ~ sth for** destinare qc a; **to ~ to do** aver l'intenzione di fare.
intended [ɪn'tɛndɪd] adj (insult) intenzionale; (effect) voluto(a); (journey, route) progettato(a).
intense [ɪn'tɛns] adj intenso(a); (person) di forti sentimenti.
intensely [ɪn'tɛnslɪ] adv intensamente; profondamente.
intensify [ɪn'tɛnsɪfaɪ] vt intensificare.
intensity [ɪn'tɛnsɪtɪ] n intensità.
intensive [ɪn'tɛnsɪv] adj intensivo(a).
intensive care n terapia intensiva; **~ unit (ICU)** n reparto terapia intensiva.
intent [ɪn'tɛnt] n intenzione f ♦ adj: **~ (on)** intento(a) (a), immerso(a) (in); **to all ~s and purposes** a tutti gli effetti; **to be ~ on doing sth** essere deciso a fare qc.
intention [ɪn'tɛnʃən] n intenzione f.
intentional [ɪn'tɛnʃənl] adj intenzionale, deliberato(a).
intentionally [ɪn'tɛnʃənəlɪ] adv apposta.
intently [ɪn'tɛntlɪ] adv attentamente.
inter [ɪn'tə:*] vt sotterrare.
interact [ɪntər'ækt] vi agire reciprocamente, interagire.
interaction [ɪntər'ækʃən] n azione f reciproca, interazione f.
interactive [ɪntər'æktɪv] adj interattivo(a).
intercede [ɪntə'si:d] vi: **to ~ (with sb/on behalf of sb)** intercedere (presso qn/a favore di qn).
intercept [ɪntə'sɛpt] vt intercettare; (person) fermare.
interception [ɪntə'sɛpʃən] n intercettamento.
interchange n ['ɪntətʃeɪndʒ] (exchange) scambio; (on motorway) incrocio pluridirezionale ♦ vt [ɪntə'tʃeɪndʒ] scambiare; sostituire l'uno(a) per l'altro(a).
interchangeable [ɪntə'tʃeɪndʒəbl] adj intercambiabile.

intercity [ɪntə'sɪtɪ] adj: **~ (train)** ≈ (treno) rapido.
intercom ['ɪntəkɔm] n interfono.
interconnect [ɪntəkə'nɛkt] vi (rooms) essere in comunicazione.
intercontinental ['ɪntəkɔntɪ'nɛntl] adj intercontinentale.
intercourse ['ɪntəkɔ:s] n rapporti mpl; (sexual ~) rapporti sessuali.
interdependent [ɪntədɪ'pɛndənt] adj interdipendente.
interest ['ɪntrɪst] n interesse m; (COMM: stake, share) interessi mpl ♦ vt interessare; **compound/simple ~** interesse composto/semplice; **business ~s** attività fpl commerciali; **British ~s in the Middle East** gli interessi (commerciali) britannici nel Medio Oriente.
interested ['ɪntrɪstɪd] adj interessato(a); **to be ~ in** interessarsi di.
interest-free ['ɪntrɪst'fri:] adj senza interesse.
interesting ['ɪntrɪstɪŋ] adj interessante.
interest rate n tasso di interesse.
interface ['ɪntəfeɪs] n (COMPUT) interfaccia.
interfere [ɪntə'fɪə*] vi: **to ~ (in)** (quarrel, other people's business) immischiarsi (in); **to ~ with** (object) toccare; (plans) ostacolare; (duty) interferire con.
interference [ɪntə'fɪərəns] n interferenza.
interfering [ɪntə'fɪərɪŋ] adj invadente.
interim ['ɪntərɪm] adj provvisorio(a) ♦ n: **in the ~** nel frattempo; **~ dividend** (COMM) acconto di dividendo.
interior [ɪn'tɪərɪə*] n interno; (of country) entroterra ♦ adj interiore, interno(a).
interior decorator, interior designer n decoratore/trice (d'interni).
interjection [ɪntə'dʒɛkʃən] n interiezione f.
interlock [ɪntə'lɔk] vi ingranarsi ♦ vt ingranare.
interloper ['ɪntələupə*] n intruso/a.
interlude ['ɪntəlu:d] n intervallo; (THEAT) intermezzo.
intermarry [ɪntə'mærɪ] vi imparentarsi per mezzo di matrimonio; sposarsi tra parenti.
intermediary [ɪntə'mi:dɪərɪ] n intermediario/a.
intermediate [ɪntə'mi:dɪət] adj intermedio(a); (SCOL: course, level) medio(a).
interment [ɪn'tə:mənt] n (formal) inumazione f.
interminable [ɪn'tə:mɪnəbl] adj interminabile.
intermission [ɪntə'mɪʃən] n pausa; (THEAT,

CINE) intermissione *f*, intervallo.

intermittent [ɪntə'mɪtnt] *adj* intermittente.

intermittently [ɪntə'mɪtntlɪ] *adv* a intermittenza.

intern *vt* [ɪn'tə:n] internare ♦ *n* ['ɪntə:n] (*US*) medico interno.

internal [ɪn'tə:nl] *adj* interno(a); ~ **injuries** lesioni *fpl* interne.

internally [ɪn'tə:nəlɪ] *adv* all'interno; **"not to be taken** ~**"** "per uso esterno".

Internal Revenue (Service) (IRS) *n* (*US*) Fisco.

international [ɪntə'næʃənl] *adj* internazionale ♦ *n* (*BRIT SPORT*) partita internazionale.

International Atomic Energy Agency (IAEA) *n* Agenzia Internazionale per l'Energia Atomica (IAEA).

International Court of Justice (ICJ) *n* Corte *f* Internazionale di Giustizia.

international date line *n* linea del cambiamento di data.

internationally [ɪntə'næʃnəlɪ] *adv* a livello internazionale.

International Monetary Fund (IMF) *n* Fondo monetario internazionale (F.M.I.).

international relations *npl* rapporti *mpl* internazionali.

internecine [ɪntə'ni:saɪn] *adj* sanguinoso(a).

internee [ɪntə:'ni:] *n* internato/a.

internment [ɪn'tə:nmənt] *n* internamento.

interplay ['ɪntəpleɪ] *n* azione e reazione *f*.

Interpol ['ɪntəpɔl] *n* Interpol *f*.

interpret [ɪn'tə:prɪt] *vt* interpretare ♦ *vi* fare da interprete.

interpretation [ɪntə:prɪ'teɪʃən] *n* interpretazione *f*.

interpreter [ɪn'tə:prɪtə*] *n* interprete *m/f*.

interpreting [ɪn'tə:prɪtɪŋ] *n* (*profession*) interpretariato.

interrelated [ɪntərɪ'leɪtɪd] *adj* correlato(a).

interrogate [ɪn'tɛrəʊgeɪt] *vt* interrogare.

interrogation [ɪntɛrəʊ'geɪʃən] *n* interrogazione *f*; (*of suspect etc*) interrogatorio.

interrogative [ɪntə'rɔgətɪv] *adj* interrogativo(a) ♦ *n* (*LING*) interrogativo.

interrogator [ɪn'tɛrəgeɪtə*] *n* interrogante *m/f*.

interrupt [ɪntə'rʌpt] *vt* interrompere.

interruption [ɪntə'rʌpʃən] *n* interruzione *f*.

intersect [ɪntə'sɛkt] *vt* intersecare ♦ *vi* (*roads*) intersecarsi.

intersection [ɪntə'sɛkʃən] *n* intersezione *f*; (*of roads*) incrocio.

intersperse [ɪntə'spə:s] *vt*: **to** ~ **with** costellare di.

intertwine [ɪntə'twaɪn] *vt* intrecciare ♦ *vi* intrecciarsi.

interval ['ɪntəvl] *n* intervallo; (*BRIT SCOL*) ricreazione *f*, intervallo; **bright** ~**s** (*in weather*) schiarite *fpl*; **at** ~**s** a intervalli.

intervene [ɪntə'vi:n] *vi* (*time*) intercorrere; (*event, person*) intervenire.

intervention [ɪntə'vɛnʃən] *n* intervento.

interview ['ɪntəvju:] *n* (*RADIO, TV etc*) intervista; (*for job*) colloquio ♦ *vt* intervistare; avere un colloquio con.

interviewee [ɪntəvju'i:] *n* (*TV*) intervistato/a; (*for job*) chi si presenta ad un colloquio di lavoro.

interviewer ['ɪntəvju:ə*] *n* intervistatore/ trice.

intestate [ɪn'tɛsteɪt] *adj* intestato(a).

intestinal [ɪn'tɛstɪnl] *adj* intestinale.

intestine [ɪn'tɛstɪn] *n* intestino; **large/small** ~ intestino crasso/tenue.

intimacy ['ɪntɪməsɪ] *n* intimità.

intimate *adj* ['ɪntɪmət] intimo(a); (*knowledge*) profondo(a) ♦ *vt* ['ɪntɪmeɪt] lasciar capire.

intimately ['ɪntɪmɪtlɪ] *adv* intimamente.

intimation [ɪntɪ'meɪʃən] *n* annuncio.

intimidate [ɪn'tɪmɪdeɪt] *vt* intimidire, intimorire.

intimidation [ɪntɪmɪ'deɪʃən] *n* intimidazione *f*.

into ['ɪntu] *prep* dentro, in; **come** ~ **the house** vieni dentro la casa; ~ **pieces** a pezzi; ~ **Italian** in italiano; **to change pounds** ~ **dollars** cambiare delle sterline in dollari.

intolerable [ɪn'tɔlərəbl] *adj* intollerabile.

intolerance [ɪn'tɔlərns] *n* intolleranza.

intolerant [ɪn'tɔlərnt] *adj*: ~ (**of**) intollerante (di).

intonation [ɪntəu'neɪʃən] *n* intonazione *f*.

intoxicate [ɪn'tɔksɪkeɪt] *vt* inebriare.

intoxicated [ɪn'tɔksɪkeɪtɪd] *adj* inebriato(a).

intoxication [ɪntɔksɪ'keɪʃən] *n* ebbrezza.

intractable [ɪn'træktəbl] *adj* intrattabile; (*illness*) difficile da curare; (*problem*) insolubile.

intransigence [ɪn'trænsɪdʒəns] *n* intransigenza.

intransigent [ɪn'trænsɪdʒənt] *adj* intransigente.

intransitive [ɪn'trænsɪtɪv] *adj* intransitivo(a).

intra-uterine device (IUD) [ɪntrə'ju:təraɪn-] *n* dispositivo intrauterino (IUD).

intravenous [ɪntrə'vi:nəs] *adj* endovenoso(a).

in-tray ['ɪntreɪ] *n* raccoglitore *m* per le carte in arrivo.

intrepid [ɪn'trɛpɪd] adj intrepido(a).
intricacy ['ɪntrɪkəsɪ] n complessità f inv.
intricate ['ɪntrɪkət] adj intricato(a), complicato(a).
intrigue [ɪn'triːg] n intrigo ♦ vt affascinare ♦ vi complottare, tramare.
intriguing [ɪn'triːgɪŋ] adj affascinante.
intrinsic [ɪn'trɪnsɪk] adj intrinseco(a).
introduce [ɪntrə'djuːs] vt introdurre; **to ~ sb (to sb)** presentare qn (a qn); **to ~ sb to** (pastime, technique) iniziare qn a; **may I ~ ...?** permette che le presenti ...?
introduction [ɪntrə'dʌkʃən] n introduzione f; (of person) presentazione f; **a letter of ~** una lettera di presentazione.
introductory [ɪntrə'dʌktərɪ] adj introduttivo(a); **an ~ offer** un'offerta di lancio; **~ remarks** osservazioni fpl preliminari.
introspection [ɪntrəu'spɛkʃən] n introspezione f.
introspective [ɪntrəu'spɛktɪv] adj introspettivo(a).
introvert ['ɪntrəuvɜːt] adj, n introverso(a).
intrude [ɪn'truːd] vi (person) intromettersi; **to ~ on** (person) importunare; **~ on** or **into** (conversation) intromettersi in; **am I intruding?** disturbo?
intruder [ɪn'truːdə*] n intruso/a.
intrusion [ɪn'truːʒən] n intrusione f.
intrusive [ɪn'truːsɪv] adj importuno(a).
intuition [ɪntjuː'ɪʃən] n intuizione f.
intuitive [ɪn'tjuːɪtɪv] adj intuitivo(a); dotato(a) di intuito.
inundate ['ɪnʌndeɪt] vt: **to ~ with** inondare di.
inure [ɪn'juə*] vt: **to ~ (to)** assuefare (a).
invade [ɪn'veɪd] vt invadere.
invader [ɪn'veɪdə*] n invasore m.
invalid n ['ɪnvəlɪd] malato/a; (with disability) invalido/a ♦ adj [ɪn'vælɪd] (not valid) invalido(a), non valido(a).
invalidate [ɪn'vælɪdeɪt] vt invalidare.
invalid chair n (BRIT) sedia a rotelle.
invaluable [ɪn'væljuəbl] adj prezioso(a); inestimabile.
invariable [ɪn'vɛərɪəbl] adj costante, invariabile.
invariably [ɪn'vɛərɪəblɪ] adv invariabilmente; **she is ~ late** è immancabilmente in ritardo.
invasion [ɪn'veɪʒən] n invasione f.
invective [ɪn'vɛktɪv] n invettiva.
inveigle [ɪn'viːgl] vt: **to ~ sb into (doing) sth** circuire qn per (fargli fare) qc.
invent [ɪn'vɛnt] vt inventare.
invention [ɪn'vɛnʃən] n invenzione f.
inventive [ɪn'vɛntɪv] adj inventivo(a).

inventiveness [ɪn'vɛntɪvnɪs] n inventiva.
inventor [ɪn'vɛntə*] n inventore m.
inventory ['ɪnvəntrɪ] n inventario.
inventory control n (COMM) controllo delle giacenze.
inverse [ɪn'vɜːs] adj inverso(a) ♦ n inverso, contrario; **in ~ proportion (to)** in modo inversamente proporzionale (a).
inversely [ɪn'vɜːslɪ] adv inversamente.
invert [ɪn'vɜːt] vt invertire; (object) rovesciare.
invertebrate [ɪn'vɜːtɪbrɪt] n invertebrato.
inverted commas [ɪn'vɜːtɪd-] npl (BRIT) virgolette fpl.
invest [ɪn'vɛst] vt investire; (fig: time, effort) impiegare; (endow): **to ~ sb with sth** investire qn di qc ♦ vi fare investimenti; **to ~ in** investire in, fare (degli) investimenti in; (acquire) comprarsi.
investigate [ɪn'vɛstɪgeɪt] vt investigare, indagare; (crime) fare indagini su.
investigation [ɪnvɛstɪ'geɪʃən] n investigazione f; (of crime) indagine f.
investigative [ɪn'vɛstɪgətɪv] adj: **~ journalism** giornalismo investigativo.
investigator [ɪn'vɛstɪgeɪtə*] n investigatore/trice; **a private ~** un investigatore privato, un detective.
investiture [ɪn'vɛstɪtʃə*] n investitura.
investment [ɪn'vɛstmənt] n investimento.
investment income n reddito da investimenti.
investment trust n fondo comune di investimento.
investor [ɪn'vɛstə*] n investitore/trice; (shareholder) azionista m/f.
inveterate [ɪn'vɛtərət] adj inveterato(a).
invidious [ɪn'vɪdɪəs] adj odioso(a); (task) spiacevole.
invigilate [ɪn'vɪdʒɪleɪt] vt, vi (BRIT SCOL) sorvegliare.
invigilator [ɪn'vɪdʒɪleɪtə*] n (BRIT) chi sorveglia agli esami.
invigorating [ɪn'vɪgəreɪtɪŋ] adj stimolante; vivificante.
invincible [ɪn'vɪnsɪbl] adj invincibile.
inviolate [ɪn'vaɪələt] adj inviolato(a).
invisible [ɪn'vɪzɪbl] adj invisibile.
invisible assets npl (BRIT) beni mpl immateriali.
invisible ink n inchiostro simpatico.
invisible mending n rammendo invisibile.
invitation [ɪnvɪ'teɪʃən] n invito; **by ~ only** esclusivamente su or per invito; **at sb's ~** dietro invito di qn.
invite [ɪn'vaɪt] vt invitare; (opinions etc) sollecitare; (trouble) provocare; **to ~ sb**

(to do) invitare qn (a fare); **to ~ sb to dinner** invitare qn a cena.

►**invite out** *vt* invitare fuori.

►**invite over** *vt* invitare (a casa).

inviting [ɪn'vaɪtɪŋ] *adj* invitante, attraente.

invoice ['ɪnvɔɪs] *n* fattura ♦ *vt* fatturare; **to ~ sb for goods** inviare a qn la fattura per le *or* delle merci.

invoke [ɪn'vəuk] *vt* invocare.

involuntary [ɪn'vɔləntrɪ] *adj* involontario(a).

involve [ɪn'vɔlv] *vt* (*entail*) richiedere, comportare; (*associate*): **to ~ sb (in)** implicare qn (in); coinvolgere qn (in); **to involve o.s. in sth** (*politics etc*) impegnarsi in qc.

involved [ɪn'vɔlvd] *adj* involuto(a), complesso(a); **to feel ~** sentirsi coinvolto(a); **to become ~ with sb** (*socially*) legarsi a qn; (*emotionally*) legarsi sentimentalmente a qn.

involvement [ɪn'vɔlvmənt] *n* implicazione *f*; coinvolgimento; impegno; partecipazione *f*.

invulnerable [ɪn'vʌlnərəbl] *adj* invulnerabile.

inward ['ɪnwəd] *adj* (*movement*) verso l'interno; (*thought, feeling*) interiore, intimo(a); *see also* **inward(s)**.

inwardly ['ɪnwədlɪ] *adv* (*feel, think etc*) nell'intimo, entro di sé.

inward(s) ['ɪnwəd(z)] *adv* verso l'interno.

I/O *abbr* (*COMPUT*: = *input/output*) I/O.

IOC *n abbr* (= *International Olympic Committee*) CIO *m* (= *Comitato Internazionale Olimpico*).

iodine ['aɪəudiːn] *n* iodio.

IOM *abbr* (*BRIT*) = *Isle of Man*.

ion ['aɪən] *n* ione *m*.

Ionian Sea [aɪ'əunɪən-] *n*: **the ~** il mare Ionio.

ioniser ['aɪənaɪzə*] *n* ionizzatore *m*.

iota [aɪ'əutə] *n* (*fig*) briciolo.

IOU *n abbr* (= *I owe you*) pagherò *m inv*.

IOW *abbr* (*BRIT*) = *Isle of Wight*.

IPA *n abbr* (= *International Phonetic Alphabet*) I.P.A. *m*.

IQ *n abbr* = **intelligence quotient**.

IRA *n abbr* (= *Irish Republican Army*) I.R.A. *f*; (*US*) = *individual retirement account*.

Iran [ɪ'rɑːn] *n* Iran *m*.

Iranian [ɪ'reɪnɪən] *adj* iraniano(a) ♦ *n* iraniano/a; (*LING*) iranico.

Iraq [ɪ'rɑːk] *n* Iraq *m*.

Iraqi [ɪ'rɑːkɪ] *adj* iracheno(a) ♦ *n* iracheno/a.

irascible [ɪ'ræsɪbl] *adj* irascibile.

irate [aɪ'reɪt] *adj* irato(a).

Ireland ['aɪələnd] *n* Irlanda; **Republic of ~** Repubblica d'Irlanda, Eire *f*.

iris, ~es ['aɪrɪs, -ɪz] *n* iride *f*; (*BOT*) giaggiolo, iride.

Irish ['aɪrɪʃ] *adj* irlandese ♦ *npl*: **the ~** gli Irlandesi.

Irishman ['aɪrɪʃmən] *n* irlandese *m*.

Irish Sea *n*: **the ~** il mar d'Irlanda.

Irishwoman ['aɪrɪʃwumən] *n* irlandese *f*.

irk [əːk] *vt* seccare.

irksome ['əːksəm] *adj* seccante.

IRN *n abbr* (= *Independent Radio News*) agenzia d'informazioni per la radio.

IRO *n abbr* (*US*: = *International Refugee Organization*) O.I.R. *f* (= *Organizzazione Internazionale per i Rifugiati*).

iron ['aɪən] *n* ferro; (*for clothes*) ferro da stiro ♦ *adj* di *or* in ferro ♦ *vt* (*clothes*) stirare; *see also* **irons**.

►**iron out** *vt* (*crease*) appianare; (*fig*) spianare; far sparire.

Iron Curtain *n*: **the ~** la cortina di ferro.

iron foundry *n* fonderia.

ironic(al) [aɪ'rɔnɪk(l)] *adj* ironico(a).

ironically [aɪ'rɔnɪklɪ] *adv* ironicamente.

ironing ['aɪənɪŋ] *n* (*act*) stirare *m*; (*clothes*) roba da stirare.

ironing board *n* asse *f* da stiro.

iron lung *n* (*MED*) polmone *m* d'acciaio.

ironmonger ['aɪənmʌŋgə*] *n* (*BRIT*) negoziante in ferramenta; **~'s (shop)** *n* negozio di ferramenta.

iron ore *n* minerale *m* di ferro.

irons ['aɪənz] *npl* (*chains*) catene *fpl*.

ironworks ['aɪənwəːks] *n* ferriera.

irony ['aɪrənɪ] *n* ironia.

irrational [ɪ'ræʃənl] *adj* irrazionale; irragionevole; illogico(a).

irreconcilable [ɪrɛkən'saɪləbl] *adj* irreconciliabile; (*opinion*): **~ with** inconciliabile con.

irredeemable [ɪrɪ'diːməbl] *adj* (*COMM*) irredimibile.

irrefutable [ɪrɪ'fjuːtəbl] *adj* irrefutabile.

irregular [ɪ'rɛgjulə*] *adj* irregolare.

irregularity [ɪrɛgju'lærɪtɪ] *n* irregolarità *f inv*.

irrelevance [ɪ'rɛləvəns] *n* inappropriatezza.

irrelevant [ɪ'rɛləvənt] *adj* non pertinente.

irreligious [ɪrɪ'lɪdʒəs] *adj* irreligioso(a).

irreparable [ɪ'rɛprəbl] *adj* irreparabile.

irreplaceable [ɪrɪ'pleɪsəbl] *adj* insostituibile.

irrepressible [ɪrɪ'prɛsəbl] *adj* irrefrenabile.

irreproachable [ɪrɪ'prəutʃəbl] *adj* irreprensibile.

irresistible [ɪrɪ'zɪstɪbl] *adj* irresistibile.

irresolute [ɪ'rɛzəluːt] *adj* irresoluto(a),

indeciso(a).

irrespective [ɪrɪ'spɛktɪv]: ~ **of** prep senza riguardo a.

irresponsible [ɪrɪ'spɔnsɪbl] adj irresponsabile.

irretrievable [ɪrɪ'triːvəbl] adj (object) irrecuperabile; (loss, damage) irreparabile.

irreverent [ɪ'rɛvərnt] adj irriverente.

irrevocable [ɪ'rɛvəkəbl] adj irrevocabile.

irrigate ['ɪrɪgeɪt] vt irrigare.

irrigation [ɪrɪ'geɪʃən] n irrigazione f.

irritable ['ɪrɪtəbl] adj irritabile.

irritant ['ɪrɪtənt] n sostanza irritante.

irritate ['ɪrɪteɪt] vt irritare.

irritation [ɪrɪ'teɪʃən] n irritazione f.

IRS n abbr (US) see **Internal Revenue Service**.

is [ɪz] vb see **be**.

ISBN n abbr (= International Standard Book Number) I.S.B.N. m.

Islam ['ɪzlɑːm] n Islam m.

island ['aɪlənd] n isola; (also: **traffic** ~) salvagente m.

islander ['aɪləndə*] n isolano/a.

isle [aɪl] n isola.

isn't ['ɪznt] = **is not**.

isolate ['aɪsəleɪt] vt isolare.

isolated ['aɪsəleɪtɪd] adj isolato(a).

isolation [aɪsə'leɪʃən] n isolamento.

isolationism [aɪsə'leɪʃənɪzəm] n isolazionismo.

isotope ['aɪsəutəup] n isotopo.

Israel ['ɪzreɪl] n Israele m.

Israeli [ɪz'reɪlɪ] adj, n israeliano(a).

issue ['ɪʃjuː] n questione f, problema m; (outcome) esito, risultato; (of banknotes etc) emissione f; (of newspaper etc) numero; (offspring) discendenza ♦ vt (rations, equipment) distribuire; (orders) dare; (book) pubblicare; (banknotes, cheques, stamps) emettere ♦ vi: **to ~ (from)** uscire (da), venir fuori (da); **at ~** in gioco, in discussione; **to avoid the ~** evitare la discussione; **to take ~ with sb (over sth)** prendere posizione contro qn (riguardo a qc); **to confuse** or **obscure the ~** confondere le cose; **to make an ~ of sth** fare un problema di qc; **to ~ sth to sb, ~ sb with sth** consegnare qc a qn.

Istanbul [ɪstæn'buːl] n Istanbul f.

isthmus ['ɪsməs] n istmo.

IT n abbr see **information technology**.

━━━━━━━━━━━━━━━━━━ KEYWORD

it [ɪt] pron **1** (specific: subject) esso(a) (mostly omitted in Italian); (: direct object) lo(la), l'; (: indirect object) gli(le); **where's my book?**
— ~**'s on the table** dov'è il mio libro? — è sulla tavola; **what is** ~? che cos'è?; (what's the matter?) cosa c'è?; **where is** ~? dov'è?; **I can't find** ~ non lo (or la) trovo; **give** ~ **to me** dammelo (or dammela); **about/from/of** ~ ne; **I spoke to him about** ~ gliene ho parlato; **what did you learn from** ~? quale insegnamento ne hai tratto?; **I'm proud of** ~ ne sono fiero; **in/to/at** ~ ci; **put the book in** ~ mettici il libro; **did you go to** ~? ci sei andato?; **I wasn't at** ~ non c'ero; **above/over** ~ sopra; **below/under** ~ sotto; **in front of/behind** ~ lì davanti/dietro

2 (impers): ~**'s raining** piove; ~**'s Friday tomorrow** domani è venerdì; ~**'s 6 o'clock** sono le 6; ~**'s 2 hours on the train** sono or ci vogliono 2 ore di treno; **who is** ~? — ~**'s me** chi è? — sono io.

ITA n abbr (BRIT: = initial teaching alphabet) alfabeto fonetico semplificato per insegnare a leggere.

Italian [ɪ'tæljən] adj italiano(a) ♦ n italiano/a; (LING) italiano; **the** ~**s** gli Italiani.

italic [ɪ'tælɪk] adj corsivo(a); ~**s** npl corsivo.

Italy ['ɪtəlɪ] n Italia.

itch [ɪtʃ] n prurito ♦ vi (person) avere il prurito; (part of body) prudere; **to be** ~**ing to do** non veder l'ora di fare.

itchy ['ɪtʃɪ] adj che prude; **my back is** ~ ho prurito alla schiena.

it'd ['ɪtd] = **it would; it had**.

item ['aɪtəm] n articolo; (on agenda) punto; (in programme) numero; (also: **news** ~) notizia; ~**s of clothing** capi mpl di abbigliamento.

itemize ['aɪtəmaɪz] vt specificare, dettagliare.

itemized bill ['aɪtəmaɪzd-] n conto dettagliato.

itinerant [ɪ'tɪnərənt] adj ambulante.

itinerary [aɪ'tɪnərərɪ] n itinerario.

it'll ['ɪtl] = **it will, it shall**.

ITN n abbr (BRIT: = Independent Television News) agenzia d'informazioni per la televisione.

its [ɪts] adj, pron il(la) suo(a), i(le) suoi(sue).

it's [ɪts] = **it is; it has**.

itself [ɪt'sɛlf] pron (emphatic) esso(a) stesso(a); (reflexive) si.

ITV n abbr (BRIT: = Independent Television) rete televisiva indipendente.

La **ITV** è un'azienda televisiva privata che comprende una serie di emittenti regionali, la prima delle quali è stata aperta nel 1955. Si autofinanzia tramite la pubblicità ed è

sottoposta al controllo di un ente ufficiale,
la **IBA**; *vedi anche* **BBC.**

IUD *n abbr* = **intra-uterine device.**
I've [aıv] = **I have.**
ivory ['aıvərı] *n* avorio.
Ivory Coast *n* Costa d'Avorio.
ivory tower *n* torre *f* d'avorio.
ivy ['aıvı] *n* edera.

Ivy League *è il termine usato per indicare le
otto università più prestigiose degli Stati
Uniti nordorientali (Brown, Columbia,
Cornell, Dartmouth College, Harvard,
Princeton, University of Pennsylvania e
Yale).*

J j

J, j [dʒeɪ] *n (letter)* J, j *f or m inv*; **J for Jack,**
(US) **J for Jig** ≈ J come Jersey.
JA *n abbr see* **judge advocate.**
J/A *abbr see* **joint account.**
jab [dʒæb] *vt*: **to ~ sth into** affondare *or*
piantare qc dentro ♦ *vi*: **to ~ at** dare colpi
a ♦ *n* colpo; *(MED: col)* puntura.
jabber ['dʒæbə*] *vt, vi* borbottare.
jack [dʒæk] *n (AUT)* cricco; *(BOWLS)*
boccino, pallino; *(CARDS)* fante *m*.
▶**jack in** *vt (col)* mollare.
▶**jack up** *vt* sollevare sul cricco; *(raise:*
prices etc) alzare.
jackal ['dʒækl] *n* sciacallo.
jackass ['dʒækæs] *n (also fig)* asino, somaro.
jackdaw ['dʒækdɔː] *n* taccola.
jacket ['dʒækɪt] *n* giacca; *(of book)*
copertura; **potatoes in their ~s** *(BRIT)*
patate *fpl* con la buccia.
jacket potato *n patata cotta al forno con
la buccia.*
jack-in-the-box ['dʒækɪnðəbɔks] *n* scatola a
sorpresa (con pupazzo a molla).
jack-knife ['dʒæknaɪf] *vi*: **the lorry ~d**
l'autotreno si è piegato su se stesso.
jack-of-all-trades [dʒækəv'ɔːltreɪdz] *n* uno
che fa un po' di tutto.
jack plug *n (BRIT)* jack plug *f inv.*
jackpot ['dʒækpɔt] *n* primo premio (in
denaro).
Jacuzzi ® [dʒə'kuːzɪ] *n* vasca per

idromassaggio Jacuzzi ®.
jade [dʒeɪd] *n (stone)* giada.
jaded ['dʒeɪdɪd] *adj* sfinito(a), spossato(a).
jagged ['dʒægɪd] *adj* sboccencellato(a);
(cliffs etc) frastagliato(a).
jaguar ['dʒægjuə*] *n* giaguaro.
jail [dʒeɪl] *n* prigione *f* ♦ *vt* mandare in
prigione.
jailbird ['dʒeɪlbəːd] *n* avanzo di galera.
jailbreak ['dʒeɪlbreɪk] *n* evasione *f.*
jailer ['dʒeɪlə*] *n* custode *m* del carcere.
jalopy [dʒə'lɔpɪ] *n (col)* macinino.
jam [dʒæm] *n* marmellata; *(of shoppers etc)*
ressa; *(also:* **traffic ~**) ingorgo ♦ *vt*
(passage etc) ingombrare, ostacolare;
(mechanism, drawer etc) bloccare; *(RADIO)*
disturbare con interferenze ♦ *vi*
(mechanism, sliding part) incepparsi,
bloccarsi; *(gun)* incepparsi; **to get sb out
of a ~** tirare qn fuori dai pasticci; **to ~
sth into** forzare qc dentro; infilare qc a
forza dentro; **the telephone lines are
~med** le linee sono sovraccariche.
Jamaica [dʒə'meɪkə] *n* Giamaica.
Jamaican [dʒə'meɪkən] *adj, n*
giamaicano(a).
jamb [dʒæm] *n* stipite *m.*
jam-packed [dʒæm'pækt] *adj*: **~ (with)**
pieno(a) zeppo(a) (di), strapieno(a)
(di).
jam session *n* improvvisazione *f*
jazzistica.
Jan. *abbr* (= *January*) gen., genn.
jangle ['dʒæŋgl] *vi* risuonare; *(bracelet)*
tintinnare.
janitor ['dʒænɪtə*] *n (caretaker)* portiere *m*;
(SCOL) bidello.
January ['dʒænjuərı] *n* gennaio; *for phrases
see also* **July.**
Japan [dʒə'pæn] *n* Giappone *m.*
Japanese [dʒæpə'niːz] *adj* giapponese ♦ *n (pl
inv)* giapponese *m/f*; *(LING)* giapponese *m.*
jar [dʒɑː*] *n (container)* barattolo, vasetto
♦ *vi (sound)* stridere; *(colours etc)*
stonare ♦ *vt (shake)* scuotere.
jargon ['dʒɑːgən] *n* gergo.
jarring ['dʒɑːrɪŋ] *adj (sound, colour)*
stonato(a).
Jas. *abbr* = *James.*
jasmin(e) ['dʒæzmɪn] *n* gelsomino.
jaundice ['dʒɔːndɪs] *n* itterizia.
jaundiced ['dʒɔːndɪst] *adj (fig)* invidioso(a)
e critico(a).
jaunt [dʒɔːnt] *n* gita.
jaunty ['dʒɔːntı] *adj* vivace; disinvolto(a),
spigliato(a).
Java ['dʒɑːvə] *n* Giava.
javelin ['dʒævlın] *n* giavellotto.

jaw [dʒɔ:] n mascella; ~**s** (TECH: of vice etc) morsa.

jawbone ['dʒɔ:bəun] n mandibola.

jay [dʒeɪ] n ghiandaia.

jaywalker ['dʒeɪwɔ:kə*] n pedone(a) indisciplinato(a).

jazz [dʒæz] n jazz m.

▶**jazz up** vt rendere vivace.

jazz band n banda f jazz inv.

jazzy ['dʒæzɪ] adj vistoso(a), chiassoso(a).

JCB ® n scavatrice f.

JCS n abbr (US) = Joint Chiefs of Staff.

JD n abbr (US: = Doctor of Laws) titolo di studio; (: = Justice Department) ministero della Giustizia.

jealous ['dʒɛləs] adj geloso(a).

jealously ['dʒɛləslɪ] adv (enviously) con gelosia; (watchfully) gelosamente.

jealousy ['dʒɛləsɪ] n gelosia.

jeans [dʒi:nz] npl (blue-)jeans mpl.

Jeep ® [dʒi:p] n jeep m inv.

jeer [dʒɪə*] vi: **to** ~ **(at)** fischiare; beffeggiare; see also **jeers**.

jeering ['dʒɪərɪŋ] adj (crowd) che urla e fischia ♦ n fischi mpl; parole fpl di scherno.

jeers ['dʒɪəz] npl fischi mpl.

jelly ['dʒɛlɪ] n gelatina.

jellyfish ['dʒɛlɪfɪʃ] n medusa.

jeopardize ['dʒɛpədaɪz] vt mettere in pericolo.

jeopardy ['dʒɛpədɪ] n: **in** ~ in pericolo.

jerk [dʒə:k] n sobbalzo, scossa; sussulto; (col) povero scemo ♦ vt dare una scossa a ♦ vi (vehicles) sobbalzare.

jerkin ['dʒə:kɪn] n giubbotto.

jerky ['dʒə:kɪ] adj a scatti; a sobbalzi.

jerry-built ['dʒɛrɪbɪlt] adj fatto(a) di cartapesta.

jerry can ['dʒɛrɪ-] n tanica.

Jersey ['dʒə:zɪ] n Jersey m.

jersey ['dʒə:zɪ] n maglia, jersey m.

Jerusalem [dʒə'ru:sələm] n Gerusalemme f.

jest [dʒɛst] n scherzo; **in** ~ per scherzo.

jester ['dʒɛstə*] n (HISTORY) buffone m.

Jesus ['dʒi:zəs] n Gesù m; ~ **Christ** Gesù Cristo.

jet [dʒɛt] n (of gas, liquid) getto; (AUT) spruzzatore m; (AVIAT) aviogetto.

jet-black ['dʒɛt'blæk] adj nero(a) come l'ebano, corvino(a).

jet engine n motore m a reazione.

jet lag n (problemi mpl dovuti allo) sbalzo dei fusi orari.

jetsam ['dʒɛtsəm] n relitti mpl di mare.

jet-setter ['dʒɛtsɛtə*] n membro del jet set.

jettison ['dʒɛtɪsn] vt gettare in mare.

jetty ['dʒɛtɪ] n molo.

Jew [dʒu:] n ebreo.

jewel ['dʒu:əl] n gioiello.

jeweller, (US) **jeweler** ['dʒu:ələ*] n orefice m, gioielliere/a; ~'**s** (**shop**) n oreficeria, gioielleria.

jewellery, (US) **jewelry** ['dʒu:əlrɪ] n gioielli mpl.

Jewess ['dʒu:ɪs] n ebrea.

Jewish ['dʒu:ɪʃ] adj ebreo(a), ebraico(a).

JFK n abbr (US) = John Fitzgerald Kennedy International Airport.

jib [dʒɪb] n (NAUT) fiocco; (of crane) braccio ♦ vi (horse) impennarsi; **to** ~ **at doing sth** essere restio a fare qc.

jibe [dʒaɪb] n beffa.

jiffy ['dʒɪfɪ] n (col): **in a** ~ in un batter d'occhio.

jig [dʒɪg] n (dance, tune) giga.

jigsaw ['dʒɪgsɔ:] n (tool) sega da traforo; (also: ~ **puzzle**) puzzle m inv.

jilt [dʒɪlt] vt piantare in asso.

jingle ['dʒɪŋgl] n (advert) sigla pubblicitaria ♦ vi tintinnare, scampanellare.

jingoism ['dʒɪŋgəuɪzəm] n sciovinismo.

jinx [dʒɪŋks] n (col) iettatura; (person) iettatore/trice.

jitters ['dʒɪtəz] npl (col): **to get the** ~ aver fifa.

jittery ['dʒɪtərɪ] adj (col) teso(a), agitato(a); **to be** ~ aver fifa.

jiujitsu [dʒu:'dʒɪtsu:] n jujitsu m.

job [dʒɔb] n lavoro; (employment) impiego, posto; **a part-time/full-time** ~ un lavoro a mezza giornata/a tempo pieno; **that's not my** ~ non è compito mio; **he's only doing his** ~ non fa che il suo dovere; **it's a good** ~ **that** ... meno male che ...; **just the** ~! proprio quello che ci vuole!

jobber ['dʒɔbə*] n (BRIT STOCK EXCHANGE) intermediario tra agenti di cambio.

jobbing ['dʒɔbɪŋ] adj (BRIT: workman) a ore, a giornata.

Jobcentre ['dʒɔbsɛntə*] n ufficio di collocamento.

job creation scheme n progetto per la creazione di nuovi posti di lavoro.

job description n caratteristiche fpl (di un lavoro).

jobless ['dʒɔblɪs] adj senza lavoro, disoccupato(a) ♦ npl: **the** ~ i senza lavoro.

job lot n partita di articoli disparati.

job satisfaction n soddisfazione f nel lavoro.

job security n sicurezza del posto di lavoro.

job specification n caratteristiche fpl (di un lavoro).

Jock [dʒɔk] n (col) termine colloquiale per chiamare uno scozzese.

jockey ['dʒɔkɪ] n fantino, jockey m inv ♦ vi: **to ~ for position** manovrare per una posizione di vantaggio.

jockey box n (US AUT) vano portaoggetti.

jockstrap ['dʒɔkstræp] n conchiglia (per atleti).

jocular ['dʒɔkjulə*] adj gioviale; scherzoso(a).

jog [dʒɔg] vt urtare ♦ vi (SPORT) fare footing, fare jogging; **to ~ along** trottare; (fig) andare avanti pian piano; **to ~ sb's memory** stimolare la memoria di qn.

jogger ['dʒɔgə*] n persona che fa footing or jogging.

jogging ['dʒɔgɪŋ] n footing m, jogging m.

john [dʒɔn] n (US col): **the ~** il gabinetto.

join [dʒɔɪn] vt unire, congiungere; (become member of) iscriversi a; (meet) raggiungere; riunirsi a ♦ vi (roads, rivers) confluire ♦ n giuntura; **to ~ forces (with)** allearsi (con or a); (fig) mettersi insieme (a); **will you ~ us for dinner?** viene a cena con noi?; **I'll ~ you later** vi raggiungo più tardi.

▶**join in** vt fus unirsi a, prendere parte a, partecipare a ♦ vi partecipare.

▶**join up** vi arruolarsi.

joiner ['dʒɔɪnə*] n falegname m.

joinery ['dʒɔɪnərɪ] n falegnameria.

joint [dʒɔɪnt] n (TECH) giuntura; giunto; (ANAT) articolazione f, giuntura; (BRIT CULIN) arrosto; (col: place) locale m ♦ adj comune; (responsibility) collettivo(a); (committee) misto(a).

joint account (J/A) n (at bank etc) conto in comune.

jointly ['dʒɔɪntlɪ] adv in comune, insieme.

joint ownership n comproprietà.

joint-stock company ['dʒɔɪntstɔk-] n società f inv per azioni.

joist [dʒɔɪst] n trave f.

joke [dʒəuk] n scherzo; (funny story) barzelletta ♦ vi scherzare; **to play a ~ on** fare uno scherzo a.

joker ['dʒəukə*] n buffone/a, burlone/a; (CARDS) matta, jolly m inv.

joking ['dʒəukɪŋ] n scherzi mpl.

jollity ['dʒɔlɪtɪ] n allegria.

jolly ['dʒɔlɪ] adj allegro(a), gioioso(a) ♦ adv (BRIT col) veramente, proprio ♦ vt (BRIT): **to ~ sb along** cercare di tenere qn su (di morale); **~ good!** (BRIT) benissimo!

jolt [dʒəult] n scossa, sobbalzo ♦ vt urtare.

Jordan ['dʒɔːdən] n (country) Giordania; (river) Giordano.

Jordanian [dʒɔːˈdeɪnɪən] adj, n giordano(a).

joss stick ['dʒɔs-] n bastoncino d'incenso.

jostle ['dʒɔsl] vt spingere coi gomiti ♦ vi farsi spazio coi gomiti.

jot [dʒɔt] n: **not one ~** nemmeno un po'.

▶**jot down** vt annotare in fretta, buttare giù.

jotter ['dʒɔtə*] n (BRIT) quaderno; blocco.

journal ['dʒɜːnl] n (newspaper) giornale m; (periodical) rivista; (diary) diario.

journalese [dʒɜːnəˈliːz] n (pej) stile m giornalistico.

journalism ['dʒɜːnəlɪzəm] n giornalismo.

journalist ['dʒɜːnəlɪst] n giornalista m/f.

journey ['dʒɜːnɪ] n viaggio; (distance covered) tragitto; **a 5-hour ~** un viaggio or un tragitto di 5 ore.

jovial ['dʒəuvɪəl] adj gioviale, allegro(a).

jowl [dʒaul] n mandibola; guancia.

joy [dʒɔɪ] n gioia.

joyful ['dʒɔɪful], **joyous** ['dʒɔɪəs] adj gioioso(a), allegro(a).

joyride ['dʒɔɪraɪd] n: **to go for a ~** rubare una macchina per farsi un giro.

joyrider ['dʒɔɪraɪdə*] n chi ruba una macchina per andare a farsi un giro.

joystick ['dʒɔɪstɪk] n (AVIAT) barra di comando; (COMPUT) joystick m inv.

JP n abbr see **Justice of the Peace**.

Jr. abbr = **junior**.

JTPA n abbr (US: = Job Training Partnership Act) piano governativo di parziale sovvenzione per l'addestramento sul lavoro di apprendisti.

jubilant ['dʒuːbɪlnt] adj giubilante; trionfante.

jubilation [dʒuːbɪˈleɪʃən] n giubilo.

jubilee ['dʒuːbɪliː] n giubileo; **silver ~** venticinquesimo anniversario.

judge [dʒʌdʒ] n giudice m/f ♦ vt giudicare; (consider) ritenere; (estimate: weight, size etc) calcolare, valutare ♦ vi: **judging or to ~ by his expression** a giudicare dalla sua espressione; **as far as I can ~** a mio giudizio; **I ~d it necessary to inform him** ho ritenuto necessario informarlo.

judge advocate (JA) n (MIL) magistrato militare.

judg(e)ment ['dʒʌdʒmənt] n giudizio; (punishment) punizione f; **in my ~** a mio giudizio; **to pass ~ (on)** (LAW) pronunciare un giudizio (su); (fig) dare giudizi affrettati (su).

judicial [dʒuːˈdɪʃl] adj giudiziale, giudiziario(a).

judiciary [dʒuːˈdɪʃɪərɪ] n magistratura.

judicious [dʒuːˈdɪʃəs] adj giudizioso(a).

judo ['dʒuːdəu] n judo.

jug [dʒʌg] n brocca, bricco.

jugged hare [dʒʌgd-] n (BRIT) lepre f in salmì.

juggernaut ['dʒʌgənɔːt] n (BRIT: huge truck) bestione m.

juggle ['dʒʌgl] vi fare giochi di destrezza.

juggler ['dʒʌglə*] n giocoliere/a.

Jugoslav ['juːgəu'slɑːv] adj, n = **Yugoslav**.

jugular ['dʒʌgjulə*] adj: ~ **(vein)** vena giugulare.

juice [dʒuːs] n succo; (of meat) sugo; **we've run out of** ~ (col: petrol) siamo rimasti a secco.

juicy ['dʒuːsɪ] adj succoso(a).

jukebox ['dʒuːkbɔks] n juke-box m inv.

Jul. abbr (= July) lug., lu.

July [dʒuː'laɪ] n luglio; **the first of** ~ il primo luglio; **(on) the eleventh of** ~ l'undici luglio; **in the month of** ~ nel mese di luglio; **at the beginning/end of** ~ all'inizio/alla fine di luglio; **in the middle of** ~ a metà luglio; **during** ~ durante (il mese di) luglio; **in** ~ **of next year** a luglio dell'anno prossimo; **each** or **every** ~ ogni anno a luglio; ~ **was wet this year** ha piovuto molto a luglio quest'anno.

jumble ['dʒʌmbl] n miscuglio ♦ vt (also: ~ up, ~ together) mischiare, mettere alla rinfusa.

jumble sale n ≈ vendita di beneficenza.

> La **jumble sale** è un mercatino dove vengono venduti vari oggetti, per lo più di seconda mano; viene organizzata in chiese, scuole o circoli ricreativi. I proventi delle vendite vengono devoluti in beneficenza o usati per una giusta causa.

jumbo ['dʒʌmbəu] adj: ~ **jet** jumbo-jet m inv; ~ **size** formato gigante.

jump [dʒʌmp] vi saltare, balzare; (start) sobbalzare; (increase) rincarare ♦ vt saltare ♦ n salto, balzo; sobbalzo; (SHOWJUMPING) salto; (fence) ostacolo; **to** ~ **the queue** (BRIT) passare davanti agli altri (in una coda).

▶**jump about** vi fare salti, saltellare.

▶**jump at** vt fus (fig) cogliere or afferrare al volo; **he** ~**ed at the offer** si affrettò ad accettare l'offerta.

▶**jump down** vi saltare giù.

▶**jump up** vi saltare in piedi.

jumped-up ['dʒʌmptʌp] adj (BRIT pej) presuntuoso(a).

jumper ['dʒʌmpə*] n (BRIT: pullover) maglia; (US: pinafore dress) scamiciato; (SPORT) saltatore/trice.

jump leads, (US) **jumper cables** npl cavi mpl per batteria.

jump-start ['dʒʌmpstɑːt] vt (car) far partire spingendo; (fig) dare una spinta a, rimettere in moto.

jump suit n tuta.

jumpy ['dʒʌmpɪ] adj nervoso(a), agitato(a).

Jun. abbr (= June) giu.

Jun., Junr abbr = **junior**.

junction ['dʒʌŋkʃən] n (BRIT: of roads) incrocio; (of rails) nodo ferroviario.

juncture ['dʒʌŋktʃə*] n: **at this** ~ in questa congiuntura.

June [dʒuːn] n giugno; for phrases see also **July**.

jungle ['dʒʌŋgl] n giungla.

junior ['dʒuːnɪə*] adj, n: **he's** ~ **to me (by 2 years), he's my** ~ **(by 2 years)** è più giovane di me (di 2 anni); **he's** ~ **to me** (seniority) è al di sotto di me, ho più anzianità di lui.

junior executive n giovane dirigente m.

junior high school n (US) scuola media (da 12 a 15 anni).

junior minister n (BRIT POL) ministro che non fa parte del Cabinet.

junior partner n socio meno anziano.

junior school n (BRIT) scuola elementare (da 8 a 11 anni).

junior sizes npl (COMM) taglie fpl per ragazzi.

juniper ['dʒuːnɪpə*] n: ~ **berry** bacca di ginepro.

junk [dʒʌŋk] n (rubbish) chincaglia; (ship) giunca ♦ vt disfarsi di.

junk bond n (COMM) titolo m spazzatura inv.

junk dealer n rigattiere m.

junket ['dʒʌŋkɪt] n (CULIN) giuncata; (BRIT col: also: ~ing): **to go on a** ~, **go** ~ing fare bisboccia.

junk food n porcherie fpl, cibo a scarso valore nutritivo.

junkie ['dʒʌŋkɪ] n (col) drogato/a.

junk mail n posta f spazzatura inv.

junk room n (US) ripostiglio.

junk shop n chincaglieria.

junta ['dʒʌntə] n giunta.

Jupiter ['dʒuːpɪtə*] n (planet) Giove m.

jurisdiction [dʒuərɪs'dɪkʃən] n giurisdizione f; **it falls** or **comes within/outside our** ~ è/non è di nostra competenza.

jurisprudence [dʒuərɪs'pruːdəns] n giurisprudenza.

juror ['dʒuərə*] n giurato/a.

jury ['dʒuərɪ] n giuria.

jury box n banco della giuria.

juryman ['dʒuərɪmən] n = **juror**.

just [dʒʌst] adj giusto(a) ♦ adv: **he's** ~ **done it/left** lo ha appena fatto/è appena partito; ~ **as I expected** proprio come me lo aspettavo; ~ **right** proprio giusto; ~ **2 o'clock** le 2 precise; **we were** ~ **going** stavamo uscendo; **I was** ~ **about to phone** stavo proprio per telefonare; ~ **as he was leaving** proprio mentre se ne stava andando; **it was** ~ **before/enough/ here** era poco prima/appena assai/ proprio qui; **it's** ~ **me** sono solo io; **it's** ~ **a mistake** non è che uno sbaglio; ~ **missed/caught** appena perso/preso; ~ **listen to this!** senta un po' questo!; ~ **ask someone the way** basta che tu chieda la strada a qualcuno; **it's** ~ **as good** è altrettanto buono; **it's** ~ **as well you didn't go** per fortuna non ci sei andato; **not** ~ **now** non proprio adesso; ~ **a minute!**, ~ **one moment!** un attimo!

justice ['dʒʌstɪs] *n* giustizia; **Lord Chief J**~ (*BRIT*) presidente *m* della Corte d'Appello; **this photo doesn't do you** ~ questa foto non ti fa giustizia.

Justice of the Peace (JP) *n* giudice *m* conciliatore.

justifiable [dʒʌstɪ'faɪəbl] *adj* giustificabile.

justifiably [dʒʌstɪ'faɪəblɪ] *adv* legittimamente, con ragione.

justification [dʒʌstɪfɪ'keɪʃən] *n* giustificazione *f*; (*TYP*) giustezza.

justify ['dʒʌstɪfaɪ] *vt* giustificare; (*TYP etc*) allineare, giustificare; **to be justified in doing sth** avere ragione di fare qc.

justly ['dʒʌstlɪ] *adv* giustamente.

justness ['dʒʌstnɪs] *n* giustezza.

jut [dʒʌt] *vi* (*also:* ~ **out**) sporgersi.

jute [dʒuːt] *n* iuta.

juvenile ['dʒuːvənaɪl] *adj* giovane, giovanile; (*court*) dei minorenni; (*books*) per ragazzi ♦ *n* giovane *m/f*, minorenne *m/f*.

juvenile delinquency *n* delinquenza minorile.

juvenile delinquent *n* delinquente *m/f* minorenne.

juxtapose ['dʒʌkstəpəuz] *vt* giustapporre.

juxtaposition [dʒʌkstəpə'zɪʃən] *n* giustapposizione *f*.

Kk

K, k [keɪ] *n* (*letter*) K, k *f or m inv*; **K for King** ≈ K come Kursaal.

K *n abbr* (= *one thousand*) mille ♦ *abbr* (*BRIT*: = *Knight*) titolo; (= *kilobyte*) K.

kaftan ['kæftæn] *n* caffettano.

Kalahari Desert [kælə'hɑːrɪ-] *n* Deserto di Calahari.

kale [keɪl] *n* cavolo verde.

kaleidoscope [kə'laɪdəskəup] *n* caleidoscopio.

kamikaze [kæmɪ'kɑːzɪ] *adj* da kamikaze.

Kampala [kæm'pɑːlə] *n* Kampala *f*.

Kampuchea [kæmpu'tʃɪə] *n* Kampuchea *f*.

kangaroo [kæŋgə'ruː] *n* canguro.

Kans. *abbr* (*US*) = Kansas.

kaput [kə'put] *adj* (*col*) kaputt *inv*.

karaoke [kɑːrə'əukɪ] *n* karaoke *m inv*.

karate [kə'rɑːtɪ] *n* karate *m*.

Kashmir [kæʃ'mɪə*] *n* Kashmir *m*.

Kazakhstan [kæzæk'stɑːn] *n* Kazakistan *m*.

KC *n abbr* (*BRIT LAW*: = *King's Counsel*) avvocato della Corona; *see also* **QC**.

kd *abbr* (*US*: = *knocked down*) da montare.

kebab [kə'bæb] *n* spiedino.

keel [kiːl] *n* chiglia; **on an even** ~ (*fig*) in uno stato normale.

▶**keel over** *vi* (*NAUT*) capovolgersi; (*person*) crollare.

keen [kiːn] *adj* (*interest, desire*) vivo(a); (*eye, intelligence*) acuto(a); (*competition*) serrato(a); (*edge*) affilato(a); (*eager*) entusiasta; **to be** ~ **to do** *or* **on doing sth** avere una gran voglia di fare qc; **to be** ~ **on sth** essere appassionato(a) di qc; **to be** ~ **on sb** avere un debole per qn; **I'm not** ~ **on going** non mi va di andare.

keenly ['kiːnlɪ] *adv* (*enthusiastically*) con entusiasmo; (*acutely*) vivamente; in modo penetrante.

keenness ['kiːnnɪs] *n* (*eagerness*) entusiasmo.

keep [kiːp] *vb* (*pt, pp* **kept** [kɛpt]) *vt* tenere; (*hold back*) trattenere; (*feed: one's family etc*) mantenere, sostentare; (*a promise*) mantenere; (*chickens, bees, pigs etc*) allevare ♦ *vi* (*food*) mantenersi; (*remain: in a certain state or place*) restare ♦ *n* (*of* *castle*) maschio; (*food etc*): **enough for his ~** abbastanza per vitto e alloggio; **to ~ doing sth** continuare a fare qc; fare qc di continuo; **to ~ sb from doing/sth from happening** impedire a qn di fare/che qc succeda; **to ~ sb busy/a place tidy** tenere qn occupato(a)/un luogo in ordine; **to ~ sb waiting** far aspettare qn; **to ~ an appointment** andare ad un appuntamento; **to ~ a record** *or* **note of sth** prendere nota di qc; **to ~ sth to o.s.** tenere qc per sé; **to ~ sth (back) from sb** celare qc a qn; **to ~ time** (*clock*) andar bene; **~ the change** tenga il resto; *see also* **keeps.**

►**keep away** *vt*: **to ~ sth/sb away from sb** tenere qc/qn lontano da qn ♦ *vi*: **to ~ away (from)** stare lontano (da).

►**keep back** *vt* (*crowds, tears, money*) trattenere ♦ *vi* tenersi indietro.

►**keep down** *vt* (*control: prices, spending*) contenere, ridurre; (*retain: food*) trattenere, ritenere ♦ *vi* tenersi giù, stare giù.

►**keep in** *vt* (*invalid, child*) tenere a casa; (*SCOL*) trattenere a scuola ♦ *vi* (*col*): **to ~ in with sb** tenersi buono qn.

►**keep off** *vt* (*dog, person*) tenere lontano da ♦ *vi* stare alla larga; **~ your hands off!** non toccare!, giù le mani!; **"~ off the grass"** "non calpestare l'erba".

►**keep on** *vi* continuare; **to ~ on doing** continuare a fare.

►**keep out** *vt* tener fuori ♦ *vi* restare fuori; **"~ out"** "vietato l'accesso".

►**keep up** *vi* mantenersi ♦ *vt* continuare, mantenere; **to ~ up with** tener dietro a, andare di pari passo con; (*work etc*) farcela a seguire; **to ~ up with sb** (*in race etc*) mantenersi al passo con qn.

keeper ['ki:pə*] *n* custode *m/f*, guardiano/a.

keep-fit [ki:p'fɪt] *n* ginnastica.

keeping ['ki:pɪŋ] *n* (*care*) custodia; **in ~ with** in armonia con; in accordo con.

keeps [ki:ps] *n*: **for ~** (*col*) per sempre.

keepsake ['ki:pseɪk] *n* ricordo.

keg [kɛg] *n* barilotto.

Ken. *abbr* (*US*) = Kentucky.

kennel ['kɛnl] *n* canile *m*.

Kenya ['kɛnjə] *n* Kenia *m*.

Kenyan ['kɛnjən] *adj, n* Keniano(a), Keniota (*m/f*).

kept [kɛpt] *pt, pp of* **keep.**

kerb [kə:b] *n* (*BRIT*) orlo del marciapiede.

kerb crawler [-'krɔ:lə*] *n* chi va in macchina in cerca di una prostituta.

kernel ['kə:nl] *n* nocciolo.

kerosene ['kɛrəsi:n] *n* cherosene *m*.

ketchup ['kɛtʃəp] *n* ketchup *m inv*.

kettle ['kɛtl] *n* bollitore *m*.

kettle drum *n* timpano.

key [ki:] *n* (*gen, MUS*) chiave *f*; (*of piano, typewriter*) tasto; (*on map*) leg(g)enda ♦ *cpd* (*vital: position, industry etc*) chiave *inv*.

►**key in** *vt* (*text*) introdurre da tastiera.

keyboard ['ki:bɔ:d] *n* tastiera ♦ *vt* (*text*) comporre su tastiera.

keyboarder ['ki:bɔ:də*] *n* dattilografo(a).

keyed up [ki:d'ʌp] *adj*: **to be ~** essere agitato(a).

keyhole ['ki:həul] *n* buco della serratura.

keyhole surgery *n* chirurgia mininvasiva.

keynote ['ki:nəut] *n* (*MUS*) tonica; (*fig*) nota dominante.

keypad ['ki:pæd] *n* tastierino numerico.

key ring *n* portachiavi *m inv*.

keystroke ['ki:strəuk] *n* battuta (di un tasto).

kg *abbr* (= *kilogram*) Kg.

KGB *n abbr* KGB *m*.

khaki ['ka:kɪ] *adj, n* cachi (*m*).

kibbutz [kɪ'buts] *n* kibbutz *m inv*.

kick [kɪk] *vt* calciare, dare calci a ♦ *vi* (*horse*) tirar calci ♦ *n* calcio; (*of rifle*) contraccolpo; (*thrill*): **he does it for ~s** lo fa giusto per il piacere di farlo.

►**kick around** *vi* (*col*) essere in giro.

►**kick off** *vi* (*SPORT*) dare il primo calcio.

kick-off ['kɪkɔf] *n* (*SPORT*) calcio d'inizio.

kick-start ['kɪksta:t] *n* (*also*: **~er**) pedale *m* d'avviamento.

kid [kɪd] *n* ragazzino/a; (*animal, leather*) capretto ♦ *vi* (*col*) scherzare ♦ *vt* (*col*) prendere in giro.

kid gloves *npl*: **to treat sb with ~** trattare qn coi guanti.

kidnap ['kɪdnæp] *vt* rapire, sequestrare.

kidnapper ['kɪdnæpə*] *n* rapitore/trice.

kidnapping ['kɪdnæpɪŋ] *n* sequestro (di persona).

kidney ['kɪdnɪ] *n* (*ANAT*) rene *m*; (*CULIN*) rognone *m*.

kidney bean *n* fagiolo borlotto.

kidney machine *n* rene *m* artificiale.

Kilimanjaro [kɪlɪmən'dʒa:rəu] *n*: **Mount ~** il monte Kilimangiaro.

kill [kɪl] *vt* uccidere, ammazzare; (*fig*) sopprimere; sopraffare; ammazzare ♦ *n* uccisione *f*; **to ~ time** ammazzare il tempo.

►**kill off** *vt* sterminare; (*fig*) eliminare, soffocare.

killer ['kɪlə*] *n* uccisore *m*, killer *m inv*; assassino/a.

killer instinct *n*: **to have a/the ~** essere

spietato(a).

killing ['kɪlɪŋ] n assassinio; (*massacre*) strage f; (*col*): **to make a** ~ fare un bel colpo.

kill-joy ['kɪldʒɔɪ] n guastafeste m/f inv.

kiln [kɪln] n forno.

kilo ['kiːləu] n abbr (= *kilogram*) chilo.

kilobyte ['kɪləbaɪt] n kilobyte m inv.

kilogram(me) ['kɪləugræm] n chilogrammo.

kilometre, (*US*) **kilometer** ['kɪləmiːtə*] n chilometro.

kilowatt ['kɪləuwɔt] n chilowatt m inv.

kilt [kɪlt] n gonnellino scozzese.

kilter ['kɪltə*] n: **out of** ~ fuori fase.

kimono [kɪ'məunəu] n chimono.

kin [kɪn] n see **next of kin, kith**.

kind [kaɪnd] adj gentile, buono(a) ♦ n sorta, specie f; (*species*) genere m; **to be two of a** ~ essere molto simili; **would you be** ~ **enough to ...?, would you be so** ~ **as to ...?** sarebbe così gentile da ...?; **it's very** ~ **of you (to do)** è molto gentile da parte sua (di fare); **in** ~ (*COMM*) in natura; (*fig*): **to repay sb in** ~ ripagare qn della stessa moneta.

kindergarten ['kɪndəgɑːtn] n giardino d'infanzia.

kind-hearted [kaɪnd'hɑːtɪd] adj di buon cuore.

kindle ['kɪndl] vt accendere, infiammare.

kindling ['kɪndlɪŋ] n frasche fpl, ramoscelli mpl.

kindly ['kaɪndlɪ] adj pieno(a) di bontà, benevolo(a) ♦ adv con bontà, gentilmente; **will you** ~ ... vuole ... per favore; **he didn't take it** ~ se l'è presa a male.

kindness ['kaɪndnɪs] n bontà, gentilezza.

kindred ['kɪndrɪd] adj imparentato(a); ~ **spirit** spirito affine.

kinetic [kɪ'nɛtɪk] adj cinetico(a).

king [kɪŋ] n re m inv.

kingdom ['kɪŋdəm] n regno, reame m.

kingfisher ['kɪŋfɪʃə*] n martin m inv pescatore.

kingpin ['kɪŋpɪn] n (*TECH*, fig) perno.

king-size(d) ['kɪŋsaɪz(d)] adj super inv; gigante; (*cigarette*) extra lungo(a).

kink [kɪŋk] n (*of rope*) attorcigliamento; (*in hair*) ondina; (*fig*) aberrazione f.

kinky ['kɪŋkɪ] adj (fig) eccentrico(a); dai gusti particolari.

kinship ['kɪnʃɪp] n parentela.

kinsman ['kɪnzmən] n parente m.

kinswoman ['kɪnzwumən] n parente f.

kiosk ['kiːɔsk] n edicola, chiosco; (*BRIT*: also: **telephone** ~) cabina (telefonica); (: also: **newspaper** ~) edicola.

kipper ['kɪpə*] n aringa affumicata.

Kirghizia [kəː'ɡɪzɪə] n Kirghizistan.

kiss [kɪs] n bacio ♦ vt baciare; **to** ~ **(each other)** baciarsi; **to** ~ **sb goodbye** congedarsi da qn con un bacio; ~ **of life** (*BRIT*) respirazione f bocca a bocca.

kissagram ['kɪsəɡræm] n servizio di recapito a domicilio di messaggi e baci augurali.

kit [kɪt] n equipaggiamento, corredo; (*set of tools etc*) attrezzi mpl; (*for assembly*) scatola di montaggio; **tool** ~ cassetta or borsa degli attrezzi.

▶**kit out** vt (*BRIT*) attrezzare, equipaggiare.

kitbag ['kɪtbæɡ] n zaino; sacco militare.

kitchen ['kɪtʃɪn] n cucina.

kitchen garden n orto.

kitchen sink n acquaio.

kitchen unit n (*BRIT*) elemento da cucina.

kitchenware ['kɪtʃɪnwɛə*] n stoviglie fpl; utensili mpl da cucina.

kite [kaɪt] n (*toy*) aquilone m; (*ZOOL*) nibbio.

kith [kɪθ] n: ~ **and kin** amici e parenti mpl.

kitten ['kɪtn] n gattino/a, micino/a.

kitty ['kɪtɪ] n (*money*) fondo comune.

kiwi fruit ['kiːwiː-] n kiwi m inv.

KKK n abbr (*US*) = Ku Klux Klan.

Kleenex ® ['kliːnɛks] n fazzolettino di carta.

kleptomaniac [klɛptəu'meɪnɪæk] n cleptomane m/f.

km abbr (= *kilometre*) km.

km/h abbr (= *kilometres per hour*) km/h.

knack [næk] n: **to have a** ~ **(for doing)** avere una pratica (per fare); **to have the** ~ **of** avere l'abilità di; **there's a** ~ **to doing this** c'è un trucco per fare questo.

knackered ['nækəd] adj (col) fuso(a).

knapsack ['næpsæk] n zaino, sacco da montagna.

knave [neɪv] n (*CARDS*) fante m.

knead [niːd] vt impastare.

knee [niː] n ginocchio.

kneecap ['niːkæp] n rotula ♦ vt gambizzare.

knee-deep ['niː'diːp] adj: **the water was** ~ l'acqua ci arrivava alle ginocchia.

kneel [niːl] vi (pt, pp **knelt** [nɛlt]) inginocchiarsi.

kneepad ['niːpæd] n ginocchiera.

knell [nɛl] n rintocco.

knelt [nɛlt] pt, pp of **kneel**.

knew [njuː] pt of **know**.

knickers ['nɪkəz] npl (*BRIT*) mutandine fpl.

knick-knack ['nɪknæk] n ninnolo.

knife [naɪf] n (pl **knives**) coltello ♦ vt accoltellare, dare una coltellata a; ~, **fork and spoon** coperto.

knife edge n: **to be on a** ~ (fig) essere appeso(a) a un filo.

knight [naɪt] n cavaliere m; (CHESS) cavallo.
knighthood ['naɪthʊd] n cavalleria; (title): **to get a** ~ essere fatto cavaliere.
knit [nɪt] vt fare a maglia; (fig): **to** ~ **together** unire ♦ vi lavorare a maglia; (broken bones) saldarsi.
knitted ['nɪtɪd] adj lavorato(a) a maglia.
knitting ['nɪtɪŋ] n lavoro a maglia.
knitting machine n macchina per maglieria.
knitting needle n ferro (da calza).
knitting pattern n modello (per maglia).
knitwear ['nɪtwɛə*] n maglieria.
knives [naɪvz] npl of **knife**.
knob [nɔb] n bottone m; manopola; (BRIT): **a** ~ **of butter** una noce di burro.
knobbly ['nɔblɪ], (US) **knobby** ['nɔbɪ] adj (wood, surface) nodoso(a); (knee) ossuto(a).
knock [nɔk] vt (strike) colpire; urtare; (fig: col) criticare ♦ vi (engine) battere; (at door etc): **to** ~ **at/on** bussare a ♦ n bussata; colpo, botta; **he** ~**ed at the door** ha bussato alla porta; **to** ~ **a nail into sth** conficcare un chiodo in qc.
►**knock down** vt abbattere; (pedestrian) investire; (price) abbassare.
►**knock off** vi (col: finish) smettere (di lavorare) ♦ vt (strike off) far cadere; (col: steal) sgraffignare, grattare; **to** ~ **off £10** fare uno sconto di 10 sterline.
►**knock out** vt stendere; (BOXING) mettere K.O., mettere fuori combattimento.
►**knock over** vt (object) far cadere; (pedestrian) investire.
knockdown ['nɔkdaun] adj (price) fortemente scontato(a).
knocker ['nɔkə*] n (on door) battente m.
knocking ['nɔkɪŋ] n colpi mpl.
knock-kneed [nɔk'niːd] adj che ha le gambe ad x.
knockout ['nɔkaut] n (BOXING) knock out m inv.
knockout competition n (BRIT) gara ad eliminazione.
knock-up ['nɔkʌp] n (TENNIS etc) palleggio; **to have a** ~ palleggiare.
knot [nɔt] n nodo ♦ vt annodare; **to tie a** ~ fare un nodo.
knotty ['nɔtɪ] adj (fig) spinoso(a).
know [nəu] vt (pt **knew**, pp **known** [njuː, nəun]) sapere; (person, author, place) conoscere ♦ vi sapere; **to** ~ **that** ... sapere che ...; **to** ~ **how to do** sapere fare; **to get to** ~ **sth** venire a sapere qc; **I** ~ **nothing about it** non ne so niente; **I don't** ~ **him** non lo conosco; **to** ~ **right from wrong**

distinguere il bene dal male; **as far as I** ~ ... che io sappia ..., per quanto io ne sappia ...; **yes, I** ~ sì, lo so; **I don't** ~ non lo so.
know-all ['nəuɔːl] n (BRIT pej) sapientone/a.
know-how ['nəuhau] n tecnica; pratica.
knowing ['nəuɪŋ] adj (look etc) d'intesa.
knowingly ['nəuɪŋlɪ] adv consapevolmente; di complicità.
know-it-all ['nəuɪtɔːl] n (US) = **know-all**.
knowledge ['nɔlɪdʒ] n consapevolezza; (learning) conoscenza, sapere m; **to have no** ~ **of** ignorare, non sapere; **not to my** ~ che io sappia, no; **to have a working** ~ **of Italian** avere una conoscenza pratica dell'italiano; **without my** ~ a mia insaputa; **it is common** ~ **that** ... è risaputo che ...; **it has come to my** ~ **that** ... sono venuto a sapere che ....
knowledgeable ['nɔlɪdʒəbl] adj ben informato(a).
known [nəun] pp of **know** ♦ adj (thief, facts) noto(a); (expert) riconosciuto(a).
knuckle ['nʌkl] n nocca.
►**knuckle down** vi (col): **to** ~ **down to some hard work** mettersi sotto a lavorare.
►**knuckle under** vi (col) cedere.
knuckleduster ['nʌkldʌstə*] n tirapugni m inv.
KO abbr (= knock out) n K.O. m ♦ vt mettere K.O.
koala [kəu'ɑːlə] n (also: ~ **bear**) koala m inv.
kook [kuːk] n (US col) svitato/a.
Koran [kɔ'rɑːn] n Corano.
Korea [kə'rɪə] n Corea; **North/South** ~ Corea del Nord/Sud.
Korean [kə'rɪən] adj, n coreano(a).
kosher ['kəuʃə*] adj kasher inv.
kowtow ['kau'tau] vi: **to** ~ **to sb** mostrarsi ossequioso(a) verso qn.
Kremlin ['krɛmlɪn] n: **the** ~ il Cremlino.
KS abbr (US) = Kansas.
Kt abbr (BRIT: = Knight) titolo.
Kuala Lumpur ['kwɑːlə'lumpuə*] n Kuala Lumpur f.
kudos ['kjuːdɔs] n gloria, fama.
Kurd [kəːd] n curdo/a.
Kuwait [ku'weɪt] n Kuwait m.
Kuwaiti [ku'weɪtɪ] adj, n kuwaitiano(a).
kw abbr (= kilowatt) kw.
KY, Ky. abbr (US) = Kentucky.

L l

L, l [ɛl] *n* (*letter*) L, l *f or m inv*; **L for Lucy,** (*US*) **L for Love** ≈ L come Livorno.

L *abbr* (= *lake*) l; (= *large*) taglia grande; (= *left*) sin.; (*BRIT AUT*) = **learner.**

l *abbr* (= *litre*) l.

LA *n abbr* (*US*) = *Los Angeles* ♦ *abbr* (*US*) = *Louisiana.*

La. *abbr* (*US*) = *Louisiana.*

lab [læb] *n abbr* (= *laboratory*) laboratorio.

Lab. *abbr* (*Canada*) = *Labrador.*

label ['leɪbl] *n* etichetta, cartellino; (*brand*: *of record*) casa ♦ *vt* etichettare; classificare.

labor *etc* ['leɪbə*] (*US*) = **labour** *etc.*

laboratory [lə'bɔrətəri] *n* laboratorio.

Labor Day *n* (*US*) festa del lavoro.

*Negli Stati Uniti e nel Canada il **Labor Day**, la festa del lavoro, cade il primo lunedì di settembre, contrariamente a quanto accade nella maggior parte dei paesi europei dove tale celebrazione ha luogo il primo maggio.*

laborious [lə'bɔːrɪəs] *adj* laborioso(a).

labor union *n* (*US*) sindacato.

Labour ['leɪbə*] *n* (*BRIT POL*: *also*: **the ~ Party**) il partito laburista, i laburisti.

labour, (*US*) **labor** ['leɪbə*] *n* (*task*) lavoro; (*workmen*) manodopera; (*MED*) travaglio del parto, doglie *fpl* ♦ *vi*: **to ~ (at)** lavorare duro (a); **to be in ~** (*MED*) avere le doglie.

labo(u)r camp *n* campo dei lavori forzati.

labo(u)r cost *n* costo del lavoro.

labo(u)r dispute *n* conflitto tra lavoratori e datori di lavoro.

labo(u)red ['leɪbəd] *adj* (*breathing*) affaticato(a), affannoso(a); (*style*) elaborato(a), pesante.

labo(u)rer ['leɪbərə*] *n* manovale *m*; (*on farm*) lavoratore *m* agricolo.

labo(u)r force *n* manodopera.

labo(u)r-intensive [leɪbərɪn'tɛnsɪv] *adj* che assorbe molta manodopera.

labo(u)r market *n* mercato del lavoro.

labo(u)r pains *npl* doglie *fpl.*

labo(u)r relations *npl* relazioni *fpl* industriali.

labo(u)r-saving ['leɪbəseɪvɪŋ] *adj* che fa risparmiare fatica *or* lavoro.

labo(u)r unrest *n* agitazioni *fpl* degli operai.

labyrinth ['læbɪrɪnθ] *n* labirinto.

lace [leɪs] *n* merletto, pizzo; (*of shoe etc*) laccio ♦ *vt* (*shoe*) allacciare; (*drink*: *fortify with spirits*) correggere.

lacemaking ['leɪsmeɪkɪŋ] *n* fabbricazione *f* dei pizzi *or* dei merletti.

laceration [læsə'reɪʃən] *n* lacerazione *f.*

lace-up ['leɪsʌp] *adj* (*shoes etc*) con i lacci, con le stringhe.

lack [læk] *n* mancanza, scarsità ♦ *vt* mancare di; **through** *or* **for ~ of** per mancanza di; **to be ~ing** mancare; **to be ~ing in** mancare di.

lackadaisical [lækə'deɪzɪkl] *adj* disinteressato(a), noncurante.

lackey ['lækɪ] *n* (*also fig*) lacchè *m inv.*

lacklustre, (*US*) **lackluster** ['læklʌstə*] *adj* (*surface*) opaco(a); (*style*) scialbo(a); (*eyes*) spento(a).

laconic [lə'kɔnɪk] *adj* laconico(a).

lacquer ['lækə*] *n* lacca; **hair ~** lacca per (i) capelli.

lacy ['leɪsɪ] *adj* (*like lace*) che sembra un pizzo.

lad [læd] *n* ragazzo, giovanotto; (*BRIT*: *in stable etc*) mozzo *or* garzone *m* di stalla.

ladder ['lædə*] *n* scala; (*BRIT*: *in tights*) smagliatura ♦ *vt* smagliare ♦ *vi* smagliarsi.

laden ['leɪdn] *adj*: **~ (with)** carico(a) *or* caricato(a) (di); **fully ~** (*truck, ship*) a pieno carico.

ladle ['leɪdl] *n* mestolo.

lady ['leɪdɪ] *n* signora; **L~ Smith** lady Smith; **the ladies' (toilets)** i gabinetti per signore; **a ~ doctor** una dottoressa.

ladybird ['leɪdɪbəːd], (*US*) **ladybug** ['leɪdɪbʌg] *n* coccinella.

lady-in-waiting ['leɪdɪɪn'weɪtɪŋ] *n* dama di compagnia.

ladykiller ['leɪdɪkɪlə*] *n* dongiovanni *m inv.*

ladylike ['leɪdɪlaɪk] *adj* da signora, distinto(a).

ladyship ['leɪdɪʃɪp] *n*: **your L~** signora contessa *etc.*

lag [læg] *n* = **time ~** ♦ *vi* (*also*: **~ behind**) trascinarsi ♦ *vt* (*pipes*) rivestire di materiale isolante.

lager ['lɑːgə*] *n* lager *m inv.*

lager lout *n* (*BRIT col*) giovinastro ubriaco.

lagging ['lægɪŋ] *n* rivestimento di materiale isolante.

lagoon [lə'guːn] *n* laguna.

Lagos ['leɪgɔs] *n* Lagos *f.*

laid [leɪd] *pt, pp of* **lay.**

laid-back [leɪd'bæk] *adj* (*col*) rilassato(a).
lain [leɪn] *pp of* **lie**.
lair [lɛə*] *n* covo, tana.
laissez-faire [lɛseɪ'fɛə*] *n* liberismo.
laity ['leɪətɪ] *n* laici *mpl.*
lake [leɪk] *n* lago.
Lake District *n*: the ~ (*BRIT*) la regione dei laghi.
lamb [læm] *n* agnello.
lamb chop *n* cotoletta d'agnello.
lambskin ['læmskɪn] *n* (pelle *f* d')agnello.
lambswool ['læmzwul] *n* lamb's wool *m.*
lame [leɪm] *adj* zoppo(a); ~ **duck** (*fig: person*) persona inetta; (*: firm*) azienda traballante.
lamely ['leɪmlɪ] *adv* (*fig*) in modo poco convincente.
lament [lə'mɛnt] *n* lamento ♦ *vt* lamentare, piangere.
lamentable ['læməntəbl] *adj* doloroso(a); deplorevole.
laminated ['læmɪneɪtɪd] *adj* laminato(a).
lamp [læmp] *n* lampada.
lamplight ['læmplaɪt] *n*: **by** ~ a lume della lampada.
lampoon [læm'puːn] *n* satira.
lamppost ['læmpəʊst] *n* lampione *m.*
lampshade ['læmpʃeɪd] *n* paralume *m.*
lance [lɑːns] *n* lancia ♦ *vt* (*MED*) incidere.
lance corporal *n* (*BRIT*) caporale *m.*
lancet ['lɑːnsɪt] *n* (*MED*) bisturi *m inv.*
Lancs [læŋks] *abbr* (*BRIT*) = Lancashire.
land [lænd] *n* (*as opposed to sea*) terra (ferma); (*country*) paese *m*; (*soil*) terreno; (*estate*) terreni *mpl*, terre *fpl* ♦ *vi* (*from ship*) sbarcare; (*AVIAT*) atterrare; (*fig: fall*) cadere ♦ *vt* (*obtain*) acchiappare; (*passengers*) sbarcare; (*goods*) scaricare; **to go/travel by** ~ andare/viaggiare per via di terra; **to own** ~ possedere dei terreni, avere delle proprietà (terriere); **to** ~ **on one's feet** cadere in piedi; (*fig: to be lucky*) cascar bene.
▶**land up** *vi* andare a finire.
landed gentry ['lændɪd-] *n* proprietari *mpl* terrieri.
landfill site ['lændfɪl-] *n* discarica dove i rifiuti vengono sepolti.
landing ['lændɪŋ] *n* (*from ship*) sbarco; (*AVIAT*) atterraggio; (*of staircase*) pianerottolo.
landing card *n* carta di sbarco.
landing craft *n* mezzo da sbarco.
landing gear *n* (*AVIAT*) carrello d'atterraggio.
landing stage *n* pontile *m* da sbarco.
landing strip *n* pista d'atterraggio.
landlady ['lændleɪdɪ] *n* padrona *or* proprietaria di casa.
landlocked ['lændlɔkt] *adj* senza sbocco sul mare.
landlord ['lændlɔːd] *n* padrone *m or* proprietario di casa; (*of pub etc*) oste *m.*
landlubber ['lændlʌbə*] *n* marinaio d'acqua dolce.
landmark ['lændmɑːk] *n* punto di riferimento; (*fig*) pietra miliare.
landowner ['lændəʊnə*] *n* proprietario(a) terriero(a).
landscape ['lænskeɪp] *n* paesaggio.
landscape architect, landscape gardener *n* paesaggista *m/f.*
landscape painting *n* (*ART*) paesaggistica.
landslide ['lændslaɪd] *n* (*GEO*) frana; (*fig: POL*) valanga.
lane [leɪn] *n* (*in country*) viottolo; (*in town*) stradetta; (*AUT, in race*) corsia; **shipping** ~ rotta (marittima).
language ['læŋgwɪdʒ] *n* lingua; (*way one speaks*) linguaggio; **bad** ~ linguaggio volgare.
language laboratory *n* laboratorio linguistico.
languid ['læŋgwɪd] *adj* languente; languido(a).
languish ['læŋgwɪʃ] *vi* languire.
lank [læŋk] *adj* (*hair*) liscio(a) e opaco(a).
lanky ['læŋkɪ] *adj* allampanato(a).
lanolin(e) ['lænəlɪn] *n* lanolina.
lantern ['læntn] *n* lanterna.
Laos [lauz] *n* Laos *m.*
lap [læp] *n* (*of track*) giro; (*of body*): **in** *or* **on one's** ~ in grembo ♦ *vt* (*also*: ~ **up**) papparsi, leccare ♦ *vi* (*waves*) sciabordare.
▶**lap up** *vt* (*fig: compliments, attention*) bearsi di.
La Paz [læ'pæz] *n* La Paz *f.*
lapdog ['læpdɔg] *n* cane *m* da grembo.
lapel [lə'pɛl] *n* risvolto.
Lapland ['læplænd] *n* Lapponia.
Lapp [læp] *adj* lappone ♦ *n* lappone *m/f*; (*LING*) lappone *m.*
lapse [læps] *n* lapsus *m inv*; (*longer*) caduta; (*fault*) mancanza; (*in behaviour*) scorrettezza ♦ *vi* (*law, act*) cadere; (*ticket, passport*) scadere; **to** ~ **into bad habits** pigliare cattive abitudini; ~ **of time** spazio di tempo; **a** ~ **of memory** un vuoto di memoria.
laptop ['læptɔp] *n* (*also*: ~ **computer**) laptop *m inv.*
larceny ['lɑːsənɪ] *n* furto.
lard [lɑːd] *n* lardo.
larder ['lɑːdə*] *n* dispensa.

large [lɑːdʒ] *adj* grande; (*person, animal*) grosso(a) ♦ *adv*: **by and** ~ generalmente; **at** ~ (*free*) in libertà; (*generally*) in generale; nell'insieme; **to make** ~**r** ingrandire; **a** ~ **number of people** molta gente; **on a** ~ **scale** su vasta scala.

largely ['lɑːdʒlɪ] *adv* in gran parte.

large-scale ['lɑːdʒ'skeɪl] *adj* (*map, drawing etc*) in grande scala; (*reforms, business activities*) su vasta scala.

lark [lɑːk] *n* (*bird*) allodola; (*joke*) scherzo, gioco.

▶**lark about** *vi* fare lo stupido.

larva, *pl* **larvae** ['lɑːvə, -iː] *n* larva.

laryngitis [lærɪn'dʒaɪtɪs] *n* laringite *f*.

larynx ['lærɪŋks] *n* laringe *f*.

lasagne [lə'zænjə] *n* lasagne *fpl*.

lascivious [lə'sɪvɪəs] *adj* lascivo(a).

laser ['leɪzə*] *n* laser *m*.

laser beam *n* raggio *m* laser *inv*.

laser printer *n* stampante *f* laser *inv*.

lash [læʃ] *n* frustata; (*also*: **eye**~) ciglio ♦ *vt* frustare; (*tie*) legare.

▶**lash down** *vt* assicurare (con corde) ♦ *vi* (*rain*) scrosciare.

▶**lash out** *vi*: **to** ~ **out** (**at** *or* **against sb/sth**) attaccare violentemente (qn/qc); **to** ~ **out (on sth)** (*col*: *spend*) spendere un sacco di soldi (per qc).

lashing ['læʃɪŋ] *n* (*beating*) frustata, sferzata; ~**s of** (*BRIT col*) un mucchio di, una montagna di.

lass [læs] *n* ragazza.

lasso [læ'suː] *n* laccio ♦ *vt* acchiappare con il laccio.

last [lɑːst] *adj* ultimo(a); (*week, month, year*) scorso(a), passato(a) ♦ *adv* per ultimo ♦ *vi* durare; ~ **week** la settimana scorsa; ~ **night** ieri sera, la notte scorsa; **at** ~ finalmente, alla fine; ~ **but one** penultimo(a); **the** ~ **time** l'ultima volta; **it** ~**s (for) 2 hours** dura 2 ore.

last-ditch ['lɑːst'dɪtʃ] *adj* ultimo(a) e disperato(a).

lasting ['lɑːstɪŋ] *adj* durevole.

lastly ['lɑːstlɪ] *adv* infine, per finire, per ultimo.

last-minute ['lɑːstmɪnɪt] *adj* fatto(a) (*or* preso(a) *etc*) all'ultimo momento.

latch [lætʃ] *n* serratura a scatto.

▶**latch on to** *vt fus* (*cling to*: *person*) attaccarsi a, appiccicarsi a; (: *idea*) afferrare, capire.

latchkey ['lætʃkiː] *n* chiave *f* di casa.

late [leɪt] *adj* (*not on time*) in ritardo; (*far on in day etc*) tardi *inv*; tardo(a); (*recent*) recente, ultimo(a); (*former*) ex; (*dead*) defunto(a) ♦ *adv* tardi; (*behind time,*

schedule) in ritardo; **to be (10 minutes)** ~ essere in ritardo (di 10 minuti); **to work** ~ lavorare fino a tardi; ~ **in life** in età avanzata; **of** ~ di recente; **in the** ~ **afternoon** nel tardo pomeriggio; **in** ~ **May** verso la fine di maggio; **the** ~ **Mr X** il defunto Signor X.

latecomer ['leɪtkʌmə*] *n* ritardatario/a.

lately ['leɪtlɪ] *adv* recentemente.

lateness ['leɪtnɪs] *n* (*of person*) ritardo; (*of event*) tardezza, ora tarda.

latent ['leɪtnt] *adj* latente; ~ **defect** vizio occulto.

later ['leɪtə*] *adj* (*date etc*) posteriore; (*version etc*) successivo(a) ♦ *adv* più tardi; ~ **on today** oggi più tardi.

lateral ['lætərl] *adj* laterale.

latest ['leɪtɪst] *adj* ultimo(a), più recente; **at the** ~ al più tardi; **the** ~ **news** le ultime notizie.

latex ['leɪtɛks] *n* latice *m*.

lath, ~**s** [læθ, læðz] *n* assicella.

lathe [leɪð] *n* tornio.

lather ['lɑːðə*] *n* schiuma di sapone ♦ *vt* insaponare ♦ *vi* far schiuma.

Latin ['lætɪn] *n* latino ♦ *adj* latino(a).

Latin America *n* America Latina.

Latin American *adj* sudamericano(a).

latitude ['lætɪtjuːd] *n* latitudine *f*; (*fig*: *freedom*) libertà d'azione.

latrine [lə'triːn] *n* latrina.

latter ['lætə*] *adj* secondo(a); più recente ♦ *n*: **the** ~ quest'ultimo, il secondo.

latterly ['lætəlɪ] *adv* recentemente, negli ultimi tempi.

lattice ['lætɪs] *n* traliccio; graticolato.

lattice window *n* finestra con vetrata a losanghe.

Latvia ['lætvɪə] *n* Lettonia.

Latvian ['lætvɪən] *adj* lettone *inv* ♦ *n* lettone *m/f*; (*LING*) lettone *m*.

laudable ['lɔːdəbl] *adj* lodevole.

laudatory ['lɔːdətrɪ] *adj* elogiativo(a).

laugh [lɑːf] *n* risata ♦ *vi* ridere.

▶**laugh at** *vt fus* (*misfortune etc*) ridere di; **I** ~**ed at his joke** la sua barzelletta mi mece ridere.

▶**laugh off** *vt* prendere alla leggera.

laughable ['lɑːfəbl] *adj* ridicolo(a).

laughing ['lɑːfɪŋ] *adj* (*face*) ridente; **this is no** ~ **matter** non è una cosa da ridere.

laughing gas *n* gas *m* esilarante.

laughing stock *n*: **the** ~ **of** lo zimbello di.

laughter ['lɑːftə*] *n* riso; risate *fpl*.

launch [lɔːntʃ] *n* (*of rocket, product etc*) lancio; (*of new ship*) varo; (*boat*) scialuppa; (*also*: **motor** ~) lancia ♦ *vt* (*rocket, product*) lanciare; (*ship, plan*) varare.

▶**launch out** vi: **to ~ out (into)** lanciarsi (in).

launching ['lɔ:ntʃɪŋ] n lancio; varo.

launch(ing) pad n rampa di lancio.

launder ['lɔ:ndə*] vt lavare e stirare.

Launderette ® [lɔ:n'drɛt], (US) **Laundromat** ® ['lɔ:ndrəmæt] n lavanderia (automatica).

laundry ['lɔ:ndrɪ] n lavanderia; (clothes) biancheria; **to do the ~** fare il bucato.

laureate ['lɔ:rɪət] adj see **poet laureate**.

laurel ['lɔrl] n lauro, alloro; **to rest on one's ~s** riposare or dormire sugli allori.

Lausanne [ləu'zæn] n Losanna.

lava ['lɑ:və] n lava.

lavatory ['lævətərɪ] n gabinetto.

lavatory paper n (BRIT) carta igienica.

lavender ['lævəndə*] n lavanda.

lavish ['lævɪʃ] adj abbondante; sontuoso(a); (giving freely): **~ with** prodigo(a) di, largo(a) in ♦ vt: **to ~ sth on sb/sth** profondere qc a qn/qc.

lavishly ['lævɪʃlɪ] adv (give, spend) generosamente; (furnished) sontuosamente, lussuosamente.

law [lɔ:] n legge f; **against the ~** contro la legge; **to study ~** studiare diritto; **to go to ~** (BRIT) ricorrere alle vie legali; **civil/ criminal ~** diritto civile/penale.

law-abiding ['lɔ:əbaɪdɪŋ] adj ubbidiente alla legge.

law and order n l'ordine m pubblico.

lawbreaker ['lɔ:breɪkə*] n violatore/trice della legge.

law court n tribunale m, corte f di giustizia.

lawful ['lɔ:ful] adj legale.

lawfully ['lɔ:fəlɪ] adv legalmente.

lawless ['lɔ:lɪs] adj senza legge; illegale.

Law Lords npl ≈ Corte f Suprema.

lawmaker ['lɔ:meɪkə*] n legislatore m.

lawn [lɔ:n] n tappeto erboso.

lawnmower ['lɔ:nməuə*] n tosaerba m or f inv.

lawn tennis n tennis m su prato.

law school n facoltà f inv di legge.

law student n studente/essa di legge.

lawsuit ['lɔ:su:t] n processo, causa; **to bring a ~ against** intentare causa a.

lawyer ['lɔ:jə*] n (consultant, with company) giurista m/f; (for sales, wills etc) ≈ notaio; (partner, in court) ≈ avvocato/essa.

lax [læks] adj (conduct) rilassato(a); (person: careless) negligente; (: on discipline) permissivo(a).

laxative ['læksətɪv] n lassativo.

laxity ['læksɪtɪ] n rilassatezza; negligenza.

lay [leɪ] pt of **lie** ♦ adj laico(a); secolare ♦ vt (pt, pp **laid** [leɪd]) posare, mettere; (eggs) fare; (trap) tendere; (plans) fare, elaborare; **to ~ the table** apparecchiare la tavola; **to ~ the facts/one's proposals before sb** presentare i fatti/delle proposte a qn; **to get laid** (col!) scopare (!); essere scopato(a) (!).

▶**lay aside, lay by** vt mettere da parte.

▶**lay down** vt mettere giù; **to ~ down the law** (fig) dettar legge.

▶**lay in** vt fare una scorta di.

▶**lay into** vt fus (col: attack, scold) aggredire.

▶**lay off** vt (workers) licenziare.

▶**lay on** vt (water, gas) installare, mettere; (provide: meal etc) fornire; (paint) applicare.

▶**lay out** vt (design) progettare; (display) presentare; (spend) sborsare.

▶**lay up** vt (to store) accumulare; (ship) mettere in disarmo; (subj: illness) costringere a letto.

layabout ['leɪəbaut] n sfaccendato/a, fannullone/a.

lay-by ['leɪbaɪ] n (BRIT) piazzola (di sosta).

lay days npl (NAUT) stallie fpl.

layer ['leɪə*] n strato.

layette [leɪ'ɛt] n corredino (per neonato).

layman ['leɪmən] n laico; profano.

lay-off ['leɪɔf] n sospensione f, licenziamento.

layout ['leɪaut] n lay-out m inv, disposizione f; (PRESS) impaginazione f.

laze [leɪz] vi oziare.

laziness ['leɪzɪnɪs] n pigrizia.

lazy ['leɪzɪ] adj pigro(a).

lb. abbr (= libra: pound) lb.

lbw n abbr (CRICKET: = leg before wicket) fallo dovuto al fatto che il giocatore ha la gamba davanti alla porta.

LC n abbr (US) = Library of Congress.

lc abbr (TYP) = lower case.

L/C abbr = letter of credit.

LCD n abbr see **liquid crystal display**.

Ld abbr (BRIT: = lord) titolo.

LDS n abbr (= Licentiate in Dental Surgery) specializzazione dopo la laurea; (= Latter-day Saints) Chiesa di Gesù Cristo dei Santi dell'Ultimo Giorno.

LEA n abbr (BRIT: = local education authority) ≈ Provveditorato degli Studi.

lead [li:d] n (front position) posizione f di testa; (distance, time ahead) vantaggio; (clue) indizio; (ELEC) filo (elettrico); (for dog) guinzaglio; (THEAT) parte f principale; [lɛd] (metal) piombo; (in pencil) mina ♦ vb (pt, pp **led** [lɛd]) vt menare, guidare, condurre; (induce) indurre; (be *leader of)* essere a capo di; (*: orchestra*: *BRIT*) essere il primo violino di; (*: US*) dirigere; (*SPORT*) essere in testa a ♦ *vi* condurre, essere in testa; **to be in the ~** (*SPORT*) essere in testa; **to take the ~** (*SPORT*) passare in testa; (*fig*) prendere l'iniziativa; **to ~ to** menare a; condurre a; portare a; **to ~ astray** sviare; **to ~ sb to believe that** ... far credere a qn che ...; **to ~ sb to do sth** portare qn a fare qc.

►**lead away** *vt* condurre via.

►**lead back** *vt* riportare, ricondurre.

►**lead off** *vt* portare ♦ *vi* partire da.

►**lead on** *vt* (*tease*) tenere sulla corda.

►**lead on to** *vt* (*induce*) portare a.

►**lead up to** *vt fus* portare a; (*fig*) preparare la strada per.

leaded ['lɛdɪd] *adj:* **~ windows** vetrate *fpl* (artistiche).

leaden ['lɛdn] *adj* di piombo.

leader ['liːdə*] *n* capo; leader *m inv*; (*in newspaper*) articolo di fondo; **they are ~s in their field** (*fig*) sono all'avanguardia nel loro campo; **the L~ of the House** (*BRIT*) il capo della maggioranza ministeriale.

leadership ['liːdəʃɪp] *n* direzione *f*; **under the ~ of** ... sotto la direzione *or* guida di ...; **qualities of ~** qualità *fpl* di un capo.

lead-free ['lɛdfriː] *adj* senza piombo.

leading ['liːdɪŋ] *adj* primo(a); principale; **a ~ question** una domanda tendenziosa; **~ role** ruolo principale.

leading lady *n* (*THEAT*) prima attrice.

leading light *n* (*person*) personaggio di primo piano.

leading man *n* (*THEAT*) primo attore.

lead pencil [lɛd-] *n* matita con la mina di grafite.

lead poisoning [lɛd-] *n* saturnismo.

lead time [liːd-] *n* (*COMM*) tempo di consegna.

lead weight [lɛd-] *n* piombino, piombo.

leaf [liːf] *n* (*pl* **leaves**) foglia; (*of table*) ribalta; **to turn over a new ~** (*fig*) cambiar vita; **to take a ~ out of sb's book** (*fig*) prendere esempio da qn.

►**leaf through** *vt* (*book*) sfogliare.

leaflet ['liːflɪt] *n* dépliant *m inv*; (*POL, REL*) volantino.

leafy ['liːfɪ] *adj* ricco(a) di foglie.

league [liːg] *n* lega; (*FOOTBALL*) campionato; **to be in ~ with** essere in lega con.

league table *n* classifica.

leak [liːk] *n* (*out*) fuga; (*in*) infiltrazione *f*; (*fig: of information*) fuga di notizie ♦ *vi* (*roof, bucket*) perdere; (*liquid*) uscire; (*shoes*) lasciar passare l'acqua ♦ *vt* (*liquid*) spandere; (*information*) divulgare.

►**leak out** *vi* uscire; (*information*) trapelare.

leakage ['liːkɪdʒ] *n* (*of water, gas etc*) perdita.

leaky ['liːkɪ] *adj* (*pipe, bucket, roof*) che perde; (*shoe*) che lascia passare l'acqua; (*boat*) che fa acqua.

lean [liːn] *adj* magro(a) ♦ *n* (*of meat*) carne *f* magra ♦ *vb* (*pt, pp* **leaned** *or* **leant** [lɛnt]) *vt*: **to ~ sth on** appoggiare qc su ♦ *vi* (*slope*) pendere; (*rest*): **to ~ against** appoggiarsi contro; essere appoggiato(a) a; **to ~ on** appoggiarsi a.

►**lean back** *vi* sporgersi indietro.

►**lean forward** *vi* sporgersi in avanti.

►**lean out** *vi:* **to ~ out (of)** sporgersi (da).

►**lean over** *vi* inclinarsi.

leaning ['liːnɪŋ] *n:* **~ (towards)** propensione *f* (per) ♦ *adj* inclinato(a), pendente; **the L~ Tower of Pisa** la torre (pendente) di Pisa.

leant [lɛnt] *pt, pp of* **lean**.

lean-to ['liːntuː] *n* (*roof*) tettoia; (*building*) *edificio con tetto appoggiato ad altro edificio*.

leap [liːp] *n* salto, balzo ♦ *vi* (*pt, pp* **leaped** *or* **leapt** [lɛpt]) saltare, balzare; **to ~ at an offer** afferrare al volo una proposta.

►**leap up** *vi* (*person*) alzarsi d'un balzo, balzare su.

leapfrog ['liːpfrɒg] *n* gioco della cavallina ♦ *vi:* **to ~ over sb/sth** saltare (alla cavallina) qn/qc.

leapt [lɛpt] *pt, pp of* **leap**.

leap year *n* anno bisestile.

learn, *pt, pp* **learned** *or* **learnt** [ləːn, -t] *vt, vi* imparare; **to ~ how to do sth** imparare a fare qc; **to ~ that** ... apprendere che ...; **to ~ about sth** (*SCOL*) studiare qc; (*hear*) apprendere qc; **we were sorry to ~ that it was closing down** la notizia della chiusura ci ha fatto dispiacere.

learned ['ləːnɪd] *adj* erudito(a), dotto(a).

learner ['ləːnə*] *n* principiante *m/f*; apprendista *m/f*; **he's a ~ (driver)** (*BRIT*) sta imparando a guidare.

learning ['ləːnɪŋ] *n* erudizione *f*, sapienza.

learnt [ləːnt] *pt, pp of* **learn**.

lease [liːs] *n* contratto d'affitto ♦ *vt* affittare; **on ~** in affitto.

►**lease back** *vt* effettuare un lease-back *inv*.

leaseback ['liːsbæk] *n* lease-back *m inv*.

leasehold ['liːshəuld] *n* (*contract*) contratto di affitto (*a lungo termine con responsabilità simili a quelle di un proprietario*) ♦ *adj* in affitto.

leash [liːʃ] *n* guinzaglio.

least [liːst] *adj:* **the ~ +** *noun* il(la) più piccolo(a), il(la) minimo(a); (*smallest*

amount of) il(la) meno ♦ *adv*: **the ~
+ *adjective*: the ~ beautiful girl** la ragazza
meno bella; **the ~ expensive** il(la) meno
caro(a); **I have the ~ money** ho meno
denaro di tutti; **at ~** almeno; **not in the ~**
affatto, per nulla.

leather ['lɛðə*] *n* (*soft*) pelle *f*, (*hard*) cuoio
♦ *cpd* di *or* in pelle; di cuoio; **~ goods**
pelletteria, pelletterie *fpl*.

leave [li:v] *vb* (*pt, pp* **left** [lɛft]) *vt* lasciare;
(*go away from*) partire da ♦ *vi* partire,
andarsene ♦ *n* (*time off*) congedo; (*MIL,
also*: *consent*) licenza; **to be left** rimanere;
there's some milk left over c'è rimasto
del latte; **to take one's ~ of** congedarsi
di; **he's already left for the airport** è già
uscito per andare all'aeroporto; **to ~
school** finire la scuola; **~ it to me!** ci
penso io!, lascia fare a me!; **on ~** in
congedo; **on ~ of absence** in permesso;
(*public employee*) in congedo; (*MIL*) in
licenza.

►**leave behind** *vt* (*also fig*) lasciare
indietro; (*forget*) dimenticare.

►**leave off** *vt* non mettere; (*BRIT col*: *stop*):
to ~ off doing sth smetterla *or* piantarla
di fare qc.

►**leave on** *vt* lasciare su; (*light, fire, cooker*)
lasciare acceso(a).

►**leave out** *vt* omettere, tralasciare.

leaves [li:vz] *npl of* **leaf**.

leavetaking ['li:veɪkɪŋ] *n* commiato, addio.

Lebanese [lɛbə'ni:z] *adj, n* (*pl inv*) libanese
(*m/f*).

Lebanon ['lɛbənən] *n* Libano.

lecherous ['lɛtʃərəs] *adj* lascivo(a),
lubrico(a).

lectern ['lɛktə:n] *n* leggio.

lecture ['lɛktʃə*] *n* conferenza; (*SCOL*)
lezione *f* ♦ *vi* fare conferenze; fare
lezioni; (*reprove*) rimproverare, fare una
ramanzina a; **to ~ on** fare una
conferenza su; **to give a ~ (on)** (*BRIT*) fare
una conferenza (su); fare lezione (su).

lecture hall *n* aula magna.

lecturer ['lɛktʃərə*] *n* (*speaker*)
conferenziere/a; (*BRIT*: *at university*)
professore/essa, docente *m/f*; **assistant ~**
(*BRIT*) ≈ professore(essa) associato(a);
senior ~ (*BRIT*) ≈ professore(essa)
ordinario(a).

lecture theatre *n* = **lecture hall**.

LED *n abbr* (*ELEC*: = *light-emitting diode*)
diodo a emissione luminosa.

led [lɛd] *pt, pp of* **lead**.

ledge [lɛdʒ] *n* (*of window*) davanzale *m*; (*on
wall etc*) sporgenza; (*of mountain*) cornice
f, cengia.

ledger ['lɛdʒə*] *n* libro maestro, registro.

lee [li:] *n* lato sottovento; **in the ~ of** a
ridosso di, al riparo di.

leech [li:tʃ] *n* sanguisuga.

leek [li:k] *n* porro.

leer [lɪə*] *vi*: **to ~ at sb** gettare uno sguardo
voglioso (*or* maligno) su qn.

leeward ['li:wəd] *adj* sottovento *inv* ♦ *n* lato
sottovento; **to ~** sottovento.

leeway ['li:weɪ] *n* (*fig*): **to have some ~**
avere una certa libertà di agire.

left [lɛft] *pt, pp of* **leave** ♦ *adj* sinistro(a) ♦ *adv*
a sinistra ♦ *n* sinistra; **on the ~, to the ~**
a sinistra; **the L~** (*POL*) la sinistra.

left-hand drive ['lɛfthænd-] *n* (*BRIT*) guida a
sinistra.

left-handed [lɛft'hændɪd] *adj* mancino(a); **~
scissors** forbici *fpl* per mancini.

left-hand side ['lɛfthænd-] *n* lato *or* fianco
sinistro.

leftie ['lɛftɪ] *n*: **a ~** (*col*) uno/a di sinistra.

leftist ['lɛftɪst] *adj* (*POL*) di sinistra.

left-luggage (office) [lɛft'lʌgɪdʒ-] *n*
deposito *m* bagagli *inv*.

left-overs ['lɛftəuvəz] *npl* avanzi *mpl*, resti
mpl.

left wing *n* (*MIL, SPORT*) ala sinistra; (*POL*)
sinistra ♦ *adj*: **left-wing** (*POL*) di sinistra.

left-winger [lɛft'wɪŋə*] *n* (*POL*) uno/a di
sinistra; (*SPORT*) ala sinistra.

lefty ['lɛftɪ] *n* = **leftie**.

leg [lɛg] *n* gamba; (*of animal*) zampa; (*of
furniture*) piede *m*; (*CULIN*: *of chicken*)
coscia; (*of journey*) tappa; **1st/2nd ~**
(*SPORT*) partita di andata/ritorno; **~ of
lamb** (*CULIN*) cosciotto d'agnello; **to
stretch one's ~s** sgranchirsi le gambe.

legacy ['lɛgəsɪ] *n* eredità *f inv*; (*fig*) retaggio.

legal ['li:gl] *adj* legale; **to take ~ action** *or*
proceedings against sb intentare
un'azione legale contro qn, far causa a
qn.

legal adviser *n* consulente *m/f* legale.

legality [lɪ'gælɪtɪ] *n* legalità.

legalize ['li:gəlaɪz] *vt* legalizzare.

legally ['li:gəlɪ] *adv* legalmente; **~ binding**
legalmente vincolante.

legal tender *n* moneta legale.

legation [lɪ'geɪʃən] *n* legazione *f*.

legend ['lɛdʒənd] *n* leggenda.

legendary ['lɛdʒəndərɪ] *adj* leggendario(a).

-legged ['lɛgɪd] *suffix*: **two~** a due gambe
(*or* zampe), bipede.

leggings ['lɛgɪŋz] *npl* ghette *fpl*.

leggy ['lɛgɪ] *adj* dalle gambe lunghe.

legibility [lɛdʒɪ'bɪlɪtɪ] *n* leggibilità.

legible ['lɛdʒəbl] *adj* leggibile.

legibly ['lɛdʒəblɪ] *adv* in modo leggibile.

legion ['liːdʒən] n legione f.

legionnaire [liːdʒə'nɛə*] n legionario; ~'s **disease** morbo del legionario.

legislate ['lɛdʒɪsleɪt] vi legiferare.

legislation [lɛdʒɪs'leɪʃən] n legislazione f; **a piece of** ~ una legge.

legislative ['lɛdʒɪslətɪv] adj legislativo(a).

legislator ['lɛdʒɪsleɪtə*] n legislatore/trice.

legislature ['lɛdʒɪslətʃə*] n corpo legislativo.

legitimacy [lɪ'dʒɪtɪməsɪ] n legittimità.

legitimate [lɪ'dʒɪtɪmət] adj legittimo(a).

legitimize [lɪ'dʒɪtɪmaɪz] vt (gen) legalizzare, rendere legale; (child) legittimare.

legless ['lɛglɪs] adj (BRIT col) sbronzo(a), fatto(a).

leg-room ['lɛgruːm] n spazio per le gambe.

Leics abbr (BRIT) = Leicestershire.

leisure ['lɛʒə*] n agio, tempo libero; ricreazioni fpl; **at** ~ all'agio; a proprio comodo.

leisure centre n centro di ricreazione.

leisurely ['lɛʒəlɪ] adj tranquillo(a); fatto(a) con comodo or senza fretta.

leisure suit n (BRIT) tuta (da ginnastica).

lemon ['lɛmən] n limone m.

lemonade [lɛmə'neɪd] n limonata.

lemon cheese, lemon curd n crema di limone (che si spalma sul pane etc).

lemon juice n succo di limone.

lemon squeezer n spremiagrumi m inv.

lemon tea n tè m inv al limone.

lend, pt, pp **lent** [lɛnd, lɛnt] vt: **to** ~ **sth (to sb)** prestare qc (a qn); **to** ~ **a hand** dare una mano.

lender ['lɛndə*] n prestatore/trice.

lending library ['lɛndɪŋ-] n biblioteca circolante.

length [lɛŋθ] n lunghezza; (section: of road, pipe etc) pezzo, tratto; ~ **of time** periodo (di tempo); **what** ~ **is it?** quant'è lungo?; **it is 2 metres in** ~ è lungo 2 metri; **to fall full** ~ cadere lungo disteso; **at** ~ (at last) finalmente, alla fine; (lengthily) a lungo; **to go to any** ~(s) **to do sth** fare qualsiasi cosa pur di or per fare qc.

lengthen ['lɛŋθən] vt allungare, prolungare ♦ vi allungarsi.

lengthways ['lɛŋθweɪz] adv per il lungo.

lengthy ['lɛŋθɪ] adj molto lungo(a).

leniency ['liːnɪənsɪ] n indulgenza, clemenza.

lenient ['liːnɪənt] adj indulgente, clemente.

leniently ['liːnɪəntlɪ] adv con indulgenza.

lens [lɛnz] n lente f; (of camera) obiettivo.

Lent [lɛnt] n Quaresima.

lent [lɛnt] pt, pp of **lend**.

lentil ['lɛntl] n lenticchia.

Leo ['liːəu] n Leone m; **to be** ~ essere del Leone.

leopard ['lɛpəd] n leopardo.

leotard ['liːətɑːd] n calzamaglia.

leper ['lɛpə*] n lebbroso/a.

leper colony n lebbrosario.

leprosy ['lɛprəsɪ] n lebbra.

lesbian ['lɛzbɪən] n lesbica ♦ adj lesbico(a).

lesion ['liːʒən] n (MED) lesione f.

Lesotho [lɪ'suːtu] n Lesotho m.

less [lɛs] adj, pron, adv meno; ~ **than you/ ever** meno di lei/che mai; ~ **than half** meno della metà; ~ **and** ~ sempre meno; **the** ~ **he works** ... meno lavora ...; ~ **than £1/a kilo/3 metres** meno di una sterlina/ un chilo/3 metri; ~ **5%** meno il 5%.

lessee [lɛ'siː] n affittuario/a, locatario/a.

lessen ['lɛsn] vi diminuire, attenuarsi ♦ vt diminuire, ridurre.

lesser ['lɛsə*] adj minore, più piccolo(a); **to a** ~ **extent** or **degree** in grado or misura minore.

lesson ['lɛsn] n lezione f; **a maths** ~ una lezione di matematica; **to give** ~s **in** dare or impartire lezioni di; **it taught him a** ~ (fig) gli è servito di lezione.

lessor ['lɛsɔː*, lɛ'sɔː*] n locatore/trice.

lest [lɛst] conj per paura di + infinitive, per paura che + sub.

let, pt, pp **let** [lɛt] vt lasciare; (BRIT: lease) dare in affitto; **to** ~ **sb do sth** lasciar fare qc a qn, lasciare che qn faccia qc; **to** ~ **sb know sth** far sapere qc a qn; **to** ~ **sb have sth** dare qc a qn; **he** ~ **me go** mi ha lasciato andare; ~ **the water boil and** ... fate bollire l'acqua e ...; ~'s **go** andiamo; ~ **him come** lo lasci venire; "**to** ~" "affittasi".

▶**let down** vt (lower) abbassare; (dress) allungare; (hair) sciogliere; (disappoint) deludere; (BRIT: tyre) sgonfiare.

▶**let go** vi mollare ♦ vt mollare; (allow to go) lasciare andare.

▶**let in** vt lasciare entrare; (visitor etc) far entrare; **what have you** ~ **yourself in for?** in che guai or pasticci sei andato a cacciarti?

▶**let off** vt (allow to go) lasciare andare; (firework etc) far partire; (smell etc) emettere; (subj: taxi driver, bus driver) far scendere; **to** ~ **off steam** (fig col) sfogarsi, scaricarsi.

▶**let on** vi (col): **to** ~ **on that** ... lasciar capire che ....

▶**let out** vt lasciare uscire; (dress) allargare; (scream) emettere; (rent out) affittare, dare in affitto.

▶**let up** *vi* diminuire.

let-down ['lɛtdaun] *n* (*disappointment*) delusione *f*.

lethal ['liːθəl] *adj* letale, mortale.

lethargic [lɛ'θɑːdʒɪk] *adj* letargico(a).

lethargy ['lɛθədʒɪ] *n* letargia.

letter ['lɛtə*] *n* lettera; ~s *npl* (*LITERATURE*) lettere; **small/capital** ~ lettera minuscola/maiuscola; ~ **of credit** lettera di credito; **documentary** ~ **of credit** lettera di credito documentata.

letter bomb *n* lettera esplosiva.

letterbox ['lɛtəbɔks] *n* buca delle lettere.

letterhead ['lɛtəhɛd] *n* intestazione *f*.

lettering ['lɛtərɪŋ] *n* iscrizione *f*; caratteri *mpl*.

letter-opener ['lɛtərəupnə*] *n* tagliacarte *m inv*.

letterpress ['lɛtəprɛs] *n* (*method*) rilievografia.

letter quality *n* (*of printer*) qualità di stampa.

letters patent *npl* brevetto di invenzione.

lettuce ['lɛtɪs] *n* lattuga, insalata.

let-up ['lɛtʌp] *n* (*col*) interruzione *f*.

leukaemia, (*US*) **leukemia** [luː'kiːmɪə] *n* leucemia.

level ['lɛvl] *adj* piatto(a), piano(a); orizzontale ♦ *n* livello; (*also*: **spirit** ~) livella (a bolla d'aria) ♦ *vt* livellare, spianare; (*gun*) puntare (verso); (*accusation*): **to** ~ **(against)** lanciare (a *or* contro) ♦ *vi* (*col*): **to** ~ **with sb** essere franco(a) con qn; **to be** ~ **with** essere alla pari di; **a** ~ **spoonful** (*CULIN*) un cucchiaio raso; **to draw** ~ **with** (*team*) mettersi alla pari di; (*runner, car*) affiancarsi a; **A** ~**s** *npl* (*BRIT*) ≈ esami *mpl* di maturità; **O** ~**s** *npl* (*BRIT*: *formerly*) diploma di istruzione *secondaria conseguito a 16 anni in Inghilterra e Galles, ora sostituito dal GCSE*; **on the** ~ piatto(a); (*fig*) onesto(a).

▶**level off, level out** *vi* (*prices etc*) stabilizzarsi; (*ground*) diventare pianeggiante; (*aircraft*) volare in quota.

level crossing *n* (*BRIT*) passaggio a livello.

level-headed [lɛvl'hɛdɪd] *adj* equilibrato(a).

levelling, (*US*) **leveling** ['lɛvlɪŋ] *adj* (*process, effect*) di livellamento.

level playing field *n*: **to compete on a** ~ (*fig*) competere ad armi pari.

lever ['liːvə*] *n* leva ♦ *vt*: **to** ~ **up/out** sollevare/estrarre con una leva.

leverage ['liːvərɪdʒ] *n*: ~ **(on** *or* **with)** ascendente *m* (su).

levity ['lɛvɪtɪ] *n* leggerezza, frivolità.

levy ['lɛvɪ] *n* tassa, imposta ♦ *vt* imporre.

lewd [luːd] *adj* osceno(a), lascivo(a).

lexicographer [lɛksɪ'kɔgrəfə*] *n* lessicografo/a.

lexicography [lɛksɪ'kɔgrəfɪ] *n* lessicografia.

LGV *n abbr* (= *Large Goods Vehicle*) automezzo pesante.

LI *abbr* (*US*) = *Long Island*.

liabilities [laɪə'bɪlətɪz] *npl* debiti *mpl*; (*on balance sheet*) passivo.

liability [laɪə'bɪlətɪ] *n* responsabilità *f inv*; (*handicap*) peso.

liable ['laɪəbl] *adj* (*subject*): ~ **to** soggetto(a) a; passibile di; (*responsible*): ~ **(for)** responsabile (di); (*likely*): ~ **to do** propenso(a) a fare; **to be** ~ **to a fine** essere passibile di multa.

liaise [liː'eɪz] *vi*: **to** ~ **(with)** mantenere i contatti (con).

liaison [liː'eɪzɔn] *n* relazione *f*; (*MIL*) collegamento.

liar ['laɪə*] *n* bugiardo/a.

libel ['laɪbl] *n* libello, diffamazione *f* ♦ *vt* diffamare.

libellous, (*US*) **libelous** ['laɪbləs] *adj* diffamatorio(a).

liberal ['lɪbərl] *adj* liberale; (*generous*): **to be** ~ **with** distribuire liberalmente ♦ *n* (*POL*): **L**~ liberale *m/f*.

Liberal Democrat *n* liberal-democratico(a).

liberality [lɪbə'rælɪtɪ] *n* (*generosity*) generosità, liberalità.

liberalize ['lɪbərəlaɪz] *vt* liberalizzare.

liberal-minded [lɪbərl'maɪndɪd] *adj* tollerante.

liberate ['lɪbəreɪt] *vt* liberare.

liberation [lɪbə'reɪʃən] *n* liberazione *f*.

liberation theology *n* teologia della liberazione.

Liberia [laɪ'bɪərɪə] *n* Liberia.

Liberian [laɪ'bɪərɪən] *adj*, *n* liberiano(a).

liberty ['lɪbətɪ] *n* libertà *f inv*; **at** ~ **to do** libero(a) di fare; **to take the** ~ **of** prendersi la libertà di, permettersi di.

libido [lɪ'biːdəu] *n* libido *f*.

Libra ['liːbrə] *n* Bilancia; **to be** ~ essere della Bilancia.

librarian [laɪ'brɛərɪən] *n* bibliotecario/a.

library ['laɪbrərɪ] *n* biblioteca.

library book *n* libro della biblioteca.

libretto [lɪ'brɛtəu] *n* libretto.

Libya ['lɪbɪə] *n* Libia.

Libyan ['lɪbɪən] *adj*, *n* libico(a).

lice [laɪs] *npl of* **louse**.

licence, (*US*) **license** ['laɪsns] *n* autorizzazione *f*, permesso; (*COMM*) licenza; (*RADIO, TV*) canone *m*, abbonamento; (*also*: **driving** ~, (*US*)

driver's ~) patente *f* di guida; (*excessive freedom*) licenza; **import** ~ licenza di importazione; **produced under** ~ prodotto su licenza.

licence number *n* (*BRIT AUT*) numero di targa.

license ['laɪsns] *n* (*US*) = **licence ♦** *vt* dare una licenza a; (*car*) pagare la tassa di circolazione *or* il bollo di.

licensed ['laɪsnst] *adj* (*for alcohol*) che ha la licenza di vendere bibite alcoliche.

licensed trade *n* commercio di bevande alcoliche con licenza speciale.

licensee [laɪsən'siː] *n* (*BRIT: of pub*) detentore/trice di autorizzazione alla vendita di bevande alcoliche.

license plate *n* (*esp US AUT*) targa (automobilistica).

licentious [laɪ'sɛnʃəs] *adj* licenzioso(a).

lichen ['laɪkən] *n* lichene *m*.

lick [lɪk] *vt* leccare; (*col: defeat*) suonarle a, stracciare ♦ *n* leccata; **a** ~ **of paint** una passata di vernice.

licorice ['lɪkərɪs] *n* = **liquorice**.

lid [lɪd] *n* coperchio; **to take the** ~ **off sth** (*fig*) smascherare qc.

lido ['laɪdəu] *n* piscina all'aperto; (*part of the beach*) lido, stabilimento balneare.

lie [laɪ] *n* bugia, menzogna ♦ *vi* mentire, dire bugie; (*pt* **lay**, *pp* **lain** [leɪ, leɪn]) (*rest*) giacere, star disteso(a); (*in grave*) giacere, riposare; (*of object: be situated*) trovarsi, essere; **to tell** ~**s** raccontare *or* dire bugie; **to** ~ **low** (*fig*) latitare.

▶**lie about, lie around** *vi* (*things*) essere in giro; (*person*) bighellonare.

▶**lie back** *vi* stendersi.

▶**lie down** *vi* stendersi, sdraiarsi.

▶**lie up** *vi* (*hide*) nascondersi.

Liechtenstein ['lɪktənstaɪn] *n* Liechtenstein *m*.

lie detector *n* macchina della verità.

lie-down ['laɪdaun] *n* (*BRIT*): **to have a** ~ sdraiarsi, riposarsi.

lie-in ['laɪɪn] *n* (*BRIT*): **to have a** ~ rimanere a letto.

lieu [luː] *n*: **in** ~ **of** invece di, al posto di.

Lieut. *abbr* (= *lieutenant*) Ten.

lieutenant [lɛf'tɛnənt, (*US*) luː'tɛnənt] *n* tenente *m*.

lieutenant-colonel [lɛf'tɛnənt'kəːnl, (*US*) luː'tɛnənt'kəːnl] *n* tenente colonnello.

life [laɪf] *n* (*pl* **lives**) vita ♦ *cpd* di vita; della vita; a vita; **country/city** ~ vita di campagna/di città; **to be sent to prison for** ~ essere condannato all'ergastolo; **true to** ~ fedele alla realtà; **to paint from** ~ dipingere dal vero.

life annuity *n* rendita vitalizia.

life assurance *n* (*BRIT*) = **life insurance**.

lifebelt ['laɪfbɛlt] *n* (*BRIT*) salvagente *m*.

lifeblood ['laɪfblʌd] *n* (*fig*) linfa vitale.

lifeboat ['laɪfbəut] *n* scialuppa di salvataggio.

life expectancy *n* durata media della vita.

lifeguard ['laɪfgɑːd] *n* bagnino.

life imprisonment *n* ergastolo.

life insurance *n* assicurazione *f* sulla vita.

life jacket *n* giubbotto di salvataggio.

lifeless ['laɪflɪs] *adj* senza vita.

lifelike ['laɪflaɪk] *adj* che sembra vero(a); rassomigliante.

lifeline ['laɪflaɪn] *n* cavo di salvataggio.

lifelong ['laɪflɔŋ] *adj* per tutta la vita.

life preserver *n* (*US*) salvagente *m*; giubbotto di salvataggio; (*BRIT*) sfollagente *m inv*.

lifer ['laɪfə*] *n* (*col*) ergastolano/a.

life-raft ['laɪfrɑːft] *n* zattera di salvataggio.

life-saver ['laɪfseɪvə*] *n* bagnino.

life sentence *n* (condanna all')ergastolo.

life-sized ['laɪfsaɪzd] *adj* a grandezza naturale.

life span *n* (durata della) vita.

life style *n* stile *m* di vita.

life support system *n* (*MED*) respiratore *m* automatico.

lifetime ['laɪftaɪm] *n*: **in his** ~ durante la sua vita; **in a** ~ nell'arco della vita; **in tutta la vita**; **the chance of a** ~ un'occasione unica.

lift [lɪft] *vt* sollevare, levare; (*steal*) prendere, rubare ♦ *vi* (*fog*) alzarsi ♦ *n* (*BRIT: elevator*) ascensore *m*; **to give sb a** ~ (*BRIT*) dare un passaggio a qn.

▶**lift off** *vt* togliere ♦ *vi* (*rocket*) partire; (*helicopter*) decollare.

▶**lift out** *vt* tirar fuori; (*troops, evacuees etc*) far evacuare per mezzo di elicotteri (*or* aerei).

▶**lift up** *vt* sollevare, alzare.

lift-off ['lɪftɔf] *n* decollo.

ligament ['lɪgəmənt] *n* legamento.

light [laɪt] *n* luce, lume *m*; (*daylight*) luce, giorno; (*lamp*) lampada; (*AUT: rear* ~) luce di posizione; (: *headlamp*) fanale *m*; (*for cigarette etc*): **have you got a** ~? ha da accendere? ♦ *vt* (*pt, pp* **lighted** *or* **lit** [lɪt]) (*candle, cigarette, fire*) accendere; (*room*) illuminare ♦ *adj* (*room, colour*) chiaro(a); (*not heavy, also fig*) leggero(a) ♦ *adv* (*travel*) con poco bagaglio; ~**s** *npl* (*AUT: traffic* ~**s**) semaforo; **in the** ~ **of** alla luce di; **to turn the** ~ **on/off** accendere/spegnere la luce; **to come to** ~ venire in luce; **to cast** *or* **shed** *or* **throw** ~ **on**

gettare luce su; **to make ~ of sth** (*fig*) prendere alla leggera qc, non dar peso a qc.

▶**light up** *vi* illuminarsi ♦ *vt* illuminare.

light bulb *n* lampadina.

lighten ['laɪtn] *vi* schiarirsi ♦ *vt* (*give light to*) illuminare; (*make lighter*) schiarire; (*make less heavy*) alleggerire.

lighter ['laɪtə*] *n* (*also:* **cigarette ~**) accendino; (*boat*) chiatta.

light-fingered [laɪt'fɪŋgəd] *adj* lesto(a) di mano.

light-headed ['laɪt'hɛdɪd] *adj* stordito(a).

light-hearted ['laɪt'hɑːtɪd] *adj* gioioso(a), gaio(a).

lighthouse ['laɪthaus] *n* faro.

lighting ['laɪtɪŋ] *n* illuminazione *f*.

lighting-up time ['laɪtɪŋʌp-] *n* (*BRIT*) orario per l'*accensione delle luci*.

lightly ['laɪtlɪ] *adv* leggermente; **to get off ~** cavarsela a buon mercato.

light meter *n* (*PHOT*) esposimetro.

lightness ['laɪtnɪs] *n* chiarezza; (*in weight*) leggerezza.

lightning ['laɪtnɪŋ] *n* lampo, fulmine *m*; **a flash of ~** un lampo, un fulmine.

lightning conductor, (*US*) **lightning rod** *n* parafulmine *m*.

lightning strike *n* (*BRIT*) sciopero *m* lampo *inv*.

light pen *n* penna luminosa.

lightship ['laɪtʃɪp] *n* battello *m* faro *inv*.

lightweight ['laɪtweɪt] *adj* (*suit*) leggero(a); (*boxer*) peso leggero *inv*.

light year ['laɪtjɪə*] *n* anno *m* luce *inv*.

Ligurian [lɪ'gjuərɪən] *adj*, *n* ligure (*m/f*).

like [laɪk] *vt* (*person*) volere bene a; (*activity, object, food*): **I ~ swimming/that book/ chocolate** mi piace nuotare/quel libro/il cioccolato ♦ *prep* come ♦ *adj* simile, uguale ♦ *n:* **the ~** uno(a) uguale; **I would ~**, **I'd ~** mi piacerebbe, vorrei; **would you ~ a coffee?** gradirebbe un caffè?; **if you ~** se vuoi; **to be/look ~ sb/sth** somigliare a qn/qc; **what's he ~?** che tipo è?, com'è?; **what's the weather ~?** che tempo fa?; **that's just ~ him** è proprio da lui; **something ~ that** qualcosa del genere; **I feel ~ a drink** avrei voglia di bere qualcosa; **there's nothing ~ ...** non c'è niente di meglio di *or* niente come ...; **his ~s and dislikes** i suoi gusti.

likeable ['laɪkəbl] *adj* simpatico(a).

likelihood ['laɪklɪhud] *n* probabilità; **in all ~** con ogni probabilità, molto probabilmente.

likely ['laɪklɪ] *adj* probabile; plausibile; **he's ~ to leave** probabilmente partirà, è

probabile che parta; **not ~!** (*col*) neanche per sogno!

like-minded ['laɪk'maɪndɪd] *adj* che pensa allo stesso modo.

liken ['laɪkən] *vt:* **to ~ sth to** paragonare qc a.

likeness ['laɪknɪs] *n* (*similarity*) somiglianza.

likewise ['laɪkwaɪz] *adv* similmente, nello stesso modo.

liking ['laɪkɪŋ] *n:* **~ (for)** simpatia (per); debole *m* (per); **to be to sb's ~** essere di gusto *or* gradimento di qn; **to take a ~ to sb** prendere qn in simpatia.

lilac ['laɪlək] *n* lilla *m inv* ♦ *adj* lilla *inv*.

Lilo ® ['laɪləu] *n* materassino gonfiabile.

lilt [lɪlt] *n* cadenza.

lilting ['lɪltɪŋ] *adj* melodioso(a).

lily ['lɪlɪ] *n* giglio; **~ of the valley** mughetto.

Lima ['liːmə] *n* Lima.

limb [lɪm] *n* membro; **to be out on a ~** (*fig*) sentirsi spaesato *or* tagliato fuori.

limber ['lɪmbə*]: **to ~ up** *vi* riscaldarsi i muscoli.

limbo ['lɪmbəu] *n:* **to be in ~** (*fig*) essere lasciato(a) nel dimenticatoio.

lime [laɪm] *n* (*tree*) tiglio; (*fruit*) limetta; (*GEO*) calce *f*.

lime juice *n* succo di limetta.

limelight ['laɪmlaɪt] *n:* **in the ~** (*fig*) alla ribalta, in vista.

limerick ['lɪmərɪk] *n poesiola umoristica di cinque versi*.

limestone ['laɪmstəun] *n* pietra calcarea; (*GEO*) calcare *m*.

limit ['lɪmɪt] *n* limite *m* ♦ *vt* limitare; **weight/speed ~** limite di peso/di velocità; **within ~s** entro certi limiti.

limitation [lɪmɪ'teɪʃən] *n* limitazione *f*, limite *m*.

limited ['lɪmɪtɪd] *adj* limitato(a), ristretto(a); **~ edition** edizione *f* a bassa tiratura.

limited (liability) company (Ltd) *n* (*BRIT*) ≈ società *f inv* a responsabilità limitata (S.r.l.).

limitless ['lɪmɪtlɪs] *adj* illimitato(a).

limousine ['lɪməziːn] *n* limousine *f inv*.

limp [lɪmp] *n:* **to have a ~** zoppicare ♦ *vi* zoppicare ♦ *adj* floscio(a), flaccido(a).

limpet ['lɪmpɪt] *n* patella.

limpid ['lɪmpɪd] *adj* (*poet*) limpido(a).

linchpin ['lɪntʃpɪn] *n* acciarino, bietta; (*fig*) perno.

Lincs *abbr* (*BRIT*) = *Lincolnshire*.

line [laɪn] *n* (*gen*, *COMM*) linea; (*rope*) corda; (*wire*) filo; (*of poem*) verso; (*row, series*) fila, riga; coda ♦ *vt* (*clothes*): **to ~ (with)** foderare (di); (*box*): **to ~ (with)** rivestire

or foderare (di); (subj: trees, crowd) fiancheggiare; **to cut in** ~ (US) passare avanti; **in his** ~ **of business** nel suo ramo (di affari); **on the right** ~**s** sulla buona strada; **a new** ~ **in cosmetics** una nuova linea di cosmetici; **hold the** ~ **please** (BRIT TEL) resti in linea per cortesia; **to be in** ~ **for sth** (fig) essere in lista per qc; **in** ~ **with** d'accordo con, in linea con; **to bring sth into** ~ **with sth** mettere qc al passo con qc; **to draw the** ~ **at (doing) sth** (fig) rifiutarsi di fare qc; **to take the** ~ **that** ... essere del parere che ....
▶**line up** vi allinearsi, mettersi in fila ♦ vt mettere in fila; **to have sth** ~**d up** avere qc in programma; **to have sb** ~**d up** avere qn in mente.

linear ['lɪnɪə*] adj lineare.

lined [laɪnd] adj (paper) a righe, rigato(a); (face) rugoso(a); (clothes) foderato(a).

line feed n (COMPUT) avanzamento di una interlinea.

linen ['lɪnɪn] n biancheria, panni mpl; (cloth) tela di lino.

line printer n stampante f parallela.

liner ['laɪnə*] n nave f di linea; **dustbin** ~ sacchetto per la pattumiera.

linesman ['laɪnzmən] n guardalinee m inv, segnalinee m inv.

line-up ['laɪnʌp] n allineamento, fila; (also: **police** ~) confronto all'americana; (SPORT) formazione f di gioco.

linger ['lɪŋgə*] vi attardarsi; indugiare; (smell, tradition) persistere.

lingerie ['lænʒəriː] n biancheria intima (femminile).

lingering ['lɪŋgərɪŋ] adj lungo(a); persistente; (death) lento(a).

lingo, ~es ['lɪŋgəu] n (pej) gergo.

linguist ['lɪŋgwɪst] n linguista m/f; poliglotta m/f.

linguistic [lɪŋ'gwɪstɪk] adj linguistico(a).

linguistics [lɪŋ'gwɪstɪks] n linguistica.

lining ['laɪnɪŋ] n fodera; (TECH) rivestimento (interno); (of brake) guarnizione f.

link [lɪŋk] n (of a chain) anello; (connection) legame m, collegamento ♦ vt collegare, unire, congiungere; **rail** ~ collegamento ferroviario; see also **links**.
▶**link up** vt collegare, unire ♦ vi riunirsi; associarsi.

links [lɪŋks] npl pista or terreno da golf.

link-up ['lɪŋkʌp] n legame m; (of roads) nodo; (of spaceships) aggancio; (RADIO, TV) collegamento.

linoleum [lɪ'nəuliəm] n linoleum m inv.

linseed oil ['lɪnsiːd-] n olio di semi di lino.

lint [lɪnt] n garza.

lintel ['lɪntl] n architrave f.

lion ['laɪən] n leone m.

lion cub n leoncino.

lioness ['laɪənɪs] n leonessa.

lip [lɪp] n labbro; (of cup etc) orlo; (insolence) sfacciataggine f.

liposuction ['lɪpəusʌkʃən] n liposuzione f.

lipread ['lɪpriːd] vi leggere sulle labbra.

lip salve n burro di cacao.

lip service n: **to pay** ~ **to sth** essere favorevole a qc solo a parole.

lipstick ['lɪpstɪk] n rossetto.

liquefy ['lɪkwɪfaɪ] vt liquefare ♦ vi liquefarsi.

liqueur [lɪ'kjuə*] n liquore m.

liquid ['lɪkwɪd] n liquido ♦ adj liquido(a).

liquid assets npl attività fpl liquide, crediti mpl liquidi.

liquidate ['lɪkwɪdeɪt] vt liquidare.

liquidation [lɪkwɪ'deɪʃən] n liquidazione f; **to go into** ~ andare in liquidazione.

liquidator ['lɪkwɪdeɪtə*] n liquidatore m.

liquid crystal display (LCD) n visualizzazione f a cristalli liquidi.

liquidity [lɪ'kwɪdɪtɪ] n (COMM) liquidità.

liquidize ['lɪkwɪdaɪz] vt (BRIT CULIN) passare al frullatore.

liquidizer ['lɪkwɪdaɪzə*] n (BRIT CULIN) frullatore m (a brocca).

liquor ['lɪkə*] n alcool m.

liquorice ['lɪkərɪs] n liquirizia.

Lisbon ['lɪzbən] n Lisbona.

lisp [lɪsp] n difetto nel pronunciare le sibilanti.

lissom ['lɪsəm] adj leggiadro(a).

list [lɪst] n lista, elenco; (of ship) sbandamento ♦ vt (write down) mettere in lista; fare una lista di; (enumerate) elencare; (COMPUT) stampare (un prospetto di) ♦ vi (ship) sbandare; **shopping** ~ lista or nota della spesa.

listed building ['lɪstəd-] n (ARCHIT) edificio sotto la protezione delle Belle Arti.

listed company n società quotata in Borsa.

listen ['lɪsn] vi ascoltare; **to** ~ **to** ascoltare.

listener ['lɪsnə*] n ascoltatore/trice.

listeria [lɪs'tɪərɪə] n listeria.

listing ['lɪstɪŋ] n (COMPUT) lista stampata.

listless ['lɪstlɪs] adj svogliato(a); apatico(a).

listlessly ['lɪstlɪslɪ] adv svogliatamente; apaticamente.

list price n prezzo di listino.

lit [lɪt] pt, pp of **light**.

litany ['lɪtənɪ] n litania.

liter ['liːtə*] n (US) = **litre**.

literacy ['lɪtərəsɪ] n il sapere leggere e

scrivere.

literacy campaign n lotta contro l'analfabetismo.

literal ['lɪtərl] adj letterale.

literally ['lɪtərəlɪ] adv alla lettera, letteralmente.

literary ['lɪtərərɪ] adj letterario(a).

literate ['lɪtərɪt] adj che sa leggere e scrivere.

literature ['lɪtərɪtʃə*] n letteratura; (brochures etc) materiale m.

lithe [laɪð] adj agile, snello(a).

lithography [lɪ'θɔɡrəfɪ] n litografia.

Lithuania [lɪθju'eɪnɪə] n Lituania.

Lithuanian [lɪθju'eɪnɪən] adj lituano(a) ♦ n lituano/a; (LING) lituano.

litigate ['lɪtɪɡeɪt] vt muovere causa a ♦ vi litigare.

litigation [lɪtɪ'ɡeɪʃən] n causa.

litmus ['lɪtməs] n: ~ **paper** cartina di tornasole.

litre, (US) **liter** ['liːtə*] n litro.

litter ['lɪtə*] n (rubbish) rifiuti mpl; (young animals) figliata ♦ vt sparpagliare; lasciare rifiuti in; ~**ed with** coperto(a) di.

litter bin n (BRIT) cestino per rifiuti.

litter lout, (US) **litterbug** ['lɪtəbʌg] n persona che butta per terra le cartacce o i rifiuti.

little ['lɪtl] adj (small) piccolo(a); (not much) poco(a) ♦ adv poco; **a** ~ un po' (di); **a** ~ **milk** un po' di latte; **with** ~ **difficulty** senza fatica or difficoltà; ~ **by** ~ a poco a poco; **as** ~ **as possible** il meno possibile; **for a** ~ **while** per un po'; **to make** ~ **of** dare poca importanza a; ~ **finger** mignolo.

little-known ['lɪtl'nəun] adj poco noto(a).

liturgy ['lɪtədʒɪ] n liturgia.

live vi [lɪv] vivere; (reside) vivere, abitare ♦ adj [laɪv] (animal) vivo(a); (issue) scottante, d'attualità; (wire) sotto tensione; (broadcast) diretto(a); (ammunition: not blank) carico(a); (unexploded) inesploso(a); **to** ~ **in London** abitare a Londra; **to** ~ **together** vivere insieme, convivere.

▶**live down** vt far dimenticare (alla gente).

▶**live in** vi essere interno(a); avere vitto e alloggio.

▶**live off** vi (land, fish etc) vivere di; (pej: parents etc) vivere alle spalle or a spese di.

▶**live on** vt fus (food) vivere di ♦ vi sopravvivere, continuare a vivere; **to** ~ **on £50 a week** vivere con 50 sterline la settimana.

▶**live out** vi (BRIT: students) essere esterno(a) ♦ vt: **to** ~ **out one's days** or **life** trascorrere gli ultimi anni.

▶**live up** vt: **to** ~ **it up** (col) fare la bella vita.

▶**live up to** vt fus tener fede a, non venir meno a.

live-in ['lɪvɪn] adj (col: partner) convivente; (servant) che vive in casa; **he has a** ~ **girlfriend** la sua ragazza vive con lui.

livelihood ['laɪvlɪhud] n mezzi mpl di sostentamento.

liveliness ['laɪvlɪnəs] n vivacità.

lively ['laɪvlɪ] adj vivace, vivo(a).

liven up ['laɪvn-] vt (room etc) ravvivare; (discussion, evening) animare.

liver ['lɪvə*] n fegato.

liverish ['lɪvərɪʃ] adj che soffre di mal di fegato; (fig) scontroso(a).

Liverpudlian [lɪvə'pʌdlɪən] adj di Liverpool ♦ n abitante m/f di Liverpool; originario/a di Liverpool.

livery ['lɪvərɪ] n livrea.

lives [laɪvz] npl of **life**.

livestock ['laɪvstɔk] n bestiame m.

live wire [laɪv-] n (col: fig): **to be a** ~ essere pieno(a) di vitalità.

livid ['lɪvɪd] adj livido(a); (furious) livido(a) di rabbia, furibondo(a).

living ['lɪvɪŋ] adj vivo(a), vivente ♦ n: **to earn** or **make a** ~ guadagnarsi la vita; **cost of** ~ costo della vita, carovita m; **within** ~ **memory** a memoria d'uomo.

living conditions npl condizioni fpl di vita.

living expenses npl spese fpl di mantenimento.

living room n soggiorno.

living standards npl tenore m di vita.

living wage n salario sufficiente per vivere.

lizard ['lɪzəd] n lucertola.

llama ['lɑːmə] n lama m inv.

LLB n abbr (= Bachelor of Laws) ≈ laurea in legge.

LLD n abbr (= Doctor of Laws) titolo di studio.

LMT abbr (US: = Local Mean Time) tempo medio locale.

load [ləud] n (weight) peso; (ELEC, TECH, thing carried) carico ♦ vt: **to** ~ **(with)** (lorry, ship) caricare (di); (gun, camera) caricare (con); **a** ~ **of,** ~**s of** (fig) un sacco di; **to** ~ **a program** (COMPUT) caricare un programma.

loaded ['ləudɪd] adj (dice) falsato(a); (question, word) capzioso(a); (col: rich) pieno(a) di soldi.

loading bay ['ləudɪŋ-] n piazzola di carico.

loaf [ləuf] *n* (*pl* **loaves**) pane *m*, pagnotta ♦ *vi* (*also*: ~ **about**, ~ **around**) bighellonare.

loam [ləum] *n* terra di marna.

loan [ləun] *n* prestito ♦ *vt* dare in prestito; **on** ~ in prestito.

loan account *n* conto dei prestiti.

loan capital *n* capitale *m* di prestito.

loan shark *n* (*col*: *pej*) strozzino(a).

loath [ləuθ] *adj*: **to be** ~ **to do** essere restio(a) a fare.

loathe [ləuð] *vt* detestare, aborrire.

loathing ['ləuðɪŋ] *n* aborrimento, disgusto.

loathsome ['ləuðsəm] *adj* (*gen*) ripugnante; (*person*) detestabile, odioso(a).

loaves [ləuvz] *npl of* **loaf**.

lob [lɔb] *vt* (*ball*) lanciare.

lobby ['lɔbɪ] *n* atrio, vestibolo; (*POL*: *pressure group*) gruppo di pressione ♦ *vt* fare pressione su.

lobbyist ['lɔbɪɪst] *n* appartenente *m/f* ad un gruppo di pressione.

lobe [ləub] *n* lobo.

lobster ['lɔbstə*] *n* aragosta.

lobster pot *n* nassa per aragoste.

local ['ləukl] *adj* locale ♦ *n* (*BRIT*: *pub*) ≈ bar *m inv* all'angolo; **the ~s** *npl* la gente della zona.

local anaesthetic *n* anestesia locale.

local authority *n* autorità locale.

local call *n* (*TEL*) telefonata urbana.

local government *n* amministrazione *f* locale.

locality [ləu'kælɪtɪ] *n* località *f inv*; (*position*) posto, luogo.

localize ['ləukəlaɪz] *vt* localizzare.

locally ['ləukəlɪ] *adv* da queste parti; nel vicinato.

locate [ləu'keɪt] *vt* (*find*) trovare; (*situate*) collocare.

location [ləu'keɪʃən] *n* posizione *f*; **on** ~ (*CINE*) all'esterno.

loch [lɔx] *n* lago.

lock [lɔk] *n* (*of door, box*) serratura; (*of canal*) chiusa; (*of hair*) ciocca, riccio ♦ *vt* (*with key*) chiudere a chiave; (*immobilize*) bloccare ♦ *vi* (*door etc*) chiudersi; (*wheels*) bloccarsi, incepparsi; ~ **stock and barrel** (*fig*) in blocco; **on full** ~ (*BRIT AUT*) a tutto sterzo.

►**lock away** *vt* (*valuables*) tenere (rinchiuso(a)) al sicuro; (*criminal*) metter dentro.

►**lock out** *vt* chiudere fuori; **to** ~ **workers out** fare una serrata.

►**lock up** *vt* chiudere tutto (a chiave).

locker ['lɔkə*] *n* armadietto.

locket ['lɔkɪt] *n* medaglione *m*.

lockjaw ['lɔkdʒɔː] *n* tetano.

lockout ['lɔkaut] *n* (*INDUSTRY*) serrata.

locksmith ['lɔksmɪθ] *n* magnano.

lock-up ['lɔkʌp] *n* (*prison*) prigione *f*; (*cell*) guardina; (*also*: ~ **garage**) box *m inv*.

locomotive [ləukə'məutɪv] *n* locomotiva.

locum ['ləukəm] *n* (*MED*) medico sostituto.

locust ['ləukəst] *n* locusta.

lodge [lɔdʒ] *n* casetta, portineria; (*FREEMASONRY*) loggia ♦ *vi* (*person*): **to** ~ **(with)** essere a pensione (presso *or* da) ♦ *vt* (*appeal etc*) presentare, fare; **to** ~ **a complaint** presentare un reclamo; **to** ~ **(itself) in/between** piantarsi dentro/fra.

lodger ['lɔdʒə*] *n* affittuario/a; (*with room and meals*) pensionante *m/f*.

lodging ['lɔdʒɪŋ] *n* alloggio; *see also* **board**, **lodgings**.

lodging house *n* (*BRIT*) casa con camere in affitto.

lodgings ['lɔdʒɪŋz] *npl* camera d'affitto; camera ammobiliata.

loft [lɔft] *n* soffitta; (*AGR*) granaio; (*US*) appartamento ricavato da solaio (*or* granaio *etc*).

lofty ['lɔftɪ] *adj* alto(a); (*haughty*) altezzoso(a); (*sentiments, aims*) nobile.

log [lɔg] *n* (*of wood*) ceppo; (*book*) = **logbook** ♦ *n abbr* = **logarithm** ♦ *vt* registrare.

►**log in, log on** *vi* (*COMPUT*) aprire una sessione (con codice di riconoscimento).

►**log off, log out** *vi* (*COMPUT*) terminare una sessione.

logarithm ['lɔgərɪðm] *n* logaritmo.

logbook ['lɔgbuk] *n* (*NAUT, AVIAT*) diario di bordo; (*AUT*) libretto di circolazione; (*of lorry driver*) registro di viaggio; (*of events, movement of goods etc*) registro.

log cabin *n* capanna di tronchi.

log fire *n* fuoco di legna.

logger ['lɔgə*] *n* boscaiolo, taglialegna *m inv*.

loggerheads ['lɔgəhɛdz] *npl*: **at** ~ **(with)** ai ferri corti (con).

logic ['lɔdʒɪk] *n* logica.

logical ['lɔdʒɪkəl] *adj* logico(a).

logically ['lɔdʒɪkəlɪ] *adv* logicamente.

logistics [lɔ'dʒɪstɪks] *n* logistica.

logjam ['lɔgdʒæm] *n*: **to break the** ~ superare l'impasse.

logo ['ləugəu] *n* logo *m inv*.

loin [lɔɪn] *n* (*CULIN*) lombata; **~s** *npl* reni *fpl*.

loin cloth *n* perizoma *m*.

loiter ['lɔɪtə*] *vi* attardarsi; **to** ~ **(about)** indugiare, bighellonare.

loll [lɔl] *vi* (*also*: ~ **about**) essere stravaccato(a).

lollipop ['lɔlɪpɔp] *n* lecca lecca *m inv*.

In Gran Bretagna il **lollipop man** *e la* **lollipop lady** *sono persone incaricate di regolare il traffico in prossimità delle scuole e di aiutare i bambini ad attraversare la strada; usano una paletta la cui forma ricorda quella di un lecca lecca, in inglese, appunto,* **lollipop**.

lollop ['lɔləp] *vi* (*BRIT*) camminare (*or* correre) goffamente.

lolly ['lɔlɪ] (*col*) *n* lecca lecca *m inv*; (*also*: **ice ~**) ghiacciolo; (*money*) grana.

Lombardy ['lɔmbədɪ] *n* Lombardia.

London ['lʌndən] *n* Londra.

Londoner ['lʌndənə*] *n* londinese *m/f*.

lone [ləun] *adj* solitario(a).

loneliness ['ləunlɪnɪs] *n* solitudine *f*, isolamento.

lonely ['ləunlɪ] *adj* solitario(a); (*place*) isolato(a); **to feel ~** sentirsi solo(a).

lonely hearts *adj*: **~ ads**, **~ column** messaggi *mpl* personali; **~ club** club *m inv* dei cuori solitari.

lone parent *n* (*unmarried: mother*) ragazza madre; (: *father*) ragazzo padre; (*divorced*) genitore *m* divorziato(a); (*widowed*) genitore rimasto vedovo.

loner ['ləunə*] *n* solitario/a.

lonesome ['ləunsəm] *adj* solo(a).

long [lɔŋ] *adj* lungo(a) ♦ *adv* a lungo, per molto tempo ♦ *n*: **the ~ and the short of it is that ...** (*fig*) a farla breve ... ♦ *vi*: **to ~ for sth/to do** desiderare qc/di fare; non veder l'ora di aver qc/di fare; **he had ~ understood that ...** aveva capito da molto tempo che ...; **how ~ is this river/course?** quanto è lungo questo fiume/corso?; **6 metres ~** lungo 6 metri; **6 months ~** dura 6 mesi, di 6 mesi; **all night ~** tutta la notte; **he no ~er comes** non viene più; **~ before** molto tempo prima; **before ~** (+ *future*) presto, fra poco; (+ *past*) poco tempo dopo; **~ ago** molto tempo fa; **don't be ~!** faccia presto!; **I shan't be ~** non ne avrò per molto; **at ~ last** finalmente; **in the ~ run** alla fin fine; **so** *or* **as ~ as** sempre che + *sub*.

long-distance [lɔŋ'dɪstəns] *adj* (*race*) di fondo; (*call*) interurbano(a).

long-haired ['lɔŋ'hɛəd] *adj* (*person*) dai capelli lunghi; (*animal*) dal pelo lungo.

longhand ['lɔŋhænd] *n* scrittura normale.

longing ['lɔŋɪŋ] *n* desiderio, voglia, brama ♦ *adj* di desiderio; pieno(a) di nostalgia.

longingly ['lɔŋɪŋlɪ] *adv* con desiderio (*or* nostalgia).

longitude ['lɔŋgɪtjuːd] *n* longitudine *f*.

long johns [-dʒɔnz] *npl* mutande *fpl* lunghe.

long jump *n* salto in lungo.

long-lost ['lɔŋlɔst] *adj* perduto(a) da tempo.

long-playing ['lɔŋpleɪɪŋ] *adj*: **~ record (LP)** (disco) 33 giri *m inv*.

long-range [lɔŋ'reɪndʒ] *adj* a lunga portata; (*weather forecast*) a lungo termine.

longshoreman ['lɔŋʃɔːmən] *n* (*US*) scaricatore *m* (di porto), portuale *m*.

long-sighted [lɔŋ'saɪtɪd] *adj* (*BRIT*) presbite; (*fig*) lungimirante.

long-standing ['lɔŋstændɪŋ] *adj* di vecchia data.

long-suffering [lɔŋ'sʌfərɪŋ] *adj* estremamente paziente; infinitamente tollerante.

long-term ['lɔŋtəːm] *adj* a lungo termine.

long wave *n* (*RADIO*) onde *fpl* lunghe.

long-winded [lɔŋ'wɪndɪd] *adj* prolisso(a), interminabile.

loo [luː] *n* (*BRIT col*) W.C. *m inv*, cesso.

loofah ['luːfə] *n* luffa.

look [luk] *vi* guardare; (*seem*) sembrare, parere; (*building etc*): **to ~ south/on to the sea** dare a sud/sul mare ♦ *n* sguardo; (*appearance*) aspetto, aria; **~s** *npl* aspetto; bellezza; **to ~ like** assomigliare a; **to ~ ahead** guardare avanti; **it ~s about 4 metres long** sarà lungo un 4 metri; **it ~s all right to me** a me pare che vada bene; **to have a ~ at sth** dare un'occhiata a qc; **to have a ~ for sth** cercare qc.

▶**look after** *vt fus* occuparsi di, prendersi cura di; (*keep an eye on*) guardare, badare a.

▶**look around** *vi* guardarsi intorno.

▶**look at** *vt fus* guardare.

▶**look back** *vi*: **to ~ back at sth/sb** voltarsi a guardare qc/qn; **to ~ back on** (*event, period*) ripensare a.

▶**look down on** *vt fus* (*fig*) guardare dall'alto, disprezzare.

▶**look for** *vt fus* cercare.

▶**look forward to** *vt fus* non veder l'ora di; **I'm not ~ing forward to it** non ne ho nessuna voglia; **~ing forward to hearing from you** (*in letter*) aspettando tue notizie.

▶**look in** *vi*: **to ~ in on sb** (*visit*) fare un salto da qn.

▶**look into** *vt fus* (*matter, possibility*) esaminare.

▶**look on** *vi* fare da spettatore.

▶**look out** *vi* (*beware*): **to ~ out (for)** stare in guardia (per).

▶**look out for** *vt fus* cercare; (*watch out for*): **to ~ out for sb/sth** guardare se arriva qn/qc.

▶**look over** *vt* (*essay*) dare un'occhiata a,

riguardare; (*town, building*) vedere;
(*person*) esaminare.

►**look round** *vi* (*turn*) girarsi, voltarsi; (*in shops*) dare un'occhiata; **to ~ round for sth** guardarsi intorno cercando qc.

►**look through** *vt fus* (*papers, book*) scorrere; (*telescope*) guardare attraverso.

►**look to** *vt fus* stare attento(a) a; (*rely on*) contare su.

►**look up** *vi* alzare gli occhi; (*improve*) migliorare ♦ *vt* (*word*) cercare; (*friend*) andare a trovare.

►**look up to** *vt fus* avere rispetto per.

look-out ['lukaut] *n* posto d'osservazione; guardia; **to be on the ~ (for)** stare in guardia (per).

look-up table ['lukʌp-] *n* (*COMPUT*) tabella di consultazione.

LOOM *n abbr* (*US*: = *Loyal Order of Moose*) organizzazione filantropica.

loom [luːm] *n* telaio ♦ *vi* sorgere; (*fig*) minacciare.

loony ['luːnɪ] *adj*, *n* (*col*) pazzo(a).

loop [luːp] *n* cappio; (*COMPUT*) anello.

loophole ['luːphəul] *n* via d'uscita; scappatoia.

loose [luːs] *adj* (*knot*) sciolto(a); (*screw*) allentato(a); (*stone*) cadente; (*clothes*) ampio(a), largo(a); (*animal*) in libertà, scappato(a); (*life, morals*) dissoluto(a); (*discipline*) allentato(a); (*thinking*) poco rigoroso(a), vago(a) ♦ *vt* (*untie*) sciogliere; (*slacken*) allentare; (*free*) liberare; (*BRIT*: *arrow*) scoccare; **~ connection** (*ELEC*) filo che fa contatto; **to be at a ~ end** *or* (*US*) **at ~ ends** (*fig*) non saper che fare; **to tie up ~ ends** (*fig*) avere ancora qualcosa da sistemare.

loose change *n* spiccioli *mpl*, moneta.

loose-fitting ['luːsfɪtɪŋ] *adj* ampio(a).

loose-leaf ['luːsliːf] *adj*: **~ binder** *or* **folder** raccoglitore *m*.

loose-limbed [luːs'lɪmd] *adj* snodato(a), agile.

loosely ['luːslɪ] *adv* lentamente; approssimativamente.

loosely-knit ['luːslɪ'nɪt] *adj* non rigidamente strutturato(a).

loosen ['luːsn] *vt* sciogliere.

►**loosen up** *vi* (*before game*) sciogliere i muscoli, scaldarsi; (*col*: *relax*) rilassarsi.

loot [luːt] *n* bottino ♦ *vt* saccheggiare.

looter ['luːtə*] *n* saccheggiatore/trice.

looting ['luːtɪŋ] *n* saccheggio.

lop [lɔp] *vt* (*also*: **~ off**) tagliare via, recidere.

lop-sided ['lɔp'saɪdɪd] *adj* non

equilibrato(a), asimmetrico(a).

lord [lɔːd] *n* signore *m*; **L~ Smith** lord Smith; **the L~** (*REL*) il Signore; **the (House of) L~s** (*BRIT*) la Camera dei Lord.

lordly ['lɔːdlɪ] *adj* nobile, maestoso(a); (*arrogant*) altero(a).

lordship ['lɔːdʃɪp] *n* (*BRIT*): **your L~** Sua Eccellenza.

lore [lɔː*] *n* tradizioni *fpl*.

lorry ['lɔrɪ] *n* (*BRIT*) camion *m inv*.

lorry driver *n* (*BRIT*) camionista *m*.

lose, ** *pt, pp* **lost [luːz, lɔst] *vt* perdere; (*pursuers*) distanziare ♦ *vi* perdere; **to ~ (time)** (*clock*) ritardare; **to ~ no time (in doing sth)** non perdere tempo (a fare qc); **to get lost** (*person*) perdersi, smarrirsi; (*object*) andare perso *or* perduto.

loser ['luːzə*] *n* perdente *m/f*; **to be a good/ bad ~** saper/non saper perdere.

loss [lɔs] *n* perdita; **to cut one's ~es** rimetterci il meno possibile; **to make a ~** subire una perdita; **to sell sth at a ~** vendere qc in perdita; **to be at a ~** essere perplesso(a); **to be at a ~ to explain sth** non saper come fare a spiegare qc.

loss adjuster *n* (*INSURANCE*) responsabile *m/f* della valutazione dei danni.

loss leader *n* (*COMM*) articolo a prezzo ridottissimo per attirare la clientela.

lost [lɔst] *pt, pp of* **lose** ♦ *adj* perduto(a); **~ in thought** immerso *or* perso nei propri pensieri; **~ and found property** *n* (*US*) oggetti *mpl* smarriti; **~ and found** *n* (*US*) ufficio oggetti smarriti.

lost property *n* (*BRIT*) oggetti *mpl* smarriti; **~ office** *or* **department** ufficio oggetti smarriti.

lot [lɔt] *n* (*at auctions*) lotto; (*destiny*) destino, sorte *f*; **the ~** tutto(a) quanto(a); tutti(e) quanti(e); **a ~** molto; **a ~ of** una gran quantità di, un sacco di; **~s of** molto(a); **to draw ~s (for sth)** tirare a sorte (per qc).

lotion ['ləuʃən] *n* lozione *f*.

lottery ['lɔtərɪ] *n* lotteria.

loud [laud] *adj* forte, alto(a); (*gaudy*) vistoso(a), sgargiante ♦ *adv* (*speak etc*) forte; **out ~** ad alta voce.

loudhailer [laud'heɪlə*] *n* (*BRIT*) portavoce *m inv*.

loudly ['laudlɪ] *adv* fortemente, ad alta voce.

loudspeaker [laud'spiːkə*] *n* altoparlante *m*.

lounge [laundʒ] *n* salotto, soggiorno; (*of hotel*) salone *m*; (*of airport*) sala d'attesa ♦ *vi* oziare; starsene colle mani in mano.

lounge bar *n* bar *m inv* con servizio a

tavolino.
lounge suit n (BRIT) completo da uomo.
louse [laus] n (pl **lice**) pidocchio.
▶**louse up** vt (col) rovinare.
lousy ['lauzı] adj (fig) orrendo(a),
schifoso(a).
lout [laut] n zoticone m.
louvre, (US) **louver** ['lu:və*] adj (door,
window) con apertura a gelosia.
lovable ['lʌvəbl] adj simpatico(a),
carino(a); amabile.
love [lʌv] n amore m ♦ vt amare; voler bene
a; **to ~ to do**: **I ~ to do** mi piace fare; **I'd
~ to come** mi piacerebbe molto venire;
to be in ~ with essere innamorato(a) di;
to fall in ~ with innamorarsi di; **to make
~** fare l'amore; **~ at first sight** amore a
prima vista, colpo di fulmine; **to send
one's ~ to sb** mandare i propri saluti a
qn; **~ from Anne**, **~, Anne** con affetto,
Anne; **"15 ~"** (TENNIS) "15 a zero".
love affair n relazione f.
love child n figlio/a dell'amore.
loved ones [lʌvd-] npl: **my ~** i miei cari.
love-hate relationship ['lʌv'heıt-] n
rapporto amore-odio inv.
love letter n lettera d'amore.
love life n vita sentimentale.
lovely ['lʌvlı] adj bello(a); (delicious: smell,
meal) buono(a); **we had a ~ time** ci siamo
divertiti molto.
lover ['lʌvə*] n amante m/f; (amateur): **a ~ of**
un(un')amante di; un(un')appassionato(a)
di.
lovesick ['lʌvsık] adj malato(a) d'amore.
lovesong ['lʌvsɔŋ] n canzone f d'amore.
loving ['lʌvıŋ] adj affettuoso(a),
amoroso(a), tenero(a).
low [ləu] adj basso(a) ♦ adv in basso ♦ n
(METEOR) depressione f ♦ vi (cow)
muggire; **to feel ~** sentirsi giù; **he's very
~** (ill) è molto debole; **to reach a new or
an all-time ~** toccare il livello più basso
or il minimo; **to turn (down) ~** vt
abbassare.
low-alcohol [ləu'ælkəhɔl] adj a basso
contenuto alcolico.
lowbrow ['ləubrau] adj (person) senza
pretese intellettuali.
low-calorie ['ləu'kælərı] adj a basso
contenuto calorico.
low-cut ['ləukʌt] adj (dress) scollato(a).
low-down ['ləudaun] adj (mean) ignobile
♦ n (col): **he gave me the ~ on it** mi ha
messo al corrente dei fatti.
lower ['ləuə*] adj, adv comparative of **low** ♦ vt
(gen) calare; (reduce: price) abbassare,
ridurre; (resistance) indebolire ♦ vi ['lauə*]

(person): **to ~ (at sb)** dare un'occhiataccia
(a qn); (sky) minacciare.
lower case n minuscolo.
low-fat ['ləu'fæt] adj magro(a).
low-key ['ləu'ki:] adj moderato(a);
(operation) condotto(a) con discrezione.
lowland ['ləulənd] n bassopiano, pianura.
low-level ['ləulɛvl] adj a basso livello;
(flying) a bassa quota.
low-loader ['ləuləudə*] n camion m a
pianale basso.
lowly ['ləulı] adj umile, modesto(a).
low-lying [ləu'laıŋ] adj a basso livello.
low-paid [ləu'peıd] adj mal pagato(a).
low-rise ['ləuraız] adj di altezza contenuta.
low-tech ['ləu'tɛk] adj a basso contenuto
tecnologico.
loyal ['lɔıəl] adj fedele, leale.
loyalist ['lɔıəlıst] n lealista m/f.
loyalty ['lɔıəltı] n fedeltà, lealtà.
lozenge ['lɔzındʒ] n (MED) pastiglia;
(GEOM) losanga.
LP n abbr (= long-playing record) LP m.
L-plate n ≈ contrassegno P principiante.

Le **L-plate** sono delle tabelle bianche con
una L rossa che in Gran Bretagna i
guidatori principianti, **learners**, in possesso
di una **provisional licence**, che corrisponde
al nostro foglio rosa, devono applicare
davanti e dietro alla loro autovettura finché
non ottengono la patente.

LPN n abbr (US: = Licensed Practical Nurse)
≈ infermiera diplomata.
LRAM n abbr (BRIT: = Licentiate of the Royal
Academy of Music) specializzazione dopo
la laurea.
LSAT n abbr (US) = Law School Admission
Test.
LSD n abbr (= lysergic acid diethylamide)
L.S.D. m; (BRIT: = pounds, shillings and
pence) sistema monetario in vigore in
Gran Bretagna fino al 1971.
LSE n abbr = London School of Economics.
LT abbr (ELEC: = low tension) B.T.
Lt. abbr (= lieutenant) Ten.
Ltd abbr (COMM) = **limited**.
lubricant ['lu:brıkənt] n lubrificante m.
lubricate ['lu:brıkeıt] vt lubrificare.
lucid ['lu:sıd] adj lucido(a).
lucidity [lu:'sıdıtı] n lucidità.
luck [lʌk] n fortuna, sorte f; **bad ~** sfortuna,
mala sorte; **good ~** (buona) fortuna; **to
be in ~** essere fortunato(a); **to be out of
~** essere sfortunato(a).
luckily ['lʌkılı] adv fortunatamente, per
fortuna.

luckless ['lʌklɪs] *adj* sventurato(a).
lucky ['lʌkɪ] *adj* fortunato(a); (*number etc*) che porta fortuna.
lucrative ['luːkrətɪv] *adj* lucrativo(a), lucroso(a), profittevole.
ludicrous ['luːdɪkrəs] *adj* ridicolo(a), assurdo(a).
ludo ['luːdəu] *n* ≈ gioco dell'oca.
lug [lʌg] *vt* trascinare.
luggage ['lʌgɪdʒ] *n* bagagli *mpl*.
luggage rack *n* portabagagli *m inv*.
luggage van, (*US*) **luggage car** *n* (*RAIL*) bagagliaio.
lugubrious [lu'guːbrɪəs] *adj* lugubre.
lukewarm ['luːkwɔːm] *adj* tiepido(a).
lull [lʌl] *n* intervallo di calma ♦ *vt* (*child*) cullare; (*person, fear*) acquietare, calmare.
lullaby ['lʌləbaɪ] *n* ninnananna.
lumbago [lʌm'beɪgəu] *n* lombaggine *f*.
lumber ['lʌmbə*] *n* roba vecchia ♦ *vt* (*BRIT col*): **to ~ sb with sth/sb** affibbiare *or* rifilare qc/qn a qn ♦ *vi* (*also:* **~ about, ~ along**) muoversi pesantemente.
lumberjack ['lʌmbədʒæk] *n* boscaiolo.
lumber room *n* (*BRIT*) sgabuzzino.
lumber yard *n* segheria.
luminous ['luːmɪnəs] *adj* luminoso(a).
lump [lʌmp] *n* pezzo; (*in sauce*) grumo; (*swelling*) gonfiore *m* ♦ *vt* (*also:* **~ together**) riunire, mettere insieme.
lump sum *n* somma globale.
lumpy ['lʌmpɪ] *adj* (*sauce*) grumoso(a).
lunacy ['luːnəsɪ] *n* demenza, follia, pazzia.
lunar ['luːnə*] *adj* lunare.
lunatic ['luːnətɪk] *adj, n* pazzo(a), matto(a).
lunatic asylum *n* manicomio.
lunch [lʌntʃ] *n* pranzo, colazione *f*; **to invite sb to** *or* **for ~** invitare qn a pranzo *or* a colazione.
lunch break *n* intervallo del pranzo.
luncheon ['lʌntʃən] *n* pranzo.
luncheon meat *n* ≈ mortadella.
luncheon voucher *n* buono *m* pasto *inv*.
lunch hour *n* = **lunch break**.
lunchtime ['lʌntʃtaɪm] *n* ora di pranzo.
lung [lʌŋ] *n* polmone *m*.
lung cancer *n* cancro del polmone.
lunge [lʌndʒ] *vi* (*also:* **~ forward**) fare un balzo in avanti; **to ~ at sb** balzare su qn.
lupin ['luːpɪn] *n* lupino.
lurch [ləːtʃ] *vi* vacillare, barcollare ♦ *n* scatto improvviso; **to leave sb in the ~** piantare in asso qn.
lure [luə*] *n* richiamo; lusinga ♦ *vt* attirare (con l'inganno).
lurid ['luərɪd] *adj* sgargiante; (*details etc*) impressionante.

lurk [ləːk] *vi* stare in agguato.
luscious ['lʌʃəs] *adj* succulento(a); delizioso(a).
lush [lʌʃ] *adj* lussureggiante.
lust [lʌst] *n* lussuria; cupidigia; desiderio; (*fig*): **~ for** sete *f* di.
►**lust after** *vt fus* bramare, desiderare.
luster ['lʌstə*] *n* (*US*) = **lustre**.
lustful ['lʌstful] *adj* lascivo(a), voglioso(a).
lustre, (*US*) **luster** ['lʌstə*] *n* lustro, splendore *m*.
lusty ['lʌstɪ] *adj* vigoroso(a), robusto(a).
lute [luːt] *n* liuto.
Luxembourg ['lʌksəmbəːg] *n* (*state*) Lussemburgo *m*; (*city*) Lussemburgo *f*.
luxuriant [lʌg'zjuərɪənt] *adj* lussureggiante.
luxurious [lʌg'zjuərɪəs] *adj* sontuoso(a), di lusso.
luxury ['lʌkʃərɪ] *n* lusso ♦ *cpd* di lusso.
LV *n abbr* (*BRIT*) = **luncheon voucher**.
LW *abbr* (*RADIO*: = *long wave*) O.L.
Lycra ® ['laɪkrə] *n* lycra ® *f inv*.
lying ['laɪɪŋ] *n* bugie *fpl*, menzogne *fpl* ♦ *adj* (*statement, story*) falso(a); (*person*) bugiardo(a).
lynch [lɪntʃ] *vt* linciare.
lynx [lɪŋks] *n* lince *f*.
Lyons ['laɪənz] *n* Lione *f*.
lyre ['laɪə*] *n* lira.
lyric ['lɪrɪk] *adj* lirico(a); **~s** *npl* (*of song*) parole *fpl*.
lyrical ['lɪrɪkl] *adj* lirico(a).
lyricism ['lɪrɪsɪzəm] *n* lirismo.

M m

M, m [ɛm] *n* (*letter*) M, m *f or m inv*; **M for Mary,** (*US*) **M for Mike** ≈ M come Milano.
M *n abbr* (*BRIT*: = *motorway*): **the M8** ≈ l'A8 ♦ *abbr* (= *medium*) taglia media.
m *abbr* (= *metre*) m; = **mile**; **million**.
MA *n abbr* (*SCOL*) *see* **Master of Arts**; (*US*) = *military academy* ♦ (*US*) = *Massachusetts*.
mac [mæk] *n* (*BRIT*) impermeabile *m*.
macabre [mə'kɑːbrə] *adj* macabro(a).
macaroni [mækə'rəunɪ] *n* maccheroni *mpl*.
macaroon [mækə'ruːn] *n* amaretto (*biscotto*).
mace [meɪs] *n* mazza; (*spice*) macis *m or f*.
Macedonia [mæsɪ'dəunɪə] *n* Macedonia.
Macedonian [mæsɪ'dəunɪən] *adj* macedone

♦ *n* macedone *m/f*; (*LING*) macedone *m*.
machinations [mækɪ'neɪʃənz] *npl*
macchinazioni *fpl*; intrighi *mpl*.
machine [mə'ʃiːn] *n* macchina ♦ *vt* (*dress etc*) cucire a macchina; (*TECH*) lavorare (a macchina).
machine code *n* (*COMPUT*) codice *m* di macchina, codice assoluto.
machine gun *n* mitragliatrice *f*.
machine language *n* (*COMPUT*) linguaggio *m* macchina *inv*.
machine-readable [mə'ʃiːnriːdəbl] *adj* (*COMPUT*) leggibile dalla macchina.
machinery [mə'ʃiːnərɪ] *n* macchinario, macchine *fpl*; (*fig*) macchina.
machine shop *n* officina meccanica.
machine tool *n* macchina utensile.
machine washable *adj* lavabile in lavatrice.
machinist [mə'ʃiːnɪst] *n* macchinista *m/f*.
macho ['mætʃəu] *adj* macho *inv*.
mackerel ['mækrəl] *n* (*pl inv*) sgombro.
mackintosh ['mækɪntɔʃ] *n* impermeabile *m*.
macro... ['mækrəu] *prefix* macro....
macroeconomics ['mækrəuiːkə'nɔmɪks] *n* macroeconomia.
mad [mæd] *adj* matto(a), pazzo(a); (*foolish*) sciocco(a); (*angry*) furioso(a); **to go** ~ impazzire, diventar matto; ~ (**at** *or* **with sb**) furibondo(a) (con qn); **to be** ~ (**keen**) **about** *or* **on sth** (*col*) andar pazzo *or* matto per qc.
madam ['mædəm] *n* signora; **M~ Chairman** Signora Presidentessa.
madcap ['mædkæp] *adj* (*col*) senza senso, assurdo(a).
mad cow disease *n* encefalite *f* bovina spongiforme.
madden ['mædn] *vt* fare infuriare.
maddening ['mædnɪŋ] *adj* esasperante.
made [meɪd] *pt*, *pp* of **make**.
Madeira [mə'dɪərə] *n* (*GEO*) Madera; (*wine*) madera *m*.
made-to-measure ['meɪdtə'mɛʒə*] *adj* (*BRIT*) fatto(a) su misura.
madhouse ['mædhaus] *n* (*also fig*) manicomio.
madly ['mædlɪ] *adv* follemente; (*love*) alla follia.
madman ['mædmən] *n* pazzo, alienato.
madness ['mædnɪs] *n* pazzia.
Madrid [mə'drɪd] *n* Madrid *f*.
Mafia ['mæfɪə] *n* mafia *f*.
mag. [mæg] *n abbr* (*BRIT col*) = **magazine** (*PRESS*).
magazine [mægə'ziːn] *n* (*PRESS*) rivista; (*MIL*: *store*) magazzino, deposito; (*of firearm*) caricatore *m*.

maggot ['mægət] *n* baco, verme *m*.
magic ['mædʒɪk] *n* magia ♦ *adj* magico(a).
magical ['mædʒɪkəl] *adj* magico(a).
magician [mə'dʒɪʃən] *n* mago/a.
magistrate ['mædʒɪstreɪt] *n* magistrato; giudice *m/f*.
magistrates' court *n see* **crown court**.
magnanimous [mæg'nænɪməs] *adj* magnanimo(a).
magnate ['mægneɪt] *n* magnate *m*.
magnesium [mæg'niːzɪəm] *n* magnesio.
magnet ['mægnɪt] *n* magnete *m*, calamita.
magnetic [mæg'nɛtɪk] *adj* magnetico(a).
magnetic disk *n* (*COMPUT*) disco magnetico.
magnetic tape *n* nastro magnetico.
magnetism ['mægnɪtɪzəm] *n* magnetismo.
magnification [mægnɪfɪ'keɪʃən] *n* ingrandimento.
magnificence [mæg'nɪfɪsns] *n* magnificenza.
magnificent [mæg'nɪfɪsnt] *adj* magnifico(a).
magnify ['mægnɪfaɪ] *vt* ingrandire.
magnifying glass ['mægnɪfaɪɪŋ-] *n* lente *f* d'ingrandimento.
magnitude ['mægnɪtjuːd] *n* grandezza; importanza.
magnolia [mæg'nəulɪə] *n* magnolia.
magpie ['mægpaɪ] *n* gazza.
mahogany [mə'hɔgənɪ] *n* mogano ♦ *cpd* di *or* in mogano.
maid [meɪd] *n* domestica; (*in hotel*) cameriera; **old** ~ (*pej*) vecchia zitella.
maiden ['meɪdn] *n* fanciulla ♦ *adj* (*aunt etc*) nubile; (*speech, voyage*) inaugurale.
maiden name *n* nome *m* nubile *or* da ragazza.
mail [meɪl] *n* posta ♦ *vt* spedire (per posta); **by** ~ per posta.
mailbox ['meɪlbɔks] *n* (*US*) cassetta delle lettere; (*COMPUT*) mailbox *f inv*.
mailing list ['meɪlɪŋ-] *n* elenco d'indirizzi.
mailman ['meɪlmæn] *n* (*US*) portalettere *m inv*, postino.
mail-order ['meɪlɔːdə*] *n* vendita (*or* acquisto) per corrispondenza ♦ *cpd*: ~ **firm** *or* **house** ditta di vendita per corrispondenza.
mailshot ['meɪlʃɔt] *n* mailing *m inv*.
mail train *n* treno postale.
mail truck *n* (*US AUT*) = **mail van**.
mail van *n* (*BRIT: AUT*) furgone *m* postale; (*:RAIL*) vagone *m* postale.
maim [meɪm] *vt* mutilare.
main [meɪn] *adj* principale ♦ *n* (*pipe*) conduttura principale; **the ~s** (*ELEC*) la linea principale; **~s operated** *adj* che funziona a elettricità; **in the** ~ nel

complesso, nell'insieme.

main course n (*CULIN*) piatto principale, piatto forte.

mainframe ['meɪnfreɪm] n (*also:* ~ **computer**) mainframe m inv.

mainland ['meɪnlənd] n continente m.

mainline ['meɪnlaɪn] adj (*RAIL*) della linea principale ♦ vb (*drugs slang*) vt bucarsi di ♦ vi bucarsi.

main line n (*RAIL*) linea principale.

mainly ['meɪnlɪ] adv principalmente, soprattutto.

main road n strada principale.

mainstay ['meɪnsteɪ] n (*fig*) sostegno principale.

mainstream ['meɪnstriːm] n (*fig*) corrente f principale.

maintain [meɪn'teɪn] vt mantenere; (*affirm*) sostenere; **to** ~ **that ... sostenere che ....**

maintenance ['meɪntənəns] n manutenzione f; (*alimony*) alimenti mpl.

maintenance contract n contratto di manutenzione.

maintenance order n (*LAW*) obbligo degli alimenti.

maisonette [meɪzə'nɛt] n (*BRIT*) appartamento a due piani.

maize [meɪz] n granturco, mais m.

Maj. abbr (*MIL*) = **major.**

majestic [mə'dʒɛstɪk] adj maestoso(a).

majesty ['mædʒɪstɪ] n maestà f inv.

major ['meɪdʒə*] n (*MIL*) maggiore m ♦ adj (*greater, MUS*) maggiore; (*in importance*) principale, importante ♦ vi (*US SCOL*): **to** ~ **(in)** specializzarsi (in); **a** ~ **operation** (*MED*) una grossa operazione.

Majorca [mə'jɔːkə] n Maiorca.

major general n (*MIL*) generale m di divisione.

majority [mə'dʒɔrɪtɪ] n maggioranza ♦ cpd (*verdict*) maggioritario(a).

majority holding n (*COMM*): **to have a** ~ essere maggiore azionista.

make [meɪk] vt (pt, pp **made** [meɪd]) fare; (*manufacture*) fare, fabbricare; (*cause to be*): **to** ~ **sb sad** etc rendere qn triste etc; (*force*): **to** ~ **sb do sth** costringere qn a fare qc, far fare qc a qn; (*equal*): **2 and 2** ~ **4** 2 più 2 fa 4 ♦ n fabbricazione f; (*brand*) marca; **to** ~ **it** (*in time etc*) arrivare; (*succeed*) farcela; **what time do you** ~ **it?** che ora fai?; **to** ~ **good** vi (*succeed*) aver successo ♦ vt (*deficit*) colmare; (*losses*) compensare; **to** ~ **do with** arrangiarsi con.

▶**make for** vt fus (*place*) avviarsi verso.

▶**make off** vi svignarsela.

▶**make out** vt (*write out*) scrivere;

(*understand*) capire; (*see*) distinguere; (: *numbers*) decifrare; (*claim, imply*): **to** ~ **out (that)** voler far credere (che); **to** ~ **out a case for sth** presentare delle valide ragioni in favore di qc.

▶**make over** vt (*assign*): **to** ~ **over (to)** passare (a), trasferire (a).

▶**make up** vt (*invent*) inventare; (*parcel*) fare ♦ vi conciliarsi; (*with cosmetics*) truccarsi; **to be made up of** essere composto di or formato da.

▶**make up for** vt fus compensare; ricuperare.

make-believe ['meɪkbɪliːv] n: **a world of** ~ un mondo di favole; **it's just** ~ è tutta un'invenzione.

maker ['meɪkə*] n fabbricante m; creatore/trice, autore/trice.

makeshift ['meɪkʃɪft] adj improvvisato(a).

make-up ['meɪkʌp] n trucco.

make-up bag n borsa del trucco.

make-up remover n struccatore m.

making ['meɪkɪŋ] n (*fig*): **in the** ~ in formazione; **he has the** ~**s of an actor** ha la stoffa dell'attore.

maladjusted [mælə'dʒʌstɪd] adj disadattato(a).

maladroit [mælə'drɔɪt] adj maldestro(a).

malaise [mæ'leɪz] n malessere m.

malaria [mə'lɛərɪə] n malaria.

Malawi [mə'lɑːwɪ] n Malawi m.

Malay [mə'leɪ] adj malese ♦ n malese m/f; (*LING*) malese m.

Malaya [mə'leɪə] n Malesia.

Malayan [mə'leɪən] adj, n = **Malay.**

Malaysia [mə'leɪzɪə] n Malaysia.

Malaysian [mə'leɪzɪən] adj, n malaysiano(a).

Maldives ['mɔːldaɪvz] npl: **the** ~ le (isole) Maldive.

male [meɪl] n (*BIO, ELEC*) maschio ♦ adj (*gen, sex*) maschile; (*animal, child*) maschio(a); ~ **and female students** studenti e studentesse.

male chauvinist n maschilista m.

male nurse n infermiere m.

malevolence [mə'lɛvələns] n malevolenza.

malevolent [mə'lɛvələnt] adj malevolo(a).

malfunction [mæl'fʌŋkʃən] n funzione f difettosa.

malice ['mælɪs] n malevolenza.

malicious [mə'lɪʃəs] adj malevolo(a); (*LAW*) doloso(a).

malign [mə'laɪn] vt malignare su; calunniare.

malignant [mə'lɪgnənt] adj (*MED*) maligno(a).

malingerer [mə'lɪŋgərə*] n scansafatiche m/f inv.

mall – manner

mall [mɔːl] *n* (*also*: **shopping ~**) centro commerciale.
malleable ['mælɪəbl] *adj* malleabile.
mallet ['mælɪt] *n* maglio.
malnutrition [mælnjuːˈtrɪʃən] *n* denutrizione *f.*
malpractice [mælˈpræktɪs] *n* prevaricazione *f*; negligenza.
malt [mɔːlt] *n* malto ♦ *cpd* (*whisky*) di malto.
Malta ['mɔːltə] *n* Malta.
Maltese [mɔːlˈtiːz] *adj, n* (*pl inv*) maltese (*m/f*); (*LING*) maltese *m.*
maltreat [mælˈtriːt] *vt* maltrattare.
mammal ['mæml] *n* mammifero.
mammoth ['mæməθ] *n* mammut *m inv* ♦ *adj* enorme, gigantesco(a).
man [mæn] *n* (*pl* **men**) uomo; (*CHESS*) pezzo; (*DRAUGHTS*) pedina ♦ *vt* fornire d'uomini; stare a; essere di servizio a.
Man. *abbr* (*Canada*) = Manitoba.
manacles ['mænəklz] *npl* manette *fpl.*
manage ['mænɪdʒ] *vi* farcela ♦ *vt* (*be in charge of*) occuparsi di; (*shop, restaurant*) gestire; **to ~ without sth/sb** fare a meno di qc/qn; **to ~ to do sth** riuscire a far qc.
manageable ['mænɪdʒəbl] *adj* maneggevole; (*task etc*) fattibile.
management ['mænɪdʒmənt] *n* amministrazione *f*, direzione *f*; gestione *f*; (*persons: of business, firm*) dirigenti *mpl*; (: *of hotel, shop, theatre*) direzione *f*; **"under new ~"** "sotto nuova gestione".
management accounting *n* contabilità di gestione.
management consultant *n* consulente *m/f* aziendale.
manager ['mænɪdʒə*] *n* direttore *m*; (*of shop, restaurant*) gerente *m*; (*of artist*) manager *m inv*; **sales ~** direttore *m* delle vendite.
manageress [mænɪdʒəˈres] *n* direttrice *f*; gerente *f.*
managerial [mænəˈdʒɪərɪəl] *adj* dirigenziale.
managing director (MD) ['mænɪdʒɪŋ-] *n* amministratore *m* delegato.
Mancunian [mænˈkjuːnɪən] *adj* di Manchester ♦ *n* abitante *m/f* di Manchester; originario/a di Manchester.
mandarin ['mændərɪn] *n* (*person, fruit*) mandarino.
mandate ['mændeɪt] *n* mandato.
mandatory ['mændətərɪ] *adj* obbligatorio(a); ingiuntivo(a).
mandolin(e) ['mændəlɪn] *n* mandolino.
mane [meɪn] *n* criniera.
maneuver [məˈnuːvə*] *etc* (*US*) = **manoeuvre** *etc.*

manful ['mænful] *adj* coraggioso(a), valoroso(a).
manfully ['mænfəlɪ] *adv* valorosamente.
manganese [mæŋɡəˈniːz] *n* manganese *m.*
mangetout ['mɔnʒˈtuː] *n* pisello dolce, taccola.
mangle ['mæŋɡl] *vt* straziare; mutilare ♦ *n* strizzatoio.
mango, ~es ['mæŋɡəu] *n* mango.
mangrove ['mæŋɡrəuv] *n* mangrovia.
mangy ['meɪndʒɪ] *adj* rognoso(a).
manhandle ['mænhændl] *vt* (*treat roughly*) malmenare; (*move by hand: goods*) spostare a mano.
manhole ['mænhəul] *n* botola stradale.
manhood ['mænhud] *n* età virile; virilità.
man-hour ['mænauə*] *n* ora di lavoro.
manhunt ['mænhʌnt] *n* caccia all'uomo.
mania ['meɪnɪə] *n* mania.
maniac ['meɪnɪæk] *n* maniaco/a.
manic ['mænɪk] *adj* maniacale.
manic-depressive ['mænɪkdɪˈpresɪv] *adj* maniaco-depressivo(a) ♦ *n* persona affetta da mania depressiva.
manicure ['mænɪkjuə*] *n* manicure *f inv.*
manicure set *n* trousse *f inv* della manicure.
manifest ['mænɪfest] *vt* manifestare ♦ *adj* manifesto(a), palese ♦ *n* (*AVIAT, NAUT*) manifesto.
manifestation [mænɪfesˈteɪʃən] *n* manifestazione *f.*
manifesto [mænɪˈfestəu] *n* manifesto.
manifold ['mænɪfəuld] *adj* molteplice ♦ *n* (*AUT etc*): **exhaust ~** collettore *m* di scarico.
Manila [məˈnɪlə] *n* Manila.
manil(l)a [məˈnɪlə] *adj* (*paper, envelope*) manilla *inv.*
manipulate [məˈnɪpjuleɪt] *vt* (*tool*) maneggiare; (*controls*) azionare; (*limb, facts*) manipolare.
manipulation [mənɪpjuˈleɪʃən] *n* maneggiare *m*; capacità di azionare; manipolazione *f.*
mankind [mænˈkaɪnd] *n* umanità, genere *m* umano.
manliness ['mænlɪnɪs] *n* virilità.
manly ['mænlɪ] *adj* virile; coraggioso(a).
man-made ['mænˈmeɪd] *adj* sintetico(a); artificiale.
manna ['mænə] *n* manna.
mannequin ['mænɪkɪn] *n* (*dummy*) manichino; (*fashion model*) indossatrice *f.*
manner ['mænə*] *n* maniera, modo; **~** *npl* maniere *fpl*; **(good) ~s** buona educazione *f*, buone maniere; **bad ~s** maleducazione *f*; **all ~ of** ogni sorta di.

mannerism ['mænərızəm] n vezzo, tic m inv.
mannerly ['mænəlı] adj educato(a), civile.
manoeuvrable, (US) **maneuverable**
[mə'nu:vrəbl] adj facile da manovrare;
(car) maneggevole.
manoeuvre, (US) **maneuver** [mə'nu:və*]
vt manovrare ♦ vi far manovre ♦ n
manovra; **to ~ sb into doing sth**
costringere abilmente qn a fare qc.
manor ['mænə*] n (also: ~ **house**) maniero.
manpower ['mænpauə*] n manodopera.
Manpower Services Commission
(MSC) n (BRIT) ente nazionale per
l'occupazione.
manservant, pl **menservants**
['mænsə:vənt, 'mɛn-] n domestico.
mansion ['mænʃən] n casa signorile.
manslaughter ['mænslɔ:tə*] n omicidio
preterintenzionale.
mantelpiece ['mæntlpi:s] n mensola del
caminetto.
mantle ['mæntl] n mantello.
man-to-man ['mæntə'mæn] adj, adv da
uomo a uomo.
Mantua ['mæntjuə] n Mantova.
manual ['mænjuəl] adj, n manuale (m).
manual worker n manovale m.
manufacture [mænju'fæktʃə*] vt
fabbricare ♦ n fabbricazione f,
manifattura.
manufactured goods npl manufatti mpl.
manufacturer [mænju'fæktʃərə*] n
fabbricante m.
manufacturing industries
[mænju'fæktʃərıŋ-] npl industrie fpl
manifatturiere.
manure [mə'njuə*] n concime m.
manuscript ['mænjuskrıpt] n manoscritto.
many ['mɛnı] adj molti(e) ♦ pron molti(e),
un gran numero; **a great ~** moltissimi(e),
un gran numero (di); **~ a ...** molti(e) ...,
più di un(a) ...; **too ~ difficulties** troppe
difficoltà; **twice as ~** due volte tanto;
how ~? quanti(e)?
Maori ['maurı] adj, n maori (m/f) inv.
map [mæp] n carta (geografica) ♦ vt fare
una carta di.
▶**map out** vt tracciare un piano di; (fig:
career, holiday, essay) pianificare.
maple ['meıpl] n acero.
mar [ma:*] vt sciupare.
Mar. abbr (= March) mar.
marathon ['mærəθən] n maratona ♦ adj: **a ~**
session una seduta fiume.
marathon runner n maratoneta m/f.
marauder [mə'rɔ:də*] n saccheggiatore m;
predatore m.
marble ['ma:bl] n marmo; (toy) pallina,

bilia; **~s** n (game) palline, bilie.
March [ma:tʃ] n marzo; for phrases see also
July.
march [ma:tʃ] vi marciare; sfilare ♦ n
marcia; (demonstration) dimostrazione f;
to ~ into a room entrare a passo deciso
in una stanza.
marcher ['ma:tʃə*] n dimostrante m/f.
marching ['ma:tʃıŋ] n: **to give sb his ~**
orders (fig) dare il benservito a qn.
march-past ['ma:tʃpa:st] n sfilata.
mare [mɛə*] n giumenta.
marg. [ma:dʒ] n abbr (col) = **margarine**.
margarine [ma:dʒə'ri:n] n margarina.
margin ['ma:dʒın] n margine m.
marginal ['ma:dʒınl] adj marginale; **~ seat**
(POL) seggio elettorale ottenuto con una
stretta maggioranza.
marginally ['ma:dʒınəlı] adv (bigger, better)
lievemente, di poco; (different) un po'.
marigold ['mærıgəuld] n calendola.
marijuana [mærı'wa:nə] n marijuana.
marina [mə'ri:nə] n marina.
marinade n [mærı'neıd] marinata ♦ vt
['mærıneıd] = **marinate**.
marinate ['mærıneıt] vt marinare.
marine [mə'ri:n] adj (animal, plant)
marino(a); (forces, engineering)
marittimo(a) ♦ n fante m di marina; (US)
marine m inv.
marine insurance n assicurazione f
marittima.
marital ['mærıtl] adj maritale, coniugale; **~**
status stato coniugale.
maritime ['mærıtaım] adj marittimo(a).
maritime law n diritto marittimo.
marjoram ['ma:dʒərəm] n maggiorana.
mark [ma:k] n segno; (stain) macchia; (of
skid etc) traccia; (BRIT SCOL) voto; (SPORT)
bersaglio; (currency) marco; (BRIT TECH):
M~ 2/3 1a/2a serie f ♦ vt segnare; (stain)
macchiare; (BRIT SCOL) dare un voto a;
correggere; (SPORT: player) marcare;
punctuation ~s segni di punteggiatura;
to be quick off the ~ (in doing) (fig) non
perdere tempo (per fare); **up to the ~** (in
efficiency) all'altezza; **to ~ time** segnare il
passo.
▶**mark down** vt (reduce: prices, goods)
ribassare, ridurre.
▶**mark off** vt (tick off) spuntare, cancellare.
▶**mark out** vt delimitare.
▶**mark up** vt (price) aumentare.
marked ['ma:kt] adj spiccato(a), chiaro(a).
markedly ['ma:kıdlı] adv visibilmente,
notevolmente.
marker ['ma:kə*] n (sign) segno; (bookmark)
segnalibro.

market ['mɑːkɪt] n mercato ♦ vt (COMM) mettere in vendita; (promote) lanciare sul mercato; **to play the** ~ giocare or speculare in borsa; **to be on the** ~ essere (messo) in vendita or in commercio; **open** ~ mercato libero.

marketable ['mɑːkɪtəbl] adj commercializzabile.

market analysis n analisi f di mercato.

market day n giorno di mercato.

market demand n domanda del mercato.

market economy n economia di mercato.

market forces npl forze fpl di mercato.

market garden n (BRIT) orto industriale.

marketing ['mɑːkɪtɪŋ] n marketing m.

marketplace ['mɑːkɪtpleɪs] n (piazza del) mercato; (world of trade) piazza, mercato.

market price n prezzo di mercato.

market research n indagine f or ricerca di mercato.

market value n valore m di mercato.

marking ['mɑːkɪŋ] n (on animal) marcatura di colore; (on road) segnaletica orizzontale.

marksman ['mɑːksmən] n tiratore m scelto.

marksmanship ['mɑːksmənʃɪp] n abilità nel tiro.

mark-up ['mɑːkʌp] n (COMM: margin) margine m di vendita; (: increase) aumento.

marmalade ['mɑːməleɪd] n marmellata d'arance.

maroon [mə'ruːn] vt (fig): **to be** ~ed (in or at) essere abbandonato(a) (in) ♦ adj bordeaux inv.

marquee [mɑː'kiː] n padiglione m.

marquess, marquis ['mɑːkwɪs] n marchese m.

Marrakech, Marrakesh [mærə'keʃ] n Marrakesh f.

marriage ['mærɪdʒ] n matrimonio.

marriage bureau n agenzia matrimoniale.

marriage certificate n certificato di matrimonio.

marriage guidance, (US) **marriage counseling** n consulenza matrimoniale.

marriage of convenience n matrimonio di convenienza.

married ['mærɪd] adj sposato(a); (life, love) coniugale, matrimoniale.

marrow ['mærəʊ] n midollo; (vegetable) zucca.

marry ['mærɪ] vt sposare, sposarsi con; (subj: father, priest etc) dare in matrimonio ♦ vi (also: **get married**) sposarsi.

Mars [mɑːz] n (planet) Marte m.

Marseilles [mɑː'seɪlz] n Marsiglia.

marsh [mɑːʃ] n palude f.

marshal ['mɑːʃl] n maresciallo; (US: fire ~) capo; (: police ~) capitano; (for demonstration, meeting) membro del servizio d'ordine ♦ vt adunare.

marshalling yard ['mɑːʃlɪŋ-] n scalo smistamento.

marshmallow [mɑːʃ'mæləʊ] n (BOT) altea; (sweet) caramella soffice e gommosa.

marshy ['mɑːʃɪ] adj paludoso(a).

marsupial [mɑː'suːpɪəl] adj, n marsupiale (m).

martial ['mɑːʃl] adj marziale.

martial arts npl arti fpl marziali.

martial law n legge f marziale.

Martian ['mɑːʃən] n marziano/a.

martin ['mɑːtɪn] n (also: **house** ~) balestruccio.

martyr ['mɑːtə*] n martire m/f ♦ vt martirizzare.

martyrdom ['mɑːtədəm] n martirio.

marvel ['mɑːvl] n meraviglia ♦ vi: **to** ~ **(at)** meravigliarsi (di).

marvellous, (US) **marvelous** ['mɑːvələs] adj meraviglioso(a).

Marxism ['mɑːksɪzəm] n marxismo.

Marxist ['mɑːksɪst] adj, n marxista (m/f).

marzipan ['mɑːzɪpæn] n marzapane m.

mascara [mæs'kɑːrə] n mascara m inv.

mascot ['mæskət] n mascotte f inv.

masculine ['mæskjulɪn] adj maschile ♦ n genere m maschile.

masculinity [mæskju'lɪnɪtɪ] n mascolinità.

MASH [mæʃ] n abbr (US MIL: = mobile army surgical hospital) ospedale di campo di unità mobile dell'esercito.

mash [mæʃ] vt (CULIN) passare, schiacciare.

mashed [mæʃt] adj: ~ **potatoes** purè m di patate.

mask [mɑːsk] n (gen, ELEC) maschera ♦ vt mascherare.

masochism ['mæsəkɪzəm] n masochismo.

masochist ['mæsəkɪst] n masochista m/f.

mason ['meɪsn] n (also: **stone**~) scalpellino; (also: **free**~) massone m.

masonic [mə'sɒnɪk] adj massonico(a).

masonry ['meɪsnrɪ] n muratura.

masquerade [mæskə'reɪd] n ballo in maschera; (fig) mascherata ♦ vi: **to** ~ **as** farsi passare per.

mass [mæs] n moltitudine f, massa; (PHYSICS) massa; (REL) messa ♦ vi ammassarsi; **the** ~**es** le masse; **to go to** ~ andare a or alla messa.

Mass. abbr (US) = Massachusetts.

massacre ['mæsəkə*] n massacro ♦ vt massacrare.

massage ['mæsɑːʒ] n massaggio ♦ vt

massaggiare.
masseur [mæ'sɜː*] *n* massaggiatore *m*.
masseuse [mæ'sɜːz] *n* massaggiatrice *f*.
massive ['mæsɪv] *adj* enorme,
massiccio(a).
mass market *n* mercato di massa.
mass media *npl* mass media *mpl*.
mass meeting *n* (*of everyone concerned*)
riunione *f* generale; (*huge*) adunata
popolare.
mass-produce ['mæsprə'djuːs] *vt* produrre
in serie.
mass production *n* produzione *f* in serie.
mast [mɑːst] *n* albero; (*RADIO, TV*) pilone *m*
(a traliccio).
mastectomy [mæs'tɛktəmɪ] *n*
mastectomia.
master ['mɑːstə*] *n* padrone *m*; (*ART etc,
teacher: in primary school*) maestro; (: *in
secondary school*) professore *m*; (*title for
boys*): **M~ X** Signorino X ♦ *vt* domare;
(*learn*) imparare a fondo; (*understand*)
conoscere a fondo; **~ of ceremonies (MC)**
n maestro di cerimonie.

Il **Master's degree** è il riconoscimento che
viene conferito a chi segue un corso di
specializzazione dopo aver conseguito un
Bachelor's degree. Vi sono diversi tipi di
Master's Degree; i più comuni sono il
Master of Arts (MA) e il Master of Science
(MSc) che si ottengono dopo aver seguito un
corso e aver presentato una tesi originale.
Per il Master of Letters (MLitt) e il Master
of Philosophy (MPhil) è invece sufficiente
presentare la tesi; vedi anche **doctorate**.

master disk *n* (*COMPUT*) disco *m* master
inv, disco principale.
masterful ['mɑːstəful] *adj* autoritario(a),
imperioso(a).
master key *n* chiave *f* maestra.
masterly ['mɑːstəlɪ] *adj* magistrale.
mastermind ['mɑːstəmaɪnd] *n* mente *f*
superiore ♦ *vt* essere il cervello di.
masterpiece ['mɑːstəpiːs] *n* capolavoro.
master plan *n* piano generale.
master stroke *n* colpo maestro.
mastery ['mɑːstərɪ] *n* dominio; padronanza.
mastiff ['mæstɪf] *n* mastino inglese.
masturbate ['mæstəbeɪt] *vi* masturbare.
masturbation [mæstə'beɪʃən] *n*
masturbazione *f*.
mat [mæt] *n* stuoia; (*also*: **door~**) stoino,
zerbino ♦ *adj* = **matt**.
match [mætʃ] *n* fiammifero; (*game*) partita,
incontro; (*fig*) uguale *m/f*; matrimonio;
partito ♦ *vt* intonare; (*go well with*) andare

benissimo con; (*equal*) uguagliare ♦ *vi*
intonarsi; **to be a good** ~ andare bene.
▶**match up** *vt* intonare.
matchbox ['mætʃbɔks] *n* scatola per
fiammiferi.
matching ['mætʃɪŋ] *adj* ben assortito(a).
matchless ['mætʃlɪs] *adj* senza pari.
mate [meɪt] *n* compagno/a di lavoro; (*col:
friend*) amico/a; (*animal*) compagno/a; (*in
merchant navy*) secondo ♦ *vi* accoppiarsi
♦ *vt* accoppiare.
material [mə'tɪərɪəl] *n* (*substance*)
materiale *m*, materia; (*cloth*) stoffa ♦ *adj*
materiale; (*important*) essenziale; **~s** *npl*
(*equipment etc*) materiali *mpl*; occorrente
m.
materialistic [mətɪərɪə'lɪstɪk] *adj*
materialistico(a).
materialize [mə'tɪərɪəlaɪz] *vi*
materializzarsi, realizzarsi.
materially [mə'tɪərɪəlɪ] *adv* dal punto di
vista materiale; sostanzialmente.
maternal [mə'tɜːnl] *adj* materno(a).
maternity [mə'tɜːnɪtɪ] *n* maternità ♦ *cpd* di
maternità; (*clothes*) pre-maman *inv*.
maternity benefit *n* sussidio di
maternità.
maternity hospital *n* ≈ clinica ostetrica.
matey ['meɪtɪ] *adj* (*BRIT col*) amicone(a).
math. [mæθ] *n abbr* (*US*) = **mathematics**.
mathematical [mæθə'mætɪkl] *adj*
matematico(a).
mathematician [mæθəmə'tɪʃən] *n*
matematico/a.
mathematics [mæθə'mætɪks] *n*
matematica.
maths [mæθs] *n abbr* (*BRIT*) = **mathematics**.
matinée ['mætɪneɪ] *n* matinée *f inv*.
mating ['meɪtɪŋ] *n* accoppiamento.
mating call *n* chiamata all'accoppiamento.
mating season *n* stagione *f* degli amori.
matriarchal [meɪtrɪ'ɑːkl] *adj* matriarcale.
matrices ['meɪtrɪsiːz] *npl of* **matrix**.
matriculation [mətrɪkju'leɪʃən] *n*
immatricolazione *f*.
matrimonial [mætrɪ'məʊnɪəl] *adj*
matrimoniale, coniugale.
matrimony ['mætrɪmənɪ] *n* matrimonio.
matrix, *pl* matrices ['meɪtrɪks, 'meɪtrɪsiːz] *n*
matrice *f*.
matron ['meɪtrən] *n* (*in hospital*)
capoinfermiera; (*in school*) infermiera.
matronly ['meɪtrənlɪ] *adj* da matrona.
matt [mæt] *adj* opaco(a).
matted ['mætɪd] *adj* ingarbugliato(a).
matter ['mætə*] *n* questione *f*; (*PHYSICS*)
materia, sostanza; (*content*) contenuto;
(*MED: pus*) pus *m* ♦ *vi* importare; **it doesn't**

~ non importa; (*I don't mind*) non fa niente; **what's the** ~? che cosa c'è?; **no** ~ **what** qualsiasi cosa accada; **that's another** ~ quello è un altro affare; **as a** ~ **of course** come cosa naturale; **as a** ~ **of fact** in verità; **it's a** ~ **of habit** è una questione di abitudine; **printed** ~ stampe *fpl*; **reading** ~ (*BRIT*) qualcosa da leggere.

matter-of-fact [mætərəv'fækt] *adj* prosaico(a).

matting ['mætɪŋ] *n* stuoia.

mattress ['mætrɪs] *n* materasso.

mature [mə'tjuə*] *adj* maturo(a); (*cheese*) stagionato(a) ♦ *vi* maturare; stagionare; (*COMM*) scadere.

mature student *n studente universitario che ha più di 25 anni.*

maturity [mə'tjuərɪtɪ] *n* maturità.

maudlin ['mɔːdlɪn] *adj* lacrimoso(a).

maul [mɔːl] *vt* lacerare.

Mauritania [mɔrɪ'teɪnɪə] *n* Mauritania.

Mauritius [mə'rɪʃəs] *n* Maurizio.

mausoleum [mɔːsə'lɪəm] *n* mausoleo.

mauve [məuv] *adj* malva *inv*.

maverick ['mævərɪk] *n* (*fig*) chi sta fuori del branco.

mawkish ['mɔːkɪʃ] *adj* sdolcinato(a); insipido(a).

max. *abbr* = **maximum**.

maxim ['mæksɪm] *n* massima.

maxima ['mæksɪmə] *npl of* **maximum**.

maximize ['mæksɪmaɪz] *vt* (*profits etc*) massimizzare; (*chances*) aumentare al massimo.

maximum ['mæksɪməm] *adj* massimo(a) ♦ *n* (*pl* **maxima**) massimo.

May [meɪ] *n* maggio; *for phrases see also* **July**.

may [meɪ] *vi* (*conditional:* **might**) (*indicating possibility*): **he** ~ **come** può darsi che venga; (*be allowed to*): ~ **I smoke?** posso fumare?; ~ **I sit here?** le dispiace se mi siedo qua?; (*wishes*): ~ **God bless you!** Dio la benedica!; **he might be there** può darsi che ci sia; **he might come** potrebbe venire, può anche darsi che venga; **I might as well go** potrei anche andarmene; **you might like to try** forse le piacerebbe provare.

maybe ['meɪbiː] *adv* forse, può darsi; ~ **he'll** ... può darsi che lui ... +*sub*, forse lui ...; ~ **not** forse no, può darsi di no.

mayday ['meɪdeɪ] *n* S.O.S. *m*, mayday *m inv*.

May Day *n* il primo maggio.

mayhem ['meɪhɛm] *n* cagnara.

mayonnaise [meɪə'neɪz] *n* maionese *f*.

mayor [mɛə*] *n* sindaco.

mayoress ['mɛərɛs] *n* sindaco (*donna*); moglie *f* del sindaco.

maypole ['meɪpəul] *n palo ornato di fiori attorno a cui si danza durante la festa di maggio.*

maze [meɪz] *n* labirinto, dedalo.

MB *abbr* (*COMPUT*) = megabyte; (*Canada*) = Manitoba.

MBA *n abbr* (= *Master of Business Administration*) titolo di studio.

MBBS, MBChB *n abbr* (*BRIT*: = *Bachelor of Medicine and Surgery*) titolo di studio.

MBE *n abbr* (*BRIT*: = *Member of the Order of the British Empire*) titolo.

MC *n abbr see* **master of ceremonies**; (*US*: = *Member of Congress*) membro del Congresso.

MCAT *n abbr* (*US*: = *Medical College Admissions Test*) esame di ammissione a studi superiori di medicina.

MCP *n abbr* (*BRIT col*: = *male chauvinist pig*) sporco maschilista *m*.

MD *n abbr* (= *Doctor of Medicine*) titolo di studio; (*COMM*) *see* **managing director** ♦ *abbr* (*US*) = Maryland.

Md. *abbr* (*US*) = Maryland.

MDT *abbr* (*US*: = *Mountain Daylight Time*) *ora legale delle Montagne Rocciose.*

ME *abbr* (*US*) = Maine ♦ *n abbr* (*MED*: = *myalgic encephalomyelitis*) sindrome *f* da affaticamento cronico; (*US*) *see* **medical examiner**.

me [miː] *pron* mi, m' + *vowel*; (*stressed, after prep*) me; **it's** ~ sono io; **it's for** ~ è per me.

meadow ['mɛdəu] *n* prato.

meagre, (*US*) **meager** ['miːgə*] *adj* magro(a).

meal [miːl] *n* pasto; (*flour*) farina; **to go out for a** ~ mangiare fuori.

meals on wheels *n* (*BRIT*) distribuzione *f* di pasti caldi a domicilio (*per persone malate o anziane*).

mealtime ['miːltaɪm] *n* l'ora di mangiare.

mealy-mouthed ['miːlɪmauðd] *adj* che parla attraverso eufemismi.

mean [miːn] *adj* (*with money*) avaro(a), gretto(a); (*unkind*) meschino(a), maligno(a); (*US: vicious: animal*) cattivo(a); (: *person*) perfido(a); (*average*) medio(a) ♦ *vt* (*pt, pp* **meant** [mɛnt]) (*signify*) significare, voler dire; (*intend*): **to** ~ **to do** aver l'intenzione di fare ♦ *n* mezzo; (*MATH*) media; **to be meant for** essere destinato(a) a; **do you** ~ **it?** dice sul serio?; **what do you** ~? che cosa vuol dire?; *see also* **means**.

meander [mɪ'ændə*] *vi* far meandri; (*fig*) divagare.

meaning ['miːnɪŋ] *n* significato, senso.

meaningful ['mi:nɪŋful] *adj* significativo(a); (*relationship*) valido(a).

meaningless ['mi:nɪŋlɪs] *adj* senza senso.

meanness ['mi:nnɪs] *n* avarizia; meschinità.

means [mi:nz] *npl* mezzi *mpl*; **by ~ of** per mezzo di; (*person*) a mezzo di; **by all ~** ma certo, prego.

means test *n* (*ADMIN*) accertamento dei redditi (*per una persona che ha chiesto un aiuto finanziario*).

meant [mɛnt] *pt, pp of* **mean**.

meantime ['mi:ntaɪm], **meanwhile** ['mi:nwaɪl] *adv* (*also*: **in the ~**) nel frattempo.

measles ['mi:zlz] *n* morbillo.

measly ['mi:zlɪ] *adj* (*col*) miserabile.

measurable ['mɛʒərəbl] *adj* misurabile.

measure ['mɛʒə*] *vt, vi* misurare ♦ *n* misura; (*ruler*) metro; **a litre ~** una misura da un litro; **some ~ of success** un certo successo; **to take ~s to do sth** prendere provvedimenti per fare qc.

▶**measure up** *vi*: **to ~ up (to)** dimostrarsi *or* essere all'altezza (di).

measured ['mɛʒəd] *adj* misurato(a).

measurement ['mɛʒəmənt] *n* (*act*) misurazione *f*; (*measure*) misura; **chest/hip ~** giro petto/fianchi; **to take sb's ~s** prendere le misure di qn.

meat [mi:t] *n* carne *f*; **cold ~s** (*BRIT*) affettati *mpl*; **crab ~** polpa di granchio.

meatball ['mi:tbɔ:l] *n* polpetta di carne.

meat pie *n* torta salata in pasta frolla con ripieno di carne.

meaty ['mi:tɪ] *adj* che sa di carne; (*fig*) sostanzioso(a); (*of person*) corpulento(a); (*of part of body*) carnoso(a); **~ meal** pasto a base di carne.

Mecca ['mɛkə] *n* La Mecca; (*fig*): **a ~ (for)** la Mecca (di).

mechanic [mɪ'kænɪk] *n* meccanico; *see also* **mechanics.**

mechanical [mɪ'kænɪkəl] *adj* meccanico(a).

mechanical engineering *n* (*science*) ingegneria meccanica; (*industry*) costruzioni *fpl* meccaniche.

mechanics [mə'kænɪks] *n* meccanica ♦ *npl* meccanismo.

mechanism ['mɛkənɪzəm] *n* meccanismo.

mechanization [mɛkənaɪ'zeɪʃən] *n* meccanizzazione *f*.

MEd *n abbr* (= *Master of Education*) titolo di studio.

medal ['mɛdl] *n* medaglia.

medallion [mɪ'dælɪən] *n* medaglione *m*.

medallist, (*US*) **medalist** ['mɛdəlɪst] *n* (*SPORT*) vincitore/trice di medaglia.

meddle ['mɛdl] *vi*: **to ~ in** immischiarsi in, mettere le mani in; **to ~ with** toccare.

meddlesome ['mɛdlsəm], **meddling** ['mɛdlɪŋ] *adj* (*interfering*) che mette il naso dappertutto; (*touching things*) che tocca tutto.

media ['mi:dɪə] *npl* (*PRESS, RADIO, TV*) media *mpl*; (*means*) *pl of* **medium.**

media circus *n* carrozzone *m* dell'informazione.

mediaeval [mɛdɪ'i:vl] *adj* = **medieval.**

median ['mi:dɪən] *n* (*US*: *also*: **~ strip**) banchina *f* spartitraffico *inv*.

media research *n* sondaggio tra gli utenti dei mass media.

mediate ['mi:dɪeɪt] *vi* interporsi; fare da mediatore/trice.

mediation [mi:dɪ'eɪʃən] *n* mediazione *f*.

mediator ['mi:dɪeɪtə*] *n* mediatore/trice.

Medicaid ['mɛdɪkeɪd] *n* (*US*) assistenza *medica ai poveri.*

medical ['mɛdɪkl] *adj* medico(a); **~ (examination)** visita medica.

medical certificate *n* certificato medico.

medical examiner (ME) *n* (*US*) *medico incaricato di indagare la causa di morte in circostanze sospette.*

medical student *n* studente/essa di medicina.

Medicare ['mɛdɪkɛə*] *n* (*US*) *assistenza medica agli anziani.*

medicated ['mɛdɪkeɪtɪd] *adj* medicato(a).

medication [mɛdɪ'keɪʃən] *n* (*drugs etc*) medicinali *mpl*, farmaci *mpl*.

medicinal [mɛ'dɪsɪnl] *adj* medicinale.

medicine ['mɛdsɪn] *n* medicina.

medicine chest *n* armadietto farmaceutico.

medicine man *n* stregone *m*.

medieval [mɛdɪ'i:vl] *adj* medievale.

mediocre [mi:dɪ'əukə*] *adj* mediocre.

mediocrity [mi:dɪ'ɔkrɪtɪ] *n* mediocrità.

meditate ['mɛdɪteɪt] *vi*: **to ~ (on)** meditare (su).

meditation [mɛdɪ'teɪʃən] *n* meditazione *f*.

Mediterranean [mɛdɪtə'reɪnɪən] *adj* mediterraneo(a); **the ~ (Sea)** il (mare) Mediterraneo.

medium ['mi:dɪəm] *adj* medio(a) ♦ *n* (*pl* **media**: *means*) mezzo; (*pl* **mediums**: *person*) medium *m inv*; **the happy ~** una giusta via di mezzo; *see also* **media.**

medium-dry ['mi:dɪəm'draɪ] *adj* demisec *inv*.

medium-sized ['mi:dɪəmsaɪzd] *adj* (*tin etc*) di grandezza media; (*clothes*) di taglia media.

medium wave *n* (*RADIO*) onde *fpl* medie.

medley ['mɛdlɪ] n selezione f.

meek [miːk] adj dolce, umile.

meet, pt, pp **met** [miːt, mɛt] vt incontrare; (for the first time) fare la conoscenza di; (fig) affrontare; far fronte a; soddisfare; raggiungere ♦ vi incontrarsi; (in session) riunirsi; (join: objects) unirsi ♦ n (BRIT HUNTING) raduno (dei partecipanti alla caccia alla volpe); (US SPORT) raduno (sportivo); **I'll ~ you at the station** verrò a prenderla alla stazione; **pleased to ~ you!** lieto di conoscerla!, piacere!

▶**meet up** vi: **to ~ up with sb** incontrare qn.

▶**meet with** vt fus incontrare; **he met with an accident** ha avuto un incidente.

meeting ['miːtɪŋ] n incontro; (session: of club etc) riunione f; (interview) intervista; (formal) colloquio; (SPORT: rally) raduno; **she's at a ~** (COMM) è in riunione; **to call a ~** convocare una riunione.

meeting place n luogo d'incontro.

megabyte ['mɛgəbaɪt] n megabyte m inv.

megalomaniac [mɛgələu'meɪnɪæk] n megalomane m/f.

megaphone ['mɛgəfəun] n megafono.

megawatt ['mɛgəwɔt] n megawatt m inv.

melancholy ['mɛlənkəlɪ] n malinconia ♦ adj malinconico(a).

mellow ['mɛləu] adj (wine, sound) ricco(a); (person, light) dolce; (colour) caldo(a); (fruit) maturo(a) ♦ vi (person) addolcirsi.

melodious [mɪ'ləudɪəs] adj melodioso(a).

melodrama ['mɛləudrɑːmə] n melodramma m.

melodramatic [mɛlədrə'mætɪk] adj melodrammatico(a).

melody ['mɛlədɪ] n melodia.

melon ['mɛlən] n melone m.

melt [mɛlt] vi (gen) sciogliersi, struggersi; (metals) fondersi; (fig) intenerirsi ♦ vt sciogliere, struggere; fondere; (person) commuovere; **~ed butter** burro fuso.

▶**melt away** vi sciogliersi completamente.

▶**melt down** vt fondere.

meltdown ['mɛltdaun] n melt-down m inv.

melting point ['mɛltɪŋ-] n punto di fusione.

melting pot ['mɛltɪŋ-] n (fig) crogiolo; **to be in the ~** essere ancora in discussione.

member ['mɛmbə*] n membro; (of club) socio/a, iscritto/a; (of political party) iscritto/a; **~ country/state** n paese m/stato membro; **M~ of Parliament (MP)** n (BRIT) deputato; **M~ of the European Parliament (MEP)** n eurodeputato; **M~ of the House of Representatives (MHR)** n (US) membro della Camera dei Rappresentanti.

membership ['mɛmbəʃɪp] n iscrizione f;

(numero d')iscritti mpl, membri mpl.

membership card n tessera (di iscrizione).

membrane ['mɛmbreɪn] n membrana.

memento [mə'mɛntəu] n ricordo, souvenir m inv.

memo ['mɛməu] n appunto; (COMM etc) comunicazione f di servizio.

memoir ['mɛmwɑː*] n memoria; **~s** npl memorie fpl, ricordi mpl.

memo pad n blocchetto per appunti.

memorable ['mɛmərəbl] adj memorabile.

memorandum, pl **memoranda** [mɛmə'rændəm, -də] n appunto; (COMM etc) comunicazione f di servizio; (DIPLOMACY) memorandum m inv.

memorial [mɪ'mɔːrɪəl] n monumento commemorativo ♦ adj commemorativo(a).

Negli Stati Uniti il **Memorial Day** *è una festa nazionale per la commemorazione di tutti i soldati americani caduti in guerra. Le celebrazioni sono tenute ogni anno l'ultimo lunedì di maggio.*

---

memorize ['mɛməraɪz] vt imparare a memoria.

memory ['mɛmərɪ] n (gen, COMPUT) memoria; (recollection) ricordo; **in ~ of** in memoria di; **to have a good/bad ~** aver buona/cattiva memoria; **loss of ~** amnesia.

men [mɛn] npl of **man**.

menace ['mɛnɪs] n minaccia; (col: nuisance) peste f ♦ vt minacciare; **a public ~** un pericolo pubblico.

menacing ['mɛnɪsɪŋ] adj minaccioso(a).

menagerie [mɪ'nædʒərɪ] n serraglio.

mend [mɛnd] vt aggiustare, riparare; (darn) rammendare ♦ n rammendo; **on the ~** in via di guarigione.

mending ['mɛndɪŋ] n rammendo; (items to be mended) roba da rammendare.

menial ['miːnɪəl] adj da servo, domestico(a); umile.

meningitis [mɛnɪn'dʒaɪtɪs] n meningite f.

menopause ['mɛnəupɔːz] n menopausa.

menservants ['mɛnsɜːvənts] npl of **manservant**.

men's room n: **the ~** (esp US) la toilette degli uomini.

menstruate ['mɛnstrueɪt] vi mestruare.

menstruation [mɛnstru'eɪʃən] n mestruazione f.

menswear ['mɛnzwɛə*] n abbigliamento maschile.

mental ['mɛntl] adj mentale; **~ illness**

malattia mentale.
mental hospital *n* ospedale *m*
psichiatrico.
mentality [mɛn'tælɪtɪ] *n* mentalità *f inv.*
mentally ['mɛntlɪ] *adv*: **to be ~
handicapped** essere minorato psichico.
menthol ['mɛnθɔl] *n* mentolo.
mention ['mɛnʃən] *n* menzione *f ♦ vt*
menzionare, far menzione di; **don't ~ it!**
non c'è di che!, prego!; **I need hardly ~
that** ... inutile dire che ...; **not to ~,
without ~ing** per non parlare di, senza
contare.
mentor ['mɛntɔː*] *n* mentore *m.*
menu ['mɛnjuː] *n* (*set ~, COMPUT*) menù *m
inv;* (*printed*) carta.
menu-driven ['mɛnjuːdrɪvn] *adj* (*COMPUT*)
guidato(a) da menù.
MEP *n abbr see* **Member of the European
Parliament.**
mercantile ['mɜːkəntaɪl] *adj* mercantile;
(*law*) commerciale.
mercenary ['mɜːsɪnərɪ] *adj* venale *♦ n*
mercenario.
merchandise ['mɜːtʃəndaɪz] *n* merci *fpl ♦ vt*
commercializzare.
merchandiser ['mɜːtʃəndaɪzə*] *n*
merchandiser *m inv.*
merchant ['mɜːtʃənt] *n* (*trader*)
commerciante *m;* (*shopkeeper*) negoziante
m; **timber/wine ~** negoziante di legno/
vino.
merchant bank *n* (*BRIT*) banca d'affari.
merchantman ['mɜːtʃəntmən] *n*
mercantile *m.*
merchant navy, (*US*) **merchant marine**
n marina mercantile.
merciful ['mɜːsɪful] *adj* pietoso(a),
clemente.
mercifully ['mɜːsɪflɪ] *adv* con clemenza;
(*fortunately*) per fortuna.
merciless ['mɜːsɪlɪs] *adj* spietato(a).
mercurial [mɜː'kjuərɪəl] *adj* (*unpredictable*)
volubile.
mercury ['mɜːkjurɪ] *n* mercurio.
mercy ['mɜːsɪ] *n* pietà; (*REL*) misericordia;
to have ~ on sb aver pietà di qn; **at the ~
of** alla mercè di.
mercy killing *n* eutanasia.
mere [mɪə*] *adj* semplice; **by a ~ chance**
per mero caso.
merely ['mɪəlɪ] *adv* semplicemente, non ...
che.
merge [mɜːdʒ] *vt* unire; (*COMPUT: files, text*)
fondere *♦ vi* fondersi, unirsi; (*COMM*)
fondersi.
merger ['mɜːdʒə*] *n* (*COMM*) fusione *f.*
meridian [mə'rɪdɪən] *n* meridiano.

meringue [mə'ræŋ] *n* meringa.
merit ['mɛrɪt] *n* merito, valore *m ♦ vt*
meritare.
meritocracy [mɛrɪ'tɔkrəsɪ] *n* meritocrazia.
mermaid ['mɜːmeɪd] *n* sirena.
merriment ['mɛrɪmənt] *n* gaiezza, allegria.
merry ['mɛrɪ] *adj* gaio(a), allegro(a); **M~
Christmas!** Buon Natale!
merry-go-round ['mɛrɪɡəuraund] *n*
carosello.
mesh [mɛʃ] *n* maglia; rete *f ♦ vi* (*gears*)
ingranarsi; **wire ~** rete metallica.
mesmerize ['mɛzməraɪz] *vt* ipnotizzare;
affascinare.
mess [mɛs] *n* confusione *f*, disordine *m;* (*fig*)
pasticcio; (*MIL*) mensa; **to be (in) a ~**
(*house, room*) essere in disordine (*or*
molto sporco); (*fig: marriage, life*) essere
un caos; **to be/get o.s. in a ~** (*fig*) essere/
cacciarsi in un pasticcio.
▶**mess about, mess around** *vi* (*col*)
trastullarsi.
▶**mess about** *or* **around with** *vt fus* (*col*)
gingillarsi con; (*plans*) fare un pasticcio
di.
▶**mess up** *vt* sporcare; fare un pasticcio
di; rovinare.
message ['mɛsɪdʒ] *n* messaggio; **to get the
~** (*fig col*) capire l'antifona.
message switching *n* (*COMPUT*)
smistamento messaggi.
messenger ['mɛsɪndʒə*] *n* messaggero/a.
Messiah [mɪ'saɪə] *n* Messia *m.*
Messrs, Messrs. ['mɛsəz] *abbr* (*on letters:
= messieurs*) Spett.
messy ['mɛsɪ] *adj* sporco(a); disordinato(a);
(*confused: situation etc*) ingarbugliato(a).
Met [mɛt] *n abbr* (*US*) = *Metropolitan Opera.*
met [mɛt] *pt, pp of* **meet** *♦ adj abbr*
(= *meteorological*): **the M~ Office** l'Ufficio
Meteorologico.
metabolism [mɛ'tæbəlɪzəm] *n*
metabolismo.
metal ['mɛtl] *n* metallo *♦ vt* massicciare.
metallic
[mɛ'tælɪk] *adj* metallico(a).
metallurgy [mɛ'tælədʒɪ] *n* metallurgia.
metalwork ['mɛtlwɔːk] *n* (*craft*) lavorazione
f del metallo.
metamorphosis, *pl* **-phoses**
[mɛtə'mɔːfəsɪs, -iːz] *n* metamorfosi *f inv.*
metaphor ['mɛtəfə*] *n* metafora.
metaphysics [mɛtə'fɪzɪks] *n* metafisica.
mete [miːt]: **to ~ out** *vt fus* infliggere.
meteor ['miːtɪə*] *n* meteora.
meteoric [miːtɪ'ɔrɪk] *adj* (*fig*) fulmineo(a).
meteorite ['miːtɪəraɪt] *n* meteorite *m.*
meteorological [miːtɪərə'lɔdʒɪkl] *adj*

meteorologico(a).

meteorology [miːtɪə'rɔlədʒɪ] n meteorologia.

meter ['miːtə*] n (instrument) contatore m; (parking ~) parchimetro; (US) = **metre**.

methane ['miːθeɪn] n metano.

method ['mɛθəd] n metodo; ~ **of payment** modo or modalità f inv di pagamento.

methodical [mɪ'θɔdɪkl] adj metodico(a).

Methodist ['mɛθədɪst] adj, n metodista (m/f).

methylated spirits ['mɛθɪleɪtɪd-] n (BRIT: also: **meths**) alcool m denaturato.

meticulous [mɛ'tɪkjuləs] adj meticoloso(a).

metre, (US) **meter** ['miːtə*] n metro.

metric ['mɛtrɪk] adj metrico(a); **to go** ~ adottare il sistema metrico decimale.

metrical ['mɛtrɪkl] adj metrico(a).

metrication [mɛtrɪ'keɪʃən] n conversione f al sistema metrico.

metric system n sistema m metrico decimale.

metric ton n tonnellata.

metronome ['mɛtrənəum] n metronomo.

metropolis [mɪ'trɔpəlɪs] n metropoli f inv.

metropolitan [mɛtrə'pɔlɪtən] adj metropolitano(a).

Metropolitan Police n (BRIT): **the** ~ la polizia di Londra.

mettle ['mɛtl] n coraggio.

mew [mjuː] vi (cat) miagolare.

mews [mjuːz] n (BRIT): ~ **flat** appartamentino ricavato da una vecchia scuderia.

Mexican ['mɛksɪkən] adj, n messicano(a).

Mexico ['mɛksɪkəu] n Messico.

Mexico City n Città del Messico.

mezzanine ['mɛtsəniːn] n mezzanino.

MFA n abbr (US: = Master of Fine Arts) titolo di studio.

mfr abbr = **manufacture; manufacturer**.

mg abbr (= milligram) mg.

Mgr abbr (= Monseigneur, Monsignor) mons.; (COMM) = **manager**.

MHR n abbr (US) see **Member of the House of Representatives**.

MHz abbr (= megahertz) MHz.

MI abbr (US) = **Michigan**.

MI5 n abbr (BRIT: = Military Intelligence 5) agenzia di controspionaggio.

MI6 n abbr (BRIT: = Military Intelligence 6) agenzia di spionaggio.

MIA abbr = **missing in action**.

miaow [miːˈau] vi miagolare.

mice [maɪs] npl of **mouse**.

Mich. abbr (US) = **Michigan**.

microbe ['maɪkrəub] n microbio.

microbiology [maɪkrəubaɪ'ɔlədʒɪ] n microbiologia.

microchip ['maɪkrəutʃɪp] n microcircuito integrato, chip m inv.

microcomputer [maɪkrəukəm'pjuːtə*] n microcomputer m inv.

microcosm ['maɪkrəukɔzəm] n microcosmo.

microeconomics [maɪkrəuiːkə'nɔmɪks] n microeconomia.

microfiche ['maɪkrəufiːʃ] n microfiche f inv.

microfilm ['maɪkrəufɪlm] n microfilm m inv ♦ vt microfilmare.

microlight ['maɪkrəulaɪt] n aereo m biposto inv.

micrometer [maɪ'krɔmɪtə*] n micrometro, palmer m inv.

microphone ['maɪkrəfəun] n microfono.

microprocessor [maɪkrəu'prəusɛsə*] n microprocessore m.

microscope ['maɪkrəskəup] n microscopio; **under the** ~ al microscopio.

microscopic [maɪkrə'skɔpɪk] adj microscopico(a).

microwave ['maɪkrəuweɪv] n (also: ~ **oven**) forno a microonde.

mid [mɪd] adj: ~ **May** metà maggio; ~ **afternoon** metà pomeriggio; **in** ~ **air** a mezz'aria; **he's in his** ~ **thirties** avrà circa trentacinque anni.

midday [mɪd'deɪ] n mezzogiorno.

middle ['mɪdl] n mezzo; centro; (waist) vita ♦ adj di mezzo; **I'm in the** ~ **of reading it** sto proprio leggendolo ora; **in the** ~ **of the night** nel mezzo della notte.

middle age n mezza età.

middle-aged [mɪdl'eɪdʒd] adj di mezza età.

Middle Ages npl: **the** ~ il Medioevo.

middle class adj (also: **middle-class**) ≈ borghese ♦ n: **the** ~ **(es)** ≈ la borghesia.

Middle East n: **the** ~ il Medio Oriente.

middleman ['mɪdlmæn] n intermediario; agente m rivenditore.

middle management n quadri mpl intermedi.

middle name n secondo nome m.

middle-of-the-road ['mɪdləvðə'rəud] adj moderato(a).

middleweight ['mɪdlweɪt] n (BOXING) peso medio.

middling ['mɪdlɪŋ] adj medio(a).

midge [mɪdʒ] n moscerino.

midget ['mɪdʒɪt] n nano/a.

midi system ['mɪdɪ-] n (hi-fi) compatto.

Midlands ['mɪdləndz] npl contee del centro dell'Inghilterra.

midnight ['mɪdnaɪt] n mezzanotte f; **at** ~ a mezzanotte.

midriff ['mɪdrɪf] n diaframma m.

midst [mɪdst] *n*: **in the ~ of** in mezzo a.
midsummer [mɪd'sʌmə*] *n* mezza *or* piena estate *f*.
midway [mɪd'weɪ] *adj, adv*: **~ (between)** a mezza strada (fra).
midweek [mɪd'wi:k] *adv, adj* a metà settimana.
midwife, *pl* **midwives** ['mɪdwaɪf, -vz] *n* levatrice *f*.
midwifery ['mɪdwɪfərɪ] *n* ostetrica.
midwinter [mɪd'wɪntə*] *n* pieno inverno.
miffed [mɪft] *adj* (*col*) seccato(a), stizzito(a).
might [maɪt] *vb see* **may** ♦ *n* potere *m*, forza.
mighty ['maɪtɪ] *adj* forte, potente ♦ *adv* (*col*) molto.
migraine ['mi:greɪn] *n* emicrania.
migrant ['maɪgrənt] *n* (*bird, animal*) migratore *m*; (*person*) migrante *m/f*; nomade *m/f* ♦ *adj* migratore(trice); nomade; (*worker*) emigrato(a).
migrate [maɪ'greɪt] *vi* migrare.
migration [maɪ'greɪʃən] *n* migrazione *f*.
mike [maɪk] *n abbr* (= *microphone*) microfono.
Milan [mɪ'læn] *n* Milano *f*.
mild [maɪld] *adj* mite; (*person, voice*) dolce; (*flavour*) delicato(a); (*illness*) leggero(a) ♦ *n* birra leggera.
mildew ['mɪldju:] *n* muffa.
mildly ['maɪldlɪ] *adv* mitemente; dolcemente; delicatamente; leggermente; **to put it ~** a dire poco.
mildness ['maɪldnɪs] *n* mitezza; dolcezza; delicatezza; non gravità.
mile [maɪl] *n* miglio; **to do 20 ~s per gallon** ≈ usare 14 litri per cento chilometri.
mileage ['maɪlɪdʒ] *n* distanza in miglia, ≈ chilometraggio.
mileage allowance *n* rimborso per miglio.
mileometer [maɪ'lɔmɪtə*] *n* (*BRIT*) = **milometer**.
milestone ['maɪlstəun] *n* pietra miliare.
milieu ['mi:ljə:] *n* ambiente *m*.
militant ['mɪlɪtnt] *adj, n* militante (*m/f*).
militarism ['mɪlɪtərɪzəm] *n* militarismo.
militaristic [mɪlɪtə'rɪstɪk] *adj* militaristico(a).
military ['mɪlɪtərɪ] *adj* militare ♦ *n*: **the ~** i militari, l'esercito.
military service *n* servizio militare.
militate ['mɪlɪteɪt] *vi*: **to ~ against** essere d'ostacolo a.
militia [mɪ'lɪʃə] *n* milizia.
milk [mɪlk] *n* latte *m* ♦ *vt* (*cow*) mungere; (*fig*) sfruttare.
milk chocolate *n* cioccolato al latte.

milk float/*n* (*BRIT*) furgone *m* del lattaio.
milking ['mɪlkɪŋ] *n* mungitura.
milkman ['mɪlkmən] *n* lattaio.
milk shake *n* frappé *m inv*.
milk tooth *n* dente *m* di latte.
milk truck *n* (*US*) = **milk float**.
milky ['mɪlkɪ] *adj* lattiginoso(a); (*colour*) latteo(a).
Milky Way *n* Via Lattea.
mill [mɪl] *n* mulino; (*small: for coffee, pepper etc*) macinino; (*factory*) fabbrica; (*spinning ~*) filatura ♦ *vt* macinare ♦ *vi* (*also: ~ about*) formicolare.
millennium, *pl* **~s** *or* **millennia** [mɪ'lɛnɪəm, -'lɛnɪə] *n* millennio.
miller ['mɪlə*] *n* mugnaio.
millet ['mɪlɪt] *n* miglio.
milli... ['mɪlɪ] *prefix* milli....
milligram(me) ['mɪlɪgræm] *n* milligrammo.
millilitre, (*US*) **milliliter** ['mɪlɪli:tə*] *n* millilitro.
millimetre, (*US*) **millimeter** ['mɪlɪmi:tə*] *n* millimetro.
milliner ['mɪlɪnə*] *n* modista.
millinery ['mɪlɪnərɪ] *n* modisteria.
million ['mɪljən] *n* milione *m*.
millionaire [mɪljə'nɛə*] *n* milionario, ≈ miliardario.
millipede ['mɪlɪpi:d] *n* millepiedi *m inv*.
millstone ['mɪlstəun] *n* macina.
millwheel ['mɪlwi:l] *n* ruota di mulino.
milometer [maɪ'lɔmɪtə*] *n* ≈ contachilometri *m inv*.
mime [maɪm] *n* mimo ♦ *vt, vi* mimare.
mimic ['mɪmɪk] *n* imitatore/trice ♦ *vt* (*subj: comedian*) imitare; (: *animal, person*) scimmiottare.
mimicry ['mɪmɪkrɪ] *n* imitazioni *fpl*; (*ZOOL*) mimetismo.
Min. *abbr* (*BRIT POL*: = *ministry*) Min.
min. *abbr* (= *minute, minimum*) min.
minaret [mɪnə'rɛt] *n* minareto.
mince [mɪns] *vt* tritare, macinare ♦ *vi* (*in walking*) camminare a passettini ♦ *n* (*BRIT CULIN*) carne *f* tritata *or* macinata; **he does not ~ (his) words** parla chiaro e tondo.
mincemeat ['mɪnsmi:t] *n* frutta secca tritata per uso in pasticceria.
mince pie *n* specie di torta con frutta secca.
mincer ['mɪnsə*] *n* tritacarne *m inv*.
mincing ['mɪnsɪŋ] *adj* lezioso(a).
mind [maɪnd] *n* mente *f* ♦ *vt* (*attend to, look after*) badare a, occuparsi di; (*be careful*) fare attenzione a, stare attento(a) a; (*object to*): **I don't ~ the noise** il rumore non mi dà alcun fastidio; **do you ~ if ...?**

le dispiace se ...?; **I don't** ~ non m'importa; ~ **you,** ... sì, però va detto che ...; **never** ~ non importa, non fa niente; **it is on my** ~ mi preoccupa; **to change one's** ~ cambiare idea; **to be in two** ~**s about sth** essere incerto su qc; **to my** ~ secondo me, a mio parere; **to be out of one's** ~ essere uscito(a) di mente; **to keep sth in** ~ non dimenticare qc; **to bear sth in** ~ tener presente qc; **to have sb/sth in** ~ avere in mente qn/qc; **to have in** ~ **to do** aver l'intenzione di fare; **it went right out of my** ~ mi è completamente passato di mente, me ne sono completamente dimenticato; **to bring** or **call sth to** ~ riportare or richiamare qc alla mente; **to make up one's** ~ decidersi; "~ **the step**" "attenzione allo scalino".

mind-boggling ['maɪndbɒglɪŋ] adj (col) sconcertante.

-minded ['maɪndɪd] adj: **fair**~ imparziale; **an industrially**~ **nation** una nazione orientata verso l'industria.

minder ['maɪndə*] n (child ~) bambinaia; (bodyguard) guardia del corpo.

mindful ['maɪndful] adj: ~ **of** attento(a) a; memore di.

mindless ['maɪndlɪs] adj idiota; (violence, crime) insensato(a).

mine [maɪn] pron il(la) mio(a), pl i(le) miei(mie); **this book is** ~ questo libro è mio ♦ n miniera; (explosive) mina ♦ vt (coal) estrarre; (ship, beach) minare.

mine detector n rivelatore m di mine.

minefield ['maɪnfiːld] n campo minato.

miner ['maɪnə*] n minatore m.

mineral ['mɪnərəl] adj minerale ♦ n minerale m; ~**s** npl (BRIT: soft drinks) bevande fpl gasate.

mineralogy [mɪnə'rælədʒɪ] n mineralogia.

mineral water n acqua minerale.

minesweeper ['maɪnswiːpə*] n dragamine m inv.

mingle ['mɪŋgl] vt mescolare, mischiare ♦ vi: **to** ~ **with** mescolarsi a, mischiarsi con.

mingy ['mɪndʒɪ] adj (col: amount) misero(a); (: person) spilorcio(a).

miniature ['mɪnətʃə*] adj in miniatura ♦ n miniatura.

minibus ['mɪnɪbʌs] n minibus m inv.

minicab ['mɪnɪkæb] n (BRIT) ≈ taxi m inv.

minicomputer ['mɪnɪkəm'pjuːtə*] n minicomputer m inv.

minim ['mɪnɪm] n (MUS) minima.

minima ['mɪnɪmə] npl of **minimum**.

minimal ['mɪnɪml] adj minimo(a).

minimalist ['mɪnɪməlɪst] adj, n minimalista

(m/f).

minimize ['mɪnɪmaɪz] vt minimizzare.

minimum ['mɪnɪməm] n (pl **minima**) minimo ♦ adj minimo(a); **to reduce to a** ~ ridurre al minimo; ~ **wage** salario minimo garantito.

minimum lending rate (MLR) n (BRIT) ≈ tasso ufficiale di sconto (T.U.S.).

mining ['maɪnɪŋ] n industria mineraria ♦ adj minerario(a); di minatori.

minion ['mɪnjən] n (pej) caudatario; favorito/a.

mini-series ['mɪnɪsɪəriːz] n miniserie f inv.

miniskirt ['mɪnɪskɜːt] n minigonna.

minister ['mɪnɪstə*] n (BRIT POL) ministro; (REL) pastore m ♦ vi: **to** ~ **to sb** assistere qn; **to** ~ **to sb's needs** provvedere ai bisogni di qn.

ministerial [mɪnɪs'tɪərɪəl] adj (BRIT POL) ministeriale.

ministry ['mɪnɪstrɪ] n (BRIT POL) ministero; (REL): **to go into the** ~ diventare pastore.

mink [mɪŋk] n visone m.

mink coat n pelliccia di visone.

Minn. abbr (US) = Minnesota.

minnow ['mɪnəu] n pesciolino d'acqua dolce.

minor ['maɪnə*] adj minore, di poca importanza; (MUS) minore ♦ n (LAW) minorenne m/f.

Minorca [mɪ'nɔːkə] n Minorca.

minority [maɪ'nɒrɪtɪ] n minoranza; **to be in a** ~ essere in minoranza.

minster ['mɪnstə*] n cattedrale f (annessa a monastero).

minstrel ['mɪnstrəl] n giullare m, menestrello.

mint [mɪnt] n (plant) menta; (sweet) pasticca di menta ♦ vt (coins) battere; **the (Royal) M**~, (US) **the (US) M**~ la Zecca; **in** ~ **condition** come nuovo(a) di zecca.

mint sauce n salsa di menta.

minuet [mɪnju'ɛt] n minuetto.

minus ['maɪnəs] n (also: ~ **sign**) segno meno ♦ prep meno.

minuscule ['mɪnəskjuːl] adj minuscolo(a).

minute adj [maɪ'njuːt] minuscolo(a); (detail) minuzioso(a) ♦ n ['mɪnɪt] minuto; (official record) processo verbale, resoconto sommario; ~**s** npl verbale m, verbali mpl; **it is 5** ~**s past 3** sono le 3 e 5 (minuti); **wait a** ~! (aspetta) un momento!; **at the last** ~ all'ultimo momento; **up to the** ~ ultimissimo; modernissimo; **in** ~ **detail** minuziosamente.

minute book n libro dei verbali.

minute hand n lancetta dei minuti.

minutely [maɪ'njuːtlɪ] adv (by a small

amount) di poco; (*in detail*)
minuziosamente.
minutiae [mɪˈnjuːʃiɪ] *npl* minuzie *fpl*.
miracle [ˈmɪrəkl] *n* miracolo.
miraculous [mɪˈrækjuləs] *adj*
miracoloso(a).
mirage [ˈmɪrɑːʒ] *n* miraggio.
mire [ˈmaɪə*] *n* pantano, melma.
mirror [ˈmɪrə*] *n* specchio ♦ *vt*
rispecchiare, riflettere.
mirror image *n* immagine *f* speculare.
mirth [məːθ] *n* gaiezza.
misadventure [mɪsədˈvɛntʃə*] *n*
disavventura; **death by** ~ (*BRIT*) morte *f*
accidentale.
misanthropist [mɪˈzænθrəpɪst] *n*
misantropo/a.
misapply [mɪsəˈplaɪ] *vt* impiegare male.
misapprehension [ˈmɪsæprɪˈhɛnʃən] *n*
malinteso.
misappropriate [mɪsəˈprəuprɪeɪt] *vt*
appropriarsi indebitamente di.
misappropriation [ˈmɪsəprəuprɪˈeɪʃən] *n*
appropriazione *f* indebita.
misbehave [mɪsbɪˈheɪv] *vi* comportarsi
male.
misbehaviour, (*US*) **misbehavior**
[mɪsbɪˈheɪvjə*] *n* comportamento
scorretto.
misc. *abbr* = **miscellaneous**.
miscalculate [mɪsˈkælkjuleɪt] *vt* calcolare
male.
miscalculation [ˈmɪskælkjuˈleɪʃən] *n* errore
m di calcolo.
miscarriage [ˈmɪskærɪdʒ] *n* (*MED*) aborto
spontaneo; ~ **of justice** errore *m*
giudiziario.
miscarry [mɪsˈkærɪ] *vi* (*MED*) abortire; (*fail:
plans*) andare a monte, fallire.
miscellaneous [mɪsɪˈleɪnɪəs] *adj* (*items*)
vario(a); (*selection*) misto(a); ~ **expenses**
spese varie.
miscellany [mɪˈsɛlənɪ] *n* raccolta.
mischance [mɪsˈtʃɑːns] *n*: **by (some)** ~ per
sfortuna.
mischief [ˈmɪstʃɪf] *n* (*naughtiness*)
birichineria; (*harm*) male *m*, danno;
(*maliciousness*) malizia.
mischievous [ˈmɪstʃɪvəs] *adj* (*naughty*)
birichino(a); (*harmful*) dannoso(a).
misconception [mɪskənˈsɛpʃən] *n* idea
sbagliata.
misconduct [mɪsˈkɔndʌkt] *n* cattiva
condotta; **professional** ~ reato
professionale.
misconstrue [mɪskənˈstruː] *vt* interpretare
male.
miscount [mɪsˈkaunt] *vt, vi* contare male.

misdeed [mɪsˈdiːd] *n* (*old*) misfatto.
misdemeanour, (*US*) **misdemeanor**
[mɪsdɪˈmiːnə*] *n* misfatto; infrazione *f*.
misdirect [mɪsdɪˈrɛkt] *vt* mal indirizzare.
miser [ˈmaɪzə*] *n* avaro.
miserable [ˈmɪzərəbl] *adj* infelice;
(*wretched*) miserabile; (*weather*)
deprimente; **to feel** ~ sentirsi avvilito *or*
giù di morale.
miserably [ˈmɪzərəblɪ] *adv* (*fail, live, pay*)
miseramente; (*smile, answer*)
tristemente.
miserly [ˈmaɪzəlɪ] *adj* avaro(a).
misery [ˈmɪzərɪ] *n* (*unhappiness*) tristezza;
(*pain*) sofferenza; (*wretchedness*) miseria.
misfire [mɪsˈfaɪə*] *vi* far cilecca; (*car
engine*) perdere colpi.
misfit [ˈmɪsfɪt] *n* (*person*) spostato/a.
misfortune [mɪsˈfɔːtʃən] *n* sfortuna.
misgiving(s) [mɪsˈgɪvɪŋ(z)] *n(pl)* dubbi *mpl*,
sospetti *mpl*; **to have** ~**s about sth** essere
diffidente *or* avere dei dubbi per quanto
riguarda qc.
misguided [mɪsˈgaɪdɪd] *adj* sbagliato(a);
poco giudizioso(a).
mishandle [mɪsˈhændl] *vt* (*treat roughly*)
maltrattare; (*mismanage*) trattare male.
mishap [ˈmɪshæp] *n* disgrazia.
mishear [mɪsˈhɪə*] *vt, vi irreg* capire male.
mishmash [ˈmɪʃmæʃ] *n* (*col*) minestrone *m*,
guazzabuglio.
misinform [mɪsɪnˈfɔːm] *vt* informare male.
misinterpret [mɪsɪnˈtəːprɪt] *vt* interpretare
male.
misinterpretation [ˈmɪsɪntəːprɪˈteɪʃən] *n*
errata interpretazione *f*.
misjudge [mɪsˈdʒʌdʒ] *vt* giudicare male.
mislay [mɪsˈleɪ] *vt irreg* smarrire.
mislead [mɪsˈliːd] *vt irreg* sviare.
misleading [mɪsˈliːdɪŋ] *adj* ingannevole.
misled [mɪsˈlɛd] *pt, pp of* **mislead**.
mismanage [mɪsˈmænɪdʒ] *vt* gestire male;
trattare male.
mismanagement [mɪsˈmænɪdʒmənt] *n*
cattiva amministrazione *f*.
misnomer [mɪsˈnəumə*] *n* termine *m*
sbagliato *or* improprio.
misogynist [mɪˈsɔdʒɪnɪst] *n* misogino.
misplace [mɪsˈpleɪs] *vt* smarrire; collocare
fuori posto; **to be** ~**d** (*trust etc*) essere
malriposto(a).
misprint [ˈmɪsprɪnt] *n* errore *m* di stampa.
mispronounce [mɪsprəˈnauns] *vt*
pronunziare male.
misquote [mɪsˈkwəut] *vt* citare
erroneamente.
misread [mɪsˈriːd] *vt irreg* leggere male.
misrepresent [mɪsrɛprɪˈzɛnt] *vt* travisare.

Miss [mɪs] n Signorina; **Dear ~ Smith** Cara Signorina; (*more formal*) Gentile Signorina.

miss [mɪs] vt (*fail to get*) perdere; (*appointment, class*) mancare a; (*escape, avoid*) evitare; (*notice loss of: money etc*) accorgersi di non avere più; (*regret the absence of*): **I ~ him/it** sento la sua mancanza, lui/esso mi manca ♦ vi mancare ♦ n (*shot*) colpo mancato; (*fig*): **that was a near ~** c'è mancato poco; **the bus just ~ed the wall** l'autobus per un pelo non è andato a finire contro il muro; **you're ~ing the point** non capisce.

▶**miss out** vt (*BRIT*) omettere.

▶**miss out on** vt fus (*fun, party*) perdersi; (*chance, bargain*) lasciarsi sfuggire.

Miss. abbr (*US*) = Mississippi.

missal ['mɪsl] n messale m.

misshapen [mɪs'ʃeɪpən] adj deforme.

missile ['mɪsaɪl] n (*AVIAT*) missile m; (*object thrown*) proiettile m.

missile base n base f missilistica.

missile launcher n lancia-missili m inv.

missing ['mɪsɪŋ] adj perso(a), smarrito(a); **to go ~** sparire; **~ person** scomparso/a, disperso/a; **~ in action** (*MIL*) disperso/a.

mission ['mɪʃən] n missione f; **on a ~ to sb** in missione da qn.

missionary ['mɪʃənrɪ] n missionario/a.

misspell [mɪs'spɛl] vt (*irreg: like spell*) sbagliare l'ortografia di.

misspent [mɪs'spɛnt] adj: **his ~ youth** la sua gioventù sciupata.

mist [mɪst] n nebbia, foschia ♦ vi (*also: ~ over, ~ up*) annebbiarsi; (*BRIT: windows*) appannarsi.

mistake [mɪs'teɪk] n sbaglio, errore m ♦ vt (*irreg: like take*) sbagliarsi di; fraintendere; **to ~ for** prendere per; **by ~** per sbaglio; **to make a ~** (*in writing, calculating etc*) fare uno sbaglio or un errore; **to make a ~ about sb/sth** sbagliarsi sul conto di qn/su qc.

mistaken [mɪs'teɪkən] pp of mistake ♦ adj (*idea etc*) sbagliato(a); **to be ~** sbagliarsi.

mistaken identity n errore m di persona.

mistakenly [mɪs'teɪkənlɪ] adv per errore.

mister ['mɪstə*] n (*col*) signore m; see **Mr.**

mistletoe ['mɪsltəu] n vischio.

mistook [mɪs'tuk] pt of mistake.

mistranslation [mɪstræns'leɪʃən] n traduzione f errata.

mistreat [mɪs'tri:t] vt maltrattare.

mistress ['mɪstrɪs] n padrona; (*lover*) amante f; (*BRIT SCOL*) insegnante f.

mistrust [mɪs'trʌst] vt diffidare di ♦ n: **~ (of)** diffidenza (nei confronti di).

mistrustful [mɪs'trʌstful] adj: **~ (of)** diffidente (nei confronti di).

misty ['mɪstɪ] adj nebbioso(a), brumoso(a).

misty-eyed ['mɪstɪ'aɪd] adj trasognato(a).

misunderstand [mɪsʌndə'stænd] vt, vi irreg capire male, fraintendere.

misunderstanding [mɪsʌndə'stændɪŋ] n malinteso, equivoco.

misunderstood [mɪsʌndə'stud] pt, pp of misunderstand.

misuse n [mɪs'ju:s] cattivo uso; (*of power*) abuso ♦ vt [mɪs'ju:z] far cattivo uso di; abusare di.

MIT n abbr (*US*) = Massachusetts Institute of Technology.

mite [maɪt] n (*small quantity*) briciolo; (*BRIT: small child*): **poor ~!** povera creaturina!

miter ['maɪtə*] n (*US*) = **miter**.

mitigate ['mɪtɪgeɪt] vt mitigare; (*suffering*) alleviare; **mitigating circumstances** circostanze fpl attenuanti.

mitigation [mɪtɪ'geɪʃən] n mitigazione f; alleviamento.

mitre, (*US*) **miter** ['maɪtə*] n mitra; (*CARPENTRY*) giunto ad angolo retto.

mitt(en) ['mɪt(n)] n mezzo guanto; manopola.

mix [mɪks] vt mescolare ♦ vi mescolarsi ♦ n mescolanza; preparato; **to ~ sth with sth** mischiare qc a qc; **to ~ business with pleasure** unire l'utile al dilettevole; **cake ~** preparato per torta.

▶**mix in** vt (*eggs etc*) incorporare.

▶**mix up** vt mescolare; (*confuse*) confondere; **to be ~ed up in sth** essere coinvolto in qc.

mixed [mɪkst] adj misto(a).

mixed-ability ['mɪkstə'bɪlɪtɪ] adj (*class etc*) con alunni di capacità diverse.

mixed bag n miscuglio, accozzaglia; **it's a ~** c'è un po' di tutto.

mixed blessing n: **it's a ~** ha i suoi lati positivi e negativi.

mixed doubles npl (*SPORT*) doppio misto.

mixed economy n economia mista.

mixed grill n (*BRIT*) misto alla griglia.

mixed marriage n matrimonio misto.

mixed-up [mɪkst'ʌp] adj (*confused*) confuso(a).

mixer ['mɪksə*] n (*for food: electric*) frullatore m; (*: hand*) frullino; (*person*): **he is a good ~** è molto socievole.

mixer tap n miscelatore m.

mixture ['mɪkstʃə*] n mescolanza; (*blend: of tobacco etc*) miscela; (*MED*) sciroppo.

mix-up ['mɪksʌp] n confusione f.

MK abbr (*BRIT TECH*) = **mark**.

mk abbr = **mark** (*currency*).

mkt _abbr_ = **market**.

MLitt _n abbr_ (= _Master of Literature, Master of Letters_) titolo di studio.

MLR _n abbr_ (_BRIT_) _see_ **minimum lending rate**.

mm _abbr_ (= _millimetre_) mm.

MN _abbr_ (_BRIT_) = **Merchant Navy**; (_US_) = _Minnesota_.

MO _n abbr_ = _medical officer_; (_US col:_ = _modus operandi_) modo d'agire ♦ _abbr_ (_US_) = _Missouri_.

m.o. _abbr_ = **money order**.

moan [məun] _n_ gemito ♦ _vi_ gemere; (_col: complain_): **to ~ (about)** lamentarsi (di).

moaner ['məunə*] _n_ (_col_) uno/a che si lamenta sempre.

moaning ['məuniŋ] _n_ gemiti _mpl_.

moat [məut] _n_ fossato.

mob [mɔb] _n_ folla; (_disorderly_) calca; (_pej_): **the ~** la plebaglia ♦ _vt_ accalcarsi intorno a.

mobile ['məubail] _adj_ mobile ♦ _n_ (_ART_) mobile _m inv_; **applicants must be ~** (_BRIT_) i candidati devono essere disposti a viaggiare.

mobile home _n_ grande roulotte _f inv_ (_utilizzata come domicilio_).

mobile phone _n_ telefonino.

mobile shop _n_ (_BRIT_) negozio ambulante.

mobility [məu'biliti] _n_ mobilità; (_of applicant_) disponibilità a viaggiare.

mobilize ['məubilaiz] _vt_ mobilitare ♦ _vi_ mobilitarsi.

moccasin ['mɔkəsin] _n_ mocassino.

mock [mɔk] _vt_ deridere, burlarsi di ♦ _adj_ falso(a).

mockery ['mɔkəri] _n_ derisione _f_; **to make a ~ of** rendere ridicolo.

mocking ['mɔkiŋ] _adj_ derisorio(a).

mockingbird ['mɔkiŋbə:d] _n_ mimo (_uccello_).

mock-up ['mɔkʌp] _n_ modello dimostrativo; abbozzo.

MOD _n abbr_ (_BRIT_) = **Ministry of Defence**; _see_ **defence**.

mod cons ['mɔd'kɔnz] _npl abbr_ (_BRIT_) = **modern conveniences**.

mode [məud] _n_ modo; (_of transport_) mezzo; (_COMPUT_) modalità _f inv_.

model ['mɔdl] _n_ modello; (_person: for fashion_) indossatore/trice; (: _for artist_) modello/a ♦ _vt_ modellare ♦ _vi_ fare l'indossatore (_or_ l'indossatrice) ♦ _adj_ (_small-scale: railway etc_) in miniatura; (_child, factory_) modello _inv_; **to ~ clothes** presentare degli abiti; **to ~ sb/sth on** modellare qn/qc su.

modem ['məudɛm] _n_ modem _m inv_.

moderate ['mɔdərit] _adj_ moderato(a) ♦ _n_

(_POL_) moderato/a ♦ _vb_ ['mɔdəreit] _vi_ moderarsi, placarsi ♦ _vt_ moderare.

moderately ['mɔdəritli] _adv_ (_act_) con moderazione; (_expensive, difficult_) non troppo; (_pleased, happy_) abbastanza, discretamente; **~ priced** a prezzo modico.

moderation [mɔdə'reiʃən] _n_ moderazione _f_, misura; **in ~** in quantità moderata, con moderazione.

moderator ['mɔdəreitə*] _n_ moderatore/trice; (_REL_) moderatore in importanti riunioni ecclesiastiche.

modern ['mɔdən] _adj_ moderno(a); **~ conveniences** comodità _fpl_ moderne; **~ languages** lingue _fpl_ moderne.

modernization [mɔdənai'zeiʃən] _n_ rimodernamento, modernizzazione _f_.

modernize ['mɔdənaiz] _vt_ modernizzare.

modest ['mɔdist] _adj_ modesto(a).

modesty ['mɔdisti] _n_ modestia.

modicum ['mɔdikəm] _n_: **a ~ of** un minimo di.

modification [mɔdifi'keiʃən] _n_ modificazione _f_; **to make ~s** fare _or_ apportare delle modifiche.

modify ['mɔdifai] _vt_ modificare.

modish ['məudiʃ] _adj_ (_liter_) à la page _inv_.

Mods [mɔdz] _n abbr_ (_BRIT_: = (_Honour_) _Moderations_) esame all'università di Oxford.

modular ['mɔdjulə*] _adj_ (_filing, unit_) modulare.

modulate ['mɔdjuleit] _vt_ modulare.

modulation [mɔdju'leiʃən] _n_ modulazione _f_.

module ['mɔdju:l] _n_ modulo.

Mogadishu [mɔgə'diʃu:] _n_ Mogadiscio _f_.

mogul ['məugl] _n_ (_fig_) magnate _m_, pezzo grosso; (_SKI_) cunetta.

MOH _n abbr_ (_BRIT_: = _Medical Officer of Health_) ≈ ufficiale _m_ sanitario.

mohair ['məuhɛə*] _n_ mohair _m_.

Mohammed [məu'hæmid] _n_ Maometto.

moist [mɔist] _adj_ umido(a).

moisten ['mɔisn] _vt_ inumidire.

moisture ['mɔistʃə*] _n_ umidità; (_on glass_) goccioline _fpl_ di vapore.

moisturize ['mɔistʃəraiz] _vt_ (_skin_) idratare.

moisturizer ['mɔistʃəraizə*] _n_ idratante _f_.

molar ['məulə*] _n_ molare _m_.

molasses [məu'læsiz] _n_ molassa.

mold [məuld] _etc_ (_US_) = **mould** _etc_.

Moldavia [mɔl'deiviə], **Moldova** [mɔl'dəuvə] _n_ Moldavia.

Moldavian [mɔl'deiviən], **Moldovan** [mɔl'dəuvən] _adj_ moldavo(a).

mole [məul] _n_ (_animal_) talpa; (_spot_) neo.

molecule ['mɔlikju:l] _n_ molecola.

molehill ['məulhil] _n_ cumulo di terra sulla

tana di una talpa.
molest [məʊˈlɛst] *vt* molestare.
mollusc, *(US)* **mollusk** [ˈmɒləsk] *n*
mollusco.
mollycoddle [ˈmɒlɪkɒdl] *vt* coccolare,
vezzeggiare.
Molotov cocktail [ˈmɒlətɒf-] *n* (bottiglia)
Molotov *f inv*.
molt [məʊlt] *vi (US)* = **moult**.
molten [ˈməʊltən] *adj* fuso(a).
mom [mɒm] *n (US)* = **mum**.
moment [ˈməʊmənt] *n* momento, istante *m*;
importanza; **at the** ~ al momento, in
questo momento; **for the** ~ per il
momento, per ora; **in a** ~ tra un
momento; **"one** ~ **please"** *(TEL)* "attenda,
prego".
momentarily [ˈməʊməntərɪlɪ] *adv* per un
momento; (*US: very soon*) da un momento
all'altro.
momentary [ˈməʊməntərɪ] *adj*
momentaneo(a), passeggero(a).
momentous [məʊˈmɛntəs] *adj* di grande
importanza.
momentum [məʊˈmɛntəm] *n* velocità
acquisita, slancio; (*PHYSICS*) momento; **to
gather** ~ aumentare di velocità; (*fig*)
prendere *or* guadagnare terreno.
mommy [ˈmɒmɪ] *n (US)* mamma.
Mon. *abbr* (= *Monday*) lun.
Monaco [ˈmɒnəkəʊ] *n* Monaco *f*.
monarch [ˈmɒnək] *n* monarca *m*.
monarchist [ˈmɒnəkɪst] *n* monarchico/a.
monarchy [ˈmɒnəkɪ] *n* monarchia.
monastery [ˈmɒnəstərɪ] *n* monastero.
monastic [məˈnæstɪk] *adj* monastico(a).
Monday [ˈmʌndɪ] *n* lunedì *m inv*; *for phrases
see also* **Tuesday**.
Monegasque [mɒnəˈgæsk] *adj, n*
monegasco(a).
monetarist [ˈmʌnɪtərɪst] *n* monetarista *m/f*.
monetary [ˈmʌnɪtərɪ] *adj* monetario(a).
money [ˈmʌnɪ] *n* denaro, soldi *mpl*; **to make**
~ (*person*) fare (i) soldi; (*business*)
rendere; **danger** ~ (*BRIT*) indennità di
rischio; **I've got no** ~ **left** non ho più
neanche una lira.
moneyed [ˈmʌnɪd] *adj* ricco(a).
moneylender [ˈmʌnɪlɛndə*] *n* prestatore *m*
di denaro.
moneymaker [ˈmʌnɪmeɪkə*] *n* (*BRIT col*:
business) affare *m* d'oro.
moneymaking [ˈmʌnɪmeɪkɪŋ] *adj* che
rende (bene *or* molto), lucrativo(a).
money market *n* mercato monetario.
money order *n* vaglia *m inv*.
money-spinner [ˈmʌnɪspɪnə*] *n* (*col*)
miniera d'oro (*fig*).

money supply *n* liquidità monetaria.
Mongol [ˈmɒŋgəl] *n* mongolo/a; (*LING*)
mongolo.
mongol [ˈmɒŋgəl] *adj, n (MED)* mongoloide
(*m/f*).
Mongolia [mɒŋˈgəʊlɪə] *n* Mongolia.
Mongolian [mɒŋˈgəʊlɪən] *adj* mongolico(a)
♦ *n* mongolo/a; (*LING*) mongolo.
mongoose [ˈmɒŋguːs] *n* mangusta.
mongrel [ˈmʌŋgrəl] *n* (*dog*) cane *m*
bastardo.
monitor [ˈmɒnɪtə*] *n* (*BRIT SCOL*) capoclasse
m/f; (*US SCOL*) chi sorveglia agli esami;
(*TV, COMPUT*) monitor *m inv* ♦ *vt*
controllare; (*foreign station*) ascoltare le
trasmissioni di.
monk [mʌŋk] *n* monaco.
monkey [ˈmʌŋkɪ] *n* scimmia.
monkey business *n* (*col*) scherzi *mpl*.
monkey nut *n* (*BRIT*) nocciolina
americana.
monkey wrench *n* chiave *f* a rullino.
mono [ˈmɒnəʊ] *adj* mono *inv*; (*broadcast*) in
mono.
mono... [ˈmɒnəʊ] *prefix* mono....
monochrome [ˈmɒnəkrəʊm] *adj*
monocromo(a).
monocle [ˈmɒnəkl] *n* monocolo.
monogamous [məˈnɒɡəməs] *adj*
monogamo(a).
monogamy [məˈnɒɡəmɪ] *n* monogamia.
monogram [ˈmɒnəɡræm] *n* monogramma
m.
monolith [ˈmɒnəlɪθ] *n* monolito.
monologue [ˈmɒnəlɒɡ] *n* monologo.
monoplane [ˈmɒnəʊpleɪn] *n* monoplano.
monopolize [məˈnɒpəlaɪz] *vt*
monopolizzare.
monopoly [məˈnɒpəlɪ] *n* monopolio;
Monopolies and Mergers Commission
(*BRIT*) commissione *f* antimonopoli.
monorail [ˈmɒnəʊreɪl] *n* monorotaia.
monosodium glutamate (MSG)
[mɒnəˈsəʊdɪəmˈɡluːtəmeɪt] *n* glutammato di
sodio.
monosyllabic [mɒnəsɪˈlæbɪk] *adj*
monosillabico(a); (*person*) che parla a
monosillabi.
monosyllable [ˈmɒnəsɪləbl] *n* monosillabo.
monotone [ˈmɒnətəʊn] *n* pronunzia (*or*
voce *f*) monotona; **to speak in a** ~ parlare
con voce monotona.
monotonous [məˈnɒtənəs] *adj*
monotono(a).
monotony [məˈnɒtənɪ] *n* monotonia.
monoxide [mɒˈnɒksaɪd] *n*: **carbon** ~ ossido
di carbonio.
monsoon [mɒnˈsuːn] *n* monsone *m*.

monster ['mɔnstə*] n mostro.
monstrosity [mɔn'strɔsɪtɪ] n mostruosità f inv.
monstrous ['mɔnstrəs] adj mostruoso(a).
Mont. abbr (US) = Montana.
montage [mɔn'tɑːʒ] n montaggio.
Mont Blanc [mɔ̃blɑ̃] n Monte m Bianco.
month [mʌnθ] n mese m; **300 dollars a** ~ 300 dollari al mese; **every** ~ (happen) tutti i mesi; (pay) mensilmente, ogni mese.
monthly ['mʌnθlɪ] adj mensile ♦ adv al mese; ogni mese ♦ n (magazine) rivista mensile; **twice** ~ due volte al mese.
monument ['mɔnjumənt] n monumento.
monumental [mɔnju'mɛntl] adj monumentale; (fig) colossale.
monumental mason n lapidario.
moo [muː] vi muggire, mugghiare.
mood [muːd] n umore m; **to be in a good/ bad** ~ essere di buon/cattivo umore; **to be in the** ~ **for** essere disposto(a) a, aver voglia di.
moody ['muːdɪ] adj (variable) capriccioso(a), lunatico(a); (sullen) imbronciato(a).
moon [muːn] n luna.
moonbeam ['muːnbiːm] n raggio di luna.
moon landing n allunaggio.
moonlight ['muːnlaɪt] n chiaro di luna ♦ vi fare del lavoro nero.
moonlighting ['muːnlaɪtɪŋ] n lavoro nero.
moonlit ['muːnlɪt] adj illuminato(a) dalla luna; **a** ~ **night** una notte rischiarata dalla luna.
moonshot ['muːnʃɔt] n lancio sulla luna.
moonstruck ['muːnstrʌk] adj lunatico(a).
moony ['muːnɪ] adj (eyes) sognante.
Moor [muə*] n moro/a.
moor [muə*] n brughiera ♦ vt (ship) ormeggiare ♦ vi ormeggiarsi.
moorings ['muərɪŋz] npl (chains) ormeggi mpl; (place) ormeggio.
Moorish ['muərɪʃ] adj moresco(a).
moorland ['muələnd] n brughiera.
moose [muːs] n (pl inv) alce m.
moot [muːt] vt sollevare ♦ adj: ~ **point** punto discutibile.
mop [mɔp] n lavapavimenti m inv; (also: ~ **of hair**) zazzera ♦ vt lavare con lo straccio; **to** ~ **one's brow** asciugarsi la fronte.
▶**mop up** vt asciugare con uno straccio.
mope [məup] vi fare il broncio.
▶**mope about, mope around** vi trascinarsi or aggirarsi con aria avvilita.
moped ['məupɛd] n (BRIT) ciclomotore m.

MOR adj abbr (MUS: = middle-of-the-road): ~ **music** musica leggera.
moral ['mɔrəl] adj morale ♦ n morale f; ~**s** npl moralità.
morale [mɔ'rɑːl] n morale m.
morality [mə'rælɪtɪ] n moralità.
moralize ['mɔrəlaɪz] vi: **to** ~ **(about)** fare il (or la) moralista (riguardo), moraleggiare (riguardo).
morally ['mɔrəlɪ] adv moralmente.
moral victory n vittoria morale.
morass [mə'ræs] n palude f, pantano.
moratorium [mɔrə'tɔːrɪəm] n moratoria.
morbid ['mɔːbɪd] adj morboso(a).

════════════════════ KEYWORD

more [mɔː*] adj **1** (greater in number etc) più; ~ **people/letters than we expected** più persone/lettere di quante ne aspettavamo; **I have** ~ **wine/money than you** ho più vino/soldi di te; **I have** ~ **wine than beer** ho più vino che birra
2 (additional) altro(a), ancora; **do you want (some)** ~ **tea?** vuole dell'altro tè?, vuole ancora del tè?; **I have no** or **I don't have any** ~ **money** non ho più soldi
♦ pron **1** (greater amount) più; ~ **than 10** più di 10; **it cost** ~ **than we expected** è costato più di quanto ci aspettassimo; **and what's** ~ ... e per di più ...
2 (further or additional amount) ancora; **is there any** ~? ce n'è ancora?; **there's no** ~ non ce n'è più; **a little** ~ ancora un po'; **many/much** ~ molti(e)/molto(a) di più
♦ adv: ~ **dangerous/easily (than)** più pericoloso/facilmente (di); ~ **and** ~ sempre di più; ~ **and** ~ **difficult** sempre più difficile; ~ **or less** più o meno; ~ **than ever** più che mai; **once** ~ ancora (una volta), un'altra volta; **no** ~, **not any** ~ non ... più; **I have no** ~ **money, I haven't any** ~ **money** non ho più soldi.

moreover [mɔː'rəuvə*] adv inoltre, di più.
morgue [mɔːg] n obitorio.
MORI ['mɔːrɪ] n abbr (BRIT: = Market & Opinion Research Institute) istituto di sondaggio.
moribund ['mɔrɪbʌnd] adj moribondo(a).
morning ['mɔːnɪŋ] n mattina, mattino; (duration) mattinata; **in the** ~ la mattina; **this** ~ stamattina; **7 o'clock in the** ~ le 7 di or della mattina.
morning-after pill ['mɔːnɪŋ'ɑːftə-] n pillola del giorno dopo.
morning sickness n nausee fpl mattutine.
Moroccan [mə'rɔkən] adj, n marocchino(a).
Morocco [mə'rɔkəu] n Marocco.

moron ['mɔːrɔn] n deficiente m/f.
moronic [mə'rɔnɪk] adj deficiente.
morose [mə'rəus] adj cupo(a), tetro(a).
morphine ['mɔːfiːn] n morfina.
morris dancing ['mɔrɪs-] n (BRIT) antica danza tradizionale inglese.
Morse [mɔːs] n (also: ~ **code**) alfabeto Morse.
morsel ['mɔːsl] n boccone m.
mortal ['mɔːtl] adj, n mortale (m).
mortality [mɔː'tælɪtɪ] n mortalità.
mortality rate n tasso di mortalità.
mortar ['mɔːtə*] n (CONSTR) malta; (dish) mortaio.
mortgage ['mɔːgɪdʒ] n ipoteca; (in house buying) mutuo ipotecario ♦ vt ipotecare; **to take out a** ~ contrarre un mutuo (or un'ipoteca).
mortgage company n (US) società f inv immobiliare.
mortgagee [mɔːgɪ'dʒiː] n creditore m ipotecario.
mortgagor ['mɔːgɪdʒə*] n debitore m ipotecario.
mortician [mɔː'tɪʃən] n (US) impresario di pompe funebri.
mortified ['mɔːtɪfaɪd] adj umiliato(a).
mortise lock ['mɔːtɪs-] n serratura incastrata.
mortuary ['mɔːtjuərɪ] n camera mortuaria; obitorio.
mosaic [məu'zeɪɪk] n mosaico.
Moscow ['mɔskəu] n Mosca.
Moslem ['mɔzləm] adj, n = **Muslim**.
mosque [mɔsk] n moschea.
mosquito, **~es** [mɔs'kiːtəu] n zanzara.
mosquito net n zanzariera.
moss [mɔs] n muschio.
mossy ['mɔsɪ] adj muscoso(a).
most [məust] adj la maggior parte di; il più di ♦ pron la maggior parte ♦ adv più; (work, sleep etc) di più; (very) molto, estremamente; **the** ~ (also: + adjective) il(la) più; ~ **fish** la maggior parte dei pesci; ~ **of** la maggior parte di; ~ **of them** quasi tutti; **I saw** ~ ho visto più io; **at the (very)** ~ al massimo; **to make the** ~ **of** trarre il massimo vantaggio da.
mostly ['məustlɪ] adv per lo più.
MOT n abbr (BRIT: = Ministry of Transport): **the** ~ **(test)** revisione obbligatoria degli autoveicoli.
motel [məu'tɛl] n motel m inv.
moth [mɔθ] n farfalla notturna; tarma.
mothball ['mɔθbɔːl] n pallina di naftalina.
moth-eaten ['mɔθiːtn] adj tarmato(a).
mother ['mʌðə*] n madre f ♦ vt (care for) fare da madre a.

mother board n (COMPUT) scheda madre.
motherhood ['mʌðəhud] n maternità.
mother-in-law ['mʌðərɪnlɔː] n suocera.
mother-of-pearl [mʌðərəv'pəːl] n madreperla.
mother's help n bambinaia.
mother-to-be [mʌðətə'biː] n futura mamma.
mother tongue n madrelingua.
mothproof ['mɔθpruːf] adj antitarmico(a).
motif [məu'tiːf] n motivo.
motion ['məuʃən] n movimento, moto; (gesture) gesto; (at meeting) mozione f; (BRIT: also: **bowel** ~) evacuazione f ♦ vt, vi: **to** ~ **(to) sb to do** fare cenno a qn di fare; **to be in** ~ (vehicle) essere in moto; **to set in** ~ avviare; **to go through the** ~s **of doing sth** (fig) fare qc pro forma.
motionless ['məuʃənlɪs] adj immobile.
motion picture n film m inv.
motivate ['məutɪveɪt] vt (act, decision) dare origine a, motivare; (person) spingere.
motivated ['məutɪveɪtɪd] adj motivato(a).
motivation [məutɪ'veɪʃən] n motivazione f.
motive ['məutɪv] n motivo ♦ adj motore(trice); **from the best** ~s con le migliori intenzioni.
motley ['mɔtlɪ] adj eterogeneo(a), molto vario(a).
motor ['məutə*] n motore m; (BRIT col: vehicle) macchina ♦ adj motore(trice).
motorbike ['məutəbaɪk] n moto f inv.
motorboat ['məutəbəut] n motoscafo.
motorcade ['məutəkeɪd] n corteo di macchine.
motorcar ['məutəkɑː] n automobile f.
motorcoach ['məutəkəutʃ] n (BRIT) pullman m inv.
motorcycle ['məutəsaɪkl] n motocicletta.
motorcyclist ['məutəsaɪklɪst] n motociclista m/f.
motoring ['məutərɪŋ] n (BRIT) turismo automobilistico ♦ adj (accident) d'auto, automobilistico(a); (offence) di guida; ~ **holiday** vacanza in macchina.
motorist ['məutərɪst] n automobilista m/f.
motorize ['məutəraɪz] vt motorizzare.
motor oil n olio lubrificante.
motor racing n (BRIT) corse fpl automobilistiche.
motor scooter n motorscooter m inv.
motor vehicle n autoveicolo.
motorway ['məutəweɪ] n (BRIT) autostrada.
mottled ['mɔtld] adj chiazzato(a), marezzato(a).
motto, **~es** ['mɔtəu] n motto.
mould, (US) **mold** [məuld] n forma, stampo; (mildew) muffa ♦ vt formare; (fig)

foggiare.
mo(u)lder ['məuldə*] vi (decay) ammuffire.
mo(u)lding ['məuldɪŋ] n (ARCHIT)
modanatura.
mo(u)ldy ['məuldɪ] adj ammuffito(a).
moult, (US) **molt** [məult] vi far la muta.
mound [maund] n rialzo, collinetta.
mount [maunt] n monte m, montagna;
(horse) cavalcatura; (for jewel etc)
montatura ♦ vt montare; (horse) montare
a; (exhibition) organizzare; (attack)
sferrare, condurre; (picture, stamp)
sistemare ♦ vi salire; (get on a horse)
montare a cavallo; (also: ~ **up**)
aumentare.
mountain ['mauntɪn] n montagna ♦ cpd di
montagna; **to make a ~ out of a molehill**
fare di una mosca un elefante.
mountain bike n mountain bike f inv.
mountaineer [mauntɪ'nɪə*] n alpinista m/f.
mountaineering [mauntɪ'nɪərɪŋ] n
alpinismo; **to go ~** fare dell'alpinismo.
mountainous ['mauntɪnəs] adj
montagnoso(a).
mountain range n catena montuosa.
mountain rescue team n ≈ squadra di
soccorso alpino.
mountainside ['mauntɪnsaɪd] n fianco della
montagna.
mounted ['mauntɪd] adj a cavallo.
mourn [mɔːn] vt piangere, lamentare ♦ vi:
to ~ (for sb) piangere (la morte di qn).
mourner ['mɔːnə*] n parente m/f (or amico/
a) del defunto.
mourning ['mɔːnɪŋ] n lutto ♦ cpd (dress) da
lutto; **in ~** in lutto.
mouse, pl **mice** [maus, maɪs] n topo;
(COMPUT) mouse m inv.
mousetrap ['maustræp] n trappola per i
topi.
moussaka [mu'sɑːkə] n moussaka.
mousse [muːs] n mousse f inv.
moustache [məs'tɑːʃ] n baffi mpl.
mousy ['mausɪ] adj (person) timido(a); (hair)
né chiaro(a) né scuro(a).
mouth, ~**s** [mauθ, -ðz] n bocca; (of river)
bocca, foce f; (opening) orifizio.
mouthful ['mauθful] n boccata.
mouth organ n armonica.
mouthpiece ['mauθpiːs] n (MUS) bocchino;
(TEL) microfono; (of breathing apparatus)
boccaglio; (person) portavoce m/f.
mouth-to-mouth ['mauθtə'mauθ] adj: ~
resuscitation respirazione f bocca a
bocca.
mouthwash ['mauθwɔʃ] n collutorio.
mouth-watering ['mauθwɔːtərɪŋ] adj che
fa venire l'acquolina in bocca.

movable ['muːvəbl] adj mobile.
move [muːv] n (movement) movimento; (in
game) mossa; (: turn to play) turno;
(change of house) trasloco ♦ vt muovere,
spostare; (emotionally) commuovere;
(POL: resolution etc) proporre ♦ vi (gen)
muoversi, spostarsi; (traffic) circolare;
(also: ~ **house**) cambiar casa, traslocare;
to ~ towards andare verso; **to ~ sb to do**
sth indurre or spingere qn a fare qc; **to**
get a ~ on affrettarsi, sbrigarsi; **to be**
~**d** (emotionally) essere commosso(a).
▶**move about**, **move around** vi (fidget)
agitarsi; (travel) viaggiare.
▶**move along** vi muoversi avanti.
▶**move away** vi allontanarsi, andarsene.
▶**move back** vi indietreggiare; (return)
ritornare.
▶**move forward** vi avanzare ♦ vt avanzare,
spostare in avanti; (people) far avanzare.
▶**move in** vi (to a house) entrare (in una
nuova casa).
▶**move off** vi partire.
▶**move on** vi riprendere la strada ♦ vt
(onlookers) far circolare.
▶**move out** vi (of house) sgombrare.
▶**move over** vi spostarsi.
▶**move up** vi avanzare.
movement ['muːvmənt] n (gen)
movimento; (gesture) gesto; (of stars,
water, physical) moto; ~ **(of the bowels)**
(MED) evacuazione f.
mover ['muːvə*] n proponente m/f.
movie ['muːvɪ] n film m inv; **the ~s** il
cinema.
movie camera n cinepresa.
moviegoer ['muːvɪgəuə*] n (US)
frequentatore/trice di cinema.
moving ['muːvɪŋ] adj mobile; (causing
emotion) commovente; (instigating)
animatore(trice).
mow, pt **mowed**, pp **mowed** or **mown**
[məu, -n] vt falciare; (grass) tagliare.
▶**mow down** vt falciare.
mower ['məuə*] n (also: **lawn ~**) tagliaerba
m inv.
mown [məun] pp of **mow**.
Mozambique [məuzəm'biːk] n Mozambico.
MP n abbr = Military Police; (Canada)
= Mounted Police; (BRIT) see **Member of**
Parliament.
mpg n abbr = miles per gallon (30 mpg = 9.4
l. per 100 km).
mph n abbr = miles per hour (60 mph = 96
km/h).
MPhil n abbr (US: = Master of Philosophy)
titolo di studio.
MPS n abbr (BRIT) = Member of the

Pharmaceutical Society.
Mr, Mr. ['mɪstə*] *n*: ~ **X** Signor X, Sig. X.
MRC *n abbr* (*BRIT*: = *Medical Research Council*) *ufficio governativo per la ricerca medica in Gran Bretagna e nel Commonwealth.*
MRCP *n abbr* (*BRIT*) = *Member of the Royal College of Physicians.*
MRCS *n abbr* (*BRIT*) = *Member of the Royal College of Surgeons.*
MRCVS *n abbr* (*BRIT*) = *Member of the Royal College of Veterinary Surgeons.*
Mrs, Mrs. ['mɪsɪz] *n*: ~ **X** Signora X, Sig.ra X.
MS *n abbr* (*US*: = *Master of Science*) *titolo di studio*; (= *manuscript*) ms; (*MED*) = **multiple sclerosis** ♦ *abbr* (*US*) = *Mississippi.*
Ms, Ms. [mɪz] *n* (= *Miss or Mrs*): ~ **X** ≈ Signora X, Sig.ra X.
MSA *n abbr* (*US*: = *Master of Science in Agriculture*) *titolo di studio.*
MSc *n abbr see* **Master of Science.**
MSG *abbr see* **monosodium glutamate.**
MST *abbr* (*US*: = *Mountain Standard Time*) *ora invernale delle Montagne Rocciose.*
MSW *n abbr* (*US*: = *Master of Social Work*) *titolo di studio.*
MT *n abbr* = *machine translation* ♦ (*US*) = *Montana.*
Mt *abbr* (*GEO*: = *mount*) M.
mth *abbr* (= *month*) m.
MTV *n abbr* = **music television.**

================== *KEYWORD*

much [mʌtʃ] *adj*, *pron* molto(a); **he's done so ~ work** ha lavorato così tanto; **I have as ~ money as you** ho tanti soldi quanti ne hai tu; **how ~ is it?** quant'è?; **it's not ~** non è tanto; **it costs too ~** costa troppo; **as ~ as you want** quanto vuoi
♦ *adv* **1** (*greatly*) molto, tanto; **thank you very ~** molte grazie; **I like it very/so ~** mi piace moltissimo/così tanto; **~ to my amazement** con mio enorme stupore; **he's very ~ the gentleman** è il vero gentiluomo; **I read as ~ as I can** leggo quanto posso; **as ~ as you** tanto quanto te
2 (*by far*) molto; **it's ~ the biggest company in Europe** è di gran lunga la più grossa società in Europa
3 (*almost*) grossomodo, praticamente; **they're ~ the same** sono praticamente uguali.

muck [mʌk] *n* (*mud*) fango; (*dirt*) sporcizia.
▶**muck about, muck around** *vi* (*col*) fare lo stupido; (: *waste time*) gingillarsi; (*tinker*) armeggiare.

▶**muck in** *vi* (*BRIT col*) mettersi insieme.
▶**muck out** *vt* (*stable*) pulire.
▶**muck up** *vt* (*col*: *dirty*) sporcare; (: *spoil*) rovinare.
muckraking ['mʌkreɪkɪŋ] *n* (*fig col*) caccia agli scandali ♦ *adj* scandalistico(a).
mucky ['mʌkɪ] *adj* (*dirty*) sporco(a), lordo(a).
mucus ['mjuːkəs] *n* muco.
mud [mʌd] *n* fango.
muddle ['mʌdl] *n* confusione *f*, disordine *m*; pasticcio ♦ *vt* (*also*: ~ **up**) mettere sottosopra; confondere; **to be in a ~** (*person*) non riuscire a raccapezzarsi; **to get in a ~** (*while explaining etc*) imbrogliarsi.
▶**muddle along** *vi* andare avanti a casaccio.
▶**muddle through** *vi* cavarsela alla meno peggio.
muddle-headed [mʌdl'hɛdɪd] *adj* (*person*) confusionario(a).
muddy ['mʌdɪ] *adj* fangoso(a).
mud flats *npl* distesa fangosa.
mudguard ['mʌdgɑːd] *n* parafango.
mudpack ['mʌdpæk] *n* maschera di fango.
mud-slinging ['mʌdslɪŋɪŋ] *n* (*fig*) infangamento.
muesli ['mjuːzlɪ] *n* müsli *m inv*.
muff [mʌf] *n* manicotto ♦ *vt* (*shot, catch etc*) mancare, sbagliare; **to ~ it** sbagliare tutto.
muffin ['mʌfɪn] *n* specie di pasticcino soffice da tè.
muffle ['mʌfl] *vt* (*sound*) smorzare, attutire; (*against cold*) imbacuccare.
muffled ['mʌfld] *adj* smorzato(a), attutito(a).
muffler ['mʌflə*] *n* (*scarf*) sciarpa (pesante); (*US AUT*) marmitta; (*on motorbike*) silenziatore *m*.
mufti ['mʌftɪ] *n*: **in ~** in borghese.
mug [mʌg] *n* (*cup*) tazzone *m*; (*for beer*) boccale *m*; (*col*: *face*) muso; (: *fool*) scemo/a ♦ *vt* (*assault*) assalire; **it's a ~'s game** (*BRIT*) è proprio (una cosa) da fessi.
▶**mug up** *vt* (*BRIT col*: *also*: ~ **up on**) studiare bene.
mugger ['mʌgə*] *n* aggressore *m*.
mugging ['mʌgɪŋ] *n* aggressione *f* (a scopo di rapina).
muggins ['mʌgɪnz] *n* (*col*) semplicione/a, sprovveduto/a.
muggy ['mʌgɪ] *adj* afoso(a).
mug shot *n* (*col*) foto *f inv* segnaletica.
mulatto, ~es [mjuːˈlætəu] *n* mulatto/a.
mulberry ['mʌlbərɪ] *n* (*fruit*) mora (di gelso); (*tree*) gelso, moro.

mule [mju:l] *n* mulo.
mull [mʌl]: **to ~ over** *vt* rimuginare.
mulled [mʌld] *adj*: **~ wine** vino caldo.
multi... ['mʌltɪ] *prefix* multi....
multi-access [mʌltɪ'æksɛs] *adj* (*COMPUT*) ad accesso multiplo.
multicoloured, (*US*) **multicolored** ['mʌltɪkʌləd] *adj* multicolore, variopinto(a).
multifarious [mʌltɪ'fɛərɪəs] *adj* molteplice, svariato(a).
multilateral [mʌltɪ'lætərəl] *adj* (*POL*) multilaterale.
multi-level ['mʌltɪlɛvl] *adj* (*US*) = **multistorey.**
multimillionaire [mʌltɪmɪljə'nɛə*] *n* multimiliardario/a.
multinational [mʌltɪ'næʃənl] *adj*, *n* multinazionale (*f*).
multiple ['mʌltɪpl] *adj* multiplo(a); molteplice ♦ *n* multiplo; (*BRIT: also*: ~ **store**) *grande magazzino che fa parte di una catena.*
multiple choice *n* esercizi *mpl* a scelta multipla.
multiple crash *n* serie *f inv* di incidenti a catena.
multiple sclerosis *n* sclerosi *f* a placche.
multiplex ['mʌltɪplɛks] *n* (*also*: ~ **cinema**) cinema *m inv* multisale *inv*.
multiplication [mʌltɪplɪ'keɪʃən] *n* moltiplicazione *f*.
multiplication table *n* tavola pitagorica.
multiplicity [mʌltɪ'plɪsɪtɪ] *n* molteplicità.
multiply ['mʌltɪplaɪ] *vt* moltiplicare ♦ *vi* moltiplicarsi.
multiracial [mʌltɪ'reɪʃəl] *adj* multirazziale.
multistorey ['mʌltɪ'stɔːrɪ] *adj* (*BRIT: building, car park*) a più piani.
multitude ['mʌltɪtjuːd] *n* moltitudine *f*.
mum [mʌm] *n* (*BRIT*) mamma ♦ *adj*: **to keep ~** non aprire bocca; **~'s the word!** acqua in bocca!
mumble ['mʌmbl] *vt*, *vi* borbottare.
mumbo jumbo ['mʌmbəu-] *n* (*col*) parole *fpl* incomprensibili.
mummify ['mʌmɪfaɪ] *vt* mummificare.
mummy ['mʌmɪ] *n* (*BRIT: mother*) mamma; (*embalmed*) mummia.
mumps [mʌmps] *n* orecchioni *mpl*.
munch [mʌntʃ] *vt*, *vi* sgranocchiare.
mundane [mʌn'deɪn] *adj* terra a terra *inv*.
Munich ['mjuːnɪk] *n* Monaco *f* (di Baviera).
municipal [mjuː'nɪsɪpl] *adj* municipale.
municipality [mjuːnɪsɪ'pælɪtɪ] *n* municipio.
munitions [mjuː'nɪʃənz] *npl* munizioni *fpl*.
mural ['mjuərəl] *n* dipinto murale.
murder ['mə:də*] *n* assassinio, omicidio

♦ *vt* assassinare; **to commit ~** commettere un omicidio.
murderer ['mə:dərə*] *n* omicida *m*, assassino.
murderess ['mə:dərɪs] *n* omicida *f*, assassina.
murderous ['mə:dərəs] *adj* micidiale.
murk [mə:k] *n* oscurità, buio.
murky ['mə:kɪ] *adj* tenebroso(a), buio(a).
murmur ['mə:mə*] *n* mormorio ♦ *vt*, *vi* mormorare; **heart ~** (*MED*) soffio al cuore.
MusB(ac) *n abbr* (= *Bachelor of Music*) *titolo di studio.*
muscle ['mʌsl] *n* muscolo.
▶**muscle in** *vi* immischiarsi.
muscular ['mʌskjulə*] *adj* muscolare; (*person, arm*) muscoloso(a).
muscular dystrophy *n* distrofia muscolare.
MusD(oc) *n abbr* (= *Doctor of Music*) *titolo di studio.*
muse [mjuːz] *vi* meditare, sognare ♦ *n* musa.
museum [mjuː'zɪəm] *n* museo.
mush [mʌʃ] *n* pappa.
mushroom ['mʌʃrum] *n* fungo ♦ *vi* (*fig*) svilupparsi rapidamente.
mushy ['mʌʃɪ] *adj* (*of food*) spappolato(a); (*sentimental*) sdolcinato(a).
music ['mjuːzɪk] *n* musica.
musical ['mjuːzɪkəl] *adj* musicale ♦ *n* (*show*) commedia musicale.
music(al) box *n* carillon *m inv*.
musical chairs *n* gioco delle sedie (*in cui bisogna sedersi non appena cessa la musica*); (*fig*) scambio delle poltrone.
musical instrument *n* strumento musicale.
music centre *n* impianto *m* stereo *inv* monoblocco *inv*.
music hall *n* teatro di varietà.
musician [mjuː'zɪʃən] *n* musicista *m/f*.
music stand *n* leggio.
musk [mʌsk] *n* muschio.
musket ['mʌskɪt] *n* moschetto.
muskrat ['mʌskræt] *n* topo muschiato.
musk rose *n* (*BOT*) rosa muschiata.
Muslim ['mʌzlɪm] *adj*, *n* musulmano(a).
muslin ['mʌzlɪn] *n* mussola.
musquash ['mʌskwɔʃ] *n* (*fur*) rat musqué *m inv*.
mussel ['mʌsl] *n* cozza.
must [mʌst] *aux vb* (*obligation*): **I ~ do it** devo farlo; (*probability*): **he ~ be there by now** dovrebbe essere arrivato ormai; **I ~ have made a mistake** devo essermi sbagliato ♦ *n*: **this programme/trip is a ~**

è un programma/viaggio da non perdersi.

mustache ['mʌstæʃ] n (US) = **moustache**.

mustard ['mʌstəd] n senape f, mostarda.

mustard gas n iprite f.

muster ['mʌstə*] vt radunare; (also: ~ up: strength, courage) fare appello a.

mustiness ['mʌstɪnɪs] n odor di muffa or di stantio.

mustn't ['mʌsnt] = **must not**.

musty ['mʌstɪ] adj che sa di muffa or di rinchiuso.

mutant ['mjuːtənt] adj, n mutante (m).

mutate [mjuː'teɪt] vi subire una mutazione.

mutation [mjuː'teɪʃən] n mutazione f.

mute [mjuːt] adj, n muto(a).

muted ['mjuːtɪd] adj (noise) attutito(a), smorzato(a); (criticism) attenuato(a); (MUS) in sordina; (: trumpet) con sordina.

mutilate ['mjuːtɪleɪt] vt mutilare.

mutilation [mjuːtɪ'leɪʃən] n mutilazione f.

mutinous ['mjuːtɪnəs] adj (troops) ammutinato(a); (attitude) ribelle.

mutiny ['mjuːtɪnɪ] n ammutinamento ♦ vi ammutinarsi.

mutter ['mʌtə*] vt, vi borbottare, brontolare.

mutton ['mʌtn] n carne f di montone.

mutual ['mjuːtʃuəl] adj mutuo(a), reciproco(a).

mutually ['mjuːtʃuəlɪ] adv reciprocamente.

Muzak ® ['mjuːzæk] n (often pej) musica di sottofondo.

muzzle ['mʌzl] n muso; (protective device) museruola; (of gun) bocca ♦ vt mettere la museruola a.

MV abbr (= motor vessel) M/N, m/n.

MVP n abbr (US SPORT: = most valuable player) titolo ottenuto da sportivo.

MW abbr (RADIO: = medium wave) O.M.

my [maɪ] adj il(la) mio(a), pl i(le) miei(mie).

Myanmar ['maɪænmɑː*] n Myanma.

myopic [maɪ'ɔpɪk] adj miope.

myriad ['mɪrɪəd] n miriade f.

myself [maɪ'sɛlf] pron (reflexive) mi; (emphatic) io stesso(a); (after prep) me.

mysterious [mɪs'tɪərɪəs] adj misterioso(a).

mystery ['mɪstərɪ] n mistero.

mystery story n racconto del mistero.

mystic ['mɪstɪk] adj, n mistico(a).

mystical ['mɪstɪkəl] adj mistico(a).

mystify ['mɪstɪfaɪ] vt mistificare; (puzzle) confondere.

mystique [mɪs'tiːk] n fascino.

myth [mɪθ] n mito.

mythical ['mɪθɪkl] adj mitico(a).

mythological [mɪθə'lɔdʒɪkl] adj mitologico(a).

mythology [mɪ'θɔlədʒɪ] n mitologia.

N n

N, n [ɛn] n (letter) N, n f or m inv; **N for Nellie**, (US) **N for Nan** ≈ N come Napoli.

N abbr (= north) N.

NA n abbr (US: = Narcotics Anonymous) associazione in aiuto dei tossicodipendenti; (US) = National Academy.

n/a abbr (= not applicable) non pertinente; (COMM etc) = no account.

NAACP n abbr (US) = National Association for the Advancement of Colored People.

NAAFI ['næfɪ] n abbr (BRIT: = Navy, Army & Air Force Institute) organizzazione che gestisce negozi, mense ecc. per il personale militare.

nab [næb] vt (col) beccare, acchiappare.

NACU n abbr (US) = National Association of Colleges and Universities.

nadir ['neɪdɪə*] n (ASTRONOMY) nadir m; (fig) punto più basso.

nag [næg] n (pej: horse) ronzino; (person) brontolone/a ♦ vt tormentare ♦ vi brontolare in continuazione.

nagging ['nægɪŋ] adj (doubt, pain) persistente ♦ n brontolii mpl, osservazioni fpl continue.

nail [neɪl] n (human) unghia; (metal) chiodo ♦ vt inchiodare; **to ~ sb down to a date/ price** costringere qn a un appuntamento/ ad accettare un prezzo; **to pay cash on the ~** (BRIT) pagare a tamburo battente.

nailbrush ['neɪlbrʌʃ] n spazzolino da or per unghie.

nailfile ['neɪlfaɪl] n lima da or per unghie.

nail polish n smalto da or per unghie.

nail polish remover n acetone m, solvente m.

nail scissors npl forbici fpl da or per unghie.

nail varnish n (BRIT) = **nail polish**.

Nairobi [naɪ'rəubɪ] n Nairobi f.

naïve [naɪ'iːv] adj ingenuo(a).

naïveté [nɑːiːv'teɪ], **naivety** [naɪ'iːvtɪ] n ingenuità f inv.

naked ['neɪkɪd] adj nudo(a); **with the ~ eye** a occhio nudo.

nakedness ['neɪkɪdnɪs] n nudità f.

NAM *n abbr* (*US*) = National Association of Manufacturers.

name [neɪm] *n* nome *m*; (*reputation*) nome, reputazione *f* ♦ *vt* (*baby etc*) chiamare; (*person, object*) identificare; (*price, date*) fissare; **by ~** di nome; **she knows them all by ~** li conosce tutti per nome; **in the ~ of** in nome di; **what's your ~?** come si chiama?; **my ~ is Peter** mi chiamo Peter; **to take sb's ~ and address** prendere nome e indirizzo di qn; **to make a ~ for o.s.** farsi un nome; **to get (o.s.) a bad ~** farsi una cattiva fama *or* una brutta reputazione; **to call sb ~s** insultare qn.

name dropping *n* menzionare qualcuno per fare bella figura.

nameless ['neɪmlɪs] *adj* senza nome.

namely ['neɪmlɪ] *adv* cioè.

nameplate ['neɪmpleɪt] *n* (*on door etc*) targa.

namesake ['neɪmseɪk] *n* omonimo.

nan bread [nɑːn-] *n* tipo di pane indiano poco lievitato di forma allungata.

nanny ['nænɪ] *n* bambinaia.

nanny goat *n* capra.

nap [næp] *n* (*sleep*) pisolino; (*of cloth*) peluria ♦ *vi:* **to be caught ~ping** essere preso alla sprovvista; **to have a ~** schiacciare un pisolino.

NAPA *n abbr* (*US:* = National Association of Performing Artists*) associazione nazionale degli artisti di palcoscenico.

napalm ['neɪpɑːm] *n* napalm *m*.

nape [neɪp] *n:* **~ of the neck** nuca.

napkin ['næpkɪn] *n* tovagliolo; (*BRIT: for baby*) pannolino.

Naples ['neɪplz] *n* Napoli *f*.

Napoleonic [nəpəʊlɪˈɒnɪk] *adj* napoleonico(a).

nappy ['næpɪ] *n* (*BRIT*) pannolino.

nappy liner *n* (*BRIT*) foglietto igienico.

narcissistic [nɑːsɪˈsɪstɪk] *adj* narcisistico(a).

narcissus, *pl* **narcissi** [nɑːˈsɪsəs, -saɪ] *n* narciso.

narcotic [nɑːˈkɒtɪk] *n* (*MED*) narcotico; **~s** *npl* (*drugs*) narcotici, stupefacenti *mpl*.

nark [nɑːk] *vt* (*BRIT col*) scocciare.

narrate [nəˈreɪt] *vt* raccontare, narrare.

narration [nəˈreɪʃən] *n* narrazione *f*.

narrative ['nærətɪv] *n* narrativa ♦ *adj* narrativo(a).

narrator [nəˈreɪtə*] *n* narratore/trice.

narrow ['nærəʊ] *adj* stretto(a); (*resources, means*) limitato(a), modesto(a); (*fig*): **to take a ~ view of** avere una visione limitata di ♦ *vi* restringersi; **to have a ~ escape** farcela per un pelo; **to ~ sth**

down to ridurre qc a.

narrow gauge *adj* (*RAIL*) a scartamento ridotto.

narrowly ['nærəʊlɪ] *adv:* **Maria ~ escaped drowning** per un pelo Maria non è affogata; **he ~ missed hitting the cyclist** per poco non ha investito il ciclista.

narrow-minded [nærəʊˈmaɪndɪd] *adj* meschino(a).

NAS *n abbr* (*US*) = National Academy of Sciences.

NASA ['næsə] *n abbr* (*US:* = National Aeronautics and Space Administration*) N.A.S.A. *f*.

nasal ['neɪzl] *adj* nasale.

Nassau ['næsɔː] *n* Nassau *f*.

nastily ['nɑːstɪlɪ] *adv* con cattiveria.

nastiness ['nɑːstɪnɪs] *n* (*of person, remark*) cattiveria; (*: spitefulness*) malignità.

nasturtium [nəsˈtɜːʃəm] *n* cappuccina, nasturzio (indiano).

nasty ['nɑːstɪ] *adj* (*person, remark*) cattivo(a); (*: spiteful*) maligno(a); (*smell, wound, situation*) brutto(a); **to turn ~** (*situation*) mettersi male; (*weather*) guastarsi; (*person*) incattivirsi; **it's a ~ business** è una brutta faccenda, è un brutto affare.

NAS/UWT *n abbr* (*BRIT:* = National Association of Schoolmasters/Union of Women Teachers*) sindacato di insegnanti in Inghilterra e Galles.

nation ['neɪʃən] *n* nazione *f*.

national ['næʃənl] *adj* nazionale ♦ *n* cittadino/a.

national anthem *n* inno nazionale.

National Curriculum *n* (*BRIT*) ≈ programma *m* scolastico ministeriale (*in Inghilterra e Galles*).

national debt *n* debito pubblico.

national dress *n* costume *m* nazionale.

National Guard *n* (*US*) milizia nazionale (*volontaria, in ogni stato*).

National Health Service (NHS) *n* (*BRIT*) servizio nazionale di assistenza sanitaria, ≈ S.A.U.B. *f*.

National Insurance *n* (*BRIT*) ≈ Previdenza Sociale.

nationalism ['næʃnəlɪzəm] *n* nazionalismo.

nationalist ['næʃnəlɪst] *adj, n* nazionalista (*m/f*).

nationality [næʃəˈnælɪtɪ] *n* nazionalità *f inv*.

nationalization [næʃnəlaɪˈzeɪʃən] *n* nazionalizzazione *f*.

nationalize ['næʃnəlaɪz] *vt* nazionalizzare.

nationally ['næʃnəlɪ] *adv* a livello nazionale.

national park *n* parco nazionale.

national press *n* stampa a diffusione

nazionale.
National Security Council n (US) consiglio nazionale di sicurezza.
national service n (MIL) servizio militare.
National Trust n sovrintendenza ai beni culturali e ambientali.

> Fondato nel 1895, il **National Trust** è un'organizzazione che si occupa della tutela e salvaguardia di edifici e monumenti di interesse storico e di territori di interesse ambientale.

nation-wide ['neɪʃənwaɪd] adj diffuso(a) in tutto il paese ♦ adv in tutto il paese.
native ['neɪtɪv] n abitante m/f del paese; (in colonies) indigeno/a ♦ adj indigeno(a); (country) natio(a); (ability) innato(a); **a ~ of Russia** un nativo della Russia; **a ~ speaker of French** una persona di madrelingua francese; **~ language** madrelingua.
Native American n discendente di tribù dell'America settentrionale.
Nativity [nə'tɪvɪtɪ] n (REL): **the ~** la Natività.
nativity play n recita sulla Natività.
NATO ['neɪtəu] n abbr (= North Atlantic Treaty Organization) N.A.T.O. f.
natter ['nætə*] (BRIT col) vi chiacchierare ♦ n chiacchierata.
natural ['nætʃrəl] adj naturale; (ability) innato(a); (manner) semplice; **death from ~ causes** (LAW) morte f per cause naturali.
natural childbirth n parto indolore.
natural gas n gas m metano.
natural history n storia naturale.
naturalist ['nætʃrəlɪst] n naturalista m/f.
naturalization [nætʃrəlaɪ'zeɪʃən] n naturalizzazione f; acclimatazione f.
naturalize ['nætʃrəlaɪz] vt: **to be ~d** (person) naturalizzarsi; **to become ~d** (animal, plant) acclimatarsi.
naturally ['nætʃrəlɪ] adv naturalmente; (by nature: gifted) di natura.
naturalness ['nætʃrəlnɪs] n naturalezza.
natural resources npl risorse fpl naturali.
natural selection n selezione f naturale.
natural wastage n (INDUSTRY) diminuzione f di manodopera (per pensionamento, decesso etc).
nature ['neɪtʃə*] n natura; (character) natura, indole f; **by ~** di natura; **documents of a confidential ~** documenti mpl di natura privata.
-natured ['neɪtʃəd] suffix: **ill-~** maldisposto(a).

nature reserve n (BRIT) parco naturale.
nature trail n percorso tracciato in parchi nazionali ecc con scopi educativi.
naturist ['neɪtʃərɪst] n naturista m/f, nudista m/f.
naught [nɔːt] n = **nought**.
naughtiness ['nɔːtɪnɪs] n cattiveria.
naughty ['nɔːtɪ] adj (child) birichino(a), cattivello(a); (story, film) spinto(a).
nausea ['nɔːsɪə] n (MED) nausea; (fig: disgust) schifo.
nauseate ['nɔːsɪeɪt] vt nauseare; far schifo a.
nauseating ['nɔːsɪeɪtɪŋ] adj nauseante; (fig) disgustoso(a).
nauseous ['nɔːsɪəs] adj nauseabondo(a); (feeling sick): **to be ~** avere la nausea.
nautical ['nɔːtɪkl] adj nautico(a).
nautical mile n miglio nautico or marino.
naval ['neɪvl] adj navale.
naval officer n ufficiale m di marina.
nave [neɪv] n navata centrale.
navel ['neɪvl] n ombelico.
navigable ['nævɪgəbl] adj navigabile.
navigate ['nævɪgeɪt] vt percorrere navigando ♦ vi navigare; (AUT) fare da navigatore.
navigation [nævɪ'geɪʃən] n navigazione f.
navigator ['nævɪgeɪtə*] n (NAUT, AVIAT) ufficiale m di rotta; (explorer) navigatore m; (AUT) copilota m/f.
navvy ['nævɪ] n manovale m.
navy ['neɪvɪ] n marina; **Department of the N~** (US) Ministero della Marina.
navy(-blue) ['neɪvɪ('bluː)] adj blu scuro inv.
Nazareth ['næzərɪθ] n Nazareth f.
Nazi ['nɑːtsɪ] adj, n nazista (m/f).
NB abbr (= nota bene) N.B.; (Canada) = New Brunswick.
NBA n abbr (US: = National Basketball Association) ≈ F.I.P. f (= Federazione Italiana Pallacanestro); (= National Boxing Association).
NBC n abbr (US: = National Broadcasting Company) compagnia nazionale di radiodiffusione.
NBS n abbr (US: = National Bureau of Standards) ufficio per la normalizzazione.
NC abbr (COMM etc: = no charge) gratis; (US) = North Carolina.
NCC n abbr (= Nature Conservancy Council) organismo di protezione dei beni naturali; (US) = National Council of Churches.
NCCL n abbr (BRIT: = National Council for Civil Liberties) associazione per la difesa delle libertà civili.
NCO n abbr see **non-commissioned**.

ND, N. Dak. *abbr* (*US*) = North Dakota.
NE *abbr* (*US*) = Nebraska; New England.
NEA *n abbr* (*US*) = National Education
   Association.
neap [niːp] *n* (*also:* ~*tide*) marea di
   quadratura.
Neapolitan [nɪə'pɒlɪtən] *adj, n*
   napoletano(a).
near [nɪə*] *adj* vicino(a); (*relation*)
   prossimo(a) ♦ *adv* vicino ♦ *prep* (*also:* ~ **to**)
   vicino a, presso; (*time*) verso ♦ *vt*
   avvicinarsi a; **to come** ~ avvicinarsi; ~
   here/there qui/lì vicino; **£25,000 or** ~**est**
   offer (*BRIT*) 25.000 sterline trattabili; **in**
   the ~ **future** in un prossimo futuro; **the**
   building is ~**ing completion** il palazzo è
   quasi terminato *or* ultimato.
nearby [nɪə'baɪ] *adj* vicino(a) ♦ *adv* vicino.
Near East *n*: **the** ~ il Medio Oriente.
nearer ['nɪərə*] *adj* più vicino(a) ♦ *adv* più
   vicino.
nearly ['nɪəlɪ] *adv* quasi; **not** ~ non ...
   affatto; **I** ~ **lost it** per poco non lo
   perdevo; **she was** ~ **crying** era lì lì per
   piangere.
near miss *n*: **that was a** ~ c'è mancato
   poco.
nearness ['nɪənɪs] *n* vicinanza.
nearside ['nɪəsaɪd] *n* (*right-hand drive*) lato
   sinistro; (*left-hand drive*) lato destro ♦ *adj*
   sinistro(a); destro(a).
near-sighted [nɪə'saɪtɪd] *adj* miope.
neat [niːt] *adj* (*person, room*) ordinato(a);
   (*work*) pulito(a); (*solution, plan*) ben
   indovinato(a), azzeccato(a); (*spirits*)
   liscio(a).
neatly ['niːtlɪ] *adv* con ordine; (*skilfully*)
   abilmente.
neatness ['niːtnɪs] *n* (*tidiness*) ordine *m*;
   (*skilfulness*) abilità.
Nebr. *abbr* (*US*) = Nebraska.
nebulous ['nɛbjuləs] *adj* nebuloso(a); (*fig*)
   vago(a).
necessarily ['nɛsɪsrɪlɪ] *adv*
   necessariamente; **not** ~ non è detto, non
   necessariamente.
necessary ['nɛsɪsrɪ] *adj* necessario(a); **if** ~
   se necessario.
necessitate [nɪ'sɛsɪteɪt] *vt* rendere
   necessario(a).
necessity [nɪ'sɛsɪtɪ] *n* necessità *f inv*; **in**
   case of ~ in caso di necessità.
neck [nɛk] *n* collo; (*of garment*) colletto ♦ *vi*
   (*col*) pomiciare, sbaciucchiarsi; ~ **and** ~
   testa a testa; **to stick one's** ~ **out** (*col*)
   rischiare (forte).
necklace ['nɛklɪs] *n* collana.
neckline ['nɛklaɪn] *n* scollatura.

necktie ['nɛktaɪ] *n* (*esp US*) cravatta.
nectar ['nɛktə*] *n* nettare *m*.
nectarine ['nɛktərɪn] *n* nocepesca.
NEDC *n abbr* (*BRIT*: = National Economic
   Development Council) ≈ C.N.E.L. *m*
   (= Consiglio Nazionale dell'Economia e del
   Lavoro).
Neddy ['nɛdɪ] *n abbr* (*BRIT col*) = NEDC.
née [neɪ] *adj*: ~ Scott nata Scott.
need [niːd] *n* bisogno ♦ *vt* aver bisogno di; **I**
   ~ **to do it** lo devo fare, bisogna che io lo
   faccia; **you don't** ~ **to go** non deve
   andare, non c'è bisogno che lei vada; **a**
   signature is ~**ed** occorre *or* ci vuole una
   firma; **to be in** ~ **of, have** ~ **of** aver
   bisogno di; **£10 will meet my immediate**
   ~**s** 10 sterline mi basteranno per le
   necessità più urgenti; **in case of** ~ in
   caso di bisogno *or* necessità; **there's no** ~
   for ... non c'è bisogno *or* non occorre che
   ...; **there's no** ~ **to do ...** non occorre fare
   ...; **the** ~**s of industry** le esigenze
   dell'industria.
needle ['niːdl] *n* ago; (*on record player*)
   puntina ♦ *vt* punzecchiare.
needlecord ['niːdlkɔːd] *n* (*BRIT*) velluto a
   coste sottili.
needless ['niːdlɪs] *adj* inutile; ~ **to say, ...**
   inutile dire che ....
needlessly ['niːdlɪslɪ] *adv* inutilmente.
needlework ['niːdlwəːk] *n* cucito.
needn't ['niːdnt] = need not.
needy ['niːdɪ] *adj* bisognoso(a).
negation [nɪ'geɪʃən] *n* negazione *f*.
negative ['nɛgətɪv] *n* (*PHOT*) negativa,
   negativo; (*ELEC*) polo negativo; (*LING*)
   negazione *f* ♦ *adj* negativo(a); **to answer in**
   the ~ rispondere negativamente *or* di no.
negative equity *n* situazione in cui
   l'ammontare del mutuo su un immobile
   supera il suo valore sul mercato.
neglect [nɪ'glɛkt] *vt* trascurare ♦ *n* (*of*
   person, duty) negligenza; **state of** ~ stato
   di abbandono; **to** ~ **to do sth** trascurare
   or tralasciare di fare qc.
neglected [nɪ'glɛktɪd] *adj* trascurato(a).
neglectful [nɪ'glɛktful] *adj* (*gen*) negligente;
   to be ~ **of sb/sth** trascurare qn/qc.
negligee ['nɛglɪʒeɪ] *n* négligé *m inv*.
negligence ['nɛglɪdʒəns] *n* negligenza.
negligent ['nɛglɪdʒənt] *adj* negligente.
negligently ['nɛglɪdʒəntlɪ] *adv* con
   negligenza.
negligible ['nɛglɪdʒɪbl] *adj* insignificante,
   trascurabile.
negotiable [nɪ'gəʊʃɪəbl] *adj* negoziabile;
   (*cheque*) trasferibile; (*road*) transitabile.
negotiate [nɪ'gəʊʃɪeɪt] *vi* negoziare ♦ *vt*

(*COMM*) negoziare; (*obstacle*) superare; (*bend in road*) prendere; **to ~ with sb for sth** trattare con qn per ottenere qc.

negotiating table [nɪ'gəʊʃɪeɪtɪŋ-] *n* tavolo delle trattative.

negotiation [nɪgəʊʃɪ'eɪʃən] *n* trattativa; (*POL*) negoziato; **to enter into ~s with sb** entrare in trattative (*or* intavolare i negoziati) con qn.

negotiator [nɪ'gəʊʃɪeɪtə*] *n* negoziatore/trice.

Negress ['niːgrɪs] *n* negra.

Negro ['niːgrəʊ] *adj, n* (*pl* **~es**) negro(a).

neigh [neɪ] *vi* nitrire.

neighbour, (*US*) **neighbor** ['neɪbə*] *n* vicino/a.

neighbo(u)rhood ['neɪbəhud] *n* vicinato.

neighbourhood watch *n* (*BRIT: also:* **~ scheme**) *sistema di vigilanza reciproca in un quartiere*.

neighbo(u)ring ['neɪbərɪŋ] *adj* vicino(a).

neighbo(u)rly ['neɪbəlɪ] *adj*: **he is a ~ person** è un buon vicino.

neither ['naɪðə*] *adj, pron* né l'uno(a) né l'altro(a), nessuno(a) dei(delle) due ♦ *conj* neanche, nemmeno, neppure ♦ *adv*: **~ good nor bad** né buono né cattivo; **I didn't move and ~ did Claude** io non mi mossi e nemmeno Claude; ... **~ did I refuse** ..., ma non ho nemmeno rifiutato.

neo... ['niːəʊ] *prefix* neo...

neolithic [niːəʊ'lɪθɪk] *adj* neolitico(a).

neologism [nɪ'ɒlədʒɪzəm] *n* neologismo.

neon ['niːɒn] *n* neon *m*.

neon light *n* luce *f* al neon.

neon sign *n* insegna al neon.

Nepal [nɪ'pɔːl] *n* Nepal *m*.

nephew ['nɛvjuː] *n* nipote *m*.

nepotism ['nɛpətɪzəm] *n* nepotismo.

nerd [nəːd] *n* (*col*) sfigato/a, povero(a) fesso/a.

nerve [nəːv] *n* nervo; (*fig*) coraggio; (*impudence*) faccia tosta; **he gets on my ~s** mi dà ai nervi, mi fa venire i nervi; **a fit of ~s** una crisi di nervi; **to lose one's ~** (*self-confidence*) perdere fiducia in se stesso; **I lost my ~** (*courage*) mi è mancato il coraggio.

nerve centre *n* (*ANAT*) centro nervoso; (*fig*) cervello, centro vitale.

nerve gas *n* gas *m* nervino.

nerve-racking ['nəːvrækɪŋ] *adj* che spezza i nervi.

nervous ['nəːvəs] *adj* nervoso(a).

nervous breakdown *n* esaurimento nervoso.

nervously ['nəːvəslɪ] *adv* nervosamente.

nervousness ['nəːvəsnɪs] *n* nervosismo.

nervous wreck *n*: **to be a ~** (*col*) essere nevrastenico(a).

nervy ['nəːvɪ] *adj* agitato(a), nervoso(a).

nest [nɛst] *n* nido; **~ of tables** tavolini *mpl* cicogna *inv*.

nest egg *n* (*fig*) gruzzolo.

nestle ['nɛsl] *vi* accoccolarsi.

nestling ['nɛslɪŋ] *n* uccellino di nido.

net [nɛt] *n* rete *f*; (*fabric*) tulle *m* ♦ *adj* netto(a) ♦ *vt* (*subj: person*) ricavare un utile netto di; (*deal, sale*) dare un utile netto di; **~ of tax** netto, al netto di tasse; **he earns £10,000 ~ per year** guadagna 10.000 sterline nette all'anno.

netball ['nɛtbɔːl] *n* specie di pallacanestro.

net curtains *npl* tende *fpl* di tulle.

Netherlands ['nɛðələndz] *npl*: **the ~** i Paesi Bassi.

net profit *n* utile *m* netto.

nett [nɛt] *adj* = **net**.

netting ['nɛtɪŋ] *n* (*for fence etc*) reticolato; (*fabric*) tulle *m*.

nettle ['nɛtl] *n* ortica.

network ['nɛtwɔːk] *n* rete *f*.

neuralgia [njuə'rældʒə] *n* nevralgia.

neurological [njuərə'lɒdʒɪkl] *adj* neurologico(a).

neurosis, *pl* **neuroses** [njuə'rəʊsɪs, -siːz] *n* nevrosi *f inv*.

neurotic [njuə'rɒtɪk] *adj, n* nevrotico(a).

neuter ['njuːtə*] *adj* neutro(a) ♦ *n* neutro ♦ *vt* (*cat etc*) castrare.

neutral ['njuːtrəl] *adj* neutro(a); (*person, nation*) neutrale ♦ *n* (*AUT*): **in ~** in folle.

neutrality [njuː'trælɪtɪ] *n* neutralità.

neutralize ['njuːtrəlaɪz] *vt* neutralizzare.

neutron bomb ['njuːtrɒn-] *n* bomba al neutrone.

Nev. *abbr* (*US*) = *Nevada*.

never ['nɛvə*] *adv* (non...) mai; **~ again** mai più; **I'll ~ go there again** non ci vado più; **~ in my life** mai in vita mia; *see also* **mind**.

never-ending [nɛvər'ɛndɪŋ] *adj* interminabile.

nevertheless [nɛvəðə'lɛs] *adv* tuttavia, ciò nonostante, ciò nondimeno.

new [njuː] *adj* nuovo(a); (*brand new*) nuovo(a) di zecca; **as good as ~** come nuovo.

New Age *adj, n* New Age (*f*) *inv*.

newborn ['njuːbɔːn] *adj* neonato(a).

newcomer ['njuːkʌmə*] *n* nuovo(a) venuto(a).

new-fangled ['njuːfæŋgld] *adj* (*pej*) stramoderno(a).

new-found ['njuːfaund] *adj* nuovo(a).

Newfoundland ['njuːfənlənd] *n* Terranova.

New Guinea *n* Nuova Guinea.

newly ['njuːlɪ] *adv* di recente.
newly-weds ['njuːliːwɛdz] *npl* sposini *mpl*, sposi *mpl* novelli.
new moon *n* luna nuova.
newness ['njuːnɪs] *n* novità.
news [njuːz] *n* notizie *fpl*; (*RADIO*) giornale *m* radio; (*TV*) telegiornale *m*; **a piece of** ~ una notizia; **good/bad** ~ buone/cattive notizie; **financial** ~ (*PRESS*) pagina economica e finanziaria; (*RADIO*, *TV*) notiziario economico.
news agency *n* agenzia di stampa.
newsagent ['njuːzeɪdʒənt] *n* (*BRIT*) giornalaio.
news bulletin *n* (*RADIO*, *TV*) notiziario.
newscaster ['njuːzkɑːstə*] *n* (*RADIO*, *TV*) annunciatore/trice.
newsdealer ['njuːzdiːlə*] *n* (*US*) = **newsagent**.
newsflash ['njuːzflæʃ] *n* notizia *f* lampo *inv*.
newsletter ['njuːzlɛtə*] *n* bollettino (*di ditta, associazione*).
newspaper ['njuːzpeɪpə*] *n* giornale *m*; **daily** ~ quotidiano; **weekly** ~ settimanale *m*.
newsprint ['njuːzprɪnt] *n* carta da giornale.
newsreader ['njuːzriːdə*] *n* = **newscaster**.
newsreel ['njuːzriːl] *n* cinegiornale *m*.
newsroom ['njuːzrum] *n* (*PRESS*) redazione *f*; (*RADIO*, *TV*) studio.
news stand *n* edicola.
newsworthy ['njuːzwəːðɪ] *adj* degno(a) di menzione (*per radio, TV ecc*); **to be** ~ fare notizia.
newt [njuːt] *n* tritone *m*.
new town *n* (*BRIT*) *nuovo centro urbano creato con fondi pubblici.*
New Year *n* Anno Nuovo; **Happy** ~! Buon Anno!; **to wish sb a happy** ~ augurare Buon Anno a qn.
New Year's Day *n* il Capodanno.
New Year's Eve *n* la vigilia di Capodanno.
New York [-'jɔːk] *n* New York *f*, Nuova York *f*; (*also*: ~ **State**) stato di New York.
New Zealand [-'ziːlənd] *n* Nuova Zelanda ♦ *adj* neozelandese.
New Zealander [-'ziːləndə*] *n* neozelandese *m/f*.
next [nɛkst] *adj* prossimo(a) ♦ *adv* accanto; (*in time*) dopo; ~ **to** *prep* accanto a; ~ **to nothing** quasi niente; ~ **time** *adv* la prossima volta; ~ **week** la settimana prossima; **the** ~ **week** la settimana dopo *or* seguente; **the week after** ~ fra due settimane; **the** ~ **day** il giorno dopo, l'indomani; ~ **year** l'anno prossimo *or* venturo; "**turn to the** ~ **page**" "vedi pagina seguente"; **who's** ~? a chi tocca?;

when do we meet ~? quando ci rincontriamo?
next door *adv* accanto.
next of kin *n* parente *m/f* prossimo(a).
NF *n abbr* (*BRIT POL*: = *National Front*) *partito di estrema destra* ♦ *abbr* (*Canada*) = **Newfoundland**.
NFL *n abbr* (*US*) = *National Football League*.
Nfld. *abbr* (*Canada*) = **Newfoundland**.
NG *abbr* (*US*) = **National Guard**.
NGO *n abbr* (*US*) = *non-governmental organization*.
NH *abbr* (*US*) = *New Hampshire*.
NHL *n abbr* (*US*: = *National Hockey League*) ≈ F.I.H.P. *f* (= *Federazione Italiana Hockey e Pattinaggio*).
NHS *n abbr* (*BRIT*) *see* **National Health Service**.
NI *abbr* = **Northern Ireland**; (*BRIT*) = **National Insurance**.
Niagara Falls [naɪˈægərə-] *npl*: **the** ~ le cascate del Niagara.
nib [nɪb] *n* (*of pen*) pennino.
nibble ['nɪbl] *vt* mordicchiare.
Nicaragua [nɪkəˈrægjuə] *n* Nicaragua *m*.
Nicaraguan [nɪkəˈrægjuən] *adj*, *n* nicaraguense (*m/f*).
Nice [niːs] *n* Nizza.
nice [naɪs] *adj* (*holiday, trip*) piacevole; (*flat, picture*) bello(a); (*person*) simpatico(a), gentile; (*taste, smell, meal*) buono(a); (*distinction, point*) sottile.
nice-looking ['naɪslukɪŋ] *adj* bello(a).
nicely ['naɪslɪ] *adv* bene; **that will do** ~ andrà benissimo.
niceties ['naɪsɪtɪz] *npl* finezze *fpl*.
nick [nɪk] *n* tacca ♦ *vt* intaccare; tagliare; (*col: steal*) rubare; (: *BRIT: arrest*) beccare; **in the** ~ **of time** appena in tempo; **in good** ~ (*BRIT col*) decente, in buono stato; **to** ~ **o.s.** farsi un taglietto.
nickel ['nɪkl] *n* nichel *m*; (*US*) *moneta da cinque centesimi di dollaro*.
nickname ['nɪkneɪm] *n* soprannome *m* ♦ *vt* soprannominare.
Nicosia [nɪkəˈsiːə] *n* Nicosia.
nicotine ['nɪkətiːn] *n* nicotina.
nicotine patch *n* cerotto antifumo (*a base di nicotina*).
niece [niːs] *n* nipote *f*.
nifty ['nɪftɪ] *adj* (*col: car, jacket*) chic *inv*; (: *gadget, tool*) ingegnoso(a).
Niger ['naɪdʒə*] *n* Niger *m*.
Nigeria [naɪˈdʒɪərɪə] *n* Nigeria.
Nigerian [naɪˈdʒɪərɪən] *adj*, *n* nigeriano(a).
niggardly ['nɪgədlɪ] *adj* (*person*) tirchio(a), spilorcio(a); (*allowance, amount*) misero(a).

nigger – noisy

nigger ['nɪgə*] n (coll: highly offensive) negro/a.

niggle ['nɪgl] vt assillare ♦ vi fare il(la) pignolo(a).

niggling ['nɪglɪŋ] adj pignolo(a); (detail) insignificante; (doubt, pain) persistente.

night [naɪt] n notte f; (evening) sera; **at** ~ la notte; la sera; **by** ~ di notte; **in the** ~, **during the** ~ durante la notte; **the** ~ **before last** l'altro ieri notte; l'altro ieri sera.

night-bird ['naɪtbəːd] n uccello notturno; (fig) nottambulo/a.

nightcap ['naɪtkæp] n bicchierino prima di andare a letto.

night club n locale m notturno.

nightdress ['naɪtdrɛs] n camicia da notte.

nightfall ['naɪtfɔːl] n crepuscolo.

nightie ['naɪtɪ] n camicia da notte.

nightingale ['naɪtɪŋɡeɪl] n usignolo.

night life n vita notturna.

nightly ['naɪtlɪ] adj di ogni notte or sera; (by night) notturno/a(a) ♦ adv ogni notte or sera.

nightmare ['naɪtmɛə*] n incubo.

night porter n portiere m di notte.

night safe n cassa continua.

night school n scuola serale.

nightshade ['naɪtʃeɪd] n: **deadly** ~ (BOT) belladonna.

nightshift ['naɪtʃɪft] n turno di notte.

night-time ['naɪttaɪm] n notte f.

night watchman n guardiano notturno.

nihilism ['naɪɪlɪzəm] n nichilismo.

nil [nɪl] n nulla m; (SPORT) zero.

Nile [naɪl] n: **the** ~ il Nilo.

nimble ['nɪmbl] adj agile.

nine [naɪn] num nove.

nineteen [naɪn'tiːn] num diciannove.

ninety ['naɪntɪ] num novanta.

ninth [naɪnθ] num nono/a(a).

nip [nɪp] vt pizzicare ♦ vi (BRIT col): **to** ~ **out/down/up** fare un salto fuori/giù/di sopra ♦ n (pinch) pizzico; (drink) goccio, bicchierino.

nipple ['nɪpl] n (ANAT) capezzolo.

nippy ['nɪpɪ] adj (weather) pungente; (BRIT: car, person) svelto(a).

nit [nɪt] n (of louse) lendine m; (col: idiot) cretino/a, scemo/a.

nit-pick ['nɪtpɪk] vi (col) cercare il pelo nell'uovo.

nitrogen ['naɪtrədʒən] n azoto.

nitroglycerin(e) [naɪtrəʊ'glɪsəriːn] n nitroglicerina.

nitty-gritty ['nɪtɪ'grɪtɪ] n (col): **to get down to the** ~ venire al sodo.

nitwit ['nɪtwɪt] n (col) scemo/a.

NJ abbr (US) = New Jersey.

NLF n abbr (= National Liberation Front) ≈ F.L.N. m.

NLQ abbr (= near letter quality) qualità quasi di corrispondenza.

NLRB n abbr (US: = National Labor Relations Board) organismo per la tutela dei lavoratori.

NM, N. Mex. abbr (US) = New Mexico.

═══════════════════════════ KEYWORD

no [nəʊ] adv (opposite of "yes") no; **are you coming? —** ~ **(I'm not)** viene? — no (non vengo); **would you like some more? —** ~ **thank you** ne vuole ancora un po'? — no, grazie; **I have** ~ **more wine** non ho più vino

♦ adj (not any) nessuno(a); **I have** ~ **money/time/books** non ho soldi/tempo/libri; ~ **student would have done it** nessuno studente lo avrebbe fatto; **there is** ~ **reason to believe** ... non c'è nessuna ragione per credere ...; **"**~ **parking"** "divieto di sosta"; **"**~ **smoking"** "vietato fumare"; **"**~ **entry"** "ingresso vietato"; **"**~ **dogs"** "vietato l'accesso ai cani"

♦ n (pl ~**es**) no m inv; **I won't take** ~ **for an answer** non accetterò un rifiuto.

no. abbr (= number) n.

nobble ['nɔbl] vt (BRIT col: bribe: person) comprare, corrompere; (: person to speak to, criminal) bloccare, beccare; (RACING: horse, dog) drogare.

Nobel prize [nəʊ'bɛl-] n premio Nobel.

nobility [nəʊ'bɪlɪtɪ] n nobiltà.

noble ['nəʊbl] adj, n nobile (m).

nobleman ['nəʊblmən] n nobile m, nobiluomo.

nobly ['nəʊblɪ] adv (selflessly) generosamente.

nobody ['nəʊbədɪ] pron nessuno.

no-claims bonus ['nəʊkleɪmz-] n bonus malus m inv.

nocturnal [nɔk'təːnl] adj notturno(a).

nod [nɔd] vi accennare col capo, fare un cenno; (sleep) sonnecchiare ♦ vt: **to** ~ **one's head** fare di sì col capo ♦ n cenno; **they** ~**ded their agreement** accennarono di sì (col capo).

▶**nod off** vi assopirsi.

no-fly zone [nəʊ'flaɪ-] n zona di interdizione aerea.

noise [nɔɪz] n rumore m; (din, racket) chiasso.

noiseless ['nɔɪzlɪs] adj silenzioso(a).

noisily ['nɔɪzɪlɪ] adv rumorosamente.

noisy ['nɔɪzɪ] adj (street, car) rumoroso(a); (person) chiassoso(a).

nomad ['nəumæd] *n* nomade *m/f.*
nomadic [nəu'mædɪk] *adj* nomade.
no man's land *n* terra di nessuno.
nominal ['nɒmɪnl] *adj* nominale.
nominate ['nɒmɪneɪt] *vt* (*propose*) proporre come candidato; (*elect*) nominare.
nomination [nɒmɪ'neɪʃən] *n* nomina; candidatura.
nominee [nɒmɪ'niː] *n* persona nominata; candidato/a.
non... [nɒn] *prefix* non....
non-alcoholic ['nɒnælkə'hɒlɪk] *adj* analcolico(a).
non-breakable [nɒn'breɪkəbl] *adj* infrangibile.
nonce word ['nɒns-] *n* parola coniata per l'occasione.
nonchalant ['nɒnʃələnt] *adj* incurante, indifferente.
non-commissioned [nɒnkə'mɪʃnd] *adj*: ~ **officer (NCO)** sottufficiale *m.*
non-committal [nɒnkə'mɪtl] *adj* evasivo(a).
nonconformist [nɒnkən'fɔːmɪst] *n* anticonformista *m/f*; (*BRIT REL*) dissidente *m/f* ♦ *adj* anticonformista.
non-contributory [nɒnkən'trɪbjutərɪ] *adj*: ~ **pension scheme** *or* (*US*) **plan** *sistema di pensionamento con i contributi interamente a carico del datore di lavoro.*
non-cooperation ['nɒnkəuɒpə'reɪʃən] *n* non cooperazione *f*, non collaborazione *f.*
nondescript ['nɒndɪskrɪpt] *adj* qualunque *inv.*
none [nʌn] *pron* (*not one thing*) niente; (*not one person*) nessuno(a); ~ **of you** nessuno(a) di voi; **I have** ~ non ne ho nemmeno uno; **I have** ~ **left** non ne ho più; ~ **at all** proprio niente; (*not one*) nemmeno uno; **he's** ~ **the worse for it** non ne ha risentito.
nonentity [nɒ'nentɪtɪ] *n* persona insignificante.
non-essential [nɒnɪ'senʃl] *adj* non essenziale ♦ *n*: ~**s** superfluo, cose *fpl* superflue.
nonetheless ['nʌnðə'les] *adv* nondimeno.
non-event [nɒnɪ'vent] *n* delusione *f.*
non-executive [nɒnɪg'zɛkjutɪv] *adj*: ~ **director** direttore *m* senza potere esecutivo.
non-existent [nɒnɪg'zɪstənt] *adj* inesistente.
non-fiction [nɒn'fɪkʃən] *n* saggistica.
non-flammable [nɒn'flæməbl] *adj* ininfiammabile.
non-intervention ['nɒnɪntə'venʃən] *n* non intervento.

no-no ['nəunəu] *n*: **it's a** ~! (*undesirable*) è inaccettabile!; (*forbidden*) non si può fare!
non obst. *abbr* (= *non obstante*: *notwithstanding*) nonostante.
no-nonsense [nəu'nɒnsəns] *adj* che va al sodo.
non-payment [nɒn'peɪmənt] *n* mancato pagamento.
nonplussed [nɒn'plʌst] *adj* sconcertato(a).
non-profit-making [nɒn'prɒfɪtmeɪkɪŋ] *adj* senza scopo di lucro.
nonsense ['nɒnsəns] *n* sciocchezze *fpl*; ~! che sciocchezze!, che assurdità!; **it is** ~ **to say that** ... è un'assurdità *or* non ha senso dire che ....
nonsensical [nɒn'sensɪkl] *adj* assurdo(a), ridicolo(a).
non-shrink [nɒn'ʃrɪŋk] *adj* (*BRIT*) irrestringibile.
non-skid [nɒn'skɪd] *adj* antisdrucciolo(a).
non-smoker ['nɒn'sməukə*] *n* non fumatore/trice.
non-starter [nɒn'stɑːtə*] *n*: **it's a** ~ è fallito in partenza.
non-stick ['nɒn'stɪk] *adj* antiaderente, antiadesivo(a).
non-stop ['nɒn'stɒp] *adj* continuo(a); (*train, bus*) direttissimo(a) ♦ *adv* senza sosta.
non-taxable [nɒn'tæksəbl] *adj*: ~ **income** reddito non imponibile.
non-U [nɒn'juː] *adj abbr* (*BRIT col*) = *non-upper class.*
non-volatile [nɒn'vɒlətaɪl] *adj*: ~ **memory** (*COMPUT*) memoria permanente.
non-voting [nɒn'vəutɪŋ] *adj*: ~ **shares** azioni *fpl* senza diritto di voto.
non-white ['nɒn'waɪt] *adj* di colore ♦ *n* persona di colore.
noodles ['nuːdlz] *npl* taglierini *mpl.*
nook [nuk] *n*: ~**s and crannies** angoli *mpl.*
noon [nuːn] *n* mezzogiorno.
no one ['nəuwʌn] *pron* = **nobody.**
noose [nuːs] *n* nodo scorsoio, cappio; (*hangman's*) cappio.
nor [nɔː*] *conj* = **neither** ♦ *adv see* **neither.**
Norf *abbr* (*BRIT*) = *Norfolk.*
norm [nɔːm] *n* norma.
normal ['nɔːml] *adj* normale ♦ *n*: **to return to** ~ tornare alla normalità.
normality [nɔː'mælɪtɪ] *n* normalità.
normally ['nɔːməlɪ] *adv* normalmente.
Normandy ['nɔːməndɪ] *n* Normandia.
north [nɔːθ] *n* nord *m*, settentrione *m* ♦ *adj* nord *inv*, del nord, settentrionale ♦ *adv* verso nord.
North Africa *n* Africa del Nord.
North African *adj, n* nordafricano(a).

North America n America del Nord.
North American adj, n nordamericano(a).
Northants [nɔː'θænts] abbr (BRIT)
= Northamptonshire.
northbound ['nɔːθbaund] adj (traffic)
diretto(a) a nord; (carriageway) nord inv.
Northd abbr (BRIT) = Northumberland.
north-east [nɔːθ'iːst] n nord-est m.
northerly ['nɔːðəlɪ] adj (wind) del nord;
(direction) verso nord.
northern ['nɔːðən] adj del nord,
settentrionale.
Northern Ireland n Irlanda del Nord.
North Pole n: the ~ il Polo Nord.
North Sea n: the ~ il mare del Nord.
North Sea oil n petrolio del mare del
Nord.
northward(s) ['nɔːθwəd(z)] adv verso nord.
north-west [nɔːθ'wɛst] n nord-ovest m.
Norway ['nɔːweɪ] n Norvegia.
Norwegian [nɔː'wiːdʒən] adj norvegese ♦ n
norvegese m/f; (LING) norvegese m.
nos. abbr (= numbers) nn.
nose [nəuz] n naso; (of animal) muso ♦ vi
(also: ~ one's way) avanzare cautamente;
to pay through the ~ (for sth) (col) pagare
(qc) un occhio della testa.
►**nose about, nose around** vi aggirarsi.
nosebleed ['nəuzbliːd] n emorragia nasale.
nose-dive ['nəuzdaɪv] n picchiata.
nose drops npl gocce fpl per il naso.
nosey ['nəuzɪ] adj curioso(a).
nostalgia [nɔs'tældʒɪə] n nostalgia.
nostalgic [nɔs'tældʒɪk] adj nostalgico(a).
nostril ['nɔstrɪl] n narice f; (of horse) frogia.
nosy ['nəuzɪ] adj = nosey.
not [nɔt] adv non; ~ **at all** niente affatto;
(after thanks) prego, s'immagini; **you must**
~ **or mustn't do this** non deve fare
questo; **he isn't ...** egli non è ...; **I hope** ~
spero di no.
notable ['nəutəbl] adj notevole.
notably ['nəutəblɪ] adv notevolmente; (in
particular) in particolare.
notary ['nəutərɪ] n (also: ~ **public**) notaio.
notation [nəu'teɪʃən] n notazione f.
notch [nɔtʃ] n tacca.
►**notch up** vt (score, victory) marcare,
segnare.
note [nəut] n nota; (letter, banknote)
biglietto ♦ vt prendere nota di; **to take** ~
of prendere nota di; **to take** ~**s** prendere
appunti; **to compare** ~**s** (fig) scambiarsi
le impressioni; **of** ~ eminente,
importante; **just a quick** ~ **to let you**
know ... ti scrivo solo due righe per
informarti ....
notebook ['nəutbuk] n taccuino; (for

shorthand) bloc-notes m inv.
note-case ['nəutkeɪs] n (BRIT) portafoglio.
noted ['nəutɪd] adj celebre.
notepad ['nəutpæd] n bloc-notes m inv,
blocchetto.
notepaper ['nəutpeɪpə*] n carta da lettere.
noteworthy ['nəutwɔːðɪ] adj degno(a) di
nota, importante.
nothing ['nʌθɪŋ] n nulla m, niente m; **he**
does ~ non fa niente; ~ **new** niente di
nuovo; **for** ~ (free) per niente; ~ **at all**
proprio niente.
notice ['nəutɪs] n avviso; (of leaving)
preavviso; (BRIT: review: of play etc)
critica, recensione f ♦ vt notare,
accorgersi di; **to take** ~ **of** fare
attenzione a; **to bring sth to sb's** ~ far
notare qc a qn; **to give sb** ~ **of sth**
avvisare qn di qc; **to give** ~, **hand in**
one's ~ (subj: employee) licenziarsi;
without ~ senza preavviso; **at short** ~
con un breve preavviso; **until further** ~
fino a nuovo avviso; **advance** ~
preavviso; **to escape or avoid** ~ passare
inosservato; **it has come to my** ~ **that ...**
sono venuto a sapere che ....
noticeable ['nəutɪsəbl] adj evidente.
notice board n (BRIT) tabellone m per
affissi.
notification [nəutɪfɪ'keɪʃən] n annuncio;
notifica; denuncia.
notify ['nəutɪfaɪ] vt: **to** ~ **sth to sb** notificare
qc a qn; **to** ~ **sb of sth** avvisare qn di qc;
(police) denunciare qc a qn.
notion ['nəuʃən] n idea; (concept) nozione f.
notions ['nəuʃənz] npl (US: haberdashery)
merceria.
notoriety [nəutə'raɪətɪ] n notorietà.
notorious [nəu'tɔːrɪəs] adj famigerato(a).
notoriously [nəu'tɔːrɪəslɪ] adv
notoriamente.
Notts [nɔts] abbr (BRIT) = Nottinghamshire.
notwithstanding [nɔtwɪθ'stændɪŋ] adv
nondimeno ♦ prep nonostante, malgrado.
nougat ['nuːgɑː] n torrone m.
nought [nɔːt] n zero.
noun [naun] n nome m, sostantivo.
nourish ['nʌrɪʃ] vt nutrire.
nourishing ['nʌrɪʃɪŋ] adj nutriente.
nourishment ['nʌrɪʃmənt] n nutrimento.
Nov. abbr (= November) nov.
Nova Scotia ['nəuvə'skəuʃə] n Nuova
Scozia.
novel ['nɔvl] n romanzo ♦ adj nuovo(a).
novelist ['nɔvəlɪst] n romanziere/a.
novelty ['nɔvəltɪ] n novità f inv.
November [nəu'vɛmbə*] n novembre m; for
phrases see also **July.**

novice ['nɔvɪs] n principiante m/f; (REL)
novizio/a.

NOW [nau] n abbr (US: = National
Organization for Women) ≈ U.D.I. f
(= Unione Donne Italiane).

now [nau] adv ora, adesso ♦ conj: ~ (that)
adesso che, ora che; **right** ~ subito; **by** ~
ormai; **just** ~: **that's the fashion just** ~ è
la moda del momento; **I saw her just** ~
l'ho vista proprio adesso; **I'll read it just** ~
lo leggo subito; ~ **and then,** ~ **and again**
ogni tanto; **from** ~ **on** da ora in poi; **in 3
days from** ~ fra 3 giorni; **between** ~ **and
Monday** da qui a lunedì, entro lunedì;
that's all for ~ per ora basta.

nowadays ['nauədeɪz] adv oggidì.

nowhere ['nɔuwɛə*] adv in nessun luogo,
da nessuna parte; ~ **else** in nessun altro
posto.

no-win situation [nɔu'wɪn-] n: **to be in a** ~
aver perso in partenza.

noxious ['nɔkʃəs] adj nocivo(a).

nozzle ['nɔzl] n (of hose etc) boccaglio.

NP n abbr = notary public.

NS abbr (Canada) = **Nova Scotia**.

NSC n abbr (US) = **National Security
Council**.

NSF n abbr (US) = National Science
Foundation.

NSPCC n abbr (BRIT) = National Society for
the Prevention of Cruelty to Children.

NSW abbr (Australia) = New South Wales.

NT n abbr (= New Testament) N.T. ♦ abbr
(Canada) = Northwest Territories.

nth [ɛnθ] adj: **for the** ~ **time** (col) per
l'ennesima volta.

nuance ['njuːɑːns] n sfumatura.

nubile ['njuːbaɪl] adj nubile; (attractive)
giovane e desiderabile.

nuclear ['njuːklɪə*] adj nucleare; (warfare)
atomico(a).

nuclear disarmament n disarmo
nucleare.

nuclear family n famiglia nucleare.

nuclear-free zone ['njuːklɪə'friː-] n zona
denuclearizzata.

nucleus, pl **nuclei** ['njuːklɪəs, 'njuːklɪaɪ] n
nucleo.

NUCPS n abbr (BRIT) = National Union of
Civil and Public Servants.

nude [njuːd] adj nudo(a) ♦ n (ART) nudo; **in
the** ~ tutto(a) nudo(a).

nudge [nʌdʒ] vt dare una gomitata a.

nudist ['njuːdɪst] n nudista m/f.

nudity ['njuːdɪtɪ] n nudità.

nugget ['nʌgɪt] n pepita.

nuisance ['njuːsns] n: **it's a** ~ è una
seccatura; **he's a** ~ lui dà fastidio; **what a**
~! che seccatura!

NUJ n abbr (BRIT: = National Union of
Journalists) sindacato nazionale dei
giornalisti.

nuke [njuːk] n (col) bomba atomica.

null [nʌl] adj: ~ **and void** nullo(a).

nullify ['nʌlɪfaɪ] vt annullare.

NUM n abbr (BRIT: = National Union of
Mineworkers) sindacato nazionale dei
dipendenti delle miniere.

numb [nʌm] adj intorpidito(a) ♦ vt
intorpidire; ~ **with** (fear) paralizzato(a)
da; (grief) impietrito(a) da; ~ **with cold**
intirizzito(a) (dal freddo).

number ['nʌmbə*] n numero ♦ vt numerare;
(include) contare; **a** ~ **of** un certo numero
di; **telephone** ~ numero di telefono;
wrong ~ (TEL) numero sbagliato; **the staff
** ~**s 20** gli impiegati sono in 20.

numbered account ['nʌmbəd-] n (in bank)
conto numerato.

number plate n (BRIT AUT) targa.

Number Ten n (BRIT: = 10 Downing Street)
residenza del Primo Ministro del Regno
Unito.

numbness ['nʌmnɪs] n intorpidimento;
(due to cold) intirizzimento.

numbskull ['nʌmskʌl] n (col) imbecille m/f,
idiota m/f.

numeral ['njuːmərəl] n numero, cifra.

numerate ['njuːmərɪt] adj (BRIT): **to be** ~
saper far di conto.

numerical [njuː'mɛrɪkl] adj numerico(a).

numerous ['njuːmərəs] adj numeroso(a).

nun [nʌn] n suora, monaca.

nunnery ['nʌnərɪ] n convento.

nuptial ['nʌpʃəl] adj nuziale.

nurse [nəːs] n infermiere/a; (also: ~**maid**)
bambinaia ♦ vt (patient, cold) curare;
(baby: BRIT) cullare; (: US) allattare, dare
il latte a; (hope) nutrire.

nursery ['nəːsərɪ] n (room) camera dei
bambini; (institution) asilo; (for plants)
vivaio.

nursery rhyme n filastrocca.

nursery school n scuola materna.

nursery slope n (BRIT SKI) pista per
principianti.

nursing ['nəːsɪŋ] n (profession) professione
f di infermiere (or di infermiera) ♦ adj
(mother) che allatta.

nursing home n casa di cura.

nurture ['nəːtʃə*] vt allevare; nutrire.

NUS n abbr (BRIT: = National Union of
Students) sindacato nazionale degli
studenti.

NUT n abbr (BRIT: = National Union of
Teachers) sindacato nazionale degli

insegnanti.

nut [nʌt] *n* (*of metal*) dado; (*fruit*) noce *f* (*or* nocciola *or* mandorla *etc*) ♦ *adj* (*chocolate etc*) alla nocciola *etc*; **he's ~s** (*col*) è matto.

nutcase ['nʌtkeɪs] *n* (*col*) mattarello/a.

nutcrackers ['nʌtkrækəz] *npl* schiaccianoci *m inv.*

nutmeg ['nʌtmɛg] *n* noce *f* moscata.

nutrient ['njuːtrɪənt] *adj* nutriente ♦ *n* sostanza nutritiva.

nutrition [njuː'trɪʃən] *n* nutrizione *f.*

nutritionist [njuː'trɪʃənɪst] *n* nutrizionista *m/f.*

nutritious [njuː'trɪʃəs] *adj* nutriente.

nutshell ['nʌtʃɛl] *n* guscio di noce; **in a ~** in poche parole.

nutty ['nʌtɪ] *adj* di noce (*or* nocciola *or* mandorla *etc*); (*BRIT col*) tocco(a), matto(a).

nuzzle ['nʌzl] *vi*: **to ~ up to** strofinare il muso contro.

NV *abbr* (*US*) = *Nevada.*

NWT *abbr* (*Canada*) = *Northwest Territories.*

NY *abbr* (*US*) = **New York.**

NYC *abbr* (*US*) = *New York City.*

nylon ['naɪlɔn] *n* nailon *m*; **~s** *npl* calze *fpl* di nailon.

nymph [nɪmf] *n* ninfa.

nymphomaniac [nɪmfəu'meɪnɪæk] *adj, n* ninfomane (*f*).

NYSE *abbr* (*US*) = *New York Stock Exchange.*

O o

O, o [əu] *n* (*letter*) O, o *f or m inv*; (*US SCOL*: = *outstanding*) ≈ ottimo; (*number: TEL etc*) zero; **O for Oliver,** (*US*) **O for Oboe** ≈ O come Otranto.

oaf [əuf] *n* zoticone *m.*

oak [əuk] *n* quercia ♦ *cpd* di quercia.

OAP *n abbr* (*BRIT*) *see* **old-age pensioner.**

oar [ɔː*] *n* remo; **to put** *or* **shove one's ~ in** (*fig col*) intromettersi.

oarsman ['ɔːzmən], **oarswoman** ['ɔːzwumən] *n* rematore/trice.

OAS *n abbr* (= *Organization of American States*) O.S.A. *f* (= *Organizzazione degli Stati Americani*).

oasis, *pl* **oases** [əu'eɪsɪs, əu'eɪsiːz] *n* oasi *f inv.*

oath [əuθ] *n* giuramento; (*swear word*) bestemmia; **to take the ~** giurare; **on ~** (*BRIT*) *or* **under ~** sotto giuramento.

oatmeal ['əutmiːl] *n* farina d'avena.

oats [əuts] *npl* avena.

OAU *n abbr* (= *Organization of African Unity*) O.A.U. *f.*

obdurate ['ɔbdjurɪt] *adj* testardo(a); incallito(a); ostinato(a), irremovibile.

OBE *n abbr* (*BRIT*: = *Order of the British Empire*) titolo.

obedience [ə'biːdɪəns] *n* ubbidienza; **in ~ to** conformemente a.

obedient [ə'biːdɪənt] *adj* ubbidiente; **to be ~ to sb/sth** ubbidire a qn/qc.

obelisk ['ɔbɪlɪsk] *n* obelisco.

obese [əu'biːs] *adj* obeso(a).

obesity [əu'biːsɪtɪ] *n* obesità.

obey [ə'beɪ] *vt* ubbidire a; (*instructions, regulations*) osservare ♦ *vi* ubbidire.

obituary [ə'bɪtjuərɪ] *n* necrologia.

object *n* ['ɔbdʒɪkt] oggetto; (*purpose*) scopo, intento; (*LING*) complemento oggetto ♦ *vi* [əb'dʒɛkt]: **to ~ to** (*attitude*) disapprovare; (*proposal*) protestare contro, sollevare delle obiezioni contro; **I ~!** mi oppongo!; **he ~ed that ...** obiettò che ...; **do you ~ to my smoking?** la disturba se fumo?; **what's the ~ of doing that?** a che serve farlo?; **expense is no ~** non si bada a spese.

objection [əb'dʒɛkʃən] *n* obiezione *f*; (*drawback*) inconveniente *m*; **if you have no ~** se non ha obiezioni; **to make** *or* **raise an ~** sollevare un'obiezione.

objectionable [əb'dʒɛkʃənəbl] *adj* antipatico(a); (*smell*) sgradevole; (*language*) scostumato(a).

objective [əb'dʒɛktɪv] *n* obiettivo ♦ *adj* obiettivo(a).

objectivity [ɔbdʒɪk'tɪvɪtɪ] *n* obiettività.

object lesson *n*: **~ (in)** dimostrazione *f* (di).

objector [əb'dʒɛktə*] *n* oppositore/trice.

obligation [ɔblɪ'geɪʃən] *n* obbligo, dovere *m*; (*debt*) obbligo (di riconoscenza); **"without ~"** "senza impegno"; **to be under an ~ to do sth** essere in dovere verso qn/di fare qc.

obligatory [ə'blɪgətərɪ] *adj* obbligatorio(a).

oblige [ə'blaɪdʒ] *vt* (*force*): **to ~ sb to do** costringere qn a fare; (*do a favour*) fare una cortesia a; **to be ~d to sb for sth** essere grato a qn per qc; **anything to ~!** (*col*) questo e altro!

obliging [ə'blaɪdʒɪŋ] *adj* servizievole, compiacente.

oblique [ə'bliːk] *adj* obliquo(a); (*allusion*)

indiretto(a) ♦ *n* (*BRIT TYP*): ~ **(stroke)** barra.
obliterate [ə'blɪtəreɪt] *vt* cancellare.
oblivion [ə'blɪvɪən] *n* oblio.
oblivious [ə'blɪvɪəs] *adj*: ~ **of** incurante di; inconscio(a) di.
oblong ['ɔblɔŋ] *adj* oblungo(a) ♦ *n* rettangolo.
obnoxious [əb'nɔkʃəs] *adj* odioso(a); (*smell*) disgustoso(a), ripugnante.
o.b.o. *abbr* (*US*: = *or best offer: in classified ads*) o al miglior offerente.
oboe ['əubəu] *n* oboe *m*.
obscene [əb'siːn] *adj* osceno(a).
obscenity [əb'sɛnɪtɪ] *n* oscenità *f inv*.
obscure [əb'skjuə*] *adj* oscuro(a) ♦ *vt* oscurare; (*hide: sun*) nascondere.
obscurity [əb'skjuərɪtɪ] *n* oscurità; (*obscure point*) punto oscuro; (*lack of fame*) anonimato.
obsequious [əb'siːkwɪəs] *adj* ossequioso(a).
observable [əb'zəːvəbl] *adj* osservabile; (*appreciable*) notevole.
observance [əb'zəːvns] *n* osservanza; **religious** ~**s** pratiche *fpl* religiose.
observant [əb'zəːvnt] *adj* attento(a).
observation [ɔbzə'veɪʃən] *n* osservazione *f*; (*by police etc*) sorveglianza.
observation post *n* (*MIL*) osservatorio.
observatory [əb'zəːvətrɪ] *n* osservatorio.
observe [əb'zəːv] *vt* osservare.
observer [əb'zəːvə*] *n* osservatore/trice.
obsess [əb'sɛs] *vt* ossessionare; **to be** ~**ed by** *or* **with sb/sth** essere ossessionato da qn/qc.
obsession [əb'sɛʃən] *n* ossessione *f*.
obsessive [əb'sɛsɪv] *adj* ossessivo(a).
obsolescence [ɔbsə'lɛsns] *n* obsolescenza; **built-in** *or* **planned** ~ (*COMM*) obsolescenza programmata.
obsolescent [ɔbsə'lɛsnt] *adj* obsolescente.
obsolete ['ɔbsəliːt] *adj* obsoleto(a); (*word*) desueto(a).
obstacle ['ɔbstəkl] *n* ostacolo.
obstacle race *n* corsa agli ostacoli.
obstetrician [ɔbstə'trɪʃən] *n* ostetrico/a.
obstetrics [ɔb'stɛtrɪks] *n* ostetrica.
obstinacy ['ɔbstɪnəsɪ] *n* ostinatezza.
obstinate ['ɔbstɪnɪt] *adj* ostinato(a).
obstreperous [əb'strɛpərəs] *adj* turbolento(a).
obstruct [əb'strʌkt] *vt* (*block*) ostruire, ostacolare; (*halt*) fermare; (*hinder*) impedire.
obstruction [əb'strʌkʃən] *n* ostruzione *f*; ostacolo.
obstructive [əb'strʌktɪv] *adj* ostruttivo(a); che crea impedimenti.

obtain [əb'teɪn] *vt* ottenere ♦ *vi* essere in uso; **to** ~ **sth (for o.s.)** procurarsi qc.
obtainable [əb'teɪnəbl] *adj* ottenibile.
obtrusive [əb'truːsɪv] *adj* (*person*) importuno(a); (*smell*) invadente; (*building etc*) imponente e invadente.
obtuse [əb'tjuːs] *adj* ottuso(a).
obverse ['ɔbvəːs] *n* opposto, inverso.
obviate ['ɔbvɪeɪt] *vt* ovviare a, evitare.
obvious ['ɔbvɪəs] *adj* ovvio(a), evidente.
obviously ['ɔbvɪəslɪ] *adv* ovviamente; ~**!** certo!; ~ **not!** certo che no!; **he was** ~ **not drunk** si vedeva che non era ubriaco; **he was not** ~ **drunk** non si vedeva che era ubriaco.
OCAS *n abbr* = *Organization of Central American States.*
occasion [ə'keɪʒən] *n* occasione *f*; (*event*) avvenimento ♦ *vt* cagionare; **on that** ~ in quell'occasione, quella volta; **to rise to the** ~ mostrarsi all'altezza della situazione.
occasional [ə'keɪʒənl] *adj* occasionale; **I smoke an** ~ **cigarette** ogni tanto fumo una sigaretta.
occasionally [ə'keɪʒənəlɪ] *adv* ogni tanto; **very** ~ molto raramente.
occasional table *n* tavolino.
occult [ɔ'kʌlt] *adj* occulto(a) ♦ *n*: **the** ~ l'occulto.
occupancy ['ɔkjupənsɪ] *n* occupazione *f*.
occupant ['ɔkjupənt] *n* occupante *m/f*; (*of boat, car etc*) persona a bordo.
occupation [ɔkju'peɪʃən] *n* occupazione *f*; (*job*) mestiere *m*, professione *f*; **unfit for** ~ (*house*) inabitabile.
occupational [ɔkju'peɪʃənl] *adj* (*disease*) professionale; (*hazard*) del mestiere; ~ **accident** infortunio sul lavoro.
occupational guidance *n* (*BRIT*) orientamento professionale.
occupational pension scheme *n sistema pensionistico programmato dal datore di lavoro.*
occupational therapy *n* ergoterapia.
occupier ['ɔkjupaɪə*] *n* occupante *m/f*.
occupy ['ɔkjupaɪ] *vt* occupare; **to** ~ **o.s. by doing** occuparsi a fare; **to be occupied with sth/in doing sth** essere preso da qc/occupato a fare qc.
occur [ə'kəː*] *vi* accadere; (*difficulty, opportunity*) capitare; (*phenomenon, error*) trovarsi; **to** ~ **to sb** venire in mente a qn.
occurrence [ə'kʌrəns] *n* caso, fatto; presenza.
ocean ['əuʃən] *n* oceano; ~**s of** (*col*) un sacco di.
ocean bed *n* fondale *m* oceanico.

ocean-going [ˈəuʃəngəuɪŋ] *adj* d'alto mare.
Oceania [əuʃɪˈɑːnɪə] *n* Oceania.
ocean liner *n* transatlantico.
ochre, (*US*) **ocher** [ˈəukə*] *adj* ocra *inv*.
o'clock [əˈklɔk] *adv*: **it is one** ~ è l'una; **it is
5** ~ sono le 5.
OCR *n abbr see* **optical character reader**;
optical character recognition.
Oct. *abbr* (= *October*) ott.
octagonal [ɔkˈtægənl] *adj* ottagonale.
octane [ˈɔkteɪn] *n* ottano; **high-**~ **petrol** *or*
(*US*) **gas** benzina ad alto numero di
ottani.
octave [ˈɔktɪv] *n* ottavo.
October [ɔkˈtəubə*] *n* ottobre *m*; *for phrases
see also* **July**.
octogenarian [ɔktəudʒɪˈnɛərɪən] *n*
ottuagenario/a.
octopus [ˈɔktəpəs] *n* polpo, piovra.
odd [ɔd] *adj* (*strange*) strano(a), bizzarro(a);
(*number*) dispari *inv*; (*left over*) in più; (*not
of a set*) spaiato(a); **60-**~ 60 e oltre; **at** ~
times di tanto in tanto; **the** ~ **one out**
l'eccezione *f*.
oddball [ˈɔdbɔːl] *n* (*col*) eccentrico/a.
oddity [ˈɔdɪtɪ] *n* bizzarria; (*person*)
originale *m/f*.
odd-job man [ɔdˈdʒɔb-] *n* tuttofare *m inv*.
odd jobs *npl* lavori *mpl* occasionali.
oddly [ˈɔdlɪ] *adv* stranamente.
oddments [ˈɔdmənts] *npl* (*BRIT COMM*)
rimanenze *fpl*.
odds [ɔdz] *npl* (*in betting*) quota; **the** ~ **are
against his coming** c'è poca probabilità
che venga; **it makes no** ~ non importa; **at**
~ in contesa; **to succeed against all the** ~
riuscire contro ogni aspettativa; ~ **and
ends** avanzi *mpl*.
odds-on [ɔdzˈɔn] *adj* (*col*) probabile; ~
favourite (*RACING*) favorito(a).
ode [əud] *n* ode *f*.
odious [ˈəudɪəs] *adj* odioso(a), ripugnante.
odometer [ɔˈdɔmɪtə*] *n* odometro.
odour, (*US*) **odor** [ˈəudə*] *n* odore *m*.
odo(u)rless [ˈəudəlɪs] *adj* inodoro(a).
OECD *n abbr* (= *Organization for Economic
Cooperation and Development*) O.C.S.E. *f*
(= *Organizzazione per la Cooperazione e lo
Sviluppo Economico*).
oesophagus, (*US*) **esophagus** [iːˈsɔfəgəs]
n esofago.
oestrogen, (*US*) **estrogen** [ˈiːstraudʒən] *n*
estrogeno.

===================================== *KEYWORD*

of [ɔv, əv] *prep* **1** (*gen*) di; **a boy** ~ **10** un
ragazzo di 10 anni; **a friend** ~ **ours** un
nostro amico; **that was kind** ~ **you** è stato

molto gentile da parte sua
2 (*expressing quantity, amount, dates etc*)
di; **a kilo** ~ **flour** un chilo di farina; **how
much** ~ **this do you need?** quanto gliene
serve?; **there were four** ~ **them** (*people*)
erano in quattro; (*objects*) ce n'erano
quattro; **three** ~ **us went** tre di noi sono
andati; **the 5th** ~ **July** il 5 luglio; **a quarter**
~ **4** (*US*) le 4 meno un quarto
3 (*from, out of*) di, in; **made** ~ **wood**
(fatto) di *or* in legno.

===================================== *KEYWORD*

off [ɔf] *adv* **1** (*distance, time*): **it's a long way**
~ è lontano; **the game is 3 days** ~ la
partita è tra 3 giorni
2 (*departure, removal*) via; **to go** ~ **to
Paris** andarsene a Parigi; **I must be** ~
devo andare via; **to take** ~ **one's coat**
togliersi il cappotto; **the button came** ~ il
bottone è venuto via *or* si è staccato; **10%**
~ con lo sconto del 10%
3 (*not at work*): **to have a day** ~ avere un
giorno libero; **to be** ~ **sick** essere assente
per malattia
♦ *adj* (*engine*) spento(a); (*tap*) chiuso(a);
(*cancelled*) sospeso(a); (*BRIT: food*)
andato(a) a male; **to be well/badly** ~
essere/non essere benestante; **the lid was**
~ non c'era il coperchio; **I'm afraid the
chicken is** ~ (*BRIT: not available*) purtroppo
il pollo è finito; **on the** ~ **chance** nel caso;
to have an ~ **day** non essere in forma;
that's a bit ~, **isn't it?** (*fig col*) non è molto
carino, vero?
♦ *prep* **1** (*motion, removal etc*) da; (*distant
from*) a poca distanza da; **a street** ~ **the
square** una strada che parte dalla piazza;
5km ~ **the road** a 5km dalla strada; ~ **the
coast** al largo della costa; **a house** ~ **the
main road** una casa che non è sulla
strada principale
2: **to be** ~ **meat** non mangiare più la
carne.

offal [ˈɔfl] *n* (*CULIN*) frattaglie *fpl*.
offbeat [ˈɔfbiːt] *adj* eccentrico(a).
off-centre, (*US*) **off-center** [ɔfˈsɛntə*] *adj*
storto(a), fuori centro.
off-colour [ˈɔfˈkʌlə*] *adj* (*BRIT: ill*)
malato(a), indisposto(a); **to feel** ~
sentirsi poco bene.
offence, (*US*) **offense** [əˈfɛns] *n* (*LAW*)
contravvenzione *f*; (: *more serious*) reato;
to give ~ **to** offendere; **to take** ~ **at**
offendersi per; **to commit an** ~
commettere un reato.

offend [ə'fɛnd] vt (person) offendere ♦ vi: to ~ **against** (law, rule) trasgredire.

offender [ə'fɛndə*] n delinquente m/f; (against regulations) contravventore/trice.

offending [ə'fɛndɪŋ] adj (often hum): the ~ **word/object** la parola incriminata/ l'oggetto incriminato.

offense [ə'fɛns] n (US) = **offence**.

offensive [ə'fɛnsɪv] adj offensivo(a); (smell etc) sgradevole, ripugnante ♦ n (MIL) offensiva.

offer ['ɔfə*] n offerta, proposta ♦ vt offrire; "**on ~**" (COMM) "in offerta speciale"; to **make an ~ for sth** fare un'offerta per qc; **to ~ sth to sb, ~ sb sth** offrire qc a qn; **to ~ to do sth** offrirsi di fare qc.

offering ['ɔfərɪŋ] n offerta.

offhand [ɔf'hænd] adj disinvolto(a), noncurante ♦ adv all'improvvisto; **I can't tell you ~** non posso dirglielo su due piedi.

office ['ɔfɪs] n (place) ufficio; (position) carica; **doctor's ~** (US) ambulatorio; **to take ~** entrare in carica; **through his good ~s** con il suo prezioso aiuto; **O~ of Fair Trading** (BRIT) organismo di protezione contro le pratiche commerciali abusive.

office automation n automazione f d'ufficio, burotica.

office bearer n (of club etc) membro dell'amministrazione.

office block, (US) **office building** n complesso di uffici.

office boy n garzone m.

office hours npl orario d'ufficio; (US MED) orario di visite.

office manager n capoufficio m/f.

officer ['ɔfɪsə*] n (MIL etc) ufficiale m; (of organization) funzionario; (also: **police ~**) agente m di polizia.

office work n lavoro d'ufficio.

office worker n impiegato/a d'ufficio.

official [ə'fɪʃl] adj (authorized) ufficiale ♦ n ufficiale m; (civil servant) impiegato/a statale; funzionario.

officialdom [ə'fɪʃəldəm] n burocrazia.

officially [ə'fɪʃəlɪ] adv ufficialmente.

official receiver n curatore m fallimentare.

fficiate [ə'fɪʃɪeɪt] vi (REL) ufficiare; **to ~ as Mayor** esplicare le funzioni di sindaco; **to ~ at a marriage** celebrare un matrimonio.

officious [ə'fɪʃəs] adj invadente.

offing ['ɔfɪŋ] n: **in the ~** (fig) in vista.

off-key [ɔf'kiː] adj stonato(a) ♦ adv fuori tono.

off-licence ['ɔflaɪsns] n (BRIT) spaccio di bevande alcoliche.

> In Gran Bretagna e in Irlanda, gli **off-licence** sono esercizi pubblici specializzati nella vendita strettamente regolamentata di bevande alcoliche, per la quale è necessario avere un'apposita licenza. In genere sono aperti fino a tarda sera.

off-limits [ɔf'lɪmɪts] adj (esp US) in cui vige il divieto d'accesso.

off line adj, adv (COMPUT) off line inv, fuori linea; (: switched off) spento(a).

off-load ['ɔfləud] vt scaricare.

off-peak ['ɔf'piːk] adj (ticket etc) a tariffa ridotta; (time) non di punta.

off-putting ['ɔfputɪŋ] adj (BRIT) un po' scostante.

off-season ['ɔfsiːzn] adj, adv fuori stagione.

offset ['ɔfsɛt] vt irreg (counteract) controbilanciare, compensare ♦ n (also: ~ **printing**) offset m.

offshoot ['ɔfʃuːt] n (fig) diramazione f.

offshore [ɔf'ʃɔː*] adj (breeze) di terra; (island) vicino alla costa; (fishing) costiero(a); ~ **oilfield** giacimento petrolifero in mare aperto.

offside ['ɔf'saɪd] adj (SPORT) fuori gioco; (AUT: with right-hand drive) destro(a); (: with left-hand drive) sinistro(a) ♦ n destra; sinistra.

offspring ['ɔfsprɪŋ] n prole f, discendenza.

offstage [ɔf'steɪdʒ] adv dietro le quinte.

off-the-cuff [ɔfðə'kʌf] adv improvvisando.

off-the-job ['ɔfðə'dʒɔb] adj: ~ **training** addestramento fuori sede.

off-the-peg ['ɔfðə'pɛg], (US) **off-the-rack** ['ɔfðə'ræk] adv prêt-à-porter.

off-the-record ['ɔfðə'rɛkɔːd] adj ufficioso(a) ♦ adv in via ufficiosa.

off-white ['ɔfwaɪt] adj bianco sporco inv.

Ofgas ['ɔfgæs] n abbr (BRIT: Office of Gas Supply) organo indipendente di controllo per la tutela dei consumatori.

Oftel ['ɔftɛl] n abbr (BRIT: Office of Telecommunications) organo indipendente di controllo per la tutela dei consumatori.

often ['ɔfn] adv spesso; **how ~ do you go?** quanto spesso ci va?; **as ~ as not** quasi sempre.

Ofwat ['ɔfwɔt] n abbr (BRIT: = Office of Water Services) in Inghilterra e Galles, organo indipendente di controllo per la tutela dei consumatori.

ogle ['əugl] vt occhieggiare.

ogre ['əugə*] n orco.

OH *abbr* (US) = Ohio.
oh [əu] *excl* oh!
OHMS *abbr* (BRIT) = On His (or Her) Majesty's Service.
oil [ɔɪl] *n* olio; (*petroleum*) petrolio; (*for central heating*) nafta ♦ *vt* (*machine*) lubrificare.
oilcan ['ɔɪlkæn] *n* oliatore *m* a mano; (*for storing*) latta da olio.
oil change *n* cambio dell'olio.
oilfield ['ɔɪfiːld] *n* giacimento petrolifero.
oil filter *n* (AUT) filtro dell'olio.
oil-fired ['ɔɪlfaɪəd] *adj* a nafta.
oil gauge *n* indicatore *m* del livello dell'olio.
oil industry *n* industria del petrolio.
oil level *n* livello dell'olio.
oil painting *n* quadro a olio.
oil refinery *n* raffineria di petrolio.
oil rig *n* derrick *m inv*; (*at sea*) piattaforma per trivellazioni subacquee.
oilskins ['ɔɪlskɪnz] *npl* indumenti *mpl* di tela cerata.
oil slick *n* chiazza d'olio.
oil tanker *n* petroliera.
oil well *n* pozzo petrolifero.
oily ['ɔɪlɪ] *adj* unto(a), oleoso(a); (*food*) untuoso(a).
ointment ['ɔɪntmənt] *n* unguento.
OK *abbr* (US) = Oklahoma.
O.K., okay [əu'keɪ] *excl* d'accordo! ♦ *vt* approvare ♦ *n*: **to give sth one's ~** approvare qc ♦ *adj*: **is it ~?, are you ~?** tutto bene?; **it's ~ with** *or* **by me** per me va bene; **are you ~ for money?** sei a posto coi soldi?
Okla. *abbr* (US) = Oklahoma.
old [əuld] *adj* vecchio(a); (*ancient*) antico(a), vecchio(a); (*person*) vecchio(a), anziano(a); **how ~ are you?** quanti anni ha?; **he's 10 years ~** ha 10 anni; **~er brother/sister** fratello/sorella maggiore; **any ~ thing will do** va bene qualsiasi cosa.
old age *n* vecchiaia.
old-age pensioner (OAP) ['əuldeɪdʒ-] *n* (BRIT) pensionato/a.
old-fashioned ['əuld'fæʃnd] *adj* antiquato(a), fuori moda; (*person*) all'antica.
old maid *n* zitella.
old people's home *n* ricovero per anziani.
old-style ['əuldstaɪl] *adj* (di) vecchio stampo *inv*.
old-time ['əuldtaɪm] *adj* di una volta.
old-timer [əuld'taɪmə*] *n* veterano/a.

old wives' tale *n* vecchia superstizione *f*.
O levels *npl* (BRIT: formerly) diploma di istruzione secondaria conseguito a 16 anni in Inghilterra e Galles, ora sostituito dal GCSE.
olive ['ɔlɪv] *n* (*fruit*) oliva; (*tree*) olivo ♦ *adj* (*also*: **~-green**) verde oliva *inv*.
olive oil *n* olio d'oliva.
Olympic [əu'lɪmpɪk] *adj* olimpico(a); **the ~ Games, the ~s** i giochi olimpici, le Olimpiadi.
OM *n abbr* (BRIT: = Order of Merit) titolo.
O & M *abbr* = organization and method.
Oman [əu'mɑːn] *n* Oman *m*.
OMB *n abbr* (US: = Office of Management and Budget) servizio di consulenza al Presidente in materia di bilancio.
omelet(te) ['ɔmlɪt] *n* omelette *f inv*; **ham/cheese ~** omelette al prosciutto/al formaggio.
omen ['əumən] *n* presagio, augurio.
ominous ['ɔmɪnəs] *adj* minaccioso(a); (*event*) di malaugurio.
omission [əu'mɪʃən] *n* omissione *f*.
omit [əu'mɪt] *vt* omettere; **to ~ to do sth** tralasciare *or* trascurare di fare qc.
omnivorous [ɔm'nɪvərəs] *adj* onnivoro(a).
ON *abbr* (Canada) = Ontario.

━━━━━━━━━━━━━━━━━━━━━━━ *KEYWORD*

on [ɔn] *prep* **1** (*indicating position*) su; **~ the wall** sulla parete; **~ the left** a *or* sulla sinistra; **I haven't any money ~ me** non ho soldi con me
2 (*indicating means, method, condition etc*): **~ foot** a piedi; **~ the train/plane** in treno/aereo; **~ the telephone** al telefono; **~ the radio/television** alla radio/televisione; **to be ~ drugs** drogarsi; **~ holiday** in vacanza; **he's ~ £16,000 a year** guadagna 16.000 sterline all'anno; **this round's ~ me** questo giro lo offro io
3 (*referring to time*): **~ Friday** venerdì; **~ Fridays** il *or* di venerdì; **~ June 20th** il 20 giugno; **~ Friday, June 20th** venerdì, 20 giugno; **a week ~ Friday** venerdì a otto; **~ his arrival** al suo arrivo; **~ seeing this** vedendo ciò
4 (*about, concerning*) su, di; **information ~ train services** informazioni sui collegamenti ferroviari; **a book ~ Goldoni/physics** un libro su Goldoni/di *or* sulla fisica
♦ *adv* **1** (*referring to dress, covering*): **to have one's coat ~** avere indosso il cappotto; **to put one's coat ~** mettersi il

cappotto; **what's she got** ~? cosa
indossa?; **she put her boots/gloves/hat** ~
si mise gli stivali/i guanti/il cappello;
screw the lid ~ **tightly** avvita bene il
coperchio
2 (*further, continuously*): **to walk** ~, **go** ~
etc continuare, proseguire; **to read** ~
continuare a leggere; ~ **and off** ogni
tanto; **from that day** ~ da quel giorno in
poi; **it was well** ~ **in the evening** era sera
inoltrata
♦ *adj* **1** (*in operation: machine, TV, light*)
acceso(a); (: *tap*) aperto(a); (: *brake*)
inserito(a); **is the meeting still** ~? (*in
progress*) la riunione è ancora in corso?;
(*not cancelled*) è confermato l'incontro?;
there's a good film ~ **at the cinema** danno
un buon film al cinema; **when is the film**
~**?** quando c'è questo film?; **my father's
always** ~ **at me to get a job** (*col*) mio
padre mi tormenta sempre perché trovi
un lavoro
2 (*col*): **that's not** ~! (*not acceptable*) non
si fa così!; (*not possible*) non se ne parla
neanche!

ONC *n abbr* (*BRIT*: = *Ordinary National
Certificate*) *diploma in materie tecniche a
livello di maturità.*

once [wʌns] *adv* una volta ♦ *conj* non
appena, quando; ~ **he had left/it was
done** dopo che se n'era andato/fu fatto; **at**
~ subito; (*simultaneously*) a un tempo; **all
at** ~ (tutto) ad un tratto; ~ **a week** una
volta alla settimana; ~ **more** ancora una
volta; **I knew him** ~ un tempo *or* in
passato lo conoscevo; ~ **and for all** una
volta per sempre; ~ **upon a time there
was ...** c'era una volta ....

oncoming [ˈɔnkʌmɪŋ] *adj* (*traffic*) che viene
in senso opposto.

OND *n abbr* (*BRIT*: = *Ordinary National
Diploma*) *diploma in materie tecniche
conseguito dopo un corso biennale.*

=================== *KEYWORD*

one [wʌn] *num* uno(a); ~ **hundred and fifty**
centocinquanta; ~ **day** un giorno; **it's** ~
(o'clock) è l'una; **to be** ~ **up on sb** essere
avvantaggiato(a) rispetto a qn; **to be at** ~
(with sb) andare d'accordo (con qn)
♦ *adj* **1** (*sole*) unico(a); **the** ~ **book which**
l'unico libro che; **the** ~ **man who** l'unico
che
2 (*same*) stesso(a); **they came in the** ~
car sono venuti nella stessa macchina
♦ *pron* **1**: **this** ~ questo(a); **that** ~
quello(a); **which** ~ **do you want?** quale

vuole?; **I've already got** ~/**a red** ~ ne ho
già uno/uno rosso; ~ **by** ~ uno per uno
2: ~ **another** l'un l'altro; **to look at** ~
another guardarsi; **to help** ~ **another**
aiutarsi l'un l'altro *or* a vicenda
3 (*impersonal*) si; ~ **never knows** non si
sa mai; **to cut** ~'**s finger** tagliarsi un dito;
to express ~'**s opinion** esprimere la
propria opinione; ~ **needs to eat** bisogna
mangiare.

one-armed bandit [ˈwʌnɑːmd-] *n* slot-
machine *f inv.*
one-day excursion [ˈwʌndeɪ-] *n* (*US*)
biglietto giornaliero di andata e ritorno.
One-hundred share index [ˈwʌnhʌndrəd-]
n indice borsistico del Financial Times.
one-man [ˈwʌnˈmæn] *adj* (*business*)
diretto(a) *etc* da un solo uomo.
one-man band *n suonatore ambulante
con vari strumenti.*
one-off [wʌnˈɔf] (*BRIT col*) *n* fatto
eccezionale ♦ *adj* eccezionale.
one-parent family [ˈwʌnpɛərənt-] *n*
famiglia monogenitore.
one-piece [ˈwʌnpiːs] *adj* (*bathing suit*)
intero(a).
onerous [ˈɔnərəs] *adj* (*task, duty*)
gravoso(a); (*responsibility*) pesante.
oneself [wʌnˈsɛlf] *pron* si; (*after prep*) sé, se
stesso(a); **to do sth** ~ fare qc da sé.
one-shot [wʌnˈʃɔt] *n* (*US*) = **one-off.**
one-sided [wʌnˈsaɪdɪd] *adj* (*decision, view*)
unilaterale; (*judgement, account*) parziale;
(*game, contest*) impari *inv.*
one-time [ˈwʌntaɪm] *adj* ex *inv.*
one-to-one [ˈwʌntəwʌn] *adj* (*relationship*)
univoco(a).
one-upmanship [wʌnˈʌpmənʃɪp] *n*: **the art
of** ~ l'arte *f* di primeggiare.
one-way [ˈwʌnweɪ] *adj* (*street, traffic*) a
senso unico.
ongoing [ˈɔngəʊɪŋ] *adj* in corso; in
attuazione.
onion [ˈʌnjən] *n* cipolla.
on line *adj* (*COMPUT*) on line *inv*, in linea;
(: *switched on*) acceso(a).
onlooker [ˈɔnlukə*] *n* spettatore/trice.
only [ˈəʊnlɪ] *adv* solo, soltanto ♦ *adj* solo(a),
unico(a) ♦ *conj* solo che, ma; **an** ~ **child** un
figlio unico; **not** ~ non solo; **I** ~ **took one**
ne ho preso soltanto uno, non ne ho preso
che uno; **I saw her** ~ **yesterday** l'ho vista
appena ieri; **I'd be** ~ **too pleased to help**
sarei proprio felice di essere d'aiuto; **I
would come,** ~ **I'm very busy** verrei
volentieri, solo che sono molto occupato.
ono *abbr* = **or nearest offer**; *see* **near.**

onset ['ɔnsɛt] n inizio; (of winter) arrivo.

onshore ['ɔn'ʃɔ:*] adj (wind) di mare.

onslaught ['ɔnslɔ:t] n attacco, assalto.

Ont. abbr (Canada) = Ontario.

on-the-job ['ɔnðə'dʒɔb] adj: ~ training addestramento in sede.

onto ['ɔntu] prep su, sopra.

onus ['əunəs] n onere m, peso; **the ~ is upon him to prove it** sta a lui dimostrarlo.

onward(s) ['ɔnwəd(z)] adv (move) in avanti; **from this time ~** d'ora in poi.

onyx ['ɔnıks] n onice f.

oops [ups] excl ops! (esprime rincrescimento per un piccolo contrattempo); **~-a-daisy!** oplà!

ooze [u:z] vi stillare.

opacity [əu'pæsıtı] n opacità.

opal ['əupl] n opale m or f.

opaque [əu'peık] adj opaco(a).

OPEC ['əupɛk] n abbr (= Organization of Petroleum-Exporting Countries) O.P.E.C. f.

open ['əupn] adj aperto(a); (road) libero(a); (meeting) pubblico(a); (admiration) evidente, franco(a); (question) insoluto(a); (enemy) dichiarato(a) ♦ vt aprire ♦ vi (eyes, door, debate) aprirsi; (flower) sbocciare; (shop, bank, museum) aprire; (book etc: commence) cominciare; **in the ~ (air)** all'aperto; **the ~ sea** il mare aperto, l'alto mare; ~ **ground** (among trees) radura; (waste ground) terreno non edificato; **to have an ~ mind (on sth)** non avere ancora deciso (su qc).

▶**open on to** vt fus (subj: room, door) dare su.

▶**open out** vt aprire ♦ vi aprirsi.

▶**open up** vt aprire; (blocked road) sgombrare ♦ vi aprirsi.

open-air [əupn'εə*] adj all'aperto.

open-and-shut ['əupnən'ʃʌt] adj: ~ **case** caso indubbio.

open day n (BRIT) giornata di apertura al pubblico.

open-ended [əupn'ɛndıd] adj (fig) aperto(a), senza limiti.

opener ['əupnə*] n (also: **can ~, tin ~**) apriscatole m inv.

open-heart [əupn'hɑ:t] adj: ~ **surgery** chirurgia a cuore aperto.

opening ['əupnıŋ] n apertura; (opportunity) occasione f, opportunità f inv; sbocco; (job) posto vacante.

opening night n (THEAT) prima.

open learning n sistema educativo secondo il quale lo studente ha maggior controllo e gestione delle modalità di apprendimento.

openly ['əupnlı] adv apertamente.

open-minded [əupn'maındıd] adj che ha la mente aperta.

open-necked ['əupnnɛkt] adj col collo slacciato.

openness ['əupnnıs] n (frankness) franchezza, sincerità.

open-plan ['əupn'plæn] adj senza pareti divisorie.

open prison n istituto di pena dove viene data maggiore libertà ai detenuti.

open sandwich n canapè m inv.

open shop n fabbrica o ditta dove sono accolti anche operai non iscritti ai sindacati.

La **Open University (OU)**, fondata in Gran Bretagna nel 1969, organizza corsi universitari per corrispondenza, basati anche su lezioni che vengono trasmesse dalla **BBC** per radio e per televisione e su corsi estivi.

---

opera ['ɔpərə] n opera.

opera glasses npl binocolo da teatro.

opera house n opera.

opera singer n cantante m/f d'opera or lirico(a).

operate ['ɔpəreıt] vt (machine) azionare, far funzionare; (system) usare ♦ vi funzionare; (drug, person) agire; **to ~ on sb (for)** (MED) operare qn (di).

operatic [ɔpə'rætık] adj dell'opera, lirico(a).

operating ['ɔpəreıtıŋ] adj (COMM: costs etc) di gestione; (MED) operatorio(a).

operating room n (US) = **operating theatre**.

operating system n (COMPUT) sistema m operativo.

operating theatre n (MED) sala operatoria.

operation [ɔpə'reıʃən] n operazione f; **to be in ~** (machine) essere in azione or funzionamento; (system) essere in vigore; **to have an ~ (for)** (MED) essere operato(a) (di).

operational [ɔpə'reıʃənl] adj operativo(a); (COMM) di gestione, d'esercizio; (ready for use or action) in attività, in funzione; **when the service is fully ~** quando il servizio sarà completamente in funzione.

operative ['ɔpərətıv] adj (measure) operativo(a) ♦ n (in factory) operaio/a; **the ~ word** la parola chiave.

operator ['ɔpəreıtə*] n (of machine) operatore/trice; (TEL) centralinista m/f.

operetta [ɔpə'rɛtə] n operetta.

ophthalmologist [ɔfθæl'mɔlədʒıst] n

oftalmologo/a.

opinion [ə'pɪnjən] *n* opinione *f*, parere *m*; **in my ~** secondo me, a mio avviso; **to seek a second ~** (*MED etc*) consultarsi con un altro medico *etc*.

opinionated [ə'pɪnjəneɪtɪd] *adj* dogmatico(a).

opinion poll *n* sondaggio di opinioni.

opium ['əʊpɪəm] *n* oppio.

opponent [ə'pəʊnənt] *n* avversario/a.

opportune ['ɔpətjuːn] *adj* opportuno(a).

opportunist [ɔpə'tjuːnɪst] *n* opportunista *m/f*.

opportunity [ɔpə'tjuːnɪtɪ] *n* opportunità *f inv*, occasione *f*; **to take the ~ to do** *or* **of doing** cogliere l'occasione per fare.

oppose [ə'pəʊz] *vt* opporsi a; **~d to** contrario(a) a; **as ~d to** in contrasto con.

opposing [ə'pəʊzɪŋ] *adj* opposto(a); (*team*) avversario(a).

opposite ['ɔpəzɪt] *adj* opposto(a); (*house etc*) di fronte ♦ *adv* di fronte, dirimpetto ♦ *prep* di fronte a ♦ *n* opposto, contrario; (*of word*) contrario; **"see ~ page"** "vedere pagina a fronte".

opposite number *n* controparte *f*, corrispondente *m/f*.

opposite sex *n*: **the ~** l'altro sesso.

opposition [ɔpə'zɪʃən] *n* opposizione *f*.

oppress [ə'prɛs] *vt* opprimere.

oppression [ə'prɛʃən] *n* oppressione *f*.

oppressive [ə'prɛsɪv] *adj* oppressivo(a).

opprobrium [ə'prəʊbrɪəm] *n* (*formal*) obbrobrio.

opt [ɔpt] *vi*: **to ~ for** optare per; **to ~ to do** scegliere di fare; **to ~ out of** (*BRIT: of NHS*) scegliere di non far più parte di; (*of agreement, arrangement*) scegliere di non partecipare a.

optical ['ɔptɪkl] *adj* ottico(a).

optical character reader/recognition (OCR) *n* lettore *m* ottico/lettura ottica di caratteri.

optical fibre *n* fibra ottica.

optician [ɔp'tɪʃən] *n* ottico.

optics ['ɔptɪks] *n* ottica.

optimism ['ɔptɪmɪzəm] *n* ottimismo.

optimist ['ɔptɪmɪst] *n* ottimista *m/f*.

optimistic [ɔptɪ'mɪstɪk] *adj* ottimistico(a).

optimum ['ɔptɪməm] *adj* ottimale.

option ['ɔpʃən] *n* scelta; (*SCOL*) materia facoltativa; (*COMM*) opzione *f*; **to keep one's ~s open** (*fig*) non impegnarsi; **I have no ~** non ho scelta.

optional ['ɔpʃənl] *adj* facoltativo(a); (*COMM*) a scelta; **~ extra** optional *m inv*.

opulence ['ɔpjuləns] *n* opulenza.

opulent ['ɔpjulənt] *adj* opulento(a).

OR *abbr* (*US*) = *Oregon*.

or [ɔː*] *conj* o, oppure; (*with negative*): **he hasn't seen ~ heard anything** non ha visto né sentito niente; **~ else** se no, altrimenti; oppure.

oracle ['ɔrəkl] *n* oracolo.

oral ['ɔːrəl] *adj* orale ♦ *n* esame *m* orale.

orange ['ɔrɪndʒ] *n* (*fruit*) arancia ♦ *adj* arancione.

orangeade [ɔrɪndʒ'eɪd] *n* aranciata.

oration [ɔː'reɪʃən] *n* orazione *f*.

orator ['ɔrətə*] *n* oratore/trice.

oratorio [ɔrə'tɔːrɪəu] *n* oratorio.

orb [ɔːb] *n* orbe *m*.

orbit ['ɔːbɪt] *n* orbita ♦ *vt* orbitare intorno a; **to be in/go into ~ (round)** essere/entrare in orbita (attorno a).

orbital ['ɔːbɪtl] *n* (*also*: **~ motorway**) raccordo anulare.

orchard ['ɔːtʃəd] *n* frutteto; **apple ~** meleto.

orchestra ['ɔːkɪstrə] *n* orchestra; (*US: seating*) platea.

orchestral [ɔː'kɛstrəl] *adj* orchestrale; (*concert*) sinfonico(a).

orchestrate ['ɔːkɪstreɪt] *vt* (*MUS, fig*) orchestrare.

orchid ['ɔːkɪd] *n* orchidea.

ordain [ɔː'deɪn] *vt* (*REL*) ordinare; (*decide*) decretare.

ordeal [ɔː'diːl] *n* prova, travaglio.

order ['ɔːdə*] *n* ordine *m*; (*COMM*) ordinazione *f* ♦ *vt* ordinare; **to ~ sb to do** ordinare a qn di fare; **in ~** in ordine; (*of document*) in regola; **in ~ of size** in ordine di grandezza; **in ~ to do** per fare; **in ~ that** affinché +*sub*; **a machine in working ~** una macchina che funziona bene; **to be out of ~** (*machine, toilets*) essere guasto(a); (*telephone*) essere fuori servizio; **to place an ~ for sth with sb** ordinare qc a qn; **to the ~ of** (*BANKING*) all'ordine di; **to be under ~s to do sth** avere l'ordine di fare qc; **a point of ~** una questione di procedura; **to be on ~** essere stato ordinato; **made to ~** fatto su commissione; **the lower ~s** (*pej*) i ceti inferiori.

order book *n* copiacommissioni *m inv*.

order form *n* modulo d'ordinazione.

orderly ['ɔːdəlɪ] *n* (*MIL*) attendente *m* ♦ *adj* (*room*) in ordine; (*mind*) metodico(a); (*person*) ordinato(a), metodico(a).

order number *n* numero di ordinazione.

ordinal ['ɔːdɪnl] *adj* (*number*) ordinale.

ordinary ['ɔːdnrɪ] *adj* normale, comune; (*pej*) mediocre ♦ *n*: **out of the ~** diverso dal solito, fuori dell'ordinario.

ordinary degree n laurea (con corso di studi di 3 anni).

Il corso universitario di studi che porta al conferimento del **Bachelor's degree** *può avere una durata diversa, a seconda del profitto dello studente. Chi non è interessato a proseguire gli studi oltre tre anni di corso può optare per l'*ordinary degree; *vedi anche* honours degree.

ordinary seaman (OS) n (BRIT) marinaio semplice.

ordinary shares npl azioni fpl ordinarie.

ordination [ɔːdɪˈneɪʃən] n ordinazione f.

ordnance [ˈɔːdnəns] n (MIL: unit) (reparto di) sussistenza.

Ordnance Survey map n (BRIT) ≈ carta topografica dell'IGM.

ore [ɔː*] n minerale m grezzo.

Ore(g). abbr (US) = Oregon.

organ [ˈɔːgən] n organo.

organic [ɔːˈgænɪk] adj organico(a).

organism [ˈɔːgənɪzəm] n organismo.

organist [ˈɔːgənɪst] n organista m/f.

organization [ɔːgənaɪˈzeɪʃən] n organizzazione f.

organization chart n organigramma m.

organize [ˈɔːgənaɪz] vt organizzare; **to get ~d** organizzarsi.

organized crime [ˈɔːgənaɪzd-] n criminalità organizzata.

organized labour [ˈɔːgənaɪzd-] n manodopera organizzata.

organizer [ˈɔːgənaɪzə*] n organizzatore/trice.

orgasm [ˈɔːgæzəm] n orgasmo.

orgy [ˈɔːdʒɪ] n orgia.

Orient [ˈɔːrɪənt] n: **the ~** l'Oriente m.

oriental [ɔːrɪˈentl] adj, n orientale (m/f).

orientate [ˈɔːrɪənteɪt] vt orientare.

orifice [ˈɔrɪfɪs] n orifizio.

origin [ˈɔrɪdʒɪn] n origine f; **country of ~** paese m d'origine.

original [əˈrɪdʒɪnl] adj originale; (earliest) originario(a) ♦ n originale m.

originality [ərɪdʒɪˈnælɪtɪ] n originalità.

originally [əˈrɪdʒɪnəlɪ] adv (at first) all'inizio.

originate [əˈrɪdʒɪneɪt] vi: **to ~ from** venire da, essere originario(a) di; (suggestion) provenire da; **to ~ in** nascere in; (custom) avere origine in.

originator [əˈrɪdʒɪneɪtə*] n iniziatore/trice.

Orkneys [ˈɔːknɪz] npl: **the ~** (also: **the Orkney Islands**) le (isole) Orcadi.

ornament [ˈɔːnəmənt] n ornamento; (trinket) ninnolo.

ornamental [ɔːnəˈmentl] adj ornamentale.

ornamentation [ɔːnəmenˈteɪʃən] n decorazione f, ornamento.

ornate [ɔːˈneɪt] adj molto ornato(a).

ornithologist [ɔːnɪˈθɒlədʒɪst] n ornitologo/a.

ornithology [ɔːnɪˈθɒlədʒɪ] n ornitologia.

orphan [ˈɔːfn] n orfano/a ♦ vt: **to be ~ed** diventare orfano.

orphanage [ˈɔːfənɪdʒ] n orfanotrofio.

orthodox [ˈɔːθədɒks] adj ortodosso(a).

orthopaedic, (US) orthopedic [ɔːθəˈpiːdɪk] adj ortopedico(a).

OS abbr (BRIT: = Ordnance Survey) ≈ IGM m (= Istituto Geografico Militare); (: NAUT) see **ordinary seaman**; (: DRESS) = **outsize**.

O/S abbr = **out of stock**.

Oscar [ˈɒskə*] n Oscar m inv.

oscillate [ˈɒsɪleɪt] vi oscillare.

OSHA n abbr (US: = Occupational Safety and Health Administration) amministrazione per la sicurezza e la salute sul lavoro.

Oslo [ˈɒzləu] n Oslo f.

ostensible [ɒsˈtensɪbl] adj preteso(a); apparente.

ostensibly [ɒsˈtensɪblɪ] adv all'apparenza.

ostentation [ɒstenˈteɪʃən] n ostentazione f.

ostentatious [ɒstenˈteɪʃəs] adj pretenzioso(a); ostentato(a).

osteopath [ˈɒstɪəpæθ] n specialista m/f di osteopatia.

ostracize [ˈɒstrəsaɪz] vt dare l'ostracismo a.

ostrich [ˈɒstrɪtʃ] n struzzo.

OT abbr (= Old Testament) V.T.

OTB n abbr (US: = off-track betting) puntate effettuate fuori dagli ippodromi.

OTE abbr (= on-target earnings) stipendio compreso le commissioni.

other [ˈʌðə*] adj altro(a) ♦ pron: **the ~** l'altro(a); **the ~s** gli altri; **the ~ day** l'altro giorno; **some ~ people have still to arrive** (alcuni) altri devono ancora arrivare; **some actor or ~** un certo attore; **somebody or ~** qualcuno; **~ than** altro che; a parte; **the car was none ~ than Roberta's** la macchina era proprio di Roberta.

otherwise [ˈʌðəwaɪz] adv, conj altrimenti; **an ~ good piece of work** un lavoro comunque buono.

OTT abbr (col) = **over the top**; see **top**.

otter [ˈɒtə*] n lontra.

OU n abbr (BRIT) see **Open University**.

ouch [autʃ] excl ohi!, ahi!

ought, pt **ought** [ɔːt] aux vb: **I ~ to do it** dovrei farlo; **this ~ to have been corrected** questo avrebbe dovuto essere corretto; **he ~ to win** dovrebbe vincere; **you ~ to go and see it** dovreste andare a

vederlo, fareste bene ad andarlo a
vedere.

ounce [auns] *n* oncia (= *28.35 g*; *16 in a
pound*).

our [auə⁺] *adj* il(la) nostro(a), *pl* i(le)
nostri(e).

ours [auəz] *pron* il(la) nostro(a), *pl* i(le)
nostri(e).

ourselves [auə'sɛlvz] *pron pl* (*reflexive*) ci;
(*after preposition*) noi; (*emphatic*) noi
stessi(e); **we did it (all) by ~** l'abbiamo
fatto (tutto) da soli.

oust [aust] *vt* cacciare, espellere.

===================================== KEYWORD

out [aut] *adv* (*gen*) fuori; **~ here/there** qui/
là fuori; **to speak ~ loud** parlare forte; **to
have a night ~** uscire una sera; **to be ~
and about** *or* (*US*) **around again** essere di
nuovo in piedi; **the boat was 10 km ~** la
barca era a 10 km dalla costa; **the
journey ~** l'andata; **3 days ~ from
Plymouth** a 3 giorni da Plymouth
♦ *adj:* **to be ~** (*gen*) essere fuori;
(*unconscious*) aver perso i sensi; (*style,
singer*) essere fuori moda; **before the
week was ~** prima che la settimana
fosse finita; **to be ~ to do sth** avere
intenzione di fare qc; **he's ~ for all he can
get** sta cercando di trarne il massimo
profitto; **to be ~ in one's calculations**
aver sbagliato i calcoli
♦ **out of** *prep* **1** (*outside, beyond*) fuori di;
to go ~ of the house uscire di casa; **to
look ~ of the window** guardare fuori
dalla finestra
2 (*because of*) per; **~ of pity** per pietà; **~
of boredom** per noia
3 (*origin*) da; **made ~ of wood** (fatto) di
or in legno; **to drink ~ of a cup** bere da
una tazza
4 (*from among*): **~ of 10** su 10
5 (*without*) senza; **~ of petrol** senza
benzina; **it's ~ of stock** (*COMM*) è
esaurito.

―――――――――――――――――――――――――――

outage ['autɪdʒ] *n* (*esp US: power failure*)
interruzione *f or* mancanza di corrente
elettrica.

out-and-out ['autəndaut] *adj* vero(a) e
proprio(a).

outback ['autbæk] *n* zona isolata; (*in
Australia*) interno, entroterra.

outbid, *pt*, *pp* **outbid** [aut'bɪd] *vt* fare
un'offerta più alta di.

outboard ['autbɔːd] *n:* **~ (motor)** (motore
m) fuoribordo.

outbound ['autbaund] *adj:* **~ (for** *or* **from)** in

partenza (per *or* da).

outbreak ['autbreɪk] *n* scoppio; epidemia.

outbuilding ['autbɪldɪŋ] *n* dipendenza.

outburst ['autbəːst] *n* scoppio.

outcast ['autkɑːst] *n* esule *m/f*; (*socially*)
paria *m inv*.

outclass [aut'klɑːs] *vt* surclassare.

outcome ['autkʌm] *n* esito, risultato.

outcrop ['autkrɔp] *n* affioramento.

outcry ['autkraɪ] *n* protesta, clamore *m*.

outdated [aut'deɪtɪd] *adj* (*custom, clothes*)
fuori moda; (*idea*) sorpassato(a).

outdistance [aut'dɪstəns] *vt* distanziare.

outdo [aut'duː] *vt irreg* sorpassare.

outdoor [aut'dɔː*] *adj* all'aperto.

outdoors [aut'dɔːz] *adv* fuori; all'aria
aperta.

outer ['autə*] *adj* esteriore; **~ suburbs**
estrema periferia.

outer space *n* spazio cosmico.

outfit ['autfɪt] *n* equipaggiamento; (*clothes*)
abito; (*col: organization*) organizzazione *f*.

outfitter ['autfɪtə*] *n* (*BRIT*): **"(gent's) ~s"**
"confezioni da uomo".

outgoing ['autgəuɪŋ] *adj* (*president, tenant*)
uscente; (*means of transport*) in partenza;
(*character*) socievole.

outgoings ['autgəuɪŋz] *npl* (*BRIT: expenses*)
spese *fpl*.

outgrow [aut'grəu] *vt irreg* (*clothes*)
diventare troppo grande per.

outhouse ['authaus] *n* costruzione *f*
annessa.

outing ['autɪŋ] *n* gita; escursione *f*.

outlandish [aut'lændɪʃ] *adj* strano(a).

outlast [aut'lɑːst] *vt* sopravvivere a.

outlaw ['autlɔː] *n* fuorilegge *m/f* ♦ *vt*
(*person*) mettere fuori della legge;
(*practice*) proscrivere.

outlay ['autleɪ] *n* spesa.

outlet ['autlɛt] *n* (*for liquid etc*) sbocco,
scarico; (*for emotion*) sfogo; (*for goods*)
sbocco, mercato; (*also: retail ~*) punto di
vendita; (*US ELEC*) presa di corrente.

outline ['autlaɪn] *n* contorno, profilo;
(*summary*) abbozzo, grandi linee *fpl*.

outlive [aut'lɪv] *vt* sopravvivere a.

outlook ['autluk] *n* prospettiva, vista.

outlying ['autlaɪɪŋ] *adj* periferico(a).

outmanoeuvre, (*US*) **outmaneuver**
[autmə'nuːvə*] *vt* (*rival etc*) superare in
strategia.

outmoded [aut'məudɪd] *adj* passato(a) di
moda; antiquato(a).

outnumber [aut'nʌmbə*] *vt* superare in
numero.

out-of-court [autəv'kɔːt] *adj*
extragiudiziale ♦ *adv* (*settle*) senza

ricorrere al tribunale.

out-of-date [autəv'deɪt] *adj* (*passport, ticket*) scaduto(a); (*theory, idea*) sorpassato(a), superato(a); (*custom*) antiquato(a); (*clothes*) fuori moda.

out-of-the-way ['autəvðə'weɪ] *adj* (*remote*) fuori mano; (*unusual*) originale, insolito(a).

outpatient ['autpeɪʃənt] *n* paziente *m/f* esterno(a).

outpost ['autpəust] *n* avamposto.

outpouring ['autpɔːrɪŋ] *n* (*fig*) torrente *m*.

output ['autput] *n* produzione *f*; (*COMPUT*) output *m inv* ♦ *vt* emettere.

outrage ['autreɪdʒ] *n* oltraggio; scandalo ♦ *vt* oltraggiare.

outrageous [aut'reɪdʒəs] *adj* oltraggioso(a); scandaloso(a).

outrider ['autraɪdə*] *n* (*on motorcycle*) battistrada *m inv*.

outright *adv* [aut'raɪt] completamente; schiettamente; apertamente; sul colpo ♦ *adj* ['autraɪt] completo(a); schietto(a) e netto(a).

outrun [aut'rʌn] *vt irreg* superare (nella corsa).

outset ['autsɛt] *n* inizio.

outshine [aut'ʃaɪn] *vt irreg* (*fig*) eclissare.

outside [aut'saɪd] *n* esterno, esteriore *m* ♦ *adj* esterno(a), esteriore; (*remote, unlikely*): **an ~ chance** una vaga possibilità ♦ *adv* fuori, all'esterno ♦ *prep* fuori di, all'esterno di; **at the ~** (*fig*) al massimo; **~ left/right** *n* (*FOOTBALL*) ala sinistra/destra.

outside broadcast *n* (*RADIO, TV*) trasmissione *f* in esterno.

outside lane *n* (*AUT*) corsia di sorpasso.

outside line *n* (*TEL*) linea esterna.

outsider [aut'saɪdə*] *n* (*in race etc*) outsider *m inv*; (*stranger*) straniero/a.

outsize ['autsaɪz] *adj* enorme; (*clothes*) per taglie forti.

outskirts ['autskɜːts] *npl* sobborghi *mpl*.

outsmart [aut'smɑːt] *vt* superare in astuzia.

outspoken [aut'spəukən] *adj* molto franco(a).

outspread ['autsprɛd] *adj* (*wings*) aperto(a), spiegato(a).

outstanding [aut'stændɪŋ] *adj* eccezionale, di rilievo; (*unfinished*) non completo(a); non evaso(a); non regolato(a); **your account is still ~** deve ancora saldare il conto.

outstay [aut'steɪ] *vt*: **to ~ one's welcome** diventare un ospite sgradito.

outstretched [aut'strɛtʃt] *adj* (*hand*)

teso(a); (*body*) disteso(a).

outstrip [aut'strɪp] *vt* (*also fig*) superare.

out-tray ['auttreɪ] *n* raccoglitore *m* per le carte da spedire.

outvote [aut'vəut] *vt*: **to ~ sb (by)** avere la maggioranza rispetto a qn (per); **to ~ sth (by)** respingere qc (per).

outward ['autwəd] *adj* (*sign, appearances*) esteriore; (*journey*) d'andata.

outwardly ['autwədlɪ] *adv* esteriormente; in apparenza.

outweigh [aut'weɪ] *vt* avere maggior peso di.

outwit [aut'wɪt] *vt* superare in astuzia.

oval ['əuvl] *adj, n* ovale (*m*).

L'**Oval Office** è una grande stanza di forma ovale nella **White House**, la Casa Bianca, dove ha sede l'ufficio del Presidente degli Stati Uniti. Spesso il termine è usato per indicare la stessa presidenza degli Stati Uniti.

ovarian [əu'vɛərɪən] *adj* ovarico(a).

ovary ['əuvərɪ] *n* ovaia.

ovation [əu'veɪʃən] *n* ovazione *f*.

oven ['ʌvn] *n* forno.

ovenproof ['ʌvnpruːf] *adj* da forno.

oven-ready ['ʌvnrɛdɪ] *adj* pronto(a) da infornare.

ovenware ['ʌvnwɛə*] *n* vasellame *m* da mettere in forno.

over ['əuvə*] *adv* al di sopra; (*excessively*) molto, troppo ♦ *adj* (*or adv*) (*finished*) finito(a), terminato(a); (*too much*) troppo; (*remaining*) che avanza ♦ *prep* su; sopra; (*above*) al di sopra di; (*on the other side of*) di là di; (*more than*) più di; (*during*) durante; **~ here** qui; **~ there** là; **all ~** (*everywhere*) dappertutto; (*finished*) tutto(a) finito(a); **~ and ~ (again)** più e più volte; **~ and above** oltre (a); **to ask sb ~** invitare qn (a passare); **now ~ to our Rome correspondent** diamo ora la linea al nostro corrispondente da Roma; **the world ~** in tutto il mondo; **she's not ~ intelligent** (*BRIT*) non è troppo intelligente; **they fell out ~ money** litigarono per una questione di denaro.

over... ['əuvə*] *prefix*: **~abundant** sovrabbondante.

overact [əuvər'ækt] *vi* (*THEAT*) esagerare *or* strafare la propria parte.

overall *adj, n* ['əuvərɔːl] *adj* totale ♦ *n* (*BRIT*) grembiule *m* ♦ *adv* [əuvər'ɔːl] nell'insieme, complessivamente; **~s** *npl* tuta (da lavoro).

overall majority *n* maggioranza assoluta.

overanxious [əuvər'æŋkʃəs] *adj* troppo ansioso(a).

overawe [əuvər'ɔ:] *vt* intimidire.

overbalance [əuvə'bæləns] *vi* perdere l'equilibrio.

overbearing [əuvə'bɛərɪŋ] *adj* imperioso(a), prepotente.

overboard ['əuvəbɔ:d] *adv* (*NAUT*) fuori bordo, in acqua; **to go ~ for sth** (*fig*) impazzire per qc.

overbook [əuvə'buk] *vt* sovrapprenotare.

overcapitalize [əuvə'kæpɪtəlaɪz] *vt* sovraccapitalizzare.

overcast ['əuvəka:st] *adj* coperto(a).

overcharge [əuvə'tʃɑ:dʒ] *vt*: **to ~ sb for sth** far pagare troppo caro a qn per qc.

overcoat ['əuvəkəut] *n* soprabito, cappotto.

overcome [əuvə'kʌm] *vt irreg* superare; sopraffare; **~ with grief** sopraffatto(a) dal dolore.

overconfident [əuvə'kɔnfɪdənt] *adj* troppo sicuro(a) (di sé), presuntuoso(a).

overcrowded [əuvə'kraudɪd] *adj* sovraffollato(a).

overcrowding [əuvə'kraudɪŋ] *n* sovraffollamento; (*in bus*) calca.

overdo [əuvə'du:] *vt irreg* esagerare; (*overcook*) cuocere troppo; **to ~ it, to ~ things** (*work too hard*) lavorare troppo.

overdose ['əuvədəus] *n* dose *f* eccessiva.

overdraft ['əuvədra:ft] *n* scoperto (di conto).

overdrawn [əuvə'drɔ:n] *adj* (*account*) scoperto(a).

overdrive ['əuvədraɪv] *n* (*AUT*) overdrive *m inv*.

overdue [əuvə'dju:] *adj* in ritardo; (*recognition*) tardivo(a); (*bill*) insoluto(a); **that change was long ~** quel cambiamento ci voleva da tempo.

overemphasis [əuvər'ɛmfəsɪs] *n*: **~ on sth** importanza eccessiva data a qc.

overemphasize [əuvər'ɛmfəsaɪz] *vt* dare un'importanza eccessiva a.

overestimate [əuvər'ɛstɪmeɪt] *vt* sopravvalutare.

overexcited [əuvərɪk'saɪtɪd] *adj* sovraeccitato(a).

overexertion [əuvərɪg'zə:ʃən] *n* logorio (fisico).

overexpose [əuvərɪk'spəuz] *vt* (*PHOT*) sovraesporre.

overflow *vi* [əuvə'fləu] traboccare ♦ *n* ['əuvəfləu] eccesso; (*also*: **~ pipe**) troppopieno.

overfly [əuvə'flaɪ] *vt irreg* sorvolare.

overgenerous [əuvə'dʒɛnərəs] *adj* troppo generoso(a).

overgrown [əuvə'grəun] *adj* (*garden*) ricoperto(a) di vegetazione; **he's just an ~ schoolboy** è proprio un bambinone.

overhang [əuvə'hæŋ] *irreg vt* sporgere da ♦ *vi* sporgere.

overhaul *vt* [əuvə'hɔ:l] revisionare ♦ *n* ['əuvəhɔ:l] revisione *f*.

overhead *adv* [əuvə'hɛd] di sopra ♦ *adj* ['əuvəhɛd] aereo(a); (*lighting*) verticale ♦ *n* (*US*) = **overheads**.

overheads ['əuvəhɛdz] *npl* (*BRIT*) spese *fpl* generali.

overhear [əuvə'hɪə*] *vt irreg* sentire (per caso).

overheat [əuvə'hi:t] *vi* surriscaldarsi.

overjoyed [əuvə'dʒɔɪd] *adj* pazzo(a) di gioia.

overkill ['əuvəkɪl] *n* (*fig*) strafare *m*.

overland ['əuvəlænd] *adj, adv* per via di terra.

overlap *vi* [əuvə'læp] sovrapporsi ♦ *n* ['əuvəlæp] sovrapposizione *f*.

overleaf [əuvə'li:f] *adv* a tergo.

overload [əuvə'ləud] *vt* sovraccaricare.

overlook [əuvə'luk] *vt* (*have view of*) dare su; (*miss*) trascurare; (*forgive*) passare sopra a.

overlord ['əuvəlɔ:d] *n* capo supremo.

overmanning [əuvə'mænɪŋ] *n* eccedenza di manodopera.

overnight *adv* [əuvə'naɪt] (*happen*) durante la notte; (*fig*) tutto ad un tratto ♦ *adj* ['əuvənaɪt] di notte; fulmineo(a); **he stayed there ~** ci ha passato la notte; **if you travel ~ ...** se viaggia di notte ...; **he'll be away ~** passerà la notte fuori.

overpass ['əuvəpa:s] *n* cavalcavia *m inv*.

overpay [əuvə'peɪ] *vt*: **to ~ sb by £50** pagare 50 sterline in più a qn.

overplay [əuvə'pleɪ] *vt* dare troppa importanza a; **to ~ one's hand** sopravvalutare la propria posizione.

overpower [əuvə'pauə*] *vt* sopraffare.

overpowering [əuvə'pauərɪŋ] *adj* irresistibile; (*heat, stench*) soffocante.

overproduction ['əuvəprə'dʌkʃən] *n* sovrapproduzione *f*.

overrate [əuvə'reɪt] *vt* sopravvalutare.

overreach [əuvə'ri:tʃ] *vt*: **to ~ o.s.** volere strafare.

overreact [əuvəri:'ækt] *vi* reagire in modo esagerato.

override [əuvə'raɪd] *vt* (*irreg: like* **ride**) (*order, objection*) passar sopra a; (*decision*) annullare.

overriding [əuvə'raɪdɪŋ] *adj* preponderante.

overrule [əuvə'ru:l] *vt* (*decision*) annullare; (*claim*) respingere.

overrun [əuvə'rʌn] *vt irreg* (*MIL: country etc*) invadere; (*time limit etc*) superare, andare al di là di ♦ *vi* protrarsi; **the town is** ~ **with tourists** la città è invasa dai turisti.

overseas [əuvə'siːz] *adv* oltremare; (*abroad*) all'estero ♦ *adj* (*trade*) estero(a); (*visitor*) straniero(a).

oversee [əuvə'siː] *vt irreg* sorvegliare.

overseer ['əuvəsiə*] *n* (*in factory*) caposquadra *m*.

overshadow [əuvə'ʃædəu] *vt* (*fig*) eclissare.

overshoot [əuvə'ʃuːt] *vt irreg* superare.

oversight ['əuvəsait] *n* omissione *f*, svista; **due to an** ~ per una svista.

oversimplify [əuvə'simplifai] *vt* rendere troppo semplice.

oversleep [əuvə'sliːp] *vi irreg* dormire troppo a lungo.

overspend [əuvə'spɛnd] *vi irreg* spendere troppo; **we have overspent by 5000 dollars** abbiamo speso 5000 dollari di troppo.

overspill ['əuvəspil] *n* eccedenza di popolazione.

overstaffed [əuvə'staːft] *adj*: **to be** ~ avere troppo personale.

overstate [əuvə'steit] *vt* esagerare.

overstatement [əuvə'steitmənt] *n* esagerazione *f*.

overstay [əuvə'stei] *vt*: **to** ~ **one's welcome** trattenersi troppo a lungo (come ospite).

overstep [əuvə'stɛp] *vt*: **to** ~ **the mark** superare ogni limite.

overstock [əuvə'stɔk] *vt* sovrapprovvigionare, sovraimmagazzinare.

overstretched [əuvə'strɛtʃt] *adj* sovraccarico(a); (*budget*) arrivato(a) al limite.

overstrike *n* ['əuvəstraik] (*on printer*) sovrapposizione *f* (di caratteri) ♦ *vt irreg* [əuvə'straik] sovrapporre.

overt [əu'vɔːt] *adj* palese.

overtake [əuvə'teik] *vt irreg* sorpassare.

overtaking [əuvə'teikiŋ] *n* (*AUT*) sorpasso.

overtax [əuvə'tæks] *vt* (*ECON*) imporre tasse eccessive a, tassare eccessivamente; (*fig: strength, patience*) mettere alla prova, abusare di; **to** ~ **o.s.** chiedere troppo alle proprie forze.

overthrow [əuvə'θrəu] *vt irreg* (*government*) rovesciare.

overtime ['əuvətaim] *n* (lavoro) straordinario; **to do** *or* **work** ~ fare lo straordinario.

overtime ban *n* rifiuto sindacale a fare gli straordinari.

overtone ['əuvətəun] *n* (*also:* ~**s**) sfumatura.

overture ['əuvətʃuə*] *n* (*MUS*) ouverture *f inv*; (*fig*) approccio.

overturn [əuvə'tɔːn] *vt* rovesciare ♦ *vi* rovesciarsi.

overview ['əuvəvjuː] *n* visione *f* d'insieme.

overweight [əuvə'weit] *adj* (*person*) troppo grasso(a); (*luggage*) troppo pesante.

overwhelm [əuvə'wɛlm] *vt* sopraffare; sommergere; schiacciare.

overwhelming [əuvə'wɛlmiŋ] *adj* (*victory, defeat*) schiacciante; (*desire*) irresistibile; **one's** ~ **impression is of heat** l'impressione dominante è quella di caldo.

overwhelmingly [əuvə'wɛlmiŋli] *adv* in massa.

overwork [əuvə'wɔːk] *vt* far lavorare troppo ♦ *vi* lavorare troppo, strapazzarsi.

overwrite [əuvə'rait] *vt* (*COMPUT*) ricoprire.

overwrought [əuvə'rɔːt] *adj* molto agitato(a).

ovulation [ɔvju'leiʃən] *n* ovulazione *f*.

owe [əu] *vt* dovere; **to** ~ **sb sth**, **to** ~ **sth to sb** dovere qc a qn.

owing to ['əuiŋtuː] *prep* a causa di.

owl [aul] *n* gufo.

own [əun] *adj* proprio(a) ♦ *vt* possedere ♦ *vi* (*BRIT*): **to** ~ **to sth** ammettere qc; **to** ~ **to having done sth** ammettere di aver fatto qc; **a room of my** ~ la mia propria camera; **to get one's** ~ **back** vendicarsi; **on one's** ~ tutto(a) solo(a); **can I have it for my (very)** ~**?** posso averlo tutto per me?; **to come into one's** ~ mostrare le proprie qualità.

▶**own up** *vi* confessare.

own brand *n* (*COMM*) etichetta propria.

owner ['əunə*] *n* proprietario/a.

owner-occupier ['əunər'ɔkjupaiə*] *n* proprietario/a della casa in cui abita.

ownership ['əunəʃip] *n* possesso; **it's under new** ~ ha un nuovo proprietario.

own goal *n* (*also fig*) autogol *m inv*.

ox, *pl* **oxen** [ɔks, 'ɔksn] *n* bue *m*.

Oxbridge ['ɔksbridʒ] *n* le università di Oxford e/o Cambridge.

La parola **Oxbridge** deriva dalla fusione dei nomi Ox(ford) e (Cam)bridge e fa riferimento a queste due antiche università e a coloro che le frequentano o le hanno frequentate.

Oxfam ['ɔksfæm] *n abbr* (*BRIT*: = Oxford Committee for Famine Relief*) organizzazione per aiuti al terzo mondo.

oxide ['ɔksaɪd] *n* ossido.
Oxon. ['ɔksn] *abbr* (*BRIT:* = *Oxoniensis*) = *of Oxford.*
oxtail ['ɔksteɪl] *n:* ~ **soup** minestra di coda di bue.
oxyacetylene ['ɔksɪə'sɛtɪliːn] *adj* ossiacetilenico(a); ~ **burner,** ~ **lamp** cannello ossiacetilenico.
oxygen ['ɔksɪdʒən] *n* ossigeno.
oxygen mask *n* maschera ad ossigeno.
oxygen tent *n* tenda ad ossigeno.
oyster ['ɔɪstə*] *n* ostrica.
oz. *abbr* = **ounce.**
ozone ['əʊzəʊn] *n* ozono.

Pp

P, p [piː] *n* (*letter*) P, p *f or m inv;* **P for Peter** ≈ P come Padova.
P *abbr* = **president; prince.**
p *abbr* (= *page*) p; (*BRIT*) = **penny, pence.**
PA *n abbr see* **personal assistant; public address system** ♦ *abbr* (*US*) = **Pennsylvania.**
pa [pɑː] *n* (*col*) papà *m inv,* babbo.
p.a. *abbr* = **per annum.**
PAC *n abbr* (*US*) = *political action committee.*
pace [peɪs] *n* passo; (*speed*) passo; velocità ♦ *vi:* **to** ~ **up and down** camminare su e giù; **to keep** ~ **with** camminare di pari passo a; (*events*) tenersi al corrente di; **to put sb through his** ~**s** (*fig*) mettere qn alla prova; **to set the** ~ (*running*) fare l'andatura; (*fig*) dare il la *or* il tono.
pacemaker ['peɪsmeɪkə*] *n* (*MED*) pacemaker *m inv,* stimolatore *m* cardiaco; (*SPORT*) chi fa l'andatura.
pacific [pə'sɪfɪk] *adj* pacifico(a) ♦ *n:* **the P~ (Ocean)** il Pacifico, l'Oceano Pacifico.
pacification [pæsɪfɪ'keɪʃən] *n* pacificazione *f.*
pacifier ['pæsɪfaɪə*] *n* (*US: dummy*) succhiotto, ciuccio (*col*).
pacifist ['pæsɪfɪst] *n* pacifista *m/f.*
pacify ['pæsɪfaɪ] *vt* pacificare; (*soothe*) calmare.
pack [pæk] *n* (*packet*) pacco; (*COMM*) confezione *f;* (*US: of cigarettes*) pacchetto; (*of goods*) balla; (*of hounds*) muta; (*of wolves*) branco; (*of thieves etc*) banda; (*of cards*) mazzo ♦ *vt* (*goods*) impaccare, imballare; (*in suitcase etc*) mettere; (*box*)

riempire; (*cram*) stipare, pigiare; (*press down*) tamponare; turare; (*COMPUT*) comprimere, impaccare ♦ *vi:* **to** ~ (**one's bags**) fare la valigia; **to send sb** ~**ing** (*col*) spedire via qn.
►**pack in** (*BRIT col*) *vi* (*watch, car*) guastarsi ♦ *vt* mollare, piantare; ~ **it in!** piantala!
►**pack off** *vt* (*person*) spedire.
►**pack up** *vi* (*BRIT col: machine*) guastarsi; (*: person*) far fagotto ♦ *vt* (*belongings, clothes*) mettere in una valigia; (*goods, presents*) imballare.
package ['pækɪdʒ] *n* pacco; balla; (*also:* ~ **deal**) pacchetto; forfait *m inv* ♦ *vt* (*goods*) confezionare.
package holiday *n* (*BRIT*) vacanza organizzata.
package tour *n* viaggio organizzato.
packaging ['pækɪdʒɪŋ] *n* confezione *f,* imballo.
packed [pækt] *adj* (*crowded*) affollato(a); ~ **lunch** (*BRIT*) pranzo al sacco.
packer ['pækə*] *n* (*person*) imballatore/trice.
packet ['pækɪt] *n* pacchetto.
packet switching [-swɪtʃɪŋ] *n* (*COMPUT*) commutazione *f* di pacchetto.
pack ice ['pækaɪs] *n* banchisa.
packing ['pækɪŋ] *n* imballaggio.
packing case *n* cassa da imballaggio.
pact [pækt] *n* patto, accordo; trattato.
pad [pæd] *n* blocco; (*for inking*) tampone *m;* (*col: flat*) appartamentino ♦ *vt* imbottire ♦ *vi:* **to** ~ **about/in** *etc* camminare/entrare *etc* a passi felpati.
padded cell ['pædɪd-] *n* cella imbottita.
padding ['pædɪŋ] *n* imbottitura; (*fig*) riempitivo.
paddle ['pædl] *n* (*oar*) pagaia ♦ *vi* sguazzare ♦ *vt* (*boat*) fare andare a colpi di pagaia.
paddle steamer *n* battello a ruote.
paddling pool ['pædlɪŋ-] *n* piscina per bambini.
paddock ['pædək] *n* recinto; paddock *m inv.*
paddy ['pædɪ] *n* (*also:* ~ **field**) risaia.
padlock ['pædlɔk] *n* lucchetto ♦ *vt* chiudere con il lucchetto.
padre ['pɑːdrɪ] *n* cappellano.
Padua ['pædjuə] *n* Padova.
paediatrician, (*US*) **pediatrician** [piːdɪə'trɪʃən] *n* pediatra *m/f.*
paediatrics, (*US*) **pediatrics** [piːdɪ'ætrɪks] *n* pediatria.
paedophile, (*US*) **pedophile** ['piːdəʊfaɪl] *adj, n* pedofilo(a).
pagan ['peɪgən] *adj, n* pagano(a).
page [peɪdʒ] *n* pagina; (*also:* ~ **boy**) fattorino; (*: at wedding*) paggio ♦ *vt* (*in*

hotel etc) (*far*) chiamare.
pageant ['pædʒənt] *n* spettacolo storico; grande cerimonia.
pageantry ['pædʒəntrɪ] *n* pompa.
page break *n* interruzione *f* di pagina.
pager ['peɪdʒə*] *n* cicalino, cercapersone *m*.
paginate ['pædʒɪneɪt] *vt* impaginare.
pagination [pædʒɪ'neɪʃən] *n* impaginazione *f*.
pagoda [pə'gəʊdə] *n* pagoda.
paid [peɪd] *pt, pp of* **pay** ♦ *adj* (*work, official*) rimunerato(a); **to put ~ to** (*BRIT*) mettere fine a.
paid-up ['peɪdʌp], (*US*) **paid in** ['peɪdɪn] *adj* (*member*) che ha pagato la sua quota; (*share*) interamente pagato(a); **~ capital** capitale *m* interamente versato.
pail [peɪl] *n* secchio.
pain [peɪn] *n* dolore *m*; **to be in ~** soffrire, aver male; **to have a ~ in** aver male *or* un dolore a; **to take ~s to do** mettercela tutta per fare; **on ~ of death** sotto pena di morte.
pained [peɪnd] *adj* addolorato(a), afflitto(a).
painful ['peɪnful] *adj* doloroso(a), che fa male; (*difficult*) difficile, penoso(a).
painfully ['peɪnfəlɪ] *adv* (*fig: very*) fin troppo.
painkiller ['peɪnkɪlə*] *n* antalgico, antidolorifico.
painstaking ['peɪnzteɪkɪŋ] *adj* sollecito(a).
paint [peɪnt] *n* (*for house etc*) tinta, vernice *f*; (*ART*) colore *m* ♦ *vt* (*ART, walls*) dipingere; (*door etc*) verniciare; **a tin of ~** un barattolo di tinta *or* vernice; **to ~ the door blue** verniciare la porta di azzurro; **to ~ in oils** dipingere a olio.
paintbox ['peɪntbɔks] *n* scatola di colori.
paintbrush ['peɪntbrʌʃ] *n* pennello.
painter ['peɪntə*] *n* (*artist*) pittore *m*; (*decorator*) imbianchino.
painting ['peɪntɪŋ] *n* (*activity: of artist*) pittura; (: *of decorator*) imbiancatura; verniciatura; (*picture*) dipinto, quadro.
paint-stripper ['peɪntstrɪpə*] *n* prodotto sverniciante.
paintwork ['peɪntwɜːk] *n* (*BRIT*) tinta; (: *of car*) vernice *f*.
pair [pɛə*] *n* (*of shoes, gloves etc*) paio; (*of people*) coppia; duo *m inv*; **a ~ of scissors/ trousers** un paio di forbici/pantaloni.
▶**pair off** *vi*: **to ~ off (with sb)** fare coppia (con qn).
pajamas [pə'dʒɑːməz] *npl* (*US*) pigiama *m*.
Pakistan [pɑːkɪ'stɑːn] *n* Pakistan *m*.
Pakistani [pɑːkɪ'stɑːnɪ] *adj, n* pakistano(a).
PAL [pæl] *n abbr* (*TV:* = *phase alternation line*) PAL *m*.

pal [pæl] *n* (*col*) amico/a, compagno/a.
palace ['pæləs] *n* palazzo.
palatable ['pælɪtəbl] *adj* gustoso(a).
palate ['pælɪt] *n* palato.
palatial [pə'leɪʃəl] *adj* sontuoso(a), sfarzoso(a).
palaver [pə'lɑːvə*] *n* chiacchiere *fpl*; storie *fpl*.
pale [peɪl] *adj* pallido(a) ♦ *vi* impallidire ♦ *n*: **to be beyond the ~** aver oltrepassato ogni limite; **to grow** *or* **turn ~** (*person*) diventare pallido(a), impallidire; **to ~ into insignificance (beside)** perdere d'importanza (nei confronti di); **~ blue** azzurro *or* blu pallido *inv*.
paleness ['peɪlnɪs] *n* pallore *m*.
Palestine ['pælɪstaɪn] *n* Palestina.
Palestinian [pælɪs'tɪnɪən] *adj, n* palestinese (*m/f*).
palette ['pælɪt] *n* tavolozza.
paling ['peɪlɪŋ] *n* (*stake*) palo; (*fence*) palizzata.
palisade [pælɪ'seɪd] *n* palizzata.
pall [pɔːl] *n* (*of smoke*) cappa ♦ *vi*: **to ~ (on)** diventare noioso(a) (a).
pallet ['pælɪt] *n* (*for goods*) paletta.
pallid ['pælɪd] *adj* pallido(a), smorto(a).
pallor ['pælə*] *n* pallore *m*.
pally ['pælɪ] *adj* (*col*) amichevole.
palm [pɑːm] *n* (*ANAT*) palma, palmo; (*also*: **~ tree**) palma ♦ *vt*: **to ~ sth off on sb** (*col*) rifilare qc a qn.
palmist ['pɑːmɪst] *n* chiromante *m/f*.
Palm Sunday *n* Domenica delle Palme.
palpable ['pælpəbl] *adj* palpabile.
palpitation [pælpɪ'teɪʃən] *n* palpitazione *f*; **to have ~s** avere le palpitazioni.
paltry ['pɔːltrɪ] *adj* derisorio(a); insignificante.
pamper ['pæmpə*] *vt* viziare, accarezzare.
pamphlet ['pæmflət] *n* dépliant *m inv*; (*political etc*) volantino, manifestino.
pan [pæn] *n* (*also*: **sauce~**) casseruola; (*also*: **frying ~**) padella ♦ *vi* (*CINE*) fare una panoramica; **to ~ for gold** (lavare le sabbie aurifere per) cercare l'oro.
panacea [pænə'sɪə] *n* panacea.
panache [pə'næʃ] *n* stile *m*.
Panama ['pænəmɑː] *n* Panama *m*.
Panama Canal *n* canale *m* di Panama.
Panamanian [pænə'meɪnɪən] *adj, n* panamense (*m/f*).
pancake ['pænkeɪk] *n* frittella.
Pancake Day *n* (*BRIT*) martedì *m* grasso.
pancake roll *n* crêpe ripiena di verdure alla cinese.
pancreas ['pæŋkrɪəs] *n* pancreas *m inv*.
panda ['pændə] *n* panda *m inv*.

panda car n (*BRIT*) auto *f* della polizia.
pandemonium [pændɪ'məʊnɪəm] n pandemonio.
pander ['pændə*] vi: **to ~ to** lusingare; concedere tutto a.
p & h abbr (*US*: = *postage and handling*) affrancatura e trasporto.
P & L abbr (= *profit and loss*) P.P.
p & p abbr (*BRIT*: = *postage and packing*) affrancatura ed imballaggio.
pane [peɪn] n vetro.
panel ['pænl] n (*of wood, cloth etc*) pannello; (*RADIO, TV*) giuria.
panel game n (*BRIT*) quiz m inv a squadre.
panelling, (*US*) **paneling** ['pænəlɪŋ] n rivestimento a pannelli.
panellist, (*US*) **panelist** ['pænəlɪst] n partecipante m/f (al quiz, alla tavola rotonda etc).
pang [pæŋ] n: **to feel ~s of remorse** essere torturato(a) dal rimorso; **~s of hunger** spasimi mpl della fame; **~s of conscience** morsi mpl di coscienza.
panhandler ['pænhændlə*] n (*US col*) accattone/a.
panic ['pænɪk] n panico ♦ vi perdere il sangue freddo.
panic buying [-baɪɪŋ] n accaparramento (*di generi alimentari etc*).
panicky ['pænɪkɪ] adj (*person*) pauroso(a).
panic-stricken ['pænɪkstrɪkən] adj (*person*) preso(a) dal panico, in preda al panico; (*look*) terrorizzato(a).
pannier ['pænɪə*] n (*on animal*) bisaccia; (*on bicycle*) borsa.
panorama [pænə'rɑːmə] n panorama m.
panoramic [pænə'ræmɪk] adj panoramico(a).
pansy ['pænzɪ] n (*BOT*) viola del pensiero, pensée *f* inv; (*col*) femminuccia.
pant [pænt] vi ansare.
pantechnicon [pæn'tɛknɪkən] n (*BRIT*) grosso furgone m per traslochi.
panther ['pænθə*] n pantera.
panties ['pæntɪz] npl slip m, mutandine fpl.
pantihose ['pæntɪhəʊz] n (*US*) collant m inv.
panto ['pæntəʊ] n (*BRIT col*) see **pantomime**.
pantomime ['pæntəmaɪm] n (*at Christmas*) spettacolo natalizio; (*tecnica*) pantomima.

In Gran Bretagna la **pantomime** (*abbreviata in* **panto**) *è una sorta di libera interpretazione delle favole più conosciute che vengono messe in scena nei teatri durante il periodo natalizio. Gli attori principali sono la dama,* **dame***, che è un uomo vestito da donna, il protagonista,* **principal boy***, che è una donna travestita da*

---

uomo, e il cattivo, **villain***. È uno spettacolo per tutta la famiglia, che prevede la partecipazione del pubblico.*

---

pantry ['pæntrɪ] n dispensa.
pants [pænts] npl (*BRIT*) mutande fpl, slip m; (*US*: *trousers*) pantaloni mpl.
pantsuit ['pæntsuːt] n (*US*) completo m or tailleur m inv pantalone inv.
papacy ['peɪpəsɪ] n papato.
papal ['peɪpəl] adj papale, pontificio(a).
paparazzi [pæpə'rætsiː] npl paparazzi mpl.
paper ['peɪpə*] n carta; (*also*: **wall~**) carta da parati, tappezzeria; (*also*: **news~**) giornale m; (*study, article*) saggio; (*exam*) prova scritta ♦ adj di carta ♦ vt tappezzare; **a piece of ~** (*odd bit*) un pezzo di carta; (*sheet*) un foglio (di carta); **to put sth down on ~** mettere qc per iscritto; *see also* **papers**.
paper advance n (*on printer*) avanzamento della carta.
paperback ['peɪpəbæk] n tascabile m; edizione *f* economica ♦ adj: **~ edition** edizione *f* tascabile.
paper bag n sacchetto di carta.
paperboy ['peɪpəbɔɪ] n (*selling*) strillone m; (*delivering*) ragazzo che recapita i giornali.
paper clip n graffetta, clip *f* inv.
paper handkerchief n fazzolettino di carta.
paper mill n cartiera.
paper money n cartamoneta, moneta cartacea.
paper profit n utile m teorico.
papers ['peɪpəz] npl (*also*: **identity ~**) carte fpl, documenti mpl.
paper shop n (*BRIT*) giornalaio (*negozio*).
paperweight ['peɪpəweɪt] n fermacarte m inv.
paperwork ['peɪpəwɜːk] n lavoro amministrativo.
papier-mâché ['pæpɪeɪ'mæʃeɪ] n cartapesta.
paprika ['pæprɪkə] n paprica.
Pap test, Pap smear ['pæp-] n (*MED*) pap-test m inv.
par [pɑː*] n parità, pari *f*; (*GOLF*) norma; **on a ~ with** alla pari con; **at/above/below ~** (*COMM*) alla/sopra la/sotto la pari; **above/below ~** (*gen, GOLF*) al di sopra/al di sotto della norma; **to feel below** or **under ~** or **not up to ~** non sentirsi in forma.
parable ['pærəbl] n parabola (*REL*).
parabola [pə'ræbələ] n parabola (*MATH*).
parachute ['pærəʃuːt] n paracadute m inv ♦ vi scendere col paracadute.

parachute jump n lancio col paracadute.
parachutist ['pærəʃuːtɪst] n paracadutista m/f.

parade [pə'reɪd] n parata; (inspection) rivista, rassegna ♦ vt (fig) fare sfoggio di ♦ vi sfilare in parata; **a fashion** ~ (BRIT) una sfilata di moda.
parade ground n piazza d'armi.
paradise ['pærədaɪs] n paradiso.
paradox ['pærədɔks] n paradosso.
paradoxical [pærə'dɔksɪkl] adj paradossale.
paradoxically [pærə'dɔksɪklɪ] adv paradossalmente.
paraffin ['pærəfɪn] n (BRIT): ~ (oil) paraffina; **liquid** ~ olio di paraffina.
paraffin heater n (BRIT) stufa al cherosene.
paraffin lamp n (BRIT) lampada al cherosene.
paragon ['pærəgən] n modello di perfezione or di virtù.
paragraph ['pærəgrɑːf] n paragrafo; **to begin a new** ~ andare a capo.
Paraguay ['pærəgwaɪ] n Paraguay m.
Paraguayan [pærə'gwaɪən] adj, n paraguaiano(a).
parallel ['pærəlɛl] adj (also COMPUT) parallelo(a); (fig) analogo(a) ♦ n (line) parallela; (fig, GEO) parallelo; ~ (with or to) parallelo(a) (a).
paralysis, pl **paralyses** [pə'rælɪsɪs, -siːz] n paralisi f inv.
paralytic [pærə'lɪtɪk] adj paralitico(a); (BRIT col: drunk) ubriaco(a) fradicio(a).
paralyze ['pærəlaɪz] vt paralizzare.
paramedic [pærə'mɛdɪk] n paramedico.
parameter [pə'ræmɪtə*] n parametro.
paramilitary [pærə'mɪlɪtərɪ] adj paramilitare.
paramount ['pærəmaunt] adj: **of** ~ **importance** di capitale importanza.
paranoia [pærə'nɔɪə] n paranoia.
paranoid ['pærənɔɪd] adj paranoico(a).
paranormal [pærə'nɔːml] adj paranormale.
paraphernalia [pærəfə'neɪlɪə] n attrezzi mpl, roba.
paraphrase ['pærəfreɪz] vt parafrasare.
paraplegic [pærə'pliːdʒɪk] n paraplegico(a).
parapsychology [pærəsaɪ'kɔlədʒɪ] n parapsicologia.
parasite ['pærəsaɪt] n parassita m.
parasol ['pærəsɔl] n parasole m inv.
paratrooper ['pærətruːpə*] n paracadutista m (soldato).
parcel ['pɑːsl] n pacco, pacchetto ♦ vt (also: ~ up) impaccare.
▶**parcel out** vt spartire.
parcel bomb n (BRIT) pacchetto esplosivo.

parcel post n servizio pacchi.
parch [pɑːtʃ] vt riardere.
parched ['pɑːtʃt] adj (person) assetato(a).
parchment ['pɑːtʃmənt] n pergamena.
pardon ['pɑːdn] n perdono; grazia ♦ vt perdonare; (LAW) graziare; ~! scusi!; ~ **me!** mi scusi!; **I beg your** ~! scusi!; (**I beg your**) ~?, (US) ~ **me?** prego?
pare [pɛə*] vt (BRIT: nails) tagliarsi; (: fruit etc) sbucciare, pelare.
parent ['pɛərənt] n padre m (or madre f); ~s npl genitori mpl.
parentage ['pɛərəntɪdʒ] n natali mpl; **of unknown** ~ di genitori sconosciuti.
parental [pə'rɛntl] adj dei genitori.
parent company n società madre f inv.
parenthesis, pl **parentheses** [pə'rɛnθɪsɪs, -siːz] n parentesi f inv; **in parentheses** fra parentesi.
parenthood ['pɛərənthud] n paternità or maternità.
parenting ['pɛərəntɪŋ] n mestiere m di genitore.
Paris ['pærɪs] n Parigi f.
parish ['pærɪʃ] n parrocchia; (civil) ≈ municipio ♦ adj parrocchiale.
parish council n (BRIT) ≈ consiglio comunale.
parishioner [pə'rɪʃənə*] n parrocchiano/a.
Parisian [pə'rɪzɪən] adj, n parigino(a).
parity ['pærɪtɪ] n parità.
park [pɑːk] n parco; (public) giardino pubblico ♦ vt, vi parcheggiare.
parka ['pɑːkə] n eskimo.
parking ['pɑːkɪŋ] n parcheggio; "**no** ~" "sosta vietata".
parking lights npl luci fpl di posizione.
parking lot n (US) posteggio, parcheggio.
parking meter n parchimetro.
parking offence n (BRIT) infrazione f al divieto di sosta.
parking place n posto di parcheggio.
parking ticket n multa per sosta vietata.
parking violation n (US) = **parking offence**.
Parkinson's ['pɑːkɪnsənz] n (also: ~ **disease**) morbo di Parkinson.
parkway ['pɑːkweɪ] n (US) viale m.
parlance ['pɑːləns] n: **in common/modern** ~ nel gergo or linguaggio comune/ moderno.
parliament ['pɑːləmənt] n parlamento.

Nel Regno Unito il Parlamento, the **Parliament**, *è formato da due camere: la* **House of Commons**, *e la* **House of Lords**. *Nella House of Commons siedono 650* *parlamentari, chiamati* **MP**, *eletti per votazione diretta del popolo nelle rispettive circoscrizioni elettorali, le* **constituency**. *Le sessioni del Parlamento sono presiedute e moderate dal presidente della Camera, lo* **Speaker**. *Alla House of Lords, i cui poteri sono più limitati, si accede tramite nomina o carica ereditaria e non per elezione.*

parliamentary [pɑ:lə'mɛntərı] *adj* parlamentare.

parlour, (*US*) **parlor** ['pɑ:lə*] *n* salotto.

parlous ['pɑ:ləs] *adj* periglioso(a).

Parmesan [pɑ:mı'zæn] *n* (*also:* ~ **cheese**) parmigiano.

parochial [pə'rəukıəl] *adj* parrocchiale; (*pej*) provinciale.

parody ['pærədı] *n* parodia.

parole [pə'rəul] *n*: **on** ~ in libertà per buona condotta.

paroxysm ['pærəksızəm] *n* (*MED*) parossismo; (*of anger, laughter, coughing*) convulso; (*of grief*) attacco.

parquet ['pɑ:keı] *n*: ~ **floor(ing)** parquet *m*.

parrot ['pærət] *n* pappagallo.

parrot fashion *adv* in modo pappagallesco.

parry ['pærı] *vt* parare.

parsimonious [pɑ:sı'məunıəs] *adj* parsimonioso(a).

parsley ['pɑ:slı] *n* prezzemolo.

parsnip ['pɑ:snıp] *n* pastinaca.

parson ['pɑ:sn] *n* prete *m*; (*Church of England*) parroco.

part [pɑ:t] *n* parte *f*; (*of machine*) pezzo; (*THEAT etc*) parte, ruolo; (*MUS*) voce *f*; parte ♦ *adj* in parte ♦ *adv* = **partly** ♦ *vt* separare ♦ *vi* (*people*) separarsi; (*roads*) dividersi; **to take** ~ **in** prendere parte a; **to take sb's** ~ parteggiare per qn, prendere le parti di qn; **on his** ~ da parte sua; **for my** ~ per parte mia; **for the most** ~ in generale; nella maggior parte dei casi; **for the better** ~ **of the day** per la maggior parte della giornata; **to be** ~ **and parcel of** essere parte integrante di; **to take sth in good/bad** ~ prendere bene/male qc; ~ **of speech** (*LING*) parte del discorso.

▶**part with** *vt fus* separarsi da; rinunciare a.

partake [pɑ:'teık] *vi irreg* (*formal*): **to** ~ **of sth** consumare qc, prendere qc.

part exchange *n* (*BRIT*): **in** ~ in pagamento parziale.

partial ['pɑ:ʃl] *adj* parziale; **to be** ~ **to** avere un debole per.

partially ['pɑ:ʃəlı] *adv* in parte, parzialmente.

participant [pɑ:'tısıpənt] *n*: ~ (**in**) partecipante *m/f* (a).

participate [pɑ:'tısıpeıt] *vi*: **to** ~ (**in**) prendere parte (a), partecipare (a).

participation [pɑ:tısı'peıʃən] *n* partecipazione *f*.

participle ['pɑ:tısıpl] *n* participio.

particle ['pɑ:tıkl] *n* particella.

particular [pə'tıkjulə*] *adj* particolare; speciale; (*fussy*) difficile; meticoloso(a); ~**s** *npl* particolari *mpl*, dettagli *mpl*; (*information*) informazioni *fpl*; **in** ~ in particolare, particolarmente; **to be very** ~ **about** essere molto pignolo(a) su; **I'm not** ~ per me va bene tutto.

particularly [pə'tıkjuləlı] *adv* particolarmente; in particolare.

parting ['pɑ:tıŋ] *n* separazione *f*; (*BRIT: in hair*) scriminatura ♦ *adj* d'addio; ~ **shot** (*fig*) battuta finale.

partisan [pɑ:tı'zæn] *n* partigiano/a ♦ *adj* partigiano(a); di parte.

partition [pɑ:'tıʃən] *n* (*POL*) partizione *f*; (*wall*) tramezzo.

partly ['pɑ:tlı] *adv* parzialmente; in parte.

partner ['pɑ:tnə*] *n* (*COMM*) socio/a; (*SPORT*) compagno/a; (*at dance*) cavaliere/dama.

partnership ['pɑ:tnəʃıp] *n* associazione *f*; (*COMM*) società *f inv*; **to go into** ~ (**with**), **form a** ~ (**with**) mettersi in società (con), associarsi (a).

part payment *n* acconto.

partridge ['pɑ:trıdʒ] *n* pernice *f*.

part-time ['pɑ:t'taım] *adj, adv* a orario ridotto, part-time (*inv*).

part-timer ['pɑ:t'taımə*] *n* (*also:* **part-time worker**) lavoratore/trice part-time.

party ['pɑ:tı] *n* (*POL*) partito; (*team*) squadra; gruppo; (*LAW*) parte *f*; (*celebration*) ricevimento; serata; festa; **dinner** ~ cena; **to give** *or* **throw a** ~ dare una festa *or* un party; **to be a** ~ **to a crime** essere coinvolto in un reato.

party line *n* (*POL*) linea del partito; (*TEL*) duplex *m inv*.

party piece *n*: **to do one's** ~ (*BRIT col*) esibirsi nel proprio pezzo forte a una festa, cena etc.

party political broadcast *n* comunicato radiotelevisivo di propaganda.

pass [pɑ:s] *vt* (*gen*) passare; (*place*) passare davanti a; (*exam*) passare, superare; (*candidate*) promuovere; (*overtake, surpass*) sorpassare, superare; (*approve*) approvare ♦ *vi* passare; (*SCOL*) essere promosso(a) ♦ *n* (*permit*) lasciapassare *m inv*; permesso; (*in mountains*) passo, gola;

(*SPORT*) passaggio; (*SCOL: also:* ~ **mark**): **to get a** ~ prendere la sufficienza; **to** ~ **for** passare per; **could you** ~ **the vegetables round?** potrebbe far passare i contorni?; **to make a** ~ **at sb** (*col*) fare delle proposte *or* delle avances a qn; **things have come to a pretty** ~ (*BRIT*) ecco a cosa siamo arrivati.

▶**pass away** *vi* morire.

▶**pass by** *vi* passare ♦ *vt* trascurare.

▶**pass down** *vt* (*customs, inheritance*) tramandare, trasmettere.

▶**pass on** *vi* (*die*) spegnersi, mancare ♦ *vt* (*hand on*): **to** ~ **on (to)** (*news, information, object*) passare (a); (*cold, illness*) attaccare (a); (*benefits*) trasmettere (a); (*price rises*) riversare (su).

▶**pass out** *vi* svenire; (*BRIT MIL*) uscire dall'accademia.

▶**pass over** *vi* (*die*) spirare ♦ *vt* lasciare da parte.

▶**pass up** *vt* (*opportunity*) lasciarsi sfuggire, perdere.

passable ['pɑːsəbl] *adj* (*road*) praticabile; (*work*) accettabile.

passage ['pæsɪdʒ] *n* (*gen*) passaggio; (*also:* ~**way**) corridoio; (*in book*) brano, passo; (*by boat*) traversata.

passenger ['pæsɪndʒə*] *n* passeggero/a.

passer-by [pɑːsə'baɪ] *n* passante *m/f*.

passing ['pɑːsɪŋ] *adj* (*fig*) fuggevole; **to mention sth in** ~ accennare a qc di sfuggita.

passing place *n* (*AUT*) piazzola (di sosta).

passion ['pæʃən] *n* passione *f*; amore *m*; **to have a** ~ **for sth** aver la passione di *or* per qc.

passionate ['pæʃənɪt] *adj* appassionato(a).

passion fruit *n* frutto della passione.

passion play *n* rappresentazione *f* della Passione di Cristo.

passive ['pæsɪv] *adj* (*also LING*) passivo(a).

passive smoking *n* fumo passivo.

passkey ['pɑːskiː] *n* passe-partout *m inv*.

Passover ['pɑːsəuvə*] *n* Pasqua ebraica.

passport ['pɑːspɔːt] *n* passaporto.

passport control *n* controllo *m* passaporti *inv*.

password ['pɑːswɔːd] *n* parola d'ordine.

past [pɑːst] *prep* (*further than*) oltre, di là di; dopo; (*later than*) dopo ♦ *adv*: **to run** ~ passare di corsa; **to walk** ~ passare ♦ *adj* passato(a); (*president etc*) ex *inv* ♦ *n* passato; **quarter/half** ~ **four** le quattro e un quarto/e mezzo; **ten/twenty** ~ **four** le quattro e dieci/venti; **he's** ~ **forty** ha più di quarant'anni; **it's** ~ **midnight** è mezzanotte passata; **for the** ~ **few days**

da qualche giorno; in questi ultimi giorni; **for the** ~ **3 days** negli ultimi 3 giorni; **in the** ~ in *or* nel passato; (*LING*) al passato; **I'm** ~ **caring** non me ne importa più nulla; **to be** ~ **it** (*BRIT col: person*) essere finito(a).

pasta ['pæstə] *n* pasta.

paste [peɪst] *n* (*glue*) colla; (*CULIN*) pâté *m inv*; pasta ♦ *vt* collare; **tomato** ~ concentrato di pomodoro.

pastel ['pæstl] *adj* pastello *inv*.

pasteurized ['pæstəraɪzd] *adj* pastorizzato(a).

pastille ['pæstl] *n* pastiglia.

pastime ['pɑːstaɪm] *n* passatempo.

past master *n* (*BRIT*): **to be a** ~ **at** essere molto esperto(a) in.

pastor ['pɑːstə*] *n* pastore *m*.

pastoral ['pɑːstərl] *adj* pastorale.

pastry ['peɪstrɪ] *n* pasta.

pasture ['pɑːstʃə*] *n* pascolo.

pasty *n* ['pæstɪ] pasticcio di carne ♦ *adj* ['peɪstɪ] pastoso(a); (*complexion*) pallido(a).

pat [pæt] *vt* accarezzare, dare un colpetto (affettuoso) a ♦ *n*: **a** ~ **of butter** un panetto di burro; **to give sb/o.s. a** ~ **on the back** (*fig*) congratularsi *or* compiacersi con qn/se stesso; **he knows it (off)** ~, (*US*) **he has it down** ~ lo conosce *or* sa a menadito.

patch [pætʃ] *n* (*of material*) toppa; (*spot*) macchia; (*of land*) pezzo ♦ *vt* (*clothes*) rattoppare; **a bad** ~ (*BRIT*) un brutto periodo.

▶**patch up** *vt* rappezzare.

patchwork ['pætʃwɜːk] *n* patchwork *m*.

patchy ['pætʃɪ] *adj* irregolare.

pate [peɪt] *n*: **a bald** ~ una testa pelata.

pâté ['pæteɪ] *n* pâté *m inv*.

patent ['peɪtnt] *n* brevetto ♦ *vt* brevettare ♦ *adj* patente, manifesto(a).

patent leather *n* cuoio verniciato.

patently ['peɪtntlɪ] *adv* palesemente.

patent medicine *n* specialità *f inv* medicinale.

patent office *n* ufficio brevetti.

paternal [pə'tɜːnl] *adj* paterno(a).

paternity [pə'tɜːnɪtɪ] *n* paternità.

paternity suit *n* (*LAW*) causa di riconoscimento della paternità.

path [pɑːθ] *n* sentiero, viottolo; viale *m*; (*fig*) via, strada; (*of planet, missile*) traiettoria.

pathetic [pə'θetɪk] *adj* (*pitiful*) patetico(a); (*very bad*) penoso(a).

pathological [pæθə'lɔdʒɪkl] *adj* patologico(a).

pathologist [pə'θɔlədʒɪst] n patologo/a.
pathology [pə'θɔlədʒɪ] n patologia.
pathos ['peɪθɔs] n pathos m.
pathway ['pɑ:θweɪ] n sentiero, viottolo.
patience ['peɪʃns] n pazienza; (BRIT CARDS)
solitario; **to lose one's** ~ spazientirsi.
patient ['peɪʃnt] n paziente m/f; malato/a
♦ adj paziente; **to be** ~ **with sb** essere
paziente or aver pazienza con qn.
patiently ['peɪʃntlɪ] adv pazientemente.
patio ['pætɪəu] n terrazza.
patriot ['peɪtrɪət] n patriota m/f.
patriotic [pætrɪ'ɔtɪk] adj patriottico(a).
patriotism ['pætrɪətɪzəm] n patriottismo.
patrol [pə'trəul] n pattuglia ♦ vt pattugliare;
to be on ~ fare la ronda; essere in
ricognizione; essere in perlustrazione.
patrol boat n guardacoste m inv.
patrol car n autoradio f inv (della polizia).
patrolman [pə'trəulmən] n (US) poliziotto.
patron ['peɪtrən] n (in shop) cliente m/f; (of
charity) benefattore/trice; ~ **of the arts**
mecenate m/f.
patronage ['pætrənɪdʒ] n patronato.
patronize ['pætrənaɪz] vt essere cliente
abituale di; (fig) trattare con
condiscendenza.
patronizing ['pætrənaɪzɪŋ] adj
condiscendente.
patron saint n patrono.
patter ['pætə*] n picchiettio; (sales talk)
propaganda di vendita ♦ vi picchiettare.
pattern ['pætən] n modello; (SEWING etc)
modello (di carta), cartamodello; (design)
disegno, motivo; (sample) campione m;
behaviour ~**s** tipi mpl di comportamento.
patterned ['pætənd] adj a disegni, a motivi;
(material) fantasia inv.
paucity ['pɔ:sɪtɪ] n scarsità.
paunch [pɔ:ntʃ] n pancione m.
pauper ['pɔ:pə*] n indigente m/f; ~**'s grave**
fossa comune.
pause [pɔ:z] n pausa ♦ vi fare una pausa,
arrestarsi; **to** ~ **for breath** fermarsi un
attimo per riprender fiato.
pave [peɪv] vt pavimentare; **to** ~ **the way**
for aprire la via a.
pavement ['peɪvmənt] n (BRIT) marciapiede
m; (US) pavimentazione f stradale.
pavilion [pə'vɪlɪən] n padiglione m; tendone
m; (SPORT) edificio annesso ad un campo
sportivo.
paving ['peɪvɪŋ] n pavimentazione f.
paving stone n lastra di pietra.
paw [pɔ:] n zampa ♦ vt dare una zampata a;
(subj: person: pej) palpare.
pawn [pɔ:n] n pegno; (CHESS) pedone m;
(fig) pedina ♦ vt dare in pegno.

pawnbroker ['pɔ:nbrəukə*] n prestatore m
su pegno.
pawnshop ['pɔ:nʃɔp] n monte m di pietà.
pay [peɪ] n (gen) paga ♦ vb (pt, pp **paid** [peɪd])
vt pagare; (be profitable to: also fig)
convenire a ♦ vi pagare; (be profitable)
rendere; **to** ~ **attention** (**to**) fare
attenzione (a); **I paid £5 for that record**
quel disco l'ho pagato 5 sterline; **how**
much did you ~ **for it?** quanto l'ha
pagato?; **to** ~ **one's way** pagare la
propria parte; (company) coprire le
spese; **to** ~ **dividends** (fig) dare buoni
frutti.
▶**pay back** vt rimborsare.
▶**pay for** vt fus pagare.
▶**pay in** vt versare.
▶**pay off** vt (debts) saldare; (creditor)
pagare; (mortgage) estinguere; (workers)
licenziare ♦ vi (scheme) funzionare;
(patience) dare dei frutti; **to** ~ **sth off in**
instalments pagare qc a rate.
▶**pay out** vt (money) sborsare, tirar fuori;
(rope) far allentare.
▶**pay up** vt saldare.
payable ['peɪəbl] adj pagabile; **to make a**
cheque ~ **to sb** intestare un assegno a
(nome di) qn.
pay award n aumento salariale.
pay day n giorno di paga.
PAYE n abbr (BRIT: = pay as you earn)
pagamento di imposte tramite ritenute
alla fonte.
payee [peɪ'i:] n beneficiario/a.
pay envelope n (US) busta f paga inv.
paying ['peɪŋ] adj: ~ **guest** ospite m/f
pagante, pensionante m/f.
payload ['peɪləud] n carico utile.
payment ['peɪmənt] n pagamento; **advance**
~ (part sum) anticipo, acconto; (total sum)
pagamento anticipato; **deferred** ~, ~ **by**
instalments pagamento dilazionato or a
rate; **in** ~ **for, in** ~ **of** in pagamento di; **on**
~ **of £5** dietro pagamento di 5 sterline.
pay packet n (BRIT) busta f paga inv.
payphone ['peɪfəun] n cabina telefonica.
payroll ['peɪrəul] n ruolo (organico); **to be**
on a firm's ~ far parte del personale di
una ditta.
pay slip n (BRIT) foglio m paga inv.
pay station n (US) cabina telefonica.
PBS n abbr (US: = Public Broadcasting
Service) servizio che collabora alla
realizzazione di programmi per la rete
televisiva nazionale.
PBX abbr (= private branch exchange)
sistema telefonico con centralino.
PC n abbr see **personal computer**; (BRIT) see

police constable ♦ *abbr* (*BRIT*) = **Privy Councillor** ♦ *adj abbr* = **politically correct.**
pc *abbr* = **per cent**; (= *postcard*) C.P.
p/c *abbr* = **petty cash.**
PCB *n abbr see* **printed circuit board.**
pcm *abbr* = **per calendar month.**
PD *n abbr* (*US*) = **police department.**
pd *abbr* = **paid.**
PDQ *abbr* (*col*) = *pretty damn quick.*
PDSA *n abbr* (*BRIT*: = *People's Dispensary for Sick Animals*) *assistenza veterinaria gratuita.*
PDT *abbr* (*US*: = *Pacific Daylight Time*) *ora legale del Pacifico.*
PE *n abbr* (= *physical education*) ed. fisica
♦ *abbr* (*Canada*) = *Prince Edward Island.*
pea [pi:] *n* pisello.
peace [pi:s] *n* pace *f*; (*calm*) calma, tranquillità; **to be at** ~ **with sb/sth** essere in pace con qn/qc; **to keep the** ~ (*subj: policeman*) mantenere l'ordine pubblico; (: *citizen*) rispettare l'ordine pubblico.
peaceable ['pi:səbl] *adj* pacifico(a).
peaceful ['pi:sful] *adj* pacifico(a), calmo(a).
peacekeeping ['pi:ski:pɪŋ] *n* mantenimento della pace; ~ **force** forza di pace.
peace offering *n* (*fig*) dono in segno di riconciliazione.
peach [pi:tʃ] *n* pesca.
peacock ['pi:kɔk] *n* pavone *m*.
peak [pi:k] *n* (*of mountain*) cima, vetta; (*mountain itself*) picco; (*fig*) massimo; (: *of career*) acme *f*.
peak-hour ['pi:kauə*] *adj* (*traffic etc*) delle ore di punta.
peak hours *npl* ore *fpl* di punta.
peak period *n* periodo di punta.
peak rate *n* tariffa massima.
peaky ['pi:kɪ] *adj* (*BRIT col*) sbattuto(a).
peal [pi:l] *n* (*of bells*) scampanio, carillon *m inv*; ~**s of laughter** scoppi *mpl* di risa.
peanut ['pi:nʌt] *n* arachide *f*, nocciolina americana.
peanut butter *n* burro di arachidi.
pear [pɛə*] *n* pera.
pearl [pə:l] *n* perla.
peasant ['pɛznt] *n* contadino/a.
peat [pi:t] *n* torba.
pebble ['pɛbl] *n* ciottolo.
peck [pɛk] *vt* (*also:* ~ **at**) beccare; (: *food*) mangiucchiare ♦ *n* colpo di becco; (*kiss*) bacetto.
pecking order ['pɛkɪŋ-] *n* (*fig*) ordine *m* gerarchico.
peckish ['pɛkɪʃ] *adj* (*BRIT col*): **I feel** ~ ho un languorino.
peculiar [pɪ'kju:lɪə*] *adj* strano(a), bizzarro(a); (*particular: importance,*

qualities) particolare; ~ **to** tipico(a) di, caratteristico(a) di.
peculiarity [pɪkju:lɪ'ærɪtɪ] *n* peculiarità *f inv*; (*oddity*) bizzarria.
pecuniary [pɪ'kju:nɪərɪ] *adj* pecuniario(a).
pedal ['pɛdl] *n* pedale *m* ♦ *vi* pedalare.
pedal bin *n* (*BRIT*) pattumiera a pedale.
pedantic [pɪ'dæntɪk] *adj* pedantesco(a).
peddle ['pɛdl] *vt* (*goods*) andare in giro a vendere; (*drugs*) spacciare; (*gossip*) mettere in giro.
peddler ['pɛdlə*] *n* venditore *m* ambulante.
pedestal ['pɛdəstl] *n* piedestallo.
pedestrian [pɪ'dɛstrɪən] *n* pedone/a ♦ *adj* pedonale; (*fig*) prosaico(a), pedestre.
pedestrian crossing *n* (*BRIT*) passaggio pedonale.
pedestrian precinct *n* (*BRIT*) zona pedonale.
pediatrics [pi:dɪ'ætrɪks] *n* (*US*) = **paediatrics.**
pedigree ['pɛdɪgri:] *n* stirpe *f*; (*of animal*) pedigree *m inv* ♦ *cpd* (*animal*) di razza.
pedlar ['pɛdlə*] *n* = **peddler.**
pee [pi:] *vi* (*col*) pisciare.
peek [pi:k] *vi* guardare furtivamente.
peel [pi:l] *n* buccia; (*of orange, lemon*) scorza ♦ *vt* sbucciare ♦ *vi* (*paint etc*) staccarsi.
▶**peel back** *vt* togliere, levare.
peeler [pi:lə*] *n*: **potato** ~ sbucciapatate *m inv*.
peelings ['pi:lɪŋz] *npl* bucce *fpl*.
peep [pi:p] *n* (*BRIT: look*) sguardo furtivo, sbirciata; (*sound*) pigolio ♦ *vi* (*BRIT*) guardare furtivamente.
▶**peep out** *vi* (*BRIT*) mostrarsi furtivamente.
peephole ['pi:phəul] *n* spioncino.
peer [pɪə*] *vi*: **to** ~ **at** scrutare ♦ *n* (*noble*) pari *m inv*; (*equal*) pari *m/f inv*, uguale *m/f*.
peerage ['pɪərɪdʒ] *n* dignità di pari; pari *mpl*.
peerless ['pɪəlɪs] *adj* impareggiabile, senza pari.
peeved [pi:vd] *adj* stizzito(a).
peevish ['pi:vɪʃ] *adj* stizzoso(a).
peg [pɛg] *n* (*tent* ~) picchetto; (*for coat etc*) attaccapanni *m inv*; (*BRIT: also*: **clothes** ~) molletta ♦ *vt* (*clothes*) appendere con le mollette; (*BRIT: groundsheet*) fissare con i picchetti; (*fig: prices, wages*) fissare, stabilizzare; **off the** ~ confezionato(a).
pejorative [pɪ'dʒɔrətɪv] *adj* peggiorativo(a).
Pekin [pi:'kɪn], **Peking** [pi:'kɪŋ] *n* Pechino *f*.
pekin(g)ese [pi:kɪ'ni:z] *n* pechinese *m*.
pelican ['pɛlɪkən] *n* pellicano.
pelican crossing *n* (*BRIT AUT*)

attraversamento pedonale con semaforo a controllo manuale.

pellet ['pɛlɪt] *n* pallottola, pallina.

pell-mell ['pɛl'mɛl] *adv* disordinatamente, alla rinfusa.

pelmet ['pɛlmɪt] *n* mantovana; cassonetto.

pelt [pɛlt] *vt*: **to ~ sb (with)** bombardare qn (con) ♦ *vi* (*rain*) piovere a dirotto ♦ *n* pelle *f.*

pelvis ['pɛlvɪs] *n* pelvi *f inv*, bacino.

pen [pɛn] *n* penna; (*for sheep*) recinto; (*US col: prison*) galera; **to put ~ to paper** prendere la penna in mano.

penal ['pi:nl] *adj* penale.

penalize ['pi:nəlaɪz] *vt* punire; (*SPORT*) penalizzare; (*fig*) svantaggiare.

penal servitude [-'sə:vɪtju:d] *n* lavori *mpl* forzati.

penalty ['pɛnltɪ] *n* penalità *f inv*; sanzione *f* penale; (*fine*) ammenda; (*SPORT*) penalizzazione *f*; (*FOOTBALL: also:* ~ **kick**) calcio di rigore.

penalty area *n* (*BRIT SPORT*) area di rigore.

penalty clause *n* penale *f.*

penalty kick *n* (*FOOTBALL*) calcio di rigore.

penalty shoot-out [-'ʃu:taut] *n* (*FOOTBALL*) rigori *mpl*; **to beat a team in a ~** battere una squadra ai rigori.

penance ['pɛnəns] *n* penitenza.

pence [pɛns] *npl* (*BRIT*) *of* **penny**.

penchant ['pɑ̃:ʃɑ̃:ŋ] *n* debole *m.*

pencil ['pɛnsl] *n* matita ♦ *vt* (*also:* ~ **in**) scrivere a matita.

pencil case *n* astuccio per matite.

pencil sharpener *n* temperamatite *m inv.*

pendant ['pɛndnt] *n* pendaglio.

pending ['pɛndɪŋ] *prep* in attesa di ♦ *adj* in sospeso.

pendulum ['pɛndjuləm] *n* pendolo.

penetrate ['pɛnɪtreɪt] *vt* penetrare.

penetrating ['pɛnɪtreɪtɪŋ] *adj* penetrante.

penetration [pɛnɪ'treɪʃən] *n* penetrazione *f.*

penfriend ['pɛnfrɛnd] *n* (*BRIT*) corrispondente *m/f.*

penguin ['pɛŋgwɪn] *n* pinguino.

penicillin [pɛnɪ'sɪlɪn] *n* penicillina.

peninsula [pə'nɪnsjulə] *n* penisola.

penis ['pi:nɪs] *n* pene *m.*

penitence ['pɛnɪtns] *n* penitenza.

penitent ['pɛnɪtnt] *adj* penitente.

penitentiary [pɛnɪ'tɛnʃərɪ] *n* (*US*) carcere *m.*

penknife ['pɛnnaɪf] *n* temperino.

Penn(a). *abbr* (*US*) = *Pennsylvania.*

pen name *n* pseudonimo.

pennant ['pɛnənt] *n* banderuola.

penniless ['pɛnɪlɪs] *adj* senza un soldo.

Pennines ['pɛnaɪnz] *npl*: **the ~** i Pennini.

penny, *pl* **pennies** *or* **pence** ['pɛnɪ, 'pɛnɪz, pɛns] *n* penny *m* (*pl* pence); (*US*) centesimo.

penpal ['pɛnpæl] *n* corrispondente *m/f.*

penpusher ['pɛnpuʃə*] *n* (*pej*) scribacchino/a.

pension ['pɛnʃən] *n* pensione *f.*

▶**pension off** *vt* mandare in pensione.

pensionable ['pɛnʃənəbl] *adj* (*person*) che ha diritto a una pensione, pensionabile; (*age*) pensionabile.

pensioner ['pɛnʃənə*] *n* (*BRIT*) pensionato/a.

pension fund *n* fondo pensioni.

pensive ['pɛnsɪv] *adj* pensoso(a).

pentagon ['pɛntəgən] *n* pentagono; **the P~** (*US POL*) il Pentagono.

> *Il* **Pentagon** *è un edificio a pianta pentagonale che si trova ad Arlington, in Virginia, nel quale hanno sede gli uffici del Ministero della Difesa degli Stati Uniti. Il termine Pentagon è usato anche per indicare la dirigenza militare del paese.*

Pentecost ['pɛntɪkɔst] *n* Pentecoste *f.*

penthouse ['pɛnthaus] *n* appartamento (di lusso) nell'attico.

pent-up ['pɛntʌp] *adj* (*feelings*) represso(a).

penultimate [pɪ'nʌltɪmət] *adj* penultimo(a).

penury ['pɛnjurɪ] *n* indigenza.

people ['pi:pl] *npl* gente *f*; persone *fpl*; (*citizens*) popolo ♦ *n* (*nation, race*) popolo ♦ *vt* popolare; **old ~** i vecchi; **young ~** i giovani; **~ at large** il grande pubblico; **a man of the ~** un uomo del popolo; **4/several ~ came** 4/parecchie persone sono venute; **the room was full of ~** la stanza era piena di gente; **~ say that ...** si dice *or* la gente dice che ....

PEP [pɛp] *n* = **personal equity plan.**

pep [pɛp] *n* (*col*) dinamismo.

▶**pep up** *vt* vivacizzare; (*food*) rendere più gustoso(a).

pepper ['pɛpə*] *n* pepe *m*; (*vegetable*) peperone *m* ♦ *vt* pepare.

peppermint ['pɛpəmɪnt] *n* (*plant*) menta peperita; (*sweet*) pasticca di menta.

pepperoni [pɛpə'rəunɪ] *n* salsiccia piccante.

pepperpot ['pɛpəpɔt] *n* pepaiola.

peptalk ['pɛptɔ:k] *n* (*col*) discorso di incoraggiamento.

per [pə:*] *prep* per; a; **~ hour** all'ora; **~ kilo** *etc* il chilo *etc*; **~ day** al giorno; **~ week** alla settimana; **~ person** a testa, a *or* per persona; **as ~ your instructions** secondo le vostre istruzioni.

per annum *adv* all'anno.
per capita *adj*, *adv* pro capite.
perceive [pə'siːv] *vt* percepire; (*notice*) accorgersi di.
per cent *adv* per cento; **a 20 ~ discount** uno sconto del 20 per cento.
percentage [pə'sɛntɪdʒ] *n* percentuale *f*; **on a ~ basis** a percentuale.
percentage point *n* punto percentuale.
perceptible [pə'sɛptɪbl] *adj* percettibile.
perception [pə'sɛpʃən] *n* percezione *f*; sensibilità; perspicacia.
perceptive [pə'sɛptɪv] *adj* percettivo(a); perspicace.
perch [pəːtʃ] *n* (*fish*) pesce *m* persico; (*for bird*) sostegno, ramo ♦ *vi* appollaiarsi.
percolate ['pəːkəleɪt] *vt* filtrare.
percolator ['pəːkəleɪtə*] *n* caffettiera a pressione; caffettiera elettrica.
percussion [pə'kʌʃən] *n* percussione *f*; (*MUS*) strumenti *mpl* a percussione.
peremptory [pə'rɛmptərɪ] *adj* perentorio(a).
perennial [pə'rɛnɪəl] *adj* perenne ♦ *n* pianta perenne.
perfect *adj*, *n* ['pəːfɪkt] *adj* perfetto(a) ♦ *n* (*also*: ~ **tense**) perfetto, passato prossimo ♦ *vt* [pə'fɛkt] perfezionare; mettere a punto; **he's a ~ stranger to me** mi è completamente sconosciuto.
perfection [pə'fɛkʃən] *n* perfezione *f*.
perfectionist [pə'fɛkʃənɪst] *n* perfezionista *m/f*.
perfectly ['pəːfɪktlɪ] *adv* perfettamente; **I'm ~ happy with the situation** sono completamente soddisfatta della situazione; **you know ~ well** sa benissimo.
perforate ['pəːfəreɪt] *vt* perforare.
perforated ulcer ['pəːfəreɪtɪd-] *n* (*MED*) ulcera perforata.
perforation [pəːfə'reɪʃən] *n* perforazione *f*; (*line of holes*) dentellatura.
perform [pə'fɔːm] *vt* (*carry out*) eseguire, fare; (*symphony etc*) suonare; (*play, ballet*) dare; (*opera*) fare ♦ *vi* suonare; recitare.
performance [pə'fɔːməns] *n* esecuzione *f*; (*at theatre etc*) rappresentazione *f*, spettacolo; (*of an artist*) interpretazione *f*; (*of player etc*) performance *f*; (*of car, engine*) prestazione *f*; **the team put up a good ~** la squadra ha giocato una bella partita.
performer [pə'fɔːmə*] *n* artista *m/f*.
performing [pə'fɔːmɪŋ] *adj* (*animal*) ammaestrato(a).
performing arts *npl*: **the ~** le arti dello spettacolo.

perfume ['pəːfjuːm] *n* profumo ♦ *vt* profumare.
perfunctory [pə'fʌŋktərɪ] *adj* superficiale, per la forma.
perhaps [pə'hæps] *adv* forse; **~ he'll come** forse verrà, può darsi che venga; **~ so/ not** forse sì/no, può darsi di sì/di no.
peril ['pɛrɪl] *n* pericolo.
perilous ['pɛrɪləs] *adj* pericoloso(a).
perilously ['pɛrɪləslɪ] *adv*: **they came ~ close to being caught** sono stati a un pelo dall'esser presi.
perimeter [pə'rɪmɪtə*] *n* perimetro.
perimeter wall *n* muro di cinta.
period ['pɪərɪəd] *n* periodo; (*HISTORY*) epoca; (*SCOL*) lezione *f*; (*full stop*) punto; (*US FOOTBALL*) tempo; (*MED*) mestruazioni *fpl* ♦ *adj* (*costume, furniture*) d'epoca; **for a ~ of three weeks** per un periodo di or per la durata di tre settimane; **the holiday ~** (*BRIT*) il periodo delle vacanze.
periodic [pɪərɪ'ɔdɪk] *adj* periodico(a).
periodical [pɪərɪ'ɔdɪkl] *adj* periodico(a) ♦ *n* periodico.
periodically [pɪərɪ'ɔdɪklɪ] *adv* periodicamente.
period pains *npl* (*BRIT*) dolori *mpl* mestruali.
peripatetic [pɛrɪpə'tɛtɪk] *adj* (*salesman*) ambulante; (*BRIT*: *teacher*) peripatetico(a).
peripheral [pə'rɪfərəl] *adj* periferico(a) ♦ *n* (*COMPUT*) unità *f inv* periferica.
periphery [pə'rɪfərɪ] *n* periferia.
periscope ['pɛrɪskəup] *n* periscopio.
perish ['pɛrɪʃ] *vi* perire, morire; (*decay*) deteriorarsi.
perishable ['pɛrɪʃəbl] *adj* deperibile.
perishables ['pɛrɪʃəblz] *npl* merci *fpl* deperibili.
perishing ['pɛrɪʃɪŋ] *adj* (*BRIT col*): **it's ~ (cold)** fa un freddo da morire.
peritonitis [pɛrɪtə'naɪtɪs] *n* peritonite *f*.
perjure ['pəːdʒə*] *vt*: **to ~ o.s.** spergiurare.
perjury ['pəːdʒərɪ] *n* (*LAW*: *in court*) falso giuramento; (*breach of oath*) spergiuro.
perk [pəːk] *n* vantaggio.
▶**perk up** *vi* (*cheer up*) rianimarsi.
perky ['pəːkɪ] *adj* (*cheerful*) vivace, allegro(a).
perm [pəːm] *n* (*for hair*) permanente *f* ♦ *vt*: **to have one's hair ~ed** farsi fare la permanente.
permanence ['pəːmənəns] *n* permanenza.
permanent ['pəːmənənt] *adj* permanente; (*job, position*) fisso(a); (*dye, ink*) indelebile; **~ address** residenza fissa; **I'm not ~ here** non sono fisso qui.
permanently ['pəːmənəntlɪ] *adv*

definitivamente.
permeable ['pɔːmɪəbl] *adj* permeabile.
permeate ['pɔːmɪeɪt] *vi* penetrare ♦ *vt* permeare.
permissible [pə'mɪsɪbl] *adj* permissibile, ammissibile.
permission [pə'mɪʃən] *n* permesso; **to give sb ~ to do sth** dare a qn il permesso di fare qc.
permissive [pə'mɪsɪv] *adj* tollerante; **the ~ society** la società permissiva.
permit *n* ['pɔːmɪt] permesso; (*entrance pass*) lasciapassare *m* ♦ *vt*, *vi* [pə'mɪt] permettere; **fishing ~** licenza di pesca; **to ~ sb to do sth** permettere a qn di fare, dare il permesso a qn di fare; **weather ~ting** tempo permettendo.
permutation [pɔːmjuː'teɪʃən] *n* permutazione *f*.
pernicious [pə:'nɪʃəs] *adj* pernicioso(a), nocivo(a).
pernickety [pə'nɪkɪtɪ] *adj* (*col: person*) pignolo(a); (*: task*) da certosino.
perpendicular [pɔːpən'dɪkjulə*] *adj*, *n* perpendicolare (*f*).
perpetrate ['pɔːpɪtreɪt] *vt* perpetrare, commettere.
perpetual [pə'pɛtjuəl] *adj* perpetuo(a).
perpetuate [pə'pɛtjueɪt] *vt* perpetuare.
perpetuity [pɔːpɪ'tjuːɪtɪ] *n*: **in ~** in perpetuo.
perplex [pə'plɛks] *vt* lasciare perplesso(a).
perplexing [pə'plɛksɪŋ] *adj* che lascia perplesso(a).
perquisites ['pɔːkwɪzɪts] *npl* (*also*: **perks**) benefici *mpl* collaterali.
persecute ['pɔːsɪkjuːt] *vt* perseguitare.
persecution [pɔːsɪ'kjuːʃən] *n* persecuzione *f*.
perseverance [pɔːsɪ'vɪərəns] *n* perseveranza.
persevere [pɔːsɪ'vɪə*] *vi* perseverare.
Persia ['pɔːʃə] *n* Persia.
Persian ['pɔːʃən] *adj* persiano(a) ♦ *n* (*LING*) persiano; **the (~) Gulf** il Golfo Persico.
Persian cat *n* gatto persiano.
persist [pə'sɪst] *vi*: **to ~ (in doing)** persistere (nel fare); ostinarsi (a fare).
persistence [pə'sɪstəns] *n* persistenza; ostinazione *f*.
persistent [pə'sɪstənt] *adj* persistente; ostinato(a); (*lateness, rain*) continuo(a); **~ offender** (*LAW*) delinquente *m/f* abituale.
persnickety [pə'snɪkɪtɪ] *adj* (*US col*) = **pernickety**.
person ['pɔːsn] *n* persona; **in ~** di *or* in persona, personalmente; **on** *or* **about**

one's ~ (*weapon*) su di sé; (*money*) con sé; **a ~ to ~ call** (*TEL*) una chiamata con preavviso.
personable ['pɔːsnəbl] *adj* di bell'aspetto.
personal ['pɔːsnl] *adj* personale; individuale; **~ belongings, ~ effects** oggetti *mpl* d'uso personale; **a ~ interview** un incontro privato.
personal allowance *n* (*TAX*) quota del reddito non imponibile.
personal assistant (PA) *n* segretaria personale.
personal call *n* (*TEL*) chiamata con preavviso.
personal column *n* messaggi *mpl* personali.
personal computer (PC) *n* personal computer *m inv*.
personal details *npl* dati *mpl* personali.
personal equity plan *n* (*FINANCE*) *fondo di investimento azionario con agevolazioni fiscali destinato al piccolo risparmiatore*.
personal identification number (PIN) *n* (*COMPUT, BANKING*) numero di codice segreto.
personality [pɔːsə'nælɪtɪ] *n* personalità *f inv*.
personally ['pɔːsnəlɪ] *adv* personalmente.
personal organizer *n* agenda; (*electronic*) agenda elettronica.
personal property *n* beni *mpl* personali.
personal stereo *n* walkman ® *m inv*.
personify [pɔː'sɔnɪfaɪ] *vt* personificare.
personnel [pɔːsə'nɛl] *n* personale *m*.
personnel department *n* ufficio del personale.
personnel manager *n* direttore/trice del personale.
perspective [pə'spɛktɪv] *n* prospettiva; **to get sth into ~** ridimensionare qc.
Perspex ® ['pɔːspɛks] *n* (*BRIT*) *tipo di resina termoplastica*.
perspicacity [pɔːspɪ'kæsɪtɪ] *n* perspicacia.
perspiration [pɔːspɪ'reɪʃən] *n* traspirazione *f*, sudore *m*.
perspire [pə'spaɪə*] *vi* traspirare.
persuade [pə'sweɪd] *vt*: **to ~ sb to do sth** persuadere qn a fare qc; **to ~ sb of sth/ that** persuadere qn di qc/che.
persuasion [pə'sweɪʒən] *n* persuasione *f*; (*creed*) convinzione *f*, credo.
persuasive [pə'sweɪsɪv] *adj* persuasivo(a).
pert [pɔːt] *adj* (*bold*) sfacciato(a), impertinente; (*hat*) spiritoso(a).
pertaining [pɔː'teɪnɪŋ]: **~ to** *prep* che riguarda.
pertinent ['pɔːtɪnənt] *adj* pertinente.
perturb [pə'tɔːb] *vt* turbare.

perturbing [pə'tə:bɪŋ] *adj* inquietante.
Peru [pə'ru:] *n* Perù *m*.
perusal [pə'ru:zl] *n* attenta lettura.
Peruvian [pə'ru:vjən] *adj, n* peruviano(a).
pervade [pə'veɪd] *vt* pervadere.
pervasive [pə:'veɪsɪv] *adj* (*smell*)
penetrante; (*influence*) dilagante; (*gloom*,
feelings) diffuso(a).
perverse [pə'və:s] *adj* perverso(a).
perversion [pə'və:ʃən] *n* pervertimento,
perversione *f*.
perversity [pə'və:sɪtɪ] *n* perversità.
pervert *n* ['pə:və:t] pervertito/a ♦ *vt*
[pə'və:t] pervertire.
pessimism ['pɛsɪmɪzəm] *n* pessimismo.
pessimist ['pɛsɪmɪst] *n* pessimista *m/f*.
pessimistic [pɛsɪ'mɪstɪk] *adj*
pessimistico(a).
pest [pɛst] *n* animale *m* (*or* insetto)
pestifero; (*fig*) peste *f*.
pest control *n* disinfestazione *f*.
pester ['pɛstə*] *vt* tormentare, molestare.
pesticide ['pɛstɪsaɪd] *n* pesticida *m*.
pestilence ['pɛstɪləns] *n* pestilenza.
pestle ['pɛsl] *n* pestello.
pet [pɛt] *n* animale *m* domestico; (*favourite*)
favorito/a ♦ *vt* accarezzare ♦ *vi* (*col*) fare
il petting; ~ **lion** *etc* leone *m etc*
ammaestrato.
petal ['pɛtl] *n* petalo.
peter ['pi:tə*]: **to** ~ **out** *vi* esaurirsi;
estinguersi.
petite [pə'ti:t] *adj* piccolo(a) e
aggraziato(a).
petition [pə'tɪʃən] *n* petizione *f* ♦ *vi*
richiedere; **to** ~ **for divorce** presentare
un'istanza di divorzio.
pet name *n* (*BRIT*) nomignolo.
petrified ['pɛtrɪfaɪd] *adj* (*fig*) morto(a) di
paura.
petrify ['pɛtrɪfaɪ] *vt* pietrificare; (*fig*)
terrorizzare.
petrochemical [pɛtrə'kɛmɪkl] *adj*
petrolchimico(a).
petrodollars ['pɛtrəudɔləz] *npl* petrodollari
mpl.
petrol ['pɛtrəl] *n* (*BRIT*) benzina.
petrol bomb *n* (*BRIT*) (bottiglia) molotov
f inv.
petrol can *n* (*BRIT*) tanica per benzina.
petrol engine *n* (*BRIT*) motore *m* a benzina.
petroleum [pə'trəulɪəm] *n* petrolio.
petroleum jelly *n* vaselina.
petrol pump *n* (*BRIT*: *in car, at garage*)
pompa di benzina.
petrol station *n* (*BRIT*) stazione *f* di
rifornimento.
petrol tank *n* (*BRIT*) serbatoio della
benzina.
petticoat ['pɛtɪkəut] *n* sottana.
pettifogging ['pɛtɪfɔgɪŋ] *adj* cavilloso(a).
pettiness ['pɛtɪnɪs] *n* meschinità.
petty ['pɛtɪ] *adj* (*mean*) meschino(a);
(*unimportant*) insignificante.
petty cash *n* piccola cassa.
petty officer *n* sottufficiale *m* di marina.
petulant ['pɛtjulənt] *adj* irritabile.
pew [pju:] *n* panca (di chiesa).
pewter ['pju:tə*] *n* peltro.
Pfc *abbr* (*US MIL*) = *private first class*.
PG *n abbr* (*CINE*: = *parental guidance*)
consenso dei genitori richiesto.
PGA *n abbr* (= *Professional Golfers
Association*) associazione dei giocatori di
golf professionisti.
PH *n abbr* (*US MIL*: = *Purple Heart*)
decorazione per ferite riportate in
guerra.
PHA *n abbr* (*US*: = *Public Housing
Administration*) amministrazione per
l'edilizia pubblica.
phallic ['fælɪk] *adj* fallico(a).
phantom ['fæntəm] *n* fantasma *m*.
Pharaoh ['fɛərəu] *n* faraone *m*.
pharmaceutical [fɑ:mə'sju:tɪkl] *adj*
farmaceutico(a) ♦ *n*: ~**s** prodotti *mpl*
farmaceutici.
pharmacist ['fɑ:məsɪst] *n* farmacista *m/f*.
pharmacy ['fɑ:məsɪ] *n* farmacia.
phase [feɪz] *n* fase *f*, periodo ♦ *vt*: **to** ~ **sth
in/out** introdurre/eliminare qc
progressivamente.
PhD *n abbr* = **Doctor of Philosophy**.
pheasant ['fɛznt] *n* fagiano.
phenomenon, *pl* **phenomena**
[fə'nɔmɪnən, -nə] *n* fenomeno.
phew [fju:] *excl* uff!
phial ['faɪəl] *n* fiala.
philanderer [fɪ'lændərə*] *n* donnaiolo.
philanthropic [fɪlən'θrɔpɪk] *adj*
filantropico(a).
philanthropist [fɪ'lænθrəpɪst] *n* filantropo.
philatelist [fɪ'lætəlɪst] *n* filatelico/a.
philately [fɪ'lætəlɪ] *n* filatelia.
Philippines ['fɪlɪpi:nz] *npl* (*also*: **Philippine
Islands**): **the** ~ le Filippine.
philosopher [fɪ'lɔsəfə*] *n* filosofo/a.
philosophical [fɪlə'sɔfɪkl] *adj* filosofico(a).
philosophy [fɪ'lɔsəfɪ] *n* filosofia.
phlegm [flɛm] *n* flemma.
phlegmatic [flɛg'mætɪk] *adj* flemmatico(a).
phobia ['fəubjə] *n* fobia.
phone [fəun] *n* telefono ♦ *vt* telefonare a
♦ *vi* telefonare; **to be on the** ~ avere il
telefono; (*be calling*) essere al telefono.
▶**phone back** *vt, vi* richiamare.

phone book *n* guida del telefono, elenco telefonico.
phone box, phone booth *n* cabina telefonica.
phone call *n* telefonata.
phonecard ['fəunkɑːd] *n* scheda telefonica.
phone-in ['fəunɪn] *n* (*BRIT RADIO, TV*) *trasmissione radiofonica o televisiva con intervento telefonico degli ascoltatori.*
phone tapping [-tæpɪŋ] *n* intercettazioni *fpl* telefoniche.
phonetics [fə'nɛtɪks] *n* fonetica.
phoney ['fəunɪ] *adj* falso(a), fasullo(a) ♦ *n* (*person*) ciarlatano.
phonograph ['fəunəgrɑːf] *n* (*US*) giradischi *m inv.*
phony ['fəunɪ] *adj, n* = **phoney**.
phosphate ['fɔsfeɪt] *n* fosfato.
phosphorus ['fɔsfərəs] *n* fosforo.
photo ['fəutəu] *n* foto *f inv.*
photo... ['fəutəu] *prefix* foto....
photocall ['fəutəukɔːl] *n* *convocazione di fotoreporter a scopo pubblicitario.*
photocopier ['fəutəukɔpɪə*] *n* fotocopiatrice *f.*
photocopy ['fəutəukɔpɪ] *n* fotocopia ♦ *vt* fotocopiare.
photoelectric [fəutəuɪ'lɛktrɪk] *adj*: ~ **cell** cellula fotoelettrica.
Photofit ® ['fəutəufɪt] *n* photofit *m inv.*
photogenic [fəutəu'dʒɛnɪk] *adj* fotogenico(a).
photograph ['fəutəgræf] *n* fotografia ♦ *vt* fotografare; **to take a** ~ **of sb** fare una fotografia a *or* fotografare qn.
photographer [fə'tɔgrəfə*] *n* fotografo.
photographic [fəutə'græfɪk] *adj* fotografico(a).
photography [fə'tɔgrəfɪ] *n* fotografia.
photo opportunity *n* opportunità di scattare delle foto ad un personaggio importante.
Photostat ® ['fəutəustæt] *n* fotocopia.
photosynthesis [fəutəu'sɪnθəsɪs] *n* fotosintesi *f.*
phrase [freɪz] *n* espressione *f*; (*LING*) locuzione *f*; (*MUS*) frase *f* ♦ *vt* esprimere; (*letter*) redigere.
phrasebook ['freɪzbuk] *n* vocabolarietto.
physical ['fɪzɪkl] *adj* fisico(a); ~ **examination** visita medica; ~ **education** educazione *f* fisica; ~ **exercises** ginnastica.
physically ['fɪzɪklɪ] *adv* fisicamente.
physician [fɪ'zɪʃən] *n* medico.
physicist ['fɪzɪsɪst] *n* fisico.
physics ['fɪzɪks] *n* fisica.
physiological [fɪzɪə'lɔdʒɪkəl] *adj*

fisiologico(a).
physiology [fɪzɪ'ɔlədʒɪ] *n* fisiologia.
physiotherapist [fɪzɪəu'θɛrəpɪst] *n* fisioterapista *m/f.*
physiotherapy [fɪzɪəu'θɛrəpɪ] *n* fisioterapia.
physique [fɪ'ziːk] *n* fisico.
pianist ['piːənɪst] *n* pianista *m/f.*
piano [pɪ'ænəu] *n* pianoforte *m.*
piano accordion *n* (*BRIT*) fisarmonica (a tastiera).
piccolo ['pɪkələu] *n* ottavino.
pick [pɪk] *n* (*tool: also*: ~-**axe**) piccone *m* ♦ *vt* scegliere; (*gather*) cogliere; (*scab, spot*) grattarsi ♦ *vi*: **to** ~ **and choose** scegliere con cura; **take your** ~ scelga; **the** ~ **of** il fior fiore di; **to** ~ **one's nose** mettersi le dita nel naso; **to** ~ **one's teeth** stuzzicarsi i denti; **to** ~ **sb's brains** farsi dare dei suggerimenti da qn; **to** ~ **pockets** borseggiare; **to** ~ **a fight/quarrel with sb** attaccar rissa/briga con qn; **to** ~ **one's way through** attraversare stando ben attento a dove mettere i piedi.
▶**pick off** *vt* (*kill*) abbattere.
▶**pick on** *vt fus* (*person*) avercela con.
▶**pick out** *vt* scegliere; (*distinguish*) distinguere.
▶**pick up** *vi* (*improve*) migliorarsi ♦ *vt* raccogliere; (*collect*) passare a prendere; (*AUT: give lift to*) far salire; (*learn*) imparare; (*RADIO, TV, TEL*) captare; **to** ~ **o.s. up** rialzarsi; **to** ~ **up where one left off** riprendere dal punto in cui ci si era fermati; **to** ~ **up speed** acquistare velocità.
pickaxe, (*US*) **pickax** ['pɪkæks] *n* piccone *m.*
picket ['pɪkɪt] *n* (*in strike*) scioperante *m/f* che fa parte di un picchetto; picchetto ♦ *vt* picchettare.
picket line *n* cordone *m* degli scioperanti.
pickings ['pɪkɪŋz] *npl* (*pilferings*): **there are good** ~ **to be had here** qui ci sono buone possibilità di intascare qualcosa sottobanco.
pickle ['pɪkl] *n* (*also*: ~**s**: *as condiment*) sottaceti *mpl*; (*fig*): **in a** ~ nei pasticci ♦ *vt* mettere sottaceto; mettere in salamoia.
pick-me-up ['pɪkmiːʌp] *n* tiramisù *m inv.*
pickpocket ['pɪkpɔkɪt] *n* borsaiolo.
pickup ['pɪkʌp] *n* (*BRIT: on record player*) pick-up *m inv*; (*small truck: also*: ~ **truck,** ~ **van**) camioncino.
picnic ['pɪknɪk] *n* picnic *m inv* ♦ *vi* fare un picnic.
picnicker ['pɪknɪkə*] *n* chi partecipa a un picnic.

pictorial [pɪk'tɔːrɪəl] *adj* illustrato(a).

picture ['pɪktʃə*] *n* quadro; (*painting*) pittura; (*photograph*) foto(grafia); (*drawing*) disegno; (*TV*) immagine *f*; (*film*) film *m inv* ♦ *vt* raffigurarsi; **the ~s** (*BRIT*) il cinema; **to take a ~ of sb/sth** fare una foto a qn/di qc; **we get a good ~ here** (*TV*) la ricezione qui è buona; **the overall ~** il quadro generale; **to put sb in the ~** mettere qn al corrente.

picture book *n* libro illustrato.

picturesque [pɪktʃə'rɛsk] *adj* pittoresco(a).

picture window *n* finestra panoramica.

piddling ['pɪdlɪŋ] *adj* (*col*) insignificante.

pidgin English ['pɪdʒɪn-] *n inglese semplificato misto ad elementi indigeni.*

pie [paɪ] *n* torta; (*of meat*) pasticcio.

piebald ['paɪbɔːld] *adj* pezzato(a).

piece [piːs] *n* pezzo; (*of land*) appezzamento; (*DRAUGHTS etc*) pedina; (*item*): **a ~ of furniture/advice** un mobile/ consiglio ♦ *vt*: **to ~ together** mettere insieme; **in ~s** (*broken*) in pezzi; (*not yet assembled*) smontato(a); **to take to ~s** smontare; **~ by ~** poco alla volta; **a 10p ~** (*BRIT*) una moneta da 10 pence; **a six-~ band** un complesso di sei strumentisti; **in one ~** (*object*) intatto; **to get back all in one ~** (*person*) tornare a casa incolume *or* sano e salvo; **to say one's ~** dire la propria.

piecemeal ['piːsmiːl] *adv* pezzo a pezzo, a spizzico.

piece rate *n* tariffa a cottimo.

piecework ['piːswəːk] *n* (lavoro a) cottimo.

pie chart *n* grafico a torta.

Piedmont ['piːdmɔnt] *n* Piemonte *m*.

pier [pɪə*] *n* molo; (*of bridge etc*) pila.

pierce [pɪəs] *vt* forare; (*with arrow etc*) trafiggere; **to have one's ears ~d** farsi fare i buchi per gli orecchini.

piercing ['pɪəsɪŋ] *adj* (*cry*) acuto(a).

piety ['paɪətɪ] *n* pietà, devozione *f*.

piffling ['pɪflɪŋ] *adj* insignificante.

pig [pɪg] *n* maiale *m*, porco.

pigeon ['pɪdʒən] *n* piccione *m*.

pigeonhole ['pɪdʒənhəul] *n* casella ♦ *vt* classificare.

pigeon-toed ['pɪdʒən'təud] *adj* che cammina con i piedi in dentro.

piggy bank ['pɪgɪ-] *n* salvadanaio.

pigheaded ['pɪg'hɛdɪd] *adj* caparbio(a), cocciuto(a).

piglet ['pɪglɪt] *n* porcellino.

pigment ['pɪgmənt] *n* pigmento.

pigmentation [pɪgmən'teɪʃən] *n* pigmentazione *f*.

pigmy ['pɪgmɪ] *n* = **pygmy**.

pigskin ['pɪgskɪn] *n* cinghiale *m*.

pigsty ['pɪgstaɪ] *n* porcile *m*.

pigtail ['pɪgteɪl] *n* treccina.

pike [paɪk] *n* (*spear*) picca; (*fish*) luccio.

pilchard ['pɪltʃəd] *n specie di sardina.*

pile [paɪl] *n* (*pillar, of books*) pila; (*heap*) mucchio; (*of carpet*) pelo ♦ *vb* (*also*: **~ up**) *vt* ammucchiare ♦ *vi* ammucchiarsi; **in a ~** ammucchiato; *see also* **piles**.

▶**pile on** *vt*: **to ~ it on** (*col*) esagerare, drammatizzare.

piles [paɪlz] *npl* (*MED*) emorroidi *fpl*.

pileup ['paɪlʌp] *n* (*AUT*) tamponamento a catena.

pilfer ['pɪlfə*] *vt* rubacchiare ♦ *vi* fare dei furtarelli.

pilfering ['pɪlfərɪŋ] *n* rubacchiare *m*.

pilgrim ['pɪlgrɪm] *n* pellegrino/a.

pilgrimage ['pɪlgrɪmɪdʒ] *n* pellegrinaggio.

pill [pɪl] *n* pillola; **to be on the ~** prendere la pillola.

pillage ['pɪlɪdʒ] *vt* saccheggiare.

pillar ['pɪlə*] *n* colonna.

pillar box *n* (*BRIT*) cassetta delle lettere (a colonnina).

pillion ['pɪljən] *n* (*of motor cycle*) sellino posteriore; **to ride ~** viaggiare dietro.

pillory ['pɪlərɪ] *n* berlina ♦ *vt* mettere alla berlina.

pillow ['pɪləu] *n* guanciale *m*.

pillowcase ['pɪləukeɪs], **pillowslip** ['pɪləuslɪp] *n* federa.

pilot ['paɪlət] *n* pilota *m/f* ♦ *cpd* (*scheme etc*) pilota *inv* ♦ *vt* pilotare.

pilot boat *n* pilotina.

pilot light *n* fiammella di sicurezza.

pimento [pɪ'mɛntəu] *n* peperoncino.

pimp [pɪmp] *n* mezzano.

pimple ['pɪmpl] *n* foruncolo.

pimply ['pɪmplɪ] *adj* foruncoloso(a).

PIN *n abbr see* **personal identification number**.

pin [pɪn] *n* spillo; (*TECH*) perno; (*BRIT*: *drawing ~*) puntina da disegno; (*BRIT ELEC*: *of plug*) spinotto ♦ *vt* attaccare con uno spillo; **~s and needles** formicolio; **to ~ sb against/on** inchiodare qn contro/a; **to ~ sth on sb** (*fig*) addossare la colpa di qc a qn.

▶**pin down** *vt* (*fig*): **to ~ sb down** obbligare qn a pronunziarsi; **there's something strange here but I can't quite ~ it down** c'è qualcosa di strano qua ma non riesco a capire cos'è.

pinafore ['pɪnəfɔː*] *n* grembiule *m* (senza maniche).

pinafore dress *n* scamiciato.

pinball ['pɪnbɔːl] *n* flipper *m inv*.

pincers ['pɪnsəz] *npl* pinzette *fpl*.
pinch [pɪntʃ] *n* pizzicotto, pizzico ♦ *vt* pizzicare; (*col: steal*) grattare ♦ *vi* (*shoe*) stringere; **at a ~** in caso di bisogno; **to feel the ~** (*fig*) trovarsi nelle ristrettezze.
pinched [pɪntʃt] *adj* (*drawn*) dai lineamenti tirati; (*short*): **~ for money/space** a corto di soldi/di spazio; **~ with cold** raggrinzito dal freddo.
pincushion ['pɪnkuʃən] *n* puntaspilli *m inv*.
pine [paɪn] *n* (*also:* **~ tree**) pino ♦ *vi:* **to ~ for** struggersi dal desiderio di.
▶**pine away** *vi* languire.
pineapple ['paɪnæpl] *n* ananas *m inv*.
pine cone *n* pigna.
pine needles *npl* aghi *mpl* di pino.
ping [pɪŋ] *n* (*noise*) tintinnio.
Ping-Pong ® ['pɪŋpɔŋ] *n* ping-pong ® *m*.
pink [pɪŋk] *adj* rosa *inv* ♦ *n* (*colour*) rosa *m inv*; (*BOT*) garofano.
pinking shears ['pɪŋkɪŋ-] *n* forbici *fpl* a zigzag.
pin money *n* (*BRIT*) denaro per le piccole spese.
pinnacle ['pɪnəkl] *n* pinnacolo.
pinpoint ['pɪnpɔɪnt] *vt* indicare con precisione.
pinstripe ['pɪnstraɪp] *n* stoffa gessata; (*also:* **~ suit**) gessato.
pint [paɪnt] *n* pinta (*BRIT* = *0.57 l; US* = *0.47 l*); (*BRIT col: of beer*) ≈ birra piccola.
pinup ['pɪnʌp] *n* pin-up girl *f inv*.
pioneer [paɪə'nɪə*] *n* pioniere/a ♦ *vt* essere un pioniere in.
pious ['paɪəs] *adj* pio(a).
pip [pɪp] *n* (*seed*) seme *m*; (*time signal on radio*) segnale *m* orario.
pipe [paɪp] *n* tubo; (*for smoking*) pipa; (*MUS*) piffero ♦ *vt* portare per mezzo di tubazione; **~s** *npl* (*also:* **bag~s**) cornamusa (scozzese).
▶**pipe down** *vi* (*col*) calmarsi.
pipe cleaner *n* scovolino.
piped music [paɪpt-] *n* musica di sottofondo.
pipe dream *n* vana speranza.
pipeline ['paɪplaɪn] *n* conduttura; (*for oil*) oleodotto; (*for natural gas*) metanodotto; **it is in the ~** (*fig*) è in arrivo.
piper ['paɪpə*] *n* piffero; suonatore/trice di cornamusa.
pipe tobacco *n* tabacco da pipa.
piping ['paɪpɪŋ] *adv:* **~ hot** bollente.
piquant ['piːkənt] *adj* (*sauce*) piccante; (*conversation*) stimolante.
pique [piːk] *n* picca.
piracy ['paɪərəsɪ] *n* pirateria.
pirate ['paɪərət] *n* pirata *m* ♦ *vt* (*record,*

video, book) riprodurre abusivamente.
pirate radio *n* (*BRIT*) radio pirata *f inv*.
pirouette [pɪru'ɛt] *n* piroetta ♦ *vi* piroettare.
Pisces ['paɪsiːz] *n* Pesci *mpl*; **to be ~** essere dei Pesci.
piss [pɪs] *vi* (*col!*) pisciare; **~ off!** vaffanculo! (*!*).
pissed [pɪst] *adj* (*BRIT col: drunk*) ubriaco(a) fradicio(a).
pistol ['pɪstl] *n* pistola.
piston ['pɪstən] *n* pistone *m*.
pit [pɪt] *n* buca, fossa; (*also:* **coal ~**) miniera; (*also:* **orchestra ~**) orchestra ♦ *vt:* **to ~ sb against sb** opporre qn a qn; **~s** *npl* (*AUT*) box *m*; **to ~ o.s. against** opporsi a.
pitapat ['pɪtə'pæt] *adv* (*BRIT*): **to go ~** (*heart*) palpitare, battere forte; (*rain*) picchiettare.
pitch [pɪtʃ] *n* (*throw*) lancia; (*MUS*) tono; (*of voice*) altezza; (*fig: degree*) grado, punto; (*also:* **sales ~**) discorso di vendita, imbonimento; (*BRIT SPORT*) campo; (*NAUT*) beccheggio; (*tar*) pece *f* ♦ *vt* (*throw*) lanciare ♦ *vi* (*fall*) cascare; (*NAUT*) beccheggiare; **to ~ a tent** piantare una tenda; **at this ~** a questo ritmo.
pitch-black [pɪtʃ'blæk] *adj* nero(a) come la pece.
pitched battle [pɪtʃt-] *n* battaglia campale.
pitcher ['pɪtʃə*] *n* brocca.
pitchfork ['pɪtʃfɔːk] *n* forcone *m*.
piteous ['pɪtɪəs] *adj* pietoso(a).
pitfall ['pɪtfɔːl] *n* trappola.
pith [pɪθ] *n* (*of plant*) midollo; (*of orange*) parte *f* interna della scorza; (*fig*) essenza, succo; vigore *m*.
pithead ['pɪthɛd] *n* (*BRIT*) imbocco della miniera.
pithy ['pɪθɪ] *adj* conciso(a); vigoroso(a).
pitiable ['pɪtɪəbl] *adj* pietoso(a).
pitiful ['pɪtɪful] *adj* (*touching*) pietoso(a); (*contemptible*) miserabile.
pitifully ['pɪtɪfəlɪ] *adv* pietosamente; **it's ~ obvious** è penosamente chiaro.
pitiless ['pɪtɪlɪs] *adj* spietato(a).
pittance ['pɪtns] *n* miseria, magro salario.
pitted ['pɪtɪd] *adj:* **~ with** (*potholes*) pieno(a) di; (*chickenpox*) butterato(a) da.
pity ['pɪtɪ] *n* pietà ♦ *vt* aver pietà di, compatire, commiserare; **to have** *or* **take ~ on sb** aver pietà di qn; **it is a ~ that you can't come** è un peccato che non possa venire; **what a ~!** che peccato!
pitying ['pɪtɪɪŋ] *adj* compassionevole.
pivot ['pɪvət] *n* perno ♦ *vi* imperniarsi.
pixel ['pɪksl] *n* (*COMPUT*) pixel *m inv*.

pixie ['pɪksɪ] *n* folletto.
pizza ['piːtsə] *n* pizza.
placard ['plækɑːd] *n* affisso.
placate [plə'keɪt] *vt* placare, calmare.
placatory [plə'keɪtərɪ] *adj* conciliante.
place [pleɪs] *n* posto, luogo; (*proper position, rank, seat*) posto; (*house*) casa, alloggio; (*home*): **at/to his** ~ a casa sua; (*in street names*): **Laurel P**~ via dei Lauri ♦ *vt* (*object*) posare, mettere; (*identify*) riconoscere; individuare; (*goods*) piazzare; **to take** ~ aver luogo; succedere; **out of** ~ (*not suitable*) inopportuno(a); **I feel rather out of** ~ **here** qui mi sento un po' fuori posto; **in the first** ~ in primo luogo; **to change** ~**s with sb** scambiare il posto con qn; **to put sb in his** ~ (*fig*) mettere a posto qn, mettere qn al suo posto; **from** ~ **to** ~ da un posto all'altro; **all over the** ~ dappertutto; **he's going** ~**s** (*fig col*) si sta facendo strada; **it is not my** ~ **to do it** non sta a me farlo; **how are you** ~**d next week?** com'è messo la settimana prossima?; **to** ~ **an order with sb (for)** (*COMM*) fare un'ordinazione a qn (di).
placebo [plə'siːbəʊ] *n* placebo *m inv*.
place mat *n* sottopiatto; (*in linen etc*) tovaglietta.
placement ['pleɪsmənt] *n* collocamento; (*job*) lavoro.
place name *n* toponimo.
placenta [plə'sɛntə] *n* placenta.
placid ['plæsɪd] *adj* placido(a), calmo(a).
placidity [plə'sɪdɪtɪ] *n* placidità.
plagiarism ['pleɪdʒərɪzəm] *n* plagio.
plagiarist ['pleɪdʒjərɪst] *n* plagiario/a.
plagiarize ['pleɪdʒjəraɪz] *vt* plagiare.
plague [pleɪg] *n* peste *f* ♦ *vt* tormentare; **to** ~ **sb with questions** assillare qn di domande.
plaice [pleɪs] *n* (*pl inv*) pianuzza.
plaid [plæd] *n* plaid *m inv*.
plain [pleɪn] *adj* (*clear*) chiaro(a), palese; (*simple*) semplice; (*frank*) franco(a), aperto(a); (*not handsome*) bruttino(a); (*without seasoning etc*) scondito(a); naturale; (*in one colour*) tinta unita *inv* ♦ *adv* francamente, chiaramente ♦ *n* pianura; **to make sth** ~ **to sb** far capire chiaramente qc a qn; **in** ~ **clothes** (*police*) in borghese.
plain chocolate *n* cioccolato fondente.
plainly ['pleɪnlɪ] *adv* chiaramente; (*frankly*) francamente.
plainness ['pleɪnnɪs] *n* semplicità.
plain speaking *n*: **there has been some** ~ **between the two leaders** i due leader si

sono parlati chiaro.
plaintiff ['pleɪntɪf] *n* attore/trice.
plaintive ['pleɪntɪv] *adj* (*voice, song*) lamentoso(a); (*look*) struggente.
plait [plæt] *n* treccia ♦ *vt* intrecciare; **to** ~ **one's hair** farsi una treccia (*or* le trecce).
plan [plæn] *n* pianta; (*scheme*) progetto, piano ♦ *vt* (*think in advance*) progettare; (*prepare*) organizzare; (*intend*) avere in progetto ♦ *vi*: **to** ~ **(for)** far piani *or* progetti (per); **to** ~ **to do** progettare di fare, avere l'intenzione di fare; **how long do you** ~ **to stay?** quanto conta di restare?
plane [pleɪn] *n* (*AVIAT*) aereo; (*tree*) platano; (*tool*) pialla; (*ART, MATH etc*) piano ♦ *adj* piano(a), piatto(a) ♦ *vt* (*with tool*) piallare.
planet ['plænɪt] *n* pianeta *m*.
planetarium [plænɪ'tɛərɪəm] *n* planetario.
plank [plæŋk] *n* tavola, asse *f*.
plankton ['plæŋktən] *n* plancton *m*.
planned economy [plænd-] *n* economia pianificata.
planner ['plænə*] *n* pianificatore/trice; (*chart*) calendario; **town** *or* (*US*) **city** ~ urbanista *m/f*.
planning ['plænɪŋ] *n* progettazione *f*; (*POL, ECON*) pianificazione *f*; **family** ~ pianificazione delle nascite.
planning permission *n* (*BRIT*) permesso di costruzione.
plant [plɑːnt] *n* pianta; (*machinery*) impianto; (*factory*) fabbrica ♦ *vt* piantare; (*bomb*) mettere.
plantation [plæn'teɪʃən] *n* piantagione *f*.
plant pot *n* (*BRIT*) vaso (di fiori).
plaque [plæk] *n* placca.
plasma ['plæzmə] *n* plasma *m*.
plaster ['plɑːstə*] *n* intonaco; (*also*: ~ **of Paris**) gesso; (*BRIT*: *also*: **sticking** ~) cerotto ♦ *vt* intonacare; ingessare; (*cover*): **to** ~ **with** coprire di; (*col*: *mud etc*) impiastricciare; **in** ~ (*BRIT*: *leg etc*) ingessato(a).
plasterboard ['plɑːstəbɔːd] *n* lastra di cartone ingessato.
plaster cast *n* (*MED*) ingessatura, gesso; (*model, statue*) modello in gesso.
plastered ['plɑːstəd] *adj* (*col*) ubriaco(a) fradicio(a).
plasterer ['plɑːstərə*] *n* intonacatore *m*.
plastic ['plæstɪk] *n* plastica ♦ *adj* (*made of plastic*) di *or* in plastica; (*flexible*) plastico(a), malleabile; (*art*) plastico(a).
plastic bag *n* sacchetto di plastica.
plastic bullet *n* pallottola di plastica.
plastic explosive *n* esplosivo al plastico.
plasticine ® ['plæstɪsiːn] *n* plastilina ®.

plastic surgery n chirurgia plastica.
plate [pleɪt] n (*dish*) piatto; (*sheet of metal*) lamiera; (*PHOT*) lastra; (*TYP*) cliché m inv; (*in book*) tavola; (*on door*) targa, targhetta; (*AUT: number* ~) targa; (*dishes*): **gold** ~ vasellame m d'oro; **silver** ~ argenteria.
plateau, ~**s** or ~**x** ['plætəu, -z] n altipiano.
plateful ['pleɪtful] n piatto.
plate glass n vetro piano.
platen ['plætən] n (*on typewriter, printer*) rullo.
plate rack n scolapiatti m inv.
platform ['plætfɔːm] n (*stage, at meeting*) palco; (*BRIT: on bus*) piattaforma; (*RAIL*) marciapiede m; **the train leaves from** ~ **7** il treno parte dal binario 7.
platform ticket n (*BRIT*) biglietto d'ingresso ai binari.
platinum ['plætɪnəm] n platino.
platitude ['plætɪtjuːd] n luogo comune.
platoon [plə'tuːn] n plotone m.
platter ['plætə*] n piatto.
plaudits ['plɔːdɪts] npl plauso.
plausible ['plɔːzɪbl] adj plausibile, credibile; (*person*) convincente.
play [pleɪ] n gioco; (*THEAT*) commedia ♦ vt (*game*) giocare a; (*team, opponent*) giocare contro; (*instrument, piece of music*) suonare; (*play, part*) interpretare ♦ vi giocare; suonare; recitare; **to bring** or **call into** ~ (*plan*) mettere in azione; (*emotions*) esprimere; ~ **on words** gioco di parole; **to** ~ **a trick on sb** fare uno scherzo a qn; **they're** ~**ing at soldiers** stanno giocando ai soldati; **to** ~ **for time** (*fig*) cercare di guadagnar tempo; **to** ~ **into sb's hands** (*fig*) fare il gioco di qn.
▶**play about, play around** vi (*person*) divertirsi; **to** ~ **about** or **around with** (*fiddle with*) giocherellare con; (*idea*) accarezzare.
▶**play along** vi: **to** ~ **along with** (*fig: person*) stare al gioco di; (*: plan, idea*) fingere di assecondare ♦ vt (*fig*): **to** ~ **sb along** tenere qn in sospeso.
▶**play back** vt riascoltare, risentire.
▶**play down** vt minimizzare.
▶**play on** vt fus (*sb's feelings, credulity*) giocare su; **to** ~ **on sb's nerves** dare sui nervi a qn.
▶**play up** vi (*cause trouble*) fare i capricci.
playact ['pleɪækt] vi fare la commedia.
playboy ['pleɪbɔɪ] n playboy m inv.
played-out ['pleɪd'aut] adj spossato(a).
player ['pleɪə*] n giocatore/trice; (*THEAT*) attore/trice; (*MUS*) musicista m/f.
playful ['pleɪful] adj giocoso(a).

playgoer ['pleɪgəuə*] n assiduo(a) frequentatore(trice) di teatri.
playground ['pleɪgraund] n (*in school*) cortile m per la ricreazione; (*in park*) parco m giochi inv.
playgroup ['pleɪgruːp] n giardino d'infanzia.
playing card ['pleɪɪŋ-] n carta da gioco.
playing field ['pleɪɪŋ-] n campo sportivo.
playmaker ['pleɪmeɪkə*] n (*SPORT*) playmaker m inv.
playmate ['pleɪmeɪt] n compagno/a di gioco.
play-off ['pleɪɔf] n (*SPORT*) bella.
playpen ['pleɪpɛn] n box m inv.
playroom ['pleɪruːm] n stanza dei giochi.
plaything ['pleɪθɪŋ] n giocattolo.
playtime ['pleɪtaɪm] n (*SCOL*) ricreazione f.
playwright ['pleɪraɪt] n drammaturgo/a.
plc abbr (*BRIT*) see **public limited company**.
plea [pliː] n (*request*) preghiera, domanda; (*excuse*) scusa; (*LAW*) (argomento di) difesa.
plea bargaining n (*LAW*) patteggiamento.
plead [pliːd] vt patrocinare; (*give as excuse*) addurre a pretesto ♦ vi (*LAW*) perorare la causa; (*beg*): **to** ~ **with sb** implorare qn; **to** ~ **for sth** implorare qc; **to** ~ **guilty/not guilty** (*defendant*) dichiararsi colpevole/innocente.
pleasant ['plɛznt] adj piacevole, gradevole.
pleasantly ['plɛzntlɪ] adv piacevolmente.
pleasantry ['plɛzntrɪ] n (*joke*) scherzo; (*polite remark*): **to exchange pleasantries** scambiarsi i convenevoli.
please [pliːz] vt piacere a ♦ vi (*think fit*): **do as you** ~ faccia come le pare; ~! per piacere!; **my bill,** ~ il conto, per piacere; ~ **yourself!** come ti (*or* le) pare!; ~ **don't cry!** ti prego, non piangere!
pleased [pliːzd] adj (*happy*) felice, lieto(a); ~ (**with**) (*satisfied*) contento(a) (di); **we are** ~ **to inform you that** ... abbiamo il piacere di informarla che ...; ~ **to meet you!** piacere!
pleasing ['pliːzɪŋ] adj piacevole, che fa piacere.
pleasurable ['plɛʒərəbl] adj molto piacevole, molto gradevole.
pleasure ['plɛʒə*] n piacere m; **with** ~ con piacere, volentieri; "**it's a** ~" "prego"; **is this trip for business or** ~? è un viaggio d'affari o di piacere?
pleasure cruise n crociera.
pleat [pliːt] n piega.
plebiscite ['plɛbɪsɪt] n plebiscito.
plebs [plɛbz] npl (*pej*) plebe f.
plectrum ['plɛktrəm] n plettro.

pledge [plɛdʒ] n pegno; (promise) promessa ♦ vt impegnare; promettere; **to ~ support for sb** impegnarsi a sostenere qn; **to ~ sb to secrecy** far promettere a qn di mantenere il segreto.

plenary ['pliːnərɪ] adj plenario(a); **in ~ session** in seduta plenaria.

plentiful ['plɛntɪful] adj abbondante, copioso(a).

plenty ['plɛntɪ] n abbondanza; **~ of** tanto(a), molto(a); un'abbondanza di; **we've got ~ of time to get there** abbiamo un sacco di tempo per arrivarci.

pleurisy ['pluərɪsɪ] n pleurite f.

Plexiglas ® ['plɛksɪɡlɑːs] n (US) plexiglas ® m.

pliable ['plaɪəbl] adj flessibile; (person) malleabile.

pliers ['plaɪəz] npl pinza.

plight [plaɪt] n situazione f critica.

plimsolls ['plɪmsəlz] npl (BRIT) scarpe fpl da tennis.

plinth [plɪnθ] n plinto; piedistallo.

PLO n abbr (= Palestine Liberation Organization) O.L.P. f.

plod [plɒd] vi camminare a stento; (fig) sgobbare.

plodder ['plɒdə*] n sgobbone m.

plodding ['plɒdɪŋ] adj lento(a) e pesante.

plonk [plɒŋk] (col) n (BRIT: wine) vino da poco ♦ vt: **to ~ sth down** buttare giù qc bruscamente.

plot [plɒt] n congiura, cospirazione f; (of story, play) trama; (of land) lotto ♦ vt (mark out) fare la pianta di; rilevare; (: diagram etc) tracciare; (conspire) congiurare, cospirare ♦ vi congiurare; **a vegetable ~** (BRIT) un orticello.

plotter ['plɒtə*] n cospiratore/trice; (COMPUT) plotter m inv, tracciatore m di curve.

plough, (US) **plow** [plau] n aratro ♦ vt (earth) arare.

▶**plough back** vt (COMM) reinvestire.

▶**plough through** vt fus (snow etc) procedere a fatica in.

ploughing, (US) **plowing** ['plauɪŋ] n aratura.

ploughman, (US) **plowman** ['plaumən] n aratore m; **~'s lunch** (BRIT) semplice pasto a base di pane e formaggio.

ploy [plɔɪ] n stratagemma m.

pluck [plʌk] vt (fruit) cogliere; (musical instrument) pizzicare; (bird) spennare ♦ n coraggio, fegato; **to ~ one's eyebrows** depilarsi le sopracciglia; **to ~ up courage** farsi coraggio.

plucky ['plʌkɪ] adj coraggioso(a).

plug [plʌg] n tappo; (ELEC) spina; (AUT: also: **spark(ing) ~**) candela ♦ vt (hole) tappare; (col: advertise) spingere; **to give sb/sth a ~** fare pubblicità a qn/qc.

▶**plug in** (ELEC) vi inserire la spina ♦ vt attaccare a una presa.

plughole ['plʌɡhəul] n (BRIT) scarico.

plum [plʌm] n (fruit) susina ♦ cpd: **~ job** (col) impiego ottimo or favoloso.

plumage ['pluːmɪdʒ] n piume fpl, piumaggio.

plumb [plʌm] adj verticale ♦ n piombo ♦ adv (exactly) esattamente ♦ vt sondare.

▶**plumb in** vt (washing machine) collegare all'impianto idraulico.

plumber ['plʌmə*] n idraulico.

plumbing ['plʌmɪŋ] n (trade) lavoro di idraulico; (piping) tubature fpl.

plumbline ['plʌmlaɪn] n filo a piombo.

plume [pluːm] n piuma, penna; (decorative) pennacchio.

plummet ['plʌmɪt] vi cadere a piombo.

plump [plʌmp] adj grassoccio(a) ♦ vt: **to ~ sth (down) on** lasciar cadere qc di peso su.

▶**plump for** vt fus (col) decidersi per.

▶**plump up** vt sprimacciare.

plunder ['plʌndə*] n saccheggio ♦ vt saccheggiare.

plunge [plʌndʒ] n tuffo ♦ vt immergere ♦ vi (dive) tuffarsi; (fall) cadere, precipitare; **to take the ~** (fig) saltare il fosso; **to ~ a room into darkness** far piombare una stanza nel buio.

plunger ['plʌndʒə*] n (for blocked sink) sturalavandini m inv.

plunging ['plʌndʒɪŋ] adj (neckline) profondo(a).

pluperfect [pluːˈpəːfɪkt] n piuccheperfetto.

plural ['pluərl] adj, n plurale (m).

plus [plʌs] n (also: **~ sign**) segno più ♦ prep più ♦ adj (MATH, ELEC) positivo(a); **ten/twenty ~** più di dieci/venti; **it's a ~** (fig) è un vantaggio.

plus fours npl calzoni mpl alla zuava.

plush [plʌʃ] adj lussuoso(a) ♦ n felpa.

plutonium [pluːˈtəunɪəm] n plutonio.

ply [plaɪ] n (of wool) capo; (of wood) strato ♦ vt (tool) maneggiare; (a trade) esercitare ♦ vi (ship) fare il servizio; **three ~ (wool)** lana a tre capi; **to ~ sb with drink** dare da bere continuamente a qn.

plywood ['plaɪwud] n legno compensato.

PM n abbr (BRIT) see **prime minister**.

p.m. adv abbr (= post meridiem) del pomeriggio.

PMS n abbr (= premenstrual syndrome) sindrome f premestruale.

PMT *n abbr* (= *premenstrual tension*) sindrome *f* premestruale.

pneumatic [nju:'mætɪk] *adj* pneumatico(a); ~ **drill** martello pneumatico.

pneumonia [nju:'məunɪə] *n* polmonite *f*.

PO *n abbr* (= *Post Office*) ≈ P.T. (= *Poste e Telegrafi*) ♦ *abbr* (*NAUT*) = **petty officer**.

po *abbr* = **postal order**.

POA *n abbr* (*BRIT*: = *Prison Officers' Association*) sindacato delle guardie carcerarie.

poach [pəutʃ] *vt* (*cook*) affogare; (*steal*) cacciare (*or* pescare) di frodo ♦ *vi* fare il bracconiere.

poached [pəutʃt] *adj* (*egg*) affogato(a).

poacher ['pəutʃə*] *n* bracconiere *m*.

poaching ['pəutʃɪŋ] *n* caccia (*or* pesca) di frodo.

PO box *n abbr see* **post office box**.

pocket ['pɔkɪt] *n* tasca ♦ *vt* intascare; **to be out of** ~ rimetterci; **to be £5 in/out of** ~ (*BRIT*) trovarsi con 5 sterline in più/in meno; **air** ~ vuoto d'aria.

pocketbook ['pɔkɪtbuk] *n* (*wallet*) portafoglio; (*notebook*) taccuino; (*US: handbag*) busta.

pocket knife *n* temperino.

pocket money *n* paghetta, settimana.

pockmarked ['pɔkmɑːkt] *adj* (*face*) butterato(a).

pod [pɔd] *n* guscio ♦ *vt* sgusciare.

podgy ['pɔdʒɪ] *adj* grassoccio(a).

podiatrist [pɔ'diːətrɪst] *n* (*US*) callista *m/f*, pedicure *m/f*.

podiatry [pɔ'diːətrɪ] *n* (*US*) mestiere *m* di callista.

podium ['pəudɪəm] *n* podio.

POE *n abbr* = *port of embarkation*; *port of entry*.

poem ['pəuɪm] *n* poesia.

poet ['pəuɪt] *n* poeta/essa.

poetic [pəu'ɛtɪk] *adj* poetico(a).

poet laureate *n* (*BRIT*) poeta *m* laureato.

> In Gran Bretagna un **poet laureate** è un poeta che riceve un vitalizio dalla casa reale britannica e che ha l'incarico di scrivere delle poesie commemorative in occasione delle festività ufficiali.

poetry ['pəuɪtrɪ] *n* poesia.

poignant ['pɔɪnjənt] *adj* struggente.

point [pɔɪnt] *n* (*gen*) punto; (*tip: of needle etc*) punta; (*BRIT ELEC*: *also*: **power** ~) presa (di corrente); (*in time*) punto, momento; (*SCOL*) voto; (*main idea, important part*) nocciolo; (*also*: **decimal** ~): **2 ~ 3 (2.3)** 2 virgola 3 (2,3) ♦ *vt* (*show*)

indicare; (*gun etc*): **to** ~ **sth at** puntare qc contro ♦ *vi* mostrare a dito; ~**s** *npl* (*AUT*) puntine *fpl*; (*RAIL*) scambio; **to** ~ **to** indicare; (*fig*) dimostrare; **to make a** ~ fare un'osservazione; **to get the** ~ capire; **to come to the** ~ venire al fatto; **when it comes to the** ~ quando si arriva al dunque; **to be on the** ~ **of doing sth** essere sul punto di *or* stare (proprio) per fare qc; **to be beside the** ~ non entrarci; **to make a** ~ **of doing sth** non mancare di fare qc; **there's no** ~ **(in doing)** è inutile (fare); **in** ~ **of fact** a dire il vero; **that's the whole** ~! precisamente!, sta tutto lì!; **you've got a** ~ **there!** giusto!, ha ragione!; **the train stops at Carlisle and all** ~**s south** il treno ferma a Carlisle e in tutte le stazioni a sud di Carlisle; **good** ~**s** vantaggi *mpl*; (*of person*) qualità *fpl*; ~ **of departure** (*also fig*) punto di partenza; ~ **of order** mozione *f* d'ordine; ~ **of sale** (*COMM*) punto di vendita; ~ **of view** punto di vista.

▶**point out** *vt* far notare.

point-blank ['pɔɪnt'blæŋk] *adv* (*also*: **at** ~ **range**) a bruciapelo; (*fig*) categoricamente.

point duty *n* (*BRIT*): **to be on** ~ dirigere il traffico.

pointed ['pɔɪntɪd] *adj* (*shape*) aguzzo(a), appuntito(a); (*remark*) specifico(a).

pointedly ['pɔɪntɪdlɪ] *adv* in maniera inequivocabile.

pointer ['pɔɪntə*] *n* (*stick*) bacchetta; (*needle*) lancetta; (*clue*) indizio; (*advice*) consiglio; (*dog*) pointer *m*, cane *m* da punta.

pointless ['pɔɪntlɪs] *adj* inutile, vano(a).

poise [pɔɪz] *n* (*balance*) equilibrio; (*of head, body*) portamento; (*calmness*) calma ♦ *vt* tenere in equilibrio; **to be** ~**d for** (*fig*) essere pronto(a) a.

poison ['pɔɪzn] *n* veleno ♦ *vt* avvelenare.

poisoning ['pɔɪznɪŋ] *n* avvelenamento.

poisonous ['pɔɪznəs] *adj* velenoso(a); (*fumes*) venefico(a), tossico(a); (*ideas, literature*) pernicioso(a); (*rumours, individual*) perfido(a).

poke [pəuk] *vt* (*fire*) attizzare; (*jab with finger, stick etc*) punzecchiare; (*put*): **to** ~ **sth in(to)** spingere qc dentro ♦ *n* (*jab*) colpetto; (*with elbow*) gomitata; **to** ~ **one's head out of the window** mettere la testa fuori dalla finestra; **to** ~ **fun at sb** prendere in giro qn.

▶**poke about** *vi* frugare.

poker ['pəukə*] *n* attizzatoio; (*CARDS*) poker *m*.

poker-faced ['pəukə'feɪst] *adj* dal viso

impassibile.
poky ['pəʊkɪ] *adj* piccolo(a) e stretto(a).
Poland ['pəʊlənd] *n* Polonia.
polar ['pəʊlə*] *adj* polare.
polar bear *n* orso bianco.
polarize ['pəʊləraɪz] *vt* polarizzare.
Pole [pəʊl] *n* polacco/a.
pole [pəʊl] *n* (*of wood*) palo; (*ELEC, GEO*)
polo.
poleaxe, (*US*) **poleax** ['pəʊlæks] *vt* (*fig*)
stendere.
pole bean *n* (*US*) fagiolino.
polecat ['pəʊlkæt] *n* puzzola; (*US*)
moffetta.
Pol. Econ. ['pɒlɪkɒn] *n abbr* = *political
economy*.
polemic [pɒ'lɛmɪk] *n* polemica.
pole star *n* stella polare.
pole vault *n* salto con l'asta.
police [pə'liːs] *n* polizia ♦ *vt* mantenere
l'ordine in; (*streets, city, frontier*)
presidiare; **a large number of** ~ **were hurt**
molti poliziotti sono rimasti feriti.
police car *n* macchina della polizia.
police constable (PC) *n* (*BRIT*) agente *m* di
polizia.
police department *n* (*US*) dipartimento di
polizia.
police force *n* corpo di polizia, polizia.
policeman [pə'liːsmən] *n* poliziotto, agente
m di polizia.
police officer *n* = **police constable.**
police record *n*: **to have a** ~ avere
precedenti penali.
police state *n* stato di polizia.
police station *n* posto di polizia.
policewoman [pə'liːswumən] *n* donna *f*
poliziotto *inv*.
policy ['pɒlɪsɪ] *n* politica; (*of newspaper,
company*) linea di condotta, prassi
f inv; (*also*: **insurance** ~) polizza
(d'assicurazione); **to take out a** ~
(*INSURANCE*) stipulare una polizza di
assicurazione.
policy holder *n* assicurato/a.
policy-making ['pɒlɪsɪmeɪkɪŋ] *n* messa a
punto di programmi.
polio ['pəʊlɪəʊ] *n* polio *f*.
Polish ['pəʊlɪʃ] *adj* polacco(a) ♦ *n* (*LING*)
polacco.
polish ['pɒlɪʃ] *n* (*for shoes*) lucido; (*for floor*)
cera; (*for nails*) smalto; (*shine*) lucentezza,
lustro; (*fig: refinement*) raffinatezza ♦ *vt*
lucidare; (*fig: improve*) raffinare.
▶**polish off** *vt* (*work*) sbrigare; (*food*)
mangiarsi.
polished ['pɒlɪʃt] *adj* (*fig*) raffinato(a).
polite [pə'laɪt] *adj* cortese; **it's not** ~ **to do**
that non è educato *or* buona educazione
fare questo.
politely [pə'laɪtlɪ] *adv* cortesemente.
politeness [pə'laɪtnɪs] *n* cortesia.
politic ['pɒlɪtɪk] *adj* diplomatico(a).
political [pə'lɪtɪkl] *adj* politico(a).
political asylum *n* asilo politico.
politically [pə'lɪtɪklɪ] *adv* politicamente.
politically correct *adj* politicamente
corretto(a).
politician [pɒlɪ'tɪʃən] *n* politico.
politics ['pɒlɪtɪks] *n* politica ♦ *npl* idee *fpl*
politiche.
polka ['pɒlkə] *n* polca.
polka dot *n* pois *m inv*.
poll [pəʊl] *n* scrutinio; (*votes cast*) voti *mpl*;
(*also*: **opinion** ~) sondaggio (d'opinioni)
♦ *vt* ottenere; **to go to the** ~**s** (*voters*)
andare alle urne; (*government*) indire le
elezioni.
pollen ['pɒlən] *n* polline *m*.
pollen count *n* tasso di polline nell'aria.
pollination [pɒlɪ'neɪʃən] *n* impollinazione *f*.
polling ['pəʊlɪŋ] *n* (*BRIT POL*) votazione *f*,
votazioni *fpl*; (*TEL*) interrogazione *f*
ciclica.
polling booth *n* (*BRIT*) cabina elettorale.
polling day *n* (*BRIT*) giorno delle elezioni.
polling station *n* (*BRIT*) sezione *f*
elettorale.
pollster ['pəʊlstə*] *n* chi esegue sondaggi
d'opinione.
poll tax *n* (*BRIT*) *imposta locale sulla
persona fisica* (*non più in vigore*).
pollutant [pə'luːtənt] *n* sostanza
inquinante.
pollute [pə'luːt] *vt* inquinare.
pollution [pə'luːʃən] *n* inquinamento.
polo ['pəʊləʊ] *n* polo.
polo neck *n* collo alto; (*also*: ~ **sweater**)
dolcevita ♦ *adj* a collo alto.
poly ['pɒlɪ] *n abbr* (*BRIT*) = **polytechnic.**
poly bag *n* (*BRIT col*) borsa di plastica.
polyester [pɒlɪ'ɛstə*] *n* poliestere *m*.
polygamy [pə'lɪgəmɪ] *n* poligamia.
polygraph ['pɒlɪgrɑːf] *n* macchina della
verità.
Polynesia [pɒlɪ'niːzɪə] *n* Polinesia.
Polynesian [pɒlɪ'niːzɪən] *adj, n*
polinesiano(a).
polyp ['pɒlɪp] *n* (*MED*) polipo.
polystyrene [pɒlɪ'staɪriːn] *n* polistirolo.
polytechnic [pɒlɪ'tɛknɪk] *n* (*college*) *istituto
superiore ad indirizzo tecnologico*.
polythene ['pɒlɪθiːn] *n* politene *m*.
polythene bag *n* borsa di plastica.
polyurethane ['pɒlɪ'juərɪθeɪn] *n*
poliuretano.

pomegranate ['pɒmɪgrænɪt] n melagrana.
pommel ['pɒml] n pomo ♦ vt = **pummel.**
pomp [pɒmp] n pompa, fasto.
pompom ['pɒmpɒm] n pompon m inv.
pompous ['pɒmpəs] adj pomposo(a);
(person) pieno(a) di boria.
pond [pɒnd] n stagno; (in park) laghetto.
ponder ['pɒndə*] vi riflettere, meditare ♦ vt
ponderare, riflettere su.
ponderous ['pɒndərəs] adj ponderoso(a),
pesante.
pong [pɒŋ] (BRIT col) n puzzo ♦ vi puzzare.
pontiff ['pɒntɪf] n pontefice m.
pontificate [pɒn'tɪfɪkeɪt] vi (fig): to ~
(about) pontificare (su).
pontoon [pɒn'tuːn] n pontone m; (BRIT
CARDS) ventuno.
pony ['pəʊnɪ] n pony m inv.
ponytail ['pəʊnɪteɪl] n coda di cavallo.
pony trekking [-trɛkɪŋ] n (BRIT) escursione
f a cavallo.
poodle ['puːdl] n barboncino, barbone m.
pooh-pooh [puː'puː] vt deridere.
pool [puːl] n (of rain) pozza; (pond) stagno;
(artificial) vasca; (also: **swimming** ~)
piscina; (sth shared) fondo comune;
(COMM: consortium) pool m inv; (US:
monopoly trust) trust m inv; (billiards)
specie di biliardo a buca ♦ vt mettere in
comune; **typing** ~, (US) **secretary** ~
servizio comune di dattilografia; **to do
the (football)** ~**s** ≈ fare la schedina,
giocare al totocalcio.
poor [puə*] adj povero(a); (mediocre)
mediocre, cattivo(a) ♦ npl: **the** ~ i poveri.
poorly ['puəlɪ] adv poveramente; (badly)
male ♦ adj indisposto(a), malato(a).
pop [pɒp] n (noise) schiocco; (MUS) musica
pop; (US col: father) babbo; (col: drink)
bevanda gasata ♦ vt (put) mettere (in
fretta) ♦ vi scoppiare; (cork) schioccare;
she ~**ped her head out** (of the window)
sporse fuori la testa.
▶**pop in** vi passare.
▶**pop out** vi fare un salto fuori.
▶**pop up** vi apparire, sorgere.
pop concert n concerto m pop inv.
popcorn ['pɒpkɔːn] n pop-corn m.
pope [pəʊp] n papa m.
poplar ['pɒplə*] n pioppo.
poplin ['pɒplɪn] n popeline f.
popper ['pɒpə*] n (BRIT) bottone m
automatico, bottone a pressione.
poppy ['pɒpɪ] n papavero.
poppycock ['pɒpɪkɔk] n (col) scempiaggini
fpl.
Popsicle ® ['pɒpsɪkl] n (US) ghiacciolo.
populace ['pɒpjuləs] n popolo.

popular ['pɒpjulə*] adj popolare;
(fashionable) in voga; **to be** ~ **(with)**
(person) essere benvoluto(a) or ben
visto(a) (da); (decision) essere gradito(a)
(a); **a** ~ **song** una canzone di successo.
popularity [pɒpju'lærɪtɪ] n popolarità.
popularize ['pɒpjulər   aɪz] vt divulgare;
(science) volgarizzare.
populate ['pɒpjuleɪt] vt popolare.
population [pɒpju'leɪʃən] n popolazione f.
population explosion n forte espansione
f demografica.
populous ['pɒpjuləs] adj popolato(a).
porcelain ['pɔːslɪn] n porcellana.
porch [pɔːtʃ] n veranda.
porcupine ['pɔːkjupaɪn] n porcospino.
pore [pɔː*] n poro ♦ vi: **to** ~ **over** essere
immerso(a) in.
pork [pɔːk] n carne f di maiale.
pork chop n braciola or costoletta di
maiale.
porn [pɔːn] n (col) n pornografia ♦ adj porno
inv.
pornographic [pɔːnə'græfɪk] adj
pornografico(a).
pornography [pɔː'nɒgrəfɪ] n pornografia.
porous ['pɔːrəs] adj poroso(a).
porpoise ['pɔːpəs] n focena.
porridge ['pɒrɪdʒ] n porridge m.
port¹ [pɔːt] n porto; (opening in ship)
portello; (NAUT: left side) babordo;
(COMPUT) porta; **to** ~ (NAUT) a babordo; ~
of call (porto di) scalo.
port² [pɔːt] n (wine) porto.
portable ['pɔːtəbl] adj portatile.
portal ['pɔːtl] n portale m.
portcullis [pɔːt'kʌlɪs] n saracinesca.
portent ['pɔːtɛnt] n presagio.
porter ['pɔːtə*] n (for luggage) facchino,
portabagagli m inv; (doorkeeper) portiere
m, portinaio; (US RAIL) addetto ai vagoni
letto.
portfolio [pɔːt'fəʊlɪəʊ] n (POL: office; ECON)
portafoglio; (of artist) raccolta dei propri
lavori.
porthole ['pɔːthəʊl] n oblò m inv.
portico ['pɔːtɪkəʊ] n portico.
portion ['pɔːʃən] n porzione f.
portly ['pɔːtlɪ] adj corpulento(a).
portrait ['pɔːtreɪt] n ritratto.
portray [pɔː'treɪ] vt fare il ritratto di;
(character on stage) rappresentare; (in
writing) ritrarre.
portrayal ['pɔːtreɪəl] n ritratto;
rappresentazione f.
Portugal ['pɔːtjugl] n Portogallo.
Portuguese [pɔːtju'giːz] adj portoghese ♦ n
(pl inv) portoghese m/f; (LING) portoghese m.

Portuguese man-of-war [-mænəv'wɔː*] n (jellyfish) medusa.

pose [pəuz] n posa ♦ vi posare; (pretend): **to ~ as** atteggiarsi a, posare a ♦ vt porre; **to strike a ~** mettersi in posa.

poser ['pəuzə*] n domanda difficile; (person) = **poseur**.

poseur [pəu'zə:*] n (pej) persona affettata.

posh [pɔʃ] adj (col) elegante; (family) per bene ♦ adv (col): **to talk ~** parlare in modo snob.

position [pə'zıʃən] n posizione f; (job) posto ♦ vt mettere in posizione, collocare; **to be in a ~ to do sth** essere nella posizione di fare qc.

positive ['pɔzıtıv] adj positivo(a); (certain) sicuro(a), certo(a); (definite) preciso(a); definitivo(a).

posse ['pɔsı] n (US) drappello.

possess [pə'zɛs] vt possedere; **like one ~ed** come un ossesso; **whatever can have ~ed you?** cosa ti ha preso?

possession [pə'zɛʃən] n possesso; (object) bene m; **to take ~ of sth** impossessarsi or impadronirsi di qc.

possessive [pə'zɛsıv] adj possessivo(a).

possessiveness [pə'zɛsıvnıs] n possessività.

possessor [pə'zɛsə*] n possessore/ posseditrice.

possibility [pɔsı'bılıtı] n possibilità f inv; **he's a ~ for the part** è uno dei candidati per la parte.

possible ['pɔsıbl] adj possibile; **it is ~ to do it** è possibile farlo; **if ~** se possibile; **as big as ~** il più grande possibile; **as far as ~** nei limiti del possibile.

possibly ['pɔsıblı] adv (perhaps) forse; **if you ~ can** se le è possibile; **I cannot ~ come** proprio non posso venire.

post [pəust] n (BRIT: mail, letters, delivery) posta; (: collection) levata; (job, situation) posto; (pole) palo; (trading ~) stazione f commerciale ♦ vt (BRIT: send by post) impostare; (MIL) appostare; (notice) affiggere; (BRIT: appoint): **to ~ to** assegnare a; **by ~** (BRIT) per posta; **by return of ~** (BRIT) a giro di posta; **to keep sb ~ed** tenere qn al corrente.

post... [pəust] prefix post...; **~-1990** dopo il 1990.

postage ['pəustıdʒ] n affrancatura.

postage stamp n francobollo.

postal ['pəustəl] adj postale.

postal order n vaglia m inv postale.

postbag ['pəustbæg] n (BRIT) sacco postale, sacco della posta.

postbox ['pəustbɔks] n cassetta delle lettere.

postcard ['pəustkɑːd] n cartolina.

postcode ['pəustkəud] n (BRIT) codice m (di avviamento) postale.

postdate ['pəust'deıt] vt (cheque) postdatare.

poster ['pəustə*] n manifesto, affisso.

poste restante [pəust'rɛstɑ̃:nt] n (BRIT) fermo posta m.

posterior [pɔs'tıərıə*] n (col) deretano, didietro.

posterity [pɔs'tɛrıtı] n posterità.

poster paint n tempera.

post exchange (PX) n (US MIL) spaccio militare.

post-free [pəust'friː] adj, adv (BRIT) franco di porto.

postgraduate ['pəust'grædjuət] n laureato/a che continua gli studi.

posthumous ['pɔstjuməs] adj postumo(a).

posthumously ['pɔstjuməslı] adv dopo la mia (or sua etc) morte.

posting ['pəustıŋ] n (BRIT) incarico.

postman ['pəustmən] n postino.

postmark ['pəustmɑːk] n bollo or timbro postale.

postmaster ['pəustmɑːstə*] n direttore m di un ufficio postale.

Postmaster General n ≈ ministro delle Poste.

postmistress ['pəustmıstrıs] n direttrice f di un ufficio postale.

post-mortem [pəust'mɔːtəm] n autopsia; (fig) analisi f inv a posteriori.

postnatal ['pəust'neıtl] adj post-parto inv.

post office n (building) ufficio postale; (organization) poste fpl.

post office box (PO box) n casella postale (C.P.).

post-paid ['pəust'peıd] adj già affrancato(a).

postpone [pəust'pəun] vt rinviare.

postponement [pəust'pəunmənt] n rinvio.

postscript ['pəustskrıpt] n poscritto.

postulate ['pɔstjuleıt] vt postulare.

posture ['pɔstʃə*] n portamento; (pose) posa, atteggiamento ♦ vi posare.

postwar ['pəust'wɔː*] adj del dopoguerra.

posy ['pəuzı] n mazzetto di fiori.

pot [pɔt] n (for cooking) pentola; casseruola; (for plants, jam) vaso; (piece of pottery) ceramica; (col: marijuana) erba ♦ vt (plant) piantare in vaso; **to go to ~** (col) andare in malora; **~s of** (BRIT col) un sacco di.

potash ['pɔtæʃ] n potassa.

potassium [pə'tæsıəm] n potassio.

potato, ~es [pə'teıtəu] n patata.

potato crisps, (US) **potato chips** npl

patatine *fpl.*
potato flour *n* fecola di patate.
potato peeler *n* sbucciapatate *m inv.*
potbellied ['pɔtbɛlɪd] *adj (from overeating)* panciuto(a); *(from malnutrition)* dal ventre gonfio.
potency ['pəʊtnsɪ] *n* potenza; *(of drink)* forza.
potent ['pəʊtnt] *adj* potente, forte.
potentate ['pəʊtnteɪt] *n* potentato.
potential [pə'tɛnʃl] *adj* potenziale ♦ *n* possibilità *fpl*; **to have** ~ essere promettente.
potentially [pə'tɛnʃəlɪ] *adv* potenzialmente.
pothole ['pɔthəʊl] *n (in road)* buca; *(BRIT: underground)* marmitta.
potholer ['pɔthəʊlə*] *n (BRIT)* speleologo/a.
potholing ['pɔthəʊlɪŋ] *n (BRIT)*: **to go** ~ fare la speleologia.
potion ['pəʊʃən] *n* pozione *f.*
potluck [pɔt'lʌk] *n*: **to take** ~ tentare la sorte.
potpourri [pəʊ'puriː] *n (dried petals etc)* miscuglio di petali essiccati profumati; *(fig)* pot-pourri *m inv.*
pot roast *n* brasato.
potshot ['pɔtʃɔt] *n*: **to take** ~**s at** tirare a casaccio contro.
potted ['pɔtɪd] *adj (food)* in conserva; *(plant)* in vaso; *(fig: shortened)* condensato(a).
potter ['pɔtə*] *n* vasaio ♦ *vi (BRIT)*: **to** ~ **around,** ~ **about** lavoracchiare; **to** ~ **round the house** sbrigare con calma le faccende di casa; ~**'s wheel** tornio (da vasaio).
pottery ['pɔtərɪ] *n* ceramiche *fpl*; **a piece of** ~ una ceramica.
potty ['pɔtɪ] *adj (BRIT col: mad)* tocco(a) ♦ *n (child's)* vasino.
potty-trained ['pɔtɪtreɪnd] *adj* che ha imparato a farla nel vasino.
pouch [paʊtʃ] *n* borsa; *(ZOOL)* marsupio.
pouf(fe) [puːf] *n (stool)* pouf *m inv.*
poultice ['pəʊltɪs] *n* impiastro, cataplasma *m.*
poultry ['pəʊltrɪ] *n* pollame *m.*
poultry farm *n* azienda avicola.
poultry farmer *n* pollicoltore/trice.
pounce [paʊns] *vi*: **to** ~ **(on)** balzare addosso (a), piombare (su) ♦ *n* balzo.
pound [paʊnd] *n (weight: = 453g, 16 ounces)* libbra; *(money: = 100 pence)* (lira) sterlina; *(for dogs)* canile *m* municipale ♦ *vt (beat)* battere; *(crush)* pestare, polverizzare ♦ *vi (beat)* battere, martellare; **half a** ~ mezza libbra; **a five-**~ **note** una banconota da cinque sterline.

pounding ['paʊndɪŋ] *n*: **to take a** ~ *(fig)* prendere una batosta.
pound sterling *n* sterlina.
pour [pɔː*] *vt* versare ♦ *vi* riversarsi; *(rain)* piovere a dirotto.
►**pour away, pour off** *vt* vuotare.
►**pour in** *vi (people)* entrare in fiotto; **to come** ~**ing in** *(water)* entrare a fiotti; *(letters)* arrivare a valanghe; *(cars, people)* affluire in gran quantità.
►**pour out** *vi (people)* riversarsi fuori ♦ *vt* vuotare; versare.
pouring ['pɔːrɪŋ] *adj*: ~ **rain** pioggia torrenziale.
pout [paʊt] *vi* sporgere le labbra; fare il broncio.
poverty ['pɔvətɪ] *n* povertà, miseria.
poverty line *n* soglia di povertà.
poverty-stricken ['pɔvətɪstrɪkən] *adj* molto povero(a), misero(a).
poverty trap *n (BRIT)* circolo vizioso della povertà.
POW *n abbr* = **prisoner of war.**
powder ['paʊdə*] *n* polvere *f* ♦ *vt* spolverizzare; *(face)* incipriare; ~**ed milk** latte *m* in polvere; **to** ~ **one's nose** incipriarsi il naso; *(euphemism)* andare alla toilette.
powder compact *n* portacipria *m inv.*
powder keg *n (fig: area)* polveriera; *(: situation)* situazione *f* esplosiva.
powder puff *n* piumino della cipria.
powder room *n* toilette *f inv* (per signore).
powdery ['paʊdərɪ] *adj* polveroso(a).
power ['paʊə*] *n (strength)* potenza, forza; *(ability, POL: of party, leader)* potere *m*; *(MATH)* potenza; *(ELEC)* corrente *f* ♦ *vt* fornire di energia; azionare; **to be in** ~ essere al potere; **to do all in one's** ~ **to help sb** fare tutto quello che si può per aiutare qn; **the world** ~**s** le grandi potenze; **mental** ~**s** capacità *fpl* mentali.
powerboat ['paʊəbəʊt] *n (BRIT)* motobarca, imbarcazione *f* a motore.
power cut *n (BRIT)* interruzione *f* or mancanza di corrente.
powered ['paʊəd] *adj*: ~ **by** azionato(a) da; **nuclear-**~ **submarine** sottomarino a propulsione atomica.
power failure *n* guasto alla linea elettrica.
powerful ['paʊəful] *adj* potente, forte.
powerhouse ['paʊəhaʊs] *n (fig: person)* persona molto dinamica; **a** ~ **of ideas** una miniera di idee.
powerless ['paʊəlɪs] *adj* impotente, senza potere.
power line *n* linea elettrica.
power of attorney *n* procura.

power point *n* (*BRIT*) presa di corrente.
power station *n* centrale *f* elettrica.
power steering *n* (*AUT*: *also*: **power-assisted steering**) servosterzo.
powwow ['pauwau] *n* riunione *f*.
pp *abbr* (= *pages*) pp.; (= *per procurationem*: *by proxy*): ~ **J. Smith** per il Signor J. Smith.
PPE *n abbr* (*BRIT SCOL*: = *philosophy, politics and economics*) corso di laurea.
PPS *n abbr* (*BRIT*: = *parliamentary private secretary*) *parlamentare che assiste un ministro*; = *post postscriptum*.
PQ *abbr* (*Canada*) = *Province of Quebec*.
PR *n abbr see* proportional representation; public relations ♦ *abbr* (*US*) = *Puerto Rico*.
Pr. *abbr* = prince.
practicability [præktıkə'bılıtı] *n* praticabilità.
practicable ['præktıkəbl] *adj* (*scheme*) praticabile.
practical ['præktıkl] *adj* pratico(a).
practicality [præktı'kælıtı] *n* (*of plan*) fattibilità; (*of person*) senso pratico; **practicalities** dettagli *mpl* pratici.
practical joke *n* beffa.
practically ['præktıklı] *adv* (*almost*) quasi, praticamente.
practice ['præktıs] *n* pratica; (*of profession*) esercizio; (*at football etc*) allenamento; (*business*) gabinetto; clientela ♦ *vt, vi* (*US*) = **practise**; **in** ~ (*in reality*) in pratica; **out of** ~ fuori esercizio; **2 hours' piano** ~ 2 ore di esercizio al pianoforte; **it's common** ~ è d'uso; **to put sth into** ~ mettere qc in pratica; **target** ~ pratica di tiro.
practice match *n* partita di allenamento.
practise, (*US*) **practice** ['præktıs] *vt* (*work at*: *piano, one's backhand etc*) esercitarsi a; (*train for*: *skiing, running etc*) allenarsi a; (*a sport, religion*) praticare; (*method*) usare; (*profession*) esercitare ♦ *vi* esercitarsi; (*train*) allenarsi; **to** ~ **for a match** allenarsi per una partita.
practised ['præktıst] *adj* (*BRIT*: *person*) esperto(a); (: *performance*) da virtuoso(a); (: *liar*) matricolato(a); **with a** ~ **eye** con occhio esperto.
practising ['præktısıŋ] *adj* (*Christian etc*) praticante; (*lawyer*) che esercita la professione; (*homosexual*) attivo(a).
practitioner [præk'tıʃənə*] *n* professionista *m/f*; (*MED*) medico.
pragmatic [præg'mætık] *adj* prammatico(a).
Prague [prɑːg] *n* Praga.
prairie ['prɛərı] *n* prateria.

praise [preız] *n* elogio, lode *f* ♦ *vt* elogiare, lodare.
praiseworthy ['preızwɜːðı] *adj* lodevole.
pram [præm] *n* (*BRIT*) carrozzina.
prance [prɑːns] *vi* (*horse*) impennarsi.
prank [præŋk] *n* burla.
prat [præt] *n* (*BRIT col*) cretino/a.
prattle ['prætl] *vi* cinguettare.
prawn [prɔːn] *n* gamberetto.
pray [preı] *vi* pregare.
prayer [prɛə*] *n* preghiera.
prayer book *n* libro di preghiere.
pre... [priː] *prefix* pre...; ~-**1970** prima del 1970.
preach [priːtʃ] *vt, vi* predicare; **to** ~ **at sb** fare la predica a qn.
preacher ['priːtʃə*] *n* predicatore/trice; (*US*: *minister*) pastore *m*.
preamble [prı'æmbl] *n* preambolo.
prearranged [priːə'reındʒd] *adj* organizzato(a) in anticipo.
precarious [prı'kɛərıəs] *adj* precario(a).
precaution [prı'kɔːʃən] *n* precauzione *f*.
precautionary [prı'kɔːʃənərı] *adj* (*measure*) precauzionale.
precede [prı'siːd] *vt, vi* precedere.
precedence ['presıdəns] *n* precedenza; **to take** ~ **over** avere la precedenza su.
precedent ['presıdənt] *n* precedente *m*; **to establish** *or* **set a** ~ creare un precedente.
preceding [prı'siːdıŋ] *adj* precedente.
precept ['priːsept] *n* precetto.
precinct ['priːsıŋkt] *n* (*round cathedral*) recinto; (*US*: *district*) circoscrizione *f*; ~**s** *npl* (*neighbourhood*) dintorni *mpl*, vicinanze *fpl*; **pedestrian** ~ zona pedonale; **shopping** ~ (*BRIT*) centro commerciale.
precious ['preʃəs] *adj* prezioso(a) ♦ *adv* (*col*): ~ **little/few** ben poco/pochi; **your** ~ **dog** (*ironic*) il suo amatissimo cane.
precipice ['presıpıs] *n* precipizio.
precipitate *adj* [prı'sıpıtıt] (*hasty*) precipitoso(a) ♦ *vt* [prı'sıpıteıt] accelerare.
precipitation [prısıpı'teıʃən] *n* precipitazione *f*.
precipitous [prı'sıpıtəs] *adj* (*steep*) erto(a), ripido(a).
précis, *pl* **précis** ['preısiː, -z] *n* riassunto.
precise [prı'saıs] *adj* preciso(a).
precisely [prı'saıslı] *adv* precisamente; ~**!** appunto!
precision [prı'sıʒən] *n* precisione *f*.
preclude [prı'kluːd] *vt* precludere, impedire; **to** ~ **sb from doing** impedire a qn di fare.
precocious [prı'kəʊʃəs] *adj* precoce.

preconceived [pri:kən'si:vd] *adj (idea)* preconcetto(a).

preconception [pri:kən'sɛpʃən] *n* preconcetto.

precondition [pri:kən'dɪʃən] *n* condizione *f* necessaria.

precursor [pri:'kə:sə*] *n* precursore *m*.

predate [pri:'deɪt] *vt (precede)* precedere.

predator ['prɛdətə*] *n* predatore *m*.

predatory ['prɛdətərɪ] *adj* predatore(trice).

predecessor ['pri:dɪsɛsə*] *n* predecessore/a.

predestination [pri:dɛstɪ'neɪʃən] *n* predestinazione *f*.

predetermine [pri:dɪ'tə:mɪn] *vt* predeterminare.

predicament [prɪ'dɪkəmənt] *n* situazione *f* difficile.

predicate ['prɛdɪkɪt] *n (LING)* predicativo.

predict [prɪ'dɪkt] *vt* predire.

predictable [prɪ'dɪktəbl] *adj* prevedibile.

predictably [prɪ'dɪktəblɪ] *adv (behave, react)* in modo prevedibile; ~ **she didn't arrive** come era da prevedere, non è arrivata.

prediction [prɪ'dɪkʃən] *n* predizione *f*.

predispose [pri:dɪs'pəuz] *vt* predisporre.

predominance [prɪ'dɔmɪnəns] *n* predominanza.

predominant [prɪ'dɔmɪnənt] *adj* predominante.

predominantly [prɪ'dɔmɪnəntlɪ] *adv* in maggior parte; soprattutto.

predominate [prɪ'dɔmɪneɪt] *vi* predominare.

pre-eminent [pri:'ɛmɪnənt] *adj* preminente.

pre-empt [prɪ'ɛmpt] *vt* acquistare per diritto di prelazione; *(fig)* anticipare.

pre-emptive [prɪ'ɛmptɪv] *adj*: ~ **strike** azione *f* preventiva.

preen [pri:n] *vt*: **to** ~ **itself** *(bird)* lisciarsi le penne; **to** ~ **o.s.** agghindarsi.

prefab ['pri:fæb] *n* casa prefabbricata.

prefabricated [pri:'fæbrɪkeɪtɪd] *adj* prefabbricato(a).

preface ['prɛfəs] *n* prefazione *f*.

prefect ['pri:fɛkt] *n (BRIT: in school)* studente/essa con funzioni disciplinari; *(in Italy)* prefetto.

prefer [prɪ'fə:*] *vt* preferire; *(LAW: charges, complaint)* sporgere; *(: action)* intentare; **to** ~ **coffee to tea** preferire il caffè al tè.

preferable ['prɛfrəbl] *adj* preferibile.

preferably ['prɛfrəblɪ] *adv* preferibilmente.

preference ['prɛfrəns] *n* preferenza; **in** ~ **to sth** piuttosto che qc.

preference shares *npl (BRIT)* azioni *fpl* privilegiate.

preferential [prɛfə'rɛnʃəl] *adj* preferenziale; ~ **treatment** trattamento di favore.

preferred stock [prɪ'fə:d-] *npl (US)* = **preference shares**.

prefix ['pri:fɪks] *n* prefisso.

pregnancy ['prɛgnənsɪ] *n* gravidanza.

pregnancy test *n* test *m inv* di gravidanza.

pregnant ['prɛgnənt] *adj* incinta *adj f*; *(animal)* gravido(a); *(fig: remark, pause)* significativo(a); **3 months** ~ incinta di 3 mesi.

prehistoric ['pri:hɪs'tɔrɪk] *adj* preistorico(a).

prehistory [pri:'hɪstərɪ] *n* preistoria.

prejudge [pri:'dʒʌdʒ] *vt* pregiudicare.

prejudice ['prɛdʒudɪs] *n* pregiudizio; *(harm)* torto, danno ♦ *vt* pregiudicare, ledere; *(bias)*: **to** ~ **sb in favour of/against** disporre bene/male qn verso.

prejudiced ['prɛdʒudɪst] *adj (person)* pieno(a) di pregiudizi; *(view)* prevenuto(a); **to be** ~ **against sb/sth** essere prevenuto contro qn/qc.

prelate ['prɛlət] *n* prelato.

preliminaries [prɪ'lɪmɪnərɪz] *npl* preliminari *mpl*.

preliminary [prɪ'lɪmɪnərɪ] *adj* preliminare.

prelude ['prɛlju:d] *n* preludio.

premarital ['pri:'mærɪtl] *adj* prematrimoniale.

premature ['prɛmətʃuə*] *adj* prematuro(a); *(arrival)* (molto) anticipato(a); **you are being a little** ~ è un po' troppo precipitoso.

premeditated [pri:'mɛdɪteɪtɪd] *adj* premeditato(a).

premeditation [pri:mɛdɪ'teɪʃən] *n* premeditazione *f*.

premenstrual tension [pri:'mɛnstruəl-] *n (MED)* tensione *f* premestruale.

premier ['prɛmɪə*] *adj* primo(a) ♦ *n (POL)* primo ministro.

première ['prɛmɪɛə*] *n* prima.

premise ['prɛmɪs] *n* premessa.

premises ['prɛmɪsɪz] *npl* locale *m*; **on the** ~ sul posto; **business** ~ locali commerciali.

premium ['pri:mɪəm] *n* premio; **to be at a** ~ *(fig: housing etc)* essere ricercatissimo; **to sell at a** ~ *(shares)* vendere sopra la pari.

premium bond *n (BRIT)* obbligazione *f* a premio.

I **premium bonds** *sono delle obbligazioni emesse dal Tesoro britannico fin dal 1956. Non fruttano interessi, ma un premio periodico in denaro.*

---

premium deal *n (COMM)* offerta speciale.

premium gasoline n (US) super f.

premonition [prɛmə'nɪʃən] n premonizione f.

preoccupation [priːɔkju'peɪʃən] n preoccupazione f.

preoccupied [priː'ɔkjupaɪd] adj preoccupato(a).

prep [prɛp] n abbr (SCOL: = preparation) studio ♦ adj abbr: ~ **school** = **preparatory school**.

prepackaged [priː'pækɪdʒd] adj già impacchettato(a).

prepaid [priː'peɪd] adj pagato(a) in anticipo; (envelope) affrancato(a).

preparation [prɛpə'reɪʃən] n preparazione f; ~**s** npl (for trip, war) preparativi mpl; **in ~ for sth** in vista di qc.

preparatory [prɪ'pærətərɪ] adj preparatorio(a); ~ **to sth/to doing sth** prima di qc/di fare qc.

preparatory school n (BRIT) scuola elementare privata; (US) scuola superiore privata.

> In Gran Bretagna, la **prep(aratory) school** è una scuola, generalmente privata, frequentata da bambini dai 7 ai 13 anni in vista dell'iscrizione alla **public school**. Negli Stati Uniti, invece, è una scuola superiore privata che prepara i ragazzi che si iscriveranno al **college**.

prepare [prɪ'pɛə*] vt preparare ♦ vi: **to ~ for** prepararsi a.

prepared [prɪ'pɛəd] adj: ~ **for** preparato(a) a; ~ **to** pronto(a) a; **to be ~ to help sb** (willing) essere disposto or pronto ad aiutare qn.

preponderance [prɪ'pɔndərns] n preponderanza.

preposition [prɛpə'zɪʃən] n preposizione f.

prepossessing [priːpə'zɛsɪŋ] adj simpatico(a), attraente.

preposterous [prɪ'pɔstərəs] adj assurdo(a).

prerecord ['priːrɪ'kɔːd] vt registrare in anticipo; ~**ed broadcast** trasmissione f registrata; ~**ed cassette** (musi)cassetta.

prerequisite [priː'rɛkwɪzɪt] n requisito indispensabile.

prerogative [prɪ'rɔgətɪv] n prerogativa.

presbyterian [prɛzbɪ'tɪərɪən] adj, n presbiteriano(a).

presbytery ['prɛzbɪtərɪ] n presbiterio.

preschool ['priː'skuːl] adj (age) prescolastico(a); (child) in età prescolastica.

prescribe [prɪ'skraɪb] vt prescrivere; (MED) ordinare; ~**d books** (BRIT SCOL) testi mpl in programma.

prescription [prɪ'skrɪpʃən] n prescrizione f; (MED) ricetta; **to make up** or (US) **fill a ~** preparare or fare una ricetta; **"only available on ~"** "ottenibile solo dietro presentazione di ricetta medica".

prescription charges npl (BRIT) ticket m inv.

prescriptive [prɪ'skrɪptɪv] adj normativo(a).

presence ['prɛzns] n presenza; ~ **of mind** presenza di spirito.

present ['prɛznt] adj presente; (wife, residence, job) attuale ♦ n regalo; (also: ~ **tense**) tempo presente ♦ vt [prɪ'zɛnt] presentare; (give): **to ~ sb with sth** offrire qc a qn; **to be ~ at** essere presente a; **those ~** i presenti; **at ~** al momento; **to make sb a ~ of sth** regalare qc a qn.

presentable [prɪ'zɛntəbl] adj presentabile.

presentation [prɛzn'teɪʃən] n presentazione f; (gift) regalo, dono; (ceremony) consegna ufficiale; **on ~ of the voucher** dietro presentazione del buono.

present-day ['prɛzntdeɪ] adj attuale, d'oggigiorno.

presenter [prɪ'zɛntə*] n (BRIT RADIO, TV) presentatore/trice.

presently ['prɛzntlɪ] adv (soon) fra poco, presto; (at present) al momento; (US: now) adesso, ora.

preservation [prɛzə'veɪʃən] n preservazione f, conservazione f.

preservative [prɪ'zəːvətɪv] n conservante m.

preserve [prɪ'zəːv] vt (keep safe) preservare, proteggere; (maintain) conservare; (food) mettere in conserva ♦ n (for game, fish) riserva; (often pl: jam) marmellata; (: fruit) frutta sciroppata.

preshrunk [priː'ʃrʌŋk] adj irrestringibile.

preside [prɪ'zaɪd] vi presiedere.

presidency ['prɛzɪdənsɪ] n presidenza; (US: of company) direzione f.

president ['prɛzɪdənt] n presidente m; (US: of company) direttore/trice generale.

presidential [prɛzɪ'dɛnʃl] adj presidenziale.

press [prɛs] n (tool, machine) pressa; (for wine) torchio; (newspapers) stampa; (crowd) folla ♦ vt (push) premere, pigiare; (doorbell) suonare; (squeeze) spremere; (: hand) stringere; (clothes: iron) stirare; (pursue) incalzare; (insist): **to ~ sth on sb** far accettare qc da qn; (urge, entreat): **to ~ sb to do** or **into doing sth** fare pressione su qn affinché faccia qc ♦ vi premere; accalcare; **to go to ~**

(*newspaper*) andare in macchina; **to be in the** ~ (*in the newspapers*) essere sui giornali; **we are** ~**ed for time** ci manca il tempo; **to** ~ **for sth** insistere per avere qc; **to** ~ **sb for an answer** insistere perché qn risponda; **to** ~ **charges against sb** (*LAW*) sporgere una denuncia contro qn.

▶**press ahead** *vi*: **to** ~ **ahead (with)** andare avanti (con).

▶**press on** *vi* continuare.

press agency *n* agenzia di stampa.

press clipping *n* ritaglio di giornale.

press conference *n* conferenza stampa.

press cutting *n* = **press clipping**.

press-gang ['prɛsgæŋ] *vt*: **to** ~ **sb into doing sth** costringere qn a viva forza a fare qc.

pressing ['prɛsɪŋ] *adj* urgente ♦ *n* stiratura.

press officer *n* addetto/a stampa *inv*.

press release *n* comunicato stampa.

press stud *n* (*BRIT*) bottone *m* a pressione.

press-up ['prɛsʌp] *n* (*BRIT*) flessione *f* sulle braccia.

pressure ['prɛʃə*] *n* pressione *f* ♦ *vt* = **to put** ~ **on**; **high/low** ~ alta/bassa pressione; **to put** ~ **on sb** fare pressione su qn.

pressure cooker *n* pentola a pressione.

pressure gauge *n* manometro.

pressure group *n* gruppo di pressione.

pressurize ['prɛʃəraɪz] *vt* pressurizzare; (*fig*): **to** ~ **sb (into doing sth)** fare delle pressioni su qn (per costringerlo a fare qc).

pressurized ['prɛʃəraɪzd] *adj* pressurizzato(a).

Prestel ® ['prɛstɛl] *n* Videotel ® *m inv*.

prestige [prɛs'tiːʒ] *n* prestigio.

prestigious [prɛs'tɪdʒəs] *adj* prestigioso(a).

presumably [prɪ'zjuːməblɪ] *adv* presumibilmente; ~ **he did it** penso *or* presumo che l'abbia fatto.

presume [prɪ'zjuːm] *vt* supporre; **to** ~ **to do** (*dare*) permettersi di fare.

presumption [prɪ'zʌmpʃən] *n* presunzione *f*; (*boldness*) audacia.

presumptuous [prɪ'zʌmpʃəs] *adj* presuntuoso(a).

presuppose [priːsə'pəuz] *vt* presupporre.

pre-tax [priː'tæks] *adj* al lordo d'imposta.

pretence, (*US*) **pretense** [prɪ'tɛns] *n* (*claim*) pretesa; (*pretext*) pretesto, scusa; **to make a** ~ **of doing** far finta di fare; **on** *or* **under the** ~ **of doing sth** con il pretesto *or* la scusa di fare qc; **she is devoid of all** ~ non si nasconde dietro false apparenze.

pretend [prɪ'tɛnd] *vt* (*feign*) fingere ♦ *vi* far finta; (*claim*): **to** ~ **to sth** pretendere a qc; **to** ~ **to do** far finta di fare.

pretense [prɪ'tɛns] *n* (*US*) = **pretence**.

pretension [prɪ'tɛnʃən] *n* (*claim*) pretesa; **to have no** ~**s to sth/to being sth** non avere la pretesa di avere qc/di essere qc.

pretentious [prɪ'tɛnʃəs] *adj* pretenzioso(a).

preterite ['prɛtərɪt] *n* preterito.

pretext ['priːtɛkst] *n* pretesto; **on** *or* **under the** ~ **of doing sth** col pretesto di fare qc.

pretty ['prɪtɪ] *adj* grazioso(a), carino(a) ♦ *adv* abbastanza, assai.

prevail [prɪ'veɪl] *vi* (*win, be usual*) prevalere; (*persuade*): **to** ~ **(up)on sb to do** persuadere qn a fare.

prevailing [prɪ'veɪlɪŋ] *adj* dominante.

prevalent ['prɛvələnt] *adj* (*belief*) predominante; (*customs*) diffuso(a); (*fashion*) corrente; (*disease*) comune.

prevarication [prɪværɪ'keɪʃən] *n* tergiversazione *f*.

prevent [prɪ'vɛnt] *vt* prevenire; **to** ~ **sb from doing** impedire a qn di fare.

preventable [prɪ'vɛntəbl] *adj* evitabile.

preventative [prɪ'vɛntətɪv] *adj* preventivo(a).

prevention [prɪ'vɛnʃən] *n* prevenzione *f*.

preventive [prɪ'vɛntɪv] *adj* preventivo(a).

preview ['priːvjuː] *n* (*of film*) anteprima.

previous ['priːvɪəs] *adj* precedente; anteriore; **I have a** ~ **engagement** ho già (preso) un impegno; ~ **to doing** prima di fare.

previously ['priːvɪəslɪ] *adv* prima.

prewar ['priː'wɔː*] *adj* anteguerra *inv*.

prey [preɪ] *n* preda ♦ *vi*: **to** ~ **on** far preda di; **it was** ~**ing on his mind** gli rodeva la mente.

price [praɪs] *n* prezzo; (*BETTING: odds*) quotazione *f* ♦ *vt* (*goods*) fissare il prezzo di; valutare; **what is the** ~ **of ...?** quanto costa ...?; **to go up** *or* **rise in** ~ salire *or* aumentare di prezzo; **to put a** ~ **on sth** valutare *or* stimare qc; **he regained his freedom, but at a** ~ ha riconquistato la sua libertà, ma a caro prezzo; **what** ~ **his promises now?** (*BRIT*) a che valgono ora le sue promesse?; **to be** ~**d out of the market** (*article*) essere così caro da diventare invendibile; (*producer, nation*) non poter sostenere la concorrenza.

price control *n* controllo dei prezzi.

price-cutting ['praɪskʌtɪŋ] *n* riduzione *f* dei prezzi.

priceless ['praɪslɪs] *adj* di valore

inestimabile; (col: amusing) impagabile, spassosissimo(a).

price list n listino (dei) prezzi.

price range n gamma di prezzi; **it's within my** ~ rientra nelle mie possibilità.

price tag n cartellino del prezzo.

price war n guerra dei prezzi.

pricey ['praɪsɪ] adj (col) caruccio(a).

prick [prɪk] n puntura ♦ vt pungere; **to** ~ **up one's ears** drizzare gli orecchi.

prickle ['prɪkl] n (of plant) spina; (sensation) pizzicore m.

prickly ['prɪklɪ] adj spinoso(a); (fig: person) permaloso(a).

prickly heat n sudamina.

prickly pear n fico d'India.

pride [praɪd] n orgoglio; superbia ♦ vt: **to** ~ **o.s. on** essere orgoglioso(a) di; vantarsi di; **to take (a)** ~ **in** tenere molto a; essere orgoglioso di; **to take a** ~ **in doing** andare orgoglioso di fare; **to have** ~ **of place** (BRIT) essere al primo posto.

priest [priːst] n prete m, sacerdote m.

priestess ['priːstɪs] n sacerdotessa.

priesthood ['priːsthud] n sacerdozio.

prig [prɪg] n: **he's a** ~ è compiaciuto di se stesso.

prim [prɪm] adj pudico(a); contegnoso(a).

primacy ['praɪməsɪ] n primato.

prima facie ['praɪmə'feɪʃɪ] adj: **to have a** ~ **case** (LAW) presentare una causa in apparenza fondata.

primal ['praɪməl] adj primitivo(a), originario(a).

primarily ['praɪmərɪlɪ] adv principalmente, essenzialmente.

primary ['praɪmərɪ] adj primario(a); (first in importance) primo(a) ♦ n (US: election) primarie fpl.

Negli Stati Uniti, attraverso le **primary** viene fatta una prima scrematura dei candidati dei partiti alle elezioni presidenziali. La scelta definitiva del candidato da presentare alla presidenza si basa sui risultati delle primary e ha luogo durante le Convention dei partiti, che si tengono in luglio e in agosto.

---

primary colour n colore m fondamentale.

primary school n (BRIT) scuola elementare.

In Gran Bretagna la **primary school** è la scuola elementare, frequentata dai bambini dai 5 agli 11 anni di età. È suddivisa in **infant school** (5-7 anni) e **junior school** (7-11 anni); vedi anche **secondary school**.

---

primate n (REL: ['praɪmɪt], ZOOL: ['praɪmeɪt]) primate m.

prime [praɪm] adj primario(a), fondamentale; (excellent) di prima qualità ♦ n: **in the** ~ **of life** nel fiore della vita ♦ vt (gun) innescare; (pump) adescare; (fig) mettere al corrente.

prime minister (PM) n primo ministro.

primer ['praɪmə*] n (book) testo elementare; (paint) vernice f base inv.

prime time n (RADIO, TV) fascia di massimo ascolto.

primeval [praɪ'miːvl] adj primitivo(a).

primitive ['prɪmɪtɪv] adj primitivo(a).

primrose ['prɪmrəuz] n primavera.

primus (stove) ® ['praɪməs-] n (BRIT) fornello a petrolio.

prince [prɪns] n principe m.

prince charming n principe m azzurro.

princess [prɪn'sɛs] n principessa.

principal ['prɪnsɪpl] adj principale ♦ n (of school, college etc) preside m/f; (money) capitale m; (in play) protagonista m/f.

principality [prɪnsɪ'pælɪtɪ] n principato.

principally ['prɪnsɪplɪ] adv principalmente.

principle ['prɪnsɪpl] n principio; **in** ~ in linea di principio; **on** ~ per principio.

print [prɪnt] n (mark) impronta; (letters) caratteri mpl; (fabric) tessuto stampato; (ART, PHOT) stampa ♦ vt imprimere; (publish) stampare, pubblicare; (write in capitals) scrivere in stampatello; **out of** ~ esaurito(a).

▶**print out** vt (COMPUT) stampare.

printed circuit board (PCB) [prɪntɪd-] n circuito stampato.

printed matter [prɪntɪd-] n stampe fpl.

printer ['prɪntə*] n tipografo; (machine) stampante m.

printhead ['prɪnthɛd] n testa di stampa.

printing ['prɪntɪŋ] n stampa.

printing press n macchina tipografica.

print-out ['prɪntaut] n tabulato.

print wheel n margherita.

prior ['praɪə*] adj precedente ♦ n (REL) priore m; ~ **to doing** prima di fare; **without** ~ **notice** senza preavviso; **to have a** ~ **claim to sth** avere un diritto di precedenza su qc.

priority [praɪ'ɔrɪtɪ] n priorità f inv, precedenza; **to have** or **take** ~ **over sth** avere la precedenza su qc.

priory ['praɪərɪ] n monastero.

prise [praɪz] vt: **to** ~ **open** forzare.

prism ['prɪzəm] n prisma m.

prison ['prɪzn] n prigione f.

prison camp n campo di prigionia.

prisoner ['prɪznə*] *n* prigioniero/a; **to take sb ~ far** prigioniero qn; **the ~ at the bar** l'accusato, l'imputato; **~ of war** prigioniero/a di guerra.

prissy ['prɪsɪ] *adj* per benino.

pristine ['prɪstiːn] *adj* originario(a); intatto(a); puro(a).

privacy ['prɪvəsɪ] *n* solitudine *f*, intimità.

private ['praɪvɪt] *adj* privato(a); personale ♦ *n* soldato semplice; "~" (*on envelope*) "riservata"; **in ~** in privato; **in (his) ~ life** nella vita privata; **he is a very ~ person** è una persona molto riservata; **~ hearing** (*LAW*) udienza a porte chiuse; **to be in ~ practice** essere medico non convenzionato (con la mutua).

private enterprise *n* iniziativa privata.

private eye *n* investigatore *m* privato.

private limited company *n* (*BRIT*) società per azioni non quotata in Borsa.

privately ['praɪvɪtlɪ] *adv* in privato; (*within o.s.*) dentro di sé.

private parts *npl* (*ANAT*) parti *fpl* intime.

private property *n* proprietà privata.

private school *n* scuola privata.

privation [praɪ'veɪʃən] *n* (*state*) privazione *f*; (*hardship*) privazioni *fpl*, stenti *mpl*.

privatize ['praɪvɪtaɪz] *vt* privatizzare.

privet ['prɪvɪt] *n* ligustro.

privilege ['prɪvɪlɪdʒ] *n* privilegio.

privileged ['prɪvɪlɪdʒd] *adj* privilegiato(a); **to be ~ to do sth** avere il privilegio *or* l'onore di fare qc.

privy ['prɪvɪ] *adj*: **to be ~ to** essere al corrente di.

Privy Council *n* (*BRIT*) Consiglio della Corona.

> Il **Privy Council**, un gruppo di consiglieri del re, era il principale organo di governo durante il regno dei Tudor e degli Stuart. Col tempo ha perso la sua importanza e oggi è un organo senza potere effettivo formato da ministri e altre personalità politiche ed ecclesiastiche.

Privy Councillor *n* (*BRIT*) Consigliere *m* della Corona.

prize [praɪz] *n* premio ♦ *adj* (*example, idiot*) perfetto(a); (*bull, novel*) premiato(a) ♦ *vt* apprezzare, pregiare.

prize-fighter ['praɪzfaɪtə*] *n* pugile *m* (*che si batte per conquistare un premio*).

prize giving *n* premiazione *f*.

prize money *n* soldi *mpl* del premio.

prizewinner ['praɪzwɪnə*] *n* premiato/a.

prizewinning ['praɪzwɪnɪŋ] *adj* vincente; (*novel, essay etc*) premiato(a).

PRO *n abbr* = **public relations officer**.

pro [prəu] *n* (*SPORT*) professionista *m/f*; **the ~s and cons** il pro e il contro.

pro- [prəu] *prefix* (*in favour of*) filo...; **~Soviet** *adj* filosovietico(a).

pro-active [prəu'æktɪv] *adj*: **to be ~** agire d'iniziativa.

probability [prɒbə'bɪlɪtɪ] *n* probabilità *f inv*; **in all ~** con ogni probabilità.

probable ['prɒbəbl] *adj* probabile; **it is ~/hardly ~ that ...** è probabile/poco probabile che ... + *sub*.

probably ['prɒbəblɪ] *adv* probabilmente.

probate ['prəubɪt] *n* (*LAW*) omologazione *f* (*di un testamento*).

probation [prə'beɪʃən] *n* (*in employment*) periodo di prova; (*LAW*) libertà vigilata; (*REL*) probandato; **on ~** (*employee*) in prova; (*LAW*) in libertà vigilata.

probationary [prəu'beɪʃənərɪ] *adj*: **~ period** periodo di prova.

probe [prəub] *n* (*MED, SPACE*) sonda; (*enquiry*) indagine *f*, investigazione *f* ♦ *vt* sondare, esplorare; indagare.

probity ['prəubɪtɪ] *n* probità.

problem ['prɒbləm] *n* problema *m*; **to have ~s with the car** avere dei problemi con la macchina; **what's the ~?** che cosa c'è?; **I had no ~ in finding her** non mi è stato difficile trovarla; **no ~!** ma certamente!, non c'è problema!

problematic [prɒblə'mætɪk] *adj* problematico(a).

problem-solving ['prɒbləmsɒlvɪŋ] *n* risoluzione *f* di problemi.

procedure [prə'siːdʒə*] *n* (*ADMIN, LAW*) procedura; (*method*) metodo, procedimento.

proceed [prə'siːd] *vi* (*go forward*) avanzare, andare avanti; (*go about it*) procedere; (*continue*): **to ~ (with)** continuare; **to ~ to** andare a; passare a; **to ~ to do** mettersi a fare; **to ~ against sb** (*LAW*) procedere contro qn; **I am not sure how to ~** non so bene come fare.

proceedings [prə'siːdɪŋz] *npl* misure *fpl*; (*LAW*) procedimento; (*meeting*) riunione *f*; (*records*) rendiconti *mpl*; atti *mpl*.

proceeds ['prəusiːdz] *npl* profitto, incasso.

process ['prəusɛs] *n* processo; (*method*) metodo, sistema *m* ♦ *vt* trattare; (*information*) elaborare ♦ *vi* [prə'sɛs] (*BRIT formal: go in procession*) sfilare, procedere in corteo; **we are in the ~ of moving to ...** stiamo per trasferirci a ....

processed cheese, (*US*) **process cheese** *n* formaggio fuso.

processing ['prəusɛsɪŋ] *n* trattamento;

elaborazione f.

procession [prə'sɛʃən] n processione f, corteo; **funeral** ~ corteo funebre.

pro-choice [prəu'tʃɔɪs] adj per la libertà di scelta di gravidanza.

proclaim [prə'kleɪm] vt proclamare, dichiarare.

proclamation [prɔklə'meɪʃən] n proclamazione f.

proclivity [prə'klɪvɪtɪ] n tendenza, propensione f.

procrastination [prəukræstɪ'neɪʃən] n procrastinazione f.

procreation [prəukrɪ'eɪʃən] n procreazione f.

Procurator Fiscal ['prɔkjureɪtə-] n (Scottish) procuratore m.

procure [prə'kjuə*] vt (for o.s.) procurarsi; (for sb) procurare.

procurement [prə'kjuəmənt] n approvvigionamento.

prod [prɔd] vt dare un colpetto a ♦ n (push, jab) colpetto.

prodigal ['prɔdɪgl] adj prodigo(a).

prodigious [prə'dɪdʒəs] adj prodigioso(a).

prodigy ['prɔdɪdʒɪ] n prodigio.

produce n ['prɔdjuːs] (AGR) prodotto, prodotti mpl ♦ vt [prə'djuːs] produrre; (to show) esibire, mostrare; (proof of identity) produrre, fornire; (cause) cagionare, causare; (THEAT) mettere in scena.

producer [prə'djuːsə*] n (THEAT) direttore/trice; (AGR, CINE) produttore m.

product ['prɔdʌkt] n prodotto.

production [prə'dʌkʃən] n produzione f; (THEAT) messa in scena; **to put into** ~ mettere in produzione.

production agreement n (US) accordo sui tempi di produzione.

production line n catena di lavorazione.

production manager n production manager m inv, direttore m della produzione.

productive [prə'dʌktɪv] adj produttivo(a).

productivity [prɔdʌk'tɪvɪtɪ] n produttività.

productivity agreement n (BRIT) accordo sui tempi di produzione.

productivity bonus n premio di produzione.

Prof. abbr (= professor) Prof.

profane [prə'feɪn] adj profano(a); (language) empio(a).

profess [prə'fɛs] vt professare; **I do not** ~ **to be an expert** non pretendo di essere un esperto.

professed [prə'fɛst] adj (self-declared) dichiarato(a).

profession [prə'fɛʃən] n professione f; **the**

~**s** le professioni liberali.

professional [prə'fɛʃənl] n (SPORT) professionista m/f ♦ adj professionale; (work) da professionista; **he's a** ~ **man** è un professionista; **to take** ~ **advice** consultare un esperto.

professionalism [prə'fɛʃnəlɪzəm] n professionismo.

professionally [prə'fɛʃnəlɪ] adv professionalmente, in modo professionale; (SPORT: play) come professionista; **I only know him** ~ con lui ho solo rapporti di lavoro.

professor [prə'fɛsə*] n professore m (titolare di una cattedra); (US: teacher) professore/essa.

professorship [prə'fɛsəʃɪp] n cattedra.

proffer ['prɔfə*] vt (remark) profferire; (apologies) porgere, presentare; (one's hand) porgere.

proficiency [prə'fɪʃənsɪ] n competenza, abilità.

proficient [prə'fɪʃənt] adj competente, abile.

profile ['prəufaɪl] n profilo; **to keep a low** ~ (fig) cercare di passare inosservato or di non farsi notare troppo; **to maintain a high** ~ mettersi in mostra.

profit ['prɔfɪt] n profitto; beneficio ♦ vi: **to** ~ (**by** or **from**) approfittare (di); ~ **and loss account** conto perdite e profitti; **to make a** ~ realizzare un profitto; **to sell sth at a** ~ vendere qc con un utile.

profitability [prɔfɪtə'bɪlɪtɪ] n redditività.

profitable ['prɔfɪtəbl] adj redditizio(a); (fig: beneficial) vantaggioso(a); (: meeting, visit) fruttuoso(a).

profit centre n centro di profitto.

profiteering [prɔfɪ'tɪərɪŋ] n (pej) affarismo.

profit-making ['prɔfɪtmeɪkɪŋ] adj a scopo di lucro.

profit margin n margine m di profitto.

profit-sharing ['prɔfɪtʃɛərɪŋ] n compartecipazione f agli utili.

profits tax n (BRIT) imposta sugli utili.

profligate ['prɔflɪgɪt] adj (dissolute: behaviour) dissipato(a); (: person) debosciato(a); (extravagant): **he's very** ~ **with his money** è uno che sperpera i suoi soldi.

pro forma ['prəu'fɔːmə] adv: ~ **invoice** fattura proforma.

profound [prə'faund] adj profondo(a).

profuse [prə'fjuːs] adj infinito(a), abbondante.

profusely [prə'fjuːslɪ] adv con grande effusione.

profusion [prə'fjuːʒən] n profusione f,

abbondanza.
progeny ['prɒdʒɪnɪ] *n* progenie *f*;
discendenti *mpl*.
programme, (*US*) **program** ['prəʊgræm] *n*
programma *m* ♦ *vt* programmare.
program(m)er ['prəʊgræmə*] *n*
programmatore/trice.
program(m)ing ['prəʊgræmɪŋ] *n*
programmazione *f*.
program(m)ing language *n* linguaggio di
programmazione.
progress *n* ['prəʊgrɛs] progresso ♦ *vi*
[prə'grɛs] (*go forward*) avanzare,
procedere; (*in time*) procedere; (*also*:
make ~) far progressi; **in ~** in corso.
progression [prə'grɛʃən] *n* progressione
f.
progressive [prə'grɛsɪv] *adj* progressivo(a);
(*person*) progressista.
progressively [prə'grɛsɪvlɪ] *adv*
progressivamente.
progress report *n* (*MED*) bollettino
medico; (*ADMIN*) rendiconto dei
lavori.
prohibit [prə'hɪbɪt] *vt* proibire, vietare; **to
~ sb from doing sth** vietare *or* proibire a
qn di fare qc; "**smoking ~ed**" "vietato
fumare".
prohibition [prəʊɪ'bɪʃən] *n* (*US*)
proibizionismo.
prohibitive [prə'hɪbɪtɪv] *adj* (*price etc*)
proibitivo(a).
project *n* ['prɒdʒɛkt] (*plan*) piano; (*venture*)
progetto; (*SCOL*) studio, ricerca ♦ *vb*
[prə'dʒɛkt] *vt* proiettare ♦ *vi* (*stick out*)
sporgere.
projectile [prə'dʒɛktaɪl] *n* proiettile *m*.
projection [prə'dʒɛkʃən] *n* proiezione *f*;
sporgenza.
projectionist [prə'dʒɛkʃənɪst] *n* (*CINE*)
proiezionista *m/f*.
projection room *n* (*CINE*) cabina *or* sala di
proiezione.
projector [prə'dʒɛktə*] *n* proiettore *m*.
proletarian [prəʊlɪ'tɛərɪən] *adj, n*
proletario(a).
proletariat [prəʊlɪ'tɛərɪət] *n* proletariato.
pro-life [prəʊ'laɪf] *adj* per il diritto alla
vita.
proliferate [prə'lɪfəreɪt] *vi* proliferare.
proliferation [prəlɪfə'reɪʃən] *n*
proliferazione *f*.
prolific [prə'lɪfɪk] *adj* prolifico(a).
prologue, (*US*) **prolog** ['prəʊlɒg] *n* prologo.
prolong [prə'lɒŋ] *vt* prolungare.
prom [prɒm] *n abbr* = **promenade,
promenade concert;** (*US: ball*) ballo
studentesco.

In Gran Bretagna i **Prom** (*= promenade
concert*) *sono concerti di musica classica, i
più noti dei quali sono quelli eseguiti nella
Royal Albert Hall a Londra. Prendono il
nome dal fatto che in origine il pubblico li
ascoltava stando in piedi o passeggiando.
Negli Stati Uniti, invece, con prom si
intende il ballo studentesco di un'università
o di un college.*

---

promenade [prɒmə'nɑːd] *n* (*by sea*)
lungomare *m*.
promenade concert *n* concerto (*con posti
in piedi*).
promenade deck *n* (*NAUT*) ponte *m* di
passeggiata.
prominence ['prɒmɪnəns] *n* prominenza;
importanza.
prominent ['prɒmɪnənt] *adj* (*standing out*)
prominente; (*important*) importante; **he is
~ in the field of ...** è un'autorità nel
campo di ....
prominently ['prɒmɪnəntlɪ] *adv* (*display, set*)
ben in vista; **he figured ~ in the case** ha
avuto una parte di primo piano nella
faccenda.
promiscuity [prɒmɪs'kjuːɪtɪ] *n* (*sexual*)
rapporti *mpl* multipli.
promiscuous [prə'mɪskjuəs] *adj* (*sexually*)
di facili costumi.
promise ['prɒmɪs] *n* promessa ♦ *vt, vi*
promettere; **to make sb a ~** fare una
promessa a qn; **a young man of ~** un
giovane promettente; **to ~ (sb) to do sth**
promettere (a qn) di fare qc.
promising ['prɒmɪsɪŋ] *adj* promettente.
promissory note ['prɒmɪsərɪ-] *n* pagherò *m
inv*.
promontory ['prɒməntrɪ] *n* promontorio.
promote [prə'məʊt] *vt* promuovere;
(*venture, event*) organizzare; (*product*)
lanciare, reclamizzare; **the team was ~d
to the second division** (*BRIT FOOTBALL*) la
squadra è stata promossa in serie B.
promoter [prə'məʊtə*] *n* (*of sporting event*)
organizzatore/trice; (*of cause etc*)
sostenitore/trice.
promotion [prə'məʊʃən] *n* promozione *f*.
prompt [prɒmpt] *adj* rapido(a), svelto(a);
puntuale; (*reply*) sollecito(a) ♦ *adv*
(*punctually*) in punto ♦ *n* (*COMPUT*) guida
♦ *vt* incitare; provocare; (*THEA*)
suggerire a; **at 8 o'clock ~** alle 8 in punto;
to be ~ to do sth essere sollecito nel fare
qc; **to ~ sb to do** spingere qn a fare.
prompter ['prɒmptə*] *n* (*THEAT*)
suggeritore *m*.

promptly ['prɔmptlɪ] adv prontamente; puntualmente.

promptness ['prɔmptnɪs] n prontezza; puntualità.

prone [prəun] adj (lying) prono(a); ~ **to** propenso(a) a, incline a; **to be** ~ **to illness** essere soggetto(a) a malattie; **she is** ~ **to burst into tears if ...** può facilmente scoppiare in lacrime se ....

prong [prɔŋ] n rebbio, punta.

pronoun ['prəunaun] n pronome m.

pronounce [prə'nauns] vt pronunziare ♦ vi: **to** ~ **(up)on** pronunziare su; **they** ~**d him unfit to drive** lo hanno dichiarato inabile alla guida.

pronounced [prə'naunst] adj (marked) spiccato(a).

pronouncement [prə'naunsmənt] n dichiarazione f.

pronunciation [prənʌnsɪ'eɪʃən] n pronunzia.

proof [pruːf] n prova; (of book) bozza; (PHOT) provino; (of alcohol): **70%** ~ ≈ 40° in volume ♦ vt (tent, anorak) impermeabilizzare ♦ adj: ~ **against** a prova di.

proofreader ['pruːfriːdə*] n correttore/trice di bozze.

prop [prɔp] n sostegno, appoggio ♦ vt (also: ~ **up**) sostenere, appoggiare; (lean): **to** ~ **sth against** appoggiare qc contro or a.

Prop. abbr (COMM) = **proprietor**.

propaganda [prɔpə'gændə] n propaganda.

propagation [prɔpə'geɪʃən] n propagazione f.

propel [prə'pɛl] vt spingere (in avanti), muovere.

propeller [prə'pɛlə*] n elica.

propelling pencil [prə'pɛlɪŋ-] n (BRIT) matita a mina.

propensity [prə'pɛnsɪtɪ] n tendenza.

proper ['prɔpə*] adj (suited, right) adatto(a), appropriato(a); (seemly) decente; (authentic) vero(a); (col: real) n + vero(a) e proprio(a); **to go through the** ~ **channels** (ADMIN) seguire la regolare procedura.

properly ['prɔpəlɪ] adv decentemente; (really, thoroughly) veramente.

proper noun n nome m proprio.

property ['prɔpətɪ] n (things owned) beni mpl; (land, building, CHEM etc) proprietà f inv.

property developer n (BRIT) costruttore m edile.

property owner n proprietario/a.

property tax n imposta patrimoniale.

prophecy ['prɔfɪsɪ] n profezia.

prophesy ['prɔfɪsaɪ] vt predire, profetizzare.

prophet ['prɔfɪt] n profeta m.

prophetic [prə'fɛtɪk] adj profetico(a).

proportion [prə'pɔːʃən] n proporzione f; (share) parte f ♦ vt proporzionare, commisurare; **to be in/out of** ~ **to** or **with sth** essere in proporzione/sproporzionato rispetto a qc; **to see sth in** ~(fig) dare il giusto peso a qc.

proportional [prə'pɔːʃənl] adj proporzionale.

proportional representation (PR) n rappresentanza proporzionale.

proportionate [prə'pɔːʃənɪt] adj proporzionato(a).

proposal [prə'pəuzl] n proposta; (plan) progetto; (of marriage) proposta di matrimonio.

propose [prə'pəuz] vt proporre, suggerire ♦ vi fare una proposta di matrimonio; **to** ~ **to do** proporsi di fare, aver l'intenzione di fare.

proposer [prə'pəuzə*] n (BRIT: of motion) proponente m/f.

proposition [prɔpə'zɪʃən] n proposizione f; (proposal) proposta; **to make sb a** ~ proporre qualcosa a qn.

propound [prə'paund] vt proporre, presentare.

proprietary [prə'praɪətərɪ] adj: ~ **article** prodotto con marchio deposito; ~ **brand** marchio di fabbrica.

proprietor [prə'praɪətə*] n proprietario/a.

propriety [prə'praɪətɪ] n (seemliness) decoro, rispetto delle convenienze sociali.

propulsion [prə'pʌlʃən] n propulsione f.

pro rata [prəu'rɑːtə] adv in proporzione.

prosaic [prəu'zeɪɪk] adj prosaico(a).

Pros. Atty. abbr (US) = **prosecuting attorney**.

proscribe [prə'skraɪb] vt proscrivere.

prose [prəuz] n prosa; (SCOL: translation) traduzione f dalla madrelingua.

prosecute ['prɔsɪkjuːt] vt intentare azione contro.

prosecuting attorney ['prɔsɪkjuːtɪŋ-] n (US) ≈ procuratore m.

prosecution [prɔsɪ'kjuːʃən] n (LAW) azione f giudiziaria; (accusing side) accusa.

prosecutor ['prɔsɪkjuːtə*] n (also: public ~) ≈ procuratore m della Repubblica.

prospect n ['prɔspɛkt] prospettiva; (hope) speranza ♦ vb [prə'spɛkt] vt esplorare ♦ vi: **to** ~ **for gold** cercare l'oro; **there is every** ~ **of an early victory** tutto lascia prevedere una rapida vittoria; see also **prospects**.

prospecting [prə'spɛktɪŋ] n prospezione f.

prospective [prə'spɛktɪv] adj (buyer) probabile; (legislation, son-in-law) futuro(a).

prospector [prə'spɛktə*] n prospettore m; **gold** ~ cercatore m d'oro.

prospects ['prɔspɛkts] npl (for work etc) prospettive fpl.

prospectus [prə'spɛktəs] n prospetto, programma m.

prosper ['prɔspə*] vi prosperare.

prosperity [prɔ'spɛrɪtɪ] n prosperità.

prosperous ['prɔspərəs] adj prospero(a).

prostate ['prɔsteɪt] n (also: ~ **gland**) prostata, ghiandola prostatica.

prostitute ['prɔstɪtjuːt] n prostituta; **male** ~ uomo che si prostituisce.

prostitution [prɔstɪ'tjuːʃən] n prostituzione f.

prostrate adj ['prɔstreɪt] prostrato(a) ♦ vt [prɔ'streɪt]: **to ~ o.s.** (before sb) prostrarsi.

protagonist [prə'tægənɪst] n protagonista m/f.

protect [prə'tɛkt] vt proteggere, salvaguardare.

protection [prə'tɛkʃən] n protezione f; **to be under sb's** ~ essere sotto la protezione di qn.

protectionism [prə'tɛkʃənɪzəm] n protezionismo.

protection racket n racket m inv.

protective [prə'tɛktɪv] adj protettivo(a); ~ **custody** (LAW) protezione f.

protector [prə'tɛktə*] n protettore/trice.

protégé ['prəutɪʒeɪ] n protetto.

protégée ['prəutɪʒeɪ] n protetta.

protein ['prəutiːn] n proteina.

pro tem [prəu'tɛm] adv abbr (= pro tempore: for the time being) pro tempore.

protest n ['prəutɛst] protesta ♦ vt, vi [prə'tɛst] protestare; **to do sth under** ~ fare qc protestando; **to** ~ **against/about** protestare contro/per.

Protestant ['prɔtɪstənt] adj, n protestante (m/f).

protester, protestor [prə'tɛstə*] n (in demonstration) dimostrante m/f.

protest march n marcia di protesta.

protocol ['prəutəkɔl] n protocollo.

prototype ['prəutətaɪp] n prototipo.

protracted [prə'træktɪd] adj tirato(a) per le lunghe.

protractor [prə'træktə*] n (GEOM) goniometro.

protrude [prə'truːd] vi sporgere.

protuberance [prə'tjuːbərəns] n sporgenza.

proud [praud] adj fiero(a), orgoglioso(a); (pej) superbo(a); **to be** ~ **to do sth** essere onorato(a) di fare qc; **to do sb** ~ non far

mancare nulla a qn; **to do o.s.** ~ trattarsi bene.

proudly ['praudlɪ] adv con orgoglio, fieramente.

prove [pruːv] vt provare, dimostrare ♦ vi: **to** ~ **correct** etc risultare vero(a) etc; **to** ~ **o.s.** mostrare le proprie capacità; **to** ~ **o.s./itself (to be) useful** etc mostrarsi or rivelarsi utile etc; **he was** ~**d right in the end** alla fine i fatti gli hanno dato ragione.

Provence [prɔvɑ̃s] n Provenza.

proverb ['prɔvəːb] n proverbio.

proverbial [prə'vəːbɪəl] adj proverbiale.

provide [prə'vaɪd] vt fornire, provvedere; **to** ~ **sb with sth** fornire or provvedere qn di qc; **to be** ~**d with** essere dotato or munito di.

▶**provide for** vt fus provvedere a.

provided [prə'vaɪdɪd] conj: ~ **(that)** purché + sub, a condizione che + sub.

Providence ['prɔvɪdəns] n Provvidenza.

providing [prə'vaɪdɪŋ] conj purché + sub, a condizione che + sub.

province ['prɔvɪns] n provincia.

provincial [prə'vɪnʃəl] adj provinciale.

provision [prə'vɪʒən] n (supply) riserva; (supplying) provvista; rifornimento; (stipulation) condizione f; ~**s** npl (food) provviste fpl; **to make** ~ **for** (one's family, future) pensare a; **there's no** ~ **for this in the contract** il contratto non lo prevede.

provisional [prə'vɪʒənl] adj provvisorio(a) ♦ n: **P**~ (Irish POL) provisional m inv.

provisional licence n (BRIT AUT) ≈ foglio m rosa inv.

provisionally [prə'vɪʒnəlɪ] adv provvisoriamente; (appoint) a titolo provvisorio.

proviso [prə'vaɪzəu] n condizione f; **with the** ~ **that** a condizione che + sub, a patto che + sub.

Provo ['prɔvəu] n abbr (col) = **Provisional**.

provocation [prɔvə'keɪʃən] n provocazione f.

provocative [prə'vɔkətɪv] adj (aggressive) provocatorio(a); (thought-provoking) stimolante; (seductive) provocante.

provoke [prə'vəuk] vt provocare; incitare; **to** ~ **sb to sth/to do** or **into doing sth** spingere qn a qc/a fare qc.

provoking [prə'vəukɪŋ] adj irritante, esasperante.

provost ['prɔvəst] n (BRIT: of university) rettore m; (Scottish) sindaco.

prow [prau] n prua.

prowess ['prauɪs] n prodezza; **his** ~ **as a footballer** le sue capacità di calciatore.

prowl [praul] *vi* (*also*: ~ **about**, ~ **around**) aggirarsi furtivamente ♦ *n*: **on the** ~ **in** cerca di preda.

prowler ['praulə*] *n* tipo sospetto (*che s'aggira con l'intenzione di rubare, aggredire etc*).

proximity [prɔk'sɪmɪtɪ] *n* prossimità.

proxy ['prɔksɪ] *n* procura; **by** ~ per procura.

PRP *n abbr* (= *performance related pay*) retribuzione *f* commensurata al rendimento.

prude [pru:d] *n* puritano/a.

prudence ['pru:dns] *n* prudenza.

prudent ['pru:dnt] *adj* prudente.

prudish ['pru:dɪʃ] *adj* puritano(a).

prune [pru:n] *n* prugna secca ♦ *vt* potare.

pry [praɪ] *vi*: **to** ~ **into** ficcare il naso in.

PS *n abbr* (= *postscript*) P.S.

psalm [sɑ:m] *n* salmo.

PSAT *n abbr* (*US*) = *Preliminary Scholastic Aptitude Test.*

PSBR *n abbr* (*BRIT*: = *public sector borrowing requirement*) *fabbisogno di prestiti per il settore pubblico.*

pseud ['sju:d] *n* (*BRIT col*: *intellectually*) intellettualoide *m/f*; (: *socially*) snob *m/f inv.*

pseudo- ['sju:dəu] *prefix* pseudo....

pseudonym ['sju:dənɪm] *n* pseudonimo.

PST *abbr* (*US*: = *Pacific Standard Time*) ora invernale del Pacifico.

PSV *n abbr* (*BRIT*) *see* **public service vehicle**.

psyche ['saɪkɪ] *n* psiche *f.*

psychedelic [saɪkɪ'dɛlɪk] *adj* psichedelico(a).

psychiatric [saɪkɪ'ætrɪk] *adj* psichiatrico(a).

psychiatrist [saɪ'kaɪətrɪst] *n* psichiatra *m/f.*

psychiatry [saɪ'kaɪətrɪ] *n* psichiatria.

psychic ['saɪkɪk] *adj* (*also*: ~**al**) psichico(a); (*person*) dotato(a) di qualità telepatiche.

psycho ['saɪkəu] *n* (*col*) folle *m/f,* psicopatico/a.

psychoanalyse [saɪkəu'ænəlaɪz] *vt* psicanalizzare.

psychoanalysis, *pl* **-ses** [saɪkəuə'nælɪsɪs, -si:z] *n* psicanalisi *f inv.*

psychoanalyst [saɪkəu'ænəlɪst] *n* psicanalista *m/f.*

psychological [saɪkə'lɔdʒɪkl] *adj* psicologico(a).

psychologist [saɪ'kɔlədʒɪst] *n* psicologo/a.

psychology [saɪ'kɔlədʒɪ] *n* psicologia.

psychopath ['saɪkəupæθ] *n* psicopatico/a.

psychosis, *pl* **psychoses** [saɪ'kəusɪs, -si:z] *n* psicosi *f inv.*

psychosomatic [saɪkəusə'mætɪk] *adj* psicosomatico(a).

psychotherapy [saɪkəu'θɛrəpɪ] *n* psicoterapia.

psychotic [saɪ'kɔtɪk] *adj, n* psicotico(a).

PT *n abbr* (*BRIT*: = *physical training*) ed. fisica.

pt *abbr* (= *pint; point*) pt.

Pt. *abbr* (*in place names*: = *Point*) Pt.

PTA *n abbr* (= *Parent-Teacher Association*) associazione genitori e insegnanti.

Pte. *abbr* (*BRIT MIL*) = **private**.

PTO *abbr* (= *please turn over*) v.r. (= *vedi retro*).

PTV *n abbr* (*US*) = *pay television, public television.*

pub [pʌb] *n abbr* (= *public house*) pub *m inv.*

In Gran Bretagna e in Irlanda i **pub** sono locali dove vengono servite bibite alcoliche ed analcoliche e dove è anche possibile mangiare. Sono punti di ritrovo dove spesso si può giocare a biliardo, a freccette o guardare la televisione. Le leggi che regolano la vendita degli alcolici sono molto severe in Gran Bretagna e quindi gli orari di apertura e di chiusura vengono osservati scrupolosamente.

---

pub crawl *n*: **to go on a** ~ (*BRIT col*) fare il giro dei pub.

puberty ['pju:bətɪ] *n* pubertà.

pubic ['pju:bɪk] *adj* pubico(a), del pube.

public ['pʌblɪk] *adj* pubblico(a) ♦ *n* pubblico; **in** ~ in pubblico; **the general** ~ il pubblico; **to make sth** ~ render noto *or* di pubblico dominio qc; **to be** ~ **knowledge** essere di dominio pubblico; **to go** ~ (*COMM*) emettere le azioni sul mercato.

public address system (PA) *n* impianto di amplificazione.

publican ['pʌblɪkən] *n* (*BRIT*) gestore *m* (*or* proprietario*) di un pub.

publication [pʌblɪ'keɪʃən] *n* pubblicazione *f.*

public company *n* ≈ società *f inv* per azioni (*costituita tramite pubblica sottoscrizione*).

public convenience *n* (*BRIT*) gabinetti *mpl.*

public holiday *n* (*BRIT*) giorno festivo, festa nazionale.

public house *n* (*BRIT*) pub *m inv.*

publicity [pʌb'lɪsɪtɪ] *n* pubblicità.

publicize ['pʌblɪsaɪz] *vt* fare (della) pubblicità a, reclamizzare.

public limited company (plc) *n* ≈ società per azioni a responsabilità limitata (*quotata in Borsa*).

publicly ['pʌblɪklɪ] *adv* pubblicamente.

public opinion *n* opinione *f* pubblica.

public ownership *n* proprietà pubblica *or*

sociale; **to be taken into** ~ essere statalizzato(a).
public prosecutor n pubblico ministero; ~'s **office** ufficio del pubblico ministero.
public relations n pubbliche relazioni *fpl*.
public relations officer n addetto/a alle pubbliche relazioni.
public school n (*BRIT*) scuola privata; (*US*) scuola statale.

In Inghilterra le **public school** *sono scuole o collegi privati di istruzione secondaria, spesso di un certo prestigio. In Scozia e negli Stati Uniti, invece, le public school sono scuole pubbliche gratuite amministrate dallo stato.*

---

public sector n settore m pubblico.
public service vehicle (PSV) n (*BRIT*) mezzo pubblico.
public-spirited [pʌblɪk'spɪrɪtɪd] *adj* che ha senso civico.
public transport, (*US*) **public transportation** n mezzi *mpl* pubblici.
public utility n servizio pubblico.
public works *npl* lavori *mpl* pubblici.
publish ['pʌblɪʃ] *vt* pubblicare.
publisher ['pʌblɪʃə*] n editore m; (*firm*) casa editrice.
publishing ['pʌblɪʃɪŋ] n (*industry*) editoria; (*of a book*) pubblicazione *f*.
publishing company n casa *or* società editrice.
puce [pjuːs] *adj* color pulce *inv*.
puck [pʌk] n (*ICE HOCKEY*) disco.
pucker ['pʌkə*] *vt* corrugare.
pudding ['pudɪŋ] n budino; (*dessert*) dolce m; **black** ~, (*US*) **blood** ~ sanguinaccio; **rice** ~ budino di riso.
puddle ['pʌdl] n pozza, pozzanghera.
puerile ['pjuəraɪl] *adj* puerile.
Puerto Rico ['pwəːtəu'riːkəu] n Portorico.
puff [pʌf] n sbuffo; (*also*: **powder** ~) piumino ♦ *vt* (*also*: ~ **out**: *sails, cheeks*) gonfiare ♦ *vi* uscire a sbuffi; (*pant*) ansare; **to** ~ **out smoke** mandar fuori sbuffi di fumo; **to** ~ **one's pipe** tirare sboccate di fumo.
puffed [pʌft] *adj* (*col*: *out of breath*) senza fiato.
puffin ['pʌfɪn] n puffino.
puff pastry, (*US*) **puff paste** n pasta sfoglia.
puffy ['pʌfɪ] *adj* gonfio(a).
pugnacious [pʌg'neɪʃəs] *adj* combattivo(a).
pull [pul] n (*tug*) strattone m, tirata; (*of moon, magnet, the sea etc*) attrazione *f*; (*fig*) influenza ♦ *vt* tirare; (*muscle*)

strappare, farsi uno strappo a ♦ *vi* tirare; **to give sth a** ~ tirare su qc; **to** ~ **a face** fare una smorfia; **to** ~ **to pieces** fare a pezzi; **to** ~ **one's punches** (*BOXING*) risparmiare l'avversario; **not to** ~ **one's punches** (*fig*) non avere peli sulla lingua; **to** ~ **one's weight** dare il proprio contributo; **to** ~ **o.s. together** ricomporsi, riprendersi; **to** ~ **sb's leg** prendere in giro qn; **to** ~ **strings (for sb)** muovere qualche pedina (per qn).
►**pull about** *vt* (*BRIT: handle roughly: object*) strapazzare; (*: person*) malmenare.
►**pull apart** *vt* (*break*) fare a pezzi.
►**pull down** *vt* (*house*) demolire; (*tree*) abbattere.
►**pull in** *vi* (*AUT: at the kerb*) accostarsi; (*RAIL*) entrare in stazione.
►**pull off** *vt* (*deal etc*) portare a compimento.
►**pull out** *vi* partire; (*withdraw*) ritirarsi; (*AUT: come out of line*) spostarsi sulla mezzeria ♦ *vt* staccare; far uscire; (*withdraw*) ritirare.
►**pull over** *vi* (*AUT*) accostare.
►**pull round** *vi* (*unconscious person*) rinvenire; (*sick person*) ristabilirsi.
►**pull through** *vi* farcela.
►**pull up** *vi* (*stop*) fermarsi ♦ *vt* (*uproot*) sradicare; (*stop*) fermare.
pulley ['pulɪ] n puleggia, carrucola.
pull-out ['pulaut] n inserto ♦ *cpd* staccabile.
pullover ['puləuvə*] n pullover m *inv*.
pulp [pʌlp] n (*of fruit*) polpa; (*for paper*) pasta per carta; (*magazines, books*) stampa di qualità e di tono scadenti; **to reduce sth to** ~ spappolare qc.
pulpit ['pulpɪt] n pulpito.
pulsate [pʌl'seɪt] *vi* battere, palpitare.
pulse [pʌls] n polso; **to feel** *or* **take sb's** ~ sentire *or* tastare il polso a qn.
pulses ['pʌlsəz] *npl* (*CULIN*) legumi *mpl*.
pulverize ['pʌlvəraɪz] *vt* polverizzare.
puma ['pjuːmə] n puma m *inv*.
pumice (stone) ['pʌmɪs-] n (pietra) pomice *f*.
pummel ['pʌml] *vt* dare pugni a.
pump [pʌmp] n pompa; (*shoe*) scarpetta ♦ *vt* pompare; (*fig: col*) far parlare; **to** ~ **sb for information** cercare di strappare delle informazioni a qn.
►**pump up** *vt* gonfiare.
pumpkin ['pʌmpkɪn] n zucca.
pun [pʌn] n gioco di parole.
punch [pʌntʃ] n (*blow*) pugno; (*fig: force*) forza; (*tool*) punzone m; (*drink*) ponce m ♦ *vt* (*hit*): **to** ~ **sb/sth** dare un pugno a qn/ qc; **to** ~ **a hole (in)** fare un buco (in).

▶**punch in** vi (US) timbrare il cartellino (all'entrata).

▶**punch out** vi (US) timbrare il cartellino (all'uscita).

punch-drunk ['pʌntʃdrʌŋk] adj (BRIT) stordito(a).

punch(ed) card ['pʌntʃ(t)-] n scheda perforata.

punch line n (of joke) battuta finale.

punch-up ['pʌntʃʌp] n (BRIT col) rissa.

punctual ['pʌŋktjuəl] adj puntuale.

punctuality [pʌŋktju'ælɪtɪ] n puntualità.

punctually ['pʌŋktjuəlɪ] adv puntualmente; **it will start ~ at 6** comincerà alle 6 precise or in punto.

punctuate ['pʌŋktjueɪt] vt punteggiare.

punctuation [pʌŋktju'eɪʃən] n interpunzione f, punteggiatura.

punctuation mark n segno d'interpunzione.

puncture ['pʌŋktʃə*] n (BRIT) foratura ♦ vt forare; **to have a ~** (AUT) forare (una gomma).

pundit ['pʌndɪt] n sapientone/a.

pungent ['pʌndʒənt] adj piccante; (fig) mordace, caustico(a).

punish ['pʌnɪʃ] vt punire; **to ~ sb for sth/ for doing sth** punire qn per qc/per aver fatto qc.

punishable ['pʌnɪʃəbl] adj punibile.

punishing ['pʌnɪʃɪŋ] adj (fig: exhausting) sfiancante.

punishment ['pʌnɪʃmənt] n punizione f; (fig col): **to take a lot of ~** (boxer) incassare parecchi colpi; (car) essere messo(a) a dura prova.

punk [pʌŋk] n (person: also: ~ **rocker**) punk m/f inv; (music: also: ~ **rock**) musica punk, punk rock m; (US col: hoodlum) teppista m.

punt [pʌnt] n (boat) barchino; (FOOTBALL) colpo a volo; (Irish) sterlina irlandese ♦ vi (BRIT: bet) scommettere.

punter ['pʌntə*] n (BRIT: gambler) scommettitore/trice.

puny ['pju:nɪ] adj gracile.

pup [pʌp] n cucciolo/a.

pupil ['pju:pl] n allievo/a; (ANAT) pupilla.

puppet ['pʌpɪt] n burattino.

puppet government n governo fantoccio.

puppy ['pʌpɪ] n cucciolo/a, cagnolino/a.

purchase ['pɜːtʃɪs] n acquisto, compera; (grip) presa ♦ vt comprare; **to get a ~ on** (grip) trovare un appoggio su.

purchase order n ordine m d'acquisto, ordinazione f.

purchase price n prezzo d'acquisto.

purchaser ['pɜːtʃɪsə*] n compratore/trice.

purchase tax n (BRIT) tassa d'acquisto.

purchasing power ['pɜːtʃɪsɪŋ-] n potere m d'acquisto.

pure [pjuə*] adj puro(a); **a ~ wool jumper** un golf di pura lana; **it's laziness ~ and simple** è pura pigrizia.

purebred ['pjuəbrɛd] adj di razza pura.

purée ['pjuəreɪ] n purè m inv.

purely ['pjuəlɪ] adv puramente.

purge [pɜːdʒ] n (MED) purga; (POL) epurazione f ♦ vt purgare; (fig) epurare.

purification [pjuərɪfɪ'keɪʃən] n purificazione f.

purify ['pjuərɪfaɪ] vt purificare.

purist ['pjuərɪst] n purista m/f.

puritan ['pjuərɪtən] adj, n puritano(a).

puritanical [pjuərɪ'tænɪkl] adj puritano(a).

purity ['pjuərɪtɪ] n purità.

purl [pɜːl] n punto rovescio ♦ vt lavorare a rovescio.

purloin [pɜː'lɔɪn] vt rubare.

purple ['pɜːpl] adj di porpora; viola inv.

purport [pɜː'pɔːt] vi: **to ~ to be/do** pretendere di essere/fare.

purpose ['pɜːpəs] n intenzione f, scopo; **on ~ apposta, di proposito; for illustrative ~s** a titolo illustrativo; **for teaching ~s** per l'insegnamento; **for the ~s of this meeting** agli effetti di questa riunione; **to no ~** senza nessun risultato, inutilmente.

purpose-built ['pɜːpəs'bɪlt] adj (BRIT) costruito(a) allo scopo.

purposeful ['pɜːpəsful] adj deciso(a), risoluto(a).

purposely ['pɜːpəslɪ] adv apposta.

purr [pɜː*] n fusa fpl ♦ vi fare le fusa.

purse [pɜːs] n borsellino; (US: handbag) borsetta, borsa ♦ vt contrarre.

purser ['pɜːsə*] n (NAUT) commissario di bordo.

purse snatcher [-'snætʃə*] n (US) scippatore m.

pursue [pə'sju:] vt inseguire; essere alla ricerca di; (inquiry, matter) approfondire.

pursuer [pə'sju:ə*] n inseguitore/trice.

pursuit [pə'sju:t] n inseguimento; (occupation) occupazione f, attività f inv; **in (the) ~ of sth** alla ricerca di qc; **scientific ~s** ricerche fpl scientifiche.

purveyor [pə'veɪə*] n fornitore/trice.

pus [pʌs] n pus m.

push [puʃ] n spinta; (effort) grande sforzo; (drive) energia ♦ vt spingere; (button) premere; (thrust): **to ~ sth (into)** ficcare qc (in); (fig) fare pubblicità a ♦ vi spingere; premere; **to ~ a door open/ shut** aprire/chiudere una porta con una spinta or spingendola; **to be ~ed for time/money** essere a corto di tempo/

soldi; **she is** ~**ing 50** (*col*) va per i 50; **to** ~
for (*better pay, conditions etc*) fare
pressione per ottenere; "~" (*on door*)
"spingere"; (*on bell*) "suonare"; **at a** ~
(*BRIT col*) in caso di necessità.
▶**push aside** *vt* scostare.
▶**push in** *vi* introdursi a forza.
▶**push off** *vi* (*col*) filare.
▶**push on** *vi* (*continue*) continuare.
▶**push over** *vt* far cadere.
▶**push through** *vt* (*measure*) far
approvare.
▶**push up** *vt* (*total, prices*) far salire.
push-bike ['puʃbaɪk] *n* (*BRIT*) bicicletta.
push-button ['puʃbʌtn] *adj* a pulsante.
pushchair ['puʃtʃɛə*] *n* passeggino.
pusher ['puʃə*] *n* (*also*: **drug** ~)
spacciatore/trice (di droga).
pushover ['puʃəʊvə*] *n* (*col*): **it's a** ~ è un
lavoro da bambini.
push-up ['puʃʌp] *n* (*US*) flessione *f* sulle
braccia.
pushy ['puʃɪ] *adj* (*pej*) troppo
intraprendente.
puss, pussy(-cat) [pus, 'pusɪ(kæt)] *n* micio.
put, *pt, pp* **put** [put] *vt* mettere, porre; (*say*)
dire, esprimere; (*a question*) fare;
(*estimate*) stimare ♦ *adv*: **to stay** ~ non
muoversi; **to** ~ **sb to bed** mettere qn a
letto; **to** ~ **sb in a good/bad mood**
mettere qn di buon/cattivo umore; **to** ~
sb to a lot of trouble scomodare qn; **to** ~
a lot of time into sth dedicare molto
tempo a qc; **to** ~ **money on a horse**
scommettere su un cavallo; **how shall I** ~
it? come dire?; **I** ~ **it to you that ...** (*BRIT*)
io sostengo che ....
▶**put about** *vi* (*NAUT*) virare di bordo ♦ *vt*
(*rumour*) diffondere.
▶**put across** *vt* (*ideas etc*) comunicare, far
capire.
▶**put aside** *vt* (*lay down: book etc*) mettere
da una parte, posare; (*save*) mettere da
parte; (*in shop*) tenere da parte.
▶**put away** *vt* (*clothes, toys etc*) mettere
via.
▶**put back** *vt* (*replace*) rimettere (a posto);
(*postpone*) rinviare; (*delay*) ritardare; (*set
back: watch, clock*) mettere indietro; **this
will** ~ **us back 10 years** questo ci farà
tornare indietro di 10 anni.
▶**put by** *vt* (*money*) mettere da parte.
▶**put down** *vt* (*parcel etc*) posare, mettere
giù; (*pay*) versare; (*in writing*) mettere
per iscritto; (*suppress: revolt etc*)
reprimere, sopprimere; (*attribute*)
attribuire.
▶**put forward** *vt* (*ideas*) avanzare,

proporre; (*date*) anticipare.
▶**put in** *vt* (*application, complaint*)
presentare.
▶**put in for** *vt fus* (*job*) far domanda per;
(*promotion*) far domanda di.
▶**put off** *vt* (*postpone*) rimandare, rinviare;
(*discourage*) dissuadere.
▶**put on** *vt* (*clothes, lipstick etc*) mettere;
(*light etc*) accendere; (*play etc*) mettere in
scena; (*concert, exhibition etc*) allestire,
organizzare; (*extra bus, train etc*) mettere
in servizio; (*food, meal*) servire; (*brake*)
mettere; (*assume: accent, manner*)
affettare; (*col: tease*) prendere in giro;
(*inform, indicate*): **to** ~ **sb on to sb/sth**
indicare qn/qc a qn; **to** ~ **on weight**
ingrassare; **to** ~ **on airs** darsi delle arie.
▶**put out** *vt* mettere fuori; (*one's hand*)
porgere; (*light etc*) spegnere; (*person:
inconvenience*) scomodare; (*dislocate:
shoulder, knee*) lussarsi; (*: back*) farsi uno
strappo a ♦ *vi* (*NAUT*): **to** ~ **out to sea**
prendere il largo; **to** ~ **out from
Plymouth** partire da Plymouth.
▶**put through** *vt* (*caller*) mettere in
comunicazione; (*call*) passare; ~ **me
through to Miss Blair** mi passi la
signorina Blair.
▶**put together** *vt* mettere insieme,
riunire; (*assemble: furniture*) montare;
(*: meal*) improvvisare.
▶**put up** *vt* (*raise*) sollevare, alzare; (*pin up*)
affiggere; (*hang*) appendere; (*build*)
costruire, erigere; (*increase*) aumentare;
(*accommodate*) alloggiare; (*incite*): **to** ~ **sb
up to doing sth** istigare qn a fare qc; **to** ~
sth up for sale mettere in vendita qc.
▶**put upon** *vt fus*: **to be** ~ **upon** (*imposed
on*) farsi mettere sotto i piedi.
▶**put up with** *vt fus* sopportare.
putrid ['pju:trɪd] *adj* putrido(a).
putt [pʌt] *vt* (*ball*) colpire leggermente ♦ *n*
colpo leggero.
putter ['pʌtə*] *n* (*GOLF*) putter *m inv* ♦ *vi* (*US*)
= **potter**.
putting green ['pʌtɪŋ-] *n* green *m inv*;
campo da putting.
putty ['pʌtɪ] *n* stucco.
put-up ['putʌp] *adj*: ~ **job** montatura.
puzzle ['pʌzl] *n* enigma *m*, mistero; (*jigsaw*)
puzzle *m* ♦ *vt* confondere, rendere
perplesso(a) ♦ *vi* scervellarsi; **to be** ~**d
about sth** domandarsi il perché di qc; **to**
~ **over** (*sb's actions*) cercare di capire;
(*mystery, problem*) cercare di risolvere.
puzzling ['pʌzlɪŋ] *adj* (*question*) poco
chiaro(a); (*attitude, set of instructions*)
incomprensibile.

PVC n abbr (= polyvinyl chloride) P.V.C. m.
Pvt. abbr (US MIL) = **private**.
PW n abbr (US) = **prisoner of war**.
pw abbr = per week.
PX n abbr (US MIL) see **post exchange**.
pygmy ['pɪgmɪ] n pigmeo/a.
pyjamas, (US) **pajamas** [pə'dʒɑːməz] npl
pigiama m; **a pair of** ~ un pigiama.
pylon ['paɪlən] n pilone m.
pyramid ['pɪrəmɪd] n piramide f.
Pyrenean [pɪrə'niːən] adj pirenaico(a).
Pyrenees [pɪrə'niːz] npl: **the** ~ i Pirenei.
Pyrex ® ['paɪrɛks] n Pirex ® m inv ♦ cpd: ~
dish pirofila.
python ['paɪθən] n pitone m.

Q q

Q, q [kjuː] n (letter) Q, q f or m inv; **Q for
Queen** ≈ Q come Quarto.
Qatar [kæ'tɑː*] n Qatar m.
QC n abbr (BRIT: = Queen's Counsel)
avvocato della Corona.
QED abbr (= quod erat demonstrandum) qed.
QM n abbr see **quartermaster**.
q.t. n abbr (col: = quiet): **on the** ~ di
nascosto.
qty abbr = **quantity**.
quack [kwæk] n (of duck) qua qua m inv; (pej:
doctor) ciarlatano/a.
quad [kwɔd] n abbr = **quadrangle;
quadruple; quadruplet**.
quadrangle ['kwɔdræŋgl] n (MATH)
quadrilatero; (courtyard: abbr **quad**)
cortile m.
quadruped ['kwɔdrupɛd] n quadrupede m.
quadruple [kwɔ'drupl] adj quadruplo(a) ♦ n
quadruplo ♦ vt quadruplicare ♦ vi
quadruplicarsi.
quadruplet [kwɔ'druːplɪt] n uno/a di
quattro gemelli.
quagmire ['kwægmaɪə*] n pantano.
quail [kweɪl] n (ZOOL) quaglia ♦ vi: **to** ~ **at**
or **before** perdersi d'animo davanti a.
quaint [kweɪnt] adj bizzarro(a); (old-
fashioned) antiquato(a) e pittoresco(a).
quake [kweɪk] vi tremare ♦ n abbr
= **earthquake**.
Quaker ['kweɪkə*] n quacchero/a.
qualification [kwɔlɪfɪ'keɪʃən] n (degree etc)
qualifica, titolo; (ability) competenza,

qualificazione f; (limitation) riserva,
restrizione f; **what are your** ~**s?** quali
sono le sue qualifiche?
qualified ['kwɔlɪfaɪd] adj qualificato(a);
(able) competente, qualificato(a); (limited)
condizionato(a); ~ **for/to do**
qualificato(a) per/per fare; **he's not** ~ **for
the job** non ha i requisiti necessari per
questo lavoro; **it was a** ~ **success** è stato
un successo parziale.
qualify ['kwɔlɪfaɪ] vt abilitare; (limit:
statement) modificare, precisare ♦ vi: **to** ~
(as) qualificarsi (come); **to** ~ **(for)**
acquistare i requisiti necessari (per);
(SPORT) qualificarsi (per or a); **to** ~ **as an
engineer** diventare un perito tecnico.
qualifying ['kwɔlɪfaɪŋ] adj (exam) di
ammissione; (round) eliminatorio(a).
qualitative ['kwɔlɪtətɪv] adj qualitativo(a).
quality ['kwɔlɪtɪ] n qualità f inv ♦ cpd di
qualità; **of good** ~ di buona qualità; **of
poor** ~ scadente; ~ **of life** qualità della
vita.
quality control n controllo di qualità.
quality papers npl, **quality press** n (BRIT):
the ~ la stampa d'informazione.

Il termine **quality press** si riferisce ai
quotidiani o ai settimanali che offrono
un'informazione seria ed approfondita.
Questi giornali si differenziano da quelli
popolari, i **tabloid**, per formato e contenuti.
Questa divisione tra tipi di giornali riflette il
tradizionale divario tra classi sociali nella
società britannica; vedi anche **tabloid press**.

---

qualm [kwɑːm] n dubbio; scrupolo; **to have**
~**s about sth** avere degli scrupoli per
qc.
quandary ['kwɔndrɪ] n: **in a** ~ in un
dilemma.
quango ['kwæŋgəu] n abbr (BRIT: = quasi-
autonomous non-governmental organization)
commissione consultiva di nomina
governativa.
quantifiable ['kwɔntɪfaɪəbl] adj
quantificabile.
quantitative ['kwɔntɪtətɪv] adj
quantitativo(a).
quantity ['kwɔntɪtɪ] n quantità f inv; **in** ~ in
grande quantità.
quantity surveyor n (BRIT) geometra m
(specializzato nel calcolare la quantità e il
costo del materiale da costruzione).
quantum leap ['kwɔntəm-] n (fig) enorme
cambiamento.
quarantine ['kwɔrntiːn] n quarantena.
quark [kwɑːk] n quark m inv.

quarrel ['kwɔrl] *n* lite *f*, disputa ♦ *vi* litigare; **to have a ~ with sb** litigare con qn; **I've no ~ with him** non ho niente contro di lui; **I can't ~ with that** non ho niente da ridire su questo.

quarrelsome ['kwɔrəlsəm] *adj* litigioso(a).

quarry ['kwɔrɪ] *n* (*for stone*) cava; (*animal*) preda ♦ *vt* (*marble etc*) estrarre.

quart [kwɔːt] *n* due pinte *fpl*, ≈ litro.

quarter ['kwɔːtə*] *n* quarto; (*of year*) trimestre *m*; (*district*) quartiere *m*; (*US, Canada: 25 cents*) quarto di dollaro, 25 centesimi ♦ *vt* dividere in quattro; (*MIL*) alloggiare; **~s** *npl* alloggio; (*MIL*) alloggi *mpl*, quadrato; **to pay by the ~** pagare trimestralmente; **a ~ of an hour** un quarto d'ora; **it's a ~ to 3**, (*US*) **it's a ~ of 3** sono le 3 meno un quarto, manca un quarto alle 3; **it's a ~ past 3**, (*US*) **it's a ~ after 3** sono le 3 e un quarto; **from all ~s** da tutte la parti *or* direzioni; **at close ~s** a distanza ravvicinata.

quarterback ['kwɔːtəbæk] *n* (*US FOOTBALL*) quarterback *m inv*.

quarter-deck ['kwɔːtədɛk] *n* (*NAUT*) cassero.

quarter final *n* quarto di finale.

quarterly ['kwɔːtəlɪ] *adj* trimestrale ♦ *adv* trimestralmente ♦ *n* periodico trimestrale.

quartermaster (QM) ['kwɔːtəmɑːstə*] *n* (*MIL*) furiere *m*.

quartet(te) [kwɔːˈtɛt] *n* quartetto.

quarto ['kwɔːtəu] *adj, n* in quarto (*m*) *inv*.

quartz [kwɔːts] *n* quarzo ♦ *cpd* di quarzo; (*watch, clock*) al quarzo.

quash [kwɔʃ] *vt* (*verdict*) annullare.

quasi- ['kweɪzaɪ] *prefix* quasi + *noun*; quasi, pressoché + *adjective*.

quaver ['kweɪvə*] *n* (*BRIT MUS*) croma ♦ *vi* tremolare.

quay [kiː] *n* (*also:* **~side**) banchina.

Que. *abbr* (*Canada*) = **Quebec**.

queasy ['kwiːzɪ] *adj* (*stomach*) delicato(a); **to feel ~** aver la nausea.

Quebec [kwɪˈbɛk] *n* Quebec *m*.

queen [kwiːn] *n* (*gen*) regina; (*CARDS etc*) regina, donna.

queen mother *n* regina madre.

Durante la sessione di apertura del Parlamento britannico il sovrano legge un discorso redatto dal primo ministro, il **Queen's speech** *(se si tratta della regina), che contiene le linee generali del nuovo programma politico.*

---

queer [kwɪə*] *adj* strano(a), curioso(a);

(*suspicious*) dubbio(a), sospetto(a); (*BRIT: sick*): **I feel ~** mi sento poco bene ♦ *n* (*col*) finocchio.

quell [kwɛl] *vt* domare.

quench [kwɛntʃ] *vt* (*flames*) spegnere; **to ~ one's thirst** dissetarsi.

querulous ['kwɛruləs] *adj* querulo(a).

query ['kwɪərɪ] *n* domanda, questione *f*; (*doubt*) dubbio ♦ *vt* mettere in questione; (*disagree with, dispute*) contestare.

quest [kwɛst] *n* cerca, ricerca.

question ['kwɛstʃən] *n* domanda, questione *f* ♦ *vt* (*person*) interrogare; (*plan, idea*) mettere in questione *or* in dubbio; **to ask sb a ~**, **put a ~ to sb** fare una domanda a qn; **to bring** *or* **call sth into ~** mettere in dubbio qc; **the ~ is** ... il problema è ...; **it's a ~ of doing** si tratta di fare; **there's some ~ of doing** c'è chi suggerisce di fare; **beyond ~** fuori di dubbio; **out of the ~** fuori discussione, impossibile.

questionable ['kwɛstʃənəbl] *adj* discutibile.

questioner ['kwɛstʃənə*] *n* interrogante *m/f*.

questioning ['kwɛstʃənɪŋ] *adj* interrogativo(a) ♦ *n* interrogatorio.

question mark *n* punto interrogativo.

questionnaire [kwɛstʃəˈnɛə*] *n* questionario.

queue [kjuː] *n* coda, fila ♦ *vi* fare la coda; **to jump the ~** passare davanti agli altri (in una coda).

quibble ['kwɪbl] *vi* cavillare.

quick [kwɪk] *adj* rapido(a), veloce; (*reply*) pronto(a); (*mind*) pronto(a), acuto(a) ♦ *adv* rapidamente, presto ♦ *n*: **cut to the ~** (*fig*) toccato(a) sul vivo; **be ~!** fa presto!; **to be ~ to act** agire prontamente; **she was ~ to see that** ... ha visto subito che ....

quicken ['kwɪkn] *vt* accelerare, affrettare; (*rouse*) animare, stimolare ♦ *vi* accelerare, affrettarsi.

quick fix *n* soluzione *f* tampone *inv*.

quicklime ['kwɪklaɪm] *n* calce *f* viva.

quickly ['kwɪklɪ] *adv* rapidamente, velocemente; **we must act ~** dobbiamo agire tempestivamente.

quickness ['kwɪknɪs] *n* rapidità; prontezza; acutezza.

quicksand ['kwɪksænd] *n* sabbie *fpl* mobili.

quickstep ['kwɪkstɛp] *n* tipo di ballo simile al fox-trot.

quick-tempered [kwɪkˈtɛmpəd] *adj* che si arrabbia facilmente.

quick-witted [kwɪkˈwɪtɪd] *adj* pronto(a) d'ingegno.

quid [kwɪd] *n* (*pl inv: BRIT col*) sterlina.

quid pro quo ['kwɪdprəuˈkwəu] *n*

contraccambio.

quiet ['kwaɪət] *adj* tranquillo(a), quieto(a); (*reserved*) quieto(a), taciturno(a); (*ceremony*) semplice; (*not noisy: engine*) silenzioso(a); (*not busy: day*) calmo(a), tranquillo(a); (*colour*) discreto(a) ♦ *n* tranquillità, calma ♦ *vt, vi* (*US*) = **quieten**; **keep ~!** sta zitto!; **on the ~** di nascosto; **I'll have a ~ word with him** gli dirò due parole in privato; **business is ~ at this time of year** questa è la stagione morta.

quieten ['kwaɪətn] (*BRIT: also:* ~ **down**) *vi* calmarsi, chetarsi ♦ *vt* calmare, chetare.

quietly ['kwaɪətlɪ] *adv* tranquillamente, calmamente; silenziosamente.

quietness ['kwaɪətnɪs] *n* tranquillità, calma; silenzio.

quill [kwɪl] *n* penna d'oca.

quilt [kwɪlt] *n* trapunta; **continental ~** piumino.

quin [kwɪn] *n abbr* = **quintuplet**.

quince [kwɪns] *n* (mela) cotogna; (*tree*) cotogno.

quinine [kwɪ'niːn] *n* chinino.

quintet(te) [kwɪn'tɛt] *n* quintetto.

quintuplet [kwɪn'tjuːplɪt] *n* uno/a di cinque gemelli.

quip [kwɪp] *n* battuta di spirito.

quire ['kwaɪə*] *n* ventesima parte di una risma.

quirk [kwəːk] *n* ghiribizzo; **by some ~ of fate** per un capriccio della sorte.

quit, *pt, pp* **quit** *or* **quitted** [kwɪt] *vt* lasciare, partire da ♦ *vi* (*give up*) mollare; (*resign*) dimettersi; **to ~ doing** smettere di fare; **~ stalling!** (*US col*) non tirarla per le lunghe!; **notice to ~** (*BRIT*) preavviso (*dato all'inquilino*).

quite [kwaɪt] *adv* (*rather*) assai; (*entirely*) completamente, del tutto; **I ~ understand** capisco perfettamente; **~ a few of them** non pochi di loro; **~ (so)!** esatto!; **~ new** proprio nuovo; **that's not ~ right** non è proprio esatto; **she's ~ pretty** è piuttosto carina.

Quito ['kiːtəu] *n* Quito *m*.

quits [kwɪts] *adj:* ~ **(with)** pari (con); **let's call it ~** adesso siamo pari.

quiver ['kwɪvə*] *vi* tremare, fremere ♦ *n* (*for arrows*) faretra.

quiz [kwɪz] *n* (*game*) quiz *m inv*; indovinello ♦ *vt* interrogare.

quizzical ['kwɪzɪkəl] *adj* enigmatico(a).

quoits [kwɔɪts] *npl* gioco degli anelli.

quorum ['kwɔːrəm] *n* quorum *m*.

quota ['kwəutə] *n* quota.

quotation [kwəu'teɪʃən] *n* citazione *f*; (*of shares etc*) quotazione *f*; (*estimate*)

preventivo.

quotation marks *npl* virgolette *fpl*.

quote [kwəut] *n* citazione *f* ♦ *vt* (*sentence*) citare; (*price*) dare, indicare, fissare; (*shares*) quotare ♦ *vi:* **to ~ from** citare; **to ~ for a job** dare un preventivo per un lavoro; **~s** *npl* (*col*) = **quotation marks**; **in ~s** tra virgolette; **~ ... unquote** (*in dictation*) aprire le virgolette ... chiudere le virgolette.

quotient ['kwəuʃənt] *n* quoziente *m*.

qv *abbr* (= *quod vide: which see*) v.

qwerty keyboard ['kwəːtɪ-] *n* tastiera qwerty *inv*.

R r

R, r [ɑː*] *n* (*letter*) R, r *f or m inv*; **R for Robert**, (*US*) **R for Roger** ≈ R come Roma.

R *abbr* (= *Réaumur* (*scale*)) R; (= *river*) F; (= *right*) D; (*US CINE:* = *restricted*) ≈ vietato; (*US POL*) = **republican**; (*BRIT*) = *Rex, Regina*.

RA *n abbr* (*BRIT*) = *Royal Academy, Royal Academician* ♦ *abbr* = **rear admiral**.

RAAF *n abbr* = *Royal Australian Air Force*.

Rabat [rə'bɑːt] *n* Rabat *f*.

rabbi ['ræbaɪ] *n* rabbino.

rabbit ['ræbɪt] *n* coniglio ♦ *vi:* **to ~ (on)** (*BRIT*) blaterare.

rabbit hole *n* tana di coniglio.

rabbit hutch *n* conigliera.

rabble ['ræbl] *n* (*pej*) canaglia, plebaglia.

rabid ['ræbɪd] *adj* rabbioso(a); (*fig*) fanatico(a).

rabies ['reɪbiːz] *n* rabbia.

RAC *n abbr* (*BRIT*: = *Royal Automobile Club*) ≈ A.C.I. *m* (= *Automobile Club d'Italia*).

raccoon [rə'kuːn] *n* procione *m*.

race [reɪs] *n* razza; (*competition, rush*) corsa ♦ *vt* (*person*) gareggiare (in corsa) con; (*horse*) far correre; (*engine*) imballare ♦ *vi* correre; **the human ~** la razza umana; **he ~d across the road** ha attraversato la strada di corsa; **to ~ in/ out** *etc* precipitarsi dentro/fuori *etc*.

race car *n* (*US*) = **racing car**.

race car driver *n* (*US*) = **racing driver**.

racecourse ['reɪskɔːs] *n* campo di corse, ippodromo.

racehorse ['reɪshɔːs] *n* cavallo da corsa.
race relations *npl* rapporti razziali.
racetrack ['reɪstræk] *n* pista.
racial ['reɪʃl] *adj* razziale.
racial discrimination *n* discriminazione *f* razziale.
racialism ['reɪʃəlɪzəm] *n* razzismo.
racialist ['reɪʃəlɪst] *adj, n* razzista (*m/f*).
racing ['reɪsɪŋ] *n* corsa.
racing car *n* (*BRIT*) macchina da corsa.
racing driver *n* (*BRIT*) corridore *m* automobilista.
racism ['reɪsɪzəm] *n* razzismo.
racist ['reɪsɪst] *adj, n* (*pej*) razzista (*m/f*).
rack [ræk] *n* rastrelliera; (*also*: **luggage ~**) rete *f*, portabagagli *m inv*; (*also*: **roof ~**) portabagagli ♦ *vt* torturare, tormentare; **magazine ~** portariviste *m inv*; **shoe ~** scarpiera; **toast ~** portatoast *m inv*; **to go to ~ and ruin** (*building*) andare in rovina; (*business*) andare in malora *or* a catafascio; **to ~ one's brains** scervellarsi.
▶**rack up** *vt* accumulare.
racket ['rækɪt] *n* (*for tennis*) racchetta; (*noise*) fracasso, baccano; (*swindle*) imbroglio, truffa; (*organized crime*) racket *m inv*.
racketeer [rækɪ'tɪə*] *n* (*US*) trafficante *m/f*.
racoon [rə'kuːn] *n* = **raccoon**.
racquet ['rækɪt] *n* racchetta.
racy ['reɪsɪ] *adj* brioso(a); piccante.
RADA ['rɑːdə] *n abbr* (*BRIT*) = Royal Academy of Dramatic Art.
radar ['reɪdɑː*] *n* radar *m* ♦ *cpd* radar *inv*.
radar trap *n* controllo della velocità con radar.
radial ['reɪdɪəl] *adj* (*also*: **~-ply**) radiale.
radiance ['reɪdɪəns] *n* splendore *m*, radiosità.
radiant ['reɪdɪənt] *adj* raggiante; (*PHYSICS*) radiante.
radiate ['reɪdɪeɪt] *vt* (*heat*) irraggiare, irradiare ♦ *vi* (*lines*) irradiarsi.
radiation [reɪdɪ'eɪʃən] *n* irradiamento; (*radioactive*) radiazione *f*.
radiation sickness *n* malattia da radiazioni.
radiator ['reɪdɪeɪtə*] *n* radiatore *m*.
radiator cap *n* tappo del radiatore.
radiator grill *n* (*AUT*) mascherina, calandra.
radical ['rædɪkl] *adj* radicale.
radii ['reɪdɪaɪ] *npl of* **radius**.
radio ['reɪdɪəu] *n* radio *f inv* ♦ *vt* (*information*) trasmettere per radio; (*one's position*) comunicare via radio; (*person*) chiamare via radio ♦ *vi*: **to ~ to sb** comunicare via radio con qn; **on the ~** alla radio.

radio... ['reɪdɪəu] *prefix* radio....
radioactive ['reɪdɪəu'æktɪv] *adj* radioattivo(a).
radioactivity ['reɪdɪəuæk'tɪvɪtɪ] *n* radioattività.
radio announcer *n* annunciatore/trice della radio.
radio-controlled ['reɪdɪəukən'trəuld] *adj* radiocomandato(a), radioguidato(a).
radiographer [reɪdɪ'ɔgrəfə*] *n* radiologo/a (*tecnico*).
radiography [reɪdɪ'ɔgrəfɪ] *n* radiografia.
radiologist [reɪdɪ'ɔlədʒɪst] *n* radiologo/a (*medico*).
radiology [reɪdɪ'ɔlədʒɪ] *n* radiologia.
radio station *n* stazione *f* radio *inv*.
radio taxi *n* radiotaxi *m inv*.
radiotelephone ['reɪdɪəu'tɛlɪfəun] *n* radiotelefono.
radiotherapist ['reɪdɪəu'θɛrəpɪst] *n* radioterapista *m/f*.
radiotherapy ['reɪdɪəu'θɛrəpɪ] *n* radioterapia.
radish ['rædɪʃ] *n* ravanello.
radium ['reɪdɪəm] *n* radio.
radius, *pl* **radii** ['reɪdɪəs, -ɪaɪ] *n* raggio; (*ANAT*) radio; **within a ~ of 50 miles** in un raggio di 50 miglia.
RAF *n abbr* (*BRIT*) *see* **Royal Air Force**.
raffia ['ræfɪə] *n* rafia.
raffish ['ræfɪʃ] *adj* dal look trasandato.
raffle ['ræfl] *n* lotteria ♦ *vt* (*object*) mettere in palio.
raft [rɑːft] *n* zattera.
rafter ['rɑːftə*] *n* trave *f*.
rag [ræg] *n* straccio, cencio; (*pej*: *newspaper*) giornalaccio; (*for charity*) *iniziativa studentesca a scopo benefico* ♦ *vt* (*BRIT*) prendere in giro; **~s** *npl* stracci *mpl*, brandelli *mpl*; **in ~s** stracciato.

> *Durante il* **rag day/week**, *gli studenti universitari organizzano vari spettacoli e manifestazioni i cui proventi vengono devoluti in beneficenza.*

rag-and-bone man ['rægən'bəun-] *n* straccivendolo.
ragbag ['rægbæg] *n* (*fig*) guazzabuglio.
rag doll *n* bambola di pezza.
rage [reɪdʒ] *n* (*fury*) collera, furia ♦ *vi* (*person*) andare su tutte le furie; (*storm*) infuriare; **it's all the ~** fa furore; **to fly into a ~** andare *or* montare su tutte le furie.
ragged ['rægɪd] *adj* (*edge*) irregolare; (*cuff*) logoro(a); (*appearance*) pezzente.
raging ['reɪdʒɪŋ] *adj* (*all senses*) furioso(a);

in a ~ **temper** su tutte le furie.
rag trade n (col): **the** ~ l'abbigliamento.
raid [reɪd] n (MIL) incursione f; (criminal)
rapina; (by police) irruzione f ♦ vt fare
un'incursione in; rapinare; fare irruzione
in.
raider ['reɪdə*] n rapinatore/trice; (plane)
aeroplano da incursione.
rail [reɪl] n (on stair) ringhiera; (on bridge,
balcony) parapetto; (of ship) battagliola;
(for train) rotaia; ~**s** npl binario, rotaie fpl;
by ~ per ferrovia, in treno.
railcard ['reɪlkɑːd] n (BRIT) tessera di
riduzione ferroviaria.
railing(s) ['reɪlɪŋ(z)] n(pl) ringhiere fpl.
railway ['reɪlweɪ], (US) **railroad** ['reɪlrəud] n
ferrovia.
railway engine n (BRIT) locomotiva.
railway line n (BRIT) linea ferroviaria.
railwayman ['reɪlweɪmən] n (BRIT)
ferroviere m.
railway station n (BRIT) stazione f
ferroviaria.
rain [reɪn] n pioggia ♦ vi piovere; **in the** ~
sotto la pioggia; **it's** ~**ing** piove; **it's** ~**ing
cats and dogs** piove a catinelle.
rainbow ['reɪnbəu] n arcobaleno.
raincoat ['reɪnkəut] n impermeabile m.
raindrop ['reɪndrɔp] n goccia di pioggia.
rainfall ['reɪnfɔːl] n pioggia; (measurement)
piovosità.
rainforest ['reɪnfɔrɪst] n foresta pluviale or
equatoriale.
rainproof ['reɪnpruːf] adj impermeabile.
rainstorm ['reɪnstɔːm] n pioggia
torrenziale.
rainwater ['reɪnwɔːtə*] n acqua piovana.
rainy ['reɪnɪ] adj piovoso(a).
raise [reɪz] n aumento ♦ vt (lift) alzare,
sollevare; (build) erigere; (increase)
aumentare; (a protest, doubt, question)
sollevare; (cattle, family) allevare; (crop)
coltivare; (army, funds) raccogliere; (loan)
ottenere; (end: siege, embargo) togliere; **to
~ one's voice** alzare la voce; **to ~ sb's
hopes** accendere le speranze di qn; **to ~
one's glass to sb/sth** brindare a qn/qc; **to
~ a laugh/a smile** far ridere/sorridere.
raisin ['reɪzn] n uva secca.
Raj [rɑːdʒ] n: **the** ~ l'impero britannico (in
India).
rajah ['rɑːdʒə] n ragià m inv.
rake [reɪk] n (tool) rastrello; (person)
libertino ♦ vt (garden) rastrellare; (with
machine gun) spazzare ♦ vi: **to ~ through**
(fig: search) frugare tra.
rake-off ['reɪkɔf] n (col) parte f percentuale,
fetta.

rakish ['reɪkɪʃ] adj dissoluto(a);
disinvolto(a).
rally ['rælɪ] n (POL etc) riunione f; (AUT) rally
m inv; (TENNIS) scambio ♦ vt riunire,
radunare ♦ vi raccogliersi, radunarsi;
(sick person, STOCK EXCHANGE)
riprendersi.
▶**rally round** vt fus raggrupparsi intorno a;
venire in aiuto di.
rallying point ['rælɪɪŋ-] n (POL, MIL) punto
di riunione, punto di raduno.
RAM [ræm] n abbr (COMPUT: = random access
memory) RAM f.
ram [ræm] n montone m, ariete m; (device)
ariete ♦ vt conficcare; (crash into) cozzare,
sbattere contro; percuotere; speronare.
ramble ['ræmbl] n escursione f ♦ vi (pej:
also: ~ **on**) divagare.
rambler ['ræmblə*] n escursionista m/f;
(BOT) rosa rampicante.
rambling ['ræmblɪŋ] adj (speech)
sconnesso(a); (BOT) rampicante; (house)
tutto(a) nicchie e corridoi.
rambunctious [ræm'bʌŋkʃəs] adj (US)
= **rumbustious**.
RAMC n abbr (BRIT) = Royal Army Medical
Corps.
ramification [ræmɪfɪ'keɪʃən] n
ramificazione f.
ramp [ræmp] n rampa; (AUT) dosso
artificiale.
rampage [ræm'peɪdʒ] n: **to go on the** ~
scatenarsi in modo violento ♦ vi: **they
went rampaging through the town** si
sono scatenati in modo violento per la
città.
rampant ['ræmpənt] adj (disease etc) che
infierisce.
rampart ['ræmpɑːt] n bastione m.
ram raiding [-reɪdɪŋ] n il rapinare un
negozio sfondandone la vetrina con un
veicolo rubato.
ramshackle ['ræmʃækl] adj (house) cadente;
(car etc) sgangherato(a).
RAN n abbr = Royal Australian Navy.
ran [ræn] pt of **run**.
ranch [rɑːntʃ] n ranch m inv.
rancher ['rɑːntʃə*] n (owner) proprietario
di un ranch; (ranch hand) cowboy m inv.
rancid ['rænsɪd] adj rancido(a).
rancour, (US) **rancor** ['ræŋkə*] n rancore
m.
R&B n abbr = rhythm and blues.
R&D n abbr see **research and development**.
random ['rændəm] adj fatto(a) or detto(a)
per caso; (COMPUT, MATH) casuale ♦ n: **at
~** a casaccio.
random access n (COMPUT) accesso

casuale.
randy ['rændɪ] *adj* (*col*) arrapato(a); lascivo(a).
rang [ræŋ] *pt of* **ring**.
range [reɪndʒ] *n* (*of mountains*) catena; (*of missile, voice*) portata; (*of products*) gamma; (*MIL: also:* **shooting ~**) campo di tiro; (*also:* **kitchen ~**) fornello, cucina economica ♦ *vt* (*place*) disporre, allineare; (*roam*) vagare per ♦ *vi:* **to ~ over** coprire; **to ~ from ... to** andare da ... a; **price ~** gamma di prezzi; **do you have anything else in this price ~?** ha nient'altro su *or* di questo prezzo?; **within (firing) ~** a portata di tiro; **~d left/right** (*text*) allineato(a) a destra/sinistra.
ranger ['reɪndʒə*] *n* guardia forestale.
Rangoon [ræŋ'guːn] *n* Rangun *f*.
rank [ræŋk] *n* fila; (*MIL*) grado; (*BRIT: also:* **taxi ~**) posteggio di taxi ♦ *vi:* **to ~ among** essere nel numero di ♦ *adj* (*smell*) puzzolente; (*hypocrisy, injustice*) vero(a) e proprio(a); **the ~s** (*MIL*) la truppa; **the ~ and file** (*fig*) la gran massa; **to close ~s** (*MIL, fig*) serrare i ranghi; **I ~ him sixth** gli do il sesto posto, lo metto al sesto posto.
rankle ['ræŋkl] *vi:* **to ~ (with sb)** bruciare (a qn).
rank outsider *n* outsider *m/f inv*.
ransack ['rænsæk] *vt* rovistare; (*plunder*) saccheggiare.
ransom ['rænsəm] *n* riscatto; **to hold sb to ~** (*fig*) esercitare pressione su qn.
rant [rænt] *vi* vociare.
ranting ['ræntɪŋ] *n* vociare *m*.
rap [ræp] *n* (*noise*) colpetti *mpl*; (*at a door*) bussata ♦ *vt* dare dei colpetti a; bussare a.
rape [reɪp] *n* violenza carnale, stupro ♦ *vt* violentare.
rape(seed) oil ['reɪp(siːd)-] *n* olio di ravizzone.
rapid ['ræpɪd] *adj* rapido(a).
rapidity [rə'pɪdɪtɪ] *n* rapidità.
rapidly ['ræpɪdlɪ] *adv* rapidamente.
rapids ['ræpɪdz] *npl* (*GEO*) rapida.
rapist ['reɪpɪst] *n* violentatore *m*.
rapport [ræ'pɔː*] *n* rapporto.
rapt [ræpt] *adj* (*attention*) rapito(a), profondo(a); **to be ~ in contemplation** essere in estatica contemplazione.
rapture ['ræptʃə*] *n* estasi *f inv*; **to go into ~s over** andare in solluchero per.
rapturous ['ræptʃərəs] *adj* estatico(a).
rare [rɛə*] *adj* raro(a); (*CULIN: steak*) al sangue; **it is ~ to find that ...** capita di rado *or* raramente che ... + *sub*.

rarebit ['rɛəbɪt] *n see* **Welsh rarebit**.
rarefied ['rɛərɪfaɪd] *adj* (*air, atmosphere*) rarefatto(a).
rarely ['rɛəlɪ] *adv* raramente.
raring ['rɛərɪŋ] *adj:* **to be ~ to go** (*col*) non veder l'ora di cominciare.
rarity ['rɛərɪtɪ] *n* rarità *f inv*.
rascal ['rɑːskl] *n* mascalzone *m*.
rash [ræʃ] *adj* imprudente, sconsiderato(a) ♦ *n* (*MED*) eruzione *f*; **to come out in a ~** avere uno sfogo.
rasher ['ræʃə*] *n* fetta sottile (di lardo *or* prosciutto).
rasp [rɑːsp] *n* (*tool*) lima ♦ *vt* (*speak: also:* **~ out**) gracchiare.
raspberry ['rɑːzbərɪ] *n* lampone *m*.
raspberry bush *n* lampone *m* (*pianta*).
rasping ['rɑːspɪŋ] *adj* stridulo(a).
Rastafarian [ræstə'fɛərɪən] *adj, n* rastafariano(a).
rat [ræt] *n* ratto.
ratable ['reɪtəbl] *adj* = **rateable**.
ratchet ['rætʃɪt] *n:* **~ wheel** ruota dentata.
rate [reɪt] *n* (*proportion*) percentuale *f*; (*speed*) velocità *f inv*; (*price*) tariffa ♦ *vt* valutare; stimare; **to ~ sb/sth as** valutare qn/qc come; **to ~ sb/sth among** annoverare qn/qc tra; **to ~ sb/sth highly** stimare molto qn/qc; **at a ~ of 60 kph** alla velocità di 60 km all'ora; **~ of exchange** tasso di cambio; **~ of flow** flusso medio; **~ of growth** tasso di crescita; **~ of return** tasso di rendimento; **pulse ~** frequenza delle pulsazioni; *see also* **rates**.
rateable value ['reɪtəbl-] *n* (*BRIT*) valore *m* imponibile (agli effetti delle imposte comunali).
ratepayer ['reɪtpeɪə*] *n* (*BRIT*) contribuente *m/f* (che paga le imposte comunali).
rates [reɪts] *npl* (*BRIT*) imposte *fpl* comunali.
rather ['rɑːðə*] *adv* piuttosto; (*somewhat*) abbastanza; (*to some extent*) un po'; **it's ~ expensive** è piuttosto caro; (*too much*) è un po' caro; **there's ~ a lot** ce n'è parecchio; **I would** *or* **I'd ~ go** preferirei andare; **I had ~ go** farei meglio ad andare; **I'd ~ not leave** preferirei non partire; **or ~** (*more accurately*) anzi, per essere (più) precisi; **I ~ think he won't come** credo proprio che non verrà.
ratification [rætɪfɪ'keɪʃən] *n* ratificazione *f*.
ratify ['rætɪfaɪ] *vt* ratificare.
rating ['reɪtɪŋ] *n* classificazione *f*; punteggio di merito; (*NAUT: category*) classe *f*; (*: sailor: BRIT*) marinaio semplice.
ratings ['reɪtɪŋz] *npl* (*RADIO, TV*) indice *m* di ascolto.
ratio ['reɪʃɪəu] *n* proporzione *f*; **in the ~ of 2**

to 1 in rapporto di 2 a 1.
ration ['ræʃən] *n* razione *f* ♦ *vt* razionare.
rational ['ræʃənl] *adj* razionale, ragionevole; (*solution, reasoning*) logico(a).
rationale [ræʃə'nɑːl] *n* fondamento logico; giustificazione *f*.
rationalization [ræʃnəlaɪ'zeɪʃən] *n* razionalizzazione *f*.
rationalize ['ræʃnəlaɪz] *vt* razionalizzare.
rationally ['ræʃnəlɪ] *adv* razionalmente; logicamente.
rationing ['ræʃnɪŋ] *n* razionamento.
ratpack ['rætpæk] *n* (*BRIT col*) stampa scandalistica.
rat poison *n* veleno per topi.
rat race *n* carrierismo, corsa al successo.
rattan [ræ'tæn] *n* malacca.
rattle ['rætl] *n* tintinnio; (*louder*) rumore *m* di ferraglia; (*object: of baby*) sonaglino; (*: of sports fan*) raganella ♦ *vi* risuonare, tintinnare; fare un rumore di ferraglia ♦ *vt* agitare; far tintinnare; (*col: disconcert*) sconcertare.
rattlesnake ['rætlsneɪk] *n* serpente *m* a sonagli.
ratty ['rætɪ] *adj* (*col*) incavolato(a).
raucous ['rɔːkəs] *adj* sguaiato(a).
raucously ['rɔːkəslɪ] *adv* sguaiatamente.
raunchy ['rɔːntʃɪ] *adj* (*col: person*) allupato(a); (*: voice, song*) libidinoso(a).
ravage ['rævɪdʒ] *vt* devastare.
ravages ['rævɪdʒɪz] *npl* danni *mpl*.
rave [reɪv] *vi* (*in anger*) infuriarsi; (*with enthusiasm*) andare in estasi; (*MED*) delirare ♦ *n*: **a ~ (party)** un rave ♦ *adj* (*scene, culture, music*) del fenomeno rave ♦ *cpd*: **~ review** (*col*) critica entusiastica.
raven ['reɪvən] *n* corvo.
ravenous ['rævənəs] *adj* affamato(a).
ravine [rə'viːn] *n* burrone *m*.
raving ['reɪvɪŋ] *adj*: **~ lunatic** pazzo(a) furioso(a).
ravings ['reɪvɪŋz] *npl* vaneggiamenti *mpl*.
ravioli [rævɪ'əʊlɪ] *n* ravioli *mpl*.
ravish ['rævɪʃ] *vt* (*delight*) estasiare.
ravishing ['rævɪʃɪŋ] *adj* incantevole.
raw [rɔː] *adj* (*uncooked*) crudo(a); (*not processed*) greggio(a); (*sore*) vivo(a); (*inexperienced*) inesperto(a); **to get a ~ deal** (*col: bad bargain*) prendere un bidone; (*: harsh treatment*) venire trattato ingiustamente.
Rawalpindi [rɔːl'pɪndɪ] *n* Rawalpindi *f*.
raw material *n* materia prima.
ray [reɪ] *n* raggio.
rayon ['reɪɔn] *n* raion *m*.
raze [reɪz] *vt* radere, distruggere; (*also*: ~

to the ground) radere al suolo.
razor ['reɪzə*] *n* rasoio.
razor blade *n* lama di rasoio.
razzle(-dazzle) ['ræzl('dæzl)] *n* (*BRIT col*): **to be/go on the ~** darsi alla pazza gioia.
razzmatazz ['ræzmə'tæz] *n* (*col*) clamore *m*.
RC *abbr* = **Roman Catholic**.
RCAF *n abbr* = *Royal Canadian Air Force*.
RCMP *n abbr* = *Royal Canadian Mounted Police*.
RCN *n abbr* = *Royal Canadian Navy*.
RD *abbr* (*US POST*) = *rural delivery*.
Rd *abbr* = *road*.
RDC *n abbr* (*BRIT*) *see* **rural district council**.
RE *n abbr* (*BRIT MIL*: = *Royal Engineers*) ≈ G.M. (= *Genio Militare*); (*BRIT*) = **religious education**.
re [riː] *prep* con riferimento a.
reach [riːtʃ] *n* portata; (*of river etc*) tratto ♦ *vt* raggiungere; arrivare a ♦ *vi* stendersi; (*stretch out hand: also*: ~ **down**, ~ **over**, ~ **across** *etc*) allungare una mano; **out of/within ~** (*object*) fuori/a portata di mano; **within easy ~ (of)** (*place*) a breve distanza (di), vicino (a); **to ~ sb by phone** contattare qn per telefono; **can I ~ you at your hotel?** la posso contattare al suo albergo?
▶**reach out** *vi*: **to ~ out for** stendere la mano per prendere.
react [riː'ækt] *vi* reagire.
reaction [riː'ækʃən] *n* reazione *f*.
reactionary [riː'ækʃənrɪ] *adj, n* reazionario(a).
reactor [riː'æktə*] *n* reattore *m*.
read, *pt, pp* **read** [riːd, rɛd] *vi* leggere ♦ *vt* leggere; (*understand*) intendere, interpretare; (*study*) studiare; **do you ~ me?** (*TEL*) mi ricevete?; **to take sth as read** (*fig*) dare qc per scontato.
▶**read out** *vt* leggere ad alta voce.
▶**read over** *vt* rileggere attentamente.
▶**read through** *vt* (*quickly*) dare una scorsa a; (*thoroughly*) leggere da cima a fondo.
▶**read up** *vt*, **read up on** *vt fus* studiare bene.
readable ['riːdəbl] *adj* leggibile; che si legge volentieri.
reader ['riːdə*] *n* lettore/trice; (*book*) libro di lettura; (*BRIT: at university*) professore con funzioni preminenti di ricerca.
readership ['riːdəʃɪp] *n* (*of paper etc*) numero di lettori.
readily ['rɛdɪlɪ] *adv* volentieri; (*easily*) facilmente.
readiness ['rɛdɪnɪs] *n* prontezza; **in ~** (*prepared*) pronto(a).

reading ['riːdɪŋ] n lettura; (*understanding*) interpretazione f; (*on instrument*) indicazione f.

reading lamp n lampada da studio.

reading room n sala di lettura.

readjust [riːə'dʒʌst] vt raggiustare ♦ vi (*person*): **to ~ (to)** riadattarsi (a).

ready ['rɛdɪ] adj pronto(a); (*willing*) pronto(a), disposto(a); (*quick*) rapido(a); (*available*) disponibile ♦ n: **at the ~** (*MIL*) pronto a sparare; (*fig*) tutto(a) pronto(a); **~ for use** pronto per l'uso; **to be ~ to do sth** essere pronto a fare qc; **to get ~** vi prepararsi ♦ vt preparare.

ready cash n denaro in contanti.

ready-cooked [rɛdɪ'kukt] adj già cotto(a).

ready-made [rɛdɪ'meɪd] adj prefabbricato(a); (*clothes*) confezionato(a).

ready reckoner [-'rɛkənə*] n (*BRIT*) prontuario di calcolo.

ready-to-wear [rɛdɪtə'wɛə*] adj prêt-à-porter inv.

reagent [riː'eɪdʒənt] n: **chemical ~** reagente m chimico.

real [rɪəl] adj reale; vero(a) ♦ adv (*US col: very*) veramente, proprio; **in ~ terms** in realtà; **in ~ life** nella realtà.

real ale n *birra ad effervescenza naturale.*

real estate n beni mpl immobili.

realism ['rɪəlɪzəm] n (*also ART*) realismo.

realist ['rɪəlɪst] n realista m/f.

realistic [rɪə'lɪstɪk] adj realistico(a).

reality [riː'ælɪtɪ] n realtà f inv; **in ~** in realtà, in effetti.

realization [rɪəlaɪ'zeɪʃən] n (*awareness*) presa di coscienza; (*of hopes, project etc*) realizzazione f.

realize ['rɪəlaɪz] vt (*understand*) rendersi conto di; (*a project, COMM: asset*) realizzare; **I ~ that** ... mi rendo conto or capisco che ....

really ['rɪəlɪ] adv veramente, davvero.

realm [rɛlm] n reame m, regno.

real time n (*COMPUT*) tempo reale.

Realtor ® ['rɪəltɔː*] n (*US*) agente m immobiliare.

ream [riːm] n risma; **~s** (*fig col*) pagine e pagine fpl.

reap [riːp] vt mietere; (*fig*) raccogliere.

reaper ['riːpə*] n (*machine*) mietitrice f.

reappear [riːə'pɪə*] vi ricomparire, riapparire.

reappearance [riːə'pɪərəns] n riapparizione f.

reapply [riːə'plaɪ] vi: **to ~ for** fare un'altra domanda per.

reappraisal [riːə'preɪzl] n riesame m.

rear [rɪə*] adj di dietro; (*AUT: wheel etc*) posteriore ♦ n didietro, parte f posteriore ♦ vt (*cattle, family*) allevare ♦ vi (*also*: **~ up**: *animal*) impennarsi.

rear admiral n contrammiraglio.

rear-engined ['rɪər'ɛndʒɪnd] adj (*AUT*) con motore posteriore.

rearguard ['rɪəgɑːd] n retroguardia.

rearm [riː'ɑːm] vt, vi riarmare.

rearmament [riː'ɑːməmənt] n riarmo.

rearrange [riːə'reɪndʒ] vt riordinare.

rear-view mirror ['rɪəvjuː-] n (*AUT*) specchio retrovisivo.

reason ['riːzn] n ragione f; (*cause, motive*) ragione, motivo ♦ vi: **to ~ with sb** far ragionare qn; **to have ~ to think** avere motivi per pensare; **it stands to ~ that** è ovvio che; **the ~ for/why** la ragione or il motivo di/per cui; **with good ~** a ragione; **all the more ~ why you should not sell it** ragione di più per non venderlo.

reasonable ['riːznəbl] adj ragionevole; (*not bad*) accettabile.

reasonably ['riːznəblɪ] adv ragionevolmente; **one can ~ assume that** ... uno può facilmente supporre che ....

reasoned ['riːznd] adj (*argument*) ponderato(a).

reasoning ['riːznɪŋ] n ragionamento.

reassemble [riːə'sɛmbl] vt riunire; (*machine*) rimontare.

reassert [riːə'səːt] vt riaffermare.

reassurance [riːə'ʃuərəns] n rassicurazione f.

reassure [riːə'ʃuə*] vt rassicurare; **to ~ sb of** rassicurare qn di or su.

reassuring [riːə'ʃuərɪŋ] adj rassicurante.

reawakening [riːə'weɪknɪŋ] n risveglio.

rebate ['riːbeɪt] n rimborso.

rebel n ['rɛbl] ribelle m/f ♦ vi [rɪ'bɛl] ribellarsi.

rebellion [rɪ'bɛljən] n ribellione f.

rebellious [rɪ'bɛljəs] adj ribelle.

rebirth [riː'bəːθ] n rinascita.

rebound vi [rɪ'baund] (*ball*) rimbalzare ♦ n ['riːbaund] rimbalzo.

rebuff [rɪ'bʌf] n secco rifiuto ♦ vt respingere.

rebuild [riː'bɪld] vt irreg ricostruire.

rebuke [rɪ'bjuːk] n rimprovero ♦ vt rimproverare.

rebut [rɪ'bʌt] vt rifiutare.

rebuttal [rɪ'bʌtl] n rifiuto.

recalcitrant [rɪ'kælsɪtrənt] adj recalcitrante.

recall [rɪ'kɔːl] vt (*gen, COMPUT*) richiamare; (*remember*) ricordare, richiamare alla mente ♦ n richiamo; **beyond ~**

irrevocabile.
recant [rɪ'kænt] *vi* ritrattarsi; (*REL*) fare
abiura.
recap ['riːkæp] *n* ricapitolazione *f* ♦ *vt*
ricapitolare ♦ *vi* riassumere.
recapture [riː'kæptʃə*] *vt* riprendere;
(*atmosphere*) ricreare.
recd. *abbr* = received.
recede [rɪ'siːd] *vi* allontanarsi; ritirarsi;
calare.
receding [rɪ'siːdɪŋ] *adj* (*forehead, chin*)
sfuggente; **he's got a ~ hairline** è
stempiato.
receipt [rɪ'siːt] *n* (*document*) ricevuta; (*act
of receiving*) ricevimento; **to acknowledge
~ of** accusare ricevuta di; **we are in ~ of
... abbiamo ricevuto ....**
receipts [rɪ'siːts] *npl* (*COMM*) introiti *mpl.*
receivable [rɪ'siːvəbl] *adj* (*COMM*) esigibile;
(*: owed*) dovuto/a).
receive [rɪ'siːv] *vt* ricevere; (*guest*)
ricevere, accogliere; **"~d with thanks"**
(*COMM*) "per quietanza".

Si chiama **Received Pronunciation (RP)**
*l'accento dell'inglese parlato in alcune parti
del sud-est dell'Inghilterra. In esso si
identifica l'inglese "standard" delle classi
colte, privo di inflessioni regionali e
adottato tradizionalmente dagli
annunciatori della* BBC. *È anche l'accento
standard dell'inglese insegnato come lingua
straniera.*

---

receiver [rɪ'siːvə*] *n* (*TEL*) ricevitore *m*;
(*RADIO*) apparecchio ricevente; (*of stolen
goods*) ricettatore/trice; (*LAW*) curatore *m*
fallimentare.
receivership [rɪ'siːvəʃɪp] *n* curatela; **to go
into ~** andare in amministrazione
controllata.
recent ['riːsnt] *adj* recente; **in ~ years** negli
ultimi anni.
recently ['riːsntlɪ] *adv* recentemente; **as ~
as ...** soltanto ...; **until ~** fino a poco tempo
fa.
receptacle [rɪ'sɛptɪkl] *n* recipiente *m.*
reception [rɪ'sɛpʃən] *n* (*gen*) ricevimento;
(*welcome*) accoglienza; (*TV etc*) ricezione
f.
reception centre *n* (*BRIT*) centro di
raccolta.
reception desk *n* (*in hotel*) reception *f inv*;
(*in hospital, at doctor's*) accettazione *f*; (*in
large building, offices*) portineria.
receptionist [rɪ'sɛpʃənɪst] *n* receptionist *m/f
inv.*
receptive [rɪ'sɛptɪv] *adj* ricettivo/a).

recess [rɪ'sɛs] *n* (*in room*) alcova; (*POL etc:
holiday*) vacanze *fpl*; (*US LAW: short break*)
sospensione *f*; (*US SCOL*) intervallo.
recession [rɪ'sɛʃən] *n* (*ECON*) recessione *f.*
recharge [riː'tʃɑːdʒ] *vt* (*battery*) ricaricare.
rechargeable ['riː'tʃɑːdʒəbl] *adj*
ricaricabile.
recipe ['rɛsɪpɪ] *n* ricetta.
recipient [rɪ'sɪpɪənt] *n* beneficiario/a; (*of
letter*) destinatario/a.
reciprocal [rɪ'sɪprəkl] *adj* reciproco(a).
reciprocate [rɪ'sɪprəkeɪt] *vt* ricambiare,
contraccambiare.
recital [rɪ'saɪtl] *n* recital *m inv*; concerto (di
solista).
recite [rɪ'saɪt] *vt* (*poem*) recitare.
reckless ['rɛkləs] *adj* (*driver etc*)
spericolato(a); (*spender*) incosciente.
recklessly ['rɛkləslɪ] *adv* in modo
spericolato; da incosciente.
reckon ['rɛkən] *vt* (*count*) calcolare;
(*consider*) considerare, stimare; (*think*): **I
~ that ... penso che ...** ♦ *vi* contare,
calcolare; **to ~ without sb/sth** non tener
conto di qn/qc; **he is somebody to be ~ed
with** è uno da non sottovalutare.
►**reckon on** *vt fus* contare su.
reckoning ['rɛknɪŋ] *n* conto; stima; **the day
of ~** il giorno del giudizio.
reclaim [rɪ'kleɪm] *vt* (*land*) bonificare;
(*demand back*) richiedere, reclamare.
reclamation [rɛklə'meɪʃən] *n* bonifica.
recline [rɪ'klaɪn] *vi* stare sdraiato(a).
reclining [rɪ'klaɪnɪŋ] *adj* (*seat*) ribaltabile.
recluse [rɪ'kluːs] *n* eremita *m*, recluso/a.
recognition [rɛkəg'nɪʃən] *n*
riconoscimento; **to gain ~** essere
riconosciuto(a); **in ~ of** in *or* come segno
di riconoscimento per; **transformed
beyond ~** irriconoscibile.
recognizable ['rɛkəgnaɪzəbl] *adj*: **~ (by)**
riconoscibile (a *or* da).
recognize ['rɛkəgnaɪz] *vt*: **to ~ (by/as)**
riconoscere (a *or* da/come).
recoil [rɪ'kɔɪl] *vi* (*gun*) rinculare; (*spring*)
balzare indietro; (*person*): **to ~ (from)**
indietreggiare (davanti a) ♦ *n* (*of gun*)
rinculo.
recollect [rɛkə'lɛkt] *vt* ricordare.
recollection [rɛkə'lɛkʃən] *n* ricordo; **to the
best of my ~** per quello che mi ricordo.
recommend [rɛkə'mɛnd] *vt* raccomandare;
(*advise*) consigliare; **she has a lot to ~ her**
ha molti elementi a suo favore.
recommendation [rɛkəmɛn'deɪʃən] *n*
raccomandazione *f*; consiglio.
recommended retail price (RRP)
[rɛkə'mɛndɪd-] *n* (*BRIT*) prezzo

raccomandato al dettaglio.

recompense ['rɛkəmpens] *vt* ricompensare; (*compensate*) risarcire ♦ *n* ricompensa; risarcimento.

reconcilable ['rɛkənsaɪləbl] *adj* conciliabile.

reconcile ['rɛkənsaɪl] *vt* (*two people*) riconciliare; (*two facts*) conciliare, quadrare; **to ~ o.s. to** rassegnarsi a.

reconciliation [rɛkənsɪlɪ'eɪʃən] *n* riconciliazione *f*; conciliazione *f*.

recondite [rɪ'kɔndaɪt] *adj* recondito(a).

recondition [riːkən'dɪʃən] *vt* rimettere a nuovo; rifare.

reconnaissance [rɪ'kɔnɪsns] *n* (*MIL*) ricognizione *f*.

reconnoitre, (*US*) **reconnoiter** [rɛkə'nɔɪtə*] (*MIL*) *vt* fare una ricognizione di ♦ *vi* fare una ricognizione.

reconsider [riːkən'sɪdə*] *vt* riconsiderare.

reconstitute [riː'kɔnstɪtjuːt] *vt* ricostituire.

reconstruct [riːkən'strʌkt] *vt* ricostruire.

reconstruction [riːkən'strʌkʃən] *n* ricostruzione *f*.

reconvene [riːkən'viːn] *vt* riconvocare ♦ *vi* radunarsi.

record *n* ['rɛkɔːd] ricordo, documento; (*of meeting etc*) nota, verbale *m*; (*register*) registro; (*file*) pratica, dossier *m inv*; (*COMPUT*) record *m inv*, registrazione *f*; (*also: police* ~) fedina penale sporca; (*MUS: disc*) disco; (*SPORT*) record *m inv*, primato ♦ *vt* [rɪ'kɔːd] (*set down*) prendere nota di, registrare; (*relate*) raccontare; (*COMPUT, MUS: song etc*) registrare; **public ~s** archivi *mpl*; **Italy's excellent ~** i brillanti successi italiani; **in ~ time** a tempo di record; **to keep a ~ of** tener nota di; **to set the ~ straight** mettere le cose in chiaro; **off the ~** *adj* ufficioso(a) ♦ *adv* ufficiosamente; **he is on ~ as saying that** ... ha dichiarato pubblicamente che ....

record card *n* (*in file*) scheda.

recorded delivery letter [rɪ'kɔːdɪd-] *n* (*BRIT POST*) lettera raccomandata.

recorder [rɪ'kɔːdə*] *n* (*LAW*) avvocato che funge da giudice; (*MUS*) flauto diritto.

record holder *n* (*SPORT*) primatista *m/f*.

recording [rɪ'kɔːdɪŋ] *n* (*MUS*) registrazione *f*.

recording studio *n* studio di registrazione.

record library *n* discoteca.

record player *n* giradischi *m inv*.

recount [rɪ'kaunt] *vt* raccontare, narrare.

re-count *n* ['riːkaunt] (*POL: of votes*) nuovo conteggio ♦ *vt* [riː'kaunt] ricontare.

recoup [rɪ'kuːp] *vt* ricuperare; **to ~ one's losses** ricuperare le perdite, rifarsi.

recourse [rɪ'kɔːs] *n*: **to have ~ to** ricorrere a.

recover [rɪ'kʌvə*] *vt* ricuperare ♦ *vi* (*from illness*) rimettersi (in salute), ristabilirsi; (*country, person: from shock*) riprendersi.

re-cover [riː'kʌvə*] *vt* (*chair etc*) ricoprire.

recovery [rɪ'kʌvərɪ] *n* ricupero; ristabilimento; ripresa.

recreate [riːkrɪ'eɪt] *vt* ricreare.

recreation [rɛkrɪ'eɪʃən] *n* ricreazione *f*; svago.

recreational [rɛkrɪ'eɪʃənəl] *adj* ricreativo(a).

recreational drug *n droga usata saltuariamente.*

recreational vehicle (RV) *n* (*US*) camper *m inv.*

recrimination [rɪkrɪmɪ'neɪʃən] *n* recriminazione *f*.

recruit [rɪ'kruːt] *n* recluta ♦ *vt* reclutare.

recruiting office [rɪ'kruːtɪŋ-] *n* ufficio di reclutamento.

recruitment [rɪ'kruːtmənt] *n* reclutamento.

rectangle ['rɛktæŋgl] *n* rettangolo.

rectangular [rɛk'tæŋgjulə*] *adj* rettangolare.

rectify ['rɛktɪfaɪ] *vt* (*error*) rettificare; (*omission*) riparare.

rector ['rɛktə*] *n* (*REL*) parroco (*anglicano*); (*in Scottish universities*) *personalità eletta dagli studenti per rappresentarli.*

rectory ['rɛktərɪ] *n* presbiterio.

rectum ['rɛktəm] *n* (*ANAT*) retto.

recuperate [rɪ'kjuːpəreɪt] *vi* ristabilirsi.

recur [rɪ'kəː*] *vi* riaccadere; (*idea, opportunity*) riapparire; (*symptoms*) ripresentarsi.

recurrence [rɪ'kʌrəns] *n* ripresentarsi *m*; riapparizione *f*.

recurrent [rɪ'kʌrənt] *adj* ricorrente, periodico(a).

recurring [rɪ'kʌrɪŋ] *adj* (*MATH*) periodico(a).

recycle [riː'saɪkl] *vt* riciclare.

red [rɛd] *n* rosso; (*POL: pej*) rosso/a ♦ *adj* rosso(a); **in the ~** (*account*) scoperto; (*business*) in deficit.

red alert *n* allarme *m* rosso.

red-blooded ['rɛd'blʌdɪd] *adj* (*col*) gagliardo(a).

red-brick university ['rɛdbrɪk-] *n università di recente formazione.*

In Gran Bretagna, con **red-brick university** *(letteralmente, università di mattoni rossi) si indicano le università di recente formazione, cioè quelle istituite tra la fine dell'Ottocento e i primi del Novecento, per* *contraddistinguerle dalle università più antiche, i cui edifici sono di pietra; vedi anche* **Oxbridge.**

red carpet treatment *n* cerimonia col gran pavese.

Red Cross *n* Croce *f* Rossa.

redcurrant ['rɛdkʌrənt] *n* ribes *m inv.*

redden ['rɛdn] *vt* arrossare ♦ *vi* arrossire.

reddish ['rɛdɪʃ] *adj* rossiccio(a).

redecorate [riː'dɛkəreɪt] *vt* tinteggiare (e tappezzare) di nuovo.

redeem [rɪ'diːm] *vt* (*debt*) riscattare; (*sth in pawn*) ritirare; (*fig, also REL*) redimere.

redeemable [rɪ'diːməbl] *adj* con diritto di riscatto; redimibile.

redeeming [rɪ'diːmɪŋ] *adj* (*feature*) che salva.

redefine [riːdɪ'faɪn] *vt* ridefinire.

redemption [rɪ'dɛmpʃən] *n* (*REL*) redenzione *f*; **past** *or* **beyond** ~ irrecuperabile.

redeploy [riːdɪ'plɔɪ] *vt* (*MIL*) riorganizzare lo schieramento di; (*resources*) riorganizzare.

redeployment [riːdɪ'plɔɪmənt] *n* riorganizzazione *f.*

redevelop [riːdɪ'vɛləp] *vt* ristrutturare.

redevelopment [riːdɪ'vɛləpmənt] *n* ristrutturazione *f.*

red-handed [rɛd'hændɪd] *adj*: **to be caught** ~ essere preso(a) in flagrante *or* con le mani nel sacco.

redhead ['rɛdhɛd] *n* rosso/a.

red herring *n* (*fig*) falsa pista.

red-hot [rɛd'hɒt] *adj* arroventato(a).

redirect [riːdaɪ'rɛkt] *vt* (*mail*) far seguire.

redistribute [riːdɪ'strɪbjuːt] *vt* ridistribuire.

red-letter day ['rɛdlɛtə-] *n* giorno memorabile.

red light *n*: **to go through a** ~ (*AUT*) passare col rosso.

red-light district [rɛd'laɪt-] *n* quartiere *m* luce rossa *inv.*

red meat *n* carne *f* rossa.

redness ['rɛdnɪs] *n* rossore *m*; (*of hair*) rosso.

redo [riː'duː] *vt irreg* rifare.

redolent ['rɛdələnt] *adj*: ~ **of** che sa di; (*fig*) che ricorda.

redouble [riː'dʌbl] *vt*: **to** ~ **one's efforts** raddoppiare gli sforzi.

redraft [riː'drɑːft] *vt* fare una nuova stesura di.

redress [rɪ'drɛs] *n* riparazione *f* ♦ *vt* riparare; **to** ~ **the balance** ristabilire l'equilibrio.

Red Sea *n*: **the** ~ il mar Rosso.

redskin ['rɛdskɪn] *n* pellerossa *m/f.*

red tape *n* (*fig*) burocrazia.

reduce [rɪ'djuːs] *vt* ridurre; (*lower*) ridurre, abbassare; "~ **speed now**" (*AUT*) "rallentare"; **to** ~ **sth by/to** ridurre qc di/a; **to** ~ **sb to silence/despair/tears** ridurre qn al silenzio/alla disperazione/in lacrime.

reduced [rɪ'djuːst] *adj* (*decreased*) ridotto(a); **at a** ~ **price** a prezzo ribassato *or* ridotto; "**greatly** ~ **prices**" "grandi ribassi".

reduction [rɪ'dʌkʃən] *n* riduzione *f*; (*of price*) ribasso; (*discount*) sconto.

redundancy [rɪ'dʌndənsɪ] *n* licenziamento (per eccesso di personale); **compulsory** ~ licenziamento; **voluntary** ~ *forma di cassa integrazione volontaria.*

redundancy payment *n* (*BRIT*) indennità *f inv* di licenziamento.

redundant [rɪ'dʌndnt] *adj* (*BRIT: worker*) licenziato(a); (*detail, object*) superfluo(a); **to make** ~ (*BRIT*) licenziare (per eccesso di personale).

reed [riːd] *n* (*BOT*) canna; (*MUS: of clarinet etc*) ancia.

re-educate [riː'ɛdjukeɪt] *vt* rieducare.

reedy ['riːdɪ] *adj* (*voice, instrument*) acuto(a).

reef [riːf] *n* (*at sea*) scogliera; **coral** ~ barriera corallina.

reek [riːk] *vi*: **to** ~ (**of**) puzzare (di).

reel [riːl] *n* bobina, rocchetto; (*TECH*) aspo; (*FISHING*) mulinello; (*CINE*) rotolo ♦ *vt* (*TECH*) annaspare; (*also*: ~ **up**) avvolgere ♦ *vi* (*sway*) barcollare, vacillare; **my head is** ~**ing** mi gira la testa.

▶**reel off** *vt* snocciolare.

re-election [riːɪ'lɛkʃən] *n* rielezione *f.*

re-enter [riː'ɛntə*] *vt* rientrare in.

re-entry [riː'ɛntrɪ] *n* rientro.

re-export *vt* [riːɪk'spɔːt] riesportare ♦ *n* [riː'ɛkspɔːt] merce *f* riesportata, riesportazione *f.*

ref [rɛf] *n abbr* (*col*: = *referee*) arbitro.

ref. *abbr* (*COMM*: = *with reference to*) sogg.

refectory [rɪ'fɛktərɪ] *n* refettorio.

refer [rɪ'fəː*] *vt*: **to** ~ **sth to** (*dispute, decision*) deferire qc a; **to** ~ **sb to** (*inquirer: for information*) indirizzare qn a; (*reader: to text*) rimandare qn a; **he** ~**red me to the manager** mi ha detto di rivolgermi al direttore.

▶**refer to** *vt fus* (*allude to*) accennare a; (*apply to*) riferire a; (*consult*) rivolgersi a; ~**ring to your letter** (*COMM*) in riferimento alla Vostra lettera.

referee [rɛfə'riː] *n* arbitro; (*TENNIS*) giudice *m* di gara; (*BRIT: for job application*) referenza ♦ *vt* arbitrare.

reference ['rɛfrəns] *n* riferimento; (*mention*) menzione *f*, allusione *f*; (*for job application: letter*) referenza; lettera di raccomandazione; (: *person*) referenza; (*in book*) rimando; **with** ~ **to** riguardo a; (*COMM: in letter*) in *or* con riferimento a; "**please quote this** ~" (*COMM*) "si prega di far riferimento al numero di protocollo".

reference book *n* libro di consultazione.

reference library *n* biblioteca per la consultazione.

reference number *n* (*COMM*) numero di riferimento.

referendum, *pl* **referenda** [rɛfə'rɛndəm, -də] *n* referendum *m inv*.

referral [rɪ'fə:rəl] *n* deferimento; (*MED*) richiesta (di visita specialistica).

refill *vt* [ri:'fɪl] riempire di nuovo; (*pen, lighter etc*) ricaricare ♦ *n* ['ri:fɪl] (*for pen etc*) ricambio.

refine [rɪ'faɪn] *vt* raffinare.

refined [rɪ'faɪnd] *adj* raffinato(a).

refinement [rɪ'faɪnmənt] *n* (*of person*) raffinatezza.

refinery [rɪ'faɪnərɪ] *n* raffineria.

refit *n* ['ri:fɪt] (*NAUT*) raddobbo ♦ *vt* [ri:'fɪt] (*ship*) raddobbare.

reflate [ri:'fleɪt] *vt* (*economy*) rilanciare.

reflation [ri:'fleɪʃən] *n* rilancio.

reflationary [ri:'fleɪʃənərɪ] *adj* nuovamente inflazionario(a).

reflect [rɪ'flɛkt] *vt* (*light, image*) riflettere; (*fig*) rispecchiare ♦ *vi* (*think*) riflettere, considerare.

►**reflect on** *vt fus* (*discredit*) rispecchiarsi su.

reflection [rɪ'flɛkʃən] *n* riflessione *f*; (*image*) riflesso; (*criticism*): ~ **on** giudizio su; attacco a; **on** ~ pensandoci sopra.

reflector [rɪ'flɛktə*] *n* (*also AUT*) catarifrangente *m*.

reflex ['ri:flɛks] *adj* riflesso(a) ♦ *n* riflesso.

reflexive [rɪ'flɛksɪv] *adj* (*LING*) riflessivo(a).

reform [rɪ'fɔ:m] *n* riforma ♦ *vt* riformare.

reformat [rɪ'fɔ:mæt] *vt* (*COMPUT*) riformattare.

Reformation [rɛfə'meɪʃən] *n*: **the** ~ la Riforma.

reformatory [rɪ'fɔ:mətərɪ] *n* (*US*) riformatorio.

reformed [rɪ'fɔ:md] *adj* cambiato(a) (per il meglio).

reformer [rɪ'fɔ:mə*] *n* riformatore/trice.

refrain [rɪ'freɪn] *vi*: **to** ~ **from doing** trattenersi dal fare ♦ *n* ritornello.

refresh [rɪ'frɛʃ] *vt* rinfrescare; (*subj: food, sleep*) ristorare.

refresher course [rɪ'frɛʃə-] *n* (*BRIT*) corso di aggiornamento.

refreshing [rɪ'frɛʃɪŋ] *adj* (*drink*) rinfrescante; (*sleep*) riposante, ristoratore(trice); (*change etc*) piacevole; (*idea, point of view*) originale.

refreshment [rɪ'frɛʃmənt] *n* (*eating, resting etc*) ristoro; ~(**s**) rinfreschi *mpl*.

refrigeration [rɪfrɪdʒə'reɪʃən] *n* refrigerazione *f*.

refrigerator [rɪ'frɪdʒəreɪtə*] *n* frigorifero.

refuel [ri:'fjuəl] *vt* rifornire (di carburante) ♦ *vi* far rifornimento (di carburante).

refuge ['rɛfju:dʒ] *n* rifugio; **to take** ~ **in** rifugiarsi in.

refugee [rɛfju'dʒi:] *n* rifugiato/a, profugo/a.

refugee camp *n* campo (di) profughi.

refund *n* ['ri:fʌnd] rimborso ♦ *vt* [rɪ'fʌnd] rimborsare.

refurbish [ri:'fə:bɪʃ] *vt* rimettere a nuovo.

refurnish [ri:'fə:nɪʃ] *vt* ammobiliare di nuovo.

refusal [rɪ'fju:zəl] *n* rifiuto; **to have first** ~ **on sth** avere il diritto d'opzione su qc.

refuse *n* ['rɛfju:s] rifiuti *mpl* ♦ *vt*, *vi* [rɪ'fju:z] rifiutare; **to** ~ **to do sth** rifiutare *or* rifiutarsi di fare qc.

refuse collection *n* raccolta di rifiuti.

refuse disposal *n* sistema *m* di scarico dei rifiuti.

refusenik [rɪ'fju:znɪk] *n* ebreo a cui il governo sovietico impediva di lasciare il paese.

refute [rɪ'fju:t] *vt* confutare.

regain [rɪ'geɪn] *vt* riguadagnare; riacquistare, ricuperare.

regal ['ri:gl] *adj* regale.

regale [rɪ'geɪl] *vt*: **to** ~ **sb with sth** intrattenere qn con qc.

regalia [rɪ'geɪlɪə] *n* insegne *fpl* reali.

regard [rɪ'gɑ:d] *n* riguardo, stima ♦ *vt* considerare, stimare; **to give one's** ~**s to** porgere i suoi saluti a; (**kind**) ~**s** cordiali saluti; **as** ~**s, with** ~ **to** riguardo a.

regarding [rɪ'gɑ:dɪŋ] *prep* riguardo a, per quanto riguarda.

regardless [rɪ'gɑ:dlɪs] *adv* lo stesso; ~ **of** a dispetto di, nonostante.

regatta [rɪ'gætə] *n* regata.

regency ['ri:dʒənsɪ] *n* reggenza.

regenerate [rɪ'dʒɛnəreɪt] *vt* rigenerare; (*feelings, enthusiasm*) far rinascere ♦ *vi* rigenerarsi; rinascere.

regent ['ri:dʒənt] *n* reggente *m*.

reggae ['rɛgeɪ] *n* reggae *m*.

régime [reɪ'ʒi:m] *n* regime *m*.

regiment *n* ['rɛdʒɪmənt] reggimento ♦ *vt*

['rɛdʒɪmɛnt] irreggimentare.
regimental [rɛdʒɪ'mɛntl] *adj* reggimentale.
regimentation [rɛdʒɪmɛn'teɪʃən] *n*
irreggimentazione *f*.
region ['riːdʒən] *n* regione *f*; **in the ~ of** (*fig*)
all'incirca di.
regional ['riːdʒənl] *adj* regionale.
regional development *n* sviluppo
regionale.
register ['rɛdʒɪstə*] *n* registro; (*also*:
electoral ~) lista elettorale ♦ *vt*
registrare; (*vehicle*) immatricolare;
(*luggage*) spedire assicurato(a); (*letter*)
assicurare; (*subj: instrument*) segnare ♦ *vi*
iscriversi; (*at hotel*) firmare il registro;
(*make impression*) entrare in testa; **to ~ a**
protest fare un esposto; **to ~ for a course**
iscriversi a un corso.
registered ['rɛdʒɪstəd] *adj* (*design*)
depositato(a); (*BRIT: letter*) assicurato(a);
(*student, voter*) iscritto(a).
registered company *n* società iscritta al
registro.
registered nurse *n* (*US*) infermiere(a)
diplomato(a).
registered office *n* sede *f* legale.
registered trademark *n* marchio
depositato.
registrar ['rɛdʒɪstrɑː*] *n* ufficiale *m* di stato
civile; segretario.
registration [rɛdʒɪs'treɪʃən] *n* (*act*)
registrazione *f*; iscrizione *f*; (*AUT: also*: ~
number) numero di targa.
registry ['rɛdʒɪstrɪ] *n* ufficio del registro.
registry office *n* (*BRIT*) anagrafe *f*; **to get**
married in a ~ ≈ sposarsi in municipio.
regret [rɪ'grɛt] *n* rimpianto, rincrescimento
♦ *vt* rimpiangere; **I ~ that I/he cannot**
help mi rincresce di non poter aiutare/
che lui non possa aiutare; **we ~ to inform**
you that ... siamo spiacenti di informarla
che ....
regretfully [rɪ'grɛtfəlɪ] *adv* con
rincrescimento.
regrettable [rɪ'grɛtəbl] *adj* deplorevole.
regrettably [rɪ'grɛtəblɪ] *adv* purtroppo,
sfortunatamente.
regroup [riː'gruːp] *vt* raggruppare ♦ *vi*
raggrupparsi.
regt *abbr* (= *regiment*) Reg.
regular ['rɛgjulə*] *adj* regolare; (*usual*)
abituale, normale; (*listener, reader*) fedele;
(*soldier*) dell'esercito regolare; (*COMM:*
size) normale ♦ *n* (*client etc*) cliente *m/f*
abituale.
regularity [rɛgju'lærɪtɪ] *n* regolarità *f inv*.
regularly ['rɛgjuləlɪ] *adv* regolarmente.
regulate ['rɛgjuleɪt] *vt* regolare.

regulation [rɛgju'leɪʃən] *n* (*rule*) regola,
regolamento; (*adjustment*) regolazione *f*
♦ *cpd* (*MIL*) di ordinanza.
rehabilitate [riːə'bɪlɪteɪt] *vt* (*criminal, drug*
addict, invalid) ricuperare, reinserire.
rehabilitation ['riːəbɪlɪ'teɪʃən] *n* (*see vb*)
ricupero, reinserimento.
rehash [riː'hæʃ] *vt* (*col*) rimaneggiare.
rehearsal [rɪ'həːsəl] *n* prova; **dress ~** prova
generale.
rehearse [rɪ'həːs] *vt* provare.
rehouse [riː'hauz] *vt* rialloggiare.
reign [reɪn] *n* regno ♦ *vi* regnare.
reigning ['reɪnɪŋ] *adj* (*monarch*) regnante;
(*champion*) attuale.
reimburse [riːɪm'bəːs] *vt* rimborsare.
rein [reɪn] *n* (*for horse*) briglia; **to give sb**
free ~ (*fig*) lasciare completa libertà a
qn.
reincarnation [riːɪnkɑː'neɪʃən] *n*
reincarnazione *f*.
reindeer ['reɪndɪə*] *n* (*pl inv*) renna.
reinforce [riːɪn'fɔːs] *vt* rinforzare.
reinforced concrete [riːɪn'fɔːst-] *n*
cemento armato.
reinforcement [riːɪn'fɔːsmənt] *n* (*action*)
rinforzamento; **~s** *npl* (*MIL*) rinforzi *mpl*.
reinstate [riːɪn'steɪt] *vt* reintegrare.
reinstatement [riːɪn'steɪtmənt] *n*
reintegrazione *f*.
reissue [riː'ɪʃjuː] *vt* (*book*) ristampare,
ripubblicare; (*film*) distribuire di nuovo.
reiterate [riː'ɪtəreɪt] *vt* reiterare, ripetere.
reject *n* ['riːdʒɛkt] (*COMM*) scarto ♦ *vt*
[rɪ'dʒɛkt] rifiutare, respingere; (*COMM:*
goods) scartare.
rejection [rɪ'dʒɛkʃən] *n* rifiuto.
rejoice [rɪ'dʒɔɪs] *vi*: **to ~** (**at** *or* **over**)
provare diletto (in).
rejoinder [rɪ'dʒɔɪndə*] *n* (*retort*) replica.
rejuvenate [rɪ'dʒuːvəneɪt] *vt* ringiovanire.
rekindle [riː'kɪndl] *vt* riaccendere.
relapse [rɪ'læps] *n* (*MED*) ricaduta.
relate [rɪ'leɪt] *vt* (*tell*) raccontare; (*connect*)
collegare ♦ *vi*: **to ~ to** (*refer to*) riferirsi a;
(*get on with*) stabilire un rapporto con.
related [rɪ'leɪtɪd] *adj* imparentato(a);
collegato(a), connesso(a); **~ to**
imparentato(a) con; collegato(a) *or*
connesso(a) con.
relating [rɪ'leɪtɪŋ]: **~ to** *prep* che riguarda,
rispetto a.
relation [rɪ'leɪʃən] *n* (*person*) parente *m/f*;
(*link*) rapporto, relazione *f*; **in ~ to** con
riferimento a; **diplomatic/international**
~s rapporti diplomatici/internazionali; **to**
bear a ~ to corrispondere a.
relationship [rɪ'leɪʃənʃɪp] *n* rapporto;

(*personal ties*) rapporti *mpl*, relazioni *fpl*; (*also*: **family** ~) legami *mpl* di parentela; (*affair*) relazione *f*; **they have a good** ~ vanno molto d'accordo.
relative ['rɛlətɪv] *n* parente *m/f* ♦ *adj* relativo(a); (*respective*) rispettivo(a).
relatively ['rɛlətɪvlɪ] *adv* relativamente; (*fairly, rather*) abbastanza.
relax [rɪ'læks] *vi* rilasciarsi; (*person*: *unwind*) rilassarsi ♦ *vt* rilasciare; (*mind, person*) rilassare; ~! (*calm down*) calma!
relaxation [riːlæk'seɪʃən] *n* rilasciamento; rilassamento; (*entertainment*) ricreazione *f*, svago.
relaxed [rɪ'lækst] *adj* rilasciato(a); rilassato(a).
relaxing [rɪ'læksɪŋ] *adj* rilassante.
relay ['riːleɪ] *n* (*SPORT*) corsa a staffetta ♦ *vt* (*message*) trasmettere.
release [rɪ'liːs] *n* (*from prison*) rilascio; (*from obligation*) liberazione *f*; (*of gas etc*) emissione *f*; (*of film etc*) distribuzione *f*; (*record*) disco; (*device*) disinnesto ♦ *vt* (*prisoner*) rilasciare; (*from obligation, wreckage etc*) liberare; (*book, film*) fare uscire; (*news*) rendere pubblico(a); (*gas etc*) emettere; (*TECH*: *catch, spring etc*) disinnestare; (*let go*) rilasciare; lasciar andare; sciogliere; **to** ~ **one's grip** mollare la presa; **to** ~ **the clutch** (*AUT*) staccare la frizione.
relegate ['rɛləgeɪt] *vt* relegare; (*SPORT*): **to be** ~**d** essere retrocesso(a).
relent [rɪ'lɛnt] *vi* cedere.
relentless [rɪ'lɛntlɪs] *adj* implacabile.
relevance ['rɛləvəns] *n* pertinenza; ~ **of sth to sth** rapporto tra qc e qc.
relevant ['rɛləvənt] *adj* pertinente; (*chapter*) in questione; ~ **to** pertinente a.
reliability [rɪlaɪə'bɪlɪtɪ] *n* (*of person*) serietà; (*of machine*) affidabilità.
reliable [rɪ'laɪəbl] *adj* (*person, firm*) fidato(a), che dà affidamento; (*method*) sicuro(a); (*machine*) affidabile.
reliably [rɪ'laɪəblɪ] *adv*: **to be** ~ **informed** sapere da fonti sicure.
reliance [rɪ'laɪəns] *n*: ~ (**on**) dipendenza (da).
reliant [rɪ'laɪənt] *adj*: **to be** ~ **on sth/sb** dipendere da qc/qn.
relic ['rɛlɪk] *n* (*REL*) reliquia; (*of the past*) resto.
relief [rɪ'liːf] *n* (*from pain, anxiety*) sollievo; (*help, supplies*) soccorsi *mpl*; (*of guard*) cambio; (*ART, GEO*) rilievo; **by way of light** ~ come diversivo.
relief map *n* carta in rilievo.
relief road *n* (*BRIT*) circonvallazione *f*.

relieve [rɪ'liːv] *vt* (*pain, patient*) sollevare; (*bring help*) soccorrere; (*take over from*: *gen*) sostituire; (: *guard*) rilevare; **to** ~ **sb of sth** (*load*) alleggerire qn di qc; **to** ~ **sb of his command** (*MIL*) esonerare qn dal comando; **to** ~ **o.s.** (*euphemism*) fare i propri bisogni.
relieved [rɪ'liːvd] *adj* sollevato(a); **to be** ~ **that** ... essere sollevato(a) (dal fatto) che ...; **I'm** ~ **to hear it** mi hai tolto un peso con questa notizia.
religion [rɪ'lɪdʒən] *n* religione *f*.
religious [rɪ'lɪdʒəs] *adj* religioso(a).
religious education *n* religione *f*.
relinquish [rɪ'lɪŋkwɪʃ] *vt* abbandonare; (*plan, habit*) rinunziare a.
relish ['rɛlɪʃ] *n* (*CULIN*) condimento; (*enjoyment*) gran piacere *m* ♦ *vt* (*food etc*) godere; **to** ~ **doing** adorare fare.
relive [riː'lɪv] *vt* rivivere.
reload [riː'ləud] *vt* ricaricare.
relocate [riːləu'keɪt] *vt* (*business*) trasferire ♦ *vi*: **to** ~ **in** trasferire la propria sede a.
reluctance [rɪ'lʌktəns] *n* riluttanza.
reluctant [rɪ'lʌktənt] *adj* riluttante, mal disposto(a); **to be** ~ **to do sth** essere restio a fare qc.
reluctantly [rɪ'lʌktəntlɪ] *adv* di mala voglia, a malincuore.
rely [rɪ'laɪ]: **to** ~ **on** *vt fus* contare su; (*be dependent*) dipendere da.
remain [rɪ'meɪn] *vi* restare, rimanere; **to** ~ **silent** restare in silenzio; **I** ~, **yours faithfully** (*BRIT*: *in letters*) distinti saluti.
remainder [rɪ'meɪndə*] *n* resto; (*COMM*) rimanenza.
remaining [rɪ'meɪnɪŋ] *adj* che rimane.
remains [rɪ'meɪnz] *npl* resti *mpl*.
remand [rɪ'mɑːnd] *n*: **on** ~ in detenzione preventiva ♦ *vt*: **to** ~ **in custody** rinviare in carcere; trattenere a disposizione della legge.
remand home *n* (*BRIT*) riformatorio, casa di correzione.
remark [rɪ'mɑːk] *n* osservazione *f* ♦ *vt* osservare, dire; (*notice*) notare ♦ *vi*: **to** ~ **on sth** fare dei commenti su qc.
remarkable [rɪ'mɑːkəbl] *adj* notevole; eccezionale.
remarry [riː'mærɪ] *vi* risposarsi.
remedial [rɪ'miːdɪəl] *adj* (*tuition, classes*) di riparazione.
remedy ['rɛmədɪ] *n*: ~ (**for**) rimedio (per) ♦ *vt* rimediare a.
remember [rɪ'mɛmbə*] *vt* ricordare, ricordarsi di; **I** ~ **seeing it, I** ~ **having seen it** (mi) ricordo di averlo visto; **she** ~**ed to do it** si è ricordata di farlo; ~ **me**

to your wife and children! saluti sua moglie e i bambini da parte mia!
remembrance [rɪ'mɛmbrəns] *n* memoria; ricordo.

Nel Regno Unito, la domenica più vicina all'11 di novembre, data in cui fu firmato l'armistizio con la Germania nel 1918, ricorre il **Remembrance Sunday,** *giorno in cui vengono commemorati i caduti in guerra. In questa occasione molti portano un papavero di carta appuntato al petto in segno di rispetto.*

remind [rɪ'maɪnd] *vt:* **to ~ sb of sth** ricordare qc a qn; **to ~ sb to do** ricordare a qn di fare; **that ~s me!** a proposito!
reminder [rɪ'maɪndə*] *n* richiamo; (*note etc*) promemoria *m inv.*
reminisce [rɛmɪ'nɪs] *vi:* **to ~ (about)** abbandonarsi ai ricordi (di).
reminiscences [rɛmɪ'nɪsnsɪz] *npl* reminiscenze *fpl,* memorie *fpl.*
reminiscent [rɛmɪ'nɪsnt] *adj:* **~ of** che fa pensare a, che richiama.
remiss [rɪ'mɪs] *adj* negligente; **it was ~ of me** è stata una negligenza da parte mia.
remission [rɪ'mɪʃən] *n* remissione *f*; (*of fee*) esonero.
remit [rɪ'mɪt] *vt* rimettere.
remittance [rɪ'mɪtəns] *n* rimessa.
remnant ['rɛmnənt] *n* resto, avanzo; **~s** *npl* (*COMM*) scampoli *mpl*; fine *f* serie.
remonstrate ['rɛmənstreɪt] *vi* protestare; **to ~ with sb about sth** fare le proprie rimostranze a qn circa qc.
remorse [rɪ'mɔːs] *n* rimorso.
remorseful [rɪ'mɔːsful] *adj* pieno(a) di rimorsi.
remorseless [rɪ'mɔːslɪs] *adj* (*fig*) spietato(a).
remote [rɪ'məut] *adj* remoto(a), lontano(a); (*person*) distaccato(a); **there is a ~ possibility that ...** c'è una vaga possibilità che ... + *sub.*
remote control *n* telecomando.
remote-controlled [rɪ'məutkən'trəuld] *adj* telecomandato(a).
remotely [rɪ'məutlɪ] *adv* remotamente; (*slightly*) vagamente.
remoteness [rɪ'məutnɪs] *n* lontananza.
remould ['riːməuld] *n* (*BRIT: tyre*) gomma rivestita.
removable [rɪ'muːvəbl] *adj* (*detachable*) staccabile.
removal [rɪ'muːvəl] *n* (*taking away*) rimozione *f*; soppressione *f*; (*from house*) trasloco; (*from office: sacking*) destituzione *f*; (*MED*) ablazione *f.*
removal man *n* (*BRIT*) addetto ai traslochi.
removal van *n* (*BRIT*) furgone *m* per traslochi.
remove [rɪ'muːv] *vt* togliere, rimuovere; (*employee*) destituire; (*stain*) far sparire; (*doubt, abuse*) sopprimere, eliminare; **first cousin once ~d** cugino di secondo grado.
remover [rɪ'muːvə*] *n* (*for paint*) prodotto sverniciante; (*for varnish*) solvente *m*; **make-up ~** struccatore *m.*
remunerate [rɪ'mjuːnəreɪt] *vt* rimunerare.
remuneration [rɪmjuːnə'reɪʃən] *n* rimunerazione *f.*
Renaissance [rə'neɪsəns] *n:* **the ~** il Rinascimento.
rename [riː'neɪm] *vt* ribattezzare.
rend, *pt, pp* **rent** [rɛnd, rɛnt] *vt* lacerare.
render ['rɛndə*] *vt* rendere; (*CULIN: fat*) struggere.
rendering ['rɛndərɪŋ] *n* (*MUS etc*) interpretazione *f.*
rendez-vous ['rɔndɪvuː] *n* appuntamento; (*place*) luogo d'incontro; (*meeting*) incontro ♦ *vi* ritrovarsi; (*spaceship*) effettuare un rendez-vous.
rendition [rɛn'dɪʃən] *n* (*MUS*) interpretazione *f.*
renegade ['rɛnɪgeɪd] *n* rinnegato/a.
renew [rɪ'njuː] *vt* rinnovare; (*negotiations*) riprendere.
renewable [rɪ'njuːəbl] *adj* riutilizzabile; **~ energy, ~s** fonti *mpl* di energia rinnovabile.
renewal [rɪ'njuːəl] *n* rinnovamento; ripresa.
renounce [rɪ'nauns] *vt* rinunziare a; (*disown*) ripudiare.
renovate ['rɛnəveɪt] *vt* rinnovare; (*art work*) restaurare.
renovation [rɛnə'veɪʃən] *n* rinnovamento; restauro.
renown [rɪ'naun] *n* rinomanza.
renowned [rɪ'naund] *adj* rinomato(a).
rent [rɛnt] *pt, pp of* **rend** ♦ *n* affitto ♦ *vt* (*take for rent*) prendere in affitto; (*car, TV*) noleggiare, prendere a noleggio; (*also: ~ out*) dare in affitto; (*car, TV*) noleggiare, dare a noleggio.
rental ['rɛntl] *n* (*cost: on TV, telephone*) abbonamento; (*: on car*) nolo, noleggio.
rent boy *n* (*BRIT col*) giovane prostituto.
renunciation [rɪnʌnsɪ'eɪʃən] *n* rinnegamento; (*self-denial*) rinunzia.
reopen [riː'əupən] *vt* riaprire.
reopening [riː'əupnɪŋ] *n* riapertura.

reorder [riːˈɔːdə*] *vt* ordinare di nuovo; (*rearrange*) riorganizzare.
reorganize [riːˈɔːɡənaɪz] *vt* riorganizzare.
Rep *abbr* (*US POL*) = **representative**; **republican**.
rep [rɛp] *n abbr* (*COMM*: = *representative*) rappresentante *m/f*; (*THEAT*: = *repertory*) teatro di repertorio.
repair [rɪˈpɛə*] *n* riparazione *f* ♦ *vt* riparare; **in good/bad** ~ in buona/cattiva condizione; **under** ~ in riparazione.
repair kit *n* corredo per riparazioni.
repair man *n* riparatore *m*.
repair shop *n* (*AUT etc*) officina.
repartee [rɛpɑːˈtiː] *n* risposta pronta.
repast [rɪˈpɑːst] *n* (*formal*) pranzo.
repatriate [riːˈpætrɪeɪt] *vt* rimpatriare.
repay [riːˈpeɪ] *vt irreg* (*money, creditor*) rimborsare, ripagare; (*sb's efforts*) ricompensare.
repayment [riːˈpeɪmənt] *n* rimborsamento; ricompensa.
repeal [rɪˈpiːl] *n* (*of law*) abrogazione *f*; (*of sentence*) annullamento ♦ *vt* abrogare; annullare.
repeat [rɪˈpiːt] *n* (*RADIO, TV*) replica ♦ *vt* ripetere; (*pattern*) riprodurre; (*promise, attack, also COMM: order*) rinnovare ♦ *vi* ripetere.
repeatedly [rɪˈpiːtɪdlɪ] *adv* ripetutamente, spesso.
repeat order *n* (*COMM*): **to place a** ~ (**for**) rinnovare l'ordinazione (di).
repel [rɪˈpɛl] *vt* respingere.
repellent [rɪˈpɛlənt] *adj* repellente ♦ *n*: **insect** ~ prodotto *m* anti-insetti *inv*; **moth** ~ anti-tarmico.
repent [rɪˈpɛnt] *vi*: **to** ~ (**of**) pentirsi (di).
repentance [rɪˈpɛntəns] *n* pentimento.
repercussion [riːpəˈkʌʃən] *n* (*consequence*) ripercussione *f*.
repertoire [ˈrɛpətwɑː*] *n* repertorio.
repertory [ˈrɛpətərɪ] *n* (*also*: ~ **theatre**) teatro di repertorio.
repertory company *n* compagnia di repertorio.
repetition [rɛpɪˈtɪʃən] *n* ripetizione *f*; (*COMM: of order etc*) rinnovo.
repetitious [rɛpɪˈtɪʃəs] *adj* (*speech*) pieno(a) di ripetizioni.
repetitive [rɪˈpɛtɪtɪv] *adj* (*movement*) che si ripete; (*work*) monotono(a); (*speech*) pieno(a) di ripetizioni.
replace [rɪˈpleɪs] *vt* (*put back*) rimettere a posto; (*take the place of*) sostituire; (*TEL*): "~ **the receiver**" "riattaccare".
replacement [rɪˈpleɪsmənt] *n* rimessa; sostituzione *f*; (*person*) sostituto/a.

replacement part *n* pezzo di ricambio.
replay [ˈriːpleɪ] *n* (*of match*) partita ripetuta; (*of tape, film*) replay *m inv*.
replenish [rɪˈplɛnɪʃ] *vt* (*glass*) riempire; (*stock etc*) rifornire.
replete [rɪˈpliːt] *adj*: ~ (**with**) ripieno(a) (di); (*well-fed*) sazio(a) (di).
replica [ˈrɛplɪkə] *n* replica, copia.
reply [rɪˈplaɪ] *n* risposta ♦ *vi* rispondere; **in** ~ in risposta; **there's no** ~ (*TEL*) non risponde (nessuno).
reply coupon *n* buono di risposta.
report [rɪˈpɔːt] *n* rapporto; (*PRESS etc*) cronaca; (*BRIT*: *also*: **school** ~) pagella ♦ *vt* riportare; (*PRESS etc*) fare una cronaca su; (*bring to notice: occurrence*) segnalare; (: *person*) denunciare ♦ *vi* (*make a report*) fare un rapporto (*or* una cronaca); (*present o.s.*): **to** ~ (**to sb**) presentarsi (a qn); **to** ~ (**on**) fare un rapporto (su); **it is** ~**ed that** si dice che; **it is** ~**ed from Berlin that** .... ci è stato riferito da Berlino che ....
report card *n* (*US, Scottish*) pagella.
reportedly [rɪˈpɔːtɪdlɪ] *adv*: **she is** ~ **living in Spain** si dice che vive in Spagna.
reported speech [rɪˈpɔːtɪd-] *n* (*LING*) discorso indiretto.
reporter [rɪˈpɔːtə*] *n* (*PRESS*) cronista *m/f*, reporter *m inv*; (*RADIO*) radiocronista *m/f*; (*TV*) telecronista *m/f*.
repose [rɪˈpəuz] *n*: **in** ~ in riposo.
repossess [riːpəˈzɛs] *vt* rientrare in possesso di.
repossession order [riːpəˈzɛʃən-] *n* ordine *m* di espropriazione.
reprehensible [rɛprɪˈhɛnsɪbl] *adj* riprensibile.
represent [rɛprɪˈzɛnt] *vt* rappresentare.
representation [rɛprɪzɛnˈteɪʃən] *n* rappresentazione *f*; ~**s** *npl* (*protest*) protesta.
representative [rɛprɪˈzɛntətɪv] *n* rappresentativo/a; (*COMM*) rappresentante *m* (di commercio); (*US: POL*) deputato/a ♦ *adj*: ~ (**of**) rappresentativo(a) (di).
repress [rɪˈprɛs] *vt* reprimere.
repression [rɪˈprɛʃən] *n* repressione *f*.
repressive [rɪˈprɛsɪv] *adj* repressivo(a).
reprieve [rɪˈpriːv] *n* (*LAW*) sospensione *f* dell'esecuzione della condanna; (*fig*) dilazione *f* ♦ *vt* sospendere l'esecuzione a; accordare una dilazione a.
reprimand [ˈrɛprɪmɑːnd] *n* rimprovero ♦ *vt* rimproverare, redarguire.
reprint [ˈriːprɪnt] *n* ristampa ♦ *vt*

ristampare.

reprisal [rɪ'praɪzl] n rappresaglia; **to take ~s** fare delle rappresaglie.

reproach [rɪ'prəʊtʃ] n rimprovero ♦ vt: **to ~ sb with sth** rimproverare qn di qc; **beyond ~** irreprensibile.

reproachful [rɪ'prəʊtʃful] adj di rimprovero.

reproduce [ri:prə'dju:s] vt riprodurre ♦ vi riprodursi.

reproduction [ri:prə'dʌkʃən] n riproduzione f.

reproductive [ri:prə'dʌktɪv] adj riproduttore(trice); riproduttivo(a).

reproof [rɪ'pru:f] n riprovazione f.

reprove [rɪ'pru:v] vt (action) disapprovare; (person): **to ~ (for)** biasimare (per).

reproving [rɪ'pru:vɪŋ] adj di disapprovazione.

reptile ['reptaɪl] n rettile m.

Repub. abbr (US POL) = **republican**.

republic [rɪ'pʌblɪk] n repubblica.

republican [rɪ'pʌblɪkən] adj, n repubblicano(a).

repudiate [rɪ'pju:dɪeɪt] vt ripudiare.

repugnant [rɪ'pʌgnənt] adj ripugnante.

repulse [rɪ'pʌls] vt respingere.

repulsion [rɪ'pʌlʃən] n ripulsione f.

repulsive [rɪ'pʌlsɪv] adj ripugnante, ripulsivo(a).

reputable ['repjutəbl] adj di buona reputazione; (occupation) rispettabile.

reputation [repju'teɪʃən] n reputazione f; **he has a ~ for being awkward** ha la fama di essere un tipo difficile.

repute [rɪ'pju:t] n reputazione f.

reputed [rɪ'pju:tɪd] adj reputato(a); **to be ~ to be rich/intelligent** etc essere ritenuto(a) ricco(a)/intelligente etc.

reputedly [rɪ'pju:tɪdlɪ] adv secondo quanto si dice.

request [rɪ'kwest] n domanda; (formal) richiesta ♦ vt: **to ~ (of or from sb)** chiedere (a qn); **at the ~ of** su richiesta di; **"you are ~ed not to smoke"** "si prega di non fumare".

request stop n (BRIT: for bus) fermata facoltativa or a richiesta.

requiem ['rekwɪəm] n requiem m or f inv.

require [rɪ'kwaɪə*] vt (need: subj: person) aver bisogno di; (: thing, situation) richiedere; (want) volere; esigere; (order) obbligare; **to ~ sb to do sth/sth of sb** esigere che qn faccia qc/qc da qn; **what qualifications are ~d?** che requisiti ci vogliono?; **~d by law** prescritto dalla legge; **if ~d** in caso di bisogno.

required [rɪ'kwaɪəd] adj richiesto(a).

requirement [rɪ'kwaɪəmənt] n (need) esigenza; (condition) requisito; **to meet sb's ~s** soddisfare le esigenze di qn.

requisite ['rekwɪzɪt] n cosa necessaria ♦ adj necessario(a); **toilet ~s** articoli mpl da toletta.

requisition [rekwɪ'zɪʃən] n: **~ (for)** richiesta (di) ♦ vt (MIL) requisire.

reroute [ri:'ru:t] vt (train etc) deviare.

resale [rɪ'seɪl] n rivendita.

resale price maintenance (RPM) n prezzo minimo di vendita imposto.

rescind [rɪ'sɪnd] vt annullare; (law) abrogare; (judgement) rescindere.

rescue ['reskju:] n salvataggio; (help) soccorso ♦ vt salvare; **to come/go to sb's ~** venire/andare in aiuto a or di qn.

rescue party n squadra di salvataggio.

rescuer ['reskjuə*] n salvatore/trice.

research [rɪ'sɜ:tʃ] n ricerca, ricerche fpl ♦ vt fare ricerche su ♦ vi: **to ~ (into sth)** fare ricerca (su qc); **a piece of ~** un lavoro di ricerca; **~ and development (R&D)** ricerca e sviluppo.

researcher [rɪ'sɜ:tʃə*] n ricercatore/trice.

research work n ricerche fpl.

resell [ri:'sel] vt irreg rivendere.

resemblance [rɪ'zembləns] n somiglianza; **to bear a strong ~ to** somigliare moltissimo a.

resemble [rɪ'zembl] vt assomigliare a.

resent [rɪ'zent] vt risentirsi di.

resentful [rɪ'zentful] adj pieno(a) di risentimento.

resentment [rɪ'zentmənt] n risentimento.

reservation [rezə'veɪʃən] n (booking) prenotazione f; (doubt) dubbio; (protected area) riserva; (BRIT AUT: also: **central ~**) spartitraffico m inv; **to make a ~ (in a hotel/a restaurant/on a plane)** prenotare (una camera/una tavola/un posto); **with ~s** (doubts) con le dovute riserve.

reservation desk n (US: in hotel) reception f inv.

reserve [rɪ'zɜ:v] n riserva ♦ vt (seats etc) prenotare; **~s** npl (MIL) riserve fpl; **in ~** in serbo.

reserve currency n valuta di riserva.

reserved [rɪ'zɜ:vd] adj (shy) riservato(a); (seat) prenotato(a).

reserve price n (BRIT) prezzo di riserva, prezzo m base inv.

reserve team n (BRIT SPORT) seconda squadra.

reservist [rɪ'zɜ:vɪst] n (MIL) riservista m.

reservoir ['rezəvwɑ:*] n serbatoio; (artificial lake) bacino idrico.

reset [ri:'set] vt (COMPUT) azzerare.

reshape [riː'ʃeɪp] vt (policy) ristrutturare.
reshuffle [riː'ʃʌfl] n: **Cabinet** ~ (POL) rimpasto governativo.
reside [rɪ'zaɪd] vi risiedere.
residence ['rɛzɪdəns] n residenza; **to take up** ~ prendere residenza; **in** ~ (queen etc) in sede; (doctor) fisso.
residence permit n (BRIT) permesso di soggiorno.
resident ['rɛzɪdənt] n (gen, COMPUT) residente m/f; (in hotel) cliente m/f fisso(a) ♦ adj residente.
residential [rɛzɪ'dɛnʃəl] adj di residenza; (area) residenziale.
residue ['rɛzɪdjuː] n resto; (CHEM, PHYSICS) residuo.
resign [rɪ'zaɪn] vt (one's post) dimettersi da ♦ vi: **to** ~ **(from)** dimettersi (da), dare le dimissioni (da); **to** ~ **o.s. to** rassegnarsi a.
resignation [rɛzɪg'neɪʃən] n dimissioni fpl; rassegnazione f; **to tender one's** ~ dare le dimissioni.
resilience [rɪ'zɪlɪəns] n (of material) elasticità, resilienza; (of person) capacità di recupero.
resilient [rɪ'zɪlɪənt] adj elastico(a); (person) che si riprende facilmente.
resin ['rɛzɪn] n resina.
resist [rɪ'zɪst] vt resistere a.
resistance [rɪ'zɪstəns] n resistenza.
resistant [rɪ'zɪstənt] adj: ~ **(to)** resistente (a).
resolute ['rɛzəluːt] adj risoluto(a).
resolution [rɛzə'luːʃən] n (resolve) fermo proposito, risoluzione f; (determination) risolutezza; (on screen) risoluzione f; **to make a** ~ fare un proposito.
resolve [rɪ'zɔlv] n risoluzione f ♦ vi (decide): **to** ~ **to do** decidere di fare ♦ vt (problem) risolvere.
resolved [rɪ'zɔlvd] adj risoluto(a).
resonance ['rɛzənəns] n risonanza.
resonant ['rɛzənənt] adj risonante.
resort [rɪ'zɔːt] n (town) stazione f; (place) località f inv; (recourse) ricorso ♦ vi: **to** ~ **to** far ricorso a; **seaside/winter sports** ~ stazione f balneare/di sport invernali; **as a last** ~ come ultima risorsa.
resound [rɪ'zaund] vi: **to** ~ **(with)** risonare (di).
resounding [rɪ'zaundɪŋ] adj risonante.
resource [rɪ'sɔːs] n risorsa; ~**s** npl risorse fpl; **natural** ~**s** risorse naturali; **to leave sb to his** (or **her**) **own** ~**s** (fig) lasciare che qn si arrangi (per conto suo).
resourceful [rɪ'sɔːsful] adj pieno(a) di risorse, intraprendente.

resourcefulness [rɪ'sɔːsfəlnɪs] n intraprendenza.
respect [rɪs'pɛkt] n rispetto; (point, detail): **in some** ~**s** sotto certi aspetti ♦ vt rispettare; ~**s** npl ossequi mpl; **to have** or **show** ~ **for** aver rispetto per; **out of** ~ **for** per rispetto or riguardo a; **with** ~ **to** per rispetto a, riguardo a; **in** ~ **of** quanto a; **in this** ~ per questo riguardo; **with (all) due** ~ **I** ... con rispetto parlando, io ....
respectability [rɪspɛktə'bɪlɪtɪ] n rispettabilità.
respectable [rɪs'pɛktəbl] adj rispettabile; (quite big: amount etc) considerevole; (quite good: player, result etc) niente male inv.
respectful [rɪs'pɛktful] adj rispettoso(a).
respective [rɪs'pɛktɪv] adj rispettivo(a).
respectively [rɪs'pɛktɪvlɪ] adv rispettivamente.
respiration [rɛspɪ'reɪʃən] n respirazione f.
respirator ['rɛspɪreɪtə*] n respiratore m.
respiratory ['rɛspərətərɪ] adj respiratorio(a).
respite ['rɛspaɪt] n respiro, tregua.
resplendent [rɪs'plɛndənt] adj risplendente.
respond [rɪs'pɔnd] vi rispondere.
respondent [rɪs'pɔndənt] n (LAW) convenuto/a.
response [rɪs'pɔns] n risposta; **in** ~ **to** in risposta a.
responsibility [rɪspɔnsɪ'bɪlɪtɪ] n responsabilità f inv; **to take** ~ **for sth/sb** assumersi or prendersi la responsabilità di qc/per qn.
responsible [rɪs'pɔnsɪbl] adj (liable): ~ **(for)** responsabile (di); (trustworthy) fidato(a); (job) di (grande) responsabilità; **to be** ~ **to sb (for sth)** dover rispondere a qn (di qc).
responsibly [rɪs'pɔnsəblɪ] adv responsabilmente.
responsive [rɪs'pɔnsɪv] adj che reagisce.
rest [rɛst] n riposo; (stop) sosta, pausa; (MUS) pausa; (support) appoggio, sostegno; (remainder) resto, avanzi mpl ♦ vi riposarsi; (remain) rimanere, restare; (be supported): **to** ~ **on** appoggiarsi su ♦ vt (lean): **to** ~ **sth on/against** appoggiare qc su/contro; **to set sb's mind at** ~ tranquillizzare qn; **the** ~ **of them** gli altri; **to** ~ **one's eyes** or **gaze on** posare lo sguardo su; ~ **assured that** ... stia tranquillo che ...; **it** ~**s with him to decide** sta a lui decidere.
restart [riː'stɑːt] vt (engine) rimettere in marcia; (work) ricominciare.
restaurant ['rɛstərɒŋ] n ristorante m.

restaurant car n (BRIT) vagone m ristorante.

rest cure n cura del riposo.

restful ['rɛstful] adj riposante.

rest home n casa di riposo.

restitution [rɛstɪ'tjuːʃən] n (act) restituzione f; (reparation) riparazione f.

restive ['rɛstɪv] adj agitato(a), impaziente; (horse) restio(a).

restless ['rɛstlɪs] adj agitato(a), irrequieto(a); **to get** ~ spazientirsi.

restlessly ['rɛstlɪslɪ] adv in preda all'agitazione.

restock [riː'stɔk] vt rifornire.

restoration [rɛstə'reɪʃən] n restauro; restituzione f.

restorative [rɪ'stɔrətɪv] adj corroborante, ristorativo(a) ♦ n ricostituente m.

restore [rɪ'stɔː*] vt (building) restaurare; (sth stolen) restituire; (peace, health) ristorare.

restorer [rɪs'tɔːrə*] n (ART etc) restauratore/trice.

restrain [rɪs'treɪn] vt (feeling) contenere, frenare; (person): **to** ~ (**from doing**) trattenere (dal fare).

restrained [rɪs'treɪnd] adj (style) contenuto(a), sobrio(a); (manner) riservato(a).

restraint [rɪs'treɪnt] n (restriction) limitazione f; (moderation) ritegno; **wage** ~ restrizioni fpl salariali.

restrict [rɪs'trɪkt] vt restringere, limitare.

restricted area [rɪs'trɪktɪd-] n (AUT) zona a velocità limitata.

restriction [rɪs'trɪkʃən] n restrizione f, limitazione f.

restrictive [rɪs'trɪktɪv] adj restrittivo(a).

restrictive practices npl (INDUSTRY) pratiche restrittive di produzione.

rest room n (US) toletta.

restructure [riː'strʌktʃə*] vt ristrutturare.

result [rɪ'zʌlt] n risultato ♦ vi: **to** ~ **in** avere per risultato; **as a** ~ (**of**) in or di conseguenza (a), in seguito (a); **to** ~ (**from**) essere una conseguenza (di), essere causato(a) (da).

resultant [rɪ'zʌltənt] adj risultante, conseguente.

resume [rɪ'zjuːm] vt, vi (work, journey) riprendere; (sum up) riassumere.

résumé ['reɪzjuːmeɪ] n riassunto; (US: curriculum vitae) curriculum vitae m inv.

resumption [rɪ'zʌmpʃən] n ripresa.

resurgence [rɪ'sɜːdʒəns] n rinascita.

resurrection [rɛzə'rɛkʃən] n risurrezione f.

resuscitate [rɪ'sʌsɪteɪt] vt (MED) risuscitare.

resuscitation [rɪsʌsɪ'teɪʃən] n rianimazione f.

retail ['riːteɪl] n (vendita al) minuto ♦ cpd al minuto ♦ vt vendere al minuto ♦ vi: **to** ~ **at** essere in vendita al pubblico al prezzo di.

retailer ['riːteɪlə*] n commerciante m/f al minuto, dettagliante m/f.

retail outlet n punto di vendita al dettaglio.

retail price n prezzo al minuto.

retail price index n indice m dei prezzi al consumo.

retain [rɪ'teɪn] vt (keep) tenere, serbare.

retainer [rɪ'teɪnə*] n (servant) servitore m; (fee) onorario.

retaliate [rɪ'tælɪeɪt] vi: **to** ~ (**against**) vendicarsi (di); **to** ~ **on sb** fare una rappresaglia contro qn.

retaliation [rɪtælɪ'eɪʃən] n rappresaglie fpl; **in** ~ **for** per vendicarsi di.

retaliatory [rɪ'tælɪətərɪ] adj di rappresaglia, di ritorsione.

retarded [rɪ'tɑːdɪd] adj ritardato(a); (also: **mentally** ~) tardo(a) (di mente).

retch [rɛtʃ] vi aver conati di vomito.

retentive [rɪ'tɛntɪv] adj ritentivo(a).

rethink ['riː'θɪŋk] vt ripensare.

reticence ['rɛtɪsns] n reticenza.

reticent ['rɛtɪsnt] adj reticente.

retina ['rɛtɪnə] n retina.

retinue ['rɛtɪnjuː] n seguito, scorta.

retire [rɪ'taɪə*] vi (give up work) andare in pensione; (withdraw) ritirarsi, andarsene; (go to bed) andare a letto, ritirarsi.

retired [rɪ'taɪəd] adj (person) pensionato(a).

retirement [rɪ'taɪəmənt] n pensione f.

retirement age n età del pensionamento.

retiring [rɪ'taɪərɪŋ] adj (person) riservato(a); (departing: chairman) uscente.

retort [rɪ'tɔːt] n (reply) rimbecco; (container) storta ♦ vi rimbeccare.

retrace [riː'treɪs] vt ricostruire; **to** ~ **one's steps** tornare sui propri passi.

retract [rɪ'trækt] vt (statement) ritrattare; (claws, undercarriage, aerial) ritrarre, ritirare ♦ vi ritirarsi.

retractable [rɪ'træktəbl] adj retrattile.

retrain [riː'treɪn] vt (worker) riaddestrare.

retraining [riː'treɪnɪŋ] n riaddestramento.

retread vt [riː'trɛd] (AUT: tyre) rigenerare ♦ n ['riːtrɛd] gomma rigenerata.

retreat [rɪ'triːt] n ritirata; (place) rifugio ♦ vi battere in ritirata; (flood) ritirarsi; **to beat a hasty** ~ (fig) battersela.

retrial [riː'traɪəl] n nuovo processo.

retribution [rɛtrɪ'bjuːʃən] n castigo.

retrieval [rɪ'triːvəl] n ricupero.

retrieve [rɪ'triːv] vt (sth lost) ricuperare, ritrovare; (situation, honour) salvare; (COMPUT) ricuperare.

retriever [rɪ'triːvə*] n cane m da riporto.

retroactive [rɛtrəu'æktɪv] adj retroattivo(a).

retrograde ['rɛtrəugreɪd] adj retrogrado(a).

retrospect ['rɛtrəspɛkt] n: **in ~** guardando indietro.

retrospective [rɛtrə'spɛktɪv] adj retrospettivo(a); (law) retroattivo(a) ♦ n (ART) retrospettiva.

return [rɪ'təːn] n (going or coming back) ritorno; (of sth stolen etc) restituzione f; (COMM: from land, shares) profitto, reddito; (: of merchandise) resa; (report) rapporto; (reward): **in ~ (for)** in cambio (di) ♦ cpd (journey, match) di ritorno; (BRIT: ticket) di andata e ritorno ♦ vi tornare, ritornare ♦ vt rendere, restituire; (bring back) riportare; (send back) mandare indietro; (put back) rimettere; (POL: candidate) eleggere; **~s** npl (COMM) incassi mpl; profitti mpl; **by ~ of post** a stretto giro di posta; **many happy ~s (of the day)!** auguri!, buon compleanno!

returnable [rɪ'təːnəbl] adj: **~ bottle** vuoto a rendere.

returner [rɪ'təːnə*] n donna che ritorna al lavoro dopo la maternità.

returning officer [rɪ'təːnɪŋ-] n (BRIT POL) funzionario addetto all'organizzazione delle elezioni in un distretto.

return key n (COMPUT) tasto di ritorno.

reunion [riː'juːnɪən] n riunione f.

reunite [riːjuː'naɪt] vt riunire.

rev [rɛv] n abbr (= revolution: AUT) giro ♦ vb (also: **~ up**) vt imballare ♦ vi imballarsi.

revaluation [riːvælju'eɪʃən] n rivalutazione f.

revamp ['riː'væmp] vt rinnovare; riorganizzare.

rev counter n contagiri m inv.

Rev(d). abbr = reverend.

reveal [rɪ'viːl] vt (make known) rivelare, svelare; (display) rivelare, mostrare.

revealing [rɪ'viːlɪŋ] adj rivelatore(trice); (dress) scollato(a).

reveille [rɪ'vælɪ] n (MIL) sveglia.

revel ['rɛvl] vi: **to ~ in sth/in doing** dilettarsi di qc/a fare.

revelation [rɛvə'leɪʃən] n rivelazione f.

reveller ['rɛvlə*] n festaiolo/a.

revelry ['rɛvlrɪ] n baldoria.

revenge [rɪ'vɛndʒ] n vendetta; (in game etc) rivincita ♦ vt vendicare; **to take ~** vendicarsi; **to get one's ~ (for sth)** vendicarsi (di qc).

revengeful [rɪ'vɛndʒful] adj vendicatore(trice); vendicativo(a).

revenue ['rɛvənjuː] n reddito.

reverberate [rɪ'vəːbəreɪt] vi (sound) rimbombare; (light) riverberarsi.

reverberation [rɪvəːbə'reɪʃən] n (of light, sound) riverberazione f.

revere [rɪ'vɪə*] vt venerare.

reverence ['rɛvərəns] n venerazione f, riverenza.

Reverend ['rɛvərənd] adj (in titles) reverendo(a).

reverent ['rɛvərənt] adj riverente.

reverie ['rɛvərɪ] n fantasticheria.

reversal [rɪ'vəːsl] n capovolgimento.

reverse [rɪ'vəːs] n contrario, opposto; (back) rovescio; (AUT: also: **~ gear**) marcia indietro ♦ adj (order) inverso(a); (direction) opposto(a) ♦ vt (turn) invertire, rivoltare; (change) capovolgere, rovesciare; (LAW: judgement) cassare ♦ vi (BRIT AUT) fare marcia indietro; **in ~ order** in ordine inverso; **to go into ~** fare marcia indietro.

reversed charge call n (BRIT TEL) telefonata con addebito al ricevente.

reverse video n reverse video m.

reversible [rɪ'vəːsəbl] adj (garment) double-face inv; (procedure) reversibile.

reversing lights [rɪ'vəːsɪŋ-] npl (BRIT AUT) luci fpl per la retromarcia.

reversion [rɪ'vəːʃən] n ritorno.

revert [rɪ'vəːt] vi: **to ~ to** tornare a.

review [rɪ'vjuː] n rivista; (of book, film) recensione f ♦ vt passare in rivista; fare la recensione di; **to come under ~** essere preso in esame.

reviewer [rɪ'vjuːə*] n recensore/a.

revile [rɪ'vaɪl] vt insultare.

revise [rɪ'vaɪz] vt (manuscript) rivedere, correggere; (opinion) emendare, modificare; (study: subject, notes) ripassare; **~d edition** edizione riveduta.

revision [rɪ'vɪʒən] n revisione f; ripasso; (revised version) versione f riveduta e corretta.

revitalize [riː'vaɪtəlaɪz] vt ravvivare.

revival [rɪ'vaɪvəl] n ripresa; ristabilimento; (of faith) risveglio.

revive [rɪ'vaɪv] vt (person) rianimare; (custom) far rivivere; (hope, courage) ravvivare; (play, fashion) riesumare ♦ vi (person) rianimarsi; (hope) ravvivarsi; (activity) riprendersi.

revoke [rɪ'vəuk] vt revocare; (promise, decision) rinvenire su.

revolt [rɪ'vəult] n rivolta, ribellione f ♦ vi rivoltarsi, ribellarsi; **to ~ (against sb/**

sth) ribellarsi (a qn/qc).
revolting [rɪ'vəʊltɪŋ] *adj* ripugnante.
revolution [rɛvə'luːʃən] *n* rivoluzione *f*; (*of wheel etc*) rivoluzione, giro.
revolutionary [rɛvə'luːʃənrɪ] *adj, n* rivoluzionario(a).
revolutionize [rɛvə'luːʃənaɪz] *vt* rivoluzionare.
revolve [rɪ'vɒlv] *vi* girare.
revolver [rɪ'vɒlvə*] *n* rivoltella.
revolving [rɪ'vɒlvɪŋ] *adj* girevole.
revolving door *n* porta girevole.
revue [rɪ'vjuː] *n* (*THEAT*) rivista.
revulsion [rɪ'vʌlʃən] *n* ripugnanza.
reward [rɪ'wɔːd] *n* ricompensa, premio ♦ *vt*: **to ~ (for)** ricompensare (per).
rewarding [rɪ'wɔːdɪŋ] *adj* (*fig*) soddisfacente; **financially ~** conveniente dal punto di vista economico.
rewind [riː'waɪnd] *vt irreg* (*watch*) ricaricare; (*ribbon etc*) riavvolgere.
rewire [riː'waɪə*] *vt* (*house*) rifare l'impianto elettrico di.
reword [riː'wɔːd] *vt* formulare *or* esprimere con altre parole.
rewrite [riː'raɪt] *vt irreg* riscrivere.
Reykjavik ['reɪkjəviːk] *n* Reykjavik *f*.
RFD *abbr* (*US POST*) = *rural free delivery*.
Rh *abbr* (= *rhesus*) Rh.
rhapsody ['ræpsədɪ] *n* (*MUS*) rapsodia; (*fig*) elogio stravagante.
rhesus negative ['riːsəs-] *adj* (*MED*) Rh-negativo(a).
rhesus positive *adj* (*MED*) Rh-positivo(a).
rhetoric ['rɛtərɪk] *n* retorica.
rhetorical [rɪ'tɒrɪkl] *adj* retorico(a).
rheumatic [ruː'mætɪk] *adj* reumatico(a).
rheumatism ['ruːmətɪzəm] *n* reumatismo.
rheumatoid arthritis ['ruːmətɔɪd-] *n* artrite *f* reumatoide.
Rhine [raɪn] *n*: **the ~** il Reno.
rhinestone ['raɪnstəʊn] *n* diamante *m* falso.
rhinoceros [raɪ'nɒsərəs] *n* rinoceronte *m*.
Rhodes [rəʊdz] *n* Rodi *f*.
Rhodesia [rəʊ'diːʒə] *n* Rhodesia.
Rhodesian [rəʊ'diːʒən] *adj, n* Rhodesiano(a).
rhododendron [rəʊdə'dɛndrn] *n* rododendro.
Rhone [rəʊn] *n*: **the ~** il Rodano.
rhubarb ['ruːbɑːb] *n* rabarbaro.
rhyme [raɪm] *n* rima; (*verse*) poesia ♦ *vi*: **to ~ (with)** fare rima (con); **without ~ or reason** senza capo né coda.
rhythm ['rɪðm] *n* ritmo.
rhythmic(al) ['rɪðmɪk(əl)] *adj* ritmico(a).
rhythmically ['rɪðmɪkəlɪ] *adv* con ritmo.
rhythm method *n* metodo Ogino-Knauss.

RI *abbr* (*US POST*) = *Rhode Island* ♦ *n abbr* (*BRIT*) = *religious instruction*.
rib [rɪb] *n* (*ANAT*) costola ♦ *vt* (*tease*) punzecchiare.
ribald ['rɪbəld] *adj* licenzioso(a), volgare.
ribbed [rɪbd] *adj* (*knitting*) a coste.
ribbon ['rɪbən] *n* nastro; **in ~s** (*torn*) a brandelli.
rice [raɪs] *n* riso.
ricefield ['raɪsfiːld] *n* risaia.
rice pudding *n* budino di riso.
rich [rɪtʃ] *adj* ricco(a); (*clothes*) sontuoso(a); **the ~** *npl* i ricchi; **~es** *npl* ricchezze *fpl*; **to be ~ in sth** essere ricco di qc.
richly ['rɪtʃlɪ] *adv* riccamente; (*dressed*) sontuosamente; (*deserved*) pienamente.
rickets ['rɪkɪts] *n* rachitismo.
rickety ['rɪkɪtɪ] *adj* zoppicante.
rickshaw ['rɪkʃɔː] *n* risciò *m inv*.
ricochet ['rɪkəʃeɪ] *n* rimbalzo ♦ *vi* rimbalzare.
rid, *pt, pp* **rid** [rɪd] *vt*: **to ~ sb of** sbarazzare *or* liberare qn di; **to get ~ of** sbarazzarsi di.
riddance ['rɪdns] *n*: **good ~!** che liberazione!
ridden ['rɪdn] *pp of* **ride**.
riddle ['rɪdl] *n* (*puzzle*) indovinello ♦ *vt*: **to be ~d with** essere crivellato(a) di.
ride [raɪd] *n* (*on horse*) cavalcata; (*outing*) passeggiata; (*distance covered*) cavalcata; corsa ♦ *vb* (*pt* **rode**, *pp* **ridden** [rəʊd, 'rɪdn]) *vi* (*as sport*) cavalcare; (*go somewhere: on horse, bicycle*) andare (a cavallo *or* in bicicletta *etc*); (*journey: on bicycle, motorcycle, bus*) andare, viaggiare ♦ *vt* (*a horse*) montare, cavalcare; **to go for a ~** andare a fare una cavalcata; andare a fare un giro; **can you ~ a bike?** sai andare in bicicletta?; **we rode all day/all the way** abbiamo cavalcato tutto il giorno/per tutto il tragitto; **to ~ a horse/bicycle/camel** montare a cavallo/in bicicletta/in groppa a un cammello; **to ~ at anchor** (*NAUT*) essere alla fonda; **horse ~** cavalcata; **car ~** passeggiata in macchina; **to take sb for a ~** (*fig*) prendere in giro qn; fregare qn.
▶**ride out** *vt*: **to ~ out the storm** (*fig*) mantenersi a galla.
rider ['raɪdə*] *n* cavalcatore/trice; (*jockey*) fantino; (*on bicycle*) ciclista *m/f*; (*on motorcycle*) motociclista *m/f*; (*in document*) clausola addizionale, aggiunta.
ridge [rɪdʒ] *n* (*of hill*) cresta; (*of roof*) colmo; (*of mountain*) giogo; (*on object*) riga (in rilievo).
ridicule ['rɪdɪkjuːl] *n* ridicolo ♦ *vt* mettere in

ridicolo; **to hold sb/sth up to** ~ mettere in ridicolo qn/qc.

ridiculous [rɪ'dɪkjuləs] *adj* ridicolo(a).

riding ['raɪdɪŋ] *n* equitazione *f*.

riding school *n* scuola d'equitazione.

rife [raɪf] *adj* diffuso(a); **to be** ~ **with** abbondare di.

riffraff ['rɪfræf] *n* canaglia, gentaglia.

rifle ['raɪfl] *n* carabina ♦ *vt* vuotare.

►**rifle through** *vt fus* frugare.

rifle range *n* campo di tiro; (*at fair*) tiro a segno.

rift [rɪft] *n* fessura, crepatura; (*fig: disagreement*) incrinatura.

rig [rɪg] *n* (*also:* **oil** ~: *on land*) derrick *m inv*; (: *at sea*) piattaforma di trivellazione ♦ *vt* (*election etc*) truccare.

►**rig out** *vt* (*BRIT*) attrezzare; (*pej*) abbigliare, agghindare.

►**rig up** *vt* allestire.

rigging ['rɪgɪŋ] *n* (*NAUT*) attrezzatura.

right [raɪt] *adj* giusto(a); (*suitable*) appropriato(a); (*not left*) destro(a) ♦ *n* (*title, claim*) diritto; (*not left*) destra ♦ *adv* (*answer*) correttamente; (*not on the left*) a destra ♦ *vt* raddrizzare; (*fig*) riparare ♦ *excl* bene!; **the** ~ **time** l'ora esatta; **to be** ~ (*person*) aver ragione; (*answer*) essere giusto(a) *or* corretto(a); **to get sth** ~ far giusto qc; **you did the** ~ **thing** ha fatto bene; **let's get it** ~ **this time!** cerchiamo di farlo bene stavolta!; **to put a mistake** ~ (*BRIT*) correggere un errore; ~ **now** proprio adesso; subito; ~ **away** subito; ~ **before/after** subito prima/dopo; **to go** ~ **to the end of sth** andare fino in fondo a qc; ~ **against the wall** proprio contro il muro; ~ **ahead** sempre diritto; proprio davanti; ~ **in the middle** proprio nel mezzo; **by** ~**s** di diritto; **on the** ~, **to the** ~ a destra; ~ **and wrong** il bene e il male; **to have a** ~ **to sth** aver diritto a qc; **film** ~**s** diritti di riproduzione cinematografica; ~ **of way** diritto di passaggio; (*AUT*) precedenza.

right angle *n* angolo retto.

righteous ['raɪtʃəs] *adj* retto(a), virtuoso(a); (*anger*) giusto(a), giustificato(a).

righteousness ['raɪtʃəsnɪs] *n* rettitudine *f*, virtù *f*.

rightful ['raɪtful] *adj* (*heir*) legittimo(a).

rightfully ['raɪtfəlɪ] *adv* legittimamente.

right-handed [raɪt'hændɪd] *adj* (*person*) che adopera la mano destra.

right-hand man ['raɪthænd-] *n* braccio destro (*fig*).

right-hand side *n* lato destro.

rightly ['raɪtlɪ] *adv* bene, correttamente; (*with reason*) a ragione; **if I remember** ~ se mi ricordo bene.

right-minded [raɪt'maɪndɪd] *adj* sensato(a).

rights issue *n* (*STOCK EXCHANGE*) emissione *f* di azioni riservate agli azionisti.

right wing *n* (*MIL, SPORT*) ala destra; (*POL*) destra ♦ *adj*: **right-wing** (*POL*) di destra.

right-winger [raɪt'wɪŋə*] *n* (*POL*) uno/a di destra; (*SPORT*) ala destra.

rigid ['rɪdʒɪd] *adj* rigido(a); (*principle*) rigoroso(a).

rigidity [rɪ'dʒɪdɪtɪ] *n* rigidità.

rigidly ['rɪdʒɪdlɪ] *adv* rigidamente.

rigmarole ['rɪgmərəul] *n* tiritera; commedia.

rigor ['rɪgə*] *n* (*US*) = **rigour**.

rigor mortis ['rɪgə'mɔːtɪs] *n* rigidità cadaverica.

rigorous ['rɪgərəs] *adj* rigoroso(a).

rigorously ['rɪgərəslɪ] *adv* rigorosamente.

rigour, (*US*) **rigor** ['rɪgə*] *n* rigore *m*.

rig-out ['rɪgaut] *n* (*BRIT col*) tenuta.

rile [raɪl] *vt* irritare, seccare.

rim [rɪm] *n* orlo; (*of spectacles*) montatura; (*of wheel*) cerchione *m*.

rimless ['rɪmlɪs] *adj* (*spectacles*) senza montatura.

rimmed [rɪmd] *adj* bordato(a); cerchiato(a).

rind [raɪnd] *n* (*of bacon*) cotenna; (*of lemon etc*) scorza.

ring [rɪŋ] *n* anello; (*also:* **wedding** ~) fede *f*; (*of people, objects*) cerchio; (*of spies*) giro; (*of smoke etc*) spirale *f*; (*arena*) pista, arena; (*for boxing*) ring *m inv*; (*sound of bell*) scampanio; (*telephone call*) colpo di telefono ♦ *vb* (*pt* **rang,** *pp* **rung** [ræŋ, rʌŋ]) *vi* (*person, bell, telephone*) suonare; (*also:* ~ **out:** *voice, words*) risuonare; (*TEL*) telefonare ♦ *vt* (*BRIT TEL: also:* ~ **up**) telefonare a; **to give sb a** ~ (*TEL*) dare un colpo di telefono a qn; **that has the** ~ **of truth about it** questo ha l'aria d'essere vero; **to** ~ **the bell** suonare il campanello; **the name doesn't** ~ **a bell (with me)** questo nome non mi dice niente.

►**ring back** *vt, vi* (*BRIT TEL*) richiamare.

►**ring off** *vi* (*BRIT TEL*) mettere giù, riattaccare.

ring binder *n* classificatore *m* a anelli.

ring finger *n* anulare *m*.

ringing ['rɪŋɪŋ] *n* (*of bell*) scampanio; (: *louder*) scampanellata; (*of telephone*) squillo; (*in ears*) fischio, ronzio.

ringing tone *n* (*BRIT TEL*) segnale *m* di libero.

ringleader ['rɪŋliːdə*] *n* (*of gang*)

capobanda *m*.

ringlets ['rɪŋlɪts] *npl* boccoli *mpl*.

ring road *n* (*BRIT*) raccordo anulare.

rink [rɪŋk] *n* (*also*: **ice** ~) pista di pattinaggio; (*for roller-skating*) pista di pattinaggio (a rotelle).

rinse [rɪns] *n* risciacquatura; (*hair tint*) cachet *m inv* ♦ *vt* sciacquare.

Rio (de Janeiro) ['riːəu(dədʒə'nɪərəu)] *n* Rio de Janeiro *f*.

riot ['raɪət] *n* sommossa, tumulto ♦ *vi* tumultuare; **a ~ of colours** un'orgia di colori; **to run** ~ creare disordine.

rioter ['raɪətə*] *n* dimostrante *m/f* (*durante dei disordini*).

riot gear *n*: **in** ~ in assetto di guerra.

riotous ['raɪətəs] *adj* tumultuoso(a); che fa crepare dalle ridere.

riotously ['raɪətəslɪ] *adv*: ~ **funny** che fa crepare dalle ridere.

riot police *n* ≈ la Celere.

RIP *abbr* (= *rest in peace*) R.I.P.

rip [rɪp] *n* strappo ♦ *vt* strappare ♦ *vi* strapparsi.

▶**rip up** *vt* stracciare.

ripcord ['rɪpkɔːd] *n* cavo di spiegamento.

ripe [raɪp] *adj* (*fruit*) maturo(a); (*cheese*) stagionato(a).

ripen ['raɪpən] *vt* maturare ♦ *vi* maturarsi; stagionarsi.

ripeness ['raɪpnɪs] *n* maturità.

rip-off ['rɪpɔf] *n* (*col*): **it's a** ~! è un furto!

riposte [rɪ'pɔst] *n* risposta per le rime.

ripple ['rɪpl] *n* increspamento, ondulazione *f*; mormorio ♦ *vi* incresparsi ♦ *vt* increspare.

rise [raɪz] *n* (*slope*) salita, pendio; (*hill*) altura; (*increase*: *in wages*) aumento; (: *in prices, temperature*) rialzo, aumento; (*fig*: *to power etc*) ascesa ♦ *vi* (*pt* **rose**, *pp* **risen** [rəuz, 'rɪzn]) alzarsi, levarsi; (*prices*) aumentare; (*waters, river*) crescere; (*sun, wind*) levarsi; (*also*: ~ **up**: *rebel*) insorgere; ribellarsi; **to give** ~ **to** provocare, dare origine a; **to** ~ **to the occasion** dimostrarsi all'altezza della situazione.

rising ['raɪzɪŋ] *adj* (*increasing*: *number*) sempre crescente; (*prices*) in aumento; (*tide*) montante; (*sun, moon*) nascente, che sorge ♦ *n* (*uprising*) sommossa.

rising damp *n* infiltrazioni *fpl* d'umidità.

rising star *n* (*also fig*) astro nascente.

risk [rɪsk] *n* rischio ♦ *vt* rischiare; **to take** *or* **run the** ~ **of doing** correre il rischio di fare; **at** ~ in pericolo; **at one's own** ~ a proprio rischio e pericolo; **fire/health** ~ rischio d'incendio/per la salute; **I'll** ~ **it** ci

proverò lo stesso.

risk capital *n* capitale *m* di rischio.

risky ['rɪskɪ] *adj* rischioso(a).

risqué ['riːskeɪ] *adj* (*joke*) spinto(a).

rissole ['rɪsəul] *n* crocchetta.

rite [raɪt] *n* rito; **last** ~**s** l'estrema unzione.

ritual ['rɪtjuəl] *adj, n* rituale (*m*).

rival ['raɪvl] *n* rivale *m/f*; (*in business*) concorrente *m/f* ♦ *adj* rivale; che fa concorrenza ♦ *vt* essere in concorrenza con; **to** ~ **sb/sth in** competere con qn/qc in.

rivalry ['raɪvəlrɪ] *n* rivalità; concorrenza.

river ['rɪvə*] *n* fiume *m* ♦ *cpd* (*port, traffic*) fluviale; **up/down** ~ a monte/valle.

riverbank ['rɪvəbæŋk] *n* argine *m*.

riverbed ['rɪvəbed] *n* alveo (fluviale).

riverside ['rɪəsaɪd] *n* sponda del fiume.

rivet ['rɪvɪt] *n* ribattino, rivetto ♦ *vt* ribadire; (*fig*) concentrare, fissare.

riveting ['rɪvɪtɪŋ] *adj* (*fig*) avvincente.

Riviera [rɪvɪ'ɛərə] *n*: **the (French)** ~ la Costa Azzurra; **the Italian** ~ la Riviera.

Riyadh [rɪ'jɑːd] *n* Riad *f*.

RMT *n abbr* (= *Rail, Maritime and Transport*) *sindacato dei Ferrovieri, Marittimi e Trasportatori*.

RN *n abbr* (*BRIT*) = **Royal Navy**; (*US*) = **registered nurse**.

RNA *n abbr* (= *ribonucleic acid*) R.N.A. *m*.

RNLI *n abbr* (*BRIT*: = *Royal National Lifeboat Institution*) *associazione volontaria che organizza e dispone di scialuppe di salvataggio*.

RNZAF *n abbr* = *Royal New Zealand Air Force*.

RNZN *n abbr* = *Royal New Zealand Navy*.

road [rəud] *n* strada; (*small*) cammino; (*in town*) via; **main** ~ strada principale; **major/minor** ~ strada con/senza diritto di precedenza; **it takes 4 hours by** ~ sono 4 ore di macchina (*or* in camion *etc*); **on the** ~ **to success** sulla via del successo; "~ **up**" (*BRIT*) "attenzione: lavori in corso".

roadblock ['rəudblɔk] *n* blocco stradale.

road haulage *n* autotrasporti *mpl*.

roadhog ['rəudhɔg] *n* pirata *m* della strada.

road map *n* carta stradale.

road safety *n* sicurezza sulle strade.

roadside ['rəudsaɪd] *n* margine *m* della strada; **by the** ~ a lato della strada.

roadsign ['rəudsaɪn] *n* cartello stradale.

roadsweeper ['rəudswiːpə*] *n* (*BRIT*: *person*) spazzino.

road user *n* utente *m/f* della strada.

roadway ['rəudweɪ] *n* carreggiata.

roadworks ['rəudwɔːks] *npl* lavori *mpl* stradali.

roadworthy ['rəudwɔːðɪ] *adj* in buono stato di marcia.

roam [rəum] *vi* errare, vagabondare ♦ *vt* vagare per.

roar [rɔː*] *n* ruggito; (*of crowd*) tumulto; (*of thunder, storm*) muggito ♦ *vi* ruggire; tumultuare; muggire; **to ~ with laughter** scoppiare dalle risa.

roaring ['rɔːrɪŋ] *adj*: **a ~ fire** un bel fuoco; **to do a ~ trade** fare affari d'oro; **a ~ success** un successo strepitoso.

roast [rəust] *n* arrosto ♦ *vt* (*meat*) arrostire.

roast beef *n* arrosto di manzo.

roasting ['rəustɪŋ] *n* (*col*): **to give sb a ~** dare una lavata di capo a qn.

rob [rɔb] *vt* (*person*) rubare; (*bank*) svaligiare; **to ~ sb of sth** derubare qn di qc; (*fig: deprive*) privare qn di qc.

robber ['rɔbə*] *n* ladro; (*armed*) rapinatore *m*.

robbery ['rɔbərɪ] *n* furto; rapina.

robe [rəub] *n* (*for ceremony etc*) abito; (*also*: **bath~**) accappatoio ♦ *vt* vestire.

robin ['rɔbɪn] *n* pettirosso.

robot ['rəubɔt] *n* robot *m inv*.

robotics ['rəubɔtɪks] *n* robotica.

robust [rəu'bʌst] *adj* robusto(a); (*material*) solido(a).

rock [rɔk] *n* (*substance*) roccia; (*boulder*) masso; roccia; (*in sea*) scoglio; (*BRIT: sweet*) zucchero candito ♦ *vt* (*swing gently: cradle*) dondolare; (: *child*) cullare; (*shake*) scrollare, far tremare ♦ *vi* dondolarsi; oscillare; **on the ~s** (*drink*) col ghiaccio; (*ship*) sugli scogli; (*marriage etc*) in crisi; **to ~ the boat** (*fig*) piantare grane.

rock and roll *n* rock and roll *m*.

rock-bottom ['rɔk'bɔtəm] *n* (*fig*) stremo; **to reach** *or* **touch ~** (*price*) raggiungere il livello più basso; (*person*) toccare il fondo.

rock climber *n* rocciatore/trice, scalatore/trice.

rock climbing *n* roccia.

rockery ['rɔkərɪ] *n* giardino roccioso.

rocket ['rɔkɪt] *n* razzo; (*MIL*) razzo, missile *m* ♦ *vi* (*prices*) salire alle stelle.

rocket launcher [-lɔːntʃə*] *n* lanciarazzi *m inv*.

rock face *n* parete *f* della roccia.

rock fall *n* caduta di massi.

rocking chair ['rɔkɪŋ-] *n* sedia a dondolo.

rocking horse *n* cavallo a dondolo.

rocky ['rɔkɪ] *adj* (*hill*) roccioso(a); (*path*) sassoso(a); (*unsteady: table*) traballante.

Rocky Mountains *npl*: **the ~** le Montagne Rocciose.

rod [rɔd] *n* (*metallic, TECH*) asta; (*wooden*) bacchetta; (*also*: **fishing ~**) canna da pesca.

rode [rəud] *pt of* **ride**.

rodent ['rəudnt] *n* roditore *m*.

rodeo ['rəudɪəu] *n* rodeo.

roe [rəu] *n* (*species: also*: **~ deer**) capriolo; (*of fish: also*: **hard ~**) uova *fpl* di pesce; **soft ~** latte *m* di pesce.

roe deer *n* (*species*) capriolo; (*female deer: pl inv*) capriolo femmina.

rogue [rəug] *n* mascalzone *m*.

roguish ['rəugɪʃ] *adj* birbantesco(a).

role [rəul] *n* ruolo.

role model *n* modello (di comportamento).

role-play ['rəulpleɪ], **role-playing** ['rəulpleɪɪŋ] *n* il recitare un ruolo, role-playing *m inv*.

roll [rəul] *n* rotolo; (*of banknotes*) mazzo; (*also*: **bread ~**) panino; (*register*) lista; (*sound: of drums etc*) rullo; (*movement: of ship*) rullio ♦ *vt* rotolare; (*also*: **~ up**: *string*) aggomitolare; (*also*: **~ out**: *pastry*) stendere ♦ *vi* rotolare; (*wheel*) girare; **cheese ~** panino al formaggio.

▶**roll about, roll around** *vi* rotolare qua e là; (*person*) rotolarsi.

▶**roll by** *vi* (*time*) passare.

▶**roll in** *vi* (*mail, cash*) arrivare a bizzeffe.

▶**roll over** *vi* rivoltarsi.

▶**roll up** *vi* (*col: arrive*) arrivare ♦ *vt* (*carpet, cloth, map*) arrotolare; (*sleeves*) rimboccare; **to ~ o.s. up into a ball** raggomitolarsi.

roll call *n* appello.

rolled gold [rəuld-] *adj* d'oro laminato.

roller ['rəulə*] *n* rullo; (*wheel*) rotella.

roller blind *n* (*BRIT*) avvolgibile *m*.

roller coaster *n* montagne *fpl* russe.

roller skates *npl* pattini *mpl* a rotelle.

rollicking ['rɔlɪkɪŋ] *adj* allegro(a) e chiassoso(a); **to have a ~ time** divertirsi pazzamente.

rolling ['rəulɪŋ] *adj* (*landscape*) ondulato(a).

rolling mill *n* fabbrica di laminati.

rolling pin *n* matterello.

rolling stock *n* (*RAIL*) materiale *m* rotabile.

roll-on-roll-off ['rəulɔn'rəulɔf] *adj* (*BRIT: ferry*) roll-on roll-off *inv*.

roly-poly ['rəulɪ'pəulɪ] *n* (*BRIT CULIN*) rotolo di pasta con ripieno di marmellata.

ROM [rɔm] *n abbr* (*COMPUT*: = *read-only memory*) ROM *f*.

Roman ['rəumən] *adj*, *n* romano(a).

Roman Catholic *adj*, *n* cattolico(a).

romance [rə'mæns] *n* storia (*or* avventura *or* film *m inv*) romantico(a); (*charm*) poesia; (*love affair*) idillio.

Romanesque [rəumə'nɛsk] *adj* romanico(a).

Romania [rəu'meɪnɪə] *n* Romania.

Romanian [rəu'meɪnɪən] *adj* romeno(a) ♦ *n* romeno/a; (*LING*) romeno.

Roman numeral *n* numero romano.

romantic [rə'mæntɪk] *adj* romantico(a); sentimentale.

romanticism [rə'mæntɪsɪzəm] *n* romanticismo.

Romany ['rɔmənɪ] *adj* zingaresco(a) ♦ *n* (*person*) zingaro/a; (*LING*) lingua degli zingari.

Rome [rəum] *n* Roma.

romp [rɔmp] *n* gioco chiassoso ♦ *vi* (*also*: ~ **about**) giocare chiassosamente; **to ~ home** (*horse*) vincere senza difficoltà, stravincere.

rompers ['rɔmpəz] *npl* pagliaccetto.

rondo ['rɔndəu] *n* (*MUS*) rondò *m inv*.

roof [ru:f] *n* tetto; (*of tunnel, cave*) volta ♦ *vt* coprire (con un tetto); ~ **of the mouth** palato.

roof garden *n* giardino pensile.

roofing ['ru:fɪŋ] *n* materiale *m* per copertura.

roof rack *n* (*AUT*) portabagagli *m inv*.

rook [ruk] *n* (*bird*) corvo nero; (*CHESS*) torre *f* ♦ *vt* (*cheat*) truffare, spennare.

rookie ['rukɪ] *n* (*col: esp MIL*) pivellino/a.

room [ru:m] *n* (*in house*) stanza, camera; (*in school etc*) sala; (*space*) posto, spazio; **~s** *npl* (*lodging*) alloggio; "**~s to let**", (*US*) "**~s for rent**" "si affittano camere"; **is there ~ for this?** c'è spazio per questo?, ci sta anche questo?; **to make ~ for sb** far posto a qn; **there is ~ for improvement** si potrebbe migliorare.

rooming house ['ru:mɪŋ-] *n* (*US*) casa in cui si affittano camere o appartamentini ammobiliati.

roommate ['ru:mmeɪt] *n* compagno/a di stanza.

room service *n* servizio da camera.

room temperature *n* temperatura ambiente.

roomy ['ru:mɪ] *adj* spazioso(a); (*garment*) ampio(a).

roost [ru:st] *n* appollaiato ♦ *vi* appollaiarsi.

rooster ['ru:stə*] *n* gallo.

root [ru:t] *n* radice *f* ♦ *vt* (*plant, belief*) far radicare; **to take ~** (*plant*) attecchire, prendere; (*idea*) far presa; **the ~ of the problem is that** ... il problema deriva dal fatto che ....

▶**root about** *vi* (*fig*) frugare.

▶**root for** *vt fus* (*col*) fare il tifo per.

▶**root out** *vt* estirpare.

root beer *n* (*US*) bibita dolce a base di estratti di erbe e radici.

rope [rəup] *n* corda, fune *f*; (*NAUT*) cavo ♦ *vt* (*box*) legare; (*climbers*) legare in cordata; **to ~ sb in** (*fig*) coinvolgere qn; **to know the ~s** (*fig*) conoscere i trucchi del mestiere.

rope ladder *n* scala di corda.

ropey ['rəupɪ] *adj* (*col*) scadente, da quattro soldi; **to feel ~** (*ill*) sentirsi male.

rosary ['rəuzərɪ] *n* rosario; roseto.

rose [rəuz] *pt of* **rise** ♦ *n* rosa; (*also*: ~ **bush**) rosaio; (*on watering can*) rosetta ♦ *adj* rosa *inv*.

rosé ['rəuzeɪ] *n* vino rosato.

rosebed ['rəuzbɛd] *n* roseto.

rosebud ['rəuzbʌd] *n* bocciolo di rosa.

rosebush ['rəuzbuʃ] *n* rosaio.

rosemary ['rəuzmərɪ] *n* rosmarino.

rosette [rəu'zɛt] *n* coccarda.

ROSPA ['rɔspə] *n abbr* (*BRIT*: = *Royal Society for the Prevention of Accidents*) ≈ E.N.P.I. *m* (= *Ente Nazionale Prevenzione Infortuni*).

roster ['rɔstə*] *n*: **duty ~** ruolino di servizio.

rostrum ['rɔstrəm] *n* tribuna.

rosy ['rəuzɪ] *adj* roseo(a).

rot [rɔt] *n* (*decay*) putrefazione *f*; (*col: nonsense*) stupidaggini *fpl* ♦ *vt, vi* imputridire, marcire; **dry/wet ~** *funghi parassiti del legno*; **to stop the ~** (*BRIT fig*) salvare la situazione.

rota ['rəutə] *n* tabella dei turni; **on a ~ basis** a turno.

rotary ['rəutərɪ] *adj* rotante.

rotate [rəu'teɪt] *vt* (*revolve*) far girare; (*change round: crops*) avvicendare; (: *jobs*) fare a turno ♦ *vi* (*revolve*) girare.

rotating [rəu'teɪtɪŋ] *adj* (*movement*) rotante.

rotation [rəu'teɪʃən] *n* rotazione *f*; **in ~** a turno, in rotazione.

rote [rəut] *n*: **to learn sth by ~** imparare qc a memoria.

rotor ['rəutə*] *n* rotore *m*.

rotten ['rɔtn] *adj* (*decayed*) putrido(a), marcio(a); (: *teeth*) cariato(a); (*dishonest*) corrotto(a); (*col: bad*) brutto(a); (: *action*) vigliacco(a); **to feel ~** (*ill*) sentirsi proprio male.

rotting ['rɔtɪŋ] *adj* in putrefazione.

rotund [rəu'tʌnd] *adj* grassoccio(a); tondo(a).

rouble, (*US*) **ruble** ['ru:bl] *n* rublo.

rouge [ru:ʒ] *n* belletto.

rough [rʌf] *adj* aspro(a); (*person, manner: coarse*) rozzo(a), aspro(a); (: *violent*) brutale; (*district*) malfamato(a); (*weather*) cattivo(a); (*plan*) abbozzato(a); (*guess*) approssimativo(a) ♦ n (*GOLF*) macchia; ~ **estimate** approssimazione *f*; **to** ~ **it** far vita dura; **to play** ~ far il gioco pesante; **to sleep** ~ (*BRIT*) dormire all'addiaccio; **to feel** ~ (*BRIT*) sentirsi male; **to have a** ~ **time (of it)** passare un periodaccio; **the sea is** ~ **today** c'è mare grosso oggi.

▶**rough out** *vt* (*draft*) abbozzare.

roughage ['rʌfɪdʒ] *n* alimenti *mpl* ricchi di cellulosa.

rough-and-ready ['rʌfən'rɛdɪ] *adj* rudimentale.

rough-and-tumble ['rʌfən'tʌmbl] *n* zuffa.

roughcast ['rʌfkɑːst] *n* intonaco grezzo.

rough copy, rough draft *n* brutta copia.

roughen ['rʌfn] *vt* (*a surface*) rendere ruvido(a).

rough justice *n* giustizia sommaria.

roughly ['rʌflɪ] *adv* (*handle*) rudemente, brutalmente; (*make*) grossolanamente; (*approximately*) approssimativamente; ~ **speaking** grosso modo, ad occhio e croce.

roughness ['rʌfnɪs] *n* asprezza; rozzezza; brutalità.

roughshod ['rʌfʃɔd] *adv*: **to ride** ~ **over** (*person*) mettere sotto i piedi; (*objection*) passare sopra a.

rough work *n* (*at school etc*) brutta copia.

roulette [ruːˈlɛt] *n* roulette *f*.

Roumania *etc* [ruːˈmeɪnɪə] = **Romania** *etc*.

round [raund] *adj* rotondo(a) ♦ n tondo, cerchio; (*BRIT*: *of toast*) fetta; (*duty*: *of policeman, milkman etc*) giro; (: *of doctor*) visite *fpl*; (*game*: *of cards, in competition*) partita; (*BOXING*) round *m inv*; (*of talks*) serie *f inv* ♦ *vt* (*corner*) girare; (*bend*) prendere; (*cape*) doppiare ♦ *prep* intorno a ♦ *adv*: **right** ~, **all** ~ tutt'attorno; **the long way** ~ il giro più lungo; **all the year** ~ tutto l'anno; **in** ~ **figures** in cifra tonda; **it's just** ~ **the corner** (*also fig*) è dietro l'angolo; **to ask sb** ~ invitare qn (a casa propria); **I'll be** ~ **at 6 o'clock** ci sarò alle 6; **to go** ~ fare il giro; **to go** ~ **to sb's (house)** andare da qn; **to go** ~ **an obstacle** aggirare un ostacolo; **go** ~ **the back** passi da dietro; **to go** ~ **a house** visitare una casa; **enough to go** ~ abbastanza per tutti; **she arrived** ~ (**about) noon** è arrivata intorno a mezzogiorno; ~ **the clock** 24 ore su 24; **to go the** ~**s** (*illness*) diffondersi; (*story*) circolare, passare di bocca in bocca; **the daily** ~ (*fig*) la routine quotidiana; ~ **of ammunition** cartuccia; ~ **of applause** applausi *mpl*; ~ **of drinks** giro di bibite; ~ **of sandwiches** (*BRIT*) sandwich *m inv*.

▶**round off** *vt* (*speech etc*) finire.

▶**round up** *vt* radunare; (*criminals*) fare una retata di; (*prices*) arrotondare.

roundabout ['raundəbaut] *n* (*BRIT AUT*) rotatoria; (*at fair*) giostra ♦ *adj* (*route, means*) indiretto(a).

rounded ['raundɪd] *adj* arrotondato(a); (*style*) armonioso(a).

rounders ['raundəz] *npl* (*game*) gioco simile al baseball.

roundly ['raundlɪ] *adv* (*fig*) chiaro e tondo.

round robin *n* (*SPORT*: *also*: ~ **tournament**) ≈ torneo all'italiana.

round-shouldered [raund'ʃəuldəd] *adj* dalle spalle tonde.

round trip *n* (viaggio di) andata e ritorno.

roundup ['raundʌp] *n* raduno; (*of criminals*) retata; **a** ~ **of the latest news** un sommario *or* riepilogo delle ultime notizie.

rouse [rauz] *vt* (*wake up*) svegliare; (*stir up*) destare; provocare; risvegliare.

rousing ['rauzɪŋ] *adj* (*speech, applause*) entusiastico(a).

rout [raut] *n* (*MIL*) rotta ♦ *vt* mettere in rotta.

route [ruːt] *n* itinerario; (*of bus*) percorso; (*of trade, shipping*) rotta; "**all** ~**s**" (*AUT*) "tutte le direzioni"; **the best** ~ **to London** la strada migliore per andare a Londra; **en** ~ **for** in viaggio verso; **en** ~ **from ... to** viaggiando da ... a.

route map *n* (*BRIT*: *for journey*) cartina di itinerario; (*for trains etc*) pianta dei collegamenti.

routine [ruːˈtiːn] *adj* (*work*) corrente, abituale; (*procedure*) solito(a) ♦ *n* (*pej*) routine *f*, tran tran *m*; (*THEAT*) numero; (*COMPUT*) sottoprogramma *m*; **daily** ~ orario quotidiano; ~ **procedure** prassi *f*.

roving ['rəuvɪŋ] *adj* (*life*) itinerante.

roving reporter *n* reporter *m inv* volante.

row¹ [rəu] *n* (*line*) riga, fila; (*KNITTING*) ferro; (*behind one another*: *of cars, people*) fila ♦ *vi* (*in boat*) remare; (*as sport*) vogare ♦ *vt* (*boat*) manovrare a remi; **in a** ~ (*fig*) di fila.

row² [rau] *n* (*noise*) baccano, chiasso; (*dispute*) lite *f* ♦ *vi* litigare; **to make a** ~ far baccano; **to have a** ~ litigare.

rowboat ['rəubaut] *n* (*US*) barca a remi.

rowdiness ['raudɪnɪs] *n* baccano; (*fighting*) zuffa.

rowdy ['raudɪ] *adj* chiassoso(a); turbolento(a) ♦ *n* teppista *m/f*.

rowdyism ['raudɪɪzəm] *n* teppismo.

rowing ['rəuɪŋ] *n* canottaggio.

rowing boat n (BRIT) barca a remi.
rowlock ['rɔlək] n scalmo.
royal ['rɔɪəl] adj reale.

L'Accademia Reale d'Arte britannica, **Royal Academy (of the Arts)**, è un'istituzione fondata nel 1768 al fine di incoraggiare la pittura, la scultura e l'architettura. Ogni anno organizza una mostra estiva d'arte contemporanea.

Royal Air Force (RAF) n (BRIT) aeronautica militare britannica.
royal blue adj blu reale inv.
royalist ['rɔɪəlɪst] adj, n realista (m/f).
Royal Navy (RN) n (BRIT) marina militare britannica.
royalty ['rɔɪəltɪ] n (royal persons) (membri mpl della) famiglia reale; (payment: to author) diritti mpl d'autore; (: to inventor) diritti di brevetto.
RP n abbr (BRIT: = received pronunciation) pronuncia standard.
RPM abbr = resale price maintenance.
rpm abbr (= revolutions per minute) giri/min.
RR abbr (US = railroad) Ferr.
R&R n abbr (US MIL: = rest and recreation) permesso per militari.
RRP n abbr (BRIT) see recommended retail price.
RSA n abbr (BRIT) = Royal Society of Arts; Royal Scottish Academy.
RSI n abbr (MED: = repetitive strain injury) lesione al braccio tipica di violinisti e terminalisti.
RSPB n abbr (BRIT: = Royal Society for the Protection of Birds) ≈ L.I.P.U. f (= Lega Italiana Protezione Uccelli).
RSPCA n abbr (BRIT: = Royal Society for the Prevention of Cruelty to Animals) ≈ E.N.P.A. m (= Ente Nazionale per la Protezione degli Animali).
RSVP abbr (= répondez s'il vous plaît) R.S.V.P.
RTA n abbr (= road traffic accident) incidente m stradale.
Rt Hon. abbr (BRIT: = Right Honourable) ≈ On. (= Onorevole).
Rt Rev. abbr (= Right Reverend) Rev.
rub [rʌb] n (with cloth) fregata, strofinata; (on person) frizione f, massaggio ♦ vt fregare, strofinare; frizionare; **to ~ sb up** or (US) ~ **sb the wrong way** lisciare qn contro pelo.
▶**rub down** vt (body) strofinare, frizionare; (horse) strigliare.
▶**rub in** vt (ointment) far penetrare (massaggiando or frizionando).

▶**rub off** vi andare via; **to ~ off on** lasciare una traccia su.
▶**rub out** vt cancellare ♦ vi cancellarsi.
rubber ['rʌbə*] n gomma.
rubber band n elastico.
rubber bullet n pallottola di gomma.
rubber plant n ficus m inv.
rubber ring n (for swimming) ciambella.
rubber stamp n timbro di gomma.
rubber-stamp [rʌbə'stæmp] vt (fig) approvare senza discussione.
rubbery ['rʌbərɪ] adj gommoso(a).
rubbish ['rʌbɪʃ] n (from household) immondizie fpl, rifiuti mpl; (fig: pej) cose fpl senza valore; robaccia; (nonsense) sciocchezze fpl ♦ vt (col) sputtanare; **what you've just said is** ~ quello che ha appena detto è una sciocchezza.
rubbish bin n (BRIT) pattumiera.
rubbish dump n luogo di scarico.
rubbishy ['rʌbɪʃɪ] adj (BRIT col) scadente, che non vale niente.
rubble ['rʌbl] n macerie fpl; (smaller) pietrisco.
ruble ['ruːbl] n (US) = rouble.
ruby ['ruːbɪ] n rubino.
RUC n abbr (BRIT: = Royal Ulster Constabulary) forza di polizia dell'Irlanda del Nord.
rucksack ['rʌksæk] n zaino.
ructions ['rʌkʃənz] npl putiferio, finimondo.
rudder ['rʌdə*] n timone m.
ruddy ['rʌdɪ] adj (face) fresco(a); (col: damned) maledetto(a).
rude [ruːd] adj (impolite: person) scortese, rozzo(a); (: word, manners) grossolano(a), rozzo(a); (shocking) indecente; **to be ~ to sb** essere maleducato con qn.
rudely ['ruːdlɪ] adv scortesemente; grossolanamente.
rudeness ['ruːdnɪs] n scortesia; grossolanità.
rudiment ['ruːdɪmənt] n rudimento.
rudimentary [ruːdɪ'mɛntərɪ] adj rudimentale.
rue [ruː] vt pentirsi amaramente di.
rueful ['ruːful] adj mesto(a), triste.
ruff [rʌf] n gorgiera.
ruffian ['rʌfɪən] n briccone m, furfante m.
ruffle ['rʌfl] vt (hair) scompigliare; (clothes, water) increspare; (fig: person) turbare.
rug [rʌg] n tappeto; (BRIT: for knees) coperta.
rugby ['rʌgbɪ] n (also: ~ football) rugby m.
rugged ['rʌgɪd] adj (landscape) aspro(a); (features, determination) duro(a); (character) brusco(a).
rugger ['rʌgə*] n (col) rugby m.

ruin ['ruːɪn] *n* rovina ♦ *vt* rovinare; (*spoil: clothes*) sciupare; ~s *npl* rovine *fpl*, ruderi *mpl*; **in** ~s in rovina.

ruination [ruːɪ'neɪʃən] *n* rovina.

ruinous ['ruːɪnəs] *adj* rovinoso(a); (*expenditure*) inverosimile.

rule [ruːl] *n* (*gen*) regola; (*regulation*) regolamento, regola; (*government*) governo; (*dominion etc*): **under British** ~ sotto la sovranità britannica ♦ *vt* (*country*) governare; (*person*) dominare; (*decide*) decidere ♦ *vi* regnare; decidere; (*LAW*) dichiarare; **to** ~ **against/in favour of/on** (*LAW*) pronunciarsi a sfavore di/in favore di/su; **it's against the** ~s è contro le regole *or* il regolamento; **by** ~ **of thumb** a lume di naso; **as a** ~ normalmente, di regola.

►**rule out** *vt* escludere; **murder cannot be** ~**d out** non si esclude che si tratti di omicidio.

ruled [ruːld] *adj* (*paper*) vergato(a).

ruler ['ruːlə*] *n* (*sovereign*) sovrano/a; (*leader*) capo (dello Stato); (*for measuring*) regolo, riga.

ruling ['ruːlɪŋ] *adj* (*party*) al potere; (*class*) dirigente ♦ *n* (*LAW*) decisione *f*.

rum [rʌm] *n* rum *m* ♦ *adj* (*BRIT col*) strano(a).

Rumania *etc* [ruː'meɪnɪə] = **Romania** *etc*.

rumble ['rʌmbl] *n* rimbombo; brontolio ♦ *vi* rimbombare; (*stomach, pipe*) brontolare.

rumbustious [rʌm'bʌstʃəs] *adj* (*person*): **to be** ~ essere un terremoto.

rummage ['rʌmɪdʒ] *vi* frugare.

rumour, (*US*) **rumor** ['ruːmə*] *n* voce *f* ♦ *vt*: **it is** ~**ed that** corre voce che.

rump [rʌmp] *n* (*of animal*) groppa.

rumple ['rʌmpl] *vt* (*hair*) arruffare, scompigliare; (*clothes*) spiegazzare, sgualcire.

rump steak *n* bistecca di girello.

rumpus ['rʌmpəs] *n* (*col*) baccano; (: *quarrel*) rissa; **to kick up a** ~ fare un putiferio.

run [rʌn] *n* corsa; (*outing*) gita (in macchina); (*distance travelled*) percorso, tragitto; (*series*) serie *f inv*; (*THEAT*) periodo di rappresentazione; (*SKI*) pista ♦ *vb* (*pt* **ran**, *pp* **run** [ræn, rʌn]) *vt* (*operate: business*) gestire, dirigere; (: *competition, course*) organizzare; (: *hotel*) gestire; (: *house*) governare; (*COMPUT: program*) eseguire; (*water, bath*) far scorrere; (*force through: rope, pipe*): **to** ~ **sth through** far passare qc attraverso; (*to pass: hand, finger*): **to** ~ **sth over** passare qc su ♦ *vi* correre; (*pass: road etc*) passare; (*work: machine, factory*) funzionare, andare; (*bus,*

train: operate) far servizio; (: *travel*) circolare; (*continue: play, contract*) durare; (*slide: drawer, flow: river, bath*) scorrere; (*colours, washing*) stemperarsi; (*in election*) presentarsi come candidato; **to go for a** ~ andare a correre; (*in car*) fare un giro (in macchina); **to break into a** ~ mettersi a correre; **a** ~ **of luck** un periodo di fortuna; **to have the** ~ **of sb's house** essere libero di andare e venire in casa di qn; **there was a** ~ **on** ... c'era una corsa a ...; **in the long** ~ alla lunga; in fin dei conti; **in the short** ~ sulle prime; **on the** ~ in fuga; **to make a** ~ **for it** scappare, tagliare la corda; **I'll** ~ **you to the station** la porto alla stazione; **to** ~ **a risk** correre un rischio; **to** ~ **errands** andare a fare commissioni; **the train** ~s **between Gatwick and Victoria** il treno collega Gatwick alla stazione Victoria; **the bus** ~s **every 20 minutes** c'è un autobus ogni 20 minuti; **it's very cheap to** ~ comporta poche spese; **to** ~ **on petrol** *or* (*US*) **gas/on diesel/off batteries** andare a benzina/a diesel/a batterie; **to** ~ **for the bus** fare una corsa per prendere l'autobus; **to** ~ **for president** presentarsi come candidato per la presidenza; **their losses ran into millions** le loro perdite hanno raggiunto i milioni; **to be** ~ **off one's feet** (*BRIT*) doversi fare in quarto.

►**run about** *vi* (*children*) correre qua e là.

►**run across** *vt fus* (*find*) trovare per caso.

►**run away** *vi* fuggire.

►**run down** *vi* (*clock*) scaricarsi ♦ *vt* (*AUT*) investire; (*criticize*) criticare; (*BRIT: reduce: production*) ridurre gradualmente; (: *factory, shop*) rallentare l'attività di; **to be** ~ **down** (*battery*) essere scarico(a); (*person*) essere giù (di corda).

►**run in** *vt* (*BRIT: car*) rodare, fare il rodaggio di.

►**run into** *vt fus* (*meet: person*) incontrare per caso; (: *trouble*) incontrare, trovare; (*collide with*) andare a sbattere contro; **to** ~ **into debt** trovarsi nei debiti.

►**run off** *vi* fuggire ♦ *vt* (*water*) far defluire; (*copies*) fare.

►**run out** *vi* (*person*) uscire di corsa; (*liquid*) colare; (*lease*) scadere; (*money*) esaurirsi.

►**run out of** *vt fus* rimanere a corto di; **I've** ~ **out of petrol** *or* (*US*) **gas** sono rimasto senza benzina.

►**run over** *vt* (*AUT*) investire, mettere sotto ♦ *vt fus* (*revise*) rivedere.

►**run through** *vt fus* (*instructions*) dare una scorsa a.

▶**run up** *vt* (*debt*) lasciar accumulare; **to ~ up against** (*difficulties*) incontrare.

runaround ['rʌnəraund] *n* (*col*): **to give sb the ~** far girare a vuoto qn.

runaway ['rʌnəweɪ] *adj* (*person*) fuggiasco(a); (*horse*) in libertà; (*truck*) fuori controllo; (*inflation*) galoppante.

rundown ['rʌndaun] *n* (*BRIT: of industry etc*) riduzione *f* graduale dell'attività di.

rung [rʌŋ] *pp of* **ring** ♦ *n* (*of ladder*) piolo.

run-in ['rʌnɪn] *n* (*col*) scontro.

runner ['rʌnə*] *n* (*in race*) corridore *m*; (*on sledge*) pattino; (*for drawer etc, carpet*) guida.

runner bean *n* (*BRIT*) fagiolino.

runner-up [rʌnər'ʌp] *n* secondo(a) arrivato(a).

running ['rʌnɪŋ] *n* corsa; direzione *f*; organizzazione *f*; funzionamento ♦ *adj* (*water*) corrente; (*commentary*) simultaneo(a); **6 days ~** 6 giorni di seguito; **to be in/out of the ~ for sth** essere/non essere più in lizza per qc.

running costs *npl* (*of business*) costi *mpl* d'esercizio; (*of car*) spese *fpl* di mantenimento.

running head *n* (*TYP, WORD PROCESSING*) testata, titolo corrente.

running mate *n* (*US POL*) candidato alla vicepresidenza.

runny ['rʌnɪ] *adj* che cola.

run-off ['rʌnɔf] *n* (*in contest, election*) confronto definitivo; (*extra race*) spareggio.

run-of-the-mill ['rʌnəvðə'mɪl] *adj* solito(a), banale.

runt [rʌnt] *n* (*also pej*) omuncolo; (*ZOOL*) animale *m* più piccolo del normale.

run-through ['rʌnθruː] *n* prova.

run-up ['rʌnʌp] *n* (*BRIT*): **~ to sth** periodo che precede qc.

runway ['rʌnweɪ] *n* (*AVIAT*) pista (di decollo).

rupture ['rʌptʃə*] *n* (*MED*) ernia ♦ *vt*: **to ~ o.s.** farsi venire un'ernia.

rural ['ruərl] *adj* rurale.

rural district council (RDC) *n* (*BRIT*) consiglio (amministrativo) di distretto rurale.

ruse [ruːz] *n* trucco.

rush [rʌʃ] *n* corsa precipitosa; (*of crowd*) afflusso; (*hurry*) furia, fretta; (*current*) flusso; (*BOT*) giunco ♦ *vt* mandare *or* spedire velocemente; (*attack: town etc*) prendere d'assalto ♦ *vi* precipitarsi; **is there any ~ for this?** è urgente?; **we've had a ~ of orders** abbiamo avuto una valanga di ordinazioni; **I'm in a ~ (to do)**

ho fretta *or* premura (di fare); **gold ~** corsa all'oro; **to ~ sth off** spedire con urgenza qc; **don't ~ me!** non farmi fretta!

▶**rush through** *vt* (*meal*) mangiare in fretta; (*book*) dare una scorsa frettolosa a; (*town*) attraversare in fretta; (*COMM: order*) eseguire d'urgenza ♦ *vt fus* (*work*) sbrigare frettolosamente.

rush hour *n* ora di punta.

rush job *n* (*urgent*) lavoro urgente.

rush matting *n* stuoia.

rusk [rʌsk] *n* fetta biscottata.

Russia ['rʌʃə] *n* Russia.

Russian ['rʌʃən] *adj* russo(a) ♦ *n* russo/a; (*LING*) russo.

rust [rʌst] *n* ruggine *f* ♦ *vi* arrugginirsi.

rustic ['rʌstɪk] *adj* rustico(a) ♦ *n* (*pej*) cafone/a.

rustle ['rʌsl] *vi* frusciare ♦ *vt* (*paper*) far frusciare; (*US: cattle*) rubare.

rustproof ['rʌstpruːf] *adj* inossidabile.

rustproofing ['rʌstpruːfɪŋ] *n* trattamento antiruggine.

rusty ['rʌstɪ] *adj* arrugginito(a).

rut [rʌt] *n* solco; (*ZOOL*) fregola; **to be in a ~** (*fig*) essersi fossilizzato(a).

rutabaga [ruːtə'beɪgə] *n* (*US*) rapa svedese.

ruthless ['ruːθlɪs] *adj* spietato(a).

ruthlessness ['ruːθlɪsnɪs] *n* spietatezza.

RV *abbr* (= *revised version*) versione riveduta della Bibbia ♦ *n abbr* (*US*) *see* **recreational vehicle**.

rye [raɪ] *n* segale *f*.

S s

S, s [ɛs] *n* (*letter*) S, s *f or m inv*; (*US SCOL: = satisfactory*) ≈ sufficiente; **S for Sugar** ≈ S come Savona.

S *abbr* (= *saint*) S.; (= *south*) S; (*on clothes*) = *small*.

SA *abbr* = **South Africa; South America**.

Sabbath ['sæbəθ] *n* (*Jewish*) sabato; (*Christian*) domenica.

sabbatical [sə'bætɪkl] *adj*: **~ year** anno sabbatico.

sabotage ['sæbətɑːʒ] *n* sabotaggio ♦ *vt* sabotare.

saccharin(e) ['sækərɪn] *n* saccarina.

sachet ['sæʃeɪ] *n* bustina.

sack [sæk] n (bag) sacco ♦ vt (dismiss)
licenziare, mandare a spasso; (plunder)
saccheggiare; **to get the** ~ essere
mandato a spasso; **to give sb the** ~
licenziare qn, mandare qn a spasso.

sackful ['sækful] n: **a** ~ **of** un sacco di.

sacking ['sækɪŋ] n tela di sacco; (dismissal)
licenziamento.

sacrament ['sækrəmənt] n sacramento.

sacred ['seɪkrɪd] adj sacro(a).

sacred cow n (fig: person) intoccabile m/f;
(: institution) caposaldo; (: idea, belief)
dogma m.

sacrifice ['sækrɪfaɪs] n sacrificio ♦ vt
sacrificare; **to make** ~**s (for sb)** fare (dei)
sacrifici (per qn).

sacrilege ['sækrɪlɪdʒ] n sacrilegio.

sacrosanct ['sækrəusæŋkt] adj
sacrosanto(a).

sad [sæd] adj triste; (deplorable)
deplorevole.

sadden ['sædn] vt rattristare.

saddle ['sædl] n sella ♦ vt (horse) sellare; **to
be** ~**d with sth** (col) avere qc sulle spalle.

saddlebag ['sædlbæg] n bisaccia; (on
bicycle) borsa.

sadism ['seɪdɪzəm] n sadismo.

sadist ['seɪdɪst] n sadico/a.

sadistic [sə'dɪstɪk] adj sadico(a).

sadly ['sædlɪ] adv tristemente; (regrettably)
sfortunatamente; ~ **lacking in**
penosamente privo di.

sadness ['sædnɪs] n tristezza.

sadomasochism [seɪdəu'mæsəkɪzəm] n
sadomasochismo.

sae abbr (BRIT) = **stamped addressed
envelope;** see **stamp.**

safari [sə'fɑːrɪ] n safari m inv.

safari park n zoosafari m inv.

safe [seɪf] adj sicuro(a); (out of danger)
salvo(a), al sicuro; (cautious) prudente ♦ n
cassaforte f; ~ **from** al sicuro da; ~ **and
sound** sano(a) e salvo(a); ~ **journey!** buon
viaggio!; **(just) to be on the** ~ **side** per
non correre rischi; **to play** ~ giocare sul
sicuro; **it is** ~ **to say that** ... si può
affermare con sicurezza che ....

safe bet n: **it's a** ~ è una cosa sicura.

safe-breaker ['seɪfbreɪkə*] n (BRIT)
scassinatore m.

safe-conduct [seɪf'kɔndʌkt] n
salvacondotto.

safe-cracker ['seɪfkrækə*] n = **safe-breaker.**

safe-deposit ['seɪfdɪpɔzɪt] n (vault) caveau
m inv; (box) cassetta di sicurezza.

safeguard ['seɪfgɑːd] n salvaguardia ♦ vt
salvaguardare.

safe haven n zona sicura or protetta.

safekeeping ['seɪf'kiːpɪŋ] n custodia.

safely ['seɪflɪ] adv sicuramente; sano(a) e
salvo(a); prudentemente; **I can** ~ **say** ...
posso tranquillamente asserire ....

safe passage n passaggio sicuro.

safe sex n sesso sicuro.

safety ['seɪftɪ] n sicurezza; ~ **first!** la
prudenza innanzitutto!

safety belt n cintura di sicurezza.

safety catch n sicura.

safety net n rete f di protezione.

safety pin n spilla di sicurezza.

safety valve n valvola di sicurezza.

saffron ['sæfrən] n zafferano.

sag [sæg] vi incurvarsi; afflosciarsi.

saga ['sɑːgə] n saga; (fig) odissea.

sage [seɪdʒ] n (herb) salvia; (man) saggio.

Sagittarius [sædʒɪ'tɛərɪəs] n Sagittario; **to
be** ~ essere del Sagittario.

sago ['seɪgəu] n sagù m.

Sahara [sə'hɑːrə] n: **the** ~ **Desert** il Deserto
del Sahara.

Sahel [sæ'hɛl] n Sahel m.

said [sɛd] pt, pp of **say.**

Saigon [saɪ'gɔn] n Saigon f.

sail [seɪl] n (on boat) vela; (trip): **to go for a**
~ fare un giro in barca a vela ♦ vt (boat)
condurre, governare ♦ vi (travel: ship)
navigare; (: passenger) viaggiare per
mare; (set off) salpare; (SPORT) fare della
vela; **they** ~**ed into Genoa** entrarono nel
porto di Genova.

► **sail through** vt fus (fig) superare senza
difficoltà ♦ vi farcela senza difficoltà.

sailboat ['seɪlbəut] n (US) barca a vela.

sailing ['seɪlɪŋ] n (sport) vela; **to go** ~ fare
della vela.

sailing boat n barca a vela.

sailing ship n veliero.

sailor ['seɪlə*] n marinaio.

saint [seɪnt] n santo/a.

saintly ['seɪntlɪ] adj da santo(a); santo(a).

sake [seɪk] n: **for the** ~ **of** per, per amore
di; **for pity's** ~ per pietà; **for the** ~ **of
argument** tanto per fare un esempio; **art
for art's** ~ l'arte per l'arte.

salad ['sæləd] n insalata; **tomato** ~ insalata
di pomodori.

salad bowl n insalatiera.

salad cream n (BRIT) (tipo di) maionese f.

salad dressing n condimento per insalata.

salad oil n olio da tavola.

salami [sə'lɑːmɪ] n salame m.

salaried ['sælərɪd] adj stipendiato(a).

salary ['sælərɪ] n stipendio.

salary scale n scala dei salari.

sale [seɪl] n vendita; (at reduced prices)
svendita, liquidazione f; **"for** ~**"** "in

vendita"; **on** ~ in vendita; **on** ~ **or return** da vendere o rimandare; **a closing-down** or (US) **liquidation** ~ una liquidazione; ~ **and lease back** n lease back m inv.

saleroom ['seɪlrum] n sala delle aste.

sales assistant n (BRIT) commesso/a.

sales clerk n (US) commesso/a.

sales conference n riunione f marketing e vendite.

sales drive n campagna di vendita, sforzo promozionale.

sales force n personale m addetto alle vendite.

salesman ['seɪlzmən] n commesso; (representative) rappresentante m.

sales manager n direttore m commerciale.

salesmanship ['seɪlzmənʃɪp] n arte f del vendere.

sales tax n (US) imposta sulle vendite.

saleswoman ['seɪlzwumən] n commessa.

salient ['seɪlɪənt] adj saliente.

saline ['seɪlaɪn] adj salino(a).

saliva [sə'laɪvə] n saliva.

sallow ['sæləu] adj giallastro(a).

sally forth, sally out ['sælɪ-] vi uscire di gran carriera.

salmon ['sæmən] n (pl inv) salmone m.

salmon trout n trota (di mare).

saloon [sə'lu:n] n (US) saloon m inv, bar m inv; (BRIT AUT) berlina; (ship's lounge) salone m.

SALT [sɔ:lt] n abbr (= Strategic Arms Limitation Talks/Treaty) S.A.L.T. m.

salt [sɔ:lt] n sale m ♦ vt salare ♦ cpd di sale; (CULIN) salato(a); **an old** ~ un lupo di mare.

▸**salt away** vt ammucchiare, mettere via.

salt cellar n saliera.

salt-free ['sɔ:lt'fri:] adj senza sale.

saltwater ['sɔ:ltwɔ:tə*] adj (fish etc) di mare.

salty ['sɔ:ltɪ] adj salato(a).

salubrious [sə'lu:brɪəs] adj salubre; (fig: district etc) raccomandabile.

salutary ['sæljutərɪ] adj salutare.

salute [sə'lu:t] n saluto ♦ vt salutare.

salvage ['sælvɪdʒ] n (saving) salvataggio; (things saved) beni mpl salvati or recuperati ♦ vt salvare, mettere in salvo.

salvage vessel n scialuppa di salvataggio.

salvation [sæl'veɪʃən] n salvezza.

Salvation Army n Esercito della Salvezza.

salver ['sælvə*] n vassoio.

salvo, ~es ['sælvəu] n salva.

Samaritan [sə'mærɪtən] n: **the ~s** (organization) ≈ telefono amico.

same [seɪm] adj stesso(a), medesimo(a) ♦ pron: **the** ~ lo(la) stesso(a), gli(le) stessi(e); **the** ~ **book as** lo stesso libro di (or che); **on the** ~ **day** lo stesso giorno; **at the** ~ **time** allo stesso tempo; **all** or **just the** ~ tuttavia; **to do the** ~ fare la stessa cosa; **to do the** ~ **as sb** fare come qn; **the** ~ **again** (in bar etc) un altro; **they're one and the** ~ (person/thing) sono la stessa persona/cosa; **and the** ~ **to you!** altrettanto a lei!; ~ **here!** anch'io!

sample ['sɑ:mpl] n campione m ♦ vt (food) assaggiare; (wine) degustare; **to take a** ~ prelevare un campione; **free** ~ campione omaggio.

sanatorium, pl sanatoria [sænə'tɔ:rɪəm, -rɪə] n sanatorio.

sanctify ['sæŋktɪfaɪ] vt santificare.

sanctimonious [sæŋktɪ'məunɪəs] adj bigotto(a), bacchettone(a).

sanction ['sæŋkʃən] n sanzione f ♦ vt sancire, sanzionare; **to impose economic** ~**s on** or **against** adottare sanzioni economiche contro.

sanctity ['sæŋktɪtɪ] n santità.

sanctuary ['sæŋktjuərɪ] n (holy place) santuario; (refuge) rifugio; (for wildlife) riserva.

sand [sænd] n sabbia ♦ vt cospargere di sabbia; (also: ~ **down:** wood etc) cartavetrare; see also **sands**.

sandal ['sændl] n sandalo.

sandbag ['sændbæg] n sacco di sabbia.

sandblast ['sændblɑ:st] vt sabbiare.

sandbox ['sændbɔks] n (US: for children) buca di sabbia.

sandcastle ['sændkɑ:sl] n castello di sabbia.

sand dune n duna di sabbia.

sander ['sændə*] n levigatrice f.

sandpaper ['sændpeɪpə*] n carta vetrata.

sandpit ['sændpɪt] n (BRIT: for children) buca di sabbia.

sands [sændz] npl spiaggia.

sandstone ['sændstəun] n arenaria.

sandstorm ['sændstɔ:m] n tempesta di sabbia.

sandwich ['sændwɪtʃ] n tramezzino, panino, sandwich m inv ♦ vt (also: ~ **in**) infilare; **cheese/ham** ~ sandwich al formaggio/prosciutto; **to be** ~**ed between** essere incastrato(a) fra.

sandwich board n cartello pubblicitario (portato da un uomo sandwich).

sandwich course n (BRIT) corso di formazione professionale.

sandwich man n uomo m sandwich inv.

sandy ['sændɪ] adj sabbioso(a); (colour)

color sabbia *inv*, biondo(a) rossiccio(a).

sane [seɪn] *adj* (*person*) sano(a) di mente; (*outlook*) sensato(a).

sang [sæŋ] *pt of* **sing**.

sanguine ['sæŋgwɪn] *adj* ottimista.

sanitarium, *pl* **sanitaria** [sænɪ'tɛərɪəm, -rɪə] *n* (*US*) = **sanatorium**.

sanitary ['sænɪtərɪ] *adj* (*system, arrangements*) sanitario(a); (*clean*) igienico(a).

sanitary towel, (*US*) **sanitary napkin** *n* assorbente *m* (igienico).

sanitation [sænɪ'teɪʃən] *n* (*in house*) impianti *mpl* sanitari; (*in town*) fognature *fpl*.

sanitation department *n* (*US*) nettezza urbana.

sanity ['sænɪtɪ] *n* sanità mentale; (*common sense*) buon senso.

sank [sæŋk] *pt of* **sink**.

San Marino [sænmə'riːnəu] *n* San Marino *f*.

Santa Claus [sæntə'klɔːz] *n* Babbo Natale.

Santiago [sæntɪ'ɑːgəu] *n* (*also*: ~ **de Chile**) Santiago (del Cile) *f*.

sap [sæp] *n* (*of plants*) linfa ♦ *vt* (*strength*) fiaccare.

sapling ['sæplɪŋ] *n* alberello.

sapphire ['sæfaɪə*] *n* zaffiro.

sarcasm ['sɑːkæzm] *n* sarcasmo.

sarcastic [sɑː'kæstɪk] *adj* sarcastico(a); **to be** ~ fare del sarcasmo.

sarcophagus, *pl* **sarcophagi** [sɑː'kɔfəgəs, -gaɪ] *n* sarcofago.

sardine [sɑː'diːn] *n* sardina.

Sardinia [sɑː'dɪnɪə] *n* Sardegna.

Sardinian [sɑː'dɪnɪən] *adj*, *n* sardo(a).

sardonic [sɑː'dɔnɪk] *adj* sardonico(a).

sari ['sɑːrɪ] *n* sari *m inv*.

sartorial [sɑː'tɔːrɪəl] *adj* di sartoria.

SAS *n abbr* (*BRIT MIL*: = *Special Air Service*) reparto dell'esercito britannico specializzato in operazioni clandestine.

SASE *n abbr* (*US*: = *self-addressed stamped envelope*) busta affrancata e con indirizzo.

sash [sæʃ] *n* fascia.

sash window *n* finestra a ghigliottina.

Sask. *abbr* (*Canada*) = *Saskatchewan*.

SAT *n abbr* (*US*) = *Scholastic Aptitude Test*.

sat [sæt] *pt, pp of* **sit**.

Sat. *abbr* (= *Saturday*) sab.

Satan ['seɪtən] *n* Satana *m*.

satanic [sə'tænɪk] *adj* satanico(a).

satchel ['sætʃl] *n* cartella.

sated ['seɪtɪd] *adj* soddisfatto(a); sazio(a).

satellite ['sætəlaɪt] *adj*, *n* satellite (*m*).

satellite television *n* televisione *f* via satellite.

satiate ['seɪʃɪeɪt] *vt* saziare.

satin ['sætɪn] *n* satin *m* ♦ *adj* di *or* in satin; **with a** ~ **finish** satinato(a).

satire ['sætaɪə*] *n* satira.

satirical [sə'tɪrɪkl] *adj* satirico(a).

satirist ['sætərɪst] *n* (*writer etc*) scrittore(trice) *etc* satirico(a); (*cartoonist*) caricaturista *m/f*.

satirize ['sætɪraɪz] *vt* satireggiare.

satisfaction [sætɪs'fækʃən] *n* soddisfazione *f*; **has it been done to your** ~? ne è rimasto soddisfatto?

satisfactory [sætɪs'fæktərɪ] *adj* soddisfacente.

satisfied ['sætɪsfaɪd] *adj* (*customer*) soddisfatto(a); **to be** ~ (**with sth**) essere soddisfatto(a) (di qc).

satisfy ['sætɪsfaɪ] *vt* soddisfare; (*convince*) convincere; **to** ~ **the requirements** rispondere ai requisiti; **to** ~ **sb (that)** convincere qn (che), persuadere qn (che); **to** ~ **o.s. of sth** accertarsi di qc.

satisfying ['sætɪsfaɪɪŋ] *adj* soddisfacente.

satsuma [sæt'suːmə] *n agrume di provenienza giapponese*.

saturate ['sætʃəreɪt] *vt*: **to** ~ (**with**) saturare (di).

saturated fat ['sætʃəreɪtɪd-] *n* grassi *mpl* saturi.

saturation [sætʃə'reɪʃən] *n* saturazione *f*.

Saturday ['sætədɪ] *n* sabato; *for phrases see also* **Tuesday**.

sauce [sɔːs] *n* salsa; (*containing meat, fish*) sugo.

saucepan ['sɔːspən] *n* casseruola.

saucer ['sɔːsə*] *n* piattino.

saucy ['sɔːsɪ] *adj* impertinente.

Saudi Arabia ['saudɪ-] *n* Arabia Saudita.

Saudi (Arabian) *adj*, *n* saudita (*m/f*).

sauna ['sɔːnə] *n* sauna.

saunter ['sɔːntə*] *vi* andare a zonzo, bighellonare.

sausage ['sɔsɪdʒ] *n* salsiccia; (*salami etc*) salame *m*.

sausage roll *n* rotolo di pasta sfoglia ripieno di salsiccia.

sauté ['səuteɪ] *adj* (*CULIN: potatoes*) saltato(a); (: *onions*) soffritto(a) ♦ *vt* far saltare; far soffriggere.

savage ['sævɪdʒ] *adj* (*cruel, fierce*) selvaggio(a), feroce; (*primitive*) primitivo(a) ♦ *n* selvaggio/a ♦ *vt* attaccare selvaggiamente.

savagery ['sævɪdʒrɪ] *n* crudeltà, ferocia.

save [seɪv] *vt* (*person, belongings, COMPUT*) salvare; (*money*) risparmiare, mettere da parte; (*time*) risparmiare; (*food*) conservare; (*avoid: trouble*) evitare ♦ *vi* (*also*: ~ **up**) economizzare ♦ *n* (*SPORT*) parata ♦ *prep* salvo, a eccezione di; **it will ~ me an hour** mi farà risparmiare un'ora; **to ~ face** salvare la faccia; **God ~ the Queen!** Dio salvi la Regina!

saving ['seɪvɪŋ] *n* risparmio ♦ *adj*: **the ~ grace** of l'unica cosa buona di; **~s** *npl* risparmi *mpl*; **to make ~s** fare economia.

savings account *n* libretto di risparmio.

savings bank *n* cassa di risparmio.

saviour, (*US*) **savior** ['seɪvjə*] *n* salvatore *m*.

savour, (*US*) **savor** ['seɪvə*] *n* sapore *m*, gusto ♦ *vt* gustare.

savoury, (*US*) **savory** ['seɪvərɪ] *adj* saporito(a); (*dish: not sweet*) salato(a).

savvy ['sævɪ] *n* (*col*) arguzia.

saw [sɔ:] *pt of* **see** ♦ *n* (*tool*) sega ♦ *vt* (*pt* **sawed,** *pp* **sawed** *or* **sawn** [sɔ:n]) segare; **to ~ sth up** fare a pezzi qc con la sega.

sawdust ['sɔ:dʌst] *n* segatura.

sawmill ['sɔ:mɪl] *n* segheria.

sawn [sɔ:n] *pp of* **saw.**

sawn-off ['sɔ:nɔf], (*US*) **sawed-off** ['sɔ:dɔf] *adj*: **~ shotgun** fucile *m* a canne mozze.

saxophone ['sæksəfəun] *n* sassofono.

say [seɪ] *n*: **to have one's ~** fare sentire il proprio parere; **to have a** *or* **some ~** avere voce in capitolo ♦ *vt* (*pt, pp* **said** [sɛd]) dire; **could you ~ that again?** potrebbe ripeterlo?; **to ~ yes/no** dire di sì/di no; **she said (that) I was to give you this** ha detto di darle questo; **my watch ~s 3 o'clock** il mio orologio fa le 3; **shall we ~ Tuesday?** facciamo martedì?; **that doesn't ~ much for him** non torna a suo credito; **when all is said and done** a conti fatti; **there is something** *or* **a lot to be said for it** ha i suoi lati positivi; **that is to ~** cioè, vale a dire; **to ~ nothing of** per non parlare di; **~ that ...** mettiamo *or* diciamo che ...; **that goes without ~ing** va da sé.

saying ['seɪɪŋ] *n* proverbio, detto.

SBA *n abbr* (*US*: = *Small Business Administration*) *organismo ausiliario per piccole imprese.*

SC *n abbr* (*US*) = **supreme court** ♦ *abbr* (*US*) = *South Carolina.*

s/c *abbr* (= *self-contained*) indipendente.

scab [skæb] *n* crosta; (*pej*) crumiro/a.

scabby ['skæbɪ] *adj* crostoso(a).

scaffold ['skæfəuld] *n* impalcatura; (*gallows*) patibolo.

scaffolding ['skæfəldɪŋ] *n* impalcatura.

scald [skɔ:ld] *n* scottatura ♦ *vt* scottare.

scalding ['skɔ:ldɪŋ] *adj* (*also:* **~ hot**) bollente.

scale [skeɪl] *n* scala; (*of fish*) squama ♦ *vt*

(*mountain*) scalare; **pay ~** scala dei salari; **~ of charges** tariffa; **on a large ~** su vasta scala; **to draw sth to ~** disegnare qc in scala; **small-~ model** modello in scala ridotta; *see also* **scales.**

►**scale down** *vt* ridurre (proporzionalmente).

scaled-down [skeɪld'daun] *adj* su scala ridotta.

scale drawing *n* disegno in scala.

scale model *n* modello in scala.

scales [skeɪlz] *npl* bilancia.

scallion ['skæljən] *n* cipolla; (*US: shallot*) scalogna; (: *leek*) porro.

scallop ['skɔləp] *n* pettine *m*.

scalp [skælp] *n* cuoio capelluto ♦ *vt* scotennare.

scalpel ['skælpl] *n* bisturi *m inv*.

scalper ['skælpə*] *n* (*US col: of tickets*) bagarino.

scam [skæm] *n* (*col*) truffa.

scamp [skæmp] *n* (*col: child*) peste *f*.

scamper ['skæmpə*] *vi*: **to ~ away, ~ off** darsela a gambe.

scampi ['skæmpɪ] *npl* scampi *mpl*.

scan [skæn] *vt* scrutare; (*glance at quickly*) scorrere, dare un'occhiata a; (*poetry*) scandire; (*TV*) analizzare; (*RADAR*) esplorare ♦ *n* (*MED*) ecografia.

scandal ['skændl] *n* scandalo; (*gossip*) pettegolezzi *mpl*.

scandalize ['skændəlaɪz] *vt* scandalizzare.

scandalous ['skændələs] *adj* scandaloso(a).

Scandinavia [skændɪ'neɪvɪə] *n* Scandinavia.

Scandinavian [skændɪ'neɪvɪən] *adj, n* scandinavo(a).

scanner ['skænə*] *n* (*RADAR, MED*) scanner *m inv*.

scant [skænt] *adj* scarso(a).

scantily ['skæntɪlɪ] *adv*: **~ clad** *or* **dressed** succintamente vestito(a).

scanty ['skæntɪ] *adj* insufficiente; (*swimsuit*) ridotto(a).

scapegoat ['skeɪpgəut] *n* capro espiatorio.

scar [ska:*] *n* cicatrice *f* ♦ *vt* sfregiare.

scarce [skɛəs] *adj* scarso(a); (*copy, edition*) raro(a).

scarcely ['skɛəslɪ] *adv* appena; **~ anybody** quasi nessuno; **I can ~ believe it** faccio fatica a crederci.

scarcity ['skɛəsɪtɪ] *n* scarsità, mancanza.

scarcity value *n* valore *m* di rarità.

scare [skɛə*] *n* spavento, paura ♦ *vt* spaventare, atterrire; **to ~ sb stiff** spaventare a morte qn; **bomb ~** evacuazione *f* per sospetta presenza di un ordigno esplosivo.

►**scare away, scare off** *vt* mettere in

fuga.

scarecrow ['skɛəkrəu] n spaventapasseri m inv.

scared [skɛəd] adj: **to be** ~ aver paura.

scaremonger ['skɛəmʌŋgə*] n allarmista m/f.

scarf, pl **scarves** [skɑːf, skɑːvz] n (long) sciarpa; (square) fazzoletto da testa, foulard m inv.

scarlet ['skɑːlɪt] adj scarlatto(a).

scarlet fever n scarlattina.

scarper ['skɑːpə*] vi (BRIT col) darsela a gambe.

scarves [skɑːvz] npl of **scarf**.

scary ['skɛərɪ] adj (col) che fa paura.

scathing ['skeɪðɪŋ] adj aspro(a); **to be** ~ **about sth** essere molto critico rispetto a qc.

scatter ['skætə*] vt spargere; (crowd) disperdere ♦ vi disperdersi.

scatterbrained ['skætəbreɪnd] adj scervellato(a), sbadato(a).

scattered ['skætəd] adj sparso(a), sparpagliato(a).

scatty ['skætɪ] adj (col) scervellato(a), sbadato(a).

scavenge ['skævɪndʒ] vi (person): **to** ~ **(for)** frugare tra i rifiuti (alla ricerca di); (hyenas etc) nutrirsi di carogne.

scavenger ['skævəndʒə*] n spazzino.

SCE n abbr = Scottish Certificate of Education.

scenario [sɪ'nɑːrɪəu] n (THEAT, CINE) copione m; (fig) situazione f.

scene [siːn] n (THEAT, fig etc) scena; (of crime, accident) scena, luogo; (sight, view) vista, veduta; **behind the** ~**s** (also fig) dietro le quinte; **to appear** or **come on the** ~ (also fig) entrare in scena; **the political** ~ **in Italy** il quadro politico in Italia; **to make a** ~ (col: fuss) fare una scenata.

scenery ['siːnərɪ] n (THEAT) scenario; (landscape) panorama m.

scenic ['siːnɪk] adj scenico(a); panoramico(a).

scent [sɛnt] n odore m, profumo; (sense of smell) olfatto, odorato; (fig: track) pista; **to put** or **throw sb off the** ~ (fig) far perdere le tracce a qn, sviare qn.

sceptic, (US) **skeptic** ['skɛptɪk] n scettico/a.

sceptical, (US) **skeptical** ['skɛptɪkl] adj scettico(a).

scepticism, (US) **skepticism** ['skɛptɪsɪzm] n scetticismo.

sceptre, (US) **scepter** ['sɛptə*] n scettro.

schedule ['ʃɛdjuːl, (US) 'skɛdjuːl] n programma m, piano; (of trains) orario; (of prices etc) lista, tabella ♦ vt fissare; **as** ~**d** come stabilito; **on** ~ in orario; **to be ahead of/behind** ~ essere in anticipo/ ritardo sul previsto; **we are working to a very tight** ~ il nostro programma di lavoro è molto intenso; **everything went according to** ~ tutto è andato secondo i piani or secondo il previsto.

scheduled ['ʃɛdjuːld, (US) 'skɛdjuːld] adj (date, time) fissato(a); (visit, event) programmato(a); (train, bus, stop) previsto(a) (sull'orario); ~ **flight** volo di linea.

schematic [skɪ'mætɪk] adj schematico(a).

scheme [skiːm] n piano, progetto; (method) sistema m; (dishonest plan, plot) intrigo, trama; (arrangement) disposizione f, sistemazione f ♦ vt progettare; (plot) ordire ♦ vi fare progetti; (intrigue) complottare; **colour** ~ combinazione f di colori.

scheming ['skiːmɪŋ] adj intrigante ♦ n intrighi mpl, macchinazioni fpl.

schism ['skɪzəm] n scisma m.

schizophrenia [skɪtsə'friːnɪə] n schizofrenia.

schizophrenic [skɪtsə'frɛnɪk] adj, n schizofrenico(a).

scholar ['skɔlə*] n erudito/a.

scholarly ['skɔləlɪ] adj dotto(a), erudito(a).

scholarship ['skɔləʃɪp] n erudizione f; (grant) borsa di studio.

school [skuːl] n scuola; (in university) scuola, facoltà f inv ♦ cpd scolare, scolastico(a) ♦ vt (animal) addestrare.

school age n età scolare.

schoolbook ['skuːlbuk] n libro scolastico.

schoolboy ['skuːlbɔɪ] n scolaro.

schoolchild, pl **-children** ['skuːltʃaɪld, -'tʃɪldrən] n scolaro/a.

schooldays ['skuːldeɪz] npl giorni mpl di scuola.

schoolgirl ['skuːlgəːl] n scolara.

schooling ['skuːlɪŋ] n istruzione f.

school-leaver ['skuːlliːvə*] n (BRIT) ≈ neodiplomato(a).

schoolmaster ['skuːlmɑːstə*] n (primary) maestro; (secondary) insegnante m.

schoolmistress ['skuːlmɪstrɪs] n (primary) maestra; (secondary) insegnante f.

school report n (BRIT) pagella.

schoolroom ['skuːlruːm] n classe f, aula.

schoolteacher ['skuːltiːtʃə*] n insegnante m/f, docente m/f; (primary) maestro/a.

schoolyard ['skuːljɑːd] n (US) cortile m della scuola.

schooner ['skuːnə*] n (ship) goletta, schooner m inv; (glass) bicchiere m alto da sherry.

sciatica [saɪˈætɪkə] n sciatica.
science [ˈsaɪəns] n scienza; **the ~s** le scienze; (SCOL) le materie scientifiche.
science fiction n fantascienza.
scientific [saɪənˈtɪfɪk] adj scientifico(a).
scientist [ˈsaɪəntɪst] n scienziato/a.
sci-fi [ˈsaɪfaɪ] n abbr (col) = **science fiction**.
Scilly Isles [ˈsɪlɪˈaɪlz] npl, **Scillies** [ˈsɪlɪz] npl: **the ~** le isole Scilly.
scintillating [ˈsɪntɪleɪtɪŋ] adj scintillante; (wit, conversation, company) brillante.
scissors [ˈsɪzəz] npl forbici fpl; **a pair of ~** un paio di forbici.
sclerosis [sklɪˈrəʊsɪs] n sclerosi f.
scoff [skɒf] vt (BRIT col: eat) tranguigiare, ingozzare ♦ vi: **to ~ (at)** (mock) farsi beffe (di).
scold [skəʊld] vt rimproverare.
scolding [ˈskəʊldɪŋ] n lavata di capo, sgridata.
scone [skɒn] n focaccina da tè.
scoop [skuːp] n mestolo; (for ice cream) cucchiaio dosatore; (PRESS) colpo giornalistico, notizia (in) esclusiva.
▶**scoop out** vt scavare.
▶**scoop up** vt tirare su, sollevare.
scooter [ˈskuːtə*] n (motor cycle) motoretta, scooter m inv; (toy) monopattino.
scope [skəʊp] n (capacity: of plan, undertaking) portata; (: of person) capacità fpl; (opportunity) possibilità fpl; **to be within the ~ of** rientrare nei limiti di; **it's well within his ~ to ...** è perfettamente in grado di ...; **there is plenty of ~ for improvement** (BRIT) ci sono notevoli possibilità di miglioramento.
scorch [skɔːtʃ] vt (clothes) strinare, bruciacchiare; (earth, grass) seccare, bruciare.
scorched earth policy [skɔːtʃt-] n tattica della terra bruciata.
scorcher [ˈskɔːtʃə*] n (col: hot day) giornata torrida.
scorching [ˈskɔːtʃɪŋ] adj cocente, scottante.
score [skɔː*] n punti mpl, punteggio; (MUS) partitura, spartito; (twenty): **a ~** venti ♦ vt (goal, point) segnare, fare; (success) ottenere; (cut: leather, wood, card) incidere ♦ vi segnare; (FOOTBALL) fare un goal; (keep score) segnare i punti; **on that ~** a questo riguardo; **to have an old ~ to settle with sb** (fig) avere un vecchio conto da saldare con qn; **~s of people** (fig) un sacco di gente; **to ~ 6 out of 10** prendere 6 su 10.
▶**score out** vt cancellare con un segno.
scoreboard [ˈskɔːbɔːd] n tabellone m segnapunti.

scorecard [ˈskɔːkɑːd] n cartoncino segnapunti.
scoreline [ˈskɔːlaɪn] n (SPORT) risultato.
scorer [ˈskɔːrə*] n marcatore/trice; (keeping score) segnapunti m inv.
scorn [skɔːn] n disprezzo ♦ vt disprezzare.
scornful [ˈskɔːnful] adj sprezzante.
Scorpio [ˈskɔːpɪəʊ] n Scorpione m; **to be ~** essere dello Scorpione.
scorpion [ˈskɔːpɪən] n scorpione m.
Scot [skɒt] n scozzese m/f.
Scotch [skɒtʃ] n whisky m scozzese, scotch m.
scotch [skɒtʃ] vt (rumour etc) soffocare.
Scotch tape ® n scotch ® m.
scot-free [ˈskɒtˈfriː] adj impunito(a); **to get off ~** (unpunished) farla franca; (unhurt) uscire illeso(a).
Scotland [ˈskɒtlənd] n Scozia.
Scots [skɒts] adj scozzese.
Scotsman [ˈskɒtsmən] n scozzese m.
Scotswoman [ˈskɒtswʊmən] n scozzese f.
Scottish [ˈskɒtɪʃ] adj scozzese; **the ~ National Party** partito nazionalista scozzese.
scoundrel [ˈskaundrl] n farabutto/a; (child) furfantello/a.
scour [ˈskaʊə*] vt (clean) pulire strofinando; raschiare via; ripulire; (search) battere, perlustrare.
scourer [ˈskaʊərə*] n (pad) paglietta; (powder) (detersivo) abrasivo.
scourge [skɔːdʒ] n flagello.
scout [skaut] n (MIL) esploratore m; (also: **boy ~**) giovane esploratore, scout m inv.
▶**scout around** vi cercare in giro.
scowl [skaul] vi accigliarsi, aggrottare le sopracciglia; **to ~ at** guardare torvo.
scrabble [ˈskræbl] vi (claw): **to ~ (at)** graffiare, grattare; **to ~ about** or **around for sth** cercare affannosamente qc ♦ n: **S~** ® Scarabeo ®.
scraggy [ˈskrægɪ] adj scarno(a), molto magro(a).
scram [skræm] vi (col) filare via.
scramble [ˈskræmbl] n arrampicata ♦ vi inerpicarsi; **to ~ out** etc uscire etc in fretta; **to ~ for** azzuffarsi per; **to go scrambling** (SPORT) fare il motocross.
scrambled eggs npl uova fpl strapazzate.
scrap [skræp] n pezzo, pezzetto; (fight) zuffa; (also: **~ iron**) rottami mpl di ferro, ferraglia ♦ vt demolire; (fig) scartare; **~s** npl (waste) scarti mpl; **to sell sth for ~** vendere qc come ferro vecchio.
scrapbook [ˈskræpbʊk] n album m inv di ritagli.
scrap dealer n commerciante m di

ferraglia.

scrape [skreɪp] *vt, vi* raschiare, grattare ♦ *n*: **to get into a** ~ cacciarsi in un guaio.

▶**scrape through** *vi* (*succeed*) farcela per un pelo, cavarsela ♦ *vt fus* (*exam*) passare per miracolo, passare per il rotto della cuffia.

scraper ['skreɪpə*] *n* raschietto.

scrap heap *n* mucchio di rottami; **to throw sth on the** ~ (*fig*) mettere qc nel dimenticatoio.

scrap merchant *n* (*BRIT*) commerciante *m* di ferraglia.

scrap metal *n* ferraglia.

scrap paper *n* cartaccia.

scrappy ['skræpɪ] *adj* frammentario(a), sconnesso(a).

scrap yard *n* deposito di rottami; (*for cars*) cimitero delle macchine.

scratch [skrætʃ] *n* graffio ♦ *cpd*: ~ **team** squadra raccogliticcia ♦ *vt* graffiare, rigare; (*COMPUT*) cancellare ♦ *vi* grattare, graffiare; **to start from** ~ cominciare *or* partire da zero; **to be up to** ~ essere all'altezza.

scratch pad *n* (*US*) notes *m inv*, blocchetto.

scrawl [skrɔ:l] *n* scarabocchio ♦ *vi* scarabocchiare.

scrawny ['skrɔ:nɪ] *adj* scarno(a), pelle e ossa *inv*.

scream [skri:m] *n* grido, urlo ♦ *vi* urlare, gridare; **to** ~ **at sb (to do sth)** gridare a qn (di fare qc); **it was a** ~ (*fig col*) era da crepar dal ridere; **he's a** ~ (*fig col*) è una sagoma, è uno spasso.

scree [skri:] *n* ghiaione *m*.

screech [skri:tʃ] *n* strido; (*of tyres, brakes*) stridore *m* ♦ *vi* stridere.

screen [skri:n] *n* schermo; (*fig*) muro, cortina, velo ♦ *vt* schermare, fare schermo a; (*from the wind etc*) riparare; (*film*) proiettare; (*book*) adattare per lo schermo; (*candidates etc*) passare al vaglio; (*for illness*) sottoporre a controlli medici.

screen editing [-ɛdɪtɪŋ] *n* (*COMPUT*) correzione *f* e modifica su schermo.

screening ['skri:nɪŋ] *n* (*MED*) dépistage *m inv*; (*of film*) proiezione *f*; (*for security*) controlli *mpl* (di sicurezza).

screen memory *n* (*COMPUT*) memoria di schermo.

screenplay ['skri:npleɪ] *n* sceneggiatura.

screen test *n* provino (cinematografico).

screw [skru:] *n* vite *f*; (*propeller*) elica ♦ *vt* avvitare; **to** ~ **sth to the wall** fissare qc al muro con viti.

▶**screw up** *vt* (*paper, material*) spiegazzare;

(*col: ruin*) mandare a monte; **to** ~ **up one's face** fare una smorfia.

screwdriver ['skru:draɪvə*] *n* cacciavite *m*.

screwed-up ['skru:d'ʌp] *adj* (*col*): **she's totally** ~ è nel pallone.

screwy ['skru:ɪ] *adj* (*col*) svitato(a).

scribble ['skrɪbl] *n* scarabocchio ♦ *vt* scribacchiare ♦ *vi* scarabocchiare; **to** ~ **sth down** scribacchiare qc.

scribe [skraɪb] *n* scriba *m*.

script [skrɪpt] *n* (*CINE etc*) copione *m*; (*in exam*) elaborato *or* compito d'esame; (*writing*) scrittura.

scripted ['skrɪptɪd] *adj* (*RADIO, TV*) preparato(a).

Scripture ['skrɪptʃə*] *n* Sacre Scritture *fpl*.

scriptwriter ['skrɪptraɪtə*] *n* soggettista *m/f*.

scroll [skrəul] *n* rotolo di carta ♦ *vt* (*COMPUT*) scorrere.

scrotum ['skrəutəm] *n* scroto.

scrounge [skraundʒ] *vt* (*col*): **to** ~ **sth (off** *or* **from sb)** scroccare qc (a qn) ♦ *vi*: **to** ~ **on sb** vivere alle spalle di qn.

scrounger ['skraundʒə*] *n* scroccone/a.

scrub [skrʌb] *n* (*clean*) strofinata; (*land*) boscaglia ♦ *vt* pulire strofinando; (*reject*) annullare.

scrubbing brush ['skrʌbɪŋ-] *n* spazzolone *m*.

scruff [skrʌf] *n*: **by the** ~ **of the neck** per la collottola.

scruffy ['skrʌfɪ] *adj* sciatto(a).

scrum(mage) ['skrʌm(ɪdʒ)] *n* mischia.

scruple ['skru:pl] *n* scrupolo; **to have no** ~**s about doing sth** non avere scrupoli a fare qc.

scrupulous ['skru:pjuləs] *adj* scrupoloso(a).

scrupulously ['skru:pjuləslɪ] *adv* scrupolosamente; **he tries to be** ~ **fair/honest** cerca di essere più imparziale/onesto che può.

scrutinize ['skru:tɪnaɪz] *vt* scrutare, esaminare attentamente.

scrutiny ['skru:tɪnɪ] *n* esame *m* accurato; **under the** ~ **of sb** sotto la sorveglianza di qn.

scuba ['sku:bə] *n* autorespiratore *m*.

scuba diving *n* immersioni *fpl* subacquee.

scuff [skʌf] *vt* (*shoes*) consumare strascicando.

scuffle ['skʌfl] *n* baruffa, tafferuglio.

scullery ['skʌlərɪ] *n* retrocucina *m or f*.

sculptor ['skʌlptə*] *n* scultore *m*.

sculpture ['skʌlptʃə*] *n* scultura.

scum [skʌm] *n* schiuma; (*pej: people*) feccia.

scupper ['skʌpə*] *vt* (*BRIT*) autoaffondare; (*fig*) far naufragare.

scurrilous ['skʌrɪləs] *adj* scurrile, volgare.

scurry ['skʌrɪ] *vi* sgambare, affrettarsi.

scurvy ['skə:vɪ] *n* scorbuto.

scuttle ['skʌtl] *n* (*NAUT*) portellino; (*also*: **coal ~**) secchio del carbone ♦ *vt* (*ship*) autoaffondare ♦ *vi* (*scamper*): **to ~ away**, **~ off** darsela a gambe, scappare.

scythe [saɪð] *n* falce *f*.

SD, S. Dak. *abbr* (*US*) = *South Dakota*.

SDI *n abbr* (= *Strategic Defense Initiative*) S.D.I. *f*.

SDLP *n abbr* (*BRIT POL*) = *Social Democratic and Labour Party*.

SDP *n abbr* (*BRIT POL*) = *Social Democratic Party*.

sea [si:] *n* mare *m* ♦ *cpd* marino(a), del mare; (*ship, port*) marittimo(a), di mare; **on the ~** (*boat*) in mare; (*town*) di mare; **to go by ~** andare per mare; **by** *or* **beside the ~** (*holiday*) al mare; (*village*) sul mare; **to look out to ~** guardare il mare; (**out**) **at ~** al largo; **heavy** *or* **rough ~(s)** mare grosso *or* agitato; **a ~ of faces** (*fig*) una marea di gente; **to be all at ~** (*fig*) non sapere che pesci pigliare.

sea bed *n* fondo marino.

sea bird *n* uccello di mare.

seaboard ['si:bɔ:d] *n* costa.

sea breeze *n* brezza di mare.

seafarer ['si:fɛərə*] *n* navigante *m*.

seafaring ['si:fɛərɪŋ] *adj* (*community*) marinaro(a); (*life*) da marinaio.

seafood ['si:fu:d] *n* frutti *mpl* di mare.

sea front *n* lungomare *m*.

seagoing ['si:gəuɪŋ] *adj* (*ship*) d'alto mare.

seagull ['si:gʌl] *n* gabbiano.

seal [si:l] *n* (*animal*) foca; (*stamp*) sigillo; (*impression*) impronta del sigillo ♦ *vt* sigillare; (*decide: sb's fate*) segnare; (: *bargain*) concludere; **~ of approval** beneplacito.

▶**seal off** *vt* (*close*) sigillare; (*forbid entry to*) bloccare l'accesso a.

sea level *n* livello del mare.

sealing wax ['si:lɪŋ-] *n* ceralacca.

sea lion *n* leone *m* marino.

sealskin ['si:lskɪn] *n* pelle *f* di foca.

seam [si:m] *n* cucitura; (*of coal*) filone *m*; **the hall was bursting at the ~s** l'aula era piena zeppa.

seaman ['si:mən] *n* marinaio.

seamanship ['si:mənʃɪp] *n* tecnica di navigazione.

seamless ['si:mlɪs] *adj* senza cucitura.

seamy ['si:mɪ] *adj* malfamato(a); squallido(a).

seance ['seɪɔns] *n* seduta spiritica.

seaplane ['si:pleɪn] *n* idrovolante *m*.

seaport ['si:pɔ:t] *n* porto di mare.

search [sə:tʃ] *n* (*for person, thing*) ricerca; (*of drawer, pockets*) esame *m* accurato; (*LAW: at sb's home*) perquisizione *f* ♦ *vt* perlustrare, frugare; (*scan, examine*) esaminare minuziosamente; (*COMPUT*) ricercare ♦ *vi*: **to ~ for** ricercare; **in ~ of** alla ricerca di; **"~ and replace"** (*COMPUT*) "ricercare e sostituire".

▶**search through** *vt fus* frugare.

searcher ['sə:tʃə*] *n* chi cerca.

searching ['sə:tʃɪŋ] *adj* minuzioso(a); penetrante; (*question*) pressante.

searchlight ['sə:tʃlaɪt] *n* proiettore *m*.

search party *n* squadra di soccorso.

search warrant *n* mandato di perquisizione.

searing ['sɪərɪŋ] *adj* (*heat*) rovente; (*pain*) acuto(a).

seashore ['si:ʃɔ:*] *n* spiaggia; **on the ~** sulla riva del mare.

seasick ['si:sɪk] *adj* che soffre il mal di mare; **to be ~** avere il mal di mare.

seaside ['si:saɪd] *n* spiaggia; **to go to the ~** andare al mare.

seaside resort *n* stazione *f* balneare.

season ['si:zn] *n* stagione *f* ♦ *vt* condire, insaporire; **to be in/out of ~** essere di/fuori stagione; **the busy ~** (*for shops*) il periodo di punta; (*for hotels etc*) l'alta stagione; **the open ~** (*HUNTING*) la stagione della caccia.

seasonal ['si:zənl] *adj* stagionale.

seasoned ['si:znd] *adj* (*wood*) stagionato(a); (*fig: worker, actor, troops*) con esperienza; **a ~ campaigner** un veterano.

seasoning ['si:znɪŋ] *n* condimento.

season ticket *n* abbonamento.

seat [si:t] *n* sedile *m*; (*in bus, train: place*) posto; (*PARLIAMENT*) seggio; (*centre: of government etc, of infection*) sede *f*; (*buttocks*) didietro; (*of trousers*) fondo ♦ *vt* far sedere; (*have room for*) avere or essere fornito(a) di posti a sedere per; **are there any ~s left?** ci sono posti?; **to take one's ~** prendere posto; **to be ~ed** essere seduto(a); **please be ~ed** accomodatevi per favore.

seat belt *n* cintura di sicurezza.

seating arrangements ['si:tɪŋ-] *npl* sistemazione *f* or disposizione *f* dei posti.

seating capacity *n* posti *mpl* a sedere.

SEATO ['si:təu] *n abbr* (= *Southeast Asia Treaty Organization*) SEATO *f*.

sea water *n* acqua di mare.

seaweed ['si:wi:d] *n* alghe *fpl*.

seaworthy ['si:wə:ðɪ] *adj* atto(a) alla

navigazione.

SEC *n abbr* (*US*: = *Securities and Exchange Commission*) *commissione di controllo sulle operazioni in Borsa.*

sec. *abbr* = **second.**

secateurs [sɛkə'tə:z] *npl* forbici *fpl* per potare.

secede [sɪ'si:d] *vi*: **to ~ (from)** ritirarsi (da).

secluded [sɪ'klu:dɪd] *adj* isolato(a), appartato(a).

seclusion [sɪ'klu:ʒən] *n* isolamento.

second ['sɛkənd] *num* secondo(a) ♦ *adv* (*in race etc*) al secondo posto; (*RAIL*) in seconda ♦ *n* (*unit of time*) secondo; (*in series, position*) secondo/a; (*BRIT SCOL*) *laurea con punteggio discreto*; (*AUT: also*: ~ **gear**) seconda; (*COMM: imperfect*) scarto ♦ *vt* (*motion*) appoggiare; [sɪ'kɔnd] (*employee*) distaccare; **Charles the S~** Carlo Secondo; **just a ~!** un attimo!; ~ **floor** (*BRIT*) secondo piano; (*US*) primo piano; **to ask for a ~ opinion** (*MED*) chiedere un altro *or* ulteriore parere; **to have ~ thoughts (about doing sth)** avere dei ripensamenti (quanto a fare qc); **on ~ thoughts** *or* (*US*) **thought** a ripensarci, ripensandoci bene.

secondary ['sɛkəndərɪ] *adj* secondario(a).

secondary school *n* scuola secondaria.

---

*In Gran Bretagna la **secondary school** è la scuola frequentata dai ragazzi dagli 11 ai 18 anni. L'età scolare nel paese va fino ai 16 anni. vedi anche **primary school, high school.***

---

second-best [sɛkənd'bɛst] *n* ripiego; **as a ~** in mancanza di meglio.

second-class [sɛkənd'klɑ:s] *adj* di seconda classe ♦ *adv*: **to travel ~** viaggiare in seconda (classe); **to send sth ~** spedire qc per posta ordinaria; ~ **citizen** cittadino di second'ordine.

second cousin *n* cugino di secondo grado.

seconder ['sɛkəndə*] *n* sostenitore/trice.

second-guess ['sɛkənd'gɛs] *vt* (*predict*) anticipare; (*after the event*) giudicare col senno di poi.

second hand *n* (*on clock*) lancetta dei secondi.

second-hand [sɛkənd'hænd] *adj* di seconda mano, usato(a) ♦ *adv* (*buy*) di seconda mano; **to hear sth ~** venire a sapere qc da terze persone.

second-in-command ['sɛkəndɪnkə'mɑ:nd] *n* (*MIL*) comandante *m* in seconda; (*ADMIN*) aggiunto.

secondly ['sɛkəndlɪ] *adv* in secondo luogo.

secondment [sɪ'kɔndmənt] *n* (*BRIT*)

distaccamento.

second-rate [sɛkənd'reɪt] *adj* scadente.

Second World War *n*: **the ~** la seconda guerra mondiale.

secrecy ['si:krəsɪ] *n* segretezza.

secret ['si:krɪt] *adj* segreto(a) ♦ *n* segreto; **in ~** in segreto, segretamente; **to keep sth ~ (from sb)** tenere qc segreto (a qn), tenere qc nascosto (a qn); **keep it ~** che rimanga un segreto; **to make no ~ of sth** non far mistero di qc.

secret agent *n* agente *m* segreto.

secretarial [sɛkrɪ'tɛərɪəl] *adj* (*work*) da segretario/a; (*college, course*) di segretariato.

secretariat [sɛkrɪ'tɛərɪət] *n* segretariato.

secretary ['sɛkrətrɪ] *n* segretario/a; **S~ of State** (*US POL*) ≈ Ministro degli Esteri; **S~ of State (for)** (*BRIT POL*) ministro (di).

secretary-general ['sɛkrətrɪ'dʒɛnərl] *n* segretario generale.

secrete [sɪ'kri:t] *vt* (*MED, ANAT, BIOL*) secernere; (*hide*) nascondere.

secretion [sɪ'kri:ʃən] *n* secrezione *f.*

secretive ['si:krətɪv] *adj* riservato(a).

secretly ['si:krɪtlɪ] *adv* in segreto, segretamente.

secret police *n* polizia segreta.

secret service *n* servizi *mpl* segreti.

sect [sɛkt] *n* setta.

sectarian [sɛk'tɛərɪən] *adj* settario(a).

section ['sɛkʃən] *n* sezione *f*; (*of document*) articolo ♦ *vt* sezionare, dividere in sezioni; **the business ~** (*PRESS*) la pagina economica.

sector ['sɛktə*] *n* settore *m.*

secular ['sɛkjulə*] *adj* secolare.

secure [sɪ'kjuə*] *adj* (*free from anxiety*) sicuro(a); (*firmly fixed*) assicurato(a), ben fermato(a); (*in safe place*) al sicuro ♦ *vt* (*fix*) fissare, assicurare; (*get*) ottenere, assicurarsi; (*COMM: loan*) garantire; **to make sth ~** fissare bene qc; **to ~ sth for sb** procurare qc per *or* a qn.

secured creditor [sɪ'kjuəd-] *n* creditore *m* privilegiato.

security [sɪ'kjuərɪtɪ] *n* sicurezza; (*for loan*) garanzia; **securities** *npl* (*STOCK EXCHANGE*) titoli *mpl*; **to increase/tighten ~** aumentare/intensificare la sorveglianza; ~ **of tenure** garanzia del posto di lavoro, garanzia di titolo *or* di godimento.

Security Council *n*: **the ~** il Consiglio di Sicurezza.

security forces *npl* forze *fpl* dell'ordine.

security guard *n* guardia giurata.

security risk *n* rischio per la sicurezza.

secy. *abbr* = **secretary.**
sedan [sə'dæn] *n* (*US AUT*) berlina.
sedate [sɪ'deɪt] *adj* posato(a); calmo(a) ♦ *vt* calmare.
sedation [sɪ'deɪʃən] *n* (*MED*): **to be under ~** essere sotto l'azione di sedativi.
sedative ['sɛdɪtɪv] *n* sedativo, calmante *m*.
sedentary ['sɛdntrɪ] *adj* sedentario(a).
sediment ['sɛdɪmənt] *n* sedimento.
sedition [sɪ'dɪʃən] *n* sedizione *f*.
seduce [sɪ'djuːs] *vt* sedurre.
seduction [sɪ'dʌkʃən] *n* seduzione *f*.
seductive [sɪ'dʌktɪv] *adj* seducente.
see [siː] *vb* (*pt* **saw**, *pp* **seen** [sɔː, siːn]) *vt* vedere; (*accompany*): **to ~ sb to the door** accompagnare qn alla porta ♦ *vi* vedere; (*understand*) capire ♦ *n* sede *f* vescovile; **to ~ that** (*ensure*) badare che + *sub*, fare in modo che + *sub*; **to go and ~ sb** andare a trovare qn; **~ you soon/later/tomorrow!** a presto/più tardi/domani!; **as far as I can ~** da quanto posso vedere; **there was nobody to be ~n** non c'era anima viva; **let me ~** (*show me*) fammi vedere; (*let me think*) vediamo (un po'); **~ for yourself** vai a vedere con i tuoi occhi; **I don't know what she ~s in him** non so che cosa ci trovi in lui.
▶**see about** *vt fus* (*deal with*) occuparsi di.
▶**see off** *vt* salutare alla partenza.
▶**see through** *vt* portare a termine ♦ *vt fus* non lasciarsi ingannare da.
▶**see to** *vt fus* occuparsi di.
seed [siːd] *n* seme *m*; (*fig*) germe *m*; (*TENNIS*) testa di serie; **to go to ~** fare seme; (*fig*) scadere.
seedless ['siːdlɪs] *adj* senza semi.
seedling ['siːdlɪŋ] *n* piantina di semenzaio.
seedy ['siːdɪ] *adj* (*shabby: person*) sciatto(a); (*: place*) cadente.
seeing ['siːɪŋ] *conj*: **~ (that)** visto che.
seek [siːk], *pt, pp* **sought** *vt* cercare; **to ~ advice/help from sb** chiedere consiglio/aiuto a qn.
▶**seek out** *vt* (*person*) andare a cercare.
seem [siːm] *vi* sembrare, parere; **there ~s to be ...** sembra che ci sia ...; **it ~s (that) ...** sembra *or* pare che ... + *sub*; **what ~s to be the trouble?** cosa c'è che non va?
seemingly ['siːmɪŋlɪ] *adv* apparentemente.
seen [siːn] *pp of* **see.**
seep [siːp] *vi* filtrare, trapelare.
seer [sɪə*] *n* profeta/essa, veggente *m/f*.
seersucker ['sɪəsʌkə*] *n* cotone *m* indiano.
seesaw ['siːsɔː] *n* altalena a bilico.
seethe [siːð] *vi* ribollire; **to ~ with anger** fremere di rabbia.
see-through ['siːθruː] *adj* trasparente.

segment ['sɛgmənt] *n* segmento.
segregate ['sɛgrɪgeɪt] *vt* segregare, isolare.
segregation [sɛgrɪ'geɪʃən] *n* segregazione *f*.
Seine [seɪn] *n* Senna.
seismic ['saɪzmɪk] *adj* sismico(a).
seize [siːz] *vt* (*grasp*) afferrare; (*take possession of*) impadronirsi di; (*LAW*) sequestrare.
▶**seize up** *vi* (*TECH*) grippare.
▶**seize (up)on** *vt fus* ricorrere a.
seizure ['siːʒə*] *n* (*MED*) attacco; (*LAW*) confisca, sequestro.
seldom ['sɛldəm] *adv* raramente.
select [sɪ'lɛkt] *adj* scelto(a); (*hotel, restaurant*) chic *inv*; (*club*) esclusivo(a) ♦ *vt* scegliere, selezionare; **a ~ few** pochi eletti *mpl*.
selection [sɪ'lɛkʃən] *n* selezione *f*, scelta.
selection committee *n* comitato di selezione.
selective [sɪ'lɛktɪv] *adj* selettivo(a).
selector [sɪ'lɛktə*] *n* (*person*) selezionatore/trice; (*TECH*) selettore *m*.
self [sɛlf] *n* (*pl* **selves** [sɛlvz]): **the ~** l'io *m* ♦ *prefix* auto....
self-addressed ['sɛlfə'drɛst] *adj*: **~ envelope** busta col proprio nome e indirizzo.
self-adhesive [sɛlfəd'hiːzɪv] *adj* autoadesivo(a).
self-assertive [sɛlfə'səːtɪv] *adj* autoritario(a).
self-assurance [sɛlfə'ʃuərəns] *n* sicurezza di sé.
self-assured [sɛlfə'ʃuəd] *adj* sicuro(a) di sé.
self-catering [sɛlf'keɪtərɪŋ] *adj* (*BRIT*) in cui ci si cucina da sé; **~ apartment** appartamento (per le vacanze).
self-centred, (*US*) **self-centered** [sɛlf'sɛntəd] *adj* egocentrico(a).
self-cleaning [sɛlf'kliːnɪŋ] *adj* autopulente.
self-confessed [sɛlfkən'fɛst] *adj* (*alcoholic etc*) dichiarato(a).
self-confidence [sɛlf'kɔnfɪdəns] *n* sicurezza di sé.
self-conscious [sɛlf'kɔnʃəs] *adj* timido(a).
self-contained [sɛlfkən'teɪnd] *adj* (*BRIT: flat*) indipendente.
self-control [sɛlfkən'trəul] *n* autocontrollo.
self-defeating [sɛlfdɪ'fiːtɪŋ] *adj* futile.
self-defence, (*US*) **self-defense** [sɛlfdɪ'fɛns] *n* autodifesa; (*LAW*) legittima difesa.
self-discipline [sɛlf'dɪsɪplɪn] *n* autodisciplina.
self-employed [sɛlfɪm'plɔɪd] *adj* che lavora

in proprio.
self-esteem [sɛlfɪ'stiːm] n amor proprio m.
self-evident [sɛlf'ɛvɪdənt] adj evidente.
self-explanatory [sɛlfɪk'splænətərɪ] adj ovvio(a).
self-governing [sɛlf'gʌvənɪŋ] adj autonomo(a).
self-help ['sɛlf'hɛlp] n iniziativa individuale.
self-importance [sɛlfim'pɔːtns] n sufficienza.
self-indulgent [sɛlfɪn'dʌldʒənt] adj indulgente verso se stesso(a).
self-inflicted [sɛlfɪn'flɪktɪd] adj autoinflitto(a).
self-interest [sɛlf'ɪntrɪst] n interesse m personale.
selfish ['sɛlfɪʃ] adj egoista.
selfishly ['sɛlfɪʃlɪ] adv egoisticamente.
selfishness ['sɛlfɪʃnɪs] n egoismo.
selfless ['sɛlflɪs] adj altruista.
selflessly ['sɛlflɪslɪ] adv altruisticamente.
selflessness ['sɛlflɪsnɪs] n altruismo.
self-made man ['sɛlfmeɪd-] n self-made man m inv, uomo che si è fatto da sé.
self-pity [sɛlf'pɪtɪ] n autocommiserazione f.
self-portrait [sɛlf'pɔːtrɪt] n autoritratto.
self-possessed [sɛlfpə'zɛst] adj controllato(a).
self-preservation ['sɛlfprɛzə'veɪʃən] n istinto di conservazione.
self-raising [sɛlf'reɪzɪŋ], (US) **self-rising** [sɛlf'raɪzɪŋ] adj: ~ **flour** miscela di farina e lievito.
self-reliant [sɛlfrɪ'laɪənt] adj indipendente.
self-respect [sɛlfrɪs'pɛkt] n rispetto di sé, amor proprio.
self-respecting [sɛlfrɪs'pɛktɪŋ] adj che ha rispetto di sé.
self-righteous [sɛlf'raɪtʃəs] adj soddisfatto(a) di sé.
self-rising [sɛlf'raɪzɪŋ] adj (US) = **self-raising**.
self-sacrifice [sɛlf'sækrɪfaɪs] n abnegazione f.
self-same ['sɛlfseɪm] adj stesso(a).
self-satisfied [sɛlf'sætɪsfaɪd] adj compiaciuto(a) di sé.
self-sealing [sɛlf'siːlɪŋ] adj autosigillante.
self-service [sɛlf'səːvɪs] n autoservizio, self-service m.
self-styled [sɛlf'staɪld] adj sedicente.
self-sufficient [sɛlfsə'fɪʃənt] adj autosufficiente.
self-supporting [sɛlfsə'pɔːtɪŋ] adj economicamente indipendente.
self-taught [sɛlf'tɔːt] adj autodidatta.
self-test ['sɛlftɛst] n (COMPUT) autoverifica.

sell, pt, pp **sold** [sɛl, səuld] vt vendere ♦ vi vendersi; **to ~ at** or **for 1000 lire** essere in vendita a 1000 lire; **to ~ sb an idea** (fig) far accettare un'idea a qn.
▶**sell off** vt svendere, liquidare.
▶**sell out** vi: **to ~ out (to sb/sth)** (COMM) vendere (tutto) (a qn/qc) ♦ vt esaurire; **the tickets are all sold out** i biglietti sono esauriti.
▶**sell up** vi vendere (tutto).
sell-by date ['sɛlbaɪ-] n scadenza.
seller ['sɛlə*] n venditore/trice; ~**'s market** mercato favorevole ai venditori.
selling price ['sɛlɪŋ-] n prezzo di vendita.
Sellotape ® ['sɛləuteɪp] n (BRIT) nastro adesivo, scotch ® m.
sellout ['sɛlaut] n (betrayal) tradimento; (of tickets): **it was a ~** registrò un tutto esaurito.
selves [sɛlvz] npl of **self**.
semantic [sɪ'mæntɪk] adj semantico(a).
semantics [sɪ'mæntɪks] n semantica.
semaphore ['sɛməfɔː*] n segnali mpl con bandiere; (RAIL) semaforo.
semblance ['sɛmbləns] n parvenza, apparenza.
semen ['siːmən] n sperma m.
semester [sɪ'mɛstə*] n (US) semestre m.
semi... ['sɛmɪ] prefix semi... ♦ n: **semi** = **semidetached (house)**.
semi-breve ['sɛmɪbriːv] n (BRIT) semibreve f.
semicircle ['sɛmɪsəːkl] n semicerchio.
semicircular ['sɛmɪ'səːkjulə*] adj semicircolare.
semicolon [sɛmɪ'kəulən] n punto e virgola.
semiconductor [sɛmɪkən'dʌktə*] n semiconduttore m.
semiconscious [sɛmɪ'kɔnʃəs] adj parzialmente cosciente.
semidetached (house) [sɛmɪdɪ'tætʃt-] n (BRIT) casa gemella.
semifinal [sɛmɪ'faɪnl] n semifinale f.
seminar ['sɛmɪnɑː*] n seminario.
seminary ['sɛmɪnərɪ] n (REL: for priests) seminario.
semiprecious [sɛmɪ'prɛʃəs] adj semiprezioso(a).
semiquaver ['sɛmɪkweɪvə*] n (BRIT) semicroma.
semiskilled ['sɛmɪ'skɪld] adj: ~ **worker** operaio(a) non specializzato(a).
semi-skimmed ['sɛmɪ'skɪmd] adj parzialmente scremato(a).
semitone ['sɛmɪtəun] n (MUS) semitono.
semolina [sɛmə'liːnə] n semolino.
SEN n abbr (BRIT: = State Enrolled Nurse) infermiera diplomata (dopo corso

biennale).

Sen., sen. abbr = senator; senior.

senate ['sɛnɪt] n senato.

senator ['sɛnɪtə*] n senatore/trice.

send [sɛnd], pt, pp **sent** vt mandare; **to ~ by post** or (US) **mail** spedire per posta; **to ~ sb for sth** mandare qn a prendere qc; **to ~ word that ...** mandare a dire che ...; **she ~s (you) her love** ti saluta affettuosamente; **to ~ sb to Coventry** (BRIT) dare l'ostracismo a qn; **to ~ sb to sleep/into fits of laughter** far addormentare/scoppiare dal ridere qn; **to ~ sth flying** far volare via qc.

▶**send away** vt (letter, goods) spedire; (person) mandare via.

▶**send away for** vt fus richiedere per posta, farsi spedire.

▶**send back** vt rimandare.

▶**send for** vt fus mandare a chiamare, far venire; (by post) ordinare per posta.

▶**send in** vt (report, application, resignation) presentare.

▶**send off** vt (goods) spedire; (BRIT SPORT: player) espellere.

▶**send on** vt (BRIT: letter) inoltrare; (luggage etc: in advance) spedire in anticipo.

▶**send out** vt (invitation) diramare; (emit: light, heat) mandare, emanare; (: signals) emettere.

▶**send round** vt (letter, document etc) far circolare.

▶**send up** vt (person, price) far salire; (BRIT: parody) mettere in ridicolo.

sender ['sɛndə*] n mittente m/f.

send-off ['sɛndɔf] n: **to give sb a good ~** festeggiare la partenza di qn.

Senegal [sɛnɪ'ɡɔːl] n Senegal m.

Senegalese [sɛnɪɡə'liːz] adj, n senegalese (m/f).

senile ['siːnaɪl] adj senile.

senility [sɪ'nɪlɪtɪ] n senilità f.

senior ['siːnɪə*] adj (older) più vecchio(a); (of higher rank) di grado più elevato ♦ n persona più anziana; (in service) persona con maggiore anzianità; **P. Jones ~ P. Jones senior**, P. Jones padre.

senior citizen n anziano/a.

senior high school n (US) ≈ liceo.

seniority [siːnɪ'ɔrɪtɪ] n anzianità; (in rank) superiorità.

sensation [sɛn'seɪʃən] n sensazione f; **to create a ~** fare scalpore.

sensational [sɛn'seɪʃənl] adj sensazionale; (marvellous) eccezionale.

sense [sɛns] n senso; (feeling) sensazione f, senso; (meaning) senso, significato; (wisdom) buonsenso ♦ vt sentire,

percepire; **~s** npl (sanity) ragione f; **it makes ~** ha senso; **there is no ~ in (doing) that** non ha senso (farlo); **~ of humour** (senso dell')umorismo; **to come to one's ~s** (regain consciousness) riprendere i sensi; (become reasonable) tornare in sé; **to take leave of one's ~s** perdere il lume or l'uso della ragione.

senseless ['sɛnslɪs] adj sciocco(a); (unconscious) privo(a) di sensi.

sensibilities [sɛnsɪ'bɪlɪtɪz] npl sensibilità fsg.

sensible ['sɛnsɪbl] adj sensato(a), ragionevole.

sensitive ['sɛnsɪtɪv] adj: **~ (to)** sensibile (a); **he is very ~ about it** è un tasto che è meglio non toccare con lui.

sensitivity [sɛnsɪ'tɪvɪtɪ] n sensibilità.

sensual ['sɛnsjuəl] adj sensuale.

sensuous ['sɛnsjuəs] adj sensuale.

sent [sɛnt] pt, pp of **send**.

sentence ['sɛntns] n (LING) frase f; (LAW: judgement) sentenza; (: punishment) condanna ♦ vt: **to ~ sb to death/to 5 years** condannare qn a morte/a 5 anni; **to pass ~ on sb** condannare qn.

sentiment ['sɛntɪmənt] n sentimento; (opinion) opinione f.

sentimental [sɛntɪ'mɛntl] adj sentimentale.

sentimentality [sɛntɪmɛn'tælɪtɪ] n sentimentalità, sentimentalismo.

sentry ['sɛntrɪ] n sentinella.

sentry duty n: **to be on ~** essere di sentinella.

Seoul [səul] n Seul f.

separable ['sɛprəbl] adj separabile.

separate adj ['sɛprɪt] separato(a) ♦ vb ['sɛpəreɪt] vt separare ♦ vi separarsi; **~ from** separato da; **under ~ cover** (COMM) in plico a parte; **to ~ into** dividere in; see also **separates**.

separately ['sɛprɪtlɪ] adv separatamente.

separates ['sɛprɪts] npl (clothes) coordinati mpl.

separation [sɛpə'reɪʃən] n separazione f.

Sept. abbr (= September) sett., set.

September [sɛp'tɛmbə*] n settembre m; for phrases see also **July**.

septic ['sɛptɪk] adj settico(a); (wound) infettato(a); **to go ~** infettarsi.

septicaemia, (US) **septicemia** [sɛptɪ'siːmɪə] n setticemia.

septic tank n fossa settica.

sequel ['siːkwl] n conseguenza; (of story) seguito.

sequence ['siːkwəns] n (series) serie f inv; (order) ordine m; **in ~** in ordine, di seguito; **~ of tenses** concordanza dei

tempi.
sequential [sɪ'kwɛnʃəl] *adj:* ~ **access** (*COMPUT*) accesso sequenziale.
sequin ['si:kwɪn] *n* lustrino, paillette *f inv*.
Serb [sə:b] *adj, n* = **Serbian**.
Serbia ['sə:bɪə] *n* Serbia.
Serbian ['sə:bɪən] *adj* serbo(a) ♦ *n* serbo/a; (*LING*) serbo.
Serbo-Croat ['sə:bəu'krəuæt] *n* (*LING*) serbocroato.
serenade [sɛrə'neɪd] *n* serenata ♦ *vt* fare la serenata a.
serene [sɪ'ri:n] *adj* sereno(a), calmo(a).
serenity [sɪ'rɛnɪtɪ] *n* serenità, tranquillità.
sergeant ['sɑ:dʒənt] *n* sergente *m*; (*POLICE*) brigadiere *m*.
sergeant major *n* maresciallo.
serial ['sɪərɪəl] *n* (*PRESS*) romanzo a puntate; (*RADIO, TV*) trasmissione *f* a puntate ♦ *cpd* (*number*) di serie; (*COMPUT*) seriale.
serialize ['sɪərɪəlaɪz] *vt* pubblicare a puntate; trasmettere a puntate.
serial killer *n* serial killer *m inv*.
serial number *n* numero di serie.
series ['sɪəri:z] *n* (*pl inv*) serie *f inv*; (*PUBLISHING*) collana.
serious ['sɪərɪəs] *adj* serio(a), grave; **are you ~ (about it)?** parla sul serio?
seriously ['sɪərɪəslɪ] *adv* seriamente; **he's ~ rich** (*col: extremely*) ha un casino di soldi; **to take sth/sb ~** prendere qc/qn sul serio.
seriousness ['sɪərɪəsnɪs] *n* serietà, gravità.
sermon ['sə:mən] *n* sermone *m*.
serrated [sɪ'reɪtɪd] *adj* seghettato(a).
serum ['sɪərəm] *n* siero.
servant ['sə:vənt] *n* domestico/a.
serve [sə:v] *vt* (*employer etc*) servire, essere a servizio di; (*purpose*) servire a; (*customer, food, meal*) servire; (*apprenticeship*) fare; (*prison term*) scontare ♦ *vi* (*also TENNIS*) servire; (*soldier etc*) prestare servizio; (*be useful*): **to ~ as/for/to do** servire da/per/per fare ♦ *n* (*TENNIS*) servizio; **are you being ~d?** la stanno servendo?; **to ~ on a committee/jury** far parte di un comitato/una giuria; **it ~s him right** ben gli sta, se l'è meritata; **it ~s my purpose** fa al caso mio, serve al mio scopo.
▶**serve out, serve up** *vt* (*food*) servire.
service ['sə:vɪs] *n* servizio; (*AUT: maintenance*) revisione *f*; (*REL*) funzione *f* ♦ *vt* (*car, washing machine*) revisionare; **the S~s** *npl* le forze armate; **to be of ~ to sb, to do sb a ~** essere d'aiuto a qn; **to put one's car in for (a) ~** portare la

macchina in officina per una revisione; **dinner ~** servizio da tavola.
serviceable ['sə:vɪsəbl] *adj* pratico(a), utile; (*usable, working*) usabile.
service area *n* (*on motorway*) area di servizio.
service charge *n* (*BRIT*) servizio.
service industries *npl* settore *m* terziario.
serviceman ['sə:vɪsmən] *n* militare *m*.
service station *n* stazione *f* di servizio.
serviette [sə:vɪ'ɛt] *n* (*BRIT*) tovagliolo.
servile ['sə:vaɪl] *adj* servile.
session ['sɛʃən] *n* (*sitting*) seduta, sessione *f*; (*SCOL*) anno scolastico (*or* accademico); **to be in ~** essere in seduta.
session musician *n* musicista *m/f* di studio.
set [sɛt] *n* serie *f inv*; (*RADIO, TV*) apparecchio; (*TENNIS*) set *m inv*; (*group of people*) mondo, ambiente *m*; (*CINE*) scenario; (*THEAT: stage*) scene *f pl*; (*: scenery*) scenario; (*MATH*) insieme *m*; (*HAIRDRESSING*) messa in piega ♦ *adj* (*fixed*) stabilito(a), determinato(a); (*ready*) pronto(a) ♦ *vb* (*pt, pp* **set**) (*place*) posare, mettere; (*fix*) fissare; (*assign: task, homework*) dare, assegnare; (*adjust*) regolare; (*decide: rules etc*) stabilire, fissare; (*TYP*) comporre ♦ *vi* (*sun*) tramontare; (*jam, jelly*) rapprendersi; (*concrete*) fare presa; **to be ~ on doing** essere deciso a fare qc; **to be all ~ to do sth** essere pronto fare qc; **to be (dead) ~ against** essere completamente contrario a; ~ **in one's ways** abitudinario; a novel ~ **in Rome** un romanzo ambientato a Roma; **to ~ to music** mettere in musica; **to ~ on fire** dare fuoco a; **to ~ free** liberare; **to ~ sth going** mettere in moto qc; **to ~ sail** prendere il mare; **a ~ phrase** una frase fatta; **a ~ of false teeth** una dentiera; **a ~ of dining-room furniture** una camera da pranzo.
▶**set about** *vt fus* (*task*) intraprendere, mettersi a; **to ~ about doing sth** mettersi a fare qc.
▶**set aside** *vt* mettere da parte.
▶**set back** *vt* (*progress*) ritardare; **to ~ back (by)** (*in time*) mettere indietro (di); **a house ~ back from the road** una casa a una certa distanza dalla strada.
▶**set in** *vi* (*infection*) svilupparsi; (*complications*) intervenire; **the rain has ~ in for the day** ormai pioverà tutto il giorno.
▶**set off** *vi* partire ♦ *vt* (*bomb*) far scoppiare; (*cause to start*) mettere in moto; (*show up well*) dare risalto a.

▶**set out** *vi* partire; (*aim*): **to ~ out to do** proporsi di fare ♦ *vt* (*arrange*) disporre; (*state*) esporre, presentare.

▶**set up** *vt* (*organization*) fondare, costituire; (*record*) stabilire; (*monument*) innalzare.

setback ['setbæk] *n* (*hitch*) contrattempo, inconveniente *m*; (*in health*) ricaduta.

set menu *n* menù *m inv* fisso.

set square *n* squadra.

settee [se'ti:] *n* divano, sofà *m inv*.

setting ['setɪŋ] *n* ambiente *m*; (*scenery*) sfondo; (*of jewel*) montatura.

setting lotion *n* fissatore *m*.

settle ['setl] *vt* (*argument, matter*) appianare; (*problem*) risolvere; (*pay: bill, account*) regolare, saldare; (*MED: calm*) calmare; (*colonize: land*) colonizzare ♦ *vi* (*bird, dust etc*) posarsi; (*sediment*) depositarsi; (*also: ~ down*) sistemarsi, stabilirsi; (*become calmer*) calmarsi; **to ~ to sth** applicarsi a qc; **to ~ for sth** accontentarsi di qc; **to ~ on sth** decidersi per qc; **that's ~d then** allora è deciso; **to ~ one's stomach** calmare il mal di stomaco.

▶**settle in** *vi* sistemarsi.

▶**settle up** *vi*: **to ~ up with sb** regolare i conti con qn.

settlement ['setlmənt] *n* (*payment*) pagamento, saldo; (*agreement*) accordo; (*colony*) colonia; (*village etc*) villaggio, comunità *f inv*; **in ~ of our account** (*COMM*) a saldo del nostro conto.

settler ['setlə*] *n* colonizzatore/trice.

setup ['setʌp] *n* (*arrangement*) sistemazione *f*; (*situation*) situazione *f*.

seven ['sevn] *num* sette.

seventeen [sevn'ti:n] *num* diciassette.

seventh ['sevnθ] *num* settimo(a).

seventy ['sevntɪ] *num* settanta.

sever ['sevə*] *vt* recidere, tagliare; (*relations*) troncare.

several ['sevərl] *adj, pron* alcuni(e), diversi(e); **~ of us** alcuni di noi; **~ times** diverse volte.

severance ['sevərəns] *n* (*of relations*) rottura.

severance pay *n* indennità di licenziamento.

severe [sɪ'vɪə*] *adj* severo(a); (*serious*) serio(a), grave; (*hard*) duro(a); (*plain*) semplice, sobrio(a).

severely [sɪ'vɪəlɪ] *adv* (*gen*) severamente; (*wounded, ill*) gravemente.

severity [sɪ'verɪtɪ] *n* severità; gravità; (*of weather*) rigore *m*.

sew, *pt* **sewed**, *pp* **sewn** [səu, səud, səun] *vt*, *vi* cucire.

▶**sew up** *vt* ricucire; **it is all sewn up** (*fig*) è tutto apposto.

sewage ['su:ɪdʒ] *n* acque *fpl* di scolo.

sewage works *n* stabilimento per la depurazione dei liquami.

sewer ['su:ə*] *n* fogna.

sewing ['səuɪŋ] *n* cucito.

sewing machine *n* macchina da cucire.

sewn [səun] *pp of* **sew**.

sex [seks] *n* sesso; **to have ~ with** avere rapporti sessuali con.

sex act *n* atto sessuale.

sex appeal *n* sex appeal *m inv*.

sex education *n* educazione *f* sessuale.

sexism ['seksɪzəm] *n* sessismo.

sexist ['seksɪst] *adj* sessista.

sex life *n* vita sessuale.

sex object *n* oggetto sessuale; **to be treated like a ~** (*woman*) essere trattata da donna oggetto.

sextet [seks'tet] *n* sestetto.

sexual ['seksjuəl] *adj* sessuale; **~ assault** violenza carnale; **~ harassment** molestie *fpl* sessuali; **~ intercourse** rapporti *mpl* sessuali.

sexy ['seksɪ] *adj* provocante, sexy *inv*.

Seychelles [seɪ'ʃelz] *npl*: **the ~** le Seicelle.

SF *n abbr* = **science fiction**.

SG *n abbr* (*US*) = **Surgeon General**.

Sgt. *abbr* (= *sergeant*) serg.

shabbiness ['ʃæbɪnɪs] *n* trasandatezza; squallore *m*; meschinità.

shabby ['ʃæbɪ] *adj* trasandato(a); (*building*) squallido(a), malandato(a); (*behaviour*) meschino(a).

shack [ʃæk] *n* baracca, capanna.

shackles ['ʃæklz] *npl* ferri *mpl*, catene *fpl*.

shade [ʃeɪd] *n* ombra; (*for lamp*) paralume *m*; (*of colour*) tonalità *f inv*; (*US: window ~*) veneziana; (*small quantity*): **a ~ of** un po' or un'ombra di ♦ *vt* ombreggiare, fare ombra a; **~s** *npl* (*US: sunglasses*) occhiali *mpl* da sole; **in the ~** all'ombra; **a ~ smaller** un tantino più piccolo.

shadow ['ʃædəu] *n* ombra ♦ *vt* (*follow*) pedinare; **without or beyond a ~ of doubt** senz'ombra di dubbio.

shadow cabinet *n* (*BRIT POL*) governo *m* ombra *inv*.

shadowy ['ʃædəuɪ] *adj* ombreggiato(a), ombroso(a); (*dim*) vago(a), indistinto(a).

shady ['ʃeɪdɪ] *adj* ombroso(a); (*fig: dishonest*) losco(a), equivoco(a).

shaft [ʃɑ:ft] *n* (*of arrow, spear*) asta; (*AUT, TECH*) albero; (*of mine*) pozzo; (*of lift*) tromba; (*of light*) raggio; **ventilator ~** condotto di ventilazione.

shaggy ['ʃægɪ] *adj* ispido(a).

shake [ʃeɪk] *vb* (*pt* **shook**, *pp* **shaken** [ʃuk, 'ʃeɪkn]) *vt* scuotere; (*bottle, cocktail*) agitare ♦ *vi* tremare ♦ *n* scossa; **to ~ one's head** scuotere la testa; **to ~ hands with sb** stringere *or* dare la mano a qn.

►**shake off** *vt* scrollare (via); (*fig*) sbarazzarsi di.

►**shake up** *vt* scuotere.

shake-up ['ʃeɪkʌp] *n* riorganizzazione *f* drastica.

shakily ['ʃeɪkɪlɪ] *adv* (*reply*) con voce tremante; (*walk*) con passo malfermo; (*write*) con mano tremante.

shaky ['ʃeɪkɪ] *adj* (*hand, voice*) tremante; (*memory*) labile; (*knowledge*) incerto(a); (*building*) traballante.

shale [ʃeɪl] *n* roccia scistosa.

shall [ʃæl] *aux vb*: **I ~ go** andrò.

shallot [ʃə'lɔt] *n* (BRIT) scalogna.

shallow ['ʃæləu] *adj* poco profondo(a); (*fig*) superficiale.

sham [ʃæm] *n* finzione *f*, messinscena; (*jewellery, furniture*) imitazione *f* ♦ *adj* finto(a) ♦ *vt* fingere, simulare.

shambles ['ʃæmblz] *n* confusione *f*, baraonda, scompiglio; **the economy is (in) a complete ~** l'economia è nel caos più totale.

shambolic [ʃæm'bɔlɪk] *adj* (*col*) incasinato(a).

shame [ʃeɪm] *n* vergogna ♦ *vt* far vergognare; **it is a ~ (that/to do)** è un peccato (che + *sub*/fare); **what a ~!** che peccato!; **to put sb/sth to ~** (*fig*) far sfigurare qn/qc.

shamefaced ['ʃeɪmfeɪst] *adj* vergognoso(a).

shameful ['ʃeɪmful] *adj* vergognoso(a).

shameless ['ʃeɪmlɪs] *adj* sfrontato(a); (*immodest*) spudorato(a).

shampoo [ʃæm'pu:] *n* shampoo *m inv* ♦ *vt* fare lo shampoo a; **~ and set** shampoo e messa in piega.

shamrock ['ʃæmrɔk] *n* trifoglio (*simbolo nazionale dell'Irlanda*).

shandy ['ʃændɪ] *n* birra con gassosa.

shan't [ʃɑ:nt] = **shall not**.

shanty town ['ʃæntɪ-] *n* bidonville *f inv*.

SHAPE [ʃeɪp] *n abbr* (= *Supreme Headquarters Allied Powers, Europe*) *supremo quartier generale delle Potenze Alleate in Europa*.

shape [ʃeɪp] *n* forma ♦ *vt* (*clay, stone*) dar forma a; (*fig: ideas, character*) formare; (: *course of events*) determinare, condizionare; (*statement*) formulare; (*sb's ideas*) condizionare ♦ *vi* (*also*: **~ up**: *events*) andare, mettersi; (: *person*)

cavarsela; **to take ~** prendere forma; **in the ~ of a heart** a forma di cuore; **to get o.s. into ~** rimettersi in forma; **I can't bear gardening in any ~ or form** detesto il giardinaggio d'ogni genere e specie.

-shaped [ʃeɪpt] *suffix*: **heart-~** a forma di cuore.

shapeless ['ʃeɪplɪs] *adj* senza forma, informe.

shapely ['ʃeɪplɪ] *adj* ben proporzionato(a).

share [ʃɛə*] *n* (*thing received, contribution*) parte *f*; (COMM) azione *f* ♦ *vt* dividere; (*have in common*) condividere, avere in comune; **to ~ out** (*among or between*) dividere (tra); **to ~ in** partecipare a.

share capital *n* capitale *m* azionario.

share certificate *n* certificato azionario.

shareholder ['ʃɛəhəuldə*] *n* azionista *m/f*.

share index *n* listino di Borsa.

shark [ʃɑ:k] *n* squalo, pescecane *m*.

sharp [ʃɑ:p] *adj* (*razor, knife*) affilato(a); (*point*) acuto(a), acuminato(a); (*nose, chin*) aguzzo(a); (*outline*) netto(a); (*curve, bend*) stretto(a), accentuato(a); (*cold, pain*) pungente; (*voice*) stridulo(a); (*person: quick-witted*) sveglio(a); (: *unscrupulous*) disonesto(a); (MUS): **C ~ do diesis** ♦ *n* (MUS) diesis *m inv* ♦ *adv*: **at 2 o'clock ~** alle due in punto; **turn ~ left** giri tutto a sinistra; **to be ~ with sb** rimproverare qn; **look ~!** sbrigati!

sharpen ['ʃɑ:pən] *vt* affilare; (*pencil*) fare la punta a; (*fig*) aguzzare.

sharpener ['ʃɑ:pnə*] *n* (*also*: **pencil ~**) temperamatite *m inv*; (*also*: **knife ~**) affilacoltelli *m inv*.

sharp-eyed [ʃɑ:p'aɪd] *adj* dalla vista acuta.

sharpish ['ʃɑ:pɪʃ] *adv* (BRIT *col*: *quickly*) subito.

sharply ['ʃɑ:plɪ] *adv* (*abruptly*) bruscamente; (*clearly*) nettamente; (*harshly*) duramente, aspramente.

sharp-tempered [ʃɑ:p'tɛmpəd] *adj* irascibile.

shatter ['ʃætə*] *vt* mandare in frantumi, frantumare; (*fig: upset*) distruggere; (: *ruin*) rovinare ♦ *vi* frantumarsi, andare in pezzi.

shattered ['ʃætəd] *adj* (*grief-stricken*) sconvolto(a); (*exhausted*) a pezzi, distrutto(a).

shatterproof ['ʃætəpru:f] *adj* infrangibile.

shave [ʃeɪv] *vt* radere, rasare ♦ *vi* radersi, farsi la barba ♦ *n*: **to have a ~** farsi la barba.

shaven ['ʃeɪvn] *adj* (*head*) rasato(a), tonsurato(a).

shaver ['ʃeɪvə*] *n* (*also*: **electric ~**) rasoio

elettrico.

shaving ['ʃeɪvɪŋ] n (action) rasatura; ~s npl (of wood etc) trucioli mpl.

shaving brush n pennello da barba.

shaving cream n crema da barba.

shaving soap n sapone m da barba.

shawl [ʃɔːl] n scialle m.

she [ʃiː] pron ella, lei; **there ~ is** eccola; ~-**bear** orsa; ~-**elephant** elefantessa; NB: for ships, countries follow the gender of your translation.

sheaf, pl **sheaves** [ʃiːf, ʃiːvz] n covone m.

shear [ʃɪə*] vt (pt ~ed, pp ~ed or shorn [ʃɔːn]) (sheep) tosare.

▶**shear off** vi (break off) spezzarsi.

shears ['ʃɪəz] npl (for hedge) cesoie fpl.

sheath [ʃiːθ] n fodero, guaina; (contraceptive) preservativo.

sheathe [ʃiːð] vt rivestire; (sword) rinfoderare.

sheath knife n coltello (con fodero).

sheaves [ʃiːvz] npl of **sheaf.**

shed [ʃed] n capannone m ♦ vt (pt, pp shed) (leaves, fur etc) perdere; (tears) versare; **to ~ light on** (problem, mystery) far luce su.

she'd [ʃiːd] = she had; she would.

sheen [ʃiːn] n lucentezza.

sheep [ʃiːp] n (pl inv) pecora.

sheepdog ['ʃiːpdɔg] n cane m da pastore.

sheep farmer n allevatore m di pecore.

sheepish ['ʃiːpɪʃ] adj vergognoso(a), timido(a).

sheepskin ['ʃiːpskɪn] n pelle f di pecora.

sheepskin jacket n (giacca di) montone m.

sheer [ʃɪə*] adj (utter) vero(a) (e proprio(a)); (steep) a picco, perpendicolare; (transparent) trasparente ♦ adv a picco; **by ~ chance** per puro caso.

sheet [ʃiːt] n (on bed) lenzuolo; (of paper) foglio; (of glass) lastra; (of metal) foglio, lamina.

sheet feed n (on printer) alimentazione f di fogli.

sheet lightning n lampo diffuso.

sheet metal n lamiera.

sheet music n fogli mpl di musica.

sheik(h) [ʃeɪk] n sceicco.

shelf, pl **shelves** [ʃelf, ʃelvz] n scaffale m, mensola.

shelf life n (COMM) durata di conservazione.

shell [ʃel] n (on beach) conchiglia; (of egg, nut etc) guscio; (explosive) granata; (of building) scheletro, struttura ♦ vt (peas) sgranare; (MIL) bombardare, cannoneggiare.

▶**shell out** vi (col): **to ~ out (for)** sganciare soldi (per).

she'll [ʃiːl] = she will; she shall.

shellfish ['ʃelfɪʃ] n (pl inv) (crab etc) crostaceo; (scallop etc) mollusco; (pl: as food) crostacei; molluschi.

shellsuit ['ʃelsuːt] n tuta di acetato.

shelter ['ʃeltə*] n riparo, rifugio ♦ vt riparare, proteggere; (give lodging to) dare rifugio or asilo a ♦ vi ripararsi, mettersi al riparo; **to take ~ (from)** mettersi al riparo (da).

sheltered ['ʃeltəd] adj (life) ritirato(a); (spot) riparato(a), protetto(a).

shelve [ʃelv] vt (fig) accantonare, rimandare.

shelves [ʃelvz] npl of **shelf.**

shelving ['ʃelvɪŋ] n scaffalature fpl.

shepherd ['ʃepəd] n pastore m ♦ vt (guide) guidare.

shepherdess ['ʃepədɪs] n pastora.

shepherd's pie n timballo di carne macinata e purè di patate.

sherbet ['ʃɜːbət] n (BRIT: powder) polvere effervescente al gusto di frutta; (US: water ice) sorbetto.

sheriff ['ʃerɪf] n sceriffo.

sherry ['ʃerɪ] n sherry m inv.

she's [ʃiːz] = she is; she has.

Shetland ['ʃetlənd] n (also: **the ~s, the ~ Isles**) le (isole) Shetland.

Shetland pony n pony m inv delle Shetland.

shield [ʃiːld] n scudo ♦ vt: **to ~ (from)** riparare (da), proteggere (da or contro).

shift [ʃɪft] n (change) cambiamento; (of workers) turno ♦ vt spostare, muovere; (remove) rimuovere ♦ vi spostarsi, muoversi; ~ **in demand** (COMM) variazione f della domanda; **the wind has ~ed to the south** il vento si è girato e soffia da sud.

shift key n (on typewriter) tasto delle maiuscole.

shiftless ['ʃɪftlɪs] adj fannullone(a).

shift work n lavoro a squadre; **to do ~** fare i turni.

shifty ['ʃɪftɪ] adj ambiguo(a); (eyes) sfuggente.

Shiite ['ʃiːaɪt] adj, n sciita (m/f).

shilling ['ʃɪlɪŋ] n (BRIT) scellino (= 12 old pence; 20 in a pound).

shilly-shally ['ʃɪlɪʃælɪ] vi tentennare, esitare.

shimmer ['ʃɪmə*] vi brillare, luccicare.

shimmering ['ʃɪmərɪŋ] adj (gen) luccicante, scintillante; (haze) tremolante; (satin etc) cangiante.

shin [ʃɪn] n tibia ♦ vi: **to ~ up/down a tree**

arrampicarsi in cima a/scivolare giù da un albero.

shindig ['ʃɪndɪg] n (col) festa chiassosa.

shine [ʃaɪn] n splendore m, lucentezza ♦ vb (pt, pp **shone** [ʃɒn]) vi (ri)splendere, brillare ♦ vt far brillare, far risplendere; (torch): **to ~ sth on** puntare qc verso.

shingle ['ʃɪŋgl] n (on beach) ciottoli mpl; (on roof) assicella di copertura.

shingles ['ʃɪŋglz] n (MED) herpes zoster m.

shining ['ʃaɪnɪŋ] adj (surface, hair) lucente; (light) brillante.

shiny ['ʃaɪnɪ] adj lucente, lucido(a).

ship [ʃɪp] n nave f ♦ vt trasportare (via mare); (send) spedire (via mare); (load) imbarcare, caricare; **on board ~** a bordo.

shipbuilder ['ʃɪpbɪldə*] n costruttore m navale.

shipbuilding ['ʃɪpbɪldɪŋ] n costruzione f navale.

ship chandler [-'tʃɑːndlə*] n fornitore m marittimo.

shipment ['ʃɪpmənt] n carico.

shipowner ['ʃɪpəunə*] n armatore m.

shipper ['ʃɪpə*] n spedizioniere m (marittimo).

shipping ['ʃɪpɪŋ] n (ships) naviglio; (traffic) navigazione f.

shipping agent n agente m marittimo.

shipping company n compagnia di navigazione.

shipping lane n rotta (di navigazione).

shipping line n = **shipping company**.

shipshape ['ʃɪpʃeɪp] adj in perfetto ordine.

shipwreck ['ʃɪprɛk] n relitto; (event) naufragio ♦ vt: **to be ~ed** naufragare, fare naufragio.

shipyard ['ʃɪpjɑːd] n cantiere m navale.

shire ['ʃaɪə*] n (BRIT) contea.

shirk [ʃəːk] vt sottrarsi a, evitare.

shirt [ʃəːt] n (man's) camicia; **in ~ sleeves** in maniche di camicia.

shirty ['ʃəːtɪ] adj (BRIT col) incavolato(a).

shit [ʃɪt] excl (col!) merda(!).

shiver ['ʃɪvə*] n brivido ♦ vi rabbrividire, tremare.

shoal [ʃəul] n (of fish) banco.

shock [ʃɒk] n (impact) urto, colpo; (ELEC) scossa; (emotional) colpo, shock m inv; (MED) shock ♦ vt colpire, scioccare; scandalizzare; **to give sb a ~** far venire un colpo a qn; **to be suffering from ~** essere in stato di shock; **it came as a ~ to hear that ...** è stata una grossa sorpresa sentire che ....

shock absorber n ammortizzatore m.

shocker ['ʃɒkə*] n: **it was a real ~** (col) è stata una vera bomba.

shocking ['ʃɒkɪŋ] adj scioccante, traumatizzante; (scandalous) scandaloso(a); (very bad: weather, handwriting) orribile; (: results) disastroso(a).

shockproof ['ʃɒkpruːf] adj antiurto inv.

shock therapy, shock treatment n (MED) shockterapia.

shock wave n onda d'urto; (fig: usually pl) impatto msg.

shod [ʃɒd] pt, pp of **shoe**.

shoddy ['ʃɒdɪ] adj scadente.

shoe [ʃuː] n scarpa; (also: **horse~**) ferro di cavallo; (brake ~) ganascia (del freno) ♦ vt (pt, pp **shod** [ʃɒd]) (horse) ferrare.

shoebrush ['ʃuːbrʌʃ] n spazzola per le scarpe.

shoehorn ['ʃuːhɔːn] n calzante m.

shoelace ['ʃuːleɪs] n stringa.

shoemaker ['ʃuːmeɪkə*] n calzolaio.

shoe polish n lucido per scarpe.

shoeshop ['ʃuːʃɒp] n calzoleria.

shoestring ['ʃuːstrɪŋ] n stringa (delle scarpe); **on a ~** (fig: do sth) con quattro soldi.

shoetree ['ʃuːtriː] n forma per scarpe.

shone [ʃɒn] pt, pp of **shine**.

shoo [ʃuː] excl sciò!, via! ♦ vt (also: **~ away**, **~ off**) cacciare (via).

shook [ʃuk] pt of **shake**.

shoot [ʃuːt] n (on branch, seedling) germoglio; (shooting party) partita di caccia; (competition) gara di tiro ♦ vb (pt, pp **shot** [ʃɒt]) vt (game: BRIT) cacciare, andare a caccia di; (person) sparare a; (execute) fucilare; (film) girare ♦ vi (with gun): **to ~ (at)** sparare (a), fare fuoco (su); (with bow): **to ~ (at)** tirare (su); (FOOTBALL) sparare, tirare (forte); **to ~ past sb** passare vicino a qn come un fulmine; **to ~ in/out** entrare/uscire come una freccia.

▶**shoot down** vt (plane) abbattere.

▶**shoot up** vi (fig) salire alle stelle.

shooting ['ʃuːtɪŋ] n (shots) sparatoria; (murder) uccisione f (a colpi d'arma da fuoco); (HUNTING) caccia; (CINE) riprese fpl.

shooting range n poligono (di tiro), tirassegno.

shooting star n stella cadente.

shop [ʃɒp] n negozio; (workshop) officina ♦ vi (also: **go ~ping**) fare spese; **repair ~** officina di riparazione; **to talk ~** (fig) parlare di lavoro.

▶**shop around** vi fare il giro dei negozi.

shopaholic ['ʃɒpə'hɒlɪk] n (col) maniaco/a dello shopping.

shop assistant n (BRIT) commesso/a.
shop floor n (BRIT: fig) operai mpl, maestranze fpl.
shopkeeper ['ʃɔpki:pə*] n negoziante m/f, bottegaio/a.
shoplift ['ʃɔplɪft] vi taccheggiare.
shoplifter ['ʃɔplɪftə*] n taccheggiatore/trice.
shoplifting ['ʃɔplɪftɪŋ] n taccheggio.
shopper ['ʃɔpə*] n compratore/trice.
shopping ['ʃɔpɪŋ] n (goods) spesa, acquisti mpl.
shopping bag n borsa per la spesa.
shopping centre n centro commerciale.
shop-soiled ['ʃɔpsɔɪld] adj sciupato(a) a forza di stare in vetrina.
shop steward n (BRIT INDUSTRY) rappresentante m sindacale.
shop window n vetrina.
shore [ʃɔ:*] n (of sea) riva, spiaggia; (of lake) riva ♦ vt: **to ~ (up)** puntellare; **on ~** a terra.
shore leave n (NAUT) franchigia.
shorn [ʃɔ:n] pp of **shear**.
short [ʃɔ:t] adj (not long) corto(a); (soon finished) breve; (person) basso(a); (curt) brusco(a), secco(a); (insufficient) insufficiente ♦ n (also: ~ **film**) cortometraggio; **it is ~ for** è l'abbreviazione or il diminutivo di; **a ~ time ago** poco tempo fa; **in the ~ term** nell'immediato futuro; **to be ~ of sth** essere a corto di or mancare di qc; **to run ~ of sth** rimanere senza qc; **to be in ~ supply** scarseggiare; **I'm 3 ~** me ne mancano 3; **in ~** in breve; **~ of doing** a meno che non si faccia; **everything ~ of** tutto fuorché; **to cut ~** (speech, visit) accorciare, abbreviare; (person) interrompere; **to fall ~ of** venire meno a; non soddisfare; **to stop ~** fermarsi di colpo; **to stop ~ of** non arrivare fino a; see also **shorts**.
shortage ['ʃɔ:tɪdʒ] n scarsezza, carenza.
shortbread ['ʃɔ:tbrɛd] n biscotto di pasta frolla.
short-change [ʃɔ:t'tʃeɪndʒ] vt: **to ~ sb** imbrogliare qn sul resto.
short-circuit [ʃɔ:t'sə:kɪt] n cortocircuito ♦ vt cortocircuitare ♦ vi fare cortocircuito.
shortcoming ['ʃɔ:tkʌmɪŋ] n difetto.
short(crust) pastry ['ʃɔ:t(krʌst)-] n (BRIT) pasta frolla.
shortcut ['ʃɔ:tkʌt] n scorciatoia.
shorten ['ʃɔ:tn] vt accorciare, ridurre.
shortening ['ʃɔ:tnɪŋ] n grasso per pasticceria.
shortfall ['ʃɔ:tfɔ:l] n deficienza.

shorthand ['ʃɔ:thænd] n (BRIT) stenografia; **to take sth down in ~** stenografare qc.
shorthand notebook n (BRIT) bloc-notes m inv per stenografia.
shorthand typist n (BRIT) stenodattilografo/a.
short list n (BRIT: for job) rosa dei candidati.
short-lived ['ʃɔ:t'lɪvd] adj effimero(a), di breve durata.
shortly ['ʃɔ:tlɪ] adv fra poco.
shortness ['ʃɔ:tnɪs] n brevità; insufficienza.
shorts [ʃɔ:ts] npl (also: **a pair of ~**) i calzoncini.
short-sighted [ʃɔ:t'saɪtɪd] adj (BRIT) miope; (fig) poco avveduto(a).
short-staffed [ʃɔ:t'stɑ:ft] adj a corto di personale.
short story n racconto, novella.
short-tempered [ʃɔ:t'tɛmpəd] adj irascibile.
short-term ['ʃɔ:tə:m] adj (effect) di or a breve durata.
short time n (INDUSTRY): **to work ~, be on ~** essere or lavorare a orario ridotto.
short wave n (RADIO) onde fpl corte.
shot [ʃɔt] pt, pp of **shoot** ♦ n sparo, colpo; (shotgun pellets) pallottole fpl; (person) tiratore m; (try) prova; (injection) iniezione f; (PHOT) foto f inv; **like a ~** come un razzo; (very readily) immediatamente; **to fire a ~ at sb/sth** sparare un colpo a qn/qc; **to have a ~ at sth/doing sth** provarci con qc/a fare qc; **a big ~** (col) un pezzo grosso, un papavero; **to get ~ of sb/sth** (col) sbarazzarsi di qn/qc.
shotgun ['ʃɔtgʌn] n fucile m da caccia.
should [ʃud] aux vb: **I ~ go now** dovrei andare ora; **he ~ be there now** dovrebbe essere arrivato ora; **I ~ go if I were you** se fossi in lei andrei; **I ~ like to** mi piacerebbe; **~ he phone** … se telefonasse ….
shoulder ['ʃəuldə*] n spalla; (BRIT: of road): **hard ~** corsia d'emergenza ♦ vt (fig) addossarsi, prendere sulle proprie spalle; **to look over one's ~** guardarsi alle spalle; **to rub ~s with sb** (fig) essere a contatto con qn; **to give sb the cold ~** (fig) trattare qn con freddezza.
shoulder bag n borsa a tracolla.
shoulder blade n scapola.
shoulder strap n bretella, spallina.
shouldn't ['ʃudnt] = **should not**.
shout [ʃaut] n urlo, grido ♦ vt gridare ♦ vi urlare, gridare; **to give sb a ~** chiamare qn gridando.
▶**shout down** vt zittire gridando.

shouting ['ʃautɪŋ] n urli mpl.
shouting match n (col) vivace scambio di opinioni.
shove [ʃʌv] vt spingere; (col: put): **to ~ sth in** ficcare qc in ♦ n spintone m; **he ~d me out of the way** mi ha spinto da parte.
►**shove off** vi (NAUT) scostarsi.
shovel ['ʃʌvl] n pala ♦ vt spalare.
show [ʃəu] n (of emotion) dimostrazione f, manifestazione f; (semblance) apparenza; (exhibition) mostra, esposizione f; (THEAT, CINE) spettacolo; (COMM, TECH) salone m, fiera ♦ vb (pt ~ed, pp shown [ʃəun]) vt far vedere, mostrare; (courage etc) dimostrare, dar prova di; (exhibit) esporre ♦ vi vedersi, essere visibile; **to ~ sb to his seat/to the door** accompagnare qn al suo posto/alla porta; **to ~ a profit/ loss** (COMM) registrare un utile/una perdita; **it just goes to ~ that ...** il che sta a dimostrare che ...; **to ask for a ~ of hands** chiedere che si voti per alzata di mano; **to be on ~** essere esposto; **it's just for ~** è solo per far scena; **who's running the ~ here?** (col) chi è il padrone qui?
►**show in** vt far entrare.
►**show off** vi (pej) esibirsi, mettersi in mostra ♦ vt (display) mettere in risalto; (pej) mettere in mostra.
►**show out** vt accompagnare alla porta.
►**show up** vi (stand out) essere ben visibile; (col: turn up) farsi vedere ♦ vt mettere in risalto; (unmask) smascherare.
showbiz ['ʃəubɪz] n (col) = show business.
show business n industria dello spettacolo.
showcase ['ʃəukeɪs] n vetrina, bacheca.
showdown ['ʃəudaun] n prova di forza.
shower ['ʃauə*] n (also: ~ bath) doccia; (rain) acquazzone m; (of stones etc) pioggia; (US: party) festa (di fidanzamento etc) in cui si fanno regali alla persona festeggiata ♦ vi fare la doccia ♦ vt: **to ~ sb with** (gifts, abuse etc) coprire qn di; (missiles) lanciare contro qn una pioggia di; **to have or take a ~** fare la doccia.
shower cap n cuffia da doccia.
showerproof ['ʃauəpru:f] adj impermeabile.
showery ['ʃauərɪ] adj (weather) con piogge intermittenti.
showground ['ʃəugraund] n terreno d'esposizione.
showing ['ʃəuɪŋ] n (of film) proiezione f.
show jumping n concorso ippico (di salto ad ostacoli).

showman ['ʃəumən] n (at fair, circus) impresario; (fig) attore m.
showmanship ['ʃəumənʃɪp] n abilità d'impresario.
shown [ʃəun] pp of show.
show-off ['ʃəuɔf] n (col: person) esibizionista m/f.
showpiece ['ʃəupi:s] n (of exhibition) pezzo forte; **that hospital is a ~** è un ospedale modello.
showroom ['ʃəurum] n sala d'esposizione.
show trial n processo a scopo dimostrativo (spesso ideologico).
showy ['ʃəuɪ] adj vistoso(a), appariscente.
shrank [ʃræŋk] pt of shrink.
shrapnel ['ʃræpnl] n shrapnel m.
shred [ʃrɛd] n (gen pl) brandello; (fig: of truth, evidence) briciolo ♦ vt fare a brandelli; (CULIN) sminuzzare, tagliuzzare; (documents) distruggere, sminuzzare.
shredder ['ʃrɛdə*] n (for documents, papers) distruttore m di documenti, sminuzzatrice f.
shrew [ʃru:] n (ZOOL) toporagno; (fig: pej: woman) strega.
shrewd [ʃru:d] adj astuto(a), scaltro(a).
shrewdness ['ʃru:dnɪs] n astuzia.
shriek [ʃri:k] n strillo ♦ vt, vi strillare.
shrift [ʃrɪft] n: **to give sb short ~** sbrigare qn.
shrill [ʃrɪl] adj acuto(a), stridulo(a), stridente.
shrimp [ʃrɪmp] n gamberetto.
shrine [ʃraɪn] n reliquario; (place) santuario.
shrink [ʃrɪŋk] vb (pt shrank, pp shrunk [ʃræŋk, ʃrʌŋk]) vi restringersi; (fig) ridursi ♦ vt (wool) far restringere ♦ n (col: pej) psicanalista m/f; **to ~ from doing sth** rifuggire dal fare qc.
shrinkage ['ʃrɪŋkɪdʒ] n restringimento.
shrink-wrap ['ʃrɪŋkræp] vt confezionare con plastica sottile.
shrivel ['ʃrɪvl] (also: ~ up) vt raggrinzare, avvizzire ♦ vi raggrinzirsi, avvizzire.
shroud [ʃraud] n lenzuolo funebre ♦ vt: **~ed in mystery** avvolto(a) nel mistero.
Shrove Tuesday ['ʃrəuv-] n martedì m grasso.
shrub [ʃrʌb] n arbusto.
shrubbery ['ʃrʌbərɪ] n arbusti mpl.
shrug [ʃrʌg] n scrollata di spalle ♦ vt, vi: **to ~ (one's shoulders)** alzare le spalle, fare spallucce.
►**shrug off** vt passare sopra a; (cold, illness) sbarazzarsi di.
shrunk [ʃrʌŋk] pp of shrink.

shrunken [ˈʃrʌŋkən] adj rattrappito(a).
shudder [ˈʃʌdə*] n brivido ♦ vi rabbrividire.
shuffle [ˈʃʌfl] vt (cards) mescolare; **to ~ (one's feet)** strascicare i piedi.
shun [ʃʌn] vt sfuggire, evitare.
shunt [ʃʌnt] vt (RAIL: direct) smistare; (: divert) deviare ♦ vi: **to ~ (to and fro)** fare la spola.
shunting yard n fascio di smistamento.
shush [ʃuʃ] excl zitto(a)!
shut, pt, pp **shut** [ʃʌt] vt chiudere ♦ vi chiudersi, chiudere.
► **shut down** vt, vi chiudere definitivamente.
► **shut off** vt (stop: power) staccare; (: water) chiudere; (: engine) spegnere; (isolate) isolare.
► **shut out** vt (person, noise, cold) non far entrare; (block: view) impedire, bloccare; (: memory) scacciare.
► **shut up** vi (col: keep quiet) stare zitto(a) ♦ vt (close) chiudere; (silence) far tacere.
shutdown [ˈʃʌtdaun] n chiusura.
shutter [ˈʃʌtə*] n imposta; (PHOT) otturatore m.
shuttle [ˈʃʌtl] n spola, navetta; (also: ~ service) servizio m navetta inv ♦ vi (subj: vehicle, person) fare la spola ♦ vt (to and fro: passengers) portare (avanti e indietro).
shuttlecock [ˈʃʌtlkɔk] n volano.
shuttle diplomacy n frequenti mediazioni fpl diplomatiche.
shy [ʃaɪ] adj timido(a) ♦ vi: **to ~ away from doing sth** (fig) rifuggire dal fare qc; **to fight ~ of** tenersi alla larga da; **to be ~ of doing sth** essere restio a fare qc.
shyness [ˈʃaɪnɪs] n timidezza.
Siam [saɪˈæm] n Siam m.
Siamese [saɪəˈmiːz] adj: **~ cat** gatto siamese; **~ twins** fratelli mpl (or sorelle fpl) siamesi.
Siberia [saɪˈbɪərɪə] n Siberia.
sibling [ˈsɪblɪŋ] n (formal) fratello/sorella.
Sicilian [sɪˈsɪlɪən] adj, n siciliano(a).
Sicily [ˈsɪsɪlɪ] n Sicilia.
sick [sɪk] adj (ill) malato(a); (vomiting): **to be ~** vomitare; (humour) macabro(a); **to feel ~** avere la nausea; **to be ~ of** (fig) averne abbastanza di; **a ~ person** un malato; **to be (off) ~** essere assente perché malato; **to fall** or **take ~** ammalarsi.
sickbag [ˈsɪkbæg] n sacchetto (da usarsi in caso di malessere).
sick bay n infermeria.
sick building syndrome n malattia causata da mancanza di ventilazione e luce naturale.
sicken [ˈsɪkn] vt nauseare ♦ vi: **to be ~ing for sth** (cold, flu etc) covare qc.
sickening [ˈsɪknɪŋ] adj (fig) disgustoso(a), rivoltante.
sickle [ˈsɪkl] n falcetto.
sick leave n congedo per malattia.
sickle-cell anaemia [ˈsɪklsɛl-] n anemia drepanocitica.
sickly [ˈsɪklɪ] adj malaticcio(a); (causing nausea) nauseante.
sickness [ˈsɪknɪs] n malattia; (vomiting) vomito.
sickness benefit n indennità di malattia.
sick pay n sussidio per malattia.
sickroom [ˈsɪkruːm] n stanza di malato.
side [saɪd] n (gen) lato; (of person, animal) fianco; (of lake) riva; (face, surface: gen) faccia; (: of paper) facciata; (fig: aspect) aspetto, lato; (team: SPORT) squadra; (: POL etc) parte f ♦ cpd (door, entrance) laterale ♦ vi: **to ~ with sb** parteggiare per qn, prendere le parti di qn; **by the ~ of** a fianco di; (road) sul ciglio di; **~ by ~** fianco a fianco; **to take ~s (with)** schierarsi (con); **the right/wrong ~** il dritto/rovescio; **from ~ to ~** da una parte all'altra; **~ of beef** quarto di bue.
sideboard [ˈsaɪdbɔːd] n credenza.
sideboards [ˈsaɪdbɔːdz] (BRIT), **sideburns** [ˈsaɪdbəːnz] npl (whiskers) basette fpl.
sidecar [ˈsaɪdkɑː*] n sidecar m inv.
side dish n contorno.
side drum n (MUS) piccolo tamburo.
side effect n (MED) effetto collaterale.
sidekick [ˈsaɪdkɪk] n (col) compagno/a.
sidelight [ˈsaɪdlaɪt] n (AUT) luce f di posizione.
sideline [ˈsaɪdlaɪn] n (SPORT) linea laterale; (fig) attività secondaria.
sidelong [ˈsaɪdlɔŋ] adj obliquo(a); **to give a ~ glance at sth** guardare qc con la coda dell'occhio.
side plate n piattino.
side road n strada secondaria.
sidesaddle [ˈsaɪdsædl] adv all'amazzone.
side show n attrazione f.
sidestep [ˈsaɪdstɛp] vt (question) eludere; (problem) scavalcare ♦ vi (BOXING etc) spostarsi di lato.
side street n traversa.
sidetrack [ˈsaɪdtræk] vt (fig) distrarre.
sidewalk [ˈsaɪdwɔːk] n (US) marciapiede m.
sideways [ˈsaɪdweɪz] adv (move) di lato, di fianco; (look) con la coda dell'occhio.
siding [ˈsaɪdɪŋ] n (RAIL) binario di raccordo.
sidle [ˈsaɪdl] vi: **to ~ up (to)** avvicinarsi furtivamente (a).

SIDS *n* (= *sudden infant death syndrome*) *see* cot death.

siege [siːdʒ] *n* assedio; **to lay ~ to** porre l'assedio a.

siege economy *n* economia da stato d'assedio.

Sierra Leone [sɪˈɛrəlɪˈəun] *n* Sierra Leone *f*.

sieve [sɪv] *n* setaccio ♦ *vt* setacciare.

sift [sɪft] *vt* passare al crivello; (*fig*) vagliare ♦ *vi*: **to ~ through** esaminare minuziosamente.

sigh [saɪ] *n* sospiro ♦ *vi* sospirare.

sight [saɪt] *n* (*faculty*) vista; (*spectacle*) spettacolo; (*on gun*) mira ♦ *vt* avvistare; **in ~** in vista; **out of ~** non visibile; **at first ~** a prima vista; **to catch ~ of sth/sb** scorgere qc/qn; **to lose ~ of sb/sth** perdere di vista qn/qc; **to set one's ~s on sth/on doing sth** mirare a qc/a fare qc; **at ~** a vista; **I know her by ~** la conosco di vista.

sighted [ˈsaɪtɪd] *adj* che ha il dono della vista; **partially ~** parzialmente cieco.

sightseeing [ˈsaɪtsiːɪŋ] *n* turismo; **to go ~** visitare una località.

sightseer [ˈsaɪtsiːə*] *n* turista *m/f*.

sign [saɪn] *n* segno; (*with hand etc*) segno, gesto; (*notice*) insegna, cartello; (*road ~*) segnale *m* ♦ *vt* firmare; **as a ~ of** in segno di; **it's a good/bad ~** è buon/brutto segno; **to show ~s/no ~ of doing sth** accennare/non accennare a fare qc; **plus/minus ~** segno del più/meno; **to ~ one's name** firmare, apporre la propria firma.

▶**sign away** *vt* (*rights etc*) cedere (con una firma).

▶**sign in** *vi* firmare il registro (all'arrivo).

▶**sign off** *vi* (*RADIO, TV*) chiudere le trasmissioni.

▶**sign on** *vi* (*MIL etc: enlist*) arruolarsi; (*as unemployed*) iscriversi sulla lista (dell'ufficio di collocamento); (*begin work*) prendere servizio; (*enrol*): **to ~ on for a course** iscriversi a un corso.

▶**sign out** *vi* firmare il registro (alla partenza).

▶**sign over** *vt*: **to ~ sth over to sb** cedere qc con scrittura legale a qn.

▶**sign up** (*MIL*) *vt* arruolare ♦ *vi* arruolarsi.

signal [ˈsɪgnl] *n* segnale *m* ♦ *vt* (*person*) fare segno a; (*message*) comunicare per mezzo di segnali ♦ *vi*: **to ~ to sb (to do sth)** far segno a qn (di fare qc); **to ~ a left/right turn** (*AUT*) segnalare un cambiamento di direzione a sinistra/destra.

signal box *n* (*RAIL*) cabina di manovra.

signalman [ˈsɪgnlmən] *n* (*RAIL*) deviatore *m*.

signatory [ˈsɪgnətərɪ] *n* firmatario/a.

signature [ˈsɪgnətʃə*] *n* firma.

signature tune *n* sigla musicale.

signet ring [ˈsɪgnət-] *n* anello con sigillo.

significance [sɪgˈnɪfɪkəns] *n* (*of remark*) significato; (*of event*) importanza; **that is of no ~** ciò non ha importanza.

significant [sɪgˈnɪfɪkənt] *adj* (*improvement, amount*) notevole; (*discovery, event*) importante; (*evidence, smile*) significativo(a); **it is ~ that ...** è significativo che ....

significantly [sɪgˈnɪfɪkəntlɪ] *adv* (*smile*) in modo eloquente; (*improve, increase*) considerevolmente, decisamente.

signify [ˈsɪgnɪfaɪ] *vt* significare.

sign language *n* linguaggio dei muti.

signpost [ˈsaɪnpəust] *n* cartello indicatore.

silage [ˈsaɪlɪdʒ] *n* insilato.

silence [ˈsaɪlns] *n* silenzio ♦ *vt* far tacere, ridurre al silenzio.

silencer [ˈsaɪlənsə*] *n* (*on gun, BRIT AUT*) silenziatore *m*.

silent [ˈsaɪlnt] *adj* silenzioso(a); (*film*) muto(a); **to keep** *or* **remain ~** tacere, stare zitto(a).

silently [ˈsaɪlntlɪ] *adv* silenziosamente, in silenzio.

silent partner *n* (*COMM*) socio accomandante.

silhouette [sɪluːˈɛt] *n* silhouette *f inv* ♦ *vt*: **to be ~d against** stagliarsi contro.

silicon [ˈsɪlɪkən] *n* silicio.

silicon chip *n* chip *m inv* al silicone.

silicone [ˈsɪlɪkəun] *n* silicone *m*.

silk [sɪlk] *n* seta ♦ *cpd* di seta.

silky [ˈsɪlkɪ] *adj* di seta, come la seta.

sill [sɪl] *n* (*window~*) davanzale *m*; (*AUT*) predellino.

silly [ˈsɪlɪ] *adj* stupido(a), sciocco(a); **to do something ~** fare una sciocchezza.

silo [ˈsaɪləu] *n* silo.

silt [sɪlt] *n* limo.

silver [ˈsɪlvə*] *n* argento; (*money*) *monete da 5, 10, 20 o 50 pence*; (*also:* **~ware**) argenteria ♦ *cpd* d'argento.

silver foil, (*BRIT*) **silver paper** *n* carta argentata, (*carta*) stagnola.

silver-plated [sɪlvəˈpleɪtɪd] *adj* argentato(a).

silversmith [ˈsɪlvəsmɪθ] *n* argentiere *m*.

silverware [ˈsɪlvəwɛə*] *n* argenteria, argento.

silvery [ˈsɪlvərɪ] *adj* (*colour*) argenteo(a); (*sound*) argentino(a).

similar [ˈsɪmɪlə*] *adj*: **~ (to)** simile (a).

similarity [sɪmɪˈlærɪtɪ] *n* somiglianza,

rassomiglianza.

similarly ['sɪmɪləlɪ] *adv* (*in a similar way*) allo stesso modo; (*as is similar*) così pure.

simile ['sɪmɪlɪ] *n* similitudine *f*.

simmer ['sɪmə*] *vi* cuocere a fuoco lento.

▶**simmer down** *vi* (*fig col*) calmarsi.

simper ['sɪmpə*] *vi* fare lo(la) smorfioso(a).

simpering ['sɪmpərɪŋ] *adj* lezioso(a), smorfioso(a).

simple ['sɪmpl] *adj* semplice; **the ~ truth** la pura verità.

simple interest *n* (*MATH, COMM*) interesse *m* semplice.

simple-minded [sɪmpl'maɪndɪd] *adj* sempliciotto(a).

simpleton ['sɪmpltən] *n* semplicione/a, sempliciotto/a.

simplicity [sɪm'plɪsɪtɪ] *n* semplicità.

simplification [sɪmplɪfɪ'keɪʃən] *n* semplificazione *f*.

simplify ['sɪmplɪfaɪ] *vt* semplificare.

simply ['sɪmplɪ] *adv* semplicemente.

simulate ['sɪmjuleɪt] *vt* fingere, simulare.

simulation [sɪmju'leɪʃən] *n* simulazione *f*.

simultaneous [sɪməl'teɪnɪəs] *adj* simultaneo(a).

simultaneously [sɪməl'teɪnɪəslɪ] *adv* simultaneamente, contemporaneamente.

sin [sɪn] *n* peccato ♦ *vi* peccare.

Sinai ['saɪnaɪ] *n* Sinai *m*.

since [sɪns] *adv* da allora ♦ *prep* da ♦ *conj* (*time*) da quando; (*because*) poiché, dato che; **~ then** da allora; **~ Monday** da lunedì; **(ever) ~ I arrived** (fin) da quando sono arrivato.

sincere [sɪn'sɪə*] *adj* sincero(a).

sincerely [sɪn'sɪəlɪ] *adv* sinceramente; **Yours ~** (*at end of letter*) distinti saluti.

sincerity [sɪn'sɛrɪtɪ] *n* sincerità.

sine [saɪn] *n* (*MATH*) seno.

sinew ['sɪnjuː] *n* tendine *m*; **~s** *npl* (*muscles*) muscoli *mpl*.

sinful ['sɪnful] *adj* peccaminoso(a).

sing, *pt* **sang,** *pp* **sung** [sɪŋ, sæŋ, sʌŋ] *vt, vi* cantare.

Singapore [sɪŋgə'pɔː*] *n* Singapore *f*.

singe [sɪndʒ] *vt* bruciacchiare.

singer ['sɪŋə*] *n* cantante *m/f*.

Singhalese [sɪŋə'liːz] *adj* = **Sinhalese**.

singing ['sɪŋɪŋ] *n* (*of person, bird*) canto; (*of kettle, bullet, in ears*) fischio.

single ['sɪŋgl] *adj* solo(a), unico(a); (*unmarried: man*) celibe; (: *woman*) nubile; (*not double*) semplice ♦ *n* (*BRIT: also:* **~ ticket**) biglietto di (sola) andata; (*record*) 45 giri *m inv*; **not a ~ one was left** non ne è rimasto nemmeno uno; **every ~ day** tutti i santi giorni; *see also* **singles**.

▶**single out** *vt* scegliere; (*distinguish*) distinguere.

single bed *n* letto a una piazza.

single-breasted ['sɪŋglbrɛstɪd] *adj* a un petto.

Single European Market *n*: **the ~** il Mercato Unico.

single file *n*: **in ~** in fila indiana.

single-handed [sɪŋgl'hændɪd] *adv* senza aiuto, da solo(a).

single-minded [sɪŋgl'maɪndɪd] *adj* tenace, risoluto(a).

single parent *n* ragazzo padre/ragazza madre; genitore *m* separato.

single room *n* camera singola.

singles ['sɪŋglz] *npl* (*TENNIS*) singolo; (*US: single people*) single *m/fpl*.

singles bar *n* (*esp US*) bar *m inv* per single.

single-sex school ['sɪŋgl'sɛks-] *n* (*for boys*) scuola maschile; (*for girls*) scuola femminile.

singlet ['sɪŋglɪt] *n* canottiera.

singly ['sɪŋglɪ] *adv* separatamente.

singsong ['sɪŋsɔŋ] *adj* (*tone*) cantilenante ♦ *n* (*songs*): **to have a ~** farsi una cantata.

singular ['sɪŋgjulə*] *adj* (*LING*) singolare; (*unusual*) strano(a), singolare ♦ *n* (*LING*) singolare *m*; **in the feminine ~** al femminile singolare.

singularly ['sɪŋgjuləlɪ] *adv* stranamente.

Sinhalese [sɪnhə'liːz] *adj* singalese.

sinister ['sɪnɪstə*] *adj* sinistro(a).

sink [sɪŋk] *n* lavandino, acquaio ♦ *vb* (*pt* **sank,** *pp* **sunk** [sæŋk, sʌŋk]) *vt* (*ship*) (fare) affondare, colare a picco; (*foundations*) scavare; (*piles etc*): **to ~ sth into** conficcare qc in ♦ *vi* affondare, andare a fondo; (*ground etc*) cedere, avvallarsi; **he sank into a chair/the mud** sprofondò in una poltrona/nel fango.

▶**sink in** *vi* penetrare; **it took a long time to ~ in** ci ho (*or* ha *etc*) messo molto a capirlo.

sinking ['sɪŋkɪŋ] *adj*: **that ~ feeling** una stretta allo stomaco.

sinking fund *n* (*COMM*) fondo d'ammortamento.

sink unit *n* blocco lavello.

sinner ['sɪnə*] *n* peccatore/trice.

Sinn Féin [ʃɪn'feɪn] *n* movimento separatista irlandese.

sinuous ['sɪnjuəs] *adj* sinuoso(a).

sinus ['saɪnəs] *n* (*ANAT*) seno.

sip [sɪp] *n* sorso ♦ *vt* sorseggiare.

siphon ['saɪfən] *n* sifone *m* ♦ *vt* (*funds*) trasferire.

▶**siphon off** *vt* travasare (con un sifone).

sir [sə*] *n* signore *m*; **S~ John Smith** Sir

John Smith; **yes** ~ sì, signore; **Dear S**~ (*in letter*) Egregio signor (*followed by name*); **Dear S**~**s** Spettabile ditta.
siren ['saɪərn] *n* sirena.
sirloin ['səːlɔɪn] *n* controfiletto.
sirloin steak *n* bistecca di controfiletto.
sirocco [sɪ'rɔkəu] *n* scirocco.
sisal ['saɪsəl] *n* sisal *f inv.*
sissy ['sɪsɪ] *n* (*col*) femminuccia.
sister ['sɪstə*] *n* sorella; (*nun*) suora; (*nurse*) infermiera *f* caposala *inv* ♦ *cpd*: ~ **organization** organizzazione *f* affine; ~ **ship** nave *f* gemella.
sister-in-law ['sɪstərɪnlɔ:] *n* cognata.
sit, *pt, pp* **sat** [sɪt, sæt] *vi* sedere, sedersi; (*dress etc*) cadere; (*assembly*) essere in seduta ♦ *vt* (*exam*) sostenere, dare; **to** ~ **on a committee** far parte di una commissione.
▶**sit about, sit around** *vi* star seduto(a) (senza far nulla).
▶**sit back** *vi* (*in seat*) appoggiarsi allo schienale.
▶**sit down** *vi* sedersi; **to be** ~**ting down** essere seduto(a).
▶**sit in** *vi*: **to** ~ **in on a discussion** assistere ad una discussione.
▶**sit up** *vi* tirarsi su a sedere; (*not go to bed*) stare alzato(a) fino a tardi.
sitcom ['sɪtkɔm] *n abbr* (*TV*: = *situation comedy*) sceneggiato a episodi (*comico*).
sit-down ['sɪtdaun] *adj*: ~ **strike** sciopero bianco (con occupazione della fabbrica); **a** ~ **meal** un pranzo.
site [saɪt] *n* posto; (*also*: **building** ~) cantiere *m* ♦ *vt* situare.
sit-in ['sɪtɪn] *n* (*demonstration*) sit-in *m inv.*
siting ['saɪtɪŋ] *n* ubicazione *f.*
sitter ['sɪtə*] *n* (*for painter*) modello/a; (*also*: **baby** ~) babysitter *m/f inv.*
sitting ['sɪtɪŋ] *n* (*of assembly etc*) seduta; (*in canteen*) turno.
sitting member *n* (*POL*) deputato/a in carica.
sitting room *n* soggiorno.
sitting tenant *n* (*BRIT*) attuale affittuario.
situate ['sɪtjueɪt] *vt* collocare.
situated ['sɪtjueɪtɪd] *adj* situato(a).
situation [sɪtju'eɪʃən] *n* situazione *f*; "~**s vacant/wanted**" (*BRIT*) "offerte/domande di impiego".
situation comedy *n* (*THEAT*) commedia di situazione.
six [sɪks] *num* sei.
six-pack ['sɪkspæk] *n* (*esp US*) confezione *f* da sei.
sixteen [sɪks'tiːn] *num* sedici.
sixth [sɪksθ] *num* sesto(a) ♦ *n*: **the upper/**

lower ~ (*BRIT SCOL*) l'ultimo/il penultimo anno di scuola superiore.
sixty ['sɪkstɪ] *num* sessanta.
size [saɪz] *n* dimensioni *fpl*; (*of clothing*) taglia, misura; (*of shoes*) numero; (*glue*) colla; **I take** ~ **14 in a dress** ≈ porto la 44 di vestiti; **I'd like the small/large** ~ (*of soap powder etc*) vorrei la confezione piccola/grande.
▶**size up** *vt* giudicare, farsi un'idea di.
sizeable ['saɪzəbl] *adj* considerevole.
sizzle ['sɪzl] *vi* sfrigolare.
SK *abbr* (*Canada*) = *Saskatchewan.*
skate [skeɪt] *n* pattino; (*fish*: *pl inv*) razza ♦ *vi* pattinare.
▶**skate over, skate around** *vi* (*problem, issue*) prendere alla leggera, prendere sottogamba.
skateboard ['skeɪtbɔːd] *n* skateboard *m inv.*
skater ['skeɪtə*] *n* pattinatore/trice.
skating ['skeɪtɪŋ] *n* pattinaggio.
skating rink *n* pista di pattinaggio.
skeleton ['skɛlɪtn] *n* scheletro.
skeleton key *n* passe-partout *m inv.*
skeleton staff *n* personale *m* ridotto.
skeptic *etc* ['skɛptɪk] (*US*) = **sceptic** *etc.*
sketch [skɛtʃ] *n* (*drawing*) schizzo, abbozzo; (*THEAT etc*) scenetta comica, sketch *m inv* ♦ *vt* abbozzare, schizzare.
sketch book *n* album *m inv* per schizzi.
sketch pad *n* blocco per schizzi.
sketchy ['skɛtʃɪ] *adj* incompleto(a), lacunoso(a).
skew [skjuː] *n* (*BRIT*): **on the** ~ di traverso.
skewer ['skjuːə*] *n* spiedo.
ski [skiː] *n* sci *m inv* ♦ *vi* sciare.
ski boot *n* scarpone *m* da sci.
skid [skɪd] *n* slittamento; (*sideways slip*) sbandamento ♦ *vi* slittare; sbandare; **to go into a** ~ slittare; sbandare.
skid mark *n* segno della frenata.
skier ['skiːə*] *n* sciatore/trice.
skiing ['skiːɪŋ] *n* sci *m.*
ski instructor *n* maestro/a di sci.
ski jump *n* (*ramp*) trampolino; (*event*) salto con gli sci.
skilful, (*US*) **skillful** ['skɪlful] *adj* abile.
ski lift *n* sciovia.
skill [skɪl] *n* abilità *f inv*, capacità *f inv*; (*technique*) tecnica.
skilled [skɪld] *adj* esperto(a); (*worker*) qualificato(a), specializzato(a).
skillet ['skɪlɪt] *n* padella.
skillful *etc* ['skɪlful] (*US*) = **skilful** *etc.*
skil(l)fully ['skɪlfəlɪ] *adv* abilmente.
skim [skɪm] *vt* (*milk*) scremare; (*soup*) schiumare; (*glide over*) sfiorare ♦ *vi*: **to** ~ **through** (*fig*) scorrere, dare una scorsa a.

skimmed milk n latte m scremato.
skimp [skɪmp] vi: **to ~ on**, vt (work) fare alla carlona; (cloth etc) lesinare.
skimpy ['skɪmpɪ] adj misero(a); striminzito(a); frugale.
skin [skɪn] n pelle f; (of fruit, vegetable) buccia; (on pudding, paint) crosta ♦ vt (fruit etc) sbucciare; (animal) scuoiare, spellare; **wet** or **soaked to the ~** bagnato fino al midollo.
skin cancer n cancro alla pelle.
skin-deep [skɪn'diːp] adj superficiale.
skin diver n subacqueo.
skin diving n nuoto subacqueo.
skinflint ['skɪnflɪnt] n taccagno/a, tirchio/a.
skin graft n innesto epidermico.
skinhead ['skɪnhɛd] n skinhead m/f inv.
skinny ['skɪnɪ] adj molto magro(a), pelle e ossa inv.
skin test n prova di reazione cutanea.
skintight ['skɪntaɪt] adj aderente.
skip [skɪp] n saltello, balzo; (container) benna ♦ vi saltare; (with rope) saltare la corda ♦ vt (pass over) saltare; **to ~ school** (US) marinare la scuola.
ski pants npl pantaloni mpl da sci.
ski pole n racchetta (da sci).
skipper ['skɪpə*] n (NAUT, SPORT) capitano.
skipping rope ['skɪpɪŋ-] n (BRIT) corda per saltare.
ski resort n località f inv sciistica.
skirmish ['skɜːmɪʃ] n scaramuccia.
skirt [skɜːt] n gonna, sottana ♦ vt fiancheggiare, costeggiare.
skirting board ['skɜːtɪŋ-] n (BRIT) zoccolo.
ski run n pista (da sci).
ski suit n tuta da sci.
skit [skɪt] n parodia; scenetta satirica.
ski tow n = **ski lift**.
skittle ['skɪtl] n birillo; **~s** n (game) (gioco dei) birilli mpl.
skive [skaɪv] vi (BRIT col) fare il lavativo.
skulk [skʌlk] vi muoversi furtivamente.
skull [skʌl] n cranio, teschio.
skullcap ['skʌlkæp] n (worn by Jews) zucchetto; (worn by Pope) papalina.
skunk [skʌŋk] n moffetta.
sky [skaɪ] n cielo; **to praise sb to the skies** portare alle stelle qn.
sky-blue [skaɪ'bluː] adj azzurro(a), celeste.
sky-diving ['skaɪdaɪvɪŋ] n caduta libera, paracadutismo acrobatico.
sky-high [skaɪ'haɪ] adv (throw) molto in alto ♦ adj (col) esorbitante; **prices have gone ~** (col) i prezzi sono saliti alle stelle.
skylark ['skaɪlɑːk] n allodola.
skylight ['skaɪlaɪt] n lucernario.
skyline ['skaɪlaɪn] n (horizon) orizzonte m;

(of city) profilo.
skyscraper ['skaɪskreɪpə*] n grattacielo.
slab [slæb] n lastra; (of wood) tavola; (of meat, cheese) pezzo.
slack [slæk] adj (loose) allentato(a); (slow) lento(a); (careless) negligente; (COMM: market) stagnante; (: demand) scarso(a); (period) morto(a) ♦ n (in rope etc) parte f non tesa; **business is ~** l'attività commerciale è scarsa; see also **slacks**.
slacken ['slækn] (also: **~ off**) vi rallentare, diminuire ♦ vt allentare; (pressure) diminuire.
slacks [slæks] npl pantaloni mpl.
slag [slæg] n scorie fpl.
slag heap n ammasso di scorie.
slain [sleɪn] pp of **slay**.
slake [sleɪk] vt (one's thirst) spegnere.
slalom ['slɑːləm] n slalom m.
slam [slæm] vt (door) sbattere; (throw) scaraventare; (criticize) stroncare ♦ vi sbattere.
slammer ['slæmə*] n: **the ~** (col) la gattabuia.
slander ['slɑːndə*] n calunnia; (LAW) diffamazione f ♦ vt calunniare; diffamare.
slanderous ['slɑːndrəs] adj calunnioso(a); diffamatorio(a).
slang [slæŋ] n gergo, slang m.
slanging match ['slæŋɪŋ-] n (BRIT col) rissa verbale.
slant [slɑːnt] n pendenza, inclinazione f; (fig) angolazione f, punto di vista.
slanted ['slɑːntɪd] adj tendenzioso(a).
slanting ['slɑːntɪŋ] adj in pendenza, inclinato(a).
slap [slæp] n manata, pacca; (on face) schiaffo ♦ vt dare una manata a; schiaffeggiare ♦ adv (directly) in pieno; **it fell ~ in the middle** cadde proprio nel mezzo.
slapdash ['slæpdæʃ] adj abborracciato(a).
slaphead ['slæphɛd] n (BRIT col) imbecille m/f.
slapstick ['slæpstɪk] n (comedy) farsa grossolana.
slap-up ['slæpʌp] adj (BRIT): **a ~ meal** un pranzo (or una cena) coi fiocchi.
slash [slæʃ] vt squarciare; (face) sfregiare; (fig: prices) ridurre drasticamente, tagliare.
slat [slæt] n (of wood) stecca.
slate [sleɪt] n ardesia ♦ vt (fig: criticize) stroncare, distruggere.
slaughter ['slɔːtə*] n (of animals) macellazione f; (of people) strage f, massacro ♦ vt macellare; trucidare, massacrare.

slaughterhouse ['slɔ:təhaus] n macello, mattatoio.

Slav [slɑ:v] adj, n slavo(a).

slave [sleɪv] n schiavo/a ♦ vi (also: ~ **away**) lavorare come uno schiavo; **to ~ (away) at sth/at doing sth** ammazzarsi di fatica or sgobbare per qc/per fare qc.

slave driver n (col, pej) schiavista m/f.

slave labour n lavoro degli schiavi; (fig): **we're just ~ here** siamo solamente sfruttati qui dentro.

slaver ['slævə*] vi (dribble) sbavare.

slavery ['sleɪvərɪ] n schiavitù f.

Slavic ['slævɪk] adj slavo(a).

slavish ['sleɪvɪʃ] adj servile; pedissequo(a).

slavishly ['sleɪvɪʃlɪ] adv (copy) pedissequamente.

Slavonic [slə'vɔnɪk] adj slavo(a).

slay, pt **slew**, pp **slain** [sleɪ, slu:, sleɪn] vt (formal) uccidere.

SLD n abbr (BRIT) = Social and Liberal Democrats.

sleazy ['sli:zɪ] adj trasandato(a).

sledge [slɛdʒ] n slitta.

sledgehammer ['slɛdʒhæmə*] n martello da fabbro.

sleek [sli:k] adj (hair, fur) lucido(a), lucente; (car, boat) slanciato(a), affusolato(a).

sleep [sli:p] n sonno ♦ vi (pt, pp **slept** [slɛpt]) dormire ♦ vt: **we can ~ 4** abbiamo 4 posti letto, possiamo alloggiare 4 persone; **to have a good night's ~** farsi una bella dormita; **to go to ~** addormentarsi; **to ~ lightly** avere il sonno leggero; **to put to ~** (patient) far addormentare; (animal: euphemistic: kill) abbattere; **to ~ with sb** (euphemistic: have sex) andare a letto con qn.

▶**sleep in** vi (lie late) alzarsi tardi; (oversleep) dormire fino a tardi.

sleeper ['sli:pə*] n (person) dormiente m/f; (BRIT RAIL: on track) traversina; (: train) treno di vagoni letto.

sleepily ['sli:pɪlɪ] adv con aria assonnata.

sleeping ['sli:pɪŋ] adj addormentato(a).

sleeping bag n sacco a pelo.

sleeping car n vagone m letto inv, carrozza f letto inv.

sleeping partner n (BRIT COMM) = **silent partner**.

sleeping pill n sonnifero.

sleeping sickness n malattia del sonno.

sleepless ['sli:plɪs] adj (person) insonne; **a ~ night** una notte in bianco.

sleeplessness ['sli:plɪsnɪs] n insonnia.

sleepwalk ['sli:pwɔ:k] vi camminare nel sonno; (as a habit) essere sonnambulo(a).

sleepwalker ['sli:pwɔ:kə*] n sonnambulo/a.

sleepy ['sli:pɪ] adj assonnato(a), sonnolento(a); (fig) addormentato(a); **to be or feel ~** avere sonno.

sleet [sli:t] n nevischio.

sleeve [sli:v] n manica; (of record) copertina.

sleeveless ['sli:vlɪs] adj (garment) senza maniche.

sleigh [sleɪ] n slitta.

sleight [slaɪt] n: ~ **of hand** gioco di destrezza.

slender ['slɛndə*] adj snello(a), sottile; (not enough) scarso(a), esiguo(a).

slept [slɛpt] pt, pp of **sleep**.

sleuth [slu:θ] n (col) segugio.

slew [slu:] vi (also: ~ **round**) girare ♦ pt of **slay**.

slice [slaɪs] n fetta ♦ vt affettare, tagliare a fette; **~d bread** pane m a cassetta.

slick [slɪk] adj (clever) brillante; (insincere) untuoso(a), falso(a) ♦ n (also: oil ~) chiazza di petrolio.

slid [slɪd] pt, pp of **slide**.

slide [slaɪd] n (in playground) scivolo; (PHOT) diapositiva; (microscope ~) vetrino; (BRIT: also: hair ~) fermaglio (per capelli); (in prices) caduta ♦ vt (pt, pp **slid** [slɪd]) vt far scivolare ♦ vi scivolare; **to let things ~** (fig) lasciare andare tutto, trascurare tutto.

slide projector n proiettore m per diapositive.

slide rule n regolo calcolatore.

sliding ['slaɪdɪŋ] adj (door) scorrevole; ~ **roof** (AUT) capotte f inv.

sliding scale n scala mobile.

slight [slaɪt] adj (slim) snello(a), sottile; (frail) delicato(a), fragile; (trivial) insignificante; (small) piccolo(a) ♦ n offesa, affronto ♦ vt (offend) offendere, fare un affronto a; **the ~est** il minimo (or la minima); **not in the ~est** affatto, neppure per sogno.

slightly ['slaɪtlɪ] adv lievemente, un po'; ~ **built** esile.

slim [slɪm] adj magro(a), snello(a) ♦ vi dimagrire, fare (or seguire) una dieta dimagrante.

slime [slaɪm] n limo, melma; viscidume m.

slimming ['slɪmɪŋ] adj (diet, pills) dimagrante.

slimy ['slaɪmɪ] adj (also fig: person) viscido(a); (covered with mud) melmoso(a).

sling [slɪŋ] n (MED) benda al collo ♦ vt (pt, pp **slung** [slʌŋ]) lanciare, tirare; **to have one's arm in a ~** avere un braccio al collo.

slink, *pt, pp* **slunk** [slɪŋk, slʌŋk] *vi*: **to ~ away,
~ off** svignarsela.

slinky ['slɪŋkɪ] *adj* (*clothing*) aderente,
attillato(a).

slip [slɪp] *n* scivolata, scivolone *m*; (*mistake*)
errore *m*, sbaglio; (*underskirt*) sottoveste *f*;
(*paper*) bigliettino, talloncino ♦ *vt* (*slide*)
far scivolare ♦ *vi* (*slide*) scivolare; (*move
smoothly*): **to ~ into/out of** scivolare in/
via da; (*decline*) declinare; **to give sb the
~** sfuggire qn; **a ~ of paper** un foglietto;
a ~ of the tongue un lapsus linguae; **to ~
sth on/off** infilarsi/togliersi qc; **to let a
chance ~ by** lasciarsi scappare
un'occasione; **it ~ped from her hand** le
sfuggì di mano.

▶**slip away** *vi* svignarsela.

▶**slip in** *vt* introdurre casualmente.

▶**slip out** *vi* uscire furtivamente.

slip-on ['slɪpɔn] *adj* (*gen*) comodo(a) da
mettere; (*shoes*) senza allacciatura.

slipped disc ['slɪpt-] *n* spostamento delle
vertebre.

slipper ['slɪpə*] *n* pantofola.

slippery ['slɪpərɪ] *adj* scivoloso(a); **it's ~** si
scivola.

slip road *n* (*BRIT*: *to motorway*) rampa di
accesso.

slipshod ['slɪpʃɔd] *adj* sciatto(a),
trasandato(a).

slip-up ['slɪpʌp] *n* granchio (*fig*).

slipway ['slɪpweɪ] *n* scalo di costruzione.

slit [slɪt] *n* fessura, fenditura; (*cut*) taglio;
(*tear*) strappo ♦ *vt* (*pt, pp* **slit**) tagliare; **to ~
sb's throat** tagliare la gola a qn.

slither ['slɪðə*] *vi* scivolare, sdrucciolare.

sliver ['slɪvə*] *n* (*of glass, wood*) scheggia;
(*of cheese, sausage*) fettina.

slob [slɔb] *n* (*col*) sciattone/a.

slog [slɔg] (*BRIT*) *n* faticata ♦ *vi* lavorare con
accanimento, sgobbare.

slogan ['sləugən] *n* motto, slogan *m inv*.

slop [slɔp] *vi* (*also*: ~ **over**) traboccare;
versarsi ♦ *vt* spandere; versare ♦ *npl*: ~**s**
acqua sporca; sbobba.

slope [sləup] *n* pendio; (*side of mountain*)
versante *m*; (*of roof*) pendenza; (*of floor*)
inclinazione *f* ♦ *vi*: **to ~ down** declinare;
to ~ up essere in salita.

sloping ['sləupɪŋ] *adj* inclinato(a).

sloppy ['slɔpɪ] *adj* (*work*) tirato(a) via;
(*appearance*) sciatto(a); (*film etc*)
sdolcinato(a).

slosh [slɔʃ] *vi* (*col*): **to ~ about** *or* **around**
(*person*) sguazzare; (*liquid*) guazzare.

sloshed [slɔʃt] *adj* (*col*: *drunk*) sbronzo(a).

slot [slɔt] *n* fessura; (*fig*: *in timetable*, *RADIO*,
TV) spazio ♦ *vt*: **to ~ into** introdurre in

una fessura.

sloth [sləuθ] *n* (*vice*) pigrizia, accidia;
(*ZOOL*) bradipo.

slot machine *n* (*BRIT*: *vending machine*)
distributore *m* automatico; (*for
amusement*) slot-machine *f inv*.

slot meter *n* contatore *m* a gettoni.

slouch [slautʃ] *vi* (*when walking*)
camminare dinoccolato(a); **she was ~ed
in a chair** era sprofondata in una
poltrona.

▶**slouch about, slouch around** *vi* (*laze*)
oziare.

Slovak ['sləuvæk] *adj* slovacco(a) ♦ *n*
slovacco/a; (*LING*) slovacco; **the ~
Republic** la Repubblica Slovacca.

Slovakia [sləu'vækɪə] *n* Slovacchia.

Slovakian [sləu'vækɪən] *adj, n* = **Slovak**.

Slovene ['sləuviːn] *adj* sloveno(a) ♦ *n*
sloveno/a; (*LING*) sloveno.

Slovenia [sləu'viːnɪə] *n* Slovenia.

Slovenian [sləu'viːnɪən] *adj, n* = **Slovene**.

slovenly ['slʌvənlɪ] *adj* sciatto(a),
trasandato(a).

slow [sləu] *adj* lento(a); (*watch*): **to be ~**
essere indietro ♦ *adv* lentamente ♦ *vt, vi*
(*also*: ~ **down,** ~ **up**) rallentare; "~"
(*road sign*) "rallentare"; **at a ~ speed** a
bassa velocità; **to be ~ to act/decide**
essere lento ad agire/a decidere; **my
watch is 20 minutes ~** il mio orologio è
indietro di 20 minuti; **business is ~**
(*COMM*) gli affari procedono a rilento; **to
go ~** (*driver*) andare piano; (*in industrial
dispute*) fare uno sciopero bianco.

slow-acting ['sləu'æktɪŋ] *adj* che agisce
lentamente, ad azione lenta.

slowly ['sləulɪ] *adv* lentamente; **to drive ~**
andare piano.

slow motion *n*: **in ~** al rallentatore.

slowness ['sləunɪs] *n* lentezza.

sludge [slʌdʒ] *n* fanghiglia.

slug [slʌg] *n* lumaca; (*bullet*) pallottola.

sluggish ['slʌgɪʃ] *adj* lento(a); (*business,
market, sales*) stagnante, fiacco(a).

sluice [sluːs] *n* chiusa ♦ *vt*: **to ~ down** *or* **out**
lavare (con abbondante acqua).

slum [slʌm] *n* catapecchia.

slumber ['slʌmbə*] *n* sonno.

slump [slʌmp] *n* crollo, caduta; (*economic*)
depressione *f*, crisi *f inv* ♦ *vi* crollare; **he
was ~ed over the wheel** era curvo sul
volante.

slung [slʌŋ] *pt, pp of* **sling**.

slunk [slʌŋk] *pt, pp of* **slink**.

slur [sləː*] *n* pronuncia indistinta; (*stigma*)
diffamazione *f*, calunnia; (*MUS*) legatura;
(*smear*): ~ **(on)** macchia (su) ♦ *vt*

pronunciare in modo indistinto; **to cast a** ~ **on sb** calunniare qn.

slurp [slə:p] *vt, vi* bere rumorosamente ♦ *n* *rumore fatto bevendo.*

slurred [slə:d] *adj* (*pronunciation*) inarticolato(a), disarticolato(a).

slush [slʌʃ] *n* neve *f* mista a fango.

slush fund *n* fondi *mpl* neri.

slushy ['slʌʃɪ] *adj* (*snow*) che si scioglie; (*BRIT: fig*) sdolcinato(a).

slut [slʌt] *n* donna trasandata, sciattona.

sly [slaɪ] *adj* furbo(a), scaltro(a); **on the** ~ di soppiatto.

SM *n abbr* (= *sadomasochism*) sadomasochismo.

smack [smæk] *n* (*slap*) pacca; (*on face*) schiaffo ♦ *vt* schiaffeggiare; (*child*) picchiare ♦ *vi*: **to** ~ **of** puzzare di; **to** ~ **one's lips** fare uno schiocco con le labbra.

smacker ['smækə*] *n* (*col: kiss*) bacio; (: *BRIT: pound note*) sterlina; (: *US: dollar bill*) dollaro.

small [smɔ:l] *adj* piccolo(a); (*in height*) basso(a); (*letter*) minuscolo(a) ♦ *n*: **the** ~ **of the back** le reni; **to get** *or* **grow** ~**er** (*stain, town*) rimpicciolire; (*debt, organization, numbers*) ridursi; **to make** ~**er** (*amount, income*) ridurre; (*garden, object, garment*) rimpicciolire; **in the** ~ **hours** alle ore piccole; **a** ~ **shopkeeper** un piccolo negoziante.

small ads *npl* (*BRIT*) piccoli annunci *mpl.*

small arms *npl* armi *fpl* portatili *or* leggere.

small business *n* piccola impresa.

small change *n* moneta, spiccioli *mpl.*

smallholder ['smɔ:lhəʊldə*] *n* (*BRIT*) piccolo proprietario.

smallholding ['smɔ:lhəʊldɪŋ] *n* (*BRIT*) piccola tenuta.

smallish ['smɔ:lɪʃ] *adj* piccolino(a).

small-minded [smɔ:l'maɪndɪd] *adj* meschino(a).

smallpox ['smɔ:lpɒks] *n* vaiolo.

small print *n* caratteri *mpl* piccoli; (*on document*) parte scritta in piccolo.

small-scale ['smɔ:lskeɪl] *adj* (*map, model*) in scala ridotta; (*business, farming*) modesto(a).

small talk *n* chiacchiere *fpl.*

small-time ['smɔ:ltaɪm] *adj* (*col*) da poco; **a** ~ **thief** un ladro di polli.

small-town ['smɔ:ltaʊn] *adj* (*pej*) provinciale, di paese.

smarmy ['smɑ:mɪ] *adj* (*BRIT pej*) untuoso(a), strisciante.

smart [smɑ:t] *adj* elegante; (*also fig: clever*)

intelligente; (*quick*) sveglio(a) ♦ *vi* bruciare; **the** ~ **set** il bel mondo; **to look** ~ essere elegante; **my eyes are** ~**ing** mi bruciano gli occhi.

smartcard ['smɑ:tkɑ:d] *n* smartcard *f inv*, carta intelligente.

smarten up ['smɑ:tn-] *vi* farsi bello(a) ♦ *vt* (*people*) fare bello(a); (*things*) abbellire.

smash [smæʃ] *n* (*also*: ~-**up**) scontro, collisione *f*; (*sound*) fracasso ♦ *vt* frantumare, fracassare; (*opponent*) annientare, schiacciare; (*hopes*) distruggere; (*SPORT: record*) battere ♦ *vi* frantumarsi, andare in pezzi.

▶**smash up** *vt* (*car*) sfasciare; (*room*) distruggere.

smash-hit [smæʃ'hɪt] *n* successone *m*.

smashing ['smæʃɪŋ] *adj* (*col*) favoloso(a), formidabile.

smattering ['smætərɪŋ] *n*: **a** ~ **of** un'infarinatura di.

smear [smɪə*] *n* macchia; (*MED*) striscio; (*insult*) calunnia ♦ *vt* ungere; (*fig*) denigrare, diffamare; **his hands were** ~**ed with oil/ink** aveva le mani sporche di olio/inchiostro.

smear campaign *n* campagna diffamatoria.

smear test *n* (*BRIT MED*) Pap-test *m inv*.

smell [smɛl] *n* odore *m*; (*sense*) olfatto, odorato ♦ *vb* (*pt, pp* **smelt** *or* **smelled** [smɛlt, smɛld]) *vt* sentire (l')odore di ♦ *vi* (*food etc*): **to** ~ (**of**) avere odore (di); (*pej*) puzzare, avere un cattivo odore; **it** ~**s good** ha un buon odore.

smelly ['smɛlɪ] *adj* puzzolente.

smelt [smɛlt] *pt, pp of* **smell** ♦ *vt* (*ore*) fondere.

smile [smaɪl] *n* sorriso ♦ *vi* sorridere.

smiling ['smaɪlɪŋ] *adj* sorridente.

smirk [smə:k] *n* sorriso furbo; sorriso compiaciuto.

smith [smɪθ] *n* fabbro.

smithy ['smɪðɪ] *n* fucina.

smitten ['smɪtn] *adj*: ~ **with** colpito(a) da.

smock [smɒk] *n* grembiule *m*, camice *m*.

smog [smɒg] *n* smog *m*.

smoke [sməʊk] *n* fumo ♦ *vt, vi* fumare; **to have a** ~ fumarsi una sigaretta; **do you** ~? fumi?; **to go up in** ~ (*house etc*) bruciare, andare distrutto dalle fiamme; (*fig*) andare in fumo.

smoked [sməʊkt] *adj* (*bacon, glass*) affumicato(a).

smokeless fuel ['sməʊklɪs-] *n* carburante *m* che non da fumo.

smokeless zone *n* (*BRIT*) zona dove sono vietati gli scarichi di fumo.

smoker ['sməukə*] n (person) fumatore/trice; (RAIL) carrozza per fumatori.
smoke screen n cortina fumogena or di fumo; (fig) copertura.
smoke shop n (US) tabaccheria.
smoking ['sməukɪŋ] n fumo; "no ~" (sign) "vietato fumare"; **he's given up** ~ ha smesso di fumare.
smoking compartment, (US) **smoking car** n carrozza (per) fumatori.
smoky ['sməukɪ] adj fumoso(a); (surface) affumicato(a).
smolder ['sməuldə*] vi (US) = smoulder.
smoochy ['smu:tʃɪ] adj (col) romantico(a).
smooth [smu:ð] adj liscio(a); (sauce) omogeneo(a); (flavour, whisky) amabile; (cigarette) leggero(a); (movement) regolare; (person) mellifluo(a); (landing, take-off, flight) senza scosse ♦ vt lisciare, spianare; (also: ~ out: difficulties) appianare.
▸**smooth over** vt: **to** ~ **things over** (fig) sistemare le cose.
smoothly ['smu:ðlɪ] adv (easily) liscio; **everything went** ~ tutto andò liscio.
smother ['smʌðə*] vt soffocare.
smoulder, (US) **smolder** ['sməuldə*] vi covare sotto la cenere.
smudge [smʌdʒ] n macchia; sbavatura ♦ vt imbrattare, sporcare.
smug [smʌg] adj soddisfatto(a), compiaciuto(a).
smuggle ['smʌgl] vt contrabbandare; **to** ~ **in/out** (goods etc) far entrare/uscire di contrabbando.
smuggler ['smʌglə*] n contrabbandiere/a.
smuggling ['smʌglɪŋ] n contrabbando.
smut [smʌt] n (grain of soot) granello di fuliggine; (mark) segno nero; (in conversation etc) sconcezze fpl.
smutty ['smʌtɪ] adj (fig) osceno(a), indecente.
snack [snæk] n spuntino; **to have a** ~ fare uno spuntino.
snack bar n tavola calda, snack bar m inv.
snag [snæg] n intoppo, ostacolo imprevisto.
snail [sneɪl] n chiocciola.
snake [sneɪk] n serpente m.
snap [snæp] n (sound) schianto, colpo secco; (photograph) istantanea; (game) rubamazzo ♦ adj improvviso(a) ♦ vt (far) schioccare; (break) spezzare di netto; (photograph) scattare un'istantanea di ♦ vi spezzarsi con un rumore secco; (fig: person) crollare; **to** ~ **at sb** rivolgersi a qn con tono brusco; (subj: dog) cercare di mordere qn; **to** ~ **open/shut** aprirsi/chiudersi di scatto; **to** ~ **one's fingers at**

(fig) infischiarsi di; **a cold** ~ (of weather) un'improvvisa ondata di freddo.
▸**snap off** vt (break) schiantare.
▸**snap up** vt afferrare.
snap fastener n bottone m automatico.
snappy ['snæpɪ] adj rapido(a); **make it** ~! (col: hurry up) sbrigati!, svelto!
snapshot ['snæpʃɒt] n istantanea.
snare [snɛə*] n trappola.
snarl [snɑ:l] vi ringhiare ♦ vt: **to get** ~**ed up** (wool, plans) ingarbugliarsi; (traffic) intasarsi.
snatch [snætʃ] n (fig) furto; (BRIT: small amount): ~**es** of frammenti mpl di ♦ vt strappare (con violenza); (steal) rubare ♦ vi: **don't** ~! non strappare le cose di mano!; **to** ~ **a sandwich** mangiarsi in fretta un panino; **to** ~ **some sleep** riuscire a dormire un po'.
▸**snatch up** vt raccogliere in fretta.
snazzy ['snæzɪ] adj (col: clothes) sciccoso(a).
sneak [sni:k] vi: **to** ~ **in/out** entrare/uscire di nascosto ♦ vt: **to** ~ **a look at sth** guardare di sottecchi qc.
sneakers ['sni:kəz] npl scarpe fpl da ginnastica.
sneaking ['sni:kɪŋ] adj: **to have a** ~ **feeling/suspicion that** ... avere la vaga impressione/il vago sospetto che ....
sneaky ['sni:kɪ] adj falso(a), disonesto(a).
sneer [snɪə*] n ghigno, sogghigno ♦ vi ghignare, sogghignare; **to** ~ **at sb/sth** farsi beffe di qn/qc.
sneeze [sni:z] n starnuto ♦ vi starnutire.
snide [snaɪd] adj maligno(a).
sniff [snɪf] n fiutata, annusata ♦ vi fiutare, annusare; tirare su col naso; (in contempt) arricciare il naso ♦ vt fiutare, annusare; (glue, drug) sniffare.
▸**sniff at** vt fus: **it's not to be** ~**ed at** non è da disprezzare.
sniffer dog ['snɪfə-] n cane m poliziotto (per stupefacenti o esplosivi).
snigger ['snɪgə*] n riso represso ♦ vi ridacchiare, ridere sotto i baffi.
snip [snɪp] n pezzetto; (bargain) (buon) affare m, occasione f ♦ vt tagliare.
sniper ['snaɪpə*] n franco tiratore m, cecchino.
snippet ['snɪpɪt] n frammento.
snivelling ['snɪvlɪŋ] adj piagnucoloso(a).
snob [snɒb] n snob m/f inv.
snobbery ['snɒbərɪ] n snobismo.
snobbish ['snɒbɪʃ] adj snob inv.
snog [snɒg] vi (col) pomiciare.
snooker ['snu:kə*] n tipo di gioco del biliardo.
snoop [snu:p] vi: **to** ~ **on sb** spiare qn; **to** ~

about curiosare.
snooper ['snuːpə*] n ficcanaso m/f.
snooty ['snuːtɪ] adj borioso(a), snob inv.
snooze [snuːz] n sonnellino, pisolino ♦ vi fare un sonnellino.
snore [snɔː*] vi russare.
snoring ['snɔːrɪŋ] n russare m.
snorkel ['snɔːkl] n (of swimmer) respiratore m a tubo.
snort [snɔːt] n sbuffo ♦ vi sbuffare ♦ vt (drugs slang) sniffare.
snotty ['snɔtɪ] adj moccioso(a).
snout [snaut] n muso.
snow [snəu] n neve f ♦ vi nevicare ♦ vt: to be ~ed under with work essere sommerso di lavoro.
snowball ['snəubɔːl] n palla di neve.
snowbound ['snəubaund] adj bloccato(a) dalla neve.
snow-capped ['snəukæpt] adj (mountain) con la cima coperta di neve; (peak) coperto(a) di neve.
snowdrift ['snəudrɪft] n cumulo di neve (ammucchiato dal vento).
snowdrop ['snəudrɔp] n bucaneve m inv.
snowfall ['snəufɔːl] n nevicata.
snowflake ['snəufleɪk] n fiocco di neve.
snowman ['snəumæn] n pupazzo di neve.
snowplough, (US) **snowplow** ['snəuplau] n spazzaneve m inv.
snowshoe ['snəuʃuː] n racchetta da neve.
snowstorm ['snəustɔːm] n tormenta.
snowy ['snəuɪ] adj nevoso(a).
SNP n abbr (BRIT POL) = Scottish National Party.
snub [snʌb] vt snobbare ♦ n offesa, affronto.
snub-nosed [snʌb'nəuzd] adj dal naso camuso.
snuff [snʌf] n tabacco da fiuto ♦ vt (also: ~ out: candle) spegnere.
snuff movie n (col) film porno dove una persona viene uccisa realmente.
snug [snʌg] adj comodo(a); (room, house) accogliente, comodo(a); **it's a ~ fit** è attillato.
snuggle ['snʌgl] vi: to ~ **down in bed** accovacciarsi a letto; to ~ **up to sb** stringersi a qn.
snugly ['snʌglɪ] adv comodamente; **it fits ~** (object in pocket etc) entra giusto giusto; (garment) sta ben attillato.
SO abbr (BANKING) = standing order.

================= *KEYWORD*

so [səu] adv **1** (thus, likewise) così; **if ~** se è così, quand'è così; **I didn't do it — you did ~!** non l'ho fatto io — sì che l'hai fatto!;

~ **do I, ~ am I** anch'io; **it's 5 o'clock — ~ it is!** sono le 5 — davvero!; **I hope ~** lo spero; **I think ~** penso di sì; **quite ~!** esattamente!; **even ~** comunque; ~ **far** finora, fin qui; (in past) fino ad allora
2 (in comparisons etc: to such a degree) così; ~ **big (that)** così grande (che); **she's not ~ clever as her brother** lei non è (così) intelligente come suo fratello
3: ~ **much** adj tanto(a) ♦ adv tanto; **I've got ~ much work/money** ho tanto lavoro/ tanti soldi; **I love you ~ much** ti amo tanto; ~ **many** tanti(e)
4 (phrases): **10 or ~** circa 10; ~ **long!** (col: goodbye) ciao!, ci vediamo!; ~ **to speak** per così dire; ~ **what?** (col) e allora?, e con questo?
♦ conj **1** (expressing purpose): ~ **as to do** in modo or così da fare; **we hurried ~ as not to be late** ci affrettammo per non fare tardi; ~ **(that)** affinché + sub, perché + sub
2 (expressing result): **he didn't arrive** — **I left** non è venuto così me ne sono andata; ~ **you see, I could have gone** vedi, sarei potuto andare; ~ **that's the reason!** allora è questo il motivo!, ecco perché!

soak [səuk] vt inzuppare; (clothes) mettere a mollo ♦ vi inzupparsi; (clothes) essere a mollo; to be ~ed through essere fradicio.
▶**soak in** vi penetrare.
▶**soak up** vt assorbire.
soaking ['səukɪŋ] adj (also: ~ **wet**) fradicio(a).
so-and-so ['səuənsəu] n (somebody) un tale; **Mr/Mrs ~** signor/signora tal dei tali.
soap [səup] n sapone m.
soapbox ['səupbɔks] n palco improvvisato (per orazioni pubbliche).
soapflakes ['səupfleɪks] npl sapone m in scaglie.
soap opera n soap opera f inv.
soap powder n detersivo.
soapsuds ['səupsʌdz] npl saponata.
soapy ['səupɪ] adj insaponato(a).
soar [sɔː*] vi volare in alto; (price, morale, spirits) salire alle stelle.
sob [sɔb] n singhiozzo ♦ vi singhiozzare.
s.o.b. n abbr (US col!: = son of a bitch) figlio di puttana (!).
sober ['səubə*] adj non ubriaco(a); (sedate) serio(a); (moderate) moderato(a); (colour, style) sobrio(a).
▶**sober up** vt far passare la sbornia a ♦ vi farsi passare la sbornia.
sobriety [səu'braɪətɪ] n (not being drunk) sobrietà; (seriousness, sedateness) sobrietà, pacatezza.

sob story n (col, pej) storia lacrimosa.
Soc. abbr (= society) Soc.
so-called ['səu'kɔːld] adj cosiddetto(a).
soccer ['sɔkə*] n calcio.
soccer pitch n campo di calcio.
soccer player n calciatore m.
sociable ['səuʃəbl] adj socievole.
social ['səuʃl] adj sociale ♦ n festa, serata.
social climber n arrampicatore/trice sociale, arrivista m/f.
social club n club m inv sociale.
Social Democrat n socialdemocratico/a.
social insurance n (US) assicurazione f sociale.
socialism ['səuʃəlızəm] n socialismo.
socialist ['səuʃəlɪst] adj, n socialista (m/f).
socialite ['səuʃəlaɪt] n persona in vista nel bel mondo.
socialize ['səuʃəlaɪz] vi frequentare la gente; farsi degli amici; **to ~ with** socializzare con.
social life n vita sociale.
socially ['səuʃəlɪ] adv socialmente, in società.
social science n scienze fpl sociali.
social security n previdenza sociale; **Department of S~ S~ (DSS)** (BRIT) ≈ Istituto di Previdenza Sociale.
social services npl servizi mpl sociali.
social welfare n assistenza sociale.
social work n servizio sociale.
social worker n assistente m/f sociale.
society [sə'saɪətɪ] n società f inv; (club) società, associazione f; (also: **high ~**) alta società ♦ cpd (party, column) mondano(a).
socioeconomic ['səusɪəuiːkə'nɔmɪk] adj socio-economico(a).
sociological [səusɪə'lɔdʒɪkl] adj sociologico(a).
sociologist [səusɪ'ɔlədʒɪst] n sociologo/a.
sociology [səusɪ'ɔlədʒɪ] n sociologia.
sock [sɔk] n calzino ♦ vt (hit) dare un pugno a; **to pull one's ~s up** (fig) darsi una regolata.
socket ['sɔkɪt] n cavità f inv; (of eye) orbita; (ELEC: also: **wall ~**) presa di corrente; (: for light bulb) portalampada m inv.
sod [sɔd] n (of earth) zolla erbosa; (BRIT col!) bastardo/a (!).
▶**sod off** vi: ~ **off!** (BRIT col!) levati dalle palle! (!).
soda ['səudə] n (CHEM) soda; (also: ~ **water**) acqua di seltz; (US: also: ~ **pop**) gassosa.
sodden ['sɔdn] adj fradicio(a).
sodium ['səudɪəm] n sodio.
sodium chloride n cloruro di sodio.
sofa ['səufə] n sofà m inv.
Sofia ['səufɪə] n Sofia.

soft [sɔft] adj (not rough) morbido(a); (not hard) soffice; (not loud) sommesso(a); (kind) gentile; (: look, smile) dolce; (not strict) indulgente; (weak) debole; (stupid) stupido(a).
soft-boiled ['sɔftbɔɪld] adj (egg) alla coque.
soft drink n analcolico.
soft drugs npl droghe fpl leggere.
soften ['sɔfn] vt ammorbidire; addolcire; attenuare ♦ vi ammorbidirsi; addolcirsi; attenuarsi.
softener ['sɔfnə*] n ammorbidente m.
soft fruit n (BRIT) ≈ frutti di bosco.
soft furnishings npl tessuti mpl d'arredo.
soft-hearted [sɔft'hɑːtɪd] adj sensibile.
softly ['sɔftlɪ] adv dolcemente; morbidamente.
softness ['sɔftnɪs] n dolcezza; morbidezza.
soft option n soluzione f (più) facile.
soft sell n persuasione f all'acquisto.
soft target n obiettivo civile (e quindi facile da colpire).
soft touch n (col): **to be a ~** lasciarsi spillare facilmente denaro.
soft toy n giocattolo di peluche.
software ['sɔftwɛə*] n software m.
software package n pacchetto di software.
soft water n acqua non calcarea.
soggy ['sɔgɪ] adj inzuppato(a).
soil [sɔɪl] n (earth) terreno, suolo ♦ vt sporcare; (fig) macchiare.
soiled [sɔɪld] adj sporco(a), sudicio(a).
sojourn ['sɔdʒəːn] n (formal) soggiorno.
solace ['sɔlɪs] n consolazione f.
solar ['səulə*] adj solare.
solarium, pl solaria [sə'lɛərɪəm, -rɪə] n solarium m inv.
solar plexus [-'plɛksəs] n (ANAT) plesso solare.
solar power n energia solare.
sold [səuld] pt, pp of **sell**.
solder ['səuldə*] vt saldare ♦ n saldatura.
soldier ['səuldʒə*] n soldato, militare m ♦ vi: **to ~ on** perseverare; **toy ~** soldatino.
sold out adj (COMM) esaurito(a).
sole [səul] n (of foot) pianta (del piede); (of shoe) suola; (fish: pl inv) sogliola ♦ adj solo(a), unico(a); (exclusive) esclusivo(a).
solely ['səullɪ] adv solamente, unicamente; **I will hold you ~ responsible** la considererò il solo responsabile.
solemn ['sɔləm] adj solenne; grave; serio(a).
sole trader n (COMM) commerciante m in proprio.
solicit [sə'lɪsɪt] vt (request) richiedere, sollecitare ♦ vi (prostitute) adescare i

passanti.
solicitor [sə'lɪsɪtə*] *n* (*BRIT: for wills etc*) ≈ notaio; (*in court*) ≈ avvocato.

*Il **solicitor** appartiene a una delle due branche della professione legale britannica (vedi anche **barrister**). È compito dei solicitor agire come consulenti in materia legale, redigere pratiche, preparare la documentazione legale per i barrister. Contrariamente a questi ultimi, i solicitor non sono qualificati a rappresentare una parte nelle corti investite della potestà di decidere sui reati più gravi.*

solid ['sɔlɪd] *adj* (*not hollow*) pieno(a); (*strong, sound, reliable, not liquid*) solido(a); (*meal*) sostanzioso(a); (*line*) ininterrotto(a); (*vote*) unanime ♦ *n* solido; **to be on ~ ground** essere su terraferma; (*fig*) muoversi su terreno sicuro; **we waited 2 ~ hours** abbiamo aspettato due ore buone.
solidarity [sɔlɪ'dærɪtɪ] *n* solidarietà.
solid fuel *n* combustibile *m* solido.
solidify [sə'lɪdɪfaɪ] *vi* solidificarsi ♦ *vt* solidificare.
solidity [sə'lɪdɪtɪ] *n* solidità.
solid-state ['sɔlɪdsteɪt] *adj* (*ELEC*) a transistor.
soliloquy [sə'lɪləkwɪ] *n* soliloquio.
solitaire [sɔlɪ'tɛə*] *n* (*game, gem*) solitario.
solitary ['sɔlɪtərɪ] *adj* solitario(a).
solitary confinement *n* (*LAW*): **to be in ~** essere in cella d'isolamento.
solitude ['sɔlɪtjuːd] *n* solitudine *f*.
solo ['səuləu] *n* (*MUS*) assolo.
soloist ['səuləuɪst] *n* solista *m/f*.
Solomon Islands ['sɔləmən-] *n*: **the ~** le isole Salomone.
solstice ['sɔlstɪs] *n* solstizio.
soluble ['sɔljubl] *adj* solubile.
solution [sə'luːʃən] *n* soluzione *f*.
solve [sɔlv] *vt* risolvere.
solvency ['sɔlvənsɪ] *n* (*COMM*) solvenza, solvibilità.
solvent ['sɔlvənt] *adj* (*COMM*) solvibile ♦ *n* (*CHEM*) solvente *m*.
solvent abuse *n* abuso di colle e solventi.
Som. *abbr* (*BRIT*) = **Somerset**.
Somali [sə'mɑːlɪ] *adj* somalo(a).
Somalia [səu'mɑːlɪə] *n* Somalia.
Somaliland [səu'mɑːlɪlænd] *n* paesi *mpl* del corno d'Africa.
sombre, (*US*) **somber** ['sɔmbə*] *adj* scuro(a); (*mood, person*) triste.

══════════════ *KEYWORD*

some [sʌm] *adj* **1** (*a certain amount or number of*): ~ **tea/water/cream** del tè/dell'acqua/della panna; **there's ~ milk in the fridge** c'è (del) latte nel frigo; ~ **children/apples** dei bambini/delle mele; **after ~ time** dopo un po'; **at ~ length** a lungo
2 (*certain: in contrasts*) certo(a); ~ **people say that** ... alcuni dicono che ..., certa gente dice che ...
3 (*unspecified*) un(a) certo(a), qualche; ~ **woman was asking for you** una tale chiedeva di lei; ~ **day** un giorno; ~ **day next week** un giorno della prossima settimana; **in ~ form or other** in una forma o nell'altra
♦ *pron* **1** (*a certain number*) alcuni(e), certi(e); **I've got ~** (*books etc*) ne ho alcuni; ~ (**of them**) **have been sold** alcuni sono stati venduti
2 (*a certain amount*) un po'; **I've got ~** (*money, milk*) ne ho un po'; **I've read ~ of the book** ho letto parte del libro; ~ (**of it**) **was left** ne è rimasto un po'; **could I have ~ of that cheese?** potrei avere un po' di quel formaggio?
♦ *adv*: ~ **10 people** circa 10 persone.

somebody ['sʌmbədɪ] *pron* qualcuno; ~ **or other** qualcuno.
someday ['sʌmdeɪ] *adv* uno di questi giorni, un giorno o l'altro.
somehow ['sʌmhau] *adv* in un modo o nell'altro, in qualche modo; (*for some reason*) per qualche ragione.
someone ['sʌmwʌn] *pron* = **somebody**.
someplace ['sʌmpleɪs] *adv* (*US*) = **somewhere**.
somersault ['sʌməsɔːlt] *n* capriola; (*in air*) salto mortale ♦ *vi* fare una capriola (*or* un salto mortale); (*car*) cappottare.
something ['sʌmθɪŋ] *pron* qualcosa; ~ **interesting** qualcosa di interessante; ~ **to do** qualcosa da fare; **he's ~ like me** mi assomiglia un po'; **it's ~ of a problem** è un bel problema.
sometime ['sʌmtaɪm] *adv* (*in future*) una volta o l'altra; (*in past*): ~ **last month** durante il mese scorso; **I'll finish it ~** lo finirò prima o poi.
sometimes ['sʌmtaɪmz] *adv* qualche volta.
somewhat ['sʌmwɔt] *adv* piuttosto.
somewhere ['sʌmwɛə*] *adv* in *or* da qualche parte; ~ **else** da qualche altra parte.
son [sʌn] *n* figlio.

sonar ['səunɑː*] n sonar m.
sonata [sə'nɑːtə] n sonata.
song [sɒŋ] n canzone f.
songbook ['sɒŋbuk] n canzoniere m.
songwriter ['sɒŋraɪtə*] n compositore/trice di canzoni.
sonic ['sɒnɪk] adj (boom) sonico(a).
son-in-law ['sʌnɪnlɔː] n genero.
sonnet ['sɒnɪt] n sonetto.
sonny ['sʌnɪ] n (col) ragazzo mio.
soon [suːn] adv presto, fra poco; (early) presto; ~ **afterwards** poco dopo; **very/quite** ~ molto/abbastanza presto; **as** ~ **as possible** prima possibile; **I'll do it as** ~ **as I can** lo farò appena posso; **how** ~ **can you be ready?** fra quanto tempo sarà pronto?; **see you** ~! a presto!
sooner ['suːnə*] adv (time) prima; (preference): **I would** ~ **do** preferirei fare; ~ **or later** prima o poi; **no** ~ **said than done** detto fatto; **the** ~ **the better** prima è meglio è; **no** ~ **had we left than** ... eravamo appena partiti, quando ....
soot [sut] n fuliggine f.
soothe [suːð] vt calmare.
soothing ['suːðɪŋ] adj (ointment etc) calmante; (tone, words etc) rassicurante.
SOP n abbr = standard operating procedure.
sop [sɒp] n: **that's only a** ~ è soltanto un contentino.
sophisticated [sə'fɪstɪkeɪtɪd] adj sofisticato(a); raffinato(a); (film, mind) sottile.
sophistication [səfɪstɪ'keɪʃən] n raffinatezza; (of machine) complessità; (of argument etc) sottigliezza.
sophomore ['sɒfəmɔː*] n (US) studente/essa del secondo anno.
soporific [sɒpə'rɪfɪk] adj soporifero(a).
sopping ['sɒpɪŋ] adj (also: ~ **wet**) bagnato(a) fradicio(a).
soppy ['sɒpɪ] adj (pej) sentimentale.
soprano [sə'prɑːnəu] n (voice) soprano m; (singer) soprano m/f.
sorbet ['sɔːbeɪ] n sorbetto.
sorcerer ['sɔːsərə*] n stregone m, mago.
sordid ['sɔːdɪd] adj sordido(a).
sore [sɔː*] adj (painful) dolorante; (col: offended) offeso(a) ♦ n piaga; **my eyes are** ~**, I have** ~ **eyes** mi fanno male gli occhi; ~ **throat** mal m di gola; **it's a** ~ **point** (fig) è un punto delicato.
sorely ['sɔːlɪ] adv (tempted) fortemente.
sorrel ['sɒrəl] n acetosa.
sorrow ['sɒrəu] n dolore m.
sorrowful ['sɒrəuful] adj triste.
sorry ['sɒrɪ] adj spiacente; (condition, excuse) misero(a), pietoso(a); (sight,

failure) triste; ~! scusa! (or scusi! or scusate!); **to feel** ~ **for sb** rincrescersi per qn; **I'm** ~ **to hear that** ... mi dispiace (sentire) che ...; **to be** ~ **about sth** essere dispiaciuto or spiacente di qc.
sort [sɔːt] n specie f, genere m; (make: of coffee, car etc) tipo ♦ vt (also: ~ **out**: papers) classificare; ordinare; (: letters etc) smistare; (: problems) risolvere; (COMPUT) ordinare; **what** ~ **of car?** che tipo di macchina?; **I shall do nothing of the** ~! nemmeno per sogno!; **it's** ~ **of awkward** (col) è piuttosto difficile.
sortie ['sɔːtɪ] n sortita.
sorting office ['sɔːtɪŋ-] n ufficio m smistamento inv.
SOS n abbr (= save our souls) S.O.S. m inv.
so-so ['səusəu] adv così così.
soufflé ['suːfleɪ] n soufflé m inv.
sought [sɔːt] pt, pp of **seek**.
sought-after ['sɔːtɑːftə*] adj richiesto(a).
soul [səul] n anima; **the poor** ~ **had nowhere to sleep** il poveraccio non aveva dove dormire; **I didn't see a** ~ non ho visto anima viva.
soul-destroying ['səuldɪstrɔɪŋ] adj demoralizzante.
soulful ['səulful] adj pieno(a) di sentimento.
soulless ['səullɪs] adj senz'anima, inumano(a).
soul mate n anima gemella.
soul-searching ['səulsɑːtʃɪŋ] n: **after much** ~ dopo un profondo esame di coscienza.
sound [saund] adj (healthy) sano(a); (safe, not damaged) solido(a), in buono stato; (reliable, not superficial) solido(a); (sensible) giudizioso(a), di buon senso; (valid: argument, policy, claim) valido(a) ♦ adv: ~ **asleep** profondamente addormentato ♦ n (noise) suono; rumore m; (GEO) stretto ♦ vt (alarm) suonare; (also: ~ **out**: opinions) sondare ♦ vi suonare; (fig: seem) sembrare; **to be of** ~ **mind** essere sano di mente; **I don't like the** ~ **of it** (fig: of film etc) non mi dice niente; (: of news) è preoccupante; **it** ~**s as if** ... ho l'impressione che ...; **it** ~**s like French** somiglia al francese; **that** ~**s like them arriving** mi sembra di sentirli arrivare.
▶**sound off** vi (col): **to** ~ **off (about)** (give one's opinions) fare dei grandi discorsi (su).
sound barrier n muro del suono.
soundbite ['saundbaɪt] n frase f incisiva.
sound effects npl effetti mpl sonori.
sound engineer n tecnico del suono.
sounding ['saundɪŋ] n (NAUT etc) scandagliamento.

sounding board n (*MUS*) cassa di risonanza; (*fig*): **to use sb as a ~ for one's ideas** provare le proprie idee su qn.

soundly ['saundlı] *adv* (*sleep*) profondamente; (*beat*) duramente.

soundproof ['saundpru:f] *vt* insonorizzare, isolare acusticamente ♦ *adj* insonorizzato(a), isolato(a) acusticamente.

sound system n impianto m audio *inv*.

soundtrack ['saundtræk] n (*of film*) colonna sonora.

soup [su:p] n minestra; (*clear*) brodo; (*thick*) zuppa; **in the ~** (*fig*) nei guai.

soup course n minestra.

soup kitchen n mensa per i poveri.

soup plate n piatto fondo.

soupspoon ['su:pspu:n] n cucchiaio da minestra.

sour ['sauə*] *adj* aspro(a); (*fruit*) acerbo(a); (*milk*) acido(a), fermentato(a); (*fig*) acido(a); **to go** *or* **turn ~** (*milk, wine*) inacidirsi; (*fig: relationship, plans*) guastarsi; **it's ~ grapes** (*fig*) è soltanto invidia.

source [sɔ:s] n fonte f, sorgente f; (*fig*) fonte; **I have it from a reliable ~ that** ... ho saputo da fonte sicura che ....

south [sauθ] n sud m, meridione m, mezzogiorno ♦ *adj* del sud, sud *inv*; meridionale ♦ *adv* verso sud; **(to the) ~ of** a sud di; **the S~ of France** il sud della Francia; **to travel ~** viaggiare verso sud.

South Africa n Sudafrica m.

South African *adj, n* sudafricano(a).

South America n Sudamerica m, America del sud.

South American *adj, n* sudamericano(a).

southbound ['sauθbaund] *adj* (*gen*) diretto(a) a sud; (*carriageway*) sud *inv*.

south-east [sauθ'i:st] n sud-est m.

South-East Asia n Asia sudorientale.

southerly ['sʌðəlı] *adj* del sud.

southern ['sʌðən] *adj* del sud, meridionale; (*wall*) esposto(a) a sud; **the ~ hemisphere** l'emisfero australe.

South Pole n Polo Sud.

South Sea Islands *npl*: **the ~** le isole dei Mari del Sud.

South Seas *npl*: **the ~** i Mari del Sud.

South Vietnam n Vietnam m del Sud.

southward(s) ['sauθwəd(z)] *adv* verso sud.

south-west [sauθ'wεst] n sud-ovest m.

souvenir [su:və'nıə*] n ricordo, souvenir m *inv*.

sovereign ['sɔvrın] *adj, n* sovrano(a).

sovereignty ['sɔvrəntı] n sovranità.

soviet ['səuvıət] *adj* sovietico(a).

Soviet Union n: **the ~** l'Unione f Sovietica.

sow n [sau] scrofa ♦ *vt* [səu] (*pt* ~**ed**, *pp* **sown** [səun]) seminare.

soya ['sɔıə], (*US*) **soy** [sɔı] n: **~ bean** seme m di soia; **~ sauce** salsa di soia.

sozzled ['sɔzld] *adj* (*BRIT col*) sbronzo(a).

spa [spɑ:] n (*resort*) stazione f termale; (*US: also*: **health ~**) centro di cure estetiche.

space [speıs] n spazio; (*room*) posto; spazio; (*length of time*) intervallo ♦ *cpd* spaziale ♦ *vt* (*also*: **~ out**) distanziare; **in a confined ~** in un luogo chiuso; **to clear a ~ for sth** fare posto per qc; **in a short ~ of time** in breve tempo; **(with)in the ~ of an hour/ three generations** nell'arco di un'ora/di tre generazioni.

space bar n (*on typewriter*) barra spaziatrice.

spacecraft ['speıskrɑ:ft] n (*pl inv*) veicolo spaziale.

spaceman ['speısmæn] n astronauta m, cosmonauta m.

spaceship ['speısʃıp] n astronave f, navicella spaziale.

space shuttle n shuttle m *inv*.

spacesuit ['speıssu:t] n tuta spaziale.

spacewoman ['speıswumən] n astronauta f, cosmonauta f.

spacing ['speısıŋ] n spaziatura; **single/ double ~** (*TYP etc*) spaziatura singola/ doppia.

spacious ['speıʃəs] *adj* spazioso(a), ampio(a).

spade [speıd] n (*tool*) vanga; pala; (*child's*) paletta; ~**s** *npl* (*CARDS*) picche *fpl*.

spadework ['speıdwɔ:k] n (*fig*) duro lavoro preparatorio.

spaghetti [spə'gεtı] n spaghetti *mpl*.

Spain [speın] n Spagna.

span [spæn] n (*of bird, plane*) apertura alare; (*of arch*) campata; (*in time*) periodo; durata ♦ *vt* attraversare; (*fig*) abbracciare.

Spaniard ['spænjəd] n spagnolo/a.

spaniel ['spænjəl] n spaniel m *inv*.

Spanish ['spænıʃ] *adj* spagnolo(a) ♦ n (*LING*) spagnolo; **the ~** *npl* gli Spagnoli; **~ omelette** frittata di cipolle, pomodori e peperoni.

spank [spæŋk] *vt* sculacciare.

spanner ['spænə*] n (*BRIT*) chiave f inglese.

spar [spɑ:*] n asta, palo ♦ *vi* (*BOXING*) allenarsi.

spare [spεə*] *adj* di riserva, di scorta; (*surplus*) in più, d'avanzo ♦ n (*part*) pezzo di ricambio ♦ *vt* (*do without*) fare a meno di; (*afford to give*) concedere; (*refrain from hurting, using*) risparmiare; **to ~** (*surplus*)

d'avanzo; **there are 2 going** ~ (*BRIT*) ce ne sono 2 in più; **to** ~ **no expense** non badare a spese; **can you** ~ **the time?** ha tempo?; **I've a few minutes to** ~ ho un attimino di tempo; **there is no time to** ~ non c'è tempo da perdere; **can you** ~ (**me**) **£10?** puoi prestarmi 10 sterline?
spare part *n* pezzo di ricambio.
spare room *n* stanza degli ospiti.
spare time *n* tempo libero.
spare tyre *n* (*AUT*) gomma di scorta.
spare wheel *n* (*AUT*) ruota di scorta.
sparing ['spɛərɪŋ] *adj* (*amount*) scarso(a); (*use*) parsimonioso(a); **to be** ~ **with** essere avaro(a) di.
sparingly ['spɛərɪŋlɪ] *adv* moderatamente.
spark [spɑːk] *n* scintilla.
spark(ing) plug ['spɑːk(ɪŋ)-] *n* candela.
sparkle ['spɑːkl] *n* scintillio, sfavillio ♦ *vi* scintillare, sfavillare; (*bubble*) spumeggiare, frizzare.
sparkler ['spɑːklə*] *n* fuoco d'artificio.
sparkling ['spɑːklɪŋ] *adj* scintillante, sfavillante; (*wine*) spumante.
sparring partner ['spɑːrɪŋ-] *n* sparring partner *m inv*; (*fig*) interlocutore abituale in discussioni, dibattiti, tavole rotonde ecc.
sparrow ['spærəu] *n* passero.
sparse [spɑːs] *adj* sparso(a), rado(a).
spartan ['spɑːtən] *adj* (*fig*) spartano(a).
spasm ['spæzəm] *n* (*MED*) spasmo; (*fig*) accesso, attacco.
spasmodic [spæz'mɔdɪk] *adj* spasmodico(a); (*fig*) intermittente.
spastic ['spæstɪk] *n* spastico/a.
spat [spæt] *pt, pp of* **spit** ♦ *n* (*US*) battibecco.
spate [speɪt] *n* (*fig*): ~ **of** diluvio *or* fiume *m* di; **in** ~ (*river*) in piena.
spatial ['speɪʃəl] *adj* spaziale.
spatter ['spætə*] *vt, vi* schizzare.
spatula ['spætjulə] *n* spatola.
spawn [spɔːn] *vt* deporre; (*pej*) produrre ♦ *vi* deporre le uova ♦ *n* uova *fpl*.
SPCA *n abbr* (*US*: = *Society for the Prevention of Cruelty to Animals*) ≈ E.N.P.A. *m* (= *Ente Nazionale per la Protezione degli Animali*).
SPCC *n abbr* (*US*) = *Society for the Prevention of Cruelty to Children*.
speak, *pt* **spoke,** *pp* **spoken** [spiːk, spəuk, 'spəukn] *vt* (*language*) parlare; (*truth*) dire ♦ *vi* parlare; **to** ~ **to sb/of** *or* **about sth** parlare a qn/di qc; ~ **up!** parli più forte!; **to** ~ **at a conference/in a debate** partecipare ad una conferenza/ad un dibattito; ~**ing!** (*on telephone*) sono io!; **to** ~ **one's mind** dire quello che si pensa; **he has no money to** ~ **of** non si può proprio

dire che sia ricco.
▶**speak for** *vt fus*: **to** ~ **for sb** parlare a nome di qn; **that picture is already spoken for** (*in shop*) quel quadro è già stato venduto.
speaker ['spiːkə*] *n* (*in public*) oratore/trice; (*also*: **loud**~) altoparlante *m*; (*POL*): **the S**~ *il presidente della Camera dei Comuni* (*BRIT*) *or dei Rappresentanti* (*US*); **are you a Welsh** ~? parla gallese?
speaking ['spiːkɪŋ] *adj* parlante; **Italian-**~ **people** persone che parlano italiano; **to be on** ~ **terms** parlarsi.
spear [spɪə*] *n* lancia.
spearhead ['spɪəhɛd] *n* punta di lancia; (*MIL*) reparto d'assalto ♦ *vt* (*attack etc*) condurre.
spearmint ['spɪəmɪnt] *n* (*BOT etc*) menta verde.
spec [spɛk] *n* (*BRIT col*): **on** ~ sperando bene; **to buy sth on** ~ comprare qc sperando di fare un affare.
special ['spɛʃl] *adj* speciale ♦ *n* (*train*) treno supplementare; **nothing** ~ niente di speciale; **take** ~ **care** siate particolarmente prudenti.
special agent *n* agente *m* segreto.
special correspondent *n* inviato speciale.
special delivery *n* (*POST*): **by** ~ per espresso.
special effects *npl* (*CINE*) effetti *mpl* speciali.
specialist ['spɛʃəlɪst] *n* specialista *m/f*; **a heart** ~ (*MED*) un cardiologo.
speciality [spɛʃɪ'ælɪtɪ], (*esp US*) **specialty** *n* specialità *f inv*.
specialize ['spɛʃəlaɪz] *vi*: **to** ~ (**in**) specializzarsi (in).
specially ['spɛʃəlɪ] *adv* specialmente, particolarmente.
special offer *n* (*COMM*) offerta speciale.
specialty ['spɛʃəltɪ] *n* (*esp US*) = **speciality**.
species ['spiːʃiːz] *n* (*pl inv*) specie *f inv*.
specific [spə'sɪfɪk] *adj* specifico(a); preciso(a); **to be** ~ **to** avere un legame specifico con.
specifically [spə'sɪfɪklɪ] *adv* (*explicitly: state, warn*) chiaramente, esplicitamente; (*especially: design, intend*) appositamente.
specification [spɛsɪfɪ'keɪʃən] *n* specificazione *f*; ~**s** *npl* (*of car, machine*) dati *mpl* caratteristici; (*for building*) dettagli *mpl*.
specify ['spɛsɪfaɪ] *vt* specificare, precisare; **unless otherwise specified** salvo indicazioni contrarie.
specimen ['spɛsɪmən] *n* esemplare *m*, modello; (*MED*) campione *m*.

specimen copy n campione m.
specimen signature n firma depositata.
speck [spɛk] n puntino, macchiolina;
(*particle*) granello.
speckled ['spɛkld] adj macchiettato(a).
specs [spɛks] npl (*col*) occhiali mpl.
spectacle ['spɛktəkl] n spettacolo; *see also*
spectacles.
spectacle case n (*BRIT*) fodero per gli
occhiali.
spectacles ['spɛktəklz] npl (*BRIT*) occhiali
mpl.
spectacular [spɛk'tækjulə*] adj
spettacolare ♦ n (*CINE etc*) film m inv etc
spettacolare.
spectator [spɛk'teɪtə*] n spettatore/trice.
spectator sport n sport m inv come
spettacolo.
spectra ['spɛktrə] npl of **spectrum**.
spectre, (*US*) **specter** ['spɛktə*] n spettro.
spectrum, pl **spectra** ['spɛktrəm, -rə] n
spettro; (*fig*) gamma.
speculate ['spɛkjuleɪt] vi speculare; (*try to
guess*): **to ~ about** fare ipotesi su.
speculation [spɛkju'leɪʃən] n speculazione
f; congetture fpl.
speculative ['spɛkjulətɪv] adj
speculativo(a).
speculator ['spɛkjuleɪtə*] n speculatore/
trice.
sped [spɛd] pt, pp of **speed**.
speech [spiːtʃ] n (*faculty*) parola; (*talk*)
discorso; (*manner of speaking*) parlata;
(*language*) linguaggio; (*enunciation*)
elocuzione f.
speech day n (*BRIT SCOL*) giorno della
premiazione.
speech impediment n difetto di
pronuncia.
speechless ['spiːtʃlɪs] adj ammutolito(a),
muto(a).
speech therapy n cura dei disturbi del
linguaggio.
speed [spiːd] n velocità f inv; (*promptness*)
prontezza; (*AUT: gear*) marcia ♦ vi (*pt, pp
sped* [spɛd]): **to ~ along** procedere
velocemente; **the years sped by** gli anni
sono volati; (*AUT: exceed ~ limit*) andare a
velocità eccessiva; **at ~** (*BRIT*)
velocemente; **at full** or **top ~** a tutta
velocità; **at a ~ of 70 km/h** a una velocità
di 70 km l'ora; **shorthand/typing ~s**
numero di parole al minuto in
stenografia/dattilografia; **a five-~**
gearbox un cambio a cinque marce.
▶**speed up**, pt, pp **~ed up** vi, vt accelerare.
speedboat ['spiːdbəʊt] n motoscafo;
fuoribordo m inv.

speedily ['spiːdɪlɪ] adv velocemente;
prontamente.
speeding ['spiːdɪŋ] n (*AUT*) eccesso di
velocità.
speed limit n limite m di velocità.
speedometer [spɪ'dɒmɪtə*] n tachimetro.
speed trap n (*AUT*) tratto di strada sul
quale la polizia controlla la velocità dei
veicoli.
speedway ['spiːdweɪ] n (*SPORT*) pista per
motociclismo.
speedy ['spiːdɪ] adj veloce, rapido(a);
(*reply*) pronto(a).
speleologist [spɛlɪ'ɒlədʒɪst] n speleologo/a.
spell [spɛl] n (*also:* **magic ~**) incantesimo;
(*period of time*) (breve) periodo ♦ vt (*pt, pp
spelt* or **~ed** [spɛlt, spɛld]) (*in writing*)
scrivere (lettera per lettera); (*aloud*) dire
lettera per lettera; (*fig*) significare; **to
cast a ~ on sb** fare un incantesimo a qn;
he can't ~ fa errori di ortografia; **how do
you ~ your name?** come si scrive il suo
nome?; **can you ~ it for me?** me lo può
dettare lettera per lettera?
spellbound ['spɛlbaʊnd] adj incantato(a),
affascinato(a).
spelling ['spɛlɪŋ] n ortografia.
spelt [spɛlt] pt, pp of **spell**.
spend, pt, pp **spent** [spɛnd, spɛnt] vt (*money*)
spendere; (*time, life*) passare; **to ~ time/
money/effort on sth** dedicare tempo/
soldi/energie a qc.
spending ['spɛndɪŋ] n: **government ~** spesa
pubblica.
spending money n denaro per le piccole
spese.
spending power n potere m d'acquisto.
spendthrift ['spɛndθrɪft] n spendaccione/a.
spent [spɛnt] pt, pp of **spend** ♦ adj (*patience*)
esaurito(a); (*cartridge, bullets, match*)
usato(a).
sperm [spəːm] n sperma m.
sperm bank n banca dello sperma.
sperm whale n capodoglio.
spew [spjuː] vt vomitare.
sphere [sfɪə*] n sfera.
spherical ['sfɛrɪkl] adj sferico(a).
sphinx [sfɪŋks] n sfinge f.
spice [spaɪs] n spezia ♦ vt aromatizzare.
spick-and-span ['spɪkən'spæn] adj
impeccabile.
spicy ['spaɪsɪ] adj piccante.
spider ['spaɪdə*] n ragno; **~'s web**
ragnatela.
spiel [spiːl] n (*col*) tiritera.
spike [spaɪk] n punta; **~s** npl (*SPORT*) scarpe
fpl chiodate.
spike heel n (*US*) tacco a spillo.

spiky ['spaɪkɪ] adj (bush, branch) spinoso(a); (animal) ricoperto(a) di aculei.

spill, pt, pp **spilt** or **~ed** [spɪl, -t, -d] vt versare, rovesciare ♦ vi versarsi, rovesciarsi; **to ~ the beans** (col) vuotare il sacco.

▶**spill out** vi riversarsi fuori.

▶**spill over** vi: **to ~ over (into)** (liquid) versarsi (in); (crowd) riversarsi (in).

spillage ['spɪlɪdʒ] n (event) fuoriuscita; (substance) sostanza fuoriuscita.

spin [spɪn] n (revolution of wheel) rotazione f; (AVIAT) avvitamento; (trip in car) giretto ♦ vb (pt, pp **spun** [spʌn]) vt (wool etc) filare; (wheel) far girare; (BRIT: clothes) mettere nella centrifuga ♦ vi girare; **to ~ a yarn** raccontare una storia; **to ~ a coin** (BRIT) lanciare in aria una moneta.

▶**spin out** vt far durare.

spina bifida ['spaɪnə'bɪfɪdə] n spina bifida.

spinach ['spɪnɪtʃ] n spinacio; (as food) spinaci mpl.

spinal ['spaɪnl] adj spinale.

spinal column n colonna vertebrale, spina dorsale.

spinal cord n midollo spinale.

spindly ['spɪndlɪ] adj lungo(a) e sottile, filiforme.

spin doctor n (col) pierre addetto alla difesa di provvedimenti impopolari con interviste, interventi in TV ecc.

spin-dry ['spɪn'draɪ] vt asciugare con la centrifuga.

spin-dryer [spɪn'draɪə*] n (BRIT) centrifuga.

spine [spaɪn] n spina dorsale; (thorn) spina.

spine-chilling ['spaɪntʃɪlɪŋ] adj agghiacciante.

spineless ['spaɪnlɪs] adj invertebrato(a), senza spina dorsale; (fig) smidollato(a).

spinner ['spɪnə*] n (of thread) tessitore/trice.

spinning ['spɪnɪŋ] n filatura.

spinning top n trottola.

spinning wheel n filatoio.

spin-off ['spɪnɔf] n applicazione f secondaria.

spinster ['spɪnstə*] n nubile f; zitella.

spiral ['spaɪərl] n spirale f ♦ adj a spirale ♦ vi (prices) salire vertiginosamente; **the inflationary ~** la spirale dell'inflazione.

spiral staircase n scala a chiocciola.

spire ['spaɪə*] n guglia.

spirit ['spɪrɪt] n (soul) spirito, anima; (ghost) spirito, fantasma m; (mood) stato d'animo, umore m; (courage) coraggio; **~s** npl (drink) alcolici mpl; **in good ~s** di buon umore; **in low ~s** triste, abbattuto(a); **community ~, public ~** senso civico.

spirit duplicator n duplicatore m a spirito.

spirited ['spɪrɪtɪd] adj vivace, vigoroso(a); (horse) focoso(a).

spirit level n livella a bolla (d'aria).

spiritual ['spɪrɪtjuəl] adj spirituale ♦ n (also: **Negro ~**) spiritual m inv.

spiritualism ['spɪrɪtjuəlɪzəm] n spiritismo.

spit [spɪt] n (for roasting) spiedo; (spittle) sputo; (saliva) saliva ♦ vi (pt, pp **spat** [spæt]) sputare; (fire, fat) scoppiettare.

spite [spaɪt] n dispetto ♦ vt contrariare, far dispetto a; **in ~ of** nonostante, malgrado.

spiteful ['spaɪtful] adj dispettoso(a); (tongue, remark) maligno(a), velenoso(a).

spitroast ['spɪt'rəust] vt cuocere allo spiedo.

spitting ['spɪtɪŋ] n: "**~ prohibited**" "vietato sputare" ♦ adj: **to be the ~ image of sb** essere il ritratto vivente or sputato di qn.

spittle ['spɪtl] n saliva; sputo.

spiv [spɪv] n (BRIT col) imbroglione m.

splash [splæʃ] n spruzzo; (sound) tonfo; (of colour) schizzo ♦ vt spruzzare ♦ vi (also: **~ about**) sguazzare; **to ~ paint on the floor** schizzare il pavimento di vernice.

splashdown ['splæʃdaun] n ammaraggio.

splay [spleɪ] adj: **~ footed** che ha i piedi piatti.

spleen [spliːn] n (ANAT) milza.

splendid ['splɛndɪd] adj splendido(a), magnifico(a).

splendour, (US) **splendor** ['splɛndə*] n splendore m.

splice [splaɪs] vt (rope) impiombare; (wood) calettare.

splint [splɪnt] n (MED) stecca.

splinter ['splɪntə*] n scheggia ♦ vi scheggiarsi.

splinter group n gruppo dissidente.

split [splɪt] n spaccatura; (fig: division, quarrel) scissione f ♦ vb (pt, pp **split**) vt spaccare; (party) dividere; (work, profits) spartire, ripartire ♦ vi (divide) dividersi; **to do the ~s** fare la spaccata; **to ~ the difference** dividersi la differenza.

▶**split up** vi (couple) separarsi, rompere; (meeting) sciogliersi.

split-level ['splɪtlɛvl] adj (house) a piani sfalsati.

split peas npl piselli mpl secchi spaccati.

split personality n doppia personalità.

split second n frazione f di secondo.

splitting ['splɪtɪŋ] adj: **a ~ headache** un mal di testa da impazzire.

splutter ['splʌtə*] vi farfugliare; sputacchiare.

spoil, pt, pp **spoilt** or **~ed** [spɔɪl, -t, -d] vt (damage) rovinare, guastare; (mar)

sciupare; (child) viziare; (ballot paper)
rendere nullo(a), invalidare; **to be ~ing
for a fight** morire dalla voglia di litigare.
spoils [spɔɪlz] npl bottino.
spoilsport ['spɔɪlspɔːt] n guastafeste m/f inv.
spoilt [spɔɪlt] pt, pp of **spoil** ♦ adj (child)
viziato(a); (ballot paper) nullo(a).
spoke [spəuk] pt of **speak** ♦ n raggio.
spoken ['spəukn] pp of **speak**.
spokesman ['spəuksmən], **spokeswoman**
[-wumən] n portavoce m/f inv.
spokesperson ['spəukspəːsn] n portavoce
m/f.
sponge [spʌndʒ] n spugna; (CULIN: also: ~
cake) pan m di Spagna ♦ vt spugnare,
pulire con una spugna ♦ vi: **to ~ on** or
(US) **off of** scroccare a.
sponge bag n (BRIT) nécessaire m inv.
sponge cake n pan m di Spagna.
sponger ['spʌndʒəˈ] n (pej) parassita m/f,
scroccone/a.
spongy ['spʌndʒɪ] adj spugnoso(a).
sponsor ['spɔnsəˈ] n (RADIO, TV, SPORT etc)
sponsor m inv; (of enterprise, bill, for
fund-raising) promotore/trice ♦ vt
sponsorizzare; patrocinare; (POL: bill)
presentare; **I ~ed him at 3p a mile** (in
fund-raising race) ho offerto in
beneficenza 3 penny per ogni miglio che
fa.
sponsorship ['spɔnsəʃɪp] n
sponsorizzazione f; patrocinio.
spontaneity [spɔntə'neɪɪtɪ] n spontaneità.
spontaneous [spɔn'teɪnɪəs] adj
spontaneo(a).
spoof [spuːf] n presa in giro, parodia.
spooky ['spuːkɪ] adj che fa accapponare la
pelle.
spool [spuːl] n bobina.
spoon [spuːn] n cucchiaio.
spoon-feed ['spuːnfiːd] vt nutrire con il
cucchiaio; (fig) imboccare.
spoonful ['spuːnful] n cucchiaiata.
sporadic [spə'rædɪk] adj sporadico(a).
sport [spɔːt] n sport m inv; (person) persona
di spirito; (amusement) divertimento ♦ vt
sfoggiare; **indoor/outdoor ~s** sport mpl al
chiuso/all'aria aperta; **to say sth in ~** dire
qc per scherzo.
sporting ['spɔːtɪŋ] adj sportivo(a); **to give
sb a ~ chance** dare a qn una possibilità
(di vincere).
sport jacket n (US) = **sports jacket**.
sports car n automobile f sportiva.
sports ground n campo sportivo.
sports jacket n giacca sportiva.
sportsman ['spɔːtsmən] n sportivo.
sportsmanship ['spɔːtsmənʃɪp] n spirito

sportivo.
sports page n pagina sportiva.
sportswear ['spɔːtswɛəˈ] n abiti mpl
sportivi.
sportswoman ['spɔːtswumən] n sportiva.
sporty ['spɔːtɪ] adj sportivo(a).
spot [spɔt] n punto; (mark) macchia; (dot:
on pattern) pallino; (pimple) foruncolo;
(place) posto; (also: ~ **advertisement**) spot
m inv; (small amount): **a ~ of** un po' di ♦ vt
(notice) individuare, distinguere; **on the
~** sul posto; **to do sth on the ~** fare qc
immediatamente or lì per lì; **to put sb on
the ~** mettere qn in difficoltà; **to come
out in ~s** coprirsi di foruncoli.
spot check n controllo senza preavviso.
spotless ['spɔtlɪs] adj immacolato(a).
spotlight ['spɔtlaɪt] n proiettore m; (AUT)
faro ausiliario.
spot-on [spɔt'ɔn] adj (BRIT) esatto(a).
spot price n (COMM) prezzo del pronto.
spotted ['spɔtɪd] adj macchiato(a); **a
puntini, a pallini; ~ with** punteggiato(a)
di.
spotty ['spɔtɪ] adj (face) foruncoloso(a).
spouse [spauz] n sposo/a.
spout [spaut] n (of jug) beccuccio; (of liquid)
zampillo, getto ♦ vi zampillare.
sprain [spreɪn] n storta, distorsione f ♦ vt: **to
~ one's ankle** storcersi una caviglia.
sprang [spræŋ] pt of **spring**.
sprawl [sprɔːl] vi sdraiarsi (in modo
scomposto) ♦ n: **urban ~** sviluppo
urbanistico incontrollato; **to send sb
~ing** mandare qn a gambe all'aria.
spray [spreɪ] n spruzzo; (container)
nebulizzatore m, spray m inv; (of flowers)
mazzetto ♦ cpd (deodorant) spray inv ♦ vt
spruzzare; (crops) irrorare.
spread [sprɛd] n diffusione f; (distribution)
distribuzione f; (PRESS, TYP: two pages)
doppia pagina; (: across columns) articolo
a più colonne; (CULIN) pasta (da
spalmare) ♦ vb (pt, pp **spread**) vt (cloth)
stendere, distendere; (butter etc)
spalmare; (disease, knowledge) propagare,
diffondere ♦ vi stendersi, distendersi;
spalmarsi; propagarsi, diffondersi;
middle-age ~ pancetta; **repayments will
be ~ over 18 months** i versamenti
saranno scaglionati lungo un periodo di
18 mesi.
spread-eagled ['sprɛdiːgld] adj: **to be** or **lie
~** essere disteso(a) a gambe e braccia
aperte.
spreadsheet ['sprɛdʃiːt] n (COMPUT) foglio
elettronico.
spree [spriː] n: **to go on a ~** fare baldoria.

sprig [sprɪg] *n* ramoscello.
sprightly ['spraɪtlɪ] *adj* vivace.
spring [sprɪŋ] *n* (*leap*) salto, balzo; (*bounciness*) elasticità; (*coiled metal*) molla; (*season*) primavera; (*of water*) sorgente *f* ♦ *vi* (*pt* **sprang**, *pp* **sprung** [spræŋ, sprʌŋ]) saltare, balzare ♦ *vt*: **to ~ a leak** (*pipe etc*) cominciare a perdere; **to walk with a ~ in one's step** camminare con passo elastico; **in ~**, **in the ~** in primavera; **to ~ from** provenire da; **to ~ into action** entrare (rapidamente) in azione; **he sprang the news on me** mi ha sorpreso con quella notizia.
▶**spring up** *vi* (*problem*) presentarsi.
springboard ['sprɪŋbɔːd] *n* trampolino.
spring-clean [sprɪŋ'kliːn] *n* (*also*: **~ing**) grandi pulizie *fpl* di primavera.
spring onion *n* (*BRIT*) cipollina.
spring roll *n* involtino fritto di verdure o carne tipico della cucina cinese.
springtime ['sprɪŋtaɪm] *n* primavera.
springy ['sprɪŋɪ] *adj* elastico(a).
sprinkle ['sprɪŋkl] *vt* spruzzare; spargere; **to ~ water etc on**, **~ with water etc** spruzzare dell'acqua *etc* su; **to ~ sugar etc on**, **~ with sugar etc** spolverizzare di zucchero *etc*; **~d with** (*fig*) cosparso(a) di.
sprinkler ['sprɪŋklə*] *n* (*for lawn etc*) irrigatore *m*; (*for fire-fighting*) sprinkler *m inv*.
sprinkling ['sprɪŋklɪŋ] *n* (*of water*) qualche goccia; (*of salt, sugar*) pizzico.
sprint [sprɪnt] *n* scatto ♦ *vi* scattare; **the 200-metres ~** i 200 metri piani.
sprinter ['sprɪntə*] *n* velocista *m/f*.
sprite [spraɪt] *n* elfo, folletto.
spritzer ['sprɪtsə*] *n* spritz *m inv*.
sprocket ['sprɔkɪt] *n* (*on printer etc*) dente *m*, rocchetto.
sprout [spraʊt] *vi* germogliare.
sprouts [spraʊts] *npl* (*also*: **Brussels ~**) cavolini *mpl* di Bruxelles.
spruce [spruːs] *n* abete *m* rosso ♦ *adj* lindo(a); azzimato(a).
▶**spruce up** *vt* (*tidy*) mettere in ordine; (*smarten up: room etc*) abbellire; **to ~ o.s. up** farsi bello(a).
sprung [sprʌŋ] *pp of* **spring**.
spry [spraɪ] *adj* arzillo(a), sveglio(a).
SPUC *n abbr* (= *Society for the Protection of Unborn Children*) associazione anti-abortista.
spun [spʌn] *pt*, *pp of* **spin**.
spur [spəː*] *n* sperone *m*; (*fig*) sprone *m*, incentivo ♦ *vt* (*also*: **~ on**) spronare; **on the ~ of the moment** lì per lì.

spurious ['spjʊərɪəs] *adj* falso(a).
spurn [spəːn] *vt* rifiutare con disprezzo, sdegnare.
spurt [spəːt] *n* getto; (*of energy*) esplosione *f* ♦ *vi* sgorgare; zampillare; **to put in** or **on a ~** (*runner*) fare uno scatto; (*fig: in work etc*) affrettarsi, sbrigarsi.
sputter ['spʌtə*] *vi* = **splutter**.
spy [spaɪ] *n* spia ♦ *cpd* (*film, story*) di spionaggio ♦ *vi*: **to ~ on** spiare ♦ *vt* (*see*) scorgere.
spying ['spaɪɪŋ] *n* spionaggio.
Sq. *abbr* (*in address*) = **square**.
sq. *abbr* (*MATH etc*) = **square**.
squabble ['skwɔbl] *n* battibecco ♦ *vi* bisticciarsi.
squad [skwɔd] *n* (*MIL*) plotone *m*; (*POLICE*) squadra; **flying ~** (*POLICE*) volante *f*.
squad car *n* (*BRIT POLICE*) automobile *f* della polizia.
squaddie ['skwɔdɪ] *n* (*MIL col*) burba.
squadron ['skwɔdrn] *n* (*MIL*) squadrone *m*; (*AVIAT, NAUT*) squadriglia.
squalid ['skwɔlɪd] *adj* sordido(a).
squall [skwɔːl] *n* burrasca.
squalor ['skwɔlə*] *n* squallore *m*.
squander ['skwɔndə*] *vt* dissipare.
square [skwɛə*] *n* quadrato; (*in town*) piazza; (*US: block of houses*) blocco, isolato; (*instrument*) squadra ♦ *adj* quadrato(a); (*honest*) onesto(a); (*col: ideas, person*) di vecchio stampo ♦ *vt* (*arrange*) regolare; (*MATH*) elevare al quadrato ♦ *vi* (*agree*) accordarsi; **a ~ meal** un pasto abbondante; **2 metres ~** di 2 metri per 2; **1 ~ metre** 1 metro quadrato; **we're back to ~ one** (*fig*) siamo al punto di partenza; **all ~** pari; **to get one's accounts ~** mettere in ordine i propri conti; **I'll ~ it with him** (*col*) sistemo io le cose con lui; **can you ~ it with your conscience?** (*reconcile*) puoi conciliarlo con la tua coscienza?
▶**square up** *vi* (*BRIT: settle*) saldare, pagare; **to ~ up with sb** regolare i conti con qn.
square bracket *n* (*TYP*) parentesi *f inv* quadra.
squarely ['skwɛəlɪ] *adv* (*directly*) direttamente; (*honestly, fairly*) onestamente.
square root *n* radice *f* quadrata.
squash [skwɔʃ] *n* (*BRIT: drink*): **lemon/orange ~** sciroppo di limone/arancia; (*vegetable*) zucca; (*SPORT*) squash *m* ♦ *vt* schiacciare.
squat [skwɔt] *adj* tarchiato(a), tozzo(a) ♦ *vi* accovacciarsi; (*on property*) occupare

abusivamente.

squatter ['skwɔtə*] n occupante m/f abusivo(a).

squawk [skwɔ:k] vi emettere strida rauche.

squeak [skwi:k] vi squittire ♦ n (of hinge, wheel etc) cigolio; (of shoes) scricchiolio; (of mouse etc) squittio.

squeaky ['skwi:kɪ] adj (col) cigolante; **to be ~ clean** (fig) avere un'immagine pulita.

squeal [skwi:l] vi strillare.

squeamish ['skwi:mɪʃ] adj schizzinoso(a); disgustato(a).

squeeze [skwi:z] n pressione f; (also ECON) stretta; (credit ~) stretta creditizia ♦ vt premere; (hand, arm) stringere ♦ vi: **to ~ in** infilarsi; **to ~ past/under sth** passare vicino/sotto a qc con difficoltà; **a ~ of lemon** una spruzzata di limone.

▶**squeeze out** vt spremere.

squelch [skwɛltʃ] vi fare ciac; sguazzare.

squib [skwɪb] n petardo.

squid [skwɪd] n calamaro.

squint [skwɪnt] vi essere strabico(a); (in the sunlight) strizzare gli occhi ♦ n: **he has a ~** è strabico; **to ~ at sth** guardare qc di traverso; (quickly) dare un'occhiata a qc.

squire ['skwaɪə*] n (BRIT) proprietario terriero.

squirm [skwə:m] vi contorcersi.

squirrel ['skwɪrəl] n scoiattolo.

squirt [skwə:t] n schizzo ♦ vi schizzare; zampillare.

Sr abbr = **senior; sister** (REL).

SRC n abbr (BRIT: = Students' Representative Council) comitato di rappresentanza studenti.

Sri Lanka [srɪ'læŋkə] n Sri Lanka m.

SRN n abbr (BRIT: = State Registered Nurse) infermiera diplomata (dopo corso triennale).

SRO abbr (US: = standing room only) solo posti in piedi.

SS abbr = **steamship**.

SSA n abbr (US: = Social Security Administration) ≈ Previdenza Sociale.

SST n abbr (US) = **supersonic transport**.

ST abbr (US: = Standard Time) ora ufficiale.

St abbr = **saint; street**.

stab [stæb] n (with knife etc) pugnalata; (col: try): **to have a ~ at (doing) sth** provare a fare qc ♦ vt pugnalare; **to ~ sb to death** uccidere qn a coltellate.

stabbing ['stæbɪŋ] n: **there's been a ~** qualcuno è stato pugnalato ♦ adj (pain, ache) lancinante.

stability [stə'bɪlɪtɪ] n stabilità.

stabilization [steɪbəlaɪ'zeɪʃən] n

stabilizzazione f.

stabilize ['steɪbəlaɪz] vt stabilizzare ♦ vi stabilizzarsi.

stabilizer ['steɪbəlaɪzə*] n (AVIAT, NAUT) stabilizzatore m.

stable ['steɪbl] n (for horses) scuderia; (for cattle) stalla ♦ adj stabile; **riding ~s** maneggio.

staccato [stə'kɑːtəu] adv in modo staccato ♦ adj (MUS) staccato(a); (sound) scandito(a).

stack [stæk] n catasta, pila; (col) mucchio, sacco ♦ vt accatastare, ammucchiare; **there's ~s of time to finish it** (BRIT col) abbiamo un sacco di tempo per finirlo.

stadium ['steɪdɪəm] n stadio.

staff [stɑːf] n (work force: gen) personale m; (: BRIT: SCOL) personale insegnante; (: servants) personale di servizio; (MIL) stato maggiore; (stick) bastone m ♦ vt fornire di personale.

staffroom ['stɑːfruːm] n sala dei professori.

Staffs abbr (BRIT) = **Staffordshire**.

stag [stæg] n cervo; (BRIT STOCK EXCHANGE) rialzista m/f su nuove emissioni.

stage [steɪdʒ] n (platform) palco; (in theatre) palcoscenico; (profession): **the ~** il teatro, la scena; (point) fase f, stadio ♦ vt (play) allestire, mettere in scena; (demonstration) organizzare; (fig: perform: recovery etc) effettuare; **in ~s** per gradi; a tappe; **in the early/final ~s** negli stadi iniziali/finali; **to go through a difficult ~** attraversare un periodo difficile.

stagecoach ['steɪdʒkəutʃ] n diligenza.

stage door n ingresso degli artisti.

stage fright n paura del pubblico.

stagehand ['steɪdʒhænd] n macchinista m.

stage-manage ['steɪdʒmænɪdʒ] vt allestire le scene per; montare.

stage manager n direttore m di scena.

stagger ['stægə*] vi barcollare ♦ vt (person) sbalordire; (hours, holidays) scaglionare.

staggering ['stægərɪŋ] adj (amazing) incredibile, sbalorditivo(a).

staging post ['steɪdʒɪŋ-] n passaggio obbligato.

stagnant ['stægnənt] adj stagnante.

stagnate [stæg'neɪt] vi (also fig) stagnare.

stagnation [stæg'neɪʃən] n stagnazione f, ristagno.

stag night, stag party n festa di addio al celibato.

staid [steɪd] adj posato(a), serio(a).

stain [steɪn] n macchia; (colouring) colorante m ♦ vt macchiare; (wood) tingere.

stained glass window ['steɪnd-] n
vetrata.
stainless ['steɪnlɪs] adj (steel) inossidabile.
stain remover n smacchiatore m.
stair [stɛə*] n (step) gradino; ~s npl (flight of
~s) scale fpl, scala.
staircase ['stɛəkeɪs], **stairway** ['stɛəweɪ] n
scale fpl, scala.
stairwell ['stɛəwɛl] n tromba delle scale.
stake [steɪk] n palo, piolo; (BETTING)
puntata, scommessa ♦ vt (bet)
scommettere; (risk) rischiare; (also: ~
out: area) delimitare con paletti; **to be at
~** essere in gioco; **to have a ~ in sth**
avere un interesse in qc; **to ~ a claim (to
sth)** rivendicare (qc).
stakeout ['steɪkaut] n sorveglianza.
stalactite ['stæləktaɪt] n stalattite f.
stalagmite ['stæləgmaɪt] n stalagmite f.
stale [steɪl] adj (bread) raffermo(a),
stantio(a); (beer) svaporato(a); (smell) di
chiuso.
stalemate ['steɪlmeɪt] n stallo; (fig) punto
morto.
stalk [stɔːk] n gambo, stelo ♦ vt inseguire
♦ vi camminare impettito(a).
stall [stɔːl] n (BRIT: in street, market etc)
bancarella; (in stable) box m inv di stalla
♦ vt (AUT) far spegnere ♦ vi (AUT)
spegnersi, fermarsi; (fig) temporeggiare;
~s npl (BRIT: in cinema, theatre) platea;
newspaper/flower ~ chiosco del
giornalaio/del fioraio.
stallholder ['stɔːlhəuldə*] n (BRIT)
bancarellista m/f.
stallion ['stæljən] n stallone m.
stalwart ['stɔːlwət] n membro fidato.
stamen ['steɪmɛn] n stame m.
stamina ['stæmɪnə] n vigore m, resistenza.
stammer ['stæmə*] n balbuzie f ♦ vi
balbettare.
stamp [stæmp] n (postage ~) francobollo;
(implement) timbro; (mark, also fig)
marchio, impronta; (on document) bollo;
timbro ♦ vi (also: ~ one's foot) battere il
piede ♦ vt battere; (letter) affrancare;
(mark with a ~) timbrare; **~ed addressed
envelope (sae)** busta affrancata per la
risposta.
▶**stamp out** vt (fire) estinguere; (crime)
eliminare; (opposition) soffocare.
stamp album n album m inv per
francobolli.
stamp collecting n filatelia.
stamp duty n (BRIT) bollo.
stampede [stæm'piːd] n fuggi fuggi m inv;
(of cattle) fuga precipitosa.
stamp machine n distributore m

automatico di francobolli.
stance [stæns] n posizione f.
stand [stænd] n (position) posizione f; (MIL)
resistenza; (structure) supporto, sostegno;
(at exhibition) stand m inv; (at market)
bancarella; (booth) chiosco; (SPORT)
tribuna; (also: music ~) leggio m ♦ vb (pt,
pp **stood** [stud]) vi stare in piedi; (rise)
alzarsi in piedi; (be placed) trovarsi ♦ vt
(place) mettere, porre; (tolerate, withstand)
resistere, sopportare; **to make a ~**
prendere posizione; **to take a ~ on an
issue** prendere posizione su un
problema; **to ~ for parliament** (BRIT)
presentarsi come candidato (per il
parlamento); **to ~ guard** or **watch** (MIL)
essere di guardia; **it ~s to reason** è
logico; **as things ~** stando così le cose; **to
~ sb a drink/meal** offrire da bere/un
pranzo a qn; **I can't ~ him** non lo
sopporto.
▶**stand aside** vi farsi da parte, scostarsi.
▶**stand by** vi (be ready) tenersi pronto(a)
♦ vt fus (opinion) sostenere.
▶**stand down** vi (withdraw) ritirarsi; (LAW)
lasciare il banco dei testimoni.
▶**stand for** vt fus (signify) rappresentare,
significare; (tolerate) sopportare,
tollerare.
▶**stand in for** vt fus sostituire.
▶**stand out** vi (be prominent) spiccare.
▶**stand up** vi (rise) alzarsi in piedi.
▶**stand up for** vt fus difendere.
▶**stand up to** vt fus tener testa a, resistere
a.
stand-alone ['stændələun] adj (COMPUT)
stand-alone inv.
standard ['stændəd] n modello, standard m
inv; (level) livello; (flag) stendardo ♦ adj
(size etc) normale, standard inv; (practice)
normale; (model) di serie; ~s npl (morals)
principi mpl, valori mpl; **to be** or **come up
to ~** rispondere ai requisiti; **below** or **not
up to ~** (work) mediocre; **to apply a
double ~** usare metri diversi (nel
giudicare or fare etc); **~ of living** livello
di vita.
standardization [stændədaɪ'zeɪʃən] n
standardizzazione f.
standardize ['stændədaɪz] vt normalizzare,
standardizzare.
standard lamp n (BRIT) lampada a stelo.
standard time n ora ufficiale.
stand-by ['stændbaɪ] n riserva, sostituto; **to
be on ~** (gen) tenersi pronto(a); (doctor)
essere di guardia; **a ~ ticket** un biglietto
standby; **to fly ~** essere in lista d'attesa
per un volo.

stand-by generator *n* generatore *m* d'emergenza.

stand-by passenger *n (AVIAT)* passeggero/a in lista d'attesa.

stand-by ticket *n (AVIAT)* biglietto senza garanzia.

stand-in ['stændɪn] *n* sostituto/a; *(CINE)* controfigura.

standing ['stændɪŋ] *adj* diritto(a), in piedi; *(permanent: committee)* permanente; *(: rule)* fisso(a); *(: army)* regolare; *(grievance)* continuo(a); *(duration)*: **of 6 months'** ~ che dura da 6 mesi ♦ *n* rango, condizione *f*, posizione *f*; **it's a** ~ **joke** è diventato proverbiale; **he was given a** ~ **ovation** tutti si alzarono per applaudirlo; **a man of some** ~ un uomo di una certa importanza.

standing committee *n* commissione *f* permanente.

standing order *n (BRIT: at bank)* ordine *m* di pagamento (permanente); **~s** *npl (MIL)* regolamento.

standing room *n* posto all'impiedi.

stand-off ['stændɔf] *n (esp US: stalemate)* situazione *f* di stallo.

standoffish [stænd'ɔfɪʃ] *adj* scostante, freddo(a).

standpat ['stændpæt] *adj (US)* irremovibile.

standpipe ['stændpaɪp] *n* fontanella.

standpoint ['stændpɔɪnt] *n* punto di vista.

standstill ['stændstɪl] *n*: **at a** ~ fermo(a); *(fig)* a un punto morto; **to come to a** ~ fermarsi; giungere a un punto morto.

stank [stæŋk] *pt of* **stink**.

stanza ['stænzə] *n* stanza *(poesia)*.

staple ['steɪpl] *n (for papers)* graffetta; *(chief product)* prodotto principale ♦ *adj (food etc)* di base; *(crop, industry)* principale ♦ *vt* cucire.

stapler ['steɪplə*] *n* cucitrice *f*.

star [stɑ:*] *n* stella; *(celebrity)* divo/a; *(principal actor)* vedette *f inv* ♦ *vi*: **to** ~ **(in)** essere il *(or* la*)* protagonista (di) ♦ *vt (CINE)* essere interpretato(a) da; **four-~ hotel** ≈ albergo di prima categoria; **2-~ petrol** *(BRIT)* ≈ benzina normale; **4-~ petrol** *(BRIT)* ≈ super *f*.

star attraction *n* numero principale.

starboard ['stɑ:bəd] *n* dritta; **to** ~ a dritta.

starch [stɑ:tʃ] *n* amido.

starched ['stɑ:tʃt] *adj (collar)* inamidato(a).

starchy ['stɑ:tʃɪ] *adj (food)* ricco(a) di amido.

stardom ['stɑ:dəm] *n* celebrità.

stare [stɛə*] *n* sguardo fisso ♦ *vi*: **to** ~ **at** fissare.

starfish ['stɑ:fɪʃ] *n* stella di mare.

stark [stɑ:k] *adj (bleak)* desolato(a); *(simplicity, colour)* austero(a); *(reality, poverty, truth)* crudo(a) ♦ *adv*: ~ **naked** completamente nudo(a).

starkers ['stɑ:kəz] *adj*: **to be** ~ *(BRIT col)* essere nudo(a) come un verme.

starlet ['stɑ:lɪt] *n (CINE)* stellina.

starlight ['stɑ:laɪt] *n*: **by** ~ alla luce delle stelle.

starling ['stɑ:lɪŋ] *n* storno.

starlit ['stɑ:lɪt] *adj* stellato(a).

starry ['stɑ:rɪ] *adj* stellato(a).

starry-eyed [stɑ:rɪ'aɪd] *adj (idealistic, gullible)* ingenuo(a); *(from wonder)* meravigliato(a).

Stars and Stripes *npl*: **the** ~ la bandiera a stelle e strisce.

star sign *n* segno zodiacale.

star-studded ['stɑ:stʌdɪd] *adj*: **a** ~ **cast** un cast di attori famosi.

start [stɑ:t] *n* inizio; *(of race)* partenza; *(sudden movement)* sobbalzo; *(advantage)* vantaggio ♦ *vt* cominciare, iniziare; *(found: business, newspaper)* fondare, creare ♦ *vi* cominciare; *(on journey)* partire, mettersi in viaggio; *(jump)* sobbalzare; **to** ~ **doing sth** (in)cominciare a fare qc; **at the** ~ all'inizio; **for a** ~ tanto per cominciare; **to make an early** ~ partire di buon'ora; **to** ~ **(off) with ...** *(firstly)* per prima cosa ...; *(at the beginning)* all'inizio; **to** ~ **a fire** provocare un incendio.

▶**start off** *vi* cominciare; *(leave)* partire.

▶**start over** *vi (US)* ricominciare.

▶**start up** *vi* cominciare; *(car)* avviarsi ♦ *vt* iniziare; *(car)* avviare.

starter ['stɑ:tə*] *n (AUT)* motorino d'avviamento; *(SPORT: official)* starter *m inv*; *(: runner, horse)* partente *m/f*; *(BRIT CULIN)* primo piatto.

starting handle ['stɑ:tɪŋ-] *n (BRIT)* manovella d'avviamento.

starting point *n* punto di partenza.

starting price *n* prezzo *m* base *inv*.

startle ['stɑ:tl] *vt* far trasalire.

startling ['stɑ:tlɪŋ] *adj* sorprendente, sbalorditivo(a).

star turn *n (BRIT)* attrazione *f* principale.

starvation [stɑ:'veɪʃən] *n* fame *f*, inedia; **to die of** ~ morire d'inedia.

starve [stɑ:v] *vi* morire di fame; soffrire la fame ♦ *vt* far morire di fame, affamare; **I'm starving** muoio di fame.

stash [stæʃ] *vt*: **to** ~ **sth away** *(col)* nascondere qc.

state [steɪt] *n* stato; *(pomp)*: **in** ~ in pompa ♦ *vt* dichiarare, affermare; annunciare;

to be in a ~ essere agitato(a); **the** ~ **of the art** il livello di tecnologia (or cultura etc); ~ **of emergency** stato di emergenza; ~ **of mind** stato d'animo.

state control n controllo statale.

stated ['steɪtɪd] adj fissato(a), stabilito(a).

State Department n (US) Dipartimento di Stato, ≈ Ministero degli Esteri.

state education n (BRIT) istruzione f pubblica or statale.

stateless ['steɪtlɪs] adj apolide.

stately ['steɪtlɪ] adj maestoso(a), imponente.

statement ['steɪtmənt] n dichiarazione f; (LAW) deposizione f; (FINANCE) rendiconto; **official** ~ comunicato ufficiale; ~ **of account, bank** ~ estratto conto.

state-owned ['steɪt'əund] adj statalizzato(a).

States [steɪts] npl: **the** ~ (USA) gli Stati Uniti.

state school n scuola statale.

statesman ['steɪtsmən] n statista m.

statesmanship ['steɪtsmənʃɪp] n abilità politica.

static ['stætɪk] n (RADIO) scariche fpl ♦ adj statico(a); ~ **electricity** elettricità statica.

station ['steɪʃən] n stazione f; (rank) rango, condizione f ♦ vt collocare, disporre; **action** ~s posti mpl di combattimento; **to be** ~**ed in** (MIL) essere di stanza in.

stationary ['steɪʃənərɪ] adj fermo(a), immobile.

stationer ['steɪʃənə*] n cartolaio/a; ~**'s shop** cartoleria.

stationery ['steɪʃənərɪ] n articoli mpl di cancelleria; (writing paper) carta da lettere.

station master n (RAIL) capostazione m.

station wagon n (US) giardinetta.

statistic [stə'tɪstɪk] n statistica; see also **statistics**.

statistical [stə'tɪstɪkəl] adj statistico(a).

statistics [stə'tɪstɪks] n (science) statistica.

statue ['stætjuː] n statua.

statuesque [stætju'ɛsk] adj statuario(a).

statuette [stætju'ɛt] n statuetta.

stature ['stætʃə*] n statura.

status ['steɪtəs] n posizione f, condizione f sociale; (prestige) prestigio; (legal, marital) stato.

status quo [-'kwəu] n: **the** ~ lo statu quo.

status symbol n simbolo di prestigio.

statute ['stætjuːt] n legge f; ~**s** npl (of club etc) statuto.

statute book n codice m.

statutory ['stætjutərɪ] adj stabilito(a) dalla legge, statutario(a); ~ **meeting** (COMM) assemblea ordinaria.

staunch [stɔːntʃ] adj fidato(a), leale ♦ vt (flow) arrestare; (blood) arrestare il flusso di.

stave [steɪv] n (MUS) rigo ♦ vt: **to** ~ **off** (attack) respingere; (threat) evitare.

stay [steɪ] n (period of time) soggiorno, permanenza ♦ vi rimanere; (reside) alloggiare, stare; (spend some time) trattenersi, soggiornare; ~ **of execution** (LAW) sospensione f dell'esecuzione; **to** ~ **put** non muoversi; **to** ~ **with friends** stare presso amici; **to** ~ **the night** passare la notte.

▶**stay behind** vi restare indietro.

▶**stay in** vi (at home) stare in casa.

▶**stay on** vi restare, rimanere.

▶**stay out** vi (of house) rimanere fuori (di casa); (strikers) continuare lo sciopero.

▶**stay up** vi (at night) rimanere alzato(a).

staying power ['steɪɪŋ-] n capacità di resistenza.

STD n abbr (BRIT: = subscriber trunk dialling) teleselezione f; (= sexually transmitted disease) malattia venerea.

stead [stɛd] n (BRIT): **in sb's** ~ al posto di qn; **to stand sb in good** ~ essere utile a qn.

steadfast ['stɛdfɑːst] adj fermo(a), risoluto(a).

steadily ['stɛdɪlɪ] adv continuamente; (walk) con passo sicuro.

steady ['stɛdɪ] adj stabile, solido(a), fermo(a); (regular) costante; (boyfriend etc) fisso(a); (person) calmo(a), tranquillo(a) ♦ vt stabilizzare; calmare; **to** ~ **o.s.** ritrovare l'equilibrio.

steak [steɪk] n (meat) bistecca; (fish) trancia.

steakhouse ['steɪkhaus] n ristorante specializzato in bistecche.

steal, pt **stole**, pp **stolen** [stiːl, stəul, 'stəuln] vt rubare ♦ vi (thieve) rubare.

▶**steal away, steal off** vi svignarsela, andarsene alla chetichella.

stealth [stɛlθ] n: **by** ~ furtivamente.

stealthy ['stɛlθɪ] adj furtivo(a).

steam [stiːm] n vapore m ♦ vt trattare con vapore; (CULIN) cuocere a vapore ♦ vi fumare; (ship): **to** ~ **along** filare; **to let off** ~ (fig) sfogarsi; **under one's own** ~ (fig) da solo, con i propri mezzi; **to run out of** ~ (fig: person) non farcela più.

▶**steam up** vi (window) appannarsi; **to get** ~**ed up about sth** (fig) andare in bestia per qc.

steam engine n macchina a vapore; (*RAIL*) locomotiva a vapore.
steamer ['sti:mə*] n piroscafo, vapore m; (*CULIN*) pentola a vapore.
steam iron n ferro a vapore.
steamroller ['sti:mrəulə*] n rullo compressore.
steamship ['sti:mʃɪp] n piroscafo, vapore m.
steamy ['sti:mɪ] adj pieno(a) di vapore; (*window*) appannato(a).
steed [sti:d] n (*literary*) corsiero, destriero.
steel [sti:l] n acciaio ♦ cpd di acciaio.
steel band n banda di strumenti a percussione (*tipica dei Caribi*).
steel industry n industria dell'acciaio.
steel mill n acciaieria.
steelworks ['sti:lwɔ:ks] n acciaieria.
steely ['sti:lɪ] adj (*determination*) inflessibile; (*gaze*) duro(a); (*eyes*) freddo(a) come l'acciaio.
steep [sti:p] adj ripido(a), scosceso(a); (*price*) eccessivo(a) ♦ vt inzuppare; (*washing*) mettere a mollo.
steeple ['sti:pl] n campanile m.
steeplechase ['sti:pltʃeɪs] n corsa a ostacoli, steeplechase m inv.
steeplejack ['sti:pldʒæk] n chi ripara campanili e ciminiere.
steer [stɪə*] n manzo ♦ vt (*ship*) governare; (*car*) guidare ♦ vi (*NAUT: person*) governare; (: *ship*) rispondere al timone; (*car*) guidarsi; **to ~ clear of sb/sth** (*fig*) tenersi alla larga da qn/qc.
steering ['stɪərɪŋ] n (*AUT*) sterzo.
steering column n piantone m dello sterzo.
steering committee n comitato direttivo.
steering wheel n volante m.
stem [stɛm] n (*of flower, plant*) stelo; (*of tree*) fusto; (*of glass*) gambo; (*of fruit, leaf*) picciolo ♦ vt contenere, arginare.
▶**stem from** vt fus provenire da, derivare da.
stench [stɛntʃ] n puzzo, fetore m.
stencil ['stɛnsl] n (*of metal, cardboard*) stampino, mascherina; (*in typing*) matrice f.
stenographer [stɛ'nɔgrəfə*] n (*US*) stenografo/a.
stenography [stɛ'nɔgrəfɪ] n (*US*) stenografia.
step [stɛp] n passo; (*stair*) gradino, scalino; (*action*) mossa, azione f ♦ vi: **to ~ forward** fare un passo avanti; **~s** npl (*BRIT*) = **stepladder**; **~ by ~** un passo dietro l'altro; (*fig*) poco a poco; **to be in/out of ~ with** (*also fig*) stare/non stare al passo

con.
▶**step down** vi (*fig*) ritirarsi.
▶**step in** vi fare il proprio ingresso.
▶**step off** vt fus scendere da.
▶**step over** vt fus scavalcare.
▶**step up** vt aumentare; intensificare.
step aerobics n step m inv.
stepbrother ['stɛpbrʌðə*] n fratellastro.
stepchild ['stɛptʃaɪld] n figliastro/a.
stepdaughter ['stɛpdɔ:tə*] n figliastra.
stepfather ['stɛpfɑ:ðə*] n patrigno.
stepladder ['stɛplædə*] n scala a libretto.
stepmother ['stɛpmʌðə*] n matrigna.
stepping stone ['stɛpɪŋ-] n pietra di un guado; (*fig*) trampolino.
step Reebok ® [-'ri:bɔk] n step m inv.
stepsister ['stɛpsɪstə*] n sorellastra.
stepson ['stɛpsʌn] n figliastro.
stereo ['stɛrɪəu] n (*system*) sistema m stereofonico; (*record player*) stereo m inv ♦ adj (*also:* ~**phonic**) stereofonico(a); **in ~** in stereofonia.
stereotype ['stɪərɪətaɪp] n stereotipo.
sterile ['stɛraɪl] adj sterile.
sterility [stɛ'rɪlɪtɪ] n sterilità.
sterilization [stɛrɪlaɪ'zeɪʃən] n sterilizzazione f.
sterilize ['stɛrɪlaɪz] vt sterilizzare.
sterling ['stɜ:lɪŋ] adj (*gold, silver*) di buona lega; (*fig*) autentico(a), genuino(a) ♦ n (*ECON*) (lira) sterlina; **a pound ~** una lira sterlina.
sterling area n area della sterlina.
stern [stɜ:n] adj severo(a) ♦ n (*NAUT*) poppa.
sternum ['stɜ:nəm] n sterno.
steroid ['stɛrɔɪd] n steroide m.
stethoscope ['stɛθəskəup] n stetoscopio.
stevedore ['sti:vɪdɔ:*] n scaricatore m di porto.
stew [stju:] n stufato ♦ vt, vi cuocere in umido; ~**ed tea** *tè lasciato troppo in infusione*; ~**ed fruit** frutta cotta.
steward ['stju:əd] n (*AVIAT, NAUT, RAIL*) steward m inv; (*in club etc*) dispensiere m; (*shop* ~) rappresentante m/f sindacale.
stewardess ['stju:ədɛs] n assistente f di volo, hostess f inv.
stewardship ['stju:ədʃɪp] n amministrazione f.
stewing steak ['stju:ɪŋ-], (*US*) **stew meat** n carne f (di manzo) per stufato.
St. Ex. abbr = **stock exchange**.
stg abbr = **sterling**.
stick [stɪk] n bastone m; (*of rhubarb, celery*) gambo ♦ vb (*pt, pp* **stuck** [stʌk]) vt (*glue*) attaccare; (*thrust*): **to ~ sth into** conficcare *or* piantare *or* infiggere qc in; (*col: put*) ficcare; (: *tolerate*) sopportare

♦ *vi* conficcarsi; tenere; (*remain*) restare, rimanere; (*get jammed*: *door, lift*) bloccarsi; **to ~ to** (*one's word, promise*) mantenere; (*principles*) tener fede a; **to get hold of the wrong end of the ~** (*fig*) capire male; **it stuck in my mind** mi è rimasto in mente.

▶**stick around** *vi* (*col*) restare, fermarsi.

▶**stick out, stick up** *vi* sporgere, spuntare ♦ *vt*: **to ~ it out** (*col*) tener duro.

▶**stick up for** *vt fus* difendere.

sticker ['stɪkə*] *n* cartellino adesivo.

sticking plaster ['stɪkɪŋ-] *n* cerotto adesivo.

sticking point *n* (*fig*) punto di stallo, impasse *f inv*.

stickleback ['stɪklbæk] *n* spinarello.

stickler ['stɪklə*] *n*: **to be a ~ for** essere pignolo(a) su, tenere molto a.

stick-on ['stɪkɔn] *adj* (*label*) adesivo(a).

stick shift *n* (*US AUT*) cambio manuale.

stick-up ['stɪkʌp] *n* (*col*) rapina a mano armata.

sticky ['stɪkɪ] *adj* attaccaticcio(a), vischioso(a); (*label*) adesivo(a).

stiff [stɪf] *adj* rigido(a), duro(a); (*muscle*) legato(a), indolenzito(a); (*difficult*) difficile, arduo(a); (*cold*: *manner etc*) freddo(a), formale; (*strong*) forte; (*high*: *price*) molto alto(a); **to be** *or* **feel ~** (*person*) essere *or* sentirsi indolenzito; **to have a ~ neck/back** avere il torcicollo/ mal di schiena; **to keep a ~ upper lip** (*BRIT fig*) conservare il sangue freddo.

stiffen ['stɪfn] *vt* irrigidire; rinforzare ♦ *vi* irrigidirsi; indurirsi.

stiffness ['stɪfnɪs] *n* rigidità; indolenzimento; difficoltà; freddezza.

stifle ['staɪfl] *vt* soffocare.

stifling ['staɪflɪŋ] *adj* (*heat*) soffocante.

stigma, *pl* (*BOT, MED*) **~ta**, (*fig*) **~s** ['stɪgmə, stɪg'mɑːtə] *n* stigma *m*.

stigmata [stɪg'mɑːtə] *npl* (*REL*) stigmate *fpl*.

stile [staɪl] *n* cavalcasiepe *m*; cavalcasteccato.

stiletto [stɪ'lɛtəu] *n* (*also*: **~ heel**) tacco a spillo.

still [stɪl] *adj* fermo(a); (*quiet*) silenzioso(a); (*orange juice etc*) non gassato(a) ♦ *adv* (*up to this time, even*) ancora; (*nonetheless*) tuttavia, ciò nonostante ♦ *n* (*CINE*) fotogramma *m*; **keep ~!** stai fermo!; **he ~ hasn't arrived** non è ancora arrivato.

stillborn ['stɪlbɔːn] *adj* nato(a) morto(a).

still life *n* natura morta.

stilt [stɪlt] *n* trampolo; (*pile*) palo.

stilted ['stɪltɪd] *adj* freddo(a), formale; artificiale.

stimulant ['stɪmjulənt] *n* stimolante *m*.

stimulate ['stɪmjuleɪt] *vt* stimolare.

stimulating ['stɪmjuleɪtɪŋ] *adj* stimolante.

stimulation [stɪmju'leɪʃən] *n* stimolazione *f*.

stimulus, *pl* **stimuli** ['stɪmjuləs, 'stɪmjulaɪ] *n* stimolo.

sting [stɪŋ] *n* puntura; (*organ*) pungiglione *m*; (*col*) trucco ♦ *vt* (*pt, pp* **stung** [stʌŋ]) pungere ♦ *vi* bruciare; **my eyes are ~ing** mi bruciano gli occhi.

stingy ['stɪndʒɪ] *adj* spilorcio(a), tirchio(a).

stink [stɪŋk] *n* fetore *m*, puzzo ♦ *vi* (*pt* **stank**, *pp* **stunk** [stæŋk, stʌŋk]) puzzare.

stinker ['stɪŋkə*] *n* (*col*) porcheria; (*person*) fetente *m/f*.

stinking ['stɪŋkɪŋ] *adj* (*col*): **a ~** ... uno schifo di ..., un(a) maledetto(a) ...; **~ rich** ricco(a) da far paura.

stint [stɪnt] *n* lavoro, compito ♦ *vi*: **to ~ on** lesinare su.

stipend ['staɪpɛnd] *n* stipendio, congrua.

stipendiary [staɪ'pɛndɪərɪ] *adj*: **~ magistrate** magistrato stipendiato.

stipulate ['stɪpjuleɪt] *vt* stipulare.

stipulation [stɪpju'leɪʃən] *n* stipulazione *f*.

stir [stə:*] *n* agitazione *f*, clamore *m* ♦ *vt* rimescolare; (*move*) smuovere, agitare ♦ *vi* muoversi; **to give sth a ~** mescolare qc; **to cause a ~** fare scalpore.

▶**stir up** *vt* provocare, suscitare.

stir-fry ['stə:'fraɪ] *vt* saltare in padella ♦ *n* pietanza al salto.

stirring ['stə:rɪŋ] *adj* eccitante; commovente.

stirrup ['stɪrəp] *n* staffa.

stitch [stɪtʃ] *n* (*SEWING*) punto; (*KNITTING*) maglia; (*MED*) punto (di sutura); (*pain*) fitta ♦ *vt* cucire, attaccare; suturare.

stoat [stəut] *n* ermellino.

stock [stɔk] *n* riserva, provvista; (*COMM*) giacenza, stock *m inv*; (*AGR*) bestiame *m*; (*CULIN*) brodo; (*FINANCE*) titoli *mpl*, azioni *fpl*; (*RAIL*: *also*: **rolling ~**) materiale *m* rotabile; (*descent, origin*) stirpe *f* ♦ *adj* (*fig*: *reply etc*) consueto(a); solito(a), classico(a); (*greeting*) usuale; (*COMM*: *goods, size*) standard *inv* ♦ *vt* (*have in stock*) avere, vendere; **well-~ed** ben fornito(a); **to have sth in ~** avere qc in magazzino; **out of ~** esaurito(a); **to take ~** (*fig*) fare il punto; **~s and shares** valori *mpl* di borsa; **government ~** titoli di Stato.

▶**stock up** *vi*: **to ~ up (with)** fare provvista (di).

stockade [stɔ'keɪd] *n* palizzata.

stockbroker ['stɔkbrəukə*] *n* agente *m* di cambio.

stock control *n* gestione *f* magazzino.

stock cube n (*BRIT CULIN*) dado.
stock exchange n Borsa (valori).
stockholder ['stɔkhəuldə*] n (*FINANCE*) azionista m/f.
Stockholm ['stɔkhəum] n Stoccolma.
stocking ['stɔkɪŋ] n calza.
stock-in-trade ['stɔkɪn'treɪd] n (*fig*): **it's his ~ è la sua specialità.
stockist ['stɔkɪst] n (*BRIT*) fornitore m.
stock market n (*BRIT*) Borsa, mercato finanziario.
stock phrase n cliché m inv.
stockpile ['stɔkpaɪl] n riserva ♦ vt accumulare riserve di.
stockroom ['stɔkrum] n magazzino.
stocktaking ['stɔkteɪkɪŋ] n (*BRIT COMM*) inventario.
stocky ['stɔkɪ] adj tarchiato(a), tozzo(a).
stodgy ['stɔdʒɪ] adj pesante, indigesto(a).
stoic ['stəuɪk] n stoico/a.
stoical ['stəuɪkəl] adj stoico(a).
stoke [stəuk] vt alimentare.
stoker ['stəukə*] n fochista m.
stole [stəul] pt of **steal** ♦ n stola.
stolen ['stəuln] pp of **steal**.
stolid ['stɔlɪd] adj impassibile.
stomach ['stʌmək] n stomaco; (*abdomen*) ventre m ♦ vt sopportare, digerire.
stomach ache n mal m di stomaco.
stomach pump n pompa gastrica.
stomach ulcer n ulcera allo stomaco.
stomp [stɔmp] vi: **to ~ in/out** etc entrare/uscire etc con passo pesante.
stone [stəun] n pietra; (*pebble*) sasso, ciottolo; (*in fruit*) nocciolo; (*MED*) calcolo; (*BRIT: weight*) = 6.348 kg.; 14 libbre ♦ cpd di pietra ♦ vt lapidare; **within a ~'s throw of the station** a due passi dalla stazione.
Stone Age n: **the ~** l'età della pietra.
stone-cold [stəun'kəuld] adj gelido(a).
stoned [stəund] adj (*col: drunk*) sbronzo(a); (*on drugs*) fuori inv.
stone-deaf [stəun'dɛf] adj sordo(a) come una campana.
stonemason ['stəunmeɪsn] n scalpellino.
stonewall [stəun'wɔːl] vi fare ostruzionismo ♦ vt ostacolare.
stonework ['stəunwəːk] n muratura.
stony ['stəunɪ] adj pietroso(a), sassoso(a).
stood [stud] pt, pp of **stand**.
stooge [stuːdʒ] n (*col*) tirapiedi m/f inv.
stool [stuːl] n sgabello.
stoop [stuːp] vi (*also*: **have a ~**) avere una curvatura; (*bend*) chinarsi, curvarsi; **to ~ to sth/doing sth** abbassarsi a qc/a fare qc.
stop [stɔp] n arresto; (*stopping place*) fermata; (*in punctuation*) punto ♦ vt

arrestare, fermare; (*break off*) interrompere; (*also*: **put a ~ to**) porre fine a; (*prevent*) impedire ♦ vi fermarsi; (*rain, noise etc*) cessare, finire; **to ~ doing sth** cessare or finire di fare qc; **to ~ sb (from) doing sth** impedire a qn di fare qc; **to ~ dead** fermarsi di colpo; **~ it!** smettila!, basta!
▶**stop by** vi passare, fare un salto.
▶**stop off** vi sostare brevemente.
▶**stop up** vt (*hole*) chiudere, turare.
stopcock ['stɔpkɔk] n rubinetto di arresto.
stopgap ['stɔpgæp] n (*person*) tappabuchi m/f inv; (*measure*) ripiego ♦ cpd (*measures, solution*) di fortuna.
stoplights ['stɔplaɪts] npl (*AUT*) stop mpl.
stopover ['stɔpəuvə*] n breve sosta; (*AVIAT*) scalo.
stoppage ['stɔpɪdʒ] n arresto, fermata; (*of pay*) trattenuta; (*strike*) interruzione f del lavoro.
stopper ['stɔpə*] n tappo.
stop press n ultimissime fpl.
stopwatch ['stɔpwɔtʃ] n cronometro.
storage ['stɔːrɪdʒ] n immagazzinamento; (*COMPUT*) memoria.
storage heater n (*BRIT*) radiatore m elettrico che accumula calore.
store [stɔː*] n provvista, riserva; (*depot*) deposito; (*BRIT: department ~*) grande magazzino; (*US: shop*) negozio ♦ vt mettere da parte; conservare; (*grain, goods*) immagazzinare; (*COMPUT*) registrare; **to set great/little ~ by sth** dare molta/poca importanza a qc; **who knows what is in ~ for us?** chissà cosa ci riserva il futuro?
▶**store up** vt mettere in serbo, conservare.
storehouse ['stɔːhaus] n magazzino, deposito.
storekeeper ['stɔːkiːpə*] n (*US*) negoziante m/f.
storeroom ['stɔːrum] n dispensa.
storey, (*US*) **story** ['stɔːrɪ] n piano.
stork [stɔːk] n cicogna.
storm [stɔːm] n tempesta; (*also*: **thunder~**) temporale m ♦ vi (*fig*) infuriarsi ♦ vt prendere d'assalto.
storm cloud n nube f temporalesca.
storm door n controporta.
stormy ['stɔːmɪ] adj tempestoso(a), burrascoso(a).
story ['stɔːrɪ] n storia; racconto; (*PRESS*) articolo; (*US*) = **storey**.
storybook ['stɔːrɪbuk] n libro di racconti.
storyteller ['stɔːrɪtɛlə*] n narratore/trice.
stout [staut] adj solido(a), robusto(a);

(*brave*) coraggioso(a); (*fat*) corpulento(a), grasso(a) ♦ *n* birra scura.

stove [stəuv] *n* (*for cooking*) fornello; (: *small*) fornelletto; (*for heating*) stufa; **gas/electric** ~ cucina a gas/elettrica.

stow [stəu] *vt* mettere via.

stowaway ['stəuəweɪ] *n* passeggero(a) clandestino(a).

straddle ['strædl] *vt* stare a cavalcioni di.

strafe [strɑːf] *vt* mitragliare.

straggle ['strægl] *vi* crescere (*or* estendersi) disordinatamente; trascinarsi; rimanere indietro; ~**d along the coast** disseminati(e) lungo la costa.

straggler ['stræglə*] *n* sbandato/a.

straggling ['stræglɪŋ], **straggly** ['stræglɪ] *adj* (*hair*) in disordine.

straight [streɪt] *adj* (*continuous, direct*) dritto(a); (*frank*) onesto(a), franco(a); (*plain, uncomplicated*) semplice; (*THEAT: part, play*) serio(a); (*col: heterosexual*) eterosessuale ♦ *adv* diritto; (*drink*) liscio ♦ *n*: **the** ~ la linea retta; (*RAIL*) il rettilineo; (*SPORT*) la dirittura d'arrivo; **to put** *or* **get** ~ mettere in ordine, mettere ordine in; **to be (all)** ~ (*tidy*) essere a posto, essere sistemato; (*clarified*) essere chiaro; **ten** ~ **wins** dieci vittorie di fila; ~ **away,** ~ **off** (*at once*) immediatamente; ~ **off,** ~ **out** senza esitare; **I went** ~ **home** sono andato direttamente a casa.

straighten ['streɪtn] *vt* (*also:* ~ **out**) raddrizzare; **to** ~ **things out** mettere le cose a posto.

straight-faced [streɪt'feɪst] *adj* impassibile, imperturbabile ♦ *adv* con il viso serio.

straightforward [streɪt'fɔːwəd] *adj* semplice; (*frank*) onesto(a), franco(a).

strain [streɪn] *n* (*TECH*) sollecitazione *f*; (*physical*) sforzo; (*mental*) tensione *f*; (*MED*) strappo; (*streak, trace*) tendenza; elemento; (*breed*) razza; (*of virus*) tipo ♦ *vt* tendere; (*muscle*) slogare; (*ankle*) storcere; (*friendship, marriage*) mettere a dura prova; (*filter*) colare, filtrare ♦ *vi* sforzarsi; ~**s** *npl* (*MUS*) note *fpl*; **she's under a lot of** ~ è molto tesa, è sotto pressione.

strained [streɪnd] *adj* (*laugh etc*) forzato(a); (*relations*) teso(a).

strainer ['streɪnə*] *n* passino, colino.

strait [streɪt] *n* (*GEO*) stretto; **to be in dire** ~**s** (*fig*) essere nei guai.

straitjacket ['streɪtdʒækɪt] *n* camicia di forza.

strait-laced [streɪt'leɪst] *adj* puritano(a).

strand [strænd] *n* (*of thread*) filo.

strange [streɪndʒ] *adj* (*not known*) sconosciuto(a); (*odd*) strano(a), bizzarro(a).

strangely ['streɪndʒlɪ] *adv* stranamente.

stranger ['streɪndʒə*] *n* (*unknown*) sconosciuto/a; (*from another place*) estraneo/a; **I'm a** ~ **here** non sono del posto.

strangle ['stræŋgl] *vt* strangolare.

stranglehold ['stræŋglhəuld] *n* (*fig*) stretta (mortale).

strangulation [stræŋgju'leɪʃən] *n* strangolamento.

strap [stræp] *n* cinghia; (*of slip, dress*) spallina, bretella ♦ *vt* legare con una cinghia; (*child etc*) punire (con una cinghia).

straphanging ['stræphæŋɪŋ] *n* viaggiare *m* in piedi (*su mezzi pubblici reggendosi a un sostegno*).

strapless ['stræplɪs] *adj* (*bra, dress*) senza spalline.

strapped [stræpt] *adj*: ~ **for cash** a corto di soldi; **financially** ~ finanziariamente a terra.

strapping ['stræpɪŋ] *adj* ben piantato(a).

Strasbourg ['stræzbɔːg] *n* Strasburgo *f*.

strata ['strɑːtə] *npl of* **stratum**.

stratagem ['strætɪdʒəm] *n* stratagemma *m*.

strategic [strə'tiːdʒɪk] *adj* strategico(a).

strategist ['strætɪdʒɪst] *n* stratega *m*.

strategy ['strætɪdʒɪ] *n* strategia.

stratosphere ['strætəsfɪə*] *n* stratosfera.

stratum, *pl* **strata** ['strɑːtəm, 'strɑːtə] *n* strato.

straw [strɔː] *n* paglia; (*drinking* ~) cannuccia; **that's the last** ~**!** è la goccia che fa traboccare il vaso!

strawberry ['strɔːbərɪ] *n* fragola.

stray [streɪ] *adj* (*animal*) randagio(a) ♦ *vi* perdersi; allontanarsi, staccarsi (dal gruppo); ~ **bullet** proiettile *m* vagante.

streak [striːk] *n* striscia; (*fig: of madness etc*): **a** ~ **of** una vena di ♦ *vt* striare, screziare ♦ *vi*: **to** ~ **past** passare come un fulmine; **to have** ~**s in one's hair** avere le mèche nei capelli; **a winning/losing** ~ un periodo fortunato/sfortunato.

streaker ['striːkə*] *n* streaker *m/f inv*.

streaky ['striːkɪ] *adj* screziato(a), striato(a).

streaky bacon *n* (*BRIT*) ≈ pancetta.

stream [striːm] *n* ruscello; corrente *f*; (*of people*) fiume *m* ♦ *vt* (*SCOL*) dividere in livelli di rendimento ♦ *vi* scorrere; **to** ~ **in/out** entrare/uscire a fiotti; **against the** ~ controcorrente; **on** ~ (*new power plant etc*) in funzione, in produzione.

streamer ['striːmə*] *n* (*of paper*) stella filante.

stream feed n (*on photocopier etc*) alimentazione f continua.

streamline ['stri:mlaɪn] vt dare una linea aerodinamica a; (*fig*) razionalizzare.

streamlined ['stri:mlaɪnd] adj aerodinamico(a), affusolato(a); (*fig*) razionalizzato(a).

street [stri:t] n strada, via; **the back ~s** le strade secondarie; **to be on the ~s** (*homeless*) essere senza tetto; (*as prostitute*) battere il marciapiede.

streetcar ['stri:tkɑ:*] n (*US*) tram m inv.

street cred [-krɛd] n (*col*) credibilità presso i giovani.

street lamp n lampione m.

street lighting n illuminazione f stradale.

street map, street plan n pianta (di una città).

street market n mercato all'aperto.

streetwise ['stri:twaɪz] adj (*col*) esperto(a) dei bassifondi.

strength [strɛŋθ] n forza; (*of girder, knot etc*) resistenza, solidità; (*of chemical solution*) concentrazione f; (*of wine*) gradazione f alcolica; **on the ~ of** sulla base di, in virtù di; **below/at full ~** con gli effettivi ridotti/al completo.

strengthen ['strɛŋθən] vt rinforzare; (*muscles*) irrobustire; (*economy, currency*) consolidare.

strenuous ['strɛnjuəs] adj vigoroso(a), energico(a); (*tiring*) duro(a), pesante.

stress [strɛs] n (*force, pressure*) pressione f; (*mental strain*) tensione f; (*accent*) accento; (*emphasis*) enfasi f ♦ vt insistere su, sottolineare; **to be under ~** essere sotto tensione; **to lay great ~ on sth** dare grande importanza a qc.

stressful ['strɛsful] adj (*job*) difficile, stressante.

stretch [strɛtʃ] n (*of sand etc*) distesa; (*of time*) periodo ♦ vi stirarsi; (*extend*): **to ~ to** or **as far as** estendersi fino a; (*be enough: money, food*): **to ~ (to)** bastare (per) ♦ vt tendere, allungare; (*spread*) distendere; (*fig*) spingere (al massimo); **at a ~** ininterrottamente; **to ~ a muscle** tendere un muscolo; **to ~ one's legs** sgranchirsi le gambe.

▶**stretch out** vi allungarsi, estendersi ♦ vt (*arm etc*) allungare, tendere; (*to spread*) distendere; **to ~ out for sth** allungare la mano per prendere qc.

stretcher ['strɛtʃə*] n barella, lettiga.

stretcher-bearer ['strɛtʃəbɛərə*] n barelliere m.

stretch marks npl smagliature fpl.

strewn [stru:n] adj: **~ with** cosparso(a) di.

stricken ['strɪkən] adj provato(a); affranto(a); **~ with** colpito(a) da.

strict [strɪkt] adj (*severe*) rigido(a), severo(a); (: *order, rule*) rigoroso(a); (: *supervision*) stretto(a); (*precise*) preciso(a), stretto(a); **in ~ confidence** in assoluta confidenza.

strictly ['strɪktlɪ] adv severamente; rigorosamente; strettamente; **~ confidential** strettamente confidenziale; **~ speaking** a rigor di termini; **~ between ourselves** ... detto fra noi ....

stride [straɪd] n passo lungo ♦ vi (pt **strode**, pp **stridden** [strəud, 'strɪdn]) camminare a grandi passi; **to take in one's ~** (*fig: changes etc*) prendere con tranquillità.

strident ['straɪdnt] adj stridente.

strife [straɪf] n conflitto; litigi mpl.

strike [straɪk] n sciopero; (*of oil etc*) scoperta; (*attack*) attacco ♦ vb (pt, pp **struck** [strʌk]) vt colpire; (*oil etc*) scoprire, trovare; (*produce, make: coin, medal*) coniare; (: *agreement, deal*) concludere ♦ vi far sciopero, scioperare; (*attack*) attaccare; (*clock*) suonare; **to go on** or **come out on ~** mettersi in sciopero; **to ~ a match** accendere un fiammifero; **to ~ a balance** (*fig*) trovare il giusto mezzo.

▶**strike back** vi (*MIL*) fare rappresaglie; (*fig*) reagire.

▶**strike down** vt (*fig*) atterrare.

▶**strike off** vt (*from list*) cancellare; (: *doctor etc*) radiare.

▶**strike out** vt depennare.

▶**strike up** vt (*MUS*) attaccare; **to ~ up a friendship with** fare amicizia con.

strikebreaker ['straɪkbreɪkə*] n crumiro/a.

striker ['straɪkə*] n scioperante m/f; (*SPORT*) attaccante m.

striking ['straɪkɪŋ] adj impressionante.

Strimmer ® ['strɪmə*] n tagliabordi m inv.

string [strɪŋ] n spago; (*row*) fila; sequenza; catena; (*COMPUT*) stringa, sequenza; (*MUS*) corda ♦ vt (pt, pp **strung** [strʌŋ]): **to ~ out** disporre di fianco; **to ~ together** mettere insieme; **the ~s** npl (*MUS*) gli archi; **~ of pearls** filo di perle; **with no ~s attached** (*fig*) senza vincoli, senza obblighi; **to get a job by pulling ~s** ottenere un lavoro a forza di raccomandazioni.

string bean n fagiolino.

string(ed) instrument n (*MUS*) strumento a corda.

stringent ['strɪndʒənt] adj rigoroso(a); (*reasons, arguments*) stringente, impellente.

string quartet n quartetto d'archi.

strip [strɪp] n striscia; (SPORT): **wearing the Celtic** ~ con la divisa del Celtic ♦ vt spogliare; (also: ~ **down**: machine) smontare ♦ vi spogliarsi.

strip cartoon n fumetto.

stripe [straɪp] n striscia, riga.

striped ['straɪpt] adj a strisce or righe.

strip light n (BRIT) tubo al neon.

stripper ['strɪpə*] n spogliarellista.

strip-search ['strɪpsə:tʃ] vt: **to** ~ **sb** perquisire qn facendolo(a) spogliare ♦ n perquisizione f (facendo spogliare il perquisito).

striptease ['strɪpti:z] n spogliarello.

strive, pt **strove,** pp **striven** [straɪv, strəuv, 'strɪvn] vi: **to** ~ **to do** sforzarsi di fare.

strobe [strəub] n (also: ~ **light**) luce f stroboscopica.

strode [strəud] pt of stride.

stroke [strəuk] n colpo; (of piston) corsa; (MED) colpo apoplettico; (SWIMMING: style) nuoto; (caress) carezza ♦ vt accarezzare; **at a** ~ in un attimo; **on the** ~ **of 5** alle 5 in punto, allo scoccare delle 5; **a** ~ **of luck** un colpo di fortuna; **two-**~ **engine** motore a due tempi.

stroll [strəul] n giretto, passeggiatina ♦ vi andare a spasso; **to go for a** ~, **have** or **take a** ~ andare a fare un giretto or due passi.

stroller ['strəulə*] n (US) passeggino.

strong [strɔŋ] adj (gen) forte; (sturdy: table, fabric etc) solido(a); (concentrated, intense: bleach, acid) concentrato(a); (protest, letter, measures) energico(a) ♦ adv: **to be going** ~ (company) andare a gonfie vele; (person) essere attivo(a); **they are 50** ~ sono in 50; ~ **language** (swearing) linguaggio volgare.

strong-arm ['strɔŋɑ:m] adj (tactics, methods) energico(a).

strongbox ['strɔŋbɔks] n cassaforte f.

stronghold ['strɔŋhəuld] n fortezza, roccaforte f.

strongly ['strɔŋlɪ] adv fortemente, con forza; solidamente; energicamente; **to feel** ~ **about sth** avere molto a cuore qc.

strongman ['strɔŋmæn] n personaggio di spicco.

strongroom ['strɔŋrum] n camera di sicurezza.

stroppy ['strɔpɪ] adj (BRIT col) scontroso(a), indisponente.

strove [strəuv] pt of strive.

struck [strʌk] pt, pp of strike.

structural ['strʌktʃərəl] adj strutturale; (CONSTR) di costruzione; di struttura.

structurally ['strʌktʃrəlɪ] adv dal punto di

vista della struttura.

structure ['strʌktʃə*] n struttura; (building) costruzione f, fabbricato.

struggle ['strʌgl] n lotta ♦ vi lottare; **to have a** ~ **to do sth** avere dei problemi per fare qc.

strum [strʌm] vt (guitar) strimpellare.

strung [strʌŋ] pt, pp of string.

strut [strʌt] n sostegno, supporto ♦ vi pavoneggiarsi.

strychnine ['strɪkni:n] n stricnina.

stub [stʌb] n mozzicone m; (of ticket etc) matrice f, talloncino ♦ vt: **to** ~ **one's toe (on sth)** urtare or sbattere il dito del piede (contro qc).

▶**stub out** vt: **to** ~ **out a cigarette** spegnere una sigaretta.

stubble ['stʌbl] n stoppia; (on chin) barba ispida.

stubborn ['stʌbən] adj testardo(a), ostinato(a).

stubby ['stʌbɪ] adj tozzo(a).

stucco ['stʌkəu] n stucco.

stuck [stʌk] pt, pp of stick ♦ adj (jammed) bloccato(a); **to get** ~ bloccarsi.

stuck-up [stʌk'ʌp] adj presuntuoso(a).

stud [stʌd] n bottoncino; borchia; (of horses) scuderia, allevamento di cavalli; (also: ~ **horse**) stallone m ♦ vt (fig): ~**ded with** tempestato(a) di.

student ['stju:dənt] n studente/essa ♦ cpd studentesco(a); universitario(a); degli studenti; **a law/medical** ~ uno studente di legge/di medicina.

student driver n (US) conducente m/f principiante.

students' union n (BRIT: association) circolo universitario; (: building) sede f del circolo universitario.

studied ['stʌdɪd] adj studiato(a), calcolato(a).

studio ['stju:dɪəu] n studio.

studio flat, (US) **studio apartment** n appartamento monolocale.

studious ['stju:dɪəs] adj studioso(a); (studied) studiato(a), voluto(a).

studiously ['stju:dɪəslɪ] adv (carefully) deliberatamente, di proposito.

study ['stʌdɪ] n studio ♦ vt studiare; esaminare ♦ vi studiare; **to make a** ~ **of sth** fare uno studio su qc; **to** ~ **for an exam** prepararsi a un esame.

stuff [stʌf] n (substance) roba; (belongings) cose fpl, roba ♦ vt imbottire; (animal: for exhibition) impagliare; (CULIN) farcire; **my nose is** ~**ed up** ho il naso chiuso; **get** ~**ed!** (col!) va' a farti fottere! (!); ~**ed toy** giocattolo di peluche.

stuffing ['stʌfɪŋ] *n* imbottitura; (*CULIN*) ripieno.

stuffy ['stʌfɪ] *adj* (*room*) mal ventilato(a), senz'aria; (*ideas*) antiquato(a).

stumble ['stʌmbl] *vi* inciampare; **to ~ across** (*fig*) imbattersi in.

stumbling block ['stʌmblɪŋ-] *n* ostacolo, scoglio.

stump [stʌmp] *n* ceppo; (*of limb*) moncone *m* ♦ *vt*: **to be ~ed for an answer** essere incapace di rispondere.

stun [stʌn] *vt* stordire; (*amaze*) sbalordire.

stung [stʌŋ] *pt*, *pp of* **sting**.

stunk [stʌŋk] *pp of* **stink**.

stunning ['stʌnɪŋ] *adj* (*piece of news etc*) sbalorditivo(a); (*girl, dress*) favoloso(a), stupendo(a).

stunt [stʌnt] *n* bravata; trucco pubblicitario; (*AVIAT*) acrobazia ♦ *vt* arrestare.

stunted ['stʌntɪd] *adj* stentato(a), rachitico(a).

stuntman ['stʌntmæn] *n* cascatore *m*.

stupefaction [stjuːpɪ'fækʃən] *n* stupefazione *f*, stupore *m*.

stupefy ['stjuːpɪfaɪ] *vt* stordire; intontire; (*fig*) stupire.

stupendous [stjuː'pɛndəs] *adj* stupendo(a), meraviglioso(a).

stupid ['stjuːpɪd] *adj* stupido(a).

stupidity [stjuː'pɪdɪtɪ] *n* stupidità.

stupidly ['stjuːpɪdlɪ] *adv* stupidamente.

stupor ['stjuːpə*] *n* torpore *m*.

sturdy ['stɜːdɪ] *adj* robusto(a), vigoroso(a); solido(a).

sturgeon ['stɜːdʒən] *n* storione *m*.

stutter ['stʌtə*] *n* balbuzie *f* ♦ *vi* balbettare.

Stuttgart ['ʃtʊtgart] *n* Stoccarda.

sty [staɪ] *n* (*of pigs*) porcile *m*.

stye [staɪ] *n* (*MED*) orzaiolo.

style [staɪl] *n* stile *m*; (*distinction*) eleganza, classe *f*; (*hair ~*) pettinatura; (*of dress etc*) modello, linea; **in the latest ~** all'ultima moda.

styli ['staɪlaɪ] *npl of* **stylus**.

stylish ['staɪlɪʃ] *adj* elegante.

stylist ['staɪlɪst] *n*: **hair ~** parrucchiere/a.

stylized ['staɪlaɪzd] *adj* stilizzato(a).

stylus, *pl* **styli** *or* **styluses** ['staɪləs, -laɪ] *n* (*of record player*) puntina.

Styrofoam ® ['staɪrəfəum] *n* (*US*) = **polystyrene** ♦ *adj* (*cup*) di polistirene.

suave [swaːv] *adj* untuoso(a).

sub [sʌb] *n abbr* = **submarine**; **subscription**.

sub... [sʌb] *prefix* sub..., sotto....

subcommittee ['sʌbkəmɪtɪ] *n* sottocomitato.

subconscious [sʌb'kɔnʃəs] *adj*, *n*

subcosciente (*m*).

subcontinent [sʌb'kɔntɪnənt] *n*: **the ~ (Indian)** il subcontinente (indiano).

subcontract *n* [sʌb'kɔntrækt] subappalto ♦ *vt* [sʌbkən'trækt] subappaltare.

subcontractor ['sʌbkən'træktə*] *n* subappaltatore/trice.

subdivide [sʌbdɪ'vaɪd] *vt* suddividere.

subdivision ['sʌbdɪvɪʒən] *n* suddivisione *f*.

subdue [səb'djuː] *vt* sottomettere, soggiogare.

subdued [səb'djuːd] *adj* pacato(a); (*light*) attenuato(a); (*person*) poco esuberante.

sub-editor ['sʌb'ɛdɪtə*] *n* (*BRIT*) redattore(trice) aggiunto(a).

subject ['sʌbdʒɪkt] *n* soggetto; (*citizen etc*) cittadino/a; (*SCOL*) materia ♦ *adj* (*liable*): **~ to** soggetto(a) a ♦ *vt* [səb'dʒɛkt]: **to ~ to** sottomettere a; esporre a; **~ to confirmation in writing** a condizione di ricevere conferma scritta; **to change the ~** cambiare discorso.

subjection [səb'dʒɛkʃən] *n* sottomissione *f*, soggezione *f*.

subjective [səb'dʒɛktɪv] *adj* soggettivo(a).

subject matter *n* argomento; contenuto.

sub judice [sʌb'dʒuːdɪsɪ] *adj* (*LAW*) sub iudice.

subjugate ['sʌbdʒugeɪt] *vt* sottomettere, soggiogare.

subjunctive [səb'dʒʌŋktɪv] *adj* congiuntivo(a) ♦ *n* congiuntivo.

sublet [sʌb'lɛt] *vt*, *vi irreg* subaffittare.

sublime [sə'blaɪm] *adj* sublime.

subliminal [sʌb'lɪmɪnl] *adj* subliminale.

submachine gun ['sʌbmə'ʃiːn-] *n* mitra *m inv*.

submarine [sʌbmə'riːn] *n* sommergibile *m*.

submerge [səb'mɜːdʒ] *vt* sommergere; immergere ♦ *vi* immergersi.

submersion [səb'mɜːʃən] *n* sommersione *f*; immersione *f*.

submission [səb'mɪʃən] *n* sottomissione *f*; (*to committee etc*) richiesta, domanda.

submissive [səb'mɪsɪv] *adj* remissivo(a).

submit [səb'mɪt] *vt* sottomettere; (*proposal, claim*) presentare ♦ *vi* sottomettersi.

subnormal [sʌb'nɔːməl] *adj* subnormale.

subordinate [sə'bɔːdɪnət] *adj*, *n* subordinato(a).

subpoena [səb'piːnə] *n* (*LAW*) citazione *f*, mandato di comparizione ♦ *vt* (*LAW*) citare in giudizio.

subroutine ['sʌbruːtiːn] *n* (*COMPUT*) sottoprogramma *m*.

subscribe [səb'skraɪb] *vi* contribuire; **to ~ to** (*opinion*) approvare, condividere; (*fund*) sottoscrivere; (*newspaper*)

abbonarsi a; essere abbonato(a) a.
subscriber [səb'skraɪbə*] n (*to periodical, telephone*) abbonato/a.
subscript ['sʌbskrɪpt] n deponente m.
subscription [səb'skrɪpʃən] n sottoscrizione f; abbonamento; **to take out a ~ to** abbonarsi a.
subsequent ['sʌbsɪkwənt] adj (*later*) successivo(a); (*further*) ulteriore; **~ to** in seguito a.
subsequently ['sʌbsɪkwəntlɪ] adv in seguito, successivamente.
subservient [səb'sə:vɪənt] adj: **~ (to)** remissivo(a) (a), sottomesso(a) (a).
subside [səb'saɪd] vi cedere, abbassarsi; (*flood*) decrescere; (*wind*) calmarsi.
subsidence [səb'saɪdns] n cedimento, abbassamento.
subsidiarity [səbsɪdɪ'ærɪtɪ] n (*POL*) principio del decentramento del potere.
subsidiary [səb'sɪdɪərɪ] adj sussidiario(a); accessorio(a); (*BRIT SCOL: subject*) complementare ♦ n filiale f.
subsidize ['sʌbsɪdaɪz] vt sovvenzionare.
subsidy ['sʌbsɪdɪ] n sovvenzione f.
subsist [səb'sɪst] vi: **to ~ on sth** vivere di qc.
subsistence [səb'sɪstəns] n esistenza; mezzi mpl di sostentamento.
subsistence allowance n indennità f inv di trasferta.
subsistence level n livello minimo di vita.
substance ['sʌbstəns] n sostanza; (*fig*) essenza; **to lack ~** (*argument*) essere debole.
substance abuse n abuso di sostanze tossiche.
substandard [sʌb'stændəd] adj (*goods, housing*) di qualità scadente.
substantial [səb'stænʃl] adj solido(a); (*amount, progress etc*) notevole; (*meal*) sostanzioso(a).
substantially [səb'stænʃəlɪ] adv sostanzialmente; **~ bigger** molto più grande.
substantiate [səb'stænʃɪeɪt] vt comprovare.
substitute ['sʌbstɪtjuːt] n (*person*) sostituto/a; (*thing*) succedaneo, surrogato ♦ vt: **to ~ sth/sb for** sostituire qc/qn a.
substitute teacher n (*US*) supplente m/f.
substitution [sʌbstɪ'tjuːʃən] n sostituzione f.
subterfuge ['sʌbtəfjuːdʒ] n sotterfugio.
subterranean [sʌbtə'reɪnɪən] adj sotterraneo(a).
subtitle ['sʌbtaɪtl] n (*CINE*) sottotitolo.
subtle ['sʌtl] adj sottile; (*flavour, perfume*)

delicato(a).
subtlety ['sʌtltɪ] n sottigliezza.
subtly ['sʌtlɪ] adv sottilmente; delicatamente.
subtotal [sʌb'təʊtl] n somma parziale.
subtract [səb'trækt] vt sottrarre.
subtraction [səb'trækʃən] n sottrazione f.
suburb ['sʌbəːb] n sobborgo; **the ~s** la periferia.
suburban [sə'bəːbən] adj suburbano(a).
suburbia [sə'bəːbɪə] n periferia, sobborghi mpl.
subversion [səb'vəːʃən] n sovversione f.
subversive [səb'vəːsɪv] adj sovversivo(a).
subway ['sʌbweɪ] n (*US: underground*) metropolitana; (*BRIT: underpass*) sottopassaggio.
subzero [sʌb'zɪərəʊ] adj: **~ temperatures** temperature fpl sotto zero.
succeed [sək'siːd] vi riuscire, avere successo ♦ vt succedere a; **to ~ in doing** riuscire a fare.
succeeding [sək'siːdɪŋ] adj (*following*) successivo(a); **~ generations** generazioni fpl future.
success [sək'sɛs] n successo.
successful [sək'sɛsful] adj (*venture*) coronato(a) da successo, riuscito(a); **to be ~ (in doing)** riuscire (a fare).
successfully [sək'sɛsfəlɪ] adv con successo.
succession [sək'sɛʃən] n successione f; **in ~** di seguito.
successive [sək'sɛsɪv] adj successivo(a); consecutivo(a); **on 3 ~ days** per 3 giorni consecutivi or di seguito.
successor [sək'sɛsə*] n successore m.
succinct [sək'sɪŋkt] adj succinto(a), breve.
succulent ['sʌkjulənt] adj succulento(a) ♦ n (*BOT*): **~s** piante fpl grasse.
succumb [sə'kʌm] vi soccombere.
such [sʌtʃ] adj tale; (*of that kind*): **~ a book** un tale libro, un libro del genere; **~ books** tali libri, libri del genere; (*so much*): **~ courage** tanto coraggio ♦ adv: **~ a long trip** un viaggio così lungo; **~ good books** libri così buoni; **~ a lot of** talmente or così tanto(a); **making ~ a noise that** facendo un rumore tale che; **~ a long time ago** tanto tempo fa; **~ as** (*like*) come; **a noise ~ as to** un rumore tale da; **~ books as I have** quei pochi libri che ho; **as ~** come or in quanto tale; **I said no ~ thing** non ho detto niente del genere.
such-and-such ['sʌtʃənsʌtʃ] adj tale (*after noun*).
suchlike ['sʌtʃlaɪk] pron (*col*): **and ~** e così via.
suck [sʌk] vt succhiare; (*subj: baby*)

poppare; (: *pump, machine*) aspirare.
sucker ['sʌkə*] *n* (*ZOOL, TECH*) ventosa;
(*BOT*) pollone *m*; (*col*) gonzo/a, babbeo/a.
suckle ['sʌkl] *vt* allattare.
sucrose ['suːkrəuz] *n* saccarosio.
suction ['sʌkʃən] *n* succhiamento; (*TECH*)
aspirazione *f*.
suction pump *n* pompa aspirante.
Sudan [suːˈdɑːn] *n* Sudan *m*.
Sudanese [suːdəˈniːz] *adj, n* sudanese (*m/f*).
sudden ['sʌdn] *adj* improvviso(a); **all of a ~**
improvvisamente, all'improvviso.
sudden-death [sʌdn'dɛθ] *n* (*also:* ~ **playoff**)
(*SPORT*) spareggio, bella.
suddenly ['sʌdnlɪ] *adv* bruscamente,
improvvisamente, di colpo.
suds [sʌdz] *npl* schiuma (di sapone).
sue [suː] *vt* citare in giudizio ♦ *vi*: **to ~ (for)**
intentare causa (per); **to ~ for divorce**
intentare causa di divorzio; **to ~ sb for**
damages citare qn per danni.
suede [sweɪd] *n* pelle *f* scamosciata ♦ *cpd*
scamosciato/a.
suet ['suɪt] *n* grasso di rognone.
Suez ['suːɪz] *n*: **the ~ Canal** il Canale di
Suez.
Suff. *abbr* (*BRIT*) = **Suffolk.**
suffer ['sʌfə*] *vt* soffrire, patire; (*bear*)
sopportare, tollerare; (*undergo: loss,*
setback) subire ♦ *vi* soffrire; **to ~ from**
soffrire di; **to ~ from the effects of**
alcohol/a fall risentire degli effetti
dell'alcool/di una caduta.
sufferance ['sʌfərəns] *n*: **he was only there**
on ~ era più che altro sopportato lì.
sufferer ['sʌfərə*] *n* (*MED*): **~ (from)**
malato/a (di).
suffering ['sʌfərɪŋ] *n* sofferenza; (*hardship,*
deprivation) privazione *f*.
suffice [səˈfaɪs] *vi* essere sufficiente,
bastare.
sufficient [səˈfɪʃənt] *adj* sufficiente; **~**
money abbastanza soldi.
sufficiently [səˈfɪʃəntlɪ] *adv*
sufficientemente, abbastanza.
suffix ['sʌfɪks] *n* suffisso.
suffocate ['sʌfəkeɪt] *vi* (*have difficulty*
breathing) soffocare; (*die through lack of*
air) asfissiare.
suffocation [sʌfəˈkeɪʃən] *n* soffocamento;
(*MED*) asfissia.
suffrage ['sʌfrɪdʒ] *n* suffragio.
suffuse [səˈfjuːz] *vt*: **to ~ (with)** (*colour*)
tingere (di); (*light*) soffondere (di); **her**
face was ~d with joy la gioia si dipingeva
sul suo volto.
sugar ['ʃugə*] *n* zucchero ♦ *vt* zuccherare.
sugar beet *n* barbabietola da zucchero.

sugar bowl *n* zuccheriera.
sugar cane *n* canna da zucchero.
sugar-coated ['ʃugəkəutɪd] *adj* ricoperto(a)
di zucchero.
sugar lump *n* zolletta di zucchero.
sugar refinery *n* raffineria di zucchero.
sugary ['ʃugərɪ] *adj* zuccherino(a), dolce;
(*fig*) sdolcinato(a).
suggest [səˈdʒɛst] *vt* proporre, suggerire;
(*indicate*) indicare; **what do you ~ I do?**
cosa mi suggerisce di fare?
suggestion [səˈdʒɛstʃən] *n* suggerimento,
proposta.
suggestive [səˈdʒɛstɪv] *adj* suggestivo(a);
(*indecent*) spinto(a), indecente.
suicidal [suɪˈsaɪdl] *adj* suicida *inv*; (*fig*)
fatale, disastroso(a).
suicide ['suɪsaɪd] *n* (*person*) suicida *m/f*; (*act*)
suicidio; **to commit ~** suicidarsi.
suicide attempt, suicide bid *n* tentato
suicidio.
suit [suːt] *n* (*man's*) completo; (*woman's*)
completo, tailleur *m inv*; (*law~*) causa;
(*CARDS*) seme *m*, colore *m* ♦ *vt* andar bene
a *or* per; essere adatto(a) a *or* per;
(*adapt*): **to ~ sth to** adattare qc a; **to be**
~ed to sth (*suitable for*) essere adatto a
qc; **well ~ed** (*couple*) fatti l'uno per
l'altro; **to bring a ~ against sb** intentare
causa a qn; **to follow ~** (*fig*) fare
altrettanto.
suitable ['suːtəbl] *adj* adatto(a);
appropriato(a); **would tomorrow be ~?**
andrebbe bene domani?; **we found**
somebody ~ abbiamo trovato la persona
adatta.
suitably ['suːtəblɪ] *adv* (*dress*) in modo
adatto; (*thank*) adeguatamente.
suitcase ['suːtkeɪs] *n* valigia.
suite [swiːt] *n* (*of rooms*) appartamento;
(*MUS*) suite *f inv*; (*furniture*): **bedroom/**
dining room ~ arredo *or* mobilia per la
camera da letto/sala da pranzo; **a three-**
piece ~ un salotto comprendente un
divano e due poltrone.
suitor ['suːtə*] *n* corteggiatore *m*,
spasimante *m*.
sulfate ['sʌlfeɪt] *n* (*US*) = **sulphate.**
sulfur *etc* ['sʌlfə*] (*US*) = **sulphur** *etc*.
sulk [sʌlk] *vi* fare il broncio.
sulky ['sʌlkɪ] *adj* imbronciato(a).
sullen ['sʌlən] *adj* scontroso(a); cupo(a).
sulphate, (US**) sulfate** ['sʌlfeɪt] *n* solfato;
copper ~ solfato di rame.
sulphur, (US**) sulfur** ['sʌlfə*] *n* zolfo.
sulphur dioxide *n* biossido di zolfo.
sulphuric, (US**) sulfuric** [sʌlˈfjuərɪk] *adj*: **~**
acid acido solforico.

sultan ['sʌltən] n sultano.
sultana [sʌl'tɑːnə] n (*fruit*) uva (secca) sultanina.
sultry ['sʌltrɪ] adj afoso(a).
sum [sʌm] n somma; (*SCOL etc*) addizione f.
▶**sum up** vt riassumere; (*evaluate rapidly*) valutare, giudicare ♦ vi riassumere.
Sumatra [su'mɑːtrə] n Sumatra.
summarize ['sʌməraɪz] vt riassumere, riepilogare.
summary ['sʌmərɪ] n riassunto ♦ adj (*justice*) sommario(a).
summer ['sʌmə*] n estate f ♦ cpd d'estate, estivo(a); **in (the) ~** d'estate.
summer camp n (*US*) colonia (estiva).
summerhouse ['sʌməhaus] n (*in garden*) padiglione m.
summertime ['sʌmətaɪm] n (*season*) estate f.
summer time n (*by clock*) ora legale (estiva).
summery ['sʌmərɪ] adj estivo(a).
summing-up [sʌmɪŋ'ʌp] n (*LAW*) ricapitolazione f del processo.
summit ['sʌmɪt] n cima, sommità; (*POL*) vertice m.
summit conference n conferenza al vertice.
summon ['sʌmən] vt chiamare, convocare; **to ~ a witness** citare un testimone.
▶**summon up** vt raccogliere, fare appello a.
summons n ordine m di comparizione ♦ vt citare; **to serve a ~ on sb** notificare una citazione a qn.
sumo ['suːməu] n (*also*: ~ **wrestling**) sumo.
sump [sʌmp] n (*AUT*) coppa dell'olio.
sumptuous ['sʌmptjuəs] adj sontuoso(a).
Sun. abbr (= Sunday) dom.
sun [sʌn] n sole m; **in the ~** al sole; **to catch the ~** prendere sole; **they have everything under the ~** hanno tutto ciò che possono desiderare.
sunbathe ['sʌnbeɪð] vi prendere un bagno di sole.
sunbeam ['sʌnbiːm] n raggio di sole.
sunbed ['sʌnbed] n lettino solare.
sunburn ['sʌnbəːn] n (*tan*) abbronzatura; (*painful*) scottatura.
sunburnt ['sʌnbəːnt], **sunburned** ['sʌnbəːnd] adj abbronzato(a); (*painfully*) scottato(a) dal sole.
sun cream n crema solare.
sundae ['sʌndeɪ] n coppa di gelato guarnita.
Sunday ['sʌndɪ] n domenica; *for phrases see also* **Tuesday**.
Sunday paper n giornale m della domenica.

> I **Sunday papers** sono i giornali che escono di domenica. Sono generalmente corredati da supplementi e riviste di argomento culturale, sportivo e di attualità ed hanno un'alta tiratura.

Sunday school n ≈ scuola di catechismo.
sundial ['sʌndaɪəl] n meridiana.
sundown ['sʌndaun] n tramonto.
sundries ['sʌndrɪz] npl articoli diversi, cose diverse.
sundry ['sʌndrɪ] adj vari(e), diversi(e); **all and ~** tutti quanti.
sunflower ['sʌnflauə*] n girasole m.
sung [sʌŋ] pp of **sing**.
sunglasses ['sʌnglɑːsɪz] npl occhiali mpl da sole.
sunk [sʌŋk] pp of **sink**.
sunken ['sʌŋkən] adj sommerso(a); (*eyes, cheeks*) infossato(a); (*bath*) incassato(a).
sunlamp ['sʌnlæmp] n lampada a raggi ultravioletti.
sunlight ['sʌnlaɪt] n (luce f del) sole m.
sunlit ['sʌnlɪt] adj assolato(a), soleggiato(a).
sunny ['sʌnɪ] adj assolato(a), soleggiato(a); (*fig*) allegro(a), felice; **it is ~** c'è il sole.
sunrise ['sʌnraɪz] n levata del sole, alba.
sunroof ['sʌnruːf] n (*on building*) tetto a terrazzo; (*AUT*) tetto apribile.
sunscreen ['sʌnskriːn] n crema solare protettiva.
sunset ['sʌnset] n tramonto.
sunshade ['sʌnʃeɪd] n parasole m.
sunshine ['sʌnʃaɪn] n (luce f del) sole m.
sunspot ['sʌnspɒt] n macchia solare.
sunstroke ['sʌnstrəuk] n insolazione f, colpo di sole.
suntan ['sʌntæn] n abbronzatura.
suntanned ['sʌntænd] adj abbronzato(a).
suntan oil n olio solare.
suntrap ['sʌntræp] n luogo molto assolato, angolo pieno di sole.
super ['suːpə*] adj (*col*) fantastico(a).
superannuation [suːpərænju'eɪʃən] n contributi mpl pensionistici; pensione f.
superb [suː'pəːb] adj magnifico(a).
Super Bowl n (*US SPORT*) Super Bowl m inv.
supercilious [suːpə'sɪlɪəs] adj sprezzante, sdegnoso(a).
superconductor [suːpəkən'dʌktə*] n superconduttore m.
superficial [suːpə'fɪʃəl] adj superficiale.
superficially [suːpə'fɪʃəlɪ] adv superficialmente.

superfluous [su'pə:fluəs] *adj* superfluo(a).
superglue ['su:pəglu:] *n* colla a presa rapida.
superhighway ['su:pəhaɪweɪ] *n (US)* autostrada; **the information ~** l'autostrada telematica.
superhuman [su:pə'hju:mən] *adj* sovrumano(a).
superimpose ['su:pərɪm'pəuz] *vt* sovrapporre.
superintend [su:pərɪn'tɛnd] *vt* dirigere, sovraintendere.
superintendent [su:pərɪn'tɛndənt] *n* direttore/trice; *(POLICE)* ≈ commissario (capo).
superior [su'pɪərɪə*] *adj* superiore; *(COMM: goods, quality)* di prim'ordine, superiore; *(smug: person)* che fa il superiore ♦ *n* superiore *m/f*; **Mother S~** *(REL)* Madre *f* Superiora, Superiora.
superiority [supɪərɪ'ɔrɪtɪ] *n* superiorità.
superlative [su'pə:lətɪv] *adj* superlativo(a), supremo(a) ♦ *n (LING)* superlativo.
superman ['su:pəmæn] *n* superuomo.
supermarket ['su:pəmɑ:kɪt] *n* supermercato.
supermodel ['su:pəmɔdl] *n* top model *m/f* *inv*.
supernatural [su:pə'nætʃərəl] *adj* soprannaturale.
supernova [su:pə'nəuvə] *n* supernova.
superpower ['su:pəpauə*] *n (POL)* superpotenza.
superscript ['su:pəskrɪpt] *n* esponente *m*.
supersede [su:pə'si:d] *vt* sostituire, soppiantare.
supersonic ['su:pə'sɔnɪk] *adj* supersonico(a).
superstar ['su:pəstɑ:*] *adj, n* superstar *(f)* *inv*.
superstition [su:pə'stɪʃən] *n* superstizione *f*.
superstitious [su:pə'stɪʃəs] *adj* superstizioso(a).
superstore ['su:pəstɔ:*] *n (BRIT)* grande supermercato.
supertanker ['su:pətæŋkə*] *n* superpetroliera.
supertax ['su:pətæks] *n* soprattassa.
supervise ['su:pəvaɪz] *vt (person etc)* sorvegliare; *(organization)* soprintendere a.
supervision [su:pə'vɪʒən] *n* sorveglianza, supervisione *f*; **under medical ~** sotto controllo medico.
supervisor ['su:pəvaɪzə*] *n* sorvegliante *m/f*, soprintendente *m/f*; *(in shop)* capocommesso/a; *(at university)* relatore/

trice.
supervisory ['su:pəvaɪzərɪ] *adj* di sorveglianza.
supine ['su:paɪn] *adj* supino(a).
supper ['sʌpə*] *n* cena; **to have ~** cenare.
supplant [sə'plɑ:nt] *vt* soppiantare.
supple ['sʌpl] *adj* flessibile; agile.
supplement *n* ['sʌplɪmənt] supplemento ♦ *vt* [sʌplɪ'mɛnt] completare, integrare.
supplementary [sʌplɪ'mɛntərɪ] *adj* supplementare.
supplementary benefit *n (BRIT)* forma di indennità assistenziale.
supplier [sə'plaɪə*] *n* fornitore *m*.
supply [sə'plaɪ] *vt (goods)*: **to ~ sth (to sb)** fornire qc (a qn); *(people, organization)*: **to ~ sb (with sth)** fornire a qn (qc); *(system, machine)*: **to ~ sth (with sth)** alimentare qc (con qc); *(a need)* soddisfare ♦ *n* riserva, provvista; *(supplying)* approvvigionamento; *(TECH)* alimentazione *f*; **supplies** *npl (food)* viveri *mpl*; *(MIL)* sussistenza; **office supplies** forniture *fpl* per ufficio; **to be in short ~** scarseggiare, essere scarso(a); **the electricity/water/gas ~** l'erogazione *f* di corrente/d'acqua/di gas; **~ and demand** la domanda e l'offerta; **the car comes supplied with a radio** l'auto viene fornita completa di radio.
supply teacher *n (BRIT)* supplente *m/f*.
support [sə'pɔ:t] *n (moral, financial etc)* sostegno, appoggio; *(TECH)* supporto ♦ *vt* sostenere; *(financially)* mantenere; *(uphold)* sostenere, difendere; *(SPORT: team)* fare il tifo per; **they stopped work in ~ (of)** hanno smesso di lavorare per solidarietà (con); **to ~ o.s.** *(financially)* mantenersi.
supporter [sə'pɔ:tə*] *n (POL etc)* sostenitore/trice, fautore/trice; *(SPORT)* tifoso/a.
supporting [sə'pɔ:tɪŋ] *adj (wall)* di sostegno.
supporting actor *n* attore *m* non protagonista.
supporting actress *n* attrice *f* non protagonista.
supporting role *n* ruolo non protagonista.
supportive [sə'pɔ:tɪv] *adj* d'appoggio; **I have a ~ wife/family** mia moglie/la mia famiglia mi appoggia.
suppose [sə'pəuz] *vt, vi* supporre; immaginare; **to be ~d to do** essere tenuto(a) a fare; **always supposing (that) he comes** ammesso e non concesso che venga; **I don't ~ she'll come** non credo che venga; **he's ~d to be an expert**

dicono che sia un esperto, passa per un esperto.

supposedly [sə'pəuzɪdlɪ] *adv* presumibilmente; (*seemingly*) apparentemente.

supposing [sə'pəuzɪŋ] *conj* se, ammesso che + *sub*.

supposition [sʌpə'zɪʃən] *n* supposizione *f*, ipotesi *f inv*.

suppository [sə'pɔzɪtərɪ] *n* supposta, suppositorio.

suppress [sə'prɛs] *vt* reprimere; sopprimere; tenere segreto(a).

suppression [sə'prɛʃən] *n* repressione *f*; soppressione *f*.

suppressor [sə'prɛsə*] *n* (*ELEC etc*) soppressore *m*.

supremacy [su'prɛməsɪ] *n* supremazia.

supreme [su'priːm] *adj* supremo(a).

Supreme Court *n* (*US*) Corte *f* suprema; ~ **of Judicature** *corte di giudizio suprema dell'Inghilterra e del Galles.*

supremo [su'priːməu] *n* autorità *f inv* massima.

Supt. *abbr* (*POLICE*) = **superintendent.**

surcharge ['səːtʃɑːdʒ] *n* supplemento; (*extra tax*) soprattassa.

sure [ʃuə*] *adj* sicuro(a); (*definite, convinced*) sicuro(a), certo(a) ♦ *adv* (*col: US*): **that ~ is pretty, that's ~ pretty è** veramente *or* davvero carino; **~! (*of course*)** senz'altro!, certo!; **~ enough** infatti; **to make ~ of** assicurarsi di; **to be ~ of sth** essere sicuro di qc; **to be ~ of o.s.** essere sicuro di sé; **I'm not ~ how/ why/when** non so bene come/perché/ quando + *sub*.

sure-fire ['ʃuəfaɪə*] *adj* (*col*) infallibile.

sure-footed [ʃuə'futɪd] *adj* dal passo sicuro.

surely ['ʃuəlɪ] *adv* sicuramente; certamente; **~ you don't mean that!** non parlerà sul serio!

surety ['ʃuərətɪ] *n* garanzia; **to go *or* stand ~ for sb** farsi garante per qn.

surf [səːf] *n* (*waves*) cavalloni *mpl*; (*foam*) spuma.

surface ['səːfɪs] *n* superficie *f* ♦ *vt* (*road*) asfaltare ♦ *vi* risalire alla superficie; (*fig: person*) venire a galla, farsi vivo(a); **on the ~ it seems that ...** (*fig*) superficialmente sembra che ....

surface area *n* superficie *f*.

surface mail *n* posta ordinaria.

surface-to-surface ['səːfɪstə'səːfɪs] *adj* (*MIL*) terra-terra *inv*.

surfboard ['səːfbɔːd] *n* tavola per surfing.

surfeit ['səːfɪt] *n*: **a ~ of** un eccesso di;

un'indigestione di.

surfer ['səːfə*] *n* chi pratica il surfing.

surfing ['səːfɪŋ] *n* surfing *m*.

surge [səːdʒ] *n* (*strong movement*) ondata; (*of feeling*) impeto; (*ELEC*) sovracorrente *f* transitoria ♦ *vi* (*waves*) gonfiarsi; (*ELEC: power*) aumentare improvvisamente; **to ~ forward** buttarsi avanti.

surgeon ['səːdʒən] *n* chirurgo.

Surgeon General *n* (*US*) ≈ Ministro della Sanità.

surgery ['səːdʒərɪ] *n* chirurgia; (*BRIT MED: room*) studio *or* gabinetto medico, ambulatorio; (: *session*) visita ambulatoriale; (*BRIT: of MP etc*) incontri *mpl* con gli elettori; **to undergo ~** subire un intervento chirurgico.

surgery hours *npl* (*BRIT*) orario delle visite *or* di consultazione.

surgical ['səːdʒɪkl] *adj* chirurgico(a).

surgical spirit *n* (*BRIT*) alcool denaturato.

surly ['səːlɪ] *adj* scontroso(a), burbero(a).

surmise [səː'maɪz] *vt* supporre, congetturare.

surmount [səː'maunt] *vt* sormontare.

surname ['səːneɪm] *n* cognome *m*.

surpass [səː'pɑːs] *vt* superare.

surplus ['səːpləs] *n* eccedenza; (*ECON*) surplus *m inv* ♦ *adj* eccedente, d'avanzo; **it is ~ to our requirements** eccede i nostri bisogni; **~ stock** merce *f* in sovrappiù.

surprise [sə'praɪz] *n* sorpresa; (*astonishment*) stupore *m* ♦ *vt* sorprendere; stupire; **to take by ~** (*person*) cogliere di sorpresa; (*MIL: town, fort*) attaccare di sorpresa.

surprising [sə'praɪzɪŋ] *adj* sorprendente, stupefacente.

surprisingly [se'praɪzɪŋlɪ] *adv* sorprendentemente; (**somewhat**) ~, **he agreed** cosa (alquanto) sorprendente, ha accettato.

surrealism [sə'rɪəlɪzəm] *n* surrealismo.

surrealist [sə'rɪəlɪst] *adj*, *n* surrealista (*m/f*).

surrender [sə'rɛndə*] *n* resa, capitolazione *f* ♦ *vi* arrendersi ♦ *vt* (*claim, right*) rinunciare a.

surrender value *n* (*COMM*) valore *m* di riscatto.

surreptitious [sʌrəp'tɪʃəs] *adj* furtivo(a).

surrogate ['sʌrəgɪt] *n* (*BRIT: substitute*) surrogato ♦ *adj* surrogato(a).

surrogate mother *n* madre *f* sostitutiva.

surround [sə'raund] *vt* circondare; (*MIL etc*) accerchiare.

surrounding [sə'raundɪŋ] *adj* circostante.

surroundings [sə'raundɪŋz] *npl* dintorni *mpl*; (*fig*) ambiente *m*.

surtax ['sɔːtæks] *n* soprattassa.
surveillance [sɔː'veɪləns] *n* sorveglianza, controllo.
survey *n* ['sɔːveɪ] (*comprehensive view: of situation, development*) quadro generale; (*study*) indagine *f*, studio; (*in housebuying etc*) perizia; (*of land*) rilevamento, rilievo topografico ♦ *vt* [sɔː'veɪ] osservare; esaminare; (*SURVEYING: building*) fare una perizia di; (: *land*) fare il rilevamento di.
surveying [sɔː'veɪɪŋ] *n* (*of land*) agrimensura.
surveyor [sɔː'veɪə*] *n* perito; (*of land*) agrimensore *m*.
survival [sɔ'vaɪvl] *n* sopravvivenza; (*relic*) reliquia, vestigio.
survival course *n* corso di sopravvivenza.
survival kit *n* equipaggiamento di prima necessità.
survive [sɔ'vaɪv] *vi* sopravvivere ♦ *vt* sopravvivere a.
survivor [sɔ'vaɪvə*] *n* superstite *m/f*, sopravvissuto/a.
susceptible [sɔ'sɛptəbl] *adj*: ~ **(to)** sensibile (a); (*disease*) predisposto(a) (a).
suspect *adj, n* ['sʌspɛkt] *adj* sospetto(a) ♦ *n* persona sospetta ♦ *vt* [sɔs'pɛkt] sospettare; (*think likely*) supporre; (*doubt*) dubitare di.
suspected [sɔs'pɛktɪd] *adj* presunto(a); **to have a ~ facture** avere una sospetta frattura.
suspend [sɔs'pɛnd] *vt* sospendere.
suspended animation *n*: **in a state of** ~ in stato comatoso.
suspended sentence *n* condanna con la condizionale.
suspender belt [sɔs'pɛndə*-] *n* (*BRIT*) reggicalze *m inv*.
suspenders [sɔ'spɛndəz] *npl* (*BRIT*) giarrettiere *fpl*; (*US*) bretelle *fpl*.
suspense [sɔs'pɛns] *n* apprensione *f*; (*in film etc*) suspense *m*.
suspension [sɔs'pɛnʃən] *n* (*gen, AUT*) sospensione *f*; (*of driving licence*) ritiro temporaneo.
suspension bridge *n* ponte *m* sospeso.
suspicion [sɔs'pɪʃən] *n* sospetto; **to be under** ~ essere sospettato; **arrested on** ~ **of murder** arrestato come presunto omicida.
suspicious [sɔs'pɪʃəs] *adj* (*suspecting*) sospettoso(a); (*causing suspicion*) sospetto(a); **to be** ~ **of** *or* **about sb/sth** nutrire sospetti nei riguardi di qn/qc.
suss out *vt* (*BRIT col*): **I've** ~**ed it/him out** ho capito come stanno le cose/che tipo è.
sustain [sɔs'teɪn] *vt* sostenere; sopportare;

(*suffer*) subire.
sustainable [sɔs'teɪnəbl] *adj* sostenibile.
sustained [sɔ'steɪnd] *adj* (*effort*) prolungato(a).
sustenance ['sʌstɪnəns] *n* nutrimento; mezzi *mpl* di sostentamento.
suture ['suːtʃə*] *n* sutura.
SW *abbr* (*RADIO:* = *short wave*) O.C.
swab [swɔb] *n* (*MED*) tampone *m* ♦ *vt* (*NAUT: also*: ~ **down**) radazzare.
swagger ['swægə*] *vi* pavoneggiarsi.
swallow ['swɔləu] *n* (*bird*) rondine *f*; (*of food*) boccone *m*; (*of drink*) sorso ♦ *vt* inghiottire; (*fig: story*) bere.
▶**swallow up** *vt* inghiottire.
swam [swæm] *pt of* **swim**.
swamp [swɔmp] *n* palude *f* ♦ *vt* sommergere.
swampy ['swɔmpɪ] *adj* palludoso(a), pantanoso(a).
swan [swɔn] *n* cigno.
swank [swæŋk] *vi* (*col: talk boastfully*) fare lo spaccone; (: *show off*) mettersi in mostra.
swan song *n* (*fig*) canto del cigno.
swap [swɔp] *n* scambio ♦ *vt*: **to** ~ **(for)** scambiare (con).
SWAPO ['swɑːpəu] *n abbr* = *South-West Africa People's Organization*.
swarm [swɔːm] *n* sciame *m* ♦ *vi* formicolare; (*bees*) sciamare.
swarthy ['swɔːðɪ] *adj* di carnagione scura.
swashbuckling ['swɔʃbʌklɪŋ] *adj* (*role, hero*) spericolato(a).
swastika ['swɔstɪkə] *n* croce *f* uncinata, svastica.
SWAT [swɔt] *n abbr* (*US: = Special Weapons and Tactics*) *reparto speciale di polizia*; **a** ~ **team** uno squadrone del reparto speciale (di polizia).
swat [swɔt] *vt* schiacciare ♦ *n* (*BRIT: also*: **fly** ~) ammazzamosche *m inv*.
swathe [sweɪð] *n* fascio ♦ *vt*: **to** ~ **in** (*bandages, blankets*) avvolgere in.
swatter ['swɔtə*] *n* (*also*: **fly** ~) ammazzamosche *m inv*.
sway [sweɪ] *vi* (*building*) oscillare; (*tree*) ondeggiare; (*person*) barcollare ♦ *vt* (*influence*) influenzare ♦ *n* (*rule, power*): ~ **(over)** influenza (su); **to hold** ~ **over sb** dominare qn.
Swaziland ['swɑːzɪlænd] *n* Swaziland *m*.
swear [swɛə*], *pt* **swore**, *pp* **sworn** [swɛə*, swɔː*, swɔːn] *vi* (*witness etc*) giurare; (*curse*) bestemmiare, imprecare ♦ *vt*: **to** ~ **an oath** prestare giuramento; **to** ~ **to sth** giurare qc.
▶**swear in** *vt* prestare giuramento a.

swearword ['swɛəwəːd] n parolaccia.
sweat [swɛt] n sudore m, traspirazione f
♦ vi sudare; **in a** ~ in un bagno di sudore.
sweatband ['swɛtbænd] n (SPORT) fascia
elastica (per assorbire il sudore).
sweater ['swɛtə*] n maglione m.
sweatshirt ['swɛtʃəːt] n maglione m in
cotone felpato.
sweatshop ['swɛtʃɔp] n azienda o fabbrica
dove i dipendenti sono sfruttati.
sweaty ['swɛtɪ] adj sudato(a); bagnato(a) di
sudore.
Swede [swiːd] n svedese m/f.
swede [swiːd] n (BRIT) rapa svedese.
Sweden ['swiːdn] n Svezia.
Swedish ['swiːdɪʃ] adj svedese ♦ n (LING)
svedese m.
sweep [swiːp] n spazzata; (curve) curva;
(expanse) distesa; (range) portata; (also:
chimney ~) spazzacamino ♦ vb (pt, pp
swept [swɛpt]) vt spazzare, scopare; (subj:
fashion, craze) invadere ♦ vi camminare
maestosamente; precipitarsi, lanciarsi;
(e)stendersi.
►**sweep away** vt spazzare via; trascinare
via.
►**sweep past** vi sfrecciare accanto;
passare accanto maestosamente.
►**sweep up** vt, vi spazzare.
sweeper ['swiːpə*] n (person) spazzino/a;
(machine) spazzatrice f; (FOOTBALL)
libero.
sweeping ['swiːpɪŋ] adj (gesture) ampio(a);
(changes, reforms) ampio(a), radicale; **a** ~
statement un'affermazione generica.
sweepstake ['swiːpsteɪk] n lotteria (spesso
abbinata alle corse dei cavalli).
sweet [swiːt] n (BRIT) dolce m; (candy)
caramella ♦ adj dolce; (fresh) fresco(a);
(kind) gentile; (cute) carino(a) ♦ adv: **to
smell/taste** ~ avere un odore/sapore
dolce; ~ **and sour** adj agrodolce.
sweetbread ['swiːtbrɛd] n animella.
sweetcorn ['swiːtkɔːn] n granturco dolce.
sweeten ['swiːtn] vt addolcire; zuccherare.
sweetener ['swiːtnə*] n (CULIN)
dolcificante m.
sweetheart ['swiːthɑːt] n innamorato/a.
sweetly ['swiːtlɪ] adv dolcemente.
sweetness ['swiːtnɪs] n sapore m dolce;
dolcezza.
sweet pea n pisello odoroso.
sweet potato n patata americana, patata
dolce.
sweetshop ['swiːtʃɔp] n (BRIT) ≈
pasticceria.
sweet tooth n: **to have a** ~ avere un
debole per i dolci.

swell [swɛl] n (of sea) mare m lungo ♦ adj
(col: excellent) favoloso(a) ♦ vb (pt ~ed, pp
swollen, ~**ed** ['swəulən]) vt gonfiare,
ingrossare; (numbers, sales etc)
aumentare ♦ vi gonfiarsi, ingrossarsi;
(sound) crescere; (MED) gonfiarsi.
swelling ['swɛlɪŋ] n (MED) tumefazione f,
gonfiore m.
sweltering ['swɛltərɪŋ] adj soffocante.
swept [swɛpt] pt, pp of **sweep**.
swerve [swəːv] vi deviare; (driver) sterzare;
(boxer) scartare.
swift [swɪft] n (bird) rondone m ♦ adj
rapido(a), veloce.
swiftly ['swɪftlɪ] adv rapidamente,
velocemente.
swiftness ['swɪftnɪs] n rapidità, velocità.
swig [swɪg] n (col: drink) sorsata.
swill [swɪl] n broda ♦ vt (also: ~ **out**, ~
down) risciacquare.
swim [swɪm] n: **to go for a** ~ andare a fare
una nuotata ♦ vb (pt **swam**, pp **swum**
[swæm, swʌm]) vi nuotare; (SPORT) fare
del nuoto; (head, room) girare ♦ vt (river,
channel) attraversare or percorrere a
nuoto; **to go** ~**ming** andare a nuotare; **to**
~ **a length** fare una vasca a nuoto).
swimmer ['swɪmə*] n nuotatore/trice.
swimming ['swɪmɪŋ] n nuoto.
swimming baths npl (BRIT) piscina.
swimming cap n cuffia.
swimming costume n (BRIT) costume m
da bagno.
swimmingly ['swɪmɪŋlɪ] adv: **to go** ~
(wonderfully) andare a gonfie vele.
swimming pool n piscina.
swimming trunks npl costume m da
bagno (per uomo).
swimsuit ['swɪmsuːt] n costume m da
bagno.
swindle ['swɪndl] n truffa ♦ vt truffare.
swindler ['swɪndlə*] n truffatore/trice.
swine [swaɪn] n (pl inv) maiale m, porco;
(col!) porco (!).
swing [swɪŋ] n altalena; (movement)
oscillazione f; (MUS) ritmo; (also: ~
music) swing m ♦ vb (pt, pp **swung** [swʌŋ])
vt dondolare, far oscillare; (also: ~ **round**)
far girare ♦ vi oscillare, dondolare; (also:
~ **round**: object) roteare; (: person)
girarsi, voltarsi; **to be in full** ~ (activity)
essere in piena attività; (party etc) essere
nel pieno; **a** ~ **to the left** (POL) una svolta
a sinistra; **to get into the** ~ **of things**
entrare nel pieno delle cose; **the road** ~**s**
south la strada prende la direzione sud.
swing bridge n ponte m girevole.
swing door n (BRIT) porta battente.

swingeing ['swɪndʒɪŋ] *adj* (*BRIT: defeat*) violento(a); (: *price increase*) enorme.

swinging ['swɪŋɪŋ] *adj* (*step*) cadenzato(a), ritmico(a); (*rhythm, music*) trascinante; ~ **door** (*US*) porta battente.

swipe [swaɪp] *n* forte colpo; schiaffo ♦ *vt* (*hit*) colpire con forza; dare uno schiaffo a; (*col: steal*) sgraffignare; (*credit card etc*) far passare (nell'apposita macchinetta).

swirl [swəːl] *n* turbine *m*, mulinello ♦ *vi* turbinare, far mulinello.

swish [swɪʃ] *adj* (*col: smart*) all'ultimo grido, alla moda ♦ *n* (*sound: of whip*) sibilo; (: *of skirts, grass*) fruscio ♦ *vi* sibilare.

Swiss [swɪs] *adj*, *n* (*pl inv*) svizzero(a).

Swiss French *adj* svizzero(a) francese.

Swiss German *adj* svizzero(a) tedesco(a).

switch [swɪtʃ] *n* (*for light, radio etc*) interruttore *m*; (*change*) cambiamento ♦ *vt* (*also*: ~ **round**, ~ **over**) cambiare; scambiare.

▶**switch off** *vt* spegnere.

▶**switch on** *vt* accendere; (*engine, machine*) mettere in moto, avviare; (*AUT: ignition*) inserire; (*BRIT: water supply*) aprire.

switchback ['swɪtʃbæk] *n* (*BRIT*) montagne *fpl* russe.

switchblade ['swɪtʃbleɪd] *n* (*also*: ~ **knife**) coltello a scatto.

switchboard ['swɪtʃbɔːd] *n* centralino.

switchboard operator *n* centralinista *m/f*.

Switzerland ['swɪtsələnd] *n* Svizzera.

swivel ['swɪvl] *vt* (*also*: ~ **round**) girare.

swollen ['swəʊlən] *pp of* swell ♦ *adj* (*ankle etc*) gonfio(a).

swoon [swuːn] *vi* svenire.

swoop [swuːp] *n* (*by police etc*) incursione *f*; (*of bird etc*) picchiata ♦ *vi* (*also*: ~ **down**) scendere in picchiata; (*police*): **to** ~ (**on**) fare un'incursione (in).

swop [swɔp] *n*, *vt* = swap.

sword [sɔːd] *n* spada.

swordfish ['sɔːdfɪʃ] *n* pesce *m* spada inv.

swore [swɔː*] *pt of* swear.

sworn [swɔːn] *pp of* swear.

swot [swɔt] *vt* sgobbare su ♦ *vi* sgobbare.

swum [swʌm] *pp of* swim.

swung [swʌŋ] *pt, pp of* swing.

sycamore ['sɪkəmɔː*] *n* sicomoro.

sycophant ['sɪkəfənt] *n* leccapiedi *m/f*.

sycophantic [sɪkə'fæntɪk] *adj* ossequioso(a), adulatore(trice).

Sydney ['sɪdnɪ] *n* Sydney *f*.

syllable ['sɪləbl] *n* sillaba.

syllabus ['sɪləbəs] *n* programma *m*; **on the** ~ in programma d'esame.

symbol ['sɪmbl] *n* simbolo.

symbolic(al) [sɪm'bɔlɪk(l)] *adj* simbolico(a); **to be** ~ **of sth** simboleggiare qc.

symbolism ['sɪmbəlɪzəm] *n* simbolismo.

symbolize ['sɪmbəlaɪz] *vt* simbolizzare.

symmetrical [sɪ'mɛtrɪkl] *adj* simmetrico(a).

symmetry ['sɪmɪtrɪ] *n* simmetria.

sympathetic [sɪmpə'θɛtɪk] *adj* (*showing pity*) compassionevole; (*kind*) comprensivo(a); ~ **towards** ben disposto(a) verso; **to be** ~ **to a cause** (*well-disposed*) simpatizzare per una causa.

sympathetically [sɪmpə'θɛtɪklɪ] *adv* in modo compassionevole; con comprensione.

sympathize ['sɪmpəθaɪz] *vi*: **to** ~ **with sb** compatire qn; partecipare al dolore di qn; (*understand*) capire qn.

sympathizer ['sɪmpəθaɪzə*] *n* (*POL*) simpatizzante *m/f*.

sympathy ['sɪmpəθɪ] *n* compassione *f*; **in** ~ **with** d'accordo con; (*strike*) per solidarietà con; **with our deepest** ~ con le nostre più sincere condoglianze.

symphonic [sɪm'fɔnɪk] *adj* sinfonico(a).

symphony ['sɪmfənɪ] *n* sinfonia.

symphony orchestra *n* orchestra sinfonica.

symposium [sɪm'pəuzɪəm] *n* simposio.

symptom ['sɪmptəm] *n* sintomo; indizio.

symptomatic [sɪmptə'mætɪk] *adj*: ~ (**of**) sintomatico(a) (di).

synagogue ['sɪnəgɔg] *n* sinagoga.

sync [sɪŋk] *n* (*col*): **in/out of** ~ in/fuori sincronia; (*fig: people*) **they are in** ~ sono in sintonia.

synchromesh [sɪŋkrəu'mɛʃ] *n* cambio sincronizzato.

synchronize ['sɪŋkrənaɪz] *vt* sincronizzare ♦ *vi*: **to** ~ **with** essere contemporaneo(a) a.

synchronized swimming *n* nuoto sincronizzato.

syncopated ['sɪŋkəpeɪtɪd] *adj* sincopato(a).

syndicate ['sɪndɪkɪt] *n* sindacato; (*PRESS*) agenzia di stampa.

syndrome ['sɪndrəum] *n* sindrome *f*.

synonym ['sɪnənɪm] *n* sinonimo.

synonymous [sɪ'nɔnɪməs] *adj*: ~ (**with**) sinonimo(a) (di).

synopsis, *pl* **synopses** [sɪ'nɔpsɪs, -siːz] *n* sommario, sinossi *f inv*.

syntax ['sɪntæks] *n* sintassi *f inv*.

synthesis, *pl* **syntheses** ['sɪnθəsɪs, -siːz] *n* sintesi *f inv*.

synthesizer ['sɪnθəsaɪzə*] *n* (*MUS*) sintetizzatore *m*.

synthetic [sɪn'θɛtɪk] *adj* sintetico(a) ♦ *n* prodotto sintetico; (*TEXTILES*) fibra sintetica.

syphilis ['sɪfɪlɪs] *n* sifilide *f.*

syphon ['saɪfən] *n*, *vb* = **siphon**.

Syria ['sɪrɪə] *n* Siria.

Syrian ['sɪrɪən] *adj*, *n* siriano(a).

syringe [sɪ'rɪndʒ] *n* siringa.

syrup ['sɪrəp] *n* sciroppo; (*also*: **golden** ~) melassa raffinata.

syrupy ['sɪrəpɪ] *adj* sciropposo(a).

system ['sɪstəm] *n* sistema *m*; (*network*) rete *f*; (*ANAT*) apparato; **it was a shock to his** ~ è stato uno shock per il suo organismo.

systematic [sɪstə'mætɪk] *adj* sistematico(a).

system disk *n* (*COMPUT*) disco del sistema.

systems analyst *n* analista *m/f* di sistemi.

T t

T, t [tiː] *n* (*letter*) T, t *m or f inv*; **T for Tommy** ≈ T come Taranto.

TA *n abbr* (*BRIT*) = Territorial Army.

ta [tɑː] *excl* (*BRIT col*) grazie!

tab [tæb] *n abbr* = **tabulator** ♦ *n* (*loop on coat etc*) laccetto; (*label*) etichetta; **to keep** ~**s on** (*fig*) tenere d'occhio.

tabby ['tæbɪ] *n* (*also*: ~ **cat**) (gatto) soriano, gatto tigrato.

tabernacle ['tæbənækl] *n* tabernacolo.

table ['teɪbl] *n* tavolo, tavola; (*chart*) tabella ♦ *vt* (*motion etc*) presentare; **to lay** *or* **set the** ~ apparecchiare *or* preparare la tavola; **to clear the** ~ sparecchiare; **league** ~ (*FOOTBALL*, *RUGBY*) classifica; ~ **of contents** indice *m*.

tablecloth ['teɪblklɔθ] *n* tovaglia.

table d'hôte [tɑːbl'dəut] *adj* (*meal*) a prezzo fisso.

table lamp *n* lampada da tavolo.

tablemat ['teɪblmæt] *n* sottopiatto.

table salt *n* sale *m* fino *or* da tavola.

tablespoon ['teɪblspuːn] *n* cucchiaio da tavola; (*also*: ~**ful**: *as measurement*) cucchiaiata.

tablet ['tæblɪt] *n* (*MED*) compressa; (: *for sucking*) pastiglia; (*for writing*) blocco; (*of stone*) targa; ~ **of soap** (*BRIT*) saponetta.

table tennis *n* tennis *m* da tavolo, ping-

pong ® *m.*

table wine *n* vino da tavola.

tabloid ['tæblɔɪd] *n* (*newspaper*) tabloid *m inv* (*giornale illustrato di formato ridotto*); **the** ~**s** i giornali popolari.

> *Il termine* **tabloid press** *si riferisce ai quotidiani o ai settimanali popolari che, rispetto ai* **quality papers** *hanno un formato ridotto e presentano le notizie in modo più sensazionalistico e meno approfondito; vedi anche* **quality press***.*

taboo [tə'buː] *adj*, *n* tabù (*m inv*).

tabulate ['tæbjuleɪt] *vt* (*data, figures*) tabulare, disporre in tabelle.

tabulator ['tæbjuleɪtə*] *n* tabulatore *m.*

tachograph ['tækəgrɑːf] *n* tachigrafo.

tachometer [tæ'kɔmɪtə*] *n* tachimetro.

tacit ['tæsɪt] *adj* tacito(a).

taciturn ['tæsɪtəːn] *adj* taciturno(a).

tack [tæk] *n* (*nail*) bulletta; (*stitch*) punto d'imbastitura; (*NAUT*) bordo, bordata ♦ *vt* imbullettare; imbastire ♦ *vi* bordeggiare; **to change** ~ virare di bordo; **on the wrong** ~ (*fig*) sulla strada sbagliata; **to** ~ **sth on to (the end of) sth** (*of letter, book*) aggiungere qc alla fine di qc.

tackle ['tækl] *n* (*equipment*) attrezzatura, equipaggiamento; (*for lifting*) paranco; (*RUGBY*) placcaggio; (*FOOTBALL*) contrasto ♦ *vt* (*difficulty*) affrontare; (*RUGBY*) placcare; (*FOOTBALL*) contrastare.

tacky ['tækɪ] *adj* colloso(a), appiccicaticcio(a); ancora bagnato(a); (*col: shabby*) scadente.

tact [tækt] *n* tatto.

tactful ['tæktful] *adj* delicato(a), discreto(a); **to be** ~ avere tatto.

tactfully ['tæktfəlɪ] *adv* con tatto.

tactical ['tæktɪkl] *adj* tattico(a).

tactical voting *n* voto tattico.

tactician [tæk'tɪʃən] *n* tattico/a.

tactics ['tæktɪks] *n*, *npl* tattica.

tactless ['tæktlɪs] *adj* che manca di tatto.

tactlessly ['tæktlɪslɪ] *adv* senza tatto.

tadpole ['tædpəul] *n* girino.

taffy ['tæfɪ] *n* (*US*) caramella *f* mou *inv.*

tag [tæg] *n* etichetta; **price/name** ~ etichetta del prezzo/con il nome.

▶**tag along** *vi* seguire.

Tahiti [tə'hiːtɪ] *n* Tahiti *f.*

tail [teɪl] *n* coda; (*of shirt*) falda ♦ *vt* (*follow*) seguire, pedinare; **to turn** ~ voltare la schiena; *see also* **head**.

▶**tail away**, **tail off** *vi* (*in size, quality etc*) diminuire gradatamente.

tailback ['teɪlbæk] *n* (*BRIT*) ingorgo.

tail coat *n* marsina.

tail end *n* (*of train, procession etc*) coda; (*of meeting etc*) fine *f*.

tailgate ['teɪlgeɪt] *n* (*AUT*) portellone *m* posteriore.

tail light *n* (*AUT*) fanalino di coda.

tailor ['teɪlə*] *n* sarto ♦ *vt*: **to ~ sth (to)** adattare qc (alle esigenze di); **~'s (shop)** sartoria (da uomo).

tailoring ['teɪlərɪŋ] *n* (*cut*) taglio.

tailor-made ['teɪlə'meɪd] *adj* (*also fig*) fatto(a) su misura.

tailwind ['teɪlwɪnd] *n* vento di coda.

taint [teɪnt] *vt* (*meat, food*) far avariare; (*fig: reputation*) infangare.

tainted ['teɪntɪd] *adj* (*food*) guasto(a); (*water, air*) infetto(a); (*fig*) corrotto(a).

Taiwan [taɪ'wɑːn] *n* Taiwan *m*.

Tajikistan [tɑːdʒɪkɪ'stɑːn] *n* Tagikistan *m*.

take [teɪk] *vb* (*pt* **took**, *pp* **taken** [tuk, 'teɪkn]) *vt* prendere; (*gain: prize*) ottenere, vincere; (*require: effort, courage*) occorrere, volerci; (*tolerate*) accettare, sopportare; (*hold: passengers etc*) contenere; (*accompany*) accompagnare; (*bring, carry*) portare; (*conduct: meeting*) condurre; (*exam*) sostenere, presentarsi a ♦ *vi* (*dye, fire etc*) prendere; (*injection*) fare effetto; (*plant*) attecchire ♦ *n* (*CINE*) ripresa; **I ~ it that** suppongo che; **to ~ for a walk** (*child, dog*) portare a fare una passeggiata; **to ~ sb's hand** prendere qn per mano; **to ~ it upon o.s. to do sth** prendersi la responsabilità di fare qc; **to be ~n ill** avere un malore; **to be ~n with sb/sth** (*attracted*) essere tutto preso da qn/qc; **it won't ~ long** non ci vorrà molto tempo; **it ~s a lot of time/courage** occorre *or* ci vuole molto tempo/coraggio; **it will ~ at least 5 litres** contiene almeno 5 litri; **~ the first on the left** prenda la prima a sinistra; **to ~ Russian at university** fare russo all'università; **I took him for a doctor** l'ho preso per un dottore.

▶**take after** *vt fus* assomigliare a.

▶**take apart** *vt* smontare.

▶**take away** *vt* portare via; togliere; **to ~ away (from)** sottrarre (da).

▶**take back** *vt* (*return*) restituire; riportare; (*one's words*) ritirare.

▶**take down** *vt* (*building*) demolire; (*dismantle: scaffolding*) smontare; (*letter etc*) scrivere.

▶**take in** *vt* (*lodger*) prendere, ospitare; (*orphan*) accogliere; (*stray dog*) raccogliere; (*SEWING*) stringere; (*deceive*) imbrogliare, abbindolare; (*understand*)

capire; (*include*) comprendere, includere.

▶**take off** *vi* (*AVIAT*) decollare ♦ *vt* (*remove*) togliere; (*imitate*) imitare.

▶**take on** *vt* (*work*) accettare, intraprendere; (*employee*) assumere; (*opponent*) sfidare, affrontare.

▶**take out** *vt* portare fuori; (*remove*) togliere; (*licence*) prendere, ottenere; **to ~ sth out of** tirare qc fuori da; estrarre qc da; **don't ~ it out on me!** non prendertela con me!

▶**take over** *vt* (*business*) rilevare ♦ *vi*: **to ~ over from sb** prendere le consegne *or* il controllo da qn.

▶**take to** *vt fus* (*person*) prendere in simpatia; (*activity*) prendere gusto a; (*form habit of*): **to ~ to doing sth** prendere *or* cominciare a fare qc.

▶**take up** *vt* (*one's story*) riprendere; (*dress*) accorciare; (*absorb: liquids*) assorbire; (*accept: offer, challenge*) accettare; (*occupy: time, space*) occupare; (*engage in: hobby etc*) mettersi a; **to ~ up with sb** fare amicizia con qn.

takeaway ['teɪkəweɪ] *adj* (*BRIT: food*) da portar via.

take-home pay ['teɪkhəum-] *n* stipendio netto.

taken ['teɪkn] *pp of* **take**.

takeoff ['teɪkɔf] *n* (*AVIAT*) decollo.

takeout ['teɪkaut] *adj* (*US*) = **takeaway**.

takeover ['teɪkəuvə*] *n* (*COMM*) assorbimento.

takeover bid *n* offerta di assorbimento.

takings ['teɪkɪŋz] *npl* (*COMM*) incasso.

talc [tælk] *n* (*also:* **~um powder**) talco.

tale [teɪl] *n* racconto, storia; (*pej*) fandonia; **to tell ~s** fare la spia.

talent ['tælənt] *n* talento.

talented ['tæləntɪd] *adj* di talento.

talent scout *n* talent scout *m/f inv*.

talisman ['tælɪzmən] *n* talismano.

talk [tɔːk] *n* discorso; (*gossip*) chiacchiere *fpl*; (*conversation*) conversazione *f*; (*interview*) discussione *f* ♦ *vi* parlare; (*chatter*) chiacchierare; **to give a ~** tenere una conferenza; **to ~ about** parlare di; (*converse*) discorrere *or* conversare su; **to ~ sb out of/into doing** dissuadere qn da/convincere qn a fare; **to ~ shop** parlare del lavoro *or* degli affari; **~ing of films, have you seen ...?** a proposito di film, ha visto ...?

▶**talk over** *vt* discutere.

talkative ['tɔːkətɪv] *adj* loquace, ciarliero(a).

talking point ['tɔːkɪŋ-] *n* argomento di conversazione.

talking-to ['tɔːkɪŋtuː] *n*: **to give sb a good** ~ fare una bella paternale a qn.

talk show *n* (*TV, RADIO*) intervista (informale), talk show *m inv*.

tall [tɔːl] *adj* alto(a); **to be 6 feet** ~ ≈ essere alto 1 metro e 80; **how** ~ **are you?** quanto è alto?

tallboy ['tɔːlbɔɪ] *n* (*BRIT*) cassettone *m* alto.

tallness ['tɔːlnɪs] *n* altezza.

tall story *n* panzana, frottola.

tally ['tælɪ] *n* conto, conteggio ♦ *vi*: **to** ~ **(with)** corrispondere (a); **to keep a** ~ **of** sth tener il conto di qc.

talon ['tælən] *n* artiglio.

tambourine [tæmbə'riːn] *n* tamburello.

tame [teɪm] *adj* addomesticato(a); (*fig: story, style*) insipido(a), scialbo(a).

Tamil ['tæmɪl] *adj* tamil *inv* ♦ *n* tamil *m/f inv*; (*LING*) tamil *m*.

tamper ['tæmpə*] *vi*: **to** ~ **with** manomettere.

tampon ['tæmpɔn] *n* tampone *m*.

tan [tæn] *n* (*also: sun~*) abbronzatura ♦ *vt* abbronzare ♦ *vi* abbronzarsi ♦ *adj* (*colour*) marrone rossiccio *inv*; **to get a** ~ abbronzarsi.

tandem ['tændəm] *n* tandem *m inv*.

tandoori [tæn'duərɪ] *adj nella cucina indiana, detto di carni o verdure cucinate allo spiedo in particolari forni.*

tang [tæŋ] *n* odore *m* penetrante; sapore *m* piccante.

tangent ['tændʒənt] *n* (*MATH*) tangente *f*; **to go off at a** ~ (*fig*) partire per la tangente.

tangerine [tændʒə'riːn] *n* mandarino.

tangible ['tændʒəbl] *adj* tangibile; ~ **assets** patrimonio reale.

Tangier [tæn'dʒɪə*] *n* Tangeri *f*.

tangle ['tæŋgl] *n* groviglio ♦ *vt* aggrovigliare; **to get in(to) a** ~ finire in un groviglio.

tango ['tæŋgəu] *n* tango.

tank [tæŋk] *n* serbatoio; (*for processing*) vasca; (*for fish*) acquario; (*MIL*) carro armato.

tankard ['tæŋkəd] *n* boccale *m*.

tanker ['tæŋkə*] *n* (*ship*) nave *f* cisterna *inv*; (*for oil*) petroliera; (*truck*) autobotte *f*, autocisterna.

tanned [tænd] *adj* abbronzato(a).

tannin ['tænɪn] *n* tannino.

tanning ['tænɪŋ] *n* (*of leather*) conciatura.

tannoy ® ['tænɔɪ] *n* (*BRIT*) altoparlante *m*; **over the** ~ per altoparlante.

tantalizing ['tæntəlaɪzɪŋ] *adj* allettante.

tantamount ['tæntəmaunt] *adj*: ~ **to** equivalente a.

tantrum ['tæntrəm] *n* accesso di collera; **to**

throw a ~ fare le bizze.

Tanzania [tænzə'nɪə] *n* Tanzania.

Tanzanian [tænzə'nɪən] *adj, n* tanzaniano(a).

tap [tæp] *n* (*on sink etc*) rubinetto; (*gentle blow*) colpetto ♦ *vt* dare un colpetto a; (*resources*) sfruttare, utilizzare; (*telephone conversation*) intercettare; (*telephone*) mettere sotto controllo; **on** ~ (*beer*) alla spina; (*fig: resources*) a disposizione.

tap-dancing ['tæpdɑːnsɪŋ] *n* tip tap *m*.

tape [teɪp] *n* nastro; (*also: magnetic* ~) nastro (magnetico) ♦ *vt* (*record*) registrare (su nastro); **on** ~ (*song etc*) su nastro.

tape deck *n* piastra di registrazione.

tape measure *n* metro a nastro.

taper ['teɪpə*] *n* candelina ♦ *vi* assottigliarsi.

tape-record ['teɪprɪkɔːd] *vt* registrare (su nastro).

tape recorder *n* registratore *m* (a nastro).

tape recording *n* registrazione *f*.

tapered ['teɪpəd], **tapering** ['teɪpərɪŋ] *adj* affusolato(a).

tapestry ['tæpɪstrɪ] *n* arazzo; tappezzeria.

tape-worm ['teɪpwəːm] *n* tenia, verme *m* solitario.

tapioca [tæpɪ'əukə] *n* tapioca.

tappet ['tæpɪt] *n* punteria.

tar [tɑː*] *n* catrame *m*; **low-/middle-**~ **cigarettes** sigarette a basso/medio contenuto di nicotina.

tarantula [tə'ræntjulə] *n* tarantola.

tardy ['tɑːdɪ] *adj* tardo(a); tardivo(a).

target ['tɑːgɪt] *n* bersaglio; (*fig: objective*) obiettivo; **to be on** ~ (*project*) essere nei tempi (di lavorazione).

target practice *n* tiro al bersaglio.

tariff ['tærɪf] *n* tariffa.

tarmac ['tɑːmæk] *n* (*BRIT: on road*) macadam *m* al catrame; (*AVIAT*) pista di decollo ♦ *vt* (*BRIT*) macadamizzare.

tarnish ['tɑːnɪʃ] *vt* offuscare, annerire; (*fig*) macchiare.

tarot ['tærəu] *n* tarocco.

tarpaulin [tɑː'pɔːlɪn] *n* tela incatramata.

tarragon ['tærəgən] *n* dragoncello.

tart [tɑːt] *n* (*CULIN*) crostata; (*BRIT col: pej: woman*) sgualdrina ♦ *adj* (*flavour*) aspro(a), agro(a).

▶**tart up** *vt* (*col*): **to** ~ **o.s. up** farsi bello(a); (*pej*) agghindarsi.

tartan ['tɑːtn] *n* tartan *m inv*.

tartar ['tɑːtə*] *n* (*on teeth*) tartaro.

tartar sauce *n* salsa tartara.

task [tɑːsk] *n* compito; **to take to** ~

rimproverare.

task force n (*MIL, POLICE*) unità operativa.

taskmaster ['tɑ:skmɑ:stə*] n: **he's a hard ~** è un vero tiranno.

Tasmania [tæz'meɪnɪə] n Tasmania.

tassel ['tæsl] n fiocco.

taste [teɪst] n gusto; (*flavour*) sapore m, gusto; (*fig: glimpse, idea*) idea ♦ vt gustare; (*sample*) assaggiare ♦ vi: **to ~ of** (*fish etc*) sapere di, avere sapore di; **what does it ~ like?** che sapore or gusto ha?; **it ~s like fish** sa di pesce; **you can ~ the garlic (in it)** (ci) si sente il sapore dell'aglio; **can I have a ~ of this wine?** posso assaggiare un po' di questo vino?; **to have a ~ of sth** assaggiare qc; **to have a ~ for sth** avere un'inclinazione per qc; **to be in bad** or **poor ~** essere di cattivo gusto.

taste bud n papilla gustativa.

tasteful ['teɪstful] adj di buon gusto.

tastefully ['teɪstfəlɪ] adv con gusto.

tasteless ['teɪstlɪs] adj (*food*) insipido(a); (*remark*) di cattivo gusto.

tasty ['teɪstɪ] adj saporito(a), gustoso(a).

tattered ['tætəd] adj see **tatters**.

tatters ['tætəz] npl: **in ~** (*also: **tattered***) a brandelli, sbrindellato(a).

tattoo [tə'tu:] n tatuaggio; (*spectacle*) parata militare ♦ vt tatuare.

tatty ['tætɪ] adj (*BRIT col*) malandato(a).

taught [tɔ:t] pt, pp of **teach**.

taunt [tɔ:nt] n scherno ♦ vt schernire.

Taurus ['tɔ:rəs] n Toro; **to be ~** essere del Toro.

taut [tɔ:t] adj teso(a).

tavern ['tævən] n taverna.

tawdry ['tɔ:drɪ] adj pacchiano(a).

tawny ['tɔ:nɪ] adj fulvo(a).

tax [tæks] n imposta, tassa; (*on income*) imposte fpl, tasse fpl ♦ vt tassare; (*fig: strain: patience etc*) mettere alla prova; **free of ~** esentasse inv, esente da imposte; **before/after ~** al lordo/netto delle tasse.

taxable ['tæksəbl] adj imponibile.

tax allowance n detrazione f d'imposta.

taxation [tæk'seɪʃən] n tassazione f; tasse fpl, imposte fpl; **system of ~** sistema m fiscale.

tax avoidance n l'evitare legalmente il pagamento di imposte.

tax collector n esattore m delle imposte.

tax disc n (*BRIT AUT*) ≈ bollo.

tax evasion n evasione f fiscale.

tax exemption n esenzione f fiscale.

tax exile n chi ripara all'estero per evadere le imposte.

tax-free [tæks'fri:] adj esente da imposte.

tax haven n paradiso fiscale.

taxi ['tæksɪ] n taxi m inv ♦ vi (*AVIAT*) rullare.

taxidermist ['tæksɪdə:mɪst] n tassidermista m/f.

taxi driver n tassista m/f.

tax inspector n (*BRIT*) ispettore m delle tasse.

taxi rank, (*US*) **taxi stand** n posteggio dei taxi.

tax payer n contribuente m/f.

tax rebate n rimborso fiscale.

tax relief n sgravio fiscale.

tax return n dichiarazione f dei redditi.

tax shelter n paradiso fiscale.

tax year n anno fiscale.

TB n abbr (= *tuberculosis*) TBC f.

TD n abbr (*US*) = **Treasury Department**; (*: FOOTBALL*) = **touchdown**.

tea [ti:] n tè m inv; (*BRIT: snack: for children*) merenda; **high ~** (*BRIT*) cena leggera (*presa nel tardo pomeriggio*).

tea bag n bustina di tè.

tea break n (*BRIT*) intervallo per il tè.

teacake ['ti:keɪk] n (*BRIT*) panino dolce all'uva.

teach, pt, pp **taught** [ti:tʃ, tɔ:t] vt: **to ~ sb sth, ~ sth to sb** insegnare qc a qn ♦ vi insegnare; **it taught him a lesson** (*fig*) gli è servito da lezione.

teacher ['ti:tʃə*] n (*gen*) insegnante m/f; (*in secondary school*) professore/essa; (*in primary school*) maestro/a; **French ~** insegnante di francese.

teacher training college n (*for primary schools*) ≈ istituto magistrale; (*for secondary schools*) scuola universitaria per l'abilitazione all'insegnamento nelle medie superiori.

teaching ['ti:tʃɪŋ] n insegnamento.

teaching aids npl materiali mpl per l'insegnamento.

teaching hospital n (*BRIT*) clinica universitaria.

teaching staff n (*BRIT*) insegnanti mpl, personale m insegnante.

tea cosy n copriteiera m inv.

teacup ['ti:kʌp] n tazza da tè.

teak [ti:k] n teak m.

tea leaves npl foglie fpl di tè.

team [ti:m] n squadra; (*of animals*) tiro.

▶**team up** vi: **to ~ up (with)** mettersi insieme (a).

team games npl giochi mpl di squadra.

teamwork ['ti:mwə:k] n lavoro di squadra.

tea party n tè m inv (*ricevimento*).

teapot ['ti:pɔt] n teiera.

tear n [tɛə*] strappo; [tɪə*] lacrima ♦ vb

[tɛə*] (*pt* **tore,** *pp* **torn** [tɔː*, tɔːn]) *vt* strappare ♦ *vi* strapparsi; **in ~s** in lacrime; **to burst into ~s** scoppiare in lacrime; **to ~ to pieces** *or* **to bits** *or* **to shreds** (*also fig*) fare a pezzi *or* a brandelli.

▶**tear along** *vi* (*rush*) correre all'impazzata.

▶**tear apart** *vt* (*also fig*) distruggere.

▶**tear away** *vt*: **to ~ o.s. away (from sth)** (*fig*) staccarsi (da qc).

▶**tear out** *vt* (*sheet of paper, cheque*) staccare.

▶**tear up** *vt* (*sheet of paper etc*) strappare.

tearaway ['tɛərəweɪ] *n* (*col*) monello/a.

teardrop ['tɪədrɔp] *n* lacrima.

tearful ['tɪəful] *adj* piangente, lacrimoso(a).

tear gas *n* gas *m* lacrimogeno.

tearoom ['tiːruːm] *n* sala da tè.

tease [tiːz] *vt* canzonare; (*unkindly*) tormentare.

tea set *n* servizio da tè.

teashop ['tiːʃɔp] *n* (*BRIT*) sala da tè.

Teasmaid ® ['tiːzmeɪd] *n* macchinetta per fare il tè.

teaspoon ['tiːspuːn] *n* cucchiaino da tè; (*also:* **~ful**: *as measurement*) cucchiaino.

tea strainer *n* colino da tè.

teat [tiːt] *n* capezzolo; (*of bottle*) tettarella.

teatime ['tiːtaɪm] *n* ora del tè.

tea towel *n* (*BRIT*) strofinaccio (per i piatti).

tea urn *n* bollitore *m* per il tè.

tech [tɛk] *n abbr* (*col*) = **technical college; technology.**

technical ['tɛknɪkl] *adj* tecnico(a).

technical college *n* ≈ istituto tecnico.

technicality [tɛknɪ'kælɪtɪ] *n* tecnicità; (*detail*) dettaglio tecnico; **on a legal ~** grazie a un cavillo legale.

technically ['tɛknɪklɪ] *adv* dal punto di vista tecnico.

technician [tɛk'nɪʃən] *n* tecnico/a.

technique [tɛk'niːk] *n* tecnica.

techno ['tɛknəu] *n* (*MUS*) techno *f inv.*

technocrat ['tɛknəkræt] *n* tecnocrate *m/f.*

technological [tɛknə'lɔdʒɪkl] *adj* tecnologico(a).

technologist [tɛk'nɔlədʒɪst] *n* tecnologo/a.

technology [tɛk'nɔlədʒɪ] *n* tecnologia.

teddy (bear) ['tɛdɪ-] *n* orsacchiotto.

tedious ['tiːdɪəs] *adj* noioso(a), tedioso(a).

tedium ['tiːdɪəm] *n* noia, tedio.

tee [tiː] *n* (*GOLF*) tee *m inv.*

teem [tiːm] *vi* abbondare, brulicare; **to ~ with** brulicare di; **it is ~ing (with rain)** piove a dirotto.

teenage ['tiːneɪdʒ] *adj* (*fashions etc*) per giovani, per adolescenti.

teenager ['tiːneɪdʒə*] *n* adolescente *m/f.*

teens [tiːnz] *npl*: **to be in one's ~** essere adolescente.

tee-shirt ['tiːʃəːt] *n* = **T-shirt.**

teeter ['tiːtə*] *vi* barcollare, vacillare.

teeth [tiːθ] *npl of* **tooth.**

teethe [tiːð] *vi* mettere i denti.

teething ring ['tiːðɪŋ-] *n* dentaruolo.

teething troubles *npl* (*fig*) difficoltà *fpl* iniziali.

teetotal ['tiː'təutl] *adj* astemio(a).

teetotaller, (*US*) **teetotaler** ['tiː'təutlə*] *n* astemio/a.

TEFL ['tɛfl] *n abbr* = *Teaching of English as a Foreign Language.*

Teflon ® ['tɛflɔn] *n* teflon ® *m.*

Tehran [tɛə'rɑːn] *n* Tehran *f.*

tel. *abbr* (= *telephone*) tel.

Tel Aviv ['tɛlə'viːv] *n* Tel Aviv *f.*

telecast ['tɛlɪkɑːst] *vt, vi* teletrasmettere.

telecommunications ['tɛlɪkəmju:nɪ 'keɪʃənz] *n* telecomunicazioni *fpl.*

telegram ['tɛlɪgræm] *n* telegramma *m.*

telegraph ['tɛlɪgrɑːf] *n* telegrafo.

telegraphic [tɛlɪ'græfɪk] *adj* telegrafico(a).

telegraph pole *n* palo del telegrafo.

telegraph wire *n* filo del telegrafo.

telepathic [tɛlɪ'pæθɪk] *adj* telepatico(a).

telepathy [tə'lɛpəθɪ] *n* telepatia.

telephone ['tɛlɪfəun] *n* telefono ♦ *vt* (*person*) telefonare a; (*message*) telefonare; **to have a ~,** (*BRIT*) **to be on the ~** (*subscriber*) avere il telefono; **to be on the ~** (*be speaking*) essere al telefono.

telephone booth, (*BRIT*) **telephone box** *n* cabina telefonica.

telephone call *n* telefonata.

telephone directory *n* elenco telefonico.

telephone exchange *n* centralino telefonico.

telephone number *n* numero di telefono.

telephone operator *n* centralinista *m/f.*

telephone tapping *n* intercettazione *f* telefonica.

telephonist [tə'lɛfənɪst] *n* (*BRIT*) telefonista *m/f.*

telephoto lens ['tɛlɪfəutəu-] *n* teleobiettivo.

teleprinter ['tɛlɪprɪntə*] *n* telescrivente *f.*

Teleprompter ® ['tɛlɪprɔmptə*] *n* (*US*) gobbo.

telesales ['tɛlɪseɪlz] *n* vendita per telefono.

telescope ['tɛlɪskəup] *n* telescopio ♦ *vi* chiudersi a telescopio; (*fig: vehicles*) accartocciarsi.

telescopic [tɛlɪs'kɔpɪk] *adj* telescopico(a); (*umbrella*) pieghevole.

Teletext ® ['tɛlɪtɛkst] n (*system*) teletext m inv; (*in Italy*) televideo.
telethon ['tɛlɪθɔn] n maratona televisiva.
televise ['tɛlɪvaɪz] vt teletrasmettere.
television ['tɛlɪvɪʒən] n televisione f; on ~ alla televisione.
television licence n (*BRIT*) abbonamento alla televisione.
television programme n programma m televisivo.
television set n televisore m.
telex ['tɛlɛks] n telex m inv ♦ vt trasmettere per telex ♦ vi mandare un telex; to ~ sb (about sth) informare qn via telex (di qc).
tell, *pt, pp* told [tɛl, təuld] vt dire; (*relate: story*) raccontare; (*distinguish*): to ~ sth from distinguere qc da ♦ vi (*have effect*) farsi sentire, avere effetto; to ~ sb to do dire a qn di fare; to ~ sb about sth dire a qn di qc; raccontare qc a qn; to ~ the time leggere l'ora; can you ~ me the time? può dirmi l'ora?; (I) ~ you what ... so io che cosa fare ...; I couldn't ~ them apart non riuscivo a distinguerli.
▶**tell off** vt rimproverare, sgridare.
▶**tell on** vt fus (*inform against*) denunciare.
teller ['tɛlə*] n (*in bank*) cassiere/a.
telling ['tɛlɪŋ] adj (*remark, detail*) rivelatore(trice).
telltale ['tɛlteɪl] adj (*sign*) rivelatore(trice) ♦ n malalingua, pettegolo/a.
telly ['tɛlɪ] n abbr (*BRIT col*: = television) tivù f inv.
temerity [tə'mɛrɪtɪ] n temerarietà.
temp [tɛmp] abbr (*BRIT col*: = temporary) n impiegato(a) straordinario(a) ♦ vi lavorare come impiegato(a) straordinario(a).
temper ['tɛmpə*] n (*nature*) carattere m; (*mood*) umore m; (*fit of anger*) collera ♦ vt (*moderate*) temperare, moderare; to be in a ~ essere in collera; to keep one's ~ restare calmo; to lose one's ~ andare in collera.
temperament ['tɛmprəmənt] n temperamento.
temperamental [tɛmprə'mɛntl] adj capriccioso(a).
temperance ['tɛmpərns] n moderazione f; (*in drinking*) temperanza nel bere.
temperate ['tɛmprət] adj moderato(a); (*climate*) temperato(a).
temperature ['tɛmprətʃə*] n temperatura; to have or run a ~ avere la febbre.
tempered ['tɛmpəd] adj (*steel*) temprato(a).
tempest ['tɛmpɪst] n tempesta.
tempestuous [tɛm'pɛstjuəs] adj

(*relationship, meeting*) burrascoso(a).
tempi ['tɛmpi:] npl of **tempo**.
template, ** (*US*) **templet ['tɛmplɪt] n sagoma.
temple ['tɛmpl] n (*building*) tempio; (*ANAT*) tempia.
templet ['tɛmplɪt] n (*US*) = **template**.
tempo, ** ~s or **tempi ['tɛmpəu, 'tɛmpi:] n tempo; (*fig: of life etc*) ritmo.
temporal ['tɛmpərl] adj temporale.
temporarily ['tɛmpərərɪlɪ] adv temporaneamente.
temporary ['tɛmpərərɪ] adj temporaneo(a); (*job, worker*) avventizio(a), temporaneo(a); ~ secretary segretaria temporanea; ~ teacher supplente m/f.
temporize ['tɛmpəraɪz] vi temporeggiare.
tempt [tɛmpt] vt tentare; to ~ sb into doing indurre qn a fare; to be ~ed to do sth essere tentato di fare qc.
temptation [tɛmp'teɪʃən] n tentazione f.
tempting ['tɛmptɪŋ] adj allettante, seducente.
ten [tɛn] num dieci ♦ n dieci; ~s of thousands decine di migliaia.
tenable ['tɛnəbl] adj sostenibile.
tenacious [tə'neɪʃəs] adj tenace.
tenacity [tə'næsɪtɪ] n tenacia.
tenancy ['tɛnənsɪ] n affitto; condizione f di inquilino.
tenant ['tɛnənt] n inquilino/a.
tend [tɛnd] vt badare a, occuparsi di; (*sick etc*) prendersi cura di ♦ vi: to ~ to do tendere a fare; (*colour*): to ~ to tendere a.
tendency ['tɛndənsɪ] n tendenza.
tender ['tɛndə*] adj tenero(a); (*sore*) sensibile; (*fig: subject*) delicato(a) ♦ n (*COMM: offer*) offerta; (*money*): legal ~ valuta (a corso legale) ♦ vt offrire; to put in a ~ (for) fare un'offerta (per); to put work out to ~ (*BRIT*) dare lavoro in appalto; to ~ one's resignation presentare le proprie dimissioni.
tenderize ['tɛndəraɪz] vt (*CULIN*) far intenerire.
tenderly ['tɛndəlɪ] adv teneramente.
tenderness ['tɛndənɪs] n tenerezza; sensibilità.
tendon ['tɛndən] n tendine m.
tenement ['tɛnəmənt] n casamento.
Tenerife [tɛnə'ri:f] n Tenerife f.
tenet ['tɛnət] n principio.
Tenn. abbr (*US*) = Tennessee.
tenner ['tɛnə*] n (*BRIT col*) (banconota da) dieci sterline fpl.
tennis ['tɛnɪs] n tennis m.
tennis ball n palla da tennis.

tennis court n campo da tennis.

tennis elbow n (MED) gomito del tennista.

tennis match n partita di tennis.

tennis player n tennista m/f.

tennis racket n racchetta da tennis.

tennis shoes npl scarpe fpl da tennis.

tenor ['tɛnə*] n (MUS, of speech etc) tenore m.

tenpin bowling ['tɛnpɪn-] n (BRIT) bowling m.

tense [tɛns] adj teso(a) ♦ n (LING) tempo ♦ vt (tighten: muscles) tendere.

tenseness ['tɛnsnɪs] n tensione f.

tension ['tɛnʃən] n tensione f.

tent [tɛnt] n tenda.

tentacle ['tɛntəkl] n tentacolo.

tentative ['tɛntətɪv] adj esitante, incerto(a); (conclusion) provvisorio(a).

tenterhooks ['tɛntəhuks] npl: on ~ sulle spine.

tenth [tɛnθ] num decimo(a).

tent peg n picchetto da tenda.

tent pole n palo da tenda, montante m.

tenuous ['tɛnjuəs] adj tenue.

tenure ['tɛnjuə*] n (of property) possesso; (of job) incarico; (guaranteed employment): to have ~ essere di ruolo.

tepid ['tɛpɪd] adj tiepido(a).

term [tə:m] n (limit) termine m; (word) vocabolo, termine; (SCOL) trimestre m; (LAW) sessione f ♦ vt chiamare, definire; ~s npl (conditions) condizioni fpl; (COMM) prezzi mpl, tariffe fpl; ~ of imprisonment periodo di prigionia; during his ~ of office durante il suo incarico; in the short/long ~ a breve/lunga scadenza; "easy ~s" (COMM) "facilitazioni di pagamento"; to be on good ~s with essere in buoni rapporti con; to come to ~s with (person) arrivare a un accordo con; (problem) affrontare.

terminal ['tə:mɪnl] adj finale, terminale; (disease) nella fase terminale ♦ n (ELEC, COMPUT) terminale m; (AVIAT, for oil, ore etc) terminal m inv; (BRIT: also: coach ~) capolinea m.

terminate ['tə:mɪneɪt] vt mettere fine a ♦ vi: to ~ in finire in or con.

termination [tə:mɪ'neɪʃən] n fine f; (of contract) rescissione f; ~ of pregnancy (MED) interruzione f della gravidanza.

termini ['tə:mɪnaɪ] npl of **terminus**.

terminology [tə:mɪ'nɔlədʒɪ] n terminologia.

terminus, pl **termini** ['tə:mɪnəs, 'tə:mɪnaɪ] n (for buses) capolinea m; (for trains) stazione f terminale.

termite ['tə:maɪt] n termite f.

term paper n (US UNIVERSITY) saggio scritto da consegnare a fine trimestre.

Ter(r). abbr = **terrace**.

terrace ['tɛrəs] n terrazza; (BRIT: row of houses) fila di case a schiera; **the ~s** npl (BRIT SPORT) le gradinate.

terraced ['tɛrɪst] adj (garden) a terrazze; (in a row: house, cottage etc) a schiera.

terrain [tɛ'reɪn] n terreno.

terrible ['tɛrɪbl] adj terribile; (weather) bruttissimo(a); (performance, report) pessimo(a).

terribly ['tɛrəblɪ] adv terribilmente; (very badly) malissimo.

terrier ['tɛrɪə*] n terrier m inv.

terrific [tə'rɪfɪk] adj incredibile, fantastico(a); (wonderful) formidabile, eccezionale.

terrify ['tɛrɪfaɪ] vt terrorizzare; **to be terrified** essere atterrito(a).

territorial [tɛrɪ'tɔ:rɪəl] adj territoriale.

territorial waters npl acque fpl territoriali.

territory ['tɛrɪtərɪ] n territorio.

terror ['tɛrə*] n terrore m.

terrorism ['tɛrərɪzəm] n terrorismo.

terrorist ['tɛrərɪst] n terrorista m/f.

terrorize ['tɛrəraɪz] vt terrorizzare.

terse [tə:s] adj (style) conciso(a); (reply) laconico(a).

tertiary ['tə:ʃərɪ] adj (gen) terziario(a); ~ **education** (BRIT) educazione f superiore post-scolastica.

Terylene ® ['tɛrəli:n] n (BRIT) terital ® m, terilene ® m.

TESL ['tɛsl] n abbr = Teaching of English as a Second Language.

TESSA ['tɛsə] n abbr (BRIT: = Tax Exempt Special Savings Account) deposito a risparmio esente da tasse.

test [tɛst] n (trial, check) prova; (: of goods in factory) controllo, collaudo; (MED) esame m; (CHEM) analisi f inv; (exam: of intelligence etc) test m inv; (: in school) compito in classe; (also: **driving** ~) esame m di guida ♦ vt provare; controllare, collaudare; esaminare; analizzare; sottoporre ad esame; **to put sth to the** ~ mettere qc alla prova; **to** ~ **sth for sth** analizzare qc alla ricerca di qc; **to** ~ **sb in history** esaminare qn in storia.

testament ['tɛstəmənt] n testamento; **the Old/New T~** il Vecchio/Nuovo testamento.

test ban n (also: **nuclear** ~) divieto di esperimenti nucleari.

test case n (LAW, fig) caso che farà testo.

testes ['tɛsti:z] npl testicoli mpl.

test flight n volo di prova.

testicle ['tɛstɪkl] *n* testicolo.
testify ['tɛstɪfaɪ] *vi* (*LAW*) testimoniare, deporre; **to ~ to sth** (*LAW*) testimoniare qc; (*gen*) comprovare *or* dimostrare qc; (*be sign of*) essere una prova di qc.
testimonial [tɛstɪ'məunɪəl] *n* (*BRIT: reference*) benservito; (*gift*) testimonianza di stima.
testimony ['tɛstɪmənɪ] *n* (*LAW*) testimonianza, deposizione *f*.
testing ['tɛstɪŋ] *adj* (*difficult: time*) duro(a).
test match *n* (*CRICKET, RUGBY*) partita internazionale.
testosterone [tɛs'tɔstərəun] *n* testosterone *m*.
test paper *n* (*SCOL*) interrogazione *f* scritta.
test pilot *n* pilota *m* collaudatore.
test tube *n* provetta.
test-tube baby ['tɛsttjuːb-] *n* bambino(a) concepito(a) in provetta.
testy ['tɛstɪ] *adj* irritabile.
tetanus ['tɛtənəs] *n* tetano.
tetchy ['tɛtʃɪ] *adj* irritabile, irascibile.
tether ['tɛðə*] *vt* legare ♦ *n*: **at the end of one's ~** al limite (della pazienza).
Tex. *abbr* (*US*) = *Texas*.
text [tɛkst] *n* testo.
textbook ['tɛkstbuk] *n* libro di testo.
textile ['tɛkstaɪl] *n* tessile *m*; **~s** *npl* tessuti *mpl*.
textual ['tɛkstjuəl] *adj* testuale, del testo.
texture ['tɛkstʃə*] *n* tessitura; (*of skin, paper etc*) struttura.
TGIF *abbr* (*col*) = *thank God it's Friday*.
TGWU *n abbr* (*BRIT*: = *Transport and General Workers' Union*) sindacato degli operai dei trasporti e non specializzati.
Thai [taɪ] *adj* tailandese ♦ *n* tailandese *m/f*; (*LING*) tailandese *m*.
Thailand ['taɪlænd] *n* Tailandia.
thalidomide ® [θə'lɪdəmaɪd] *n* talidomide ® *m*.
Thames [tɛmz] *n*: **the ~** il Tamigi.
than [ðæn, ðən] *conj* che; (*with numerals, pronouns, proper names*): **more ~ 10/me/ Maria** più di 10/me/Maria; **you know her better ~ I do** la conosce meglio di me *or* di quanto non la conosca io; **she has more apples ~ pears** ha più mele che pere; **it is better to phone ~ to write** è meglio telefonare che scrivere; **no sooner did he leave ~ the phone rang** non appena uscì il telefono suonò.
thank [θæŋk] *vt* ringraziare; **~ you (very much)** grazie (tante); **~ heavens/God!** grazie al cielo/a Dio!; *see also* **thanks**.
thankful ['θæŋkful] *adj*: **~ (for)** riconoscente

(per); **~ for/that** (*relieved*) sollevato(a) da/dal fatto che.
thankfully ['θæŋkfəlɪ] *adv* con riconoscenza; con sollievo; **~ there were few victims** grazie al cielo ci sono state poche vittime.
thankless ['θæŋklɪs] *adj* ingrato(a).
thanks [θæŋks] *npl* ringraziamenti *mpl*, grazie *fpl* ♦ *excl* grazie!; **~ to** *prep* grazie a.
Thanksgiving (Day) ['θæŋksgɪvɪŋ-] *n* giorno del ringraziamento.

> *Negli Stati Uniti il quarto giovedì di novembre ricorre il* **Thanksgiving (Day)**, *festa nazionale in ricordo della celebrazione con cui i Padri Pellegrini, i puritani inglesi che fondarono la colonia di Plymouth nel Massachusetts, ringraziarono Dio del buon raccolto del 1621.*

═══════════════════════════ *KEYWORD*

that [ðæt] (*pl* **those**) *adj* (*demonstrative*) quel(quell', quello) *m*; quella(quell') *f*; **~ man/woman/book** quell'uomo/quella donna/quel libro; (*not "this"*) quell'uomo/ quella donna/quel libro là; **~ one** quello(a) là
♦ *pron* **1** (*demonstrative*) ciò; (*not "this one"*) quello(a); **who's ~?** chi è quello là?; **what's ~?** cos'è quello?; **is ~ you?** sei tu?; **I prefer this to ~** preferisco questo a quello; **~'s what he said** questo è ciò che ha detto; **after ~** dopo; **what happened after ~?** che è successo dopo?; **~ is (to say)** cioè; **at** *or* **with ~ she ...** con ciò lei ...; **do it like ~** fallo così
2 (*relative: direct*) che; (: *indirect*) cui; **the book (~) I read** il libro che ho letto; **the box (~) I put it in** la scatola in cui l'ho messo; **the people (~) I spoke to** le persone con cui *or* con le quali ho parlato; **not ~ I know of** non che io sappia
3 (*relative: of time*) in cui; **the day (~) he came** il giorno in cui è venuto
♦ *conj* che; **he thought ~ I was ill** pensava che io fossi malato
♦ *adv* (*demonstrative*) così; **I can't work ~ much** non posso lavorare (così) tanto; **~ high** così alto; **the wall's about ~ high** il muro è alto circa così e **~ and ~ thick** spesso circa così.

thatched [θætʃt] *adj* (*roof*) di paglia; **~ cottage** cottage *m inv* col tetto di paglia.
Thatcherism ['θætʃərɪzəm] *n* thatcherismo.
thaw [θɔː] *n* disgelo ♦ *vi* (*ice*) sciogliersi;

(*food*) scongelarsi ♦ *vt* (*food*) (fare) scongelare; **it's ~ing** (*weather*) sta sgelando.

===== KEYWORD =====

the [ðiː, ðə] *def art* **1** (*gen*) il(lo, l') *m*; la(l') *f*; i(gli) *mpl*; le *fpl*; ~ **boy/girl/ink** il ragazzo/la ragazza/l'inchiostro; ~ **books/pencils** i libri/le matite; ~ **history of ~ world** la storia del mondo; **give it to ~ postman** dallo al postino; **I haven't ~ time/money** non ho tempo/soldi; ~ **rich and ~ poor** i ricchi e i poveri; **1700 lire to ~ dollar** 1700 lire per un dollaro; **paid by ~ hour** pagato a ore
2 (*in titles*): **Elizabeth ~ First** Elisabetta prima; **Peter ~ Great** Pietro il Grande
3 (*in comparisons*): ~ **more he works, ~ more he earns** più lavora più guadagna; ~ **sooner ~ better** prima è meglio è.

theatre, (*US*) **theater** ['θɪətə*] *n* teatro.
theatre-goer ['θɪətəɡəʊə*] *n* frequentatore/trice di teatri.
theatrical [θɪ'ætrɪkl] *adj* teatrale.
theft [θɛft] *n* furto.
their [ðɛə*] *adj* il(la) loro, *pl* i(le) loro.
theirs [ðɛəz] *pron* il(la) loro, *pl* i(le) loro; **it is ~** è loro; **a friend of ~** un loro amico.
them [ðɛm, ðəm] *pron* (*direct*) li(le); (*indirect*) gli, loro (*after vb*); (*stressed, after prep*: *people*) loro; (: *people, things*) essi(e); **I see ~** li vedo; **give ~ the book** dà loro or dagli il libro; **give me a few of ~** dammene un po' or qualcuno.
theme [θiːm] *n* tema *m*.
theme park *n* parco dei divertimenti a soggetto.
theme song, theme tune *n* tema musicale.
themselves [ðəm'sɛlvz] *pl pron* (*reflexive*) si; (*emphatic*) loro stessi(e); (*after prep*) se stessi(e); **between ~** tra (di) loro.
then [ðɛn] *adv* (*at that time*) allora; (*next*) poi, dopo; (*and also*) e poi ♦ *conj* (*therefore*) perciò, dunque, quindi ♦ *adj*: **the ~ president** il presidente di allora; **from ~ on** da allora in poi; **until ~** fino ad allora; **and ~ what?** e poi?, e allora?; **what do you want me to do ~?** allora cosa vuole che faccia?
theologian [θɪə'ləʊdʒən] *n* teologo/a.
theological [θɪə'lɔdʒɪkl] *adj* teologico(a).
theology [θɪ'ɔlədʒɪ] *n* teologia.
theorem ['θɪərəm] *n* teorema *m*.
theoretical [θɪə'rɛtɪkl] *adj* teorico(a).
theorize ['θɪəraɪz] *vi* teorizzare.
theory ['θɪərɪ] *n* teoria; **in ~** in teoria.

therapeutic(al) [θɛrə'pjuːtɪk(l)] *adj* terapeutico(a).
therapist ['θɛrəpɪst] *n* terapista *m/f*.
therapy ['θɛrəpɪ] *n* terapia.

===== KEYWORD =====

there [ðɛə*] *adv* **1**: ~ **is**, ~ **are** c'è, ci sono; ~ **are 3 of them** (*people*) sono in 3; (*things*) ce ne sono 3; ~ **is no-one here** non c'è nessuno qui; ~ **has been an accident** c'è stato un incidente
2 (*referring to place*) là, lì; **it's ~** è là or lì; **up/in/down ~** lassù/là dentro/laggiù; **back ~** là dietro; **on ~** lassù; **over ~** là; **through ~** di là; **he went ~ on Friday** ci è andato venerdì; **it takes two hours to go ~ and back** ci vogliono due ore per andare e tornare; **I want that book ~** voglio quel libro là or lì; ~ **he is!** eccolo!
3: ~, ~ (*esp to child*) su, su.

thereabouts ['ðɛərəbauts] *adv* (*place*) nei pressi, da quelle parti; (*amount*) giù di lì, all'incirca.
thereafter [ðɛər'ɑːftə*] *adv* da allora in poi.
thereby [ðɛə'baɪ] *adv* con ciò.
therefore ['ðɛəfɔː*] *adv* perciò, quindi.
there's [ðɛəz] = **there is; there has.**
thereupon [ðɛərə'pɔn] *adv* (*at that point*) a quel punto; (*formal*: *on that subject*) in merito.
thermal ['θəːml] *adj* (*currents, spring*) termale; (*underwear, printer*) termico(a); (*paper*) termosensibile.
thermodynamics [θəːməʊdaɪ'næmɪks] *n* termodinamica.
thermometer [θə'mɔmɪtə*] *n* termometro.
thermonuclear ['θəːməʊ'njuːklɪə*] *adj* termonucleare.
Thermos ® ['θəːməs] *n* (*also*: ~ **flask**) thermos ® *m inv.*
thermostat ['θəːməstæt] *n* termostato.
thesaurus [θɪ'sɔːrəs] *n* dizionario dei sinonimi.
these [ðiːz] *pl pron, adj* questi(e).
thesis, *pl* **theses** ['θiːsɪs, 'θiːsiːz] *n* tesi *f inv.*
they [ðeɪ] *pl pron* essi(esse); (*people only*) loro; ~ **say that ...** (*it is said that*) si dice che ...
they'd [ðeɪd] = **they would; they had.**
they'll [ðeɪl] = **they will; they shall.**
they're [ðɛə*] = **they are.**
they've [ðeɪv] = **they have.**
thick [θɪk] *adj* spesso(a); (*crowd*) compatto(a); (*stupid*) ottuso(a), lento(a) ♦ *n*: **in the ~ of** nel folto di; **it's 20 cm ~** ha uno spessore di 20 cm.
thicken ['θɪkən] *vi* ispessire ♦ *vt* (*sauce etc*)

ispessire, rendere più denso(a).
thicket ['θɪkɪt] *n* boscaglia.
thickly ['θɪklɪ] *adv* (*spread*) a strati spessi;
(*cut*) a fette grosse; (*populated*)
densamente.
thickness ['θɪknɪs] *n* spessore *m*.
thickset [θɪk'sɛt] *adj* tarchiato(a), tozzo(a).
thickskinned [θɪk'skɪnd] *adj* (*fig*)
insensibile.
thief, *pl* **thieves** [θi:f, θi:vz] *n* ladro/a.
thieving ['θi:vɪŋ] *n* furti *mpl*.
thigh [θaɪ] *n* coscia.
thighbone ['θaɪbəʊn] *n* femore *m*.
thimble ['θɪmbl] *n* ditale *m*.
thin [θɪn] *adj* sottile; (*person*) magro(a);
(*soup*) poco denso(a); (*hair*, *crowd*)
rado(a); (*fog*) leggero(a) ♦ *vt* (*hair*) sfoltire
♦ *vi* (*fog*) diradarsi; (*also*: ~ **out**: *crowd*)
disperdersi; **to ~ (down)** (*sauce*, *paint*)
diluire; **his hair is ~ning** sta perdendo i
capelli.
thing [θɪŋ] *n* cosa; (*object*) oggetto;
(*contraption*) aggeggio; **~s** *npl* (*belongings*)
cose *fpl*; **for one ~** tanto per cominciare;
the best ~ would be to la cosa migliore
sarebbe di; **the ~ is ...** il fatto è che ...; **the
main ~ is to ...** la cosa più importante è
di ...; **first ~ (in the morning)** come *or* per
prima cosa (di mattina); **last ~ (at night)**
come *or* per ultima cosa (di sera); **poor ~**
poveretto/a; **she's got a ~ about mice** è
terrorizzata dai topi; **how are ~s?** come
va?
think, *pt*, *pp* **thought** [θɪŋk, θɔ:t] *vi* pensare,
riflettere ♦ *vt* pensare, credere; (*imagine*)
immaginare; **to ~ of** pensare a; **what did
you ~ of them?** cosa ne ha pensato?; **to ~
about sth/sb** pensare a qc/qn; **I'll ~ about
it** ci penserò; **to ~ of doing** pensare di
fare; **I ~ so** penso *or* credo di sì; **to ~ well
of** avere una buona opinione di; **to ~
aloud** pensare ad alta voce; **~ again!**
rifletti!, pensaci su!
▶**think out** *vt* (*plan*) elaborare; (*solution*)
trovare.
▶**think over** *vt* riflettere su; **I'd like to ~
things over** vorrei pensarci su.
▶**think through** *vt* riflettere a fondo su.
▶**think up** *vt* ideare.
thinking ['θɪŋkɪŋ] *n*: **to my (way of) ~** a mio
parere.
think tank *n* gruppo di esperti.
thinly ['θɪnlɪ] *adv* (*cut*) a fette sottili;
(*spread*) in uno strato sottile.
thinness ['θɪnnɪs] *n* sottigliezza; magrezza.
third [θɜ:d] *n* terzo(a) ♦ *n* terzo/a; (*fraction*)
terzo, terza parte *f*; (*BRIT SCOL*: *degree*)
laurea col minimo dei voti.

third-degree burns ['θɜ:ddɪ'grri:-] *npl*
ustioni *fpl* di terzo grado.
thirdly ['θɜ:dlɪ] *adv* in terzo luogo.
third party insurance *n* (*BRIT*)
assicurazione *f* contro terzi.
third-rate [θɜ:d'reɪt] *adj* di qualità
scadente.
Third World *n*: **the ~** il Terzo Mondo.
thirst [θɜ:st] *n* sete *f*.
thirsty ['θɜ:stɪ] *adj* (*person*) assetato(a), che
ha sete; **to be ~** aver sete.
thirteen [θɜ:'ti:n] *num* tredici.
thirtieth ['θɜ:tɪɪθ] *num* trentesimo(a).
thirty ['θɜ:tɪ] *num* trenta.

=============== *KEYWORD*

this [ðɪs] (*pl* **these**) *adj* (*demonstrative*)
questo(a); **~ man/woman/book**
quest'uomo/questa donna/questo libro;
(*not "that"*) quest'uomo/questa donna/
questo libro qui; **~ one** questo(a) qui; **~
time** questa volta; **~ time last year** l'anno
scorso in questo periodo; **~ way** (*in this
direction*) da questa parte; (*in this fashion*)
così
♦ *pron* (*demonstrative*) questo(a); (*not "that
one"*) questo(a) qui; **who/what is ~?** chi
è/che cos'è questo?; **I prefer ~ to that**
preferisco questo a quello; **~ is where I
live** io abito qui; **~ is what he said** questo
è ciò che ha detto; **they were talking of ~
and that** stavano parlando del più e del
meno; **~ is Mr Brown** (*in introductions*,
photo) questo è il signor Brown; (*on
telephone*) sono il signor Brown
♦ *adv* (*demonstrative*): **~ high/long** *etc*
alto/lungo *etc* così; **it's about ~ high** è
alto circa così; **I didn't know things were
~ bad** non sapevo andasse così male.

thistle ['θɪsl] *n* cardo.
thong [θɒŋ] *n* cinghia.
thorn [θɔ:n] *n* spina.
thorny ['θɔ:nɪ] *adj* spinoso(a).
thorough ['θʌrə] *adj* (*person*) preciso(a),
accurato(a); (*search*) minuzioso(a);
(*knowledge*, *research*) approfondito(a),
profondo(a); (*cleaning*) a fondo.
thoroughbred ['θʌrəbrɛd] *n* (*horse*)
purosangue *m/f inv*.
thoroughfare ['θʌrəfɛə*] *n* strada
transitabile; **"no ~"** (*BRIT*) "divieto di
transito".
thoroughgoing ['θʌrəgəʊɪŋ] *adj* (*analysis*)
approfondito(a); (*reform*) totale.
thoroughly ['θʌrəlɪ] *adv* accuratamente;
minuziosamente; in profondità; a fondo;
he ~ agreed fu completamente

d'accordo.

thoroughness ['θʌrənɪs] *n* precisione *f*.

those [ðəuz] *pl pron* quelli(e) ♦ *pl adj* quei(quegli) *mpl*; quelle *fpl*.

though [ðəu] *conj* benché, sebbene ♦ *adv* comunque, tuttavia; **even ~** anche se; **it's not so easy, ~** tuttavia non è così facile.

thought [θɔːt] *pt, pp of* **think** ♦ *n* pensiero; (*opinion*) opinione *f*; (*intention*) intenzione *f*; **after much ~** dopo molti ripensamenti; **I've just had a ~** mi è appena venuta un'idea; **to give sth some ~** prendere qc in considerazione, riflettere su qc.

thoughtful ['θɔːtful] *adj* pensieroso(a), pensoso(a); ponderato(a); (*considerate*) premuroso(a).

thoughtfully ['θɔːtfəlɪ] *adv* (*pensively*) con aria pensierosa.

thoughtless ['θɔːtlɪs] *adj* sconsiderato(a); (*behaviour*) scortese.

thoughtlessly ['θɔːtlɪslɪ] *adv* sconsideratamente; scortesemente.

thought-provoking ['θɔːtprəvəukɪŋ] *adj* stimolante.

thousand ['θauzənd] *num* mille; **one ~** mille; **~s of** migliaia di.

thousandth ['θauzəntθ] *num* millesimo(a).

thrash [θræʃ] *vt* picchiare; bastonare; (*defeat*) battere.

▶**thrash about** *vi* dibattersi.

▶**thrash out** *vt* dibattere, sviscerare.

thrashing ['θræʃɪŋ] *n*: **to give sb a ~ = to thrash sb**.

thread [θrɛd] *n* filo; (*of screw*) filetto ♦ *vt* (*needle*) infilare; **to ~ one's way between** infilarsi tra.

threadbare ['θrɛdbɛə*] *adj* consumato(a), logoro(a).

threat [θrɛt] *n* minaccia; **to be under ~ of** (*closure, extinction*) rischiare di; (*exposure*) essere minacciato(a) di.

threaten ['θrɛtn] *vi* (*storm*) minacciare ♦ *vt*: **to ~ sb with sth/to do** minacciare qn con qc/di fare.

threatening ['θrɛtnɪŋ] *adj* minaccioso(a).

three [θriː] *num* tre.

three-dimensional [θriːdaɪ'mɛnʃənl] *adj* tridimensionale.

three-piece ['θriːpiːs] *n*: **~ suit** *n* completo (con gilè); **~ suite** *n* salotto comprendente un divano e due poltrone.

three-ply [θriː'plaɪ] *adj* (*wood*) a tre strati; (*wool*) a tre fili.

three-quarters [θriː'kwɔːtəz] *npl* tre quarti *mpl*; **~ full** pieno per tre quarti.

three-wheeler [θriː'wiːlə*] *n* (*car*) veicolo a tre ruote.

thresh [θrɛʃ] *vt* (*AGR*) trebbiare.

threshing machine ['θrɛʃɪŋ-] *n* trebbiatrice *f*.

threshold ['θrɛʃhəuld] *n* soglia; **to be on the ~ of** (*fig*) essere sulla soglia di.

threshold agreement *n* (*ECON*) ≈ scala mobile.

threw [θruː] *pt of* **throw**.

thrift [θrɪft] *n* parsimonia.

thrifty ['θrɪftɪ] *adj* economico(a), parsimonioso(a).

thrill [θrɪl] *n* brivido ♦ *vi* eccitarsi, tremare ♦ *vt* (*audience*) elettrizzare; **I was ~ed to get your letter** la tua lettera mi ha fatto veramente piacere.

thriller ['θrɪlə*] *n* film *m inv* (*or* dramma *m or* libro) del brivido.

thrilling ['θrɪlɪŋ] *adj* (*book, play etc*) pieno(a) di suspense; (*news, discovery*) entusiasmante.

thrive, *pt* **thrived, throve** [θrəuv], *pp* **thrived, thriven** [θraɪv, θrəuv, 'θrɪvn] *vi* crescere *or* svilupparsi bene; (*business*) prosperare; **he ~s on it** gli fa bene, ne gode.

thriving ['θraɪvɪŋ] *adj* (*industry etc*) fiorente.

throat [θrəut] *n* gola; **to have a sore ~** avere (un *or* il) mal di gola.

throb [θrɔb] *n* (*of heart*) battito; (*of engine*) vibrazione *f*; (*of pain*) fitta ♦ *vi* (*heart*) palpitare; (*engine*) vibrare; (*with pain*) pulsare; **my head is ~bing** mi martellano le tempie.

throes [θrəuz] *npl*: **in the ~ of** alle prese con; in preda a; **in the ~ of death** in agonia.

thrombosis [θrɔm'bəusɪs] *n* trombosi *f*.

throne [θrəun] *n* trono.

throng [θrɔŋ] *n* moltitudine *f* ♦ *vt* affollare.

throttle ['θrɔtl] *n* (*AUT*) valvola a farfalla; (*on motorcycle*) (manopola del) gas ♦ *vt* strangolare.

through [θruː] *prep* attraverso; (*time*) per, durante; (*by means of*) per mezzo di; (*owing to*) a causa di ♦ *adj* (*ticket, train, passage*) diretto(a) ♦ *adv* attraverso; **(from) Monday ~ Friday** (*US*) da lunedì a venerdì; **I am halfway ~ the book** sono a metà libro; **to let sb ~** lasciar passare qn; **to put sb ~ to sb** (*TEL*) passare qn a qn; **to be ~** (*TEL*) ottenere la comunicazione; (*have finished*) avere finito; **"no ~ traffic"** (*US*) "divieto d'accesso"; **"no ~ road"** (*BRIT*) "strada senza sbocco".

throughout [θruː'aut] *prep* (*place*) dappertutto in; (*time*) per *or* durante tutto(a) ♦ *adv* dappertutto; sempre.

throughput ['θruːput] *n* (*of goods, materials*) materiale *m* in lavorazione; (*COMPUT*) volume *m* di dati immessi.

throve [θrəuv] *pt of* **thrive**.

throw [θrəu] *n* tiro, getto; (*SPORT*) lancio
♦ *vt* (*pt* **threw**, *pp* **thrown** [θru:, θrəun])
tirare, gettare; (*SPORT*) lanciare; (*rider*)
disarcionare; (*fig*) confondere; (*pottery*)
formare al tornio; **to ~ a party** dare una
festa; **to ~ open** (*doors, windows*)
spalancare; (*house, gardens etc*) aprire al
pubblico; (*competition, race*) aprire a tutti.
►**throw about, throw around** *vt* (*litter
etc*) spargere.
►**throw away** *vt* gettare *or* buttare via.
►**throw off** *vt* sbarazzarsi di.
►**throw out** *vt* buttare fuori; (*reject*)
respingere.
►**throw together** *vt* (*clothes, meal etc*)
mettere insieme; (*essay*) buttar giù.
►**throw up** *vi* vomitare.

throwaway ['θrəuəweɪ] *adj* da buttare.

throwback ['θrəubæk] *n*: **it's a ~ to** (*fig*) ciò
risale a.

throw-in ['θrəuɪn] *n* (*SPORT*) rimessa in
gioco.

thrown [θrəun] *pp of* **throw**.

thru [θru:] *prep, adj, adv* (*US*) = **through**.

thrush [θrʌʃ] *n* (*ZOOL*) tordo; (*MED: esp in
children*) mughetto; (: *BRIT: in women*)
candida.

thrust [θrʌst] *n* (*TECH*) spinta ♦ *vt* (*pt, pp*
thrust) spingere con forza; (*push in*)
conficcare.

thrusting ['θrʌstɪŋ] *adj* (*troppo*)
intraprendente.

thud [θʌd] *n* tonfo.

thug [θʌg] *n* delinquente *m*.

thumb [θʌm] *n* (*ANAT*) pollice *m* ♦ *vt* (*book*)
sfogliare; **to ~ a lift** fare l'autostop; **to
give sb/sth the ~s up/down** approvare/
disapprovare qn/qc.

thumb index *n* indice *m* a rubrica.

thumbnail ['θʌmneɪl] *n* unghia del pollice.

thumbnail sketch *n* descrizione *f* breve.

thumbtack ['θʌmtæk] *n* (*US*) puntina da
disegno.

thump [θʌmp] *n* colpo forte; (*sound*) tonfo
♦ *vt* battere su ♦ *vi* picchiare, battere.

thunder ['θʌndə*] *n* tuono ♦ *vi* tuonare;
(*train etc*): **to ~ past** passare con un
rombo.

thunderbolt ['θʌndəbəult] *n* fulmine *m*.

thunderclap ['θʌndəklæp] *n* rombo di
tuono.

thunderous ['θʌndərəs] *adj* fragoroso(a).

thunderstorm ['θʌndəstɔ:m] *n* temporale
m.

thunderstruck ['θʌndəstrʌk] *adj* (*fig*)
sbigottito(a).

thundery ['θʌndərɪ] *adj* temporalesco(a).

Thur(s). *abbr* (= *Thursday*) gio.

Thursday ['θə:zdɪ] *n* giovedì *m inv*; *for
phrases see also* **Tuesday**.

thus [ðʌs] *adv* così.

thwart [θwɔ:t] *vt* contrastare.

thyme [taɪm] *n* timo.

thyroid ['θaɪrɔɪd] *n* tiroide *f*.

tiara [tɪ'ɑ:rə] *n* (*woman's*) diadema *m*.

Tiber ['taɪbə*] *n*: **the ~** il Tevere.

Tibet [tɪ'bɛt] *n* Tibet *m*.

Tibetan [tɪ'bɛtən] *adj* tibetano(a) ♦ *n*
(*person*) tibetano/a; (*LING*) tibetano.

tibia ['tɪbɪə] *n* tibia.

tic [tɪk] *n* tic *m inv*.

tick [tɪk] *n* (*sound: of clock*) tic tac *m inv*;
(*mark*) segno; spunta; (*ZOOL*) zecca; (*BRIT
col*): **in a ~** in un attimo; (*BRIT col: credit*):
to buy sth on ~ comprare qc a credito
♦ *vi* fare tic tac ♦ *vt* spuntare; **to put a ~
against sth** fare un segno di fianco a qc.
►**tick off** *vt* spuntare; (*person*) sgridare.
►**tick over** *vi* (*BRIT: engine*) andare al
minimo.

ticker tape ['tɪkə-] *n* nastro di
telescrivente; (*US: in celebrations*) stelle
fpl filanti.

ticket ['tɪkɪt] *n* biglietto; (*in shop: on goods*)
etichetta; (: *from cash register*) scontrino;
(*for library*) scheda; (*US POL*) lista dei
candidati; **to get a (parking) ~** (*AUT*)
prendere una multa (per sosta vietata).

ticket agency *n* (*THEAT*) agenzia di vendita
di biglietti.

ticket collector *n* bigliettaio.

ticket holder *n* persona munita di
biglietto.

ticket inspector *n* controllore *m*.

ticket office *n* biglietteria.

tickle ['tɪkl] *n* solletico ♦ *vt* fare il solletico
a, solleticare; (*fig*) stuzzicare; piacere a;
far ridere.

ticklish ['tɪklɪʃ] *adj* che soffre il solletico;
(*which tickles: blanket, cough*) che provoca
prurito.

tidal ['taɪdl] *adj* di marea.

tidal wave *n* onda anomala.

tidbit ['tɪdbɪt] *n* (*US*) = **titbit**.

tiddlywinks ['tɪdlɪwɪŋks] *n* gioco della
pulce.

tide [taɪd] *n* marea; (*fig: of events*) corso
♦ *vt*: **will £20 ~ you over till Monday?** ti
basteranno 20 sterline fino a lunedì?;
high/low ~ alta/bassa marea; **the ~ of
public opinion** l'orientamento
dell'opinione pubblica.

tidily ['taɪdɪlɪ] *adv* in modo ordinato; **to
arrange ~** sistemare; **to dress ~** vestirsi
per benino.

tidiness ['taɪdɪnɪs] n ordine m.

tidy ['taɪdɪ] adj (room) ordinato(a), lindo(a); (dress, work) curato(a), in ordine; (person) ordinato(a); (mind) organizzato(a) ♦ vt (also: ~ **up**) riordinare, mettere in ordine; **to ~ o.s. up** rassettarsi.

tie [taɪ] n (string etc) legaccio; (BRIT: also: neck~) cravatta; (fig: link) legame m; (SPORT: draw) pareggio (: match) incontro; (US RAIL) traversina ♦ vt (parcel) legare; (ribbon) annodare ♦ vi (SPORT) pareggiare; "**black/white ~**" "smoking/abito di rigore"; **family ~s** legami familiari; **to ~ in a bow** annodare qc; **to ~ a knot in sth** fare un nodo a qc.

▶**tie down** vt fissare con una corda; (fig): **to ~ sb down to** costringere qn ad accettare.

▶**tie in** vi: **to ~ in (with)** (correspond) corrispondere (a).

▶**tie on** vt (BRIT: label etc) attaccare.

▶**tie up** vt (parcel, dog) legare; (boat) ormeggiare; (arrangements) concludere; **to be ~d up** (busy) essere occupato or preso.

tie-break(er) ['taɪbreɪk(ə*)] n (TENNIS) tie-break m inv; (in quiz) spareggio.

tie-on ['taɪɒn] adj (BRIT: label) volante.

tie-pin ['taɪpɪn] n (BRIT) fermacravatta m inv.

tier [tɪə*] n fila; (of cake) piano, strato.

Tierra del Fuego [tɪ'ɛrədɛl'fweɪgəu] n Terra del Fuoco.

tie tack n (US) fermacravatta m inv.

tiff [tɪf] n battibecco.

tiger ['taɪgə*] n tigre f.

tight [taɪt] adj (rope) teso(a), tirato(a); (clothes) stretto(a); (budget, programme, bend) stretto(a); (control) severo(a), fermo(a); (col: drunk) sbronzo(a) ♦ adv (squeeze) fortemente; (shut) ermeticamente; **to be packed ~** (suitcase) essere pieno zeppo; (people) essere pigiati; **everybody hold ~!** tenetevi stretti!; see also **tights**.

tighten ['taɪtn] vt (rope) tendere; (screw) stringere; (control) rinforzare ♦ vi tendersi; stringersi.

tight-fisted [taɪt'fɪstɪd] adj avaro(a).

tight-lipped [taɪt'lɪpt] adj: **to be ~** essere reticente; (angry) tenere le labbra serrate.

tightly ['taɪtlɪ] adv (grasp) bene, saldamente.

tightrope ['taɪtrəup] n corda (da acrobata).

tightrope walker n funambolo/a.

tights [taɪts] npl (BRIT) collant m inv.

tigress ['taɪgrɪs] n tigre f (femmina).

tilde ['tɪldə] n tilde f.

tile [taɪl] n (on roof) tegola; (on floor) mattonella; (on wall) piastrella ♦ vt (floor, bathroom etc) piastrellare.

tiled [taɪld] adj rivestito(a) di tegole; a mattonelle; a piastrelle.

till [tɪl] n registratore m di cassa ♦ vt (land) coltivare ♦ prep, conj = **until**.

tiller ['tɪlə*] n (NAUT) barra del timone.

tilt [tɪlt] vt inclinare, far pendere ♦ vi inclinarsi, pendere ♦ n (slope) pendio; **to wear one's hat at a ~** portare il cappello sulle ventitré; **(at) full ~** a tutta velocità.

timber ['tɪmbə*] n (material) legname m; (trees) alberi mpl da legname.

time [taɪm] n tempo; (epoch: often pl) epoca, tempo; (by clock) ora; (moment) momento; (occasion, also MATH) volta; (MUS) tempo ♦ vt (race) cronometrare; (programme) calcolare la durata di; (remark etc): **to ~ sth well/badly** scegliere il momento più/meno opportuno per qc; **a long ~** molto tempo; **for the ~ being** per il momento; **from ~ to ~** ogni tanto; **~ after ~, ~ and again** mille volte; **in ~** (soon enough) in tempo; (after some time) col tempo; (MUS) a tempo; **at ~s** a volte; **to take one's ~** prenderla con calma; **in a week's ~** fra una settimana; **in no ~** in un attimo; **on ~** puntualmente; **to be 30 minutes behind/ahead of ~** avere 30 minuti di ritardo/anticipo; **by the ~ he arrived** quando è arrivato; **5 ~s 5** 5 volte 5, 5 per 5; **what ~ is it?** che ora è?, che ore sono?; **what ~ do you make it?** che ora fa?; **to have a good ~** divertirsi; **they had a hard ~ of it** è stato duro per loro; **~'s up!** è (l')ora!; **to be behind the ~s** vivere nel passato; **I've no ~ for it** (fig) non ho tempo da perdere con cose del genere; **he'll do it in his own (good) ~** (without being hurried) lo farà quando avrà (un minuto di) tempo; **he'll do it in** or (US) **on his own ~** (out of working hours) lo farà nel suo tempo libero; **the bomb was ~d to explode 5 minutes later** la bomba era stata regolata in modo da esplodere 5 minuti più tardi.

time-and-motion study ['taɪmənd 'məuʃən-] n analisi f inv dei tempi e dei movimenti.

time bomb n bomba a orologeria.

time card n cartellino (da timbrare).

time clock n orologio m marcatempo inv.

time-consuming ['taɪmkənsjuːmɪŋ] adj che richiede molto tempo.

time difference n differenza di fuso orario.

time frame n tempi mpl.

time-honoured, (US) **time-honored** ['taɪmɔnəd] adj consacrato(a) dal tempo.
timekeeper ['taɪmkiːpə*] n (SPORT) cronometrista m/f.
time lag n intervallo, ritardo; (in travel) differenza di fuso orario.
timeless ['taɪmlɪs] adj eterno(a).
time limit n limite m di tempo.
timely ['taɪmlɪ] adj opportuno(a).
time off n tempo libero.
timer ['taɪmə*] n (in kitchen) contaminuti m inv; (TECH) timer m inv, temporizzatore m.
time-saving ['taɪmseɪvɪŋ] adj che fa risparmiare tempo.
time scale n tempi mpl d'esecuzione.
time-sharing ['taɪmʃɛərɪŋ] n (COMPUT) divisione f di tempo.
time sheet n = **time card.**
time signal n segnale m orario.
time switch n interruttore m a tempo.
timetable ['taɪmteɪbl] n orario; (programme of events etc) programma m.
time zone n fuso orario.
timid ['tɪmɪd] adj timido(a); (easily scared) pauroso(a).
timidity [tɪ'mɪdɪtɪ] n timidezza.
timing ['taɪmɪŋ] n sincronizzazione f; (fig) scelta del momento opportuno, tempismo; (SPORT) cronometraggio.
timing device n (on bomb) timer m inv.
timpani ['tɪmpənɪ] npl timpani mpl.
tin [tɪn] n stagno; (also: ~ **plate**) latta; (BRIT: can) barattolo (di latta), lattina, scatola; (for baking) teglia; **a ~ of paint** un barattolo di tinta or vernice.
tin foil n stagnola.
tinge [tɪndʒ] n sfumatura ♦ vt: ~**d with** tinto(a) di.
tingle ['tɪŋgl] vi (cheeks, skin: from cold) pungere, pizzicare; (: from bad circulation) formicolare.
tinker ['tɪŋkə*] n stagnino ambulante; (gipsy) zingaro/a.
▶**tinker with** vt fus armeggiare intorno a; cercare di riparare.
tinkle ['tɪŋkl] vi tintinnare ♦ n (col): **to give sb a ~** dare un colpo di telefono a qn.
tin mine n miniera di stagno.
tinned [tɪnd] adj (BRIT: food) in scatola.
tinnitus [tɪ'naɪtəs] n (MED) ronzio auricolare.
tinny ['tɪnɪ] adj metallico(a).
tin-opener ['tɪnəupnə*] n (BRIT) apriscatole m inv.
tinsel ['tɪnsl] n decorazioni fpl natalizie (argentate).
tint [tɪnt] n tinta; (for hair) shampoo m inv

colorante ♦ vt (hair) fare uno shampoo colorante a.
tinted ['tɪntɪd] adj (hair) tinto(a); (spectacles, glass) colorato(a).
tiny ['taɪnɪ] adj minuscolo(a).
tip [tɪp] n (end) punta; (protective: on umbrella etc) puntale m; (gratuity) mancia; (for coal) discarica; (for rubbish) immondezzaio; (advice) suggerimento ♦ vt (waiter) dare la mancia a; (tilt) inclinare; (overturn: also: ~ **over**) capovolgere; (empty: also: ~ **out**) scaricare; (predict: winner) pronosticare; (: horse) dare vincente; **he ~ped out the contents of the box** ha rovesciato il contenuto della scatola.
▶**tip off** vt fare una soffiata a.
tip-off ['tɪpɔf] n (hint) soffiata.
tipped ['tɪpt] adj (BRIT: cigarette) col filtro; **steel-~** con la punta d'acciaio.
Tipp-Ex ® ['tɪpɛks] n (BRIT) liquido correttore.
tipple ['tɪpl] (BRIT) vi sbevazzare ♦ n: **to have a ~** prendere un bicchierino.
tipster ['tɪpstə*] n (RACING) chi vende informazioni sulle corse e altre manifestazioni oggetto di scommesse.
tipsy ['tɪpsɪ] adj brillo(a).
tiptoe ['tɪptəu] n: **on ~** in punta di piedi.
tiptop ['tɪptɔp] adj: **in ~ condition** in ottime condizioni.
tirade [taɪ'reɪd] n filippica.
tire ['taɪə*] vt stancare ♦ vi stancarsi ♦ n (US) = **tyre.**
▶**tire out** vt sfinire, spossare.
tired ['taɪəd] adj stanco(a); **to be/feel/look ~** essere/sentirsi/sembrare stanco; **to be ~ of** essere stanco or stufo di.
tiredness ['taɪədnɪs] n stanchezza.
tireless ['taɪəlɪs] adj instancabile.
tiresome ['taɪəsəm] adj noioso(a).
tiring ['taɪərɪŋ] adj faticoso(a).
tissue ['tɪʃuː] n tessuto; (paper handkerchief) fazzolettino di carta.
tissue paper n carta velina.
tit [tɪt] n (bird) cinciallegra; (col: breast) tetta; **to give ~ for tat** rendere pan per focaccia.
titanium [tɪ'teɪnɪəm] n titanio.
titbit ['tɪtbɪt], (US) **tidbit** ['tɪdbɪt] n (food) leccornia; (news) notizia ghiotta.
titillate ['tɪtɪleɪt] vt titillare.
titivate ['tɪtɪveɪt] vt agghindare.
title ['taɪtl] n titolo; (LAW: right): ~ **(to)** diritto (a).
title deed n (LAW) titolo di proprietà.

title page n frontespizio.
title role n ruolo *or* parte f principale.
titter ['tɪtə*] vi ridere scioccamente.
tittle-tattle ['tɪtltætl] n chiacchiere fpl,
pettegolezzi mpl.
titular ['tɪtjulə*] adj (*in name only*)
nominale.
tizzy ['tɪzɪ] n (col): **to be in a** ~ essere in
agitazione.
T-junction ['tiː'dʒʌŋkʃən] n incrocio a T.
TM n abbr (= transcendental meditation) M.T.
f, (COMM) = **trademark**.
TN abbr (US) = Tennessee.
TNT n abbr (= trinitrotoluene) T.N.T.
m.

======= KEYWORD

to [tuː, tə] prep **1** (*direction*) a; **to go** ~
France/London/school andare in
Francia/a Londra/a scuola; **to go** ~ **town**
andare in città; **to go** ~ **Paul's/the
doctor's** andare da Paul/dal dottore; **the
road** ~ **Edinburgh** la strada per
Edimburgo; ~ **the left/right** a sinistra/
destra
2 (*as far as*) (fino) a; **from here** ~ **London**
da qui a Londra; **to count** ~ **10** contare
fino a 10; **from 40** ~ **50 people** da 40 a 50
persone
3 (*with expressions of time*): **a quarter** ~ **5**
le 5 meno un quarto; **it's twenty** ~ **3** sono
le 3 meno venti
4 (*for, of*): **the key** ~ **the front door** la
chiave della porta d'ingresso; **a letter** ~
his wife una lettera per la moglie
5 (*expressing indirect object*) a; **to give sth**
~ **sb** dare qc a qn; **give it** ~ **me** dammelo;
to talk ~ **sb** parlare a qn; **it belongs** ~
him gli appartiene, è suo; **to be a danger**
~ **sb/sth** rappresentare un pericolo per
qn/qc
6 (*in relation to*) a; **3 goals** ~ **2** 3 goal a 2;
30 miles ~ **the gallon** ≈ 11 chilometri con
un litro; **4 apples** ~ **the kilo** 4 mele in un
chilo
7 (*purpose, result*): **to come** ~ **sb's aid**
venire in aiuto a qn; **to sentence sb** ~
death condannare a morte qn; ~ **my
surprise** con mia sorpresa
♦ with vb **1** (*simple infinitive*): ~ **go/eat** etc
andare/mangiare etc
2 (*following another vb*): **to want/try/start**
~ **do** volere/cercare di/cominciare a fare
3 (*with vb omitted*): **I don't want** ~ non
voglio (farlo); **you ought** ~ devi (farlo)
4 (*purpose, result*) per; **I did it** ~ **help you**
l'ho fatto per aiutarti
5 (*equivalent to relative clause*): **I have**

things ~ **do** ho da fare; **the main thing is**
~ **try** la cosa più importante è provare
6 (*after adjective etc*): **ready** ~ **go**
pronto(a) a partire; **too old/young** ~ ...
troppo vecchio(a)/giovane per ...
♦ adv: **to push the door** ~ accostare la
porta; **to go** ~ **and fro** andare e tornare.

toad [təud] n rospo.
toadstool ['təudstuːl] n fungo (velenoso).
toady ['təudɪ] vi adulare.
toast [təust] n (CULIN) toast m, pane m
abbrustolito; (*drink, speech*) brindisi m inv
♦ vt (CULIN) abbrustolire; (*drink to*)
brindare a; **a piece** *or* **slice of** ~ una fetta
di pane abbrustolito.
toaster ['təustə*] n tostapane m inv.
toastmaster ['təustmɑːstə*] n direttore m
dei brindisi.
toast rack n portatoast m inv.
tobacco [tə'bækəu] n tabacco; **pipe** ~
tabacco da pipa.
tobacconist [tə'bækənɪst] n tabaccaio/a;
~**'s (shop)** tabaccheria.
Tobago [tə'beɪgəu] n see **Trinidad and
Tobago**.
toboggan [tə'bɔgən] n toboga m inv; (*child's*)
slitta.
today [tə'deɪ] adv, n (*also fig*) oggi (m inv);
what day is it ~? che giorno è oggi?;
what date is it ~? quanti ne abbiamo
oggi?; ~ **is the 4th of March** (oggi) è il 4
di marzo; ~**'s paper** il giornale di oggi; **a
fortnight** ~ quindici giorni a oggi.
toddler ['tɔdlə*] n bambino/a che impara a
camminare.
toddy ['tɔdɪ] n grog m inv.
to-do [tə'duː] n (*fuss*) storie fpl.
toe [təu] n dito del piede; (*of shoe*) punta
♦ vt: **to** ~ **the line** (*fig*) stare in riga,
conformarsi; **big** ~ alluce m; **little** ~
mignolino.
TOEFL [3 'təufl] n abbr = Test(ing) of English as
a Foreign Language.
toehold ['təuhəuld] n punto d'appoggio.
toenail ['təuneɪl] n unghia del piede.
toffee ['tɔfɪ] n caramella.
toffee apple n (BRIT) mela caramellata.
tofu ['təufuː] n tofu m (*latte di soia non
fermentato*).
toga ['təugə] n toga.
together [tə'gɛðə*] adv insieme; (*at same
time*) allo stesso tempo; ~ **with** insieme a.
togetherness [tə'gɛðənɪs] n solidarietà;
intimità.
toggle switch ['tɔgl-] n (COMPUT) tasto
bistabile.
Togo ['təugəu] n Togo.

togs [tɔgz] *npl* (*col: clothes*) vestiti *mpl.*

toil [tɔil] *n* travaglio, fatica ♦ *vi* affannarsi; sgobbare.

toilet ['tɔilət] *n* (*BRIT: lavatory*) gabinetto ♦ *cpd* (*soap etc*) da toletta; **to go to the ~** andare al gabinetto *or* al bagno.

toilet bag *n* (*BRIT*) nécessaire *m inv* da toilette.

toilet bowl *n* vaso *or* tazza del gabinetto.

toilet paper *n* carta igienica.

toiletries ['tɔilitriz] *npl* articoli *mpl* da toletta.

toilet roll *n* rotolo di carta igienica.

toilet water *n* acqua di colonia.

to-ing and fro-ing ['tu:iŋən'frəuiŋ] *n* (*BRIT*) andirivieni *m inv.*

token ['təukən] *n* (*sign*) segno; (*voucher*) buono ♦ *cpd* (*fee, strike*) simbolico(a); **book/record ~** (*BRIT*) buono-libro/-disco; **by the same ~** (*fig*) per lo stesso motivo.

tokenism ['təukənizəm] *n* (*POL*) concessione *f* pro forma *inv.*

Tokyo ['təukjəu] *n* Tokyo *f.*

told [təuld] *pt, pp of* **tell.**

tolerable ['tɔlərəbl] *adj* (*bearable*) tollerabile; (*fairly good*) passabile.

tolerably ['tɔlərəblɪ] *adv* (*good, comfortable*) abbastanza.

tolerance ['tɔlərns] *n* (*also TECH*) tolleranza.

tolerant ['tɔlərnt] *adj*: **~ (of)** tollerante (nei confronti di).

tolerate ['tɔləreit] *vt* sopportare; (*MED, TECH*) tollerare.

toleration [tɔlə'reiʃən] *n* tolleranza.

toll [təul] *n* (*tax, charge*) pedaggio ♦ *vi* (*bell*) suonare; **the accident ~ on the roads** il numero delle vittime della strada.

tollbridge ['təulbrɪdʒ] *n* ponte *m* a pedaggio.

toll call *n* (*US TEL*) (telefonata) interurbana.

toll-free ['təul'fri:] (*US*) *adj* senza addebito, gratuito(a) ♦ *adv* gratuitamente; **~ number** ≈ numero verde.

tomato, **~es** [tə'mɑ:təu] *n* pomodoro.

tomb [tu:m] *n* tomba.

tombola [tɔm'bəulə] *n* tombola.

tomboy ['tɔmbɔi] *n* maschiaccio.

tombstone ['tu:mstəun] *n* pietra tombale.

tomcat ['tɔmkæt] *n* gatto.

tomorrow [tə'mɔrəu] *adv, n* (*also fig*) domani (*m inv*); **the day after ~** dopodomani; **a week ~** domani a otto; **~ morning** domani mattina.

ton [tʌn] *n* tonnellata (*BRIT: = 1016 kg; 20 cwt; US = 907 kg; metric = 1000 kg*); (*NAUT: also: register ~*) tonnellata di stazza (= 2.83 cu.m; 100 cu.ft*); **~s of** (*col*) un

mucchio *or* sacco di.

tonal ['təunl] *adj* tonale.

tone [təun] *n* tono; (*of musical instrument*) timbro ♦ *vi* intonarsi.

▶**tone down** *vt* (*colour, criticism, sound*) attenuare.

▶**tone up** *vt* (*muscles*) tonificare.

tone-deaf [təun'dɛf] *adj* che non ha orecchio (musicale).

toner ['təunə*] *n* (*for photocopier*) colorante *m* organico, toner *m.*

Tonga ['tɔŋgə] *n* isole *fpl* Tonga.

tongs [tɔŋz] *npl* tenaglie *fpl*; (*for coal*) molle *fpl*; (*for hair*) arricciacapelli *m inv.*

tongue [tʌŋ] *n* lingua; **~ in cheek** (*fig*) ironicamente.

tongue-tied ['tʌŋtaɪd] *adj* (*fig*) muto(a).

tongue-twister ['tʌŋtwɪstə*] *n* scioglilingua *m inv.*

tonic ['tɔnɪk] *n* (*MED*) ricostituente *m*; (*skin ~*) tonico; (*MUS*) nota tonica; (*also: ~ water*) acqua tonica.

tonight [tə'naɪt] *adv* stanotte; (*this evening*) stasera ♦ *n* questa notte; questa sera; **I'll see you ~** ci vediamo stasera.

tonnage ['tʌnɪdʒ] *n* (*NAUT*) tonnellaggio, stazza.

tonne [tʌn] *n* (*BRIT: metric ton*) tonnellata.

tonsil ['tɔnsl] *n* tonsilla; **to have one's ~s out** farsi operare di tonsille.

tonsillitis [tɔnsɪ'laɪtɪs] *n* tonsillite *f*; **to have ~** avere la tonsillite.

too [tu:] *adv* (*excessively*) troppo; (*also*) anche; **it's ~ sweet** è troppo dolce; **I went ~** ci sono andato anch'io; **~ much** *adv* troppo ♦ *adj* troppo(a); **~ many** *adj* troppi(e); **~ bad!** tanto peggio!; peggio così!

took [tuk] *pt of* **take.**

tool [tu:l] *n* utensile *m*, attrezzo; (*fig: person*) strumento ♦ *vt* lavorare con un attrezzo.

tool box *n* cassetta *f* portautensili *inv.*

tool kit *n* cassetta di attrezzi.

toot [tu:t] *vi* suonare; (*with car horn*) suonare il clacson.

tooth, *pl* **teeth** [tu:θ, ti:θ] *n* (*ANAT, TECH*) dente *m*; **to clean one's teeth** lavarsi i denti; **to have a ~ out** *or* (*US*) **pulled** farsi togliere un dente; **by the skin of one's teeth** per il rotto della cuffia.

toothache ['tu:θeɪk] *n* mal *m* di denti; **to have ~** avere il mal di denti.

toothpaste ['tu:θpeɪst] *n* dentifricio.

toothpick ['tu:θpɪk] *n* stuzzicadenti *m inv.*

tooth powder *n* dentifricio in polvere.

top [tɔp] *n* (*of mountain, page, ladder*) cima; (*of box, cupboard, table*) sopra *m inv*, parte *f* superiore; (*lid: of box, jar*) coperchio; (*: of bottle*) tappo; (*toy*) trottola; (*DRESS: blouse etc*) camicia (*or* maglietta *etc*); (*of pyjamas*) giacca ♦ *adj* più alto(a); (*in rank*) primo(a); (*best*) migliore ♦ *vt* (*exceed*) superare; (*be first in*) essere in testa a; **on ~ of** sopra, in cima a; (*in addition to*) oltre a; **from ~ to toe** (*BRIT*) dalla testa ai piedi; **at the ~ of the stairs/page/street** in cima alle scale/alla pagina/alla strada; **the ~ of the milk** (*BRIT*) la panna; **at ~ speed** a tutta velocità; **at the ~ of one's voice** (*fig*) a squarciagola; **over the ~** (*col: behaviour etc*) eccessivo(a); **to go over the ~** esagerare.

►**top up,** (*US*) **top off** *vt* riempire.
topaz ['təupæz] *n* topazio.
top-class ['tɔp'klɑːs] *adj* di prim'ordine.
topcoat ['tɔpkəut] *n* soprabito.
topflight ['tɔpflait] *adj* di primaria importanza.
top floor *n* ultimo piano.
top hat *n* cilindro.
top-heavy [tɔp'hɛvɪ] *adj* (*object*) con la parte superiore troppo pesante.
topic ['tɔpɪk] *n* argomento.
topical ['tɔpɪkəl] *adj* d'attualità.
topless ['tɔplɪs] *adj* (*bather etc*) col seno scoperto; **~ swimsuit** topless *m inv*.
top-level ['tɔplɛvl] *adj* (*talks*) ad alto livello.
topmost ['tɔpməust] *adj* il(la) più alto(a).
top-notch ['tɔp'nɔtʃ] *adj* (*col: player, performer*) di razza; (*: school, car*) eccellente.
topography [tə'pɔgrəfɪ] *n* topografia.
topping ['tɔpɪŋ] *n* (*CULIN*) guarnizione *f*.
topple ['tɔpl] *vt* rovesciare, far cadere ♦ *vi* cadere; traballare.
top-ranking ['tɔp'ræŋkɪŋ] *adj* di massimo grado.
top-secret ['tɔp'siːkrɪt] *adj* segretissimo(a).
top-security ['tɔpsɪ'kjuərɪtɪ] *adj* (*BRIT*) di massima sicurezza.
topsy-turvy ['tɔpsɪ'təːvɪ] *adj, adv* sottosopra (*inv*).
top-up ['tɔpʌp] *n*: **would you like a ~?** vuole che le riempia il bicchiere (*or* la tazza *etc*)?
top-up loan *n* (*BRIT*) prestito integrativo.
torch [tɔːtʃ] *n* torcia; (*BRIT: electric*) lampadina tascabile.
tore [tɔː*] *pt of* **tear.**
torment *n* ['tɔːmɛnt] tormento ♦ *vt* [tɔː'mɛnt] tormentare; (*fig: annoy*) infastidire.
torn [tɔːn] *pp of* **tear** ♦ *adj*: **~ between** (*fig*) combattuto(a) tra.
tornado, ~es [tɔː'neɪdəu] *n* tornado.

torpedo, ~es [tɔː'piːdəu] *n* siluro.
torpedo boat *n* motosilurante *f*.
torpor ['tɔːpə*] *n* torpore *m*.
torrent ['tɔrnt] *n* torrente *m*.
torrential [tə'rɛnʃl] *adj* torrenziale.
torrid ['tɔrɪd] *adj* torrido(a); (*fig*) denso(a) di passione.
torso ['tɔːsəu] *n* torso.
tortoise ['tɔːtəs] *n* tartaruga.
tortoiseshell ['tɔːtəʃɛl] *adj* di tartaruga.
tortuous ['tɔːtjuəs] *adj* tortuoso(a).
torture ['tɔːtʃə*] *n* tortura ♦ *vt* torturare.
torturer ['tɔːtʃərə*] *n* torturatore/trice.
Tory ['tɔːrɪ] *adj* tory *inv*, conservatore(trice) ♦ *n* tory *m/f inv*, conservatore/trice.
toss [tɔs] *vt* gettare, lanciare; (*BRIT: pancake*) far saltare; (*head*) scuotere ♦ *n* (*movement: of head etc*) movimento brusco; (*of coin*) lancio; **to win/lose the ~** vincere/perdere a testa o croce; (*SPORT*) vincere/perdere il sorteggio; **to ~ a coin** fare a testa o croce; **to ~ up for sth** fare a testa o croce per qc; **to ~ and turn** (*in bed*) girarsi e rigirarsi.
tot [tɔt] *n* (*BRIT: drink*) bicchierino; (*child*) bimbo/a.
►**tot up** *vt* (*BRIT: figures*) sommare.
total ['təutl] *adj* totale ♦ *n* totale *m* ♦ *vt* (*add up*) sommare; (*amount to*) ammontare a; **in ~** in tutto.
totalitarian [təutælɪ'tɛərɪən] *adj* totalitario(a).
totality [təu'tælɪtɪ] *n* totalità.
totally ['təutəlɪ] *adv* completamente.
tote bag ['təut-] *n* sporta.
totem pole ['təutəm-] *n* totem *m inv*.
totter ['tɔtə*] *vi* barcollare; (*object, government*) vacillare.
touch [tʌtʃ] *n* tocco; (*sense*) tatto; (*contact*) contatto; (*FOOTBALL*) fuori gioco *m* ♦ *vt* toccare; **a ~ of** (*fig*) un tocco di; un pizzico di; **to get in ~ with** mettersi in contatto con; **to lose ~** (*friends*) perdersi di vista; **I'll be in ~** mi farò sentire; **to be out of ~ with events** essere tagliato fuori; **the personal ~** una nota personale; **to put the finishing ~es to sth** dare gli ultimi ritocchi a qc.
►**touch on** *vt fus* (*topic*) sfiorare, accennare a.
►**touch up** *vt* (*improve*) ritoccare.
touch-and-go ['tʌtʃən'gəu] *adj* incerto(a); **it was ~ with the sick man** il malato era tra la vita e la morte.
touchdown ['tʌtʃdaun] *n* atterraggio; (*on sea*) ammaraggio; (*US FOOTBALL*) meta.
touched [tʌtʃt] *adj* commosso(a); (*col*)

tocco(a), toccato(a).

touching ['tʌtʃɪŋ] *adj* commovente.

touchline ['tʌtʃlaɪn] *n* (*SPORT*) linea laterale.

touch-sensitive ['tʌtʃ'sɛnsɪtɪv] *adj* sensibile al tatto.

touch-type ['tʌtʃtaɪp] *vi* dattilografare (senza guardare i tasti).

touchy ['tʌtʃɪ] *adj* (*person*) suscettibile.

tough [tʌf] *adj* duro(a); (*resistant*) resistente; (*meat*) duro(a), tiglioso(a); (*journey*) faticoso(a), duro(a); (*person: rough*) violento(a), brutale ♦ *n* (*gangster etc*) delinquente *m/f*; ~ **luck!** che sfortuna!

toughen ['tʌfn] *vt* indurire, rendere più resistente.

toughness ['tʌfnɪs] *n* durezza; resistenza.

toupee ['tuːpeɪ] *n* parrucchino.

tour [tuə*] *n* viaggio; (*also*: **package** ~) viaggio organizzato *or* tutto compreso; (*of town, museum*) visita; (*by artist*) tournée *f inv* ♦ *vt* visitare; **to go on a** ~ **of** (*region, country*) fare il giro di; (*museum, castle*) visitare; **to go on** ~ andare in tournée.

touring ['tuərɪŋ] *n* turismo.

tourism ['tuərɪzəm] *n* turismo.

tourist ['tuərɪst] *n* turista *m/f* ♦ *adv* (*travel*) in classe turistica ♦ *cpd* turistico(a); **the** ~ **trade** il turismo.

tourist class *n* (*AVIAT*) classe *f* turistica.

tourist office *n* pro loco *f inv*.

tournament ['tuənəmənt] *n* torneo.

tourniquet ['tuənɪkeɪ] *n* (*MED*) laccio emostatico, pinza emostatica.

tour operator *n* (*BRIT*) operatore *m* turistico.

tousled ['tauzld] *adj* (*hair*) arruffato(a).

tout [taut] *vi*: **to** ~ **for** procacciare, raccogliere; cercare clienti per ♦ *n* (*BRIT*: *also*: **ticket** ~) bagarino; **to** ~ **sth (around)** (*BRIT*) cercare di (ri)vendere qc.

tow [təu] *vt* rimorchiare ♦ *n* rimorchio; "**on** ~", (*US*) "**in** ~" (*AUT*) "veicolo rimorchiato"; **to give sb a** ~ rimorchiare qn.

toward(s) [tə'wɔːd(z)] *prep* verso; (*of attitude*) nei confronti di; (*of purpose*) per; ~ **noon/the end of the year** verso mezzogiorno/la fine dell'anno; **to feel friendly** ~ **sb** provare un sentimento d'amicizia per qn.

towel ['tauəl] *n* asciugamano; (*also*: **tea** ~) strofinaccio; **to throw in the** ~ (*fig*) gettare la spugna.

towelling ['tauəlɪŋ] *n* (*fabric*) spugna.

towel rail, (*US*) **towel rack** *n* portasciugamano.

tower ['tauə*] *n* torre *f* ♦ *vi* (*building, mountain*) innalzarsi; **to** ~ **above** *or* **over sb/sth** sovrastare qn/qc.

tower block *n* (*BRIT*) palazzone *m*.

towering ['tauərɪŋ] *adj* altissimo(a), imponente.

towline ['təulaɪn] *n* (cavo da) rimorchio.

town [taun] *n* città *f inv*; **to go to** ~ andare in città; (*fig*) mettercela tutta; **in (the)** ~ in città; **to be out of** ~ essere fuori città.

town centre *n* centro (città).

town clerk *n* segretario comunale.

town council *n* consiglio comunale.

town crier [-'kraɪə*] *n* (*BRIT*) banditore/trice.

town hall *n* ≈ municipio.

townie ['taunɪ] *n* (*BRIT col*) uno/a di città.

town plan *n* pianta della città.

town planner *n* urbanista *m/f*.

town planning *n* urbanistica.

township ['taunʃɪp] *n* township *f inv*.

townspeople ['taunzpiːpl] *npl* cittadinanza, cittadini *mpl*.

towpath ['təupaːθ] *n* alzaia.

towrope ['təurəup] *n* (cavo da) rimorchio.

tow truck *n* (*US*) carro *m* attrezzi *inv*.

toxic ['tɔksɪk] *adj* tossico(a).

toxin ['tɔksɪn] *n* tossina.

toy [tɔɪ] *n* giocattolo.

▶**toy with** *vt fus* giocare con; (*idea*) accarezzare, trastullarsi con.

toyshop ['tɔɪʃɔp] *n* negozio di giocattoli.

trace [treɪs] *n* traccia ♦ *vt* (*draw*) tracciare; (*follow*) seguire; (*locate*) rintracciare; **without** ~ (*disappear*) senza lasciare traccia; **there was no** ~ **of it** non ne restava traccia.

trace element *n* oligoelemento.

trachea [trə'kɪə] *n* (*ANAT*) trachea.

tracing paper ['treɪsɪŋ-] *n* carta da ricalco.

track [træk] *n* (*mark: of person, animal*) traccia; (*on tape, SPORT; path: gen*) pista; (*: of bullet etc*) traiettoria; (*: of suspect, animal*) pista, tracce *fpl*; (*RAIL*) binario, rotaie *fpl*; (*COMPUT*) traccia, pista ♦ *vt* seguire le tracce di; **to keep** ~ **of** seguire; **to be on the right** ~ (*fig*) essere sulla buona strada.

▶**track down** *vt* (*prey*) scovare; snidare; (*sth lost*) rintracciare.

tracker dog ['trækə-] *n* (*BRIT*) cane *m* poliziotto *inv*.

track events *npl* (*SPORT*) prove *fpl* su pista.

tracking station ['trækɪŋ-] *n* (*SPACE*) osservatorio spaziale.

track meet *n* (*US*) meeting *m inv* di atletica.

track record *n*: **to have a good** ~ (*fig*) avere un buon curriculum.

tracksuit ['træksuːt] n tuta sportiva.
tract [trækt] n (GEO) tratto, estensione f; (pamphlet) opuscolo, libretto; **respiratory** ~ (ANAT) apparato respiratorio.
traction ['trækʃən] n trazione f.
tractor ['træktə*] n trattore m.
trade [treɪd] n commercio; (skill, job) mestiere m; (industry) industria, settore m ♦ vi commerciare; **to** ~ **with/in** commerciare con/in; **foreign** ~ commercio estero; **Department of T**~ **and Industry (DTI)** (BRIT) ≈ Ministero del Commercio.
▶**trade in** vt (old car etc) dare come pagamento parziale.
trade barrier n barriera commerciale.
trade deficit n bilancio commerciale in deficit.
Trade Descriptions Act n (BRIT) legge f a tutela del consumatore.
trade discount n sconto sul listino.
trade fair n fiera campionaria.
trade-in ['treɪdɪn] n: **to take as a** ~ accettare in permuta.
trade-in price n prezzo di permuta.
trademark ['treɪdmɑːk] n marchio di fabbrica.
trade mission n missione f commerciale.
trade name n marca, nome m depositato.
trade-off ['treɪdɔf] n compromesso, accomodamento.
trader ['treɪdə*] n commerciante m/f.
trade secret n segreto di fabbricazione.
tradesman ['treɪdzmən] n fornitore m; (shopkeeper) negoziante m.
trade union n sindacato.
trade unionist [-'juːnjənɪst] n sindacalista m/f.
trade wind n aliseo.
trading ['treɪdɪŋ] n commercio.
trading estate n (BRIT) zona industriale.
trading stamp n bollo premio.
tradition [trə'dɪʃən] n tradizione f; ~**s** npl tradizioni, usanze fpl.
traditional [trə'dɪʃənl] adj tradizionale.
traffic ['træfɪk] n traffico ♦ vi: **to** ~ **in** (pej: liquor, drugs) trafficare in.
traffic calming [-'kɑːmɪŋ] n uso di accorgimenti per rallentare il traffico in zone abitate.
traffic circle n (US) isola rotatoria.
traffic island n salvagente m, isola f spartitraffico inv.
traffic jam n ingorgo (del traffico).
trafficker ['træfɪkə*] n trafficante m/f.
traffic lights npl semaforo.
traffic offence n (BRIT) infrazione f al codice stradale.

traffic sign n cartello stradale.
traffic violation n (US) = **traffic offence**.
traffic warden n addetto/a al controllo del traffico e del parcheggio.
tragedy ['trædʒədɪ] n tragedia.
tragic ['trædʒɪk] adj tragico(a).
trail [treɪl] n (tracks) tracce fpl, pista; (path) sentiero; (of smoke etc) scia ♦ vt trascinare, strascicare; (follow) seguire ♦ vi essere al traino; (dress etc) strusciare; (plant) arrampicarsi; strisciare; **to be on sb's** ~ essere sulle orme di qn.
▶**trail away, trail off** vi (sound) affievolirsi; (interest, voice) spegnersi a poco a poco.
▶**trail behind** vi essere al traino.
trailer ['treɪlə*] n (AUT) rimorchio; (US) roulotte f inv; (CINE) prossimamente m inv.
trailer truck n (US) autoarticolato.
train [treɪn] n treno; (of dress) coda, strascico; (BRIT: series): ~ **of events** serie f di avvenimenti a catena ♦ vt (apprentice, doctor etc) formare; (sportsman) allenare; (dog) addestrare; (memory) esercitare; (point: gun etc): **to** ~ **sth on** puntare qc contro ♦ vi formarsi; allenarsi; (learn a skill) fare pratica, fare tirocinio; **to go by** ~ andare in or col treno; **one's** ~ **of thought** il filo dei propri pensieri; **to** ~ **sb to do sth** preparare qn a fare qc.
train attendant n (US) addetto/a ai vagoni letto.
trained [treɪnd] adj qualificato(a); allenato(a); addestrato(a).
trainee [treɪ'niː] n allievo/a; (in trade) apprendista m/f; **he's a** ~ **teacher** sta facendo tirocinio come insegnante.
trainer ['treɪnə*] n (SPORT) allenatore/trice; (of dogs etc) addestratore/trice; ~**s** npl (shoes) scarpe fpl da ginnastica.
training ['treɪnɪŋ] n formazione f; allenamento; addestramento; **in** ~ (SPORT) in allenamento; (fit) in forma.
training college n istituto professionale.
training course n corso di formazione professionale.
traipse [treɪps] vi: **to** ~ **in/out** etc entrare/ uscire etc trascinandosi.
trait [treɪt] n tratto.
traitor ['treɪtə*] n traditore/trice.
trajectory [trə'dʒɛktərɪ] n traiettoria.
tram [træm] n (BRIT: also: ~**car**) tram m inv.
tramline ['træmlaɪn] n linea tranviaria.
tramp [træmp] n (person) vagabondo/a; (col: pej: woman) sgualdrina ♦ vi camminare con passo pesante ♦ vt (walk through: town, streets) percorrere a piedi.
trample ['træmpl] vt: **to** ~ **(underfoot)**

calpestare.

trampoline ['træmpəli:n] *n* trampolino.

trance [trɑ:ns] *n* trance *f inv*; *(MED)* catalessi *f inv*; **to go into a** ~ cadere in trance.

tranquil ['træŋkwɪl] *adj* tranquillo(a).

tranquillity, *(US)* **tranquility** [træŋ'kwɪlɪtɪ] *n* tranquillità.

tranquillizer, *(US)* **tranquilizer** ['træŋkwɪlaɪzə*] *n* *(MED)* tranquillante *m*.

transact [træn'zækt] *vt (business)* trattare.

transaction [træn'zækʃən] *n* transazione *f*; ~**s** *npl (minutes)* atti *mpl*; **cash** ~ operazione *f* in contanti.

transatlantic ['trænzət'læntɪk] *adj* transatlantico(a).

transcend [træn'sɛnd] *vt* trascendere; *(excel over)* superare.

transcendental [trænsɛn'dɛntl] *adj*: ~ **meditation** meditazione *f* trascendentale.

transcribe [træn'skraɪb] *vt* trascrivere.

transcript ['trænskrɪpt] *n* trascrizione *f*.

transcription [træn'skrɪpʃən] *n* trascrizione *f*.

transept ['trænsɛpt] *n* transetto.

transfer *n* ['trænsfə*] *(gen, also SPORT)* trasferimento; *(POL: of power)* passaggio; *(picture, design)* decalcomania; *(: stick-on)* autoadesivo ♦ *vt* [træns'fə:*] trasferire; passare; decalcare; **by bank** ~ tramite trasferimento bancario; **to** ~ **the charges** *(BRIT TEL)* telefonare con addebito al ricevente.

transferable [træns'fə:rəbl] *adj* trasferibile; **not** ~ non cedibile, personale.

transfix [træns'fɪks] *vt* trafiggere; *(fig)*: ~**ed with fear** paralizzato dalla paura.

transform [træns'fɔ:m] *vt* trasformare.

transformation [trænsfə'meɪʃən] *n* trasformazione *f*.

transformer [træns'fɔ:mə*] *n* *(ELEC)* trasformatore *m*.

transfusion [træns'fju:ʒən] *n* trasfusione *f*.

transgress [træns'grɛs] *vt (go beyond)* infrangere; *(violate)* trasgredire, infrangere.

tranship [træn'ʃɪp] *vt* trasbordare.

transient ['trænzɪənt] *adj* transitorio(a), fugace.

transistor [træn'zɪstə*] *n* *(ELEC)* transistor *m inv*; *(also:* ~ **radio)** radio *f inv* a transistor.

transit ['trænzɪt] *n*: **in** ~ in transito.

transit camp *n* campo (di raccolta) profughi.

transition [træn'zɪʃən] *n* passaggio, transizione *f*.

transitional [træn'zɪʃənl] *adj* di transizione.

transitive ['trænzɪtɪv] *adj (LING)*

transitivo(a).

transit lounge *n* *(AVIAT)* sala di transito.

transitory ['trænzɪtərɪ] *adj* transitorio(a).

translate [trænz'leɪt] *vt* tradurre; **to** ~ **(from/into)** tradurre (da/in).

translation [trænz'leɪʃən] *n* traduzione *f*; *(SCOL: as opposed to prose)* versione *f*.

translator [trænz'leɪtə*] *n* traduttore/trice.

translucent [trænz'lu:snt] *adj* traslucido(a).

transmission [trænz'mɪʃən] *n* trasmissione *f*.

transmit [trænz'mɪt] *vt* trasmettere.

transmitter [trænz'mɪtə*] *n* trasmettitore *m*.

transparency [træns'pɛərnsɪ] *n* *(PHOT)* diapositiva.

transparent [træns'pærnt] *adj* trasparente.

transpire [træns'paɪə*] *vi (happen)* succedere; **it finally** ~**d that** ... alla fine si è venuto a sapere che ....

transplant *vt* [træns'plɑ:nt] trapiantare ♦ *n* ['trænsplɑ:nt] trapianto; **to have a heart** ~ subire un trapianto cardiaco.

transport *n* ['trænspɔ:t] trasporto ♦ *vt* [træns'pɔ:t] trasportare; **public** ~ mezzi *mpl* pubblici; **Department of T**~(*BRIT*) Ministero dei Trasporti.

transportation ['trænspɔ:'teɪʃən] *n* (mezzo di) trasporto; *(of prisoners)* deportazione *f*; **Department of T**~ *(US)* Ministero dei Trasporti.

transport café *n* *(BRIT)* trattoria per camionisti.

transpose [træns'pəuz] *vt* trasporre.

transsexual [trænz'sɛksjuəl] *adj, n* transessuale *(m/f)*.

transverse ['trænzvə:s] *adj* trasversale.

transvestite [trænz'vɛstaɪt] *n* travestito/a.

trap [træp] *n (snare, trick)* trappola; *(carriage)* calesse *m* ♦ *vt* prendere in trappola, intrappolare; *(immobilize)* bloccare; *(jam)* chiudere, schiacciare; **to set or lay a** ~ **(for sb)** tendere una trappola (a qn); **to** ~ **one's finger in the door** chiudersi il dito nella porta; **shut your** ~! *(col)* chiudi quella boccaccia!

trap door *n* botola.

trapeze [trə'pi:z] *n* trapezio.

trapper ['træpə*] *n* cacciatore *m* di animali da pelliccia.

trappings ['træpɪŋz] *npl* ornamenti *mpl*; indoratura, sfarzo.

trash [træʃ] *n (pej: goods)* ciarpame *m*; *(: nonsense)* sciocchezze *fpl*; *(US: rubbish)* rifiuti *mpl*, spazzatura.

trash can *n* *(US)* secchio della spazzatura.

trashy ['træʃɪ] *adj (col)* scadente.

trauma ['trɔ:mə] *n* trauma *m*.

traumatic [trɔ:'mætɪk] adj (PSYCH, fig)
traumatico(a), traumatizzante.

travel ['trævl] n viaggio; viaggi mpl ♦ vi
viaggiare; (move) andare, spostarsi ♦ vt
(distance) percorrere; **this wine doesn't ~
well** questo vino non resiste agli
spostamenti.

travel agency n agenzia (di) viaggi.

travel agent n agente m di viaggio.

travel brochure n dépliant m di viaggi.

traveller, (US) **traveler** ['trævlə*] n
viaggiatore/trice; (COMM) commesso
viaggiatore.

traveller's cheque, (US) **traveler's
check** n assegno turistico.

travelling, (US) **traveling** ['trævlɪŋ] n
viaggi mpl ♦ adj (circus, exhibition)
itinerante ♦ cpd (bag, clock) da viaggio;
(expenses) di viaggio.

travel(l)ing salesman n commesso
viaggiatore.

travelogue ['trævəlɔg] n (book, film) diario
or documentario di viaggio; (talk)
conferenza sui viaggi.

travel sickness n mal m d'auto (or di mare
or d'aria).

traverse ['trævəs] vt traversare,
attraversare.

travesty ['trævəstɪ] n parodia.

trawler ['trɔ:lə*] n peschereccio (a
strascico).

tray [treɪ] n (for carrying) vassoio; (on desk)
vaschetta.

treacherous ['trɛtʃərəs] adj
traditore(trice); **road conditions today
are ~** oggi il fondo stradale è pericoloso.

treachery ['trɛtʃərɪ] n tradimento.

treacle ['tri:kl] n melassa.

tread [trɛd] n passo; (sound) rumore m di
passi; (of tyre) battistrada m inv ♦ vi (pt
trod, pp **trodden** [trɔd, 'trɔdn]) camminare.

▶**tread on** vt fus calpestare.

treadle ['trɛdl] n pedale m.

treas. abbr = **treasurer.**

treason ['tri:zn] n tradimento.

treasure ['trɛʒə*] n tesoro ♦ vt (value)
tenere in gran conto, apprezzare molto;
(store) custodire gelosamente.

treasure hunt n caccia al tesoro.

treasurer ['trɛʒərə*] n tesoriere/a.

treasury ['trɛʒərɪ] n tesoreria; (POL): **the
T~,** (US) **the T~ Department** ≈ il
Ministero del Tesoro.

treasury bill n buono del tesoro.

treat [tri:t] n regalo ♦ vt trattare; (MED)
curare; (consider) considerare; **it was a ~
mi** (or ci etc) ha fatto veramente piacere;
to ~ sb to sth offrire qc a qn; **to ~ sth as**

a joke considerare qc uno scherzo.

treatise ['tri:tɪz] n trattato.

treatment ['tri:tmənt] n trattamento; **to
have ~ for sth** (MED) farsi curare qc.

treaty ['tri:tɪ] n patto, trattato.

treble [trɛbl] adj triplo(a), triplice ♦ n (MUS)
soprano m/f ♦ vt triplicare ♦ vi triplicarsi.

treble clef n chiave f di violino.

tree [tri:] n albero.

tree-lined ['tri:laɪnd] adj fiancheggiato(a)
da alberi.

treetop ['tri:tɔp] n cima di un albero.

tree trunk n tronco d'albero.

trek [trɛk] n (hike) spedizione f; (tiring walk)
camminata sfiancante ♦ vi (as holiday)
fare dell'escursionismo.

trellis ['trɛlɪs] n graticcio, pergola.

tremble ['trɛmbl] vi tremare; (machine)
vibrare.

trembling ['trɛmblɪŋ] n tremito ♦ adj
tremante.

tremendous [trɪ'mɛndəs] adj (enormous)
enorme; (excellent) meraviglioso(a),
formidabile.

tremendously [trɪ'mɛndəslɪ] adv
incredibilmente; **he enjoyed it ~** gli è
piaciuto da morire.

tremor ['trɛmə*] n tremore m, tremito;
(also: **earth ~**) scossa sismica.

trench [trɛntʃ] n trincea.

trench coat n trench m inv.

trench warfare n guerra di trincea.

trend [trɛnd] n (tendency) tendenza; (of
events) corso; (fashion) moda; **~ towards/
away from** tendenza a/ad allontanarsi da;
to set the ~ essere all'avanguardia; **to
set a ~** lanciare una moda.

trendy ['trɛndɪ] adj (idea) di moda; (clothes)
all'ultima moda.

trepidation [trɛpɪ'deɪʃən] n trepidazione f,
agitazione f.

trespass ['trɛspəs] vi: **to ~ on** entrare
abusivamente in; (fig) abusare di; **"no
~ing"** "proprietà privata", "vietato
l'accesso".

trespasser ['trɛspəsə*] n trasgressore m;
"~s will be prosecuted" "i trasgressori
saranno puniti secondo i termini di
legge".

trestle ['trɛsl] n cavalletto.

trestle table n tavola su cavalletti.

trial ['traɪəl] n (LAW) processo; (test: of
machine etc) collaudo; (hardship) prova,
difficoltà f inv; (worry) cruccio; **~s** npl
(ATHLETICS) prove fpl di qualificazione;
horse ~s concorso ippico; **to be on ~**
essere sotto processo; **~ by jury** processo
penale con giuria; **to be sent for ~** essere

rinviato a giudizio; **to bring sb to** ~ **(for a crime)** portare qn in giudizio (per un reato); **by** ~ **and error** a tentoni.

trial balance *n* (*COMM*) bilancio di verifica.

trial basis *n*: **on a** ~ in prova.

trial run *n* periodo di prova.

triangle ['traɪæŋgl] *n* (*MATH, MUS*) triangolo.

triangular [traɪ'æŋgjulə*] *adj* triangolare.

triathlon [traɪ'æθlən] *n* triathlon *m inv*.

tribal ['traɪbəl] *adj* tribale.

tribe [traɪb] *n* tribù *f inv*.

tribesman ['traɪbzmən] *n* membro della tribù.

tribulation [trɪbju'leɪʃən] *n* tribolazione *f*.

tribunal [traɪ'bju:nl] *n* tribunale *m*.

tributary ['trɪbjutəri] *n* (*river*) tributario, affluente *m*.

tribute ['trɪbju:t] *n* tributo, omaggio; **to pay** ~ **to** rendere omaggio a.

trice [traɪs] *n*: **in a** ~ in un attimo.

trick [trɪk] *n* trucco; (*clever act*) stratagemma *m*; (*joke*) tiro; (*CARDS*) presa ♦ *vt* imbrogliare, ingannare; **to play a** ~ **on sb** giocare un tiro a qn; **it's a** ~ **of the light** è un effetto ottico; **that should do the** ~ (*col*) vedrai che funziona; **to** ~ **sb into doing sth** convincere qn a fare qc con l'inganno; **to** ~ **sb out of sth** fregare qc a qn.

trickery ['trɪkəri] *n* inganno.

trickle ['trɪkl] *n* (*of water etc*) rivolo; gocciolio ♦ *vi* gocciolare; **to** ~ **in/out** (*people*) entrare/uscire alla spicciolata.

trick question *n* domanda *f* trabocchetto *inv*.

trickster ['trɪkstə*] *n* imbroglione/a.

tricky ['trɪki] *adj* difficile, delicato(a).

tricycle ['traɪsɪkl] *n* triciclo.

trifle ['traɪfl] *n* sciocchezza; (*BRIT CULIN*) ≈ zuppa inglese ♦ *adv*: **a** ~ **long** un po' lungo ♦ *vi*: **to** ~ **with** prendere alla leggera.

trifling ['traɪflɪŋ] *adj* insignificante.

trigger ['trɪgə*] *n* (*of gun*) grilletto.

▶**trigger off** *vt* dare l'avvio a.

trigonometry [trɪgə'nɒmətri] *n* trigonometria.

trilby ['trɪlbi] *n* (*BRIT: also*: ~ **hat**) cappello floscio di feltro.

trill [trɪl] *n* (*of bird, MUS*) trillo.

trilogy ['trɪlədʒi] *n* trilogia.

trim [trɪm] *adj* ordinato(a); (*house, garden*) ben tenuto(a); (*figure*) snello(a) ♦ *n* (*haircut etc*) spuntata, regolata; (*embellishment*) finiture *fpl*; (*on car*) guarnizioni *fpl* ♦ *vt* spuntare; (*decorate*): **to** ~ **(with)** decorare (con); (*NAUT: a sail*) orientare; **to keep in (good)** ~

mantenersi in forma.

trimmings ['trɪmɪŋz] *npl* decorazioni *fpl*; (*extras: gen CULIN*) guarnizione *f*.

Trinidad and Tobago ['trɪnɪdæd-] *n* Trinidad e Tobago *m*.

Trinity ['trɪnɪti] *n*: **the** ~ la Trinità.

trinket ['trɪŋkɪt] *n* gingillo; (*piece of jewellery*) ciondolo.

trio ['tri:əu] *n* trio.

trip [trɪp] *n* viaggio; (*excursion*) gita, escursione *f*; (*stumble*) passo falso ♦ *vi* inciampare; (*go lightly*) camminare con passo leggero; **on a** ~ in viaggio.

▶**trip up** *vi* inciampare ♦ *vt* fare lo sgambetto a.

tripartite [traɪ'pɑːtaɪt] *adj* (*agreement*) tripartito(a); (*talks*) a tre.

tripe [traɪp] *n* (*CULIN*) trippa; (*pej: rubbish*) sciocchezze *fpl*, fesserie *fpl*.

triple ['trɪpl] *adj* triplo(a) ♦ *adv*: ~ **the distance/the speed** tre volte più lontano/ più veloce.

triple jump *n* triplo salto.

triplets ['trɪplɪts] *npl* bambini(e) trigemini(e).

triplicate ['trɪplɪkət] *n*: **in** ~ in triplice copia.

tripod ['traɪpɒd] *n* treppiede *m*.

Tripoli ['trɪpəli] *n* Tripoli *f*.

tripper ['trɪpə*] *n* (*BRIT*) gitante *m/f*.

tripwire ['trɪpwaɪə*] *n* filo in tensione che fa scattare una trappola, allarme etc.

trite [traɪt] *adj* banale, trito(a).

triumph ['traɪʌmf] *n* trionfo ♦ *vi*: **to** ~ **(over)** trionfare (su).

triumphal [traɪ'ʌmfl] *adj* trionfale.

triumphant [traɪ'ʌmfənt] *adj* trionfante.

trivia ['trɪviə] *npl* banalità *fpl*.

trivial ['trɪviəl] *adj* (*matter*) futile; (*excuse, comment*) banale; (*amount*) irrisorio(a); (*mistake*) di poco conto.

triviality [trɪvi'ælɪti] *n* frivolezza; (*trivial detail*) futilità.

trivialize ['trɪviəlaɪz] *vt* sminuire.

trod [trɒd] *pt of* **tread**.

trodden ['trɒdn] *pp of* **tread**.

trolley ['trɒli] *n* carrello; (*in hospital*) lettiga.

trolley bus *n* filobus *m inv*.

trollop ['trɒləp] *n* prostituta.

trombone [trɒm'bəun] *n* trombone *m*.

troop [tru:p] *n* gruppo; (*MIL*) squadrone *m*; ~**s** *npl* (*MIL*) truppe *fpl*; ~**ing the colour** (*BRIT: ceremony*) sfilata della bandiera.

▶**troop in** *vi* entrare a frotte.

▶**troop out** *vi* uscire a frotte.

troop carrier *n* (*plane*) aereo per il trasporto (di) truppe; (*NAUT: also*:

troopship) nave *f* per il trasporto (di) truppe.

trooper ['truːpə*] *n* (*MIL*) soldato di cavalleria; (*US*: *policeman*) poliziotto (della polizia di stato).

troopship ['truːpʃɪp] *n* nave *f* per il trasporto (di) truppe.

trophy ['trəʊfɪ] *n* trofeo.

tropic ['trɒpɪk] *n* tropico; **in the ~s** ai tropici; **T~ of Cancer/Capricorn** tropico del Cancro/Capricorno.

tropical ['trɒpɪkəl] *adj* tropicale.

trot [trɒt] *n* trotto ♦ *vi* trottare; **on the ~** (*BRIT fig*) di fila, uno(a) dopo l'altro(a).

▶**trot out** *vt* (*excuse, reason*) tirar fuori; (*names, facts*) recitare di fila.

trouble ['trʌbl] *n* (*problems*) difficoltà *fpl*, problemi *mpl*; (*worry*) preoccupazione *f*; (*bother, effort*) sforzo; (*with sth mechanical*) noie *fpl*; (*POL*) conflitti *mpl*, disordine *m*; (*MED*): **stomach etc ~** disturbi *mpl* gastrici *etc* ♦ *vt* disturbare; (*worry*) preoccupare ♦ *vi*: **to ~ to do** disturbarsi a fare; **~s** *npl* (*POL etc*) disordini *mpl*; **to be in ~** avere dei problemi; (*for doing wrong*) essere nei guai; **to go to the ~ of doing** darsi la pena di fare; **it's no ~!** di niente!; **what's the ~?** cosa c'è che non va?; **the ~ is ... c'è che ..., il guaio è che ...; to have ~ doing sth** avere delle difficoltà a fare qc; **please don't ~ yourself** non si disturbi.

troubled ['trʌbld] *adj* (*person*) preoccupato(a), inquieto(a); (*epoch, life*) agitato(a), difficile.

trouble-free ['trʌblfriː] *adj* senza problemi.

troublemaker ['trʌblmeɪkə*] *n* elemento disturbatore, agitatore/trice.

troubleshooter ['trʌblʃuːtə*] *n* (*in conflict*) conciliatore *m*.

troublesome ['trʌblsəm] *adj* fastidioso(a), seccante.

trouble spot *n* zona calda.

troubling ['trʌblɪŋ] *adj* (*thought*) preoccupante; **these are ~ times** questi sono tempi difficili.

trough [trɒf] *n* (*also*: **drinking ~**) abbeveratoio; (*also*: **feeding ~**) trogolo, mangiatoia; (*channel*) canale *m*; **~ of low pressure** (*METEOROLOGY*) depressione *f*.

trounce [traʊns] *vt* (*defeat*) sgominare.

troupe [truːp] *n* troupe *f inv*.

trouser press *n* stirapantaloni *m inv*.

trousers ['traʊzəz] *npl* pantaloni *mpl*, calzoni *mpl*; **short ~** (*BRIT*) calzoncini *mpl*.

trouser suit *n* (*BRIT*) completo *m or* tailleur *m inv* pantalone *inv*.

trousseau, *pl* **~x** *or* **~s** ['truːsəu, -z] *n* corredo da sposa.

trout [traʊt] *n* (*pl inv*) trota.

trowel ['traʊəl] *n* cazzuola.

truant ['truːənt] *n*: **to play ~** (*BRIT*) marinare la scuola.

truce [truːs] *n* tregua.

truck [trʌk] *n* autocarro, camion *m inv*; (*RAIL*) carro merci aperto; (*for luggage*) carrello *m* portabagagli *inv*.

truck driver, (*US*) **trucker** ['trʌkə*] *n* camionista *m/f*.

truck farm *n* (*US*) orto industriale.

trucking ['trʌkɪŋ] *n* (*esp US*) autotrasporto.

trucking company *n* (*esp US*) impresa di trasporti.

truculent ['trʌkjulənt] *adj* aggressivo(a), brutale.

trudge [trʌdʒ] *vi* trascinarsi pesantemente.

true [truː] *adj* vero(a); (*accurate*) accurato(a), esatto(a); (*genuine*) reale; (*faithful*) fedele; (*wall, beam*) a piombo; (*wheel*) centrato(a); **to come ~** avverarsi; **~ to life** verosimile.

truffle ['trʌfl] *n* tartufo.

truly ['truːlɪ] *adv* veramente; (*truthfully*) sinceramente; (*faithfully*) fedelmente; **yours ~** (*in letter-writing*) distinti saluti.

trump [trʌmp] *n* (*CARDS*) atout *m inv*; **to turn up ~s** (*fig*) fare miracoli.

trump card *n* atout *m inv*; (*fig*) asso nella manica.

trumped-up [trʌmpt'ʌp] *adj* inventato(a).

trumpet ['trʌmpɪt] *n* tromba.

truncated [trʌŋ'keɪtɪd] *adj* tronco(a).

truncheon ['trʌntʃən] *n* sfollagente *m inv*.

trundle ['trʌndl] *vt, vi*: **to ~ along** rotolare rumorosamente.

trunk [trʌŋk] *n* (*of tree, person*) tronco; (*of elephant*) proboscide *f*; (*case*) baule *m*; (*US AUT*) bagagliaio.

trunk call *n* (*BRIT TEL*) (telefonata) interurbana.

trunk road *n* (*BRIT*) strada principale.

trunks [trʌŋks] *npl* (*also*: **swimming ~**) calzoncini *mpl* da bagno.

truss [trʌs] *n* (*MED*) cinto erniario ♦ *vt*: **to ~ (up)** (*CULIN*) legare.

trust [trʌst] *n* fiducia; (*LAW*) amministrazione *f* fiduciaria; (*COMM*) trust *m inv* ♦ *vt* (*have confidence in*) fidarsi di; (*rely on*) contare su; (*entrust*): **to ~ sth to sb** affidare qc a qn; (*hope*): **to ~ (that)** sperare (che); **you'll have to take it on ~** deve credermi sulla parola; **in ~** (*LAW*) in amministrazione fiduciaria.

trust company *n* trust *m inv*.

trusted ['trʌstɪd] *adj* fidato(a).

trustee [trʌs'tiː] *n* (*LAW*) amministratore(trice) fiduciario(a); (*of*

school etc) amministratore/trice.
trustful ['trʌstful] *adj* fiducioso(a).
trust fund *n* fondo fiduciario.
trusting ['trʌstɪŋ] *adj* = **trustful**.
trustworthy ['trʌstwə:ðɪ] *adj* fidato(a),
degno(a) di fiducia.
trusty ['trʌstɪ] *adj* fidato(a).
truth, ~**s** [tru:θ, tru:ðz] *n* verità *f inv*.
truthful ['tru:θful] *adj* (*person*) sincero(a);
(*description*) veritiero(a), esatto(a).
truthfully ['tru:θfəlɪ] *adv* sinceramente.
truthfulness ['tru:θfəlnɪs] *n* veracità.
try [traɪ] *n* prova, tentativo; (*RUGBY*) meta
♦ *vt (LAW)* giudicare; (*test: sth new*)
provare; (*strain: patience, person*) mettere
alla prova ♦ *vi* provare; **to** ~ **to do** provare
a fare; (*seek*) cercare di fare; **to give sth
a** ~ provare qc; **to** ~ **one's (very) best** *or*
one's (very) hardest mettercela tutta.
▶**try on** *vt* (*clothes*) provare, mettere alla
prova; **to** ~ **it on** (*fig*) cercare di farla.
▶**try out** *vt* provare, mettere alla prova.
trying ['traɪɪŋ] *adj* (*day, experience*)
logorante, pesante; (*child*) difficile,
insopportabile.
tsar [za:*] *n* zar *m inv*.
T-shirt ['ti:ʃə:t] *n* maglietta.
T-square ['ti:skwɛə*] *n* riga a T.
TT *adj abbr (BRIT col)* = **teetotal** ♦ *abbr (US)* =
Trust Territory.
tub [tʌb] *n* tinozza; mastello; (*bath*) bagno.
tuba ['tju:bə] *n* tuba.
tubby ['tʌbɪ] *adj* grassoccio(a).
tube [tju:b] *n* tubo; (*BRIT: underground*)
metropolitana; (*for tyre*) camera d'aria;
(*col: television*): **the** ~ la tele.
tubeless ['tju:blɪs] *adj* (*tyre*) senza camera
d'aria.
tuber ['tju:bə*] *n* (*BOT*) tubero.
tuberculosis (TB) [tjubə:kju'ləusɪs] *n*
tubercolosi *f*.
tube station *n* (*BRIT*) stazione *f* del metrò.
tubing ['tju:bɪŋ] *n* tubazione *f*; **a piece of** ~
un tubo.
tubular ['tju:bjulə*] *adj* tubolare.
TUC *n abbr (BRIT*: = *Trades Union Congress*)
confederazione *f* dei sindacati britannici.
tuck [tʌk] *n* (*SEWING*) piega ♦ *vt* (*put*)
mettere.
▶**tuck away** *vt* riporre.
▶**tuck in** *vt* mettere dentro; (*child*)
rimboccare ♦ *vi* (*eat*) mangiare di buon
appetito; abbuffarsi.
▶**tuck up** *vt* (*child*) rimboccare.
tuck shop *n* negozio di pasticceria (*in una
scuola*).
Tue(s). *abbr* (= *Tuesday*) mar.
Tuesday ['tju:zdɪ] *n* martedì *m inv*; (**the**

date) **today is** ~ **23rd March** oggi è
martedì 23 marzo; **on** ~ martedì; **on** ~**s**
di martedì; **every** ~ tutti i martedì; **every
other** ~ ogni due martedì; **last/next** ~
martedì scorso/prossimo; ~ **next** martedì
prossimo; **the following** ~ (*in past*) il
martedì successivo; (*in future*) il martedì
dopo; **a week/fortnight on** ~, ~ **week/
fortnight** martedì fra una settimana/
quindici giorni; **the** ~ **before last** martedì
di due settimane fa; **the** ~ **after next** non
questo martedì ma il prossimo; ~
morning/lunchtime/afternoon/evening
martedì mattina/all'ora di pranzo/
pomeriggio/sera; ~ **night** martedì sera;
(*overnight*) martedì notte; ~'s **newspaper**
il giornale di martedì.
tuft [tʌft] *n* ciuffo.
tug [tʌg] *n* (*ship*) rimorchiatore *m* ♦ *vt*
tirare con forza.
tug-of-love [tʌgəv'lʌv] *n* contesa per la
custodia dei figli; ~ **children** bambini *mpl*
coinvolti nella contesa per la custodia.
tug-of-war [tʌgəv'wɔ:*] *n* tiro alla fune.
tuition [tju:'ɪʃən] *n* (*BRIT: lessons*) lezioni *fpl*;
(*US: fees*) tasse *fpl* scolastiche (*or
universitarie*).
tulip ['tju:lɪp] *n* tulipano.
tumble ['tʌmbl] *n* (*fall*) capitombolo ♦ *vi*
capitombolare, ruzzolare; (*somersault*)
fare capriole ♦ *vt* far cadere; **to** ~ **to sth**
(*col*) realizzare qc.
tumbledown ['tʌmbldaun] *n* cadente,
diroccato(a).
tumble dryer *n* (*BRIT*) asciugatrice *f*.
tumbler ['tʌmblə*] *n* bicchiere *m* (senza
stelo).
tummy ['tʌmɪ] *n* (*col*) pancia.
tumour, (*US*) **tumor** ['tju:mə*] *n* tumore *m*.
tumult ['tju:mʌlt] *n* tumulto.
tumultuous [tju:'mʌltjuəs] *adj*
tumultuoso(a).
tuna ['tju:nə] *n* (*pl inv*) (*also*: ~ **fish**) tonno.
tune [tju:n] *n* (*melody*) melodia, aria ♦ *vt*
(*MUS*) accordare; (*RADIO, TV, AUT*)
regolare, mettere a punto; **to be in/out of**
~ (*instrument*) essere accordato(a)/
scordato(a); (*singer*) essere intonato(a)/
stonato(a); **to the** ~ **of** (*fig: amount*) per la
modesta somma di; **in** ~ **with** (*fig*) in
accordo con.
▶**tune in** *vi* (*RADIO, TV*): **to** ~ **in (to)**
sintonizzarsi (su).
▶**tune up** *vi* (*musician*) accordare lo
strumento.
tuneful ['tju:nful] *adj* melodioso(a).
tuner ['tju:nə*] *n* (*radio set*) sintonizzatore
m; **piano** ~ accordatore/trice di

pianoforte.

tuner amplifier n amplificatore m di sintonia.

tungsten ['tʌŋstn] n tungsteno.

tunic ['tjuːnɪk] n tunica.

tuning ['tjuːnɪŋ] n messa a punto.

tuning fork n diapason m inv.

Tunis ['tjuːnɪs] n Tunisi f.

Tunisia [tjuːˈnɪzɪə] n Tunisia.

Tunisian [tjuːˈnɪzɪən] adj, n tunisino(a).

tunnel ['tʌnl] n galleria ♦ vi scavare una galleria.

tunnel vision n (MED) riduzione f del campo visivo; (fig) visuale f ristretta.

tunny ['tʌnɪ] n tonno.

turban ['təːbən] n turbante m.

turbid ['təːbɪd] adj torbido(a).

turbine ['təːbaɪn] n turbina.

turbo ['təːbəu] n turbo m inv.

turbojet ['təːbəuˈdʒɛt] n turboreattore m.

turboprop ['təːbəuˈprɔp] n turboelica m inv.

turbot ['təːbət] n (pl inv) rombo gigante.

turbulence ['təːbjuləns] n turbolenza.

turbulent ['təːbjulənt] adj turbolento(a); (sea) agitato(a).

tureen [təˈriːn] n zuppiera.

turf [təːf] n terreno erboso; (clod) zolla ♦ vt coprire di zolle erbose; **the T~** l'ippodromo.

▶**turf out** vt (col) buttar fuori.

turf accountant n (BRIT) allibratore m.

turgid ['təːdʒɪd] adj (speech) ampolloso(a), pomposo(a).

Turin [tjuəˈrɪn] n Torino f.

Turk [təːk] n turco/a.

Turkey ['təːkɪ] n Turchia.

turkey ['təːkɪ] n tacchino.

Turkish ['təːkɪʃ] adj turco(a) ♦ n (LING) turco.

Turkish bath n bagno turco.

Turkish delight n gelatine ricoperte di zucchero a velo.

turmeric ['təːmərɪk] n curcuma.

turmoil ['təːmɔɪl] n confusione f, tumulto.

turn [təːn] n giro; (in road) curva; (tendency: of mind, events) tendenza; (performance) numero; (MED) crisi f inv, attacco ♦ vt girare, voltare; (milk) far andare a male; (shape: wood, metal) tornire; (change): **to ~ sth into** trasformare qc in ♦ vi girare; (person: look back) girarsi, voltarsi; (reverse direction) girarsi indietro; (change) cambiare; (become) diventare; **to ~ into** trasformarsi in; **a good ~** un buon servizio; **a bad ~** un brutto tiro; **it gave me quite a ~** mi ha fatto prendere un bello spavento; **"no left ~"** (AUT) "divieto di svolta a sinistra"; **it's your ~**

tocca a lei; **in ~** a sua volta; a turno; **to take ~s (at sth)** fare (qc) a turno; **at the ~ of the year/century** alla fine dell'anno/del secolo; **to take a ~ for the worse** (situation, events) volgere al peggio; (patient, health) peggiorare; **to ~ left/right** girare a sinistra/destra.

▶**turn about** vi girarsi indietro.

▶**turn away** vi girarsi (dall'altra parte) ♦ vt (reject: person) mandar via; (: business) rifiutare.

▶**turn back** vi ritornare, tornare indietro.

▶**turn down** vt (refuse) rifiutare; (reduce) abbassare; (fold) ripiegare.

▶**turn in** vi (col: go to bed) andare a letto ♦ vt (fold) voltare in dentro.

▶**turn off** vi (from road) girare, voltare ♦ vt (light, radio, engine etc) spegnere.

▶**turn on** vt (light, radio etc) accendere; (engine) avviare.

▶**turn out** vt (light, gas) chiudere, spegnere; (produce: goods) produrre; (: novel, good pupils) creare ♦ vi (appear, attend: troops, doctor etc) presentarsi; **to ~ out to be ...** rivelarsi ..., risultare ....

▶**turn over** vi (person) girarsi; (car etc) capovolgersi ♦ vt girare.

▶**turn round** vi girare; (person) girarsi.

▶**turn up** vi (person) arrivare, presentarsi; (lost object) saltar fuori ♦ vt (collar, sound, gas etc) alzare.

turnabout ['təːnəbaut], **turnaround** ['təːnəraund] n (fig) dietrofront m inv.

turncoat ['təːnkəut] n voltagabbana m/f inv.

turned-up ['təːndʌp] adj (nose) all'insù.

turning ['təːnɪŋ] n (in road) curva; (side road) strada laterale; **the first ~ on the right** la prima a destra.

turning circle n (BRIT) diametro di sterzata.

turning point n (fig) svolta decisiva.

turning radius n (US) = **turning circle**.

turnip ['təːnɪp] n rapa.

turnout ['təːnaut] n presenza, affluenza.

turnover ['təːnəuvə*] n (COMM: amount of money) giro di affari; (: of goods) smercio; (CULIN): **apple etc ~** sfogliatella alle mele etc; **there is a rapid ~ in staff** c'è un ricambio molto rapido di personale.

turnpike ['təːnpaɪk] n (US) autostrada a pedaggio.

turnstile ['təːnstaɪl] n tornella.

turntable ['təːnteɪbl] n (on record player) piatto.

turn-up ['təːnʌp] n (BRIT: on trousers) risvolto.

turpentine ['təːpəntaɪn] n (also: **turps**)

acqua ragia.

turquoise [tə:kwɔɪz] n (*stone*) turchese m ♦ adj color turchese; di turchese.

turret ['tʌrɪt] n torretta.

turtle ['tə:tl] n testuggine f.

turtleneck (sweater) ['tə:tlnɛk-] n maglione m con il collo alto.

Tuscan ['tʌskən] adj, n toscano(a).

Tuscany ['tʌskənɪ] n Toscana.

tusk [tʌsk] n zanna.

tussle ['tʌsl] n baruffa, mischia.

tutor ['tju:tə*] n (*in college*) docente m/f (*responsabile di un gruppo di studenti*); (*private teacher*) precettore m.

tutorial [tju:'tɔ:rɪəl] n (*SCOL*) lezione f con discussione (*a un gruppo limitato*).

tuxedo [tʌk'si:dəu] n (*US*) smoking m inv.

TV [ti:'vi:] n abbr (= *television*) tivù f inv.

TV dinner n pasto surgelato pronto in due minuti.

twaddle ['twɔdl] n scemenze fpl.

twang [twæŋ] n (*of instrument*) suono vibrante; (*of voice*) accento nasale ♦ vi vibrare ♦ vt (*guitar*) pizzicare le corde di.

tweak [twi:k] vt (*nose*) pizzicare; (*ear, hair*) tirare.

tweed [twi:d] n tweed m inv.

tweezers ['twi:zəz] npl pinzette fpl.

twelfth [twɛlfθ] num dodicesimo(a).

Twelfth Night n la notte dell'Epifania.

twelve [twɛlv] num dodici; **at** ~ alle dodici, a mezzogiorno; (*midnight*) a mezzanotte.

twentieth ['twɛntɪɪθ] num ventesimo(a).

twenty ['twɛntɪ] num venti.

twerp [twə:p] n (*col*) idiota m/f.

twice [twaɪs] adv due volte; ~ **as much** due volte tanto; ~ **a week** due volte alla settimana; **she is** ~ **your age** ha il doppio dei suoi anni.

twiddle ['twɪdl] vt, vi: **to** ~ **(with) sth** giocherellare con qc; **to** ~ **one's thumbs** (*fig*) girarsi i pollici.

twig [twɪg] n ramoscello ♦ vt, vi (*col*) capire.

twilight ['twaɪlaɪt] n (*evening*) crepuscolo; (*morning*) alba; **in the** ~ nella penombra.

twill [twɪl] n spigato m.

twin [twɪn] adj, n gemello(a).

twin(-bedded) room ['twɪn('bɛdɪd)-] n stanza con letti gemelli.

twin beds npl letti mpl gemelli.

twin-carburettor ['twɪnkɑ:bju'rɛtə*] adj a doppio carburatore.

twine [twaɪn] n spago, cordicella ♦ vi (*plant*) attorciarsi; (*road*) serpeggiare.

twin-engined ['twɪn'ɛndʒɪnd] adj a due motori; ~ **aircraft** bimotore m.

twinge [twɪndʒ] n (*of pain*) fitta; **a** ~ **of conscience/regret** un rimorso/rimpianto.

twinkle ['twɪŋkl] n scintillio ♦ vi scintillare; (*eyes*) brillare.

twin town n città f inv gemella.

twirl [twə:l] n piroetta ♦ vt far roteare ♦ vi roteare.

twist [twɪst] n torsione f; (*in wire, flex*) storta; (*in story*) colpo di scena; (*bend*) svolta, piega ♦ vt attorcigliare; (*weave*) intrecciare; (*roll around*) arrotolare; (*fig*) deformare ♦ vi attorcigliarsi; arrotolarsi; (*road*) serpeggiare; **to** ~ **one's ankle/wrist** (*MED*) slogarsi la caviglia/il polso.

twisted ['twɪstɪd] adj (*wire, rope*) attorcigliato(a); (*ankle, wrist*) slogato(a); (*fig: logic, mind*) contorto(a).

twit [twɪt] n (*col*) minchione/a.

twitch [twɪtʃ] n tiratina; (*nervous*) tic m inv ♦ vi contrarsi; avere un tic.

two [tu:] num due; ~ **by** ~, **in** ~s a due a due; **to put** ~ **and** ~ **together** (*fig*) trarre le conclusioni.

two-bit [tu:'bɪt] adj (*esp US*: *col, pej*) da quattro soldi.

two-door [tu:'dɔ:*] adj (*AUT*) a due porte.

two-faced ['tu:'feɪst] adj (*pej*: *person*) falso(a).

twofold ['tu:fəuld] adv: **to increase** ~ aumentare del doppio ♦ adj (*increase*) doppio(a); (*reply*) in due punti.

two-piece ['tu:'pi:s] n (*also*: ~ **suit**) due pezzi m inv; (*also*: ~ **swimsuit**) (*costume* m da bagno a) due pezzi m inv.

two-seater ['tu:'si:tə*] n (*plane*) biposto; (*car*) macchina a due posti.

twosome ['tu:səm] n (*people*) coppia.

two-stroke ['tu:strəuk] n (*engine*) due tempi m inv ♦ adj a due tempi.

two-tone ['tu:'təun] adj (*colour*) bicolore.

two-way ['tu:weɪ] adj (*traffic*) a due sensi; ~ **radio** radio f inv ricetrasmittente.

TX abbr (*US*) = *Texas*.

tycoon [taɪ'ku:n] n: **(business)** ~ magnate m.

type [taɪp] n (*category*) genere m; (*model*) modello; (*example*) tipo; (*TYP*) tipo, carattere m ♦ vt (*letter etc*) battere (a macchina), dattilografare; **what** ~ **do you want?** che tipo vuole?; **in bold/italic** ~ in grassetto/corsivo.

type-cast ['taɪpkɑ:st] adj (*actor*) a ruolo fisso.

typeface ['taɪpfeɪs] n carattere m tipografico.

typescript ['taɪpskrɪpt] n dattiloscritto.

typeset ['taɪpset] vt comporre.

typesetter ['taɪpsɛtə*] n compositore m.

typewriter ['taɪpraɪtə*] n macchina da scrivere.
typewritten ['taɪprɪtn] adj dattiloscritto(a), battuto(a) a macchina.
typhoid ['taɪfɔɪd] n tifoidea.
typhoon [taɪ'fuːn] n tifone m.
typhus ['taɪfəs] n tifo.
typical ['tɪpɪkl] adj tipico(a).
typify ['tɪpɪfaɪ] vt essere tipico(a) di.
typing ['taɪpɪŋ] n dattilografia.
typing error n errore m di battitura.
typing pool n ufficio m dattilografia inv.
typist ['taɪpɪst] n dattilografo/a.
typo ['taɪpəu] n abbr (col: = typographical error) refuso.
typography [taɪ'pɔgrəfɪ] n tipografia.
tyranny ['tɪrənɪ] n tirannia.
tyrant ['taɪərnt] n tiranno.
tyre, (US) **tire** ['taɪə*] n pneumatico, gomma.
tyre pressure n pressione f (delle gomme).
Tyrol [tɪ'rəul] n Tirolo.
Tyrolean [tɪrə'liːən], **Tyrolese** [tɪrə'liːz] adj, n tirolese (m/f).
Tyrrhenian Sea [tɪ'riːnɪən-] n: the ~ il mar Tirreno.

U u

U, u [juː] n (letter) U, u m or f inv; **U for Uncle** ≈ U come Udine.
U n abbr (BRIT CINE: = universal) per tutti.
UAW n abbr (US: = United Automobile Workers) sindacato degli operai automobilistici.
UB40 n abbr (BRIT: = unemployment benefit form 40) modulo per la richiesta del sussidio di disoccupazione.
U-bend ['juːbɛnd] n (in pipe) sifone m.
ubiquitous [juː'bɪkwɪtəs] adj onnipresente.
UCAS ['juːkæs] n abbr (BRIT) = Universities and Colleges Admissions Service.
UDA n abbr (BRIT: = Ulster Defence Association) organizzazione paramilitare protestante.
UDC n abbr (BRIT) = Urban District Council.
udder ['ʌdə*] n mammella.
UDI abbr (BRIT POL) = unilateral declaration of independence.
UDR n abbr (BRIT: = Ulster Defence Regiment)

reggimento dell'esercito britannico in Irlanda del Nord.
UEFA [juː'eɪfə] n abbr (= Union of European Football Associations) U.E.F.A. f.
UFO ['juːfəu] n abbr (= unidentified flying object) UFO m inv.
Uganda [juː'gændə] n Uganda.
Ugandan [juː'gændən] adj, n ugandese (m/f).
UGC n abbr (BRIT: = University Grants Committee) organo che autorizza sovvenzioni alle università.
ugh [əːh] excl puah!
ugliness ['ʌglɪnɪs] n bruttezza.
ugly ['ʌglɪ] adj brutto(a).
UHF abbr = ultra-high frequency.
UHT adj abbr (= ultra-heat treated): ~ **milk** n latte m UHT.
UK n abbr see **United Kingdom**.
Ukraine [juː'kreɪn] n Ucraina.
Ukrainian [juː'kreɪnɪən] adj ucraino(a) ♦ n (person) ucraino/a; (LING) ucraino.
ulcer ['ʌlsə*] n ulcera; **mouth** ~ afta.
Ulster ['ʌlstə*] n Ulster m.
ulterior [ʌl'tɪərɪə*] adj ulteriore; ~ **motive** secondo fine m.
ultimata [ʌltɪ'meɪtə] npl of **ultimatum**.
ultimate ['ʌltɪmɪt] adj ultimo(a), finale; (authority) massimo(a), supremo(a) ♦ n: **the** ~ **in luxury** il non plus ultra del lusso.
ultimately ['ʌltɪmɪtlɪ] adv alla fine; in definitiva, in fin dei conti.
ultimatum, pl ~s or **ultimata** [ʌltɪ'meɪtəm, -tə] n ultimatum m inv.
ultrasonic [ʌltrə'sɔnɪk] adj ultrasonico(a).
ultrasound [ʌltrə'saund] n (MED) ecografia.
ultraviolet ['ʌltrə'vaɪəlɪt] adj ultravioletto(a).
umbilical [ʌm'bɪlɪkl] adj: ~ **cord** cordone m ombelicale.
umbrage ['ʌmbrɪdʒ] n: **to take** ~ offendersi, impermalirsi.
umbrella [ʌm'brɛlə] n ombrello; **under the** ~ **of** (fig) sotto l'egida di.
umlaut ['umlaut] n Umlaut m inv.
umpire ['ʌmpaɪə*] n arbitro.
umpteen [ʌmp'tiːn] adj non so quanti(e); **for the** ~**th time** per l'ennesima volta.
UMW n abbr (= United Mineworkers of America) unione dei minatori d'America.
UN n abbr see **United Nations**.
unabashed [ʌnə'bæʃt] adj imperturbato(a).
unabated [ʌnə'beɪtɪd] adj non diminuito(a).
unable [ʌn'eɪbl] adj: **to be** ~ **to** non potere, essere nell'impossibilità di; (not to know how to) essere incapace di, non sapere.
unabridged [ʌnə'brɪdʒd] adj integrale.
unacceptable [ʌnək'sɛptəbl] adj (proposal, behaviour) inaccettabile; (price)

impossibile.

unaccompanied [ʌnəˈkʌmpənɪd] *adj* (*child, lady*) non accompagnato(a); (*singing, song*) senza accompagnamento.

unaccountably [ʌnəˈkauntəblɪ] *adv* inesplicabilmente.

unaccounted [ʌnəˈkauntɪd] *adj*: **two passengers are ~ for** due passeggeri mancano all'appello.

unaccustomed [ʌnəˈkʌstəmd] *adj* insolito(a); **to be ~ to sth** non essere abituato(a) a qc.

unacquainted [ʌnəˈkweɪntɪd] *adj*: **to be ~ with** (*facts*) ignorare, non essere al corrente di.

unadulterated [ʌnəˈdʌltəreɪtɪd] *adj* (*gen*) puro(a); (*wine*) non sofisticato(a).

unaffected [ʌnəˈfɛktɪd] *adj* (*person, behaviour*) naturale, spontaneo(a); (*emotionally*): **to be ~ by** non essere toccato(a) da.

unafraid [ʌnəˈfreɪd] *adj*: **to be ~** non aver paura.

unaided [ʌnˈeɪdɪd] *adv* senza aiuto.

unanimity [juːnəˈnɪmɪtɪ] *n* unanimità.

unanimous [juːˈnænɪməs] *adj* unanime.

unanimously [juːˈnænɪməslɪ] *adv* all'unanimità.

unanswered [ʌnˈɑːnsəd] *adj* (*question, letter*) senza risposta; (*criticism*) non confutato(a).

unappetizing [ʌnˈæpɪtaɪzɪŋ] *adj* poco appetitoso(a).

unappreciative [ʌnəˈpriːʃɪətɪv] *adj* che non apprezza.

unarmed [ʌnˈɑːmd] *adj* (*person*) disarmato(a); (*combat*) senz'armi.

unashamed [ʌnəˈʃeɪmd] *adj* sfacciato(a); senza vergogna.

unassisted [ʌnəˈsɪstɪd] *adj, adv* senza nessun aiuto.

unassuming [ʌnəˈsjuːmɪŋ] *adj* modesto(a), senza pretese.

unattached [ʌnəˈtætʃt] *adj* senza legami, libero(a).

unattended [ʌnəˈtɛndɪd] *adj* (*car, child, luggage*) incustodito(a).

unattractive [ʌnəˈtræktɪv] *adj* privo(a) di attrattiva, poco attraente.

unauthorized [ʌnˈɔːθəraɪzd] *adj* non autorizzato(a).

unavailable [ʌnəˈveɪləbl] *adj* (*article, room, book*) non disponibile; (*person*) impegnato(a).

unavoidable [ʌnəˈvɔɪdəbl] *adj* inevitabile.

unavoidably [ʌnəˈvɔɪdəblɪ] *adv* (*detained*) per cause di forza maggiore.

unaware [ʌnəˈwɛə*] *adj*: **to be ~ of** non

sapere, ignorare.

unawares [ʌnəˈwɛəz] *adv* di sorpresa, alla sprovvista.

unbalanced [ʌnˈbælənst] *adj* squilibrato(a).

unbearable [ʌnˈbɛərəbl] *adj* insopportabile.

unbeatable [ʌnˈbiːtəbl] *adj* imbattibile.

unbeaten [ʌnˈbiːtn] *adj* (*team, army*) imbattuto(a); (*record*) insuperato(a).

unbecoming [ʌnbɪˈkʌmɪŋ] *adj* (*unseemly: language, behaviour*) sconveniente; (*unflattering: garment*) che non dona.

unbeknown(st) [ʌnbɪˈnəun(st)] *adv*: **~ to** all'insaputa di.

unbelief [ʌnbɪˈliːf] *n* incredulità.

unbelievable [ʌnbɪˈliːvəbl] *adj* incredibile.

unbelievingly [ʌnbɪˈliːvɪŋlɪ] *adv* con aria incredula.

unbend [ʌnˈbɛnd] *vb* (*irreg*) *vi* distendersi ♦ *vt* (*wire*) raddrizzare.

unbending [ʌnˈbɛndɪŋ] *adj* (*fig*) inflessibile, rigido(a).

unbias(s)ed [ʌnˈbaɪəst] *adj* obiettivo(a), imparziale.

unblemished [ʌnˈblɛmɪʃt] *adj* senza macchia.

unblock [ʌnˈblɔk] *vt* (*pipe, road*) sbloccare.

unborn [ʌnˈbɔːn] *adj* non ancora nato(a).

unbounded [ʌnˈbaundɪd] *adj* sconfinato(a), senza limite.

unbreakable [ʌnˈbreɪkəbl] *adj* infrangibile.

unbridled [ʌnˈbraɪdld] *adj* sbrigliato(a).

unbroken [ʌnˈbrəukən] *adj* (*intact*) intero(a); (*continuous*) continuo(a); (*record*) insuperato(a).

unbuckle [ʌnˈbʌkl] *vt* slacciare.

unburden [ʌnˈbɔːdn] *vt*: **to ~ o.s.** sfogarsi.

unbutton [ʌnˈbʌtn] *vt* sbottonare.

uncalled-for [ʌnˈkɔːldfɔː*] *adj* (*remark*) fuori luogo *inv*; (*action*) ingiustificato(a).

uncanny [ʌnˈkænɪ] *adj* misterioso(a), strano(a).

unceasing [ʌnˈsiːsɪŋ] *adj* incessante.

unceremonious [ʌnsɛrɪˈməunɪəs] *adj* (*abrupt, rude*) senza tante cerimonie.

uncertain [ʌnˈsɔːtn] *adj* incerto(a); **it's ~ whether ...** non è sicuro se ...; **in no ~ terms** chiaro e tondo, senza mezzi termini.

uncertainty [ʌnˈsɔːtntɪ] *n* incertezza.

unchallenged [ʌnˈtʃælɪndʒd] *adj* incontestato(a); **to go ~** non venire contestato, non trovare opposizione.

unchanged [ʌnˈtʃeɪndʒd] *adj* immutato(a).

uncharitable [ʌnˈtʃærɪtəbl] *adj* duro(a), severo(a).

uncharted [ʌnˈtʃɑːtɪd] *adj* inesplorato(a).

unchecked [ʌnˈtʃɛkt] *adj* incontrollato(a).

uncivilized [ʌnˈsɪvɪlaɪzd] *adj* (*gen*)

selvaggio(a); (fig) incivile, barbaro(a).

uncle ['ʌŋkl] n zio.

unclear [ʌn'klɪə*] adj non chiaro(a); **I'm still ~ about what I'm supposed to do** non ho ancora ben capito cosa dovrei fare.

uncoil [ʌn'kɔɪl] vt srotolare ♦ vi srotolarsi, svolgersi.

uncomfortable [ʌn'kʌmfətəbl] adj scomodo(a); (uneasy) a disagio, agitato(a); (situation) sgradevole.

uncomfortably [ʌn'kʌmfətəblɪ] adv scomodamente; (uneasily: say) con voce inquieta; (: think) con inquietudine.

uncommitted [ʌnkə'mɪtɪd] adj (attitude, country) neutrale.

uncommon [ʌn'kɔmən] adj raro(a), insolito(a), non comune.

uncommunicative [ʌnkə'mjuːnɪkətɪv] adj poco comunicativo(a), chiuso(a).

uncomplicated [ʌn'kɔmplɪkeɪtɪd] adj semplice, poco complicato(a).

uncompromising [ʌn'kɔmprəmaɪzɪŋ] adj intransigente, inflessibile.

unconcerned [ʌnkən'səːnd] adj (unworried) tranquillo(a); **to be ~ about** non darsi pensiero di, non preoccuparsi di or per.

unconditional [ʌn'kən'dɪʃənl] adj incondizionato(a), senza condizioni.

uncongenial [ʌnkən'dʒiːnɪəl] adj (work, surroundings) poco piacevole.

unconnected [ʌnkə'nɛktɪd] adj (unrelated) senza connessione, senza rapporto; **to be ~ with** essere estraneo(a) a.

unconscious [ʌn'kɔnʃəs] adj privo(a) di sensi, svenuto(a); (unaware) inconsapevole, inconscio(a) ♦ n: **the ~** l'inconscio; **to knock sb ~** far perdere i sensi a qn con un pugno.

unconsciously [ʌn'kɔnʃəslɪ] adv inconsciamente.

unconstitutional [ʌnkɔnstɪ'tjuːʃənl] adj incostituzionale.

uncontested [ʌnkən'tɛstɪd] adj (champion) incontestato(a); (POL: seat) non disputato(a).

uncontrollable [ʌnkən'trəuləbl] adj incontrollabile, indisciplinato(a).

uncontrolled [ʌnkən'trəuld] adj (child, dog, emotion) sfrenato(a); (inflation, price rises) che sfugge al controllo.

unconventional [ʌnkən'vɛnʃənl] adj poco convenzionale.

unconvinced [ʌnkən'vɪnst] adj: **to be** or **remain ~** non essere convinto(a).

unconvincing [ʌnkən'vɪnsɪŋ] adj non convincente, poco persuasivo(a).

uncork [ʌn'kɔːk] vt stappare.

uncorroborated [ʌnkə'rɔbəreɪtɪd] adj non convalidato(a).

uncouth [ʌn'kuːθ] adj maleducato(a), grossolano(a).

uncover [ʌn'kʌvə*] vt scoprire.

unctuous [ʌŋktjuəs] adj untuoso(a).

undamaged [ʌn'dæmɪdʒd] adj (goods) in buono stato; (fig: reputation) intatto(a).

undaunted [ʌn'dɔːntɪd] adj intrepido(a).

undecided [ʌndɪ'saɪdɪd] adj indeciso(a).

undelivered [ʌndɪ'lɪvəd] adj non recapitato(a); **if ~ return to sender** in caso di mancato recapito rispedire al mittente.

undeniable [ʌndɪ'naɪəbl] adj innegabile, indiscutibile.

under ['ʌndə*] prep sotto; (less than) meno di; al disotto di; (according to) secondo, in conformità a ♦ adv (al) disotto; **from ~ sth** da sotto a or dal disotto di qc; **~ there** là sotto; **in ~ 2 hours** in meno di 2 ore; **~ anaesthetic** sotto anestesia; **~ discussion** in discussione; **~ repair** in riparazione; **~ the circumstances** date le circostanze.

under... ['ʌndə*] prefix sotto..., sub....

under-age [ʌndər'eɪdʒ] adj minorenne.

underarm ['ʌndərɑːm] n ascella ♦ adj ascellare ♦ adv da sotto in su.

undercapitalized [ʌndə'kæpɪtəlaɪzd] adj carente di capitali.

undercarriage ['ʌndəkærɪdʒ] n (BRIT AVIAT) carrello (d'atterraggio).

undercharge [ʌndə'tʃɑːdʒ] vt far pagare di meno a.

underclass ['ʌndəklɑːs] n sottoproletariato.

underclothes ['ʌndəkləuðz] npl biancheria (intima).

undercover ['ʌndəkʌvə*] adj segreto(a), clandestino(a).

undercurrent ['ʌndəkʌrənt] n corrente f sottomarina.

undercut [ʌndə'kʌt] vt irreg vendere a prezzo minore di.

underdeveloped ['ʌndədɪ'vɛləpt] adj sottosviluppato(a).

underdog ['ʌndədɔg] n oppresso/a.

underdone [ʌndə'dʌn] adj (CULIN) poco cotto(a).

under-employment [ʌndərɪm'plɔɪmənt] n sottoccupazione f.

underestimate [ʌndər'ɛstɪmeɪt] vt sottovalutare.

underexposed [ʌndərɪks'pəuzd] adj (PHOT) sottoesposto(a).

underfed [ʌndə'fɛd] adj denutrito(a).

underfoot [ʌndə'fut] adv sotto i piedi.

under-funded ['ʌndə'fʌndɪd] adj insufficientemente sovvenzionato(a).

undergo [ʌndə'gəu] vt irreg subire;

(*treatment*) sottoporsi a; **the car is ~ing repairs** la macchina è in riparazione.

undergraduate [ʌndə'grædjuɪt] *n* studente(essa) universitario(a) ♦ *cpd:* ~ **courses** corsi *mpl* di laurea.

underground ['ʌndəgraund] *n* metropolitana; (*POL*) movimento clandestino ♦ *adj* sotterraneo(a); (*fig*) clandestino(a); (*ART, CINE*) underground *inv* ♦ *adv* sottoterra; clandestinamente.

undergrowth ['ʌndəgrəuθ] *n* sottobosco.

underhand(ed) [ʌndə'hænd(ɪd)] *adj* (*fig*) furtivo(a), subdolo(a).

underinsured [ʌndərɪn'ʃuəd] *adj* non sufficientemente assicurato(a).

underlie [ʌndə'laɪ] *vt irreg* essere alla base di; **the underlying cause** il motivo di fondo.

underline [ʌndə'laɪn] *vt* sottolineare.

underling ['ʌndəlɪŋ] *n* (*pej*) subalterno/a, tirapiedi *m/f inv*.

undermanning [ʌndə'mænɪŋ] *n* carenza di personale.

undermentioned [ʌndə'mɛnʃənd] *adj* (riportato(a)) qui sotto *or* qui di seguito.

undermine [ʌndə'maɪn] *vt* minare.

underneath [ʌndə'niːθ] *adv* sotto, disotto ♦ *prep* sotto, al di sotto di.

undernourished [ʌndə'nʌrɪʃt] *adj* denutrito(a).

underpaid [ʌndə'peɪd] *adj* mal pagato(a).

underpants ['ʌndəpænts] *npl* (*BRIT*) mutande *fpl*, slip *m inv*.

underpass ['ʌndəpɑːs] *n* (*BRIT*) sottopassaggio.

underpin [ʌndə'pɪn] *vt* puntellare; (*argument, case*) corroborare.

underplay [ʌndə'pleɪ] *vt* minimizzare.

underpopulated [ʌndə'pɔpjuleɪtɪd] *adj* scarsamente popolato(a), sottopopolato(a).

underprice [ʌndə'praɪs] *vt* vendere a un prezzo inferiore al dovuto.

underprivileged [ʌndə'prɪvɪlɪdʒd] *adj* svantaggiato(a).

underrate [ʌndə'reɪt] *vt* sottovalutare.

underscore [ʌndə'skɔː*] *vt* sottolineare.

underseal ['ʌndəsiːl] *vt* rendere stagno il fondo di.

undersecretary [ʌndə'sɛkrətrɪ] *n* sottosegretario.

undersell ['ʌndə'sɛl] *vt irreg* (*competitors*) vendere a prezzi più bassi di.

undershirt ['ʌndəʃəːt] *n* (*US*) maglietta.

undershorts ['ʌndəʃɔːts] *npl* (*US*) mutande *fpl*, slip *m inv*.

underside ['ʌndəsaɪd] *n* disotto.

undersigned ['ʌndəsaɪnd] *adj, n* sottoscritto(a).

underskirt ['ʌndəskəːt] *n* sottoveste *f*.

understaffed [ʌndə'stɑːft] *adj* a corto di personale.

understand [ʌndə'stænd] *vb* (*irreg: like* stand) *vt, vi* capire, comprendere; **I ~ that** ... sento che ...; credo di capire che ...; **to make o.s. understood** farsi capire.

understandable [ʌndə'stændəbl] *adj* comprensibile.

understanding [ʌndə'stændɪŋ] *adj* comprensivo(a) ♦ *n* comprensione *f*; (*agreement*) accordo; **on the ~ that** ... a patto che *or* a condizione che ...; **to come to an ~ with sb** giungere ad un accordo con qn.

understate [ʌndə'steɪt] *vt* minimizzare, sminuire.

understatement [ʌndə'steɪtmənt] *n*: **that's an ~!** a dire poco!

understood [ʌndə'stud] *pt, pp of* **understand** ♦ *adj* inteso(a); (*implied*) sottinteso(a).

understudy ['ʌndəstʌdɪ] *n* sostituto/a, attore/trice supplente.

undertake [ʌndə'teɪk] *vt irreg* intraprendere; **to ~ to do sth** impegnarsi a fare qc.

undertaker ['ʌndəteɪkə*] *n* impresario di pompe funebri.

undertaking [ʌndə'teɪkɪŋ] *n* impresa; (*promise*) promessa.

undertone ['ʌndətəun] *n* (*low voice*) tono sommesso; (*of criticism etc*) vena, sottofondo; **in an ~** sottovoce.

undervalue [ʌndə'væljuː] *vt* svalutare, sottovalutare.

underwater [ʌndə'wɔːtə*] *adv* sott'acqua ♦ *adj* subacqueo(a).

underwear ['ʌndəwɛə*] *n* biancheria (intima).

underweight [ʌndə'weɪt] *adj* al di sotto del giusto peso; (*person*) sottopeso *inv*.

underworld ['ʌndəwəːld] *n* (*of crime*) malavita.

underwrite ['ʌndəraɪt] *vt* (*FINANCE*) sottoscrivere; (*INSURANCE*) assicurare.

underwriter ['ʌndəraɪtə*] *n* sottoscrittore/trice; assicuratore/trice.

undeserving [ʌndɪ'zəːvɪŋ] *adj*: **to be ~ of** non meritare, non essere degno di.

undesirable [ʌndɪ'zaɪərəbl] *adj* indesiderabile, sgradito(a).

undeveloped [ʌndɪ'vɛləpt] *adj* (*land, resources*) non sfruttato(a).

undies ['ʌndɪz] *npl* (*col*) robina, biancheria intima da donna.

undiluted [ʌndaɪ'luːtɪd] *adj* non diluito(a).

undiplomatic [ʌndɪplə'mætɪk] *adj* poco

diplomatico(a).

undischarged ['ʌndɪs'tʃɑːdʒd] *adj*: ~ **bankrupt** fallito non riabilitato.

undisciplined [ʌn'dɪsɪplɪnd] *adj* indisciplinato(a).

undisguised [ʌndɪs'gaɪzd] *adj* (*dislike, amusement etc*) palese.

undisputed [ʌndɪs'pjuːtɪd] *adj* indiscusso(a).

undistinguished [ʌndɪs'tɪŋgwɪʃt] *adj* mediocre, qualunque.

undisturbed [ʌndɪs'təːbd] *adj* tranquillo(a); **to leave sth** ~ lasciare qc così com'è.

undivided [ʌndɪ'vaɪdɪd] *adj*: **I want your** ~ **attention** esigo tutta la sua attenzione.

undo [ʌn'duː] *vt irreg* disfare.

undoing [ʌn'duːɪŋ] *n* rovina, perdita.

undone [ʌn'dʌn] *pp of* **undo**; **to come** ~ slacciarsi.

undoubted [ʌn'dautɪd] *adj* sicuro(a), certo(a).

undoubtedly [ʌn'dautɪdlɪ] *adv* senza alcun dubbio.

undress [ʌn'drɛs] *vi* spogliarsi.

undrinkable [ʌn'drɪŋkəbl] *adj* (*unpalatable*) imbevibile; (*poisonous*) non potabile.

undue [ʌn'djuː] *adj* eccessivo(a).

undulating ['ʌndjuleɪtɪŋ] *adj* ondeggiante; ondulato(a).

unduly [ʌn'djuːlɪ] *adv* eccessivamente.

undying [ʌn'daɪɪŋ] *adj* imperituro(a).

unearned [ʌn'əːnd] *adj* (*praise, respect*) immeritato(a); ~ **income** rendita.

unearth [ʌn'əːθ] *vt* dissotterrare; (*fig*) scoprire.

unearthly [ʌn'əːθlɪ] *adj* soprannaturale; (*hour*) impossibile.

uneasy [ʌn'iːzɪ] *adj* a disagio; (*worried*) preoccupato(a); **to feel** ~ **about doing sth** non sentirsela di fare qc.

uneconomic(al) ['ʌniːkə'nɔmɪk(l)] *adj* non economico(a), antieconomico(a).

uneducated [ʌn'ɛdjukeɪtɪd] *adj* senza istruzione, incolto(a).

unemployed [ʌnɪm'plɔɪd] *adj* disoccupato(a) ♦ *npl*: **the** ~ i disoccupati.

unemployment [ʌnɪm'plɔɪmənt] *n* disoccupazione *f*.

unemployment benefit, (*US*) **unemployment compensation** *n* sussidio di disoccupazione.

unending [ʌn'ɛndɪŋ] *adj* senza fine.

unenviable [ʌn'ɛnvɪəbl] *adj* poco invidiabile.

unequal [ʌn'iːkwəl] *adj* (*length, objects*) disuguale; (*amounts*) diverso(a); (*division of labour*) ineguale.

unequalled, (*US*) **unequaled** [ʌn'iːkwəld] *adj* senza pari, insuperato(a).

unequivocal [ʌnɪ'kwɪvəkəl] *adj* (*answer*) inequivocabile; (*person*) esplicito(a), chiaro(a).

unerring [ʌn'əːrɪŋ] *adj* infallibile.

UNESCO [juː'nɛskəu] *n abbr* (= *United Nations Educational, Scientific and Cultural Organization*) U.N.E.S.C.O. *f*.

unethical [ʌn'ɛθɪkəl] *adj* (*methods*) poco ortodosso(a), non moralmente accettabile; (*doctor's behaviour*) contrario(a) all'etica professionale.

uneven [ʌn'iːvn] *adj* ineguale; (*ground*) disuguale, accidentato(a); (*heartbeat*) irregolare.

uneventful [ʌnɪ'vɛntful] *adj* senza sorprese, tranquillo(a).

unexceptional [ʌnɪk'sɛpʃənl] *adj* che non ha niente d'eccezionale.

unexciting [ʌnɪk'saɪtɪŋ] *adj* (*news*) poco emozionante; (*film, evening*) poco interessante.

unexpected [ʌnɪk'spɛktɪd] *adj* inatteso(a), imprevisto(a).

unexpectedly [ʌnɪk'spɛktɪdlɪ] *adv* inaspettatamente.

unexplained [ʌnɪk'spleɪnd] *adj* inspiegato(a).

unexploded [ʌnɪk'spləudɪd] *adj* inesploso(a).

unfailing [ʌn'feɪlɪŋ] *adj* (*supply, energy*) inesauribile; (*remedy*) infallibile.

unfair [ʌn'fɛə*] *adj*: ~ **(to)** ingiusto(a) (nei confronti di); **it's** ~ **that** ... non è giusto che ... + *sub*.

unfair dismissal *n* licenziamento ingiustificato.

unfairly [ʌn'fɛəlɪ] *adv* ingiustamente.

unfaithful [ʌn'feɪθful] *adj* infedele.

unfamiliar [ʌnfə'mɪlɪə*] *adj* sconosciuto(a), strano(a); **to be** ~ **with sth** non essere pratico di qc, non avere familiarità con qc.

unfashionable [ʌn'fæʃnəbl] *adj* (*clothes*) fuori moda *inv*; (*district*) non alla moda.

unfasten [ʌn'fɑːsn] *vt* slacciare; sciogliere.

unfathomable [ʌn'fæðəməbl] *adj* insondabile.

unfavourable, (*US*) **unfavorable** [ʌn'feɪvərəbl] *adj* sfavorevole.

unfavo(u)rably [ʌn'feɪvərəblɪ] *adv*: **to look** ~ **upon** vedere di malocchio.

unfeeling [ʌn'fiːlɪŋ] *adj* insensibile, duro(a).

unfinished [ʌn'fɪnɪʃt] *adj* incompiuto(a).

unfit [ʌn'fɪt] *adj* inadatto(a); (*ill*) non in forma; (*incompetent*): ~ **(for)** incompetente (in); (: *work, MIL*) inabile (a); ~ **for habitation** inabitabile.

unflagging [ʌn'flægɪŋ] adj instancabile.

unflappable [ʌn'flæpəbl] adj calmo(a), composto(a).

unflattering [ʌn'flætərɪŋ] adj (dress, hairstyle) che non dona.

unflinching [ʌn'flɪntʃɪŋ] adj che non indietreggia, risoluto(a).

unfold [ʌn'fəʊld] vt spiegare; (fig) rivelare ♦ vi (view) distendersi; (story) svelarsi.

unforeseeable ['ʌnfɔː'siːəbl] adj imprevedibile.

unforeseen [ʌnfɔː'siːn] adj imprevisto(a).

unforgettable [ʌnfə'ɡɛtəbl] adj indimenticabile.

unforgivable [ʌnfə'ɡɪvəbl] adj imperdonabile.

unformatted [ʌn'fɔːmætɪd] adj (disk, text) non formattato(a).

unfortunate [ʌn'fɔːtʃnɪt] adj sfortunato(a); (event, remark) infelice.

unfortunately [ʌn'fɔːtʃnɪtlɪ] adv sfortunatamente, purtroppo.

unfounded [ʌn'faʊndɪd] adj infondato(a).

unfriendly [ʌn'frɛndlɪ] adj poco amichevole, freddo(a).

unfulfilled [ʌnful'fɪld] adj (ambition) non realizzato(a); (prophecy) che non si è avverato(a); (desire) insoddisfatto(a); (promise) non mantenuto(a); (terms of contract) non rispettato(a); (person) frustrato(a).

unfurl [ʌn'fəːl] vt spiegare.

unfurnished [ʌn'fəːnɪʃt] adj non ammobiliato(a).

ungainly [ʌn'ɡeɪnlɪ] adj goffo(a), impacciato(a).

ungodly [ʌn'ɡɔdlɪ] adj empio(a); **at an ~ hour** a un'ora impossibile.

ungrateful [ʌn'ɡreɪtful] adj ingrato(a).

unguarded [ʌn'ɡɑːdɪd] adj: **in an ~ moment** in un momento di distrazione. ·

unhappily [ʌn'hæpɪlɪ] adv (unfortunately) purtroppo, sfortunatamente.

unhappiness [ʌn'hæpɪnɪs] n infelicità.

unhappy [ʌn'hæpɪ] adj infelice; ~ **with** (arrangements etc) insoddisfatto(a) di.

unharmed [ʌn'hɑːmd] adj incolume, sano(a) e salvo(a).

UNHCR n abbr (= United Nations High Commission for Refugees) Alto Commissariato delle Nazioni Unite per Rifugiati.

unhealthy [ʌn'hɛlθɪ] adj (gen) malsano(a); (person) malaticcio(a).

unheard-of [ʌn'həːdɔv] adj inaudito(a), senza precedenti.

unhelpful [ʌn'hɛlpful] adj poco disponibile.

unhesitating [ʌn'hɛzɪteɪtɪŋ] adj (loyalty) che non vacilla; (reply, offer) pronto(a), immediato(a).

unholy [ʌn'həʊlɪ] adj: **an ~ alliance** un'alleanza nefasta; **he returned at an ~ hour** è tornato ad un'ora indecente.

unhook [ʌn'huk] vt sganciare; sfibbiare.

unhurt [ʌn'həːt] adj incolume, sano(a) e salvo(a).

unhygienic [ʌnhaɪ'dʒiːnɪk] adj non igienico(a).

UNICEF ['juːnɪsɛf] n abbr (= United Nations International Children's Emergency Fund) U.N.I.C.E.F. m.

unicorn ['juːnɪkɔːn] n unicorno.

unidentified [ʌnaɪ'dɛntɪfaɪd] adj non identificato(a).

uniform ['juːnɪfɔːm] n uniforme f, divisa ♦ adj uniforme.

uniformity [juːnɪ'fɔːmɪtɪ] n uniformità.

unify ['juːnɪfaɪ] vt unificare.

unilateral [juːnɪ'lætərəl] adj unilaterale.

unimaginable [ʌnɪ'mædʒɪnəbl] adj inimmaginabile, inconcepibile.

unimaginative [ʌnɪ'mædʒɪnətɪv] adj privo(a) di fantasia, a corto di idee.

unimpaired [ʌnɪm'pɛəd] adj intatto(a), non danneggiato(a).

unimportant [ʌnɪm'pɔːtənt] adj senza importanza, di scarsa importanza.

unimpressed [ʌnɪm'prɛst] adj niente affatto impressionato(a).

uninhabited [ʌnɪn'hæbɪtɪd] adj disabitato(a).

uninhibited [ʌnɪn'hɪbɪtɪd] adj senza inibizioni; senza ritegno.

uninjured [ʌn'ɪndʒəd] adj incolume.

uninspiring [ʌnɪn'spaɪərɪŋ] adj banale.

unintelligent [ʌnɪn'tɛlɪdʒənt] adj poco intelligente.

unintentional [ʌnɪn'tɛnʃənəl] adj involontario(a).

unintentionally [ʌnɪn'tɛnʃnəlɪ] adv senza volerlo, involontariamente.

uninvited [ʌnɪn'vaɪtɪd] adj non invitato(a).

uninviting [ʌnɪn'vaɪtɪŋ] adj (place, food) non invitante, poco invitante; (offer) poco allettante.

union ['juːnjən] n unione f; (also: **trade** ~) sindacato ♦ cpd sindacale; **the U~** (US) gli stati dell'Unione.

unionize ['juːnjənaɪz] vt sindacalizzare, organizzare in sindacato.

Union Jack n bandiera nazionale britannica.

Union of Soviet Socialist Republics (USSR) n Unione f delle Repubbliche Socialiste Sovietiche (U.R.S.S.).

union shop n stabilimento in cui tutti gli operai sono tenuti ad aderire ad un sindacato.
unique [ju:'ni:k] adj unico(a).
unisex ['ju:niseks] adj unisex inv.
Unison ['ju:nisn] n (trade union) sindacato generale dei funzionari.
unison ['ju:nisn] n: **in** ~ all'unisono.
unit ['ju:nit] n unità f inv; (section: of furniture etc) elemento; (team, squad) reparto, squadra; **production** ~ reparto m produzione inv; **sink** ~ blocco m lavello inv.
unit cost n costo unitario.
unite [ju:'nait] vt unire ♦ vi unirsi.
united [ju:'naitid] adj unito(a); (efforts) congiunto(a).
United Arab Emirates npl Emirati mpl Arabi Uniti.
United Kingdom (UK) n Regno Unito.
United Nations (Organization) (UN, UNO) n (Organizzazione f delle) Nazioni Unite (O.N.U.).
United States (of America) (US, USA) n Stati mpl Uniti (d'America) (USA).
unit price n prezzo unitario.
unit trust n (BRIT COMM) fondo d'investimento.
unity ['ju:niti] n unità.
Univ. abbr = **university.**
universal [ju:ni'və:sl] adj universale.
universe ['ju:nivə:s] n universo.
university [ju:ni'və:siti] n università f inv ♦ cpd (student, professor, education) universitario(a); (year) accademico(a).
university degree n laurea.
unjust [ʌn'dʒʌst] adj ingiusto(a).
unjustifiable ['ʌndʒʌsti'faiəbl] adj ingiustificabile.
unjustified [ʌn'dʒʌstifaid] adj ingiustificato(a); (TYP) non allineato(a).
unkempt [ʌn'kempt] adj trasandato(a); spettinato(a).
unkind [ʌn'kaind] adj poco gentile, villano(a).
unkindly [ʌn'kaindli] adv (speak) in modo sgarbato; (treat) male.
unknown [ʌn'nəun] adj sconosciuto(a); ~ **to me** ... a mia insaputa ...; ~ **quantity** (MATH, fig) incognita.
unladen [ʌn'leidn] adj (ship, weight) a vuoto.
unlawful [ʌn'lɔ:ful] adj illecito(a), illegale.
unleaded ['ʌn'lɛdid] adj senza piombo; ~ **petrol** benzina verde or senza piombo.
unleash [ʌn'li:ʃ] vt sguinzagliare; (fig) scatenare.
unleavened [ʌn'lɛvnd] adj non lievitato(a), azzimo(a).

unless [ʌn'lɛs] conj a meno che (non) + sub; ~ **otherwise stated** salvo indicazione contraria; ~ **I am mistaken** se non mi sbaglio.
unlicensed [ʌn'laisənst] adj (BRIT) senza licenza per la vendita di alcolici.
unlike [ʌn'laik] adj diverso(a) ♦ prep a differenza di, contrariamente a.
unlikelihood [ʌn'laiklihud] adj improbabilità.
unlikely [ʌn'laikli] adj improbabile; (explanation) inverosimile.
unlimited [ʌn'limitid] adj illimitato(a).
unlisted [ʌn'listid] adj (US TEL): **to be** ~ non essere sull'elenco; (STOCK EXCHANGE) non quotato(a).
unlit [ʌn'lit] adj (room) senza luce; (road) non illuminato(a).
unload [ʌn'ləud] vt scaricare.
unlock [ʌn'lɔk] vt aprire.
unlucky [ʌn'lʌki] adj sfortunato(a); (object, number) che porta sfortuna, di malaugurio; **to be** ~ (person) essere sfortunato, non avere fortuna.
unmanageable [ʌn'mænidʒəbl] adj (tool, vehicle) poco maneggevole; (situation) impossibile.
unmanned [ʌn'mænd] adj (spacecraft) senza equipaggio.
unmannerly [ʌn'mænəli] adj maleducato(a).
unmarked [ʌn'mɑ:kt] adj (unstained) pulito(a), senza macchie; ~ **police car** civetta della polizia.
unmarried [ʌn'mærid] adj non sposato(a); (man only) scapolo, celibe; (woman only) nubile.
unmarried mother n ragazza f madre inv.
unmask [ʌn'mɑ:sk] vt smascherare.
unmatched [ʌn'mætʃt] adj senza uguali.
unmentionable [ʌn'mɛnʃnəbl] adj (vice, topic) innominabile; (word) irripetibile.
unmerciful [ʌn'mə:siful] adj spietato(a).
unmistakable [ʌnmis'teikəbl] adj indubbio(a); facilmente riconoscibile.
unmitigated [ʌn'mitigeitid] adj (disaster etc) totale, assoluto(a).
unnamed [ʌn'neimd] adj (nameless) senza nome; (anonymous) anonimo(a).
unnatural [ʌn'nætʃrəl] adj innaturale; contro natura.
unnecessary [ʌn'nɛsəsəri] adj inutile, superfluo(a).
unnerve [ʌn'nə:v] vt (subj: accident) sgomentare; (: hostile attitude) bloccare; (: long wait, interview) snervare.
unnoticed [ʌn'nəutist] adj: **to go** or **pass** ~ passare inosservato(a).

UNO ['juːnəu] *n abbr see* **United Nations Organization.**

unobservant [ʌnəb'zəːvənt] *adj*: **to be** ~ non avere spirito di osservazione.

unobtainable [ʌnəb'teɪnəbl] *adj* (*TEL*) non ottenibile.

unobtrusive [ʌnəb'truːsɪv] *adj* discreto(a).

unoccupied [ʌn'ɔkjupaɪd] *adj* (*house*) vuoto(a); (*seat, MIL: zone*) libero(a), non occupato(a).

unofficial [ʌnə'fɪʃl] *adj* non ufficiale; (*strike*) non dichiarato(a) dal sindacato.

unopened [ʌn'əupənd] *adj* (*letter*) non aperto(a); (*present*) ancora incartato(a).

unopposed [ʌnə'pəuzd] *adj* senza incontrare opposizione.

unorthodox [ʌn'ɔːθədɔks] *adj* non ortodosso(a).

unpack [ʌn'pæk] *vi* disfare la valigia (*or* le valigie).

unpaid [ʌn'peɪd] *adj* (*holiday*) non pagato(a); (*work*) non retribuito(a); (*bill, debt*) da pagare.

unpalatable [ʌn'pælətəbl] *adj* (*food*) immangiabile; (*drink*) imbevibile; (*truth*) sgradevole.

unparalleled [ʌn'pærəlɛld] *adj* incomparabile, impareggiabile.

unpatriotic ['ʌnpætrɪ'ɔtɪk] *adj* (*person*) poco patriottico(a); (*speech, attitude*) antipatriottico(a).

unplanned [ʌn'plænd] *adj* (*visit*) imprevisto(a); (*baby*) non previsto(a).

unpleasant [ʌn'plɛznt] *adj* spiacevole; (*person, remark*) antipatico(a); (*day, experience*) brutto(a).

unplug [ʌn'plʌg] *vt* staccare.

unpolluted [ʌnpə'luːtɪd] *adj* non inquinato(a).

unpopular [ʌn'pɔpjulə*] *adj* impopolare; **to make o.s.** ~ **(with)** rendersi antipatico (a); (*subj: politician etc*) alienarsi le simpatie (di).

unprecedented [ʌn'prɛsɪdəntɪd] *adj* senza precedenti.

unpredictable [ʌnprɪ'dɪktəbl] *adj* imprevedibile.

unprejudiced [ʌn'prɛdʒudɪst] *adj* (*not biased*) obiettivo(a), imparziale; (*having no prejudices*) senza pregiudizi.

unprepared [ʌnprɪ'pɛəd] *adj* (*person*) impreparato(a); (*speech*) improvvisato(a).

unprepossessing [ʌnpriːpə'zɛsɪŋ] *adj* insulso(a).

unpretentious [ʌnprɪ'tɛnʃəs] *adj* senza pretese.

unprincipled [ʌn'prɪnsɪpld] *adj* senza scrupoli.

unproductive [ʌnprə'dʌktɪv] *adj* improduttivo(a); (*discussion*) sterile.

unprofessional ['ʌnprə'fɛʃənl] *adj*: ~ **conduct** scorrettezza professionale.

unprofitable [ʌn'prɔfɪtəbl] *adj* (*financially*) non redditizio(a); (*job, deal*) poco lucrativo(a).

UNPROFOR ['ʌnprəfɔː*] *n abbr* (= *United Nations Protection Force*) reparto di protezione dell'ONU.

unprotected ['ʌnprə'tɛktɪd] *adj* (*sex*) non protetto(a).

unprovoked [ʌnprə'vəukt] *adj* non provocato(a).

unpunished [ʌn'pʌnɪʃt] *adj*: **to go** ~ restare impunito(a).

unqualified [ʌn'kwɔlɪfaɪd] *adj* (*worker*) non qualificato(a); (*in professions*) non abilitato(a); (*success*) assoluto(a), senza riserve.

unquestionably [ʌn'kwɛstʃənəblɪ] *adv* indiscutibilmente.

unquestioning [ʌn'kwɛstʃənɪŋ] *adj* (*obedience, acceptance*) cieco(a).

unravel [ʌn'rævl] *vt* dipanare, districare.

unreal [ʌn'rɪəl] *adj* irreale.

unrealistic [ʌnrɪə'lɪstɪk] *adj* (*idea*) illusorio(a); (*estimate*) non realistico(a).

unreasonable [ʌn'riːznəbl] *adj* irragionevole; **to make** ~ **demands on sb** voler troppo da qn.

unrecognizable [ʌn'rɛkəgnaɪzəbl] *adj* irriconoscibile.

unrecognized [ʌn'rɛkəgnaɪzd] *adj* (*talent, genius*) misconosciuto(a); (*POL: regime*) non ufficialmente riconosciuto(a).

unrecorded [ʌnrɪ'kɔːdɪd] *adj* non documentato(a), non registrato(a).

unrefined [ʌnrɪ'faɪnd] *adj* (*sugar, petroleum*) greggio(a); (*person*) rozzo(a).

unrehearsed [ʌnrɪ'həːst] *adj* (*THEAT etc*) improvvisato(a); (*spontaneous*) imprevisto(a).

unrelated [ʌnrɪ'leɪtɪd] *adj*: ~ **(to)** senza rapporto (con); (*by family*) non imparentato(a) (con).

unrelenting [ʌnrɪ'lɛntɪŋ] *adj* implacabile; accanito(a).

unreliable [ʌnrɪ'laɪəbl] *adj* (*person, machine*) che non dà affidamento; (*news, source of information*) inattendibile.

unrelieved [ʌnrɪ'liːvd] *adj* (*monotony*) uniforme.

unremitting [ʌnrɪ'mɪtɪŋ] *adj* incessante, infaticabile.

unrepeatable [ʌnrɪ'piːtəbl] *adj* (*offer*) unico(a).

unrepentant [ʌnrɪ'pɛntənt] *adj* impenitente.

unrepresentative [ʌnrɛprɪ'zɛntətɪv] *adj* atipico(a), poco rappresentativo(a).

unreserved [ʌnrɪ'zəːvd] *adj* (*seat*) non prenotato(a), non riservato(a); (*approval, admiration*) senza riserve.

unresponsive [ʌnrɪs'pɒnsɪv] *adj* che non reagisce.

unrest [ʌn'rɛst] *n* agitazione *f*.

unrestricted [ʌnrɪ'strɪktɪd] *adj* (*power, time*) illimitato(a); (*access*) libero(a).

unrewarded [ʌnrɪ'wɔːdɪd] *adj* non ricompensato(a).

unripe [ʌn'raɪp] *adj* acerbo(a).

unrivalled, (*US*) **unrivaled** [ʌn'raɪvəld] *adj* senza pari.

unroll [ʌn'rəul] *vt* srotolare.

unruffled [ʌn'rʌfld] *adj* (*person*) calmo(a) e tranquillo(a), imperturbato(a); (*hair*) a posto.

unruly [ʌn'ruːlɪ] *adj* indisciplinato(a).

unsafe [ʌn'seɪf] *adj* pericoloso(a), rischioso(a); ~ **to drink** non potabile; ~ **to eat** non commestibile.

unsaid [ʌn'sɛd] *adj*: **to leave sth** ~ passare qc sotto silenzio.

unsaleable, (*US*) **unsalable** [ʌn'seɪləbl] *adj* invendibile.

unsatisfactory ['ʌnsætɪs'fæktərɪ] *adj* che lascia a desiderare, insufficiente.

unsavoury, (*US*) **unsavory** [ʌn'seɪvərɪ] *adj* (*fig: person*) losco(a); (: *reputation, subject*) disgustoso(a), ripugnante.

unscathed [ʌn'skeɪðd] *adj* incolume.

unscientific ['ʌnsaɪən'tɪfɪk] *adj* poco scientifico(a).

unscrew [ʌn'skruː] *vt* svitare.

unscrupulous [ʌn'skruːpjuləs] *adj* senza scrupoli.

unseat [ʌn'siːt] *vt* (*rider*) disarcionare; (*fig: an official*) spodestare.

unsecured [ʌnsɪ'kjuəd] *adj*: ~ **creditor** creditore *m* chirografario.

unseeded [ʌn'siːdɪd] *adj* (*SPORT*) che non è una testa di serie.

unseemly [ʌn'siːmlɪ] *adj* sconveniente.

unseen [ʌn'siːn] *adj* (*person*) inosservato(a); (*danger*) nascosto(a).

unselfish [ʌn'sɛlfɪʃ] *adj* (*person*) altruista; (*act*) disinteressato(a).

unsettled [ʌn'sɛtld] *adj* (*person, future*) incerto(a); (*question*) non risolto(a); (*weather, market*) instabile; **to feel** ~ sentirsi disorientato(a).

unsettling [ʌn'sɛtlɪŋ] *adj* inquietante.

unshak(e)able [ʌn'ʃeɪkəbl] *adj* irremovibile.

unshaven [ʌn'ʃeɪvn] *adj* non rasato(a).

unsightly [ʌn'saɪtlɪ] *adj* brutto(a), sgradevole a vedersi.

unskilled [ʌn'skɪld] *adj*: ~ **worker** manovale *m*.

unsociable [ʌn'səuʃəbl] *adj* (*person*) poco socievole; (*behaviour*) antipatico(a).

unsocial [ʌn'səuʃəl] *adj*: ~ **hours** orario sconveniente.

unsold [ʌn'səuld] *adj* invenduto(a).

unsolicited [ʌnsə'lɪsɪtɪd] *adj* non richiesto(a).

unsophisticated [ʌnsə'fɪstɪkeɪtɪd] *adj* semplice, naturale.

unsound [ʌn'saund] *adj* (*health*) debole, cagionevole; (*in construction: floor, foundations*) debole, malsicuro(a); (*policy, advice*) poco sensato(a); (*judgment, investment*) poco sicuro(a).

unspeakable [ʌn'spiːkəbl] *adj* (*bad*) abominevole.

unspoken [ʌn'spəukən] *adj* (*words*) non detto(a); (*agreement, approval*) tacito(a).

unsteady [ʌn'stɛdɪ] *adj* instabile, malsicuro(a).

unstinting [ʌn'stɪntɪŋ] *adj* (*support*) incondizionato(a); (*generosity*) illimitato(a); (*praise*) senza riserve.

unstuck [ʌn'stʌk] *adj*: **to come** ~ scollarsi; (*fig*) fare fiasco.

unsubstantiated [ʌnsəb'stænʃɪeɪtɪd] *adj* (*rumour, accusation*) infondato(a).

unsuccessful [ʌnsək'sɛsful] *adj* (*writer, proposal*) che non ha successo; (*marriage, attempt*) mal riuscito(a), fallito(a); **to be** ~ (*in attempting sth*) non riuscire; non avere successo; (*application*) non essere considerato(a).

unsuccessfully [ʌnsək'sɛsfəlɪ] *adv* senza successo.

unsuitable [ʌn'suːtəbl] *adj* inadatto(a); (*moment*) inopportuno(a).

unsuited [ʌn'suːtɪd] *adj*: **to be** ~ **for** *or* **to** non essere fatto(a) per.

unsung ['ʌn'sʌŋ] *adj*: **an** ~ **hero** un eroe misconosciuto.

unsupported [ʌnsə'pɔːtɪd] *adj* (*claim*) senza fondamento; (*theory*) non dimostrato(a).

unsure [ʌn'ʃuə*] *adj*: ~ **(of** *or* **about)** incerto(a) (su); **to be** ~ **of o.s.** essere insicuro(a).

unsuspecting [ʌnsə'spɛktɪŋ] *adj* che non sospetta niente.

unsweetened [ʌn'swiːtnd] *adj* senza zucchero.

unswerving [ʌn'swəːvɪŋ] *adj* fermo(a).

unsympathetic ['ʌnsɪmpə'θɛtɪk] *adj* (*attitude*) poco incoraggiante; (*person*)

antipatico(a); ~ **(to)** non solidale (verso).
untangle [ʌn'tæŋgl] *vt* sbrogliare.
untapped [ʌn'tæpt] *adj* (*resources*) non sfruttato(a).
untaxed [ʌn'tækst] *adj* (*goods*) esente da imposte; (*income*) non imponibile.
unthinkable [ʌn'θɪŋkəbl] *adj* impensabile, inconcepibile.
unthinkingly ['ʌn'θɪŋkɪŋlɪ] *adv* senza pensare.
untidy [ʌn'taɪdɪ] *adj* (*room*) in disordine; (*appearance, work*) trascurato(a); (*person, writing*) disordinato(a).
untie [ʌn'taɪ] *vt* (*knot, parcel*) disfare; (*prisoner, dog*) slegare.
until [ʌn'tɪl] *prep* fino a; (*after negative*) prima di ♦ *conj* finché, fino a quando; (*in past, after negative*) prima che + *sub*, prima di + *infinitive*; ~ **now** finora; ~ **then** fino ad allora; **from morning** ~ **night** dalla mattina alla sera.
untimely [ʌn'taɪmlɪ] *adj* intempestivo(a), inopportuno(a); (*death*) prematuro(a).
untold [ʌn'təʊld] *adj* incalcolabile; indescrivibile.
untouched [ʌn'tʌtʃt] *adj* (*not used etc*) non toccato(a), intatto(a); (*safe: person*) incolume; (*unaffected*): ~ **by** insensibile a.
untoward [ʌntə'wɔːd] *adj* sfortunato(a), sconveniente.
untrained ['ʌn'treɪnd] *adj* (*worker*) privo(a) di formazione professionale; (*troops*) privo(a) di addestramento; **to the** ~ **eye** ad un occhio inesperto.
untrammelled [ʌn'træmld] *adj* illimitato(a).
untranslatable [ʌntrænz'leɪtəbl] *adj* intraducibile.
untrue [ʌn'truː] *adj* (*statement*) falso(a), non vero(a).
untrustworthy [ʌn'trʌstwəːðɪ] *adj* di cui non ci si può fidare.
unusable [ʌn'juːzəbl] *adj* inservibile, inutilizzabile.
unused [ʌn'juːzd] *adj* (*new*) nuovo(a); (*not made use of*) non usato(a), non utilizzato(a); **to be** ~ **to sth/to doing sth** non essere abituato(a) a qc/a fare qc.
unusual [ʌn'juːʒuəl] *adj* insolito(a), eccezionale, raro(a).
unusually [ʌn'juːʒəlɪ] *adv* insolitamente.
unveil [ʌn'veɪl] *vt* scoprire, svelare.
unwanted [ʌn'wɔntɪd] *adj* non desiderato(a).
unwarranted [ʌn'wɔrəntɪd] *adj* ingiustificato(a).
unwary [ʌn'wɛərɪ] *adj* incauto(a).
unwavering [ʌn'weɪvərɪŋ] *adj* fermo(a),

incrollabile.
unwelcome [ʌn'wɛlkəm] *adj* (*gen*) non gradito(a); **to feel** ~ sentire che la propria presenza non è gradita.
unwell [ʌn'wɛl] *adj* indisposto(a); **to feel** ~ non sentirsi bene.
unwieldy [ʌn'wiːldɪ] *adj* poco maneggevole.
unwilling [ʌn'wɪlɪŋ] *adj*: **to be** ~ **to do** non voler fare.
unwillingly [ʌn'wɪlɪŋlɪ] *adv* malvolentieri.
unwind [ʌn'waɪnd] *vb* (*irreg*) *vt* svolgere, srotolare ♦ *vi* (*relax*) rilassarsi.
unwise [ʌn'waɪz] *adj* (*decision, act*) avventato(a).
unwitting [ʌn'wɪtɪŋ] *adj* involontario(a).
unworkable [ʌn'wəːkəbl] *adj* (*plan etc*) inattuabile.
unworthy [ʌn'wəːðɪ] *adj* indegno(a); **to be** ~ **of sth/to do sth** non essere degno di qc/di fare qc.
unwrap [ʌn'ræp] *vt* disfare; (*present*) aprire.
unwritten [ʌn'rɪtn] *adj* (*agreement*) tacito(a).
unzip [ʌn'zɪp] *vt* aprire (la chiusura lampo di).

═══════════════════ *KEYWORD*

up [ʌp] *prep* su; **he went** ~ **the stairs/the hill** è salito su per le scale/sulla collina; **the cat was** ~ **a tree** il gatto era su un albero; **they live further** ~ **the street** vivono un po' più su nella stessa strada
♦ *adv* **1** (*upwards, higher*) su, in alto; ~ **in the sky/the mountains** su nel cielo/in montagna; ~ **there** lassù; ~ **above** su in alto; ~ **with Leeds United!** viva il Leeds United!
2: to be ~ (*out of bed*) essere alzato(a); (*prices, level*) essere salito(a); (*building*) essere terminato(a); (*tent*) essere piantato(a); (*curtains, shutters, wallpaper*) essere su; **"this side** ~**"** "alto"; **to be** ~ **(by)** (*in price, value*) essere salito(a) or aumentato(a) (di); **when the year was** ~ (*finished*) finito l'anno; **time's** ~ il tempo è scaduto; **he's well** ~ **in** or **on politics** (*BRIT*) è molto informato or or sulla politica
3: ~ **to** (*as far as*) fino a; ~ **to now** finora
4: to be ~ **to** (*depending on*): **it's** ~ **to you** sta a lei, dipende da lei; (*equal to*): **he's not** ~ **to it** (*job, task etc*) non ne è all'altezza; (*col: be doing*): **what is he** ~ **to?** cosa sta combinando?; **what's** ~? (*col: wrong*) che c'è?; **what's** ~ **with him?** che ha?, che gli prende?
♦ *n*: ~**s and downs** alti e bassi *mpl*

♦ *vi* (*col*): **she ~ped and left**
improvvisamente se ne andò.

up-and-coming ['ʌpənd'kʌmɪŋ] *adj*
pieno(a) di promesse, promettente.
upbeat ['ʌpbiːt] *n* (*MUS*) tempo in levare;
(*in economy, prosperity*) incremento ♦ *adj*
(*col*) ottimistico(a).
upbraid [ʌp'breɪd] *vt* rimproverare.
upbringing ['ʌpbrɪŋɪŋ] *n* educazione *f.*
upcoming ['ʌpkʌmɪŋ] *adj* imminente,
prossimo(a).
update [ʌp'deɪt] *vt* aggiornare.
upend [ʌp'ɛnd] *vt* rovesciare.
upfront [ʌp'frʌnt] *adj* (*col*) franco(a),
aperto(a) ♦ *adv* (*pay*) subito.
upgrade [ʌp'greɪd] *vt* promuovere; (*job*)
rivalutare; (*COMPUT*) far passare a
potenza superiore.
upheaval [ʌp'hiːvl] *n* sconvolgimento;
tumulto.
uphill [ʌp'hɪl] *adj* in salita; (*fig: task*) difficile
♦ *adv*: **to go ~** andare in salita, salire.
uphold [ʌp'həuld] *vt irreg* approvare;
sostenere.
upholstery [ʌp'həulstərɪ] *n* tappezzeria.
upkeep ['ʌpkiːp] *n* manutenzione *f.*
up-market [ʌp'mɑːkɪt] *adj* (*product*) che si
rivolge ad una fascia di mercato
superiore.
upon [ə'pɔn] *prep* su.
upper ['ʌpə*] *adj* superiore ♦ *n* (*of shoe*)
tomaia; **the ~ class** ≈ l'alta borghesia.
upper case *n* maiuscolo.
upper-class [ʌpə'klɑːs] *adj* dell'alta
borghesia; (*district*) signorile; (*accent*)
aristocratico(a); (*attitude*) snob *inv.*
uppercut ['ʌpəkʌt] *n* uppercut *m inv*,
montante *m.*
upper hand *n*: **to have the ~** avere il
coltello dalla parte del manico.
Upper House *n*: **the ~** (*in Britain*) la
Camera Alta, la Camera dei Lords; (*in US
etc*) il Senato.
uppermost ['ʌpəməust] *adj* il(la) più
alto(a); predominante; **it was ~ in my
mind** è stata la mia prima
preoccupazione.
Upper Volta [-'vɔltə] *n* Alto Volta *m.*
upright ['ʌpraɪt] *adj* diritto(a); verticale;
(*fig*) diritto(a), onesto(a) ♦ *n* montante *m.*
uprising ['ʌpraɪzɪŋ] *n* insurrezione *f*,
rivolta.
uproar ['ʌprɔː*] *n* tumulto, clamore *m.*
uproarious [ʌp'rɔːrɪəs] *adj* clamoroso(a);
(*hilarious*) esilarante; **~ laughter** risata
sonora.
uproot [ʌp'ruːt] *vt* sradicare.

upset *n* ['ʌpsɛt] turbamento ♦ *vt* [ʌp'sɛt]
(*irreg: like* **set**) (*glass etc*) rovesciare; (*plan,
stomach*) scombussolare; (*person: offend*)
contrariare; (: *grieve*) addolorare;
sconvolgere ♦ *adj* [ʌp'sɛt] contrariato(a);
addolorato(a); (*stomach*)
scombussolato(a), disturbato(a); **to have
a stomach ~** (*BRIT*) avere lo stomaco in
disordine *or* scombussolato; **to get ~**
contrariarsi; addolorarsi.
upset price *n* (*US, Scottish*) prezzo di
riserva.
upsetting [ʌp'sɛtɪŋ] *adj* (*saddening*)
sconvolgente; (*offending*) offensivo(a);
(*annoying*) fastidioso(a).
upshot ['ʌpʃɔt] *n* risultato; **the ~ of it all
was that ...** la conclusione è stata che ....
upside down ['ʌpsaɪd-] *adv* sottosopra; **to
turn ~** capovolgere; (*fig*) mettere
sottosopra.
upstage ['ʌp'steɪdʒ] *vt*: **to ~ sb** rubare la
scena a qn.
upstairs [ʌp'stɛəz] *adv, adj* di sopra, al piano
superiore ♦ *n* piano di sopra.
upstart ['ʌpstɑːt] *n* parvenu *m inv.*
upstream [ʌp'striːm] *adv* a monte.
upsurge ['ʌpsəːdʒ] *n* (*of enthusiasm etc*)
ondata.
uptake ['ʌpteɪk] *n*: **he is quick/slow on the
~** è pronto/lento di comprendonio.
uptight [ʌp'taɪt] *adj* (*col*) teso(a).
up-to-date ['ʌptə'deɪt] *adj* moderno(a);
aggiornato(a).
upturn ['ʌptəːn] *n* (*in luck*) svolta
favorevole; (*in value of currency*) rialzo.
upturned ['ʌptəːnd] *adj* (*nose*) all'insù.
upward ['ʌpwəd] *adj* ascendente; verso
l'alto.
upwardly-mobile ['ʌpwədlɪ'məubaɪl] *n*: **to
be ~** salire nella scala sociale.
upward(s) ['ʌpwəd(z)] *adv* in su, verso
l'alto.
URA *n abbr* (*US: = Urban Renewal
Administration*) amministrazione per il
rinnovamento urbano.
Ural Mountains ['juərəl-] *npl*: **the ~** (*also:
the Urals) gli Urali, i Monti Urali.
uranium [juə'reɪnɪəm] *n* uranio.
Uranus [juə'reɪnəs] *n* (*planet*) Urano.
urban ['əːbən] *adj* urbano(a).
urbane [əː'beɪn] *adj* civile, urbano(a),
educato(a).
urbanization [əːbənaɪ'zeɪʃən] *n*
urbanizzazione *f.*
urchin ['əːtʃɪn] *n* monello; **sea ~** riccio di
mare.
Urdu ['uəduː] *n* urdu *m inv.*
urge [əːdʒ] *n* impulso, stimolo ♦ *vt* (*caution*

etc) raccomandare vivamente; **to ~ sb to do** esortare qn a fare, spingere qn a fare; raccomandare a qn di fare.

▶**urge on** *vt* spronare.

urgency ['ə:dʒənsı] *n* urgenza; (*of tone*) insistenza.

urgent ['ə:dʒənt] *adj* urgente; (*earnest, persistent: plea*) pressante; (: *tone*) insistente, incalzante.

urgently ['ə:dʒəntlı] *adv* d'urgenza, urgentemente; con insistenza.

urinal ['juərɪnl] *n* (*BRIT: building*) vespasiano; (: *vessel*) orinale *m*, pappagallo.

urinate ['juərɪneɪt] *vi* orinare.

urine ['juərɪn] *n* orina.

urn [ə:n] *n* urna; (*also:* **tea ~**) bollitore *m* per il tè.

Uruguay ['juərəgwaɪ] *n* Uruguay *m*.

Uruguayan [juərə'gwaɪən] *adj, n* uruguaiano(a).

US *n abbr see* **United States**.

us [ʌs] *pron* ci; (*stressed, after prep*) noi.

USA *n abbr* (*GEO*) *see* **United States (of America)**; (*MIL*) = *United States Army*.

usable ['ju:zəbl] *adj* utilizzabile, usabile.

USAF *n abbr* = *United States Air Force*.

usage ['ju:zɪdʒ] *n* uso.

USCG *n abbr* = *United States Coast Guard*.

USDA *n abbr* = *United States Department of Agriculture*.

USDAW ['ʌzdɔ:] *n abbr* (*BRIT:* = *Union of Shop, Distributive and Allied Workers*) *sindacato dei dipendenti di negozi, reti di distribuzione e simili*.

USDI *n abbr* = *United States Department of the Interior*.

use *n* [ju:s] uso; impiego, utilizzazione *f* ♦ *vt* [ju:z] usare, utilizzare, servirsi di; **she ~d to do it** lo faceva (una volta), era solita farlo; **in ~** in uso; **out of ~** fuori uso; **to be of ~** essere utile, servire; **to make ~ of sth** far uso di qc, utilizzare qc; **ready for ~** pronto per l'uso; **it's no ~** non serve, è inutile; **to have the ~ of** poter usare; **what's this ~d for?** a che serve?; **to be ~d to** avere l'abitudine di; **to get ~d to** abituarsi a, fare l'abitudine a.

▶**use up** *vt* finire; (*supplies*) dare fondo a; (*left-overs*) utilizzare.

used [ju:zd] *adj* (*car*) d'occasione.

useful ['ju:sful] *adj* utile; **to come in ~** fare comodo, tornare utile.

usefulness ['ju:sfəlnıs] *n* utilità.

useless ['ju:slıs] *adj* inutile; (*unusable: object*) inservibile.

user ['ju:zə*] *n* utente *m/f*; (*of petrol, gas etc*) consumatore/trice.

user-friendly ['ju:zə'frɛndlı] *adj* orientato(a) all'utente.

USES *n abbr* = *United States Employment Service*.

usher ['ʌʃə*] *n* usciere *m*; (*in cinema*) maschera ♦ *vt*: **to ~ sb in** far entrare qn.

usherette [ʌʃə'rɛt] *n* (*in cinema*) maschera.

USIA *n abbr* = *United States Information Agency*.

USM *n abbr* = *United States Mint; United States Mail*.

USN *n abbr* = *United States Navy*.

USPHS *n abbr* = *United States Public Health Service*.

USPO *n abbr* = *United States Post Office*.

USS *abbr* = *United States Ship* (*or Steamer*).

USSR *n abbr see* **Union of Soviet Socialist Republics**.

usu. *abbr* = **usually**.

usual ['ju:ʒuəl] *adj* solito(a); **as ~** come al solito, come d'abitudine.

usually ['ju:ʒuəlı] *adv* di solito.

usurer ['ju:ʒərə*] *adj* usuraio/a.

usurp [ju:'zə:p] *vt* usurpare.

UT *abbr* (*US*) = *Utah*.

utensil [ju:'tɛnsl] *n* utensile *m*.

uterus ['ju:tərəs] *n* utero.

utilitarian [ju:tılı'tɛərıən] *adj* utilitario(a).

utility [ju:'tılıtı] *n* utilità; (*also:* **public ~**) servizio pubblico.

utility room *n locale adibito alla stiratura dei panni etc*.

utilization [ju:tılaı'zeıʃən] *n* utilizzazione *f*.

utilize ['ju:tılaız] *vt* utilizzare; sfruttare.

utmost ['ʌtməust] *adj* estremo(a) ♦ *n*: **to do one's ~** fare il possibile *or* di tutto; **of the ~ importance** della massima importanza; **it is of the ~ importance that ...** è estremamente importante che ... + *sub*.

utter ['ʌtə*] *adj* assoluto(a), totale ♦ *vt* pronunciare, proferire; emettere.

utterance ['ʌtərəns] *n* espressione *f*; parole *fpl*.

utterly ['ʌtəlı] *adv* completamente, del tutto.

U-turn ['ju:tə:n] *n* inversione *f* a U; (*fig*) voltafaccia *m inv*.

Uzbekistan [ʌzbɛkı'stɑ:n] *n* Uzbekistan.

V v

V, v [viː] n (*letter*) V, v m or f inv; **V for Victor** ≈ V come Venezia.

v *abbr* (= *verse*; = *vide*: *see*) v.; (= *volt*) V.; (= *versus*) contro.

VA, Va. *abbr* (*US*) = *Virginia*.

vac [væk] n *abbr* (*BRIT col*) = **vacation**.

vacancy ['veɪkənsɪ] n (*job*) posto libero; (*room*) stanza libera; **"no vacancies"** "completo"; **have you any vacancies?** (*office*) avete bisogno di personale?; (*hotel*) avete una stanza?

vacant ['veɪkənt] *adj* (*job, seat etc*) libero(a); (*expression*) assente.

vacant lot n terreno non occupato; (*for sale*) terreno in vendita.

vacate [və'keɪt] *vt* lasciare libero(a).

vacation [və'keɪʃən] n (*esp US*) vacanze *fpl*; **to take a** ~ prendere una vacanza, prendere le ferie; **on** ~ in vacanza, in ferie.

vacation course n corso estivo.

vaccinate ['væksɪneɪt] *vt* vaccinare.

vaccination [væksɪ'neɪʃən] n vaccinazione f.

vaccine ['væksiːn] n vaccino.

vacuum ['vækjum] n vuoto.

vacuum bottle n (*US*) = **vacuum flask**.

vacuum cleaner n aspirapolvere m inv.

vacuum flask n (*BRIT*) thermos ® m inv.

vacuum-packed ['vækjum'pækt] *adj* confezionato(a) sottovuoto.

vagabond ['vægəbɔnd] n vagabondo/a.

vagary ['veɪɡərɪ] n capriccio.

vagina [və'dʒaɪnə] n vagina.

vagrancy ['veɪɡrənsɪ] n vagabondaggio.

vagrant ['veɪɡrənt] n vagabondo/a.

vague [veɪɡ] *adj* vago(a); (*blurred*: *photo, memory*) sfocato(a); **I haven't the** ~**st idea** non ho la minima *or* più pallida idea.

vaguely ['veɪɡlɪ] *adv* vagamente.

vain [veɪn] *adj* (*useless*) inutile, vano(a); (*conceited*) vanitoso(a); **in** ~ inutilmente, invano.

valance ['væləns] n volant m inv, balza.

valedictory [vælɪ'dɪktərɪ] *adj* di commiato.

valentine ['væləntaɪn] n (*also*: ~ **card**) cartolina *or* biglietto di San Valentino.

valet ['vælɪt] n cameriere m personale.

valet parking n parcheggio effettuato da un dipendente (dell'albergo etc).

valet service n (*for clothes*) servizio di lavanderia; (*for car*) servizio completo di lavaggio.

valiant ['vælɪənt] *adj* valoroso(a), coraggioso(a).

valid ['vælɪd] *adj* valido(a), valevole; (*excuse*) valido(a).

validate ['vælɪdeɪt] *vt* (*contract, document*) convalidare; (*argument, claim*) comprovare.

validity [və'lɪdɪtɪ] n validità.

valise [və'liːz] n borsa da viaggio.

valley ['vælɪ] n valle f.

valour, (*US*) **valor** ['vælə*] n valore m.

valuable ['væljuəbl] *adj* (*jewel*) di (grande) valore; (*time*) prezioso(a); ~**s** npl oggetti mpl di valore.

valuation [vælju'eɪʃən] n valutazione f, stima.

value ['væljuː] n valore m ♦ vt (*fix price*) valutare, dare un prezzo a; (*cherish*) apprezzare, tenere a; **to be of great** ~ **to sb** avere molta importanza per qn; **to lose (in)** ~ (*currency*) svalutarsi; (*property*) perdere (di) valore; **to gain (in)** ~ (*currency*) guadagnare; (*property*) aumentare di valore; **you get good** ~ **(for money) in that shop** si compra bene in quel negozio.

value added tax (VAT) n (*BRIT*) imposta sul valore aggiunto (I.V.A.).

valued ['væljuːd] *adj* (*appreciated*) stimato(a), apprezzato(a).

valuer ['væljuə*] n stimatore/trice.

valve [vælv] n valvola.

vampire ['væmpaɪə*] n vampiro.

van [væn] n (*AUT*) furgone m; (*BRIT RAIL*) vagone m.

V and A n *abbr* (*BRIT*) = *Victoria and Albert Museum*.

vandal ['vændl] n vandalo/a.

vandalism ['vændəlɪzəm] n vandalismo.

vandalize ['vændəlaɪz] *vt* vandalizzare.

vanguard ['vænɡɑːd] n avanguardia.

vanilla [və'nɪlə] n vaniglia ♦ cpd (*ice cream*) alla vaniglia.

vanish ['vænɪʃ] *vi* svanire, scomparire.

vanity ['vænɪtɪ] n vanità.

vanity case n valigetta per cosmetici.

vantage ['vɑːntɪdʒ] n: ~ **point** posizione f or punto di osservazione; (*fig*) posizione vantaggiosa.

vaporize ['veɪpəraɪz] *vt* vaporizzare ♦ vi vaporizzarsi.

vapour, (*US*) **vapor** ['veɪpə*] n vapore m.

variable ['vɛərɪəbl] *adj* variabile; (*mood*)

mutevole ♦ *n* fattore *m* variabile, variabile *f.*

variance ['vɛərɪəns] *n*: **to be at ~ (with)** essere in disaccordo (con); (*facts*) essere in contraddizione (con).

variant ['vɛərɪənt] *n* variante *f.*

variation [vɛərɪ'eɪʃən] *n* variazione *f*; (*in opinion*) cambiamento.

varicose ['værɪkəʊs] *adj*: **~ veins** varici *fpl.*

varied ['vɛərɪd] *adj* vario(a), diverso(a).

variety [və'raɪətɪ] *n* varietà *f inv*; (*quantity*): **a wide ~ of** ... una vasta gamma di ...; **for a ~ of reasons** per una serie di motivi.

variety show *n* spettacolo di varietà.

various ['vɛərɪəs] *adj* vario(a), diverso(a); (*several*) parecchi(e), molti(e); **at ~ times** in momenti diversi; (*several*) diverse volte.

varnish ['vɑːnɪʃ] *n* vernice *f*; (*for nails*) smalto ♦ *vt* verniciare; **to ~ one's nails** mettersi lo smalto sulle unghie.

vary ['vɛərɪ] *vt, vi* variare, mutare; **to ~ (with** *or* **according to)** variare (con *or* a seconda di).

varying ['vɛərɪŋ] *adj* variabile.

vase [vɑːz] *n* vaso.

vasectomy [væ'sɛktəmɪ] *n* vasectomia.

Vaseline ® ['væsɪliːn] *n* vaselina.

vast [vɑːst] *adj* vasto(a); (*amount, success*) enorme.

vastly ['vɑːstlɪ] *adv* enormemente.

vastness ['vɑːstnɪs] *n* vastità.

VAT [væt] *n abbr* (*BRIT*) *see* **value added tax.**

vat [væt] *n* tino.

Vatican ['vætɪkən] *n*: **the ~** il Vaticano.

vatman ['vætmæn] *n* (*BRIT col*): **the ~** ≈ l'ispettore *m* dell'IVA; (*Inland Revenue*) (il) fisco.

vault [vɔːlt] *n* (*of roof*) volta; (*tomb*) tomba; (*in bank*) camera blindata; (*jump*) salto ♦ *vt* (*also*: **~ over**) saltare (d'un balzo).

vaunted ['vɔːntɪd] *adj*: **much-~** tanto celebrato(a).

VC *n abbr* (*BRIT*: = *Victoria Cross*) medaglia al coraggio; = **vice-chairman.**

VCR *n abbr see* **video cassette recorder.**

VD *n abbr see* **venereal disease.**

VDU *n abbr see* **visual display unit.**

veal [viːl] *n* vitello.

veer [vɪə*] *vi* girare; virare.

veg. [vɛdʒ] *n abbr* (*BRIT col*: = *vegetable(s)*) ≈ contorno.

vegan ['viːgən] *n* (*BRIT*) vegetaliano/a.

vegeburger, veggieburger ['vɛdʒɪbɜːgə*] *n* hamburger *m inv* vegetariano.

vegetable ['vɛdʒtəbl] *n* verdura, ortaggio ♦ *adj* vegetale.

vegetable garden *n* orto.

vegetarian [vɛdʒɪ'tɛərɪən] *adj, n* vegetariano(a).

vegetate ['vɛdʒɪteɪt] *vi* vegetare.

vegetation [vɛdʒɪ'teɪʃən] *n* vegetazione *f.*

vegetative ['vɛdʒɪtətɪv] *adj* (*also BOT*) vegetativo(a).

vehemence ['viːɪməns] *n* veemenza, violenza.

vehement ['viːɪmənt] *adj* veemente, violento(a); profondo(a).

vehicle ['viːɪkl] *n* veicolo; (*fig*) mezzo.

vehicular [vɪ'hɪkjulə*] *adj*: **"no ~ traffic"** "chiuso al traffico di veicoli".

veil [veɪl] *n* velo ♦ *vt* velare; **under a ~ of secrecy** (*fig*) protetto da una cortina di segretezza.

veiled [veɪld] *adj* (*also fig*) velato(a).

vein [veɪn] *n* vena; (*on leaf*) nervatura; (*fig: mood*) vena, umore *m.*

Velcro ® ['vɛlkrəʊ] *n* velcro ® *m inv.*

vellum ['vɛləm] *n* (*writing paper*) carta patinata.

velocity [vɪ'lɔsɪtɪ] *n* velocità *f inv.*

velour [və'luə*] *n* velours *m inv.*

velvet ['vɛlvɪt] *n* velluto.

vending machine ['vɛndɪŋ-] *n* distributore *m* automatico.

vendor ['vɛndə*] *n* venditore/trice; **street ~** venditore ambulante.

veneer [və'nɪə*] *n* impiallacciatura; (*fig*) vernice *f.*

venerable ['vɛnərəbl] *adj* venerabile.

venereal disease (VD) [vɪ'nɪərɪəl-] *n* malattia venerea.

Venetian [vɪ'niːʃən] *adj, n* veneziano(a).

Venetian blind *n* (tenda alla) veneziana.

Venezuela [vɛnɪ'zweɪlə] *n* Venezuela *m.*

Venezuelan [vɛnɪ'zweɪlən] *adj, n* venezuelano(a).

vengeance ['vɛndʒəns] *n* vendetta; **with a ~** (*fig*) davvero; furiosamente.

vengeful ['vɛndʒful] *adj* vendicativo(a).

Venice ['vɛnɪs] *n* Venezia.

venison ['vɛnɪsn] *n* carne *f* di cervo.

venom ['vɛnəm] *n* veleno.

venomous ['vɛnəməs] *adj* velenoso(a).

vent [vɛnt] *n* foro, apertura; (*in dress, jacket*) spacco ♦ *vt* (*fig: one's feelings*) sfogare, dare sfogo a.

ventilate ['vɛntɪleɪt] *vt* (*room*) dare aria a, arieggiare.

ventilation [vɛntɪ'leɪʃən] *n* ventilazione *f.*

ventilation shaft *n* condotto di aerazione.

ventilator ['vɛntɪleɪtə*] *n* ventilatore *m.*

ventriloquist [vɛn'trɪləkwɪst] *n* ventriloquo/a.

venture ['vɛntʃə*] *n* impresa (rischiosa) ♦ *vt* rischiare, azzardare ♦ *vi* arrischiarsi, azzardarsi; **a business** ~ un'iniziativa commerciale; **to** ~ **to do sth** azzardarsi a fare qc.

venture capital n capitale m di rischio.

venue ['vɛnjuː] n luogo di incontro; (*SPORT*) luogo (designato) per l'incontro.

Venus ['viːnəs] n (*planet*) Venere m.

veracity [və'ræsɪtɪ] n veridicità.

veranda(h) [və'rændə] n veranda.

verb [vɜːb] n verbo.

verbal ['vɜːbəl] adj verbale; (*translation*) letterale.

verbally ['vɜːbəlɪ] adv a voce.

verbatim [vɜː'beɪtɪm] adv, adj parola per parola.

verbose [vɜː'bəus] adj verboso(a).

verdict ['vɜːdɪkt] n verdetto; (*opinion*) giudizio, parere m; ~ **of guilty/not guilty** verdetto di colpevolezza/non colpevolezza.

verge [vɜːdʒ] n bordo, orlo; "**soft ~s**" (*BRIT*) "banchina cedevole"; **on the ~ of doing** sul punto di fare.

▶**verge on** vt fus rasentare.

verger ['vɜːdʒə*] n (*REL*) sagrestano.

verification [vɛrɪfɪ'keɪʃən] n verifica.

verify ['vɛrɪfaɪ] vt verificare; (*prove the truth of*) confermare.

veritable ['vɛrɪtəbl] adj vero(a).

vermin ['vɜːmɪn] npl animali mpl nocivi; (*insects*) insetti mpl parassiti.

vermouth ['vɜːməθ] n vermut m inv.

vernacular [və'nækjulə*] n vernacolo.

versatile ['vɜːsətaɪl] adj (*person*) versatile; (*machine, tool etc*) (che si presta) a molti usi.

verse [vɜːs] n (*of poem*) verso; (*stanza*) stanza, strofa; (*in bible*) versetto; (*no pl: poetry*) versi mpl; **in** ~ in versi.

versed [vɜːst] adj: (**well-**)~ **in** versato(a) in.

version ['vɜːʃən] n versione f.

versus ['vɜːsəs] prep contro.

vertebra, pl ~**e** ['vɜːtɪbrə, -briː] n vertebra.

vertebrate ['vɜːtɪbrɪt] n vertebrato.

vertebrae ['vɜːtɪbriː] npl of **vertebra**.

vertical ['vɜːtɪkl] adj, n verticale (m).

vertically ['vɜːtɪklɪ] adv verticalmente.

vertigo ['vɜːtɪgəu] n vertigine f; **to suffer from** ~ soffrire di vertigini.

verve [vɜːv] n brio; entusiasmo.

very ['vɛrɪ] adv molto ♦ adj: **the ~ book which** proprio il libro che; ~ **much** moltissimo; ~ **well** molto bene; ~ **little** molto poco; **at the ~ end** proprio alla fine; **the ~ last** proprio l'ultimo; **at the ~ least** almeno; **the ~ thought (of it) alarms me** il solo pensiero mi spaventa, sono spaventato solo al pensiero.

vespers ['vɛspəz] npl vespro.

vessel ['vɛsl] n (*ANAT*) vaso; (*NAUT*) nave f; (*container*) recipiente m.

vest [vɛst] n (*BRIT*) maglia; (: *sleeveless*) canottiera; (*US: waistcoat*) gilè m inv ♦ vt: **to ~ sb with sth, to ~ sth in sb** conferire qc a qn.

vested interest n: **to have a ~ in doing** avere tutto l'interesse a fare; ~**s** npl (*COMM*) diritti mpl acquisiti.

vestibule ['vɛstɪbjuːl] n vestibolo.

vestige ['vɛstɪdʒ] n vestigio.

vestment ['vɛstmənt] n (*REL*) paramento liturgico.

vestry ['vɛstrɪ] n sagrestia.

Vesuvius [vɪ'suːvɪəs] n Vesuvio.

vet [vɛt] n abbr (= *veterinary surgeon*) veterinario ♦ vt esaminare minuziosamente; (*text*) rivedere; **to ~ sb for a job** raccogliere delle informazioni dettagliate su qn prima di offrirgli un posto.

veteran ['vɛtərn] n veterano; (*also:* **war** ~) reduce m ♦ adj: **she's a ~ campaigner for** ... lotta da sempre per ....

veteran car n auto f inv d'epoca (*anteriore al 1919*).

veterinarian [vɛtrɪ'nɛərɪən] n (*US*) = **veterinary surgeon**.

veterinary ['vɛtrɪnərɪ] adj veterinario(a).

veterinary surgeon n (*BRIT*) veterinario.

veto ['viːtəu] n (pl ~**es**) veto ♦ vt opporre il veto a; **to put a ~ on** opporre il veto a.

vetting ['vɛtɪŋ] n: **positive ~** indagine per accertare l'idoneità di un aspirante ad una carica ufficiale.

vex [vɛks] vt irritare, contrariare.

vexed [vɛkst] adj (*question*) controverso(a), dibattuto(a).

VFD n abbr (*US*) = *voluntary fire department*.

VG abbr (*BRIT: SCOL etc:* = *very good*) ottimo.

VHF abbr (= *very high frequency*) VHF.

VI abbr (*US*) = *Virgin Islands*.

via ['vaɪə] prep (*by way of*) via; (*by means of*) tramite.

viability [vaɪə'bɪlɪtɪ] n attuabilità.

viable ['vaɪəbl] adj attuabile; vitale.

viaduct ['vaɪədʌkt] n viadotto.

vial ['vaɪəl] n fiala.

vibes [vaɪbz] npl (*col*): **I got good/bad ~** ho trovato simpatica/antipatica l'atmosfera.

vibrant ['vaɪbrənt] adj (*sound*) vibrante; (*colour*) vivace, vivo(a).

vibraphone ['vaɪbrəfəun] n vibrafono.

vibrate [vaɪ'breɪt] vi: **to ~ (with)** vibrare (di); (*resound*) risonare (di).

vibration [vaɪ'breɪʃən] n vibrazione f.

vibrator [vaɪ'breɪtə*] n vibratore m.

vicar ['vɪkə*] n pastore m.

vicarage ['vɪkərɪdʒ] n presbiterio.

vicarious [vɪ'kɛərɪəs] adj sofferto(a) al posto di un altro; **to get ~ pleasure out of sth** trarre piacere indirettamente da qc.

vice [vaɪs] n (evil) vizio; (TECH) morsa.

vice- [vaɪs] prefix vice ....

vice-chairman [vaɪs'tʃɛəmən] n vicepresidente m.

vice-chancellor [vaɪs'tʃɑːnsələ*] n (BRIT SCOL) rettore m (per elezione).

vice-president [vaɪs'prɛzɪdənt] n vicepresidente m.

viceroy ['vaɪsrɔɪ] n viceré m inv.

vice squad n (squadra del) buon costume f.

vice versa ['vaɪsɪ'vɜːsə] adv viceversa.

vicinity [vɪ'sɪnɪtɪ] n vicinanze fpl.

vicious ['vɪʃəs] adj (remark) maligno(a), cattivo(a); (blow) violento(a); **a ~ circle** un circolo vizioso.

viciousness ['vɪʃəsnɪs] n malignità, cattiveria; ferocia.

vicissitudes [vɪ'sɪsɪtjuːdz] npl vicissitudini fpl.

victim ['vɪktɪm] n vittima; **to be the ~ of** essere vittima di.

victimization [vɪktɪmaɪ'zeɪʃən] n persecuzione f; rappresaglie fpl.

victimize ['vɪktɪmaɪz] vt perseguitare; compiere delle rappresaglie contro.

victor ['vɪktə*] n vincitore m.

Victorian [vɪk'tɔːrɪən] adj vittoriano(a).

victorious [vɪk'tɔːrɪəs] adj vittorioso(a).

victory ['vɪktərɪ] n vittoria; **to win a ~ over sb** riportare una vittoria su qn.

video ['vɪdɪəu] cpd video... ♦ n (~ film) video m inv; (also: ~ **cassette**) videocassetta; (also: ~ **cassette recorder**) videoregistratore m.

video camera n videocamera.

video cassette n videocassetta.

video (cassette) recorder n videoregistratore m.

videodisc ['vɪdɪəudɪsk] n disco ottico.

video game n videogioco.

video nasty n video estremamente violento o porno.

videophone ['vɪdɪəufəun] n videotelefono.

video recording n registrazione f su video.

video tape n videotape m inv.

vie [vaɪ] vi: **to ~ with** competere con, rivaleggiare con.

Vienna [vɪ'ɛnə] n Vienna.

Vietnam, Viet Nam [vjɛt'næm] n Vietnam m.

Vietnamese [vjɛtnə'miːz] adj vietnamita

♦ n vietnamita m/f; (LING) vietnamita m.

view [vjuː] n vista, veduta; (opinion) opinione f ♦ vt (situation) considerare; (house) visitare; **on ~** (in museum etc) esposto(a); **to be in** or **within ~ (of sth)** essere in vista (di qc); **in full ~ of sb** sotto gli occhi di qn; **an overall ~ of the situation** una visione globale della situazione; **in my ~** a mio avviso, secondo me; **in ~ of the fact that** considerato che; **to take** or **hold the ~ that** ... essere dell'opinione che ...; **with a ~ to doing sth** con l'intenzione di fare qc.

viewdata ['vjuːdeɪtə] n (BRIT) sistema di televideo.

viewer ['vjuːə*] n (viewfinder) mirino; (small projector) visore m; (TV) telespettatore/trice.

viewfinder ['vjuːfaɪndə*] n mirino.

viewpoint ['vjuːpɔɪnt] n punto di vista.

vigil ['vɪdʒɪl] n veglia; **to keep ~** vegliare.

vigilance ['vɪdʒɪləns] n vigilanza.

vigilant ['vɪdʒɪlənt] adj vigile.

vigilante [vɪdʒɪ'læntɪ] n cittadino che si fa giustizia da solo.

vigorous ['vɪgərəs] adj vigoroso(a).

vigour, (US) vigor [vɪgə*] n vigore m.

vile [vaɪl] adj (action) vile; (smell) disgustoso(a), nauseante; (temper) pessimo(a).

vilify ['vɪlɪfaɪ] vt diffamare.

villa ['vɪlə] n villa.

village ['vɪlɪdʒ] n villaggio.

villager ['vɪlɪdʒə*] n abitante m/f di villaggio.

villain ['vɪlən] n (scoundrel) canaglia; (criminal) criminale m; (in novel etc) cattivo.

VIN n abbr (US) = vehicle identification number.

vinaigrette [vɪneɪ'grɛt] n vinaigrette f inv.

vindicate ['vɪndɪkeɪt] vt comprovare; giustificare.

vindication [vɪndɪ'keɪʃən] n: **in ~ of** per giustificare; **a discolpa di.**

vindictive [vɪn'dɪktɪv] adj vendicativo(a).

vine [vaɪn] n vite f; (climbing plant) rampicante m.

vinegar ['vɪnɪgə*] n aceto.

vine grower n viticoltore m.

vine-growing ['vaɪngrəuɪŋ] adj viticolo(a) ♦ n viticoltura.

vineyard ['vɪnjɑːd] n vigna, vigneto.

vintage ['vɪntɪdʒ] n (year) annata, produzione f; **the 1970 ~** il vino del 1970.

vintage car n auto f inv d'epoca.

vintage wine n vino d'annata.

vinyl ['vaɪnl] n vinile m.

viola [vɪˈəʊlə] *n* viola.

violate [ˈvaɪəleɪt] *vt* violare.

violation [vaɪəˈleɪʃən] *n* violazione *f*; **in ~ of sth** violando qc.

violence [ˈvaɪələns] *n* violenza; (*POL etc*) incidenti *mpl* violenti.

violent [ˈvaɪələnt] *adj* violento(a); **a ~ dislike of sb/sth** una violenta avversione per qn/qc.

violently [ˈvaɪələntlɪ] *adv* violentemente; (*ill, angry*) terribilmente.

violet [ˈvaɪələt] *adj* (*colour*) viola *inv*, violetto(a) ♦ *n* (*plant*) violetta.

violin [vaɪəˈlɪn] *n* violino.

violinist [vaɪəˈlɪnɪst] *n* violinista *m/f*.

VIP *n abbr* (= *very important person*) V.I.P. *m/f inv*.

viper [ˈvaɪpə*] *n* vipera.

viral [ˈvaɪərəl] *adj* virale.

virgin [ˈvəːdʒɪn] *n* vergine *f* ♦ *adj* vergine *inv*; **she is a ~** lei è vergine; **the Blessed V~** la Beatissima Vergine.

virginity [vəːˈdʒɪnɪtɪ] *n* verginità.

Virgo [ˈvəːgəʊ] *n* (*sign*) Vergine *f*; **to be ~** essere della Vergine.

virile [ˈvɪraɪl] *adj* virile.

virility [vɪˈrɪlɪtɪ] *n* virilità.

virtual [ˈvəːtjuəl] *adj* effettivo(a), vero(a); (*COMPUT, PHYSICS*) virtuale; (*in effect*): **it's a ~ impossibility** è praticamente impossibile; **the ~ leader** il capo all'atto pratico.

virtually [ˈvəːtjuəlɪ] *adv* (*almost*) praticamente; **it is ~ impossible** è praticamente impossibile.

virtual reality *n* realtà *f inv* virtuale.

virtue [ˈvəːtjuː] *n* virtù *f inv*; (*advantage*) pregio, vantaggio; **by ~ of** grazie a.

virtuosity [vəːtjuˈɔsɪtɪ] *n* virtuosismo.

virtuoso [vəːtjuˈəʊzəʊ] *n* virtuoso.

virtuous [ˈvəːtjuəs] *adj* virtuoso(a).

virulent [ˈvɪrulənt] *adj* virulento(a).

virus [ˈvaɪərəs] *n* virus *m inv*.

visa [ˈviːzə] *n* visto.

vis-à-vis [viːzəˈviː] *prep* rispetto a, nei riguardi di.

viscount [ˈvaɪkaunt] *n* visconte *m*.

viscous [ˈvɪskəs] *adj* viscoso(a).

vise [vaɪs] *n* (*US TECH*) = **vice**.

visibility [vɪzɪˈbɪlɪtɪ] *n* visibilità.

visible [ˈvɪzəbl] *adj* visibile; **~ exports/ imports** esportazioni *fpl*/importazioni *fpl* visibili.

visibly [ˈvɪzəblɪ] *adv* visibilmente.

vision [ˈvɪʒən] *n* (*sight*) vista; (*foresight, in dream*) visione *f*.

visionary [ˈvɪʒənərɪ] *n* visionario/a.

visit [ˈvɪzɪt] *n* visita; (*stay*) soggiorno ♦ *vt* (*person*) andare a trovare; (*place*) visitare; **to pay a ~ to** (*person*) fare una visita a; (*place*) andare a visitare; **on a private/official ~** in visita privata/ ufficiale.

visiting [ˈvɪzɪtɪŋ] *adj* (*speaker, professor, team*) ospite.

visiting card *n* biglietto da visita.

visiting hours *npl* orario delle visite.

visitor [ˈvɪzɪtə*] *n* visitatore/trice; (*guest*) ospite *m/f*.

visitors' book *n* libro d'oro; (*in hotel*) registro.

visor [ˈvaɪzə*] *n* visiera.

VISTA [ˈvɪstə] *n abbr* (= *Volunteers in Service to America*) volontariato in zone depresse degli Stati Uniti.

vista [ˈvɪstə] *n* vista, prospettiva.

visual [ˈvɪzjuəl] *adj* visivo(a); visuale; ottico(a).

visual aid *n* sussidio visivo.

visual arts *npl* arti *fpl* figurative.

visual display unit (VDU) *n* unità *f inv* di visualizzazione.

visualize [ˈvɪzjuəlaɪz] *vt* immaginare, figurarsi; (*foresee*) prevedere.

visually [ˈvɪzjuəlɪ] *adv*: **~ appealing** piacevole a vedersi; **~ handicapped** con una menomazione della vista.

vital [ˈvaɪtl] *adj* vitale; **of ~ importance (to sb/sth)** di vitale importanza (per qn/qc).

vitality [vaɪˈtælɪtɪ] *n* vitalità.

vitally [ˈvaɪtəlɪ] *adv* estremamente.

vital statistics *npl* (*of population*) statistica demografica; (*col: woman's*) misure *fpl*.

vitamin [ˈvɪtəmɪn] *n* vitamina.

vitiate [ˈvɪʃɪeɪt] *vt* viziare.

vitreous [ˈvɪtrɪəs] *adj* (*rock*) vetroso(a); (*china, enamel*) vetrificato(a).

vitriolic [vɪtrɪˈɔlɪk] *adj* (*fig*) caustico(a).

viva [ˈvaɪvə] *n* (*also: ~ voce*) (*esame m*) orale.

vivacious [vɪˈveɪʃəs] *adj* vivace.

vivacity [vɪˈvæsɪtɪ] *n* vivacità.

vivid [ˈvɪvɪd] *adj* vivido(a).

vividly [ˈvɪvɪdlɪ] *adv* (*describe*) vividamente; (*remember*) con precisione.

vivisection [vɪvɪˈsɛkʃən] *n* vivisezione *f*.

vixen [ˈvɪksn] *n* volpe *f* femmina; (*pej: woman*) bisbetica.

viz *abbr* (= *vide licet: namely*) cioè.

VLF *abbr* (= *very low frequency*) bassissima frequenza.

V-neck [ˈviːnɛk] *n* maglione *m* con lo scollo a V.

VOA *n abbr* (= *Voice of America*) voce *f* dell'America (*alla radio*).

vocabulary [vəʊˈkæbjulərɪ] *n* vocabolario.

vocal ['vəukl] *adj* (*MUS*) vocale;
(*communication*) verbale; (*noisy*)
rumoroso(a).

vocal cords *npl* corde *fpl* vocali.

vocalist ['vəukəlɪst] *n* cantante *m/f* (*in un
gruppo*).

vocation [vəu'keɪʃən] *n* vocazione *f*.

vocational [vəu'keɪʃənl] *adj* professionale;
~ **guidance** orientamento professionale;
~ **training** formazione *f* professionale.

vociferous [və'sɪfərəs] *adj* rumoroso(a).

vodka ['vɔdkə] *n* vodka *f inv*.

vogue [vəug] *n* moda; (*popularity*)
popolarità, voga; **to be in** ~, **be the** ~
essere di moda.

voice [vɔɪs] *n* voce *f* ♦ *vt* (*opinion*)
esprimere; **in a loud/soft** ~ a voce alta/
bassa; **to give** ~ **to** esprimere.

voice-over ['vɔɪsəuvə*] *n* voce *f* fuori
campo *inv*.

void [vɔɪd] *n* vuoto ♦ *adj*: ~ **of** privo(a) di.

voile [vɔɪl] *n* voile *m*.

vol. *abbr* (= *volume*) vol.

volatile ['vɔlətaɪl] *adj* volatile; (*fig*) volubile.

volcanic [vɔl'kænɪk] *adj* vulcanico(a).

volcano, ~es [vɔl'keɪnəu] *n* vulcano.

volition [və'lɪʃən] *n*: **of one's own** ~ di
propria volontà.

volley ['vɔlɪ] *n* (*of gunfire*) salva; (*of stones
etc*) raffica, gragnola; (*TENNIS etc*) volata.

volleyball ['vɔlɪbɔːl] *n* pallavolo *f*.

volt [vəult] *n* volt *m inv*.

voltage ['vəultɪdʒ] *n* tensione *f*, voltaggio;
high/low ~ alta/bassa tensione.

voluble ['vɔljubl] *adj* loquace, ciarliero(a).

volume ['vɔljuːm] *n* volume *m*; (*of tank*)
capacità *f inv*; ~ **one/two** (*of book*) volume
primo/secondo; **his expression spoke** ~**s**
la sua espressione lasciava capire tutto.

volume control *n* (*RADIO, TV*) regolatore *m*
or manopola del volume.

volume discount *n* (*COMM*) vantaggio sul
volume di vendita.

voluminous [və'luːmɪnəs] *adj*
voluminoso(a); (*notes etc*) abbondante.

voluntarily ['vɔləntrɪlɪ] *adv*
volontariamente; gratuitamente.

voluntary ['vɔləntərɪ] *adj* volontario(a);
(*unpaid*) gratuito(a), non retribuito(a).

voluntary liquidation *n* (*COMM*)
liquidazione *f* volontaria.

volunteer [vɔlən'tɪə*] *n* volontario/a ♦ *vi*
(*MIL*) arruolarsi volontario; **to** ~ **to do**
offrire (volontariamente) di fare.

voluptuous [və'lʌptjuəs] *adj* voluttuoso(a).

vomit ['vɔmɪt] *n* vomito ♦ *vt, vi* vomitare.

voracious [və'reɪʃəs] *adj* (*appetite*)
smisurato(a); (*reader*) avido(a).

vote [vəut] *n* voto, suffragio; (*cast*) voto;
(*franchise*) diritto di voto ♦ *vi* votare ♦ *vt*
(*gen*) votare; (*sum of money etc*) votare a
favore di; **to** ~ **to do sth** votare a favore
di fare qc; **he was** ~**d secretary** è stato
eletto segretario; **to put sth to the** ~, **to
take a** ~ **on sth** mettere qc ai voti; ~ **for/
against** voto a favore/contrario; **to pass a**
~ **of confidence/no confidence** dare il
voto di fiducia/sfiducia; ~ **of thanks**
discorso di ringraziamento.

voter ['vəutə*] *n* elettore/trice.

voting ['vəutɪŋ] *n* scrutinio.

voting paper *n* (*BRIT*) scheda elettorale.

voting right *n* diritto di voto.

vouch [vautʃ]: **to** ~ **for** *vt fus* farsi garante
di.

voucher ['vautʃə*] *n* (*for meal, petrol*)
buono; (*receipt*) ricevuta; **travel** ~
voucher *m inv*, tagliando.

vow [vau] *n* voto, promessa solenne ♦ *vi*
giurare; **to take** *or* **make a** ~ **to do sth**
fare voto di fare qc.

vowel ['vauəl] *n* vocale *f*.

voyage ['vɔɪdʒ] *n* viaggio per mare,
traversata.

voyeur [vwɑ:'jə:*] *n* guardone/a.

VP *n abbr* (= *vice-president*) V.P.

vs *abbr* (= *versus*) contro.

VSO *n abbr* (*BRIT*: = *Voluntary Service
Overseas*) *servizio volontario in paesi
sottosviluppati.*

VT, Vt. *abbr* (*US*) = *Vermont.*

vulgar ['vʌlgə*] *adj* volgare.

vulgarity [vʌl'gærɪtɪ] *n* volgarità.

vulnerability [vʌlnərə'bɪlɪtɪ] *n*
vulnerabilità.

vulnerable ['vʌlnərəbl] *adj* vulnerabile.

vulture ['vʌltʃə*] *n* avvoltoio.

W w

W, w ['dʌbljuː] *n* (*letter*) W, w *m or f inv*; **W
for William** ≈ W come Washington.

W *abbr* (= *west*) O; (*ELEC*: = *watt*) w.

WA *abbr* (*US*) = *Washington.*

wad [wɔd] *n* (*of cotton wool, paper*) tampone
m; (*of banknotes etc*) fascio.

wadding ['wɔdɪŋ] *n* imbottitura.

waddle ['wɔdl] *vi* camminare come una
papera.

wade [weɪd] vi: **to ~ through** camminare a stento in ♦ vt guadare.

wafer ['weɪfə*] n (CULIN) cialda; (REL) ostia; (COMPUT) wafer m inv.

wafer-thin ['weɪfə'θɪn] adj molto sottile.

waffle ['wɔfl] n (CULIN) cialda; (col) ciance fpl; riempitivo ♦ vi cianciare; parlare a vuoto.

waffle iron n stampo per cialde.

waft [wɔft] vt portare ♦ vi diffondersi.

wag [wæg] vt agitare, muovere ♦ vi agitarsi; **the dog ~ged its tail** il cane scodinzolò.

wage [weɪdʒ] n (also: ~s) salario, paga ♦ vt: **to ~ war** fare la guerra; **a day's ~s** un giorno di paga.

wage claim n rivendicazione f salariale.

wage differential n differenza di salario.

wage earner n salariato/a.

wage freeze n blocco dei salari.

wage packet n (BRIT) busta f paga inv.

wager ['weɪdʒə*] n scommessa.

waggle ['wægl] vt dimenare, agitare ♦ vi dimenarsi, agitarsi.

wag(g)on ['wægən] n (horse-drawn) carro; (truck) furgone m; (BRIT RAIL) vagone m (merci).

wail [weɪl] n gemito; (of siren) urlo ♦ vi gemere; urlare.

waist [weɪst] n vita, cintola.

waistcoat ['weɪskəut] n panciotto, gilè m inv.

waistline ['weɪstlaɪn] n (giro di) vita.

wait [weɪt] n attesa ♦ vi aspettare, attendere; **to ~ for** aspettare; **to keep sb ~ing** far aspettare qn; **~ a moment!** (aspetti) un momento!; **"repairs while you ~"** "riparazioni lampo"; **I can't ~ to ...** (fig) non vedo l'ora di ...; **to lie in ~ for** stare in agguato a.

►**wait behind** vi rimanere (ad aspettare).

►**wait on** vt fus servire.

►**wait up** vi restare alzato(a) (ad aspettare); **don't ~ up for me** non rimanere alzato per me.

waiter ['weɪtə*] n cameriere m.

waiting ['weɪtɪŋ] n: **"no ~"** (BRIT AUT) "divieto di sosta".

waiting list n lista d'attesa.

waiting room n sala d'aspetto or d'attesa.

waitress ['weɪtrɪs] n cameriera.

waive [weɪv] vt rinunciare a, abbandonare.

waiver ['weɪvə*] n rinuncia.

wake [weɪk] vb (pt woke, ~d, pp woken, ~d [wəuk, 'wəukn]) vt (also: ~ up) svegliare ♦ vi (also: ~ up) svegliarsi ♦ n (for dead person) veglia funebre; (NAUT) scia; **to ~ up to sth** (fig) rendersi conto di qc; **in the**

~ of sulla scia di; **to follow in sb's ~** (fig) seguire le tracce di qn.

waken ['weɪkn] vt, vi = **wake.**

Wales [weɪlz] n Galles m.

walk [wɔːk] n passeggiata; (short) giretto; (gait) passo, andatura; (path) sentiero; (in park etc) sentiero, vialetto ♦ vi camminare; (for pleasure, exercise) passeggiare ♦ vt (distance) fare or percorrere a piedi; (dog) accompagnare, portare a passeggiare; **10 minutes' ~ from** 10 minuti di cammino or a piedi da; **to go for a ~** andare a fare quattro passi; andare a fare una passeggiata; **from all ~s of life** di tutte le condizioni sociali; **to ~ in one's sleep** essere sonnambulo(a); **I'll ~ you home** ti accompagno a casa.

►**walk out** vi (go out) uscire; (as protest) uscire (in segno di protesta); (strike) scendere in sciopero; **to ~ out on sb** piantare in asso qn.

walkabout ['wɔːkəbaut] n: **to go (on a) ~** avere incontri informali col pubblico (durante una visita ufficiale).

walker ['wɔːkə*] n (person) camminatore/trice.

walkie-talkie ['wɔːkɪ'tɔːkɪ] n walkie-talkie m inv.

walking ['wɔːkɪŋ] n camminare m; **it's within ~ distance** ci si arriva a piedi.

walking holiday n vacanza fatta di lunghe camminate.

walking shoes npl scarpe fpl da passeggio.

walking stick n bastone m da passeggio.

Walkman ® ['wɔːkmən] n walkman ® m inv.

walk-on ['wɔːkɔn] adj (THEAT: part) da comparsa.

walkout ['wɔːkaut] n (of workers) sciopero senza preavviso or a sorpresa.

walkover ['wɔːkəuvə*] n (col) vittoria facile, gioco da ragazzi.

walkway ['wɔːkweɪ] n passaggio pedonale.

wall [wɔːl] n muro; (internal, of tunnel, cave) parete f; **to go to the ~** (fig: firm etc) fallire.

►**wall in** vt (garden etc) circondare con un muro.

wall cupboard n pensile m.

walled [wɔːld] adj (city) fortificato(a).

wallet ['wɔlɪt] n portafoglio.

wallflower ['wɔːlflauə*] n violacciocca; **to be a ~** (fig) fare da tappezzeria.

wall hanging n tappezzeria.

wallop ['wɔləp] vt (col) pestare.

wallow ['wɔləu] vi sguazzare, rotolarsi; **to ~ in one's grief** crogiolarsi nel proprio dolore.

wallpaper ['wɔːlpeɪpə*] n carta da parati.

wall-to-wall ['wɔːltə'wɔːl] *adj:* ~ **carpeting** moquette *f.*

walnut ['wɔːlnʌt] *n* noce *f;* (*tree*) noce *m.*

walrus [wɔːl] *pl* ~ *or* ~**es** ['wɔːlrəs] *n* tricheco.

waltz [wɔːlts] *n* valzer *m inv* ♦ *vi* ballare il valzer.

wan [wɔn] *adj* pallido(a), smorto(a); triste.

wand [wɔnd] *n* (*also:* **magic** ~) bacchetta (magica).

wander ['wɔndə*] *vi* (*person*) girare senza meta, girovagare; (*thoughts*) vagare; (*river*) serpeggiare.

wanderer ['wɔndərə*] *n* vagabondo/a.

wandering ['wɔndrɪŋ] *adj* (*tribe*) nomade; (*minstrel, actor*) girovago(a); (*path, river*) tortuoso(a); (*glance, mind*) distratto(a).

wane [weɪn] *vi* (*moon*) calare; (*reputation*) declinare.

wangle ['wæŋgl] (*BRIT col*) *vt* procurare (con l'astuzia) ♦ *n* astuzia.

wanker ['wæŋkə*] *n* (*col!*) segaiolo (*!*); (*as insult*) coglione (*!*) *m.*

want [wɔnt] *vt* volere; (*need*) aver bisogno di; (*lack*) mancare di ♦ *n* (*poverty*) miseria, povertà; ~**s** *npl* (*needs*) bisogni *mpl;* **for** ~ **of** per mancanza di; **to** ~ **to do** volere fare; **to** ~ **sb to do** volere che qn faccia; **you're** ~**ed on the phone** la vogliono al telefono; **"cook** ~**ed"** "cercasi cuoco".

want ads *npl* (*US*) piccoli annunci *mpl.*

wanting ['wɔntɪŋ] *adj:* **to be** ~ (**in**) mancare (di); **to be found** ~ non risultare all'altezza.

wanton ['wɔntn] *adj* sfrenato(a); senza motivo.

war [wɔː*] *n* guerra; **to go to** ~ entrare in guerra.

warble ['wɔːbl] *n* (*of bird*) trillo ♦ *vi* trillare.

war cry *n* grido di guerra.

ward [wɔːd] *n* (*in hospital: room*) corsia; (*: section*) reparto; (*POL*) circoscrizione *f;* (*LAW: child*) pupillo/a.

▶**ward off** *vt* parare, schivare.

warden ['wɔːdn] *n* (*of institution*) direttore/ trice; (*of park, game reserve*) guardiano/a; (*BRIT: also:* **traffic** ~) addetto/a al controllo del traffico e del parcheggio.

warder ['wɔːdə*] *n* (*BRIT*) guardia carceraria.

wardrobe ['wɔːdrəub] *n* (*cupboard*) guardaroba *m inv,* armadio; (*clothes*) guardaroba; (*THEAT*) costumi *mpl.*

warehouse ['wɛəhaus] *n* magazzino.

wares [wɛəz] *npl* merci *fpl.*

warfare ['wɔːfɛə*] *n* guerra.

war game *n* war game *m inv.*

warhead ['wɔːhɛd] *n* (*MIL*) testata, ogiva.

warily ['wɛərɪlɪ] *adv* cautamente, con prudenza.

warlike ['wɔːlaɪk] *adj* guerriero(a).

warm [wɔːm] *adj* caldo(a); (*welcome, applause*) caloroso(a); (*person, greeting*) cordiale; (*heart*) d'oro; (*supporter*) convinto(a); **it's** ~ fa caldo; **I'm** ~ ho caldo; **to keep sth** ~ tenere qc al caldo; **with my** ~**est thanks** con i miei più sentiti ringraziamenti.

▶**warm up** *vi* scaldarsi, riscaldarsi; (*athlete, discussion*) riscaldarsi ♦ *vt* scaldare, riscaldare; (*engine*) far scaldare.

warm-blooded ['wɔːm'blʌdɪd] *adj* a sangue caldo.

war memorial *n* monumento ai caduti.

warm-hearted [wɔːm'hɑːtɪd] *adj* affettuoso(a).

warmly ['wɔːmlɪ] *adv* caldamente; calorosamente; vivamente.

warmonger ['wɔːmʌŋgə*] *n* guerrafondaio.

warmongering ['wɔːmʌŋgrɪŋ] *n* bellicismo.

warmth [wɔːmθ] *n* calore *m.*

warm-up ['wɔːmʌp] *n* (*SPORT*) riscaldamento.

warn [wɔːn] *vt* avvertire, avvisare; **to** ~ **sb not to do sth** *or* **against doing sth** avvertire qn di non fare qc.

warning ['wɔːnɪŋ] *n* avvertimento; (*notice*) avviso; **without (any)** ~ senza preavviso; **gale** ~ avviso di burrasca.

warning light *n* spia luminosa.

warning triangle *n* (*AUT*) triangolo.

warp [wɔːp] *n* (*TEXTILES*) ordito ♦ *vi* deformarsi ♦ *vt* deformare; (*fig*) corrompere.

warpath ['wɔːpɑːθ] *n:* **to be on the** ~ (*fig*) essere sul sentiero di guerra.

warped [wɔːpt] *adj* (*wood*) curvo(a); (*fig: character, sense of humour etc*) contorto(a).

warrant ['wɔrnt] *n* (*LAW: to arrest*) mandato di cattura; (*: to search*) mandato di perquisizione ♦ *vt* (*justify, merit*) giustificare.

warrant officer (WO) *n* sottufficiale *m.*

warranty ['wɔrəntɪ] *n* garanzia; **under** ~ (*COMM*) in garanzia.

warren ['wɔrən] *n* (*of rabbits*) tana.

warring ['wɔːrɪŋ] *adj* (*interests etc*) opposto(a), in lotta; (*nations*) in guerra.

warrior ['wɔrɪə*] *n* guerriero/a.

Warsaw ['wɔːsɔː] *n* Varsavia.

warship ['wɔːʃɪp] *n* nave *f* da guerra.

wart [wɔːt] *n* verruca.

wartime ['wɔːtaɪm] *n:* **in** ~ in tempo di guerra.

wary ['wɛərɪ] *adj* prudente; **to be** ~ **about**

or **of doing sth** andare cauto nel fare qc.
was [wɔz] *pt of* **be.**
wash [wɔʃ] *vt* lavare; (*sweep, carry: sea etc*)
portare, trascinare ♦ *vi* lavarsi ♦ *n*: **to give**
sth a ~ lavare qc, dare una lavata a qc;
to have a ~ lavarsi; **he was** ~**ed**
overboard fu trascinato in mare (dalle
onde).
▶**wash away** *vt* (*stain*) togliere lavando;
(*subj: river etc*) trascinare via.
▶**wash down** *vt* lavare.
▶**wash off** *vi* andare via con il lavaggio.
▶**wash up** *vi* lavare i piatti; (*US: have a*
wash) lavarsi.
Wash. *abbr* (*US*) = *Washington.*
washable ['wɔʃəbl] *adj* lavabile.
washbasin ['wɔʃbeɪsn] *n* lavabo.
washcloth ['wɔʃklɔθ] *n* (*US*) pezzuola (per
lavarsi).
washer ['wɔʃə*] *n* (*TECH*) rondella.
washing ['wɔʃɪŋ] *n* (*BRIT: linen etc*) bucato;
dirty ~ biancheria da lavare.
washing line *n* (*BRIT*) corda del bucato.
washing machine *n* lavatrice *f*.
washing powder *n* (*BRIT*) detersivo (in
polvere).
Washington ['wɔʃɪŋtən] *n* Washington *f*.
washing-up [wɔʃɪŋ'ʌp] *n* (*dishes*) piatti *mpl*
sporchi; **to do the** ~ lavare i piatti,
rigovernare.
washing-up liquid *n* (*BRIT*) detersivo
liquido (per stoviglie).
wash-out ['wɔʃaut] *n* (*col*) disastro.
washroom ['wɔʃrum] *n* gabinetto.
wasn't ['wɔznt] = **was not.**
Wasp, WASP [wɔsp] *n abbr* (*US*: = *White*
Anglo-Saxon Protestant) W.A.S.P. *m*
(*protestante bianco anglosassone*).
wasp [wɔsp] *n* vespa.
waspish ['wɔspɪʃ] *adj* litigioso(a).
wastage ['weɪstɪdʒ] *n* spreco; (*in*
manufacturing) scarti *mpl.*
waste [weɪst] *n* spreco; (*of time*) perdita;
(*rubbish*) rifiuti *mpl* ♦ *adj* (*material*) di
scarto; (*food*) avanzato(a); (*energy, heat*)
sprecato(a); (*land, ground: in city*)
abbandonato(a); (: *in country*) incolto(a)
♦ *vt* sprecare; (: *time, opportunity*) perdere;
~**s** *npl* distesa desolata; **it's a** ~ **of money**
sono soldi sprecati; **to go to** ~ andare
sprecato; **to lay** ~ devastare.
▶**waste away** *vi* deperire.
wastebasket ['weɪstbɑːskɪt] *n* =
wastepaper basket.
waste disposal (unit) *n* (*BRIT*) eliminatore
m di rifiuti.
wasteful ['weɪstful] *adj* sprecone(a);
(*process*) dispendioso(a).

waste ground *n* (*BRIT*) terreno incolto *or*
abbandonato.
wasteland ['weɪstlænd] *n* terra desolata.
wastepaper basket ['weɪstpeɪpə-] *n*
cestino per la carta straccia.
waste pipe *n* tubo di scarico.
waste products *npl* (*INDUSTRY*) materiali
mpl di scarto.
waster ['weɪstə*] *n* (*col*) buono/a a nulla.
watch [wɔtʃ] *n* (*wrist*~) orologio; (*act of*
watching) sorveglianza; (*guard: MIL, NAUT*)
guardia; (*NAUT: spell of duty*) quarto ♦ *vt*
(*look at*) osservare; (: *match, programme*)
guardare; (*spy on, guard*) sorvegliare,
tenere d'occhio; (*be careful of*) fare
attenzione a ♦ *vi* osservare, guardare;
(*keep guard*) fare *or* montare la guardia;
to keep a close ~ **on sb/sth** tener bene
d'occhio qn/qc; ~ **how you drive/what**
you're doing attento a come guidi/quel
che fai.
▶**watch out** *vi* fare attenzione.
watchband ['wɔtʃbænd] *n* (*US*) cinturino
da orologio.
watchdog ['wɔtʃdɔg] *n* cane *m* da guardia;
(*fig*) sorvegliante *m/f.*
watchful ['wɔtʃful] *adj* attento(a), vigile.
watchmaker ['wɔtʃmeɪkə*] *n* orologiaio/a.
watchman ['wɔtʃmən] *n* guardiano; (*also:*
night ~) guardiano notturno.
watch stem *n* (*US*) corona di carica.
watch strap *n* cinturino da orologio.
watchword ['wɔtʃwɜːd] *n* parola d'ordine.
water [wɔːtə*] *n* acqua ♦ *vt* (*plant*)
annaffiare ♦ *vi* (*eyes*) piangere; **in British**
~**s** nelle acque territoriali britanniche;
I'd like a drink of ~ vorrei un bicchier
d'acqua; **to pass** ~ orinare; **to make sb's**
mouth ~ far venire l'acquolina in bocca
a qn.
▶**water down** *vt* (*milk*) diluire; (*fig: story*)
edulcorare.
water closet *n* (*BRIT*) W.C. *m inv*, gabinetto.
watercolour, (*US*) **watercolor**
['wɔːtəkʌlə*] *n* (*picture*) acquerello; ~**s** *npl*
colori *mpl* per acquerelli.
water-cooled ['wɔːtəkuːld] *adj*
raffreddato(a) ad acqua.
watercress ['wɔːtəkres] *n* crescione *m.*
waterfall ['wɔːtəfɔːl] *n* cascata.
waterfront ['wɔːtəfrʌnt] *n* (*seafront*)
lungomare *m*; (*at docks*) banchina.
water heater *n* scaldabagno.
water hole *n* pozza d'acqua.
water ice *n* (*BRIT*) sorbetto.
watering can ['wɔːtərɪŋ-] *n* annaffiatoio.
water level *n* livello dell'acqua; (*of flood*)
livello delle acque.

water lily *n* ninfea.
waterline ['wɔːtəlaɪn] *n* (*NAUT*) linea di galleggiamento.
waterlogged ['wɔːtəlɔgd] *adj* saturo(a) d'acqua; imbevuto(a) d'acqua; (*football pitch etc*) allagato(a).
watermark ['wɔːtəmɑːk] *n* (*on paper*) filigrana.
watermelon ['wɔːtəmɛlən] *n* anguria, cocomero.
water polo *n* pallanuoto *f*.
waterproof ['wɔːtəpruːf] *adj* impermeabile.
water-repellent ['wɔːtərɪ'pɛlənt] *adj* idrorepellente.
watershed ['wɔːtəʃɛd] *n* (*GEO, fig*) spartiacque *m*.
water-skiing ['wɔːtəskiːɪŋ] *n* sci *m* acquatico.
water softener *n* addolcitore *m*; (*substance*) anti-calcare *m*.
water tank *n* serbatoio d'acqua.
watertight ['wɔːtətaɪt] *adj* stagno(a).
water vapour *n* vapore *m* acqueo.
waterway ['wɔːtəweɪ] *n* corso d'acqua navigabile.
waterworks ['wɔːtəwɔːks] *npl* impianto idrico.
watery ['wɔːtərɪ] *adj* (*colour*) slavato(a); (*coffee*) acquoso(a).
watt [wɔt] *n* watt *m inv*.
wattage ['wɔtɪdʒ] *n* wattaggio.
wattle ['wɔtl] *n* graticcio.
wave [weɪv] *n* onda; (*of hand*) gesto, segno; (*in hair*) ondulazione *f*; (*fig: of enthusiasm, strikes etc*) ondata ♦ *vi* fare un cenno con la mano; (*flag*) sventolare ♦ *vt* (*handkerchief*) sventolare; (*stick*) brandire; (*hair*) ondulare; **short/medium/long** ~ (*RADIO*) onde corte/medie/lunghe; **the new** ~ (*CINE, MUS*) la new wave; **to** ~ **sb goodbye, to** ~ **goodbye to sb** fare un cenno d'addio a qn; **he** ~**d us over to his table** ci invitò con un cenno al suo tavolo.
▶**wave aside, wave away** *vt* (*person*): **to** ~ **sb aside** fare cenno a qn di spostarsi; (*fig: suggestion, objection*) respingere, rifiutare; (: *doubts*) scacciare.
waveband ['weɪvbænd] *n* gamma di lunghezze d'onda.
wavelength ['weɪvlɛŋθ] *n* lunghezza d'onda.
waver ['weɪvə*] *vi* vacillare; (*voice*) tremolare.
wavy ['weɪvɪ] *adj* ondulato(a); ondeggiante.
wax [wæks] *n* cera ♦ *vt* dare la cera a; (*car*) lucidare ♦ *vi* (*moon*) crescere.
waxworks ['wækswɔːks] *npl* cere *fpl*; museo delle cere.

way [weɪ] *n* via, strada; (*path, access*) passaggio; (*distance*) distanza; (*direction*) parte *f*, direzione *f*; (*manner*) modo, stile *m*; (*habit*) abitudine *f*; (*condition*) condizione *f*; **which** ~? — **this** ~ da che parte *or* in quale direzione? — da questa parte *or* per di qua; **to crawl one's** ~ **to ...** raggiungere ... strisciando; **he lied his** ~ **out of it** se l'è cavata mentendo; **to lose one's** ~ perdere la strada; **on the** ~ (*en route*) per strada; (*expected*) in arrivo; **you pass it on your** ~ **home** ci passi davanti andando a casa; **to be on one's** ~ essere in cammino *or* sulla strada; **to be in the** ~ bloccare il passaggio; (*fig*) essere tra i piedi *or* d'impiccio; **to keep out of sb's** ~ evitare qn; **it's a long** ~ **away** è molto lontano da qui; **the village is rather out of the** ~ il villaggio è abbastanza fuori mano; **to go out of one's** ~ **to do** (*fig*) mettercela tutta *or* fare di tutto per fare; **to be under** ~ (*work, project*) essere in corso; **to make** ~ (**for sb/sth**) far strada (a qn/qc); (*fig*) lasciare il posto *or* far largo (a qn/qc); **to get one's own** ~ fare come si vuole; **put it the right** ~ **up** (*BRIT*) mettilo in piedi dalla parte giusta; **to be the wrong** ~ **round** essere al contrario; **he's in a bad** ~ è ridotto male; **in a** ~ in un certo senso; **in some** ~**s** sotto certi aspetti; **in the** ~ **of** come; **by** ~ **of** (*through*) attraverso; (*as a sort of*) come; "~ **in**" "entrata", "ingresso"; "~ **out**" "uscita"; **the** ~ **back** la via del ritorno; **this** ~ **and that** di qua e di là; "**give** ~" (*BRIT AUT*) "dare la precedenza"; **no** ~! (*col*) assolutamente no!
waybill ['weɪbɪl] *n* (*COMM*) bolla di accompagnamento.
waylay [weɪ'leɪ] *vt irreg* tendere un agguato a; attendere al passaggio; (*fig*): **I got waylaid** ho avuto un contrattempo.
wayside ['weɪsaɪd] *n* bordo della strada; **to fall by the** ~ (*fig*) perdersi lungo la strada.
way station *n* (*US RAIL*) stazione *f* secondaria; (*fig*) tappa.
wayward ['weɪwəd] *adj* capriccioso(a); testardo(a).
WC *n abbr* (*BRIT*: = *water closet*) W.C. *m inv*, gabinetto.
WCC *n abbr* (= *World Council of Churches*) Consiglio Ecumenico delle Chiese.
we [wiː] *pl pron* noi; **here** ~ **are** eccoci.
weak [wiːk] *adj* debole; (*health*) precario(a); (*beam etc*) fragile; (*tea, coffee*) leggero(a); **to grow** ~**(er)** indebolirsi.

weaken ['wiːkən] *vi* indebolirsi ♦ *vt* indebolire.

weak-kneed ['wiːk'niːd] *adj* (*fig*) debole, codardo(a).

weakling ['wiːklɪŋ] *n* smidollato/a; debole *m/f*.

weakly ['wiːklɪ] *adj* deboluccio(a), gracile ♦ *adv* debolmente.

weakness ['wiːknɪs] *n* debolezza; (*fault*) punto debole, difetto.

wealth [wɛlθ] *n* (*money, resources*) ricchezza, richezze *fpl*; (*of details*) abbondanza, profusione *f*.

wealth tax *n* imposta sul patrimonio.

wealthy ['wɛlθɪ] *adj* ricco(a).

wean [wiːn] *vt* svezzare.

weapon ['wɛpən] *n* arma.

wear [wɛə*] *n* (*use*) uso; (*deterioration through use*) logorio, usura; (*clothing*): **sports/baby** ~ abbigliamento sportivo/ per neonati ♦ *vb* (*pt* **wore**, *pp* **worn** [wɔː*, wɔːn]) *vt* (*clothes*) portare; mettersi; (*look, smile, beard etc*) avere; (*damage: through use*) consumare ♦ *vi* (*last*) durare; (*rub etc through*) consumarsi; ~ **and tear** usura, consumo; **town/evening** ~ abiti *mpl or* tenuta da città/sera; **to** ~ **a hole in sth** bucare qc a furia di usarlo.

► **wear away** *vt* consumare; erodere ♦ *vi* consumarsi; essere eroso(a).

► **wear down** *vt* consumare; (*strength*) esaurire.

► **wear off** *vi* sparire lentamente.

► **wear on** *vi* passare.

► **wear out** *vt* consumare; (*person, strength*) esaurire.

wearable ['wɛərəbl] *adj* indossabile.

wearily ['wɪərɪlɪ] *adv* stancamente.

weariness ['wɪərɪnɪs] *n* stanchezza.

wearisome ['wɪərɪsəm] *adj* (*tiring*) estenuante; (*boring*) noioso(a).

weary ['wɪərɪ] *adj* stanco(a); (*tiring*) faticoso(a) ♦ *vt* stancare ♦ *vi*: **to** ~ **of** stancarsi di.

weasel ['wiːzl] *n* (*ZOOL*) donnola.

weather ['wɛðə*] *n* tempo ♦ *vt* (*wood*) stagionare; (*storm, crisis*) superare; **what's the** ~ **like?** che tempo fa?; **under the** ~ (*fig: ill*) poco bene.

weather-beaten ['wɛðəbiːtn] *adj* (*person*) segnato(a) dalle intemperie; (*building*) logorato(a) dalle intemperie.

weather forecast *n* previsioni *fpl* del tempo, bollettino meteorologico.

weatherman ['wɛðəmæn] *n* meteorologo.

weatherproof ['wɛðəpruːf] *adj* (*garment*) impermeabile.

weather report *n* bollettino meteorologico.

weather vane *n* = **weather cock**.

weave, *pt* **wove,** *pp* **woven** [wiːv, wəuv, 'wəuvn] *vt* (*cloth*) tessere; (*basket*) intrecciare ♦ *vi* (*fig: pt, pp* ~**d**: *move in and out*) zigzagare.

weaver ['wiːvə*] *n* tessitore/trice.

weaving ['wiːvɪŋ] *n* tessitura.

web [wɛb] *n* (*of spider*) ragnatela; (*on foot*) palma; (*fabric, also fig*) tessuto.

webbed [wɛbd] *adj* (*foot*) palmato(a).

webbing ['wɛbɪŋ] *n* (*on chair*) cinghie *fpl*.

wed [wɛd] *vt* (*pt, pp* **wedded**) sposare ♦ *n*: **the newly-**~**s** gli sposi novelli.

Wed. *abbr* (= *Wednesday*) mer.

we'd [wiːd] = **we had; we would.**

wedded ['wɛdɪd] *pt, pp of* **wed.**

wedding ['wɛdɪŋ] *n* matrimonio; **silver/ golden** ~ nozze *fpl* d'argento/d'oro.

wedding anniversary *n* anniversario di matrimonio.

wedding day *n* giorno delle nozze *or* del matrimonio.

wedding dress *n* abito nuziale.

wedding present *n* regalo di nozze.

wedding ring *n* fede *f*.

wedge [wɛdʒ] *n* (*of wood etc*) cuneo; (*under door etc*) zeppa; (*of cake*) spicchio, fetta ♦ *vt* mettere una zeppa sotto (*or* in); **to** ~ **a door open** tenere aperta una porta con un fermo.

wedge-heeled shoes ['wɛdʒhiːld-] *npl* scarpe *fpl* con tacco a zeppa.

wedlock ['wɛdlɔk] *n* vincolo matrimoniale.

Wednesday ['wɛdnzdɪ] *n* mercoledì *m inv*; *for phrases see also* **Tuesday.**

wee [wiː] *adj* (*Scottish*) piccolo(a).

weed [wiːd] *n* erbaccia ♦ *vt* diserbare.

► **weed out** *vt* fare lo spoglio di.

weed-killer ['wiːdkɪlə*] *n* diserbante *m*.

weedy ['wiːdɪ] *adj* (*man*) allampanato.

week [wiːk] *n* settimana; **once/twice a** ~ una volta/due volte alla settimana; **in 2** ~**s' time** fra 2 settimane, fra 15 giorni; **Tuesday** ~, **a** ~ **on Tuesday** martedì a otto.

weekday ['wiːkdeɪ] *n* giorno feriale; (*COMM*) giornata lavorativa; **on** ~**s** durante la settimana.

weekend [wiːk'ɛnd] *n* fine settimana *m or f inv*, weekend *m inv*.

weekend case *n* borsa da viaggio.

weekly ['wiːklɪ] *adv* ogni settimana, settimanalmente ♦ *adj, n* settimanale (*m*).

weep, *pt, pp* **wept** [wiːp, wɛpt] *vi* (*person*) piangere; (*MED: wound etc*) essudare.

weeping willow ['wiːpɪŋ-] *n* salice *m* piangente.

weepy ['wiːpɪ] n (col) film m inv or storia strappalacrime.

weft [wɛft] n (TEXTILES) trama.

weigh [weɪ] vt, vi pesare; **to ~ anchor** salpare or levare l'ancora; **to ~ the pros and cons** valutare i pro e i contro.

▶**weigh down** vt (branch) piegare; (fig: with worry) opprimere, caricare.

▶**weigh out** vt (goods) pesare.

▶**weigh up** vt valutare.

weighbridge ['weɪbrɪdʒ] n bascula.

weighing machine ['weɪɪŋ-] n pesa.

weight [weɪt] n peso; **sold by ~** venduto(a) a peso; **~s and measures** pesi e misure; **to put on/lose ~** ingrassare/dimagrire.

weighting ['weɪtɪŋ] n: **~ allowance** indennità f inv speciale (per carovita etc).

weightlessness ['weɪtlɪsnɪs] n mancanza di peso.

weightlifter ['weɪtlɪftə*] n pesista m.

weight training n: **to do ~** allenarsi con i pesi.

weighty ['weɪtɪ] adj pesante; (fig) importante, grave.

weir [wɪə*] n diga.

weird [wɪəd] adj strano(a), bizzarro(a); (eerie) soprannaturale.

weirdo ['wɪədəu] n (col) tipo/a allucinante.

welcome ['wɛlkəm] adj benvenuto(a) ♦ n accoglienza, benvenuto ♦ vt accogliere cordialmente; (also: **bid ~**) dare il benvenuto a; (be glad of) rallegrarsi di; **to be ~** essere il(la) benvenuto(a); **to make sb ~** accogliere bene qn; **you're ~** (after thanks) prego; **you're ~ to try** provi pure.

welcoming ['wɛlkəmɪŋ] adj accogliente.

weld [wɛld] n saldatura ♦ vt saldare.

welder ['wɛldə*] n (person) saldatore m.

welding ['wɛldɪŋ] n saldatura (autogena).

welfare ['wɛlfɛə*] n benessere m.

welfare state n stato sociale.

welfare work n assistenza sociale.

well [wɛl] n pozzo ♦ adv bene ♦ adj: **to be ~** (person) stare bene ♦ excl allora!; ma!; ebbene!; **~ done!** bravo(a)!; **get ~ soon!** guarisci presto!; **to do ~ in sth** riuscire in qc; **to be doing ~** stare bene; **to think ~ of sb** avere una buona opinione di qn; **I don't feel ~** non mi sento bene; **as ~** (in addition) anche; **X as ~ as Y** sia X che Y; **he did as ~ as he could** ha fatto come meglio poteva; **you might as ~ tell me** potresti anche dirmelo; **it would be as ~ to ask** sarebbe bene chiedere; **~, as I was saying** ... dunque, come stavo dicendo ....

▶**well up** vi (tears, emotions) sgorgare.

we'll [wiːl] = **we will**; **we shall**.

well-behaved ['wɛlbɪ'heɪvd] adj ubbidiente.

well-being ['wɛl'biːɪŋ] n benessere m.

well-bred ['wɛl'brɛd] adj educato(a), beneducato(a).

well-built ['wɛl'bɪlt] adj (person) ben fatto(a).

well-chosen ['wɛl'tʃəuzn] adj (remarks, words) ben scelto(a), appropriato(a).

well-developed ['wɛldɪ'vɛləpt] adj sviluppato(a).

well-disposed ['wɛldɪs'pəuzd] adj: **~ to(wards)** bendisposto(a) verso.

well-dressed ['wɛl'drɛst] adj ben vestito(a), vestito(a) bene.

well-earned ['wɛl'ɔːnd] adj (rest) meritato(a).

well-groomed ['wɛl'gruːmd] adj curato(a), azzimato(a).

well-heeled ['wɛl'hiːld] adj (col: wealthy) agiato(a), facoltoso(a).

well-informed ['wɛlɪn'fɔːmd] adj ben informato(a).

Wellington ['wɛlɪŋtən] n Wellington f.

wellingtons ['wɛlɪŋtənz] npl (also: **wellington boots**) stivali mpl di gomma.

well-kept ['wɛl'kɛpt] adj (house, grounds, secret) ben tenuto(a); (hair, hands) ben curato(a).

well-known ['wɛl'nəun] adj noto(a), famoso(a).

well-mannered ['wɛl'mænəd] adj ben educato(a).

well-meaning ['wɛl'miːnɪŋ] adj ben intenzionato(a).

well-nigh ['wɛl'naɪ] adv: **~ impossible** quasi impossibile.

well-off ['wɛl'ɔf] adj benestante, danaroso(a).

well-read ['wɛl'rɛd] adj colto(a).

well-spoken ['wɛl'spəukn] adj che parla bene.

well-stocked ['wɛl'stɔkt] adj (shop, larder) ben fornito(a).

well-timed ['wɛl'taɪmd] adj opportuno(a).

well-to-do ['wɛltə'duː] adj abbiente, benestante.

well-wisher ['wɛlwɪʃə*] n ammiratore/ trice; **letters from ~s** lettere fpl di incoraggiamento.

well-woman clinic ['wɛlwumən-] n ≈ consultorio (familiare).

Welsh [wɛlʃ] adj gallese ♦ n (LING) gallese m; **the ~** npl i gallesi.

Welshman, Welshwoman ['wɛlʃmən, -wumən] n gallese m/f.

Welsh rarebit n crostino al formaggio.

welter ['wɛltə*] n massa, mucchio.

went [wɛnt] pt of **go**.

wept [wɛpt] pt, pp of **weep**.

were [wə:*] pt of **be.**
we're [wɪə*] = **we are.**
weren't [wə:nt] = **were not.**
werewolf, pl **-wolves** ['wɪəwulf, -wulvz] n
licantropo, lupo mannaro (col).
west [wɛst] n ovest m, occidente m, ponente
m ♦ adj (a) ovest inv, occidentale ♦ adv
verso ovest; **the W~** l'Occidente.
westbound ['wɛstbaund] adj (traffic)
diretto(a) a ovest; (carriageway) ovest inv.
West Country n: **the ~** il sud-ovest
dell'Inghilterra.
westerly ['wɛstəlɪ] adj (wind) occidentale,
da ovest.
western ['wɛstən] adj occidentale,
dell'ovest ♦ n (CINE) western m inv.
westerner ['wɛstənə*] n occidentale
m/f.
westernized ['wɛstənaɪzd] adj
occidentalizzato(a).
West German adj, n tedesco(a)
occidentale.
West Germany n Germania Occidentale.
West Indian adj delle Indie Occidentali ♦ n
abitante m/f (or originario/a) delle Indie
Occidentali.
West Indies [-'ɪndɪz] npl: **the ~** le Indie
Occidentali.
Westminster ['wɛstmɪnstə*] n il
parlamento (britannico).
westward(s) ['wɛstwəd(z)] adv verso ovest.
wet [wɛt] adj umido(a), bagnato(a);
(soaked) fradicio(a); (rainy) piovoso(a)
♦ vt: **to ~ one's pants** or **o.s.** farsi la pipì
addosso; **to get ~** bagnarsi; "~ **paint**"
"vernice fresca".
wet blanket n (fig) guastafeste m/f inv.
wetness ['wɛtnɪs] n umidità.
wet suit n tuta da sub.
we've [wi:v] = **we have.**
whack [wæk] vt picchiare, battere.
whacked [wækt] adj (col: tired) sfinito(a), a
pezzi.
whale [weɪl] n (ZOOL) balena.
whaler ['weɪlə*] n (ship) baleniera.
whaling ['weɪlɪŋ] n caccia alla balena.
wharf, pl **wharves** [wɔ:f, wɔ:vz] n
banchina.

=================================== KEYWORD

what [wɔt] adj **1** (in direct/indirect questions)
che; quale; **~ size is it?** che taglia è?; **~
colour is it?** di che colore è?; **~ books do
you want?** quali or che libri vuole?; **for ~
reason?** per quale motivo?
2 (in exclamations) che; **~ a mess!** che
disordine!
♦ pron **1** (interrogative) che cosa, cosa, che;

~'s in there? cosa c'è lì dentro?; **~ is his
address?** qual è il suo indirizzo?; **~ will it
cost?** quanto costerà?; **~ are you doing?**
che or (che) cosa fai?; **~ are you talking
about?** di che cosa parli?; **~'s happening?**
che or (che) cosa succede?; **~ is it called?**
come si chiama?; **~ about me?** e io?; **~
about doing ...?** e se facessimo ...?
2 (relative) ciò che, quello che; **I saw ~
you did** ho visto quello che hai fatto; **I
saw ~ was on the table** ho visto cosa
c'era sul tavolo; **~ I want is a cup of tea**
ciò che voglio adesso è una tazza di tè
3 (indirect use) (che) cosa; **he asked me ~
she had said** mi ha chiesto che cosa
avesse detto; **tell me ~ you're thinking
about** dimmi a cosa stai pensando; **I don't
know ~ to do** non so cosa fare
♦ excl (disbelieving) cosa!, come!

whatever [wɔt'ɛvə*] adj: **~ book**
qualunque or qualsiasi libro + sub
♦ pron: **do ~ is necessary/you want** faccia
qualunque or qualsiasi cosa sia
necessaria/lei voglia; **~ happens**
qualunque cosa accada; **no reason ~** or
whatsoever nessuna ragione affatto or al
mondo; **~ it costs** costi quello che costi.
whatsoever [wɔtsəu'ɛvə*] adj, pron =
whatever.
wheat [wi:t] n grano, frumento.
wheatgerm ['wi:tdʒə:m] n germe m di
grano.
wheatmeal ['wi:tmi:l] n farina integrale di
frumento.
wheedle ['wi:dl] vt: **to ~ sb into doing sth**
convincere qn a fare qc (con lusinghe);
to ~ sth out of sb ottenere qc da qn (con
lusinghe).
wheel [wi:l] n ruota; (AUT: also: **steering ~**)
volante m; (NAUT) (ruota del) timone m
♦ vt spingere ♦ vi (also: **~ round**) girare.
wheelbarrow ['wi:lbærəu] n carriola.
wheelbase ['wi:lbeɪs] n interasse m.
wheelchair ['wi:ltʃɛə*] n sedia a
rotelle.
wheel clamp n (AUT) morsetto m
bloccaruota inv.
wheeler-dealer ['wi:lə'di:lə*] n trafficone
m, maneggione m.
wheelie-bin ['wi:lɪbɪn] n (BRIT) bidone m
(della spazzatura) a rotelle.
wheeling ['wi:lɪŋ] n: **~ and dealing**
maneggi mpl.
wheeze [wi:z] n respiro affannoso ♦ vi
ansimare.
wheezy ['wi:zɪ] adj (person) che respira
con affanno; (breath) sibilante.

========= KEYWORD

when [wɛn] adv quando; ~ **did it happen?** quando è successo?
♦ conj **1** (at, during, after the time that) quando; **she was reading** ~ **I came in** quando sono entrato lei leggeva; **that was** ~ **I needed you** era allora che avevo bisogno di te
2 (on, at which): **on the day** ~ **I met him** il giorno in cui l'ho incontrato; **one day** ~ **it was raining** un giorno che pioveva
3 (whereas) quando, mentre; **you said I was wrong** ~ **in fact I was right** mi hai detto che avevo torto, quando in realtà avevo ragione.

whenever [wɛn'ɛvə*] adv quando mai ♦ conj quando; (every time that) ogni volta che; **I go** ~ **I can** ci vado ogni volta che posso.
where [wɛə*] adv, conj dove; **this is** ~ è qui che; ~ **are you from?** di dov'è?; ~ **possible** quando è possibile, se possibile.
whereabouts ['wɛərəbauts] adv dove ♦ n: **sb's** ~ luogo dove qn si trova.
whereas [wɛər'æz] conj mentre.
whereby [wɛə'baɪ] adv (formal) per cui.
whereupon [wɛərə'pɒn] adv al che.
wherever [wɛər'ɛvə*] adv dove mai ♦ conj dovunque + sub; **sit** ~ **you like** si sieda dove vuole.
wherewithal ['wɛəwɪðɔ:l] n: **the** ~ **(to do sth)** i mezzi (per fare qc).
whet [wɛt] vt (tool) affilare; (appetite etc) stimolare.
whether ['wɛðə*] conj se; **I don't know** ~ **to accept or not** non so se accettare o no; **it's doubtful** ~ è poco probabile che; ~ **you go or not** che lei vada o no.
whey [weɪ] n siero.

========= KEYWORD

which [wɪtʃ] adj **1** (interrogative: direct, indirect) quale; ~ **picture do you want?** quale quadro vuole?; ~ **one?** quale?; ~ **one of you did it?** chi di voi lo ha fatto?; **tell me** ~ **one you want** mi dica quale vuole
2: **in** ~ **case** nel qual caso; **by** ~ **time** e a quel punto
♦ pron **1** (interrogative) quale; ~ **(of these) are yours?** quali di questi sono suoi?; ~ **of you are coming?** chi di voi viene?
2 (relative) che; (: indirect) cui, il (la) quale; **the apple** ~ **you ate/** ~ **is on the table** la mela che hai mangiato/che è sul tavolo; **the chair on** ~ **you are sitting** la sedia sulla quale or su cui sei seduto; **the**

book of ~ **we were speaking** il libro del quale stavamo parlando; **he said he knew,** ~ **is true** ha detto che lo sapeva, il che è vero; **I don't mind** ~ non mi importa quale; **after** ~ dopo di che.

whichever [wɪtʃ'ɛvə*] adj: **take** ~ **book you prefer** prenda qualsiasi libro che preferisce; ~ **book you take** qualsiasi libro prenda; ~ **way you** ... in qualunque modo lei ... + sub.
whiff [wɪf] n odore m; **to catch a** ~ **of sth** sentire l'odore di qc.
while [waɪl] n momento ♦ conj mentre; (as long as) finché; (although) sebbene + sub; **for a** ~ per un po'; **in a** ~ tra poco; **all the** ~ tutto il tempo; **we'll make it worth your** ~ faremo in modo che le valga la pena.
▶**while away** vt (time) far passare.
whilst [waɪlst] conj = **while**.
whim [wɪm] n capriccio.
whimper ['wɪmpə*] n piagnucolio ♦ vi piagnucolare.
whimsical ['wɪmzɪkl] adj (person) capriccioso(a); (look) strano(a).
whine [waɪn] n gemito ♦ vi gemere; uggiolare; piagnucolare.
whip [wɪp] n frusta; (for riding) frustino; (POL: person) capogruppo ♦ vt frustare; (CULIN: cream etc) sbattere; (snatch) sollevare (or estrarre) bruscamente.
▶**whip up** vt (cream) montare, sbattere; (col: meal) improvvisare; (: stir up: support, feeling) suscitare, stimolare.

Nel Parlamento britannico i **whip** sono parlamentari incaricati di mantenere la disciplina tra i deputati del loro partito durante le votazioni e di verificare la loro presenza in aula.

whiplash ['wɪplæʃ] n (MED: also: ~ **injury**) colpo di frusta.
whipped cream ['wɪpt-] n panna montata.
whipping boy ['wɪpɪŋ-] n (fig) capro espiatorio.
whip-round ['wɪpraund] n (BRIT) colletta.
whirl [wə:l] n turbine m ♦ vt (far) girare rapidamente; (far) turbinare ♦ vi turbinare; (dancers) volteggiare; (leaves, dust) sollevarsi in un vortice.
whirlpool ['wə:lpu:l] n mulinello.
whirlwind ['wə:lwɪnd] n turbine m.
whirr [wə:*] vi ronzare.
whisk [wɪsk] n (CULIN) frusta; frullino ♦ vt sbattere, frullare; **to** ~ **sb away** or **off** portar via qn a tutta velocità.
whiskers ['wɪskəz] npl (of animal) baffi mpl;

(*of man*) favoriti *mpl*.
whisky, (*Irish, US*) **whiskey** ['wɪskɪ] *n*
whisky *m inv*.
whisper ['wɪspə*] *n* bisbiglio, sussurro;
(*rumour*) voce *f* ♦ *vt, vi* bisbigliare,
sussurrare; **to ~ sth to sb** bisbigliare qc
a qn.
whispering ['wɪspərɪŋ] *n* bisbiglio.
whist [wɪst] *n* (*BRIT*) whist *m*.
whistle ['wɪsl] *n* (*sound*) fischio; (*object*)
fischietto ♦ *vi, vt* fischiare; **to ~ a tune**
fischiettare un motivetto.
whistle-stop ['wɪslstɔp] *adj*: **~ tour** (*POL,
fig*) rapido giro.
Whit [wɪt] *n* Pentecoste *f*.
white [waɪt] *adj* bianco(a); (*with fear*)
pallido(a) ♦ *n* bianco; (*person*) bianco/a;
to turn *or* **go ~** (*person*) sbiancare; (*hair*)
diventare bianco; **the ~s** (*washing*)
i capi bianchi; **tennis ~s** completo
da tennis.
whitebait ['waɪtbeɪt] *n* bianchetti
mpl.
white-collar worker ['waɪtkɔlə-] *n*
impiegato/a.
white elephant *n* (*fig*) oggetto (*or*
progetto) costoso ma inutile.
white goods *npl* (*appliances*)
elettrodomestici *mpl*; (*linens*) biancheria
per la casa.
white-hot [waɪt'hɔt] *adj* (*metal*)
incandescente.
White House *n*: **the ~** la Casa Bianca.

> La **White House** è la residenza ufficiale del
> presidente degli Stati Uniti e ha sede a
> Washington DC. Spesso il termine viene
> usato per indicare l'esecutivo del governo
> statunitense.

white lie *n* bugia pietosa.
whiteness ['waɪtnɪs] *n* bianchezza.
white noise *n* rumore *m* bianco.
white paper *n* (*POL*) libro bianco.
whitewash ['waɪtwɔʃ] *n* (*paint*) bianco di
calce ♦ *vt* imbiancare; (*fig*)
coprire.
whiting ['waɪtɪŋ] *n* (*pl inv*) merlango.
Whit Monday *n* lunedì *m inv* di
Pentecoste.
Whitsun ['wɪtsn] *n* Pentecoste *f*.
whittle ['wɪtl] *vt*: **to ~ away, ~ down**
ridurre, tagliare.
whizz [wɪz] *vi* passare sfrecciando.
whizz kid *n* (*col*) prodigio.
WHO *n abbr* (= *World Health Organization*)
O.M.S. *f* (= *Organizzazione mondiale della
sanità*).

===== *KEYWORD*

who [huː] *pron* **1** (*interrogative*) chi; **~ is it?,
~'s there?** chi è?
2 (*relative*) che; **the man ~ spoke to me**
l'uomo che ha parlato con me; **those ~
can swim** quelli che sanno nuotare.

whodunit [huːˈdʌnɪt] *n* (*col*) giallo.
whoever [huːˈɛvə*] *pron*: **~ finds it**
chiunque lo trovi; **ask ~ you like** lo
chieda a chiunque vuole; **~ told you that?**
chi mai gliel'ha detto?
whole [həul] *adj* (*complete*) tutto(a),
completo(a); (*not broken*) intero(a),
intatto(a) ♦ *n* (*total*) totale *m*; (*sth not
broken*) tutto; **the ~ lot (of it)** tutto; **the ~
lot (of them)** tutti; **the ~ of the time** tutto
il tempo; **the ~ of the town** la città
intera; **on the ~, as a ~** nel complesso,
nell'insieme; **~ villages were destroyed**
interi paesi furono distrutti.
wholehearted [həulˈhɑːtɪd] *adj*
sincero(a).
wholemeal ['həulmiːl] *adj* (*BRIT: flour, bread*)
integrale.
whole note *n* (*US*) semibreve *f*.
wholesale ['həulseɪl] *n* commercio *or*
vendita all'ingrosso ♦ *adj* all'ingrosso;
(*destruction*) totale.
wholesaler ['həulseɪlə*] *n* grossista
m/f.
wholesome ['həulsəm] *adj* sano(a);
(*climate*) salubre.
wholewheat ['həulwiːt] *adj* = **wholemeal**.
wholly ['həulɪ] *adv* completamente, del
tutto.

===== *KEYWORD*

whom [huːm] *pron* **1** (*interrogative*) chi; **~
did you see?** chi hai visto?; **to ~ did you
give it?** a chi lo hai dato?
2 (*relative*) che, *prep* + il (la) quale; **the
man ~ I saw** l'uomo che ho visto; **the
man to ~ I spoke** l'uomo al *or* con il quale
ho parlato; **those to ~ I spoke** le persone
alle *or* con le quali ho parlato.

whooping cough ['huːpɪŋ-] *n* pertosse
f.
whoops [wuːps] *excl*: **~-a-daisy!** ops!
whoosh [wuʃ] *n*: **it came out with a ~**
(*sauce etc*) è uscito di getto; (*air*) è uscito
con un sibilo.
whopper ['wɔpə*] *n* (*col: lie*) balla; (: *large
thing*) cosa enorme.
whopping ['wɔpɪŋ] *adj* (*col: big*) enorme.
whore [hɔː*] *n* (*pej*) puttana.

=========================== *KEYWORD*

whose [huːz] *adj* **1** (*possessive: interrogative*) di chi; ~ **book is this?**, ~ **is this book?** di chi è questo libro?; ~ **daughter are you?** di chi sei figlia?; ~ **pencil have you taken?** di chi è la matita che hai preso? **2** (*possessive: relative*): **the man** ~ **son you rescued** l'uomo il cui figlio hai salvato *or* a cui hai salvato il figlio; **the girl** ~ **sister you were speaking to** la ragazza alla cui sorella stavi parlando ♦ *pron* di chi; ~ **is this?** di chi è questo?; **I know** ~ **it is** so di chi è.

Who's Who ['huːz'huː] *n* elenco di personalità.

why [waɪ] *adv*, *conj* perché ♦ *excl* (*surprise*) ma guarda un po'!; (*remonstrating*) ma (via)!; (*explaining*) ebbene!; ~ **not?** perché no?; ~ **not do it now?** perché non farlo adesso?; **the reason** ~ il motivo per cui.

whyever [waɪ'ɛvə*] *adv* perché mai.

WI *n abbr* (*BRIT*: = *Women's Institute*) circolo femminile ♦ *abbr* (*GEO*) = **West Indies**; (*US*) = **Wisconsin**.

wick [wɪk] *n* lucignolo, stoppino.

wicked ['wɪkɪd] *adj* cattivo(a), malvagio(a); (*mischievous*) malizioso(a); (*terrible: prices, weather*) terribile.

wicker ['wɪkə*] *n* vimine *m*; (*also*: ~**work**) articoli *mpl* di vimini.

wicket ['wɪkɪt] *n* (*CRICKET*) porta; area tra le due porte.

wicket keeper *n* (*CRICKET*) ≈ portiere *m*.

wide [waɪd] *adj* largo(a); (*region, knowledge*) vasto(a); (*choice*) ampio(a) ♦ *adv*: **to open** ~ spalancare; **to shoot** ~ tirare a vuoto *or* fuori bersaglio; **it is 3 metres** ~ è largo 3 metri.

wide-angle lens ['waɪdæŋgl-] *n* grandangolare *m*.

wide-awake [waɪdə'weɪk] *adj* completamente sveglio(a).

wide-eyed [waɪd'aɪd] *adj* con gli occhi spalancati.

widely ['waɪdlɪ] *adv* (*different*) molto, completamente; (*believed*) generalmente; ~ **spaced** molto distanziati(e); **to be** ~ **read** (*author*) essere molto letto; (*reader*) essere molto colto.

widen ['waɪdn] *vt* allargare, ampliare.

wideness ['waɪdnɪs] *n* larghezza; vastità; ampiezza.

wide open *adj* spalancato(a).

wide-ranging [waɪd'reɪndʒɪŋ] *adj* (*survey, report*) vasto(a); (*interests*) svariato(a).

widespread ['waɪdsprɛd] *adj* (*belief etc*) molto *or* assai diffuso(a).

widow ['wɪdəu] *n* vedova.

widowed ['wɪdəud] *adj* (che è rimasto(a)) vedovo(a).

widower ['wɪdəuə*] *n* vedovo.

width [wɪdθ] *n* larghezza; **it's 7 metres in** ~ è largo 7 metri.

widthways ['wɪdθweɪz] *adv* trasversalmente.

wield [wiːld] *vt* (*sword*) maneggiare; (*power*) esercitare.

wife, *pl* **wives** [waɪf, waɪvz] *n* moglie *f*.

wig [wɪg] *n* parrucca.

wigging ['wɪgɪŋ] *n* (*BRIT col*) lavata di capo.

wiggle ['wɪgl] *vt* dimenare, agitare ♦ *vi* (*loose screw etc*) traballare; (*worm*) torcersi.

wiggly ['wɪglɪ] *adj* (*line*) ondulato(a), sinuoso(a).

wild [waɪld] *adj* (*animal, plant*) selvatico(a); (*countryside, appearance*) selvaggio(a); (*sea*) tempestoso(a); (*idea, life*) folle; (*col: angry*) arrabbiato(a), furibondo(a); (*enthusiastic*): **to be** ~ **about** andar pazzo(a) per ♦ *n*: **the** ~ la natura; ~**s** *npl* regione *f* selvaggia.

wild card *n* (*COMPUT*) wild card *m inv*.

wildcat ['waɪldkæt] *n* gatto(a) selvatico(a).

wildcat strike *n* ≈ sciopero selvaggio.

wilderness ['wɪldənɪs] *n* deserto.

wildfire ['waɪldfaɪə*] *n*: **to spread like** ~ propagarsi rapidamente.

wild-goose chase [waɪld'guːs-] *n* (*fig*) pista falsa.

wildlife ['waɪldlaɪf] *n* natura.

wildly ['waɪldlɪ] *adv* (*applaud*) freneticamente; (*hit, guess*) a casaccio; (*happy*) follemente.

wiles [waɪlz] *npl* astuzie *fpl*.

wilful, (*US*) **willful** ['wɪlful] *adj* (*person*) testardo(a); ostinato(a); (*action*) intenzionale; (*crime*) premeditato(a).

=========================== *KEYWORD*

will [wɪl] *aux vb* **1** (*forming future tense*): **I** ~ **finish it tomorrow** lo finirò domani; **I** ~ **have finished it by tomorrow** lo finirò entro domani; ~ **you do it? – yes I** ~/**no I won't** lo farai? – sì (lo farò)/no (non lo farò); **the car won't start** la macchina non parte **2** (*in conjectures, predictions*): **he** ~ *or* **he'll be there by now** dovrebbe essere arrivato a quest'ora; **that** ~ **be the postman** sarà il postino **3** (*in commands, requests, offers*): ~ **you be quiet!** vuoi stare zitto?; ~ **you sit down?**

(*politely*) prego, si accomodi; (*angrily*) vuoi metterti seduto?; ~ **you come?** vieni anche tu?; ~ **you help me?** mi aiuti?, mi puoi aiutare?; **you won't lose it,** ~ **you?** non lo perderai, vero?; ~ **you have a cup of tea?** vorrebbe una tazza di tè?; **I won't put up with it!** non lo accetterò!

♦ *vt* (*pt, pp* ~**ed**): **to** ~ **sb to do** pregare tra sé perché qn faccia; **he** ~**ed himself to go on** continuò grazie a un grande sforzo di volontà

♦ *n* **1** (*desire*) volontà; **against sb's** ~ contro la volontà *or* il volere di qn; **to do sth of one's own free** ~ fare qc di propria volontà

2 (*LAW*) testamento; **to make a/one's** ~ fare testamento.

willful ['wɪlful] *adj* (*US*) = **wilful**.

willing ['wɪlɪŋ] *adj* volonteroso(a) ♦ *n*: **to show** ~ dare prova di buona volontà; ~ **to do** disposto(a) a fare.

willingly ['wɪlɪŋlɪ] *adv* volentieri.

willingness ['wɪlɪŋnɪs] *n* buona volontà.

will-o'-the-wisp [wɪləðə'wɪsp] *n* (*also fig*) fuoco fatuo.

willow ['wɪləu] *n* salice *m*.

will power *n* forza di volontà.

willy-nilly ['wɪlɪ'nɪlɪ] *adv* volente o nolente.

wilt [wɪlt] *vi* appassire.

Wilts [wɪlts] *abbr* (*BRIT*) = *Wiltshire*.

wily ['waɪlɪ] *adj* furbo(a).

wimp [wɪmp] *n* (*col*) mezza calzetta.

win [wɪn] *n* (*in sports etc*) vittoria ♦ *vb* (*pt, pp* **won** [wʌn]) *vt* (*battle, prize*) vincere; (*money*) guadagnare; (*popularity*) conquistare; (*contract*) aggiudicarsi ♦ *vi* vincere.

▶**win over,** (*BRIT*) **win round** *vt* convincere.

wince [wɪns] *n* trasalimento, sussulto ♦ *vi* trasalire.

winch [wɪntʃ] *n* verricello, argano.

Winchester disk ['wɪntʃɪstə-] *n* (*COMPUT*) disco Winchester.

wind *n* [wɪnd] vento; (*MED*) flatulenza, ventosità ♦ *vb* [waɪnd] (*pt, pp* **wound** [waund]) *vt* attorcigliare; (*wrap*) avvolgere; (*clock, toy*) caricare; (*take breath away*: [wɪnd]) far restare senza fiato ♦ *vi* (*road, river*) serpeggiare; **the** ~**(s)** (*MUS*) i fiati; **into** *or* **against the** ~ controvento; **to get** ~ **of sth** venire a sapere qc; **to break** ~ scoreggiare (*col*).

▶**wind down** *vt* (*car window*) abbassare; (*fig: production, business*) diminuire.

▶**wind up** *vt* (*clock*) caricare; (*debate*) concludere.

windbreak ['wɪndbreɪk] *n* frangivento.

windcheater ['wɪndtʃiːtə*], (*US*) **windbreaker** ['wɪndbreɪkə*] *n* giacca a vento.

winder ['waɪndə*] *n* (*BRIT*: *on watch*) corona di carica.

windfall ['wɪndfɔːl] *n* colpo di fortuna.

winding ['waɪndɪŋ] *adj* (*road*) serpeggiante; (*staircase*) a chiocciola.

wind instrument *n* (*MUS*) strumento a fiato.

windmill ['wɪndmɪl] *n* mulino a vento.

window ['wɪndəu] *n* (*gen, COMPUT*) finestra; (*in car, train*) finestrino; (*in shop etc*) vetrina; (*also*: ~ **pane**) vetro.

window box *n* cassetta da fiori.

window cleaner *n* (*person*) pulitore *m* di finestre.

window dressing *n* allestimento della vetrina.

window envelope *n* busta a finestra.

window frame *n* telaio di finestra.

window ledge *n* davanzale *m*.

window pane *n* vetro.

window-shopping ['wɪndəuʃɔpɪŋ] *n*: **to go** ~ andare a vedere le vetrine.

windowsill ['wɪndəusɪl] *n* davanzale *m*.

windpipe ['wɪndpaɪp] *n* trachea.

wind power *n* energia eolica.

windscreen ['wɪndskriːn], (*US*) **windshield** ['wɪndʃiːld] *n* parabrezza *m inv*.

windscreen washer *n* lavacristallo.

windscreen wiper *n* tergicristallo.

windshield ['wɪndʃiːld] *n* (*US*) = **windscreen**.

windsurfing ['wɪndsəːfɪŋ] *n* windsurf *m inv*.

windswept ['wɪndswɛpt] *adj* spazzato(a) dal vento.

wind tunnel *n* galleria aerodinamica *or* del vento.

windy ['wɪndɪ] *adj* ventoso(a); **it's** ~ c'è vento.

wine [waɪn] *n* vino ♦ *vt*: **to** ~ **and dine sb** offrire un ottimo pranzo a qn.

wine bar *n* enoteca.

wine cellar *n* cantina.

wine glass *n* bicchiere *m* da vino.

wine list *n* lista dei vini.

wine merchant *n* commerciante *m* di vino.

wine tasting *n* degustazione *f* dei vini.

wine waiter *n* sommelier *m inv*.

wing [wɪŋ] *n* ala *f*; ~**s** *npl* (*THEAT*) quinte *fpl*.

winger ['wɪŋə*] *n* (*SPORT*) ala.

wing mirror *n* (*BRIT*) specchietto retrovisore esterno.

wing nut *n* galletto.

wingspan ['wɪŋspæn], **wingspread** ['wɪŋsprɛd] n apertura alare, apertura d'ali.
wink [wɪŋk] n occhiolino, strizzatina d'occhi ♦ vi ammiccare, fare l'occhiolino.
winkle ['wɪŋkl] n litorina.
winner ['wɪnə*] n vincitore/trice.
winning ['wɪnɪŋ] adj (team) vincente; (goal) decisivo(a); (charming) affascinante; see also **winnings**.
winning post n traguardo.
winnings ['wɪnɪŋz] npl vincite fpl.
winsome ['wɪnsəm] adj accattivante.
winter ['wɪntə*] n inverno; **in** ~ d'inverno, in inverno.
winter sports npl sport mpl invernali.
wintry ['wɪntrɪ] adj invernale.
wipe [waɪp] n pulita, passata ♦ vt pulire (strofinando); (dishes) asciugare; **to give sth a** ~ dare una pulita or una passata a qc; **to** ~ **one's nose** soffiarsi il naso.
▶**wipe off** vt cancellare; (stains) togliere strofinando.
▶**wipe out** vt (debt) pagare, liquidare; (memory) cancellare; (destroy) annientare.
▶**wipe up** vt asciugare.
wire ['waɪə*] n filo; (ELEC) filo elettrico; (TEL) telegramma m ♦ vt (ELEC: house) fare l'impianto elettrico di; (: circuit) installare; (also: ~ **up**) collegare, allacciare.
wire brush n spazzola metallica.
wire cutters [-kʌtəz] npl tronchese m or f.
wireless ['waɪəlɪs] n (BRIT) telegrafia senza fili; (set) (apparecchio m) radio f inv.
wire netting n rete f metallica.
wire service n (US) = **news agency**.
wire-tapping ['waɪə'tæpɪŋ] n intercettazione f telefonica.
wiring ['waɪərɪŋ] n (ELEC) impianto elettrico.
wiry ['waɪərɪ] adj magro(a) e nerboruto(a).
Wis(c). abbr (US) = Wisconsin.
wisdom ['wɪzdəm] n saggezza; (of action) prudenza.
wisdom tooth n dente m del giudizio.
wise [waɪz] adj saggio(a); (advice, remark) prudente; **I'm none the** ~**r** ne so come prima.
▶**wise up** vi (col): **to** ~ **up to** divenire più consapevole di.
... wise [waɪz] suffix: **time**~ per quanto riguarda il tempo, in termini di tempo.
wisecrack ['waɪzkræk] n battuta spiritosa.
wish [wɪʃ] n (desire) desiderio; (specific desire) richiesta ♦ vt desiderare, volere; **best** ~**es** (on birthday etc) i migliori

auguri; **with best** ~**es** (in letter) cordiali saluti, con i migliori saluti; **give her my best** ~**es** le faccia i migliori auguri da parte mia; **to** ~ **sb goodbye** dire arrivederci a qn; **he** ~**ed me well** mi augurò di riuscire; **to** ~ **to do/sb to do** desiderare or volere fare/che qn faccia; **to** ~ **for** desiderare; **to** ~ **sth on sb** rifilare qc a qn.
wishbone ['wɪʃbəun] n forcella.
wishful ['wɪʃful] adj: **it's** ~ **thinking** è prendere i desideri per realtà.
wishy-washy ['wɪʃɪ'wɔʃɪ] adj insulso(a).
wisp [wɪsp] n ciuffo, ciocca; (of smoke, straw) filo.
wistful ['wɪstful] adj malinconico(a); (nostalgic) nostalgico(a).
wit [wɪt] n (gen pl) intelligenza; presenza di spirito; (wittiness) spirito, arguzia; (person) bello spirito; **to be at one's** ~**s' end** (fig) non sapere più cosa fare; **to have** or **keep one's** ~**s about one** avere presenza di spirito; **to** ~ adv cioè.
witch [wɪtʃ] n strega.
witchcraft ['wɪtʃkrɑːft] n stregoneria.
witch doctor n stregone m.
witch-hunt ['wɪtʃhʌnt] n (fig) caccia alle streghe.

=========================== KEYWORD

with [wɪð, wɪθ] prep **1** (in the company of) con; **I was** ~ **him** ero con lui; **we stayed** ~ **friends** siamo stati da amici; **I'll be** ~ **you in a minute** vengo subito
2 (descriptive) con; **a room** ~ **a view** una camera con vista (sul mare or sulle montagne etc); **the man** ~ **the grey hat/ blue eyes** l'uomo con il cappello grigio/ gli occhi blu
3 (indicating manner, means, cause): ~ **tears in her eyes** con le lacrime agli occhi; **red** ~ **anger** rosso(a) dalla rabbia; **to shake** ~ **fear** tremare di paura; **covered** ~ **snow** coperto(a) di neve
4: **I'm** ~ **you** (I understand) la seguo; **I'm not really** ~ **it today** (col) oggi sono un po' fuori.

withdraw [wɪθ'drɔː] vb (irreg) vt ritirare; (money from bank) ritirare, prelevare ♦ vi ritirarsi; **to** ~ **into o.s.** chiudersi in se stesso.
withdrawal [wɪθ'drɔːəl] n ritiro; prelievo; (of army) ritirata; (MED) stato di privazione.
withdrawal symptoms npl crisi f di astinenza.
withdrawn [wɪθ'drɔːn] pp of **withdraw** ♦ adj

wither ['wɪðə*] vi appassire.

withered ['wɪðəd] adj appassito(a); (limb) atrofizzato(a).

withhold [wɪθ'həuld] vt irreg (money) trattenere; (permission): **to ~ (from)** rifiutare (a); (information): **to ~ (from)** nascondere (a).

within [wɪð'ɪn] prep all'interno di; (in time, distances) entro ♦ adv all'interno, dentro; **~ sight of** in vista di; **~ a mile of** entro un miglio da; **~ the week** prima della fine della settimana; **~ an hour from now** da qui a un'ora; **to be ~ the law** restare nei limiti della legge.

without [wɪð'aut] prep senza; **to go** or **do ~ sth** fare a meno di qc; **~ anybody knowing** senza che nessuno lo sappia.

withstand [wɪθ'stænd] vt irreg resistere a.

witness ['wɪtnɪs] n (person) testimone m/f ♦ vt (event) essere testimone di; (document) attestare l'autenticità di ♦ vi: **to ~ to sth/having seen sth** testimoniare qc/di aver visto qc; **to bear ~ to sth** testimoniare qc; **~ for the prosecution/defence** testimone a carico/discarico.

witness box, (US) **witness stand** n banco dei testimoni.

witticism ['wɪtɪsɪzəm] n spiritosaggine f.

witty ['wɪtɪ] adj spiritoso(a).

wives [waɪvz] npl of **wife**.

wizard ['wɪzəd] n mago.

wizened ['wɪznd] adj raggrinzito(a).

wk abbr = **week**.

Wm. abbr = **William**.

WO n abbr see **warrant officer**.

wobble ['wɔbl] vi tremare; (chair) traballare.

wobbly ['wɔblɪ] adj (hand, voice) tremante; (table, chair) traballante; (object about to fall) che oscilla pericolosamente.

woe [wəu] n dolore m; disgrazia.

woeful ['wəuful] adj (sad) triste; (deplorable) deplorevole.

wok [wɔk] n wok m inv (padella concava usata nella cucina cinese).

woke [wəuk] pt of **wake**.

woken ['wəukn] pp of **wake**.

wolf, pl **wolves** [wulf, wulvz] n lupo.

woman, pl **women** ['wumən, 'wɪmɪn] n donna ♦ cpd: **~ doctor** n dottoressa; **~ friend** n amica; **~ teacher** n insegnante f; **women's page** n (PRESS) rubrica femminile.

womanize ['wumənaɪz] vi essere un donnaiolo.

womanly ['wumənlɪ] adj femminile.

womb [wu:m] n (ANAT) utero.

women ['wɪmɪn] npl of **woman**.

Women's (Liberation) Movement n (also: **Women's Lib**) Movimento per la Liberazione della Donna.

won [wʌn] pt, pp of **win**.

wonder ['wʌndə*] n meraviglia ♦ vi: **to ~ whether** domandarsi se; **to ~ at** essere sorpreso(a) di; meravigliarsi di; **to ~ about** domandarsi di; pensare a; **it's no ~ that** c'è poco or non c'è da meravigliarsi che + sub.

wonderful ['wʌndəful] adj meraviglioso(a).

wonderfully ['wʌndəfəlɪ] adv (+ adjective) meravigliosamente; (+ verb) a meraviglia.

wonky ['wɔŋkɪ] adj (BRIT col) traballante.

wont [wəunt] n: **as is his/her ~** com'è solito/a fare.

won't [wəunt] = **will not**.

woo [wu:] vt (woman) fare la corte a.

wood [wud] n legno; (timber) legname m; (forest) bosco ♦ cpd di bosco, silvestre.

wood carving n scultura in legno, intaglio.

wooded ['wudɪd] adj boschivo(a); boscoso(a).

wooden ['wudn] adj di legno; (fig) rigido(a); inespressivo(a).

woodland ['wudlənd] n zona boscosa.

woodpecker ['wudpɛkə*] n picchio.

wood pigeon n colombaccio, palomba.

woodwind ['wudwɪnd] npl (MUS): **the ~** i legni.

woodwork ['wudwə:k] n parti fpl in legno; (craft, subject) falegnameria.

woodworm ['wudwə:m] n tarlo del legno.

woof [wuf] n (of dog) bau bau m ♦ vi abbaiare; **~, ~!** bau bau!

wool [wul] n lana; **to pull the ~ over sb's eyes** (fig) fargliela a qn.

woollen, (US) **woolen** ['wulən] adj di lana ♦ n: **~s** indumenti mpl di lana.

woolly, (US) **wooly** ['wulɪ] adj lanoso(a); (fig: ideas) confuso(a).

woozy ['wu:zɪ] adj (col) stordito(a).

word [wə:d] n parola; (news) notizie fpl ♦ vt esprimere, formulare; **~ for ~** parola per parola, testualmente; **what's the ~ for "pen" in Italian?** come si dice "pen" in italiano?; **to put sth into ~s** esprimere qc a parole; **in other ~s** in altre parole; **to have a ~ with sb** scambiare due parole con qn; **to have ~s with sb** (quarrel with) avere un diverbio con qn; **to break/keep one's ~** non mantenere/mantenere la propria parola; **I'll take your ~ for it** la crederò sulla parola; **to send ~ of** avvisare di; **to leave ~ (with** or **for sb) that** ... lasciare detto (a qn) che ....

wording ['wɔ:dɪŋ] *n* formulazione *f*.
word of mouth *n* passaparola *m*; **I learned it by** *or* **through** ~ lo so per sentito dire.
word-perfect ['wɔ:d'pəfɪkt] *adj* (*speech etc*) imparato(a) a memoria.
word processing *n* word processing *m*, elaborazione *f* testi.
word processor *n* word processor *m* inv.
wordwrap ['wɔ:dræp] *n* (*COMPUT*) ritorno carrello automatico.
wordy ['wɔ:dɪ] *adj* verboso(a), prolisso(a).
wore [wɔ:*] *pt of* **wear**.
work [wɔ:k] *n* lavoro; (*ART, LITERATURE*) opera ♦ *vi* lavorare; (*mechanism, plan etc*) funzionare; (*medicine*) essere efficace ♦ *vt* (*clay, wood etc*) lavorare; (*mine etc*) sfruttare; (*machine*) far funzionare; **to be at** ~ **(on sth)** lavorare (a qc); **to set to** ~, **to start** ~ mettersi all'opera; **to go to** ~ andare al lavoro; **to be out of** ~ essere disoccupato(a); **to** ~ **one's way through a book** riuscire a leggersi tutto un libro; **to** ~ **one's way through college** lavorare per pagarsi gli studi; **to** ~ **hard** lavorare sodo; **to** ~ **loose** allentarsi; *see also* **works**.
►**work on** *vt fus* lavorare a; (*principle*) basarsi su; **he's** ~**ing on the car** sta facendo dei lavori alla macchina.
►**work out** *vi* (*plans etc*) riuscire, andare bene; (*SPORT*) allenarsi ♦ *vt* (*problem*) risolvere; (*plan*) elaborare; **it** ~**s out at £100** fa 100 sterline.
workable ['wɔ:kəbl] *adj* (*solution*) realizzabile.
workaholic [wɔ:kə'hɔlɪk] *n* stacanovista *m/f*.
workbench ['wɔ:kbɛntʃ] *n* banco (da lavoro).
worked up *adj*: **to get** ~ andare su tutte le furie; eccitarsi.
worker ['wɔ:kə*] *n* lavoratore/trice; (*esp AGR, INDUSTRY*) operaio/a; **office** ~ impiegato/a.
work force *n* forza lavoro.
work-in ['wɔ:kɪn] *n* (*BRIT*) sciopero alla rovescia.
working ['wɔ:kɪŋ] *adj* (*day*) feriale; (*tools, conditions*) di lavoro; (*clothes*) da lavoro; (*wife*) che lavora; (*partner*) attivo(a); **in** ~ **order** funzionante; ~ **knowledge** conoscenza pratica.
working capital *n* (*COMM*) capitale *m* d'esercizio.
working class *n* classe *f* operaia *or* lavoratrice ♦ *adj*: **working-class** operaio(a).
working man *n* lavoratore *m*.
working party *n* (*BRIT*) commissione *f*.

working week *n* settimana lavorativa.
work-in-progress ['wɔ:kɪn'prəugrɛs] *n* (*products*) lavoro in corso; (*value*) valore *m* del manufatto in lavorazione.
workload ['wɔ:kləud] *n* carico di lavoro.
workman ['wɔ:kmən] *n* operaio.
workmanship ['wɔ:kmənʃɪp] *n* (*of worker*) abilità; (*of thing*) fattura.
workmate ['wɔ:kmeɪt] *n* collega *m/f*.
workout ['wɔ:kaut] *n* (*SPORT*) allenamento.
work permit *n* permesso di lavoro.
works [wɔ:ks] *n* (*BRIT: factory*) fabbrica ♦ *npl* (*of clock, machine*) meccanismo; **road** ~ opere stradali.
works council *n* consiglio aziendale.
work sheet *n* (*COMPUT*) foglio col programma di lavoro.
workshop ['wɔ:kʃɔp] *n* officina.
work station *n* stazione *f* di lavoro.
work study *n* studio di organizzazione del lavoro.
worktop ['wɔ:ktɔp] *n* piano di lavoro.
work-to-rule ['wɔ:ktə'ru:l] *n* (*BRIT*) sciopero bianco.
world [wɔ:ld] *n* mondo ♦ *cpd* (*tour*) del mondo; (*record, power, war*) mondiale; **all over the** ~ in tutto il mondo; **to think the** ~ **of sb** pensare un gran bene di qn; **out of this** ~ (*fig*) formidabile; **what in the** ~ **is he doing?** che cavolo sta facendo?; **to do sb a** ~ **of good** fare un gran bene a qn; **W**~ **War One/Two** la prima/seconda guerra mondiale.
world champion *n* campione/essa mondiale.
World Cup *n* (*FOOTBALL*) Coppa del Mondo.
world-famous [wɔ:ld'feɪməs] *adj* di fama mondiale.
worldly ['wɔ:ldlɪ] *adj* di questo mondo.
world music *n* musica etnica.
World Series *n*: **the** ~ (*US BASEBALL*) la finalissima di baseball.
world-wide ['wɔ:ld'waɪd] *adj* universale.
worm [wɔ:m] *n* verme *m*.
worn [wɔ:n] *pp of* **wear** ♦ *adj* usato(a).
worn-out ['wɔ:naut] *adj* (*object*) consumato(a), logoro(a); (*person*) sfinito(a).
worried ['wʌrɪd] *adj* preoccupato(a); **to be** ~ **about sth** essere preoccupato per qc.
worrier ['wʌrɪə*] *n* ansioso/a.
worrisome ['wʌrɪsəm] *adj* preoccupante.
worry ['wʌrɪ] *n* preoccupazione *f* ♦ *vt* preoccupare ♦ *vi* preoccuparsi; **to** ~ **about** *or* **over sth/sb** preoccuparsi di qc/per qn.
worrying ['wʌrɪɪŋ] *adj* preoccupante.

worse [wəːs] *adj* peggiore ♦ *adv, n* peggio; **a change for the** ~ un peggioramento; **to get** ~, **to grow** ~ peggiorare; **he is none the** ~ **for it** non ha avuto brutte conseguenze; **so much the** ~ **for you!** tanto peggio per te!

worsen ['wəːsn] *vt, vi* peggiorare.

worse off *adj* in condizioni (economiche) peggiori; (*fig*): **you'll be** ~ **this way** così sarà peggio per lei; **he is now** ~ **than before** ora è in condizioni peggiori di prima.

worship ['wəːʃip] *n* culto ♦ *vt* (*God*) adorare, venerare; (*person*) adorare; **Your W**~ (*to mayor*) signor sindaco; (*to judge*) signor giudice.

worshipper ['wəːʃipə*] *n* adoratore/trice; (*in church*) fedele *m/f*, devoto/a.

worst [wəːst] *adj* il(la) peggiore ♦ *adv, n* peggio; **at** ~ al peggio, per male che vada; **to come off** ~ avere la peggio; **if the** ~ **comes to the** ~ nel peggior dei casi.

worst-case ['wəːst'keis] *adj*: **the** ~ **scenario** la peggiore delle ipotesi.

worsted ['wustid] *n*: (**wool**) ~ lana pettinata.

worth [wəːθ] *n* valore *m* ♦ *adj*: **to be** ~ valere; **how much is it** ~? quanto vale?; **it's** ~ **it** ne vale la pena; **it's not** ~ **the trouble** non ne vale la pena; **50 pence** ~ **of apples** 50 pence di mele.

worthless ['wəːθlis] *adj* di nessun valore.

worthwhile ['wəːθ'wail] *adj* (*activity*) utile; (*cause*) lodevole; **a** ~ **book** un libro che vale la pena leggere.

worthy ['wəːði] *adj* (*person*) degno(a); (*motive*) lodevole; ~ **of** degno di.

======================= *KEYWORD*

would [wud] *aux vb* **1** (*conditional tense*): **if you asked him he** ~ **do it** se glielo chiedesse lo farebbe; **if you had asked him he** ~ **have done it** se glielo avesse chiesto lo avrebbe fatto
2 (*in offers, invitations, requests*): ~ **you like a biscuit?** vorrebbe *or* vuole un biscotto?; ~ **you ask him to come in?** lo faccia entrare, per cortesia; ~ **you open the window please?** apra la finestra, per favore
3 (*in indirect speech*): **I said I** ~ **do it** ho detto che l'avrei fatto
4 (*emphatic*): **it WOULD have to snow today!** doveva proprio nevicare oggi!
5 (*insistence*): **she** ~**n't do it** non ha voluto farlo
6 (*conjecture*): **it** ~ **have been midnight**

sarà stata mezzanotte; **it** ~ **seem so** sembrerebbe proprio di sì
7 (*indicating habit*): **he** ~ **go there on Mondays** andava lì ogni lunedì.

would-be ['wudbiː] *adj* (*pej*) sedicente.

wound *vb* [waund] *pt, pp of* **wind** ♦ *n, vt* [wuːnd] *n* ferita ♦ *vt* ferire; ~**ed in the leg** ferito(a) alla gamba.

wove [wəuv] *pt of* **weave**.

WP *abbr* (*BRIT col*: = *weather permitting*) tempo permettendo ♦ *n abbr* = **word processing; word processor**.

WPC *n abbr* (*BRIT*: = *woman police constable*) donna poliziotto.

wpm *abbr* (= *words per minute*) p.p.m.

WRAC *n abbr* (*BRIT*: = *Women's Royal Army Corps*) ausiliarie dell'esercito.

WRAF *n abbr* (*BRIT*: = *Women's Royal Air Force*) ausiliarie dell'aeronautica militare.

wrangle ['ræŋgl] *n* litigio ♦ *vi* litigare.

wrap [ræp] *n* (*stole*) scialle *m*; (*cape*) mantellina ♦ *vt* (*also*: ~ **up**) avvolgere; (*parcel*) incartare; **under** ~**s** segreto.

wrapper ['ræpə*] *n* (*of book*) copertina; (*on chocolate*) carta.

wrapping paper ['ræpiŋ-] *n* carta da pacchi; (*for gift*) carta da regali.

wrath [rɔθ] *n* collera, ira.

wreak [riːk] *vt* (*destruction*) portare, causare; **to** ~ **vengeance on** vendicarsi su; **to** ~ **havoc on** portare scompiglio in.

wreath, ~s [riːθ, riːðz] *n* corona.

wreck [rɛk] *n* (*sea disaster*) naufragio; (*ship*) relitto; (*pej: person*) rottame *m* ♦ *vt* demolire; (*ship*) far naufragare; (*fig*) rovinare.

wreckage ['rɛkidʒ] *n* rottami *mpl*; (*of building*) macerie *fpl*; (*of ship*) relitti *mpl*.

wrecker ['rɛkə*] *n* (*US: breakdown van*) carro *m* attrezzi *inv*.

WREN [rɛn] *n abbr* (*BRIT*) *membro del* WRNS.

wren [rɛn] *n* (*ZOOL*) scricciolo.

wrench [rɛntʃ] *n* (*TECH*) chiave *f*; (*tug*) torsione *f* brusca; (*fig*) strazio ♦ *vt* strappare; storcere; **to** ~ **sth from** strappare qc a *or* da.

wrest [rɛst] *vt*: **to** ~ **sth from sb** strappare qc a qn.

wrestle ['rɛsl] *vi*: **to** ~ (**with sb**) lottare (con qn); **to** ~ **with** (*fig*) combattere *or* lottare contro.

wrestler ['rɛslə*] *n* lottatore/trice.

wrestling ['rɛsliŋ] *n* lotta; (*also*: **all-in** ~: *BRIT*) catch *m*, lotta libera.

wrestling match *n* incontro di lotta (*or*

lotta libera).

wretch [rɛtʃ] n disgraziato/a, sciagurato/a; **little ~!** (*often humorous*) birbante!

wretched ['rɛtʃɪd] adj disgraziato(a); (*col: weather, holiday*) orrendo(a), orribile; (: *child, dog*) pestifero(a).

wriggle ['rɪgl] n contorsione f ♦ vi dimenarsi; (*snake, worm*) serpeggiare, muoversi serpeggiando.

wring pt, pp **wrung** [rɪŋ, rʌŋ] vt torcere; (*wet clothes*) strizzare; (*fig*): **to ~ sth out of** strappare qc a.

wringer ['rɪŋə*] n strizzatoio (manuale).

wringing ['rɪŋɪŋ] adj (*also:* ~ **wet**) bagnato(a) fradicio(a).

wrinkle ['rɪŋkl] n (*on skin*) ruga; (*on paper etc*) grinza ♦ vt corrugare; raggrinzire ♦ vi corrugarsi; raggrinzirsi.

wrinkled ['rɪŋkld], **wrinkly** ['rɪŋklɪ] adj (*fabric, paper*) stropicciato(a); (*surface*) corrugato(a), increspato(a); (*skin*) rugoso(a).

wrist [rɪst] n polso.

wristband ['rɪstbænd] n (*of shirt*) polsino; (*of watch*) cinturino.

wrist watch n orologio da polso.

writ [rɪt] n ordine m; mandato; **to issue a ~ against sb, serve a ~ on sb** notificare un mandato di comparizione a qn.

write, pt **wrote,** pp **written** [raɪt, rəʊt, 'rɪtn] vt, vi scrivere; **to ~ sb a letter** scrivere una lettera a qn.

▶**write away** vi: **to ~ away for** (*information*) richiedere per posta; (*goods*) ordinare per posta.

▶**write down** vt annotare; (*put in writing*) mettere per iscritto.

▶**write off** vt (*debt*) cancellare; (*depreciate*) deprezzare; (*smash up: car*) distruggere.

▶**write out** vt scrivere; (*copy*) ricopiare.

▶**write up** vt redigere.

write-off ['raɪtɔf] n perdita completa; **the car is a ~** la macchina va bene per il demolitore.

write-protect ['raɪtprə'tɛkt] vt (*COMPUT*) proteggere contro scrittura.

writer ['raɪtə*] n autore/trice, scrittore/ trice.

write-up ['raɪtʌp] n (*review*) recensione f.

writhe [raɪð] vi contorcersi.

writing ['raɪtɪŋ] n scrittura; (*of author*) scritto, opera; **in ~** per iscritto; **in my own ~** scritto di mio pugno.

writing case n nécessaire m inv per la corrispondenza.

writing desk n scrivania, scrittoio.

writing paper n carta da scrivere.

written ['rɪtn] pp *of* **write**.

WRNS n abbr (*BRIT*: = *Women's Royal Naval Service*) ausiliarie della marina militare.

wrong [rɔŋ] adj sbagliato(a); (*not suitable*) inadatto(a); (*wicked*) cattivo(a); (*unfair*) ingiusto(a) ♦ adv in modo sbagliato, erroneamente ♦ n (*evil*) male m; (*injustice*) torto ♦ vt fare torto a; **to be ~** (*answer*) essere sbagliato; (*in doing, saying*) avere torto; **you are ~ to do it** ha torto a farlo; **you are ~ about that, you've got it ~** si sbaglia; **to be in the ~** avere torto; **what's ~?** cosa c'è che non va?; **there's nothing ~** va tutto bene; **what's ~ with the car?** cos'ha la macchina che non va?; **to go ~** (*person*) sbagliarsi; (*plan*) fallire, non riuscire; (*machine*) guastarsi; **it's ~ to steal, stealing is ~** è male rubare.

wrongdoer ['rɔŋduːə*] n malfattore/trice.

wrong-foot [rɔŋ'fut] vt (*SPORT; also fig*) prendere in contropiede.

wrongful ['rɔŋful] adj illegittimo(a); ingiusto(a); ~ **dismissal** licenziamento ingiustificato.

wrongly ['rɔŋlɪ] adv (*accuse, dismiss*) a torto; (*answer, do, count*) erroneamente; (*treat*) ingiustamente.

wrong number n: **you have the ~** (*TEL*) ha sbagliato numero.

wrong side n (*of cloth*) rovescio.

wrote [rəʊt] pt *of* **write**.

wrought [rɔːt] adj: ~ **iron** ferro battuto.

wrung [rʌŋ] pt, pp *of* **wring**.

WRVS n abbr (*BRIT*) = *Women's Royal Voluntary Service*.

wry [raɪ] adj storto(a).

wt. abbr = **weight**.

WV, W. Va. abbr (*US*) = *West Virginia*.

WY, Wyo. abbr (*US*) = *Wyoming*.

WYSIWYG ['wɪzɪwɪg] abbr (*COMPUT*) = *what you see is what you get*.

X x

X, x [ɛks] n (*letter*) X, x f or m inv; (*BRIT CINE: old*) ≈ film vietato ai minori di 18 anni; **X for Xmas** ≈ X come Xeres.

Xerox ® ['zɪərɔks] n (*also:* ~ **machine**) fotocopiatrice f; (*photocopy*) fotocopia ♦ vt fotocopiare.

XL abbr = *extra large*.

Xmas ['ɛksməs] n abbr = **Christmas**.

X-rated ['ɛks'reɪtɪd] *adj* (*US: film*) ≈ vietato ai minori di 18 anni.

X-ray ['ɛks'reɪ] *n* raggio X; (*photograph*) radiografia ♦ *vt* radiografare; **to have an** ~ farsi fare una radiografia.

xylophone ['zaɪləfəun] *n* xilofono.

Y y

Y, y [waɪ] *n* (*letter*) Y, y *f or m inv*; **Y for Yellow,** (*US*) **Y for Yoke** ≈ Y come Yacht.

yacht [jɔt] *n* panfilo, yacht *m inv*.

yachting ['jɔtɪŋ] *n* yachting *m*, sport *m* della vela.

yachtsman ['jɔtsmən] *n* yachtsman *m inv*.

yam [jæm] *n* igname *m*; (*sweet potato*) patata dolce.

Yank [jæŋk], **Yankee** ['jæŋkɪ] *n* (*pej*) yankee *m/f inv*, nordamericano/a.

yank [jæŋk] *n* strattone *m* ♦ *vt* tirare, dare uno strattone a.

yap [jæp] *vi* (*dog*) guaire.

yard [jɑːd] *n* (*of house etc*) cortile *m*; (*US: garden*) giardino; (*measure*) iarda (= 914 mm; 3 feet); **builder's** ~ deposito di materiale da costruzione.

yardstick ['jɑːdstɪk] *n* (*fig*) misura, criterio.

yarn [jɑːn] *n* filato; (*tale*) lunga storia.

yawn [jɔːn] *n* sbadiglio ♦ *vi* sbadigliare.

yawning ['jɔːnɪŋ] *adj* (*gap*) spalancato(a).

yd. *abbr* = **yard.**

yeah [jɛə] *adv* (*col*) sì.

year [jɪə*] *n* (*gen, SCOL*) anno; (*referring to harvest, wine etc*) annata; **every** ~ ogni anno, tutti gli anni; **this** ~ quest'anno; ~ **in,** ~ **out** anno dopo anno; **she's three** ~**s old** ha tre anni; **a** *or* **per** ~ all'anno.

yearbook ['jɪəbuk] *n* annuario.

yearly ['jɪəlɪ] *adj* annuale ♦ *adv* annualmente; **twice-**~ semestrale.

yearn [jɔːn] *vi*: **to** ~ **for sth/to do** desiderare ardentemente qc/di fare.

yearning ['jɔːnɪŋ] *n* desiderio intenso.

yeast [jiːst] *n* lievito.

yell [jɛl] *n* urlo ♦ *vi* urlare.

yellow ['jɛləu] *adj* giallo(a).

yellow fever *n* febbre *f* gialla.

yellowish ['jɛləuɪʃ] *adj* giallastro(a), giallognolo(a).

Yellow Pages ® *npl* pagine *fpl* gialle.

Yellow Sea *n*: **the** ~ il mar Giallo.

yelp [jɛlp] *n* guaito, uggiolio ♦ *vi* guaire, uggiolare.

Yemen ['jɛmən] *n* Yemen *m*.

yen [jɛn] *n* (*currency*) yen *m inv*; (*craving*): ~ **for/to do** gran voglia di/di fare.

yeoman ['jəumən] *n*: **Y**~ **of the Guard** guardiano della Torre di Londra.

yes [jɛs] *adv*, *n* sì (*m inv*); **to say** ~ (**to**) dire di sì (a), acconsentire (a).

yesterday ['jɛstədɪ] *adv*, *n* ieri (*m inv*); ~ **morning/evening** ieri mattina/sera; **the day before** ~ l'altro ieri; **all day** ~ ieri tutto il giorno.

yet [jɛt] *adv* ancora; già ♦ *conj* ma, tuttavia; **it is not finished** ~ non è ancora finito; **the best** ~ il migliore finora; **as** ~ finora; ~ **again** di nuovo; **must you go just** ~? deve andarsene di già?; **a few days** ~ ancora qualche giorno.

yew [juː] *n* tasso (*albero*).

Y-fronts ® ['waɪfrʌnts] *npl* (*BRIT*) slip *m inv* da uomo.

YHA *n abbr* (*BRIT*: = *Youth Hostels Association*) Y.H.A. *f*.

Yiddish ['jɪdɪʃ] *n* yiddish *m*.

yield [jiːld] *n* resa; (*of crops etc*) raccolto ♦ *vt* produrre, rendere; (*surrender*) cedere ♦ *vi* cedere; (*US AUT*) dare la precedenza; **a** ~ **of 5%** un profitto *or* un interesse del 5%.

YMCA *n abbr* (= *Young Men's Christian Association*) Y.M.C.A. *m*.

yob(bo) ['jɔb(əu)] *n* (*BRIT col*) bullo.

yodel ['jəudl] *vi* cantare lo jodel *or* alla tirolese.

yoga ['jəugə] *n* yoga *m*.

yog(h)ourt, yog(h)urt ['jəugət] *n* iogurt *m inv*.

yoke [jəuk] *n* giogo ♦ *vt* (*also*: ~ **together**: *oxen*) aggiogare.

yolk [jəuk] *n* tuorlo, rosso d'uovo.

yonder ['jɔndə*] *adv* là.

yonks [jɔŋks] *npl*: **for** ~ (*col*) da una vita.

Yorks [jɔːks] *abbr* (*BRIT*) = *Yorkshire.*

=== *KEYWORD*

you [juː] *pron* **1** (*subject*) tu; (: *polite form*) lei; (: *pl*) voi; (: *very formal*) loro; ~ **Italians enjoy your food** a voi italiani piace mangiare bene; ~ **and I will go** andiamo io e te (*or* lei ed io); **if I was** *or* **were** ~ se fossi in te (*or* lei *etc*)

2 (*object: direct*) ti; la; vi; loro (*after vb*); (: *indirect*) ti; le; vi; loro (*after vb*); **I know** ~ ti (*or* la *or* vi) conosco; **I'll see** ~ **tomorrow** ci vediamo domani; **I gave it to** ~ te l'ho dato; gliel'ho dato; ve l'ho dato; l'ho dato loro

3 (*stressed, after prep, in comparisons*) te; lei; voi; loro; **I told you** to do it ho detto a TE (*or* a LEI *etc*) di farlo; **she's younger than** ~ è più giovane di te (*or* lei *etc*) **4** (*impers: one*) si; **fresh air does** ~ **good** l'aria fresca fa bene; ~ **never know** non si sa mai.

you'd [ju:d] = **you had; you would.**
you'll [ju:l] = **you will; you shall.**
young [jʌŋ] *adj* giovane ♦ *npl* (*of animal*) piccoli *mpl*; (*people*): **the** ~ i giovani, la gioventù; **a** ~ **man** un giovanotto; **a** ~ **lady** una signorina; **a** ~ **woman** una giovane donna; **the** ~**er generation** la nuova generazione; **my** ~**er brother** il mio fratello minore.
youngish ['jʌŋɪʃ] *adj* abbastanza giovane.
youngster ['jʌŋstə*] *n* giovanotto/a; (*child*) bambino/a.
your [jɔ:*] *adj* il(la) tuo(a), *pl* i(le) tuoi(tue); (*polite form*) il(la) suo(a), *pl* i(le) suoi(sue); (*pl*) il(la) vostro(a), *pl* i(le) vostri(e); (*: very formal*) il(la) loro, *pl* i(le) loro.
you're [juə*] = **you are.**
yours [jɔ:z] *pron* il(la) tuo(a), *pl* i(le) tuoi(tue); (*polite form*) il(la) suo(a), *pl* i(le) suoi(sue); (*pl*) il(la) vostro(a), *pl* i(le) vostri(e); (*: very formal*) il(la) loro, *pl* i(le) loro; ~ **sincerely/faithfully** (*in letter*) cordiali/distinti saluti; **a friend of** ~ un tuo (*or* suo *etc*) amico; **is it** ~**?** è tuo (*or* suo *etc*)?
yourself [jɔ:'sɛlf] *pron* (*reflexive*) ti; (*: polite form*) si; (*after prep*) te; se; (*emphatic*) tu stesso(a); lei stesso(a); **you** ~ **told me** me l'hai detto proprio tu, tu stesso me l'hai detto.
yourselves [jɔ:'sɛlvz] *pl pron* (*reflexive*) vi; (*: polite form*) si; (*after prep*) voi; loro; (*emphatic*) voi stessi(e); loro stessi(e).
youth [ju:θ] *n* gioventù *f*; (*young man: pl* ~**s** [ju:ðz]) giovane *m*, ragazzo; **in my** ~ da giovane, quando ero giovane.
youth club *n* centro giovanile.
youthful ['ju:θful] *adj* giovane; da giovane; giovanile.
youthfulness ['ju:θfəlnɪs] *n* giovinezza.
youth hostel *n* ostello della gioventù.
youth movement *n* movimento giovanile.
you've [ju:v] = **you have.**
yowl [jaul] *n* (*of dog, person*) urlo; (*of cat*) miagolio ♦ *vi* urlare; miagolare.
yr *abbr* = **year.**
YT *abbr* (*Canada*) = **Yukon Territory.**
Yugoslav ['ju:gəuslɑ:v] *adj, n* jugoslavo(a).
Yugoslavia [ju:gəu'slɑ:vɪə] *n* Jugoslavia.
Yugoslavian [ju:gəu'slɑ:vɪən] *adj, n* jugoslavo(a).
Yule log [ju:l-] *n* ceppo nel caminetto a Natale.
yuppie ['jʌpɪ] *adj, n* (*col*) yuppie (*m/f*) *inv*.
YWCA *n abbr* (= *Young Women's Christian Association*) Y.W.C.A. *m*.

Z z

Z, z [zɛd, (*US*) zi:] *n* (*letter*) Z, z *f or m inv*; **Z for Zebra** ≈ Z come Zara.
Zaire [zɑ:'ɪə*] *n* Zaire *m*.
Zambia ['zæmbɪə] *n* Zambia *m*.
Zambian ['zæmbɪən] *adj, n* zambiano(a).
zany ['zeɪnɪ] *adj* un po' pazzo(a).
zap [zæp] *vt* (*COMPUT*) cancellare.
zeal [zi:l] *n* zelo; entusiasmo.
zealot ['zɛlət] *n* zelota *m/f*.
zealous ['zɛləs] *adj* zelante; premuroso(a).
zebra ['zi:brə] *n* zebra.
zebra crossing *n* (*BRIT*) (passaggio pedonale a) strisce *fpl*, zebre *fpl*.
zenith ['zɛnɪθ] *n* zenit *m inv*; (*fig*) culmine *m*.
zero ['zɪərəu] *n* zero; **5° below** ~ 5° sotto zero.
zero hour *n* l'ora zero.
zero option *n* (*POL*) opzione *f* zero.
zero-rated ['zɪərəu'reɪtɪd] *adj* (*BRIT*) ad aliquota zero.
zest [zɛst] *n* gusto; (*CULIN*) buccia.
zigzag ['zɪgzæg] *n* zigzag *m inv* ♦ *vi* zigzagare.
Zimbabwe [zɪm'bɑ:bwɪ] *n* Zimbabwe *m*.
Zimbabwean [zɪm'bɑ:bwɪən] *adj* dello Zimbabwe.
Zimmer ® ['zɪmə*] *n* (*also:* ~ **frame**) deambulatore *m*.
zinc [zɪŋk] *n* zinco.
Zionism ['zaɪənɪzəm] *n* sionismo.
Zionist ['zaɪənɪst] *adj* sionistico(a) ♦ *n* sionista *m/f*.
zip [zɪp] *n* (*also:* ~ **fastener,** (*US*) ~**per**) chiusura *f or* cerniera *f* lampo *inv*; (*energy*) energia, forza ♦ *vt* (*also:* ~ **up**) chiudere con una cerniera lampo.
zip code *n* (*US*) codice *m* di avviamento postale.
zither ['zɪðə*] *n* cetra.
zodiac ['zəudɪæk] *n* zodiaco.
zombie ['zɔmbɪ] *n* (*fig*): **like a** ~ come un morto che cammina.

zone [zəun] *n* zona.
zoo [zu:] *n* zoo *m inv.*
zoological [zuə'lɔdʒɪkl] *adj* zoologico(a).
zoologist [zu:'ɔlədʒɪst] *n* zoologo/a.
zoology [zu:'ɔlədʒɪ] *n* zoologia.
zoom [zu:m] *vi:* **to ~ past** sfrecciare; **to ~ in**
(on sb/sth) (*PHOT, CINE*) zumare (su qn/qc).
zoom lens *n* zoom *m inv*, obiettivo a
   focale variabile.
zucchini [zu:'ki:nɪ] *n* (*pl inv*) (*US*) zucchina.
Zulu ['zu:lu:] *adj, n* zulù (*m/f*) *inv.*
Zürich ['zjuərɪk] *n* Zurigo *f.*